ORDONNANCES DES ROIS DE FRANCE

DE LA TROISIE'ME RACE,

RECUEILLIES PAR ORDRE CHRONOLOGIQUE.

NEUVIE'ME VOLUME,

CONTENANT LES ORDONNANCES DE CHARLES VI, données depuis le commencement de l'année 1404, jusqu'à la fin de l'année 1411.

Par feu M.r SECOUSSE ancien Avocat au Parlement, & Pensionnaire de l'Académie Royale des Inscriptions & Belles-Lettres.

Avec une Préface, & l'Eloge de M.r SECOUSSE,

Par M. DE VILEVAULT, Conseiller à la Cour des Aides, chargé par le Roi de la continuation de ce Recueil.

A PARIS,

DE L'IMPRIMERIE ROYALE.

M. DCCLV.

PRÉFACE.

CE VOLUME eſt entièrement de M. Secouſſe. Il y a mis la dernière main : tout étoit achevé juſqu'à la Table des matières, qui n'eſt pas la portion la moins utile de l'ouvrage, lorſque la mort, en terminant ſa carrière, a fait perdre à la République des Lettres, l'eſpérance de ſe voir enrichie par de nouvelles productions de ce ſavant & laborieux Ecrivain. Je ne ſaurois cependant douter que ſon intention ne fût de joindre à ce Volume, comme il avoit fait à tous les autres, une Préface hiſtorique. En effet, dans les notes il renvoie aſſez ſouvent à cette Préface; mais elle n'étoit pas commencée, du moins n'ai-je trouvé dans les papiers qui m'ont été remis, aucuns des matériaux néceſſaires pour la compoſer. En ſuccédant à ſa place, j'ai cru devoir ſuppléer ce morceau, & me conformer au plan qu'ont tracé mes prédéceſſeurs : ils m'ont indiqué les articles que je dois traiter, & la méthode que je dois ſuivre. Leur exemple m'impoſe auſſi l'obligation d'inſtruire mes Lecteurs autant que je pourrai, des faits qui ont donné lieu aux Ordonnances contenues dans ce Volume : ils m'ont appris qu'indépendamment du texte des Ordonnances mêmes, il falloit appuyer les faits du témoignage des Hiſtoriens, & plus ſouvent encore de l'autorité des monumens dont les Hiſtoriens n'ont pas fait uſage. La ſource la plus abondante de ces anciens monumens, eſt ſans doute le Tréſor des Chartres. J'étois heureuſement à portée de connoître une partie de ces richeſſes, depuis que M. le Procureur général m'avoit fait l'honneur de me nommer pour continuer les Inventaires des Regiſtres de ce précieux dépôt. J'avois été obligé pour mon inſtruction particulière, de conſulter journellement l'ouvrage de M.rs de Lauriere & Secouſſe. Leurs ſavantes notes m'avoient ſouvent éclairé, leurs tables m'avoient ſervi de modèle, & par-là je me trouvois, pour ainſi dire, initié à l'ouvrage dont je vais donner la ſuite; mais je ne l'étois encore que d'une façon très-imparfaite, eu égard aux hommes que je remplace, & à l'importance de la matière. Quelque rapport qu'euſſent enſemble les Inventaires du Tréſor des Chartres, & le Recueil des Ordonnances, il ne m'étoit jamais venu dans l'eſprit que je ſerois un jour deſtiné à réunir ces deux objets. Les bontés dont M. le Chancelier m'a honoré dès l'inſtant qu'il a été appelé à la tête de la Compagnie dont j'ai l'honneur d'être, & qu'il m'a continuées depuis qu'il eſt le Chef de la Magiſtrature, l'ont engagé à me confier le ſoin de cette immenſe collection. Je n'ai point ſollicité ce travail; j'en ai ſenti toute la difficulté, mais je ſuis ſi vivement touché d'un choix que je ne prévoyois pas devoir tomber ſur moi, qu'il n'eſt point d'efforts que je ne faſſe pour le juſtifier. Heureux, ſi par mon application, je puis acquérir finon les talens, du moins une partie des connoissances que les lecteurs étoient accoûtumés de trouver dans les Savans auxquels je succède!

§. I.

Mémoire historique & critique sur les Révolutions arrivées dans l'administration du Gouvernement de la France, depuis 1404, jusqu'en 1411 inclusivement.

On a vû dans le Volume précédent, la déplorable situation de la France sous les premières années du règne de Charles VI. Les malheurs dont elle fut affligée, allèrent toûjours en augmentant: les maux qui desoloient le Royaume depuis la mort de Charles V, continuoient toûjours, parce que leurs causes étoient toûjours subsistantes. Un Roy souvent hors d'état de gouverner par lui-même; des Princes avares & ambitieux qui se disputoient le droit de régir & de ruiner l'Etat; des peuples accablés par des taxes dont on dissipoit follement le produit, vexés par des gens de guerre que les Seigneurs assembloient à chaque instant pour leurs querelles personnelles, troupes sans discipline, accoûtumées à la licence, forcées de se payer par leurs mains, & qu'on ne pouvoit congédier qu'après avoir souffert long-temps leurs brigandages: les Loix se multiplioient comme les desordres; elles en étoient toûjours la preuve, & rarement le remède; impunément violées, elles étoient toûjours renouvelées sans fruit; dictées par des intérêts particuliers, elles se détruisoient comme les brigues qui leur avoient donné naissance: enfin la forme du Gouvernement éprouvoit des variations continuelles, parce qu'elle se ressentoit des vicissitudes de la maladie ou de la santé du Roy, dont l'esprit affaissé par des rechûtes fréquentes & longues, recevoit par foiblesse, ou prenoit par force les impressions que le parti dominant étoit à portée de lui donner pendant les courts intervalles où il sembloit avoir recouvré l'usage de sa raison.

C'est ce qu'il est aisé de remarquer en parcourant les diverses Ordonnances de ces temps malheureux. On y voit le Gouvernement, par des alternatives continuelles, passer tantôt au Duc d'Orléans, tantôt au Duc de Bourgogne, quelquefois à la Reine & au Dauphin. Les Princes qui se l'arrachoient, ne se bornoient pas à des intrigues de Cour, ils engageoient les peuples dans leurs querelles. Tous les moyens étoient employés sans scrupule pour assouvir leurs haines & servir leurs vengeances: les calamités des guerres civiles, l'horreur des assassinats, rien n'étoit capable de les retenir. A ces troubles domestiques, se joignoient de temps en temps des guerres au dehors. Celles des Anglois auroient été plus à craindre *(a)*, s'ils eussent été assez tranquilles chez eux pour

NOTE.

(a) On ne parle ici que de l'intervalle de 1404 à 1411, temps où régnoit encore Henri IV en Angleterre. On sait que Henri V son Successeur mit la France à deux doigts de sa perte, & fut sur le point de l'enlever à ses légitimes Souverains.

profiter des malheurs de leurs voisins; mais on fut souvent forcé de consentir de part & d'autre à des trèves de plusieurs années, qui furent souvent interrompues par des expéditions peu considérables. Ce Volume qui donne peu d'éclaircissemens sur ces hostilités passagères, contiendra les Ordonnances rendues depuis l'an 1404 inclusivement, jusques & compris 1411. Si pour éclaircir le texte de ces Loix, je suis obligé de rappeler les principaux évènemens de ces mêmes années, on me pardonnera de retracer des forfaits, dont le seul souvenir fait horreur à la nation & à l'humanité.

En 1388, Charles VI, alors âgé de 20 ans, las d'être en tutèle sous son Oncle le Duc de Bourgogne, avoit déclaré qu'il vouloit gouverner par lui-même; mais le funeste accident qui lui arriva bien-tôt après, l'avoit obligé dès l'an 1392, d'abandonner le Gouvernement à ce Prince & au Duc de Berri. Le Duc d'Orléans Frère du Roy & premier Prince du Sang, alors âgé de 22 ans, ne pût voir sans jalousie les Princes ses Oncles, seuls dépositaires de l'autorité: plusieurs années se passèrent en intrigues. On alla plus loin en 1401; on appela des troupes de part & d'autre. Une feinte réconciliation les écarta, sans détruire l'animosité qui règnoit entre les deux partis. Enfin le Duc d'Orléans obtint en 1402 une Ordonnance par laquelle il fut déclaré Lieutenant & Gouverneur du Royaume pendant les maladies du Roy. Le Duc de Bourgogne, alors absent, fit aussi-tôt après son retour, révoquer cette Ordonnance dans le cours de la même année où elle avoit été rendue; & dès le commencement de l'année suivante, le Roy établit une nouvelle forme de Gouvernement. Il partagea l'exercice de l'autorité pendant les intervalles de sa mauvaise santé, entre ses Oncles & son Frère, & nomma la Reine pour Chef de l'administration. Cette dernière disposition pouvoit consoler le Duc d'Orléans, étroitement uni avec cette Princesse; mais il ne put voir sans peine le nouveau triomphe du Duc de Bourgogne qui resserroit les liens de sa Famille avec la Maison règnante, par un triple mariage dont la *(b)* promesse fut signée le 5 Mai 1403. Le Duc de Bourgogne ne jouit pas long-temps de cette nouvelle marque de faveur: il mourut *(c)* le 27 Avril de l'année suivante, âgé de 63 ans.

Voy. la Préface du VIII.e Vol. de ce Recueil.

Voy. le Moine de Saint Denys, Monstrelet, Juvenal des Ursins.

Voy. T. VIII. Préface p. ix. & les Lettres du 26 Avril 1403. p. 577.

Quoique ce Prince eût des talens marqués pour le Gouvernement, sa mort auroit été comptée au nombre des évènemens heureux pour

NOTES.

(b) M. Secousse a parlé de cette promesse, dans la Préface du Tome VIII, *p. xij & xiij.* Ces trois Mariages étoient celui du Dauphin avec Marguerite de Bourgogne, petite fille du Duc; celui de Michelle de France, quatrième fille du Roy, avec Philippe de Bourgogne, aîné des petits-fils du Duc; & celui de Jean Duc de Touraine, second fils du Roi, avec une autre petite fille du Duc. Ce dernier Mariage n'eut point d'exécution. La promesse en fut arrêtée à Paris, par le Roy en son Conseil, en présence des Princes ses Oncles. Je ne la crois imprimée en aucun endroit. C'est la pièce 200 du Reg. 158 du Trésor des Chartres.

(c) Extrait des Registres de la Chambre des Comptes de Bourgogne, *Reg. 1. fol. 65. verso.*

Le cinquième jour de Mai, l'an mil quatre cent & quatre, en la Chambre des Comptes à Dijon, où étoient M. l'Abbé de S.t Bénigne, le Doyen de la Chapelle, M.re Antoine Chussain, Maîtres Jehan de Vendenesse, Thomas

la France, si elle avoit mis fin aux troubles qui agitoient la Cour & l'Etat; mais Jean son fils aîné & son successeur au Duché de Bourgogne, succédoit aussi à sa haine contre la Maison du Duc d'Orléans. Animé de toutes les passions de son père, moins capable de les modérer, plus ambitieux, plus violent, plus vindicatif, ce jeune Prince annonça bien-tôt tous les excès auxquels un pareil caractère peut porter. Il parut à la Cour, prit séance aux Conseils, obtint du Roy qu'on passât outre à la célébration du Mariage projeté entre le Dauphin & sa Fille, quoique leur âge *(d)* eût dû faire différer encore long-temps cette cérémonie, si l'on eût suivi les Loix & les Canons; ensuite il partit pour régler avec ses Frères le partage de la succession paternelle.

Voy. ci-dessous pp. 1. 3. les Lettres du 22 Mai.

Le Duc d'Orléans étoit toûjours bien auprès du Roy; il avoit fait depuis peu augmenter son Apanage, & obtenu le privilége de posséder en Pairie la Baronnie de Coucy, le Comté de Soissons, & plusieurs autres Terres; mais le nouveau Duc de Bourgogne ne le laissa pas jouir long-temps de ce crédit. On le vit bien-tôt de retour à Paris où il vint bien accompagné. Il étoit suivi de 6000 Gens d'armes, & paroissoit déterminé à faire les plus grands efforts pour s'emparer de toute l'autorité. La Reine & le Duc d'Orléans n'osèrent l'attendre, & se réfugièrent à Melun où ils armèrent. Le Roy nouvellement retombé dans les accès de sa maladie *(e)*, n'étoit pas en état d'être transporté. Le Duc de Bourgogne joignit le Dauphin que la Reine emmenoit avec elle, & le fit revenir à Paris. Malgré tout ce qu'on put faire pour parvenir à un raccommodement, les hostilités étoient prêtes à recommencer, & les troupes des deux partis avoient déjà fait divers mouvemens, lorsqu'on publia des *(f)* défenses aux deux Princes d'en venir aux voies de fait.

Voy. ci-dessous p. 92. les Lettres du 12 Octobre 1405.
Voy. ci-dessous p. 96.

Cinq jours après la paix fut conclue entre eux. Les troupes furent congédiées; mais comme elles n'étoient pas payées, elles se dédommagèrent en pillant; ce qui donna lieu à d'autres Lettres du 6 Novembre 1405, par lesquelles le Roy déclare, qu'ayant été informé qu'il s'est fait des mandemens & assemblées de Gens d'armes françois & étrangers qui vivent

NOTES.

d'Auxonne; H. le Vertueux, A. Pasté, R. Gombaut, N. le Vaillant & Gui de Bray. « Parce que l'on rapporta que M. le Duc estoit » trespassé dès le vingt-septième jour d'Avril der- » renierrement passé, environ dix heures après » midi, fut délibéré par les dessus dis, que les » Officiers de mon dit Seigneur, estans par deçà, » desserviroient leurs Offices par la manière qu'ils » faisoient par avant ledit trépassement, jusques » ad ce que de par M.e ou M.r de Nevers y sera » autrement ordonné. »

(d) Le Dauphin né le 22 Janvier 1396, n'avoit encore que huit ans.

(e) Le 15 Août 1405. ce fut sur la fin de ce mois que le Duc de Bourgogne arriva à Paris.

(f) Ces défenses s'expédioient au nom du Roy qui n'étoit pas en état de prendre connoissance de ces troubles. Sa maladie continua jusqu'au mois de Janvier suivant. Dès le 3 Septembre, on avoit expédié d'autres Lettres qui défendoient de laisser passer par le Dauphiné des Gens d'armes, Archers, Arbalestriers tant étrangers comme autres, que les Ducs d'Orléans & de Bourgogne faisoient venir d'Italie. Elles sont signées, *par le Roi, Dalphin, à la relation du Grant Conseil, ouquel les Rois de Sicile & de Navarre, M.rs les Ducs de Berri & de Bourbonnois, les Contes de la Marche & de Vendôme, Vous, & plusieurs autres estoient.* Elles se trouvent au dépôt de la Chambre des Comptes de Grenoble, & la copie en a été envoyée avec cette indication, *Copia plurium litterarum.* lettre N. fol. 17.

sur le pays sans rien payer, il ordonne qu'ils aient à retourner d'où ils sont partis, & que les Baillifs, Sénéchaux & autres Juges Royaux, soient tenus de les y contraindre. A leur défaut, il mande à tous les Nobles de défendre leurs Terres & leurs sujets, leur permettant d'assembler à cet effet leurs amis & leurs voisins. Il fait en même temps défense à toutes personnes de quitter leur pays & leurs maisons, sous prétexte de mandemens donnés, même par les Princes du Sang. Il veut qu'à cet égard, on n'obéisse qu'à ses Lettres patentes. Triste aveu des desordres du Royaume, & de l'impuissance du Souverain.

La maladie du Roi qui duroit toûjours, rompoit toutes les mesures que l'on prenoit pour rétablir l'ordre & la tranquillité. Sa santé n'étoit pas encore rétablie, lorsqu'on imposa une nouvelle taxe sur le peuple. Ce fut immédiatement après la paix des Princes. Le prétexte étoit de fournir aux frais nécessaires pour attaquer les Anglois en Guienne & en Picardie *(g)*. Il avoit été arrêté lors de la réconciliation des Ducs de Bourgogne & d'Orléans, qu'ils se mettroient chacun à la tête d'une armée, peut-être moins dans la vûe de faire des conquêtes sur les ennemis, que d'occuper loin de la Cour deux Princes rivaux. Quoi qu'il en soit, le Duc d'Orléans marcha en Guienne, où il assiégea inutilement Blaye & Bourg. Le Duc de Bourgogne alla faire le siége de Calais, & s'y opiniâtra sans succès, jusqu'à ce qu'il reçut des ordres de le lever, sous prétexte que la saison étoit trop avancée. Ces opérations remplirent l'année 1406, & n'eurent point d'autres suites. On parla d'une nouvelle trève en 1407; & après d'assez longues négociations, elle fut conclue. *(h)*. Le Duc de Bourgogne accusa le Duc d'Orléans d'avoir, par jalousie, sollicité l'ordre de la levée du siége de Calais, & revint à Paris outré de colère contre ce Prince; mais il ne lui en témoigna rien. *Les deux Ducs firent grant chierre ensemble, voire en dissimulation,* disent les Chroniques de S.t Denys, & peut-être dès-lors le Duc de Bourgogne conçut-il l'affreux dessein qu'il n'exécuta que l'année suivante. On voit peu d'exemples d'une dissimulation poussée aussi loin que la sienne: elle doit d'autant plus surprendre dans ce Prince, que son caractère naturellement impétueux, ne paroissoit pas devoir lui permettre de se contraindre pendant si long-temps: il sçut cependant déguiser ses véritables sentimens au point d'accabler le Duc d'Orléans de protestations d'amitié, d'en redoubler publiquement toutes les marques, d'en multi-

Voy. Chron. de S.t Denys, t. III. fol. 83. verso.

NOTES.

(g) C'étoit enfraindre la trève de 28 ans, signée en 1395; mais les hostilités entre la France & l'Angleterre, furent presque continuelles, malgré cette trève. On trouve quantité de preuves de ces hostilités dans les Registres du Trésor des Chartres. Voy. pour les années 1405, 1406, 1407, le Reg. 160. pièces 61. 131. 243. & le Reg. 162. pièce 56.

(h) Il y eut d'abord une trève signée à Pontsief, qui devoit durer depuis le 15 Avril 1408, jusqu'au dernier Septembre: elle fut ensuite prolongée jusqu'au 1.er Mai 1410. par un autre traité signé à Paris, le 17 Septembre 1408. Je n'ai point trouvé ce traité dans *Rymer.* La copie en a été envoyée de Montpellier, avec cette indication: *Royaume en général, 6.e continuation des titres particuliers. n.° 6. fol. 87.*

plier solemnellement les sermens, tandis qu'il ne s'occupoit que des mesures pour le faire assassiner.

Si nous en croyons la plûpart des Historiens, plusieurs [a] jours avant l'exécution de cet horrible projet, les deux Princes s'étoient jurés de nouveau la plus tendre amitié : ils avoient pris Dieu à témoin de la sincérité de leurs sentimens, & avoient *communié* ensemble. Ce dernier trait ne se trouve pas dans une espèce de manifeste *(i)* qui fut publié dans la suite par les enfans du Duc d'Orléans, & où l'on rapprocha toutes les circonstances qui pouvoient aggraver le crime du Duc de Bourgogne. On y lit seulement, que ces deux Princes « s'étoient promis d'être bons & loyaulx amis, de ne se faire aucun mal ni dommage l'un à l'autre directement ni indirectement : qu'ils avoient pris l'ordre *(k)* & le collier l'un de l'autre, & que le Duc d'Orléans ayant eu une maladie vers ce même temps, le Duc de Bourgogne l'avoit été visiter tant à *Beauté* qu'à *Paris*, lui montrant tous les signes d'amitié, d'usage entre Parens. » Cependant, ajoûte ce même Mémoire, « le meurtre étoit déjà médité, puisque le Duc de Bourgogne avoit dès-lors loué la maison où il assembla les meurtriers. Leur chef *Raoul d'Ocquetonville*, ennemi personnel du Duc d'Orléans, se tint caché pendant 17 jours dans cette maison, rue Barbette, pendant que le Duc de Bourgogne redoubloit de caresses pour le Duc d'Orléans. Le jour même qui précéda l'assassinat, les deux Ducs, après avoir assisté au Conseil, *mangerent épices & bûrent ensemble.* » Le Duc de Bourgogne invita le Duc d'Orléans à dîner pour le [b] Dimanche suivant, & celui-ci accepta. Ils se séparèrent après s'être ainsi donné réciproquement des marques d'amitié qui ne devoient pas paroître équivoques.

[a] *Le Dimanche 20 Novembre 1407.*

Voy. les Chron. de S.t Denys, & le Moine de S.t Denys.

MSS. Colbert, Vol. 9. ubi suprà.

[b] *27 Décembre.*

Le soir de ce même jour, le Duc d'Orléans alla chez la Reine. Les Historiens conviennent peu des dates *(l)*. Le Mémoire que j'ai déjà cité, & qui me sert de principal guide, dit que ce fut le 23 Novembre. Il ne marque pas, comme quelques Ecrivains, que le Duc de Bourgogne, par un faux ordre du Roi, attira sur les sept heures du soir dans l'embuscade préparée, le Duc d'Orléans seul & sans suite. Ce Mémoire expose seulement, que « le meurtre fut cruellement fait par gens appostés qui lui coupèrent une main qui resta dans la boue jusqu'au

NOTES.

(i) Cette pièce est datée de Jargueau, le 14 Juillet 1411. Nous en parlerons sous cette année : elle se trouve au Vol. 9.e des MSS. de Colbert qui sont à la Bibliothèque du Roy, & il y est dit qu'elle a été écrite sur une copie trouvée aux Archives de Rhodez, en un sac de papiers mêlés, marqué, *Pièces communes & extravagantes.*

(k) Sauval dit que le 20 Novembre, qui étoit un Dimanche, le Duc d'Orléans, après avoir dîné à l'hôtel de Nesle avec le Duc de Bourgogne, lui mit au col le collier de l'Ordre du Porc-épi (dont il étoit l'Instituteur). *Voy. Sauval, Antiq. de Paris. t. II. p. 721.*

(l) Selon les Chroniques de S.t Denys, ce fut la veille de S.t Denys, & selon le Moine de S.t Denys, ce fut la veille de S.t Clément ; mais je crois qu'on doit s'en rapporter plustôt à la date précise marquée dans le Mémoire dressé par les Enfans même du Duc d'Orléans : d'ailleurs, cette date se trouve confirmée par les Regiʃtres du Parlement, dont on voit l'Extrait dans l'Histoire de Paris, par Félibien, *t. II des Pièces justificatives, page 549.*

lendemain

lendemain, lui coupèrent l'autre bras qui ne tenoit plus qu'à la peau *(m)*, « lui fendirent & brisèrent la tête, tant que la cervelle en tomba dans « la boue, le renversèrent & trainèrent jusqu'à ce qu'ils virent qu'il étoit « roide mort. » Il ajoûte que le Duc de Bourgogne continuant de dissimuler, « vint au corps avec les autres Seigneurs de la Cour, se vêtit de noir, fut à son enterrement, feignit de pleurer, & continua ainsi jusqu'à « ce qu'il connut que son crime étoit découvert par la diligence de Justice, « & alors il le confessa ouvertement au Roy de Sicile, & à M.r de Berry, « & dit que le diable l'avoit tenté, &c. »

Après un tel aveu, il se hâta de sortir de Paris, prit la route de Flandre, fit rompre derrière lui le pont S.t Maxence, & continua son voyage avec tant de précipitation, qu'il arriva ce jour-là même à Arras. La Duchesse d'Orléans & ses enfans demandèrent justice; mais il étoit difficile de la rendre vis-à-vis un coupable dont la puissance pouvoit faire trembler ses Juges. Le Duc de Bourgogne, après s'être assuré de l'attachement des Flamands, reçut mal les propositions que lui firent le Roi de Sicile & le Duc de Berri, de venir demander pardon au Roi. Il osa même revenir à Paris à la tête d'un corps de troupes qu'il cantonna aux environs de son hôtel, & demanda une audience, non pour s'excuser, mais pour faire sentir le service qu'il prétendoit avoir rendu, en immolant le Duc d'Orléans, au salut de l'Etat. Il fallut l'entendre: on n'étoit pas en situation de le refuser. Le Roi étoit pour lors malade, & le Dauphin présida à l'audience publique, dans laquelle *(n)* l'Orateur du Duc de Bourgogne, chargea de mille crimes énormes la mémoire de son ennemi. Un silence morne & timide fut la seule expression des sentimens qu'inspira ce discours à toute l'Assemblée. A peine étoit-il achevé, que le Dauphin se leva, & chacun se retira sans rien dire.

Voy. Chron. de S.t Denys.

La Reine s'étoit déjà réfugiée à Melun, suivie de toute la Cour. Le Duc de Bourgogne restant seul dans Paris, & devenu, pour ainsi dire, Maître de la Personne du Roi toûjours malade, profita des premières lueurs d'une convalescence momentanée, pour obtenir des Lettres d'abolition. Elles furent signées & scellées d'une main encore foible, & qui cédoit visiblement à l'autorité du prétendu suppliant: triste preuve de la puissance de celui qui les obtenoit, & de la crainte qu'inspiroit sa présence. Aussi, à peine ses affaires l'eurent-elles rappelé en Flandre, que la Reine revint *(o)* à Paris avec le reste de la Cour. La Duchesse d'Orléans & ses enfans y firent une entrée où l'on employa tout ce que l'appareil de la douleur & du deuil, peut avoir de plus frappant. On tint un grand Conseil au Louvre *(p)*: on y lut d'abord des Lettres, par lesquelles le Roy qui étoit depuis peu retombé malade, accordoit à

NOTES.

(m) Dans le même Volume IX.e des MSS. de Colbert, qui sont à la Bibliothèque du Roi, on trouve les dépositions des témoins qui furent entendus à l'occasion de cet assassinat: elles sont conformes aux faits portés dans ce Mémoire.

(n) Jean *Petit*, Docteur en Théologie.

(o) Le dernier jour d'Août 1408.

(p) Le 15 Septembre 1408.

la Reine & au Dauphin, l'adminiſtration du Royaume. Immédiatement après, la Ducheſſe d'Orléans & ſon fils ſe préſentèrent, & demandèrent juſtice à genoux : on leur accorda la permiſſion de juſtifier dans une audience publique, la mémoire du feu Duc. Leur Orateur fut entendu au jour nommé, & le Dauphin, en déclarant le Duc d'Orléans innocent des crimes qui lui étoient imputés, promit que ſur le ſurplus on feroit juſtice. Après pluſieurs Conſeils, les Lettres de pardon accordées au Duc de Bourgogne, furent annullées, & l'on expédia des Ordres pour lui *courir ſus* & le pourſuivre comme ennemi de l'Etat ; mais toutes ces opérations ne pouvoient avoir d'effet que pendant l'abſence de ce Prince.

Mſſ. Colbert, t. IX.

Je n'ai pû me diſpenſer de m'arrêter ſur ces funeſtes évènemens, parce qu'ils furent la ſource de nouveaux troubles qui déchirèrent pendant long-temps le Royaume. Nous avons dans ce Volume, peu d'Ordonnances qui leur ſoient proprement & immédiatement relatives : on peut cependant leur en rapporter quelques-unes. Telles ſont les Lettres expédiées peu de jours après le meurtre du Duc d'Orléans, par leſquelles il eſt ordonné aux Hôteliers de Paris, de faire ſavoir chaque jour au Prevôt de cette Ville, le nom des perſonnes qui logeront chez eux, & aux habitans, de lui faire ſavoir le nom des étrangers à qui ils auront loué des maiſons ou des chambres. Par les mêmes Lettres, il eſt enjoint au Prevôt de Paris, de défendre à toutes perſonnes d'entrer en armes dans la ville ſans un mandement du Roi à cet effet. Les circonſtances du meurtre du Duc d'Orléans, arrivé ſix jours devant, font aſſez ſentir que ces Lettres eurent pour objet de prévenir, autant qu'il ſeroit poſſible, de pareils attentats. Les troubles que cette mort occaſionna, donnèrent encore lieu aux Lettres des 17 & 18 Février ſuivant. Par les unes, le Roi défend à toutes perſonnes de convoquer des aſſemblées de peuple, ſans ſa permiſſion : ordonne au Prevôt de Paris, d'informer de ces aſſemblées, de les empêcher à l'avenir ; & fait défenſes aux Eccléſiaſtiques, d'en ſouffrir de cette eſpèce dans leurs égliſes. Par les autres, il ordonne au Prevôt de cette Ville de faire retirer inceſſamment les troupes répandues dans la Vicomté de Paris, qui ſe diſoient au Duc de Bourgogne, ou à d'autres grands Seigneurs *(q)*, & de leur faire payer comptant les vivres qu'elles prendroient.

Voy. ci-deſſous p. 261, les Lettres du 29 Novembre 1407.

NOTE.

(q) Ce n'étoit pas les troupes ſeules des Princes mécontens, qui deſoloient le pays où elles ſe trouvoient ; c'étoit toutes les troupes en général, qui étant mal payées, ſe dédommageoient en pillant. Le Tréſor des Chartres en fournit diverſes preuves. Je n'en citerai qu'une du 30 Août 1408, tirée du Reg. 162. pièce 387. Elle fait voir, & le peu de ſoin qu'on prenoit de payer les troupes qu'on employoit, & les excès auxquels elles ſe portoient. Voici comme s'exprime cette Chartre :

« CHARLES, &c. ſavoir faiſons à tous préſent & à venir, à nous avoir été humblement « expoſé de la partie de Alphonſe *Cuellar*, de « Martin de *Semo*, de Jehan de *Secadura*, & de « Fernandès de la *Calleja*, tous du Royaume de « Caſtelle, priſonniers en noſtre Chaſtellet de « Paris, diſans que pour acquérir honneur, & « pour le très-grant deſir & affection qu'ils ont « toûjours eue de nous ſervir ou fait de nos guerres « & autrement, & meſmement en faveur des « bonnes amour, fraternité & aliances qui de «

Je ne puis finir cette année 1407, sans faire mention des Lettres du 26 Décembre, par lesquelles le Roi ordonne qu'à l'avenir tous les aînés des Rois de France, en quelque bas âge qu'ils soient, succéderont à la Couronne; seront appelés Rois, couronnés & sacrés au plus tôt, & useront de tous Droits royaux. Il ajoûte, que dans le cas où ils seroient mineurs, les affaires seront traitées en leur nom, par les avis des Reines mères, & des Princes du sang, & par le conseil des Connétable & Chancelier de France, & autres (Sages) du Conseil. Il déclare qu'il casse & met au néant toutes Ordonnances contraires, tant du Roi Charles V, que de lui (Charles VI). Cette Loi fut registrée dans un Lit de justice tenu au Parlement. *Voy. ci-après fol. 267.*

Le Duc de Bourgogne partit pour la Flandre, au mois d'Août 1408. On travailla pour lors à rétablir la tranquillité dans Paris; & ce fut l'objet des Lettres du 1.er Septembre de cette année, adressées au Prevôt de Paris; mais le retour du Duc de Bourgogne dans cette capitale, devoit bien-tôt rendre toutes ces Ordonnances inutiles. Vainqueur des Liégeois, il revenoit plus redoutable. La Cour à son approche, partit pour Tours *(r)*, & l'on y conduisit le Roi, quoique malade. La Duchesse d'Orléans, au desespoir de ne pouvoir venger son mari, mourut de chagrin à Blois *(s)*. Charles Duc d'Orléans, son fils aîné, jeune Prince de dix-sept ans *(t)*, étoit un ennemi peu à craindre pour le Duc de Bourgogne qui conçut plus d'espérance que jamais d'obtenir tout ce qu'il voudroit. Il avoit été reçû à bras ouverts dans Paris où il s'étoit fait aimer du peuple: il ne lui manquoit que de faire sa paix avec la Maison d'Orléans: il chargea le Comte de Hainault son beau-frère, de la négocier; mais celui qui le servit le mieux dans cette affaire, fut *Montagu* autrefois fort attaché au Duc d'Orléans, & qui cherchoit alors à s'attirer la confiance du Duc de Bourgogne. Ce fut lui qui dressa le traité de réconciliation entre les deux Maisons: il fut juré le 9 Mars 1409, dans l'église de Chartres, en présence du Roi & de toute la Cour. Charles VI étoit pour lors dans un de ses intervalles de santé, dont depuis plusieurs années, il ne

NOTES.

» tout temps ont été & seront, se Dieu plaît » entre nous & nostre très-chier & amé frère le » Roi de Castelle, & nos subgez: ils sont venus » en nostre Royaume pour nous servir à grans » fraiz, mises & despens, & eulz étant à Paris, » ont esté retenus à gaiges pour nous servir en » la Compaignie & soubs le gouvernement de » nostre amé & féal Chevalier & Chambellan » Robert de la Heuse, dit le Borgne, par l'or- » donnance duquel ils ont esté ordennez estre en- » voyez au pays de Galles; & il soit ainsi que » eulx partis de Paris, pour ce qu'ilz n'avoient eu » de leurs gaiges que la somme de soixante francs » tant seulement, qui étoit peu de chose au regart » d'eulz & de vint & six autres compaignons du- » dit pays de Castelle, estans en leur compaignie, » il ait convenu que en esperant tousjours estre paiez de leurs dits gaiges, qu'ils avoient vesqu « sur nostre peuple par aucun temps, prins bestail, « gelines, poucins, foing, avoine & autres vivres « nécessaires pour eulz. Toutes voyes, tant pour « les causes dessus dictes, comme pour ce que « par la temptacion de l'ennemi, ilz ont cogneu « charnellement la concubine d'un Prestre, « contre son gré, les ditz supliantz ont esté prins & « emprisonnez en nostre dit Chastellet, & pour « ce nous ont fait suplier humblement, &c. »

Donné à Paris le xxx.e jour d'Août, l'an de grace mil cccc & huit, & de nostre Régne le XXVIII.e Par le Roi. CHARON.

(r) Le 10 Novembre 1408.

(s) Le 4 Décembre 1408.

(t) Il étoit né le 26 Mai 1391.

jouissoit que rarement, & pendant un temps fort court. Tout ressentiment fut solemnellement abjuré : on expédia au Duc de Bourgogne, de nouvelles Lettres d'abolition. La Cour revint à Paris; & les habitans qui crurent que par cet accommodement, la tranquillité leur alloit être rendue, s'empressèrent de signaler leur joie par des *(u)* réjouissances publiques; mais malheureusement ils ne tardèrent pas à être détrompés.

Revêtu d'une autorité plus grande que jamais, le Duc de Bourgogne attaqua de nouveau la mémoire du Duc d'Orléans, en poursuivant les prétendus complices des crimes dont il avoit accusé ce malheureux Prince. Il fit arrêter ce même *Montagu* qui venoit de le servir si bien : il le força, par les douleurs de la torture la plus cruelle, d'avouer tous les forfaits dont on voulut le charger, & qu'on faisoit toûjours retomber sur le feu Duc d'Orléans. L'infortuné *Montagu* fut décapité le 17 Octobre 1409. Il nia au moment du supplice tout ce qu'il avoit avoué à la question, excepté qu'il avoit mal usé, conjointement avec le Duc d'Orléans, des Finances du Roi.

Ce Prince étoit malade pour lors: la Reine & le Dauphin s'étoient encore retirés à Melun, ne voulant pas autoriser par leur présence, le procès de *Montagu*. Le Duc de Bourgogne les invita de revenir à Paris pour travailler avec lui à la réformation de l'Etat & des Finances; mais ils n'y voulurent reparoître qu'après le retour de la santé du Roi, qui se rétablit au commencement de Décembre. On ne laissa pas de publier le 20 Octobre, des Lettres par lesquelles on nommoit des Réformateurs généraux, avec pouvoir de corriger les abus qui s'étoient glissés dans les différentes parties du Gouvernement, & d'en punir les auteurs. Ces Lettres furent suivies de quelques autres qui furent le fruit de ce projet de réforme, & que l'on trouvera dans ce volume. Elles contiennent des révocations de dons, des fixations de gages & autres dispositions du même genre. Le Roi affoibli de plus en plus par les fréquens accès de son mal, apprit avec surprise & avec chagrin la mort de *Montagu* qu'il avoit aimé; mais il ne fit pas paroître tout le ressentiment dont on pouvoit le croire pénétré. Il approuva les mesures qu'on avoit prises pour la réformation de l'Etat. Il retira le Dauphin des mains des femmes, & fit expédier à la Reine, des Lettres de confirmation du pouvoir qu'il lui avoit confié précédemment. Ces Lettres sont du 27 Décembre 1409, & font partie des Ordonnances contenues en ce Volume. Le Roi y déclare « qu'ayant » considéré l'amour & l'obéissance que la Reine sa compagne a toûjours » eue pour lui, son grand sens, sa prudence & sa discrétion, les grandes » dépenses qu'elle a faites pour soûtenir son état & celui de quelques-uns » de leurs enfans, il lui a accordé par plusieurs autres Lettres, diverses » prérogatives, prééminences & autorités dans les Conseils & dans le

NOTE.

(u) On trouve des preuves de ces réjouissances, dans différentes pièces du Trésor des Chartres, *Registre 163. pièce 238, &c. &c.*

Gouvernement du Royaume, & qu'il a augmenté ses revenus. Qu'il « lui avoit commis la garde & gouvernement de *Louis*, Duc de Guienne, « & Dauphin de Viennois leur fils aîné, qu'elle a élevé jusqu'à la 13.e « année; mais que ce Prince, étant présentement en état de prendre part « aux affaires du Gouvernement, qu'elle le lui a remis, en le priant d'en « confier la garde à des personnes affectionnées au bien du Royaume; « ce qu'il a fait par l'avis & conseil d'elle & de plusieurs Princes du sang, « sous ses ordres néanmoins, & sous ceux de la Reine. » Ces Lettres finissent par une confirmation spéciale de l'autorité & des revenus accordés précédemment à cette Princesse, confirmation d'autant plus authentique, qu'elle étoit faite en présence de plusieurs Princes du sang & autres Seigneurs qui *ont juré* (est-il dit expressément) *suivant le commandement qui leur en a été fait, de n'y apporter aucun empêchement.*

Le 28 Janvier suivant, le Roi jugeant qu'il étoit convenable que le Dauphin qui étoit alors entré dans sa 14.e année, eût l'administration & le gouvernement de ses Terres & Seigneuries, & tint un état plus grand que celui qu'il avoit eu jusqu'à ce moment, lui *donna & délaissa* la pleine administration du Duché de Guienne, dont il le reçût à foi & hommage lige, pour en jouir par la suite comme vrai Seigneur propriétaire. Le Roi lui donna aussi l'administration & gouvernement du Dauphiné.

Voy. ci-dessous p. 491.

En conséquence des Lettres du 27 Décembre, dont nous avons parlé ci-devant, il falloit nommer un Surintendant de l'éducation du Dauphin: le choix tomba sur le Duc de Bourgogne. C'étoit réveiller toutes les jalousies. Le Duc de Berri, quoiqu'il eût paru ne point aspirer à cet honneur, ne vit pas de sang froid cette préférence. Il quitta la Cour sans prendre congé, & alla à *Gien* où il signa une ligue avec le Duc d'Orléans & plusieurs autres Princes & Seigneurs mécontens. Le but ou le prétexte étoit de tirer de servitude le Roi & le Dauphin. Les Princes ligués levèrent des troupes: le Duc de Bourgogne fit de pareilles levées au nom du Roi qui pour lors étoit retombé malade; & l'on n'auroit pas tardé d'en venir aux mains, si le retour de sa santé n'avoit facilité les moyens de calmer ces troubles nouveaux. Ce ne fut pas sans peine que ce Prince en vint à bout. Son premier soin fut de faire publier les Lettres du 15 Juillet 1410. Il y réitère *les défenses d'assembler des troupes sans sa permission: ordonne au Sénéchal de Thoulouse de se transporter dans les lieux de sa jurisdiction, où il y a des gens de guerre assemblés ou disposés à s'assembler pour obéir aux mandemens des Princes du sang ou Seigneurs, & de leur défendre à tous, de prendre les armes; lui enjoignant d'employer tous moyens pour les faire obéir, même d'assembler en armes les Nobles & autres personnes, promettant mettre à couvert les vassaux de ce qu'ils pourroient craindre de la part de leurs Suzerains.*

Voy. Monstrelet, page 940. Chroniques de S.t Denys. & le Moine de S.t Denys.

Voy. ci-après p. 515.

Ces Lettres firent peu d'effet, quoique renouvelées le 19 Août suivant. Les Princes continuèrent d'armer, toûjours sous le prétexte du bien du Roi & du Royaume. Ils promettoient de leur côté, de garantir ceux qui prenoient les armes pour eux, des suites de leur desobéïssance, & prétendoient que les Lettres dont nous venons de parler, quoique expédiées sous le nom du Roi, avoient été données contre sa volonté & à son insçu. Le Roi fit donc publier le 30 Août de nouvelles Lettres, où il déclaroit que les précédentes avoient été *commandées de son propre mouvement & de sa certaine science.* Il ordonnoit qu'elles seroient publiées de nouveau avec celles qu'il y joignoit signées de lui, & au bas desquelles il écrivit de sa propre main: *Nous faisons savoir à tous, que le contenu en ces présentes, & aussi en nos autres Lettres, a été fait de nostre voulenté & commendement escrit de ma main.* Deux jours auparavant, il avoit ordonné par d'autres Lettres, aux gens ayant Fiefs *(x)*, de *venir le servir en armes* au 15 Septembre suivant, déclarant que son intention étoit de se mettre en personne à leur tête. Les Princes, au lieu d'obéir, publièrent un manifeste *(y)* daté de Tours, le 2 Septembre 1410, dans lequel ils prétendoient justifier le motif qui leur avoit fait prendre les armes: cet acte étoit au nom des Ducs de Berri, d'Orléans & de Bourbon, des Comtes d'Alençon & d'Armagnac. Il étoit adressé, *à nos très-chers & bien amez les Présidents du Parlement, de nostre très-redouté & souverain Seigneur Monf. le Roy, & autres du Conseil de mondit Seigneur en icelui Parlement.* Il contenoit une Lettre au Roi, dans laquelle les Princes ligués s'exprimoient ainsi: *Comme de présent, Vous, votre honneur, votre Justice & l'Estat de vostre Seigneurie, soient foulez & bléciez, & ne vous seuffre enseignourir vostre Royaume, ne gouverner la chose publique d'icelui en tele franchise & liberté que raison vouldroit, comme c'est chose bien évident à toutes gens d'entendement, pour ce nostre très-redoubté & souverain Seigneur, Nous, cy-dessus nommez, Nous sommes aliez ensemble pour aller par devers vous, pour vous humblement remonstrer & informer plus largement & au vray de l'estat de vostre personne, & de M.r de Guienne vostre ainsné fils, & comment vous estes detenu & déméné du Gouvernement ..... à ce que Nous oïz en plain en ceste matière, oïz aussi ceulz, s'aucuns en y'a qui veuillent dire aucune chose au contraire, par l'advis de ceulz de vostre sang ..... & ceulz qu'il vous plaira pour ce mander ..... vous pourvéez réalement & de fait à la seurté, franchise & liberté de vostre personne, & de M.r de Guienne vostre ainsné filz ..... & que la Seigneurie de ce Royaume, l'auctorité, l'exercice, la puissance d'icelui réside & demeure en vous franchement & libéralement comme raison est, & non à autre quelconque.* Ils déclaroient ensuite, qu'ils consacroient leurs biens & leur personne *à ces fins & conclusions obtenir & exécuter ..... & à résister à ceulz qui voudroient s'y opposer.* Ils le signifioient au Roi & aux Prélats, Seigneurs, Universités, Cités, bonnes villes, &c. protestant

Voy. cy-après p. 531.

Voy. ci-après p. 530.

Voy. le Reg. A du Parlement de Paris, fol. 228. R.°

NOTES.

(x) Il dispensa de cette convocation, les Gens des Comptes, par des Lettres du 4 Septembre suivant: elles sont à leur rang dans ce Volume.

(y) Le Père Daniel a fait usage de ce manifeste dans son Histoire de France, *t. IV, page 258. éd. in-4.°, 1722;* mais il suppose qu'il fut dressé dans la première assemblée des Princes ligués à Gien, au lieu que par la date de l'acte même, ce fut dans une assemblée tenue à Tours. Cette pièce se trouve au Reg. *A* du Parl. de Paris, *fol. 228.*

n'avoir d'autre but que le bien de l'Etat & la liberté du Prince. *Pour ce vous prions & requerons que ..... vous nous soiez adhérans, aidans & confortans, & à proprement parler, pas à Nous, mais au Roy nostre redoubté & souverain Seigneur & le vostre, comme tenuz y estes par vos foys & loyauté.*

Une telle démarche étoit une véritable déclaration de guerre: en effet, quelque moyen que l'on employât, on ne pût empêcher les Ligués de s'avancer en armes vers Paris: le Duc de Bourgogne y fit entrer des troupes: il y eut diverses escarmouches, mais si nous en croyons les Chroniques de S.t Denys, *n'y eut Dieu mercy durant ce débat, homme tué ne blecié, au moins si peu que néant.* Les négociations continuoient toûjours: elles produisirent enfin au commencement de Novembre, un accord *(z)* dont la principale clause étoit que le Duc de Bourgogne & le Duc de Berri avec ses adhérens, se retireroient de la Cour, & que le Roi feroit choix d'un nouveau Conseil. C'étoit bien le meilleur moyen de couper racine aux dissentions que les intérêts personnels de ces Princes faisoient naître; mais il étoit plus aisé d'éloigner de la Cour les Chefs des deux partis, que de déraciner de leur cœur l'envie d'y reparoître: aussi le nouveau traité ne dura-t-il qu'autant que la rigueur de la saison ne permit pas de le rompre. Il fut aisé de le pressentir, lorsqu'on vit que les Princes ligués, au lieu de desarmer comme ils s'y étoient engagés, assembloient des troupes nouvelles: c'est ce qui donna lieu aux Lettres du 28 Février, par lesquelles le Roi défend à toutes personnes, *mesme aux Princes de son sang,* de lever des troupes sans sa permission & son commandement, contenus dans des Lettres patentes passées dans son grand Conseil, & scellées de son grand sceau. Les Princes n'eurent aucun égard à ces défenses: ils ne pouvoient cependant s'autoriser des mêmes prétextes qu'ils avoient employés pour justifier leurs premières démarches.

Voy. Chron. de S.t Denys, livre III, fol. 86. R.°

Voy. ci-après p. 575.

Le Duc de Bourgogne observoit, au moins en apparence, le traité qu'il venoit de signer; mais les griefs de la Maison d'Orléans contre celle de Bourgogne, fournirent le motif d'un nouveau manifeste *(a a).* il fut dressé au nom des enfans du Duc d'Orléans, en forme de requête adressée au Roi. L'objet étoit de demander vengeance du meurtre de leur père: on y rappeloit ce meurtre avec toutes les circonstances qui pouvoient le faire paroître le plus odieux. On s'y plaignoit de n'avoir pû obtenir la justice que l'on sollicitoit depuis quatre ans, & comme on

MsS. Colbert, t. IX.

NOTES.

(z) Il fut signé au Château de Wincestre (Bicestre), & en porta le nom.

(a a) C'est le même mémoire dont j'ai tiré les principales circonstances du meurtre du Duc d'Orléans. J'ai dit qu'il étoit daté du 14 Juillet 1411, de Jargueau, aujourd'hui Jargeau à quatre lieues d'Orléans. Il est parlé de ce mémoire dans l'Histoire de Charles VI, par Jean le Févre, Seigneur de S.t Remy: il le date mal à propos du 10 Juillet *(Voy. fol. 13.).* M.r l'Abbé Sallier en parle aussi dans une dissertation qui se trouve au XVII.e Vol. du Recueil des Mémoires de l'Académie des Inscriptions, *fol. 531.* Il dit que la Bibliothèque du Roi a recouvré depuis quelques années, l'exemplaire de ces Lettres manuscrites, qui avoit appartenu à François I.er

M.r Bonamy a fait encore usage de ce manuscrit dans une dissertation sur le lieu & les circonstances du meurtre du Duc d'Orléans, imprimée au *fol. 515* du XXI.e Vol. des Mémoires de l'Académie des Inscriptions.

pouvoit oppoſer le traité de réconciliation ſigné à Chartres, on y parloit ainſi de ce traité: *Le meurtrier ne fut point humilié: il vint à Chartres en la Cathédrale, & fit dire au Roy que c'étoit pour le bien du Royaume qu'il avoit tué le Duc d'Orléans. Il ajoûta, que ſi le Roy en avoit quelque peine, il lui plût l'ôter de ſon cœur. Il prétend que le Roy répondit, qu'il lui pardonnoit: ce que la Ducheſſe d'Orléans ny ſes enfans ne peurent croire.* On ajoûtoit que tout ce qui s'étoit fait à Chartres, étoit nul & deshonorant pour le Royaume: que d'ailleurs, le Duc de Bourgogne avoit violé ce traité, par lequel il avoit promis de ne rien faire *au préjudice & dommage des enfans & ſerviteurs du mort.* On retraçoit l'acharnement de ce Prince à ternir la mémoire du feu Duc d'Orléans, l'affectation odieuſe avec laquelle il receloit & nourriſſoit ſes aſſaſſins, & perſécutoit ceux qui lui avoient été attachés. Les violences qu'il avoit exercées contre *Montagu*, la cruelle queſtion & le ſupplice qu'il lui avoit fait ſubir: enfin on rappeloit les intrigues ambitieuſes du Duc de Bourgogne, par leſquelles il étoit venu à bout d'uſurper le Gouvernement. On prétendoit qu'il tenoit encore le Roi & le Dauphin *en ſujetion;* & l'on ſe plaignoit de ce que les places étoient toûjours remplies par ſes créatures. On citoit entre autres *Pierre des Eſſarts*, Prevôt de Paris, & Gouverneur des Finances, qui, diſoit-on, auroit dû être révoqué, & que l'on prétendoit n'avoir conſervé cette place que par la protection du Duc de Bourgogne.

Ces derniers traits étoient relatifs au traité précédent, par lequel il avoit été arrêté que le Roi choiſiroit un nouveau Conſeil, & que ceux qui demeureroient auprès de lui, ſeroient non ſuſpects. Cependant, de toutes les parties intéreſſées à l'exécution de ce traité, le Duc d'Orléans & ſes fréres paroiſſoient ſe plaindre ſeuls dans ce manifeſte: il fut ſuivi d'un cartel *(b b)* que le Duc envoya au Duc de Bourgogne, en lui déclarant la guerre: celui-ci répondit par un défi *(c c)* à peu près ſemblable. Le Roi étoit alors malade; & la Reine conjointement avec le Duc de Berri, tentèrent en vain les voies d'accommodement. Paris ſe déclara contre le Duc d'Orléans, qui ayant pris les armes, pilla la Picardie, & commit pluſieurs autres hoſtilités. Son parti avoit été renforcé par le Duc de Berri à qui le parti Bourguignon venoit de faire ôter le Gouvernement de Paris. Le nouveau Duc de Bourbon *(d d)*, les Comtes d'Alençon & d'Armagnac, le Sire d'Albret, & pluſieurs autres Seigneurs, ſe joignirent auſſi à la faction d'Orléans. D'un autre côté, on tint un Conſeil à Paris, dans lequel il fut réſolu d'appeler le Duc de Bourgogne au ſecours du Roi. Le Dauphin lui écrivit en conſéquence, le 28 Août, d'amener au plus tôt des troupes. Le Duc, en exécution du traité de *Biſcêtre*, s'étoit tenu éloigné de la Cour; mais il avoit prévû qu'il y ſeroit bien-tôt rappelé, & il s'étoit préparé à y venir en forces. Dès le 12

NOTES.

(b b) Le 18 Juillet 1411. Il étoit daté de Jargeau.
(c c) Il l'envoya de Douay le 14 Août ſuivant.
(d d) Son Pere étoit mort à Mont-luçon, au mois d'Août 1410.

de ce

de ce même mois, il avoit obtenu des Lettres qui révoquoient celles du mois d'Avril précédent, par lesquelles il avoit été défendu à toutes personnes de servir dans les armées des Princes du sang. Il se mit donc en campagne aussi-tôt qu'il en eut l'ordre, & marcha à la tête de soixante mille hommes; mais cette belle armée ne fit presque que se montrer. Les troupes qui la composoient, n'étoient engagées que pour un temps fort court, au bout duquel elles se débandèrent; & dès le 28 Septembre, le Duc de Bourgogne fut contraint de se retirer en Artois, laissant au Duc d'Orléans la supériorité qu'il lui avoit d'abord fait perdre. La Cour n'ayant plus de troupes à opposer, eut recours à des Ordonnances: elle déclara le Duc d'Orléans & ses adhérens, rebelles & desobéissans au Roi & à la Couronne. Les Lettres publiées à cet effet, sont du 3 Octobre 1411. Elles sont adressées au Parlement: les principaux partisans du Duc d'Orléans y sont nommés, & l'on y donne autorité & puissance *de leur courir sus, de les prendre & emprisonner*, exceptant néanmoins ceux qui depuis les dernières défenses de s'assembler, avoient quitté les rebelles. Armes impuissantes contre un ennemi qui avoit la force en main; mais les seules qu'on eut alors pour gagner du temps, & pour en préparer d'autres plus efficaces suivant les circonstances.

Voy. ci-après p. 634.

Voy. ci-après p. 635.

Le Duc d'Orléans avançoit toûjours vers Paris: il s'étoit emparé de S.t Denys & du pont de S.t Cloud, lorsqu'on convoqua l'arrière-ban par Lettres du 14 Octobre, adressées au Prevôt de Paris. Les termes en sont remarquables, en ce qu'ils supposent un projet dont les Historiens n'ont point conservé de traces. On y fait dire au Roi *(ee)*, « qu'ayant été informé depuis peu que son Oncle Jean de Berri, ses Neveux Charles d'Orléans & ses Frères, ses Cousins Jean de Bourbon, Jean d'Alençon & Charles d'Albret, Bernard d'Armagnac & leurs adhérens, *ont formé le détestable dessein de le dépouiller de son état & autorité royale, de détruire lui & sa postérité, & de faire un nouveau Roi en France.* Il ordonne que dans tous les lieux où l'on a coûtume de faire des publications, *& dans les sermons*, ce très-mauvais & détestable projet soit publié, & que tous ceux qui possèdent des Fiefs, & les gens des bonnes villes qui ont accoûtumé de s'armer par forme d'arrière-ban, se rassemblent pour l'aider à défendre sa Seigneurie contre les entreprises de ces rebelles qui se sont emparés de S.t Denys, du pont de S.t Cloud, & de plusieurs autres villes, sur lui, & non sur le Duc de Bourgogne à qui ils ont déclaré la guerre sans la lui déclarer à lui-même. »

Voy. ci-après p. 640.

Ces Lettres annoncent qu'il étoit question de *transporter la Couronne de France en d'autres mains.* Ce projet attribué ici au Duc d'Orléans, pourroit, à ce qu'il semble d'abord, être regardé comme une imputation calomnieuse, suggérée par ses ennemis, dans le dessein de le rendre odieux; mais il y a bien des raisons de croire qu'il s'agissoit d'un projet réel, qui même n'étoit pas nouveau. On avoit pris des précautions contre des menées semblables dès l'an 1403. M.r Secousse l'a remarqué

NOTE.

(ee) Le Roi étoit malade, & par conséquent hors d'état de prendre part à ce qui se passoit.

Voy. la Préface du VIII.e Vol. de ce Recueil. p. x.

dans la Préface du Volume précédent, en rendant compte des Lettres du 26 Avril de cette année, par lesquelles le Roi ordonnoit aux Princes de son sang, & en général à tous ses sujets, de lui prêter un nouveau serment de fidélité, & de reconnoître après lui pour leur Roi, son fils aîné. Ces mesures, dit M.r Secousse, doivent faire présumer *qu'il se tramoit alors en France des intrigues très-dangereuses; que des personnes puissantes y étoient entrées, & que même la constitution de l'E'tat étoit ébranlée.*

Voy. le Reg. 166. p. xiv.

Les Princes mécontens renouvelèrent sans doute ces intrigues en 1411; & j'en trouve de nouvelles preuves dans des Lettres datées du mois de Février de cette année, qui sont au Trésor des Chartres. On y voit que *Jacques Mestreau*, Roi d'armes de Champagne, fut arrêté & détenu long-temps prisonnier au Châtelet, pour avoir dit, *qu'on étoit en adventure de faire en France comme on avoit fait en Angleterre*, (où Richard II avoit été déposé par le Duc de Lancastre son Oncle)..... *que c'eût été prouffitable chose que le Duc de Berri fût venu à Paris pour trouver & mettre aucun bon remède en ce Royaume, & que ceux qui s'estoient armés à l'encontre du Roy, feroient de lui, ainsi qu'on avoit fait en Angleterre.* Après de pareilles alarmes, il étoit naturel qu'on prît toutes les mesures possibles, soit pour se mettre en garde contre les surprises des rebelles, soit pour diminuer leurs forces, soit pour affoiblir leur pouvoir. Aussi vit-on paroître cette année diverses Ordonnances en différens temps, les unes pour établir Guet & Garde *(ff)* aux portes de Paris, pendant le jour, & dans l'intérieur de la ville, pendant la nuit. Les autres pour créer un Conseil *(gg)* destiné à connoître des entreprises, rebellions & desobéissances faites au Roi & à son Royaume: d'autres pour confisquer les biens des Princes ligués. On eût même recours aux Censures ecclésiastiques. Dans les Lettres du 5 Novembre 1411, adressées à l'Evêque de Grenoble, on rappelle une Bulle *(hh)* d'Urbain V, par laquelle le Pape excommunioit les gens des *grandes compagnies*, qui ravageoient le Royaume: ensuite le Roi *(ii)* expose que « Charles d'Orléans son neveu, & ses frères, Jean de Bourbon, » Jean d'Alençon, Charles d'Albret, & Bernard d'Armagnac, contre les » défenses expresses qu'il leur a faites, ont assemblé un très-grand nombre » de gens de guerre, tant de France que des pays étrangers, qui com- » mettent de très-grands desordres..... qu'ils ont pris S.t Denys, S.t » Cloud..... que par leur rebellion, ils ont encourus l'excommunication » portée par la bulle d'Urbain V, ainsi que le lui ont déclaré plusieurs » Prélats & autres de son Conseil, des gens de son Parlement, son Procureur » général, & ses Avocats, ses Gens des Requêtes de son Hôtel, & les » Membres de l'Université de Paris *(kk)*, plusieurs fois assemblés à cette

Voy. ci-après p. 680.

NOTES.

(ff) Les gens de la Chambre des Comptes furent exemptés de ce guet & garde, par des Lettres du 20 Avril. *Voy. ci-après p. 581.*

(gg) Les Lettres du 17 Février sont adressées à ce Conseil, qu'on y dit être nouvellement créé.

(hh) Cette Bulle est datée du 7 des ides de Mai 1367. Ce Pape étoit alors à Marseille.

(ii) Le Roi étoit encore malade lors de l'expédition de ces Lettres.

(kk) Les Lettres patentes du Roi à l'Université de Paris, sont du 14 Octobre 1411. Le 18 du même mois, ce Corps en adressa aussi à ses Suppôts: on les trouve fol. 98. du Vol. IX. des Mss. de Colbert. Il est encore question dans ces Lettres du projet de faire passer la Couronne

occasion : c'est pourquoi, bien qu'il ait intention de procéder contre ces « rebelles, par les moyens qui conviennent à la souveraine autorité & Majesté « royale, &c. &c. Il envoye à l'Evêque de Grenoble, le *Vidimus* de la Bulle « d'Urbain V, en le priant & requérant de la faire publier, & de procéder « en conséquence. » On sent assez que ces opérations ne pouvoient qu'animer les esprits contre les partisans des Princes mécontens : aussi les habitans de Paris en firent bannir plusieurs, & se saisirent de leurs biens. On approuva leur conduite par des Lettres données le 14 Novembre, adressées au Parlement & au Prevôt de Paris : on rappelle encore dans ces Lettres le projet horrible de faire passer le Royaume de France dans des mains étrangères : on y représente le Duc d'Orléans & ses frères, comme uniquement occupés de se soustraire à l'autorité légitime, & on déclare, que sous prétexte de faire la guerre au Duc de Bourgogne pour venger la mort de leur Père, malgré la réconciliation jurée à Chartres, ils n'ont pour but que de faire la guerre au Roi même, *d'usurper sa Seigneurie, de détruire lui & ses Enfans, de le priver de l'autorité royale, & de faire un nouveau Roi en France.*

Voy. ci-après p. 654.

Ce projet attesté par tant de pièces, méritoit bien l'attention des Historiens : ils ne paroissent pas cependant en avoir eu connoissance. Peut-être me reprochera-t-on de l'annoncer comme un fait certain : mais je suis fondé sur des pièces authentiques, & sur l'autorité de M.r Secousse qui, comme je l'ai déjà dit, avoit entrevû les indices d'un semblable projet formé dès l'année 1403, dont celui-ci n'étoit vrai-semblablement que la suite & le développement : de plus, nous ne voyons point que le Duc d'Orléans & ses adhérens aient cherché à se justifier contre des accusations aussi graves. Au reste, ils redoutoient peu toutes ces Ordonnances, tant qu'elles n'étoient pas soûtenues par les armes. L'arrivée du Duc de Bourgogne qui se jeta dans Paris avec quelques troupes angloises, les inquiéta davantage : il y entra sur la fin d'Octobre, & quoique le secours qu'il amenoit, ne fût pas nombreux, il fit un tel effet, qu'il rendit presque sur le champ la supériorité à son parti. Le Duc d'Orléans fut forcé d'abandonner les environs de la Capitale, & de se tenir à son tour sur la défensive. Cependant on ramassoit toûjours des troupes au nom du Roi. On trouve dans ce Volume, *page 661,* des Lettres du 6 Décembre, qui exemptent pour cette fois seulement, les Officiers du Parlement, possédant des biens nobles, de venir servir dans l'armée qui continuoit de s'assembler.

Enfin, Charles, dont la raison & la santé avoient depuis un an été continuellement altérées, recouvra pour quelque temps l'une & l'autre vers le commencement de l'année 1411. Entouré des partisans du Duc de Bourgogne, on vint aisément à bout de le prévenir en sa faveur : d'ailleurs, le projet formé contre sa Souveraineté, par les Princes mé-

NOTE.

de France en d'autres mains. L'Université s'exprime ainsi : *Dolens & gémissans que ce dit Royaume & nous tous doions cheoir, ce que Dieu ne veuille, és mains & Gouvernement estrangers & tirraniques..... veuillés entendre & vous exercer, & reveiller, en vous rendans conjoins & unis avec lui (le Roy) &c. &c. &c.*

contens, ne lui laissoit pas même la possibilité de balancer entre les deux partis. Toute la conduite du Duc de Bourgogne, fut donc approuvée; & le zèle que les Parisiens avoient fait paroître pour lui, fut récompensé par la grace que le Roi leur fit, en rétablissant *(ll)* la Prevôté des Marchands, & l'Echevinage qu'on leur avoit ôté. Les Lettres qui portent ce rétablissement, sont du 20 Janvier, trois jours après le retour de la santé du Monarque. Cette faveur excita une vive reconnoissance dans le cœur des Parisiens: ils firent de nouveaux efforts, & le Duc d'Orléans fut contraint, à son tour, d'avoir recours à l'Angleterre. Quantité de ses partisans l'abandonnèrent, & obtinrent des Lettres d'abolition. Ceux qui en avoient obtenu pendant la maladie du Roi, les firent renouveler. Il paroît que le Duc de Berri lui-même se sépara du Duc d'Orléans *(mm)*: mais ce ne fut que pour peu de temps.

Dans les Lettres d'abolition *(nn)*, qui furent alors expédiées en grand nombre, on voit le tableau le plus touchant des malheurs de la France. Le peuple étoit la victime des excès & des violences que les divers partis exerçoient alternativement sur lui. La terre restée en friche, ne trouvoit presque plus de cultivateurs. Si quelqu'un avoit encore assez de courage pour employer son travail à lui faire porter des fruits, la foible récolte qu'il avoit droit d'espérer, devenoit infailliblement la proie du soldat *(oo)*; & ce nom étoit usurpé par des brigans qui ne connoissoient ni parens, ni amis, ni patrie. Une affreuse famine mit le comble à tous ces maux. On en trouve des preuves dans des Lettres *(pp)* du mois de Février 1411. Il y est marqué, que depuis deux ou trois ans *en çà*, les vivres étoient fort chers & *espécialement le bled qui valoit onze ou douze sols le boissel (qq)*. L'extrémité fut telle en 1410, que l'on crut devoir défendre la

NOTES.

(ll) Elle avoit été supprimée par Lettres du 27 Janvier 1382, qui sont rapportées à la page 685. du VI.e Vol. de ce Recueil. Par ces mêmes Lettres, le Roi avoit donné au Prevôt de Paris, la Jurisdiction qui avoit appartenu aux Prevôt des Marchands & Echevins. *Voy. t. VI.e p. 685. 688. la Préface du même Vol. p. xxij, xxiij, & l'Hist. de Paris, par Felibien, t. II, p. 698.*

(mm) Dans le mois de Janvier, le Duc de Berri assista au Conseil du Roi, & le 11 Mars suivant, il étoit rentré dans le parti du Duc d'Orléans. *Voy. la page 678 de ce Vol. & la note (c) de la page 686.*

(nn) On trouve une multitude de ces Lettres, dans les Registres du Trésor des Chartres. *Voy. les Reg. 165, 166.* Il y a dans la plusspart de ces Lettres, des faits & des dates qui jettent une grande clarté sur les opérations des troupes des deux partis.

(oo) Il est assez ordinaire dans les Lettres de remission de ces temps malheureux, que ceux qui les obtenoient, s'accusoient d'avoir pillé, robé, gâté & détruit les peuples & sujets, bonté feux, efforcié femmes, violé pucelles, &c. &c. Voy. Trésor des Chartres, Reg. 166. pièce xxx.

(pp) Ces Lettres sont au Trésor des Chartres, Reg. 166. p. xxxvj.

(qq) Le marc d'argent fin, au titre de douze deniers, valoit en 1411 six livres quinze sols. Notre monnoie actuelle n'est qu'à onze deniers, ainsi il faut diminuer le douzième sur six livres quinze sols; ou, ce qui revient au même, évaluer notre marc d'argent à cinquante-quatre livres six sols, pour représenter huit onces d'argent, alors on trouvera que les douze sols de 1411, seroient quatre livres quinze sols dix deniers de notre monoie. Il y a lieu de croire que le boissel dont il est question dans ces Lettres, n'étoit pas le boissel de Paris. 1.° parce que celui, en faveur duquel elles sont données, est dit demeurer à *Gunerville, Diocèse de Lizieux*. 2.° Parce que suivant les Registres de l'abbaie de Longchamps, cités par M.r Dupré de S.t Maur, dans son essai sur les monnoies, page 31, seconde partie, le *septier* de blé valoit environ seize sols à Paris, en 1411: or, si le *septier* de Lizieux eût été égal à celui de Paris, & que le boisseau de blé eût valu onze à douze sols dans ce pays, tandis que le septier n'auroit valu que seize sols à Paris, cette différence auroit été énorme. On peut donc présumer, ou que

sortie des grains hors du Royaume : ce fut l'objet des Lettres du mois de Juillet de cette même année. Voy. p. 510.

Je pourrois accumuler ici plusieurs faits qui ont donné lieu à d'autres Ordonnances particulières renfermées dans ce Volume; mais j'ai cru ne devoir m'arrêter qu'aux évènemens qui intéressoient l'administration générale du Royaume *(rr)*.

§. II.

Schisme.

Mr Secousse a déclaré dans la Préface du Volume précédent, qu'il ne croyoit pas devoir étendre ses recherches sur les affaires du schisme: il s'est contenté d'en indiquer les principaux évènemens, & d'en fixer les dates. Je crois ne pouvoir mieux faire que de me conformer exactement à son plan. Par des Lettres du 30 Mai 1403, Charles VI déclara qu'il se remettoit sous l'obéissance du Pape (Benoît XIII). Voy. T. VIII. p. 593.

Le 25 Mai 1408, ce Prince prit le parti de la neutralité, entre les deux prétendans à la Papauté. Voy. ci-après p. 342.

Le dernier Avril 1409, ils furent déposés l'un & l'autre par un Concile tenu à Pise, & ce même Concile élut *Alexandre V, (Pierre de Candie)*. Ce nouveau Pape mourut au bout de dix mois. Voy. Traité du Schisme, par Dupuis, fol. 369.

Au mois de Mai 1410, seize Cardinaux assemblés à Bologne, élûrent Baltazard Cossa, qui prit le nom de *Jean XXIII;* mais nonobstant la décision du Concile de Pise, l'élection d'Alexandre V, & celle de Jean XXIII, on voit que *Grégoire XII & Benoît XIII*, se prétendoient toûjours les souverains Pontifes légitimes : ainsi à la fin de l'année 1411, il y avoit trois Papes dans l'Eglise. Tel étoit en général l'état du schisme. A l'égard des détails particuliers, relatifs à ce qui s'est passé en France, on les trouvera dans la Table des matières de ce Volume, au mot *Schisme*. Ibid. p. 371.

§. III.

Etats particuliers des Comtés d'Artois, Boulonois & S.t Pol.

On a vû dans les Tables des matières des Volumes précédens, au mot *Artois*, que les trois Etats des Comtés d'Artois, de Boulonois & de St Pol, accordoient tous les ans une aide au Roi qui, en cette considération, les exemptoit chaque année, par des Lettres, de toutes impositions, subsides, quatrième de vin, gabelles & autres subventions imposées &

NOTE.

le boisseau dont il est question, étoit un peu moins fort que le septier de Paris, ou qu'il étoit beaucoup plus fort que le boisseau de Paris.

(rr) Mr Secousse a promis à la page 423 de ce Volume, note *(a)*, de donner dans sa Préface, un § intitulé: *Comté de Mortain*, dans lequel il devoit expliquer les droits qu'ont eu sur ce Comté, les Princes de la Maison Royale de la branche d'Evreux, dont quelques-uns ont été Rois de Navarre. Je ne puis satisfaire à cet engagement. Je n'ai trouvé dans ses papiers aucunes pièces qui eussent rapport à ce trait d'histoire qu'il avoit apparemment éclairci, en travaillant à ses mémoires du Roy de Navarre. Si dans la suite, j'en découvre quelques-unes sur cette matière, je me ferai un devoir d'en rendre compte.

à impoſer, &c. &c. La première pièce que nous voyons dans ce Volume, concernant cette aide, eſt du 6 Juin 1404. Il y en a de pareilles pour les années ſuivantes : elles ſont adreſſées aux Généraux Conſeillers ſur le fait des Aides ordonnées pour la guerre ; & à la fin de pluſieurs de ces Lettres, on lit : *Par le Roy, à la rélacion du Conſeil eſtant en la Chambre des Aides ordonnez pour la guerre.*

Nous voyons auſſi des Lettres du 28 Avril 1407, par leſquelles le Roi inſtitue trois Généraux des Finances, règle leurs fonctions, leur pouvoir & leur autorité. Par d'autres Lettres du 28 Octobre 1410, le Roi fixe les gages des Généraux Conſeillers ſur le fait de la Juſtice des Aides, à ſix cens livres : elles ſont adreſſées à *Pierre des Eſſarts, Chevalier noſtre Conſeiller..... ſouverain Gouverneur des Finances des Aides, & autres Généraux qui ſont & ſeront ou temps avenir ſur les Finances deſdites Aides.*

§. IV.

MONNOIES.

La Table des Monnoies que l'on trouve à la ſuite de cette Préface, n'étoit point encore compoſée lorſque la mort a enlevé M.r Secouſſe. Je deſeſpérois de pouvoir jamais ſuppléer à cette partie importante & difficile de ſon Ouvrage. Ce genre de travail demande des connoiſſances particulières, & des talens peu communs pour la ſcience du calcul & pour l'art des combinaiſons. M.r Secouſſe lui-même ne ſe croyant pas en état de remplir à cet égard tout ce qu'il auroit deſiré, avoit engagé un de ſes amis à vouloir bien s'en charger ; mais en obtenant de lui cette grace, le plaiſir de publier le nom d'un ami ſi obligeant, & de marquer publiquement ſa reconnoiſſance à un Savant ſi officieux, lui fut interdit. Je ſuis plus heureux en ce point que mon prédéceſſeur. Il ne m'eſt pas défendu d'apprendre au public, que c'eſt à M.r *Souchet de Biſſeaux*, que nous devons les Tables des Monnoies, dont on a admiré l'exactitude & la netteté dans les Volumes publiés juſqu'ici. Les Lecteurs continueront à lui avoir la même obligation pour les Volumes qui paroîtront par la ſuite. L'amitié qui nous unit depuis pluſieurs années, me fait eſpérer qu'il me pardonnera de l'avoir nommé ſans ſon aveu, mais il n'a point impoſé de conditions au ſervice qu'il me rend, & je croirois ne pouvoir ſans injuſtice, laiſſer plus long-temps ignorer au public & aux gens de Lettres, le nom d'un homme parfaitement inſtruit de tout ce qui concerne les Monnoies, & dont le caractère généreux ſe prête, avec une facilité d'autant plus eſtimable qu'elle eſt moins commune, aux beſoins de ceux qui ont recours à ſes lumières.

TABLES

CONTENANT ANNÉE PAR ANNÉE,

LES PRIX

DU MARC D'OR ET D'ARGENT

EN ŒUVRE ET EN BILLON,

Le nom des Eſpèces, leur loi, leur poids & taille, & leur valeur,

SOUS LE REGNE DE CHARLES VI.

Depuis l'année 1404, juſques & compris l'année 1411.

NOMS des ROIS.	Page.	ANNÉES, MOIS ET DATES des MANDEMENS.	NOMS des ESPÈCES.	TITRE des Espèces d'Or.	TITRE DES ESPÈCES d'Argent fin & d'Argent-le-Roi. Fin.	Le Roi.	REMÈDE DE LOI sur l'Or & l'Argent. Or.	Arg.t	POIDS des ESPÈCES d'Or, d'Argent & de Billon.	REMÈDE de Poids sur l'Or, l'Argent & le Billon.	Nomb. de Pièces au Marc.
				Karats.	den. grains.	den. grains.	32es	grains.	den. grains.	den. grains.	
CHARLES VI. en 1380.	697.	1403. Juillet*. . 10.	Ecus à la Couronne. . .	24.	. . . . . .	. . . . . .	8.	. . . .	3. 2 [illegible]	. . . . . .	[illegible]
			Ecus à la Couronne. . .	24.	. . . . . .	. . . . . .	16.	. . . .	3. 2 [illegible]	. . . . . .	[illegible]
	64.	1405. Avril . . . 29.	Blancs Deniers à l'Ecu . .	. . . .	5. 0 [illegible]	5. 6.	. . . .	8.	2. 12 [illegible]	. . . . . .	[illegible]
	83.	Août . . 8.	Ecus à la Couronne. . .	24.	. . . . . .	. . . . . .	8.	. . . .	3. 2 [illegible]	. . . . . .	[illegible]
			Blancs Deniers à l'Ecu . .	. . . .	5. 6½	5. 12.	. . . .	2.	2. 14 [illegible]	. . . . . .	74[illegible]
	188.	1407. Avril . . 2.	Ecus à la Couronne. . .	24.	. . . . . .	. . . . . .	8.	. . . .	3. 2 [illegible]	. . . . . .	[illegible]
			Blancs Deniers à l'Ecu . .	. . . .	5. 6½	5. 12.	. . . .	2.	2. 14 [illegible]	. . . . . .	[illegible]
			Demi-Blancs.	. . . .	5. 6 [illegible]	5. 12.	. . . .	2.	1. 7 [illegible]	. . . . . .	[illegible]
			Doubles	. . . .	2. 9 [illegible]	2. 12.	. . . .	2.	1. 3 [illegible]	. . . . . .	[illegible]
			Deniers Parisis.	. . . .	1. 14 [illegible]	1. 16.	. . . .	2.	1. 1 [illegible]	. . . . . .	[illegible]
			Deniers Tournois.	. . . .	1. 14 [illegible]	1. 16.	. . . .	2.	. . . 20 [illegible]	. . . . . .	[illegible]
			Mailles Tournois	. . . .	1. 1 [illegible]	1. 3.	. . . .	2.	. . . 13 [illegible]	. . . . . .	[illegible]
	506.	1410. Mai . . . . 7.	Ecus à la Couronne. . .	24.	. . . . . .	. . . . . .	8.	. . . .	3. 2 [illegible]	. . . . . .	[illegible]
			Blancs Deniers à l'Ecu . .	. . . .	5. 6½	5. 12.	. . . .	2.	2. 14 [illegible]	. . . . . .	[illegible]
			Demi.	. . . .	5. 6½	5. 12.	. . . .	2.	1. 7 [illegible]	. . . . . .	14[illegible]
	643.	1411. Octobre. 20.	Blancs Deniers à l'Ecu . .	. . . .	4. 19	5. . . .	. . . .	2.	2. 9½	. . . . . .	[illegible]
			Demi, *idem*	. . . .	[illegible]	[illegible]	. . . .	2.	1. 4 [illegible]	. . . . . .	[illegible]
			Doubles Tournois.	. . . .	1. 22.	2. . . .	. . . .	2.	[illegible]	. . . . . .	[illegible]
			Deniers parisis.	. . . .	1. 10½	1. 12.	. . . .	2.	1.	. . . . . .	[illegible]
			Deniers Tournois.	. . . .	1. 10½	1. 12.	. . . .	2.	. . . 19 [illegible]	. . . . . .	[illegible]
			Mailles Tournois	. . . .	0. 23.	1. . . .	. . . .	2.	. . . 14 [illegible]	. . . . . .	[illegible]
	650.	Novemb. 2.	Ecus d'Or à la Couronne.	24.	. . . . . .	. . . . . .	16.	. . . .	3.	. . . . . .	[illegible]
	663.	Décembre 8.	Deniers Parisis.	. . . .	1. 10½	1. 12.	. . . .	2.	1.	. . . . . .	[illegible]
	688.	Mars . . . . 7.	Ecus d'Or à la Couronne.	24.	. . . . . .	. . . . . .	16.	. . . .	3.	. . . . . .	[illegible]
			Blancs Deniers à l'Ecu . .	. . . .	4. 19.	5. . . .	. . . .	2.	2. 9 [illegible]	. . . . . .	[illegible]
			Demi.	. . . .	4. 19.	5. . . .	. . . .	2.	1. 4 [illegible]	. . . . . .	[illegible]
			Doubles Tournois.	. . . .	1. 22.	2. . . .	. . . .	2.	1. 4 [illegible]	. . . . . .	[illegible]
			Deniers Parisis.	. . . .	1. 10½	1. 12.	. . . .	2.	1.	. . . . . .	[illegible]
			Deniers Tournois.	. . . .	1. 10½	1. 12.	. . . .	2.	. . . 19½	. . . . . .	[illegible]
			Mailles Tournois	. . . .	0. 23.	1. . . .	. . . .	2.	. . . 14½	. . . . . .	[illegible]

* [illegible]

VALEUR des Espèces d'Or, d'Argent & de Billon.	PIED de la Monnoie.	VALEUR DES MARCS D'OR, D'ARGENT & de BILLON monnoyés. Or.	Argent.	PRIX DU MARC D'OR aux Monnoies. Titre.	Valeur.	PRIX du Marc d'Argent-le-Roi aux Monnoies. Titre.	Valeur.	OBSERVATIONS.
liv. sols. den.		liv. sols. den.	liv. sols. den.	kar.	liv. sols. den.	den. grains.	liv. sols. den.	
1. 2. 6.	. . . .	69. 15 . . .	. . . .	24.	68.	. . . . .	. . . .	Ordonnance des Généraux des Monnoies, du 11 Juillet 1403.
1. 2. 6.	. . . .	69. 15 . . .	. . . .	24.	68. 10. . .	. . . . .	. . . .	Ordonnance des Généraux des Monnoies, du 6 Juillet 1403.
. . . 10.	30 [illegible]	. . . .	3. 3. 9.	. . . .	. . . .	12. . .	6. 12. 6.	Demi à proportion.
1. 2. 6.	. . . .	69. 15 . . .	. . . .	24.	68.	. . . . .	. . . .	Révoquent la fabrication ordonnée par les Lettres du 21 Avril, rétablit la fabrication & le cours sur l'ancien pied.
. . . 10.	28 [illegible]	. . . .	3. 1. 10½	. . . .	. . . .	12. . .	6. 5.	
1. 2. 6.	. . . .	69. 15 . . .	. . . .	24.	68.	. . . . .	. . . .	Décrient toutes les autres Espèces.
. . . 10.	28 [illegible]	. . . .	3. 1. 10½	. . . .	. . . .	12. . .	6. 5.	
. . . 5.	. . . .	. . . .	3. 1. 10½					
. . . 2.	. . . .	. . . .	1. 8. 1½					
. . . 1½	. . . .	. . . .	. . . 18. 9					
. . . 1.	. . . .	. . . .	. . . 18. 9.					
. . . . . . ½	. . . .	. . . .	. . . 12. 7½					
1. 2. 6.	. . . .	69. 15 . . .	. . . .	24.	68. 5. . .	. . . . .	. . . .	Ce sont les Monnoies du Dauphiné, auxquelles le Roi donne cours.
. . . 10.	28 [illegible]	. . . .	3. 1. 10½	. . . .	. . . .	10. . .	6. 8. . . &	10d & au dessus.
. . . 5.	. . . .	. . . .	3. 1. 10½	. . . .	. . . .	. . . . .	6. 5. . .	Allayé au dessous de 10d.
. . . 10.	33 [illegible]	. . . .	3. 6. 8.	. . . .	. . . .	5. . .	6. 15. . .	Allayé à 5d & au dessus. Ordonnance des Généraux des Monnoies, du 30 Octob. 1411.
. . . 5.	. . . .	. . . .	3. 6. 8.					
. . . 2.	. . . .	. . . .	1. 6. 8.	. . . .	. . . .	. . . . .	6. 8. . .	Allayé au dessous de 5d
. . . 1½	. . . .	. . . .	1.					
. . . 1.	. . . .	. . . .						
. . . . . . ½	. . . .	. . . .	. . . 13. 4.					
1. 2. 6.	. . . .	72	. . . .	24.	70.	. . . . .	. . . .	Ordonnance des Généraux des Monnoies, du 8 Novembre 1411.
. . . . . . ½	. . . .	. . . .	1.	. . . .	. . . .	5. . .	6. 15. . .	Pour l'Aumône du Roi.
1. 2. 6.	. . . .	72	. . . .	24.	70. 15. . .	. . . . .	. . . .	Ces Monnoies sont pour le Dauphiné, & auront cours dans tout le Royaume, pourvû qu'elles y soient fabriquées des titres, poids & loi ordonnés.
. . . 10.	33 [illegible]	. . . .	3. 6. 8.	. . . .	. . . .	. . . . .	6. 15.	
. . . 5.	. . . .	. . . .	3. 6. 8.					
. . . 2.	. . . .	. . . .	1. 6. 8.	. . . .	. . . .	. . . . .	6. 8. . .	Allayé à 5d & au dessus, 6l 15s; & au dessous de 5d, 6l 8s.
. . . 1½	. . . .	. . . .	1.					
. . . 1.	. . . .	. . . .	1.					
. . . . . . ½	. . . .	. . . .	. . . 13. 4.					

TABLE ALPHABETIQUE

Des Espèces de Monnoie dont il est fait mention dans la Table précédente.

ÉLOGE
DE
M. SECOUSSE.

L'HOMMAGE que M.r de Bougainville a rendu à la mémoire de M.r Secousse, ne laisse rien à desirer pour la gloire de ce Savant. Je n'ai garde de prétendre ajoûter au portrait dessiné par une main aussi habile; mais il est de mon devoir de rassembler à la tête de ce Volume, les principaux traits de la vie de celui dont je suis destiné à continuer l'ouvrage. En parlant de ses travaux, je me présente à moi-même le modèle que je dois suivre dans la carrière où je le remplace. Que ne puis-je me flatter d'y apporter un jour les mêmes talens, comme j'y apporte le même zèle!

Denys-François Secousse naquit à Paris le 8 Janvier 1691, d'une famille originaire du Berri. Son trisaïeul Notaire & Maire de Saint-Aignan, eut l'honneur de servir à table *Henri IV*, lorsque ce grand Prince passa par cette ville. Ce Notaire laissa deux fils, l'un Secrétaire du Duc *de Bellegarde*, & Gouverneur des Pages de la Grande-écurie, a formé en Languedoc une branche qui a donné un Conseiller au Parlement de Toulouse: il n'en reste qu'un enfant. L'autre vint s'établir à Paris où il acheta une charge de Procureur au Parlement. Cette charge fut transmise à son fils qui devint père de *Jean-Léonard Secousse*, Avocat, & de *François-Robert*, Curé de Saint Eustache. Ces deux frères s'acquirent une grande considération, chacun dans son état. *Jean-Léonard*, marié en 1690 à Demoiselle..... *le Mire*, en eut deux fils; l'aîné fut *Denys-François*, qui fait le sujet de cet éloge: le cadet *Jean-François-Robert*, embrassa l'état ecclésiastique. La Cure de Saint Eustache qu'il remplit aujourd'hui avec tant de distinction, lui fut résignée par son Oncle.

On regarda avec raison comme un prodige de l'enfance, que *Denys-François Secousse*, eût, à l'âge de six ans, copié par goût, de sa main, presque tout le Télémaque. Pendant ses cours d'Humanité & de Philosophie qu'il fit au Collége de Beauvais, sous des Professeurs habiles, entr'autres sous l'illustre M.r *Rollin*, il fallut modérer cette ardeur insatiable d'apprendre, qui poussée trop loin, pouvoit lui devenir funeste. Tout ce qu'on emploie d'ordinaire pour exciter les jeunes gens, on s'en servoit pour le retenir: il avoit besoin de frein, & non d'aiguillon: caractère d'esprit que *Quintilien* desire le plus dans un élève; c'est presque toûjours ce qui annonce l'homme de mérite: la Nature le commence; le temps & l'étude l'achèvent.

Les jours n'étoient pas assez longs au gré du jeune *Secousse*, il lisoit la nuit à l'aide d'une lanterne sourde pour se cacher de ses Maîtres; & comme son application étoit ordinairement à ce degré de force que rien ne peut distraire, le feu, dans une de ces parties nocturnes, prit à son lit; il ne s'en aperçut que lorsqu'il se sentit presque suffoqué par la flamme & par la fumée: il éteignit l'incendie, les vestiges le trahirent malheureusement: le lendemain on réprima ce goût trop violent, & l'on eut soin que sa vie & sa santé également exposées dans ces veilles laborieuses, fussent à l'abri de pareils dangers; mais privé de la ressource qu'il avoit imaginée, il eut recours à d'autres expédiens, contre lesquels on prit des précautions nouvelles aussi inutiles que les premières.

L'état de nos pères décide assez souvent le nôtre. M.r *Secousse*, fils d'un

Avocat célèbre, étoit destiné au Barreau : il étudioit l'Histoire par goût : il s'occupa du Droit par déférence : il partagea son esprit & son temps entre ces deux genres, & parcourut sa double carrière avec un succès presque égal. En 1710, il fut reçu dans ce Corps honorable qui n'a d'autre occupation que de défendre la fortune & la vie des citoyens, d'autres armes que le génie & l'éloquence, d'autre éclat que celui dont il brille par lui-même.

Le premier Plaidoyer de M.r *Secousse*, donna de son cœur une idée aussi avantageuse que de son esprit : la cause étoit intéressante : il s'agissoit de décider si l'Avocat peut exiger des honoraires : notre Orateur soûtint la négative : la gloire accompagnoit du moins son opinion, & la générosité combattoit pour lui. On s'aperçut qu'il s'étoit peint dans le portrait d'une ame noble & désintéressée : il perdit sa Cause, mais il gagna l'estime & les suffrages des Juges mêmes qui le condamnèrent.

Peu de temps après cet heureux essai, il eut à pleurer presque à la fois son père & sa mère. Sa passion pour l'Histoire qu'il n'avoit modérée que par égard pour eux, reprit alors ses droits : il s'y livra tout entier, & n'oublia rien de ce qui pouvoit lui en faciliter la plus profonde connoissance : il fit même des études superflues, eu égard au genre d'occupations qu'il embrassa bien-tôt.

Le champ de l'Histoire est vaste : il falloit se borner, & choisir dans ce grand tout, dont chaque partie est encore si considérable. M.r *Secousse* se détermina pour l'Histoire de France. La langue d'*Homère* & d'*Hérodote* qu'il avoit su au Collége, & qu'il s'étoit donné la peine d'étudier de nouveau, lui devint alors tout-à-fait inutile : aussi disoit-il qu'il avoit appris & oublié le Grec deux fois ; mais la langue Italienne dans laquelle il se rendit très-habile, lui fut d'un grand secours. La plufpart de nos Historiens avoient négligé des sources abondantes, mais écartées, où ils auroient puisé de véritables richesses. Un grand nombre de pièces originales que recèlent les dépôts publics, offroient une ample moisson de faits ignorés ou mal connus, dont l'utilité se trouvoit perdue pour la France.

M.r *Secousse* osa pénétrer dans ces lieux redoutables où règne, s'il m'est permis de parler ainsi, une savante horreur, & dont l'abord seul est effrayant : il fouilla ces mines profondes & presque inaccessibles, qui renferment tant de trésors littéraires : il les réunit à ceux qu'il avoit rassemblés d'ailleurs, tant sur l'Histoire générale de la Monarchie, que sur les détails les plus particuliers de chaque règne. A force de soins & de dépenses, il parvint à se faire le Cabinet le plus complet en ce genre ; & ce qui est plus rare & plus estimable encore, c'est que son esprit possédoit tout ce que renfermoit son Cabinet.

Une érudition si grande, & sur-tout si utile à la patrie, attira sur lui les yeux de l'Académie des Inscriptions & Belles-Lettres : il fut admis dans cet illustre Corps en 1723. L'Académie d'Amiens, jalouse de se l'associer aussi, le reçut en 1749 : il accepta dans ces deux occasions, un honneur qu'il n'avoit pas même pensé à solliciter. Je laisse à ces Sociétés célèbres, le soin de faire connoître les excellens Mémoires dont il a souvent enrichi leurs Recueils. Je me borne à parler des Livres qu'il a publiés séparément, & particulièrement de celui qui l'a occupé les dernières années de sa vie.

M.r *de Lauriere*, ce fameux Jurisconsulte, ce savant Avocat au Parlement de Paris, dont nous avons plusieurs Ouvrages estimés, avoit commencé par ordre du Roi, *le Recueil des Ordonnances du Royaume.* Le premier Volume *in-fol.* qu'il fit paroître, réunit tous les suffrages ; mais l'Auteur étant mort en 1728, le public se vit privé d'une suite qu'il attendoit avec impatience. Il fut question de chercher, pour remplacer M.r *de Lauriere*, un successeur digne de lui. M.r le Chancelier *Daguesseau*, le trouva dans M.r *Secousse*. Il savoit que ce docte Académicien joignoit à la science du Droit, un autre genre de connoissances non moins essentielles pour la perfection de ce travail. Si le choix de M.r *Daguesseau*, fut universellement applaudi, il fut pleinement justifié par la publication du second Volume, dont les matériaux étoient déjà disposés par l'illustre défunt. Le Continuateur n'eut à y ajoûter que des Tables, une Préface, & l'E'loge de son Prédécesseur. Six Volumes qu'il fit paroître depuis successivement, tous enrichis de savantes Préfaces, avec des notes non moins curieuses qu'importantes, achevèrent de confirmer & de remplir les espérances du public. *Le Journal des Savans,* Juge si compétent dans ces matières, a témoigné, pour le mérite du Continuateur, une juste admiration *. Il me conviendroit peu de parler après de tels Oracles: je me contenterai de dire que M.r *Secousse,* dans cet Ouvrage, a montré l'homme le plus laborieux, le Savant le mieux instruit, l'E'crivain le plus exact, le Critique le plus habile.

M.r *Secousse,* toûjours occupé de l'Histoire, fit paroître en 1742, les *Mémoires de Condé,* cinq volumes *in-4°.* On sait avec quel empressement ce Livre fut reçu du public.

En 1746, il fut nommé par le Roi, conjointement avec M.rs *de Foncemagne & de Sainte-Palaye,* pour dresser une Table chronologique de toutes les Chartres, Diplomes, &c. concernant la France, & qui se trouvent dans les Livres imprimés. Comme M.r *Secousse* avoit pour ce travail les plus grandes ressources dans la collection immense & choisie qui formoit sa Bibliothèque, la direction du projet lui fut déférée pas ses illustres Collègues. Il avoit avancé l'Ouvrage: les talens & le zèle de M.r *de Sainte-Palaye,* qui s'est chargé de le finir, répondent du succès; l'exécution entre ses mains ne peut être que prompte & heureuse.

M.r *Secousse* fut encore préposé dans la même année 1746, pour l'examen des pièces conservées dans les dépôts de différentes villes des Pays-bas nouvellement conquises. Les dépouillemens des registres de tous ces dépôts, furent faits par ordre du Roi. M.r *Desnans,* Conseiller au Parlement de Besançon, Commissaire de Sa Majesté en cette partie, envoyoit à M.r le Garde des Sceaux, pour lors Contrôleur général, des états que ce Ministre communiquoit à M.r *Secousse,* pour avoir son avis sur ce qu'il falloit réclamer ou copier. Une partie de ces pièces devoit appartenir à la France, en exécution de divers Traités. Il falloit tirer des copies authentiques de celles qui concernoient des affaires communes entre la France & les autres Puissances. Quelle étendue de lumières, de discernement & de sagacité cette opération pénible & délicate ne demandoit-elle pas! mais il ne falloit pas moins de probité; & M.r *Secousse* avoit tout: ce travail fut fini au commencement de 1748.

On ne croiroit pas qu'il lui restât quelques heures de relâche pour les donner à d'autres Ouvrages; il savoit cependant en trouver, & l'on va publier en deux Volume *in-4.° les Mémoires de Charles II,* Roi de Navarre, dit *le mauvais;* mais ces travaux particuliers ne prenoient rien sur le principal objet dont il étoit comptable au public. Ce nouveau Volume du *Recueil des Ordonnances,* que nous donnons aujourd'hui, est encore entièrement de sa composition: c'est prévenir en sa faveur, que de l'annoncer.

Si M.r *Secousse* avoit un esprit qui suffisoit à tout, il s'en falloit bien que sa santé le secondât. Sa vûe s'affoiblit insensiblement, au point que dans les dernières années de sa vie, il fut obligé de renoncer à lire; genre de supplice bien cruel pour un homme qui ne connoissoit d'autre plaisir, d'autre félicité. Les ressources de l'art furent vainement épuisées: sa vûe s'éteignit tout à fait: il ne survécut pas long-temps à cette perte. Privé de la lumière du jour, & sur-tout de la lecture, il ne se compta plus au nombre des vivans, & se regarda comme une ombre errante déjà dans la région de la mort. Le trépas n'étoit pour lui que le passage d'un tombeau dans un autre; & les ténèbres qui l'environnoient, ne faisoient que se changer en une nuit éternelle. Il fut attaqué le 4 Mars 1754,

NOTE.

* Voyez le Journal des Savans, mois de Juin & d'Octobre 1752.

d'une maladie aiguë qui termina ses jours le 15 du même mois, à l'âge de soixante-trois ans accomplis : il a été sincèrement regretté de sa famille, du public, & de tous les gens de Lettres qui lui étoient attachés par l'estime, par l'amitié, & par la reconnoissance : car il en est peu de ceux qui l'ont connu, à qui il n'ait rendu des services pour leurs propres Ouvrages.

Son objet, en réunissant dans son Cabinet tant de monumens rares & précieux, n'avoit jamais été la gloire frivole de les posséder, & d'en jouir seul : il étoit exempt de cette ridicule vanité qui ne veut rien communiquer, qui ne sait pas même se servir de ses avantages : espèce d'avarice plus sordide que celle de l'or. M.r *Secousse* pensoit avec trop de noblesse, il étoit trop bon citoyen, pour ne pas offrir de lui-même ses richesses littéraires : il en faisoit part avec un empressement, une affabilité dont on trouve bien peu d'exemples. Ses propres découvertes sembloient être, de même que ses livres, le bien commun des gens de Lettres. Son Cabinet, qu'on pouvoit appeler le magasin de l'Histoire, étoit ouvert à tout le monde.

En qualité de Censeur Royal, il étoit chargé de l'examen de la plusspart des Ouvrages relatifs à l'Histoire de France ; & c'est encore un de ces travaux pénibles & rebutans, qu'on ne comprend pas qu'il pût allier avec ses autres occupations. C'étoit pour lui une occasion sans cesse renaissante de prodiguer ses lumières aux Auteurs dont les manuscrits lui étoient confiés. Par une générosité d'une autre espèce, il ne voulut jamais demander la pension attachée à la fonction de Censeur, & qu'il avoit si bien méritée. Il aimoit mieux laisser jouir de ce secours, ceux à qui la médiocrité de la fortune, le rendoit nécessaire : c'est ainsi qu'il confirmoit souvent ce que nous avons dit, que lorsqu'il plaida la cause du désintéressement, ce n'étoit pas son esprit seul qui l'avoit défendue.

Il a soûtenu jusqu'à la fin de sa vie, le caractère de douceur, de modération & de tranquillité d'ame qu'on admiroit en lui, & le zèle patriotique qui l'avoit toûjours animé. Son dernier soupir a été pour les progrès de la Littérature & de l'Histoire. Il a fait un testament, par lequel il lègue à la Bibliothèque du Roi, les extraits qu'il avoit fait des différens dépôts relativement à l'Histoire générale & particulière du Royaume : c'est ainsi que veillant à la conservation des manuscrits précieux qu'il avoit rassemblés, sa prudence les remet dans un lieu sûr & sacré, où tous les gens de Lettres, par la protection que le Roi leur accorde, pourront les aller consulter. A l'égard de ses livres, il a voulu qu'on les vendît en détail, afin qu'ils fussent plus dispersés pour l'utilité commune, & que chacun pût se réserver ceux qui conviendroient à l'objet particulier de ses études. Utile aux Savans pendant sa vie, il les sert encore après sa mort. Des attentions si marquées, suffiroient seules pour rendre la mémoire de M.r *Secousse* respectable & chère à ceux mêmes qui ne le connoîtroient que par de si sages dispositions.

ORDONNANCES

DES

ROIS DE FRANCE

DE LA

TROISIÉME RACE.

ORDONNANCES

ORDONNANCES
DES ROIS DE FRANCE
DE LA TROISIÉME RACE.

CHARLES VI.

(*) *M. CCCC. IV.*

* Suivant le Glossaire de *Du Cange*, au mot, *Annus*, cette année a commencé le 30 de Mars, & a fini le 18 d'Avril.

(a) Lettres par lesquelles Charles VI. donne en augmentation d'Apanage au Duc d'Orléans son Frère, cinq cens Livres de rente à prendre sur les Terres & Rentes étant du Domaine dans le Comté de Soissons, à Ham & autres lieux.

CHARLES VI. à Paris, le 22 de Mai 1404.

CHARLES, &c. Savoir faisons à tous présens & avenir, que comme ès [a] Lettres de l'Ordonnance par Nous derrenièrement faicte de non donner & aliéner en quelque manière aucune chose de nostre Demaine, soit expressément contenu que pour ce que nostre très-cher & très-amé Frère le *Duc d'Orléans* Nous avoit exposé qu'il avoit eu trop petite partie de Terres pour son Appanage, eu regart à ce que Nous n'avons plus Frère que lui, & aux Appanages qui ont été bailliez tant à feu nostre Oncle le *Duc d'Orléans*, qui fu seul Frère de nostre très-cher Seigneur & Ayeul le Roy Jehan que Dieux absoille, comme à feux nostre Oncle le *Roy de Cecille Duc d'Anjou*, & noz très-chiers & très-amez Oncles les *Ducs de Berry* & de *Bourgogne*, Nous ferions veoir & adviser par nostre Conseil, les Terres & Seigneuries qui à nostredit Frère ont esté bailliez pour sondit Appanage, & aussi que les Gens de nostredit Conseil verroient & adviseroient les Appanages de nozdiz Oncles, & tost Nous rapportaissent ce qu'il en avoient trouvé, & ou cas où nostre-dit Frère ne auroit eu aussi grant Appanage comme a eu l'un de noz Oncles dessus diz, Nous lui assignerions & parferions & ferions [b] assignez & parfaire ce qui en deffauldroit, telement quil en devroit estre content; & il soit ainsi que nostredit Frère Nous ait humblement supplié, que comme il ait n'agueres acheté & acquis de nostre chière & amée Cousine *Marie* de *Bar*, les Villes, Conté, Chastel, Chastelleries, Terres, Seigneuries, appartenances & appendances de *Soissons*, de *Ham* en *Vermendois*, *Pinon*, *Moncornet*, *Origny* en [c] *Theraissé* & le Vinage de *Laon*, Nous pour & en déduccion & rabat de ce qui encores lui est & puet estre deu & appartenir à cause de sondit Appanage, & pour aünir toute la Seigneurie & revenue des Terres, appartenances & appendances dessus diz, au regart de ce que Nous y avons & prenons, avecques le droit & Demaine que y a & prent de présent nostredit Frère pour & à cause de ladicte acquisicion, lui vueillons donner, ceder, transporter & délaissier à

a *Elles sont du dernier de Février 1401. & sont à la p. 484. du 8e Vol. de ce Rec.*

b corr. *assigner.*

c *Thierache.*

NOTE.

(a) Trésor des Chartres, Registre 158. Pièce III.c LXXVII. (377.)

CHARLES VI. à Paris, le 22 de Mai 1404.

tousjours-mais perpétuelment tout le droit & Demaine quelconque que Nous avons, en quelque manière que ce soit, esdictes Villes, Conté, Chastel, Chastelleries, Terres, Seigneuries & appartenances, jusques à l'extimacion & valeur de cinq cens Livres Parisis de terre ou rente, se tant se monte : Nous inclinans à ladicte supplicacion de notredit Frère, pour considéracion de la très-grant & parfaite amour, de la très-grant & vraye obéissance qu'il a tousjours eue & a envers Nous, & des très-grans, notables, agréables & prouffitables services & plaisirs qu'il Nous a fais continuelment de tout son temps, fait chascun jour, & esperons que encores face ou temps avenir, & aussi pour pluseurs autres certaines causes & considéracions à ce Nous mouvans, à icellui nostre Frère avons donné, octroié, baillié, cédé, transporté & délaissié, & par la teneur de ces présentes, de nostre certaine science, plaine puissance, auctorité Royal & grace espécial, donnons, octroions, baillons, cèdons, transportons & délaissons dès maintenant à tousjours, pour sortir nature d'Appanage pour lui, ses hoirs masles descendans de son corps, procréez en loyal mariage, & de leurs hoirs masles descendans d'eulx en directe ligne & par loyal mariage, tout le droit & Demaine quelzconques que Nous avons en quelque manière que ce soit, èsdictes Villes, Conté, Chastel, Chastelleries, Terres, Seigneuries, appartenances & appendances de *Soissons*, & autres dessus déclairiez, jusques à l'estimacion & valeur de cinq cens Livres Parisis de terre ou rente, se tant se monte, comme dit est, avecques toute la Justice haulte, moyenne & basse que Nous y avons & povons avoir, à les avoir, tenir, possider & en joïr & user perpétuellement par nostredit Frère, sesditz hoirs masles nez & à naistre en loyal mariage, ainsi que dit est, comme partie de sondit Appanage; sauf & réservé à Nous & à noz successeurs Roys & à la Couronne de France, les Foy & Hommaiges lige, les Souveraineté & Ressort, & autres droits Royaulx, avecques la Garde des Eglises estans de fondacion Royal, en parriage ou tellement privilégiez qu'elles ne pevent ou doivent estre séparées de nostredite Couronne, se aucunes en y a. Si donnons en mandement par ces présentes à nos amez & féaulx Gens tenans & qui tendront noz Parlemens, les Gens de noz Comptes & Trésoriers à *Paris*, & à tous noz autres Justiciers & Officiers présens & avenir, ou à leurs Lieuxtenans, & à chascun d'eulx, si comme à lui appartendra, que nostredit Frère, sesdiz hoirs, successeurs & aians cause de lui, facent, seuffrent & laissent joïr & user plainement & paisiblement à tousjours, des choses, Demaines, rente, Justices & appartenances dessus dictes, sans leur mettre ne souffrir estre mis en ce, par qui ne comment que ce soit, destourbier ne empêchement aucun : Mandons aussi & commettons à nostre *Bailli* de *Vermandois*, ou à son Lieutenant, que nostredit Frère ou ses Gens & Procureurs pour lui, mette ou face mettre réalment & de fait en possession & saisine desdictes rente & Justice, & de leursdictes appartenances & appendances, & par les vassaux & subgiez d'icelle, lui face faire & prester les Foys & Hommages, services & obéissances, & autres devoirs en quoy ilz lui sont, seront & pourront estre tenus de ceste cause; non obstant que lesdictes rentes, Demaines, Justices, & autres choses dessus dictes, feussent des pieça du Demaine de nostredicte Couronne, & à ycelle adjoinctes & aünies, & lesquelles en faveur de nostredit Frère & à cause de sondit partaige, Nous avons mis hors de nostredit Demaine; & nonobstant aussi quelxconques autres dons de Deniers, de Terres, possessions & d'autres choses quelxconques par Nous autreffois fais à nostredit Frère, lesquelz Nous voulons avoir en ces Lettres pour exprimez, les Ordonnances dessus dictes par Nous autreffois faictes en nostre Grant Conseil, de non plus donner ne aliéner aucune chose de nostredit Demaine, & quelxconques autres Ordonnances, Mandemens ou deffenses à ce contraires. Et affin que ce soit ferme chose & estable à tousjours, Nous avons fait mettre nostre Séel à ces présentes: sauf en autres choses nostre droit, & l'autruy en toutes. *Donné à* Paris, *le XXII.*e *jour de May, l'an de grace mil CCCC & quatre, & le XXIIII.*me *de nostre Regne.*

Par le Roy. FERRON.

CHARLES VI. à Paris, le 22 de May 1404.

(a) Lettres par lesquelles Charles VI. permet que le Duc d'Orléans son Frère & ses descendans mâles possèdent en Pairie la Baronie de Coucy, le Comté de Soissons & plusieurs autres Terres.

CHARLES par la grace de Dieu Roy de France. Savoir faisons à tous présens & avenir, que Nous considérans les bons, notables, agréables, prouffitables & continuelz services, & les très-grans & bons plaisirs que nous à faiz dès le temps de nostre enfance en maintes manières, & fait encores de jour en jour nostre très-cher & très-amé Frère le *Duc d'Orléans, Conte* de *Valois*, de *Blois* & de *Beaumont*, la vraïe & [a] ferveur amour & obéissance que tousjours avons trouvé en lui, voulans pour ce extendre & eslargir envers lui nostre grace & libéralité, & afin qu'il puisse plus honnorablement & paisiblement tenir, possider & gouverner ses subgiez, Terres & Païs, avons à nostredit Frère octroié & octroyons de nostre certaine science, grace espécial, plaine puissance & auctorité Royal, que il & nostre très-chière & très-amée Suer la *Duchesse d'Orléans* sa Femme, & tous leurs enfans masles procréez & à procréer en loyal mariage, tiennent, possident & gouvernent, facent tenir, possider & gouverner d'orésenavant en Parrie perpétuelment & comme Pers de France, leurs Baronnie & Seignourie de *Coucy* & *Conté de Soissons*, avecques les Villes & Chastelleries de *Ham* en *Vermendois*, *Pinon*, *Moncornet*, *Origny* en [b] *Theraisse* & le Vinage de *Laon*, & toutes leurs autres Terres, Noblesses & Seigneuries, que ilz ont acquises de tout le temps passé jusques à ores; ensemble les Villes, Chasteaulx, Chastelleries, Baronnies, Justice, Juridicions & Seigneuries, Bois, Eaües, Cens, Rentes, Hommes & Femmes, & toutes autres possessions & appartenances d'icelles Contez & Terres, quelzconques elles soient, ainsi & par la manière que nostredit Frère tient & posside son Appanage par Nous à lui baillié & assigné à cause de la succession de feu nostre très-chier Seigneur & Père le Roy Charles dont Dieux ait l'ame; & que nosdiz Frère & Suer, & leursdits enfans masles procréez & à procréer en loyal mariage, comme dit est, leurs Gens & Officiers, présens & avenir, joyssent & usent d'orésenavant de tous previléges, Noblesses, prééminances, Libertez, prérogatives & franchises dont les Pers de France, leurs Gens & Officiers, usent & joyssent & ont acoustumé joïr & user, tant en cas de Jugemens, d'appeaulx & de adjournemens, comme en autres cas quelzconques, nonobstant que yceulx autres cas ne soient esclarcis ou exprimez aucunement en ces présentes; mesmement que ilz puissent en leursdictes Baronnie & Seigneurie de *Coucy*, *Conté* de *Soissons*, & autres Terres, Villes & Chastelleries dessus déclairées, & autres quelzconques par eulx acquises, avoir & faire tenir leurs Grands Jours pour cognoistre en cas de Ressort des Jugemens qui donnez seront par leurs Baillis, Gouverneurs ou Séneschaulx, pour le Ressort desdictes Baronnie & Seigneurie de *Coucy*, *Conté* de *Soissons*, & autres Terres, Villes & Chastellerie dessus dictes, faire tenir leurs Grands Jours en quelque lieu qu'il leur plaira & que bon leur semblera, ès [c] termes & mettes d'icelles Seignourie, Baronnie ou Conté. Si donnons en mandement par ces mesmes présentes, à noz amez & féaulx les Gens tenans à présent & qui pour le temps avenir tendront nostredit Parlement à *Paris*, & à tous les autres Justiciers & Officiers de nostre Royaume, ou à leurs Lieuxtenans, présens & avenir, & à chascun d'eulx, si comme à lui appartendra, que de nostre présente grace & octroy, facent, seuffrent & laissent à tousjours-mais nozdiz Frère & leurs Enfans dessusdiz, leurs Gens

[a] *app. fervante.*

[b] *Thierache.*

[c] *dans l'estendue.*

NOTE.

(a) Registre *A.* du Parlement de *Paris*, *fol.* 8 vingt 16. [176.] *verso*.

Avant ces Lettres, il y a : *Concessio quòd* Dux Aurelianensis *& ejus uxor, teneant in Parria terram suam & Baroniam* Couciaci, *ac* Comitatum Suessionensem.

Ces Lettres sont aussi au Trésor des Chartres, Registre 158. Piéce 376.

CHARLES VI. à Paris, le 22 de May 1404.

& Officiers, joïr & user plainement & paisiblement sans les molester, traveiller ou empescher, ne souffrir [d] este molestez, traveilliez ou empeschiez en aucune manière au contraire; mais se contre la teneur de nostredicte grace, aucune chose estoit faicte, attemptée ou innovée ès temps avenir, la rappellent & ramainent ou facent mettre & ramener sans délay au premier estat & deu. Et pour ce que aucun ne puisse prétendre ou alleguer ignorance, ne soy excuser ou temps avenir, de nostre présente grace & des choses contenuës en ycelle, Nous voulons & mandons à nosdictes Gens de Parlement, & à touz noz autres Justiciers qui sur ce seront requis, que nostre présente grace ilz publient & facent publier en nostredit Parlement, ès Assises & Plaiz de noz Bailliages, & autres Justices où il appartendra, & ailleurs ou mestier sera, & sur ce baillent Lettres suffisans aux Gens de nostredit Frère, se requis en sont: car ainsi Nous plaist-il & voulons estre fait; nonobstant Us & Coustume, stile & Ordonnances quelzconques faictes ou à faire au contraire. Et afin que ce soit ferme chose & estable à tousjours-mais, Nous avons fait mettre notre Séel à ces présentes: sauf en autres choses nostre droit, & l'autruy en toutes. *Donné à* Paris, *le XXII.e jour de May, l'an de grace mil quatre cens & quatre, & de nostre Regne le XXIIII.e* Ainsi signé.

[d] *al. corr.* *estre.*

Par le Roy. P. FERRON.

* *Lecta atque in Curia publicata, die secunda Junii, anno Domini millesimo quadringentesimo quarto.* BAYE.

* Ce qui suit n'est point dans T. Ch.

CHARLES VI. à Paris, le 26 de May 1404.

(a) Lettres qui portent que les Gens du Parlement ne seront point sujets à l'Aide nouvellement imposée pour résister aux Anglois.

CHARLES par la grace de Dieu Roy de France. A noz amez & féaulx Conseillers les Commissaires ordonnez sur le fait de l'Aide nouvellement mis sus, pour résister à l'entreprise de *(b) Henry* de *Lanclastre* soy disant Roy d'*Engleterre:* Salut & dileccion. Comme noz amez & féaulx Conseilliers *(c)* les Gens Laïz de nostre Parlement, des Enquestes, des Requestes de nostre Hostel, & des Requestes de nostre Palais *à Paris*, & noz Greffiers & Notaires, Advocaz & Procureur, qui nous servent ylec, & aussi les Huissiers de nostredit Parlement & desdites Requestes sont continuelment occupez ou fait du bien publique de nostre Royaume, & ou Gouvernement & exercice de nostre Justice capital & souveraine, aux prouffiz & gages anciens qui sont de très-petite valeur, & pour le fait d'icelle occupacion de nostre service, ne puissent bonnement vacquer à leurs autres besoignes, lesqueles pour ce sont de mendre valeur; & il soit ainsi, si comme Nous avons entendu, que nozdiz Conseillers, Greffiers, Notaires & Huissiers ont esté & sont tauxez & imposez audit Aide, ainsi comme les Marchans & autres Populaires de nostredit Royaume, qui ne sont pas nos Officiers; laquele chose leur seroit moult griefve à soustenir, considéré ce que dit est, & mesmement que pour l'onneur de Nous & de nostre service, ilz ont à soustenir & maintenir honnestement leurs Estats à grans fraiz & despens;

NOTES.

(a) Registre *A.* du Parlement de *Paris*, *fol.* 8 vingt 18 *recto* [178.]

Avant ces Lettres, il y a: *Littere qualiter Consiliarii, Graffarii, Notarii, Advocati & Procurator ac Hostiarii Reg. in Parlamento, exempti sunt à certo Subsidio pro resistendo interpresis Regis* Anglie, &c.

(b) Henry de Lanclastre.] Henry IV. de la Maison de *Lanclastre* ayant en 1399. usurpé la Couronne d'*Angleterre* sur *Richard II.* gendre de Charles VI, & l'ayant même fait mourir, on ne reconnut point d'abord en *France Henry IV.* comme légitime Roy d'*Angleterre.*

(c) Les gens Laïz.] Il n'est point fait mention des Conseillers Clercs, parce qu'en qualité d'Ecclésiastiques, ils étoient exempts de cette Ayde. Voy. les Lettres de même date, qui suivent immédiatement celles-cy.

Nous attendu ce que dit est, & les bons & agréables services que Nous ont fait & font continuelment, comme dit est, nosdiz Conseilliers, Greffiers, Notaires, Advocaz, Procureur & Huissiers, & espérons qu'ilz facent ou temps avenir, ne voulons ne entendons que en ycelui Aide ilz soient aucunement comprins; mais voulons qu'ilz soient francs & exemps, & se mestiers est, à yceulz & chascun d'eulz avons remis, donné & quitté, & par ces présentes remettons, donnons & quittons de nostre certaine science & grace especial, toutes les sommes sur eulz imposées & tauxées à cause dudit Ayde. Si vous mandons & estroictement enjoingnons, & à chacun de vous, que nosditz Conseilliers, Greffiers, Notaires, Advocas, Procureur & Huissiers, tenez & faites tenir quittes & paisibles dudit Aide & des sommes sur eulz pour ce taxées & imposées, comme dit est; & se aucuns de leurs biens estoient pour ce prins ou empeschiez, si leur rendez & délivrez ou faites rendre & délivrer tantost & sans délay: Car ainsi Nous plaist-il estre fait; nonobstant quelzconques Ordonnances, Mandemens ou défenses à ce contraires. *Donné à* Paris, *le XXVI*[e] *jour de May, l'an de grace mil CCCC & quatre, & de nostre Regne le XXIIII*[e]. Ainsi Signé. Par le Roy en son Grant Conseil. FERRON.

CHARLES VI. à Paris, le 26 de May 1404.

* LES Commissaires ordonnez sur le fait de l'Aide nouvellement mis sus pour résister à l'entreprise de *Henry* de *Lancastre*, qui se dit Roy d'*Engleterre*. Aux Esleuz sur le fait des Aides ordonnez pour la guerre, ès Cité & Diocèse de *Paris*, & ylec commis sur le fait dudit nouvel Aide: Salut. Pour acomplir le contenu ès Lettres Royaulx ausqueles ces présentes sont atachées soubz un de noz signez, faisans mencion des Conseillers du Roy nostre S. les Gens Lays de son Parlement, des Enquestes, des Requestes de l'Ostel dudit Seigneur, des Requestes de son Palais & de ses Greffiers & Notaires, Advocas & Procureur qui le servent ylec, & aussi des Huissiers dudit Parlement & desdictes Requestes, Nous vous mandons que vous les tenez & faictes tenir quictes & paisibles dudit Aide & des sommes sur eulz & chacun d'eulz pour ce tauxées & imposées; & s'aucuns de leurs biens estoient pour ce prins ou empeschiez, si leur rendez & délivrez ou faites rendre & délivrer tantost & sans délay, pour les causes contenuës èsdictes Lettres; & tout par la forme & manière que le Roy nostre S. le veult & mande par ycelles. *Donné à* Paris *le X*[e] *jour de Juing, l'an de grace mil IIII*[c] *& quatre*. Signé. R. LIJOTTE.

NOTE.

* Registre *A*. du Parlement de *Paris*, *fol.* 8 vingt 18. *verso* [178.]

CHARLES VI. à Paris, le 26 de May 1404.

(a) Lettres qui portent que les Gens des Comptes & les Trésoriers à Paris, ne seront point sujets à l'Aide nouvellement imposée pour résister aux Anglois.

CHARLES par la grace de Dieu Roy de France. A nos amez & féaux Conseillers les Commissaires par nous ordonnez & commis à la garde, conservation & gouvernement des Deniers de l'Ayde nouvellement mis sus en notre Royaume, pour contrester l'entreprise de [a] *Henry* de *Lancastre* soy disant Roy d'*Angleterre*: Salut & dilection. Comme nagueres Nous par grand & meure délibération, & par le conseil & avis de nos très-chers & très-amez Oncles & Frère les

[a] *Voy. cy-dessus* pag. 4. Note *(b)*.

NOTE.

(a) Ces Lettres qui étoient au *fol.* 175. du Mémorial *F.* de la Chambre des Comptes de *Paris*, ont été tirées du Recueil cité dans la Note *(b)* de la p. 26. du 7.e Vol. de ce Rec.

Elles sont aussi imprimées à la p. 600. du Recueil des Priviléges des Trésoriers de France par *Fournival*, d'après ce Mémorial.

CHARLES VI. à Paris, le 26 de May 1404.

Ducs de *Berry*, de *Bourgogne*, d'*Orliens* & de *Bourbon*, & de plusieurs autres de notre Sang & lignage, & de notre Grand Conseil, & pour l'évident profit de toute Chrétienté, avons ordené être mis sus & levé en notredit Royaume certain Aide pour résister aux entreprinses dudit *Henry* & de ses adhérens & [a] faiteurs, ou payement & contribution duquel Aide avons ordené & voulu que toutes personnes y contribuent, sans ce que aucun en soit exempt, soit nos Officiers ou de nosdits Oncles & Frère ou d'autres de notre Sang, ne d'autres quelconques, excepté les Nobles extraits de noble ligniée, non Marchands, ne tenans Fermes ne marchiez, mais fréquentans les armes, ou qui les ont fréquenté ou temps passé, & de présent sont en tel estat pour bleçeures, maladie ou grand aage, que plus ne les peuvent exercer, & aussi excepté Gens d'Eglise, Bénéficiers qui par autre manière aidèrent à ce fait, & povres personnes mandians, & par ainsi seroient tenus de payer & contribuer audit Aide nos amez & féaux les Gens de la Chambre de nos Comptes & de notre Trésor à *Paris*, qui de tout temps ont esté tenus quittes de payer & contribuer à quelque Aide pour Nous ou nos Prédécesseurs, mis & imposez en notredit Royaume pour quelque cause que ce soit: Sçavoir faisons que Nous considerant la continuelle occupation & les grands peines & travaux que ont & soûtiennent chacun jour nosdits Officiers en leursdits Offices, au très-grand bien & proufit de nous & de notre Domaine, & pour plusieurs autres considérations à ce Nous mouvans, avons ordené & voulu, ordennons & voulons, & leur avons octroyé & octroyons de notre grace espécial par ces Présentes, que eux & chacun d'eux soient francs, quittes & exempts dudit Aide, & que au payement d'icelui ils ne contribuent en aucune manière. Si vous mandons & à chacun de vous, si comme à lui appartiendra, que de notre présente grace les faciez, souffrez & laissiez joïr & user paisiblement, en les tenant & faisant tenir quittes & paisibles dudit Aide, selon notre présent octroy; & Nous voulons que par eux rapportans ces Présentes verifiées par vous, ou les trois ou deux de vous, ce à quoi ils auront esté imposez, soit déduit de la Recette de celui ou de ceux à qui il appartient, sans aucune difficulté ou contredit; nonobstant Ordenances, mandemens ou deffenses au contraire. DONNÉ à Paris, *le vingt-sixiéme jour de May, l'an de grace mil quatre cent quatre, & le vingt-quatrième de notre Règne.* Ainsi signé. Par le Roy, en son Conseil. FERRON.

Les Commissaires ordonnez sur le fait de l'Aide nouvellement mis sus pour résister à l'entreprinse de *Henry* de *Lancastre* qui se dit Roy d'*Angleterre*. Aux Esleus sur le fait des Aydes ordonnez pour la Guerre ès cité & diocèse de *Paris*, & illec commis au fait dudit nouvel Ayde: Salut. Pour accomplir le contenu ès Lettres Royaux sous un de nos signés, faisans mention des Gens de la Chambre des Comptes & du Trésor du Roy notre Sire, & de l'octroy à eux fait par ledit Seigneur qui veut qu'ils soient francs, quittes & exempts dudit Ayde, & que au payement d'iceluy ils ne contribuent en aucune manière, nous vous mandons que les dessusdits vous teniez & faites tenir quittes & paisibles dudit Ayde selon ledit octroy, pour les causes & en la manière que le Roy notredit Seigneur le veut & mande par sesdites Lettres. *Donné à Paris, le trentiéme jour de May, l'an 1404.*

Signé. [b] R. LUOTE.

a *factéurs F. p. e. fauteurs.*

b app. LIJOTE *dont le nom se trouve à la fin de plusieurs Lettres de ce tems.* Voy. *page préced. la signature d'un pareil Mandement.*

CHARLES VI. à Paris, le 26 de May 1404.

(a) *Lettres qui portent que les Officiers & Sujets du Roy, demeurans dans son Palais Royal à Paris, continueront d'être exempts de Tailles, d'Aides, & de tous autres subsides.*

CHARLES, &c. Savoir faisons à tous présens & avenir, Nous avoir esté exposé de la partie de noz Officiers, serviteurs & subgiez demeurans en nostre (b) Palais Royal à *Paris*, que ja soit ce que eulx, leurs prédécesseurs demourans en icellui Palais, aient de tel & si long-temps qu'il n'est mémoire du contraire, & mesmement du temps de feu nostre très-chier Seigneur & Père que Dieux absoille, & du nostre aussi jusques à présent, esté quictes & exemps de toutes Tailles, Imposicions, Quatriesmes, & d'autres Aides & subvencions quelxconques, & de ce joy & usé paisiblement sans avoir esté troublez, empeschiez ou contrains aucunement au contraire; néantmoins les Fermiers du Quatriesme du vin de nostredicte Ville de *Paris*, & autres Commis à cueillir & lever autres Aides & subvencions, se sont depuis aucuns temps efforciez & efforcent de vouloir faire paier ausdits exposans le Quatriesme & autres subsides aians ou qui ont eu cours en nostredicte Ville, en leur très-grant grief, préjudice & dommaige, si comme ilz dient, supplians que sur ce leur vueillons pourveoir de noz remede & grace convenable. Pourquoy Nous, attendu ce que dit est, & que nostredit Palais est la principal demoure & habitacion que aions en nostre Royaume, parquoy les habitans en icellui se doivent sentir de la singulière prérogative [a] préeminence du lieu, mesmement que les demourans en noz [b] Chastels & Bassecourt du Louvre, & en aucuns autres lieux de nostre Royaume, sont & ont esté quictes & exemps des Tailles, Aides & subvencions devant dictes, & pour certaines autres causes & considérations Nous mouvans, voulons & ordonnons, & aux supplians dessusditz, à leurs successeurs & chascun d'eulx, qui pour le temps avenir seront demourans en nostredit Palais Royal, avons octroié & octroions de noz certaine science, pleine puissance & auctorité Royalx, par ces présentes, que ilz soient frans, quictes & exemps de toutes Tailles, Imposicions, Quatriesmes, & d'autres Aides & subvencions quelxconques qui ont eu, ont & auront cours pour le fait de noz guerres & autrement en quelque manière que ce soit, sans ce qu'ilz soient ou puissent estre tenus d'en payer aucune chose ne y contribuer aucunement, & de ce par ces mesmes présentes yceulx & chascun d'eulx déclarons estre & avoir esté pour le temps passé frans & exemps, & encores en tant que mestier est les en affranchissons, quictons, & exemptons entièrement. Si donnons en mandement à noz amez & féaulx les Généraulx-Conseillers sur le fait des Aides, aux Esleuz à *Paris* sur ledit fait, & à tous noz autres Justiciers, Officiers & subgiez présens & avenir, & à chascun d'eulx si comme à lui appartendra, que de noz présente grace, quictance, donacion, déclaracion, exempcion & ordonnance, facent, seuffrent & laissent nozdiz Officiers & serviteurs & autres demourans & qui pour le temps passé & avenir ont demouré & demouront en nostredit Royal Palais, joïr & user plainement & paisiblement sans les contraindre, faire ou souffrir estre contrains, molestez ou empeschiez en aucune manière au contraire, tant pour le temps passé que pour le temps avenir; ainçois, s'aucuns de leurs biens, meubles ou héritaiges estoient pour ce prins, saisiz, levez, arrestez ou empeschiez, leur mectent ou facent mectre sans délay à plaine délivrance & hors de tous plais & procès meuz & à mouvoir & pendans, en quelque manière que ce soit, & autres empeschemens s'aucuns en avoient

a *supp. &.*

b *Voy. à la p. 520 du 8.e vol. de ce Rec. les Lettres du mois de Juin. 1402.*

NOTES.

(a) Trésor des Chartres, Registre 159. Pièce VIII^xx. XVII. (177.)

(b) *Palais Royal.*] C'est le Palais où est aujourd'huy le Siége du Parlement & ceux de plusieurs autres Jurisdictions.

CHARLES VI. à Paris, le 26 de May 1404.

à la cause dessus dicte, desquelx plais & procès les ostons & mectons hors par ces mesmes présentes; & avec ce, à tous noz Justiciers & Officiers sur ledit fait *(c)* en juridicions & défendons toute congnoissance sans ce que plus s'en entremettent, en imposant sur ce silence perpétuel ausdiz Fermiers, Commis, à nostre Procureur & à tous autres, ores & pour le temps avenir. Et afin que ce soit ferme chose & estable à tousjours, Nous avons fait mectre nostre Séel à ces présentes. *Donné à Paris, le XXVIe jour de May, l'an de grace mil CCCC & quatre, & de nostre règne (d) le XXVe.* Par le Roy, en son Conseil. FERRON.

NOTES.

(c) En juridicions.] Cet endroit paroît corrompu. Il faut peut-être corr. *en interdisons*, comme il y a dans des Lettres du mois de Juin 1404. concernant le *Bois de Vincennes*, qui seront imprimées à leur rang dans ce volume.

(d) Le XXVe] Le 26 de May 1404. Charles VI. n'étoit point dans la 25e année de son règne, mais dans la 24e, n'étant monté sur le Trône que le 16 de Septembre 1380.

CHARLES VI. à Paris, en May 1404.

(a) Lettres confirmatives de celles qui portent que les habitans du Comté de Tartas & de différens autres lieux appartenans au Seigneur d'Albret, ne payeront aucuns droits pour les Marchandises qu'ils vendront & qu'ils acheteront dans le Royaume.

KAROLUS Dei gracia Francorum Rex. Notum facimus universis presentibus & futuris, Nos vidisse Litteras Carissimi Genitoris nostri cui Deus indulgeat, formam, que sequitur, continentes.

(b) KAROLUS, &c.

Quas quidem Litteras suprascriptas, & omnia contenta in eisdem, Nos rata & grata habentes, laudamus, ratifficamus, approbamus, & de nostra certa sciencia, auctoritate Regia & speciali gracia confirmamus per presentes: Mandantes dilectis & fidelibus Gentibus Compotorum nostrorum & Thesaurariis nostris Parisius, *nec non Generalibus Consiliariis nostris super facto Juvaminum pro facto guerrarum ordinatorum, universisque Electis, Receptoribus ac aliis Commissariis deputatis seu deputandis ad levandum & exigendum dicta Juvamina, Imposiciones, Gabellas, Pedagia & alias subvenciones quascumque, ceterisque Justiciariis, Officiariis & subditis nostris & Regni nostri, presentibus & futuris, vel eorum Locatenentibus, & eorum cuilibet, prout ad eum pertinuerit, quatinùs dictos burgenses & habitatores superiùs in dictis Litteris Genitoris nostri declaratos & nominatos, & eorum quemlibet, nostrâ presenti graciâ uti & gaudere faciant & permittant, ipsos seu eorum aliquos ad solvendum dictas Imposiciones, Gabellas, Focagia, Subvenciones, Indiciones, Pedagia vel alia subsidia, aut aliter, contra nostre presentis gracie seriem & tenorem non molestantes, sed si quid in*

NOTES.

(a) Trésor des Chartres, Registre 158. Pièce IIII.^{c}II. (402.)

(b) Karolus, &c.] Ces Lettres qui sont du 11 de Juin 1370. sont imprimées à la p. 299. du 5e Vol. de ce Rec. Le Registre 158. fournit les variantes & les corrections suivantes.

P. 299.	Lig.	11.	*nobis in* hac *adherens* . . .	corr.	*nobis in* hoc *adherens*.
			Castro Jalosio		*Castro* Jelosio.
	Lig.	12.	*de* Millasio		*de* Aillasio.
	Lig.	22.	*Gabellam, Pedagium*		*Gabellam*, Indicionem, *Pedagium*.
P. 300.	Lig.	1.	molestando *ipsos*		molestantes *ipsos*
	Lig.	2.	*aliud vel contra*		*aliud vel* al. (aliter) *contra*.
	Lig.	7.	X^a *die*.		XI.^a *die*. [Il y a d'autant plus d'apparence que X^a est une faute d'impression dans le 5e Vol. que ces Lettres sont datées du XI. dans l'indication qui est à la marge de la p. 299. de ce 5.e Vol.]

contrarium

contrarium factum repererint, ad statum pristinum & debitum reducentes; Ordinacionibus vel mandatis ad hoc contrariis factis vel faciendis, non obstantibus quibuscumque. Quod ut firmum & stabile perpetuò perseveret, nostrum presentibus Litteris fecimus apponi Sigillum: salvo in aliis jure nostro, & in omnibus quolibet alieno. Datum *Parisius*, mense Maii, anno Domini millesimo CCCC° quarto; Regni vero nostri xxiiij°.

Per Regem, Dominis, Petro *de* Villaris *dicto* le Begue, Colardo *de* Calvilla, *& aliis pluribus presentibus.* M. DE LA TEILLERAYE.

CHARLES VI. à Paris, en May 1404.

CHARLES VI. à Paris, le 3 de Juin 1404.

(a) Lettres qui ordonnent au Prévôt de Paris de faire la visite des Maladreries de Lepreux, qui sont dans l'étendue de sa Jurisdiction, & d'y faire observer les anciens Réglemens faits à ce sujet.

CHARLES par la grace de Dieu Roy de France. Au Prévost de *Paris* ou à son Lieutenant: Salut. [a] Nous sommes recors que pieça pour ce que la conversacion des personnes Lepreuses esprouvées & par l'espreuve trouvées non saines & [b] entechées de maladie de Lepre, entre personnes saines, estoit & est très perilleuse, tant pour ce que ycelle maladie de Lepre est abhominable & contagieuse, comme pour ce que leur [c] fréquence & repaire, mesmement en temps de chaleurs, pevent être cause de très-grans inconveniens de mort & autres taches de maladie ès corps des autres créatures humaines; & pour plusieurs autres causes & motifs raisonnables, fu par Nous ordonné que deffense feust faicte de par Nous à tous Lepreux & Lepreuses, de quelque pays, régions & contrées qu'ilz feussent, ne habitassent, entrassent, ne conversassent avecques personnes saines, ne ès bonnes Villes de nostre Royaume [d] tant plates comme fermées, & mesmement en nostre bonne Ville de *Paris*, en laquele Nous & ceuls de nostre Sang, oultre & par dessus la très-grant multitude de Peuple qui en ycelle Ville va, vient, reside & converse [e] cotidiennement, residons & habitons plus que en quelque autre Ville ou partie de nostre Royaume; maiz eust en chascune desdictes Maladeries de nostredit Royaume, un Questeur sain, pour aler pourchasser & quester par le Pays voisin [f] les Ladres recueillis en ycelles; & que un chascun Ladre se [g] retraisist ès Maladeries [h] des Marches, Parroisses ou Diocèses dont il étoit nez, pour estre ylec alimentez & receuz selon les fondacions d'icelles Maladeries, sanz eulx transporter ailleurs; & combien que lesdictes Ordonnances ayent esté par plusieurs fois publiées par vos prédécesseurs & vous, [i] ès fins & mettes de nostre *Prévosté* & *Viconté* de *Paris*, & aussi ès autres Bailliages, Séneschaucies & Prévostez de nostredit Royaume, si comme l'en dit; néantmoins pour ce que les Maistres & Gouverneurs des Maladeries estans en nostredit Royaume, mesmement en nostredicte *Prévosté* & *Viconté* de *Paris*, meuz de convoitisse désordenée, prennent & appliquent à eulx & à leur prouffit, les prouffis, revenues & esmolumens des Maladeries au gouvernement desqueles ilz sont commis & préposez tant par Nous, comme autres à qui elles compettent à donner & conférer, laissent cheoir en ruyne & difformité les [k] Manoirs & Heberges d'icelles Maladeries, & ne alimentent ne hebergent deuëment ne convénablement les Ladres qui de raison & par Ordonnances sur ce faictes doivent en ycelles estre receuz, alimentez & hebergez, & non autres; mais y hebergent & logent de nuit comme hostelliers, autres Ladres [l] étrangiers, par prouffit qu'ilz en prennent de chascun par sepmaine, par jour & autrement; dont il s'ensuit que de jour en jour [m] s'espandent & affluënt, vont & viennent, repairent & conversent en ladicte *Prévosté* & *Viconté* de *Paris*, mesmement en nostredicte Ville de *Paris*, tant de jour comme de nuit, tant &

[a] *nous nous souvenons.*
[b] *entachées, présentement on dit plus communément entichées.*
[c] *fréquentation & demeure.*
[d] *Villes du plat-pays, de la campagne.*
[e] *journellement.*
[f] *pour.*
[g] *retirât.*
[h] *du pays.*
[i] *dans l'étendue.*
[k] *maisons & logis.*
[l] *qui ne sont point du pays.*
[m] *se repandent.*

NOTE.

(a) Livre Rouge vieil du Châtelet de Paris, *folio* 219. *recto.*

Avant ces Lettres il y a: *Des Ladres & des Maladeries, que le Prévost y pourvoie tant aus réparacions comme autrement.*

CHARLES VI. à Paris, le 3 de Juin 1734.

n rencontrer.

o emploient.

si grant quantité de Ladres d'un chascun sexe, que ce est une très-grant horreur, abhominacion & peril de les veoir, sentir & [n] encontrer, tout par la faulte & coulpe desdiz Maistres & Gouverneurs, qui [o] versent mal & ailleurs que là où ilz doivent, les revenuës & prouffis d'icelles Maladeries. Pourquoy Nous euë sur ce meure déliberacion en nostre Conseil, les choses dessusdictes considérées, de la verité desquels Nous sommes deuëment adcertenez, voulans pourveoir aux réparacions desdictes Maladeries, & à la substentacion & seure demourance des Ladres qui en ycelles doivent être receuz, logiez & alimentez, vous mandons & commectons, que l'estat de toutes les Maladeries de Ladres estans ès fins & mettes de nostredicte *Prévosté* & *Viconté* de *Paris*, vous en vostre personne, ou par autre personne convenable & nottable à ce par vous commise, aliez veoir & visiter, tantost ces Lettres veuës, & yllec sachiez qu'elles réparacions sont à faire esdictes Maladeries, & quel nombre de Ladres, & quelz & de queles nacions, villes & lieux, doivent estre receuz en chascune d'icelles, & comment ilz y doivent estre alimentez, nourris & logiez, & queles revenuës appartiennent à ycelles; & ce fait, en cas de malversacion, mettez en nostre main comme souveraine ycelles Maladeries, ensemble les fruis & revenuës à ycelles appartenans; & par & soubz ycelle main, faictes faire les réparacions nécessaires estre faictes en chascune d'icelles Maladeries; & au seurplus, pourveez au gouvernement & logis des Ladres qui de raison & par les fondacions d'icelles Maladeries, y doivent estre receuz, en faisant vuidier réalment & de fait tous autres Ladres estrangiers qui par les fondacions d'icelles Maladeries & usage ancien, n'y doivent estre receuz, en les contraignant chascun endroit soy à retourner ès Maladeries des marches desquelx ilz sont nez, par prison & autrement deuement; & au surplus, pourvéez telement en ce, que aucuns Ladres quelz qu'ilz soient, ne entrent, [p] voisent, ne viengnent, habitent, ne conversent entre personnes saines en ladicte *Prévosté* & *Viconté* de *Paris*, & en espécial en nostredicte Ville de *Paris*. *Donné à* Paris, *le IIIe jour de Juin, l'an de grace mil CCCC & quatre, & le XXIIIIe de nostre Regne.* Ainsi signé. Par le Roy, à la relacion du Conseil. G. BARRAU.

p aillent.

Et au dos desdictes Lettres estoit escript ce qui s'ensuit : *Publiées en Jugement ou Chastellet de* Paris, *l'an mil CCCC & quatre, le Mercredi IIIIe jour de Juin.* FRESNES. Collation faicte.

CHARLES VI. à Paris, le 6 de Juin 1404.

(a) Ordonnance sur la nouvelle Aide accordée au Roy par les Trois Etats des Comtés d'Artois & de Saint-Pol.

CHARLES, &c. Savoir faisons à tous présens & avenir, que comme noz bien amez les bourgoiz & habitans des bonnes villes fermées & plat-païs des *Comtez* d'*Artoys* & de *Saint-Pol*, [a] & des villes enclavées en icelles, pour le grant desir, affeccion & volonté que ilz ont à Nous & au bien publique de nostre Royaume, & pour aider à supporter les grans fraiz, charges, missions & despens que de jour en jour Nous convient faire & soustenir pour le fait de noz guerres, Nous aient nouvellement octroyé d'un commun assentement, que pour un an tant seulement, commençant le premier jour du mois de Mars derrenier passé, tele & semblable Aide comme en l'année précédente il avoient fait & paié, laquelle Aide les bourgoiz & habitans dessus diz paieront à iiij termes; c'est assavoir, de trois mois en trois mois, dont le premier terme eschey de paiement en la fin du mois de May derrenier passé, le second escherra en la fin du mois d'Aoust, le tiers en la fin du mois de Novembre, & le quart & derrenier paiement en la fin du

a *Il n'est point fait ici mention du* Boulenois, *dont le nom se lit dans toutes les autres Lettres semblables.*

NOTE.

(a) Trésor des Chartres, Registre 158. P. III^c^ IIII^xx^XIII. (393.) *fol.* 217. *recto.*

mois de Février prouchainement venant; *(b)* Nous considérans, &c.

Donné à Paris, *le VIe jour de Juing, l'an de grace mil CCCC & quatre, & de nostre Règne le XXIIIIe.*

CHARLES VI. à Paris, le 6 de Juin 1404.

Par le Roy, à la relacion du Conseil estant en la Chambre des Aides ordenez pour la guerre. J. GEHE.

NOTE.

(b) Nous considérans, &c.] La suite de ces Lettres est conforme à celles du 22 de May 1384. qui sont imprimées à la p. 75, du 7e Vol. de ce Rec. à la différence, qu'au lieu de ces mots : *Depuis ledit premier jour dudit moys de Juing*, qui sont à la ligne 39. de la page 76. il y a ceux-ci : *Depuis ledit premier jour de Mars.*

CHARLES VI. à Paris, le 9 de Juin 1404.

(a) Lettres d'érection du Duché Pairie de Nemours, en faveur de Charles III. Roy de Navarre.

CHARLES par la grace de Dieu Roy de France. Savoir faisons à tous présens & avenir, que Nous considérans la prouchaineté de lignage en quoy Nous attient nostre très chier & très-amé *(b)* Cousin Germain *Charles Roy* de *Navarre*, & les grans plaisirs & services qu'il Nous à faiz ou temps passé, & que encores se offre Nous faire de toute sa puissance ou temps avenir; & mesmement que de son bon gré, il pour lui, ses hoirs, successeurs & ayans cause de lui ou temps avenir, a délaissié à tousjours perpétuelment au prouffit de Nous & de nos hoirs, successeurs & ayans cause de Nous, tout le droit & accion qu'il avoit & povoit demander & avoir, & qui lui povoient competer & appartenir à cause de le hoirrie ou succession de feu nostre Oncle le *Roy* de *Navarre* son Père, & de feuë nostre très-chiere & très amée Tante la *Royne de Navarre* sa Mère, ou d'autres, & autrement, en quelque manière & pour quelque title, couleur, condicion que ce feust ou peust estre, tant en la *Conté* de *Champaigne* & en ses appartenances, comme ès Conté, citez, Ville, Chastel, Chatellenie, Terres, Cens, Rentes, Revenuës, Justice & Seignourie d'*Evreux* & d'*Avranches*, & ès Chasteaulx, Villes, Chastellenies, Terres, Cens, Rentes, Revenuës, Justices & Seignouries de *Pontcaudemer*, *Pacy*, *Nonnancourt*, *Esy*, *Beaumont-le-Rogier*, *Conches*, *Bretuel*, *Orbac*, *Carenten*, *Valongnes*, *Mortaing*, *Gauvray*, *Nogent-le-Roy*, *Anet*, *Breval*, *Montchauvet*, *Mante & Meulent*, & généralment en toutes les autres terres, Seigneuries, possessions, biens meubles, & autres choses quelzconques qu'il avoit & povoit avoir, & qui à cause desdictes successions de sesdiz feuz Père & Mère, & autrement, pour quelque title, cause ou occasion que ce feust, lui competoient & appartenoient, ou povoient competer & appartenir en quelque lieu ou parties que ce feust en nostre Royaume; exceptez les Chastel & Chastellenie de *Chierebourg*, lesquelz il Nous délaisse par autre traictié & par autre manière, si comme dudit délaissement appert plainement par *(c)* ses Lettres sur ce faictes; Nous voulans nous rendre & monstrer à nostre-

NOTES.

(a) Registre *A.* du Parlement de *Paris, fol.^o* 9 vingt 1, *verso.* [181.]

Avant ces Lettres, il y a : *Tradicio Ducatûs Nemosiensis, Regi Navarre facta.*

Ces Lettres avoient déjà été imprimées à la p. 248. du 3e Vol. de l'Hist. Généal. de la Maison de France, d'après le Vol. 236. p. 22. des Mss. de Brienne, qui sont à la Bibliotheque du Roy : mais cette édition est très-peu correcte : Il y a plusieurs noms de lieux défigurez; & il y a même une omission de deux lignes.

(b) Cousin Germain.] *Charles III. Roy* de *Navarre* étoit fils de *Charles II.* dit le mauvais, *Roy de Navarre*, & de *Jeanne* de *France*, Sœur de Charles V. *Voy.* l'Histoire Généal. de la Maison de France, tom. 1. pag. 286.

(c) Ses Lettres.] Elles sont du même jour que celles-cy, & l'original en est conservé au Trésor des Chartres, layette 5. de Navarre N° 17.

CHARLES VI. à Paris, le 9 de Juin 1404.

dit Cousin gracieux & favourable, euë sur ce premièrement grant & meure délibéracion en nostre Conseil, avons donné, cédé & transporté, donnons, cédons & transportons de nostre certaine science & grace espécial, par ces présentes, à nostredit Cousin le *Roy* de *Navarre*, pour lui, ses hoirs & successeurs, [a] douze mile Livrées Tournois de Terre, rentes & revenuës, revenans à présent, sans comprendre en la prisée, Chasteaulx, Maisons, Manoirs ne autres Edifices, ne les [b] Fiefz & Aumosnes dont elles sont chargées; lesqueles Nous voulons lui estre assises, baillées & délivrées ès lieux qui s'ensuivent; c'est assavoir les Chastel & Chastellenie de *Beaufort* en *Champaigne*, la Ville de *Solaines*, les Villes & Chastel de *Nogent-l'Artaut*, la Ville de *Lerezicourt*, la Ville & Chastellenie de *Nogent-sur-Seine*, la Ville & Chastellenie de *Pons-sur-Seine*, les Chastel, Ville & Chastellenie de *Saint-Florentin*, la Ville & Chastellenie de *Bray-sur-Seine*, la Ville & Chastellenie de *Coulommiers* en *Brye*, la Ville de *Lixi*, la Ville de *Doolot*, la Ville de *Pons-sur-Yonne*, la Ville de *Chesay*, la Ville de *Voux*, la Ville de *Flagy*, la Ville de *Lorrez* ou *Boscaige*, la Ville & Chastellenie de *Grez* en *Gastinoiz*, les Ville, Chastel & Chastellenies de [c] *Nemox*, les Chastel & Ville de *Mez-le Mareschal*, la Ville *des Granches*, la Ville de *Dimon*, & la Ville, Chastel & Chatellenie de *Chasteau-lendon*, avecques toutes les Maisons, Manoirs, Hostelz, Fours, Moulins & autres édifices, Granches, Champs, Bois, Garennes, Forestz, Prez, Pasturages, Rivières, Estangs, Pescheries & autres héritages, [d] Hommes & Femmes de corps, Vassaulx, Hommes, Hommages, Fiefz & Arrière fiefz, Collacions & présentacions de Bénéfices, Patronnages d'Eglises, Cens, rentes, revenuës, servitutes, devoirs, émolumens, prouffiz, Jurisdicions & Justices haultes, moyennes & basses, droiz, usages, franchises, libertez, & toutes autres appartenances & appendances d'iceulz Chasteaulx, Villes, & Chastellenies; lesquelz Chasteaulx, Villes & Chastellenies, & leurs appartenances dessusdictes, seront baillez & délivrez, & dès maintenant les baillons & délivrons à nostredit Cousin à héritage pour lui, ses hoirs & successeurs, plainement & entièrement, à les tenir par lui & sesdits hoirs & successeurs, soubz tele & semblable condicion, nature, qualité, forme & manière comme les prédécesseurs de nostredit Cousin tenoient ladicte *Conté* d'*Evreux*, & luy sera faicte sur yceulx ladicte Assiete de douze mile Livrées tournois de terre, revenant à présent, sans comprendre ne compter en la prisée, Chasteaulx ne autres édifices, ne les Fiefz & Aumosnes dont elles sont chargées, comme dit est; par tele manière toutes-voies que se lesdits Chasteaux, Chastellenies, Villes, Justices, Seigneuries, Cens, rentes, revenuës & autres appartenances d'iceuls, ne valent de présent lesdictes douze mile Livrées Tournois de Terre ou rentes revenant à présent, Nous les lui ferons parfaire & asséoir en lieux, Villes & Terres plus prouchains desdits Chasteaulx & Chastellenies, que bonnement se pourra faire; & se elles valent plus, Nous reprendrons le seurplus sans aucune difficulté; & sera commencée ladicte Assiete à faire à l'un des boutz desdictes terres; c'est assavoir, à *Beaufort* & environ, & sera continuée en venant à l'autre bout, jusques elle soit du tout parfaicte; lesquelz Chasteaulx, Villes, Chastellenies, Terres & Seignouries dessus divisées, Nous avons érigé & érigons par ces présentes en Duchié; & voulons, ordonnons, & décernons que d'oresénavant elles soient appellées la *Duchié* de *Nemox*, & que nostredit Cousin & ses hoirs & successeurs s'en appellent Ducz, & que ycelui nostre Cousin & sesdits hoirs & successeurs les tiennent de Nous & de nos successeurs Roys de France, en Parrie, & à une foy & hommage lige, soubz nostre Souveraineté & ressort, en teles & semblables libertez, Noblesses, prérogatives & franchises, & en & soubz teles & semblable qualité, forme, condicion, nature & manière, que les prédécesseurs de nostredit Cousin *Contes* d'*Evreux* ont tenuz ès temps passez ladicte *Conté* d'*Evreux*, comme dessus est dit; retenuz & reservez à Nous, à noz successeurs Roys & à la Coronne de France, les Gardes des terres des Eglises Cathédraux, les Eglises qui sont de fondacion Royal & en la garde de Nous & de noz prédécesseurs d'ancienneté, & autres Eglises [e] prévilégiées que elles ne puissent estre mises hors de la Coronne de France, se aucunes en y a, les terres desdictes

[a] *des Terres rapportant douze mille livres de rente.*

[b] *Voy. les Tab. des Mat. des Vol. de ce Rec. aux mots* Fiefs & Aumônes.

[c] *Nemours.*

[d] *Espèce de serfs.* Voy. la p. 571. du 8e Vol. de ce Rec.

[e] *Suppl.* tellement *qui se lit dans plusieurs lettres où cette même formule est employée.*

Églises, & noz autres droiz Royaulx: pour lesquelles Duchié & Terres; Nous voulons que nostredit Cousin ne ressortisse, & que ses causes ne soient traictées ne demenées, se il ne lui plaist, fors que en nostre Court de Parlement à *Paris;* & encores voulons, & à ycelui nostre Cousin pour lui & ses hoirs & successeurs, avons octroyé & octroyons, que ilz puissent tenir ou faire tenir leurs Grans Jours en quelque lieu qu'il leur plaira en leurdicte Duchié ou en leursdictes Terres, une fois l'an, en tel temps qu'ils vouldront ordener, excepté toutes-voïes ou temps que Nous ou noz successeurs [f] feront tenir noz Grans Jours en nostre *Conté* de *Champaigne;* ausquels Grans Jours que il & sesdits successeurs feront tenir, toutes lesdictes Terres, tous les subgiez d'icelles, & toutes les causes demenées pardevant les Justiciers & Officiers de nostredit Cousin & de sesdits successeurs en leurs Terres dessusdictes, ressortiront comme au souverain Siége & Auditoire d'icelles terres, desquelz Grans Jours l'appellacion & ressort vendront en notredicte Court de Parlement, & non ailleurs. Toutes-voïes ès Duchié & terres dessusdictes, Nous aurons un Bailli qui s'appellera le Bailly des Exempcions d'icelui Duchié, & tendra son Siége ès lieux exemps; & dès maintenant nostredit Cousin Nous à fait hommage pour ladicte Duchié & aussi pour ladicte Parrie, ausquelz Nous l'avons receu, sauf nostre droit & l'autruy. Si donnons en mandement à noz amez & féaulx Gens tenans & qui tendront nostre Parlement, & les Gens de noz Comptes & Trésoriers à *Paris*, & à tous noz autres Justiciers & Officiers, présens & avenir, ou à leurs Lieuxtenans, & à chascun d'eulx, si comme à lui appartendra, que nostredit Cousin ou son-Procureur ou Procureurs pour lui, mettent ou facent mettre en possession & saisine dudit Duchié, & des Chasteaulx, Villes, Chastellenies & Terres, & de leurs appartenances & appendances dessus déclairées, & par les Vassaulx & subgiez d'iceulz, luy facent faire & prester les foy, hommages, services, obéissances & autres devoirs en quoy ilz luy seront & pourront estre tenuz à cause des Chasteaulx, Villes, Chastellenies & autres choses dessusdictes, ausquelz Nous mandons qu'ilz les lui facent, & en les lui faisant, Nous les en quittons & deschargons par ces présentes, & chacun d'eulx, pourtant que à lui peut appartenir. Mandons aussi à noz dictes Gens des Comptes, que desdictes douze mile Livrées Tournois de Terre ou rente revenant à présent, facent l'assiete le plustost que faire se pourra, par la manière dessus divisée, & d'icelui Duchié & desditz Chasteaulx, Villes, Chastellenies & Terres, & de leurs appartenances & appendances dessusdictes, jusques à la valeur desdites douze mile Livrées Tournois de Terre ou rente revenans à présent, facent, sueffrent & laissent nostredit Cousin & sesdits hoirs & successeurs, joüir & user paisiblement par la forme & manière dessus exprimées, sans lui faire ne souffrir estre en ce troublés, empeschez ne molestez en quelque manière que ce soit; nonobstant noz Ordonnances par Nous faictes de non donner ou aliéner aucunes choses de nostre Domaine, & quelzconques autres Ordenances, mandemens & défenses contraires. Et que ce soit ferme chose & estable à tousjours, Nous avons fait mettre à ces Lettres nostre Séel: Sauf en autres choses nostre droit & l'autruy en toutes. *Donné à* Paris, *le IXe jour de Juing, l'an de grace mil IIII^c^ & quatre, & le XXIIIIe de nostre Règne.* Ainsi signé.

CHARLES VI. à Paris, le 9 de Juin 1404.

[f] corr. *ferons.*

Par le Roy, en son Conseil, où Messeigneurs les *Ducz* de *Berry*, d'*Orléans* & de *Bourbon*, le *Conte* de *Tancarville*, le Grant Maistre d'Ostel, & plusieurs autres estoient. J. DE SANCTIS.

Visa, lecta, & in Curia Parlamenti publicata XXVII^a^ die Junii, anno Domini M° CCCC° IIII^to^. BAYE.

Collacio facta est.

CHARLES VI. à Paris, le 9 de Juin 1404.

(a) Lettres qui révoquent celles du 29 de Décembre 1403. portant que ceux qui ont été pourvûs par les Ordinaires de Bénéfices, pendant la Soustraction à l'obédience de Benoît XIII. y seront conservez, quand même ces Bénéfices auroient été reservez au Pape, sans être obligez de lui payer aucuns droits, qu'il ne pourra non plus exiger pour le tems passé de ceux qui ont été nommez à des Bénéfices depuis la restitution à son obédience.

CHARLES par la grace de Dieu Roy de France. A tous ceulx qui ces Lettres verront: Salut. Comme après ce que par grant & meure délibéracion de nostre Conseil, & en intencion que plusttost, plus aisiement & plus convenablement feussent & soient trouvées voyes convenables par lesquelles nostre Mere Saincte Eglise qui longement à esté divisée, dont c'est grant douleur, peust estre reduitte à union, Nous eusmes[a] rendu & restitué à nostre Saint Pere le Pape *Benoist XIII.* pleine & entière obéissance par tout nostre Royaume & en nostre *Daulphiné*, esquelz par aucuns temps par avant, en espérance que par ce la dicte union se deust plustost ensuir, elle lui avoit esté substraitte, nous eussions ordené que nostre très-cher & très-amé Frere le *Duc d'Orléans* alast de par Nous devers nostredit Saint Pere, pour lui réquerir qu'il lui pleust octroyer ses Bulles sur aucuns articles contenus entre les autres en une certaine Cedule laquelle fut leue en plain Sermon quand Nous feismes publier ladicte restitucion d'obéissance, desquels octroyer par nostre dit Saint Pere, nostredit Frere se estoit fait fort, & aussi pour lui requerir qu'il lui pleust condescendre à certains autres articles déclairez & spécifiez en ladicte Cedule, lesquelx avoient esté advisez pour le bien de l'Eglise universele en faisant la dicte restitucion, comme aussi pendant le temps que nostre dit Frere a esté devers nostre dit Saint Pere, & assez-tost après son partement, pour ce que par aucuns fut dit & divulgué que nostre dit Saint Pere ne avoit mie entencion de octroyer lesdictes Bulles ne de condescendre ausdits articles, & ainçois que l'en sceust ne peust savoir ce que nostre dit Frere auroit besoigné devers nostre dit Saint Pere, certaines Lettres faites en nostre nom, & passées par nostre Conseil, aient esté publiées en nostre Parlement à *Paris*, & ailleurs en plusieurs lieux en nostre dit Royaume, par lesquelles peut sembler à aucuns estre aucunement dérogué à la dicte restitucion d'obéissance par Nous rendue & faicte à nostredit Saint Pere, comme dit est, desquelles Lettres l'en dit la teneur estre tele.

a *Voy. à la p. 593. du 8e Vol. de ce Rec. les Lettres du penultiéme de Mai 1403.*

(b) CHARLES, &c.

Et depuis assez grant temps après ladicte publicacion desdictes Lettres, nostredit Frere soit retourné devers Nous de devers nostredit Saint Pere, & après qu'il Nous a fait sa rélacion en nostre Conseil, où estoient lors nostre très-chier & très-amé Cousin *Loys Roy* de *Jérusalem* & de *Sicile*, noz très-chiers & très-amez Oncles, Frere & Cousins les *Ducs* de *Berry*, d'*Orléans* & de *Borbon*, les *Contes* de la *Marche* & d'*Armignhac*, le Sire *de Lebret*, Connestable de France, plusieurs Prélas, Barons, Chevaliers, & autres notables personnes de nostre dit Conseil, le Recteur

NOTES.

(a) Registre *A.* du Parlement de *Paris*, *folio* IXxx. *verso.* [*180.*]

Ces Lettres avoient déjà été imprimées dans les Preuves des Libertés de l'Eglise Gallicane édit. de 1731. 2e partie, page 173.

Voy. la Préface de ce Vol. *Schisme.*

(b) Charles, &c.] Ces Lettres qui sont du 29 de Décembre 1403. & qui ne sont point copiées icy dans ce Rec. parce qu'elles s'y trouvent plus haut, sont imprimées à la p. 622. du 8e Vol. de ce Rec.

& plusieurs Maistres & autres Suppostz de nostre chère & amée fille l'Université de l'Estude de nostre Ville de *Paris*, & plusieurs autres en moult grant nombre, de ce que il a besoigné devers nostredit Saint Pere, & laquelle relacion faisant, il Nous a dit & signifié la bonne & entière voulenté que nostre dit Saint Pere a de poursuir à son povoir par toutes bonnes voyes & manières qui pourront estre advisées, la dicte union de nostredicte Mere Saincte Eglise, & le plus briefment que faire [b] ce pourra, & Nous à monstré les Bulles de nostre dit Saint Pere, faites sur les articles contenus en ladicte Cedule, desqueles avoir il se estoit fait fort de nostre dit Saint Pere, comme dessus est dit, & aussi certaines autres, tant sur aucuns des autres articles de ladicte Cedule, comme sur autres choses faisans au grant bien & à la réparacion de la dicte Eglise universele, lesquelles Bulles ont esté leues publiquement en nostre dit Conseil, & présens les dessus diz; & avecques ce, Nous a dit & recité que nostre dit Saint Pere, à nostre Requeste, se est condescendu à modérer les charges de l'Eglise de nostre dit Royaume & de nostre dit *Dalphiné*, tant pour le temps passé comme pour le temps avenir, & desjà a pour ce ordené & député certaines notables personnes, avecques plusieurs autres grans & notables paroles à lui dictes par nostre Saint Pere, touchans ces fais, desquelles mettre à effet nostre dit Saint Pere est en très bon & ferme propos & volenté, si comme nostre dit Frere nous a relaté publiquement en nostre dit Conseil : Savoir faisons que après ce que sur la relacion de nostre dit Frere, Nous avons eu grant & meure délibéracion avec plusieurs grans, sages & notables tant des plus prouchains de nostre Sang comme de nostre dit Conseil, considérans la dicte affeccion que nostredit Saint Pere a, & les voies qu'il offre pour venir le plus briefment que faire se pourra à la dicte union, la diligence qu'il y met & se offre a y mettre, & les bonnes manières qu'il y veult estre tenues, comme nostre dit Frere Nous à rélaté, au quel nous adjoustons en ce pleine foy, & plusieurs autres choses qui a ce sont à considérer en ensuivant la voie par Nous prise de la dicte restitucion d'obéissance faicte & rendue à nostre dit Saint Pere, & en la confortant & corroborant, avons rendu & rendons graces à Dieu du bon propos ou quel est nostre dit Saint Pere, comme estre le doit ou fait dessus dit, & avons acceptables & agréables tant les réponses qu'il a faites à nostre dit Frere, comme tout ce que ycelui nostre Frere à besoigné ès fais touchans la dicte Eglise, pour lesquelz nous le avions envoié devers lui, & en remercions nostre dit Saint Pere de bon cuer, & les dictes Bulles apportées par nostredit Frere, avons fait prendre & recevoir pour Nous & en nostre nom, par nostre amé & féal Chancellier, pour icelles estre mises & gardées en nostre [c] Trésor, & avons ordené & voulons & mandons que noz Lettres faictes sur la dicte restitucion, soient publiées par tout nostre Royaume & en nostre dit *Dalphiné*, se elles ne le ont esté, & que elles soient tenues & gardées selon leur forme & teneur ; & pour ce que noz dictes Lettres dessus transcriptes déroguent aucunement, comme il peut sembler, à ladicte restitucion d'obéissance par Nous faicte à nostre dit Saint Pere, Nous par la délibération de nostre dit Conseil, les avons révoquées, cassées & rappellées, & par ces présentes les revoquons, cassons & rappellons, & voulons, que les choses & besoignes soient & demeurent en tel estat comme elles estoient avant la date desdictes Lettres dessus transcriptes & la concession ou confeccion d'icelles ; & en oultre, voulons & mandons que non obstant ycelles, soit obey par tout noz diz Royaume & *Dalphiné*, & par tous noz subgiez, à nostre dit Saint Pere, & à ses Officiers, Collecteurs, & autres, ainsi & par la forme & manière que ès temps passez par avant ladicte substraction y a esté obéy à lui & à ses prédécesseurs qui ont este pour le temps. Si donnons en mandement à noz amez & féaulx Conseilliers les Gens tenans nostre Parlement à *Paris*, & à tous noz Séneschaulx, Bailliz & autres noz Justiciers & Officiers, ou à leurs Lieuxtenans, & à chacun d'eulx, si comme à lui appartendra, que ces présentes noz Lettres publient & facent publier en leurs Auditoires, & par touts les lieux notables de leurs Jurisdictions, telement que les choses dedens contenues vieignent & puissent venir à la congnoissance de tous, & les mettent & facent mettre chacun en droit

CHARLES VI. à Paris, le 9 de Juin 1404.

[b] corr. *se.*

[c] *Trésor des Chartres.*

CHARLES VI. à Paris, le 9 de Juin 1404.

soy à exécucion selon leur forme & teneur. En tesmoing de ce Nous avons fait mettre à ces Lettres nostre Séel. *Donné à Paris, le IXe jour de Juing, l'an de grace mil quatre cens & quatre, & le XXIIIIe de nostre Règne.* Ainsi signées.

Par le Roy, en son Conseil, où quel les *Roys* de *Secile* & de *Navarre*, Mess. les *Ducs* de *Berry*, d'*Orléans* & de *Bourbon*, les *Contes* de *Mortaing*, de *Clermont*, de la *Marche*, d'*Armignac* & de *Tancarville*, le *Viconte* de *Castelbon*, [d] *Vous*, les *Evesques* de *Noyon* & de *Poictiers*, le Grant-Maistre d'Ostel, le [e] Chancellier d'*Orléans*, & plusieurs autres, estoient. J. DE SANCTIS.

Et en la marge embas estoit escript; *Sigillata de mandato Regis expresso.* Et au doz, *lecta in Curia & publicata XIX^a. Junii, anno M^o. CCCC^o. iiii^{to}.* BAYE.

d Le Chancelier de France. *Voyez le 5.e Vol. de ce Rec. p. 653. Note (c).*

e *Le Chancelier de l'Appanage du Duc d'Orléans.*

CHARLES VI. à Paris, en Juin 1404.

(a) Lettres confirmatives de celles qui unissent la Maison de Ville de Paris, à l'Office de la Prévoté de cette Ville.

CHARLES par la grace de Dieu Roy de France. Savoir faisons à tous présens & avenir, Nous aujourd'hui avoir veu le double ou transcript de noz autres Lettres autresfois expédiées par nos Gens des Comptes, desquelles on dit la teneur estre telle.

(b) CHARLES, &c.

Lesquelles Lettres dessus transcriptes, ensemble tout le contenu en ycelles, Nous ycellui & ycelles aiens agréables, loons, gréons, ratiffions & approuvons, & ycellui & ycelles de nostre certaine science, plaine puissance & auctorité royal, pour les causes & motifz en ycelles contenues, & autres qui à ce Nous ont meu & meuvent, avons confirmé & confirmons, en déclérant par nostre nouvelle Constitucion & Ordonnance, la maison estant en la Place de Gréve près de l'Ospital du Saint-Esperit à *Paris*, anciennement appellée la Maison de la Ville, de laquelle mencion est faicte ès Lettres dessus transcriptes, estre perpétuel mansion, Hostel & Habitacion de nostre *Prévost* de *Paris*, & ses Successeurs, tant comme ilz serviront Nous & noz Successeurs oudit Office de Garde de la *Prévosté* de *Paris*, & en signe de ce, avons aujourd'hui baillé & fait bailler d'icelle réalment & de fait par nostre amé & féal Chevalier, Conseiller & Chambellan Jéhan de *Chambrillac*, *Séneschal* de *Pierregort*, pour & ou nom de Nous; la réelle & corporelle possession à nostre amé & féal Chevalier, Conseiller & Chambellan *Guillaume* Seigneur de *Tignonville*, Garde de par Nous de ladite Prévosté, pour lui & ses successeurs; sauf toutes voyes que ès salles basses, celliers & caves, seront de cy en avant mis les vins de noz [a] Garnisons; sauf à nostredit Prévost & à ses Successeurs, place esdiz celliers ou caves, pour mettre le vin pour la despense de son Hostel seulement. Si donnons en Mandement à noz dictes Gens des Comptes à *Paris*, & à tous noz autres Justiciers & Officiers, que contre ceste présente nostre Constitucion, vouloir & Ordonnance, ne attemptent ne seuffrent estre attempté en aucune maniére, ainçois d'icelles ensemble de ladicte Maison & ses appartenances, facent, seuffrent & laissent joïr & user perpétuelment, paisiblement & à plain ycelluy nostre Prévost présent & avenir, comme dit est, sans le molester ne souffrir estre molesté, traveillé ou empeschié

a *Provisions.*

NOTES.

(a) Tres. des Chart. Reg. 158. P. IIIe LXIIII. (364.)

(b) Charles, &c.] Ces Lettres qui sont du 27e. de Janvier 1382. sont imprimées à la p. 688. du 6e. Vol. de ce Rec.

Le Reg. 158. fournit les corrections suivantes.

P. 688. Lig. 7. *assemblée publique.* . . . corr. publiquement en *assemblée.*
Lig. 19. *retraire & leurs biens.* . . corr. *retraire eulz & leurs biens.*

en

en aucune manière au contraire, soubz umbre ou couleur de quelzques autres dons ou Ordonnances, Lettres ou Mandemens soubz quelque forme de paroles qu'elles feussent ou soient par Nous octroyées, pour contredire, adnuller ou empeschier l'entérinement de ces Présentes, & d'abondant lui en baillent la saisine & possession, se mestiers en est; & ces Présentes facent régistrer & transcripre ès Livres & Registres de nostre dicte Chambre des Comptes, nonobstant gaiges ordinaires, (d) louages en nostre Chastellet, ne autres dons quelzconques, tant à cause de sondit Office comme autrement. Et à ce que ce soit chose ferme & estable à touzjours, Nous avons fait mettre nostre seel à ces Présentes: sauf en autres choses nostre droit, & l'autruy en toutes. *Donné à* Paris, *ou mois de Juing, l'an de grace mil cccc & quatre, & de nostre Regne le* XXIIII*e*.

CHARLES VI. à Paris, en Juin 1404.

Par le Roy, l'Admiral, le Sire d'*Omont*, Mess. *Guillaume Marcel*, Mess. *Guillaume* le *Bouteiller* & plusieurs autres, présens. M. DE LA TEILLERAYE.

NOTE.

(d) *Louages en nostre Chastelet.*] Charles VI. par ses Lettres du 20 d'Avril 1402, avoit donné le Petit Chatelet aux Prévots de *Paris*, pour y faire leur demeure. C'est peut-être ce droit d'habitation qui est nommé ici *louages en nostre Chastelet*. Ces Lettres de 1402, sont au Trésor des Chartres Reg. 158. Pièce 92. Cependant il paroît par le Glossaire de *Du Cange* au mot *Locagium*, col. 252. que ce mot a quelquefois signifié *salaire*, & que dans l'art. 62. de la Coûtume de *Meaux*, loyer & salaire sont synonymes; peut-être aussi par ces mots *louages en notre Chastelet*, faut-il entendre de nouveaux Droits attribuez aux Prévôts de Paris, indépendamment de leurs gages ordinaires.

(a) *Lettres qui portent que les Officiers du Château, Parc & Garenne du Bois de Vincennes, & les Religieux Bons-hommes qui demeurent dans ce Parc, seront exempts de Tailles, d'Aides & de tous autres subsides.*

CHARLES VI. à Paris, en Juin 1404.

CHARLES, &c. Savoir faisons à tous présens & avenir, Nous avoir veu les Lettres de nostre très-chier Seigneur & Père que Dieux absoille, contenant la forme qui s'ensuit.

CHARLES V. à l'Hôtel de Saint Paul lez-Paris, en Juin 1364.

CHARLES par la grace de Dieu Roy de France. Savoir faisons à tous présens & advenir, que Nous considérans que nostre Hostel, Parc & Garenne du *Boiz* de *Vincennes* près de *Paris*, ont esté édifiez & ordonnez par noz prédécesseurs Roys de France, & que en icellui lieu noz dis Prédécesseurs, leurs Compaignes & Enfans, Nous, & ceulx de nostre sang, d'ancien temps avons eue espécial affeccion [a] y converse & repaire souventesfoiz, & plusieurs d'iceulx y ont esté nez, & y preismes le Saint Baptesme: considérans aussi que ledit lieu a esté & est un des notables & principal lieu de la demeure & résidence de noz diz Prédécesseurs, & le plus principal lieu qu'ilz aient eu & que Nous aions pour résidence près de nostre bonne ville de *Paris*; & il soit ainsi que oudit lieu aient esté & soient ordonné plusieurs Officiers, comme Concierge, Chappellains, Garenniers, Sergens, Portiers, & autres Officiers, & les Religieux, Prieur & Couvent des [b] Bons-hommes, lesquelx il fault de jour & de nuit vacquier & entendre à l'exécucion de leurs Offices, ordonnance & gouvernement de nostredit Hostel, & pour ce Nous à la supplicacion desdiz Concierge & Chappellains, Garenniers, Portiers, Sergens & autres Officiers & Religieux, yceulx Concierge, Chappellains, Garenniers, Portiers, Sergens, & autres Officiers & Religieux, qui par ordonnance Royal ont esté ou tems passé & seront ou tems avenir mis & establiz & instituez en nostre dit Hostel tant seulement, en leur faveur, & à ce que plus diligemment & loyaulment eulx entendent à leurs offices, & à ce qui commis leur est & sera ou temps advenir, de nostre grace espécial, certaine science & auctorité Royal, & en nostre joyeux

(a) *Y converser & repairer* y demeurer.

(b) Ce Couvent est aujourd'hui occupé par des Minimes.

NOTE.

(a) Trésor des Chartres, Registre 159. Pièce ij^{c}. LXVII. (267.)

CHARLES VI. à Paris, en Juin 1404.

advènement, avons d'abondant pris & mis, prenons & meĉtons en nostre sauve & espécial garde & proteccion, & leur avons oĉtroyé & oĉtroions par ces Présentes, que eulx & chascun d'eulx & leurs successeurs Officiers dudit lieu de ladiĉte ordenance tant seulement, soient & seront frans & quiĉtes & exemps de toutes Tailles, servitutes & exaccions, & autres rédévances quelxconques, & aussi des Imposicions, Cinquiesme du [c] séel, Treiziesme des vins, ou autres aides & subvencions quelconques ordonnées ou à ordener tant *(b)* pour la délivrance de nostre très-chier Seigneur & Pere dont Dieux ait l'ame, comme de ses Hostages, *(c)* [de faire Gens d'armes ou autres chevauchéez quelconques,] de denrées & marchandises que eulx vendront ou ont vendu de tout le temps passé jusques au jourd'huy en nostredit Hostel & appartenances, sans ce que eulx ne leurs successeurs dessusdiz puissent estre ou soient contrains par quelconque manière aux choses dessusdiĉtes, ne à aucunes d'icelles, par les Commis députtez ou à députter [d] à lever, cueillir & recevoir, ne par quelconques autres noz Gens ou Officiers ou de noz successeurs, nonobstant autres graces, priviléges ou libertez oĉtroiez par noz Prédécesseurs ou Nous aux dessus nommez. Si donnons en mandement par ces Présentes à noz amez & féaulx Conseilliers les Gens de noz Comptes à *Paris*, les Généraulx Tréforiers ordonnez ou à ordonner sur le fait desdiĉtes Imposicions, Subsides & autres choses dessusdiĉtes, & à tous autres à qui il appartendra, que de nostre présente grace & oĉtroy facent & laissent joïr & user paisiblement les dessus nommez & leursdiz successeurs esdiz Offices, & contre la teneur d'icelles ne les molestent ou contraignent ou temps avenir en aucune manière. Et pour ce que ce soit ferme chose & estable à tousjours, Nous avons fait meĉtre à ces Lettres nostre seel: sauf en autres choses nostre droit, & l'autrui en toutes. *Donné en nostre Hostel auprès Saint Pol lez* Paris, *l'an de grace mil* CCCLX *& quatre, ou mois de Juing.*

c Sel.

d corr. *à les lever.*

Suite des Lettres de Charles VI.

Lesquelles Lettres dessus transcriptes, & tout le contenu en icelles, Nous ayans agréables, & ycelles loons, gréons, ratiffions & approuvons, & par la teneur de ces présentes, de grace espécial, plaine puissance & auĉtorité Royal, confermons, en oĉtroyant de nouvel ausdiĉtz Concierge, Chapellains, Cappitaines, Garenhiers, Sergens, Portiers & autres Officiers de nostredit *Bois* de *Vincennes*, & ausdiz Prieur & Couvent des Bons-hommes, que eulx & chascun d'eulx & leurs successeurs qui pour le temps avenir seront, demourans en nostredit Bois & Chastel, soient frans, quiĉtes & exemps de toutes Tailles, Imposicions, Quatriesme, & d'autres aides & subvencions quelconques, qui ont eu, ont ou auront cours pour le fait de noz guerres & autrement en quelque manière que ce soit, sans ce qu'ilz soient ou puissent estre tenus ou astrains d'en paier aucune chose ne y contribuer aucunement; & de ce par ces mesmes Lettres, yceulx & chascun d'eulx déclairons estre ou avoir esté ou tems passé frans, quiĉtes & exemps, & encores entant que mestiers est, les en affranchissons, quiĉtons & exemptons entièrement. Si donnons en mandement à noz amez & féaulx Gens de noz Comptes & Tréforiers à *Paris*, aux Généraulx sur le fait desdis aides, aus Esleus à *Paris* sur ledit fait, & à tous noz autres Justiciers, Officiers & subgets, présens & avenir, & à chascun d'eulx, si comme à lui appartendra, que de noz présentes grace, quiĉtance, donacion, déclaracion & exempcion, facent, seuffrent & laissent nosdiz Officiers, Serviteurs & autres demourans & qui pour le temps passé, présent & avenir, ont demouré, demeurent & demouront en nostredit Chastel & *Bois* de *Vincennes*, joïr & user

NOTES.

(*b*) *Délivrance.*] Pour la rançon du Roy Jean, & la délivrance des ôtages qui avoient été donnez pour sûreté de cette rançon.

(*c*) *De faire Gens d'armes, &c.*] Je ne sçai quel peut être le sens des mots que j'ai fait enfermer entre deux crochets. Ils signifient peut-être les Aides imposées pour la levée des Gens d'armes & autres dépenses extraordinaires.

plainement & paisiblement sans les contraindre ne souffrir estre contrains, molestez ou empeschez aucunement au contraire, tant pour le tems passé comme pour le temps présent & avenir, ainçois, s'aucuns de leurs biens, meubles ou héritages, ou d'aucun d'eulx, estoient ou sont pour ce pris, saisis, levez, arrestez, empeschez ou mis en nostre main, leur mectent ou facent mectre tantost & sans délay à plaine délivrance, & hors de tous plais & procès meuz ou à mouvoir & pendens en quelque Court ou en quelque manière que ce soit, & autres empeschemens, s'aucuns en avoient à la cause dessusdicte, desquelz plais & procès les ostons & mettons hors par ces mesmes présentes. Et avecques ce, à tous nos Justiciers & Officiers sur ledit fait, interdisons toute la congnoissance sans ce que plus ne s'en entremectent en aucune manière, & imposons sur ce silence perpétuel aus Fermiers, Commis, à nostre Procureur & à tous autres, ores & pour le temps avenir. Et afin que ce soit ferme chose & estable à tousjours, Nous avons fait mectre nostre Séel à ces Présentes : Sauf en autres choses nostre droit, & l'autrui en toutes. *Donné à* Paris, *ou mois de Juing, l'an de grace mil CCCC & quatre, & de nostre Règne le XXIIIIe.*

CHARLES VI. à Paris, en Juin 1404.

Par le Roy en son Grant Conseil. FERRON.

CHARLES VI. à Paris, en Juin 1404.

(a) Confirmation des Priviléges accordez à Villeneuve Saint Melon.

KAROLUS, &c. Notum facimus universis presentibus & futuris, Nos Litteras inclite recordacionis carissimi Domini & Genitoris nostri vidisse, tenorem qui sequitur, continentes.

(b) KAROLUS, *&c.*

Quasquidem Litteras ac omnia & singula in eisdem Litteris contenta, ratas habentes atque gratas, eas laudamus, ratifficamus & approbamus, auctoritate nostrâ & speciali graciâ tenore presencium confirmamus in quantum dicti manentes de Villanova *eisdem debitè usi sunt, dictamque* Villamnovam *in & sub manu nostra Regia cum Libertatibus & franchisiis superiùs insertis retinemus juxta Litterarum predictarum seriem & tenorem ; & quicquid in contrarium factum extitit revocamus & penitùs annullamus :* Baillivo Silvanectensi, *ceterisque Justiciariis & Officiariis nostris qui nunc sunt & pro tempore fuerint, mandantes ut dictam* Villamnovam *in & sub Regia manu nostra regant, teneant & custodiant ac conservent juxta predictarum continenciam Litterarum, nec in contrarium quomodolibet attemptari permittant. Quod ut firmum & estabile perpetuò perseveret, nostrum presentibus Litteris fecimus apponi Sigillum : salvo in aliis jure nostro & in omnibus quolibet alieno.* Datum *Parisius*, mense Junii, anno Domini millesimo CCCC^o quarto, & Regni nostri XXIIII°.

Per Regem, ad relacionem Consilii. FRERON.

NOTES.

(a) Tres. des Chartres. Reg. 158. P. III^c LXXXXV. (395.) *fol. 218. verso.*

(b) *KAROLUS, &c.]* Ces Lettres qui sont du mois de Septembre 1364. sont imprimées à la p. 494. du 4e Vol. de ce Rec.

Elles confirment celles par lesquelles le Roy Jean avoit confirmé des Lettres de Philippe de Valois.

Le Registre 158. fournit les corrections suivantes sur ces dernières, qui sont aussi dans ce Vol.

P. 63. Ligne 10. ad *touleyum.* . . . . corr. det *tonleyum.*
Ligne 25. au lieu du Caractère qu'on a fait graver, il y a une *S* avec une marque d'abbréviation : ce qui signifie *Signum.*

CHARLES VI.
à Paris, le 8 de Juillet 1404.

(a) Lettres qui portent que le Gouverneur de Dauphiné ne pourra assembler que dans la Ville de Grenoble, les Gens du Conseil Delphinal, pour traitter avec eux les affaires publiques ou particulières.

CHARLES par la grace de Dieu Roy de France, Dauphin de Viennois. A nos amés & féaux le Gouverneur de notre *Dauphiné*, les Gens de notre Conseil & Auditeurs des Comptes illec : Salut & dilection. Il est venu à notre connoissance que vous Gouverneur, souventesfois sans nécessité qui vous doye contraindre à ce, mandés & faites venir à vous en plusieurs lieux de notredit pays, & ailleurs dehors icelluy, lesdites Gens de notre Conseil, Auditeurs, Notaires & Clercs des Comptes, pour avoir délibération avec eux en plusieurs faits & besognes touchant Nous & plusieurs [a] parties privées, pour les dépens desquels nos Conseillers & Notaires & Clercs, il a convenu au temps passé bailler & délivrer grandes sommes de deniers, & faire grandes & excessives dépenses vains & non nécessaires, & conviendroit toujours plus, si par Nous n'y étoit pourveu de remede. Pourquoy Nous à grand & meure délibération de notre Conseil, avons ordonné, voulons & ordonnons par ces Présentes que doresenavant vous Gouverneur ne fassiés ou fassiés faire tels Mandements, mais se aucunes besognes surviennent en notredit pays & soubz votre Gouvernement, esquelles soit expédient ou nécessaire que lesdites Gens de notre Conseil, Auditeurs, Notaires, Clercs ou aucuns autres soient présents, vous allés & transportés en la ville de *Grenoble*, auquel lieu d'ancienneté le Siége souverain de notredit pays & nosdits Officiers ont accoûtumé de être & résider, & illec aussy pourroient mieux & plus seurément être determinées les causes & besognes touchant Nous & noz sujets, pour ce que les Lettres, Documents, Comptes, & [b] Enchartrements sont conservés solemnement tant en archives que ailleurs, lesquelles Lettres, se portées étoient ainsy souvent dehors, pourroient être pardues ou brûlées, au grand préjudice & diminution de nos droits. Si vous mandons & étroitement enjoignons, & à chacun de vous, si comme à luy appartiendra, que notre présente Ordonnance vous gardés & observés doresenavant sans enfraindre : Mandons aussy par ces mêmes Lettres au Receveur général de notredit pays, que dores en avant il ne baille ou distribue aucune de nos finances ou des deniers de sa Recette pour la cause dessus dite, sur peine d'être recouvré sur lui ce que baillé aura ou payé pour ladite cause : car ainsi Nous plaît-il être fait ; nonobstant quelconques Ordonnances, Mandements ou deffenses à ce contraires. *Donné à* Paris, *le huictiéme jour de Juillet, l'an de grace mil CCCC & quatre, & le* [c] *vingt-deuxiéme de notre Règne.*

Par le Conseil étant en la Chambre des Comptes. *Signé,* MILERAT.

a *des particuliers.*

b app. *Chartres.*

c Il faut corr. *vingt-quatriéme.* Charles VI. étant monté sur le Thrône le 16. de Septembre 1380.

NOTE.

(a) La copie de ces Lettres qui sont dans le dépôt de la Chambre des Comptes de *Grenoble*, a été envoyée avec cette indication, 2. *Generalia*, *f.° 43.*

CHARLES VI. à Paris, le 16 de Juillet 1404.

(a) Lettres qui renouvellent la défense faite de vendre du Verjus & du Raisin à Paris & ailleurs, sans un certificat qu'ils proviennent de l'héritage de celui qui les vend.

CHARLES par la grace de Dieu Roy de France. Au *Prévost* de *Paris* ou à son Lieutenant: Salut. Comme par noz Ordonnances & pour le bien & utilité de la chose publique, il ait esté & soit dès grant temps a, crié, publié & deffendu de par Nous en la Ville, *Prévosté* & *Viconté* de *Paris*, que nul ne porte ou face apporter en nostredicte Ville aucuns verjus ou [a] roisins pour vendre, se il n'apporte souffisant certifficacion de la Justice du lieu, comment lesdiz verjus ou roisins auront creu en son héritage; nonobstant laquele Ordonnance & deffense, plusieurs personnes demourans ès Villes & Parroisses d'environ nostredicte Ville, & autres, apportent & s'efforcent de apporter vendre à *Paris*, par chascun an durant la saison, grant quantité de verjus & roisins, sanz monstrer ladicte certificacion; & est commune renommée que plusieurs les vont cueillir & prendre par nuit & autrement ès vignes de leurs voisins, & puis les apportent vendre à *Paris* & ès Forbours d'icelle [b], dont ilz ont & appliquent à eulx grans sommes de deniers, qui est chose de très-mauvais exemple, & ou grant grief, dommage & préjudice du bien publique, si comme l'en dit. Pour ce Nous voulans à ce pourveoir, vous mandons & estroictement enjoingnons, que nostredicte Ordenance & deffense autrefois faicte comme dit est, faictes crier & publier en nostredicte Ville de *Paris*, ès lieux publiques acoustumez de faire, en faisant ou faisant faire inhibicion & deffense de par Nous à tous généralment, sur teles & si grans peines comme vous verrez au cas appartenir, que aucun ou aucuns ne apportent ou facent apporter à *Paris* ne ailleurs, aucuns verjus ou roisins pour vendre ne autrement, se ilz ne monstrent ou apportent certifficacion souffisant de la Justice du lieu, comment yceulx verjus ou roisins auront creu en leur héritage; & tous ceulx qui après ladicte deffense & publicacion seront trouvez faisans le contraire, les punissez ou faictes punir par tele manière que ce soit exemple à tous autres, & que en vostre deffault ou négligence, aucun n'ait cause de retourner sur ce plaintif pardevers Nous: car ainsi le voulons nous estre fait. *Donné* à Paris, *le XVIe jour de Juillet, l'an de grace mil CCCC & quatre, & de nostre Règne le XXIIIIe*, Ainsi signé.

a *Raisins.*

b *Ville.*

Par le Roy, à la relacion du Conseil. R. CAMUS.

NOTE.

(a) Livre Rouge vieil du Chastellet de Paris, *fol.* 11 vingt 2, *recto* [222.]

Avant ces Lettres, il y a: *des Verjus & Roisins.*

CHARLES VI. à Paris, le 23 de Juillet 1404.

(a) Lettres par lesquelles il est défendu d'exiger finances des habitans de Lauran, par rapport aux Francs-alleux qu'ils possèdent.

KAROLUS Dei gratia Francorum Rex. Dilectis & fidelibus Gentibus nostris Compotorum Parisius, *& Thesaurariis, nec non* Senescallo *nostro* Carcassone, *aut ejus Locumtenenti, & quibuscumque Commissariis ordinatis seu deputandis super facto Feudorum, Retrofeudorum, novarumque acquisitionum & admortisationum, &*

NOTE.

(a) La Copie de ces Lettres a été envoyée de *Montpellier*, avec cette indication: *Sénéchaussée de Carcassone*, *armoire* A, *liasse des homages en général.* N°. 2. fol. 93. verso.

CHARLES VI. à Paris, le 23 de Juillet 1404.

aliis quibus pertinuerit: Salutem & dilectionem. Humilem supplicationem Consulum & habitantium loci de Laurano, Senescallie Carcassone, *in hac parte consortium, recepimus continentem quòd licèt ipsi innobiles sint & à linea innobili extracti & nati fuerint, teneantque & possideant, suique predecessores à quibus causam habent in hac causâ, habuerint & tenuerint in puro & Franco-allodio, aliqui per unum, duos, decem, viginti, triginta, & aliqui quadraginta, quinquaginta, & sexaginta annos & ultrà, & per tanta tempora quòd hominum memoria in contrarium non existit, plures terras, possessiones, hereditagia, prædia, feuda & allodia, sitas & sita in loco prædicto de* Laurano *& in terminis, territorio & Jurisdictione ejusdem loci, aut alibi in dicta* Senescallia Carcassone, *francas & liberas, franca & libera absque aliquali servitute, & absque eo quod pro ipsis seu aliquo eorundem, teneantur aut consueverint facere nobis nec alicui alteri fidem seu homagium, recognitionem, nec prestare Sacramentum fidelitatis, nec solvere aliquem censum seu aliam servitutem, saltem quòd appareat; & licèt tam de Jure quo illa patria gubernatur, quam aliàs, prædicti supplicantes seu aliquis eorundem, pro dictis terris, possessionibus, hereditagiis, prædiis, feudis seu allodiis, Nobis aliqualem financiam non debeant nec deberi possit seu teneantur, maximè quia non tenentur in feudum nec retrofeudum, nec etiam mutantur nec transportantur de nobili in non nobilem, ut est dictum; nichilominùs vos seu aliquis vestrûm, possessores & detentores dictarum terrarum, possessionum, hereditagiorum, prædiorum, feudorum & allodiorum, compellitis seu compellere nitimini ad solvendum Nobis financiam pro eisdem, ipsos seu aliquos eorundem super hoc gravando & molestando, quod cedit in grande prejudicium, non modicum & gravamen eorundem, sicut dicunt, requirentes sibi super hoc provideri: quapropter premissis attentis, &, quod nolumus, subditos nostros talibus molestiis agravari seu opprimi, vobis & vestrûm cuilibet, prout quemlibet vestrûm tangere poterit, precipimus & mandamus, si sit opus comittendo, quatenùs in casu premisso, detentores & possessores dictorum prædiorum, terrarum, possessionum, feudorum ac hereditagiorum, & eorum quemlibet, in antea pro dicta financia non compellatis seu molestetis, aut compelli seu molestari faciatis seu permittatis, sed potiùs desistatis; & si aliqua bona eorundem, ratione præmissorum, capta, vendita, exacta, seu ad manum nostram posita fuerint, eis & eorum cuilibet reddi & restitui, & ad plenum liberari faciatis, quoscumque ad hoc noveritis compellendos, viriliter & debitè compellendo; & in casu oppositionis, Partibus ipsis vocatis & auditis, ministretis simpliciter, summariè & de plano, absque longo strepitu & figura judicii, bonum & breve Justiciæ complementum: quoniam sic fieri volumus, & dictis supplicantibus concessimus & concedimus de gratia speciali per presentes; Litteris subrepticiis in contrarium impetratis vel impetrandis, non obstantibus quibuscumque.* Datum *Parisius*, die vicesima tertia Julii, anno Domini millesimo quadringentesimo-quarto, & Regni nostri XXIV°. *C. DE BOSCO.* In requestis Hospitii. *SAMGUI.*

LES gens des Comptes & trésoriers du Roy notre Sire à *Paris*, au *Seneschal* de *Carcassonne* ou à son Lieutenant: Salut. Par vertu des Lettres royaulx auxquelles ces Présentes sont attachées soubs l'un de nos signets, impétrées par les Consuls & habitans du lieu de *Lauran* en laditte Sénéchaussée, nous vous mandons que se il vous appert duement le contenû ez dittes Lettres estre vray, vous icelles entérinés & accomplissiés ou faites entériner & accomplir selon leur forme & teneur, pour les causes & en la manière que le Roy notredit Seigneur le veut & mande par lesdittes Lettres royaulx. *Donné à* Paris, *le 20.e jour de Février, l'an 1404.*

THIERRY.

CHARLES VI. à Paris, le 23 de Juillet 1404.

(a) Confirmation des Statuts des Tailleurs de la Ville de Meaux.

CHARLES, &c. Savoir faisons à tous présens & avenir, Nous avoir veu les Lettres de *Jehan Ailgembourse Bailli* de *Meaulx*, séellées du Séel & Contreséel dudit Bailliage de *Meaulx*, faisans mencion de plusieurs personnes demourans à *Meaulx*, estans du mestier de Tailleurs de Robes, Cousturiers & faiseurs de Pourpoins ou doublez, tenans [a] ouvvrroirs en ladicte Ville, Cité, *(b)* Marchié & Fourbours de *Meaulx*, & en la Prévosté & Chastellenie dudit lieu, contenant la forme qui s'ensuit.

[a] ouvroirs : boutiques.

A Tous ceulx qui ces présentes Lettres verront. *Jehan Ailgembourse, Bailli* de *Meaulx* : Salut. Comme plusieurs personnes demourans à *Meaulx*, estans du mestier de Tailleurs de Robes, Cousturiers & faiseurs de Pourpoins ou doublez, tenans ouvroirs en ladicte Ville, Cité, Marché & Faulxbours de *Meaulx*, & en la Prévosté & Chastellenie dudit lieu, se feussent doluz & complains à nous que plusieurs faultes oudit mestier se faisoient & commettoient de jour en jour, par les faulx ouvrages que l'en y fait par plusieurs qui d'icellui mestier se entremetent & euvrent de jour en jour, laquelle chose estoit & redondoit en grant vitupere & deshonneur dudit mestier & des preudes hommes Tailleurs & Ouvriers d'icellui, & en grant lésion, préjudice & dommaige du commun pueple, & pour ce nous requéroient & supplioient que sur ledit mestier nous vousissions faire Ordonnances & Registres convenables & raisonnables, afin que ledit mestier feust gardé & visété, en telle manière que ceulx qui y feroient & commeteroient faulte ou mauvaistié, feussent punis & corrigiez, & leurs tors faiz, [b] adrechez & amendez, en disant de par les dessusdiz ouvriers de cousture, & compaignons Tailleurs de robe, que sur ce par bon advis & délibéracion ilz avoient regardé & advisé plusieurs poins & articles qui étoient convenables & nécessaires à être gardez pour le bien & honneur dudit mestier, & pour le prouffit & utilité dudit commun pueple, & iceulx poins & articles nous eussent monstrez & baillez par escript, en nous requérans & supplians que iceulx nous vousissions passer & faire tenir & garder par nostre auctorité par manière de Ordonnance & Registre, lesquelz articles nous eussions receuz & prins par devers nous, & sur ce eussions appellé le Procureur du Roy notre S. & plusieurs autres sages hommes en Droit & en Coustume, avecques pluseurs & grant quantité des plus souffisans, expers & notables personnes dudit mestier, en la présence desquelx nous eussions fait lire & exposer mot à mot lesdiz articles l'un après l'autre, & à grant loisir rendu cause & raison sur chascun article, comment & pourquoy le contenu en icellui estoit expédient, prouffitable & nécessaire, ou préjudiciable ou dommagable du commun pueople ; & finablement après plusieurs assamblées, & plusieurs debas & altercacions euz en icelles par devant nous, par bonne & meure délibéracion de Conseil, & de l'accort & consentement dudit Procureur du Roy, & aussi de l'accort & consentement desdits Cousturiers & Tailleurs de robes, pour ce comparans par devant nous ; c'est assavoir, *Raffequin Coffart, Guillemin Fredin, Pierre Dupont, Guillemin* [c] *Subart, Jacob Jaquemart, Henry l'Alemant, Nicaise Dugué, Audriet Hoquet, Jehan Simon, Jehan Sablon, Richart le Destrier, Josse de Hollande, Jehan Mariolet, Jehan Fuiset, Geuffrin Gasteblef, Colasson le Bon* & *Jaquemin le Clerc*, eulx disans & affirmans par Serement estre la plus grant & saine

[b] redrecez : corrigez.

[c] Il y a plus bas, Jobart.

NOTES.

(a) Trésor des Chartres, Reg. 160. Pièce XXXII. (32.)

A l'exception de la quotité des amendes, ces Statuts sont presqu'entièrement semblables à ceux des Tailleurs de *Paris*, qui sont imprimez à la p. 548. du 8.e Vol. de ce Rec. On pourra consulter les notes qui ont été faites sur ceux ci.

(b) Marchié.] Le Marché de *Meaux*, duquel il est souvent fait mention dans nos histoires, est une partie considérable de cette Ville, séparée de la Cité par un petit bras de la *Marne*.

CHARLES VI. à Paris, le 23 de Juillet 1404.

partie des Coufturiers & Tailleurs de robes de la Ville & Marchié & Faulxbours de *Meaulx*, nous avons fait, dit & ordonné, faifons, difons & ordonnons par la teneur de ces préfentes Lettres, & fi comme faire le povons & devons de droit & de noftre Office, pour le bien, honneur, prouffit & utilité dudit meftier & de tout le commun pueple, Regiftre & Ordonnance fur ycellui meftier, en la forme & manière qui s'enfuit;

(1) C'eft affavoir, que pour garder & vifeter ledit meftier, aura III. fouffifantes perfonnes d'icellui meftier, qui par nous & noz fucceffeurs *Bailliz* de *Meaulx*, feront députez, ordonnez & inftituez Maîtres Jurez à la garde & vifitacion dudit meftier, au tefmoignage & relacion d'iceulx d'icelli meftier, qui par nous & noz Succeffeurs jureront par devers nous, que bien & loyaument garderont & vifeteront ledit meftier, les poins & articles d'icellui cy-après efcrips & devifez, & en auront iceulx Maiftres toute la vifitacion fur tout l'ouvrage dudit meftier, & fur les circonftances & deppendances d'icellui; & feront tenus iceulx Maiftres fur leur Serement, de nous rapporter & à noz Succeffeurs, toutes les amendes, forfaitures & mefprentures que ils trouveront eftre commifes & faictes en ycellui meftier, en la manière qui s'enfuit.

(2) Primo. Que nulz demourans en la Ville, Cité & Marchié de *Meaulx*, ne ès Faulxbours, Prévofté & Chaftellenie, ne puift lever eftablie, ne taillier garnemens, jufques à ce qu'il aura efté par lefdiz Maiftres examinez & aprouvez fouffifanment de taillerie & lever ouvroir, fe ce ne font robes ou garnemens pour Seigneurs qui ont leurs Tailleurs, ou garnemens pour enfans; car autrement aucuns pour convoitife de gaigner ou [b] pour non fens, pourroient entreprendre befongne qu'ilz gafteroient, & deftruiroient les draps des bonnes gens, ne de ce ne pouroient faire reftitucion, & ce redonderoit ou vitupere & deshonneur dudit meftier, des bons ouvriers d'icellui, & ou dommage du pueple; & qui fera le contraire, il paiera cinq Solz Tournois d'amende au Roy noftre S. & III. Sols Tournois à la Confrarie dudit meftier, tant pour fouftenir les poins d'icellui meftier, que pour la paine & travail que lefdiz Maiftres auront à garder & vifeter ledit meftier.

a corr. par.

(3) Item. Que nul d'icellui meftier ne puiffe ouvrer au Samedi puis chandelles allumées, au Dimenche, aux V. Feftes Noftre Dame, à Feftes d'Appoftres, au jour de Touffaint, de Noël, Pafques, l'Affencion & de la Pentecoufte, ne ne faffe befongne pour achever ne autrement, excepté les befongnes de Noffeigneurs, de noz Dames les Royaulx, & robes de corps & de nopces, ou fe ce n'eftoit que il convenift par néceffité eflargir ou eftrecier un garnement qui par avant feuft fait & [b] portefait; & qui fera le contraire, il payera V. Solz Tournois d'amende au Roy, & III. Solz Tournoiz à la Confrarie, fe il eft Maiftre, & fe il eft Varlet, il paiera II. Solz Tournoiz au Roy, & douze Deniers à ladicte Confrarie. Et fe il advient que aucun maintenift que ledit ouvrage feuft pour Noffeigneurs ou noz Dames les Royaulx, ou pour nopces ou pour corps, & l'en trouvoit le contraire, il paiera double amende.

b ce mot eft très-douteux, il y a *fait & parfait* dans les Statuts des Tailleurs de Paris.

(4) Item. Que nulz Varlès ne puiffent aler ouvrer hors d'avecques leurs Maiftres, jufques à ce que ilz aient acomply leur terme, & achevé la befongne qu'ilz auront encommencée.

(5) Item. Que nulz Ouvriers dudit meftier ne puiffe ne ne doye fortraire ne mettre en euvre les Varlès ou Aprentiz des Maiftres, fans licence de ceulx à qui ilz feront, jufques à ce qu'ilz aient parfait leur fervice & achevé leur euvre, en paine de V. Solz Tournoiz, dont le Roy aura les III. & la Confrarie les deux.

(6) Item. Que quiconques fera Tailleur de robes à *Meaulx*, & Marchie & Faulxbours, & en ladicte Prévofté & Chaftellenie, & il meftaille robe ou garnement par mal ordonner le drap ou tailler, ou par l'ignorance de fa taille, le meffait & dommage fera veu & regardé par lefdiz Maiftres, & fe ilz rapportent par leur Serement que la robe ou garnement foit empirez par meftaille ou par la coulpe du Tailleur, le Tailleur rendra le dommage à icelluy à qui la robe ou le garnement fera,

fera, & si paiera v. Solz Tournois d'amende, dont les III. seront au Roy, & les deux à ladicte Confrarie.

CHARLES VI. à Paris, le 23 de Juillet 1404.

(7) *Item.* Qui fera doublet pour vendre, qu'il soit tout estoffé de soye ou de fil & d'estoffes [a] mesmes; & qui fera le contraire, le doublet sera despecé, & paiera III. Solz au Roy & II. Solz à ladicte Confrarie.

(8) *Item.* Que nuli ne mete laine ne estoupes en doublet qu'il face pour vendre; & qui fera le contraire, le doublet sera ars, & paiera v. Solz Tournois d'amende au Roy, & IIII. Solz à la Confrarie.

(9) *Item.* Que chascun dudit mestier puisse tailler & faire doublet à qui l'en le commandera, de telles estoffes comme l'en lui baillera.

Toutes lesquelles choses dessus dictes & devisées, & chascunes d'icelles, Nous voulons & ordonnons estre faictes, tenues & entérinées & gardées de point en point sans enfraindre, sur lesdictes paines; & quiconques fera le contraire, il encherra en icelles paines par tant de foys comme il lui avendra, lesquelles paines dès maintenant pour lors Nous déclarons commises, & ycelles voulons & ordonnons estre exécutées sur les transgresseurs & faiseurs à l'encontre de ceste présente Ordonnance, sans ce que nul en soit espargnié; & pour exécuter ces choses, garder & entériner, *(a)* que les dessus nommez Tailleurs & Cousturiers de robes demourans à *Meaulx*, esleu & nommé à Maistres & [b] Regars oudit mestier, lesdiz *Rassequin Coffart, Guillemin* [c] *Jobart & Henry l'Alemant,* lesquelz ont fait Serement & juré aux Sainctes Euvangilles de Dieu, de bien, justement, loyaument les choses dessusdictes veoir, visiter & garder, & rapporter à Justice ce qu'ilz auront trouvé ou trouveront estre fait contre ceste présente Ordonnance, & que en toutes choses ilz garderont le droit du Roy nostre S. & pourront les deux d'iceulx Maistres & Regards dudit mestier, faire autant, & vauldra leur visitacion & rapport comme se les III. en leurs personnes y estoient présens. Si donnons en mandement à tous noz Subgez, requérans tous autres, que nostredicte Ordonnance tiengnent & facent tenir & garder sans enffraindre, selon la forme & teneur dont cy-dessus est faicte mencion, ne au contraire n'aillent ou facent aler en quelque manière que ce soit. En tesmoing de ce, Nous avons séellé ces Lettres du Séel & Contre-séel dudit Bailliage. *Ce fu fait le Jeudi III.e jour du moys de Juillet, l'an de grace mil IIII.c & IIII.* Ainsi signé. S. DE BEAUVOISIN.

a Il y a *menues* dans les Statuts des Tailleurs de Paris.

b Il paroît par ce qui suit qu'il faut entendre par ce mot, *les Jurez du métier.*

c Il y a ci-dessus p. 23. *Sobart.*

Suite des Lettres de Charles VI.

Lesquelles Lettres cy-dessus transcriptes & tout le contenu d'icelles, Nous [d] ayons agréables & ycelles loons, gréons, ratiffions, & de grace espécial par ces présentes confermons en tant que bien & deuement sont & auront été faictes. Si donnons en mandement au *Bailli* de *Meaulx*, & à tous noz autres Justiciers & Officiers, ou à leurs Lieuxtenans, présens & avenir, & à chascun d'eulx, si comme à luy appartendra, que de nostre présente grace & confirmacion ilz facent, sueffrent & laissent lesdiz Tailleurs de robes, Cousturiers & faiseurs de pourpoins ou doublés, tenans ouvroirs en ladicte Ville, Cité, Marchié & Faulxbours de *Meaulx*, & en la Prévosté & Chastellenie dudit lieu, dont mencion est faicte ès Lettres cy-dessus transcriptes, joïr & user plainement & paisiblement jouxte la forme & teneur d'icelles Lettres, sans leur mettre ou donner ne souffrir estre fait ou donné aucun empeschement à l'encontre. Et que ce soit ferme chose & estable à tousjours, Nous avons fait mectre nostre Séel à ces Présentes: Sauf en autres choses nostre droit, & l'autruy en toutes. *Donné à* Paris, *le XXIII.e jour de Juillet, l'an de grace mil IIII.c & quatre, & de nostre Regne le XXIIII.*

d corr. *avons.*

Par le Roy, à la relacion du Conseil. R. CAMUS.

NOTES.

(a) Que les dessus nommez &c.] Cet endroit paroît corrompu & on pourroit ainsi le corriger: *& afin* que les dessus nommez Tailleurs & cousturiers de robes demeurans à Meaux, *les observent, nous avons* élû &c.

CHARLES VI.
à Paris, le 4 d'Aoust 1404.

(a) Lettres qui portent qu'il ne sera permis d'exercer la Médecine & la Chirurgie qu'à ceux qui après un examen auront été jugez capables de le faire.

KAROLUS Dei gratia Francorum Rex. Senescallo *& Judici ordinario* Carcassonæ, *aut eorum Locatenentibus : Salutem. Pro parte Procuratoris nostri Senescalliæ prædictæ, seu ejus Substituti, Nobis fuit expositum graviter conquirendo, quòd cùm nonnulli se dicentes Phisici &* [a] *Surgici in prædicta Senescallia existentes, qui in Scientia Medicinæ & Surgiæ minimè sunt experti, plures curas se intromittant facere, unde propter eorum ignorantiam & imperitiam, subditis nostris eveniunt non modica scandala seu dampna, & magis evenire poterunt, nisi super hoc per Nos fuerit provisum de remedio opportuno, prout dicit Procurator noster memoratus: quapropter supra prædictis providere volentes, vobis & vestrûm cuilibet committendo mandamus quatenùs* [b] *super Informationem per vos factam, aut aliàs, prædicta vobis constiterint esse vera, talibus Phisicis seu Surgicis, & qui de prædictis Scientiis; scilicet Medicinæ & Surgiæ, se intromittere voluerint, inhibeatis seu inhiberi faciatis sub certis & magnis penis Nobis applicandis, quòd de cætero de predictis Scientiis minimè se habeant intromittere, nisi primitùs & ante omnia fuerint experti & approbati tam in generalibus studiis & solemnibus, quàm per viros in predictis Scientiis expertos & cognoscentes, & taliter quòd propter eorum imperitiam seu inscientiam, aliqua dampna subditis nostris & Reipublicæ minimè veniant; & si qui contrarium fecerint, seu contra inhibitionem & deffensionem venerint, ipsos puniatis secundùm eorum demerita, taliter quòd de cetero aliis talia comittentibus transeat in exemplum: quoniam sic fieri volumus, & ex causa; appellationibus & oppositionibus frivolis, ac literis subrepticiis in contrarium impetratis vel impetrandis nonobstantibus quibuscumque.* Datum *Parisius*, die quarta Augusti, anno Domini millesimo quadringentesimo quarto, & Regni nostri XXIV°.

In Requestis Hospitii, *PROPHETE.*

a Chirurgici.

b Il faut app. corr. *Siper.*

NOTE.

(a) La Copie de ces Lettres a été envoyée de *Montpellier* avec cette indication : *Sénéchaussée de* Carcassonne, *armoire* A, *liasse des homages en général.* N°. 2. fol. 156.

CHARLES VI.
à Paris, le 18 d'Aoust 1404.

(a) Lettres par lesquelles Charles VI. donne pouvoir au Gouverneur du Dauphiné, d'assembler les trois Etats de la Province, pour les requérir d'accorder au Roy une Aide de cinquante mille livres, faisant partie du prix de l'acquisition des Comtés de Valentinois & de Diois, qu'il a faite depuis peu.

Résolution prise par les trois Etats sur cette demande.

SÇACHENT tuit que l'an de grace mil quatre cent & quatre, & le Vendredy quatorzième jour de ce présent mois de Novembre, par mandement de Noble & puissant Seigneur Messire *Gauffroy* le *Mengre* dit *Bouciquaut*, Gouverneur du *Dauphiné*, & en exécution des Lettres du Roy Dalphin notre Seigneur, cy-dessous transcrites, furent en la cité de *Grenoble* assemblés les gens de trois Etats dudit pays du *Dalphiné*, auxquels le samedy ensuivant quinzième jour dudit mois, les Gens du Conseil dudit Roy Dauphin notredit Seigneur, en l'absence dudit

NOTE.

(a) La Copie de ces Lettres qui sont dans le dépôt de la Chambre des Comptes de *Grenoble*, a été envoyée avec cette indication: *In isto Liber* [*Libro*] *continentur informationes, &c.* Cayer 3.

CHARLES VI. à Paris, le 18 d'Aoust 1404.

Monsieur le Gouverneur, [a] fissient dire & proposer par la bouche de Monsieur *Jacques* de *Saint-Germain*, Avocat & Procureur fiscal dudit Seigneur, l'acquisition n'aguières faite par le Roy Dalphin, des *Comtés* de *Vallantinois* & de *Diois*, les causes que à ce principaument l'avoient meu à faire laditte acquisition & [b] où espécial comment il avoit fait ladite acquisition plus pour acroître sa Seigneurie du *Dauphiné*, que par autre cause, & par exprès ou traitié & accord sur ce fait, [c] & faite expresse mention que les habitans d'iceux Comtés seront gouvernés & maintenus en telles Libertés, prérogatives, us & franchises, comme les habitans & sugiets dudit pays du *Dalphiné*, & sera doresenavant une même chose, & seront pays unis, dont se pouront [d] échever plusieurs grands dommages & inconvénients que ou temps passé sont survenus oudit pays du *Dalphiné*, & aux sugiets d'iceluy, à l'occasion d'iceux Comtés, en maintes manières, dont lesdites Gens de trois Etats [e] poient être insourmés, & que par ces causes & autres, [f] ils [g] plusieurs icelles gens de trois Etats devoient avoir grand joye & plaisir de ladite acquisition, & pour ce que pour le présent le Roy Dalphin notredit Seigneur n'avoit pas preste finance pour contenter Messire *Loüis* de *Poitiers*, Comte d'iceux Comtés, qui transporté luy avoit, de certaine grand somme de deniers que par ce il convenoit dedans moult brief temps bailler audit Comte, pour plusieurs grands affaires qui étoient n'aguères survenus au Roy Dalphin notredit Seigneur, déclarés esdites Lettres pour lesquels affaires il n'avoit voulu donner charge aucune aux sugiets & habitants de sondit pays du *Dalphiné*, combien que les sugiets de son Royaume y ayent grandement contribué, en entention que iceux sugiets & habitants dudit *Dalphiné*, comme bons, vrays sugiets & obéissants dont le Roy avoit plaine confiance, contribuassent & aydassent à supporter au Roy Dalphin notredit Seigneur, partie de la charge de ladite acquisition, & combien que aucuns peussent dire que en ce cas lesdites gens de trois Etats fussent tenus de aidier à leur Seigneur par raison, considéré la coûtume longuement sur ce gardée audit pays du *Dalphiné*, néantmoins le Roy Dalphin notredit Seigneur leur faisoit exposer par manière de priez, afin que l'aide que ils feroient, [h] protendit de leur bonne volonté sans contrainte, & leur déclarant que le Roy Dalphin notredit Seigneur ayant eu meure délibération, avoit avisé que lesdites gens des trois Etats lui aidassent pour payer partie de ladite acquisition, de la somme de cinquante mille francs venants [i] ens franchement, pour convertir & employer en payement d'icelle acquisition, & non ailleurs, considéré que pieça ils ne [k] fissient aucun ayde audit Seigneur, comme plus à plain étoit contenu esdites Lettres, lesquelles après ladite exposition & requête faite par ledit Messire *Jaques* de *Saint-Germain*, furent leües à leur présence, & contiennent la teneur que s'ensuit.

[a] *firent.*
[b] corr. *en.*
[c] corr. *est.*
[d] *éviter.*
[e] corr. *peuvent.*
[f] *eux.*
[g] supp. *&.*
[h] app. *procédât.*
[i] *dans les coffres du Roy.* Expression qui se trouve plus d'une fois dans ce Recueil.
[k] corr. *firent.*

CHARLES par la grace de Dieu Roy de France, Dalphin de Viennois. A notre amé & féal Chevallier, Chambellan & Conseillier *Gauffroy* le *Mengre* dit *Boucicquaut*, Gouverneur de notre *Dalphiné* de *Viennois*, ou à son Lieutenant : Salut & dilection. Comme n'agueres par l'avis & délibération de plusieurs tant de notre Sang comme de notre Conseil, pour ce que Nous avons sceu qu'il étoit expédient pour Nous, notre Royaume, notredit *Dalphiné*, & pour [l] nous sugiets d'iceux, que Nous attendissions à acquérir les Contés de *Vallantinois* & de *Diois*, lesquelles notre amé & féal cousin *Loüis* de *Poitiers*, *Comte* desdites Comtés, Nous vouloit ceder & transporter, Nous ayons fait traittier sur ce avec ledit Comte ou ses députés, tant que Nous sommes cheus en accord avec luy qui Nous cède, baille, délaisse & transporte pour Nous, nos hoirs & successeurs Roys & Dalphins, lesdites Comtés avec leurs appartenances & appendances, par certaines fourme & manière contenues ou Traittié sur ce fait, parmy certaine grand somme de deniers que Nous lui en devons faire bailler dedans moult brief temps; de toute laquelle somme pour plusieurs autres grands affaires qui Nous sont survenus, Nous ne pouvons bonnement faire finance de présent ne sitost comme il est besoin pour l'accomplissement dudit fait, lequel, se ladite finance n'étoit payée audit temps, feroit

[l] *nos*, là & en plusieurs autres endroits.

CHARLES VI. à Paris, le 18 d'Août 1404.

rompu, & par ce afin qui n'ait faute audit payement, Nous ayant entière confiance de l'amour, loyauté & bonne & vray obéissance que de tout temps avons trouvé en nous bons, vrays & loyaux sugiets de notredit *Dalphiné*, en espérant que en ce fait qui moult touche & regarde notre honneur & le bien de Nous & de notredit *Dalphiné*, & mêmement le leur propre : car de tant comme notre Seigneurie sera augmentée desdites Comtés qui sont contigues & joignants de notre *Dalphiné* dessus dit, nousdits sugiets [a] & seront plusieurs iceux nous sugiets, lesquels comme par plusieurs dignes de foy Nous a été rapourté, ont moult grand desir & leur est moult grand joye & plaisir que Nous ayons entendu & entendons à ladite acquisition, en quoy ils montrent bien la bonne affection qu'ils ont à Nous aider de bon vouloir, selon leur possibilité, à faire partie de ladite finance nécessaire pour ledit achat : confians à plain de vous sens, discretion & diligence, vous avons commis & député, commettons & députons par ces présentes, à faire assembler en tel lieu ou tels lieux que bon vous semblera, & tous ensemble ou par parties ainsy comme vous verrés qu'il sera à faire pour le meilleur & plus expédient, les Prélats, Nobles & autres sugiets de notredit *Dalphiné*, & à leur expouser le fait de ladite acquisition, & comment Nous les faisons principalement pour accroitre notre Seigneurie de notredit *Dalphiné*, & pour leur proffit, & les requérir de par Nous qu'ils Nous [b] ayent cette fois à faire le payement de ladite finance pour ladite acquisition, de la somme de cinquante mille francs venans [c] en franchement, & que pour ce avisent un aide être mis & imposé sur les habitans de notredit *Dalphiné*, montant à ladite somme, & à ce les induire en leur mostrant de par Nous, que long-temps a qu'ils ne Nous firent aucun aide, & mêmement que en cette année, combien que tous nos sugiets de notre Royaume nous ayent fait aide pour résister aux entreprises de [d] *Henry* de *Lencastre* soy-disant *Roy* d'*Angleterre*, qui a fait & se efforce faire par luy & ses faiteurs & adhérens, guerre publique à Nous, à notre Royaume & à nous sugiets, toutes voyes Nous ne avons pour ce aucunement chargé les habitants de notredit *Dalphiné*, en espérance que pour ce fait qui touche leur proffit, comme dit est, ils Nous aideroient comme tenus y sont; desquelles choses faire Nous vous donnons pouvoir, autorité & mandement espécial par ces présentes; & avec ce, de faire mettre sus & [e] asseire ledit aide, & commettre à faire l'assiéte d'iceluy aide, & à le cueillir, lever & faire venir ens ez mains de notre bien amé *Aubert le Fevre* par nous commis à recevoir les deniers d'iceluy, tant de personnes & telles comme vous verrés qu'il appartiendra & que à ce sera nécessaire; de contraindre & faire contraindre tous les refusants & contradisants à payer chacun sa portion à quoi il sera imposé pour l'aide dessusdit, par toutes voyes accoûtumées pour nous propres dettes; de taxer & ordonner à ceux qui se entremettront dudit fait, salaires & voyages raisonnables, & tout ce qui leur sera payé par votre Ourdonnance, Nous voulons & mandons être alloüés ez comptes de celuy qui payé les aura, par rapportant vous Lettres de taxation, & quittance souffisant, & généralment de faire ez choses dessus dites & en toutes leurs circonstances & dépendances, tout ce qui y sera expédient & nécessaire & que nous y pourrions faire se nous y étions en notre personne; & vous mandons & enjoignons très-expressément que en ces choses accomplir, vous mettés si grand & bonne diligence, que [f] toust elles sortissent leur effect : Mandons aussi à tous nous Justiciers, Officiers & Sujets, que à vous & à vos députés en tout ce que dessus est dit, obéissent & entendent diligemment, & prêtent, donnent & fassent à vous & à eux, conseil, confort & aide, se ils en sont requis. *Donné à Paris, le dix huict.e jour d'Aoust, l'an de grace mille quatre cent & quatre, & le vingt-quatrième de notre Regne.* Par le Roy Dauphin, en son Conseil où Messieurs les *Ducs* de *Berry* & de *Borbon*, [g] Vous, le grand Maistre d'Hôtel, & plusieurs autres, étiés. J. DE SANCTIS.

Suite de la Délibération des Trois Etats du Dauphiné.

Après la lecture & exposition desquelles Lettres, lesdites gens de trois Etats [h] requisient & demandent avoir avis & délibération sur ce que exposé leur avoit

a *cet endroit paroît tronqué ou corrompu.*

b p. e. *aident.*

c corr. *ens.*

d *Voy. ci-dessus* p. 4. note *(b)*

e *assoir.*

f app. *tost.*

g Le Chancelier de France. *Voyez le 5.e Vol. de ce Rec.* p. 653. Note (c).

h *requerrent.*

CHARLES VI.

à Paris, le 18 d'Août 1404.

été de par le Roy Dalphin notredit Seigneur, & copie d'icelles Lettres, pour plus plainement & sainement délibérer sur tout, que baillé leur fût ; & eüe sur ce entr'eux consultation & délibération le lundy dix-septième jour dudit mois, répondent à ladite exposition & contenu desdites Lettres par la bouche & moyen de Messire [a] *Jaime Mari* Docteur en Droit Civil, leur Conseillier, comme il s'ensuit ; c'est à sçavoir, que lesdites gens de trois Etats avoient le plus grand plaisir de ladite acquisition, que ils eussent depuis la nativité de mondit Seigneur le Dalphin, de chose qu'ils [b] aissent sçeu ne ouy ; & combien que par les Libertés, Priviléges & franchises octroyées aux sugiets & habitans dudit pays du *Dalphiné,* par les Prédécesseurs du Roy Dalphin notredit Seigneur, confermées & jurées par luy & ses Officiers audit pays, que en ce cas ou autres quelconques, le Seigneur ne doye ou puisse faire ou imposer Taille, Aide ou Subside sans le consentement & bon vouloir desdites gens, néantmoins aux requêtes que ou temps passé faites leurs ont été de plusieurs Aides & Subsides, ils ont voulu complaire de tout leur [c] poïr au Roy Dalphin notredit Seigneur, comme bons & vrays sugiets, ont toûjours été eux & leurs Prédécesseurs loyaux & obéissants envers leur Seigneur, & seront toutes leurs vies : Mais toutes fois quant à la requête à eux faite que pour le présent ils fassent aide de cinquante mille francs pour ladite acquisition, ils répondent que considéré la feblité & pauvreté du pays, & les grands charges que il leur a convenu supporter depuis peu de temps en çà, la grand somme que on leur demande, la briefté du temps que est contenue ez dites Lettres, considéré aussy que lesdites Lettres font mandement précis auxquelles lesdites Gens du Conseil ne pourent aucune chose [d] muer, innover, ajoûter ou diminuer, lesdites gens de trois Etats ont délibéré & advisé de envoyer aucunes notables personnes du pays, cy-après nommés, devers le Roy Dalphin nostredit Seigneur, pour lui humblement recommander son pays & sugiets de par-deçà, lui exposer les [e] faulités, pauretés & charges de sondit pays, les Aides & Subsides que il en a eu, avec plusieurs autres choses touchant le bien & prouffit dudit pays, & le Roy Dauphin nostredit Seigneur adviser & informer de ces choses, pour lui faire telle réponse sur le contenu ez dites Lettres & exposition, que il & Nosseigneurs de son Sang & Conseil [f] en devoient être contents ; & le mecredi ensuivant dix-neuvième jour dudit mois, [g] & pour ce faire & accomplir, ont éleu les personnes cy-dessous nommées, lesquelles personnes lesdites gens de trois Etats de commun accord & consentement, en la présence desdites gens du Conseil [h] fissient & ordenèrent leurs Procureurs, & leurs [i] donyent poïr & auctorité de ce faire & accomplir, comme ez Lettres de procuration sur ce faites est plus à plain contenu ; & par délibération entre eux faite, après plusieurs répli-cations faites sur ce par ledit Avocat & Procureur, se le délay en quoy ils mettoient la besoigne, en leur exposant les inconvéniens qui s'en [k] poïent ensuir, comme esdittes Lettres est contenu, à plusieurs fois & en plusieurs délays, lesdites gens de trois Etats ordenèrent & [l] voulèrent que lesdites personnes élûes & constituées Procureurs, à bon plaisir de Dieu, fussent tenues de être devers le Roy Dalphin notredit Seigneur dedans la Feste de la Nativité de Nôtre Seigneur, pour les causes dessus dites, [m] ou plus est se bonnement faire se povoit, & autre réponse en effect ne [n] fissient ou voulèrent faire, & par ce furent licenciés par lesdites gens du Conseil, & atant [o] se partirent de cetuy Acte. Ce sont les noms des Procureurs établis par lesdites gens de trois Etats, comme dessus est faite mention. Premièrement Monsieur *Aymard* Vicomte & Seigneur de *Clarmont, Joffroy* Seigneur de *Clavey-son, Guillaume* de *Rossillon* Seigneur du *Bouchage, Amé* Seigneur de *Miribel,* le Seigneur de *Saurnon,* le Seigneur de *Hosa,* Chevalier, Monsieur [p] *Jaymen Mari* Docteur en Loys, *Guigues Decomiers, François Sibuez, Jean* de *Rames, Antoine Viel,* Escuyers, *Jean Brum, Andrief Michal, Jean* [q] *Moinot, Pierre Chassart, Didier Aynard, Antoine Gayte* & *Pierre Flachere.* Ces choses furent faites à *Grenoble,* l'an & le jour dessus dits, présents nous Notaires cy-après nommés, Secrétaires de Monseigneur le Dalphin.

a Il y a plus bas, *Jaimen.*

b *ayent.*

c *pouvoir.*

d *changer.*

e p. c. *facultez.*

f corr. *en devroient.*

g *monosyllabe inutile.*

h *firent.*

i *donnèrent pouvoir.*

k *pouvoient.*

l *voulurent.*

m corr. *ou plûtôt.*

n corr. *firent.*

o *sortirent de l'Assemblée.*

p Il y a plus haut, *Jaime.*

q *mot douteux.*

CHARLES VI.
à Paris, le dernier d'Octobre 1404.

(a) *Lettres qui ordonnent aux Baillis de Sens, de Mascon & de Saint-Pierre-le-Moustier, de renvoyer au Parlement les affaires du Duc de Bourgogne qui concerneront son Duché, & dans lesquelles son Procureur se sera constitué Partie.*

CHARLES par la grace de Dieu Roi de France. Aux *Baillis* de *Sens*, de *Mascon* ou de *S.t Pere le Moustier*, & à tous les Justiciers de nostre Royaume ou à leurs Lieutenans : Salut. Oye la suplication de nostre très-chier & très-amé Cousin le *Duc* de *Bourgoingne*, contenant que jà soit que il soit Per de France & premier & Doyen des autres Pers, [a] en lieugne ses terres & possessions de la *Duchié* de *Bourgongne* en Parrie, & par ce ne soit tenu de plaidier de toutes ses Causes & de celles esquelles son Procureur se veult adjoindre, que pardevant Nous ou nostre Parlement, s'il ne lui plaist ; néantmoins vous ou aucun de vous, avés esté de jour en jour & estes refusans & contredisans de renvoyer en nostredit Parlement les Causes qui sont pendants pardevant vous touchant nostredit Cousin, & celles esquelles son Procureur se veult adjoindre & faire Partie, & d'icelles voulez congnoistre sans en faire aucun renvoy, & mesmement se à chacune fois le Procureur de nostredit Cousin ne monstre Lettre expresse de par Nous dudit renvoy, qui lui seroit griève & insupportable chose de venir à chacune fois par-deçà devers Nous, si comme il dit : Pourquoy nous considéré ce que dit est, vous mandons & estroitement enjoignons, [b] à chascun de vous, que toutes les Causes entières touchant nostredit Cousin à cause dudit Duchié, & desquelles son Procureur prendra l'adveu, garandie & deffense, ou se adjoindra ou fera Partie, vous renvoiés quant requis en serez, sens point d'icelles congnoistre, à certain & compétant jour ordinaire ou extraordinaire de nostre prochain Parlement, ou de nos autres prouchains Parlemens avenir, avec les Parties adjournées pour illec procéder & aller avant esdites Causes, circonstances & deppendances d'icelles, & en oultre, si comme il appartiendra par raison, en certifiant souffisament nostredit Parlement dudit renvoy & adjournement : car ainsi Nous plaist-il être fait, & à nostredit Cousin l'avons ottroyé & ottroyons de grace espécial par ces Présentes, se mestier est ; nonobstant quelxconques Lettres subreptices empétrées ou à empétrer à ce contraires. *Donné à* Paris, *le darrain jour d'Octobre, l'an de grace 1404. & de nostre Regne le 25.* Ainsi signé ès Requestes de l'Hostel *M. de S.t Omer*, & scellées à cire jaune à simple queue.

a corr. & tienne.

b sup. &.

NOTE.

(a) La Copie de ces Lettres m'a été communiquée par un Ecclésiastique qui se faisoit appeller l'Abbé *Des Sales*, quoique ce ne fût pas son véritable nom, qui avoit copié avec beaucoup d'exactitude un grand nombre de Pièces dans différens Dépôts de la *Bourgogne*. Les Recueils de cet Abbé sont présentement à la Bibliothéque du Roy. Il avoit copié ces Lettres de 1404. dans les Porte-feuilles de M. *Perard*, qui a fait imprimer un Recueil de Pièces servant à l'histoire de *Bourgogne*. *Paris, 1664. in-fol.* Celle-ci ne s'y trouve point.

CHARLES VI. à Paris, en Octobre 1404.

(a) *Lettres qui portent qu'il sera permis d'enlever & d'emporter les grains & autres fruits de la terre, devant le Soleil levé & après le Soleil couché.*

CHARLES, &c. Savoir faisons à tous présens & avenir, Nous avoir reçeu l'umble supplicacion de noz très-chers & très-amez Oncle & Frère le *Duc* de *Berry Conte* de *Boulongne*, le *Duc* d'*Orléans Seigneur* de *Coucy*, de nostre très-chière & très-amée Tante la *Duchesse* de *Bourgogne Comtesse* de *Flandres* & d'*Artois*, & de noz amez & féaulx Cousins les *Contes* de *Saint-Pol*, de la *Marche* & de *Namur*, *Seigneur* de *Béthune*, contenant que [a] jasoit soit que de raison & de droit commun il soit licite à chascun de charier, admener & apporter en la saison d'Aoust & [b] de messons, à toutes heures avant Soleil levant & après Soleil couchant, ses blez, grains & autres fruiz, sans encourir en aucune amende, & que souvent aviengne & puisse avenir que se les Laboureurs & autres bonnes gens ne charient ou font charier ou admener leur messons à l'Ostel avant Soleil levant ou après Soleil couchant, mesmement quant les temps sont pluvieux, ce leur tourne à très-grant dommaige & préjudice, & si leur est communément plus proufitable de charier & amener à l'Ostel leurs dictes messons avant Soleil levant ou après Soleil couchant, qu'il n'est luisant le Souleil, pour ce que au Soleil les gerbes tant de blez comme d'avoines, s'esgrainent pour la chaleur, plus qu'ils ne feroient avant le Souleil levant ou après le Souleil couchant : Néantmoins soubz umbre d'une Ordonnance ou usaige ancien qui a esté longuement gardé ès *Bailliages* de *Vermendois* & d'*Amiens*, ou en grant partie d'iceulx, & ailleurs, par lequel usaige ou Ordonnance estoit défendu que aucuns ne chariassent ou admenassent en leurs Hostelz en la saison d'Aoust & de messons, aucun blez, grains ne autres fruis avant Soleil levant ne après Souleil couchant, sur peine de l'amende de soixante Sols Parisis à appliquier à Nous, pour chascune foiz, pour doubte que ceux qui [c] charioient ne [d] emsemblassent les gerbes de leurs voisins ou d'autres, les Laboureurs & autres bonnes gens desdiz Bailliages, Subgiez desdiz supplians & autres, ont esté contrains aucune fois à paier les dictes amendes, ou à composer pour toute la saison d'Aoust & de messons, à noz Prévostz Fermiers d'iceulx Bailliages, ou à leurs Commis, à certaines sommes de deniers, comme à deux, à trois, à quatre Florins, ou plus ou moins, ou à certaines quantitez de blez ou d'avoines, parmi lesquelles composicions, ceulx qui ainsi composoient, avoient licence de charier & admener leurs dictes messons à toutes heures de jour & de nuit, & si n'estoit point pour ce pourveu qu'ilz ne peussent embler les gerbes de leurs voisins, s'ils en avoient la voulenté, mais par telles amendes & composicions, les fermes d'aucunes de noz Prévostez desdiz Bailliages estoient, *(b)* espoir, bailliées à plus haut pris ; & qui plus est, les Haulx Justiciers & autres aians moienne ou basse Justice en leurs Terres esdiz Bailliages, ont prins souventesfois les amendes de leurs Subgiez qui charioient les messons avant Souleil levant ou après Souleil couchant, ou les ont contrains à composer, disans que c'estoit leur droit ; & néantmoins nosdiz Prévost-Fermiers ou leurs Commis, levoient les amendes sur yceulx subgiez desdiz haulx, moiens ou bas Justiciers, quant trouver les povoient chariant ou menant ou portans grains aux Hostelz avant Soleil levant ou après Soleil couchant, s'ilz n'estoient aussi composez à eulx, & par ainsi les bonnes gens estoient contrains de composer en deux lieux,

[a] *jasoit ce que.* 2.e cop.

[b] *de la moisson.*

[c] *charioient de nuyt*, 2.e copie. cor. *de nuyt.*

[d] *amblessent*, 2.e cop. corr. *amblassent* ; *volassent.*

NOTES.

(a) Trésor des Chart. Registre 159. Pièce VIxx IIII. (124.)

Ces Lettres sont aussi dans le Reg. 160. Pièce. 18.

Cette seconde copie est plus correcte que la première ; & il y a encore entre les deux quelques légères différences dans les mots, qu'on n'a pas cru devoir remarquer, parce qu'elles ne changent rien au sens.

(b) Espoir.] Ce mot doit signifier ici *vraisemblablement*, ou quelqu'autre mot équivalent. On dit quelquefois dans le style familier & dans un sens semblable, *cela arrivera, j'espère.*

CHARLES VI. à Paris, en Octobre 1404.

afin de [a] eschever les grans vexacions & empeschemens qui leur eussent esté mis par nosdiz Officiers ou par noz Subgiez aians Justice, comme dit est, en arrestant leurs personnes, leurs chevaulx & les messons, esquelx arrestz, prises & empeschemens ilz n'eussent seu ne peu mectre remède, & leur eust convenu [b] prendre leurs messons, combien que noz diz *Bailliz* de *Vermendois* & d'*Amiens* aient plusieurs fois défendu en leurs Sièges & Assises, [c] desdictes composicions comme torçonnières, par lesquelx griefz & empeschemens appert que soupposé que l'usaige dessusdit eust esté introduit anciennement par Edit ou Statut à bonne fin, toutesfoiz est-il tourné & tourne notoirement à très-grant grief, dommaige & préjudice du peuple & de la chose publique desdiz Bailliages, & des lieux esquelx ledit usaige a eu cours, & redonde en notre préjudice, parce que la chevanche de notre peuple en est diminuée; si Nous ont supplié noz diz Oncle, Frère, Tante & Cousins, lesquelx ont plusieurs grans Terres & Seigneuries esdiz Bailliages, & plusieurs Subgiez qui en sont [d] forment grevez, que pour les causes dessus dictes, & [e] ainsi que noz diz Subgiez d'iceulx Bailliages & autres ont moult d'autres charges à supporter pour Nous, tant de noz Aides ordinaires & extraordinaires pour le fait de la guerre, comme des gens d'armes qui sont souvent sur lesdiz lieux, & en plusieurs autres manières, & attendu mesmement que ès autres païs de nostre Royaume, esquelx croissent grant foison de Blez, ne furent oncques gardez telz usaiges, il Nous plaise abolir & mettre au néant du tout & à tousjours les usaiges & Edit, Ordenance ou Statut dessusdiz, ensemble les amendes & composicions qui s'en pevent ou pourroient ensuir, tant pour Nous par le moien de noz diz Prévostz & autres Officiers, comme aussi pour ceulx qui ont aucune Justice haulte, moienne ou basse en aucuns desdiz lieux: Pourquoy Nous considéré ce que dit est, & qui sommes bien acertenez des griefs, oppressions & dommaiges dessus récitez, par plusieurs notables de nostre Conseil qui sçevent l'estat & gouvernement desdiz Bailliages & des lieux voisins, voulans pourveoir au bien commun de la chose publique qui doit estre préféré au proufit particulier, de nostre auctorité Royal, plaine puissance & grace espécial, se mestier est, eu sur ce grande & meure délibéracion avec plusieurs saiges hommes tant de nostre Grant Conseil comme de noz Chambres de Parlement & des Comptes, avons aboli & mis au néant, abolissons & mettons au néant & à tousjours mais perpétuelment, par la teneur de ces Présentes, lesdiz usaige, Edit, Ordonnance ou Statuz; & d'abondant donnons congié & licence à tous noz Subgiez desdiz Bailliages & autres de nostre Royaume, qu'ilz puissent charier & admener ou faire charier & admener ou porter aux Hostelz, en toutes saisons & à toutes heures qui leur plaira, avant Soleil levant ou aprez Soleil couchant, tous leurs blez, grains & autres fruiz, sans encourre aucunes amendes envers Nous ne envers les Seigneurs desquelx ilz seroient Subgiez, & sans ce que pour cause desdiz charroiz, admenaiges ou portaiges, ilz puissent estre prins, arrestez ou empeschiez en corps ne en biens; & défendons à noz Bailliz, Prévosts, Sergens & autres Officiers quelxconques, & à tous noz Vassaulx, Gens d'Eglise & autres noz Subgiez aians Justice, & à leurs Officiers, que pour occasion desdiz usaiges, Edit, Ordonnance ou Status, ilz ne traient aucuns de noz diz Subgiez, des leurs ou d'autres, à aucunes amendes ou composicions, non obstans quelxconques Ordonnances, usaiges & Coustumes à ce contraires: Toutesvoies nostre entencion n'est pas que par ce lesdiz Subgiez puissent charier ne amener les Champars & autres droiz par eulx deuz, se n'est appellez à ce les Seigneurs ou leurs gens ou Officiers, ainsi que faire le doivent & qu'il est accoustumé d'ancienneté; & aussi que se aucuns amblent les gerbes ou fruiz de leurs voisins ou autrement [f] délinquement, qu'ilz [g] ne soient puniz & corrigiez par ceulx & ainsi qu'il appartendra. Si donnons en mandement à nosdiz Bailliz & à tous nos autres Justiciers & Officiers, présens & avenir, à leurs Lieuxtenans & à chascun d'eulx, si comme à lui appartendra, que nostre présente Ordonnance facent tenir & garder, & ycelle publier [h] en les Sièges & Assises, tellement que aucun n'en puisse prétendre ignorance, & que ces Présentes

a éviter.
b perdre. 2.e cop.
c lesdictes. 2.e cop.
d fortement.
e aussi. 2.e cop.
f délinquent. 2.e cop.
g cette négation paroît inutile, & il faut peut-être corriger en.
h en leurs Sièges. 2.e cop.

Présentes enregistrent ou facent enregistrer ès Registres de leurs Bailliages, & d'icelles baillent *Vidimus* à tous ceulx qui les vouldront avoir, & punissent les transgresseurs, s'aucuns en y a, de telles punicions & amendes qu'il appartendra. Et que ce soit ferme chose & establе à tousjours, Nous avons fait mettre nostre Séel à ces Lettres: Sauf en autres choses nostre droit, & l'autruy en toutes. *Ce fu fait à* Paris, *ou mois d'Octobre, l'an de grace mil CCCC & quatre, & de nostre Regne le XXVe.*

CHARLES VI. à Paris, en Octobre 1404.

Par le Roy, à la Relacion de son Grant Conseil ouquel [a] Vous, le *Patriarche* d'*Alixandrie*, l'*Arcevesque* d'*Aux*, les *Evesques* de *Noyon*, de *Meaulx*, de *Chartres*, d'*Arras*, de *Limoges*, de *Poitiers*, l'Abbé de *Monstiers-ramé*, le *Sire* de *Torcy*, Maistre *Pierre* l'*Orfevre*, Mess. *Colart* de *Caleville*, l'*Arcediacre* de *Paris*, *Mahieu* de [b] *Linnieres*, & plusieurs autres, estiez. J. HUE.

[a] Le Chancelier de France. *Voy. le 5.e Vol. de ce Rec.* p. 653. Note *(c)*.

[b] nom douteux à cause des six jambages sans point. Il y a *Lignieres* dans la 2.e cop.

CHARLES VI. à Paris, en Octobre 1404.

(a) Confirmation de l'exemption de Prises *accordée par Charles V. aux Religieux & Habitans de Saint-Denys en France.*

CHARLES, &c. A tous ceulx qui ces présentes Lettres verront: Salut. Savoir faisons Nous avoir veu les Lettres de feu nostre très-cher Seigneur & Père que Dieux pardoint, contenant la forme qui s'ensuit.

(b) CHARLES, &c.

Lesquelles Lettres dessus transcriptes, & tout le contenu en ycelles, ayans fermes & agréables, ycelles louons, gréons, ratiffions & approuvons, & de nostre grace espécial confermons par ces présentes. Si donnons en mandement au *Prévost* de *Paris*, & à tous noz autres Justiciers & Officiers, ou à leurs Lieuxtenans, & à chascun d'eulx, si comme à lui appartendra, que de nostre présente grace & confirmacion ilz facent, seuffrent & laissent joïr & user lesdiz Religieux & habitans de *Saint-Denys*, dont mencion y est faicte, & chascun d'eulx, sans leur donner ne souffrir estre fait quelque destourbier ou empeschement au contraire. Et que ce soit chose ferme & estable à tousjours, Nous avons fait mettre nostre Seel à ces présentes Lettres: Sauf en autres choses nostre droit, & l'autruy en toutes. *Donné à* Paris, *ou moys d'Octobre, l'an de grace mil IIII^c^ & quatre, & de nostre Regne le XXVe.*

Par le Roy, à la relacion du Conseil. R. LIJOTTE.

NOTES.

(a) Trésor des Chartres, Registre 159. P. LXXIX. (79.)

(b) Charles, &c.] Ces Lettres qui sont du 10 de Mai 1372, sont imprimées à la page 481 du 5.e Vol de ce Recueil. Le Registre 159, fournit les *Variantes* & les Corrections suivantes.

P. 481. Lig. 10.	Lars.	*corr.*	Lart.
Lig. 19.	& aussi hors, en allant *à* Saint Denis, à Paris ou ailleurs, ou en retournant ou venant *à* Saint Denis, de quelques autres parties.		& aussi hors, en alant *de* Saint-Denys à Paris ou ailleurs, ou en retournant ou venant *de* Saint-Denys de quelconques autres parties.
Lig. 23.	de nostre linage.		*ceux* de nostre lignage.
Lig. 31.	Commission, Mandement. . .		Commission *ou* Mandement.
Lig. 34.	Parlament (qui n'est peut-être qu'une faute d'impression.). .		*Parlement.*
Idem.	& à tous autres Justiciers. . .		& à tous *noz* autres Justiciers.
Lig. 42.	de ceulx nostre linage. . . .		de ceulx *de* nostre lignage.
P. 482. Lig. 1.	Provecurs.		Pourveeurs.
Lig. 6.	Lequelles.		Lesquelles.
Lig. 7.	& *à* chascune d'icelles. . . .		& chascune d'icelles.

CHARLES VI. à Paris, en Novembre 1404.

(a) Lettres qui confirment les Statuts de la Communauté des Chaussetiers de la Ville de Pontoise.

CHARLES. Savoir faisons à tous présens & avenir, Nous avoir veu les Lettres desquelles la teneur s'ensuit.

A TOUS ceulx qui ces présentes Lettres verront. *Nicolas Braque* Maire, *Prévost* & Voyer de la Ville & Commune de *Pontoise*: Salut. Savoir faisons que pardevant Nous en Jugement, vindrent & furent présens en leurs personnes, *Pierres Anthoullet, Pierres Martel, Jehan Coullon, Pierres Bonnier, Guillemin* le *Varasseur, Pierres* le *Maire,* dit *Mautaillé, Robin Labbé* & *Jehan* le *Masurier,* tous *(b)* Chassetiers, & faisans en nombre & en suffisance la plus grant & saine partie de ceulx dudit mestier de ladicte Ville, affermans en loyauté comme ou fait de leurdit mestier de Chausseterie ait eu ou temps passé plusieurs fautes, dommages & fraudes commises en la déception du peuple & contre le bien commun, tant par aucuns qui dudit mestier se sont entremis, & ne savoient tailler drap prouffitablement, ne souffisamment ouvrer pour eux-mêmes ne pour autres, comme parce que leurs denrrées ne ont point esté visitées par gens congnoissans en ce, & à ce faire commiz & ordenez; & combien que de présent à leur requeste pour [a] eschever aufdictes faultes & fraudes au prouffit du bien commun, nous ayons d'entr'eulx fait & constitué deux Jurez pour visiter les denrées de leur dit mestier, comme il est acoustumé de faire sur les autres denrées de ladicte Ville, pour tenir ycelle en bonne policie, néantmoins n'avoient ils aucunes Ordenances sur quoy eulx se peussent régler & gouverner, & pour ce avoient & ont devisé & pourparlé entre eulz en nostre présence, de eulx gouverner, s'il nous plaisoit, doresenavant soubz les condicions & par la manière qui s'ensuit; c'est assavoir,

[a] *éviter.*

(1) Que nul ne sera reçeu à lever son mestier de Chaussetier en ladicte Ville de *Pontoise,* se il n'a premièrement servy audit mestier trois ans acomplis ou au dessus.

(2) Item. Nul ne pourra lever son mestier [b] s'il n'ait veu tailler & ouvrer par les Jurez dudit mestier, soit filz de Maistres ou autres, pour savoir se il est souffisant & habile ou non.

[b] *s'il n'a été.*

(3) Item. Pour lever son mestier, paiera XL. Solz, moitié à Justice, & moitié à [c] Jurez du mestier, se il n'est filz de Maistre, ou quel cas il ne paiera riens.

[c] *aux.*

(4) Item. Esconvient pour estre [d] passé, que il sache tailler deux paires de chasses en quarreaux de bon bihais, de trois quartiers & demi de drap, & les deux paires de chausses souffisamment garnies.

[d] *reçu Maître.*

(5) Item. Que il sache tailler de une aulne de drap, deux pairres de Chasses toutes à poil, dont l'une soit à *(c)* poulaine & l'autre au mieulx qu'il pourra, & tout de bon bihais, & souffisamment *(d)* fournies.

(6) Item. Nul dudit mestier ne pourra fornir aucunes Chausses d'autre drap que du drap mesmes, par le hault, sinon de drap semblable, aussi bons ou meilleurs, sur peine de cinq Sols d'amende, moitié à Justice, moitié aus Jurez.

(7) Item. Nul dudit mestier ne pourra faire chasses de [e] drap de bourre, pour

[e] *gros drap.*

NOTES.

(a) Trésor des Chartres, Regiftre 159. P. XLVI. (46.)

(b) Chassetiers.] Il y a un peu plus bas, *Métier de Chaussèterie*, & dans l'article premier *Chaussetier;* mais dans ces Lettres, il y a plus d'une fois *Chasses* au lieu de *Chausses.* Les Chausses étoient des bas de drap ou d'autres étoffes. Voyez le Dictionnaire du Commerce par *Savary,* aux mots *Bas* & *Chaussetiers.*

(c) Poulaine.] C'est à-dire, à la Polonoise. Voy. le Trésor de *Borel*, p. 388. Il est souvent fait mention dans nos anciens Auteurs, de fouliers à la Poulaine, qui étoient terminez par de longues pointes.

(d) Fournies.] Ce mot est apparemment synonyme de celui *garnies,* qui se trouve répété plusieurs fois dans cette Pièce.

vendre, à peine de perdre les Chausses & d'être [a] arses, & de LX. Sols d'amende, à payer comme dessus. **CHARLES VI.** à Paris; en Novembre 1404.

(8) *Item.* Nul ne pourra faire Chausses de drap [b] à retraire, à peine de x. Sols d'amende.

(9) *Item.* Nul ne pourra mettre au talon de la Chausse, autre drap que du drap mesmes ou pareil, ou s'il n'est aussi bon ou meilleur; & que ledit talon ne passe point l'assiète de l'avant-pié, à peine de cinq Sols.

(10) *Item.* Nul ne pourra faire Chausses qui soient vuides dedens jambes, par tele manière que on n'y puisse bien atouchier du long du premier doit, à peine de v. Sols, ou autrement les Chausses seront rongnées & mises à point par les Jurez.

(11) *Item.* Nul dudit mestier ne empile aucune Chausses garnies à sa fenestre ne en Hales ne à la Foire Saint Martin, avec autres Chausses, pour plusieurs fraudes qui y sont, à peine de dix Sols.

(12) *Item.* Nul ne vende Chausses, s'ilz ne sont cousues à deux coustures ou reprises, à peine de v. Sols.

(13) *Item.* Nul ne vende Chausses neuves, se il n'est du mestier, à peine de dix Sols pour chascune paire, à payer comme dessus; c'est assavoir, moitié à Justice, & moitié aus Jurez dudit mestier, dont il y aura chascun an deux pour garder & visiter les choses dessus dictes, & lesquelz seront creus par Serment de leur rapport.

Savoir faisons que veu & oy la volunté & bon propos, ensemble la requeste desdis Chassetiers, eu sur ce conseil & deliberation à plusieurs saiges, nous à faveur du bien commun, en tant que à nous touche, leur avons donné & donnons congié & licence de user de leurdit mestier, soubz les condicions & par la maniere avant dicte, & aux Jurez presens & avenir, povoir de faire les visitacions & rappors, & tout ce qui appartient audit Office, moyennant que eulx tous jurerent & promistrent chascun en droit soy, tenir, enteriner & accomplir les choses dessus dictes sans enfraindre ou aller contre par eulx ne par autres ou temps avenir, aus paines avant dictes; à quoy ilz soubzmistrent eulx & leurs biens, ensemble leurs successeurs ouvriers dudit mestier, en tant & pour tant que faire le pevent par raison. En tesmoings de ce, Nous avons mis à ces Lettres le Seel aux causes & Contre-seel de nostre dicte Commune de *Pontoise*, *l'an de grace mil* CCC *quatre-vins & dix-neuf, le venredy huit jours ou mois d'Aoust.*

Lesquelles Lettres dessus transcriptes & tout le contenu en ycelles, Nous avons fermes, estables & agreables, icelles louons, ratiffions, approuvons, & par ces presentes de nostre grace especial & auctorité Royal, confermons. Si donnons en Mandement aux *Bailli* de *Senliz*, au *Prevost* de *Pontoise*, & à tous nos autres Justiciers ou à leurs Lieuxtenans, presens & avenir, & à chascun d'eulx, si comme à lui appartendra, que de nostre presente grace & confirmacion facent, seuffrent & laissent les Chaussetiers dudit lieu de *Pontoise*, nommez esdictes Lettres, & leurs successeurs ouvriers dudit mestier, joïr & user plainement & paisiblement, sans les empescher ne souffrir estre travaillez, molestez ou empeschez au contraire en aucune maniere. Et que ce soit ferme chose & estable à tousjours, Nous avons fait mettre à ces presentes notre Seel: [c] fauz en autres choses nostre droit & l'autruy en toutes. *Donné à* Paris, *ou mois de Novembre, l'an de grace mil quatre cens & quatre, & de nostre Regne le* XXV[e].

Suite des Lettres de Charles VI.

Par le Roy, à la relacion du Conseil. CAMUS.

a *brulées.*

b *Voy. la note (d) de la p. 508. du 8e. vol. de ce Rec.*

c *corr. sauf.*

CHARLES VI.
à Paris, le 30 de Janvier 1404.

(a) Confirmation des Priviléges accordés par le Dauphin Humbert II, à Raymond de Montauban, par rapport aux terres qu'il possédoit alors dans le Dauphiné.

SOMMAIRES.

(1) Le Dauphin ne pourra transporter à un autre la suzeraineté du Fief que Raymond de Montauban tient de lui.

(2) Après la mort de Raymond & de ses successeurs, tous leurs biens-meubles & immeubles tenus en fief du Dauphin, passeront aux héritiers qu'ils auront institués par leurs testamens, & s'ils meurent ab intestat, *à leurs enfans mâles & femelles, soit qu'ils soient légitimes ou bâtards, & à leur défaut, aux plus proches parens du décédé, de la même manière que leurs Alleux passeront à leurs héritiers institués, ou à leurs enfans, ou à leurs parens.*

(3) Les Juges de Raymond de Montauban connoîtront seuls des délits & crimes commis par quelque personne que ce soit, dans l'étendue de sa Jurisdiction, même dans les Eglises, les Cimetières, les lieux sacrés, & autres lieux privilégiés, & dans les chemins. Cependant les Officiers du Dauphin, & les Domestiques des Hôtels du Dauphin & de la Dauphine, ne seront point soûmis à la Justice des Officiers de Raymond : si cependant ils commettent des crimes énormes dans l'étendue de sa Jurisdiction, ses Officiers pourront les arrêter, pour les remettre à ceux du Dauphin. Les Vassaux immédiats du Dauphin, qui auront commis des délits ou crimes dans les Eglises ou autres lieux privilégiés, ne seront point soûmis à la Justice des Officiers de Raymond; mais si après avoir commis ces délits ou crimes dans les autres lieux de sa Jurisdiction, ils se refugient dans ces lieux privilégiés, ses Officiers pourront les en tirer & les faire punir, pourvû que ce soit hors de ces lieux privilégiés. Si Raymond ne fait point punir ses Officiers des délits qu'ils auront commis dans l'exercice de leurs Charges, six mois après qu'ils les auront commis, le Dauphin pourra leur faire faire leur procès. Si les Vassaux immédiats du Dauphin refusent de payer les Péages dûs à Raymond, ou maltraitent ceux qui les reçoivent, ses Officiers pourront connoître de ce délit.

(4) Le Dauphin permet à Raymond d'établir un Juge des premières Appellations, devant lequel seront portés les Appels des Sentences rendues par son Juge ordinaire, sans qu'ils puissent être portés immédiatement devant les Juges du Dauphin, excepté seulement dans le cas de défaut de Justice.

(5) Le Dauphin ne pourra faire défense aux Sujets de Raymond de transporter des denrées hors des bornes de sa Jurisdiction, si ce n'est dans le cas où il y auroit guerre ou stérilité dans le Gapençois : Raymond pourra faire cette défense dans sa Jurisdiction ; mais les Sujets immédiats du Dauphin ne seront point tenus d'y obéir, pourvû néanmoins qu'ils ne transportent pas leurs denrées hors du Dauphiné.

(6) Lorsque d'autres Juges que ceux de Raymond voudront faire faire des Citations ou d'autres procédures, dans l'étendue de sa Jurisdiction, ils ne pourront envoyer qu'un Sergent, lequel ne pourra faire ces procédures, mais il remettra les Actes & les Pièces dont il sera chargé, aux Officiers de Raymond, qui feront faire ces procédures. Ce Sergent pourra néanmoins les faire dans le cas où ces Officiers refuseroient ou négligeroient de les faire faire. On payera à ce Sergent le quart d'un gros tournois d'argent pour chaque lieue qu'il fera.

(7) Les Officiers du Dauphin ne pourront recevoir les Sujets de Raymond sous sa sauvegarde, ni les recevoir à hommage.

(8) Le Dauphin accorde à Raymond la rémission de toutes les Commises féodales dans lesquelles lui & ses prédécesseurs peuvent être tombés à son égard.

(9) Le Dauphin confirme Raymond dans le droit de faire des guerres privées.

(10) Les Officiers du Dauphin seront tenus avant que d'entrer en charge, de jurer l'observation des Priviléges qu'il a accordés à Raymond qui ne sera point tenu de leur obéir jusqu'à ce qu'ils aient prêté ce serment.

(11) Les nouveaux Dauphins seront tenus de jurer l'observation des Priviléges accordés à Raymond & à ses successeurs, & ceux-ci ne seront point obligés de leur faire hommage avant qu'ils aient prêté ce serment.

(12) Les nouveaux Priviléges accordés à Raymond, ne porteront aucun préjudice à ceux dont il jouissoit auparavant.

(13) Raymond & ses successeurs tiendront en fief des Dauphins, les nouveaux Priviléges qui leur sont accordés, & ils leur en feront hommage.

(14) Ces Priviléges n'auront lieu que par rapport aux terres que Raymond possède présentement, & ne s'étendront point à celles qu'il pourra acquerir dans la suite.

(15) Le Dauphin & ses Officiers jureront d'observer ces Priviléges ; & Raymond pourra résister à ceux qui voudront y donner atteinte.

NOTE.

(a) Trésor des Chartres, Registre 159. P. IIe XXII. [222.]

CHARLES VI.
à Paris, le 30 de Janvier 1404.

KAROLUS, Dei gracia, Francorum Rex, Dalphinus Viennensis. Notum facimus universis presentibus & futuris, Nos quoddam Instrumentum publicum signo & subscriptione Humberti *de* Buxia, *Clerici* Gracionopolitane *Diocesis, Imperiali & Regiâ auctoritatibus Notarii publici, signatum, sigilloque quondam* [a] Humberti Dalphini Viennensis *sigillatum, unacum quibusdam Litteris olim (b) Karoli Primogeniti Primogeniti Francorum Regis Dalphini* Viennensis, *Carissimi genitoris nostri, cujus animam possideat Paradisus, eidem Instrumento annexis, vidisse, quorum tenores sequntur; Et primo sequitur tenor dicti Instrumenti, & est talis.*

a Humbert II.

IN nomine Domini nostri Jhesu Christi, amen. Tunc Principum & potentum solida potencia permanet in Opido Firmitatis, *cum suorum Baronum & ceterorum fidelium subditorum indissolubili nodo federis solidatur, & inter eos munificentia digne retribucionis consistat. Per hoc ergo presens publicum Instrumentum cunctis presentibus & futuris pateat evidenter, quod anno à Nativitate ejusdem Domini millesimo trecentesimo quadragesimo secundo, Indiccione decima, die secunda mensis Marcii, illustri Principe Domino* Humberto Dalphino Viennensi, *ex una parte, & nobili viro Domino* Raymondo *de* Monte-Albano, *Domino* Montisinauri, *ex altera, constitutis propter ea que sequuntur, coram me Notario & testibus infra scriptis, ipse Dominus* Dalphinus *ex sua certa sciencia & voluntate spontanea, nullâ fraudis vel* [b] *errois, ut dicebat machinacione preventus, acceptabilia* [c] *reminisceris & grata obsequia & servicia sibi & suis predecessoribus exhibita realiter & corporaliter per dictum Dominum* Raymondum *& predecessores ejusdem, ac in augmentum feudi quod ab ipso Domino* Dalphino *tenet dictus Dominus* Raymondus, [d] *per se & suis heredibus ac successoribus universis, dedit & concessit dicto Domino* Raymondo *presenti stipulanti & recipienti pro se & suis heredibus & successoribus universis, ac inter se ad invicem inierunt & contraxerunt pacta* [e], *convenciones, privilegia, libertates, franchesias & immunitates que inferius describuntur.*

b corr. errorls.
c corr. reminiscens.
d cor. pro.
e Il semble qu'il faille supp. & avant le mot *convenciones*, les mots *privilegia, &c.* devant être régis par le verbe *dedit.*

(1) Primo. *Quod dictus Dominus noster* Dalphinus, *& sui imposterum successores quicumque, non possint seu valeant quocumque titulo seu causa, homagium, (c) interdiccionem seu feudum dicti Domini* Raymondi *& heredum & successorum suorum, transferre in alium quemcumque, sed semper remaneant penes illum qui erit* Dalphinus Viennensis; *& si contrarium facerent, pro non facto haberetur, & ex nunc pro ex tunc vult & decernit illud quod fieret in contrarium, irritum & inane.*

(2) Item. *Quod quocumque continget dictum dominum* Raymondum *seu ejus heredes vel successores imposterum, mori testamento condito vel non condito, sive habeat heredes masculos vel femellos, legitimos ex suo corpore procreatos, vel non, quod hereditas & bona eorum universa mobilia & immobilia, sive habeant naturam feudi vel retrofeudi, perveniant ad heredes scriptos, quicumque sint scripti heredes, in eo casu in quo testamentum fecerint: ubi vero mortui fuerint nullo testamento condito, quod in eo casu bona sic decedentis perveniant ad proximiores, cujuscumque condicionis existant, sive sint agnati sive cognati, usque ad infinitum, absque omni impedimento, molestia seu exaccione aliqua facienda per dictum Dominum* Dalphinum *seu per Officiales ejusdem, quemadmodum si essent Allodia, & prout in Allodiis succedunt de jure; dum tamen heres vel successor servire teneatur Domino* Dalphino, *ut tenebatur ille in cujus locum successerit, quocumque feudo, retrofeudo dicti Domini* Dalphini *in suo esse permanente, (d) ad*

NOTES.

(b) Charles [V] alors fils aîné du Roi *Jean* qui étoit fils aîné de *Philippe de Valois.*

(c) Interdiccionem.] Il y a aussi dans l'article 3, *in ejus Interdiccione & districtu;* & un peu plus bas, *Interdiccionem Dalphinalem.* Je crois que dans tous ces endroits il faut corr. *Juridiccionem*, qui, dans plusieurs articles de ces Lettres, est joint avec le mot *districtum.* Dans cet article 3, sur le milieu du mot *Interdiccione*, il y a dans le Reg. cinq points, ce qui semble indiquer que l'Ecrivain a senti qu'il y avoit dans ce mot une faute, qui étoit peut-être dans l'original qu'il copioit.

(d) Ad salvum.] Suivant le Glossaire de *Du Cange*, *salvum* signifie quelquefois protection. Je crois qu'ici par ces mots *ad salvum*, il faut entendre sous la suzeraineté du *Dauphin.*

CHARLES VI. à Paris, le 30 de Janvier 1404.

salvum dicti Domini Dalphini *& suorum; exceptis hiis que in presenti Capitulo declarantur.*

(3) Item. *Quod quocumque & ubicumque & per quamcumque personam, & in quocumque loco infra districtum & Juridicionem dicti Domini* Raymondi *& successorum suorum, contingeret aliquem delinquere vel aliquid committere, quicumque sit delinquens vel* [a] *committent, & in quocumque loco & in quacumque persona, infra tamen districtum & Juridicionem ipsorum deliquerit, quod punicio fiat per Curiam & Officiales ejusdem, & ad voluntatem ejusdem, nec pretextu alicujus rei seu alio colore quesito vel privilegio, possit Curia dicti Domini* Dalphini [b] *superior manus imponere, & quod ipse Dominus* Raymondus *& sui heredes & successores de predictis possint infra districtum & Juridicionem suam punire* [c] *collegia & monopola illicita, & cetera crimina enormia sive predicta omnia, vel alia crimina vel delicta committantur in Ecclesiis & Cimeteriis, locis sacris & aliis privilegiatis, & itineribus & viis publicis, & in personis privilegio Cleri privilegiatis, sive in ripperiis, nemoribus, furnis, molendinis & tabernis, sive pecunialis sit punicio, sive corporalis, ad ipsum Dominum* Raymondum *& suos heredes & successores pertineat punicio pleno jure, prout infra districtum & Juridiccionem ejusdem committentur, seu perpetrabuntur crimina vel delicta, & delinquentes in ejus* [d] *Interdiccione & districtu, si infra Interdiccionem* Dalphinalem *repe-riantur, quod requisiti dicti Domini* Dalphini *Officiales per ipsum Dominum* Raymondum *seu ejus Officiales, ipsos remittere incontinenti teneantur & debeant ipsi Domino* Raymondo *vel ejus Officialibus requirentibus, absque dilacione morosa & alterius expectacione mandati, facta sibi fide (e) summarum prout exiget justicia de commissis; exceptis tamen a predicto capitulo & qualibet ejus parte, omnibus & singulis Officialibus Domini* Dalphini, *& exceptis familiaribus hospiciorum Domini* Dalphini *& Domine* Dalphine, *in quibus nullam habeat Juridicionem vel punicionem, ubicumque delinquant, dictus Dominus* Raymondus *nec sui. Verum, si ipsi Officiales delinquant infra Juridicionem & districtum ejusdem, in notoriis excessibus vel atrocioribus criminibus, eos capere possit dictus Dominus* Raymondus *& Curia sua, & captos remittere Curie Domini* Dalphini, *pro justicia facienda; & exceptis eciam hominibus ligiis Domini* Dalphini *immediatè sibi subjectis, undecumque sint & ubicumque consistant, in quibus eciam nullam habeat punicionem, si & quando eos delinquere contingeret in (f) Regaliis predictis; & si contingeret homines dicti Domini* Dalphini *delinquere infra districtum & Juridicionem dicti Domini* Raymondi, *extra Regalias, & post delictum commissum, ad Regalias vel locum Regaliarum confugerent, possit eos capere Curia dicti Domini* Raymondi *in dictis locis Regaliarum, & punire de commissis extra ipsas, ac si in loco delicti capti essent; & eciam exceptis Officialibus dicti Domini* Raymondi *& suorum successorum delinquentibus in ipsorum Officiis & circa illa, ita quod eorum punicio ad Dominum* Dalphinum *& ejus Curiam pertineat, si infra sex menses à tempore delicti commissi numerandos, Officialem sic delinquentem de delicto dictus Dominus* Raymondus *non correxerit & punierit,* [e] *ita quod pars lesa non conqueratur; exinde hoc eciam addito quod si homines dicti Domini* Dalphini *delinquerent in Pedagiis dicti Domini* Raymondi, *non solvendo, vel rixando in* [f] *Pedagiatum dicti Domini* Raymondi *exercentem Officium suum* [g] *Pedagiatoris, tunc ad eumdem Dominum* Raymondum *pertineat punicio hujusmodi hominum Domini* Dalphini *delinquencium in eisdem.*

(4) Item. *Dictus Dominus* Dalphinus *de gracia speciali concessit ipsi Domino* Raymondo *& suis successoribus, quod ipse & sui habeant Judicem* [h] *primarum appellacionum; & quod Judex appellacionum ejus & pro ipso constitutus, cognoscat de appel-*

[a] corr. *committens.*

[b] corr. *superiorem manum.*

[c] Ce mot signifie app. ici, assemblées illicites.

[d] Voy. ci-dessus, p. 37, note (c).

[e] Cela peut signifier : *afin que la partie lezée n'ait pas lieu de se plaindre du défaut de Justice.*

[f] Il faut app. *pedagiarium*, celui qui reçoit le *Péage.*

[g] *Pedag.* Reg.

[h] Voy. les Tables des Mat. des vol. de ce Rec. aux mots *Appellations (premières).*

NOTES.

(e) Il faut app. corr. *summariè.* Il y a aussi dans le Reg. deux points au dessus de ce mot. Voy. ci-dessus, p. 37, note (c).

(f) *Regaliis predictis.*] Puisque ce dernier mot indique qu'il a déjà été parlé de ces *Régales*, je crois que par le mot *Regaliis*, il faut entendre les Eglises, les Cimetières, & les autres lieux sacrés & privilégiés, desquels il est fait mention vers le commencement de cet article. Ces lieux sont sous la protection spéciale du Souverain.

lacionibus, & non alius, quandocumque continget ab ejus Judice ordinario appellari à Sentenciis latis per eum, sic quod Judex appellacionum vel ordinarius Dalphinalis, *vel alius (g) qui suis Offic. non se possint vel debeant intromittere nisi in defectu Justicie dumtaxat, sive sit appellatum à Sentenciis deffinitivis vel interloquutoriis latis per ejus Judicem, sive (h) à penis edictis, seu preconizacionibus in terra ipsius factis, impositis seu promulgatis, sive à mendamentis per eum vel ejus Officiales latis, ad ejus Judicem primitùs appelletur, sic quod appellacio & prosequcio ejusdem pertineat ad Judicem per eum constitutum, (i) [& quod consuetudines, privilegia omnia & usus ipsius ac suorum predecessorum firmissimè observentur eidem], & si contingeret quod aliquis appellaret ab ipso seu[a] ad ejus Judice, Bajulo, Castellano vel alio Officiario, precepto, mandamento, preconizacione vel pena, ad dictum Dominum* Dalphinum *vel ejus Judicem seu suos Officiales, quod ipse nec sui Judices vel Officiales ipsos appellantes admittere debeant nec audire, sed ipsos remittere ad examen & Judicium[b] Judicum appellacionum dicti Domini* Raymondi *& successorum suorum.*

CHARLES VI. à Paris, le 30 de Janvier 1404.

a corr. ab.

b Il faut app. corr. Judices.

(5) Item. *Quod ipsi Domino* Raymondo, *nec heredibus vel successoribus suis, nec aliquibus de terra ipsorum, possit fierit vetitum seu deffensio sub quavis forma verborum, penis vel edictis, quod non possint victualia quecumque & alias denariatas sive sint blada, vina, charnagia, vel quecumque victualia alia pro libito voluntatis transferre, portare vel portari facere ubi libet & ad quemcumque locum, terram & Provinciam propinquam vel longinquam; & quod si fiat prohibicio predicta, quod ex nunc prout ex tunc & ex tunc prout ex nunc, sit ipsa prohibicio nulla, irrita & inanis, nec vigore ipsius possit contra ipsos procedi; duobus tamen casibus dum taxat exceptis; videlicet, si contingeret guerram esse in* Comitatu[c] Vapincesii, *vel sterilitas magna esset in dicta terra; & quod ipse Dominus* Raymondus *justa de causa possit facere vetitum in terra sua, ne extra terram ipsius victualia ad partes alienas exportentur, nec eciam de terra sua extrahantur; dumtamen dictum vetitum non fiat nec possit fieri contra homines immediatos Domini* Dalphini, *quominus ipsi possint extrahere de terra dicti Domini* Raymondi *& suorum, & portare victualia & denariatas quascumque, dùm tamen extra terram* Dalphinalem *non portentur, sed solum[d] ab usum proprium hominum dicti Domini* Dalphini.

c Gapençois.

d corr. ad.

(6) Item. *Quod quandocumque Baillivi, Judices vel Castellani pro aliqua citacione facienda vel execucione infra terram & Juridicionem dicti Domini* Raymondi, *vel alia quavis justa causa, mittent aliquem Nuncium, quod ille Nuncius sit unicus dumtaxat, & plures non possint mitti pro prima vice, & ille Nuncius missus non debeat aliquam citacionem seu executionem facere, sed ipsum Dominum* Raymondum *primitùs requirere seu Officiales ejusdem, & exhibere Litteras quas portabit, & ipsos requirere ut faciant que in ipsis continentur: quod si dictus Dominus* Raymondus *vel ejus Officiales fuerint negligentes vel remissi absque causa legitima, quod in eo casu dumtaxat possit dictus Nuncius in eorum deffectu predicta adimplere; & quod[e] dictus Nuncius, sive pro una sive pro pluribus personis mittatur, pro (k) dieta seu prorata leucarum quas ibit Nuncius ipse, competens salarium assignetur, quod solvatur eidem per illum ad cujus instanciam mittetur vel fuerit deputatus; videlicet, pro qualibet leuca qua ibit, quarta pars unius Turonensis grossi argenti, vel valor monete curribilis modernis temporibus & futuris.*

e corr. dicto nuncio.

(7) Item. *Quod ipse Dominus* Dalphinus, *Baillivi, Judices, Procuratores & ceteri Officiales ejusdem, non possint nec debeant deinceps dicti* Raymondi *homines,*

NOTES.

(g) Qui suis Offic.] Cet endroit paroît corrompu. Il faut peut-être corriger: *vel alius suorum Officiariorum.*

(h) A penis, &c.] On pourroit peut-être corriger ainsi cet endroit: *à penis editis, impositis seu promulgatis, seu preconizacionibus in terra ipsius factis.*

(i) Et quod Consuetudines, &c.] Ce qui est ici entre deux crochets ne paroît point avoir de rapport à ce qui est contenu dans cet article, dont il interrompt la suite; & il y a lieu de croire qu'il est transposé & déplacé. Peut être cet endroit fait-il partie de l'article 11.

(k) Dieta.] Suivant le Gloss. de *Du Cange*, au mot *Dieta 2*, il signifie le chemin que l'on peut faire dans une journée.

CHARLES VI. à Paris, le 30 de Janvier 1404.

nec commorantes seu habitantes infra Juridicionem & districtum ejusdem, cujuscumque condicionis existant, gradûs, statûs seu dignitatis, acceptare seu recipere in salva gardia, conductu, proteccione, nec homagia ipsorum nec aliquam exaccionem ab eis recipere : quod si fiat imposterum, revocat & annullat, & ex nunc prout ex tunc & ex tunc prout ex nunc prout revocatis & irritis vult haberi dictus Dominus Dalphinus.

(8) Item. *Quod si reperiatur quod predictus Dominus* Raymondus *ab ipso Domino* Dalphino *aliquod feudum seu retrofeudum habeat seu teneat, quod quâvis occasione seu causâ, condicione vel jure, culpâ vel negligenciâ ejusdem seu predecessorum suorum, possit usque nunc dici* [a] *Commissum, Dominus noster* Dalphinus *graciosè ipsam Comissionem eidem Domino* Raymondo *remittit totaliter & expressè.*

(9) Item. *Voluit & concessit dictus Dominus noster* Dalphinus, *quod dictus Dominus* Raymondus *& heredes & successores ejusdem, secundum bonos usus & consuetudines* Dalphinales, *& prout ejus predecessores hactenus usi sunt,* [b] *possit guerram facere, justâ causâ suadente, in quantum secundum Deum & justiciam fieri poterit dicta guerra.*

(10) Item. *Quod omnes Baillivi, Judices, Procuratores & Castellani, seu ceteri Officiales moderni & eciam futuri dicti Domini* Dalphini *& suorum successorum, in eorum adventu & quandocumque de novo constituentur vel mutabuntur, jurent & jurare teneantur predicta omnia & singula capitula servare & non infringere per se vel per alium, & quod aliter dictus Dominus* Raymondus *& sui, quousque juraverint dicti Officiales, eisdem obedire ut Officialibus non* [c] *puniantur impunè.*

(11) [d] Item. *Quod quandocumque continget, quod fiat mutacio Domini* Dalphini, *quod ipse Dominus quicumque veniat* Dalphinus *noviter, novus teneatur & debeat universa & singula Capitula infra scripta & supra scripta confirmare & approbare, & jurare firmiter attendere & servare, & non contra facere vel venire de jure vel de facto, & quod ante dictus Dominus* Raymondus *& ejus heredes & successores, quot quot sint & quacumque sint, de progenie seu cognomine ipsius, non teneantur recognicionem facere nec homagium, nec possint compelli ad hoc antequam per Dominum fuerint omnia predicta confirmata & juramento vallata; & si secus fiat de facto vel de jure, quod ex nunc prout ex tunc sit irritum & inane :* [e] *adicto quod dictus Dominus* Raymondus *& sui heredes & successores infra terminum à jure statutum, teneantur super hoc requirere Dominum* Dalphinum *vel suos imposterum successores, & infra annum & diem teneantur prestare eisdem homagium debitum ad* [f] *quos tenentur prout est a jure debitum & statutum.*

(12) Item. *Quod per predictas pactiones, privilegia & condiciones, nullum prejudicium vel (l) innovacio noxa fiat, vel interligaliter aliqualiter facta esse* [g] *dicto Domino* Raymondo, *nec bonis usibus, consuetudinibus & juribus ejusdem, & quibus ipse & ejus predecessores usi fuerint hactenus & uti debuerunt & debent, in quantum de jure valent & valere possunt; quynimo in sua semper maneant firmitate, quatenus juri conveniunt* [h] *que & super quibus dictus Dominus* Raymondus, *pro se & suis heredibus & successoribus solemniter protestatur.*

(13) Preterea, *Fuit actum inter dictum Dominum* Dalphinum *ex una parte, & dictum Dominum* Raymondum *ex altera, pro se & eorum heredibus ac successoribus, quod ipse Dominus* Raymondus *& sui heredes & successores perpetuò teneantur recognoscere & tenere predicta privilegia, pacta, libertates & convenciones sibi concessas & concessa per dictum Dominum* Dalphinum, *ad homagium, & de feudo franco, nobili, antiquo, paterno & benè condicionato dicti Domini* Dalphini *& heredum & successorum suorum, in quo possint succedere quicumque heredes & successores, mares & femine, ex testamento & ab intestato, &* [i] *alii prout supra in articulo continetur, & hec ita & tali modo recognoscere debeant ipse Dominus* Raymondus *& sui, & pro ipsis*

[a] Sujet à la *Commise*, à la Confiscation féodale.

[b] corr. *possint.*

[c] Ce mot est corrompu, mais le sens est clair.

[d] Voy. ci-dessus, p. 39, note *(i)*.

[e] corr. *addito.*

[f] corr. *quod.*

[g] On pourroit suppléer ici *dicatur.*

[h] Ce mot paroît inutile.

[i] For*t*asse : *aliter.*

NOTE.

(l) Innovacio noxa.] Cet endroit & ce qui suit, paroissent corrompus ou tronqués; mais le sens est clair. On trouve dans le Gloss. de *Du Cange* que *Interligatio* signifie un Traité. Dans le Reg. au dessus d'*inter* il y a deux points. Voy. ci-dessus, p. 37, note *(c)*. Voy. encore ci-dessus, p. 38, note *(e)*.

ipsis homagium facere ipsi Domino Dalphino*, quandocumque alia que tenet & tenebit de feudo dicti Domini recognoscet.*

CHARLES VI. à Paris, le 30 de Janvier 1404.

(14) Predicta autem privilegia, libertates & concessiones ac condiciones, [a] *quantum res concernunt, dictus Dominus* Dalphinus *intendit & declaravit extendere ad Castra, loca, mandamenta, territoria & jura que modo habet & possidet ipse Dominus* Raymondus, *non autem ad alia que sibi quovis titulo de cetero vindicaret.*

(15) Et ne predictorum ignoranciam, Baillivi, Judices, Procuratores, Castellani & (m) Maygnerii & ceteri Officiales dicti Domini Dalphini*, allegare valeant, vel ex ea presumant ad actus quoscumque contrarios propulsare, mandavit tenore presentis Instrumenti dictus Dominus* Dalphinus *dictis Officialibus suis, tam modernis quam futuris, vel eorum Locatenentibus, & cuilibet in solidum, sub pena indignacionis ejusdem Domini* Dalphini, *& privacionis Officiorum suorum, quatenus mox ad primam & unicam requestam dicti Domini* Raymondi*, vel alterius certi Nuncii requirentis pro eo, jurent ad sancta Dei Euvangelia, predicta privilegia, libertates, pacta & concessiones attendere, complere & inviolabiliter observare, eaque & eas observent, compleant & attendant incorruptibiliter & illesè, nichil prorsus in contrarium attemptantes; ymo si quis forsan effrenato vultu contrarium fecerit vel attemptaverit facere, id non permittant alterius progredi in actum perversum, sed quod factum vel attemptatum fuerit in prejudicium predictorum, non expectatâ jussione secundâ, nullis quoque admissis excusacionibus vel excepcionibus directis vel indirectis, eciam si racioni conformes verisimiliter apparerent, celeriter ad statum debitum juxta veram & puram formam & continenciam predictorum privilegiorum revocent & faciant revocari: liceat eciam dicto Domino* Raymondo *& suis successoribus, quibuscumque personis contrariantibus privilegiis hujusmodi, cujuscumque condicionis existant, sive domestice, private vel extranee sint persone contrariantes, impunè resistere & eciam obviare: promittens dictus Dominus* Dalphinus *pacto expresso solemni stipulacione* [b] *vellato, & sub obligacione & ypotheca omnium & singulorum bonorum suorum mobilium & immobilium, presencium & futurorum, tactis què sacro sanctis Euvangeliis, juravit pro se, heredibus & successoribus suis, dicto Domino* Raymondo *presenti, stipulanti & recipienti pro se, heredibus & successoribus suis, predictas & predicta libertates, concessiones, condiciones, pacciones & privilegia & quodlibet &* [c] *qualibet eorum & earum insolidum, & in qualibet sui parte, perpetuò inviolabiliter attendere, observare & complere, & nullo tempore per se vel per alium contra facere vel venire, nec alicui contravenienti seu contravenire volenti aliqualiter consentire in Judicio vel extra Judicium, juris vel facti aliquâ racione, cum refeccione dampnorum, gravaminum & expensarum sustinendarum per dictum Dominum* Raymondum *vel suos: super quibus eorum defferatur verbo simplici absque juramento, probacione & taxacione quibusvis refundendarum per dictum Dominum* Dalphinum *& suos heredes seu successores, si, quod absit, contingerit in futurum ipsum Dominum* Dalphinum *vel suos heredes, & successores seu eorum Officiales, vel alias quasvis personas, jussu vel permissione eorum seu ipsius, ratum* [d] *habentibus, predictis privilegiis, libertatibus, condicionibus & paccionibus contraire vel eas infringere quomodolibet infuturum: confitens & recognoscens ipse Dominus* Dalphinus*, pro premissis & eorum contemplacione, habuisse & recepisse ab ipso Domino* Raymondo*, per manum* Jaquemini Malabaylli *&* Petri *de* Burgio*, Thesaurariorum suorum, quingentos auri florenos, ponderis* Dalphinalis, *ex causa* [e] *dommeri facti dicto Domino* Dalphino*; excepcioni dictorum quingentorum florenorum auri non habitorum & non receptorum, speique* [f] *habitacionis & recepcionis future renuncians dictus Dominus* Dalphinus *specialiter & expresè: renuncians equidem ipse Dominus* Dalphinus *per pactum expressum & juramentum ad sancta Dei Euvangelia corporaliter prestitum, excepcioni premissorum omnium & singulorum pactorum, privilegiorum, libertatum & aliorum omnium sic vel non legitimè concessorum & pactorum, & quod non possit dici quocumque tempore plus hic fuisse dictum quam scriptum, vel è converso, omnique accioni & excepcioni doli*

a Ces mots ne paroissent former ici aucun sens.

b corr. *vallato.*

c corr. *quelibet.*

d corr. *habencium.*

e Il faut peut-être corriger *damni*, ou quelqu'autre mot semblable.

f Substantif formé du participe du verbe *habere.*

NOTE.

(m) Maignerii.] Suivant le Gloss. de *Du Cange*, au mot *Maynerius*, *Maignerius* signifie un Sergent. On dit plus communément *Meynerius.*

CHARLES VI. à Paris, le 30 de Janvier 1404.

mali, metus, & in factum condicioni sine causa, ob causam vel ex injusta causa, minoris etatis, & restitucionis in integrum beneficio, juri quo deceptis in contractibus subvenitur, omnique alii juri canonico & civili scripto & non scripto, [a] *promulgato & promulgando, usui & consuetudini quibus posset contra premissa vel eorum aliqua facere vel venire, aut ea infringere quovismodo, & juri dicenti generalem renunciacionem non valere, nisi precesserit specialis. Dictus vero Dominus* Raymondus *pro se & suis heredibus ac successoribus, promisit, & supra sancta Dei Euvangelia per eum corporaliter tacta, juravit Domino* Dalphino *presenti & recipienti pro se & suis heredibus ac successoribus universis, predictas libertates, franchesias, pacciones & privilegia tenere perpetuò, & recognoscere de feudo franco, nobili & antiquo & benè condicionato, ut supra, dicti Domini* Dalphini, *& pro eis ipsi Domino* Dalphino *& successoribus suis homagium facere quandocumque alias recogniciones & homagia ad que tenetur dicto Domino* Dalphino, *sibi & suis faciet & prestabit, sibique Domino* Dalphino *& suis heredibus ac successoribus, pro predictis, sex fidelitatis capitula; videlicet, incolume, tutum, honestum, utile, facile, possibile, & alia quecumque de forma fidelitatis, nova &* [b] *vetea, continentur, inviolabiliter observare, necnon dictum Dominum* Dalphinum *& suos heredes & successores juvare perpetuò contra omnes personas morituras & nascituras, de (n) placito & de guerra, de tota terra quam tenet à dicto Domino* Dalphino, *& eciam de tota alia terra sua quam tenet ab aliis Dominis, eumdem Dominum & suos successores teneantur juvare: hoc excepto, quod de terra illa quam ab aliis Dominis tenet, dictum Dominum* Dalphinum *& suos non teneatur juvare contra illos à quibus eam tenet: De quibus omnibus & singulis, dicti Dominus* Dalphinus *& Dominus* Raymondus, *& quilibet eorum, pecierunt & requisiverunt per me Notarium infra scriptum sibi fieri tot quot voluerint publica Instrumenta. Acta fuerunt hec in Castro* Pisanciani, *in fortalicio Domini* Amedei de Pictavia, *presentibus nobilibus viris Dominis* Arnaudo Flote, *Rappis & Montis-Clusi Domino,* Guillelmo Bastardi *Domino* Furmietii, *Fratre* Johanne *de* Vienna, *Priore* [c] *Vallisbone, Domino* Humberto *de* Aureaco *Jurisperito, Procuratore* Graysivodani, Petro Bastardo *de* Lucingio, *&* Johanne *de* Boenco, *Domicellis, vocatis & rogatis testibus ad premissa.*

Et ego Humbertus Pilati *de* Buxia, *Clericus* Gracionopolitane *Diocesis, Imperiali & Domini Francorum Regis auctoritatibus Notarius publicus, premissis interfui, eaque legi & publicari, inde Instrumentum presens recepi & (o) notavi,* [d] *in eoque quod auctoritate michi concessa per dictum Dominum* Dalphinum, *scribi feci & extrahi de Cartulariis meis, nichil addito vel* [e] *decimeto per quod facti substancia varietur, hic manu propria me subscripsi, & signum meum apposui consuetum.*

Nos vero Humbertus Dalphinus *predictus confitentes predicta omnia & singula in prescripto Instrumento contenta, sic acta & per nos concessa fuisse, ut in eo scripta sunt, ad majorem firmitatem & testimonium premissorum, predictum Instrumentum fecimus nostri majoris Sigilli munimine roborari.*

Tenor vero dictarum Litterarum sequitur & est talis.

Lettres de Charles [V.] Dauphin de Viennois.

KAROLUS Primogenitus Primogeniti Francorum Regis, Dalphinus Viennensis. *Notum facimus universis presentibus & futuris serie presencium Litterarum, quod nos viso & inspecto Instrumento publico hic annexo, Sigillo majori Domini Fratris* Humberti *antiquioris* Dalphini Viennensis, *carissimi Patris nostri, inpendenti Sigillo, continente pacta, convenciones, libertates, franchesias & immunitates dudum habitas & initas inter dictum Dominum Fratrem* Humbertum *Patrem nostrum, ex una parte, & Dominum* Raymondum *de* Monte-albano, *Militem, Dominum* Montis-mauri, *ex altera, ipsum Instrumentum ac omnia & singula contenta in eodem, tenore presencium*

[a] corr. *promulgato & promulgando.*

[b] corr. *vetera.*

[c] Il y a dans le Reg. *Vallbon,* avec deux marques d'abréviation.

[d] Cet endroit paroît corrompu.

[e] Mot douteux, & apparemment corrompu. Il faut peut-être corriger *detracto,* ou quelqu'autre mot semblable.

NOTES.

(n) Placito.] Dans les *Jugemens.* Voy. les Tables des Matières des vol. de ce Rec. aux mots *Jugeans. (hommes)*

(o) Notavi.] C'est-à-dire, qu'il l'a copié dans le Reg. du Cartulaire Protocolle, dans lequel les Notaires écrivoient les Actes qui se passoient devant eux. Voy. le Gloss. de *Du Cange,* aux mots *Nota 3,* & *Protocollum.*

confirmamus & ratifficamus, ipsumque & ipsa mandamus & precipimus per quoscumque Officiarios nostros ad quos spectat, inviolabiliter observari : jure nostro & alterius semper salvo. Datum *Gracionopoli*, die XIIII.ª mensis Februarii, anno Nativitatis Domini millesimo trecentesimo quinquagesimo. *Sic signat. Per Dominum, assistentibus Dominis (p) H.* Archiepiscopo Lugdunense, Francisco *de* [a] Perina, *Cancellario* Dalphinatûs, Petro Archiepiscopo Bayllivo Matisconensi, Amblardo *de* [b] Bellonni, *&* Francisco *de* Revello, [c] *expeditum H. P.*

CHARLES VI. à Paris, le 30 de Janvier 1404.

[a] Il y a dans le Reg. un *p* coupé par le pied en *per*, & trois jambages & un *a*.

[b] Il y a dans le Reg. *Belloni*, & une marque d'abrégé sur les trois jambages.

[c] *exped.* Reg.

Suite des Lettres de Charles VI.

Nos autem Instrumentum & Litteras supra insertas, ac omnia & singula in eis contenta, prout & in quantum Raymondus *de* Monte-albano, *Dominus* Montis-mauri, *in Litteris supra scriptis nominatus, heredesque & successores sui, ipsis hactenus debitè & pacificè usi sunt, ratas & gratas, rata & grata habentes, eas & ea volumus, approbamus, ratifficamus, & tenore presencium confirmamus : mandantes Gubernatori dicti nostri* Dalphinatûs, *moderno & futuro, ceterisque justiciariis nostris* Dalphinalibus, *presentibus & futuris, vel eorum Locatenentibus, & eorum cuilibet, prout ad eum pertinuerit, quatinus dictos* Raymondum, *heredesque & successores suos, contentis in prefatis Instrumento & Litteris, prout eisdem debitè & pacificè usi sunt hactenus, ut prefertur, uti & gaudere de cetero faciant & permittant : Quicquid in contrarium factum fuerit revocando, & ad statum pristinum & debitum reducendo. Quod ut firmum & stabile perpetuo perseveret, nostrum presentibus Litteris fecimus apponi Sigillum : nostro in aliis* [d] *alieno in omnibus jure salvo.* Datum *Parisius*, die XXX.ª Januarii, anno Domini millesimo CCCC^me^ quarto; Regni vero nostri, vicesimo quinto.

[d] supp. &.

Per Regem Dalphinum, ad relacionem Consilii. FORTEMENT.

NOTE.

(p) H.] Henry de Villars. Voy. Gallia Christiana, 2.ª edit. t. 4, col. 166, art. 93.

CHARLES VI. à Paris, en Janvier 1404.

(a) Lettres qui défendent aux Habitans de Paris, de jeter des ordures, gravois & autres immondices, dans la rivière de Seine passant dans cette Ville; & qui ordonnent que le lit de cette rivière sera netoie aux dépens de ceux qui y ont précédemment jeté des ordures, &c.

CHARLES par la grace de Dieu Roy de France. Savoir faisons à tous présens & avenir, que entre les desirs principaulx & singulieres affeccions que Nous avons tousjours eu à l'exaltacion de la bonne Police & Gouvernement de nostre bonne Ville de *Paris* qui est la Souveraine & Capitale de nostre Royaume, & en laquele Nous, nostre très-chiere & très-amée Compaigne la Royne, noz très-chiers & très-amez Enfans, noz très-chiers & très-amez Oncles & Frere, & autres de nostre Sang & Lignage, notre Conseil, le [e] Souverain Siége de nostre Justice, une grant partie des Prelaz, Barons, Nobles & Clergié de nostredit Royaume, faisons [f] plus continuelement nostre habitacion, residence & demourance, que en lieu ne Ville qui soit en ycellui, ce a esté & tousjours est de icelle nostre bonne Ville preserver d'immundice, & maintenir nette & en bonne ordonnance, si & en tele maniere que par dessus toutes, elle soit recommandée en decoracion & excellence; & de nouvel, par la insinuacion de nostre amé & [g] fel Conseillier & Chambellan *Guillaume Seigneur de Tignonville* Prevost de *Paris* pour Nous, de nostre amé & feal Secretaire Maistre *Charles Culdoé* [h] Garde pour Nous de la *Prevosté* des Marchans, & de noz bons vrayz subgiez & obeissans les Bourgois, Marchans & Habitans en nostredicte

[e] le Parlement.

[f] & sont.

[g] féal.

[h] Voy. la Préface du 6.e Vol. de ce Rec. p. XXXII.

NOTE.

(a) Livre Rouge vieil du Chastelet de Paris, *fol.* 11 vingt 7 *verso* [227.]

Avant ces Lettres, il y a : *que ceuls qui porteront fiens, gravois & autres immondices en la rivière, soient pugnys.*

CHARLES VI.
à Paris, en Janvier 1404.

bonne Ville, soit venu à nostre congnoissance, que en la riviere de *Saine* courant parmi, près & autour de nostredicte Ville, a de present, & de jour en jour sont gectées & portées [a] latanment & en appert, tant de [b] boës, [c] fiens, gravois, ordures, [d] putrefaccions & immundices, nuisibles & moult prejudiciables à corps humains & autres, & en est si plaine par dedens, près & autour de nostredicte Ville, que ce est grant orreur & abhominacion à veoir, & une grant merveille, se ne feust le miracle de nostre Seigneur, comment les creatures & corps humains usans en boires & en [e] decoccions de leurs viandes, de l'eauë d'icelle riviere, [f] ne en encheurent en très-grans multiplicacions d'inconveniens de mort & de maladies incurables; & pour ce qu'il est urgent necessité de pourvoir de brief remede sur ce, & de ycelle riviere curer & nettoyer le plus brief que bonnement faire se pourra, Nous avons voulu, commis & ordonné, & par ces Presentes voulons, commettons & ordonnons, que iceulx Prevostz de *Paris* & des Marchans, & chascun d'eulx ou leurs Commis, facent ou facent faire Informacion de ceulx qui ont acoustumé de porter ou faire porter fiens, gravois & autres ordures, en & sur ycelle riviere, & que generalment tous ceulx qui en seront trouvez chargez, tant Nobles, Gens d'Eglise, comme autres de nosdiz Hostel, & des Hostels de nostre Compaigne & de nosdiz Oncles & Frere, & tous autres de nostre Sang, & autres de quelque estat ou condicion qu'ils soient ou puissent estre, soient contrains rigoreusement & sans [g] deport, chascun selon sa charge, à paier & contribuer aux fraiz que coustera à faire la widenge d'icelle riviere; c'est assavoir, les Gens d'Eglise, par prinse & explectacion de leur temporel, & les autres, par prinse & explectacion de leurs biens, & autrement par toutes voyes deuës & raisonnables; & que ce soit publié à son de trompe & autrement par les Quarrefours de nostredicte Ville, & ès autres lieux & places publiques plus prouchains & joingnans de ladicte riviere, que desormaiz aucun de quelque estat qu'il soit, soit d'Eglise ou autre, ne porte ou face porter fiens, gravois ne ordures, en ne sur ladicte riviere, de jour ne de nuit, à paine pour chascune fois de soixante sols parisis d'amende, & aussy de paier le quadruple que cousteroit à oster ce que ainsi ilz auroient mis ou fait mettre en & sur icelle; lesquels amendes seront tournées & converties; c'est assavoir, le quart à ceulx qui seront commis de par nosdiz Prevostz de *Paris* & des Marchans, à ce prendre garde que riens n'y soit gecté, & le [h] residu, à tenir necte & [i] curer ladicte riviere d'oresenavant; & que tout ce soit signiffié aux personnes, & par especial, aux gens qui ont & ont acoustumé d'avoir chevaulx en leurs maisons, & dont il est vraysemblable que la [k] greigneur partie desdiz fiens & ordures viennent de leur hostel; & en leur signiffiant que se aucun de leurs gens sont en ce trouvez ou reprins; c'est assavoir, de porter de leur maisons fiens & ordures en & sur ladicte riviere, que eulx mesmes en paieront l'amende tele que dit est, & en feront leurs gens puniz; & aussi que ce soit commandé à touz Sergens quelzqu'ilz soient, & à tous les demourans sur ladicte riviere, & autres, que tous ceulx qu'ilz trouveront ainsi portans & gettans fiens & gravois sur ladicte riviere, qu'ilz les prengnent sans quelque deport, & les admainent prisonniers ès prisons de nostre Chastellet de *Paris* ou de nostre Palais, & que tous autres soient en aide à ceulx qui telz malfaicteurs prendront; & s'il avenoit que telz malfaicteurs venissent en si grant nombre, que ceulx qui les verroient ne les peussent ou osassent prendre, ceulx qui ainsi les verront, le viengnent denoncer aux Sergens plus prouchains qu'ilz trouveront, ou à [l] Justice, afin que la chose ne demeure pas impunie, mais en soit faicte punicion deuë, afin de donner exemple aux autres; & soit signiffié aux habitans & demourans sur ladicte riviere, & autres, que s'il est sceu que ainsi ne le facent, eulx mesmes en seront puniz & l'amenderont; & que en faisant lesdictes publicacions, soit deffendu de par Nous à tous, que il ne aucun d'eulx ne soient si hardis de desormaiz [m] bouter feu ès fiens, [n] feurres ou autre choses estans sur ladicte riviere, à paine [o] de la hart ou du Pillory, ou autres teles paines qui seront advisées par le Conseil desdiz Prevostz. Sy donnons en mandement à noz amez & feaulx Conseillers les Gens tenans nostre present Parlement, & qui tendront ceulx avenir, à nosdiz Prevostz de *Paris* & des Marchans, & à chascun d'eulx, que ceste presente

a *secretement & publiquement.*
b *boues.*
c *excremens.*
d *choses pourries & infectes.*
e *cuissons.*
f *n'en encourent, ne tombent.*
g *faveur.* Ce mot est pris dans ce sens dans plusieurs Lettres de ce Rec. mais il pourroit signifier ici *sans delai.*
h *reste.*
i *netoier.*
k *plus grande.*
l *Officiers de Justice.*
m *mettre le feu.*
n *pailles.*
o *d'estre pendu.*

nostre Constitucion & Ordonnance, facent tenir, garder & observer de tous, & le facent enregistrer en leurs Livres, & ycelle publier par-tout où il appartendra; & afin que ce soit ferme chose & estable à tousjours, Nous avons fait mettre nostre Seel à ces Présentes: sauf en autres choses nostre droit, & l'autrui en toutes. *Donné à Paris, ou mois de Janvier, l'an de grace mil CCCC. & quatre, & de nostre Règne le XXV.me* Ainsi signé sur le [a] ploy de la marge. Par le Roy, en son Conseil où Mess. les *Ducs* de *Berry*, d'*Orleans* & de *Bourbonnois*, les *Contes* de la *Marche* & de *Vendosme*, le Gouverneur du *Dalphiné*, & plusieus autres, estoient, FERRON. *Visa.* Et au doz desdictes Lettres estoit escript ce qui s'ensuit: Publiées en Jugement ou Chastellet de *Paris*, le mardi XV.e jour de Decembre, l'an mil CCCC. & cinq. *Ita est.* FRESNES.

CHARLES VI. à Paris, en Janvier 1404.

a repli.

L'original est rendu au Clerc du Prevost des Marchans, pour lez faire publier par lez Carrefours de *Paris*.

(a) Lettres qui confirment les Statuts des Tanneurs de la ville d'Evreux.

CHARLES VI. à Paris, en Janvier 1404.

CHARLES, &c. Savoir faisons à tous présens & avenir, Nous avoir veues les Lettres desquelles la teneur s'ensuit.

A tous ceulx qui ces présentes Lettres verront ou orront. *Pierre* de *Hargeville* Chevalier, Chambellan du Roy nostre S. & son *Baili* d'*Evreux*, de *Beaumont le Rogier* & d'*Orbec*: Salut. Comme plusieurs des Maistres & ouvriers du mestier de [b] Tennerie à *Evreux*; c'est assavoir, *Colin* le *Gay*, *Colet* de [c] *Bouville*, *Alaire* le *Goux*, *Jehan Girart*, *Robin* le *Feron*, *Hue Retrou*, *Guillemin* le *Bourrelier* & *Raoul Chauvin*, tous Tenneurs faisans la greigneur & plus saine partie des gens dudit mestier en ladicte Ville, feussent n'agaires venus devers nous, & nous eussent exposé & donné à entendre que oudit mestier se faisoient & commettoient plusieurs fraudes & decepcions par aucuns qui dudit mestier s'entremettoient, qui estoit & redondoit ou vitupere & deshonneur dudit mestier, & aussi avoient volunté, desir & affeccion de augmenter & acroistre certaine Confrairie faite & crée de long temps par leurs predecesseurs dudit mestier, en l'onneur & remembrance de Monsieur Saint Vincent, en l'Eglise Saint Thomas d'*Evreux*, aussi de gouverner ycelui mestier selon certains poins & articles que ilz nous baillerent, lesquelz ensuivent:

b Tannerie.

c Il y a dans le Reg. *Bui'le*, avec une marque d'abréviation sur tout le mot.

(1) PREMIEREMENT. Que nul dudit mestier ne puisse lever ouvrouer d'icelui en la Ville, Cité & Fourbours d'*Evreux*, se il n'a aprins illec ledit mestier, & que ycelui qui le vouldra lever, ait servi son maistre bien & deuement, en aprenant ycelui, l'espace de quatre ans acomplis, & que quant il sera quitte de maistre, & il vouldra lever ledit mestier, il sera tenu paier pour sa [d] Hanse, dix livres Tournois; c'est assavoir, xl. solz Tournois pour le Roy nostre S. quatre livres Tournois à ladicte Confrarie, & quatre livres Tournois pour garder & defendre les droits dudit mestier, se il n'est filz de maistre; & se il est filz de maistre & de ladicte *(b)* aprinse, il ne paiera que la moitié de ladicte Hanse, qui seront destribuées par la maniere que dessus.

d *Voy. le 7e vol. de ce Rec. p. 117, note (c)*

(2) Item. Que la somme ou sommes de deniers qui [e] ystront des choses dessus dictes, seront distribuées par les Maistres & Jurez dudit mestier.

e *sortiront, proviendront.*

(3) Item. Que nul serviteur ou aprantiz ne pourra avoir que quatre cuirs en tan chascun an.

(4) Item. Et se aucuns d'iceulx aprentiz ou serviteurs mettent plus de quatre cuirs en tan, le surplus sera acquis moitié au Roy, & l'autre moitié à leurdicte Confrarie; & le maistre qui ainsi l'aura souffert, le admendera à la voulenté de Justice.

NOTES.

(a) Trésor des Chartres, Registre 159, P. IXxxXIII. (193.)

(b) Aprinse.] Cela signifie app. qu'il ait apris son métier dans la ville d'*Evreux*. Voy. un peu plus haut.

CHARLES VI. à Paris, en Janvier 1404.

(5) *Item.* Chascun aprentiz sera tenu paier pour (c) cheval feust, dix solz Tournois; & se il est filz de maistre, il ne paiera que cinq solz Tournois.

(6) *Item.* Chascun maistre dudit mestier sera tenu payer pour [a] vin de mariaige, vingt solz Tournois.

a *lorsqu'il se mariera.*

(7) *Item.* Nul maistre dudit mestier ne pourra avoir que un aprentiz à la fois, qui servira le temps de quatre ans dessus declairiez; & qui fera le contraire des choses dessusdictes, il l'admendera.

Et nous eussent requis les dessusdiz, que iceulx poins & articles nous leur voulsissions bailler pour Status & Ordonnances, & leur confermer : savoir faisons que après ce [b] nous eusmes veues à grant loisir & distance de temps lesdiz [c] poings & articles, en la présence de *Jehan Calenge* Advocat, & *Raoul Des Hayes* Procureur du Roy nostredit Seigneur, appellez lesdictes gens dudit mestier, & diligenment advisées & leues mot à mot, & sur chascun article rendue raison & cause pourquoy le contenu d'icellui estoit prouffitable, expédient & necessaire, préjudiciable ou dommagable pour le peuple, & que nous eusmes dit que l'article premier où il disoit que nul dudit mestier, se il n'avoit aprins icellui en ladicte Ville, ne pourroit lever ouvrouoir dudit mestier, ne nous sembloit pas bien raisonnable, ne ausdiz Procureur & Conseil, pour ce nous infourmerent [d] par plusieurs que ainsi [e] soit fait en la Ville de *Rouen* sur le fait dudit mestier, & en plusieurs autres bonnes Villes: tout veu & considéré, eu sur ce la deliberacion desdiz Conseillers & Advocas du Roy, & de autres Advocas & notables personnes, à leur Requeste leur octroyasmes yceulx articles cy-dessus exprimez, pour ce que ilz nous semblerent justes & raisonnables & causées de raison, & leur confermasmes du consentement dudit Procureur, entant que à nous appartenoit, & leur baillasmes pour Status & Ordonnance sur icellui mestier, pour en joïr & user doresenavant : lesquelx Status tous les dessusdiz Teneurs eurent fermes & aggreables, les ratiffierent, les promistrent tenir & garder pour le temps avenir, sans transgresser ne enfraindre en aucune maniere. En tesmoing de ce, nous avons mis à ces Présentes le grand Seel dudit Bailliage. Ce fu fait le IIII.[e] jour de Septembre, l'an de grace mil quatre cent & quatre.

b supp. *que.*
c *points.*
d *par le témoignage de plusieurs.*
e *se fait.*

Suite des Lettres de Charles VI.

Lesquelles Lettres dessus transcriptes, Nous ayans agreables & tout le contenu en icelles, voulons, loons, gréons, ratiffions & approuvons, & par la teneur de ces Présentes, de grace especial confermons. Si donnons en Mandement au *Bailli* d'*Evreux*, de *Beaumont le Rogier*, & d'*Orbec*, & à tous noz autres Justiciers ou à leurs Lieuxtenans, presens & avenir, & à chascun d'eulx, si comme à lui appartendra, que les Maistres & ouvriers du mestier de Tennerie nommés ès dictes Lettres dessus transcriptes, facent, seuffrent & laissent doresenavant joïr & user plainement & paisiblement des Ordonnances & Status dedens icelles contenus, sans souffrir les transgresser ne enfraindre en quelque maniere que ce soit. Et pour ce que ce soit ferme chose & estable à tousjours, Nous avons fait mettre notre Seel à ces Présentes : sauf en autres choses nostre droit, & l'autruy en toutes. *Donné à* Paris, *ou mois de Janvier, l'an de grace mil CCCC. & quatre, & de nostre Règne le XXVe.*

Par le Roi, à la relacion du Conseil. CHALIGAUT.

NOTE.

(c) Cheval feust.] Cela peut signifier cheval de fust, de bois. On trouve dans le Dict. du Commerce par *Savary*, au mot *Tanner*, que dans ce métier on se sert d'un chevalet pour donner certaine préparation aux cuirs.

CHARLES VI. à Paris, le 11 de Février 1404.

(a) Exemption de Prises pour les habitans du Village de Nogent sur Marne.

CHARLES, &c. Savoir faisons à tous présens & avenir, Nous avoir receue l'umble supplicacion des manans, habitans & demourans en la Ville & Paroisse de *Nogent sur Marne*, près de *(b) Beauté*, contenant comme lesdiz supplians qui sont povres gens de labour, aient esté ou temps passé & soient de jour en jour moult opprimez, donmagez, traveillez & destourbez, tant pour la guerre, des Officiers de Nous & de plusieurs de nostre Sang & lignage, qui se vont souventesfois loger ès hostelz desdiz supplians, en delogant eulx & leurs bestes, quant Nous ou ceulx de nostredit Sang sommes audit lieu de *Beauté*, ou à *(c) Plaisance*, comme pour le fait des Prises que l'en s'efforce faire sur eulx pour Nous & ceulx de nostredit Sang, pour occasion desquelles choses dessusdictes, ils sont ramenez à telle indigence [a] de povreté, que moult de foiz aucuns d'eulx s'en sont alez demourer horz de ladicte Ville & Paroisse, comme tous [b] desers, & les autres qui sont demourez avecques leurs femmes & enfans, ont esté & sont tellement diminuez de leur petit estat & chevance, que à grant peine ilz ont eu ne ont de quoy vivre, si comme ilz dient, en Nous requerant humblement que attendu que autresfois & des seize ans a ou environ, à la requeste & supplicacion de feu nostre très-chier Oncle le *Duc de Bourgongne*, Nous leur eussions octroyées noz autres [c] Lettres de non Prinse, dont ils ont joy depuis continuelment & jusques à n'agaires que on leur a sur ce mis empeschement, & que Nous avons trois arpens de prez en nostre Demaine, assis en la prarie de ladicte Ville au-dessoubz d'icelle Ville, lesquelx Nous ont cousté & coustent en despens par chascun an, & [d] que par communes années, tant à faire faucher & faner comme à faire mener à charroy en nostre Parc du bois de *Vincennes*, la somme de cinq frans ou environ, pour icelle despouille convertir en la despence & avitaillement de noz dains & daines, à quoy lesdiz foings sont ordonnés, Nous [e] leur vueillons de nouvel affranchir de toutes Prinses, moyennant & parmi ce qu'ils seront tenuz yceulx trois arpens de prez faire fauchier & cultiver bien & souffisaument, & la despouille d'iceulx faire mener & conduire à voiture & charroy doresenavant chascun an en temps de saison, dedans ledit Parc de nostredit bois, à leurs propres coulz & despens, ou lieu là où il leur sera ordonné par le Concierge ou Garde de nostredit Parc, ou son Lieutenant, ou autres noz Officiers à ce commis ou à commettre au gouvernement de nosdiz dains & daines; & Nous inclinans à leur supplicacion, pour consideracion des choses dessusdictes, & pour certaines autres à ce Nous mouvans, avons à iceulx manans & habitans de ladicte Ville & Paroisse de *Nogent sur Marne*, perpetuellement & à tousjours octroyé & octroions de nostre certaine science, grace espécial, pleine puissance & auctorité Royal, que eulx & leurs successeurs manans & habitans de ladicte Ville & Paroisse, ores [f] ne ou temps avenir soient & demeurent frans, quittes, paisibles & exemps à tousjours-mais de toutes Prinses, tant de blez, de avoines & de tous autres grains, de vins, foings, [g] feurres, chevaulx, charioz, charrettez, harnoiz, voitures, liz, [h] coustes, coussins, couvertures, draps de lit, nappes, [i] touailles, tables, [k] formes, tresteaulx, buefz, vaches, veaulx, moutons, pourceaulx, aigneaulx, chevreaulx, chappons, gelines, poucins, pigons, [l] oues, oysons, fromaiges, poissons, busches, & d'autres choses quelxconques appartenans ausdiz manans & habitans, tant de celles qui [m] seront & seront en ladicte Ville & Paroisse, comme de celles qu'ilz menront ou feront mener d'icelle Ville & Parroisse jusques à *Paris*, ou amener d'ailleurs en icelle Ville & Parroisse, & jusques à deux lieues d'icelle à la ronde, sans ce que par les Chevaucheurs, Fourriers, Preneurs, [n] Portes-chappes ou autres Officiers ou commis ou à com-

a corr. *&*.
b *ruinez.*
c *Elles ne sont point dans ce Recueil.*
d *ce mot paroît inutile.*
e corr. *les.*
f corr. *&*.
g *paille, fourrage.*
h *lits de plume.*
i *serviettes.*
k *escabels.*
l *oyes.*
m *font.*
n *Voy. la note (b) de la p. 406 du 8.e vol. de ce Rec.*

NOTES.

(a) Trésor des Chartres, Registre 160, P. LXIIIIe. (64.)

(b) *Beauté.*] Le Château de *Beauté* qui étoit au bout du Bois de *Vincennes*, du côté de *Nogent*, est entièrement détruit.

(c) *Plaisance.*] Seigneurie qui est de la Paroisse du Village de *Nogent*, auquel elle tient. *Plaisance* a été autrefois une maison royale.

CHARLES VI. à Paris, le 11 de Février 1404.

a *provisions.*
b *corr. oncles.*
c *corr. des*

mettre à faire les [a] garnisons & pourveances des Hostelz de Nous, de nostre très-chiere & très-amée Compaigne la Royne, de tous noz Enfans, de noz très-chiers & très-amés [b] Oncle, Frere & Cousins les *Ducs* de *Berry, d'Orleans,* de *Bourgongne,* de *Bretaigne* & de *Bourbon*, & de tous autres de nostre Sang & Lignaige, ne pour quelxconques noz Lieutenans ou autres usans de Prinse en nostre Royaume, & aussi de noz successeurs Roys de France, leurs Compaignons ou autres de leur Sang & Lignage, ne leurs Officiers usans dudit droit de Prinse, y puissent estre faictes aucunes desdictes Prinses, ores ne ou temps avenir, mais se aucunes estoient faictes sur lesdiz manans & habitans ou aucuns d'eulx, en ladicte Ville ou dehors jusques à *Paris* à deux lieues près de laditte Ville & Parroisse, contre nostre présent octroy, Nous ne voulons y estre obey par lesdiz manans & habitans, ne que pour cause de ce, iceulx manans & habitans soient traiz à aucune amende envers Nous ne autres, ou qu'ilz en puissent estre reprins en aucune maniere, mais le deffendons, parmi ce qu'ilz sont & seront tenuz pour le temps avenir de fauchier ou faire fauchier & cultiver bien & souffisaument l'erbe, tonture & despouille [c] de trois arpens de prez dessusdiz, & iceulx faire mener & conduire dedens nostredit Parc du bois de *Vincennes*, & les bailler & delivrer à nostre Concierge ou Garde de nostredit Parc, ou à son Lieutenant, ou autres noz Officiers ou de nozdiz Successeurs, qui sont ou seront commis & ordenez à ce, par prenant quictance & descharge chascun an de cellui ou ceulx qui à ce sont ou seront commis, auxquelz Nous mandons & commandons que eu & receu ladicte despouille bien & souffisaument, ilz baillent ladicte quictance & descharge auzdiz manans & habitans, chascun an, sans aucun contredit ou empeschement. Si donnons en mandement par ces Présentes, au *Prevost* de *Paris*, aux Maistres des Hostelz de Nous, de nostredicte Compaigne, de nosdiz Enfans, de nosdiz Oncles, Frere & Cousins, & de tous autres de nostre Sang & Lignaige, de noz Connestable, Mareschaulx, Maistres des garnisons, & autres Officiers usans de droit de Prinses, qui sont à present ou pour le temps avenir seront, ou à leurs Lieuxtenans & à chascun d'eulx, si comme à lui appartendra, que lesdiz manans & habitans & leurs successeurs, presens & avenir, facent, seuffrent & laissent joïr & user plainement & paisiblement de nostre presente grace & octroy, & qu'ilz ne les molestent, traveillent ou contraignent, ne ne facent, seuffrent ou laissent eulx ou aucun d'eulx estre molestez, traveillez ou contrains au contraire en aucune maniere, en corps ne en biens, ores ne ou temps avenir : & Nous par ces mesmes Lettres deffendons à tous Fourriers, Aides de fourriere, Preneurs, Porte-chappes, & à tous autres commis & à commettre à faire lesdictes provisions, qui à presens sont ou qui pour le temps avenir seront, que eulx ou aucun d'eulx, ne facent ou seuffrent faire aucune chose contre nostre presente grace & octroy, sur peine de encourir en nostre indignacion, & d'en estre punis très griefment, se ilz font ou attemptent aucunement au contraire. Et pour ce que chascun desdiz manans & habitans ne pourroit avoir l'original de ces Présentes, touteffois qu'il en pourroit avoir besoing, Nous de nostre plus ample grace, leurs avons octroyé & octroyons que au *vidimus* d'icelle, fait soubz Séel Royal, soit adjoutée pleine foy comme audit original, parmi ce que d'icellui original lesdiz manans & habitans seront tenus de faire foy & le monstrer, se aucun debat se mouvoit pour & sur les choses dessusdictes. Et afin que ce soit ferme chose & estable à tousjours-mais, Nous avons fait mettre nostre Seel à ces Présentes : sauf en autres choses nostre droit, & l'autruy en toutes. *Donné à* Paris, *le XI*[e] *jour de Février, l'an de grace mil quatre cent & quatre, & de nostre Règne le XXV*[e].

Par le Roy, en son Conseil où le Roy de *Navarre*, Mess. les *Ducs* de *Berry*, de *Bourgongne*, & de *Bretaigne*, le Marquis du *Pont*, les *Comtes* d'*Alençon* & de *Vendosme*, & autres estoient. P. FERRON.

(a) Exemption

CHARLES VI.

à Paris, le 11 Février 1404.

(a) Exemption de Prises pour les villages de Noisy & de Bry sur Marne.

CHARLES par la grace de Dieu Roy de France. Savoir faisons à tous Présens & advenir, que de la partie des manans & habitans des *(b)* Ville & Parroisse de *Noisy* & de *Bry* sur *Marne*, Nous a esté exposé que pour les grans charges qu'ilz ont soustenues ou temps passé, tant pour occasion des guerres & des gens d'armes qui sont passez & rappassez par lesdictes Ville & Parroisse, & qui y sont logiés par plusieurs foiz, comme pour payer les Aides, Tailles & Subvencions qui pour le fait desdictes guerres leur a convenu payer ou temps passé, & aussi pour les Prinses que l'en a fait & fait faire sur eulx pour les provisions de [a] nostredit Hostel & des Hostelz de nostre très-chiere & très-amée Compaigne la Royne, de noz Enfans & des autres de nostre Sang & Lignaige, dont ilz ont esté & sont si opprimez, grevez, dommaigiez ou ramenez à telle indigence [b] de povreté, que moult de foiz aucuns d'eulx s'en sont alez demourer hors desdictes Ville & Parroisse, comme tous [c] desers, & les autres qui y sont demourez avecques leurs femmes & enfans, ont esté & [d] ont tellement diminuez de leur petit estat & chevance, que à grant paine ont ilz en ne ont de quoy vivre, si comme ilz dient, en Nous requerant humblement que comme Nous ayons dix arpens & demy de prez en nostre Demaine, assiz en la prarie de ladicte Parroisse, en plusieurs pieces, sur la riviere de *Marne*, lesquelz Nous ont cousté & coustent en despence par chascun an & par communes années, à faire faucher & faner, & la despoille d'iceulz faire mener à charroy en nostre Parc du Bois de *Vincennes*, la somme de dix livres Tournois ou environ, pour icelle despoille convertir en la despance & avitaillement de noz dains & daines, à quoy lesdiz foings sont ordonnez, Nous les vueillons afranchir de toutes Prinses, moyennant & parmy ce qu'ilz seront tenus yceulx dix arpens & demy de prez faire fauchier, faner & cultiver bien & souffisaument, & la despoille d'iceulx faire mener & conduire en voiture & charroy doresenavant chascun an, en temps de saison, dedens le Parc de nostredit Bois, à leurs propres coustz & despens, ou lieu où il leur sera ordonné par le Concierge & Garde de nostredit Parc, ou son Lieutenant, ou autres noz Officiers à ce commis ou à commettre au gouvernement de nozdiz dains & daines; & nous inclinans à leur supplicacion, pour consideracion des choses dessus dictes & certaines autres à ce Nous mouvans, avons à yceulx manans & habitans desdictes Ville & Parroisse de *Noisy* & *Bry* sur *Marne*, perpétuelment & à tousjours octroyé & octroyons de nostre certaine science, grace especial, plaine puissance & autorité royal, que eulx & leurs successeurs manans & habitans en ycelle Ville & Parroisse, ores & ou temps avenir, soient & demeurent frans, quictes, paisibles & exemps à tousjours-mais de toutes Prinses, tant de blefz, de avoines & de tous autres grains, de vins, foings, [e] fuerres, *(c)* chevaulz, charrios, charrettes, harnois, voitures, lis, [f] coustes, coissins, couvertures, draps de lit, nappes, [g] touailles, tables, [h] formes, trestaulx, buefs, vaches, moutons, veaulx, pourceaulx, aigneaulx, chevreaulx, chappons, gelines, poucins, pigons, oues, oysons, frommaiges, poissons, busche, & d'autres choses quelzconques appartenans auxdiz manans & habitans, tant de celles qui sont & seront esdictes Ville & Parroisse, comme de celles qu'ilz menront ou feront mener d'icelles Ville & Parroisse jusques à *Paris*, ou amener d'ailleurs en icelles Ville & Parroisse, & jusques à

a *notre Hostel*, 2ᵉ cop.

b corr. *&*.

c *ruinez*.

d *sont* 2ᵉ cop.

e *fourrages*.

f *lits de plumes*.

g *serviettes*.

h *bans ou escabeaux*.

NOTES.

(a) Reg. du Parlement de *Paris*, intitulé sur le dos : *second Volume du Roi Henri deuxième*, &c. coté Q.

Ces Lettres sont aussi au Trésor des Chartres, Reg. 159, Pièce 227.

(b) Ville & Parroisse.] Dans la suite de ces Lettres, il y a toûjours *Ville & Parroisse* : ce qui prouve que ces deux Villages étoient séparés, quoique dépendans d'une même Paroisse. Présentement il y en a une dans chacun de ces deux lieux. Ces deux Villages, distans l'un de l'autre d'environ une demi-lieue, sont situés à la rive gauche de la *Marne*, le premier à trois lieues de *Paris*, & le second à deux lieues & demie.

(c) Chevaulz.] Les choses qui étoient sujettes au droit de Prise, ne sont point arrangées dans le même ordre dans les deux Registres.

CHARLES VI. à Paris, le 11 de Février 1404.

deux lieues d'icelles à la ronde, sans ce que par les Chevaucheurs, Fourriers, Preneurs, [a] Porte-chappes ou autres Officiers ou commis & à commettre à faire les [b] garnisons & pourveances des Hostelz de Nous, de nostredicte Compaigne, & de tous noz Enfanz, de noz très-chiers & très-amez Oncles, Frere & Cousins les *Ducs* de *Berry*, *(d)* d'*Orleans*, de *Bourgoingne*, de *Bretaigne* & de *Bourbonnoys*, & de tous autres de nostre Sang & Lignaige, ne pour quelzconques noz Lieutenans, ou d'autres usans de Prinse en nostre Royaume, & aussi de noz successeurs Roys de France, leurs Compaignes ou autres de leurs Sang & Lignaige, ne leurs Officiers usans dudit droit de Prinse, y puissent estre faites aucunes deldictes Prinses ores ne ou temps avenir; mais si aucunement estoient faictes sur lesdiz manans & habitans ou aucuns d'eulx en ladicte Parroisse ou dehors jusques à *Paris*, & deux lieues près desdictes Villes & Parroisse, contre nostre présent octroy, Nous ne voulons y estre obey par lesdiz manans [c] habitans, ne que pour cause de ce iceulx manans & habitans soient tenuz à aucune amende envers Nous ne autres, ou qu'ilz en puissent estre reprins en aucune maniere, maiz le defendons, parmy ce qu'ilz sont & seront tenuz pour le temps avenir de fauchier ou faire fauchier, faner & cultiver bien & souffisaument l'erbe, tonture & despoille des dix arpens & demy de prez dessusdiz que Nous avons en ladicte prarie, & yceulx faire mener & conduire dedens nostredit Parc du Bois de *Vincennes*, & les bailler & delivrer à nostre Concierge ou Garde de nostredit Parc, ou à son Lieutenant, ou autres noz Officiers, ou de nozdiz Successeurs, qui sont ou seront commis & ordonnez à ce, & en temps de saison, comme dit est, par prenant quittance & descharge chascun an, de celui ou ceux qui à ce sont ou seront commis, auxquelz Nous mandons & commandons que eu & receu ladicte despoille bien & souffisaument, ilz baillent ladicte quittance & descharge auxdiz manans & habitans chascun an, sans aucun contredit ou empeschement. Si donnons en mandement au *Prevost* de *Paris*, aux Maistres des Hostelz de Nous, de nostredicte Compaigne, de nozdiz Enfans & de nozdis Oncles, Frere & Cousins, & de tous autres de nostre Sang & Lignaige, de noz Connestable, Mareschaulx, Maistre des garnisons, & autres Officiers usans de droit de Prinses, qui sont à présent ou pour le temps avenir seront, ou à leurs Lieuxtenans & à chascun d'eulx, si comme à luy appartiendra, que lesdiz manans & habitans & leurs successeurs, presens & avenir, facent, seuffrent & laissent joïr & user plainement & paisiblement de nostre presente grace & octroy, & qu'ilz ne les molestent, travaillent ou contraingnent, ne ne facent, seuffrent ou laissent eulz ou aucun d'eulz estre molestez, traveillez ou contrains au contraire en aucune maniere, en corps ne en biens ores ne ou temps avenir: & Nous, par ces mesmes presentes, defendons à tous Fourriers, Aides de Fourriere, Preneurs, Porte-chappes, & à tous autres commis & à commettre à faire lesdictes provisions, qui à present sont & pour le temps avenir seront, que eulz ou aucuns d'eulz ne facent ou seuffrent faire aucune chose contre nostre presente grace & octroy, sur paine de encourrir en nostre indignacion, & d'en estre pugnis très-griefment se ilz font ou attemptent aucunement au contraire. Et pour ce que chascun desdiz manans & habitans ne pourroit avoir l'original de ces Présentes touteffois qu'il en pourroit avoir besoing, Nous de nostre plus ample grace leur avons octroyé & octroyons que au *vidimus* d'icelles fait soubz Séel Royal, soit adjoustée plaine foy comme audit original, parmi ce que d'icelui original [d] desdiz manans & habitans seront tenus de faire foy & le monstrer, se aucun debat se mouvoit pour ce sur les choses dessusdictes. Et afin que ce soit ferme chose & establc à tousjours, Nous avons fait mectre nostre Seel à ces Présentes: sauf en autres choses nostre droit, & l'autruy en toutes. *Donné à* Paris, *le unziesme jour de Fevrier, l'an de grace mil quatre cens & quatre, & de nostre Règne le vingt-cinq*[me]. Ainsi signé sur le reply. Par le Roy en son Conseil. FERRON. Et seellées d'ung grand seau de cire verd sur laz de soye verd & rouge.

Collacion est faicte à l'original.

[a] *Voy. le 8.e vol. de ce Rec. p. 406, note* (b).

[b] *provisions.*

[c] *& 2.e cop.*

[d] *corr.* *usfdits.*

NOTE.

(d) D'Orléans.] Dans toutes les autres Lettres de *Charles VI*, que j'ai vûes, données avant celles-ci, & imprimées dans ce Rec. le *Duc* de *Bourgogne* est toûjours nommé avant le *Duc* d'*Orléans*.

CHARLES VI. à Paris, le 12 de Février 1404.

(a) Exemption de Prises pour les habitans de Carriere Saint Denis.

CHARLES, &c. Savoir faisons à tous presens & avenir, à Nous avoir esté exposé de la partie des povres manans & habitans de la Ville de la *Carriere Saint Denis* sur *Seine*, que tant pour le fait & occasion des Prises qui ou temps passé ont esté faictes & se font de jour en jour en ladicte Ville & sur lesdiz exposans, de leurs blez, vins, foins, avoines, [a] feurres, chevaux, voictures & autres choses, par les Fourriers, Chevaucheurs, [b] Porte-chappes, Bouchiers, Poulailliers, & autres Officiers commis & deputez à faire les [c] garnisons & pourveances des Hostelz de Nous & de plusieurs autres de nostre Sang, qui ont eu & ont droit de Prise en nostre Royaume, comme pour plusieurs autres charges qui leur a convenu & convient supporter de jour en jour, ilz ont esté & sont telement travailliez & grevez, que aucuns des habitans laboureurs d'icelle Ville, s'en sont partiz & alez demourer ailleurs, & tous laissié leurs terres non labourées & en friche, & tant sont diminuées que en ladicte Ville ne sont demourez & ne demeurent que quatre feux aians chevaulx & voitures, lesquelx avec les autres habitans d'icelle Ville sont en voye d'eulx partir d'icelle, & laissier leurs terres sans cultiver & en desert, se par Nous ne leur est sur ce pourveu de nostre gracieux & convenable remede, si comme ilz dient, requerans humblement icellui : pour ce est-il que Nous, ces choses considerées, qui desirons pour ce de tout nostre affeccion relever, garder & defendre lesdiz exposans & habitans, des oppressions, travaulx, pertes & dommaiges qu'ilz ont euz & supportez par ce que dit est & autrement; & afin que icelle Ville se puist repeupler & augmenter en labourages, à iceulx habitans de ladicte Ville de la *Carriere*, & à chascun d'eulx pour eulx & leurs successeurs demourans en ladicte Ville à tousjours-mais, avons octroié & octroions par ces Présentes de nostre grace especial, certaine science & auctorité Royal, que en ladicte Ville, ne ès maisons, granches & manoirs des habitans d'icelle & de leurs successeurs demourans en icelle, & qui y demouront ou temps avenir, aucunes Prises ne soient faictes par quelconque personne pour quelconque cause ou necessité que ce puist estre, desquelles Prises, Nous, de nostredicte grace & auctorité, avons exempté & exemptons par ces mesmes Présentes lesdiz habitans & leurs successeurs demourans en ladicte Ville à tousjours-mais perpetuelment, parmi ce que lesdiz habitans & leurs successeurs Nous seront tenus rendre & payer, & à noz Successeurs par chascun an, deux chartées de feurres bonnes & souffisantes, qu'ilz seront tenus amener ou faire amener en nostre Hostel à *Paris*, en telle saison qu'il nous plaira, à leurs propre coux & despens. Si donnons en mandement par ces mesmes Lettres à tous Fourriers, Chevaucheurs, Porte-chappes, Aides de fourriere & Porteurs [d] d'escuirie, Poulailliers, Bouchiers, & à tous [e] noz autres commis & establitz, ou à commettre & establir ou temps avenir à faire les garnisons des Hostels de Nous, de nostre très-chiere & très-amée Compaigne la Royne, de nostre très-chier & très-amé aisné Filz le *Dalphin de Viennois*, & autres noz Enfans, & de noz très-chiers & très-amez Oncles, Frere & Cousin les *Ducs* de *Berry*, [f] d'*Orleans*, de *Bourgogne* & de *Bourbonnois*, & de tous autres aians droit de Prise en nostre Royaume, presens & qui seront pour le temps avenir, que en ladicte Ville de la [g] *Charriere*, ne ès hostelz, granches & manoirs des habitans d'icelle, ne de leurs successeurs demourans en ladicte Ville, ne prengnent ou arrestent, ne facent ou seuffrent prendre, saisir ou autrement empeschier, aucuns blez, vins, foins, avoines, grains, feurres, chevaulx, charrettes, charrios, sacs, bannes, buefz, vaches, brebis, moutons, aigneaux, chevreaux, pourceaux, cochons ne autres bestail, poissons, eufz, oisons, chappons, gelines, poussins ne autres volaille, [h] coutes, coussins, draps de lit, couvertures, tables, treteaux, bans, [i] fourmes, ne autres choses quelx-

a *pailles, fourrages.*

b *Voy. la note (b) de la p. 406 du 8e vol. de ce Rec.*

c *provisions.*

d *Il y a dans le Reg.* deicuie *avec une marque d'abréviation.*

e *mot inutile.*

f *Voy. p. précéd. note (d).*

g *Carriere.*

h coustes: *lits de plumes.*

i *escabeaux.*

NOTE.

(a) Tres. des Chart. Reg. 159. p. IIe x. (210)

CHARLES VI. à Paris, le 12 de Février 1404.

conques, en quelconque lieu qu'ilz soient trouvez, appartenans auxdiz habitans ou à aucun d'iceulx, pour la provision desdiz Hostelz ne d'aucun d'iceulx ou autrement, pour quelconque besoing, necessité ou provision que ce soit, sachans que se eulx ou aucun d'eulx sont trouvez faisans le contraire, Nous, ce venu à nostre congnoissance, les en feront punir par telle maniere que ce sera exemple à tous autres, & voulons que semblablement ilz en soient puniz par nozdiz Successeurs ou de leur commandement, & par ceulx qu'il appartendra : Mandons aussi aux Maistres desdiz Hostelz, & à tous les autres Justiciers, Officiers de Nous & de nostredit Royaume, presens & avenir, ou à leurs Lieuxtenans, & à chascun d'eulx, si comme à lui appartendra, que le contenu en ces Présentes ilz enterinent & accomplissent & facent enteriner & accomplir de point en point selon leur fourme & teneur; & s'aucuns des biens de ladicte Ville ou des habitans d'icelle ou d'aucuns d'eulx, ilz tiennent priz, saisiz, arrestez ou autrement empeschiez par quelconques Fourriers, Chevaucheurs, Preneurs, ou autres Officiers desdiz Hostelz ou autres, ou aucune chose estre faicte ou attemptée par quelconques personnes que ce soient au contraire de ce que dit est, si les mettent ou facent mettre, ces Lettres vues, au premier estat & deu. Et que ce soit ferme chose & estable à tousjours, Nous avons fait mettre à ces Présentes nostre Séel : sauf en autres choses nostre droit, & l'autrui en toutes. *Donné à* Paris, *le XII.e jour de Février, l'an de grace mil CCCC & quatre, & de nostre Règne le XXV.e*

Par le Roy, Messire *Jaques de Bourbon* présent. R. CAMUS.

CHARLES VI. à Paris, le 18 de Février 1404, & le 2 du même mois [sans nom de lieu.]

(a) Lettres par lesquelles Charles VI accorda à Bertrand Aquart, l'Office de Clerc des Monnoyes, sur la Résignation qui lui en avoit été faite par Nicolas Aquart son père.

CHARLES par la grace de Dieu Roy de France. A tous ceulx qui ces présentes Lettres verront : Salut. Savoir faisons que par vertu de noz Lettres desquelles la teneur s'ensuit,

CHARLES par la grace de Dieu Roy de France. A tous ceulx qui ces présentes Lettres verront : Salut. Savoir faisons que Nous à la supplicacion de nostre amé [a] Clerc de noz Monnoyes, *Nicolas Aquart*, considerans les bons & loyaulx services qu'il a faictz par longtemps à nostre très-chier Seigneur & Pere que Dieu absoille, & à Nous, & que pour son grant aage il ne pourroit bonnement d'oresenavant si bien faire son devoir en l'excercicion de sondit Office, comme il a fait ou temps passé; & aussi pour le bon rapport & tesmoignaige qui nous a esté faict par plusieurs personnes dignes de foy, tant nos Officiers comme autres, de la souffisance, loyaulté, sens & bonne dilligence de *Bertrand Aquart* filz dudit *Nicolas*, & pour certaines & justes causes qui à ce Nous meuvent, à ycelui *Nicolas* avons octroyé & octroyons par ces Présentes, de grace especial & certaine science, que toutesfois qu'il luy plaira & bon luy semblera, il puisse resigner ès mains de nostre amé & feal Chancellier, sondit Office de Clerc de noz Monnoyes, au prouffilt dudit *Bertrand* son filz, par telle maniere & condicion que ledit *Nicolas* sa vie durant, aura & prandra les gaiges, droictz, proufils & emolumens audit Office apartenans; desquels gaiges Nous voulons & mandons qu'il soit payé avecques les Generaulx Maistres de noz Monnoyes, comme il a acoustumé; & après son trespassement, sondit filz prandra lesdictz gaiges, prouffilz & emolumens acoustumez, tant comme il Nous plaira; auquel *Nicolas* pour les causes dessusdictes, avons octroyé & octroyons que sadicte vie durant, il pourra aller en la Chambre de nosdictes Monnoyes, pour besoigner ou fait dudit

[a] app. *Greffier de la Chambre de nos Monnoyes.*

NOTE.

(a) Registre *E* de la Cour des Monnoyes de *Paris, fol.o* 7 vingt 5. *recto.* [145.]

Office toutes les fois qu'il lui plaira, & aussi aura sa demourance en nostre Hostel de nostre Monnoye de *Paris,* telle qu'il y a; & après son decès, ledit *Bertrand* son filz le y aura semblablement. Si donnons en mandement par ces Présentes à nostredit Chancellier, en commectant, se mestier est, qu'il reçoive ladicte resignacion, & icelle faicte, pourvoye & donne audit *Bertrand* ledit Office, & luy en face bailler la possession & saisine; & d'iceluy, sondit pere & luy joïr & user paisiblement, ensemble de ladicte demeure & des gaiges, droictz, prouffilz & émolumens qui y apartiennent, par la forme & maniere dessusdicte, & sur ce luy en donne noz Lettres soubz nostre grant Seel en forme deuë & comme il verra qu'il apartiendra; lesquelles Nous voulons estre d'autel valleur & efficace, comme se Nous mesmes l'avions fait: car ainsi nous plaist-il estre fait nonobstant quelzconques Ordonnances, mandemens ou deffences à ce contraires. *Donné le 11e jour de Février, l'an de grace mil IIIIc & quatre, & de nostre Règne le XXVe.*

CHARLES VI. à Paris, le 18 de Février 1404.

Nostre amé *Nicolas Aquart* Clerc de noz Monnoyes, a aujourd'huy resigné ès mains de nostre amé & feal Chancellier commis à ce de par Nous, sondit Office de Clerc des Monnoyes, au prouffit de *Bertrand Aquart* son filz, par la forme & maniere, & soubz les condicions contenuës en nosdictes Lettres; & pour ce, Nous, audit *Bertrand* avons donné & octroyé, donnons & octroyons de grace especial par ces présentes, ledit Office de Clerc de noz Monnoyes, vacant par ladicte resignacion, à le avoir tenir & exercer par ledit *Bertrand;* c'est assavoir, que sondit pere aura & prandra sa vie durant les gaiges, droictz, prouffilz & émolumens qui y apartiennent; lesquelz gaiges luy seront payez avec noz amez & feaulx les Generaulx Maistres de nosdictes Monnoyes, ainsi qu'il a acoustumé; & après son trespassement, ledit *Bertrand* prandra lesdiz gaiges, prouffilz & émolumens acoustumez, tant comme il nous plaira, & tout en la forme & maniere que octroyé avons audit *Nicolas* par noz Lettres dessus transcriptes; il pourra aller en la Chambre de nosdictes Monnoyes, pour besogner ou fait dudit Office toutesfois qu'il luy plaira; & aussi aura sa demeure en nostre Hostel de nostre Monnoye de *Paris,* telle qu'il la y a; & après son decès, ledit *Bertrand* son filz le y aura semblablement, tant comme il sera & demourra audit Office. Si donnons en mandement par ces présentes, à noz amez & feaulx Gens de noz Comptes & Tresoriers à *Paris,* & ausdiz Generaux-Maistres de noz Monnoyes, que receu dudit *Bertrand* le serment accoustumé en tel cas, ils le reçoivent audit Office de Clerc de nosdictes Monnoyes, & l'en facent, seuffrent & laissent joyr & user paisiblement, & des gaiges, droictz, prouffilz & émolumens qui y apartiennent, & de ladicte demeure en nostredit Hostel; c'est assavoir, ledit *Nicolas* sa vie durant, & après son decès, ledit *Bertrand;* lesquelz gaiges ainsi payez dont il aparra par quittances souffisantes, Nous voulons & mandons estre allouez ès comptes & rabatuz de la Recepte de celuy ou ceulx à qui il apartiendra, sans contredict ou difficulté aucune; nonobstant quelzconques Ordonnances, mandemens ou deffenses à ce contraires. En tesmoing de ce, Nous avons faict mectre nostre Seel à ces présentes Lettres. *Donné à* Paris, *le XVIIIe jour de Février, l'an de grace mil IIII.c & quatre, & de nostre Règne le XXVe.*

Et est escript au doz des Lectres dessus transcriptes: *Bertrandus in albo presencium nominatus solitum prestitit juramentum in Camerâ Compotorum,* XXI. *Febr.* MCCCC IIIIto, MARTEL.

CHARLES VI. à Paris, le 19 de Février 1404.

(a) Lettres qui portent que dans le Languedoc, les Subsides seront levez conformément à l'ancien usage, à proportion du nombre des feux de chaque lieu.

KAROLUS Dei gratia Francorum Rex. Universis presentes Litteras inspecturis : Salutem. Dilecti nostri Capitularii Tolosæ, *tam ipsorum nomine quam cæterorum habitantium Patrie* Lingue Occitane, *Nobis exponi fecerunt graviter conquerendo, quod licet à longe retrolapsis & tantis temporibus quod de contrario memoria hominum non existit, in dicta Patria, & presertim in tribus Senescaliis* Tolose *videlicet,* Carcassone *&* Bellicadri, *fuerit inviolabiliter observatum quotiens autoritate Regia seu aliàs, aliqua pecuniarum summa per modum Subsidii seu juvaminis imposita fuit ab incolis, civibus & habitatoribus Civitatum, Villarum, & Castrorum dictarum Senescalliarum, exigenda seu levanda, quod hujusmodi Impositio facta semper extitit secundum numerum*[a] *focorum, ad quem numerum quelibet Civitas, Villa, vel Castrum, reducta vel reductum fuit ultimate ex ordinatione & mandato nostris, & etiam dilectarum & fidelium Gentium Camere nostre Compotorum; nihilominus Generales super facto Subsidiorum in dictis Partibus deputati & electi in Diecesibus dictarum Senescalliarum, autoritate nostrâ seu precarissimi Patrui nostri* Ducis Bicturicensis, *Locum tenentis nostri in Partibus supra dictis, certam pecunie summam anno præterito dictis civibus, incolis & habitatoribus Partium prædictarum indixerunt, imposuerunt & ab eis levaverunt formâ predictâ minime observatâ, imo penitùs obmissâ, super quamlibet Civitatem, Villam & Castrum ad eorum arbitrium, certam quotam dicte summe sicut placuit imponendo, quod cedit in maximum dampnum, prejudicium & interesse dictorum incolarum, civium & habitatorum, cedere quoque posset in majus in futurum, sicut dicunt, nisi provideretur eis de remedio oportuno, cum omni*[b] *supplicantis instantia sibi per Nos super hoc gratiosè provideri. Nos igitur predictorum exponentium supplicationibus inclinati, eisdem concessimus & tenore presentium concedimus de gratia speciali per presentes, quatenus, si contingat in futurum aliquam pecunie summam per modum Subsidii autoritate nostrâ seu aliàs imponi seu indici in dictis Partibus, hujusmodi impositio fiat secundum numerum focorum per Nos, & Ordinationem dictarum gentium Camere Compotorum, taxatorum & ordinatorum, ut est dictum. Quo circa dilectis & fidelibus Generalibus Consiliariis nostris super facto Subsidiorum & juvaminum in dicta Patria, nec non electis in Civitatibus & Diocesibus ejusdem Patrie constitutis, ceterisque Commissariis*[c] *supra talibus deputatis aut deputandis in futurum, damus serie presentium districtiùs in mandatis quatenus predictis exponentibus nostrâ præsenti gratiâ & concessione uti faciant & permittant, ipsos in contrarium nullis unquam temporibus molestando : cum sic fieri volumus, & eisdem concedimus de dicta nostra gratia per presentes; nonobstantibus Ordinationibus, Mandatis aut inhibitionibus contrariis, editis vel edendis quibuscumque. In cujus rei testimonium, Sigillum nostrum presentibus Litteris duximus apponendum.* Datum *Parisius,* decima nona die Februarii, anno Domini millesimo quadringentesimo quarto, & Regni nostri XXV°.

Per Regem, ad relationem majoris Consilii in quo Domini Bituricensis, Aurelianensis *&* Borbonii Duces,[d] *Vos,* Episcopus Pictaviensis, *& alii, eratis.*[e] BUE.

[a] Voy. la Préface du 6e vol. de ce Rec. p. VI. §. II.

[b] Il faut app. corr. *supplicantes.*

[c] corr. *super.*

[d] Le Chancelier de France. Voy. le 5e vol. de ce Rec. p. 653, note *(c).*

[e] Il faut peut-être corr. *Hue.* Il y avoit dans ce temps-là un Secrétaire du Roy de ce nom. Voy. ci-dessous, p. 63.

NOTE.

(a) La Copie de ces Lettres a été envoyée de *Montpellier,* avec cette indication : *Sénéchaussée de Carcassone, armoire* A, *liasse des homages en général.* N.° 2, fol. 19, verso.

CHARLES VI. à Paris, le 23 de Février 1404.

(a) Lettres par lesquelles Charles VI permet aux Trois-Etats du Dauphiné, de s'assembler, & d'imposer sur la Province une Taille dont le produit sera employé à rembourser les dépenses faites par les Députés que les Etats ont envoyés au Roi, pour lui porter les plaintes de la Province.

CAROLUS Dei gracia Francorum Rex, Dalphinus Viennensis. Universis præsentes Litteras inspecturis: Salutem. Humilem supplicationem gentium trium Statuum nostræ Patriæ dicti Dalphinatûs, *in hac parte consortum, recepimus, continentem quod cum per præfatos supplicantes extiterit ordinatum ad nos fore mittendos & destinandos nonnullos Barones, Milites, Clericos, & alios dictæ nostræ Patriæ* Dalphinatûs; *videlicet,* Aymarum *Vice-comitem* Clarimontis, Joffredum *Dominum* Claveysonis, Guillielmum *de* Roussillione, *Dominum* Bochagii, Amedeum *de* Miribello, *Dominum dicti loci, Milites,* Jacobum Marchi, *Legum Doctorem,* Joannem *de* Rama, Guigonem *de* Comeriis, Franciscum Sibuet, Joannem Bruni, Petrum Flacheriæ, Antonium Gueyte, Andream Michalis, Petrum Chassardi *&* Disderium Eynardi, *& alios, pro exponendo & explicando Nobis statum, gravaminaque & oppressiones ipsi Patriæ* Dalphinatûs *illatas à paucis temporibus citra, ad perquirendum & obtinendum à Nobis super hoc provisionem & remedium opportunum, & qui Ambassiatores superius descripti pro præmissis ad implendis, ad Nos in nostram Villam* Parisiensem, *jam multa tempora sunt effluxa, venerunt, propter quod quam plurimas expensas sustinuerunt, & est eis necesse ad huc sustinere, tam in congregatione per dictos supplicantes jam in partibus facta pro præmissa ordinando, quam in expensis factis per dictos Ambassiatores in veniendo ab prædictam Civitatem* Parisius, *in eaque stando ac etiam ad dictam patriam* Dalphinatûs *redeundo, quam etiam pro prosecutione facienda præmissorum, ob quas causas certam financiæ quantitatem mutuo sumpserunt tam in dicta nostra Civitate* Parisius, *quam alibi, quam nullatenus solvere possent nec dictam prosecutionem facere, nisi eis impartiretur licencia pro præmissis inter ipsos Talliam faciendi, dictam licenciam à Nobis super hoc humiliter implorantes: quo circa præmissis attentis, ac certis de causis Nos ad hoc moventibus, præfatis supplicantibus concessimus & concedimus de gracia speciali per præsentes, licenciam atque potestatem pro præmissis inter ipsos Talliam faciendi, & hac de causa invicem se congregandi, & inter se dictam Talliam seu Collectam ordinandi, perequandi & levandi usque ad summam sex millium scutorum, & infra: dantes tenore præsentium in mandatis, expressè injungendo, dilectis & fidelibus Consiliariis nostris Gentibus Consilii nostri in dicto* Dalphinatu, *quatenus præfatos supplicantes nostris præsentibus licenciâ atque graciâ uti & gaudere pacificè, ac se invicem congregare pro dicta Tallia imponenda, assignanda & perequanda permittant, eamque dum imposita & perequata fuerit, levari faciant & permittant, ac per Officiarios nostros in dicto* Dalphinatu, *recusantes, si qui reperientur, solvere dictam Talliam ordinandam, compellant seu compelli faciant, & ad requestam Procuratoris seu Procuratorum gentium dictorum trium Statuum pro præmissis, gentes ipsas dictorum trium Statuum mandent & agregari faciant, & si opus fuerit, compellant omnibus viris & modis rationabilibus & debitis: quoniam sic fieri volumus, ac dictis supplicantibus de nostra gracia concessimus & concedimus per præsentes; Litteris subrepticiis in contrarium impetratis vel impetrandis, non obstantibus quibuscumque. In cujus rei testimonium, Sigillum nostrum præsentibus Litteris duximus apponendum.* Datum *Parisius,* die vicesima tertia Februarii, anno Domini millesimo quatercentesimo quarto, & Regni nostri vicesimo quinto.

Per Regem Dalphinum, ad relationem magni Consilii. CHARRON.

NOTE.

(a) La copie de ces Lettres, qui sont dans le Dépôt de la Chambre des Comptes de *Grenoble*, a été envoyée avec cette indication: *Liber ex pluribus Bailliviatibus. f.° 24.*

CHARLES VI.
à Paris, en Février 1404.

(a) Lettres qui portent que lorsqu'il vacquera un Office de Jurés de la Maçonnerie & de la Charpenterie à Paris, il y sera pourvû par les autres Jurés qui présenteront au Prévôt de Paris celui qu'ils auront élû.

CHARLES par la grace de Dieu Roy de France. Savoir faisons à tous présens & avenir, à Nous avoir esté exposé de la partie de la plus grant & saine partie des Maistres & Jurez ordonnez de par Nous sur le fait des mestiers de Maçonnerie & Charpenterie, en noz bonne Ville, *Prevosté* & *Viconté* de *Paris*, que de tous temps, au moins de tel & si long-temps que mémoire d'omme n'est du contraire, yceulz Maistres & Jurez ont esté principalment fais, nommez, esleuz, prins, créez & ordonnez pour le bien & utilité de la chose publique & de la decoracion de nostredicte Ville, les plus notables & expers en l'expérience, opéracion & exercice desdiz mestiers de Maçonnerie & de Charpenterie, que l'en ait tousjours peu trouver en ycelle Ville, Prevosté & Viconté; & la raison a esté & est: car yceulx Jurez ont principalment l'esgart & la charge de aler par ordonnance & contrainte de justice, & autrement du consentement de parties, presque tous les jours, veoir, [a] visiter & adviser tous les lieux, maisons, places & édiffices desquelz il est question, debat ou procès en cas d'éritaige & de peril, de veues, d'aigoulx, de *(b)* glassoirs, de partaiges & divisions, de [b] tesaige, mesuraige & autres cas deppendens de la science & industrie desdis mestiers, soit que desdis cas ou aucun d'eulx, soit question en nostre Court de Parlement, en nostre Court & auditoire du Chastellet de *Paris*, ou en aucune des autres Cours [c] subjettes estans èsdictes Ville, Prévosté & Viconté; ont aussi la charge de sur ce faire leurs Rappors & relacions soubz leurs Seaulx, par devers Justice, sur lesquelz Rappors & relacions il esconvient que yceulx Justiciers très-souvent fondent & donnent leurs Sentences & Jugemens diffinitifs & autres; ont aussi communement la charge de veoir, adviser & *(c)* diviser les notables édiffices & operacions que l'en fait pour Nous, ceulx de nostre Sang, & autres, èsdiz lieux, & en especial en nostredicte bonne Ville de *Paris;* parquoy il est évident que pour obvier aux inconveniens qui se pourroient ensuir par faulte de vraye science & expérience sur lesdiz cas, il est neccessité que iceulx Jurez soient notables & bonnes personnes, loyales & expertes sur le fait desdiz mestiers & leurs deppendences, & sachent les usaiges, coustumes & communes observances notoires & notoirement tenues & gardées sur lesdiz cas, èsdictes Ville, *Prévosté* & *Viconté* de *Paris;* & à ceste fin, ait esté de tout temps usité & accoustumé que toutes & quantefoiz ou temps passé il a esté neccessité de pourveoir à l'Office vacant d'aucun Juré, soit par mort ou autrement, que les autres Jurez desdiz mestiers [d] superestans, à grant & meure deliberacion, nomment & eslisent entre eulx sans faveur, l'un des *(d)* Bacheliers, ou autre personne desdiz mestiers qu'ilz [e] scent estre le plus expert, ydoine & souffisant en icellui desdiz deux mestiers, auquel il est neccessité de pourveoir de Juré, & ycelle eleccion par eulx faite, ilz la rapportent à nostredit *Prévost* de *Paris*, qui à leur eleccion,

[a] *visiter*, T. C.

[b] app. *toisage*.

[c] Ces mots signifient app. les Justices des Seigneurs particuliers. Il y en avoit autrefois un grand nombre à Paris.

[d] *survivant*.

[e] *scevent* T. C. *sçavent*.

NOTES.

(a) Ces Lettres sont au *fol.* 97. *verso* du Livre rouge troisième du Châtelet de *Paris*, étant à la Bibliothèque du Roi, *N.°* 9350 A. 38.

Avant ces Lettres il y a : *Ordonnance sur les Charpentiers & Maçons.*

Ces Lettres sont aussi dans le Reg. du Tres. des Chart. cotté 159, Pièce 247.

(b) Glassoirs.] Il y a Glassouoirs dans le Reg. du T. C. Dans l'article 124 de la Coûtume de *Valois*, T. 2. p. 804. col. 2. du Coûtumier général, édit. de 1724, on lit *veues & esgouts, esviers & glassouers. Cotgrave* dans son Diction. Anglois & François, interprète ce dernier mot par ceux de *retraits, latrines, &c.*

(c) Diviser.] Il y a *deviser* dans T. C. Ce mot signifie app. ici, *faire les devis, les marchés.*

(d) Bacheliers.] Il y a Bachelers T. C. *Savary* dans son Dict. du Commerce, à ce mot, lui donne une signification, qui ne peut convenir ici. J'ai appris que dans plusieurs Corps de métiers de Paris, on nomme Bacheliers ou petits Jurés, les Maîtres qui sous l'inspection des Gardes ou grands Jurés, sont chargés de certains détails concernant le métier.

tesmoingnaige,

tesmongnaige, rapport & nominacion, a accoustumé de instituer Juré esdiz mestiers ou mestier, la personne ainsi par eulx esleue & nommée, sans contredit ou difficulté quelconques; & combien que de ce que dit est, yceulx Maistres & Jurez aient joy, usé & exploitié de tout temps, & que ce soit chose très-nécessaire & expédient pour le bien de justice & de la chose publique, pour obvier aux inconveniens qui se pourroient ensuir par les [a] impérités d'aucuns moins expers esdiz mestiers, se préposez estoient en estat & Office de Juré, que à l'eleccion, tesmongnaige & rapport d'iceulx Jurez, & non autrement, toutes manieres de Jurez esdiz mestiers, soient faits, créez & instituez par nostre *Prévost* de *Paris*, présent & avenir, pour ce que ilz ont plus vraye congnoissance & expérience des personnes souffisantes, expertes & convenables ausdiz Offices exercer, quant ilz vaquent, que autres quelzqu'ils soient; néantmoins, puis pou de temps en ça aucuns moins souffisans & expers pour estre Jurez esdiz mestiers, quant les cas sont advenuz que aucuns desdiz Offices de Jurez ont vaqué par mort ou autrement, se sont efforciez de obtenir de Nous les dons desdiz Offices de Jurez, & de eulx faire instituer en yceulx par nostredit *Prevost*, sans appeller à ce lesdiz Jurez, & sans avoir à ce esté esleuz par eulx, ne y avoir gardé les solemnitez accoustumées; & aussi de nouvel, aucun desdiz douze Jurez se sont efforciez de resigner & transporter à autres leursdiz Offices, par congié & licence qu'ilz prétendent avoir eu sur ce de Nous, & de en prendre & exiger prouffit; qui est chose illicite & de mal exemple, ou préjudice du bien publique, & en venant directement contre les observances, droits, usaiges, coustumes & ordonnances desdiz Jurez, & en grant desplaisir de Nous qui ce ne vouldrions [b] ouvrir ne tollerer, supposé ores que Nous eussions donnez yceulx congié & Office, laquelle chose, se faitte avions, auroit esté par inadvertance, importunité de requerans, & la vérité du fait teue; & pourtant lesdiz exposans se sont trais par devers Nous, en implorant sur ce le remede de nostre provision, pour le bien de Justice & de la chose publique: pourquoy Nous ayans regard & considéracion aux choses dessusdictes, voulans que doresenavant desdiz Offices de Jurez, toutes & quantesfoiz que ilz vacqueront par mort ou autrement, en quelque maniere que ce soit, soit pourveu à personnes convenables, ydoines & expertes à ce, par nostredit *Prevost* de *Paris*, présent & avenir, à l'eleccion, tesmongnaige, rapport & nominacion desdiz Maistres & Jurez, & non autrement; les congié & licence dessusdiz, se par Nous fais & octroyez avoient esté, avec ce qui s'en est ensuy, ensemble tous dons qui doresenavant seroient de Nous fais esdiz Offices de Jurez sur lesdiz mestiers de Maçonnerie & Charpenterie, esdittes Ville, Prevosté & Viconté de *Paris*, quant ilz ou aucuns d'eulx vacqueront, autrement que par les tesmongnaige, rapport, nominacion & eleccion des Jurez desdiz mestiers, avons revoqué, rappellé, cassé & adnullé, & dès maintenant pour lors yceulx par ces Présentes revoquons, cassons, rappellons & adnullons, & voulons que à yceulx ne soit aucunement obei, en déclarant par ceste présente nostre nouvelle Constitucion & Ordonnance, que pour le temps avenir, toutes & quantesfoiz que aucuns desdiz Offices vaqueront par mort ou autrement en quelque maniere que ce soit, à yceulx soit pourveu par nostredit *Prevost* présent & avenir, à l'eleccion, rapport, tesmongnaige & nominacion des Jurez desdiz mestiers, & non autrement, selon ce que anciennement a esté acoustumé. Sy donnons en Mandement à noz amez & feaulx les Gens tenans nostre présent Parlement, & qui tendront ceulx avenir, au *Prevost* de *Paris*, *(a)* à la Garde de la Prevosté des Marchans illec, & à tous noz autres Justiciers & Officiers, ou à leurs Lieuxtenans, présens & advenir, & à chascun d'eulx, que les choses dessus touchées & chascune d'icelles, ils tiengnent, gardent, enterinent & accomplissent & facent tenir, garder, enteriner & acomplir de point en point, & lesdiz Maistres & Jurez & leursdiz successeurs, joïr & user paisiblement de noz présens octroy & Ordonnance, & de tout le contenu en ces présentes, sans faire ou souffrir que empeschement ou destourbier

CHARLES VI.
à Paris, en Février 1404.

[a] *ignorance.*

[b] Cette expression s'est en quelque sorte conservée, & on dit encore *ouvrir la porte aux abus.*

NOTE.

(a) A la Garde.] La Prévôté des Marchands de *Paris*, avoit été supprimée & unie à la Prévôté de *Paris*, par les Lettres du 27 de Janvier 1382. Voy. le 6.me Vol. de ce Rec. p. 685.

CHARLES VI. à Paris, en Février 1404.

quelzconques y soient fais, donnez ou mis ores ne ou temps advenir, nonobstans les choses dessusdictes, avecques quelzconques Ordonnances, Mandemens, ou défenses à ce contraires. Et afin que ce soit ferme & estable chose à tousjours, Nous avons à ces Lettres fait mettre nostre Scel : sauf en autres choses nostre droit, & l'autruy en toutes. *Donné à* Paris, *ou mois de Février l'an de grace mil* CCCC. *& quatre, & de nostre Règne le* XXV[e]. Ainsi *Signé* Par le Roy, P. *Prophete.* [a] *Visa.* [b] *Contentor.*

FRERON.

Et au dos desdictes Lettres estoit escript : *Registrata, lecta ac in Curia publicata* XVII[a] *die Marcii, anno Domini* M.° CCCC°. IIII°. BAYE. Publiées en Jugement ou Chastellet de *Paris,* le mercredi XVIIII[e]. jours de Mars, l'an de grace mil CCCC. & quatre.

[c] Et ce fait, avons enjoint ausdiz Jurez, que doresenavant quant les cas advendront desdiz Offices, ou l'un d'eulx [d] vaqueront par mort ne autrement, que ilz viengnent faire leur éleccion en nostre présence, ou en la présence du Procureur du Roy, & non entre eulx à part, sur peine de l'adnullacion de leur dicte éleccion, se autrement la font. Ainsi *Signé* FRESNES.

a *Ces deux mots & ce qui les suit, ne sont point dans T. C.*

b *Voy. le 5.e vol. de ce Rec. p. 22. note (h).*

c *Cette disposition ajoûtée aux Lettres du Roi, fut faite par le Prévôt de* Paris *ou par son Lieutenant.*

d *Cet endroit est ou mal rédigé, ou corrompu.*

CHARLES VI. à Paris, en Février 1404.

(a) Exemption de Prises *pour les habitans de Houilles.*

CHARLES, &c. Savoir faisons à tous présens & avenir, Nous avoir receu l'umble supplicacion des manans & habitans de la ville de [e] *Houilles,* contenant que comme de long-temps a ilz Nous eussent & ayent poursuy affin d'estre remediez par Nous sur le fait de Prinses de leurs blez, vins, voictures, chevaulx, charrettes, [f] coustes, coissins, draps de lit, couvertures, nappes, [g] touailles, [h] aumailles, pourceaux, moutons, tables, treteaux, foings, advoines, [i] feurres & fromages, poulailles & toutes autres choses, qui de jour en jour se faisoient & font par noz Fourriers, Chevaucheurs & Officiers, & par ceulx de nostre très-chiere Compaigne la Royne, de nostre très-chier & très-amé aisné filz *Loys Daulphin de Viennois,* de noz très-chiers Oncles, Frere & Cousin les *Ducz* de *Berry,* d'*Orléans* & de *Bourgogne* & de *Bourbonnois,* & autres tant de nostre Sang comme noz Officiers, par lesquels ilz estoient & font [k] de jour si grandement grevez & oppressez, que leurs labours en demouroient & demeurent à faire, en leur très-grant & [l] inreperable dommaige, si comme ilz dient, requerans sur ce nostre provision. Pour ce est il que Nous, consideré ce que dit est, à la requeste & priere de nostre amé & féal Conseillier Maistre *Pierre Daunoy* Tresorier de *Laon,* Seigneur dudit lieu de *Houlles,* par bonne & meure délibéracion, certaine composicion ait esté faicte & ordonnée pour le bien, paix & transquilité desdiz habitans, & pour le proufit de nostredit Hostel; c'est assavoir, que iceulx habitans seront tenuz de Nous livrer & faire admener à leurs despens en nostre ville de *Paris,* quant Nous y serons, chascun an, quatre chartées de feurre bonnes & souffisans, pour la despence de nostredit Hostel, & semblablement à noz successeurs Roys de France, chascun an à tousjours perpétuelment; & parmi ce, eulx, leurs successeurs habitans dudit lieu de *Houlles,* seront & demouront francs, quittes & exemps de toutes les Prises dessusdictes & de chascune d'icelles. Si donnons en mandement par ces présentes à tous Fourriers, Chevaucheurs & aides de fourriere, [m] Porte-chappes & autres Officiers de Nous, & autres dessusdiz, présens & avenir, que de ladicte composicion & ordonnance facent, seuffrent & laissent joïr & user paisiblement yceulx habitans & chascun d'eulx; & s'aucuns de quelque estat ou condicion qu'ilz feussent, se efforçoient de faire le contraire, Nous voulons & octroyons à yceulx habitans & à chascun d'eulx, qu'ilz les prengnent & admainent prisonniers pardevers nostre *Prevost* de *Paris,* & que par lui ou [n] Lieutenant ilz en soient puniz comme de raison sera. Et pour ce que ce soit ferme chose & estable à tousjours, Nous

e *Village à peu près à 3 lieues de* Paris, *il est nommé plus bas* Houlles.

f *lits de plumes.*

g *serviettes.*

h *animaux, domestiques & privés.* Voy. le *Gloss. du droit François,* au mot *aumailles.*

i *pailles.*

k app. *de jour en jour.*

l *irréparable.*

m *Voy. la note (b) de la p. 406 du 8.e vol. de ce Rec.*

n supp. *son.*

NOTE.

(a) Trés. des Chart. Reg. 159. P. ij[c]. XI. (211.)

avons fait mettre nostre Seel à ces présentes : sauf en autres choses nostre droit, & l'autruy en toutes. *Donné à* Paris, *ou moys de Février, l'an de grace mil CCCC & quatre, & le XXV.e de nostre Regne.*

Par le Roy. J. DAUNOY.

CHARLES VI. à Paris, en Février 1404.

CHARLES VI. à Paris, le 23 de Mars 1404.

(a) Lettres par lesquelles Charles VI nomme des Commissaires pour faire des informations dans le Dauphiné, sur les titres des Péages qui ont été octroyés, sur la qualité de ces Péages, & sur la manière dont en usent ceux à qui ils ont été accordés; donnant pouvoir à ces Commissaires, de faire le procès à ceux qui auront commis des abus ou des délits dans cette matière.

CHARLES par la grace de Dieu Roy de France, Dauphin de Viennois & [a] Vicaire Impérial. A nos amés & féaux Conseillers *Geuffroy le Mengre* dit *Bouciquaut*, Gouverneur de nostre *Dauphiné*, & Lieutenant en icelui Vicairie, & Maître *Eustace* de *Laitre*, Maitre des Requêtes de notre Hôtel : Salut & dilection. Comme il soit venu à notre connoissance que aucun disans à eux appartenir certains [b] Paiaiges ez terres de notre Royaume, & de nosdits *Dauphiné* & Vicairie, étans sur les rivieres du *Rosne* & de *Sone* & environ, tant par terre que par eau, sous ombre de cueillir & lever lesdits Paiaiges, commettent plusieurs énormes abus, delicts, exactions & griefs, sans ce que les issues & revenues desdits Paiaiges, ayent été ne soient aucunement employées ez cas pour lesquels lesdits Paiaiges furent introduits & ordonnés ou temps passé, & sont plusieurs qui lesdits Paiaiges & exactions cueillent ou font cueillir & lever à leur proffit sans titre ou octroy licites, pour laquelle chose plusieurs homicides, bateures, roberies, divers & énormes délicts se sont ensuis & ensuient chacun jour [c] ou comptent de Justice, oppression & destruction de plusieurs Marchans & autres notables personnes, & ou préjudice de toute la chose publique, dont il nous déplaît, s'il est ainsy : pour ce est-il que nous ces choses considerées, voulant pourvoir aux choses dessusdites dont la connoissance Nous appartient, vous mandons & commettons que de & sur les titres & octroy, de ceux qui lesdits Paiaiges cueillent & lievent ou font cueillir & lever tant par terre que par eau, ez parties ou courent lesdites rivieres du *Rosne* & de *Sone*, les sommes & desquelles choses sont dûs lesdits Paiaiges, & de la maniere accoutumée d'ancienneté de les cueillir & lever, & aussi des exactions, crimes, delicts, oppressions, abus & griefs faits & commis ez choses dessusdites, & des inconveniens & dommages qui s'en sont ensuis, se les emoluments & issues qui ont été receües & cueillies sous ombre desdits Paiaiges, ont été employées ou non, en tout ou en partie, ez choses esquelles elles doivent être employées, & de sur toutes & chacunes les autres choses dessusdites, leurs circonstances & dependances, vous vous informés diligemment & secretement, & ceux que par ladite information vous trouverés coupables ou vehementement soupçonnés desdits crimes & delicts, appelé à ce notre Procureur fiscal de notredit *Dauphiné* & Vicairie, & autres qui feront à appeller, punissez-les par prises & emprisonnements de leurs personnes, & selon l'exigence du cas, & autrement, ainsy comme il leur semblera à être à faire par raison, & faites sur les choses dessusdites & chacune d'icelles, leurs circonstances & dependances, aux Parties ouyes, sommairement & de plain bon & brief accomplissement de Justice, en procedant en cette partie ou bon vous semblera, se metier est, par force d'armes, ainsy que vous verrés etre expedient à faire : car ainsy nous plait-il & le voulons être fait, nonobstant quelconques Lettres subreptices impetrées ou à impetrer au contraire : mandons & commandons à tous nos Justiciers, Officiers & sugiets, prions & requerons nos bien

a *Voy. la note (c) de la p. 29 du 4.e Vol. de ce Rec.*

b *Péages.*

c *au contemnement : mépris.*

NOTE.

(a) La copie de ces Lettres, qui sont dans le dépôt de la Chambre des Comptes de *Grenoble*, a été envoyée avec cette indication : *Caisse du Viennois.*

CHARLES VI. à Paris, le 23 de Mars 1404.

veuillans & amis, que à vous & à vos Commis & Deputés en ce faisant, obeissent & entendent diligemment, & vous pretent conseil, confort, aide & prisons, se metier en avés, & de par vous en sont requis. *Donné à* Paris, *le vingt-troisieme jour de Mars, l'an de grace mil quatre cent & quatre, & de notre Regne le vingt-cinquieme.*

Par le Roy Dauphin, à la relation du grand Conseil. J. LEBEGUE.

CHARLES VI. à Paris, le 6 d'Avril 1404.

(a) Lettres par lesquelles Charles VI permet à ses Sujets, & même aux Gens de guerre, d'accompagner le Pape en Italie où il a intention d'aller, pour y travailler à l'union de l'Eglise & à l'extirpation du Schisme.

CHARLES par la grace de Dieu Roy de France. A tous ceulx qui ces présentes Lettres verront : Salut. Comme il soit venu à notre connoyssance, tant par la relation & assertion de [a] nous chiers & bien amés l'*Arcevequc* de *Tholete* & l'*Evesque* de *Lescar*, [b] Mesatgiers solennés de Notre S. Pere le Pape, estant présentement par devers Nous, comme autrement en plusieurs manieres, que pour le très-grant & fervent desir & affection que Notre dit Très-Saint Pere a de poursuir & obtenir paix & union en notre mere Sainte Eglise, & qu'il lui a semblé & semble que ès Parties d'*Italie* pourra plus aisement & efficassement que ailleurs parvenir à sa bonne entention, & les voyes profitables & necessaires à extirper cest douleureux Scisme, plus promptement & briefvement mettre à exeqution, & tant faire de sa partie, que Dieu & tout le monde cognoitront clairement que à lui ne tendra mie que Nous n'ayons briefvement la ditte union, icelluy Notre Très-Saint Pere a deliberé de soy transporter en personne ès dittes Parties, afin de approuschier son aversaire, & de plustot parvenir à la ditte union & paix de Sainte Eglise : Sçavoir faisons que Nous qui sur toutes choses terrienes, avons semblablement desiré & desirons de voir à notre temps la ditte paix & union, voulans comme vray & devot Fils de l'Eglise, en ce faire & donner à Notre dit Saint Pere tout l'aide, faveur & confort que Nous pouvons, avons octroyé & octroyons, Nous plaist & voulons par la teneur de ces Présentes, que toutes manieres de personnes tant d'Eglise comme seculieres de notre Royaume & d'ailleurs, puissent aller avec ou suivre après, quand bon leur semblera, Notre dit Très-Saint Pere & sa [c] Cort, pour le servir ou pour poursuir leurs besognes ou autrement, & aussi que tous Nobles, Gentilshommes & gens d'armes, tant de notre Royaume comme d'ailleurs, puyssent pareillement aller pour servir Notre dit Très-Saint Pere, garder & deffendre sa Personne, les Cardinaux, Prelats & autres de sa Cort, afin que par ses aversaires & autres que soyent, ne puissent être injuriés ne domagés, sans ce que par nous Officiers ou Subjiets, les dittes personnes en puissent être reprins, empeschiés ou destourbés. Si donnons en mandement à tous nos Seneschaulx [d] Bailhes, Maitres des [e] Pourts & autres Justiciers, Officiers & Subjets, tant [f] en dit Royaume comme ailleurs, prions & requerons tous autres nos amis, alliés & bienveuillans, que tous les Officiers, Serviteurs & Familiers de Notre dit Très-Saint Pere & de sa dite Cort, & toutes autres personnes, soyent d'Eglise ou Seculieres, armés ou desarmés, de quelque Estat & condition que ils soyent, qui yront & vouldront aller à lui & à sa Cort, laissent aller, passer, repasser, demourer, sejourner & retourner hors de notre dit Royaume, sans leur donner ou souffrir être donné aucun empeschement ou destourbier en corps ou en biens, en payant toutes voyes les devoirs acoustumés deubs au dit Notre Très-Saint Pere & à ses Officiers, Familiers, Serviteurs & Subjiets, donnant tout le secours, confort, aide & faveur qu'ils pourront, sans aucunement faire ou venir directement ou indirectement au con-

[a] *nos*, là & plus bas.
[b] *Messagers* : Nonces.
[c] *Cour.*
[d] *Baillis.*
[e] *Ports.*
[f] corr. *ou* : au.

NOTE.

(a) La copie de ces Lettres a été envoyée de *Montpellier*, avec cette indication : *Sénéchaussée de Carcassonne en général, armoire A, liasse des Hommages en général de ladite Sénéchaussée, n.° 2, fol. 8, v.°*

traire; & avec ce, ceste presente nostre Ordonnance & volonté publient & fassent publier & signifier à tous & par tous les lieux où il appartiendra & dont seront requis, & icelle fassent tenir & garder sans faire ou souffrir être fait aucunement le contraire: Car pour les Causes dessusdites & autres certaines qui à ce Nous meuvent, Nous plaist estre fait, & ainsi l'avons voulu & ordenné, voulons & ordennons par ces Presentes; nonobstans quelconques Lettres subreptices empetrées ou à empetrer au contraire. En tesmoing de ce, Nous avons fait mettre notre Seel à ces Présentes. *Donné à* Paris, *le sixieme jour d'Avril avant Pasques, l'an de grace mil quatre cens & quatre, & de notre Regne le xxve.*

CHARLES VI. à Paris, le 6 d'Avril 1404.

Par le Roy, à la relation du grand Conseil, ouquel le *Roy* de *Navarre*, Mgr le *Duc* d'*Orleans*, [a] Vous, l'*Arsevesque* d'*Aux*, l'*Evesque* de *Noyon*, & autres, étiés. [b] BUE.

[a] *Le Chancelier de France.* Voy. le 5e vol. de ce Rec. p. 653, note *(c)*.

[b] Il faut peut-être corriger *Hue.* Il y a ci-dessous, p. 63, des Lettres de ce mois d'Avril pour la Ville de *Derat*, signées *J. Hue.*

(a) Statuts de la Communauté des Bouchers de la Ville de Meulan.

CHARLES VI. à Paris, en Avril 1404.

CHARLES, &c. Savoir faisons à tous presens & advenir, Nous avoir receu l'umble supplicacion des Bouchiers demourans en la Ville de *Meullent*, consors en ceste partie, contenant comme dès long-temps à, eulx ou leurs predecesseurs dont ilz ont de present la cause, aient esté & soient en saisine & possession de avoir joy, usé & exploiĉtié de plusieurs poins, coustumes, Ordonnances & usaiges cy-après desclairez; c'est assavoir,

(1) Que toutes bestes aumailles [c] mortes de leu, ne doivent point estre vendues en la boucherie dudit lieu.

(2) Item. S'il y a quelle Vache qui requiere le Toreau, ou qui ait de nouvel veellée, il esconvient qu'elle soit *(b)* refroidiée de trois sepmaines & trois jours, ainçois qu'elle soit digne de vendre.

(3) Item. Le Tor coullu ne doit estre vendu depuis Pasques jusques à la Saint Remy, mais depuis la Saint Remy le peut estre, s'il advient que on en tue.

(4) Item. Le veau ne peut estre vendu, s'il n'a dix-sept jours frans puis qu'il est né.

(5) Item. Porc ne peut estre vendu, s'il est nourry en l'ostel d'un Barbier, d'un Huillier, d'un Mareschal, ne de Maladerie.

(6) Item. Truye qui est en ruyt ou qui a nouvellement cochonné, il esconvient qu'elle soit refroidiée de trois sepmaines & trois jours, pareillement comme la Vache, ainçois qu'elle soit digne de vendre.

(7) Item. Que tout Mouton, Brebiz bon & loyal, ayant loy & gresse souffisante, peut estre vendu.

(8) Item. Que tous Boucs & Chievres, soit de lait ou autres, ne doivent point estre vendues à estal.

(9) Item. Que toutes les bestes devant diĉtes ne doivent estre soufflées, picquées, ne fardées, & n'y doit on mettre autre parement que de leur gresse mesme, comme du rougnon, la coulle, l'illier, reservé la [d] toille, la reche & le mullier que on ne y doit point mettre, & aussi que on peut bien picquer au boullon pour mieulx lever l'espaule de une aumaille, & non ailleurs.

(10) Item. Toutes les bestes dessus desclarées, amenées en charrette, charriot ou autre instrument, ne doivent estre vendues plustost que les Jurez Bouchiers les aient veues mengier & revisitées, reservé Veaux & Moutons.

[c] *Voy. la note marg. (c) de la p. 629 du 8.e vol. de ce Rec.*

[d] Voy. l'article 9 des Statuts des Bouchers de *Pontoise*, & les notes *(g)* & *(h)* sur cet article.

NOTES.

(a) Trésor des Chartres, Registre 159, P. II^c^ IIII^xx^ VII. (287.)

A la p. 629 du 8e vol. de ce Rec. se trouvent les Statuts des Bouchers de *Pontoise*. Ceux-ci sont à peu près semblables dans presque tous les articles; & on peut consulter les notes qui ont été faites sur ces Statuts des Bouchers de *Pontoise*.

(b) Refroidiée.] Dans l'article 2 des Statuts des Bouchers de *Pontoise*, qui est semblable à celui-ci, il y a *residiée*. Voy. la note *(c)* sur ce mot.

CHARLES VI. à Paris, en Avril 1404.

(11) Item. On ne doit tuer char à jour de Feste annuel ne au Dimenche, qu'il ne soit une heure de nuit; & se aucune deffaulte de char y avoit, & que de necessité il en esconvenist tuer, on en doit prendre congié auxdiz Jurez : & qui fait le contraire, il convient admende; & aussi doit retarder de vendre ycelle char tuée aux jours dessus desclairées, d'une journée franche.

(12) Item. Aucuns Taverniers, Boulengiers ne autres de commun estat, ne peuvent tuer chars ne faire tuer pour vendre, se ycelles ne viennent de la boucherie. En oultre que aucuns Bouchiers estrangiers ne ont loy de tuer char en icelle Ville, appartenances ne dedens la Banlieue; mais icelle tuée la pourront vendre au Jeudi jour de [a] merchié.

[a] *marché.*

(13) Item. Nul ne doit estre receu à lever son mestier en icelle boucherie, plustost ou jusques à ce qu'il ait servi son maistre par l'espace de trois ans continuelz, sans riens gangner, se ainsi n'est qu'il soit filz d'un des Bouchiers d'icelle Ville, & que ce soit par le congié & licence des Jurez d'icelle boucherie & de leurs Compaignons, & sens paiet son *(c)* paast acoustumé, sinon les enfans d'iceulx Bouchiers; [b] aprest lequel paast paié, il est tenu par la coustume de continuer à vendre char par chascun jour ordinaire sans intervalle; c'est assavoir, le Dimenche, Lundi & Mardi jusques à un an acompli, sur paine de perdre la franchise dudit mestier, s'il n'est filz de Bouchier.

[b] corr. *après.*

(14) Item. L'en ne doit vendre char en ladicte boucherie, se elle n'est tuée en ladicte Ville & appartenances, sinon au Jeudi jour de merchié, comme cy-dessus est faitte mencion.

(15) Item. Quiconque fait le contraire des choses dessusdictes, il convient amende de dix Solz Parisis, dont le Roy a la moitié, & les Jurez ont l'autre; reservé toutes voies les mauvaises chars, qui de raison & par la coustume sont condempnables & doivent estre gectées en la riviere de *Saine.*

(16) Item. S'il y a faulte de char jusques à heure de Vespres [c] Saint Nigaise, [d] acoustumée de vendre en icelle Ville, hors le Mercredy & Jeudi, iceulx Bouchiers par raison & par ladicte coustume, doivent encourir en amende de LX Sols Parisis à nostre prouffit seulement.

[c] *Saint-Nicaise,* Prieuré situé à *Meullent.*
[d] à laquelle heure on a coûtume de vendre, &c.

(17) Et pour mieulx & plus seurement gouverner, garder & maintenir raisonnablement en ses termes, à estre acoustumé avoir trois Bouchiers fais Jurez solempnelment pardevant [e] nous Prevost ou son Lieutenant, & par chascun an renouveller à Pasques, pour visiter les choses dessusdictes & tenir ledit mestier à loy & estat souffisant & raisonnable.

[e] corr. *notre.*

Et il soit ainsi que par la fortune des guerres qui ont esté en nostre Royaume, & par especial pour la prinse d'icelle Ville de *Meullent* qui fut [f] XL. ans à ou environ toute [g] deserte, destruite, demolie & mise à povreté & autrement, la greigneur partie de leurs Lettres & Privileges tant de ce que dit est, comme de plusieurs autres franchises & libertez à ycelle appartenantes, aient esté perdues & du tout mises au néant, parquoy lesdiz Supplians pourroient encourir en grand pertes, dommages & inconveniens, se par Nous ne leur estoit sur ce impartie nostre grace & misericorde, requerans humblement icelle : pour ce est-il que Nous, eue consideracion aux choses dessus dictes qui sont très-prouffitables à Nous & au bien de la chose publique, dont noz Gens & Officiers audit lieu sont souffisamment informez par personnes en ce congnoissans, & qu'elle a esté de tous temps & est encores de present *(d)* Ville de Loy & d'Arrest; & mesmement que les Bouchiers de *Mante*, de *Pontoise* & des autres Villes voisines notables, ont acoustumé de user ou temps passé & encores usent de

[f] pendant la guerre qui se fit entre *Charles V.* & *Charles II,* dit le *Mauvais*, Roi de *Navarre.*
[g] *ruinée.*

NOTES.

(c) Paast.] Repas. Voy. les Tables des Mat. des Vol. de ce Rec. au mot *Past.*

(d) Loy & Arrest.] Il est souvent fait mention dans ce Rec. des Villes de *Loi*; c'est-à-dire, des Villes qui ont une Commune octroyée par l'autorité souveraine. Les Villes de *Loi & d'Arrêt* sont celles qui, outre le droit de Commune, ont celui de procéder par voye d'arrêt sur les meubles de leurs débiteurs. Voy. le Gloss. du *Droit Franç.* au mot *Arrêt*, p. 67.

jour en jour *(e)* des jours, coustumies, ordonnances & usaiges cy-dessus desclairez; à yceulx Supplians, de nostre certaine science & grace especial, plaine puissance & auctorité Royal, avons octroyé & octroyons que doresenavant & à tousjours, eulx & leurs successeurs Bouchiers de ladicte Ville de *Meullent*, puissent joïr & user, joïssent & usent paisiblement de tous les poins & ordonnances cy-dessus declairez, & tout par la forme & maniere que dit est. Si donnons en mandement par ces Presentes au *Bailli* de *Mante* & de *Meullent*, & à tous noz autres Justiciers & Officiers, ou à leurs Lieuxtenans, & à chascun d'eulx, si comme à lui appartendra, que de nostre presente grace & octroy facent, seuffrent & laissent joïr & user les dessusdiz Supplians & leurs successeurs Bouchiers en icelle Ville de *Meullent*, plainement & paisiblement, sans leur faire, souffrir ne donner ou souffrir estre fait ne donné aucun destourbier ou empeschement au contraire : sauf en autres choses nostre droit, & l'autruy en toutes. Et pour ce que ce soit chose ferme & estable à tousjours, Nous avons fait mettre nostre Seel à ces Presentes. *Donné à Paris, ou moys d'Avril l'an de grace mil quatre cens & quatre, & de nostre Regne le xxv.*[e] J. DE ROUVRES.

CHARLES VI. à Paris, en Avril 1404.

NOTE.

(e) Jours, Coustumies.] Ces mots sont corrompus, & je crois qu'il faut corr. *Poins, Coutumes, &c.* comme il y a au commencement de ces Lettres. On lit aussi *Poins, Coutumes, &c.* vers la fin des Statuts des Bouchiers de *Pontoise*.

CHARLES VI. à Paris, en Avril 1404.

(a) Confirmation des Priviléges de la Ville de Dorat, dans la Marche.

KAROLUS, &c. Notum facimus universis presentibus & futuris, quod Nos Litteras inclite recordacionis Domini & Genitoris nostri vidimus, formam que sequitur, continentes.

(b) KAROLUS, &c.

Quasquidem Litteras & in eisdem contenta, de speciali gracia & auctoritate Regia in quantum debitè usi sunt, ratifficamus & tenere presencium confirmamus : dantes earumdem serie in mandatis universis Justiciariis & Officiariis nostris presentibus & futuris, & eorum cuilibet quatenus prefatos abbatem & Capitulum, ceterasque personas ecclesiasticas ac burgenses & habitatores dicte Ville de Daurato, *& eorum quemlibet, nostrâ presenti confirmacione & graciâ uti & gaudere pacificè faciant & permittant, non permittentes in eorum prejudicium seu predicte concessionis, aliquid attemptari, sed attemptata seu innovata, si que sint, ad statum debitum reducant seu reduci faciant indilatè : quoniam sic fieri volumus, nonobstantibus Litteris surrepticiis impetratis vel impetrandis in contrarium, & allegacionibus quibuscumque. In cujus rei testimonium, sigillum nostrum hiis presentibus duximus apponendum : salvo in aliis Jure nostro, & in omnibus quolibet alieno. Actum* Parisius, *anno Domini millesimo CCCC*[mo] *quarto, & Regni nostri vicesimo quinto, mense Aprilis.*

Per Regem, ad relacionem majoris Consilii, in quo [a] *Voz,* Patriarcha [b] Alixandrinus, Episcopus Uticensis, *& alii non nulli, eratis.* J. HUE.

a *Le Chancelier de France.* Voy. le 5[e] vol. de ce Rec. p. 653, note *(c)*.
b *Alexandrinus.*

NOTES.

(a) Trés. des Chart. Rec. 159, P. 320.

(b) Karolus, &c.] Ces Lettres, qui sont du mois de Juin 1370, sont imprimées à la p. 304 du 5e vol. de ce Rec.

M. CCCC. V.

Suivant le Glossaire de *Du Cange*, au mot, *Annus*, cette année a commencé le 19 d'Avril, & a fini le 10 d'Avril suivant.

CHARLES VI. à Paris, le 29 d'Avril 1405.

(a) Mandement pour fixer le prix de l'Or & de l'Argent, & pour faire une fabrication d'Espèces.

CHARLES par la grace de Dieu Roy de France. A noz amez & feaulx les Generaulx-Maistres de noz Monnoyes: Salut & dilection. Comme il soit ainsi que les Monnoyes de nostre Royaume ayent esté piçça & sont encores de petite valeur à present, pour le cours de plusieurs [a] estranges Monnoyes, tant d'Or comme d'Argent, qui ont prins cours & prennent de jour en jour parmy nostre Royaume, tant en nostre Pays de *Languedoc* comme ailleurs en plusieurs [b] marchez; desquelles estranges Monnoyes nostre Peuple est grandement deceu, parceque en nos dictes Monnoyes, au pris que Nous donnons à present en icelles, les Monnoyes estranges qui s'ensuivent; c'est assavoir, comme Croisaz d'*Arragon*, Hardiz de *Bourdeaulx*, Esterlins d'*Escosse*, Carlins, Parpilloles de *Navarre* & Quars de *Savoye*, ne se pevent ouvrer en nos dictes Monnoyes par le hault pris que icelles estranges Monnoyes ont en nostredit Royaume; & semblablement plusieurs Monnoyes d'Or, comme Mailles de [c] *Rin*, doubles Escuz & petiz de *Henault*, Mailles de [d] *Guerles*, de plusieurs manieres, Florins de [e] *Chambre*, de plusieurs manieres, Mailles de *Mès* en *Loraine*, petiz Florins de *Royne*, Escuz de [f] *Liege*, de plusieurs manieres, & plusieurs autres Monnoyes d'Or & d'Argent, ont cours par nostredit Royaume pour plus grant pris qu'elles ne vallent, dont noz Monnoyes sont arrerées & recullées grandement, & ne vient en nos dictes Monnoyes sinon petite quantité de matiere d'Or, par le grant cours que icelles estranges Monnoyes y prennent, pour cause que en icelles estranges Monnoyes, les Escuz que Nous avons fait faire & faisons de present, les Blancs Deniers à l'Escu que Nous avons fait faire & faisons pareillement de present, se sont fonduz & fondront par le grant pris que l'en donne tant d'Or comme d'Argent en icelles estranges Monnoyes, ou très-grant dommaige de Nous & du Peuple de tout nostredit Royaume, & feroit encores plus ou temps avenir, se sur ce n'y estoit pourveu de bon & brief remede. Pourquoi Nous, ces choses considerées, & que nos dictes Monnoyes pourroient briefvement [g] cheoir en chomaige, & estre à Nous de nulle valleur, & aussi pour pourveoir & obvier aux grans pertes & dommaiges de nostredit Peuple; d'autre part, que toutes noz Monnoyes tant d'Or comme d'Argent, se pourroient ouvrer ès dictes Monnoyes estranges; & pour plusieurs autres justes causes & consideracions à ce Nous mouvans, avons ordonné, voulons & ordonnons par ces Presentes, que d'oresenavant les Maistres-Particuliers de toutes noz Monnoyes ayent de [h] remede pour chacun marc d'Or, un quart de Carat, oultre & pardessus le remede acoustumé; & aussi que d'oresenavant iceulx Maistres-Particuliers ayent six grains de remede pour chacun marc d'euvre, oultre & pardessus le remede acoustumé; & que les Blancs Deniers à l'Escu leur soient passez de [i] VI. sols IIII. deniers & demy de taille pour marc; sur lesquelz remedes Nous voulons & ordonnons que on donne aux Changeurs & Marchans VII. sols VI. deniers Tournois pour marc d'Argent, oultre & pardessus

[a] *étrangères.*

[b] *marches, frontières.*

[c] *des pays arrosés par le* Rhin.

[d] Gueldres.

[e] *Il faut peut-être corr.* Cambray.

[f] Liège.

[g] *qu'on pourroit cesser d'y travailler.*

[h] *Voy. la note (c) de la p. 130. du 7.e vol. de ce Rec.*

[i] *De 76 pièces & demi au marc.*

NOTE.

(a) *Registre E* de la Cour des Monnoies de *Paris*, fol. 7 vingt 5, v.° [145.].

Avant ces Lettres, il y a: *Le IIII.e jour de Juing l'an mil IIII.c & cinq, Messire* Guillaume *de* Laire *Chevalier apporta en la Chambre des Monnoyes les Lettres du Roy nostre Sire, scellées de son grant Scel, contenant la forme qui ensuit;*

Et au dessous, *Mandement pour faire les Blancs Deniers à l'Escu de VI. sols IIII. deniers & demy de poix & à VI. grains de remede.*

La fabrication ordonnée par ce Mandement, fut revoquée par celui du 8 Août suivant, lequel sera imprimé ci-dessous à son rang.

VI. livres

CHARLES VI. à Paris, le 29 d'Avril 1405.

VI. livres V. sols Tournois que Nous donnons à present en noz Monnoyes; & pour chacun marc d'Or, aux Changeurs & Marchans, telle creuë que bon vous semblera au prouffilt de Nous, affin que toutes icelles Monnoyes estranges, tant d'Or, comme d'Argent, perdent le cours qu'elles ont eu en nostredit Royaume, & qu'elles soient converties & mises au prouffilt de Nous & de nostre peuple. Si vous mandons & estroictement enjoignons, que tantost & sans delay, [a] fassez & acomplissez nostredicte Ordonnance par la forme & maniere que dit est; & oultre, s'aucunes estranges Monnoyes faictes ou à faire ne se povoient ouvrer en nosdictes Monnoyes selon le contenu en nostre presente Ordonnance, que icelles Monnoyes estranges tant d'Or comme d'Argent, faictes mectre à tel pris que nostredit peuple n'y soit plus deceu, & qu'elles puissent estre ouvrées en nosdictes Monnoyes: Car ainsi Nous plaist-il estre fait; nonobstant quelzconques autres Ordonnances sur le fait de nosdictes Monnoyes, Mandemens ou deffenses à ce contraires. *Donné à* Paris, *le* XXIX.*e jour d'Avril, l'an de grace mil* IIII.*c & cinq, & de nostre Regne le* XXV*e*.

a *fassiez & accomplissiez.*

Par le Roy, le *Mareschal* de *Rieux*, *Messire Guillaume* le *Bouteillier*, & autres, presens. P. FERRON.

Item. Sensuit la teneur d'autres Lettres de nostredit Seigneur pour ledit fait, contenant la forme qui ensuit.

CHARLES par la grace de Dieu Roy de France. A noz amez & feaulx les Generaulx Maistres de noz Monnoyes: Salut & dilection. Comme Nous ayons aujourduy fait certaine Ordonnance pour le fait & avancement de noz Monnoyes, & pour [b] atraire plusieurs estranges Monnoyes, de faire ouvrer ès nostres, & mis sur ce certaine provision, comme plus à plain vous est apparu par nosdictes Lettres & Ordonnances sur ce faictes; & affin que la chose qui requiert briefvesté, soit mise en bon & brief effect; & mesmement qu'elle requiert estre faicte sans la descouvrir trop à plain, pour cause que icelles estranges Monnoyes & autres matieres ne soient [c] cueillies & transportées plus au loing de nosdictes Monnoyes; mais soient ouvrées ès nostres, comme dict est; vous mandons par ces Presentes, en enterinant nostredicte Ordonnance, que faciez tantost & sans delay signiffier aux Gardes & Maistres-Particuliers de nosdictes Monnoyes, que d'oresenavant iceulx Maistres-Particuliers facent nos Blancs Deniers à l'Escu, à V. deniers VI. grains *(b)* nect & à deux grains de remede; & semblablement facent tailler iceulx Deniers de VI. sols IIII. deniers & demy de taille, aux remedes acoustumez, tant en poix comme en loy, & non autrement, & tout selon la forme & teneur de nostredicte Ordonnance: Car ainsi Nous plaist-il estre fait, nonobstant quelzconques Ordonnances, Mandemens ou deffenses & Lectres subreptices impetrées ou à impetrer à ce contraires. *Donné à* Paris, *le* XXIX.*e jour d'Avril, l'an de grace mil* IIII.*c & cinq, & de nostre Regne le* XXV*e*.

b *attirer.*

c *assemblées.*

Par le Roy, le *Mareschal* de *Rieux*, *Messire Guillaume* le *Bouteillier*, & autres, presens. P. FERRON.

Item. S'ensuit la teneur de certaines Lettres closes de Mons. le *Duc* d'*Orleans* touchant ladicte Ordonnance.

DE par le *Duc* d'*Orleans*, *Conte* de *Valois*, de *Blois* & de *Beaumont*, & Seigneur de *Coucy*. Très-chiers & bien amez. Comme vous ayez Lectres Patentes de par Mons. le Roy à vous adressans, & faisans mencion de certaine Ordonnance sur le fait de ses Monnoyes, & dont nous vous avons depuis parlé, affin de icelles briefvement expedier, comme le cas le requiert; & de rechief, pour cause de plus briefve

NOTE.

(b) Nect.] Ce mot signifie seulement que ces *Blancs Deniers* feront exactement de six grains, sauf le remède. Voy. sur le *Remède*, le 7e vol. de ce Rec. p. 130, note *(c)*.

CHARLES VI. à Paris, le 29 d'Avril 1405.

expedicion, avez eu autres Lectres touchant ledit fait, & faisans mencion que tantost & sans delay mandissiez aux Gardes & Maistres-Particuliers de mond. S. qui à present sont, que ilz acomplissent & enterinent le contenu esdictes Lectres de Ordonnances, ainsi que Mons. le Roy le mande, & que la chose feust faicte par telle & si bonne maniere, & aussi sans la publier aucunement, que le proffilt de mondit S. y soit gardé, & affin aussi que les Seigneurs voisins ne se puissent aucunement advertir ne fonder sur ladicte Ordonnance; néantmoins encores n'en a de ce riens esté fait, & a l'en delayé la chose au grant dommaige de mondit S. par faulte de bonne dilligence, dont nous nous donnons grant merveille, consideré ce que vous en avons dit de bouche : pourquoy nous vous escripvons ces choses, affin que ces Lectres veuës, tantost & sans delay vous envoyez les deux de vous qui plus ont visité les Monnoyes, en celles qui sont plus neccessaires, & esquelles on est [a] mieulx taillé de besoigner, pour acomplir comme dit est, ladicte Ordonnance des Monnoyes, & sans la publier autrement; & que iceulx deux voz Compaignons, tout secretement au prouffilt de Mons. le Roy, traictent aux Maistres-Particuliers par la meilleure maniere qu'ils le pourront faire, sans ce que la chose soit aucunement ne plus avant sceuë, ne que les Seigneurs estrangiers ou autres voisins, en soient aucunement advertiz; & ce faictes par telle maniere que vous en doyez estre recommandez. Nostre S. vous ait en sa garde. *Escript à* Soissons, *le XXIIII.e jour de Juing.* LOYS.

a plus disposé à travailler.

ET pour acomplir l'Ordonnance des Monnoyes contenuë ès Lectres dessus transcriptes, il a esté deliberé par le *(a)* Comptoüer, que *Jehan* le *Mareschal* & *Pierre Gencian* iront mectre sus ladicte Ordonnance; c'est assavoir, ledit *Jehan* le *Mareschal*, à *Sainct Quantin*, *Tournay* & *Saincte Manehoust*; & ledit *Pierre Gencian* à *Roüen*, *Sainct Lo*, *Angiers* & *Tours*, selon la teneur des Lectres closes envoyées sur ce aux autres Monnoyes, desquelles la teneur s'ensuit.

TOUTES voës ledit *Jehan* le *Mareschal* fut à *Sainct Quantin* & *Tournay* seulement; & ledit *Pierre* ne fist pas son voyaige pour certaine deffense depuis faicte, comme il apert cy-après. *(b)*

NOTES.

(a) Le Comptoüer.] On appelloit apparemment ainsi la Salle où s'assembloient les Gens de la Chambre des Monnoies; & ce mot *Comptoüer* désignoit leur Compagnie, comme le mot *Bureau* que l'on trouve dans plusieurs Ordonnances, marquoit la Chambre des Comptes.

(b) Suit dans le Reg. les Lettres données par les Généraux-Maîtres des Monnoies, pour l'exécution des précédentes.

CHARLES VI. à Paris, le 4 de Mai 1405.

b *Voy. la note (b) de la p. 406 du 8.e Vol. de ce Rec.*

(a) Exemption de Prises *pour l'Hôtel-Dieu de Paris.*

CHARLES par la grace de Dieu Roy de France. A noz amez & feaulx les Maistres de nostre Hostel, à tous Pannetiers, Eschançons, [b] Porte-chappes, Chevaucheurs, & tous autres Commis & Députez sur le fait des provisions & garnisons des Hostelz de Nous & de nostre très-chiere & très-amée Compaigne la Royne, de nostre très-chier & amé Oncle le *Duc* de *Berry*, de nostre très-chier & très-amé Frere le *Duc* d'*Orleans*, de noz Enfans, & autres de nostre Sang, de noz Connestable & Mareschaux de France, & autres ayans Prises, & à tous les autres Justiciers, Officiers & Commissaires de Nous & de nostre Royaume, ou à leurs Lieuxtenans, ausquelx ces Lettres [c] venrront: Salut & dilection. Nous pour la reverence de Dieu en l'honneur de qui les pouvres malades, femmes acouchées, & autres miserables personnes qui sont soustenuz, nourris & confortées des biens de la Maison-Dieu de *Paris*, & afin que nous soyons participans ès euvres de miseri-

c viendront.

NOTE.

(a) Reg. du Parlement de *Paris*, intitulé: *Ordonnances de Charles VIII*, cotté H, fol. 58, R.o

corde qui se font chascun jour en ladicte Maison-Dieu, vous mandons & à chascun de vous, si comme à luy appartiendra, enjoingnons tant estroictement comme Nous povons, que en icelle Maison-Dieu, ès Granches, Manoirs & Hostelz appartenans à icelle, vous ne prenez ou souffrez prendre pour quelconque necessité que ce soit, aucuns blez, vins, avoines, foings, [a] feurres, [b] poix, feves, chevaulx, [c] chers, charrettes, porcs, vaches, beufz, [d] coultes, coissins, poullailles, moutons, brebiz, tables, treteaux, ne autres biens ou vitaille quelzconques estans ou appartenans à ladicte Maison-Dieu, ne de leurs diz Manoirs. Et afin que vous ou aucun de vous ne puisse ignorer nostre presente grace, Nous voulons que sur leurs lieux, terres, maisons, possessions, charrettes & autres choses dessusdictes à eulx appartenans, ilz mettent ou facent mettre noz Penonceaulx & bastons Royaulx signés de noz armes, afin d'estre gardez de toutes violences & oppressions; & gardez vous & chascun de vous sur le serment que avez à Nous, & sur peine d'encourir nostre indignacion, que les Maistre, Freres & Seurs de ladicte Maison-Dieu, leurs Gens, Familiers & Serviteurs, vous ne molestez ou empeschez en aucune maniere pour ceste cause, saichans que se vous ou aucuns de vous faictes le contraire, il Nous en desplaira & vous en ferons pugnir si griefvement que ce sera exemple à tous autres : Car ainsi le Voulons-nous, & leur avons octroyé & octroyons de grace especial par ces Presentes. *Donné à* Paris, *le IIII.e jour de May, l'an mil IIII.c & cinq, & de nostre regne le XXV.e* Ainsi *Signé* Par le Roy, à la relacion du Conseil. MAULOUE.

CHARLES VI. à Paris, le 4 de Mai 1405.

a *paille, fourrage.* b *pois.* c app. *chars.* d *lits de plumes.*

CHARLES VI. à Paris, le 24 de Mai 1405.

(a) Confirmation des Statuts de la Communauté des Courtiers de Vin de la Ville de Rouen.

CHARLES par la grace de Dieu Roy de France. Savoir faisons à tous présens & avenir, Nous avoir veu les Lettres de nostre amé & féal Chevalier & Chambellan *Hue* Sire de *Donquerre* nostre *Bailli* de *Rouen*, desquelles la teneur s'ensuit.

A TOUS ceulx qui ces presentes Lettres verront ou orront. *Hue* Sire de *Donquerre*, Chevalier, Chambellan du Roy nostre S. & son Bailli de *Rouen* : Salut. Comme plusieurs clameurs & plaintes nous eussent esté faittes des Courretiers de Vins de *Rouen*, [e] que, comme l'on disoit, prenoient [f] greigneurs salaires que faire ne devoient, & si en avoit les aucuns qui s'entremettoient du fait de la marchandise où ilz avoient secrettement part & porcion, & en y avoit plus grand nombre que le droit nombre sur ce ordonné d'ancienneté; c'est assavoir XXIIII. Sur lesquelles plaintes nous eussions fait informacion, & aussi eussions veu aucunes informacions que en avoit fait feu *Jehan* de la *Tuille* nostre predecesseur *Bailli* de *Rouen* : Veu lesquelles & par les confessions d'iceulx Courretiers, nous par la deliberacion de Conseil & de Gens cognoissans en & sur le fait de ladicte marchandise, les eussions tous trouvez coulpables, excepté IIII. qui n'avoient en riens offensé; c'est assavoir, *Jehan Daguobert*, *Jehan Galopin*, *Colin* le *Garnisseur* & *Colin* le *Bateur*, & pour ce eussions tout le demourant d'iceulx déboutez & privez de leursdiz Offices, & eussions deffendu que plus n'en feissent ne exerceissent; depuis laquelle Sentence, les aucuns d'iceulx Courretiers se feussent tournez devers la Cour du Roy, & y [g] obtenu Lettres de réabilitacion d'icellui Office, & eussent eu iceulx corretages par aucuns [h] des de l'Ostel d'icellui Seigneur, & d'autres à qui le Roy nostredit S. les avoit donné, & aussi en eussent les aucuns impetré de nous Lettres de don d'iceulx Offices, desquels ilz eussent esté mis en saisine, & tant y en eust eu que ilz estoient en icellui Office de Correterie environ LVII. & plus, qui tous soubz umbre d'aucunes autres Lettres Royaulx qu'ilz se disent

e corr. *qui.* f *plus grans.* g suppl. *eussent.* h mot inutile, ou il faut supp. *Officiers.*

NOTE.

(a) Trés. des Chart. Reg. 159, P. 300.

Ces Lettres sont fort mal écrites, & défigurées par un grand nombre de fautes.

CHARLES VI.
à Paris, le 24 de Mai 1405.

avoir impetrées, occupoient ledit Office, combien que par le Roy nostredit Seigneur nous eust esté mandé que nous n'y souffrissions que ledit nombre de XXIIII. ainsi que d'ancienneté en estoit ordonné : sur quoy Noss. qui tindrent le derrenier *(b)* Eschequer de *Normandie* audit *Rouen*, qui de ce avoient eu grans plaintes & clameurs, nous eussent chargié d'en débouter tous iceulx Courretiers jusques au nombre desdiz XXIIII. d'iceulx qui avoient *(c)* du premier don du Roy nostredit S. après ladicte privacion faitte, ou cas qu'ilz seroient souffisans; pour lesquelles Lettres mettre à exécucion & aussi pour enteriner le Commandement de nosdiz Seigneurs dudit Eschequer, & pour eviter aux plaintes & inconvéniens qui en estoient avenus, & de jour en jour avenoient & pourroient avenir en ladicte marchandise, à cause & pour le fait d'iceulx Courretiers, nous nous feussent de rechief enquis & informé de leur souffisance, & pour veoir leurs droiz & tiltres, sur ce veuz & visetez diligemment leurs Lettres & Escriptures, pour adviser & regarder qui y estoient les plus souffisans, & aussi qui avoient plus grans tiltres & de plus ancien date, & sur tout eu advis & meure deliberacion ainsi qu'il s'ensuit : Savoir faisons que en l'Assise de *Rouen* par nous tenue le X.e jour de Janvier, continué du Lundi précédent, l'an mil IIII.c & ung, deismes & declarâmes les choses dessusdictes & chascunes d'icelles estre gardées, tenues, acomplies & enterinées de point en point selon la forme & teneur, & que pour le bien & estat de ladicte marchandise de ladicte bonne Ville de *Rouen*, & pour garder les Ordonnances anciennes & les acomplir, & les Lettres du Roy nostredit S. & celles des Seigneurs dudit Eschequer,[a] & que doresenavant n'auroit en icellui Office de Courretiers de Vins, que XXIIII. hommes, lesquels nommasmes, & declarasmes, deismes & prononçasmes que nous déboutions[b] privions d'icellui Office tous les autres qui s'en entremettoient, en leur deffendant de par ledit Seigneur, que plus n'en feissent exercice ne s'en entremeissent, sur paine de grosse amende, & feismes retenue & reservacion pour le Procureur du Roy, de les en approuchier à amende, pour ce que ilz en avoient exploité & eulx entremis, comme dit est, & que lesdiz XXIIII. autres & leurs successeurs sur ce ordonné ou à ordonner, & chascun d'eulx, feroient les seremens & choses qui s'ensuivent : Et pour ce que du nombre d'iceulx XXIIII. *Simon Douere* estoit l'un, & lui ferions faire le serement de par nous de bien garder les Ordonnances qui s'ensuivent; c'est assavoir,

a *mot inutile.*
b supp. *&.*

(1) Que eulx & chascun d'eulx, présens & avenir,[c] que ledit Office exerceront bien & loyaument, eulx & chascun d'eulx conselleront leurs Maistres sans faveur ou acceptacion de Marchand-vendeur, & au prouffit[d] de ses[e] Maistres, le mieulx qu'ilz sauront & pourront.

(2) Item. Que ilz prendront & auront pour leur salaire de chascun Tonnel de Vin qu'ilz feront vendre, V. sols Tournois, & de chascune Queue de Vin, II. sols VI. deniers Tournois, & au dessoubz & au dessus,[f] à la value, en telle monnoye & pour tel pris comme il courra au jour que la marchandise sera vendue, sans ce qu'ilz en puissent plus prendre, ne à eulx appliquer par[g] courtoisie, don, promesse ne autrement, en[h] couvert ne en appert; sur lequel ladicte bonne Ville aura XII. deniers Tournois pour chascun Tonnel, VI. deniers Tournois pour Queue, & ainsi au dessus & au dessoubz, à la value; que lesdiz Courretiers & chascun d'eulx seront tenus porter, ou personne de leur famille, aux Gens & Fermiers qui y seront faiz & establiz de cueillir ou recevoir, au lieu où ilz seront ordonnez à ce faire.

(3) Item. Ils ne pourront *(d)* mener Marchant par autre ne par eulx, se ce n'est en cas de necessité; ou quel cas ledit Marchant sera mené par Corretier

c *mot inutile.*
d corr. *de ces* ou *de leurs.*
e *Ceux qui les auront chargés d'acheter du vin pour eux.*
f *à proportion.*
g *gratification.*
h *secrettement ni publiquement.*

NOTES.

(b) Eschequer.] Voy. les Tables des Mat. des Vol. de ce Rec. au mot *Eschiquier.*

(c) Du premier.] Il semble qu'il faille corriger *eu*, & le mot suivant est très-douteux, n'y ayant qu'un *p* & trois jambages, avec deux marques d'abréviation; mais la leçon qu'on a suivie, est confirmée par ces mots qui se trouvent plus bas : *qui avoient plus grans tiltres & de plus ancien date.*

(d) Mener.] Présenter les Marchands vendeurs aux Acheteurs. Dans les Statuts des Courtiers de Vin de *Paris*, il y a au contraire, qu'ils *méneront* les Acheteurs aux Marchands. Voy. le Dict. du Commerce par *Savary*, au mot *Courtier.*

d'icelle marchandise, Juré & approuvé par nous ou nostre Lieutenant, bien & souffisamment.

(4) Item. Ne pourront ou devront lesdiz Courretiers ne aucuns d'eulx, estre Taverniers ne Marchans, ne participans aucunement de ladicte marchandise, ne y avoir part ne porcion avec aucun qui s'en entremette aucunement secretement; mais se ainsi le faisoient *(e)* ou aucuns d'eulx, ou marchans qui plus donnast ou feist courtoisie que le droit [a] salere ordonné, il seroit tenu de le anoncer à Justice, afin d'en faire telle punicion comme au cas appartendra & que Justice regardera.

(5) Item. Seront tenus lesdiz Corretiers & chascun d'eulx, d'anoncer *(f)* ou Hanssier de ladicte Ville de *Rouen* les noms de tous les Marchans de dehors qui amenront marchandise qui ne seront hanssez.

(6) Item. Ne pourront ou devront iceulx Corretiers ne aucun d'eulx, mener que deux Marchans pour une foiz.

(7) Item. Ilz ne se pourront ne devront acompaigner plus que d'un de ses Compaignons Corretiers avec lui; & s'il est trouvé qu'ilz soient plus à faire ledit Corretage, le faiseur sera puny comme au cas appartendra & que Justice regardera.

(8) Item. Ne pourront ne devront iceulx Corretiers ne aucuns d'eulx, eulx ingerer avec aucuns Marchans, s'il n'y est appellé & de par [b] moz exprez lesdiz Marchans lui appellent.

(9) Item. Ou cas qu'ilz verroient que aucun Marchant feust garny & pourveu d'un Courretier pour le consellier [c] & à faire sadicte marchandise en leaue ne en terre, il n'y devroit aler ne soy y entremettre en aucune maniere, se appellé n'y est.

(10) Item. Et s'ilz achetoient ou recevoient aucuns Vins pour aucun [d] qu'il ne voulissent paier le Marchant ou n'eust de quoy, ilz paieront la somme audit Marchant vendeur, sanz nul procez.

(11) Item. Lesdiz Corretiers & chascun d'eulx, seront tenuz de renouveller leur serment chascun an devant nous ou nostre Lieutenant, au terme de Noel, & ainsi l'avons ordonné & ordonnons estre gardé, fait, enteriné & acomply, par tous lesdiz autres XXIIII. Corretiers de ladicte marchandise, desdiz *Bailliages* de nostredicte Ville de *Rouen;* & ou cas qu'ilz deffauldroit des choses dessusdictes ou d'aucunes d'icelles, ilz en seront puniz & corrigiez par nous par privacion d'Office, amende volontaire ou autrement, ainsi que Justice regardera.

(12) Item. Seront tous lesdiz Corretiers & chascun d'eulx, tenus de [e] applegier LX. livres Tournois, & si seront tous & chascun d'eulx [f] de *(g)* pour ce renforcer de plege, se mestiers est; & aussi seront tenus de garder, acomplir & enteriner lesdictes Ordonnances & choses dessus dictes & leurs deppendances, & chascunes d'icelles enteriner, executer & accomplir de point en point selon leur forme & teneur & sans enfraindre.

En tesmoing de ce, nous avons mis à ces presentes Lettres le grand Seel aux Causes dudit Bailliage, l'an, jour & Assise dessusdicte.

a corr. *salaire.*

b *mots.*

c *mot inutile.*

d *qui.*

e *cautionner.*

f *Il faut app. repeter ici le mot* tenus.

Suite des Lettres de Charles VI.

Lesquelles Lettres dessus transcriptes, & tout le contenu en icelles, Nous aians fermes & estables & agréables, icelles louons, rattiffions, approuvons, & de nostre certaine sience & grace especial, par la teneur de ces Présentes confermons. Si donnons en mandement par ces Presentes, à nostredit *Bailli* de *Rouen,* & à tous noz autres Justiciers, Officiers & Subgez, présens & avenir, ou à leurs Lieuxtenans & à chascun d'eulx, si comme à lui appartendra, que de nostre presente grace & confir-

NOTES.

(e) Ou aucuns d'eulx.] Il paroît qu'il manque ici plusieurs mots, & c'est ainsi que je crois qu'il faut les suppléer, en ajoûtant après ces mots *aucuns d'eulx*, ceux-ci : *ils seront condamnez à l'amende;* ou si un Courretier connoissoit *Marchant* qui &c.

(f) Ou Hanssier.] Je crois qu'il faut corriger *aux Hanssiez.* Voy. les Tables des Mat. des Vol. de ce Rec. au mot *Hanse.*

(g) Pour ce.] Afin que moyennant cette augmentation de cautionnement, lorsque le prix de la vente passe soixante livres, le Marchand soit sûr d'être payé par le Courretier ou sa caution.

CHARLES VI. à Paris, le 24 de Mai 1405.

macion, ensemble l'Ordonnance dont ès Lettres dessus transcriptes est faicte mencion, ilz facent, seuffrent & laissent les XXIIII. Correctiers de la marchandise de Vins en nostredicte Ville de *Rouen,* & chascun d'eulx dont mencion est faicte esdictes Lettres dessus transcriptes, joïr & user plainement & paisiblement, en metant icelle Ordonnance à execution deue de point en point, selon sa forme & teneur, sanz pour ce leur faire ne souffrir estre fait & mis ou donné aucun destourbier ou empeschement au contraire, ores ne pour le temps avenir, en quelque maniere que ce soit; mais s'aucun leur estoit fait, mis ou donné, ilz leur mettent chascun d'eulx en droit soy, ou facent mettre tantost & sans delay à plaine delivrance. Et afin que ce soit ferme chose & estable à tousjours-mais, Nous avons fait mettre nostre Seel à ces Presentes : Sauf en autres choses nostre droit, & l'autruy en toutes. *Donné à* Paris, *le XXIIII.e jour de May, l'an de grace mil IIII.c & cinq, & de nostre Regne le XXVe.*

Par le Roy, le *Comte* de *Mortaing,* Messire *Jaques* de *Bourbon,* & plusieurs autres, presens. DANGEUL. *Collacion est faicte.*

CHARLES VI. à Paris, en Mai 1405.

(a) Lettres de Sauvegarde Royale pour les Prieurés de la Sainte-Trinité de Villeneuve près Soissons, de Marcoucis & de Saint-Antoine d'Amiens; de l'Ordre des Célestins.

KAROLUS Dei gracia Francorum Rex. Notum facimus universis presentibus & futuris, quod Nos racioni congruum arbitrantes, si inter curas & sollicitudines quas in regendis nostris Subditis frequenter habemus, ad hec precipuè nostre mentis aspiret affectus, per que Status Ecclesiasticus nostris temporibus sub commisso Nobis Regimine in Pacis transquilitate manuteneri valeat & deffendi, & Regni predicti Ecclesie, Religioseque Persone que de die noctuque Divinis insistunt obsequiis, sub nostre proteccionis Clipeo releventur à pressuris, ac per Regalem potenciam à noxiis deffendantur, ut eò devociùs circa Divina vacare valeant, qui liberaliùs per eandem potenciam senserint se adjutas. Hinc est quod dilectos nostros Religiosos Priores & Conventus Monasteriorum Sancte Trinitatis Villenove *propè* Suessionem, *Sancteque Trinitatis de* [a] Marcoucis, *& Sancti Anthonii de* Ambianis, *Ordinis Sancti Benedicti, secundum Instituta Beati Petri Confessoris Viventium, vulgariter nuncupatorum Ordinis Celestinorum, per Nos, carissimumque Germanum nostrum* Ducem Aurelianensem, Johannem *Dominum de* Monteacuto *Militem,* [b] *Vicedominum* Laudunensem, *Hospiciique nostri superiorem Magistrum, & nonnullos servitores nostros, fundatos, Monasteria ipsa & eorum quodlibet, tam in capite quam in membris, volentes speciali ac benivolo prosequi affectu, premissis attentis, ipsos Religiosos ad quos & eorum Religionem ac predicta Monasteria in Domino gerimus maximam & specialissimam devocionem & affectum, tanquam ad proprios & speciales Capellanos & (b) Oratores nostros, tam in capite quam in membris, unacum eorum Gentibus, familiaribus, singulisque personis dictorum Monasteriorum & membrorum eorumdem,* [c] *Hominibus de corpore, possessionibus, Locis, Terris, Domibus, bonisque & rebus ipsorum omnibus, in Regno nostro existentibus, in nostris proteccione, Tuicione ac Salva & Speciali Gardia suscipimus & ponimus per presentes; eisdemque Religiosis Gar-*

[a] Ce Prieuré est à six ou sept lieues de *Paris,* du côté du midi.

[b] *Vidasme de* Laon.

[c] *espèce de Serfs.*

NOTES.

(a) Livre Rouge vieil du Chastellet de *Paris, fol.* 213, *v.°*

Avant ces Lettres, il y a : *Garde pour les Celestins de la Trinité lez* Soissons, *de* Marcoucis *& de* Amiens.

(b) Oratores.] Voy. sur le mot *Orateurs,* qui, quoiqu'employé seul, désigne quelquefois des Chapelains, les Tables des Mat. des Vol. de ce Rec. au mot *Orateurs.*

diatores concedimus & deputamus universos & singulos [a] *Servientes nostros Armorum,* [b] *Hostiariosque Parlamenti nostri, & alios Servientes nostros, qui nunc sunt & qui fuerint temporibus affuturis, quibus & eorum cuilibet presencium serie committimus & mandamus, quatenus predictos Religiosos, eorumque Monasteria predicta, in capite & in membris, Gentes, familiares, singularesque Personas dictorum Monasteriorum & membrorum eorumdem, ac Homines & bona predictorum, deffendant ab omnibus injuriis, violenciis, gravaminibus, oppressionibus, vi armorum, potencia Laïcorum, ac inquietacionibus & novitatibus indebitis quibuscunque, tueantur & deffendant; ac ipsos in suis justis Possessionibus, Franchisiis, Libertatibus, Juribus, Immunitatibus, Usibusque & Saisinis, in quibus ipsos esse & eorum predecessores fuisse ab antiquo invenerint, manuteneant & conservent, non permittentes in Personis ipsorum ac Gencium, familiarium, singularumque Personarum dictorum Monasteriorum, eorumque membrorum & Hominum predictorum, seu in bonis eorumdem aliquas fieri vel inferri offensas, injurias aut indebitas novitates, quas si factas fore vel fuisse in dicte nostre Salve ac specialis Gardie & ipsorum prejudicium invenerint, ad statum pristinum & debitum reducant seu reduci faciant indilatè, & Nobis ac Parti propter hoc Emendam condignam fieri ac prestari; dictamque Salvam Gardiam nostram publicari ubi, quando & quociens fuerit opportunum; & in signum hujusmodi nostre Salvegardie* [c] *Penuncellos seu Baculos nostros Regios in suis Ecclesiis & Locis, possessionibus & rebus predictis, in Terra que Jure Scripto regitur, & alibi, in casu eminentis periculi duntaxat, apponant seu faciant affigi vel apponi; inhibentes ex parte nostra omnibus illis de quibus fuerint requisiti, sub certis magnis penis Nobis applicandis, ne eisdem Religiosis, familiaribus, singularibusque Personis dictorum Monasteriorum & membrorum eorumdem, ac Hominibus predictis, seu bonis eorumdem quibuscunque, quomodolibet forefacere presumant; & si in casu novitatis inter ipsos Religiosos, Gentes, familiares, singularesque Personas dictorum Monasteriorum & membrorum eorumdem, & Homines predictos, & aliquos alios racione bonorum quorumcunque dictorum Monasteriorum oriatur opposicio vel debatum, locis deablatis, si sint in rerum natura, alioquin de valore & estimacione ipsorum, primitùs & ante omnia realiter & de facto ressaisitis, dictum debatum & rem contenciosam ad manum nostram tanquam superiorem ponant; & opponentes ac Partes debatum hujusmodi facientes, & eciam dicte nostre Salvegardie infractores & contemptores, & qui predictis Gardiatoribus aut eorum alteri Gardiatoris Officium exercendo, injuriam fecerint vel offensam, sive qui eis inobedientes fuerint vel rebelles, coram dilectis & fidelibus Gentibus Requestarum Palacii nostri* Parif. *Aut Preposito nostro* Parisiensi *presenti aut futuro, prout eisdem Religiosis placuerit, adjornent ad diem seu dies certos & competentes, processuros super hoc prout fuerit racionis. Si vero dicti Religiosi aut aliqui de Gentibus, familiaribus, singularibusque Personis dictorum Monasteriorum & membrorum eorumdem, ab aliquo seu aliquibus Assecuramentum habere voluerint, volumus quod dicti Gardiatores aut alter eorumdem, adjournent illos à quibus dictum Assecuramentum habere voluerint, coram dictis Gentibus nostris aut Preposito nostro* Parisiensi, *ad certos & competentes dies, daturos Assecuramentum predictum bonum & legitimum juxta Patrie Consuetudinem, & prout racionabiliter fuerit faciendum; nec non omnia debita bona & legalia recognita vel probata legitimè per Testes, Litteras, Instrumenta, Confessionem Parcium, vel alia legitima documenta, que predictis Religiosis tam racione fructuum, exituum, Censuum, redditituum suorum quam aliás, deberi noverint, & de quibus nulla* [d] *Questio referatur, eisdem Religiosis vel eorum certo Mandato, persolvi faciant indilatè, debitores hujusmodi ad hoc per capcionem, vendicionem,* [e] *explectacionem bonorum suorum quorumcunque, & eorum corporum detencionem, si ad hoc fuerint obligati, viriliter & debitè compellendo; Litteris impetratis vel impetrandis à nobis seu Curia nostra per ipsos debitores vel eorum alterum, super* [f] *Statu vel Respectu de non solvendo ad tempus debita sua, vel* [g] *alios eciam de non* [h] *procedendo in eorum Causis, quibus tam per eos fide & Juramento intervenientibus extiterit renunciatum, de fide, Juramento & gracia predictis quam aliter non facientibus plenam & expressam mencionem, nonobstantibus quibuscunque. Si vero aliqui debitores ad hoc se opponant, ipsos opponentes adjornent*

CHARLES VI. à Paris, en Mai 1405.

a *Sergents d'Armes*, sur lesquels Voy. les Tables des Mat. des Vol. de ce Rec.

b Huissiers du Parlement.

c Voy. les Tables des Mat. des Vol. de ce Rec. au mot *Penonceaux*, & à celui d'*Assürement*, duquel il est parlé plus bas.

d Contestation.

e &c.

f Lettres d'Etat & de Répit.

g *aliis.*

h de suspendre leurs Procès.

CHARLES VI. à Paris, en Mai 1405.

ad instanciam & Requestam predictorum Religiosorum, coram dictis Gentibus nostris sive Preposito nostro Parisiensi, *ad diem sive dies competentes, in casu opposicionis hujusmodi processuros, & ulteriùs facturos quod fuerit racionis; quas Gentes nostras sive predictum Prepositum nostrum, certifficent competenter de hiis que fecerint in premissis; & generaliter faciant dicti Gardiatores & eorum singuli, presentes pariter & futuri, omnia alia & singula que ad Gardiatoris Officium pertinent & pertinere possunt atque debent. Damus autem tenore presencium in Mandatis, ac eciam committimus predictis nostris Gentibus Requestarum dicti Palacii nostri ac Preposito nostro* Parisiensi, *ac ipsorum alteri, presentibus & futuris, quatenus Parlamento nostro sedente & non sedente, tam in dictis Causis coram eis agitandis quam quibuscunque aliis, tam agendo quam deffendendo, exhibeant, Partibus auditis, inter ipsas celeris Justicie complementum. Nos enim ipsas Gentes & predictum Prepositum nostrum, eisdem Religiosis in Commissarios & Judices committimus & eciam deputamus, & sic, quod solum coram ipsis & non alibi placitare possint compelli. Ab omnibus autem Justiciariis & subditis nostris, eisdem Gentibus ac Preposito nostris & ab eisdem deputandis, dictisque Gardiatoribus & cuilibet eorumdem, in premissis pareri volumus efficaciter & intendi; volumusque insuper, & eisdem Religiosis concessimus, quod ipsi conjunctim & divisim, in omnibus & singulis Causis suis motis & movendis, contra omnes adversarios suos, coram omnibus Judicibus Regni nostri, tam Parlamenti &* [a] *Scacarii, quam aliis, agendo & deffendendo, recipiantur per Procuratorem aut* [b] *Atorneatum legitimè ordinatum virtute* [c] *Procuratorii seu Atorneati facti aut fiendi sub Sigillis Ecclesie seu Ecclesiarum suarum; & quod ipsorum Procurator seu Atorneatus possit requirere Adjornamentum seu Adjornamenta, & (c) Expedicionem de* Namps *& de Feodis; incipere, movere & prosequi omnes & singulas eorum Causas & Querelas, & ad finem debitum ipsas ponere, facereque Clamorem seu (d) Clamores de Foro Burse, capere & recipere* [d] Brief *ou* Briefz, *substituere seu facere substitutum vel substitutos loco ipsorum, unum aut plures Procuratores aut Atorneatos, qui habeat aut habeant similem potestatem, & generaliter & singulariter in omnibus rebus tantum facere possint sicut dicti Religiosi facerint sive facere possent si presentes interessent. Que omnia & singula supra scripta sic fieri volumus, ac eisdem Religiosis ex nostra certa Sciencia, auctoritateque Regia & speciali gracia duximus concedenda & concedimus eciam per presentes; nonobstantibus Usu, Stilo, nec non Consuetudinibus generalibus,* [e] *Particularibus, & Privilegiis quibuscunque* Normanie *seu cujuscunque alterius Patrie Regni nostri: Quod ut firmum & stabile perseveret in futurum, nostrum presentibus Litteris fecimus apponi Sigillum: Salvo in aliis Jure nostro, & in omnibus quolibet alieno.* Datum *Parisius*, mense Maii, anno Domini millesimo quadringentesimo quinto, & Regni nostri vicesimo quinto. *Ainsi Signé*, Per Regem, in suo magno Consilio, in quo Dominus *Dux Aureleanensis*, *Constabularius*, Archiepiscopus [f] *Auxitanensis*, Magister magnus Hospicii, Dominus *Guillelmus* de *Laire*, & plures alii, erant. FERRON. *Visa.* [g] Contentor. FRERON Registrata. *Et au doz estoit escript ce qui s'ensuit:* Publiées en Jugement ou Chastellet de *Paris*, le Jeudi III.e jour de Decembre, l'an mil CCCC.e & cinq. FRESNES.

a Eschiquier, *Cour de Justice*, sur lequel *Voy.* les Tables des Mat. des Vol. de ce Rec.

b mot synonime du précédent. Voy. le Gloss. de *Du Cange*, au mot *Atturnatus*.

c Procuration.

d Voy. le 6.e Vol. de ce Rec. p. 46, note *(c)*.

e &.

f *Auch.*

g Voy. le 5.e Vol. de ce Rec. p. 22, note *(b)*.

NOTES.

(c) Expedicionem de Namps.] *Namps* signifie en général des Meubles, & particulièrement du Bétail, qui sont donnés par un Débiteur, ou qui sont pris ou saisis sur lui, pour servir de nantissement & de sûreté à son Créancier. Voy. le Gloss. du *Droit François*, aux mots, *Namps & Nantissement*; & celui de *Du Cange*, au mot, *Namptum*. *Expedicio de Namps* & *de Feodis*, doit signifier un Acte concernant des *Nantissemens* & des *Fiefs*.

(d) Clamores de Foro Burse.] On trouve dans le Gloss. du *Droit François*, t. 1, p. 183. *Clameur de Bourse*, ou *Démarche de Bourse. Au Styl de Normandie, quand par action l'on veut retirer l'héritage vendu par droit de Linage ou de Seigneurie.* Voy. aussi le Gloss. de *Du Cange*, au mot, *Forum 3*.

(a) Confirmation

CHARLES VI. à Paris, en May 1405.

(a) Confirmation des Priviléges accordés par Charles V. à la Ville de Limoges.

KAROLUS, &c. Notum facimus universis tam presentibus quam futuris, Nos Litteras extractas de Registris in Thesauro Cartarum, Registrorum & Privilegiorum nostrorum existentibus, vidisse, formas que secuntur, continentes.

(b) *KAROLUS, Dei graciâ Francorum Rex, &c.*

In cujus extractus visionis testimonium, Sigillum nostrum istis presentibus est appensum. Datum *Parisius,* mense Maii, anno Domini millesimo CCCC.^{mo} quinto, & Regni nostri vicesimo quinto. *In quarum Litterarum margine inferiori sic habetur:* Extractum de precepto [a] vestro, & facta est Collacio cum Registro Litterarum superius insertarum. J. CHANTEPRIME.

a Le Chancelier de France. *Voy. le 5.e Vol. de ce Rec. p. 653. note (c).*

Item. *Aliarum Litterarum forma sequitur sub his verbis.*

KAROLUS, Dei graciâ Francorum Rex. Notum facimus universis tam presentibus quam futuris, quod Nos ad Requestam habitancium Ville, Castri & Castellanie Lemovicensis, *extrahi fecimus de Registris in Thesauro Cartarum, Registrorum & Privilegiorum nostrorum existentibus, Litteras, formam que sequitur, continentes.*

(c) CHARLES, par la grace de Dieu, Roi de France, &c.

In cujus extractus visionis testimonium, Sigillum nostrum istis presentibus Litteris est appensum. Datum *Parisius,* mense Maii, anno Domini millesimo CCCC.^{mo} quinto, & Regni nostri XXV°. *In quarum Litterarum margine sic habetur:* Extractum de precepto vestro, & est facta Collacio cum Registro Litterarum superius insertarum. J. CHANTEPRIME.

Suite des Lettres de Charles VI.

Quas quidem Litteras superius insertas, ac omnia & singula in eis contenta, Nos ratas, gratas pariter & acceptas, seu rata, grata & accepta habentes, & teneri & inviolabiliter observari volentes, laudamus, approbamus ac ratifficamus, & de speciali gracia ac nostre potestatis plenitudine confirmamus per presentes: Quocirca, Nos dilectis & fidelibus Gentibus nostris presens nostrum & futura Parisius *tenentibus Parlamenta, nec non* Senescallo *nostro* Lemovicensi, *ceterisque Justiciariis nostris, presentibus & futuris, aut eorum Locatenentibus, & cuilibet ipsorum, prout ad eum pertinuerit, districtè precipiendo mandamus quathenus Consules & habitatores Ville nostre seu Castri* Lemovicensis, *in eisdem Litteris nominatis, modernos pariter &*

NOTES.

(a) Trésor des Chartres, Registre 159. P. 303. Le Registre 159. fournit les Corrections & les Additions suivantes.

P. 439.	Lig. 3.	sensat utique perficiendam . . . *corr.*	*censet* utique *preferendam.*
	Lig. 14.	& fervore	*ex* fervore.
	Lig. 24.	Karoli Debblesis	Karoli *de Blesis.*
	Lig. 28.	plenitudinem	*plenitudine.*
	Lig. 32.	aut nomine	aut *racione.*
	Lig. 34.	admoveri	*amoveri.*
P. 440.	Lig. 7.	contendunt	*pretendunt.*
	Lig. 9.	hiis	*aliis.*
P. 444.	Lig. 6.	Johanne Duchesse de Bretaigne & ses Enfans. . . . . *corr.*	*Jehanne Ducesse* de Bretaigne *jadiz femme de nostre très chier Cousin Charles de Bloiz Duc de Bretaigne,* & ses Enfans.
	Lig. 19.	Et des maintenant pour lors, Nous . . . . *corr.*	Et des maintenant pour lors, *& lors des maintenant,* Nous.

(b) *Karolus, &c.]* Ces Lettres qui sont du 28. de Décembre 1371. sont imprimées à la p. 439. du 5.e Vol. de ce Rec.

(c) *Charles, &c.]* Ces Lettres qui sont du 2. de Janvier 1371. sont imprimées à la p. 443. du 5.e Vol. de ce Rec.

CHARLES VI. à Paris, en Mai 1405.

futuros, contentis in ipsis Litteris preinsertis uti & gaudere pacificè faciant & permittant: Quinymo facta, attemptata seu innovata in contrarium, ad statum pristinum sine difficultate quacumque reducant aut reduci faciant indilatè. Quod ut perpetue stabilitatis robur obtineat, nostrum presentibus Litteris jussimus apponi Sigillum. Datum *Parisius*, mense maii, anno Domini millesimo cccc.^mo quinto, & Regni nostri vicesimo quinto.

Per Regem, ad relacionem Consilii. LE BESGUE.

CHARLES VI. à Paris, le 20. de Juin 1405.

(a) Lettres qui portent que celles du 23. de Février précédent, concernant une Assemblée d'Etats qui se devoit tenir dans le Dauphiné, seront exécutées, nonobstant des Lettres postérieures obtenues au contraire.

CAROLUS, Dei graciâ, Francorum Rex, Dalphinus Viennensis. *Dilectis & fidelibus nostris Gubernatori nostri* Dalphinatûs, *vel ejus Locumtenenti, ac Gentibus Consilii prædicti nostri* Dalphinatûs: *salutem & dilectionem. Cum nuper ad supplicationem gentium trium Statuum nostræ patriæ dicti* Dalphinatûs, *per nostras Patentes Litteras datas* Parisius, *(b) vicesimâ quartâ Februarii ultimo præteriti, eisdem concesserimus licenciam & autoritatem inter ipsos Talliam faciendi, & hac de causa se congregandi, ac inter se dictam Talliam ordinandi, perequandi, levandi ac pro expensis nonnullorum tam Militum quam aliorum qui huc pro aliquibus Nobis oretenus exponendis, ut dicebant, personaliter accesserunt, distribuendi usque ad summam sex millium scutorum & infra, & subsequenter ex certis causis animum nostrum moventibus, vobis Gubernatori dicti* Dalphinatûs, *ordinavimus & expressè mandavimus ut vocatis vobiscum Gentibus prædicti Consilii, vos diligenter informaretis an dicta Tallia in præjudicium dictæ nostræ patriæ verteret sive dampnum, & si vobis & prædictis Gentibus videret opportunum, eamdem Talliam levari facereris & exigi pro causis superius expressis: si verò vobis luculenter constaret quod dicta Tallia cederet in præjudicium evidens dictæ nostræ patriæ, secundum vestram dispositionem, eamdem moderaretis, aut solvi nullatenus permittereris: quarum Litterarum vigore, vos Gubernator prædictus sub certis pœnis publicari fecistis quod nullus eamdem Talliam solveret usque ad vicesimam quartam diem mensis Jullii proximè venturi, in qua die personaliter intenditis in prædicta nostra patria pro magnis* [a] *Dietis tenendis, & de præmissis ordinandis interesse; & demum ad importunam supplicationem* Joannis Bruni, *Procuratoris dictarum gentium trium Statuum, eisdem gentibus ultimatè nostras concessimus* [b] *Litteras, quod supradictis Litteris nonobstantibus, dilectus & fidelis noster* Joannes Alamandi, *Miles, unacum Gentibus dicti Consilii, solvi & levari faceret prædictam Talliam, quem* Joannem *earumdem Litterarum tenore in ea parte fecimus & constituimus Locumtenentem vestri gubernatoris, ut tenore Litterarum nostrarum super præmissis confectarum latiùs dicitur contineri: Verumtamen absenciam vestri Gubernatoris qui in Dominio nostro* Januæ *pro aliquibus negociis Nos & Regnum nostrum non mediocriter tangentibus, de speciali mandato nostro, diu est, (c) arripuistis, considerantes, & quod prædicta vicesima quarta Jullii, ut præmittitur, in dicta nostra patria pro dictis Dietis tenendis & de præmissis ordinandis in propria persona intenditis interesse, hinc est quod nos ex certis causis animum nostrum moventibus, vobis & vestrum cuilibet*

a Diéte, assemblée des Etats.

b Ces Lettres n'ont point été envoyées de Grenoble.

NOTES.

(a) La Copie de ces Lettres qui sont dans le dépôt de la Chambre des Comptes de *Grenoble*, a été envoyée avec cette indication: *Cartularium Graisivodani*, f.° 33.

(b) Vicesimâ quartâ.] Ces Lettres sont certainement celles qui sont imprimées ci-dessus p. 55. mais elles sont datées du 23. de Février.

(c) Arripuistis.] Ce mot paroît corrompu. On pourroit peut-être le corriger en y ajoûtant la lettre *a*, & lisant *arripavistis* du verbe *arripare*. On trouve dans le Gloss. de *Du Cange*, au mot *adripare, ad ripam appellere*, Italis, *arripare*, *Gallis*, *arriver*, que l'on a dit aussi en latin *arripare* dans ce sens.

committimus & mandamus quatenus dictam Talliam & omnia ex eadem dependentia, in statu in quo erant ante præfatarum Litterarum nostrarum per eundem Joannem Bruni *obtentarum concessionem, reponatis & reducatis seu reponi & reduci faciatis usque ad vicesimam quartam diem dicti mensis Jullii proximè futuri; & nihilominus vobis Gubernatori vel Locumtenenti vestro mandantes quatenus unacum Gentibus dicti Consilii, dictâ vicesimâ quartâ die Jullii proximè elapsâ, de facto antedictæ Talliæ ordinetis & disponatis secundum formam & tenorem Litterarum vobis aliàs directarum, & taliter quod deinceps gentes dictæ nostræ patriæ nullam habeant materiam conquerendi, omnes qui compellendi fuerint, omnibus viis & juris remediis compellendo: quoniam sic fieri volumus & ordinavimus ac per præsentes ordinamus, prædictis Litteris ad prosecutionem præfati* Joannis Bruni *concessis, & aliis subrepticiis impetratis vel impetrandis, quibus vos nullatenus obtemperare volumus, nonobstantibus quibuscumque.* Datum *Parisius*, die vicesima Junii, anno Domini millesimo quatercentesimo quinto, & Regni nostri vicesimo quinto. *Per Regem Dalphinum, ad relacionem magni Consilii.* CHARRON.

CHARLES VI. à Paris, le 20. de Juin 1405.

CHARLES VI. à Paris, le 26. de Juin 1405.

(a) *Ordonnance sur la nouvelle Aide accordée au Roy par les trois Estats des Comtés d'Artois, de Boulenois & de St Pol.*

CHARLES, &c. Savoir faisons à tous présens & avenir, que comme noz bien amez les Bourgoiz & Habitans des bonnes Villes fermées & plat-pays des *Contés* d'*Artois*, de *Boulenoiz* & de *Saint-Pol*, & des Villes enclavées en ycelles, pour le grant desir, affeccion & voulenté qu'ilz ont à Nous & au bien publique de nostre Royaume, & pour aidier à supporter les grans fraiz, charges, missions & despens que de jour en jour Nous convient faire & soustenir pour le fait de noz guerres, Nous ayent nouvellement octroyé d'un commun assentement, que pour un an tant seulement començant le premier jour de Mars derrenierement passé, telle & semblable ayde comme en l'année précedente ilz avoient fait & paié, laquelle ayde les Bourgois & Habitans dessusdiz paieront à quatre termes; c'est assavoir de trois mois en trois mois, dont le premier terme [a] eschey de payement en la fin du mois de May derrenierement passé, le second escherra en la fin du mois d'Aoust, le tiers en la fin du mois de Novembre, & le quart & derrenier en la fin du moiz de [b] Frevier prouchain venant. *(b)* Nous considerans, &c.

[a] a esté échu.

[b] corr. *Février.*

Donné à Paris, *le XXVIe jour de Juing, l'an de grace mil CCCC. & cinq, & de notre Regne le XXVe*

Par le Roy, à la relacion du Conseil estant en la Chambre des aides ordonnez pour la guerre. J. GEHE.

NOTES.

(a) Trés. des Chart. Reg. 159. p. III.^c XL. (340.)

(b) Nous considerans, &c.] La suite de ces Lettres est conforme à celles du 22. de Mai 1384. qui sont imprimées à la p. 75. du 7.e Vol. de ce Rec. à la différence qu'au lieu de ces mots: *depuis le dit premier jour du dit mois de Juing*, qui sont à la ligne 39. de la p. 76. il y a ceux-ci: *depuis le dit premier jour de Mars.*

CHARLES VI. à Paris, en Juin 1405.

(a) *Lettres qui permettent aux Sergens à verge du Châtelet de Paris, de s'assembler pour élire un certain nombre d'entre eux, qui seront chargés du soin de leurs affaires communes.*

CHARLES, &c. Savoir faisons à tous présens & avenir, que comme pour la tuicion & seureté de la Jurisdiccion, Auditoire & estat de nostre *Prevosté* & Chastellet de *Paris*, & afin que bonne justice feust & soit notablement & deuement

NOTE.

(a) Trés. des Chart. Reg. 159. P. III.^c LII. (352.)

CHARLES VI. à Paris, en Juin 1405.

gardée en nostre bonne Ville de *Paris*, par la puissance & virilité des Officiers & Sergens de l'espée, tant pour la conservacion des droiz Royaulx, comme pour la proteccion, seureté & deffense de nostre peuple, noz predecesseurs Progeniteurs Roys de France ayent anciennement constitué, créé, ordonné & establi en ycelle nostre Court, Juridicion & Auditoire de nostre dicte *Prevosté* & Chastellet de *Paris*, très-grant nombre de Sergens Royaulx qui sont nommés noz [a] XI.^{xx} Sergens à verge dudit Chastellet de *Paris*, & au droit & tiltre de ce, leur ayent octroyé & concedé pour eulx & leurs successeurs dudit nombre, plusieurs belles & notables prerogatives, libertés, franchises, droiz & autres préeminences, telz que pevent & doivent appartenir & regarder au fait & Office de Sergent Royal, au temps de la créacion, ordonnance & constitucion desquelz, estoit pourveu audit Office de personnes notables, ydoines, souffisans & expers en telz cas, bien [b] reccans & tesmoingnez de preudomie, loyaulté & souffisance, & diligemment interroguez par justice sur les fais, poins & exploix qui à Office de Sergent sont loysibles, *(b)* comissones explectables & requiz, à ce que par la provision ainsi faite oudit Office, feust observé bonne justice sans exceder, ne le peuple grever aucunement; & de la partie de noz bien amez les XI.^{xx} noz Sergens à verge à présent de par Nous constituez en ycelle *Prevosté* & Chastellet de *Paris*, consors en ceste partie, Nous a esté très-humblement exposé que ja soit ce que par raison & pour les causes & moyens dessusdiz, ilz & leurs successeurs Sergens dudit Chastellet, doivent estre souverainement gardés & tenuz paisiblement en leurs droiz, libertés & franchises anciennes appartenantes au fait & estat de leurdiz Offices, sanz estre aucunement perturbez, vexez ou molestez au contraire, & leurdit nombre muny & pourveu de personnes notables, proudommez, expers & souffisans; Néantmoins depuis certain temps en ça, lesdiz exposans contre le fait & estat de leursdiz Offices, ont esté & sont chascun jour moult opprimez, molestés, dommagiez & grevez par plusieurs personnes, & ont eu & ont yceulx exposans plusieurs procès en commun & particulier, pardevant divers Juges, en demandant & en deffendant, avec autres charges, tant à cause & pour le fait de leursdiz Offices, comme de bateures, injures & violences qui leur ont esté & sont faictes en exerçant leursdiz Offices, ou en haine d'yceulz, & autrement; desquelx procès & charges, les particuliers desdits exposans n'ont peu ne peuvent faire & supporter les [c] mises dont ils ont été & sont moult foulez en leurs Offices, les droiz d'iceulx grandement diminuez, & les exploiz de Justice moins virilement & diligemment faiz, & n'osent pas souventeffoiz lesdiz exposans bonnement entreprendre de faire leurs devoirs & exploiz de leursdiz Offices, parcequilz ne sont en ce soustenus, confortez ne gardez, ainsi que besoing est, & pour ce quilz n'ont entre eulx aucune consideracion ou societé commune, ilz ne peuent congnoistre, savoir ne adviser les affaires & besoingnes consernans & touchans les faiz & droiz de leursdiz Offices, & les causes & procès qui y [d] enterviennent, parquoy ilz sont & seroient en voye de sucomber en plusieurs inconveniens, dommages & interestz, se par Nous ne leur estoit sur ce pourveu de remede convenable, si comme ilz dient, requerant humblement ycellui. Pour ce est il que Nous, attendu ce que dit est, considerans les bons, continuelz & recommandables services qui par lesdiz exposans Nous sont à toute heure impensez au bien de justice & de nostre peuple, en quoi ils exposent leurs propres corps en grans perilz, & tant que pour l'exercice de leursdiz Offices, aucuns leurs compaignons ont esté tuez, & en ont esté & sont souvent yceulx exposans batuz, navrez & mutilés de leurs membres, voulans & desirans leursdiz Offices estre diligemment & deuement exercés, & en ce faisant eulx être gardés, soustenuz & defenduz, & aussi les prérogatives, libertés, franchises & autres droitures anciennement ordonnez esdiz Offices, leur estre bien & deuement gardées, enterinées & observées, sans les molester ou travaillier aucunement au contraire, Nous à yceulx exposans dudit nombre présens & avenir, de nostre certaine science, grace especial, plaine

[a] Deux cens vingt Sergens.

[b] residens; domiciliez.

[c] dépenses.

[d] interviennent.

NOTE.

(b) Comissones.] Peut-être ce mot est-il ici pour *Comissiens*, & peut-être aussi cet endroit est-il tronqué ou corrompu.

puissance & auctorité Royal, avons octroyé & octroyons par ces presentes, que doresenavant & à tousjours perpetuelment, eulx & leurs successeurs Sergens dudit nombre de XI.^{xx} se puissent & leur loise assembler chascun an ou moiz d'Aoust, lendemain de la feste du glorieux *Saint Loys* nostre Progeniteur, en la presence d'un Huissier de nostre Court de Parlement, ou d'un Commissaire de nostredit Chastellet de *Paris*, & que [a] ceulx ainsi assemblez ou la plus grant & saine partie d'eulx, puissent & leur loise eslire & ordonner troiz ou quatre d'eulx, telz que bon leur semblera, au gouvernement de leurs faiz & besoingnes, touchans leursdiz Offices & les dependances, & d'iceulx esleuz l'un, les deux, les trois ou tous ensemble [b] muer, & y eslire & ordonner nouveaulx chascun an, se bon leur semble, lesquelx esleuz pourront & seront receuz à constituer & establir un ou plusieurs Procureurs, toutes & quantesfoiz que besoing en sera, pour garder, poursuir, demener & defendre en Jugement & dehors pardevant tous Juges & Commissaires, tant d'Eglise comme de [c] siecle, les faiz, besoingnes & droiz desdiz XI.^{xx} Sergens, à cause de leursdiz Offices & des dépendences, en demandant & en defendant, & prendre & demener ou fait commun d'iceulx onze-vins Sergens, laccion & defense des [d] singuliers, en paiant [e] le Juge des deniers dont cy-après sera faite mencion, ou autres qui seront cueilliz & levez sur lesdiz XI.^{xx} Sergens pour l'acomplissement du contenu en ces presentes: & en oultre pourront lesdiz esleuz retenir [f] Conseil à pension pour ledit fait commun desdiz XI.^{xx} Sergens, en teles Cours & en tel nombre comme bon leur semblera, & un [g] Sirugien pour leur curer & saner leurs plaies, blesseures & navreures; & généralement auront yceulx quatre esleuz l'ordonnance, disposicion & gouvernement de tous lesdiz faiz, besoignes & droiz desdiz XI.^{xx} Sergens, à cause de leursdiz Offices & leurs dependances. Et pour ce que sans aucune finance d'argent, les choses dessusdictes ne se pourroyent pas bonnement soustenir & acomplir, Nous d'abondant & en ampliant nostredicte grace, avons ordonné & ordonnons par ces mesmes presentes, des maintenant à tousjours, que chascun desdiz Sergens dudit nombre de XI.^{xx} present & avenir, soit tenu de [h] paer par chascune sepmaine, deux deniers Parisis, qui seront distribués par l'ordonnance desdiz esleuz, pour convertir & employer ès fais, missions & charges des choses dessudictes & leurs dependances seulement, & non ailleurs; lesquelx deniers Nous voulons être cueilliz, receuz & gardés par aucun preudomme Sergent dudit nombre ou autre bien receant & demourant à *Paris*, qui à ce sera ordonné & commiz d'iceulx esleuz, lequel commiz sera tenu d'en rendre compte & reliqua chascun an au jour de ladicte assemblée & jours ensuivans, en la presence de l'Huissier ou Commissaire dessusdiz, aux esleuz nouveaulx ou qui demoureront l'année pour ledit fait commun desdiz XI.^{xx} Sergens, & de six ou huit autres Sergens esleuz par eulx pour oïr ledit compte, & sera & demoura quitte & deschargié ycellui commis qui aura receu lesdiz deniers, envers lesdiz XI.^{xx} Sergens & leur fait commun, selon l'estat & conclusion de son compte qui par lui aura esté rendu en la maniere que dit est; pourveu toutes voyes que aux choses dessusdictes & chascune d'icelles, se consentent tous lesdiz Sergens dudit nombre qui à présent sont, ou la plus grant & saine partie d'iceulx. Si donnons en mandement par ces Presentes, à nos amez & feaulx Conseillers les Gens tenans & qui tendront nostre Parlement à *Paris*, les Gens tenans les Requestes en nostre Palais à *Paris*, au *Prevost* de *Paris*, & à tous les autres Justiciers de nostre Royaume, presens & avenir, ou à leurs Lieuxtenans, & à chascun d'eulx, si comme à lui appartendra, en commettant, se mestiers est, que de nostre presente grace, ordonnance, concession & octroy, facent, seuffrent & laissent lesdiz Sergens presens & avenir ordonnez oudit nombre, joïr & user & exploicter plainement, paisiblement, perpetuelment & à tousjours par la maniere dessusdicte, sans aler, venir, dire, alleguer, pretendre ne faire ou souffrir aler, dire, venir ou alleguer aucunement contre ces Presentes ne le contenu en ycelles, en quelque maniere que ce soit ou puist estre; aincois ramainent & remettent ou facent incontinent ramener & remettre au premier & deu estat, tantost & sans delay, tout ce qui seroit fait au contraire, ces Lettres veues; ausquelles, afin que ce soit ferme chose & estable à tousjours,

CHARLES VI. à Paris, en Juin 1405.

a corr. *eulx*.

b *changer*.

c *seculier*.

d *particuliers*.

e *les frais de justice*.

f *Avocats*.

g *Chirurgien*.

h *paier*.

CHARLES VI. à Paris, en Juin 1405.

a Le Chancelier de France. Voy. le 5.e vol. de ce Rec. page 653. note *(c)*.

Nous avons fait mettre nostre Séel: sauf en autres choses nostre droit, & l'autruy en toutes. *Donné à* Paris, *ou mois de Juing, l'an de grace mil CCCC. & cinq, & de nostre Regne le XXV.e*

Es Requestes par [a] Vous tenues du commandement du Roy, esquelles les *Evesques de Noyon*, de *Chartres* & de *Meaulx*, & plusieurs autres du Conseil estoient.

CHARRON.

CHARLES VI. à Paris, en Juin 1405. PHILIPPE le Bel, à Paris, en Juin 1311. PHILIPPE V. dit le Long, à Paris en Mars 1316. CHARLES IV. dit le Bel, à l'Abbaye de Maubuisson, en Avril 1321. PHILIPPE VI. dit de Valois, au Louvre près Paris, en Juillet 1328.

* Philippe de Valois.

b *feriatim.*

(a) Lettres qui portent que le transport de la Ville de Montferrand en Auvergne, fait au Duc de Bourgogne, sera cassé, & qu'elle demeurera unie inséparablement au Domaine de la Couronne.

KAROLUS, Dei graciâ, Francorum Rex. Notum facimus universis presentibus & posteris, Nos vidisse Litteras laudabilis memorie Regis Philippi, *confirmatorias certarum aliarum Litterarum predecessorum nostrorum Francorum Regum, quarum tenores* [b] *seriatin subsequuntur sub hiis verbis.*

* *PHILIPPUS, Dei graciâ, Francorum Rex. Notum facimus universis tam presentibus quam futuris, quod cum carissimus Dominus noster recordacionis inclite Rex quondam* Karolus *perpetuò transtulisset tempore quo vivebat, in carissimum Consanguineum ac fidelem nostrum* Ludovicum *de* Claromonte Ducem Borbonesii *&* Marchiæ Comitem, *ejusque successores & heredes, (b) racione certi excambii inter eumdem Dominum nostrum, ex parte una, ac dictum Consanguineum nostrum, ex altera, facti, Castrum & Castallaniam* Motisferrandi *in* Arvernia, *cum suis juribus & pertinenciis universis, secundum tenorem Litterarum super dicto excambio confectarum, & ex parte Consulum, Burgencium & habitatorum ac Mansionariorum Ville* Montisferrandi *predicti & pertinenciarum ejusdem, Nobis conquerendo sit monstratum quod excambium & transportum hujusmodi non possunt nec debent aliquam roboris firmitatem habere, pro eo, videlicet, quia Consules, Burgenses & habitatores ac Mansionarii Ville predicte & pertinenciarum ejusdem, ac Villa ipsa cum ejus pertinenciis universis, extra manum Regiam poni non possunt nec debent, sicut dicebant, conquerentes predicti, virtute certorum Privilegiorum Regiorum in cera viridi & laqueo sirico Sigillatorum, Nobis ex parte conquerencium ipsorum exhibitorum, quorum tenor talis est.*

Philippe le Long.

PHILIPPUS, Dei graciâ, Francorum & Navarre Rex. Notum facimus universis tam presentibus quam futuris, Nos infra scriptas vidisse Litteras, formam que sequitur, continentes.

Universis presentes Litteras inspecturis. Michael *de* Calciata, *Clericus, tenens sigillum Domini Regis Franc. in* Arvernia *constitutum; salutem in Domino. Noveritis quod Nos vidimus, tenuimus & diligenter inspeximus, & de verbo ad verbum transcribi fecimus quasdam Litteras Sigillo magno inclite memorie Illustrissimi ac Serenissimi tunc Principis Domini* Philippi *Franc. Regis Sigillatas, quarum tenor immediatè sequitur & est talis.*

Philippe le Bel.

c *condescendentes.*

PHILIPPUS, Dei graciâ, Franc. Rex. Circa creditum nobis ex alto regimen regni nostri, jugi sollicitudinis studio vigillantes, & ad ea que comoditatis & quietis subditorum nostrorum continuacionem & augmentum respiciunt, ex dicti debito regiminis pio [c] *condescentes affectu, notum facimus universis presentibus & futuris, quod Nos dilec-*

NOTES.

(a) Tres. des Chart. Reg. 160. P. vj. *(6)*.

(b) Racione certi excambii.] En 1327. Charles le Bel acquit le *Comté* de *Clermont* de *Louis I, Duc de Bourbon*, à qui il donna en échange *Montferrand* & plusieurs autres Seigneuries. Voy. le Traité des Droits du Roy par *Du Puy*, p. 895. *Du Puy* n'a point parlé des Lettres de Philippe de Valois, du mois de Juillet 1328, par lesquelles fut cassé le transport de *Montferrand* fait au *Duc* de *Bourbon*.

torum & fidelium nostrorum Consulum, Burgencium & habitatorum Ville nostre Montisferrandi *in* Arvernia, *quos inclite memorie (c)* Ludovicus *olim, Dei graciâ, Francorum Rex predecessor noster pridem suscepit in custodia & tuicione suis & heredum suorum more aliorum Burgencium suorum,* [a] *per punctum Carte ab eodem predecessore nostro dictis Consulibus, Burgensibus & habitatoribus concesse, tam pro eo (d) quo tempore* Guillermi *quondam* Comitis Montisferrandi, *cujus Juridicioni dicti Consules, Burgenses & habitatores tunc erant immediatè subjecti, dicto predecessori nostro pro se & heredibus suis, Sacramentm fidelitatis exhibuisse, & insuper jurasse noscuntur, quod ipsum predecessorem nostrum, heredes & Gentes suas fideliter adjuvabunt erga omnes homines & feminas qui possunt vivere & mori, salvo Jure dicti Comitis, quandiu ipsum pro homine suo dictus predecessor noster per Judicium Curie sue teneret vel tenere deberet, quam pro eo quod ex concessione Carte predicte, iidem Consules, Burgenses & habitatores certum servicium; videlicet, unam marcham auri singulis annis in festo Purificacionis Beate Virginis, Nobis & heredibus nostris prestare tenentur, supplicacionibus comoditatem &* [b] *quietam ipsorum & successorum tangentibus, inclinati, ipsos Consules, Burgenses & habitatores qui Nobis & Juridicioni nostre sunt hiis diebus immediatè subjecti, ac omnes & singulos modernos & futuros Mansionarios dicte Ville & pertinenciarum ejusdem, ipsamque Villam cum suis pertinenciis universis, talibus immunitate, privilegio & libertate firmamus quod immediatè ac perpetuò nostre & successorum nostrorum Regum Franc. subjaceant dicioni,* [c] *extra nostrum & successorum nostrorum predictorum Regum Franc. manus per Nos vel successores eosdem aliquo tempore non ponantur vel aliquatenus* [d] *elogentur: promittentes bonâ fide Consulibus, Burgensibus & habitatoribus predictis, & quantum ad hoc, Nos & successores nostros predictos Reges Franc. specialiter obligantes, quod non veniemus nec aliquid faciemus futuris temporibus contra premissa vel aliquid premissorum: salvo in aliis jure nostro & in omnibus quolibet alieno. Quod ut firmum & stabile perpetuo perseveret, presentes Litteras Sigilli nostri fecimus impressione muniri.* Actum *Parisius*, anno Domini M.° trecentesimo undecimo, mense Junii.

In cujus visionis & inspectionis fidem, robur & testimonium, presentibus Litteris dictum Sigillum quod tenemus, duximus apponendum. Datum die Lune ante festum beati Geraldi, anno Domini M.° CCC.^mo^ sexto decimo.

Nos autem premissa omnia & singula suprascripta, rata habentes & grata, ea volumus, laudamus, approbamus, & auctoritate nostrâ regiâ tenore presencium confirmamus: nostro in aliis, & alieno in omnibus jure salvo. Quod ut perpetue robur obtineat firmitatis, Sigillum nostrum presentibus Litteris duximus apponendum. Actum *Parisius*, anno Domini M.° CCC.^mo^ sexto decimo mense Marcii.

Tenor autem cujusdam alius privilegii, sequitur in hec verba.

KAROLUS, *Dei graciâ, Francie & Navarre Rex. Notum facimus universis tam presentibus quam futuris, nos infrascripta vidisse Litteras, formam que sequitur, continentes.*

[e] *Universis presentes &c.*

CHARLES VI. à Paris, en Juin 1405.

[a] Cela peut signifier *par une clause de la Charte, &c.*

[b] corr. *quietem*; dans la 2.e cop. il y a *quiet* avec une marque d'abréviation. Voyez sur cette 2.e copie ci-dessous note marg. (e).

[c] Il y a *& extra* 2.e cop.

[d] *elongentur* 2.e copie.

Suite des Lettres du Garde de Sceaux de l'Auvergne.

Suites des Lettres de Philippe le Long.

Charles le Bel.

[e] Les Lettres du Garde du Sceau de l'Auvergne, qui renferment celles de Philippe le Bel du mois de Juin 1311. sont ici répétées dans le Reg. *Voy. pag. précéd.*

NOTES.

(c) Ludovicus.] Dans le Traité des Droits du Roy par *Du Puy*, Edit. de 1655. p. 895. il est dit qu'en 1225. les Consuls & les habitans de *Montferrand*, firent serment de fidélité au Roy (Louis VIII.) & lui promirent aide & secours contre tous, fors contre *Guillaume Comte de Montferrand* leur Seigneur, tant qu'il seroit serviteur du Roy. *Du Puy* cite à la marge des Lettres qui sont au trésor des Chartres. *Obligations* 4. n.° 2. Je ne les ai point vûes; mais ces mots dont s'est servi *Du Puy: tant qu'il seroit serviteur du Roy,* ne rendent pas exactement les termes des Lettres de Philippe le Bel; *quandiu ipsum pro homine suo dictus Predecessor noster per judicium Curie sue teneret vel tenere deberet:* Cela signifie que la promesse que ces habitans font de donner du secours au Roy, ne portera point préjudice à *Guillaume* leur *Comte*, supposé que par l'Arrêt de la Cour du Roy, qui devoit intervenir, il fût jugé que le *Comté* de *Montferrand* appartenoit à *Guillaume*, & qu'il seroit vassal du Roy par rapport à ce Comté. La propriété de *Montferrand* étoit apparemment disputée à *Guillaume*.

(d) quo.] Je crois qu'il faut corriger *quod*. Dans la 2.e cop. qui est plus bas, il y a un *q*. avec l'abréviation qui désigne *quod*, & le mot *quo* ne s'abrége point ordinairement: d'ailleurs on lit plus bas *quam pro eo quod*, &c.

CHARLES VI.
à Paris, en Juin 1405.

Nos autem premissa omnia & singula suprascripta rata habentes & grata, ea volumus, laudamus, approbamus, & auctoritate nostrâ regiâ tenore presencium confirmamus: nostro in aliis, & alieno in omnibus jure salvo. Quod ut perpetue robur obtineat firmitatis, nostrum presentibus Litteris fecimus apponi Sigillum. Actum in [a] *Abbacia Regali*, prope-*Pontisaram*, anno Domini M.° CCC.° XX.^mo primo, mense Aprilis.

(a) L'Abbaye de Maubuisson.

Suite des Lettres de Philippe de Valois.

Nos dicto consanguineo nostro, ac conquerentibus supradictis, vel eorum procuratoribus sufficienter & specialiter quo ad hoc fundatis, pro ipsis in Curia nostra vocatis super hoc & auditis, privilegiisque regiis suprascriptis Nobis, ut prefertur, exhibitis, per Nos & Consilium nostrum diligenter visis, & eorum tenore attento, habitâ super hiis deliberacione Consilii nostri predicti, [b] *transportatum predictum de Villa* Montisferrandi *predicta & ejus pertinenciis universis, Consulibusque Burgensibus & habitatoribus ac Mansionariis ejusdem Ville & pertinenciarum suarum, per prefatum Dominum nostrum factum, ac quidquid exindè quomodolibet secutum est, tenore presencium revocamus, adnullamus, & penitùs irritamus: volentes quod Burgenses, Consules & habitatores, ac omnes & singuli moderni & futuri Mansionarii Ville predicte & pertinenciarum ejusdem, ac Villa ipsa cum suis pertinenciis universis, immediatè ac perpetuò nostre ac successorum nostrorum Regum Francie subjaceant* [c] *dictioni, & extra manum nostram ac successorum nostrorum predictorum Regum Francie manus per Nos vel successores eisdem aliquo tempore non ponantur vel aliquatenus elongentur, quodque in manu regia dicti Consules, Burgenses & habitatores & Mansionarii ac Villa ipsa cum suis pertinenciis universis, remaneant secundum seriem & tenorem dictorum privillegiorum regiorum hic superius* [d] *incertorum, que nostrâ auctoritate Regiâ laudamus, approbamus & confirmamus eciam per presentes: nostro in aliis & alieno in omnibus jure salvo. Quod ut ratum & stabile perpetuis temporibus perseveret, nostrum presentibus Litteris fecimus apponi Sigillum.* Actum apud Luperam juxta *Parisius*, anno Domini m.° ccc.^mo vicesimo octavo, mense Julii.

b Il y a plus haut *transportum* dans les Lettres de Philippe de Valois.

c corr. *ditioni.*

d corr. *insertorum.*

Suite des Lettres de Charles VI.

Quasquidem Litteras supra insertas, ratas habentes & gratas, eas [e] *omnia & singula in eisdem contenta laudamus, approbamus & ratificamus ex nostre Regie potestatis plenitudine, certâ scienciâ & graciâ speciali, consideracione premissorum confirmamus, predictaque omnia & singula eisdem Consulibus, Burgensibus, habitatoribus & Mansionariis, ac universitati & singularibus predicte Ville* Montisferrandi *& pertinenciarum ejusdem, presentibus & futuris de novo concedimus & donamus per presentes: mandantes dilectis & fidelibus Gentibus nostri Parlamenti & Camere Compotorum nostrorum* Parisius, Ballivo *de* [f] Sancti Petri Monasterio, *ceterisque Justiciariis & Officiariis nostris qui nunc sunt & pro tempore fuerint, aut eorum Locatenentibus, & cuilibet eorumdem, pro ut ad eum pertinuerit, quatinus ipsos Consules, Burgenses, habitatores & Mansionarios, ac universitatem & singulares predicte Ville & pertinenciarum, modernos & posteros, nostris presentibus graciâ, concessione, dono & confirmacione juxta presencium ac Litterarum suprascriptarum series & tenores, uti & gaudere, cum locus affuerit, faciant & permittant, absque impedimento seu contradicione quibuscumque; ipsos & eorum Successores Consules, Burgenses, habitatores & Mansionarios, ac universitatem & singulares, aut eorum quemlibet, contra premissa aut aliqua premissorum nullatenus molestando aut* [g] *perturbendo; quynimo attemptata, si que fuerint, ad statum pristinum & debitum reducendo seu reduci faciendo indilatè; ordinacionibus, mandatis, deffensionibus, concessionibus seu donis aliis quibuscumque factis seu faciendis, ac Litteris in contrarium impetratis vel impetrandis, nonobstantibus quibuscumque. Quod ut firmum & stabile perpetuò perseveret, nostrum presentibus Litteris fecimus apponi Sigillum: Salvo in aliis jure nostro, & in omnibus quolibet alieno.* Datum *Parisius*, mense Junii, anno Domini millesimo quadringentesimo quinto, Regni vero nostri vicesimo quinto.

e sup. *&*

f S.t Pierre le Moutier.

g turbando.

Per Regem, Domino Petro *de* Navarra, *Duce* Bavarie, *ac aliis presentibus.*

G. BARRAU.

(a) Lettres

CHARLES VI. à Paris, en Juin, sans date de jour, & le 15. de ce mois 1405.

(a) Lettres qui portent que la Ville de Clouzac, sera inséparablement unie au Domaine de la Couronne.

KAROLUS, Dei graciâ, Francorum Rex. Notum facimus universis presentibus pariter & futuris, quod exhibitis pro parte Sindicorum & habitancium Ville de Clouzac, *Vicarie* [a] Mineberſii, *&* Seneſcallie Carcaſſone, *dilectis & fidelibus Gentibus Compotorum noſtrorum, & Theſaurariis noſtris* Pariſius, *aliis noſtris Litteris quarum tenor talis eſt.*

a *Minerbeſii.*

CHARLES, par la grace de Dieu, Roy de France. A nos amez & feaulx Gens de noz Comptes à *Paris:* Salut & dileccion. Les [b] Sindis & habitans de la Ville de *Clouzac* en la Viguerie de *Minerbes* & *Seneſchaucie* de *Carcaſſonne,* Nous ont fait expoſer que anciennement ladicte Ville fu à noz Predeceſſeurs ſans moien, & par certain échange fu baillée à aucuns Nobles du pays, qui long-temps en ont eu la Seignorie, & à préſent pour certains crimes & malefices perpetrez par feu *Guillaume Duban* derrenier Seigneur de ladicte Ville, pour leſquels il a eſté executé par Juſtice, ladicte Ville par confiſcacion eſt revenue en noz mains & Domaine; & pour ce leſdiz expoſans penſans les griefs & oppreſſions qui leur ont eſté faittes durant ce qu'ilz ont eſté hors de noſtre Domaine, & relievement, tuicion & proteccion qui leur ſont advenus quant ilz ſont retournez en noz mains, eſquelles ilz comme bons, vraiz & loiaulx ſubgiez, deſirent de tout leur cuer demorer & perſiſter ſans [c] desjoinccion ou ſeparacion aucune, ſe ſont traiz pardevers noz Officiers à *Carcaſſonne,* leur requerir que ladicte Ville ilz vueillent incorporer en noſtre Dommaine, en telle maniere que jamais n'en ſoit ſeparée; & afin que ainſi leur ſoit fait, ilz ont offert donner à Nous & à noz Succeſſeurs Roys de France, dix livres tournoiz de rente annuelle & perpetuelle, oultre & pardeſſus ce que Nous & les Seigneurs de ladicte Ville y avons acouſtumé de prendre & avoir, & leſdictes dix livres tournoiz de rente Nous acheter là où len les pourra trouver près d'illec, ou bailler comptant l'argent que leſdictes dix livres de rente couſteroient, & paier leſdictes dix livres de rente chaſcun an à la feſte de Touſſains, juſques ad ce que ladicte rente ſoit achetée, ou que ilz aient paié le [d] pris; après laquelle requeſte & offre faitte, noſdictes Gens & Officiers à *Carcaſſonne,* conſiderans que ladicte Ville eſt une des plus groſſes & mieulx peuplée de la Viguerie de *Minerbez,* & encores ſe peuplera elle mieulx s'elle eſt en noſtre main, que elle eſt bien cloze de murs, aſſiſe ſur le grant chemin qui vient de *Carcaſſonne* à *Beſiers,* & ſera grant bien & ſeurté des paſſans, & ſy y ſera trop mieulx la Court de noz Viguier & Juge de *Minerbez,* que n'eſt au lieu de *Firan,* & auſſi la Leude ou Travers qui ſe lieve à un certain pont près de ladicte Ville de *Clouzac,* ſera de plus grant valeur, ont accepté ladicte offre, & incorporé ladicte Ville en noſtre Dommaine, retenue ſur ce noſtre voulenté & plaiſir: ſi Nous ont fait humblement ſupplier, que ladicte offre veullons accepter, & approuver ce que par noſdiz Officiers a eſté fait. Nous conſideré ce que dit eſt, la vraye loiaulté & pure affeccion que leſdiz expoſans ont envers Nous & la Couronne de France, vous mandons que ſe vous veez ladicte offre prouffitable pour Nous & pour noz Succeſſeurs, vous icelle acceptez pour & au nom de Nous, & ladicte Ville incorporez en noſtre Dommaine, tellement que à tousjours mais elle y demeure ſans ſeparacion. *Donné à* Paris, *le XVe jour de Juing, l'an de grace mil CCCC & cinq, & de noſtre Regne le XXVe* Signé. Par le Roy, à la relacion du Conſeil. FLORY. *(b)*

b *Syndics.*

c *disjonction.*

d *prix.*

NOTES.

(a) Tréſ. des Chart. Reg. 160. p. xxxiij. (33.)

(b) On trouve enſuite dans le Regiſtre un Acte paſſé à *Carcaſſonne,* le 16. d'Avril 1405. entre les Officiers de la Sénéchauſſée de cette Ville & les habitans de *Clouzac,* au ſujet de la rente dont il eſt fait mention dans les Lettres du 15. de Juin 1405.

CHARLES VI. à Paris, en Juin 1405. Suite des premières Lettres de Charles VI.

Nos ex deliberacione dictarum gencium Compotorum & Thesaurariorum nostrorum Parisius, *Litteras superiùs insertas, ac omnia & singula in eis contenta, ratas & gratas habentes, eas & ea volumus, laudamus, ratifficamus, approbamus, ac tenore presencium de speciali gracia confirmamus: earumdem serie presencium mandantes* Senescallo *& Receptori nostris* Carcassone, *ceterisque Justiciariis & Officiariis nostris, futuris & modernis, ac eorum Locatenentibus, & eorum cuilibet, prout ad eum pertinuerit, quatinus dictos Sindicos & habitantes ac singulares ipsorum, nostrâ presenti graciâ & confirmacione uti pacificè faciant & gaudere, ipsos Sindicos & habitantes in contrarium nullathenus molestantes nec molestari permittentes in futurum à quoquam, quavis occasione sive causâ. Quod ut firmum & stabile perpetuis perseveret temporibus, has presentes Litteras Sigilli nostri jussimus appensione muniri: Nostro in aliis & alieno in omnibus jure salvo.* Datum *Parisius*, mense Junii, anno Domini millesimo quadringentesimo quinto, & Regni nostri XXV.to

Per Regem, ad relacionem Consilii in Camera Compotorum Parisius *existentis, Thesaurariis presentibus.* G. MILLERAC.

CHARLES VI. à Paris, le 23. de Juillet 1405.

(a) *Confirmation des Lettres par lesquelles le Duc de Berry Lieutenant du Roy dans le Languedoc & la Guienne, avoit établi des Réformateurs généraux dans ces Provinces.*

CHARLES, par la grace de Dieu, Roy de France. A tous ceux qui ces Lettres verront: Salut. Savoir faisons que comme nostre très-chier & très-amé Oncle le *Duc* de *Berri* & d'*Auvergne*, *Comte* de *Poitou*, d'*Estampes*, de *Boulogne* & d'*Auvergne*, notre Lieutenant en nos pays de *Languedoc* & *Duchié* de *Guyenne*, ait par vertu de sa Lieutenance, fait, commis & ordonné en nosdits Pays, pour le bien de la chose publique d'iceulx, Reformateurs generaulx, ainsi qu'il Nous est apparû par [a] ces Lettres contenans ceste forme.

a *ses.*

JEHAN fils de Roy de France, *Duc* de *Berri* & d'*Auvergne*, *Comte* de *Poitou*, d'*Estampes*, de *Boulogne* & d'*Auvergne*, Lieutenant de Monseigneur le Roy en nosdits pays de *Berry*, d'*Auvergne* & de *Poitou*, & en ses pays de *Languedoc* & *Duchié* de *Guyenne*. A tous ceulx qui ces Lettres verront: Salut. Comme par la griefve clameur du peuple desdits pays de *Languedoc* & *Duchié* de *Guyenne*, & autres relations, ayons entendu que tant ou fait des Gabelles, Tailles, [b] Fouages, Aydes, Impositions & subcides qui ont eu & ont cours en iceulx Pays, en achat faits ou tems passé des Forteresses occupées par nos ennemis, & demolitions de pleuseurs Forteresses, Chasteaux, & d'autres lieux fors, en [c] repartions, fortifications, [d] abillemens & emparemens des Villes, Chasteaux & Forteresses, des Pons, Pors & Passaiges, en pleuseurs Chasteaux & Forteresses, soubz umbre de Guets & Gardes, en [e] reparations & recolemens des feux, en Contraulx usuraires & illicites, commis & perpetrés par plusieurs Officiers & Subjects desdits pays, & aussi ou fait des monoyes de mondit Seigneur, & en abusement des monoyes deffendues & illicites, & ez circonstances & dependances de ces choses, coume autrement en diverses manieres, moult de fraudes, griefs, oppressions, extorsions & autres crimes & malefices, ont ja esté faits & commis ou tems passé, se font & commettent encores de jour en jour sur ledit peuple, tant par Baillifs, Senechaux, Prevots, Esleus,

b *Impositions par Feux.*

c app. *reparations.*

d *Armures & munitions de guerre & de bouche.*

e Voy. *les Tables des mat. de ce Rec. au mot* Feux.

NOTE.

(a) La copie de ces Lettres a été envoyée de *Montpellier* avec cette indication: *Sénéchaussée de* Toulouse *en général, armoire C 8.e continuation des titres particuliers, n.o 2. fol. 1. & 3. v.o* Dans cette copie on trouve d'abord les Lettres du *Duc* de *Berry*: puis le commencement de celles de Charles VI. après ces mots desquelles, *contenans cette forme*, on lit: *Jehan fils de Roy de France, quære residuum superius,* & après ces mots on trouve la fin des Lettres de Charles VI. On a cru devoir ranger ces deux Lettres dans leur ordre naturel.

CHARLES VI. à Paris, le 23. de Juillet 1405.

Receveurs, Grenetiers, Contrarolleurs, Fermiers, Capitaines, Sergens, Notaires, Commiſſaires, & par ceulx qui ont fait recevoir des deniers de mondit Seigneur & noſtres, par leurs Clercs & Parens, par le Maiſtre des Eaues & des Forêts ezdits Pays, & autres Officiers tant du Demaine que deſdites Aydes, & autres de divers Eſtats; & auſſi que les Conſuls, [a] Cappitols, Receveurs & Adminiſtrateurs des bonnes Villes & autres lieux, [b] ou autrement que duement converti, employé & diſtribué les Aydes, Impoſitions, Barreiges, ſommes des deniers & autres ſubcides à eux octroyés & donnés pour les reparations, fortifications & neceſſités d'icelles Villes & lieux, dont ils n'ont rendu aucun compte, & que pluſeurs Seneſchaulx & Juges deſdits Pays, ont delayé & delaiſſié adminiſtrer juſtice en Cauſes criminelles & civiles; & en oultre, que pluſeurs ont injurié, battu & villainié ezdits Pays & ès [c] mettes d'environ, les Officiers, Fermiers & Commiſſaires de mondit Seigneur & noſtres, & que pour le mauvais gouvernement & inſouffiſance deſdits Officiers, & l'exceſſif nombre d'iceulx, ſont enſuis [d] aſés de inconveniens & domages; & auſſi que en pluſeurs Villes, Parroiſſes & lieux deſdits Pays, les Tailles ont eſté exceſſivement aſſiſes & impoſées, & en aucuns moins duement, ſans ordre de Juſtice ne equalité gardée, ou prejudice deſdits Subjiets & du fait deſdites Aydes, en venant contre nos Ordonnances, ou très-grant grief, prejudice & domaitge dudit peuple, lequel nous voulons & deſirons de tout notre cuer garder & deffendre de toutes oppreſſions, & le tenir en bonne paix & juſtice, comme raiſon le veut & tenus y ſommes; [e] & pour ce nous y ayons ordonné par deliberation de noſtre Conſeil, de remedier [f] ſur & par voye de reformation generale competent & due; Sçavoir faiſons que nous confians à plein des ſens, lauyaultés, prudhomies & bonnes diligences de nos amés & feaulx Maitres *Pierre Nepveu, Pierre* de *Perols, Pierre* de *Montagu*, licentiés, & *Ligiers Sabous*, Docteurs en Loys, Conſeillers de mondit Seigneur & les nôtres, iceulx ou deux d'eulx, de l'authorité Royal dont nous uſons en ceſte partie, avons faits, eſtablis, conſtitués, commis & ordonnés, & par la teneur de ces preſentes, faiſons, ordonnons, conſtituons, eſtabliſſons, & commettons Reformateurs generaulx en & par tous leſdits Pays de *Languedoc* & *Duchié* de *Guyenne*, tant ſur les faits, perſonnes & cas deſſuſdits, coume ſur quelſconques autres perſonnes & cas [g] que des faits devant dits, leurs circonſtances & dépendances peuvent & pourront dependre, en donnant & octroyant à eux ou à deux d'eulx, plein pouvoir, mandement & auctorité de recouvrer & reprendre, ſi bon leur ſemble, tous enſeignemens, Requeſtes, Informations, Regiſtres, Papiers, Comptes & autres actes faits ou tems paſſé, ſervans à ceſte matiere, tant de noſtre commandement coume de par eulx, de tous Officiers quelſconques de mondit Seigneur & de nous, & auſſi deſdits Capitols, Conſuls, Receveurs, Gouverneurs & Adminiſtrateurs des Villes & autres lieux, leſquels nous voulons & mandons à eulx ou à deux d'eulx, eſtre baillés & apportés pleinement & ſans difficulté aucune, de advoquer & reprendre pardevant eulx, les Cauſes criminelles & civiles pendans pardevant les Juges & Officiers deſdits Pays, que bon leur ſemblera, & qu'ils verront eſtre expedient & [h] affaire, & de entendre proceder & beſougner diligeamment en ceſte reformation, de jour en jour, preſtement & ſans delay, & tant de leur noble Office & par les voyes & [i] mandes qu'ils verront plus convenables & meilleurs, ſommairement & de plein, ſans long procés & figure de jugement, ne dilations ordinaires, [k] attendu icelles, & toutes exceptions qui ne ſerviront au principal & à fin peremptoire, ceſſant là où meſtier & expedient ſera, ſelon la nature des cas & la qualité des perſonnes & de leur malice; de contraindre leſdits Capitols, Conſuls & Receveurs des Villes & lieux, à leur rendre bon & loyal compte & relica des choſes adminiſtrées ou fait de leurs adminiſtrations, de faire & adminiſtrer ſur toutes leſdites choſes & cauſes, bon & brief accompliſſement de juſtice; de contraindre les coulpables ſelon leurs demerites & excés, à faire reſtitution où il appartiendra; de proceder ſelon la qualité & la quantité des delits, à la punition, en faiſant accompliſſement de bonne juſtice, tant que ce ſoit exemple à tous autres, & en faiſant, ſe meſtier eſt & bon leur ſemble, des cas criminels & civils, là où ils verront en leur conſcience

[a] *Capitouls.*

[b] Il faut app. corr. *ent.*

[c] *frontières.*

[d] corr. *aſſez.*

[e] *Cet endroit paroît corrompu.*

[f] p. e. faut-il corriger *ſur* en *ce.*

[g] corr. *qui.*

[h] corr. *à faire.*

[i] app. *manières.*

[k] Ces mots paroiſſent corrompus. Peut-être ſont-ce des termes de l'ancienne Pratique.

CHARLES VI. à Paris, le 23. de Juillet 1405.

que le cas s'y offerra, & aussi de souspendre & priver d'Office tous Officiers ez pays dessusdits, si bon leur semble, & plus griefve peine ne doivent souffrir, & en lieu d'eulx par provision, afin qu'il n'ait deffault ez Offices, commetre autres bonnes personnes à leur avis, jusques à ce que mondit Seigneur ou nous en ayons ordonné; de restraindre, ramener & reduire le nombre desdits Sergens, au nombre ancien & deub, & celui desdits Notaires & Tabellions, à tel nombre coume bon leur semblera; de deffendre & interdire en tous lesdits Pays, tous cours de Monoyes indues & deraisonables contre les Ordonnances Royaulx sur ce faites, sous grandes & grosses peines; de ordonner & tauxer aux Commissaires & autres Officiers qui pour ledit fait seront nécessaires & ad ce ordonnés, gages & salaires tels coume bon leur semblera, & iceulx leur faire payer par le Receveur qui sur ce sera ordonné, & tout ce que ainsi, par le Commandement, Ordonnance & Lettres desdits Reformateurs sera payé & distribué, voulons estre alloué ez comptes & rabatus de la recepte dudit Receveur, par tout où il appartiendra, sans contredit, en rapportant les Lettres desdits Reformateurs, & quittance sur ce: voulans & leur commandans que lesdites Ordonnances faites tant sur le fait desdites Gabelles & autres Aydes, coume desdites Monoyes, & les provisions mises à l'allegement du peuple, contenues en icelles, & tous articles dedens declarés, ils fassent publier & signifier solemnelement, tant en leur Auditoire coume autre part ez lieux insignes, en telle maniere que nul ne puisse avoir ignorance, & icelles fassent de point en point tenir & garder sans enfreindre, & les enfreignans ou transgresseurs s'aucuns en treuvent, punissent en la maniere & coume au cas appartendra, sans aucun espargner; & qu'ils puissent appeller & avoir avec eulx tant & tel nombre d'Officiers, Serviteurs ou Subjiets de mondit Seigneur & nostres, coume bon leur semblera, pour besougner & entendre avec eulx au fait de ladite reformation, & eux aydier & conseiller ou mestier sera: & est nostre entention, voulons & ordonnons, que en nostre nom & soubs nostre Scel illec establi, les Lettres de leurs Appointemens, Actes, Exploits, Arrêts, Sentences, Prononciations & Jugemens, soyent faites & données, ou soubs leurs Sceaux, en absence d'icelui: & pour estre Greffier & Notaire, & [a] de rediger par escript, & signer leurs Lettres, Actes & autres Escriptures ou fait de ladite reformation, nous leur avons commis & ordonné, commettons & ordonnons par ces memes Lettres, notre amé & feal Secretaire, maistre *Jehan* de *Ladmirault*, Licencié en Loys. *Si donnons* en mandement à tous les Justiciers, Officiers & Subjiets de mondit Seigneur & nostres, que à eulx ou à deux d'eulx, & à leurs Commis & Deputés, obeissent & entendent diligeamment ez choses dessusdittes & ez dependances d'icelles, & leur prestent & baillent, & à leurs Commis & Députés aussi, confort, conseil, ayde, & prisons, se mestier en ont & ils en sont requis, nonobstant quelsconques authorité & puissance par vous & nos aultres Gens & Conseillers, octroyées & à octroyer en quelque maniere que ce soit, & autres choses à ce contraires. En temoin de ce, Nous avons fait metre notre Scel à ces presentes. *Donné à* Paris, *le XXIII. de Juillet, l'an de grace mil quatre cens & cinq.* Par Monseigneur le Duc & Lieutenant. G. BARRAU.

[a] *mot inutile.*

Suite des Lettres de Charles VI.

NOUS ayans les Lettres de notredit Oncle cy-dessus transcriptes, & tout le contenu en icelles agreables, icelles louons, greons, ratifions & approuvons, & par la teneur de ces presentes confermons; & oultre, d'abondant avons voulû & ordonné, voulons & ordonnons par ces mesmes presentes, que des dessus nommés generaulx Reformateurs, commis & ordonnés coume dit est, ne de leurs Appointemens, Prononciations, Sentences, Jugemens & Arrets, ne de chose qui par eulx ou leurs Commis sera faite & dispoſée, il ne [b] loise appeller ne reclamer, mais vaillent & soyent en force d'Arrest, comme s'ils estoient faits & prononciés en nostre présence & de par Nous, ou en notre Court capital de Parlement; & se par avanture aucun s'enhardissoit d'en appeller, Nous leur deffendons y defferer en aucune maniere, en leur commandant de proceder en oultre, & de mettre leurs dits Appointemens, Arrests & Jugemens à execution dûe, nonobstant icelles Appellations, Reclamations, Poursuites,

[b] *Il ne soit licite, permis.*

Adjournemens ou deffenses, s'ils en estoient ensuis, ou obtenus de Nous ou de notre Court, les quelles choses nous deffendons estre octroyées ou données en aucune maniere; & se passées ou données estoient, Nous n'y voulons aucunement estre obei: En temoin de ce, Nous avons fait metre nostre Scel à ces presentes. *Donné à* Paris, *le XXIII.e jour de Juillet, l'an de grace mil quatre cens & cinq, & de notre Regne le XXV.e*

CHARLES VI. à Paris, le 23. de Juillet 1405.

Par le Roy, presens le *Duc* de *Baviere*, Mosseigneur *Jacques* de *Bourbon*, le Seigneur de *Domont* & autres. G. BARRAU.

CHARLES VI. à Paris, le 8. d'Août 1405.

(a) Mandement qui porte que la fabrication d'Espèces ordonnée par [a] *celui du 29. d'Avril précédent, sera interrompue, & que les Espèces de cette fabrication, qui ont été délivrées, seront rapportées aux Hôtels des Monnoyes pour y être refondues.*

a Il est ci-dessus p. 64.

CHARLES, par la grace de Dieu, Roy de France. A tous ceulx qui ces présentes Lettres verront: Salut. Comme à l'instigacion d'aucuns qui meuz de convoitise desordonnée, & pour leur singulier prouffilt, Nous ont n'agueres donné à entrendre contre verité & hors conseil, que prouffitable chose seroit & expedient pour le bien de Nous & de la chose publique, de faire certaine diminucion, empirance ou [b] escharceté de poix & de Loy en noz Monnoyes, l'en ait n'agueres commancé en aucunes de noz Monnoyes à faire ouvrer & monnoyer certaine Monnoye nouvelle, tant d'Or que d'Argent, de moindre poix & loy que noz Monnoyes derrenierement ordonnées à courir; & pour ce que par la clameur d'aucuns, Nous avons depuis ce entendu que ladicte Monnoye nouvelle estoit de grant charge & dommaigeable au bien publique de nostre Royaume que Nous desirons acroistre & multiplier de nostre povoir, comme tenuz y sommes; Nous avons fait assembler nostre Grant Conseil en la Chambre de noz Comptes à *Paris*, pour illec discuter avec nos amez & feaulx les Generaulx-Maistres de noz Monnoyes, ce qui estoit [c] affaire en ceste partie pour le bien de Nous & de la chose publique de nostre Royaume: Savoir faisons que ces choses considerées & dilligeamment examinées en la Chambre de nosdiz Comptes, à grant & meure deliberacion de nostre Conseil & desdiz Generaulx-Maistres de noz Monnoyes, Nous pour relever noz Subgectz de oppressions & molestations indeues, voulons & ordonnons par la teneur de ces presentes, que la Monnoye nouvellement ouvrée comme dit est, dont il n'a esté fait encores aucune délivrance, soit fondue, mise ou feu & abolye du tout; & semblablement celle qui a esté delivrée & qui pourra estre trouvée aux Changes, soit couppée & apportée à noz Monnoyes, & que toute ladicte Monnoye avec le Billon ou la matiere qui pour ce a esté apportée en noz Monnoyes, soit ouvrée & monnoyée du poix & Loy de la Monnoye qui avoit cours audevant de celle dont dessus est faicte mencion, pour restituer & payer les marchans du Billon pour ce par eulx apporté en nosdictes Monnoyes, se souffire il peut; & s'aucune perte, dechiet ou diminucion y est trouvée, deduict le prouffilt que Nous y povons avoir prins, que Nous voulons en ce estre converty premierement & avant toute euvre: Nous voulons & ordonnons par ces mesmes presentes, que le residu soit recouvré & prins sur celuy ou ceulx à l'instigacion desquels ceste nouvelleté a esté trouvée & mise sus, & que en ce par ce soient pugniz de l'offence envers Nous pour ce commise; laquelle offence jaçoit ce qu'elle requist plus grande pugnicion, Nous avons moderée & moderons en la maniere que dit est, de grace special. Si donnons en mandement à noz amez & feaulx Gens de nosdiz Comptes & Tresoriers à *Paris*,

b Voy. la note *(b)* de la p. 235. du 5.e vol. de ce Rec.

c *à faire.*

NOTE.

(a) Registre *E* de la Cour des Monnoyes de *Paris*, f.° 7 vingt 7. v.° [147.]

Avant ces Lettres il y a: *Mandement pour abollir l'Ordonnance derrenierement faicte sur le fait des Monnoyes.*

CHARLES VI. à Paris, le 8. d'Août 1405.

Generaulx-Maistres de noz Monnoyes, & à tous noz autres Maistres, Gardes, Contregardes & Officiers quelzconques desdictes Monnoyes, que nostre presente Ordonnance tiegnent & gardent, & la mectent à execution deue selon sa forme & teneur, vigoreusement & sans [a] depport; nonobstant quelzconques opposicions & appellacions faictes ou à faire à ce contraires, ausquelles nous ne voulons estre [b] differé ne obey comment que ce soit. *Donné à* Paris, *le huitiesme jour d'Aoust, l'an de grace mil quatre cens & cinq, & le vingt-cinquiesme de nostre Regne.* Ainsi signé. Par le Roy, à la relacion de son Grant Conseil estant en la Chambre des Comptes, ouquel [c] Vous, l'*Arcevesque* d'*Aulx*, *les Evesques* de *Bayeulx*, de *Noyon*, de *Chartres*, de *Limoges*, de *Gap* & de *Chaalon*, les Gens desdiz Comptes, les Tresoriers, les Generaulx-Maistres des Monnoyes, & autres, estoient. G. MILLERAC.

a *faveur.*

b *deferé.*

c Le Chancelier de France. Voy. le 5.e vol. de ce Rec. pag. 653. note *(c)*.

Ausquelles Lettres dessus transcriptes estoit ataichée une Cedulle de Mess.rs des Comptes & Tresoriers, signée de leurs Signetz, & contenoit la forme qui s'ensuit.

LES Gens des Comptes & Tresoriers du Roy nostre Sire à *Paris*. Aux Generaulx-Maistres, Gardes, Contregardes & autres Officiers quelzconques des Monnoyes dudit Seigneur: Salut. Nous vous mandons & à chacun de vous, si comme à lui appartiendra, que les Lettres Royaulx ausquelles ces presentes sont ataichées soubz l'un de noz Signetz, faisans mencion de certaine Ordonnance faicte le VIII.e jour de ce moys par le Roy nostredit Seigneur, sur le fait de ses Monnoyes, vous enterinez & accomplissez de point en point selon leur forme & teneur. *Donné à* Paris, *le XVIII.e jour d'Aoust, l'an mil IIII.c & cinq.* Ainsi signé. G. MILLERAC.

CHARLES VI. à Paris, le 24. d'Août 1405.

(a) Lettres qui portent que pendant l'intervalle de temps qui s'écoulera entre la fin du Parlement qui tenoit alors & jusqu'au lendemain de la S.t Martin d'hyver, jour auquel commencera le Parlement suivant, les Présidens de ce Parlement ou l'un d'eux, ou au moins un Président des Enquêtes, avec les Conseillers qui se trouveront à Paris, auront le pouvoir de juger les procès qui seront en état, & de rendre des Arrêts qui seront prononcés dans le Parlement suivant.

CHARLES, par la grace de Dieu, Roy de France. A nos amez & feaulx Conseillers les Presidens & autres Gens tenans nostre Parlement à *Paris*: Salut & dilection. Nous pour le bien de justice, evident prouffit & utilité de nos Subgez, & pour l'expedicion & abregement des Causes & Procès pendans, & lesquelz de jour en jour surviennent & affluent en nostre Court dudit Parlement, pour la descharge & alegement d'icelle nostre Court pour noz prouchains & autres Parlemens avenir; attendu mesmes la charge que ycelle nostre Court a à supporter, & les importunités de plusieurs de noz diz Subgez chascun jour requerans & poursuians l'avancement de leurs Procès pendens en icelle, & pour plusieurs autres justes causes & raisons necessaires à ce Nous mouvens, avons voulu & ordonné, voulons & ordonnons par ces presentes, que du jour que nostre present Parlement sera clos & finé, jusques au landemain de la prochaine Feste de *Saint Martin* d'Iver, que nostre prouchain Parlement commancera, vous ou aucun de vous Presidens en nostredit Parlement, ou au moins l'un des Presidens de nostre Chambre des Enquestes, avec tous noz Conseilliers tant de la Chambre dudit Parlement que

NOTE.

(a) Registre *A* du Parlement de *Paris*, f.o 9 vingt 13. r.to [193.]

Avant ces Lettres, il y a: *De judicando Processus durantibus vacacionibus.*

On trouve à la page 90. du I.er Tome des Ordonnances de *Fontanon*, le dispositif de ces Lettres, sans date d'année ni de mois: mais dans la Table chronologique qui est à la tête de ce Rec. de *Fontanon*, ces Lettres sont placées sous l'année 1405.

desdictes Enquestes, qui pour lors seront à *Paris*, tant Clers que Lays, ausquelx en ce cas, ycellui temps durant, voulons leurs gaiges estre paiez comme se nostredit Parlement séoit, vous au Jugement & expedicion seulement des Procès pendans en nostredicte Court, & tant à juger en nostredicte Chambre de Parlement que en la Chambre desdictes Enquestes, vacqués, besongnés & entendez diligemment & continuellement durant ledit temps, nonobstant que nostredit Parlement ne siee pas pour lors; pourveu toutesvoies que à ce faire vous soiez en nombre souffisant, & non autrement; lesquelx Jugemens par vous ainsi faiz, Nous voulons estre d'autel effect, force & valeur, comme Arrest, & iceulx estre prononciez en nostredit Parlement prouchain ou autres Parlemens avenir, comme par vous sera ordonné: Car ainsi Nous plaist-il & voulons estre fait, pour consideracion des choses dessusdictes. Si vous mandons & expressement enjoignons que ceste presente nostre voulente & Ordonnance, vous mectez à effect & execucion selon sa forme & teneur. Mandons & commandons par ces mêmes présentes à noz amez & feaulx Gens de noz Comptes & Tresoriers à *Paris*, que à vous Conseilliers tant Clers que Lays, qui aux choses dessusdictes & durant ledit temps à ce vacquerés & entendrez, ilz paient ou facent paier voz gaiges comme se nostredit Parlement séoit, sans autre mandement de Nous avoir ou attendre sur ce; par lesquelx noz Gens des Comptes & Tresoriers, Nous voulons & Nous plaist iceulx gaiges estre allouez de celui ou ceulx qu'il appartendra, parmi rapportant pour une foiz seulement ces presentes ou *Vidimus* d'icelles, collacionné à l'original, & de chacun de noz diz Conseillers quittance ou cedule de tant de jours comme à ce ils auront vacqué, & comme ils ont acoustumé de faire de leurs gaiges ordinaires ou temps passé. *Donné à* Paris, *le XXIIII.e jour d'Aoust; l'an de grace mil CCCC. & cinq, & le XXV.e de nostre Regne.* Ainsi signé. Par le Roy, à la relacion du Grant Conseil. J. BUDE.

CHARLES VI. à Paris, le 24. d'Août 1405.

CHARLES VI. à Paris, le 26. d'Août 1405.

(a) Lettres qui portent qu'il sera procédé à la liquidation des pertes qu'a souffertes Jean Trotet Maître-Particulier de la Monnoye de Paris, & au dédommagement, en conséquence du Mandement du 8. du mois d'Août 1405. qui porte que les Espèces dont la fabrication avoit été ordonnée par celui du 29. d'Avril précédent, seront décriées & fondues.

CHARLES, par la grace de Dieu, Roy de France. A noz amez & feaulx les Gens de noz Comptes & les Generaulx-Maistres de noz Monnoyes à *Paris*: Salut & dillection. Oye la supplicacion de *Jehan Trotet* Maistre Particulier de la Monnoye de *Paris*, contenant que ou moys de Juing derrenierement passé, vous Generaulx-Maistres de nosdictes Monnoyes, mandastes pardevant vous en nostre Hostel de ladicte Monnoye de *Paris*, ledit Suppliant, & luy denonçastes que Nous avions [a] ordonné ouvrer de nouvel aloy & poix en nosdictes Monnoyes; par quoi il failloit pour Nous, faire avec luy autre nouvel marché de l'ouvrage de ladicte Monnoye; & après plusieurs parolles ordonnastes & acordastes pour Nous avec ledit Suppliant, que du marc d'Or faire, il auroit VII. sols tournois & du marc de Blancs, III. sols III. deniers tournois; & ce fait, commandastes & ordonnastes à iceluy Suppliant qu'il feist des lors en avant les Escuz d'Or fin à demy Carat de *(b)* remede pour marc, & du poix acoustumé; & les Blancs de deux Blancs, à V. deniers VI. grains d'aloy, Argent-le-Roy, & de [b] VI. sols III. deniers & demy de poix au marc,

a Voy. ci-dessus p. 64. les Lettres du 29. d'Avril précédent.

b De 76 Pièces & demie au marc. Voy. la p. 108. de la Préface du 3.e vol. de ce Rec.

NOTES.

(a) Registre *E* de la Cour des Monnoyes de *Paris*, fol.° 7 vingt 8. v.° [148.]

Avant ces Lettres, il y a: *Mandement de l'accord fait avec* Jehan Trotet *pour la Monnoye de* Paris.

(b) Remede (le)] est une permission que le Roy accorde aux Maîtres des Monnoyes, de pouvoir tenir le marc d'Espèces plus foible d'une certaine quantité de Carats ou de grains, que le poids juste. *Voy. à la tête du Traité des Monnoyes par* Boizard, *l'explication alphabétique des termes qui sont en usage dans les Monnoyes.*

CHARLES VI. à Paris, le 26. d'Août 1405.

& aux remedes acoustumez, & que iceluy Suppliant donnast à tous marchans & Changeurs LXVIII. livres XV. sols tournois du marc d'Or, qui estoit X. sols tournois oultre le pris acoustumé; & du marc d'Argent, six livres douze sols six deniers tournois, qui estoit VII. sols VI. deniers tournois oultre le pris acoustumé; & ledit marché & Ordonnance ainsi faicte, mandastes les Changeurs de *Paris*, & leur notiffiastes lesdictes creuës sur le pris de marc d'Or & d'Argent, en commandant audit Suppliant & à iceulx Changeurs, que toute la matiere qu'ilz pourroient [a] finer, ilz feissent apporter à ladicte Monnoye, & que ledit pris leur en seroit compté & payé; après lesquelles choses ledit Suppliant en acomplissant & selon vostredicte Ordonnance, a mis, receu & acheté Or & Argent ausdiz pris, & a ouvré & delivré certaine quantité d'Or & d'Argent en ladicte Monnoye; & oultre a à présent de *(c)* garnison en icelle Monnoye, quarente marcs d'Or ou environ, & XIII.[c] LXXV. marcs d'euvre, tant en Blancs monnoyez, comme en autre ouvraige, ouvré & prest pour ouvrer; & il soit ainsi que n'agueres en nostre Conseil, Nous avons ladicte nouvelleté [b] abolie & ordonné que ladicte garnison sera refondue & raloyée à la Loy que l'en ouvroit en ladicte Monnoye avant ladicte nouvelle Ordonnance, pour payer les marchans qui ont baillé la matiere; en laquelle refondre, raloyer & payer lesdits marchans audit pris qui promis leur a esté selon ce que se faisoit paravant, nostredicte Monnoye aura perte ou marc d'Or, de dix sols tournois, qui monte esdictz XL. marcs d'Or ou environ, vingt livres tournois; & en V.[c] XXV. marcs de Blancs ou environ, qui sont [c] tous prestz ouvrez & monnoyez en nostredicte Monnoye, pour ouvraige & monnoyaige par le marché dessusdit, III. sols IIII. deniers tournois pour marc, monte IIII.[xx] VII. livres X. sols tournois; pour cent & cinq marcs de *(d)* Flans Blancs prests à monnoyer en icelle Monnoye, pour ouvraige audit pris, rabatu le *(e)* Monnoyaige, XVII. livres X. sols tournois ou environ; pour XIX.[xx] V. marcs tant en [d] Flans noirs comme en *(f)* Sizaille, pour ouvrage, *(g)* dechet & charge, pour marc II. sols tournois, monte XVIII. livres X. sols tournois; pour V.[c] LX. marcs de Royaulx avoir fonduz, pour le dechiet, XIII. livres tournois ou environ; pour refondre toute ladicte garnison montant, comme dit est, XIII.[c] LXXV. marcs, pour le dechet XXXI. livres ou environ; & du payement de toute icelle garnison qu'il faut faire ausdiz marchans audit pris qui promis leur a esté par ladicte nouvelle Ordonnance, II.[c] XV. livres tournois ou environ, oultre le pris qui paravant estoit payé en icelle Monnoye du marc d'Argent; & plusieurs autres pertes à declarer, a soustenues & soustient ledit Suppliant en ceste partie; mais pour ce que paravant le refondre de ladicte garnison d'Or & d'Argent estant à présent en nostredicte Monnoye, par le moyen de ladicte nouvelle Ordonnance, il est besoing & necessité audit Suppliant, les pertes, dechetz, dommaiges & interestz dessusdits estre appreciez & tauxez, tant pour la seurté de son fait comme pour contenter lesdicts marchans, & que à ladicte apreciacion & tauxacion n'a point été vacqué ne entendu, l'en a cessé de tous points de ouvrer & monnoyer en nostredicte Monnoye, ou très-grant prejudice & dommaige de Nous & de la chose publique & dudit

a *trouver.*

b *Voy. ci-dessus p. 64. les Lettres du 8.e d'Août précédent.*

c *Je crois que ces mots signifient* tous prêts à être ouvrés & monnoyés.

d Flans de monnoye noire, de Billon.

NOTES.

(c) Garnison.] Ce mot qui se dit plus ordinairement des vivres, signifie ici une provision, un amas.

(d) Flans.] On écrit quelquefois *Flaons.* Ce sont des morceaux coupés de la grandeur, de l'épaisseur, de la rondeur, & à peu près de l'épaisseur des Espèces à fabriquer. Voy. à ce mot l'explication citée ci-dessus, p. précéd. note *(b).*

(e) Monnoyaige.] C'est le droit que ceux qui fabriquent les monnoyes, payent à celui qui leur a donné la permission de les fabriquer. Voy. le Gloss. de *Du Cange* au mot *Monetagium.* Ce droit se nomme aussi Seigneuriage. Voy. à ce dernier mot l'explication citée ci-dessus, p. précéd. note *(b).*

(f) Sizaille.] On écrit présentement *Cisailles:* c'est ce qui reste d'une lame de metal, quand on a enlevé des Flans pour faire des Espèces. *Voyez le Dict. de* Trevoux *au mot, Cisailles.*

(g) Dechet & charge.] *Le Dechet* est la perte qui se fait sur la matière en la fondant & en lui donnant les autres préparations necessaires pour en former une pièce de monnoye. Une personne très-habile dans cette matière, croit que le mot *charge* est ici synonime de dechet; & en effet, on lit un peu plus bas: *pertes, dechets & interrêts.*

Suppliant,

Suppliant, si comme il dit, requerant sur ce nostre gracieuse provision. Pour ce est-il que Nous vous mandons, en commectant, se mestier est, que appellez avec vous les Gardes de nostredicte Monnoye à *Paris,* vous regardez, appreciez & tauxez les pertes, dechietz, dommaiges & interestz dessusdiz selon raison, & d'icelles apreciacion & tauxacion baillez ou faictes bailler audit Suppliant vos Lectres en forme deue; & en rapportant icelles avec ces presentes, lui deduisez & rabatez les sommes de ladicte appreciacion & tauxacion, de sa Recepte, tantost après son [a] Brassaige, premierement & avant toute autre despence, sur tout tel prouffilt que nous povons & pourrons avoir de ce qui a esté delivré de la Monnoye faicte par ladicte Ordonnance nouvelle, & qui [b] ystra de l'ouvraige de ladicte matiere d'Or & d'Argent de ladicte garnison estant à présent en nostredicte Monnoye, venue par le moyen d'icelle nouvelle Ordonnance, tant *(h)* Traicte comme faulte de poix & de Loy, & autrement en quelque maniere que ce soit, sans y employer Deniers de *(i)* Boestes, gaiges d'Officiers, ne autres mise ou despence quelconque; & se ledit prouffilt ne montoit jusques aux sommes des Brassaige, pertes, dechietz, dommaiges & interestz dessusdiz, faictes luy payer la reste, ainsi & par la maniere que ordonné l'avons par nos Lectres de l'Ordonnance derrenierement faicte sur ce: Car ainsi Nous plaist il & voulons estre fait, & audit suppliant l'avons octroyé & octroyons de grace especial, se mestier est, par ces presentes; nonobstant Ordonnances, Mandemens, deffenses & Lettres subreptices impetrées ou à impetrer à ce contraires. *Donné à* Paris, *le XXVI.e jour d'Aoust, l'an de grace mil IIII.c & cinq, & de nostre Regne le XXV.e* Ainsi signé. Par le Roy, à la relacion du Conseil. P. DE SAULS.

CHARLES VI. à Paris, le 26. d'Août 1405.

a Ce sont les frais de fabrication. Voy. au mot *Brassage*, la Table citée ci-dessus p. 87. note *(b)*.

b *sortira, proviendra.*

Ausquelles Lettres dessus transcriptes estoit ataichée une Cedulle de Nosseigneurs des Comptes & Tresoriers, signée de leurs Signetz, & contenoit la forme qui s'ensuit:

LES Gens des Comptes du Roy nostre Sire à *Paris.* Aux Generaulx-Maistres des Monnoyes dudit Seigneur: Salut. Veues certaines Lectres Royaulx avec une Cedulle en papier cy ataichées soubz l'un de noz Signetz, faisans mencion de l'ouvraige de Monnoye que *Jehan Trotet* Maistre-Particulier de la Monnoye de *Paris,* est d'accord faire & acomplir en ladicte Monnoye, nous nous consentons que ledit *Trotet* facce ledit ouvraige ainsi & par la maniere qu'il est contenu esdictes Lettres Royaulx & cedulle, & que lesdictes Lettres Royaulx ayent & sortissent leur effect ainsi que ledit Seigneur le mande. *Donné à* Paris, *le XXVIII.e jour d'Aoust, l'an mil IIII.c & cinq.* MILLERAC.

Coppie de la Cedulle ataichée aux Lectres Royaulx.

Jehan Trotet Maistre-Particulier de la Monnoye de *Paris*, est d'accord de faire ouvrer la garnison contenue ou Mandement du Roy nostre Sire; parmi ce qu'il en ait tout le prouffilt; & aussi de ce qui est en Boiste & en garnison d'Or & d'Argent, tant en Traicte comme en faulte de poix & de Loy; fors seulement que s'il *(k)* fait en large [c] escharceté plus d'un grain pour marc d'euvre, & les Blancs Deniers plus foibles que de demy denier pour marc, il rendra le surplus au Roy, & luy seront renduz les deniers des Boëstes d'Or & d'Argent; & par ce il sera tenu de acquiter

c Voy. la note *(b)* de la p. 235. du 5.e vol. de ce Rec.

NOTES.

(h) Traicte.] Dans l'explication citée ci-dessus p. 87. note *(b)* on lit au mot *Rendage: L'on entend par ce mot tous les droits de Seigneuriage & de Brassage, & les sommes à quoi se trouvent monter tous ces droits;* & au mot *Traicte*, on lit: *c'est un terme plus général que Rendage. Il comprend le Seigneuriage & le Brassage, ensemble les remédes de poids & de Loi.*

(i) Boestes.] *Boizard* dans cette même explication aux mots *Boëtes des Monnoyes*, dit que ces Boëtes renferment certaines Espéces que l'on y a déposées, pour y avoir recours au besoin, lorsqu'il se trouve des deniers courans qui ne sont point du titre & du poids ordonnés.

(k) Fait en large escharceté.] La personne que j'ai citée ci-dessus p. préced. note *(g)*, m'a dit qu'elle n'entendoit point la signification de ce mot *large*, qui n'est plus d'usage, & qui peut-être est corrompu.

le Roy envers les marchans, & payer les fraiz de la Monnoye anciennement acoustumez; & seront comptez les gaiges des Gardes, Contregarde, Tailleur & Essayeur de ladicte Monnoye, sur les Boestes qui seront faictes ou temps avenir, après l'ouvraige dessusdit.

CHARLES VI.
à Paris, le 29 d'Août 1405.

(a) Lettres de Charles VI. par lesquelles il mande au Sénéchal de Carcassonne, que pour le Parlement prochain, il a fixé au 15 de Juin le jour auquel commencera le Rôle des procès de sa Sénéchaussée.

KAROLUS, *Dei gratiâ, Francorum Rex.* Senescallo Carcassonæ *aut ejus Locumtenenti: Salutem. Cum Nos (b) Dies vestræ Senescalliæ nostri proxime futuri Parlamenti, ad diem Martis decimam quintam instantis mensis Junii fecimus assignari, & per presentes assignemus, mandamus vobis quatenus hujusmodi assignationem in Assisiis & aliis locis publicis dictæ vestræ Senescalliæ, solemniter & debitè publicari faciatis, taliter quod subditi ejusdem Senescalliæ ob vestri deffectum seu negligentiam, se super hoc nullatenus valeant excusare.* Datum *Parisius*, die vicesima nona Augusti, anno Domini millesimo quadringentesimo quinto, & Regni nostri vicessimo sexto.

Per Regem, ad relationem Consilii. BAYE.

NOTES.

(a) La copie de ces Lettres a été envoyée de *Montpellier*, avec cette indication : *Sénéchaussée de* Carcassonne, *armoire A. liasse des homages en general n.° 2. fol°. 56. v.°*

On a encore envoyé de *Montpellier* la copie de Lettres semblables & données le même jour, par lesquelles Charles VI. fixe au 15. de Juin, le Rôle de la *Sénéchaussée* de *Toulouse*. Ces Lettres se trouvent dans le même dépôt. *Sénéchaussée* de *Toulouse*, arm. C. 8.e continuation des Titres Particuliers n.° 3. fol. 3. v.°

(b) *Dies.*] Le Rôle, le jour auquel on devoit commencer à plaider au Parlement les appels de cette Sénéchaussée. Voy. la note (e) de la p. 320. du 8.e vol. de ce Rec.

CHARLES VI.
à Paris, en Août 1405.

(c) Lettres qui portent que les Etoffes qui seront achetées par les Tailleurs de Paris, pour faire ou pour garnir des habits, ne seront point sujettes aux droits d'Aydes.

CHARLES, par la grace de Dieu, Roy de France. Sçavoir faisons à tous presens & avenir, de la partie de noz bien amez les Tailleurs de Robes de nostre Ville de *Paris*, consors en ceste partie, Nous avoir esté humblement exposé, que comme ilz & leurs prédécesseurs Tailleurs, demourans en nostredite Ville, se soient ès temps passez garniz & accoustumez de pourveoir de certaines estoffes pour garnir, faire, ordonner & estoffer les Robes, garnemens & habitz de draps de soye, de layne, de fustaine, & autres telz qui commandez & devisez leur sont, & qui chascun jour leur seurviennent à faire de plusieurs estranges & diverses façons & ouvraiges, sans oncques Nous en avoir paié de tout le temps que les Aides ordonnez pour la guerre ont eu cours en nostre Royaume, aucune Imposicion de douze deniers pour livre, ne autres Subsides ou devoirs quelzconques touchant le fait desdictes Aides; ce nonobstant les Fermiers de l'Imposition de la *(d)* Pourpointerie

NOTES.

(c) Livre jaune petit du Châtelet de *Paris*, fol.° 86. verso.

Ces Lettres sont *vidimées* dans celles de Charles VIII. du mois d'Août 1484. qui sont *ibid.* au folio recto. Ces Lettres de Charles VIII. sont aussi au fol. 264. v.° du premier livre des Bannières du Châtelet de *Paris.*

Les Lettres de Charles VI. sont aussi au Trés. des Chart. Reg. 160. P. 59.

(d) *Pourpointerie.*] Il paroît par la suite de ces Lettres, que ceux qui faisoient ce métier de Pourpointerie, étoient des Fripiers qui vendoient des Habits tout faits.

CHARLES VI.
à Paris, en Août 1405.

de *Paris,* pour l'année finie au derrenier jour de septembre derrenier passé, se sont de fait efforcez & efforcent de vouloir lever, prendre & exiger sur lesdiz supplians & ung chascun d'eulx, à cause de ladicte Ferme, l'Imposicion de douze deniers pour livre, pour cause de ce que avec la façon & ouvrage desdiz habitz & garnemens, ils y vendent & livrent lesdictes estoffes; & de fait en ont desja mis aucuns & tiennent en très-grans, sumptueux & rigoreux Procès, en l'Auditoire des Esleuz sur le fait desdictes Aides à *Paris,* soubz umbre de laquelle chose lesdiz supplians pourroient encourir en très-grans dommaiges indeuement contre raison, en leur grant grief & préjudice & de l'estat dudit mestier, si comme ilz dient, en nous humblement requérant que considéré ce que dit est, & aussi que dure chose leur seroit de vouloir faire sur eulx une telle nouvelleté, & de les traicter & contraindre à paier Imposition de leurs estoffes, desquelles il leur est pure nécessité d'eulx pourveoir pour le fait de leursdiz ouvrages, sans en faire vente publique; fors seulement afin que plus promptement ilz puissent expédier & délivrer [a] leurs garnemens, qui tant pour Nous comme pour plusieurs de nostre Sang, Nobles & autres de diverses parties de nostredit Royaume, leur sont ordonnez & commandez, sans leur convenir querir ne acheter en divers lieux icelles estoffes, qui seroit de plus grant [b] frait & délay, que à trouver lesdictes estoffes ès Hostelz desdiz Tailleurs toutes prestes; attendu aussi que le fait de la Pourpointerie n'est mie pareille chose au fait [c] de Tailleur, pour ce que tous Pourpointiers taillent & font toutes manieres de garnemens de Pourpointerie, & iceux exposent publiquement en vente à tous venans, sans commandement d'aucun, qui est pur & plain fait de marchandise, & par ce sont tenus à ladicte Imposition, & non pas les Tailleurs de Robes qui ne font aucuns garnemens pour exposer en vente, fors seulement selon ce que ilz leur sont commandez à tailler & faire par l'ordonnance d'iceulx pour qui ils les taillent & font, sans en faire [d] aucun vente, ou autre fait de marchandise, dont l'en puisse ou doye sur eulx prendre ou lever aucune Imposicion; pour raison ou occasion de ce & les deppendences, Nous leur veüillons sur ce pourveoir de remede convenable & impartir notre grace. Pourquoy Nous adecertes ces choses considérées, cue sur ce grant & meure déliberation de Conseil à plusieurs de nostre Sang & lignaige & de nostre Grant Conseil, & pour contemplacion de plusieurs desdits Supplians, qui tant au fait dudit mestier comme autrement en maintes manieres ont esté & sont continuellement ès services de Nous, nostre très-chiere & très-amée Compaigne la Royne & de noz Enffans, & de noz très-chers & très-amez Oncles, Frere & Cousins, & autres de nostre Sang & lignage, & pour certaines autres causes & considérations Nous mouvans, à iceux Supplians avons octroyé & octroyons par ces présentes de nostre auctorité Royal, [e] certaine science & auctorité Royal, que pour cause & occasion des choses dessusdictes, leurs circonstances & deppendances, eulx & leurs successeurs dudit mestier, présens & avenir, soient d'oresenavant perpetuellement ou cas dessusdit tenuz francs, quictes, exemps & paisibles de Nous au paier aucunes Imposicions, Subsides ou autres subvencions quelxconques, ores ne pour le temps advenir, en quelque maniere que ce soit. Si donnons en mandement à noz amez & feaulx les Generaulx-Conseillers sur le fait des Aides ordonnez pour la guerre, aux Esleuz sur ledict fait [f] & Cité & Diocese de *Paris,* & à tous noz autres Justiciers & Officiers, ou à leurs Lieuxtenans, présens & avenir, & à chascun d'eulx, si comme à lui appartiendra, que de nostre présente grace & octroy facent, seuffrent & laissent lesdiz exposans & leurs successeurs presens & avenir, & chascun d'eulx, joyr & user plainement & perpetuellement, sans les pour ce travailler, molester ou empescher, ou souffrir estre travaillez, molestez ou empeschez ores, ne pour le temps à venir, en aucune maniere; ainçois tous Procès qui pour ladicte cause sont ou [g] seroient meuz ou à mouvoir, mectent ou facent mectre du tout au néant tantost & sans délay, en imposant sur ce à nostre Procureur en la Chambre desdictes Aides, presens & avenir, perpetuel silence, en lui deffendant expressément & à tous noz Fermiers desdictes Aides à *Paris,* & à chascun d'eulx, que pour cause & occasion des choses dessusdictes, il ne se face

a *les.* 2.e & 3.e copie.

b *frais.*

c *de Taillerie.* 3.e copie.

d *aucune.* 3.e copie.

e *certaine science & grace special, que pour cause,* &c. 2.e & 3.e copies.

f *ès.* 2.e & 3.e copies.

g *seront.* 3.e cop.

CHARLES VI. à Paris, en Août 1405.

aucunement sur ce partie contre lesdiz exposans ou aucuns d'eulx, sur ces choses ne aucunes d'icelles. Et afin que ce soit ferme & estable chose à tousjours, Nous avons fait meĉtre nostre Seel à ces présentes : sauf en autres choses nostre droit, & l'autruy en toutes. *Donné à Paris, ou mois d'Aoust, l'an de grace mil CCCC & cinq, & de nostre* [a] *le XXV.e* Ainsi signé. Par le Roy, en son Conseil. NEAUVILLE. *(c)*

a *Regist.* 2.e & 3.e copies.

NOTE.

(c) Dans le Registre intitulé, *Livre jaune petit du Châtelet de Paris,* on trouve la suite d'autres Lettres, datées aussi du mois d'Août 1405. & signées aussi *Neauville :* mais cette suite n'est autre chose que celle des Lettres de Charles VII. du mois d'Octobre 1441. qui vidiment & confirment celles de *Charles VI.* Cette fin des Lettres de *Charles VII.* avec la véritable date, suit immédiatement dans le Registre cette première suite mal datée de 1405. Cette faute ne se trouve point dans le Registre des Bannières.

CHARLES VI. à Paris, le 18 de Septembre 1405.

(a) Lettres qui portent qu'à l'exception des huit Sergens d'armes d'ordonnance servans, tous les autres qui prennent ce titre, payeront les droits imposés sur les marchandises, & seront par rapport aux crimes qu'ils pourront commettre, justiciables des Juges ordinaires, & non du Connétable.

CHARLES, par la grace de Dieu, Roy de France. Au *Senechal* de *Carcassonne,* ou à son Lieutenant : Salut. Nous avons entendu que ou Pays de *Languedoc,* a plusieurs Sergens & en nombre excessif, qui se dient être nos Sergens d'armes, lesquels soubs umbre dudit Office, & des privileges que ils dient avoir à cause d'icelui, se sont efforciés & s'efforcent de jour en jour de mener & faire mener & charrier par ledit pays plusieurs marchandises, comme blez, vins & autres grosses denrées & marchandises, dont ils ont été & sont refusans & delayans de payer les [b] Leudes, Peages, Travers & autres devoirs à Nous deus, tant à nostre terre comme autre part, en grant préjudice & [c] domaitge de Nous, & diminution de notre demaine & des fermes d'icelui, & aussi ont commis ou commettent aucuns d'iceulx Sergens plusieurs crimes & maléfices, soubs umbre dudit Office, comme dit est, dont nos Juges ordinaires des lieux où ils font lesdits maléfices, ne les osent punir ne corrigier, pour ce que ils dient & maintienent que notre Conneſtable est leur Juge, & non autre; & par ainsi lesdits meléfices demeurent impunis en grant esclande & offense de Justice, s'il est ainsi. Pourquoi Nous ces choses considerées, & que d'ancienneté, & par les Ordennances & restrictions faites en nostre Conseil sur le nombre de nos Officiers, Nous n'avons que huit Sergens d'armes en ordennance servans, usans de franchises & droits de Sergens d'armes, vous mandons en commettant, se mestier est, que tous iceulx Sergens eulx disans nos Sergens d'armes, qui par Lettres expédiées par nos amés & feaulx Gens de nos Comptes & Trésoriers à *Paris,* ne vous apparront être de l'ordennance & nombre de nosditz huit Sergens d'armes, vous iceulx contraigniés ou faites contraindre réalment & de fait à rendre & payer à Nous ou à nos Officiers, tous les droits & devoirs à Nous par eulx deus, tant pour le tems passé, comme doresenavant, à cause des Leudes, Peages & Travers des denrées & marchandises que ilz ont menées ou fait mener, & meneront ou fairont mener doresenavant, vendant & achetant par ledit Pays de *Languedoc ;* & aussi se par information ou autrement dûement, vous trouvés aucuns d'iceulx Sergens avoir fait ou commis aucuns crimes ou maléfices contre raison & Justice,

b *Droits, Impots.*
c *domage.*

NOTE.

(a) La copie de ces Lettres a été envoyée de *Montpellier* avec cette indication : *Sénéchaussée de Carcassonne, armoire A. Liasse des hommages en général, N.° 2. fol. 70.*

Il a aussi été envoyé de *Montpellier* avec cette indication : *Sénéchaussée de Toulouse en général, armoire C. 8.e continuation des titres particuliers, N.° 3. fol. X I.* une copie de Lettres du 4. de Janvier 1405. qui sont entièrement semblables à celles-ci, si ce n'est qu'elles sont adressées au *Sénéchal* de *Toulouse* ou à son Lieutenant. Elles sont aussi signées *Carlerat.*

vous iceulx en punissiés ou faites punir selon l'éxigeance des cas, telement que ce soit exemple aux autres : de ce faire vous donnons pouvoir, mandement & commission spécial. Mandons & commandons à tous nos Justiciers & Subjiets que à vous & [a] à vous commis en ce faisant, obéissent & entendent diligeamment. *Donné à* Paris, *le dix-huitième jour de Septembre, l'an de grace mil quatre cens & cinq, &* [b] *le XXV.e de notre Regne.*

a corr. *à vos.*

b Il faut corr. le *XXVI.e* & c'est ainsi qu'on lit dans les Lettres du 4. de Janvier suiv. sur lesquelles voy. ci-dessus p. précéd. note (*a*).

Par le Roy, à la relation du Conseil estant en la Chambre des Comptes. [c] CARLERAT.

c Peut-être a-t-on mal lû, & faut-il corriger *Millerat.* Il y a plusieurs Lettres de Charles VI. signées par ce Secrétaire.

CHARLES VI. au Bois de Vincennes, le 12. d'Octobre 1405.

(a) *Lettres portant défense aux Ducs d'Orléans, de Bourgogne & de Lembourg, & au Comte de Nevers, d'assembler des Gens de guerre, & d'user de voyes de fait les uns contre les autres.*

CHARLES, par la grace de Dieu, Roy de France. A tous ceulx qui ces présentes Lettres verront : Salut. Comme par noz autres [d] Lettres en Laz de soye & cire vert, & par très-grant délibéracion de Conseil, Nous aions despieça donné puissance à nostre très-chiere & très-amée Compaigne la Royne, de povoir entendre, vacquer & besoingnier ès grans besongnes & affaires de nostre Royaume, en nostre absence, ou quant Nous serions tellement occupez que n'y pourrions vacquer ne entendre; & que s'il seurvenoit aucuns mouvemens, desplaisirs ou descors entre aucuns de nostre Sang & Lignage, que nostredicte Compaigne par le conseil & adviz des autres de nostredit Lignage & de ceulx de nostre Conseil, telz que bon lui sembleroit, les peust appaisier par voye de Justice, ou par voye amiable, se faire se povoit; & se ainsy ne le povoit faire que elle leur peust faire commandement & défenses de non proceder les uns contre les autres par voye de fait ne par paroles injurieuses; & aussi que se aucuns, de quelque estat ou auctorité qu'ils feussent, par tels mouvemens avoient fait ou faisoient aucunes Assemblées ou Mandemens de Gens d'armes en nostredit Royaume, leur commander que d'icelles Assemblées & Mandemens se déportassent, & que icelles Gens renvoiassent incontinent en leurs Pays & maisons; & que tout ce qui par nostredicte Compaigne seroit ainsi fait, feust d'autele vertu que se fait & ordené l'avions en nostre personne; & il soit venu à nostre congnoissance que nostre très-chier & très-amé Frere le *Duc d'Orléans,* & noz très-chiers & très-amez Cousins les *Ducs* de *Bourgongne* & de *Lembourc,* & le *Conte* de *Nevers,* aient fait grans Mandemens de Gens d'armes & autres Gens de guerre, pour venir devers eulx; pour occasion desquelz Mandemens nosdiz Frere & Cousins pourroient prendre aucuns mouvemens de desplaisirs les uns contre les autres, dont il nous desplairoit, & à Nous & à nostredit Royaume ensuir très-grans & irréparables inconvéniens & dommages, se briefment n'y estoit par Nous pourveu de remede : Nous voulans à ce pourveoir pour le bien de Nous & de tout nostredit Royaume, & aux grans inconvéniens irréparables qui s'en pourroient ensuir, & pour éviter lesdiz mouvemens qui pourroient pour ce venir entre nosdiz Frere & Cousins, & pour mettre & nourrir paix, amour & concorde entre eulx, comme de tout notre cuer Nous desirons y estre, eu sur ce très-grant & meure délibéracion de Conseil avec pluseurs des autres de nostredit Sang & Lignage & de nostre Grant Conseil, en bien grant nombre, avons en la présence de nostredicte Compaigne & des dessusdiz de nostre Sang & de nostre Grant Conseil, deffendu à nostredit Frere sur quanque il se puet meffaire envers Nous & encourir nostre

d Elles sont du 26. d'Avril 1403. & imprimées à la p. 577. du 8.e vol. de ce Recueil.

NOTE.

(*a*) Livre Rouge vieil du Chastellet de Paris, fol. 11. vingt 6. v.° (226).

Avant ces Lettres, il y a : *Que la Royne congnoisse du debat des Seigneurs, en l'absence du Roy.*

Voy. ce qui sera dit au sujet de ces Lettres, dans la Préface de ce Volume, §. *Histoire.*

CHARLES VI. au Bois de Vincennes, le 12 d'Octobre 1405.

indignacion perpétuelle, que il ne procede, ne face ou seuffre proceder par ses gens, par voie de fait, ne par paroles injurieuses, à l'encontre de nosdiz Cousins ou aucuns d'eulx; & semblablement avons à iceulx noz Cousins & chascun d'eulx fait deffendre par nostre très-cher & amé Cousin le *Sire* [a] *de le Bret,* Connestable de France, par nostre amé & feal Chancelier, & par nostre amé & feal Conseillier le Premier Président de nostre Parlement, qu'ilz ne procedent, ne facent ou seuffrent proceder par leurs Gens, par ladicte voye de fait ne par paroles injurieuses, à l'encontre de nostredit Frere; & avec ce avons fait commandement à iceulx noz Frere & Cousins, qu'ilz contremandent les gens par eulx mandez venir devers eulx, & qui encores ne y sont venuz; ausqueles gens, soient nos Subgiez ou autres, & de quelque estat qu'ils soient, Nous deffendons par ces présentes que sur les paines dessusdictes, & sur paine de eulx forfaire envers Nous en corps & en biens, ils ne entrent ou viengnent plus avant en nostredit Royaume, mais se en retournent incontinent chascun en son Pays & demeure. Si donnons en Mandement à noz amez & feaulx les Gens de nostredit Parlement & de nostre Chambre des Comptes, au *Prevost* de *Paris,* à tous noz Seneschaux & Baillis, & à tous noz autres Justiciers & Officiers, ou à leurs Lieutenans, & à chascun d'eulx, si comme à lui appartendra, que ceste presente Ordonnance facent incontinent publier en nostre Parlement & Chambre de noz Comptes, en nostre Ville de *Paris,* & ès autres lieux de nostredit Royaume où il appartendra, & icelle tiengnent & facent tenir, entériner & accomplir de point en point, selon sa forme & teneur. En tesmoing de ce, Nous avons fait mettre nostre Seel à ces présentes. *Donné au* Bois de Vincennes, *le XIIe jour d'Octobre, l'an de grace mil CCCC & cinq, & de nostre Regne le XXVIe* Ainsi signé sur le ploy de la marge de dessoubz. Par le Roy à la relacion de son Grant Conseil, ouquel la Royne, les Roys de *Secille* & de *Navarre,* Mess. les *Ducs* de *Berry* & de *Bourbonnois,* le *Conte* de *Mortaing,* [b] Vous, l'Arcevesque d'*Aux,* le *Conte* de *Tancarville,* le Grant Maistre d'Ostel, & autres estoient. NEAUVILLE. Et au dos d'icelles estoit escript ce qui s'ensuit : Publiées en Jugement ou Chastellet de *Paris,* & ès Auditoires d'icellui Chastellet, le Jeudi XVe jour d'Octobre, l'an mil CCCC & cinq. FRESNES. *Item.* Publiées ledit jour de Jeudi & le lendemain ensuivant, par les carrefours & lieux accoustumez à faire cris en la Ville de *Paris.*

Collation faicte à l'Original rendu à Mons. le Prevost à sa personne, par *Choart,* le Mardi XXIIIe jour de Mars mil CCCC & cinq.

a d'*Albret.*

b Le Chancelier de France. *Voy. le 5.e Vol. de ce Rec. pag. 653. note (c).*

CHARLES VI. à Paris, en Octobre 1405.

(a) Lettres qui portent que la Châtellenie de Boussac & les Paroisses de Viviers, de St Pol & de Certillac, continueront de faire partie du Duché de Guyenne, & que les Habitans ne contribueront point aux Impôts & Aides qui se lèveront dans le Limousin.

CHARLES, &c. Savoir faisons à tous présens & à venir, Nous avoir veu les Lettres de nostre très-chier & très-amé Oncle le *Duc* de *Berry,* nostre Lieutenant ès païs de *Berry,* d'*Auvergne* & de *Poitou,* en toute la *Languedoc* & *Duchié* de *Guienne,* contenant la forme qui s'ensuit :

JEHAN filz de Roy de France, *Duc* de *Berry* & d'*Auvergne, Conte* de *Poitou,* d'*Estampes,* de *Boulongne* & d'*Auvergne,* & Lieutenant de Mons. le Roy en nozdiz païs de *Berry,* d'*Auvergne* & de *Poitou,* en toute la *Languedoc* & *Duchié* de *Guienne:* Savoir faisons à tous présens & avenir à nous avoir esté humblement exposé de la partie de nostre amé & féal Conseiller & Chambellan, Messire *Pierre de Broce,* Chevalier, Seigneur de *Sainte-Severe,* de *Boussac* & de *Malval,* & des manans & habitans en ladicte Terre & Chastellenie de *Boussac,* & semblablement des habitans

NOTE.

(a) Trés. des Chart. Reg. 160. P. iiij.^xx (80).

des Villes & Paroisses de *Viviers*, de *Saint-Pol* & de *Certilhac*, estans de la Chastellenie dudit lieu de *Saincte-Severe*, consors en ceste partie, que comme lesdiz lieux de *Sainte-Severe* & de *Boussac*, avec toutes leurs Chastellenies, appartenances & appandances, soient notoirement en & de nostre *Duchié* de *Berry*, & ressortissans devant noz Juges à *Yssouldun*, & de tout temps aient lesdiz habitans contribué en tous Subsides, Aides, Tailles & Impostz avec nostredicte Duchié, & comme partie d'icelle; néanmoins pource que l'année passée, nous ignorans [a] ou nom advertiz de ces choses, voulsismes & consentismes soubz umbre de ce que ladicte Chastellenie de *Boussac* & lesdiz lieux de *Viviers*, de *Saint-Pol* & de *Certilhac*, quant à l'espiritualté, sont du Diocèse de Limoges, que iceulx habitans desdiz lieux contribuassent au paiement de certaine Taille ou Impost qui fut mis sus oudit païs de *Limosin*, par nostre très-cher & amé Cousin le Connestable de France, [b] pour la vuide des Forteresses des Ennemis qui y estoient, & que de fait ilz y contribuerent, ilz se doubtent que pour le temps avenir, ceulx dudit païs de *Limosin* ne le voulsissent traire à conséquence, & qu'ilz ne les contraingnissent ou feissent contraindre à contribuer avec eulx ausdictes Tailles, Aides ou Impostz, s'aucuns en estoient mis sus, laquelle chose seroit ou très-grant dommaige & préjudice tant d'eulx comme de nous, & de nostredicte Duchié, si comme ilz dient, requerans humblement sur ce nostre gracieuse provision. Pourquoy nous qui sommes bien acertenez comme de chose toute notoire, que lesdiz Chastel & Chastellenie de *Boussac* & autres lieulx & Paroisses dessus nommez, sont en & de nostredicte *Duchié* de *Berry*, comme dit est, & dès le temps que [c] le Prince occupoit ladicte *Duchié* de *Guienne*, ainsi fut déclairé & trouvé, & aussi est tout notoire que lesdiz habitans d'icelle Chastellenie ont accoustumé de contribuer ès Aides qui ont cours pour le fait de la guerre, & en toutes autres Tailles & Impostz avec nostredicte Duchié de *Berry* & les habitans en icelle, avons voulu & ordonné, voulons & ordonnons & déclairons [d] pour la teneur de ces présentes Lettres, que lesdiz habitans d'icelle Chastellenie de *Boussac* & desdiz lieux & Paroisses de *Saint-Pol*, de *Viviers* & de *Certilhac*, ne sont en riens tenuz, & ne doivent en aucune maniere estre contrains à contribuer avec ledit païs de *Limosin*, ne aux Tailles, Aides ou Impostz qui se mettront sus pour le temps avenir en icelui, mais demourront & doivent demourer contribuables avec nostredit païs de *Berry*, comme accoustumé a esté d'ancienneté, nonobstant ladicte contribucion qu'ils ont fait l'année passée avec ledit païs de *Limosin* & autres, s'aucunes en y avoit, lesquelles nous ne voulons leur porter aucun préjudice ores ne pour le temps avenir, en quelque manière que ce soit. Si donnons en mandement par ces mêmes présentes à nostre *Seneschal* de *Berry*, & à tous les autres Justiciers & Officiers de mondit Seigneur & nostres, présens & avenir, ou à leurs Lieuxtenans, & à chascun d'eulx, si comme à lui appartendra, que lesdiz Supplians & chascun d'eulx facent joïr & user plainement, paisiblement & perpétuellement de nostre présente Ordonnance & déclaracion, sans les molester ou souffrir estre molestez ores ou pour le temps avenir, en aucune manière, contre la teneur de nosdictes présentes Lettres, en leur enjoignant sur quant qu'ilz pourroient messaire envers mondit Seigneur & nous, & à chascun d'eulx, [e] por tant que le touchera, que s'aucune chose estoit desja faite ou attemptée au contraire, que [f] s'en aucune difficulté ou délay, la réparent & mettent ou facent réparer & remettre au premier estat & deu : Car ainsi l'avons nous voulu & ottroié, voulons & ottroyons de grace espécial, se mestiers est, non obstant quelxconques Ordonnances, Mandemens ou deffenses & Lettres subreptices, empetrées ou à impetrer au contraire. Et que ce soit ferme & estable chose à tousjours, nous avons fait mettre nostre Seel à ces présentes : sauf en autres choses le droit de mondit Seigneur & nostre, & l'autruy en toutes. *Donné à* Paris, *ou mois d'Aost, l'an de grace mil CCCC & cinq.* Ainsi signé. Par Mons. le Duc & Lieutenant, [g] vous présent. LEBUEF.

Lesquelles Lettres dessus transcriptes, & toutes & chascunes les choses contenues en icelles, Nous avons loué, gréé, ratifié & approuvé, louons, gréons, ratiffions

CHARLES VI. à Paris, en Octobre 1405.

a corr. *ou non.*

b Pour engager les ennemis à se retirer des Forteresses du païs.

c Le *Prince de Galles* fils aîné d'*Edouart III, Roy d'Angleterre.*

d *par.*

e corr. *pour.*

f corr. *sans.*

g Le Chancelier du Duc de Berry. *Voy. la note (q) de la p. 256. du 7.e Vol. de ce Recueil.*

Suite des Lettres de Charles VI.

CHARLES VI. à Paris, en Octobre 1405.

& approuvons, & de grace especial confermons par la teneur de ces presentes: donnans en mandement par la teneur d'icelles aux Bailli de *Saint Pere le Moustier* & *Seneschal* de *Limosin,* & à tous noz autres Justiciers & Officiers, ou à leurs Lieuxtenans, présens & avenir, & à chascun d'eulx, si comme à lui appartendra, que le Seigneur & les habitans de la Chastellenie de *Boussac,* & des lieux & Paroisses de *Viviers,* de *Saint-Pol* & de *Cerilhac,* dont les Lettres dessus transcriptes font mencion, & chascun d'eulx, facent, seuffrent & laissent joïr & user plainement & paisiblement de nostre presente grace & confirmacion, en ostant ou faisant oster tout empeschement qui mis leur seroit au contraire. Et pour ce que ce soit ferme chose & estable à tousjours, Nous avons fait mettre nostre Seel à ces presentes : sauf en autres choses nostre droit, & l'autruy en toutes. *Donné à* Paris, *ou mois d'Octobre, l'an de grace mil CCCC & cinq, & de nostre Regne le XXVI.*

Par le Roy, à la relacion du Conseil. LE BEGUE.

CHARLES VI. à Paris, le 6. de Novembre 1405.

(a) Lettres par lesquelles il est ordonné à tous Gens d'armes & autres Gens de guerre, de s'en retourner dans leur Pays; & deffendu aux Gens de guerre de s'assembler sans un Mandement espécial du Roy.

CHARLES, par la grace de Dieu, Roy de France. A tous ceuls qui ces Lettres verront : Salut. Pour ce que Nous avons entendu que par aucunes Assemblées & Mandemens de Gens-d'armes & autres Gens de guerre, qui depuis aucun temps en ça, & mesmement depuis n'agaires, ont tant de noz Subgiez que d'Estrangiers, esté faiz en nostre Royaume, plusieurs très-grans inconvéniens, maulx & dommages sont advenuz & adviennent encores chascun jour en plusieurs parties de nostredit Royaume, où icelles Gens d'armes se sont tenuz & transportez, tiennent & vivent sans payer, dont nosdiz Subgiez sont moult apovris, grevez & dommagiez, & pourroient encores plus estre, se il n'y estoit briefment remedié: Savoir faisons, que Nous voulans en & sur ce pourveoir, & de teles opressions & grevances garder & [a] allegier, comme il appartient, nosdiz Subgiez, afin qu'ilz puissent vivre & demourer en paix & seurté soubz Nous & nostre Seigneurie, à laquele conserver & garder tous noz bons & loyaulx Subgiez sont obligiez & tenuz; avons par grant & meure déliberacion & advis tant de plusieurs Grans Seigneurs de nostre Sang & Lignage comme des Gens de nostre Conseil en bien grant nombre, ordené & ordenons par ces presentes, que toutes les Gens d'armes & autres gens de guerre dessusdiz, de quelque estat ou condicion qu'ils soient, qui sont venuz & assemblez en nostredit Royaume aus Mandemens de Nous ou d'autres de quelque auctorité qu'ilz soient, se partent hastivement sans demeure, délay ou excusation quelxconques, & sans faire ou donner aucuns dommages ou oppressions en nosdiz Royaume [b] & Subgiez, s'en retournent & [c] voisent chascun ou Pays dont il est venu & où il demeure, soubz paine de forfaire envers Nous chascun endroit soy, corps & biens; & que à les faire partir & wider, noz Baillifs, Seneschaulx & autres Justiciers & Officiers, en cas de reffuz, les y puissent contraindre de fait & par force se mestier est, & autrement au mieulx qu'ils pourront; & avecques ce, pour ce qu'il pourroit avenir que lesdictes Gens d'armes & autres qui [d] se mettent sus présentement pour monter sur mer & aler en aucunes parties de nostredit Royaume, ou aucuns d'eulx, pourroient faire ou porter dommage à aucuns de nosdiz Subgiez en aucuns lieux si loingtains de noz Baillifz, Seneschaulx & autres Officiers, qu'ilz ne pourroient lors par eulx estre gardez, deffenduz ne secouruz, ou que iceulx noz Officiers ne seroient

a *soulager.*

b *& à noz.*

c *aillent.*

d *s'assemblent.*

NOTE.

(a) Livre Rouge vieil du Chastellet de *Paris*, fol. 11 vingt 7. r.° [227].

Avant ces Lettres, il y a : *Que toutes Gens d'armes wident de ce Royaume, & que les Nobles puissent garder & deffendre leurs Terres.*

assez

assez fors pour ce faire, Nous mandons, commandons & commettons à tous Nobles, soient Chevaliers ou Escuiers, ou de quelque estat qu'ilz soient, que chascun endroit soy puist garder & deffendre ses Terres & hommes, & résister tellement que aucuns maulx ou dommages ne leur soient faiz par icelles Gens d'armes ou autres Gens de guerre dessusdiz; & que se ilz s'efforçoient de le vouloir faire, iceulx Nobles les facent & puissent faire de fait widier de leurs Terres & Seigneuries, & pour ce, faire assembler de leurs amis ou voisins tant & ainsi que bon leur semblera, & sans ce qu'ilz en puissent estre reprins ou blamez, ne aucune chose leur en estre demandée ores ou pour le temps avenir : Deffendons aussi sur lesdictes paines à tous noz Officiers & Subgiez, de quelque auctorité ou prééminence qu'ils usent, qu'ilz ne soient sy hardis de partir d'oresenavant de leurs pays ou maisons pour venir faire chevauchées, dommages, grevances ou oppressions quelxconques en nostredit Royaume, ne à nosdiz Subgiez d'icellui, pour Mandemens, Lettres ou prieres qu'ils aient de quelxconques personnes, & de quelque estat ou auctorité qu'ilz soient, supposé qu'ilz feussent de nostre Sang & Lignage, ou autres, synon qu'il leur apparust premierement par noz Lettres patentes, que ce venist & procedast de noz volenté, Mandement ou Ordenance especiaulx; toutesvoies nostre entencion n'est mie que se les *Anglois* noz ennemis s'efforçoient de vouloir chevaucher en aucunes parties de nostredit Royaume, ou y prendre Villes, Chasteaulx, ou faire aucuns autres dommages ou [a] emprinses, que noz dessusdiz Officiers & Subgiez ne puissent aler Nous servir, se il leur plaist, au mandement des Seigneurs & Capitaines, ou Capitaine des Pays & lieux où ces choses avendroient, & qui y vouldroient pourveoir & résister. Si donnons en Mandement au Prevost de *Paris* ou à son Lieutenant, que noz presente Ordenance & voulenté il face hastivement crier & publier solennelment de par Nous en nostre Ville de *Paris,* & en tous les autres lieux de sa Prevosté où l'en a accoustumé à faire criz; & si après ladicte publicacion, il scet ou treuve en sadicte Prevosté aucunes d'icelles Gens d'armes ou autres, venans contre nosdictes Ordenance & voulenté, ou pillans & prenans aucunes choses sur nosdiz Subgiez, sans paier raisonnablement ce qu'ilz en prendroient, qu'il les punisse sans [b] déport, & en face si bonne justice, qu'il en doie être [c] recommandé, & qu'il appartendra par raison, selon le cas : de ces choses faire donnons povoir & auctorité audit Prevost & à son Lieutenant, & aux autres dessusdiz, par ces mesmes Lettres; par lesqueles mandons à tous noz autres Officiers & Subgiez, que à eulx & chascun d'eulx obeissent & entendent diligemment, & leur prestent conseil, confort & aide, se mestier en ont, & en sont requis. En tesmoing de ce, Nous avons fait mettre nostre Seel à ces Lettres. *Donné à* Paris *le VI.e jour de Novembre, l'an de grace mil CCCC & cinq, & de nostre Regne le XXVI.e* Ainsi signé sur le [d] ploi de la marge. Par le Roy, à la relation de son Grant Conseil, ouquel les *Roys* de *Secille* & de *Navarre,* Mess. les *Ducs* de *Berry*, d'*Orleans* & de *Bourbon*, le Connestable, [e] Vous, le *Conte de Tancarville,* le Grant Maistre d'Ostel, & plusieurs autres estoient. NEAUVILLE. Et au dos desdictes Lettres estoit escript ce qui s'ensuit : *Publiées ès Carrefours & autres lieux publiques acoustumez à faire cris & publicacions en la Ville de* Paris, *le Mercredi XI.e jour de Novembre, jour de Saint Martin, l'an de grace mil CCCC & cinq, par moy.* FRESNES.

Collacion faicte à l'Original rendu à Monf. le Prevost à sa personne, le Vendredi XIII.e jour de Novembre, l'an mil CCCC & cinq.

CHARLES VI. à Paris, le 6. de Novembre 1405.

[a] *entreprises.*

[b] *faveur.*

[c] *loué d'avoir fait son devoir.*

[d] *repli.*

[e] *Le Chancelier de France. Voy. le 5.e vol. de ce Rec. p. 653. note (c).*

(a) Confirmation des Statuts des Ferrons de Normandie.

CHARLES VI. à Paris, le 26. de Novembre 1405.

KAROLUS, &c. Notum facimus universis presentibus & futuris, Nos vidisse alias Litteras sub sigillo Scacarii nostri Normanie *sigillatas, quarum tenor sequitur & est talis :*

NOTE.

(a) Trés. des Chart. Reg. 160, P. CI. (101).

CHARLES VI.
à Paris, le 26. de Novembre 1405.

Les Gens tenans à *Rouen* l'Eſchiquier de Paſques, l'an mil CCC IIII.[xx] & dix-huit. Aus *Baillis* de *Rouen* & d'*Evreux*, ou à leurs Lieuxtenans: Salut. Oye avons la ſupplicacion des *(b)* Ferrons de *Normandie*, demourans & reſidens entre les Rivieres *(c)* d'*Ourne* & d'*Avre*, contenant que comme longtemps a d'ancienneté, le Roy qui pour lors eſtoit, euſt donné certains previleges & franchiſes auſdiz ſupplians; c'eſt aſſavoir:

(1) Que nul ne feroit du meſtier de faire le fer, excepté les filz des Ferrons, & ceulx qui eſpouſeroient leurs filles; leſquels Ferrons aſſembleroient & doivent aſſembler une foiz l'an, le Dimenche après la ſaint Jehan-Baptiſte, en la Chapelle de la [a] Maladerie de *Gloz la Ferriere*, ouquel lieu ilz eſliſent un Maiſtre pour l'année, & quant la greigneur partie deſdits Ferrons ont eſlu ledit Maiſtre, eulx le préſentent au *Vicomte* de *Bretueil*, qui de lui reçoit le ferement que il fera garder les Ordenances dudit meſtier; & après ce ledit Maiſtre reçoit le ferement des autres Ferrons; lequel Maiſtre a & doit avoir [b] Court & uſage du fait de ladicte ferronnerie, & peut & doit congnoiſtre des diſcors des Ouvriers dudit meſtier, mineurs & charbonniers, touchans le fait de ladicte ferronnerie; excepté le [c] cry de *Haro* qui feroit déterminé en la Court du Roy; & convient que ledit Maiſtre ſoit natif de ladicte Ville de *Gloz*, & que [d] ilz ſachent forger & faire le fer de ſa main, & auſſi faire réſidence en ladicte Ville de *Gloz*, où leſdiz Ferrons & Gens dudit meſtier ſe doivent venir [e] droittoier devant lui de ce que touche ledit meſtier; & des amendes & forfaitures qui ſortiſſent d'icelle Court, le Roy noſtre S. a le tiers, & leſdiz Ferrons les deux pars.

(2) Item. Par leurſdiz privileges, nul entre leſdictes deux Rivieres ne puet faire [f] garniſon de mine ne de charbon pour revendre, mais doit eſtre expoſé & mis en fer pour celui qui l'achette.

(3) Item. Nul ne puet [g] ès mettes d'entre leſdittes deux Rivieres, vendre ne expoſer en vendue, ne ouvrer fer d'autre païs que celui qui eſt fait entre leſdictes deux Rivieres.

(4) Item. Leſdiz Ferrons pevent vendre & faire vendre leur fer par tout le Royaume de France, ſans aucun contredit; & ſe le Maiſtre deſdiz Ferrons, ou ſes commis treuvent autre fer en icelles mettes, ilz le pevent prendre à cauſe de forfaiture, & eſt icelui fer acquis au Roy & auſdiz Ferrons.

(5) Item. Se il y a aucun deſdiz Ferrons qui face fer plus grant que il n'eſt ordonné par les Ordenances du meſtier faites chaſcun an, ledit Maiſtre le puet prendre partout où il le trouvera; & en paiera le Ferron qui l'aura fait, pour chaſcune piece, diz ſols d'amende; & ſe il eſt mendre que le poix ordené, ledit Maiſtre le puet prendre à cauſe de forfaiture.

(6) Item. Ledit Maiſtre a la congnoiſſance des [h] pois dequoy l'en poiſe toute euvre de fer, & en a *(d)* l'eſtallon [i] merchié à la fleur de liz, & peut corriger & punir ceulx qui en uſent mauvaiſement par toute la *Duchié* de *Normendie*.

a Voy. la note (c) de cette page.
b Juriſdiction.
c Voy. ſur ce cri la note *(g)* de la p. 203. du 7.e Vol. de ce Rec.
d corr. *il ſache*.
e Pourſuivre le jugement de leurs procès.
f proviſion.
g Dans le terrain qui eſt entre les deux rivières.
h *poids*.
i marqué.

NOTES.

(b) Ferrons.] Ceux qui forgent & qui travaillent le fer. On les nomme préſentement *Ferronniers*. Voy. le Dictionnaire du Commerce par *Savary*, à ce mot.

(c) Rivières d'Ourne & d'Avre.] La Rivière d'*Ourne* eſt celle que l'on nomme préſentement *Orne*. Ces deux Rivières qui prennent leur ſource aſſez près de *Séez*, ont leur cours l'une à droite & l'autre à gauche, renfermant en quelque ſorte le pays d'*Auge*, & une partie du Diocèſe de *Liſieux*. A la page 96. du Livre intitulé: *Etat des unions des Maladeries, &c. Paris 1705. in-4.*[e] on lit que les Maladeries de la *Ferrière* & de *S. Simphorien*, Paroiſſe de *Ferrières*, dans le Diocèſe de *Liſieux*, ſeront unies à l'Hôpital de *Chambrois*. Cette Maladerie de la *Ferrière* eſt apparemment celle qui eſt nommée un peu plus bas dans ces Lettres, *la Maladerie de Gloz-la-Ferrière*.

(d) Eſtallon.] Les Eſtalons ſont les originaux des poids & meſures, qui ſont confiés à la garde des Magiſtrats, ou conſervés dans les lieux publics, pour régler, ajuſter & eſtallonner deſſus tous les poids & meſures dont ſe ſervent les Marchands, Ouvriers, &c. *Voy. le Dictionnaire du Commerce par* Savary, *au mot* Eſtalon.

CHARLES VI. à Paris, le 26. de Novembre 1405.

(7) *Item.* Ledit Maistre a les mesures & *(e)* essoif de mine & de charbon.

(8) *Item.* Lesdiz Ferrons sont francs d'aller aux *(f)* veues & enquestes; pour lesquelz privileges dessusdiz lesdiz Ferrons sont tenus faire chascun an au Roy nostredit S. cent & cinquante pics de fer, aux Receptes de *Bretueil* & d'*Orbec.*

(9) *Item.* Lesdiz Ferrons sont francs d' *(g)* acquis d'acheter mine & charbon entre lesdictes deux Rivieres.

Et pour ce que de nouvel plusieurs personnes Ferrons & autres se sont efforcez ou veulent efforcer de enfraindre & usurper les franchises & privileges desdiz Ferrons, se soit le Maistre desdiz Ferrons trait en la Court du Roy nostredit S. de laquelle Court il a obtenu certaines Lettres de impetracion, par lesquelles vous ait esté mandé que appellez avecques vous les Procureurs desdiz Bailliages, ou leurs Substitus, vous feissiez informacion sur le fait des franchises & privileges, laquelle informacion ait esté faitte par vous *Pierre* de *Hargeville*, Chevallier, *Bailly* d'*Evreux*, & par *Jehan Du Rouil*, commis à ce par vous *Jehan* de la *Tuille*, *Bailli* de *Rouen* & de *Gisors*, apellé avecques eulx *Raoul Deshayes*, Procureur du Roy nostredit S. oudit *Bailliage* d'*Evreux*, & *Jehan Granches*, Substitut de *Nicolas* le *Conte*, [a] Procureur oudit *Bailliage* de *Rouen*; laquelle informacion ainsi faite, ait été renvoyée par lesdiz Commissaires, close soubz leurs seaulx, en la Court du Roy nostredit S. à *Paris*, afin de y [b] prouveoir comme il appartendra, & depuis ce, ledit Maistre des Ferrons ait obtenu de ladicte Court certaines Lettres Royaulx, par lesquelles il nous ait mandé que nous veissions ladicte informacion laquelle nous ait esté envoyée close soubz le Contreseel dudit Seigneur, & que appellé le Procureur d'icelui Seigneur, nous prouveissions sur le fait ainsi que de raison seroit & que bon nous sembleroit, laquelle informacion ait esté par nous veue & visitée, apellé à ce *Nicolas* le *Conte*, Procureur dudit Seigneur ou *Bailliage* de *Rouen*; & pour ce que par icelle nous sont apparues les franchises, previleges & libertez desdiz supplians, & que ilz en ont joy & usé ou temps passé, voulans aussi yceulx en joïr semblablement pour le tems avenir, vous mandons & commettons, & à chascun de vous, si comme à lui appartendra, que lesdiz supplians faciez & souffrez joïr & user de leursdictes franchises & libertez, ainsi qu'ilz ont fait ou temps passé, en contraignant yceulx supplians & autres demourans & fréquentans esdictes mettes, à les tenir & garder, & en faisant commandement aus personnes dont vous ou l'un de vous serez requis par ledit Maistre, que eulx lui obeissent selon la fourme desdiz previleges; & ou cas que sur ce auroit debat ou opposicion, les parties oyes pardevant vous ou l'un de vous, leur faites bon & brief accomplissement de justice. *Donné en l'an & Eschiquier dessusdit.* Ainsi signé. Par les Gens tenans l'Eschiquier.

a Procureur du Roy.

b pourveoir.

Quasquidem Litteras superius insertas, & contenta in eisdem Litteris, ad supplicacionem & requestam Ferronorum Normanie *commorancium & residencium inter Rippas* d'Ourne *&* d'Avre, *in eisdem nominatorum, si & in quantum ritè & justè usi fuerint, laudamus, ratifficamus & approbamus ac valere volumus perpetuò roboris firmitatem: dantes tenore presencium in mandatis* Baillivis Rothomagensi *&* Ebroicensi, *aut eorum Locatenentibus, & eorum cuilibet, prout ad eum pertinuerit, quatenus de contentis in preinsertis Litteris uti pacificè faciant & gaudere, facta in contrarium*

NOTES.

(e) Essoif.] On pourroit aussi lire *Essif.* Une personne fort habile dans le commerce du fer, croit que ce mot qui est peut-être corrompu, signifie ce qu'on appelle aujourd'hui *Resse*, qui est une espèce de corbeille d'osier ayant deux anses, dans laquelle on mesure la mine de fer & de charbon. Ce sentiment est confirmé par le Glossaire du Droit François, au mot *Essief.*

(f) Veues.] On disoit ordinairement veues & monstrées. C'étoient des espèces de descentes sur les lieux, qui se faisoient par autorité de Justice, pour constater quel étoit l'héritage ou la maison qui faisoit l'objet de la contestation. Voy. le Gloss. du Droit Franc. au mot *Monstrée*, & la note *(b)* de la p. 267. du 2.e Vol. de ce Rec.

(g) Acquis.] Suivant le même Gloss. au mot *Acquit*, il signifie un Péage. Je crois qu'il faut entendre ici par ce mot, un droit qui se payoit sur ces marchandises.

CHARLES VI. à Paris, le 26. de Novembre 1405.

revocando, adnullando, & ad statum pristinum & debitum reducendo seu reduci indilatè faciendo. Quod ut firmum & stabile perpetuò remaneat, presentibus Litteris sigillum nostrum in cera viridi cum filis cericeis impendentibus duximus apponendum. Datum *Parisius,* anno Domini millesimo CCCC.^{mo} quinto, die xxvj.^{a} Novembris, Regni vero nostri vicesimo sexto : *Salvo in aliis jure nostro, & quolibet eciam alieno. Datum ut supra,*

Per Regem, ad relacionem Consilii. J. BUDE.

Collacio facta est cum originali Littera.

CHARLES VI. à Paris, le 18. de Decembre 1405.

(a) Lettres qui portent que les Gens des Comptes continueront d'être exempts du droit de Gabelle.

CHARLES, par la grace de Dieu, Roy de France. A nos amez & feaux les Generaux Conseillers sur le fait des Aydes ordonnez pour la guerre : Salut & dilection. Comme nos amez & feaux les Gens de nos Comptes à *Paris,* ayent esté de tout temps & encore soient francs, quittes & exempts de tous Aydes, Subsides, Gabelles & autres subventions quelconques, & depuis certain temps en çà, ayons fait certaines [a] Ordonnances sur le fait de nos Gabelles, par lesquelles [b] avons voulu & ordonné que aucun ne soit franc ne exempt d'icelles, obstant nosquelles Ordonnances nosdits Gens des Comptes n'ont pû ne ne peuvent avoir du sel sans payer le droit de notre Gabelle, si comme ils dient : Sçavoir vous faisons que Nous considerant les bons, loyaux, commandables & les continuels services que Nous ont de tout temps fait & font nosdits [c] Gens en notre Chambre desdits Comptes, à grands peines & travaux de leurs personnes, lesquels Nous ne voulons ne entendons être aucunement comprins en nosdites Ordonnances quant à ce, [d] voulant iceux jouir & user de leurs privileges, ainsi que eux & leurs prédécesseurs esdits Offices ont fait ès temps passez, leur avons octroyé & octroyons de grace speciale par ces Presentes, que tant pour cette presente année que pour celles à venir, ils ayent chacun en droit soi, du sel sans [e] Gabelles, pour la dépense de leurs Hostels tant seulement, sans payer aucun droit de Gabelles, en payant le droit du Marchand. Si vous mandons & enjoignons expressément que de nostre presente grace fassiez, souffriez & laissiez nosdits Gens des Comptes & chacun d'eux, jouir & user paisiblement, en leur faisant bailler dudit sel sans Gabelle, par notre Grenetier de notre Grenier à sel estabIi à *Paris,* present [f] & avenir, ainsi & par la maniere qu'ils ont eu au temps passé, nonobstant nosdites Ordonnances, lesquelles quant à ce, Nous ne voulons avoir aucun effect, & quelconques autres Ordonnances, Mandemens ou deffenses au contraire. *Donné à* Paris, *le dix-huitiéme jour de Décembre, l'an de grace mil quatre cent cinq, & de nostre Regne le* [g] *vingt-six.* Signé. Par le Roy, le *Sire* de *Montenay,* Messire *Regnault* [h] *Dangeins,* & plusieurs autres Chambellans presens. JEAN DE ROUVREZ.

De par les Generaux Conseillers sur le fait des Aydes ordonnez pour la Guerre. [i] Le Grenetier du Grenier à Sel estabIi à *Paris,* accomplissez le contenu ès Lettres du Roy notre Sire, cy-attachées sous l'un de nos [k] Signes, en baillant & délivrant aux Gens des Comptes du Roy notredit Seigneur, & à chacun en droit soy, du sel sans [l] Gabelles, pour la dépense de leurs Hostels, en payant le droit du Marchand tant seulement, pour les causes, [m] & tant par la forme & maniere que le Roy

[a] *Elles ne sont point dans ce Rec.*
[b] *ayons.* F.
[c] *Gens de nostredite.* F.
[d] *voulans.* F.
[e] *Gabelle,* là & plus bas. F.
[f] *ou.* F.
[g] Il y a mal *vingtiesme,* dans F.
[h] *Dangennes.* F.
[i] *Grenetier.* F.
[k] *Signets.* F.
[l] *Gabelles.* F. Faire payer les droits de la Gabelle.
[m] & tout. F.

NOTE.

(a) Ces Lettres qui étoient au fol. 35. du Mémorial G. de la Chambre des Comptes de *Paris,* ont été tirées du Recueil cité dans la note *(b)* de la page 26. du 7.e Vol. du Recueil des Ordonnances.

Ces Lettres sont aussi à la page 700. du Recueil des titres concernant les Tresoriers de France, par *Fournival.* Il les avoit tirés de ce même Mémorial de la Chambre des Comptes.

notredit Seigneur le mande par fesdites Lettres. *Donné à* Paris, *le vingt-deuxiéme jour de Décembre,* [a] *l'an de grace 1405.* DROCO.

a l'an mil quatre cens cinq. F.

CHARLES VI. à Paris, en Décembre 1405.

(a) *Lettres qui portent que dans la suite le nombre des Consuls de la Ville d'Alby, sera fixé à six.*

CHARLES, &c. Savoir faisons à tous présens & avenir, Nous avoir reçu l'umble supplicacion des Consuls, Manans & Habitans de la Ville d'*Alby*, en la *Seneschaucie* de *Carcassonne*, contenant que comme d'ancienneté en icelle Ville d'*Alby*, ait esté accoustumé d'avoir douze Consuls pour le gouvernement d'icelle Ville & le fait publique d'icelle, lesquelx douze Consuls estoient changiés tous les ans, à un certain jour, si comme sont encores, & se faisoit l'elleccion d'iceulx Consulz nouveaulx par les Consulz de l'année précédent; c'est assavoir, deux Consulz *(b)* par soy, avec eulx appellés de leurs Conseillers & [b] Populiers de chascune partie de six parties ou gaites esquelles ladicte Ville est divisée; & ainsi l'ayent gardé & observé jusques à ce que *(c)* Nous alasmes oudit païs de *Languedoc*, & les ramenasmes pour aucunes causes au nombre de quatre Consuls, jasoit ce que icellui nombre ne soit souffisant au gouvernement d'icelle Ville, pour ce qu'il convient necessairement que lesdiz Consulz ou aucun d'eulx, avec des Prodomes de ladicte Ville, soient presens à faire & conseiller les Jugemens criminelz de ladicte Ville, & si avient aucunes fois que aucuns desdiz Consulz sont malades, & les autres souventesfois convient aler aux foires des Villes dudit Païs & Royaume, & en plusieurs autres parties, pour le fait de leurs marchandises ou autrement pour leurs autres besoingnes, lesquelles leur sont plus [c] conjoinctes que icelles dudit Consulat d'*Alby*, dont aucunes fois le gouvernement de la chose publique & justice en est retardée, & aussi communement iceulx Supplians chascun an en leur eleccion desdiz quatre Consulz, sont en débat & en controverse desquelles dictes six parties ou gaites lesdiz quatre Consulz seront esleuz, & par ainsi en plusieurs autres manieres ledit nombre de quatre Consulz leur est trop petit & dommaigable, & plus seroit, se par Nous ne leur estoit sur ce pourveu de remede convenable, si comme ilz dient, requerans humblement icelluy. Pourquoy Nous consideré ce que dit est, & que la [d] greigneur partie des grosses Villes dudit païs, depuis que nous eusmes ramené le nombre des Consulz desdictes Villes au nombre de quatre, ont obtenu congié & licence de Nous ou de nostre très-chier & très-amé Oncle le *Duc* de *Berry* nostre Lieutenant esdiz païs, de les croistre jusqu'au nombre de six ou plus, & que entre toutes les autres Villes dudit païs, ladicte Ville d'*Alby* Nous ait esté tousjours obeissante, & aussi que ledit nombre de six Consulz leur est plus proffitable, veu la charge qu'ilz ont, & est plus agréable aux Habitans de ladicte Ville, ausdiz supplians avons octroié & octroions de grace especial par ces presentes, que d'oresenavant ilz aient & leur loise faire, ordonner & avoir jusques au nombre de six Consuls; c'est assavoir, de chascune desdictes parties ou gaites, un Consul, pour le gouvernement de ladicte Ville. Si donnons en mandement par ces presentes, aux Viguier & Juge d'*Alby*, & à tous noz autres Justiciers & Officiers esdiz païs, ou à leurs Lieuxtenans, & à chascun d'eulx, si comme à lui appartendra, que lesdiz supplians seuffrent, facent & laissent joïr & user plainement & paisiblement de noz presentes grace & octroy,

b Des Députés de chaque quartier.

c intéressantes.

d la plus grande.

NOTES.

(a) Trésor des Chartres, Registre 160. P. VIII.xx VI. (166).

(b) Par soy.] En particulier. Deux Consuls anciens en choisissoient deux nouveaux pour chacun des six quartiers de la Ville.

(c) Nous alâmes, &c.] Ce fut en 1389. Voy. la Table des Mat. du 7.e Vol. de ce Rec. au mot *Histoire.* (Charles VI.)

Il n'y a point dans ce Vol. de Lettres qui fassent mention de la réduction du nombre des Consuls des Villes du *Languedoc*.

CHARLES VI. à Paris, en Décembre 1405.

sans les travailler, molester ou empeschier, ne souffrir estre molestez, travailliez ou empeschiez en aucune maniere au contraire : Car ainsi Nous plaist il estre fait, non-obstant ce que dit est, & quelxconques Ordonnances, Mandemens ou deffences à ce contraires. Et pour ce que ce soit ferme chose & estable à tousjours, Nous avons fait mettre nostre Seel à ces presentes Lettres : sauf en autres choses nostre droit, & l'autruy en toutes. *Donné à* Paris, *ou mois de Décembre, l'an de grace mil CCCC. & cinq, & de nostre Regne le XXVI.*e

Par le Roy. BARRAU.

CHARLES VI. à Paris, le 4. de Janvier 1405.

(a) Lettres qui portent qu'à l'exception des huit Sergens d'armes d'ordonnance servans, tous les autres qui prennent ce titre, payeront les droits imposés sur les marchandises, & seront par rapport aux crimes qu'ils pourront commettre, justiciables des Juges ordinaires, & non du Connétable.

NOTE.

(a) Voy. ci-dessus p. 92. note *(a)*.

CHARLES VI. à Paris, le 17. de Janvier 1405. & le 14. de Mars 1380.

(a) Lettres qui portent que les Notaires du Languedoc, & particulièrement ceux de Montpellier, contribuant au payement des Subsides levés pour le Roy, & aux dépenses communes des lieux où ils demeurent, seront exempts de l'imposition d'un marc d'argent, ou d'une quotité de marc, qu'on levoit anciennement sur eux.

a supp. &.

b Fouages : Impositions par feux.

KAROLUS, &c. Notum facimus universis presentibus pariter & futuris, Nos lacrimabilem supplicacionem dilectorum nostrorum Consulum [a] *Notariorum Ville nostre* Montispessulani, *nomine ipsorum ac nomine & vice aliorum Notariorum dicte Ville ac Baronie & Rectorie ejusdem, suorum in hac parte consortum, Nobis porrectam audivisse, continentem quod cum antiquitùs ipsi Notarii de certo tempore usque ad aliud certum magnum tempus, solverent & solvere consuevissent unam marcham aut mediam marcham seu aliam partem marche argenti, dum per Nos seu Predecessores nostros peti seu eis indici vel imponi contingebat, & ob hoc in* [b] *Fogagiis ac aliis Tailliis & oneribus quibuscumque per Nos seu predecessores nostros ac universitatem dicte Ville & aliorum locorum dictarum Ville, Baronie & Rectorie ejusdem, in quibus moram trahebant & sua fovebant domicilia, indictis seu indicendis minimè contribuebant, ex quibus Fogagia & alia jura nostra & eciam Ville & locorum predictorum, propter multitudinem ipsorum Notariorum valdè diminuebantur, & Communitates Ville & locorum predictorum onera que eis imponebantur, bono modo supportare non poterant: quamobrem defunctus Patruus noster* Dux Andegavensis, *illo tempore quo Locumtenens inclite recordationis Domini Progenitoris nostri, quorum anime perpetuâ luce fruantur, in patria* Lingue Occitane *existebat ; videlicet, de anno Domini millesimo CCC.*o *septuagesimo quinto, & de mense Julii, convocatis Communitatibus Villarum patrie antedicte, in loco de* Villa-nova *prope* Avinionem, *suum Consilium tenendo, in quo nonnulla capitula sive advisamenta que pro honore Regio & prospera conservacione patrie antedicte videbantur expediencia & utilia, fuerunt ex parte predicti Patrui nostri dictis Communitatibus explicata, & eciam ipse Communitates quasdam requestas ipsi utilitati publice congruas & consonantes eidem Patruo nostro fecerunt, que per eundem concesse & concordate extiterunt, & inter cetera, habito respectu ad ea que supra sunt expressa, concesserit idem Patruus noster quod Notarii in* Senescaliis Tholose, Car-

NOTE.

(a) Trésor des Chartres, Registre 161. P. ij.e (200).

cassone & Bellicadri *commorantes, larem & domicilium in eisdem foventes, communibusque contribucionibus, expensis & necessitatibus Villarum & locorum in quibus morantur contribuentes, ex tunc in antea ad aliquam marcham argenti seu partem marche, vel aliam prestacionem extraordinariam impositam vel in futurum imponendam, solvendam, nisi solum & dumtaxat cum aliis habitantibus dictarum Villarum, & prout ipsi contribuerent, minimè compellerentur aut compelli deberent, & super hujusmodi ac aliis concessionibus tunc factis, idem Patruus noster suas tradiderit & concesserit patentes & apertas Litteras quas promisit per dictum Dominum Genitorem nostrum facere confirmari, in quibus quidem Litteris concessionis gracie dicti Patrui nostri, est inter alia dicta clausula ad hoc faciens, cujus tenor talis est:*

CHARLES VI. à Paris, le 17. de Janvier 1405. & le 14. de Mars 1380.

Item. *Concedimus quod Notarii in dictis Senescalliis seu aliquibus ipsarum commorantes, larem & domicilium in eisdem foventes, communibusque contributionibus, expensis & necessitatibus contribuentes, de cetero seu in futurum, ne duplici gravamine graventur, ad aliam marcham argenti neque partem ejusdem per Nos seu aliquam aliam personam impositam vel in futurum imponendam, neque ad aliquam extraordinariam, nisi solum & dumtaxat cum aliis plebeis & Communitatibus locorum in quibus moram facient, & in dictis locis ad predicta* [a] *exsolvent minimè compellentur nec possint compelli, neque compelli permittemus: Et nichilominus promittimus quod si quod à talibus Notariis habitum seu levatum extiterit à medio anno citra, eisdem reddatur, seu de quota pro presenti (b) offra eis contingente, deducatur aut defalquetur.*

Et super hujusmodi concessione & gracia, Nos certificati de eadem, eisdem Notariis dicte Ville Montispessulani, *nostras eciam expost concesserimus Litteras hujus gracie confirmatorias, quarum tenor sequitur in hunc modum.*

a Je crois qu'il faut corr. *exsolvenda*; cependant il y a plus bas encore *exsolvant*.

KAROLUS, Dei gratia, Francorum Rex. Senescallo Bellicadri & Nemausi, *ac Gubernatori, Bajulo & Rectori* Montispessulani, *vel eorum Locatenentibus, & quibuscumque Commissariis & Executoribus supra infrà scriptis deputatis & deputandis: Salutem. Ex gravi querimonia* Jacobi de Sancto Johanne, Bertrandi Pauli, *& aliorum Notariorum seu Tabellionum habitancium in dicta Villa* Montispessulani, *percepimus quod licet ipsi contribuant & contribuere consueverint, & sint astricti in Taliis, Subsidiis, Fogagiis & aliis oneribus communibus dicte Ville, quas per Consules ipsius Ville indici contingit, tam pro facto redempcionis bone memorie Regis Johannis Avi nostri, quam pro facto guerrarum Regni nostri, & aliter, ex quacumque causa, sicut ceteri plebei & incole dicte Ville, & licet eciam ipsi & eorum quilibet, sint & esse debeant liberi & quitti à solucione marcharum argenti, que per Nos aut Locumtenentem seu alias Gentes nostras imponi vel indici contingit, Notarii illius Patrie occasione dictarum guerrarum vel aliter quoquomodo, virtute cujusdam concessionis eis super hoc facte per carissimum Patruum nostrum* Ducem Andegavensem & Turonensem, *Germanum, & tunc Locumtenentem in ipsis Partibus recolende memorie Domini Genitoris nostri* [b] *facte sub data loci* Villenove *prope* Avinionem, *die decima nona Julii, anno Domini millesimo CCC.° septuagesimo quinto, Cujus quidem concessionis, seu clausule ipsam continentis, tenor talis est.*

[c] Item. *Concedimus, &c. Nichilominus vos seu aliqui vestrum, de die in diem compellitis seu compellere nictimini dictos conquerentes seu aliquos (c) aut eis aut al. per vos compelli verisimiliter formidant, ad solucionem marche seu marcharum quas per Nos seu Locumtenentem vel alias Gentes nostras Notariis ipsius patrie indici contingit, sic ipsos duplici onere agravando, sicut dicunt, supplicantes per Nos eis provideri de remedio opportuno. Quocirca vobis & vestrum cuilibet districtè precipimus & mandamus comittentes, quatinus factâ vobis fide summariâ de concessione predicta per Litteras originales, aut earum* vidimus *sigillo autentiquo Curie nostre alicujus loci insignis illarum parcium sigillatum, dictos conquerentes aut alterum eorumdem, ad sol-*

b Ce mot qui est plus haut, est inutile ici.

c Cet article est ci-dessus.

NOTES.

(b) *Offra.*] Offre, Subside offert par les Etats du *Languedoc*.

(c) *Aut eis.*] Je crois qu'il faut corr. *de eis*; mais cet endroit paroît corrompu & peut-être tronqué.

CHARLES VI. à Paris, le 17 de Janvier 1405. & le 14 de Mars 1380.

vendum dictas marcham seu marchas in totum vel in parte, nunc vel in futurum minimè compellatis aut compelli permittatis; quinymo facta in contrarium, si que inveneritis, revocetis, & ad statum pristinum reducatis seu reduci faciatis, visis presentibus, sine custu; quoniam sic fieri volumus, & dictis conquerentibus concessimus & concedimus auctoritate nostrâ, de gracia speciali per presentes, si sit opus; Litteris & mandatis in contrarium factis & faciendis sub quacumque verborum forma, non obstantibus quibuscumque. Datum *Parisius*, die XIIII.[a] Marcii, anno Domini millesimo CCC.° octogesimo, & Regni nostri primo.

Suite des secondes Lettres de Charles VI. de l'an 1405.

Et à tempore dicte concessionis ipsius gracie facte citra, ipsi Notarii Ville predicte Montispessulani, *ac aliorum locorum Baronie & Rectorie ejusdem, semper contribuerint & solverint, & de die in diem dum locus advenit, contribuant atque solvant in Subsidiis, Juvaminibus, Aidisque & Fogagiis nostris, & aliis Tailliis & oneribus ac expensis communibus quibuscumque Ville & locorum predictorum in quibus moram trahunt & sua fovent domicilia, sicut ceteri plebei Ville & locorum predictorum, libenti animo & absque contradiccione aliquali; nichilominus tamen defuncti* Johannes Chauchati *Receptor generalis omnium Financiarum in* Patria Occitana, *pro una marcha, & deinde* Nicasius *de* Platea *Receptor* Nemausi, *pro media marcha argenti, dictos exponentes* [a] *excutari & compellere suo tempore voluerunt; & quia iidem exponentes suam franchesiam & immunitatem predictas allegantes, adversus dictas execuciones audiri nequiverunt, ipsi ad Nos & nostram Parlamenti Curiam appellarunt, in qua suas appellacionum Causas introduxerunt & adhuc prosequuntur, nec per ipsos stat quominus ipse Cause terminentur; quibus Causis pendentibus,* Petrus *de* Cortenayo *& nonnulli alii ab eo deputati, circa annum Domini millesimum CCC.*[um] *nonagesimum octavum, pro alia marcha argenti eosdem exponentes compulit & compelli mandavit, nec ad eam compulsionem cessare voluit, quamvis de franchesia dictorum exponencium, & litispendencia prelibatis fuisset certificatus, ob quod jam dicti exponentes ad Curiam nostram pretactam iterato appellarunt, Causaque sue appellacionis in ipsa Curia nostra introducta, eadem Curia nostra de consensu Procuratoris nostri Generalis, appellacionem predictam adnullavit, & Causam principalem coram dilectis & fidelibus Consiliariis nostris gentibus Requestarum Palacii nostri remisit, coram quibus Causa ipsa remanet adhuc indecisa; quibus eciam non obstantibus, generales Consiliarii super facto Juvaminum & aliarum financiarum in patria* Lingue Occitane *existentes, de novo seu circa annum quadringentesimum tercium mandarunt compelli exponentes sepedictos pro una marcha argenti exsolvenda, & propter hoc plures & varias execuciones & molestias & expensas eisdem exponentibus in personis & bonis fecerunt & intulerunt indebitè & injustè, ac in dicte franchisie & libertatis sue atque concessionis nostre preinserte enervacionem, ac ipsorum exponencium & boni juris eorumdum grande lesionem & oppressionem; timeantque iidem exponentes in futurum, per tales & tantas marcharum seu partis marche indicciones, amplius agravari, opprimi atque ledi, pecierunt ideò & humiliter supplicaverunt sibi nominibus quibus supra, per Nos de remedio provideri opportuno, & predictam franchesiam suam atque concessionem eis per dictum Patruum nostrum factam & concessam, & alias Litteras nostras preinsertas & contenta in eisdem confirmari. Nos itaque supplicacionibus & requestis dictorum exponencium nominibus jam dictis, tanquam justis, attentis supradictis ac infrascriptis inclinati, attendentes eciam quod Officium hujusmodi Tabellionatûs non debet eis esse dampnosum, cum sit Officium publicum unicuique deserviens, quodque duplici onere non debet agravari, quodque eciam, dum in partibus predictis aliquem Notarium decedere contingit, ipso facto medietas Notariatûs & Prothocolorum suorum ad nos pertinet & spectat, &* [b] *Thesauri sive Receptores & alii Officiarii nostri ad quos hoc pertinet, ipsam medietatem Notariatûs & Prothocolorum predictorum talis Notarii defuncti recipiunt de facto, & ad nostram utilitatem vendunt & convertunt, vendereque & convertere consueverunt, & aliis eciam que nostrum movent animum ac movere possunt atque debent in hac parte, attentis & consideratis, idcirco predictam franchesiam atque graciam sive concessionem per dictum Patruum nostrum ipsis Notariis factas & concessas, necnon Litteras nostras preinsertas,* &

[a] corr. *executari.*

[b] corr. *Thesaurarii.*

& concessionem per Nos eisdem factam, ac eciam universa & singula in eisdem contenta & descripta, dictis supplicantibus nominibus jam dictis, presentibus & futuris, confirmamus, laudamus & approbamus: & insuper, dilectis & fidelibus Consiliariis nostris gentibus nostrum Parlamentum tenentibus, Camere Compotorum nostrorum atque Requestarum Palacii nostri Parisius, *& que in futurum tenebunt & gubernabunt Parlamentum, Cameram Compotorum & Requestarum, necnon Gubernatori & Rectori nostris* Montispessulani, *ceterisque Justiciariis & Officiariis nostris in Villa nostra* Montispessulani *predictis, aut alibi ubilibet constitutis, & eorum cuilibet, vel Locatenentibus eorundem, quibus presentes nostre Littere presentabuntur, harum serie districtè precipiendo & committendo mandantes ut ipsos supplicantes, nominibus jamdictis, presentes & futuros, in Taliis & aliis oneribus communibus dicte Ville* Montispessulani, *& aliorum locorum dictarum Rectorie & Baronie ejusdem Ville, in quibus larem & domicilium fovent, cum* [a] *eteris plebeis & ut ceteri plebei ipsorum locorum contribuentes, & eorum quemlibet, nostrâ presenti graciâ, concessione atque confirmacione & effectu ejusdem, uti, frui & gaudere pacificè & quietè faciant & permittant, ipsos supplicantes, nominibus quibus supra, solucione dictarum marcharum atque alia parte marche supra specificatarum ac jam indictarum seu impositarum, & in futurum indicendarum seu imponendarum pro quacumque causa ordinaria seu extraordinaria & alia quacumque prestacione seu reddibencia, pro ipsa marcha aut parte marche seu loco & occasione ejusdem, quittos, liberos & immunes tenendo & observando, ac teneri & observari per quos intererit faciendo, absque contradiccione quacumque, nil in contrarium fieri permittendo; quinymo quoscumque alios Justiciarios, Officiarios, Commissarios & executores ac Servientes nostros, & alios quoscumque super facto dictarum marcharum deputatos seu deputandos, ac alios de quibus expedierit & fuerint requisiti, ad eis (d) parendum & premissa inviolabiliter observari faciendum per penarum & multarum imposiciones, earumque declaraciones & exacciones viriliter & rigidè compellendo seu compelli faciendo; non obstantibus litium pendenciis supradictis quibus finem perpetuum de facto imponimus, & pro* [b] *appositis haberi volumus per presentes; quoniam sic fieri volumus. Et premissa omnia dictis supplicantibus nominibus quibus supra, de plenitudine nostre potestatis & auctoritate nostra Regia, & nostra certa sciencia & gracia speciali, si sit opus, concessimus & concedimus per presentes. Verum cum oporteat ipsos supplicantes aliquociens ad loca diversa pro premissis accedere, & de presentibus fidem facere, circa que propter viarum & itinerum pericula aut aliter, posset eisdem periculum & prejudicium portando originale occurere, volumus igitur, mandamus & ordinamus* Vidimus *seu* [c] *transporto aut instrumento publico* [d] *perpetuacionis earumdem Litterarum sub aliquo Sigillo autentiquo regio confecto, in judicio & extra judicium fidem tantam adhiberi, quanta adhiberetur dicto originali. Quod ut firmum & stabile imperpetuum perseveret, nostrum presentibus jussimus apponi Sigillum: Salvo in aliis jure nostro, & in omnibus quolibet alieno.* Datum *Parisius*, die XVII.ª Januarii, anno Domini millesimo CCCC.° V.^to & Regni nostri XXVI.^to

Per Regem, in suo Consilio, in quo Rex Navarre, *Domini* Duces Aurelianensis *&* Burgundie, *Dominus* Petrus *de* Navarra, Comes Marchie, *& alii, erant.* BARRAU.

CHARLES VI. à Paris, le 17 de Janvier 1405. & le 14 de Mars 1380.

a corr. *ceteris.*

b Ce mot paroît corrompu, peut-être faut-il restituer *appositis.*

c Peut-être faut-il corr. *transcripto.*

d Ce mot paroît aussi suspect.

NOTE.

(d) *Parendum.*] Il n'y a dans le Reg. qu'un *p.* coupé, deux jambages & *dum*, avec une marque d'abréviation.

CHARLES VI. à Paris, le 27 de Janvier 1405.

(a) *Lettres portant défenses de faire des Joustes ou Faits d'armes.*

CHARLES, par la grace de Dieu, Roy de France. A nos amez & feaulx Genz tenans & qui tendront nostre Parlement à *Paris*, & au *Prevost* de *Paris*: Salut & dileccion. Nous avons entendu que noz amez & feaulx Chevaliers & Cham-

NOTE.

(a) Registre A. du Parlement de *Paris*, fol. 9.^xx 14. (194.) recto.

CHARLES VI. à Paris, le 27 de Janvier 1405.

bellans *Jehan de Garencieres* le jeune, le *Sire* de *Boqueaux, Françoys* de *Gringnaulx*, & autres, ont n'agueres proposé de faire briefvement certaines Joustes ou Faiz d'armes au lieu de *(b) Royaumont* ou ailleurs en nostre Royaume, & ce fait crier & publier en plusieurs lieux de nostredit Royaume; pourquoy Nous qui ne voulons lesdictes Joustes ou Faiz d'armes estre [a] sanz aucunement, attendu les haynes, débas & controverses qui pour occasion de ce, seroient en voye de mouvoir entre eulx ou autres, dont très-grans inconveniens s'en pourroient ensuir, ausquelz Nous desirons obvier du tout nostre povoir, & pour certaines autres justes causes & consideracions à ce Nous mouvans, vous mandons & commandons très-estroictement, & à chascun de vous, que tantost & sans delay ces Lectres veues, vous faictes crier & defendre de par Nous, en tous les lieux accoustumés à faire cris en nostre Ville de *Paris*, & ailleurs là où il appartendra, que ilz ne facent lesdictes joustes ou faiz d'armes, sur tout quanques ilz se pevent meffaire envers Nous, maiz s'en desistent du tout; & semblablement faitez faire lesdiz criz & desenses d'oresenavant, incontinant qu'il vendra à vostre congnoissance que aucuns autres voldront faire Joustes [b] out Fait d'armes en nostredit Royaume, & ou cas que eulx ou aucuns d'eulx, ne obtempereront auxdictes defenses, pourvéez-y, par la prinse de leurs corps & biens, tellement que leur entreprinse ne sortisse point son effect, & avec ce, les punissiés selon l'exigence des cas, en tele maniere que ce soit exemple à tous autres: Car ainsi Nous plaist-il estre fait, nonobstant quelzconques Lettres impetrées ou à impetrer à ce contraires. *Donné à* Paris, *le XXVII.e jour de Janvier, l'an de grace mil CCCC & cinq, & de nostre Regne le XXVI.e*. Ainsi signée. Par le Roy en son Conseil, où le *Roy* de *Navarre*, Monseigneur le *Duc* de *Bourgoigne*, les *Contes* de *Mortaing* & de la *Marche*, [c] Vous, le Sire de *Rieux*, le Sire de *Boissay, Thibault* de *Maseray*, & autres, [d] estoient. FERRON.

Prescripte Littere publicate fuerunt ad [e] fenestram, die XXIX.a Januarii, m.o CCCC.o quinto. BAYE.

a corr. *faitz*.

b corr. *ou*.

c Le Chancelier de France. Voy. le 5.e vol. de ce Rec. pag. 653. note *(c)*.

d *est*. avec une marque d'abréviation Reg.

e Voy. le 8.e Vol. de ce Rec. p. 118. note *(c)*.

NOTE.

(b) Royaumont.] C'est apparemment l'*Abbaye de Royaumont*, à huit ou neuf lieues de *Paris* vers le Nord.

CHARLES VI. à Paris, en Janvier 1405.

(a) Lettres qui prorogent pour dix ans le privilège accordé aux Marchands Castillans trafiquans dans le Royaume de France, de ne payer aucuns Impôts.

CHARLES, par la grace de Dieu, Roy de France. Savoir faisons à tous presens & advenir, que comme aux Marchans & autres gens du Royaume de *Castelle*, Nous ayons dès le [f] 14.e jour de Mars, l'an 1397. octroyé que jusques à dix ans lors après suyvans, ilz soient du tout tenuz francs, quictes, paisibles & exempts de Coustumes, Aydes, Subsides & Impositions des denrées & marchandises par eulx achetées & vendues, & qu'ilz achecteront & vendront des lors en avant en nostre Royaume & Seigneurie, quelque part que ce feust, pour mener hors d'icelui, ainsi qu'il est contenu plus à plain en noz autres Lectres pour ce faictes, desquelles l'en dit la teneur estre telle.

(b) CHARLES, &c.

f Dans T. C. il y a mal iiij.e de Mars.

NOTES.

(a) Regiftre du Parlement de *Paris* intitulé: Second Volume des Ordonnances de Louis XI. coté F. Ces Lettres sont vidimées dans celles de Louis XI. du mois de Septembre 1479. & qui sont au fol. viij.xx iij. v.o (163.) de ce Regiftre.

Ces Lettres sont aussi dans le Regiftre 160. du Trésor des Chartres, Pièces xiij.xx xvij. (277.)

(b) Charles, &c.] Ces Lettres qui sont du 14. de Mars 1397. sont imprimées à la page 185. du huitième Volume de ce Recueil.

CHARLES VI. à Paris, en Janvier 1405.

Nous, pour contemplacion de nostre très-cher & amé Frere le Roy de *Castelle*, & aussi à la supplicacion & requeste de nostre bien amé *Pierre Nyque* Escuyer dudit Royaume de *Castelle*, auquel Nous avons voulu & voulons en ce & en autres choses complaire & faire plaisir, pour consideration des bons & agreables services qu'il Nous a faiz à l'encontre de noz ennemys, par la mer & autrement en plusieurs & maintes manieres, fait chacun jour, & esperons qu'il face ou temps avenir, & pour certaines autres causes & consideracions à ce Nous mouvans, avons par grant & meure deliberacion, de nostre plaine puissance, auctorité royal & grace especial, par la teneur de ces presentes, octroyé & octroyons ausdits Marchans & autres gens dudit Royaume de *Castelle*, que jusques à autres dix ans après entresuyvans, à commancer du jour que les dix ans devant diz fineront, ilz soient & demourrent du tout francs, quictes, paisibles & exemps desdictes Coustumes, Aides, Subsides & Imposicions, pareillement & tout en la forme & maniere que par nozdites Lettres ci-dessoubz transcriptes octroyé leur avons pour les dix ans dessusdiz qui encores durent : Toutesvoyes n'est pas nostre entencion de muer ou innover aucunement pour ceste presente grace, aucune chose contre les Privileges dessusditz octroyez ausdiz marchans & autres gens dudit Royaume de *Castelle*, mais voulons qu'ilz demourent en leur force & vertu, & que d'iceulx ilz joïssent & usent paisiblement comme ilz faisoient, povoient & devoient faire par avant ceste presente grace. Si donnons en mandement par ces presentes à noz amez & feaulx Admiral, Gens de noz Comptes & Tresoriers à *Paris*, & les Generaulx Conseillers sur le fait des Aides ordonnez pour la guerre, au *Seneschal* de *Xaintonge*, au [a] Gouvernement de la *Rochelle*, aux *Baillis* de *Rouen*, de *Caulx* & de *Caen*, au *Vicomte* de *Monstiervillers*, au *Prevost* & Capitaine de *Harfleu*, au Visadmiral, & à tous noz autres Justiciers & Officiers, & autres Commis & députez ou à commectre & depputer à cueillir, lever & recevoir les Malestoutes, Coustumes, anciennes & nouvelles Imposicions, Aides & Subsides, & Imposicions foraines dessusdites, qui sont apresent, & [b] par le temps avenir seront, ou à leurs Lieutenans [c] ou à chacun d'eulx, si comme à lui appartendra, que lesdiz Marchans & autres gens de *Castelle*, ilz tiennent & facent tenir francs, quictes, paisibles & exemps desdites Coustumes, Imposicions, Aides & Subsides dessusdiz, pour les denrées & marchandises par eulx achetées & vendues & qu'ilz acheteront & vendront, ou feront vendre & achepter par leurs gens, facteurs ou autres quelzconques à ce [d] tenuz par eulx en nostredit Royaume & Seigneurie, pour traire hors d'icelui, jusques à dix ans entresuyvans, à commancer du jour que les autres dix ans dessusdiz qui encores durent, finiront, comme dit est, & par la forme & maniere que dessus est dit, sans leur faire ne souffrir estre fait ne donné sur ce aucun empeschement ou destourbier au contraire en quelque maniere que ce soit ; lesquelz, se faiz estoient, reparent & amendent & facent reparer & amender reaument & de fait sans aucun delay, & mectre au premier estat & deu. Et pour ce que lesdiz Marchans & autre gens de *Castelle* ne pourroient pas recouvrer de ces presentes en tous les lieux & toutesfoiz que mestier en seroit, Nous voulons que du *Vidimus* d'icelles fait sous Séel royal, ilz se puissent ayder, & y soit adjoustée [e] planiere foy, comme à ce present Original. Et afin que ce soit ferme chose & estable, Nous avons fait mectre nostre Seel à ces Lectres : sauf en autres choses nostre droit, & l'autruy en toutes. *Donné à* Paris, *ou mois de Janvier, l'an de grace mil CCCC & cinq, & de nostre Regne le XXVI.e (c).*

a *Gouverneur.* T. C.

b *pour.* T. C.

c *&.* T. C.

d *commis.* T. C.

e *plaine.* T. C.

NOTE.

(c) Il y a de plus dans T. C. Par le Roy, en son Conseil où les Roys de *Secile* & de *Navarre*, Mess. les *Ducz* de *Berry*, d'*Orléans*, de *Bourgogne* & de *Bourbonnois*, les *Contes* de *Mortaing* & de *Tancarville*, Mess. *Robinet* de *Braquemont* & plusieurs autres, estoient. FERRON.

CHARLES VI. à Paris, le 3. de Février 1405.

(a) Lettres portant révocation des Lettres de dons de gages à vie, faits aux Officiers du Parlement, à l'exception de ceux qui ont servi vingt ans ou plus.

CHARLES, par la grace de Dieu, Roy de France. A tous ceulx qui ces presentes Lettres verront : Salut. Savoir faisons que comme Nous aions entendu que les revenues & proufiz de nostre Demaine, & aussi des Aides ordonnées pour le fait de la guerre, sont & ont esté grandement diminuées, parce que plusieurs de noz Conseilliers, Officiers, Serviteurs & autres, prennent & ont acoustumé de prendre gaiges à vie sur lesdiz Demaine & Aide, par Dons de Nous à eulx autresfoiz faiz par noz Lettres passées & verifiéez par ceulx à qui il appartenoit; laquelle chose est ou prejudice & dommage de Nous & des charges que Nous avons à supporter, tant pour le fait de ladicte guerre comme autrement, & encore seroit, se par Nous n'estoit sur ce pourveu. Nous ces choses considerées, & pour certaines autres causes & consideracions à ce Nous mouvans, avons revoquié & adnullé, revoquons & adnullons par ces presentes, en especial tous Dons quelxconques par Nous faiz à noz amez & feaulx Conseilliers de noz Chambres de Parlement, des Enquestes & des Requestes du Palais, desdiz gaiges à vie, & voulons & avons ordonné & ordonnons qu'ilz soient nulz & de nulle valeur ; & les Lettres sur ce obtenues de Nous, avons mises & mettons du tout au néant; sauf & reservé à ceulx de noz Conseillers desdictes trois Chambres, qui nous ont servi jusques au temps de vint ans & audessus, lesquelx ou aucuns d'eulx, Nous ne voulons ne entendons estre comprins en ceste presente revocacion. Si donnons en mandement à noz amez & feaulx Conseillers les Presidens & autres Gens tenans nostredit Parlement, les Gens de noz Comptes & Trésoriers à *Paris,* & à chascun d'eulx, si comme à lui appartendra, que nostre presente revocacion & Ordonnance publient & facent publier partout où il appartendra, & icelle tiengnent & gardent & facent tenir & garder sans enfraindre : Car ainsi nous plaist-il estre fait, nonobstant lesdictes Lettres de Dons, Ordonnances, Mandemens ou defenses à ce contraires. En tesmoing de ce, Nous avons fait mettre nostre Séel à ces presentes. *Donné à* Paris, *le iij.e jour de Fevrier, l'an de grace mil CCCC & cinq, & de nostre Regne le XXVI.e* Ainsi signées. Par le Roy, à la relacion de son Grant Conseil, où Messeigneurs les *Ducs* de *Berry,* d'*Orleans,* de *Bourgoingne* & de [a] *Bourbonnois*, les *Contes* de *Nevers*, de *Clermont* & de la *Marche*, le Connestable, [b] Vous, l'*Arcevesque* d'*Aux*, les *Evesques* de *Noyon*, de *Chartres* & de *Poictiers*, le Grant Maistre d'Ostel, le Maistre des Arbalestriers, Maistre *Pierre* l'*Orfèvre*, *Jehan* de *Boissay*, & autres, [c] estoient. FERRON.

Lecta in Curia, die XIII.a Febr. M CCCC V. BAYE.

[a] Bourbon. R.

[b] Le Chancelier de France. *Voy. le 5.e Vol. de ce Rec. p. 653, note (c).*

[c] *est.* avec une marque d'abréviation. Reg.

NOTE.

Registre A. du Parlement de *Paris,* folio 9 vingt 14. v.° (194).

Avant ces Lettres, il y a : *Revocacio Vadiorum ad vitam.*

M. CCCC. VI.

Suivant le Glossaire de *Du Cange*, au mot, *Annus*, cette année a commencé le 11. d'Avril, & fini le 26. de Mars suivant.

CHARLES VI. à Paris, les 23. & 24. d'Avril 1406.

(a) Lettres par lesquelles Charles VI. révoque la permission qu'il avoit donnée de publier les Bulles par lesquelles le Pape avoit accordé des Indulgences à ceux qui donneroient du secours à l'Empereur de Constantinople contre les Turcs.

CHARLES, par la grace de Dieu, Roy de France. Au *Senechal* de *Carcassonne* ou à son Lieutenant : Salut. Combien que n'agueres par nos autres [a] Lettres, à la priere & requeste de *Constantin Raly Paleologue*, Cousin & Ambassadeur de l'Empereur de [b] *Constantinnoble*, disant que pour avoir secours & resister à la male volenté des *Turcs*, lesquelgs s'efforcent de *(b)* suppediter les Chrestiens ès Parties de *Grece*, & aussi pour exposer & démontrer clairement le peril & la très-grant misere & pouvreté où lesdits Chrestiens sont ezdittes parties de *Grece*, il estoit envoyé par ledit Empereur par devers notre Saint Pere le Pape, Nous & les autres Roys & Princes Chrestiens, & que pour iceulx Empereur & Chrestiens des Parties devant dittes aydier & conforter, notredit Saint Pere a donné & octroyé par ses Bulles pleines Indulgences à tous les feaulx Chrestiens qui leur fairont ayde & confort à résister contre lesdis Mescreans, Nous eussions mandé entre autres choses, à tous Seneschaux, Baillis, Prevôts & autres Justiciers & Officiers de notre Royaume, ou à leurs Lieutenans, & à tous nos autres Subjiets, de quelque autorité & prééminence qu'ils usent, que ledit *Constantin Raly* & ses Procureurs & Messages, ils souffrissent & laissassent publier lesdites Indulgences contenus ezdittes Bulles, sans empeschement aucun, en leur donnant en ce faisant, aide, conseil, confort & faveur : toutesvoyes Nous qui pour aucuses nouvelles qui depuis Nous sont survenues, & pour certaines justes causes & raisonnables, [c] ne voulons icelles Indulgences estre publiées en aucunes parties de nostredit Royaume, vous deffendons très-expressement que lesdittes Indulgences vous ne souffrés aucunement estre publiées [d] ez mettes de votre Senechaussie : ainçois si ledit *Constantin* ou sesdits Procureurs ou Messages les y vouloient faire publier par vertu de nos Lettres dont dessus est faite mention, ce leur deffendés sur quanques ils se peuvent mesfaire envers Nous, & icelles Lettres prenés ou faites prendre, & les renvoyés par devers notre amé & féal Chancellier & les Gens de notre Conseil, & gardés qu'il n'y ayt faulte. *Donné à* Paris, *le 23.e jour d'Avril, l'an de grace 1406. & de notre Regne le XXVI.e*

Par le Roy, à la relation de son Grant Conseil, où Messeigneurs les *Ducs* de *Berri*, d'*Orléans* & de *Bourgeigne*, [e] Vous, M.e *Jean* de *Boissay*, & autres, estiés. [f] FERRANE.

a *Elles ne sont point dans ce Rec.*
b *Constantinople.*
c Voy. ci-dessous dans les Lettres du 4 d'Octobre 1406. les raisons de cette révocation.
d *dans l'étendue.*
e Le Chancelier de France. Voy. la note *(c)* de la p. 653. du 5.e Vol. de ce Rec.
f Voy. la fin de la note *(a)*.

NOTES.

(a) La copie de ces Lettres a été envoyée de *Montpellier* avec cette indication :

Senechaussée de Carcassonne, *armoire A. liasse des hommages en general, n.° 2. fol. 152.*

Le lendemain 24. d'Avril, Charles VI. adressa des Lettres entièrement semblables, au *Sénéchal* de *Toulouse*. La copie de ces Lettres a été aussi envoyée de *Montpellier* avec cette indication : *Senechaussée de* Toulouse *en général, armoire C. S.e con.on des Titres particuliers, n.° 3. fol. 8. v.°*

Ces Lettres sont signées *FERRON* Secrétaire du Roy, qui a signé plusieurs Lettres Royaux dans le même temps; ce qui porte à croire que la signature des Lettres semblables, données le jour précédent 23. d'Avril, est défigurée, & qu'il faut corr. *Ferron*.

(b) Suppediter.] Soûmettre, mettre sous les pieds : On a dit en latin dans ce sens, *suppeditare*. Voy. le Gloss. de *Du Cange* à ce mot.

CHARLES VI. à Paris, le 3. de Juillet 1406.

(a) Lettres qui portent que celles qui ont été données en conséquence de la Restitution à l'obédience de Benoît XIII. seront exécutées nonobstant les Bulles & autres Actes émanés de ce Pape ou de ses Officiers.

CHARLES, par la grace de Dieu, Roy de France. A tous ceux qui ces presentes Lettres verront : Salut. Comme par grant & mure deliberation [a] du Conseil, & *(b)* du conseil & consentement des Princes, Seigneurs de notre Sang & Lignage, des Gens de notre grant Conseil, des Prelats, Chapitres, Universités & [b] Clergier de nos Royaume & *Dalphiné* de *Viennois,* estans [c] & pour ce assemblés en ceste nostre bonne Ville de *Paris,* tant & en tel nombre qu'ils representoient l'Eglise universal de nosdits Royaume & *Dalphiné,* & pour plustot venir & avoir paix & union en nostre mere S.te Eglise, laquelle sur toutes riens Nous avons desiré & desirons de tout nostre cuer, comme un chacun bon Chrestien & vrai Catholique le doit faire, & oster le douleureux [d] Scisme qui sy très longuement y avoit & a duré, comme encores fait de present, Nous dès le mois de [e] Juillet mil trois cens quatre vingt-dix-huit ou environ, nous fussions du tout substraits & departis pour Nous & tout notre peuple de nosdits Royaumé & *Dalphiné,* de l'obeissance de notre S.t Pere le Pape [f] *Benedict,* & sur ce eussions fait certaine [g] Loi & Ordonnance par laquelle entre autres choses ordonasmes que aux Prelatures, Dignités & autres Benefices [h] electis qui vaqueroient durant laditte substraxion, fust pourvû par l'election de ceulx à qui il appartendroit, & aux autres Benefices ou Offices Ecclesiastiques, par la collation ou provision des Ordinaires, ainsi que par raison & selon droit commun se souloit anciennement faire : & depuis pour aucunes causes survenues & à Nous données à entendre de par nostredit S.t Pere, & qui à ce Nous meuvent, ayons [i] rendu & restitué obeissance à icelui notre S.t Pere, en laquelle rendant, fut traitié, accordé & [k] permis pour notredit S.t Pere, par notre très-chier & très-amé frere le *Duc* d'*Orliens,* & autres de la partie d'icelui notre S.t Pere, & aussi fut dessors & depuis a eté & encore est notre entention & voulenté, & ainsi l'avons depuis *(c)* declaré en notre grand Conseil, par grant & mure deliberation, & pour obvier aux grans inconveniens & domages irreparables qui s'en pussent être advenus & ensuis, que tous ceulx qui avoient été promus à Prelatures, Dignités & autres Benefices durant laditte substraxion, demouroient en iceulx, nonobstant quelsconques Edits ou reservation faites en Court [l] au contraire, & y seroient par Nous & nos Juges & Officiers maintenus & gardés, ostés & cessans tous empeschemens qui par [m] Bulles ou par Nous appliqués leur y seroient ou pourroient être

a corr. *de Conseil.*

b *Clergies.* c *&* est inutile.

d *Schisme.*

e Les Lettres de soustraction furent données le 27. de Juillet 1398. & sont à la p. 258. du 8.e Vol. de ce Rec.

f *Benoist XIII.*

g Ce sont les Lettres du 7. de Mai 1399. qui sont à la p. 325. du 8.e Vol. de ce Rec.

h *electifs,* là & plus bas.

i Par les Lettres du 30. de Mai 1403. qui sont à la p. 593. du 8.e Vol. de ce Rec.

k app. *promis.*

l supp. *de Rome.*

m Ce mot a été app. mal lû par le Copiste. Le mot *Nous* m'est aussi suspect.

NOTES.

(a) La copie de ces Lettres a été envoyée de *Montpellier* avec cette indication :

Sénéchaussée de Toulouse, armoire C. 8.e continuation des titres particuliers, n.° 3. fol. 50.

Voy. la Préface, §. Schisme.

(b) Du conseil & consentement.] Je ne me souviens point d'avoir encore trouvé dans ce Rec. le mot de *consentement* joint à celui de *conseil.* A la fin de deux Lettres du 18. de Février 1406. qui seront imprimées ci-dessous à leur rang, & qui regardent aussi le Schisme de l'Eglise, on lit : *Cum consilio & assensu.* Ces sortes de formules étoient fort communes sous la première & la seconde Races de nos Rois. On trouve quelques-fois dans leurs Lettres, *cum consensu,* & plus souvent, *cum consilio & consensu,* ou *assensu.* Il y a encore quelques exemples de ces formules, au commencement de la troisième Race, & je crois même en avoir vû du quatorzième Siècle. Le mot *consilium* doit déterminer le sens de ceux de *consensus* & *assensus.*

(c) Declaré.] Voy. les Lettres du 29. de Décembre 1403. qui sont à la p. 622. du 8.e Vol. de ce Rec. Mais ces Lettres furent révoquées par celles du 9. de Juin 1404. qui sont ci-dessus p. 14.

Il est singulier que ces Lettres de 1406. qui ordonnent l'exécution de celles du 29. de Décembre 1403. ne fassent point mention de la révocation qui en avoit été faite : peut-être cette révocation avoit-elle été annullée par les Lettres desquelles il est fait mention un peu plus bas, & que je n'ai point trouvées dans les Registres publics ni ailleurs. Voy. ci-dessous p. 111. note marg. *(c).*

CHARLES VI.
à Paris, le 3. de Juillet 1406.

mis depuis laditte restitution; & coume par nos Lettres sur ce faites, ces choses & autres peuvent plus à plain apparoir. Et jaçoit ce que aux Prelatures, Dignités, Offices electis, & autres Benefices & Offices ecclesiastiques qui ont vacqué durant laditte substraxion, tant par les trepassement de ceulx qui par avant les avoient tenus & tenoient, comme par permutation & autrement, ait eté pourveu à plusieurs bonnes & notables personnes par l'election, provision & collation de ceux à qui il en appartenoit selon droit commun, & lesdittes Loy & Ordonnances de laditte substraxion & autres, & que à ces Tiltres & autrement duement, les Prelats tant Arceveſques, Eveſques, coume autres qui, les choses dessusdittes durant, ont eté promeus aux Prelatures, Dignités & autres Benefices & Offices dessusdittes, ayent d'icelles Prelatures, Dignités & autres Benefices joy & usé paisiblement par l'espace, les uns de deux, de trois, de quatre, de cinq & six années ou environ, les uns plus, les autres moins, pris, levé & receu les fruits, profits, revenues & émolumens desdites Prelatures, Dignités & autres Benefices ecclesiastiques, coume leurs predecesseurs, ainsi que faire le pouvoient & devoient sans aucun empeschement, au veu & sceu de notredit S.t Pere & de tous autres qui l'ont voulu veoir & sçavoir, & ayent oultre iceux Prelats, tant Arceveſques, coume Eveſques, fait & celebré les S.ts Ordres, ordonné Prestres, conferé Benefices, & fait tout ce que à Offices & Dignités de Prelats appartient; néantmoins, coume entendu avons tant par la clameur de notre Procureur General coume d'autres notables Personnes nos Officiers & Subjiets, plusieur tant de notredit Royaume coume d'ailleurs, depuis laditte restitution d'obeissances, se sont traits par devers notredit S.t Pere, lequel tant à leur requeste & pourchas comme autrement, & principalement pour vouloir destruire, abolir & metre du tout au neant lesdittes Loy & Ordonnances par Nous, notre Conseil & l'Eglise de nosdits Royaume & *Dalphiné,* faites sur lesdittes substraxion & restitution, & noter sur Nous & nos Royaumes & Subjiets, crime de Scisme & autres vices & erreurs faisans contre notre foy, ce qui oncques ne fût veu ne ne sera ja, ce Dieu plaist, a octroyé & octroye de jour on jour plusieurs Brefs & Bulles venans directement contre icelles nos Loy, Ordennances & Declarations dont dessus est faitte mention, soubs umbre desquelles ou autrement, lesdits Impetrans se sont efforciés & efforcent chacun jour de eulx faire mettre, prendre & accepter la possession des Prelatures, Dignités & autres Benefices & Offices eclesiastiques dessusdits, & de en debouter de fait ceulx qui ont esté esleus, promeus & pourveus durant laditte substraxion, comme dit est, & aussi de les faire admonester, citer & adjourner, ou aucun d'eulx, en Cour de *Rome* pardevant notredit S.t Pere, ses Auditeurs, & autres à ce de par lui commis, de les mettre & tenir en grand [a] involitions de procès & autrement en diverses manieres, par fulmination de Sentences & autres [b] agregemens, vexer & dommagier, & que pis est, & pour ce que par vertu d'aucunes noz autres [c] Lettres & Mandemens, a eté inhibit & deffendu auxditz Impetrans, Auditeurs ou Commis, & autres ou à aucun d'eulx, qu'ils se cessassent de faire les molestations, vexations & autres choses dessusdittes, & que ceulx qui sont natifs ou Beneficiers en notredit Royaume, non voulans venir contre nos Lettres & Commandemens dessusdits, comme raison est, y ont aucunement obtemperé, notredit S.t Pere a évoquées & a mises icelles Causes & besognes pardevant lui, ou autres ses Auditeurs & Commis qui sont les uns de [d] *Romenie*, les autres d'*Aragon*, d'*Italie* & d'autres parties à Nous non subjetes, lesquels pour ce qu'ils n'ont riens en notredit Royaume, s'efforcent de faire sur ce le pis qu'ils peuvent, & desja eulx & autres se sont vantés & vantent de jour en jour publiquement & notoirement, au veu & sceu d'un chacun qui le veut oïr, veoir & sçavoir, qu'ils mettront & fairont mettre les Interdits & autres esclandres ès Villes, Cités & autres lieux de nosdits Royaulme & *Dalphiné*, prononceront & fairont prononcer & fulminer excomuniemens, agregemens, & toutes autres manieres de procès & Sentences contre Nous & tous ceulx qui se sont aydiés, ayderont & voudront aydier de laditte substraxion & de nos Loy, Ordennance & Declaration faites sur icelle, & en faisant la restitution d'obeissance dont dessus est faite mention, dont plusieurs grans inconveniens

[a] corr. *involutions.*

[b] C'est app. l'acte qu'on nomme présentement *Aggrave.*

[c] Elles ne sont point dans ce Rec.

[d] Ce mot signifie app. les Etats du Pape en Italie.

CHARLES VI.
à Paris, le 3. de Juillet 1406.

& domages irreparables se pourroient ensuir ou prejudice, vitupere & deshonneur de Nous, des Princes & Seigneurs de notre Sang & Lignage, des Gens de notredit Conseil & de l'Eglise, & Subjiets de noſdits Royaume & *Dalphiné*, se par Nous n'estoit sur ce pourveu de remede gratieux & convenable. Pourquoi sçavoir faisons que Nous voulans noſdittes Loy, Ordennance & Declaration par Nous faites si solemnelment & à si grant & mûre deliberation de Conseil, coume chacun sçait, sur les substraxion, restitution & autres choses dessusdittes, avoir & fortir leur plein effet, estre tenues, gardées & observées sans aucune infraxion, les venans à l'encontre ou faisans le contraire, estre punis, desirans de tout nostre cuer resister & obvier aux fraudes, malices, inconveniens, deshonneurs, domages & autres esclandes dessusdits, & les Arcevesques, Evesques & autres Prelats qui ont esté promeus & beneficiés durant la substraxion dessusditte, estre maintenus & gardés en leursdittes possessions, & nos Royaume & *Dalphiné* & Subjiets dessusdits, norrir en paix & transquillité, les garder & preserver de toutes deshonneurs, oppressions & autres vexations indeues, & pour certaines autres causes & considerations à ce Nous mouvans, avons vouleu & ordonné, voulons & ordonnons de [a] nous certaine science, grace special & pleine puissance, par ces presentes, que à telles Lettres ou Bulles octroyées & à octroyer par notredit S.t Pere, ou autrement de sa partie, sur la provision ou promotion des Prelatures, Dignités & autres Benefices ou Offices ecclesiastiques qui ont vacqué durant la substraxion dessusditte, ne sur les Interdits, Monitions, Citations, Fulminations, esclandres, ne autres choses dessusdittes, ne soit doresenavant en aucune maniere obey, ne par vertu d'icelles, auxdits Arcevesques, Evesques, Prelats ou autres beneficiés ou promeus durant laditte substraxion, comme dit est, fait ou donné, ne souffert estre fait ou donné aucun destourbier ou autre empeschement; mais tout ce qui sera trouvé avoir eté ou estre fait au contraire ou autrement, en deshonneur & prejudice de Nous & de noſdittes Loy, Ordennance & Declaration dont dessus est faite mention, ou des Prelats & Beneficiers dessusdits ou d'aucun d'eulz, soit ramené & remis au premier & deu estat. Voulons & ordonnons en oultre que tous ceulx qui lesdittes Lettres, Bulles, ou autres munimens & choses dessusdittes, ont octroyées, empetrées, appourtées, presentées ou poursuivies, & qui doresenavant les octroyeront, impetreront, apporteront, presenteront ou autrement poursuiront, soient arrestés, pris & emprisonnés, & leurs biens temporels, s'ils sont gens d'Eglise, & sinon, tous leurs biens meubles & heritaiges pris & mis en nostre main par bon & loyal inventoire, & soubs icelle baillés en garde & gouvernement à personne ou à personnes souffisans qui en puissent & sçaichent respondre toutesfois que mestier sera, & où il appartiendra, sans ce que d'icelles personnes & biens soit faite aucune recreance, eslargissement ou delivrance, jusqu'à ce que notre Procureur General & autres, qui de ce se vouldront faire partie, oys en nostre Court de Parlement, sera par icelle notre Court sur ce autrement ordonné: Laquelle notre Court Nous voulons surtout estre souffisamment certifiée. Si donnons en mandement par ces presentes à nos amés & feaulx Conseillers les Gens tenans nostre present Parlement à *Paris*, & qui tendront ceulx à venir, au Gouverneur de nostre Païs & Seigneurie de *(d) Jernies*, au *Prevost* de *Paris*, aux Seneschaulx, Juges-Mages & Viguiers de *Toulouse*, *Carcassonne*, *Beaucaire*, *Agennois*, *Bigorre*, *Quercy*, *Rouergue*, aux Maistres des Ports & Passages desdittes Senechaussies, & à tous les autres Justiciers & Officiers de noſdits Royaume, *Dalphiné* de *Viennois* & Seignourie de *Jernies*, presens & avenir, ou à leurs Lieuxtenans, & à chacun d'eulx, que notre presente Ordennance tiennient & gardent, & fassent tenir & garder par

a nos.

NOTE.

(d) Jernies.] Ce nom est encore répété deux fois dans la suite de ces Lettres. Je crois qu'il est corrompu, & qu'il faut corr. *Jennes* pour *Gennes*: car ce nom s'écrivoit autrefois de ces deux façons; & en 1406. *Gennes* reconnoissoit Charles VI. pour son Souverain. D'ailleurs les lettres *r*, *n* & *i* font quatre jambages qui peuvent aussi faire deux *n*, & le Copiste a pû prendre le premier jambage pour une *r*, & mettre mal-à-propos un point sur le dernier.

tous

tous nos Subjiets & autres demourans en nosdits Royaume, *Dalphiné* & Seignourie de *Jernies*, de quelque estat qu'ils soyent, la facent crier & publier par toutes les Villes & lieux notables de nos Royaume & *Dalphiné* & Seignourie dessusditte, & ailleurs où il sera expedient, & dont ils seront requis, afin que aucun ne puist pretendre ignorance, en punissant par nosdits Conseillers de notreditte Court de Parlement, lesquels Nous voulons sur les choses dessusdittes & leurs dependances, estre par ceulx qu'il appartiendra duement certifiés, tous ceulx qui seront trouvés faisant [a] avoir fait le contraire, tellement que l'honneur de Nous & de nosdits Royaume, *Dalphiné* & Subjiets, y soit gardé, & que ce soit exemple à tous autres: Car ainsi le voulons & Nous plaist estre fait, nonobstant quelsconques oppositions & appellations faites & à faire, & Lettres empetrées & à empetrer soubs quelsconques formes de paroles au contraire. En temoin de ce, Nous avons fait metre notre Sel à ces presentes Lettres. *Donné à* Paris, *le troisieme jour de Juillet, l'an de grace mil quatre cens & six, & le vingt-sixieme de notre Regne.* Par le Roy, presens Messeigneurs *Pierre* de *Navarre*, Mossgneur *Jacques* de *Bourbon*, Mossgneur *Colart* de *Cailleville*, Mossgneur *Jehan* de *Chambrillac*, & plusieurs autres, tant Conseillers comme Chambellans. G. BARRAU.

CHARLES VI. à Paris, le 3. de Juillet 1406.

a *supp.* ou.

CHARLES VI. à Paris, le 22. de Juillet 1406.

(a) Exemption de Prises pour les Habitans de la Varenne près S.t Maur.

CHARLES, &c. Savoir faisons à tous presens & avenir, que oye l'umble supplicacion à Nous faicte de la partie des manans & habitans en la Ville de la [b] *Varenne de Saint Mor*, contenant oultre les grans charges que ilz ont soustenu ou temps passé, tant pour le fait & occasion des guerres, comme pour payer les Tailles & autres Subvencions que pour le fait desdictes guerres leur a convenu payer oudit temps passé, encore ilz ont esté & sont chascuns jours moult travailliez pour les prinses que l'en a fait & fait sur eulx pour les provisions de nostre Hostel, & des Hostelz de nostre très-chière & très-amée Compaigne la Royne, de noz Enfans, & des autres de nostre Sang & lignage, dont il est avenu aucuneffois que pour cause desdictes oppressions, aucuns d'eulx ont esté ramenez en telle indigence & povreté, que moult grant partie d'eulx s'en sont alez demourer hors de ladicte Ville, comme tous [c] desers, & les autres qui sont demourez avecques leurs femmes & enfans, ont esté & sont tellement diminuez de leur petit estat & chevance, que à grant peine ont ilz eu ne ont à present de quoy vivre, si comme ilz dient, en Nous requerant humblement que nous vueillons avoir pitié d'eulx, & sur ce leur pourveoir de nostre grace : Nous pour consideracion des choses dessusdictes, eu sur ce le rapport de noz amez & feaulx Chevaliers les Maistres de nostre Hostel, qui Nous ont rapporté que pour Nous & nostredicte Compaigne, à nostre bon plaisir, ilz ont composé avecques lesdiz supplians, que parmi ce qu'ilz ameneront doresenavant par chascun an, ou feront amener à leurs despens en nostre Ville de *Paris* & à deux lieues environ, pour Nous, pour nostredicte Compaigne, & pour nostre très-chier & très amé Filz le Dauphin de Viennois, six [d] charrettes [e] feurre de seigle, bonnes & souffisans, & telles que ont accoustumé bailler les autres Villes composées à Nous, en telles saisons, & à tant de fois que requis en seront de par Nous, ilz seront quittes à tousjours pour eulx & leurs successeurs manans & habitans en ladicte Ville de [f] *Varenne*, [g] & de toutes autres prinses, avons agréable la composicion, & la voulons, approuvons & confermons, & à yceulx supplians pour eulx & leurdiz successeurs perpetuelment ou temps avenir, avons octroié & octroions de nostre certaine science & grace especial & de nostre plaine puissance & auctorité royal, par ces presentes, que parmi paiant & rendant chascun an à une ou à plusieurs

b Ce lieu est situé près de S. Maur-les-Fossés, à un peu plus de deux lieues de Paris.

c *deserts : ruinez.*

d *Il y a un peu plus bas* charrettées de feurre, *qui vaut mieux.*

e *feurrage : paille.*

f *supp.* la.

g *mot inutile.*

NOTE.

(a) Trés. des Chart. Reg. 160. P. CCCC. XLII. (442.)

CHARLES VI. à Paris, le 22. de Juillet 1406.

fois, en nostredicte ville de *Paris*, & à deux lieues environ, comme dit est, par lesdiz supplians & leursdiz successeurs, ainsi comme requis en seront, & en la saison qui leur sera ordonnée, lesdictes six charrettées de feurre, bonnes & souffisantes, franchement à leurs propres coux & despens, lesdiz supplians & leursdiz successeurs manans & habitans en ladicte Ville de *Varenne*, soient & demeurent francs & exemps à tousjours mais, quittes & paisibles de toutes prinses tant de blez, avoines & autres grains, vins, foings, feurres, chevaulx, charrioz, charrettes, harnoiz, voictures, liz, [a] coustes, coissins, couvertures, draps de lit, nappes, [b] touailles, tables, [c] fourmes, tresteaulx, beufz, vaches, moutons, veaux, pourceaux, aigneaulx, chevreaulx, chappons, gelines, poussins, pigons, oës, oisons, comme d'autres quelxconques appartenans auxdiz supplians estant tant en ladicte Ville de la *Varenne*, comme celles [d] qui menront ou feront mener de ladicte Ville de *Varenne* dehors, & de dehors en icelle jusques à six lieues ou environ à la ronde, sans ce que par les Chevaucheurs, Fourriers, Preneurs, & autres Officiers de Nous, de nostredicte Compaigne, de noz Enfans, de noz très-chiers & très-amez Oncles, Frere & Cousin les *Ducz* de *Berry*, d'*Orleans*, de *Bourgogne* & de *Bourbonn.* & autres de nostre Sang & lignage, ne pour quelxconques nos Lieuxtenans ou autres nos Officiers usans de prinse en nostre Royaume, y puissent estre faittes aucunes prinses ores ne pour le temps avenir; mais [e] s'aucuns estoient faictes sur lesdiz supplians ou aucuns [f] en ladicte Ville de la *Varenne*, ou dehors jusques auxdictes vj. lieues, contre nostre present octroy, & par lesdiz supplians n'estoit obey à ceulx qui feront lesdictes prinses, Nous ne voulons que les Maistres des Hostelz de Nous, ne de nostredicte Compaigne la Royne & des dessusdiz, ne noz autres Justiciers & Officiers quelxconques à qui ce pourroit appartenir, & à qui aucune [g] clameur en seroit faicte, contraignent lesdiz supplians à faire pour ce aucune admende à Nous ne à autres, & ce leur deffendons très-expressément. Si donnons en mandement au *Prevost* de *Paris*, auxdiz Maistres des Hostelz de Nous, de nostredicte Compaigne & de nostredit Fils le Daulphin, & de noz autres Enfans, de nosdiz Oncles, Frere & Cousin, de tous autres de nostre Sang & lignage, de noz Connestable, Mareschaux & autres nos Officiers usans de droit de prinse, qui sont à présent & seront pour le temps avenir, ou à leurs Lieuxtenans & à chascun d'eulx, si comme à lui appartendra, que lesdiz supplians, manans & habitans en ladicte Ville de la *Varenne*, & leurs successeurs presens & avenir, facent, seuffrent & laissent joïr & user paisiblement de nostre presente grace & octroy, & que ilz ne les molestent, traveillent ou contraingnent, ne facent, seuffrent ou laissent eulx ou aucuns d'eulx, estre molestez, traveilliez ou contrains au contraire en aucune maniere, en corps ne en biens, ores ne ou temps avenir : & Nous par ces mesmes presentes deffendons à tous Fourriers, Chevaucheurs, Preneurs, & autres commis & à commettre à faire lesdictes prinses, qui à present sont & qui pour le temps avenir seront, que eulx ou aucuns d'eulx ne facent ou seuffrent faire aucune chose contre nostre presente grace & octroy, sur paine d'encourir nostre indignacion & d'estre pugny très griefment se ilz font ou attemptent aucunement contre. Et pour ce que chascun desdiz supplians ne pourroit avoir l'original de ces presentes, toutesfois qu'il en pourroit avoir besoing, Nous de nostre plus ample grace leur avons octroié & octroions comme dessus que au *Vidimus* d'icelui original fait soubz le Séel de nostre Chastellet de *Paris*, soit adjoustée plaine foi comme audit original, parmi ce que d'icellui original lesdiz supplians & leursdiz successeurs seront tenuz de faire foy & le monstrer, se aucun débat se mouvoit pour & sur les choses dessusdictes. Et affin que ce soit ferme chose & estable à tousjours, Nous avons fait mettre nostre Séel à ces presentes : sauf en autres choses nostre droit, & l'autruy en toutes. *Donné à* Paris, *le XXII.e jour de Juillet, l'an de grace mil CCCC & six, & de nostre Regne le XXVI.e*

Par le Roy, presens plusieurs des Maistres d'Ostel. J. DE ROUVRES.

[a] *lits de plume.*
[b] *serviettes.*
[c] *chaises, escabeaux.*
[d] *qu'ils meneront.*
[e] *si aucunes*
[f] *supp.* d'eux.
[g] *plainte.*

CHARLES VI. à Paris, le 30. de Juillet 1406.

(a) *Lettres qui confirment le Connétable de France, dans le droit de connoître, même en défendant & dans le Languedoc, de toutes les causes personnelles, civiles & criminelles des Sergens d'armes.*

CHARLES, par la grace de Dieu, Roy de France. A tous ceulx qui ces presentes Lettres verront : Salut. De la partie de nostre très-chier & amé Cousin & Connestable de France, *Charles* Seigneur [a] de *Lebret*, de *Sully* & de [b] *Travn*, Nous a été exposé que jaçoit ce que à cause de ladite Connestablie, & [c] pour Ordennances Royaulx, la cognoissancé en tous cas personnels, criminels & civils de nos Sergens d'armes, compete & apartiegne à nostredit Cousin, mesmement en deffendant, & qu'il ait ses Lieuxtenans, Sergens & Officiers pour sa Jurisdiction de ladite Connestablie garder & exercer par tous les lieux de notre Royaulme, & de ce ait joï & usé notoirement par lui & ses predecesseurs Connestables de France, & mesmement ou pays de *Languedoc*, & puni & corrigé, absouls ou condamné lesdits Sergens d'armes oudit pays, en cas criminels & civils, mesmement en deffendant, quand les cas s'y sont offerts, *(b)* & aucuns, & que se nos Gens & Officiers desdits Pays ont prins & mis en procès criminels ou civils lesdits Sergens d'armes, si les ont ils rendus & la connoissance d'iceulx; aux Lieutenans ou Officiers de notredit Cousin & de sesdits Predecesseurs, mesmement quand requis en ont esté, & sont tenus de le ainsi faire : ce non obstant, les *Seneschaulx* de *Toulouse*, *Carcassonne* & *Beaucaire*, & autres Justiciers & Officiers de notredit Royaume, & mesmement dudit Pays de *Languedoc*, leurs Lieuxtenans ou aucuns d'eulx, ont puis n'agueres mis & se sont efforciés & efforcent de mettre à nostredit Cousin empeschement en la connoissance, cohertion & punition desdits Sergens d'armes, en deffendant, ou grant prejudice & diminution des droits, noblesses & prerogatives appartenans à notredit Cousin à cause de ladite Connestablie, & entreprenant sur icelle, si comme il dit, requerant que ce consideré, & que l'usage dessusdit est tout notoire au pays [d] que les Connestables en ont ainsi usé, Nous sur ce voulions pourvoir par bon & convenable remede & Ordennance, pour obvier à tous procès qui s'en pourroient ensuir. Pourquoi sçavoir faisons que nous informés dudit usage & Ordonnances, qui voulons les droits, noblesses & prerogatives de ladite Connestablie estre gardés & maintenus, avons voulu & ordonné, voulons & ordonnons de nostre certaine science, grace special & pleine puissance, par ces presentes, en declarant sur ce notre voulenté & intention, & à notredit Cousin & à ses successeurs Connestables de France, avons octroyé & octroyons, si mestier est, que lui ou sesdits Lieuxtenans & Officiers pour lui, ayent la Court & connoissance èsdits Pays & Senechaussies, de tous Sergens d'armes en deffendant, en cas criminels & civils, ainsi & en la manière que ses predecesseurs en ont usé; & que se par eulx ou autres Juges desdits Pays, lesdits Sergens d'armes sont poursuis desdits cas ou d'aucuns d'iceulx, & ils sont requis par le Procureur ou Officiers dudit Connestable à cause de ladite Connestablie, qu'ils leur soyent rendus, baillés & delivrés pour en connoitre & faire raison & justice ainsi qu'il appartiendra par raison, sans difficulté ou contredit aucun. Si donnons en mandement par ces presentes, auxdits Senechaulx de *Toulouse*, *Carcassonne* & *Beaucaire*, & à tous nos autres Justiciers & Officiers presens & avenir, ou à leurs Lieuxtenans, & à chacun d'eulx, si comme à lui appartiendra, que de nostre presente volonté, Ordonnance & Declaration, ils fassent, souffrent & laissent notredit Cousin & ses successeurs Connestables de France,

[a] *Il est nommé plus communément d'Albret.*

[b] *corr.* Craon. *Voy. l'Hist. Généal. de la M. de Fr. T. 6. p. 205. C.*

[c] *corr.* par.

[d] *supp.* &.

NOTES.

(a) La copie de ces Lettres a été envoyée de *Montpellier* avec cette indication : *Sénéchaussée de* Toulouse *en général, armoire C. 8.e continuation des Titres particuliers, n.° 3. fol. 71.*

(b) Et aucuns.] Cet endroit paroît tronqué. On pourroit corriger : *Et aucunes fois, se nos Gens, &c.*

CHARLES VI. à Paris, le 30. de Juillet. 1406.

& leurs Lieuxtenans, & autres leurs Officiers, presens & advenir, joïr & user pleinement & paisiblement, sans les molester ou empescher, faire ne souffrir estre molestés ou empeschés ores ne ou tems avenir en aucune maniere au contraire: Laquelle chose se faite estoit, si la mettent ou fassent ramener & remetre au premier estat & deub, & à pleine delivrance. En temoin de ce, Nous avons fait metre nostre Séel à ces presentes. *Donné à* Paris, *le 30.*e *jour de Juillet, l'an de grace 1406. & le* XXVI.e *de notre Regne.*

Par le Roy en son Conseil, ouquel Messeigneurs les *Ducs* de *Berri* & de *Bourbon*, & plusieurs autres estoient. G. BARRAU.

CHARLES VI. à Paris, le 30. de Juillet 1406. & le 30. de Mai 1402.

(a) *Lettres qui portent que les habitans de Cambrai & du Cambresis, succederont à leurs Parens qui décéderont en France, de la même manière que les François succedent à leurs Parens qui décedent dans cette Ville & dans ce Païs.*

CHARLES, par la grace de Dieu, Roy de France. Savoir faisons à tous presens & avenir, Nous avoir receue l'umble supplicacion de noz bien amez & aliez les Prevost, Eschevins, habitans & Communauté de la Cité de *Cambray* & du Païs de *Cambresis*, contenant que comme de droit commun & selon toute bonne équité, [a] quant aucun desdiz habitans viennent demourer en nostre Royaume, & ilz vont en ycellui de vie à trespassement, sans hoir de leur corps, leurs hoirs ou aians cause leur doivent succeder tant en meubles comme en héritages, franchement & paisiblement, & pareillement font ceulx de nostredit Royaume, à ceulx qui oudit Païs de *Cambresis* trespassent sans hoir de leur corps; & pour ce que ja pieça après le trespassement de feu *Mahieu* de *Lisle* nez dudit Païs de *Cambresis*, lequel longtemps a trespassa à *Saint Quentin* ou Bailliage de *Vermandois* en nostre Royaume, nostre Collecteur des mortes-mains oudit Bailliage, avoit mis empeschement ès biens demourez du decès dudit feu *Mahieu*, *Colart* le *Paintre* demourant en ladicte Ville de *Cambray*, cousin germain & le plus prouchain hoir dudit defunct, se trahi pardevers Nous, & de Nous obtinst noz autres Lettres adreçans au *Bailli* de *Vermandois*, qui lors estoit, ou à son Lieutenant à *Saint Quentin*, par lesquelles lui estoit mandé que se, appellé pardevant lui nostre Procureur oudit Bailliage, & le Collecteur desdictes mortes mains, il lui [b] apparoir que les Parens, hoirs, héritiers ou aians cause des personnes nées en nostre Royaume, demourans à *Cambray* & ou Païs de *Cambresis*, & qui y vont de vie à trespassement sans hoir de leur corps, succedassent à leursdis parens, il feist delivrer à plain les biens dudit *Mahieu* audit *Colart*; sur l'enterinement desquelles Lettres se meut procès pardevant ledit Bailli, ouquel fu tant procedé que les Parties furent appoinctées en fais contraires & en Enqueste; & l'Enqueste faicte & parfaicte & receue pour jugier, par Sentence dudit Bailli donnée en ses Assises de *Saint Quentin*, qui commencerent le *(b)* Dimenche XIII e jour de May, l'an mil CCC quatre vins & quatorze, le XIIII.e jour d'icelles Assises, furent audit *Colart* le *Paintre* adjugées ses Requestes

a *quand aucuns.*

b *corr.* apparoit, apparoissoit, *lû & plus bas.*

NOTES.

(a) Reg. A. du Parlement de *Paris*, folio 9. vingt 19. recto. (199).

Avant ces Lettres, il y a : *Confirmacio cujusdam Carte habitantibus* Cameracesii *concesse super successionibus parentum suorum dicte Patrie, in Regno* Francie *decedencium, habendis & capiendis, sicuti de Regno nati in eadem Patria suis parentibus succedunt.*

Fontanon T. 2. p. 441. a donné un extrait de ces Lettres, qu'il dit être au troisième feuillet du Livre des Ordonnances Royaux de Parlement. Il y a ajoûté des fragments de quelques Lettres qui étoient dans les Registres du Trésor, & qui ont quelque rapport à ces Lettres de Charles VI.

(b) Dimanche XIII.e *]* Il y a plus bas Dimanche III.e & c'est ainsi qu'il doit y avoir: car en 1394. le jour de Pâques tomba au 19. d'Avril, le 3.e de Mai étoit un Dimanche, & le 13. un Mercredi. Voy. l'Art de vérifier les dates, &c. p. 56. & 255.

CHARLES VI.
à Paris, le 30. de Juillet 1406. & le 30. de Mai 1402.

& conclusions, & lui furent les biens demourez du decez & succession dudit feu *Mahieu* de *Lisle*, mis au delivre, si comme ce & autres choses pevent plus à plain apparoir par ladicte Sentence, de laquelle la teneur s'ensuit :

A tous ceulx qui ces presentes Lettres verront ou orront. *Guy* de *Honcourt*, Chevalier, Seigneur de *Chasteaugiuon* & de *Laidaing*, *Bailli* de *Vermandois*, & Commissaire du Roy nostre S. en ceste partie : Salut. Comme *Colart le Clerc* dit *le Paintre*, né & demourant à *Cambray*, eust prins du *Prevost* de *Saint Quentin* une Commission en cas de hoirrie, lui disant estre en possession & saisine par la Coustume dont le mort saisist le vif, des biens demourez du decez de *Mahieu* de *Lisle* dit le *Comeur*, qui n'agaires estoit alé de vie à trespassement en la Ville de *Saint Quentin*, estre cousin germain dudit defunct, & le plus prouchain [a] qui avant se traïsist, en requerant à avoir la possession & saisine d'iceulx biens ; à quoy se feussent opposez [b] les Procureur du Roy nostre S. & le Collecteur de mortes-mains oudit Bailliage ; & pour ce [c] se feussent traiz à la Court du Roy ledit *Colart* demandeur, & eust obtenu Lettres du Roy nostredit Seigneur, sur ce qu'il donnoit à entendre ce que dit est, & que les habitans de *Cambray* & de *Cambresis* estoient en bonne possession & saisine de avoir la succession de leurs [d] amis charnelz nez de *Cambray* ou de *Cambresis*, quant & toutesfois qu'il y en avoit aucuns qui moirust oudit Royaume, feust demourant ou passant, & ja feust ce que telz nez de *Cambray* ou de *Cambresis* trespassassent oudit Royaume, n'eussent aucun hoir nez de leurs chars ; & aussi donnoit à entendre ledit demandeur, que pareillement que se aucuns nez dudit Royaume mouroit à *Cambray* ou au Païs de *Cambresis*, sans avoir hoir de sa char, que les amis charnelz & hoirs de telz nez oudit Royaume, ont eu tousjours les successions de telz François qui demouroient à *Cambray* ou en *Cambraisis*, ou qui sont mors audit *Cambray* & audit Païs de *Cambresis* ; par lesquelles Lettres Royaux nous est mandé que s'il estoit ainsi, que nous, appellé ledit Procureur du Roy & Collecteur, nous feissiesmes delivrer ladicte succession audit Demandeur ; & pour ce ladicte Cause eust esté evoquée pardevant nous, & eust ledit Demandeur proposé ce que dit est contre ledit Procureur du Roy & Collecteur, en requerant ses conclusions dessusdictes, & que la main du Roy nostre S. qui estoit assise ausdis biens, feust levée au prouffit dudit Demandeur, & lui feussent delivrez yceulx biens, en concluant sur ce deuement aux fins & conclusions pertinens en tel cas ; contre lesquelles choses eust esté proposé par lesdis Procureur du Roy & Collecteur, que ledit feu *Mahieu* duquel sa succession on traictoit, estoit nez de *Cambray*, & demourant à *Saint Quentin* ou Demaine du Roy, & y estoit alez de vie à mort, sans avoir [e] oir de sa char, & disoient lesdis Procureur & Collecteur defendeurs, que le Roy nostre S. & ledit Procureur & Collecteur estoient en bonne possession & saisine de avoir & prendre la succession seulz & pour le tout, de tous ceulx qui mouroient ou Royaume de France, sans hoir legitime de leur char ; c'est assavoir de ceulx qui estoient nez dehors du Royaume, ou nez de oultre le [f] *Trou Berengier* ; & en avoit joy paisiblement le Roy & ses Officiers oudit Royaume, & mesmement ou Bailliage de *Vermandois*, contre tous estrangiers demourans hors dudit Royaume, soit ou feust que ceulx qui ont requis lesdictes successions, feussent de *Cambray* ou de *Cambresis*, & que ce estoit notoire ; & par ce disoient lesdis Defendeurs que lesdictes Lettres Royaulx empetrées par lesdis Demandeurs, estoient & sont surreptices, tendans à fin d'avoir la succession dudit feu *Mahieu* au delivre pour le Roy, & en concluant comme il appartenoit ; & sur ce eust esté repliqué de la partie dudit Demandeur, disant que jasoit ce que ledit defunct feust nez de *Cambray*, & n'eust hoir de sa char, si devoit-il obtenir à ses conclusions dessusdictes, par ce que pour lui est proposé ci-dessus ; sur lesquelles choses par nostre appoinctement, lesdictes Parties eussent baillié leurs fais & raisons par escript pardevers la Court, & sur lesquelles accordées pour plaidoiées, eussions fait enquerre la verité par certains Commissaires sur ce donnez, sur lesdis fais ainsi bailliés d'un costé & d'autre ; laquelle Enqueste faicte & parfaicte par grant espace de temps, & le Procès fait &

a *qui se présentât pour recueillir la succession.*

b *le.*

c *corr.* se feult.

d *Dans les Pièces de ce temps, ces mots signifient* parents. *Voy. la note (e) de la p. 482. du 7.e Vol. de ce Rec.*

e *hoir.*

f *C'étoit apparemment le lieu qui séparoit la France du Cambresis.*

CHARLES VI. à Paris, le 30. de Juillet 1406. & le 30. de Mai 1402.

parfait deuement, lesdictes Parties eussent conclud; & pour ce que ledit Procès estoit long, & avoit esté attendu à jugier longtemps, ledit *Colart* eust obtenu Lettres du Roy & de noz Seigneurs des Comptes & Tresoriers du Roy nostre S. à *Paris*, par lesquelles Lettres nous ait esté mandé & commis, se mestier estoit, que nous procedissions sans delay à faire droit aux Parties sur ledit Procès, sur lequel lesdictes Parties avoient jour à oïr droit à ces presentes Assises de *Saint Quentin* par nous tenues, qui commencerent le Dimenche troisieme jour du mois de May, l'an mil trois cens quatre-vins & quatorze: sachent tout que veu par nous, appellé à ce le Procureur & Collecteur avec, & présent à ce le Conseil du Roy nostre S. & plusieurs saiges, ledit Procès, Enquestes faictes sur ce par chascune desdictes Parties, par meure deliberacion & par plusieurs fois, & tout ce qui faisoit à veoir & considerer, tant de droit comme de fait, nous avons dit, disons & prononçons, sentencions & pour droit, que ledit *Colart* demandeur dessusdit a mieulx & plus souffisaument prouvé ses fais que n'ont lesdis Defendeurs; & pour ce consideré ladicte preuve, & aussi qu'il appert par ladicte Enqueste, que ceulx du Royaume ont & pevent avoir le hoirrie & succession de leurs amis charnelz qui [a] muerent à *Cambray* ou oudit Païs de *Cambresis*, & en ont tousjours joy paisiblement, nous audit Demandeur avons adjugié & adjugons lesdictes demandes & conclusions, & lui avons delivré & delivrons tous les biens de la succession dudit feu *Mahieu*, en levant la main du Roy nostre S. qui mise & assise estoit aus dessusdis biens dudit feu *Mahieu*, au prouffit dudit Demandeur. En tesmoing de ce, nous avons scellé ces presentes Lettres du Séel dudit Bailliage, qui furent faictes & données en l'an & ès Assises dessusdictes, le quatorziesme jour d'icelles, que les Arrestz desdictes Assises furent par nous renduz & prononciez.

a *meurent.*

Suite des Lettres de Charles VI.

De laquelle ne fu appellé ne reclamé, & par ce passa en force de chose [b] jugié; & ce nonobstant, nostredit Procureur & ledit Collecteur oudit Bailliage, depuis s'efforcerent derechief, & de fait empescherent ausdis supplians la succession de feu *Jehan Loursignol* ou temps de sa vie hoir ou aiant cause à cause de sa femme, de feu *Fremin Evrart* à son vivant Prestre & Curé de *Fourdrain* en *Laonnois*, lequel estoit nez de *Walaincourt* en *Cambresis;* & pour ce lesdis supplians, narracion faicte du cas dessusdit, obtindrent noz autres Lettres adreçans au *Bailli* de *Vermandois* qui lors estoit, par lesquelles lui fut mandé & commis que se, appellé noz Procureur & Collecteur oudit Bailliage, il lui apparoit de ladicte Sentence & autres choses dessusdictes, il feist & souffrist lesdis supplians, & un chascun d'eulx, joyr & user desdictes hoirries & successions de leurs amis trespassez & qui trespasseroient de-là en avant en nostredict Royaume, sans leur faire ne mettre, ne souffrir estre mis de-là en avant aucun destourbier ou empeschement au contraire, en leur mettant au delivre les biens dudit feu *Loursignol;* sur l'entérinement desquelles Lettres, pour la mutacion des Baillis, Procureurs & Collecteurs, & mesmement desdis Collecteurs, se meut derechief Procès pardevant ledit Bailli, & tant que Parties oyes & Enqueste faicte & parfaicte, le premier jour de Fevrier, l'an mil quatre cens & deux, par Sentence dudit Bailli, l'empeschement mis ès biens & succession dudit *Fremin Evrart*, fu osté & levé au prouffit desdis supplians, si comme ce & autres choses sont plus à plain contenues en ladicte Sentence de laquelle la teneur s'ensuit:

b *jugée.*

A tous ceulx qui ces presentes Lettres verront ou orront: *Ferry de Hangest* Escuïer d'Escuirie du Roy nostre S. & *Bailli de Vermandois*, Commissaire du Roy nostredit Seigneur en ceste partie: Salut. Comme les *Prevostz*, Eschevins, habitans & Communaulté de la Cité de *Cambray* & du Païs de *Cambresis*, eussent empetré les Lettres du Roy nostre S. desquelles la teneur s'ensuit:

CHARLES, par la grace de Dieu, Roy de France. Au *Bailli* de *Vermandois*, ou à son Lieutenant, Salut. Receue avons la supplication de noz bien amez & aliez les Prevost, Eschevins, habitans & Communaulté de la Cité de *Cambray* & du Païs de *Cambresis*, contenant comme de droit commun & selon toute bonne & vraie equité, quant aucuns desdiz habitans viennent demourer en nostre Royaume, & ils vont de vie à trespassement sans avoir hoirs de leurs corps, leurs hoirs ou ayans cause leur doivent succeder tant en meubles comme en héritages, franchement & paisiblement; & pour ce que ja pieça après le trespassement de feu *Mahieu* de *Lisle* nez dudit Païs de *Cambresis,* lequel trespassa à *Saint Quentin*, nostre Collecteur des mortes-mains oudit Bailliage de *Vermandois,* mist empeschement ès biens demourez de son decès, *Colart* le *Paintre* demourant à *Cambray*, cousin germain & le plus prouchain hoir & heritier dudit feu *Mahieu*, obtint certaines noz Lettres, par lesquelles estoit mandé à certain ton predecesseur lors *Bailli de Vermandois,* ou à son Lieutenant à *Saint Quentin*, que se, appellez pardevant lui nostre Procureur oudit Bailliage & ledit Collecteur, il lui apparoir que les parens, hoirs, heritiers & aians cause des personnes nées de nostre Royaume, demourans à *Cambray* & ou Païs de *Cambresis,* & qui y vont de vie à trespassement sans hoirs de leurs corps, succedassent à leursdis parens, il feist delivrer à plain lesdis biens dudit feu *Mahieu* audit *Colart;* sur quoy se mut Procès pardevant ledit Bailli de *Vermandois* qui lors estoit, ouquel fu tant procedé que les Parties furent appoinctées en fais contraires, & Enqueste faicte & parfaicte sur ce, & finablement par la Sentence dudit Bailli, prononcié en ses Assises de *Saint Quentin* le XIIIIe jour d'icelles Assises qui commencerent le Dimenche IIIe jour de May, l'an mil trois cens quatre vins & quatorze, presens à ce nostre Conseil & Procureur audit Siege & ledit Collecteur, fut dit & prononcié que ledit *Colart* auroit ses demandes & conclusions, & lui furent les biens dudit feu *Mahieu* lors mis en plaine delivrance; de laquelle Sentence ne fu aucunement appellé ne reclamé, mais passa en force de chose jugée; néantmoins ledit Collecteur & nostre Procureur oudit Bailliage, qui de present sont, se sont efforciez & efforcent de empeschier ausdis supplians pareilles hoirries & successions, & par especial à feu *Jehan Loursignol* ou temps de sa vie hoir ou aiant cause à cause de sa femme, de feu *Fremin Errart* jadis Curé de *Fourdrain* en *Laonnois*, & nez de *Walaincourt* en *Cambresis;* & pareillement pourroient faire de jour en jour quant le cas escherroit pareil, à pluseurs autres; qui seroit ou grant grief, préjudice & dommage desdis supplians, & moult [a] sumptueuse chose à poursuir, se par Nous ne leur estoit sur ce pourveu de gracieux remede, si comme lesdis supplians dient, requerans humblement ycellui. Pourquoy Nous ces choses considerées, & attendu que lesdis supplians sont en ce fondez de droit commun, & ont obtenu ladicte Sentence de laquelle ilz feront apparoir, qui est freschement donnée; c'est assavoir, l'an mil trois cens quatre vins & quatorze, comme dessus est dit, & aussi qu'ilz ne mettent aucun empeschement aux personnes de nostre Royaume ès successions de leurs parens qui trespassent à *Cambray* & ou Païs de *Cambresis,* te mandons & commettons, que se, appellez pardevant toy lesdis Procureur & Collecteur, il te appert de ladicte Sentence, attendu ce que dit est dessus, [b] fai, sueffre & laisse lesdis supplians & un chascun d'eulx, joyr & user paisiblement des hoirries & successions de leurs amis trespassez ou qui trespasseront en nostredit Royaume, sans leur faire ne souffrir estre fait d'oresenavant aucun empeschement au contraire, en mettant au delivre les biens appartenans par ce moyen audit feu *Loursignol:* Car ainsi nous plaist-il estre fait, & ausdis supplians l'avons octroyé & octroyons de grace especial par ces presentes, nonobstant quelxconques Lettres surreptices empetrées ou à empetrer au contraire. *Donné à Paris, le XXXe jour de May, l'an de grace mil quatre cens & deux, & de nostre Regne le XXIIe* Ainsi signé, Par le Roy, à la relacion du Conseil. CHALIGAUT.

CHARLES VI. à Paris, le 30. de Juillet 1406. & le 30. de May 1402.

a *coûteuse.*

b *fais.*

Lesquelles Lettres du Roy nostre S. dessus transcriptes, nous eussent esté présentées par le Procureur desdis impetrans avecques une certaine Requeste & une Lettre de noz Seigneurs de la Chambre des Comptes du Roy nostre S. à *Paris*, [c] infixées parmi ladicte Requeste, empetrées par lesdis impetrans; & après ycelles par Nous veues avec le Conseil, Procureur & Collecteur du Roy nostre S. audit Bailliage, fu

Suite de la Sentence de Fery d'Hengest, Bailly de Vermandois.

c *attachées avec.*

CHARLES VI. à Paris, le 30. de Juillet 1406. & le 30. de Mai 1402.

appoinctié du consentement desdis impetrans & desdis Procureur & Collecteur, que lesdis demandeurs informeroient sommierement & de plain de & sur certains fais declariez esdictes Lettres; & pour ce faire baillerent lesdis impetrans *Intendit* contenant leur fais; sur lequel *Intendit,* honnorables hommes & saiges Maistres *Adam Vilart* & *Gobert le Tonnellier* Advocaz, s'informeroient & enquerroient la vérité, & rapporteroient ce que fait & trouvé auroient sur ce, pardevers la Court, pour sur ce jugier, ou autrement ordener selon raison; & eussent lesdis Procureur du Roy & Collecteur consenti & accordé ausdis impetrans, que les tesmoings qui par lesdis Commissaires seroient oïz & examinez en la Ville de *Cambray* & ou Pays de *Cambresis,* hors du Royaume de France, & leurs deppolicions [a] vaulsissent & feussent d'autel effect & valeur, comme se fait avoit esté & estoit oudit Royaume; & après certaine Enqueste sur ce faicte par lesdis Commissaires, rapportée pardevers nous, & que lesdis de *Cambray* nous ont baillié & mis en fourme de preuve certaines Lettres, nous ont derechief yceulx impetrans présentées certaines autres Lettres du Roy nostredit Seigneur, par lesquelles nous eust esté mandé, que ledit Procès nous jugissions à fin deue, s'il estoit en estat de jugier; & sinon, qu'il feust parfaiz, & puis jugiez le plustost que faire se pourroit convenablement : Sachent tuit que veu par nous avecques le Conseil & Procureur du Roy nostre S. oudit Bailliage, toutes lesdictes Lettres dont dessus est faicte mencion, avecques ladicte Enqueste, & ce qui faisoit à veoir & considerer, nous en la presence de *Oudart Sezille* comme Procureur desdis impetrans, & du Procureur & Collecteur du Roy nostre S. oudit Bailliage, la main du Roy nostre S. & empeschement fait & mis par ledit Collecteur de *Vermandois,* à [b] l'oirrie & succession de feu *Jehan Lourfignol* ou temps de sa vie hoir ou aiant cause à cause de sa femme, de feu Messire *Fremin Evrart* jadis Curé de *Fourdrain* en *Laonnois,* nommé esdictes Lettres Royaulx, avons aujourd'hui levée & ostée, levons & ostons à plain par ces presentes, au proufit desdits impetrans: Pourquoi nous donnons en mandement par ces presentes à tous à qui il appartient, que desdis biens de ladicte succession & hoirrie, suettrent & laissent joyr & user lesdis impetrans, sans leur faire ou mettre aucun empeschement sur ce. En tesmoing de ce, nous avons séellé ces presentes du Séel dudit Bailliage. *Ce fu fait l'an mil quatre cens & quatre, le derrain jour du mois de Fevrier, ouquel jour les Sentences des Assises de* Laon, *tenues le premier jour dudit mois de Fevrier l'an dessusdit, furent par nous rendues & prononcées.*

a *valussent.*

b *corr.* l'hoirrie.

Suite des Lettres de Charles VI. du 30. de Juillet 1406.

De laquelle Sentence ne fu appellé ne reclamé, & par ainsi passa en force de chose jugée: neantmoins pour ce que à chascune foiz qu'il y a mutacion de Officiers oudit Bailliage, empeschement est mis ausdis supplians ès successions de ceulx dudit Païs de *Cambresis,* qui trespassent en nostredit Royaume sans hoir de leurs corps, il convient souventeffois ausdis supplians, faire pluseurs grans frais & missions pour en avoir l'expedicion & delivrance, qui est en leur très-grant travail, dommage & préjudice; & pour ce, Nous ont fait supplier & requerir que sur ce leur vueillons pourveoir de remede convenable. Pourquoy Nous considerées les choses dessusdictes, & mesmement que ceulx de nostre Royaume succedent à leurs parens qui demeurent oudit Païs de *Cambresis,* & qui en icellui Païs vont de vie à trespassement sans hoir de leurs corps, & autrement paisiblement & sans aucun empeschement; attendu aussi les Sentences & Declaracions dont dessus est faicte mencion, que lesdiz supplians en ont euz en nostredit Royaume, & les bons & agréables services qu'ilz ont fais à Nous & à noz Predecesseurs, & sont prestz & appareillez de faire, Nous de nostre auctorité Royal avons loué, gréé, ratiffié & aprouvé, louons, gréons, ratiffions & approuvons lesdictes Sentences & Declaracions, & ce que par vertu d'icelles s'en est ensui, & voulons qu'elles sortissent leur plain effect presentement & ou temps avenir. Et afin que d'oresenavant aucuns empeschemens ne leur puissent estre fais ou mis par aucuns de nos Officiers ou temps avenir, Nous de nostre plaine puissance, auctorité Royal & grace especial, en tant que mestier est

est, avons octroyé & octroyons aufdis fupplians, que ilz fuccedent & puiffent fucceder à leurs parens & amis qui d'orefenavant yront de vie à trefpaffement en noftredict Royaume, paifiblement & fans aucun contredict ou empefchement; pourveu que femblablement noz Subgiez pourront fucceder, recueillir & avoir les fucceffions de leurs parens & amis qui yront de vie à trefpaffement efdictes Cité, Villes & & Païs de *Cambrefis*, paifiblement & fans contredit. Si donnons en mandement à noz amez & feaulx Gens tenans noftre prefent Parlement à *Paris*, & qui tendront ceulx avenir, Gens de noz Comptes & Treforiers à *Paris*, aux *Baillifs* de *Vermandois* & d'*Amiens*, aux Collecteurs defdictes mortes-mains, & à tous noz autres Jufticiers & Officiers, ou à leurs Lieuxtenans, prefens & avenir, & à chafcun d'eulx, fi comme à lui appartendra, que de noz prefente grace, confirmacion & octroy, facent, fueffrent & laiffent joyr & ufer paifiblement lefdis fupplians, & chafcun d'eulx, fans leur mettre ne fouffrir eftre mis aucun deftourbier ou empefchement au contraire. Et à ce que d'orefenavant aucun n'en puiffe pretendre ignorance, Nous voulons que ces prefentes ilz facent publier en leurs Sieges & Auditoires: Car ainfi Nous plaift-il eftre fait, & aufdis fupplians pour confideracion des chofes deffufdictes, l'avons octroyé & octroyons de noftredicte grace par ces prefentes. Et afin que ce foit ferme chofe & eftable à tousjours mais, Nous avons fait mettre noftre Séel à ces prefentes: fauf en autres chofes noftre droit, & l'autrui en toutes. *Donné à* Paris, *le penultime jour du mois de Juillet, l'an de grace mil quatre cens & fix, & de noftre Regne le* XXVI.[e] Ainfi figné. Par le Roy en fon Confeil, où Monfeigneur le *Duc* de *Berry*, les *Contes* de *Mortaing* & d'*Alençon*, le *Sire* de *Preaux*, le *Marefchal* de *Rieux*, Maiftre *Triftan Du Bos*, & autres, eftoient. [a] FERRON.

CHARLES VI. à Paris, le 30. de Juillet 1406. & le 30. de May 1402.

a Il y a plus bas *Freron*.

Item. En la marge de deffoubz eft efcript. *Collation eft faicte par moy des Lettres deffus transcriptes.* FERRON. Item. *Vifa.* Item. [b] *Contentor.* [c] FRERON. *Item.* au dos. *Regiftrata.*

b Voy. le 5.e Vol. de ce Rec. p. 22. & note (h).

c Il y a plus haut *Ferron*.

Item. *Lecta in Curia Parlamenti Par. ac ibidem de ejus precepto regiftrata, die ultima Augufti, anno Domini m.° CCCC.° fexto.* BAYE.

Collatio facta fuit in Parlamento, cum Litteris Originalibus fuperiùs regiftratis, die fecundâ Septembris, anno Domini m.° CCCC.° fexto.

CHARLES VI. à Paris, en Juillet 1406.

(a) Exemption de Prifes pour les habitans de Maurepas.

CHARLES, &c. Savoir faifons à tous prefens & avenir, Nous avoir receu l'umble fupplicacion des manans & habitans de la terre & Seigneurie de *(a) Maurepaft*, contenant que comme dès long-temps a, ilz Nous euffent & ayent pourfuy affin d'eftre remediez par Nous fur le fait des prifes de leurs blez, vins, voictures, chevaulx, charrettes, [a] couftes, coiffins, draps à lit, couvertures, nappes, [b] touailles, [c] aumailles, pourceaux, moutons, tables, treteaux, foins, avoines, [d] feurres, fromages, poulailles & toutes autres chofes, qui de jour en jour fe faifoient & font par noz Fourriers, Chevaucheurs & Officiers, & par ceulx de noftre très chiere & très-amée Compaigne la Royne, de noftre très-chier & très-amé ainfné fils *Loys Duc* de *Guyenne* & Dalphin de Vienn. de noz très-chiers & très-amez Oncles, Frere & Coufin, les *Ducs* de *Berry*, d'*Orleans* & de [e] *Bourgonne* & de *Bourbonn.*

a *lits de p.*
b *ferviettes.*
c *animaux domeftiques & privés.*
d *fourrage: paille.*
e *Bourgogne.*

NOTES.

(a) Tréfor des Chartres, Reg. 160. P. CCCCXXII. (422).

(b) *Maurepaft.*] Comté dans la *Beauce*, Election de *Montfort*. Voy. le Dict. univ. de la Fr. au mot *Maurepas*.

CHARLES VI. à Paris, en Juillet 1406.

& autres tant de nostre Sang comme de noz Officiers, par lesquelles ilz estoient & sont de jour en jour si grandement dommaigiez, grevez, opprimez & oppressiez, que leurs labeurs en demouroient à faire, laquelle chose est en leur très-grant & irreperable dommaige, si comme ilz dient, & encores plus seroit se par Nous ne leur estoit sur ce pourveu de nostre grace & provision, requerans humblement ycelles : pourquoy Nous attendu ce que dit est, voulans noz bons & vrais subgiez estre très [a] doubcement & amiablement traittiez soubz Nous, & mesmement affin qu'ilz puissent mieulx [b] attendre & vacquier continuelment ou fait de leursdiz labeurs, & à la requeste & priere aussi de nostre bien amée *Perrenelle* de *Morel*, Dame de ladicte terre & Seignourie de *Maurepast* & de *Chevreuse*, qui de ce Nous a fait très-instanment supplier & requerir, par bonne & meure deliberacion, certaine composicion ait esté faicte & ordonnée pour le bien, paix & tranquilité desdiz manans & habitans, & pour le prouffit & utilité de nostre Hostel; c'est assavoir, que iceulx manans & habitans seront tenus de Nous livrer & faire admener à leurs propres despens en nostre Ville de *Paris*, quant Nous y serons, chascun an, un muy d'avoine bonne & souffisant, pour la despence de nostredit Hostel, & semblablement à noz successeurs Roys de France, chascun an à tousjours perpetuelment; & parmi ce, eulx, leurs successeurs manans en ladicte Terre de *Maurepast*, seront & demouront frans, quittes & exemps de toutes prises dessusdictes, & de chascunes d'icelles. Si donnons en mandement par ces présentes à tous Fourriers, Chevaucheurs & aydes de Fourriere, [c] Portechappes & autres Officiers de Nous, & autres dessusdiz, présens & avenir, que de ladicte composicion & ordonnance, facent, seuffrent & laissent joïr & user paisiblement iceulx manans & habitans & chascun d'eulx, & se aucuns de quelque estat ou condicion qu'ilz soient, s'efforcoient ou s'efforceroient de faire le contraire, Nous voulons & octroyons à yceulx habitans & chascun d'eulx, qu'ilz les [d] peignent & amainent prisonniers pardevers nostre *Prevost* de *Paris*, & que par lui ou son Lieutenant ilz en soient pugniz comme de raison sera. Et pour ce que ce soit ferme chose & estable à tousjours, Nous avons fait mectre nostre Séel à ces presentes : sauf en autres choses nostre droit, & l'autruy en toutes. *Donné à* Paris, *ou moys de Juillet, l'an de grace mil* CCCC. *& six, & de nostre Regne le* XXVIe

Par le Roy, Monf. le *Mareschal* de *Rieux*, Monf. le *Borgne* de la *Heuse*, Maistre *Geuffroy* de *Peruce*, & plusieurs autres, présens. P. DE SOISSONS.

a doucement.

b corr. entendre; faire attention.

c Voy. la note (h) de la p. 406. du 8.e Vol. de ce Rec.

d prennent.

CHARLES VI. à Paris, en Juillet 1406. PHILIPPE III. dit le Hardi, à Paris, en Août 1281. CHARLES V. au Bois de Vincennes, en Juin 1370.

(a) Confirmation des Privilèges du Chapitre & des Habitans de la Ville de Dorat.

KAROLUS, &c. Notum facimus universis tam presentibus quam futuris, Nos Litteras inclite recordacionis Domini Philippi quondam Francorum Regis, nec non & quasdam alias Litteras recolende memorie Domini Karoli Genitoris nostri, vidisse, quarum tenor; & primò dictarum Litterarum prelibati dicti Domini Philippi, dicitur esse talis.

PHILIPPUS, Dei gracia, Francorum Rex. Universis presentes Litteras inspecturis: Salutem. Notum facimus quod cum Abbas & Capitulum secularis Ecclesie Dauratensis, *pro se & terra sua &* [e] *temporibus suis, proponerent in judicio coram Nobis, quod cum per privilegium inclite recordacionis* Hugonis *quondam Francorum &* [f] Acquitanorum *Regis Predecessoris nostri, fuerit eis indultum ut nulli liceat super eos vel terram suam aut cetera ad eos pertinencia, dominacionem secularem habere, nisi*

e corr. temporalibus, qui est plus bas.

f Acquitan. Reg.

NOTE.

(a) Trésor des Chartres, Reg. 161. Pièce IIII.^xx XV. (95).

quem Abbas dicti loci qui Prior tempore indulti privilegii vocabatur, sponte propriâ, ad hoc duceret [a] mutandum, nichilominus tamen Senescalli nostri Pictavensis & [b] Petrogaricensis, & quidam alii Ministri & (b) Alloquati nostri ipsos compellere nitebantur subire judicium coram eis, contra tenorem privilegii predicti, de quo benè & legitimè usi fuerant, ut dicebant; asserentes eciam quod aliàs super premissis Nobis conquesti fuerant de Senescallo Pictavense qui tunc erat, & quod super hoc per nostram Curiam, secundum tenorem dicti privilegii, fuerant liberati, cum ipsi coram Nobis vel Consilio nostro, juxta formam dicti privilegii diu est, eligerint conveniri: Viso itaque diligenter dicto privilegio, & audito super hoc Senescallo nostro Pictavense, & facto super premissis [c] recordo Curie nostre, pronunciatum fuit per nostram Curiam, & pronunciando prohibitum ut nulli Senescallorum nostrorum aut Alloquatorum vel Ministrorum nostrorum; super ipsos vel terram suam seu temporalia ad ipsos pertinencia, aliquam dominacionem aut judiciariam potestatem deinceps exercere presumant; & in cujus rei testimonium, Sigillum nostrum Litteris presentibus fecimus apponi. Actum Parisius, anno Domini millesimo ducentesimo octogesimo primo, mense Augusto.

Aliarum vero Litterarum Domini Genitoris nostri, tenor dicitur sequi in [d] hac verba.

CHARLES VI. à Paris, en Juillet 1406.

a Ce mot paroît corrompu. Il faut peut-être corr. *mittandum*. Voy. sur la signification de ce mot la note (ee) de la p. 119. du 3.e Vol. de ce Rec.

b corr. *Petragoricensis*.

c Enquête. Voy. le Gloss. de Du Cange, à ce mot.

d corr. *hec*.

KAROLUS, &c. Notum facimus universis presentibus & futuris, quod Nos reducentes ad memoriam grata & innumerabilia servicia per dilectos & fideles nostros Abbatem secularem & Capitulum, ceterasque personas [e] ecclesiasticas, ac Burgenses & habitatores Ville Dauratensis, Lemovicensis Diocesis, Predecessoribus nostris ac Nobis elapsis temporibus exhibita, multis modis, & preterea sinceram ac inviolabilem affeccionem quam ad Nos & Coronam Regni nostri pretenderunt per effectum nuperrimè se habere, [f] ex eo quod Nos Dominum suum superiorem confessi sunt & publicè recognoscunt, prefatamque Villam in & sub nostra obediencia, ut veri & fideles nostri subditi, liberaliter submiserunt, volentes propter premissa Nos eisdem favorabiles reddere, ac graciam liberalem impendere, ex qua honoris & commodi assequi valeant bonum fructum, omnia & singula queque privilegia eis & eorum cuilibet, retroactis temporibus per quoscumque Reges & Principes concessa, laudamus, ratifficamus, ac ex certa sciencia, auctoritate regia & nostra speciali gracia tenore presencium confirmamus: volentes & per presentes declarantes specialiter & expressè, quod ipsa privilegia in sua firmitate & tenore de cetero futuris temporibus inviolabiliter permaneant, licet contra eadem privilegia vel eorum aliqua, per Officiarios Regios Predecessorum nostrorum, aut nostros, dicta villa jam dudum in obediencia regia persistente, vel postmodum per [g] Eduardum de Anglia, aut Eduardum ejus primogenitum, vel eorum Officiarios, aliqua forsan attemptata seu innovata indebitè fuerint; quequidem innovata seu attemptata, si [h] qua sint, de cetero ordinamus & volumus nullius efficacie existere vel valoris, non obstantibus quibuscumque possessione seu prescripcione in contrarium habitâ, que in privilegiorum hujusmodi prejudicium posset aut deberet quomodolibet [i] allogari. Quocirca Senescallis Lemovicensi, Petragoricensi, Pictavensi, ac omnibus aliis universis & singulis Justiciariis & Officiariis Regni nostri, & eorum Locatenentibus, & ipsorum cuilibet, presentibus & futuris, damus tenore presencium in mandatis, ut prefatos Abbatem & Capitulum, ceterasque personas Ecclesiasticas ac Burgenses & habitatores dicte ville, ac ipsorum quemlibet, nostrâ presenti graciâ uti & gaudere pacificè faciant & permittant, [d] ac contra tenorem presencium [k] inquietant vel molestent, aut inquietari vel molestari nullathenus paciantur. Que ut firma & stabilia perpetuis temporibus habeant permanere, Sigillum nostrum hiis temporibus duximus apponendum: Salvo in aliis jure nostro, & in omnibus quolibet alieno. Datum in nemore Vincennarum, anno Domini millesimo trecentesimo sexagesimo decimo, & Regni nostri septimo, mense Junii.

e *Ecclesiasticas*, là & plus bas.

f Voy. la note (a) de la p. 190. du 5.e vol. de ce Rec.

g Edouart III. Roy d'Angleterre.

h corr. *que*.

i corr. *allegari*.

k corr. *nec*.

e corr. *inquietent*.

NOTE.

(b) *Alloquati.*] Suivant le Glossaire de *Du Cange*, au mot *Allocatus*, il signifie, une personne chargée par une autre de quelque emploi, de quelque fonction, & quelquesfois un Officier de Justice.

CHARLES VI. à Paris, en Juillet 1406. Suite des Lettres de Charles VI.

Quasquidem Litteras ac omnia & singula in eisdem contenta, rata & grata seu ratas & gratas habentes, eas & ea volumus & laudamus, approbamus, ratifficamus, ac ex nostra certa sciencia specialique gracia nostreque plenitudine potestatis tenore presencium, in quantum usi sunt, confirmamus: dantes earumdem serie in mandatis Senescallis Lemovicensi, Petragoricensi & Pictavensi, *ceterisque Justiciariis & Officiariis nostris, presentibus & futuris, vel eorum Locatenentibus, & eorum cuilibet, quatinus prefatos Abbatem & Capitulum, ceterasque personas Ecclesiasticas, ac Burgenses & habitatores dicte Ville de* [a] Daureto; *& eorum* [b] *homines & feminas de corpore, & eorum quemlibet, nostrâ presenti graciâ & confirmacione uti & gaudere pacificè faciant & permittant, non permittentes predictos* [c] *Habatem & Capitulum alibi quam coram Nobis seu Gentibus nostris tenentibus & qui tenebunt in futurum nostram Parlamenti Curiam, aliqualiter conveniri, nec in eos vel eorum temporalitatem, Juridicionem aliquam, aut potestatem Judiciariam preter quam auctoritate nostrâ & dicte nostre Curie aliqualiter exercere, aut in eorum prejudicium seu* [d] *predictorum concessionum, nostreque predicte gracie & confirmacionis, aliquid attemptari vel innovari; sed attemptata seu innovata, si que sint fuerintve, ad statum pristinum & debitum reducant seu reduci faciant indilatè; quoniam sic fieri volumus, Litteris in contrarium impetratis seu impetrandis & allegacionibus non obstantibus quibuscumque. Et ut hec omnia* [e] *perpetuo stabilitatis robur obtineant, presentem paginam Sigilli nostri munimine fecimus roborari: nostro in aliis & alieno in omnibus jure semper salvo.* Datum *Parisius,* mense Julii, anno Domini M.° quadringentesimo sexto, Regni vero nostri vicesimo sexto.

a corr. *Daurato.*
b *espèce de serfs.*
c corr. *Abbatem.*
d corr. *predictarum.*
e corr. *perpetue.*

Per Regem, in suo Consilio in quo Dominus Dux Burgundie, Comites Nivernensis *&* Mortanniensis, *Dominus* Jacobus *de* Borbonio, *& alii, erant.* BARRAU.

CHARLES VI. à Paris, le 7. d'Août 1406.

(a) Lettres qui portent que les Sergens à verge du Châtelet de Paris, & les Sergens de la douzaine, s'ils en ont le droit, pourront seuls exploiter dans la Ville, Fauxbourgs & Banlieue de Paris, tant dans les cas qui regardent la Justice ordinaire, que dans ceux qui concerneront les Aides & autres subventions, à l'exclusion des Sergens à cheval du Châtelet de Paris, & de tous autres Sergens & Commissaires; & que néanmoins les Sergens de la Prevôté des Marchands de Paris, pourront faire dans cette Ville les Exploits qui concerneront la Jurisdiction de cette Prevôté.

CHARLES, &c. Savoir faisons à tous présens & avenir, Nous avoir receue la supplicacion des onze-vins Sergens à verge de nostre Chastellet de *Paris,* consors en ceste partie, contenant comme de très-longtemps eulx & leurs devanciers eussent accoustumé de faire tous exploiz à Office de Sergenterie appartenant, par tout nostre Royaume, par vertu de noz Lettres & mandemens Royaulx adreçans au premier nostre Sergent, & jusques à n'agueres que les Sergens à cheval de nostre Chastellet de *Paris,* leur ont sur ce mis empeschement, disans & maintenans que lesdiz supplians ne povoient faire ne exercer Office de Sergenterie, sinon seulement en nostre Ville, Forbources & Banlieue de *Paris,* & sur ce soit meu certain procès entre lesdits supplians, d'une part, & lesdiz Sergens à cheval, d'autre part, pardevant nostre *Prevost* de *Paris* ou son Lieutenant ou Chastellet de *Paris,* ou quel procès, après ce que lesdiz Sergens à cheval se sont aidiez contre lesdiz supplians de certaines Lettres & Ordonnances Royaulx pieça faictes par feu nostre très-chier Seigneur & Pere dont Dieux ait l'ame, touchant le fait & Office desdiz Sergens à cheval & desdiz supplians, desquelles on dit la teneur estre telle.

NOTE.

(a) Trés. des Chart. Reg. 161. P. xvj. (16).

CHARLES VI.
à Paris, le 7. d'Août 1406.

(b) CHARLES, &c.

Iceulx supplians ont obtenu Sentence pour eulx, de laquelle Sentence lesdiz Sergens à cheval ont appellé à nostre Court de Parlement, par laquelle Court veues lesdictes Lettres Royaulx ci-dessus encorporées, laditte Sentence de nostredit *Prevost* de *Paris* ou son Lieutenant, a esté renversée, & par Arrest de la Court a esté dit que lesdiz supplians exerceront leurs Offices en ladicte Ville, Forbourcs & Banlieuë de *Paris* tant seulement, sanz ce que lesdiz Sergens à cheval puissent faire aucun exploit de sergenterie en ladite Ville, Forbourcs & Banlieue de *Paris*, lequel Arrest, si comme lesdiz supplians vraysemblablement croient estre venu contre eulx pour lesdictes Lettres Royaulx & Ordonnances faittes par nostredit Seigneur & Pere, si Nous ont humblement supplié & requis iceulx supplians, que comme leursdiz Offices leurs soient de très-petit prouffit & revenu & de grans charges pour eulx: car souventesfoiz ilz en sont batuz, injuriez & villennez en leurs personnes, pour nostre Justice & droiz garder, que lesdittes Ordonnances de nostre feu Seigneur & Pere Nous vueillons faire tenir & garder en tous ses poins, par lesquelles Ordonnances appert que nostre feu Seigneur & Pere voult, ordonna & declaira que toutes execucions & autres exploiz appartenans à Office de Sergent, tant pour le fait de l'ordinaire, comme pour le fait des Aides, qui seroient à faire en la Ville, Prevosté & Viconté de *Paris*, pour quelque cause que ce feust, seroient doresenavant faittes par les Sergens du Chastellet de *Paris*, & non par autres, & par lesdittes Ordonnances nostredit feu Seigneur & Pere rappella & revocqua tous Commissaires qui a faire lesdiz exploiz ou aucuns d'iceulx avoient esté commiz par lui ou par autres depputez de par lui, & voult que à eulx ne feust aucunement obey, se ilz n'estoient Sergens dudit Chastellet. Pourquoy Nous les choses dessusdictes considerées, & mesmement les Ordonnances de nostredit feu Seigneur & Pere, les perilz, peines & travaulx, & le petit prouffit que lesdiz supplians ont en leursdiz Offices exercer, & afin que en iceulx Offices exerçant, ilz puissent avoir honnestement leurs vies entour Nous, & aussi que par les Commissaires extraordinaires sur ledit fait des Aides & autrement, nostre peuple est fort grevé & dommaigié, & que lesdiz supplians qui sont bien [a] applegiez souffisemment assez pour faire tous lesdiz exploiz tant du fait ordinaire comme desdiz Aides, & advient souvent que ilz sont oyseux & n'ont que faire en leurs Offices, pour le grant nombre desdiz Commissaires extraordinaires, eu sur ce advis & deliberacion en nostre grant Conseil, avons [b] discerné, ordonné & declairé, [c] discernons, ordonnons & declairons de nostre certaine science, grace especial, plaine puissance & auctorité royal, par la teneur de ces presentes, que toutes les execucions, adjournemens, arrests, & tous autres faiz & exploiz appartenans à Office de Sergenterie Royal, tant execucions qui écheent en Juridicions ordinaires de la Ville, Forbourcs & Banlieue de *Paris*, touchans le Séel de nostre Chastellet de *Paris*, comme celles qui sont & seront faittes pour les Aides ordonnez & levez pour la guerre, ou autres subvencions quelxconques, seront faittes & poursuivies doresenavant & à tousjours perpetuelment ésdittes Villes, Forbourcs & Banlieue de *Paris*, par lesdiz supplians noz Sergens à verge dudit Chastellet, presens & avenir, & par ceulx de la [d] douzaine, se faire le doivent, iceulx de la xij.^ne & non par autres, en rappellant du tout tous telz

a *cautionnez.*

b *decerné.*
c *decernons.*

d Voy. la note (*a*) de la p. 751. du 1.er Vol. de ce Rec.

NOTE.

(*b*) *Charles, &c.*] Ces Lettres qui sont du 8. de Juin 1369. sont imprimées à la p. 194. du 5.e Volume de ce Recueil.

Ce Registre 161. fournit les *Variantes* & les corrections suivantes.

P. 194. Lig. 12. tant *de* cheval comme *de* verge . . . *corr.* . . . tant *a* cheval comme *a* verge.
Lig. 26. pour *noz droiz &* les droiz. . . . *corr.* . . . pour les droiz.
P. 195. Lig. 17. *Ne* pourra . . . . *corr.* . . . *Ne* ne pourra.
Lig. 18. ne *a* leur vivant . . . . *corr.* . . . ne *en* leur vivant.
Lig. 40. touchant le *Séellé* . . . . . . *corr.* . . . touchant le *Séel.*

CHARLES VI. à Paris, le 7. d'Août 1406.

Commissaires qui à ce faire auroient & ont esté ou seroient mis & ordonnez tant de par Nous comme par noz depputez, sans ce que aucuns desdiz Sergens à cheval, presens & avenir, ne aucuns autres qui ores, ne pour le temps avenir, seroient ou sont commiz & depputez de par Nous ou par aucuns noz Juges & Officiers ordinaires ou extraordinaires, puissent & doient exploittier aucunement esdictes Villes, Forbourcs & Banlieue de *Paris,* par vertu desdictes commissions, ne eulx entremettre d'exploittier ou faire aucun exploit d'Office de Sergent ou de Commiz en icelle Ville, Forbourcs & Banlieue de *Paris,* & à eulx ne à leurs relacions & exploiz quant à ce ne voulons aucunement estre obey; excepté toutesvoies les Sergens de la marchandise de *Paris,* lesquelx pourront exploittier là où ilz devront & leur appartendra, tant seulement pour les causes & besoignes, juridicion & congnoissance de nostre Prevosté de ladicte marchandise, & par commission, mandement ou commandement de la [a] Garde de nostredicte Prevosté, & non autrement, ne pour autres causes quelxconques. Si donnons en mandement à noz amez & feaulx Conseillers tenans & qui tendront noz Parlemens à *Paris,* les Gens des Requestes de nostre Palais à *Paris,* les Gens de noz Comptes & Tresoriers à *Paris,* les Generaulx Conseilliers sur le fait des Aides ordonnez pour la guerre, les Esleuz sur le fait desdiz Aides, au *Prevost* de *Paris,* & à tous noz autres Justiciers ou à leurs Lieuxtenans, presens & avenir, & à chascun d'eulx, si comme à lui appartendra, que noz presente Ordonnance, Declaracion, & tout le contenu en ces presentes, facent crier, publier & magnifester solempnelment en leurs Auditoires & autres lieux accoustumez en tel cas en ladicte Ville, Forbourcs & Banlieue de *Paris,* & contre l'effet ou teneur d'icelles, ne viennent, aillent, facent ou sueffrent aler, venir, dire, [b] obicer ne attempter en aucune maniere; ainçois tout ce qui fait, obicé, dit ou attempté seroit ou auroit esté, mettent ou facent mettre du tout au néant tantost & sans delay, en faisant ou faisant faire generalment exprès commandement, inhibicion & defense de par Nous, tant auxdiz Sergens à cheval, pour eulx & leurs successeurs oudit Office, comme à tous Commiz & autres qu'il appartendra, a & sur certaines & grandes peines par chascun d'eulx, à appliquer à Nous, que d'oresenavant ilz ou aucuns d'eulx ne presument ou soient si hardiz de aller, venir, faire ou attempter contre nozdictes presentes Lettres, ne le contenu en icelles, en aucune maniere; non contrestant Ordonnances, mandemens & defenses, & quelxconques Lettres subreptices empetrées ou à empetrer à ce contraires. Et pour & afin que ce soit ferme chose & estable à tousjours, Nous avons fait mettre nostre Séel à ces presentes: Sauf en autres choses nostre droit, & l'autruy en toutes. *Donné à* Paris, *le VII.e jour d'Aoust, l'an de grace mil quatre cens & six, & de nostre Regne le XXVI.e*

a Voy. la note *(b)* de la p. 511. du 7.e Vol. de ce Rec.

b *objecter.*

Par le Roy. Le *Begue* de *Villaines,* le *Sire* de *Torcy,* le *Sire* de la *Rocheguyon,* & autres, presens. DE ROUVRES.

CHARLES VI. à Paris, le 18. d'Août 1406.

(a) Lettres qui portent que nonobstant l'Ordonnance du 28. de Juillet 1406. le Roy pourra nommer des Clercs de la Chambre des Comptes, pour remplir les Charges de Conseillers-Maîtres dans cette Chambre.

CHARLES, par la grace de Dieu, Roy de France. A tous ceulx qui ces presentes Lettres verront: Salut. Comme de toute ancienneté pour le bien du Demaine de nostre Couronne & de nos droitz, ait esté par nos Predecesseurs Roys de France, accoutumé de pourveoir au fait de nostre Chambre des Comptes,

NOTE.

(a) Ces Lettres qui étoient au fol. 58. v.o du Mémorial G. de la Chambre des Comptes de *Paris,* ont été tirées du Recueil cité dans la note *(b)* de la p. 26. du 7.e Vol. du Recueil des Ordonnances.

CHARLES VI.

à Paris, le 18. d'Août 1406.

de bonnes & souffisanz personnes, tant Maistres comme [a] Clercs, qui avoient veu & savoient faiz de comptes, *(b)* de tours d'escriptz, ainsi qu'il est besoing en tel cas, & que quant aucuns d'iceulx Maistres alloient de vie à trespassement, ou estoient pourveus à autre degré, estoient esleuz par iceulx Maistres un ou deux des plus souffisans Clercs d'iceulx Comptes, qui longuement avoient servy, & qui savoient & cognoissoient les besoignes d'icelle Chambre & de nostre Demaine, & presentez à nosdiz Predecesseurs, lesquels oye la relacion desdiz Maistres, les retenoient leurs Conseillers & Maistres desdits Comptes; & par ainsi les autres Clercs de moyen aage considerans lesdites remuneracions, estoient plus [b] ententilz & encouraigez de travailler & pener diligemment oudit fait, pour parvenir & avoir ce degré qui par raison & pour le bien de nostre fait, ouquel aucun ne peut gueres estre expert se il n'a longuement exercé le fait, leur est deu, & par ce en estoient les besoignes & affaires de nostre ditte Chambre mieulx soustenuz & serchez : neantmoings puis pou de temps en ça, par oppressions de requerans, aions mis & créé en icelle nostre Chambre plusieurs nos Conseillers & en nombre excessif, & depuis considerant la grant multitude & confusion qui y estoient, qui Nous tournoit à très grant charge, appellez nos très-chers & très-amez Oncle & Frere le *Duc* de *Berry* & d'*Orleans*, nostre très-cher & très-amé Cousin le *Duc* de *Bourgongne*, & plusieurs autres tant de nostre Sang comme de nostre grant Conseil, avons restindée & moderée ladite charge, & ramenez noz ditz Conseillers à certain nombre, comme par noz *(c)* Lettres sur ce faites & publiées en la Chambre de noz ditz Comptes, peut plus à plain apparoir; obstant lesquelles choses ayons depuis octroyé certaines Lettres par maniere de Ordenance, données le vingt-huitiesme jour de Juillet derrenier passé, esquelles est contenu que noz diz Conseillers ainsi dechargez soient remis en icelle, & declairé que d'oresenavant Nous n'y en mettrons aucuns autres, jusqu'à ce que par leur trespassement ou translacion de leurs estats à autres, le nombre d'iceulx Conseillers & Maistres de noz ditz Comptes, soient ramenez à nombre souffisant; & par ainsi noz ditz Clercs servans continuellement illec à très-petits gaiges, & qui ne pevent quelconque autre chose faire, obstant la charge qu'ils ont des escriptz de nostre ditte Chambre, ne pourroient jamais venir à plus haut degré, qui leur seroit moult dure chose & importable, & aussi leur donrrions mauvais exemple de Nous bien servir, consideré que un chacun qui sert est digne de loyer, & mesmement en si continuel service ce que n'avons eu ne n'avons entention de faire, mais les preferer selon l'exigence & merite de leurs personnes: Savoir faisons que Nous considerant les grans inconveniens qui par ces moyens pourroient ensuir ou fait de nostre dit Demaine, voulant ensuir les Traités & bonnes Ordonnances de noz diz Predecesseurs, & non voulant noz ditz Clercs eulx aucunement deffier de noz biens & graces, mais à ce que tousjours y soient & se rendent plus enclinz à Nous servir très-diligemmment, & aussi [c] qui soient remunerez des grans paines & travaulx que chacun jours ilz soustiennent en nostre service, avons declairé & declairons que nostre entention n'est [d] ne fut oncques que noz ditz Clercs & chacun d'eulx, Nous ne puissions pourveoir toutesfois que le cas y escherra & il Nous plaira, de estat de nostre Conseiller ordinaire ou autre, & les retenir & créer noz Conseillers & Maistres de noz ditz Comptes, & ne voulons quant à ce icelles Lettres ou Ordonnances ne aucune chose qui s'en soit ensuy en aucune maniere, estre prejudiciable à noz ditz Clercs, ne à aucuns d'eux. Si mandons à nos amez & feaulx Gens de noz Comptes

a *Ils sont présentement nommés Auditeurs des Comptes.*

b corr. *attentifs.*

c *qu'ils*

d supp. *&*.

NOTES.

(b) De tours d'escriptz.] Il faut peut-être corriger *détours*, ce qui pourroit signifier *les fraudes commises par les comptables dans les comptes qu'ils rendoient.*

(c) Lettres.] Ces Lettres qui étoient du 28. de May 1406. ne sont point dans ce Rec. des Ordonnances. Elles étoient au fol. 41. du Mémorial G. de la Chambre des Comptes de *Paris*. Voy. la Table Chronol. des Ordonnances par *Blanchard*. Cette Table n'indique point les Lettres du 28. de Juillet suivant, desquelles il est parlé un peu plus bas. Ces deux Lettres du 28. de May & du 28. de Juillet 1406. ne se trouvent point dans le Recueil cité ci-dessus note *(a)*.

CHARLES VI. à Paris, le 18. d'Août 1406.

à *Paris*, que nostre ditte presente Declaration & Ordonnance ils tiengnent & facent tenir & garder sans enfraindre en aucune maniere, & icelle facent enregistrer en nostre ditte Chambre, & partout ailleurs où il appartendra : Car ainsi Nous plaist-il estre fait, non obstant lesdites Ordonnances derrenierement faictes, & quelzconques autres Ordonnances à ce contraires. En tesmoin de ce, Nous avons fait mettre nostre Scel à ces Presentes. *Donné à* Paris, *le dix-huitiesme jour d'Aoust, l'an de grace mil quatre cens & six, & de nostre Regne le vingt-sixiesme.* Ainsi signé. Par le Roy, Monsieur le *Duc* de *Bourgogne*, le *Comte* de *Mortaing*, Maistre *Pierre* de *Lesclat*, & autres, presens. GAUCHER.

CHARLES VI. à Paris, le 28. d'Août 1406.

(a) Lettres qui permettent à Arnoulet Bracque de faire fabriquer dans la Monnoye de Saint Quentin, des espèces pour sept cens quarante Marcs d'or, lesquelles il s'étoit engagé de faire fabriquer dans celle de Tournay.

CHARLES, par la grace de Dieu, Roy de France. A noz amez & feaulx les Gens de noz Comptes, Tresoriers, & les Generaulx-Maistres de noz Monnoyes à *Paris* : Salut & dilection. Receuë avons la supplicacion de *Arnoullet Bracque* Maistre Particulier de nostre Monnoye à *Tournay*, contenant comme ou temps qu'il print ladicte Monnoye à ferme, il se fust fait fort de ouvrer dedans certain temps grant quantité d'or, laquelle il ne peult lors accomplir à vij.^c xl. mares d'or près ou environ; & pour ce se fust [a] traict devers Nous, & oy son empeschement, luy octroyasmes que ladicte reste d'or il peust faire ouvrer à la Monnoye de *Saincte Manehoust*, durant le temps du present Maistre-Particulier de ladicte Monnoye. Or est ainsi que quant nostredicte grace fut faicte audit suppliant, le Maistre qui est à present à la ladicte Monnoye, avoit icelle tenuë par l'espace de demy an, & demy an après iceluy suppliant [b] ce qu'il a peu bonnement; & incontinant après sont venuz Gens d'armes, eulx disans [c] à noz très-chiers & très-amez Frere & Cousin les *Ducz* d'*Orleans* & de *Bourgoigne*, & passez par le pays par deux foiz [d] autan, & de present y sont encores, tellement qu'il n'a peu ne peult bonnement aller querir matiere ne faire ouvrer ladicte somme, ne les Marchans n'osent venir servir ladicte Monnoye, pour doubte qu'ilz ont d'estre desrobez & perdre leur chevance; lesquelles choses pourroient estre ou grant prejudice dudit suppliant : surquoy il Nous a requis nostre provision. Pourquoy Nous ces choses considerées, audit suppliant avons octroyé & accordé, octroyons de grace especial par ces presentes, que ladicte somme de vij.^c xl. Marcs d'or, il puisse faire ouvrer à la Monnoye de *Sainct Quantin*, durant ledit temps dudit Maistre de *Saincte Manehoust*, & encores deux moys après le temps passé dudit Maistre, pour cause du delay que iceluy suppliant a eu depuis sa premiere Requeste, pour le pris qu'il avoit en ladicte Monnoye de *Tournay*, sans ce que ce luy tourne ou puisse tourner à aucun prejudice, & que ladicte *(b)* matiere luy tienne lieu en ses comptes de *Tournay*. Si vous mandons, commandons & estroictement enjoignons que de nostre presente grace & octroy vous faictes, souffrez & laissez ledit suppliant joyr & user paisiblement, sans pour ce luy donner ou souffrir estre donné aucun empeschement : Car ainsi Nous plaist-il estre fait, & audit suppliant l'avons octroyé & octroyons de nostredicte grace especial par ces presentes; nonobstant quelzconques Lectres subreptices à ce contraires. *Donné à* Paris, *le XXVIIIe jour d'Aoust, l'an de grace mil IIII.^c & six, & le XXVIe de nostre Regne.*

a *retiré, présenté.*

b *Il semble qu'il faille suppléer ici; ouvra*, ou *fabriquer des espèces.*

c *supp. être.*

d *Ce mot signifie peut-être ici au tems passé.*

NOTES.

(a) Registre *E.* de la Cour des Monnoyes de *Paris*, fol. 7. vingt 10. recto [150].

Avant ces Lettres, il y a : *Mandement par lequel* Arnoullet Bracque *puisse faire ouvrer en la Monnoye de* Sainct Quantin, *sept cens quarante Marcs d'or.*

(b) Matiere.] Les Espèces qu'il fera fabriquer à *Saint Quentin*, lui seront imputées par rapport à l'engagement qu'il avoit pris d'en fabriquer une certaine quantité à *Tournay*.

(a) Lettres

CHARLES VI. à Paris, en Août 1406.

(a) Statuts des Oublieurs de Paris.

CHARLES, &c. Savoir faisons à tous presens & avenir, que comme pour le bien, prouffit & evident utilité de Nous & de nostre peuple, à Nous appartiengne de disposer & ordonner des estas, marchandises, mestiers & autres faiz dont noz subgiez s'entremettent chascun jour pour le bien commun & substentacion d'eulx, à ce que par bon gouvernement chascun selon son fait, estat & faculté, puisse estre gardé, maintenu & conservé par noz Ediz, Constitucions & Ordonnances soubz & moyennant lesquelles ilz & chascun d'eulx puissent vivre & demourer en bonne transquilité & paix soubz Nous; & pour ce que les Maistres, Ouvriers & commun du mestier d'Oblayerie de nostre Ville de *Paris,* consors en ceste partie, Nous ont par leur humble supplicacion de nouvel donné à entendre que ou fait, estat & ouvrages dudit mestier d'Oblayerie, ont esté ès temps passés, & sont encores chascun jour faittes & commises plusieurs faultes, mesprentures & offenses en plusieurs & diverses manieres, lesquelles ilz Nous ont fait exprimer & déclairer de point en point, qui, si comme Nous semble, est assez vraysemblablement à congnoistre, sont, tournent & redondent au vitupere, detriment, grant grief, prejudice & dommage non mie tant seulement du fait & estat dudit mestier, mais aussi du bien publique : & combien que d'ancienneté ilz aient eu sur le fait & estat dudit mestier, aucunes Constitucions & Ordonnances, toutesvoies pour plusieurs causes & raisons, & en especial au regart du temps de lors & à cellui de present, il ne souffist pas, ne n'est à permettre aucunes d'icelles Ordonnances & Constitucions qui si grandement sont & seroient contraires & préjudiciables à raison, especialment au bien publique & l'estat dudit mestier, demourer en cest estat, & que en ceste partie n'y feust & soit par Nous pourveu de remede condecent, si comme dient yceulx supplians, en Nous humblement requerant que ces choses considerées, & que des augmentacions, correccions & adjonccions qu'ilz Nous ont requises, leur estre faittes & jointes sur les Statuts, Constitucions & Ordonnances de leurdit mestier, ilz Nous ont faitte prompte foy & affermé icelles estre bonnes, loyables, très-utiles & bien expediens au fait & estat dudit mestier, sans y noter, pretendre ou supposer aucune mauvaistié ou fraude, mais tant seulement pour consideracion du bien commun, utilité dudit mestier & des suppoz d'icellui, Nous afin de memoire, Ediz perpetuelz leur veuillons octroyer, establir & ordonner les Ordonnances, Status, Constitucions & observances par eulx ainsi advisez entre eulx & d'un commun assentement: Nous les choses dessusdictes & chascunes d'icelles diligemment attendues & considerées, qui Nous [a] semblant estre bien consonant à raison, & de bonne equité au bien publique, & aussi eue sur ce bonne & meure deliberacion avec plusieurs des Gens de nostre Conseil en nostre Chastellet de *Paris,* à iceulx supplians pour eulx & leurs successeurs dudit mestier en nostre Ville de *Paris* & Faubours, de nostre certaine science, grace especial, plaine puissance & auctorité royal, avons ordonné & declairé, ordonnons & declairons & octroyons par la teneur de ces presentes, les poins, Ordonnances, Statuz, Constitucions & observances sur tout le fait & estat dudit mestier d'Oblayerie en icelle Ville & Fauxbours de *Paris,* estre tenues, gardées & observées à tousjours perpetuelment en la maniere qui s'ensuit.

[a] *semblent*, 2.e copie.

(b) Premierement, que nul, &c.

NOTES.

(a) Trés. des Chart. Reg. 161. P. vj.xx xv. (135).

Ces Lettres sont aussi dans le Registre rouge vieil du Châtelet de *Paris,* fol. XI.xx XIIII. r.o (234). & elles y sont copiées plus exactement que dans le Reg. du Trés. des Chartres.

(b) Premierement.] Charles VI. avoit déjà donné le 9 de Septembre 1397. des Lettres portant Réglement pour les Oublieurs de la Ville de *Paris.* Elles sont imprimées à la page 149. du 8.e Vol. de ce Rec. On trouve dans ces Lettres à la page 151. treize articles d'un nouveau Réglement pour cette Communauté. Dans la note *(b)* de cette dernière page j'ai

CHARLES VI.
à Paris, en Août 1406.

Pour toutes lesquelles Constitucions, Ordonnances, Ediz & observacions dessusdictes & chascunes d'icelles garder, acomplir & enteriner de point en point, Nous avons ordonné & ordonnons que sur l'estat dudit mestier, soient par le commun d'icellui esleuz chascun an ou autrement, deux ou plusieurs personnes notables dudit mestier, bien recongnoissans à ce, ausquelz sera commise la congnoissance & visitacion sur ledit mestier; & affin que icestes Ordonnances soient plus [a] enterinement gardées, Nous voulons & ordonnons par ces mesmes Lettres, que chascun dudit mestier qui par lesdiz Jurez ou autrement sera trouvé transgresseur ou faisant le contraire des poins, articles & ordonnances dessusdictes, & pour tant de foiz qu'il sera trouvé délinquant, Nous paie & soit contraint de paier vint solz Tournoiz d'amende, & cinq solz Tournoiz aux Maistres Jurez & Gardez dudit mestier qui lors seront.

a *entièrement.* 2.e cop.

Si donnons en mandement par ces presentes au *Prevost* de *Paris*, & à tous noz autres Justiciers & Officiers, presens & advenir, ou à leurs Lieuxtenans, & à chascun d'eulx, si comme à lui appartendra, que noz presentes Ordonnances, Statuz, poins & articles dessusdiz, & tout le contenu en ces Lettres, facent publier & enregistrer en nostre [b] Chastel de *Paris*, & icelles enteriner, garder & accomplir & observer de point en point *(c)* juxte leur pure & pleine fame, en faisant iceulx supplians & leurs successeurs dudit mestier, perpetuelment & à toujours joïr & user de nostre pure grace & Ordonnance, Declaracion & octroy, sans pour ce aller, dire, faire ou venir, ne souffrir estre fait, alé ou dit aucune chose au contraire en quelque maniere que ce soit, en imposant au contraire de ce perpetuel silence [c] & nostre Procureur present & advenir. Et affin que ce soit ferme chose & estable à tousjours, Nous avons fait mettre à ces presentes nostre Séel: sauf en autres choses nostre droit, & l'autruy en toutes. *Donné à* Paris, *ou moys d'Aoust, l'an de grace mil quatre cens & six, & de nostre Regne le XXVI.e (d).*

b *Chastelet.* 2.e cop.

c à. 2.e cop.

Par le Roy, Mess. *Jacques* de *Bourbon*, [d] le Sire, Mess. *Jehan* de *Chambrillac*, & autres, presens. J. DE ROUVRES. *(e)*

d Il y a *le Sire de Montenay* dans la 2.e cop.

NOTES.

annoncé que au mois d'Août 1406. Charles VI. avoit donné aux Oublieurs de *Paris* de nouvelles Lettres qui contenoient un Règlement conforme à douze de ces treize articles, & qu'après le douzième, il en avoit ajoûté sept que j'ai fait imprimer dans cette note. Il feroit donc inutile de redonner ici ces articles. Il y a cependant entre ceux de 1397. & ceux de 1406. quelques légères différences que je vais marquer.

1397.	1406.
Art. 8. Que une fournaise.	Que une fournaise *à deux toises l'une de l'autre.*
Art. 9. Aubins de Confrarie.	Aubins *d'œufs* de Confrairie.
Art. 10. Jouer aux dez à argent sec. . . .	Jouer *argent* aux dez.
Art. 13. *Dongeseux.*	Art. 1. de ceux qui sont en note, il y a *dangereux.*
	L'art. 13. du Règlement de 1397. n'est point dans celui de 1406.

(c) Juxte leur pure & pleine fame.] Cette clause qui est singulière, peut signifier: *conformément à la bonne réputation qu'ils se sont acquise.* Il y a *fame* bien écrit dans le Registre du Trésor des Chartres; & en collationnant la copie faite d'après ce Registre, avec celui du Châtelet que je n'ai plus, je n'ai point remarqué de variantes. Cependant dans le Traité de la Police, par M. de la *Mare*, où ces Lettres sont imprimées à la p. 467. du 3.e vol. d'après ce Registre du Châtelet, on lit: *jouxte leur pure & pleine forme,* ce qui fait un meilleur sens; mais cette formule n'est point usitée.

On lit *ibid.* plus bas: *de nostre presente grace, &c.* au lieu que dans le Trésor des Chartres il y a certainement, *de nostre pure grace.*

(d) Avant ces mots: *Par le Roy,* il y a dans la 2.e cop. *Ainsy signées sur le ploy de la marge d'embas.*

(e) Après cette signature, on lit dans la 2.e cop. ce qui suit. *Au dos desquelles Lettres estoit escript ce qui s'ensuit:*

Publiées en Jugement ou Chastellet de *Paris,* le Samedy viij.e jour de Janvier, l'an mil quatre cens & six; à quoi se apparurent Maistre *Phelix Dubois* & *Jehan Duchesne*, comme Maires; c'est assavoir, ledit Maistre *Phelix,* des Religieux de Saincte Genevieſve & Saint Germain, & ledit *Chesne,* comme Maire des Religieux du Temple, qui se opposérent à toutes fins ad ce que les Ordonnances escriptes au blanc n'aient lieu, ou portent préjudice aux Jurisdicions desdits Religieux.

Collacion faicte.

(a) Privilèges accordés à un Lombard & à deux de ses fils, auxquels il est permis de demeurer pendant quinze ans dans la Ville d'Amiens, pour y faire le Commerce & pour y prêter de l'argent.

CHARLES VI. à Paris, le 3. de Septembre 1406.

Privilège semblable accordé à deux Lombards pour demeurer au même effet dans la Ville de Meaux.

CHARLES, &c. Savoir faisons à tous presens & avenir, que pour certaines causes & consideracions qui à ce Nous ont meu & meuvent, & qui grandement touchent & regardent le bien & prouffit commun de Nous & de nostre Royaume, Nous par la deliberacion d'aucuns de nostre Sang & de nostre grant Conseil, & de nostre certaine science, auctorité Royal & grace especial, avons octroyé & octroyons par ces presentes à *Aubert Gutuer, Perceval* & *Gabriel Gutuer* ses enfans, Cittoiens d'*Ast*, pour eulx, leurs compaignons, facteurs, leurs hoirs, successeurs & d'eulx aians cause, que ilz puissent demourer en nostre Ville d'*Amiens*, du jour de la date de ces presentes jusques à quinze ans prouchainement après venans & entresuians, soubz certaines manieres, condicions & modificacions cy-dessoubz contenues & declairées, & que durant ycellui temps ils aient, joyssent & usent à plain des privileges, immunitez, franchises & libertez qui cy-après s'ensuient :

(1) Premierement, &c. [Voyez T. 6. p. 478. art. 1.]

(2) Item. Qu'ilz puissent marchander, faire & exercer toutes manieres de contraulx tant de leurs deniers comme de leurs denrées & marchandises, & gaingner en toutes leursdictes marchandises, en toutes les manieres qu'ilz porront & sauront faire leur prouffit & avantaige.

(3) Item. &c. [V. T. 7. p. 787. art. 3.]

(4) Item. &c. [V. T. 7. p. 788. art. 4.]

(5) Item. &c. [V. T. 6. p. 479. art. 4. Dans l'art. 4. du T. 6. ligne 1. il y a *pour eulx*. Il y a mieux *par eulx*, dans les Lettres de 1406.]

(6) Item. Que durant lesdiz quinze ans, ilz puissent prendre en gaige toutes manieres de gaiges, exceptez Saintes reliques, Calices, Sainctuaires & autres ornemens d'Eglise sacrez, socz, coustres, ferremens de charrues, fers de molins, & les [a] gaiges de nostre Hostel & des Hostelz de noz Enfans ou autres de nostre lignage, qui sont de Fleurs de Liz, ou cas que les dessusdiz Lombards n'auroient adviz ou congnoissance d'aucunes d'icelles choses estre telles comme dit est, ou quel cas que par inadvertance seroit fait par eulx ou aucun d'eulx, se les choses n'estoient signées à Fleur de Liz, ou les signetz coppez ou ostez de ce que on leur [b] bauldroit en gaige, Nous voullons que cellui ou ceulx qui ainsi l'auroient fait sans fraude ou malice, n'en soient aucunement puniz, & que il ne leur tourne à aucun préjudice ou dommage, & que nonobstant ce ilz soient paiez de ceulx qui leur devront, de ce qui leur sera deu.

[a] *Voy. la note (b) de la p. 479. du 6.e Vol. de ce Rec.*

[b] *bailleroit : donneroit.*

(7) Item. Qu'ilz ne soient tenuz de rendre à ceulx qui leur auront baillié aucuns gaiges, yceulx gaiges sur lesquelz ilz auront presté, jusques à ce qu'ilz soient paiez de tout ce qui leur sera deu.

(8) Item. &c. [V. T. 6. p. 479. art. 7.]

NOTE.

(a) Trés. des Chart. Reg. 162. P. IX. & X. (9. & 10.)

On a déjà fait imprimer dans ce Recueil plusieurs Privilèges semblables accordés à des Etrangers. On s'est servi ici de la même méthode de laquelle on a fait usage en donnant les Lettres du mois de Décembre 1392. Voy. la note *(a)* de la p. 787. du 7.e Vol. de ce Rec.

Dans tous les endroits où il y a le mot *Prêteurs*, dans les Lettres semblables imprimées dans ce Rec. en entier ou par extrait, il y a le mot de *Lombards* dans celles-ci de 1406.

CHARLES VI.

à Paris, le 3. de Septembre 1406.

(9) *Item.* Et s'il avenoit que en ladicte Ville d'*Amiens*, les maisons, &c. [V. T. 6. p. 479. art. 8.]

(10) *Item.* Que se en leurs hostelz ou domiciles estoient trouvez aucuns biens qui leur feussent bailliez en gaiges sans fraude, lesquelz biens aucuns voulsissent poursuir pour [a] emblez, qu'ilz ne puissent estre poursuiz aucunement ne puniz de [b] furt ou larrecin, civilement ou criminelment.

a volez. b vol.

(11) *Item.* &c. [V. T. 6. p. 479. art. 10.]

(12) *Item.* &c. [V. T. 6. p. 479. art. 11. Dans cet article, ligne 5. il y a : *à faire aucune amende;* & dans les Lettres de 1406. il y a : *à Nous faire aucune amende.*]

(13) *Item.* Que se noz Gens & Officiers ou autres quelxconques, faisoient faire &c. [V. T. 6. p. 479. art. 12.]

(14) *Item.* Que après an & jour, ilz puissent vendre les gaiges sur lesquelz ilz auront presté leurs deniers, sans ce que par les debteurs qui lesdiz gaiges auront bailliez, ilz puissent estre poursuiz ne approchiez, & que lesdiz an & jour passez, lesdiz debteurs soient forcloz de toutes accions & poursuites qu'ilz pourroient faire & intenter contre lesdiz Lombards, pour raison & à cause desdiz gaiges.

(15) *Item.* &c. [V. T. 7. p. 788. art. 13.]

(16) *Item.* Voulons & ordonnons que nosdiz Tresoriers qui à présent sont & pour le temps avenir seront à *Paris*, puissent arbitrer & ordonner ausdiz Lombards quel prouffit ilz pourront prendre & avoir de leur argent, denrées & marchandises, ledit temps durant, & que selon l'Ordonnance & arbitrage de nosdiz Tresoriers, iceulx Lombards puissent ledit prouffit requerir, prendre, lever & avoir, & vaille tout ce que par nosdiz Tresoriers sera fait & ordonné quant à ce, comme se par Nous avoit esté fait & ordonné, & sans ce que lesdiz Lombards pour le temps avenir puissent estre aucunement reprins pour avoir prins, levé, eu & receu ledit prouffit selon l'Ordonnance & arbitrage de nosdiz Tresoriers.

(17) *Item.* Se lesdiz Lombars se vouloient partir de ladicte Ville, pour aller demourer en autre Ville de nostredit Royaume, que faire le puissent, &c. [V. T. 6. p. 480. art. 14.]

(18) *Item.* Que tous ceulx qui seront tenuz à eulx & obligiez, soient contrains par nos Gens & Officiers & par toutes autres Justices de nostredit Royaume, à paier ausdiz Lombards ce qu'il apperra à eulx estre deu, & de telle monnoye qu'ilz seront obligiez selon & par la maniere qu'ilz seront trouvez estre obligiez & tenuz, sans aucun déport ou faveur; & ne donnerons à aucunes personnes sans grant & juste cause, quelxconques grace ne dilacion des debtes que on leur devra ledit temps durant; & s'aucuns en empetroient de Nous ou de nostre Court, sans grant & juste cause, comme dit est, Nous oudit cas les rappellons dès maintenant pour lors, & voulons qu'elles n'aient quant à ce aucune force ou effet.

(19) *Item.* Que durant ledit temps, ilz soient exemps, francs & quittes de toutes [c] Composicions, Subsides, Maletoutes, *(b)* Aides de villes, d'ost, de chevauchées, de forteresses, de servitudes, Fouages, Tailles, prestz, & de toutes autres redevances quelzconques quelles que elles soient, soient faictes ou ordonnées pour quelconque cause, à quelque personne, en quelque lieu de nostredit Royaume que ce soit; exceptez les Gabelles, & que s'ilz achetent aucunes marchandises & ils les revendent, ilz paieront l'Aide sur ce ordonnée seulement.

c Voy. la note (c) de la p. 480. du 6.e Vol. de ce Rec.

(20) *Item.* &c. [V. T. 6. p. 480. art. 17.]

(21) *Item.* &c. [V. T. 6. p. 480. art. 18. il y a à la ligne 2. *Prevoz* dans cet article, & *Preneurs* dans le nôtre & dans l'article 18. de la page 584. du 8.e Vol. de ce Rec. & c'est ainsi qu'il doit y avoir.]

(22) *Item.* Que durans lesdiz quinze ans, Nous ne octroyerons à aucuns autres

NOTE.

(b) Aides de Villes.] C'est-à-dire app. Aides levées pour les dépenses communes des Villes, ou pour la construction & entretien des Forteresses.

les libertez & franchises que Nous avons octroyés aux dessusdiz Lombars pour demourer en ladicte Ville d'*Amiens*, & ne soufferrons en icelle autres personnes quelxconques ne de quelque estat qu'ilz soient, demourer en ladicte Ville, qui prestent argent à prouffit aucunement durans les quinze ans dessusdiz, contre la voulenté desdiz Lombars.

CHARLES VI. à Paris, le 3. de Septembre 1406.

(23) Item. Se eulx ou aucun d'eulx ou leursdiz compaignons ou mesnies, soient bastars ou autres, aloient de vie à trespassement en nostredit Royaume durant ledit temps, que leurs héritiers puissent à eulx succeder en tous leurs biens entierement, comme font noz autres Subgiez, selon la coustume, usage & Ordonnance des Villes & Pays où ilz sont nez; & se par Testament ou ordonnance de derreniere voulenté, ilz avoient disposé & ordonné de leurs biens, que leurs ordonnances soient gardées & tenues, & que leurs éxécuteurs puissent prendre & avoir leurs biens pour leursdiz Testamens & derreniere voulenté acomplir & enteriner, sanz ce que par noz Gens & Officiers ou autres quelxconques, les dessusdiz Lombars, leurs compaingnons & mesnies, ou aucuns d'eulx ou leurs héritiers, puissent en aucune maniere estre empeschiez à la percepcion & usage desdiz biens.

(24) Item. Que durant lesdiz quinze ans, yceulx Lombars puissent [a] accompaingner ou prendre en leur compaingnie, jusques à troys compaingnons se bon leur semble, & que yceulx que accompaingniez auront, puissent joïr & user des franchises & libertez par Nous octroyées ausdiz Lombars, comme à eulx mesmes octroyé avons par ces presentes; & aussi que se eulx ou aucun d'eulx avoient voulenté de vendre l'un à l'autre, faire le puissent, sans préjudice.

a *s'associer.*

(25) Item. &c. [V. T. 6. p. 481. art. 22.]

(26) Item. &c. [V. T. 6. p. 481. art. 23.]

(27) Item. Que s'il avenoit que aucuns desdiz Lombards ou aucuns de ceulx que accompaigniez auroient, leurs gens, mesnies ou familiers, ou aucun d'eulx, meffaisoient aucune chose en ladicte Ville d'*Amiens*, nostre entencion n'est pas que aucune poursuite ou prosecucion en soit faite, fors seulement contre les coulpables du fait, & non pas contre les innocens du fait; esquelz cas ne pour cause d'iceulx, Nous ne noz Officiers & Justiciers audit lieu, ne prendrions ou pourrons avoir des delinquans, que dix livres Tournois d'amende, & au dessoubz se le meffait estoit mendre, selon la coustume du lieu; excepté en cas de mort, feu bouter, trayson, de enforcement de femmes, de [b] afoleures d'ommes, de larrecin, de trieves enfraintes, dont sur ce [c] poursuite seroit faite contre lesdiz coulpables seulement, & non pas contre lesdiz innocens.

b *blessures.*
c *poursuite.*

(28) Item. S'aucunes femmes renommées de fole vie, estoient dedans les maisons desdiz Lombars, qui voulsissent dire & maintenir estre ou avoir esté efforcées par lesdiz Lombars ou aucuns d'eulx, que yceulx Lombars ne soient pour ce empeschiez ne destourbez en corps ne en biens, se autrement n'apparoît de la verité du fait.

(29) Item. &c. [V.T. 6. p. 481. art. 26. Dans les Lettres de 1406. au lieu de ces mots : *d'autre personne de Sainte Eglise,* il y a : *d'autres personnes de Saincte Eglise ou Séculieres.*]

(30) Item, Que s'il leur plaisoit à eulx partir hors de ladicte Ville ou de nostredit Royaume, devant lesdiz quinze ans accompliz, que ilz le puissent faire toutesfoiz qu'il leur plaira, & qu'ilz aient deux ans de terme & de demeure en ladicte Ville & en nostre Royaume, pour pourchacier leurs debtes & marchandises: Et aussi, ilz ne Nous paieront aucune chose durans iceulx deux ans qu'ilz ne marchanderont ne presteront.

(31) Item. &c. [V. T. 7. p. 789. art. 27.]

(32) Item. Que se en aucuns des articles dessusdiz avoit aucune obscurté où il deust avoir &c. [V. T. 6. p. 482. art. 28.]

(33) Pour toutes lesquelles choses &c. [V. T. 7. p. 789. art. 29.]

Si donnons en mandemens, commandons & estroictement enjoingnons à noz amez & feaulz les Gens tenans nostre present Parlement & qui le tendront ou temps

CHARLES VI. à Paris, le 3. de Septembre 1406.

avenir, à noz amez & féaulx Gens de noz Comptes & Trésoriers à *Paris*, au *Bailly* d'*Amiens*, & à tous autres Justiciers & Officiers de nostredit Royaume, ou à leurs Lieuxtenans, presens & avenir, & à chascun d'eulx, si comme à lui appartendra, que lesdiz Lombars, leurs compaingnons, facteurs & serviteurs, alans, venans & sejournans pour eulx, facent, seuffrent & laissent joïr & user paisiblement de noz presentes voulenté, octroy & grace, & les soustiennent en leurs drois, en leur faisant bon & brief acomplissement de justice, sans les mettre en long procez, & que ilz les gardent & defendent de toutes violences & oppressions indeues, & que ilz les facent, seuffrent & laissent joïr & user paisiblement de tous les privileges, immunitez, franchises & libertez dessusdictes & de chascune d'icelles, & de leurs circonstances & deppendences, sans les empeschier, molester ou traveiller ès choses dessusdictes, ou en aucunes d'icelles, en corps ou en biens, ou autrement comment que ce soit; mais s'aucune chose estoit faicte au contraire, si les rappellent & remettent ou facent rappeller & remettre au premier estat & deu, tantost & sans delay, en contraingnant les faiseurs ou attempteurs au contraire, à Nous pour ce faire amende comme il appartendra à faire de raison. Et que ce soit ferme chose & estable à tousjours, Nous avons fait mettre nostre Séel à ces présentes : sauf en autres choses nostre droit, & l'autruy en toutes. *Donné à* Paris, *le iij.e jour de Septembre, l'an de grace mil quatre cens & six, & de nostre Regne le XXVI.e*

a supp. *le.*

Par le Roy, en son Conseil, où Monf. le *Duc* d'*Orléans*, [a] *Conte* de *Mortaing*, le *Marquis* du *Pont*, & autres, estoient. FERRON.

b *Ce nom est douteux.*
c *Piémont.*

Semblable pour *Michiel Berton* filz de feu *Berthelemi Berton* & *Loys* de la [b] *Caner*, marchans Lombars de la Ville de *Quier* en [c] *Pymont*, pour eulx, leurs hoirs, leurs compaignons, facteurs, & d'eulx aians cause, & qu'ils puissent demourer en la Ville & Cité de *Meaulx*, par la maniere cy-devant escripte, & pareillement signée.

CHARLES VI. à Paris, le 13. de Septembre 1406.

(a) Privilèges accordés à deux Lombards, auxquels il est permis de demeurer pendant quinze ans dans la Ville de Laon, pour y faire le commerce & pour y prêter de l'argent.

CHARLES, &c. Savoir faisons à tous presens & avenir, que pour certaines causes & consideracions qui à ce Nous ont meu & meuvent, & qui grandement touchent & regardent le bien & prouffit commun de Nous & de nostre Royaume, [d] tous, par la deliberacion d'aucuns de nostre Sang & grant Conseil, & de nostre certaine science, auctorité Royal & grace especial, [e] à Nous octroyé & octroyons par ces presentes, à *Dimenche Masset* dit *Richart*, & à *Laurens Tubis*, pour eulx, leurs compaignons, facteurs, leurs hoirs, successeurs & d'eulx ayans cause, qu'ilz puissent demourer en nostre Ville de *Laon*, du jour de la date de ces présentes jusques à quinze ans prouchains après venans & entressuians, soubz certaines manieres, condicions & modifications cy-dessus contenues & declairées, & que durant icellui temps, ilz aient, joyssent & usent à plain des Privileges, Immunitez, Franchises & Libertez qui cy-après s'ensuivent.

d corr. *Nous.*
e corr. *avons.*

(1) Premierement. Nous prenons, &c. [Voyez Tome 6. p. 478. art. 1.]

(2) Item. Qu'ilz puissent marchander, faire & exercer toutes manieres de contracs

NOTE.

(a) Trésor des Chartr. Reg. 161. Pièce XVI.xx XIIII. [334.]

Au mois de Décembre 1392. Charles VI. accorda pour quinze ans des Privilèges à des *Lombards* qui devoient s'établir dans la Ville de *Troyes*. Les Lettres sont à la p. 787. du 7.e Vol. de ce Recueil. Ces Privilèges accordés pendant quinze ans à deux *Lombards* qui devoient s'établir dans la Ville de *Laon*, sont semblables à ces premiers dans le plus grand nombre des articles, & l'on s'est servi de la même méthode dont on a fait usage en donnant les Lettres de 1392. Voyez la note *(a)* de la p. 787. du 7.e Vol. de ce Rec.

tant de leurs deniers, comme de leurs denrées & marchandises, & gaignier en leursdictes marchandises en toutes les manieres qu'ils pourront & sauront faire leur prouffit & avantaige.

CHARLES VI. à Paris, le 13. de Septembre 1406.

(3) *Item.* Voulons que lesdiz Lombars puissent sans prejudice, prendre & recevoir telles obligacions & faire telles manieres de contracs comme les personnes se vouldront à eulx obligier.

(4) *Item.* Que pour cause d'iceulx contracs, les dessus nommez ne aucun d'eulx, ne puissent aucunement estre reprins, aprochiez ne trais en cause ne en amende corporelle, pecunielle, ne autres quelxconques, pour les causes dessus dictes, par noz Gens & Officiers, ne autres quelxconques noz Subgiez, soyent Refformateurs, Juges ordinaires, Commissaires & Deleguez, ne autres Juges quelzconques, supposé que de Nous ou de nostre Court ilz aient mandement especial, fors devant noz Tresoriers, comme cy-après sera dit.

(5) *Item.* &c. [Voyez T. 6. p. 479. art. 4.]

(6) *Item.* &c. [V. *ibid.* p. 479. art. 5.]

(7) *Item.* &c. [V. *ibid.* p. 479. art 6.]

(8) *Item.* &c. [V. *ibid.* p. 479. art. 7.]

(9) *Item.* &c. [V. *ibid.* p 479. art. 8.]

(10) *Item.* Que se en leurs hostelz & domicilles estoient trouvez aucuns biens qui leur feussent baillez en gaige sans fraude, lesquelz biens aucuns voulsissent poursuir pour [a] emblez, qu'ilz ne puissent estre poursuis aucunement, ne [b] pouniz de furt ou larrecins civilement ou criminelement.

a *volez.*
b *mot douteux. Il signifie app.* puniz.

(11) *Item.* &c. [V. T. 6. p. 479. art. 10.]

(12) *Item.* &c. [V. *ibid.* p. 479. art. 11.]

(13) *Item.* &c. [V. *ibid.* p. 480 art. 12.]

(14) *Item.* &c. [V. *ibid.* p. 480. art. 13.

(15) *Item.* Voulons que se nos Gens, Officiers, Refformateurs ou autres, de quelconques estat ou condicion qu'ilz soient, & de quelconques povoir ou auctorité qu'ilz usent ou soient fondez, soit à requeste de Partie poursuiant ou autrement, voulsissent aucunement traire en cause lesdiz Lombars pour cause & occasion de leurs contraulx ou marchandises, & vouloient dire ou proposer lesdiz Lombars avoir fait en leurs obligacions ou contraulx aucunes choses illicites, soit en cas de refformacion ou autrement comment que ce feust, ilz ne soient tenus de respondre pardevant quelzconques Juges ou Juge de quelconques povoir ou auctorité qu'ilz usent ou soient fondés, fors devant noz amez & feaulx Tresoriers à *Paris*, qui sont de present, ou seront ou temps avenir, lesquelz Nous y avons commis & commettons par ces presentes quant à ce, & non pardevant autres; & en cas de [c] début ou opposition, soit fait le renvoy pardevant nosdiz Tresoriers tantost & sans delay, sans en tenir la congnoissance ou Procès aucunement.

c *corr.* débat.

(16) *Item.* Voulons & ordonnons que nosdiz Tresoriers qui à present sont & pour le temps avenir seront, à *Paris*, puissent arbitrer & ordonner auxdiz Lombars quel prouffit ilz pourront prendre & avoir de leur argent, denrées & marchandises, ledit temps durant, & que selon l'Ordonnance & arbitraige de noz dizTresoriers, iceulx Lombars puissent ledit prouffit requerir, prendre, lever & avoir, & vaille tout ce que par noz diz Tresoriers sera fait & ordonné quant à ce, comme se par Nous avoit esté fait & ordonné, & sans ce que lesdiz Lombars pour le temps avenir, puissent estre aucunement reprins, pour avoir prins, levé, eu & receu ledit prouffit selon l'Ordonnance & arbitrage de noz diz Tresoriers.

(17) *Item.* &c. [V. T. 6. p. 480. art. 14.]

(18) *Item.* &c. [V. *ibid.* p. 480. art. 15.]

(19) *Item.* &c. [V. *ibid.* p. 480. art. 16.]

(20) *Item* &c. [V. *ibid.* p. 480. art. 17.]

(21) *Item.* &c. [V. *ibid.* p. 480. art. 18.]

(22) *Item.* &c. [V. *ibid.* p. 480. art. 19.]

(23) *Item.* &c. [V. *ibid.* p. 480. art. 20. après ces mots de cet art. 20: *comme*

CHARLES VI. à Paris, le 13. de Septembre 1406.

font noz autres subgez, il y a ceux-cy dans cet article 23: *selon la coustume, usaige & ordonnances des Villes & pais où ilz sont nez.*]

(24) Item. Que durant lesdiz quinze ans, iceulz Lombars puissent [a] acompaigner ou prendre en leur compaignie jusques à trois compaignons, se bon leur semble, & que iceulx que acompaignié auront, puissent joïr & user des franchises & libertez par Nous octroyées auxdiz Lombars, comme à eulx-mêmes octroyées avons par ces presentes; & aussi que se eulx ou aucun d'eulx avoient voulenté de vendre l'un à l'autre, faire le puissent sans prejudice.

a s'associer.

(25) Item. &c. [V. T. 6. p. 481. art. 22.]

(26) Item. &c. [V. *ibid.* p. 481. art. 23.]

(27) Item. Que s'il avenoit que aucuns desdiz Lombars, ou aucuns de ceulx que accompaigniez auront, leurs gens, mesnyes ou familiers, ou aucuns d'eulx meffaisoient aucune chose en ladicte Ville de *Laon,* nostre entencion n'est pas que aucune poursuite ou prosécucion en soit faitte, fors seulement contre les coulpables du fait, & non pas contre les innocens du fait; esquelz cas ne pour cause d'iceulx, Nous ne noz Officiers & Justiciers audit lieu, ne prendrons ou pourrons avoir des delinquans, que dix livres tournois d'amende, & au dessoubz se le meffait estoit mendre, selon la coustume du lieu; excepté en cas de mort, feu bouter, trahisons, d'enforcement de femmes, de [b] afoleures de hommes, de larrecins, de trieves enfraintes, dont sur ce poursuite seroit faicte contre lesdiz coulpables seulement, & non contre lesdiz innocens.

b blessures.

(28) Item. &c. [V. T. 6. p. 481. art. 25.]

(29) Item. &c. [V. *ibid.* p. 481. art. 26.]

(30) Item. &c. [V. *ibid.* p. 482. art. 27.]

(31) Item. Pour ce que ces presentes Lettres originaulx pourroient estre perdues par périlz de chemins ou autrement, Nous voulons & octroyons que au *Vidimus* d'icelles fait soubz Séel Royal, foy soit adjoustée comme à l'original, en tous cas, sans y mettre contredit ou empeschement au contraire.

(32) Item. &c. [V. T. 6. p. 482. art. 28.]

(33) Pour toutes lesquelles choses dessusdictes, lesdiz Lombars seront tenus de Nous paier durans les quinze ans dessusditz, à nostre Trésor à *Paris,* la somme de cent livres parisis par an, à un terme; & commencera le premier terme & paiement du jour de la Nostre-Dame que on dit Chandeleur prouchain venant en un an, & ainsi d'an en an, semblable somme de cent livres parisis, durant le temps dessus dit.

Si donnons en mandement, commandons & estroictement enjoignons à noz amez & feaulx les Gens tenans nostre present Parlement, & qui le tendront pour le temps avenir, à noz amez & feaulx Gens de noz Comptes & Tresoriers à *Paris,* au *Bailli* de *Vermendois,* & à tous autres Justiciers & Officiers de nostredit Royaume, ou à leurs Lieuxtenans, presens & avenir, & à chascun d'eulx, si comme à lui appartendra, que lesdiz Lombars, leurs Compaignons, Facteurs & serviteurs, alans, venans & sejournans pour eulx, facent, seuffrent & laissent joïr & user paisiblement de noz presentes voulenté, octroy & grace, & les soustiennent en leurs droiz, en leur faisant bon & brief acomplissement de Justice, sans les mettre en long procès, & que ilz les gardent & defendent de toutes violences & oppressions indeues, & que ilz les facent, seuffrent & laissent joïr & user paisiblement de tous les previleges, immunitez, franchises & libertez dessusdictes, & de chascune d'icelles, & de leurs circonstances & deppendences, sans les empescher, molester ou traveiller ès choses dessusdictes, ou en aucune d'icelles, en corps ou en biens, ou autrement comment que ce soit; mais s'aucune chose estoit faicte au contraire, si les rappellent & remettent ou facent [c] rappellez & remettre au premier estat & deu tantost & sans delay, en contraingnant les faiseurs ou attempteurs au contraire, à Nous pour ce faire amende comme il appartendra à faire par raison. Et que ce soit ferme chose & estable à tousjours, Nous avons fait mettre nostre Séel à ces presentes: sauf en autres choses nostre droit, & l'autrui en toutes. *Donné à* Paris, *le XIII.e jour du moys de Septembre, l'an de grace mil CCCC. & six, & de nostre Regne le XXVI.e*

c rappeller.

Par

Par le Roy en son Conseil où Monf. le *Duc* d'*Orleans*, le *Conte* de *Mortaing*, le *Marquis* du *Pont* & autres, estoient. FERRON.

CHARLES VI. à Paris, le 15. de Septembre 1406.

(a) Lettres par lesquelles Charles VI. nomme Jean Chousat Général Conseiller sur le fait de la Finance des Aides, à la place de Pierre de Montbertaut.

CHARLES, par la grace de Dieu, Roy de France. A tous ceulx qui ces presentes Lettres verront : Salut. Savoir faisons [a] que Nous confians à plain des grans sens, souffisance [a] bonne diligence de nôtre amé *Jehan Chousat* Tresorier & Gouverneur des Finances de nostre très-chier & très-amé Cousin le *Duc* de *Bourgogne*, & pour le bon rapport & tesmoignage qui fait Nous a esté de sa personne, & aussi pour contemplacion de nôtre dit Cousin, & pour certaines autres justes causes & consideracions à ce Nous mouvans, icelui *Jehan Chousat* avons ordonné, commis & establi, ordonnons, commettons & establissons par ces presentes, nôtre Général Conseillier sur le fait de la finance des Aides ordonnez pour la guerre, avec & en la compagnie de noz amez & feaulx les autres Généraulx sur icelui fait, qui y sont de présent, pour & ou lieu de nôtre amé & féal Conseiller *Pierre* de *Montbertaut*, lequel pour certaines causes & considéracions qui à ce Nous ont meu & meuvent, Nous en avons deschargié & deschargons du tout, par ces mesmes presentes, à icellui Office de Général Conseiller tenir & exercer d'oresenavant par ledit *Jehan Chousat*, aux gaiges de six cens livres parisis par an, & six frans pour chascun jour qu'il vacquera hors de notre Ville de *Paris*, pour le fait dudit Office, & autrement pour noz affaires & besongnes, & qu'il affermera par sa [b] Lettre y avoir vacqué, avecques tous les autres droiz, prouffiz & émolumens, honneurs, prerogatives & franchises appartenans à icelui Office ; & lui avons donné & donnons par la teneur de ces presentes Lettres, plain povoir, administracion, congnoissance, distribucion & gouvernement desdiz Aides & de leurs circonstances & dependances, en lui commettant l'exercice dudit Office de Général Conseillier, en toutes & singulieres choses touchans icelui Office de Général, avec nozditz autres Generaulx Conseillers sur ledit fait, qui sont & seront pour le temps avenir, tant comme il Nous plaira, & lui avons donné & donnons telle & semblable puissance & auttorité en toutes choses touchans ycelui Office de General, avec nozditz autres Généraulx Conseillers, comme eulx & chacun d'eulx par soy ont & pevent avoir, sans aucune diminucion ou difference quelconque ; & voulons & lui avons octroyé & octroyons par ces presentes, qu'il puist avec eulx jugier, determiner, decider & ordonner de & sur tous les faiz & besongnes touchans les Aides dessusdiz, & les circonstances & deppendances d'iceulx, comme font & pevent faire noz autres Généraulx Conseillers devant diz & chascun d'eulx, par vertu de Lettres, povoirs & Commissions par Nous à eulx sur ce donnez. Si donnons en mandement par ces presentes à nôtre amé & féal Chancelier, que par lui prins & receu dudit *Jehan Chousat* le Serement en tel cas acoustumé, à noz amez & feaulx les Gens tenans & qui tendront nôtre Parlement, les Gens de noz Comptes & Tresoriers à *Paris*, à nosdiz autres Generaulx Conseilliers sur le fait d'iceulx Aides, & à tous noz autres Justiciers & Officiers presens & avenir, ou à leurs Lieuxtenans, & à chascun d'eulx, si comme à lui appartendra, que ledit *Jehan Chousat* facent, seuffrent & laissent joïr & user plainement & paisiblement sans aucune difficulté dudit Office de Général Conseiller, en & par la maniere que dit est, sans lui empescher ne faire ou souffrir

[a] *supp.* &.

[b] *quittance.*

NOTE.

(a) La copie de ces Lettres m'a été communiquée par M. *Boulin* Conseiller de la Cour des Aides de *Paris*, qui les a fait copier sur le Mémorial G. de la Chambre des Comptes de *Paris*, où elles étoient au fol. 55. Voy. la note (a) de la p. 148. du 8.e Vol. de ce Rec.

CHARLES VI. à Paris, le 15. de Septembre 1406.

estre empeschié en quelque maniere que ce soit, & à lui obeir en toutes choses touchans icellui Office, par touz à qui il appartendra : Mandons aussi au Receveur General desdiz Aides qui à présent est & sera pour le temps avenir, que lesdiz gaiges de six cens livres parisis par an, & six frans par jour, toutes-fois qu'il vacquera hors de laditte Ville de *Paris*, à cause dudit Office & autrement, comme dit est, il lui paie d'oresenavant aux termes & en la maniere accoutumez, lesquelz à lui ainsi paiez, Nous voulons & mandons estre allouez ès Comptes, & rabatuz de la Recepte dudit Receveur Général présent & avenir, ou de celui ou ceulx qui paiez les aura ou auront, en rapportant pour une fois seulement, *Vidimus* de ces présentes fait soubz Séel Royal, avec quittance de nostredit Général Conseillier sur ce, par nozdites Gens dès Comptes, ausquelz par ces présentes Nous mandons que ainsi le facent sans aucun contredit ou difficulté aucune. En tesmoing de ce, Nous avons fait mettre nôtre Séel à ces présentes. *Donné à* Paris, *le XV.e jour de Septembre, l'an de grace mil CCCC. & six, & de nôtre Regne le XXVI.e* Ainsi signé. Par le Roy en son Grant Conseil, où Mess.rs les *Ducs* de *Berry*, d'*Orliens* & de *Bourgongne*, le grant Maistre d'Ostel, le Maistre des Arbalestriers, & plusieurs autres, estoient. P. FERRON.

CHARLES VI. à Paris, le 19. & le 15. de Septembre 1406.

(a) Lettres qui, en révoquant celles du 15. de Septembre 1406. par lesquelles la Jurisdiction sur les Valets d'Ecuyrie du Roy, avoit été attribuée à ses Ecuyers d'Ecuyrie, ordonnent qu'elle continuera d'appartenir aux Maîtres des Requêtes de son Hôtel.

CHARLES, par la grace de Dieu, Roy de France. A tous ceuls qui ces présentes Lettres verront : Salut. De la partie de nostre Procureur en la Court & Auditoire des Requestes de nostre Hostel, Nous a esté exposé comme la Court & Jurisdicion desdittes Requestes soit grande & notable Jurisdicion ordinaire, fondée de très-grant ancienneté, & une des plus notables Jurisdicions ordinaires de nostre Royaume, après nostre Court de Parlement, & par noz Ordonnances Royaulx si nottoirement publiées que nul n'en puet pretendre aucune ignorance, n'a aucuns Officiers de nostre Hostel, de quelque estat qu'ilz soient, qui en nostredit Hostel puissent ne doient tenir aucune Jurisdicion ordinaire, excepté noz amez & feaulx Conseilliers les Maistres desdictes Requestes, ausquelz par nosdictes Ordonnances appartient la congnoissance des Causes personneles des Officiers de nostredit Hostel, en defendant, & la punicion & correction des cas par eulx commis & perpetrez, & la congnoissance des cas qui chascun jour adviennent en nostredit Hostel, sur lesquelz il convient asseoir forme de procès, & aussy la congnoissance des causes touchans les débas de noz Offices, & si sont Generaulx Refformateurs quelque part que Nous soyons, si comme par nosdictes Ordonnances & autrement pourra apparoir, se mestier est : neantmoins depuis n'agueres, soubz umbre de ce que un appellé [a] *Hamée* de *Breban* Varlet de nostre Escuierie, pour certain delit par lui commis, a esté emprisonné en nostre Chastellet de *Paris*, Noz Escuiers d'Escuyerie, ou aucuns d'eulx, sont alez requerir à nostre *Prevost* de *Paris*, que il leur rendist ycellui prisonnier, pour d'icellui & du cas par lui commis, avoir la congnoissance, punicion & correction, contre laquele Requeste nostredit Procureur s'est opposé, disant que lesdiz Escuiers d'Escuyrie n'avoient aucune Jurisdicion, & que ledit prisonnier ne leur devoit estre rendu, & que supposé que rendu deust estre, si devroit-il estre rendu à nosdiz Conseilliers, & non à autres,

[a] *Hans* dans *Joly*, là & plus bas.

NOTE.

(a) Livre Rouge vieil du Chastelet de *Paris*, fol. 11. vingt & onze v.o (231.) Ces Lettres sont imprimées dans les Offices de *Joly*, T. 1. p. 659. avec cette indication : *Extrait du deuxième Registre des Chartres des Requestes de l'Hôtel.*

pour ce que en nostre Hostel n'a nulz Juges ordinaires, excepté yceulx noz Conseilliers seulement, pour laquele cause nostredit Prevost fu & a esté reffusant de rendre & bailler ledit prisonnier à nosdiz Escuiers d'Escuyerie: ce nonobstant yceulx nos Escuiers d'Escuyerie qui ne se congnoissent en fait de Justice, ne qui oncques n'eurent aucune Jurisdicion, en taisant noz Ordonnances dessusdictes, & en Nous donnant plusieurs choses subreptices à entendre, ont de Nous obtenu, si comme on dit, certaines noz autres Lettres desqueles on dit la teneur estre tele.

CHARLES VI. à Paris, le 19. & le 15. de Septembre 1406.

CHARLES, par la grace de Dieu, Roy de France. A tous ceulx qui ces presentes Lettres verront: Salut. Comme débat feust espéré à mouvoir entre nostre *Prevost* de *Paris,* à cause de son Office, d'une part, & noz bien amez Escuiers de nostre Corps & de nostre Escuierie, à cause de leurs Offices, d'autre part, pour raison de ce que l'un des Varlez de nostredicte Escuyrie, appellé *Hamée* de *Breban* avoit esté prins & emprisonné ès prisons de nostre Chastellet de *Paris,* pour ce que il & *Philipot* de *Breban* nostre Varlet de Chambre, en jouant l'un contre l'autre aux Tables en l'Ostel de la Pomme de Pin en la Ruë Saint Anthoine, s'estoient courroucicz, & tant que ledit *Hamée* avoit jetté le *(b)* Tablier & les Tables dequoy ilz joüoient, contre ledit *Philipot,* si [a] radement & de courage courroucié, qu'il avoit blecié ycellui *Philipot* de *Breban,* & lui avoit fait une boce [b] la teste, & en la main fait sang & playe, & ledit *Hamée* estant ainsy prisonnier en nostredit Chastellet, pour ledit cas, nosdiz Escuiers d'Escuiery le feussent alez ou envoyez requerir & demander à eulx estre rendu & baillé [c] tout prisonnier, pour ycellui punir & corrigier, & de lui & dudit cas avoir la Jurisdicion, punicion, correction, Court & congnoissance, disans que à eulx appartenoit, & non à autre, mesmement que ycellui *Hamée* estoit Varlet de nostredicte Escuierye, & Nous servoit en Ordonnance, & néantmoins ledit Prevost n'avoit voulu à ladicte Requeste obéir ne obtemperer, mais dudit *Hamée* avoit prins la Court, Jurisdicion & congnoissance, & dudit cas avoit discuté & déterminé à sa voulenté & plaisir; & en ce faisant, avoit entreprins contre le droit & la Jurisdicion de nosdiz Escuiers d'Escuyerie, & les avoit grevez, & leur droit empesché & perturbé, si comme ilz disoient: pourquoy se estoient de ce dolus & complains à Nous en nostre Conseil, en la presence de nostredit Prevost, & Nous avoient instanment requis leur droit estre en ce gardé & conservé par Nous; & Nous, oye ladicte Requeste, ycelle & ledit cas eussions mis en termes en nostredit Conseil ouquel estoient nos très-chers & très-amez Oncles & Frere les *Ducs* de *Berry,* d'*Orleans* & de *Bourbon,* noz amez & feaulx Chevaliers, Conseilliers & Chambellans, le Seigneur de *Montagu* Grant Maistre de nostre Hostel, les Seigneurs d'*Omont* & de *Baqueville,* & plusieurs autres, & oy plusieurs leurs oppinions sur ce, savoir faisons que tout veu & consideré ce qui faisoit à considerer & veoir en ceste matiere, deismes & ordonnames, disons & ordonnons que par nostredit *Prevost* de *Paris* ou son Lieutenant en nostredit Chastellet, ledit prisonnier sera rendu & restitué, baillé & livré à nosdiz Escuiers d'Escuyrie, pour avoir d'icellui & dudit cas, la congnoissance, Jurisdicion & punicion & correction; & oultre plus, à ce que d'oresenavant aucuns n'ayent occasion ou couleur de leur contredire ou reffuser à rendre & ravoir les Varlès de nostre dicte Escuyerie, s'il advenoit ou advient qu'ilz feussent ou soyent ou temps advenir convenus, poursuivis & emprisonnez en nostredit Chastellet, ou ailleurs, Nous avons dit & declairé, disons & declerons nostre voulenté estre telle, que nosdiz Escuiers d'Escuyerie qui à present sont & qui pour le temps advenir seront, ayent d'oresenavant seulz & pour le tout la Jurisdicion, congnoissance, punicion & correccion de tous cas personelz, tant de deliz comme autres, des Varlès de nostredicte

a *roidement.* Joly.
b *à la tête.* Joly.
c *pour rester prisonnier.*

NOTE.

(b) Tablier & les Tables.] Il résulte de ce qu'on lit dans le Glossaire de *Du Cange,* au mot *Tabula 9.* & dans le Dictionn. de *Trévoux,* aux mots *Table* & *Tablier,* que ces mots peuvent également convenir aux Jeux des Dames & du Trictrac.

CHARLES VI. à Paris, le 19. & le 15. de Septembre 1406.

Escuyerie, & dont yceulx Varlès pourront estre accusez poursuiz & approuchez, & voulons que pour ce faire, leur soient renvoyez & rendus toutes fois que les cas y escherront, sans contredit ou difficulté aucune. Si donnons en mandement par ces presentes à noz amez & feaulx Conseillers les Presidens ou autres Gens qui tendront nostre Parlement, les Maistres de nostre Hostel, les Maistres des Requestes d'icellui Hostel, les Gens tenans les Requestes en nostre Palais à *Paris,* au *Prevost* de *Paris,* & à tous noz autres Justiciers, Officiers & Subgez, & à chascun d'eulx, si comme à lui appartendra, que de nostre presente Ordonnance & voulenté facent, seuffrent & laissent joïr & user plainement & paisiblement nosdiz Escuiers d'Escuyerie, sans les faire ou souffrir estre molestez, travaillez ou empeschez en aucune maniere au contraire : car ainsy Nous plaist-il estre & voulons estre fait, nonobstant quelzconques Ordonnances, Mandemens ou defenses & Lettres subreptices empetrées ou à empetrer à ce contraires. En tesmoing de ce, Nous avons fait mettre nostre Séel à ces présentes, *Donné à* Paris, *le quinzieme jour de Septembre, l'an de grace mil quatre cens & six, & de nostre Regne le XXVI.*

Suite des Lettres de Charles VI. du 19. de Septembre 1406.

Soubz umbre desqueles noz Lettres qui ont esté plus amplement faictes, que par Nous ne furent passées en nostre grant Conseil, si comme on dit, & qui par Nous ont esté commandées, comme non advertiz de nosdictes Ordonnances, & soubz umbre de plusieurs choses subreptices qui Nous ont esté données à entendre, nostredit Procureur doubte que nosdiz Escuiers d'Escuierie ne s'efforcent d'avoir ledit prisonnier, & que ycellui leur soit baillé & livré, & aussi qu'ilz ne s'efforcent d'oresenavant de tenir Jurisdicion, & d'avoir la congnoissance des Causes touchans les Varlès de nostredicte Escuyerie, & la punicion & correccion des cas & deliz qui par eulx ont esté & seroient d'oresenavant commis, tout ainsy qu'il est contenu en nozdictes autres Lettres, lesqueles choses seroient à tort & contre raison, en innovant & mettant sus Jurisdicion nouvelle, en diminuant & abbolissant noz Jurisdicions ordinaires, en venant contre noz Ordonnances Royaulx, & en très-grant préjudice de Nous, de nostre Demaine & du bien de Justice, mesmement que par ce moyen, ceulx qui auroient délinqué, pourroient demourer impuniz, & les confiscacions & amendes qui sur ce Nous pourroient appartenir, estre abbolies : Savoir faisons que Nous, euë consideracion aux choses dessusdictes, & que par noz Ordonnances n'a ne doit avoir en nostre Hostel aucune Jurisdicion ordinaire, excepté seulement la Jurisdicion de nosdiz Conseillers, laquele est fondée de si grant ancienneté qu'il n'est memoire du contraire, & que yceulx noz Conseillers sont tous nourris en fait de Justice, & membres de nostre Court de Parlement, qui ne voulons soubz umbre de teles Lettres ainsi empetrées, aucune chose estre innovée ne mise sus de nouvel, ne nozdictes Ordonnances estre aucunement enfraintes, ainçoys voulons ycelles noz Ordonnances & noz Jurisdicions ordinaires estre tenues & gardées en leurs termes sans aucunement enfraindre, avons nosdictes Lettres cy-dessus transcriptes, ainsy empetrées par nosdiz Escuiers d'Escuyerie, nonobstant qu'elles ayent esté par Nous passées en nostre grant Conseil, révoquées & rappellées, & par ces présentes revoquons & rappellons & mettons [a] tout au néant, ensemble tout ce qui s'en est ensuivy ou ensuivroit. Sy donnons en mandement à noz amez & feaulx Conseilliers les Présidens & autres Gens qui tendront noz Parlemens advenir, à nosdiz Conseilliers les Maistres desdictes Requestes, au *Prevost* de *Paris,* & à tous noz autres Justiciers, ou à leurs Lieuxtenans, & à chascun d'eulx, si comme à lui appartendra, que de nostredicte revocacion facent, sueffrent, & laissent nostredit Procureur joïr & user paisiblement, sans faire ou donner, ne souffrir estre fait ou donné aucun destourbier ou empeschement au contraire, en faisant noz presentes Lettres deuëment publier pardevant eulx, & le contenu en ycelles signifier à nosdiz Escuiers d'Escuierye, en leur faisant faire inhibicion & defense de par Nous, sur certaines & grosses paines, que contre la teneur d'icelles ne attemptent ou innovent en aucune maniere ; ainçoys se aucune chose avoit esté ou estoit par eulx faicte, attemptée ou innovée au contraire, la mettent

[a] *du tout.*

ou facent mettre tantost & sans delay au premier estat & deu : Car ainsy Nous plaist-il & le voulons estre fait, par ces presentes ausqueles en tesmoing de ce Nous avons fait mettre nostre Séel. *Donné à* Paris, *le XIX.e jour de Septembre, l'an de grace mil quatre cens & six, & le XXVII.e de nostre Regne.* Ainsi signé sur le ploy de la marge d'embas. Par le Roy, Monf. le *Duc* de *Bourgoingne*, & autres, presens. [a] G. BARRAU.

CHARLES VI. à Paris, le 19. & le 15. de Septembre 1406.

Et au dos desdictes Lettres estoit escript ce qui s'ensuit : *Publiées en Jugement en la Chambre & Auditoire des Requestes de l'Ostel du Roy nostre S. le Mercredi XX.e jour d'Octobre, l'an mil quatre cens & six.* MERCIER. Item. *Publiées en Jugement ou Chastellet, le Mercredi XVII.e jour de Novembre, l'an mil quatre cens & six.*

Collacion faicte.

a *G. Barau.* Joly. Mais *Barrau* est le véritable nom. Voy. la Table des noms de personnes du 8.e Vol. de ce Rec. au mot *Barrau.*

CHARLES VI. à Paris, le 30. de Septembre 1406.

(a) Lettres qui portent que les Officiers du Parlement, de la Chambre des Comptes & du Trésor, & leurs veuves, seront exempts de l'aide imposée pour la conquête de la Guienne.

CHARLES, par la grace de Dieu, Roy de France. A nos amez & féaux Conseillers les Commissaires ordonnez sur le fait de l'aide [b] & mise sus pour la conqueste de Guyenne, & pour le renforcement des frontieres du Royaume : Salut & dilection. Comme par nos autres [c] Lettres par lesquelles & pour les causes exprimées en icelles, ledit ayde a esté mis sus, Nous eussions voulu & ordonné entre les autres choses, que à icelui ayde contribuassent & en payeroient nos Officiers & toutes autres gens de quelque estat ou condition qu'ils fussent, excepté seulement Nobles extraits de noble lignée, suivans les Armes & vivans noblement sans marchander, & aussi Gens d'Eglise Beneficiers qui par autres manieres y contribueront, & les pauvres mandians, si comme il est plus à plain contenu en nosdites Lettres, esquelles est aussi contenu par exprès que si par importunité de requerans ou autrement, Nous en donnions ne quittions aucune chose, que on n'y obéit aucunement : Sçavoir faisons que Nous considerant les très-grands peines & travaux que ont & soutiennent continuellement en notre service, nos amez & feaux Conseillers & autres Officiers de notre Parlement, des Requestes de notre Hostel, des Enquestes & Requestes de notre Palais, & aussi de la Chambre de nos Comptes & de notre Trésor, à iceux nos Conseillers & Officiers, & chacun d'eux, & aussi aux femmes veufves des gens de notredit Parlement, de nosdits Comptes & Trésoriers, avons octroyé & octroyons de notre certaine science & grace special par ces Presentes, qu'ils soient & demeurent francs, quittes & exempts dudit ayde, nonobstant le contenu en nosdites Lettres pour mettre sus ledit ayde, *(b)* & que par avanture eux ou aucuns d'eux y avoient esté & soient particulierement assis & imposez, si vous mandons & commandons expressément, que de notre presente grace vous faites, souffrez & laissiez nosdits Conseillers & Officiers & lesdites Veuves, & chacun d'eux, joïr & user pleinement & entierement sans les molester ne empêcher en aucune maniere au contraire ; & si aucuns de leurs biens ou d'aucuns d'eux, sont ou ont esté pour ce prins, saisis & arrestez, les leur faites rendre & restituer & mettre, ces Lettres veues, à pleine delivrance : voulons aussi & Nous plaist que par rapportant

b *Ce mot paroît inutile.*

c *Ces Lettres ne sont point dans ce Recueil.*

NOTES.

(a) Ces Lettres qui étoient au fol. 56. du Mém. G. de la Chambre des Comptes de *Paris,* ont été tirées du Recueil cité dans la note *(b)* de la p. 26. du 7.e vol. du Rec. des Ordonnances.

Ces Lettres se trouvent aussi à la p. 602. du Recueil des Privilèges des Trésoriers de France, par *Fournival.*

(b) Et que par avanture.] Je crois qu'il faut corr. *Et que si par avanture;* & il paroît d'ailleurs que la suite de ces Lettres est corrompue ou tronquée. J'ai déjà marqué plus d'une fois que le Recueil d'où ces Lettres ont été tirées, n'a pas été imprimé avec exactitude.

CHARLES VI. à Paris, le 30. de Septembre 1406.

une fois seulement *Vidimus* de ces Presentes sous Seel autentique, notre amé *Adam de Blois* Receveur General dudit Ayde, & les Receveurs particuliers d'iceux, & chacun d'eux, & tous autres à qui ce peut ou pourra toucher, soient & demeurent de ce quittes & déchargez envers Nous par tout où il appartiendra; nonobstant quelconques Ordonnances, commandemens & mandemens faits de bouche ou autrement au contraire. *Donné à* Paris, *le dernier jour de Septembre, l'an de grace mil quatre cens six, & de notre Regne le vingt-septiéme.* Ainsi signé. Par le Roy, en son Conseil, où Messieurs les *Ducs* de *Berry* & de *Bourbon*, le *Comte* de *Mortaing*, le *Sire* de *Preaux*, de *Valois*, *Daunoy*, Maistre *Guillaume Chanteprime*, & autres, estoient. P. FERRON.

CHARLES VI. à Paris, en Septembre 1406.

(a) Exemption de Prises *pour les lieux de Surennes, Puteaux & de Chenevieres.*

CHARLES, &c. Savoir faisons à tous presens & avenir, que oye l'umble supplicacion à Nous faitte de la partie des manans & habitans ès villes de *Suresne* & de *Putteaux*, estans tous d'une [a] paroisse, contenant comme oultre les grans charges que ilz ont soustenu ou temps passé, tant pour le fait & occasion des guerres comme pour paier les Tailles & autres subvencions que pour le fait desdictes guerres, leur a convenu paier audit temps passé, encores ilz ont esté & sont chascuns jours moult traveilliez pour les *prinses* que l'en a fait & fait l'en sur eulx, pour les provisions de nostre Hostel & des Hostelz de nostre très-chiere & très amé Compaigne la Royne, de noz Enffans, & des autres de nostre Sang & lignage, dont il est advenu aucunnesfoiz que pour cause desdictes oppressions, aucuns d'eulx ont esté ramenez en telle indigence & povreté, que moult grant partie d'eulx s'en sont alez demourer hors desdictes Villes, comme tous [b] desers, & les autres qui sont demourez avecques leurs femmes & enfans, ont esté & sont tellement diminuez de leur petit estat & chevance, que à grant paine ont ilz eu ne ont apresent de quoy vivre, si comme ilz dient, en Nous requerant humblement que Nous vueillons avoir pitié d'eulx, & sur ce leur pourveoir de nostre grace : Nous pour consideracion des choses dessusdictes, eu sur ce le rapport de noz amez & feaulx Chevalliers les Maistres de nostre Hostel, qui Nous ont rapporté que pour Nous & nostredicte Compaigne, à nostre bon plaisir ilz ont composé avecques lesdiz supplians, que parmi ce qu'ilz ameneront doresenavant par chascun an, ou feront amener à leurs despens, en nostre Ville de *Paris* & à deux lieues environ, pour Nous, pour nostredicte Compaigne, & pour nostre très-chier & très-amé filz le *Daulphin* de *Viennois*, huit charettées de [c] feurre de seigle, bonnes & souffisantes, & telles que ont accoustumé bailler les autres Villes composées à Nous, en telles saisons & à tant de foiz que requis en seront de par Nous, ilz seront quittes à tousjours pour eulx & leurs successeurs manans & habitans esdictes Villes de *Suresnes* & de *Putteaux*, [d] & de toutes autres *prinses*, avons aggreable la composicion, & la voulons & approuvons & confermons, & à iceulx supplians pour eulx & leursdiz successeurs perpetuels ou temps avenir, avons octroié & octroions de nostre certaine science & grace especial, & de nostre plaine puissance & auctorité Royal, par ces presentes, que parmi paiant & rendant chascun an à une ou à plusieurs fois, en nostredicte Ville de *Paris* & à deux lieux environ, comme dit est, par lesdiz supplians & leursdiz successeurs, ainsi comme requis en seront, & en la saison qui leur sera ordonnée, lesdictes huit charretées de feurre bonnes & souffisantes, franchement à leurs propres coux & despens, lesdiz supplians & leursdiz successeurs manans & habitans èsdictes Villes de *Suresnes* & de *Putteaux*, soient & demeurent francs, exemps à tousjours mais, quittes & paisibles de toutes *prinses* tant de blez,

a *Depuis quelque temps on a érigé une Paroisse à Puteaux.*

b *ruinez.*

c *paille.*

d *cet endroit paroît tronqué.*

NOTE.

(a) Trésor des Chartres, Registre 161. P. xx. xvj. (36.)

avoines & autres grains, vins, foings, feurres, chevaulx, charrios, charrettes, harnoiz, voictures, liz, [a] coustes, coissins, draps, couvertures de lit, nappes, [b] touailles, tables, [c] formes, trestcaulx, bœufz, vaches, moutons, veaux, pourceaux, aigneaux, chevreaux, chappons, gelines, poussins, [d] pigons, [e] oes, oisons, comme d'autres quelxconques appartenans ausdiz supplians, estans tant esdictes Villes de *Suresnes* & de *Puteaux*, comme celles qu'ils menront ou feront mener desdictes Villes dehors, & de dehors en icelles, jusques à six lieues ou environ à la ronde, sanz ce que par les Chevaucheurs, Fourriers, Preneurs, & autres Officiers de Nous, de nostredite [f] Compaignie, de noz Enffans, de noz très-chiers & très-amez Oncles, Frere & Cousin, les *Ducs* d'*Orleans*, de *Bourgongne* & de *Bourbonnois*, & autres de nostre Sang & Lignaige, ne pour quelxconques noz Lieuxtenans ou autres noz Officiers usans de *prinse* en nostre Royaume, y puissent estre faittes aucunes *prinses* ores ne pour le temps avenir; mais s'aucunes estoient faittes sur lesdiz supplians ou aucuns d'eulx, esdictes Villes de *Suresnes* & de *Puteaux*, ou dehors jusques ausdictes six lieues, contre nostre present octroy, & par lesdiz supplians n'estoit obey à ceulx qui feront lesdictes *prinses*, Nous ne voulons que les Maitres des Hostelz de Nous, de nostreditte Compaignie la Royne, & des dessusdiz, ne noz autres Justiciers & Officiers quelzconques à qui ce pourroit appartenir, & à qui aucune [g] clameur en seroit faitte, contraingnent lesdiz supplians à faire pour ce aucune amende à Nous ne à autres, & ce leur deffendons très-expressément. Si donnons en mandement au *Prevost* de *Paris*, ausdiz Maistres des Hostelz de Nous, de nostredicte Compaignie, de nostredit Filz Daulphin, & de noz autres Enffans, de nozdiz Oncles, Frere & Cousin, de tous autres de nostre Sang & Lignage, de noz Connestable, Mareschaulx & autres noz Officiers usans de droit de *prinse*, qui sont à present & seront pour le temps avenir, ou à leurs Lieuxtenans & à chascun d'eulx, si comme à lui appartendra, que lesdiz supplians, manans & habitans esdictes Villes de *Suresnes* & de *Puteaux*, & leurs successeurs presens & avenir, facent, sueffrent & laissent joïr & user paisiblement de nostre presente grace & octroy, & que ilz ne les molestent, travaillent ou contraingnent, ne facent, sueffrent ou laissent eulx ou aucun d'eulx estre molesté, travaillé ou contrains au contraire en aucune maniere en corps ne en biens, ores ne ou temps avenir. Et Nous par ces mêmes presentes deffendons à tous Fourriers, Chevaucheurs, Preneurs & autres commis & à commettre à faire lesdictes prinses, qui à present sont & qui pour le temps avenir seront, que eulx ou aucuns d'eulx ne facent ou sueffrent faire aucune chose contre nostre presente grace & octroy, sur peine de encourir nostre indignacion, & de estre pugny très-griefment se ilz font ou attemptent aucunement contre. Et pour ce que chascun desdiz supplians ne pourroit avoir l'original de ces presentes touteffois qu'il en pourroit avoir besoing, [h] de Nous de nostre plus ample grace leur avons octroyé & octroyons comme dessus, que au *Vidimus* d'icellui original, fait soubz le Séel de nostre Chastellet de *Paris*, soit adjoustée plaine foy comme audit original, parmi ce que d'icellui original lesdiz supplians & leursdiz successeurs seront tenuz de faire foy & le monstrer, se aucun debat se mouvoit pour & sur les choses dessusdictes. Et afin que ce soit ferme chose & estable à tousjours, Nous avons fait mettre nostre Séel à ces presentes: sauf en autres choses nostre droit & l'autruy en toutes. *Donné à* Paris, *ou moys de Septembre, l'an de grace mil CCCC. & six, & de nostre Regne le XXVII.e*

Par le Roy, Messire *Jaques* de *Bourbon*, le *Sire* de la *Rocheguion*, & les Maistres d'Ostel, presens. J. DE ROUVRES.

CHARLES VI.
à Paris, en Septembre 1406.

[a] *lits de plume.*
[b] *serviettes.*
[c] *escabeaux.*
[d] *pigeons.*
[e] *oyes.*
[f] *Compaigne*, là & plus bas.
[g] *plainte en Justice.*
[h] *Ce mot est inutile.*

Semblable pour les habitans de la ville de *Chenevieres-sur-Marne*; excepté qu'elle est signée: Par le Roy en son grant Conseil où Mess. les *Ducs* de *Berry*, d'*Orleans*, de *Bourgogne* & de *Bourbonnois*, les *Contes* de *Mortaing*, de *Nevers* & de *Clermont*, le *Sire* de *Preaux*, le grant Maistre d'Ostel, le *Sire* de *Montjoye*, & autres, estoient. FERRON.

CHARLES VI. à Paris, le 2. d'Octobre 1406.

(a) Lettres qui portent que lorſqu'une Sentence rendue par le Prevôt de la Commune de Tournay & les Hommes de Fiefs jugeans avec lui, ſera infirmée par un Arrêt du Parlement, chacun de ces premiers Juges ne ſera plus condamné en une amende de ſoixante livres envers le Roy, que cette amende de ſoixante livres ſera payée par tous ces Juges en corps, & que lorſque cette Sentence aura été confirmée, les appellans ne ſeront plus condamnés qu'en une amende de ſoixante ſols envers les premiers Juges.

CHARLES, par la grace de Dieu, Roy de France. Savoir faiſons à tous préſens & advenir, Nous avoir receu l'umble ſupplicacion de noz bien amez le Prevoſt de la Commune de noſtre bonne ville de *Tournay*, & des [a] Hommes jugans & tenans Fiefz dudit Prevoſt en ladicte Ville & Banlieue, conſors en ceſte partie, contenant que comme leſdiz ſupplians à cauſe de la juſtice d'iceulx Fiefs, aient aucunesfoiz pluſieurs Cauſes & procès pardevant eulx, tant pour le *(b)* Veſt & Deſveſt deſdiz Fiefz comme autrement, de la congnoiſſance & deppendence d'iceulx en pluſieurs manieres, & des Sentences & Jugemens donnez par leſdiz Supplians en cas de reſſort, l'en a tousjours acouſtumé de reſſortir & appeller ſanz moyen en noſtre Court de Parlement; & s'il avenoit ou avient que leſdiz ſupplians aient mal jugié, l'en a acouſtumé tousjours de prendre & lever ſur chaſcun des preſens donnans & jugans leſdiz Jugemens & Sentences, ſoixante livres pariſis, à noſtre prouffit; laquelle choſe leur a eſté & eſt moult dure & grevable, & pour doubte de ce, en ont eſté & encore ſont [b] delaiez & empeſchiez pluſieurs Jugemens & Sentences à donner & proferer, qui eſt en grant retardement du bien de Juſtice, & dont pluſieurs inconvéniens en ſont advenuz & adviennent de jour en jour, & encores pourroient plus faire ou temps advenir, ſe par Nous n'y eſtoit pourveu de condecent remede, ſi comme ilz dient, ſupplians humblement ſur ce noſtre gracieuſe proviſion; pour ce eſt-il que Nous conſideré ce que dit eſt, & les grans, notables & agreables ſervices que leſdiz ſupplians Nous ont fait, ſont chaſcun jour & eſperons que encores facent ou temps avenir, tant en noz guerres comme autrement en maintes manieres, & pour certaines autres cauſes à ce Nous mouvans, avons ordonné & ordonnons, & auſdiz ſupplians de noſtre certaine ſcience, auctorité Royal & grace eſpecial, octroyé & accordé, octroyons & accordons que doreſenavant de tous les Jugemens & Sentences qui par eulx en quelconque nombre qu'ilz ſoient, ſeront donnez & proferez en quelque maniere & pour quelconque cauſe que ce ſoit, & dont il ſera appellé à noſtredicte Court de Parlement, & par icelle noſtre Court dit que ilz auront mal jugié & ſentencié, iceulx ſupplians pour celle cauſe ne ſoient, ne puiſſent eſtre que en un corps tous enſemble condempnez envers Nous que en une ſeule amende de ſoixante livres pariſis, & que pour ce on ne leur puiſt demander ne iceulx contraindre ou exécuter fors pour ladicte amende tant ſeulement; pourveu auſſi que ceulx qui auront appellé deſdiz ſupplians, quant il ſera dit iceulx appellans avoir mal appellé ne ſeront ne pourront eſtre condempnez envers leſdiz ſupplians, fors que en une amende ordinaire de lx. ſ. pariſis tant ſeulement. Si donnons en mandement à noz amez & feaux Conſeilliers les Gens tenans & qui tendront noſtre Parlement à *Paris*, & à tous noz autres Juſticiers & Officiers, ou à leurs Lieuxtenans, preſens & avenir, & à chaſcun d'eulx,

[a] Voy. les Tables des Mat. des Vol. de ce Rec. aux mots : *Jugeants (hommes.)*

[b] *differez.*

NOTES.

(a) Tréſ. des Chart. Reg. 162. P. xj.xx xiiij. (234.)

(b) Veſt & Deveſt.] Le *Deveſt* eſt l'acte par lequel le propriétaire d'un héritage s'en démet en faveur d'un autre, entre les mains du Seigneur; & le *Veſt* eſt l'acte par lequel le Seigneur met le nouveau propriétaire en poſſeſſion de cet héritage. Voy. le Gloſſaire du *Droit François*, aux mots *Veſture* & *Veſt*.

d'eulx, si comme à lui appartendra, que de nostre presente grace & octroy, facent, seuffrent & laissent lesdiz supplians & chascun d'eulx, joïr & user paisiblement sans les molester, traveillier ou empeschier, ne souffrir estre molestez, traveillez ou empeschiez en aucune maniere au contraire. Et affin que ce soit ferme chose & estable à tousjours, Nous avons fait mettre nostre Séel à ces présentes : sauf en autres choses nostre droit, & l'autruy en toutes. *Donné à* Paris, *le second jour d'Octobre, l'an de grace mil cccc. & six, & de nostre Regne le vingt-septieme.*

CHARLES VI. à Paris, le 2. d'Octobre 1406.

Par le Roy en son Conseil, où Mess. les *Ducs* de *Berry* & de *Bourbonn.* le *Conte* de *Mortaing,* le Sire de *Preaux*, l'*Arcevesque* de *Senz*, le Sire de *Boissay*, & autres, estoient. FERRON.

CHARLES VI. à Paris, le 2. d'Octobre 1406.

(a) *Privilèges accordés à des Lombards auxquels il est permis de demeurer à Mouson pendant quinze ans, & d'y faire le commerce.*

CHARLES, &c. Savoir faisons à tous presens & advenir, que comme nostre très-chier Seigneur & Pere que Dieux absoille, eust en son vivant donné & octroié à *Manuel* [a] *Azener, Henry Paille* & *Henry* [b] *Cavasson* marchans Lombars de la Cité d'*Ast,* pour lors demourans en la Ville de *Mouson,* certains privileges & graces selon la forme & maniere cy-après declairée, jusques à vint-cinq ans après suians & entresuians, & lesquelz sont passez dès le viij.e jour de Decembre l'an mil cccc & quatre, & de la partie dudit [c] *Philippe* de *Cavesson* & *Jaquemin Paille,* citoiens d'*Ast,* Nous ait esté supplié très-humblement que comme lesdiz *Manuel* & *Henry* soient alez de vie à trespassement, Nous à iceulx *Philippe* & *Jacquemin* vueillons octroyer lesdiz privileges jusques à tel temps & terme qu'il Nous plaira. Nous ces choses considerées, & pour certaines causes qui à ce Nous ont meu & meuvent, avons prins & receu, & par ces presentes prenons & recevons en nostre proteccion & sauve-garde partout nostre Royaume, les dessusdiz *Philippe Cavasson* & *Jaquemin Paille* à present demourans en nostredicte Ville de *Mouson,* tous ensemble & chascun par soy, leurs varlés, familliers & [d] meisnies, avec leurs biens, & de chascun d'eulx, & en nostre conduit, en alant, demourant, sejournant & retournant partout nostredit Royaume, Terre, *Prevosté* & Chastellerie dudit *Mouson,* du jour de la date de ces presentes, jusques à quinze ans prouchains après venans & entresuians sanz intervale, pour demourer en icelle nostre Ville de *Mouson,* par la forme & maniere & à toutes les franchises, droiz, usaiges & libertez que noz hommes, bourgeois & habitans dudit lieu y ont & doivent avoir ; pendant lequel temps lesdiz Lombards, leurs meisnies & chascun d'eulx, par nostre congié & licence que sur ce leur avons donné & donnons par ces presentes, pourront marchander, vendre, acheter & eschanger par toute nostredicte Ville, *Prevosté* & Chastellerie de *Mouson,* de leurs deniers, argent & biens, gaignier, & faire toutes leurs besongnes & negociacions teles comme bon & prouffitable leur semblera, tant aux genz & subgez de nostredicte Ville, *Prevosté* & *Chastellerie* de *Mouson,* comme à ceulx des autres lieux de nostre Royaume, & autres quelconques; & avec ce, Nous plaist & voulons que en ce faisant ilz puissent avoir, prendre & [e] accompaignier avec eulx trois personnes ou quatre, a estre jusques au nombre de six marchans principaulx, & au dessoubz, qui pareillement puissent marchander & demourer en nostredicte Ville, *Prevosté* & *Chastellerie* de *Mouson,* & estre en nostre proteccion, conduit & sauve-garde, avec leurs varlés, serviteurs, familliers & biens quelconques, & joyr des droiz, libertez & franchises contenues en ces presentes Lettres, durant le temps & par la maniere que dit est; lesquelz ou aucun d'eulx, se departir se vouloient dudit *Mouson,* & vendre ou eschanger leur demeure & deniers à autres marchans Lombars, faire le

[a] nom douteux.

[b] Il y a plus bas *Cavesson.*

[c] *Il n'a point encore été parlé de lui.*

[d] mot synonime de *familiers* : *Domestiques.*

[e] *s'associer.*

NOTE.

(a) Trés. des Chart. Reg. 161. P. LX. (60.)

CHARLES VI. à Paris, le 2. d'Octobre 1406.

pourroient & pourront pendant ledit temps, pourveu que le nombre de six ne soit excedé, & pourront aller ailleurs où il leur plaira, & les autres demourer audit *Mouson*, aux droiz & par la maniere dessusdicte; & s'il avenoit que aucuns desdiz marchans ou de ceulx qui auroient acquis la demeure dudit lieu par achapt, eschange ou autrement, leurs gens, mesnies ou familliers ou aucuns d'eulx, meffeissent aucune chose, nostre entencion n'est pas que aucune poursuite ou prosecucion en soit faite, fors seulement [a] les coulpables du fait, & non pas contre les innocens, & que excepté ès cas de mort, d'efforcement de femmes, [b] d'affolemens d'ommes, de treves enfraintes, de meurtres, de boutre feu & de traïson contre son Souverain Seigneur, Nous ne noz Officiers & Justiciers dudit lieu, ne pourrons avoir que x. livres paris. d'amende, & au dessoubz, se le meffait estoit mendre, selon la Coustume dudit lieu. Voulons & octroions encores ausdiz Lombars, à leurs compaignons & à leurs meisnies & familliers, que ilz soient durant le temps dessusdit, quittes & exemps d'osts, de chevaucées, tailles, prestz, tonlieux, mortes mains, & de toutes autres exaccions que Nous leur pourrions demander ou noz Gens; & que s'ilz prestent ou baillent à noz subgez certaines choses seur leurs gaiges, & ilz ont iceulx gaiges gardez par an & par jour, que lesdiz Lombars, leurs compaignons & mesnies, ou aucuns d'eulx, les puissent vendre sans offence, & en faire leur prouffit, & que contre les contracts & obligacions par eulx faiz & à leur prouffit durant ledit temps, aucunes graces de respiz, de delaiz ou autres ne soient donnés à aucuns de leurs debteurs, par quelque maniere ne pour quelque cause que ce soit, & se données estoient aucunement, qu'elles soient de nulle valeur, nonobstant quelconques Lettres impetrées à ce contraires. Et aussi voulons & leur octroions, & à chascun d'eulx marchans principaulx & compaignons, que de tout ce que deuz leur sera en nostredicte Prevosté & ailleurs en nostredit Royaume, nostre Gouverneur ou *Prevost* dudit *Mouson*, quant aux debteurs qui seront demourans en nostredicte Prevosté, & noz autres Justiciers & Officiers de nostre Royaume, chascun en droit soy, leur facent paier deuement de noz subgiez, & le plus briefment qu'il pourra estre fait, selon ce que en tel cas appartient; & que de tous contraulx & obligacions qui faiz & passez seront au prouffit desdiz Lombars ou d'aucun d'eulx, soubz les Seaulx de nostredite Chastellerie & Prevosté, noz Gens & Officiers les facent grossoier, séeller & délivrer ausdiz Lombars, en paiant le salaire raisonnable, & les facent mettre à exécucion deue, se le cas se offre, toutefois que mestiers sera & requis en seront, selon la coustume du lieu, & ainsi que de raison sera; & avec ce, avons octroyé & octroyons ausdiz Lombars, à ceulx [c] qui auront eschangié ou vendu leurdicte demeure, à leurs gens ou familliers, & à chascun d'eulx en droit soy, que se ilz moroient intestas, ou faisoient Testamens ou Testament, que nonobstant toutes ces choses, leurs parens & amis plus prouchains de ligne qui se trayroient avant, aient leurs biens & succession selon l'us & Coustume du païz où ilz seroient nez, ou qu'il en feust fait selon le Testament & ordonnance de derniere volenté de cellui ou ceulx qui en tel cas seroient alez de vie à trespassement, sans ce que Nous ne noz Gens pour ceste cause puissent esdiz biens aucune chose demander ne reclamer, mais volons que lesdiz Lombars & chascun d'eulx avecques leurdicte famille, durant ledit temps, puissent vivre soubz Nous paisiblement, parmi la pension annuelle, & ce que cy-dessoubz sera exprimé, sans eulx approuchier ne traictier à aucune amende pour occasion des marchandises, besongnes & négociacions dessusdictes, ou d'aucune d'icelle, & sans ce que les Generaulx Reformateurs ordonnés & à ordonner, en puissent ou doient attribuer à eulx aucune congnoissance, non obstant quelconques Ordonnances faittes ou à faire à ce contraires, ainçoiz se plaintes s'en faisoient à l'encontre desdiz Lombars en aucun temps avenir, Nous ne voulons, mais defendons expressement que quelconques noz Justiciers & Officiers, soient Reformateurs ou autres, en congnoissent, sinon nosdiz Gouverneur & *Prevost* de *Mouson*, & selon la Coustume dudit lieu : & promettons que en ladicte Ville, Prevosté & Chastellerie, durant ledit temps, Nous ne souffrerons demourer autres marchans Lombars ne Juifz, fors les marchans dessusdiz tant

[a] *supp.* contre.

[b] *de blessûres faites à quelqu'un.*

[c] *à qui ils auront.*

seulement : & se Nous avions ou païs aucunes guerres, voulons que lesdiz Lombars, leurs gens & familliers puissent aler, mener & mettre leurs biens & marchandises partout nostre povoir, soubz la proteccion, Sauvegarde & conduit dessusdit, pareillement & ainsi que noz bourgois & habitans de ladicte Ville le pourroient faire, & que de cy en avant, lesdiz Lombars, leurs compaignons & familliers, & chascun d'eulx, soient aidiez & confortez, & leurs marchandises gardées par noz Gens & Officiers durant le temps dessusdit, de toutes oppressions & violences, se requis en sont, tant & si avant comme raison donrra. Pour toutes lesquelles choses & franchises dessusdictes avoir & obtenir, & d'icelles joïr & user paisiblement par lesdiz Lombars & leurs compaignons, & mesme jusques au nombre & pour le temps dessusdit, & pour ceulx à qui ilz auront leurdicte demeure vendue ou eschangiée, comme dit est, & par leurs gens, mesnies & familliers, paieront presentement à noz amez & feaulx Tresoriers, ou au Changeur de nostre Tresor, pour Nous, la somme de ij.^c l. francs, ou la valeur, xvj. sols parisis pour franc, ceste foiz tant seulement; & du jour de la datte de ces presentes en avant, durant lesditz xv. ans, rendront & paieront lesdiz Lombars, ou cellui ou ceulx qui pour lors demourra ou demourront audit *Mouson*, à nostre Receveur d'illec, la somme de C. cinquante francs d'or de pension, ou la valeur, chascun an à deux termes & paiement, commençant le premier terme, le viij.^e jour après Pasques prouchain venant, & l'autre, le viij.^e jour après la Saint Remi qui sera l'an mil iiij.^c & sept après ensuivant, & à chascun d'iceulx deux termes, lxxv. francs, & ainsi d'an en an & de terme en terme, jusques à la fin desdiz xv. ans accompliz. Et s'il plaisoit ausdiz Lombars eulx departir & delaissier la demeure dudit *Mouson*, avant la fin desdiz xv. ans, faire le pourront, en paiant la pension dessusdicte jusques au temps de leur departement : car ainsi le voulons Nous estre fait, & ausdiz Lombars & à chascun d'eulx, l'avons octroyé & octroyons de grace especial, se mestier est, par ces presentes. Si donnons en mandement par ces mesmes Lettres à noz amez & feaulx Gens de noz Comptes & Tresoriers à *Paris*, & à chascun d'eulx, si comme à lui appartendra, que lesdiz ij.^c l. francs receuz par le Changeur de nostre Tresor, premier & avant toute œuvre, *(b)* pour *cessans*, & aussi à nostre Gouverneur de *Mouson*, present & avenir, & à tous noz autres Justiciers & Officiers de nostre Royaume, ou à leurs Lieuxtenans & à chascun d'eulx, si comme à lui appartendra, que lesdiz Lombars & compagnons jusques au nombre dessusdit & durant iceulx xv. ans, avec leurs familliers, gens & mesnies, laissent, sueffrent & facent joïr & user paisiblement de toutes les choses, droiz, franchises, usages & libertez dessus declarées, & contre la teneur de ce, ne les empeschent ne sueffrent estre empeschiez ou molestez en aucune maniere au contraire, mais les gardent & deffendent envers tous & contre tous, eulx, leurs gens, biens & mesnies, de toutes oppressions & autres griefz, par la maniere que dit est; & se aucune chose treuvent estre faitte, attemptée ou innovée contre lesdiz Lombars, leurs gens ou biens, ou préjudice de nostredicte Sauvegarde, proteccion & conduit, si le remettent ou facent remettre sanz delay au premier estat & deu : mandons aussi à nostre Receveur de *Mouson*, qui est & qui sera pour le temps, que lesdits C. L. francs reçoive chascun an desdiz Lombars, & les mete ou chappitre de sa recette, aux termes & par la maniere que dit est, pour en compter là où il appartendra. Et afin que ce soit ferme chose & estable durant le temps des xv. ans dessusdiz, Nous avons fait mettre nostre Séel en las de soye & cire vert à ces presentes. *Donné à* Paris, *le second jour d'Octobre, l'an de grace mil iiij.^c & six, & le xxvij.^e de nostre Regne.*

CHARLES VI. à Paris, le 2. d'Octobre 1406.

Par le Roy en son Conseil, où Monf. le *Duc* de *Berry*, le *Conte* de *Mortaing*, le *Caloiz* d'*Auney*, & autres, estoient. FERRON.

NOTE.

(b) Pour cessans.] Ce mot qui est très-difficile à lire & incertain, est peut-être corrompu.

CHARLES VI.
à Paris, le 4. d'Octobre 1406.

(a) Lettres par lesquelles Charles VI. annulle celles par lesquelles il avoit révoqué la permission qu'il avoit donnée de publier les Bulles du Pape, qui accordoient des Indulgences à ceux qui donneroient du secours à l'Empereur de Constantinople contre les Turcs.

CHARLES, par la grace de Dieu, Roy de France. A tous ceulx qui ces presentes Lettres verront: Salut. Coume hault & puissant Prince *Manuel* Empereur de *Constantinoble* notre très-chier Cousin, ait envoyé devers notre S.t Pere le Pape, & aussi devers Nous & les autres Roys, Princes Chrestiens Latins de l'obeissance de notredit [a] S.t Pere, *Constantin Rali,* Chevalier, Cousin dudit Empereur, pour exposer les très-grans inhumanités, cruelités, tirannies & domaitges que les *Turcs* mescreans & ennemis de la Foy Catholique, ont fait & font chacun jour incessamment à lui & aux Chrestiens des parties Orientales, & requerir sur ce ayde & subcide charitatif leur estre fait par Nous & par les autres Roys, Princes & tous autres bons Chrestiens; pour consideration desquelles choses notredit S.t Pere le Pape leur ait donné & octroyé ses Bulles plombées en corde de chanvre, adreçans à tous feaulx Chrestiens, par lesquelles il exhorte & admoneste chacun en Notre Seigneur, à leur elargir & erroguer de leurs biens, chacun selon son pouvoir & sa faculté, & donné pour ce certaines Indulgences plus à plein exprimées & specifiées èsdittes Bulles; lequel *Constantin* soit pieça pour ce venu devers Nous, pour dire & exposer la cause de sa venue, montrer & exhiber lesdittes Bulles, en Nous suppliant humblement que d'icelles faire signifier & publier partout notre Royaume, lui voulcissions pour honneur & reverence de Notre Seigneur Jesus-Christ, & la stabilité & augmentation de la Foy Chrestienne, donner congié & licence, & en bailler nos Lettres patentes, laquelle chose lui avons graticusement octroyée, coume par nos autres [b] Lettres données le 9.e jour d'Avril avant Pasques derain passé, puet plus à plain apparoir, par vertu desquelles Lettres ledit *Constantin Rali* ait baillé à plusieurs personnes de divers Estats, plusieurs Commissions & pouvoirs, tant pour exposer la necessité dudit Empereur & le contenu ezdittes Bulles, comme pour recevoir, [c] ceuillir & lever ce qui leur seroit donné & eslargi pour laditte cause, & autrement mettre à execution lesdittes Lettres, lesquels Commis ayent desja ceuilli & levé plusieurs sommes de deniers en divers lieux en nostre Royaume, dont les aucuns n'ont voulu ne veulent rendre aucun compte audit *Constantin,* ne à autre pour lui, ainssois ont prins & appliqué à leur singulier proufit ce qu'ils en ont receu, pour lesquelles causes & aucunes autres qui à ce Nous [d] meuvent, & aussi pour certains autres abus & excés que lesdits Commissaires faisoient en mettant à execution lesdittes Lettres, coume la commune renommée estoit, Nous deffendisimes icelles Bulles & Indulgences estre des lors en avant publiées ne mises à aucun effet en nostre Royaume, coume par nos autres *(b)* Lettres sur ce faites données le vingt-quatrieme jour dudit mois d'Avril après Pasques derrain passé, en dit plus à plain apparoir: Sçavoir faisons que Nous bien pleinement informés de présent des choses dessusdittes, & des grans cruautés, omicides, tirannies & autres domages innumerables que les *Turcs* mescreans & ennemis de la Foy ont fait & font chacun jour auxdits Chrestiens des Parties d'*Orient,* & fairoient encore s'ils n'avoient secours & ayde des Chrestiens des Parties de pardeça, par l'advis, conseil & deliberation de nos très-chiers & très-amés Oncles, Frere & Cousin, les *Ducs*

[a] *Benoît XIII.*

[b] *Elles ne sont point dans ce Rec.*

[c] corr. *cueillir* là & plus bas.

[d] corr. *meurent.*

NOTES.

(a) La copie de ces Lettres a été envoyée de *Montpellier*, avec cette indication: *Sénéchaussée de Toulouse en général, armoire C. 8.e continuation des titres particuliers, n.o 2. f.o 15. v.o*

(b) Lettres sur ce faittes.] Elles sont ci-dessus page 110. Elles révoquent la permission qui avoit été donnée de publier ces Bulles.

de *Berri*, d'*Orléans*, de *Bourgogne* & de *Bourbonnois*, & d'aucuns autres de nostre Sang & grant Conseil, pour honneur & reverence de Notre Seigneur, & pour pouvoir remedier aux maux & cruautés dessusdittes, avons voulu, ordonné & octroyé, voulons, ordonnons & octroyons de grace special par ces presentes, audit *Constantin* & à ses Commis & Deputés, que ils puissent & leur soit loisible de icelles Bulles & Indulgences faire dores en avant notifier & publier & metre à execution due selon leur teneur, par tout notre Royaume, & prendre & recevoir tout ce que on leur vouldra donner liberalement & sans contrainte, comme dit est, par tout notredit Royaume, sans encourir pour ce aucune offense envers Nous, non obstant nos Lettres de deffense dessusdittes, & requerir tous Prelats & autres Gens d'Eglise, Ducs, Princes & Nobles, Nos Seneschaulx, Baillifs, Prevosts & autres Officiers, marchands, populaires, & autres gens de quelque estat ou condition qu'ils soyent en notre Royaume, [a] que à ce faire & exhorter les personnes à devotion & voulenté de leur eslargir & donner de leurs biens liberalement selon leur bon plaisir & voulenté, & en ce leur veulent donner faveur & ayde, tels quils verront en leurs consciences devoir faire, eue consideration à la cause du fait principal & à la teneur desdittes Bulles; & avec & pource que ledit *Constantin* est Estrangier, & n'a pas si grand connoissance des gens ne du langage de ce Royaume coume ceulx qui y ont demouré & conversé longuement, & qu'il lui convient transporter & aller en plusieurs & divers Royaumes pour la [b] maniere dessusditte, & pour requerir les autres Roys & Princes Chrestiens, afin que la finance qui leur sera ainsi donnée & eslargie, puisse estre seurement receue, & que tout vienne à congnoissance pour la envoyer plus seurement & à moins de fraix devers notredit Cousin l'Empereur, avons voulu & ordonné, voulons & ordonnons par ces presentes, que tous les deniers qui ont esté & seront receus à la cause dessusditte en notredit Royaume, par les Commis & Deputés dudit *Constantin*, soyent baillés reaument & de fait à icelui *Constantin* & à *Nicolas Piquasse*, *Jehan Sac* & *Baude* de *Guy*, marchans & bourgeois de *Paris*, ou aux deux d'eulx, lesquels ledit *Constantin* a constitué ses *(c)* Procureurs generaulx, & leur a donné semblable puissance [c] qu'il audit Empereur, ou aux commis & à commettre par lesdits marchans, à recevoir lesdittes sommes, sans ce que lesdits commis particulierement par ledit *Constantin*, & par avant la substitution faite auxdits marchands, en puissent aucune chose alienner ou metre hors de notredit Royaume. Si donnons en mandement à vous nos Justiciers, Officiers & subjiets, ou à vos Lieuxtenans & chacun de vous, si comme à lui appartiendra, que nostre presente voulenté, octroy [d] Ordonnance, mettés à execution due, & d'icelles faites, souffrés, laissiés ledit *Constantin* & sesdits Commis deputés, Procureurs & Substituts, & chacun d'eulx, joïr & user paisiblement par la maniere dessus declarée, sans les molester ou empeschier en aucune maniere au contraire: Et ou cas que vous ou aucun de vous trouverés, ou que par lesdits marchands ou leurs commis vous seront nommés aucuns desdits commis par ledit *Constantin*, coume dit est, avoir fait ou vouloir faire le contraire, les arrestés avecques toutes les finnances, & icelles faites delivrer audit *Constantin* & marchands, ou aux deux d'eulx, ou [e] leursdits Commis, & punissiés les coulpables par toutes voyes dues & raisonnables, & tellement qu'il en soit exemple à tous autres; & faites si diligeamment que non puissiés ne doyés estre repris de negligence: car ainsi le voulons & Nous plaist estre fait, & aux dessusdits l'avons octroyé & octroyons par ces presentes, de grace special, non obstant nosdittes autres Lettres, & autres quelsconques faites ou à faire au contraire. En tesmoin de ce, Nous avons fait mestre notre Sçel à ces presentes. *Donné à* Paris, *le 4.e jour d'Octobre, l'an de grace mil quatre cens & six, & de nostre Regne le XXVII.e*

Par le Roy, en son Conseil. GONTIER.

CHARLES VI. à Paris, le 4. d'Octobre 1406.

a *Ce mot paroît inutile.*

b p. e. *matiere.*

c corr. *qu'il a dudit Empereur.*

d *supp.* &.

e *supp.* à.

NOTE.

(c) Procureurs.] Ces Lettres de Procuration sont du 27. de Septembre 1406. & il nous en a été envoyé de *Montpellier* une copie avec cette indication: *Sénéchaussée de* Toulouse *en général, armoire C. 8.e continuation des Titres particuliers, n.o 1. fol. 72. v.o*

CHARLES VI. à Paris, le 5. d'Octobre 1406.

(a) Lettres qui confirment les Prevôt, Jurez, Echevins & Esgardeurs de Tournay, dans le Privilège de connoître de toutes les affaires qui concerneront les Officiers & Membres du Corps municipal de cette Ville, & qui interdisent à tous autres Juges qu'à ceux du Parlement, de connoître par appel des Jugemens rendus par les Prevôt, Jurez, &c. de Tournay.

CHARLES, &c. Savoir faisons à tous presens & avenir, Nous avoir reçue l'umble supplicacion de noz bien amez les *Prevostz*, Jurez, Eschevins & [a] Esgardeurs de nostre bonne Ville & Cité de *Tournay*, contenant que comme à cause de leur Loy, ilz soient noblement fondez, & à eulx compete & appartiengne tout le demaine avecques toute la Juridicion & Justice, haulte, moyenne & basse de ladicte Ville & Banlieue d'icelle, reservez les droiz Royaulx; & ja soit ce que tant à cause de ce, comme par previlege à eulx octroyez par Nous & noz Predecesseurs, ilz aient esté & soient exemps de tous Juges & Justiciers de nostre Royaume, & ressortissans sans moyen en nostre Court de Parlement, & ne soient tenuz de plaider ailleurs que en nostredicte Cour, s'il ne leur plaist; neantmoins nostre *Bailli* de *Tournay* & de *Tournesis*, & autres Bailliz, Prevostz, Justiciers & Officiers de Nous & de nostre Royaume, en plusers & divers lieux & Juridicions, ou leurs Lieuxtenans, vuellent & s'efforcent souventesfoiz de entreprendre, congnoistre & avoir la congnoissance desdiz supplians & de leurs [b] subgiez Conseilliers, Procureurs, Sergens & Officiers, de ce qui touche les droiz, Causes & querelles desdiz supplians, combien que iceulx supplians proposent sur ce leurs declinatoires & leursdiz previleges, ou en requierent les renvoys à eulx estre faiz de leursdiz subgiez, Conseilliers, Procureurs, Sergens & Officiers, & sans vouloir à eulx renvoyer lesdictes Causes & querelles, ne en nostredicte Cour de Parlement aussi en laquelle tant seulement ils doivent plaidier pour leursdiz previleges, & non ailleurs, pour savoir & congnoistre se lesdictes Causes leur doivent estre renvoyées ou non, quant ilz le requierent; mais qui plus est, vueillent congnoistre lesdiz Bailliz, Justiciers & Officiers des renvoys que lesdiz supplians requierent de leurs subgiez, Conseilliers, Procureurs, Sergens, Officiers & autres choses à eulx touchans, en voulant contraindre lesdiz supplians à sortir sur ce Juridicion pardevant eulx, en leur faisant & donnant plusers griefz, vexacions & empeschemens, & en usurpant & entreprenant indeuement sur la Loy & Juridicion desdiz supplians, ou préjudice de eulx, de leur exempcion & previlege, dont il leur convient estre souvent enveloppez tant contre nostre Procureur comme autrement, en plusers grans, divers & sumptueux procez très-dommaigables à eulx & à nostredicte Ville, supplians humblement que pour obvier à ce, & aux fraiz & despens qui leur convient chascun jour faire & soustenir à ceste occasion, Nous leur vueillons sur ce pourveoir de gracieux & condecent remede: Savoir faisons que Nous ces choses considerées, & inclinans à leurdicte supplicacion, & voulans lesdiz previleges par Nous & noz Predecesseurs à eulx octroyez, comme dit est, estre & demourer en leur force & vertu, & aussi en ampliant iceulx previleges, avons de nostre auctorité Royale, certaine science & grace especial, par ces presentes, voulu & ordonné, voulons & ordonnons, & ausdiz supplians avons octroyé & octroyons que toutes les Causes & querelles que eulx & leursdiz subgiez Conseilliers, Procureurs, Sergens & Officiers, ont & auront touchans & regardans iceulx supplians & leursdiz droiz, Causes & querelles, pardevant lesdiz *Bailli* de *Tournay* & *Tournesis*, ou son Lieutenant, & autres quelxconques Justiciers & Officiers de nostredit Royaume, presens & avenir, & dont lesdiz supplians auront prins & prendront l'adveu & deffense, & autres quelxconques esquelles ilz se feront ou rendront

a *Voy. les Tables des Mat. des Vol. de ce Rec. à ce mot.*

b *C'est-à-dire* de tous ceux qui sont Membres du Corps municipal de la Ville de *Tournay*.

NOTE.

(a) Trés. des Chart. Reg. 161. P. viij.xx xvij. (177.)

Partie, ou adjoindront avecques aucunes des Parties, ou dont ils demandront le renvoy à eulx estre fait, ou à ladicte Cour de Parlement, pour estre ordonné se ilz le doivent avoir ou non, soient par lesdiz Bailli, Justiciers & Officiers incontinent que requis en seront de par lesdiz supplians, renvoyez en nostredicte Court de Parlement avecques les Parties adjournées, pour en ordonner & determiner a il semblera en nostredicte Cour estre à faire de raison, sanz ce que lesdiz *Bailli*, Lieutenant, Justiciers & Officiers qui requis en seront, en puissent ne doient de là en avant en prendre ne detenir aucune congnoissance, ne soy en entremettre en aucune maniere, ne contraindre lesdiz supplians à plaidier ne sortir Juridicion aucunement pardevant eulx, & des maintenant leur en deffendons & interdisons toute Juridicion & congnoissance. Si donnons en mandement par ces presentes aux *Prevostz* de *Saint Quentin* & de *Beauquesne*, & à tous noz autres Bailliz, Prevostz, Justiciers & Officiers, presens ou avenir, ou à leurs Lieuxtenans, & au premier Huissier de nostredit Parlement ou autre nostre Sergent qui sur ce sera requis, & à chascun d'eulx, si comme à lui appartendra, que en enterinant & exécutant nostre presente grace & octroy, & en faisant, souffrant & laissant lesdiz supplians joïr de icelles, ilz facent commandement de par Nous auxdiz *Bailli* de *Tournay* & de *Tournesis*, & à tous Justiciers & Officiers de nostredit Royaume, & à leurs Lieuxtenans, presens & avenir, & autres à qui il appartendra, & toutesfoiz que requis en seront par lesdiz supplians ou leur Procureur, que lesdictes Causes se elles sont entieres, meues & à mouvoir pardevant eulx, touchans & regardans ladicte Ville, lesdiz supplians & leurs subgiez, droiz, previleges, Juridicions, & Justice, ou leursdiz Officiers & autres dont ilz auront prins & prendront l'adveu & defense, & autres quelxconques esquelles ilz se feront ou rendront Partie, ou adjoindront avecques aucunes des Parties dont ilz demandront le renvoy à eulx estre fait ou à ladicte Cour de Parlement, comme dit est, ilz renvoyent tantost & sans delay avecques les Parties adjournées à certain & competent jour ou jours ordinaires ou extraordinaires de noz Parlemens avenir, nonobstant qu'ilz sicent au temps des renvoys qui sur ce seront faiz, & que les Parties ne soient pas des Bailliages, Prevostés ou Seneschaucies dont l'en plaidera lors pour proceder & aler avant èsdictes Causes & chascunes d'icelles, si comme de raison sera, & que ilz n'en tiengnent Court ne congnoissance, ne ne entremettent en aucune maniere de là en avant jusques à ce que par nostredicte Court en aura esté autrement ordonné : & ou cas que de ce faire ilz seront contredisans, refusans ou delayans, eulx-mesmes ou l'un d'eulx qui sur ce sera premier requis, & toutesfoiz que requis en seront, facent lesdiz renvoys & adjournemens par la maniere devant dicte, en certiffiant deuement desdiz commandemens, renvoys & adjournemens, de tout ce que fait en auront, au jour ou jours sur ce assignez, noz amez & feaulx Gens qui tendront nosdiz Parlemens avenir, ausquelz Nous mandons que aux Parties, icelles oyes, facent bon & brief acomplissement de Justice. Et à ce que lesdiz *Bailli* de *Tournay* & *Tournesis*, son Lieutenant & autres, ne puissent ès choses dessusdictes prendre aucune ignorance, Nous voulons que noz presentes Lettres soient par eulx publiées en leurs Plais, & enregistréez ès Papiers & Registres de leurs Cours, toutes & quantesfoiz que requis ou commandé leur sera, sans ce que lesdiz supplians soient tenuz de exhiber aucunesfoiz ces presentes, ne leur faire foy de nostre presente grace & octroy. Et afin que ce soit ferme chose & estable à tousjours, Nous avons fait mettre nostre Séel à ces presentes : sauf en autres choses nostre droit, & l'autruy en toutes. *Donné* à Paris, *le V.e jour du moys d'Octobre, l'an de grace mil CCCC. & six, & de nostre Regne le XXVII.e*

Par le Roy en son Conseil, où Monf. le *Duc* de *Berry*, les *Contes* de *Mortaing* & de *Nevers*, le Sire de *Preaux*, le Sire de *Boissay* & autres, estoient. FERRON.

CHARLES VI.
à Paris, le 5. d'Octobre 1406.

a *supp.* ce que.

CHARLES VI. à Paris, le 19. d'Octobre 1406.

(a) Lettres qui portent que, conformément à une Ordonnance de Charles V. le nombre des Clercs & Notaires du Roy, sera réduit à soixante, en y comprenant le Couvent des Celestins de Paris, qui prend une des Bourses attribuées à leur Office.

CHARLES, par la grace de Dieu, Roy de France. Savoir faisons à tous presens & avenir, que comme nostre très-chier Seigneur & Pere que Dieux absoille, en mettant Ordonnance ès fais & besoignes de son Royaume, eust en son temps par grant & meure deliberacion de son Conseil, ordené & establi par [a] Ordennance perpetuel à tousjours, entre les autres choses, sur l'estat & Office de ses Clers Notaires de son Hostel, prenans Boursses, gaiges & manteaulx, qui est Office perpetuel, que il ne excederoit point d'oresenavant le nombre de LIX, & les Celestins par lui fondez à *Paris*, feroient le nombre du LX.e & prendroient les Boursses comme l'un de noz Clers Notaires; lequel estat & Office, ouquel pour lors avoit grant & excessive quantité de Clers Notaires, nostredit Seigneur & Pere qui estoit tant sages & advisez, & procedoit en ses besoignes par si grant advis & deliberacion, [b] comme il apparu ès autres fais & besoignes de son Royaume, ramena audit nombre, & sadicte Ordenance fist garder & observer en son vivant; & neantmoins depuis aucun temps en ça, plusieurs par importunité de requerans ou autrement, contre raison & en enfraignant ladicte Ordonnance, ont obtenu les uns les Bourses de Clerc Notaire seulement, & les autres les gaiges & manteaulx, en desmembrant & divisant ledit Office en deux membres & parties, qui est tout un Office, & les ont euz & en ont esté pourveuz les aucuns, moyennant certain priz & somme d'argent qu'ilz en ont baillié, en telle maniere que la chose est venuë à tele confusion & multitude, qu'il en y a presque le tiers oultre ladicte Ordenance, combien que oudit Office requiere bien avoir Gens esleuz, notables, souffisans & loyaulx, qui par avant soient instruiz de telz fais & besoignes; mesmement que par eulx, sont signées toutes les Lettres expediées en nostre Court touchans les plus grans fais & besongnes de nostre Royaume, en grant diminucion de l'onneur & estat d'icellui Office, & dont on a nosdis Clers & Notaires en mendre reverence, & si est grandement à la charge de Nous & de nostre Peuple en maintes manieres; mesmement que de l'un des membres dudit Office, on ne se pourroit vivre honnestement, si comme de ces choses, & autres touchans ceste matiere, Nous avons esté & sommes souffisamment informez par plusieurs de nostre Grant Conseil & autres de nostre Hostel, & plus seroit ou temps avenir, se par Nous n'estoit sur ce pourveu: Nous attendans & considerans ladicte Ordonnance faicte à si grant & meure deliberacion, ycelle louons, approuvons & confermons, & voulons d'oresenavant estre gardée & observée sans enfraindre, de nostre certaine science & auctorité Royal, par ces presentes; & oultre ordenons & establissons par ces mesmes presentes, par Ordonnance perpetuel & irrevocable à tousjours, que ledit Office ne sera d'oresenavant desmembré ne divisié en deux membres & parties; ainçois voulons & ordonnons qu'il soit réuni & ramené audit nombre de LIX. & que quant le cas escherra de vacacion de Bourses, de gaiges & manteaulx, ensemble ou par parties, que noz Clers Notaires qui à present sont, non pourveuz que de l'un des membres dudit Office, soient preferez & premiers pourveuz de l'autre membre d'icellui Office, chascun selon sa souffisance, ordre & le temps qu'il Nous a servi & esté instituez,

[a] Elle n'est point dans ce Rec.

[b] comme il a paru. J.

NOTE.

(a) Registre *A*. du Parlement de Paris, fol. 212. *recto*.

Avant ces Lettres il y a: *Ordinacio pro reducendo Notariorum Reg. Officia ad antiquum numerum; videlicet LX.*

Ces Lettres ont déjà été imprimées à la p. 686. du premier volume des Offices de *Joly*.

Voy. l'Hist. de la Chancellerie par *Tessereau*, T. 1. p. 36.

avant

avant tout autre, & afin qu'il y soit mieulx & plus seurement procedé, Nous par ces presentes donnons puissance & auctorité à noz amez & feaulx Conseillers tenans nostre present & qui tendront noz prouchains Parlemens avenir, de les en pourveoir par la maniere que dit est, quant le cas eschera de ladicte vacacion, jusques à ce qu'il soit reuny; & dès maintenant pour lors les leur donnons & les en pourveons selon nostre Ordenance & voulenté dessusdictes; & declairons que se par importunité de requerans ou autrement, Nous avions donné & octroyé, donnions & octroyons ledit Office autrement que dit est, ou à aucun autre, feust comme vacant ou par [a] expectation, ou que autre ayant puissance de Nous, l'eust donné ou donnoit, tout ensemble ou par parties, qu'il soit nul & de nulle valeur, & ne sortisse aucun effect; ainçois revoquons & rappellons la puissance & autorité que en aurions donnée ou donrions, & toutes expectations; & avecques ce, ordonnons que celui ou ceuls ausquelz ledit Office seroit autrement donné que dit est, jusques à ce qu'il soit réuny, ne y soient instituez ne receuz comment que ce soit; ainçois voulons & ordonnons que nozdictes Ordenances & voulenté soient tenuës & gardées, demeurent valables & sortissent à plain leur effect; pourveu toutevoies que ceulx qui par Nous n'ont esté pourveuz entierement dudit Office, soient preferez & pourveuz selon l'ordre dessusdicte, premiers que les autres qui en ont resigné l'un des membres; & s'il avenoit que aucun par importunité ou autrement, se efforçast faire le contraire, Nous voulons & ordonnons par ces mesmes presentes que nostre Procureur General se adjoingne avecques le College de nosdiz Clers Notaires, & celui qui devra estre pourveu, & qu'ilz soient receuz à opposition à l'encontre de l'empeschement que l'en leur vouldra faire au contraire, & que sur ce, Parties oyes, soit ordonné & determiné par nostre Court dudit Parlement, & non par autres. Si donnons en mandement par ces mesmes presentes, à nosdiz Conseillers tenans nostre present & qui tendront noz prouchains Parlemens avenir, que nostre presente Ordonnance & voulenté ilz facent publier solennelment, & icelle tenir, garder, enteriner & accomplir de point en point selon leur fourme & teneur, sans enfraindre ne venir en aucune maniere à l'encontre; ainçois se aucun s'efforçoit de les enfraindre ou venir à l'encontre, les punissent chascun en droit soy, de telle punition & amende comme ilz verront qu'il appartendra: Car ainsi le voulons Nous estre fait de nostre certaine science, plaine puissance & auctorité Royal, pour consideracion des choses dessusdictes & autres justes causes qui Nous ont meu & meuvent en ceste partie; nonobstans quelxconques autres Constitucions, Status ou Ordenances, & Lettres quelxconques obtenues & à obtenir à ce contraires. Et que ce soit ferme chose & estable à toujours, Nous avons fait mettre nostre Séel à ces presentes: sauf en autres choses nostre droit, & l'autrui en toutes. *Donné à* Paris, *le XIX.e jour d'Octobre, l'an de grace mil quatre cens & six, & de nostre Regne le XXVII.e* Ainsi signée. Par le Roy, en son Conseil, ouquel Messeigneurs les *Ducs* de *Guienne*, de *Berri* & de *Bourbonnois*, les *Contes* de *Mortain*, de *Nevers* & de *S.t Pol*, [b] Vous, l'*Arcevesque* de *Sens*, les *Evesques* de *Noyon* & de *Poitiers*, & autres plusieurs du Conseil, estoient. GONTIER. *Visa*.

Lecta & publicata, in Curia Parlamenti, die XV.a Martii, anno Domini millesimo quadringentesimo septimo. BAYE.

Collatio facta est cum Originali penès Curiam remanente.

CHARLES VI. à Paris, le 19. d'Octobre 1406.

[a] *expectative.*

[b] *Le Chancelier de France. Voy. le 5.e vol. de ce Rec. p. 653. note (c).*

CHARLES VI. à Paris, le 19. d'Octobre 1406.

(a) Lettres qui portent que l'émolument du Sceau par rapport aux Lettres criminelles, sera distribué également entre tous les Notaires Lais du Roy.

CHARLES, par la grace de Dieu, Roy de France. Sçavoir faisons à tous présens & avenir, que comme n'agueres soit venu à nostre cognoissance que parce que l'esmolument du Séel [c] des Lettres criminelles séellées en nos Chancelleries,

[c] *Ce sont apparemment les Lettres de grace & de rémission, & autres concernant les crimes.*

NOTE.

(a) Offices de *Joly*. T. 1. p. 728.

CHARLES VI. à Paris, le 19. d'Octobre 1406.

eſt à préſent converty tant ſeulement au profit d'aucuns de nos Notaires lais, auſquels elles ſont baillées pour ſigner, & qui les ſignent ſans que nos autres Notaires lais y participent, aucuns d'eux en très-petit nombre voulans à eulx appliquer & [a] attraire contre raiſon & bonne équité, toutes les Lettres ſuſdites, s'ingerent à avoir le *(b)* commandement d'icelles Lettres criminelles, & d'en prendre l'eſmolument du Séel à leur ſingulier profit, au grant préjudice & dommage de nos autres Notaires lais, en cauſant & donnant en ce matiere de haine & diviſion entre eux, & charge & blaſme de convoitiſe, redondant en reproche généralment à tout le College d'iceux: Nous ayant eſgard à ces choſes, & voulans pourvoir à icelles, avons pour ces cauſes & conſiderations deſſuſdites, & auſſi pour nourrir paix & amour entre noſdits Notaires, & pour certaines autres juſtes cauſes & conſidérations Nous mouvans, & par grande & meure délibération de noſtre Conſeil, voulu, ordonné & déclaré, voulons, ordonnons & déclarons de noſtre certaine ſcience & grace ſpeciale par ces préſentes, que tout le profit & eſmolument du Séel de toutes Lettres criminelles qui doreſnavant ſeront ſéellées en la Chancellerie de France, ou ailleurs, tant de noſtre temps que comme de nos ſucceſſeurs Roys de France; c'eſt à ſçavoir, ſous noſtre grant Séel, ſous le petit ordonné en l'abſence d'iceluy, & auſſi ſous le Séel de noſtre *Dauphiné*, & de ceux de nos [b] Eſchiquiers de *Normandie* & Grands-Jours de *Champagne*, & de tous autres Seaux ordinaires & extraordinaires, dont l'on ſéelleroit & pourroit ſéeller pour Nous, en quelque maniere que ce ſoit ou puiſſe être, ſoit doreſnavant diſtribué entre tous noſdiz Notaires lais qui ſigneront Lettres criminelles, & ſoit ledit eſmolument receu par celui d'eux que ledit College de noſdits Notaires voudra à ce commettre & ordonner, & après baillé & diſtribué chacun mois en bourſes à noſdits Notaires lais qui ſigneront Lettres criminelles, comme dit eſt, *(c)* [qui auront baillé ſous leurs ſeings manuels ſcedulles certificatoires de leur ſervice, & non à autres] ainſi & tout par la forme & maniere qu'il eſt faict de l'eſmolument du Séel des Chartres qui ſe ſéellent chaſcun jour en noſtre Chancellerie; & s'il advenoit que contre noſtre preſent vouloir & Ordonnance, aucuns de noſdits Notaires lais, preſens & avenir, s'efforçaſſent & vouliſſent prendre & appliquer à leur ſingulier profit tout ou partie de l'eſmolument deſdittes Lettres criminelles, jaçoit qu'ils les euſſent faictes & ſignées, iceux & chacun d'eux ſeront contraincts par noſtre amé & féal Chancellier, à rendre & reſtituer tout ce qu'ils en auront ainſi prins & receu, pour le mettre & employer à la Communauté deſdiz Notaires, par la forme & maniere deſſuſdite : & outre ce, [c] prendront leurs bourſes de tout le mois auquel ils auront iceluy profit pris & receu, leſquelles leurs bourſes ſeront converties par le diſtributeur [d] d'icelle, au profit commun de noſdits autres Notaires lais, & non ailleurs; & auſſi ſeront, afin que les autres Notaires y prennent exemple, & que ceſte preſente Ordonnance ſoit mieux gardée, punis d'autre telle amende & punition comme il ſera adviſé & ordonné par noſtredit Chancellier, auquel dès maintenant, ſi meſtier eſt, Nous donnons pleine puiſſance & autorité de ce faire. Si donnons en mandement à iceluy noſtre Chancellier qui eſt à preſent & qui ſera au temps avenir, que nos preſente volonté, Declaration & Ordonnance, face publier en nos Chancelleries & Audiences, & ailleurs où il verra qu'il ſera à faire, icelle tienne & garde, entherine & acompliſſe, & par nos Audiencier, Controolleur, Notaires & autres qu'il appartiendra, & à chacun d'eux, face tenir, garder, accomplir & entheriner de poinct en poinct, ſelon ſa forme & teneur, ſans l'enfraindre ou ſouffrir eſtre fait ou attenté directement ou indirectement, ou autrement, en quelque maniere ne par quelconque perſonne que ce ſoit, ores ne pour le temps advenir, aucunement au contraire,

a *attirer.*

b *Voy. les Tables des Mat. des Vol. de ce Rec. aux mots* Eſchiquier *&* Jours (grands).

c *Il faut app. corr.* perdront.

d *d'icelles.*

NOTES.

(b) Commandement.] C'eſt-à-dire, recevoir l'ordre de les dreſſer & ſigner. On trouve pluſieurs fois dans ce ſens, *Lettres commandées,* dans les Pièces imprimées dans ce Recueil.

(c) Qui auront baillé, &c.] Ce qui eſt ici entre deux crochets, l'eſt ainſi dans *Joly* qui n'a point marqué la raiſon pour laquelle il avoit mis ces mots entre parenthèſes.

en contraignant à ce, ceux qui pour ce feront à contraindre, par toutes les voyes deffufdittes, & autres deues & raifonnables : Car ainfi Nous plaift-il & voulons eftre fait; nonobftant quelfconques Couftumes, Ufages & Lettres impétrées ou à impétrer au contraire. Et afin que ce foit chofe ferme & eftable à tousjours, Nous avons fait mettre noftre Séel à ces préfentes: fauf en autre chofe noftre droict, & l'autruy en toutes. *Donné à* Paris, *le 19. d'Octobre, l'an de grace mil quatre cents fix, & de noftre Regne le vingt-feptiefme.* Ainfi figné. Par le Roy en fon Confeil, où eftoient Meffieurs les *Ducs* de *Guyenne*, de *Berry* & de *Bourbonnois*, les *Comtes* de *Mortaing*, de *Nevers* & de *S. Pol*, [a] Vous, l'*Archevefque* de *Sens*, les *Evefques* de *Noyon* & de *Poictiers*, & autres du Confeil, prefents. [b] GOUTIER. *Vifa.*

CHARLES VI. à Paris, le 19. d'Oct. 1406.

a *Le Chancelier de France.* *Voy. le 5.e Vol. de ce Rec. pag. 653. note (c).*

b *Il faut app. corr.* Goutier. *Voy. à ce mot la Table des noms de Perfonnes, qui eft à la fin de ce Vol.*

CHARLES VI. à Paris, en Octobre 1406.

(a) Confirmation du Règlement fait pour le Métier de Poulaillerie de la Ville de Paris.

CHARLES, &c. Savoir faifons à tous préfens & avenir, Nous avoir veu les Lettres de feu noftre très-chier Seigneur & Pere que Dieux abfoille, defquelles la teneur eft telle.

(b) KAROLUS, *&c.*

Lefquelles Lettres deffus tranfcriptes & tout le contenu en ycelles, Nous [c] ayons fermes, eftables & agreables, & ycelles louons, ratiffions & approuvons, & par la teneur de ces prefentes, de grace efpecial, confermons. Si donnons en mandement par ces prefentes, au *Prevoft* de *Paris*, qui à prefent eft & qui pour le temps avenir fera, & à tous noz autres Jufticiers & Officiers prefens & avenir, ou à leurs Lieuxtenans & à chafcun d'eulx, fi comme à lui appartendra, que de noftre prefente grace & confirmacion facent, feuffrent & laiffent lefdiz Poulaillers & Poulailleres de noftre Ville de *Paris*, dont eft faite mencion, joïr & ufer plainement & paifiblement fans les molefter, traveiller ou empefcher, ne fouffrir eftre traveillez, moleftez ou empefchez ores ne pour le temps avenir en aucune maniere au contraire; mais s'aucun leur eftoit fait, mis ou donné, ilz leur mettent ou facent mettre, ces Lettres veues, à pleine delivrance. Et afin que ce foit ferme chofe & eftable à tousjours, Nous avons fait mettre noftre Séel à ces prefentes : fauf en autres chofes noftre droit, & l'autruy en toutes. *Donné à* Paris, *ou mois d'Octobre, l'an de grace mil CCCC. & fix, & de noftre Regne le XXVII.e*

Par le Roy. P. MARCADE.

c *corr.* avons.

NOTES.

(a) Tréf. des Chart. Reg. 161. P. lxxviij. (78.)

(b) Karolus, &c.] Ces Lettres qui font du mois de Septembre 1364. font imprimées à la p. 490. du 4.e Volume de ce Recueil.

Le Regiftre 161. fournit les *variantes* & les corrections fuivantes.

P. 491.	Art. 3.	Lig. 1.	Quiconques *achate*	*corr.* . . .	Quiconques *a acheté*.
	Art. 4.	Lig. 3.	aux *Huittieves*	*corr.* . . .	aux *Huitives*.
		Lig. 4.	deniers, *qu'il*	*corr.* . . .	deniers, *il*.
	Art. 5.	Lig. 3.	*Oftagier*	*corr.* . . .	*(c) Eftagier*.
	Art. 7.	Lig. 1.	Seigneur, *puet*	*corr.* . . .	Seigneur, *ou autres, peut*.
P. 492.	Art. 8.	Lig. 2.	Ruë *neuve Noftre Dame* . . .	*corr.* . . .	Ruë neuve *devant* Noftre Dame.
		Lig. 6.	*porries*	*corr.* . . .	*pourries*.
		Lig. 2.	du texte Latin, *oparatorum* . . .	*corr.* . . .	*operatorum*.

(c) Eftagier.] Voy. fur le mot *eftagier*, qui fignifie *domicilié*, les add. & correct. fur la p. 491. du 4.e Vol. de ce Rec. qui font à la p. CCXLIV. de ce 4.e Volume.

CHARLES VI. à Paris, le 13. de Novembre 1406.

(a) Lettres qui portent que la Monnoye de Mirabel dans le Dauphiné, sera supprimée, & qu'il en sera établi une à Embrun.

KAROLUS, Dei graciâ, Francorum Rex, Delphinus Viennensis. Dilecto & fideli militi, Cambellano & Consiliario nostro. Gaufrido *le* Meingre *dicto* Bouciquault, *Gubernatori* Delphinatûs *nostri, vel ejus Locumtenenti: Salutem & dilectionem. Cum nuper dilecti & fideles nostri* Petrus [a] Gencien *Magister Generalis Monetarum nostrarum* [b] *que* Aubertus Fabri *Receptor Generalis* Delphinatûs *nostri, visitando Monetas nostras dicti nostri* Delphinatûs, *ex commissione speciali per Nos eis (b) super hoc factâ, compererint Monetam nostram que in loco nostro (c)* Mirabelli *in* [c] *Baronniis, in fronteriis Provincie* Venaissini *&* Avinionis, *hacthenùs fuit cudi ordinata pro evidenti comodo quod* [d] *ad Curia Romana pro tunc in Civitate* [e] Avignionensi *existente, & aliis Patriis circumvicinis, Nobis sperabatur processurum, & etiam pro utilitate Reipublice,* [f] *ipsamque taliter* [g] *reperint fuisse deterioratam, tam propter guerrarum discrimina que (d)* Raymundus *de* Turenna *& plures alii in illis Partibus diù est* [h] *intulerint, quam dicte Curie Romane translacionem a dicta Civitate* Avignionis, *quod vix ex comodo licitè proveniente ab ea, possunt ipsius Monete onera supportari; quinymo, si ibidem ampliùs permaneret, ex istis & aliis verissimilibus conjecturis possent inde plura dampna & inconveniencia provenire in nostri & tocius Reipublice dampnum & prejudicium non modicum: quo per dictos Commissarios nostros* [i] *precepto, ipsis in dicto* Dalphinatu Gratianopoli *existentibus; videlicet, in* [k] *Consiliario nostro ibidem residenti, quo erant Gentes dicti Consilii & Auditores Compotorum nostrorum ipsius* Dalphinatûs, *ibidem super premissis tractantibus, subjungendo dictam Monetam esse, ut eis videbatur, & nostro beneplacito reservato, alibi transferendam & ideo ab ipsis Consiliariis & Auditoribus & singulis eorumdem, petendo qui locus eis videretur magis aptus pro cussione Monete antedicte, qui deliberacione maturâ inter eos habitâ, & attento quod locus Civitatis* Ebreduni *communis Nobis & Archiepiscopo dicti loci, est locus per* [l] *quam omnes à* Transmontanis Partibus *venientes & per* Dalphinatum *nostrum transeuntes, suum meatum magis communiter faciunt; quodque in Partibus* Brianczonesii, Ebredunesii *& aliis locis circumvicinis, nulla alia Moneta nostra cuditur, cujus Monete absenciâ & deffectu, Mercatores per ibi transeuntes & Billonum portantes, quia nimis eis esset difficile & extra ipsorum* [m] *inter, ad alias Monetas nostras (e)* Crimiaci *& de* [n] Romanis, *qui in remotis existunt in dicto* Dalphinatu, *recursum habere, illud Billonum ad Monetas* Provincie *& alias extraneas defferunt, quod facere non auderent, obstantibus Ordinacionibus contrariis, si in dictis Partibus aliqua Moneta nostra cuderetur, pluribusque aliis racionibus & oppinionibus declaratis inter eos nostro, ut pretangitur, beneplacito* [o] *reservata, unanimiter concluserunt dictam Monetam que in dicto loco* Mirabelli *cudebatur, esse pro nostro & tocius Reipublice evidenti comodo, ad dictam Civitatem* Ebreduni *transfe-*

a Genciani. 2.e cop.
b &. ibid.
c Voy. le 6.e Vol. de ce Rec. p. 378. note (b).
d à. 2.e cop.
e Avignion. Reg.
f Ces mots: *ipsamque*, ne sont point dans la 2.e cop.
g reperierint. 2.e cop.
h intulerunt. 2.e cop.
i percepto. 2.e cop.
k Consilio. 2.e cop.
l quem. 2.e cop.
m iter. 2.e cop.
n *Romans* en *Dauphiné*. Voy. la note (c) de la p. 270. du 3.e Vol. de ce Rec.
o reservato. 2.e cop.

NOTES.

(a) Registre *E.* de la Cour des Monnoies de *Paris*, fol. 7. vingt 11. *recto* [151.]

La copie de ces Lettres & des suivantes, qui sont de même date, a été envoyée de *Grenoble* avec cette indication: *Caisse du Dauphiné.* Cette copie qui n'est pas exempte de fautes, est néanmoins beaucoup plus correcte que le Registre de la Cour des Monnoies.

(b) Super hoc facta.] Il y a dans la 2.e copie *super hoc facta, inter cætera, Monetam &c.* Ces deux textes défectueux se corrigent l'un par l'autre.

(c) Mirabelli.] Mirabel des Baronies, Diocèse de *Vaison*, Election de *Gap.* Voy. le Dictionnaire universel de la France, au mot *Mirabel.*

(d) Raymundus de Turenna.] Il s'agit app. ici de la guerre dont il est fait mention dans la note *(b)* de la p. 574. du 7.e Vol. de ce Recueil.

(e) Crimiaci.] Crémieu dans la Baronnie de la *Tour-du Pin.* Voy. p. IX. col. 1. de la Table des noms de lieux du *Dauphiné*, qui est à la tête de l'Hist. de cette Province, par M. de *Valbonnais.*

CHARLES VI. à Paris, le 13. de Novembre 1406.

rendam : super quibus convocatis & simul existentibus nostris Consiliariis, Magistris Generalibus Monetarum Parisius *in Camera nostra ipsarum Monetarum, & premissis eisdem per dictos Commissarios nostros explicatis, auditisque racionibus, oppinionibus pretactis, pluribusque aliis nostrum & tocius Reipublice comodum & utilitatem non modicum tangentibus, prefati, certique alii, Camere Compotorum nostrorum* Parisius *Magistri premissorum noticiam habentes, ejusdem oppinionis existant, prout Nobis relatum est : Notum igitur facimus quod Nos premissis attentis, quodque non est mirum si secundum varietatem temporum, statuta quoque varientur humana, ordinamus & tenore presencium ordinamus quod Moneta nostra que in dicto loco* Mirabelli *cudebatur & cudi consueverat, causis & racionibus pretactis in dictâ Civitate* Ebreduni *in loco magis apto & habili, deinceps cudatur &* [a] *manuteatur, servatis Ordinacionibus nostris super cussione dictarum Monetarum, eo ibidemque per vos instituantur Officiarii nostri utiles & necessarii ad hujusmodi Monete cussionem, prout vobis videbitur necessarium & etiam opportunum : vobis propterea precipientes &* [b] *mandentes, committendo, quatenus nostram presentem Ordinacionem exequendo dictam Monetam que in dicto loco* Mirabelli *cudebatur, ad dictam Civitatem transmitere & transportari faciatis, ipsamque* [c] *cudari & ad inquantum poni more & locis solitis, &* [d] *Magistratum ipsius plus* [e] *offeranti ad nostri utilitatem & comodum* [f] *librari, prout est fieri consuetum, precipientes insuper & mandentes universis & singulis dicti* Dalphinatûs *nostri, Officialibus & Justiciariis nostris pariter & subditis, quatinus vobis & depputandis à vobis, in hiis & in ea tangentibus pareant efficaciter & intendant, presentes* [g] *quispe Licteras, omniaque que gesta fuerunt vigore earumdem, in Camerâ Compotorum nostrorum ipsius* Dalphinatûs, *ad futuram rei memoriam refferri volumus per executores* [h] *easdem,* [i] *ad plenum registrari ad Juris* [k] *nostris conservacionem & alterius cujuscumque.* Datum *Parisius,* die xiij.[a] Novembris, anno Domini millesimo quadringentesimo sexto, & Regni nostri, xxvij.[o] Ainsi Sign. *Per Regem* [l] *Dalphinatum, ad relacionem Magni Consilii.* G. *(f)* FOYTEMENT.

a manuteneatur. 2.e *cop.*

b mandantes, *là & plus bas.*

c cudari. 2.e *cop.*

d La Charge de Maître Particulier de cette Monnoie.

e offerenti. 2.e *cop.*

f livrer.

g quipe. 2.e *cop.*

h earumdem. 2.e *cop.*

i & ad. 2.e *cop.*

k nostri. 2.e *cop.*

l Dalphinum. 2.e *cop.*

NOTE.

(f) Foytement.] Il faut p. e. corriger *Fortement*. Il y avoit dans ces temps-là un Secrétaire du Roy qui portoit ce nom. Voy. la Table des noms de personnes, qui est à la fin du 8.e Vol. de ce Recueil.

CHARLES VI. à Paris, le 13. de Novembre 1406.

(a) Lettres qui portent que les Officiers & les Ouvriers de la Monnoie la plus prochaine de Briançon, s'y transporteront pendant la Foire qui s'y tient, y demeureront un mois, & y fabriqueront de la Monnoie.

KAROLUS, *Dei graciâ, Francorum Rex,* [m] *Dalphinatus Vienn. Dilecto & fideli* [n] *milite, Cambellano & Consiliario nostro* Gaufrido *le* Mengre *dicto* Bouciquault, *Gubernatori* Dalphinatûs *nostri, vel ejus Locumtenenti : Salutem & dilectionem. Cum Nos pro* [o] *bonis & evidenti comodo nostro & tocius Reipublice, per nostras* [p] *alias patentes Litteras, ex matura Consilii nostri deliberacione, ordinaverimus quod Moneta nostra que in loco* Mirabelli *in* Dalphinatu *nostro cudebatur, ad Civitatem* Ebreduni *deinceps cudenda transferatur, percepto que fide dignorum relatu, quod tempore Nundinarum nostrarum in* [q] *loca* Brianconii, *plures mercatores tam de* Transmontanis Partibus *quam aliis diversis Partibus, ad dictas Nundinas affluentes & Billonum auri & argenti defferentes, eorum (b) implicaturas sepius*

m Dalphinus. 2.e *cop.*

n militi. 2.e *cop.*

o bono. 2.e *cop.*

p Elles sont de même date, & elles sont imprimées immédiatement avant celles-ci.

q loco. 2.e *cop.*

NOTES.

(a) Registre *E.* de la Cour des Monnoies de *Paris,* fol. 7. vingt 12. *recto.* [152.] Voy. page préced. note *(a).*

(b) Implicaturas.] Ce mot signifie app. *emplette.* On trouve dans le Glossaire de *Du Cange,* au mot *Implicare,* qui se lit un peu plus bas dans ces Lettres, qu'il signifie dépenser, employer.

CHARLES VI. à Paris, le 13. de Novembre 1406.

facere obmiserunt & obmittunt in toto vel in parte; deffectu Cambii & alicujus nostre Monete ibidem in qua possent dictum eorum Billonum implicare, quod in nostri & tocius Reipublice dampnum redundat, & forciùs redundaret, nisi de remedio provideretur opportuno; potissimè, cum obstantibus prohibicionibus & Edictis nostris, nemo audeat Monetis extraneis ibidem uti : ex quo deffectu Cambii, mercatores emere & vendere, ut pretangitur obmittunt, & perinde jura nostra [a] *admictuntur : super quibus providere, sicut convenit, cupientes, premissis attentis, quodque difficile esset dictis mercatoribus ad dictas nostras Nundinas occurrentibus, eorum Billonum ad locum* Ebreduni [b] *opportare, potissimè cum locus* Ebreduni *distet* [c] *ad dicto loco* Brianczonii *per unam magnam* [d] *dietam; & pluries dicto tempore Nundinarum propter inundacionem* [e] *nimium, est de uno loco ad alium difficilis & periculosus* [f] *adhitus, ordinavimus & tenore presencium ordinamus pro faciliori & utiliori expedicione mercatorum ad dictas Nundinas Billonum & Monetas extraneas apportancium, quod deinceps anno quolibet, tempore Nundinarum, in dicto loco* Brianczonii, *Magistri, Garde & Monetarii, ceterique Operarii Monete nostre propinquioris dicto loco* Brianczonii, *ibidem se transferant, & per unum mensem* [g] *continum, incipiendo octo diebus ante dictas Nundinas, continuando usque ad finem dicti mensis, Monetas nostras auri & argenti, albas & nigras, cudant &* [h] *operantur in dicto loco* Brianczonii, *servando Ordinaciones nostras super cussione nostrarum Monetarum : deinde lapso dicto mense, ad propriam Monetam à qua discesserint, revertantur pro eorum debito faciendo : vobis precipientes & mandantes, commictendo, quatenus nostram presentem Ordinacionem ab indè in antea, loco & tempore oportunis exequamini seu exequi faciatis juxta ipsius Ordinacionis formam,* [i] *continanciam & tenorem, nichil de contingentibus obmittendo : super quibus & ex tangentibus, ab omnibus & singulis nostris Officialibus & Justiciariis pariter & subditis, vobis & deputandis à vobis pareri volumus & intendi; presentesque & omnia que gesta fuerint vigore earumdem, in Camera Compotorum nostrorum ipsius* Dalphinatûs, *ad futuram rei memoriam referri volumus per* [k] *exequores earumdem, & ad plenum* [l] *registrarum ad Juris* [m] *nostris conservacionem, & alterius cujuscumque.* Datum *Parisius,* die XIII.^a Novembris, anno Domini millesimo CCCC.° sexto, & Regni nostri XXVII.° Ainsi Signé. *Per Regem Dalphinum, ad relacionem Magni Consilii.* G. [n] FOYTEMENT.

a amittuntur.
b apportare. 2.e cop.
c a. 2.e cop.
d Une journée de chemin. Voy. ci dessus p. 39. note (k).
e nivium. 2.e cop.
f aditus.
g continuum. 2.e cop.
h operentur.
i continenciam.
k executores. 2.e cop.
l registrari. 2.e cop.
m nostri. 2.e cop.
n Voy. ci-dessus p. 157. note (f).

CHARLES VI. à Paris, en Novembre 1406.

(a) Confirmation de l'affranchissement accordé par Eude Seigneur de Grancey, aux habitans de ce lieu.

SOMMAIRES.

(1) Les habitans de Grancey & ceux qui viendront s'y établir, seront affranchis de la Taille à volonté que le Seigneur levoit, moyennant une redevance proportionnée à leurs biens, qu'ils payeront tous les ans.

(2) Ces habitans pourront faire des acquisitions dans d'autres lieux.

L'estimation de leurs biens sera faite par le Juge du Seigneur & par deux prudhommes de cette Ville, dont l'un sera élû par le Seigneur, & l'autre par les habitans. Les habitans seront crus à leur serment de la déclaration qu'ils feront de leurs biens.

(3) Moyennant une redevance annuelle de six deniers, ces habitans seront exempts de corvées de corps & de bêtes.

Ils seront aussi exempts des droits qu'on lève sur les marchandises qui se vendent, à condition qu'ils entretiendront les deux halles de Grancey, pour l'entretien desquelles le Seigneur leur permettra de prendre du bois dans ses forêts.

(4) Ils pourront prendre dans les forêts de leur Seigneur le bois sec qui sera tombé.

(5) Lorsque ces bois auront six ans, les habitans pourront y mener paître leurs animaux, à l'exception des chèvres. Ils ne pourront y mener leurs porcs depuis le jour de la Ste Croix en Septembre, jusques huit jours après la St André.

(6) Ils pourront bâtir des maisons dans le Territoire de Grancey, & y planter des vignes, en payant la dixme accoûtumée.

(7) Ces habitans seront obligés de servir leur Seigneur un jour en armes, à leurs dépens, dans les guerres qui le regarderont personnellement.

NOTE.

(a) Trésor des Chartres, Registre 161. P. LXIX. (69).

CHARLES VI. à Paris, en Novembre 1406.

(8) Le Seigneur délivrera à ses dépens ceux de ces habitans qui auront été pris par rapport à lui.

(9) Il ne sera point fait de changement par rapport aux amendes qui se payent à Grancey.

Lorsque les habitans, après s'être donnés des gages de bataille pour se battre en Duel, s'accommoderont entr'eux, celui qui sera trouvé avoir tort, payera au Seigneur une amende de soixante & cinq sols. S'ils se sont trouvés dans le champ de bataille sans se frapper, ou s'il n'y a eu qu'un coup de donné, ils pourront encore s'accommoder en payant cette amende, & en remboursant au Seigneur les frais qu'il aura fait par rapport à ce Duel. Si le combat est achevé & outré, le vaincu & ses biens demeureront à la volonté du Seigneur.

(10) Les habitans éliront tous les ans deux Messiers pour garder leurs biens.

(11) Ces habitans pourront, avec la permission du Seigneur ou de ses Officiers, lever sur eux des contributions pour leurs affaires communes, & élire des Procureurs qui en prendront soin, & qui rendront compte des sommes qu'ils auront reçûes.

Le Seigneur ne pourra, sans cause évidente & raisonnable, faire de prises sur les biens de ses habitans, & s'il est obligé d'en faire, il leur rendra dans la suite ce qu'il leur aura pris.

CHARLES, &c. Savoir faisons à tous presens & avenir, Nous avoir veu les Lettres desquelles la teneur s'ensuit.

Nous *Eudes* Sire de *Grancey,* [a] Clevaliers, façons savoir à tous presens & avenir, que comme nostres hommes & fammes habitans en nostre Chastel & Ville de *Grancey,* feussent [b] nostre taillauble à voulenté [c] doues fois l'ain; c'est assavoir, à la Saint *Remey,* & à [d] quaronne prenant; & il cil habitant nous haient supplié & requis que de ycelles tailles les [e] voussessiens affranchir.

(1) Nous sur ce eue deliberacion & conseil, regardans le profit de nous, de noz diz hommes & habitans de nostre dicte Ville & Chastel de *Grancey,* ladicte franchise desdictes Tailles & de plusuers autres choses ci [f] desoz escriptes, leur avons octroyé perpetuelment pour nous & pour noz hoirs [g] à leur & à leur hoirs, pour cause de dix & huit cens escuz d'or que nostres dit hommes & fammes & habitans dudit *Grancey,* nous en ont donnez, bailliez & delivrez, & au nostre proffit mis & convertiz, & nous an tenons pour bien paiez, & pour plusuers autres biens & proffiz que il & leur devanciers nous ont faiz & à nos devanciers ou temps passé, par telle maniere & sur telle condicion que il & leurs hoirs de ci en avant perpetuelment, sont & seront franc & quitte de toutes tailles, senz ce que nous ou nostre hoir, ou cil qui de nous auront cause de ci en avant, puissiens contraindre ou lever desdiz habitans de nostredicte Ville & Chastel de *Gracey,* aucunes Tailles; & pour ce paieront à nous & à noz hoirs, ou à ceulz qui de nous ou de noz hoirs auroient cause, chascun an, le jour de octaves de la Feste de Tous-Sains, chascuns hons ou fammes chiez d'ostel tenans feu ou haiens meiz ou maison ou heritaiges en ladicte Ville & ou [h] Finaige, cil desdiz chiez d'ostel qui auront vaillant cent livres ou plus, tant en mobles comme en heritaiges, dix solz Tournois; c'est assavoir un bon groz Tournoys d'argent de *(b)* Saint Loys, de bon pois, pour quinze deniers, ou autre monnoie à la valeur; & se il avenoit que un gros Tournois cours heut pour plus de quinze deniers, nous le [i] panrienons pour le cours qu'il auront, jusques à vint deniers; & se ilz avoient cours de plus de vint deniers, nous ne le panriens que pour vint deniers, ou toutes autres monoies à la valeur : & cil ou celles desdiz habitans qui auront vaillant tant en meubles comme en heritaiges, de vint livres en avant jusques à cent livres, payera à nous ou à noz hoirs, sept solz de ladicte monnoye, & au terme dessusdit; & cil ou celes qui auront vaillant moins de vint livres, nous payera trois solz, si comme dessus est dit. Et se aucuns d'autres Villes venoit demourer audit *Grancey,* & voulsist user de ladicte franchise, nous li [k] recivriens parmi cinq solz d'entrée, & [l] d'auquienavant seroit de la condicion des autres habitans de ladicte Ville de *Grancey;*

[a] *Chevalier.*
[b] *nos Taillables.*
[c] *deux fois l'an.*
[d] *Carême-prenant.*
[e] *veuillons.*
[f] *dessous.*
[g] *à eux.*
[h] *Territoire.*
[i] *panriens: prandrions.*
[k] *recevrions.*
[l] *dorénavant: dans la suite.*

NOTE.

(b) Saint Loys.] Gros tournois fabriqués sous le regne de Saint Louis. Ses successeurs & principalement Philippe le Bel, avoient fort altérés les monnoies.

CHARLES VI. à Paris, en Novembre 1406.

exceptey les hommes & fammes de nostre autre Terre, lesquelz nous ne recivriens pas s'il ne nous plaisoit; & ou cas que lidiz habitans ne paieroient à nous ou à noz hoirs, ou à ceulz qui de nous ou de noz hoirs auroient cause, les sommes de deniers esquelles un chascun seroit tenuz à nous chascun an selon son vaillant, en la maniere dessus accourdée, au jour des octaves de la Feste de Toussains, ils paieroient pour le deffault de la paie, trois solz d'amende, avec ce qui à nous seroit deu sur eulx du principal, [a] douque ensemble l'amande il seroient contraint par noz Gens à ce commiz, comme de leurs propres debtes.

a duquel principal.

(2) Item. Voulons & octroyons que nostredit hommes & fammes & habitans de nostredit Chastel & Ville de *Grancey,* puissiens aquerir ès lius & ès Villes où il ont acoustumey à aquerir; & sera sehu chascun an au terme dessusdit, par un prodomme de la Ville de *Grancey,* eslehu de par nous, & par un autre proudomme esleu de par lesdiz habitans, nostre Prevost ou Majeur [b] esjont avec leur, liquelz desdiz habitans devront paier les sommes dessusdictes selon leur vaillant en la maniere dessusdicte; & s'il avenoit que ledit Esleu de par nous & de par lesdiz habitans, ensemble nostre Prevost ou Majeur, heussiens aucun descors ès choses dessusdictes, cilz ou cil douquel li descors seroit, seroit appellez pardevant nostre Prevost en la presence desdiz esleuz, & jurront de son vaillant, & an sera creuz: reservey avons que se il estoit trouvey qu'il eust fait malvaiz serement, il seroit pugniz par nous ou noz Gens, & l'amenderoit selon raison.

b joint avec eux.

(3) Item. Seront & demourront lidiz habitans de nostredicte Chastel & Ville de *Grancey* & leurs hoirs, à tousjours-mais francs & quittes de toutes courveez de corps & de bestes, parmi payant chascun an à nous ou à noz hoirs, ou à ceulx qui de nous ou de noz hoirs auroient cause, chascun chiez d'ostel, six deniers, landemain de la Saint Jehan Baptiste, de la monnoie dessusdicte; & cil qui [c] deffauriens audit jour de payer lesdiz six deniers, ledit jour passé seriens tenuz à nous ou à ceulx qui de nous auroient cause, à payer six deniers d'amende avec le principal; & pour ce que nostredit hommes & fammes habitant en nostredicte Ville & Chastel de *Grancey,* hayent plus grant voulenté & desirance de demourer audit *Grancey,* pour leur grant utilité & prouffit, & pour les causes dessusdictes, nous leur avons octroyé & octroyons qu'ilz soient & [d] demoient perpetuelment pour leur & pour leur hoirs, franc & quitte *(c)* d'Estaulaiges, *(d)* d'Esminaige & de toutes [e] vantes des choses vendues & eschetées par leur, en nostredit Chastel & Ville de *Grancey;* & parmi ce, nostredit hommes & fammes & habitans seront tenuz de maintenir [f] au leur, les [g] aules dudit *Grancey;* c'est assavoir, la grant haule, & la petite où l'en vant les blez; sauf tant que Nous leur devons livrer bois pour toutes les necessitez [h] qui y fauront, en noz bois & forez; & toutes foiz qu'il auroit aucun debat entre les *(e)* merchans des Estaux, ilz seroient bailliez & delivrez par nostre vantier.

c deffaudroient: manqueroient.

d demeurent.

e Droits qu'on levoit sur les choses qui étoient vendues.

f à leurs dépens.

g halles, là & plus bas.

h dont ils auront besoin.

(4) Item. Voulons & octroyons que nostres dit hommes & fammes de nostredit Chastel de *Grancey* & leur hoirs, prennent à tousjours-mais en noz bois de *Grancey,* le bois sec cheu, sans paier amende.

(5) Item. Voulons & octroyons que nostredit homme & habitant de nostredit

NOTES.

(c) *Estaulaiges.]* Suivant le Glossaire de *Du Cange,* au mot *Estallagium,* il signifie le droit que l'on paye pour avoir la permission d'avoir une place pour y vendre des marchandises.

(d) *Esminaige.]* Dans le Glossaire de *Du Cange,* au mot *Hemina,* se trouve celui d'*Eminagium,* qui signifie une portion de grains qui se lève sur la mesure de grains nommée *Hemina.*

(e) *Merchans des Estaux.]* Ces mots signifient à ce que je crois, ceux qui étalent leurs marchandises sur des Estaux. En faisant quelques corrections au texte, on pourroit dire que ces contestations pouvoient naître par rapport à la distribution des Estaux entre les marchands. Le Ventier étoit celui qui levoit les *ventes,* les droits qui se percevoient sur les marchandises qui étoient vendues. Voy. sur le mot *Ventarius* dans le Glossaire de *Du Cange,* au mot *Vendu 1.*

Chastel

CHARLES VI. à Paris, en Novembre 1406.

Chastel & Ville de *Grancey* & leurs hoirs, puissent *(f)* champoier & mener à tousjours-mais toutes leurs bestes grosses & menues, exceptey chievres, en tous noz bois & forez de *Grancey,* la *(g)* sisainme fuille passée, exceptey leur pors, lesquelz ilz ne pourront mener ou faire mener en noz bois dès la Sainte Croix en Septembre, jusques huit jours après la [a] Saint Andriel.

(6) Item. Qu'il puissent planter vignes & edifier en toute la fin de *Grancey* ès *(h)* terres tiersaubles, en paiant la dismes des vins en la maniere qu'il est accoustumé de payer disme; & ce leur avons nous octroyé en tant comme il nous touche.

(7) Item. [b] Ce nous ou noz hoirs havions à faire pour fait de guerre pour nostre propre fait, li communs sera tenuz à nous [c] seuigre un jour tant seulement à leur despent, [d] aréez souffisamment chascuns selon son estat; & non mie pour autruy fait que pour le nostre.

(8) Item. Se aucuns desdiz habitans est pris pour nostre fait, nous le devons [e] pourchassier à nostre.

(9) Item. Toutes amendes qui seront faites en nostredicte Ville de *Grancey* & ou Finaige, se gouverneront par la maniere accoustumey [f] cuy en ariez, exceptey que se nostre hommes habitans de la Ville de *Grancey* appelloient li uns l'autre de gaige de champ de bataille, il pourroient *(i)* estourder li uns à l'autre, se il leur plaisoit, parmi paiant à nous soixante & sinc solz [g] de cellui qui seroit trovez en tort: *(k)* & s'il avoient en champ sanz cop donner, ou se li premiers cop estoient donez, il pourroient accorder parmi ladicte amende, en paiant à nous ou à noz hoirs, ou à ceulx qui de nous auroient cause, les [h] faiz & missions que mises y [i] aurichiens pour ceste cause, depuis que lidiz champs seroit fourniez, fut par le fait de conseil ou autrement : & se li [k] champs estoit outré, li vaincu seroit à nostre voulenté de corps & de biens.

(10) Item. Nous voulons & octroyons que nostredit hommes & fammes & habitans, puissiens eslire deux Messiers liquel auront puissance de garder les biens desdiz habitans, & seront esliz lidiz Messiers desdiz habitans chascun an, le jour de Nostre-Dame en Mars, & feront le serement en la main de nostre Prevost, que bien & loyalment garderont nostre droit & le droit des proudommes.

(11) Item. Voulons & octroyons que touteffoiz que lidit habitans de nostredit Chastel & Ville de *Grancey,* auront mestier de faire Procureurs, ou Imposicion & [l] giet sus le commun, pour deffendre & maintenir leur drois, qu'il le puissiens faire par nostre licence, laquelle nous ne leur pouriens refuser en cas de besoin; & de ce qu'il levriens, il rendriens bon compte en la presence de nostre Prevost & d'un des Esliz de par les proudommes, & s'aucune chose y avoit de remenant, il demourroit aux prodommes [m] pour faire leur prouffit : Et ou cas que nous ou cil qui de nous auriens cause, ne [n] sariens au pais en maniere que il ne nous peussiens requerir ladicte licence, nous voulons que cilz qui pour le temps seroit nostres Bailliz ou Prevost de *Grancey,* leur puissent donner ladicte licence sans nous attendre.

a *S.t André.*

b *se : si.*

c *suivre.*

d *Ce mot signifie app.* armez.

e *délivrer à nos dépens.*

f *ci-devant.*

g *par celui.*

h *corr. frais; dépenses.*

i *aurions.*

k *Voy. la note (m) de la p. 346. du 6.e Vol. de ce Rec.*

l *Voy. la note (o) de la p. 391. du 4.e Vol. de ce Rec.*

m *Je crois que cela signifie pour être employé par leurs mains aux dépenses communes. On peut croire aussi que le demeurant tournoit au profit des Prudhommes.*

n *serions.*

NOTES.

(f) Champoier.] C'est-à-dire mener des bestiaux paître dans des lieux qui n'appartiennent point aux maîtres de ces animaux. On trouve dans le Glossaire de *Du Cange,* au mot *Champeagium,* qu'il signifie le droit de pâture.

(g) Sisainme fuille.] Il y a dans le premier mot six jambages, & un point sur le premier. Sixième feuille; c'est-à-dire après que les arbres auront poussé des feuilles pendant six ans.

(h) Terres Tiersaubles.] Il me paroît résulter d'une longue & savante discussion qui est dans le Glossaire de *Du Cange,* au mot *Tertia 4.* que les terres *Tiersaubles* sont celles sur lesquelles le Seigneur lève le tiers des grains & des fruits qui y croissent.

(i) Estourder.] Ce mot duquel je n'ai pû découvrir l'étymologie, est sans doute synonyme du mot *accorder* qui est plus bas dans cet article. Dans l'art. 11. le Seigneur de *Grancey* dit : *voulons* & estourdons *que nostre hoir &c.* On lit aussi dans les Lettres de l'Evêque de *Langres* qui sont plus bas, *ratifient,* estourdent, *outroient & agréent.*

(k) Et s'il avoient en champ.] S'ils étoient entrés dans le champ, peut être faudroit-il lire *eu* au lieu d'*en,* mais l'*n* est bien marquée.

CHARLES VI. à Paris, en Novembre 1406.

Et avons promis & promettons à nofdiz hommes & habitans [a] enfint franchiz, que leur ou aucune de leur ou leurs biens ne *(l)* panrons ne ferons panre fans caufe évident & raifonnables; & fe en cas de neceffitez eftoit priz aucune chofe de leurs biens, nous leur promettons en bonne foy à rendre ce qui en feroit pris, fus noz premieres rentes & revenues de noftrediĉte Ville de *Grancey*.

a *ainfi.*

Et promettons en bonne foy & par noftre ferement pour nous & pour noz hoirs, & pour ceulx qui de nous auroient caufe, à nofdiz hommes & habitans enfint franchiz & à leur hoirs, garder en cefte franchife & en toutes autres franchifes & [b] vous ufaiges defquelz ilz ont ufé ou temps paffé. Et voulons & eftourdons que noftre hoir ou cil qui de nous auront caufe, Seigneurs de *Grancey*, facent & foient tenuz à faire le ferement èfdiz hommes & habitans enfint franchiz, à garder & maintenir leur & leur hoirs en cefte prefente franchife & en toutes les autres chofes deffus efcriptes, fans aler encontre ou corrompre en aucune maniere: & noftredit hommes & habitans franchiz & leurs hoirs, jureront à nous & à noz hoirs Seigneurs de *Grancey*, ou à ceulx qui de nous auront caufe, que il nous & nofdiz hoirs auront & auront pour Seigneur, & garderont loyaulment noz droiz, & [c] efchiveront le dommage de nous & de noz hoirs ou de noz fucceffeurs Seigneurs de *Grancey*, de tout leur povoir; & fe il avenoit, que [d] jay ne foit, que aucuns defcors meut entre nous & lefdiz habitans fus aucunes chofes contenues en cefdiĉtes Lettres, pourquoy il les convenift monftrer & apporter en Jugement, ilz ne feront tenuz de apporter l'original, [e] mafque feulement la copie d'icelles foubz féel autantique, collacion faite defdiĉtes Lettres par Tabellion digne de foy, en facent foy de l'originaul fuffifent & convenable: & promettons en bonne foy toutes les chofes deffufdiĉtes avoir fermes & [f] eftaubles perpetuelment pour nous & pour noz hoirs Seigneurs de *Grancey*, à nofdiz hommes & habitans de *Grancey*, & non faire ne venir ancontre par nous ne par autre par quelconque maniere que ce foit, & renonçons en ceft fait de certaine fcience, par noftredit ferement, pour nous & pour noz hoirs, à toute aide de Droit de Canon & de Loy, à toutes indulgences données & à donner, à toutes excepcions, decepcions & raifons de fait & de Droit quelxconques elles foient, de qu'il fu meftiers de faire expreffe mencion en ces prefentes Lettres, & efpecialment au droit qui dit generaul renonciacion non valoir. En tefmoing des chofes deffufdiĉtes, nous avons féellées ces prefentes Lettres & baillées à nofdiz hommes & habitans de *Grancey*, & à plus grant [g] fegurté des chofes deffufdiĉtes, nous avons prié & requis noftre très-chier & très-redoubtauble Seigneur & reverend Pere en Dieu Monfeigneur l'*Evefque* de *Leingres*, que il li plaife toutes les chofes deffufdiĉtes [h] loier, confermer, confentir & aggréer: & avec ce, li plaife mettre fon Séel en ces prefentes Lettres avec le noftre, en tefmoignaige de verité.

b *Il faut app. corr.* tous.

c *éviteront; empêcheront.*

d *corr.* ja.

e *mais feulement.*

f *eftables.*

g *fûreté.*

h *louer.*

Et nous *Guillaumes* de [i] *Poitoiers*, par la grace de Dieu, [k] *Avefque* & *Dux* de *Leingres*, à la priere & requefte de noftre amé & féal Coufin *Eude* Seigneur de *Grancey*, en [l] conformant, ratifient, eftourdent, outroient & agréent toutes les chofes deffufdiĉtes, avons mis noftre Séel à ces prefentes Lettres avec le fien Séel, en tefmoignage de vérité.

i *Poitiers.* Voy. la p. 216. du 2e. vol. de l'Hiftoire Généal. de la Maifon de Fr.

k *Evêque.*

l *confirmant, ratifiant, eftourdant, &c.*

Et encores nous *Eudes* Sire de *Grancey* deffufdiz, fupplions & humblement prions à très-hault, noble, poiffant & excellent Prince noftre chier & redoubté Seigneur, noftre Seigneur le Roy de France, que il plaife à fa [m] réaul Maitey conformer, louier, ratifier & agréer toutes les chofes deffufdiĉtes, & faire & baillier efdiz habitans Lettres de confirmácion féellées de fon grant Séel; & eft affavoir, que pour ce qu'il ne fe font obligiez cy deffus à [n] retenir à leur couz que la grant aule & l'aule où l'en vend les bleis, ils paieront des chofes vendues & achetées en noz autres aules & maifons, vante & eftaulage en la maniere accouftumée, fe il ne

m *Royale Majefté, confirmer, louer.*

n *app.* entretenir.

NOTE.

(l) Panrons.] Prandrons. Cette difpofition a rapport au droit de Prifes, fur lequel il y a plufieurs Lettres dans ce Recueil. Voyez les Tables des Mat. au mot *Prife*.

es vuellent maintenir au leur. *Donné en l'an de grace Nostre Seigneur mil CCC. quarente & huit, le Mescredi noveimes jour du mois de Julet.*

CHARLES VI, à Paris, en Novembre 1406. Suite des Lettres de Charles VI.

Lesquelles Lettres dessus transcriptes, & tout le contenu en icelles, Nous ayans fermes & agreables, icelles loons, gréons, ratiffions, & par la teneur de ces présentes Lettres, de grace especial, plaine puissance & auctorité Royal, entant quelles auroient & ont esté deuement faittes, & que les habitans de laditte Ville de *Grancey* en auroient & ont joy & usé, confermons par ces présentes. Si donnons en mandement à nostre Bailly de *Sens* & d'*Auçerre*, & à tous noz autres Justiciers & Officiers, ou à leurs Lieuxtenans, presens & avenir, & à chascun d'eulx, si comme à lui appartendra, que de nostre presente grace & confirmacion, facent, seuffrent & laissent lesdiz manans & habitans joïr & user plainement & paisiblement sans les traveiller, molester ne empeschier, ou souffrir estre travaillié, molestez ne empeschiez en aucune maniere au contraire. Et pour ce que ce soit ferme chose & estable, Nous avons fait mettre à tousjours nostre Séel à ces présentes Lettres; sauf en autres choses nostre droit & l'autruy. *Donné à* Paris, *ou moys de Novembre, l'an de grace mil CCCC. & six, & de nostre Regne le* XXVII.ᵉ

Par le Roy à la relacion du Conseil. CAMUS.

CHARLES VI. à Paris, le 13. de Decembre 1406.

(a) Lettres qui portent que les habitans de la Ville de Reims, seront exempts du droit de Prise par rapport aux meubles & aux denrées qu'ils auront hors de cette Ville, si ce n'est dans le cas où le Roy & la Reine s'y trouveront.

CHARLES, &c. Savoir faisons à tous presens & avenir, que pour la grant & singuliere affeccion que Nous avons à nostre bonne Ville de *Reims*, & aus Gens d'Eglise, Bourgois & habitans d'icelle, tant pour consideracion de ce que Nous avons pris & noz Predecesseurs ont accoustumé de prendre, & tenons que aussi ferons noz Successeurs Roys de France, le Saint Sacre, Unccion, Couronnes & autres enseignes de nostre Regne, en ladicte Ville, parquoy lesdiz Gens d'Eglise, Bourgois & habitans ont soustenu le temps passé & soustendront ou temps avenir quant les cas y escherront, pluseurs grans charges & despens, & pour certaines autres causes qui à ce Nous ont meu & meuvent, Nous voulans ladicte Ville, les Gens d'Eglise, Bourgois & habitans d'icelle estre aucunement privilegiez, à yceulx Gens d'Eglise, Bourgois & habitans de nostredicte Ville de *Reims*, & à chascun d'eulx, avons octroyé & octroyons de grace especial, pleine puissance & auctorité Royal, à tousjours perpetuelment, que en ladicte Ville de *Reims*, ès maisons, granches & autres lieux appartenans à yceulx Gens d'Eglise, Bourgois & habitans de ladicte Ville, dehors ladicte Ville, ou aucun d'eulx, ne soient faittes doresenavant quelxconques prises ou arrestz par noz Officiers ou leurs successeurs, ou autres, de quelxconques blez, vins, aveines ou autres grains, foings, forrages, lars, beufs, vaches, moutons ou autre bestail, poulaille ou autre volaille, chars, charrioz, charrettes, [a] coutes, coussins, couvertures, draps de lit ne autres linges, ne quelxconques autres choses, pour les garnisons & pourveances des Hostelz de Nous, de nostre très-chiere & très-amée Compaigne la Roine, de nostre très-chier & très-amé ainsné Filz *Loys Duc* de *Guienne*, *Daulphin* de *Viennois*, de noz très chiers & très-amez Oncles, Frere & [b] Cousin les *Ducs* de *Berry*, d'*Orleans*, de *Bourgogne* & *Bourbonn.* de nostre Connestable & de tous autres ayans droit de prise en nostre Royaume, ou qui l'auront ou temps avenir, ne autrement, pour quelconque cause ou nécessité que ce soit ou puist estre, ou cas toutesvoyes que Nous ou nostredicte Compaigne ou autres dessus declairiez, ne ferions ou feroient en ladicte Ville,

[a] *coustes* : lits de plume.

[b] corr. *Cousins*.

NOTE.

(a) Trésor des Chartres, Reg. 161. P. xiij.xx ix. (269).

CHARLES VI. à Paris, le 13. de Décembre 1406.

& pour celui temps seulement. Si donnons en mandement à noz amez & feaulx les Maistres de nostredit Hostel, au Maistre des Garnisons de noz vins, à tous Chevaucheurs, Preneurs, Fourriers, [a] Portechappes, Varlez & aides de Fourriere, & à tous autres commis & deputez ou à commettre & deputer à prendre vins, vivres & autres garnisons pour les provisions desdiz Hostelz, ou à leurs Lieuxtenans, presens & avenir, & à chascun d'eulx, que iceulx Ville, Gens d'Eglise, Bourgois & habitans, & chascun d'eulx & leurs succeffeurs, facent, seuffrent & laissent de nostre presente grace & octroy joïr & user plainement & paisiblement, sans les empescher, faire ne souffrir estre empeschez en aucune maniere au contraire: saichant que se ilz ou aucun d'eulx sont trouvez faisans ou avoir fait le contraire, Nous les en ferons si griefment punir que ce sera exemple à tous autres. Et pour ce que ce soit ferme chose & estable à tousjours-mais, Nous avons fait mettre à ces presentes nostre Séel: sauf en autres choses nostre droit, & l'autrui en toutes. *Donné à* Paris, *le XIII.e jour de Decembre, l'an de grace mil CCCC. & six, & de nostre Regne le XXVII.e*

Autresfoiz ainsi signées de ceste date. Par le Roy, presens le *Roy* de *Sicile*, Mess. les *Ducs* de *Berry* & de *Bourgogne*, le *Conte* de *Nevers*, & autres. BARRAU. Et rescript de [b] Vostre commandement. R. CAMUS.

[a] *Voy. la note (b) de la p. 406. du 8.e Vol. de ce Rec.*

[b] Le Chancelier de France. *Voy. le 5.e Vol. de ce Rec. p. 653. note (c).*

CHARLES VI. à Paris, le 24. de Décembre 1406.

(a) Lettres qui portent qu'après que les Avocats du Châtelet de Paris, auront eu Audience chacun à leur tour & selon leur ordre, l'Hôtel-Dieu & les Couvens des Chartreux & des Célestins de Paris, aient deux ou trois Audiences chacun, avant que le tour & l'ordre des Avocats recommencent; & que lorsque l'une de ces trois Communautés n'aura pas de Causes, l'Audience qui lui auroit été donnée, si elle en avoit eu besoin, soit accordée aux autres à sa place.

CHARLES, par la grace de Dieu, Roy de France. Au *Prevost* de *Paris* ou à son Lieutenant: Salut. Receu avons l'umble supplicacion de noz bien amez les Maistres, Freres & Seurs de l'Ostel-Dieu, & des Prieur & Couvent des Chartreux & Celestins de *Paris*, contenant comme Nous vous ayons commis leur Juge & Gardien pour congnoistre de toutes leurs Causes, tant en demandant comme en defendant; & il soit ainsy que pour occasion de la très-grant multitude des Causes qui de jour en jour affluënt & sont meuës & pendans pardevant vous, tant à cause du *(b)* Séelle de nostre Chastellet de *Paris*, dont la congnoissance vous appartient, comme de nostre très-chiere & amée Fille l'Université de *Paris*, de laquele & des Suppotz d'icelle vous estes aussi Juge commis & depputez de par Nous en toutes leurs Causes, de la grant multitude des Maisons estans à *Paris*, des rentes qui sont sur ycelles deuës, de plusieurs autres Eglises dont vous estes Gardien & Juge, de plusieurs personnes Nobles & autres qui chascun jour font venir & commettre par impetracion de Nous ou autrement leurs Causes, & des autres Causes ordinaires qui sont pendans pardevant vous, avons donné & octroyé ausdiz supplians, que par chascune sepmaine ilz aient deux ou plusieurs Audiences, lesqueles ilz ont à très-grant peine & difficulté, & pour ycelle avoir, fault souvent par plusieurs journées les Religieux & Procureurs desdictes Eglises aler en Jugement, & y demeurent très-longuement, & en ce perdent moult de temps pendant lequel

NOTES.

(a) Livre Rouge vieil du Châtelet de *Paris*, fol. 218. *verso*.

Avant ces Lettres, il y a: *de l'Ostel-Dieu, des Chartreux, & des Celestins de* Paris.

(b) Du Séelle.] Le Prevôt de *Paris* est Juge de toutes les contestations mûes touchant les Actes passés sous le Seel du Châtelet de *Paris*. *Voy. les Lettres qui sont à la p. 95. du 5.e Vol. de ce Rec.*

ilz deussent servir Dieu : si Nous ont humblement requis lesdiz supplians que ces choses considerées, & pour honneur & faveur de nostre Seigneur & de Saincte Religion, & afin que ilz puissent mieulx & plus continuelment vacquer au Service Divin, & prier Dieu pour Nous & le bon estat de nostre Royaume, sur ce leur vueillions gracieusement pourveoir. Pour ce est-il que Nous, attendu ce que dit est, ausdiz supplians & chascuns d'eulx, avons octroyé & octroyons de grace especial par ces presentes, que toutes & quantes fois que les Advocas dudit Chastellet, chascun à son tour & ordre, auront eu leurs Audiences, que aussi après ce, un chascun desdiz supplians; c'est assavoir l'Ostel-Dieu, les Chartreux & Celestins, aient ordinairement deux ou trois Audiences, & que ordinairement & sans difficulté aucune, tant en l'absence desdiz Religieux comme en leur presence, les Advocas ou Procureurs d'iceulx facent appeller leurs adversaires, avant que lesdiz Advocas recomencent leur tour & ordre de leursdictes Audiences; & avecques ce voulons & ausdiz supplians avons octroyé & octroyons de nostredicte grace especial, que toutes & quantesfois que l'une desdictes Eglises & Religieux d'icelles, seront à leur tour & devront avoir Audience, & ilz n'ont besoing ou mestier de l'avoir pour lors, que l'autre d'iceulx supplians qui besoing en aura, l'ait devant tous autres pour & en lieu de cellui d'eulx qui besoing n'en auroit pour lors, comme dit est. Si vous mandons & estroictement enjoingnons & commandons, que de nostre presente grace, voulenté & octroy vous faictes, souffrez & laissiez lesdiz supplians & chascun d'eulx joïr & user plainement & paisiblement, sans les molester ou empescher, ne souffrir estre molestez ou empeschez en aucune maniere au contraire: Car ainsy Nous plaist-il estre fait, nonobstant quelzconques Ordonnances, Usage, Stille ou Coustumes de nostredit Chastellet, & Lettres subreptices, empetrées ou à empetrer à ce contraires. *Donné à Paris, le XXIIII.e jour de Decembre, l'an de grace mil quatre cens & six, & de nostre Regne le XXVII.e* Ainsi signé. Es Requestes par [a] Vous tenuës du commandement du Roy, esqueles l'*Evesque* de *Noyon*, & autres estoient. FERRON. CHARLES VI. à Paris, le 24. de Décembre 1406.

Collation faicte.

[a] Le Chancelier de France. *Voy. le 5.e Vol. de ce Rec. p. 653. note (v).*

CHARLES VI. à Paris, le 29. de Décembre 1406.

(a) Lettres confirmatives de celles par lesquelles Charles VI. avoit confirmé les Lettres de l'Empereur Charles IV. qui portent que les Habitans de la ville de Grenoble seront sous sa sauve-garde, & que leurs marchandises ne seront sujettes à aucun Impôt dans les terres de l'Empire.

KAROLUS, *Dei graciâ, Francorum Rex*, Dalphinus Viennensis, *tenore presencium Notum fieri volumus universis presentibus & futuris, quod Nos visis Litteris quarum tenor talis est.*

Gaufridus *le* Mengre *dictus* Bouciquaut, *Dominus de* Bourbone, *Cambellanus & Consiliarius Regiûs, Gubernator* Dalphinatûs *pro Serenissimo Principe Domino Karolo, Dei graciâ, Francorum Rege, Dalphino Viennensi, executorque Litterarum Imperialium subscripti tenoris : Universis & singulis Baillivis, Senescallis, Marescallis, Potestatibus & Prepositis, Judicibus Capitaneis, Castellanis & ceteris Officiariis tam Dalphinalibus quam sacri Romani Imperii fidelibus, sibique mediatè vel immediatè subjectis, quibus presentes Littere presentate fuerint, vel ad quorum noticiam pervenerint, vel eorum Locatenentibus, necnon cuilibet familiari Curie* Dalphinatûs, *qui super hoc fuerit requisitus, Salutem : Litteras patentes ejusdem Domini Regis Dalphini Domini nostri, ejus sigillo* Dalphinatûs *impendente in filis ciriceis & cera viridi, cum debita reverencia nos recepisse noveritis, formamque sequitur, continentes.*

NOTE.

(a) Trésor des Chartres, Reg. 161. P. xij.xx xvij. (257).

CHARLES VI.
à Paris, le 29. de Décembre 1406.

(b) *KAROLUS, &c.*

Quarum Litterarum supra insertarum vigore & auctoritate, vobis & vestrum cuilibet insolidum, prout ad eum spectat & suo [a] *incombit officio, Harum serie precipimus committimus & mandamus quatinus dictas Litteras & omnia & singula in eisdem contenta, exequamini & execucioni debitè demandetis, juxta ipsarum Litterarum formam, continenciam & tenorem, nichil de contingentibus obmittendo : inhibendoque omnibus & singulis Principibus Ecclesiasticis & Secularibus, Comitibus, Viccomitibus, Militibus, Burgensibus civitatum & locorum, Potestatibus, & omnibus universis & singulis pedagiorum, vectigalium, Imposicionum, gabellarum, Revarum, Leydarum, Pontanagiorum, tributorum, & aliarum quarumlibet exaccionum levatoribus & exactoribus, quibus & eorum cuilibet, nos per presentes, auctoritate predictâ inhibemus ne contra predictam graciam, libertatem,* [b] *previlegium exempcionum, franchesiam & immunitatem ac confirmacionem, per se vel per alium venient, faciant nec facere vel venire permittant quoquomodo, sub pena mille marcharum auri fini, per eos tociens comittenda, quociens contra contenta in dicta gracia imperiali & confirmacione hujusmodi, ventum vel factum fuerit per eos; necnon quoscumque pedagia vel vectigalia tenentes, vel quascumque exacciones alias exigentes compellatis ad observanciam hujusmodi gracie, franchisie, libertatis, previlegii & immunitatis, & alia observetis seu observari faciatis que in dictis preinsertis Litteris & confirmacione continentur.* Datum in Palacio *Coste Sancti Andree,* die quarta mensis Marcii, anno Nativitatis Domini millesimo quadringentesimo quarto.

a *corr.* incumbit.

b Il y a plus bas dans la répétition de cette formule, *Previlegium, Exempcionem.*

Suite des Lettres de Charles VI.

Et attentis dictis Litteris preinsertis, ipsarumque tenore diligenter inspecto, ipsas Litteras & contenta in eisdem, volumus, laudamus, approbamus ac eciam confirmamus : mandantes Gubernatori predicti nostri Dalphinatûs, *qui nunc est & qui pro tempore fuerit, vel ejus Locumtenenti, ceterisque Justiciariis & Officiariis* Dalphinalibus, *presentibus & futuris, vel eorum Locatenentibus, & cuilibet ipsorum, prout ad eum pertinuerit, quatenus cives, incolas & habitatores civitatis* Gracionopolitane, *in preinsertis Litteris nominatos, libertate, indulto, franchisiâ, immunitate & exempcione, ac omnibus & singulis contentis in dictis Litteris supra insertis, uti & gaudere liberè, pacificè & quietè faciant & permittant, ipsos cives, incolas & habitatores in contrarium nullathenus molestando; quinymo omnia & singula in eisdem Litteris contenta, exequantur & observent, exequi & observari inviolabiliter faciant, juxta ipsarum Litterarum formam, continenciam & tenorem : inhibendo & inhiberi faciendo omnibus & singulis Principibus Ecclesiasticis & Secularibus, Comitibus, Viccecomitibus, Baronibus, Bannaretis, Militibus, Burgensibus civitatum & locorum, Potestatibus, & omnibus universis & singulis pedagiorum, vectigalium, imposicionum, gabellarum, Revarum, Leydarum, Pontenagiorum, tributorum, & aliarum quarumlibet exaccionum indictarum vel indicendarum, quorumcumque nomine vel vocabulo nuncupentur, Levatoribus & Exactoribus, quibus & eorum cuilibet, Nos serie presencium inhibemus, & sub pena in preinsertis contenta, ne contra dictam graciam, libertatem, indultum,*

NOTE.

(b) *Karolus, &c.]* Ces Lettres qui sont du mois de Juin 1403. sont imprimées à la p. 603. du 8.e Vol. de ce Rec.

Ce Registre 161. fournit les *variantes* & les corrections suivantes.

P. 603.	L. 4.	de Louppeys	*corr.* . . .	de *Louppeyo.*
	L. 13.	Litteres	*corr.* . . .	*Littere.*
	L. 14.	mandatis nostros	*corr.* . . .	mandatis *nostris.*
P. 604.	L. 14.	antiquis, extraordinariis	*corr.* . . .	antiquis & extraordinariis.
	L. 16.	peratorie	*corr.* . . .	*Imperatorie.*
	L. 16.	per totum nostrum Imperium . . .	*corr.* . . .	per nostrum *Romanum* Imperium.
	L. 45.	franchesiam, immunitatem	*corr.* . . .	franchesiam & immunitatem.
P. 605.	L. 15.	Domini nostri Karoli	*corr.* . . .	Domini *Domini* Karoli.

[Quelques noms des Seigneurs de l'Empire qui furent présens aux Lettres de l'Empereur Charles IV. sont écrits différemment.]

[a] *previlegium, exempcionem, franchisiam & immunitatem, ac nostram confirmacionem dudum per Nos factam ac presentem, per se vel per alium veniant, faciant vel attemptant, neque attemptare, facere aut venire permittant vel presumant quoquomodo; necnon* [b] *quocumque Pedagia vel Vectigalia, Revas, Pontanagia, leydas tenentes vel quascumque exacciones alias, cujuscumque generis vel speciei existant, ordinarias vel extraordinarias, indictas vel indicendas, quocumque nomine vel vocabulo nominentur vel nuncupentur, exigentes vel levantes compellant & compelli faciant ad observanciam perpetuam & inviolabilem hujusmodi gracie, franchisie, indulti, libertatis, previlegii & immunitatis, ac eciam presentis nostre confirmacionis, approbacionis & ratifficacionis, necnon omnia & singula alia observent & observari faciant que in predictis & presentibus Litteris continentur: Quoniam sic fieri volumus & ex plenitudine nostre potestatis ipsis civibus, incolis & habitatoribus concedimus per presentes. Quod ut firmum & & stabile permaneat in futurum, nostrum predicti* Dalphinatûs *presentibus fecimus apponi Sigillum nostro in aliis & alieno in omnibus jure salvo.* Datum *Parisius*, die XXIX. mensis Decembris, anno Domini millesimo quadringentesimo sexto, & Regni nostri vicesimo septimo.

Per Regem Dalphinum, ad relacionem Consilii. FRERON.

CHARLES VI. à Paris, le 29. de Décembre 1406.

[a] Voy. ci-dessus p. précéd. note marginale b.

[b] corr. quoscumque.

CHARLES VI. à Paris, en Décembre 1406.

(a) Lettres qui portent qu'à Paris, les Compagnons Tailleurs qui entreront au service des Maîtres, payeront pour le droit de bien-venue, huit deniers qui seront employés en dépenses utiles à la Confrairie de ce Métier.

CHARLES, &c. Savoir faisons à tous presens & avenir, Nous avoir receu l'umble supplicacion de noz bien amez les Maistres Ouvriers *(b)* Bacheler & Varlez du mestier de [c] Pourpointerie, demourans & ouvrans en la Rue aux Lombars à *Paris*, consors en ceste partie, contenant que comme ilz aient une Confrarie piecą ordonnée en l'Eglise Saincte Katerine lez ladicte ruë aux Lombars, laquelle soit povre & de petite faculté, parquoy lesdiz supplians aient bonne voulenté & [d] effeccion de y faire aucun accroissement de bien, au salut des bienfaicteurs d'icelle, par aucune bonne & honneste voye, sanz grever ou préjudicier aucun; & il soit ainsi que entre eulx ait esté & encores soit de cousteume que toutes & quanteffois que aucun Varlet dudit mestier, estranger ou autre, entre nouvellement ou service & besoigne d'aucun desdiz Maistres & Ouvriers, pour y faire résidence, les autres Varlez dudit hostel lui font [e] payée sa bonne venue, qui à chascunes foys lui puet couster trois ou deux solz Parisis, & pour ce delaissent leurs besoignes à faire, vont boire en tavernes, dont advient souvent que entre eulx [f] sourdrent noises & [g] contemps, [h] ou vitupere dudit mestier & préjudice desdiz supplians; & pour [i] eschever a ce qui pour aucun bien n'est expedient, ainçois leur est tres [k] dammagable, iceulx supplians ont & auroient grant affeccion de non plus prendre ne paier lesdiz bienvenues, & de payer en lieu de ce, chascun huit deniers Parisis de leur bonne voulenté, pour toutes choses, pour emploier & convertir; c'est assavoir, en deux liz [l] forniz qu'ilz ont entencion de ordonner & mettre en l'Ospital de ladicte Eglise, pour y recevoir & herbergier en cas nécessaire les povres dudit Mestier, leur en donner, distribuer & aumosner, & autrement tourner ès faiz de leurdicte Confrairie, ou cas qu'il Nous plairoit leur donner & octroyer congié & licence de ce faire, si comme ilz dient, requerant humblement yceulx. Pour ce est-il que Nous ces choses considérées qui sont faiz charitables & bien méritoires, sanz préjudice de Nous ne d'autre, & mesmement que la chose n'est pas de grant valeur, parce

[c] *C'est-à-dire du métier de Tailleur. Voy. p. 384. les Lettres du mois de Mai 1400. & la note (b) de la p. 385.*

[d] *affection.*

[e] *paier.*

[f] *sourdent: s'élèvent.*

[g] *contention.*

[h] *au.*

[i] *éviter.*

[k] *dommageable.*

[l] *fournis: garnis.*

NOTES.

(a) Trésor des Chartres, Registre 161. P. vj.^xx^ xj. (131.)

(b) Bacheler.] Bacheliers. Voy. la note *(c)* de la p. 709. du 4.e Vol de ce Rec.

Varlez. Je crois que par ce mot il faut entendre les Compagnons.

CHARLES VI. à Paris, le 29. de Décembre 1406.

que lesdiz supplians sont très-pou en nombre, à iceulx supplians, de nostre certaine science & grace especial, avons donné & octroyé, donnons & octroyons par ces presentes, congié, povoir, auctorité & licence que doresenavant & à tousjours, ilz & leurs successeurs dudit mestier demourans & besoignans en ladicte rue, puissent & leur loise prendre, lever & mettre en depost & assembler sur chascun desdiz Varlez presens & avenir, pour chascune foys qu'il entrera nouvellement ou service & besoigne d'aucun desdiz maistres & Ouvriers de ladicte rue; c'est assavoir, en la fin de la premiere sepmaine de sondit service, ou cas que le Maistre & lui seront d'accord de continuer ledit service, & non autrement, huit deniers Parisis tant seulement, par lesquelx payant, Nous voulons & ordonnons dès maintenant iceulx Varlez & chascun d'eulx, estre & demourer à plain quittes de leursdictes bienvenues, & que les deniers qui de ce a istront, iceulx supplians puissent emploier & convertir; c'est assavoir, en deux liz fourniz qu'ilz ordonneront en l'Ospital de ladicte Eglise Saintte Katherine, pour y recepvoir & herbergier, se le cas eschiet, les povres & miserables personnes dudit mestier, leur en distribuer, donner & aumosner pour leur sustentation, & aussi ès autres affaires de leurdicte Confrairie, selon la dispocion & ordonnance des Jurez & Gardes de ladicte Confrairie & d'icellui mestier, qui sont & seront; lesquelz seront tenuz d'en rendre compte chascun an avecques le fait de ladicte Confrairie, ainsi & par la maniere qu'il appartendra : pourveu toutesvoies que à ce se consentent lesdiz supplians ou la plus grant & saine partie d'iceulx. Et pour ce que lesdiz Varlés ont desja donné & aumosné sur ce environ deux ou trois frans, si comme ilz dient, pour convertir oudit fait, Nous ne voulons pas que ce leur tourne ou redonde aucunement à préjudice, ainçois de nostredicte grace les en avons relevez & relevons si & en tant que mestier leur est, par ces mesmes Lettres, sans Nous en faire ou paier aucune amende, en imposant sur tout perpetuel silence à nostre Procureur. Si donnons en mandement au *Prevost* de *Paris*, & à tous noz autres Justiciers & Officiers, presens & advenir, ou à leurs Lieuxtenans & à chascun d'eulx, si comme à lui appartendra, que de nostre presente grace, congié, licence & octroy, facent, seuffrent & laissent lesdiz supplians & leursdiz successeurs d'icellui mestier, joïr & user plainement & paisiblement, & contre le seu & teneur de ces presentes, ne leur facent ou doivent ne souffrent ou facent donner ou faire aucune molestacion, destourbier ou empeschement aucun que ce soit au contraire, aincoiz se faiz ou donné leur estoit, si les mettent ou facent mettre au néant tantost & sans delay, ces Lettres veues. Et pour ce que ce soit chose ferme & estable à tousjours, Nous avons fait mettre nostre Séel à ces presentes: sauf en autres choses nostre droit, & l'autrui en toutes. *Donné à* Paris *ou moys de Decembre, l'an de grace mil quatre cens & six, & de nostre Regne le XXVII.e*

a *sortiront : proviendront.*

Ainsi signé. Par le Roy, à la relacion du Conseil. R. CAMUS.

CHARLES VI. à Paris, en Décembre 1406.

(a) Confirmation de l'exemption de Prises pour les habitans de Vitry près Paris.

CHARLES, &c. Savoir faisons à tous presens & avenir, Nous avoir veu les Lettres patentes en las de soye & cire vert octroyées par feu de très-excellant & noble memoire nostre très-chier Seigneur & Pere cui Dieux pardoint, aux manans & habitans en la Ville de *Victry* - lez - *Paris,* contenans la forme qui s'ensuit.

(b) CHARLES, &c.

NOTES.

(a) Trésor des Chartres, Regiſtre 161. P. vij.xx xvij. (157.)

(b) Ces Lettres qui sont du 7. de Décembre 1374. sont imprimées à la p. 80. du 6.e Vol.

Lesquelles

Lesquelles Lettres, ensemble le contenu en ycelles, ayans agreables, Nous loons, greons, ratiffions & approuvons, & ycellui & ycelles de noz grace especial, plaine puissance & auctorité royal confirmons par la teneur de ces presentes : voulans & decernans les habitans de ladicte Ville de *Victry*, joïr & user paisiblement des graces, franchises & octroy declerez & dont mencion est faitte en ycelles. Si donnons en mandement au grant Maistre de nostre Hostel, & à tous les autres Maistres des Hostels de Nous, de nostre très-chiere & très-amée Compaigne la Royne, de nostre très-chier & très-amé Filz le *Duc* de *Guyenne, Dalphin* de *Viennois,* de noz très-chiers & très-amez Oncles, Frere & ª Cousin les *Ducz* de *Berry*, d'*Orleans,* de *Bourgogne* & *Bourbon,* aux Maistres des Requestes de nostre Hostel, à nostre *Prevost* de *Paris,* & à tous noz autres Justiciers & Officiers, ou leurs Lieuxtenans, presens & avenir, & à chascun d'eulx, que lesdiz habitans de *Victry* facent, seuffrent & laissent joïr & user plainement & paisiblement à tousjours de nostre presente confirmacion & octroy, ensemble de toutes les franchises & libertez contenues ès Lettres dessus inserées, sens les molester ou inquieter, ne souffrir estre molestez ou inquietez en aucune maniere au contraire. Et que ce soit ferme chose & estable à tousjours, Nous avons fait mettre nostre Séel à ces présentes. *Données ou moys de Decembre, l'an de grace mil IIII.^c & six, & de nostre Regne le XXVIIe*

Par le Roy, à la relacion du Conseil. R. LIJOTE.

CHARLES VI.
à Paris, en Décembre 1406.

ª corr. *Cousins.*

NOTE.

de ce Rec. Charles V. y confirme d'autres Lettres qu'il avoit données le 10. de Mai 1370. & qui sont imprimées à la p. 289. du 5.e Vol. de ce Recueil.

Dans le Reg. 161. *Vitry* est toûjours écrit *Victry;* & ce Registre fournit les additions & les corrections suivantes.

T. 5. P. 290.	Lig. 8.	que *il* n'ont de quoy faire *leur* habitacions *qui ont esté destruites par lesdittes gerres.* . . . . il y a	que *ilz* n'ont dequoy faire *refaire les habitacions de ladicte Eglise la où l'en ne chanta puis dix ans que elle fu ainsi arse & destruite, ne aussi leurs maisons &* habitacions qui ont esté destruites par *lesdictes guerres.*
	Lig. 10.	*chargiez de* . . . . corr.	*chargez* & grevez *de.*
	Lig. 14.	fains . . . . corr.	*foings.*
	Lig. 16.	despars . . . . . . corr.	*dispars.*
	Lig. 19.	aventure, aucuns, *de aller* mendier, & les autres de aler gaigner leur vie . . corr.	aventure, *les* aucuns de aler mendier, & les autres de aler *ailleurs* gaignier leur vie.
	Lig. 20.	ne leur faite grace . . corr.	ne leur *estoit* faite grace.
	Lig. 28.	ne soit par noz Gens ou Officiers, ou ceulx de nostre Sanc, ou autres quelconques aïent prise. . . corr.	ne soit *prise* par noz Gens ou Officiers, ou ceulx de nostre Sanc *& Lignage,* ou autre *quelzconques ayant* prise.
	Lig. 32.	ledit pris païent . . corr.	*ledit* pris *païant.*
	Lig. 34.	& à tous autres quelconques ayens prinse en nostre Royaume . . . . . corr.	& à tous *noz autres Gens & Officiers & à ceulx de nostre Sanc & Lignage* & autres quelxconques *ayans* prinse en nostre Royaume.
P. 290.	Lig. 36.	& à chascun *d'eulz, presens & avenir, & à chascun d'eulz,* si comme . . corr.	& à chascun *d'eulx* si comme.
	Lig. 41.	en ne en biens . . . corr.	en *corps* ne en biens.
	Lig. 41.	*en aucune maniere.* Après ces mots, il y a dans le 5.e Vol. *mais se il avenoit..... pleine delivrance.* Ces mots qui remplissent près de trois lignes, ne sont point dans le Reg. 161.	
T. 6. P. 80.	Lig. 1.	Roy France . . . . corr.	Roy *de* France.
	Lig. 12.	soustinir . . . . . corr.	*soustenir.*
P. 81.	Lig. 45.	confirmons de nouvel, se mestiers est, les octroïons . . . . corr.	confirmons, *&* de nouvel se mestiers est, les octroïons.
P. 82.	Lig. 7.	molestent, seuffrent . . corr.	molestent *ou empeschent, sueffrent.*
	Lig. 31.	*de nostre Regne le XIe* Après ces mots il y a : *Ainsi Signées en marge. Par le Roy en ses Requestes.* L. BLANCHET. *Au dos desquelles estoit escript : Publiées en Jugement ou Chastellet de* Paris, *le Sabmedy trente jours de Decembre, l'an de grace mil trois cens soixante & quatorze.* J. LE BEGUE.	

CHARLES VI. à Paris, en Décembre 1406.

(a) Lettres qui confirment les Statuts des Drapiers de la Ville d'Evreux.

KAROLUS, *&c. Notum facimus universis tam presentibus quam futuris, Nos infrascriptas vidisse Litteras, quarum tenor sequitur & est talis.*

A tous ceulx qui ces presentes Lettres verront ou orront. *Pierres* de *Hargeville* Chevalier, *Bailli* d'*Evreux*, de *Beaumont-le-Rogier* & d'*Orbec* : Salut. Savoir faisons que comme par pluseurs foiz feust venu à nostre congnoissance que ou fait des mestiers de la Drapperie d'*Evreux*, avoit pluseurs deffaulx tant de faire bonne euvre & loyal, comme au gouvernement desdiz mestiers, laquelle chose estoit & redondoit ou préjudice & dommaige du bien publique, & pour ce estoit besoing & necessité d'y pourveoir pour l'utilité publique, & que au Roy nostre S. ou à nous pour lui & en son nom, appartenist & appartiengne y mettre ladicte provision & ordonnance, & non à autres, nous pour [a] eschevier les fraudes, malices & deffaultes que l'en y faisoit & encores eust peu faire ou temps avenir, & eue sur ce bonne & meure deliberacion de conseil tant aux Procureurs & Conseil du Roy nostre S. comme à autres Sages, & appellez à ce grant quantité des Gens des mestiers de ladicte Drapperie ; c'est assavoir, *Jehan* le *Masson*, *Jehan Quesnel*, *Jehan Bence*, *Jehan Golart* l'ainsné, *Raoul Serée* & *Pierre Tain*, apresent Gardes & Jurez sur le fait desdiz mestiers de Drapperie, *Jehan Deshayes*, *Martin Dugerie*, *Michel Houppelande*, & *Guillaume Belier*, Courretiers de Drap, *Jehan Pijon* [b] l'ainsnel, *Jehan Pijon* le jeune, *Raoul du Four*, *Robin* de *Froisy*, *Jehan* le *Parcheminier*, *Pierres Boudet*, *Pierres* le *Scudeer*, *Rogier Bense*, *Jehan Cosset*, *Pierres* de la *Brosse*, *Colin* le *Moyne*, *Jehan Pillon*, *Jehan Potis*, *Pierres Mahiel*, *Pierres* le *Heron*, *Durant Fuynet*, *Pierres Marc*, *Pierres Joliz*, *Thomas Marc*, *Jaquet Dufour*, *Jehan* le *François* l'ainsné, *Jehan Pommeret* dit *Billebaut*, *Jehan Gerie*, *Denis Desquetot*, *Jehan Dupré*, *Guillaume Pommeret* & *Pierres Hune*, tous desdiz mestiers, qui à ce se sont consentus & l'ont requis, voulu & accordé, avons pourveu & ordonné ou fait & gouvernement de ladicte Drapperie pour l'utilité publique, & par ledit conseil & à la requeste des dessusdiz, en la fourme & maniere qui ensuit :

(1) Premierement. Que tous ceulx dudit mestier de Drapperie, sur peine d'amende, facent bon & loyal euvre sans aucune faulseté ou [c] barat.

(2) Item. L'en fera draps en [d] vint cens & à une portée & demie moins, & non en plus ne en moins, se ce n'est en seize cens, pour oster les fraudes qui se faisoient ès [e] lames des mestiers, & feront les roes de la largeur qui est [f] merchiée ou [g] Boujon, tant de seize cens comme en vint cens.

(3) Item. Tous les Draps qui seront faiz en la Ville, Banlieue & du Boujon d'*Evreux*, auront dix-huit aulnes de long & plus, & non point moins ; & s'il s'en fault quartier & demi, *(b)* il se passera par amende, à l'aulne dont l'en use à présent ; & seront de [h] moison sur paine d'amende.

(4) Item. Nul Tixerrant ne puet ne ne pourra lever mestier de Tixerranderie dedans la Ville, Banlieue & Boujon d'*Evreux*, s'il ne scet faire le mestier de sa main ; mais les [i] Laneurs pourront avoir & lever le mestier de Tixerran, & en faire ouvrer en leurs maisons, par gens qui bien faire sauront ; & par semblable, les Tixerrans pourront faire ouvrer en leurs maisons du mestier de Laner.

(5) Item. Chascun Tixerran pourra avoir un aprentiz en sa maison, & non plus, pour tel pris comme il le pourra avoir.

[a] *eschever : éviter.*

[b] *l'aîné.*

[c] *tromperie.*

[d] *deux mil. Voy. sur cette expression, & sur le mot* portée & roes, *qui est un peu plus bas, la note (g) de la p. 412. du 3.e Vol. de ce Rec.*

[e] *Voy.* ibid. *p. 512. note (f).*

[f] *marquée.*

[g] *Voy.* ibid. *p. 494. note (c).*

[h] *mesure. Voy. la note (l) de la p. 413. du 3.e Vol. de ce Rec.*

[i] *Voy.* ibid. *la note (d) de la p. 411.*

NOTES.

(a) Trésor des Chartres, Registre 161. P. vj^xx. xvj. (136.)

Il y a dans ces Lettres quelques termes sur lesquels je n'ai rien trouvé ni dans le Dictionnaire du Commerce par *Savary*, ni ailleurs.

(b) Il se passera, &c.] Dans ce cas le Fabriquant sera condamné à l'amende ; & pour mesurer les Pièces de draps, on se servira de l'aune dont on se sert présentement à *Evreux*.

CHARLES VI.
à Paris, en Décembre 1406.

(6) *Item.* Il eſt défendu à tous les Ouvriers dudit meſtier, ſoient Tixerrans, Foulons, Laneurs ou autres, que ilz ne facent aucune choſe de leur ouvraige en aucune laine ſouſpeçonneuſe, qu'ilz ne le viengnent dire ou denoncier à Juſtice ou aux Jurez du meſtier.

(7) *Item.* Les Varles Tixerrans doivent laiſſier euvre de tiſtre à l'eure ordonnée d'ancienneté, en quelque Parroice qu'ilz euvrent; mais ilz doivent ployer & nouer leurs euvres puiſqu'ilz auront laiſſié le tiſtre, & ne pourront tiſtre, ploier ne nouer de nuit.

(8) *Item.* Afin que aucune fraude ne ſoit commiſe en la Drapperie d'*Evreux*, laquelle a eſté tousjours trouvée bonne & loyal par toutes terres, & eſt renommée à bonne par tous païs, ordonné eſt que quant aucuns apporteront en ladicte Ville ou [b] ou Boujon d'*Evreux*, laine qui ait eſté filée dehors, & la porteront au Tixerran pour faire [c] drap marchant & pour vendre, ladicte laine fillée ne ſera pas miſe en euvre juſques à ce quelle ait eſté veuë & viſitée par les Jurez dudit meſtier, afin que aucune mauvaiſtié n'y ſoit commiſe, comme dit eſt, pour ce que après ce que le drap ſeroit fait & tixu, l'en ne pourroit pas ſi bien congnoiſtre s'il y avoit fraude commiſe en la [d] fillace ou non.

(9) *Item.* L'en ne pourra mettre en draps marchans [e] mabrez ou meſlez, ni en draps quelconques [f] pigniez à ſaain, (c) gratuiſſeurs, bourres ne autres laines ou choſes defendues.

(10) *Item.* Leſdiz draps ſeront fais [g] unis de laine, de bonté, de couleur & de façon, ſur peine de couper le bon du mauvais, & ſur peine de l'amende qui ſera taxée ſelon le meffait.

(11) *Item.* L'en pourra bien faire draps ſans viſage pour vendre ou pour ſon uſer, en mettant en euvre toutes laines & filez, excepté gratuiſeurs, bourres & que la [h] chaenne ſoit [i] tainte en telle couleur comme l'en vouldra.

(12) *Item.* Tous les draps faiz en ladicte Ville, Banlieue & Boujon d'*Evreux*, tantoſt qu'ils ſeront preſts pour ploier, ſeront apportez aux Jurez au lieu ordonné pour eſtre viſitez & ſéellez; & s'il y a [k] deffault de ſéeller par les Jurez, [l] ceulx qui devront eſtre ſéellez, ilz l'amenderont & rendront le dommage, ſe dommage y a.

(13) *Item.* Tous Laneurs ſeront tenuz avant qu'ilz [m] meuillent draps faiz hors du Boujon, qui leur ſeront apportez pour (d) paier, de le ſignifſier & faire ſavoir aux Jurez, afin qu'ilz les viſitent; pour ce que après qu'ilz ſeroient paiez, l'en ne pourroit pas ſi bien congnoiſtre les deffaultes comme devant.

(14) *Item.* Que l'en pourra faire draps baſtards tant blancs comme bruns, gris, à chaenne blanche ou tainte en [n] moulée & non autrement, qui ſeront ſéellez (e) au d'un côté ainſi comme l'en a accouſtumé.

(15) *Item.* Es draps blans qui ſeront tains en vers bruns, ou en brunettes, l'en mettra liziere de quelque couleur que l'en vouldra, quant ilz ſeront blans.

(16) *Item.* L'en ne pourra donner à un drap blanc qui ſera taint en folet, autre liziere que blanche.

(17) *Item.* Nul ne pourra avoir drap eſpaulé, c'eſt aſſavoir drap duquel la chaenne ne ſoit auſſi bonne ou meilleur comme les lizieres, ſur paine d'amende.

(18) *Item.* Il eſt ordonné & defendu que nul ne meſle laine tainte en moulée avec autres laines, ſur paine d'être [o] ars le drap, & de amende à cellui qui ce fera.

(19) *Item.* Nul Tixerrans, nulz Foulons, nulz Laneurs ne Tainturiers, ne pourront mettre feur ou pris en leurs meſtiers, par fourme de conſpiration ou de

a *Voy. la note (i) de la p. 365. du 6.e Vol. de ce Rec.*

b *au.*

c *Voy. la fin de la note (h) de la p. 336. du 8.e Vol. de ce Rec. & ci-deſſous art. 30.*

d *laine filée.*

e *app.* marbrez, *mêlés de différentes couleurs. Voy. la note (o) de la p. 414. du 3.e Vol. de ce Rec.*

f peignez. *Voy. la note (c) de la p. 412. du 3.e Vol. de ce Rec.*

g *Cela ſignifie app. que toute la pièce de Drap ſera égale par rapport à la laine, à la couleur & à la façon, &c.*

h chaîne. *Voy. la note (g) de la p. 412. du 3.e Vol. de ce Rec.*

i *teinte,* là & dans toute la Pièce.

k *refus ou retard.*

l *Il faut peut-être ajoûter*, & par rapport aux draps.

m *mouillent.*

n *Voy. la note (b) de la p. 357. du 7.e Vol. de ce Rec.*

o *brûlé.*

NOTES.

(c) *Gratuiſſeurs.*] C'eſt app. la même choſe que le mot *graturſe;* ſur lequel voy. la note (f) de la p. 283. du 6.e Vol. de ce Rec.

(d) *Paier.*] Il faut peut-être corr. *parer,* là & un peu plus bas dans cet article. Les Ouvriers qui paroient les draps ſe nommoient Pareurs; il en eſt parlé un peu plus bas article 23. Voy. ſur ces Ouvriers la note (c) de la p. 335. du 8.e Vol. de ce Rec.

(e) *Au.*] Après ce mot il y a dans le Reg. un B. coupé par une ligne perpendiculaire. Ce *B.* étoit-il ſur le ſceau pour marquer que c'étoit un drap baſtard? Peut-être auſſi ce B. ſignifioit-il *Boujon?*

CHARLES VI. à Paris, en Décembre 1406.

monopole, en maniere que ceulx qui auront afaire de leur mestier, n'en puissent avoir pour si bon marché ou pour si petit pris, comme ilz pourront, & que ceulx mesmes qui des mestiers dessusdiz seront, ne puissent de leur mestier faire bon marché tel comme il leur plaira, soit à journée ou pour piece de drap; & s'aucuns desdiz maistres ou gens des mestiers dessusdiz, font en leur mestier aucune aliance, monopole ou conspiracion sur ce, les Jurez dudit mestier le feront & seront tenus faire savoir au Bailli, pour les punir & en ordonner comme au cas appartendra.

(20) *Item.* Le [a] filé que l'en vendra à *Evreux* soit tout un aussi bon dedens les [b] cheveaux comme dehors, & aussi bien [c] labouré, sur peine d'amende.

[a] app. *la laine filée.*
[b] *escheveaux.*
[c] *travaillé.*

(21) *Item.* Nul ne pourra filler ne faire filler *(f)* estain au rouet, sur peine d'amende.

(22) *Item.* Nul Marchant vendant laine, ne soit si hardy doresenavant de fourrer sa laine, que la *(g)* foureure ne soit aussi bonne comme la toison, & que nul ne face d'une toison, deux.

(23) *Item.* Pource que souventeffoiz ou temps passé, est avenu que plusieurs Drappiers de la Ville & Banlieue, & demourans ou Boujon d'*Evreux*, ont meslé avec les Draps faiz en la Ville, Banlieue & Boujon d'*Evreux*, autre drap de dehors, & iceulx venduz avec les draps de ladicte Ville, & soubz umbre d'iceulx, combien qu'ilz n'y feussent pas faiz, dont les draps faiz en ladicte Ville, Banlieue & Boujon, ont esté souventeffoiz diffamez & blasmez pour les faultes qui y ont esté trouvées esdiz draps faiz dehors, ordonné est pour obvier auxdictes fraudes, que nul Drapier ne autres de ladicte Ville, Banlieue & Boujon, ne mette ne ne acueille doresenavant aucun drap quelxconques fait dehors ladicte Ville, Banlieue & Boujon d'*Evreux*, avec ceulx qui seront faiz en ladite Ville, Banlieue & Boujon, ne ne facent ou pourchassent estre séellez du séel de ladicte Ville, se il ny sont faiz, & se ilz ne sont aux Drappier & gens manans & demourans en ladicte Ville, Banlieue & Boujon, sur peine d'amende & de perdre le drap.

(24) *Item.* Que nulz Drappiers ne Pareurs ne apportent ou facent apporter par eulx ne par leurs gens, nulz draps *(h)* escous au séel, se ilz ne sont leurs, ou s'ilz ne dient par leurs seremens aux Jurez, à qui lesdiz draps seront; & se ilz ne le veulent dire, les Jurez ne seront pas tenuz d'y mettre le séel.

(25) *Item.* Que nul ne face laner drap jusques à ce qu'il ait esté estendu à la *(i)* clouyere au lieu à ce ordonné de nouvel, pour savoir se il sera de longueur, sur paine d'amende, & de perdre le séel de la longueur.

(26) *Item.* Que nul Pareur ne apporte ou face apporter par ses gens aucuns draps prests, au séel, qui par les Jurez aient esté arresté pour aucune faulte, sur peine de perdre son labour; mais y seront apportez par celluy ou ceulx à qui ilz

NOTES.

(f) Estain.] On dit présentement *Estaim*: nom que l'on donne à une sorte de longue laine qu'on a fait passer par un peigne ou grande carde. Voy. le Dict. du Commerce par *Savary*, au mot *Estain*.

(g) Foureure.] Fourrer, se dit de toutes les marchandises ou denrées qui se mettent en bottes ou en masses, & qu'on altère ou falsifie en y fourrant au milieu quelques-unes de moindre qualité que celles qui paroissent à l'extérieur. Voy. le Dict. du Commerce par *Savary*, au mot *Fourrer*.

Toison. On appelle la *toison* d'une bête à laine, la laine que l'on en ôte lorsqu'on la tond, avant qu'elle ait reçû aucun apprêt. Voy. *ibid.* au mot *Toison*. On lit *ibid.* au mot *Laine*, col. 457. que chaque toison est composée de trois sortes de qualités de laine, qui sont inégales en bonté.

Il est défendu par cet article d'insérer dans la laine d'une toison, d'autres laines de moindre qualité & bonté, pour en augmenter le poids considérablement par cette fourrure, & d'une toison en faire, pour ainsi dire, deux, en altérant la bonté de la première.

(h) Escous.] Ce mot est douteux, & on pourroit même lire *escrus*: mais il ne paroît pas que ce mot *escrus* puisse être pris ici dans le sens dans lequel il est employé dans l'art. 5. de la pièce qui est imprimée dans la note *(b)* de la p. 463. du 3.e Vol. de ce Rec. Voy. *ibid.* la note 2. de la p. 464.

(i) Clouyere.] Ce mot clouyère ne peut être pris ici dans le sens que dans la note *(r)* de la p. 366. du 6.e Vol. de ce Rec. on a conjecturé qu'on pouvoit lui donner.

feront, ou par leurs gens, afin que l'en fache qui devra refpondre de ladicte fraude.

CHARLES VI. à Paris, en Décembre 1406.

(27) *Item.* Nulz draps, fors ceulx feulement qui feront faiz en ladicte Ville, Banlieue & Boujon, ne feront fouffers eftre mis ne apportez au [a] Lendit, en la loge des Drapiers d'*Evreux*.

(28) *Item.* Il fera defendu à tous les (k) Efchardeurs de ladicte Ville, Banlieue & Boujon, que fitôt qu'ilz auront encommencé à efcharder la laine d'aucun drap, qu'ilz ne mettent ou meslent autre laine parmi; & que fe il leur furvient autre laine à efcharder, qu'ilz n'y employent ou mettent en befongne les efchardes dont ilz auront encommencié ladicte premiere laine, jufques à ce que elle foit toute achevée, & que lefdictes efchardes foient bien [b] noctoyées, pour l'inconvénient des mauvais labours & faulfes euvres qui en peuvent enfuir; & s'aucun eft trouvé faifant le contraire, il l'amendera.

(29) *Item.* Ou meftier deffufdit, aura fix Jurez qui y feront inftituez par le Bailly ou fon Lieutenant, chafcun an, au terme d'Affencion, pour vifiter le fait de la Drapperie, afin que nulle mauvaife euvre n'y foit faicte, ne aucune chofe contre les poins deffufdiz; & pourront aller veoir & vifiter toutteffoiz qu'il leur plaira, par tous les [c] ouvreurs & lieux où l'en [d] ouvera dudit meftier de Drapperie, & où il aura draps, laines & filez ordonnez à faire draps; & feront tenuz lefdiz Jurez faire le ferement devant ledit Bailli ou fon Lieutenant, que bien & loyalment & véritablement gouverneront & vifeteront ledit meftier à leur confcience & au prouffit du peuple, & que toutes les faultes, offences & mefprentures qui fe trouveront, ou pourront trouver avoir efté faittes & commifes ou fait & meftier de ladicte drapperie, ilz apporteront à Juftice par devers le Bailli, pour eftre enregiftré & en ordonner comme il appartendra: & de ce faire lefdiz Jurez qui fe changeront chafcun an, auront Lettre par laquelle ilz auront povoir de prendre ou faire prendre par eulx ou par le premier Sergent qu'ilz requerront, toutes les mauvaifes euvres, deffaultes, offences & mefprentures qu'ilz trouveront ès euvres dudit meftier, & de les apporter audit Bailli.

(30) *Item.* De toutes les amendes qui efcherront de ladicte Drapperie & des meftiers deffufdiz, le Roy aura la moitié, & les Jurez l'autre moitié pour leur peine.

(31) *Item.* Pour obvier aux fraudes qui pourroient eftre commifes ou fait de la Drapperie, eft ordonné un Séel lequel a efté & fera dorefenavant par chafcun an baillé aux Jurez, duquel Séel les draps marchans & qui pour le temps avenir feront trouvez felon les ordonnances dudit meftier, bons & loyaulx par lefdiz Jurez, & qui auront efté faiz en la Ville, Banlieue & Boujon d'*Evreux*, feront féellez par lefdiz Jurez, & lors pourront eftre venduz partout comme bons & loyaulx. Se feront tenuz lefdiz Jurez de féeller deux fois le jour; c'eft affavoir, la premiere au partir de la [e] place, & l'autre au premier fon de Vefpres de l'Eglife noftre Dame d'*Evreux*, au lieu à ce ordonné.

(32) *Item.* Tous draps qui feront rompuz aux [f] poulies par fortune ou par mefgarde, & où il n'aura autre faulte, cautelle ou malice, feront féellez en la rompure, & le féel mis fur les deux rompures & non pas ou chief comme ès autres draps marchans qui feront féellez en ladicte Ville, pourveu que premierement lefdiz draps ainfi rompuz aient efté veuz & vifitez aux poulies par les Jurez & Gardes de ladicte Drapperie, & que par eulx aient efté trouvez, bons loyaulx & marchans, & bien (l) amoifonnez de longueur & de largeur juxte l'Ordonnance fur ce faicte; & auffi les marchans qui vendront les draps ainfi rompus & féellez, comme dit eft,

a *Voy. la note (b) de la p. 144. du 6.e Vol. de ce Rec.*

b *nétoyées.*

c app. *ouvroirs.*
d *ouvrera.*

e *Il faut app. entendre par ce mot, le lieu où s'affembloient les marchands à certaines heures.*

f *Voy. la note (e) de la p. 337. du 8.e Vol. de ce Rec.*

NOTES.

(k) *Efchardeurs.*] Ce mot fur lequel je n'ai rien trouvé, fignifie-t-il la même chofe que *Cardeurs?*

(l) *Amoifonnez.*] Moifon fignifie mefure. Un drap bien amoifonné eft celui qui a la longueur & la largeur portée par les Réglemens.

CHARLES VI. à Paris, en Decembre 1406.

seront tenus dire & monstrer ladicte rompeure aux marchans qui les acheteront, sur peine [a] d'ame.

a app. *d'amende.*

(33) *Item.* Les draps qui auront aucune *(m)* queue, & n'y aura autre faulte, ne seront point séellés, mais seront venduz avec les séellés; & sera tenu le vendeur dire au marchant la deffaulte, sur peine d'amende.

Et des poins & articles dessusdiz, en sera usé doresenavant par la maniere dessusdicte. En tesmoing de ce, nous avons mis à ces Lettres le Séel dudit Bailliage. *Ce fu fait & donné à* Evreux, *le septiesme jour d'Aoust, l'an de grace mil quatre cens & troiz.*

Suite des Lettres de Charles VI.

Quasquidem Litteras ac omnia & singula in eis contenta, in quantum ritè & justè, [b] *ratas & gratas,* [c] *&* [d] *ea volumus & laudamus, approbamus* [e] *de gracia nostrâ speciali per presentes confirmamus; mandantes* Baillivo Ebroicensi, *ceterisque Justiciariis & Officiariis nostris, presentibus & futuris, & eorum Locatenentibus, & cuilibet eorumdem, prout ad eum pertinuerit, quatinus Ordinaciones in dictis Litteris declaratas & specificatas teneant & observent & observari faciant* [f] *amoto in antea nec* [g] *in aliquid in contrarium fieri permittant; Quinymo facta in contrarium, si que fuerint, ad statum pristinum & debitum reducant aut reduci faciant indilatè. Quod ut firmum* [h] *stabile perpetuò perseveret, nostrum presentibus Litteris fecimus apponi sigillum: nostro & alieno in omnibus jure salvo.* Datum *Parisius,* mense Decembris, anno Domini millesimo quadringentesimo sexto, & Regni nostri XXVII.^mo^

Per Regem, ad relacionem Consilii. MAULOUE.

b *Il faut supp.* usi sunt, *mots qui se trouvent dans presque toutes les Lettres de cette nature.*
c *supp.* habemus.
d *corr.* eas.
e *supp.* &.
f *corr.* amodo &.
g *préposition inutile.*
h *supp.* &.

NOTE.

(m) Queue.] *Savary,* dans son Dictionnaire du Commerce au mot *Queue,* dit qu'on appele ainsi le dernier bout d'une pièce d'étoffe; mais il ne paroît pas que dans cet article le mot *queue* doive s'entendre dans ce sens.

CHARLES VI. à Paris, le 14. de Janvier 1406.

(a) Lettres qui défendent de désapprouver, tant les voies de cession & de renonciation au Souverain Pontificat, proposées pour faire cesser le Schisme de l'Eglise, que la soustraction qui a été faite autrefois à l'obédience de Benoît XIII. & qui ordonnent que tout ce qui a été fait pendant cette soustraction soit exécuté, sans avoir égard aux Censures & autres actes émanés de la Cour de Rome, qui seroient contraires à cette défense & à cette Ordonnance.

K*AROLUS, Dei graciâ, Francorum Rex. Universis presentes Litteras inspecturis: Salutem. Notum facimus Nos supplicationem dilectorum & fidelium nostrorum Archiepiscoporum Metropolitanorum, Episcoporum, Abbatum exemptorum & non exemptorum, Universitarum studiorum, Capitulorum Ecclesiarum Cathedralium, Priorum, Collegiatarum Ecclesiarum, & quam plurimarum notabilium personarum Ecclesiasticarum Regni &* Dalphinatûs Viennensis *nostrorum, in Consilio* Parisius *nuper de mandato nostro celebrato convocatorum, Ecclesiam Gallicanam dictorum Regni &* Dalphinatûs *meritò representancium, super facto unionis Ecclesie Congregatorum, recepimus continentem quod quamvis nuper super facto unionis Ecclesie in Sancta Dei Ecclesia habenda, cum matura deliberacione plures* [i] *Ordinaciones & Declaraciones per Nos & Ecclesiam Gallicanam, Clerum Regni nostri &* Dalphinatûs *facte fuerint, prout in Litteris subtraccionis obediencie hactenus facte* Benedicto *Pape* XIII.° *& in*

i Voy. les Tables des Mat. de ce Vol. & du précéd. aux mots: *Schisme (le grand)* & les Préfaces de ces Vol. §. *Schisme.*
k *corr.* substraccionis, *ici & dans toute la Pièce.*

NOTE.

(a) Registre *A.* du Parlement de *Paris, fol.* ij.^c iiij. *verso.* [204]. Voy. la Préface de ce Vol. §. *Schisme.*

Litteris Declaracionum & Ordinacionum expost subsecutarum & publicatarum pleniùs continetur, nichilominus tamen prefatum Consilium seu Ecclesia predicta Gallicana Regni & Dalphinatûs nostrorum, concorditer pro pace inter Ecclesiasticas personas predictorum Regni & Dalphinatûs perpetuò conservanda, & ut obvietur periculis & scandalis quamplurimis occasione ordinatorum tempore subtraccionis obediencie dicto Benedicto *hactenus facte orituris & jam ortis de facto, prout multorum querimonia manifestavit & manifestat, propter conantes viam Cessionis seu renunciacionis de Papatu per tot Reges & Principes, Naciones & Populos, & specialiter per Nos & Regnum nostrum, pro unione in sancta universali Ecclesia habenda, electam, approbatam, collaudatam, & per dictum* Benedictum, *dum fungebatur officio Legacionis in Partibus* Francie, *summis laudibus exaltatam impugnare aut dampnare, necnon conantes contra subtraccionem obediencie eidem facte hactenus dogmatisare, volentes de facto irritare, adnullare & destruere facta, acta & ordinata ejusdem subtraccionis tempore secundum formam Litterarum ejusdem & Ordinacionum ac Declaracionum subsecutarum, in Regni nostri & Ecclesie Gallicane notam opprobriumque & contemptum, solemniter & maturè deliberaverunt, concluserunt & determinaverunt fore Nobis supplicandum quod nullus audeat impugnare aut dampnare viam cessionis vel dogmatisare contra eam, nec eciam contra subtraccionem aliàs factam, directè vel indirectè, & quod facta & ordinata tempore subtraccionis predicte secundum formam Litterarum ejusdem, valeant & teneant inviolabiliter, & quod facta in contrarium quomodocumque reparentur & reducantur omnia ad statum pristinum & debitum, prout in quodam Instrumento cujus tenor sequitur, pleniùs continetur.*

CHARLES VI. à Paris, le 14. de Janvier 1406.

In nomine Domini: Amen. Universis & singulis presens publicum Instrumentum inspecturis pateat evidenter & sit notum, quod anno ejusdem Domini millesimo CCCC.° sexto, Indictione decimâ quintâ [a] *more Gallicano, die vero mensis Januarii septimâ, Pontificatûs Domini* Benedicti *Pape* XIII.ⁱ *anno decimo tercio, in Consilio Reverendissimorum Patrum Dominorum Archiepiscoporum, Episcoporum, Abbatum, Priorum conventualium, Deputatorum Universitatum studiorum* Parisiensis, Aurelianensis, Andegavensis & Montispessulani, *Procuratorum aliquorum Prelatorum, & aliorum virorum Ecclesiasticorum absencium, Capitulorum Metropolitanarum & Cathedralium Ecclesiarum Regni Francie &* Dalphinatûs Viennensis, *per Serenissimum & Christianissimum Principem Dominum nostrum Karolum, Dei gratiâ, Francorum Regem, super facto & materia unionis Sancte matris Ecclesie, bono statu & regimine Ecclesiastico dictorum Regni &* Dalphinatûs, Parisius *vocatorum, Prelatos & Clerum seu Ecclesiam dictorum Regni &* Dalphinatûs *meritò, ut dicebatur, facienciam & representanciam, in aula alta supra secanam* [b] *Regalis Palacii convenienciam & solemniter Congregatorum celebrato, retulit Reverendissimus in Christo Pater Dominus* [c] Simon, *miseracione divinâ*, Patriarcha Alexandrinus, *administratorque Ecclesie* Carcassonensis *perpetuus, quod sedente nuper presenti Consilio, unanimiter fuit per Prelatos & alios in eodem Consilio existentes, maturâ deliberacione prehabitâ, deliberatum & conclusum quod tam pro pace inter Ecclesiasticos hujusmodi Regni &* Dalphinatûs *perpetuò conservanda, quam pro providendo periculis & scandalis quamplurimis occasione ordinatorum tempore subtraccionis obediencie eidem Domino* Benedicto *quondam facte, orituris & jam ortis de facto, prout multorum querimonia manifestat, Rex Dominus noster prefatus ex parte dictorum Prelatorum cum instancia requirendus est ut omnibus suis tam in Regno quam* Dalphinatu *subditis inhibeat, & sub magnis & gravibus penis per suas patentes Litteras solemniter faciat inhiberi pariter & proclamari, promulgari & publicari ne dignissimam cessionis viam per tot Reges & Principes, Naciones & Populos, & specialiter per hoc Regnum & alia hujus obediencie Regna predicatam, laudatam & probatam dicto Domino* Benedicto *per plures Reges & Principes, per Dominos nostros Cardinales presentatam & oblatam, & per ipsummet, dum* Cardinalis de Luna *vulgariter nuncupatus ad partes* Francie *Legacionis fungebatur officio, collaudatam & summis ad Celum laudibus exaltatam, postea ipso ad Papalem Dignitatem assumpto, per aliquos annos*

a C'est-à-dire l'année commençant à Pâques.

b Voy. ci-dessus p. 7. note *(b)*

c Simon de Cramaut. *Voy. la Table des noms de personnes du 8.ᵉ Vol. de ce Rec. au mot* Cramaut.

CHARLES VI.
à Paris, le 14 de Janvier 1406.

post, tribus casibus; silicet, adversario suo mortuo, cedente vel ejecto, per eum ipsum, suâ manuali testante scripturâ, juratam & promissam, quisquam mortalium in Regno & Dalphinatu *predictis impugnare presumeret aut dampnare, nec contra ipsam viam & dictam subtraccionem cum tanta deliberacione factas & conclusas* [a] *dogmotisare auderet directè vel indirectè quovismodo, quodque ordinata & facta ejusdem subtraccionis tempore secundum formam Litterarum ejusdem & Ordinacionum ac Declaracionum subsecutarum valerent, tenerent & inviolabiliter servarentur, & omnia in contrarium quovismodo facta repararentur & ad pristinum statum & debitum reducerentur: & quia de hac conclusione aliàs, ut prefertur, concorditer in dicto Consilio habita, autenticum, Notariorum publicorum absenciâ causante, non habetur documentum necessarium multis, & expediens videbatur ut iterum super premissis in Notariorum publicorum presenciâ deliberaretur, ut indè per ipsos publica instrumenta confici possent atque dari, & ut res clarior & securior appareret, Idem Dominus* Patriarcha *conclusionem predictam aliàs factam per modum cedule in scriptis redegit, cum quodam articulo de restitucione obediencie facte dicto Domino* Benedicto *mencionem faciente, per quosdam Prelatos dicte cedule adhibito & adjuncto, cujusquidem cedule conclusionem & articulum predictum continentis, tenor sequitur in hec verba.*

Deliberatum est per omnes quod supplicetur Regi quod ipse prohibeat & faciat prohiberi omnibus Regnicolis & Subditis suis in *Dalphinatû*, quod nullus audeat impugnare aut dampnare viam cessionis, vel dogmatizare contra eam, nec eciam contra subtraccionem aliàs factam, directè vel indirectè, & quod facta & ordinata tempore subtraccionis predicte secundum formam Litterarum ejusdem, valeant & teneant inviolabiliter; & supplicetur eciam Regi quod facta quomodocumque in contrarium, reparentur & reducantur omninò ad statum pristinum & debitum. *Item.* Et quod Ecclesia Gallicana & *Dalphinatûs*, per hoc non est intencionis quin facta à tempore restitucionis citra, dum tamen facta non sint contra ordinata tempore subtraccionis, & deliberata tempore restitucionis predicte, valeant & nullo modo violentur; & ad hoc se determinat predicta Regni & *Dalphinatûs* Ecclesia, supplicando Regi pro execucione premissorum.

Quaquidem Cedula lecta publicè & audita, omnes unanimiter, uno tantum excepto, requisicione votorum per eundem Dominum Patriarcham *prius publicè facta, deliberaverunt & eidem cedule consenserunt, ac modo & forma in eadem cedula contentis concluserunt & se determinaverunt. De & super quibus omnibus & singulis premissis, prefatus Dominus* Patriarcha *& quamplures alii pecierunt à nobis Notariis publicis infrascriptis publicum fieri instrumentum, unum vel plura. Acta fuerunt hec* Parisius, *sub Anno, Indictione, Mense, die & Pontificatu, ac loco predictis, presentibus Reverendissimis in Christo Patribus Dominis* Archiepiscopis Remense, Turonense, Bituricense *&* Tholosano; Silvanectense, Belvacense, [b] Cathalonense, Autissiodorense, Abrincense, Aurelianense, [c] Electense, Xantonense, Meldense, Lodovense, Sagiense, Nivernense, Laudunense, *&* Tornanense *Episcopis;* Sancti Michaëlis in periculo maris, Sancti Petri in Valleya [d] Carnotensi, *de* Serizeto, *de* Veselayo, Sancti Vedasti Attrebatensis, Sancti Leonardi, *Monasteriorum Abbatibus;* Gaufrido *de* Pompaderio *&* Raymundi *de* Perucia, *Regis Consiliariis, & quamplurimis aliis testibus ad premissa vocatis specialiter & rogatis.*

Et ego *Johannes Bourrillieti* Presbiter *Eduensis* Diocesis, Magister in artibus & Licenciatus in decretis, publicusque Apostolicâ & Imperiali auctoritatibus Notarius, premissis omnibus & singulis, dum sic, ut premittitur, dicerentur, agerentur, concluderentur, determinarentur & fierent, presens fui unacum prenominatis testibus, & ideo presenti publico instrumento alterius manu fideliter scripto, signum meum manuale solitum apposui, me eciam propria manu subscribendo una cum *Jacobo* de [e] *Berthiis* & *Johanne* de *Rivello*, Notariis publicis subscriptis, in testimonium Requisitus & rogatus. Approbo rasuram in vacuo in presenti subscriptione. *BOURRILLIETI.*

Et ego *Johannes* de *Rivello* Clericus *Tullensis* Diocesis, publicus auctoritate Apostolicâ & Imperiali, & universitatis *Parisius* Notarius & Scriba, quia premissis omnibus

[a] *corr.* dogmatisare.

[b] *Cath. Reg.*

[c] *Alet.*

[d] *Carnoten. Reg.*

[e] *Là & plus bas, il y a une marque d'abréviation sur l'h. On pourroit lire* Bercheriis *ou* Bertheriis.

omnibus & singulis, dum modo pretacto dicerentur, agerentur & fierent, unacum prenominatis testibus & Notariis infra scriptis presens fui, eaque sic fieri vidi & audivi, idcirco presens publicum Instrumentum alia manu me aliorsum legitimè occupato, scriptum signo meo publico signavi, hic me propriâ manu subscribendo, requisitus in testimonium veritatis omnium & singulorum premissorum, & rogatus. (b) Interlinear. fact. in hiis diccionibus, *Benedicto* & se sub eodem signo approbacion.

CHARLES VI. à Paris, le 14, de Janvier 1406.

Ego vero *Jacobus* [a] *Berthii*, Presbiter *Eduensis* Diocesis, publicus Apostolicâ & Imperiali auctoritatibus Notarius, premissis omnibus & singulis, dum sic, ut premittitur, dicerentur, agerentur & fierent, unacum prenominatis testibus & Notariis supra & infrascriptis, presens fui, eaque sic fieri vidi & audivi, & ideo hic me subscripsi, & signum meum solitum apposui requisitus & rogatus, in fidem & testimonium premissorum.

a *Voy. ci-dessus p. précéd. note marginale* e.

Supplicantes Nobis quatinùs omnia & singula deliberata, conclusa & contenta in dicto Instrumento per dictam Ecclesiam Gallicanam Regni & Dalphinatûs *nostrorum predictorum, & consilium ejusdem, auctoritate nostrâ regiâ tanquam juri consona & racionabilia approbaremus, & inviolabiliter in dictis Regno nostro &* Dalphinatu *publicari & observari faceremus & debite execucioni demandari, prefatamque Ecclesiam Gallicanam dictorum Regni &* Dalphinatûs *nostrorum predictorum, & omnes Promotos & Beneficiatos tam in Prelaturis quam in Beneficiis, juxta formam & tenorem Litterarum subtraccionis, Declaracionum & Ordinacionum subsequtarum in premissis omnibus & connexis ac annexis & dependenciis, manuteneremus & defenderemus.*

Suite des Lettres de Charles VI.

Nos igitur optantes utilitatem & commodum Ecclesiarum Regni nostri & Dalphinatûs, *& cupientes fovere pacem & quietem inter regnicolas & subditos nostros, volentes amputare omnem disceptacionem, ambiguitatem & materiam questionis, & desiderantes obviare periculis & scandalis que exinde verisimiliter evenire possent, desiderantesque fomenta Scismatis, proth dolor! vigentis in Dei Ecclesiam expellere, omnia & singula contenta in predicta Requesta seu Instrumento superiùs inserto, & determinatione prefati Consilii Ecclesie Gallicane Regni nostri &* Dalphinatûs, *tanquam juri consona & racionabilia laudamus & approbamus, ac de nostris certa sciencia, gracia speciali & plenitudine nostre potestatis Regie, laudamus & approbamus, & premissis omnibus & singulis annuimus & consentimus per presentes, districtiùsque inhibentes auctoritate presencium, universis & singulis subditis nostris ac incolis Regni &* Dalphinatûs *predictorum, tam Ecclesiasticis quam secularibus, quâcumque, eciam Pontificali dignitate vel quovis alio titulo seu nomine censeantur, & eorum cuilibet, ne viam cessionis seu renunciacionis de Papatu audeant impugnare aut dampnare, vel dogmatisare contra eam, nec eciam contra subtraccionem obediencie aliàs factam dicto* Benedicto, *directè vel indirectè; quodque facta & ordinata tempore subtraccionis predicte secundum formam Litterarum ejusdem, volumus inviolabiliter teneri & observari: inhibentes insuper ne prefato* Benedicto *seu suis Commissariis, processibus, fulminacionibus Sentenciarum, suspensionum, excomunicacionum & interdicti, latis & concessis sub quacumque forma verborum, aut imposterum ferendis & concedendis contra quoscumque Promotos & Beneficiatos tempore subtraccionis, in prejudicium & contra tenorem & effectum Litterarum dicte subtraccionis, Ordinacionum & Declaracionum subsequtarum, aliquatenùs obediatur in predictis Regno &* [b] Delphinatu *nostris, nec aliquis in contrarium attemptare presumat quomodolibet, si penas graves nostrâ auctoritate & Consilii prefate Ecclesie Gallicane Regni nostri &* Dalphinatûs, *cupit non subire. Et insuper mandamus & injungimus earumdem presencium auctoritate, universis & singulis Justiciariis & Officiariis nostris infra limites predictos constituis, vel eorum Locatenentibus, ac eorum*

b corr. *Dalphinatu.*

NOTE.

(b) *Interlinear.*] On a copié cet endroit qui s'entend, & qui d'ailleurs est peu important, tel qu'il est dans le Registre; il paroît défectueux ou corrompu. Il faut peut-être lire *interlinearum factarum . . . . . . cum approbatione.*

CHARLES VI. à Paris, le 14. de Janvier 1406.

cuilibet, quatinùs tenore presencium servato, prout ad eorum quemlibet pertinebit, premissa omnia & singula inviolabiliter observent observarique faciant & publicari; [a] *encunque vero hiis deprehenderint aut noverint aliqualiter contraire, taliter puniant quod cedat ceteris in exemplum; dictosque Prelatos promotos & ceteros Beneficiatos durante dictâ subtraccione modo & forma in Litteris dicte subtraccionis & Declaracionum ac Ordinacionum subsequtarum contentis, auctoritate nostrâ manuteneant & defendant in eorum Prelaturis & Beneficiis, juribus & possessionibus, quos auctoritate presencium manutenemus & defendimus, & ipsos manuteneri volumus & defendi; factaque in contrarium quomodocumque reducant ad statum pristinum & debitum, vel reduci faciant, visis presentibus, & indilatè & absque difficultate quacumque & alterius expectacione mandati: quia sic fieri volumus pariter & jubemus, & eisdem supplicantibus concessimus & concedimus per presentes, de nostra certa sciencia, gracia speciali & potestatis nostre plenitudine predictis. In quorum omnium premissorum testimonium, presentibus Litteris nostrum jussimus apponi Sigillum.* Datum *Parisius,* die XIIII.[a] Januarii, anno Domini millesimo quadringentesimo sexto, & Regni nostri XXVII.[o] *Sic Signat.*

Per Regem, Domino Jacobo *de* Borbonio, Rothomagense, Tholosano *&* Viennense Archiepiscopis, Episcopo Nannetense, *Domino de (c)* Bacquevilla *Decano* Rothomagense, *& quam pluribus aliis presentibus.* BARRAU.

Collacio fit cum originali Instrumento superiùs inserto. Multiplicata.

Lecte & publicate fuerunt in Curia Littere prescripte, XXIII. *die Marcii, anno Domini millesimo* CCCC VI.[to] BAYE.

a Le parchemin a été gratté en cet endroit. Il y avoit app. *quencunque* pour *quemcumque.*

NOTE.

(c) Bacquevilla.] Je ne puis assurer que *Bacqueville* fut Doyen de l'Église de *Rouen;* ce sont peut-être deux personnes, & dans ce cas il faudroit après *Bacquevilla* une virgule qui n'est point dans le Regiſtre.

CHARLES VI. à Paris, le 15. de Janvier 1406.

(a) Lettres de Charles VI. par lesquelles il commet Pierre Gencian Général-Maître des Monnoies, pour arrêter prisonniers ceux qui ont fabriqués des Monnoies légères dans la Monnoie de S.t André près Avignon.

CHARLES, par la grace de Dieu, Roy de France. A nostre amé & féal *Pierre Gencian* General-Maistre de noz Monnoyes: Salut & dilection. Combien que dès le moys d'Avril l'an de grace mil IIII.[c] & deux, après ce que feu *Jehan Hazart* en son vivant General-Maistre de noz Monnoyes, & vous, feusses par Nous commis & ordonnez pour visiter plusieurs de noz Monnoyes, tant en la *Languedoyl* comme en la *Languedoc,* & que en visitant icelles Monnoyes, vous & ledit feu *Jehan Hazart* eusses trouvé plusieurs faultes ès Deniers d'Or & d'Argent faictz & ouvrez en la Monnoye de *Sainct Andry-lez-Avignon;* lesquelles faultes *Jehan Palmier* lors Maistre-Particulier, *Lantelmon Perrin* Garde & Essayeur, & *Jehan Vaudorie* autre Garde & Tailleur de ladicte Monnoye, confesserent avoir faictes, vous & vostredict Compaignon eussiez [b] prins les dessus nommez; c'est assavoir, ledit *Lantelmon Perrin,* de l'Office de Essayeur, & ledit *Jehan Vaudorie,* de l'Office de Tailleur de ladicte Monnoye; toutesvoies comme Nous avons entendu iceulx *Lantelmon Perrin & Jehan Vaudorie,* ont depuis exercées leursdictz Offices oultre & pardessus les deffenses & interdictions à eulx sur ce faictes, & ont continué & continuent chacun jour plusieurs des faultes pour lesquelles ilz avoient & ont esté privez des Offices dessusdits, & tellement qu'il est venu à nostre congnoissance

b *corr.* privé, *comme il y a plus bas.*

NOTE.

(a) Regiſtre *E.* de la Cour des Monnoies de *Paris, folio* 7. vingt 12. *verso.* [152].

Avant ces Lettres il y a: *Commission de* Pierre Gencian, *pour le fait de* Sainct Andry-lez-Avignon.

que en icelle Monnoye ont esté & sont faictz Deniers d'Or à l'Escu, lesquelz ne sont que à XXII. Caratz trois quars, & plus foibles de poix assez que ilz ne doivent estre; qui est ou grant préjudice & dommaige de Nous, de nostre peuple & de la chose publique, & pourroit plus estre, se par Nous n'y estoit pourveu de remede convenable. Pour ce est-il que Nous voulans à ce pourveoir, vous mandons, se mestier est, que vous vous transportez à ladicte Monnoye de *Sainct Andry-lez-Avignon*, & vous vous informez dilligeamment & secretement de & sur les choses dessusdictes, leurs circunstances & deppendences; & tous ceulx que par ladicte informacion, fame publique, vehemente presumption ou autrement deuement vous en trouverez coulpables ou vehementement souspçonnez, prenez ou faictes prandre quelque part que [a] trouvez les pourrez en nostre Royaume, hors lieu sainct, & iceulx amenez ou faictes amener à leurs despens prisonniers soubz seure garde, en nostre Chastellet de *Paris*, pour illec recevoir sur ce pugnicion telle comme au cas apartiendra. De ce faire vous donnons povoir, auctorité & mandement especial: Mandons & commandons à tous noz Justiciers, Officiers & subgectz que à vous, voz Commis & Depputez en ceste partie, obeissent & entendent dilligeamment, & vous prestent & donnent conseil, confort, aide & prisons, se mestier en avez & requis en sont. *Donné à* Paris, *le XVe jour de Janvier, l'an de grace mil IIIIe & six, & le XXVIIe de notre Regne.* Ainsi signé. Par le Roy, à la relacion du Conseil Lay. GAUCHER.

CHARLES VI. à Paris, le 15. de Janvier 1406.

[a] corr. trouver.

CHARLES VI. à Paris, en Janvier 1406.

(a) *Lettres qui confirment les Sauve-gardes Royales accordées à la Ville d'Amiens & à ses habitans.*

CHARLES, &c. Savoir faisons à tous presens & avenir, que à la supplicacion de noz bien amez les Maire, Eschevins, Bourgois, habitans & Communaulté de la Ville d'*Amiens*, noz Subgez & Justiciables sanz moyen, estans tant de droit commun comme par previlege à eulx par noz Predecesseurs octroyez, & par Nous longtemps a confermez, en nostre proteccion & Sauvegarde especial, Nous encores d'abondant & en augmentant & ampliant nostredicte Sauvegarde, par la teneur de ces presentes avons pris & mis, prenons & mettons yceulx supplians, tant en particulier comme en commun, avec leurs Officiers, femmes, familliers, maisons, terres, possessions & biens quelxconques estans en nostre Royaume, soient en champs ou à ville, en nostredicte proteccion & Sauvegarde especial, à la conservacion de leur droit tant seulement, contre tous estrangiers non Bourgois ou habitans de ladicte Ville; & à yceulx avons depputé & depputons en gardien le *Bailli* d'*Amiens* qui à présent est, ou son Lieutenant, & ceulx qui pour le temps avenir seront *Baillis* d'*Amiens*, ou leurs Lieuxtenans, ausquelz Nous mandons & commettons que yceulx supplians, leurs Officiers, femmes, familliers, & leurs biens, tant en particulier comme en commun, deffendre de toutes injures, violences, griefs, oppressions, molestacions, de force d'armes, de puissance de lais, & de toutes autres inquietacions & nouveletez indeues, & en leurs justes possessions & saisines, franchises, drois, usages & libertez esquelles ilz les trouveront estre & leurs predecesseurs avoir esté paisiblement d'ancienneté, les maintiengnent & gardent, & ne seuffrent contre eulx, leurs familles & leurs biens, aucunes nouvelletez indeues estre faittes; mais s'ilz les treuvent faictes ou prejudice de nostredicte Sauvegarde & desdiz supplians, que il qui lors sera [b] Juge souverain au païs, pour Nous, les remette au premier estat & deu, & à Nous & [c] apart. pour ce faire & paier amende convenable, & nostredicte Sauvegarde signifient & publient en tous les lieux & aus personnes dont ilz seront requis; & en signe d'icelle, en cas d'eminent peril, facent mettre & asseoir noz [d] Penonceaulx & Bannieres royaulx en & sur les maisons,

[b] *Je crois que ces mots*, Juge Souverain, *ne signifient que le Bailli, & en son absence, son Lieutenant.*

[c] *Il y a dans le Registre une marque d'abréviation sur ce mot. Cet endroit paroît corrompu ou tronqué.*

[d] *Voy. les Tables des Mat. des Vol. de ce Rec. au mot* Pennonceaux, *& sur celui* Assurement, *qui est un peu plus bas.*

NOTE.

(a) Trés. des Chart. Reg. 161. P. viii.^xx (160.)

CHARLES VI. à Paris, en Janvier 1406.

terres, possessions & biens desdiz supplians & de chascun d'eulx, en faisant inhibicion & defense de par Nous, à toutes les persomnes dont ilz seront requis, sur certaines & grandes peines à appliquier à Nous, que ausdiz supplians, leurs femmes, familles, droiz, choses, possessions & biens quelxconques, en particulier ne en commun, ne mesfacent ou facent messaire en aucune maniere : & se lesdiz supplians ou aucuns d'eulx, veulent avoir d'aucun asseurement, Nous voulons que ledit Bailli qui lors sera, face adjourner ceulx de qui ilz vouldront avoir ledit asseurement, par devant lui, & leur face baillier bon & loyal selon la Coustume du païs; & generaument ycellui Bailli ou sondit Lieutenant, & ceulx qui ou temps avenir seront Bailli d'*Amiens,* comme leurs gardiens, puissent faire en toutes les choses dessusdictes & leurs deppendances, tout [a] à ce que à gardien peut & doit appartenir : & donnons en mandement à tous noz Justiciers, Officiers & subgez, que ausdiz gardiens & à chascun d'eulx, en faisant les choses dessusdictes, obeissent & entendent diligemment. Et que ce soit ferme & estable à tousjours, Nous avons fait mettre nostre Séel à ces presentes : sauf en autres choses nostre droit, & l'autruy en toutes. *Donné à* Paris, *ou mois de Janvier, l'an de grace mil* [b] *CCCCC & six, & le XXVII.e de nostre Regne.*

a mot inutile.

b corr. CCCC.

Par le Roy, à la relacion du Conseil. MAULOUE.

CHARLES VI. à Paris, le 18. de Février 1406.

(a) Lettres qui portent qu'il sera pourvû aux Prélatures & aux Bénéfices suivant les Loix canoniques, sans avoir égard aux Réserves & aux graces expectatives.

KAROLUS, Dei graciâ, Francorum Rex. Universis presentes Litteras inspecturis : Salutem. Notum facimus quod cum nuper in presencia Principum nostre Prosapie; videlicet, Regis Sicilie, *Consanguinei* [c], [d] Biturie, *Patrui,* Burgundie, *Consanguinei, &* Borbonii, *Avunculi,* Comitis Nivernensis, *Consanguinei, & aliorum Procerum Regni nostri predicti, tunc pro Nobis & nomine nostro existencium in Concilio Prelatorum, Capitulorum, Abbatum, Conventuum & Collegiorum, Universitatum, & aliorum virorum Ecclesiasticorum nostrorum Regni &* Dalphinatûs Viennensis, *ipsas Ecclesias representancium, super materia unionis sancte matris Ecclesie, & super bono statu & regimine Ecclesiarum dictorum Regni &* Dalphinatûs, *in aula alta supra* Secanam *domûs seu* [e] *Palacii Regalis* Parisius *congregato, aliqua fuissent proposita & exposita luculenter & disertè per Advocatum nostrum Regium, ad instanciam eciam Procuratoris nostri Generalis, tendencia & conferencia ad conservacionem jurium & libertatum dictarum Ecclesiarum, personarumque Ecclesiasticarum dictorum Regni &* Dalphinatûs, *presertim quoadmodum assumendi ibidem personas ad Prelaturas & Dignitates, aliaque Beneficia Ecclesiastica, & ut reducerentur dicte Ecclesie & persone Ecclesiastice ad suam pristinam & canonicam libertatem, provideretur que contra graves usurpaciones & interprisias quas contra hoc fecerunt Romani Pontifices ab aliquibus annis citra, concludens & requirens quod super propositis per eum deliberaretur in dicto Concilio, ac eciam provideretur pro futuro, sicut foret secundum Deum & justiciam, justè & rationabiliter providendum, & hujusmodi materia fuisset in nostra presencia inter dictos Prelatos & viros Ecclesiasticos diuciùs & plurium dierum intervallis discussè agitata & diligenter pertractata; tandem que circa* [f] *hec fuerant per eos advisata & deliberata, Nobis ad plenum intimare & referre curantes, exposuerunt graviter conquerendo, quod quamvis Pape potestas sit ad pasturam corporalem & spiritualem gregis Dominici, & conservacionem statûs ac Ierarchie mistici corporis Ecclesie principaliter ordinata, nec sibi conveniat aut liceat ad proprium trahere commodum, que propter perpetuam utilitatem sunt ad bonum commune prefixa, nec*

c supp. *nostri* après cette qualification & les suivantes

d Il faut supp. *Ducum.*

e Le Palais où le Parlement, & quelques autres Jurisdictions rendent aujourd'hui la Justice.

f Il n'y a qu'une *h* dans le Reg.

NOTE.

(a) Registre *A.* du Parlement de Paris, fol. 213. *verso.* Voy. la Préface, §. *Schisme.*

CHARLES VI.
à Paris, le 18. de Février 1406.

transgredi deberet terminos quos posuerunt Patres nostri qui singulis quibusque Ecclesiis decreverunt sua jura servanda, ut sic in corpore ipsius Ecclesie vera concordia servaretur : nam non posset hec Ecclesiastica policia racione subsistere, nisi cum hujusmodi magnus differencie ordo [a] *servaret, quodque licet ea que sanctorum Patrum* [b] *Consilia decreverunt, integerrima perpetuaque sint approbacione veneranda, nec sint, presertim quando nec ulla necessitas nec Ecclesiastica prorsus extorquet utilitas, aliquâ racione violanda; statutis autem Conciliorum generalium ac Decretis sanctorum Patrum, pro bono regimine ac conservacione perpetua statûs Ecclesie, inter alia noscitur salubriter institutum quod Prelati ad Ecclesias quascumque Cathedrales & Collegiatas, per Eleccionem illorum de Collegio & eorum consensu assumantur, & quoad dictas Cathedrales Ecclesias, per suum Metropolitanum, alii vero per loci Diocesanum confirmentur, & per eundem alia Beneficia sue Diocesis, personis ydoneis conferantur, vel si fuerint Patroni, ad eorum presentacionem instituantur in eis, quamvis eciam illa sint magneperè precavenda, exquibus inducitur via delinquendi, & maximè ubi desiderande seu captande aliene mortis votum & occasio ministratur, viaque aperitur ad beneficia vacatura, sitque naturali racione dictante, per Concilia generalia similiter institutum quod Beneficia ecclesiastica vacatura promitti non debeant, nec dari jus expectacionis ad ea; fuerintque omnia predicta in Ecclesia sancta Dei sic ut premittitur, hactenus usque ad tempus quorumdam novissimorum Romanorum Pontificum inviolabiliter observata; nichilominus tamen ab aliquibus annis citra, Romani Pontifices contemptis prefatis sanctorum Patrum &* [c] *Consiliorum generalium Decretis, & eis penitùs non servatis, omnes Ecclesiasticas Dignitates Cathedrales & Collegiatas & alias quascumque post Episcopalem majores, indifferenter sue disposicioni reservaverunt, gracias ad vacatura Beneficia per quod contra sancta generalia Concilia, occasio votumque aliene mortis ingeritur & via ad vacatura contra racionem aperitur, indistinctè & sine limitacione quacumque omni petenti concesserunt, modos innumerabiles introduxerunt quibus potestas Prelatorum, Capitulorum, Collegiorum & aliorum quorumcumque penitùs absorbetur, apponendo prohibiciones & Decreta quibus eciam ignorantes volunt esse ligatos, diversas fulminando Sentencias in contrarium facientes, adeò quod vix reperiatur aliquis aut nullus cui eciam unicum Beneficium conferendi, aut presentandi ad aliud, sit relicta facultas, clausulas eciam varias & interdum inexplicabiles suis in Bullis solent apponere, regulas diversas aut preter aut contra jus nunc constituunt, nunc revocant, ut eciam perspicaciter discernenti apparere non valeat quis inter plurimos impetrantes videatur jus habere : intrusiones in Beneficiis inde sequuntur, gravissima litigia oriunturque cum magnis expensis & in prejudicium regnicolarum ducuntur extra Regnum, & cum promoventur aliqui ad Dignitates electivas, cessant* (b) *banna & evocaciones que de jure ad probandas elecciones & personas fieri statuuntur, propter quod, cum non possit Romanus Pontifex omnium hominum & statûs Ecclesiarum habere noticiam, sepè contingit indignos & indignè ad hujusmodi Dignitates assumi, & tales interdum qui tantum modo probati sunt argento, quique nunquam in loco Beneficii morabuntur : occasione autem premissorum, jura Beneficiorum depereunt, edificia corruunt & cultus Divinus minuitur : hec dederunt occasionem reservandi vaccacionum Annatas, & infinitas pecunias extorquendi, per que Regnum pecuniis & opibus continuè vacuatur : ex hiis datur occasio, aut per fas aut* [d] *nephas, ad Papatum aspirandi, & adeptum contra bonum regiminis & unionis Ecclesie retinendi ad ditandum, potiùs sublimendumque se & suos : hinc eciam fraudatur multipliciter intencio fundatorum & statuta Conciliorum generalium Decretaque sanctorum Patrum, ac jura relinquuntur inania, que exquo aliter non servantur, frustra videntur occupare membranas : infelices autem Episcopi, si sic eis indistinctè sua interdicuntur officia in*

a Il faut appà corr. *servaretur.*
b Concilia.
c corr. *Conciliorum.*
d corr. *nefas.*

N O T E.

(b) *Banna.*] Je crois que par ce mot, il faut entendre les Proclamations qui se faisoient pour publier les élections, afin que ceux qui connoissoient quelques raisons qui rendissent la personne élûe indigne ou incapable de posséder le Bénéfice, en pussent avertir. Les mots *ad probandas . . & personas* semblent déterminer à ce sens.

CHARLES VI. à Paris, le 18. de Février 1406.

Ecclesia quid faciunt! Et sic agendo, nil aliud agitur, nisi ut Ecclesiasticus ordo qui maximè per Papam illesus servari debuit, confundatur ac eciam dissipetur. Propterque & alia que dictos Prelatos & alios in dicto Concilio congregatos racionabiliter movere poterant & debebant, deliberaverunt & concluserunt in modum qui sequitur; videlicet, quod de cetero, sicut volunt statuta Conciliorum generalium & Decreta sanctorum Patrum, per elecciones Capitulorum, Conventuum & Collegiorum, confirmacionesque superiorum, Ecclesiis Cathedralibus, Collegiatis, ceterisque Beneficiis electivis, tam regularibus quam secularibus, necnon per presentaciones, collaciones & instituciones per illos ad quos de jure communi, privilegio, vel consuetudine spectat, faciendas provideatur, cessantibus & rejectis omnino ac non obstantibus quibuscumque & quorumcunque reservacionibus generalibus vel specialibus, ac prohibicionibus, expectacionibus aut graciis, eciam cum decreti apposicione ex parte Pape vel ejus auctoritate factis aut faciendis seu concessis aut concedendis, quo usque per Concilium generale canonicè celebrandum aliud fuerit ordinatum : ad cujus Concilii Ordinacionem, dicta Ecclesia Gallicana & Dalphinatûs, *se summittit. Supplicabant igitur humiliter & devotè, quatinùs Nos ipsorum deliberacioni & conclusioni conformantes & adherentes, ipsas gratas habere, & dictas Ecclesias & viros ecclesiasticos nostrorum Regni &* Dalphinatûs, *quoad predicta, ad suam libertatem antiquam & juris communis disposicionem, quantum in Nobis est, reducere, & in eadem libertate eos conservare & manutenere, omnia ad contrarium impedimenta submovendo, dignaremur. Nos igitur attendentes quod sicut Sacerdotes debitores sunt ut veritatem quam audiverunt à Deo, liberè predicent, sic Princeps debitor est ut veritatem quam audivit à Sacerdotibus, probatam quidem scripturis, defendat fiducialiter, & efficaciter exequatur : habitâ prius deliberacione maturâ & tractatu diligenti cum pluribus de genere nostro Principibus, aliisque viris notabilibus & famosis dictorum Prelatorum & aliorum virorum Ecclesiasticorum, ac Procuratoris nostri, supplicacionem & requestam justam & racionabilem, sanctorumque Patrum & Conciliorum generalium Decretis conformem reputantes, eam in forma, sicut premittitur, de nostra certa sciencia duximus admittendam, predictas deliberaciones & conclusiones ratas habentes, dictas Ecclesias & viros Ecclesiasticos, quoad predicta, ad suam libertatem antiquam & juris disposicionem reducendos esse censemus, & quantum in Nobis est, reducimus, eosque in eadem libertate per Nos de cetero manuteneri & conservari volumus per presentes : Mandantes & districtiùs injungentes dilectis & fidelibus Consiliariis nostris gentibus nostrum presens tenentibus & que in futurum tenebunt Parlamentum, Baillivis, Prepositis, Senescallis, Judicibus, Vicariis, ceterisque Justiciariis & Officiariis nostris in nostris Regno &* Dalphinatu *memoratis constitutis & constituendis, vel eorum Locatenentibus, & eorum cuilibet, prout ad ipsum pertinuerit, quatinùs omnia premissa & singula prout superiùs sunt expressa, in omnibus & singulis Civitatibus, Villis & locis insignibus Regni &* Dalphinatûs *predictorum, debitè & ut in talibus est fieri consuetum, publicari faciant, & ab omnibus quorum intererit, inviolabiliter & integraliter observari, & dictas personas Ecclesiasticas, dictis eleccionibus, postulacionibus, presentacionibus & collacionibus secundum modum & formam premissorum ab omni turbacione & violencia defendant, omnes quascumque personas contra venientes, cujuscumque statûs seu condicionis existant, puniendo taliter quod ceteris cedat in exemplum : nam premissa sic fieri volumus & jubemus per presentes. In cujus rei testimonium, presentibus Litteris nostrum jussimus apponi Sigillum.* Datum *Parisius,* die XVIII.[a] Februarii, anno Domini millesimo quadringentesimo sexto, & Regni nostri vicesimo septimo. *Sic signat.* *Per* Regem : [a] *cum Consilio & assensu (c) Dominorum meorum* Ludovici, Sicilie Regis, [b] Ducum *que* Aquitanie, Biturie *&* Aurelianensis, *atque* Borbonii, [c] *Vestrique, necnon* Patriarche Alexandrie, *ac Prelatorum & Procerum, necnon plurimorum aliorum Ecclesiasticorum virorum & secularium de Consilio magno Regis.* DE MONSTEROLIO.

a Voy. ci-dessus p. 110. note *(b)*.

b C'étoit le Dauphin, fils aîné du Roy.

c Le Chancelier de France. Voy. le 5.[e] Vol. de ce Rec. p. 653. note *(c)*.

NOTE.

(c) Dominorum meorum.] Cette formule est singulière, en ce que c'est le Secrétaire du Roy qui y parle, & qui y appelle ses Seigneurs ceux qui étoient présens au Conseil du Roy.

Lecta & in Curia publicata XV.ª die mensis Maii, anno Domini millesimo quadringentesimo octavo. BAYE.

Collacio facta est.

CHARLES VI.
à Paris, le 18. de Février 1406.

(a) Lettres qui ordonnent la cessation des exactions indûes qui se faisoient sur le Clergé de France, par le Pape, les Cardinaux & ses Officiers.

KAROLUS, Dei graciâ, Francorum Rex. Universis presentes Litteras inspecturis: Salutem. Si dotare vel ditare novas Ecclesias, & veteres opibus ampliare, opus est perspicue caritatis, & multo prestanciùs est relevare depressas & gravatis congrua suffragia exhibere, lamentabilem si quidem querimoniam nostri ac plurium Principum Prosapie nostre Procuratorum, nec non Prelatorum, Capitulorum, Collegiorum, Conventuum ac Cleri Regni nostri & Dalphinatûs, *ac eciam dilecte Filie nostre Universitatis* Parisiensis, *recepimus continencie subsequentis; videlicet, quod quamvis secundum Apostolicam Doctrinam, Pape potestas à Christo sit ad Ecclesie edificacionem, non ad destructionem ordinata, & ad Justiciam rectumque Judicium exercendum, cui nec competit pro libito facultas exactiones, angarias & tyrannides super Ecclesias aut subditos exercendi, cum Dominus docuerit pascere gregem & docere, non terrenis lucris inhiare aut avariciis delectari, sintque fructus Ecclesiarum & Beneficiorum quoruncunque eciam vacancium, tam secundum dispoficionem Conciliorum Generalium & Jurium, quam secundum piam intencionem Fundatorum, ordinati ad sustentacionem Ministrancium in Divinis, ipsiusque Divini cultûs augmentum, alimentationem Pauperum, redempcionem captivorum, Ecclesiarum suorumque edificiorum reparationem, terrarum ac possessionum Ecclesie culturam, Jurium ipsarum conservacionem, ceterorumque onerum incumbencium supportationem, adeò eciam quod bona per Prelatos post eorum obitum dimissa, futuris debent successoribus reservari in Ecclesie utilitatem convertenda, nisi fortè in illis locis Regni ubi de usu & consuetudine notoriè observatis, licitum sit Prelatis ipsis & aliis viris Ecclesiasticis secularibus, de eisdem bonis facere testamentum, quibus eciam ab intestato in dictis bonis secundum consuetudinem & observanciam supradictas, sui succedunt heredes; quodque licet fuerit Decretis sanctorum Patrum institutum ut Prelati Ecclesias sibi subditas annis singulis visitare deberent, quatinùs sic docerent indoctos, corrigerent excessus, mores reformarent, Ecclesias restaurarent, & cetera Prelatis incumbencia ad Dei honorem exercerent, ac per hoc Procuraciones in victualibus aut pecuniam reciperent ad optionem visitati; nichilominus tamen aliqui Collectores & alii Officiarii Romanorum Pontificum, presertim ª Pape moderni, ab aliquibus annis citra Ecclesiam & viros Ecclesiasticos prefatorum Regni &* Dalphinatûs *nostrorum, contra predicta plurimis jugibusque & importabilibus servitutibus oppresserunt & afflixerunt, potissimè bona Prelatorum & virorum Ecclesiasticorum decedencium, tam regularium quam secularium, que spolia defunctorum interdum nuncupantur, reservando & usurpando fructus Ecclesie tempore vacationis Prelaturarum aut Beneficiorum Ecclesiasticorum obvenientes, levando & capiendo arreragia preteritorum & incognitorum temporum tanquam debita, per fulminationem Censurarum Ecclesiasticarum exigendo à Beneficiatis quibuscunque, primam Annatam expetendo & extorquendo, cujus annate medietatem, quoad majores Dignitates, Collegio Cardinalium consueverunt assignare, & Annatam hujusmodi unacum quadam pecunie summa, quam vocant minuta Servicia, & quam pro familiaribus esse dicunt, cum exactione juramenti & sub penis perjurii & aliis diversis penis & censuris hactenus*

ª Benoît XIII.

NOTE.

(a) Registre *A.* du Parlement de *Paris, fol.* 215. *recto.*

Avant ces Lettres il y a: *Confirmacio Arresti super exactione Financiarum Gencium Ecclesiarum prolati.*

Ces Lettres ont aussi été envoyées de *Grenoble* avec cette indication: *Alter Liber copiarum* Valentinensis *&* Diensis, *Gratia plena.* Cahier 118.

Voy. la Préface 5. *Schisme.*

CHARLES VI. à Paris, le 18. de Février 1406.

exegerunt : Procurationes vero que Prelatis & aliis racione facte visitationis tantum modo debentur, capiendo & levando in pecunia numerata, licet visitationis officio non impenso : ab illis autem qui ad Procurationem nullatenùs tenebantur, tantumdem quod tunc vocant equivalens, exigendo : Decimas & alia Subsidia, tractatu non habito cum Prelatis, pro libito voluntatis imponendo : In hiis eciam exigendis, sicut nec modus, sic nec misericordia nec equalitas servatur aut mensura ; & cum Prelatis prohibeatur administrare sine Bullis, [a] *quicquid placet solvere inde compelluntur, quoniam aliàs Bulle nequaquàm expedirentur, prout dicunt; ex quo Beneficium Ecclesiasticum obtineri videtur cum precio vel mercede, quod pro bono communi pociùs deberetur scienciâ aut virtute ; sicque qui sufficientissimi sunt, si pauperes fuerint, nullatenùs promoventur; propter que & alia innumera gravamina, ipse Ecclesie & Monasteria & earum edificia multis in locis dictorum Regni nostri &* Dalphinatûs, *irreparabiliter corruunt, hereditagia conspiciuntur inculta, immobilia interdùm de facto alienantur aut impignorantur, mobilia eciam, preciosa Reliquiarum Vasa, Ecclesiastica ornamenta, Calices, Libri & similia interdùm eciam vili precio distrahuntur; nemora non cedua frequenciùs inciduntur & venundantur, & Ecclesie innumerabilium mole debitorum importabiliter onerantur; propter quod numerus Deo servientium Ministrorum, quia sustentari in consueto numero non valeret, minuitur, & qui remanent Deo & Ecclesie servientes, propter frequentes Excommunicationes & Censuras occasione dictarum exactionum, quibus eciam satisfacere non valerent, de facto prolatas, à Divino servicio plurimùm retrahuntur, & interdùm aliqui mendicare compelluntur, & maxima penuria rediguntur, non habentes de quo valeant Deo serviendo, aut in studiis existendo sive commorando, sustentari, & Regnum nostrum, quod inter alia Regna viris scientificis communiter floruit, per quod Regni nostri predicti Justicia consuevit gubernari, hiis temporibus, proth dolor ! nimiùm vacuatur : inde Cultus Divinus & opera caritatis que fieri deberent multipliciter, defraudantur & cessant, intencio Fundatorum non servatur, hiis eciam modis Regnum redditur pecuniis & opibus plurimùm depauperatum, & infinita vixque enarrabilia scandala cotidiè oriuntur : que omnia, licet sint ad oculum satis manifesta, & fini ad quem est Pape potestas ordinata, de directo censeantur obviare, fuitque Papa modernus & alii predecessores sui, super revocatione aut moderatione dictorum gravaminum, ac de congregando Concilium generale ad providendum super premissis, pluriès requisiti, attamen sic omnia absque remedio diuturnâ continuatione perdurarunt, donec dudùm super quibusdam per nostram Regiam Ordinationem, & novissimè super aliis ex dictis gravaminibus, per quoddam Arrestum Curie nostre Parlamenti, sub ea forma pronunciatum, quod cessarent usquequo per eandem Curiam fuisset aliter ordinatum, provisum extitisset; & ut ad perpetuum uberiùs & pleniùs provideretur in predictis, nuper per Procuratorem nostrum Regium in Concilio Prelatorum & Cleri dictarum Ecclesiarum Regni &* Dalphinatûs Parisius *celebrato, ubi erant Archiepiscopi, Episcopi, Abbates & Prelati, ac Procuratores Capitulorum & Collegiorum & Universitatum, & alii viri Ecclesiastici & notabiles in grandi numero solenniter congregati, ubi eciam Consanguineus noster* Ludovicus Rex Sicilie, *& Primogenitus noster* Dux Acquitanie, Dalphinusque Viennensis *&* Duces Biturie, *Patruus,* Burgundie, *Consanguineus, &* Borbonii, *Avunculus nostri, pro Nobis illò tunc presidebant propositum fuit & requisitum quod exactiones & gravamina superiùs declarata cessarent penitùs & omninò, super quo plurimis & repetitis intervenientibus discussionibus maturis, per Prelatos & alios viros Ecclesiasticos supradictos deliberatum extitit & conclusum quod attentis illis que supra premissa sunt, & aliis attendendis, talia gravamina & usurpationes secundum Deum & conscienciam non poterant commodè aut debebant ampliùs tolerari, humiliter supplicantes quatinùs ad Dei laudem, reique publice utilitatem, & Ecclesiasticarum Libertatum dictarum Ecclesiarum Regni &* Dalphinatûs *conservacionem, super predictis efficaciter & ad perpetuum de remedio oportuno providere dignaremur,* [b] *& predicta omnia & singula gravamina cessare faciendo; & nichilominus predictas Ordinaciones aliàs per Nos factas, & dictum Arrestum Parlamenti confirmando & ad perpetuum extendendo, nostram super hoc Ordinationem Regiam ubique publicari, teneri & observari faceremus. Nos*

[a] quidquid.

[b] & paroît inutile.

Nos igitur attendentes quod ad stabilitatem Ecclesie est potestas Regia divinitùs ordinata, & quod per Regnum terrenum celeste Regnum tunc proficit, quandò destruentes Ecclesiam rigore Principum conteruntur, imo sacri Canones, quando talia per Majores Ecclesie perpetrantur, ad Reges docent habere recursum, & quod in illis de quibus notoriè turbatur status Ecclesie, eciam Pape non obediri consulunt sancti Doctores, recognoscentes, ut tenemur, quod propter Ecclesiam quam, in quantum ad Nos spectat, eciam ex speciali debito juramenti Christo tuendam suscepimus, Deo sumus racionem reddituri, Progenitorum nostrorum exemplis edocti, qui Sacrosanctas Dei Ecclesias & viros Ecclesiasticos zelo Fidei ac pie devotionis accensi, immensis muneribus atque privilegiis munientes, Ecclesias edificantes & contritas restaurantes, eas à concussionibus & quibuslibet novitatibus indebitis preservare curarunt, quarum eciam Nos prompti defensores & pugiles existere gloriamur, predictis omnibus cum debita premeditacione pensatis, habitâ eciam priùs deliberacione cum Principibus nostre Regalis Prosapie, ac aliis Proceribus, multisque viris prudentibus & notabilibus Ecclesiasticis ac secularibus Regni nostri, Nobis in Concilio nostro assistentibus, tam gravem & manifestam deformationem atque destructionem Ecclesiarum predictarum Regni & Dalphinatûs, *virorumque Ecclesiasticorum desolacionem, sub connivencia dissimulare ulteriùs non valentes nec volentes, ordinavimus & tenore presencium ordinamus quod omnes & singule exactiones & quecunque gravamina superiùs declarata & enarrata, cessare debeant & cessabunt àmodo in nostris Regno &* Dalphinatu *predictis, & illa que per dictum (b) Arrestum Curie nostre Parlamenti circa hoc fuerunt, donec fuisset aliud ordinatum, dicta & pronunciata de cetero in dictis Regno &* Dalphinatu, *perpetuò tenebuntur & inviolabiliter servabuntur. Hec autem omnia scripto presenti annotari, publicarique & inter nostras Regias Ordinationes registrari mandavimus, ut presencium Litterarum interventu, plenam inde noticiam habeat posteritas successura. Quocirca dilectis & fidelibus Consiliariis nostris presens tenentibus aut qui futurum nostrum tenebunt Parlamentum, omnibusque Justiciariis Regni ac* Dalphinatûs *nostrorum, ceterisque Officiariis & Subditis nostris mandamus, eorum cuilibet, prout ad eum pertinuerit, districciùs injungentes quatinùs presentem nostram Ordinacionem ac voluntatem teneant, custodiantque & conservent in sua roboris firmitate, & ab omnibus subditis & incolis Regni ac* Dalphinatûs *nostrorum predictorum, inviolabiliter faciant in omnibus & per omnia observari, ubi & quando opus erit aut requisiti fuerint, publicari facientes; in cujus rei testimonium, presentibus Litteris nostrum jussimus apponi Sigillum.* Datum *Parisius,* XVIII.ª die Februarii, anno Domini M. CCCC.mo sexto, & Regni nostri XXVII.° *Sic signat. Per Regem,* [a] *cum Consilio & assensu Dominorum meorum* Ludovici Sicilie Regis, Ducum *que* Acquitanie, Biturie & Aurelian. *atque* Borbonii, [b] *Vestrique nec non* Patriarche Alexandrie, *ac Prelatorum & Procerum, nec non plurimorum aliorum Ecclesiasticorum virorum & Secularium de Consilio magno Regis.* J. DE MONSTEROLIO.

Lecta & publicata in Curia, XV.ª *die mensis Maii, anno Domini millesimo quadringentesimo octavo.* BAYE.

Collatio facta est.

CHARLES VI. à Paris, le 18. de Février 1406.

a Voy. ci-dessus p. 110, note *(b)* & p. 182, note *(c)*.

b Le Chancelier de France. Voy. le 5.e Vol. de ce Rec. p. 653, note *(c)*.

NOTE.

(b) Arrestum.] Dans le Reg. après ces mots, *Collatio facta est,* qui sont à la fin de ces Lettres, on lit: *Nota quod Arrestum Financiarum de quo in prescripta Littera cavetur, prolatum fuit anno M.° CCCCVI.° mense Septembris.* On n'a point trouvé cet Arrêt ni dans le Reg. *A.* du Parlement de *Paris,* ni dans les Preuves des Libertés de l'Eglise Gallicane.

CHARLES VI. à Paris, le 26. de Mars 1406.

(a) Lettres qui portent que les biens de l'Ordre de Saint Jean de Jérusalem, situés en France, ne seront point sujets à l'imposition établie par le Clergé de ce Royaume, à l'effet de fournir aux frais nécessaires pour parvenir à l'union de l'Eglise, & que les membres de cet Ordre ne seront point envoyés en Ambassade par rapport à cette union.

CHARLES, par la grace de Dieu, Roy de France. A tous nos Justiciers & Officiers, ou à leurs Lieuxtenans: Salut. Receu avons la supplication de nos bien amés les Religieux Prieurs & Freres de l'Ordre de l'Hospital de Saint Jehan de Jeruzalem, estans en nos Royaulme & *Dalphiné*, contenant que comme par notre Ordonnance, les Prelats & autres Gens d'Eglise de nosdits Royaulme & *Dalphiné*, ayent n'agueres esté convoqués & assemblés en nostre Ville de *Paris*, sur le fait de l'union de nostre mere Sainte Eglise, à laquelle convocation ait esté conclud & deliberé de lever & imposer un Subcide apellé demi-dixieme, sur lesdits Gens d'Eglise, pour la poursuite & prosecution de laditte union; & combien que à icelle convocation n'ayent esté aucuns desdits suplians appellés, toutesvoyes on les veult contraindre à contribuer à icelui demi-dixieme, ou au moins à envoyer en ambaxade à leurs despens certaines notables personnes dudit Ordre, laquelle chose lesdits suplians ne oseroient faire ne consentir sans congié & licence du Maitre & Convent de *Rhodes*, qui est leur Chief & Souverain, mêmement que ceulx ou aucun d'eulx ou tems passé ne furent oncques comprins en semblable Subside pour quelque chose que notre mere Sainte Eglise ait eu à faire ne suporter, si comme ils dient, en Nous requerant que ce consideré, & attendu aussi que par le Scisme de notreditte mere Sainte Eglise, ledit Convent a pardu & pert la moitié ou plus de ses *(b)* Responsions dont il a toujours esté sustenté & norri, par faulte desquelles il a convenû que lesdits suplians se soient [a] tailliés pour soutenir leurdit Convent, & plusieurs de leurs Maisons sont tournées en très-grans ruines, & que continuellement & chacun jour les biens de laditte Relligion sont convertis & dispensés pour le soustenement de nostre Foy à l'encontre des mescréans d'icelle, Nous leur veuillons sur ce pourvoir de nostre remede & grace. Pourquoi Nous ces choses considerées, & pour certaines autres causes & considerations ad ce Nous mouvans, vous mandons & deffendons très-expressément & à chacun de vous, si comme à lui appartiendra, que lesdits suplians ne aucun d'eulx, vous ne contraigniés à payer ne contribuer en aucune maniere audit Subcide, ne à envoyer aucune personne en ambaxade pour laditte union, en quelque maniere que ce soit ou puist estre: Car ainsi nous plaist-il estre fait, nonobstant quelconques Ordonnances, Mandemens ou deffenses & Lettres subreptices empetrées ou à empetrer à ce contraires. *Donné à* Paris, *le 26.e jour de Mars, l'an de grace mil quatre cens & six avant Pasques, & de nostre Regne le XXVII.e* Par le Roy. FRERON.

[a] *a imposé une taille.*

NOTES.

(a) La copie de ces Lettres a été envoyée de *Montpellier* avec cette indication : *Sénéchaussée de* Toulouse *en général, armoire C. 8.e continuation des titres particuliers. N.o 2. fol. 52. verso.* Voy. la Préface §. *Schisme.*

(b) *Responsions.]* Il n'y a dans la copie que *Respons* avec une marque d'abréviation. Voy. sur le mot *Responsions*, la note *(c)* de la p. 261. du 6.e Vol. de ce Rec.

CHARLES VI. à Paris, en Mars 1406.

(a) *Lettres qui défendent de vendre dans la Ville d'Aiguesmortes, depuis la Saint Michel jusqu'au commencement du Carême, d'autre vin rouge que celui qui aura été recueilli dans le territoire de cette Ville.*

CHARLES, &c. Savoir faisons à tous presens & avenir, que comme noz amez subgez les Consuls & habitans de noz Ville & Forteresse d'*Aiguesmortes*, ou aucuns d'eulx, aient & possident certaines vignes ou terrouer d'icelui lieu, & pourceque ycelui terrouer est sablonneux, ou pour autre cause ou causes, le vin qui croist en ycelles vignes, ne puisse bonnement estre gardé chascun an que jusques à l'entrée de Karesme, parquoy est nécessité à nosditz subgez, que pendant ycelui temps ledit vin soit vendu ou despensé : car autrement il seroit en aventure de tourner, ou de non proufitter à personne, qui pourroit redunder ou prejudice, corrupcion & peril du bien publique, & mesmement de nosditz subgez, ainsi qu'ilz dient, implorans sur ce noz gracieuse provision & remede : Nous ayant regart à ces choses, & que plusieurs laboureurs & povres habitans de nosdictes Ville & Forteresse, ont leur sustentacion & vie du fait desdictes vignes & vin, si comme l'en dit, & pour certaines autres causes & consideracions Nous mouvans, avons ordonné & ordonnons par la teneur de ces presentes, de nostre auctorité royal, plaine puissance & grace especial, que en nosdictes Ville & Forteresse & ès Faubours d'icelle, aucune personne quelconque ne de quelque estat ou condicion quelle soit, illec née, habitant & demourant ou estrangiere, ne puisse vendre ou faire vendre par an, en gros ne en detail, aucun vin vermeil ou aucuns vins vermeulx, d'ailleurs que du creu oudit terrouer, depuis la feste de Saint Michiel jusques à ladicte entrée de Karesme, ne ycellui temps durant, sinon que ycelui vin creu oudit terrouer, deffaillist ou ne souffisist pour l'usage & les necessitez desdiz Consuls & habitans, & autres venans & frequentans en nosdicte Ville & Forteresse, jusques à ladicte entrée de Karesme; [a] parmi paiant toutesvoies les drois & devoirs appartenans & acoustumez en tel cas. Si donnons en mandement au Chastellain & Viguier dudit lieu d'*Aiguesmortes*, & à tous nos autres Justiciers & Officiers, ou à leurs Lieuxtenans, qui sont à present & seront ou temps avenir, & à chascun d'eulx, si comme à lui appartendra, que nostre presente Ordonnance ilz facent publier ou & si comme il appartendra, & icelle tenir & garder sans enfraindre, en contraignant ou faisant, se mestiers est, soubz grans peines à Nous à appliquer, & par toutes autres voies & manieres deues & afferans en tel cas, contraindre vigoureusement & [b] sans déport, tous ceulx qui feroient, vouldroient ou s'efforceroient faire ou venir à l'encontre, & à en cesser & eulx désister du tout, & de nostredicte Ordenance & du contenu en ces presentes, laissent & facent nosdiz subgez & chascun d'eulx, joïr & user plainement & paisiblement, tous contredis & empeschemens contraires cessans & regettez de tous poins : Car pour les causes & consideracions dessusdictes, il Nous plaist & voulons estre ainsi fait, & l'avons octroié & octroyons de nosdictes auctorité royal & grace especial, à nosdiz subgez, pour eulx, leursdiz hoirs, successeurs & ayans cause; non contrestans Ordenances, deffenses, Status, usages & coustumes generaulx ou especiaulx, faittes & à faire à ce contraires. Et afin que ce soit chose ferme & estable à tousjours, Nous avons à ces Lettres fait mettre nostre Séel : sauf en autres choses nostre droit, & l'autrui en toutes. *Donné à Paris, ou mois de Mars, l'an de grace mil CCCC. & six, & de nostre Regne le XXVII.*[e]

Par le Roy, presens plusieurs des Chambellans. R. COSTE.

[a] moyennant qu'on paye.

[b] sans faveur.

NOTE.

(a) Trésor des Chartres, Registre 161. P. ij.[c] iiij. (204).

CHARLES VI. 1406.

(a) Fragment d'une Ordonnance faisant mention de l'élection des Officiers du Parlement.

PRIMO quia aliquæ, & infra, ordinamus quod aliquo Officiariorum nostrorum loco in nostra Parlamenti Curia vacante, Cameris congregatis in eadem Curia, præsente nostro Cancellario, si Parisius *tunc præsens extiterit, & velit & possit interesse ad electionem unius, duarum aut trium personarum, quæ sufficientiores & idoneiores* [a] *fuerint ad prædictum Officium exercendum Curiæ nostræ videbuntur, per formam scrutinii, quanto celeriùs fieri poterit, procedatur; exindèque* [b] *electio hujusmodi, & quis electorum ad idem Officium propitior eisdem videbitur, certiores Nos faciant, ut eidem Officio, sicut videbimus fierique debebit, meliùs providere valeamus.*

a Ce mot paroît inutile.
b Cette phrase paroît corrompue.

NOTE.

(a) A la marge de ce Fragment, qui est à la p. 9. du premier Vol. des Ordonnances de *Fontanon*, il y a : 1406.

Avant ce Fragment, il y a dans *Fontanon : Quomodo fieri debent electiones in Curia Parlamenti.* Cette Ordonnance fut confirmée par des Lettres du 8. de May 1408. qui seront imprimées à leur rang dans la suite de ce Recueil.

M. CCCC. VII.

Cette année, suivant le Glossaire de *Du Cange*, au mot, *Annus*, a commencé le 27. de Mars, & a fini le 14. d'Avril.

CHARLES VI. à Paris, le 2. d'Avril 1407.

(a) Lettres qui fixent le prix des espèces d'or & d'argent qui seules doivent avoir cours dans le Royaume, & qui renouvellent les anciennes Ordonnances données sur le fait des monnoies.

CHARLES, par la grace de Dieu, Roy de France. Au Prevost de *Paris* ou à son Lieutenant : Salut. Comme pieça Nous ayons mandé à tous les Seneschaulx, Baillifz, Prevostz & autres Justiciers de nostre Royaume, que les Ordonnances faictes sur le cours de nos Monnoyes par deliberacion de nostre Conseil, pour l'évident prouffilt de tout le peuple de nostredit Royaume, ilz feissent tenir & garder sans les enfraindre, si que nulz ne prinst ou meist aucunes Monnoyes d'or ou d'argent pour aucun pris, fors celles ausquelles Nous avons donné cours par lesdictes Ordonnances; & Nous ayons entendu & soyons bien informez par le rapport & relacion d'aucuns de nostre Conseil & autres congnoissans en ce, que de faire tenir & garder lesdictes Ordonnances, plusieurs à qui il touche & appartient, ont esté refusans ou negligens, en tant que par deffault de Justice & de pugnicion, toutes Monnoyes d'or ou d'argent faictes en nostre Royaume ou dehors, ont cours pour telz priz comme il leur plaist, en grant deception & dommaige de tout le peuple de nostredit Royaume; desquelles choses il Nous desplaist [c] tresforment : Nous qui desirons de tout nostre cueur le bien & prouffilt de noz subgectz & de tout le peuple de nostredit Royaume, vous mandons & expressément enjoignons, & se mestier est, commectons que tantost ces Lectres veues, vous faictes crier & publier par les lieux notables & acoustumez de la Ville & *Viconté* de *Paris*, & ès

c *très-fortement.*

NOTE.

(a) Registre *E.* de la Cour des Monnoies de *Paris, fol.* 7. vingt 13. *recto.* [153].

Avant ces Lettres, il y a : *Mandement pour faire crier les Ordonnances sur le fait des Monnoies.*

Ces Lettres sont aussi dans le Livre Rouge vieil du Châtelet de *Paris, fol.* xij.[xx] [240].

Ressors d'icelle, que nul de quelque estat qu'il soit, ne soit si hardy de prendre ou meĉtre en ᵃappart ou en couvert, en fait de marchandise ou autrement, comment & pour quelque pris que ce soit, aucunes Monnoyes d'or ou d'argent qu'elles que elles soient, soient des coings de France ou d'autres; mais soient mises au marc pour Billon; excepté celles ausquelles Nous donnons cours par ces presentes Ordonnances; c'est assavoir.

CHARLES VI. à Paris, le 2. d'Avril 1407.

a corr. *appert : publiquement ou secretement.*

Premierement. Que les bons Deniers d'or fin appellez Escuz à la Couronne, que Nous faisons faire par toutes noz Monnoyes, ayent cours & soient prins & mis pour XXII. sols VI. deniers Tournois piece, & non pour plus.

(2) Item. Les Blancs Deniers à l'Escu que Nous faisons faire, soient prins & mis pour X. deniers Tournois piéce, & non pour plus.

(3) Item. Les Petiz-Blancs appellez Demys-Blancs à l'Escu, que Nous faisons semblablement faire, soient prins & mis pour V. deniers Tournois piece.

(4) Item. Les Doubles-Tournois ayent cours & soient prins & mis pour II. deniers Tournois la piece; & les Petiz Parisis & Petiz Tournois soient prins & mis pour I. denier Parisis & pour I. denier Tournois piece; & aussi les Petites Mailles pour une Maille Tournois la Piece; & toutes autres Monnoyes qu'elles que elles soient, ne soient prinses ou mises de quelque personne que ce soit, ᵇ fors au marc pour Billon, sur peine de perdre toutes icelles Monnoyes que l'en trouvera prenans ou meĉtans, ou avoir prins & mis.

b *pour aucun pris.* 2.ᵉ copie.

(5) Item. Que nul de quelque condicion ou estat qu'il soit, ne porte ou face porter hors de nostre Royaume Or, Argent, Billon ne autres Monnoyes, fors celles ausquelles Nous donnons cours par ceste presente Ordonnance.

(6) Item. Que nulz Changeurs quelz qu'ilz soient, ne puissent garder plus de XV. jours le Billon soit d'or ou d'argent, qu'ils acheteront, qu'ils ne le portent ou facent porter à la plus prouchaine de noz Monnoyes du lieu où ilz tiendront leurs domicilles, ou du lieu où ilz auront ᶜ cueilly ledit Billon, ou le vendent à Changeurs dont ilz seront ᵈ acertenez qu'ilz le portent en noîdiĉtes Monnoyes, sur peine de perdre tout iceluy Billon; & aussi que lesdiĉts Changeurs sur la peine dessusdiĉte, ne puissent tenir à leurs Changes ne ailleurs, aucunes Monnoyes d'or deffendues entieres; mais soient couppées & mises en tel estat que jamais n'ayent cours, sur peine d'estre à Nous confisquées.

c *rassemblez.*
d *certains : assurez.*

(7) Item. Que nulz ne s'entremeĉtent sur icelle peine, de rachacier ou affiner aucune matiere de Billon d'or ou d'argent, sans le congé de Nous ou des Generaulx-Maistres de noz Monnoyes; ne de faire fait de Change, se sur ce ilz n'ont noz Leĉtres & celles desdiĉts Generaulx-Maistres, ᵉ faiĉte depuis noz autres ᶠ Ordonnances que Nous feismes ou moys de Mars, l'an mil iij.ᶜ iiij.ˣˣ & quatre.

e *faiĉtes*, 2.ᵉ cop.
f *Ce sont app. les Lettres du 11. de Mars 1384. qui sont imprimées à la p. 107. du 7.ᵉ Vol. de ce Rec.*

(8) Item. Que nul quel qu'il soit sur ladiĉte peine, ne porte ᵍ Tablette en lieu Sainĉt ne dehors, ne face fait de Change fors ès lieux notables & acoustumez.

g *Voy. la Table des Mat. du 4.ᵉ Vol. de ce Rec. au mot* Tablette.

(9) Item. Que nulz Changeurs ne autres sur ladiĉte peine, ne meĉtent, vendent ou baillent à quelque personne que ce soit, le Denier d'or appellé Escu à la Couronne, pour plus hault pris de XXII. sols VI. deniers Tournois piece.

(10) Item. Que nul de quelque condicion ou estat qu'il soit sur ladiĉte peine, ne face aucuns Contraulx ou marchez à sommes de marcs d'or ou d'argent, ne à pieces d'or; mais seulement à solz & à livres.

(11) Item. Que tous Tabellions & Notaires jurent solempnellement qu'ilz ne feront ou passeront Leĉtres de Contraulx ou marchez qui soient faiĉtz par quelque personne que ce soit, fors que à solz & à livres simplement; se ce n'est pour cause de vray prest, de garde ou depost sans fraulde, & en traiĉtié de mariaige, & vente ou retraiĉt des heritaiges.

Et affin que ceste presente Ordonnance soit tenue & gardée sans enfraindre, si comme Nous le desirons de tout nostre cueur, Nous voulons & vous mandons en commeĉtant, se mestier est, que vous ordonnez & establissez de par Nous en nostrediĉte Ville & *Viconté* de *Paris*, & ès ressors d'icelle, appellé avec vous aucuns des Generaulx-Maistres de noîdiĉtes Monnoyes, certaines bonnes & conve-

CHARLES VI. à Paris, le 2. d'Avril 1407.

nables persońnes qui se preignent garde que nulz ne trespassent ou facent contre ceste presente Ordonnance; lesquelz auront pour leur peine & sallaire la quarte partie de toutes les Monnoyes & Billon soit d'or ou d'argent, qu'ilz pourront trouver prenans ou mectans, fors au marc pour Billon, ou portans hors en esloignant nostre Monnoye de *Paris;* & en oultre voulons que tout ce qui sera prins par vosdicts Commis & depputez à ce, avecques toutes les amendes, forfaictures & confiscacions qui escherront à cause dudit fait, vous faictes porter en nostredicte Monnoye de *Paris,* & livrer aux Gardes & Maistre-Particulier d'icelle, pour convertir ou payement de la despense des Hostelz de Nous, & de nostre très-chiere & très-amée Compaigne la Royne; & tout ce que par vosdictz Commis & depputez sera mis & livré en nostredicte Monnoye de *Paris,* à cause de ce, faictes par eulx [a] certiffiez soubz leurs seaulx, noz amez & feaulx les Gens de noz Comptes & Generaulx-Maistres de noz Monnoyes. Si vous mandons, commectons & estroictement enjoignons que ceste presente Ordonnance vous faictes tantost crier & publier ès lieux notables & acoustumez de nostredicte Ville & *Viconté* de *Paris,* & ès Ressors d'icelle, si bien & si dilligeamment que personne à qui il peult toucher, ne le puisse ou doye ignorer, & icelles faictes garder sans enfraindre, en faisant pugnicion sans faveur & sans depport, de tous ceulx que l'en pourra trouver ou savoir qui auront fait ou feront d'oresenavant transgression, si, & par telle maniere que ce soit exemple à tous autres; & gardez que en ce n'ait deffault; & Nous donnons en Mandement à tous noz Justiciers, Officiers & subgectz, & à chacun d'eulx, si comme à luy appartiendra, que à vous & à voz Commis & depputez en ce faisant, obeissent & entendent diligeamment, & vous prestent conseil, confort & aide, se mestier est & requis en sont. *Donné à* Paris, *le second jour d'Avril, l'an de grace mil iiij.^c & sept, & de nostre Regne le XXVIIe.* Ainsi signé. Par le Roy, à la relacion du Conseil. FOYTEMENT. *(b)*

a certifier, 2.e cop.

Les semblables Lectres furent baillées à *Estienne Perronin* l'un des Gardes de la Monnoye de *Mascon,* pour icelles envoyer au *Bailly* de ladicte Ville, & faire publier.

Item. Furent envoyées les semblables Lettres aux Gardes de la Monnoye d'*Angiers,* pour icelles porter au *Bailly* des Exemptions d'*Anjou* & du *Mayne,* & faire publier.

Item. Furent envoyées les semblables Lettres aux Gardes de la Monnoye de la *Rochelle,* adressans au Gouverneur dudit lieu de la *Rochelle,* pour icelles faire publier.

Item. Furent baillées les semblables à *Pierre Prevost* Maistre-Particulier de la Monnoye de *Sainct Poursain,* le XIIIe jour de Mars IIII.^c & huit, adreçans aux *Baillifz* de *Sainct Pierre-le-Moustier* & de *Velay.*

Item. Furent envoyées les semblables Lettres au *Bailly* de *Tournay* & de *Tournesis,* pour icelles faire publier.

NOTE.

(b) Ces Lettres finissent ainsi dans le R. du C. *Au dos desquelles Lettres estoit escript ce qui s'ensuit.* Publiées en Jugement & ès Auditoires du Chastellet de *Paris,* ou Carrefour de la Porte, ès Halles & sur le Grant Pont de la dicte Ville de *Paris,* le Samedi IXe jour d'Avril, l'an mil iiij.^c (*corr.* 1407.)

CHARLES VI.
à Paris, le 5. d'Avril 1407.

(a) Lettres par lesquelles les Bulles, Actes & Procédures émanés du Pape Benoît XIII. ou de ses Commissaires, & qui sont contraires aux dispositions des Lettres par lesquelles Charles VI. & son Royaume se sont soustraits à son obédience, & de celles par lesquelles ils s'y sont remis, sont déclarés nuls & de nulle valeur.

KAROLUS, Dei gratiâ, Francorum Rex. Universis presentes Litteras inspecturis: Salutem. Notum facimus Nos supplicationem dilectorum & fidelium nostrorum Archiepiscoporum Metropolitanorum, Episcoporum, Abbatum exemtorum & non exemtorum, Universitatum Studiorum, Capitulorum [a] *Eccesiarum Cathedralium, Priorum,* [b] *Collegiatorum Ecclesiarum, & plurimarum notabilium personarum Ecclesiasticarum Regni &* Dalphinatûs Viennensis *nostrorum, in Consilio nuper* Parisius *de mandato nostri celebrato convocatorum, Ecclesiam Gallicanam dictorum Regni &* Dalphinatûs *meritò representantium, super facto unionis Ecclesiæ congregatorum, recepimus continentem quod quia in prejudicium & enervationem Substraxionis obedientiæ per Nos, Ecclesiam & Clerum Regni nostri &* Dalphinatûs *pretactorum, hactenus factæ* Benedicto *Papæ* decimo tertio, *certisque causis in* [c] *Litteris ordinationis predicte Substraxionis contentis, quodque ad infringendum dictam Substraxionem, & destruxionem eorum que durante dicta Substraxione fuerunt facta & ordinata modo & forma in Substraxionis Litteris contentis, per dictum* Benedictum *seu per ejus Commissarios plures processus fuerunt facti tam ante quam post* [d] *restitutionem obedientiæ eidem per Nos factam, contra plures Prelatos promotos & alios Beneficiatos in dictis Regno &* Dalphinatu, *tempore dicte Substraxionis durante, & contra eos & quam plures alios subditos nostros, fulminateque publicate Sententie monitionum, suspensionum, excommunicationum & interdictorum, per dictum Consilium Prelatorum Ecclesie Regni nostri &* Dalphinatûs, *salubriter extitit deliberatum pariter & conclusum seu determinatum cum matura & solempni deliberacione, quod tales processus jam facti seu imposterum fiendi, Sententie late nec in futurum ferende, dictarumque Sententiarum publicationes, fulminationes, monitiones, suspensiones, excomunicationes, interdictorum concessiones & appositiones, quomodocumque late, facte & concesse, ferende, fiende & concedende, imposterum per dictum* Benedictum *seu ejus Commissarios, directè vel indirectè, contra quoscumque Prelatos promotos vel Beneficiatos antedictos, aut alios, in prejudicium & contra tenorem dicte Substraxionis, Declarationum ac Ordinationum per Nos factarum & subsecutarum, sunt nulli seu nulle, nullinsque efficacie, talesque processus nec Sententie, publicationes nec fulminationes timende nec timendi, tenende nec tenendi sunt, & nullas esse reputaverunt & reputant, prout cavetur in quodam publico Instrumento super hoc confecto, cujus tenor sequitur in hæc verba.*

In nomine Domini. Amen. Universis presens publicum inspecturis Instrumentum, pateat evidenter & sit notum quod anno ejusdem Domini millesimo quadringentesimo sexto, Indixione decima quinta, [e] *more Gallicano, vicesima secunda die mensis Januarii, Pontificatûs Domini* Benedicti, *divinâ Providentia, Pape* tertii decimi, *anno decimo tertio, in Consilio reverendissimorum Patrum Dominorum Archiepiscoporum, Episcoporum, Abbatum, Priorum Conventualium, deputatorum Universitatum Studiorum* Parisiensis, Aurelianensis, Andegavensis *&* [f] Montispessuli, *Procuratorum aliquorum Prelatorum & aliorum virorum Ecclesiasticorum absentium, Capitulorum Metropolitanorum, & Cathedralium Eccesiarum Regni Francie &* Dalphinatûs Viennensis,

[a] corr. *Ecclesiarum* là & plus bas.
[b] corr. *Collegiatarum.*
[c] Ces Lettres qui sont du 27. de Juillet 1398. sont imprimées à la p. 269. du 8.e Vol. de ce Rec.
[d] Les Lettres de cette restitution d'obédience, qui sont du 30. de Mai 1403. se trouvent *ibid.* p. 593.
[e] C'est-à-dire l'année commençant à Pâques. Voy. les Tables des Mat. de quelques-uns des Vol. de ce Rec. au mot *Année.*
[f] Montispessulani.

NOTE.

(a) La copie de ces Lettres a été envoyée de *Mompellier* avec cette indication: *Sénéchaussée de* Toulouse *en général, armoire C. 8.e continuation des titres particuliers, n.° 2. fol. 72. v.°* Cette copie est défigurée par un grand nombre de fautes.

Voy. la Préface de ce Vol. 5. *Schisme.*

CHARLES VI. à Paris, le 5. d'Avril 1407.

a corr. *Prelatos.*

b Voy. ci-dessus p. 7. note *(b)*.

c Simon Cramaut. *Voy. la Table des noms de personnes du Vol. précédent, à ce nom.*

d Il semble qu'il faille corriger *& Clerum ejus Regni & Delphinatus.*

e Il faut app. corr. *concesseritque.*

f corr. *tacitis.*

per Sereniſſimum & Chriſtianiſſimum Principem Dominum noſtrum Karolum, Dei gratiâ, Francorum Regem, ſuper facto & materia unionis ſancte matris Eccleſie, bono ſtatu & regimine eccleſiaſtico dictorum Regni & Dalphinatûs, Pariſius *vocatorum,* [a] *Prelatorum & Clerum ſeu Eccleſiam Regni &* Dalphinatûs *meritò, ut dicebatur, facientium & repreſentantium, in Aula alta ſupra* Sequanam [b] *Regalii Palatii convenientium & ſolemniter congregatorum, celebrato, expoſuit publicè altâ & intelligibili voce Reverendiſſimus in Chriſto Pater Dominus* [c] Simon, *miſeratione Divinâ,* Patriarcha Alexandrinus, *quod licet obedientie Subſtraxio per prefatum Dominum noſtrum Regem,* [d] *ejus Clerum Regnum Delphinatum, ſancte & juſte ac cum cauſa rationabili & neceſſaria pro ſtirpatione Sciſmatis & aliàs legitimè, cum deliberatione matura, eidem Domino* Benedicto *tanquam Sciſma facienti & crimen Sciſmatis incurrenti, ſicut Litteræ exinde confecte teſtantur, quondam facta extitit, fuitque deinde per Regem prefatum ejuſque ſolemne Conſilium in reſtitutionem obedientie eidem Domino* Benedicto *facienda deliberatum, concluſum, & ordinatum, & expoſt per ſuas patentes Litteras publicatum, nec non pro parte dicti Domini* Benedicti *in prefata ſibi reſtituenda obedientia publicè & ſolemniter promiſſum quatenùs electiones, confirmationes & promotiones de Prelaturis & Dignitatibus ceteris, nec non diſpoſitiones aliorum Beneficiorum tempore Subſtraxionis predicte per Ordinarios collatorum, & patronos, & illos ad quos de jure ſpectat, canonicè facte, aliaque dicta Subſtraxione pendente, de quibus in Litteris ejuſdem, ac etiam reſtitutionis, Declarationumque & Ordinationum inde ſecutarum fit mentio, facta & ordinata, eſſent efficacie, roboris & valoris,* [e] *conceſſerit quod poſtea prefatus Dominus,* Benedictus *certas Bullas continentes quod de Subſtraxione & viribus ejuſdem, in Conſilio generali vel alibi, non intendit diſcutere, quemadmodum ipſarum ſeries liquidiùs manifeſtat; nichilominus tamen ipſe Dominus* Benedictus *Archiepiſcopatum* Toloſanum *ad quem Reverendiſſimus Pater Dominus (b)* Vitalis *de* Caſtromaurano, *& (c) Epiſcopatum* Nivertenſem *ad quem reverendus pater Dominus* Bernardus *de* Perron *tempore dicte Subſtraxionis fuerant canonicè electi, confirmati & conſecrati palam & publicè, necnon Miniſteriatum Provincie* Burgundie *ordinis minorum, ad quem frater* Arnulphus *de* Fonte, *Sacre Theologie Profeſſor fuerat ritè electus & canonicè confirmatus, & eidem ſtatus dicti Miniſteriatûs officii per venerabilem Curiam Parlamenti Regii adjudicatus, licet in poſſeſſione longeva dictarum Prelaturarum & Miniſteriatus officii, pendente Subſtraxione & expoſt facta reſtituatione, extitiſſent, non ignorante ipſo Domino* Benedicto, *non vocatis ſic promotis, imo* [f] *tactis dictis electionibus & confirmationibus ac ſi nunquam factæ fuiſſent, de dictis Prelaturis & Officio tanquam de vacantibus per mortem illorum quorum obitu fuerant dicti Promoti ad dictas Prelaturas electi, quibuſdam aliis perſonis providit, & quamplures alios Epiſcopos, Abbates, Priores & perſonas Ecleſiaſticas, exinde graviter conquerentes ſuper & in beneficiis & Officiis eorum per ipſos longo tempore poſſeſſis perturbavit & perturbat, monendo, interdicendo, ſuſpendendo & excomunicando, alteri dando ſeu conferendo, & quamplures alias Sententias ſpecialiter contra prefatos dominos* Vitalem Archiepiſcopum Toloſanum *&* Arnulphum *ferendo & fulminando ſeu fieri fulminari faciendo, que omnia cedunt in Regis prefati, ejus clariſſime Domûs, Regni ac etiam* Dalphinatûs *& Eccleſie eorundem dedecus, vituperium & lezionem Subſtractionis prefate & effectus ejuſdem, eluſionem, enervationem, abolitionem, odium, & contemptum juris, Ordinariorum, Collatorum & Patronorum hujuſmodi Regni &* Dalphinatûs *defraudationem, dictorum Prelatorum & aliarum perſonarum Ecleſiaſticarum occaſione*

NOTES.

(b) Vitalis de Caſtromaurano.] Il faut corr. ſuivant le *Gall. chriſt.* 1.re édit. T. 1. p. 699. *de Caſtromaurono.* Il y eſt dit, p. 698. col. 2. qu'il fut élû en 1401. que vers 1405. *Benoît XIII.* ayant nommé à cet Archevêché *Pierre Evêque de S.t Pons, Caſtelnaur* fut obligé d'abandonner ſon Archevêché, dans lequel il fut dans la ſuite rétabli.

(c) Epiſcopatum Nivertenſem . . . . Bernardus de Perron.] Il faut certainement corriger *Nannetenſem:* & peut-être *Bertrandus du Parron:* car on lit dans le *Gall. chriſt.* première édit. T. 3. p. 770. n.° 75. que *Bertrandus du Parron* étoit Evêque de *Nantes* en 1404. & que le 23. Octobre 1410. il fut transféré à l'Evêché de Tréguier.

hujuſmodi

hujusmodi conquerentium, damnum non modicum & gravamen, & denique, quod periculosius est & magis dolendum, unionis sancte matris Ecclesie impedimentum, prothelationem & maximum detrimentum, & in majori adhuc futuris temporibus, sicut verisimiliter censendum est, verenda sunt discrimina, nisi brevissimè salubri remedio provisum sit; & jam externa die & [a] *orta premissa, sedente & presenti Consilio exstiterat prolocutum, pro quibus* [b] *maturis digerendis, digesta in Consilio referendis, relata, si videretur, concludendis, & conclusa exequendis, fuerunt* [c] *solemnissimum Patres & Domini tam Archiepiscopi, Episcopi, Abbates, quam in Theologia & Jure canonico & civili Professores, per prefatum Consilium deputati pariter & nominati, ex quorum consultatione & opinione materia presens inter eos diversimodè apperta & discussa, compertum est quod Sententie, Littere, Reservationes, Bulle & Processus per prefatum Dominum* Benedictum *aut ejus Commissarios, occasione quo supra, in quascumque late vel date, seu facti aut ferendi, dandi seu faciendi, vel que contra Substractionem fundantur, attentis premissis, tenendi non sunt,* [d] *que nullius valoris vel momenti existunt, suntque premissa Domino nostro Regi & Dominis de Parlamento significanda, ipsique cum instantia requirendi quatenùs super premissis provideatur prout necessario fuerit providendum: ea propter ponebat in deliberatione idem Dominus Patriarcha an premissa, modo pretacto aut aliàs, facienda viderentur atque concludenda : supra quibus vota omnium ibidem existentium, deliberationesque & consilium reddi atque dari per quemlibet successivè supra premissis requisivit : qui omnes super hoc deliberare requisiti, unus post alium gradatim & successivè, voce altà & intelligibili, tam latinè quam gallicè, prout eisdem bonum videbatur, deliberaverunt, concluserunt, paucis tamen exceptis, quod attenti supra dictis & quamplurimis aliis rationibus per multos allegatis, quecumque Interdicti, Suspensionis & Excommunicationis, Sententie, Fulminationes, Monitiones, Littere & Processus contra quoscumque electos, confirmatos, consecratos, promotos & Beneficiatos tempore dicte Substractionis, cujuscumque gradûs, dignitatis vel ordinis existant, per prefatum Dominum* Benedictum *aut ejus Commissarios, occasione ordinatorum & factorum tempore Substractionis predicte, cum dependentiis eorumdem, & etiam contra tenorem & seriem Litterarum Substractionis, Restitutionis, Declaracionum & Ordinationum regiarum inde sequtarum, & appostolicarum Litterarum predictarum, late, date, facti aut dati seu ferendi, dandi, sive faciendi, timendi non sunt, nullosque esse reputaverunt & reputant, & nullos fuisse vel fore ab omnibus debere reputari; ceteraque omnia & singula, sive per permutationem, sive reformationem gratiarum sive provisionum, vel aliàs qualitercumque in prejudicium dicte Substractionis aut dependentiarum ejusdem facta aut facienda, nulliusque efficacie aut valoris esse reputanda : volentes omnia & singula premissa Domino nostro Regi ac Dominis de suo Parlamento prefatis significari, ipsosque cum instantia requirere quatenùs super eisdem salubriter provideant, spoliatos occasione hujusmodi ad suas possessiones &* [e] *jure restituendo seu restitui faciendo, ac omnia in contrarium premissorum facta &* [f] *aptentata, & si qua forent, quod absit, imposterum aptemtanda, ad pristinum statum & debitum reducendo seu reduci faciendo ac reparando; reducta & recuperata, manutenendo & inviolabiliter conservando : de & supra quibus omnibus & singulis premissis deliberatis & conclusis, dictus Dominus Patriarcha & alii Prelati quamplurimi petierunt à nobis Notariis publicis infra scriptis publicum vel publica sibi fieri atque dari Instrumentum aut Instrumenta. Acta fuerunt hec* Parisius *in Aula predicta, anno, Indictione, mense, die & Pontificatu predictis, presentibus Reverendissimis, in Christo Patribus Dominis* Remensi, Rothomagensi, Bicturicensi, Turonense, Senonense, Tolosano *&* Viennense, *Archiepiscopis;* Lomberiense, Ruthenense, Electense, Nivernense, Ebroicense, Tornacense, [g] Pauctonense, Lexonense *Episcopis; Monasteriorum* Cisterciensis, Clarevallis, *(d) de* Nucaris, Sancti Maxancii,

CHARLES VI. à Paris, le 5. d'Avril 1407.

a Il faut p. e. corr. *hora.*

b Il faut app. corr. *maturiùs.*

c app. *solemnissimi.*

d *nulliusque.*

e corr. *jura.*

f corr. *attemptata .... attemptanda.*

g Il faut app. corr. *Pictavense,* ou *Sanctonense, Lexoviense.*

NOTE.

(d) De Nucaris.] Il faut app. corriger *de Nucariis,* l'Abbaye de *Noyers,* Ordre de Saint Benoît, Diocèse de *Tours,* sur laquelle voyez *Gall. christ.* 1.re *Edit.* T. 4. p. 697. col. 1. Cependant le Diocèse de *Tours* n'est point nommé plus bas entre ceux où étoient situés les Abbayes desquelles il est fait ici mention.

CHARLES VI. à Paris, le 5. d'Avril 1407.

(e) Sancti Bedacii, (f) Cabironensis, (g) Trugonensis, Pictaviensis, & Atrabatensis Diocesum, Sancti Martini Sagiensis, Sancti Petri in Valleya Carnontense, *Abbatibus; Decano Ecclesie* Rothomagensis,[a] Johamne Courtecuisse, Johamne Manchon, Ursino de Tallevena, Johamne Peu, Jordano Moran, Henrico de Bragella, Matheo Rodci, Johamne Mathie, Martiale de Morigina, *Sacre Theologie Professoribus; (h) de* Monasteriis *& de* [b] Charitate *Prioribus;* Gaufrido *de* Pompaderio, *&* Ramundo *de* Perussia *Regiis Consiliariis,* Johamne Gineti *Decretorum Doctore,* Johamne Boilleau, Johamne *de* Pisis, Guillermo *de* Brossis, Johamne Bruiloti *&* Jacobo *de* Centumnucibus, *ac quamplurimis aliis testibus ad premissa vocatis & rogatis.*

a corr. *Johanne,* là & plus bas.

b La Charité sur Loire.

Et ego Johannes [c] Bourillete, *Presbiter* Eduensis *Diecesis, Magister in Artibus & Licentiatus in Decretis, publicusque Apostholicâ & Imperiali auctoritatibus Notarius, premissa omnia & singula exponi, perloqui,* [d] *deputari, nominari, deliberari, & concludi, vidi, & audivi, ac presens fui premissis omnibus & singulis, dum sic, ut premittitur, dicerentur & agerentur & fierent, unacum prenominatis testibus & Notariis subscriptis, & ideo presenti publico Instrumento alterius manu fideliter scripto, signum meum solitum manuale apposui, me propria manu subscribendo, in testimonium premissorum, requisitus & rogatus.*

c Dans la Pièce du 7. de Janvier précédent, qui est insérée dans les Lettres du 14. il y a *Bourrillieti.*

d Il s'agit app. de la députation qui devoit être faite au Roy & au Parlement.

Et ego Johannes de Revello, *Clericus* Tullensis *Diecesis, publicus auctoritate Apostolicâ & Imperiali, & Universitatis* Parisiensis *Notarius & scriba,* [e] *qua premissis omnibus & singulis, dum ut supra scriberentur, agerentur & fierent, unacum prenominatis testibus & Notariis supra & infra scriptis, presens fui, eaque sic fieri vidi & audivi, idcirco presens publicum Instrumentum alia manu, me aliorsum legitimè occupato, scriptum, signo meo publico signavi, hic me propriâ manu subscribendo, requisitus in testimonium veritatis omnium & singulorum premissorum.*

e corr. *quia.*

Ego vero Jacobus [f] Berthii, *Presbiter* Eduensis *Diecesis, publicus Apostholicâ & Imperiali auctoritatibus Notarius, premissis omnibus & singulis, dum sic, ut premittitur, agerentur & fierent, unacum prenominatis testibus ac Notariis supra & infra scriptis, presens fui, eaque sic fieri vidi & audivi, & ideo hic me subscripsi, & signum meum solitum apposui requisitus & rogatus, in fidem & testimonium premissorum.*

f Il y a une marque d'abréviation sur ce nom, sur lequel voyez ci-dessus la note marg. (e) de la p. 176.

Nobis supplicantes quathenùs hujusmodi conclusionem & determinationem publicari, & observari inviolabiliter ab omnibus subditis nostris in Regno & Dalphinatu *facere dignaremur. Nos igitur attendentes requestam & supplicationem dictorum Prelatorum & prefati Consilii Ecclesie Regni nostri &* Dalphinatûs *predictorum, procedere ab illis qui jura noverint, & ex causis aliis justis & rationabilibus Nos moventibus, eandem justam & rationabilem* [g] *represemantes, dictorum Prelatorum & aliarum personarum Ecclesiasticarum & Universitatum Studiorum dictique Consilii & Ecclesie Gallicane &* Dalphinatûs *conclusionem & determinationem quoad omnia & singula premissa, ex nostra certa scientia specialique & plenitudine nostre potestatis duximus admittendam & admittimus, per presentes, districtiùs inhibendo autoritate presentium universis & singulis subditis nostris ac incolis Regni &* Dalphinatûs *predictorum, tam Ecclesiasticis quam Secularibus, quâcumque etiam Pontificali dignitate vel quovis alio titulo seu nomine censeantur, ne prefato* Benedicto *summo Pontifici seu Commissariis, Officiariis, Auditoribus, Justiciariis suis quibuslibet Processibus, Sententiis, Fulminationibus Monitionum, Suspensionum & Excommunicationum & Interdictorum, sub quacumque verborum forma actenùs concessis vel concedendis, cum tales Processus sint nulli, & Sententie excommunicationum sint nulle & nullius valoris & efficacie, & contra tenorem &*

g Il faut app. corr. *reputantes,* ou quelqu'autre mot semblable.

NOTES.

(e) Sancti Bedacii.] Il faut peut-être corr. *Sancti Vedasti.* Saint Vaast d'*Arras,* Diocèse qui est nommé plus bas.

(f) Cabironensis.] Il faut app. corr. *Cabilonensis, Châlons-sur-Saône.* L'Abbaye de *Cîteaux* est de ce Diocèse.

(g) Trugonensis.] Je crois qu'il faut corr. *Lingonensis, Langres.* L'Abbaye de *Clairvaux* est de ce Diocèse.

(h) De Monasteriis.] Il y a en France un si grand nombre de Prieurés qui portent ce nom, qu'il est impossible de déterminer celui qui est ici nommé.

Ordinationem Substractionis & Declarationum per nos factarum subsecutarum, & determinationem dicti Consilii ultimi Parisius *celebrati, seu Ecclesie Regni &* Dalphinatûs, *aut aliquo* [a] *erundem obediant, pareant aliqualiter, nec in contrarium aliquid attentare presumant quomodolibet, si penas graves* [b] *nostrâ autoritate & prefate Ecclesie Regni nostri &* Dalphinatûs, *cupiunt non subire. Insuper mandamus earundem presentium auctoritate, universis & singulis Justiciariis & Officiariis nostris infra limites predictos constitutis, & alibi, ac eorum cuilibet, quatenùs servato tenore presentium, prout ad eorum quemlibet pertinebit, premissa omnia & singula inviolabiliter observent & observari faciant & publicari,* [c] *quodque hiis deprehenderint ac noverint aliqualiter contrahire, taliter puniant quod cedat ceteris in exemplum, dictosque Prelatos promotos durante Substractione, & ceteros Beneficiatos (i) . . . . in eorum Prelaturis & Beneficiis juxta tenorem dictarum Litterarum Substractionis, Declarationum & Ordinationum subsequtarum, autoritate nostrâ manuteneant & deffendant, quos autoritate presentium manutenemus & deffendimus, & ipsos manuteneri volumus & deffendi; factaque in contrarium ad statum pristinum & debitum reducant seu reduci faciant absque difficultate quacumque. In quorum omnium premissorum testimonium, Sigillum nostrum presentibus Litteris duximus apponendum.* Datum *Parisius,* die quinta mensis Aprilis, anno Domini millesimo quadringentesimo septimo, & Regni nostri vicesimo septimo *(k)* prius Pascha.

Per Regem, Domino Jacobo *de* Borbonio, *& quampluribus aliis tam Cambellanis quam Magistris Hospitii, presentibus.* G. BARRAU.

CHARLES VI. à Paris, le 5. d'Avril 1407.

a corr. *eorumdem.*

b Il faut peut-être supp. *indictas* ou quelqu'autre mot semblable.

c Cette phrase qui paroît corrompue, pourroit être ainsi restituée, *quodque eos quos deprehenderint, &c.*

NOTES.

(i) Il y a un mot en blanc dans la copie. Il faut p. e. suppléer *ante dictos* qu'on lit vers le commencement de ces Lettres dans une phrase à peu près semblable.

(k) Priùs Pascha.] Il faut sans doute corr. *post.* & la date de la vingt-septième année du regne de Charles VI. prouve que ces Lettres ont été données au commencement & non à la fin de l'année 1407. qui finit le 14. d'Avril.

CHARLES VI. à Paris, le 15. d'Avril 1407.

(a) Lettres qui portent que les Changeurs pour tirer du profit du commerce du change, pourront acheter & vendre les espèces qui ont cours, à un prix plus fort que celui qui est fixé par les Ordonnances.

A TOUS ceulx qui ces presentes Lettres verront, *Guillaume* Seigneur de *Tignonville,* Chevalier, Conseiller & Chambellan du Roy nostre Sire, Garde de la Prevosté de *Paris* : Salut. Savoir faisons que nous l'an de grace mil iiij.c & sept, le Vendredi quinziesme jour du moys d'Avril après Pasques, veismes unes Lectres du Roy nostre Sire, séellée de son Grant Séel en simple queuë; desquelles la teneur s'ensuit.

CHARLES, par la grace de Dieu, Roy de France. Au Prevost de *Paris,* ou à son Lieutenant : Salut. Les Changeurs de nostre Ville de *Paris* & consors en ceste partie, Nous ont fait exposer comme pour l'utilité & bien publique, le fait & marchandise de Change soient necessaires à faire & exercer en nostre Royaume, mesmement ès Citez & bonnes Villes d'iceluy, & que par Nous & noz Predecesseurs Roys de France, iceulx exposans aient esté & soient & ordonnez estre sur nostre [d] Grant Pont à *Paris,* & illec & non ailleurs, faire fait de Change, cüeillir & acheter toutes Monnoyes d'or & d'argent, & icelles porter en nostre Monnoye de *Paris* à nostre prouffilt; & il soit ainsi que pour espargner aux frais & mises, & [e] eschever la peine qu'il faudroit soustenir & avoir de porter ou envoyer finances

d *le Pont au Change.*

e *éviter.*

NOTE.

(a) Registre *E.* de la Cour des Monnoyes de *Paris, fol.* 7. vingt 14. *verso.* [154].

Avant ces Lettres, il y a : *Coppie du* Vidimus *des Lectres impétrées par les Changeurs de* Paris.

CHARLES VI. à Paris, le 15. d'Avril 1407.

en autres Monnoyes que d'or, par ceulx tant de nostre Sang & Lignaige comme autres grans Seigneurs, Marchans, & autres qui ont besoing & necessité souventeffois de porter ou envoyer grans finances en plusieurs & diverses parties de nostredit Royaume, & ailleurs, & aussi pour les grans perilz qui sont sur les chemins de robeurs & pilleurs, desquelx ceulx qui porteroient lesdictes finances pourroient estre rencontrez, & par iceulx robeurs & pilleurs apperceuz garniz desdictes finances, [a] obstant la grant montance ou apparence qui est en autre Monnoye que d'or; & autrement ayent iceulx tant de nostre Sang & Lignaige comme autres grans Seigneurs, Marchans & autres, accoustumé de changer avec lesdicts exposans leurs Monnoyes blanches, à Escuz d'or à la Couronne de nostre coing, à present ayans cours pour XXII. sols VI. deniers Tournois la piece; duquel change faire, iceulx exposans ont accoustumé de prendre prouffilt & avantaige; & aussi pour fournir & faire ledit fait de change, ont accoustumé lesdicts exposans acheter desdictz Escuz de ceulx qui leur en veulent vendre, & en font prouffilt & avantaige à ceulx qui les leur vendent; & avec ce, ayent accoustumé lesdicts exposans de assembler petit à petit de noz autres Monnoyes ayans à present cours; c'est assavoir, Parisis, Tournois & Mailles, & après pour servir nostre peuple, les vendre à aucun avantaige; aussi quant ilz les font faire en nostredicte Monnoye, obstant le cuivre qu'il leur fault livrer pour y mectre, ilz leur couste plus que n'est leurs cours, non pas que lesdiz exposans facent lesdiz Escuz d'or, Parisis, Tournois & Mailles avoir autre cours que ne portent noz Ordonnances sur ce faictes; mais ledit avantaige qu'ilz prennent dudit Change, lequel avantaige est peu de chose, ilz prennent & ont acoustumé de prandre tant pour vacquer à recevoir les deniers & bailler le Change, comme [b] pour leur peine du compter: autrement ilz ne pourroient exercer ledit fait de Change, avoir leurs estatz & vivre, ne Nous payer ce qu'ilz doivent des lieux & Changes qu'ilz tiennent de Nous sur nostredit Grant Pont, pour leur dicte marchandise faire: aussi autrement ne se pourroit demener & continuer la marchandise & faictz de nostredit Royaume, & s'en pourroient ensuir les perilz & inconveniens dessusdits & autres; toutesvoës obstant certaines noz autres [c] Lectres à vous adressans, & la publicacion d'icelles, donnée le ij.^e jour de ce present moys d'Avril, par lesquelles est ordonné & commandé entre les autres choses, que les bons Deniers d'or fin appellez Escuz à la Couronne, que Nous faisons faire par toutes noz Monnoyes, ayent cours & soient prins & mis pour XXII. sols VI. deniers Tournois piece, & non pour plus; les Doubles Tournois ayent cours & soient prins & mis pour II. deniers Tournois la piece; les petiz-Parisis & petiz-Tournois soient prins & mis pour I. denier Parisis & pour I. denier Tournois piece; & aussi les petites Mailles pour une maille Tournois la piece, sans excepter de ce lesdiz exposans & leurdit fait de Change; iceulx exposans [d] pour doubte de venir contre noz Ordonnances & d'en estre reprins, n'oseroient exercer leurdit fait de Change en la maniere dessusdicte, au regard desdiz Escuz d'or & Monnoyes noires, dont de tout temps, comme dessus est dit, ilz ont joy & usé, se par Nous ne leur estoit sur ce pourveu de remede convenable, si comme ilz dient, supplians que sur ce leur vueillons pourveoir dudit remede. Pourquoi Nous ces choses considerées, vous mandons en commectant, se mestier est, que appellez noz amez & feaulx les Generaulx-Maistres de noz Monnoyes, & eu d'eulx sur ce leur advis & deliberacion, vous oudit cas faictes, souffrez & laissez lesdiz exposans joyr & user paisiblement de vendre & acheter lesdiz Escuz & autres Monnoyes [e] coursables, ensemble des autres choses dessusdictes, pour la provision de Nous, du peuple & d'iceulx exposans, sans ce que dudit fait de Change [f] autreffoiz lesdiz exposans qui, comme dit est, sont à ce ordonnez, s'en entremecte en aucune maniere: car ainsi Nous plaist-il estre fait, & ausdiz exposans l'avons octroyé & octroyons de grace especial par ces presentes: nonobstant nosdictes autres Lectres, ladicte publication faicte d'icelles, & quelzconques Lectres subreptices à ce contraires. *Donné à* Paris, *le quinziesme jour d'Avril, l'an de grace mil IIII.^c & sept, & de nostre Regne le XXVIIe* Et estoient ainsi signées. Par le Roy, à la relacion du Conseil. GAUCHIER.

[a] a eu égard.

[b] la peine qu'ils ont à le compter.

[c] Elles sont ci-dessus p. 188.

[d] crainte.

[e] qui ont cours.

[f] Il faut app. corr. autre fois.

Et nous à ce present transcript, avons mis le Séel de la Prevosté de *Paris*, l'an & premier jour dessusdits. R. CLOISIER

CHARLES VI. à S.t Marcel-lez-Paris, le 15. d'Avril 1407.

(a) Lettres qui portent que la Ville de Mortagne & ses dépendances, appartenant à Jean Duc de Touraine fils de Charles VI. seront tenues en Pairie pendant la vie de ce Duc.

CHARLES, par la grace de Dieu, Roy de France. A tous ceulx qui ces presentes Lettres verront: Salut. Savoir faisons que par la très-grant amour & parfaicte affeccion que Nous avons à nostre très chier & très amé Filz *(b) Jehan le Duc* de *Tourraine,* & afin qu'il puist plus honnourablement & convenablement tenir ses terres & ses subgiez, lui avons octroyé & octroyons par ces presentes, de nostre auctorité Royal & grace especial, que il tiengne en Parrie de France, sa vie durant, la Ville, Terre, Chastel & *Chastellerie* de *(c) Mortaigne,* Villes, Terres, Justices & Seignouries, bois, eaues, cens, rentes, hommes, femmes, & autres possessions quelxconques d'icelle, qu'il a de present assis & situez en nostre Royaume, & qui n'agaires lui ont esté donnez, & que ses Gens & Officiers, à cause de lui & de sesdictes Terres & Chastelleries, joïssent & usent des droiz, privileges, noblesces, libertez & franchises dont les Pers de France, leurs Gens & Officiers joïssent & usent & ont acoustumé de joïr & user, non obstant que d'ancienneté lesdictes Terres, Chastellerie & appartenances ne soient tenues en Parrie de France, tant en cas de jugement de Appeaulx, de adjournement, comme en tous autres cas quelxconques, jasoit ce que yceuls autres cas ne soient declairez en ces presentes. Si donnons en mandement à noz amez & feaulx Conseillers les Gens tenans & qui tendront ou temps avenir nostre Parlement, & à tous les autres Justiciers & Officiers de nostre Royaume, presens & avenir, ou à leurs Lieuxtenans, & à chascun d'eulx, si comme à lui appartendra, que de nostre presente grace ilz facent, sueffrent & laissent joïr & user paisiblement nostredit Filz, & que lui, ses Gens, Justiciers & Officiers & subgiez, ou aucun d'eulx, ilz ne molestent, traveillent ou s'efforcent traveillier, molester ou empeschier en aucune maniere au contraire; mais s'aucune chose estoit faitte ou attemptée ou temps avenir au contraire, les rappellent sans delay & remettent ou facent remettre au premier estat & deu. Et pour ce que aucuns ne puissent avoir ignorance & ne se doient excuser de ce, Nous voulons & mandons à nosdictes Gens de Parlement, & à tous noz autres Justiciers ou à leurs Lieuxtenans, & à chascun d'eulx, si comme à lui appartendra, que nostredicte grace ilz publient ou facent publier en nosditz Parlement, ès Assises & Plais de noz Bailliz, & ailleurs où mestier sera, & sur ce baillent Lettres souffisans aux Gens de nostredit Filz; & en oultre, pource que dure chose seroit de porter ou faire porter l'original de nostredicte grace par tous les lieux où nostredit Filz ou ses Gens en auroient mestier, Nous voulons, en ampliant nostredicte grace, que au transcript d'icelles fait soubz le Séel de nostredit Chastellet de *Paris,* collacionné avecques ledit original en la Court de nostredit Parlement, foy soit adjoustée en tous les lieux & en toutes les Cours, comme audit original, nonobstant Us, Stile, Coustume, Ordenances faictes & à faire au contraire. En tesmoing de ce, Nous avons fait mettre nostre Séel à ces presentes. *Donné à* Saint Marcel-lez-Paris, *le*

NOTES.

(a) Registre *A.* du Parlement de *Paris, fol.* ij.c vj. *verso.* [206.]

Avant ces Lettres, il y a : *Concessio facta* Duci Turonie, *quod teneat in Parria terram de* Mortaigne.

(b) Jehan, &c.] Jean Duc de *Touraine*, quatrième fils de Charles VI. mourut en 1416. Voy. l'Hist. Généal. de la Maison de France, T. 1. p. 214.

(c) Mortaigne.] Mortagne près de la Ville de *Tournay*, faisoit partie de l'appanage qui avoit été donné à *Jean Duc* de *Touraine.* Voy. *ibid.* T. 3. p. 253.

CHARLES VI. à S.t Marcel-lez-Paris, le 15. d'Avril 1407.

XV.e jour d'Avril, l'an de grace mil quatre cens & sept, & de nostre Regne le XXVII.e Sic sign. Par le Roy en son Conseil, où le *Roy* de *Secille*, Monf. le *Duc* de *Berry*, le *Conte* de *Mortaing*, [a] Vous, le Grant Maistre d'Ostel, & autres, estoient. FERRON.

Collacio facta est cum originali.

Lecta & publicata in Curia, die XVIII.a Aprilis, millesimo CCCC.o VII.o post Pascha. BAYE.

a *Le Chancelier de* France. *Voy. le 5.e Vol. de ce Rec. pag. 653. note (c).*

CHARLES VI. à Paris, le 24. d'Avril 1407.

(a) Statuts pour la Communauté des Ménestriers.

CHARLES, &c. Savoir faisons à tous presens & avenir, Nous avoir receu l'umble supplicacion du *(b)* Roy des Menestriers & des autres Menestriers Joueurs d'instrumens tant [b] haulx comme bas, en la Ville, Viconté & Dyocese de *Paris*, & des autres de nostre Royaume, contenant comme dès l'an mil CCC. IIII.xx & XVI. pour leur science de menestrandise faire & entretenir selon certaines Ordonnances par eulx autreffois faictes, & que en temps passé estoit acoustumé de faire, & par l'advis & deliberacion d'eulx & de la plus grant & saine partie d'entre eulx, eussent & ayent fait certaines Instruccions & Ordonnances, dont la congnoissance des amendes qui ycelles enfraindroit en aucune maniere, en tant qu'il touche ycelle science, appartendroit moitié à appliquier à Nous, & l'autre moitié à l'Ospital Saint Julien assiz à *Paris* en la ruë Saint Martin, & audit Roy des Menestriers, & que tous Menestrelz tant joueurs de haulx instrumens, comme de bas, soient estranges ou de nostre Royaume, sont & seront tenuz de aler pardevers ledit Roy des Menestriers ou ses Députez, pour faire serement d'accomplir & parfaire toutes les choses ci-après déclairées, à paine de vint solz d'amende, moitié à Nous à appliquier, & l'autre moitié ausdiz Hospital Saint Julien & Roy des Menestrelz, pour chascun article qu'ilz seront trouvez faisans le contraire, sanz le congié ou licence dudit Roy ou de [c] ces Deputez, en la maniere qui s'ensuit; c'est assavoir, se aucun desdiz Menestrelz font marchié d'aler à aucune feste ou nopces, ilz ne les pourront laissier jusques à ce qu'ilz auront parfait leurdit marchié, pour aler à autres, ne y envoyer pour eulx autres personnes, se ce n'est en cas de maladie, de prison ou d'autre necessité, sur paine de ladicte amende de XX. sols Parisis; & avec ce ne pevent [d] ne pourront yceulx Menestrelz aler en ladicte Ville de *Paris* ne dehors, pour eulx presenter à festes ou à nopces, pour eulx ne pour autres, ne faire parler par autres personnes pour avoir lesdictes festes ou nopces, se premierement & d'avanture on ne leur demande, sur ycelle paine; & se aucune personne aloit en la ruë d'iceulx Menestrelz à *Paris*, pour eulx louer, que sur le premier que ycelle personne appellera ou s'adrecera pour louer, autre ne se puet [e] embattre ne parler à ycelle personne, jusque à ce que elle soit departie, sur ladicte paine; & aussi nulz desdiz Menestrelz ou apprentiz ne se pourront louer à festes ou à nopces, jusque à ce que ycelui Roy des Menestrelz ou sesdiz Députez les ayent une foiz veuz, visitez & passez pour souffisans; à laquelle visitacion celui ou ceulx qui seront passez & retenuz, seront tenuz de paier vint solz Parisis d'entrée audit Hopital & audit Roy des Menestrelz; & est ladicte science deffenduë aux non-souffisans, à nopces ne assemblées honnorables, sur paine de ladicte amende de XX. solz, qui doit estre convertie, moitié à Nous, & l'autre moitié audit Roy des Menestrelz & audit Hospital; & avec ce, que nulz Menestrelz ne pevent prendre ou louer aprentiz, se ilz ne sont souffisans pour leur monstrer, ne prendre lesdiz aprentiz, [f] à mains que de

b app. *violons & basses de viole ou de violon.*

c corr. *ses.*

d supp. *&.*

e *se présenter, s'empresser.*

f *à moins.*

NOTES.

(a) Trésor des Chartres, Registre 161. P. xiij.xx x. (270.)

(b) Roy.] On donnoit anciennement le titre de Roy aux chefs de certains corps & communautés. Celui de Roy des Menestriers a été renouvellé en faveur du sieur *Guignon*, par Lettres du 15. de Juin de 1741. Voy. le Gloss. de *Du Cange*, au mot *Rex*, col. 1427.

CHARLES VI.

à Paris, le 24. d'Avril 1407.

six ans, sur paine de privacion [a] de ladicte science, an & jour; se ce n'est par le congié & licence desdiz Roy ou Deputez; & se aucun Menestrel estrangier veult jouer desdiz instrumens en la ville de *Paris* ou ailleurs ès lieux dessusdiz, pour soy allouer & gaingnier argent, ycellui Roy des Menestrelz ou ses Deputez lui pevent deffendre ladicte science, jusques à ce qu'il ait juré par la foy & serement de son corps, à tenir & garder l'Ordennance dessusdicte, sur paine d'estre banni de ladicte science par an & jour, & de l'amende dessusdicte, se ce n'est à la voulenté desdiz Roy ou Députez; laquelle science ycellui Roy ou Députez pevent deffendre à tous Menestrelz qui vivront de deshonneste vie, sur paine de ladicte amende, & d'estre banni an & jour d'icelle science. Et aussi ne pevent ou doivent yceulx Menestrelz commencer escolle pour [b] monstre ne aprendre menestrandise, se ce n'est par le congié & licence desdiz Roy ou Députez. Et pour ce que ledit Hospital Saint Julien qui est fondé desdiz Menestrelz, & n'a autres rentes sinon des aumosnes des bonnes gens, yceulx Menestrelz sont & seront tenuz de demander & cueillir l'aumosne Saint Julien au nopces où ilz seront louez, & *(c)* pardons acoustumez. Et se aucune personne demande à yceulx Menestrelz aucuns desdiz Menestrelz par leurs noms, ilz sont & seront tenuz de les enseigner, sur paine de ladicte amende. Et ne puet aucun desdiz Menestrelz prendre aucun marchié, excepté pour lui & pour ses compaignons jouans en sa compaignie, pour la journée, sur paine de ladicte amende; & s'il avient que un tout seul prengne aucun marchié avec aucune personne pour faire aucunes nopces ou feste, & il en prent un, deux ou trois qui lui promettent estre avec lui, ilz ne s'en pourront départir jusques à ce que ycelles nopces ou festes seront faittes, sur paine de l'amende; & aussi nulz d'iceulz Menestrelz qui ait prins à faire festes ou nopces, ne puet prendre autres compaignons pour gaigner sur eulx, sur paine de ladicte amende; en Nous humblement suppliant que comme ycelles Ordonnances & Instructions ilz aient faictes pour le bien & prouffit d'entre eulx, & pour [c] eschever à aucuns grans dommaiges qui leur en pourroyent ensuir, se ycelles n'estoient tenuës & gardées, Nous veuillons ycelles Instruccions & Ordonnances confermer. Pourquoy Nous, ces choses considerées, inclinans favorablement a leur supplicacion, & pour certaines autres causes & consideracions à ce Nous mouvans, voulans lesdictes Ordonnances & Instruccions entretenir sans enfraindre, & pareillement les choses dessusdictes estre tenues par tout nostre Royaume, ycelles Instruccions & Ordenances faites en la maniere que dit est oudit cas, avons loué, gréé, ratiffié, approuvé & conformé, loons, gréons, ratiffions, approuvons, & par la teneur de ces presentes confermons entant que touchier Nous peut & faire le povons; & Nous plaist & voulons que d'icelles ilz puissent joïr & joïssent doresenavant selon la teneur d'icelles, & en la maniere que dit est dessus. Si donnons en mandement par la teneur de ces presentes, au *Prevost de Paris,* & à tous noz autres Justiciers ou à leurs Lieuxtenans, presens & avenir, & à chascun d'eulx, si comme à lui appartendra, que de nostre presente grace & confirmacion facent, seuffrent & laissent lesdiz supplians joïr & user plainement & paisiblement, en faisant ycelles Ordenances & Instruccions publier où il appartendra, sans souffrir aucunement aler ne exceder à l'encontre du contenu en ycelles. Et pour ce que ce soit chose ferme & estable à tousjours, Nous avons fait mettre nostre Séel à ces présentes Lettres : sauf en autres choses nostre droit, & l'autruy en toutes. *Donné à* Paris, *le XXIIII.e jour du mois d'Avril, l'an de grace mil CCCC. & sept, & de nostre Regne le XXVII.e*

Par le Roy, le *Comte* de *Mortaing,* Mess. *Jacques* de *Bourbon,* le *Sire* d'*Omont,* & plusieurs autres presens. P. MARCADE.

[a] de l'exercice de leur art.

[b] monstrer.

[c] éviter.

NOTE.

(c) Pardons.] C'est-à dire lorsqu'ils se trouveront dans des lieux où l'on celebrera des Fêtes Religieuses, auxquelles seront accordées des Indulgences & des pardons.

CHARLES VI.
à Paris, le 27. d'Avril 1407.

(a) Lettres confirmatives de celles qui nomment le Viguier de Toulouse Gardien & Conservateur des Privilèges de l'Université de cette Ville.

CHARLES, par la grace de Dieu, Roy de France. Au Viguier de *Toulouse* ou à son Lieutenant : Salut. Receuë avons la supplication de nos bien-amés les Chancelier, Recteur & Université des Escoliers estudians en l'Université de la Ville & Cité de *Toulouse,* contenant que comme toy nostre Viguier & Lieutenant dessusdit, soyés & ayés esté par Nous commis & deputtés Commissaires, leurs Gardiens & Conservateurs des privileges par Nous & nos predecesseurs Roys de France octroyés à iceulx supplians, & à cognoistre de leurs Causes & actions quelsconques, par verteu de certaines nos autres Lettres, desquelles l'en dit la teneur estre telle.

(b) KAROLUS, &c.

a *mot inutile.* b *corr.* vous. Et il soit ainsy que jasoit ce que par ce, de raison ne soit licite [a] & à [b] nous *Seneschal* de *Toulouse,* Juge de Appaulx & Causes civiles & criminelles de laditte Ville & Cité de *Toulouse,* ne à autres quelxconques nos Juges ou Officiers, *(c)* ou Gardiens commis & deputtés expressement à ce par nosdittes Lettres, comme dit est; neantmoins iceulx *Seneschal,* Juges de Appeaulx & Causes civiles & criminelles dudit *Toulouse,* leurs Lieuxtenants, & plusieurs autres, subs umbre d'aucunes appellations frivoles interjectées par les Parties adverses d'iceulx supplians, ou d'aucun d'eulx, autrement, se parforcent de jour en jour congnoistre desdittes Causes d'iceulx
c *p. e. ainsi.* supplians ou d'aucun d'eulx, [c] aussi accommancées pardevant toy ou ton dit Lieutenant, & dont toy ou ton dessusdit Lieutenant comme Gardiens & Conservateurs, deussiés congnoistre ; qui a esté & est ou très-grant grief, dommaige & prejudice d'iceulx supplians, en abolissant & usurpant leurs privileges & prerogatives, & aussi ou grant prejudice & perturbation de leur Estude, sy comme ils dient; requerans humblement sur ce nostre grace & provision. Pourquoy Nous qui ne voulons lesdits supplians ne aucun d'eulx ainsy estre troublés, empeschés ne molestés en leurs droits, franchises & libertés & privileges dessusdits, mais iceulx avoir & sortir leur plain effect; ces choses considerées, & les causes & moyens par lesquels Nous avons esté meus d'octroyer à iceulx suppliants les privileges & libertés dessusdittes, & par lesquels aussy Nous avons esté meus de commettre & deputer toy Viguier & ton Lieutenant dessusdit, à iceulx suppliants leur Conservateur & Gardien, & à congnoistre de
d *toy.* leursdittes Causes, dont par telles voyes obliques [d] tu ne ton Lieutenant ne pouviés congnoistre, mais te en seroit de jour en jour ostée la cognoissance ou de partie d'icelle, jasoit ce que tu ny ton Lieutenant dessus dit ne cognoissés pas comme Juges ordinaires, mais comme Gardiens & Conservateurs commis & deputtés expressément à ce, comme dit est; & pour certaines autres justes causes à ce Nous mouvans, de nostre grace especial & certaine science, te mandons, & derechief dabondant, & en tant comme mestier est, commettons par ces presentes & à ton dessus dit Lieutenant, que de toutes Causes & actions quelxconques meues & à mouvoir en demandant & en deffandant, touchans lesdits supplians ou aucun d'eulx, cognoissés & determinés comme de raison sera, senon que sur ce soit interjecté appel

NOTES.

(a) Ces Lettres ont été envoyées de *Montpellier* avec cette indication : *Sénéchaussée de* Nismes *en général, armoire A. liasse 22. des actes ramassés.* n.° 1. fol. 17.

Ces Lettres de Charles VI. sont vidimées dans celles de *Jehan* de *Baranhano* Viguier de *Toulouse,* du 28. d'Août 1437.

(b) Karolus, &c.] Ces Lettres qui sont du 17. d'Octobre 1392. sont imprimées à la p. 512. du 7.e Vol. de ce Rec.

(c) Ou Gardiens.] Il paroît qu'il manque là un membre de phrase, & qu'il faut suppléer: *de connoître des Causes de l'Université; mais seulement à vous Viguier en qualité de Gardien, &c.*

appel ou appeaulx, desquels appeaulx ou appel Nous voulons & declairons la cognoissance [a] en appartenir à iceulx, [b] relevés, poursuir & determiner directement sans moyen en & par nostredittte Court de Parlement; en deffendant & interdisant par ces presentes, aux Seneschal & Juge des appeaulx, Causes civiles & criminelles de laditte *Seneschaucie* de *Toulouse*, & generalement à tous nos autres Justiciers & Officiers quelxconques, à leurs Lieuxtenans, presens & advenir, & à chacun d'eulx, sur paine de dix marcs d'argent à appliquer à Nous, que doresenavant desdittes Causes ne des dependances quelxconques, meues ou à mouvoir, par le moyen desdits appeaulx ne autrement, ne tiengnent Court ne cognoissance, ne ne s'en entremettent en aucune maniere. Et affin que aucun ne puisse pretendre ignorance, publie & signifie ces presentes ez lieux & aux personnes où il appartiendra, & dont tu seras requis; & lesdits supplians fay & souffre joïr & user paisiblement & plainement de nostre presente Ordonnance & Declaration, sans les souffrir molester, troubler ou empescher en aucune maniere au contraire : laquelle chose, se faicte estoit, rapelle & [c] ramet tantost & sans delay, au premier estat & deu, en faisant aux parties, icelles oyes, sommierement & de plain, sans long procès ou figure de Jugement, bon & brief accomplissement de Justice; nonobstant quelxconques Lettres subreptices empetrées ou à empetrer au contraire : Car ainsy Nous plaist-il estre fait, & auxdits supplians l'avons octroyé & octroyons de grace especial par ces presentes, se mestier est. *Donné à* Paris, *le XXVII. jour d'Avril, l'an de grace mil IIII.c & VII. de nostre Regne le XXVII.* Par le Roy, en son Conseil, où le *Roy* de *Sicille*, le *Comte* de *Mortaing* & plusieurs autres, estoient. *(d)* RESTÉ.

CHARLES VI. à Paris, le 27. d'Avril 1407.

a *n'en appartenir.*
b *Cet endroit paroît corrompu; mais le sens est clair.*
c *remets.*

NOTE.

(d) Resté.] Cette signature est app. défigurée, & dans plusieurs Lettres de ce temps-là, ce nom est écrit ou a été lû de différente manière. Voy. la Table des noms de personnes, qui est à la fin du 8.e Vol. de ce Rec. au mot *Cesle.*

CHARLES VI. à Paris, le 28. d'Avril 1407.

(a) Lettres par lesquelles Charles VI. institue trois Généraux des Finances, & règle leurs fonctions & le pouvoir & l'autorité qu'il leur donne.

CHARLES, par la grace de Dieu, Roy de France. A tous ceulx qui ces presentes Lettres verront: Salut. Comme Nous avons n'agueres *(b)* restrainct les Gens de nôtre Grand Conseil à certain nombre de personnes, tant Prelaz comme Clers, Chevaliers & autres saiges & prudhommes, nommées & esleues par l'advis & meure déliberacion de plusieurs desdiz prochains de nostre lignaige, & avec ce ayons déliberé faire restrinccion de tous noz autres Officiers généraument, tant sur le fait de la Justice comme des Finances de nostre Royaume, soit à cause de nostre Demaine ou des Aides aians cours pour le fait de la Guerre, & de pourveoir auxdiz Offices de bonnes & notables personnes par eleccion, nommées & choisies sans accepcion, souffisans, ydoines & expers, qui soient à Nous entierement, adfin [d] mieulx & plus seurement & liberaument sans faveur, crainte ou soubçon, se puissent emploier en leurs diz Offices, au bien, prouffit & utilité de Nous & de la chose publique de nôtre Reaume; & depuis, pour proceder à ce que

d *supp.* que.

NOTES.

(a) La copie de ces Lettres m'a été communiquée par M. *Boulin* Conseiller de la Cour des Aides de *Paris*, qui les a fait copier sur le Mémorial *G.* de la Chambre des Comptes de *Paris*, où elles étoient au *fol.* 63. *v.o* Voy. la note *(a)* de la p. 148. du 8.e Vol. de ce Rec.

L'extrait de ces Lettres se trouve au *fol.* 138. *v.o* du premier Registre de la Cour des Aides de *Paris*. Voy. sur ce Registre la note *(a)* de la page 201. du 4.e Volume de ce Recueil.

(b) Restrainct.] Il y a à la p. 409. du 8.e Vol. de ce Rec. une Ordonnance du 7. de Janvier 1400. sur la diminution du nombre des Officiers. Depuis cette époque, il n'y en a point de semblable dans ce Rec. cependant Charles VI. dit ici que cette diminution avoit été faite *n'agueres.*

CHARLES VI. à Paris, le 28. d'Avril 1407.

dit est, aient esté assemblez moult notablement par devers Nous, lesdiz de nôtre Lignaige & grant Conseil, en grant nombre, lesquelx attendans & considerans la grant nécessité & besoing qui sont entre les autres choses, de pourveoir presentement & hastivement au gouvernement des Finances venans desdiz Aides, qui fortement se dechéent & diminuent, tant par la multitude des Officiers qui y sont moult grans dons & prouffiz de Nous, comme pour autres causes qui ont esté par culx ouvertes, & qui n'est mestier de y [a] exprouver, ont deliberé tous d'un commun accord que pour reformer en mieulx le fait desdiz Aides, & en avoir le général gouvernement & administracion plenierement, pevent & doivent souffir trois bonnes personnes bien esleues, teles comme dessus est dit, lesquelles [b] pour grant scrutine & investigacion faites par Nous en nôtre personne, des voix & opinion d'un chacun des dessusdiz estans en nôtre dit Conseil, ou de la [c] greigneur partie d'assés, en leur leautez & consciences, ont esté nommez à ce que dit est; c'est assavoir, *(c) Hugues Evêque* de *Limoges*, *Jehan Des Haïes* dit *Piquet*, & *Arnoul Boucher* nôtre Conseillier en nôtre Chambre des Comptes, comme bons & prouffitables, souffisans, ydoines & expers au gouvernement dessusdit : Savoir faisons que Nous voulans ensuivir la deliberacion dessusdite si meurement & solempnellement faite, comme dit est, pour le grant proufit & évident utilité de Nous & de la chose publique & de nostredit Royaume, confians à plain des grans sens, prudhomies, loiautez & bonnes diligences d'iceulx Evesque, *Jehan* & *Arnoul*, yceulx *(d)* comme autrefoiz ou fait dessusdit, expers & approuvez, avons fait, ordonné, commis & institué, & par la teneur de ces presentes, de nostre certaine science & par la déliberacion dessusdite, faisons, ordonnons, commettons & instituons noz Generaulx Conseilliers sur le fait desdiz Aides en *Languedoil*, en révocant & deschargant expressement par ces mesmes présentes dudit Office, quant à la distribucion des deniers desditz Aides, tous autres quelxconques, & en leur deffendant toute [d] intermise & administracion d'iceulx, exceptez lesdiz *Evêque, Jehan* & *Arnoul*, auxquelz & aux deux d'iceulx, Nous avons donné & donnons plain povoir, &c. *(e)*

a *ne faut-il pas corr.* exprimer!

b *il faut p. e. corr.* par.

c *plus grande.*

d *entremise.*

Et pour ce que sur plusieurs poins & articles contenuz en noz instruccions & ordonnances faictes sur le fait desdiz Aides & de la Gabelle, pourroient escheoir ou survenir aucuns doubtes, pour les obscurtez & divers entendemens ou malices d'aucuns, Nous avons ordonné & voulons que nozdiz Generaulx Conseilliers ensemble ou deux d'eulx, par l'advis & déliberacion de nos amez & feaulx les Generaulx Conseilliers sur le fait de la Justice desdiz Aides à *Paris*, & de tel nombre des Gens de nôtre Conseil comme bon leur semblera, les voient & visitent, &c.

De commander & faire signer par chacun des Notaires par Nous à ce ordonnez; c'est assavoir, Maistre *Dreuë Porchier, Jehan Gehe, Nicaise Bougiz* & *Guillaume de Luce*, toutes Lettres & mandemens, &c.

Voulons en oultre, & avons ordonné & ordonnons que nosdites Gens des Comptes ne passent ès Comptes d'aucuns Receveurs, Grenetiers ou autres, aucunes décharges dudit Receveur Général, ne aussi audit Receveur Général aucunes Lettres, se en chacune d'icelles ne sont les signez de nozdiz Conseilliers ou de deux

NOTES.

(c) Hugues.] Hugues de *Manhac* ou de *Maignac.* Il avoit été Évêque de *S.t Flour*, & pendant qu'il remplissoit ce Siége, il avoit été nommé Général-Conseiller sur le fait de la Finance des Aides de la guerre, par les Lettres du 7. de Janvier 1400. Voy. la note *(c)* de la p. 412. du 8.e Vol. de ce Rec. Voy. aussi *Gall. christ. 2.e edit.* T. 2. col. 534. n.° LXVIII.

(d) Comme autrefoiz.] Ils avoient déjà été revêtus de cet Office. Voy. par rapport à l'*Evêque* de *Limoges*, la note précédente, & par rapport à *Boucher* & *Piquet*, les Lettres du 28. d'Août 1395. & du 19. de May 1403. Elles sont aux p. 345. & 588. du 8.e Vol. de ce Rec.

(e) Donnons plain pouvoir, &c.] Ce qui suit dans ces Lettres est presqu'entièrement semblable à ce qui est dans plusieurs autres Lettres de pareille nature, qui sont imprimées dans ce Rec. & en particulier à celles du 19. de Mai 1403. qui se trouvent à la p. 588. du 8.e Vol. Comme ces sortes de Lettres sont très-longues, on a cru qu'il suffiroit de ne faire imprimer ici que les endroits où il y a de la différence entre ces Lettres & celles de 1403.

d'iceulx, & que lesdites décharges soient signées par le Contrerolleur de ladite Recepte Générale, & lesdittes Lettres signées par l'un de nozdiz Notaires; & avec ce, que aucuns comptes ne soient cloz en nôtredite Chambre des Comptes, &c.

CHARLES VI. à Paris, le 28. d'Avril 1407.

Appellez avec eulx nozdiz Generauls sur la justice, & des Gens de nôtre grant Conseil en tel nombre comme il leur semblera être à faire; & généraument puissent faire nozdiz Generaulx Conseilliers en toutes ces choses & autres touchans & regardans ledit fait & les deppendences d'icelui, comme ont fait leurs prédécesseurs oudit Office, & tout ce qui audit Office peut & doit appartenir; & néantmoins, voulons & ordonnons que se après la publicacion de ces présentes, aucun s'efforce de attempter, aler ou faire aucunement au contraire, que nosdiz Générauls-Conseilliers les en puissent punir comme ilz verront que le cas requerra, & mesmement contre nosdiz Officiers, s'ilz y mesprenoient, procedent par privacion ou suspencion de leurs Offices, & tauxacion d'amende, ainsi qu'ilz verront estre à faire par raison. Si donnons en mandement par ces mesmes présentes, à nosdites Gens de nôtredit Parlement, de nôtredite Chambre des Comptes, à tous Reformateurs, Commissaires, & à tous noz autres Justiciers, Officiers & subgiez quelxconques, présens & advenir, & à chascun d'eulx, que tout ce qui par nosdiz Généraulx-Conseilliers desquelz Nous avons aujourduy receu le serment acoustumé estre fait en tel cas, ou par les deux d'iceulx, en la maniere que dit est, sera fait, ordonné, jugié, sentencié & appointié, ilz tiennent & facent tenir ferme & estable sans enfraindre ou venir ou attempter aucune chose au contraire, en toutes les choses touchans lesdiz Aides & Gabelle, & les circonstances & deppendences d'iceulx, & à eulx & à châcun d'eulx, ou à leurs Commis & Députez sur ce, obeissent & entendent diligemment : & aussi mandons à nozdites Gens des Comptes, que à tous gaiges, salaires, voyages & despens de nosdiz Notaires, Esleuz, Receveurs, Grenetiers, Contreroleurs, Clercs, Procureurs, Officiers, Commis ou autres qui par nozdiz Généraulx-Conseilliers, les deux ou l'un d'iceulx, en la maniere que dessus est dit, seront tauxez & ordonnez, & deniers payez par leur commandement & ordonnence, ilz allouent ès comptes de ceulx à qui il appartendra, sans contredit ou difficulté aucune; & toutes les choses dessusdites & chacunes d'icelles, gardent, tiengnent & acomplissent sans enfraindre ores ou pour le temps advenir en aucune maniere, non contrestans Us, Stile & Ordonnances faites ou à faire, & Lettres quelxconques données ou à donner au contraire : & voulons que au *Vidimus* ou transcript de ces présentes, fait soubz le Séel de nostre Chastellet de *Paris,* collacionné par deux desdiz Notaires en la Chambre desdiz Aides à *Paris,* foy soit adjoustée comme à l'original. En tesmoing de ce, Nous avons fait mettre nostre Séel à ces présentes Lettres. *Donné à* Paris, *le vingt-huitiesme jour d'Avril, l'an de grace mil CCCC. & sept, & de nôtre Regne le vingt-septiesme.* Ainsi signé. Par le Roy, en son Conseil, ouquel le *Roy* de *Secile,* Messieurs les *Ducs* de *Berry,* d'*Orléans* & de *Bourbonnois,* le Connétable, [a] Vous, le grant Maistre d'Ostel, & plusieurs autres, estiez. J. HUE.

a Le Chancelier de France. *Voy. le 5.e Vol. de ce Rec. p. 653. note (c).*

CHARLES VI. à Paris, le 29. d'Avril 1407.

(a) Lettres par lesquelles Charles VI. ordonne au Sénéchal de Toulouse de s'opposer aux violences que commettoient des Compagnies de troupes sans aveu, & permet aux Nobles de s'assembler pour les arrêter, & à ses autres sujets de leur résister par voie de fait.

CHARLES, par la grace de Dieu, Roy de France. Au *Senechal* de *Toulouse* ou à son Lieutenant : Salut. Pour les grans plaintes & clameurs que par plusieurs fois Nous avons eues & avons continuelement chascun jour, des grans pille-

NOTE.

(a) La copie de ces Lettres a été envoyée de *Montpellier,* avec cette indication : *Sénéchaussée de* Toulouse *en général, armoire C. 8.e continuation des titres particuliers, n.° 1. fol. 181.*

CHARLES VI.
à Paris, le 29. d'Avril 1407.

ries, excès, efforcemens de femmes, raençons & autres innumerables maulx, oultreiges & domeiges que ont faits & font chascun jour à nos subgiets en plusieurs parties de nostre Royaume, certaines [a] Compagnes & assemblées de gens d'armes, Archiers & Arbalestriers, & autres estans en leur compagnie, de diverses nations, qui se dient les uns avoir Lettres de Nous, combien qu'il n'en soit riens, & les autres se dient estre à grans Seigneurs de nostre Sang, & à autres Seigneurs [b] de Capitaines de nostredit Royaume, & lesquelles gens dès longtems a sejournent & vivent sur nostre peuple, & le mettent à raençon, en prenant & robant argent, chevaulx, bestail, robes & autres biens qu'ils povent trouver, sans rien espargnier, & sans payer denier de choses qu'ils preignent, & font plusieurs autres grans opressions, maulx & domeiges à nosdits subjiets, dont les plusieurs delaissent & ont deja delaissé le païs, & s'en sont alés querir & mandier leur vie par povreté, lesquelles choses Nous ont moult desplu & desplaisent, & non sans cause, & ne les voulons estre souffertes en aucune maniere ne demourer ainsi impunies : Nous voulans à ces choses pourvoir pour le relievement de nosdits subgiets, comme tenus y sommes, eu aussi sur ce bon advis avecques plusieurs de nostre Sang & Ligneige & autres de nostre grant Conseil, vous mandons & commandons très-expressément, en commetant, se mestier est, que incontinent ces Lettres vues, & toutes excusations cessans, vous vous transportés [c] au plus grand effort des gens de fait que pourrés, par tous les lieux & places de vostredite Seneschaussie & Jurisdiction, où vous sçaurés & pourrés trouver iceulx gens d'armes, Archiers, Arbalestriers, & autres manieres de gens dessusdits qui si notoirement & publiquement & par si longtems ont pillé, reançonné, & chascun [d] pillent, reançonnent & font & commetent les autres excès, crimes & oultreiges dessusdits à nosdits subgiets, & touts ceulx d'iceulx gens d'armes, Arbalestriers & Archiers, qui n'ont eu [e] & auroient retenu de Nous, avec tous les autres dessusdits de leur compagnie, prenés vigoureusement & sans aucun [f] deport & par force d'armes, se mestier est, & iceulx punissés & en faites incontinent justice telle qu'il appartiendra selon leur cas, & par telle maniere que tous autres y puissent prendre exemple, & que vous en doyés estre recommandé de bonne justice, nonobstant quelsconques Lettres qu'ils eussent ou alleguassent avoir de Nous ou d'autres quelsconques, de povoir vivre sur nosdits subgiets, lesquelles s'aucunes en avoient, Nous revoquons, abolissons, adnullons & mettons du tout à neant par ces presentes, par lesquelles aussi Nous mandons & donnons pouvoir & authorité à tous les Nobles desdites Seneschaussie & Jurisdiction, que semblablement ils se assemblent & puissent assembler ensemble, & mander tant de leurs amis & autres gens que bon leur semblera, & que tout iceulx maniere de gens ainsi pillans & [g] ranençonnans nostre peuple que dit est, ils preignent de fait & par force d'armes, se mestier est, & iceulx emprisonnent seurement, afin que par vous & les autres Justiciers de vostredite Senechaussie & Jurisdiction, en soit & puist estre faite bonne justice telle qu'il appartiendra selon le cas : Et ou cas que en ce faisant, ils se vouldroient metre en deffense ou rebeller, & il en y avoit aucuns morts ou mutilés, Nous ne voulons qu'il puist tourner à aucun prejudice aux dessusdits Nobles, ne à ceulx qui seroient en leur compagnie, ne qui [h] se auroient faits, mais voulons qu'ils en soyent & demeurent à toujours-mais quittes, & leur pardonnons dès maintenant & pour lors en tant que mestier seroit : & aussi ordonnons que se ils avoient chevaulx, harnois ou autres biens quelsconques, ils soyent employés & convertis ou deffrayement & payement de ceulx qui ainsi les auroient subjugués, prins & emprisonnés ; & avecques ce, donnons pouvoir, congé & authorité à tous nosdits subgiets qu'ils puissent [i] recourre à iceulx maniere de gens leurs biens, se ils s'efforçoient les vouloir prendre & [k] comporter, & y resister par voye de fait & autrement ainsi qu'ils pourront & que bon leur semblera. Mandons & commandons à tous nos Justiciers, Officiers & subgiets, que à vous & à vos commis & deputés en ce faisant, obeissent & entendent diligeament, & donnent conseil, confort, ayde, secours & prisons, se mestier en avés & par vous en sont requis. *Donné à Paris, le XXIX.e jour d'Avril, l'an de grace mil quatre cens & sept, & de notre Regne le XXVII.e*

a *compagnies.* Voy. sur ce qu'on appeloit alors Compagnies, les Tables des Mat. des Vol. de ce Rec. depuis le regne du Roy Jean, aux mots *Compagnies (Grandes).*

b *Il faut app. corr.* &.

c *Ce mot signifioit anciennement* avec.

d *Il faut app. suppléer le mot* jour.

e *corr.* & n'auroient retenue ; *c'est-à-dire commission.*

f *faveur.*

g *raençonnans* : *rançonnans.*

h *corr.* ce auroient *fait.*

i *recouvrer, reprendre par force.*

k *app.* emporter.

Par le Roy, en son Conseil où le *Roy* de *Scicile*, Messeigneurs les *Ducs* de *Berri*, d'*Orleans* & de *Bourbons*, les *Comtes* de *Mortaing*, d'*Alençon* & de *Clermont*, le Connestable, [a] Vous, le *Comte* de *Tancarville*, le grant Maistre d'Hostel, & autres, estiés. P. FERRON.

a Le Chancelier de France. *Voy. le 5.e Vol. de ce Rec. p. 653. note (c).*

CHARLES VI. à Paris, le dernier d'Avril 1407.

(a) Statuts pour la Communauté des Haubergiers [ou faiseurs d'Hauberts ou Cottes de Mailles,] *à Paris.*

CHARLES, par la grace de Dieu, Roy de France. Savoir faisons à tous presens & avenir, à Nous avoir esté exposé de la partie des *(b)* Haubergiers de nostre bonne Ville de *Paris*, que comme ès temps passez aïent esté, & encores de jour en jour soient commises ou préjudice de la chose publique, de la tuicion & defense des bonnes Villes & Chasteaulx de nostre Royaume, & de la seureté des corps & personnes des Nobles, & autres Gens frequentans les armes, & qui se [b] habilitent à ycelles, plusieurs fraudes, decepcions & mauvaistiez, tant parce que ès temps passez, aucuns Jurez n'ont esté fais ou establis de par Nous en nostredicte Ville de *Paris*, qui se soient prins ne prengnent garde ou visitent les [c] faulses denrées & marchandises de Haubergerie & armeures, qui [d] cotidiennement sont exposées en vente en nostredicte Ville; comme pour ce que èsdictes denrées & marchandises, plusieurs de nostre sang, & autres Chevaliers, Escuiers, & Gens poursuivans les armes & autres, ont esté & sont très souvent mauvaisement deceuz & [e] engignez par le mauvais, malice & convoitise de ceuls qui s'entremettent de vendre & [f] comporter par ladicte Ville, denrées & marchandises de Haubergerie & autres armeures, qui très souvent leur vendent Haubergerie faictes de mailles de fer, lesqueles ils afferment veritablement estre d'acier; & très souvent advient que en vendant ycelles denrées, ils afferment aux achetteurs que elles ont esté faictes en *Lombardie*, & la verité est au contraire, que elles ont esté faictes en *Almaigne*, ou autres Pays esquelz on ne fait pas si [g] seurs ouvrages que on fait esdictes Parties de *Lombardie*; & à ceste fin, pour mieulx decevoir yceulx achetteurs, mectent ou font mettre yceulx vendeurs faulses marques ou saings en & sur lesdictes denrées de Haubergerie, lesquelz sont contrefais aux saings des bonnes Villes de *Lombardie*, où l'on a acoustumé faire & ouvrer de bonnes & seures armeures; & qui plus est, en nostredicte Ville de *Paris*, habondent, sont & demeurent gens dudit mestier de Haubergerie, qui se dient bons ouvriers & ezpers oudit mestier & marchandise de haubergerie, lesquelz en verité n'ont d'icellui aucune vraye science ne experience; car à grant peine sauroient-ilz *(c)* restouper ne resmailler un trou estant en ung haubergon, se ilz ne le faisoient faire par main d'autruy; & neantmoins pendent ou font pendre &

b *rendent habiles & experts.*

c *mauvaises.*

d *journellement.*

e *trompez.* Voy. *Borel*, p. 153.

f *colporter.*

g *si forts à l'épreuve des armes offensives.*

NOTES.

(a) Livre rouge vieil du Châtelet de *Paris*, *fol.* 11. vingt 16. *recto.* [236].

Avant ces Lettres, il y a: *Le Registre des Haubergiers de* Paris.

Ces Lettres sont aussi au Trésor des Chartres, Reg. 161. P. 261.

(b) Haubergiers.] Les ouvriers qui font des *haubergs* ou *hauberts. Haubert* est, suivant le Dictionnaire du Commerce de *Savary*, au mot *Chaisnettier*, une jacque ou cotte de mailles, armure autrefois très-commune en France, qui étoit une espèce de vêtement assez court, à manches & à gorgetin, fait de l'assemblage de plusieurs petites chaînettes entrelassées les unes dans les autres.

Voy. aussi le Dictionnaire Etymologique de *Menage*, au mot, *Hauberg*; & le Glossaire de *Du Cange*, au mot *Halsberga*.

Menage & *Savary* appellent les ouvriers qui font les *hauberts*, *Haubergeniers*. Ce nom venoit app. d'*haubergon* diminutif d'*haubert*, & qui se trouve plus bas dans ces Lettres. On disoit aussi *Haubergeon*. Voy. *Borel*, p. 256.

(c) Restouper & remailler un trou.] Estouper signifie boucher avec de l'étoupe, [& en général boucher.] *Voy. le Dictionnaire Etymologique de* Menage, *au mot* Estoupe.

Estouper & *remailler* un trou en un haubergeon, c'est remettre de nouvelles mailles à la place de celles qui sont cassées, & en rapprocher celles qui se sont éloignées.

CHARLES VI. à Paris, le dernier d'Avril 1407.

mettre aux fenestres de leurs hostelz, enseignes & bannieres paintes, faisans demonstracion que telz manieres de gens sont ouvriers dudit mestier & marchandise de Haubergerie, dont ilz ne scevent rien; & toutesvoies soubz umbre de ce, ilz sont coustumiers de vendre, & de fait vendent communement & en publique, à toutes manieres de gens qui d'eulx veulent achetter, très faulses denrées & marchandises dudit mestier de Haubergerie & armeures; lesqueles choses se pourveu & remedié n'y estoit par Nous, pourroient ou temps avenir redonder ou très-grant peril, lesion & prejudice du bien publique, de la seurté, tuicion & deffense des bonnes Villes, Chasteaulx & forteresses, ensemble des Nobles, & autres gens frequantans les armes de tout nostre Royaume; pour remedier & pourveoir ausqueles choses, yceulx exposans ayent advisé aucuns poins & articles, qui en leurs consciences leur ont semblé & semblent estre necessaires, très proufitables & expediens pour le bien de Nous & de la chose publique, touchans ledit mestier & marchandise de Haubergerie & armeures, lesquelz Nous ont requis & supplié, requierent & supplient estre joings à l'encien [a] Registre de leurdit mestier, ad ce que d'oresenavant ilz soient gardez & observez en leurs termes, pour la seurté de Nous & de nostre Royaume, desquelz poings & articles la teneur s'ensuit.

Et premierement s'ensuit la teneur dudit ancien Registre.

[b] *(1)* Quiconques veut estre Haubergier à *Paris*, estre le puet, se il scet faire le mestier [c] & il a dequoy.

(2) Quiconques est Haubergier à *Paris*, il puet avoir tant d'aprentiz comme il lui plaira, & ouvrer de nuis, se mestier lui est.

(3) Quiconques est Haubergier à *Paris*, il puet ouvrer de quelque matiere, comme il lui plaira, & de quelque [d] part que la matiere soit, soit chascun par soy ou tout ensemble.

(4) Quiconques est Haubergier à *Paris*, il puet ouvrer aux *(d)* Foiriez, se mestier lui est.

(5) Nulz Haubergiers de *Paris* ne doit riens de chose [e] qui vende ne achatte appartenant à son mestier, ne en Foire ne hors Foire, ne en marché ne hors marché.

(6) Nul Haubergier de *Paris* [f] ne doit point de guet; car le mestier [g] le acquite; car le mestier est pour servir Chevaliers, Escuiers & Sergens, & pour [h] garnir Chasteaulx.

Item. S'ensuit la teneur desdits nouveaulx poins & articles.

[i] *(1) Primo.* Que doresenavant aucun, se il ne scet faire & ouvrer du mestier de Haubergerie, & qu'il soit expert & souffisant en ycellui mestier, ne pourra en la Ville de *Paris* mectre à son [k] huys perche ou autre chose à laquele ait pendue Haubergerie, ne tenir [l] Bote à tourner ne [m] esclarcir Maille, [n] Establye ne [o] Ouvrouoyr, & ne pourra prendre à faire ouvrage de Haubergerie, comme ont fait & font lesdiz Haubergiers & ouvriers dudit mestier, sur peine de soixante solz Parisis d'amende, à appliquer au Roi nostre Sire, en laquele les Jurez & Gardes dudit mestier auront le quart.

(2) Item. Quiconques vouldra lever Ouvrouoir dudit mestier à *Paris*, faire le pourra, pourveu qu'il soit trouvé ouvrier souffisant & expert en ouvrage de maille neufve, & tel tesmoingné & approuvé par les Jurez & Gardes dudit mestier; & paiera pour entrée, se il n'est filz de Maistre, soixante solz Parisis; c'est assavoir, quarante solz au Roy, & vint solz à la Confrarie Saint George aux Armeuriers.

(3) Item. Aucuns Compaignons dudit mestier ne pourront d'oresenavant aler ouvrer ailleurs que ès hostelz des Maistres & Ouvriers dudit mestier, sans le congé des Jurez ou Gardes dudit mestier, sur ladicte amende de soixante solz, à apliquer comme dessus.

a *Registre où étoient inscrits leurs anciens Statuts.*

b *Il y a à la marge du Reg.* Ancien Registre.

c *& a assez de bien.*

d *Pays.* T. C.

e *qu'il.*

f *n'est pas obligé de faire le Guet.*

g *l'en exempte.*

h *fournir d'armures.*

i *Il y a à la marge du Reg. ces mots :* Le Nouvel.

k *porte.*

l *Je n'ai rien trouvé sur ce mot.*

m *les rendre claires en les nétoyant & les polissant.*

n *espèce de table sur laquelle les ouvriers travaillent.*

o *boutique.*

NOTE.

(d) Foiriez.] Je crois que ce mot signifie les jours de *Feries* ou de Fêtes. Voy. le 6.e Vol. de ce Rec. p. 594. note *(q)*.

(4) *Item.* Toutesfois que aucuns dudit mestier ou autres, vendront ou exposeront en vente d'oresenavant aucun ouvrage de Haubergerie à *Paris,* ilz seront tenus dire & declerer [a] en faisant les contracts, à celui ou ceulx qui les vouldront acheter, se les denrées sont de fer ou d'acier, sur peine de perdre les denrées, & de ladicte amende de soixante solz, à apliquer comme dit est.

CHARLES VI.
à Paris, le dernier Avril 1407.

a *en vendant, en faisant le marché.*

(5) *Item.* Aucun dudit mestier, ou autre qui s'entremectent d'icellui mestier & marchandise de Haubergerie à *Paris,* ne mectra ou fera mectre d'oresenavant sur Haubergons d'*Almaigne* ne d'autres Pays, [b] saing autre que celui du Maistre qui le aura fait; & qui fera le contraire, les denrées seront confisquées au Roy nostredit Seigneur, & si le amendera le vendeur de soixante solz Parisis d'amende, à apliquer comme dessus.

b *marque.*

(6) *Item.* Tous Marchans forains qui d'oresenavant venront à *Paris* pour vendre denrées de Haubergerie, seront tenus de icelles denrées monstrer & exhiber aux Jurez & Gardes dudit mestier, & ycelles faire veoir & visiter par lesdiz Jurez, avant ce que ilz les exposent en vente, pour savoir se l'ouvrage est ou sera bon, [c] enterin & de *(e)* bonne trampe; & pour [d] eschever aux perilz qui s'en pourroient ensuir, sur peine de ladicte amende de soixante solz Parisis, à apliquer comme dessus.

c *entier; s'il n'y manque rien.*
d *éviter.*

(7) *Item.* Pareillement, les Ouvriers de *Paris* seront tenus de faire veoir & visiter par lesdiz Jurez leurs denrées, avant ce que ilz les puissent vendre ne exposer en vente, sur ladicte paine, à apliquer comme dessus.

(8) *Item.* Tous Ouvriers dudit mestier & autres comportans denrées de Haubergerie, d'acier ou de fer, parmi la Ville de *Paris,* seront aussi d'oresenavant tenus dire & declerer en contractant avec les achetteurs ou [e] Barguigneurs d'icelles denrées, dequel lieu ou pays les denrées seront, & les vendre pour teles que elles seront, soient faictes de maille *(d)* cloée, ou de maille plaquée; & qui fera le contraire, les denrées seront confisquées au Roy nostredit Seigneur, & l'amendera le vendeur de soixante solz d'amende, à apliquer comme dessus.

e *Voy. la note (c) de la p. 324. du 8.e Vol. de ce Rec.*

(9) *Item.* Que les Ouvriers dudit mestier seront tenus de faire les Haubergons neufs, & autres ouvrages dudit mestier, bons & loyaulx, & tous d'une mesme matiere; c'est assavoir, tout fer ou tout acier; & qui fera le contraire, les denrées seront confisquées au Roy; & si le amendera de ladicte amende de soixante solz, à apliquer comme dessus.

(10) *Item.* Oudit mestier aura trois personnes Jurez & Gardes dudit mestier, qui ad ce seront nommées & esleuës par le Commun dudit Mestier, & commis par le Prevost de *Paris.*

Nous adecertes, les choses dessusdictes considerées, voulans à nostre povoir obvier aux fraudes, malices, decepcions & mauvaistiez, dont dessus est faicte mencion, & ledit Mestier & marchandise de Haubergerie estre d'oresenavant maintenu en bonne police, regle & gouvernement; oye sur ce que dit est la relation de nostre amé & feal Chevalier, Conseillier & Chambellan, *Guillaume* Seigneur de *Tignonville,* Prevost de *Paris* pour Nous, lequel Nous a relaté & affermé que yceulx [f] poings & articles avoient & ont esté veuz & diligemment examinez par nostre Procureur & autres Gens de nostre Conseil ou Chastellet de *Paris,* & que il leur avoit semblé & sembloit en verité yceulx estre bons & prouffitables pour le bien publique, à la seurté de nostredicte Ville & de tout nostre Royaume, les dessusdiz nouveaulx poings & articles & chascun d'eulx, ayans agreables, de noz grace especial, plaine puissance & auctorité Royal, avons voulu & octroyé, voulons & octroyons ausdiz exposans, estre joings & adjoustez audessus transcript ancien Registre dudit mestier de Haubergerie à *Paris;* ycellui ancien Registre toutesvoïes tousjours de-

f *corr.* points, *là & plus bas, ainsi qu'il y a ci-dessus.*

NOTES.

(e) Bonne trampe.] On trempe le fer & l'acier, lorsqu'ils sont rouges, dans une liqueur préparée à cet effet, pour les rendre plus durs & plus fermes. *Voy. le Dictionnaire du Commerce de* Savary, *au mot,* Trempe.

(f) Cloée . . . . plaquée.] Clouée & appliquée. Pour bien entendre ces mots, il faudroit savoir précisément comment se faisoient les cottes de mailles.

CHARLES VI. à Paris, le dernier d'Avril 1407.

mourant en sa force & vertu; & en oultre, que pour la garde & visitacion d'icellui, & pour rapporter à Justice toutes les faultes & [a] mesprentures qu'ilz trouveront estre faictes en tout ycellui mestier & ses deppendances, en quelque maniere que ce soit, soient commises de par Nous d'oresenavant par chascun an, trois bonnes personnes dudit mestier, qui par le Commun, au moins par la plus grant & saine partie d'icellui, seront esleuës Jurez & Gardes dudit mestier, & ad ce instituez par nostre Prevost de *Paris* present ou avenir; sauf toutesvoies & reservé à ycellui nostre Prevost & ses successeurs Prevostz de *Paris*, de tousjours povoir corrigier, augmenter & diminuer ycelles presentes Ordonnances, toutes & quantesfoiz que il leur semblera estre bon & expedient pour le bien & utilité de Nous, dudit mestier & de la chose publique. Si donnons en Mandement par ces presentes, à noz amez & feaulx Conseilliers les Gens tenans & qui pour le temps avenir tendront nostre Parlement à *Paris*, à noz amez & feaulx Gens de noz Comptes, à nostredit Prevost de *Paris*, & à tous noz autres Justiciers & Officiers, ou à leurs Lieuxtenans, presens & avenir, & à chascun d'eulx, si comme à lui appartendra, que de nostre presente Ordonnance & adjunction facent, seuffrent & laissent lesdiz supplians & leurs successeurs joïr & user plainement & paisiblement sans les troubler, molester ne empescher en aucune maniere au contraire; ainçoys facent ycelles noz Ordonnances & tout le contenu en ces presentes, tenir, garder & observer sans enfraindre, & ycelles publier par tout où mestier sera; & ce fait, les facent enregistrer ès Registres dudit Chastellet, & ailleurs où il appartendra. Et pour ce que ce soit ferme chose & estable à tousjours, Nous avons fait mettre nostre Séel à ces presentes: sauf en autres choses nostre droit, & l'autrui en toutes. *Donné à Paris, le derrenier jour d'Avril, l'an de grace mil quatre cens & sept, & de nostre Regne le XXVII.e* Ainsi signé. Par le Roy, à la relacion du Conseil. P. MARCADE. [b] *Contentor. FRERON.*

Et au dos desdictes Lettres estoit escript ce mot: *Registrata. Item.* Publiées ou Carrefour de la Heaumerie à *Paris*, le Mardi x.e jour de May, l'an de grace mil quatre cens & sept. FRESNES.

Collation faicte.

[a] *contraventions aux Réglemens.*

[b] *Voy. le 5.e Vol. de ce Rec. p. 22. note (h). Ce mot & ce qui suit n'est point dans T. C.*

CHARLES VI. à Paris, en Avril 1407.

(a) Lettres qui permettent à Jean de Roussy Comte de Brayne & Seigneur de Pontarcy, & à ses successeurs, de condamner à une amende de vingt sols, ceux de leurs sujets qui interjetteront des appeaux frivoles.

CHARLES, &c. Savoir faisons à tous présens & avenir, Nous avoir reçeu l'humble supplicacion de nostre amé & féal Cousin & Chambellan *Jehan de Roussy*, Chevalier, *Conte* de *Brayne*, & Seigneur du Chastel & *Chastellenie* de *Pontarcy*, contenant que comme à cause de ladicte Conté & Chastellerie, il ait plusieurs Terres, Seignouries & Justices ès [c] mettes des Bailliages de *Vermendois* & de *Vittry*, lesquelz il tient de nostre très-chier & très-amé Frere le *Duc* d'*Orleans*, à cause de sa *Chastellerie* de [d] *Cuchye le Chastel*, pour lesquelles Justices gouverner ledit suppliant ait ses Baillis, Prevosts, Gardes de Justice & autres Officiers, Juges en ses Terres & Cours; & aussi, hommes, Sergens & autres Officiers, pardevant lesquelz sont traictées plusieurs causes touchant ledit suppliant & ses subgez, & introduis plusieurs procès & aussi departie contre autres. Et il soit ainsi, &c. *(b)*

Pourquoy Nous ces choses considerées, inclinans à la supplicacion de nostredit Cousin, & en faveur de bonne & briefve Justice, & afin que un chascun soit plus

[c] *dans l'étendue.*

[d] *Il faut corriger* Coucy, *qui appartenoit au* Duc d'Orléans. *Voy. la p. 405. du 8.e Vol. de ce Rec.*

NOTES.

(a) Trés. des Chart. Reg. 161. P. xiij.xx vij. (267.)

(b) Et il soit ainsy, &c.] Voy. dans la note *(b)* de la p. 189. du 7.e Vol. de ce Recueil, les raisons qui ont déterminé à ne donner que des fragmens des Lettres qui concernent les appeaux volages.

[a] legierement

CHARLES VI. à Paris, en Avril 1407.

[a] legierement contenté de ce que deu lui sera par ses debteurs, avons audit suppliant & à ses successeurs *Contes* de *Brayne*, & Seigneurs de laditte *Chastellerie* de *Pontarcy*, octroyé & octroyons de nostre grace especial, pleine puissance & auctorité Royal, par ces présentes, que doresenavant ilz puissent prendre sur chascune personne qui ainsi appellera desdiz Bailliz, Prevosts, Sergens & autres Officiers, ou d'aucun d'eulx, & renoncera par la maniere dessusdicte, vint solz Parisis d'amende, & que à ycelle amende paier, ilz puissent faire contraindre par leurs gens & Officiers tous ceulx qui encherront esdictes amendes, sans ce qu'ilz en soient, puissent ou doient estre repris pour le temps avenir en aucune maniere. Si donnons en mandement aus *Baillis* de *Vermendois* & de *Vittry*, & à tous noz autres Justiciers ou à leurs Lieuxtenans, présens & avenir, & à chascun d'eulx, si comme à lui appartendra, que ledit suppliant & ses successeurs *Contes* de *Brayne* & Seigneurs de *Pontarcy*, ilz facent, seuffrent & laissent joïr & user plainement & paisiblement de nostre presente grace & octroy, sans les molester, travailler ou empeschier, ne souffrir estre travaillez, molestez ou empeschiez, ne leursdiz Bailliz, Prevostz & autres Officiers & subgez, contre la teneur de ces presentes en aucune maniere, lesquelles Nous voulons estre publiées [b] ès mettes de leurs Bailliages ès lieux acoustumez à faire [c] crix, afin que aucuns n'en puissent pretendre ignorance: Et s'aucun des subgez dudit suppliant & desdiz successeurs ou autres, estoient contredisans de acomplir ce que dit est, les y contraignent par toutes voyes deues & raisonnables. Et que ce soit ferme chose & estable à tousjours, Nous avons fait mettre à ces présentes nostre Séel: sauf en autres choses nostre droit, & l'autruy en toutes. *Donné à* Paris, *ou mois d'Avril, l'an de grace mil CCCC & sept, & de nostre Regne le XXVII.e*. Par le Roy, à la relacion du Conseil. R. CAMUS.

[a] *facilement.*
[b] *dans l'étendue.*
[c] *cris.*

CHARLES VI. à Paris, le 12. de Mai 1407.

(a) *Ordonnance sur la nouvelle Aide accordée au Roy par les trois Etats des Comtés d'Artois, de Boulenois & de S.t Pol.*

CHARLES, &c. Savoir faisons à tous presens & avenir, que comme noz bien amez les Bourgois & Habitans des bonnes Villes fermées & plat païs des *Contez* d'*Artois*, de *Boulenois* & de *Saint Pol*, & des Villes enclavées en ycelles, pour le grant desir, affeccion & voulenté qu'ilz ont à Nous & au bien publique de nostre Royaume, & pour aidier à soupporter les grans frais, charges, missions & despens que de jour en jour Nous convient faire & soustenir pour le fait de noz Guerres, Nous aient nouvellement octroyé d'un commun assentement, que pour un an tant seulement commençant le premier jour de Mars derrenier passé, tele & semblable Aide comme en l'année precedente ilz avoient fait & paié, laquelle Aide les Bourgois & Habitans dessusdiz paieront à quatre termes; c'est assavoir, de trois mois en trois mois, dont le premier terme de payement escherra en la fin du mois de May, le second, en la fin du mois d'Aoust, le tiers, en la fin du mois de Novembre, & le quart & derrenier paiement escherra en la fin du mois de Fevrier prouchainnement venant. Nous considerans, &c. *(b)*

Donné à Paris *le XII.e jour de May, l'an de grace mil quatre cens & sept, & de nostre Regne le XXVII.me*.

Par le Roy, à la relacion du Conseil estant en la Chambre des Aides ordonnées pour la Guerre. J. GEHE.

NOTES.

(a) Trésor des Chartres, Registre 161. P. xiij.xx iiij. (264.)

(b) Nous considerans, &c.] La suite de ces Lettres est conforme à celles du 22. de Mai 1384. qui sont imprimées à la p. 75. du 7.e Vol. de ce Recueil, à la différence qu'au lieu de ces mots: *depuis ledit premier jour dudit mois de Juing*, qui sont à la ligne 39. de la p 76. il y a ceux-ci: *Depuis le premier jour de Mars.*

CHARLES VI. à Paris, en Mai 1407.

(a) Règlemens pour la Communauté des Mégissiers à Paris.

CHARLES, par la grace de Dieu, Roy de France. Savoir faisons à tous presens & avenir, à Nous avoir esté exposé de la partie de la plus grant & saine partie des *(b)* Mesgissiers de nostre bonne Ville de *Paris;* c'est assavoir, *Pierre* du *Vivier, Jehan Courtois, Jehan Cotele, Jehan Rouart, Thomas Du Hau, Jehan Durant, Pierre Du Luat, Jehan Bourgot, Jehan Hatin, Pierre* de *Caen, Michiel Drouart, Philippot Thion, Jaquet* de *Bonieres, Michaut Granchier, Jehan Chiefdeville* dit *Noël, Hebert Landry,* & *Guillaume Lesclanger,* disans que n'agueres en la presence de nostre Procureur ou Chastellet de *Paris,* & pour obvier à plusieurs fraudes, mauvaistiez & decepcions qui de jour en jour estoient commises en ycellui mestier à *Paris* par plusieurs dudit mestier, ou prejudice de Nous & de la chose publique; ilz d'un commun accord, avoient advisé ensemble plusieurs poins & articles qui leur sembloient estre prouffitables & neccessaires à estre gardez & observez par tous ceulx dudit mestier, & à estre joints à l'ancien [a] Registre d'icellui, pource que ou temps present les fraudes que l'en commet en icelluy, se font plus soubtillement & [b] cautement, & si sont les ouvriers d'icellui plus soubtilz & malicieux qu'ilz n'estoient au temps dudit ancien Registre, duquel l'en dit la teneur estre tele.

(1) Premierement. Quiconques vouldra estre Mesgissier à *Paris* & [c] lever son mestier faire le pourra, [d] mais qu'il soit trouvé souffisant & convenable ad ce faire, & pour tel tesmoingné & approuvé par les Gardes & Jurez dudit mestier, & qu'il achatte ycellui mestier en la maniere anciennement acoustumée.

(2) Item. Que les Mesgissiers de *Paris* pourront avoir tant d'aprentiz, & à telz termes & pour telz pris que bon leur semblera.

(3) Item. Que nul dudit mestier ne mette hors aucune chose appartenans à ycellui mestier, aux jours de Dimenches ne aux grans Festes solenneles, se ce n'est à sa fenestre, si hault que un homme n'y puisse attaindre de sa main, [e] sur paine de forfaire les denrées, & paieroit l'amende de quarante solz au Roy, & quatre solz aux Gardes dudit mestier, pour le mestier garder.

(4) Item. Que nul n'achatte en la Ville & Banlieuë de *Paris,* en boucherie ne ailleurs, peaulx sur bestes vives, ne peaulx sur bestes mortes, s'ilz ne les voient avant, sur paine de dix solz d'amende pour chascun cent qu'il achettera, & de plus plus, & de moins moins, & au dessoubz [f] au fuer l'emplage; les trois pars au Roy, & l'autre quart aux Gardes du mestier.

(5) Item. Que nul dudit mestier ne face depuis Pasques jusques à la mi-aoust que une *(c)* laine nouvelle & le bastart, sur paine de vint solz Parisis d'amende, dont le Roy aura les trois pars, & les Gardes dudit mestier, la quarte partie.

a *Voy. ci-dessus p. 206. note marg. (a).*

b *avec plus de précaution & d'adresse.*

Il y a à la marge du Registre, vis-à-vis de cet article, ces mots : L'ancien Registre.

c *c'est-à-dire,* travailler de ce métier.

d *pourvû.*

e *sur peine de confiscation.*

f *Je crois que cela signifie : à* proportion des peaux qu'il aura achetées.

NOTES.

(a) Livre rouge vieil du Châtelet de *Paris, fol.* 11. vingt 18. *verso.* [238.]

Avant ces Lettres, il y a : *Ordonnance des Megissiers de la Ville de* Paris.

Au commencement de cette Pièce, à la marge extérieure, on lit ce qui suit, dont les mots mis entre deux crochets ont été emportés par la reliure, & sont suppléés : *Nouvelle Ordonnance. [Elle] est pareillement enregistrée* [Libro] secundo, f.° 11.e vij.

Item. *Y a autre Registre passé l'onziesme d'Aoust mil CCCC XXVIII. enregistré [ou] Papier noir sur le . . . V. fueillet.*

Un Maître Mégissier que j'ai consulté, m'a donné quelques éclaircissemens qui se trouvent dans les notes à la fin desquelles il y a une *M.*

(b) Megissiers.] Voy. le 6.e Vol. de ce Recueil p. 119. note *(a).* Voy. aussi le Dictionnaire du Commerce par *Savary,* au mot *Megissier.* Ils font aussi le commerce de laines qu'ils tirent des peaux de moutons qu'ils achettent pour préparer.

(c) Laine nouvelle & le Bastart.] Le Bastard est la pointe de la laine que l'on coupe d'abord pour rendre le reste égal & uni. On le nomme aussi le *Jart.* La Laine nouvelle est le total de la laine que l'on tire de la toison après que le bastard en a été ôté; & il est défendu par cet article de séparer pendant le temps qui y est fixé, les différentes sortes de laines de ce total, & de mettre à part les plus fines & les plus grossières. M.

(6) *Item.* Que nul dudit meſtier ne face depuis la mi-aouſt juſques à Paſques que (d) deux paires de laines tonduës; c'eſt aſſavoir, deliée & plange, ſe ce n'eſt pour ſon uſer ſeulement, ſur paine de vint ſolz Pariſis d'amende, quinze ſolz au Roy, & cinq ſolz aux Gardes dudit meſtier.

(7) *Item.* Que d'oreſenavant tous (e) Cuirez ſeront enchauſſumez & polez au baſton & mis à [a] baſtart; c'eſt aſſavoir, ceuls qui auront la haulteur du travers du petit doy d'un homme, & tous les autres qui ſeront audeſſoubz d'icelle haulteur, ſeront mis avecques la laine du [b] Palain, ſur paine de dix ſolz d'amende, huit ſolz au Roy, & deux ſolz aux Gardes dudit meſtier.

(8) *Item.* Que nul dudit meſtier ne puiſſe achetter ne [c] barguigner peaulx [d] de boucherie, au Dimenche ne aux Feſtes ſolenneles, ne en la Ville & Banlieuë de *Paris,* ſur paine de vint ſolz d'amende, quinze ſolz au Roy, & cinq ſolz aux Maiſtres dudit meſtier.

(9) *Item.* Que nul ne ſoit ſi hardi qu'il meſle ſes [e] queuës avecques ſon baſtart, ſur paine de l'amende de dix ſolz, ſi comme deſſus eſt dit.

(10) *Item.* Que nul ne ſoit ſi hardi d'aller au devant des denrées à jour de marché de *Paris,* ſoit Maiſtre Juré dudit meſtier ne autre, pour achetter ne [f] barguigner denrées vives, ſur paine de quarante ſolz d'amende; trente-deux ſolz au Roy, & huit ſolz aux Gardes dudit meſtier.

(11) *Item.* Que nul ne ſoit ſi hardi, ſoit Maiſtre ou [g] Varlet dudit meſtier, qu'il porte ne faſſe porter par lui ne par autres, peaulx blanches [h] megiz vendre par la Ville de *Paris,* d'oſtel en hoſtel; fors en la Place devant les ſaints Innocens, & ou Carrefour ſaint Severin, ou au Samedi, ès Halles en la Place [i] ſeant, ſans [k] comporter de Place en autre, ſur paine de dix ſolz d'amende; ſix ſolz au Roy, & quatre ſolz aux Gardes dudit meſtier.

(12) *Item.* Que nul dudit meſtier ne ſoit ſi hardi d'aler en hoſtelz de Tixerrans, de Filleurs ou Filleresses, ou autres gens dudit meſtier, pour peler peaulx, ſur paine de l'amende deſſuſdicte; ſix ſolz au Roy, & quatre ſolz aux Gardes.

(13) *Item.* Que oudit meſtier aura d'oreſenavant deux perſonnes ſouffiſans & convenables, pour ycellui Meſtier gouverner & garder, & pour eulx prendre garde des [l] meſprentures qui y ſont; leſqueles deux perſonnes ſeront eſleues par la plus grant & plus ſaine partie d'icellui Meſtier, & y ſeront ordonnez & eſtabliz par le Prevoſt de *Paris* ou ſon Lieutenant; & pourront prendre avecques eulx une perſonne ou pluſeurs de leurdit meſtier, pour leur aidier & conſeillier à faire les viſitacions qu'ilz feront en ycellui meſtier; leſqueles Gardes dudit meſtier ſeront renouvellées tous les ans, ſe bon ſemble aux Gens dudit meſtier ou à Juſtice; & auront pour leur paine les droits ordonnez ès amendes deſſuſdictes.

Et pour ce avoient ſupplié & requis à noſtre amé & feal Conſeillier & Chambellan, *Guillaume Seigneur* de *Tignonville* Prevoſt de *Paris* pour Nous, & à noſtredit Procureur, que yceulx nouveaulx poins & articles ilz voulſiſſent veoir & adviſer, ou faire adviſer par noz Conſeilliers & Advocas oudit Chaſtellet, ad ce que, ſe par la deliberacion du Conſeil, ilz trouvoient que ledit ancien Regiſtre euſt meſtier de correccion, interpretacion ou augmentacion, que ainſy feuſt fait ſelon

CHARLES VI.
à Paris, en Mai 1407.

a *Voy. ci-deſſus l'article 5.*

b *Ce mot ſur lequel je n'ai rien trouvé, ſemble déſigner la laine que l'on met au rebut, & dont on ne peut faire aucun uſage.*

c *Voy. le 8.e Vol, de ce Rec. p. 324. note (e).*

d *qu'ils achettent des Bouchers.*

e *la laine que l'on tire des queues des moutons.* M.

f *marchander les peaux de mouton avant qu'ils ſoient tués.*

g *Garçon, Compagnon.*

h *preparées par les Megiſſiers.*

i *deſtinée à cet effet.*

k *colporter.*

l *contraventions aux Règlemens.*

NOTES.

(d) *Deux paires de laines.*] C'eſt-à-dire deux ſortes de laine. Laine déliée eſt celle que l'on nomme ordinairement laine fine, qui eſt le triage & le choix de toute la laine.

Le plange eſt la laine que l'on tire des pattes & du bout du nez, elle ſe nomme ordinairement groſſe laine. M.

(e) *Cuirez.*] Ce ſont les peaux dont la laine a été tondue; mais qui ne ſont point encore *megiſſées.*

Enchauſſumez; c'eſt-à-dire, qu'on y mettra de la chaux.

Polez au Baſton; c'eſt-à-dire, pelez avec un bâton, pour faire tomber du cuiret la laine qui y eſt reſtée après la tonture; *& mis à baſtart;* c'eſt-à-dire, qu'elle ſoit miſe avec le baſtard. M.

CHARLES VI. à Paris, en Mai 1407.

la forme & teneur desdiz nouveaulx poins & articles, desquelz la teneur s'ensuit & est tele.

C'est la declaracion d'aucuns poins & articles qui ont esté advisez par la plus grant & saine partie des Maistres Megissiers de la Ville de *Paris,* & autres, qui sont très-prouffitables pour le gouvernement dudit Mestier, & lesquelz poins & articles ilz requerent estre joints & yceulx estre mis en Ordonnance avecques les autres dudit mestier, se il plaist au Conseil du Roy nostre S. & qu'il voie que ce soit le bien & utilité de la chose publique; & aussi que ung article qui est ès Ordonnances d'icellui mestier, soit augmenté de ce que dit sera cy après, duquel article la teneur s'ensuit.

a *Il y a à la marge du Registre à côté de cet article :* Nouvel Registre.

[a] *(1) Premierement.* Que aucun dudit mestier ne puisse faire depuis la mi-aoust jusques à Pasques, que deux paires de laines tondues; c'est assavoir, delyée & plange; & qui sera trouvé faisant le contraire, les denrées seront forfaictes au Roy; de laquelle confiscacion le Roy aura la moitié, & les Gardes & la Confrarie dudit mestier l'autre moitié, chascun pour portion.

(2) Item. Que les Maistres dudit mestier ne pourront tenir ne avoir que ung seul apprentiz en ycellui, & ne le pourront prendre ne tenir à moins de six ans, pour ce que à moins de temps ne pourroit-il avoir aprins ne estre souffisant & expert en ycellui, à & sur paine de soixante solz Parisis d'amende; quarante solz au Roy, & vint solz à la Confrarie dudit mestier.

(3) Item. Que femme dudit mestier ne pourra prendre ne avoir aucuns apprentiz autres que les apprentiz de leurs feux maris, qui n'auroient achevé le temps de leur apprentissaige, pourveu que ycelle femme aura un Varlet bon & souffisant dudit mestier, pour monstrer & apprendre ycellui aprentiz, à & sur paine de quarante solz Parisis d'amende; trente-deux solz au Roy, & huit solz aux Gardes dudit mestier.

(4) Item. Que aucun Maistre dudit mestier ne pourra lever ne tenir ycellui son mestier en la Ville & Forbours de *Paris,* s'il n'y a esté apprentiz, sur peine de soixante solz Parisis d'amende; quarante solz pour le Roy, & vint solz aux Gardes dudit mestier, & de forfaictures des denrées dont il seroit trouvé saisy; moitié au Roy, & l'autre moitié à la Confrarie dudit mestier.

(5) Item. Que aucun ne pourra estre passé Maistre dudit mestier en la Ville & Forbours de *Paris,* ne tenir ycellui mestier, se premierement il n'a esté examiné & trouvé souffisant par les Gardes dudit mestier, & qu'il ait paié six livres Parisis d'entrée; la moitié au Roy, & l'autre moitié à la Confrarie d'icellui mestier, comme d'ancienneté est acoustumé.

(6) Item. Que aucun dudit mestier ne mette hors aucunes denrées appartenans à ycellui mestier, à jours de Dimenches ne à Festes solenneles, se ce n'est à sa fenestre, & si haulte que un homme n'y puisse advenir de sa main [b] sans adventage, sur paine de forfaire lesdictes denrées, en la maniere que dessus est dit, & sur paine de quarante solz d'amende, & de quatre solz aux Gardes dudit mestier.

b *sans monter sur quelque chose.*

(7) Item. Que aucun dudit mestier ne pourra achetter cuir de megis pour revendre, qui ait esté [c] labouré hors de la Ville & Forbours de *Paris,* pour mesler avecques le sien labouré en ladicte Ville & Forbours, jusques ad ce que il ait esté veu & visité par les Gardes dudit mestier, & trouvé bon, loyal & marchant, sur paine de quarante solz Parisis d'amende; trente-deux solz pour le Roy, & huit solz aux Gardes dudit mestier.

c *préparé, apprêté.*

(8) Item. Que aucun dudit mestier ne pourra vendre ne avoir cuir de megis, ne tenir ycellui, s'il n'est souffisaument & deuëment labouré, & qu'il soit bon, loyal & marchant, & tel trouvé par les Gardes dudit mestier, sur paine de forfaiture & de confiscation au Roy, & de vint solz d'amende; quinze solz pour le Roy, & cinq solz aux Gardes dudit mestier.

(9) *Item.* Que aucun dudit mestier ne pourra pour vendre, entasser ne mectre en tas aucune laine, se ainsy n'est qu'elle ait esté & soit bien sechée, & qu'elle soit bonne, loyale & marchande, sur paine de vint solz Parisis d'amende; quinze solz pour le Roy, & cinq solz aux Gardes dudit mestier.

(10) *Item.* Que aucun dudit mestier ne pourra mettre ne tenir en besongne sans la licence & congé des Maistres dudit mestier, aucuns des Varlès à louer des autres Maistres dudit mestier, sur paine de quarante solz Parisis d'amende; c'est assavoir, trente-deux solz au Roy, & huit solz aux Gardes dudit mestier, [a] sans le congé des Maistres.

(11) *Item.* Aucun Maistre dudit mestier à *Paris,* qui aura trois Varlès, ne pourra refuser à un autre des Maistres d'icellui mestier à *Paris,* qui aura besongne [b] hastive & necessaire à faire, l'un desdiz trois Varlès, pour lui aidier à parfaire ycelle, [c] par payant toutesvoies [d] dudit Maistre ycellui Varlet de son salaire raisonnable, à & sur paine de quarante solz d'amende; c'est assavoir, trente-deux solz au Roy, & huit solz aux Gardes dudit mestier.

(12) *Item.* Que Marchans Forains ne pourront vendre ne exposer en vente à *Paris,* aucunes denrées de megis, jusques ad ce que elles aient esté visitées par les Gardes dudit mestier, & que elles soient rapportées estre bonnes, loyales & marchandes, sur paine d'estre confisquées & acquises au Roy nostre S. & de estre [e] arses, ou au moins sur paine d'amende arbitraire.

(13) *Item.* Que aucun dudit mestier soit Maistre ou Varlet, ne s'entremecte de aler ès maisons d'aucuns Tenneurs ne autres, pour peler peaulx, ne [f] ordonner cuir, ne conseillier yceulx Tenneurs ne autres, en quelque maniere que ce soit de leurs [g] marchiez, ne autres choses en chose qui concerne & regarde ledit mestier, sur paine de soixante solz Parisis d'amende; c'est assavoir, quarante solz au Roy, & vint solz à la Confrarie & aux Gardes d'icellui, à chascun pour moitié.

(14) *Item.* Que tous les Maistres dudit mestier demourans en ladicte Ville & Forbours, pourront achetter en plain Marché de Marchans Forains & autres, toutes denrées appartenans audit mestier, que ilz verront à veue d'œil, sans ce que ilz en puissent achetter aucunes, sans ycelles veoir, à & sur paine de soixante solz Parisis d'amende; quarante solz pour le Roy, & vint solz Parisis; c'est assavoir, la moitié à la Confrarie dudit mestier, & l'autre aux Gardes d'icellui.

Et que yceulx nouveaulx poins & articles, en corrigant, interpretant & augmentant audit ancien Registre, feussent joints à ycellui par la forme & maniere cy-dessus posez; laquele chose nostredit Prevost, ou cas qu'il Nous plairoit, leur avoit octroyée & accordée, si comme ilz disoient; requerans à grant instance avoir sur ce noz Lettres patentes en las de soye & cire vert, afin de perpetuel memoire, ou cas où lesdictes Ordonnances & Statuts Nous sembleroient utiles & prouffitables pour le bien publique & celui dudit mestier. Nous adecertes, oye sur ce que dit est, la relacion de nostredit Prevost qui Nous a relaté & affermé par serement, que à grant & meure deliberacion de nostre Conseil estant oudit Chastellet, il avoit veu & fait veoir & examiner par pluseurs & iteratives fois par nos Advocas, Procureurs & autres noz Conseilliers oudit Chastellet, tant en la presence desdiz Mesgissiers comme en leur absence, lesdiz nouveaulx poins & articles; & finablement tous yceulx noz Conseilliers, nostredit Procureur, lesditz Mesgissiers & chascun d'eulx, nul contredisant, avoient esté d'oppinion, & leur avoit semblé & sembloit en leurs conscience yceulx nouveaulx Status, articles & Ordonnances, estre bonnes, utiles & prouffitables pour le bien de Nous, dudit Mestier & de la chose publique; iceulx poins, articles & Status nouveaulx & chascun d'eulx, en reformant ledit Mestier de bien en mieulx, & en augmentant, interpretant & corrigant ledit ancien Registre par la forme & maniere que cy-dessus sont posez & articulez, avons voulu & ordonné, voulons & ordonnons par ces presentes, estre tenuz, gardez & observez d'oresenavant par tous les Mesgissiers de *Paris,* & autres à qui il appartendra,

[a] *répétition inutile.*

[b] *pressée.*

[c] *en.*

[d] *par ledit.*

[e] *brûlées.*

[f] *ap.* travailler à la préparation des cuirs.

[g] *Je crois qu'il faut corr.* mestier.

CHARLES VI. à Paris, en Mai 1407.

& yceulx & chascun d'eulx, estre joints à ycellui ancien Registre par la forme & maniere requise par yceulx exposans : sauf toutesvoies & reservé à nostredit Prevost present & avenir, de ycelles Ordonnances & Status nouveaulx povoir corrigier, muer, interpreter, & à ycelles augmenter ou diminuer, toutes & quanteffois que par la deliberacion de nostre Conseil dudit Chastellet, il verra qu'il sera bon & expedient à faire, pour le bien & utilité de Nous & de la chose publique. Si donnons en mandement à ycellui nostre Prevost present & avenir, ou [a] son Lieutenant, que ces presens noz Status & Ordonnance il face jurer, tenir & observer par tous ceulx dudit mestier de Megisserie à *Paris,* sur les paines contenues en ycelles ; & ycelles face publier & registrer partout où il appartendra. Et que ce soit ferme chose & estable à tousjours, Nous avons fait mettre à ces presentes nostre Séel : sauf en autres choses nostre droit, & l'autrui en toutes. *Donné à* Paris, *ou moys de May, l'an de grace mil quatre cens & sept, & de nostre Regne le XXVII.e*. Ainsi signé en marge. Par le Roy, à la relacion du Conseil. MAULOUE. *Visa.* [b] *Contentor.* FRERON.

a *supp.* à.

b *Voy. le 5.e Vol. de ce Rec. p. 22. note (h).*

Au dos desquelles Lettres estoit escript ce qui s'ensuit : Publiées en Jugement ou Chastellet de *Paris,* le Samedi second jour de juillet, l'an de grace mil CCCC & sept. *Item.* Publiées l'an & jour dessusdiz, present le Crieur Juré de la Ville de *Paris,* en la *(f)* ruë de la Mesgisserie sur la Riviere de *Saine,* à l'opposite de l'Ostel des Dames de *Haulte-Bruyere,* presens plusieurs, tant Maistres comme Varlès Mesgissiers & autres, à la requeste tant du Procureur du Roy comme des Jurez & Gardes dudit mestier, par moy. J. CHOART.

Collation faicte.

NOTE.

(f) Rue de la Megisserie.] Il n'y a plus à *Paris* de Rue qui porte ce nom ; mais il paroît certain qu'elle étoit vers le *Quai de la Mégisserie* ou de la *Valée de Misère,* ou peut-être même dans le terrein sur lequel ce Quai a été construit : Car indépendamment de la conformité du nom, l'on trouve dans le Traité de la Police, T. 2. liv. V. titre 1.er p. 3. que la Ville de *Paris* acheta anciennement des Dames de * *Hautes-Brières* un lieu pour y bâtir un Port, qui fut nommé le *Port Pepin,* & qui depuis a été appelé l'*Abreuvoir Pepin,* [dont le passage est sous le Quai de la *Mégisserie.* Ces Dames pouvoient avoir conservé un hôtel ou maison dans ce lieu.]

* *Hautes-Brières,* Prieuré de l'Ordre de *Fontevrault,* est dans le Diocèse de *Paris.*

CHARLES VI. à Paris, en Mai 1407.

(a) Lettres confirmatives de l'acte passé entre le Roy Dauphin de Viennois, & l'Evêque de Valence, par lequel le Roy prend les habitans de Valence & de quelques autres lieux sous sa protection & sous sa Sauve-garde, moyennant une redevance annuelle en argent, qu'ils feront tenus de lui payer.

KAROLUS, &c. Rex Dalphinus Viennensis. Notum facimus universis presentibus pariter & futuris, quod cum jam pridem ; scilicet, anno Domini millesimo trecentesimo nonagesimo septimo, mense Julii, fuerint à Nobis pro parte dilectorum nostrorum Procuratorum & Sindicorum Universitatis & civium civitatis & Burgi Valencie, *tam universitatis & civium predictorum, quam universitatum, civium & habitancium castrorum & locorum* [c] Castri novi Ysere, Montis-Lagerii, Alaisii, Aurioli & Mirmande *nominibus,* [d] *quedem Littere proteccionis & Salve-gardie, in filis sericis & cera viridi sigillate obtente; quarum tenor sequitur in hec verba*

c Voy. les noms modernes de ces lieux dans la note *(b)* de la p. 136. du 8.e Vol. de ce Recueil.

d corr. *quedam.*

NOTE.

(a) Trésor des Chartres, Reg. 161. P. xvij.xx iiij. (344).

CHARLES VI. à Paris, en Mai 1407.

(b) KAROLUS, &c.

Adversus quas Litteras suprascriptas, seu earum interinacionem & effectum, Episcopus Valentinensis & Diensis *pretendens se in hiis graviter dampnificatum & lesum, dictamque Salvamgardiam ob hoc debere revocari, causas suorum gravaminum Nobis* [a] *querolosè exposuisset, & post plures altercaciones, prolocucionesque super hoc habitas inter dictum Episcopum ex una parte, Gentesque nostras Compotorum ac Thesaurarios nostros* Parisius, *pro Nobis, ex altera, certus Tractatus inter ipsos, nominibus supradictis, factus extiterit, prout in quadam cedula super hoc confecta continetur; cujus tenor de verbo ad verbum sequitur & est talis.*

a corr. *querelosè*, comme il est plus bas.

NOTES.

(b) *Karolus, &c.*] Ces Lettres qui sont du mois de Juillet 1397. & dans lesquelles sont insérées un Acte du 3. d'Octobre 1396. & d'autres Lettres de Charles VI. non datées, sont imprimées à la p. 136. du 8.e Vol. de ce Recueil. Cet Acte de 1396. & les Lettres non datées de Charles VI. sont encore répétées dans la suite de ces Lettres du mois de Mai 1407. On a désigné par les chiffres 1. 2. les corrections & les *Variantes* que fournissent ces deux copies.

T. 8. P. 136.	Lig. 5.	Castri novi Yzaræ	Castri novi *Ysere*. 1. Il y a plus bas *Ysare*.
	Lig. 23.	Jerosolane	{ *Jherosolomitani*, là & plus bas. 1. { *Jherosolimitani*. 2.
	Lig. 27.	Coperii	*Comperii*. 2.
P. 137.	Lig. 2.	Gerentonus	*Jarentonus*, là & plus bas. 1. 2.
	Lig. 3.	Reboldi	*Rebolli*. 1. 2.
	Lig. 7.	Heremo	*Herenio* ou *Hereino*, là & plus bas. Dans la suite de ces Lettres de Charles VI. on trouve ce nom de ces façons différentes. 1.
	Lig. 11.	vice nomine	vice *&* nomine. 1. 2.
	Lig. 13.	Caternum	*quaternum*, là & plus bas. 1. 2.
	Lig. 14.	recepciones salve-gardiæ	*recepcionem salva-gardie*. 1. 2.
	Lig. 17.	Valentinensis	*Valencie*, là & plus bas. 1. 2.
	Lig. 20.	pro parte Regis, Domini nostri *Regis* Dalphini prelibati, & pro parte dictorum civium, universitatum . . .	pro parte Regis Domini nostri Dalphini prelibati & pro parte dictorum civium *&* universitatum. 1. 2.
	Lig. 30.	nomine Dalphinali	nomine Dalph. 1.
	Lig. 31.	Caterno	*Katerno*. 2.
	Lig. 34.	Universitatum	*Universitatis*. 1. 2.
	Lig. 38.	Magister	*Magistri*. 1. 2.
	Lig. 39.	Tortel	*Tourtel*. 2.
	Lig. 40.	Procuratores	*ac* Procuratores. 1.
	Lig. 45.	Aleysii	*Alaysii*. 1.
	Lig. 50.	accessiones	{ occasiones. 1. { occisiones. 2. *C'est la bonne leçon.*
P. 138.	Lig. 2.	incursibus guerræ	incursibus, *guerris*. 1.
	Lig. 5.	nec	*&*. 1. 2.
	Lig. 7.	requisiverant	*requisiverunt*. 1. 2.
	Lig. 17.	concluendo	*concludendo*. 1. 2.
	Lig. 19.	prœlocuciones	prolocuciones. 1. 2.
	Lig. 28.	in nostra salva-gardia speciali . . .	in nostra Dalphinali speciali salva-gardia. 2.
	Lig. 47.	[Per se & successores suos, ut supra] cum centum	Per se & successores suos, ut supra, *servire nobis & successoribus nostris*, cum centum. 1. 2.
P. 138.	Lig. 8.	& Dalphinus	{ *ut* Dalphinus. 1. { Rex Dalphinus. 2.
	Lig. 15.	in perpetuum	in *imperpetuum*. 1.
	Lig. 22.	injuriari	*injuriare*. 1. 2.
	Lig. 23.	cum sumptibus	*tamen* sumptibus. 1. 2.
	Lig. 29.	nostri Dalphinatûs	*nostra Dalphinali*. 1. 2.
	Lig. 31.	affranchiare	*affranchire*. 1. 2.
	Lig. 34.	quòd efficaciter nostris	quòd *Officiariis* nostris. 1. 2.
	Lig. 35.	consuetum	consuetum *& conventum*. 1. 2.
	Lig. 36.	Fuit etiam reservatum	*Fuit actum*, reservatum. 1. 2.
P. 140.	Lig. 1.	Camera nostrorum	Camera *nostra* nostrorum. 1.
	Lig. 4.	Dictus Procurator & Advocatus Fiscalis	Dictus *Advocatus & Procurator* Fiscalis. 1.
	Lig. 8.	Moresterolio	{ *Monsterolio*. 1. Là & plus bas. { *Mosterolio*. 2.
	Lig. 8.	Foresterii	*Forestarii*. 1.
	Lig. 15.	Correrii	*Coperii*. 1.
	Lig. 29.	Insieclensis	*Insubensis* pour *Insulensis*.
	Lig. 37.	ipsorum, nobis factas	ipsorum *nominibus* nobis factas.
	Lig. 41.	forma publica	forma *debita*.
	Lig. 45.	instrumenti, ratifficare	instrumenti *supra inserti* ratifficare.
	Lig. 50.	continetur	*continentur*.
P. 141.	Lig. 3.	septimo. Per Regem	septimo. *Sic sign.* Per Regem.
	Lig. 6.	C. Mileras	*G. Milerac*.

CHARLES VI.
à Paris, en Mai 1407.

(c) Die nona mensis Februarii, millesimo iiij.^c quinto, à Nativitate sumpto, in Camera Compotorum Regiorum Parisius, *coram honorabilibus Dominis dicte Camere, & Consiliariis Regiis existentibus, Reverendo in Christo Patre & Domino* Johanne *de* [a] Pictavea, *Episcopo* Valentinensi *&* Diensi, *& Magistro* Jacobo de Sancto-Germano, *Advocato & Procuratore* [b] *Generali* Dalphinatûs, [c] *eciam presentibus honorabilibus viris* Gontero Colli *&* Johanne *de la* Cloche, *Thesaurariis Francie, super eoquod prefatus Dominus Episcopus per Litteras quas impetraverat à Domino nostro Rege Dalphino, petebat nomine dictarum Ecclesiarum suarum, irritari quamdam Salvam-gardiam nuper per aliquos subditorum suorum civitatis* Valencie, *& quorumdam locorum dicte Diocesis* Valentinensis, *impetratam* Parisius *à dicto Domino nostro Rege Dalphino, acto quod dicti subditi ipsius Domini Episcopi, contribuere tenerentur in Tailliis subsidiorum ex* [d] *nunc fiendorum in* Dalphinatu; *prout illi de civitate* Gracionopolitana, *& de Villa* [e] Romanis, [f] *contribuerint, &* [g] *ulterius in guerris dicti Domini nostri Dalphini, promiserunt servire eidem Domino, de centum servientibus armatis, sumptibus ipsorum subditorum, per mensem, prout in ipsis Litteris super hoc confectis* [h] *lacius continetur, que asserebat dictus Dominus Episcopus nullius fuisse momenti, quia dicti subditi Ecclesie sue predicta minimè facere potuerunt, nec se obligare in prejudicium dicte Ecclesie sue, obstantibus paccionibus existentibus inter predecessores Domini nostri Dalphini predicti & ipsius Domini Episcopi predecessores* [i] *Episcopos, continentibus quod dictus Dominus noster Dalphinus non potest nec debet recipere in Salva-gardia sua subditos dicte Ecclesie, eciam obstantibus privilegiis Imperialibus dicte Ecclesie concessis : insuper, quia dicti subditi predicta* [k] *fecerint contra voluntatem dicti Domini Episcopi, & sic non potuerunt* [l] *congregare, nissi de expressa voluntate ejus & licencia, quod tamen contrarium fecerunt.* Item. *Non fuit major nec sanior pars ad predicta faciendum, sed* [m] *voluntariè, indebitè & injustè, & in eneracionem libertatis Ecclesiastice & juris dicte Ecclesie, predicta fecerunt de facto: propterque &* [n] *puribus aliis racionibus per ipsum Dominum Episcopum* [o] *dictis allegatis idem Dominus Episcopus dicebat predictam Salvam-gardiam & obligacionem de contribuendo in dictis subsidiis, & serviendo de dictis centum clientibus armatis, debere revocari tanquam nullam : predicto Advocato & Procuratore Fiscali* [p] Dalphinatûs *in contrarium dicente, pluribus racionibus per eum dictis allegatis, & specialiter quia cuilibet licitum est facere de re sua ad libitum, & se obligare & de suo dare pro securitate obtinenda predicta :* [q] *ideo fieri non debere. Tandem omnibus consideratis, & habito Tractatu cum dicto Domino Episcopo, fuit deliberatum & dictum quod si supradicti subditi qui se obligaverunt, ut in dictis Litteris Regiis continetur, & alii subditi predicti Domini Episcopi & Ecclesiarum suarum* Valentinensis *&* Diensis, *&* [r] *civitatis* Valencie *&* Diensis, *cum Castris dictarum Ecclesiarum eisdem adjacentibus, qui se voluerint ponere & gaudere dicta Salva-gardia, se obligabunt efficaciter solvere dicto Domino nostro Dalphino seu Castellano* Cabeoli, *ejus nomine, perpetuò, singulis annis in Festo omnium sanctorum, summam sexaginta scutorum auri, ad racionem duorum scutorum auri pro tribus florenis curribilibus, & monete currentis nunc in* Dalphinatu, *sint exonerati & liberati à contribucione dictorum subsidiorum fiendorum in* Dalphinatu *ab indè in antea, & centum servientibus armatis prestando, juxta formam dictarum Litterarum Regiarum : remanentibus aliis contentis in dictis Litteris in suo robore firmitatis; specialiter, quod dicti subditi predictarum Ecclesiarum, qui* [s] *se obligaverunt & obligare voluerunt nominatim pro dicta summa sexagenta scutorum solvenda Domino nostro Dalphino annuatim, ut dictum est, pro dicta Salva-gardia, pro rata cujuslibet, & in forma debita & efficaci, sint & remaneant in Salva-gardia perpetua Dalphinali, de personis, familia & bonis, prout in dictis Litteris de quibus dictus Dominus Episcopus conqueritur, continetur, alii vero qui recusabunt se obligare, nullo modo comprehendantur*

a corr. *Pictavia*, qui se lit toûjours dans la suite de ces Lettres.

b Il y a : *Procuratore Fiscali Generali.* 3.

c & eciam. 3.

d ex tunc. 3.

e Dans la suite de ces Lettres, on trouve quelquefois *Romanis*, & quelquefois *de Romanis.* Romans.

f contribuerunt. 3.

g ultimo. 3.

h plenius. 2. 3.

i ipsos. 2.

k fecerunt. 2. 3.

l Il semble qu'il devroit y avoir *se congregare* ou *congregari;* mais on trouve simplement *congregare*, dans plusieurs autres endroits de ces Lettres.

m Cela peut signifier, de leur seule volonté, & sans avoir la permission de l'*Evêque de Valence.*

n pluribus. 2. 3.

o c'est-à-dire aux Gens des Comptes ci-dessus nommés.

p Dalphinali. 3.

q c'est-à-dire que les Privilèges accordés à ces habitans, ne devoient point être révoqués.

r Il y a *civitat*, avec une marque d'abréviation dans la 2.e cop. & *civitates* dans la 3.^e

s La 2.e cop. est conforme; mais on lit dans la 3.e *obligaverint & obligare voluerint.*

NOTE.

(c) Cet Acte est encore répété deux fois dans la suite de ces Lettres : on ne l'a pas fait réimprimer, & on a désigné par les chiffres 2. & 3. les deux dernières copies, en indiquant les corrections & les *Variantes* qu'elles fournissent.

nec

nec gaudeant dicta Salva-gardia; & nisi predicta sorciantur effectum; remaneat jus illesum & salvum Domino nostro Dalphino, & dicto Domino Episcopo, suo nomine & dictarum suarum Ecclesiarum, prout ante datam cedule presentis, & sine prejudicio utriusque Parcium predictarum. Item. *Quod dictus Dominus Episcopus infra Festum proximè beati Johannis Baptiste, declarare & mandare teneatur voluntatem dictorum suorum subditorum, per habentes ad hoc sufficientem potestatem, Domino Cancellario Francie, seu dictis Dominis de Camera Compotorum, cum originali Litterarum predictarum de quibus conqueruntur, taliter quod* [a] *pro predicta possint in bona efficaci forma concludi & fieri ad utilitatem utriusque Parcium, secundum sensum predictorum meliorem; & quod ipse Dominus Episcopus auctoriset & mandet Procuratorium seu potestatem in predictis necessariam,* [b] *seu in partibus, det eis potestatem efficacem predicta adimplendi & ad effectum perducendi. Collacio facta est cum simili cedula retenta in Camera, X.ª die Februarii, anno Domini millesimo quadringentesimo quarto, secundum* [c] *computacionem Gallicanam.* G. MILLERAC.

CHARLES VI. à Paris, en Mai 1407.

a Ce mot qui paroît inutile, est aussi dans la 2.e copie, mais n'est point dans la 3.e

b Cela signifie app. que l'Évêque donne un pouvoir général pour toutes ces Communautés, ou un particulier pour chacune d'elles.

c L'année commençant à Pâques. Voy. les Tables des Mat. des Vol. de ce Rec. au mot *Année.*

Denumque post aliquas prorogaciones temporis in supra scripta cedula contenti, à Nobis per dictum Episcopum obtentas, Gentes nostre Dalphinalis *ex commissione eisdem per predictas Gentes Compotorum nostrorum & Thesaurarios nostros* Parisius *facta, ad recepcionem obligacionum & submissionum pensionis sexaginta scutorum auri Nobis imposterum anno quolibet solvenda, de qua in Tractatu supra inserto fit mencio, processerint modo & forma contentis in Instrumento super hoc confecto, cujus tenor talis est.*

Suite des Lettres de Charles VI. du mois de Mai 1407.

In nomine Domini nostri Jesu Christi. Amen. Anno Nativitatis ejusdem Domini millesimo quatercentesimo-sexto, & die vicesimâ terciâ mensis Augusti, noscat modernorum presencia, futurorumque posteritas non ignoret quod cum nuper aliqui ex civibus & incolis civitatis Valencie, *sub nomine Universitatis ipsius civitatis, quamdam Salvamgardiam & proteccionem obtinuerint à Serenissimo Principe & Domino nostro Rege Francorum, Dalphino Viennensi, sub modo & forma in Instrumento super hoc confecto contentis, cujus tenor inferiùs est insertus, in quo inter cetera promiserunt quod pro dicta* Salvagardia, Universitas dicte civitatis unàcum Universitatibus Castrorum* Castri-novi Ysere, Montis-Veneris, Bellimontis, Montis-Lagerii, Aurioli, [d] Armande, Alaisii, *tenerentur contribuere in omnibus Aidis, Subsidiis, donis & Fogagiis que fierent in* Dalphinatu, *quemadmodum civitates* Ebreduni *vel* [e] Gracianopolis, *seu Villa de* Romanis *facerent, & ulteriùs dictum Dominum nostrum Dalphinum in suis guerris servire cum centum servientibus armatis peditibus, per unum mensem, quando ipse Dominus Dalphinus haberet guerram, expensis ipsarum Universitatum, & quandiu eidem Domino nostro Dalphino post dictum mensem placeret, expensis suis, prout laciùs in dicto Instrumento inferiùs inserto continetur; adversusque Reverendus in Christo Pater & Dominus Dominus* Johannes *de* Pictavia *Episcopus &* Comes Valentinensis *&* Dyensis, [f] *pretendas se Ecclesias suas predictas, necnon Universitates Civitatis & locorum predictorum graviter lesum & lesas, causas ipsorum gravaminum suo nomine & dictarum Universitatum querelosè exposuit & exponi fecit dicto Domino nostro Regi Dalphino, & post pluros altercaciones, idem Dominus Episcopus & Comes, cum consilio tamen & deliberacione matura prehabitis, ut dicebat, cum Capitulo suo Ecclesie* Valentinensis, *& cum Universitatibus civitatis & locorum predictorum, certum Tractatum fecerit, per quem dicte Universitates liberabantur & liberantur à contribucione dictorum Subsidiorum, donorum, Fogagiorum, & servicio centum servientum, mediante certâ annuali pensione per ipsas Universitates dicto Domino nostro Dalphino seu ejus* Castellano *(d)* Caberli *deinceps & imperpetuum solvenda; & aliàs, prout in cedula super Tractatu*

Commencement de l'Acte par lequel les habitans de *Valence* se soûmettent à l'exécution du Traité conclu par leur Évêque.

d Il faut corr. *Mirmande,* comme il y a plus haut & plus bas.

e Gronop. *Reg.* *avec deux marques d'abréviation.*

f corr. *pretendens se & Ecclesias.*

NOTE.

(d) Caberli.] Il y a *Cabeoli* dans toute la suite de ces Lettres de Charles VI. C'est *Chabeuil* dans le *Comté* de *Valentinois.* Voy. la p. IX. col. 2. de la Table des lieux du *Dauphiné,* qui est à la tête de l'Histoire de cette Province, par M. de *Valbonnais.*

CHARLES VI. à Paris, en Mai 1407.

confecta, laciùs continetur; cujus tenor de verbo ad verbum immediatè sequitur, prout ecce.

[a] *Die nona mensis Februarii, &c.*

a Cet Acte est déjà plus haut dans ces Lettres. Voy. ci-dessus p. 216. voy. aussi la note (c) de cette page.

* Suite de l'Acte des habitans de *Valence.*

* *Et licet per conclusionem dicte cedule, dictus Dominus Episcopus teneretur infra Festum Nativitatis Beati Johannis Baptiste tunc immediatè sequens, notifficare voluntatem & intencionem dictarum Universitatum & subditorum suorum, Domino Cancellario Francie, vel Dominis Camere Computorum* Parisius, *quod facere non potuerat, obtinuit tamen Litteras prorogacionis, quarum tenores sequuntur in hec verba.*

CHARLES, par la grace de Dieu, Roy de France. A noz amez & feaulx Gens de noz Comptes à *Paris:* Salut & dileccion. L'umble supplicacion de nostre amé & féal Conseillier l'*Evesque* de *Valence,* avons receue, contenant comme il ait certain Traictié avec vous, ainsi qu'il dit par icellui plus applain apparoir, lequel Traictié ycellui suppliant n'a peu acomplyr dedens le terme à lui sur ce préfigé, obstant le consentement de nostre Saint Pere le Pape, qu'il n'a peust sitost avoir ne pourchassier, pour la distance du pays où est nostredit Saint Pere son Souverain, sans l'auctorité duquel il n'oseroit enteriner ledit Traictié, si comme il dit, requerant que comme il soit bien d'accord dudit Traictié, & que desja il se dit avoir le consentement de ses subgiez qui à ce se doivent consentir, Nous lui vueillons sur ce pourveoir & proroguer le terme dudit Traictié: Nous ces choses considerées, & pour certaines autres causes & consideracions Nous mouvans, avons prorogué & par ces présentes prorogons de grace especial ledit terme dudit Traictié, jusques à la Feste de Noël prouchainement venant, afin que ce pendant il puisse obtenir le consentement & voulenté de nostredit Saint Pere, & acomplir ledit Traictié, sans encourir l'indignacion d'icellui nostre Saint Pere son Souverain. Si vous mandons que de nostre presente grace & prorogacion faites, seuffrez & laissiez ledit suppliant joïr & user plainement & paisiblement, sans pour ce lui mettre ne souffrir estre mis, ledit terme durant, aucun empeschement au contraire, & se mestier est, donnons de nouvel audit suppliant terme de acomplir ledit Traictié, jusques à la Feste de Noël dessusdicte: Car ainsi Nous plaist il estre fait, nonobstant que de présent le terme dudit Traictié soit passé, & quelxconques Ordonnances, mandemens ou défenses à ce contraires. *Donné à* Paris, *le VI.ᵉ jour de Juillet, l'an de grace mil quatre cens & cinq, & de notre Regne le XXV.ᵉ* Ainsi signées. Par le Roy, à la relacion du grant Conseil, ouquel [b] Vous, les *Evesques* de *Noyon* & de *Meaulx,* Maistre *Jehan Boissay* & autres, estoient. NEAUVILLE.

b *Le Chancelier de* France. *Voy. le 5.ᵉ vol. de ce Rec. p. 653. note (c).*

Alia Littera ibidem annexa, talis est.

Nous les Gens de Comptes du Roy nostre S. à *Paris,* nous [c] consentons à ce que les Lettres royaulx cy-attachées soubz l'un de nos signez, octroyées par le Roy nostredit Seigneur à l'*Evesque* de *Valence,* son Conseillier, sur la prorogacion du Traictié dont esdictes Lectres est faitte mencion, aient & fortissent leur effect en la forme & maniere que le Roy nostredit Seigneur le mande par ycelles. *Donné* à Paris, *le X.ᵉ jour de Juillet, l'an mil quatre cens & cinq.* G. MILERAC.

c *On peut voir ci-dessus p. 110. note (b) la signification que ce mot a ici.*

Suite de l'Acte des habitans de *Valence.*

Demumque obtinuerit Commissionem directam Domino Thesaurario Dalphinali, *& altera ex Dominis Camere Computorum* Dalphinalium, *per quam mandabatur eisdem quatinùs se transportarent ad Civitatem & loca predicta, Tractatum predictum supra insertum insequendo, obligaciones debitas & efficaces à dictis Universitatibus super pensione de qua in dicto Tractu mencio habetur,* [d] *solvada reciperent, & aliter prout in dicte Commissionis Litteris pleniùs continetur; quarum tenor eciam sequitur de verbo ad verbum per hec verba.*

d corr. *solvenda.*

Les Gens des Comptes & Tresoriers du Roy Daulphin nostre S. à *Paris,* aux Gens des Comptes & Receveur Général du *Daulphiné:* Salut. Nous vous mandons que l'obligacion des subgiez de l'*Evesque* de *Valence,* dont mencion est faitte en la cedule cy-attachée soubz l'un de noz Signez, vous prenez & recevez en forme deue, & la nous envoyez avec le consentement sur ce dudit Evesque, le plus tost que bonnement pourrez, à fin deuë. *Donné à* Paris, *le VII.e jour de Janvier, l'an mil quatre cens & cinq.* Nonobstant que le terme du Traictié soit passé. Donné comme dessus. G. MILERAC.

CHARLES VI. à Paris, en Mai 1407.

Cujusquidem Commissionis vigore, nobiles & honorabiles viri Aubertus Fabri, *Thesaurarius Dalphinalis, &* Andricus Garini *alter ex Dominis Auditoribus Camere Computorum Dalphinalium; instantibus dictis Civibus, personaliter venerunt ad civitatem presentem* Valentinensem, *ad presenciam dicti Domini Episcopi, causâ recipiendi obligaciones & promissiones, nomine Dalphinali, de quibus in dicto Appunctamento & Litteris sue Commissionis mencio habetur: Quiquidem Dominus Episcopus pro premissis exequendis, Cum consilio & deliberacione sui Capituli, Universitatis civitatis predicte* Valencie, *& singulis personis ejusdem petentibus, simul se congregandi contulit licenciam* [a] *auctoritatem in loco solito & consueto, pro adimplendo contenta in Tractatu supra scripto: De quoquidem consensu & deliberacione Capituli, constat Litteris super hoc confectis; quarum tenor sequitur in hec verba.*

Suite de l'Acte des habitans de *Valence.*

Nos Hugo *de* Genasio, *decretorum Doctor, Ecclesie* Valentinensis *Prepositus,* Petrus *de* Vyeria, *Jurisperitus, Sacrista,* Poncius *de* Altovillari, *in Legibus Licenciatus,* Johannes *de* Bellocastro *in utroque jure Bacalarius, &* Josserandus Silvionis, *Canonici* Valencie, *ad infrascripta facienda insimul congregati, mandati & vocati, Capitulantes, & nostrum Capitulum nomine venerabilium virorum Dominorum Decani* [b] *in remotis agentis, & tocius nostri Capituli* Valencie, *tenentes & celebrantes. Notum facimus universis presentibus & futuris, quod cum pridem de anno beatissime Incarnacionis Dominice, millesimo quadringentesimo quinto, & die decima octava mensis Novembris, Reverendus in Christo Pater & Dominus noster Dominus* Johannes *de* Pictavia, Episcopus *&* Comes Valentinensis *&* Diensis, *vocatis coram se nonnullis Dominis Canonicis dicte nostre Ecclesie* Valentinensis, *petendo ab eisdem consilium an esset expediens quod ipse consentiret & daret licenciam & auctoritatem civibus & habitantibus dicte sue civitatis* Valencie, *incolis & habitantibus* [c] *quorumdem suorum Castrorum Diocesis sue* Valentinensis, *sibi Subditorum, se ponendi in Salva-gardia Dalphinali, mediante pensione sexaginta scutorum auri, à quo Domino Episcopo fuit petitum & diligenter per dictos Dominos Canonicos inquisitum an fecisset diligenciam erga Regem & ejus Consilium, de retractando & annullando quasdam Pacciones & obligaciones factas per cives civitatis & incolas, &* [d] *habitatorum Castrorum in dictis Paccionibus nominatorum, per quas Pacciones & obligaciones asserebatur quod predicti tenerentur contribuere in Fogagiis & aliis Indiccionibus imponendis in futurum in* Dalphinatu, *& ultra servire de centum peditibus armatis per mensem, tempore guerre, & post mensem, expensis Domini Dalphini, quamdiu vellet, qui Dominus Episcopus in sua consciencia & per suum juramentum, manum ponendo ad pectus, more Prelatorum, asseruit se fecisse bonam diligenciam de annullando & retractando dictas Pacciones & obligaciones, & non potuisse* [e] *obtinuisse annullacionem nec aliud remedium, nisi dictum Tractatum de dicta annua pensione dictorum sexaginta scutorum auri; & tunc* [f] *prelibarâ deliberacione per dictos Dominos Canonicos, fuit responsum quod attento & considerato quod idem Dominus noster laboravit* Parisius *toto suo posse erga dictam Regiam Majestatem & suam Curiam, super revocacione, id est, quod revocarentur dicte obligaciones & submissiones facte per dictos subditos suos civitatis & Diocesis sue* Valencie, *que erant multum onerose & importabiles, quod facere non potuit, nisi mediante dictâ annuali pensione dictorum sexaginta scutorum auri, videbatur eisdem Dominis Canonicis magis expediens quod sui subditi liberarentur à dicta prima obligacione onerosa, & fieret nova obligacio dictorum sexaginta scutorum auri annualium, juxta Pacciones & convenciones ultimò tractatas & habitas, unde requisiti pro parte dicti Domini nostri Episcopi & Comitis, de habendo Litteras sufficientes, predictis consideratis, eidem Domino nostro Episcopo & Comiti, de consilio sibi dato*

a supp. *&*.

b Ces mots signifient app. *absens.*

c quorumdam.

d corr. *habitatores.*

e corr. *obtinere.*

f corr. *prehabitâ.*

CHARLES VI. à Paris, en Mai 1407.

in premissis pro parte dicti nostri Capituli, ipsum consilium ratum & gratum habuimus & habemus, & de premissis omnibus sibi & aliis quorum interest aut in futurum poterit interesse, presentes Litteras testimoniales fieri concessimus, sigillo Curie nostre sigillandas ad perpetuam rei memoriam habendam. Datum *Valencie, in Capella Sancti Nicolay, prope Ecclesiam Valencie,* die vicesima prima mensis Augusti, anno Domini millesimo cccc.mo sexto. JOHANNES DE SALA.

Et insuper dictus Dominus Episcopus ex habundanti causa perfeccionis premissorum, commisit & potestatem dedit venerabili viro Domino Anthonio Johannis, *Jurisperito, Judici suo majori* Valentinensis & Dyensis, *quatenùs ex sui Parte premissa fieri & cum effectu adimpleri faceret, juxta formam & tenorem dicti Appunctamenti, de qua commissione constat patentibus Litteris per dictum Dominum Episcopum concessis; quarum eciam tenor sequitur in hunc modum.*

Suite de l'Acte des habitans de *Valence.*

a corr. *Baccalario.*

b Dans plusieurs endroits de ces Lettres de Charles VI. il y a: *Alaisii.*

c Il semble qu'il devroit y avoir ici, *habitarum & factarum,* puisqu'il y a plus haut *quarumdam.*

d Il semble qu'il doit y avoir ici *contenta.*

e corr. *deliberacionis.*

f C'est pour la troisième fois que cet Acte est répété dans ces Lettres de Charles VI. Il est imprimé plus haut p. 216.

g Il semble qu'il faille corriger *singulares.*

Johannes *de* Pictavia, *Dei & Sancte Sedis Apostolice graciâ,* Valentinensis & Dyensis Episcopus & Comes. *Dilecto nostro Domino* Anthonio Johannis, *utriusque Juris* [a] *Baquellario, Judici nostro* Valentinensi, *necnon Castellanis locorum & Castrorum nostrorum* Castri-novi Ysere, Montis-Veneris, Bellimontis, Montis-Lagerii, [b] Alesii, Aurioli & Mirmande, *nostre* Valentinensis *Diocesis, & eorum cuilibet, vel Locatenentibus eorumdem: Salutem. Visâ cedulâ quadam Appunctamenti, Tractatûs & deliberacionis quarumdam, per nos nuper nomine Universitatum Civitatis* Valencie, *& locorum seu Castrorum nostrorum predictorum* Castri-novi Ysere, Montis-Veneris, Bellimontis, Montis-Lagerii, Alesii, Aurioli & Mirmande, *in Salva-gardia Dalphinali existencium,* [c] *habitorum & factorum ultimò in Camera Computorum Regiorum* Parisius, *cum honorabilibus Dominis dicte Camere, & Consiliariis Regiis, nobis pro parte dictarum nostrarum Universitatum civitatis predicte* Valencie, *& locorum supranominatorum, ad effectum* [d] *contentorum in cedula ipsa ipsius Appunctamenti, exequendi & complendi, exhibita & presentata: Cujusquidem cedule Appunctamenti & Tractatûs ac* [e] *deliberacionem predictarum, tenor de verbo ad verbum sequitur in hec verba.*

[f] *Die nona mensis Februarii, &c.*

Requisitoque ac nobis supplicato pro parte dictarum nostrarum Universitatum civitatis Valencie, *& locorum seu Castrorum predictorum, in dicta Salva-gardia Dalphinali existencium, eisdem per Nos, & earum cuilibet, licenciam se ad invicem congregandi (e) impartiri ad se obligandum, complendumque & perficiendum omnia & singula in supradicto & superiùs inserto Appunctamento contenta, declarata & descripta, comodum & utilitatem ipsarum Universitatum Civitatis & locorum predictorum & singulorum habitancium in eisdem concernencia & tangencia, prout pro parte Universitatum predictarum* Valencie *& Castrorum predictorum, Nobis fuit expositum; Quapropter supplicacioni predicte tanquam juris & racionis consone annuere volentes, contentis in Appunctamento superiùs inserto attentis & consideratis, maturoque consilio & deliberacione habitis super eisdem, potissimè cum Capitulo nostro Ecclesie nostre* Valencie, *quod ad faciendum & concedendum predicta & infrascripta, Nos consultavit & suum nobis prebuit consilium, vobis & vestrum cuilibet, prout ad vestrum quemlibet pertinet & spectat, committendo mandamus quatenùs Universitates Civitatis* Valencie *& Castrorum supradictorum, & cujuslibet ipsarum &* [g] *singularum personas earumdem, prout vobis subsunt, dum & quando pro parte dictarum Universitatum & ipsarum cujuslibet, fueritis requisiti, pro contentis in superiùs inserto Appunctamento & Tractatu complendi, exequendique & ad finem debitum deducendi, & se obligandi ad contenta in Appunctamento & Tractatu predictis, juxta formam & tenorem ipsorum, voce preconis vel aliter, prout vobis videbitur faciendum, in unum, coram vobis & vestrorum quolibet, prout quilibet vestrûm subsunt, & Commissariis Dalphinalibus*

NOTE.

(e) Impartiri.] Il y a dans le Registre *Im.* un *p* tranché & *tiri.* Ce mot paroît corrompu: & peut-être faut-il lui en substituer un qui signifie, *en particulier.*

ad predicta faciendum & recipiendum deputatis, in locis tamen debitis & honestis ac eciam consuetis dictarum Universitatum seu civitatis Valencie *& Castrorum predictorum, congregare faciatis: Quoniam sic fieri volumus & jubemus; dictisque Universitatibus Civitatis & Castrorum predictorum & cuilibet ipsorum, predicta in predicto ut superiùs inserto Appunctamento contenta & descripta faciendum & complendum, & ad finem debitum deducendum, juxta formam & tenorem ejusdem, presencium tenore plenariam damus licenciam & mandatum speciale.* Datum *Valencie,* sub nostro sigillo *(f)* retundo, die XX.ª mensis Augusti, anno Domini millesimo quatercentesimo sexto. *Et erant sic signate. Per Dominum nostrum Episcopum & Comitem concessa.* P. BERNARDI.

CHARLES VI. à Paris, en Mai 1407.

Cujusquidem Commissionis vigore, dictus Dominus Judex & Commissarius per suas Litteras precepit & mandavit [a] Armando Chappotonis, *Preconi publico* Valencie, *quatinùs publicè & altâ voce proclamaret & injungeret ex parte dicti Domini Episcopi, more solito, & per loca &* [b] *Tonna consueta, quod omnes & singuli cives & habitantes & incole civitatis predicte* Valencie, *caput hospicii facientes, se presentent, conveniant & congregarent simul hac die & horâ, in presenti Refectorio Conventûs Fratrum Minorum* Valencie, *pro dictis negociis ipsam Universitatem tangentibus, ut laciùs constat per tenorem dictarum Litterarum quarum tenor eciam sequitur & est talis.*

Suite de l'Acte des habitans de *Valence.*

a Il y a dans la suite plus d'une fois *Arnaudus Chapotonis.*

b Je n'ai rien trouvé sur ce mot.

Anthonius Johannis, *Juris utriusque Bacallarius, Judex major* Comittatûs Valentinensis, *pro Reverendo in Christo Patre & Domino nostro Domino* Johanne *de* Pictavia, *Dei graciâ,* Valentinensi *&* Diensi Episcopo *&* Comite, *Commissarius ad infrascripta, per prefatum Dominum nostrum Episcopum & Comitem specialiter deputatus.* Arnaudo Chapotonis, *Preconi publico* Valencie: *Salutem. Litteris dicte nostre Commissionis nobis pro parte Universitatis* Valencie *presentatis, & per nos reverenter receptis, visisque contentis in eisdem, quibus nostre presentes sunt annexe, tibi precipiendo mandamus quatinùs Universitatem* Valentinensem *& singulares personas ejusdem, caput hospicii facientes, voce Preconis vel aliter, cites ad comparendum coram nobis* [c] *in domo Refectorii Conventûs Fratrum Minorum* Valencie, *die Lune proximè futurâ, horâ Prime, ad faciendum & complendum omnia & singula in precedentibus Litteris contenta, juxta ipsarum formam continenciam & tenorem; nichil de contingentibus in eisdem* [d] *obmittendo: Quoniam sic fieri volumus & jubemus.* Datum *Valencie,* die vicesimâ secundâ mensis Augusti, anno Domini millesimo quadringentesimo sexto. A. GALE.

c Il y a à la p. suiv. *in Aula Refectorii.*

d obmitten. *Reg.*

Tenor vero execucionis dictarum Litterarum, talis est.

Anno & die retroscriptis, retulit Arnaudus Chapotonis *Preco publicus civitatis* Valencie, *se presentes Litteras exequtas fuisse voce Preconis, per Civitatem* Valentinensem, *& in locis in quibus talia fieri sunt consueta, prout & quemadmodum in presentibus Litteris fieri precipitur & mandatur, ejus medio juramento.* ANTHONIUS GALE.

Quarumquidem Litterarum & mandatorum virtute, dictus Arnaudus Chapotonis, *Preco, venit ad presenciam dictorum Dominorum Commissariorum, dictique Domini Judicis & Commissarii, & nostrum Notariorum infrascriptorum, & suo juramento retulit interrogatus, se dictam preconisacionem & proclamacionem fecisse modo & forma in dictis Litteris contentis: cujus proclamacionis virtute, in presenti Aula Refectorii jam dicta, congregaverunt Burgenses, Cives, incole & habitantes presentis civitatis* Valencie, *infra nominatim descripti: Et primo,* Jarentonus Ebraudi, Franciscus Plonerii, Johannes *de* [e] Salhien. Bartholomeus *de* Salhien. Guillermus Ardenchii, Giraudus Bosserii, Perononus Valensonis, Guiotus *de* Columberia, Aymo Pay-

Suite de l'Acte des habitans de *Valence.*

e *Il y a une marque d'abréviation à la fin de ce nom & du suivant.*

NOTE.

(f) Retundo.] suivant le Glossaire de *Du Cange,* au mot *Retundus,* il a été quelquefois employé pour *Rotundus.*

CHARLES VI. à Paris, en Mai 1407.

rolerii, Poncius Johannis, Anthonius Champobli, Jacobus Jouasii, Matheus Bergoing, Petrus *de* Cousta, Anglicus Mutonis, *Magister* Johannes *de* Sala, Johannes *de* Serris [a] *Jurisperit.* Guillermus Bothonis, Bertrandus Arnulphi, *(g)* Guillus Fauteti, Petrus *de* Fonmentali, Jacobus *de* Fraxino, Gregorius Vituli, Petrus Blaini, Stephanus Venisseti, Franciscus Guillioti, Johannes *de* Heremo, Petrus Polleti, Stephanus Merulli, Guillermus *de* Bellomonte, Arnaudus Chappotonis, Johannes Roberti, *aliàs* Chastellain, Johannes Raynerii, Johannes Otierii, Arnaudus *de* Buxeria, Michael Rabuti, Johannes *de* Nous-Gens, *aliàs* Hyomeya, Durandus Manueti, Gononus *d'*Abriala, Johannes Pererii, *Faber,* Franciscus Reyoti, Vitalis Chambafort, Anthonius Mercerii, Johannes *de* Royanis, Johannes Quillerii, Perrononus Pipardi, Johannes Gondonis, Rostanus Bonihominis, Johannes Bessonis, *aliàs* Penart, Nicolaus Rigaudi, Petrus Pinpanis, Hugoninus Guidonis, Petrus Cuque, *junior,* Gononus Chueti, *junior,* Stephanus Bernardonis, Petrus *de* Pollo, Girardus Reyalis, Johannes Rebolli, *aliàs* Basset, Bertrandus Romillhonis, Poncius Cosserii, Johannes Ruppis-Fortis, Perrononus Bruneti, Franciscus Sibondi, Johannes Grossi, Petrus Monerii, Johannes Redoyni, Johannes Morelli, Guillermus Algodi, Anthonius Lantilhonis, Humbertus Quina, Anthonius Guioneti, Petrus Reynerii, Guillus *de* Croto, Petrus Cuque, *senior,* Nicolaus Mitoardi, Martinus Manentis, Johannes *de* Maso, Michael Angla, Gonetus Foyssani, Johannes *de* Servia, Johannes *de* Feugeriis, Petrus *de* Cleynaco, Petrus Richerii, Petrus Bruneti, Petrus Aymonis, Johannes Saurrelli, Matheus Briffaudi, Johannes Pellisonis, Johannes *de* Romanis, Dremonus Guichardi, Stephanus Botuli, Girardus Bretonis, Petrus Amardulphi, Petrus Sapientis, Georgius Garnerii, Guillelmus Parote, Johannes Columbi, *Sabatarius,* Johannes Peissoneti, Johannes *de* Voues, *Faber,* Martinus Dodoti, Franciscus Bayonis, Anthonius Chappusii, Johannes Royerii, Michael Monini, Girardus Samothonis, Johannes Terrini, Petrus Barberii, Vincencius *de* Feugeriis, Bartholomeus Quillerii, Petrus *de* Albenco, *senior,* Perrononus Odia, Perrononus Guioneti, Petrus *de* Scalone, Guillermus Triffardi, Johannes *de* Albenco, Stephanus Bocherii, Petrus Pellissonis, Johannes *de* Mundo, Guillermus Massardi, Perrinus Tholose, Johannes *de* Moento, Philippus Cellerii, Johannes *de* Grangia, Barthonus Bocherii, Johannes *de* Troyes, Durandus Guitardi, Guillermus Veteris, Johannes *de* Rosa, Johannes *de* Forcysio, Andreas *de* Chabreriis, Petrus Barcellonis, Drenonus Annomati, Petrus Velheti, Petrus Siberti, Johannes *de* Morasio, Nicolaus Noni, Martinus Cocheti, Jaquemonus [b] Malar. Johannes Moteti, Girardus Gasqueti, Petrus Ponsardi, Petrus *de* Laval, Petrus Roserii, Petrus Dodoti, Jacobus *de* Scalis, Johannes Tracolli, Ambrosius *de* Turrepini, Berthonus Rebolli, Johannes Bocheti, Thomas Jancrii, Johannes Surrelli, Durandus Rosselli, Johannes Jaquemardi, Anthonius Pasturelli, Lancellinus Girardi, Johannes Regis, Johannes Advocati, Bartholomeus Agniardi, Guillermus *de* Sancto-vero, Johannes Damelli, Anthonius Chabassii, Johannes Cantaleti, Johannes Bugneti, Arnaudus *de* Preciaco, Johannes Girati, Johannes *de* Metis, Poncius Chueti, Bouchosus Pellissonis, Reyaudus Trolhati, Petrus Revolli, Petrus Moteti, Bonifacius Masconis, Jarcentonus Reste, Guigo *de la* Droit, Stephanus Disderii, Petrus Furmini, Martinus *de* Ponsano, Jacobus Ludovici, Stephanus Roserii, Berthetus Rovilhonis, Stephanus Alierii, Johannes Tononis, Guillermus Pellissonis, Franciscus Hivernalis, Johannes *de* Brusaco, Johannes *de* Rivo, Guillermus *de* Verno, Guillermus Romay, Johannes Grassi, Petrus Queyrini, Franciscus Savoyonis, Guillermus Hueti, Johannes *de* Rivo, Girardus Coste, Franciscus Francolis, Odetus Liarde, Jaquetus Reylhani, Franciscus *de* Feugeriis, Glaudius Stephani, Perrinetus *de* Porta, Stephanus *de* Chauve, Robinus Borelli,

a Jurisperitus ou Jurisperiti.

b *Il y a une marque d'abréviation à la fin de ce nom.*

NOTE.

(g) Guillus.] On trouve souvent dans la suite de ces Lettres de Charles VI. ce nom *Guillus* sans marque d'abréviation, ce qui empêche de croire qu'il faille corriger *Guillelmus.*

CHARLES VI.
à Paris, en Mai 1407.

Anthonius Barthomei, Moncrius-Jaquetus Teyssérie, Guigo Fo-Subz, Matheus Romey, Anthonius *de* Chacusat, Johannes *de* Leyra, Johannes Guionis, Johannes Pochachardi, Johannes Sabaterii, Johannes Bonicroys, Rostagnus Arthaudi, Johannes Cambray, Johannes Boivin, Johannes Grandis, Petrus Armandi, *junior*, Johannes Proleti, Johannes Costang, Jaquetus Cuisini, Johannes Borbone, Guillermus Bruneti, Guillermus Durandi, Johannes Veteris, Lambertus Fodrati, Jaquetus Chapusii, Petrus Grandis, Michael Bertrandi, Franciscus Terrasse, Pauletus *de* Monte-Uselaco, Franciscus Grandis, Johannes Verno, Andreas Peneti, Johannes *de* [a] Vienn. Guillermus Rostagny, Perrinus *de* Feugeriis, Petrus Oliverii, Guillermus Reylhani, Johannes Chueti, Perrononus *de* Combis, Jaqueminus *de* Scutis, Vincencius Rambaudi, Petrus Jay, Petrus *de* Bellomonte, Johannes Guiberti, Richardus Meynati, Poncius Christiani, Johannes Guioti, Raymundus Burleti, Johannes Pan, Aymo-Humbertus Sinholeti, Johannes Geurini *aliàs* Manant, Matheus Peyrolerii, Guigo Fabri, Guillermus Ordenati, Humbertus Medici, Anthonius *de* Porta, Guionetus Bergerii, Berthonus Monerii, Petrus Seminatoris, Petrus Arnaudi, Johannes *de* Aya, *aliàs de la* Milia, Petrus *de* Feugeriis, Johannes *de* Rivo, Johannes Turnonis, Binotus Tacherii, Johannes Archerii, Odetus Berno, Johannes Rosseti, Mondonus [b] Andr. Johannes Dangerii, Poncius *de* Bressaco, Gononus Veray, Johannes Boneti, Petrus *de* Gebenna, Guillermus Bunheti, Martinus Sableti, Martinus Baconerii, Petrus Montanerii, Johannes Berengarii, Roletus Pater, Johannes Bechardi, Talmonis Sonerii, Andreas Guicoti, Guillermus *de* Aymoduno, Anthonius Bunhardi, Stephanus Meytraleti, Franciscus *de* Fonte, Guigonus Galborti, Matheus Milanie, Stephanus Burgundionis, Guillermus Grandis, Petrus Perusseti, Symondus Pelherii, Petrus Maurosse, Anthonius *de* Avunculo, Petrus Jaquerii, Johannes Aulanhonis, Johannes Bessonis, Huguetus Peyrolerii, Arnaudus Seguin, Anthonius Marconis, Petrus Gauterii, Aymo Pelisserii, Guillus Massauderi, Johannes Genenesii, Johannes *de* Humbertone, Johannes *de* Costa, Johannes Malheti, Richardus Thibaudi, Anthonius Revota, Johannes Raimbaudi, Jacobus Odusii, Petrus Pellissonis, Johannes Jaquerii, Petrus *de* Amperonia, Johannes Giraudi, Johannes Rosselli, Johannes Petiti, Johannes Galhardi, *junior*, Andreas Gervasii, Johannes Cuniculi, Gonetus Giraudi, Nicolaus Chappollerii, Petrus Romerii, Johannes *de* Petra, Jaquemetus Amardulphi, Matheus Arnaudeti, Petrus *de* Augusta, Ardenchonus Ardenchii, Bernardus Recoyng, Nicolaus *de* Sercoreio, Guillermus Alegre, Johannes Saphini, Michael Aulhentonis, Humbertus Chanverii, Johannes Fuserii, *senior*, Petrus Bovis, Jaquetus Genenesii, Vincencius Boneti, Johannes Boche *aliàs* Briffaudi, Jacobus Guioti, Bernardus Rosseti, Guionetus Parota, Johannes *de* Balma, Berengonus Grasse, Johannes Prelles, Pothonus Chastelli, Johannes *de* Aya, *aliàs* Galopi, Arthaudus Girardi, Humbertus Tavernerii, Johannes Gordilhonis, Petrus Disderii, Gonetus Liberonis, Albertus Bocharensii, Simondus Medici, Guigo *de* Escalone, Petrus Berengarii, Johannes *de* Cabilone, Beyrardus Beirardi, Johannes *de* Grinhio, Johannes Hunhonis, Johannes Maleti, Franciscus Siberti, Drenonus Berengarii, Berthonus Sonnerii, Petrus Tezerii, Berthonus Richauve, Johannes Gailhardi, *senior*, Anthonius *de* Baone, Johannes *de* Macello, Franciscus Riconis, Stephanus Bermundi, Martinus Macaudi, Petrus ex Parte Dei, Garmonus Ludovici, Johannes Cauca, Petrus Sanestrerii, Johannes Colini, Maronus Bosonis, Duronus Tardini, Giletus Touchati, Johannes *de* Gercsyo, Johannes Manosse, Petrus Galhardi, *junior*, Petrus Parelli, Pochonus Leurati, Gononus Pornorelli, Johannes Armandi, Barthonus Symondi, Andreas Roserii, Johannes Bernardi, Monetus Nicolay, Johannes Binha, Petrus Chavelli, Johannes Dorlians, Johannes Fuserii, *junior*, Johannes Gay, Drenonus Blanchardi, Dominicus Barilhetr, Johannes Riconis, Johannes *de* Bello, Michael Fabri, Franciscus Giroardi, Johannes *de* Blanchia, Johannes Marcelli, Guillermus *de* Tellio, Petrus Cheyne, Berthonus Mayolerii, Franciscus Hueti, Johannes Damo, Johannes Chabassii, Stephanus Fransesonis,

[a] *Il y a une marque d'abréviation à la fin de ce nom.*

[b] *Il y a une marque d'abréviation à la fin de ce nom.*

CHARLES VI. à Paris, en Mai 1407.

Robertus Flori, Bertrandus Chalagerii, Johannes Bardeti, Guillermus Sarpe, Pothonus Gregorii, Berthonus *de* Turno, Stephanus Fuserii, Johannes Chalamelli, Matheus *de* Sintra, Petrus Borgeti, *aliàs* Meillet, Stephanus Chaleya, Petrus Serrerii, Johannes Effreati, Bartholomeus *de* Capella, Thomas *de* Paialone, Bartholomeus Pallusii, Petrus *de la* Reva, Anthonius Macellarii, Guillermus Michaleti, Guillermus Chauvesselli, Johannes Brunelli, [a] Mathous Polhati, Johannes Bessonis, Jaquetus Graft, Anthonius Chaboti, Petrus Bialate, Johannes Fabri, *aliàs* Compaire de Lup, Johannes Guilerti, *aliàs* Chapey, *asserentes unanimiter, medio juramento, se ipsos ibidem existentes fore & esse majorem & saniorem partem Universitatis* Valencie : *hoc eciam* [b] *iddem asserens dictus Dominus Judex & Commissarius. Quibusquidem Civibus & incolis, dictus Dominus Judex & Commissarius exposuit seriosè tenorem & effectum* [c] *Salva-gardie nuper per dictum Dominum nostrum Regem Dalphinum eidem Universitati concesse, & obligacionum factarum per personas ipsius Universitatis & sub nomine Universitatis, dicto Domino nostro Dalphino ob causam dicte Salve-gardie, necnon & effectum Tractatûs* [d] *& per dictum Dominum Episcopum ultimo facti & supra inserti. Quibus omnibus auditis per dictos cives, incolas & habitantes ibidem presentes & simul per modum Universitatis, more solito, & de mandato dicti Domini Episcopi* [e] *ad dicti Domini Judicis & Commissarii vocatos & congregatos, majorem & saniorem partem dicte Universitatis facientes, ut omnes ipsi unanimes, suis mediis juramentis, asserebant : hinc est quod anno & die predictis, dicti cives in presencia dictorum Dominorum Thesaurarii & Auditoris Computorum, Commissariorum predictorum, dictique Domini Judicis ac testium infrascriptorum, nostrorumque Notariorum subscriptorum stipulancium & recipiencium more publicarum personarum, vice, nomine & ad opus ipsius Domini nostri Dalphini, licet absentis, suorumque heredum & successorum quorumcumque in dicto* Dalphinatu, *dicteque Universitatis & singularum personarum ejusdem, presencium & futurorum, ac omnium aliorum quorum interest seu intererit imposterum, constituti & existentes supradicti Burgenses, Cives, incole & habitantes, & in modum & formam jamdictos vocati & congregati, scientes, prudentes & spontanei, ut dicebant, non vi, non dolo, non metu seu fraude ad hoc faciendum inducti seu seducti, nec ab aliquo, ut asserebant, circumventi, sed benè consulti & advisi, de consensu, licencia, auctoritate, decreto & mandato dicti Domini Episcopi cum suo Capitulo, dictique Domini Judicis & Commissarii, consideratâ utilitate & securitate dictorum civium, & quod eorum condicio efficitur melior, attendente deliberacione prehabitâ per dictum Dominum Episcopum cum suo Capitulo jamdicto, super infrascriptis & ad infrascripta* [f] *paragenda,* [g] *dantis & concedentis ipsi quidem cives, habitantes & incole omnes & singuli, unanimes & uno consensu, tam nomine suo proprio quam aliorum Burgencium, Civium & incolarum dicte Universitatis* Valencie, *tam presencium quam absencium, pro se, suisque heredibus & successoribus universis in dicta Civitate in futurum habitaturis, consenciunt dicto Appunctamento & contentis in eodem ; & perinde conveniunt & promittunt, ac promiserunt per juramenta sua ad Sancta Dei Euvangelia, sacro-sanctis scripturis per eorum singulos manualiter tactis, & sub obligacione & ypotheca omnium & singulorum bonorum mobilium & immobilium, presencium & futurorum quorumcumque dicte Universitatis, Communitatis & omnium civium singularumque personarum incolarum & habitancium ejusdem, presencium & futurorum, solvere realiter & expedire annis singulis in festo omnium sanctorum, dicto Domino nostro Dalphino, ejusque heredibus & successoribus in* Dalphinatu *predicto, seu ejus Castellano* Cabeoli, *vel ejus Locumtenenti, & in dicto loco* Cabeoli Valentinensis *Diocesis, nomine Dalphinali; videlicet, quadraginta scuta auri, duobus scutis auri in hujusmodi summa, pro tribus florenis monete currentis in* Dalphinatu, *vel è contra computatis, pro rata ipsam universitatem contingente de summa sexaginta scutorum auri, de qua in Tractatu supra inserto mencio habetur, racione & ex causa Salva-gardie & proteccionis, in quibus dictus Dominus noster Rex Dalphinus dictam Universitatem & singulares personas ejusdem retinuit & suscepit, & racione aliarum libertatum, privilegiorum, paccionum & convencionum contentorum*

&

[a] app. *Matheus.*

[b] corr. *idem.* Il y a toûjours *iddem* dans les huit Actes suivans. Voy. sur ces Actes ci-dessous p. 228. note *(l)*.

[c] Il y a ainsi dans les huit Actes suivans.

[d] mot inutile.

[e] corr. *&* qui se lit dans les huit Actes suivans.

[f] corr. *peragenda,* qui se lit dans presque tous les Actes suivans. Voy. ci-dessous p. 228. note *(l)*.

[g] On ne voit pas à quoi se rapportent ces mots. On pourroit corriger *dantes & concedentes.*

CHARLES VI. à Paris, en Mai 1407.

& descriptorum in Instrumento infra inserto : salvo & retento per expressum, quod mediante obligacione presenti pro dicta summa predicta, Universitas, Cives & incole ac habitantes civitatis presentis Valencie, presentes & futuri, ex nunc sint & esse debeant per inperpetuum quitti, liberi & immunes à contribucione quorumcumque Subsidiorum, Aidarum, donorum & Fogagiorum que fient & concedentur vel fieri contingeret concedi vel levari in Dalphinatu predicto, & à servicio centum Servientum armatorum, de quibus eciam in dicto Instrumento mencio habetur. Et pro pleniori securitate solucionis summe predicte quadraginta scutorum, & ex causa predicta, voluerunt, volunt & concedunt dicti Cives, incole & habitantes, per modum predictum vocati & congregati, Universitatem facientes, ipsam Universitatem, singularesque personas & omnes Cives, incolas & habitantes in eadem civitate, presentes & futuros, casu quo defficerent in solucione predicta, termino & modo assignatis, ut supra, eorumque universos successores, posse coherceri & constringi ac compelli ad solucionem summe predicte, & in modum predictum, necnon ad solucionem & restitucionem omnium expensarum, gravaminum & interesse sustinendarum dicta de causa, pro parte dicti Domini nostri Dalphini, suorumque heredum & successorum per Curias Domini Auditoris Camere Apostolice, superioris [a] Consisterii Dalphinatûs Graisivodani, Sancti Marcellini dicti loci Cabeoli, & earum cujuslibet : quibus Curiis & cuilibet ipsarum, earumque stilo & Sigillis se & eorum & singulorum bona submiserunt, ex eorum certa sciencia & submittunt : renunciantes insuper prenominati omnes & singuli in hoc facto excepcioni doli mali, vis, metûs, erroris & in factum, accioni rei non ita vel aliter geste, lesioni, circumvencioni, & in integrum restitucioni, juri dicenti submittentes se aliene juridicioni ante litem [b] contestatem penitere posse, jurique dicenti quod si dolus dat causam contractui, aut si [c] insidat in contractum, quod contractus ille non teneat, sed ipso jure sit nullus, & omnibus juribus quibus deceptis in contractibus subvenitur, peticioni & oblacioni libelli & transcripto ejusdem, ac [d] impugnacionem hujus publici Instrumenti, & note ejusdem; jurique dicenti unum pro alio obligari seu compelli non posse, & demum omnibus aliis & singulis utriusque juris & facti auxiliis, beneficiis, remediis & cauthelis, dispensacionibus impetratis & impetrandis quibuscumque, quibus contra premissa possent privilegium aut beneficium absolucionis juramenti impetrare, aut aliter [e] premissorum aliqua se possent deffendere seu juvare; & juri dicenti generalem renunciacionem non valere, nisi precesserit specialis.

Tenor vero Instrumenti de quo supra in principio presentis Instrumenti fit mencio, hic inseritur de verbo ad verbum, ut ecce.

(h) In nomine Domini. Amen. Anno Nativitatis ejusdem Domini, millesimo tercentesimo nonagesimo sexto, & die terciâ mensis Octobris, notum sit cunctis, &c.

(i) Acta fuerunt hec & [f] *publica* Parisius, *in Domo habitacionis dicti Domini Cancellarii; videlicet, in aula bassa in qua idem Dominus consuevit tenere Cancellariam; presentibus testibus ad hec vocatis & rogatis; videlicet, prenominatis Reverendis in Christo Patribus & Dominis* Patriarcha Jerosolimitano & Carcassone, Noviomensi & Bajocensi Episcopis, *necnon honorabilibus Dominis* Almarico *de* Ordeomonte, & Petro Blancheti, *Requestarum Hospicii Regis Magistris, & Domino* Egidio Coperii, *Milite, & pluribus aliis fide dignis, & me* Hugone Foresterii *de* Senessayo, Bituricensis *Diocesis, Notario publico auctoritate Imperiali constituto, & Domini nostri Dalphini Viennensis Secretario, qui* [g] *premissis omnibus & singulis, dum sic, ut premittitur, fiebant & agebantur, presens personaliter unacum Dominis & testibus supranominatis interfui, & de ipsis requisitus, unacum dicto Magistro* Johanne *de*

a corr. *Consistorii*, qui se lit dans plusieurs des Actes suivans.

b corr. *contestatam*. Il y a toûjours ainsi dans les huit Actes suivans.

c Il y a *incidat* dans les huit Actes suivans.

d corr. *impugnacioni*, qui se lit dans les huit Actes suivans.

e Il faut app. sous-entendre *contra*, qui est plus haut.

f Il y a *publicata* dans le 8.e Vol. & dans la première copie.

g in *premissis*, 8.e *Vol. & première copie.*

NOTES.

(h) In nomine, &c.] Cet Acte & les Lettres non datées de Charles VI. qui le suivent, sont déjà au commencement de ces Lettres du mois de Mai 1407. Voy. ci-dessus p. 215. note *(b)*.

(i) Acta fuerunt, &c.] On a fait imprimer la fin de ces Lettres non datées de Charles VI. parce qu'elle est différente de celle qui est dans le 8.e Vol. de ce Recueil & dans la première copie.

CHARLES VI. à Paris, en Mai 1407.

Mosterolio *Connotario, ejusdem Domini nostri Dalphini primo Secretario, notam sumpsi; de qua nota hoc presens publicum Instrumentum per fidelem meum Coadjutorem extractum, scriptum, grossatum & in hanc formam publicam redactum, auctoritate Dalphinali super hoc michi concessâ, factâ priùs collacione diligenti de eo cum dicta nota originali, signo meo consueto in principio presentis mee subscripcionis manu meâ propriâ facte, signavi fideliter, & tradidi* [a] *Parti dicti Domini nostri Dalphini, in robur & testimonium veritatis omnium & singulorum premissorum.*

a C'est-à-dire aux Commissaires du Roy Dauphin.

Suite de l'Acte des habitans de *Valence.*

De quibus omnibus supradictis, tam dicti Domini Commissarii, nomine dicti Domini nostri Regis Dalphini, ex una parte, quam supra nominati Cives, incole & habitantes, nomine dicte Universitatis & singularum personarum ejusdem, ex altera parte, pecierunt sibi fieri, & cuilibet ipsarum partium, & sibi ad invicem fieri concesserunt unum vel plura publicum & publica Instrumentum & Instrumenta, seu tot quot habere voluerint, ejusdem substancie & tenoris, per nos Notarios publicos infra scriptos: que si fuerit necesse, possint & valeant fieri, reffici, corrigi, dictari, meliorari & emendari semel & pluriès, [b] *predicta in judicio vel non producta, ante litem contestatem vel post, ad consilium & dictamen cujuslibet in jure sapientis; facti tamen predicti substancia in aliquo non mutata. Acta fuerunt hec apud* Valenciam, *ut supra, in dicto Reffectorio Conventûs Fratrum Minorum* Valencie, *testibus presentibus Nobilibus* Johanne Focheracii, [c] *Coureario* Valencie, Philippo *de* Rodemonte, *servitore dicti Domini Episcopi, Venerabilibus & religiosis viris Fratribus* Guillermo Royerii, *de* Castillione supra Sequanam, *&* Guillermo *de* Bosco, *de* Sancto Glaudio *habitatoribus, in Conventu dictorum Fratrum Minorum* Valencie, *ac discretis viris* Garrido Ermenjac, *&* Petro Gauterii, *Clericis, Notariis, habitatoribus* Valencie, *ad premissa vocatis & rogatis.*

b corr. *producta*, qui se lit dans la plûpart des Actes suivans. Voy. ci-dessous p. 231. note.

c Voy. sur cette Charge la note *(dd)* de la p. 279. du 3.e Vol. de ce Rec.

Ego vero Petrus Paveti, *de* Bellomonte, Valentinensis *Diocesis, publicus auctoritate Imperiali Notarius, Secretarius Dalphinalis, premissis omnibus & singulis suprascriptis, dum sic, ut premittitur, agerentur & fierent, unacum prenominatis testibus, presens personaliter interfui; hocque presens publicum Instrumentum requisitus, unàcum* Durando Gautereti, *Secretario Dalphinali, &* Johanne *de* Turrepini, *Notariis publicis, Connotariis, recepi & notavi, & in hanc publicam formam in hiis quatuor pellibus pergameni simul junctis &* [d] *collatis scribi & redigi feci; hicque manu propriâ* [e] *me subscripsi, & signo meo solito signavi in fidem, robur & testimonium omnium & singulorum premissorum.* P. PAVETI.

d Il faut corr. *colatis*, qui se lit dans quelques-uns des Actes suivans.

e corr. *meâ.*

Et Ego Durandus Gautereti, *de* Sancto Marcellino, Viennensis *Diocesis, Secretarius Dalphinalis, auctoritate Imperiali & Dalphinali publicus Notarius, Curieque Majoris Dalphinalis* Graysivodani *juratus, premissis omnibus suprascriptis, dum sic, ut premittitur, fierent, unacum prenominatis testibus, interfui; hocque verum & publicum Instrumentum requisitus, unacum* Petro Paveti, *Secretario Dalphinali, &* Johanne *de* Turrepini, *Notariis publicis, recepi notam & in hanc publicam formam in quatuor pellibus pergameni simul junctis, scribi feci, auctoritate michi commissâ, & factâ diligenti collacione, hic manu propria* [f] *me subscripsi, signoque meo solito signavi, & requisitus, grossatum tradidi* [g] *& robur & testimonium premissorum omnium, & me* Johanne *de* Turrepini *Cive* Valencie, *Notario, auctoritate Imperiali publico, Curieque* Valencie, *qui premissis omnibus, dum sic, ut premissum est, agerentur & fierent, & ut supra enarratur, presens vocatus interfui, & de ipsis omnibus unacum dictis* Petro Paveti *&* Durando Gautereti, *notam recepi: ex quaquidem nota hoc presens Instrumentum publicum in istis quatuor pellibus pergameni simul annexis sive colatis, extractum & in hanc publicam formam* [h] *redactam extitit, idquè signo meo quo* [i] *vero in Tabellionatûs officio, unacum supra nominatis Connotariis, signavi in robur & testimonium omnium & singulorum premissorum.*

f corr. *meâ.*

g corr. *in.*

h corr. *redactum.*

i corr. *utor.*

Postque, anno supradicto; videlicet, Domini millesimo quatercentesimo sexto, & die vicesimâ septimâ dicti mensis Augusti, Notum sit omnibus quod constitutus personaliter coram prenominatis Dominis Commissariis; videlicet, Auberto Fabri, *The-*

saurario Dalphinali, & Andrico Garini, Dalphinali Computorum Auditore, testibus infranominatis, & nobis Notariis supra & infrascriptis, discretus vir Johannes *de* Genas, *mercator & Civis civitatis* Valencie, *ipse inquam* Johannes *de* Genas *certifficatus ad plenum, ut asseruit, de obligacione suprascripta Domino nostro Dalphino facta per Cives, incolas & habitantes dicte civitatis* Valencie, *supra nominatos, nomine Universitatis dicte civitatis* Valencie, *& singularum personarum ejusdem, de summa quadraginta scutorum auri solvendorum anno quolibet in festo omnium Sanctorum; Domino nostro Dalphino seu ejus Castellano* Cabeoli, *& in ipso loco* Cabeoli, *pro rata & porcione dicte* [a] *civitati contingente de totali summa sexaginta scutorum auri, racione & ex causa contenta & declarata in Appunctamento* Parisius *facto, ut in Instrumento suprascripto pleniùs continetur; asserensque se fuisse absentem à predicta civitate, dum dicta obligacio per dictos Cives & habitantes* Valencie *fuit facta; & licet singularis existat & posset compelli ad solvendum suam ratam dicte summe, dum inter se perequaretur, attamen, ut asseruit, sciens & spontaneus omnia in Instrumento supra inserto descripta, in quantum ipsum tangit vel suos heredes aut bonorum pocessores tangere posset,* [b] *laudendo, consenciendo & approbando; ita tamen quod de Salva-gardia & proteccione Dalphinali gaudere possit & valeat, & sic exoneratus à servicio seu contribucione* [c] *Eydarum, donorum, Fogagiorum & Subsidiorum que abinde fierint in* Dalphinatu, *prout ceteri Cives civitatis* Valencie, *& aliorum Castrorum, ut in dicto Tractatu seu Appunctamento* Parisius *ultimo facto supra inserto, fit mencio, promisit, & ad sancta Dei Euvangelia corporaliter manu tacta juravit in quantum ipsum tangit aut tangere poterit, facere & attendere omnia supra promissa & jurata per dictos Cives & incolas dicte civitatis* Valencie, *& per modum & formam per ipsos seu alterum ipsorum factos, & sub expressa obligacione & ypotheca omnium & singulorum bonorum suorum mobilium & immobilium, presencium & futurorum, dictis Dominis Commissariis, nobis que Notariis stipulantibus & recipientibus, ut publicis personis, nomine, vice & ad opus dicti Domini nostri Dalphini, suorumque heredum & successorum, dicteque Universitatis* Valencie *& aliorum quorum interest aut interesse poterit infuturum, cum obligacionibus, promissionibus, reservacionibus, submissionibus, clausulis & renunciacionibus supra in Instrumento suprascripto pleniùs expressatis & declaratis.*

CHARLES VI. à Paris, en Mai 1407.

a corr. *civitatis*

b laudando.

c corr. *Aydarum.*

De quibus omnibus dicti Domini Commissarii, nomine dicti Domini nostri Regis Dalphini, sibi fieri pecierunt & nomine dicte civitatis Valencie *ac ipsius* Johannis *de* Genas, *concesserunt & cuilibet ipsorum, duo vel plura publica Instrumenta; videlicet, cuilibet ipsorum, unum, seu tot quot fuerint necessaria, ejusdem tenoris, dictanda & corrigenda consilio unius vel plurium peritorum, (k) producta facti tamen substancia in aliquo non mutata. Acta fuerunt hec apud* Valenciam, *subtus Campanille magne Ecclesie sancti Appollinaris, presentibus* Petro Romestagnii, Girardo Charosseti *&* Girardo Reparati, *habitatoribus dicte Civitatis* Valencie, *testibus ad premissa vocatis & rogatis.*

Suite de l'Acte des habitans de *Valence.*

Ego vero Petrus Paveti *de* Bellomonte, *supranominatus, Notarius auctoritate Imperiali publicus,* [d] *predictis, ut premissum est, agerentur & fierent, & ut supra enarratur, presens vocatus interfui, & de ipsis omnibus unacum* Durando Gautereti *predicto notam recepi; ex qua hoc presens publicum Instrumentum in istis quatuor pellibus pergameni simul colatis & junctis, extrahi & in hanc publicam formam scribi & redigi feci, indeque hic me subscripsi, & signo meo solito signavi, requisitus, fideliter, & tradidi, in robur, fidem & testimonium premissorum.* P. Paveti. *Et me* Durando Gautereti, *de* sancto Marcellino, [e] *Secreto Dalphinali, auctoritate Imperiali & Dalphinali publico Notario, & Curie majoris Dalphinalis* Graysivodani *jurato,*

d supp. *qui predictis, dum sic.*

e corr. *Secretario.*

NOTE.

(k) Producta.] Cet endroit est tronqué : il faut y restituer les mots suivans qui se trouvent ci-dessus p. 226. *Producta in judicio vel non producta, ante litem contestatem vel post; ad consilium & dictamen cujuslibet in jure sapientis; facti tamen predicti substancia in aliquo non mutata.*

CHARLES VI.

à Paris, en Mai 1407.

qui premissis suprascriptis, unacum prenominatis testibus, presens personaliter interfui, hocque verum & publicum Instrumentum requisitus unacum Petro Paveti *Secretario,* [a] *supra, Dalphinali, & infranominato, recepi & in hanc publicam* [b] *scribi feci, hic manu propria* [c] *me subscripsi, signoque meo solito signavi, in robur & testimonium premissorum omnium.*

(l) Subsequenter, tenore hujus presentis publici Instrumenti, universis & futuris sit notum quod anno proximè dicto; videlicet, Domini millesimo quatercentesimo sexto, & die vicesimâ quartâ dicti mensis Augusti, cum pridem [d] *quidem ex Civibus, incolis & habitatoribus civitatis* Valencie, *à Serenissimo Principe Rege Dalphino Viennensi, quamdam Salvam-gardiam obtinuerint, nomine ipsius Universitatis & Castrorum subscriptorum, acto inter cetera, quod pro ipsa Salva-gardia, dicta* [e] *Universitatis* Valencie, *unacum Universitatibus Castrorum* Aurioli, Mirmande, Alaysii, Montis-Lagerii, Bellimontis, Montis-Veneris, Castri-novi Ysare, *tenerentur contribuere in omnibus donis, Aidis & Subsidiis que fierent in* Dalphinatu, *prout illi de civitate* Gracionopoli, Ebreduni, *& villa de* Romanis *facerent, & ulteriùs eidem Domino in suis guerris servire de centum* [f] *Clientibus suis sumptibus per unum mensem, prout in Instrumento supra inserto pleniùs continetur:* [g] *Quamquidam Salvam-gardiam, certi homines dictorum locorum & Castrorum, in quantum ipsos tangebat, ratifficaverunt & approbaverunt, prout in Instrumento recepto per* Anthonium Chapusii *Notarium, seriosiùs dicitur contineri: adversusque Reverendus in Christo Pater Dominus* Johannes *de* Pictavia *Episcopus* Valentinensis [h] *in* Dyensis, *de consensu dictarum Universitatum civitatis* Valencie, *& aliorum Castrorum supradictorum, & Capituli sue ecclesie* Valencie, *certum Tractatum fecerit* Parisius *in Camera Computorum Regiorum, cujus tenor superiùs est insertus, cum Litteris sibi annexis, per quem dicte Universitates liberarentur à contribucione dictorum* [i] *Subdiorum, & servicio dictorum centum Servientum, mediante annuali pensione sexaginta scutorum auri, solvendâ Domino nostro Dalphino, seu ejus Castellano* Cabeoli, *prout in dicto Tractatu, Litteris & aliis predicta concernentibus, pleniùs continetur in Instrumento supra inserto & descripto, recepto apud* Valenciam *per nos Notarios supra &* [k] *inscriptos. Verum quia per expressum in dicto Tractatu* [l] *Appunctamento* Parisius *facto in dicto Instrumento supra inserto de verbo ad verbum, fit mencio quod subditi dicti Domini* Episcopi Valencie, *qui se obligaverunt & qui voluerunt gaudere de Salva-gardia Dalphinali, & liberare ab onere antedicto, se obligabunt solvere Domino nostro Dalphino annis singulis, seu Castellano* Cabeoli, *ejus nomine, in festo omnium Sanctorum efficaciter summam sexaginta scutorum auri, ad racionem duorum scutorum pro tribus florenis monete currentis, specialiter & nominatim pro rata cujuslibet,* [m] *ramaneant in Salva-gardia Dalphinali perpetuò de personis, familia & bonis, ut in dictis Appunctamento & Litteris continetur: Idcirco anno* [n] *die predictis, honorabiles viri* Aubertus Fabri, *Thesaurarius Dalphinalis, &* Andricus Garini *Dalphinalis Computorum Auditor, Commissarii ad hoc specialiter deputati, instantibus Burgensibus, incolis & habitatoribus Ville & loci Castri* Aurioli, Valentinensis *Diocesis, personaliter afferunt ad ipsum locum de* Auriolo, *causâ recipiendi obligacionem, nomine Domini nostri Dalphini, prout in dicto Appunctamento fit mencio, quam facere paratos se asseruerunt, juxta ratam & porcionem eis contingentem de dicta totali summa sexaginta scutorum; & congregatis ad hoc specialiter dictis Burgensibus, incolis & habitatoribus dicti loci de* Auriolo, *in loco*

a supp. *ut.*

b supp. *formam.*

c corr. *med.*

d corr. *quidam,* qui se lit dans les Actes concernant *Mirmande* & *Beaumont.*

e corr. *Universitas,* qui se lit dans les sept Actes suivans.

f Il y a *Clientibus armatis* dans l'Acte des habitans d'*Alais.*

g Il faut corr. *quamquidem,* qui se lit dans les sept Actes suivans.

h corr. *& Dyensis,* qui se lit dans les sept Actes suivans.

i corr. *Subsidiorum,* qui se lit dans les sept Actes suivans.

k corr. *infrascriptos,* qui se lit dans les sept Actes suivans.

l *&* qui se lit dans les sept Actes suivans.

m corr. *remaneant,* qui se lit dans les sept Actes suivans.

n supp. *&,* qui se lit dans les sept Actes suivans.

NOTE.

(l) Subsequenter, &c.] Quoique cet Acte des habitans de *Loriol,* contienne à peu près les mêmes dispositions que celui des habitans de *Valence,* on n'a pû se dispenser de le faire imprimer en entier, parce que la forme en est différente : mais les sept Actes qui suivent celui des habitans de *Loriol,* & qui regardent différens lieux, sont conformes à celui-ci, à l'exception de la date, de la clause par laquelle les habitans de ces lieux s'obligent au payement d'une redevance, & de la fin de l'Acte. De ces sept Actes on n'en fera imprimer que les endroits qui sont différens de ceux qui se lisent dans celui des habitans de *Loriol.* Dans les passages qui seront supprimés, il n'y a d'autres différences entre tous ces Actes, que par rapport aux noms de lieux.

subscripto in quo consuetum est in ipso loco ipsos homines, incolas & habitantes se congregare, voce Preconis, de mandato, (m) jubsu, auctoritate & voluntate nobilis viri Guillermi Cabeoli, *Castellani dicti loci de* Auriolo; *& Commissarii ad hoc per dictum Dominum* Episcopum Valentinensem & Diensem, *de consensu dicti sui Capituli, specialiter deputati, ut de ejus Commissione constat per patentes Litteras supra in dicto Instrumento supra inserto de verbo ad verbum, descriptas & insertas, more solito, ut asserebant, nomine Universitatis, ipsi, inquam, Burgenses, incole & habitantes dicti loci sic congregati, & ad infrascripta peragenda simul positi infra nominati; videlicet, primo* Drenonus Bornati, Andreas *de* Combis, Petrus Flore, Guillermus Mollardi, Pichonus Barberii, Johannes Sartoris, Raymundus Berengerii, Johannes *de* Heremo, Mondonus *de* Vienneysii, Guiotus Romillionis, Andreas *de* Capella, Gononus Simardi, Poncius Fabri, Maronus Coste, Johannes Boycheti, Gonetus Terrassii, Petrus Cocordi, Matheus Fabri, Johannes Peregrini, Stephanus Giraudi, Petrus Meyssonis, Guillermus Joncherii, Guillermus Tardini, Andreas Pellegonum, Giraudus Duet, Guillermus Vincencii, Matheus Arparini, Johannes Archimbaudi, Johannes Bedocii, Guillermus Bonardelli, Johannes Oliverii, Petrus Clavelli, Johannes Rivati, Petrus Morelli, Johannes Meissonis, Bonthosius Ranconis, Guillermus Laurencii, Petrus Chanchalla, Bonthosius Tranconis, Anthonius Guinonis, Mononus Gauterii, Guillermus Berardi, Guillermus Bedossi, Johannes Gacheti, Johannes Terrassii, Petrus *de* Puteo, Guillermus Bonipueri, Duronus Novelli, Poncius Fabri, Johannes Chabuini, Petrus Symilliardi, Matheus *de* Aya, Stephanus Boncharle, Poncius Borelli, Gametus Achardi, Petrus Michaelis, Guillermus *de* Beauna, Johannes *de* Bolonia, Gononus Vaure, Paynus Formandi, Mondonus Baffati, Petrus Mercerii, Bonchosius Raymey, Martinus Borrelli, Monetus Joglaris, Johannes Saumassi, Stephanus Bajuli, Martinus Moreya, Johannes Arthaudi, *Nobilis* Petrus Cabeoli, Nicolaus Armandi, Petrus Russi, Franseiscus *de* Modo, Mondonus Racherii, *Nobilis* Petrus Berengarii, Penella Daloys, Rostagnius Greigua, Stephanus Nullionis, *& nobilis* Guillermus Gabeoli, *asserentes unanimiter, medio juramento, ex eorum certa & deliberata sciencia, se fore & esse majorem & saniorem partem Universitatis ipsius loci: hoc etiam* [a] *ididem asserens dictus Castellanus & Commissarius, & propter hoc facere Universitatem, eisdem incolis, Burgensibus & habitatoribus supranominatis, lingua materna, effectus Salvagardie pridem concesse, & tenor dicti Tractatûs & Litterarum Appunctamenti supra inserti per dictum Dominum Episcopum* Parisius *ultimo facti, seriosè expositus fuit: quibus auditis & intellectis, dicti Burgenses, incole & habitantes dicti loci de* Auriolo, *in presencia dictorum Dominorum Commissariorum, testium infrascriptorum & nostrûm Notariorum supra & infrascriptorum, stipulancium & recipiencium more publicarum personarum, vice, nomine & ad opus dicti Domini nostri Dalphini, licet absentis, suorumque heredum & imposterum successorum quorumcumque in* Dalphinatu, *dicteque Universitatis dicti loci de* Auriolo, *& singularum personarum ejusdem, presencium & futurorum, & omnium aliorum quorum interest seu intererit imposterum seu in futurum, constituti & existentes supranominati Burgenses, incole & habitantes, in modum & formam jam dictos vocati & congregati, scientes, prudentes & spontaney, ut dicebant, de consensu, licencia & auctoritate & decreto dicti Domini Episcopi, dictique Castellani & Commissarii ad hoc deputati, considerata utilitate dictorum Burgencium, incolarum & habitancium, unanimes & uno consensu, tam nomine dicte Universitatis & singularum personarum ejusdem, heredum & successorum eorundem quorumcumque, presencium & futurorum, quam aliorum incolarum & habitancium dicti loci absencium, pro se suisque heredibus & successoribus universis, consenciendo in dicto Appunctamento & contentis in eodem, quantum eos tangit & tangere potest, promiserunt & promittunt per juramenta sua ad Sancta Dei Euvangelia, sacrosanctis*

[a] corr. *idem.*

NOTE.

(m) Jubsu.] Il y a toûjours ainsi dans la suite de cet Acte & dans les sept suivans. Il faut corr. *jussu.*

CHARLES VI. à Paris, en Mai 1407.

scripturis per eorum singulos manualiter (n) tacta, & sub obligacione & ypotheca omnium & singulorum bonorum mobilium & immobilium, presencium & futurorum quorumcumque dicte Universitatis, & singularum personarum, incolarum & habitancium ejusdem, presencium & futurorum, dare & solvere realiter & expedire annis singulis in festo omnium Sanctorum, dicto Domino nostro Dalphino, suisque heredibus & in Dalphinatu *predicto successoribus, seu ejus Castellano* Cabeoli, *vel ejus Locumtenenti in dicto loco* Cabeoli, Valentinensis *Diocesis; videlicet, quinque florenos & sex grossos curribiles, tribus florenis pro duobus scutis auri computatis, & duodecim grossis curribilibus pro uno floreno computatis, pro rata & porcione ipsam Universitatem de* Auriolo *contingente de dicta totali summa sexaginta scutorum auri, de qua in sepedicto Tractatu & Appunctamento mencio habetur, racione & ex causa Salva-gardie & proteccionis in quibus dictus Dominus noster Rex Dalphinus ipsam Universitatem & singulares personas ejusdem, cum ceteris Castris & locis supradictis* [a] *succepit, & racione aliarum libertatum, paccionum & privilegiorum contentorum & descriptorum in Instrumento supra inserto; salvo tamen & per dictos incolas & habitantes retento quod mediante obligacione presenti dicte summe quinque florenorum & sex grossorum, dicta Universitas & singulares persone ejusdem, presentes & futuri, ex nunc (o) fiat & esse debeant imperpetuum quitti, liberi & immunes à contribucione quorumcumque Subsidiorum, Aidarum, donorum & Fogagiorum que fierent & concedentur vel fieri continget in* Dalphinatu *predicto, & à servicio dictorum centum Servientum armatorum de quibus in dicto Instrumento supra inserto fit mencio; & pro pleniori securitate solucionis summe predicte quinque florenorum auri & sex grossorum curribilium, ex causa predicta, dicti Burgenses, incole & habitantes dicti loci de* Auriolo, *simul per modum predictum vocati & congregati, Univesitatem facientes, per modum Universitatis, & ut singulares persone ejusdem, habitantes in eadem, presentes & futuri, casu quo defficerent in solucione predicta, termino & modo assignatis, ut supra, eorumque universos & singulos successores &* [b] *bona contenta voluerunt, volunt & concedunt* [c] *voce compelli, executari & constringi ad solucionem faciendam summe predicte, & in modum predictum, necnon ad solucionem & ad restitucionem omnium expensarum, gravaminum & interesse sustinendarum dicta de causa, pro parte dicti Domini Dalphini suorumque heredum & successorum, per Curias Domini Auditoris Camere Apostolice, superioris* [d] *Consistori (p)* Dalphinalis Graysivodani, Sancti Marcellini *dicti loci* Cabeoli *&* [e] *arum quemlibet: Quibus Curiis & cuilibet ipsarum, earumque stilo, vigoribus & sigillis se & eorum & singulorum bona submiserunt, ex eorum certa sciencia, & submittunt: renunciantes insuper prenominati omnes & singuli in hoc facto, excepcioni doli mali, vis, metûs, erroris, & in factum accioni rei non ita vel aliter geste, lesioni, circumvencioni & in integrum restitucioni, juri dicenti, (q) submittens se aliene jurisdiccioni ante litem contestatem, penitere posse, jurique dicenti quod si dolus dat causam contractui, aut si incidat in contractum, quod contractus ille non teneat, sed ipso jure sit nullus, & omnibus juribus quibus deceptis in contractibus subvenitur, peticioni & oblacioni libelli & transcripto ejusdem, ac impugnacioni hujus publici Instrumenti & note ejusdem, jurique dicenti unum pro alio obligari seu compelli non posse, privilegio & rescripto super dispensacione juramenti impetrato vel impetrando, & demum omnibus aliis & singulis utriusque juris & facti auxiliis, beneficiis, remediis & cautelis, dispensacionibus,* [f] *statibus, impetratis & impetrandis quibuscumque, quibus contra premissa possent se deffendere, tueri seu juvare, & juri dicenti generalem renunciacio-*

a corr. *suscepit.* Cette faute est dans tous les Actes suivans.

b corr. *bona tenentes*, qui se lit dans les sept Actes suivans.

c Il faut corr. *posse compelli*, qui se lit dans les sept Actes suivans.

d corr. *consistorii*, qui se lit dans les sept Actes suivans.

e corr. *earum*, qui se lit dans les sept Actes suivans.

f Lettres d'Etat.

NOTES.

(n) Tacta.] Il y a toûjours ainsi dans les sept Actes suivans, qui sont semblables à celui-ci : Il faut cependant corriger *tactis*, qui se lit dans l'Acte des habitans de *Valence*.

(o) Fiat.] Il y a *fuit* dans l'Acte des habitans de *Mirmande*, & *sint* dans les six Actes suivans. *Sint* est la bonne leçon.

(p) Dalphinalis.] Dans les Actes suivans il y a *Dalphinalis*, excepté dans celui qui regarde les habitans de *Beaumont*.

(q) Submittens.] Il faut corriger *submittentes*, qui se lit dans l'Acte de *Valence*, qui est ci-dessus, & dans presque tous les Actes suivans. Il n'y a *submittens* que dans ceux qui regardent *Beaumont* & *Mont-leger*.

nem non valere, nisi precesserit specialis. De quibus omnibus supradictis, tam dicti Domini Commissarii, nomine dicti Domini nostri Regis Dalphini, ex una parte, quam supra nominati Burgenses, incole & habitantes, nomine dicte Universitatis de Auriolo, & singularum personarum ejusdem, ex altera parte, pecierunt sibi fieri & cuilibet ipsarum parcium, & sibi ad invicem fieri concesserunt unum vel plura publicum & publica Instrumentum & Instrumenta, seu tot quot habere voluerint, ejusdem substancie & tenoris per nos Notarios publicos supra & infrascriptos, que si fuerit necesse, possint & valeant fieri, reffici, corrigi, dictari, meliorari & emendari semel & pluriès, producta in judicio vel non producta, ante litem contestatem vel post, ad consilium & dictamen cujuslibet [a] & jure sapientis, facti tamen predicti substancia in aliquo non mutata. Acta, dicta, recitata & publicata fuerunt hec in dicta Villa Aurioli; videlicet, in Domo confratrie, presentibus Magistro Petro Bernardi Procuratore Fiscali dicti Domini Episcopi Valentinensis & Dyensis, Domino Garnerio Cuniculi, Capellano dicti loci, Johanne Petiti, Sartore, Jehannino Alani, Clerico, Petro [b] Molaris, servitoribus dicti Domini Thesaurarii Dalphinalis, & Gaspardo de Burgundio, Clerico Sancti Marcellini, Viennensis Diocesis, testibus ad premissa vocatis & rogatis, & nobis Petro Paveti & Durando Gautereti, Secretariis Dalphinalibus publicis Notariis supra & infrascriptis.

a corr. *in*, qui se lit dans les sept Actes suivans.

b Il est nommé de *Molario* dans les Actes qui regardent *Montvendre* & *Beaumont*.

Acte des habitans de *Mirmande*. Voy ci-dessus p. 228. note *(l)*.

Preterea, anno dicto & die vicesimâ quartâ dicti mensis Augusti, tenore presentis publici Instrumenti, universis & singulis sit notum quod cum pridem quidam ex Civibus . . . . . . Commissarii ad hoc specialiter deputati, instantibus Burgensibus, incolis & habitatoribus Castri & loci de Mirmanda, Valentinensis Diocesis, personaliter accesserunt ad ipsum locum de Mirmanda, causâ recipiendi obligacionem nomine Domini nostri Dalphini, prout in dicto Appunctamento fit mencio, quam facere paratos se asseruerunt, juxta ratam & porcionem eis contingentem de dicta totali summa sexaginta scutorum, & congregatis ad hoc specialiter dictis Burgensibus, incolis & habitatoribus dicti loci de Mirmanda, in loco subscripto, in quo consuetum est in ipso loco ipsos homines, incolas & habitantes se congregare voce Preconiâ, de mandato, [c] jubsu, auctoritate & voluntate nobilis viri Johannis Fabri, Castellani dicti loci de Mirmanda, & Commissarii ad hoc per dictum Dominum Episcopum Valentinensem & Diensem, de consensu dicti sui Capituli specialiter deputati, ut de ejus Commissione constat per patentes Litteras supra in dicto Instrumento supra inserto, de verbo ad verbum descriptas & insertas, more solito, ut asserebant, nomine Universitatis; [d] ipse, inquam, Burgenses, incole & habitantes dicti loci, sic congregati & ad infra scripta [e] paragenda simul positi, infra nominati; videlicet, primo, nobilis Johannes Fabri, Castellanus dicti loci, Guillermus Corberii, Notarius, Johannes Affichati, Vuirsonus Sererii, Ponczonus Theylani, aliàs Rossignol, Johannes Chapusii, Guillermus Theylani, Textor, Arnaudus Apronis, Guillermus Fabri, Guillermus Chapusii, Ponczonus Charreti, Arnaudus Coste, Guillermus Theylani, Arnaudus Pelliard, Johannes Aurioli, Johannes Leauterii, Johannes Verone, Johannes Borrelli, Gonetus Melliane, Johannes Gauterii, Petrus Tronchini, Petrus Adulphi, Arthaudus Roche, Petrus Postelli, Stephanus Sapientis, Petrus Guillioti, Johannes Juliani, Petrus Arnulphi, Poncius Simeonis, Poncius Balbeti, Johannes Peyssii, Bertrandus Richardi, Ponczius Sabaterii, Gonetus Chabrillionis, Jacobus Condamine, Guionetus Peyardi, Johannes de Clerevalx, Petrus Chabrillionis, Petrus Corberii, Stephanus Monnerii, Guillermus Bataillie, Johannes Arnulphi, Johannes Condamine, Petrus Reardani, Ponczius Balfredi, Johannes Salerii, Gonetus Simeonis, Ponczius Arnaudi, Johannes Pralis, Johannes Garini, Johannes Fabri, aliàs Velomay, Johannes Peycieux, Stephanus Rasi, Johannes Boneti, Guillermus de Blachia, Ponczius Pelliardi, Stephanus de Colegniaco, Davidis Chabrilliani, Johannes Quiblerii, Bonetus Simeonis, Stephanus Tougie, Mondonus Giraudi, Guillermus Monnerii, Guillermus Artaudi, Johannes Tronchini, Johannes Morerie, Poncius Salabochi, Mondonus Boisserii, & Guillermus Affichati, asserentes unanimiter, medio juramento . . . . . . quibus auditis & intellectis, dicti Burgenses, incole

c corr. *jussu*.

d corr. *ipsi*, qui se lit dans les six Actes suivans.

e corr. *peragenda*, qui se lit dans l'Acte précédent & dans les suivans.

CHARLES VI. à Paris, en Mai 1407.

a conjonction inutile.

& habitantes dicti loci de Mirmanda *in presencia ...... dicteque Universitatis dicti loci (r) de* Auriolo, *& singularum ...... videlicet, quatuor Florenos & decem grossos curribiles ...... pro rata & porcione ipsam Universitatem* [a] *& de* Mirmanda *contingente ...... obligacione presenti dicte summe quatuor florenorum & decem grossorum ...... & pro pleniori securitate solucionis summe predicte quatuor florenorum & decem grossorum curribilium, & ex causa predicta dicti Burgenses, incole & habitantes dicti loci de* Mirmanda..... *Acta, dicta, recitata & publicata fuerunt hec in dicto loco de* Mirmanda; *videlicet, in Domo furni dicti loci, presentibus discretis viris Magistro* Petro Bernardi, *Procuratore Fiscali dicti Domini* Episcopi Valentinensis, Johannino Alani, *Clerico dicti Domini (s) Receptoris, &* Guillermo Malardi, *de* Auriolo, *testibus ad premissa vocatis specialiter & rogatis, & nobis* Petro Paveti *&* Durando Gautereti, *Secretariis Dalphinalibus, publicis Notariis supra & infra nominatis.*

Acte des habitans d'*Alais.* Voy. ci-dessus p. 228. note *(l)*.

Ceterum, anno & die predictis; videlicet, vicesimâ quartâ mensis Augusti, tenore presentis publici Instrumenti, universis & futuris sit notum quod cum pridem ...... Commissarii ad hoc specialiter deputati, instantibus Burgensibus, incolis & habitatoribus Ville & loci Castri *de* Alaysio, Valentinensis *Diocesis, personaliter asserunt ad ipsum locum* Alaysii, *causâ recipiendi obligacionem nomine Domini nostri Dalphini, prout in dicto Appunctamento fit mencio, quam facere paratos se asseruerunt, juxta ratam & porcionem eis contingentem de dicta totali summa sexaginta scutorum, & congregatis ad hoc specialiter dictis Burgensibus, incolis & habitatoribus dicti loci* Alaysii, *in loco subscripto in quo consuetum est se congregare voce Preconiâ,* [b] *mandatu, jubsu, auctoritate & voluntate nobilis viri* Anthonii *de* Sancto Vincencio, *Castellani dicti loci* Alaysii, *& Commissarii ad hoc per dictum Dominum* Episcopum Valentinensem *&* Diensem, *de consensu dicti sui Capituli, specialiter deputati, ut de ejus Commissione constat per patentes Litteras supra in dicto Instrumento supra inserto, de verbo ad verbum descriptas & insertas, more solito,* [c] *& asserebant, nomine Universitatis, ipsi, inquam, Burgenses, incole & habitantes dicti loci sic congregati, & ad infrascripta peragenda simul positi infra nominati; videlicet, primo, nobilis* Anthonius *de* Sancto Vincencio, Guillermus Barberii, Petrus *de* Vado, Johannes Bajuli, Johannes Cuniculi, Johannes *de* Croso, Giraudus Bonihominis, Petrus Simondi, Petrus Gauterii, Telmonus *de* Malavalle, Johannes Chauseti, Johannes Maurelli, Petrus Gouy, Poncius Barberii, Guillermus Piche, Barthonus Monta, Petrus Joberti, Thomas Montani, Petrus Morreti, Arnaudus Fasii, Johannes Draconis, Gononus Albanelli, Franciscus Bruneti, Johannes Arnulphi, Johannes Thome, Johannes Rollandi, Johannes Garini, Johannes *de* Strictis, Poncius Boyssonis, Stephanus Clavelli, Johannes Avidis, Johannes Germandi, Richardus Chavalis, Johannes Moterii, Matheus Prigalis, Petrus Simondi, Andreas Alaysii, Poncius Chancelli, Petrus Chancelli, Johannes Burdini, Johannes Bordeyne, Johannes Richardi, Pochenus Mellioye, Poncius Januarii, Johannes Chansonis, Simondus Jullieti, Johannes Baucelli, Beneythonus Moterii, Barthonus Ysterii, Johannes *de* Vado, Petrus Arnulphi, Petrus Pregalis, Stephanus Suppi, Thomas Quercons, Johannes Meynerii, Petrus Duri, Monetus Moitier, Guillermus Capre, Guillermus Aurioli, Perothonus Arescon, Bertrandus Corberii, Guillermus Pererii, Poncius Arnulphi, Stephanus Laurencii, *asserentes unanimiter, medio juramento ...... videlicet, quinque florenos & quinque grossos curribiles ...... retento quod mediante obligacione presenti dicte summe quinque florenorum & quinque grossorum, dicta*

b corr. *mandato*, qui se lit dans les autres Actes semblables.

c corr. *ut*, qui se lit dans tous les autres Actes semblables.

NOTES.

(r) De Auriolo.] On n'a fait imprimer cet endroit que parce qu'il y a une faute. Il faut corr. *de Mirmanda* au lieu *de Auriolo.*

(s) Receptoris.] Ce mot est ici synonime de celui *Thesaurarii.* Dans l'Acte des habitans de *Loriol,* il y a : *Johannino Alani, Clerico, Petro Molaris, servitoribus dicti Domini Thesaurarii Dalphinalis.* Dans l'Acte concernant *Beaumont,* il y a : *Johanne Alani, Clerico, Petro de Molario, servitore dicti Domini Thesaurarii.*

Universitas

Universitas ..... *& pro pleniori securitate solucionis summe predicte quinque florenorum & quinque grossorum curribilium, & ex causa predicta, dicti Burgenses, incole & habitantes dicti loci de* Alays, *simul* ...... *Acta, dicta, recitata & publicata fuerunt hec in dicto loco* Alaysii; *videlicet, in Domo confratrie ipsius loci; presentibus Magistro* Petro Bernardi, *Procuratore Fiscali dicti Domini* Episcopi Valentinensis *&* Johanne Alani, *Clerico dicti Domini Receptoris, supranominatis, necnon* Johanne *de* Costis, *habitatore* Gracionopolitano, *&* Sibueto Boneti, Sancti Stephani *de* Sancto Jers, Viennensis *Diocesis, testibus ad premissa vocatis & rogatis, & nobis* Petro Paveti *&* Durando Gautereti, *Secretariis Dalphinalibus, publicis Notariis supra & infra-scriptis.*

CHARLES VI. à Paris, en Mai 1407.

Insuper, tenore presentis publici Instrumenti, Universis & futuris sit notum quod anno Domini millesimo quatercentesimo sexto, & die vicesimâ quintâ mensis Augusti, cum pridem, ut supra narratur, [a] *quidem ex civibus* ...... *Commissarii ad hoc specialiter deputati, instantibus Burgensibus, incolis & habitatoribus Ville seu Castri* Montis-Veneris, Valentinensis *Diocesis, personaliter asserunt ad ipsum locum* Montis-Veneris, *causâ recipiendi obligacionem, nomine Domini nostri Dalphini, prout in dicto Appunctamento fit mencio, quam facere paratos se asseruerunt juxta ratam & porcionem eis contingentem de dicta totali summa sexaginta scutorum, & congregatis ad hoc specialiter dictis incolis & habitatoribus dicti loci* Montis-Veneris, *in loco subscripto, in quo consueverunt se congregare voce Preconiâ, de mandato,* [b] *jubsu, auctoritate & voluntate nobilis viri* Garini Durandi, *Castellani dicti loci, & Commissarii ad hoc per dictum Dominum* Episcopum Valentinensem, *de consensu dicti sui Capituli specialiter deputati, ut de ejus Commissione constat per patentes Litteras supra in dicto Instrumento supra inserto de verbo ad verbum descriptas &* [c] *incertas, more solito, ut* [d] *assebant, nomine Universitatis, ipsi,* [e] *inquantum, Burgences, incole & habitantes dicti loci* Montis-Veneris, *sic congregati, & ad infrascripta peragenda simul positi infra nominati; videlicet, & primo* Matheus Saynii, Petrus Saynii, Guillermus Avenentis, Guillermus Chastancrii, Johannes Jallifferii, Petrus Sayni, *aliàs* Perrot, Petrus Buxi, Bonchosius Ferodi, Jacobus Breardi, Johannes Revelli, Petrus Bernodi, Johannes Ayme, Petrus Mourini, Johannes Malavoye, Bertheus Voyrelli, Petrus Avenentis, Anthonius Rostagnii, Bertholomeus Albini, Guillermus Malavoye, Gonetus Cheisserie, Johannes Boisserii, Petrus Droge, Petrus Pellegrini, Petrus Lagerii, Rostagnus Baudifferii, Petrus *de* Bosco, Guillermus Fabri, Johannes Bellati, Andreas Joncherii, Petrus Raymaudi, Bertholomeus Assonis, Guillermus Roberti, Matheus Maurini, Polinarius Malavoye, Johannes Assonis, Johannes Roberti, Tosonus Argendi, Petrus Humberti, Artaudus Bedossii, Poncius Joncherii, Johannes *de* Vinvilla, Rostagnus Assonis, Guillermus Manuelli, Guillermus Ysoardi, Bertholomeus Trachini, Johannes Ranati, Petrus *de* Turnone, Johannes Espie, Johannes Ogerii, Petrus Jalifferii, Guillus Pascalis, Guillus Monnerii, Petrus Romuli, *Notarius, &* Guillermus Revelli *Notarius, asserentes unanimiter, medio juramento* ..... *videlicet, quatuor florenos & tres grossos curribiles* ..... *retento quod mediante obligacione presenti dicte summe quatuor florenorum & trium grossorum, dicta Universitas* ..... *Et pro pleniori securitate solucionis summe predicte quatuor florenorum & trium grossorum curribilium, & ex causa predicta, dicti Burgences, incole & habitantes dicti loci* Montis-Veneris, *simul* ...... *Acta, dicta, recitata & publicata fuerunt hec in dicto loco* Montis-Veneris; *videlicet, infra Ecclesiam Parrochialem dicti loci, presentibus Magistro* Petro Barnardi, *Procuratore Fiscali dicti Domini Episcopi, Domino* Vincencio Revelli, *Curato dicti loci,* Johanne Alani, *Clerico dicti Domini Receptoris,* [f] Petro *de* Molario, *Servitore ejusdem Domini Receptoris,* Gaspardo *de* Burgundio, *Clerico de* Sancto Marcellino, *&* Guillermo *de* Mota, *Serviente dicti Domini Episcopi, testibus ad premissa vocatis specialiter & rogatis, & nobis* Petro Paveti *&* Durando Gautereti, *Secretariis Dalphinalibus, publicis Notariis supra & infrascriptis.*

Deinde, anno & die proximè dictis; videlicet, vicesimâ quintâ dicti mensis Augusti,

Acte des habitans de *Montvendre.* Voy. ci-dessus p. 228. note *(l)*.

a corr. *quidam,* qui se lit dans quelques uns des Actes semblables à celui-ci.

b corr. *jussu.*

c corr. *insertas.*

d corr. *asserebant,* comme dans les autres Actes semblables.

e corr. *inquam,* qui se lit dans les autres Actes semblables.

f Voy. ci-dessus p. 231. note marginale *(b)*.

Acte des habitans de *Beaumont.* Voy. ci-dessus p. 228. note *(l)*.

CHARLES VI. à Paris, en Mai 1407.

tenore presentis publici Instrumenti, universis & futuris sit notum quod cum pridem ut supra narratur, quidam . . . . . . Commissarii ad hoc specialiter deputati, instantibus Burgencibus, incolis & habitatoribus Ville & loci Bellimontis, Valentinensis *Diocesis, personaliter accesserunt ad ipsum locum* Bellimontis, *causâ recipiendi obligacionem, nomine Damini nostri Dalphini, prout in dicto Appunctamento sit mencio, quam facere paratos se asseruerunt, juxta ratam & porcionem eis contingentem de dicta totali summa sexaginta scutorum; & congregatis ad hoc specialiter dictis incolis & habitatoribus dicti loci* Bellimontis, *in loco subscripto, voce Preconiâ, more & locis solitis, mandato, jubsu, auctoritate & voluntate nobilis viri* Garini Durandi, *dicti loci Castellani, & Commissarii ad hoc per dictum Dominum* Episcopum Valentinensem, *de consensu dicti sui Capituli, specialiter deputati, ut de ejus Commissione constat per patentes Litteras supra in dicto Instrumento supra inserto, de verbo ad verbum descriptas & insertas more solito, ut asserebant, nomine Universitatis, ipsi inquam Burgences, incole & habitantes dicti loci* Bellimontis, *sic congregati, & ad infrascripta peragenda simul positi, infra nominati; videlicet, primo,* Petrus Paveti, Gonetus *de* Bosco, Petrus Grolea, Johannes Perraudi, Johannes Valletonis, Petrus Amblardi, Guillermus Peronini, Berthonus Eyraudi, Guillus Fabri, Petrus Peyeelli, Johannes Andree, Johannes *de* Combis, Gonetus Vermondi, Mondonus Bonchosii, Franciscus Comitis, Gonetus Chabaudi, Johannes Brunelli, Matheus Riffi, Johannes *de* Ausurra, Petrus Johannis, Petrus Ruffi, Durandus Boche, Johannes Jomarii, Gonetus Aycullerii, Bertrandus Raffe, Raymundus Belleti, Franciscus Barnerii, Bonchosius Ebrardi, Symondus *de* Croso, *Faber,* Raymundus Costantini, Rostagnus Roverii, Guigonus *de la* Generye, Franscicus Cabone, Johannes Monteysonis, Guillermus Fabri, Anthonius Ronsonis, & Disderius Brunelli, *asserentes unanimiter medio juramento . . . . . . & sub obligacione & ypotheca omnium & singulorum bonorum mobilium & immobilium, presencium & futurorum quorumcumque, dare & solvere realiter & expedire. . . . videlicet, duos florenos & octo grossos curribiles . . . . retento quod, mediante obligacione presenti dicte summe duorum florenorum & octo grossorum, dicta Universitas . . . . . . & pro pleniori securitate solucionis summe predicte duorum florenorum & octo grossorum curribilium, & ex causa predicta, dicti incole & habitantes dicti loci* Bellimontis, *simul . . . . . . Acta, dicta, recitata & pronunciata fuerunt hec in dicto loco* Bellimontis; *videlicet, in Ecclesia dicti loci; presentibus Magistro* Petro Bernardi, *Procuratore Fiscali dicti Domini* Episcopi Valentinensis, Guillermo Revelli, *Notario,* Johanne Alani, *Clerico,* [a] Petro *de* Molario, *Servitore dicti Domini Thesaurarii,* Gaspardo *de* Burgundio, *Clerico de* Sancto Marcellino, *&* Guillermo *de* Mota, *Serviente dicti Domini* Episcopi Valentinensis, *testibus ad premissa vocatis specialiter & rogatis; & nobis* Petro Paveti *&* Durando Gautereti, *Secretariis Dalphinalibus, publicis Notariis supra & infrascriptis.*

a Voy. ci-dessus p. 231. note marginale *(b)*.

Acte des habitans de *Mont-leger*. Voy. ci-dessus p. 228. note *(l)*.

Successive, anno & die proximè dictis; videlicet, die vicesimâ quintâ dicti mensis Augusti, tenore presentis publici Instrumenti, universis & futuris sit notum quod cum ut supra narratur, pridem [b] *quidem ex civibus . . . . . . Commissarii ad hoc specialiter deputati, instantibus incolis & habitatoribus Castri & loci* Montis-Lagerii, Valentinensis *Diocesis, personaliter accesserunt ad ipsum locum, causâ recipiendi obligacionem nomine Domini nostri Dalphini, prout in dicto Tractatu sit mencio, quam facere paratos se asseruerunt juxta ratam & porcionem eis contingentem de dicta totali summa sexaginta scutorum auri, & congregatis ad hoc specialiter dictis incolis & habitatoribus ipsius loci* Montis-Lagerii *in loco subscripto, voce Preconiâ de* [c] *mandatu,* [d] *jubsu, auctoritate & voluntate discreti viri* Martini Moraya, *Castellani dicti loci, & Commissarii ad hoc per dictum Dominum* Episcopum Valentinensem, *de consensu dicti sui Capituli, specialiter deputati, ut de ejus Commissione constat per patentes Litteras supra in dicto Instrumento supra inserto de verbo ad verbum descriptas & insertas, more solito, ut asserebant, nomine Universitatis, ipsi, inquam, incole & habitantes dicti loci* Montis-Lagerii, *sic congregati, & ad infra scripta peragenda simul positi infra nominati; videlicet, & primo* Martinus Moraya, *Castellanus,* Guillus *de* Fabrica,

b corr. *quidam*, qui se lit dans quelques-uns des Actes semblables.

c corr. *mandato*, qui se lit dans quelques-uns des Actes semblables.

d corr. *jussu*.

Petrus Pomerii, Johannes Mathey, Petrus Felcodi, Johannes Perrerii, Petrus *de* Laya, Johannes Percrii, Ponczetus Eymora, Jacobus Coconi, Guillermus *de* Pontedarien, Johannes *de* Bays, Vincencius *de* Moraya, *Castellanus*, [a] Guillus *de* Fabrica, Johannes Pomerii, *&* Andreas *de* Bays, *asserentes unanimiter, medio juramento ..... videlicet, sexdecim grossos curribiles, duodecim grossos pro uno floreno curribili computatos, pro rata ... retento quod mediante obligacione presenti dicte summe sexdecim grossorum curribilium, dicta Universitas .... & pro pleniori securitate solucionis summe predicte sexdecim grossorum curribilium, ex causa predicta, dicti incole & habitantes dicti loci* Montis-Lagerii, *simul ...... Acta, dicta, recitata & publicata fuerunt hec in dicto loco* Montis-Lagerii; *videlicet, ante portale ipsius loci; presentibus discretis viris Domino* Girardo Gauterii, *Curato loci predicti, Magistro* Petro Bernardi, *Procuratore Fiscali dicti Domini* Episcopi Valentinensis, *&* Garino Garandi, *testibus ad premissa vocatis specialiter & rogatis, & nobis* Petro Paveti *&* Durando Gauterci, *Secretariis Dalphinalibus, Notariis publicis supra & infra nominatis.*

CHARLES VI. à Paris, en Mai 1407.

a Au commencement de cette liste on trouve *Martinus Moraya,* Castellanus, *Guillus* de *Fabrica.* Cette répétition pourroit faire ici soupçonner quelque faute de copiste.

Acte des habitans du *Bourg* de *Valence.* Voy ci-dessus p. 228. note *(l).*

Postque, anno proxime dicto, & die vicesimâ sextâ dicti mensis Augusti, tenore hujus publici Instrumenti, universis & futuris sit notum quod cum pridem, ut pretangitur, quidam ex civibus ...... & ulterius eidem Domino in suis guerris servire de centum clientibus seu servientibus armatis, suis sumptibus ...... Quamquidem Salva-gardiam certi homines dictorum locorum & Castrorum & habitancium in Burgo Valencie, *in quantum ...... Commissarii ad hoc specialiter deputati, instantibus Burgencibus, incolis & habitatoribus loci* Burgi Valencie *situati subtus civitatem* Valencie, *personaliter accesserunt ad ipsum locum* Burgi, *in loco subscripto, causâ recipiendi obligacionem nomine Domini nostri Dalphini, prout in dicto Appunctamento fit mencio, quam facere paratos se asseruerunt, juxta ratam & porcionem eis contingentem de dicta totali summa sexaginta scutorum auri, & congregatis ad hoc specialiter dictis Burgencibus, incolis & habitatoribus ipsius loci de* Burgo, *in loco subscripto, more solito, mandato,* [b] *jubsu, auctoritate, voluntate & licenciâ, ac in presencia discretorum virorum Domini* Anthonii Johannis, *Judicis Domini Prioris ipsius loci, & Magistri* Johannis *de* Salis, *Judicis Curie Dominorum Abbatis & Prepositi ipsius loci de* Burgo, *ad hoc potestatem & Commissionem à dictis Dominis Abbate, Preposito & Priore habencium, ut asseruerunt, ipsi, inquam, Burgences, incole & habitantes dicti loci de* Burgo, *sic congregati ad infrascripta peragenda, simul positi infranominati; videlicet, primo,* Arnaudus Boissonis, Guillermus Boneti, Gonninus *de* Sancto Luppo, Arnaudus Flurici, Johannes Foresii, Petrus Thomassii, Johannes Boncti, Johannes Ganiveti, Petrus Romestagnii, Johannes Mondonis, Johannes Saurelli, Johannes Girini, Petrus *de* Ladrey, Johannes *de* Capella, Drenonus Curti, Petrus Salomonis, Matheus Gautaz, Laurencius Garnerii, Johannes *de* Verona, Petrus Bonni, Petrus Gentilis, Johannes Boissonis, Johannes Chausonis, Johannes Oliverii, Stephanus Gerie, Guionctus Ruppis, Stephanus Balay, Guillermus Bonerii, Nicolaus Ruffi, Laurencius Guillioti, Andreas Oliverii, Matheus Palponis, Johannes Blanchardi, Matheus Chavanassii, Johannes Morarie, Johannes *de* Ladret, Thibaudus *de* Sanctis, Andreas Francherii, Andreas Chalia, Guillermus Vacherii, Jacobus Rose, Anthonius Michalassii, Johannes Ferralionis, Guillermus Chargaire, Matheus Guillioti, Poncius Matareti, Johannes Vacheyronis, Drenonus Maginarii, Johannes Mourini, Johannes Foresii, Petrus Doyerii, Petrus Marqueti, *&* Petrus Gauterii, *asserentes unanimiter, medio juramento ..... hoc eciam* [c] *iddem asserentes dicti Domini Judices & Commissarii, & propter hoc .... suorumque heredum & imposterum successorum quorumcumque in* Dalphinatu, *dicteque Universitatis dicti loci de* Burgo [d] Valentinensis *Diocesis, & singularum ..... auctoritate & decreto dictorum Dominorum Abbatis, Prioris & Prepositi, dictorumque Dominorum Judicum ipsorum, ibidem presencium & auctorisancium, consideratâ utilitate ..... videlicet, duos scutos auri, duobus scutis pro tribus florenis monete currentis computatis pro rata ...... in quibus dictus Dominus noster Rex Dalphinus ipsam Universitatem de* Burgo, *& singulares*

b corr. *jussu.*

c corr. *iidem.*

d Valen. *Reg.*

CHARLES VI. à Paris, en Mai 1407.

personas ejusdem cum dicta Civitate Valencie, *ceterisque* ...... *retento quod mediante obligacione presenti dicte summe duorum scutorum auri, dicta Universitas* ...... *Et pro pleniori securitate solucionis summe predicte duorum scutorum auri, & ex causa predicta, dicti Burgences, incole & habitantes dicti loci de* Burgo, *simul* ...... *Acta, dicta, recitata & publicata fuerunt hec in dicto* Burgo; *videlicet, in Ecclesia Beate Marie de* Burgo, *in Capella Sancte Katherine; presentibus discretis viris Domino* Aymaro Reynerii, *Presbitero,* Fratre Michaele Rose, *Ordinis Sancti Augustini,* Garnodo Hermensati, *Notario,* Johanne Alani, *Clerico, &* Petro Polleti, *habitatore loci* Valencie, *testibus ad premissa vocatis specialiter & rogatis, & nobis* Petro Paveti *&* Durando Gautereti, *Secretariis Dalphinalibus, Notariis publicis supra & & infrascriptis.*

Acte des habitans du *Château-neuf d'Isere.* Voy. ci-dessus p. 228. note *(l).*

Ulterius vero, tenore hujus publici Instrumenti, universis & futuris sit notum quod anno proximè dicto; videlicet; Domini millesimo quatercentesimo sexto, & die vicesimâ septimâ dicti mensis Augusti, cum, ut sepe narratum extitit pridem quidam ex civibus ...... *Commissarii ad hoc specialiter deputati, instantibus Burgencibus, incolis & habitatoribus loci* Castri-novi Ysere, *personaliter accesserunt ad ipsum locum, causâ recipiendi obligacionem nomine dicti Domini nostri Dalphini, quam facere paratos se asseruerunt, juxta ratam & porcionem eis contingentem de dicta totali summa sexaginta scutorum, & congregatis ad hoc specialiter dictis Burgencibus, incolis & habitatoribus dicti loci, in loco subscripto, more solito, mandato, jubsu, auctoritate, voluntate & licenciâ nobilis* Johannis Bajuli, *Castellani dicti loci, & Commissarii ad hoc per dictum Dominum* Episcopum Valentinensem, *de consensu dicti sui Capituli, specialiter deputati, ut de ejus Commissione constat per patentes Litteras supra in dicto Instrumento supra inserto de verbo ad verbum descriptas & insertas, ipsi, inquam, Burgences, incole & habitantes dicti loci* Castri-novi Ysere, *sic congregati & ad infrascripta peragenda simul positi, infranominati; videlicet, primo, Nobilis* Johannes Bajuli, Johannes Chavaroni, Petrus Croserii, Mathèus Bajoni, Guillermus Bochardi, Johannes Garnerii, Guillermus Mahyeti, Franscifcus Gontardi, Raymundus *de* Plantapomier, Monetus Odonis, Johannes Charbonnelli, Petrus Tratolli, Anthonius Roserii, Giraudus Ychiotti, Poncius Guiberti, Petrus Armallierii, Johannes Melliere, Giraudus Palliarerii, Petrus Berberii, Petrus Bosonis, Petrus Gordillionis, Anthonius Armallierii, Henricus Bernaudi, Petrus Chappusii, Guillermus Disderii, Stephanus Penchenerii, Jacobus Grangerii, Gonetus Bourleti, Pètrus Guiffredi, *Marescallus,* Maronus Dorerii, Raymundus Giraudi, Perrotinus Crosseti, Bertrandus Tracolli *&* Petrus Eytapini, *asserentes unanimiter, medio juramento* .... *(t) quibus auditis & intellectis, dicti Burgences, incole & habitantes dicti loci de* Burgo, *in presencia* ...... *dicteque Universitatis dicti loci* Castri-novi Ysere Valentinensis *Diocesis, & singularum* ...... *& spontaney, de consensu, licencia, auctoritate & decreto dicti Castellani & Commissarii ibidem presentis & auctorisantis, consideratâ utilitate dictorum* ...... *videlicet, duos scutos auri, duobus scutis pro tribus florenis monete currentis computatis, pro rata* ...... *retento quod mediante obligacione presenti dicte summe duorum scutorum auri, dicta Universitas* ...... *Et pro pleniori securitate solucionis summe predicte duorum scutorum auri, & ex causa predicta, dicti Burgences, incole & habitantes dicti loci* Castri-novi Ysere, *simul* ...... *Acta, dicta, publicata & recitata fuerunt hec in dicto loco* Castri-novi Ysere; *videlicet, ante portale dicti loci; presentibus Magistro* Petro Barnardi, [a] *Procuratorum Fiscali dicti Domini* Episcopi Valentinensis, Johanne Alani, *Clerico dicti Domini Receptoris, &* Guillermo *de* Mota, *Serviente dicti Domini Episcopi, testibus ad premissa vocatis specialiter & rogatis.*

a Procuratore.

Ego vero Petrus Paveti, *de* Bellimonte, Valentinensis *Diocesis publicus auctori-*

NOTE.

(t) On ne fait imprimer cet endroit que de ces mots *de Burgo,* il faut corr. *Castri-novi* parce qu'il y a une faute de copiste. Au lieu *Ysere.*

tate Imperiali Notarius, Secretarius Serenissimi Principis Domini nostri Dalphini Viennensis, premissis omnibus & singulis supra descriptis, dum sic vel ut premittitur, agerentur & fierent, unacum prenominatis testibus suprascriptis, diebus, locis & anno supra descriptis, presens personaliter interfui, hocque publicum Instrumentum seu publica Instrumenta supra descriptum & descripta, unacum Durando Gautereti, supranominato Connotario, recepi & notavi, & in hanc publicam formam in hiis undecim pellibus pergameni simul junctis & [a] collatis scribi feci, auctoritate michi attributâ & concessâ, & factâ diligenti collacione, hic me subscripsi, & signo meo solito signavi requisitus fideliter, & tradidi, in fidem, robur & testimonium omnium & singulorum premissorum. P. PAVETI.

CHARLES VI. à Paris, en Mai 1407.

Et ego Durandus Gautereti, de Sancto Marcellino, Viennensis Diocesis, Secretarius Dalphinalis, auctoritate Imperiali & Dalphinali publicus Notarius, & Curie Majoris Dalphinalis Graisivodani juratus, premissis omnibus & singulis suprascriptis, dum sic ut premittitur, agerentur & fierent, unacum supranominatis testibus, anno, diebus & in locis supra descriptis, presens personaliter interfui, hocque verum & publicum Instrumentum seu publica Instrumenta supra descriptum & descripta, unacum Petro Paveti, Secretario Dalphinali, Connotario supra nominato, recepi & notavi, & in hanc publicam formam in hiis undecim pellibus pergameni simul junctis [b] sibi & redigi feci per fidelem Coadjutorem meum, auctoritate michi Commissâ, & factâ diligenti collacione, hic manu propriâ [c] me subscripsi, signoque meo solito signavi in principio mee presentis subscripcionis, & requisitus grossatum tradidi, in robur & testimonium premissorum omnium.

Suite des Lettres de Charles VI.

Nos visis & diligenter inspectis Litteris, Tractatibus, obligacionibus, & ceteris in hac parte agitatis, modo & forma superiùs declaratis, ipsas Salve-gardie Litteras, Tractatus & obligaciones, ac omnia & singula in eis contenta, ratas & gratas habentes, ratificamus, laudamus, approbamus, & tenore presencium, de speciali gracia & certa scientia confirmamus: mandantes harum serie dilectis & fidelibus Gentibus Compotorum, & Thesaurariis nostris Parisius, dilectisque & fidelibus Gubernatori, Gentibus Consilii & Compotorum, necnon Thesaurario seu Receptori nostro Generali Dalphinatûs nostri, & Castellano nostro Cabeoli, ceterisque Justiciariis & Officiariis nostris Regni & Dalphinatûs nostrorum, modernis & futuris, aut eorum Locatenentibus, & eorum cuilibet, prout ad eum pertinuerit, quatinùs Procuratores, Sindicos, Universitates & Cives Civitatum, Villarum, Locorum, Burgorum & Castrorum superiùs declaratorum, & quemlibet ipsorum, de contentis in supradictis Litteris, uti & gaudere pacificè faciant secundum formam & tenorem Litterarum suprascriptarum, quas ipsi & quilibet ipsorum, prout ad suum pertinebit officium, exequantur & compleant diligenter & debitè, sine difficultate quacumque, non permittentes aliquid in contrarium fieri nec attemptari quovismodo; quinymo secus attemptata, si que forent vel essent, ad statum pristinum & debitum celeriter reducant seu reduci faciant sine mora. Quod ut firmum & stabile perpetuò perseveret, presentes Litteras sigilli nostri [d] minime fecimus roborari: nostro in aliis & alieno in omnibus jure salvo. Datum Parisius, mense Maii, anno Domini millesimo quadringentesimo septimo, & Regni nostri vicesimo septimo.

Per Regem Dalphinum, ad relacionem Consilii sui in Camera Compotorum Parisius existentis. MILERAC.

[a] colatis, qui se lit dans quelques-uns des Actes précédens.

[b] corr. scribi.

[c] corr. meâ.

[d] corr. munimine.

CHARLES VI. à Paris, le 4. de Juin 1407.

(a) Règlement pour la Communauté des Sergens à Cheval au Châtelet de Paris.

a C'est un Arrêt du Parlement.

[a] *KAROLUS, Dei graciâ, Francorum Rex. Universis presentes Litteras inspecturis : Salutem. Notum facimus quod visis per nostram Parlamenti Curiam certis aliis nostris Litteris, eidem Curie pro parte Communitatis Servientum nostrorum Equitum in Castelleto nostro* Par. *presentatis, ipsarum interinacionem & execucionem instanter requirendo; quarum tenor sequitur sub hiis verbis.*

CHARLES, par la grace de Dieu, Roy de France. Savoir faisons à tous presens & avenir, à Nous avoir esté exposé de la partie de la Communaulté des Sergens à Cheval en nostre Chastellet de *Paris,* que comme dès le temps du [b] Roy Jehan nostre Ayeul, & par son congié & octroy, leurs predecesseurs Sergens à Cheval en nostredit Chastellet, eussent créé & ordonnée une Confrarie en l'ounour des glorieux Corps Sains de Saint Martin, & de Saint Loys jadiz Roy de France, comme ce & autres choses par leurs Lettres en laz de soye & cire vert, pevent plus à plain apparoir; en laquelle Confrarie sont chantées & celebrées chascune sepmaine en l'Eglise de Sainte Croix de la Bretonnerie, trois Messes solennelles à Diacre & à Soubzdiacre; c'est assavoir, l'une pour les Trespassez, chascun Lundi; le Jeudi, une de Saint Esperit, & le Samedi, de Nostre-Dame: & pour le luminaire d'icelles Messes servir, aient acoustumé de baillier & livrer par chascun an trente-six livres de cire; & aussy aient yceulx exposans depuis ladicte creacion, administré tous [c] aournemens & [d] vestiaires pour faire ledit Service; c'est assavoir, [e] Calices, Vestemens, Nappes d'Autel, & autres choses à ce faire necessaires & convenables; & pour ce que depuis six ans en ça ou environ, yceulx exposans aient eu & soustenu ung grant & gros procès, tant en nostredit Chastellet comme en nostre Court de Parlement, à l'encontre de la Communaulté des Sergens à Verge en ycellui nostre Chastellet, pour raison des limitacions & exercices de leurs Offices, & de pluseurs entreprinses que faisoient & s'efforçoient de faire chascun jour lesdiz Sergens à Verge sur lesdiz exposans; pour lesquelz procès soubstenir, il a convenu à yceulx exposans faire & supporter pluseurs grans fraiz, missions & despens, & tant que en conclusion, par Arrest de nostre Court [f] ilz ont obtenu à leur entencion; pour lesquelz fraiz paier, il leur a convenu prendre l'argent de leur [g] boeste dont ilz devoient paier lesdictes Messes, soustenir leur luminaire & autres fraiz d'icelle Confrarie; & s'il leur a convenu emprunter grant somme d'argent, & tant que de present ilz se sont endebtez pour le fait d'icelle Confrarie envers les Religieux de ladicte Eglise de Sainte Croix, qui celebrent les Messes d'icelle Confrarie, en la somme de quarante livres Parisis, & envers autres pluseurs, en autres sommes; & si ont pluseurs desdiz exposans presté [h] de leur aucunes sommes d'argent; lesquelles sommes dessusdictes yceulx exposans ne pourroient rendre ne paier, combien que chascun d'iceulx exposans quant il est de nouvel institué oudit Office, paie & ait acoustumé de [i] paier la somme de vint solz Parisis, qui leur est [k] pou d'aide, attendu les grans fraiz, debtes, missions & charges qui leur a convenu & convient supporter pour cause de ce, se par Nous ne leur estoit & est octroié que ilz puissent mettre sus & imposer entre eulx & sur un chascun d'eulx qui sont & doivent estre en nombre & ordonnance [l] unze vins, & sur ceulx qui

b *Voy. le 5.e Vol. de ce Reg. p. 559. note (b).*

c *ornemens.*

d *vétemens, chasubles, chappes, &c.*

e *Galices.* T. C.

f *ils ont gagné leur Procès.*

g *espèce de coffre dans lequel l'on mettoit les deniers de la Confrairie.*

h *du leur.*

i *payer d'entrée.* T. C.

k *de peu de secours.*

l *deux cens vingt.*

NOTE.

(a) Livre rouge viel du Châtelet de *Paris, folio* 12. vingt 18. *verso.* [258].

Avant ces Lettres, il y a : *De la Confrarie aux Sergens à Cheval. Que chascun paie chascun an XII. s. &c. Qu'ils constituent Procureur, &c. & que nul ne soit institué Sergent sans appeler leurs Procureurs.*

Ces Lettres sont aussi au Trésor des Chartres, Reg. 161. P. 322. mais l'Arrêt du Parlement ne s'y trouve pas.

d'oresenavant seront instituez Sergens audit Office, aucune somme d'argent; de laquelle chose faire lesdiz exposans sont tous ou la plus grant partie d'accord, en celle maniere; c'est assavoir, que sur eulx & sur chascun d'eulx, ilz puissent asseoir par chascun an, le jour de la Saint Martin d'Esté qui est le iiij.^e jour de Juillet, & auquel jour ladicte Confrarie a acoustumé de [a] seoir, douze solz Parisis, qui est à un chascun d'eulx le salaire d'une journée de sondit Office seulement; & que pour traictier des besongnes & affaires de leurdicte Confrarie, leur est & seroit chose très neccessaire de [b] assembler une fois ou plusieurs par chascun an; & aussy pour les droiz [c] dudit leur Office deffendre, soustenir & maintenir, de fonder & constituer Procureurs un ou plusieurs, toutesfois que [d] mestier en seroit, & que ilz peussent eslire quatre d'eulx, pour icelle somme de douze solz & autres droiz communs recevoir & faire venir [e] ens, & pour contraindre ou faire contraindre par l'un d'eulx Sergens ou [f] autres, ceulx d'eulx qui seront deffaillans de paier par chascun an ladicte somme de douze solz Parisis, & pour gouverner, soustenir & maintenir le fait de ladicte Confrarie, & faire les fraiz, missions & despens qu'il convendra faire, tant pour le fait de ladicte Confrarie, [g] de faire venir ens ladicte somme, pour soustenir & maintenir leurs droiz, plaiz & procès, & le disner que ilz ont acoustumé de faire chascun an en ladicte Eglise de Sainte Croix, le jour que ladicte Confrarie siet, comme pour les autres choses appartenans à ladicte Communaulté; lesquelz quatre ainsi esleuz entre eulx, soient tenus de rendre compte de leur administracion par chascun an, le lendemain de ladicte Feste Saint Martin, ou à un autre jour qui seroit ordonné entre eulx, à la Communaulté d'iceulx Sergens, ou à huit qui par eulx seroient depputez à ce faire; & aussi pour ce que souventesfois les aucuns desdiz exposans vont en loingtain païs en nostre Royaume & dehors, en [h] exercent leurs Offices, & y demeurent longuement, & que en lieu d'eulx, l'en institue aucune fois un ou deux en une Office, ja soit ce que cellui ou lieu duquel l'en l'institue, ne soit pas encore trèspassé; parquoy le nombre ancien est excedé, qui est [i] la charge de nostre Peuple, du bien publique d'icellui, contre noz Ordonnances, & ou prejudice de ceulx qui sont du vray nombre & des droiz de leurs Offices; lesquelles choses dessusdictes ne aucunes d'icelles, yceulx exposans n'oseroient entreprendre faire ne poursuir sans nostre auctorité, congié & licence avoir sur ce; & pour ce Nous ont humblement fait supplier & requerir, que yceulx [k] congié & licence leur vueillons octroier, ou autrement leur pourveoir de nostre grace & provision. Pourquoy Nous attendu ce que dit est, & pour plusieurs autres causes & considerations, à yceulx exposans avons donné & octroié, & par ces presentes de nostre grace especial, plaine puissance & auctorité Royal, donnons & octroions congié, licence, auctorité & puissance de mettre sus, imposer, prendre & lever entre eulx & sur chascun d'eulx qui de present sont en nombre & ordonnance unze vins, & sur chascun d'iceulx qui seront d'oresenavant instituez Sergens oudit Office, la somme de douze solz Parisis par chascun an, ledit jour de Saint Martin d'Esté; nonobstant les vint solz Parisis qu'ilz ont acoustumé de paier à leur entrée & institucion; & que pour traictier [l] desdictes besongnes & affaires de ladicte Confrarie, ilz se puissent assembler une foiz ou plusieurs par chascun an à certain jour ou jours, & à yceulx jours ou jour d'assemblée, constituer & establir ung Procureur ou plusieurs; & avecques [m], que ilz eslissent & puissent eslire quatre d'eulx, pour icelle somme de douze solz & autres droiz communs d'icelle Confrarie recevoir & faire venir ens; & qu'ilz puissent contraindre par l'un d'eulx Sergens, ou autres noz Sergens, ceulx d'eulx qui seront deffaillans de paier ladicte somme de douze solz Parisis; & aussi pour soustenir & maintenir & gouverner le fait de ladicte Confrarie, & faire les fraiz, missions & despens qu'il convendra faire, tant pour le fait d'icelle, pour faire venir ens ladicte somme, pour soustenir & maintenir leurs droiz, plaiz & procès, & le disner qu'ilz ont acoustumé à faire chascun an le jour dessusdit en ladicte Eglise de Sainte Croix, comme pour les autres choses appartenants à ladicte Communaulté; lesquelz quatre ainsi esleuz seront tenus & astrains de rendre compte de leur administracion par chascun

CHARLES VI. à Paris, le 4. de Juin 1407.

a *tenir son assemblée & séance.*

b *s'assembler.*

c *de leurdit.* T. C.

d *besoin.*

e *dans les coffres de la Confrairie.*

f *autres Sergens.* T. C.

g *au lieu du mot* de, *il faut substituer* pour, *comme il est plus bas.*

h *exerçant.* T. C.

i *supp.* à.

k *congié, auctorité &c.* T. C.

l *lesdictes.* T. C.

m *supp. ce.*

CHARLES VI. à Paris, le 4. de Juin 1407.

an, le lendemain de ladicte Feste Saint Martin, ou à un autre jour qui sera ordonné entre eux, à la Communauté d'iceux exposans, ou à huit d'eulx qui par eulx seront deputez à ce faire; pourveu toutesvoies que des choses dessusdictes, la plus grant & saine partie d'icelle Communauté en soit d'accord; & oultre, pour ce que le nombre d'icelle Communauté; c'est assavoir, desdiz unze vins Sergens à Cheval, pourroit estre excedé & acreu par les Institucions que l'en a acoustumé faire par aucuns impetrans desdiz Offices de Sergenterie à Cheval vacans par mort, [a] dont il n'est ou seroit riens d'icelle mort, Nous ne voulons aucuns impetrans d'iceulx Offices estre mis, instituez ou establiz en possession & saisine d'icellui Office, se premierement & avant toute euvre, il n'appert que par bonne informacion faite sur icelle mort, icellui Office qui ainsi sera impetré, soit de vraye vacacion, & que cellui sur lequel l'en aura impetré l'Office par mort, soit alé de vie à trespassement paravant ladicte impetracion, [b] & qu'il soit du nombre ancien, & que à ce soit appellé le Procureur desdiz Sergens à Cheval; ainçois voulons estre deboutez dudit Office de Sergent, tous ceulx qui seront trouvez estre oultre & pardessus le nombre ancien. Si donnons en mandement par ces presentes, à noz amez & feaulx Conseillers les Gens tenans nostre present Parlement & qui tendront ceulx avenir, aux Maistres des Requestes de nostre Hostel, à nostre Prevost de *Paris*, & à tous noz autres Justiciers & Officiers, ou à leurs Lieuxtenans, & à chascun d'eulx, si comme à lui appartendra, que de nostre presente grace, congié, licence, auctorité & puissance, & de tout ce que dessus est dit, & aussi des droiz, libertez & franchises appartenans audit Office de Sergenterie à Cheval, facent, seuffrent & laissent icelle Communauté de nosdiz Sergens à Cheval joïr & user plainement & paisiblement, sans leur mettre ou donner ne souffrir estre mis ou donné en ce aucun empeschement au contraire. Et afin que ce soit ferme chose & estable à tousjours, Nous avons fait mettre nostre Séel à ces presentes : sauf en autres choses nostre droit, & l'autrui en toutes. *Donné à* Paris, *le quatriesme jour de Juin, l'an de grace mil IIII.ᶜ & sept, (b) & de nostre Regne le XXVII.ᵉ*

[a] *quoique les Sergens ne fussent pas morts.*

[b] *& que par cette institution le nombre de deux cens vingt ne soit point augmenté.*

Suite de l'Arrêt du Parlement.

Prefata Curia nostra, habito consensu majoris & sanioris partis Servientum predictorum, prescriptas Litteras ratas habens, atque gratas, eisdem obtemperavit & obtemperat per presentes. Quocirca Preposito *nostro* Parisiensi *aut ejus Locumtenenti, damus tenore presencium in mandatis, quatinùs predictam Communitatem servientum predictorum, ipsis Litteris & contentis in eisdem, uti faciat & gaudere; necnon easdem Litteras teneri & inviolabiliter observari, publicarique & registrari modo & forma in talibus consuetis, quos propter hoc noverit compellendos, viriliter & debitè compellendo. In cujus rei testimonium, presentibus Litteris nostrum jussimus apponi Sigillum.* Datum *Parisius,* in Parlamento nostro, die XXIII.ᵃ Decembris, anno Domini millesimo quadringentesimo septimo, & Regni nostri vicesimo octavo. *Ainsy signé.* Per Cameram. BAYE.

NOTE.

(b) Et de nostre Regne le XXVII.ᵉ] Il y a dans T. C. *Le XXVII.ᵉ de nostre Regne.* Par le Roy, à la relacion du Conseil. CHARRON.

CHARLES VI. à Paris, le 21. de Juin 1407.

(a) Lettres de Sauve-garde Royale pour l'Eglise Collégiale de Notre-Dame de la Ronde, à Rouen.

KAROLUS, &c. Ad perpetuam rei memoriam. Suppremo Regi Regum gratum impendere credimus obsequium, dum curam nostram sollicitam jugiter adhibemus ad hoc ut Regni nostri subditi, & presertim persone Ecclesiastice que die noctuque

NOTE.

(a) Trésor des Chartres, Reg. 161. P. iij.ᶜxij. (312).

Divinis

Divinis insistunt obsequiis, nostris temporibus pacis dulcedine gaudeant & fruantur, & à pressuris & noxiis quibuscumque nostro operoso juvamine preserventur, ut & eo libenciùs fervenciùsque Altissimo famulari valeant, quo uberiùs atque liberaliùs per Regiam providenciam & potenciam senserint se adjutas. Sanè, pro parte dilectorum nostrorum Decani & Capituli, ac eciam Vicariorum Ecclesie (b) Beate Marie Rotunde Rothomagensis, *Nobis exhibita supplicacio continebat qualiter predecessorum nostrorum Regum Francorum illustrium digne recolenda* [a] *prioritas, propter Domini cultûs augmentum, inter ceteras quas ipsa pluribus in locis fundavit Ecclesias, eandem Beate Marie Rotunde* Rothomagensis, *in honore Virginis gloriose, Ecclesiam fundavit; quamquidem racione construccionis & ambitûs ipsius, Rotundam appellari decrevit, & ipsam amplis suis dotavit & augmentavit possessionibus diversis in locis, tam in dicta* Rothomagensi *Civitate quam alibi, sub pluribus Juridicionibus situatis, ac eciam privilegiis* [b] *communivit, ponens in eadem Ministros ydoneos; Decanum videlicet, Canonicos in certo numero, ac eciam Vicarios, qui ibidem Deo famulantes, Servicia divina continuò celebrarent, quorum Decani & Canonicorum presentacio, Nobis pleno jure nostro Regio, & Officiariis nostris institucio facienda competit ac noscitur pertinere, quo magis ac magis astringimur eandem Ecclesiam nostris favoribus ampliare : subjungentes insuper quod ipsi Decanus & Capitulum, racione dictarum suarum possessionum & reddituum, qui, ut premittitur, in locis & Juridicionibus diversis situantur, plures lites, processus & Causas actenus habuerunt, habentque incessanter & habituri verissimiliter in futurum opinantur, in quorum prosecucione, maximas eorum facultates & peccunias quibus alimenta sua querere debebant, consumpserunt, consummuntque & adhuc in futurum consumpturi sunt, quod in eorum occupacionem, & deinceps in Divini nominis cultûs* [c] *diminutioni, ipsorumque dampnum intolerabile versatur, versareturque per ampliùs futuris temporibus, nisi super his per Nos sibi de* [d] *renedio condecenti provideatur,* [e] *eundem multa prece perhumili postulantes. Nos igitur qui totis nostris desideriis & affectibus, ne dum eandem Beate Marie Rotunde Ecclesiam, verum eciam quascumque alias ac personas Ecclesiasticas Regni nostri, que Divinis insistunt obsequiis, manuteneri & augmentari cupimus & volumus, ipsos Decanum & Capitulum, ac ipsam Ecclesiam in nostra salva proteccione & speciali gardia, ad eorum supplicacionem, cum eorum successoribus, personisque singularibus ipsius Ecclesie, Vicariis, Officialibus, Servitoribus & familiaribus, ac bonis, possessionibus & rebus suis universis in Regno nostro existentibus, ad sui juris conservacionem duntaxat, in & sub proteccione & Salva-gardia nostra speciali, auctoritate Regiâ, ex certa sciencia & speciali gracia perpetuò suscipimus & ponimus, & eisdem Decano & Capitulo, & eorum Vicariis, ex nostra exuberanciori gracia, & in ipsius Ecclesie specialem favorem,* Baillivum *nostrum* Rothomagensem, *qui est & pro tempore fuerit, vel eorum Locumtenentem, in omnibus eorum Causis & querelis motis & movendis, tam agendo quam deffendendo, & tam proprietariis quam possessoriis, hereditariis, mobilitariis & aliis quibuscumque, racione possessionum reddituum & bonorum ipsorum Decani & Capituli & Ecclesie predicte, in dicta* Rothomagensi *Villa & extra ad duodecim leucas circumquaque* [f] *situarum & existencium, emergentibus, pro Judice ordinario in sede Civitatis* Rothomagensis *duntaxat, adjuncto cum eisdem, si opus sit, nostro Procuratore ibidem, ad dicte nostre fundacionis conservacionem, perpetuò constituimus, deputavimus & ordinavimus, constituimusque deputamus & ordinamus per presentes, per quas eidem* Baillivo *nostro* Rothomagensi, *aut ejus Locumtenenti, qui nunc est & pro tempore fuerit, committimus & mandamus quatinùs vocatis evocandis, de omnibus Causis & querelis motis & movendis, tam agendo quam deffendendo, & tam proprietariis, hereditariis, mobilitariis, & aliis quibuscumque, racione possessionum, reddituum & bonorum ipsorum Decani & Capituli Ecclesie predicte, in dicta Villa* Rothomagensi, *& extra ad duodecim leucas circumquaque situatarum &*

CHARLES VI.
à Paris, le 21. de Juin 1407.

a nos Prédécesseurs. *Voy. le Glossaire de* Du Cange, *au mot* Prioritas.

b Ce mot qui est en abrégé, est douteux.

c corr. *diminucionem.*

d corr. *remedio.*
e Il devroit y avoir *iidem.*

f corr. *situatarum*, comme il y a plus bas.

NOTE.

(b) Beate Marie Rotunde.] L'Eglise Collégiale de *Nôtre-Dame de la Ronde,* sur laquelle on peut consulter l'Hist. de la Ville de *Rouen, in-4.°, Rouen,* 1731. T. 2. 5.e partie, p. 49.

CHARLES VI. à Paris, le 21. de Juin 1407.

existencium, emergentibus, in dicta sede Civitatis Rothomagensis *duntaxat, de cetero in perpetuum, adjuncto cum eisdem supplicantibus, dicto nostro Procuratore, si opus fuerit, cognoscat & fine debito determinet : Et insuper quod unum vel plures Servientem vel Servientes nostros ydoneos in gardiatores eisdem supplicantibus deputet, quociens casus exigerit & ab eisdem fuerit requisitus : Quibus gardiatoribus & eorum cuilibet, tenore presencium precipimus, & committendo mandamus quatinùs predictos Decanum & Capitulum, unacum Vicariis, Officialibus, Servitoribus, familiaribus rebus & bonis ac possessionibus suis universis, ab omnibus injuriis, violenciis, oppressionibus, gravaminibus, vi armorum, potencia laycorum, & aliis novitatibus indebitis quibuscumque tueantur & deffendant, & in suis justis possessionibus, franchisiis, libertatibus, immunitatibus, usibus, juribus & saisinis in quibus ipsos esse suosque Predecessores fuisse pacificè ab antiquo invenerint, ipsi gardiatores & eorum quilibet manuteneant & conservent, non permittentes in personis eorum sive bonis & possessionibus suis fieri vel inferri injurias aut indebitas novitates, quas si factas esse vel fuisse invenerint in prejudicium ipsorum & nostre Salve-gardie supradicte, ad statum pristinum & debitum reducant sive reduci, ac Nobis propter hoc emendam condignam fieri & prestari, dictamque nostram Salvam-gardiam publicari ubi fuerit opportunum, & in signum ejusdem* [a] *Pennucellos seu baculos nostros Regios in bonis, domibus & locis eorumdem apponi faciant, ne quis de ignorancia possit se excusare : inhibendo ex parte nostra omnibus illis de quibus fuerint requisiti, sub certis magnis penis Nobis applicandis, ne eisdem supplicantibus, Officialibus, familiaribus, servitoribus, rebus, possessionibus & bonis suis universis quomodolibet forefacere presumant ; & in casu novitatis, si inter ipsos, racione bonorum suorum quorumcumque, & alios debatum aliquod oriatur, ipsum debatum & rem contenciosam ad manum nostram tanquam superiorem ponant, & factâ recredenciâ illi ex dictis Partibus, quibus de jure fuerit faciendâ, Partes debatum hujusmodi facientes, ac eciam dicte Salve-gardie nostre infractores & contemptores, aut qui eisdem gardiatoribus vel alicui eorumdem Officium gardiatoris exercendo injuriam fecerint vel offensam, aut qui inobedientes fuerint, adjornent ad certos & competentes dies coram dicto* Baillivo *vel ejus Locumtenenti in dicta* Rothomagensi *civitate, super dictis debatis & eorum dependenciis processuros prout fuerit racionis : de quo adjornamento & aliis que fecerint in premissis, dicti gardiatores dictum Baillivum nostrum vel ejus Locumtenentem certifficent competenter ; universaque & singulaque ad Officium specialis gardiatoris pertinent, debitè exequantur & compleant, ita tamen quod de his que cause cognicionem exigunt, se nullatenus intromittant : dantes tenore presencium in mandato universis & singulis Justiciariis, Officiariis & subditis nostris, presentibus & futuris, quatinùs in premissis & ea tangentibus, ipsis gardiatoribus & eorum cuilibet pareant efficaciter & intendant. Et ut premissa omnia perpetuâ stabilitate firmentur, nostrum his presentibus fecimus apponi Sigillum : salvo in aliis jure nostro, & in omnibus quolibet alieno.* Datum *Parisius,* XXI. Junii, anno Domini millesimo quadringentesimo septimo, & Regni nostri vicesimo septimo.

Per Regem, in suo Consilio in quo Domini Bitturie, Aurelianensis *&* Borbonii Duces, *magnus Magister Domûs, & nonnulli alii, erant.* GONTIER.

[a] Voy. la Table des Mat. des Vol. précéd. au mot *Pennonceaux*.

CHARLES VI. à Paris, le 25. de Juin 1407.

(a) *Lettres qui portent que les Appointemens, Commissions, Jugemens ou Arrêts de la Chambre des Comptes de Paris, ne peuvent être annullés & cassés que par le Roy, sans qu'il soit permis d'en appeler à la Chancellerie ni au Parlement.*

CHARLES, par la grace de Dieu, Roy de France. Sçavoir faisons à tous presens & avenir, que comme d'ancienneté, pour le bien, prouffit & honneur de la Couronne & de la chose publique de nostre Royaume, il ait esté par nos predecesseurs Rois de France ordonné & accoustumé & gardé que en la Chambre de nos Comptes à *Paris,* soient & doient estre veus & examinez les Comptes & Estats de tous les Tresoriers, Vicomtes, Receveurs & autres Gens qui se sont entremis de la recepte de nos deniers & finances ordinaires & extraordinaires, afin de garder nos Domaines & Finances, & que aucune chose ne soit esdits comptes mis ne employé, ou delaissé à mettre à nostre Domaine, & de obvier que l'en n'y mecte ny employe aucunes Lettres subreptices ou non raisonnables pour dons ou pour autres causes injustes, & en nostredite Chambre doient estre discutez, determinez, clos & affinez les comptes des receptes & [a] mises faites par lesdits Tresoriers, Vicomtes & autres Receveurs, & lesdits Tresoriers, Vicomtes, Receveurs, leurs héritiers, ayans cause & detempteurs de leurs biens, estre contraints par autorité de noz amez & feaux Gens de nosdits Comptes, à rendre & payer tout ce que il sont trouvez debvoir par lesdits comptes, tant pour la depence de nostre Hostel, comme pour les [b] fiefz aumosnes, gaiges d'Officiers, & autres choses raisonnables à eulx passées & allouées en compte, sans ce que aucuns ayent esté ou doivent estre receus à appeller des Appointemens, Commissions, Jugemens ou Arrests faits & donnez ès cas dessusdits ou semblables par nosdits Gens des Comptes ou temps passé; & soit ceste Ordenance ou observance fondée sur grant raison & bonne justice : car [c] ce il estoit souffert que l'en appellast de nosdits Gens des Comptes & de leurs Appointemens faits sur les comptes desdits Tresoriers, Vicomtes & Receveurs, ou en matiere touchant & dependant du fait de compte, l'on ne pourroit avoir payement de ceux qui ont receu & traicté nos finances, ou de leurs heritiers, ayans cause & deteneurs de leurs biens, qui moult souvent & communement par malice, pour [d] delayer & empescher nostre payement, s'efforcent de appeller de nosdits Gens des Comptes, & par ce ne pourroit estre payée nostre depence ne les gaiges de noz Officiers, ne les fiefz & aumosnes deus sur nos receptes, & aussi nos œuvres & edifices & autres affaires en pourroient estre empeschées & retardées en plusieurs manieres, [e] & appeller ce, s'il estoit permis de appeller de nosdits Gens des Comptes, [f] il en delaisseroient souvent l'exercice de leursdits Offices, pour aller en nostre Parlement & ailleurs pour la poursuite desdites Appellations, & conviendroit que l'on portast & exhibast audit Parlement & ailleurs, les Lettres, Registres, Comptes & Escriptures de nos Domaines & Finances, qui ont accoustumés d'estre gardez si secretement ou temps passé, que quant nos predecesseurs Rois de France les vouloient veoir pour aucunes necessitez, nosdits Predecesseurs ou les aucuns d'eulx, les alloient voir en leurs personnes en ladite Chambre, pour obvier aux dommages & inconveniens qui se peussent ensuir de la revelation & portation foraine d'iceux escripts; & de nouvel, si comme Nous avons entendu, aucuns [g] que par leurs comptes ou de leurs predecesseurs, Nous sont tenus en grans sommes de deniers, voulans par voye oblique resister à

a *dépenses.*

b *corr.* fiefs & aumônes, *comme il est un peu plus bas.*

c *se : si.*

d *retarder.*

e *Cet endroit paroît corrompu ou tronqué.*

f *corr.* ils.

g *corr.* qui.

NOTE.

(a) Ces Lettres sont imprimées d'après le Recueil cité dans la note (b) de la p. 26. du 7.e Vol. des Ordonnances. Il y a pour indication : *Extrait des Registres de la Chambre des Comptes de* Paris. On n'a point indiqué le Memorial d'où ces Lettres ont éte tirées, ainsi qu'on l'a fait par rapport à presque toutes les autres Pièces de ce Recueil.

Ces Lettres ne sont point aussi indiquées dans la Table des Ordonnances par *Blanchard.*

CHARLES VI. à Paris, le 25. de Juin 1407.

ladite Ordonnance ou observance fondée sur tant bonne cause & intention, & pour icelle enfraindre & adnuller au dommage de Nous & de la chose publique, & pour empescher & delayer le payement de nos debtes, & aussi aucuns autres qui ont eu à besongner en ladite Chambre ès cas dessusdits declarez, [a] aucuns d'iceulx consemblables, se soient efforcez de interjetter Appellations à la Court de Parlement à *Paris,* des clostures desdits comptes, ou d'aucuns Appointemens faits par nosdits Gens des Comptes; Nous adecertes considerées les entreprises & cautelles dessusdites qui sont de trés mauvais exemple, & pourroient tourner en trés grant inconveniant & mauvaise consequence, ou prejudice & dommage de Nous & de la chose publique, se remede n'y estoit; & pour plusieurs autres causes & considerations qui Nous meuvent grandement & doivent mouvoir en cette partie, par grande & meure deliberacion de nostre Conseil, & en ensuivant l'Ordonnance ou Observance dessusdite qui pour trés grant bien fut introduite, avons declairé & declairons nosdits Gens des Comptes en l'exercice des faits, Appointemens, Jugemens & Arrests de nostre Chambre desdits Comptes, & ès deppendances, *(b)* estre à Nous sujets sans moyen; & sans ressort aucun à la Court de nostre Parlement ne ailleurs; & est nostre volenté & intention que nosdits Gens des Comptes puissent ouir & examiner, clorre, discuter & affiner tous les comptes des Receptes & depenses faites & à faire de nos deniers tant ordinaires qu'extraordinaires, & sur lesdits comptes & sur les parties singulieres contenues & declarées en iceulx, & ès autres nos besongnes & affaires de ladite Chambre, & mesmement en ce qui touche & regarde les cas dessusdits, donnent Appointemens, Sentences, Jugemens, Arrests & Executoires [b] tels & quelles qu'il verront estre à faire en leurs consciences, selon raison & les usages, stilles & les Statuts de ladite Chambre, sans ce que il [c] loise à aucun d'en appeller, ne venir allencontre par voye ou remede d'appellation; & se aucuns en ont appellé ou appelloient doresnavant, Nous dés maintenant irritons, adnullons & mettons au neant lesdites Appellations faites & à faire, & ne voulons que à icelles poursuire aucun soit receu ne ouy en nostre Chancellerie, en la Court de nostre Parlement ne ailleurs, mais le deffendons très-expressément à notre amé & feal Chancelier, & à nos amez & feaux Gens de notredit Parlement, & à tous nos autres Justiciers & Subgects, sur le serment qu'ils ont à Nous : Mandons aussi à nosdits Gens des Comptes, au *Prevost* de *Paris,* & à tous nos autres Justiciers, Officiers & Commissaires, presens & avenir, ou à leurs Lieuxtenans, & à chacun d'eulx, si comme à luy appartiendra, que aux Appellations faites ou à faire de nosdits Gens des Comptes, ne aucunes d'icelles, [d] il ne different ne obeissent, ne pour icelles ne delayent ou retardent aucunement l'execution & effect des Appointemens, Sentences, Jugemens & Arrests de nosdits Gens des Comptes, en tout ne en partie, pour quelconques Lettres impetrées ou à impétrer de Nous, de nostre Chancellerie, de la Court de nostre Parlement, ne d'ailleurs, sous quelconques formes de paroles au contraire; mais voulons & ordonnons, ainsi que par aucuns de nos predecesseurs a pieça esté ordonné & commandé, [e] que ou cas &c. Et afin que ce soit chose ferme & stable à toujours, Nous avons fait mettre nostre Scel à ces Presentes : sauf en autres choses nostre droit, & l'autruy en toutes. *Donné à* Paris, *le vingt-cinquiéme jour de Juin, l'an* [f] *quatre cens sept, & de nostre Regne le vingt-septiéme.* Ainsi signé, Par le Roy en son Conseil, où estoient Messieurs les *Ducs* de *Berry* & de *Bourbonnois,* & le Sire de *Preaux*, Messire *Robert* de *Boissay* & autres, presens. FERON.

[a] *Il faut p. e. supp.* &.

[b] *tels & quels.*

[c] *soit permis.*

[d] *corr.* ils ne déferent.

[e] *Cela est ainsi dans l'imprimé.*

[f] *supp.* mil.

NOTE.

(b) Estre à Nous sujets sans moyen.] C'est-à-dire que les Arrêts de la Chambre des Comptes de *Paris,* ne peuvent être annullés & cassés que par le Roy, sans qu'il soit permis d'en appeler à la Chancellerie ni au Parlement.

CHARLES VI. à Paris, en Juin 1407.

(a) *Lettres qui portent que dans la Ville de Roüen, les Marchands de Poisson de mer & d'eau douce, qui en auront acheté des Vendeurs de cette Marchandise, seront obligés de leur en payer le prix quatre jours après, nonobstant les Lettres d'Etat & de Répit qu'ils auroient pû obtenir.*

CHARLES, &c. Savoir faisons à tous présens & avenir, Nous avoir receu la supplicacion de *Guillaume* [a] *Gruel*, *Colin* le *Cordier*, *Michiel Hate*, *Jaquet de Michedent*, *Guillaume* de la *Doubleure* & de *Jean* le *Gras*, Vendeurs de poisson de mer & d'eaue doulce, en nostre Ville de *Rouen*, consors en ceste partie, contenant que comme auxdiz supplians pour cause de leurs Offices, conviengne promptement paier les marchans forains, des poissons de mer & d'eaue doulce qu'ilz admenent en nostredicte Ville de *Rouen*, & iceulx poissons prendre d'eux, & puis les baillent & vendent iceulx supplians à certains marchans & marchandes pour iceulx vendre à détail en nostredicte Ville de *Rouen*, lesquelz marchans & marchandes les achetent d'eulx; & il soit ainsi que lesdiz supplians soient tenuz de paier comptans iceulx marchans forains : neantmoins lesdiz marchans & marchandes de nostredicte Ville de *Rouen*, prenans poissons pour vendre à détail d'iceulx supplians, comme dit est, ne les paient pas comptans, ainçois les uns impetrent nos Lettres de respiz & dilacions de non payer leurs debtes, & les autres ne les veulent paier, parquoy ilz ne pourroient paier iceulx marchans forains, s'ilz n'estoient paiez de ceulx à qui ilz baillent & vendent les denrées & poissons desdiz marchans forains, & par ce seroient yceulx supplians en adventure de perdre leur chevance, se par Nous ne leur estoit sur ce pourveu de nostre grace & remede, si comme ilz dient, en Nous humblement requerant iceulx : Nous, ces choses considerées, voulans yceulx supplians estre paiez & contentez desdiz poissons par eulx ainsi baillez comme dit est, avons ausdiz supplians octroié & par ces presentes octroyons de nostre certaine science, grace especial & auctorité Royal, que non obstant quelxconques Lettres d'Estat, de grace ou de respit, empetrées ou à empetrer par lesdiz marchans ou marchandes de nostredicte Ville de *Rouen*, sur le fait de leursdictes [b] non paier, pour raison & à cause des choses dessusdictes, iceulx supplians soient paiez de ce qui leur en est deu de tout le temps passé, & aussi doresenavant pour le temps advenir. Si donnons en mandement au *Bailli* de *Rouen*, & à tous noz autres Justiciers & Officiers, presens & avenir, ou à leurs Lieuxtenans, & à chascun d'eulx, si comme à lui appartendra, que de nostre presente grace & octroy facent, seuffrent & laissent lesdiz supplians joïr & user paisiblement, en faisant paier, bailler & delivrer à iceulx supplians, ou à leur certain commandement, tout ce qu'il leur apperra estre deu à cause de ce que dit est, de tout ledit temps passé, & aussi doresenavant pour le temps avenir, selon nostre present octroy, en contraignant à ce les debteurs & chascun d'eulx, par prinse, vendue, explectacion de leurs biens, & autres voies raisonnables, & tout ainsi qu'il est accoustumé à faire en tel cas en nostre Ville de *Paris*, [c] à faire satisfaccion & paiement auxdiz supplians, à cause des choses dessusdictes, dedens quatre jours après ce qu'ilz auront euz d'iceulx supplians lesdiz poissons, afin qu'ilz puissent mieulx paier lesdiz marchans forains, & plus seurement prendre leursdiz poissons : Car ainsi Nous plaist-il estre fait de nostredicte grace par ces presentes, nonobstant lesdictes Lettres d'Estat, de grace ou respit, ou autres empetrées ou à empetrer par lesdiz vendeurs & venderesses de poisson, lesquelles quant à ce que dit est, Nous ne voulons avoir ne sortir aucun effect contre ne ou préjudice desdiz supplians ou aucun d'eulx, & quelxconques autres impetracions subreptices à ce contraires. Et que ce soit ferme chose & estable

a. *On pourroit aussi lire* Gouel *ou* Gouel.

b *Il y a dans le Reg.* les *avec une marque d'abréviation. Il faut lire* del...

c *Il faut app. supp.* &.

NOTE.

(a) Tref. des Chart. Reg. 161. P. xiiii.^{xx}xix. (299.)

à tousjours, Nous avons fait mettre nostre Séel à ces presentes : sauf en autres choses nostre droit, & l'autruy en toutes. *Donné à* Paris, *ou mois de Juing, l'an de grace mil CCCC. & sept, & le XXVII.e de nostre Regne.*

Par le Roy, Messire *Jacques* de *Bourbon*, le Sire de *Boissay*, & autres, présens. R. TOSTE.

CHARLES VI. à Paris, en Juin 1407.

(a) Lettres qui abolissent les appeaux volages dans les terres du Chapitre de Reims, situées dans les Bailliages de Vermandois & de Vitry.

CHARLES, &c. Savoir faisons à tous présens & avenir, Nous avoir receu l'umble supplicacion de noz amez les Prevost, Doyen, Chantre & Chapitre de l'Esglise de *Reims*, contenant que comme à cause de leur Esglise, ilz aient plusieurs Terres, Seigneuries & Justices, [a] ès mettes [b] de *Bailliages* de *Vermandois* & de *Vitry*, & ailleurs, que ilz tiennent soubz Nous & nostre Ressort & Souveraineté sans moyen, pour lesquelles Justices gouverner & exercer comme il appartient, ilz aient Bailliz, Maires, Eschevins, Gardes de Justices & autres Officiers, & aussi [c] Hommes jugans en leurs Cours, Sergens & autres Officiers, pardevans lesquelx sont traittées plusieurs Causes de eulx & de leurs subgiez, & introduiz plusieurs procès, & aussi de Partie contre autre; *(b)* & il soit ainsi . . . . &c. Pourquoy, Nous consideré ce que dit est, inclinans à leur supplicacion, & en faveur de bonne & briefve justice, ausdiz supplians & à leurs successeurs, avons octroié & octroyons de grace especial par ces présentes, que de cy en avant ilz puissent prendre & lever sur chascune personne qui ainsi frivollement appellera de leursdiz Bailliz, Maires & Eschevins, Gardes de Justice, Hommes jugans, Sergens & autres Officiers, ou d'aucuns d'eulx, & renoncera par la manière dessusdicte, vint solz Parisis d'amende, & que à ycelle amende paier ilz puissent faire contraindre par leurs Gens & Officiers, tous ceulx qui encherront èsdictes amendes, sans ce que ilz en soient, puissent ne doient estre reprins pour le temps avenir. Si donnons en mandement & enjoingnons expressement par ces presentes, en commettant, se mestiers est, aux *Bailliz* de *Vermendoiz* & de *Vitry*, & à tous noz autres Justiciers, presens & avenir, ou à leurs Lieuxtenans, & à chascun d'eulx, si comme à lui appartendra, que lesdiz supplians & leurs successeurs facent, seuffrent & laissent joïr & user paisiblement & plainement de nostre presente grace & octroy, sans molester, travaillier ou empeschier eulx ou leurs Officiers & subgez, contre la teneur de ces presentes en aucune maniere : lesquelles Nous voulons & commandons que ilz & chascun d'eulx, facent publier par tous les lieux dont de par lesdiz supplians ou leurs gens & Officiers, seront requis, afin que aucun n'en puist pretendre ignorance : Et se aucun de leurs subgiez ou autres sont de ce faire refusant, que à ce les contraingnent ou facent contraindre par toutes voies & manieres deues & raisonnables, non obstant Ordonnances, usaiges, Coustumes, Stiles, & quelxconques impetracions subreptices à ce contraires. Et que ce soit ferme chose &c. sauf &c. *Donné à* Paris, *ou mois de Juing, l'an de grace mil CCCC. & sept, & le XXVII.e de nostre Regne.*

Par le Roy, à la relacion du Conseil. MAULOUE.

a *dans l'étendue.*
b *corr.* des.
c *Voy. les Tables des Mat. des Vol. de ce Rec. aux mots,* Jugeans (hommes.)

NOTES.

(a) Trésor des Chartres, Registre 161. P. xvj.xx vj. (326.)

(b) Et il soit ainsi, &c.] On a supprimé une partie de ces Lettres, pour les raisons marquées dans la note *(b)* de la p. 189. du 7.e Vol. de ce Rec.

CHARLES VI. à Paris, en Juin 1407.

(a) Lettres qui portent que moyennant une somme qui sera payée chaque année par ceux qui font remonter sur la rivière du Rhône, des bateaux chargés de sel, ils seront exempts des impôts qui se lèvent pour les réparations du Pont S.t Esprit & des Salines de Pécais.

CHARLES, &c. Savoir faisons à tous presens & advenir, à Nous avoir esté humblement exposé pour la partie de *Jehan* de *Genaz*, *François Roulaut* de *Valence* en *Valentinois*, *Pierre Chappus* de *Condrieu* & *Andrieu Charriere*, marchans menans ou faisans mener & conduire sel en noz Greniers, & ailleurs contre-mont la riviere du *Rosne*, & des autres marchans tant de nostre Royaume comme de (b) l'*Empire*, faisans conduire sel par ladicte riviere du *Rosne*, tous consors en ceste partie, que combien que ou temps passé pour les grans frais, missions & despens qu'il convenoit faire & soustenir ausdiz exposans en menant ledit sel par ladicte riviere, ayans consideracion aux grans prouffiz qui par leur moyen en venoit à Nous & à noz Gabelles, Nous, noz Lieutenans en noz païs de *Languedoc* & *Duchié* de *Guienne*, & autres noz Gens & Officiers, eussions acoustumé de garder & supporter yceulx supplians de toutes charges, impostz & autres nouvelletez que l'en mettoit ou pourroit mettre sus les autres marchans menans & conduisans par terre sel esdiz Greniers; neantmoins depuis six ans en ça ou environ, aucuns ont obtenu de Nous ou de nostre Court certaines Lettres par lesquelles ilz ont pris, levé & exigié desdiz exposans, ou dient avoir droit de prendre, lever & exigier jusques à la fin de troys ans, lors & après la date de nozdictes Lettres entresuyans, un blanc de quatre deniers Parisys pour chascun quintal de sel qu'ilz ont fait & feront mener & conduire contre-mont ladicte riviere, & mettre en nosdiz Greniers, pour l'esmolument que de ce est [a] yssus & isterra, estre tourné & couverti en la reppa-racion & empairement du *Pont Saint Esperit* & des Saillynes de [b] *Pecays*, & qui plus est doubtent iceulx exposans que ycelles troys années expirées & finies, l'en ne vueille empetrer ou ait desja empetré de Nous autres semblables Lettres pour autres troys années avenir, & ainsy de terme en terme jusques à ce qu'il leur feust & soit tourné & converti à Peage, coustume ou autre ancienne redevance, & autrement à conséquence & subjeccion ou servitude perpetuel, laquelle chose leur seroit très-dommagable, & convendroit qu'ilz delaissassent du tout la frequentacion de la marchandise dudit sel, qui redonderoit ou très-grant griefz & préjudice de noz subgiez & du bien de la chose publique, & diminucion du droit de nosdictes Gabelles, se par Nous n'estoit sur ce prouveu de nostre grace & remede convenable, si comme yceulx exposans dient, lesquelz ont pour ce [c] faire humblement supplier que comme de leur bon gré & voulenté ilz veulent bien aucunement aidier à soustenir ledit Pont, & chascun an contribuer à la reparacion d'icelluy de la somme de deux cens frans ou escus d'or, ou autre telle somme que vouldrions ordonner & qu'ilz pourroient supporter, Nous leur vueillions sur ce gracieusement pourveoir dudit remede : Pourquoy Nous qui de tout nostre cuer desirons le fait de la marchandise, & autres choses touchans le bien de noz subgiez & de la chose publique de nostredit Royaume, estre augmenté & continué, [d] lesdiz exposans & autres s'entremettant dudit fait, estre favorablement traitticz & preservez de toutes charges, servitutes, exaccions & nouvelletez indeues, les choses dessusdictes considerées, & aussi afin que yceulx exposans & autres marchans dessusdiz n'aient cause de delaissier à faire venir ledit sel en nosdiz Greniers & Gabelles contre-mont ladicte

a *sorti, provenu.*

b *Voy. sur ce lieu la note (f) de la p. 423. du 8.e Vol. de ce Rec.*

c *Il faut app. corr.* fait.

d *supp.* &.

NOTES.

(a) Trésor des Chartres, Registre 161. P. iij.c x. (310.)

(b) *Empire.*] On appeloit alors, & on appelle même encore à présent, la *Provence* & le *Dauphiné*, Terres de l'*Empire*.

CHARLES VI. à Paris, en Juin 1407.

riviere du *Rosne,* & autres causes & considéracions à ce Nous mouvans, & mesmement à la requeste & pour contemplacion de nostre très-chier & très-amé Oncle le *Duc* de *Berry* nostre Lieutenant en nostre païs de *Languedoc,* qui de ce Nous a [a] instement requis & supplié, à yceulx exposans dessusnommez, pour eulx & les autres marchans tant de nostredit Royaume comme de l'*Empire,* qui à present sont & pour le temps avenir seront, menans & conduisans, & qui doresenavant menront & conduiront ledit sel en nosdiz Greniers & Gabelles contre-mont ladicte riviere du *Rosne,* avons octroyé & octroyons de nostre certaine science, grace especial & plaine puissance, par ces presentes, que ilz soyent & demeurent doresenavant frans, quittes & exemps dudit impost de quatre deniers Parisis, pour quintal du sel qu'ilz conduiront ou feront mener & conduire contre-mont ladicte riviere du *Rosne,* pour mettre en nosditz Greniers & Gabelles, ou autre part, & de toutes autres charges, Impostz, Aydes & subvencions quelxconques comment qu'ilz puissent estre diz ou appellez, pour la reparacion dudit *Pont* de *Saint Esperit,* en payant toutesvoyes par yceulx exposans les drois de nosdictes Gabelles, & les Peages & autres devoirs anciens, & aussi que eulx & leurs successeurs marchans menans sel contremont ladicte riviere du *Rosne,* payeront pour & en lieu desdiz quatre deniers Parisis que on lieve & veult lever sur eulx pour chascun quintal de sel qu'ilz font & feront mener contre-mont ycelle riviere, la somme de deux cens escus d'or ou la value seulement, pour chascun an doresenavant; [b] selon l'impost & indiccion des maistres & visiteurs desdictes Gabelles oudit pays de *Languedoc,* pour ycelle somme tourner & convertir en la repparacion & soustenement dudit *Pont* de *Saint Esperit,* & desdictes Sallynes de *Pecays,* & non ailleurs. Si donnons en mandement par ces presentes, à nostre amé & féal Conseillier *Martin Gouge,* Commis de par Nous & nostredit Oncle & Lieutenant, aux Gouvernement & distribucion des finances venans des Aydes ordonnées pour la guerre, oudit païs de *Languedoc,* aux *Seneschal* & Maistre des Pors & passages de la *Seneschaussie* de *Beaucaire,* ausdiz Maistres & Visiteurs de nosdictes Gabelles, & à tous noz autres Justiciers & Officiers, présens & avenir, ou à leurs Lieuxtenans, & à chascun d'eulx, si comme à lui appartendra, [c] qui lesdiz *Jehan* de *Genaz, François Roulaut, Pierre Chappus, Andrieu Charriere,* & autres marchans de sel dessus nommez, & leurs successeurs s'entremettans dudit fait de marchandise, tant de nostredit Royaume comme de l'*Empire,* qui presentement font mener & doresenavant menront & conduiront ou feront mener & conduire contre-mont ladicte riviere du *Rosne,* sel en nosdiz Greniers & Gabelles, ou autre part, facent, seuffrent & laissent joïr & user plainement & paisiblement de nostre presente grace & octroy, sans les contraindre, [d] travaillié, molester ou empeschier, faire ne souffrir estre contrains, [e] travaillier, molestez ou empeschiez ores ne ou temps avenir en aucune maniere au contraire; laquelle chose se faitte estoit, ramenent ou facent ramener & remettre tantost & sans delay au premier estat & deu. Et afin que ce soit ferme chose à tousjours, Nous avons fait mettre nostre Séel à ces presentes Lettres : sauf en autres choses nostre droit, & l'autruy en toutes. *Donné à* Paris, *ou moys de Juing, l'an de grace mil CCCC. & sept, & de nostre Regne le XXVII.e*

[a] *instamment.*

[b] *selon la repartition qui en sera faite, &c.*

[c] corr. que.

[d] corr. travailler.

[e] corr. travailliez.

Par le Roy, en son Conseil, ouquel Mess. les *Ducs* de *Berry,* d'*Orleans* & de *Bourbon,* les *Contes* de *Mortaing* & de *Nevers,* & plusieurs autres, estoient. BARRAU.

(a) Lettres

CHARLES VI. à Paris, le 9. de Juillet 1407.

(a) Lettres qui portent que ceux qui acquèrent des héritages relevans immédiatement du Roy, ne pourront, sous peine d'amende, en prendre possession, avant que d'avoir payés les Lods & ventes.

KAROLUS, Dei gratia, Francorum Rex. Senescallo Tolose, *aut ejus Locumtenenti : Salutem. Ad nostrum pervenit auditum quod licet in terris Nobilium & aliorum Dominorum temporalium ejusdem Senescallie, maximè extra Villam* Tolose, *observatum sit & consuetum quod omnis qui sub eorum Dominio aliquas terras & possessiones emit vel acquirit, debeat Domino à quo tenetur possessio vel res empta vel acquisita,* [a] *laudamia & deveria solvere antequam rei possessionem adipiscatur de facto; nichilominus in terris nostris in Villa* Tolose *& extra, emptores seu acquisitores possessionum sub Dominio nostro immediatè constitutarum, possessionem rerum predictarum adipisci non verentur sine nostri vel Bajulorum aut aliorum* [b] *Officialiorum nostrorum licentia, & absque solutione aliquali dictorum Laudamiorum & deveriorum facienda: unde plures census & redditus annui, Laudamiaque & alia deveria Nobis debita deperduntur & adnichilantur singulis diebus, in juris & Domanii nostri lezionem & diminutionem non modicam. Quocirca Nos premissis consideratis, indempnitati nostre providere volentes viis & juris remediis, ex deliberatione dilectarum & fidelium Gentium Compotorum & Thesaurariorum nostrorum* Parisius, *vobis mandamus, committendo, quathenùs in Villa* Tolose *& aliis Villis circumvicinis ubi videritis expedire, proclamari & publicari faciatis ne quis de cetero sub pena sexaginta solidorum* [c] *pariter Nobis applicanda, rerum temporalium à Nobis immediatè moventium, & de quibus Laudamia & deveria Nobis* [d] *expectant, possessionem agredi vel apprehendere audeat, nisi prius Nobis seu Bajulis aut aliis Officiariis nostris ad hoc constitutis, Laudamia seu deveria Nobis inde debita* [e] *solverat vel saltem solvat, aut solvendi dilationem obtineat, infra octo dies à data emptionis computandos; & si quos post proclamationem aut publicationem presentium, contrarium fecisse reperiatis, vos ipsos ad solutionem Laudamiorum & deveriorum Nobis debitorum, unacum pena vel emenda predicta, compellatis seu compelli faciatis viriliter & rigidè, omni favore aut dissimulatione cessante: quoniam sic fieri debere & juri consonum esse decrevimus & decernimus per presentes.* Datum *Parisius*, nonâ die mensis Julii, anno Domini millesimo quadringentesimo septimo, & Regni nostri vicesimo septimo.

Per Consilium in Camera Compotorum Parisius *existens, Thesaurariis presentibus.* (b) CAILERAC.

a Lods & ventes.

b Officiariorum.

c Il faut peut-être corr. *Parisiensium.*

d On trouve dans le Glossaire de *Du Cange*, au mot *expectare*, qu'il est synonime de *spectare.*

e corr. *solverit.*

NOTES.

(a) La copie de ces Lettres a été envoyée de *Montpellier*, avec cette indication : *Sénéchaussée de* Toulouse *en général, armoire C. 8.e continuation des titres particuliers, n.° 2. fol. 94.*

(b) *Cailerac.*] Cette signature est peut-être corrompue. Il y a dans ce Recueil plusieurs Lettres de ce temps, signées *Millerac.* Voy. les Tables des noms de personnes qui sont à la fin de ce Volume & à la fin du précédent.

CHARLES VI. à Paris, le 3. d'Août 1407.

(c) Confirmation des Privilèges des habitans de la Ville de Prissey près Mâcon.

KAROLUS, &c. Notum facimus universis presentibus & futuris, Nos infrascriptas carissimi Avi nostri Paterni vidisse Litteras, quarum tenor talis est.

NOTE.

(c) Trésor des Chartres, Registre 161. P. xviij.xx xvij. (377.)

CHARLES VI. à Paris, le 3. d'Août 1407.

JOHANNES, Dei gracia, Francorum Rex. Notum facimus universis tam presentibus quam futuris, (d) cum ex parte, &c.

.

Nos autem prescriptas Litteras & omnia & singula contenta in eisdem, ratas & gratas seu rata & grata habentes, eas & ea in quantum de ipsis hactenùs homines & habitantes Ville & franchesie de Prisseyo *debitè pacificèque* [a] *uti fuerunt & utuntur, laudamus, approbamus, & auctoritate nostrâ Regiâ & de gracia speciali confirmamus per presentes. Quocirca* Baillivo Matisconensi, Castellano *de* Prisseyo, *ceterisque Justiciariis & Officiariis nostris, presentibus & futuris, vel eorum Locatenentibus, & cuilibet ipsorum, prout ad eum pertinuerit, mandamus quatenùs dictos habitantes dicte Ville & franchisie de* Prisseyo, *nostrâ presenti graciâ & confirmacione uti & gaudere faciant & permittant; nichil in contrarium attemptando aut attemptari permittendo, sed quidquid in contrarium factum vel attemptatum fuerit, ad statum pristinum & debitum reducant aut reduci faciant indilatè. Quod ut firmum & stabile perseveret in futurum, nostrum hiis presentibus Litteris duximus apponi Sigillum: nostro in aliis, & alieno in omnibus jure salvo.* Datum *Parisius*, tercià die Augusti, anno Domini millesimo CCCC.mo septimo, & Regni nostri XXVII.mo

Per Regem, ad relacionem Consilii. MAULOUE.

a corr. *usi*.

NOTE.

(d) Cum ex parte, &c.] Ces Lettres qui sont du mois d'Octobre 1362. sont imprimées à la p. 595. du 3.e Vol. de ce Recueil.

Le Registre 161. fournit les *variantes* & les corrections suivantes.

T. 3. P. 596.	Lig. 4.	de Moudun, Baillivus . . .	*corr.* de Moudun *tunc* Baillivus.
	Lig. 37.	pro se	*corr. per* se
	Lig. 39.	fuerit aliqua	*corr.* fuerit *ibi* aliqua.
P. 597.	Lig. 19.	dimidi	*corr. dimidius.*
	Lig. 23.	servicium	*corr. servicium.*
	Lig. 32.	sic fuerit	*corr. si* fuerit.
P. 598.	Lig. 21.	nostro in aliis, &c.	*corr.* nostro in aliis, *& alieno in omnibus jure salvo.*

CHARLES VI. à Paris, le 7. de Septembre 1407.

(a) Lettres qui portent que pendant quatre ans, le droit de Prises *sera suspendu dans tout le Royaume.*

CHARLES, par la grace de Dieu, Roy de France. Au *Prevost* de *Paris*, ou à son Lieutenant: Salut. Savoir vous faisons que Nous considerans les grans charges & oppressions que a eu, soustenu & [b] soustiennent encores chascun jour le peuple de nostre Royaume, par les prinses qui ont esté faictes de toutes choses le temps passé sur ycellui, & aussi les petites revenues tant de vins comme de grains, qui ont esté ledit temps passé en ycellui nostre Royaume, desirans de tout nostre cuer & volenté nostredit peuple relever au mieulx que bonnement pourrons de telz charges & oppressions, avons à la requeste, priere & contempla-

b *corr.* soustient.

NOTE.

(a) Registre *A.* du Parlement de *Paris, fol. 207. recto.*

Avant ces Lettres, il y a: *Revocatio Prisiarum.*

Ces Lettres sont aussi dans le Livre rouge vieil du Châtelet de *Paris, f.° 218. recto,* avant lesquelles il y a: *Des Prinses.* Voy. les Tables des Mat. des Vol. de ce Rec. au mot *Prises.*

On peut consulter sur ces Lettres l'Histoire de Charles VI. par le *Moine* de *Saint Denys*, p. 621. Cet Historien en parle d'une maniere peu exacte, du moins si on s'en rapporte à la Traduction: car l'original qui est en Latin n'a point encore été imprimé. Il finit ce qu'il en dit par ces mots. . . . *Dans ce désordre, qui fut enfin aboly après avoir duré quatre ans entiers.*

Ce droit de Prises étoit fort ancien, & nos Lettres portent seulement qu'il sera suspendu pendant quatre ans.

CHARLES VI. à Paris, le 7. de Septembre 1407.

cion de noſtre très-chiere & très-amée Compaigne *(b)* la Royne, de noſtre très-chier & très-amé ainſné Filz le *Duc* de *Guienne Dalphin* de *Viennois,* de nos très-chiers & très-amez Oncles, Frere & Couſin les *Ducs* de *Berry,* d'*Orliens,* de *Bourgoigne* & de *Bourbonn.* & par l'advis & deliberacion d'eulx & auſſi d'aucuns autres de noſtre Sang & Lignage, & de noſtre Grant Conſeil, voulu & ordené, voulons & ordenons par ces preſentes, de noſtre certaine ſcience & grace eſpecial, que en noſtredit Royaume n'ait aucune prinſe ſur noſtredit peuple en quelque maniere que ce ſoit, ſoit pour Nous, noſtrediƈte Compaigne, nozdis Filz, Oncles, Frere & Couſin, ne pour quelconque autre perſonne de quelque eſtat ou condicion que ce ſoit, ſoit qu'ilz ſe dient avoir droit de priſe de leur droit à cauſe de leurs Offices, par impetracions ou autrement, juſques à quatre ans prouchainement venans, ſoit de blez, vins, foings, avoines, [a] feurres, poiſſons de mer ou d'eaue doulce, beufs, vaches, beſtes à laine, pors, coichons, veaulx, oiſons, volailles, pijons, ne autres vivres quelzconques, pour quelxconques Lettres ou Mandemens qui par inadvertance ou autrement pourroient eſtre obtenuz de Nous au contraire pendant le temps deſſuſdit. Si vous mandons, commandons & expreſſement enjoingnons que noſtre preſente Ordenance & volenté vous faciez crier & publier en & par tous les lieux & carrefours acouſtumez à faire criz & publicacions en noſtre bonne Ville de *Paris,* & ès autres bonnes Villes de voſtre Prevoſté, & partout ailleurs [b] ès mettes de voſtrediƈte Prevoſté, où il appartendra, ſi que aucun n'y puiſſe pretendre ignorance; & tous ceulx qui s'efforceroient ou vouldroient efforcer de faire le contraire, les puniſſez & faites punir par tele maniere que chacun y doye prendre exemple, ſans autre mandement attendre de Nous ou de noſtre Court, & que par ce noſtredit peuple puiſſe demourer & vivre en bonne paix & tranſquillité ſoubz Nous. *Donné à* Paris, *le VII.ᵉ jour de Septembre, l'an de grace mil IIII.ᶜ & ſept, & de noſtre Regne le XXVII.ᵉ* Ainſi ſigné. Par le Roy, les *Contes* de *Mortaing* & de *Nevers,* le Sire de *Preaux,* le Grant Maiſtre d'Oſtel, le Sire de *Bacqueville,* & pluſieurs autres, preſens. DERIAN. *(c)*

a pailles, fourrages.

b dans l'étendue.

Publiées en Jugement ou Chaſtellet de *Paris,* & auſſi en bas devant les Notaires, le Vendredi IX.ᵉ jour de Septembre, l'an IIII.ᶜ & ſept. P. LE GUIANT.

Publiées à ſon de Trompe par les carrefours de la Ville de *Paris,* le Samedi X.ᵉ jour dudit mois de Septembre, l'an deſſuſdit mil IIII.ᶜ & ſept. P. LE GUIANT.

NOTES.

(b) La Royne.] Mais ce qui ſurprit davantage tout le monde, dit le Moine de S.ᵗ Denys, *c'eſt qu'on eut inſeré dans l'Ordonnance, qu'elle avoit eſté faite à l'inſtance de la* Reyne *& du* Duc d'Orléans, *qui eſtoient ceux qui abuſoient davantage de leur authorité dans ce déſordre.*

(c) Ces Lettres finiſſent ainſi dans le Reg. du Châtelet : *Et au dos deſdiƈtes Lettres, eſtoit eſcript ce qui s'enſuit : Publiées en Jugement & ès Auditoires bas ou Chaſtellet de* Paris, *le Vendredy IX.ᵉ jour de Septembre, mil IIII.ᶜ & ſept.* Item. *Publiées à ſon de trompe par les carrefours de la Ville de* Paris, *le Samedi X.ᵉ jour de Septembre IIII.ᶜ ſept. Ainſi ſignées.* CHOART.

Collacion faiƈte aux Lettres deſſus tranſcriptes, par moy. CHOART.

CHARLES VI.
à Paris, *....
1407.
* Voy. la note (b) de la page suivante.

(a) *Lettres par lesquelles il est ordonné au Duc de Berry Lieutenant du Roy dans plusieurs Provinces, de faire saisir le temporel des Prélats & des autres Ecclésiastiques, qui sans excuse légitime, ne sont point venus en personne à l'assemblée que le Roy avoit indiquée au jour de la Toussaint, pour y traiter de l'union de l'Eglise, & de les faire punir comme il le jugera à propos.*

CHARLES, par la grace de Dieu, Roy de France. A notre très-chier & très-amé Oncle le *Duc de Berri* & d'*Auvergne, Comte de Poitou,* d'*Estampes,* de *Boulogne* & d'*Auvergne,* & notre Lieutenant ézditz pais de *Berry, Auvergne* & *Poitou,* & en nos païs de *Languedoc* & *Duchié* de *Guyenne:* Salut & dilection. Comme toutes & quantes fois que Nous & nos Predecesseurs Rois de France avons eu affaire pour l'Estat de nostre Royaume, & en special pour le fait de l'Eglise universal, ayons acoustumé de mander par nos Lettres les Prelats & certaines autres gens d'Eglise de notredit Royaume, pour avoir avec eulx advis & deliberation sur les choses que Nous avons à faire, auxquels mandemens iceulx Prelats & autres gens d'Eglise ayent acoustumé d'obeir & venir pardevers Nous, comme tenus ils sont; & il soit ainsi que pour le très-grant & singulier desir & affection que Nous avons toujours eus & encore avons de poursuir l'union de nostre Mere Sainte Eglise, & metre à fin ce doloreux Scisme qui trop longuement a duré & encore dure, en laquelle prosecution Nous avons grandement travaillé, frayé & despendu, Nous ayons pluseurs fois mandé les Prelats & certaines autres gens d'Eglise & Clergié de nos Royaume & *Daulphiné,* & [a] deriennement pour l'avis & deliberation de vous & des autres Princes de nostre Sang & Lignage, & autres gens de notre Gran Conseil, ayons mandé par nos Lettres closes venir pardevers Nous en nostre Ville de *Paris,* à la Feste de Tous-Saints dernierement passée, lesdits Prelats & autres Gens d'Eglise & Clergié de nosdits Royaulme & *Daulphiné,* pour avoir avec eulx deliberation & conseil de proceder & aller avant en la prosecution dessusditte, jusques à ce que la union soit faite & parfaite, à laquelle journée de la Feste de Tous-Saints par Nous aux dessusdits assignée, aucuns d'eulx sont venus & duement comparus, & pluseurs ont eté refusans & contredisans de y venir & comparoir personelement, ainsi comme mandé leur avions, jaçoit ce que aucuns d'eulx ayent envoyé Procureurs, & les autres, procurations pour les excuser & essoiner telement quelement, [b] celle qui ne souffit mie ne doit souffire en si très-grand & [c] aulte besogne comme est ladite prosecution, lesquelles choses ont esté faites par lesdits absens ou deffaillans, au tres grant contempt & vitupere, mesprisement & deobeissance de Nous & de nostre Souveraineté, & [d] entand comment ils peuvent, ou retardement de ladite union, l'avancement de laquelle est à préférer à tous autres affaires & negoces, & plus seroit, se par Nous n'y estoit pourveu de remede convenable: consideré que se Nous les laissions ainsi passer sous dissimulation, sans en faire aucune punition, iceulx deffaillans voudroient traire à coustume [e] à consequence ou tems avenir, qu'ils ne seroient tenus de venir devers Nous, mais seulement envoyer leurs essoines, leurs Procureurs tels comme bon leur sembleroit: Pourquoi Nous consideré les choses dessusdittes, & voulans pourvoir à telle malice dampnable, [f] à certain & à plein de la trés-grant affection que vous avés à ladite union poursuir, & voir icelle union le plustot que faire se pourra, vous mandons & commettons que de tous les Prelats & autres Gens d'Eglise & Clergié de votre Lieutenance, qui ne sont venus en leurs personnes à ladite Feste de Tous Saints, ainsi que mandé leur avons, vous faites prendre & metre en nostre main les temporels, & soubs icelle,

a *corr.* derniere-ment par.
b *Il faut app. corr.* telle.
c *corr.* haute.
d *en tant comme ils peuvent.*
e *supp.* &.
f *corr.* accertainé à plein.

NOTE.

(a) La copie de ces Lettres a été envoyée de *Montpellier,* avec cette indication: *Royaume en général, armoire A. 6.e continuation des titres particuliers, n.° 6. fol. 62. verso.*
Voy. la Préface, §. *Schisme.*

yceulx exploiter par gens ydoines & souffisans qui en puissent & sçachent rendre bon & loyal compte en temps & en lieu, & iceulx Prelats, Gens d'Eglise & Clergié punissiés ou faites punir ainsi que bon vous semblera & verrés que affaire sera, en telle maniere que ce soit exemple perpetuel à tous autres : & se eulx ou aucuns d'eulx ont juste & raisonable essoine ou excusation dont il vous appare duement, faites leur ou faites faire delivrance de leursditz temporels ainsi prins en notre main, comme dit est, & empeschés pour la cause dessusditte : Car ainsi le voulons & Nous plait estre fait; [a] de notre certaine science & pleine puissance par ces presentes, de ce faire vous donnons pouvoir, autorité & mandement special : mandons à tous nos Justiciers & subjiets que à vous & vos Commis & desputés ez choses dessusdittes, circonstances & dependances d'icelles, obeissent, entendent diligeamment comme à Nous & prestent & donnent conseil, confort & ayde se mestier est & requis en sont, nonobstant oppositions, appellations frivoles faites & à faire par lesdiz Prelats, Gens d'Eglise & Clergié, ou aucun d'eulx, & quelsconques subreptices Lettres que ils pourroient avoir empetrées de Nous à ce contraires. *Donné à Paris, l'an de grace mil quatre cens & sept, (b) & de notre Regne le XXVII.*[e] J. DE PUTEO.

CHARLES VI. à Paris,... 1407.

a *supp.* &.

NOTE.

(b) Le mois dans lequel ces Lettres ont été données, manque ici; mais il est certain qu'elles sont antérieures au 16. de Septembre, puisqu'elles sont de la 27.e année du Regne de Charles VI. laquelle finit le 16. de Septembre, Charles V. étant mort ce jour-là en 1380. C'est ce qui a déterminé à placer ici ces Lettres.

CHARLES VI. à Paris, le 24. de Septembre 1407.

(c) Lettres qui règlent les différens jours de la semaine dans lesquels les différentes sortes d'affaires seront plaidées & jugées dans la Cour du Sénéchal de Toulouse; & qui portent que les seuls Officiers recevans gages du Roy, pourront être Rapporteurs des affaires Domaniales & Criminelles, & que les Juges pourront appeler des Avocats aux Jugemens de celles qui seront douteuses & importantes.

KAROLUS, *Dei gratia, Francorum Rex.* Senescallo Tolose, *aut ejus Locumtenenti : Salutem. Significavit Nobis Procurator noster Generalis vestre Senescallie, graviter* [b] *conquirendo quod vos seu aliqui vestri Predecessores certas fecistis Ordinationes cum vestra Curia, ad requestam non nullorum* [c] *Officaliorum nostrorum & Advocatorum Curie vestre, inter cetera continentes quod die Lune, casu quo* [d] *feriata non existat, Cause civiles tractabuntur & litigabuntur, & primo (d) Cause Commissionum : casu vero quo dies Lune feriata existet, die Martis sequenti; & si dies Martis feriata fuerit, continuabuntur omnes Cause civiles ad diem Lune immediatè sequentem : & die Mercurii tenebitur* [e] *Consilium supra dictis Causis civilibus, si talis dies Mercurii feriata non sit :* [f] *se vero feriata fuerit, ad diem Jovis crastinum Consilium predictum continuabitur, & si etiam dicta Jovis fuerit feriata, continuabitur Consilium ad diem Mercurii proximè sequentem : die vero Veneris Cause criminales* [g] *predicte (e) recitabuntur : si vero dies Sabbathi sit feriata, continuabuntur ad diem*

b corr. *conquerendo.*
c corr. *Officiariorum*, là & plus bas.
d Voy. ci-dessous p. 254. note *(f)*.
e Je crois que ce mot désigne le Jugement des affaires de rapport.
f corr. *si.*
g Il n'a point encore été parlé de Causes criminelles.

NOTES.

(c) La copie de ces Lettres a été envoyée de *Montpellier*, avec cette indication : *Sénéchaussée de* Toulouse *en général, armoire C. 8.*[e] *continuation des titres particuliers, n.*[o] *2. fol. 167.*

(d) Cause Commissionum.] Il n'est pas facile de déterminer le sens de ces mots. Ce qui me paroît le plus vrai-semblable, c'est qu'il s'agit ici des affaires dans lesquelles le Sénéchal de *Toulouse* n'étoit pas Juge ordinaire, mais Juge en vertu d'une Commission émanée du Roy ou du Parlement. Telles pouvoient être, par exemple, les affaires mûes en exécution des Lettres de Sauve-garde Royale, dans lesquelles il y a toûjours un Juge qui est nommé Commissaire pour les faire exécuter.

(e) Recitabuntur.] Il semble qu'après ce mot, il manque une phrase, & qu'il devroit y avoir la même disposition qui avoit été faite pour les jours précédens; ainsi il faut donc suppléer : *Si vero dies Veneris sit feriata, ad diem Sabbathi crastinum Cause criminales recitabuntur.*

CHARLES VI.
à Paris, le 24. de Septembre 1407.

Veneris proximam sequentem, & sic contingit aliquando quindecim diebus nullas Causas civiles aut criminales audiri nec examinari; & etiam dum die Veneris aut Sabbathi Cause predicte criminales, & alie nostre Fiscales tractantur & examinantur in Consilio dicte vestre Curie, omnes & quoscumque Advocatos Curie vestre, exceptis illis qui [a] *fuerunt Partibus reis aut criminosis, admittitis, quod tamen facere non debetis, cum aliàs per Nos ordinatum extiterit* [b] *que in predictis Causis criminalibus, & nostris Fiscalibus Nos & jus nostrum quomodolibet tangentibus, nullus intersit Advocatus in Consiliis in quibus dicte Cause tractabuntur & examinabuntur, nisi soli Officiarii nostri ad vadia dumtaxat; & ulterius* [c] *dictis Causas criminales, & nostras Fiscales civiles & quascumque jus nostrum & Domanium tangentes, indifferenter traditis singulis Advocatis Curie vestre antedicte, & non Judicibus nostris & aliis Officialiis* [d] *extipendia nostra recipientibus, qui magis Nobis juramento medio sunt adstricti, quam dicantur esse Advocati Partium antedicti : que omnia predicta cedunt & ampliùs cederent & cedere possent in nostrum maximum prejudicium atque damnum, & totius reipublice lezionem & retardationem justicie, subditorumque nostrorum gravem jacturam, & que pro parte magis tendunt ad negligentiam quam ad Causarum expeditionem & diligentiam, prout apparere potest cuilibet intuenti, sicut dicit idem Procurator noster, super hoc remedium postulans oportunum. Quocirca Nos indemnitati nostre ac totius reipublice pro posse, ut tenemur, providere cupientes, volentes omnem justiciam accelerare, prehabitâ deliberatione Consilii super premissis, vobis precipimus & mandamus, districtiùs injungendo, quatenùs à cetero omnibus diebus Lune & Martis, Causas civiles audiatis, easque litigare coram vobis per Partes faciatis, nisi dicti dies fuerint (f) feriati aliquo festo solemni, prout per nostras alias Litteras vobis scripsisse meminimus; diem vero Mercurii Consilium super dictis Causis civilibus tenebitur, si non fuerit, ut dictum est, festo solemni feriata, & die Jovis etiam Consilium & querelas simplices audiendo : Die Veneris Causas criminales omnes audiatis & pertractetis debito modo : die vero Sabbathi Consilium supradictis Causis criminalibus teneatis, prout in aliis Curiis aliarum Senescalliarum & Baillivarum est fieri consuetum. In Consiliis vero in quibus Cause predicte criminales & civiles & fiscales, nos jus & Domanium nostrum tangentes, nullum Advocatum Curie vestre, nisi vocatus fuerit, interesse volumus, nisi solum & dumtaxat Officiarios nostros extipendia à Nobis recipientes, & nisi per vos super aliquo magno dubio aliquos de sufficientioribus Advocatis predictis vocaveritis, nullasque informationes aut Causas fiscales & alias Nos & patrimonium nostrum tangentes, aliquibus aliis pro relatando seu referendo coram vobis aut in Curia vestra tradi volumus, nisi solum & dumtaxat predictis Officialiis nostris predicta nostra extipendia recipientibus : Quoniam sic fieri volumus & jubemus,* [e] *de nostra speciali gratia dicto Procuratori nostro concessimus & concedimus per presentes; Litteriis subrepticiis aut aliis contrariis impetratis vel impetrandis non obstantibus quibuscumque.* Datum *Parisius,* die vicesimâ quartâ Septembris, anno Domini millesimo quadringentesimo septimo, & Regni nostri XXVIII.° *Sub sigillo nostro in absentia magni ordinato.*

Per Consilium. SALAUT.

a Cet endroit paroît corrompu ou tronqué. Il s'y agit des Avocats qui étoient chargés d'affaires criminelles.

b Il faut app. corr. *quòd.*

c corr. *dictas.*

d Il faut p. e. corr. *stipendia.*

e supp. *&.*

NOTE.

(f) Feriati aliquo Festo solemni.] On peut remarquer que lorsqu'il est parlé des Fêtes, l'expression dont on s'est servi dans le Règlement du *Sénéchal* de *Toulouse,* est différente de celle qu'on a employée dans le dispositif des Lettres du Roy. Dans le Règlement on lit : *dies feriata,* & dans le dispositif, *dies feriata aliquo Festo solemni.* On en pourroit conclurre que dans le Règlement, il ne s'agit que des Fêtes de Palais, & qu'il s'agit dans le dispositif de celles qui sont chomées.

CHARLES VI. à Paris, le 26. de Septembre 1407.

(a) Lettres qui renouvellent une Ordonnance qui défendoit aux Juges royaux de créer plus de deux Lieutenans de Consuls dans chaque lieu, & de charger de ces emplois les Avocats, les (anciens) Consuls, & les personnes âgées.

KAROLUS, *Dei gratia, Francorum Rex.* Senescallo Tolose, *vel ejus Locumtenenti: Salutem. Procurator noster Generalis vestre Senescallie, Nobis significare curavit quod licet dudum per Nos regimine Regni nostri suscepto, certas (b) Constitutiones sive Ordinationes pro bono statu, regimine ac conservatione Regni nostri & totius reipublice, in & cum magna deliberatione Consilii nostri fecerimus, ipsasque per dictum Regnum publicari fecerimus in Sedibus Presidialibus, & alibi ubi consuetum est publicationes facere, inter cetera continentes quod non nulli Senescalli, Baillivi, Prepositi, Vicarii, ceterique Judices Regni nostri essent ausi facere Locumtenenentem aliquem Consulum Ville in qua habent Jurisdictionem seu administrationem Justicie, nec aliquem oneratum multitudine annorum, nec Advocatum in Curia sua, nec facere plures Locumtenenentes ultra unum aut duos ad plus in eodem loco, & multa alia constituimus & ordinavimus que in dictis Constitutionibus seu Ordinationibus latiùs continentur: que, ut* [a] *precepimus, in dicta vestra Senescallia de presenti minimè observantur propter mutationem diversorum* [b] *Officialiorum qui à dicto tempore* [c] *publicationem dictarum Ordinationum citra, ad Officia sunt promoti, & per consequens ad notitiam ipsorum minimè pervenire potuerunt, propter quod non nulli Judices & alii Officialii dictas Ordinationes totaliter ignorantes, plures Locatenentes & oneratos annorum, Consules, & Advocatos Curiarum suarum fecerunt & adhuc faciunt de die in diem, usque ad numerum decem vel duodecim, quod cedit in nostrum magnum prejudicium atque dampnum reipublice,* [d] *transgressioneque dictarum Constitutionum & Ordinationum nostrarum, ac vilipendium ipsarum, & ampliùs cedere posset, nisi per Nos provideretur de remedio oportuno, sicut dicit idem Procurator noster, illud à Nobis humiliter postulando. Quocirca premissis attentis, vobis precipimus & mandamus, districtiùs injungendo, quatenùs Constitutiones & Ordinationes per Nos aliàs vobis aut predecessoribus vestris missis, & de quibus licuit aut liquebit, teneatis & observetis, & contenta in eisdem teneri & observari inviolabiliter faciatis per omnes Judices & Officiarios nostros in dicta vestra Senescallia, ipsasque de novo in Assisiis vestris semel aut bis in anno, faciatis publicari, prout in ipsis Ordinationibus & Constitutionibus continetur: Quoniam sic fieri volumus & jubemus; Litteris subrepticiis in contrarium impetratis vel impetrandis non obstantibus quibuscumque.* Datum *Parisius*, vicesimâ sextâ die Septembris, anno Domini millesimo quadringentesimo septimo, & Regni nostri XXVIII.° *Sub sigillo nostro in absentia magni ordinato.*

Per Consilium. COURGUET.

a corr. *percepimus.*
b corr. *Officiariorum*, là & plus bas.
c corr. *publicationum.*
d corr. *transgressionemque.*

NOTES.

(a) La copie de ces Lettres a été envoyée de *Montpellier*, avec cette indication : *Sénéchaussée de* Toulouse *en général, armoire C.* 8.*e continuation des titres particuliers, n.° 2. fol. 166. verso.*

(b) *Constitutiones.]* Je n'ai point trouvé dans ce Recueil d'Ordonnance de Charles VI. qui contînt les dispositions qui sont rappelées par ces Lettres. Ces dispositions ne paroissent pas l'avoir été fort exactement. Il est d'abord défendu en général aux Juges royaux de créer des Lieutenans de Consuls, & il leur est ensuite défendu d'en créer plus de deux dans chaque lieu, &c. On pourroit soupçonner que le copiste a passé quelques phrases qui étoient entre le mot *Justicie* & ceux-ci, *nec aliquem.* L'Ordonnance pouvoit porter que des Juges royaux avoient osé créer des Lieutenans de Consuls : elle ne leur ôtoit pas ce pouvoir, mais elle le restraignoit, en réglant qu'ils n'en pourroient créer que deux dans chaque lieu, &c.

CHARLES VI. à Paris, en Septembre 1407.

(a) Lettres qui confirment les habitans de Villeneuve-Saint-George, dans l'exemption du logement des gens de guerre & du droit de Prises.

CHARLES, par la grace de Dieu, Roy de France. Sçavoir faisons à tous présens & advenir, Nous avoir receue l'humble supplicacion des manans & habitans de *Villeneufve-Sainct-Georges,* contenant comme en ladicte Ville qui est une de *(b)* noz Chambre scituée & assise sur la riviere de *Seine,* à quatre petites lieues près de nostre Ville de *Paris,* Nous, nostre très-chere & très-amée Compaigne la Royne, & autres Seigneurs & Dames de nostre Sang & Lignaige, aions acoustumé quant Nous allons en esbatement en faict de chasses ou autrement, de Nous y retraire & logier, & aussi ont faict semblablement noz Prédécesseurs Roys de France; pour laquelle cause, & parmy ce que iceulx supplians sont tenuz de donner à chascun Roy de France ung disner à son joyeulx advenement, iceulx supplians soient & doient estre frans & exens de loger Gens d'armes, & de toutes prises, tant de Nous comme des autres Seigneurs & Dames de nostredit Sang, & autres ayans droit de prise en nostre Royaulme, tout ainsi & par la maniere que font noz autres Chambres; & combien que dès le [a] premier voyage que feismes au pays de *Flandres,* Nous en conservant lesdiz supplians en leurs franchises, feismes deffenses à tous Cappitaines & solempnelement crier & publier que nulles Gens d'armes ne se logeassent en ladicte Ville, parquoy iceulx Gens d'armes & Cappitaines n'ont depuis peu ne peuvent [b] inorer la franchise que sur ce ont lesdiz supplians, certaines Gens d'armes se sont depuis n'agueres voulu loger de faict en ladicte Ville, & encores doubtent iceulx supplians que ilz ne se y veullent doresenavant loger semblablement; & aussi que [c] iceulx qui font les provisions des Hostelz de Nous, de nostreditte Compaigne la Royne, noz Enfans, Oncles, [d] Freres & Cousins, & des autres Seigneurs & Dames, tant de nostre Sang & Lignaige, que autres aians droict de prise en nostredit Royaulme, ou aucuns d'eulx, ne s'efforcent ou veulent efforcer ou temps advenir de faire prises en ladicte Ville qui seroit en leur très-grant grief, préjudice, dommaige, & en venant contre leursdictes franchises, se par Nous ne leur estoyt sur ce pourveu de nostre gracieulx & convenable remedde, ainsi qu'ilz dient, requerans humblement iceulx. Pourquoy Nous ces choses considerées, voullans lesdiz supplians estre maintenuz & gardez en leursdictes franchises, & d'icelles joïr & user plainement & paisiblement ainsi qu'il [e] appartiennent, & que font ceulx de noz autres Chambres; & mesmement que environ ladicte Ville, a assez d'autres Villes esquelles lesdictes Gens d'armes & lesdiz Preneurs se peuvent retraire, & pour certaines autres causes & consideracions Nous mouvans, ladicte Ville & Paroisse de *Villeneufve-Sainct Georges,* & les manans & habitans en icelle, & leurs successeurs & chascun d'eulx, avons desdiz logemens & prises affranchis & exemptez, affranchissons & exemptons, de nostre auctorité Royal, plaine puissance & grace especiale, par la teneur de ces présentes, par laquelle deffendons très-expressement, & si chier qu'ilz [f] doubtent à Nous courroucer, à tous Cappitaines, *(c)* Connestables, & autres ayans gouvernement & charge de Gens d'armes & d'Arbalestriers, que en icelle Ville de *Villeneufve* ilz ne se logent ne seuffrent logier leurs gens doresnavant en quelque maniere que ce soit, semblablement aux Maistres d'Ostelz, Escuiers d'Escuierie, Fourriers,

[a] *En 1382. Voy. la p. XXX. de la Préface du 6.e Vol. de ce Rec.*

[b] *ignorer.* T. C.

[c] *ceulx.* T. C.

[d] *Frère.* T. C.

[e] *appartient.*

[f] *doubtent Nous.* T. C.

NOTES.

(a) Registre des Bannières du Châtelet de *Paris,* 5.e Vol. *fol. 13. recto.*

Les Lettres du mois de Septembre 1407. sont aussi au Trésor des Chartres, Registre viij.xx ij. (162.) P. 61.

(b) Noz Chambre.] C'est-à-dire du Domaine du Roy. Voy. les Tables des Mat. des Vol. de ce Recueil, aux mots *Chambre du Roy.*

(c) Connestables.] Ce mot signifie quelquefois des Officiers militaires subalternes. Voy. le 5.e Vol. de ce Rec. p. 421. note *(b).*

Chevaucheurs,

Chevaucheurs, Pourvoieurs, Preneurs, Aydes, Soubz-aides, & autres quelxconques depputez & commis & à depputer & commectre sur le fait de prises, garnisons & provisions pour les Hostelz de Nous, nostredicte Compaigne, noz Enfans, Oncles, Frere & Cousins dessusdictz, & de tous autres, tant de nostrediɛt Sang & Liguaige, comme autres ayant droiɛt de prise en nostre Roiaulme, & à tous noz Justiciers & autres Officiers quelzconques, à leurs Lieuxtenans qui sont à present & seront pour le temps advenir, & à chascun d'eulx, que en ladicte Ville & Paroisse de *Villeneufve-Sainct-George,* ne de & sur les manans & habitans d'icelle ou aucuns d'eulx, ilz ne arrestent, empeschent ou preignent, facent ou seuffrent arrester, empescher ou prandre doresnavant pour les garnisons ou pourveances dessusdictes, [a] ou que aultrement, pour quelzconques causes que ce soyt desdiz Hostelz, ou pour culx ou aucuns d'eulx, vins, blez, avoines, ou autres grains, [b] fuerres, foings, chevaulx, jumens, charioz, charrettes, tumbereaulx, voitures, buefs, vaches, veaulx, moutons, brebis, aigneaulx, pourceaulx, truyes, cochons, poulaille, volaille, [c] coultes, coissins, couvertures, draps à lyt, nappes, [d] touailles, [e] couvercheſz, tables, tresteaulx, ne autres choses ou biens quelzconques, supposé que ilz les trouvassent hors de ladicte Ville & Paroisse, quelque part que ce feust, mais de ce & entierement du faict desdictz logemens, prises & provisions les tiennent & facent plainement & paisiblement tenir quites, paisibles, francs & exemps desoremais, sans les travailler, molester ne empescher, ne faire ou souffrir estre travailliez, molestez ou empeschez ou aucuns d'eulx, ores ne pour le temps advenir, en aucune maniere au contraire; & s'aucune chose estoyt faicte, actemptée ou innovée contre la teneur de ces presentes, Nous voulons, mandons & enjoignons incontinent estre mise & restablie au premier estat & deu, nonobstant quelzconques Lettres de commission ou autres données ou à donner de Nous ou d'autres, [f] avec Ordonnances, mandemens ou deffences à ce contraires. Et que ce soyt ferme chose & estable à tousjours, Nous avons faict mectre nostre Séel à ces Lettres: sauf en autres choses nostre droict, & l'autruy en toutes. *Donné à* Paris, *ou moys de Septembre, l'an de grace mil quatre cens & sept, & de nostre Regne le vingt-septiesme.* [g] Signé sur le repli. Par le Roy, présens plusieurs des Chambellans. NEAUVILLE. Et scellées en latz de soye rouge & vert, de cire vert.

CHARLES VI. à Paris, en Septembre 1407.

a *ou autrement.* T. C.

b *pailles: fourrages.*

c *lits de plume.*

d *serviettes.*

e *cuevrechiefz.* T. C.

f *Ce mot paroît inutile ou corrompu.*

g *Ces Lettres finissent ainsi dans T. C.* Par le Roy, présens plusieurs des Chambellans. NEAUVILLE.

CHARLES VI. à Paris, le 8. d'Octobre 1407.

(a) Lettres qui portent que dans le cas des actions réelles, les Frères de l'Ordre de Saint Jean de Jérusalem & les autres Religieux, ne pourront, sous ombre des Privilèges qui leur ont été accordés par les Papes, faire donner des ajournemens devant les Juges conservateurs de ces Privilèges.

KAROLUS, Dei gratiâ, Francorum Rex. Senescallo Tolose *vel ejus Locumtenenti: Salutem. Suplicationem querelosam Procuratoris nostri Generalis in vestra Senescallia* [h] *recipimus, continentem quod Relligiosi Fratres Ordinum Sancti Johannis* Jerosolimitani, *Predicatorum, Carmelitarum, Cordigerorum, Augustiniensium, aliarumque Religionum vestre Senescallie memorate, virtute & sub umbra Privilegiorum per Apostolicam Sedem eis indultorum,* [i] *& plures subditorum nostrorum aliquando pro uno & eodem facto, in una & eadem die pro diversis Causis in actionibus merè realibus,* [k] *que à realibus* [l] *actionis dessendunt, & etiam virtute certarum donationum & cessionum eisdem fraudulenter* [m] *cepissimè factarum, fecerunt & de die in diem faciunt citari coram conservatoribus suorum Privilegiorum, tam in Civitatibus* Burdegalensi *&* Bayonnensi *per inimicos nostros occupatis, quam alibi in diversis locis Regni nostri,*

h corr. *recepimus.*

i conjonction inutile.

k supp. *vel.*

l corr. *actionibus descendunt.*

m corr. *sepissime.*

NOTE.

(a) La copie de ces Lettres a été envoyée de *Montpellier,* avec cette indication: *Sénéchaussée de* Toulouse *en général, armoire C. 8.e continuation des titres particuliers, n.o 2. fol. 215. verso.*

CHARLES VI à Paris, le 8. d'Octobre 1407.

habentque in Villa nostra Tolose, *& aliis locis dicte Senescallie, Relligiosos Citationes hujusmodi facientes & (b) Comedentes nomine dictorum conservatorum, & contra subditos nostros supradictos, per Excommunicationum Sententias & Fulminationes, si in dictis locis non compareant, procedentes, ex quibus dicti subditi nostri qui tam ob inimicorum nostrorum metum, quam itinerum & viarum discrimina, ad dies sibi in dictis locis assignatas* [a] *audent accedere, diversis involvuntur Processibus & Excommunicationum Sententiis molestantur, taliter quod ipsos subditos nostros talibus & aliis indebitis Citationibus & Excommunicationibus fatigatos, fecerunt & faciunt in diversis pecuniarum summis ad ipsorum Religiosorum commodum applicandis & aliàs* [b] *componere, quasquidem summas exigere & alia premissa facere plus causa malitie & vindicte quam zelo justicie non verentur, de dictis Privilegiis suis abutendo, & aliàs delinquendo in rei perniciose exemplum, justitie scandalum, & laice Jurisdictionis predictorumque subditorum nostrorum prejudicium & gravamen, sicut dicit idem Procurator noster supplicans à Nobis super hoc de condecenti remedio provideri. Quocirca Nos talibus volentes* [c] *contrahire molestiis & pressuris, premissis consideratis, vobis committendo mandamus, & districtiùs injungendo inhibemus quathenùs ex parte nostra inhibeatis seu inhiberi faciatis dictis Religiosis, sub certis & magnis penis Nobis applicandis, ne amodo dictos subditos nostros vestre Senescallie citent aut citari faciant in locis per inimicos nostros occupatis, neque coram dictorum suorum Privilegiorum Conservatoribus, vel eorum Locatenentibus, in actionibus merè realibus & aliis per modum* [d] *reale descendentibus & concludentibus : ulteriusque inhibeatis seu inhiberi faciatis sub dictis penis, dictis Conservatoribus seu eorum Locatenentibus, ne de hujusmodi Causis & actionibus realibus, vel per modum reale dependentibus & concludentibus, de quibus cognitio ad Jurisdictionem secularem* [e] *pertinens dignoscitur, nec etiam de actionibus injuriarum quas intemptant indebitè, injustè, causâ malitie & vindicte,* [f] *ac petitiones à subditis nostris extorquendas se aliqualiter intromittant; & si dicti Religiosi vel eorum aliqui, contrarium facere vel* [g] *aptentare presumpserint, vel si dicti Conservatores vel eorum Locatenentes de dictis actionibus aliqualiter se intromiserint, ipsos & eorum quoslibet aptentantes vel contrarium facientes, legitimis informationibus precedentibus, ad reparandum eaque in contrarium facta vel aptentata reperiretis, & adnichillandum & revocandum suis sumptibus tales Processus* [h] *Excomunicationes in dictis actionibus* [i] *subsecutis compellatis seu compelli faciatis viriliter & de facto, per captionem & detentionem sue temporalitatis in manu nostra, quousque per vos aut Curiam vestram, Procuratori nostro & aliis* [k] *evocandis aliud fuerit ordinatum, ceterisque modis & viis rationabilibus quibus commodè facere poteritis, provideatis taliter quod dictus Procurator noster & predicti subditi nostri ad Nos non veniant propter ea querelosi : Quoniam sic fieri volumus, & dicto Procuratori nostro concessimus & concedimus de speciali gratia per presentes.* Datum *Parisius,* die octavâ Octobris, anno Domini millesimo quatercentesimo septimo, & Regni nostri vicesimo octavo. *Sub sigillo nostro in absentia magni ordinato.*

Per Consilium. P. DANGEUL.

a supp. *non.*

b Ce mot qui se trouve plusieurs fois dans ce Rec. signifie payer une somme d'argent.

c corr. *contraire.*

d Il semble qu'il faut corr. *realem*, là & plus bas.

e corr. *pertinere.*

f corr. *nec ad.*

g corr. *attemptare... attemptantes... attemptata.*

h supp. *&.*

i subsecutos.

k supp. *evocatis.*

NOTE.

(b) Comedentes.] C'est-à-dire des Sergens établis en garnison dans les maisons. Ces Sergens se nommoient *Comestores.* Voy. le Gloss. de *Du Cange,* à ce mot, & le Gloss. du Droit François, au mot *Mangeurs.* Ils sont appelés *Mangeurs* dans quelques Pièces françoises imprimées dans ce Recueil.

(a) Lettres qui confirment une Ordonnance donnée par Philippe le Bel, en faveur de l'Evêque d'Avranches & des Ecclésiastiques de son Diocèse.

CHARLES VI. à Paris, en Octobre 1407.

KAROLUS, &c. Notum facimus universis presentibus & futuris, Nos Litteras inclite recordacionis Domini Regis Philippi pro-Avi nostri vidisse, formamque sequitur, continentes.

(b) Philippus, *Dei graciâ, Francorum Rex.* Rothomagensi *&* Constanciensi Baillivis, *vel eorum Locatenentibus : Salutem. Regi Regum per quem vivimus, &c.*

Quasquidem Litteras suprascriptas, & omnia & singula in eis contenta, laudamus, approbamus, ratifficamus, & auctoritate Regiâ & graciâ speciali tenore presencium confirmamus : mandantes Baillivis Rothomagensi *&* Constanciensi, *ceterisque Justiciariis, Officiariis & subditis nostris, vel eorum Locatenentibus, presentibus & futuris, & eorum cuilibet, prout ad eum pertinuerit, quatenùs dilectum Consiliarium nostrum Episcopum* Abrincensem *modernum & ejus successores Episcopos* Abrincenses, *privilegiis & libertatibus, omnibusque aliis in suprascriptis Litteris contentis, si & in quantum dictus Consiliarius noster & ejus predecessores Episcopi* Abrincenses *usi fuerint debitè & pacificè, uti & gaudere pacificè faciant & permittant, nec contra premissa aut eorum aliqua, dictos Consiliarium & ejus successores Episcopos* Abrincenses *deinceps perturbant aut molestent, nec perturbari aut molestari quoquomodo faciant vel permittant. Et ut premissa firma & stabilia permaneant in futurum, nostrum presentibus Litteris jussimus apponi Sigillum : nostro in aliis, & alieno in omnibus jure*

NOTES.

(a) Trés. des Chart. Reg. 162. P. lix. (59.)

(b) *Philippus.*] A la p. 340. du premier Volume de ce Recueil, se trouvent des Lettres de Philippe le Bel, du 3. de Mai 1302. semblables à celles-ci, & de la même date, adressées aux Sénéchaux de *Toulouse*, de *Carcassonne* & de *Beaucaire*. Elles regardent les Prélats de la Province ecclésiastique de *Narbonne*. Il en fut adressé sans doute de semblables à tous les Baillis & Sénéchaux du Royaume, par rapport aux Prélats de leur district. Celles qui sont vidimées dans les Lettres de Charles VI. sont en faveur de l'Evêque d'*Avranches*. Dans les endroits des Lettres imprimées dans le premier Vol. où il y a *Prelati*, on lit *Prelatus* ou *Episcopus* dans celles qui sont vidimées dans les Lettres de Charles VI.

Le Registre 162. fournit d'ailleurs les *variantes* & les corrections suivantes.

T. I. P. 341.		Lig. 6.	pro facto . . . . corr.	*profectò.*
		Lig. 7.	Dominacionem	*dominatum.*
		Lig. 11.	Senescallarum vestrarum Prælati, & aliæ Personæ ecclesiasticæ Provinciæ *Narbonensis* asserunt.	*Baillivorum* vestrarum *dilectus & fidelis noster Episcopus Abricensis* [Abrincensis] & alie Persone ecclesiastice *Civitatis & Diocesis Abricensis,* asserunt.
	Art. 1.	Lig. 3.	Servientes vestros	Servientes *nostros.*
		Lig. 5.	habebantur	*habeantur.*
		Lig. 10.	in debitè	*indebitè.*
		Lig. 15.	stipendia ad hæc sufficientia Prælatorum eorumdem	stipendia ad hec *sufficienter Ordinariorum* eorumdem.
	Art. 2.	Lig. 1.	in vestris	in *nostris.*
P. 342.	Art. 3.	Lig. 1.	in Prælatorum	in *Ordinariorum.*
	Art. 4.	Lig. 3.	pro hiis	pro *hujusmodi.*
	Art. 5.	Lig. 3.	Justiciarios	*Officiarios.*
	Art. 11.	Lig. 3.	ipsis factis se	ipsis factis *personalibus* se
	Id.	Lig. 3.	debitis	*delictis.*
P. 343.	Art. 13.	Lig. 3.	non compellatis	non compellatis *nec compelli permittatis.*
	Art. 15.	Lig. 2.	dissairiri	*dessaisiri.*
	Art. 17.	Lig. 2.	Ministros vestros	Ministros *nostros.*
	Id.	Lig. 4.	per vestros Ministros	per *nostros* Ministros.
	Art. 18.	Lig. 1.	Bajulos & Curiales vestros . .	*Baillivos* & Curiales *nostros.*
P. 344.	Art. 23.	Lig. 1.	vestris Ministris	Ministris *nostris.*
	Art. 29.	Lig. 1.	vestris Ministris	*nostris* Ministris.

salvo. Datum *Parisius,* mense Octobris, anno Domini millesimo CCCC.^{mo} VII.^{mo} & Regni nostri vicesimo octavo.

Per Regem, ad relacionem Consilii. FORTEMENT.

Collacio fit cum Litteris originalibus supra insertis.

CHARLES VI. à Paris, le 15. de Novembre 1407.

(a) Lettres qui défendent aux Procureurs du Châtelet de Paris, de se présenter en Justice pour des Parties qui soient demandeurs, avant que ces Parties aient obtenu des Lettres de Chancellerie qui leur permettent de plaider par Procureur.

CHARLES, par la grace de Dieu, Roy de France. Au *Prevost* de *Paris* ou à son Lieutenant: Salut. Comme par Ordonnances Royaulx, & aussi par le stille & usaige nottoirement gardez en vostre Court & Auditoire du Chastellet de *Paris,* aucuns ne puist ou doye estre receuz à plaidier par Procureur en ycelle Court, mesmement en demandant, se il n'a sur ce grace de Nous, & qu'il en ait & prengne Lettre séellée de nostre grant Séel, dont l'en paie six solz Parisis pour Nous pour le droit de nostre [a] Audience; néantmoins si comme entendu avons, plusieurs Parties plaidoyans en demandant en ladicte Court, ne prennent ou lievent aucunes teles Lettres de grace, & s'en passent, pour ce que les Procureurs qui sont chargez des Causes, n'en demandent aucunes les ungs aux autres; & toutesvoies il est vray-semblablement à presumer que lesdiz Procureurs demandent & prennent chascun en droit soy de son Maistre ou Clyent quant il est demandeur, six solz Parisis pour le Séel de la grace qui lui est neccessaire à sa Cause, & ledit argent retiennent par ceste maniere lesdiz Procureurs qui ainsy le font; lesqueles choses sont contre raison, en nostre grant prejudice & dommage; & du droit de nostre Audience, & si n'en est en riens nostre peuple deschargé ou relevé; mais tourne toute ladicte exaction faicte par la maniere que dit est, seulement au prouffit desdiz Procureurs, si comme il Nous a esté deuement rapporté & tesmoingné. Pourquoy Nous voulans ad ce estre pourveu, vous mandons que à tous lesdiz Procureurs generalment & particulierement, vous faictes ou faictes faire inhibicion & defense de par Nous, & à teles & si grans peines que vous verrez au cas appartenir, que d'oresenavant ilz ne facent les choses dessusdictes; mais faictes yceulx Procureurs solennelment jurer que ilz garderont en ce & en tous autres cas, nostre droit & celui de nostredicte Audience; & faictes ces presentes Lettres lire & publier, & ledit serement faire par lesdiz Procureurs en vostredit Auditoire à jour plaidoiable & telement que aucun n'en puist pretendre ygnorance, & le faictes mectre ès Registres de vostredicte Court; & se vous trouvez que après ce lesdiz Procureurs ou aucuns d'eulx facent le contraire, si les en pugnissiez telement que ce soit exemple à tous autres, & comme vous verrez que le cas le requerra, ou autrement pourveez sur les choses dessus touchées, comme vous verrez qu'il sera à faire pour nostre droit y garder: Car ainsy Nous plaist-il & voulons estre fait par ces presentes. *Donné à* Paris, *le XVe jour de Novembre, l'an de grace mil CCCC. & sept, & de nostre Regne le XXVIIIe* Ainsi signé. Par le Roy, à la relacion du Conseil. R. LIJOTE. Au dos desqueles Lettres estoit escript ce qui s'ensuit: *Publiées en Jugement ou Chastellet de* Paris, *le Mardi XVe jour de Novembre, l'an mil CCCC. & sept.* Ita est. FRESNES.

Collation faicte à l'Original rendu à Maistre Robert Lijote *Notaire du Roy, par moy.* J. CHOART.

[a] *Audience de la Chancellerie.* Voy. les Tables des Mat. des Vol. de ce Rec. au mot, *Chancellerie.*

NOTE.

(a) Livre rouge vieil du Châtelet de *Paris, fol.* 12. vingt 1. *recto.* [241.]

Avant ces Lettres, il y a: *Que les Procureurs du Chastellet ne occupent pour leurs Cliens en demandant, sans grace.*

CHARLES VI. à Paris, le 29. de Novembre 1407.

(a) Lettres qui ordonnent que les Hôteliers de Paris feront savoir chaque jour au Prevôt de cette Ville, le nom des personnes qui logent chez eux ; que les habitans de cette Ville lui feront savoir le nom des étrangers à qui ils auront loué des maisons ; & qui défendent à toutes personnes d'entrer en armes dans Paris, si ce n'est à ceux qui auront un mandement du Roy à cet effet.

CHARLES, par la grace de Dieu, Roy de France. Au *Prevost* de *Paris* où à son Lieutenant : Salut. Pour certaines causes qui à ce Nous ont meu & meuvent, Nous vous mandons & commandons expressement que en nostre bonne Ville de *Paris* vous faciez crier & publier hastivement, que nulz Hosteliers de quelque estat qu'ilz soient, ne logent ou herbergent en leurs hostelz aucunes gens de quelque estat qu'ilz soient ou puissent estre, sans le faire assavoir par chascun jour au soir à vous nostredit Prevost ou vostredit Lieutenant ; & aussi que nulles autres gens de nostredicte Ville de *Paris,* ne [a] loënt maisons en icelle nostre Ville à quelque personne que ce soit, sinon à gens de congnoissance, mesnagiers & qu'ilz puissent ou doyent tenir mesnage ; & s'aucunes gens de nostredicte Ville, louoient à aucuns estrangiers maisons & chambres, que incontinent dedens deux jours, après ce que ilz auront loé icelles maisons & chambres, ilz soient tenuz de le vous faire assavoir sur quanque ilz se pevent meffaire envers Nous ; & en oultre, vous mandons que vous faciez faire visitacions diligemment par chascun jour aux portes de nostredicte Ville, & deffendre que nulles gens armez de quelque estat qu'ilz soient ne entrent en nostredicte Ville, s'ilz n'ont de Nous exprès mandement, adce que aucun inconvenient ne s'en puisse ensuir à Nous ne à nostredicte Ville. Ce faictes si & par tele maniere que par vous n'y ait aucun deffault ; car il Nous en desplairoit très-grandement. *Donné à* Paris, *le XXIX.e jour de Novembre, l'an de grace mil CCCC. & sept, & le XXVIII.e de nostre Regne.* Ainsi signé. Par le Roy en son Conseil, où le *Roy* de *Secille,* Monseigneur le *Duc* de *Berry,* les *Contes* de *Mortaing,* de *Clermont* & de *Vendosme,* le Connestable, [b] Vous, le *Conte* de *Tancarville,* le grant Maistre d'Ostel, & plusieurs autres estiez. DERIAN.

a *louent.*

b *Le Chancelier de France. Voy. le 5.e Vol. de ce Rec. pag. 653. note (c).*

NOTE.

(a) Livre rouge viel du Châtelet de *Paris, fol.* 11. vingt 15. *verso.* [235.]
Avant ces Lettres, il y a : *Que les hostelliers de* Paris *ne logent gens sans le faire savoir au* Prevost *de* Paris.

CHARLES VI. à Paris, en Novembre 1407.

(b) Lettres par lesquelles Charles VI. réunit à son Domaine les Terres domaniales qu'il avoit données en accroissement d'appanage au Duc d'Orléans son Frère.

CHARLES, par la grace de Dieu, Roy de France. Le principal esgart & consideracion de nostre pensée, est & doit estre après acquerir l'amour Nostre-Seigneur, vacquer & entendre au bon gouvernement de nostre Royaume, & garder & conserver en bon estat les droits de nostre Seigneurie & Demaine, sans les diminuer ne souffrir estre diminuez aucunement : car tant que nozdis droitz & Demaine demourront entiers & seront bien gardez & soustenuz, Nous pourrons

NOTE.

(b) Registre *A.* du Parlement de *Paris, fol.* 208. *verso.*
Avant ces Lettres, il y a : *Revocatio Doni certarum Terrarum post decessum* Ducis Aurelian. *facta.*

CHARLES VI. à Paris, en Novembre 1407.

tant mieulx supporter les grans affaires qui chascun jour Nous surviennent pour le fait de nostredit Royaume, preserver noz subgiez de griefves charges; & les gouverner & garder en bonne Justice & transquilité, comme fait l'ont plusieurs noz Predecesseurs Rois de France, qui ont acreu, tenu & gardé ensemble en leurs temps lesdis drois de nostre Couronne & le Demaine de nostredit Royaume, sans les diminuer ne departir, ne souffrir estre diminuez ne departiz, fors quant il est advenu que ilz en ont baillié par Appanage aucune partie à aucuns de leurs Enfans masles, quant le cas y est escheu. Comme il soit doncques ainsi que en ensuivant & accomplissant la voulenté & Ordenance de feu nostre très-chier Seigneur & Pere cui Dieux pardoint, lequel voyant & considerant que selon le cours de nature, Nous qui estions son ainsné Filz lui devions succeder au Royaume & à la Couronne, desirant pour ceste cause pourveoir à feu nostre très-chier & très-amé Frère Loys son Filz puisné *(c)* n'agaires trespassé, avoit voulu & expressément ordené que feu nostredit Frere feust appanagié de douze mille livrées de terre au Tournois, avecques tiltre de Conté, comme par ses [a] Lettres données ou mois d'Octobre, l'an mil CCC. soixante quatorze, peut apparoir, Nous par l'advis & deliberacion de plusieurs de nostre Sang & Conseil, lui eussions piçça baillié pour sondit Appanage, la [b] *Duchié* de *Touraine* & les *Contez* de *Valoys* & de *Beaumont sur Oize,* avec tout ce que tenoit en douaire feue nostre Tante la *(d) Duchesse* d'*Orliens,* & tout ce que par le trespassement d'elle Nous pourroit competer & appartenir; excepté seulement les Villes, Chastel & Chastellenie de *Crecy* en *Brye,* que Nous retenismes deslors pour Nous, & le Chastel & Chastellenie de *Gournay* sur *Marne,* que Nous avions donné au feu Seigneur de la *Riviere;* & depuis ces choses, à la priere de feu nostredit Frere, qui maintenoit ladicte *Duchié* de *Touraine* estre de trop petite revenue pour son estat soustenir, lui eussions donné la [c] *Duchié* d'*Orleans,* avecques les appartenances d'icelle, reservé à Nous les Chastel & Chastellenie de *Montargis;* & parmi ce, eussions reprins & remis à nostredit Demainne la *Duchié* de *Touraine* que paravant lui avions bailliée par Appanage, comme dit est; & partant se feust icellui nostre Frere tenu pour bien content & agréé de son Appanage, & Nous en eust baillié bonnes Lettres de quittance; & encore pour la grant amour & affection que Nous avions à lui, & en augmentacion de son Appanage, lui eussions [d] donné & octroyé quatre mille livres Tournois de rente à héritage, à prendre sur les forfaictures & confiscacions qui escherroient ou temps avenir à nostre Demaine, en paiement & assignacions desquelles quatre mille livres, Nous lui eussions *(e)* baillié les Ville, Terres, Chastel & Chastellenie de la [e] *Ferté-Bernart,* celle de la *Fort-Maison lez-Chartres,* & la Terre de *Tresfons* en ladicte Chastellenie de la *Ferté,* pour quinze cens livres Tournois de rente, & cent & vint cinq livres Tournois de rente sur les Terres de *Porchesontaine* & de *Monstereul,* de *Sactoury,* de la *Boulié,* de *Villetain,* & plusieurs autres à Nous venues & confisquées pour occasion de la navreure faicte par *Pierre* de *Craon,* Chevalier, & ses complices, en la personne de feu *Olivier* Sire de *Cliçon,* lors Connestable de France, avec la *Conté* d'*Angoulesme,* pour deux mille trois cens soixante-quinze livres Tournois de rente; reservé toutevoyes à Nous & à nos Successeurs Roys de France,

a *Elles sont imprimées à la p. 54. du 6.e Vol. de ce Rec.*

b *Par Lettres du mois de Novembre 1386. qui sont à la p. 467. du 7.e Vol. de ce Rec. note (b)*

c *Par Lettres du 4. de Juin 1392. qui sont à la p. 467. du 7.e Vol. de ce Rec.*

d *Par d'autres Lettres du même jour 4. de Juin 1392. qui sont* ibid. *p. 471.*

e *Dans le* Maine, *Election du* Mans. *Voy. le Dict. univ. de la Fr. à ce mot.*

NOTES.

(c) N'agaires trespassé.] Le *Duc* d'*Orléans* avoit été tué à *Paris* le 23. de Novembre 1407. Voy. l'Hist. Généal. de le Maison de France, T. 1. p. 206.

(d) Duchesse d'Orliens.] Blanche de *France,* Fille posthume de Charles le Bel & femme de *Philippe Duc* d'*Orléans* Frère du Roy Jean. Elle mourut le 8. de Février 1392. Voy. l'Hist. Généal. de la Maison de Fr. T. 1. p. 104. Lorsqu'en 1386. Charles VI. donna à son Frère ce que tenoit la *Duchesse* d'*Orléans,* l'usufruit lui en fut réservé. Voy. les Lettres du mois de Novembre 1386.

(e) Baillié.] Les Lettres de ce don ne sont point dans ce Rec. Elles peuvent avoir été données peu de temps après celles du 4. de Juin 1392. puisque ce fut le 14. de ce mois que *Pierre* de *Craon* blessa le Connétable de *Cliçon,* crime qui donna lieu à la confiscation des Terres qui furent données au *Duc* d'*Orléans.* Voy. un peu plus bas, & l'Hist. Généal. de la Maison de France T. 8. p. 572.

de reprendre ladicte *Conté* d'*Angolesme* toutesfois que bon sembleroit à Nous ou à nos Successeurs, en baillant & asseant ailleurs à feu nostredict Frere ou à ses hoirs, la somme de deux mille trois cens soixante-quinze livres Tournois de rente, si comme ces choses & autres pevent plus à plain apparoir par plusieurs noz Lettres, & celles de feu nostredit Frere; & nonobstant les choses dessusdictes, & que ycellui feu nostredit Frere feust grandement appanagié & plus que n'avoit ordonné nostredit feu Seigneur & Pere, par les requestes & prieres reiterées qu'il Nous faisoit de jour en jour, disant qu'il n'estoit mie souffisaument appanagié, considerez les Appanages autresfois fais & baillez par nos Predecesseurs à autres de pareil estat de feu nostredit Frere, & par l'exhortacion de plusieurs ses gens & serviteurs, qui par aventure avoient plus regart à leur singulier proufit que à la conservacion enterine de nostre Couronne & Seigneurie, lui aions *(f)* baillié & transporté plusieurs autres Villes, Terres & Seigneuries; c'est assavoir, les *Conté*, Ville, Chastel, Chastellenie & Terre de *Dreux*, les Ville, Chastel, Chastellenie & Terre de *Chastiau-Thierry*, tout le droit & Demaine que Nous avions en la Ville & Cité & Terres de *Soissons*, de *Ham* en *Vermandois*, *Pinon*, *Moncornet*, *Origny* en [a] *Terraisse* & ou Vinage de *Laon*, jusques à certaine valeur, les Villes, Chastellenie, Terres & Prevosté de *Chasteillon* sur *Marne*, les Chastel, Ville, Chastellenie & Terre de *Montargis*, les Chastel, Chastellenie & Terres de *Courtenay*, & la Ville, Chastel, Chastellenie & Terres de *Crecy* en *Brye*, avecques tous & toutes les Maisons, Manoirs, Hostelz, Fours, Molins, Granches, Coulonbiers & autres Edifices, Terres, Vignes, Prez, Pasturages, Champs, Forests, Bois, Garennes, Pescheries, Estangs, Rivieres & autres possessions & heritages, [b] Hommes de corps, Vassaulx, Hommes, Hommages, Fiefs, Arriere-Fiefs, Cens, rentes, revenues, emolumens, proufis, servitutes, devoirs, Jurisdicions & Justices haultes, moiennes & basses, [c] meres & mixtes imperes, collacions & presentacions de Benefices, & droiz de Patronnage d'Eglise, s'aucuns en y avoit, droiz, usaiges, libertez, franchises, & autres appartenances & appendances quelxconques desdis Chasteaulx, Villes, Chastellenies & Terres, en quelque lieu que elles feussent, & comment qu'elles feussent nommées & appellées; pour occasion desquelx alienacions & transpors, nostredit Demaine & Seigneurie soient moult forment appeticées & diminuées, & pourroient encor plus diminuer & amendrir, se par Nous n'y estoit pourveu de remede: Savoir faisons à tous presens & avenir, que Nous pensans & considerans incessamment à la restauracion & conservacion de nostredit Demaine & Seigneurie, & desirans de tout nostre cuer que en noz temps ilz n'appetissent ou diminuent, mais les rendre à noz Successeurs en aussi bon ou meilleur estat qu'ilz estoient quant Nous venismes au Gouvernement de nostredit Royaume; attendans aussi le grant nombre d'Enfans que de present avons, & que encores par la grace de Dieu sommes disposez d'avoir, ausquelx se Nous voulions bailler, & semblablement noz Successeurs à leurs Freres & Enfans, telx & si excessis Appanages comme a eu de Nous nostredit Frere, ce seroit moult affebloier & diminuer le Demaine & la puissance de la Couronne, si en serions moins puissans à exercer Justice qui se veult aucunefois demener & executer par main armée contre les desobeissans & rebelles, Nous en serions moins crains & doubtez de noz adversaires, & si ne pourrions si bien supporter les grans charges & affaires qui Nous surviennent de jour en jour; ramenans après à nostre memoire que quant

CHARLES VI. à Paris, en Novembre 1407.

a *Tierache.*

b *espèce de serfs.*

c *Voy. la note (z) de la p. 44. du 5.e Vol. de ce Rec.*

NOTE.

(f) Baillié & transporté.] Toutes les Lettres des différens dons faits au Duc d'*Orléans*, & qui sont ici mentionnées, ne sont point dans ce Recueil: on y trouve seulement à la p. 383. du 8.e Vol. les Lettres du mois de Mai 1400. par lesquelles Charles VI. donna *Château-Thierry* à son Frère; & à la p. 1. de ce 9.e Vol. les Lettres du 22. de Mai 1404. par lesquelles Charles VI. lui donna ce qui lui appartenoit dans le Comté de *Soissons*, & dans les *Châtellenies* de *Ham*, de *Pinon*, de *Moncornet*, d'*Origny* & dans le Vinage de *Laon*.

On peut remarquer que Charles VI. ne réunit à son Domaine que les Terres qui en avoient été démembrées pour l'accroissement de l'appanage, & qu'on laissa à la Maison d'*Orléans* celles qui provenoient de la confiscation de *Pierre* de *Craon*.

CHARLES VI. à Paris, en Novembre 1407.

noz Predecesseurs ont esté sacrez & enoincts en Roys, & aussi Nous quant Nous le feusmes, ilz ont juré & aussi jurasmes Nous moult solennelment, presens à ce les Pers, plusieurs Prelas & autres Princes de nostredit Royaume, garder lesdiz droiz de nostredicte Couronne, & aussi ledit Demaine entier, & non le aliener ne departir en aucune maniere, mais recouvrer, y readjoindre & réunir ce qui en seroit aliené autrement que à point; eue sur ces choses grant & meure deliberacion avec plusieurs de nostre Sang & Linage, & autres notables personnes de nostre Conseil, ausquelx il a semblé & semble que consideré nostredit serement, lesdictes donacions & transpors fais à feu nostredit Frere, oultre & pardessus deu Appanage, ne pevent ne doivent de raison sortir aucun effect, & ne les povons ne devons aucunement tolerer sans nostre conscience grever; & pour ce voulans à ce pourveoir ainsi que tenus & astrains y sommes, au bien de Nous, de nostredit Royaume & de noz Successeurs, avant que inconvenient en viegne, & à la descharge de nostre ame, par l'advis & deliberacion des dessusdis, les dons, cessions & transpors fais à feu nostredit Frere desdictes *Conté* de *Dreux*, Villes, Chastiaulx, Chastellenies, Terres & Prevosté de *Chasteillon* sur *Marne,* de *Montargis,* de *Courtenay,* de *Crecy* en *Brye,* de *Chastiau-Thierry,* & du droit & Demaine que donné lui avions ès Villes, Cité, Terres, Seigneuries, appartenances & appendences de *Soissons,* de *Ham* en *Vermandoiz, Pinon, Moncornet, Origny* en *Terraisse,* & ou Vinage de *Laon,* auecques les appartenances & appendences quelxconques des Terres & Seigneuries dessus declairées, avons declairié & declairons estre nulz & de nulle valeur, & yceulx avons revoqué & revoquons par ces presentes, & les Villes, Chastiaulx & Chastellenies dessus declairées, Terres, appartenances & appendences d'icelles quelxconques, en quelque lieu qu'elles soient & comment qu'elles soient nommées & appellées, avons [a] remi, réuni & réincorporé, & de nostre certaine science, plaine puissance & auctorité Royal, remettons, réunissons & réincorporons à nostredit Demaine, tout ainsi comme se lesdis dons, cessions, baulx ou transports n'eussent oncques esté fais; mais voulons que toutes lesdictes Terres & Seigneuries soient mises & dès maintenant les remettons à leurs Sieges & Ressors, & aux Receptes anciennes, tout en la fourme & maniere qu'elles estoient paravant lesdis dons, cessions & transpors. Si donnons en mandement par ces mesmes presentes, à noz amez & feaulx Conseillers, les Gens tenans nostre Parlement, les Gens de noz Comptes & Tresoriers à *Paris,* aux *Baillis* de *Vermandois,* de *Sens,* de *Vitry,* de *Meaulx* & de *Meleun,* & à tous noz autres Justiciers & Officiers, ou à leurs Lieuxtenans, & à chascun d'eulx, si comme à lui appartendra, que nostre presente Declaracion, Ordenance & voulenté tiengnent, gardent & accomplissent, & facent mettre chascun en droit soy diligemment à execucion. Et afin que ce soit ferme chose & estable à tousjours, Nous avons fait mettre nostre Séel à ces Lettres. *Donné à* Paris, *ou mois de Novembre, l'an de grace mil quatre cens & sept, & le XXVIII.e de nostre Regne.* Ainsi signée. Par le Roy en son Conseil, où le *Roy* de *Secille,* Monseigneur le *Duc* de *Berry,* le Connestable, [b] Vous, l'*Arcevesque* de *Sens,* l'*Evesque* de *Poitiers,* le *Conte* de *Tancarville,* le Grant Maistre d'Ostel, les Sires d'*Omont,* de la *Rocheguion* & de *Boissay,* estiez. DERIAN. *Visa. Sic tradita.*

a *corr.* remis.

b *Le Chancelier de France.* Voy. le 5.e Vol. de ce Rec. p. 653. note *(c).*

Collatio facta fuit in Parlamento, cum Litteris Originalibus suprascriptis, die XII.a Decembris M.o CCCCVII.o

Lecta & publicata in Curia, anno Domini millesimo CCCC.o septimo, duodecima die mensis Decembris. BAYE.

Item. *Lecta similiter & publicata in Camera Compotorum Reg. Par. anno & die supradictis.* LE BEGUE.

(a) Lettres

CHARLES VI. à Paris, le 23. de Décembre 1407.

(a) Lettres qui portent que l'Aide qui se lève au profit du Roy & des habitans de la Rochelle, sur les vins qui se cueillent hors de la Banlieue de cette Ville, & qu'on embarque dans son Port, sera levée sur les vins de cette nature qu'on embarquera dans les autres Ports qui se trouvent dans la Banlieue de la Rochelle.

CHARLES, &c. Savoir faisons à tous présens & avenir, Nous avoir receue l'umble supplicacion de noz bien amez les Maire & Eschevins, Conseillers & Pers de la Ville de la *Rochelle,* contenant que ladicte Ville est assise ès fins de nostre Royaume, sur notable Port de mer, faisant frontiere à tous noz ennemis, & est fondée sur fait de marchandise, & principalement de marchandise de vins d'*Aulnis* & d'autres qui croissent ou païz, sans lesquelz & sans le Port de ladicte Ville, qui est bel & notable, & auquel affluent marchans & marchandises de tous païs & nacions, ladicte Ville ne se pourroit entretenir, & lequel Port avecques la garde, deffense, gouvernement & réparacions de ladicte Ville, sont à faire garder & soustenir par lesdits supplians, & y fault continuelment en iceulx Ville & Port, & par especial pour le [a] . . . . . . audit Port, moult grans ouvrages & reparacions qui ausdiz supplians seroient & sont importables à soustenir, attendu mesmement la grant charge des guez & gardes qu'il fault faire chascun jour & en tout temps de guerre & de paix, & tant de jour comme de nuit, en ladicte Ville, & la petite quantité du peuple qui est en icelle, laquelle Ville tant pour lesdictes charges comme pour mortalité, & la marchandise qui de present y est & de pieça a esté très-foible, [b] & telement depopulée & [c] se dépopulée, qu'elle est en peril d'en encourir en grant inconvenient, se briefment n'y est pourveu; & combien que Nous & lesdiz supplians ensemble aions acoustumé d'ancienneté, & soions en possession & saisine de prenre & avoir pour les réparacions & deffenses & autres necessitez de ladicte Ville & de nostre Chastel d'icelle, sur tous les vins qui croissent au dehors de la Banlieue de ladicte Ville, qui sont amenez en icelle, & chargiez audit Port; c'est assavoir, de chascun tonnel, dix solz Tournois, dont lesdiz supplians ont viij. solz Tournois pour la Ville, & Nous ij. solz Tournois pour le fait de nostredit Chastel, & pour chascune pipe dudit vin, v. solz Tournois, dont iceulx supplians prennent aussi les iiij. solz pour le fait de la Ville, & Nous xij. deniers pour le fait de nostredit Chastel; toutesfoiz, ledit Aide ne souffist point de trop pour satisfaire aux choses dessusdictes, avecques ce que lesdiz supplians y pevent mettre d'autre costé, tant pour ce que Nous & eulx sommes très-grandement fraudez de l'Aide dessusdicte, en ce que à iij. lieues & audessoubz de ladicte *Rochelle;* c'est assavoir ès termes de la Banlieue d'icelle Ville a pluseurs autres [d] Pors d'autres Seigneurs, esquelx ne se lieve point ledit Aide, & pour ce les gens & marchans qui souloient venir & affluer en grant quantité en nostredicte Ville, & y chargier & delivrer leurs vins, font mener de present iceulx vins, & chargier à iceulx autres Pors de la Banlieue, & les y vendent, chargent & delivrent, dont ledit droit & Aide dessusdit de Nous & d'iceulx supplians, est moult grandement diminué, & plus se diminue de jour en jour, comme autrement, ou très-grant préjudice & dommage d'icelle Ville & de Nous, & dont elle a très-grant indigence & deffaultes en ses réparacions, gardes & deffenses dessusdiz, & qui chargeroit le peuple plus avant, pour ses causes ilz s'en départiroient, & demouroit icelle Ville comme [e] vague, dont inconvéniens inréparables s'en pourroient ensuir à Nous & à toute la chose publique de nostre Royaume, se remede n'y estoit mis; requerans humblement que comme ladicte Ville soit chief & principal de toute icelle Banlieue, & de laquelle Banlieue les habitans & demourans de quelque estat

[a] *Il y a dans le Reg. p. suivi de trois jambages surmontés d'une marque d'abréviation. C'est peut-être l'abrégé de* présent.

[b] *corr.* est.

[c] *corr.* se.

[d] *corr.* Ports, là & plus bas.

[e] *deserte.*

NOTE.

(a) Trésor des Chartres, Reg. 162. P. iiij.xx vij (87.)

CHARLES VI. à Paris, le 23. de Décembre 1407.

qu'ilz soient, ont leurs recours & reffuge de leurs personnes & de leurs biens en icelle Ville, en tous temps de guerre & de necessité, & par ce soit bien dur que pour occasion desdiz Pors d'icelle Banlieue, le bien publique d'icelle Ville soit grevé & empiré, ne ledit Aide ainsi soustrait ou diminué, qui est ordonné pour la tuicion & deffense universal tant de ladicte Ville comme d'icelle Banlieue, & doie-l'en principalment secourir à la nécessité & soustenement de ladicte Ville & dudit Port d'icelle, qui est trop plus grant & notable que ceux de la Banlieue, & auquel se pevent retraire & sauver les vaisseaulx & les marchans, & les marchandises estre sauvées & gardées contre les aguez des ennemiz, [a] ce qu'il ne se peut faire esdiz Pors de la Banlieue, Nous leur vueillons donner & octroier pareil Aide que ilz ont oudit Port de la *Rochelle,* sur tous les vins venans de dehors & entrans en ladicte Banlieue, pour chargier auxdiz Pors d'icelle Banlieue, ou autrement. Pourquoy Nous les choses dessusdictes considérées, voulans obvier aux fraudes dessusdictes, pour le bien de la chose publique, & afin que lesdiz marchans n'aient point plus cause de frequenter & eulx delivrer de leursdiz vins à iceulx Pors de dehors, ne ailleurs que en ladicte Ville où ilz ont acoustumé de le faire, & le pevent mieulx faire & plus seurement, comme dit est, avons ordonné & voulons, & ausdiz supplians avons octroié & octroions de grace especial par ces presentes, que doresenavant ilz aient & preignent sur tous les vins venans de dehors & entrans en ladicte Banlieue, pour charger ausdiz Pors ou autrement, comme il est acoustumé faire audit Port de la *Rochelle,* l'Aide qui s'ensuit; c'est assavoir, x. solz Tournois pour tonnel, dont les ij. seront à nostre prouffit pour le fait de nostredit Chastel de la *Rochelle,* & les viij. solz seront pour iceulx supplians, pour tourner ès reparacions & deffences & aultres necessitez d'icelle Ville; & sur chascune pipe de vin, v. solz Tournoiz, dont Nous prendrons les xij deniers Tournois, & eulx les iiij. solz, pour tourner & convertir comme dessus; pourveu toutesfoiz que ce ne tourne à aucun préjudice aux Chasteaux estans sur lesdiz Pors, se aucuns en y a, & que cellui ou ceulx qui sera ou seront commis à recevoir ledit Aide, tant pour Nous comme pour lesdiz supplians, soient tenuz d'en rendre compte & reliqua ou & quant il appartendra & requis en seront; c'est assavoir, ceulx qui le recevront pour Nous, à noz Officiers à qui il appartendra, & ceulx qui le recevront pour lesdiz supplians, à iceulx supplians ou à leurs Commis. Si donnons en mandement au Gouverneur & *Prevost* de la *Rochelle,* & à tous noz autres Justiciers & Officiers, presens & avenir, ou à leurs Lieuxtenans, & à chascun d'eulx, si comme à lui appartendra, que ledit Aide ilz mettent ou facent mettre sus & cueillir & lever par tous lesdiz Pors & ailleurs où il appartendra, & en facent, seuffrent & laissent lesdiz supplians & Nous joïr & user paisiblement; & avec ce, nostre presente Ordonnance & octroy facent crier & publier par tous les lieux où ilz verront qu'il sera à faire, afin que aucun n'en puist prétendre cause d'ignorance, en commettant aucunes bonnes personnes souffisantes à recevoir icellui Aide, esdiz Pors & ailleurs, tant pour Nous comme pour lesdiz supplians, qui en sachent & puissent rendre compte en temps & en lieu, par la maniere dessusdicte, & en contraingnant à icellui Aide paier, tous ceulx qui pour ce seront à contraindre, par toutes voies deues & raisonnables, sans recevoir aucun à opposition ou appellacion: car ainsi Nous plaist-il estre fait, non obstant quelxconques autres dons ou graces par Nous autresfoiz faiz ou faictes à iceulx supplians, lesquelx Nous ne voulons cy estre exprimez. Et que ce soit ferme chose & estable à tousjours, Nous avons fait mettre nostre Scel à ces presentes: sauf en autres choses nostre droit, & l'autruy en toutes. *Donné à* Paris, *le XXIII.e jour de Decembre, l'an de grace mil IIII.c & sept, & de nostre Regne le XXVIII.me*

Es Requestes par [b] Vous tenues par l'ordonnance du Roy, l'*Arcevesque* de *Sens,* & les Maistres des Requestes de l'Ostel, presens. FORTEMENT.

[a] corr. ce qui.

[b] *Le Chancelier de France. Voy. le 5.e Vol. de ce Rec. p. 653. note (c).*

CHARLES VI. à Paris, le 26. de Décembre 1407.

(a) Ordonnance qui porte que lorsque le Roy décédera avant que son Fils aîné soit majeur, le Royaume ne sera point gouverné par un Régent, mais au nom du nouveau Roy, par un Conseil, dans lequel les affaires seront décidées à la pluralité des voix.

CHARLES, par la grace de Dieu, Roy de France. Comme la disposicion & introduccion des droiz divin & naturel, demonstre les peres devoir labourer & traveiller à ce que après leurs decez, leurs enfans usent paisiblement de leurs successions, & telement & si seurement y pourveoir, que aprez eulx ilz n'y soient ou puissent estre perturbez ou empeschez ; Savoir faisons à tous presens & avenir, que Nous à qui Nostre Seigneur par sa grace a donné [a] lignie, laquelle par son plaisir esperons succeder à nostre Royaume & à Nous, quant il lui plaira Nous appeller devers lui ; voulans ensuir & mettre à effet la disposicion & introduccion dessusdictes, considerans que sitost qu'il plaist à Dieu envoyer au Roy de France, qui est pour le temps, hoir masle ou masles, droit de nature baille le premier né d'iceulx heritier & successeur audit Royaume, & que tantost que son pere est allez de vie à trespas, icellui ainsné, supposé qu'il soit [b] mendre d'ans, en quelconque minorité qu'il soit, est & doit estre tenu & repputé pour Roy, & ledit Royaume estre gouverné, & les faiz & besongnes d'icellui estre disposez par lui & en son nom ; desirans pour obvier à toutes doubtes & scrupules, & aux grans inconveniens qui sont apparuz ou temps passé, & pourroient ensuir ou temps avenir, & pour pourveoir à la seurté de nostre très-cher & très-amé ainsné Filz *Loys Duc de Guienne*, ou de cellui qui sera pour le temps nostre ainsné Filz, & devra par droit de ainsneesse, succeder après Nous à la Couronne de France, & des autres ainsnez Fils de noz Successeurs Roys de France, afin que sitost que Nous & eulx serons departiz de ce monde, nostredit, & les autres ainsné Fils de nozdiz Successeurs, supposé qu'ilz fussent mendres d'ans, & en quelque minorité d'aage qu'ils fussent & soient, puissent plainement user de leurdit droit qui lors par le decez de Nous & de nozdiz Successeurs leur seroit & sera acquis & advenu à ladicte Couronne ; euz de ce sur ce grant avis & meure deliberacion, avons ordonné & decerné, ordonnons, decernons & declairons, & par maniere de Loy, Edict, Constitucion & Ordonnance perpetueles & irrevocables, establissons de noz certaine science, plaine puissance & auctorité Royal, que nostredit ainsné Filz qui est à present, ou qui le sera pour le temps, & aussi les ainsnez Fils de nozdiz Successeurs, en quelque petit aage qu'ilz soient & puissent estre ou temps du decez de Nous & d'iceulx noz Successeurs, soit & soient incontinant après Nous & nozdiz Successeurs Roys, diz, appellez, tenuz & reputez Roys de France, & à icellui Royaume succedans, soient couronnez & sacrez en Roys, incontinent aprez le decez de Nous & de nozdiz Successeurs, ou au moins au très-plutost que faire se pourra, & usent & joïssent de tous droiz, [c] preminences dignitez, & prerogatives appartenans à Roys de France

a lignée.

b mineur.

c corr. prééminences.

NOTE.

(a) Copié sur l'original qui est au Trésor des Chartres, Layette intitulée : *Regence & majoritez des Rois n.° 14*. Le Sceau en cire verte, attaché avec des laz de soye rouge & verte, y pend encore.

Au dos de l'original il y a : *L'Edict fait par le Roy, que son ainsné Filz, & les ainsnez Filz de ses Successeurs, en quelque petit eage qu'ilz soient, soient appellez & couronnez Roys.*

Cette Ordonnance avoit déjà été imprimée à la p. 212. du Traité de la majorité des Rois de France, par *Du Puy*. On la trouve aussi à la p. 814. du Recueil sur les Trésoriers de France, par *Fournival* qui l'a fait imprimer d'après le Mémorial *G.* de la Chambre des Comptes de *Paris*, où elle étoit au *fol.* 77. Elle est aussi à la p. 32. du Recueil de Pièces servant à l'Histoire de Charles VI, par *Besse* qui l'a fait imprimer d'après un Manuscrit cotté *H.* qui lui a été communiqué par M. *Vion d'Herouval* Auditeur à la Chambre des Comptes de *Paris*.

CHARLES VI. à Paris, le 26. de Décembre 1407.

& à ladicte Couronne, senz ce que quelconque autre, tant soit prouchain de leur linaige, entrepreigne, puisse, ne doye, ou lui loise entreprendre Bail, Regence, ou autre quelconque gouvernement & administracion dudit Royaume, ne que à nostredit & autres ainsnez Filz dessusdiz, puissent estre faiz, mis ou donnez en & sur leurdit droit à eulx deu par droit de nature, ne ès autres choses dessus touchées, empeschement & perturbacion quelconques, soubz umbre de ce que dit est, ne autrement, pour quelconques raisons, couleur, ou occasion que ce soit ou puist estre. Toutesvoyes s'il avenoit que nostredit ainsné Filz & nosdiz autres Enfans, & aussi ceulx de nozdiz Successeurs, demourassent après Nous & iceulz noz Successeurs, mendres d'ans, en quelque minorité que lors feussent, il Nous plaist, voulons & ordonnons que en ce cas ilz soient durant leur minorité, gardez, gouvernez & nourriz, & les faiz, affaires & besongnes d'eulx & du Royaume, traictiez, deliberez & appoinctiez par nostredit, & autres ainsnez Filz de nozdiz Successeurs, de leur auctorité & en leur nom, par les bons adviz, deliberacion & conseil des Roynes leurs meres, se elles vivoient, & des plus prouchains du Linage & Sang royal qui lors seroient; & aussi par les adviz, deliberacion & conseil des Connestable & Chancellier de France, & des saiges hommes du Conseil, qui seroient lors à Nous & à nozdiz Successeurs; & que à nostredit, & autres ainsnez Filz d'iceulx noz Successeurs, & non à autres quelconques, obeissent comme à leur Roy, tous les dessus nommez de leur Sang & Conseil, & en toutes choses leur facent obeir par tous les Justiciers, Officiers, feaulx & subgiez desdiz Royaume & Couronne, de quelconque auctorité, estat & condicion qu'ilz soient, comme à leurs vrays Roys droicturiers & souverains Seigneurs, & comme à telz leur prestent & facent prester & faire les foys, hommaiges & seremens en quoy & si comme ilz y seront tenuz: & Nous par ces Presentes leur mandons, en les requerans sur les foy & loyautez esquelles ilz sont & seront tenuz à Nous, à nostredit & autres ainsnez Filz de nozdiz Successeurs, & à ladicte Couronne, que ainsi le facent & accomplissent chacun en droit soy; cessans & regetez tous contrediz & delaiz. Et en oultre, voulons & ordonnons que toutes les deliberacions, appointemens & conclusions qui par la maniere dessus declairée seront faictes & prinses es fais, affaires & besongnes dessus touchées, soient advisées, prinses & concluses, selon les voix & oppinions de la [a] graigneur & plus saine partie des plus prouchains & principaulx desdiz Sang royal & Conseil, & selon ce qu'il sera dit & advisé pour & aux bien & prouffit de nostredit & autres ainsnez Filz dessusdit dudit Royaume, & des faiz, affaires & besongnes devant dictes. Toutes lesquelles choses cy-dessuz exprimées, & chascunes d'icelles, Nous voulons, decernons, declairons & establissons par la teneur de ces Lettres, avoir, prendre & sortir plain & entier effect ores & ès temps advenir, & que elles aient & obtiegnent force & vigeur de Loy, Edict, Constitucion & Ordonnance perpetueles, estables & non jamais revocables, & senz ce que aucun ou aucuns de quelconques auctorité & condicion qu'il soit & use, ou soient & usent, y puissent ou doient faire aucunes interprétacion, mutacion ou changement, contre la teneur de ces Presentes; nonobstans quelxconques contraires Lois, Constitucions, Edictz, Ordonnances, Usaiges, Coustumes, Observances & Lettres perpetueles & temporeles, soubz quelconque forme de paroles que elles soient faictes par nostredit Seigneur & Pere & autres noz Predecesseurs, ou par Nous, sur le fait & gouvernement de nostredit & des autres ainsnez Filz des Rois de France, & autres Lettres & choses quelconques, jasoit ce que ne soient cy exprimées, qui pourroient au contenu en ces Presentes, faire ou porter prejudice ou derogacion quelconques; lesquelles Nous voulons estre de nul effet & valeur, & par ces Lettres les revoquons, cassons & mettons du tout au neant. Et s'il advenoit, que Dieu ne vueille, que par inadvertence, importunité ou autrement, Nous octroïssions ou commendissions, ou eussions octroyé & commandé aucunes Lettres qui aucunement peussent estre derogatives ou prejudiciables aux choses dessus touchées, ou feissions aucune autre chose au contraire, Nous, des maintenant les declairons & decernons nulles & de nul valeur, qu'il n'y soit obey, ne aient force ou vigeur contre la forme & teneur de ces Presentes. Toutevoies

[a] *plus grande.*

par icelles Nous ne entendons deroguier à certaine *(b)* Constitucion & Ordonnance aujourd'huy par Nous faictes en faveur de nostredit ainsné Filz le *Duc* de *Guienne*, & de nozdiz autres Enfans; ainçois, voulons ycelles Constitucion & Ordonnance demourer en leur force & vigeur. Si donnons en mandement & enjoingnons estroictement à noz amez & feaulx Conseillers, les Gens de nostre Parlement, de noz Comptes, & Trésoriers à *Paris*, & à tous noz Justiciers, Officiers, vassaulx & subgiez, presens & avenir, ou à leurs Lieutenans, & à chascun d'eulx, si comme à lui appartendra, que contre noz presens Loy, Edict, Constitucion & Ordonnance, ilz ne viengnent, facent ou seuffrent venir & faire en quelconque maniere, ne pour quelques cause, couleur ou occasion que ce soit, ou puist estre, ores, ne ès temps avenir, mais les gardent, tiengnent, & accomplissent, & facent garder, tenir, & accomplir de point en point, sanz enfraindre. Et afin que ce soit ferme & estable à tousjours, Nous avons fait mettre nostre Séel à ces Presentes. *Données & leues publiquement & à haulte voix en la Grant Chambre de nostre Parlement à* Paris, *où estoit drecié le Lit de Justice, lendemain de la Feste de Noel, qui fut le* XXVI.*me jour de Decembre, l'an de grace mil quatre cens & sept, & le* XXVIII.*me de nostre Regne.*

CHARLES VI. à Paris, le 26. de Décembre 1407.

Par le Roy tenant son Parlement, presens le *Roy* de *Sicile*, Mess. les *Ducs* de *Guienne*, de *Berry*, de *Bourbonnois* & de *Baviere*, les *Comtes* de *Mortaing*, de *Nevers*, d'*Alençon*, de *Clermont*, de *Vendôme*, de *Saint Pol*, de *Tancarville*, & plusieurs autres Contes, Barrons & Seigneurs du Sang Royal, & autres, le Connestable, [a] Vous, les *Arcevesques* de *Sens* & de *Besançon*, les *Evesques* d'*Aucerre*, d'*Angiers*, d'*Evreux*, de *Poictiers* & de *Gap*, grant nombre de Abbez, & autres gens d'Eglise, le grant Maistre d'Ostel, le Premier & autres Presidens en Parlement, le Premier & plusieurs autres Chambellans, grant quantité de Chevaliers, & autres Nobles, de Conseillers tant du grant Conseil & dudit Parlement, comme de la Chambre des Comptes, des Requestes de l'Ostel, des Enquestes & Requestes du Palays, des Aides, du Trésor, & autres Officiers & gens de Justice, & d'autres notables personnes en grant multitude. MANHAC. NEAUVILLE. *Visa.*

a *Le Chancelier de France. Voy. le 5.e Vol. de ce Rec. p. 653. note (c).*

NOTE.

(b) Constitucion & Ordonnance.] Elle ne se trouve point dans le Registre *A.* du Parlement, ni dans les autres Registres publics dont j'ai eu communication, & je ne sache pas qu'elle ait été imprimée. *Juvenal* des *Ursins*, dans son Histoire de Charles VI, a dit un mot de ce qu'elle contenoit : *Le vingt-huit jour de Décembre,* [dit cet Historien] *il y eut une maniere de Lict de Justice tenu, où on fit plusieurs Ordonnances : & entre les autres, pour ce qu'on voyoit le Roy souvent malade, il fut ordonné que si le Roy alloit de vie à trespassement, que son Fils aisné quelque aage qu'il eust, seroit couronné & sacré en Roy; & que le Roy estant essonié de maladie, le Dauphin son Fils aisné régenteroit, & comme Regent gouverneroit.* [Voy. Histoire de Charles VI. par *Godefroy*, p. 190.] On a pû remarquer que cet Historien s'est trompé sur la date du Lit de Justice. L'Ordonnance qui y fut faite, & que nous donnons ici, est datée du 26. & non du 28. de Décembre.

Monstrelet n'a pas été plus exact sur la date de ce Lit de Justice. Après avoir rapporté un fait arrivé le jour de S.t Thomas [21. Décembre,] il ajoûte : *Le second jour ensuivant, le Roy de France demourant en son Palais, vint en la Chambre de Parlement, &c.* Il ne parle point de l'Ordonnance qui nous manque; & à l'égard de celle que nous donnons, ce qu'il en rapporte est faux; il dit deux fois que Charles VI. ordonna que pendant la minorité de celui de ses Fils qui lui succéderoit, le Royaume seroit gouverné en son nom par les trois Etats. [Voy. *Monstrelet, fol.* 31. édit. de *Paris* 1572. *in fol.*]

(a) Statuts pour la Communauté des Esmouleurs de grandes Forces à tondre Draps.

CHARLES VI. à Paris, en Décembre, & le 6 de Mai 1407.

CHARLES, par la grace de Dieu, Roy de France. Savoir faisons à tous presens & avenir, que oye la relacion à Nous faicte par nostre amé & feal Conseillier & Chambellan *Guillaume* Seigneur de *Tignonville*, Chevalier, *Prevost*

NOTE.

(a) Livre rouge viel du Chastellet de *Paris, fol.* 12. vingt 8. *verso.* [248].
Avant ces Lettres, il y a : *Esmoleurs de Grans Forces à tondre Draps.*
Ces Lettres sont aussi au Trésor des Chartres, Registre 162. P. 82.

CHARLES VI. à Paris, en Décembre, & le 6. de Mai 1407.

de *Paris* pour Nous, sur ce que par vertu de noz autres Lettres à lui adreçans, obtenues & impetrées par les Maistres *(b)* Esmoleurs de grans Forces à tondre Draps, tant de nostre bonne Ville de *Paris,* comme des autres bonnes Villes de nostre Royaume, & des pays d'environ, consors en ceste partie, qui en somme toute ne excedent pas le nombre de seize personnes; desquelles Lettres l'en dit la teneur estre tele.

CHARLES, par la grace de Dieu, Roy de France. A nostre *Prevost* de *Paris,* ou à son Lieutenant: Salut. Les Maistres Esmoleurs de grans Forces à tondre Draps de nostre Ville de *Paris,* & de plusieurs autres Villes de nostre Royaume, consors en ceste partie, Nous ont humblement fait exposer en complaignant, disans que jasoit ce que ledit mestier soit de [a] très-grant [b] engin & subtilité, & tel que bonnement aucune personne n'en puet rien savoir, se il n'a esté aprentis audit mestier, & après experimenté & approuvé, avant qu'il puisse ou doye ouvrer d'icellui mestier; neantmoins plusieurs [c] Fevres Esmoleurs de petites Forces & Ciseaux, & autres, se sont entremis & entremettent de jour en jour de esmoldre lesdictes grans Forces, dont ilz ne scevent riens, & se transportent en plusieurs lieux & villes de nostredit Royaume pour ouvrer dudit mestier, dont pour occasion des faultes & mesprentures qui par euix ont esté & sont faictes, ledit mestier a esté & est grandement [d] foulé & vitupéré, & s'en sont ensuis plusieurs grans dommaiges & inconveniens à la chose publique, & en ont esté plusieurs bons Draps gastez & perduz, & souventeffois plusieurs personnes [e] destruis & desers, parce que aucuneffois lesdictes grans Forces qui sont la [f] chevance d'un Ouvrier, ont esté & sont du tout perdues & gastées; ne jamais ouvrage qui en soit fait ne peut riens valoir, se premierement ycelles Forces ne sont portées en loingtains pays pardevers les bons Maistres qui aucuneffois & souventeffois [g] alassent sur les lieux & villes pour ouvrer dudit mestier, se ne feussent lesdiz Fevres & autres qui s'entremettent d'icellui mestier, jasoit ce qu'ilz ne sachent riens; & est tout ce avenu par deffault de ce que oncques en ycellui mestier [h] n'ot aucun Statut ou Ordonnance, qui est ou très-grant grief, dommaige & prejudice d'iceulx exposans, & de toute la chose publique, & plus pourroit estre, se par Nous ne leur est sur ce pourveu de nostre gracieux & convenable remede, si comme ilz dient, implorans humblement sur ce le remede de nostre gracieuse provision. Pourquoy Nous consideré ce que dit est, & mesmement que plusieurs de nos subgez, Marchans & autres, ont esté destruis & desers pour occasion desdictes faultes, voulans pour le bien de la chose publique à ce estre pourveu, vous mandons & enjoingnons estroictement, en commettant, se mestier est, que se, appellez les Gens de nostre Conseil [i] & autres Gens expers & congnoissans oudit mestier, & autres qui pour ce seront à appeller, il vous appert le contenu en certains articles qui par lesdiz exposans ont esté advisez, estre bon, expedient & prouffitable pour le prouffit & utilité de la chose publique & dudit mestier, vous faictes Ordonnances & Status sur ledit mestier, selon le contenu esdiz articles, ou autrement selon ce que vous verrez estre expedient & prouffitable pour le bien de la chose publique & dudit mestier; aussi & ycelles Ordonnances ainsy faictes, faictes enregistrer ès Registres de nostredit Chastellet de *Paris* avecques les autres Registres & Ordonnances desdiz mestiers, afin de perpetuel memoire; & ce fait, faictes lesdictes Ordonnances crier & publier en vostre Auditoire, & par tous les lieux acoustumez à faire cris en nostredicte Ville de *Paris,* & partout ailleurs où il appartendra & dont requis serez, afin que aucun [k] ne puisse pretendre juste cause d'ignorance. Ce faictes tellement que lesdiz exposans n'aient plus cause d'en retourner

a *très-difficile & qui demande du génie.*
b *esprit,* du latin *ingenium.*
c *Ouvriers,* du latin *Faber.*
d *deshonoré & blâmé.*
e *ruinés.*
f *tout le bien.*
g *iroient.*
h *n'eut.*
i *du Châtelet.*
k *n'en puisse.* T. C.

NOTE.

(b) Esmouleurs de grans Forces.] Les *Esmouleurs* sont présentement nommés *Resmouleurs.* Ce sont ceux qui repassent & refont la pointe ou le tranchant à quelque instrument, sur une meule tournante. Les *Forces* sont des ciseaux qui n'ont point de clou au milieu, mais qui sont joints par un demi-cercle d'acier qui fait ressort, & qui en approche ou en éloigne les branches. *Voy. le Dictionnaire du Commerce de* Savary, *aux mots* Forces *&* Resmouleurs.

plaintifz pardevers Nous; car ainsy Nous plaist-il estre fait, & ausdiz exposans l'avons octroié & octroyons de grace especial par ces presentes; nonobstant quelzconques Lettres subreptices à ce contraires. *Donné à* Paris, *le VI.ᵉ jour de May, l'an de grace mil quatre cens & sept, & de nostre Regne le XXVII.ᵉ* Ainsy signé. Par le Roy, à la relacion du Conseil. M. DE LA TEILLAYE.

CHARLES VI. à Paris, en Décembre, & le 6. de Mai 1407.

Il s'estoit informé diligemment & bien de & sur le contenu ès Lettres dessus transcriptes, ensemble sur certains motifs & articles à lui baillez par escript par lesdiz Maistres Esmoleurs, afin de faire & adviser aucunes bonnes Ordonnances & Status sur le fait & gouvernement dudit mestier [a] des Esmoleurs de grans Forces, pour obvier aux grans faultes & decepcions qui de jour en jour estoient & sont commises ou préjudice du peuple de la Drapperie de nostre Royaume, dudit mestier & de la chose publique, par plusieurs Fevres & autres Esmoleurs de petites Forces & ciseaux, [b] discurrens, alans, venans & [c] vagans en plusieurs parties de nostredit Royaume, qui s'entremettent & sont entremis de esmouldre grans Forces à toutes manieres de gens qui les en ont requis & requierent, combien que de ce faire, ilz soient du tout ignorans; par quoy il se est ensui plusieurs fois que plusieurs escarlates & autres riches draps de grant pris & valeur, ont esté & sont très-souvent gastez & deshonorez, & plusieurs bons marchans destruiz & mis à povretté; & que par icelle informacion, & autrement par l'oppinion & advis de noz Advocas, Procureur, & de plusieurs de noz Conseilliers en nostre Chastellet de *Paris*, & desdiz Maistres Esmoleurs, pour ce par plusieurs foys & par itteratives journées assemblez pardevant lui, desquelz les noms s'ensuivent; c'est assavoir, *Guillaume Brumen* demourant à *Paris; Jehan* de *Bruges* demourant à *Bruges; Jehan* du [d] *Quesnoy* demourant à *Tournay; Aubert Gimart* demourant à *Bourges* en *Berry; Huguenin Faure*, de *Saint Siphorien le Chastel*, de l'Arceveschié de *Lion; Guillaume Chaton*, de *Salins* en la *Conté* de *Bourgongne; Jehan Labbé* demourant à *Rouen; Mahiet Labbé* son filz demourant audit lieu; *Regnier* [e] d'*Altre* demourant à *Amiens; Raoul* [f] *Cloquement* & *Fremin Gossé* demourans à *Abbeville*, lui estoit & est apparu que il estoit chose très-expédient & proufitable pour le bien de Nous, de la drapperie de nostredit Royaume, des bons marchans frequentans les foires & marchiez d'icellui, dudit mestier & de la chose publique, de faire [g] de Nous sur ledit mestier les Status & Ordonnances par eulx advisez, contenuz & déclairez ès articles cy-dessoubz transcrips.

(1) *Premierement.* Tous les Esmoleurs de grans Forces à tondre draps ou Royaume de France, qui de present sont & qui pour le temps avenir seront, paieront pour leurs devoirs d'entrée & maistrise, la somme de douze livres Parisis pour une foys, à appliquer le tiers au prouffit du Roy, le tiers au prouffit du mestier pour soustenir les drois, franchises & libertez à ycellui mestier appartenans, & aussi pour aidier à supporter les povres gens miserables d'icellui mestier, & l'autre tiers au prouffit des Jurez commis & preposez pour la garde & visitacion dudit mestier.

(2) *Item.* Aucun ne pourra d'oresenavant soy entremettre dudit mestier, tenir [h] ouvrouer, ne [i] ouvrer en icellui comme Maistre, plustost & jusques à ce que il aura esté receu & passé Maistre, fait son [k] chief d'euvre souffisant, & paié les devoirs dessusdiz, en paine de vint livres Parisis d'amende, à appliquer la moitié au prouffit dudit Seigneur, le quart audit mestier, & l'autre quart [l] à l'accuseur.

(3) *Item.* Aucun Maistre dudit mestier ne pourra d'oresenavant avoir & tenir avecques lui que un Aprentis seul, & ne pourra ycellui prendre à moins de deux ans, en paine de dix livres Parisis d'amende pour chascune foys qu'il sera trouvé faisant le contraire, & aussi de perdre les deniers qu'il auroit receuz pour ledit apprentissage; à appliquer moitié au prouffit du Roy, le quart au mestier, & l'autre quart à l'accuseur; & oultre ou cas dessusdit, perdra le second & derrenier Aprentis le temps de son apprentissage.

(4) *Item.* Se un Apprentis [m] se depart de son service par sa [n] coulpe & sans cause raisonnable, avant ce que il ait achevé son temps d'aprentissage, qui est de deux ans, comme dit est, il perdra ycellui temps d'aprentissage qu'il aura fait jusques

[a] *de Esmoleures.* T. C.
[b] *courans.*
[c] *errans.*
[d] *Quesnay.* T. C.
[e] *d'Alcie.* T. C. *On pourroit aussi lire*, d'Alcre.
[f] *Eloquement.* T. C.
[g] *par Nous.*
[h] *boutique.*
[i] *travailler.*
[k] *Voy. le 8.ᵉ Vol. de ce Rec. p. 152. note (k).*
[l] *au dénonciateur.*
[m] *se retire.*
[n] *faute.*

CHARLES VI.
à Paris, en Decembre, & le 6. de Mai 1407.

au jour de son departement, avec l'argent qu'il aura baillié, dont le Maistre sera tenu le [a] accointtier & lui faire savoir quant il le recevra Aprentis, à ce qu'il n'ait cause d'en pretendre ignorance.

a *Le verbe suivant explique celui-ci.*

(5) Item. Aucun ne pourra d'oresenavant estre passé Maistre oudit mestier, se il n'a esté Aprentis & servi en icellui mestier ou Royaume de France, l'espace de deux ans bien & deuement, & qu'il soit trouvé souffisant & expert pour estre receu & passé Maistre, par les Jurez dudit mestier, qui à ce seront commis & preposez.

(6) Item. Un chascun Aprentis qui vouldra estre receu & passé Maistre oudit mestier, & joïr des franchises d'icellui après ledit temps d'apprentissage fait & accompli, sera tenus apporter & monstrer Lettres certifficatoires par devant lesdiz Jurez, soit à *Paris* ou ailleurs, par lesquelles son Maistre duquel il aura esté Aprentis, certiffiera que ycellui Aprentis aura bien & deuement servi & accompli le temps de son apprentissage devant decleré.

(7) Item. Sera tenus ycellui Aprentis de faire chief-d'euvre tel; c'est assavoir, esmouldre & *(c)* asseoir unes grans Forces bien & deuement, ès hostelz desdiz Maistres ou de deux d'iceulx; c'est assavoir en chascun hostel ou ès deux, unes Forces teles & en la maniere que dit est, avant ce qu'il soit receu & passé Maistre, dont iceulx Jurez ès hostelz desquelz il aura fait ledit chief-d'euvre, seront aussi tenus lui bailler & envoier certifficacion souffisant soubz Séel de Justice Royal, ou autre autentique, ad ce que icelle veue, ou cas où ledit Aprentis aura fait chief-d'euvre souffisant, il soit receu & passé comme Maistre, & à ce institué par le Prevost de *Paris* present ou avenir, qui de ce lui baillera Lettres certifficatoires soubz le Séel de la Prevosté de *Paris*.

(8) Item. Se aucun Aprentis ou Ouvrier bon & expert oudit mestier, estrangier; c'est assavoir, de dehors du Royaume, vient en ycellui, & requiert estre receu & passé Maistre, lesdiz Jurez seront tenus icellui recevoir & passer Maistre par la maniere que dit est, pourveu qu'il soit souffisant & expert, comme dit est, & aussi qu'il ait servi oudit mestier par l'espace de deux ans bien & deuement, sans reprehencion, dont il sera tenus pareillement faire foy & monstrer Lettres de tesmongnage ou de certifficacion souffisant, du lieu où il aura demouré, ausdiz Jurez; pourveu que il sera aussi tenus faire chief-d'euvre tel & en la maniere que dessus est designé, & paier les devoirs d'entrée devant diz; & autrement ne pourra estre receu.

(9) Item. Seront tenus lesdiz Jurez de livrer à leurs coux & despens, Forces, Meule & Outilz à ce appartenans, à ycellui ou ceulx qui requerront & vouldront estre receuz à estre passez Maistres en payant les devoirs devant diz; pourveu que se la Meule, Outilz & chief-d'euvre estoient dommagez par le fait & coulpe de celui qui fera ledit chief-d'euvre, celui qui les dommagera en faisant ledit chief-d'euvre, sera tenus les restituer ausdiz Jurez.

Il y a à la marge du Registre, Des enfans ainsnés des Maistres.

(10) Item. Se aucun Maistre oudit mestier a enfans masles un ou plusieurs, & il les veult disposer & appliquer en l'art, science & industrie dudit mestier, ou l'un d'iceulx, faire le pourra, & sera l'ainsné d'iceulx enfans à ce disposé, franc d'aprentissage; mais il devra faire chief-d'euvre souffisant par la maniere que dit est, & paier la moitié des devoirs devant diz.

(11) Item. Et se il advenoit que ycellui ainsné filz disposé audit mestier, comme dit est, alast de vie à trespassement, cellui de ses freres ainsné disposé oudit mestier, qui lui aura survesqu, joïra de pareille franchise; & ainsy des autres enfans ensuivans.

(12) Item. Tous ceulx qui seront receuz & passez Maistres en ycellui, seront tenuz de bailler bonne caucion & souffisant pardevant le Prevost de *Paris,* jusques à la valeur de six marcs d'argent fin, [b] & de toute [c] loyaulté & preudommie; & de tout ce avoir Lettres certifficatoires dudit Prevost, avant ce qu'ilz se puissent entremettre dudit mestier, tenir ouvroüer, ne ouvrer en ycellui comme Maistre, & de

b *Je crois qu'il faut retrancher* &.

c *habileté & probité.*

NOTE.

(c) Asseoir.] Je crois que ce mot signifie ici, *resserrer les branches des Forces,* afin qu'elles ne vacillent point.

ce

ce faire foy pardevers la Justice des lieux où ilz seront [a] soubz manans & demourans, & ès bonnes Villes & autres lieux où ilz iront ouvrer, ad ce que aucun n'en soit [b] deceu, & que l'en ait congnoissance de ceulx qui seront Maistres expers & congnoissans oudit mestier.

(13) *Item.* Aucuns ouvriers dudit mestier ne pourront estre receuz & passez Maistres oudit mestier, se ilz estoient & sont de [c] male versacion; c'est assavoir, reprins d'infamie, [d] ruffiens, gens de mauvais gouvernement, ou qui eussent ou aient esté [e] pilorisiez; & se il advenoit que aucun des Maistres encourust en aucun des vices dessusdiz, après ce qu'il auroit esté passé & receu Maistre, & qu'il auroit eu la franchise dudit mestier, il perdra ycelle franchise.

(14) *Item.* Les Maistres Ouvriers dudit mestier ne aucuns d'iceulx, ne pourront faire deux mestiers de quelque mestier que ce soit, finon eulz entremettre de tondre ou de [f] la Forge, qui faire le saura avec ledit mestier d'Esmoleur, en paine de dix livres Parisis d'amende, à appliquer moitié au Roy, le quart au mestier, & l'autre quart à l'acuseur.

(15) *Item.* Se les Jurez qui seront commis & preposez à la garde & visitacion d'icellui, [g] retenoient aucuns Aprentis & Ouvriers comme Maistres, autrement que dit est, ou [h] abusoient contre la teneur de ces présentes Ordonnances, chascun d'eulx qui en ce aura mesprins & pechié contre la teneur d'icelles Ordonnances, paiera vint livres Parisis d'amende, à appliquer moitié au prouffit dudit Seigneur, & l'autre moitié au prouffit dudit mestier.

(16) *Item.* Ou mestier devant dit aura trois bonnes personnes Jurez qui à ce seront commis par ledit Prevost de *Paris* & ses successeurs, pour icellui garder, & rapporter les faultes & [i] mesprentures qui seront commises en ycellui, lesquelz seront à ce nommez & esleuz par tous les Maistres dudit mestier, au moins par la plus grant & saine partie d'iceulx, lesquelz à ceste fin seront tenus venir & comparoir en la Ville de *Paris* de trois ans en trois ans, le Dimenche de devant la Feste Saint Jehan Baptiste, en paine d'un marc d'argent, ou cas toutesvoies où ils n'auront excusacion souffisant, laquelle ilz seront tenus faire savoir audit jour, avecques leur voix & eleccion de ceulx qu'ilz auront esleu en leurs consciences pour estre Jurez, par Lettres patentes que ilz envoieront des lieux où ilz seront demourans, pardevers ledit [k] Prevost & ses successeurs.

En Nous suppliant très-humblement de la partie des dessus nommez Maistres Esmoleurs, que sur ce que dit est, leur voulsissions gracieusement pourveoir. Nous adecertes les choses dessusdictes considerées, inclinans favorablement à la supplicacion d'iceulx Maistres, & que oudit mestier ne sur ycellui [l] n'ot oncques mais aucunes Ordonnances, Registres ou Status, voulans ledit mestier d'oresenavant estre maintenu & gardé en bons termes & bonne police pour le bien publique, les Status & Ordonnances cy-dessus transcriptes par la maniere que advisez ont esté par nostredit Prevost & le Conseil de nostredit Chastellet, de noz certaine science, plaine puissance & auctorité Royal, avons voulu, decleré & ordonné, voulons, declerons & ordonnons, ou cas dessusdit estre gardez, tenus & observez à tousjours perpetuelment sans enfraindre, en tous leurs poins & chascuns d'iceulx, partout nostredit Royaume, par tous ceulx dudit mestier & autres [m] à qu'il appartendra, a & sur les peines en iceulx Articles & Status plus à plain specifiées & declerées, & tout selon la forme & teneur d'iceulx. Sy donnons en mandement à nostredit *Prevost* de *Paris*, & à tous noz autres Justiciers ou leurs Lieuxtenans, presens & avenir, & à chascun d'eulx ausquelz ces Présentes ou le transcript d'icelles fait soubz le Séel de nostre *Prevosté* de *Paris*, seront exhibées ou exhibé, que ces presens noz Status & Ordonnances faictes sur ledit mestier d'Esmoleur de grans Forces partout nostre Royaume, chascun [n] ès fins & termes de sa Juridiccion, facent tenir, garder & observer par tous ceulx à qui il appartendra, & à ce contraignent tous ceulx qui pour ce seront à contraindre, par toutes voyes deues & raisonnables; & avecques ce, facent ycelles Ordonnances registrer ès Registres de leurs Auditoires, & ycelles publier chascun en sa Jurisdiccion, par tous les lieux acoustumez à ce, & ailleurs

CHARLES VI. à Paris, en Décembre, & le 6. de Mai 1407.

[a] *Voy. le 6.e Vol. de ce Rec. p. 372. note (d).*
[b] *trompé.*
[c] *mauvaise conduite.*
[d] *débauchés.*
[e] *mis au Pilori.*
[f] *de forger les Forces.*
[g] *recevoient.* T. C.
[h] *contrevenoient à.*
[i] *contraventions aux Règlemens.*
[k] *Prevôt de Paris.* T. C.
[l] *n'eut jamais.*
[m] *à qui il.* T. C.
[n] *dans l'étendue.*

où ilz verront estre bon & expedient, & dont ilz seront requis de par lesdiz maistres ou aucun d'eulx, ad ce que aucun n'en puist prétendre juste cause d'ignorance. Et que ce soit ferme chose & estable à tousjours, Nous avons fait mettre nostre Séel à ces Presentes : sauf en autres choses nostre droit, & l'autrui en toutes. *Donné à Paris, ou moys de Decembre, l'an de grace mil quatre cens & sept, & de nostre Regne le XXVIII.*[a] Ainsy signé. Par le Roy, à la relacion du Conseil. R. LIJOTE. *Visa.* [b] *Contentor.* FRERON.

Collation faicte.

a *Ces Lettres finissent ainsi dans* T. C. Par le Roy, à la relacion du Conseil. R. LIJOTE.

b *Voy. le 5.e Vol. de ce Rec. p. 22. note (h).*

CHARLES VI. à Paris, en Décembre 1407.

(a) Lettres qui ordonnent que dans la Ville d'Auxerre on ne pourra vendre que des draps bien apprêtés & bien mouillés.

CHARLES, &c. Savoir faisons à tous présens & avenir, de la partie de nostre Procureur ou *Bailliage* d'*Aucerre,* & de noz Bourgoiz & habitans dudit lieu, Nous avoir esté monstrées & exhibées certaines Lettres faictes & passées par maniere d'Ordonnance par le Lieutenant de nostre *Bailli* dudit *Aucerre,* desquelles la teneur s'ensuit.

A tous ceulx qui ces presentes Lettres verront. *Jehan Regnier* le jeune, Escuier, Lieutenant de noble homme Monf. *Gasselin Dubos,* Seigneur de *Raincheval,* Chevalier & Chambellan du Roy nostre S. *Bailli* de *Sens* & d'*Aucerre :* Salut. Savoir faisons que pour le prouffit & utilité de la chose publique, & pour obvier aux fraudes, malices & inconvenians qui [c] ce font & ensuivent de jour en jour sur le fait de la marchandise des draps de laine que l'en vent en ladicte Ville d'*Aucerre,* sans estre apprestez, *(b)* moillez ne retraiz, dont il est advenu & advient communement que depuis que on en a prins & levé des marchans vendans lesdiz draps, & après ce que iceulx draps ont esté & sont [d] moillez affin, ilz se sont retraiz & decheuz, & se retraient & deschent de la quarte partie ou environ, & aucunes fois plus; & avec ce, les aucuns d'iceulx draps, & mesmement ceulx dont lesdiz marchans [e] ce fournissent à present, se demonstrent estre plus fins & meilleurs qu'ilz ne sont & qu'ilz ne se demonstrent après ce qu'ilz sont aprestez, & pour ce les simples personnes qui n'y ont pas cognoissance, les achettent plus volentiers & à plus haut pris, & en ce & aussi oudit retrait & decheance, ont [f] & sont moult grandement deceuz & fraudez, si comme entendu avons & nous en sont venuz plusieurs plaintifs, affin de y mettre provision. Nous pour pourveoir aus choses dessusdictes, par [g] leur conseil & advis & deliberacion de l'Advocat & Procureur du Roy nostre S. ou *Bailliage* d'*Aucerre,* & du consentement de la plus grant & saine partie des [h] XII. Jurez d'*Aucerre;* c'est assavoir, *Jehan Regnier* [i] l'ainznel, *Pierre Dasnois, Jehan Robiqueaul, Jehan Dorliens, Jehan* le *Trenlier,* Maistre *Guillaume* de *Pognes,* Maistre *Jehan Lusnier, Denis Biot, Guillaume Des Bordes* & *Loys Aulde,* tous Jurez de ladicte Ville, & de plusieurs autres habitans, tous notables personnes, tant d'Eglise comme autres d'icelle Ville, lesquelx nous avons mandez & fait venir pardevant nous pour ceste cause, [k] avions ordonné & ordonnons par ces presentes, que doresenavant en ladicte Ville d'*Aucerre,* nulz Drappiers quelxconques ne vendront ne porront vendre ou faire vendre draps, se premiers & avant toute œuvre, ilz ne sont tous apprestez; c'est assavoir, retonduz & moilliez affin, comme sont ceulx que l'en vent en la bonne ville de *Paris;* & s'il est trouvé que lesdiz draps depuis ce qu'ilz seront aprestez, retonduz & moilliez, & après ce qu'ilz auront esté vendus, ne soient dehument aprestez, retonduz & moilliez affin, ceulx qui les auront achetez

c *corr.* se, *là & plus bas.*

d *mouillez fortement & à fond.*

e *corr.* se.

f *supp.* été.

g *corr.* le.

h *Voy. la p. 420. du 7.e Vol. de ce Rec. art. 3.*

i *l'aîné.*

k *avons.*

NOTES.

(a) Trésor des Chartres, Registre 162. P. C. (100.)

Ces Lettres furent modifiées par celles du 19. de Mars 1407. qui seront imprimées ci-dessous à leur rang.

(b) Moillez.] Mouillez : ce qui fait retirer le drap & lui ôte quelque chose de sa longueur & de sa largeur.

defdiz Drappiers, auront & pourront avoir contre lefdiz Drappiers recours, accion & pourfuite de l'intereft, [a] perdes & dommaiges qui feront advenuz & adviendront pour deffault defdiz draps ainfi indehument appreftez & moillez, comme dit eft; & avec ce, ceulx qui venduz les auront, ou [b] qu'ilz les vendront fans eftre appreftez ainfi que dit eft, feront privez, & dès maintenant pour lors les privons de vendre draps par quinze jours entiers, & par tant de fois comme ilz y mefprandront. Si donnons en mandement au *Prevoft* d'*Aucerre,* ou à fon Lieutenant, que cefte préfente Ordonnance face crier & publier folempnelment [c] ès fins & mettes de ladicte Prevofté & reffort, par tout où il appartendra, & icelle Ordonnance face tenir & garder en fes termes, en contraingnant ad ce ceulx qui à contraindre feront, par toutes voies & manieres deues : mandons & commandons à tous noz fubgez, requerons autres, que en ce [d] faifent obeiffent diligemment. *Donné à* Aucerre, *foubz noftre Séel, le Vendredi XVI.e jour de Decembre, l'an mil iiij. & fept.* Ainfi fignées. [e] CHAPRESTEMEUX.

CHARLES VI à Paris, en Décembre 1407.

a *corr.* pertes.
b *corr.* qui.
c *dans l'étendue.*
d *corr.* faifant.
e Il y a : *Chap-[illegible]* dans les Lettres du 24 de Janvier fuivant. Suite des Lettres de Charles VI.
f *fupp.* &.

Lefquelles Lettres deffus tranfcriptes avons aggréables, & l'Ordonnance & Statuz contenuz en icelles, de noftre pleniere puiffance & auctorité Royal, pour le bien & utilité de la chofe publique, & en tant que icelle Ordonnance [f] Statuz ont efté bien & dehument faiz, icelles louons, agréons, ratiffions, approuvons, & d'abondant par ces préfentes les confirmons. Si donnons en mandement par la teneur de ces préfentes, à noz *Bailli* & *Prevoft* dudit *Aucerre,* & à tous noz autres Jufticiers & Officiers, ou à leurs Lieuxtenans, & à chafcun d'eulx, fi comme à lui appartendra, que ces prefentes confirmacion & aprobacion facent tenir & garder fans enfraindre. Et que ce foit ferme chofe, &c. fauf en autres chofes, &c. *Donné à* Paris, *ou mois de Decembre, l'an de grace mil CCCC & fept, & le xxviij.e de noftre Regne.*

Par le Roy, à la relacion du Confeil. COINGNET.

(a) Confirmation des Privilèges de la Ville de Peyreufe.

CHARLES VI. à Paris, en Decembre 1407.

KAROLUS, Dei graciâ, Francorum Rex. Notum facimus univerfis tam prefentibus quam futuris, Nos infra fcriptas Litteras vidiffe, formam que fequitur, continentes.

(b) KAROLUS, Dei graciâ, Francorum Rex. Notum facimus univerfis tam prefentibus quam futuris, quod Nos ad fupplicacionem Confulum & univerfitatis habitancium loci de Petrucia, Senefcallie Ruthenenfis, *extrahi fecimus de Regiftris in Thefauro Cartarum, Regiftrorum & Privilegiorum noftrorum exiftentibus, Litteras formam que fequitur continentes.*

(c) KAROLUS, Dei graciâ, Francorum Rex, &c.

NOTES.

(a) Tréfor des Chartres. Regiftre 162. P. IX.xx XIIII. (194.) *fol.* 164. *recto.*

(b) Karolus, &c.] Les formules qui compofent le commencement & la fin de ces Lettres, & qui ne difent autre chofe, finon que les Lettres qui y font vidimées, ont été tirées du Tréfor giftres des Chartres, ces formules, dis-je, font répétées encore deux fois dans la fuite des Lettres principales du mois de Décembre 1407. par rapport a deux autres Lettres. On n'a pas cru devoir faire imprimer trois fois ces formules.

(c) Karolus, &c] Ces Lettres qui font du mois de Mai 1371, font imprimées à la page 707. du 5.e Vol. de ce Recueil.

Le Regiftre 162. fournit les corrections & les *Variantes* fuivantes.

T. 5. P. 708.	Art. 1.	Lig. 7.	vrituto	*corr. virtute.*
	Art. 2.	Lig. 11.	Il y a un mot qu'on a laiffé en blanc. *Voy.* la note marginale *(i)*	*datis.*
		Lig. 11.	aliter	*corr. aliàs.*
		Lig. 16.	proffere	*corr. proferre.*
P. 709.	Art. 2.	Lig. 23.	trachi	*corr. trahi.*
	Art. 2.	Lig. 24.	fuerint	*corr. fuerunt.*
	Art. 2.	Lig. 27.	ipfi	*corr. ipfis.*
	Art. 2.	Lig. 46.	juberi	*corr. inhiberi.*
	Art. 3.	Lig. 6.	finenciam	*corr. financiam.*
		Lig. 14.	mandentes	*corr. mandantes.*
		Lig. 21.	impediantes	*corr. impedientes.*

CHARLES VI. à Paris, en Décembre 1407.

Nos autem presens extractum vim [a] *originales habere, & eidem ubique fidem ut originali adhiberi volumus. In cujus rei testimonium, Sigillum nostrum istis presentibus Litteris fecimus apponi.* Datum *Parisius*, mense Januarii, anno Domini millesimo cccc.^{mo} septimo, & Regni nostri vicesimo octavo.

Item, *vidisse alias Litteras formam que sequitur continentes.*

KAROLUS, Dei graciâ, Francorum Rex. Notum facimus universis tam presentibus quam futuris, quod Nos ad supplicacionem, &c. [b]

(d) KAROLUS, &c.

Nos autem presens extractum, &c.

Item, *eciam vidisse alias Litteras, formam que sequitur, continentes.*

KAROLUS, Dei graciâ, Francorum Rex. Notum facimus universis tam presentibus quam futuris, quod nos ad supplicacionem, &c. [c]

(e) KAROLUS, &c.

Nos autem presens extractum, &c.

a corr. *originalis*, qui se trouve dans les deux autres Lettres semblables qui suivent celles-ci.

b Voy. ci-dessus p. 275. note *(b)*.

c Voy. ci-dessus p. 275. *note (b)*.

NOTES.

(d) Karolus, &c.] Ces Lettres qui sont du mois de Mai 1371. sont imprimées à la page 710. du 5.e Vol. de ce Recueil.

Le Registre 162. fournit les corrections & les *Variantes* suivantes.

T. 5. P. 711.	Lig. 8.	Fores	corr.	*Foros.*
	Lig. 13.	Libertatam	corr.	*Libertatum.*
	Lig. 37.	pretrubent	corr.	*perturbent.*
	Lig. 53.	perpetuis *à* temporibus	corr.	perpetuis temporibus.
P. 712.	Lig. 2.	facimus	corr.	*facimus.*

(e) Karolus, &c.] Ces Lettres qui sont du mois de Mai 1371. sont imprimées à la page 702. du 5.e Vol. de ce Recueil.

Le Registre 162. fournit les corrections & les *Variantes* suivantes.

T. 5. P. 703.	Lig. 7.	loci Pereuse	corr.	loci *de Peruse.*
	Lig. 11.	d'Armaignac, de Fesensac .... Visconte Lomaigne	corr.	d'*Armignac* de *Fensensac*, là & plus bas. Viconte *de* Lomaigne.
	Lig. 14.	Conssous	corr.	*Conseulz.*
	Lig. 16.	nons	corr.	*noms.*
	Lig. 18.	Conssous	corr.	*Consulz*, là & dans toute la suite de la pièce.
	Lig. 19.	recennes	corr.	*retenuës.*
	Lig. 20.	criem	corr.	*crim.*
	Lig. 28.	est	corr.	*ait.*
	Lig. 30.	à nous sommes appellez & appellons	corr.	*avons* sommez, appellez, appellons.
	Lig. 35.	appellans	corr.	*appellons.*
	Lig. 36.	tieux	corr.	*telz.*
	Lig. 39.	Suttan	corr.	*Surtan.*
P. 704.	Lig. 1.	Lescamp		on pourroit lire : *Lercamp.*
	Lig. 1.	des Arbres	corr.	des *Tabres,*
	Lig. 2.	Paquejet, Boille	corr.	*Paqueget, Roille.*
	Lig. 3.	Dorilbe . . . Elaomhac	corr.	*Dralhe . . . Alaomhac.*
	Lig. 4.	près de Peruisse	corr.	près de *Peruse.*
	Lig. 16.	ou dit Duc	corr.	*ou du* Duc.
	Lig. 21.	s'efforsoient	corr.	*s'efforçoient.*
Art. 1.	Lig. 1.	sur ces	corr.	sur *ce.*
Art. 2.	Lig. 1.	Roüergue		*Rouuergue.*
Art. 3.	Lig. 1.	promttre	corr.	*promettre.*
Art. 5.	Lig. 7.	se le dis	corr.	se *lesdis.*
	Lig. 8.	somme quarante	corr.	somme *de* quarante.
Art. 6.	Lig. 2.	lib.	corr.	*livres.*

Quas si quidem Litteras & omnia & singula in eisdem contenta, prout de puncto in punctum in suprascriptis Litteris continentur, ratas & gratas habentes, eas & ea volumus, laudamus, ratifficamus, ac tenore presencium ex nostris certa sciencia, gracia speciali & auctoritate Regia confirmamus, & de novo concedimus, si opus sit : dantes harum serie Litterarum in mandatis carissimo [a] *Pravo ac Locumtenenti nostro in Par*tibus Occitanis, Duci Bituricensi, Senescallo Ruthenensi, *ceterisque Justiciariis, Officiariis & subditis nostris, aut eorum Locatenentibus, presentibus & futuris, nec non eorum cuilibet, prout ad eum pertinuerit, quatinùs prefatos Consules, universitatem & singulares ejusdem loci, nostris presentibus confirmacione & concessione uti & gaudere pacificè & quietè deinceps perpetuis temporibus faciant & permittant; impedimentis cessantibus quibuscumque & amotis. Quod ut firmum & stabile perpetuò perseveret hiis presentibus duximus Sigillum nostrum apponi : salvo in aliis jure nostro, & in omnibus quolibet alieno.* Datum & actum *Parisius*, anno Domini millesimo CCCC.^mo^ septimo, & Regni nostri vicesimo octavo, *(f)* mense Decembris.

Per Regem, in suo Consilio. MAURREGARD.

CHARLES VI. à Paris, en Décembre 1407.

Suite des Lettres de Charles VI. du mois de Décembre.

a corr. *Patruo.*

NOTE.

P. 705. Art. 6. Lig. 6.	de Souverain	corr.	*du* Souverain.
Art. 7. Lig. 3.	affier, fieuf.	corr.	*achier, suif.*
Art. 8. Lig. 4.	la Cude	corr.	*le Crieur.*
Art. 10.	criminelle *ne* donnée	corr.	criminelle donnée.
Art. 11. Lig. 2.	perfier	corr.	*percier.*
Art. 13. Lig. 2.	païages.	corr.	*paages.*
P. 706. Art. 18. Lig. 4.	berennent	corr.	*besoing.*
Art. 20. Lig. 3.	devroient	corr.	*devoient.*
Art. 23. Lig. 1.	Pierre Borez . . . . Bernart Mege.		Pierre *Briez.* Bernart *Nege.*
P. 707. Lig. 6.	& faire faire de point en point sans enfraindre. Et pour plus grant . . .		& faire faire de point en point *en bonne foy. Et nous Consulz dessusdiz entant comme nous & les autres Consulz, l'Université & Singuliers des Chastel & ville de Peruse, les prometons tenir, faire acomplir de point en point sans enfraindre.* Et pour plus grant.
Lig. 9.	opposez	corr.	*apposez.*
Lig. 12.	Serpant.	corr.	*Surpant.*
Lig. 13. & 19.	punto in puntum		*puincto in puinctum,* [puncto in punctum].
Lig. 15.	ractas	corr.	*ratas.*
Lig. 26.	mandentes Senescallo Ruthensi . . .	corr.	*mandantes* Senescallo *Ruthenensi.*
Lig. 33.	quolibet. Datum	corr.	quolibet *alieno.* Datum.

(f) Mense Decembris.] Cette date est fausse : car l'année commençant alors à Pâques, Charles VI. n'a pû confirmer en Décembre 1407. trois lettres qui sont datées du mois de Janvier de la même année; & on ne peut pas présumer que cette date du mois de Janvier soit fautive, puisqu'elle est répétée trois fois : voilà donc dans un Registre public, autentique, & dans lequel on ne peut soupçonner aucune altération, une date visiblement fausse, soit par l'inatention du Secrétaire du Roy qui a rédigé les Lettres, soit par celle du Copiste qui les a écrites dans ce Registre.

CHARLES VI. à Paris, le 3. de Janvier 1407.

(a) Lettres par lesquelles il est mandé aux Officiers Royaux du Dauphiné, de contraindre par la saisie du temporel, les Prélats & autres Ecclésiastiques de cette Province, à payer le demi-dixième du revenu des Bénéfices, imposé par l'Assemblée du Clergé de France, pour subvenir aux frais qui sont à faire pour parvenir à l'union de l'Eglise.

CHARLES, par la grace de Dieu, Roy de France & Dauphin de Viennois. Au Gouverneur de notre *Dauphiné*, aux Gens de notre Conseil oudit pays, à tous [b] nous Seneschaux, Baillifs, Prevôts, Maires, & autres Officiers de nosdits

b *corr.* nos, *là & plus bas.*

NOTE.

(a) La copie de ces Lettres, qui sont dans le dépôt de la Chambre des Comptes de *Grenoble*, a été envoyée avec cette indication : *Cartularium Graisivodani, fol.* 87.

Voy. la Préface de ce Vol. §. *Schisme.*

CHARLES VI.
à Paris, le 3. de Janvier 1407.

Royaume & *Dauphiné,* à *Jean Faverot,* ou au premier notre Sergent qui sur ce sera requis : Salut. Comme n'aguercs Nous ayons mandé tous les Prelats de nosdits Royaume & *Dauphiné,* tant Arcevêques, Evêques, Abbés, comme Chapitres, Prieurs conventiaux, Universités, & autres vaillants hommes & notables Clers, pour venir devers Nous en notre bonne Ville de *Paris,* à la Toussaints derrenie-ment passé [a] en un an, au Conseil général de l'Eglise de France, pour vaquer & entendre à la paix & union de notre Mere Ste Eglise, auquel lieu & terme soient venus & comparus nos amés & feaux le [b] *Patriarche* d'*Allexandrie,* les Arcevêques de [c] *Reyns,* de *Rouen,* de *Sens,* de *Tours,* de [d] *Borges,* de *Vienne,* de *Thoulose,* des Evêques jusques au nombre de cinquante ou environ, d'Abbés, de Chapitres & Colleges, d'Universités & d'autres en très-grand nombre & quantité, & les autres qui n'y ont pû venir, tant pour occupations de maladie, comme autres justes em-pechements & [e] essoines, [f] envoyé Procureurs soffisamment fondés, pour vaquer & conclurre à ce qui seroit avisé estre expediant à l'union dessusdite; à laquelle assemblée & Congrégation faisant & representant le Concile general de l'Eglise de France & du *Dauphiné,* ayent été touchées, ouvertes & conclues plusieurs voyes bonnes, utiles & proffitables pour ladite union brievement avoir au plaisir de celui [g] qui est la cause, & aussi autres plusieurs touchants très-grandement les libertez de l'Eglise de nous dessusdit pays, lesquelles toutesvoyes ne se pourroient poursuir sans grands travalx, missions, frais & depens, pour lesquels faire & supporter, lesdits Prelats & Concile ayent avisé & ordonné etre cueilli & receu un demy dixieme sur tous Beneficiers & personnes Ecclesiastiques en nosdits Royaume & *Dauphiné,* par notre amé & feal Conseiller l'Abbé de *(b) Mostier-arramé,* eleu à ce par ledit Conseil, & par ses Commis & deputés, & à ce etre contraints chacun en droit soy, par ledit Receveur general & ses Commis & deputés, par monitions & autres voyes deües & accoutumées en tel cas : & pour ce que n'aguercs a été reporté audit Conseil & à aucuns Prelats etants à present en notre ville de *Paris,* que les *Arce-vêques* de *Vienne* & d'*Embrun,* les *Evêques* de *Valence,* de *Grenoble* & de *Gap,* & les Gens d'Eglise desdits pays, ont eté & encore sont refusans & delayans de payer chacun en droit leur quotte & portion dudit demy dixieme, pour laquelle chose ledit Conseil & Prelats, pour ce que les Receveurs particuliers ordonnez ez Pro-vinces & Dioceses dessusdites, n'ont fait aucune diligence de recouvrer les deniers d'icelluy demy dixieme, ont de nouvel commis & ordonné Maistre *Gerart Rousée* Secretaire de notre très-cher & très-amé oncle le *Duc* de *Berry,* pour lever, cuillir & recevoir tant par luy comme par ses Commis & deputés, ce qui en est & puet etre deu ez Provinces & Dioceses dessusdites, en tout le pays de notre *Dauphiné;* & que depuis que ledit Maistre *Girart* s'est transporté esdits pays pour icelluy demi dixieme lever & recevoir, les dessusdits *Arcevêques* de *Vienne,* d'*Embrun,* & autres Prelats & Gens d'Eglise dudit *Dauphiné,* nonobstant les monitions & sommations sur ce faites par ledit *Rousée,* n'ont voulu ne veulent payer leur quote & portion de ce qu'ils en doivent; qui est ou grand retardement de ladite union, iceux Pre-lats exposans [h] commis & deputés à icelluy demy dixieme cuillir & recevoir, Nous ont humblement supplié que sur ce Nous vullions impartir notre autorité & coher-tion Royale & de [i] Vicariat Imperial. Pourquoy Nous qui avons toujours desiré fervemment & desirons de tout notre cueur [k] l'abergement de la division de notre Mere Ste Eglise, & l'union d'icelle, vous mandons & commettons, & à chacun de vous, si comme à luy appartiendra, que tous ceux qui vous apperront par les Rolles dudit Maitre *Gerart Rousée,* ou de ses Commis & deputés, avoir differé aucunement le payement de leurdite portion & quote d'icelluy demy dixieme, vous, attandu la celerité de la besogne, & la longue demore de payement que lesd. Gens

a *corr.* eut un an.

b *Simon Cramaut.* Voy. à ce nom la Table des noms de personnes qui est à la fin du 8.e Vol. de ce Rec.

c *Reims.*

d *Bourges.*

e *excuses.*

f *supp.* ont.

g *corr.* de qui est la Cause.

h *supp.* & les.

i *Voy. les Tables des Mat. des Vol. précéd. aux mots* Empereur, Empire & Dauphiné.

k *l'abrégement.*

NOTE.

(b) Mostier-arramé.] On le nomme présentement *Monstier-Ramey,* dans le Diocèse de *Troyes. V. Gall. Christ. 1.re Edit. T. 4. p. 78. col. 1.* On en pourroit conclurre de ce qui y est dit p. 82. col. 1. n.° 34. que *Jean Vervin* étoit Abbé de *Monstier-Ramey* en 1407.

d'Eglise ont faite sur ce, iceux contraignés par prise & exploitation de leur temporel, & autrement par toutes autres voyes accoutumées en execution de nous propres dettes, en usant en notredit *Dauphiné* de autorité & Vicariat imperial, là où & quand besoin en sera : & pour ce qu'il sera besoin d'envoyer ces présentes en divers lieux & pays, Nous voulons & ordonnons que au *Vidimus* d'icelles fait soubz Séel royal ou autre autentique soffisant & approuvé, soit ajoutée plaine foy comme à l'original, nonobstant oppositions & appellations quelconques : car ainsy l'avons Nous octroyé & octroyons [a] audit suppliant & Conseil, & ce voulons ainsy etre fait, de grace especial, par ces presentes, nonobstant quelconques Lettres subreptices empetrées ou à empetrer au contraire. *Donné à* Paris, *le tiers* [b] *jort de Janvier, l'an de grace mille quatre cent & sept, & de notre Regne le vingt-huict.* Par le Roy Dauphin, Monsieur le *Duc* de *Berry*, l'*Arcevêque* de *Sens*, & autres presents. GONTIER.

CHARLES VI. à Paris, le 3. de Janvier 1407.

a corr. auxdits suppliants.

b jour.

CHARLES VI. à Paris, le 7. de Janvier 1407.

(a) Ordonnance sur le nombre, les fonctions & les gages des Officiers de Justice & des Finances.

SOMMAIRES.

(1) Il y aura trois Généraux des Finances des Aides; outre leurs gages, le Roy, s'il est content de leurs services, fera à chacun d'eux à la fin de l'année, un don de deux mille livres.

Ces trois Généraux auront quatre Clercs du Roy.

Il y aura un Receveur général des Finances des Aides, qui, outre ses gages, aura à la fin de l'année un don de deux mille livres. Ce Receveur aura un Contrôleur.

(2) Pour le fait de la Justice des Aides dans le Languedoïl, il y aura à Paris quatre Conseillers, [voy. leurs noms] *outre l'Évêque de Limoges, qui sera Président. Les quatre Conseillers auront chacun quatre cens livres de gages. Lorsque ces Conseillers auront besoin de conseil dans des affaires importantes, ils pourront appeler avec eux des Conseillers de Parlement : ces Conseillers sur la Justice des Aides, auront un Greffier. Ceux des anciens Conseillers qui sont révoqués par cet article, seront pourvûs de ces Charges quand elles vacqueront, ou d'autres Charges.*

(3) Il n'y aura à Paris que trois E'lûs sur le fait des Finances des Aides, & un E'lû sur le fait du Clergé. Ils auront les gages accoûtumés.

(4) Il n'y aura que deux E'lûs au plus, & un E'lû sur le fait du Clergé, & un Receveur dans les autres Villes du Royaume, & dans les lieux où il y a des Siéges d'E'lûs établis. Ils auront les gages ordinaires. Pour remplir les places d'E'lûs & de Receveurs, on prendra par l'ordonnance des Généraux des Aides, & par le conseil des Gens des Comptes, de bons Bourgeois, riches & preud'hommes, des lieux où doivent être établis ces E'lûs & ces Receveurs.

Les Grenetiers & les Contrôleurs seront choisis de la même manière. Tous ceux qui seront pourvûs de ces Offices, résideront dans les lieux où ils doivent les exercer.

Les Généraux des Aides, par le conseil des Gens des Comptes, si cela est nécessaire, pourront diminuer le nombre des E'lûs, des Receveurs, des Grenetiers & des Contrôleurs. Ces Généraux, par l'avis des Gens des Comptes, pourront priver de ces Offices ceux qui ne sont point en état de les remplir, & en nommer d'autres à leur place. Tous ces Officiers auront des provisions du Roy, passées par les Généraux des Aides, & scellées du grand Sceau.

Afin de réprimer les abus commis par les Fermiers & par les Sergens des Aides, les instructions faites à ce sujet seront vûes par les Généraux des Aides, & observées exactement.

NOTE.

(a) Registre *A.* du Parlement de *Paris, fol.* 218. *verso.*

Avant ces Lettres, il y a : *Ordinacio super Officiis & Officiariis & regimine Regni.*

Le fond de cette Ordonnance qui contient trente-trois articles, est tiré de celle du 7. de Janvier 1400. qui n'en contient que vingt-quatre; celle-ci est imprimée à la p. 409. du 8.e vol. de ce Recueil. Le préambule de ces deux Ordonnances, est semblable. Il y a des articles qui ne se trouvent que dans l'une ou dans l'autre : Il y en a qui contiennent sur le même objet, des dispositions différentes : Il y en a qui, semblables pour le fond, présentent cependant quelques différences : Il y en a qui sont entièrement semblables. On n'a pas cru devoir faire réimprimer ici ni le préambule ni ces derniers articles, & on a seulement fait des renvois au 8.e vol. A l'égard des articles qui, semblables dans le fond, contiennent cependant quelques différences, on s'est contenté, lorsque ces articles sont longs, de faire imprimer les endroits qui sont différents.

CHARLES VI.
à Paris, le 7. de Janvier 1407.

Les Généraux des Aides, par le conseil des Gens des Comptes, réformeront les abus qui se commettent par les Receveurs & les Grenetiers, par rapport aux voyages qu'ils sont obligés de faire, & au transport de l'argent.

(8) Pour remédier aux inconvéniens qui sont survenus à l'occasion des décharges données par le Roy aux Trésoriers, aux Receveurs, & aux autres Officiers qui s'entremettent des Finances tant du Domaine que des Aides, par lesquelles il reconnoissoit avoir reçû d'eux des sommes considérables, desquelles quelquefois il n'avoit point de connoissance, ou qui ne tournoient point à son profit, il ne donnera plus de semblables décharges; mais lorsque le Roy aura besoin d'une somme d'argent, tant du revenu du Domaine que du produit des Aides, il adressera ses Lettres aux Trésoriers, qui la lui feront payer par le Changeur du Trésor, lorsque cet argent sera pris sur le revenu du Domaine, & il adressera ses Lettres aux Généraux des Aides, qui feront payer cet argent par le Receveur général, lorsqu'il sera pris sur le produit des Aides; & tout cet argent sera remis à celui qui gardera les coffres du Roy. Celui cy lui en donnera quittance, & il comptera à la Chambre des Comptes de l'argent qu'il aura reçû, en rapportant des Rôles ou Etats signés de la main du Roy, & scellés de son Sceau secret, ou les quittances de ceux à qui le Roy aura ordonné qu'il donnât quelque somme.

(9) Guillaume Foucault premier Valet de Chambre du Roy, sera seul commis à la garde des coffres du Roy. Il fera serment de n'employer dans l'état de sa Recette, que les sommes qu'il aura réellement reçûes des Receveurs, & de n'employer dans l'état de sa dépense que les sommes qu'il aura réellement payées en argent comptant.

(10) Le Roy ne donnera plus de Robes qu'à ceux à qui on en donnoit sous le Regne de Charles V. son Père; & les Lettres des autres dons qu'il pourroit en faire, ne seront point scellées, & ces dons ne seront point passés en compte.

(11) Les Requêtes pour demander . . . . . Et en l'absence de ceux qui les auront présentées. Le Roy commandera à ses Secrétaires & Notaires qui seront présens au Conseil, d'expédier les Lettres des dons ou des graces qu'il aura accordés & dont l'octroi aura été entendu par les Princes du Sang présens, & par les Gens du Conseil qui y assisteront. Les Requêtes ne se présenteront que le jour de Conseil, si ce n'est dans des cas privilégiés & nécessaires. Tous les dons de Finance seront enregistrés dans la Chancellerie. Il est défendu aux Secrétaires & Notaires du Roy de dresser les Lettres de dons qui auront été accordées en présence des parties, & d'y insérer des clauses dérogatoires, à moins qu'ils n'en aient un ordre exprès.

(12) Il n'y aura plus que deux Trésoriers pour le gouvernement de toutes les Finances qui proviendront, en quelque manière que ce soit, du Domaine de tout le Royaume. Ils seront élûs dans le Conseil du Roy, appelés & présens les Gens des Comptes. Ils auront les gages ordinaires, & chacun mille livres de don par an, ou moins selon les services qu'ils auront rendus. Ils connoîtront de tout ce qui concerne le Trésor du Roy à Paris; & il n'y aura plus de Trésoriers sur la Justice; mais s'il survient quelques difficultés dans la Chambre du Trésor, les Trésoriers appelleront des Gens du Parlement & de la Chambre des Comptes, en tel nombre qu'ils le jugeront à propos, pour leur donner conseil sur ces difficultés.

(14) Tous les Receveurs particuliers qui avoient été établis pour recevoir les différentes parties du Domaine, sont révoqués. Tous les Revenus du Domaine seront reçûs par les Receveurs & Vicomtes ordinaires, & par le Changeur du Trésor.

(15) Le Clerc & le Changeur du Trésor ne souffriront point qu'il se fasse de Tour d'escript, *si ce n'est par le Capiatis de la Chambre des Comptes. On n'employera au Trésor aucune Recette ou Dépense, si elles ne sont faites par le Changeur.*

(16) A la fin de chaque mois, l'état de la recette & de la dépense du Trésor, sera vû par la Chambre des Comptes en plein Bureau, afin de pouvoir remédier aux abus qui s'y seroient glissés.

(17) Les Gens des Comptes & les Trésoriers éliront les Receveurs & les Vicomtes des Recettes & Vicomtés du Domaine; & ils choisiront des personnes domiciliées, & qui seront, si cela est possible, du pays où seront leurs Recettes & Vicomtés, afin qu'elles soient contentes des gages ordinaires.

Les Gens des Comptes & les Trésoriers pourront, s'ils le jugent à propos, changer de trois ans en trois ans les Vicomtes & les autres Receveurs. Ils pourront aussi destituer dès-à-présent ceux de ces Officiers qui ne s'acquitteront pas bien de leurs Charges, & en nommer d'autres à leur place. Dans ces différens cas le Roy fera expédier des Lettres.

(18) A l'égard des Maîtres des Eaux & Forêts, dont le Comte de Tancarville est le souverain Maître, il y en aura deux pour la Normandie & la Picardie: il y en aura deux pour les pays de France, de Champagne, de Brie & de Touraine, & un pour la Saintonge. Il n'y aura point de Gruyers dans la Champagne & dans la Brie.

(19) Il n'y aura dans la suite que quatre Généraux-Maîtres des Monnoyes; cependant les six qui sont présentement pourvûs de ces Charges, les conserveront; mais les deux premières qui viendront à vacquer, ne seront point remplies.

(20) Lorsqu'il vacquera . . . . . . Les gages à vie accordés à plusieurs Officiers du Parlement, sont révoqués: le Roy se réservant de récompenser dans la suite ceux qui auront bien servi.

(21) Le nombre ancien des Conseillers en la Chambre des Comptes, ne sera point augmenté. Ils auront les gages ordinaires. Cette Chambre sera composée du Président Prélat, du Bouteiller de France, qui doit y être par le droit de son Office, de quatre Maîtres Clercs & de quatre Lais.

Lais. Mrs Regnaut de Coulons, Jehan Crete & François Chanteprime, & les subslituez en leurs lieux, jouiront des graces que le Roy leur a accordées. Jehan Chanteprime Garde du Trésor des Chartres, demeurera dans la Chambre des Comptes pour y exercer son Office. A l'égard des Conseillers qui sont extraordinaires dans la Chambre, le Roy les pourvoira d'autres Offices, & spécialement de ceux qui vacqueront dans la Chambre. Jehan de la Croix & Nicolas des Prez que le Roy avoit faits Maîtres Lais extraordinaires dans la Chambre, y reprendront leurs Offices de Clercs ordinaires qu'ils possédoient avant que d'avoir été faits Maîtres Lais extraordinaires. Le nombre ancien des Clercs d'enbas, [Auditeurs des Comptes] ne sera point augmenté. A l'égard de la contestation qui est à présent entre deux contendans pour l'Office de Clerc en la Chambre, elle élira un des deux pour le remplir, & l'autre sera subrogé à l'Office d'Etienne de Bray Maître Clerc en cette Chambre, lequel avoit été subrogé à l'Office de Regnault de Coulons.

(23) Tous les Sceaux des Baillis & des Sénéchaux seront dans la suite affermés au profit du Roy.

(24) Les Sceaux des Vicomtés de Normandie, seront aussi affermés au profit du Roy. Le Conseil étant dans la Chambre des Comptes, appellés quelques-uns des gens du grand Conseil, fixera les gages des Vicomtes; & les Lettres du Roy seront expédiées à cet effet.

(25) Pour faire cesser les plaintes qui se font contre les Prevôts Fermiers, il sera fait dans la Chambre des Comptes, appellés quelques Conseillers du grand Conseil & du Parlement, & quelques-uns des Trésoriers, élection de Prevôts en Garde, qui seront choisis entre ceux qui demeurent dans les lieux mêmes ou dans le voisinage; & il leur sera pourvû de gages. Les Lettres de ces élections & de ces fixations, seront données par ces Conseillers, & expédiées par les Greffiers de la Chambre des Comptes.

(26) Les Sergens seront réduits au nombre ancien, & les extraordinaires qui ont été institués, seront revoqués.

(28) Il y aura treize Secrétaires du Roy, qui seront à son Conseil, & qui auront les gages des Secrétaires & non d'autres gages. [Ils sont nommés.] Ils ne signeront de Lettres concernant les Finances que celles qui leur seront commandées par le Roy assis en son Conseil, & de manière que commandement soit entendu par ceux qui y assistent. Il n'y aura au Parlement & dans les autres Cours supérieures que deux Secrétaires, l'un pour le civil & l'autre pour le criminel.

(29) Le nombre de ceux qui composeront le grand Conseil du Roy, sera fixé par les Lettres qu'il donnera à cet effet.

(30) Les Officiers du Roy ne pourront, sans permission, recevoir de dons & de gages, de quelques personnes que ce soit.

(31) Il est défendu aux Officiers du Roy de prendre aucun profit par rapport à la résignation qu'ils font de leurs Offices.

(32) Les Ordonnances anciennes, & celles du Roy, du dernier de Février 1401. portant que le Domaine de la Couronne ne sera point aliéné, seront exécutées. Cette inhibition n'aura point lieu par rapport aux 12000. liv. de rentes en terres que le Roy a données au Roy de Navarre, & par rapport au retour qu'il doit au Duc de Bretagne pour les terres du Nivernois & du Rethelois.

CHARLES VI. à Paris, le 7. de Janvier 1407.

CHARLES, par la grace de Dieu, Roy de France. A tous ceulz qui ces Lettres verront : Salut Savoir faisons &c. avons fait pour ce assembler par plusieurs fois nostre Grant Conseil, tant en nostre presence comme à part, où ont esté plusieurs tant de nostre Sang & Lignaige, comme de nostre Grant Conseil, par l'advis & deliberacion desquelz Nous avons fait, deliberé & ordonné, faisons, deliberons & ordonnons ce qui s'ensuit.

(1) *Premierement.* Que d'oresenavant pour le Gouvernement de toutes les Finances des Aides de tout nostredit Royaume *(b)* de *Languedoyl,* seront ordonnez trois Generaulx tant seulement, lesquelz seront par Nous esleuz en nostre Grant Conseil, & ordonnez par noz autres Lettres, & auront leurs gaiges ordinaires; & en oultre, auront de don de Nous par chascun an pour soustenir leur estat, deux mille frans pour chascun d'eulx, & non plus; lequel don leur sera fait par Nous en la fin de l'an qu'ilz auront servi oudit Office, se il Nous semble que ilz le aient bien desservi; & auront lesdiz trois Generaulx pour faire les escriptures touchans le fait dont ilz sont chargiez, noz quatre Clers acoustumés; c'est assavoir, Maistre *Jehan Gehe, Dreuë Porchier, Nicaise Bougis* & *Guillaume* de *Luce;* pour toutes lesquelles Finances [a] dedis Aides de tout nostredit Royaume, recevoir & [a] *desdis.*

NOTE.

(b) De Languedoyl.] Il y a peut-être ici une faute dans le Registre : car dans le premier article de l'Ordonnance de 1400. on lit : *des Aides de tout nostredit Royaume, tant de Languedoil comme de Languedoc, &c.* Ces mots, *de tout nostredit Royaume,* qui se lisent aussi dans l'Ordonnance de 1407. étendent aussi la disposition au *Languedoc.*

CHARLES VI. à Paris, le 7. de Janvier 1407.

mettre ensemble, & les garder & distribuer par l'ordonnance desdis trois Generaulx, il y aura un Receveur General aux gaiges & drois acoustumez; c'est assavoir, quant à ores, nostre bien amé *Alexandre* le *Boursier* qui par avant avoit esté par Nous ordonné oudit Office; & oultre aura ledit Receveur General par chascun an, don de Nous de deux mille frans, & non plus, pour soustenir son estat & les charges qui surviennent oudit Office; pour laquelle Recepte il aura un Contreroleur; c'est assavoir, quant à present, *Jehan* de *Laigny* qui paravant l'estoit.

(2) Item. Pour tout le fait de la Justice des Aides de noz Pays de *Languedoyl*, aura à *Paris*, quatre Conseilliers, sages hommes & expers en fait de Justice, & non plus, lesquelz seront esleuz en nostre Grant Conseil, & créez par noz autres Lettres, oultre & avecques nostre amé & féal Conseillier *(c)* l'*Evesque* de *Lymoges*, lequel pieça avons retenu de nostre Grant Conseil, & aussi President sur le fait de ladicte Justice desdis Aides; lequel aura & prendra ses gaiges ou pension, ainsi comme paravant les prenoit; chascun desquelz quatre Conseillers aura par chascun an pour toutes choses quatre cens frans de gaiges; & exerceront lesdis quatre Conseilliers ledit Office avec & en la Compagnie dudit *Evesque* de *Lymoges*; & lesquelz pour avoir conseil, se ilz en ont besoing pour aucuns grans cas se ilz leur surviennent, pourront appeller avec eulx de noz Conseilliers de Parlement; & auront nozdis quatre Conseilliers tant seulement un Greffier pour enregistrer les Plaidoiries, & faire les Escriptures appartenans à leur Auditoire; lequel Nous avons nommé quant à ores, nostre amé & feal Clerc Notaire, Maistre *Jehan Chastenier*, qui aussi paravant l'estoit; & quant à noz autres Conseilliers Generaulx sur le fait de ladicte Justice, qui par ces presentes Ordonnances demourront despourveuz de leurs Estas & Offices, Nous les pourverrons de tels Estas ou Offices que en nostre Conseil sera advisé, & mesmement des premiers lieux, gaiges & drois ordinaires qui vacqueront [a] par noz Conseilliers qui demourront en leurs Estas & Offices par ycelles Ordonnances, ou d'autres Offices selon leurs personnes, se plustost vacquent, & ilz le veulent avoir.

a *c'est-à-dire par la mort, ou autre cause de vacance.*

(3) Item. Il n'aura à *Paris* sur le fait desdis Aides, que trois Esleuz, & un *(d)* sur le fait du Clergié; lesquelz seront esleuz & ordonnez par noz autres Lettres, comme dessus; & auront leurs gaiges & proufis acoustumez.

(4) Item. En chascune des autres bonnes Villes de nostre Royaume, & autres lieux où il a acoustumé avoir Siege de Esleuz, n'aura d'oresenavant que deux Esleuz au plus, avec cellui dudit Clergié, ès lieux où ledit Esleu sur le Clergié a acoustumé de estre, & ancores moins se faire se puet, selon l'advis desdis trois Generaulx; & un Receveur seulement; lesquelz auront leurs gaiges & proufis acoustumés & tels que par nozdis Generaulx Nous sera conseillié, & selon la qualité de leurs Offices; & afin que le fait desdictes Eleccions & Receptes soit mieulx & plus seurement gouverné, lesdis Esleuz & Receveurs seront prins & fais de bons Bourgois, riches hommes & preudommes, des lieux où ils seront fais Esleuz & Receveurs par l'ordonnance desdis trois Generaulx, & par le Conseil des Gens de nostredicte Chambre des Comptes; & semblablement sera fait des [b] Grenetiers & Contreroleurs. Et seront tenus lesdis Esleuz, Receveurs, Greneticrs & Contreroleurs, faire résidence continuelle en leurs personnes sur leurs Offices, sur paine d'en estre privez; & pour ce

b *Voy. les Tables des Mat. des Vol. de ce Rec. au mot,* Grenetiers.

NOTES.

(c) L'Evêque de Limoges.] Hugues de *Manhac* ou de *Maignac*, Evêque de *S.t Flour*, fut créé en 1400. Général Conseiller sur le fait de la Justice des Aides. Il fut transféré au Siége de *Limoges* vers 1403. Voy. la note *(c)* de la p. 412. du 8.e Vol. de ce Rec. *& Gall. christ. 2.me Edit. T. 2. col. 534. art. LXVIII.*

(d) Sur le fait du Clergié.] Ces termes se lisent aussi dans l'article 5. de l'Ordonnance de 1400. Je crains de m'être trompé en les paraphrasant & interprétant dans le sommaire que j'ai donné de cet article. On y lit: *& un Elû sur le fait des Décimes levées sur le Clergé.* Ces mots *le fait*, peuvent n'avoir de rapport qu'à l'Aide qui se payoit par les personnes Ecclésiastiques & par les Laïques. Cette note doit aussi s'appliquer au sommaire de l'art. 6. de l'Ordonnance de 1400.

que en aucuns lieux a trop de Esleuz, de Receveurs & Grenetiers, comme l'en dit, lesdiz trois Generaulx y pourverront en leur loyaulté & selon leur discrecion, comme il appartendra; surquoy il porront, se il est besoing, avoir le conseil & advis desdictes Gens de nostredicte Chambre des Comptes; & se il y a aucuns Esleuz, Receveurs, Grenetiers ou Contreroleurs qui ne soient mie souffisans, Nous voulons que tost & hastivement y soit pourveu d'autres par lesdis trois Generaulx, par l'advis & conseil desdictes Gens de noz Comptes; & auront ceulx qui seront ordonnez demourer esdis Offices, ou qui y seront mis de nouvel, noz Lettres sur ce passées par lesdis trois Generaulx, & seellées de nostre grant Séel; & pour ce que, comme l'en dit, plusieurs inconveniens surviennent souvant ou fait desdis Aides, par les malices des Fermiers & Sergens sur ledit fait, Nous voulons que les Instruccions faictes sur ycellui fait, soient veues par lesdis trois Generaulx, & gardées selon leur forme & teneur; & pour ce aussi que l'en dit que lesdis Receveurs & Grenetiers comptent aucunes fois & souvent trop de journées pour voyages, pour portaiges de deniers & autrement, en quoy ilz excedent très-grandement, comme il Nous a esté rapporté, Nous voulons que lesdis trois Generaulx par le conseil & advis dessusdit, y pourvoient de bon & hastif remede.

CHARLES VI. à Paris, le 7. de Janvier 1407.

(5) Item. Avons ordonné & voulons, & Nous semble chose très-prouffitable; que lesdis trois Generaulx ne [a] partent ou divisent point entre eulx les pays de nostre Royaume, &c. [Voyez l'art. 7. de l'Ordonnance de 1400.]

a *partagent.*

(6) Item. Défendons &c. [Voy. l'art. 8.]

(7) Item. Avons ordonné....... & ce leur defendons très-expressement & sur les peines accoustumées; se ce n'est toutesvoyes de nostre congié & licence. [Voy. l'art. 9.]

(8) Item. Afin qu'il soit obvié & pourveu aux inconveniens qui sont survenus, comme l'en dit, par les descharges que Nous avons commandées ou temps passé, par lesquelles Nous avons confessé aucunes fois avoir receu de plusieurs noz Tresoriers, Receveurs & autres Gens qui s'entremettent de noz Finances, tant de nostre Demaine comme desdis Aides, plusieurs grans sommes de deniers qui ont esté bailliées soubz umbre d'icelles descharges, lesquelles ne sont mie venues à nostre congnoissance ne aucunes fois à nostre proufit, Nous avons ordonné & ordonnons que d'oresenavant Nous n'en commanderons aucunes; mais quant Nous vouldrons avoir aucuns deniers pour faire nostre plaisir, tant de nostredit Demaine que desdis Aides, Nous commanderons noz Lettres adreçans auxdis Tresoriers ou Generaulx, de tele somme comme il Nous plaira; & ilz la feront baillier par le Changeur de nostre Tresor, ce qui sera des deniers de nostre Demaine; & par ledit Receveur General, ce qui sera des deniers desdis Aides, à celui qui gardera noz [b] Coffres; lequel en baillera sa Lettre de recongnoissance auxdis Changeur ou Receveur General, & non autrement, & en rendra compte ladicte Garde de nozdis Coffres, en nostre Chambre des Comptes, & s'en acquittera par [c] Roolle signé de nostre main & seellé de nostre Séel secret; quant à ce qui en sera [d] despendu pour Nous & pour nostre fait ou de nostre plaisir, & par quittance de ceulx à qui aucune chose en sera baillié par nostre Ordonnance, par cellui qui gardera noz Coffres dessusdiz.

b *Voy. la note (f) de la p. 415. du 8.e Vol. de ce Rec.*

c *Rôle : Etat.*

d *dépensé.*

(9) Item. Voulons & ordonnons que d'oresenavant il n'y aura que une seule personne commise à la garde des deniers de noz Coffres; c'est assavoir, nostre amé premier Varlet de Chambre, *Guillaume Foucault*, Escuier; & à son institucion fera serement solennel aux Sains Euvangilles de Dieu, sur la foy & serement qu'il aura à Nous, & de privacion de son Office, qu'il ne fera aucune Recepte de quelques Receveurs, se [e] réaument & sens fraude il n'a receuz comptans les deniers; & semblablement n'en fera despense, se réaument & sens fraude il n'a paié en deniers comptans les sommes de deniers dont il fera la despense; & tous autres, excepté ledit *Guillaume Foucault* lequel Nous voulons & ordonnons estre & demourer oudit

e *réellement.*

CHARLES VI. à Paris, le 7. de Janvier 1407.

Office de la Garde de nozdis Coffres, comme dit est, rappellons & revoquons par ces presentes.

(10) *Item.* Pour ce que de nouvel plusieurs noz Conseilliers, Officiers & autres personnes, ont acoustumé de Nous demander [a] Robes chascun an, qui n'agueres n'avoit mie esté acoustumé, Nous avons ordonné que d'oresenavant Nous n'en donnerons aucunes; excepté seulement celles qui ont acoustumé de estre données d'ancienneté par noz Predecesseurs Roys; & mesmement du temps de feu nostre très-cher Seigneur & Pere que Dieux absoille; & se par importunité de requerans, aucuns dons en faisons, Nous defendons qu'il n'en soit rien seellé, expedié ne passé en compte.

a *Voy. les Tables des Mat. des Vol. de ce Rec. au mot:* Robes.

(11) *Item.* Avons ordonné & voulons. [Voy. le sommaire de l'art. 12. de l'Ordonnance de 1400.] .....; & de ce que la octroyerons en la presence & à [b] l'oye de ceulx de nostre Sang & Lignaige, & des Gens de nostre Grant Conseil, feront faictes noz Lettres par noz Secretaires & Notaires à ce ordonnez, qui seront presens oudit Conseil, ausquelz Nous commanderons; & ne se feront aucunes desdictes Requestes à autres jours que ledit jour de Conseil, si n'est pour aucun cas privilegiez & necessaires; & seront enregistrez en nostre Chancellerie tous les dons que d'oresenavant ferons touchans Finances; & defendons....... qu'ilz n'en mettent aucunes à execucion; & en oultre defendons à nozdis Secretaires & Notaires, sur peine de privacion de leurs Offices, que de dons quelzconques dont ilz aient commandement en presence de Partie, ne facent & ne signent aucunes Lettres, & ne y mettent *(e)* aucunes nonobstances, s'il ne leur est dit & commandé par exprès.

b *substantif formé du verbe* ouir, entendre.

(12) *Item.* Avons ordonné & voulons que pour le gouvernement de toutes noz Finances venans en quelque maniere que ce soit de nostre Demaine de tout nostre Royaume, Nous aurons seulement deux Tresoriers, saiges, preudommes, riches & expers tant en fait de Justice comme de Finances; & seront esleuz par bonne eleccion faicte en nostre Grant Conseil, appellez & presens à ce noz amez & feaulx Gens desdis Comptes; & auront lesdiz Tresoriers leurs gaiges ordinaires, & chascun mille frans de don chascun an, ou au dessoubz, selon ce qu'ilz le [c] desserviront; & auront nosdis Tresoriers la congnoissance de toutes choses appartenans à nostre Tresor à *Paris;* & n'y aura plus aucuns Tresoriers sur la Justice; & se il survient aucunes doubtes en la Chambre de nostredit Tresor, nozdis Tresoriers pourront avoir recours à noz Gens de Parlement & des Comptes, & appellez de noz Conseilliers desdiz lieux pour les conseillier de ce qu'ilz auront à faire, telz & en tel nombre que bon leur semblera.

c *mériteront par leurs services.*

(13) *Item.* Defendons.... [Voy. l'art. 14. de l'Ordonnance de 1400.] ....., & autres Edifices de nostredit Demaine, soient bien & deuement reparez; & voulons que toutes Expedicions de choses touchans & regardans nostre heritage & Demaine, soient faictes en plain Burel en nostredicte Chambre desdis Comptes, & non autrement.

(14) *Item.* Pour ce que ès temps passez ont esté par importunité de requerans & autrement, fais & ordonnez plusieurs Recevcurs particuliers de nostre Demaine, tant des Amendes de nostre Parlement, de l'emolument de noz Monnoies, des debtes & arreraiges de Finances, de nouveaulx acquests, de finances de Fiefz nobles acquis par nonnobles, de [d] composicions de usuriers & autres contraux illicites, & autres, à la très-grant charge & dommage de Nous & de nostre Demaine, Nous voulons & ordonnons que toutes les revenues quelzconques soient receues par noz Receveurs & Vicontes ordinaires, & le Changeur de nostre Tresor à *Paris,* ainsi que anciennement a esté acoustumé; & tous autres quelzconques revoquons & adnullons par ces presentes.

d *Voy. les Tables des Mat. des Vol. de ce Rec. au mot:* composition.

NOTE.

(e) Aucunes nonobstances.] La clause de *nonobstant &c.* par laquelle on déroge à des Lettres antérieures.

CHARLES VI. à Paris, le 7. de Janvier 1407.

(15) Item. Nous defendons aux Clerc & Changeur de nostredit Tresor, sur peine de perdre leurs Offices, que nul *(f)* Tour d'Escript ne soit d'oresenavant fait, sinon par [a] *Capiatis* de la Chambre de noz Comptes, ainsi que anciennement a esté acoustumé; & aussi que riens ne soit escript de recepte ne de despense oudit Tresor, se elle n'est deuement faicte par ledit Changeur.

(16) Item. Que en la fin de chascun mois, soit veu en plain Burel en la Chambre de noz Comptes, l'estat de nostre Tresor, tant en recepte que en despense, afin que par les Gens de nozdiz Comptes, soit pourveu & remedié s'il y a aucune chose faicte *(g)* autrement que à point, ou que par eux Nous soyons advertiz & advisez sur ce, pour y pourveoir ainsi qu'il appartendra.

(17) Item. Que les Receveurs & Vicontes des Receptes & Vicontez de nostredit Demaine, soient ordonnez, prins & esleuz de bonnes personnes souffisans & bien [b] resseans, & que, se faire se puet, ils soient prins des païs où seront leurs Receptes & Vicontez, afin qu'ilz doient estre mieulx contens de leurs gaiges ordinaires; & soient esleuz & advisez par nozdictes Gens des Comptes & Tresoriers; & seront [c] muez par eulx yceulz Vicontes de trois ans en trois ans, ainsi qu'il a esté acoustumé, & par noz Lettres : & semblablement de noz autres Receveurs, se bon semble à nozdictes Gens des Comptes & Tresoriers; & se de present en y a aucuns èsdis Offices qui ne soient souffisans & prouffitables pour Nous, Nous voulons que tantost & hastivement y pourvoient en leurs lieux d'autres bons & souffisans, sans faveur ou accepcion de personne, & par noz Lettres.

(18) Item. Voulons & ordonnons que le nombre des Maistres des Eaues & Forests de nostre Royaume, dont nostre amé & feal Cousin & Conseillier le *Conte* de *Tancarville* est souverain Maistre & General Refformateur, demeure ainsi qu'il estoit par avant; c'est assavoir, en noz Pays de *Picardie* & de *Normendie*, noz amez & feaulx Chevaliers *Ector* de *Chartres*, *Jehan* de *Garencieres* & *Jehan* de *Cuise*; en noz Pays de *France*, *Champaigne*, de *Brie* & de *Touraine*, noz amez & feaulx *Jehan* de *Beaumont* Escuier, & *Gauchier du Chastel* Chevalier; & en nostre Pays de *Xanctonge*, nostre amé *Pierre* [d] *Especaut* Escuier; & serviront à leurs gaiges & drois ordinaires seulement; & n'aura en nozdis Pays de *Champaigne* & de *Brie*, aucuns [e] Gruyers.

(19) Item. Avons ordonné & ordonnons que sur le fait de noz Monnoies, ait seulement quatre Generaulx Maistres, ainsi comme d'ancienneté a esté fait; & pour ce que de present en y a six qui sont bons & souffisans, & ont longuement servi, il Nous plait & voulons qu'ilz y demeurent, [f] par ainsi que les deux premiers lieux & Offices desdis Generaulx Maistres qui vacqueront, ne seront point impetrables, & ne demourra seulement que ledit nombre de quatre Generaulx-Maistres desdictes Monnoyes.

(20) (h) Item. Que d'oresenavant. [Voy. l'art. 18. de l'Ordonnance de 1400.]

[a] *Voy. la note (b) de la p. 542. du 6.e Vol. de ce Rec.*

[b] *résidens, domiciliés.*

[c] *changés.*

[d] *Il est nommé* Espeçart *dans l'art. 16. des Lettres de 1400.*

[e] *Voy. les Tables des Mat. des Vol. de ce Rec. au mot,* Gruyers.

[f] *& en conséquence.*

En marge de cet article, il y a: De Gentibus Parlamenti, quod per Electionem assumantur.

NOTES.

(f) Tour d'Escript.] Dans l'art. 10. des Lettres de Philippe le Long, données vers Noël 1319. & qui sont dans le Recueil de la Chambre des Comptes de *Paris*. [Voy. sur ce Recueil la note *(b)* de la p. 26. du 7.e Vol. des Ordonnances.] On lit: *Item. Nul tour de compte ne se fera par Lettres, ne par Cedulles, fors par la Cedulle des Gens de nos Comptes.* Ces deux passages ne suffisent pas pour déterminer la signification du mot *Tour*, qui n'est plus en usage, & sur laquelle des Officiers de la Chambre des Comptes que j'ai consultés, n'ont pû me donner d'éclaircissemens.

Ces Lettres de Philippe le Long ne sont point insérées dans le premier Volume de ce Recueil, où elles auroient dû trouver place.

(g) Autrement que à point.] Cela peut signifier, *contraire aux Reglements & aux Ordonnances; & particulierement à ce qui a esté ordonné dans les articles précédents de cette Ordonnance.*

(h) Item.] Cet article qui regarde l'élection qui doit être faite pour remplir les Offices vacans dans le Parlement, est conforme à l'art. 18. de l'Ordonnance de 1400. Cependant d'après *Fontanon*, j'ai fait imprimer ci-dessus p. 188. un Fragment d'une Ordonnance, à laquelle il a donné la date de 1406. qui contient par rapport à cette élection, des dispositions différentes de celles qui se lisent dans les Ordonnances de 1400. & de 1407. Il n'est guères vrai-semblable que dans cette année Charles VI. ait renouvellé une Loy qu'il avoit faite en 1400. & à laquelle il avoit dérogé en

CHARLES VI. à Paris, le 7. de Janvier 1407.

...... & y soient expers; & pour ce que pluseurs de noz Conseilliers & Officiers oudit Parlement, par importunité ou autrement, ont obtenu de Nous ociroy de leurs gaiges à vie, jasoit ce que les aucuns ne Nous aient gueres longuement servi, & par ce [a] entreprennent Commissions & delaissent souventesfois l'exercice de leurs Offices en nostredicte Court de Parlement, ou très grant dommage & prejudice de Nous & de toute la chose publique de nostre Royaume, Nous revoquons & adnullons par ces presentes, tous octroys & graces par Nous à eulx fais de leursdis gaiges à vie; & à ceulx qui bien & longuement Nous auront servi, & ausquelz Nous verrons estre convenable de faire aucune provision & grace sur ce, Nous pourverrons ainsi qu'il appartendra & que bon Nous semblera.

a *se chargent de commissions.*

(21) Item. Que le nombre ancien de noz Conseilliers en nostredicte Chambre des Comptes, y demeure, & aux gaiges acoustumez; c'est assavoir, le President Prelat, le Grant Boutillier de France, qui du droit de son Office y doit estre, & les quatre Maistres Clers & les quatre Lais; & en oultre voulons que noz amez & feaulx Conseilliers Maistre *Regnaut* de *Coulons,* Maistre *Jehan Crete* & *François Chanteprime,* & les substituez en leurs lieux, usent & joyssent à plain des graces que sur ce leur avons octroyées : Aussi voulons que nostre amé & feal Conseillier *Jehan Chanteprime,* Tresorier & Garde de noz Chartres, soit & demeure de nostredicte Chambre, à ses gaiges acoustumez; & quant à noz autres Conseilliers qui [b] audevant de nostre presente Ordonnance estoient extraordinaires en nostredicte Chambre des Comptes, Nous les pourverrons de telz Estas & Offices que en nostre Conseil sera advisé; mesmement des premiers lieux, gaiges & drois ordinaires qui vacqueront en nostredicte Chambre. Voulons aussi & ordonnons que noz amez & feaulx Maistre *Jehan* de la *Croix* & *Nicolas Des Prez,* lesquelz avions ordonnez Maistres Lais extraordinaires de nozdis Comptes, retournent en leurs lieux & Offices, gaiges & droiz de Clers ordinaires de nostredicte Chambre, tout ainsi & par la forme & maniere qu'ilz estoient audevant que Nous les retenissions Maistres Lays extraordinaires d'iceulx Comptes; & quant au nombre de noz [c] Clers d'embas en nostredicte Chambre, Nous voulons qu'ilz demeurent comme il a esté d'ancienneté sans aucune creue; nonobstant quelxconques Lettres par Nous octroyées ou à octroyer au contraire. Et pource qu'il est à present debat d'un des lieux, gaiges & drois ordinaires de Clerc en nostredicte Chambre, entre deux concurrans, il Nous plaist & voulons que par bonne eleccion qui faicte sera en nostredicte Chambre, celui d'iceulx concurrans qui sera esleu, eu regard à son long service, experience & souffisance ou fait desdis Comptes, ait lesdis lieu, gaiges & drois ordinaires, & que l'autre ait la [d] subrogacion de Maistre *Estienne* de *Bray,* l'un des Maistres Clers de nostredicte Chambre, subrogué ou lieu dudit Maistre *Regnault* de *Coulons.*

b *avant.*

c *nommés présentement Auditeurs des Comptes.*

d *survivance.*

(22) Item. Que quant les Sieges . . . [Voy. l'article 20. de l'Ordonnance de 1400.] ... sans faveur ou accepcion de personnes, & qui demeurent & facent residence sur leurs Offices en leurs personnes; & s'aucuns autres en y a de present, il y soit tost pourveu par bonne eleccion de nostre Grand Conseil; & auront lesdis Seneschaulx & Baillis leurs gaiges ordinaires seulement; & s'il Nous plaist &c.

(23) Item. Et pour obvier à ce que les emolumens des Seaulx de noz Tabellionnages ne diminuent, ainsi qu'ilz ont fait ou temps passé, par ce que Nous avons donné

1406. sans faire mention de cette dérogation. Cela pourroit faire soupçonner que la date donnée par *Fontanon* est fausse. En effet, depuis que j'ai fait imprimer ce Fragment, j'ai découvert qu'il se trouve dans le Livre intitulé : *Stilus supremæ Curiæ Parlamenti Parisiensis, &c.* Partie 3. Titre 3. n.° 10. p. 163. de l'édition faite à *Paris* en 1551. *in 4.°* C'est apparemment de cette source que *Fontanon* avoit tiré ce Fragment; & j'ai remarqué qu'il y a beaucoup de fautes dans les dates des Ordonnances ou fragmens d'Ordonnances qui sont insérées dans le *Stilus Parlamenti.*

J'ai dit dans la note *(a)* faite sur ce Fragment, que la disposition qu'il contient, avoit été confirmée par des Lettres du 8. de Mai 1408. qui seroient imprimées à leur rang dans la suite de ce Recueil : elles ne s'y trouveront cependant point. J'ai été trompé par *Blanchard* qui, dans sa Table Chronologique des Ordonnances, annonce ces Lettres comme une Loy : ce ne sont cependant que des Provisions données à un Conseiller du Parlement.

ou permis à prendre à aucuns de noz Bailliz & Seneschaulx, les emolumens de leurs Seaulx, lesquelz ont [a] atrait à eulx soubz umbre desdis octroys, grant partie des emolumens des Seaulx de nozdis Tabellionnages, & aussi que lesdis Baillis & Seneschaulx pourroient estre plus enclins en leur faveur pour convoitise de l'emolument de leursdiz Seaulx, de faire longuement durer les Procès pardevant eulx, & multiplier Mandemens, Commissions, Actes & autres Lettres & Escriptures, ou très-grant grief, dommage & prejudice de nostre Peuple, & diminucion de nostre Demaine, Nous voulons & ordonnons que d'oresenavant tous les Seaulx & Escriptures de nozdis Baillis & Seneschaulx, soient bailliez à ferme à nostre prouffit.

CHARLES VI. à Paris, le 7. de Janvier 1407.

a attiré.

(24) *Item.* Semblablement voulons & ordonnons pour les causes & consideracions dessus touchiées, que les Seaulx & Escriptures des *Viscontez* de nostre Pays de *Normendie*, soient bailliez à ferme à nostre prouffit; & pour ce que les charges desdictes *Viscontez* sont plus grandes & onereuses les unes que les autres, Nous voulons que par bonne deliberacion de nostre Conseil estant en nostredicte Chambre des Comptes, à ce presens & appellez des Gens de nostre Grant Conseil, leur soit faicte provision & ordonnance de gaiges telz comme il sera par eux advisé, & par noz Lettres.

(25) *Item.* Pour les très-grans clameurs & complaintes que eues avons des griefz & oppressions qui ci-devant ont esté fais à nostre Pueple, des personnes qui ont tenues à ferme noz [b] Prevostez par tout nostre Royaume, Nous voulons [c] eschever telles choses & en relever nostredit Peuple, avons ordonné & ordonnons que presentement & d'oresenavant toutes lesdictes Prevostez seront bailliées en garde, & y seront mises & establies bonnes & souffisans personnes des lieux & pays ou des plus prochains, par bonne eleccion qui s'en fera en la Chambre de noz Comptes, presens & appellez à ce aucuns de nostre Grant Conseil & de la Court de nostre Parlement & de noz Tresoriers, sans aucune faveur & accepcion de personne; & leur seront ordonnez & tauxez gaiges souffisans selon les Estas & Charges qu'ilz auront èsdis Offices, & tout par noz Lettres passées par nozdis Conseilliers, & faictes par les Greffiers de nostredicte Chambre des Comptes, & non autrement.

b *Voy. les Tables des Mat. des Vol. de ce Rec. au mot,* Prevôtés.

c *éviter.*

(26) *Item.* Pour semblablement relever nostredit Peuple des très-grans griefz & oppressions qu'il a eu par la grant multitude des Sergens extraordinaires qui ont esté fais & creez en plusieurs parties de nostre Royaume, Nous avons ordonné & ordonnons que en nostredit Royaume ne demourra mais que le nombre ancien de nozdis Sergens; & tous autres Sergens quelzconques extraordinaires revoquons par ces presentes.

(27) *Item.* Quant à noz amez & feaulx les Maistres des Requestes, &c. [Voy. le sommaire de l'art. 21. de l'Ordonnance de 1400.]

(28) *Item.* Que pour estre à noz Conseils, soient treize de noz Secretaires qui aient les gaiges de Secretaires, & non autres; c'est assavoir, Maistre *Thiebaut Honcie, Pierre* de *Manhac, Gontier Col, Jehan Huë, Jehan* de *Monstereul, Guillaume* de *Neauville, Martin Derian, Guillaume* de *Vitry, Guillaume Barrau, Pierre Ferron, Guenier* de *Scepeaulx, Girart* de *Bruieres* & *Jehan* de *Villebresme;* à tous lesquelz Nous defendons très-expressément qu'ilz ne signent aucunes Lettres touchans Finances, se elles ne sont passées & à eulx commandées par Nous estant assis en nostre Conseil, & à l'oye de noz Conseillers qui y seront, & par la maniere que dessus est exprimé; & voulons que à chascun de noz [d] Conseils ne demeurent que deux de noz Secretaires; c'est assavoir, un Civil & un Criminel.

d *Voy. la note (i) de la p. 417. du 8.e Vol. de ce Rec.*

(29) *Item.* Quant au nombre des Gens de nostre Grant Conseil, il sera par Nous reduit & ramené à nombre competant, tel comme Nous adviserons & ordonnerons par noz autres Lettres.

(30) *Item.* Nous ordonnons & defendons très-expressément à tous nosdiz Officiers, & chascun d'eulx, sur les peines acoustumées, qu'ilz ne prengnent ne reçoivent aucuns dons corrompables, ne gaiges ou pensions de quelque Seigneur ou personne que ce soit, fors de Nous seulement; se ce n'est toutevoye par nostre congié & licence.

A la marge de cet article, il y a: de Donis corrupcio. *avec une marque d'abréviation sur la dernière lettre.*

CHARLES VI. à Paris, le 7. de Janvier 1407.

(31) Item. Pour ce que par cy-devant par très-grant convoitise, plusieurs se sont ingerez de obtenir Offices de Nous, tant de Justice que de Recepte, comme Maistres de noz Eaues & Forests, Baillis, Seneschaulx, Vicontes, Receveurs, Advocas & Procureurs, & yceulx Offices ont resignez pour leur proufit particulier & singulier, ou autrement en ont prins proufit en les delaissant à autres personnes, laquelle chose est de très-mal exemple; Nous defendons expressement par ces presentes à tous nozdiz Officiers, sur la foy & serement qu'ils ont & auront à Nous, & de privacion de leursdiz Offices, que ilz n'en prengnent aucun proufit par quelque voie ou maniere que ce soit, & aussi sur peine de perdre iceuls proufis, & à Nous estre appliquiez.

(32) Item. Voulons & ordonnons que les Ordonnances pieça faictes par noz très-chiers Seigneurs Ayeul & Pere, dont Dieux ait les ames, de non donner ou aliener aucune chose du Demaine de la Couronne, & par lesquelles ilz rappellerent & revoquerent tous dons & alienacions qui faictes en auroient esté depuis nostre très-chier Seigneur le Roy Philippe le Bel, soient tenues, gardées & exécutées; & semblablement de [a] celles que derrenierement avons faictes le derrenier jour du mois de Fevrier, l'an mil CCCC & un, par lesquelles avons rappellé & revoqué tous dons & alienacions par Nous faictes dudit Demaine : Toutesvoyes Nous n'entendons point que en ce soient comprinses les douze mille livres de Terre que baillié avons à nostre très-chier & très-amé Cousin le *Roy* de *Navarre,* & aussi ce que sommes tenus baillier à nostre très-chier & très-amé Filz le *Duc* de *Bretaigne,* pour le *(i)* retour de ses Terres de *Nivernoiz* & de *Rethelois.*

[a] *Elles sont imprimées à la p. 484. du 8.e Vol. de ce Rec.*

(33) Item. Avons ordonné & voulons que aucuns de nos Conseillers, de quelque estat qu'ilz soient, ne prengnent sur Nous pour estre à nostre Conseil, que uns gaiges ou pension seulement; & defendons &c. [Voy. l'art. 24. de l'Ordonnance de 1400.]

Et pour ce que ces Ordonnances, lesquelles Nous avons faictes par grant & meure deliberacion de nostredit Conseil, pour le bien de Nous & de nostredit Royaume & de la chose publique d'icellui, comme dessus est dit, soient tenues & gardées selon leur forme & teneur, Nous qui les voulons tenir & tendrons sans enfraindre, avons ordonné & voulons que ceulx de nostre Sang & Lignaige & de nostre Grant Conseil à ce presens, les jurent tenir & garder en tant comme en eulx est & sera, & ne Nous feront aucunes Requestes au contraire; ainçois se aucunes Nous en sont faictes par autres, ilz les empescheront en tant comme ilz pourront. Voulons aussi & mandons que nozdictes Gens de Parlement & des Comptes & nozdis Tresoriers, & toutes autres Gens de nostredit Conseil, sitost qu'ils en seront requis, les jurent tenir & garder comme dessus; & mandons & enjoingnons très-estroitement à nostredit Chancellier, que se par inadvertance, par importunité de requerans ou autrement, Nous octroyons aucunes Lettres qui aucunement derroguent à noz Ordonnances dessusdictes, ou à aucuns articles d'icelles, il ne les scelle point: Mandons aussi & enjoingnons trés-expressement à noz amez & feaulx lesdictes Gens de nostredit Parlement & de nostredicte Chambre des Comptes & Tresoriers à *Paris,* auxdis Generaulx Conseilliers, & à tous noz autres Justiciers & Officiers, & à chascun d'eulx en droit soy, qu'ilz tiengnent & gardent de point en point nozdictes presentes Ordonnances, sans les enfraindre en quelque maniere que ce soit ;

NOTE.

(i) Retour.] On peut consulter sur ce Retour la Table des Matières du second volume de l'Histoire de *Bretagne* par Dom *Lobineau,* & un des articles du Traité de paix fait en 1381. entre Charles VI. & le *Duc* de *Bretagne.* Cet article est à la colonne 611. de ce Volume.

Pour terminer l'affaire du retour dû au *Duc* de *Bretagne,* Charles VI. par ses Lettres du 15. d'Avril 1409. lui donna les Villes, Chasteaux & Chastellenies de *Gaillargues, Vauderique* & la *Mote,* avec la Ville d'*Aramon,* situez en la *Seneschaucée* de *Beaucaire.*

Ces Lettres sont au Trésor des Chartres, Registre 163. Pièce 439. Je ne les ai point trouvées dans le Recueil de Pièces concernant l'Histoire de *Bretagne,* publié par Dom *Morice* Religieux Benedictin.

soit; lesquelles Ordonnances Nous voulons & mandons estre publiées partout où il appartendra, afin que chascun à qui il appartient, en puist avoir congnoissance. En tesmoing de ce, Nous avons fait mettre nostre Séel à ces Lettres. *Donné à Paris, le septiesme jour de Janvier, l'an de grace mil CCCC & sept, & de nostre Regne le vint-huitiesme.* Ainsi signées. Par le Roy en son Grant Conseil, où le *Roy* de *Sicile*, Messeigneurs les *Ducs* de *Berry* & de [a] *Bourbonnois*, les *Contes* de *Mortaing*, d'*Alençon* & de *Vendosme*, [b] Vous, le Grant Maistre d'Ostel, le Sire d'*Omont*, Messire *Guillaume Martel*, le Sire d'*Yvry*, Messire *Robert* de *Boissay*, le *Galoys* d'*Aunoy*, Messire *Charles* de *Savoisy*, & plusieurs autres, estoient. P. FERRON. Et au dos. *Visa & Lecta ad Burellum, XXIX. Octobris, anno mille.mo CCCC.o VIII.o Scriptum in Camera Compotorum Domini Regis* Par. *anno & die supradictis.* LE BEGUE. *Lecta & publicata in Curia, die XXIX.a Novembris, anno Domini m.o CCCC. VIII.o* BAYE.

Collatio facta est cum Originali.

CHARLES VI. à Paris, le 7. de Janvier 1407.

a *Bourbonn.* R.

b *Le Chancelier de France.* Voy. le 5.e Vol. de ce Rec. p. 653, note *(c)*.

CHARLES VI. à Paris, le 9. de Janvier 1407.

(a) Lettres qui portent que les Protocoles des Notaires appartiendront, suivant la disposition du Droit, à leurs héritiers, ou à ceux en faveur de qui ils en auront disposé par Donation ou par Testament.

CAROLUS, Dei graciâ, Francorum Rex, Dalphinus Viennensis, Gubernatori nec non omnibus & singulis Judicibus, Officiariis & Justiciariis dicti nostri Dalphinatûs, *præsentibus & futuris, vel eorum Locatenentibus: Salutem. Pro parte universitatis subditorum nostrorum ejusdem* Dalphinatûs, *Nobis fuit expositum conquerendo, quod licet Notarii seu Tabelliones in eorum testamentis seu aliis suis ultimis voluntatibus, possint secundum juris communis dispositionem, (b) Protocolla sua, sive comoda aut emolumenta provenire debentia ex eisdem, tanquam res suas proprias legare, relinquere seu donare liberis suis, seu eorum parentibus & amicis quibus volunt, & aliàs de eisdem disponere pro libito voluntatis, & quod ipsis ex testamento vel ab intestato decedentibus, liberi aut alii legitimi & proximiores eisdem sic decedentibus in & super præmissis succedere debeant & succedant, non nulli ex vobis Officiariis nostris modernis, ac cœteri prædecessores vestri jam per aliqua tempora, Protocolla ipsorum Notariorum sic decedentium, aliis personis quam eorundem Notariorum liberis, hæredibus & parentibus, contra voluntatem hujusmodi Notariorum sic decedentium, ac juris communis dispositionem, dedistis & dederunt seu tradidistis & tradiderunt, liberos & hæredes ac legatarios & donatarios, parentes & amicos jam dictos, in eisdem ex testatoris voluntate vel juris communis dispositione succedentes [c] succedere debentes ipsis Protocollis, juribus & emolumentis eorundem, & ad ipsos occasione & pretextu dictæ dispositionis juris communis, pertinentibus & spectare debentibus, privando in eorum grande præjudicium & gravamen, sicut dicunt, nostrum remedium implorantes: quocirca Nos iis attentis, & convenientiùs esse [d] liberos & hæredes ac parentes seu propinquos & legatarios dictorum Notariorum, quam extraneos, in jam dictis Protocollis, juribus & emolumentis succedere & succedere debere, vobis & vestrum cuilibet, prout suo incumbit Officio, & in futurum spectabit, harum serie precipimus & mandamus, districtè injungendo, quatenus contra voluntatem & dispositionem ipsorum Notariorum, ita, ut præfertur, decedentium, jurisque communis observanciam, in & super præmissis nihil faciatis seu attemptetis, sive fieri, attemptarive patiamini; quinimo, ipsorum voluntates & dispositiones extremas, dum modo juri communi non repugnent, in eisdem observetis*

c supp. *sive.*

d Il faut supp. ici un verbe, *censentes* ou autre.

NOTES.

(a) La copie de ces Lettres qui sont au dépôt de la Chambre des Comptes de *Grenoble*, a été envoyée avec cette indication: *3.us Copiarum Graisivodani fol. 623.*

(b) Protocolla.] On appelloit ainsi les Registres dans lesquels les Notaires écrivoient de suite les actes qu'ils passoient. Voy. le Glossaire de *Du Cange*, au mot, *Protocollum.*

CHARLES VI. à Paris, le 9. de Janvier 1407.

& observari à cœtero faciatis, ipsa Protocolla liberis & hæredibus, aut propinquis vel legatariis & donatariis, prout jura & dispositiones prætactæ volunt, relinquendo, circa custodiam & (c) grossationem Protocollorum hujusmodi providendo debitè & securè : Si vero contra præmissa aliquid factum aut attemptatum à data præsentium fuerit, ad statum debitum reducatis seu reduci faciatis indilatè : Quoniam sic fieri volumus & jubemus, de graciâ speciali, si sit opus; nonobstantibus quibuscumque Litteris subrepticiis contrariis, in contrarium impetratis vel impetrandis, obtentis vel obtinendis, sub quacumque verborum forma existant. Datum *Parisius,* die nona Januarii, anno Domini millesimo quatercentesimo septimo, & Regni nostri vicesimo octavo. *Per Regem Dalphinum, ad relationem Consilii.* H. BERNIER.

NOTE.

(c) Grossationem.] Les Grosses, les expéditions des actes qui étoient inscrits dans les Protocoles. Voy. le Gloss. de *Du Cange* au mot *Grossa* 2.

CHARLES VI. à Paris, le 12. de Janvier 1407.

(a) Lettres par lesquelles Charles VI. déclare, que si le jour de l'Ascension prochainement venant, il n'y a pas un Pape qui soit reconnu unanimement par toute l'Eglise, il prendra le parti de la neutralité.

CHARLES, par la grace de Dieu, Roy de France. A tous ceuls qui ces présentes Lettres verront : Salut. Comme depuis qu'il a pleu à Dieu de sa très-benigne grace Nous appeller à la Couronne & au gouvernement de nostre Royaume, pour la très-grant compassion, tristesse, douleur & desplaisir que Nous avons tousjours eu & avons au cuer de la division & [a] très-douloureux & pernicieux Scisme qui est & si longuement a esté en l'Eglise de Dieu, [b] par le debat des Contendans à la dignité du Papat, en grant [c] esclande de toute la Chrestienté, mesmement des Roys & des Princes ausquelx appartient plus de y travaillier, & à l'esjouissement des ennemis de la Foy Catholique, aions en ensuivant noz Prédécesseurs Roys de France très-Chrestiens qui plusieurs foiz ont secouru à l'Esglise en cas semblables & autres, très-diligemment & continuelment vacqué, entendu & labouré avec plusieurs Roys, Princes & autrez devotz Chrestiens, à trouver voies & manieres convenables pour oster & extirper du tout ledit Scisme, si que Nous [d] puissions veoir à noz jours paix & union en nostre mere Saincte Eglise; & pour y proceder plus meurement & seurement, avons par pluseurs & diverses années & grans intervalles fait assembler pardevers Nous en nostre Ville de *Paris,* les Prelas & le Clergié & plusieurs des Princes de nostre Sang, Barons, Universitez des Estudes, & autres sages & preudommes de nostre Royaume, en très-grant nombre, pour avoir sur ce leur advis & conseil, & fait faire legacions & ambaxates très-notables & solennées, tant devers lesdiz Contendans du Papat, & chascun d'eulx, comme devers plusieurs

[a] *du très-douloureux.* Originaux.
[b] *pour.* Originaux.
[c] *escandle.* 1.er orig. *esclandre.* 2.e orig.
[d] *peussions,* là & plus bas. Originaux.

NOTE.

(a) Registre *A.* du Parlement de *Paris, fol.* CCX. *recto.*

Avant ces Lettres, il y a : *Ordinacio quod nisi infra Festum Ascensionis Domini proximè, habeatur unio in Ecclesia, Rex se reddet neutrum utrique de Papatu contendenti.*

Ces Lettres ont été collationnées sur l'original qui est au Trésor des Chartres, Layette *Schisme,* premier sac, *n.°* 33. Il y a au dos : *Substractio totalis obediencie facta Petro de Luna, in casu quo non fuerit facta unio per Contendentes infra Festum Ascencionis Domini proximè venturum, computando à data presencium.* Ces Lettres ont aussi été collationnées sur l'original des Lettres de Charles VI. du 25. de Mai 1408. qui seront imprimées cy-dessous à leur rang, & dans lesquelles elles sont vidimées. Cet original est au Trésor des Chartres, *ibid. n.°* 34. Il y a entre ces originaux & le Registre du Parlement, quelques différences. On n'a marqué à la marge que celles qui ont paru les plus importantes.

Ces Lettres avoient déjà été imprimées à la p. 1213. du 4.e Vol. des Ordonnances par *Fontanon,* & à la p. 181. du T. 1.er Part. 2.e des Preuves des Libertés de l'Eglise Gallicane, édit. de 1731.

Voy. la Préface de ce Vol. §. *Schisme.*

Roys & Princes de l'une & de l'autre des deux obeiſſances, en les exhortant de labourer & faire chacun en ſon endroit tant & en tele maniere que Nous puiſſions briefment avoir ladicte paix & union, ſi comme ces choſes ſont aſſez notoires en pluſieurs Royaumes de la Chreſtienté; & ce nonobſtant ne ſoit encores ycelle matiere appoinctée ne ainſi avancée & diſpoſée à prendre fin au bien de ladicte union, comme elle peuſt & deuſt eſtre ſe leſdiz Contendans & [a] leurſdiz Colleges y euſſent procédé & procedaſſent ſi diligemment & de ſy bonne & vraye entencion & affection comme ils deuſſent & ſont tenus pour le bien de la Chreſtienté: Savoir faiſons que Nous, les choſes deſſuſdictes conſiderées, & autres pluſeurs qui font ſur ce à conſiderer, veans & cognoiſſans evidemment que pour les prouffis, plaiſirs temporelz & honneurs que leſdiz Contendans y ont euz par l'obeiſſance qui depuis le commencement dudit Sciſme a eſté & eſt donnée, faicte & preſtée auſdiz Contendans, ilz ont eſté & ſont remis & negligens de venir à ladicte union, & pourroient encores eſtre plus ou temps avenir, ſe pourveu n'y eſtoit, en grant deſolacion de noſtredicte mere Saincte Egliſe & de toute la Chreſtienté, voulans y obvier de noſtre part, avons par très-grant & meure deliberacion de conſeil de pluſeurs de noſtre Sang & Lignage, Prelaz, Barons, Docteurs, & autres ſaiges & preudomes de noſtre Royaume, à ce appellez pardevers Nous, aians Dieu ſeulement & leur ſalut devant les yeulx, conclud & déterminé, & par la teneur de ces preſentes, de noſtre certaine ſcience, concluons & déterminons que ou cas que dedens le jour de la Feſte de l'Aſcenſion Noſtre Seigneur prouchainement venant, n'aurons union en noſtredicte mere Saincte Egliſe, & un ſeul, vray & ſans doubte Pape & [b] Paſtour de l'Egliſe univerſale, Nous, le Clergié & autres Gens de noſtredict Royaume & auſſi de [c] noſtredit *Daulphiné* de *Viennois*, ſerons neutres, ne ferons, preſterons ou donnerons, ne [d] ſouffrerons par aucun de noz Subgiez eſtre donné dès lors en avant, aucune obeiſſance à l'un ne à l'autre d'iceulx Contendans qui tiegne ou occupe ledit eſtat, juſques à ce qu'il y ait un ſeul, vray & ſans doubte Pape & Paſteur de l'Egliſe univerſale, comme dit eſt, & ainſi le entendons faire ſignifier & ſavoir par noz autres [e] Lettres Patentes auſdiz Contendans & à leurſdiz Colleges, & à pluſieurs Rois, Princes, Prélaz, Barons & Communautez de l'une & de l'autre deſdictes obeiſſances. Si donnons en mandement par ces préſentes à noz amez & feaulx les Gens de noſtre Parlement à *Paris*, & à tous noz autres Juſticiers & Officiers, à leurs Lieuxtenans, & à chaſcun d'eulx qui ſur ce ſera requis, que ceſte preſente concluſion & determinacion publient & facent publier incontinent ces Lettres veues, & ycelles tenir & garder ſelon leur fourme & teneur, par tous nos Subgiez de noſdiz Royaume & *Daulphiné*, tant d'Egliſe comme Seculiers, de quelque auctorité qu'ilz uſent, en puniſſant les tranſgreſſeurs ſi & par telle maniere que ce ſoit exemple à tous autres. En teſmoing de ce Nous avons fait mettre noſtre Séel à ces preſentes. *Donné à* Paris, *le XII.*[e] *jour de Janvier, l'an de grace mil CCCC. & ſept, & de noſtre Regne le XXVIII.*[e] Ainſi ſigné. Par le Roy, en ſon Conſeil, ouquel le *Roy* de *Secile*, Meſſeigneurs les *Ducs* de *Berry*, de *Bourbonnois* & de *Baviere*, les *Conte* de *Mortaing*, de *Clermont* & de *Vendoſme*, le Conneſtable, [f] Vous, le Grant Maiſtre d'Oſtel, [g] & autres eſtoient. NÉAUVILLE.

Lecta in Curia, & publicata die XXVI.[a] *Januarii, anno M.*[o] *CCCC.*[o] *VII.*[o] BAYE.

(b) Item. *Lecta & publicata in Curia, die XXV.*[a] *Maii anno M. CCCC.*[o] *octavo, (c) craſtina Feſti Aſcenſionis Domini. Collacio facta eſt cum originali.*

CHARLES VI. à Paris, le 12. de Janvier 1407.

a *leurs Colleges*. Originaux.

b *Paſteur*. Originaux.

c *noſtre Daulphiné* Originaux.

d *ſouffrirons*. Originaux.

e *Elles furent données le 18 de Février ſuivant, & on les fera imprimées ci-deſſous à leur rang.*

f *Le Chancelier de France. Voy. le 5.*[e] *Vol. de ce Rec. pag. 653. note (c).*

g *& pluſieurs autres*. 1.er orig.

NOTES.

(b) Item.] Il doit paroître ſingulier que des Lettres qui avoient été lûes & publiées au Parlement, l'y ſoient encore une ſeconde fois, quatre mois après: mais il me paroît certain que cette ſeconde publication n'eſt point celle des Lettres du 12. de Janvier 1407. & que c'eſt la publication des Lettres du 25. de Mai 1408. qui, comme on l'a marqué ci-deſſus, p. 290. note *(a)*, vidiment celles du 12. de Janvier 1407.

On a inſerit dans le Regiſtre du Parlement, la publication des Lettres du 25. de Mai 1408. qui ne s'y trouvent point.

(c) Craſtina.] C'etoit le lendemain du jour auquel Charles VI. avoit déclaré dans ces Lettres qu'il prendroit le parti de la neutralité, s'il n'y avoit pas un Pape reconnu unanimement par toute l'Egliſe.

CHARLES VI. à Paris, le 17. de Février 1407.

(a) *Lettres par lesquelles il est défendu aux Gens de guerre des Ducs de Bourgogne & de Bretagne, & à tous autres, de se loger dans la Vicomté de Paris, & d'y prendre des vivres sans les payer; & qui ordonnent au Prevôt de Paris de punir ceux qui contreviendront à ces Lettres.*

CHARLES, par la grace de Dieu, Roy de France. Au *Prevost* de *Paris*, & à tous noz autres Justiciers, ou à leurs Lieuxtenans : Salut. Il est venu à nostre cognoissance que plusieurs Compaignies de Gensd'armes, lesquelz se dient estre les uns à Beau Cousin de *Bourgoigne*, & les autres à nostre très-cher & amé Filz le *Duc* de *Bretaigne*, & à aucuns autres grans Seigneurs, sont logiez, & chascun jour viennent & se logent ès Villes & Villages d'environ nostre Ville de *Paris*; parquoy noz Subgez d'icelle sont moult espouventez & dommaigez, & encores pourroient plus estre, & aussy se en pourroient ensuir autres grans inconveniens, maulx & dommaiges à Nous & à nostredicte Ville de *Paris*, [a] ce remedié n'y estoit briefment. Pourquoy Nous ces choses considerées, voulans en ce pourveoir, & nozdiz Subgiez garder de telz violences & oppressions, comme raison est, & [b] eschever aussy ausdiz inconveniens, & pour certaines autres causes & considera-cions à ce Nous mouvans, vous mandons, commandons & expressément enjoi-gnons, & à chascun de vous, si comme à lui appartendra, en commettant, se mestier est, que incontinent ces Lettres veuës, vous faciez crier & publier notable-ment de par Nous par tous les lieux notables & acoustumez à faire cris en nostre-dicte Ville de *Paris*, & en la *Viconté* d'icelle, & ailleurs où il appartendra, & que verrez estre à faire & prouffitable pour le bien & prouffit de Nous & de nozdiz Subgiez, que aucunes Gens d'armes, Archiers ou Arbalestiers, de quelque estat & condicion qu'ilz soient, supposé [c] ores qu'ilz feussent ou se advouassent estre à nozdiz Cousin & Filz, ou à autres quelzconques, sur paine de la [d] hart ne se logent en aucunes des Villes ou Villages, maisons ou autres lieux de ladicte *Viconté* de *Paris*, ne ailleurs environ, ne y preignent en passant le païs, aucuns biens, vivres, ou autres choses quelxconques, sans les paier comptant justement & raisonnable-ment, à ceulx de qui ilz les auroient pris, sur ladicte peine; & ou cas que depuis & après ledit cry ainsi fait, vous ou aucuns de vous, en trouveriez aucuns faisans le contraire, prenez-les, & faites incontinent prendre de fait, chascun en droit soy, & d'iceulx faire justice telle qu'il appartendra par raison & selon leurs cas, & par telle maniere que chascun de vous en doiez estre recommandez de bonne justice. De ce faire vous donnons povoir, auctorité & mandement especial, & à chascun de vous, par ces presentes, par lesquelles mandons & commandons à tous noz Justiciers, Officiers & subgiez, que à vous & à voz Commis & deputez, & à chascun de vous, en ce faisant obeissent & entendent diligemment, & donnent conseil, confort & aide, & prisons, se mestier en avez, & par vous ou aucuns de vous en sont requis. *Donné à* Paris, *le XVII.e jour de Fevrier, l'an de grace mil CCCC. & sept, & de nostre Regne le XXVIII.e* Ainsi signé. Par le Roy, à la relacion de son Grant Conseil, ouquel le *Roy* de [e] *Secile*, Mons. le *Duc* de *Berry*, les [f] *Comptes* de *Mortaing*, de *Vendosme* & de *Tancarville*, le Connestable, [g] Vous, le Grant Maistre d'Ostel, le Maistre des Arbalestiers, & plusieurs autres estiez. NEAUVILLE.

Collation faicte.

a *se : sy.*
b *éviter.*
c *encore.*
d *d'estre pendu.*
e *Sicile.*
f *Comtes.*
g *Le Chancelier de France. Voy. le 5.e Vol de ce Rec. p. 653. note (c).*

NOTE.

(a) Livre rouge vieil du Châtelet de *Paris, fol.* 12. vingt 11. *verso.* [251.]
Avant ces Lettres, il y a : *Que les Gens de Mons. de Bourgogne & ceux du* Duc *de Bretengne ne se logent ès Vilaiges d'environ Paris.*
Voyez ce qui est dit sur le contenu de ces Lettres, dans la Préface de ce Vol. S. *Histoire.*

CHARLES VI. à Paris, le 18. de Février 1407.

(a) Lettres qui défendent de faire des Assemblées sans la permission du Roy; & qui défendent notamment à l'Université de Paris, d'indiquer & de convoquer des Assemblées du Peuple.

CHARLES, par la grace de Dieu, Roy de France. Au *Prevost* de *Paris*, ou à son Lieutenant : Salut. Comme à quelque personne que ce soit, de quelconque auctorité ou prééminence que elle use en nostre Royaume, soit nostre ainsné Filz ne autre, excepté à Nous seulement qui sommez seul Souverain Seigneur en nostredit Royaume, ne [a] loise ne apparteigne faire convocacion ne assemblée de Peuple en ycellui nostre Royaume, sans noz licence [b] exprès commandement, & ceulx qui feroient le contraire, encherroient envers Nous en crime de Lese-Mageſté; & pour obvier aux inconveniens qui de ce se pourroient ensuir, avons pieça fait crier, proclamer & faire deffendre publiquement en ceste nostre Ville de *Paris*, & en plusieurs autres lieux de nostredit Royaume, sur moult grans peines, que aucun ne presumast y faire aucunes convocacions ne assemblées de Peuple sans noz licence & commandemens dessusdiz, si comme ce est assez notoire à tous; neantmoins si comme de nouvel est venu à nostre congnoissance, aucuns Suppos de nostre amée Fille l'Université de l'Estude de *Paris*, ou autres meuz de leur voulenté, soubz umbre de certaines [c] couleurs, ont mis & atachié ou fait mettre & atachier en plusieurs Eglises de nostredicte Ville de *Paris*, & ailleurs, certaines [d] Cedules pour induire, inciter & esmouvoir le Peuple d'icelle de se assembler en certain lieu & à certain brief jour, en entencion & propos, comme Nous avons entendu & sentons par vrayes-semblables presumpcions & conjectures, de dire & proposer entre autres choses audit Peuple, plusieurs paroles grandement prejudiciables & dommaigables à Nous, à nostredit Royaume & à noz Subgez & bien publique d'icellui, qui est chose de très-mauvais exemple, & s'en pourroit ensuir de très-grans dommaiges & inconveniens, se à ce n'estoit par Nous pourveu de hatif remede. Nous qui toute nostre entente & consideracion mettons, comme raison est & faire le devons, à gouverner & maintenir nozdiz Subgiez de nostredit Royaume en bonne paix & transquilité, voulans & desirans prevenir & obvier aux choses dessusdictes, afin que aucune matiere de discorde ne [e] sourde entre eulx, par grande & meure deliberacion de nostre Conseil, vous mandons, commettons & enjoignons estroictement, que incontinent sans aucun delay, vous deffendez & faites crier publiquement en nostredicte Ville de *Paris*, en tous les lieux où l'en a acoustumez à faire criz, & par ces presentes deffendons à tous noz Subgiez generaument de quelque estat & auctorité qu'ilz soient, sur peine de corps & de biens, que aucuns d'eulz ne aille à ladicte convocacion ou assemblée ne [f] assemblées; [& pour ce que n'agaires ladicte Université a fait faire *(b)* certaine predicacion en l'Eglise de Saint Martin des Champs, contre nostredicte deffense, ... en grant lesion de nostre Seigneurie, & pourroit plus estre se teles *assemblées*

[a] ne soit loisible, permis.
[b] & dans les Lettres du 18. de Février.
[c] prétextes.
[d] écrits.
[e] s'élève.
[f] à semblables.
2.e copie.

NOTES.

(a) L'on trouve au *fol.* 12. vingt & 13. *verso*, [253.] du Livre rouge vieil du Châtelet de *Paris*, des Lettres du 18. de Février 1407. Elles sont précédées immédiatement au *fol.* 12. vingt & 12. *verso*, [252.] d'une autre copie de ces mêmes Lettres, datée du 6. d'Avril 1407. & dans lesquelles se trouvent ajoûtées deux clauses nouvelles.

Pour ne pas répéter deux fois les mêmes Lettres, on a cru devoir faire imprimer ici celles du 6. d'Avril 1407. en les plaçant au rang qu'auroient dû avoir les Lettres du 18. de Février précédent. On trouvera la date de celles-ci dans la note *(c)* de la p. suivante, & on a mis entre deux crochets les deux clauses qui ne sont point dans celles du 18. de Février. A la date du 6. d'Avril 1407. on trouvera le titre de ces Lettres, avec un renvoi à cette page 293. & à cette note *(a)*.

(b) Certaine.] Les mots qui se trouveront en blanc dans la suite de ces Lettres, étoient dans la partie extérieure du feuillet de ce Registre, qui a été déchiré. On a suppléé quelque mots que l'on a fait imprimer en italique.

CHARLES VI. à Paris, le 18. de Février 1407.

s'acoustumoient faire, vous mandons en commettant, se mestier est, *que de ces* choses vous vous informez bien & diligement, & tous ceulx *que par vostre* informacion en trouverez estre coulpables, punissiez les ainsy que au cas appartendra;] toutesvoies nostre entencion n'est pas que se aucuns de ladicte Université [a] wellent preschier la parole en Dieu, ainsy que ilz ont acoustumé de faire, que ilz ne le facent que en la forme & manieres deuës, & que ilz ont acoustumé de faire ès Eglises de nostredicte Ville de *Paris,* & non autrement; & oultre vous mandons & commandons par ces mesmes presentes, que vous faciez & faicte deffendre à tous les Gens d'Eglise d'icelle nostre Ville de *Paris,* que ilz ne seuffrent faire telles assemblées ou convocacions en leursdictes Eglises, sur certaines grans peines, & ce mêmes leurs deffendons par ces presentes; [& avecques ce, vous mandons & commandons que se pour le temps avenir aucuns de ladicte Université vouloient faire ou s'efforçoient de vouloir faire telles assemblées ou convocacions, que incontinent vous faciez armer tous noz Officiers & les Sergens de nostre Ville de *Paris,* & prendre ou faire prendre tous ceulx que vous en sariez estre coulpables, & les pugnir tellement que ce feust exemple à tous autres pour le temps avenir.] *Donné à* Paris, *le VI.e jour d'Avril, l'an de grace mil quatre cens & sept, & de nostre Regne le XXVIII.e* Ainsi signé. Par le Roy, à la relacion du Grant Conseil, où le *Roy* de *Secile,* Mess.rs les *Ducs* de *Berry* & de *Bourgoingne,* les *Contes* de *Nevers* & de *Vendosme,* [b] Vous, les *Evesques* d'*Angiers* & de *Saint Flour,* le *Conte* de *Tancarville,* le Grant Maistre d'Ostel, le Sire de *Saint George,* Messire *Jehan* de *Saulx* & Maistre *Robert Macon,* estoient. DERIAN. *(c)* Au dos desquelles Lettres estoit escript ce qui s'ensuit: *Publiées en Jugement & ès Auditoires dudit Chastellet de* Paris, le Samedi VII.e jour d'Avril, veille de Pasques Flories, l'an mil CCCC. & sept.

Item. *Publiées ce jour devant l'Eglise Sainte Geneviesve,* à la Place [c] Malbert, ou Carrefour Saint Severin, devant le Palais, devant le Chastellet, ès Halles de *Paris,* à la Porte Baudoïer, & à la Croix du Tirouer, present le Crieur Juré.

a veulent.

b Le Chancelier de France. Voy. le 5.e Vol. de ce Rec. p. 653. note (c).

c Maubert.

NOTE.

(c) Donné à Paris, &c.] Les Lettres du 18. de Février finissent ainsi: *Donné à Paris, le XVIII.e jour de Février, l'an de grace mil IIII.c & sept, & de nostre Regne le XVIII.e Ainsy signé. Par le Roy à la relacion du Grant Conseil, où le* Roy *de* Secille, *Monseigneur le* Duc *de* Berry, *le* Conte *de* Mortaing, *Vous, l'*Arcevesque *de* Sens, *les* Evesques *de* Poitiers, *de* Saint Flour *& de* Gap, *le* Conte *de* Tancarville, *le Grant Maistre d'Ostel, & plusieurs autres estoient. DERIAN.*

Publiées devant l'Eglise Saint Mathurin, ou Parvis Nostre-Dame, devant l'Eglise Saint Martin des Champs, devant le Chastellet & ès Hales de Paris, *le Dimenche premier jour de moys d'Avril, l'an mil IIII.e & sept.*

CHARLES VI. à Paris, le 18. de Février 1407.

(a) Lettres par lesquelles Charles VI. déclare qu'il se soustraira à l'obédience de Benoît XIII. s'il ne fait la cession du Pontificat dans le terme qui lui sera prescrit; & qu'il continuera de prendre les mesures nécessaires pour parvenir à l'extinction du Schisme.

CAROLUS, Dei graciâ, Rex Francorum. Universis & singulis Christi fidelibus: Salutem integerrimam, & ex Schismatis nefandi tenebris, in splendorem veræ pacis celerem egressum. Quoties propensiori studio nostrorum progenitorum egregia facta

NOTE.

(a) Ces Lettres ont été tirées de la p. 45. du Livre intitulé: *Ecclesiæ Gallicanæ in Schismate Status, ex actis publicis.* Paris 1594. *in-8.o* Ce Recueil est attribué à M. *Du Tillet,* Greffier du Parlement: Il n'a point marqué dans quel Dépôt ces Lettres & les autres qui composent ce Recueil, sont conservées. Le texte de celles-ci ne paroît pas correct. Elles avoient déjà été imprimées d'après ce Recueil à la p. 182. du T. 1. part. 2. des Preuves des Libertez de l'Eglise Gallicane, édit. de 1731.

Voy. sur ces Lettres ci-dessus p. 290. celles du 12. de Janvier précédent.

Voy. la Préface de ce Vol. 5. *Schisme.*

CHARLES VI. à Paris, le 18. de Février 1407.

recolimus, & illos singulari quadam cura publicis utilitatibus Ecclesiæ Sacrosanctæ privatas semper posthabuisse perspicimus, adeò ut non tantum eam pressuris, adversitatibus, ærumnis, discordiisque liberaverint, verum etiam infidelium cervice confracta, multos mortales suavissimo Christi jugo subegerunt, miro quodam ardore gloriosis istorum vestigiis inhærendo, Schisma pestiferum quod in Christiana gente jam nimis inveteravit, quantum in nobis fuerit, penitùs sepelire, & afflictis Ecclesiæ lassisque rebus maturè succurrere deflagramus, sicuti semper syncero corde flagravimus, nihil prius aut antiquiùs habentes quam ut concessam nobis divinitùs potestatem, in Ecclesiæ suæ salutem conferamus. Unde norunt benè Christiani omnes quantos labores & quàm magnas impensas, quàmque graves sollicitudines adhibuerimus, & in convocacionibus variis Ecclesiæ Regni nostri, ac Principum de nostro Sanguine celebratis, causâ querendæ viæ qua Schismatis, ac ipsorum qui huic causam & fomenta præbent, qualitate pensatâ, salubriùs, celeriùs ac faciliùs ad pacem veniretur; & posteàquam satìs exploratè perspectum est viam cessionis amborum Contendentium ad jus verum vel prætensum in Papatu, longè ceteris omnibus preferendam, in legationibus per totum Christianum orbem transmissis ut hujus viæ facilitate brevitateque cognitâ, per eam universi pacem concorditer peterent : Postremâ vero hyeme, quia Nos à tam sancto labore charitas desistere non sinebat, convocari rursum jussimus Concilium Regni nostri, ut quando superioribus laboribus obsistente temporum malitiâ, minus promovisse videbamur, etiam atque etiam scrutaremur quâ ratione impedimenta nostri laboris, & fomenta Schismaticæ pravitatis amputare valeremus. In hoc autem Concilio, dum humana tarditas in expedientium inventione laboraret, dum variatis Sententiis aliud aliis negotio convenire judicaretur, dum conclusioni conclusio tractu temporis adjungeretur, præter spem humanam nova lux è cœlis, sicut credimus, effulsit, incredibilique celeritate divinâ sapientiâ superveniente, mox unionis fundamenta collocavit : Nam & Papa [a] Benedictus, *& [b]* Angelus, Romæ *nuper pro defuncto substitutus, uno, nisi fallimur, Spiritûs Sancti aflatu tacti, prædictam viam cessionis pro cujus prosecutione tantopere desudavimus, Litteris suis acceptarunt, obtulerunt atque publicarunt, & se invicem ad accelerationem executionis ejus vehementer hortati sunt : Quibus rebus certiùs cognitis, exultanti alacritate ingentes gratias patri luminum retulimus, quod nunc tandem justiciæ rigore temperato, misericordi oculo Ecclesiæ suæ calamitosis acerbissimisque languoribus medelam idoneam incipiat adhibere, nobisque viam adaperiat quam ulterius prosequi debeamus. Quare, ne si Deum iter monstrantem minus sequamur, ingrati reperiamur, & nostro tempore tanta misericordia indigni fiamus, ex tempore consilium capientes, concordi omnium [c] consilio & consensu prehabito, decrevimus ad Papam* Benedictum, *& illum qui se* Romæ *Papam appellat, solemnes nostros & Ecclesiæ Regni nostri Ambasiatores confestim mittere, qui ambos collaudantes magnificè, quod in hanc viam cessionis à Nobis tanto ardore procuratam, Ecclesiæ vero ipsi fructuosissimam descenderunt, Papam* Benedictum *omni precum instantiâ requirant ut ex habundanti declarationem suæ intentionis planè & clarè viam cessionis, semotis ambagibus & conditionibus acceptet, & eam exequi, omni viâ alia & omnibus aliis viis postpositis, promittat, Bullasque infra terminum inferiùs prefigendum; scilicet, decem dierum ab insinuatione sua, super his tradat : & nihilominus ambos exhortentur & obsecrent atque obtestentur quod ad evitandam difficultatem itineris, pericula personarum, querelas litium, tractus præparationum, occasiones aliarum viarum tractandarum, & alia pleraque discrimina formidanda, quæ pacem odiosè possent differre, velint absentes cedere uterque in loco suo, aut in manibus suorum Collegiorum, aut per Litteras exhibitas, aut Procuratores constitutos, provisionibus tamen congruis ita prudenter adhibitis ut alteri de altero nullus metus fraudis posset oriri : Qui si preces has audierint, mox ambo Collegia, ruptâ morâ, summâ celeritate in locum eundem convolabunt, & unici Romani Pontificis electionem celebrabunt. Quia vero Ambasiatores præfati Papam* Benedictum *primo sunt adituri, ne fortè dilacionis occasionem quærendo dicat non antea certum se responsum daturum, quam illius Romani Domini Oratores perspexerit, per eos instanter inquiretur ut propter accelerationem negotii, moras non admittat in casu quo Romanus ille sine conventione personali vellet cedere, & ut*

a Benoît XIII.

b Ange Corario *qui avoit pris le nom de* Grégoire XII.

c Voy. ci-dessus p. 110. note *(b)*.

CHARLES VI.
à Paris, le 18. de Février 1407.

pari forma, nihil expectando, etiamsi extunc cessurum offerat : Quod si amborum voluntates à nobis in hac parte dissenserint, & non nisi in conventione personali cedere voluerint, hoc eorum propositum nullatenus impediendum, sed potius adjuvandum duximus, sperantes eumdem salvatorem qui [a] *cum eorum mentibus tam salubrem Sententiam inspiravit, horum* [b] *conventionem ad pacem faciendam affuturum. Sed si Papa* Benedictus, *quod prohibeat Deus, subterfugia quæsierit, & viam aut vias alias cessioni pretulerit, aut quovismodo negotium trahere aut protelare conatus fuerit, aut ille Romanus cujus literæ conventionis personalis nullam faciunt mentionem,* Benedicto *in absencia locoque suo, vel per Procuratorem cedere volente,* [c] *obsfirmatam Sententiam extra conventionem personalem, aut alias cedere nullo pacto voluerit, ex nunc prout ex tunc* [d] *confirmato decernimus & statuimus per Concilii Ecclesiæ Regni nostri Sententiam, & charissimarum nostrarum Filiarum Universitatum* Parisiensis, Aurelianensis & Andegavensis *deliberationem, quod nisi ante finem decem dierum ab ejus insinuatione computandorum, de via cessionis sine ambiguitatibus petita* [e] *concesserit, & ante finem decem aliorum dierum proximè succedentium, de circumstantiis ejusdem viæ executionem respicientibus, Ambasiatoribus prefatis satisfecerit, ab eo veluti à Schismatico & ab Ecclesia præsciso recedemus, nec ei obedientiam ulterius præstandam censebimus, ut pote in quo stetit quominus Schismate divulso, pax desideratissima lugenti Ecclesiæ reddita sit : Simili quoque pœnæ, si qui ex suo Collegio in tam duro proposito & Ecclesiæ supra modum inimico sibi faverint, apud Nos subjacebunt, deinde vero Cardinales qui Nobiscum in veritate perstiterint, apud quos potestas eligendi integra permanserit, cum altero Collegio ad unici Romani Pontificis electionem faciendam convenient : Si vero casus miserabilis inter Cardinales omnes, quod Deus avertat, irrepserit quod in unam Sententiam ad faciendam unionem nequeant concordare, nostri Ambasiatores* [f] *nostræ, Ecclesiæ & Regni nostri potestate fungentes, cum altera parte procedent ad unionem Ecclesiæ tractandam & faciendam his modis ac legibus quas latiùs in suis instructionibus à Nobis comprobatis exprimi voluimus, & prout in deliberationibus postremi Concilii Ecclesiæ Regni nostri, & charissimarum Filiarum nostrarum Universitatum præscriptarum, super quibus Instrumenta publica confecta sunt, extitit ordinatum. In quorum omnium & singulorum testimonium, robur ac fidem, Sigillum nostrum his præsentibus duximus apponendum.* Datum *Parisiis,* die XVIII. Februarii, anno Domini M. CCCCVII. & *(b)* Regni nostri XXVII.

Per Regem, cum Consilio Dominorum Ludovici Siciliæ Regis, Ducumque [g] Aquitaniæ, Bituricensis & Aurelianensis, *atque* Borboniæ, *necnon* Patriarchæ Alexandriæ, *atque Prælatorum & Procerum, necnon plurimorum aliorum Ecclesiasticorum virorum & Secularium de Consilio magno Regis.*

a ce mot paroît inutile.

b Il semble qu'il faille corr. *conventioni.*

c Cet endroit paroît corrompu; & d'ailleurs les mots *obsfirmatam Sententiam* paroissent inutiles.

d Ce mot paroît ici inutile.

e Il semble qu'il faille ici suppléer le nom *Benedictus.*

f Il semble qu'il faille corriger *nostrâ.*

g Le *Duc de Guienne* étoit le Fils aîné de Charles VI.

NOTE.

(b) Regni nostri XXVII.] Il faut corr. XXVIII. Charles VI. étant monté sur le Thrône le 16. de Septembre 1380. le 18.e de Février 1407. il étoit dans la 28.e année de son Regne.

(a) Lettres

CHARLES VI à Paris, le 5. de Mars 1407.

(a) Lettres par lesquelles il est ordonné de contraindre par saisie du temporel & par autres voies, & nonobstant les appels interjetés au Pape, & les menaces d'excommunication, les Prelats & autres Ecclesiastiques, à payer le demi-dixième du revenu de leurs Bénéfices, imposé par l'Assemblée du Clergé de France, pour subvenir aux frais qui sont à faire pour parvenir à l'union de l'Eglise.

CHARLES, par la grace de Dieu, Roy de France. Au premier notre Huissier ou Sergent d'armes, ou autre notre Sergent qui sur ce sera requis: Salut. Comme Nous ayons [a] derrier mandé & fait assembler en notre Ville de *Paris*, par devers Nous, les Arcevesques, Evesques, Abbés & autres Prelats & Chapitres de [b] nous Royaume, *Duchié* de *Guienne* & *Daulphiné* de *Viennois*, pour avoir deliberation & conseil avecque eulx sur ce que estoit encores à faire à la prosecution de la paix & union de Sainte Eglise, & pour adviser, imposer sur la Clergie de nousdiz Royaume, Duchié & *Daulphiné*, aucun ayde ou subcide, le plus convenable & moins [c] gravable que faire se pourroit, pour aydier à suporter une partie des fraix & despens qui seroient necessaires pour ladite poursuite, tant pour les gaiges de pluseurs & divers [d] Embaisseurs de grant estat qu'il a convenu & conviendra encores envoyer en pluseurs Royaumes & Païs de Chrestienté, coume autrement en pluseurs manieres; attendu aussi les grans fraix & despens que avons soustenu ou tems passé, pour la poursuite de ladite union; lesquels Prelas & Procureurs des Chapitres dessusdits par grant & mure deliberation, ayent ordonné [e] pour la cause dessusdite, un demi-dixieme seroit levé sur la Clergie & gens d'Eglise de nousdiz Royaume, Duchié & *Daulphiné*, selon la reduction faite pieça du taux des Prelatures & Benefices d'iceulx Royaume, Duchié & *Daulphiné*, & sur les Benefices [f] que ne estoient ou ne sont mie tauxés, une equivalence, lesquels demi-dixieme & equivalence devoient estre payés à certains termes qui ont esté ordonnés par ledit Clergié, & par certains Receveurs qui à ce faire ont esté & sont ordonnés par aucuns Prelats sur ce eslus & deputés par le Conseil & Clergié dessusdits; [g] & pour ce qu'il a aucuns Prelas & Clergie en nousdiz païs de *Languedoc* & *Duchié* de *Guyenne*, qui sont refusans de payer leur portion & cote dudit demi-dixieme ou equivalence, disant qu'ils ne s'y sont aucunement consentis, coume l'*Arcevesque* d'*Arles*, l'*Evesque* de *Vabre*, les *Evesques* de *Comenge*, de *Conserans* & de *Lavaur*, les *Abbés* de *S.t Guillaume* du *Desert*, de [h] *S.t Cernin* de *Toulouse* & d'*Almans*, & le *Prieur* de *Nerac*, les Chapitres de *Toulouse* & de *Rhodés*, toute la Province d'*Aux*, les Religieux de [i] l'Ordre de *S.t Jehan* de *Jherusalem* tenans cures [k] d'armes annexés à leurs Commanderies, & plusieurs autres de nosdiz païs de *Languedoc* & *Duchié* de *Guyenne*, & que notre amé Secretaire, Maistre *Jehan Aubouyn* qui est ordonné Receveur à [l] ceuillir & lever icelui demi-dixieme & equivalence ez Provinces de *Narbonne*, *Toulouse*, *Bourdeaux*, *Bourges*, & ez Dioceses *du Puy*, *Mende*, *Vabre*, *Alby*, *Castres*, *Rhodés*, *Cahours*, *Agen*, *Viviers*, & ez Dioceses dependans de la Province d'*Arles*, faisoit contraindre les Gens d'Eglises desdites Provinces & lieux, à payer icelui demi-dixieme, ils ou aucuns d'eulx soubs umbre de certaines apellations qu'ils se dient avoir faites dudit Receveur, [m] on fait semondre, citer ou ajourner ledit Receveur à comparoir pardevant notre S.t Pere le Pape, en tele maniere que la plus grant partie du Clergié de la Province d'*Aux*, on adheré avecques eulx ou à leur appellation, & fait faire inhibition & dessense

a *corr.* dernierement.
b *corr.* nos, *là & plus bas.*
c *corr.* grevable.
d *Ambassadeurs.*
e *supp.* que.
f *corr.* qui.
g *corr.* & pource qu'il y a.
h *S.t Sernin* ou *S.t Saturnin.*
i *nommé présentement* Ordre de Malthe.
k *corr.* d'ames.
l *corr.* cueillir.
m *corr.* ont, *là & plus bas.*

NOTE.

(c) La copie de ces Lettres a été envoyée de *Montpellier*, avec cette indication : *Royaume en général, armoire A. 6.e continuation des titres particuliers, n.o 6. fol. 29.*

Voy. la Préface. S. *Schisme.*

CHARLES VI. à Paris, le 5. de Mars 1407.

oudit Receveur & à [a] ces gens & deputés de [b] part notredit S.t Pere le Pape, & sur peine d'excomuniement, qu'ils ne contraignent ou facent contraindre d'orefenavant icelles gens d'Eglise, eulx disans apellans & adherans, à payer ledit demi-dixieme; & oultre, aucuns d'iceulx Prelats eulx disans apellans, on fait faire deffense à leurs Clergies, qu'ils ne payent aucune chose dudit demi-dixieme, sur peine d'excomuniement; & aussi *Jehan* de la *Roque, Jehan* de *Brettes,* & *Jehan* de *Duoy* & aucuns autres, sous umbre d'aucunes Commissions qu'ils se dient avoir, ont levés certaines sommes d'argent dudit demi-dixieme, lesquelles ils ne veulent rendre audit Receveur, ne aucun compte de ladite recepte : Nous ces choses considerées, & que desirons de tout notre pouvoir avancier ladite union, & [c] hoster les empeschemens qui pourroient estre à ce contraires, te mandons & commettons que tous ceulx que trouveras estre tenus par les rolles dudit Maistre *Jehan Aubouin* Receveur dessusdit, ou de ses commis & deputés, à payer ledit demi-dixieme & equivalence, contrains les vigoureusement & sans deport, chacun selon sa cotte & portion, à payer icelui demi-dixieme & equivalence audit Receveur ou à ses commis & deputés à ce, & aussi les dessus nommés & tous autres que tu trouveras en avoir aucune chose receu, & à rendre bon & loyal compte & relicat à icelui Receveur ou à ses diz commis & deputés, par prinse, exploitation & detention de leurs temporels, & coume il est acostumé faire pour nos propres deniers, & par toutes autres voyes & manieres dues & raisonables, jusques à pleine satisfaction; nonobstant lesdites appellations par eux faites à Court de l'Eglise, & inhibitions & deffenses auxquelles Nous ne voulons que aucunement y soit obtemperé, en tant coume il pourroit prejudicier au payement dudit demi-dixieme & equivalence & reddition dudit compte, & aussi quelsconques autres appellations ou opposition faites ou à faire, & Lettres subreptices à ce contraires, en deffendant de par Nous sur certaines & grosses peines à nous à appliquer, à tous Seneschaux, Baillis, Prevots & autres Juges ordinaires, que contre la teneur de ces presentes ils ne donnent aucun empeschement, ne n'en connoissent en aucune maniere. Et pour ce qu'il est de necessité que par vertu de ces presentes, tu te transportes en plusieurs & divers parties, Nous voulons & Nous plaist que au *vidimus* de ces presentes, fait sous Séel Royal, pleine foy & obeissance soit faite & donnée comme à ces mesmes presentes : mandons & commandons à tous nos Justiciers & Subjiets, que à toy en ce faisant obeissent & entendent diligeamment, & te donnent conseil, confort & ayde, si mestier en as & par toy en sont requis. *Donné à* Paris, *le cinquieme jour de Mars, l'an de grace mil quatre cens sept, & de notre Regne le XXVIII.e* JEAN BIGAU.

[a] corr. ses.
[b] corr. par.
[c] corr. oster.

CHARLES VI. à Paris, le 7. de Mars 1407.

(a) Lettres par lesquelles est renouvellé l'ordre donné aux Lepreux, de porter des marques apparentes qui les distinguent des personnes saines.

JEHAN, Fils de Roy de France, *Duc* de *Berri* & d'*Auvergne,* Lieutenant de Monseigneur le Roy ezdiz Pays, & ez Pays de *Languedoc* & *Duchié* de *Guyenne.* Aux *Senechaux* de *Toulouse, Carcassonne, Beaucaire, Rouergue* & *Querci,* au Gouverneur de *Montpellier* & à tous les autres Justiciers de mondit Seigneur & nostres ezdites Seneschaussies, ou à leurs Lieuxtenans, & au premier Huissier ou Sergent d'armes de mondit Seigneur ou nostre qui sur ce sera requis : Salut. Sçavoir vous faisons que nous avons veu les Lettres patentes de mondit Seigneur, desquelles la teneur s'ensuit.

CHARLES, par la grace de Dieu, Roy de France. Aux *Seneschaulx* de *Toulouse, Carcassonne, Beaucaire, Rouergue, Bigorre* & *Querci*, au Gouverneur de *Montpellier*

NOTE.

(a) La copie de ces Lettres a été envoyée de *Montpellier,* avec cette indication : *Royaume en général, armoire A. 6.e continuation des titres particuliers, n.o 6. fol. 36.*

& à tous nos autres Justiciers ezdites Senechaussies, ou à leurs Lieuxtenans, & au premier notre Huissier ou Sergent qui sur ce sera requis: Salut. [a] Nous bien amés les [b] Capitoliers de *Toulouse*, & les Consuls, manans & habitans de pluseurs autres bonnes villes & lieux desdites Senechaussies & *Duchié* de *Guyenne*, consorts en ceste partie, Nous ont fait exposer en eulx grievement complaignant, que comme ezdites Senechaussies & Duchié, ait pluseurs personnes malades d'une maladie, laquelle est une espece de lepre ou meselerie, & les entachiés d'icelle maladie sont apellés en aucunes contrées, *Capots*, & en autres contrées, *Casots*, & ont acoustumé de toute ancieneté & doivent porter certaine enseigne pour estre connus des saines personnes, & aussi doivent demourer & [c] vievre separement des saines personnes, à ce que les sains n'en soyent entachiés ou corrompus; neanmoins depuis, comme on dit, il y a ezdites Senechaussies & Païs pluseurs personnes malades & entachiés de ladite maladie, mais soubs umbre de ce que les pluseurs d'iceulx [d] sont de grans & puissans amis, & par le moyen de leursdiz amis ou autrement [e] ou pluseurs ports & faveurs avecques nos Gens & Officiers, & avec les autres Officiers & Gens de Justice dudit païs, ou autrement contre raison, vont, viennent & repairent entre les saines personnes, sans porter aucune enseigne de cognoissance de ladite maladie, & par ce deffault, lesdits malades boivent & mangent bien souvent avecques les saines personnes d'icelui païs, dont grans domages & inconveniens s'en pourroient ensuir, si briefment n'y estoit pourvu de remede convenable, si comme iceulx exposant dient, requerant humblement icelui. Pour ce est-il que Nous ce que dit est considerans, voulant [f] eschever lesdiz inconveniens & domages, & pourvoir au bien de la chose publique, vous mandons & estroitement enjoignons, en commetant, se mestier est, & à chacun de vous qui sur ce sera requis, que si par information ou autrement duement, il vous appert de ce que dit est, vous faites ou faites faire solemnement & à voix de trompe ou autrement, en tous les lieux & villes dudit païs, [g] out vous verrés qu'il appartiendra & dont vous serés requis, inhibition & deffense de [h] part Nous, sur certaines & grans peines à appliquer à Nous, que d'oresenavant lesditz *Capets* ou *Cassots*, ou malades de ladite maladie, ne aucun d'eulx, ne soient si osés ni si hardis qu'ils aillent & viennent ne [i] reperent aucunement entre les saines personnes, sans porter ladite enseigne d'ancienté acoustumée, aparament & en maniere que un chascun la puisse voir, [k] ne vous les souffrés estre fait; mais ceulx que vous trouverés faisans ou avoir fait le contraire, punissés-les ou faites punir en maniere qu'il soit exemple aux autres, notre Procureur apellé à ce: car ainsi le voulons & Nous plaist estre fait, & auxdiz exposans l'avons octroyé & octroyons de grace special par ces presentes, non obstant quelsconques Lettres subreptices empetrées ou à empetrer au contraire: mandons & commandons à tous nos Justiciers, Officiers & Subjiets, que à vous & à chascun de vous en faisant les choses dessusdittes, obeissent & entendent diligeamment. *Donné à Paris, le 7.e jour de Mars, l'an de grace mil quatre cens & sept, & de notre Regne le XXVIII.e*

CHARLES VI.
à Paris, le 7. de Mars 1047.

a *corr.* Nos.
b *Capitouls.*
c *corr.* vivre.
d *corr.* ont.
e *Cet endroit paroît corrompu. On pourroit corr.* ont.
f *éviter.*
g *corr.* ou.
h *corr.* par.
i *corr.* repairent.
k *Cet endroit paroît aussi corrompu. On pourroit corriger* ne vous le souffrés.

Si voulons, [l] consentons & nous plaist que lesdites Lettres soyent mises à execution selon leur forme & teneur, & vous mandons que à ce faire vous & chascun de vous en droit soy, quand requis en serés, entendés & vacqués diligeamment; & aussi mandons à tous les Justiciers, Officiers & Subjets de mondit Seigneur & nostre, que à vous & chascun de vous & à [m] vous commis & deputés en ceste partie, obeissent & donnent conseil, confort & ayde, se mestier est & requis en sont. *Donné à* Paris, *le 17. jour de Mars, l'an de grace mil quatre cens & sept.*

Par Monseigneur le Duc & Lieutenant, à la relation du Conseil. BOULEGNY.

Suite des Lettres du *Duc de Berry.*

l *Voy. ci-dessus p. 110, note (b), sur la signification que ce mot doit avoir ici.*
m *corr.* vos.

CHARLES VI. à Paris, le 19. de Mars 1407.

(a) Lettres qui en modifiant celles du 16. de Décembre précédent, portent que dans la Ville d'Auxerre on pourra vendre en gros des draps qui ne seront ni apprêtés ni mouillés.

CHARLES, &c. Savoir faisons à tous présens & avenir, de la partie de nostre Procureur ou *Bailliage* d'*Aucerre*, & de noz Bourgois & habitans dudit lieu, Nous avoir esté monstrées & exhibées certaines Lettres faittes & passées par maniere d'Ordenance, par le Lieutenant de nostre *Bailli* dudit *Aucerre;* desquelles la teneur s'ensuit.

A tous ceulx qui ces presentes Lettres verront. *Jehan Regnier* le jeune, Escuier, Lieutenant de noble homme Monf. *Gasselin* [a] *Du Bois* Seigneur de *Raincheval*, Chevalier & Chambellan du Roy nostre S. *Bailli* de *Sens* & d'*Aucerre:* Salut. Savoir faisons que comme dès le xvj.e jour du mois de Decembre derrenier passé, par le conseil, advis & deliberacion des Advocat & Procureur du Roy nostre S. à *Aucerre*, des Bourgois [b] Jurez de ladicte Ville, & de plusieurs autres notables personnes d'icelle Ville, Gens d'Esglise & autres à ce présens, & pour l'utilité de la chose publique, & obvier à plusieurs inconveniens, eussions ordonné & fait Edit & *(b)* Ordonnance que d'ilec en avant en ladicte Ville d'*Aucerre*, on ne vendroit ne pourroit vendre draps, se premiers & avant toute euvre ilz n'estoient apprestez; c'est assavoir, retonduz & moillez à fin, comme sont ceulx que l'en vent en la bonne Ville de *Paris;* & s'il estoit trouvé que lesdiz draps depuis qu'ilz seroient aprestez, retonduz & moillez, & après ce qu'ilz auroient esté vendus, ne feussent deuement aprestez, retonduz & moillez afin, ceulx qui acheté les auroient, pour raison & à cause de l'interestz, pertes & dommages qui advendroient pour ce deffaut, auroient & pourroient avoir contre celui ou ceulx qui vendus les auroient, recours, accion & poursuite, se bon leur sembloit, & avec ce, seroient yceulx vendeurs privez de vendre draps par quinze jours entiers, & par tant de fois comme ilz y mesprendroient, laquelle Ordenance le Roy nostredit S. par ses Lettres patentes en laz de soye & cire [c] de vert, eust rattiffié, louée, grée, approuvée & confermée: Nous depuis toutes ces choses, eu conseil & adviz avec lesdiz Avocat & Procureur du Roy, &autres personnes notables de ladicte Ville, & sur ce oys les marchands Drappiers d'icelle Ville & Cité d'*Aucerre*, Gens d'Eglise & autres congnoissans ou fait de ladicte marchandise, & consideré tout ce qui en ceste partie fait à considerer, & qui de raison nous puet & doit mouvoir, en ampliant ladicte Ordenance, & sans préjudice ou innovacion d'icelle, avons derechief ordonné & ordonnons pour le bien & utilité communs, que en ladicte Ville & Cité, & partout le *Bailliage*, Prevosté & Ressort d'*Aucerre*, les draps qui doresenavant se vendront, seront vendus tous aprestez, moillez & tondus à fin, au regard & en tant qu'il touche seulement les draps qui seront vendus à détail; & quant aus draps à vendre en gros, ilz pourront estre vendus sans estre moillez ne retondus, & [d] atout la layne, tant en ladicte Ville & Cité d'*Aucerre*, comme partout le *Bailliage*, Prevosté & Ressort d'illec. Si donnons en mandement au *Prevost* d'*Aucerre*, ou à son Lieutenant, que les choses dessusdictes face crier & publier solempnelment en & par toute ladicte Prevosté & Ressort, & ces presentes Ordenances face tenir & garder par la fourme & maniere que declairé est cy-dessus. En tesmoing de laquelle chose,

a *Il est nommé* Du Bos *dans les Lettres desquelles sera fait mention dans la suite de celles-ci.*

b *Voy. la note (h) de la p. 420. du 7.e Vol. de ce Rec.*

c *mot inutile.*

d *avec.*

NOTES.

(a) Trésor des Chartres, Reg. 162. P. cvj. (*corr.* vi.xx vj.) (126.)

(b) Ordonnance.] Cette Ordonnance avec les Lettres de confirmation de Charles VI. du mois de Décembre précédent, sont imprimées ci-dessus p. 274. On peut consulter les notes.

nous avons fait séeller ces Lettres de nostre Séel. *Donné à* Aucerre, *le* XXIIII.[e] *jour du mois de Janvier, l'an mil* CCCC *&* *sept.* Ainsi signé. [a] CHAPFREMEUX.

CHARLES VI. à Paris, le 19. de Mars 1407.

a *Il y a* Chapfretemeux *dans les Lettres du mois de Décembre précédent.*

Suite des Lettres de Charles VI.

b *supp.* par.

Lesquelles Lettres dessus transcriptes avons agréables, & l'Ordenance & Statuz contenus en ycelles, de nostre pleniere puissance & auctorité royal, pour le bien & utilité de la chose publique, loons, greons, ratiffions & approuvons, & d'abondant [b] ces presentes les confirmons. Si donnons en mandement à noz *Bailli* & *Prevost* dudit *Aucerre*, & à tous autres Justiciers & Officiers, ou à leurs Lieuxtenans & à chascun d'eulx, si comme à lui appartendra, que ces presentes approbacion & confirmacion facent tenir & garder sans enfraindre. Et que ce soit ferme chose & estable à tousjours, Nous avons fait mettre nostre Séel à ces presentes: sauf en autres choses nostre droit, & l'autruy en toutes. *Donné à* Paris, *le* XIX.[e] *jour de Mars, l'an de grace mil* CCCC *&* *sept, &* *de nostre Regne le* XXVIII.[e]
Par le Roy, à la relacion du Conseil. J. DE ROUVRES.

CHARLES VI. à Paris, le 28. de Mars 1407.

(a) Lettres confirmatives de celles de Louis Duc d'Anjou, Lieutenant du Roy dans le Languedoc; lesquelles portent que les Sergens & les habitans de Carcassonne, auront le Sénéchal, le Connétable & le Prevôt de cette Ville, pour Conservateurs & Juges immédiats.

KAROLUS, &c. Notum facimus universis presentibus pariter & futuris, Nos Litteras felicis recordacionis carissimi Patrui nostri Ludovici *condam* Ducis Andegavensis *&* Comitis Cenomanensis, *ac Locumtenentis in* [c] Partibus Occitanis *&* Ducatu Aquitanie *Domini Progenitoris nostri, cujus anima in pace requiescat, formam que sequitur continentes.*

c Languedoc.

LUDOVICUS *Regis condam Francorum Filius, Domini nostri Regis Germanus, ejusque Locumtenens in* Partibus Occitanis, Dux Andegavensis *&* Comes Cenomanensis. *Notum facimus universis tam presentibus quam futuris, quod nos auditâ supplicacione dilectorum & fidelium* [d] *Servientum & habitatorum civitatis* Carcassonne, *Domini nostri Regis, que caput est & magistra & clavis tocius* Lingue Occitane, *caraque* [e] *Camera ejusdem Domini nostri Regis, attendentes quod nocte & die circa custodiam ejusdem incessanter vacare habent, nolentesque ipsam custodiam aliqualiter deserere per eosdem, sed circa eam continuè vacare & intendere; ad finem ut libenciùs & fervenciùs studeant, vigilent & intendant, & ex eorum labore & diligencia remuneracionis premium consequantur, cum premiorum exortacione quis melior efficiatur; & idcirco premissis attentis, & aliis nostrum animum moventibus in hac parte, dictis Servientibus & habitatoribus dicte civitatis, presentibus & futuris, dedimus & concessimus, damusque & concedimus per presentes, speciales eorum & cujuslibet ipsorum Conservatores ac Judices immediatos, & de hiis que cause cognicionem exigunt, in eorum omnibus franchisiis, libertatibus, pocessionibus & saisinis ac immunitatibus, & in quibuscumque injuriis, violenciis ac molestacionibus contra ipsos & eorum quemlibet illatis seu* [f] *inserendis, in quocumque loco, modo vel forma qualicumque, & eciam in omnibus factis & Causis criminalibus & civilibus dictorum Servientum & habitancium dicte Civitatis, agendo vel defendendo, ipsos & quemlibet ipsorum quoquomodo tangentibus,* Senescallum Carcassonne *&* [g] *Constabularium, & Prepositum dicte Civitatis qui nunc sunt vel pro tempore futuro fuerint, vel eorum Locatenentes, & eorum quemlibet insolidum, ita quod non sit melior condicio occuppantis, sed quod per unum ipsorum inceptum fuerit, per alium ipsorum terminari valeant & finiri: dantes eisdem & eorum cuilibet tenore presencium, committendo, plenam & liberam potestatem & auctoritatem*

d Voy. la note *(b)* de la p. 421. du 5.e Vol. de ce Rec.

e Voy. *Ibid.* p. 422. note *(a)*.

f inferendis.

g Voy. la note *(b)* de la p. 421. du 5.e Vol. de ce Rec.

NOTE.

(a) Trésor des Chartres, Registre 162. P. cx. (110.)

CHARLES VI. à Paris, le 28. de Mars 1407.

quatenùs dictis Servientibus & habitatoribus & singulis ipsorum, & aliis de quibus per vel contra ipsos & eorum quemlibet fuerunt requisiti, exhibeant bonum & breve justicie complementum; rebelles que contradicentes ad premissa seu aliquid premissorum, puniendo seu [a] *multando, prout eisdem & eorum cuilibet visum fuerit racionabiliter faciendum; & de ipsis cognoscendo, diffiniendo & determinando cum plena cause cognicione, prout ipsis Conservatoribus, Commissariis ac Judicibus eorum immediatis & competentibus videbitur cum justicia faciendum: reservato tamen dumtaxat &* [b] *rentento ressorto quoad Servientes & habitatores predictos, & eciam* [c] *factis injuriosis modo debito, vobis dicto Senescallo, de hiis que coram dicto Constabulario facta fuerint, licet de jure vel consuetudine tales appellaciones ad dictum Senescallum devolvi nôn consueverint ac debeant: mandantes omnibus Domini nostri Regis Subditis, non Subditos requirentes, ut dictis Senescallo, Constabulario & Preposito, seu eorum Locatenentibus, & eorum cuilibet, ac per ipsos deputandis in premissis omnibus & singulis & ea tangentibus & dependenciis ex eisdem, quomodolibet, ut Conservatoribus ac Judicibus predictis pareant efficaciter & intendant, prestentque auxilium, consilium, forciam & juvamen, cum per ipsos fuerint requisiti & mandati; inhibentes quibuscumque Justiciariis aliis, ne ipsos Senescallum & Constabularium ac Prepositum in premissis & ea tangentibus aliqualiter impediant, nec perturbent, quibus nos tenore presencium inhibemus.* [d] *Que omnia predicta Nos eisdem supplicantibus concessimus & concedimus per presentes, de nostra certa sciencia & gracia speciali, auctoritateque Regia quâ fungimur in hac parte, & ex causa; Litteris in contrarium impetratis vel impetrandis sub quavis verborum forma, stilo & observancia, ac jure scripto vel non scripto, ac Statutis & Ordinacionibus Regiis in contrarium factis & observatis, non obstantibus quibuscumque. Quod ut firmum & stabile perpetuò perseveret, nostrum presentibus apponi fecimus Sigillum.* Datum *Carcassone*, die XXVIII.ª Marcii, anno Domini millesimo trecentesimo sexagesimo quarto.

a corr. *multando.*

b corr. *retento.*

c Il semble qu'il faille supp. *de.*

d Il semble qu'il manque la suite d'une phrase.

Suite des Lettres de Charles VI.

Quasquidem Litteras superiùs insertas, ac omnia & singula in eisdem contenta, ratas & gratas seu rata & grata habentes, eas & ea volumus, laudamus, approbamus, ratifficamus, & ex nostris certa sciencia, speciali gracia, plenitudineque nostre potestatis tenore presencium confirmamus, ac dictis Servientibus & habitatoribus Civitatis nostre Carcassone, *in prescriptis Litteris nominatis, omnia & singula previlegia, franchesias, libertates & immunitates quascumque in preinsertis Litteris* [e] *declaratis seu declaratas concessimus & concedimus de novo per presentes, si sit opus. Quocirca dilectis & fidelibus Consiliariis nostris nostrum presens tenentibus Parlamentum, & que futura tenebunt* Parisius *Parlamenta,* Senescallis Tolose, Bellicadri *&* Nemausi, Ruthenensi, *ceterisque Justiciariis & Officiariis nostris, presentibus & futuris, vel eorum Locatenentibus, & eorum cuilibet, prout ad eum pertinuerit, harum serie damus in mandatis quatenùs dictos Servientes & habitatores jam dictos Civitatis nostre* Carcassone, *& eorum successores in dicta Civitate residentes, nostris presentibus graciâ & donacione & confirmacione uti & gaudere pacificè faciant & permittant, nil in contrarium attemptantes seu attemptari permittentes à quoquam: que si facta sint aut fuerint, ad statum pristinum & debitum reducant reducive faciant indilatè; Litteris subrepticiis in contrarium impetratis vel impetrandis non obstantibus quibuscumque. Que ut* [f] *firma stabilitate perpetuò* [g] *permaneat in futurum, his presentibus Litteris nostrum jussimus apponi sigillum: nostro in aliis & alieno in omnibus jure salvo.* Datum *Parisius*, die XXVIII.ª mensis Marcii, anno Domini millesimo CCCC.^{mo} septimo, Regni vero nostri XXVIII.°

Per Regem, presentibus pluribus Cambellanis. BARRAU.

e Il faut app. corr. *declarata.*

f supp. *in.*

g *permaneant.*

CHARLES VI. à Paris, en Mars 1407.

(a) *Lettres de Charles VI. qui confirment les Statuts du Corps des Marchands Merciers de la Ville de Paris.*

CHARLES, par la grace de Dieu, Roy de France. Sçavoir faisons à tous presens & avenir, que oye la relacion à Nous faicte par nostre amé & féal Chevalier, Conseillier & Chambellan, *Guillaume* Seigneur de *Tignonville, Prevost* de *Paris* pour Nous, disant que n'agueres par grant & meure deliberacion de Conseil, & pour le bien & utilité de Nous, de la chose publique & de la Marchandise de Mercerie exercitée en nostre bonne Ville de *Paris,* il avoit & a fait certains Status & Ordonnances sur le fait de ladicte marchandise, en la forme & maniere contenues en ses Lettres Patentes, contenans la forme qui s'ensuit.

A tous ceuls qui ces presentes Lettres verront : *Guillaume* Seigneur de *Tignonville,* Chevalier, Conseillier, Chambellan du Roy nostre S. & Garde de la *Prevosté* de *Paris:* Salut. *(b)* Sçavoir faisons que pour & afin de pourveoir à la grief complainte dès long-temps & par iteratives fois à nous faictes par les Marchands & Marchandes de Mercerie, demourans & frequentans en la bonne Ville de *Paris,* en ce que iceux Marchans & Marchandes disoient & dient que ledit mestier & marchandise qui est un des plus grans fais de marchandise qui soit en ladicte Ville, estoient moult diversifiiez, muez & changez, ensemble l'exercice & gouvernement d'iceulx, & que en ycellui estoient de jour en jour, & dès longtemps a, avoient estez commises plusieurs grans decepcions, fraudes & mauvaistiez, tant par Marchans forains & Oultremontains, comme autres, par faute de bonne reformacion & deue provision, & qu'il estoit necessité, au moins estoit très-expedient que les anciens Status & Ordonnances faiz sur ledit mestier & marchandise & leurs appartenances, feussent par nous [a] recolez, & en aucuns poins [b] muez, corrigez, interpretez, & plus amplement declerez, en aucuns autres augmentez, & en autres diminuez : Et en oultre estoit très-expedient que à tous iceulx autres articles & Status, fussent adjoutez aucuns autres poins & articles advisez par nous & les Conseilliers du Roy ou Chastellet de *Paris,* en la presence & par l'advis de la plus grant & seine partie des notables Merciers demourans en ladicte Ville, ci-dessoubs nommez; c'est à sçavoir, de *Jehan Guerin , Droüet Midoulx , Guyot* le *Voyer, Jacques Messecher, Gillet Carré, Jehan Comptant , Charles Becquet , Jehan* de *Saint Martin , Jehan Lormier, Guillaume Granchier, Simon Poulart , Jehan Pilliot , Philipot*

a *representez & examinez.*
b *changez.*

NOTES.

(a) Copié sur l'original qui est dans le dépôt du Corps des Merciers de *Paris.* On y conserve aussi une expédition en parchemin des Lettres de Henry II. du mois de Février 1548. qui confirment celles de Charles VI. qui y sont *vidimées.* Ces Lettres de Charles VI. se trouvoient dans plusieurs Registres de la Chambre des Comptes & du Châtelet de *Paris.* Les premiers ont été brûlés dans l'incendie de cette Chambre, & les autres ne sont plus dans le Dépôt du Châtelet. Dans le Livre rouge vieil du Châtelet, on trouve au *fol.* 212. les préambules des Lettres de Charles VI. & de celles du *Prevôt* de *Paris,* & les six premiers articles des Statuts. Les feuilles qui contenoient la suite de cette Pièce, ont été coupées. Les Lettres de Charles VI. ont déjà été imprimées à la p. 1. d'un Recueil des Statuts des Merciers de *Paris,* imprimé sans frontispice *in-4.°* & à la p. 13. du Livre intitulé : *Statuts, Ordonnances & Règlemens du Corps des Marchands Merciers, Grossiers, Jouailliers de cette Ville de* Paris, *&c. Paris* 1601. *in-4.°* Ces deux éditions sont très-peu correctes, principalement dans ce qui regarde l'ortographe, & il y a des endroits où le texte qui est corrompu, ne présente point de sens. [Voy. ci-dessous p. 308. note marg. *(b)*.]

(b) Sçavoir faisons que pour &c.] Dans le Livre rouge vieil du Châtelet de *Paris,* on lit dans cet endroit la phrase suivante qui n'est point dans l'original : Sçavoir faisons que *entre les cures & solicitudes que nous avons voulu & tousjours voulons avoir tant que nous aurons en gouvernement laditte Prevosté, & a esté & est de tousjours garder & maintenir la bonne Ville de* Paris, *& la marchandise exercitée en icelle, en bonne regle, ordonnance & gouvernement ; &* pour & afin de pourveoir, &c.

CHARLES VI. à Paris, en Mars 1407.

Potier, Perrin Tronçon, Simon Tartarin, [a] *Guill.* le *Dampnois, Robin* le *Vasseur, Guillaume Godin, Denisot Godin, Jehan* de *Montfort, Robin Louvet, Robin Salé, Gassot* le *Bossu, Remondin Chevalier, Pierre Duhan,* & *Thomas* le *Poix,* tous Merciers & Marchans d'icelle marchandise à *Paris :* car autrement en ladicte Ville de *Paris* qui doit estre vray mirouër & exemple en bonne police à toutes les autres bonnes Villes du Royaume de France, mesmement en fait de marchandise, seroient en brief temps commises plus de fraudes, decepcions & mauvaistiez audit fait & marchandise de Mercerie, qu'en aucun autre fait de marchandise qui feust demené ou exercité en icelle, dont inconveniens irréparables se pourroient ensuivir: nous pour ce, à la relacion & par l'advis des Advocas & Procureur dudit Seigneur oudit Chastellet de *Paris,* de autres saiges & desdiz Merciers, pour ce que dit est, assemblez pardevant nous oudit Chastellet par plusieurs & diverses fois & journées, en corrigant & adjoustant à yceulx anciens Regiltres & Status faiz sur ledit mestier & marchandise & leurs appartenances, pour le bien & utilité du Roy, de Justice & de la chose publique, & pour reformer le fait de ladicte mercerie de *Paris,* de bien en mieulx, avons fais les nouveaulx Status, poins & Ordonnances qui s'ensuivent.

a avec une marque d'abréviation. Orig.

(1) Premierement. Que tous marchans tant forains comme autres, demourans à *Paris,* qui s'entremectront doresenavant de la marchandise de mercerie à *Paris,* seront tenus de vendre denrées & marchandises de mercerie, bonnes, loyales & marchandes, selon les pays ou elles seront & auront esté faictes, sur peine de perdre ycelles denrées qui ne seront trouvées telles, & d'amende arbitraire; de laquelle amende le Roy aura la moitié, & les Jurez & Gardes de ladicte marchandise, l'autre.

(2) Item. Que tous Marchans Merciers quelconques desdictes denrées de mercerie, seront tenus [b] advouer leur denrées & marchandises de mercerie qu'ils auront ou envoieront en ladicte Ville de *Paris* pour vendre: c'est à sçavoir, que elles seront des villes, lieux & pays où ycelles denrées auront esté faictes, & non d'autre part, sur peine de cent solz Parisis d'amende à appliquer moitié audit Seigneur, & l'autre moitié ausdiz Jurez.

b *certifier.*

(3) Item. Que tous marchans estrangiers quelzconques, faisant fait de marchandise de mercerie, seront doresenavant tenus monstrer & exhiber aux Jurez & Gardes de ladicte marchandise à *Paris,* leurs denrées & marchandises de mercerie, que ils auront envoyé ou admené pour vendre illec, pour veoir & adviser se ycelles denrées seront bonnes, loyales & marchandes, avant ce que ils les puissent vendre ne exposer ou faire exposer en vente; & qui sera trouvé faisant le contraire, il paiera deux solz Parisis pour livre de toute la marchandise qu'il aura ainsy exposée en vente, à appliquer; c'est assavoir, moitié au Roy, & moitié ausdiz Maistres: Et se la marchandise n'est souffisant, la vente lui sera defendue en la Ville & Viconté de *Paris,* sur peine d'estre acquise au Roy, & d'en estre autrement ordonné selon la discrecion de nous & noz successeurs.

(4) Item. Que tous Marchans Merciers qui vouldront doresenavant vendre ou faire vendre denrées & marchandises de mercerie à *Paris,* seront tenus vendre ou faire vendre ycelles denrées & marchandises en la manière qui s'ensuit; c'est assavoir, *(c)* Boucassins, Fustaines, Bougucrans, Draps de Borde, de quelque sorte que ce soit, soubz cordes en balles, ainsy comme ilz venront du pays; & que les Fustaines, Boucassins & Bordes soient des longueurs qui s'ensuivent; c'est assavoir, Fustaines courtes, de douze aulnes de *Paris,* [c] largement chacune piece, & les Boucassins, Fustaines, doubles Fustaines [d] rezes, Fustaines rayées, Bordes doubles, & sangles, Fustaines de Guerde, Boucassins de Guerde, chascune piece tenant

c *emplement.*
d *rayes.*

NOTE.

(c) Boucassins.] C'est le nom, dit *Savary,* que l'on donnoit autrefois à certaines espèces de toiles gommées, calendrées & teintes en différentes couleurs. Ce n'étoit autre chose qu'une espèce de bougran ou gros treillis. Voy. le Dictionnaire du Commerce, au mot *Boucassin.* Je n'ai rien trouvé dans ce Dictionnaire sur les draps de *Bordes,* ni sur quelques autres termes qui se trouvent dans la suite de ces Lettres. Cependant à l'égard du mot *Bordes,* on peut consulter le Glossaire de *Du Cange,* au mot *Burda.*

vingt-quatre

vingt-quatre aulnes largement à la mesure de *Paris,* & des largeurs anciennement acoustumées, & pareillement une *(d)* goume d'aiguilles, la mendre de six milliers, & toute d'une sorte, & au dessus, si grande comme ilz vouldront; & aussi une grosse de sonnettes, qui fait un sac de douze douzaines, & non point à moins; & qui sera trouvé faisant le contraire, il paiera pour chascune fois quatre livres Parisis d'amende, moitié au Roy, & moitié ausdiz Maistres; & seront les denrées qui ne seront des longueurs & largeurs dessusdictes, *(e)* essorillées, pour estre congneues; & si seront tenus les vendeurs de declerer aux marchans acheteurs, les longueurs que ycelles denrées auront, sur peine de perdre ycelles denrées.

(5) Item. Tous marchans quelzconques repairans & habitans en la Ville de *Paris,* & autres marchans demourans hors de la Ville de *Paris,* qui s'entremectront de vendre & faire vendre à *Paris,* or & argent filé fait à *Gennes,* que l'en appelle or & argent de *Chippre,* qui se vent en [a] cannettes, seront tenus de vendre yceluì or & argent entresuivant & autel dessoubz comme dessus, sur peine de quarante solz Parisis d'amende, à appliquer moitié audit Seigneur, & moitié ausdiz Maistres, pour chascune fois qu'ilz seront trouvez défaillans en ce; & si sera l'or & l'argent qui sera ainsy trouvé non entresuivant & fardé, [b] forfait & acquis au Roy.

(6) Item. Que tous marchans quelzconques demourans hors de la Ville de *Paris,* qui s'entremectent de vendre & faire vendre à *Paris* les denrées & marchandises appartenans à la Mercerie, dont ci-après est faicte mention, seront tenus doresenavant de vendre ycelles denrées en la maniere qui s'ensuit; c'est assavoir, fustaines qui se font en *Allemaigne,* toiles tainctes d'*Allemaigne,* coustelleries de quelque pays que ce soit, [c] pignes de bois de *Limous* & de *Limoges* & des pays d'environ, euvre de forge de *Thoulouse,* de *(f)* Retingues & autres marchandises en balles ou en ballons, tonneaux, barilz, [d] casses, en la maniere qu'ils viennent du pays à present, & ont acoustumé de venir, & que les fustaines dessusdictes d'*Allemaigne* soient de douze aulnes largement la piece, & les toiles, de onze aulnes & demie la piece largement, & du [e] lé qu'ils ont acoustumé, & non autrement; & qui sera trouvé faisant le contraire, pour chascune fois il paiera quatre livres Parisis d'amende, moitié au Roy, & moitié ausdiz Maistres; & au cas que ycelles denrées ne seront d'icelles longueurs, elles seront essorillées; & néanmoins seront les vendeurs desdictes denrées tenus de déclarer aux marchans acheteurs d'icelles, les longueurs que ycelles denrées auront, sur peine de perdre ycelles denrées.

a Voy. l'explication de ce mot dans le Dictionnaire du Commerce par Savary.

b *confisqué.*

c *peignes.*

d *Caisse.* Voy. l'Inventaire de *Monet,* à ce mot.

e *largeur.*

(7) Item. Semblablement tous marchans demourans hors de la Ville de *Paris,* qui s'entremectront de vendre & faire vendre à *Paris,* serges qui appartiennent à la Mercerie; c'est assavoir, d'*Arras,* d'*Angleterre,* [f] d'*Illande* ou d'ailleurs, seront tenus de ycelles vendre soubz cordes, & les balles entieres ainsi comme elles viennent du pays, & des longueurs acoustumées; c'est assavoir, celles d'*Arras,* de vint-trois à vint-quatre aulnes de *Paris* de longueur, & celles d'*Angleterre* & d'*Illande,* de vint & une à vint-deux aulnes de *Paris* de long, & que elles soient entresuivans deuement selon la monstre, sur les peines déclairées ou prouchain & derrenier article précédent.

f *d'Irlande.*

(8) Item. Semblablement seront aussi tenus tous marchans demourans hors de la Ville de *Paris* qui s'entremectront de vendre à *Paris* estamines qui se font en *Auvergne,* vendre ycelles estamines soubz cordes, balles ou ballons entiers, ainsi comme elles viennent du pays, & des longueurs & largeurs anciennement acoustumées; c'est assavoir, les larges, de soixante-huit à soixante-douze aulnes de *Paris*

NOTES.

(d) Goume.] Il y a *gomme* dans les Lettres de Henry II. mot qui signifie app. un paquet d'aiguilles. Suivant le Gloss. de *Du Cange,* au mot *Gomeria,* il signifioit un paquet de laine.

(e) Essorillées.] *Essoriller* signifie proprement couper les oreilles. Essoriller une étoffe, c'est en couper un morceau.

(f) Retingues.] Je n'ai rien trouvé sur ce mot, & je ne puis même dire si c'est un nom de lieu ou de marchandise.

CHARLES VI. à Paris, en Mars 1407.

de long du moins, & les estroictes, à quarante-six aulnes de *Paris,* de long, & toutes entresuivans deuement selon la monstre, sur peine de cent solz Parisis d'amende à appliquer; c'est assavoir, soixante solz au Roy, & quarante solz ausdiz Jurez.

(9) Item. Pareillement que tous marchans demourans hors de la Ville de *Paris,* qui s'entremectront de vendre rasouërs, ciseaux, lancettes, & autre euvre de forge, seront tenus de vendre ou faire vendre ycelles denrées à la douzaine entiere, & non autrement; & qui sera trouvé faisant le contraire, pour chascune fois & pour chascune douzaine il paiera vint solz Parisis d'amende, à appliquer moitié au Roy & moitié ausdiz Maistres; excepté toutesfois les petits Merciers détailleurs [a] portans tablettes qui en ces présentes Ordonnances ne sont aucunement compris.

(10) Item. Semblablement que tous marchans demourans hors de la Ville de *Paris,* qui s'entremectront de vendre ou faire vendre à *Paris* estamines qui se font à *Rains* & au pays d'environ, seront tenus de vendre ou faire vendre icelles estamines de la longueur acoustumée; c'est assavoir, les longues de vint & une aulnes de *Paris,* & les courtes, de cinq aulnes & demie de *Paris,* & toutes entresuivans; c'est assavoir, telles dessoubz que dessus & environ; & qui sera trouvé faisant le contraire, il paiera pour chascune piece longue, dix solz Parisis d'amende, & pour chascune piece courte, cinq solz Parisis d'amende, à appliquer moitié au Roy & moitié ausdiz Maistres & Jurez; & seront ycelles denrées essorillées.

(11) Item. Que les hostelliers de ladicte Ville & de la Banlieue d'icelle, qui auront en garde aucune marchandise de marchans estrangiers, touchant le fait de la Mercerie, ne pourront doresenavant vendre ne faire vendre ycelles denrées à détail; mais se vendre les veulent, ilz les vendront en la maniere que elles viennent du pays, & non autrement; c'est assavoir, en ballons, barilz, tonneaulx, en casses, en goumes, en sacs, comme devant est dit & declairé; & qui fera le contraire, il paiera pour chascune fois cent solz d'amende, à apliquer; c'est assavoir, seixante solz au Roy, & quarante solz ausdiz Maistres & [b] accuseurs.

(12) Item. Que aucuns Marchans ou [c] Tainturiers habitans en la Ville de *Paris,* ne soient doresenavant si osez ou hardis de vendre ne faire vendre toiles [d] ardans, noires, [e] perces, ne vertes, neuves ne vieilles, se la piece ne tient quatre aulnes de long, & telle dedans comme en la monstre; & qui sera trouvé faisant le contraire, il paiera pour chascune fois cinq solz Parisis d'amende pour chascune piece, à apliquer moitié au Roy & moitié ausdiz Maistres.

(13) Item. Pareillement que aucuns Marchans oultremontains repairans & habitans en la Ville de *Paris,* ne autres demourans dehors de ladicte Ville de *Paris,* ne soient doresenavant si hardis de vendre ne faire vendre soyes [f] taintes, de quelques pays que ce soit, que les liens ne soient aussy fins comme la soye; & qui fera le contraire, il paiera vint solz Parisis pour livre d'amende, à apliquer les deux pars au Roy, & le tiers ausdiz Maistres.

(14) Item. Semblablement que aucuns Marchans oultremontains, estrangiers ou autres, ne pourront aussi doresenavant vendre soyes noires de *Lucques,* de *Venise,* ou de quelque autre Ville ou pays que ce soit, se elles ne sont aussi bien [g] bolues comme autres soyes, & d'aussy bonne tainture; & qui sera trouvé faisant le contraire, il paiera pour chascune livre vint solz Parisis d'amende, à apliquer comme dessus est dit en l'article prochain précedent.

(15) Item. Que aucuns Oultremontains qui ont ou auront du Roy la franchise de Bourgoisie en la Ville de *Paris,* ne soient doresenavant si hardis de [h] recepter ne de hebergier ou faire hebergier aucunes denrées ou marchandises qui soient à personnes qui doivent au Roy les deniers de la livre, sur peine de forfaicture de biens, & d'amende arbitraire.

(16) Item. Que aucuns Oultremontains ayans ladicte franchise de Bourgoisie en la Ville de *Paris,*, ne soient si hardis d'avoir compaignie de marchandise avecques autres Oultremontains qui ne soient pas de ladicte franchise, sur ladicte peine, sur quoy l'accuseur aura quarante solz, desquelz quarante solz les Maistres & Jurez auront la moitié.

[a] *Voy. la note (d) de la p. 90. du 3.e Vol. de ce Rec.*

[b] *dénonciateurs.*

[c] *Teinturiers.*

[d] *app.* couleur de feu.

[e] *corr.* pers, *couleur bleue. Voy.* Savary, *au mot,* Pers.

[f] *teintes,* là & plus bas.

[g] *bouillies.*

[h] *recevoir dans leur maison.*

(17) *Item.* Que aucuns ne soient si hardis sur peine d'estre bannis un an de la Vicomté de *Paris,* & de paier vint livres d'amende au Roy, d'estre courratier de la marchandise de Mercerie & ses déppendances, dont il sera marchant.

(18) *Item.* Que aucun ne soit si hardi de soy entremectre d'être courratier de la Mercerie de *Paris* & des appartenances, se il n'est receu par nous ou noz successeurs, & bien [a] apleigé de cent livres Parisis, sur peine de dix livres Parisis d'amende pour chascune fois qu'il sera trouvé faisant le contraire, à apliquer les deux pars au Roy, & le tiers aux Maistres.

(19) *Item.* Que aucun ne aucune ne soient si hardis d'acheter soye, [b] cendail, aguilles, ne aucune autre marchandise qui appartiegne à la Mercerie, de personne [c] non aagée, ne de personne servant à autruy; & se apportée lui est pour acheter, qu'il le retiengne & sache le lieu dont ycelles denrées venront; & qui sera trouvé faisant le contraire, il paiera pour chascune fois soixante solz Parisis d'amende, dont les deux pars seront au Roy, & le tiers aux Maistres.

(20) *Item.* Que aucun [d] Varlet, Aprentis ou autre qui aura soyes à ouvrer pour autrui, ne soit si hardy de porter en gaige aucunes soyes taintes ne escreues, fillées, ne à filler, sans le congié & consentement de celui ou celle à qui ladicte soye sera; & si le cas avenoit, nous ordonnons que ceuls qui les prendront en gaige, seront contraints de les rendre à ceuls à qui elles seront, sans coust; & avec ce, payeront soixante solz Parisis d'amende, dont le Roy aura les deux pars, & lesdiz Maistres l'autre tierce partie, ou telle autre amende arbitraire comme l'exigence du cas le requerra.

(21) *Item.* Que aucun ne aucune ne fasse à *Paris* ne en la Banlieue, *(g)* carier soye, là où il ait parmi la soye autre chose que la soye, sur peine de perdre la soye, & de amende arbitraire à la discreccion du Juge, dont les Jurez auront le quart.

(22) *Item.* Que aucun ne aucune ne soit si hardi de faire carier florin ne chiefs de quelque pays qu'ils soient, sur la peine déclerée ou prouchain article précedent.

(23) *Item.* Que aucun ne mette à *Paris* ne en la Banlieue, liqueur en sa [e] cuve où l'en tains soye, parquoy la soye puisse plus peser que son droit; & qui autrement fera, celuy à qu'elle requeste la soye aura esté mise en celle cuve, paiera pour chascune livre de soye, quatre solz, & ceuls qui tels cuvres feront, paieront pour chascune cuvée, vint solz, à apliquer les deux pars au Roy, & le tiers aux Maistres.

(24) *Item.* Que aucun ne aucune ne fasse soye noire où il y ait liqueur autre que son droit noir, laquelle liqueur soit bonne, loyale & marchande, & que la soye soit aussy bien boulue comme autre soye, sur peine de forfaicture de ladicte soye, & de dix solz Parisis d'amende pour chascune livre, à apliquer comme dit est, en l'autre prouchain précédent article.

(25) *Item.* Que aucuns vendans soye escrue à filer, laquelle soye a liens de *(h)* hars [f] entour la teste, ne soient si hardis de oster lesdiz liens d'entour la soye, sur peine de vint solz Parisis d'amende, dont les Jurez & accuseurs auront la moitié; c'est assavoir, les Jurez un quart, & les accuseurs l'autre, & de restitucion desdiz liens à l'acheteur.

(26) *Item.* Que Fillarresse Marchande de soye ne pourra prendre d'autruy soye à filer, ou cas que elle s'entremectra d'icelle marchandise, a & sur peine de vint solz Parisis d'amende à appliquer comme en l'article précédent.

(27) *Item.* Que aucun ou aucune ne soit si hardis d'aller acheter soye, & de changer soye pour soye en maison de personne, ne à personne qui fille soye; & qui fera le contraire, il paiera dix solz Parisis d'amende pour chascune livre tant le

a cautionné.

b étoffe de soie. Voy. le Gloss. de Du Cange, au mot Cendalum.

c mineure.

d compagnon.

e chaudière.

f autour d'un des bouts.

NOTES.

(g) Carier.] *Carrier* a quelquefois signifié charrier, voiturer. Voy. le Trésor de *Borel,* au mot *Carriage:* mais je ne sçai si ce mot peut avoir ici cette signification.

(h) Hars.] C'est-à-dire de *Hart,* mot qui signifioit proprement une branche d'osier ou d'un jeune arbre pliant, & qui signifie aujourd'hui tout ce qui sert à lier. Voy. le Dictionnaire de l'Académie françoise, au mot *Hart.*

CHARLES VI. à Paris, en Mars 1407.

vendeur comme l'acheteur, à apliquer les deux pars au Roy, & le tiers aux Maistres & accuseurs.

(28) *Item.* Que Fillarresse de soye ne soit si hardie de faire en soye aucún mauvais malice; c'est assavoir, [a] estroichement qui se fait par mauvaises liqueurs, dont la soye est plus pesante, sur peine de douze solz Parisis d'amende, à apliquer comme dessus, & de la *(i)* value du dechet de la soye, laquelle value sera baillée à celui à qui la soye sera.

a *Ce mot est presque effacé dans l'orignal. On lit* estrochement *dans les Lettres de Henry II.*

(29) *Item.* Pour obvier aux malices, faussetez & décevances qui pourront estre faictes en ladicte Mercerie, & contre les poins & articles dessusdiz ou aucuns d'iceulx, & pour *(k)* demourer à nous & à noz successeurs, ou au Procureur du Roy oudit Chastellet, ou au Receveur de *Paris,* ou son Lieutenant en ycelui Chastellet, presens ou avenir, toutes les mesprentures, forfaictures ou amendes qui contre les Ordonnances dessus esclarcies ou aucuns des articles contenus en ycelles, seront & pourront estre faictes, seront commis & establis chascun an, au tesmoingnage & par l'eleccion & nominacion de la Communaulté dudit mestier & marchandise de Mercerie, cinq preudommes d'icelui, qui seront appellez Jurez & Gardes d'icelui mestier & marchandise, lesquelz feront serement & jureront sur Saintes Euvangiles, ès mains de nous ou noz successeurs, que les Ordonnances, poins & articles dess-s esclarcis, ils garderont bien & loyaument, rapporteront à Justice sans aucun espargner ne grever pour amour, pour haine, pour dons ne pour promesses, toutes les amendes, forfaictures & confiscations qui desdictes malfaictures pourront [b] ystre & devront appartenir audit Seigneur, selon la teneur de ceste presente Ordonnance.

b *fortir : provenir.* Dans les deux éditions des Statuts des Merciers, il y a, *y être.*

(30) *Item.* Et ne pourront yceulx cinq preudommes refuser l'exercite d'icelui Office, a & sur peine de dix livres Parisis d'amende; mais ilz ne pourront estre contrains ne esleus à estre Gardes & Jurez dudit mestier ou marchandise puisque une fois l'auront esté, que l'espace de quatre ans ne soit [c] ainçois passé, se ce n'est de leur bon gré & consentement, ou par deffault des autres.

c *alors.*

(31) *Item.* Yceulx Jurez & Gardes durant leur pouvoir, pourront prendre & arrester marcs, poids, balances, aulnes & trestoutes autres [d] manieres de Mercerie, par tous les lieux & sur toutes personnes qui useront dudit mestier & marchandise en la Ville de *Paris,* là où ils sçauront & pourront sçavoir que il y ait faude, mesprison ou erreur qui regarde & touche ledit mestier & marchandise, & les pourront visiter & examiner entre eulx, & se ilz y treuvent faute, les rapporter comme dessus est dit; & aussi se ilz treuvent qu'il y ait mal façon contre les poins des Ordonnances dessusdictes, ilz en feront leur rapport par la maniere que dit est, pour en ordonner & y pourveoir selon les Instructions, poins & Ordonnances devant declerées, & autrement comme il appartendra par raison.

d *Cela signifie app.* & toutes autres ustensiles propres au commerce de Mercerie.

(32) *Item.* Et à ce que mieulx & plus loyalment lesdiz Jurez puissent faire leur devoir & visiter par la maniere dessus déclerée, il est ordonné que toutes & quantes fois qu'il sera necessité ou mestier de faire & eslire nouveaulx Jurez & Gardes oudit mestier & marchandise de Mercerie à *Paris,* que deux des anciens Jurez demourront pour l'année avenir avec les autres nouveaulx qui à ce seront esleus & commis par la maniere que dessus est dit.

Tous lesquels poins, articles & Ordonnances qui cy-dessus sont déclerées, nous voulons, mandons & ordonnons estre tenues, gardées & observées de point en point, selon leur forme & teneur sans enfraindre, par tous ceuls à qui ce puet toucher & que il appartendra, sur les peines en ycelles contenues; & yceulx & ycelles, voulons estre publiées & registrées ès Livres des Ordonnances de nostredit

NOTES.

(i) Value du dechet.] C'est-à-dire le surplus du prix réel de la soye, lequel prix a été augmenté par la pesanteur que par fraude on a procurée à la soye.

(k) Demourer.] On entrevoit le mot *demourer* dans l'original, qui est fort élimé dans cet endroit : on lit aussi *demourer* dans les Lettres de Henry II. cependant ce mot ne présente pas un sens bien clair, *dénoncer* conviendroit beaucoup mieux.

Chaſtellet, en la maniere acouſtumée, & par tout ailleurs où il ſera expedient, à ce que aucun n'en puiſſe prétendre ignorance : ſauf toutes voyes & reſervé à nous & noz ſucceſſeurs, de pouvoir muer, corriger, interpreter, augmenter ou diminuer à ces préſentes Ordonnances, toutes & quantes fois que par la déliberacion du Conſeil du Roy oudit Chaſtellet, nous verrons eſtre expédient ou néceſſaire pour le bien du Roy & de la choſe publique. En teſmoing de ce, nous avons fait mectre à ces Lettres le Séel de la *Prevoſté* de *Paris*. *Ce fu fait ou Chaſtellet de* Paris, *le Samedi dix-huitieme jour de Fevrier, l'an de grace mil quatre cens & ſept.* Ainſi ſignées. FRESNES.

CHARLES VI. à Paris, en Mars 1407.

Suite des Lettres de Charles VI.

Nous veues leſdictes Lectres, ayans ycelles & tous les poins, articles & Ordonnances contenues en ycelles, agreables, iceulx & ycelles entant que bien & deuement ont eſté faiz, avons loé, grée, ratifié, confirmé & approuvé, louons, gréons, raiſſions, confirmons & approuvons par la teneur de ces préſentes : Mandons audit *Prevoſt* & ſes ſucceſſeurs, & tous noz autres Juſticiers & Officiers, ou à leurs Lieuxtenans, préſens & avenir, à qui il appartendra, que les Ordonnances cy-deſſus tranſcriptes & chaſcune d'icelles faſſent tenir, garder & obſerver ſans enfraindre, par tous les Merciers & Marchans de mercerie en noſtredicte Ville, & tous autres à qui il appartendra, en les contraignant à ce par toutes voyes deues & raiſonnables, & comme ilz verront eſtre à faire par raiſon : ſauf & reſervé toutesvoyes à Nous ou noſtredit *Prevoſt* préſent & avenir, pour Nous, de pouvoir muer, corriger, interpreter, augmenter, diminuer ou adjouſter auſdictes Ordonnances, toutesfois que Nous ou lui pour Nous, verrons qu'il ſera expedient ou neceſſaire pour le bien publique & de ladicte marchandiſe. Et que ce ſoit ferme choſe & eſtable à touſjours, Nous avons fait mectre noſtre Séel à ces preſentes : ſauf en autres choſes noſtre droit, & l'autrui en toutes. *Donné à* Paris, *ou mois de Mars, l'an de grace mil quatre cens & ſept, & de noſtre Regne le XXVIII.* Par le Roy, à la relacion du Conſeil. P. LIJOTE.

Collacion eſt faicte. Viſa.

Publié en Jugement au Châtelet de *Paris*, le Samedy vingt-quatrieme jour de Mars, l'an mil quatre cens ſept, preſens les Advocats & Procureur du Roy, & pluſieurs aſſiſtans en la Cour. *Signé* DE FRESNES.

CHARLES VI. à Paris, le 3. d'Avril 1407.

(a) Lettres par leſquelles il eſt ordonné de contraindre par ſaiſie du temporel & par autres voyes, les Prelats & autres Eccleſiaſtiques, à payer le quart du Dixième du revenu de leurs Bénéfices, impoſé pour ſubvenir aux frais qui ſont à faire pour parvenir à l'union de l'Egliſe.

A Tous ceulx qui ces Lettres verront. Guillaume *Seigneur de* [a] Ticomville, *Chevalier & Chambelan du Roy notre Sire, & Garde de la* Prevoſté *de* Paris : *Salut. Sçavoir faiſons que nous l'an de grace mil quatre cens huit, le Samedy vingt-huitieme jour d'Avril après* Quaſimodo, *viſmes une Lettres du Roy notre Sire, ſcellées de ſon Seel, contenant la fourme* [b] *que s'enſuit.*

a corr. *Tignonville.*

b corr. *qui.*

CHARLES, par la grace de Dieu, Roy de France. A tous Seneſchaulx, Gouverneurs, Baillis, Prevos, Maires, Eſchevins & autres Officiers de nos Royaume, *Duchié* de *Guyenne*, & *Daulphiné* de *Viennois*, ayans le Gouvernement & exercice

NOTE.

(a) La copie de ces Lettres a été envoyée de *Montpellier*, avec cette indication : *Royaume en général, armoire A. 6.e continuation des titres particuliers, n.° 6. fol. 66. verſo.*

Voy. la Préface de ce Vol. §. *Schiſme.*

CHARLES VI. à Paris, le 3. d'Avril 1407.

de Jurisdiction, en quelque maniere qu'ils soient appellés, Huissiers, Sergens d'armes ou autres Sergens, [a] que sur ce seront requis : Salut. Coume ja pieça les Prelats de nostre Royaume, Arcevesques, Evesques, Abbés, Chapitres, Prieurs Conventuaux, Universités, & autres vaillans hommes, faisans & representans l'Eglise de France, par Nous mandés & assemblés en notre bonne Ville de *Paris*, pour vacquer & entendre à la prosecution de la paix & union de notre mere Ste Eglise, eussent conclud entre les autres choses de envoyer pardevers les deux Contendans du Papat, certains solempnés & notables [b] Embaxadeurs pour poursuir ladite besogne, & aussi pour faire & suporter les frais & missions necessaires à ladite prosecution, eussent advisé & ordonné à lever & prendre sur toutes les personnes beneficiées en nosdiz Royaulme & *Daulphiné*, un subcide caritatif, en la qualité d'un demi-Dixieme, sur les Benefices tauxés & non tauxés, & sur les non tauxés, un equivalent, par notre amé & feal Conseiller *Jehan* Abbé du [c] *Moustier-arramé*, qu'ils ordonnerent Receveur general d'icelui subcide, ou par autres particuliers Receveurs ordonnés par les Dioceses, par le conseil & Ordonnance de nos amés & feaulx Conseillers *(b)* le *Patriarche* d'*Alexandrie*, l'*Arcevesque* de *Sens* & l'*Evesque* de *Meaux*, Commissaires generaulx à ce ordonnés par ladite Eglise, & de contraindre iceulx Beneficiers à payer ledit subcide par la censure de l'Eglise, en Nous requerant en cas de refus ou delai, notre cohertion [d] Reale, laquelle en faveur de la besoigne Nous leur octroyasmes; & en oultre, pour obvier à la difficulté de rassembler derechief ladite Eglise, laquelle chose seroit trop griefve & onereuse, donnerent & attribuerent auxdiz Ambaxadeurs ou à la plus grant partie d'iceulx, plein pouvoir & autorité de toute ladite Eglise [e] & *Daulphiné*, & mandement especial de faire ordonner & disposer aux surplus de ladite poursuite, de ses circonstances & dependances, tout autant & autel coume ladite Eglise assemblée pourroit faire, & en special, si la chose prenoit si long trait que ledit subcide ne souffise, de imposer & metre sus un autre en telle quotité que bon leur sembleroit; lesquels Ambaxadeurs ont esté pardevers lesdiz Contendans à *Marseille*, à *Nice*, à [f] *Sarnie*, à *Jennes*, à *Rome* & en pluseurs autres lieux, & tant allés & venus de lieu en autre, & sont encore aucuns d'iceulx pardelà, perseverans en ladite poursuite, & a la chose pris si long delai que ce que on a peu lever dudit subcide, n'a peu souffire à poursuire la besoigne jusques à la fin desirée, mais sont deus auxdiz Ambaxadeurs leurs gaiges de six mois ou plus, & ont despendu en la poursuite grande quantité de leur chevance; & qui plus est, leur a convenu pour certaines Galeres en quoy ils allerent de *Gennes* à *Rome*, devers *(c)* Liutans, & de *Rome* à *Nice* devers notre [g] St Pere, Nous & eulx [h] même obligés par vertu de certain pouvoir par Nous & par ladite Eglise à eulx donné & attribué, en la somme de cinq mille cinq cens Ducas, pourquoi lesdiz Ambaxadeurs ou au moins la plus grant partie estans à *Rome* le tiers jour de [i] Renier passé, ordonnerent & impouserent de l'autorité & puissance dessusdite à eulx donnée & attribuée, coume dit est, un autre subcide caritatif en la quotité d'un demi-Dixieme ou equivalent, pareillement coume l'autre dessus declaré, [k] pour l'ordonnance disposition & distribution, ont commis & deputés certains Generaulx Commissaires auxquels ont donné & delegué pareille puissance coume ils ont; lesquels Commissaires considerans les grans [l] charges, & pour ce que suffrent & soustiennent pluseurs Gens de l'Eglise, ont ordonné à lever de present dudit subcide caritatif, la moitié tant seulement; c'est à sçavoir, le quart

[a] *corr.* qui.

[b] *Ambassadeurs.*

[c] *Voy. ci dessus p. 278. note (b).*

[d] *app.* Royale, *ici & plus bas.*

[e] *supp.* de notre Royaume & du.

[f] *Je n'ai pû rien découvrir sur ce lieu.*

[g] *Benoît XIII.*

[h] *corr.* mêmes obliger.

[i] *Il faut app. corr.* Février.

[k] *supp.* &.

[l] *Il faut app. corr.* charges que seuffrent : *souffrent.*

NOTES.

(b) Le Patriarche d'Alexandrie.] Il se nommoit *Simon* de *Cramaut*. Voy. la Table des noms de personnes qui est à la fin du 8.e Vol. de ce Rec. au mot *Cramaut*.

Jean de *Montaigu* étoit alors Archevêque de *Sens*. Voy. *Gall. christ. 1.e Edit. T. 1. p. 646. col. 1. n.º 90.*

L'Evêque de *Meaux* se nommoit *Reginaldus* de *Marchia*. Voy. *Gall. christ. 2.e Edit. T. 8. col. 1737. n.º 15.*

(c) Liutans.] Je ne puis deviner ce que peut signifier ce mot qui est certainement corrompu : mais on ne peut douter qu'il ne s'agisse ici du Pape *Grégoire XII.* qui résidoit alors à *Rome*.

d'un Dixieme entier, par notre amé & feal Secretaire Maistre *Jean Aubouin,* Prevost & Chanoine de S.t Martin de *Tours,* qu'ils ont ordonné & establi Receveur dudit subcide en nos pais de *Languedoc* & *Duchié* de *Guyenne,* & par les mains des particuliers Receveurs par lui commis pour les Dioceses, & ont voulû que toute personne Eclesiastique tenant Dignité, Benefice, Office ou Administration en nozdiz Royaumes, *Duchié* de *Guyenne* & *Daulphiné* de *Viennois,* exems & non exems, de quelque Dignité, Religion ou condition qu'ils soyent, soyent contrains chacun en droit soy de payer telle cotte & portion coume à lui en competera, par la censure de l'Eglise, tout en la forme & maniere que fut fait pour ledit premier subcide, si coume toutes ces choses peuvent apparoir par certains Instrumens sur ce faits : & pour ce que ils doutent que aucun dedits Beneficiers, nonobstant ladite censure de l'Eglise, veuillent trop délayer le payement de leur portion & cotte, qui seroit ou grant retardement & empeschement de ladite union, [a] non ont humblement supplié que sur ce leur veuillons impartir nostre autorité & cohertion Reale, pareillement que Nous ordonasmes à l'autre subside. Pour ce est-il que Nous qui avons tousjours desiré & desirons fermement de tout notre cuer l'abregement de ce doloreux Scisme, & l'union de notredite mere S.te Eglise, par l'avis & deliberation de nos très-chiers & très-amés Cousin & Oncle le *Roy* de *Secile,* les *Ducs* de *Berri* & de *Bourgoigne,* les *Comtes* d'*Alançon* & de *Nevers,* & plusieurs autres de notre Sang & de notre Grant Conseil, auxdits Commissaires & Receveurs avons octroyé & octroyons par la teneur de ces presentes, ladite autorité & cohertion Reale. Si vous mandons & commandons, & à chacun de vous, si comme à lui appartiendra, que tous ceulx qui vous apparront par les Rooles dudit Receveur ou ses commis & deputés, differer le payement de leur portion & cotte, oultre le terme sur ce à eulx assigné, vous, attendue la celerité de la besoigne, iceulx contraigniés par prise & detention de leur temporel, & toutes autres voyes acoustumées [b] en executant de nos propres dettes. Et pour ce que il sera besoin de envoyer ces presentes en divers lieux & pays, Nous voulons & ordonnons que au *Vidimus* d'icelles fait soubs Seel Royal, soit adjoustée pleine foy coume à l'original : car ainsi Nous plaist-il estre fait, & auxdiz Commissaires & Receveurs l'avons octroyé & octroyons de grace special & autorité Royal, par ces presentes; nonobstant oppositions ou appellations & Lettres quelsconques subreptices empetrées ou à empetrer à ce contraires. *Donné à* Paris, *le 3. jour d'Avril, l'an de grace mil quatre cens & sept, & de notre Regne le XXVIII.e* Ainsi signé. Par le Roy, Messeigneurs *(d) Guerin,* de *Laurut,* & plusieurs autres Chambelans presents. G. DESTEPAUX.

CHARLES VI. à Paris, le 3. d'Avril 1407.

[a] corr. Nous.

[b] Cet endroit qui s'entend, est corrompu.

Et nous à ce present transcript avons mis le Séel de la Prevosté *de* Paris, *l'an & le jour dessusdits.* HUE.

NOTE.

(d) Guerin, &c.] Ces noms sont peut-être corrompus comme l'est certainement celui de *G. Destepaux.* Il faut corr. *De Scepeaux.* Voy. la Table des noms de personnes, qui est à la fin du 8.e Vol. de ce Rec. au mot *Scepeaux (De).*

CHARLES VI. à Paris, le 6. d'Avril 1407.

(a) Lettres qui défendent de faire des Assemblées sans la permission du Roy, & qui défendent, notamment à l'Université de Paris, d'indiquer & de convoquer des Assemblées du Peuple.

NOTE.

(a) Voy. ci-dessus p. 293. les Lettres données le 18. de Février de cette année, sur le même sujet, & la note *(a).*

CHARLES VI. à Paris, le 9. d'Avril avant Pâques 1407.

(a) Lettres qui ordonnent au Prevost de Paris de juger sommairement & sans ordonner d'appointement, les contestations légères qui s'élèveront par rapport à la reddition des comptes rendus par les Exécuteurs testamentaires.

CHARLES, par la grace de Dieu, Roy de France. Au *Prevost* de *Paris* ou à son Lieutenant : Salut. Nostre Procureur ou Chastellet de *Paris*, stipulant en ceste partie pour le bien de Justice & utilité de la chose publique, Nous a exposé que jasoit ce que après le trespas de plusieurs des decedens en vostre Jurisdiccion, les cognoissances de leurs Testamens & des fais de leurs execucions aient esté & de jour en jour soient soubmises à nostre Juridiccion, & pardevant vous pour Nous; & que pour oïr les comptes du fait d'icelles execucions & Testamens d'iceulx deffuncts, vous aiez acoustumé de donner & de fait donnez & deputez Commissaires aucuns des Examinateurs de nostre Chastellet, pardevant lesquelz ès reddicions d'iceulx comptes & autrement, surviennent plusieurs debas & altercacions, desquelles & desquelz, pour ce que ilz ne sont que *(b)* Referendaires, ilz n'osent congnoistre, mais renvoyent tous iceux debas pardevant vous; sur quoy très-souvent est avenu & avient que les Executeurs desdiz Testamens d'iceulx deffuncts [a] que jamais ne vouldroient vuider leurs mains des biens d'icelles execucions, sont très-joieux de eulx bouter & enveloper en plusieurs & divers Procès, tant à l'encontre des heritiers comme [b] Legatoires & debteurs d'iceulx deffuncts & autres; lesquelz Procès tant pour les fuites & delaiz d'iceulx Executeurs, & aucunes foys de leurs Parties adverses sont très-prolix, parquoy les derrenieres voluntez desdiz decedens & Testateurs demeurent non accomplies ou grant peril & detriment du [c] salut de leurs ames, s'il est ainsy. Pour ce est-il que Nous voulans à ce pourveoir, [d] qui en telz matieres qui sont très-favorables l'en doit proceder le plus sommierement que l'en puet, vous mandons, commandons & estroictement enjoignons en commettant, que ès Causes qui desja sont devolues & qui d'oresenavant seront introduites pardevant vous en telz matieres de *(c)* submissions de Testamens; c'est assavoir, ès cas des debas & altercacions qui sont intervenus & intervendront d'oresenavant sur les reddicions des comptes d'icelles execucions & Testamens, vous procedez & faitez proceder sommierement & de plain lesdictes Parties, ycelles presentes ou deuement appellées à ce, sans les mettre sur yceulx debas & altercacions en procès par escrit, se la matiere dudit debat ne vous apparoit de tel effect, que bonnement sans grever Partie ou [e] egener son droit, ne le deussiez faire : Car ainsi Nous plaist-il estre fait par ces presentes. *Donné à* Paris, le *IX.e jour d'Avril, l'an de grace mil quatre cens & sept, & de nostre Regne le XXVIII.e avant Pasques.* Ainsy signé. Par le Roy, à la relacion du Conseil. M. DE LA TEILLAYE.

a *corr.* qui.

b *Légataires & débiteurs.*

c *Quand ces Testateurs ont fait des legs pieux ou ordonné des prières.*

d *Cet endroit me paroit corrompu, il devroit y avoir,* & faisant attention que.

e *appauvrir, diminuer son droit.*

NOTES.

(a) Livre rouge viel du Chastellet de *Paris, fol.* 12. vingt 14. *recto.* [254.]

Avant ces Lettres, il y a : *Que sommierement on procede ès audicions des comptes des Testamens, & Procès qui pour ce mouveront par le moïen des submissions du Chastellet.*

(b) Referendaires.] Ces Commissaires n'étoient point Juges des contestations qui s'élevoient, & ils les renvoyoient aux Juges.

(c) Submissions de Testamens.] Cela peut signifier, *lorsque les contestations qui pourroient survenir par rapport aux Testamens, ont été soûmises par le Testateur à la connoissance des Juges seculiers.* Le mot *soûmis* se trouve dans ce sens vers le commencement de ces Lettres. Voy. aussi la fin de la note *(a)* de cette page. Voy. le Glossaire du Droit François, aux mots *Executeurs Testamentaires* p. 442. col. 1.ere sur la précaution que prenoient autrefois les Testateurs de soûmettre à la connoissance des Juges seculiers, les procès qui pourroient s'élever à l'occasion de leurs Testamens, pour empêcher qu'ils ne fussent portés devant les Juges d'Eglise qui s'étoient attribué la connoissance de ces sortes d'affaires.

M. CCCC. VIII.

M. CCCC. VIII.

Suivant la page 58. du Livre intitulé : *L'Art de vérifier les dates*, cette année a commencé le 15. d'Avril, & a fini le 6. d'Avril.

CHARLES VI. à Paris, le 23. d'Avril 1408.

(a) *Lettres qui confirment les Statuts des Chaudronniers de la Ville de Rouen.*

CHARLES, &c. Savoir faisons à tous présens & advenir, Nous avoir veu les Lettres de nostre amé & féal Conseillier *Jean Davy* nostre *Bailli* de *Rouen*, séellées du grant Séel aux Causes du *Bailliage* de *Rouen*, contenant la forme qui s'ensuit.

A tous ceulx qui ces Lettres verront ou orront. *Jehan Davy* Seigneur de *Saint Perre-Avy*, Chevalier, Conseiller du Roy nostre S. & son *Bailli* de *Rouen*: Salut. Comme pour obvier aux faulses & deceptives operacions, fraudes & decepcions qui se faisoient & povoient faire ou mestier de Chaudronnerie, Poterie [a] d'arain, & [b] cauderettes neufves & refondues, en redondant contre l'estat & honneur dudit mestier des Maistres & Ouvriers d'icellui, & contre le bien & utilité de la chose publique qui en ce cas & autres doit principaument estre gardé & conservé, en la [c] persepcion & augmentacion d'icelle, certaine Ordonnance eust dès long-temps esté constituée & establie sur l'estat, gouvernement & maniere de ouvrer & user dudit mestier, laquelle Ordonnance qui faicte avoit esté à la fin dessus declairée, eust esté baillée & conferée pour instruccion aux Maistres & Ouvriers dudit mestier en ladicte Ville & Banlieue, lesquelx jasoit ce que selon icelle ilz se deussent regler, & à celle fin le deussent seurement garder, eussent icelle par mallegarde ou autrement de fortune, adirée & perdue depuis certain temps ença, qui avoit esté & pourroit encores plus estre en préjudice deulx, dudit mestier & de la chose publique. Pourquoy nous aians de ce congnoissance, tant par l'exposicion desdiz Maistres & Ouvriers ou aucuns deulx, comme autrement, & desirans lesdiz Maistres & Ouvriers eulx regler en l'estat & gouvernement de leurdit mestier par Ordonnance proufitable & raisonnable, eussions fait venir & assembler devant nous, *Lambin* le *Mire*, *Robert* d'*Ailly*, *Estienne* de *Lamare*, *Jehan Richeomme*, *Michel Lyaurre* & *Jehan* de *Lost*, Maistres & Ouvriers dudit mestier, *Philipot Briquet*, *Guillemin* d'*Alli*, *Perrin* de *Lost* & *Regnier* de *Lost*, [d] Varlès d'icellui mestier, auxquelx après ce qu'ilz nous orent affermé avoir adirée ou perdue ladicte ancienne Ordonnance, nous eussions fait commandement de nous baillier par déclaration les articles selon lesquelz il leur sembleroit estre expedient & convenable de constituer & establir Ordonnances nouvelles oudit mestier; lesquelx Maistres & Ouvriers dessus nommez obtemperans à nostredit commandement, eussent baillié devers nous certains articles, disans & affermans que à leurs advis & consciences c'estoit le bien, prouffit & utilité dudit mestier, d'eulx & leurs successeurs, & mesmement de la chose publique, d'avoir Ordonnances selon lesdiz articles; lesquelz en la presence des [e] Conseulx & Procureur du Roy nostredit S. à *Rouen*, nous eussions veuz à grant deliberacion de conseil, pour & afin de savoir se lesdiz articles estoient, quant au regart de justice, expediens en ladicte Ordonnance, & sur ce eussions baillié journée préfixe ausdiz Maistres & Ouvriers de retourner devers nous, pour composer & instituer ladicte Ordonnance selon raison, à laquelle fin eulx tous se fussent comparus [f] à huy, & en la presence desdiz Conseulx & Procureur, & de tous lesdiz Maistres & Ouvriers, eussions fait lyre lesdiz articles desquelx la teneur s'ensuit.

a *d'airain.*

b *petites chaudières.* Voy. le Gloss. de *Du Cange*, au mot *Canderia.*

c *Ce mot qui est en abrégé ne peut faire que persepcion. Il y a dans le Reg. un p tranché,* sepcon *couvert d'une marque d'abréviation. Il faut p. e. en corrigeant ce mot abrégé, lire* perfeccion.

d *Compagnons.*

e *Conseillers.*

f *aujourd'huy.*

NOTE.

(a) Trés. des Chart. Reg. 162. P. ix.xx viij. [188.] *fol.* 145. *verso.*

Il y a dans ces Lettres & principalement dans l'article 5. quelques termes sur lesquels je n'ai trouvé aucuns éclaircissemens, ni dans le Dictionnaire du Commerce par *Savary*, ni ailleurs.

CHARLES VI. à Paris, le 23. d'Avril 1408.

(1) Et premierement que doresenavant aucun dudit mestier ne autre en ladicte Ville & Banlieue de *Rouen*, ne face cauderons, cauderettes, ou pos d'arain de vielle estoffe, sans ressondre, en peine de quarante solz Tournois d'amende à appliquer moitié au Roy nostre S. & l'autre moitié au prouffit dudit mestier & pour icellui soustenir jouxte ceste presente Ordonnance, & l'ouvrage estre combrisié en tele maniere que nul autre ouvrage d'icellui mestier n'en puisse jamais estre fait sans refondre.

(2) *Item.* Que aucun Varlet, Aprentiz dudit mestier, ou autre, ne soit souffert [a] ouvrer ne tenir [b] ouvroir comme Maistre d'icellui, se il n'en est Juré maistre en la presence des Gardes qui pour le temps seront, en peine de cent solz Tournoiz d'amende à appliquer moitié au Roy nostredit S. & l'autre moité au prouffit dudit mestier, jouxte ce que dit est.

a *travailler.* b *boutique.*

(3) *Item.* Que aucun dudit mestier ne puisse mettre ou reparer vielle euvre en semblance de neuf, sanz refondre, pource que qui le feroit, ce seroit contre & ou préjudice du bien publique : car ceulx qui vouldroient acheter d'icellui ouvrage, achetteroient du viel, cuidans qu'il feust neuf, pource qu'ils ne sauroient appercevoir la difference d'entre le viel & le neuf, en quoy ilz seroient deceuz : car le viel n'est pas si bon que le neuf refondu, en peine de xl. s. Tournois à appliquer comme dit est en l'article précédent.

(4) *Item.* Que aucun [c] Mestre ou Varlet dudit mestier ne puisse de nul point d'iceluí mestier ouvrer par nuyt, pour ce que l'en ne pourroit dormir [d] jouxte ne de lez eulx; aussi pour ce que l'ouvrage qu'ilz feroient, ne seroit pas si bon : [e] excepté de fondre & taillier, en peine de xx. solz Tournois d'amende à appliquer comme dit est.

c *corr.* Maistre, *là & plus bas.* d *auprès.* e *corr.* excepté.

(5) *Item.* Que aucun Mestre ne Ouvrier dudit mestier, ne euvre d'icellui, fors de point & de mesure, & tant d'une haulteur chascune piece d'ouvrage à sa [f] maison, chascune lamelle pesant ix. livres du moins l'un portant l'autre, en peine de x. solz Tournois d'amende à appliquer moitié au Roy nostredit S. & l'autre moitié au prouffit dudit mestier, comme dessus est dit.

f *on pourroit aussi lire*, maison.

(6) *Item.* Que doresenavant il ait en icellui mestier deux Gardes qui soient Maistres Jurez dudit mestier, jouxte ceste presente Ordonnance, lesquelx se changeront chascun an à la Feste de Noel, & feront serement devant le *Bailli de Rouen* ou son Lieutenant qui pour le temps sera, de bien & loyaument garder ledit mestier, & ceste presente Ordonnance.

(7) *Item.* Que iceulx Gardes aient povoir de visiter toute [g] chabone euvre d'arain ; c'est à entendre cauderons, cauderettes & pos d'arain, qui sera ou pourra estre trouvée en la Ville & Banlieue de *Rouen*, en quelque lieu que ce soit, afin que se aucune euvre iceulx Gardes trouvoient qui ne feust bonne & loyal jouxte ladicte Ordonnance, que l'en pourroit bien faire : car de vielle estoffe on pourroit bien faire ouvrage qui ne seroit pas bon ne loyal, & si sembleroit tout neuf, qui seroit decepcion pour toutes personnes qui en vouldroient acheter qui ne seroient point du mestier ne congnoissans en ce, comme dit est, ilz la puissent apporter à Justice pour en faire punicion jouxte ce que dessus est dit.

g *Je n'ai rien trouvé sur ce mot qui est peut-être corrompu. Il faut p. e. corr.* & chacune.

(8) *Item.* Que aucun ouvrage dudit mestier qui viengne dehors, ne puisse estre mis ne exposé en vente en ladicte Ville & Banlieue, jusques à ce que iceulx Gardes l'aient visité, en peine de xl. solz Tournois d'amende à appliquer comme dit est; pour ce aussi que ceulx du pays de (b) *Dinant* & de *Voninge*, dont lesdictes denrées sont apportées, & par especial de cauderettes, ne souffreroient nullement aucune denrées ou marchandises dudit mestier faittes en autres pays, estre portées

NOTE.

(b) *Dinant.*] Les ouvrages de chauderonnerie se nomment aussi de *dinanderie*, parce qu'on en faisoit beaucoup dans la Ville de *Dinant* au pays de *Liége*. Voy. la note (b) de la p. 324. du 8.e Vol. de ce Recueil.

A l'égard de *Voninge*, que l'on pourroit lire différemment à cause des jambages sans point, je n'ai rien trouvé sur ce lieu.

ou menées en leurs pays, que tantost ilz ne la fissent despecier; & mesmement l'ouvrage qui dudit pays seroit party, qui s'y reporteroit, posé mesme qu'il feust très-bon; & dient que s'ilz le souffroient, ce seroit en diminucion du bien, honneur & estat de leur marchandise en leurdit pays.

CHARLES VI. à Paris, le 23. d'Avril 1408.

Savoir faisons que après ladicte lecture, & que en la presence desdiz Conseulz & Procureur & Maistres & Ouvriers dudit mestier, *Bertin Colemiche, Jehan Solart* le jeune, Gardes & Visiteurs du mestier de Dynanderie à *Rouen,* pour ceste année presente, *Jehan Solart* l'aisné, *Jehan Bataille, Guillaume* le *Poissonnier, Pierre Duval* dit *Bardouville, Guillemin Douhe, Colin* de *Brehen,* & plusieurs autres Maistres & Ouvriers dudit mestiers de Dynanderie, orent dit & tesmoignié que lesdiz articles n'estoient aucunement préjudiciables à leurdit mestier ne à l'Ordonnance d'icellui, mais estoient utiles, necessaires & expediens pour le bien, prouffit & honneur dudit mestier de chaudronnerie, poterie d'arain & cauderettes, [a] orent affermé lesdiz articles dessus transcripts estre très-expediens & proufitables pour ladicte Ordonnance, lesquelx eulx vouloient & juroient pour eulx & leurs successeurs tenir & garder en ses termes, & que sur ce nous eusmes eu advis & deliberacion ausdiz Conseulx & Procureur, & autres sages & notables personnes, tant Conseilliers, Bourgois & Marchans de *Rouen,* que autres, nous [b] pour Justice, avons eu & avons ladicte Ordonnance agreable, & avons voulu & voulons icelle estre tenue & gardée en ses termes, sur les peines enjoinctes & declairées esdiz articles, esquelles nous des maintenant pour lors, disons & declairons les transgresseurs estre encouruz pour chascune fois qu'ilz y escherront. Si donnons en mandement par ces presentes de par le Roy nostredit S. à tous les Maistres & Ouvriers dudit mestier de chauderonnerie, poterie d'arain & cauderettes, qui pour le temps sont & pour le temps avenir seront, que ladicte Ordonnance & [c] le point & articles declairez en icelle, ilz tiennent & facent tenir sans enfraindre, au Sergent & Soussergent à mace du Roy nostredit S. à *Rouen* & à tous les autres Sergens & Soussergens dudit Bailliage, que ceste presente Ordonnance eulx facent crier & publier ès foires & marchiez & lieux dont requis seront, & à tous ses subgez dudit Bailliage, prions & requerons tous autres, que ausdiz Sergens, Maistres & Ouvriers en ce faisant, ne donnent [d] ne facent aucun empeschement. En tesmoing de ce, nous avons mis à ces Lettres le grant Séel aux Causes dudit Bailliage. *Donné à* Rouen, *le xiij.^e jour d'Avril avant Pasques, l'an de grace mil iiij.^c & sept.*

[a] *eurent affirmé.*

[b] *Cela peut signifier ou* en qualité de Juge, *ou* pour le bien de la Justice.

[c] *corr.* les points.

[d] *supp.* &.

Suite des Lettres de Charles VI.

Lesquelles Lettres dessus transcriptes & toutes les choses contenues en icelles ayans agréables, icelles louons, greons, ratifions, aprouvons & confermons, se mestiers est, de nostre grace especial, auctorité & puissance Royal, par la teneur de ces presentes, par lesquelles donnons en mandement à nostredit *Bailli* de *Rouen,* & à tous noz autres Justiciers & Officiers, presens & avenir, ou à leurs Lieuxtenans, & à chascun d'eulx, si comme à lui appartendra, que les Maistres & Ouvriers du mestier de chauderonnerie, poterie d'arain & cauderetes, nommez ès Lettres dessus transcriptes, & qui pour le temps avenir seront, facent, seuffrent & laissent joyr & user plainement & paisiblement à tousjours de nostredicte grace & confirmacion, & de tous les poins & articles dessus transcrips & devisés, & de chascun d'iceulx, & de leurs dependences, sans sur ce leur mettre ne donner, ne souffrir estre mis ne donné contradicion ou empeschement en aucune maniere au contraire, ores ne pour le temps avenir. Et afin que ce soit ferme & estable chose à tousjours-mais, Nous avons fait mettre nostre Séel à ces presentes: sauf en autres choses nostre droit, & l'autruy en toutes. *Donné à* Paris, *le xxiij.^e jour d'Avril, l'an de grace mil iiij.^c & huit après Pasques, & de nostre Regne le xxviij.^e*

Par le Roy, à la relacion du Conseil. CHARRON.

CHARLES VI.
à Paris, le 27. d'Avril 1408.

(a) Lettres qui révoquent les permissions données par le Roy aux Gens d'Eglise, de posséder pendant un temps les biens acquis par eux depuis quarante ans, sans payer finance; & qui ordonnent qu'elle sera payée incessamment.

SOMMAIRES
des Instructions données aux Commissaires ordonnés sur le fait des Amortissemens & Francs-Fiefs.

(1) Les nonnobles qui ont acquis des Fiefs relevans nûement du Roy, depuis quarante ans à compter du jour de leur acquisition, si leur possession n'a point été réellement interrompue, & qu'ils n'aient point déjà payé de finance à cause de ces acquisitions, payeront le revenu de trois années de ces Fiefs; & moyennant cette finance, ils en jouiront, eux, leurs hoirs & successeurs en ligne.

(2) Les nonnobles qui depuis le temps dessusdit, ont acquis des arrière-Fiefs ou des Alleux [nobles] relevans du Roy, en payeront le revenu de deux années.

(3) Les biens que les nonnobles ont acquis dans les Fiefs & arrière-Fiefs du Roy, & qu'ils ont mis frauduleusement en Franc alleu, seront saisis & mis en sa main.

(4) Si des nonnobles ont acheté des biens féodaux dans les Fiefs & arrière-Fiefs du Roy, & que les vendeurs se soient réservés la faculté de les retirer pendant trois ans, on attendra l'échéance de ce terme: si cette faculté est exercée, il ne sera point dû de finance; & si elle ne l'est pas, la finance sera payée. Si la faculté de retirer s'étend au-delà de trois ans, la finance fixée par les articles précédens, sera payée.

(5 & 6) Lorsqu'un nonnoble aura acheté un Fief dont le vendeur se sera réservé l'usufruit pour lui ou pour d'autres, soit pour un temps soit à vie, l'acheteur payera présentement la moitié de la finance marquée ci-dessus; & l'autre moitié, lorsque l'usufruit aura été réuni à la propriété.

(7) Lorsqu'un noble aura vendu à un nonnoble un héritage situé dans un Fief relevant du Roy ou dans un arrière-Fief, à condition que cet héritage sera tenu en alleu, ou qu'il sera chargé d'un acapit *[& redevance à chaque mutation,] ou d'un cens ou redevance annuelle; si l'acheteur n'a point payé d'argent lors de son acquisition, il ne sera point dû de finance. Si l'acheteur a payé de l'argent lors de son acquisition, l'on estimera quelle rente cet argent pourroit produire au prix [& au taux] du Roy; c'est-à-dire, dix francs pour cent francs; & l'acheteur suivant les deux différens cas marqués ci-dessus, payera trois ou deux années de la rente que cet argent pourroit produire suivant l'estimation qui en aura été faite.*

Lorsqu'un nonnoble acquiert d'un noble une rente [tenue noblement] & payable en grain, en vin ou en autres denrées, l'on évaluera pour fixer la finance qu'il doit payer, ce que cette rente rapporte année commune pendant dix ans.

(8) Les Communautés des Villes seront tenues d'envoyer aux Gens des Comptes, & aux Tésoriers, la copie collationnée des Titres d'acquisitions par elles faites de biens situés dans les Fiefs, arrière-Fiefs ou Censives du Roy, ou tenus en alleu, & la déclaration détaillée de ce qui est compris dans ces acquisitions, pour estre ordonné ce que de raison.

(9) Si un nonnoble après avoir acquis un Fief ou un Alleu, est anobli, il payera finance par rapport à ces acquisitions, si ses Lettres de noblesse n'ont été vérifiées à la Chambre des Comptes.

(10) Lorsqu'un nonnoble aura acquis le tiers d'une rente inféodée, il payera une année du revenu de ce tiers de rente; & il ne payera rien lorsqu'il n'en aura acquis que le quart.

(11) Lorsqu'entre le nonnoble qui a acquis un Fief, & le Roy, il y a trois Seigneurs médiats qui relèvent les uns des autres, le nonnoble ne payera point de finance.

AMORTISSEMENS.

(12) Si depuis quarante ans des Gens d'Eglise, de quelque condition qu'ils soient, ont acquis des immeubles par achat, échange ou autrement, dans les Fiefs ou arrière-Fiefs, Censives ou arrière-Censives du Roy, ou dans des Alleux, & qu'ils n'aient point eu du Roy, par rapport à ces acquisitions, des Lettres d'amortissement vérifiées à la Chambre des Comptes, ils seront tenus de mettre ces immeubles dans la main du Roy dans le cours d'une année, pendant laquelle néanmoins ils en percevront les fruits.

(13) Si dans l'espace d'une année ces Gens d'Eglise n'ont point mis ces immeubles hors de leurs mains, ils resteront en celles du Roy, & les revenus en seront perçûs à son profit, jusqu'à ce que ces Gens d'Eglise les aient mis hors de leurs mains.

NOTE.

(a) Livre rouge vieil du Châtelet de *Paris, fol.* 7. vingt 17. *verso.* [157.]

Avant ces Lettres, il y a: *Que l'en ne donne Termes, Respiz ou delaiz à Gens d'Eglise ne autres, de non admortir ou mettre hors de leurs mains les Fiefz, Cens, Rentes, heritages & autres revenues par eulx acquises.*

(14) Les dispositions portées dans les deux articles précédens, auront lieu à l'égard des immeubles acquis par les Gens d'Eglise, dans leurs Fiefs, Censives ou Justices; à l'exception des immeubles par eux acquis dans leurs hautes Justices, à l'égard desquels ils resteront en souffrance, jusqu'à ce qu'il y ait eu une décision à ce sujet.

(15) Les dispositions précédentes auront lieu à l'égard des immeubles acquis par les Gens d'Eglise, sous la réserve d'usufruit, ou sous la condition de rachat dans un certain temps.

(16) Dans chaque Recette ordinaire, ces acquisitions seront insérées dans des Registres, par les Vicomtes, Receveurs & Procureurs du Roy; & il en sera envoyé des états & déclarations aux Gens des Comptes & aux Trésoriers.

(17) Les Commissaires nommés sur le fait des Amortissemens, ne pourront faire payer finance aux Gens d'Eglise, par rapport aux acquisitions non amorties; & ces Gens d'Eglise seront obligés de les mettre hors de leurs mains.

(18) La souffrance accordée par le Roy aux Gens d'Eglise de posséder pendant un certain temps les biens par eux acquis, sans payer finance, ne lui portera point préjudice; & le temps de cette souffrance ne sera point compté dans les quarante ans dont il est cy-dessus fait mention.

(19) Les finances des francs-Fiefs & des Amortissemens, se lèveront dans tout le Royaume dans les Seigneuries du Roy & ailleurs; & elles seront reçûes par les Vicomtes & Receveurs ordinaires des lieux.

CHARLES VI. à Paris, le 27. d'Avril 1408.

A TOUS ceulx qui ces Lettres verront. *Pierre Des Essars,* Chevalier, Conseiller, Maistre d'Ostel du Roy nostre S. & Garde de la *Prevosté* de *Paris:* Salut. Savoir faisons que nous l'an mil CCCC. & huit, le Jeudi xxviij.[e] jour de Juing, veismes unes Lettres du Roy nostredit S. séellées de son grant Séel sur double queue, contenant ceste forme.

CHARLES, par la grace de Dieu, Roy de France. A tous ceulx qui ces presentes Lettres verront : Salut. Comme par l'assercion de plusieurs noz Officiers, aions entendu que par le moyen & soubz umbre de plusieurs termes & delaiz qui ont esté octroyez & de jour en jour sont donnez à plusieurs personnes tant Ecclesiastiques comme Seculiers, de non admortir ou mettre hors de leurs mains plusieurs Fiefz, Cens, Rentes, heritaiges & autres revenues par eulx acquises, ou à eulx advenues par achat, don, [a] legat ou aultre tiltre, puis le temps de quarante ans, à Nous & à noz Demaine & droiz Royaulx sont advenuz & faiz très-grans dommages & prejudices engendrez; actendu mesmement que par telz longz & continuelz delaiz & termes, sont nosdiz droiz demourez en obli & en non chaloir, & non poursuiz, tant & telement que en aucuns les xl. ans sont passez, & en aucuns autres approuchent, [b] tendans les possesseurs de teles choses par lesdiz delaiz & termes, que yceulx xl. ans soient devoluz & passez, afin qu'ilz puissent [c] innuer & pretendre par ainsi non estre tenuz de faire admortir ou mettre hors de leurs mains les choses qu'ils tiennent & possident par la maniere devant dicte, qui pourroit & peut redonder en diminucion, perdicion & adnichilement de nozdiz droiz, ou au moins grant prejudice & lesion d'iceulx; & pourtant devons Nous à ce obvier & pourveoir de remede : Nous adecertes aians regart à ces choses lesqueles ne devons passer soubz dissimulacion ou tollerance, avons par deliberacion de Conseil voulu & ordonné, voulons & ordonnons par la teneur de ces presentes, que telz respis, termes & delaiz cessent de tous poins d'oresenavant, & ne soient donnez ne octroyez par Nous ne par autres quelzconques aians de ce commission, auctorité ou puissance; ainçois s'il avenoit que octroiez eussent esté ou temps passé, se le temps d'iceulx n'estoit escheu & passé, ou le feust ou temps present & avenir, par inadvertance ou autrement, soubz quelconque forme de paroles qu'ilz feussent, ilz ne soient séellez ne expediez, & n'y soit obey, ne aient ou sortissent aucun effect; mais soient de nulle force & valeur; & se par aucun cas ou maniere passez & expediez estoient d'oresenavant, ou se par vertu d'iceulx lesdiz xl. ans passoient, que yceulx octroiz & la devolucion ou passement d'iceulx xl. ans, ne porte ou portent ou puissent porter, faire ou engendrer à Nous ne à nosdiz droiz & Demaine, derogacion, prejudice ou empeschement quelconques, [d] neant plus que se oncques n'avoient ou eussent esté concedez ou donnez. Si donnons en mandement à noz amez & feaulx les Gens de noz Comptes & Tresoriers à *Paris,* & à tous noz autres Justiciers & Officiers, ou à leurs Lieuxtenans, qui sont & seront pour le

[a] *legs.*

[b] *attendans.*

[c] *faire entendre.*

[d] *non plus.*

CHARLES VI. à Paris, le 27. d'Avril 1408.

temps avenir, & à chascun d'eulx, si comme à lui appartendra, que noz presente voulenté & Ordonnance ilz tieignent & gardent, & facent entierement garder & tenir sans enfraindre, & contraignent ou facent contraindre viguereusement & sans [a] deport, par toutes voyes & manieres deues & [b] afferans en telz cas, les possesseurs des acquisitions dessusdictes & de chascunes d'icelles, à les faire admortir ou les mettre hors de leurs mains, selon les Status, Usages, Constitucions & Ordonnances Royaulx sur ce faictes. En tesmoing de ce, Nous avons fait mettre nostre Séel à ces presentes. *Donné à* Paris, *le XXVII.e jour d'Avril, l'an de grace mil IIII.c & huit, & de nostre Regne le XXVIII.e* Ainsi signé. Par le Roy, en son Grant Conseil. P. FERRON.

a *faveur.*
b *convenables.*

Et nous avons mis le Séel de ladicte *Prevosté* de *Paris,* à ce present transcript fait l'an & le jour premier dessusdiz. Ainsi signé J. DUHAN. Au dos desquelles Lettres de *Vidimus* dessus transcriptes, estoit escript ce qui s'ensuit. *Collatio presentis transcripti cum Originali dato & signato ut in albo cavetur, facta fuit in Camera Compotorum Domini Regis* Par. *die vij.a Julii, anno Domini millesimo CCCC.mo VIII.o per me* [c] JOHANNEM GALONIS *& me* BURY.

c Il n'y a que *Jo.* Reg.

Item. A ycellui *Vidimus* estoit attaché un Mandement de la Chambre des Comptes soubz le signet d'un des Seigneurs de ladicte Chambre, & signé en marge des signez de plusieurs desdiz Seigneurs, duquel Mandement la teneur est tele.

De par les Gens des Comptes & Tresoriers du Roy nostre S. à *Paris. Prevost* & Receveur de *Paris,* ou leurs Lieuxtenans & Procureurs dudit Seigneur illec, accomplissiez les Lettres dudit Seigneur, au *Vidimus* desqueles ces presentes sont atachées soubz l'un de noz signez, par lesqueles le Roy nostredit Seigneur a ordonné que aucuns termes, respis ou delaiz ne soient d'oresenavant donnez à aucunes Gens d'Eglise ou Seculiers quelzconques, de non admortir ou mettre hors de leurs mains leurs Fiefs, Cens, rentes ou heritaiges & autres revenues par eulx acquises, ou à eulx advenues puis quarante ans en ça, & les contraigniez à les admortir ou mettre hors de leurs mains, selon les Status, Usaiges, Constitucions & Ordonnances Royaulx sur ce faictes, [d] tout pour les causes contenues esdictes Lettres, & en la forme & maniere que le Roy nostredit Seigneur le veult & mande par icelles: & neantmoins les faites publier bien & convenablement ès lieux acoustumez à faire criz [e] ès mectes de vostre Prevosté, afin que chascun ait & puisse avoir du contenu en icelles plaine & parfaicte congnoissance. *Donné à* Paris, *le XVII.e jour de Juillet, l'an mil IIII.c & huit.* Ainsi signé. LE BEGUE. A la marge duquel Mandement estoit escript ce qui s'ensuit. *De hoc fit mencio in Compoto* Vicecomitatûs Par. *de termino Ascensionis Domini M. CCCC. VII.* BOUILLON.

d *le tout.*
e *dans l'étendue.*

Collacion faicte au Vidimus *& Mandement des Comptes dessus transcrips.*

Que nul ne peut amortir que le Roy.

(b) Item. Au Roy seul, &c.

Extrait de certaines Ordonnances ou Instruccions enregistrées ès Registres de la Court de Parlement, commençans lesdictes Instruccions : Ce sont les drois de Souveraineté & de Ressort & autres drois Royaulx, &c. baillez à M.e *Arnault* de *Lar,* Secretaire du Roy, l'an mil CCC. LXXII. le VIII.e jour de May.

NOTE.

(b) Item.] Cet article qui est le 11.e des Instructions données le 8. de Mai 1372. pour la conservation des droits du Roy, dans la Baronnie de *Montpellier,* est imprimé à la page 480. du 5.e Vol. de ce Recueil.

CHARLES VI. à Paris, le 27. d'Avril 1408.

(c) *Instruccions Royaulx faictes sur le fait des Fiefz & autres choses nobles acquises par les nonnobles & anoblis; & aussi des acquisitions non admorties faictes par Gens d'Eglise.*

Premierement. Des rentes, heritaiges & possessions quelzconques que nonnobles ont acquis en Fiefz puis xl. ans, en quelque maniere que ce soit, dont n'aura esté paié finance ès Fiefz nuement tenuz du Roy, paieront pour une foys au Roy les fruis des choses ainsi acquises de trois ans; & par ce l'acquesteur en joyra à tousjours, ses hoirs & successeurs en ligne; & n'est pas à entendre que se aucun nonnoble prent à cens ou rente aucune chose d'un noble, qu'il en paie au Roy aucune chose; & commencera on à compter le terme de xl. ans depuis le jour des Lettres des acquisitions ainsi faictes, à compter de la date de l'acquisicion desdiz Fiefz, nonobstant les *(d)* Proclamacions, se interrupcion n'y a esté par mains mises esdiz Fiefz.

(2) Item. Pour les rentes ou possessions feodaulx que nonnobles ont acquis de nobles en arriere-Fiefz ou en Alleux du Roy nostre S. puis le temps dessusdit, paieront les fruis de deux ans.

(3) Item. Que pour les rentes ou possessions[a] que nonnobles ont acquises de nobles ès Fiefz ou arriere-Fiefz du Roy, & mis par eulx en franc Alleu, soient mises & tenues en la main du Roy pour occasion de la fraude.

(4) Item. Que pour les rentes ou possessions feodaulx acquises par nonnobles ès Fiefz ou arriere-Fiefz du Roy nostredit Seigneur, sur condicion que les vendeurs les pevent [b] retraire dedens le terme de trois ans ou plustost, on attendra que ledit terme de trois ans soit escheu; & ou cas que dedens lesdis trois ans les choses ainsi achetées seront retraittes, les acheteurs n'en paieront point de finance; & ou cas que lesdis trois ans seront passez sans estre retraittes, [c] tantost lesdiz trois ans passez, ilz seront contrains à paier plaine finance; & se aucun achettoit à rachat de terme de plus de trois ans, il paiera plaine finance incontinent; c'est assavoir, ès Fiefz nuement tenus du Roy, trois années; & ès arriere-Fiefz, deux années.

(5 & 6) Item. Que pour les rentes ou possessions nobles acquises par nonnobles, & reservé ausdis vendeurs[d] les usufruis des choses vendues à certain temps ou à vie, [e] paieront plaine finance; c'est assavoir, presentement la moitié; & l'autre moitié, les [f] usfruis passez; c'est assavoir, ès Fiefz tenus du Roy, trois ans; & ès Alleux & arriere-Fiefz, deux années. *(e)*

(7) Item. Que pour les rentes ou possessions que nonnobles prennent de nobles ès Fiefs ou arriere-Fiefz du Roy, ou en Alleux, [g] acap ou à certain cens ou annuelle pension, & n'y a point d'argent baillé [h] pour entrée, en ce cas le Roy ne prendra point de finance; & se il y a argent baillé d'entrée, avecques ledit cens ou annuele pension, l'en estimera combien ledit argent pourroit valoir au pris du Roy de rente annuele; c'est assavoir pour c. francs, dix livres; en ce cas les achetteurs paieront finance de la rente ainsi extimée pour ledit pris d'argent; c'est

a *feodaulx.* Secondes Instructions.

b *retirer.*

c *aussitôt.*

d *ou à autres.* Secondes Instruc.

e *les non nobles.*

f *usufruits.*

g *Voy. le 4.e Vol. de ce Rec. p. 308. note (b).*

h *lorsque l'acquisition se fait.*

NOTES.

(c) Instructions.] Ces Instructions qui furent données vers 1387. ainsi qu'il paroît par un Mandement des Gens ordonnés sur le fait du Domaine, du 6. de Juillet de cette année, qui les suit, furent modifiées par d'autres Instructions données vers 1406. comme on le voit par un Mandement des Gens des Comptes, du 11. de Février de cette année, qui sera imprimé plus bas. Voy. ci-dessous, p. 322. note *(h)*.

(d) Proclamacions.] *Proclamatio* suivant le Glossaire de *Du Cange*, à ce mot, signifie *Complainte;* c'est à-dire, *une demande en Justice par laquelle on revendique un bien dont on a été dépossedé.* Si l'on attaque par une *Complainte* un non noble possesseur d'un Fief, & que cette Complainte n'ait point été suivie de la *main-mise* ou saisie, la possession de ce non noble n'ayant point été réellement interrompue, on comptera les quarante ans du jour qu'il a acquis ce Fief.

(e) Il y a en cet endroit à la marge du Registre, *Unum & idem.* Et en effet, l'article qui suit dans le Registre, est entierement semblable au précédent. Il n'est point dans les secondes Instructions; & il auroit été inutile de le répéter ici.

CHARLES VI. à Paris, le 27. d'Avril 1408.

assavoir, ès Fiefz du Roy nuement, trois années; & ès arriere-Fiefz & ès Alleux, deux années. Et est l'entencion du Roy que des rentes acquises par la maniere dessusdicte, lesqueles sont en grain ou en vin, ou en autre chose qui [a] chiet en extimacion, on ne paiera mie le plus grant pris ne le plus petit; mais le commun pris que les choses ont peu valoir au regart d'une commune année de x. années precedens.

a tombe.

(8) Item. Quant aux rentes ou possessions, franchises ou libertez que les Consulz ou la Commune d'une Ville auront acquises pour & au prouffit de la Communaulté, ès Fiefz, arriere-Fiefz ou Censives du Roy nostredit Seigneur, ou en Alleux, commandement leur sera fait qu'il en monstrent leurs tiltres, la coppie desquelz par bonne & vraye collacion soit envoyée en la Chambre pardevers les Gens des Comptes & Tresoriers, aveques toutes les singulieres parties desdictes acquisicions par bonne & vraye declaracion, pour estre sur ce ordené ainsi qu'il appartendra.

(9) Item. Pour les rentes ou possessions que Gens nonnobles auront acquises ès Fiefz ou arriere-Fiefz du Roy nostredit Seigneur, ou en Alleux; & depuis ladicte acquisicion, lesdis nonnobles seront [b] [fais Chevaliers ou] anoblis, paieront comme dessus, s'ilz n'ont *(f)* grace sur ce verifiée & expediée en la Chambre des Comptes à *Paris.*

b *ce qui est entre deux crochets n'est pas dans les secondes Instruct.*

(10) Item. Pour les rentes que Gens nonnobles auront acquises en *(g)* tiers Fief, en paieront un an tant seulement; & de quart Fié & au dessoubz, neant.

(11) Item. Et est à entendre que les Gens nonnobles qui auront acquis comme dessus est dit, ne paieront aucune finance en cas qu'il y aura *(h)* trois moyens frans entre le Roy & les possesseurs, &c. [c]

c *Les articles suivans jusqu'à ces mots:* Et estoit ainsi signé, *ne sont point dans les secondes Instructions.*

(12) Item. Et au regart des possessions immeubles que les Gens d'Eglise de quelque condicion qu'ilz soient, Religieux & autres, ont acquises ès Fiefz, Censives, arriere-Fiefz & arriere-Censives du Roy nostre S. en quelque degré, ou en Alleus; soit par tiltre de don, [d] de lais ou d'aumosne, d'achat, d'eschange & autres quelzconques, par quelque maniere ou condicion que ce soit, sans l'assentement & admortissement du Roy nostredit Seigneur ou de ses Predecesseurs, deuement passez, verifiez & expediez en la Chambre de nos Comptes à *Paris,* depuis quarante ans ença, seront prins en la main dudit Seigneur, & lesdictes Gens contrains, & leur sera commandé de les mettre hors de leurs mains sans fraude dedens un an, pendent lequel par & soubz ladicte main, ilz en joyront sans prejudice du Roy nostre S.

d *legs.*

(13) Item. Et ledit an passé, se il ne les ont mis hors de leurs mains, *(i)* les choses & dès maintenant pour lors demeurent en ladicte main du Roy nostredit Seigneur, sans ce que lesdictes Gens d'Eglise en puissent riens prendre; mais en seront lors tous les prouffis & emolumens levez & appliquez au Roy nostredit Seigneur ou à son prouffit, sans [e] deport, par ses Vicontes & Receveurs ordinaires en chascun Bailliage, qui en seront tenus rendre compte audit Seigneur, jusques

e *faveur.*

NOTES.

(f) Grace.] Au lieu de ces mots, *grace sur ce vérifiée,* il y a dans la 2.e cop. *Lettre de Nobilitacion veriffiée.*

(g) Tiers Fief.] Je crois qu'un Tiers Fief est un arrière-Fief qui relève médiatement & immédiatement de trois Seigneurs, sans compter le Roy qui est le souverain *Fiefeux,* & de qui tous les Fiefs relèvent. Voyez l'art. 7. de la p. 14. du 2.d Vol. de ce Rec. l'article 7. de la p. 24. & les autoritez que cite M.r de *Lauriere* dans la note *(c)* sur cet article: Voyez aussi l'article 17. de la p. 365. du 5.e Vol. de ce Recueil. Cette explication doit aussi s'appliquer au quart Fief dont il est parlé dans cet article.

L'article suivant confirme l'explication que je donne aux Tiers & quart Fief. Voyez la note *(h).*

(h) Trois moyens frans.] Lorsqu'entre le Roy & le non noble qui a acquis un Fief, il y a trois Seigneurs médiats qui relèvent les uns des autres, &c.

(i) Les choses &c.] Ces immeubles. Cet endroit paroît être altéré. Il faut peut-être corr. *les choses dès-maintenant & pour lors*

à

CHARLES VI. à Paris, le 27. d'Avril 1408.

à tant qu'il appere ycelles choses en verité estre mises hors de leurs mains, & qu'il en aient [a] delivrance de Nous expediée comme dessus.

(14) Item. Et semblablement des choses depuis quarante ans ençà acquises par lesdictes Gens d'Eglise en leurs Fiefz, Censives & Justices; se ce n'est toutesvoies des choses acquises en leurs haultes Justices, dont ilz seront tenus en souffrance jusques à ce que plus plainement y soit deliberé.

(15) Item. Et en oultre, [b] par les acquests que lesdictes Gens d'Eglise ont fais des rentes, revenues & autres possessions à tiltre de don, lais ou d'aumosne, d'achat ou autrement, sans ledit assentement expedié & verifié comme dessus, mesmement depuis ledit temps de quarante ans, les usufruis aux donneurs ou à autres retenus ou reservez à temps ou à vie, ou par condicion de les rachetter dedens certain temps, l'en fera ausdictes Gens d'Eglise commandement comme dessus, que dedens l'année [c] sans moien, après le temps passé de la reservacion, sans plus attendre, ils les mettent hors de leurs mains comme dessus; en tele maniere que s'il n'est fait, ladicte année passée, les choses demourront & demeurent dès maintenant pour lors en la main du Roy nostredit Seigneur, sans ce que lesdictes Gens d'Eglise s'en entremettent d'en riens exploittier ne lever; mais leur sera deffendu, & en joyra le Roy nostredit Seigneur comme il est declairé par avant des autres acquisicions.

(16) Item. Et ce sera enregistré diligemment en chascune Recepte ordinaire pardevers les Vicontes, Receveurs & Procureurs du Roy nostredit Seigneur, afin d'en avoir memoire quant le temps escherra; & soit tout rapporté diligemment en la Chambre de noz Comptes à *Paris,* & pardevers noz Tresoriers, par bonne & vraye déclaracion.

(17) Item. Et ne pourront les Commissaires sur ce ordonnez ou à ordonner, lever ne exigier finance quelconque desdictes Gens d'Eglise pour leursdictes acquisicions non admorties; mais seront contrains à les mettre hors de leurs mains par la forme & maniere cy-dessus exprimez & declairez.

(18) Item. Et est à entendre que les [d] dilacions, respis & souffrances données par le Roy nostre S. ausdictes Gens d'Eglise, de tenir leurs acquisicions non admorties, sans estre contrains à les mettre hors de leurs mains, ne à paier pour ce aucune finance, ne feront & ne porteront aucun prejudice au Roy nostredit Seigneur; c'est assavoir, que les temps & années desdictes souffrances & dilacions ne seront comptées ne comprinses ou temps de quarante ans dont mencion est faitte cy-dessus.

(19) Item. Est assavoir que les finances dessusdictes se leveront par tout le Royaume, pour les acquestz faiz par la maniere dessusdicte, tant en la Seigneurie du Roy comme ailleurs; & se leveront & recevront par les Vicontes & Receveurs ordinaires des lieux.

Et estoit ainsi signé. G. MILERAC.

Et est assavoir que à ces Ordonnances cy-dessus transcriptes, avoit une atache ou Mandement ouquel estoient plaquez quatre signez, ycellui Mandement contenant la forme qui s'ensuit.

De par les Gens ordonnez par le Roy nostre S. sur le fait de son Demaine. Aus Commis par nous ordonnez sur le fait des acquisicions faictes par les Gens d'Eglise, & des Fiefz & autres choses nobles & en franc Alleu, acquis & tenus par nonnobles en la *Prevosté* de *Paris:* Salut. Combien que nous vous ayons pieça envoié soubz le contre-séel dudit Seigneur, la coppie des Instruccions faictes sur le fait des Finances des Fiefz & autres possessions & choses nobles & en franc-Alleu, que ont acquis & tiennent nonnobles ès termes de vostre povoir; toutesvoies si comme nous avons entendu, vous sur ledit fait n'avez pas procedé si comme le cas le desire & comme faire se doit; c'est assavoir, que tantost aprez la recepcion

a *main-levée.*

b *app.* pour.

c *Cela peut signifier* sans retard.

d *delais.*

CHARLES VI.
à Paris, le 27. d'Avril 1408.

par vous faicte de vostre Commission & de la copie d'icelles Instruccions, vous ès lieux accoustumez à y faire cris, deussiez avoir fait faire en publique commandement de par ledit Seigneur, que tous nonnobles dedens quarante jours à compter du jour dudit commandement ou cry, tous les Fiefz, possessions & autres choses nobles & en francz Alleux par eulx & leurs predecesseurs nonnobles acquis, mesmement depuis quarante ans, & qu'ilz tiennent, vous rapportassent & baillassent en escript par declaracion, sur peine de perdre tout ce que recelé en avoient; & tous les Fiefz, possessions & choses nobles & en frans Alleux, qui dedens ledit terme de xl. jours ne vous feussent baillez par declaracion, vous deussiez avoir mis ou devriez mettre en la main du Roy, & par ycelle les gouverner, & en lever ou faire lever les fruis, prouffis & emolumens quelzconques par ladicte main; & neantmoins vous deussiez estre informez des Fiefz, possessions & autres choses dessusdictes; c'est assavoir, de ceulx qui vous auroient esté baillez par declaracion, se entierement vous seroient baillez; & de ceulx qui ne vous seroient baillez aussi, & les enregistrer par Chastellenies, & le recelé & ceulx qui ne vous seroient baillez par declaracion, mettre & tenir en la main dudit Seigneur. Si vous mandons & commettons que se ainsi ne l'avez fait, vous le faictes, & y procedez par la maniere que dit est; & neantmoins, vous le plustost que bonnement pourez, au moins finy le terme d'iceuls quarante jours, procedez oultre sur ledit fait, en traictant à finance les nonnobles tenans yceuls Fiefz, possessions & choses nobles & en francs Alleuz, selon la teneur desdictes Instruccions, & faisant lever les finances, & les nous envoiez le plustost que bonnement pourez pour les emploier ou fait dudit Demaine. De ce faire soiez si diligens que vous en doiez estre recommandez, & que le fait dudit Demaine n'en soit retardez. *Donné à* Paris, *le vj.e jour de Juillet mil ccc. iiij.xx & vij.* Ainsi signé. Par Mess.s HENRY.

(k) Instruccions Royaulx faictes sur le fait des Fiefz & autres choses nobles acquises par les nonnobles & anobliz.

Premierement. Des rentes, heritaiges & possessions quelzconques feodauls, que nonnobles ont acquis puis quarante ans, en quelque maniere que ce soit, dont n'aura esté paié finance, es Fiefz tenus nuement du Roy, les achetteurs paieront pour une fois au Roy nostre S. les fruis des choses ainsi acquises de trois ans, & par ce l'acquesteur & ses hoirs en joyront à tousjours; & n'est pas à entendre que se aucun nonnoble prent à cens ou rente aucune chose d'un noble, qu'il en paie au Roy aucune chose; & commencera on à compter le terme de quarante ans depuis le jour des Lettres des acquisicions ainsi faictes, nonobstant les proclamacions, se interrupcion n'y a esté par mains-mises esdiz Fiefz.

Et estoit ainsi signé G. MILERAC.

Et est assavoir que ausdictes Ordonnances avoit une atache ou verifficacion des Gens des Comptes & Tresoriers à *Paris*, en laquele atache ou verificacion avoit plaqué VI. signez; & d'icelles la teneur s'ensuit.

Les Gens des Comptes & Tresoriers du Roy nostre S. à *Paris.* Au Receveur de *Paris* & au Procureur du Roy nostre S. ou Chastellet de *Paris:* Salut. Nous vous envoyons cy-attachées soubz l'un de noz signez, les Instruccions Royaulx sur le fait des Finances des Fiefz & choses nobles acquises par nonnobles, lesquelles Instruccions ont esté nouvellement moderées & corrigées par l'Ordonnance du Roy nostredit Seigneur, & de Nosseigneurs de son Grant Conseil; & vous mandons

NOTE.

(k) Instruccions.] Ces Instructions qui furent faites pour modifier les précédentes, ainsi qu'il paroît par le Mandement qui suit, sont moins amples; mais les articles qui se trouvent dans l'une & dans l'autre, sont entièrement semblables, à l'exception du premier article.

& expressement enjoingnons en commettant, se mestier est, que vous acomplissiez le contenu esdictes Instruccions ès mettes de vos Offices, & aussi ès *Contez* de *Montfort l'Amaury* & *Rochefort*, & ès Ressors vielz & nouveaulx & autres terres enclavées ès *Viconté* & *Prevosté* de *Paris*, & esdictes *Contez* de *Montfort* & *Rochefort*, si diligemment & raisonnablement que de bonne diligence vous en doiez estre recommandez; & de la peine, travail & despence que pour ce vous convendra faire, nous vous ferons [a] remunerer tellement que vous en devrez estre contens; & vous Receveur, gardez à part les deniers dudit fait sans en riens distribuer, se ce n'est par Mandement exprez & especial de nous, à peine de le recouvrer sur vous. *Donné à* Paris, *le XI.e jour de Février, l'an de grace mil CCCC. & six.* Ainsi signé. G. MILERAC.

CHARLES VI. à Paris, le 27. d'Avril 1408.

a *récompenser.*

Extrait de certaines Ordonnances faictes par le Roy Philippe, que tous admortissemens & anoblissemens soient apportez en la Chambre des Comptes à *Paris.*

[b] *Item.* Pour ce que aucuns faulsaires, &c.

b *Voy. à la p. 175. du 2.e Vol. de ce Rec. l'art. 8. de l'Ordonnance du 8. Avril 1342.*

Extrait du Livre des anciennes Ordonnances de Parlement, d'une Chartre de Philippe Roy, &c. *Donnée à* Paris, *le viij.e jour d'Avril, l'an de grace mil CCC. XLII.* folio XIX.

CHARLES VI. à Paris, le 28. d'Avril 1408.

(a) Ordonnance sur la nouvelle Aide accordée au Roy par les trois Etats des Comtés d'Artois, de Boulenois & de S.t Pol.

CHARLES, &c. Savoir faisons à tous présens & avenir, que comme noz bien amez les Bourgoiz & habitans des bonnes Villes fermées & plat pays des *Conté* d'*Artoys* & de *Boulenoys* & de *Saint Pol*, & des Villes enclavées en icelles, pour le grant desir, affeccion & voulenté qu'ilz ont à Nous & au bien publique de nostre Royaume, & pour aidier à supporter les grans charges, mises & despens que de jour en jour Nous convient faire & soustenir pour le fait de noz guerres, Nous aient nouvellement ottroyé d'un commun assentement, que pour un an tant seulement commençant le premier jour de Mars derrenier passé, tele & semblable Ayde comme en l'année precedente ilz avoient fait & paié, laquelle les Bourgois & habitans dessusdiz paieront à quatre termes; c'est assavoir, de trois mois en trois mois, dont le premier terme du paiement escherra en la fin du mois de May, le second en la fin du mois d'Aoust, le tiers à la fin du mois de Novembre, & le quart & derrenier paiement en la fin du mois de Fevrier prouchainement venant: *(b)* Nous considerans ...&c...

Donné à Paris, *le XXVIII.e jour d'Avril, l'an de grace mil CCCC. & huit, & de nostre Regne le XXVIII.e après Pasques.*

Par le Roy, à la relacion du Conseil, estant en la Chambre des Aides ordonnez pour la guerre. GEHÉ.

NOTES.

(a) Trésor des Chartres, Registro 162. P. VIII.xx XIX. (179.)

(b) Nous considerans, &c.] La suite de ces Lettres est conforme à celles du 22. de Mai 1384. qui sont imprimées à la p. 75. du 7.e Vol. de ce Rec. à la différence qu'au lieu de ces mots : *depuis ledit premier jour dudit moys de Juin,* qui sont à la ligne 39. de la p. 76. il y a ceux-ci, *depuis ledit premier jour de Mars.*

CHARLES VI. à Paris, en Avril 1408.

(a) Lettres par lesquelles Charles VI. ordonne que les marchandises qui seront apportées & vendues dans la Ville de Carcassonne, continueront d'être exemptes des droits d'Aides & de tous autres droits.

KAROLUS, &c. Notum facimus universis presentibus pariter & futuris, Nos Litteras Patrui nostri Ducis Bituricensis *&* Alvernie, Comitisque Pictavensis, Stamparum, Bolonie *&* Alvernie, *ac Locumtenentis nostri in* [a] Partibus Occitanis *&* Ducatu Acquitanie, *vidisse, formam que sequitur, continentes.*

a Languedoc.

JOHANNES Regis quondam Francorum Filius, Dux Bituricensis *&* Alvernie, Comesque Pictavensis, Stamparum, Bolonie *&* Alvernie, *Locumtenens Domini nostri Regis in* Partibus Occitanis *&* Ducatu Aquitanie. *Universis presentes Litteras inspecturis: Salutem. Supplicacionem dilectorum nostrorum* [b] *Servientum & habitancium Civitatis* Carcassone *in hac parte consortum, recepimus continentem quod dicta civitas* [c] *Camera Regia, & singulare refugium fortitudinis tocius Patrie* Lingue Occitane *existit, in qua ferè omnes Officiarii Regii sedis* Senescallie Carcassonne, *precipuè majores & Notabiliores* [d] *merores; pro cujus civitatis custodia diurna & nocturna, centum & decem Servientes ad vadia sunt ab antiquo ordinati, suntque & fuerunt dicta civitas & habitantes in eadem variis privilegiis, preeminenciis & prerogativis per dilectum Dominum meum & ejus Predecessores insigniti, & inter cetera, iidem Servientes & habitantes ab omnibus Tailliis, Fogagiis, juvaminibus & Subsidiis, Leudis & aliis redibenciis liberi sunt & exempti, & ad causam hujus ac* [e] *aliter debitè dicti supplicantes sunt in usu, possessione & saisina pacifica quod foranei mercatores victus & alias mercaturas in dicta civitate pro provisionibus dictorum Servientum & habitancium defferentes, de & pro victualibus & aliis mercanciis à leude, & juvaminum pro guerra cursum habencium prestacione ac solucione eximuntur,* [f] *ne immeritò, quia dicti Servientes qui die noctuque circa dicte civitatis custodiam sine intermissione intendere habent, & ad agriculturam mercanciamve aut aliud* [g] *excersitum vix intendere non valent, vivere nequirent, nisi aliundè mercancie & alia pro suo victu necessaria per mercatores foraneos in dicta civitate* [h] *afferentur; & licet dicti supplicantes mercatoresque &* [i] *aliis foranei dictam civitatem frequentantes, victualia & mercaturas in eadem adducentes, emendo & vendendo, libertate & exempcione pretactis; videlicet, non solvendo leudam (b) minutam, que in Burgo* Carcassone *à forensibus ementibus vel vendentibus in eodem Burgo tantum levatur, nec juvamina pro guerra cursum habencia, usi fuissent & gavisi: nichilominus nonnulli Firmarii dictarum leude & juvaminum, predictos mercatores & forenses ad solvenda juvamina antedicta de & pro victualibus ac aliis mercaturis ad provisionem dicte civitatis & habitancium in eadem necessariis, & leudam pro hiis que dicti forenses in dicta civitate emunt & vendunt, nuper compellere, & in diversis processibus & scripturis involvere satagerunt, quamvis in dicto Burgo & non extra, dicta leuda levari consueverit, & dicta civitas* [k] *destructa & separata à dicto Burgo existat, in dictorum supplicancium grande prejudicium, suorumque privilegiorum, franchesiarum & usuum antiquorum enervacionem:* [l] *quem ob rem ipsi supplicantes ad nos recurrerunt, nostrasque Litteras obtinuerunt, quarum virtute, Generales Consiliarii super facto juvaminum & justicie in dicta* Patria Occitana *pro tunc existentes, tam super dictis privilegiis quam super usu dictorum supplicancium mercatorum & forensium, ac de commodo vel incommodo dicti Domini mei & nostro, certas fecerunt informaciones, & ne favor aut aliud*

b Voy. le 5.e Vol. de ce Rec. p. 421. note (b).

c du Domaine du Roy. Voy. les Tables des Mat. des Vol. de ce Rec. aux mots, *Chambre du Roy.*

d mot corrompu, il faut p. e. corr. *morantur.*

e al. *Reg.*

f corr. nec.

g corr. *exercitium.*

h corr. *afferantur.*

i corr. *alii.*

k Il faut p. e. corr. *distracta.*

l corr. *quamobrem.*

NOTE.

(a) Trésor des Chartres, Reg. 162. P. ij.c xviij. (218).

(b) *Minutam.]* Peut-être les droits de *Leude* avoient-ils été modérés en faveur des habitans du Bourg de *Carcassonne.*

finistrum in hoc notari posset, jam dicte informaciones per alios Generales Consiliarios in dicta patria deputatos, presente Procuratore Regio vel ejus Substituto, expost fuerunt recolate, & indè nobis apportate; nosque instanter requisiverunt supplicantes prelibati, ut premissorum contemplacione, & quod ipsi in dicta civitate vivere non possent nisi sue supradicte franchesie, privilegia & libertates eisdem inviolabiliter observarentur, & in suo usu antiquo manutenerentur, & eisdem provideretur, sicut dicunt, sibi velimus nostrum graciosum & opportunum remedium impartiri : Notum facimus quod visis per nos & Gentes Consilii nostri, & diligenter prospectis informacionibus antedictis, consideratâque legalitate & verâ obedienciâ in quibus dicti supplicantes erga dictum meum & nos hucusque inconcusse permanserunt, attentâ eciam continuâ residenciâ quam ipsi supplicantes astricti sunt facere in dicta civitate propter ejusdem custodiam necessariam, pluribusque aliis justis causis & consideracionibus moti, & premaximè quia per dictas informaciones nobis constitit utilitatem dicti Domini mei eminere, si provisiones & victualia in dicta civitate per mercatores & forenses adducantur, & adductores hujusmodi privilegiis, libertate fulciantur, ut eò libenciùs dictam civitatem [a] *frequentant, quò liberaliùs se* [b] *fencierint ab onere relevatos, ne dicti supplicantes suas provisiones querendo, per patriam vagare habeant, & à dicte civitatis custodia* [c] *distrahentur, quodque dicta leuda in dicto Burgo solum, à quo dicta civitas, sicut pretangitur, est separata, levari consuevit, franchisias, privilegia & libertates supradictas in suo roborè remanere volentes, ac easdem quantum possumus ampliantes, supplicantibus prenotatis, necnon mercatoribus & aliis forensibus victualia & alias mercaturas in dicta civitate* Carcassone *pro provisionibus ejus & habitancium in eadem adducentibus, & qui futuro tempore adducent, de nostris certa sciencia, auctoritateque Regia quâ fungimur in hac parte, concessimus & per presentes concedimus de gracia speciali, ut ipsi usque ad quindecim annos proximè sequentes continuos & completos, & à data presencium in antea computandos, quitti, liberi & immunes sint & remaneant, quittosque & immunes esse volumus à prestacione & solucione dictorum juvaminum pro guerra cursum habencium, nec non à solucione leude minute dicti Burgi* Carcassone*, de & pro victualibus & aliis mercanciis que & quas dicto tempore durante, in dicta civitate pro provisionibus adducent aut adduci faciant, vel ipsi foranei ement seu* [d] *vendant in eadem:* Senescallo Carcassone*, ceterisque Judicibus, Justiciariis, Thesaurariis, Electis super facto dictorum juvaminum, & Receptoribus dicti Domini mei & nostris, modernis & posteris, eorum vel Locatenentibus & cuilibet eorumdem, prout ad ipsum pertinuerit, precepimus & mandamus, districtiùs injungendo, quatinùs supplicantes prelibatos, mercatoresque & forenses ad dictam civitatem, ut pretactum est, venientes, nostris presentibus graciâ, concessione uti faciant pacificè & gaudere dictorum tempore quindecim annorum durante, quocumque (c) impedimento servato. Et si quod viderint in contrarium fieri vel attemptari, id ad statum pristinum & debitum reducant aut reduci faciant postpositâ morâ, quos ad hoc compellendos noverint, viriliter & debitè compellendo, quoscumque processus premissâ occasione jam ceptos adnullando, & super eis Procuratori Regio & cuicumque alteri silencium imponendo. In cujus rei testimonium, presentibus Litteris Sigillum nostrum duximus apponendum.* Datum *Parisius,* die terciâ mensis Februarii, anno Domini millesimo CCCC.° septimo.

CHARLES VI. à Paris, en Avril 1408.

a corr. *frequentent.*
b corr. *senserint.*
c corr. *distrahantur.*
d corr. *vendent.*

Quasquidem Litteras dicti Patrui & Locumtenentis nostri superiùs insertas, ac omnia & singula in eisdem contenta, ratas & gratas, seu rata & grata habentes, eas & ea volumus, laudamus, approbamus, ratificamus, & tenore presencium confirmamus. Preterea attentâ eminenti utilitate nostrâ in hac parte, ut dicta civitas que Camera nostra & refugium singulare tocius Lingue Occitane *existit, ad cujus custodiam iidem Servientes & habitantes continuè vigilare & intendere noctu & die habent,*

Suite des Lettres de Charles VI.

NOTE.

(c) *Impedimento servato.*] Il n'y a dans le Reg. que *impe.to* ici & plus bas dans la suite des Lettres de Charles VI. où cette formule est répétée; mais dans cette suite il y a *semoto*, ce qui ne laisse aucun lieu de douter qu'il ne faille lire & corriger ici *impedimento semoto.*

CHARLES VI. à Paris, en Avril 1408.

populetur, & provisionibus necessariis, prout est conveniens rei publice, repleatur, & ne dicti servientes & habitantes alibi vagando eorum provisiones querere, nec circa custodiam intermissionem facere habeant, & attento eciam quod ipsi nostri Servientes & habitantes civitatis nostre Carcassone, *in dicta civitate vivere non possent, nisi franchisie, privilegia & libertates de quibus in dictis Litteris jam dicti Patrui & Locumtenentis nostri superiùs insertis, pleniùs habetur mentio, eisdem inviolabiliter servarentur, & in suo usu antiquo manutenerentur, prout de premissis sumus legitimè informati, tam ex tenore assertorum in dictis Litteris carissimi Patrui nostri, quam aliter, aliorumque in dictis Litteris contentorum consideracione, de nostris certa sciencia, speciali gracia, plenitudineque nostre potestatis, franchisias, libertates, privilegia pretacta in suo robore remanentes ampliando, dictis nostris Servientibus & habitatoribus jam dicte civitatis* Carcassone, *necnon mercatoribus & aliis forensibus victualia & alias mercaturas que & quas in dicta civitate nostra* Carcassone *pro provisionibus eorumdem Servientum & habitancium in eadem adducentibus, & quod futuris temporibus adducent, concessimus & concedimus per presentes, ut ipsi amodo in antea & perpetuò quitti, liberi & immunes atque franchi sint & permaneant, quittosque, liberos & immunes ac* [a] *franchi esse volumus prestacione & solucione quarumcumque juvaminum pro guerra cursum habencium seu habiturorum, nec non à solucione Leude minute Burgi* Carcassone, *de & pro victualibus & aliis mercanciis que & quas in dicta civitate adducentve adduci faciant, vel foranei ement seu vendent in eadem. Quocirca dilectis & fidelibus Generalibus Consiliariis nostris super facto dictorum juvaminum, necnon Senescallis, Vicariis & Judicibus* Senescalliarum Tholose, Carcassone, Bellicadri *que &* Nemausi, *ceterisque Justiciariis & Officiariis nostris presentibus & futuris, vel eorum Locatenentibus, & cuilibet eorumdem, prout ad eum pertinuerit, harum serie damus in mandatis, districciùs injungentes, quatinùs sepedictos Servientes & habitantes dicte civitatis nostre* Carcassone, *mercatoribusque & forensibus prelibatis, & eorum successoribus, in & ad dictam civitatem residentibus & venientibus, & eorum quemlibet, nostris presentibus graciâ & confirmacione, concessioneque & donacione uti faciant & permittant pacificè & gaudere, impedimento quocumque semoto: Et si quod viderint factum in contrarium fieri vel attemptari, aut aliquid de eorum bonis propter hoc capi seu arrestari, id ad statum pristinum & debitum reducant aut reduci, reddique & restitui faciant indilatè, liberèque & sine custu, quos ad hoc compellendum noverint viriliter & debitè compellendo, quoscumque processus premissâ occasione jam ceptos adnullando, & super eis Procuratori nostro silencium perpetuum imponendo. Et ut premissa sic eis per Nos concessa perpetuò & inviolabiliter observentur, & minoribus sumptibus execucioni demendentur commisimus & deputavimus, committimusque & deputamus per presentes in Conservatorem & Gardiatorem premissorum,* Senescallum & [b] *Connestabulum nostros* Carcassone, *presentes & futuros, & eorum quemlibet, quibus & eorum cuilibet mandamus & precipimus, committendo, si sit opus, quatinùs omnia & singula supra contenta & per Nos eisdem supplicantibus concessa, teneant & observent, inviolabiliterque teneri & observari faciant absque interrupcione aliquali. Quod ut firmum & stabile perpetuò permaneat, nostrum hiis presentibus Litteris jussimus apponi sigillum: salvo in aliis jure nostro, & in omnibus quolibet alieno.* Datum *Parisius,* mense Aprilis, anno Domini millesimo CCCC.mo octavo, post Pascha, Regni vero nostri XXVIII.o

Per Regem, nonnullis Cambellanis presentibus. BARRAU.

a corr. *franchos.*

b Voy. le 5.e Vol. de ce Rec. p.421. note *(b)*.

CHARLES VI. à Paris, le 8. de Mai 1408.

(a) Lettres confirmatives de celles qui portent que lorsqu'il vacquera des Offices de Présidens, ou d'autres Gens du Parlement, ceux qui doivent remplir ces Places seront élûs dans le Parlement en présence du Chancelier.

KAROLUS, Dei graciâ, Francorum Rex. Universis presentes Litteras inspecturis : Salutem. Quoniam nostra regalis celsitudo unicuique subditorum nostrorum jus suum tribuere, & ipsos subditos nostros justiciâ per quam firmum Regni nostri fundamentum solidatur, protegere, virosque pro ipsa exercenda justicia & republice negociis dirigendis, tales eligere consuevit, quos novit Litterarum scienciâ, vitâ laudabili, honestate & moribus esse dotatos, ita quod in ipsis honor nostre celsitudinis refulgeat, & republice utilitas ex eorum judiciis subsequatur, dictique nostri subditi sub commisso nobis regimine, eâdem mediante justiciâ, valeant in pacis transquillitate confoveri: Ex eo dudum quod per nonnullorum ad personarum pocius quam Officiorum provisionem tendencium, seductivas subgestiones & peticiones illicitas de personis minus sufficientibus pro justicia exercenda & monstranda, retroactis temporibus quandoque provisum extiterat, propter quod factum justicie non ea qua decebat solercia poterat exerceri : Nos, [a] *postquam dicti Regni nostri gubernacula suscepimus, laudabilibus Predecessorum nostrorum vestigiis inherentes, plerisque scandalis & inconvenientibus ea propter insurgentibus possetenus obviare cupientes & volentes, ex matura nostri deliberacione Consilii, plenaria nostra potestate & auctoritate Regia, jam dudum & pluriès irrevocabiliter ordinavimus, statuimus & decrevimus (b) quod dum locis Presidencium, ceterorumque Consiliariorum nostrorum in nostra Parlamenti Curia occurreret vacacio, de probis & notabilibus personis, scientificis & expertis, diversarum Regni nostri parcium, solemni previâ eleccione, & in presenciâ nostri Cancellarii qui tunc esset, omni illicito favore postposito, assumendis provideretur eisdem ; & nichilominus, vacante nuper loco dilecti & fidelis Consiliarii nostri Magistri* Germani Paillart, *de numero Consiliariorum nostrorum Clericorum in Camera Inquestarum dicti nostri Parlamenti existentis, & loco defuncti Magistri* Reginaldi *de* Buciaco *in Camera dicti Parlamenti nostri assumpti & instituti, Magister* Johannes Tarenne *Licenciatus in Legibus & Baccalarius in decretis, Clericus, gratis & obsequiosis parentum suorum meritis erga Nos multipliciter commendatus, ad requestam carissime consortis nostre Regine, ac intercedentibus pro ipso carissimis Patruo & Consanguineis nostris,* Rege Jerusalem *&* Sicilie, Biturie *&* Burgundie Ducibus, *pluribusque aliis de stirpe nostra & de nostro magno Consilio existentibus, per nostras alias Litteras sibi super hoc decimâ die mensis Marcii ultimatè preteriti concessas, tanquam Consiliarius noster Clericus, loco dicti Magistri* Germani Paillart, *in predicta Inquestarum Camera, viâ eleccionis ordinariâ, ex premissis & aliis certis & justis de causis Nos moventibus, hac vice cessante & pretermissâ, dictis eciam nostris Ordinacionibus non obstantibus institutus extitit, &*

a En 1388. Voy. la p. 1. de la Préface du 7.e Vol. de ce Rec.

NOTES.

(a) Regiftre *A.* du Parlement de *Paris, fol. 217. recto.*

(b) Quod &c] Cette Ordonnance générale fur toutes les parties du Gouvernement, que Charles VI. fit en 1388. lorfqu'il commença à gouverner par lui-même, & de laquelle il a fait plus d'une fois mention dans celles qu'il fit dans la fuite, ne s'eft point confervée & ne fe trouve point dans ce Recueil. J'ai fait imprimer ci-deffus p. 188. un Fragment d'Ordonnance non datée, fur l'élection des Officiers du Parlement, & j'ai dit dans la note *(a)* que *Fontanon*, du Recueil duquel je l'ai tirée, a mis en marge 1406. mais il y a grande apparence que ce Fragment faifoit partie de l'Ordonnance de 1388. que Charles VI. rappelle ici. Et en effet, l'article 18. d'une Ordonnance que ce Prince fit le 7. de Janvier 1400. pour diminuer le nombre exceffif des Officiers, femble n'être que le renouvellement de la difpofition qui fe lit dans le Fragment, avec une claufe en faveur des Nobles, qui n'eft point dans ce Fragment. Voy. la p. 409. du 8.e Vol. de ce Recueil.

CHARLES VI. à Paris, le 8. de Mai 1408.

de hujusmodi officio sibi obtinuit provideri, ad cujus exemplar si talia pullulare pateremur, nonnulli ad officia dicte nostre Curie contendentes, & sue nubilo ignorancie veraciter excecati, veris & solitis eleccionum liminibus derelictis, ad officia hujusmodi de cetero procurarent se assumi, quod nedum in nostrum, sed eciam reipublice ac subditorum nostrorum prejudicium, Ordinacionum nostrarum predictarum tam maturâ deliberacione digestarum subversionem, justicie contemptum, summi nostri honoris diminucionem, & dicte nostre superioris Curie statûs & preeminencie lesionem cederet, nisi nostra regalis Magestas super hoc celeriter provideret. Notum igitur facimus quod Nos justiciam, ejus clarescentibus radiis, vehemenciùs elucescere, & dicte nostre Curie Judicia peramplius presulgere & revereri, dictasque nostras Ordinaciones ea propter nullum pati detrimentum, sed premissis inconvenientibus, prout dicte nostre incumbit Majestati regie, totis pro viribus obviare, & quos deinceps dicte nostre Curie insinuacione factâ & eleccione, studiosos meritisque & virtutibus prepollere noverimus preceteris in Consiliarios nostros assumere & honoribus insignire cupientes, predictas Ordinaciones nostras tanquam juri & racioni consonas ampliando, eas laudamus, approbamus & confirmamus, & ex nostra certa sciencia, plenaria potestate & auctoritate nostra Regia, temporibus affuturis teneri volumus & fideliter observari, absque eo quod pretextu receptionis & institucionis dicti Magistri Johannis Tarenne, *aut cujusvis alius, per quas nullum volumus eisdem Ordinacionibus nostris prejudicium generari, effectus & execucio earumdem ullo unquam tempore quovismodo retardari valeant vel differri; quinimo, volumus, statuimusque & expresse ordinamus quod quociens alterius locorum predictorum vacacio dicte nostre Curie innotuerit, eadem nostra Curia, convocatis ipsius Cameris, ad eleccionis celebracionem, omni morosâ dilacione semotâ, & absque alterius expectatione mandati, dictarum nostrarum Ordinacionum tenorem insequendo, procedere non retardet: decernentes ex nunc dona & concessiones ac Litteras, si quas in contrarium dictarum nostrarum Ordinacionum & voluntatum de cetero fieri vel concedi, aut à Nobis ad cujuscumque persone, quâcumque auctoritate preeminenciâ seu dignitate fungatur, propter hoc Nobis oblatam petitionem, vel aliter quomodolibet obtineri contingat, inanes, invalidas & nullas censeri, ac nullum debere sortiri effectum, sed eas penitùs cassamus, revocamus & adnullamus per presentes. Volumus insuper, & earum serie Litterarum ordinamus, quod quociens contra presencium & dictarum nostrarum Ordinacionum tenorem, effectum & execucionem, quis impedimentum apposuerit, aut suis nisibus apponere voluerit, Procurator noster Generalis pro Nobis partem se constituat ex adverso, & eos in processu contra quoscumque impedientes dicta nostra Curia recipiat & admittat, ac partibus auditis, ordinet & determinet, justiciâ mediante, & prout eidem videbitur racionabiliter faciendum. Quocirca dictis Consiliariis nostris presens nostrum tenentibus & qui futura tenebunt Parlamenta, damus tenore presencium in mandatis, ut presentes Litteras, voluntatem & Ordinaciones nostras solemniter publicari, ac eas tenere & inviolabiliter observare faciant, taliter contra impedientes procedendo, quod ceteris cedat in exemplum; aliis Constitucionibus, Statutis & Ordinacionibus ac Litteris & mandatis ad hoc contrariis, non obstantibus quibuscumque. In cujus rei testimonium, presentibus Litteris nostrum fecimus apponi Sigillum.* Datum *Parisius,* octavâ die Maii, anno Domini M.° CCCCVIII.° & Regni nostri XXVIII.° *Sic signat. Per Regem, in suo Consilio in quo Dominus* Comes Nivernensis, *Dominus* Jacobus *de* Ruilliaco, *Dominus* Robertus *de* Boissay, *Magister* Petrus *de l'*Esclat, *& alii, erant.* DERIAN.

Collacio facta est. BAYE.

(a) Lettres

CHARLES VI. à Paris, le 8. de Mai 1408.

(a) *Lettres qui établissent Pierre des Essars, Prevôt de Paris, Commissaire & Réformateur sur le fait des Halles de cette Ville, pour corriger les abus qui s'y sont introduits, & faire observer les anciens Règlemens faits à ce sujet.*

CHARLES, par la grace de Dieu, Roy de France. A tous ceuls qui ces presentes Lettres verront : Salut. Comme il soit venu à nostre congnoissance, tant par la relacion de plusieurs des Gens de nostre Conseil du Chastellet, pour ce par plusieurs fois de nostre commandement assemblez, pour veoir & Nous rapporter l'estat des Halles de nostre bonne Ville de *Paris*, assises vers le lieu que l'en dit [a] Champiaux, comme autrement deuement, que ycelles Halles lesquelz furent pieça ordonnées, ediffiées & construittes par noz Predecesseurs Roys de France, pour là estre portées & vendues aux deux jours de marchié ordonnez en la Ville de *Paris*, & non ailleurs; c'est assavoir, au Vendredi & Samedi, toutes manieres de denrées ou marchandises, comme blé & tout autre grain, poissons de mer tant [b] frès comme salé, drapperie, pelleterie, mercerie, fripperie, chappellerie, aulmusserie, tapicerie, chausses, toilles, chauderonnaille, cuirs tant [c] tenné comme couroyé, cordouennerie, & plusieurs autres denrées & marchandises de semblable condicion ; & dont aucunes desdictes Halles qui sont en nostre Demaine, & les autres qui dès long temps a furent [d] accensées par certain pris & somme de deniers deubz & paiez chascun an au Receveur de *Paris* par les gens d'aucuns d'iceulx mestiers ou marchandises, qui les devoient, & doivent soustenir & tenir en bon estat, dont plusieurs ont esté & sont deffaillans; especialment les Merciers, Pelletiers, Aulmussiers, Chappelliers, Frippiers, Tappiciers, Chauderonniers & autres, par tele maniere que pour ce que ilz ont vendu ou chargé les estaux d'icelles Halles de certain [e] Croix de Cens ou de rente annuelle oultre les Cens à Nous deubz, laquelle chose ilz ne povoient faire par raison ; comme pour ce que plusieurs des gens desdiz mestiers ont delaissié & delaissent de leur volenté desordonnée, à porter & vendre leurs denrées esdictes Halles par les jours de marchié dessus [f] esclarciz, & tiennent & ont tenu leurs [g] ouvrouers ouvers en leurs hostelz, & autres places que celles ordonnées esdictes Halles, dont à present [h] en tel estat & disposicion de ruyne, que une grant partie d'icelles sont ainsi comme inhabitables & decheues, ou très-grant [i] vitupere & esclande de Nous & de nostredicte bonne Ville de *Paris*, & ou grant grief, prejudice & dommaige de Nous & de nostre Demaine; mesmement que ou temps passé, quant lesdictes Halles ont esté habitées & frequantées par les marchans, & que les gens desdis mestiers y aloient & [k] envoient leurs denrées ou marchandises, comme tenus y estoient & sont, ce feust sans comparoison l'une des plus belles choses de *Paris* à veoir, ce qui n'est pas à present, dont moult Nous desplaist, & non sans cause; mesmement comme plusieurs fois ait esté crié, publié & fait savoir [l] notablement de par Nous à toutes manieres de marchans & gens des mestiers dessusdiz & autres, qui doivent aler èsdictes Halles, [m] & porter vendre leurs denrées & de y aler, dont plusieurs n'ont riens fait; mais de leur temeraire auctorité s'efforcent de vendre leursdictes denrées en leursdiz hostelz & autres Places, ausdiz jours de marchié, en desobeissant à Nous; de leursquels desobéissances Nous voulons que ilz soient puniz, & tenus de Nous faire & paier amendes [n] condignes; & neantmoins que ilz soient contrains d'oresenavant, sans quelque [o] deport à y aler, & de non vendre ausdiz jours de marché

a *Voy. les Tables des Mat. des Vol. de ce Rec. au mots* Halles de *Paris.*

b *frais.*

c *tanné.*

d *données à la charge d'un* Cens annuel.

e *Voy. le 2.d Vol. de ce Rec. p. 272, note (b).*

f *déclarez.*

g *boutiques.*

h *supp.* sont.

i *mépris.*

k *envoyoient.*

l *notoirement.*

m *d'y porter.*

n *convenables.*

o *faveur.*

NOTE.

(a) Livre rouge viel du Châtelet de *Paris, fol.* 12. vingt 17. *verso.* [257.]

Avant ces Lettres, il y a : *Pour réparer les Halles de* Paris, *& contraindre les Marchans à y porter leurs denrées.*

CHARLES VI. à Paris, le 8. de Mai 1408.

aucunes denrées en leursdiz hostelz ou ouvrouers, ne aler fors èsdictes Halles seulement; c'est assavoir, chascun en sa Halle destinée pour son mestier & marchandise, afin que toutes manieres de gens qui vouldront avoir & acheter, puissent & doient avoir meilleurs marchiez & plus grant [a] faculté d'en avoir; & aussi que lesdictes denrées puissent estre veues & visitées plus aisiement par les Gardes desdiz mestiers ou marchandises, tant au prouffit & utilité de la chose publique, comme à la decoracion de nostredicte bonne Ville de *Paris* qui est la principal & capital Ville de tout nostre Royaume : Savoir faisons que Nous qui voulons brief remede & bonne provision estre mis sur le fait desdictes Halles, confiens à plain du sens, loyaulté, prudence & diligence de nostre amé & feal Chevalier, Conseiller & Maistre d'Ostel, *Pierre des Essars, Prevost* de *Paris* pour Nous, ycellui par meure deliberacion des Gens de nostre Conseil, avons fait, commis, estably & ordonné, faisons, commettons, establissons & ordonnons par ces presentes, Commissaire & Refformateur especial sur le fait desdictes Halles, & à ycellui & ses deputez ou à deputer en ceste partie, avons donné plain povoir, auctorité & mandement especial de contraindre & faire contraindre sommierement & par voye de refformacion, toutes manieres de personnes qui sont tenues à soustenir lesdictes Halles & les estaux d'icelles, & de les mettre & soustenir en bon & souffisant estat; & aussi pour pourveoir tout plainement sur les Halles qui sont en nostre Demaine, & disposer, baillier & adcenser ycelles, s'il est mestier, par l'advis & deliberacion de noz Gens des Comptes & Tresoriers à *Paris,* par tele maniere que elles puissent estre habitées au prouffit de la chose publique & de la decoracion de nostredicte Ville; & neantmoins pour contraindre & faire contraindre toutes manieres de gens qui s'entremettent & entremettront desdiz mestiers ou marchandises & d'autres acoustumées anciennement estre portées & vendues èsdictes Halles à *Paris,* & tous autres qui pour ce feront à contraindre, à y aler, & porter ou faire porter leursdictes denrées & marchandises aux jours de Vendredi & Samedi, pour vendre, & non ailleurs, sur teles peines & [b] multes que bon lui semblera, lesquelles Nous voulons estre levées & exigées sans espargne aucune; desquelles les [c] Executeurs d'icelles auront la quarte partie; & generalment de faire ès choses dessusdictes & leurs deppendences, pour le bien publique & à la decoracion de nostredicte Ville, tout ce que bon & expedient sera advisé estre fait par lui & nostre Conseil du Chastellet; toutes & quelzconques oppositions ou appellacions frivoles qui pourroient survenir en ceste matiere, cessans, ausquelles Nous ne voulons aucunement estre deferé en maniere que ce soit, ou retardement ou empeschement de l'acomplissement des choses dessusdictes. Si donnons en mandement à nos amez & feaulx Conseilliers les Gens tenans & qui tendront nostre Parlement, les Gens de noz Comptes, & à nostredit *Prevost,* & à chascun d'eulx, & à tous noz autres Officiers & subgiez, que ceste presente nostre Ordonnance facent publier solennelment par tout où il appartendra, & ycelle tiengnent & facent tenir & observer de tous sans enfraindre; nonobstant Usaiges, Mandemens ou defenses, ne quelzconques Lettres subreptices impetrez ou à impetrer au contraire. En tesmoing de ce, Nous avons fait mettre nostre Séel à ces presentes. *Donné à* Paris, *le VIII.e jour de May, l'an de grace mil CCCC. & huit, & de nostre Regne le XXVIII.e* Ainsi signé. Par le Roy en son Conseil. G. MAUREGART.

[a] *facilité.*

[b] *amendes.*

[c] *ceux qui les feront payer.*

CHARLES VI. à Paris, le 11. de Mai 1408.

(a) Lettres par lesquelles il est ordonné aux Generaux-Maîtres des Monnoies, de taxer sans délai les amendes qui ont été encourues par les Maîtres particuliers des Monnoies, qui ont fabriqué des Espèces au dessous du Remède.

CHARLES, par la grace de Dieu, Roy de France. A nos amez & feaulx Gens des Comptes & Generaulx-Maistres de noz Monnoyes : Salut & dillection. Il est venu à nostre congnoissance que en plusieurs Monnoyes de nostre Royaume, aucuns Maistres Particuliers ont fait ouvrer certaine quantité de matiere d'Or au plus près des [a] remedes qu'ilz ont peu bonnement, si comme ilz dient, dont les deniers des Boestes ont esté portez pardevers vous en la Chambre desdictes Monnoyes, pour en faire le Jugement, ainsi qu'il a esté acoustumé de faire, & que en faisant le Jugement d'icelles Boestes, vous avez trouvé aucunes Boestes hors des remedes acoustumez, dont lesdiz Maistres Particuliers sont demourez chargez envers Nous en la reddicion de leurs Comptes, tellement qu'ilz ne pevent *(b)* affiner leursdiz Comptes, ne avoir leurs *(c)* obligacions que vous avez pardevers vous, sans amende; & pour ce ne veulent iceulx Maistres-Particuliers à la fin de leur temps, prandre à Ferme aucunes de noz Monnoyes; qui est ou grant dommaige & retardement de nosdictes Monnoyes, & seroit ou temps advenir, se pourveu n'y estoit de remede. Pourquoy Nous vous mandons que actandu ce que dit est, vous advisez ès Comptes desdiz Maistres-Particuliers, tous ceulx qui en faisant ledit ouvraige, auront passé ou passeront d'oresenavant les remedes en tel cas acoustumez, ausquelz faictes faire commandement de par Nous, qu'ilz soient & comparent pardevant vous en la Chambre de nosdictes Monnoyes, pour icelles faultes amender selon le cas, & affiner leurs Comptes du tout entierement; lesquelles [b] faictes vous tauxez en voz consciences, le mieulx & plus diligeamment que faire se pourra, selon la faculté des personnes, & ainsi que le cas le requerra. De ce faire vous donnons povoir, auctorité & mandement especial par ces presentes. *Donné à* Paris, *le XI.e jour de May, l'an de grace mil iiij.c & huit, & de nostre Regne le XXVIII.e* Ainsi signé. Par le Roy, à la relacion du Conseil. J. COURANT.

[a] *Voy. ci-dessus p. 87. note (b).*

[b] *Il faut app. corr.* faultes, *comme il y a un peu plus haut.*

NOTES.

(a) Registre *E.* de la Cour des Monnoies de *Paris, fol.* 7. vingt 17. *recto.* [157.]
Avant ces Lettres, il y a : *Mandement aux Generaulx-Maistres des Monnoyes, pour tauxer en amende les Maistres Particuliers, des remeddes qu'ilz ont passez.*

(b) Affiner leursdits comptes.] Ils ne peuvent obtenir le dernier arrêt, par lequel les comptables sont déclarés entièrement quittes.

(c) Obligacions.] Les actes par lesquels ils ont pris les Monnoyes à Ferme ou en Régie.

CHARLES VI. à Paris, le 14. de Mai 1408.

(d) Lettres par lesquelles Charles VI. ordonne aux Gens du Parlement & au Prevôt de Paris, de faire lire & publier les deux Lettres du 18. de Février 1406. desquelles il avoit fait différer la lecture & la publication.

CHARLES, par la grace de Dieu, Roy de France. A noz amez & feaulx Conseilliers les Gens de nostre Parlement, au *Prevost* de *Paris,* & à tous noz autres Justiciers & Officiers, ou à leurs Lieuxtenans : Salut. Comme pieça

NOTE.

(d) Registre *A.* du Parlement de *Paris, fol.* 213. *recto.*
Avant ces Lettres, il y a : *Mandamentum quod publicentur Littere super reduccione Libertatum Ecclesie Gallicane confecte.*
Voy. la Préface de ce Vol. §. *Schisme.*

CHARLES VI. à Paris, le 14. de Mai 1408.

Nous eussions fait certaines *(e)* Ordenances sur la reduccion des Libertez de l'Eglise de France, & lesqueles Nous eussions ordené estre publiées en certain temps ja passé, & ycelles eussions differé & fait differer à publier pour aucunes causes qui lors Nous mouvoient; Nous acertenez & à plain informez que la publicacion desdictes Lettres est moult proufitable à l'avancement de l'union de nostre Mere Sainte Eglise, & desdictes Libertez de ladicte Eglise de France & de nostre *Daulphiné,* avons voulu & ordonné, voulons & ordonnons, & par l'advis & conseil de noz très-chiers & très amez Oncle & Cousin les *Ducz* de *Berry,* de *Bourgoingne,* & plusieurs de nostre Sang & Conseil, ladicte publicacion desdictes Lettres desdictes Libertez de present estre faitte, & desqueles il vous apperra. Si vous mandons & commandons expressement & à chascun de vous, si comme à lui appartendra, que incontinent ces Lettres veues, toutes excusacions cessans & choses arriere mises, vous faciez publier lesdictes Lettres des Libertez dessusdictes, si & par tele maniere que aucuns ne y puissent pretendre ignorance. *Donné à* Paris, *le XIIII.e jour de May, l'an de grace mil quatre cens & huit, & de nostre Regne le XXVIII.e* Ainsi signé. Par le Roy, Messeigneurs les *Ducs* de *Berry* & de *Bourgongne,* le Sire de *Preaux,* le *Conte* de *Vendosme,* l'*Arcevesque* de *Sens,* l'Admiral, Maistre *Jehan* de *Boissay* & *Guillaume Fouquaut,* presens. DERIAN. Et aux dos d'icelles Lettres estoit escript: *Lecta & publicata in Curia, XV.a die mensis Maii, anno Domini millesimo quadringentesimo octavo.* BAYE.

NOTE.

(e) Ordenances sur la reduccion.] Il me paroît certain qu'il s'agit ici de deux Lettres datées toutes les deux du 18. de Février 1406. & qui sont imprimées ci-dessus p. 180. & 183. car il est dit à la fin de ces deux Lettres, qu'elles ont été lûes & publiées au Parlement le 15. de Mai 1408. jour auquel y furent aussi lûes & publiées celles-ci du 14. de Mai 1408. A l'égard du mot de *reduccion,* je crois qu'il est ici synonyme à celui de *rétablissement.*

CHARLES VI. à Paris, le 16. de Mai 1408.

(a) Lettres confirmatives des Statuts des Cordonniers de la Ville d'Harfleur.

CHARLES, &c. Savoir faisons à tous présens & avenir, que veues par Nous les Lettres de *Jehan* de *Ducquez,* Lieutenant Général de *Guillaume* de *Longueil Vicomte* de *Monstiervillier,* exécutoire de certaines autres Lettres de commission données par noz amez & feaulx les Gens de nostre [a] Eschiquier à *Rouen,* desquelles l'en dit la teneur estre tele.

[a] *Voy. les Tables des Mat. des Vol. de ce Rec. à ce mot.*

A tous ceulx qui ces Lettres verront. *Jehan* de *Ducquez,* Lieutenant Général de *Guillaume* de *Longueil Viconte* de *Monstiervillier,* & Commissaire en ceste partie de Mess. à present tenans à *Rouen* l'*Eschiquier* de *Normandie:* Salut. Comme de la partie de plusieurs Maistres & Ouvriers du mestier de Corduennerie de la Ville, Fauxbours & Parroisse de *Harfleu,* nous aient esté présentées les Lettres de nosdiz Seigneurs de l'Eschiquier, attachiées soubz le Contre-séel dudit Eschiquier, à une requeste faitte par aucuns desdiz Corduenniers, à la Court dudit Eschiquier, & à certaines Ordonnances que requeroient & demandoient à avoir lesdiz Corduenniers en ladicte Ville, Fauxbours & Parroisse de *Harefleu,* en nous requerant l'effet & acomplissement d'icelles Lettres, desquelles Ordonnances, Requeste & Lettres les teneurs ensuivent; & premierement, desdittes Ordonnances avisées à mettre sur le mestier de Corduennerie, en la Ville, Fauxbours & Parroisse de *Harefleu.*

NOTE.

(a) Trésor des Chart. Reg. 162. P. XI.xx X. (230.)
Il y a dans ces Lettres quelques termes du métier de Cordonnier, sur lesquels je n'ai rien trouvé ni dans le Dictionnaire du Commerce par *Savary,* ni ailleurs.

CHARLES VI. à Paris, le 16. de Mai 1408.

(1) *Premierement.* Se aucun Maistre du mestier dessudit, veult lever [a] ouvrouer en ladicte Ville, Fauxbours & Parroisse, il le pourra faire, pourveu qu'il ait demouré en ladicte Ville un an & un jour, & non autrement; & se aucun fait le contraire, il payera cent solz d'amende, dont le Roy aura les deux pars, & les Gardes dudit mestier, le tiers, pour leur paine de les [b] avancier & visiter les euvres; & sera fait pareillement de toutes les autres amendes du mestier.

(2) *Item.* Qui vouldra lever ouvrouer dudit mestier audit lieu, il le pourra faire, [c] mais qu'il ait demouré an & jour en ladicte Ville, comme dit est, par paiant LX. solz, dont XL. solz sont mis au prouffit d'une Confrarie que il augmentent en ladicte Ville, & vint solz seront beuz par les Gardes & Compaignons dudit mestier, pour entretenir amour entre eulx, & non autrement, sur paine d'amende, se cellui n'est filz de Maistre, ouquel cas il le pourra faire sanz rien paier s'il ne lui plaist.

(3) *Item.* Chascun Maistre dudit mestier pourra avoir un Aprentiz, & non plus, s'il n'est son filz, sur paine de soixante solz d'amende.

(4) *Item.* Que chascun Maistre qui vouldra avoir Aprentiz, le louera trois ans du moins, & l'Aprentiz le servira par lesdiz trois ans, s'il n'est filz de Maistre, lequel filz de Maistre servira au plaisir de lui & de cellui qui le louera, & ne sera point fait autrement, sur paine de soixante solz d'amende.

(5) *Item.* Que nul ne face ouvrage de [d] basenne, se ce n'est en ouvrage blanche ou vermeille, ou en souliers d'une espanne, sur paine de forfaiture.

(6) *Item.* Que nul ne face souliers de veau, se il n'a environ plain poux de fil au bout devant, par maniere de signe, en [e] paire de deux solz six deniers d'amende pour chascune paire.

(7) *Item.* Il y aura Jurez & Gardes sur ledit mestier; c'est assavoir, deux Compaignons d'icellui mestier, & un Bourgoiz de la Ville, qui y seront establiz par le Viconte ou son Lieutenant, & seront [f] muez d'an en an, lesquelz seront tenuz visiter diligemment les ouvrages dudit mestier, & rapporter devers justice les faultes que il y trouveront, pour en avoir les amendes; & se faulte est trouvée en eulx, ilz seront puniz d'amende.

Item. Ensuit la teneur de la Requeste.

A Monf.r le President. Supplient humblement *Perrin Langles, Villas Hamffroy, Rogier Gueraet, Jehan Fourment, Ricart* le *Breton, Jehan Blondel, Robin Flesche* & *Estienne Chauvin*, Maistres du mestier de Corduennerie, demourans en la Ville, Fauxbours & Parroisse de *Harefleu*, que comme il soit ainsi que en ladicte Ville s'en [g] fait au temps passé grant fait dudit mestier, pour servir les Chevaliers, Escuiers, [h] Marineaulx, & autres Gens qui y frequentent souvent, tant pour le fait des guerres que pour la marchandise, & aussi les Bourgois & habitans d'icelle Ville & du pays d'environ; & de present sont moult [i] appetichiez pour les fraudes & faultes qui y ont esté faittes & font de jour en jour, parce qu'il n'y a Ordonnance; & pour éviter à icelles fraudes, lesdiz Maistres & Ouvriers dudit mestier & autres Bourgois de ladicte Ville, aient advisié Ordonnances qui leur semblent raisonnables & prouffitables pour l'accroissement dudit mestier & du bien de ladicte Ville, lesquelles Ordonnances sont déclairées en une Cedule attachiée à ceste Requeste, qu'il vous plaise leur octroyer & confermer lesdittes Ordonnances par Lettres de ce present Eschiquier, & mander au *Viconte* de *Monstiervillier* ou son Lieutenant, que icelle face tenir & garder sans enfraindre; ilz prieront Dieu pour vous.

Item. Ensuit la teneur dudit Mandement.

Les Gens tenans l'Eschiquier à *Rouen*, au terme de la Saint Michiel, l'an de grace mil CCCC. & sept, au *Viconte* de *Monstiervillier* ou à son Lieutenant : Salut. Veue par nous la Requeste des Cordoanniers de la Ville, Faulxbours & Parroisse de *Harefleu*, avec certaines Ordonnances que ilz demandent, declairées en une Cedule attachée soubz le Contre-séel dudit Eschiquier, nous vous mandons & commettons que vous sachiez & enquerez deuement se les Maistres & Ouvriers dudit mestier, sont [k] d'avoir lesdictes Ordonnances, se ycelles sont prouffitables pour le Roy & pour ledit mestier, & pour le bien publique; & se ainsi le trouvez,

[a] boutique.

[b] *Je ne sçai ce que ce mot peut signifier ici.*

[c] *pourvû qu'il.*

[d] *basanne.* Peau de mouton.

[e] *corr.* peine.

[f] *changés.*

[g] *supp.* à.

[h] *marins, gens de mer.*

[i] *appetissés* : diminués.

[k] *Il faut supp. desireux, ou quelqu'autre mot semblable.*

CHARLES VI. à Paris, le 16. de Mai 1408.

& aucune augmentacion & correccion raisonnable si ilz lui vueillient mettre, leur en donnez voz Lettres pour nous apporter, afin de procéder au surplus de leurdicte Requeste, comme nous verrons estre à faire; & gardez que deffault n'y ait. *Donné en l'an & Eschiquier dessusdit, le xj.e jour de Novembre.* Et estoient ainsi signées. Par les Gens tenans l'Eschiquier. MAULOUE.

Suite des Lettres du Lieutenant du *Vicomte de Monstiervilliers.*

Savoir faisons que aujourd'ui pour acomplir lesdictes Lettres, nous nous sommes entreportés en ladicte Ville de *Harfleu*, & là à la [a] Cohue où l'en a acoustumé de tenir les [b] plais de meuble dudit lieu de *Harefleu*, avons fait assembler devant nous dit Lieutenant, plusieurs Bourgoiz, Gens notables, & les Maistres & Ouvriers dudit mestier de Cordoannerie de ladicte Ville de *Harefleu*, dont les noms ensuivent; c'est assavoir, Messire *Olivier* de *Braquemont* Chevalier, Lieutenant du Capitaine de *Harefleu*, *Jehan Helart*, *Rogier Berangier*, *Jehan* de la *Gravagne*, *Thomas Langloiz*, *Jaquelin* le *Bouchier*, *Guillaume Langloiz*, *Jehan Herimeu*, *Guillaume Berangier*, *Jehan Frogier*, *Guillaume Alixandre*, *Guillaume Baril*, *Jehan Bondu*, *Guillaume Aubin*, *Rogier Gondrée*, *Isambert Vignart*, *Guillaume Dubois*, *Colin* le *Duc*, *Robin* le *Puert* dit *Buchon*, *Guillemin Goudier*, *Guillemin Duhamel*, *Jehan* de *Venou*, *Robin Lambat*, *Jehan Galée*, *Grunos* de *Pontevedie*, *Raoul* de *France*, [c] *Philippin* le *Duc* & *Guillemin Cornet*, Bourgois de ladicte Ville, *Jehan* le *Cordier* dit de *Viline*, *Auffroy*- [d] *Pierre Langloiz*, *Estienne Chauvin*, *Rogier Guerart*, *Robin Flequos*, *Ricart* le *Breton*, *Jehan* le *Picart*, *Jehan Blondel*, *Jehan Pelez*, *Jehan Traffin*, *Michel Villemer*, *Jehan Formet*, *Guillaume Malet*, *Jehan Troquart*, *Jaquet* le *Faver*, *Estienne Favale*, Maistres & Ouvriers dudit mestier de Cordoannerie, manans & demourans en icelle Ville [e] ès Fauxbours, pour savoir s'ilz vouloient avoir les Ordonnances dont dessus est faicte mencion, & se c'estoit le prouffit du Roy, dudit mestier & du bien publique; lesquelx dessus nommez après ce que nous leur eusmes [f] veues lesdictes Ordonnances & Lettres de mesdits Seigneurs, nous distrent; c'est assavoir, tous lesdiz Maistres & Ouvriers dudit mestier ci-devant nommez, que lesdictes Ordonnances ilz vouloient avoir, & que c'estoit le prouffit du Roy, dudit mestier & du bien publique, & que lesdictes Ordonnances eussent lieu, & que ilz feussent ordonnez & commandez garder, & ainsi tous lesdiz Bourgois dessus nommez, nous distrent & tesmongnerent que ce leur sembloit le prouffit du Roy, dudit mestier & de la chose publique, & de icelles Ordonnances faire garder & avoir lieu, pourveu que à icelles Ordonnances garder eust *(b)* deux Bourgois de ladicte Ville, & un homme dudit mestier de Cordoannerie, qui seroient muez d'an en an par le Viconte de *Monstiervillier*, ou son Lieutenant, jouste ce que icelles Ordonnances dessus transcriptes le contiennent; veu lequel rapport & tesmongnage, nous accordasmes ausdiz Maistres & [g] Varlès d'icellui mestier de Cordoannerie, ces présentes Lettres, pour leur valoir en temps & en lieu ce que raison donra : Lesquelles en tesmoing de ce, nous avons scellé de nostre propre Seel de quoy Nous usons oudit Office de Lieutenant, qui furent faittes & données audit lieu de *Harefleu*, le mardi xv.e jour de Novembre, l'an mil CCCC & sept.

a *Voy. les Tables des Mat. des Vol. de ce Rec. à ce mot.*

b *Cela peut signifier la place publique où on vend les meubles par autorité de Justice.*

c *Il n'y a dans le Reg. que* Phm *& une marque d'abréviation.*

d *nom douteux.*

e *corr.* &.

f *p. e. faut-il corr.* leues!

g *Compagnons.*

Suite des Lettres de Charles VI.

Et à l'humble supplicacion des Maistres & Ouvriers dudit mestier, de la Ville, Faubours & Parroisse de *Harefleu*, nommeez en icelles, Nous ces [h] Ordonnaunes ès choses declairées esdictes Lettres dessus transcriptes, ayans agréables, fermes & estables, icelles avons louées, approuvées, confermées & ratiffiées, loons, approuvons, ratiffions & confermons de nostre grace especial & auctorité Royal, se mestier est, par ces présentes; ou cas toutesvoies que la plus grant & saine partie desdits Maistres & Ouvriers de Cordoannerie, seront de ce d'accord, & que icelles Ordonnances soient prouffitables pour Nous & pour le bien de la chose publique.

h *corr.* Ordonnances &.

NOTE.

(b) Deux Bourgois.] Dans l'article 7. des Statuts, il est dit que des trois Jurés, il y en aura deux qui seront Compagnons dudit métier, & un qui sera Bourgeois.

Si donnons en mandement au *Vicomte* de *Monstiervillier*, & à tous noz autres Justiciers & Officiers, ou à leurs Lieuxtenans, & à chascun d'eulx, si comme à lui appartendra, que de nostre presente grace, approbacion, confirmacion & ratifficacion, facent, seuffrent & laissent joïr & user paisiblement lesdiz Maistres & Ouvriers dudit mestier de Cordoannerie, sans leur donner ne souffrir estre donné destourbier ne empeschement au contraire. Et à ce que ce soit ferme chose & estable à tousjours, Nous avons [a] mettre nostre Seel à ces presentes Lettres : sauf en autres choses [b] & l'autruy en toutes. *Donné à* Paris, *le XVI.e jour de May, l'an de grace mil CCCC. & huit, & de nostre Regne le XXVIII.e*

Par le Roy, à la relacion du Conseil. CHARRON.

CHARLES VI. à Paris, le 16. de Mai 1408.

a *supp.* fait.

b *supp.* notre droit.

CHARLES VI. à Paris, le 17. de Mai 1408.

(a) *Lettres qui renouvellent les anciennes Ordonnances qui défendent d'aller au devant des vivres qu'on amène à Paris, & de les acheter.*

CHARLES, par la grace de Dieu, Roy de France. Au Prevost de *Paris*, ou à son Lieutenant : Salut. Nostre Procureur du Chastellet de *Paris* pour Nous stipulant en ceste partie pour le bien de la chose publicque, Nous a exposé en complaingnant, que jasoit ce que par Ordonnances bien anciennes faictes & registrées ès Livres anciens de la Court & Auditoire de nostredit Chastellet, par plusieurs & diverses foiz, & puis peu de temps en ça criées & publiées tant ou marché ordonné à vendre bestail en nostredicte Ville de *Paris*, commes ès halles d'icelle & ailleurs, [c] il ne loise à aucun Boucher, [d] Varlet Boucher, Marchant ou autre, de quelque estat qu'il soit, aler au devant des vivres, denrées & marchandises, & en especial, des bestaulx tant [e] aumailles comme autres, [f] puisque icelles denrées soient parties de quelque lieu, marché ou pays que ce soit, pour estre admenées & conduictes pour vendre en nostredicte Ville qui est la souveraine & Capital de nostre Royaume, & en laquelle habonde & afflue de jour en jour plus de peuple sans comparoison, que en quelque autre Ville de nostredit Royaume; & mesmement quant icelles denrées, vivres & bestaulx sont entrées dedans certaines [g] fins & methes plus à plain declairées en nosdictes Ordonnances anciennes; a & sur certaines grosses peines plus à plain declairées en icelle; neantmoins plusieurs Bouchiers, Varletz Bouchers, Marchans & autres facteurs & [h] denonciateurs d'iceulx Marchans & Bouchers, sont coustumiers de aler, & de fait, plus que souvent vont au devant & à l'encontre des Marchans forains ou leurs facteurs, varlès, ou commiz pour eulx à admener [i] vendre, & qui de fait admenent en nostredicte Ville de *Paris*, & pour la substantation de Nous, de ceulx de nostre Sang, des Nobles, Prelatz, [k] Clergie, populaires, manans & habitans, & autres supervenans en icelle, vivres, denrées & marchandises, en especial, bucfs, vaches, moutons, poulaille, [l] œfs, froumages, foins, advoines & autres vitailles, sitost que ilz scevent ou pevent sentir que iceulx Marchans forains ou leursdiz varletz ou commiz sont partiz de leurs pays, comme des [m] marches de *Bretaigne*, de *Berry*, d'*Anjou*, du *Maine*, de *Poitou*, de *Normandie*, & des autres marches desquelles les Marchans sont coustumiers de envoyer ou admener vivres & vitailles à *Paris*; & ne sont pas contens de aler seulement au devant d'iceulx Marchans forains & leursdictes denrées dedans les fins & methes declairées esdictes Ordonnances, mais de fait en [n] tresgressant icelles methes, vont au devant d'iceulx forains & leursdictes denrées, jusques près des pays dont ilz sont partiz, & de eulx [o] barguignent, achettent & [p] enerrent lesdictes denrées, & puis les font venir petit à petit en nostredicte Ville & ou marchié d'icelle, ouquel ilz les vendent & font vendre à plus cher pris près de

c *il ne soit permis.*

d *Compagnon.*

e *brebis & autres animaux domestiques.* Voy. le Trésor de *Borel*, p. 28.

f *depuis que.*

g *limites d'un pays.*

h *Je n'ai rien trouvé sur ce mot qui paroît synonyme de* Facteurs.

i *supp.* &.

k *Clergé, Peuple.*

l *œufs.*

m *frontières.*

n *transgressant*, passant *outre.*

o *Voy. le 8.e Vol. de ce Rec. p. 324. note (e).*

p *donnent des arres.*

NOTE.

(a) Livre vert neuf du Châtelet de *Paris, fol.* 13. *recto.* Avant ces Lettres, il y a : *Touchant les vivres.*

CHARLES VI.
à Paris, le 17. de Mai 1408.

la moitié que icelles denrées n'eussent esté vendues se elles eussent esté admenées, arrivées & descendues tout droit & sans séjourner, audit marchié à une foiz & sans parties & divisions aucunes: Pour laquelle cause, si comme l'en dit, a pour le présent en nostredicte Ville plus grant chierté de [a] chars & de volaille près du tiers qu'il [b] ne souloit avoir, en especial de chars de moutons, de volaille & autres chars convenables & propices pour le gouvernement de corps humain; lesquelles choses qui sont de tres-mauvais exemple & dignes de grant pugnition, sont faictes & commises par les dessus nommez dampnablement, ou très-grant grief & prejudice de Nous, de nostre peuple & de la chose publique, si comme dit nostredit Procureur. Pourquoy requise sur ce nostre provision, vous mandons, commandons & estroictement enjoingnons, en commectant, que tantost ces Lettres veues, vous faictes crier, deffendre & publier solennelment par tous les quarrefours & lieux acoustumez à faire criz en nostredicte Ville, & mesmement oudit marchié de bestail, & telement que aucun frequentant en nostredicte Ville n'en puist pretendre ignorance, que aucun de quelque estat ou condition qu'il soit, ne presume doresenavant de aller au devant des Marchans forains, ou autres admenans ou qui font admener vivres, vitailles & marchandises de vivres en nostredicte Ville, pour vendre en icelle, de quelque auctorité ou condicion que iceulx vivres ou vitailles soient, en quelque lieu ou marché que ce soit, depuis ce que icelles denrées seront parties en intention d'estre admenées pour vendre en icelle Ville, a & sur peine de soixante livres Parisis d'amende, ou autre amende arbitraire, à appliquer à Nous, & de forfaiture & confiscacion de toutes les denrées qui ainsi auroient esté achetées, barguignées ou enerrées. Pareillement aussi faictes ou faictes faire inhibicion de par Nous & sur ladicte peine, à tous Marchans forains, leur commis, facteurs & preposez à admener pour vendre telz manieres de vivres & vitailles, comme dessus est dit, en nostredicte Ville de *Paris*, que ilz, ne aucun d'eulx depuis ce que ilz auront fait partir lesdictes denrées, vivres & marchandises de vitaille des parties devant dictes, & que ilz seront en chemin en intencion d'estre admenées en nostredicte Ville, que ilz ne les vendent, promectent ne descendent ailleurs que oudit marché de *Paris*, ne facent sejourner, [c] mucier ou latiter malicieusement icelles denrées sur le chemin, a & sur [d] peine dessus declairée: Et neantmoins tous ceulx que par informacion ou autrement deuement, vous trouverez avoir delinqué ou trangressé nosdictes Ordonnances anciennes, ou avoir mesprins, delinqué ou offensé contre icelles en quelque maniere que ce soit, punissiez tellement par bonne Justice, appellé à ce nostredit Procureur, que ce soit exemple à tous autres; & avecques ce, allez ou envoyez aucuns de noz Examinateurs oudit Chastellet, ou autres telz que bon vous semblera, que Nous commectons à ce, pour amener toutes manieres de bestiaulx que vous pourrez savoir ou trouver avoir esté arrestez, latitez & muciez malicieusement contre le bien publicque, affin d'estre vendues oudit marchié de *Paris* à nostre prouffit. Et si sur ce naist debat ou opposition, faictes aux Parties bon & brief droit; car ainsi Nous plaist-il estre fait par ces presentes; nonobstant quelxconques Lectres subreptices impetrées ou à impetrer à [e] ces contraires. *Donné à* Paris, *le XVII.e jour de May, l'an de grace mil CCCC. & huit, & de nostre Regne le XXVIII.e* Ainsi signé. Par le Roy, Messire *Jacques* de *Bourbon*, le Sire d'*Omont*, le Sire d'*Yvry*, & plusieurs autres, presens. R. POSTE.

a *corr.* chers. b *qu'il n'estoit accoustumé.* c *cacher.* d *supp.* la. e *corr.* ce.

(a) Lettres

CHARLES VI. à Paris, le 17. de Mai 1408.

(a) *Lettres confirmatives de celles qui portent que les biens de l'Ordre de Saint Jean de Jerusalem, situés en France, ne seront point sujets à l'imposition établie par le Clergé de ce Royaume, à l'effet de fournir aux frais nécessaires pour parvenir à l'union de l'Eglise.*

CHARLES, par la grace de Dieu, Roy de France. A tous les Commis & Receveurs ordonnés à [a] ceuiller le Demi-dixieme & equivalence, ez Provinces de *Narbonne, Toulouse, Bourdeaux, Bourges,* & ez Dioceses du *Puy Nostre Dame, Vabre, Alby, Castres, Rhodés,* [b] *Cahours, Agen, Viviers,* & ez Dioceses dependans de la Province d'*Arles,* & à tous [c] nous Justiciers & Officiers de notre Royaume, *Duchié* de *Guyenne,* & *Dalphiné* de *Viennois,* ou à leurs Lieuxtenans: Salut. Nos bien amés les Maistre & Convent de *Rhodes,* Freres & Relligieux de l'Ordre de l'Hospital *S.t Jhean* de *Jerusalem,* consors en ceste partie, Nous ont fait exposer en eulx grievement complaignant, que jaçoit que Nous considerans les grans charges, fraix, [d] messions & despens que ladite Relligion a fait & soustient chascun jour pour la tuition & deffense de la Foy catholique contre les Mescreans, & que par [e] la Scisme & division [f] que est en nostre Mere Sainte Eglise, ladite Religion a [g] pardu & pert la moitié & plus des [h] Responsions que les Prieurs & Religieux dudit Ordre faisoient & doivent faire audit Convent de *Rhodes,* chacun an; & aussi eue consideration aux grans pertes & domages que ladite Relligion a soustenu & souffert par l'effet de nos guerres, & que de tous tems ils ont eté francs, quittes & exempts de contribuer à quelsconques Tailles, Aydes & Subventions, tant mis [i] fur de par Nous en nostredit Royaume, comme pour le fait de l'Eglise, Nous leur eussions octroyé & donné nos [k] Lettres adressans aux Commissaires ordonnés sur le fait du Demi-dixieme n'agueres mis sur pour le fait de l'union, afin qu'ils ne fussent contraints à payer ne contribuer en aucune maniere audit subcide ou Demi-dixieme, ne envoyer aucunes personnes en Ambaxades pour ladite union, *Jehan Aubeyn, aliàs* [l] *Ermite,* soy disant commis & ordonné à recevoir, cuillir & lever ledit Demi dixieme & equivalence, ezdites Provinces, soubs umbre de certaines nos autres Lettres empetrées de Nous ou de notredite Cour, contenant entre autres choses, que lesdits Religieux de l'Ordre de l'Hospital *S.t Jehan* de *Jerusalem,* & & plusieurs autres des pays de *Languedoc* & *Duchié* de *Guyenne,* estoient refusans, contredisans de payer icelui Demi-dixieme & equivalence, & veu que lesdits Religieux de l'Hospital, eussent obtenu nosdites Lettres de non payer aucune chose dudit Demi dixieme & equivalence, s'est efforcé & efforce de contraindre ou faire contraindre les Prieurs, Commandeurs & Religieux dudit Ordre de l'Ospital, & de fait a prins & fait prendre leurs temporels en nostre main, & s'efforce de les exploiter & faire exploiter, pourquoi [m] ce remede n'y est mis, ledit Convent de *Rhodes* ne se pourroit plus soustenir, ne n'auroit de quoi vivre: car lesdits Prieurs, Commandeurs & Religieux n'auroient de quoi payer audit Convent de *Rhodes,* les Responsions que chacun an ils leur payent & doivent envoyer, pour leurs vivres & sustentations, pour la deffense de ladite Foy catholique, & conviendroit que les Freres dudit Convent se despartissent & allassent vivre chacun en son païs, avecques leurs amis & ailleurs, au mieux qu'ils pourroient, qui seroit la destruction de ladite Religion, requerant sur ce humblement nostre grace & provision. Pourquoi Nous eue consideration aux choses dessusdittes, & en faveur & contemplation de ladite Religion, & pour obvier à la destruction dudit Convent, & secourir à la Chrestienté,

a corr. cueillir.
b corr. Cahors.
c corr. nos.
d *missions: mises.*
e *le Schisme.*
f corr. qui.
g corr. perdu.
h *Voy. la note (c) de la p. 261. du 6.e Vol. de ce Rec.*
i corr. sus, là & plus bas.
k *Voy. ci-dessus p. 186. les Lettres du 26. de Mars 1406.*
l *Il y a une marque d'abréviation sur ce nom.*
m corr. se: *si.*

NOTE.

(a) La copie de ces Lettres a été envoyée de *Montpellier,* avec cette indication: *Royaume en général, armoire A. 6.e continuation des titres particuliers, n.° 6. fol. 50.*

Voy. la Préface de ce Vol. 5. *Schisme.*

CHARLES VI. à Paris, le 17. de Mai 1408.

attendû aussi que le Prieur de l'Eglise de *Rhodes*, le Procureur general & plusieurs autres Religieux dudit Ordre, ont laissé toutes les besognes & affaires d'icelle Religion, & sont à *(b) Porte venre* avec les autres Embaxadeurs de l'Eglise de nostre Royaume, pour la prosecution de ladite union, vous mandons, commandons & estroitement enjoignons, & à chascun de vous, si comme à lui appartiendra, que nonobstant quelsconques Ordonnances & Mandemens par escrit ou de bouche, faits & à faire, & Lettres empetrées ou à impetrer, cessés de contraindre & faire contraindre les Prieurs, Commandeurs & Religieux de ladite Religion de *S.t Jehan* de *Jerusalem*, à payer ne contribuer audit Demi dixieme, & s'aucune chose a été prins & levé du leur pour occasion d'icelui Demi dixieme, faites la leur rendre tantost & sans delai, toutes choses cessans, & levés ou faites lever sans aucun contredit notre main mise en leurs temporels, sans autre mandement attendre de Nous, sur peine d'encourir notre indignation : & pour ce que lesdits Religieux auront à faire de ces presentes en plusieurs & divers lieux, Nous voulons que au *Vidimus* d'icelles fait sous Scel Royal, foy soit adjoutée comme au propre original : laquelle chose Nous plaist ainsi être faite, & auditz supplians l'avons octroyé & octroyons par ces presentes, nonobstant ce que dessus est dit, & quelsconques Lettres subreptices empetrées ou à empetrer à ce contraires. *Donné à* Paris, *le XVII.e jour de May, l'an de grace 1408. & de notre Regne le XXVIII.e*

Par le Roy, en son Conseil. BARRAU.

NOTE.

(b) Porte venre.] *Porto-venere,* petite Ville & Port en *Italie,* dans l'Etat de *Gênes.* Voy. le Dictionnaire de *La Martinière,* à ce mot.

CHARLES VI. à Paris, le 18. de Mai 1408.

(a) Lettres qui permettent aux Marchands de Bois, de Foin, &c. d'arrêter & mener en prison ceux qui entreront dans leurs bateaux sans leur permission, & qui voleront leurs marchandises.

CHARLES, par la grace de Dieu, Roy de France. A tous ceuls qui ces presentes Lettres verront : Salut. Les Marchans de buche, charbon, foing, eschallas & autres marchandises, tant de nostre Ville de *Paris,* comme les Forains & autres de nostre Royaume frequentans ycelle nostre Ville, consors en ceste partie, Nous ont fait exposer en eulx griefment complaingnant, que de tous temps ilz ont acoustumé pour le fait de leurs marchandises soustenir & [a] mainteur, d'aler & frequenter tout au long des Rivieres [b] *Seine, Oise, Marne, Aisne, Yonne, (b) Kane* & *Loyn,* & autres Rivieres portans navire, venans & descendans en ladicte Riviere de *Seine;* sur lesquelles Rivieres en plusieurs & divers lieux & Pors, ilz ont acoustumé que [c] quant ilz [d] faittes leurs marchandises sur lesdiz Bois & Foreſtz, de faire arriver icelles marchandises sur les Pors desdictes Rivieres, pour icelles chargier & faire mettre en leurs Nefz & Bateaulx ou Flettes sur les Pors desdictes Rivieres, & conduire [e] tant aval l'eaue comme contremont, jusques en nostredicte Ville de *Paris;* & que en ce faisant, ilz ont supportez & supportent moult grans fraiz, & [f] encqueurent en grans perilz de fortune; & il soit ainsi que plusieurs malfaicteurs repairans & frequentans sur les lieux où icelles denrées sont achetées, sur les Pors où l'en les [g] arrive pour chargier esdiz Bateaulx, sur les Rivieres où elles sejournent

a *maintenir.* b *supp.* de. c *quand ils ont coupé les bois.* d *supp.* ont. e *tant en descendant qu'en remontant la rivière.* f *encourent.* g *conduit.*

NOTES.

(a) Livre rouge vieil du Châtelet de *Paris, fol.* 8. vingt 16. *recto.* [176]

Avant ces Lettres, il y a : *Que les Marchans voituriers par eaue, puissent prendre & emprisonner les malfaiteurs qu'ilz trouveront en leurs Bateaux.*

Blanchard dans sa Table Chronologique des Ordonnances, a mal daté ces Lettres du 17. de Mai.

(b) Kane.] Mot douteux ; c'est peut-être la *Cure* petite rivière qui se jette dans l'*Yonne* à *Crevant* à quatre lieues d'*Auxerre.* Voy. les Rivières de France par *Coulon,* T. 1. p. 69.

CHARLES VI.
à Paris, le 18. de Mai 1408.

en venant en nostredicte Ville, comme sur les Pors & Places acoustumés à vendre & à descendre icelles en icelle nostre Ville, ont par plusieurs & diverses foiz furtivement & autrement desrobé, mal pris & emporté, & fait emporter par nuyt & autres heures, en Nassellès, en Bateaulx & sur leurs colz, des denrées desdiz exposans, & les ont mises & mettent sur certaines personnes [a] receteurs d'icelles, qui sont contribuans aux larrecins dessusdiz; & en sont cause souventesfoiz les Gardes desdictes marchandises, qui les ont acoustumées de garder sur lesdiz Pors, ce qu'ils ne doivent faire ne souffrir estre fait; [b] mesment que pour icelle garde faire, ilz ont sur lesdiz Marchans salaires ordonnez & tauxez pour chascun Batel, moyennans lesquelz salaires ilz ne sont tenus de riens prendre, ne souffrir prendre ne emporter aucunes desdictes denrées; & aussi vont & viennent souventesfoiz pluseurs personnes sur lesdiz Bateaulx [c] qui n'y ont que querre ne que faire, lesquelx ont prins & emporté, prennent & emportent les avirons, cordes, chables, & plusieurs autres choses necessaires & pertinens au gouvernement desdiz Bateaulx; lesquelles choses sont de très-mauvaise exemple, & ne doivent aucunement passer sous dissimulacion, & ou très-grant grief, prejudice & dommage desdiz exposans, & pourroient encores plus estre, se par Nous ne leur estoit sur ce pourveu de nostre [d] remede & remede convenable, en Nous humblement suppliant, que attendu ce que dit est, & que pour [e] la bien de la chose publicque de nostredicte Ville de *Paris* & du Païs d'environ, ilz exposent chascun jour leurs [f] chevances esdictes marchandises, & que à cause d'icelles ilz Nous paient moult grans drois & devoirs, tant Imposicions comme [g] Travers, Peaiges, & autres choses touchans nostre Demaine; [h] & que a estre ainsi & par telles voies desrobés de leurs chevances, ilz ne pourroient [i] rettraire leurs deniers de leursdictes marchandises, & ne pourroient par ce continuer le fait d'icelles, Nous de nostredicte grace & remede leur veuillions pourveoir. Pour ce est-il que Nous voulans obvier aux dommaiges en quoy lesdiz Marchans pevent ou pourroient encourir par les moiens dessusdis, & tels delinquens estre griefment punis selon l'exigence de leur meffait, ces choses considerées, & pour certaines autres causes & consideracions ad ce Nous mouvans, à iceulx Marchans avons octroyé & octroyons, & leur avons donné & donnons par ces presentes de nostre grace especial, plaine puissance & auctorité Roial, congié, licence, auctorité & puissance, que toutes & quantesfoiz que eulx & chascun d'eulx trouveront lesdiz malfaicteurs & autres gens oysifz, qui sanz leur congié ou adveu yront ou seront trouvez sur leursdiz Bateaulx ou sur leursdictes marchandises, & qui auroient prins ou s'efforceroient de prendre & emporter aucunes des denrées dessusdictes par nuyt ou autrement, ilz les prennent & arrestent, & les menent ou facent mener prisonniers par leurs gens & serviteurs, ès plus prochaines Prisons des lieux où ilz seront prins & trouvez, pour illecques recevoir telle punicion comme au cas appartiendra. Sy donnons en mandement par ces presentes à nostre Prevost de *Paris,* à la [k] Garde de la Prevosté des Marchans de nostredicte Ville, & à tous nos autres Justiciers & Officiers, ou à leurs Lieuxtenans, & à chascun d'eulx, si comme à lui appartiendra, que de nostre presente grace, congié & licence, facent, seuffrent & laissent lesdiz Marchans & chascun d'eulx joïr & user plainement & paisiblement, sanz leur mettre ou donner, ne souffrir estre mis ou donné en ce aucun destourbier ou empeschement au contraire; maiz leur prestent conseil, confort & aide & prisons, se mestier en ont, & de par eulx requis en sont, en faisant crier & publier de par Nous, par les lieux & ès Juridiccions où l'en a acoustumé d'aler [l] crier lesdictes denrées [m] & d'icelles chargier, & sur tous les Pors où elles ont accoustumé de séjourner au long desdictes Rivieres, & ès lieux & places de nostredicte Ville de *Paris,* où icelles marchandises ont acoustumé d'estre descendues, que nul de quelque estat [n], ne soit tant osé ne sy hardi de aler ne venir [o] repairer ne ester ou soy veoir en quelque maniere sur lesdiz Bateaulx, tant [p] wiz comme garnis desdictes marchandises, ne d'iceulx prendre ne emporter aucune chose, sur peine d'estre mis ou Pilori, & de le Nous admender & ausdiz Marchans, au moins à ceulx qui seroient [q] interessez, de tele

[a] *receleurs.*

[b] *d'autant plus.*

[c] *qui n'y ont rien à chercher.*

[d] *Il faut app. corr.* grace, *qui est plus bas.*

[e] *corr.* le.

[f] *biens.*

[g] *Voy. le 6.e Vol. de ce Rec. p. 338. note (b).*

[h] *& qu'ayant été.*

[i] *retirer.*

[k] *Voy. la note (b) de la p. 511. du 7.e Vol. de ce Rec.*

[l] *Il faut app. corr.* querir, chercher.

[m] *& icelles.*

[n] *supp.* qu'il soit.

[o] *fréquenter, rester & se faire voir.*

[p] *vuides.*

[q] *à qui il auroit été fait quelque dommage.*

CHARLES VI à Paris, le 18. de Mai 1408.

amende comme au cas appartiendra; en punissant aussi tous receteurs & autres qui seroient & seront trouvez coulpables des desroberies, larrecins & autres choses dessusdictes, de tele & sy griefve punicion, que ce soit exemple à tous autres. En tesmoing de ce, Nous avons fait mettre nostre Séel à ces presentes Lettres. *Donné à* Paris, *le XVIII.e jour de May, l'an de grace mil quatre cens & huit, & de nostre Regne le XXVIII.e* Ainsi signées. Par le Roy, le *Roy* de *Secille*, les *Contes* de *Nevers* & de *Mortaing*, & plusieurs autres presens. Et au dos desdictes Lettres estoit escript ce qui s'ensuit : Publié en Jugement ou Chastellet de *Paris*, le Samedi IIII.e jour d'Aoust, l'an mil quatre cens & huit.

CHARLES VI. à Paris, le 23. de Mai 1408.

(a) Lettres de Sauve-garde Royale pour l'Abbaye de Montmartre près Paris.

KAROLUS, Dei graciâ, Francorum Rex. Universis tam presentibus quam futuris. Racioni congruum arbitramur, si inter curas & sollicitudines quas frequenter habemus in regendis nostris subditis, ad hec precipuè nostre mentis aspiret affectus, per que Status Ecclesiasticus nostris temporibus sub commisso Nobis regimine in pacis transquilitate [a] *manuteneri valeat & tueri, & Regni predicte Ecclesie, Religioseque persone que de die* [b] *noctuque devotè Divinis insistunt obsequiis, sub nostre proteccionis clipeo à suis releventur pressuris, ac per regalem potenciam à noxiis defendantur, ut eò devociùs circa Divina vacare valeant, quò liberaliùs per regalem potenciam senserint se adjutas. Hinc est quod Nos clare memorie predecessorum nostrorum Regum Francie vestigiis inherentes, ob animarum eorum remedioque & salute nostri, Religiosas Abatissam & Conventum Monasterii* [c] Montis-Martirum *prope* Parisius, *ab antiquo per Predecessores nostros fundatum, & membra dicti Monasterii, speciali prosequentes affectu, ipsas Religiosas tam in capite quam in membris, unacum earum Gentibus, Familiaribus, singularibusque personis dicti Monasterii & membrorum ejusdem,* [d] *hominibus de corpore, & bonis ipsarum omnibus in Regno nostro existentibus, in nostra protectione, salva & speciali Gardia suscipimus per presentes; eisdemque Religiosis Gardiatorem concedimus Prepositum nostrum* Parisiensem *qui nunc est & qui pro tempore futuro erit, in omnibus suis Causis & querellis motis & movendis, tam agendo quam deffendendo; cuiquidem Preposito vel ejus Locuntenenti committimus & mandamus quatinùs predictas Religiosas, gentes, singularesque personas dicte Ecclesie & membrorum ejusdem, ac homines de corpore, defendant ab omnibus injuriis, violenciis, gravaminibus, oppressionibus, vi armorum, potencia Laïcorum & novitatibus indebitis quibuscunque, & in suis justis possessionibus, franchisiis, Libertatibus, immunitatibus, juribus, usibus & saisinis, in quibus ipsas esse & earum predecessores fuisse pacificè ab antiquo invenerit, conservet & defendat vel conservari faciat, non permittens in personis ipsarum aut gentium, familiarium, singularumque personarum dicti Monasterii, ejusdemque membrorum, hominum de corpore, seu in bonis eorum, aliquas fieri seu inferri injurias aut indebitas novitates; quas si factas esse vel fuisse in nostre salve & specialis Gardie ac ipsarum prejudicium invenerit vel ad ejus noticiam pervenerit, ad statum pristinum reducat seu reduci faciat, & Nobis ac Parti propter hoc emendam condignam fieri & prestari; dictamque Salvam-gardiam nostram publicari faciat ubi &* [e] *enim fuerit opportunum; & in signum hujusmodi nostre Salve-gardie,* [f] *Penuncellos nostros in suis Ecclesiis, Domibus, possessionibus & rebus predictis in casu eminentis periculi dumtaxat, apponat seu apponi faciat;* [g] *inhibendo ex parte nostra omnibus illis de quibus fuerit requisitus, sub omni*

[a] manutenere. *T. C.*

[b] noctuque Divinis. *T. C.*

[c] Montmartre.

[d] espèce de Serfs.

[e] cum. *T. C.* mot corrompu.

[f] Voy. les Tables des Mat. des Vol. de ce Rec. au mot, *Pennonceaux.*

[g] inhiben. *T. C.*

NOTE.

(a) Livre rouge vieil du Châtelet de *Paris, fol.* 8. vingt 15. *verso.* [175.]
Avant ces Lettres, il y a : *Garde pour* Montmartre.
Ces Lettres sont aussi dans le Reg. viij.xx ij. [162.] du Trés. des Chart. P. xiiij.xx xiiij. (294).

pena quam erga Nos possent incurrere, ne eisdem Religiosis, gentibus, familiaribus, singularibusque personis dicti Monasterii & membrorum ejusdem, hominibus de corpore, seu bonis quibuscunque earum, quomodolibet forefacere presumant: volentes & ordinantes insuper, quod predictus Prepositus & successores ipsius in dicto Officio Prepositi, sive Locatenentes eorum, possint quoscunque Regios Servientes nostros quos & quales sibi bonum videbitur committere, si & quociens super hoc fuerint requisiti que contenta in hiis nostris Litteris valeant execucioni debitè [a] *demandare; & si in casu novitatis inter ipsas Religiosas, gentes, familiares, singularesque personas dicti Monasterii & membrorum ejusdem, homines de corpore & aliquos alios, racione bonorum quoruncunque dicti Monasterii, aliquod oriatur debatum, Locis deablatis, si sint in rerum natura, alioquin de valore & extimacione ipsorum realiter & de facto resaisitis, dictum debatum & rem* [b] *contempciosam in manu nostra tanquam superiori ponat vel poni faciat per suum vel suos depputandos, Partesque debatum hujusmodi facientes, ac eciam dicte Salve-gardie nostre infractores aut contemptores, vel qui in contemptu ejusdem predictis Deputatis ab eodem Gardiatore Gardiatoris Officium excercendo, injuriam fecerint vel offensam, sive qui eis inobedientes fuerint, diem coram dicto Preposito assignari demandet per suum vel suos deputandum aut deputandos, vel aliter, Partibus pro procedendo in Causa novitatis ut fuerit racionis; qui eciam eisdem Religiosis & Procuratoribus suis, faciant & facere teneantur omnia & singula debita sua bona & legalia persolvi, debitores earumdem ad dictam solucionem faciendam compellendo ut fuerit racionis, opponentes coram ipso Preposito vel ejus Locumtenente adjornent; ipsique ab eo successoribusque suis deputandi, aliaque universa & singula faciant & facere possint, que ad Officium Gardiatoris possunt & potuerint quomodolibet pertinere; quodque predictus Prepositus & ejus successores, non permittat vel permittant dictas Religiosas vel earum Procuratores aut Gentes, racione bonorum ad dictam Ecclesiam spectancium, coram quocunque Judice Seculari nisi coram se dumtaxat, in Causam vel in Causas trahi; ymo pro parte nostra inhibeant vel inhiberi faciant omnibus Justiciariis de quibus fuerint requisiti, ne de Causis vel aliis negociis earundem cognoscant seu se aliqualiter intromittant. Nolumus tamen quod dicti Servientes seu depputandi à dicto Preposito vel ejus successoribus, de recredencia facienda, vel de eis que Cause cognicionem requirunt, se aliquatenùs intromittant: Dantes hiis presentibus in mandatis, omnibus aliis Justiciariis & Officiariis ac subditis Regni nostri, & quibuslibet eorum, quatinus Presato nostro Preposito* Parisiensi [c] *modo, & aliis Prepositis* Parisiensibus *successoribus ipsius, eorumque Locatenentibus, in premissis & premissorum singulis, eaque quomodolibet tangentibus nec non Gardiatoribus per eundem Prepositum atque successores suos, vel eorum Locatenentes, presatis Sororibus deputatis & deputandis, in omnibus ad Gardiatoris Officium spectantibus pareant efficaciter & intendant. Quod ut firmum & stabile permaneat in futurum, presentibus Litteris nostrum fecimus apponi Sigillum: nostro in aliis jure salvo, & in omnibus quolibet alieno.* Datum *Parisius,* die XXIII.[a] mensis Maii, anno Domini millesimo quadringentesimo octavo, & Regni nostri XXVIII.[o] *Sic sign. Per Regem in suo Consilio, in quo* Rex Sicilie, *Domini* Duces Bituric *&* Burgundie, *Comites* [d] Moritanie *&* [e] Nivernensis *& plures alii de Consilio, erant.* DE SCEPEAUX. [f] *Visa.* [g] *Contentor.* LIJOTE. Et au dos desdictes Lettres estoit escript ce qui s'ensuit: *Publiées en Jugement ou Chastellet de* Paris, *le Mardi* VII.[me] *jour du mois d'Aoust, l'an mil quatre cens & huit. Collation faicte à l'Original rendu à* Guillaume Nicolas *Procureur desdictes de* Montmartre, *par moy.* LE CORNU.

CHARLES VI. à Paris, le 23. de Mai 1408

a demandari. *T. C.*

b contenciosam.

c app. *moderno.*

d Moritan. *Reg.* Mortain. *Voy. le 4.e Vol. de ce Rec. p. 643. note (qq).*

e Nivern. *Reg.*

f Ce qui suit n'est point dans T. C.

g Voy. le 5.e Vol. de ce Rec. p. 22. note *(h).*

CHARLES VI. à Paris, le 25. de Mai 1408.

(a) Lettres par lesquelles Charles VI. déclare qu'attendu qu'il n'y a point de Pape qui soit reconnu unanimement par toute l'Eglise, il prend le parti de la neutralité.

CHARLES, par la grace de Dieu, Roy de France, Daulphin de Viennoys. A tous ceulx qui ces presentes Lettres verrront : Salut. Comme par noz autres Lettres patentes desquelles la teneur s'ensuit,

(b) CHARLES, &c.

Nous veans & congnoissans evidemment que pour les prouffis, plaisirs & honneurs temporelz que les deux Contendans du Papat, & leurs Predecesseurs, & dont en nosdictes Lettres dessus transcriptes est faicte mencion, ont eu par l'obeissance qui depuys le commencement du Scisme a été donnée, faite & prestée ausdiz Contendans & leursdiz Predecesseurs, ilz ont esté & sont remis & negligens de mettre paix & union en nostre Mere Sainte Eglise, ainsi que faire le devoient pour le bien de la Chrestienté ; & voulans à ce obvier de nostre part, eussions par très-grant & meure deliberacion de conseil de plusieurs de nostre Sang & Lignage, Prelaz, Barons, Docteurs & autres sages & preudommes de nostre Royaume ad ce appellez pardevers Nous, ayans Dieu seulement & le salut de leurs ames devant les yeulx, conclud & determiné que ou cas que dedens le jour de la Feste de l'Ascension Nostre Seigneur derrenierement passée, n'aurions union en nostredicte Mere Sainte Eglise, & un seul vray & sanz doubte Pape & Pasteur de l'Eglise universale, Nous, le Clergié & autres gens & subgiez de nostredit Royaume, & aussi de nostredit *Daulphiné* de *Viennoys,* serions neutres, & ne ferions, presterions ou donnerions, ne souffririons par aucuns de noz Subgiez estre donnée deslors en avant aucune obeissance à l'un ne à l'autre d'iceulx deux Contendans qui tiengne ou occupe ledit estat, jusques à ce qu'il y ait un seul vray & sanz doubte Pape & Pasteur de l'Eglise universale, comme dit est; & soit ainsy que ladicte Feste de l'Ascencion de Nostre Seigneur soit passée, sanz ce que Nous ayons ladicte union en nostredicte Mere Sainte Eglise : Savoir faisons que Nous considerans les choses dessusdictes & autres plusieurs causes & considéracions qui sur ce sont à considerer, & voulans & désirans sur toutes riens, comme un chacun vray Catholique & bon Chrestien le doit faire, l'avancement & abregement de ladicte union, & oster à nostre povoir tous les empeschemens contraires, eue sur ce très-grant & meure deliberacion de conseil avec plusieurs de nostredit Sang & Lignage, & sages & notables personnes tant de nostre Grant Conseil comme autres, & tant Clercs comme Lays, & en approuvant & corroborant nosdictes autres Lettres cy-dessus transcriptes, & toutes & chacunes les choses en ycelles contenues, avons aujourduy conclud & determiné, & par la teneur de ces presentes, de nostre certaine science & plaine puissance Royal, concluons & determinons pour Nous & tout nostre Peuple & subgiez de nosdiz Royaume & *Daulphiné* de *Viennoys,* estre neutres, & que doresenavant ne ferons, presterons ou donnerons, ne souffrirons par aucuns de nozdiz subgiez estre fait ou donné ores ne ou temps avenir, aucune obeissance à l'un

NOTES.

(a) Copié sur l'original qui est au Trésor des Chartres, Layette, Schisme, 1.er sac. N.° 34.

Au dos de cet original il y a : *Littera neutralitatis facte per Dominum nostrum Regem : anno M.° CCCC. octavo.*

La copie de ces Lettres a été envoyée de *Montpellier,* avec cette indication : *Royaume en général, 6.e continuation des titres particuliers, armoire A. n.° 6. fol. 93.*

(b) *Charles, &c,]* Ces Lettres qui sont du 12. de Janvier 1407. sont imprimées ci-dessus p. 290.

ne à l'autre desdiz deux Contendans, ne à aucuns de leurs Successeurs qui tiengne ou occuppe ledit estat, jusques à ce qu'il y ait un seul vray & sanz doubte Pape & Pasteur de l'Eglise universale, comme dit est. Si donnons en mandement par ces presentes, à noz amez & feaulx les Gens tenans nostre present Parlement à *Paris,* & qui tendront ceulx avenir, & à tous noz Gouverneurs, Bailliz, Seneschaulx, Viguiers, Juges, Prevosts, & autres Justiciers & Officiers, ou à leurs Lieuxtenans & à chacun d'eulx qui sur ce sera requis, que noz presentes conclusion & determinacion publient ou facent publier incontinent ces Lettres veues, par tous leurs Sieges & Auditoires, & ailleurs, par toutes les Villes & lieux notables de nosdiz Royaume & *Daulphiné,* où l'en a accoustumé les temps passez faire publicacions & crys solennelz, & ce à voix de trompe, & autrement en la meilleur forme & maniere que faire se pourra, & telement que de ce nul ne puisse ou doye pretendre ignorance, & ycelles conclusion & determinacion facent tenir & garder de point en point, selon leur forme & teneur, & sanz infraccion aucune, par tous noz subgiez & autres demourans en nosdiz Royaume & *Daulphiné,* de quelque estat & condicion qu'ilz soient, & tant d'Eglise comme Seculiers, & les transgresseurs ou venans à l'encontre directement ou indirectement en quelque maniere que ce soit ou puist estre, punissent ou facent punir en corps & en biens, ou autrement selon l'exigence des cas, & telement que nostre honneur y soit gardé, & que tous autres y preingnent exemple. De ce faire leur donnons povoir, auctorité & mandement especial : mandons & commandons à tous noz subgiez, tant d'Eglise comme Seculiers, demourans ou beneficiez en nosdiz Royaume & *Daulphiné,* sur peine de corps & de biens & de bannissement de nosdiz Royaume & *Daulphiné,* que à nosdiz Officiers & à chacun d'eulx, & à leurs commis & députez, ès choses dessusdictes, circonstances & deppendances d'icelles, obeissent & entendent diligemmment comme à Nous, & donnent conseil, confort & aide, se mestier est & requis en sont : car ainsi le voulons & Nous plaist estre fait; nonobstant quelxconques opposicions & appellacions faictes & à faire, & Lettres empetrées & à empetrer à ce contraires. En tesmoing de ce, Nous avons fait mettre nostre Séel à ces presentes. *Donné à* Paris, *le XXV.e jour de May, l'an de grace mil quatre cens & huit, & le XXVIII.e de nostre Regne.*

CHARLES VI. à Paris, le 25. de Mai 1408.

Par le Roy, en son grant Conseil, ouquel Mess. les *Ducs* de *Berry,* de *Bourgogne* & de *Brabant,* les *Contes* de *Mortaing,* de *Nevers* & de *Saint Pol,* le Connestable, [a] Vous, le Grant Maistre d'Ostel, le Maistre des Arbalestiers, & plusieurs autres dudit grant Conseil, & tant de Eglise comme Seculiers, estoient. G. BARRAU.

Collacion est faicte. (c)

[a] *Le Chancelier de France. Voy. le 5.e Vol. de ce Rec. p. 653. note (c).*

NOTE.

(c) Ces Lettres furent lûes & publiées en Parlement le même jour 25. de Mai 1408. Voy. ci dessus p. 291. note (b).

(a) Lettres de Charles VI. par lesquelles, en renouvellant la Sauve-garde Royale dont jouissoit l'Ordre de S.t Jean de Jerusalem, il nomme des Sergens Royaux pour être ses Gardiens spéciaux dans les trois Sénéchaussées du Languedoc.

CHARLES VI. à Paris, le 26. de Mai 1408.

CHARLES, par la grace de Dieu, Roy de France. A tous ceux qui ces presentes Lettres verront : Salut. Sçavoir faisons que Nous considerans la très-grant loyaulté, affection & bonne voulenté que tousjours ont eu à nos Predecesseurs Roys de France, à la Couronne de France & à Nous, & encores ont nos

NOTE.

(a) La copie de ces Lettres a été envoyée de *Montpellier,* avec cette indication : *Royaume en général, armoire A. 6.e continuation des titres particuliers, n.o 6. fol. 71.*

CHARLES VI.
à Paris, le 26. de Mai 1408.

bien amés les Prieurs & Freres de l'Ordre de S.t Jehan de *Jerusalem,* & les bons & agreables services qu'ils ont fait à nos devanciers & à Nous, & font de jour en jour, & aussi les grans aydes, [a] Responsions & Subventions qu'il leur convient continuelement faire au Maître & Convent de l'Isle de *Rhodes,* voulans pour ce les garder & deffendre de toutes opressions, de violences & domages, par quoy ils puissent mieux & plus devotement vacquer ou Service divin en leurs Eglises, & entendre à faire & accomplir les besoignes de leur Religion, lesquels sont d'ancieneté en la sauve & especial garde & protection Royal, avons iceulx Religieux Prieurs & Freres, en chiefs & en membres, avec leurs Commandeurs & *(b)* Donnés, leur famille, Officiers, gens & serviteurs, [b] hommes & femmes de corps, Eglises, Maisons, possessions, rentes, revenues & autres biens quelsconques, prins & mis, prenons & mettons d'abondant par ces presentes, en notre sauve & special garde & protection, & à iceulx Religieux avons deputé & ordonné, deputons & ordonnons Gardiateurs especiaux, *Bernard Valliere, Estienne Regnaut, Jean* [c] *Jhus,* & *Dominique* de la *Marche,* en la *Senechaussie* de *Carcassonne; Jehan* de *Villers, Jehan* de *Moncoq, Jehan Porol,* & *Jehan Pointet,* en la *Senechaussie* de *Beaucaire; Jehan* de *Pomies, Barthelemi Roque, Guillaume Martin* & *Raymond Engilbert,* en la *Senechaussie* de *Rouergue,* nos Sergens; auxquels & à chacun d'eulx, Nous mandons & commettons que iceulx Religieux, leurs Commandeurs, Donnés & famille, Officiers, gens & serviteurs, & chacun d'eulx, ils gardent & maintienent en toutes leurs justes possessions, franchises, libertés, droits, usages, coustumes & saisines esquelles ils les trouveront estre & leurs predecesseurs avoir esté paisiblement d'ancieneté, & les gardent & deffendent de toutes injures, griefs, violences, opressions, molestations, de force d'armes, de puissance de lais, & de toutes autres inquietations & nouvelletés indues, lesquelles se ils les trouvent estre ou avoir esté faites, ils les fassent rapeller & metre par Juge competent au premier estat & deu, tantôt & sans delay, & Nous facent & à eulx pour ce, faire & payer amandes convenables, & nostre presente Sauvegarde facent publier & signifier ez lieux & à ceulx dont ils seront requis de par lesdits Religieux, Commandeurs, Donnés, famille, Officiers, gens & serviteurs, ou aucun d'eulx, en deffendant de par Nous à tous ceulx dont requis seront, sur certaines & grosses peines à appliquer à Nous, que auxdiz Religieux ne à leur famille, Officiers, gens & serviteurs, & à leurs biens ne mefassent ne fassent mesfaire en corps & en biens en aucune maniere; & se entre iceulx Religieux, leurs Commandeurs, Donnés ou famille, ou aucun d'eulx, naist debat ou opposition en cas de nouveleté, ils prenent & mettent le debat & la chose contentieuse en nostre main coume souveraine, & fassent les lieux restablir, & rasaisir des choses ostées, s'aucunnes en y a, [d] royaument & de fait, & iceulx opposans ou faisant ledit debat, & aussi tous ceulx qui auront fait ou [e] fairont aucune injure ou offense auxdits Religieux, à leurs Commandeurs, Donnés, famille, Officiers, gens & serviteurs, ou aucun desdits Gardians, ou qui seroient contredisans ou rebelles à iceulx Gardians, ou leur fairoient ou à aucun d'eulx, injure ou offense en faisant office de Gardian, ils adjournent en nostre Court de Parlement à *Paris,* se ils sont tels qu'ils ne ressortissent ou plaident ailleurs que en nostre Court de Parlement, & les autres & tous ceulx dont ils requeront avoir [f] assurement, adjournent pardevant nos Juges à qui la connoissance en devra apartenir, pour dire les causes de leur opposition, & repondre sur les choses dessusdittes auxdits Religieux ou à leurs Procureurs, & proceder & aller avant en oultre selon raison; & pour leur donner ledit assurement bon & loyal selon la coustume du païs, & de ce que fait auront sur ce, certifient souffisament nos amés & feaulx Conseillers les gens tenans & qui tiendront notredit Parlement, ou nosdits Juges, auxquelx Nous mandons que ils fassent aux parties surtout oyes, bon & brief

a *Voy. la note (e) de la p. 261. du 6.e Vol. de ce Rec.*

b *espèce de serfs.*

c *Il y a une marque d'abréviation sur ce nom.*

d *réellement.*

e *feront ... feroient.*

f *Voy. les Tables des Mat. des Vol. de ce Rec. au mot, Assurément, & à celui de Pennonceaux.*

N O T E.

(b) Donnés,] Ce sont des Laïques qui font une espèce de profession Religieuse dans les Monastères. Voy. le Gloss. de *Du Cange,* au mot *Donati 2.*

acomplissement

acompliſſement de Juſtice : Et avecques ce, mettent ou faſſent metre iceulx Gardians ou l'un d'eulx, s'ils en ſont requis par leſdits Religieux ou leurs Procureurs ou aucun d'eulx, nos Pannonceaux en & ſur leurs Egliſes, maiſons, terres, granges, poſſeſſions & biens quelsconques aſſis en pays gouverné par Droit eſcript, & ailleurs auſſi en cas de peril eminent; & generaument donnons pouvoir & autorité auxdits Gardiateurs & à chacun d'eulx, de faire toutes les choſes que à Office de Gardian pevent & doivent appartenir : toutes voyes Nous ne voulons mie que eulx ou aucun [a] s'entremete de choſe qui requiere connoiſſance de cauſe : mandons & commandons à tous nos Juſticiers, Officiers & Subjicts, que auxdits Gardiateurs & à chacun d'eux, quant aux choſes deſſuſdittes, & aux circonſtances & dependances d'icelles, obeiſſent & entendent diligeament, & leur baillent & preſtent conſeil, confort & ayde, ſe meſtier en ont, & ils en ſont requis : Et n'eſt mie notre entention que par ces preſentes, les anciennes Gardes données & octroyées par nos Predeceſſeurs auxdits Religieux, ſoyent en aucune manière rapellées & revoquées; mais voulons qu'elles demeurent en leur force & vertu. En teſmoing de ce, Nous avons fait metre notre Seel à ces preſentes. *Donné à* Paris, *le XXVI.e jour de May, l'an de grace mil quatre cens & huit, & de notre Regne le XXVIII.e* Par le Roy, à la relacion du Conſeil. R. *(c)* LIOTTE.

CHARLES VI. à Paris, le 26. de Mai 1408.

a *ſupp.* d'eux.

NOTE.

(c) Liotte.] Il faut ſans doute corr. *Liſotte*, ſignature qui ſe trouve à la fin de pluſieurs Lettres de ce temps. Voy. la Table des noms de perſonnes qui eſt à la fin de ce Vol.

CHARLES VI. à Paris, en Mai 1408.

(a) Lettres qui portent qu'on ne lèvera ſur les marchandiſes qui entrent dans le Port d'Harfleur, & ſur celles qui en ſortent, que l'ancienne impoſition foraine de quatre deniers pour livre, laquelle eſt domaniale; & qu'elles ne ſeront point ſujètes à l'impoſition foraine de douze deniers en ſus pour livre, qui avoit cours alors.

CHARLES, &c. Savoir faiſons à tous preſens & avenir, que receue l'umble ſupplicacion des Bourgois & habitans de la Ville de *Harfleu*, [b] Leure de Quief de *Caux*, & [c] des mettes d'environ, conſors en ceſte partie, contenant comme ladicte Ville de *Harefleu* ſoit ville notable, aſſiſe ſur port de mer, en laquelle & au port d'icelle & èſdictes mettes viennent & arrivent pluſieurs marchans eſtrangers & de pluſieurs Royaumes, leſquelz pour l'eſtat de bonne marchandiſe entretenir, y apportent pluſieurs denrées & marchandiſes, dont une grant partie de noſtre Royaume eſt ſubſtenté & gouverné, & auſſi y achettent pluſieurs denrées & marchandiſes dont ilz Nous paient & ont accouſtumé de paier au droit de noſtre Demaine, l'impoſicion foraine de quatre deniers pour livre de ce qu'ilz portent hors de noſtredit Royaume; & il ſoit ainſi que n'agaires & de nouvel, un nommé *Richart Vigant*, ſoy diſant & portant fermier de l'impoſicion foraine de XII. deniers pour livre de toutes les denrées & marchandiſes traictes & menées hors de noſtredit Royaume, ſe ſoit efforcé ou vueille efforcer de prendre & avoir auſdiz lieux de *Harefleu*, Leure & Quief de *Caux* & ès mettes d'environ, ou en aucuns d'iceulx, ladicte impoſicion de XII. deniers pour livre, oultre & pardeſſus les quatre deniers Tournois pour livre deſſuſdiz, ſoubz umbre de ce qu'il dit ladicte impoſicion lui avoir ainſi eſté baillée à cueillir par les Eſleuz de *Caudebec*, par tout le Dioceſe de *Rouen*, qui eſt choſe nouvelle au regard dudit lieu de *Harefleu* & deſdictes mettes d'environ, meſmement que oncques mais ne fu acouſtumé de ainſi le faire;

b *Voy. la note (f) de la p. 161. du 2.e Vol. & la note (f) de la p. 428. du 4.e Vol. de ce Rec.*

c *du territoire.*

NOTE.

(a) Tréſor des Chartres, Regiſtre 162. P. iiij.xx xviij. (98.)

CHARLES VI. à Paris, en Mai 1408.

& attendu que ès années passées, ladicte imposicion n'y a eu aucun cours; laquelle chose est & seroit ou très-grant grief, prejudice & dommage desdiz supplians & des marchans estrangiers & autres venans [a] marchandement esdits lieux, mesmement que ladicte Ville est forment grevée de supporter les frais & despens que faire convient à la garde de ladicte Ville de *Harefleu* & autres lieux dessusdiz, sans avoir sur ce aucun aide de Nous, se sur ce ne leur estoit par Nous pourveu de nostre gracieux & convenable remede, si comme ilz dient, suppliant humblement ycelui. Nous ce consideré, & qui voulons yceulx supplians estre tenus & gardez en leurs libertez, droiz & franchises, voulons & avons ordené & ordenons par ces presentes, de grace especial, se mestiers est, que ou cas dessusdit, lesdiz supplians ne aucuns d'eulx, ne aussi lesdiz marchans qui viennent marchandement en ladicte Ville de *Harefleu* & esdictes mettes, comme dit est, ne soient & ne puissent doresenavant estre tenus ou contrains à paier ladicte imposicion foraine de XII. deniers Tournois pour livre, mais en soient tenus quittes & paisibles du tout, & ne soient tenus de paier fors seulement les IIII. deniers dessusdiz, comme acoustumé est de faire. Si donnons en mandement par la teneur de ces presentes, à noz amez & feaulx les Generaulx Conseillers sur le fait des Aides ordonnés pour la guerre, qui à présent sont, & pour le temps avenir seront, que ilz ne contraignent, ne facent ou souffrent contraindre en aucune maniere lesdiz supplians & marchans, ne aucuns d'eulx, à paier ladicte imposicion foraine de XII. deniers Tournois pour livre, fors seulement les IIII. deniers dessusdiz, comme a esté acoustumé estre fait, ainsi que dessus est dit; & s'aucun desdiz supplians ou marchans avoient ou ont baillé [b] pleges ou respondans pour eulx, pour cause de ladicte imposicion foraine de XII. deniers pour livre, que de ce ilz soient tenuz quittes & paisibles, & aussi leurs biens ou les biens de leursdiz pleges, s'aucuns estoit pour ce pris ou empeschiez, que ilz les leur mettent ou facent mettre à plaine delivrance : car ainsi Nous plaist-il & voulons estre fait, & ausdiz supplians & marchans l'avons octroié & octroions de grace especial, par ces présentes. Et afin que ce soit ferme chose & estable à tousjours, Nous avons fait mettre nostre Séel à ces présentes : sauf en autres choses nostre droit, & l'autruy en toutes. *Donné à* Paris, *ou mois de May, l'an de grace mil CCCC. & huit, & de nostre Regne le XXVIII.e*

Par le Roy, en son Conseil. FERRON.

[a] *pour faire le commerce.*

[b] *cautions.*

CHARLES VI. à Paris, le 5. de Juin 1408.

(a) *Lettres qui portent qu'il ne sera point obéi aux Bulles que Pierre de la Lune [qui avoit été élû Pape sous le nom de Benoît XIII.] a données depuis celle du 19. de Mai 1407. par laquelle il a excommunié Charles VI. les Princes de son Sang, & son Royaume.*

CHARLES, par la grace de Dieu, Roy de France. A noz amez & feaulx Conseilliers les Gens tenans nostre présent Parlement, & qui pour le temps avenir le tendront : Salut & dileccion. Comme pour cause & occasion de la poursuite que Nous de tout nostre povoir faisions & entendions à faire pour l'union de nostre Mere Sainte Eglise, qui tant longuement a esté & demourée en Scisme & division, *Pierre* de *Lune* derrenierement esleu en Pape [c], eust envoyé & fait n'agaires présenter à Nous & à aucuns de nostre Sang & Lignage, aucunes faulses, injurieuses & dampnables escriptures, en maniere de Bulle, par lesquelles il s'estoit

[c] *sous le nom de* Benoît XIII.

NOTE.

(a) Registre *A.* du Parlement, *fol.* ij.c xvj. *verso.* [216.]

Avant ces Lettres, il y a : *Ordinacio quod non obediatur Litteris* P. *de* Luna *in Papam electi, datis post nephandas Bullas Regi & Regno missas.*

Ces Lettres ont déjà été imprimées à la p. 194. de la seconde Partie des Preuves des Libertés de l'Eglise Gallicane de l'édition de 1731.

Voy. la Préface de ce Vol. §. *Schisme.*

efforcié & efforçoit de fulminer Sentences d'excommuniement & autrement, à l'encontre de Nous, de ceuls de noftredit Sang & Lignage, & de noftre Royaume, en foy efforçant de Nous, noz devant diz Sang, Lignage & Royaume injurier, vituperer & deshonnorer, & pour icelles faulfes, injurieufes & dampnables efcriptures reprouver & adnuller, noftre très-chiere & amée Fille l'Univerfité de *Paris*, euft fait publiquement propofer en la prefence de Nous & de noz très-chiers & très-amez Oncle & Coufins les *Rois* de *Sicile* & *Ducz* de *Berry* & de *Bourgongne*, les *Comtes* de *Mortaing* & de *Nevers*, & plufeurs autres de noftre Sang & Lignage, Prelaz, Barons, Chevaliers, & autres gens notables, plufeurs grandes conclufions concernans & regardans le bien & honneur de noftreditte Mere Sainte Eglife, de Nous & de noftredit Royaume, entre lefquelles euft efté dit & monftré que Nous & ceuls de noftredit Royaume & *Dalphiné*, ne devions ne ne povions obeir aucunement à quelzconques Bulles ou Lettres que ledit *Pierre* de *Lune* euft faittes ou fait faire, pour dons de Prélatures, Dignitez, Bénéfices ou autrement, depuis la date defdittes faulfes, injurieufes & dampnables efcriptures qui avoient efté données le XIX.e jour de May, l'an mil IIII.c & fept, fi comme l'en dit, & lefquelles chofes euffent efté advifées, & encores Nous aient efté & foient remonftrées & confeillées par plufeurs de noftredit Sang & Lignage, & de noftre Confeil, que ainfi faire le devions : Savoir vous faifons que Nous voulans du tout [a] efchever à noftre povoir, les maulx, [b] efclandes & inconvéniens que pour ce fe pourroient enfuir, en faifant le contraire des chofes deffufdictes, mais icelles tenir & garder entierement, vous mandons & commandons, & expreffement enjoingnons que à quelzconques Bulles ou Lettres données depuis la date defdittes faulfes, injurieufes & dampnables efcriptures, qui dorefenavant vous feroient prefentées ou envoyées, vous ne obtemperez ou obeiffez, ne ne les recevez, foit pour Prelatures, Dignitez, Benefices, ou autrement, ne ne fouffrez eftre obey ou obtemperé en aucune maniere, mais cefte noftre prefente Ordenance, volenté & Mandement, faites obferver & garder fans enfraindre; & s'il y a aucuns qui fe ingerent ou vuillent ingerer de prefenter ou vouloir prefenter aucunes Bulles ou Lettres d'icelui *Pierre* de *Lune*, pour les vouloir mettre aucunement à exécution contre noftre prefente volenté, que en ce cas incontinent vous [c] deffirez icelles Bulles ou Lettres qui vous feroient préfentées, en vous tenant faifiz des perfonnes de ceuls qui ycelles Bulles ou Lettres vous auroient préfentées, & en les puniffant telement que ce foit exemple à tous autres. *Donné à* Paris, *le V.e jour de Juing, l'an de grace mil quatre cens & huit, & le XXVIII.e de noftre Regne.* Ainfi fignées.

CHARLES VI. à Paris, le 5. de Juin 1408.

[a] *éviter.*
[b] *fcandale.*
[c] *déchiriez.*

Par le Roy, Meffeigneurs les *Ducs* de *Berry* & de *Bourgongne*, le grant Maiftre d'Oftel, Maiftre *Jehan* de *Boiffay*, & autres, préfens. DERIAN.

Lecta & in Curia publicata, die XVIII.a Junii, anno Domini M.o CCCCVIII.o BAYE. *Collacio facta eft cum originali.*

CHARLES VI. à Paris, en Juin 1408.

(a) Lettres de Charles VI. par lefquelles, en confirmant la Sauve-garde Royale dont jouiffoit le Chapitre de Saint Frambourg de Senlis, il leur donne le Bailli de cette Ville pour Juge & Gardien dans les affaires qu'ils auront contre des perfonnes qui n'en demeureront pas à plus de quinze lieues.

CHARLES, &c. Savoir faifons à tous prefens & avenir, Nous avoir receu l'humble fupplicacion de noz bien amez Chappellains les Doyen & Chappitre de l'Eglife Collegial [d] Saint Framboult de *Senliz*, contenant que comme ladicte Eglife foit de fondacion Royal, très-ancienne, & à cefte caufe foient en

[d] *nommé plus communément* Saint Frambourg.

NOTE.

(a) Tréfor des Chartres, Reg. 162. P. iij.c lvij (357.)

CHARLES VI. à Paris, en Juin 1408.

nostre proteccion & especial Sauve-garde; & aussi de leur fondacion & autrement, aient plusieurs rentes, Terres, Justices, revenues & Seigneuries en plusieurs lieux, qui par guerres, mortalitez & autrement, sont si diminuez que leurs Benefices qui souloient estre de bonne valeur, ne pourroient à present souffire à la vie d'iceulx, & que à très-grant paine pevent supporter la charge des Vicaires & autres Serviteurs de ladicte Esglise, & encore pour pourchassier leurs droiz en divers lieux & Chastelleries, leur convient moult despendre & grandement fraier, en Nous humblement suppliant que comme Nous en aucunes choses soions participans avec eulx, & que en aucunes leurs terres & revenues Nous aient ou temps passé [a] acompaigniez, pour estre mieulx & plus favorablement gardez & soustenuz, & que la plus grant partie de leurs rentes, terres & revenues soient ou *Bailliage* de *Senliz*, leur vuillions sur ce pourveoir de nostre gracieux remede. Pourquoy Nous ces choses considerées, voulans les Esglises de nostre Royaume, & par especial celles qui sont de fondacion Royal, comme dit est, favorablement estre traittiées, & pour autres consideracions à ce Nous mouvans, & principalement en faveur du Divin Service, & en ce que pour pourchassier leurs droiz, besongnes, Causes & quereles en plusieurs & divers lieux, ne soient distraiz dudit Divin Service, & ne leur [b] conveigne fraier & despendre les biens de ladicte Esglise, qui pourroit estre en diminucion d'icellui Divin Service, d'abondant grace les avons miz & mettons par ces presentes en nostre proteccion & Sauvegarde especial, & tous les Servans en ladicte Esglise, avecques leurs Officiers, familiers, serviteurs, choses, possessions & biens quelxconques, à la conservacion de leur droit tant seulement; & de plus ample grace & liberalité, leur avons baillé & député, & par ces presentes leur baillons & deputons, commettons & ordonnons à [c] Gardief especial, & perpetuel Juge & Conservateur, le *Bailly* de *Senliz*, qui à present est, & ses successeurs Baillis, ou leurs Lieuxtenans au Siege de *Senlis*, en toutes leurs Causes, quereles & besongnes quelxconques, tant réelles comme personnelles & autres, & tant en demandant comme en deffendant, pour occasion des choses assises, & des personnes demourans à quinze lieues près de *Senliz*. Si donnons en Mandement audit Baillif qui à present est & qui pour le temps advenir sera, ou à leurs Lieuxtenans, que lesdiz supplians & autres serviteurs en ladicte Esglise, avec leurs familiers, serviteurs, Officiers, choses, possessions & biens quelxconques, gardent & deffendent de toutes forces, griefz, violences, oppressions, inquietacions, & quelxconques molestacions, & en leurs droiz, franchises, libertés & justes possessions & saisines, les tiennent, maintiennent & gardent, & ausdiz supplians à leurs despens, deputent, se mestier est, à Gardien, ung ou plusieurs de noz Sergens, qui toutevoies ne s'entremettent de chose qui requiere congnoissance de Cause; & au surplus de nostre grace presente & octroy, facent lesdiz supplians joïr & user plainement & paisiblement & perpetuelment, en congnoissant & determinant oudit Siege de *Senliz*, de toutes leurs Causes & querelles, comme dit est; & facent au surplus & exercent tout ce qui à Office de bon & perpetuel Juge & Conservateur & Gardien appartient & compete : Mandons aussi par ces presentes à tous noz Justiciers, Officiers & Subgiez, que à nostredit Baillif, ses Commis & députez en ce faisant, obeissent & entendent diligemment. Et afin que ce soit ferme chose & estable à tousjours, Nous avons fait mettre nostre Séel à ces presentes : sauf en autres choses nostre droit, & l'autruy en toutes. *Donné à* Paris, *ou mois de Juing, l'an de grace mil cccc. & huit, & de nostre Regne le XXVIII.*

Par le Roy, Messire *Pierre* de *Navarre*, Messire *Jacques* de *Bourbon*, & autres, presens. GAUCHIER.

[a] *Associé*, app. par la voie d'un Pariage. *Voy. les Tables des Mat. des Vol. de ce Rec. au mot*, Pariage.

[b] *convienne.*

[c] *Gardien.*

CHARLES VI. à Paris, en Juin 1408.

(a) Lettres de Charles VI. par lesquelles, après avoir confirmé celles de Philippe de Valois, du mois de Mars 1345. il ordonne que les bestiaux qui, des pays étrangers, viendront paître dans le Gévaudan & dans le Vélay, ne seront point sujets au droit de marque & de représailles.

KAROLUS, &c. Notum facimus universis presentibus pariter & futuris, Nos humilem supplicacionem dilectorum nostrorum Domini de Tournello, *Domini de* Petra, *Domini de* Floriaco, *(b) Preceptoris Domus de* Vado Francisco, *Ordinis Sancti* Johannis Jerosolimitani, *Prioris* Ville-Dei, *nonnullorumque aliorum virorum Ecclesiasticorum, Nobilium, Burgensium & [a] plebeorum, Patriarum* [b] Gaballitani *&* Vallavie, *in hac parte consortum, recepisse, continentem quod antedicte sunt montuose, vino quasi steriles, & in bladis non multum habundantes, cum nec humor seu pinguedo terre habundet : sunt tamen in eis pascua & herbagia ex quibus nedum ipsis exponentibus, quinymo Nobis & reipublice patriarum [c] circumvicinorum, magna, non est diu, venire solebant commoda : nam animalia lanuta (c)* Provincie *&* Imperii, *ac alterius Patrie ultra* [d] Rodagne, *in magna quantitate, anno quolibet, tempore veris, in dictis pascuis adducebantur, & in eis morabantur usque in finem mensis Septembris vel circiter, & in regressu, dum dicta animalia Regnum nostrum exibant, pro uno quoque animali, Receptores nostri pro Nobis unum obolum* Turonensem *recipiebant, herbagia nostra de* [e] Surchis *pro pastu dictorum animalium congrua, magno precio (d) vendebantur, & in pedagiis nostris pro dictis animalibus, certa redibencia levabatur : jura eciam gabele salis, propter sal quod dicta animalia commedebant, & quod in caseis ex lacte dictorum animalium procedentibus commiscebatur, quam plurimum augmentabantur; varieque alie utilitates, tam in victualibus custodum quam in fimo animalium, ex quo terre pingues & magis fructifere efficiebantur, & aliter proveniebant : ipsi quoque exponentes sua herbagia & pascua (e) opulenter vocabant, nec non emolumenta suorum pedagiorum augebant, & inde pecunias habebant, quibus mediantibus nobis decenciùs servire* [f], *& suum statum honorabiliùs tenebant; & quia tempore inclite recordacionis Regis Philippi Domini Proavi nostri, majus onus quam dicti oboli impositum fuerat, & ob hoc dicta animalia venire desisterent, predictus Proavus noster factâ diligenti informacione de commodo & incommodo, & ea reportata, suas concessit Litteras tenoris sequentis.*

a plebeiorum.
b Gevaudan.
c corr. *circumvicinarum.*
d Je ne sçai si ce mot est corrompu; mais il s'agit certainement ici du *Rhône.*
e On pourroit aussi lire *Furchis*, je n'ai rien trouvé sur ce lieu, qui étoit dans le *Gevaudan* ou dans le *Vélay.*
f Il faut app. supp. *poterant* ou quelqu'autre mot semblable.

(f) PHILIPPUS, *&c.*

NOTES.

(a) Trésor des Chartres, Registre 162. P. iij.[c] vj. (306.)

(b) Preceptoris.] Voy. la note *(f)* de la p. 60. du 8.[e] Vol. de ce Rec. sur le mot *Preceptor*, & sur la Commanderie *de Vado Francisco*; car il y a grande apparence que c'est la même qui, dans le texte sur lequel cette note a été faite, est nommée *de Valle Francisci.*

On trouve à la même page du livre cité dans cette note, la Commanderie de *Ville Dieu*, dans le *Berry*, dépendante du grand Prieuré d'*Auvergne*; c'est app. le Prieuré *Ville-Dei*, duquel il est ici fait mention.

(c) Provincie.] La *Provence* & le *Dauphiné* étoient anciennement & sont encore quelquefois aujourd'hui appellés terres de l'Empire. Voy. la note *(c)* de la p. 29. du 4.e Vol. de ce Rec.

(d) Vendebantur.] Le mot *vendere* signifie quelquefois *affermer*. Voy. le Gloss. de *Du Cange*, col. 1467. au mot *vendere.*

(e) Opulenter vocabant.] Il n'y a dans le Registre que *opulent.* avec des marques d'abréviation sur le *p.* & sur le *t.* Le mot *vocabant* est peut-être corrompu.

(f) Philippus, &c.] Ces Lettres qui sont du mois de Mars 1345. sont imprimées à la p. 59. du 8.e Vol. de ce Rec.

Le Registre 162. fournit les corrections & les *Variantes* suivantes.

P. 60. Lig. 24. *per* dictam novam . . . . *corr. quod* dictam novam.
Lig. 28. obolentes . . . . *corr. abolentes.*
Lig. 29. observare . . . . *corr. observari.*
Lig. 42. & alieno *in omnibus* jure salvo . . . *corr.* & alieno *quolibet* jure salvo.

Il est singulier qu'il ne soit point ici fait mention des Lettres du 21. de Mars 1395. par lesquelles Charles V. confirma celles de Philippe de Valois. Voy. la p. 59. du 8.e Vol. de ce Rec.

CHARLES VI. à Paris, en Juin 1408.

Ex tunc in antea, dicta animalia venire continuerunt sicut prius facere consueverant; sed à paucis citra temporibus, propter molestias, dampna & fatigaciones habitantibus & singularibus personis dictarum Provincie *& aliarum ultra* [a] Robanarum *parcium, dicta animalia transmittentibus & adducentibus, per nonnullos executores Arrestorum nostre Curie Parlamenti, & Sentenciarum aliorum Judicum nostrorum, per quos* [b] *marche seu represalie contra habitantes* Provincie *& patrie ultra* [c] Rodano, Guillelmo Vielli, Marcho Montanerii, *eorumve causam habentibus & aliis, dicuntur fuisse concesse, &* [d] *aliter facta & multi mode illata* [e], *ipsi de* Provincia *& de partibus ultra* Rodanis, *sua predicta animalia in Regno nostro & in pascuis dictorum exponencium transmittere cessarunt & cessant de presenti, unde utilitates & commoda de quibus prelangitur, pariter conquiescunt in magnum dampnum & prejudicium nostri reique publice & exponencium predictorum, sicut dicunt: Quamobrem nobis humiliter supplicarunt ut cum jamdictus Proavus noster de dictis utilitatibus discretè informatus, suam prefatam Ordinacionem & concessionem fecerit quam teneri voluit & inviolabiliter observari, esto quod dampnosa sibi extitisset, bonum publicum suo preferendo* [f] *sibi, velimus nostrum graciosum & opportunum remedium impartiri. Nos premissis attentis, vestigiis predecessorum nostrorum inherendo, & eorum antiquas, laudabiles & fructuosas ordinaciones illesas remanere cupientes, Litteras predicti Proavi nostri supra insertas, & contenta in eis, gratas & firmas habentes, eas & ea volumus, laudamus, ratifficamus, de nostrisque certa sciencia, speciali gracia & auctoritate Regia confirmamus: Prefatis eciam habitantibus & singularibus personis quibuscumque* Comitatus Provincie *& Patrie ultra* Rodane, *de nostra uberiori gracia concessimus & concedimus per presentes, ut ipsi & eorum quilibet sua animalia lanuta, anno quolibet, tempore ab antiquo consueto, infra Regnum nostrum in pascuis & herbagiis supradictarum* Gaballitani *&* Vallavie *patriarum transmittere, tenere & reducere valeant atque possint, absque eo quod propter marchas vel represalias concessas aut eciam in futurum concedendas per Arresta nostre Parlamenti Curie, aut Sentencias quorumcumque aliorum Judicum & justiciariorum nostrorum, capi, detineri, marchari aut aliter quomodolibet impediri valeant sive possint: Senescallo, Magistro & Custodibus Portuum & passagiorum* Senescallie Bellicadri *&* Nemausi, *ceterisque Justiciariis, Receptoribus & Officiariis nostris modernis & posteris, aut eorum Locatenentibus, & cuilibet ipsorum, prout ad eum pertinuerit, mandantes quatinùs habitantes predictos, & quemlibet ipsorum, presentes & futuros, quos eorumque animalia & ipsorum animalium custodes & ductores, cum bonis suis omnibus, veniendo ad Regnum nostrum, stando in eodem & redeundo, Nos in nostra salva & speciali Gardia, ad sui juris conservacionem dumtaxat, suscipimus & ponimus per presentes, nostris presentibus confirmacione, graciâ & concessione uti & gaudere faciant, ac per suos districtus Juridiciones & passagia ire,* [g] *reddire & pertransire permittant, & ab omnibus injuriis, violenciis, gravaminibus, oppressionibus, arrestis & detencionibus eosdem tueantur & deffendant; Ordinacionibus, Statutis, marchis seu represaliis adjudicatis vel imposterum adjudicandis, & Litteris subrepticiis incontrarium factis aut fiendis, nonobstantibus quibuscumque. Quod ut robur perpetue stabilitatis obtineat, nostrum presentibus fecimus apponi Sigillum: nostro in aliis, & alieno in omnibus jure salvo.* Datum *Parisius,* mense Junii, anno Domini millesimo CCCC.° octavo, & Regni nostri XXVIII.°

Per Regem in suo Consilio, in quo Domini Bituricensis, Burgundie *&* [h] Brebencie Duces, *& alii plures erant.* BARRAU.

[a] corr. *Rodanarum.*

[b] Voy. les Tables des Mat. des Vol. de ce Rec. au mot *marque.*

[c] corr. *Rodane.*

[d] al. *Reg.*

[e] supp. *incommoda*, ou quelqu'autre mot semblable.

[f] ce mot est inutile.

[g] corr. *redire.*

[h] Brabancie.

CHARLES VI. à Paris, le 9. de Juillet 1408.

(a) Lettres qui portent que les biens de l'Ordre de Saint Jean de Jerusalem, situés en France, ne seront point sujets à l'imposition établie par le Clergé de ce Royaume, à l'effet de fournir aux frais nécessaires pour parvenir à l'union de l'Eglise; & que les membres de cet Ordre ne seront point envoyés en Ambassade par rapport à cette union.

(b) KAROLUS, *Dei gratiâ, &c.*

Datum *Parisius*, die nona Julii, anno Domini millesimo quatercentesimo octavo, & Regni nostri XXVIII.°

Per Regem. [a] FROTEMENT.

[a] Il faut sans doute corr. *Forrement*, signature qui se trouve en plusieurs Lettres de ce temps.

NOTES.

(a) La copie de ces Lettres a été envoyée de *Montpellier*, avec cette indication : *Sénéchaussée de* Toulouse *en général, armoire C. 8.e continuation des titres particuliers, n.° 1. fol. 66.*

(b) *Karolus, Dei gratiâ, &c.*] Ces Lettres sont, à la date près, précisément les mêmes que celles du 26. de Mars 1406. qui sont imprimées ci-dessus p. 186. & dont la copie avoit aussi été envoyée de *Montpellier.*

CHARLES VI. à Paris, le 14. de Juillet 1408.

(c) Lettres de Sauve-garde Royale pour le Trésorier & les Chanoines de la Sainte Chapelle du Palais à Paris.

KAROLUS, Dei graciâ, Francorum Rex. Cum veluti astricti cernimur, licet cunctorum Nobis subditorum paci ac transquillitati mentaliter intendere Nos delectet, ardenciori tamen vigilanciâ ac solicitudine acuraciori [b] *exitamur in intimis, ad illorum qui die noctuque Divinis insistunt* [c] *obseqiis, salvatorem nostrum Jesum Christum pro Nobis & Prosapia nostra, nostrisque Predecessoribus Francorum Regibus, assiduè & devociùs exorando,* [d] *proffectus, neccessitudines, subsidia & deffensamina operethenùs anhelare, cum nostris subesse tutamini & proteccionibus censeantur;* [e] *cunque dignum & justum conspiciamus, ut Nos qui Divinâ dispocicione solium Regie Majestatis conscendimus, illi* [f] *cujus munere precellimus, salutaribus antecessorum nostrorum vestigiis inherentes, jugi studio solicitudinis nitamur sincero corde servire, ac eidem eciam bonis operibus complacere, & inde suam Sanctam Ecclesiam, personas, loca & bona ipsius, ab incursu & oppressione malignancium quorumlibet, virili resistenciâ defensare, ut ipsa in pacis pulcritudine sedeat, Ministrique sui in pace viventis, sponsum ejus dictum Dominum nostrum Creatorem omnium* [g] *glorificent, & tanto ad id uberiores se exhibeant, quanto amplius potencie nostre dextera senserint se adjutos. Notum igitur fieri volumus presentibus ac Posteritati future, quod Nobis pro parte dilectorum nostrorum Thesaurarii, Canonicorum, Cappellanorum, Clericorumque ac aliorum Servitorum Sacre Capelle nostre Regie* Parisius, *per gloriosum Confessorem Regem quondam Francie Beatissimum Ludovicum, tam dignè tamque devotè fundate, tamque preciosissimis* [h] *Reliquiis decorate ex fundacione Regia, ut prefertur, ac à tempore earundem fundacionis, in salva & speciali Gardia Predecessorum nostrorum Regum Francie existencium, à jamdiu supplicacioni porrecte favorabiliùs, ut tenemur, annuendo, eosdem Thesaurarium, Canonicos, Cappellanos, Clericosque & alios Servitores prefate Sacre*

[b] excitamur.

[c] obsequiis. *T. C.*

[d] pourveoir à ce qui leur est proffitable & nécessaire, à leur donner les secours dont ils ont besoin, & à les deffendre.

[e] cumque. *T. C.*

[f] par la faveur duquel Nous sommes élevé sur le Trône.

[g] clarificent. *T. C.*

[h] Reliquiis. *T. C.* Voy. sur ces Reliques, le 5.e Vol. de ce Rec. p. 1. note (b).

NOTE.

(c) Livre rouge vieil du Châtelet de *Paris, fol.* 8. vingt 17. *recto.* [177.]

Avant ces Lettres, il y a : *Garde pour les Tresorier, Chanoines & Chappellains de la Saincte Chappelle du Palais.*

Ces Lettres sont aussi au Trésor des Chartres, Reg. 162. P. 325.

CHARLES VI.

à Paris, le 14. de Juillet 1408.

Cappelle nostre, presentes & posteros, tam in capite quam in membris, & eorum singulares personas & bona quecunque, unacum suis Officiariis, familiaribus, [a] *hominibus de corpore & servitoribus, necnon Domibus, habitationibus, terris,* [b] *vineiis, dominacionibus, & aliis quibuscunque bonis & possessionibus quas possident & amodo possidebunt, in & sub nostris successorumque nostrorum Regum Francie proteccione, salvaque & speciali Gardia, ad suorum conservacionem jurium, de novo & ex habundanti, ex nostris auctoritate, Regiaque potestatis plenitudine ac gracia speciali suscipimus & ponimus per presentes, in & sub eisdem* [c] *perpetim remansuros; harum serie mandantes & expressè committentes Preposito nostro* Parisiensi *qui nunc est & temporibus affuturis fuerit, aut ejus Locumtenenti, quem ex nunc Gardiatorem jamdictorum supplicancium, eorumque Ecclesie & membrorum suorum, suumque Judicem solum & in solidum, & cujuslibet eorundem, in omnibus & singulis Causis suis realibus, personalibus, mixtis & aliis quibuscunque, motis & movendis, tam agendo quam deffendendo, undecunque* [d] *claruerint in Regno nostro, contra quosvis eorum adversarios, deputamus, ordinamus & expressè committimus, quatinùs ipsos Thesaurarium, Canonicos, Cappellanos, Clericos & Servitores dicte Cappelle nostre, ipsamque Cappellam & ejus menbra quecunque, in suis justis possessionibus, usibus, juribus, franchisiis, libertatibus & saisinis, presentibus & futuris, manuteneat & conservet, non permittentes adversus ipsos Thesaurarium, Canonicos, Cappellanos, Clericos, Servitores prefacte Cappelle nostre, aut eorum alterum, ipsorumve Officiarios, homines de corpore, familiares & servitores, nec non res, possessiones & bona sua quecunque acquisita & acquirenda, aliquas fieri aut inferri indebitas novitates; quinymo ipsas, si quas invenerit in ipsorum & presentis Salve-gardie nostre prejudicium factas, ad statum pristinum & debitum reducat, seu mediante Justiciâ reduci faciat actualiter &* [e] *immorosè, Nobis proindè & jamdictis supplicantibus emendam condignam, atque de personis, de quibus* [f] *assecuramentum habere voluerint, juxta patrie consuetudinem legitimum dari & prestari; ac Pennuncellos Regios in hujusmodi Salve-gardie signum, in & sub domibus, grangiis, maneriis, rebus & possessionibus suis predictis, in casu eminentis periculi* [g] *affici; ipsamque Salvam-gardiam nostram nichilominus in locis & personis quibus expedierit, intimari & publicari debitè faciendo, ne quis ex hoc de ignorancia conniventibus oculis aut alio quovis exquisito colore, se valeat excusare; nec non presentis Salve-gardie nostre infractores & violatores, & alios quos sibi Gardiatoris hujusmodi ac Judicis Officium exercendo, inobedientes repererit aut rebelles, Justiciâ debitâ adeò puniendo, quod aliis cedere valeat in exemplum. Si vero occasione rerum, bonorum ac jurium suorum quoruncunque, aut alterius ex eisdem, opposicio seu debatum in casu novitatis suboriri contingat, debato ipso ac rebus contenciosis hujusmodi ad manum nostram tanquam superiorem positis, ressaisitisque locis deablatis, & facta recredencia, si & ubi fuerit facienda, inter Partes, hiis auditis, Justicie complementum ministret; ulteriùsque faciat, exequatur & compleat omnia & singula alia que circa premissa necessaria fuerint seu eciam opportuna; Ordinacionibus, Editis, Usibus & Statutis localibus aut generalibus ad hoc contrariis, non obstantibus quibuscunque; eisdem Thesaurario, Canonicis, Cappellanis, Clericis & Servitoribus jamdicte Sacre Cappelle Regie, ipsique Cappelle & bonis suis quibuscunque, tam in capite quam in menbris, si opus sit, unum aut plures ex* [h] *Hostiariis Curie nostre Parlamenti, aut aliis* [i] *Servientibus nostris, in Gardiatores suos pro premissis absque cognicione Cause exequendis committendo: Mandantes universis & singulis Justiciariis & Officiariis nostris, presentibus & futuris, aut eorum Locatenentibus, & unicuique ipsorum, prout ad eum pertinuerit, quatenùs prenotato Preposito nostro, aut ejus Locumtenenti, presenti & futuro, nec non deputandis ab ipso in & super premissis & deppendenciis ex eisdem, intendant & pareant cum effectu. Nolumus tamen nec nostre intencionis existit, quod pretextu aut sub velamine presencium Litterarum, Gentes Requestarum Palacii nostri secludantur à cognicione Causarum dictorum supplicancium, saltim in Causis quas ipsi supplicantes coram ipsis, tam agendo quam deffendendo, experiri voluerint, quas eo casu predictis Gentibus Requestarum Palacii nostri commisimus & per presentes committimus* [k] *decidandas & fine debito terminandas. Quod ut firmum &*

a espèce de serfs.
b vineis. *T. C.*
c in perpetuum.
d en quelqu'endroit qu'elles soient meues.
e sine mora.
f Voy. les Tables des Mat. des Vol. de ce Rec. au mot, *assûrément*, & à celui de *Pennonceaux* qui est plus bas.
g affigi. *T. C.*
h Huissiers du Parlement.
i Servitoribus. *T. C.* C'est une faute.
k decidendas. *T. C.*

& stabile perpetuò perseveret, nostrum hiis presentibus jussimus apponi Sigillum; in aliis jure nostro, & in omnibus quolibet alieno, semper salvo. Datum *Parisius*, XIIII. die Julii, anno Domini millesimo quadringentesimo octavo, & Regni nostri vicesimo octavo. *Ainsi signé. Per Regem; Episcopo* Autissiodorensi, *Domino* Johanne *de* Chambrillach, *& pluribus aliis, presentibus.* [a] GAUCHER. [b] *Visa.* [c] *Contentor.* FRERON. Et au doz d'icelles estoit escript ce qui s'ensuit : Publiées en Jugement ou Chastellet de *Paris*, le mardi VII.[e] jour du mois d'Aoust, l'an de grace mil CCCC. & huit.

Collation faicte à l'original rendu à Messire *Hugues Ferret* Procureur de la Saincte Chapelle, & Chappellain perpetuel en ycelle, le jeudi XXX.[e] & penultieme jour du mois d'Aoust, l'an mil CCCC. & huit.

CHARLES VI. à Paris, le 14. de Juillet 1408.

a Gauchier. *T. C.*

b Ce qui suit n'est point dans T. C.

c Voy. le 5.e Vol. de ce Rec. p. 421. note *(h)*.

CHARLES VI. à Paris, le 29. de Juillet 1408.

(a) Lettres confirmatives des Statuts & Règlemens des Teinturiers de Paris.

CHARLES, &c. Savoir faisons à tous présens & avenir, Nous avoir veu les Lettres dont la teneur est tele.

(b) CHARLES, ainsné Filz du Roy de France, Regent le Royaume, *Duc* de *Normandie* & *Dalphin* de *Viennois*. Savoir faisons, &c.

Lesquelles Lettres dessus transcriptes & tout le contenu en icelles, Nous avons fermes, estables & agréables, icelles louons, gréons, ratiffions, & par ces presentes de grace especial confermons en tant que les dessusnommez en auront deuement & paisiblement joy & usé, & voulons & Nous plaist que ilz & chascun d'eulx usent & joyssent des choses dessusdictes & de chascune d'icelles, tout selon ce & par la fourme & maniere que dessus est dit. Et affin que ce soit ferme chose & estable à tousjours, Nous avons fait mettre nostre Séel à ces presentes : sauf en autres choses nostre droit, & l'autrui en toutes. *Donné à* Paris, *le XXIX.[e] jour de Juillet, l'an de grace mil CCCC. & huit, & de nostre Regne le XXVIII.[me]*

Par le Roy. CHARRON.

NOTES.

(a) Trésor des Chart. Reg. 162. P. iij.[c] xxviij. (328.)

(b) Charles.] Ces Lettres sont imprimées à la p. 369. du 3.[e] Volume de ce Recueil.

Le Registre 162. fournit des additions, des corrections & des *Variantes*. On a cru ne devoir mettre ici que celles qui changent le sens.

Page	Art.	Lig.	Texte imprimé		Correction
P. 370.		Lig. 1.	commorencium	*corr.*	*commorancium.*
		Lig. 8.	die vigesimâ octavâ, anno	*corr.*	*die XXVIII. Junii,* anno. . . .
		Lig. 9.	Sigillo	*corr.*	*Signo.*
		Lig. 33.	aus Maistres : Et avecques ce. . .	*corr.*	aux Maistres *dudit mestier, & que sur peine de XX. solz d'amende, que nulz dudit mestier ne couroie peaux de* * *Gravelle, se ce n'est en tainture rouge, c'est assavoir, quinze solz à vous, & cinq solz ausdiz Maistres;* & avecques ce.
P. 371.		Lig. 2.	d'alain (là & ailleurs)	*corr.*	*alun.*
		Lig. 4.	qui	*corr.*	*que.*
	Art. 1.	Lig. 1.	Tainturié	*corr.*	*Tainturerie.*
P. 372.	Art. 10.	Lig. 1.	chevence	*corr.*	*chevance.*
P. 373.	Art. 2.	Lig. 1.	faira	*corr.*	*faura.*
	Art. 3.	Lig. 1.	responnement	*corr.*	*responnaument.*
	Art. 5.	Lig. 3.	courées	*corr.*	*ouvrées.*
P. 374.		Lig. 4.	ou mois d'Octobre		ou moys d'Octembre. [*Ce qui suit dans le 3.e Vol. n'est point dans le Reg. 162.*]

* *Peaux de Gravelle.*] C'est à-dire app. les peaux dans la teinture desquelles on a employé la gravelle ou tartre. Voy. le Dictionnaire du Commerce par *Savary*, aux mots *Gravelle* & *Tartre*.

CHARLES VI, à Paris, en Juillet 1408.

(a) Lettres de Charles VI. par lesquelles, en confirmant celles de Charles V. du mois de Juillet 1368. il ordonne de plus que les Commissaires qui seront nommés par le Roy pour juger des affaires qui concerneront des habitans de la Ville ou de la Viguerie de Narbonne, ne pourront les citer, ni les juger hors des limites de cette Ville ou de cette Viguerie, à moins que ces affaires ne regardassent le Roy, ou son Procureur général en cette qualité.

KAROLUS, Dei graciâ, Francorum Rex. Notum facimus universis tam presentibus quam futuris, Nos vidisse quasdam Litteras inclite recordacionis Domini genitoris nostri, in filis [a] *ciricis & cera viridi impendenti sigillatas; quarum Litterarum tenor sequitur & est talis.*

a sericeis.

(b) *KAROLUS, &c.*

Quasquidem Litteras suprascriptas, ratas & gratas habentes, eas & omnia & singula in eisdem contenta, laudamus, approbamus, ratifficamus, & nostre Regie potestatis plenitudine, certâ sciencià & graciâ speciali consideracione premissorum confirmamus, predictaque omnia & singula eisdem Consulibus & habitatoribus ac singulis

NOTES.

(a) Trésor des Chartres, Registre 162. P. xiiij.xx viij. (288.)

(b) *Karolus, &c.*] Ces Lettres qui sont du mois de Juillet 1368. sont imprimées à la p. 537. du 8.e Vol. de ce Rec.

En Septembre 1402. [Voy. *ibid.*] Charles VI. avoit déjà confirmé les Lettres de Charles V. Dans cette seconde confirmation, il ne fait point mention de la première.

Le Registre 162. du Trésor des Chartres confirme les corrections qui avoient été tirées d'un Registre du Parlement, où se trouve l'arrêt de cette Cour qui est vidimé dans les Lettres de Charles V.

Ce Registre 162. fournit encore sur les Lettres de Charles V. & de Charles VI. les additions & corrections qui suivent.

P. 537.	Lig. 7.	Narbonenses		*Narbone.*
	Lig. 19.	consuaverat	corr.	*consueverat.*
	Lig. 20.	exintes	corr.	*eximentes.*
	Lig. 23.	continetur	corr.	*continentur.*
P. 538.	Lig. 30.	erat eciam civitas limitane per terram & per mare	corr.	erat eciam *& ab antiquo fuerat caput Ducatûs cujus* civitas *limitanea* per terram & per mare.
P. 539.	Lig. 23.	Majori Carcassone	corr.	*Majoris nostri* Carcassone.
P. 541.	Lig. 13.	& eorum quibus	corr.	*coram* quibus.
	Lig. 15.	Vicaria, & in	corr.	Vicaria in.
P. 542.	Lig. 40.	nec	corr.	*seu.*
P. 544.	Lig. 11.	in	corr.	*&.*
	Lig. 18.	potuerunt	corr.	*poterunt.*
	Lig. 31.	Ville . . . . ordinari . . .	corr.	*Villam* . . . . . . *adjornare (adjornari)*
	Lig. 49.	per	corr.	*pro.*
P. 545.	Lig. 12.	ex	corr.	*&.*
	Lig. 14.	aliquam	corr.	*aliquem.*
	Lig. 24.	confina	corr.	*confinia.*
	Lig. 31.	credere	corr.	*cedere.*
	Lig. 43.	Vicariam, & non alibi dictas . . .	corr.	Vicariam & non alibi, *ubi possit,* dictas.
	Lig. 44.	audit	corr.	*audiat.*
	Lig. 48.	Carissimi Domini & Avum nostrum instituta facta & creata, & ea dicta . . .	corr.	*Carissimum Dominum* & Avum nostrum *Regem Philippum Regem Francie quondam & predecessorem nostrum statuta & ordinata & hactenus observata fuerunt pari forma in dicta Vicaria nostra Narbone postmodum* instituta, facta & creata, & *à* dicta.
	Lig. dernière.	observant	corr.	*observent.*
P. 546.	Lig. 1.	procurant	corr.	*procurent.*
	Lig. 2.	annullant	corr.	*annullent.*
	Lig. 7.	in robore	corr.	in *suo* robore.
	Lig. 9.	factas	corr.	*factis.*
	Lig. 14.	fruentur	corr.	*firmentur.*

predictarum Ville & Vicarie Narbone, presentibus & futuris, de novo concedimus & donamus in quantùm opus est; necnon & quia, ut intelleximus, nonnulli Commissarii de Causis Commissionum auctoritate Regiâ vel aliter eis directarum, quarum ambe Partes de Villa aut Vicaria jam dictis existunt, ausi sunt in favorem Parcium [a] eosdem impetrancium, & nituntur interdum cognoscere, examinare, decidere & determinare extra Villam & Vicariam antedictas, & sibi eligere sedem in Carcassona, aut alibi in locis remotis, circa has Partes contra quas impetrantur, diversimodè laboribus & expensis fatigando, Arrestum & privilegia supradicta ac alia per dictum Dominum Genitorem nostrum in hac parte edita, de quibus nobis licuit [b] absorbendo, & Consules ac habitatores supradictos in eorum & reipublice grande prejudicium, eisdem [c] expolicndo & privando, nos Arrestum & Privilegia hujusmodi stabilia permanere volentes, statuimus harum serie, & ordinamus ut quemadmodum Senescallus noster Carcassone, de Causis & in casibus de quibus tangitur in preinsertis Litteris, cognoscere, decidereque & determinare habet infra dictam Villam Narbone, juxta mentem & seriem dictarum preinsertarum Litterarum, idem modus in singulis Causis Commissionum quarum ambe Partes de Villa vel Vicaria antedictis existant, deinceps per quoscumque Commissarios Regios vel alios cujuscumque auctoritatis, status, preheminencie vel condicionis existant, perpetuò observetur, nec liceat eis vigore suarum Commissionum, nisi tangerent Nos vel Procuratorem nostrum pro Nobis, seu jus nostrum, aliquem habitatorem dictarum Ville aut Vicarie, citare, adjornare vel trahere quovismodo extra Villam & Vicariam antedictas: mandantes Senescallo predicte Carcassone, Vicarioque & Judici nostris Narbone, presentibus pariter & futuris, & eorum cuilibet, vel Locatenentibus eorumdem, quatenùs omnia & singula premissa de puncto in punctum teneant & observent, tenerique faciant & observari absque infractione quacumque; & si que pro tempore facta in contrarium repererint, revocent, anullent, & ad statum pristinum reducant seu reduci faciant indilatè: decernentes ex nunc per presentes irritum & inane quidquid contra premissa vel aliqua premissorum imposterum contingerit attemptari; sed ea omnia & singula volumus pro Nobis & Successoribus nostris perpetuò inviolabiliter observari & in suo robore permanere; Litteris tacito de premissis, in contrarium impetratis vel impetrandis nonobstantibus quibuscumque: statuendo & concedendo Vicarium Narbone jam dictum, necnon Gubernatorem & Rectorem nostros Ville Montispessulani, qui intersunt vel pro tempore fuerint, eorumve quemlibet, seu Locatenentes eorumdem, in Commissarios & Conservatores omnium & singulorum premissorum, qui quoscumque [d] ab observanciam eorumdem, per [e] multarum & penarum indicciones, & aliis juris remediis prout eis videbitur, potestatem habeant compellendi. Que ut perpetui roboris stabilitate firmentur, Litteras presentes Sigilli nostri fecimus appensione muniri. Salvo in aliis jure nostro, ac in omnibus alieno. Datum Parisius, mense Julii, anno Domini M.° quadringentesimo octavo, & Regni nostri XXVIII.°

Per Regem, Admiraldo, Magistro Balisteriorum, Domino Guillelmo Martelli, *necnon pluribus aliis, presentibus.* M. DE LA TILLAYE.

CHARLES VI. à Paris, en Juillet 1408.

[a] corr. *easdem.*

[b] sans avoir égard à l'arrêt &c.

[c] corr. *expoliando.*

[d] corr. *ad.*

[e] corr. *multarum.*

CHARLES VI. à Paris, en Juillet 1408.

(a) Lettres confirmatives des Statuts des Bouchers de la Ville de Béziers.

KAROLUS, Dei graciâ, Francorum Rex. Notum facimus universis presentibus pariter & futuris, Nos quoddam publicum instrumentum concessionem, [f] *normam vel regimen ministerii seu artis Macellarie Ville* Bitterris, *per Vicarium nostrum* Bitterris, *& Judicem temporalitatis Episcopi* Bitterrensis, *aut eorum Locatenentes,* [g] *suprapositis ministerii seu artis predictorum Macellatorum largitam & concessam, ac pro utili policia ministerii antedicti custodiri & observari mandatam, continens vidisse, tenoris subsequentis.*

[f] Il n'y a dans le Reg. que *norm* avec une marque d'abréviation.

[g] Gardes de ce métier. Voy. la note *(b)* de la p. 557 du 8.e Vol. de ce Rec.

NOTE.

(a) Trésor des Chartres, Registre 162. P. xiiij.xx ix. (289.)
Ces Lettres sont défigurées par un très-grand nombre de fautes.

CHARLES VI. à Paris, en Juillet 1408.

Anno Nativitatis Christi millesimo CCCC.° octavo, Illustrissimo Principe Domino Karolo, Dei graciâ, Francorum Rege regnante, die decimâ octavâ mensis Junii. Noverint universi quod existens & personaliter constitutus in plano quod est juxta Ecclesiam Sancti Ludovici Ville Bitterris, *& coram nobili* [a] Brengario Cassiani, *Locumtenente nobilis viri* Guillermi Cassiani, *Panaterii dicti Domini nostri Regis, ejusque Vicarii* Bitterris, *& provido viro Magistro* Raymundo Benedicti, *Baccallario in Legibus, Locumtenente Venerabilis viri Domini* Poncii Petri, *in utroque jure Licenciati, Judicis tocius terre & temporalitatis Reverendi in Christo Patris Domini* Bitterensis Episcopi, *(b) ad manum Regiam pro nunc existentis, de quorum Locatenenciis constat per quasdam patentes* [b] *& apparitas Litteras ipsorum Dominorum Vicarii Regii* [c] *Judicis temporalitatis; videlicet,* Raymundus Amati, *Macellator* Bitterris, *ut & tanquam suprapositus artis seu ministerii Macellatorum Ville* Bitterris; *ipse inquam* Raymundus Amati *suprapositus, pro se & aliis suprapositis absentibus, ejusdem artis seu ministerii, presentibus & futuris, in presencia &* [d] *conspecta providi viri Magistri* Petri *de* Serra, *Bacallarii in Legibus, Procuratoris Regii, Generalis* Senescallie Carcassone & Bitterris, *(c)* *tradidit ibidem dictis Dominis Locatenentibus dictorum Dominorum* [e] *Varii Regii & Judicis temporalitatis, quemdam papiri rotulum in papiro scriptum, cujus tenor talis est.*

a Il faut app. corr. *Berengario.*

b Il faut app. corr. *& appertas.*

c supp. *&.*

d corr. *conspectu.*

e corr. *Vicarii.*

Vobis venerabilibus & circonspectis viris Dominis Presidentibus Curie Bitterris *Regie, & Curie temporalitatis Episcopatûs* Bitterris, *vestrisve Locatenentibus, significat & exponit* Raymundus Amati, *Macellator* Bitterris, *& suprapositus Officii seu artis Macellarie Ville* Bitterris *predicte, pro se & aliis cumsuprapositis suis, & pro ceteris Macellatoribus Ville* Bitterris, *& pro conservacione Juris, usus, possessionis & saisine, observancie, libertatis & franchisie dicti Officii dictorum Macellatorum, necnon & Officii suprapositi ejusdem artis, & ad manutenendum Macellatores & suprapositos ejusdem Officii, in usu, observancia, possessione & saisina, seu quasi* [f] *premissorum & infrascriptorum que sequuntur.*

f corr. *premissorum.*

Et primò, quod de more, usu, observancia Ville Bitterris, *fuit & est, & ad centum annis & citra, inconcussè observatum, & adhuc de presenti incessanter observatur, quod carnes comestibiles, grosse & minute, que venduntur & vendi consueverunt in Villa* Bitterris, *pro plurium sustentacione gencium, occiduntur &* [g] *excoriatur, ac occidi & excoriari seu mactari consueverunt solum & duntaxat infra dictam Villam* Bitterris; *videlicet, in quodam loco diuciùs ad hoc destinato, vocato* lo Escoriador, *aliter* la Boquaria, *& non alibi infra dictam Villam nec extra nec in aliqua parte ejusdem.*

g corr. *excoriantur.*

(2) Item. *Quod predictus locus proximè specificatus nunc & tempore retrolapso est & fuit destinatus ad occidendum & mactandum seu excoriandum predicta animalia, ad hoc ut gentes non valerent infici ex putrefaccione sanguinis seu cruoris provenientis ex dictis animalibus, & ex* [h] *actis cum quibus abluuntur predicte carnes, & eciam ex extercoribus fetidis & aliter sordiciis provenientibus ex dictis animalibus, & presertim tempore* [i] *status.*

h corr. *aquis.*

i corr. *estatis.*

NOTES.

(b) Ad manum Regiam.] *Barthelemi* de *Mont-Calve* Evêque de *Béziers*, étant mort en 1402. le Siége fut vacant jusqu'au 24 du mois d'Avril 1408. que *Benoît XIII.* y nomma *Bertrand* de *Maumont* : mais comme il avoit été ordonné par les Lettres du 18. de Février 1406. qui sont ci-dessus p. 180. qu'il seroit pourvû aux Prélatures par les Loix canoniques, sans avoir égard aux graces accordées par le Pape, de *Maumont* ne fut pas d'abord reconnu pour Evêque. L'affaire s'accommoda, & le 4. de Janvier 1408. avant Pâques, il fut mis en possession du temporel de son Evêché. Voy. *Gall. christ. 2.e Edit. T. 2. col. 353 & 355.*

Depuis 1402. jusqu'au 4. de Janvier 1408. le temporel de l'Evêché de *Béziers* dût être mis en la main du Roy.

(c) Il y a ici dans le Registre *in Lris* avec une marque d'abréviation sur ce dernier mot, & *residen. Lris* est ordinairement l'abrégé de *Litteris* : mais ce mot ne forme ici aucun sens. Cet endroit est peut-être corrompu : car cette Pièce fourmille de fautes. Oserois-je proposer une correction qui paroîtra hardie, & faire lire *tunc Bitterris residentis*, cela seroit un très-bon sens. *De Serra* qui étoit Procureur général de la Sénéchaussée de *Carcassonne* & de *Béziers*, & qui avoit des fonctions à remplir dans toutes les Villes qui la composoient, se trouvoit alors à *Béziers*.

CHARLES VI.
à Paris, en Juillet 1408.

(3) Item. *Quod de more & observancia antiquissima dicte* [a] *Vulle* Bitterris, *fuit inconcussè & est de presenti & à tanto tempore citra observatum, de quo hominum memoria in contrarium non existit, quod predicte carnes grosse vel minute, modo jam dicto excoriate, que vendi debent & sunt assuete & palam & publicè, pro* [b] *substentacione vite gencium solùm vendebantur & vendi consueverunt dumtaxat in Macello publico Ville* Bitterris, *longevis temporibus ad hoc destinato, sito infra Villam* Bitterris, *& juxta plateam publicam ejusdem, & non alibi, & absque eo quod in alio loco seu parte Ville* Bitterris *predicte, carnes venderentur seu vendi consueverint.*

(4) Item. *Quod pro utilitate reipublice & ad causam ejusdem, est & fuit toto predicto tempore inconcussè observatum, & de presenti observatur quod Macellarii seu Macellatores dicte Ville* Bitterrensis, *consueverunt habere de duobus in duos annos, tres in suprapositos dicti Officii seu ministerii, ad videndum & faciendum ut carnes bone & sufficientes & non morose seu putrefacte aut aliter non sufficientes vendentur in predicto Macello.*

(5) Item. *Quod Macellarii seu Macellatores dicte Ville* Bitterris, *qui nunc sunt seu qui pro tempore preterito fuerunt, sunt & fuerunt in possessione & saisina seu quasi premissorum supra specificatorum & eorum cujuslibet, pacificè & quietè, palam & publicè, scientibus & videntibus & scire & videre valentibus Dominis Consulibus tunc seu nunc existentibus ejusdem Ville, & quibuscumque aliis habitatoribus ejusdem* [c] *[eligunt & eligere consueverunt ejusdem] & quibuscumque aliis extraneis seu forancis, & de premissis & eorum quibuslibet, sunt & fuerunt toto dicto tempore vox & fama publica & magnifesta & communis opinio inter quoscumque habitantes Ville* Bitterrensis, *scientes de premissis.*

(6) Item. *Quod de more & observancia predicte Ville* Bitterris, *fuit & est & toto dicto tempore incessanter observatum quod Consules (d) seu ministerii Macellarie* Bitterris, *seu (e) stalle ejusdem, unacum dictis suprapositis predicti Officii veteribus tunc suprapositis existentibus, & finito eorum officio seu prope finem ejusdem, eligunt & eligere consueverunt tempore retrolapso in die Festi Sancte Trinitatis, de duobus in duos annos tunc proxime sequentes, tres suprapositos ejusdem Officii seu ministerii; hoc est tres bonos homines Macellarios, ad dictum Officium seu ministerium benè expertos & sufficientes; & facta modo jam dicto dicta eleccione per memoratos sic eligentes, ipsi illi* [d] *sicque lectos nominant & notifficant, & eos presentant toti corpori dicti Officii Macellarie seu ejus parti majori, & tunc dictum corpus seu major pars* [e] *approbabat & approbare consuevit eosdem.*

(7) Item. *Quod in crastinum dicte diei, vel alia die tunc sequenti, dicti suprapositi veteres presentant dictos suprapositos novos,* [f] *modos jam dicto ad premissa electos, Dominis Curialibus Regiis & Dominis Curialibus temporalibus Episcopatûs* Bitterris, *& dicti Domini Curiales illos sic electos* [g] *confirment, & ab eis juramenta in talibus prestari consueta exigunt seu exhigere consueverunt, & demum suam judiciariam auctoritatem interponunt pariter & decretum.*

(8) Item. *Quod ad Officium & Curam dictorum suprapositorum Officii seu ministerii Macellarie pertinet & pertinere tempore retroacto consuevit, & non ad alios dicte Ville, & Officium eorum ad hoc se extendit respicere carnes grossas seu minutas animalium Comestibilium, que in dicto Macello venduntur, si sint bone & sufficientes vel non; & si reperiant eas non esse bonas & sufficientes, tunc ipsi, mediante auctoritate dictarum Curiarum dictas carnes faciunt removeri de dicto Macello, & eas* [h] *prohici extra Villam* Bitterris, *ad hoc ut nullathenùs vendantur, & ut gentes dictis carnibus non inficiantur.*

(9) Item. *Quod de more & observancia predicte Ville, fuit toto tempore predicto*

[a] corr. *Ville.*
[b] corr. *sustentacione.*
[c] Les mots mis ici entre deux crochets, sont inutiles, & sont peut-être transposés d'un autre endroit.
[d] corr. *sic electos.*
[e] Il faut p. e. corr. *approbat.*
[f] corr. *modo.*
[g] corr. *confirmant.*
[h] corr. *projici.*

NOTES.

(d) *seu ministerii.*] Il faut corr. *seu suprapositi ministerii. Seu* est mis ici pour *&*.

(e) *Stalle.*] Suivant le Glossaire de *Du Cange,* au mot *Stalla,* il signifie un Etal de toutes sortes de marchands; mais il n'est presque plus en usage que par rapport aux Bouchers. La Boucherie de *Béziers* se nommoit aussi app. l'*Estal.*

CHARLES VI. à Paris, en Juillet 1408.

& inconcussè observatum, & adhuc de presenti observatur quod dicti suprapositi possunt cum eorum consilio, creare & deputare quolibet anno (f) caritaderios sine auctoritate & mandato cujuscumque (g) Presidentis, necnon & ordinare & facere unum [a] taillium seu plura taillia pro habendo sex [b] intorticia ad honorem Dei, necnon & tenere lampadem [c] ordentem cum oleo in Capella Beate Marie dicta de Cloquerio, Ecclesie Sancti Nazarii Bitterris, & eciam pro prosequenda negocia dicti Officii seu ministerii Macellarie, per se purè & [d] impugnè.

(10) Item. Quod de more & observancia dicte Ville, fuit toto dicto tempore incessanter observatum & adhuc de presenti observatur quod dicti suprapositi ad premissa seu ad quecumque alia tangencia dictum Officium seu ministerium Macellarie, una cum eorum Consilio, seu cum gentibus predicti Officii, se possunt congregare insimul, & ita facere consueverunt, vel intra domum, januis tamen appertis, vel extra domum, purè & impugnè, dictis Dominis Curialibus seu quibuscumque aliis presidentibus minimè requisitis.

(11) Item. Quod de more & observancia Ville Bitterris, & toto tempore predicto incessanter fuit observatum inter quoscumque dicti Officii seu ministerii Macellarie, quod nullus est ausus dividere particulariter [e] per pecias, carnes grossas vel minutas, nec eciam vendere per se vel alium in dicto Macello, nisi priùs extiterit in predicto Officio per quatuor annos completos [f] addicendo predictum Officium, & ad hoc fuit reputatus habilis & sufficiens; & hoc pertinet & pertinere consuevit ad curam, cognicionem & solicitudinem dictorum suprapositorum.

(12) Item. Quod de more & observancia predicte Ville, fuit & est à tanto tempore & citra inconcusse observatum quod aliquis [g] excomicatus majoris Sentenciâ excommunicacionis, seu delatus de aliquo crimine famoso, non debet tailliare seu partiri nec vendere carnes grossas nec minutas comestibiles & vendibiles in predicto Macello, nisi prius fuerit absolutus à dicta Sentencia excommunicacionis, vel purgaverit se de dicto crimine : ymo, si fiat contrarium, ad Officium dictorum suprapositorum pertinet, & toto dicto tempore pertinere consuevit ad dictas Curias recurrere, & eisdem excommunicatis vel delatis inhiberi facere per easdem Curias, ne carnes tailliet vel vendat in dicto Macello, donec fuerit absolutus vel purgatus; & ita per easdem Curias inhibetur & inhiberi est assuetum.

(13) Item. Ponit quod predicti suprapositi Officii seu ministerii Macellarie Bitterris, qui nunc sunt seu qui pro tempore preterito fuerunt, sunt & fuerunt in possessione & saisina seu quasi premissorum suprasspecificatorum & [h] quorum cujuslibet, pacificè & quietè, palam & publicè, scientibus & videntibus seu scire & videre valentibus Dominis Consulibus ejusdem Ville, tunc seu nunc existentibus, & quibuscumque habitatoribus ejusdem, & quibuscumqae aliis extraneis seu foraneis, & de premissis & quorumquibuslibet est & fuit toto dicto tempore vox & fama publica & magnifesta & communis opinio inter quoscumque habitantes Ville Bitterris & aliis veritatem scientibus de premissis.

(14) Item. Quod nullus in dicta arte seu ministerio assumatur seu Recipiatur in posterum, qui de furto seu latrocinio sit delatus seu accusatus, donec de dicto crimine se purgaverit sufficienter; & si [i] forsam per inadvertenciam aut aliter de dicto crimine delatus reciperetur in arte predicta, quod ipsâ arte nullo modo utatur donec se purgaverit crimine predicto.

Quare premissis attentis, predictus exponens petit, supplicat & requirit vos dictos Dominos Presidentes, ut supra premissis prepositis & eorum quolibet, faciatis aprisiam vestram seu informacionem secretam, cum testibus, pro bono reipublice, & pro conservacione jurium & libertatum predicti Officii seu ministerii Macellarie, & ne jura sua

[a] une Taille, une contribution.
[b] Des torches. Voy. le Glossaire de Du Cange, au mot, Intorticium.
[c] corr. ardentem.
[d] corr. impunè. là & plus bas.
[e] par pièces.
[f] corr. addiscendum.
[g] corr. excommunicatus.
[h] corr. eorum, là & plus bas.
[i] corr. forsan.

NOTES.

(f) Caritaderios.] Ils étoient peut-être chargés de distribuer des charités à ceux du métier qui en avoient besoin. Dans le Glossaire de Du Cange, sous le mot Caritas 3. Caritarius est un Religieux chargé de distribuer les aumônes.

(g) Presidentis.] Les Officiers de la Cour du Roy & de celle de l'Evêque, sont nommés ci-dessus Presidentes.

à Paris, en Juillet 1408.

pereant, nec probacionis facultas [a] *agustetur, & inde predicta omnia teneri & servari imposterum faciatis, concedatis & ordinetis.*

Quo tradito, prefatus Raymundus Amati [b] *ve & tanquam suprapositus, superiùs nominatus, in ejusdem Domini Procuratoris Regii presencia, peciit & requisivit prout & quemadmodum in eodem papiri rotulo est expressum, & lecto ibidem dicto papiri rotulo per me dictum & infrascriptum Notarium de verbo ad verbum in* [c] *Romancia seu layca lingua, ipsi iidem Domini Locatenentes dictorum Dominorum Vicarii Regii & Judicis temporalitatis precedentes ibidem, certâ informacione seu appresiâ ibidem in dicti Domini Procuratoris Regii presencia, & in absencia dicti* Raymundi Amati *quo supra nomine, cum nonnullis probis viris ibidem presentibus & ad hoc presentibus specialiter evocatis, medio juramento per quemlibet ipsorum proborum virorum ad Sancta Dei Euvangelia in ejusdem Domini Procuratoris Regii presencia* [d], *per quam informacionem sive secretam apprisiam summariè & secretè prout supra factam, ipsis Dominis Locatenentibus, presente dicto Domino Procuratore Regio, legitimè constitic de assertis in eodem papiri rotulo; & attento maximè quod dictus Dominus Procurator Regius super hoc expressè per dictos Dominos Locatenentes interrogatus, & quia eciam asserta in eodem rotulo papiri racioni consonabant, & ad finem ut inde dictum ministerium Macellatorum meliùs & utiliùs ad conservacionem Reipublice & dicte artis in futurum sive successivis temporibus gubernaretur, considerato asserta in ipso papiri rotulo, & attento maximè quod dictus Dominus Procurator Regius super hoc expressè per dictos Dominos Locatenentes interrogatus, noluit aliquid dicere vel opponere in contrarium, quinimò consensit & voluit ita fieri & requisivit, attento quod cedunt in utilitatem reipublice; ideo prefati Domini Locatenentes dictorum Dominorum Vicariorum Regis & Judicis temporalitatis, predictos articulos sive capitulos in eodem papiri rotulo* [e] *incertos, eidem* Raymondo Amati, *dictis nominibus pro se & aliis dicte artis sive ministerii Macellarie* Bitterris, *premissis attentis, & quia in utilitate reipublice redundant, & quia eciam homines seu artiffices ceterorum ministeriorum seu arcium mecanicarum dicte Ville, & ceterarum aliarum Villarum* Lingue occitane, *per modos & (h) normas ad evitandum fraudes* [f] *artifficiunt, se gubernant & regunt, concesserunt & concedunt per presentes que omnia & singula in dicto papiri rotulo asserta* [g]: *ipsi iidem Domini Locatenentes dictorum Dominorum Vicarii Regii & Judicis temporalitatis perpetuò & inviolabiliter teneri & observari voluerunt de puncto ad punctum, absque infrinccione & violacione quacumque, & in nullo contra venire seu veniri facere voluerunt, sub pena decem solidorum Turonensium per quemlibet dicte artis sive ministerii, tociens quociens contra venire seu facere verbo vel facto presumpserint contra premissa seu singula eorumdem, committendâ & applicandâ* [h] *terciam partem Domino nostro Regi, & aliam terciam partem Domino* Bitterrensi Episcopo, *qui nunc est vel pro tempore fuerit, & reliquam terciam ad opus Lampadis dicte artis sive ministerii, de qua in eodem rotulo papiri sit & habetur mencio. De quibus dictus* Raymundus Amati *suprapositus, pro se & aliis dicte artis presentibus & futuris, peciit instrumentum per me Notarium infrascriptum. Acta fuerunt hec ibi supra, testibus presentibus Magistro.* Dominico *de* Coxonio *Notario,* Bernardo-Geruberti *de* Cauteribus, *& me* Guillelmo Calpinhani *de* Bitterris, *publico auctoritate Regiâ Notario, & Curie* Bitterris, *Regis* [i] *Scriptore, qui requisitus prout supra, (i) hec in nota, & instrumentum recepi; sed vice*

a Ce mot est sans doute corrompu, peut-être faut-il corr. *angustetur.*
b mot inutile.
c la langue vulgaire nommée alors *Romance.*
d supp. *prestito.*
e corr. *insertos.*
f corr. *artifficiunt*: *artificum.*
g supp. *sunt.*
h supp. *quoad.*
i Greffier.

NOTES.

(h) Il n'y a dans le Reg. que *nors* avec une marque d'abréviation. Voy. ci dessus p. 355. note marg. *(f)*. Il semble qu'il faudroit supp. *similes* ou quelqu'autre mot semblable.

(i) Hec in nota, &c.] Cet endroit & ce qui suit est assez obscur; mais en y corrigeant un mot & en y ajoûtant un autre, on peut y trouver un bon sens. *Calpinhani* Notaire Royal de la Cour de *Béziers*, reçût l'acte dont la minute & l'expédition furent écrites par *Roberti* qui étoit de *Béziers*, & qui étoit aussi Notaire Royal. *Calpinhani* reçût cet acte parmi ses Minutes, *in Nota*, & on lui remit aussi l'expédition qui en fut faite, afin qu'il la délivrât aux Parties, *& instrumentum.* Il faut supposer que quoique *Roberti* fut de *Béziers*, il n'étoit pourtant pas Notaire Royal dans cette Ville: ainsi on fut obligé de lui donner un Territoire à *Béziers;* c'est-à-dire, le droit d'y passer un acte public; & ce fut le Juge Royal qui, en présence du Juge de l'Evêque, lui donna ce territoire, parce que cet acte fut passé dans un lieu qui dépendoit de la Justice du Roy.

CHARLES VI. à Paris, en Juillet 1408.

a corr. *assiso.* b supp. *coram.*

meâ, Johannes Roberti, *de* Bitterris, *publicus auctoritate Regiâ Notarius, hec scripsi Officii* [a] *assesso Territorio ibidem, hac vice dumtaxat quoad hujusmodi actum,* [b] *dicto Domino Locumtenente dicti Domini Judicis Episcopalis, per ipsum Dominum Locumtenentem dicti Domini Vicarii Regis, attento quod in foro Regio existebant. Ego vero* Guillermus Calpinhani, *Notarius publicus predictus, hic me subscripsi & signavi in testimonium premissorum.*

c corr. *scriptis.*

d Voy. la note *(r)* de la p. 173. du 3.e Vol. de ce Rec.

In testimonium vero quod dictus Magister Guillermus Calpinhani *qui supra se subscripsit, & suo precedenti signo signavit, sic Notarius publicus Regius, & ad ipsum tanquam ad Notarium Regium publicum recursus publicè habeatur, quodque instrumentis & aliis* [c] *scriptum publicis per ipsum confectis & suo precedenti signo signatis, in judicio & extra plenaria fides adhibeatur, nos* Leodegarius Saporis, *Legum Doctor, Rectorque Regius* [d] *partis Antique* Montispessulani *& Ressorti ejusdem, Sigillum autenticum dicte Curie Rectorie huic presenti instrumento duximus appendendum, die vicesimâ primâ mensis Junii, anno Domini M.° CCCC.° octavo.*

Suite des Lettres de Charles VI.

e corr. *Ordinacionem.* f corr. *insertas.* g supp. *in eisdem.* h corr. *compellendos.*

Quodquidem instrumentum, ac omnia & singula in eo contenta, in quantùm ritè & legitimè facta, Nos ratum, gratum & firmum, rataque & firma habentes, illud & ea volumus, laudamus, approbamus, & tenore presencium de speciali gracia confirmamus: Senescallo Carcassone, *necnon Vicario & Judici nostris* Bitterris, *ceterisque Justiciariis nostris modernis & posteris, aut eorum Locatenentibus & cuilibet eorumdem, mandantes quatenus* [e] *Ordinacione & Capitula supra* [f] *incertas & contenta* [g], *juxta sui tenorem & formam teneri, & ab omnibus quorum intererit, inviolabiliter observari faciant, quos ad hoc* [h] *complendos noverint, viriliter & debitè compellendo; Litteris subrepticiis adhoc contrariis nonobstantibus. Quod ut firmum & stabile perpetuò perseveret, nostrum presentibus Litteris fecimus apponi Sigillum: nostro in aliis & alieno in omnibus jure salvo.* Datum *Parisius,* mense Julii, anno Domini M.° CCCC.° octavo, & Regni nostri vicesimo octavo.

Per Regem, ad relacionem Consilii. FORTEMENT.

CHARLES VI. à Paris, le 11. d'Août 1408.

(a) Lettres par lesquelles Charles VI. accorde différens Privilèges aux Nobles du Languedoc & à leurs sujets.

SOMMAIRES.

(1) Lorsque les Nobles du Languedoc & leurs sujets nobles & non nobles, seront mandés par le Roy, pour le servir dans ses guerres, il leur sera fait un prest proportionné au chemin qu'ils auront à faire, & eu égard à leurs soldes. Le Roy ni ses Successeurs n'exigeront point de ces Nobles ni de leurs successeurs, de Subsides, de Tailles, d'Aides, &c. pour les frais de leurs guerres, ni pour aucune autre cause, à moins que ces Nobles ne fassent le commerce, & en ce cas ils payeront les droits par rapport aux marchandises qui en feront l'objet. Ce Privilège n'aura cependant point lieu par rapport à la gabelle & à l'Aide du quatrième du vin.

(2) Les bornages qu'il conviendra de faire entre le Roy & ces Nobles & leurs sujets, se feront par les Sénéchaux des lieux, en présence du Procureur du Roy; à l'exception des terres

NOTE.

(a) Trésor des Chartres, Registre 162. P. iij.e lxix. (369.)

Le fond de ces Lettres est tiré de celles de Philippe de Valois, du mois de Juin 1338. & qui sont imprimées à la p. 120 du second Volume de ce Recueil; mais il y a des articles qui ne sont que dans l'une ou dans l'autre de ces Lettres, & il y en a dans lesquels il se trouve des différences assez considérables. On a mis à la marge des articles des Lettres de Charles VI. des renvois aux articles de celles de Philippe de Valois, auxquels ils ont du rapport: mais il faut remarquer que les Lettres de 1338. contiennent deux parties. 1.° Des conventions faites entre Philippe de Valois & les Nobles du *Languedoc*: elles ne sont point répétées dans les Lettres de Charles VI. 2.° Des Privilèges accordés par Philippe de Valois à ces Nobles. M. de *Laurière* a répété les chiffres 1. 2. &c. à la tête des articles de cette seconde partie.

Le second Volume de ce Recueil a servi à corriger un assez grand nombre de fautes qui sont dans le Registre 162. mais d'un autre côté ce Registre pourra servir à rectifier celles qui se trouvent dans les Lettres de Philippe de Valois.

situés

CHARLES VI.

à Paris, le 11. d'Août 1408.

situées sur les frontières, & qui seront contigues à des terres dépendantes des pays étrangers; le Roy défendant de faire des bornages par rapport à ces terres. S'il s'élève quelque contestation par rapport aux bornages, il sera fait des Enquêtes en présence du Procureur du Roy. Il sera planté des limites. Il ne sera payé aucun salaire au Procureur du Roy ni aux Officiers Royaux, par rapport aux bornages, s'ils n'ont été demandés par ces Nobles, ou qu'ils n'y aient intérêt. On payera seulement des salaires aux Sergens.

(3) Les Gardiens ou les Commissaires des Eglises qui sont sous la Sauve-garde Royale, ne pourront apposer des Pennenceaux que sur les fonds dont elles sont en possession paisible; & si à ce sujet il y a contestation, le Gardien ou le Commissaire fera donner ajournement par-devant les Juges Royaux ordinaires. Personne ne pourra être inquiété sous prétexte d'infraction de Sauve-garde Royale, si elle n'est notoire comme le sont celles des Eglises Cathédrales & de quelques Monastères, ou si elle n'a été publiée dans les Assises ou ailleurs, ou qu'elle n'ait été signifiée à la Partie.

(4) Le Roy & ses Successeurs n'accorderont point de droit de Garde, dans les terres de ces Nobles ni de leurs sujets, sans connoissance de cause préalable. Le Procureur du Roy ne se rendra partie dans aucun Procès que par l'injonction expresse du Juge, ou en conséquence d'une Information préalablement faite, ou dans le cas où il s'agiroit du Domaine du Roy.

(5) Lorsqu'il s'agira du Domaine du Roy, le Sénéchal ou le Juge Royal ordinaire en connoîtra dans le lieu où le Procureur du Roy fera sa résidence. Le rapport des procès sera fait tant en matière civile que criminelle, devant les Sénéchaux & autres Juges, en présence des Parties, si elles veulent y assister. Les Juges verront par eux-mêmes les Enquêtes & les Procès. Ils les rapporteront; & s'ils les font rapporter par d'autres, les Nobles ne payeront rien, si ce n'est volontairement. Les Sénéchaux & les autres Juges ne consulteront pas les Avocats & les Procureurs du Roy, ni ceux des Parties, dans les affaires où les Avocats & les Procureurs du Roy auront fait les fonctions de leur ministère, & où les Avocats auront travaillé; si ce n'est du consentement des Nobles. Les obligations passées sous le Scel Royal, seront mises à exécution par les Officiers des Hauts-Justiciers, s'ils sont en possession de le faire, & non par ceux du Roy, à moins que les Officiers des Hauts-Justiciers ne refusent ou ne négligent de faire exécuter ces obligations.

(6) Si suivant l'usage, les Sénéchaux continuent d'affermer les Greffes, ils les affermeront à des personnes capables; & l'on ne payera rien pour les grosses, à moins qu'elles n'aient été faites à la réquisition des Parties.

(7) Lorsqu'il sera question d'un héritage situé dans le territoire d'un Seigneur Haut-Justicier, les Officiers Royaux ne pourront attirer à eux l'affaire, sous prétexte que celui qui en est le possesseur, l'a obligé par un acte passé sous un Scel Royal; à moins que par rapport à cet héritage, il n'y ait eu une Requête introductive d'instance présentée au Juge dans la Jurisdiction duquel l'acte a été passé.

(8) Les Seigneurs qui sont d'ancienneté en possession de lever des Péages par terre & par eau, continueront d'en jouir, même par rapport aux marchandises qui auroient été vendues par le Roy, si ce n'est que le Roy eut à cet égard des droits établis par une coûtume assez ancienne pour donner lieu à la prescription.

(9) Dans toutes les Causes, lorsque l'on aura renoncé ou conclu, & que l'affaire sera en état, elle sera jugée à la troisième Assise suivante au plus tard; autrement elle sera jugée par d'autres Juges, & ceux qui seront en retard, seront punis.

(10) Les Sénéchaux & les autres Juges Royaux ne pourront empêcher que les Hauts-Justiciers ne punissent leurs Officiers qui auront commis quelque délit dans leurs fonctions, à moins que le Roy n'ait à cet égard des droits établis par une coûtume assez ancienne pour donner lieu à la prescription. S'il arrive que quelqu'Officier Royal délinque dans le territoire d'un Seigneur Haut-Justicier, pourvû que ce ne soit pas dans l'exercice de ses fonctions, la punition en appartiendra au Seigneur Haut-Justicier, à moins que le Roy ne soit dans une possession contraire.

(11) On ne constituera plus deux ou plusieurs Mangeurs *pour une seule dette, mais en leur place on établira un Commissaire ou Sergent, à moins qu'il n'y ait nécessité d'en user autrement; ce qui sera à l'arbitrage du Juge Royal. Et quand il s'agira de ce qui est dû au Roy, il n'y aura qu'un seul Sergent sans Commissaire. On donnera un acte qui prouvera le payement de la somme pour laquelle l'exécution aura été faite.*

(12) Les Sénéchaux & les autres Officiers Royaux ne pourront, sous prétexte de Lettres obtenues ou à obtenir du Roy, traduire devant eux en matière civile ou criminelle les Sujets des Seigneurs Hauts-Justiciers, à moins qu'il n'y ait mention expresse dans les Lettres, que telle est l'intention du Roy, par des raisons particulières. L'on ne pourra plus pareillement procéder par voie d'exécution sur les sujets des Seigneurs Hauts-Justiciers, sous prétexte de Lettres nommées debita Legalia. *Les cris d'armes, dans les cas où il s'agira du service du Roy, seront faits dans les Terres des Seigneurs Hauts-Justiciers par eux ou par leurs Officiers, sur le Mandement des Sénéchaux, à moins que ces Seigneurs ou leurs Officiers ne négligent ou refusent de le faire. Si un Officier Royal se dit avoir commission pour faire quelque exécution, il sera obligé de montrer son pouvoir, ou il sera condamné aux dépens, & dûement puni.*

(13) Les Sénéchaux ou autres Justiciers Royaux ne pourront prendre au corps aucun Noble ou quelqu'autre personne que ce soit, si ce n'est en flagrant délit, ou après Information, ou à moins que le crime ne soit notoire, & qu'il n'y ait à craindre que le criminel ne prenne la fuite.

CHARLES VI. à Paris, le 11. d'Août 1408.

Et dans aucun cas on ne procédera à l'Enquête, qu'après que l'information aura été faite secrètement. Aucun dénonciateur ne sera admis qu'après avoir donné bonne & suffisante caution pour les dépens, dommages & intérêts auxquels il pourroit être condamné.

(14) Les Comtes, les Barons & les autres Nobles qui, en conséquence d'une ancienne Coûtume ou d'un Privilège, sont en possession d'avoir des Juges d'appel, seront conservés sans aucun empêchement. Lorsqu'un homme pour crime aura été banni dans une Haute-Justice, & condamné ensuite au bannissement dans une Justice Royale, s'il est pris en ne gardant pas son ban dans la Haute-Justice, il y sera puni comme s'il n'avoit pas été condamné dans la Justice Royale.

(15) Dans les procès qu'il y aura entre un Procureur du Roy, d'une part, & quelque particulier, d'autre, le particulier ne payera rien au Procureur du Roy pour ses salaires, ni aux Notaires ni aux témoins. Aucun Sénéchal, Juge, Officier, Receveur ou Sergent, ne pourra contraindre un créancier à lui confier ses Lettres obligatoires, quoique scellées des Sceaux Royaux, pour les mettre à exécution, à moins que ce créancier ne juge à propos de les confier à un Receveur ou à un Sergent.

(16) Lorsque des biens auront été mis en la main du Roy, la garde n'en sera point confiée à des Officiers Royaux, mais à des particuliers connus pour gens de probité, à qui on adjugera un salaire raisonnable. Et si les Officiers Royaux en prennent la garde, même du consentement des Parties, elle leur sera ôtée.

(17) Dans les appellations interjettées par les Comtes, les Barons & les Nobles contre les Procureurs du Roy, si les Comtes & les Barons ont fait leurs diligences, & qu'il n'ait pas tenu à eux que leurs Causes fussent terminées, soit parce que les Procureurs du Roy ont demandé des délais, soit parce que les Assises ne se sont pas tenues, le temps fatal des appellations ne courra pas contr'eux. Le Roy ni ses Successeurs n'acquerront plus rien à titre de Pariage, d'échange & d'achat, dans les Hautes-Justices des Comtes & des Barons, si ce n'est des Forts, lorsqu'ils seront nécessaires pour la défense du Royaume, en payant un prix convenable. Les Officiers Royaux qui quitteront leurs Charges, resteront pendant cinquante jours dans les lieux où ils les auront exercées, pour répondre aux plaintes qu'on pourra faire contr'eux. Les biens que ces Nobles acquerront des non nobles, jouiront des mêmes privilèges dont jouissent les biens qu'ils possèdent présentement, tant que ces biens nouvellement acquis resteront dans leurs mains.

(18) Les affaires de ces Nobles & de leurs sujets, ne pourront être distraites de la Jurisdiction des Juges Royaux ordinaires qui en doivent connoître, pour être portées devant un Conservateur de Privilège ou un Commissaire nommé par le Roy; si ce n'est dans le cas d'appel & de ressort, ou lorsqu'il s'agira des droits du Roy ou de l'exécution des actes passés sous des Sceaux Royaux, ou lorsque ces Nobles ou leurs sujets auront des procès contre des personnes, les affaires desquelles le Roy ou son Lieutenant auront de justes raisons de renvoyer à un autre Juge. Les sujets de ces Nobles ne pourront, sans cause légitime, obtenir des Lettres de Sauve-garde Royale; & s'ils en obtiennent, le Juge ordinaire de l'impétrant, ou du lieu dans lequel la Sauve-garde aura été publiée, pourra après avoir entendu les Parties, la déclarer nulle, & condamner l'impétrant à l'amende & aux dépens envers ces Nobles.

(19) Les réparations des chemins de traverse & des Ponceaux qui seront dans les terres des Seigneurs Hauts-Justiciers, seront faites par eux ou par leurs Officiers; & si dans le cas où ils seroient négligens de les faire, le Roy étoit obligé d'y envoyer un Commissaire, il ne prendra point de vacations, & fera seulement payer les dépenses nécessaires.

KAROLUS, &c. Notum facimus universis presentibus & futuris, quod cum deceat magnificenciam Regie Magestatis, ad illos dexteram sue liberalitatis extendere, & illis se exhibere munificam, quorum devocionem ac fidele obsequium experimentis ineffabilibus multipliciter comprobavit, ut dum Regiis utilitatibus & obsequiis [a] dessudentes, regalibus remuneracionibus attollantur, debitè pietatis impleatur Officium, & ceterorum vota ad obsequendum devociùs intendere efficaciter inclinentur. Cumque pro parte dilectorum & fidelium nostrorum Comitum, Baronum & Nobilium Senescalliarum Tholose, Carcassone & Bellicadri, *pluribus porrectis supplicacionibus super gravaminibus eisdem per Officiarios nostros & alios diversos illatis, atque illorum privilegiorum infrinccionibus, & aliorum jurium eorumdem usurpacionibus, nostre extiterit clemencie largitas implorata: Nos attendentes grata servicia, fructuosos labores & singularis fidelitatis obsequia que dicti nobiles & eorum predecessores Nobis & nostris Regibus Francie Predecessoribus, ab iniciis Progenitorum nostrorum & nostri Regiminis, ac semper temporibus successivis exhibere curaverunt nec adhuc exhibere desinunt, sed ad graciosa semper & pociora servicia eorum excrescit devocio, inardescit animus, & ad [b] obsequentium, propositum & affeccio renovatur, & quod non solum pro nostris supportandis oneribus, & utilitatibus procurandis, corporeos labores, animi anxietates assiduas, & quamplurima discrimina subire non formidant;*

a il faut app. corr. *dessudant.*

b il faut p. e. corr. *obsequendum.*

ipsique & eorum predecessores, parentes, consanguinei seu affines adverse fortune insidias quas preteritorum minabatur indisposicio temporum, non expaventes, & unacum predictis, facultates proprias pro nostris arduis neccessitatibus voluntariè ac liberaliter sunt largiti, prout Nos & qui nostris assisterunt & [a] ascistunt consiliis, dilucidè prospexerunt, ex quibus Nos eisdem sentimus & veraciter agnoscimus equitatis & racionis vinculis, ad graciarum largiciones efficacissime obligatos, volentes pro predictis talibus ac tantis obsequiis, aliquod signum eisdem debitè gratitudinis exhibere, ne privilegia ipsis per jam dictos nostros predecessores concessa vetustate corruisse dicantur, ipsis dictarum Senescalliarum Nobilibus & eorum cuilibet, presentibus & futuris, presencium auctoritate, ex nostre Regie potestatis plenitudine duximus concedendum.

CHARLES VI. à Paris, le 11. d'Août 1408.

a assistunt.

(1) Imprimis si quidem concedimus & ordinamus per Senescallos, Receptores, Thesaurarios [b] seu Capitaneos aut deputatos nostros & successorum nostrorum, eisdem supplicantibus & eorum successoribus pro se & suis subditis, tam Nobilibus quam innobilibus, cum ex parte nostra mandati fuerint ut ad guerras nostras accedant, [c] mutuum fieri priùs quam iter arripiant, secundum statum cujuslibet eorumdem, super stipendiis suis, plus vel minus secundum locorum distancias, ut commodiùs absque suorum dampnosa distraccione bonorum, ad id se valeant preparare. * Statuimus eciam concedentes, quod aliqua Subcidia, Taillie, Focagia, Imposiciones, Ayde seu exacciones, à dictis Nobilibus vel eorum successoribus per Nos vel Successores nostros de cetero non exigantur, racione guerrarum nostrarum aut aliter quovismodo, pro personis vel bonis eorumdem, [d] quesitis & querendis quoquo titulo, jure vel causâ, & fructibus provenientibus ex eorum patrimonio, & redditibus, nisi essent tales Nobiles qui actum mercancie excercerent, quo casu, pro eorum mercanciis contribuere tenebuntur, prout alii innobiles, privilegio non obstante; & per hoc derogare non intendimus Instruccionibus & Ordinacionibus Regiis quatinùs hec prejudicare possent exaccioni Gabelle salis, & Quarti vini dumtaxat. [Art. 1.] [* Art. 2.]

b seu *est ici pris pour* &.

c Prêt. Terme qui est encore en usage par rapport à la solde des gens de guerre.

d les biens qu'ils ont acquis & ceux qu'ils acquerront.

(2) Item. Hoc [e] dicto in imperpetuum valituro statuimus ut cum limitaciones fieri petentur eciam inter Nos & dictos supplicantes vel eorum subditos, per Senescallos locorum sine difficultate fiant; vocato tamen Procuratore nostro, si Domanium nostrum contingat; exceptis finibus & limitibus Regni nostri, contiguis terris vel Jurisdiccionibus consciscentibus extra Regnum, in quibus limitaciones fieri non concedimus per presentes: Et si de jure nostro vel alieno in casu limitacionis sit dubium, inquiratur super hoc cum probis viris locorum vicinorum, vocato Procuratore nostro, summariè & de plano sine strepitu judicii & figura; & ulteriùs fiat eodem modo, ponendo limites prout racio suadebit; nec ob hoc Procuratoribus vel Officiariis nostris salarium vel expense solvantur, nisi ad requestam dictorum Nobilium & per ipsorum interesse mittantur, vel de eorum voluntate procedat; exceptis salariis Serviencium. [Art. 3.]

e Edicto, *qui est dans le* 2.[d] *Vol. de ce Rec.*

(3) Item. Edicto perpetuo prohibemus ne amodo Gardiatores Ecclesiarum, aut Commissarii à Nobis vel Senescallis nostris deputati, [f] Penuncellos vel gardias ponant, nisi in rebus de quibus Ecclesie fuerunt in possessione pacifica vel quasi; & si inter Partes sit opposicio super re vel juridicione, & utraque se asserat possidere, Gardiator vel Commissarius in casu illo Partes adjornet coram suis [g] Ordinariis Regiis ad diem competentem, & prohibeat Partibus ne interim in prejudicium alterutrius, pendente adjornamento, aliquid attemptent; nec aliquis pro fraccione gardie molestetur, nisi fuerit notoria, sicut [h] & Ecclesiis Cathedralibus & Monasteriis aliquibus que sunt in gardia Regia notoriè ab antiquo, vel nisi in Assisiis aut aliàs publicè & debitè publicata, vel Parti fuerit specialiter intimata. [Art. 4.]

f Voy. les Tables des Mat. des Vol. de ce Rec. au mot, *Pennonceaux.*

g Juges ordinaires.

h de, 2.[d] *vol.*

(4) Item. Concedimus statuentes quod modo non concedantur per Nos aut Successores nostros in terris aut subditis dictorum supplicancium, Gardie, nisi causâ racionabili precedente. * Statuimus eciam prohibentes, ne quis Procurator noster Parti alieni se adjungat in causa quacumque, nisi priùs à Judice coram quo lis pendebit, habuerit mandatum expressum, aut super hoc haberet Procurator legitimam informacionem vel ageretur de Domanio seu patrimonio nostro. [Art. 5.] [* Art. 7.]

(5) Item. Presenti constitucione quam irrefragabiliter precipimus [i] observera duximus ordinandum quod quandocumque ageretur de patrimonio seu Domanio nostro, Senescallus [Art. 8.]

i observari. 2.[d] *vol.*

CHARLES VI
à Paris, le 11. d'Août 1408.

vel Ordinarius loci Regius, in cujus sede Procurator noster residet seu residere consuevit, de hoc valeat [a] *exnoscere & eciam judicare.* * *Preterea statuimus & ordinamus* [b] *relacione Processuum & Causarum tam civilium quam criminalium, à modo fieri coram Senescallis & Judicibus aliis, in partibus supradictis, in presencia Parcium litigancium, si ad id voluerint interesse.* [c] *Adicimus eciam statuto hujusmodi, quod Judices per se ipsos Inquestas & processus dictorum Nobilium amodo videant & refferant; & si per alios videri faciant vel refferri, dicti Nobiles proinde nichil solvere teneantur, nec ad id compellantur, nisi de eorum Nobilium voluntate procedat.* * *Prohibemus insuper statuentes, ne Senescalli aut alii Judices Consulant Patronos seu Advocatos vel Procuratores nostros aut alios, vel cum eis deliberent qualiter pronunciare habebunt vel judicare in Causis nostris vel aliis in quibus ipsi Procuratores fuerunt vel Patroni, sed eos in Causis dictorum Nobilium à consilio seu deliberacione hujusmodi omnino repellant, nec ibidem intersint, nisi de dictorum Nobilium procedat voluntate.* * *Preterea declaramus statuentes, execuciones obligacionum factarum ad vires cujuscumque nostri Sigilli, per Officiarios altorum Justiciariorum, vel* [d] *merum Imperium habencium in terris & Juridiccionibus suis debere fieri, si & (b) quantum hoc usi sunt & utuntur; quo casu, si utantur in contrarium & legitimè requirantur, vel facere negligant aut recusent, per Gentes & Officiarios nostros predicta debitè fieri volumus & jubemus.*

(6) Item. *presencium auctoritate statuimus quod* [e] *scripture Curiarum nostrarum in partibus illis, licet* [f] *consueverunt vendi vel ad firmam tradi per Senescallos, amodo* [g] *si vendantur, tradantur personis ydoneis per eas gubernande :* [h] *adicientes quod nullus comppellatur solvere pro scriptura* [i] *grossata vel extracta, nisi ad requisicionem ipsius grossata fuerit vel extracta.*

* (7) Item. *Super eo quod dum questio vertitur contra subditos dictorum supplicancium, aut eorum aliquem, super Dominio rei hereditarie, in eorum alta Justicia, vel ubi habent merum Imperium, situate, Justiciarii nostri occasione illa quod possessor dicte rei rem illam obligavit sub aliquo Sigillorum nostrorum, dictos alios Justiciarios vel merum Imperium habentes, in cognicione questionis Dominii dicte rei, impedire nituntur, Ordinamus prohibentes ne aliquis Justiciarius noster id amodo* [k] *faciant vel attemptet, nisi priùs* [l] *clamor fuerit expositus Curie illius Sigilli sub quo dicta obligacio priùs facta fuerat.*

* (8) Item. *Concedimus quod Nobiles habentes ab antiquo pedagia in terris & fluminibus suis, non* [m] *expediantur per aliquem seu aliquos de Officiariis nostris, quam illud levare possint à mercatoribus per eorum leudarium seu districtum transeuntibus, prout actenùs consueverunt, licet iidem mercatores à Nobis seu Gentibus nostris nomine nostro eis vendentibus, emerint res predictas; non obstantibus Litteris in contrarium impetratis vel impetrandis, nisi in contrarium jus Nobis fuerit quesitum de consuetudine jam prescripta.*

* (9) Item. *Precipiendo statuimus ut cum in Causis tam nostris quam aliis (c) renunciatum fuerit & conclusum, & fuerint in statu judicandi, Judices infra terciam Assisiam immediate sequentem ad tardiùs Sentenciam* [n] *proferant in eisdem : alioquin, id per alios faciemus fieri, si petetur, & eos propter hoc debitè puniemus.*

(10) Item. *Inhibendo statuimus ne Senescalli aut quicumque alii Judices nostri, alios Justiciam seu merum Imperium habentes, aut eorum aliquem, impedire presumant quominus in suos Officiarios delinquentes in suis Officiis vel aliter, infra Juridicionem ipsorum & cujuslibet eorumdem, suam juridicionem valeant excercere, & eos pro suis*

a cognoscere. *2.d vol.*

[* Art. 10.]

b corr. *relaciones.* 2.d vol.

c corr. *adjicimus.*

[* Art. 12.]

[* Art. 15.]

d la Haute-Justice. *Voy. la note (z) de la p. 44. du 5.e Vol. de ce Rec.*

[Art. 17.]

e les expéditions des Greffes.

f corr. *consueverint*, qui est dans le 2.d vol.

g peut-être faut-il corriger *si non vendantur ;* & alors le sens de l'article seroit plus clair : car le mot *gubernande* qui semble signifier *donné en régie*, seroit opposé à celui de *vendantur*, qui signifie ici *donné à ferme.*

h corr. *adjicientes,* qui est *ibid.*

i expédition faite en grosse, ou donnée par un simple extrait.

[* Art. 25.]

k corr. *faciat.*

l requête introductive d'instance.

[* Art. 26.]

m impediantur. *2.d vol.*

[* Art. 11.]

n corr. *proferant.* 2.d vol.

[Art. 13.]

NOTES.

(b) Quantum.] Il n'y a dans le Reg. que *quat.* avec une marque d'abréviation. Je crois que cet endroit signifie que ces Juges feront exécuter les obligations faites sous Scel Royal, s'ils sont dans l'usage de le faire. Et à l'égard de ces mots : *si utantur in contrarium*, qui sont un peu plus bas, je crois qu'ils signifient que si ces Juges ne veulent pas faire exécuter ces obligations, &c.

(c) Renunciatum fuerit.] Renoncer à produire. Voy. sur cette formalité de notre ancienne pratique, le *Speculum Juris* de *Guillaume Durand, Évêque* de *Mende*, livre 2. titre *de Renunciatione & conclusione.*

culpis & excessibus debitè corrigere & punire, nisi Nos aliter usi fuerimus, vel ad Nos hujusmodi Juridicio pertineat de consuetudine jam prescripta. * Sanccimus eciam [a] vel si quis Officiarius noster cujuscumque auctoritatis existat, infra Jurisdictionem cujuscumque alti Justiciarii seu merum Imperium habentis, de cetero reperiatur delinquentem ut privatus non excercendo suum Officium non impediatur dictus altus Justiciarius per quemcumque Justiciarium nostrum, quominus in delinquentem hujusmodi suam Juridicionem exerceat ipsumque puniat Justiciâ mediante, nisi Nos in contrarium usi fuerimus.

CHARLES VI. à Paris, le 11. d'Août 1408. [* Art. 14.] a corr. *ut.* 2.d vol.

(11) Item. *(d) Presenti constitucione sanccimus quod amodo non ponantur* [b] *Comestores nec duo vel plures simul, sed unicus dumtaxat Serviens sive Commissarius, eadem vice, pro execucione solius debiti, deputetur, nisi plus mittendi sint ex causa racionabili per Judicem nostrum loci ordinarium arbitrandâ; & fiant execuciones locorum consuetudine observatâ; & qui contrarium fecerit, debitè puniatur. Adicientes constitucioni hujusmodi, ut pro nostris debitis exequendis vel exigendis, non nisi unus solus eâdem vice, absque Commissario seu Commissariis vel aliis quibusvis adjunctis, Serviens deputetur. (e) De recognicione solucionis cum facta fuerit, volumus & statuimus dari & concedi petentibus publicum instrumentum.* [Art. 16.]

b Mangeurs: Sergens. Voy. la note *(g)* de la p. 125. du 2.d Vol. de ce Rec.

(12) Item. *Statuto perpetuo prohibemus ne aliquis Senescallus aut alius Officiarius noster subditos altorum Justiciariorum seu merum Imperium habencium, aut eorum aliquem, pretextu Litterarum nostrarum ad eos contra dictos subditos obtentarum vel obtinendarum, coram se trahat civiliter aut criminaliter, nisi Littere seu commissio Causam commissionis racionabilem Nos moventem continerent, aliter enim eas ex nunc subrepticias reputamus, nec eas volumus execucioni mandari: nichilominus inhibentes Juridicionem qualemcumque amodo exerceri in subditos altorum Justiciariorum seu merum Imperium habencium, pretextu Litterarum que (f)* debita legalia *nuncupantur, à Nobis seu Justiciariis nostris quibuslibet obtentarum seu obtinendarum. * Statuimus preterea ut* [c] *proclamaciones armorum dum faciende fuerunt pro casu Nos tangente, in terris & Juridicionibus altorum Justiciariorum* [d] *se merum Imperium habencium, per eos fiant ad mandatum Senescallorum nostrorum, nisi in casu quo Justiciarii legitimè requisiti id facere negligerent vel eciam recusarent, nec in aliis casibus aliquis Senescallus, Judex aut Officiarius noster, infra Juridicionem alicujus alti Justiciarii* [e] *se merum Imperium habentis, Juridicionem aut cognicionem aliam in Causis ad ipsum Justiciarium altum spectantibus, excerceat; ressorti tamen casibus & aliis ad Nos jure Regio spectantibus, Nobis salvis. * Et si aliquis Officiarius noster se dixerit ad execucionem aliquam faciendam vel ad aliud deputatum, volumus quod de potestate seu commissione sibi tradita doceat requisitus: alioquin, ad dampna & expensas illius teneatur, & aliter debitè puniatur.* [Art. 18.] [* Art. 19.] [* Art. 20.]

c Voy. la note *(h)* de la p. 126. du 2.e Vol. de ce Rec.

d corr. *seu.*

e corr. *seu.*

(13) Item. *Irrefragabili prohibemus Edicto ne Senescalli aut quicumque alii Justiciarii nostri, quemcumque Nobilem aut alium capiant pro quocumque delicto, nisi in facto presenti, vel priùs de Commisso delicto* [f] *informari contra eum fuerint legitimè aut maturè, aut esset fama de hoc publica vel vehemens presumpcio contra eum, seu verissimiliter de fuga illius* [g] *teneretur; nec in aliquo casuum predictorum procedatur* [Art. 21.]

f informati. 2.e vol.

g timeretur. *Ibid.*

NOTES.

(d) Presenti, &c.] Cet article est le 16. des Lettres de Philippe de Valois. Il servira à corriger le premier mot de celui-ci. Il y a dans le Reg. *ipm* qui est l'abrégé d'*ipsum.*

(e) De recognicione ... instrumentum.] On donnera un acte qui prouvera le payement de la somme pour laquelle l'exécution aura été faite.

(f) Debita legalia.] Il y a dans le second Volume des Ordonnances, *debita Regalia:* mais je crois que c'est une faute, & que *legalia* est la bonne leçon. Ces Lettres nommées *debita legalia*, étoient adressées à des Sergens, & commençoient ainsi : *Nous te mandons & commandons par ces présentes, que toutes les dettres bonnes & loyales . . . . . . tu . . . fasse payer, &c.* La formule de ces sortes de Lettres se trouve dans le Glossaire de *Du Cange,* à l'article *Debitis,* col. 1320. où les nouveaux Editeurs ont appellé ces sortes de Lettres *Debita Regalia,* parce qu'ils les ont trouvées nommées ainsi dans le second Volume des Ordonnances qu'ils ont cité. Au reste cet article *debitis* est fort étendu & fort curieux.

Voy. aussi sur les Lettres appellées *debita legalia,* le Glossaire du Droit François, au mot *Debitis.*

CHARLES VI.
à Paris, le 11. d'Août 1408.

ad Inquestam, nisi Informacione premissâ de & super innoscencia sicut culpa : & cum Informaciones secrete fient contra delatos de crimine vel excessu, Notarii seu Commissarii scribere & examinare teneantur deposiciones testium, quantum facient pro [a] *ignocencia vel excusacione delati.* [* Art. 22.] * *Adicimus eciam huic Edicto, quod aliquis denunciator, instructor, instigator seu alius quocumque nomine censeatur, non admittatur ad prosequendum denunciacionem suam, nisi priùs de dampnis & expensis ressundendis dederit ydoneam caucionem.*

a innocencia. 2.e vol.

[Art. 23.] (14) Item. *Statuimus & concedimus ut Comites, Barones & alii Nobiles, qui Judices appellacionum habuerunt & habent de consuetudine antiqua, vel de privilegio competenti,* [b] *& appellacionibus suorum inferiorum Judicum cognoverunt, & in saisina cognoscendi remanserunt, eos deinceps habeant, & de dictis appellacionibus cognoscant, nec super hoc impediantur à quoquam :* [* Art. 28.] * *concedimus insuper dictis altis Officiariis, Justiciariis vel merum Imperium habentibus, & eorum cuilibet, quod si contingat aliquem per ipsos aut eorum aliquem banniri, & postmodum ille bannitus per Gentes nostras pro eodem casu vel alio banniatur, ac deinde Banniens invenerit dictum bannitum in sua alta Juridiccione, & ibidem eum ceperit,* [c] *nom impediatur per Gentes nostras, occasione dicti secundi banni per Gentes nostras facti, quominus dictum bannitum justiciare valeat, prout ad eum pertinuerit, quamdiù fuerit diligens in hac parte.*

b & de. 2.e vol.

c non. 2.e vol.

[Art. 29.] (15) Item. *Statuimus prohibendo, ut cum inter aliquem Procuratorem Regium pro jure Regio, ex una parte, & quemcumque privatum, ex altera, super juridiccione vel re aliqua litem amodo moveri contigerit, privatus non compellatur ad solvendum Procuratori Regio vel pro ipso salarium pro* (g) *dietis vel pro actis, seu Notario vel testibus, aut alios sumptus litis : Et si contrarium factum fuerit, decernimus recipientem compelli ad restituendum solventi, unacum dampnis & expensis quas sustinuerit in hac parte.* [* Art 30.] * *Inhibemus insuper ne aliquis Senescallus, Judex, Officiarius, Receptor aut Serviens noster, creditorem aliquem compellat* [d] *invitus, ad tradendum suas obligatorias Litteras sub aliquo Sigillorum nostrorum sigillatas, ut fiat per manus eorum execucio eisdem, nisi creditor execucionem per Receptorem vel Servientem fieri requirat; quinymo, creditor per se vel* [e] *privatum nuncium, debita sua possit,* [f] *si vellit, absque compulsione vel execucione, requirere vel levare.*

d invitum. 2.e vol.

e per privatum. 2.e vol.

f si velit. 2.e vol.

[Art. 31.] (16) Item. *Et cum bona vel res aliquas ad manum nostram ad instanciam Procuratoris nostri vel alterius cujuscumque, vel propter debatum Parcium, poni contigerit, ordinamus & precipimus ea non Officiariis nostris aut Servientibus nostris, aut eorum alicui, sed alicui probo viro privato tradi custodienda & regenda, competenti salario mediante, qui de eis debeat loco & tempore reddere racionem, deductis racionabilibus expensis. Et si quis Officiarius, Minister seu Serviens noster ea recipere presumpserit contra presentem Ordinacionem nostram, eciam Parcium interveniente concensu, recipientem compelli jubemus ad restituendum levata, absque salario & expensis.*

[Art. 32.] (17) Item. *Duximus statuendum ut cum in Causis appellacionum prosequendis contra Procuratores Regios, dicti Comites, Barones & Nobiles ac eorum subditi fuerint diligentes, adeo quod per eos non steterit quominùs fuerint terminate, sed per dilaciones petitas ex parte Procuratorum nostrorum, vel quia Assisie non sederunt tociens quod Cause ipse commodè potuerunt terminari, non* [g] *curant nec incurrisse dicantur* (h) *fatalia contra ipsos;* [* Art. 33.] * *& quia ex parte Comitum, Baronum & aliorum Nobilium predictarum Parcium, extitit supplicatum quatenùs à faciendis pariagiis & ab acquirendo empcionis vel excambii titulo, vel alio quovismodo, infeodis, retrofeodis, Villis, locis & Castris ubi ipsi altam Justiciam seu merum Imperium habere*

g currant. 2.e vol.

NOTES.

(g) *Dietis.*] Les journées, les vacations que l'on paye aux Officiers de Justice pour chaque jour qu'ils ont travaillé. Voy. le Glossaire de *Du Cange*, au mot *Dieta* 8.

(h) *Fatalia.*] C'est le temps déterminé par la Loy pour faire juger les appels interjettés. Voy. le Glossaire de *Du Cange*, au mot *Fatalia*.

CHARLES VI. à Paris, le 11. d'Août 1408.

noscuntur, [a] *abstinere, volumus. Nos,* [b] *dicte eorum supplicacioni, pro Nobis & Successoribus nostris* [c] *anunus concedentes quod nisi dumtaxat pro neccessitate Regia, fortalicia necessaria vel utilia pro securitate Regni nostri & tuicione ipsius, ulterius acquiremus in locis predictis vel eorum aliquo, titulis supradictis aut aliquo eorumdem, & de acquisitis in casu illo recumpensacionem debitam faciemus.* [* Art. 34.] *Cum autem Senescalli, Judices & quicumque alii Justiciarii nostri Officium suum quâcumque Causâ vel occasione dimiserint, ordinamus & statuimus quod post dimissionem dicti Officii, in loco illo debeant per quinquaginta dies immediatè sequentes continuè residere, ut querelantibus de ipsis habeant respondere, & possint ipsi querelantes faciliùs consequi jus suum contra eosdem. Statuentes pariter & per presentes decernentes quod si aliquis ex dictis Nobilibus* [d] *acquisiverint vel deinceps acquirat, seu sibi obveniant aliqua bona mobilia vel immobilia seu hereditagia ab innobilibus dictarum patriarum, quoquomodo bona illa sic quesita sint &* [e] *cessantur ejusdem condicionis, privilegii & libertatis cujus sunt alia bona nobilia ipsorum Nobilium, quandiù tamen in eorum Dominio permanebunt, & aliter non.*

(18) Item. *Pari Ordinacione prohibemus ne deinceps dicti Nobiles vel eorum subditi aut familiares trahantur pro quacumque Causa criminali vel civili, extra eorum Ordinarium Regium, nec alibi respondere teneantur occasione cujuscumque conservatoris privilegii vel (i) potestatis, aut alterius nostre Commissionis vel Mandati, nisi in casu Appellacionis & Ressorti vel superioritatis nostre, vel ubi de jure nostro, aut de execucionibus Sigillorum nostrorum ageretur, & aliis personis de quibus* [f] *Causas Nos vel Locumtenentes nostri, cum causa racionabili, cognicionem alteri Judicum nostrorum committemus, eciam exceptis. Ordinantes & pari graciâ concedentes quod si aliquis dictorum Baronum & Nobilium subditus, sine causa legitima de cetero à Nobis Salvamgardiam impetrare presumpserit, Senescallus, Vicarius seu Judex noster Ordinarius illius loci in quo dictus impetrans suum faciet domicilium, vel in quo dicta Salvagardia posita extiterit, Partibus auditis summariè & de plano, absque alio Mandato nostro, Salvam-gardiam nullam declarabit, quam Nos casu premisso nullam & nullius efficacie esse decernimus, nonobstante verbo (k)* suscipimus, *si in dictis Litteris fuerit appositum; & nichilominus ipsum tanquam male impetrantem, Nobis emendari faciet, & in expensis dictis Nobilibus eum condempnabit, prout sibi videbitur de jure vel racione faciendum.*

(19) Item. *Hac imperpetuum valitura constitucione duximus ordinandum quod reparaciones (l) minorum itinerum & poncium locorum Baronum & Nobilium predictorum, de cetero fiant de precepto eorumdem Baronum & Nobilium quorum erunt vel eorum Officiariorum; & si contingeret in deffectu seu negligencia dictorum Baronum vel Nobilium, aut in casu eminentis periculi, aliquem Commissarium vel Officiarium nostrum ad loca eorumdem deinceps venire pro dictis reparacionibus faciendis, nolumus quod dictus Officiarius noster vel Commissarius quicquam pro sportulis, salario vel dietis petere possit à predictis nobilibus vel eorum subditis, nec populares illius loci sic visitati aliquid pro dicta visitacione solvere teneantur, nisi dumtaxat* [g] *expensis in eodem loco moderate factas.*

Ceterum Nos premissa omnia & singula per Nos, ut premittitur, statuta, edita concessa, inita & ordinata, prout superiùs sunt expressa, dictis Comitibus, Baronibus & Nobilibus, presentibus & futuris, Senescallis Tholose, Carcassone & Bellicadri, *& eorum subditis, in quantùm eos predicta Capitula tangere possunt, dedimus, concessimus, & tenore presencium damus & concedimus de gracia speciali & plenitudine Regie potestatis; quibuscumque Ordinacionibus, usibus, stilis, observanciis, Consuetudinibus & impetracionibus contrariis resecatis, ut nullus deinceps ad* [h] *exipiendum*

[a] abstineremus. 2.e *vol.*

[b] supp. *&*, qui est dans le 2.e vol. de ce Rec.

[c] annuimus. 2.e *vol.*

[d] corr. *acquisiverit.*

[e] corr. *censeantur.*

[f] Je crois qu'il faut corr. *Causarum.*

[g] corr. *expensas.*

[h] corr. *excipiendum.*

NOTES.

(i) Potestatis.] Il n'y a dans le Reg. que *pot.tis* Suivant le Gloss. de *Du Cange,* au mot *Potestatis,* col. 705. il a quelquefois signifié un Privilège, un droit.

(k) Suscipimus.] La formule ordinaire des Lettres de Sauve-garde Royale, est, *suscipimus in nostram Salvam-gardiam.*

(l) Minorum.] Des petits chemins, des chemins de traverse, & des petits ponts ou ponceaux qui y sont construits.

CHARLES VI. à Paris, le 11. d'Août 1408.

de ipsis contra tenorem premissorum vel aliquod ex eis, cujuscumque condicionis, preheminencie vel auctoritatis existat, admittatur ex nunc omnibus Officiariis & Procuratoribus nostris [a] *scilencium perpetuum imponendo : decernentes ex nunc quicquid in contrarium actum, gestum, statutum, ordinatum & factum deinceps fuerit, irritum & inane, ac nullius efficacie & valoris : Mandantes & tenore presencium committentes Senescallis, Baillivis, Vicariis & Judicibus dictarum Senescalliarum, & eorum cuilibet, quatenùs predicta privilegia, Edita & Constituciones publicari faciant in eorum Curiis, & alibi ubi expedient & prout requisiti fuerint, eaque servari faciant illesa : que ut meliùs & inconcussè serventur, Conservatores & Commissarios Privilegiorum predictorum facimus, constituimus & ordinamus dilectos & fideles Commissarios nostros tenentes & qui in futurum nostrum tenebunt Parlamentum, necnon Senescallos duntaxat Senescalliarum, Gubernatorem & Rectorem ac Judicem parvi Sigilli* Montispessulani, *Vicariumque* Tholose, Carcassone, Bitterris & [b] Ucecie, *quibus & eorum cuilibet, vel Locatenentibus eorundem, presencium tenore mandamus & committimus quatenùs dictos Comites, Barones & Nobiles in eorum servent & custodiant privilegiis, juribus & libertatibus, non permittentes quicquid fieri in contrarium ; & si que fierent in futurum contra eadem, illa revocent, reparent & ad statum debitum redducant, quoscumque compellentes viriliter & debitè compellendo per suspensionem Officiorum,* [c] *multarumque declaraciones & aliter prout de jure & racione videbitur faciendum : contradictores, infractores & violatores taliter puniendo quod ceteris transeat in exemplum. Et quia presens originale in quocumque loco necessario portari & exhiberi multum difficile & periculosum extiteret, volumus quod hujus transcripto seu* vidimus *sub Sigillo autentiquo Regio, tanta fides adhibeatur, tantam habeat* ipsum vidimus *& transcriptum auctoritatem vel testimonium, quantum habet & habere potest presens originale. Que ut firma* [d] *inconcussa perpetuò perseverent, nostrum presentibus Litteris fecimus apponi Sigillum : salvo in aliis jure nostro, & quolibet alieno.* Datum *Parisius,* XI.[a] die Augusti, anno Domini M.° CCCC.° octavo, Regnique nostri vicesimo octavo.

Aliàs sic signatum. Per Regem in suo Consilio in quo Domini Duces Acquitanie, Bituricensis, Aurelianensis, *Dominus* Petrus *de* Navarra, Comes Nivernensis, *nonnullique alii erant.* MAUREGART. *Et secundum correccionem* [e] *Vestram rescripta.* SAINT OIN.

a corr. *silencium.*

b Usez.

c corr. *multarum.*

d supp. *&.*

e Le Chancelier de France. Voy. le 5.e Vol. de ce Rec. p. 653. note *(c)*.

CHARLES VI. à Paris, en Août 1408.

(a) Lettres qui portent que la Ville de Périgueux & le Périgord jouiront des privilèges accordés aux autres Domaines du Roy, & qu'en conséquence, les Interdits qui y auront été mis par des Prélats ou autres, seront ôtés par le Sénéchal du Périgord.

CHARLES, &c. Savoir faisons à tous presens & avenir, que comme par certaine grace & privileges ja pieça à nos Predecesseurs Roys de France & à Nous octroyé du Saint Siege de *Rome,* aucuns Prelaz Ordinaires ne autres quelxconques, de quelque auctorité qu'ilz usent, ne puissent ou doient pour quelconque cause, couleur ou occasion que ce soit, mettre *(b)* Ces ou Interdit en aucune Ville ou Cité de nostre héritage ou Demaine, & ayons de tout temps usé & acoustumé, & usons toutesfoiz que le cas y eschiet, de faire oster & rappeller par lesdictes Ordonnances & autres lesdiz Ces & Interdit, par prinse & detention de leur temporel, & autrement, se mestier est; & soyons deuement informé la

NOTES.

(a) Trésor des Chartres, Reg. 162. P. iij.c iiij.xx xij. (392.)

(b) Ces.] Ce mot signifie la cessation de l'Office Divin, qui est l'effet de l'Interdit. Suivant le Glossaire de *Du Cange,* au mot *Cessus 1.* ce mot latin avoit cette signification. *Cessus, Cessatio à Divinis.*

Ville

Ville & Cité de *Perregueux,* de toute ancienneté & par Lettres & Chartres de plusieurs de noz Predecesseurs, estre de nostre heritage, & appliquez à nostre propre Couronne & Demaine : Nous ces choses considerées, & que icelle Ville & Cité de *Perregueux* est assise en pays de frontieres près des [a] ennemis de nostre Royaume, & ont eu & souffert, ont & sueffrent chascun jour les habitans en icelle plusieurs grans pertes, vexacions, & dommages en plusieurs & maintes manieres : voulons iceulx habitans & autres des Villes assises ou pays & *Seneschauchie* de *Perregort,* qui sont de nostre heritage, & appliquées à nostre propre Couronne & Demaine, & leurs Successeurs, joïr des graces & privileges appostoliques dessusdiz, comme les autres de nostre Demaine, à iceulx habitans & autres dessusdiz, & à leurs successeurs demourans en ladicte Ville de *Perregueux,* & ès autres Villes & lieux dudit païs & *Seneschaucie* de *Perregort,* qui sont de nostre heritage, & appliquées à nostre Couronne & Demaine, comme dit est, avons octroié & octroyons de nostre certaine science & grace especial, par ces presentes, que se lesdis Ces & Interdit sont ou pour le temps avenir estoient mis en icelle Ville ou autres dessusdictes, par l'Evesque Ordinaire ou autres quelconques, pour quelconque cause que ce soit ou puist estre, iceulx habitans par nostre Seneschal de *Perregort* ou son Lieutenant, qui est à present ou sera pour le temps avenir, le facent oster & rappeller [b] royaument & de fait, par prinse & detencion du temporel desdiz Evesque Ordinaire ou autre, qui mis les y auroient, & par toutes autres voyes & manieres deues & raisonnables & acoustumées en tel cas. Si donnons en mandement par ces presentes à nostredit *Seneschal* de *Perregort,* present & avenir, ou à son Lieutenant, que iceux Ces & Interdit, se miz estoient en ladicte Ville ou ès autres Villes dessusdictes, il face oster & rappeller, & à ce contraigne ou face contraindre vigoreusement & sans déport, ceulx qui pour ce feront à contraindre par la maniere dessusdicte : Mandons aussi par ces mesmes presentes à tous noz Justiciers, Officiers & Subgez, que à nostredit Seneschal ou son Lieutenant, ou autre ses commis & députez, en ce faisant, obeissent & entendent diligemment, & leur preste conseil, confort & aide, se mestier en ont & requiz en sont. Et affin que ce soit ferme chose & estable à tousjours, Nous avons fait mettre nostre Séel à ces presentes : sauf en autre chose nostre droit, & l'autruy en toutes. *Donné à* Paris, *ou moys d'Aoust, l'an de grace mil CCCC. & huit, & de nostre Regne le XXVIII.me*

Par le Roy. TEILLAYE.

CHARLES VI. à Paris, en Août 1408.

[a] *les Anglois qui possedoient une partie de la* Guienne.

[b] *réellement.*

(a) Règlement pour la tranquillité & la sûreté de la Ville de Paris.

CHARLES VI. à Paris, le 1. de Septembre 1408.

SOMMAIRES.

(1) Les Etrangers qui viendront à Paris, seront obligés de loger dans des hôtelleries; à moins que quelques habitans de cette Ville ne consentent à les recevoir dans leurs maisons.

Les Gens de guerre, spécialement ceux qui sont destinés à la garde des portes de Paris, ne pourront sous peine d'être pendus, se loger dans le plat-pays, & y prendre des vivres sans les payer.

(2) Il est défendu d'aller dans Paris le visage couvert de son chaperon, soit de jour ou de nuit.

Il n'est permis d'y porter des armures militaires, qu'à ceux à qui cela est ordonné.

(3) Il est défendu d'aller à Paris en bateau sur la rivière de Seine, depuis le soleil couchant jusqu'au soleil levant.

Nulle personne n'entrera armée dans Paris, si ce n'est par la permission du Duc de Berry Capitaine de cette Ville, ou du Connétable.

NOTE.

(a) Livre rouge viel du Chastellet de *Paris, fol.* 9. vingt 19. *recto.* [199.]

Avant ces Lettres, il y a : *Que aucun Estrangier ne se loge que ès hostelleries.*

Que aucun ne aille fourager sur le plat-pays.

Que aucun ne aille embrunchié.

Que aucun ne porte harnois sans congié.

Que aucun ne monte ne avalle par la rivière.

Que aucun ne s'efforce entrer à Paris.

Que on apporte les noms de ceulx qui se logeront ; & que aucun ne soit parcial.

Voy. ce qui sera dit au sujet de ces Lettres, dans la Préface de ce Vol. §. *Histoire.*

CHARLES VI. à Paris, le 1. de Septembre 1408.

(4) Les personnes qui logeront dans leurs maisons des gens arrivans à Paris, seront tenues d'en avertir le jour même, l'un des deux Commissaires du Châtelet députés à cet effet.

(5) Il est défendu de s'attaquer les uns les autres sous prétexte de guerre privée, ou pour quelque cause que ce soit.

Il est aussi défendu de prendre part dans les querelles qui se sont émues entre quelques Princes du Sang & quelques autres personnes; & il est ordonné de ne tenir d'autre parti que celui du Roy.

CHARLES, par la grace de Dieu, Roy de France. A tous ceulx qui ces presentes Lettres verront : Salut. Comme de tout nostre cuer & singuliere voulenté, Nous aions tousjours esté & encores soyons desirans de garder & tenir en bonne seurté, paix & transquillité les Villes & Païs de nostre Royaume, & mesmement nostre bonne Ville de *Paris*, en laquelle viennent & affluent gens de diverses Nacions; ayans semblablement grant desir & affeccion de tenir & garder en bonne seurté les Bourgois & autres manans & habitans en ycelle, voulans estre obvié par toutes les meilleures voyes & manieres que faire ce puet aux inconveniens, perilz & dommaiges qui par deffault de bonne provision pourroient sourvenir à yceulx, savoir faisons que Nous avons ordonné par grant & meure deliberacion, & par ces presentes ordonnons ce qui s'ensuit.

(1) C'est assavoir, que nul Estrangier de quelque estat qu'il soit, ne se loge en nostredicte Ville de *Paris*, se non en hostellerie, ou que ce soit du congié & voulenté de ceulx à qui seront les hostelz, sur peine de grant amende; avecques ce, que aucun homme d'armes, Archier ou Arbalestier, especialement de ceulx qui sont ordonnez pour la garde des portes de nostredicte Ville de *Paris*, ne se logent au plat-païs, & n'aillent prendre ou fourragier vivres ne autres choses sanz paier, sur peine [a] de la hart.

(2) Item. Que nul n'aille [b] embrunché de chapperon, de nuit ne de jours; & se aucun y est trouvé, qu'il soit prins & mené prisonnier en nostre Chastellet; & aussi que nul ne porte [c] hernois parmi nostredicte Ville, se non ceulx qui à ce sont ordonnez, sur peine de perdre le hernois, & de l'admender grandement.

(3) Item. Que nul ne soit si hardi de monter ne [d] avaller ou passer la riviere de [e] *Saine* en nostredicte Ville, depuis le soleil couchant jusques au soleil levant; & avecques ce, que nul de quelque estat qu'il soit, n'entre armé en nostredicte Ville, ne s'efforce d'y entrer; mais demeure à la porte, jusques à ce que on ait eu le congié, ou sceu la voulenté sur ce, de nostre très-cher & très-amé Oncle le *Duc* de *Berry* Cappitaine de par Nous de nostredicte Ville de *Paris*, ou de nostre très-cher & amé Cousin le Connestable de France, à ce commis.

(4) Item. Que chascun jour qu'il vendra logier nouvelles gens en nostredicte Ville, que l'Oste où il se logeront, sera tenu sur peine d'amende, de le aler dire & faire savoir à noz bien amez Maistres *Pierre Des Plantes* & *Guillaume Paris*, Commissaires de nostre Chastellet de *Paris*, à ce commis & ordonnez de par Nous, ou à l'un d'eulx.

(5) Item. Et avecques ce, pour obvier [f] à ce que dit est, que nul en nostredicte Ville, de quelque estat qu'il soit, pour cause de [g] guerre d'amis, ou autrement en quelque maniere que ce soit, ne pour quelque hayne ou malivolence, ne courent sus l'un à l'autre par voye de fait ne autrement, sur peine de perdre corps & biens, & d'estre reputez desloyaulx envers Nous; & aussi pour ce que soubz umbre de certains debas, descors ou divisions qui ont esté & encores sont entre aucuns grans Seigneurs de nostre Sang & autres, aucuns Bourgois, marchans, gens de mestier & autres, demourans & frequentans en nostredicte Ville, ausquelz lesdictes choses ne touchent ne ne puent en riens touchier, se sont efforciez & efforcent de faire [h] pars, tant par parolles & libelles diffamatoires, comme par eulx armer avecques aucuns des dessusdiz Seigneurs ou leurs gens, ce qu'ilz ne doivent faire, & Nous en desplaist tant que plus puet, pour les grans inconveniens qui s'en pevent ou pourroient ensuir, Nous defendons à tous les Gens de nostredicte Ville & autres, sur peine de confiscacion de

a *d'être pendu.*

b *le visage couvert.* Voy. la note *(b)* de la p. 364. du 8.e Vol. de ce Rec.

c *harnois, armure militaire.*

d *descendre.*

e *Seine.*

f *aux inconvéniens qui pourroient arriver.*

g *guerres privées*, sur lesquelles voy. les Tables des Mat. des Vol. de ce Rec.

h *de prendre parti.*

corps & biens, que de cy en avant, ilz ne soient si osez de tenir, soustenir ou favoriser en fait ou en parolle, aucune autre Partie que la nostre; mais entendent à faire leur mestier & autres besongnes, sanz eulx entremettre des choses dessusdictes en quelque maniere que ce soit.

CHARLES VI. à Paris, le 1. de Septembre 1408.

Si donnons en mandement au Prevost de *Paris,* ou à son Lieutenant, que nostre presente Ordonnance il face crier & publier à cry solennel & son de trompete, parmi les carrefours de nostredicte Ville de *Paris,* & partout ailleurs qu'il verra estre expedient & neccessaire, incontinent & sanz aucun delay, & par tele maniere que aucun n'y puisse prétendre ignorance; en tenant & faisant tenir & garder nostredicte Ordonnance sanz enfraindre. En tesmoing de ce, Nous avons fait mettre nostre Séel à ces présentes. *Donné à* Paris, *le premier jour de Septembre, l'an de grace mil* CCCC. *& huit, & de nostre Regne le* XXVIIIe Ainsi signé. Par le Roy, à la relacion du Grant Conseil, ouquel Mess.^s les *Ducs* de *Guyenne,* de *Berry,* de *Bretaigne,* de *Bourbonnois,* les *Contes* de *Mortaing,* d'*Alençon* & de *Vendosme,* le Connestable, [a] Vous, le Grant Maistre d'Ostel, & autres estoient. VITRY.

a *Le Chancelier de France. Voy. le 5.e Vol. de ce Rec. p. 653, note (c).*

Publiées en Jugement & ès Auditoires du Chastellet de *Paris,* le mardi IIIIe jour de Septembre, l'an mil CCCC. & huit. *Item.* Publiées à son de trompe ès lieux acoustumez à faire cris en la Ville de *Paris,* & aux portes d'icelles Ville, le mercredi V.^e jour dudit mois de Septembre, l'an mil CCCC. & huit, par moy. FRESNES.

CHARLES VI. à Paris, en Septembre 1408.

(a) Lettres qui abolissent les appeaulx frivoles dans la Justice du Prieur & des Religieux de St Thibaut de Bazoches.

CHARLES, &c. Savoir faisons à tous présens & avenir, que comme ja piecça au vivant de nostre très-chier Seigneur & Pere que Dieu absoille, plusieurs Justiciers Royaulx du *Bailliage* de *Vermendois* eussent fait *(b)* exposer, &c.

Et combien que de ladicte Ordonnance aient esté faittes Lettres la & par especial entant comme il touche la Justice temporele des Religieux Prieur & Couvent de *Saint Thibaut* de *Basoches,* & de leurs Justiciers, Ministres & Officiers, & que par icelle ait esté mandé audit *Bailli* de *Vermendoiz,* & à tous autres Justiciers & Officiers Royaux, que icelle Ordonnance tenissent & gardassent & feissent tenir & garder sans enfraindre en aucune maniere, neantmoins elle n'a point esté ne est tenue ne gardée en ladicte Justice desdiz Religieux, parce que depuis ladicte Ordonnance, ilz n'ont pas esté diligens d'en prendre Lettres pour ladicte Ordonnance faire publier & mettre à execucion, qui est ou très-grant grief, préjudice & dommage desdiz Religieux & de la chose publique, & s'en sont ensuiz plusieurs dommages & inconveniens ou pays & aux subgiez d'icellui, si comme lesdiz Religieux Nous ont fait monstrer par leur complainte, en Nous suppliant que sur ce vueillons pourveoir & donner noz Lettres sur ladicte Ordonnance: Nous considerans les choses dessusdictes, inclinans à leur supplicacion & requeste, ladicte Ordonnance par la fourme & maniere que elle est dessus déclarée, avons agréable & icelle louons, approuvons, ratiffions, & par ces présentes de grace especial confermons. Si donnons en mandement par ces présentes au *Bailli* de *Vermendoiz,* & à tous noz autres Justiciers & Officiers, ou à leurs

NOTES.

(a) Trésor des Chartres, Registre 163. P. lxvj. [66.]
(b) exposer, &c.] On a supprimé une partie de ces Lettres par la raison marquée dans la note *(b)* de la p. 189. du 7.e Vol. de ce Rec.

CHARLES VI. à Paris, en Septembre 1408.

Lieuxtenans, presens & avenir, & à chascun d'eulx, si comme à lui appartiendra, que ladicte Ordonnance tiennent & facent garder & tenir inviolablement & perpetuelment de point en point sans innovacion, contradiccion ou empeschement quelxconques; non contrestant usage, stile, Coustume de pays ou commune observance, & quelxconques Ordonnances à ce contraires. Et pour ce que ce soit ferme chose & estable à tousjours, Nous avons fait mettre nostre Seel à ces présentes : sauf en autres choses nostre droit, & l'autruy en toutes. *Donné à* Paris, *ou moys de Septembre, l'an de grace mil CCCC. & huit, & de nostre Regne le XXIX.*[e]

Par le Roy. J. DE ROUVRES.

CHARLES VI. à Paris, le 8. d'Octobre 1408.

(a) Lettres de Charles VI. par lesquelles il lève les défenses par lui faites de porter des denrées & des marchandises dans le Royaume d'Arragon; sous la condition néanmoins qu'on n'y portera point d'armes, & qu'on n'y portera point de denrées ni de marchandises dans le lieu où résidera Pierre de Lune [Benoît XIII.] avec lequel & avec ses fauteurs & adhérans, il défend d'avoir aucune correspondance.

CHARLES, par la grace de Dieu, Roy de France. Aux *Seneschaulx* de *Toulouse, Carcassonne, Beaucaire, Rouergue, Quercin, Agenois* & *Bigorre*, aux Maistres des Ports & passages desdites Senechaussies, & à nostre amé & feal Conseiller sur le fait de la Justice des Aydes ordennés pour la guerre, *Estienne Montigni*, Commis de par Nous [a] & soy informer contre les fauteurs, sequaces, adherans & complices de *Pierre Delune* qui [b] d'arrier s'est fait appeller Pape *Benoist XIII.* ennemi capital de Nous & de nostre Royaume, & contre les consentans & coulpables des faulces, mauvaises, [c] injurioses, dampnables & iniques [d] Lettres & Escriptures en forme de Bulles, n'agueres de part ledit *Delune* envoyées & présentées à Nous & à aucuns de nostre Sang & Lignage, & à tous nos autres Justiciers & Officiers, ou à leurs Lieuxtenans : Salut. Nous avons entendu que soubs umbre de certaines publications & deffenses faites de par Nous, & par vertu de nos autres [e] Lettres patentes données le vingt.[e] jour d'Aoust derrier passé, & pour les causes contenues en icelles, de non porter ne souffrir porter ou envoyer en la Ville de *Perpignen* où l'en dit que ledit *Delune* s'est retrait, ne ailleurs où Royaulme d'*Aragon*, aucuns blés, vins, ne autres denrées ou marchandises, le bien de la chose publique de nostre Royaulme a eté & est grandement retardé & empiré, & pourroit plus faire se par Nous n'estoit sur ce pourveu : pour ce est-il que Nous qui de tout nostre cuer desirons augmenter le bien de la chose publique de nostredit Royaume, & en icelui le fait de marchandise estre exercé & continué, & autres causes & considérations à ce Nous mouvans, avons voulu & ordenné, voulons & ordonnons de nostre certaine science, grace special & pleine puissance, par ces presentes, que les marchands, manans & habitans de nostredit Royaume, puissent & leur loise doresenavant porter & mener & envoyer oudit Royaume d'*Aragon*, par mer & par terre, ainsi que bon semblera, blés, vins, & tous autres vivres, denrées & marchandises, exceptés seulement armures, trait, artillerie, & autres harnois quelsconques; & aveeques ce, puissent le fait de marchandises exercer & continuer sans fraude oudit Royaulme d'*Aragon*, aveeques les marchans d'icelui Royaulme, &

[a] *corr.* de.

[b] *ci-devant.*

[c] *injurieuses.*

[d] *Voy. ci-dessus p. 346. les Lettres du 5. de Juin 1408.*

[e] *Elles ne sont point dans ce Rec.*

NOTE.

(a) La copie de ces Lettres a été envoyée de *Montpellier*, avec cette indication : *Royaume en général, 6.*[e] *continuation des titres particuliers, armoire A. n.° 6. fol. 99. verso.*
Voy. la Préface de ce Vol. §. *Schisme.*

CHARLES VI. à Paris, le 8. d'Octobre 1408.

iceulx marchans d'*Aragon* semblablement en nostredit Royaume & aveceques nos subjiets quelsconques, par la forme & maniere que ils faisoient & avoient acoustumé faire paravant la date de nosdites autres Lettres & lesdites publications & deffenses sur ce faites, & nonobstant icelles, & lesquelles quant à ce Nous ne voulons avoir ou sortir aucun effet, pourvû toutes voyes que yceulx vivres & marchandises ne soyent portés devers ledit *Delune* oudit lieu de *Perpignen*, ne ailleurs où il se pourroit transporter, ne [a] bailler à lui ne à sesdits fauteurs, sequaces, adherans & complices estans audit lieu de *Perpignen*, ne en quelqu'autre lieu qu'ils se [b] poirrent transporter, & que aucuns de nosdits subjiets ne autres demourans ou beneficiers en nostredit Royaulme, sur les peines & submissions plus à plein declarées en nosdites autres Lettres, ne soyent si hardis de faire ne donner audit *Delune*, ne à sesdits sequaces & complices, par voye directe ni indirecte, aucune obeissance, [c] concert, confort, ayde ne faveur, de lui demander Office, Benefice ne autre chose quelsconques; & aussi que les marchans & habitans de nostredit Royaulme qui vouldront porter oudit Royaume d'*Aragon* les denrées, [d] & prometront & se obligeront de non faire ne venir contre la teneur de ceste nostre presente Ordenance, & de ce bailleront caution souffisante toutes les fois qu'ils vouldront aucune chose faire porter ou envoyer oudit Royaulme d'*Aragon*. Si vous mandons & enjoignons expressement, & à chascun de vous, si comme à lui appartient, que nostre presente voulenté & Ordonnance & Declaration vous faites crier & publier par toutes les Places, Villes & lieux notables de nostredit païs de *Languedoc*, & ailleurs où bon vous semblera, en maniere que aucun ne puist pretendre ignorance, & icelles enterinés & complissés ou faites enteriner & complir de point en point selon leur forme & teneur: de ce faire vous donnons plein pouvoir, autorité & mandement especial: mandons & commandons à tous nos Justiciers & subjiets, que à vous & vos commis & deputés ez choses dessusdites, circonstances & dependances d'icelles, obeissent & entendent diligeament: car ainsi Nous plaist-il estre fait, nonobstant nosdites autres Lettres, les publications & deffenses qui sur ce se sont ensuiies, & autres & Ordonnances, mandemens & deffenses faites & à faire à ce contraires. *Donné à* Paris, *le VIII.e jour d'Octobre, l'an de grace mil quatre cens huit, & de notre Regne (b) le XXVIII.e*

Par le Roy, Mossseig.r *Jacques* de *Bourbon*, Mossseigneur *Robert* du [e] *Boissi*, & aucuns des Chambellans [f]. BARRAU.

a *corr.* baillés.

b *pourroient.*

c *app.* conseil.

d *ce mot est inutile.*

e *Il faut app. corr. de* Boissay. *Voy. la Table des noms de personnes qui est à la fin du 8.e Vol. de ce Rec.*

f *supp.* présens.

NOTE.

(b) *Le XXVIII.e*] Il faut corr. *le XXIX.e* Depuis le 16. de Septembre, jour auquel Charles V. étoit mort en 1380. Charles VI. étoit entré dans la 29.e année de son Regne.

CHARLES VI. à Paris, le 26. d'Octobre 1408.

(a) *Lettres par lesquelles il est ordonné de contraindre tous les Ecclésiastiques à payer le second Demi-dixième imposé sur eux par le Clergé de France, à l'effet de fournir aux frais qui sont nécessaires pour parvenir à l'union de l'Eglise.*

CHARLES, par la grace de Dieu, Roy de France. Au premier Huissier de nostre Parlement, Examinateur en nostre Chastelet de *Paris*, Sergent d'armes, ou autre Sergent qui sur ce sera requis: Salut. Nos amés & feaulx Conseillers les Generaulx Commissaires ordonnés sur le fait du Demi dixieme

NOTE.

(a) La copie de ces Lettres a été envoyée de *Montpellier*, avec cette indication: *Royaume en général, 6.e continuation des titres particuliers, armoire A. n.° 6. fol. 138. verso.*
Voy. la Préface de ce Volume. S. *Schisme.*

CHARLES VI. à Paris, le 26. d'Octobre 1408.

derrierment ordonné pour le fait de l'union de notre Mere S.te Eglise, Nous ont fait exposer que comme les Arcevesques, Evesques, Abbés, Colleges & Clergie de nosdits Royaume, *Duchié* de *Guyenne* & *Dalphiné* de *Viennois*, par nostre Ordonnance n'agueres assemblés en nostre bonne Ville de *Paris*, pour adviser ce qui estoit encore bon à faire pour le bien de ladite union, voyans & connoissans la besoigne estre telle & en si bonne disposition, que briefment au plaisir de Dieu de qui est ceste Cause, Nous entendons avoir paix & bonne union en S.te Eglise, considerans aussi que pour les missions & grosses despenses faites & à faire en ceste proseqution, l'autre Demi-dixieme de l'an mil quatre cens & six, n'a peu & ne pourroit bonnement souffire à suporter ce qui est de necessité encores à faire, ayent pour ce nouvellement imposé un autre Demi-dixieme, pour icelluy estre ceuilli & levé en la forme & maniere acoustumée sur toutes gens d'Eglise de nosdits Royaulme, *Duchié* de *Guyenne* & *Dalphiné* de *Viennois*, & tant sur Arcevesques, Evesques, Abbés, sur ceulx de l'Ordre de *S.t Jehan* de *Jerusalem*, de *Cisteaulx*, *Chartreux* & *Celestins*, exems & non exems, comme sur autres quelsconsques, de quelque estat, Dignité, Religion, Privilege ou condition qu'ils soyent, & pour icelui Demi-dixieme lever & ceuillir, comme dit est, ayent ordonné & establi Receveurs general & particulier en chacune Diocese de nosdits Païs; neanmoins lesdits exposans nos Conseilliers se doubtent que aucuns desdits gens d'Eglise, Evesques & autres, ne soyent refusans ou delayans d'en payer ce à quoi ils en sont tenus selon le taux de leurs Benefices, ou autrement, ce qu'ils en doivent pour equivalent selon les rentes & revenus d'iceulx, laquelle chose seroit ou très-grant retardement de la poursuite de ladite union, & en l'evident domaitge de la chose publique, si par Nous n'estoit sur ce hastivement secouru de bon & brief remede, si comme acertené avons esté, en Nous requerant sur ce nostre autorité & cohertion Royale & seculiere : pourquoi Nous qui tousjours avons fervament desiré & desirons de tout nostre cuer l'appaisement de ce doulourcux Scisme & l'union de S.te Eglise, te mandons & commetons, & expressement enjoignons que toutes excuses cessans, & autres choses arrieres mises, tous ceulx qui t'apparront par les Rolles du Receveur general du Demi-dixieme, ou des Receveurs particuliers dessusdits, ou de l'un d'eulx, ou de leurs commis à ce, differer, delayer ou retarder le payement de ce qu'ils en doivent à cause de leursdits Benefices, oultre le terme à eulx assigné par les [a] procès desdits exposans, & tant Evesques, Arcevesques, ceulx de S.t Jean de Jerusalem, Celestins, Chartreux, & de l'Ordre de Premontré, & autres dessus nommés, comme tous autres quelsconques, attendue la celerité & bonne disposition de ceste besoigne, contrains à payer vigoureusement & sans deport, par prinse & detention de leurs temporels, & par toutes autres voyes & manieres acoustumées en execution, comme pour nos propres debtes, ou autrement plus avant, se mestier est: car ainsi Nous plaist-il & voulons estre fait, & à nosdits Conseillers generaulx Commissaires, en la faveur de l'union de notre Mere S.te Eglise, l'avons octroyé & octroyons de grace especial par ces presentes; nonobstant quelsconques oppositions ou appellations qui seroient sur ce faites au contraire, auxquelles Nous ne voulons que aucunement tu y [b] differes, & quelsconques Lettres empetrées ou à empetrer au contraire, se icelles ne soyent expediées & verifiées par nosdits Conseillers generaulx Commissaires dessusdits : mandons & commandons à tous nos Justiciers, Officiers & subjiets, prions & requerons tous autres, que à toi en ce faisant, obeissent & entendent diligeamment, & te prestent conseil, confort & ayde se mestier en as, & requis en sont. Et pour ce que ces presentes ne pourroient bonnement souffire, ne estre portées & mises en execution dedens tems deub, en plusieurs & divers lieux de nosdits Royaulme, *Duchié* de *Guyenne* & *Dalphiné* de *Viennois*, selon ce qu'il est besoin & necessité pour le bien & avancement de ladite union, Nous voulons que aux *Vidimus* d'icelle faits sous Seeaulx Royaulx ou autentiques, foy soit adjoustée comme à ce present original, nonobstant quelsconques Ordonnances, stiles ou usages au contraire. *Donné à*

a *Procès verbal des délibérations de l'Assemblée du Clergé.*

b *corr.* déferes.

Paris, *le XXVI. Octobre, l'an de grace mil quatre cens huit, & de notre Regne le XXIX.*[e]

Par le Roy, à la relation du grant Conseil. BARRAU.

(a) Lettres de Charles VI. confirmatives de celles de Philippe le Bel, qui portent que les Religieuses du Prieuré de Prouille seront exemptes de tous les Impôts qui se lèveront à l'occasion des guerres.

CHARLES VI. à Paris, en Octobre 1408.

KAROLUS, &c. Notum facimus universis presentibus pariter & futuris, Nos Litteras inclite recordacionis Regis Philippi Predecessoris nostri, vidisse, formam que sequitur continentes.

PHILIPPUS, Dei graciâ, Francorum Rex. Notum facimus universis tam presentibus quam futuris, quod Religiosis mulieribus, Priorisse & Conventui Monasterii Sororum de (b) Pruliano, *Divine pietatis intuitu, & pro Nostre & Progenitorum nostrorum animarum remedio & salute, concedimus per presentes quod ipse racione bonorum suorum decimalium vel aliorum quorumcumque ad dictum Monasterium pertinencium, ubicumque consistencium, vel aliâ racione, ad contribuendum, solvendum vel exhibendum aliquid in* Tailliis, *Financiis, Subvencionibus vel Collectis pro Nobis vel Successoribus nostris in antea faciendis occasione exercitûs, vel eciam calvacate aut alio quoquomodo, minimè compellantur, sed ipse cum Gentibus suis à talibus de cetero sint immunes. Quod ut ratum & stabile perseveret, fecimus nostrum presentibus apponi Sigillum. Actum* Bitterris, *anno Domini M.° CCC.° tercio, mense Februarii.*

Suite des Lettres de Charles VI.

Quasquidem Litteras & contenta in eis, Nos ratas & gratas, firmaque & grata habentes, eas & ea volumus, laudamus, & in quantum debitè & pacificè usi sunt, de nostra auctoritate Regia & de speciali gracia, tenore presencium confirmamus: Senescallis Tholose, Carcassone & Bellicadri, *necnon Electis super facto juvaminum pro guerra cursum habencium in Diocesi* Mirapiscense, *ceterisque Justiciariis nostris modernis & posteris, aut eorum Locatenentibus, & cuilibet eorumdem, prout ad ipsum pertinuerit, mandantes quatinùs supradictas Religiosas de* Pruliano, *graciâ & confirmacione predictis uti & frui pacificè faciant & permittant, ipsas in contrarium nullatenùs molestando, aut à quoquam molestari paciendo; Litteris & mandatis subrepticiis concessis vel concedendis ad hec contrariis, nisi de presentibus specialem & expressam facerent mencionem, non obstantibus quibuscumque. Quod ut robur perpetue stabilitatis obtineat, nostrum presentibus jussimus apponi Sigillum: nostro in aliis, & alieno in omnibus jure salvo.* Datum *Parisius*, mense Octobris, anno Domini millesimo CCCC.^mo^ octavo, & Regni nostri XXIX.°

Per Regem, ad relacionem Consilii. FORTEMENT.

NOTES.

(a) Trésor des Chartres, Registre 163. P. XII.. (12.)

(b) Pruliano.] Le Prieuré de *Prouille* fondé par *S.t Dominique* vers 1207. & situé dans le Diocèse de *S.t Papoul*, sur les limites de ceux de *Narbonne* & de *Mirepoix*. Voy. l'Histoire du *Languedoc* par D. *Vaisette*, T. 3. p. 149. Il paroit par différens actes imprimés à la col. 208. & suiv. des Preuves de ce Vol. que ce Prieuré dans le temps de sa fondation, se nommoit en latin *de Prolano*. Dans le Testament de Louis I.er Roy de *Sicile*, fait en 1383. ce Prieuré est nommé en françois *Prulhan*. V. *Thesaur. anecdot.* à *D.* Martene, *T. 1. col. 1600.*

A la marge de ces Lettres, il y a dans le Reg. du Trésor des Chartres : *Confirmacio cujusdam Privilegii pro Sororibus de Pruilliaco.* Ce nom est fautif: *Pruilliacum* est le nom latin de l'Abbaye de *Prully* dans le Diocèse de *Sens*. J'ai remarqué plus d'une fois que les titres écrits à la marge des Lettres qui sont dans les Registres, ne sont pas toujours exacts.

CHARLES VI. à Paris, le 10. de Novembre 1408.

(a) Lettres de Charles VI. confirmatives de celles par lesquelles le Dauphin Humbert II. avoit accordé des Privilèges aux Habitans de la Ville de S.t Marcellin.

SOMMAIRES

(1) Les habitans de S.t Marcellin jouiront de tous les Privilèges qui ont été accordés à ceux de S.t Etienne de Geoirs.

(2) Les habitans de S.t Marcellin, & ceux qui viendront s'y établir dans la suite, seront Bourgeois de cette Ville.

(3) Ces habitans pourront tous les ans élire quatre Syndics, Consuls & Procureurs. Cette élection se fera en la présence du Châtelain ou de son Lieutenant, s'ils veulent y assister. Ces Syndics prêteront serment aux habitans, & auront cent sols de gages.

(4) Ces Syndics pourront avec le consentement des habitans, recevoir gratuitement dans la Bourgeoisie de la Ville, ceux qui viendront s'y établir, à condition que dans l'an & jour, ils y auront une maison qui sera habitée par eux ou par une personne qui les représentera, & qu'ils rendront hommage & prêteront serment de fidélité au Dauphin ou à son Châtelain. S'ils ne prêtent pas ce serment, ils ne pourront habiter dans la Ville.

(5) Ces habitans pourront avoir des fours particuliers.

(6) La Cour majeure de Vienne, la Cour principale des appellations du Dauphiné & la Chambre des Comptes, se tiendront dans la Ville de S.t Marcellin, & les Officiers qui composeront ces Tribunaux, y feront leur résidence. Le Dauphin pourra cependant établir dans la Terre de la Tour du Pin, & dans celle de Facigniaco, *un Juge des appellations.*

(7) Ces habitans pourront lever sur eux un Impôt dont le produit sera employé à entourer la Ville de murs & de fossés. Ces fossés & les fruits qui y viendront, appartiendront au Dauphin qui pour subvenir à ces dépenses, cède aux habitans pendant trois ans, le revenu d'une de ses Terres.

(8) Ces habitans seront obligés de suivre pendant huit jours à leurs dépens, le Dauphin dans ses expéditions militaires; & ces huit jours passés, ils ne seront plus obligés de le servir que dans le cas où il leur fournira les vivres qu'on a coûtume de fournir aux Bourgeois.

(9) Ces habitans pourront prendre du bois dans la Forêt de Chamborout, *soit pour bâtir des maisons, soit pour leur chauffage.*

(10) Ces habitans sont déchargés de ce qu'ils devoient des Impôts pour le temps passé; & dans la suite ceux qu'on lève sur eux seront réduits à la moitié.

(11) Ces habitans pourront faire entrer du sel & du vin dans la Ville, sans payer aucuns droits: mais ils en payeront pour le sel & le vin qu'ils en feront sortir, si ce sel & ce vin excédent la quantité fixée dans l'article.

(12) Celui qui aura blasphémé contre Dieu ou la Sainte Vierge, payera une amende de douze deniers. Celui qui étant requis de confesser la vérité sur quelque chose, ne parle pas conformément à la vérité, sera puni à l'arbitrage des Juges.

(13) La Ville de S.t Marcellin ne pourra jamais être séparée du Domaine du Dauphiné.

(14) Lorsque les Dauphins parviendront au Gouvernement, ils prêteront le serment de conserver les Libertés & les Privilèges des habitans de S.t Marcellin; & ces habitans ne seront point obligés de prêter serment de fidélité aux Dauphins, que ceux ci n'aient fait le serment ci-dessus mentionné.

(15) Le Dauphin remet le Ban de vin aux habitans, à condition que pendant le mois d'Août, il lui sera payé douze deniers pour chaque mesure de vin nommée Joviata, *qui y sera vendue. mais lorsque cette mesure de vin sera vendue deux fois, ce droit ne sera payé qu'une fois, & ce sera le vendeur qui le payera.*

(16) Ces Habitans jouiront dans tout le Dauphiné des Privilèges qui leur sont accordés par ces Lettres. Le Dauphin pourra prendre du terrein de la Ville, en l'achetant un prix raisonnable, pour bâtir une forteresse, & il pourra prendre sous la même condition, des terres vagues & incultes appartenantes à des habitans, lesquelles il pourra concéder à d'autres personnes moyennant un cens annuel en grain, & un florin qui lui sera payé lors de la concession.

(17) La Halle sera changée, & à l'entour de cette Halle, il y aura une Place carrée, à laquelle aboutiront toutes les rues de la Ville & où seront les Drapiers, les Changeurs & les Apoticaires.

Nouveaux Privilèges accordés aux Habitans de S.t Marcellin.

(1) Les Habitans de S.t Marcellin pourront faire entrer dans la Ville toute sorte de denrées & de marchandises, sans payer aucuns droits: mais ils payeront ceux qu'on lève ailleurs, sur celles qu'ils feront sortir de la Ville; & cependant celles qui ne seront vendues dans la Ville en détail que vingt sols ou au dessous, & qu'on en fera

NOTE.

(a) Trésor des Chartres, Registre 163. P. iiij^{xx} ix. (89.)
Ces Lettres sont défigurées par un très-grand nombre de fautes de Copiste.

sortir,

CHARLES VI.

à Paris, le 10. de Novembre 1408.

sortir, n'en payeront point. Le vin en sera aussi exempt.

(2) Les habitans ne payeront point de droits par rapport aux Requêtes qu'ils présenteront pour être payé de ce qui leur sera dû.

(3) Les habitans seront exempts des Tailles, des Impôts & des corvées auxquelles ils étoient sujets envers le Dauphin.

(4) Les Testamens faits par les habitans, seront exécutés; s'ils n'en ont point fait & qu'ils décèdent sans enfans, leurs biens passeront à leurs plus prochains héritiers.

(5 & 6) Fixation des amendes dans les cas de différentes sortes de mauvais traitemens & de blessures.

(7) Fixation de l'amende à laquelle seront condamnés ceux qui se serviront de faux poids & de fausses mesures. L'amende sera moins forte lorsqu'il s'agira de petites mesures de vin & d'huile.

(8) Les voleurs [& les receleurs] seront punis selon les Loix.

(9) Les gens mariés qui seront trouvés en adultère, seront condamnés à une amende de trente sols. Ceux qui ne seront point mariés, n'en payeront point. Le viol & l'inceste seront punis suivant les Loix.

(10) Amende à laquelle sera condamné celui qui aura fait une saisie de sa propre autorité.

(11) Amende que payeront ceux qui auront dit des injures.

(12) Les habitans de ce lieu, & les étrangers qui y viendront demeurer, seront sous la protection & sous la sauve garde du Dauphin. Les étrangers qui viendront s'établir dans ce lieu, ne seront sous la protection du Dauphin, que lorsqu'ils auront prêté serment de fidélité à lui & à la Ville; savoir dans le terme d'un an & un jour si pendant cet espace de temps ils ont demeuré quelquefois dans la Ville & quelquefois ailleurs, & avant ce terme d'un an & un jour s'ils ont résidé continuellement dans la Ville.

(13) Dans les procès, ceux qui les perdront, payeront après le jugement, pour les frais de Justice, douze deniers pour livre de la valeur ou de l'estimation des choses qui faisoient les objets des procès. Si les Parties s'accommodent avant le jugement des procès, elles payeront chacune six deniers. Lorsque ces procès ne seront point engagés, par exemple dans le cas d'une dette que le débiteur reconnoît, il ne sera payé que six deniers. Ceux qui ne seront point en état de payer les amendes auxquelles ils auront été condamnés, seront punis corporellement ou autrement à la volonté du Juge.

(14) Le Dauphin ne pourra faire paître des animaux & des bestiaux dans le territoire de la Ville, ni faire cueillir les fruits ni les raisins appartenans aux habitans.

(15) Les habitans pourront vendre leurs héritages sans la permission du Dauphin à qui ils payeront le treizième denier pour les lods & ventes.

(16) Le Dauphin sera tenu de faire conduire en sûreté pendant trois jours & trois nuits, ceux qui quitteront cette Ville pour s'aller établir ailleurs.

(17) Si les habitans poursuivis en vertu de quelque contrat ou de quelque dette, peuvent donner le jour même caution de se représenter en Justice, ils ne pourront être chassés de leur maison ni arrêtés; & on ne pourra même saisir leurs habits, les garnitures de leurs lits, ni tout ce qui est nécessaire au labourage; si ce n'est dans le cas où ils seroient poursuivis par rapport à un délit qui mériteroit une punition corporelle.

(18) Les habitans auront le droit de pêcher par-tout avec toutes sortes d'instrumens, à l'exception des fossés de la Ville, dans lesquels le Dauphin s'est réservé la pêche.

(19) Ces habitans pourront dans le territoire de cette Ville, chasser à toutes sortes de bêtes, de toutes les manières qu'ils le jugeront à propos, en donnant au Dauphin un quartier de celles qu'ils auront prises. Ils ne pourront cependant chasser à la Perdrix & au Faisan qu'avec des oiseaux; & ils ne pourront chasser dans les garennes du Dauphin, ni dans celles qui appartiendront à des particuliers.

(20) Les habitans éliront des Messiers, & les présenteront au Châtelain qui les recevra s'il les juge capables de remplir les fonctions attachées à cet emploi. Les habitans répondront des délits de ces Messiers.

(21 & 22) Fixation des salaires des Sergens.

(23) Lorsque les Officiers du Dauphin viendront à S.t Marcellin, ils jureront de conserver les Privilèges de cette Ville.

(24) Si dans les Privilèges contenus dans les Lettres du Dauphin, il y avoit quelque chose de douteux ou d'obscur, il consent qu'elle puisse être éclaircie dans l'espace d'un an, & il promet de faire observer les points qui auront été éclaircis.

KAROLUS, Dei graciâ, Francorum Rex. Notum facimus universis presentibus & futuris, Nos quoddam publicum Instrumentum signo & subscripcione quondam Johannis Nicoleti *de* Cremiaco, *dum vivebat, Apostolicâ, Imperiali, Regiâ & Dalphinali auctoritatibus, Notarii publici, subscriptum & signatum, in quo erant annexe certe Littere olim carissimi Domini & Genitoris Domini nostri Regis Karoli, cujus animam possideat paradisus, vidisse, quarum tenores inferiùs* [a] *describantur.* a corr. *describuntur.*

Et primo, sequitur tenor dicti Instrumenti.

In nomine Domini. Amen. Universis & singulis presentibus pariter & futuris, per

CHARLES à Paris, le 10. de Novembre 1408.

hoc presens publicum Instrumentum appareat evidenter, quod anno (b) *Domini M.° CCC.°* [a] *quadringentesimo tercio, die iiij.ª mensis Julii, Indiccione undecimâ, mensis Julii dictâ die, Pontificatûs Sanctissimi in Christo Patris & Domini nostri Domini* Clementis *dignâ Dei Providenciâ Pape VI. anno ipsius secundo, Illustris Princeps Dominus* Humbertus *Dalphinus Viennensis, natus memorie felicis & recordacionis inclite Domini* Johannis *Dalphini Viennensis, in mei* Johannis-Nicholeti *de* Cremiaco, Viennensis *Diocesis Clerici, Apostolicâ, Imperiali, Domini Francorum Regis & ipsius Domini Dalphini auctoritatibus, publici Notarii, & testium subscriptorum presenciâ personaliter constitutus ipse Dominus* Humbertus *Dalphinus Viennensis, sciens, prudens & spontaneus, consilio maturo & deliberacione diligenti, ut asserit, prehabitis, consideratis & attentis sinceram dileccionem quam habent, gerunt & gesserunt erga eum homines & persone apud* (c) Sanctum Marcellinum Viennensis *Diocesis degentes, honoribus favoribus & graciis sibi ab ipsis hominibus & personis diuciùs exhibitis & impensis, volens, desiderans & affectans dictus Dominus Dalphinus, ut asserit, dictos homines & personas sub sue gracie gremio amplecti &* [b] *savore, ut eorum amor fidei & devocionis apud eum* [c] *de bonis in meliùs pariter* (d) *promptando concrescat, & ut locus & Villa* Sancti Marcellini *predicti faciliùs populetur & semper suscipiat incrementum, & ut aliundè ibidem homines & persone veniant moraturi, igitur dictus Dominus* Humbertus *Dalphinus, per se, heredes & successores suos quoscumque, locum, Villam &* [d] *Parocissiam* Sancti Marcellini *predicti, prout inferiùs limictatur & infra confines & limites infrascriptos, homines & personas ibidem degentes & habitantes & in futurum habitaturos, uxores, liberos,* (e) *nuncillos, ancillas & familiares eorum, & cujuslibet eorum quoscumque, presentes & futuros, ac eorum posteritatem ipsorum & cujuslibet eorumdem, affranchivit, francosque liberos & immunes* [e] *jurijurando constituit per modum inferiùs annotatum.*

(1) *Imprimis si quidem dictus Dominus* Humbertus *Dalphinus, per se, heredes & successores suos jam dictos, dedit, concessit & contulit, dat, concedit & confert prefactis hominibus & personis utriusque sexus, habitantibus & in futurum habitaturis infra dictam Villam & infra confines & limites* Sancti Marcellini [f] *bredicti, eorumque uxoribus, liberis* [g] *non stis,* [h] *anxillis & familiaribus quibuslibet, & cujuslibet eorumdem, & omni posteritati eorum ac* [i] *missi Notario suprascripto, ut* [k] *presencie persone, & infrascriptis hominibus Ville* Sancti Marcellini *predicti presentibus, stipulantibus solempniter*

a corr. *quadragesimo.*
b corr. *fovere.*
c corr. *de bono.*
d corr. *Parochiam.*
e jurejurando.
f corr. *predicti.*
g Voy. la note *(e)* de cette page.
h corr. *ancillis.*
i Il faut app. corr. *michi* pour *mei.*
k corr. *publice.*

NOTES.

(b) Il n'y a dans le Regiſtre que *a*, un *p* coupé, & trois jambages ſans point, ſuivis d'une *s.* avec une marque d'abréviation ſur la fin du mot. Je n'aurois peut-être pas oſé haſarder la conjecture que je vais propoſer, ſi elle n'avoit pas été approuvée par quelques perſonnes ſavantes. Je crois que ce mot abrégé peut ſignifier *apparitionis,* & qu'il eſt ici ſynonyme de *Nativitatis* ou d'*Incarnationis.* Il eſt certain que dans le 14.ᵉ ſiècle, l'année commençoit à Noel dans le *Dauphiné.* On trouve à la page 319. du 7.ᵉ Vol. de ce Rec. des Lettres du Seigneur de *Chandieu,* Terre ſituée dans le *Dauphiné,* qui ſont ainſi datées : *Datum in Caſtro* Chandiaci, *die tercia menſis Februarii, anno Domini M.° CCC.° viceſimo octavo, ſumpto milleſimo à Nativitate Domini.*

Voy. auſſi la note (zz) de la p. 289. du 3.ᵉ Vol. de ce Rec.

Or M.ʳ *Baillet* nous apprend [Vies des Saints, col. 72. du 1.ᵉʳ vol. *Paris,* 1701. *in-fol.*] que le nom d'Epiphanie, de Manifeſtation, a été auſſi donné à la Fête de Noel, comme à celle des Rois; & on trouve dans le Gloſſaire de *Du Cange,* au mot *Apparitio* 2. qu'il a quelquefois ſignifié cette dernière Fête. Le nom d'*Apparitio* a donc pû être auſſi donné à celle de Noel.

(c) *Sanctum Marcellinum.]* *Saint Marcellin* dans le *Comté* de *Vienne.* Voy. la p. VIII. col. 2. de la Table des noms de lieux du *Dauphiné,* qui eſt à la tête de l'Hiſtoire de cette Province, par M. de *Valbonnais.*

(d) *Promptando.]* Ce mot peut ſignifier, en devenant plus prompt. *Plaute* s'eſt ſervi plus d'une fois du verbe *prompto.* Voy. le Tréſor de *Robert Etienne,* à ce mot.

(e) *Nuncillos.]* Je n'ai rien trouvé ſur ce mot. Suivant le Gloſſaire de *Du Cange,* au mot *Nuntius* 2. il a quelquefois ſignifié un domeſtique. Il y a un peu plus bas dans une formule ſemblable : *non ſtis.*

CHARLES VI. à Paris, le 10. de Novembre 1408.

& [a] precipientibus, nomine, vice & ad opus sui & (f) dictorum & personarum predictarum, & omnium habitancium nunc & in futurum dicte Ville & infra confines & limites inferiùs annotatos, tales & consimiles libertates, franchisias & immunitates, & alia & consimilia privilegia municipalia & indulta, tales & talia [b] habent homines & persone Ville & Castri [c] Sancti Stephani de Sanc Juerz, dicte Diocesis Viennensis, dum tamen infrascriptis non contrarientur, volens, precipiens & ordinans quod dicti homines & persone Sancti Marcellini predicti, & eorum heredes, liberi & posteri, degentes ibidem ex nunc in antea, perpetuò fruantur, pociantur & gaudeant dictis libertatibus, franchesiis, immunitatibus & previlegiis; quodque dicte libertates, franchesie & immunitates ac dicta previlegia Sancti Stephani predicti, & omnia & singula capitula eorumdem, cum sua forma seriatim de verbo ad verbum, nichil addito vel [d] determinato in presenti publico Instrumento, ad eternam rei memoriam [e] inservatur; & ulteriùs, dictus Dominus Humbertus Dalphinus per se, heredes & successores suos, dedit, concessit & contulit, dat, concedit & confert dictis hominibus, personis & habitantibus ac habitaturis, ut supradictum est, & michi dicto publico Notario & infrascripto, hominibus presentibus, & ut supra stipulantibus & recipientibus, libertates, franchesias, immunitates & privilegia que secuntur.

(2) Primo, quod omnes & singuli habitantes nunc & in futurum habitaturi infra dictam Villam Sancti Marcellini, & infra confines & limites inferiùs declarandos, deinceps & perpetuò sint Burgenses Ville Sancti Marcellini predicte, & Burgenses Sancti Marcellini [f] appellantur.

(3) Item. Quod dicti Burgenses habitatores & habitaturi deinceps, & perpetuò singulis annis, possint & valeant licitè, impunè inter se [g] elligere, constituere & ordinare quatuor Sindicos & Consules ac Procuratores, vocato Castellano dicti loci, vel ejus Locumtenente, si ad hoc interesse voluerint, alioquin, in ejus absencia; qui Sindici & Consules sic eligendi, constituendi & ordinandi, presentibus hominibus & Burgensibus Ville predicte, vel majori parte [h] ville ipsorum sanioris Consilii, [i] jurari debeant ad Sancta Dei Euvangelia, utilia dicte Ville procurare, & ejus jura defendere & tueri, & eorum Causas & negocia fideliter [k], sumptibus dicte Ville; quorum Sindicorum, Consulum & Procuratorum quilibet, anno quolibet, pro suo labore centum solidos monete currentis pro tempore habeat, sumptibus dicte Ville.

(4) Item. Quod dicti Scindici, Consules & Procuratores sic eligendi, constituendi & ordinandi, de Consilio & assensu ceterorum Burgencium dicte Ville, possint & valeant quemcumque aliunde venientem, cujuscumque condicionis existat, in Burgensem dicte Ville gratis recipere, & suo consortio aggregare; dum tamen ille qui ibidem moraturus venire voluerit, infra annum & diem postquam ibidem venerit moraturus, inibi habitacionem habeat aliqualem, & ibidem inhabitet per se vel per ydoneam personam, & dicto Domino Dalphino vel Castellano suo dicti loci, qui fuerit pro tempore, suo nomine, homagium fecerit & impenderit, & fidelitatis debite prestiterit juramentum, & franchesias dicti loci, libertates & immunitates tenere & observare voluerit cum effectu, ac in [l] Taliis, [m] Communibus, [n] Vintenis, & aliis oneribus dicte Ville contribuere & participare, & ex tunc dictis libertatibus fruatur prout Burgenses ceteri dicte Ville. Quod si quis fortè ad dictam Villam venire voluerit moraturus, qui dicto Domino Dalphino prout supra homagium non prestiterit, ac fidelitatis juramentum, & dictas franchesias tenere & observare non juraverit, & in dictis Taliis & oneribus contribuere [o] recusavit, Burgensis dicte Ville non sit, dictis libertatibus non gaudeat, & dictam Villam habitare non presumat.

(5) Item. Quod omnes & singuli Burgenses & habitatores dicte Ville Sancti Marcellini, & singulares persone ejusdem, habeant ibidem & habere valeant furnos suos pro suis [p] pastis [q] decoquentis & aliis necessitatibus faciendis, quibus utantur & uti valeant perpetuo [r] per sue libito voluntatis.

NOTE.

(f) Dictorum.] Il n'y a dans le Reg. que d, cinq jambages sans point, & une marque d'abréviation. Dictorum peut signifier les successeurs du Dauphin, & se rapporter à ces mots qui sont un peu plus haut, heredes & successores.

[a] Il faut app. corr. recipientibus, qui est plus bas.

[b] Il faut app. supp. quales & qualia.

[c] S.t Etienne de Geoirs. Voy. la note (e) de la p. 487. du 8.e Vol. de ce Rec.

[d] corr. detracto.

[e] corr. inserantur.

[f] corr. appellentur.

[g] corr. eligere.

[h] Cet endroit paroît corrompu. Il faut peut-être corriger vel au lieu de ville.

[i] corr. jurare.

[k] supp. prosequi ou quelqu'autre mot semblable.

[l] corr. Tailliis, Tailles, là & plus bas.

[m] Impôt qui se lève dans un lieu pour l'utilité commune. Voy. la note (c) de la p. 487. du 8.e vol. de ce Rec.

[n] Impôt levé pour la clôture des Villes. Voy. la note (g) de la p. 107. du 8.e vol. de ce Rec.

[o] corr. recusaverit.

[p] Pâte pour faire du pain ou de la pâtisserie.

[q] corr. decoquendis.

[r] corr. pro.

CHARLES VI. à Paris, le 10. de Novembre 1408.

(6) Item. *Voluit & ordinavit dictus Dominus Dalphinus, per se, heredes & successores suos, & dictis Burgensibus concessit & concedit quod Curia major* [a] *judicacium* Vienne, *& Curia principalis appellacionum* Dalphinatûs, *in dicta Villa* Sancti Marcellini *perpetuò teneantur, nec non computa Dalphinalia ibidem audiantur; quodque dictarum Curiarum Judices, Procuratores, Notarii, familiares & alie persone dictas Curias sequentes, Magistri racionum, Computorum Auditores, Procurator* Vienne, *& Procurator & Advocatus Fiscalis patrie* Viennensis *predicte, in ipsa Villa* Sancti Marcellini *perpetuò debeant residere & sedes suas tenere; nec propter hoc dictus Dominus Dalphinus sit astrictus quin Judicem appellacionum in (g) Terra* Turris *& in Terra* Facigniaci *constituere valeat, prout si & quantum sibi videbitur expedire.*

(7) Item. *Quod dicti Burgenses & habitatores inter se teneantur levare Vintenum & Commune, ad applicandum, consumendum & ponendum in clausuris dicte Ville, donec dicta Villa meniis, muris, clausuris & fossatis fuerit integraliter circumdata;* [b] *quam sequidem circumdata; quam siquidem Villam sicut & prout limitabitur & confrontabitur infra dicti Burgenses* [c] *Vintenis claudere teneantur, & eciam fossatis latitudinis quadraginta pedum, & profunditatis ad* [d] *suis sumptibus & expensis, & aquam in dictis (h) terrariis facere venire; que terralia cum fructibus eorum seu fossata sint dicti Domini Dalphini, heredum & successorum suorum; & dicta fossata dicti Burgenses hinc ad Festum Beati Mikaëlis proximum incipere teneantur; quibus Burgensibus & habitatoribus dictus Dominus Dalphinus dat & dare convenit ex nunc in subcidium dictorum operum, census & redditus (i) casi sui capliar. per tres annos proximè venturos, vel valoris eorumdem, in pecunia numerata.*

(8) Item. *Quod dicti Burgenses & habitantes, eorumque heredes & posteri, cavalcatas dicti Domini Dalphini, heredum & successorum suorum,* [e] *quamcumque necessaria fuerit & sibi mandatum extiterit,* [f] *si qui teneantur per octo dies continuos & completos, suis propriis sumptibus* [g] *ex expensis: elapsis dictis octo diebus, (k) eciam, dum tamen ipse Dominus Dalphinus, heredes & successores sui ipsos librare velit & libret, prout Burgenses librari actenus exstitit* [h] *exitatum. Quod si dictus Dominus Dalphinus, lapsis octo diebus predictis, dictos Burgenses in dictis cavalcatis existentes non libraret, ipsi Burgenses à dictis cavalcatis queant retrocedere licitè & impunè.*

(9) Item. *Quod dicti Burgenses & habitatores & habitaturi, eorumque heredes & posteri* [i] *perpetu, memore de* [k] Chamborout *dicti Domini, uti &* [l] *flui possint, tam pro domificando in dicta Villa* Sancti Marcellini, *quam* [m] *pro ac* [n] *foagiis suis, & cujuslibet eorumdem, & de ipso memore capere & scindere predictorum occasione, sine* [o] *jure alterius lesione.*

(10) Item. *Quod dicti Burgenses, eorumque heredes & posteri, ex nunc in antea perpetuò quitti sint, liberi penitùs & exempti à prestacione & solucione (l) datarum predebitarum, (m) gratis confessatis: de aliis vero datis que deberentur, voluit &*

a corr. *judicancium.*

b Ces mots *quam sequidem circumdata* paroissent inutiles.

c avec l'argent qui proviendra de l'Impôt nommé *Vintenum.*

d Il y a là un mot que l'on n'a pû déchiffrer. Il y a *a*, six jambages sans point, *ent* avec une marque d'abréviation sur la fin du mot.

e corr. *quecumque.*

f corr. *sequi.*

g corr. *&.*

h corr. *consuetum.*

i app. *perpetuò, nemore*, là & plus bas.

k Le nom de cette Forêt n'est point dans la Table citée dans la note *(g)* de cette page.

l corr. *frui.*

m Je crois qu'il y a là un mot passé.

n Chauffages. *Voy. le Gloss.* de Du Cange, *au mot* Foagium. 2.

o juris.

NOTES.

(g) Terra Turris.] La Baronnie de la *Tour du Pin*, dans le *Comté* de *Vienne*. Voy. la p. IX. col. 1. de la Table des noms de lieux du *Dauphiné*, qui est à la tête de l'Histoire de cette Province, par M. de *Valbonnais.*

Facigniacum n'est point dans cette Table. C'est app. *Faucigny*, sur lequel voy. la Table des Mat. de cette même Histoire.

(h) Terrariis.] Suivant le Glossaire de *Du Cange*, aux mots *Terrarium* & *Terrale*, ils signifient une Terrasse, un Rampart: mais il paroît ici qu'ils sont synonymes de *fossata.*

(i) Casi sui capliar.] Il y a deux marques d'abréviation sur ce nom.

Casi est peut-être synonyme de *Casamenti*, qui, suivant le Glossaire de *Du Cange*, au mot *Casamentum 1.* signifie un Fief.

Dans la Table citée ci-dessus note *(g)* le nom qui approche le plus de *capliar.* qui ne s'y trouve pas, est *Caprilia, Chevrières* dans le *Comté* de *Vienne*. Voy. p. VIII. col. 2.

(k) Eciam.] C'est-à-dire, leur fournissent des vivres. Voy. le Gloss. de *Du Cange*, au mot *Liberare 2.* col. 174. *Librare* dans ce sens gouverne l'accusatif.

(l) Datarum.] Dace, Impôt. Voy. le Gloss. de *Du Cange*, au mot *Data 1.*

(m) Gratis confessatis.] Le sens de ces mots est p. e. que la quittance de ces débets a été donnée gratuitement à ces habitans. Plusieurs Auteurs de Droit ont dit, *dos confessata & non recepta*, pour signifier une dot dont on a donné quittance sans l'avoir reçûe.

concessit dictus Dominus Dalphinus quod dicti Burgenses sint quitti pro medietate peccunie summe que consuevit inde solvi, & nisi ad medietatem propterea teneantur.

CHARLES VI.

à Paris, le 10. de Novembre 1408.

(11) [a] Item. *Quod dicti Burgenses & eorum quilibet heredes & posteri eorumdem, deinceps perpetuò possint & valeant apud dictam Villam* Sancti Marcellini, *undecumque voluerint,* [b] *aducere, vehi, portare & aduci, vehi & portari facere quandocumque & quociensumque voluerint, cum animalibus, & sine quadrigis & aliis* [c] *artiphisiis, sal & vina quecumque, absque solucione & prestacione Pedagii, Gabelle, Vinteni, Communis, Leyde, Exitûs, Vectigalis, & cujuslibet alterius servitutis & tributi dum tamen dicta (n) usagier secundum quod alibi consuetum est solvi pro quibuscumque quantitatibus vini & salis que extrahentur à dicta Villa, ibidem solvantur & presentur dicto Domino Dalphino, heredibus & successoribus ejusdem, vel illi seu illis qui ad exaccionem predictorum usagiorum fuerint deputati : verum tamen quicumque usque ad unam (o) quartam salis, & de vino dum tamen ad unius barralis quantitatem non ascendat, absque prestacione & solucione dictorum usagiorum & tributorum, & cujuslibet eorumdem, à dicta Villa extrahere, & ubicumque voluerit transferre & portare valeat licitè & impunè. Si vero quis ultra unam quartam salis, & usque ad unum barrale vini & supra, à dicta Villa quomodolibet extraherit, proinde à dictis usagiis non sit quittus, sed ad solvendum eadem penitùs sit astrictus.*

(12) Item. *Quod quicumque blasfemaverit verbis Deum vel Beatam Mariam Virginem, pro qualibet vice, nomine pene, duodecim denarios dicto Domino Dalphino persolvere teneatur. Qui* [d] *georse* [e] *degeraverit requisitus super aliquo veritatem confiteri, vel aliter, arbitrio Judicis relinquatur.*

(13) Item. *Quod Villa & locus* Sancti Marcellini *predicti, non possit tractu temporis, aliquo titulo in alium transferri & à* Dalphinatu *separari, quin semper ille qui Dalphinus fuerit, Dominus sit insolidum dicti loci.*

(14) Item. *Quod heredes & successores dicti Domini Dalphini & dicte Ville Domini quando de novo venient ad regimen* Dalphinatûs, *ad unicam requisicionem Sindicorum & Consulum dicte Ville* Sancti Marcellini, [f] *coporale prestare* [g] *debebant juramentum quod ipsi dictas franchisias, libertates, immunitates & dicta privilegia dictorum Burgencium, ut (p) prestatur & inferiùs scribitur, concessis & concessa, illibata tenebunt & observabunt per se & suos (q) custodes & attendent & attendi facient perpetuòque servari; & antequam dicti Domini illud prestiterint juramentum, dicti Burgenses ad faciendum,* [h] *impendendum & prestandum dicto Domino Dalphino qui de novo ad regimen pervenerit* Dalphinatus, *homagium & fidelitatis debite sacramentum, minime tenebuntur.*

(15) Item. *Dictus Dominus Dalphinus* [i] *bannum Augusti dictis Burgensibus quittavit & remisit,* [k] *obdinans quod bannum vini ibidem ulteriùs non existat; quinimmo quicumque voluerit ibidem dicto mense Augusti vinum vendere, possit, & vendere* [l] *à minutum & ad grossum. (r) Retinut tamen dictus Dominus Dalphinus bannum Augusti, dictis Burgensibus quittavit & remisit, ordinans quod Villa* Sancti Marcellini *mense Augusti perpetuò vendentur ad grossum vel à minutum duodecim denarii Viennenses monete*

a Voy. ci-dessous p. 384. art. 1.

b adducere... adduci.

c Ce mot est app. ici pour *artificiis*, & je crois qu'il y signifie, toutes sortes de voitures.

d Je n'ai rien trouvé sur ce mot, qui pourroit se lire de différentes manières.

e dejeraverit.

f corr. *corporale.*

g corr. *debebunt.*

h impend. *Reg.*

i nommé un peu plus bas le Ban-de-vin, sur lequel voy. les Tables des Mat. des vol. de ce Rec. à ces mots.

k Il faut p. e. corr. *ordinans.*

l corr. *ad*, là & plus bas.

NOTES.

(n) Usagier.] Il faut corr. *usagia* : Il y a un peu plus bas *usagiorum*. Suivant le Gloss. de *Du Cange*, au mot *usagium*, col. 1710. il a quelquefois signifié un Impôt.

(o) Quartam... Barralis.] On trouve dans le Glossaire de *Du Cange, Carta* & *Quarta salis*; mais il n'y est point dit ce que cette mesure contenoit. Suivant ce même Glossaire, au mot *Barrale*, en françois *Baraux*, il contenoit trente-six pintes de vin.

(p) Prestatur.] Ce mot est douteux, & app. corrompu. Il devroit y avoir *superiùs* ou quelqu'autre mot semblable. Peut-être faut-il corr. *prefatur*.

(q) Custodes.] Peut-être faut-il corriger *heredes*. Cependant on trouve dans le Gloss. de *Du Cange*, au mot *Custos 3.* que les *Anglois* ont appelé *Cusdodes* ceux qui, en qualité de Lieutenans, gouvernoient les Etats pendant l'absence du Souverain.

Les Juges sont quelquefois aussi appelés Gardes de Justice. Voy. le Gloss. du Droit François à ces mots, p. 528.

(r) Retinut, &c.] Corr. *retinuit*. Toute cette phrase paroît corrompue & est peut-être tronquée : mais le sens est assez clair. Voy. le sommaire.

CHARLES VI. à Paris, le 10. de Novembre 1408.

currentis pro tempore, Domino persolvantur. Si vero una (s) Joviata vini ibidem eodem mense & tempore bis [a] *vendeutur, duodecim denarii tantum per venditorem primâ vice persolvantur.*

(16) Item. *Quod dicti Burgenses & habitatores dicte Ville, nunc & in futurum, eorumque heredes & posteri quicumque, predictas libertates, franchesias & immunitates & dicta privilegia suprascriptas & suprascripta ac infra narranda, habeant per totum* Dalphinatum, *eundo, redeundo, mercando ibidem, pro rebus suis & mercimoniis quibuscumque, & ubicumque locorum* Dalphinatûs, *eâdem fruantur & gaudeant libertate; & quod ubicumque in* Dalphinatu [b] *delinquierint, quoad punicionem & correccionem, juri subjaceant hujusmodi libertatis : & retinuit sibi dictus Dominus* Humbertus *Dalphinus, suisque heredibus & successoribus quibuscumque, quod ipse dictus Dalphinus de rebus & possessionibus quibuslibet infra dictam Villam, franchesiam, & infra limites & confines subscriptas* [c] *accipere valeat, & ad manum poni propriam, pro sup* [d] *castra construendo & (t) situando, & pro (u) pedis dandis & assignandis, & suis aliis negociis faciendis, reddendo, duorum proborum virorum arbitrio, illis quibus erant dicte res & possessiones, de ipsis, & faciendo competentem (x) emendam: que si quidem pede ibidem constituende & assignande, erunt latitudinis quater teysiarum, & longitudinis sex tesiarum; & pro qualibet, dabitur unus* [e] *quartalis frumenti censualis, & unus florenus pro (y) introgiis persolvetur, & non ultra; & qui plures pedas haberet, secundum plus & minus, magis & minus solvere teneatur juxta* [f] *causas superiùs declaratas.*

(17) Item. *Quod (z) Ala fari dicti loci, transmutabitur retro domum le* Bourgongnon, *& retro domum* Pouzoni [g] *Maxellarii, & circumquaque dictam Alam, una magna platea quadrata* [h] *relinquitur, in qua respondebunt omnes* [i] *carrelie dicte Ville, & circumquaque dictam Alam draprerii, (aa) quam fores & Appothequarii residebunt.*

Promittens & jurans memoratus Dominus Humbertus *Dalphinus per se suosque heredes & in posterum successores, michi suprascripto publico Notario* [k] *& publice persone, & hominibus inferiùs nominatis, presentibus, stipulantibus & solempniter recipientibus nomine quo supra, predictas libertates, franchesias, immunitates & dicta privilegia universa & singula suprascripta & infradicenda, in singulis suis capitulis, formis, condicionibus & modis, dictis Burgensibus, habitantibus & habitaturis, eorumque posteritati, rata, grata, valida atque firma habere, tenere, attendere, perpetuò, inviolabiliter observare, quodque ea omnia & singula attendi, teneri & incorrupibiliter servari faciet cum effectu, nec facietur quod quis cujuscumque auctoritatis prehe-minencie sive status existat, adversus & contra premissa vel aliquod premissorum, quicquam faciet vel* [l] *attendet, vel facere seu attemptare quomodolibet presumat, directè vel indirectè seu per oblicum, publicè vel occultè; & si quid fieret, quod absit,*

a corr. *vendetur.*

b delinquerint.

c Il n'y a dans le Reg. que *exen* avec une marque d'abréviation sur ce mot. Voy. la note *(u).*

d corr. *castro.*

e mesure de grains sur laquelle voy. le Gloss. de *Du Cange,* au mot, *Quartale.*

f ce mot qui est en abrégé dans le Reg. est douteux.

g app. *Macellarii :* Boucher.

h corr. *relinquetur.*

i corr. *carreriæ* les rues.

k corr. *ut.*

l corr. *attemptet.*

NOTES.

(s) Joviata ou *Joniata.* C'est une mesure de vin sur laquelle je n'ai rien trouvé. Suivant le Gloss. de *Du Cange,* aux mots *Jova, Jovata,* ils signifient une mesure de terre.

(t) Situando.] Suivant le Gloss. de *Du Cange,* au mot *situare,* il signifie *situer, placer, établir, assigner.*

(u) Pedis.] Suivant le Glossaire de *Du Cange,* au mot *Peda 2.* il signifie un terrein, un emplacement contenant quatre toises en tous sens. Le Dauphin avoit le droit d'obliger les habitans à lui vendre des emplacemens qu'il pouvoit céder à d'autres personnes, sous la charge d'un cens annuel en grain. Il faut supposer que ces emplacemens dont le Dauphin ôtoit la propriété aux habitans, étoient des terreins vagues & en friches; & c'est peut-être ce que désignoit le mot *exen* qu'on n'a pû remplir, & qu'on a laissé en blanc dans le texte. Voy. la note marg. *(c).*

(x) Emendam.] Suivant le Glossaire de *Du Cange,* au mot *Emenda 1.* il signifie quelquefois un dédommagement.

(y) Introgiis.] Suivant ce Glossaire, au mot *Introgium,* il signifie un droit que paye celui qui est mis en possession de quelque chose : *droit d'entrée.*

(z) Ala fari.] Suivant le Glossaire de *Du Cange,* au mot *Ala 2.* Il s'est dit quelquefois pour *Hala :* Halle. Il faut p. e. corr. *Farris* génitif de *Far,* espèce de froment.

(aa) Quam fores.] Il faut sans doute corr. *Campsores :* les Changeurs.

in prejudicium predictorum, vult & ordinat dictus Dominus Dalphinus per se & [a] suos predictos, quod illud tollatur, & sit nullius efficacie & valoris. Porro si dicti Burgenses vel ipsorum alteri, dictis privilegiis & libertatibus in solidum vel in parte abuterentur, vult & ordinat ipse Dominus Dalphinus quod illa abusio eis non noceat, [b] ne prejudicium afferat; quinimo, prout ante abusionem hujusmodi dictarum libertatum & privilegiorum [c] liberè & perfluantur, cum privilegia non sint restringenda, sed pociùs amplianda.

Limites vero & confines dictarum libertatum & franchesiarum quos dictus Dalphinus presencialiter declarat, sunt hii; videlicet, longe per tractum unius [d] balice ultra ulmos Sancti Marcellini rectè tendendo ab inde usque ad (bb) molare seu locum dictum de molari, domo ibidem existente infra dictam franchesiam remanente, & à dicto molari, rectè tendendo usque [e] à molare de Jo. inter duos ulmos scitos in termino, veniendo ad domum dicti Le Pepin, & à dicto molare de Jo. ad domum Alaisie Seluetra, & à dicta domo, usque ad grangiam Grolerii, dictâ grangiâ intus remanente, & à dicta grangia, ad salicem existentem in campo Guigoneti Cardi, & à dicta salice, usque ad dictum locum ultra dictos ulmos, primo per tractum unius balisle. Nomina quidem dictorum hominum & burgensium dicte Ville, presencium, & predicta stipulancium in mei predicti Notarii publici & subscriptorum testium presencia, sunt hec; videlicet Johannes Cardini, protestando dictus Johannes de suis specialibus libertatibus & privilegiis; Raymundus Roseti, de suo Cleri privilegio protestando; Romanetus Hospitis; Andreas de [f] Ambaiyriaco; Johannes Grollerii; Johannes de Burgondio; Guillelmus Garinii; Michoudus Hugonerii; Lanthelianus Galiani; Jacobus Rotherii; Ponczonus Macellarius; Bernardus Basterii, Johannes Garini; Michael Faber; Petrus [g] Burgond; Guillelmus de Silanis; Franchiscus de Saveri, protestando de nobilitate & Cleri privilegio, quibus non intendit propterea derogari; Johannes Giroudi, sub eadem protestacione; Anthonius Roseti; Johannetus Chaberti; Jaquemetus Prebo; Petrus Michaelis; Bertrandus Gari; Michael Pepini; Marthinus Alumphi; Denisetus Pistoris & Joherenus Porterii; qui homines predicti predicta approbantes & ea gratis suscipientes, omnes & singuli, dicto Domino Dalphino presenti & pro se & suis heredibus & successoribus recipienti, flexis genibus, tenendo dictus Dominus Dalphinus manus suas junctas, [h] osculando, ipsi Domino Dalphino manum & anulum suum secretum in digito suo fixum osculantes, homagium prestiterunt eidem & fidelitatis & [i] bediencie debite juramentum promittentes, jurantes per sua corporalia juramenta, ad Sancta Dei Euvangelia, corporaliter tactis Evangeliis, prestita & vallata, quod ipsi Domino Dalphino predicto & suis heredibus & successoribus fideles erunt, ejusque precepta licita observabunt, necnon predicta omnia & singula, sicut & prout per dictum Dominum Dalphinum ordinata sunt & retenta, complebunt, facient, servabunt pariter & attendent, & numquam contra premissa facere [k] attentabant; & hiis sic ritè & solempniter gestis, dicti homines nominati, de auctoritate, licencia & mandato dicti Domini Dalphini presentis, mandantis & auctorizantis, & vigore libertatum & privilegiorum predictorum illicò, non divertentes ad alios actus, in mei Notarii predicti & testium subscriptorum presencia, elegerunt & nominaverunt unanimi consensu [l] & Sindicos, Consules & Procuratores dicte Ville & universitatis personarum ejusdem, pro hoc anno presenti nunc inchoante, Johannem Grollerii, Ponczonum Macellarium, Romanetum Hospitis, & Andream [m] Ambeyriaco, ibidem presentes, qui quatuor predicti electi hujusmodi, juraverunt & promiserunt ad Sancta Dei Euvangelia, & sub expressa obligacione & ypotheca omnium bonorum suorum quorumcumque, utilia dicte Ville & commoda pro viribus procurare, in utilia pretermittere, ejus negocia fideliter gerere [n] prosequi, Taillias & [o] Communitates, Vintenum & alia dicto anno probabiliter & sine dolo & fraude perequare, & finito dicto tempore, de ipsis facere &

CHARLES VI. à Paris, le 10. de Novembre 1408.

[a] Ce mot désigne les héritiers & les successeurs du Dauphin.

[b] corr. nec.

[c] Il faut p. e. corr. *iis liberè utantur & perfruantur.*

[d] corr. *balisle*, qui est plus bas: un *arbalête*.

[e] corr. *ad*.

[f] nommé plus bas *Ambeyriaco*.

[g] Il y a une marque d'abréviation à la fin de ce nom.

[h] ce mot paroît inutile.

[i] corr. *obediencia*.

[k] corr. *attentabunt*.

[l] conjonction inutile.

[m] nommé plus haut *Ambaiyriaco*.

[n] supp. *&*.

[o] Il y a plus d'une fois dans cette Pièce *Commune*; & c'est ainsi qu'il faut lire.

NOTE.

(bb) *Molare.*] Suivant le Glossaire de *Du Cange*, à ce mot, il signifie une butte, une motte de terre.

CHARLES VI. à Paris, le 10. de Novembre 1408.

reddere legitimam racionem, & omnia alia & singula facere fideliter & gerere que ad officium Sindicatûs & Consulatûs hujusmodi pertinere noscuntur: & de predictis omnibus & singulis tam prefatus Dominus Dalphinus quam homines prelibati, volunt, precipiunt & mandant ad opus & utilitatem ipsorum & cujuslibet eorumdem, per me prefatum Notarium publicum fieri & grossari tot quot habere voluerint publica Instrumenta: que omnia dictorum Instrumentorum vigoribus, volunt & mandant omnibus & singulis presentibus & futuris fieri manifesta. Acta fuerunt hec apud Sanctum Marcellinum *predictum, dicte* Viennensis *Diocesis, in domo* Hugonini *de* Cabilone, *(cc) Codurerii dicti Domini Dalphini, in presencia & testimonio nobilium & circumspectorum virorum Dominorum* Petri *de* Cardancto, *Consiliarii & Ambaxiatoris Domini Regis* Sicilie; Lancelini Yverdi, *Domini de* Theucio, *Milicum;* Poncii Clari, *de* Valencia; Radulphi *de* Capriliis, *de* Romanis; *(dd)* Francisci *de* Cagnio, *Domini* Montis Leonis; Petri Durandi, *de* Cabcolo, *Jurisperitorum;* Guillemeti *de* Camaus, *Domicelli;* Conradi Vagnionis, *de* Sonna; Petri Cavanesii, *de* Lagniaco; Henrici Garidi, *de* Turre, *&* Johannis Mathei, *de* Gracianopoli, *Clericorum ejusdem Domini Dalphini, testium vocatorum & rogatorum ad premissa, per me Notarium publicum memoratum; & datum anno, die, Indicione, Pontificatu quibus supra.*

Preterea prefatus Dominus Humbertus *Dalphinus anno, Indicione, Pontificatu & loco predictis, die decimâ iiij.ª mensis Julii predicti, in mei publici Notarii memorati, testiumque subscriptorum presencia dictos Burgenses, habitantes & habitatores in loco & Villa predictis, volens & affectans prosequi uberiori graciâ & favore predictis, libertatibus, franchesiis, immunitatibus & privilegiis dicte universitati & singularibus personis ejusdem, per ipsum Dominum Dalphinum datis, per se, heredes & successores suos quoscumque, addidit & declaravit, & dictis Burgensibus, eorumque liberis & posteris concessit ea que inferiùs describuntur.*

a Voy. ci-dessus p. 381. Art. 11.

[a] (1) *(ee) Et primo. Dedit, concessit & contulit, dat, concedit & confert dictis hominibus, personis & habitantibus & habitatoribus, ut supra dictum est, & michi dicto publico Notario ut publice persone stipulanti & recipienti solempniter, nomine, vice & ad opus dictorum Burgensium, hominum & personarum & cujuslibet eorumdem, ac liberorum &* [b]*poteritatis ipsorum, & cujuslibet eorumdem, in privilegium speciale & Indultum validum & solempne, quod dicti Burgenses & eorum* [c] *quolibet, heredes & posteri eorumdem, per se vel per alium deinceps & perpetuò possint & valeant undecumque voluerint, ad dictam Villam* Sancti Marcellini *adducere & portare, & adduci, vehi & portari facere, quando & quotienscumque voluerint, omnia victualia & mercimonia quecumque, ac denariatas quaslibet, liberè & absque solucione vel prestacione Gabelle, Pedagii, Vinteni, Communis, Exitus, Leide, Vectigalis, & cujuscumque alterius usagii, servitutis & tributi; dum tamen de quibuscumque denariatis, victualibus & mercimoniis que extrahentur & portabuntur à dicta Villa* Sancti Marcellini *ubicumque, dicta usagia, servitutes & tributa persolvantur in exitu dicte Ville, quemadmodum alibi solverentur & modo superiùs declarato; excepto de vino. De vino autem, quantumcumque extrahatur à dicta Villa, & qualitercumque, nil solvatur;* [d] *iumo liberè transeat absque solucione & prestacione hujusmodi tributi; & excepto*

b corr. *posteritatis.*
c corr. *quilibet.*
d corr. *immo.*

NOTES.

(cc) Codurerii.] Suivant le Glossaire de *Du Cange*, au mot *Codurerius*, il signifie un Couturier [un Tailleur]; & il paroît par le passage qui y est cité, qu'il y avoit un Officier de la Maison des Dauphins qui portoit ce titre.

(dd) Il y a dans le Reg. *Lugu* ou *Lugn* avec une marque d'abréviation, qui est le prénom, & *Deor.* avec deux marques d'abréviation.

(ee) Et primo.] La plûpart des articles suivans sont conformes à quelques-uns des Lettres que le *Dauphin Jean* accorda le 14. de Juillet 1312. aux habitans de *Villa-nova de Coynau*, & qui furent confirmées par les Lettres de Charles VI. du mois d'Août 1396. imprimées à la p. 105. du 8.ᵉ Vol. de ce Recueil.

Les Lettres du *Dauphin Jean* ont servi à corriger plusieurs fautes qui sont dans celles du *Dauphin Humbert.* On a mis la Lettre V. à la fin des corrections. Les Lettres d'*Humbert* peuvent aussi servir à rectifier quelques fautes qui sont dans celles du *Dauphin Jean.*

eeium

eciam quod pro rebus [a] quo vendentur in ipsa Villa ad [b] minitum, usque ad precium & summam viginti solidorum Viennensium, & infra, & à dicta Villa extrahentur, nil racione usagii & tributi Domino persolvatur, non obstantibus verbis superiùs expressatis.

CHARLES VI. à Paris, le 10. de Novembre 1408.

a corr. *que.*
b corr. *minutum.*

(2) Item. *Dictus Dominus Dalphinus per se, heredes & successores suos quoscumque, dat & remittit, & quittat prefatis Burgensibus, hominibus & personnis, & michi Notario publico eorum nomine stipulanti, omnes (ff) Clamas que fient & fieri possent pro debitis non solutis, ipsosque ab ipsis Clamis & earum solucione & prestacione quittos esse decernit penitùs & exemptos.*

Ceterum, licet dictus Dominus Dalphinus, ut superiùs legitur, ordinaverit & jubserit dictas franchesias, libertates & immunitates, ac dicta privilegia Sancti Stephani *predicti, in presenti publico Instrumento inferri & notari; nichilominus tamen idem Dominus Dalphinus, visis, respectis & perlectis ipsis franchesiis, libertatibus, immunitatibus & privilegiis loci* Sancti Stephani *predicti, emergentibus & apparentibus liquidè per formam & tenorem cujusdam publici Instrumenti* Stephani Villaboys, *publici auctoritate Imperiali Notarii, manu facti ejusque signo signati, ut primâ facie videtur apparere, ipsas libertates, franchesias, immunitates & privilegia decernit & declarat dictis hominibus, Burgensibus & personis ac universitati* Sancti Marcellini *predicti, & michi Notario publico prefato, ut premittitur, stipulanti per modum & formam inferiùs annotatam, volens quod perinde habeantur & observentur dicte libertates, franchesie, immunitates & dicta privilegia, ac si in presenti publico Instrumento scripta forent totaliter & inserta.*

(3) *Inprimis namque dictus Dominus* Humbertus Dalphinus, *per se, heredes & successores suos, voluit & eisdem Burgensibus, hominibus & personis, ac universitati* Sancti Marcellini *predicti, & posteritati eorum, michique nominato publico Notario eorum nomine stipulanti, concessit quod ipsi sint franchi, liberi penitùs & immunes ab omni Collecta, Taillia, [c] Complanta, (gg) opera, manupera, courata, feno, palea, [d] Angaria, perangaria, & exaccione qualibet, que eidem Domino Dalphino vel suis predictis, dare, facere & prestare nullathenùs teneantur.*

c espèce d'impôt. Voy. la note *f)* de la p. 107. du 8.e Vol. de ce Rec.

d Angaria & perangaria. *Espèce d'impôt. Voy. le 8.e Vol. de ce Rec. p. 107. note (i).*

(4) Item. *Quod bona & hereditas ac hereditates ibidem nunc & in posterum habitancium & degencium, qui sine liberis uno vel pluribus, ab intestato decedent, ad proximiores dictorum sic descendencium penitùs devolvantur pacificè & quietè; & si Testamentum vel Ordinacionem aliquam facerent de bonis suis, vult illud & illam valere, observari inviolabiliter & attendi.*

(5) Item. *Quod si aliquis Burgensium & personarum ac hominum nunc & in futurum habitancium dictam Villam vel infra terminos ejusdem vel [e] alibi, gladium contra aliquem de habitatoribus dicte Ville vel terminorum ejusdem, causâ offendendi vel injuriandi, infra dictam Villam ac infra terminos ejusdem, elevaverit vel projecerit, & illum non [f] percuserit, triginta solidos Viennenses monete currentis pro tempore, pro [g] banno solvere teneatur. Si vero aliquis de dicta Villa contra extraneum hoc fecerit, quindecim solidos ejus monete pro banno persolvat. Si vero aliquis de dicta Villa alterum de eadem Villa, de ipso percusserit, si quidem vulnus (hh) letale fecerit, & membrum ex hoc ascisum vel [h] mutile factum non fuerit, pro banno solvat sexaginta solidos dicte monete; & de extraneo, XXX.a tantum. [i] Si vero membrum ascisum vel mutile factum fuerit, de illo de Villa, solvat pro banno viginti libras dicte monete; de extraneo vero, decem libras dicte monete currentis. Si vero vulnus letale fuerit, secundum jura & leges puniatur.*

e al. *Regi*

f corr. *percusserit*, là & plus bas.

g Amende. Voy. le Gloss. de *Du Cange*, au mot *Bannum* 2. col. 987.

h pour *mutilum.*

i Voy. ci-dessous p. 388. le changement fait à cet article.

NOTES.

(ff) Clamas.] Suivant le Glossaire de *Du Cange*, au mot *Clama*, il est synonyme de *Clamor* qui se trouve souvent dans ce Rec. & qui signifie ce qu'un créancier paye au Juge, lorsqu'il lui présente une Requête tendante à ce qu'il soit payé de ce qui lui est dû.

(gg) Opera.] *Opera, manupera*, ouvrages faits par corvées: car *courata* est ici synonyme de *corvata*. Voy. le Gloss. de *Du Cange*, au mot *Opera*.

(hh) Letale.] Ce mot ne doit point être pris ici à la rigueur comme il l'est plus bas, & ne signifie point une blessure mortelle; mais seulement une blessure considérable. Les mots *fecerit* & *fuerit* semblent confirmer la différente signification que je donne ici au mot *Letale*.

CHARLES VI. à Paris, le 10. de Novembre 1408.

(6) Item. *Quod si aliquis habitator dicte Ville vel infra terminos ejusdem, aliquem de dictis habitatoribus de pugno vel* [a] *palma percuserit, & sanguinem indè non effuderit, & faciem non deformaverit, seu dentes non fregerit, vel aliud deterius non fecerit, dum tamen* [b] *percusus non moriatur, solvat percusiens, pro banno de pugno, quinque solidos dicte monete, & de palma, decem solidos. Si vero sanguinem effuderit, solvat pro banno tringinta solidos monete predicte. Si vero percusus moriatur, puniatur percusiens secundum leges; & in omnibus & singulis supradictis, fiat injuriam passo* [c] *emenda congrua.*

(7) Item. *Si aliquis habitator modernus vel futurus dicte Ville aut terminorum ejusdem, falsas mensuras vel falsa pondera infra dictam Villam & ejus terminos habere repertus fuerit; si quidem vini vel olei cum venditur ad minutum, pro banno solvat septem solidos dicte monete: pro reliquis vero falsis mensuris vel falsis ponderibus, solvat triginta solidos dicte monete.*

(8) Item. *Qui furta ibidem fecerit vel retinuerit, secundum leges puniatur.*

(9) Item. *Si quis vel* [d] *qua de habitatoribus dicte Ville & terminorum ejusdem, repertus vel reperta fuerit ibidem in adulterio, conjugatus & conjugata, solvat quilibet triginta solidos dicte monete pro banno: non conjugati vero nichil solvant. Pro stupro vero &* [e] *intextu, secundum leges & jura puniantur.*

(10) Item. *Si quis ex ipsis alterum pignoraverit auctoritate propriâ, solvat pro banno decem solidos dicte monete.*

(11) Item. *Si quis eorum alteri faciat injuriam dicto vel facto, solvat pro banno de dicta moneta, tres solidos, si de hoc fuerit tamen* [f] *querimonia deposita.*

(12) Item. *Dictos homines ibidem nunc habitantes & qui in futurum habitabunt ibidem, & eciam alienos nunc & in posterum habitaturos dicte Ville & terminorum ejusdem, ex quo tamen ipsi alieni dicto Domino Dalphino fidelitatem juraverint & juramentum Ville fecerint, quod quilibet facere teneatur* [g] *& postquam per annum & diem moram ibidem* [h] *fecerint (ii) infra terminos & extra* [i] *ubique, & ante unum annum & diem infra terminos predictos, ipsos inquam homines suos & alienos, cum omnibus rebus & bonis eorum, promisit pro se & suis heredibus & successoribus defendere, manutenere & conservare, & eos in sua garda recipit & (kk) gardagio speciali, tanquam homines suos ligios & fideles.*

(13) Item. *Statuit & ordinavit quod de Causis quas ibidem coram sua Curia contingerit ventilari, pro expensis Curie leventur duodecim denarii pro qualibet libra quantitatis vel extimacionis rei petite, qui post litem* [k] *contestantam solvantur à condempnato. Si vero Causa decisa fuerit* [l] *pro empcione, quilibet solvat medietatem. Ante vero litem contestantam, si Causa ulterius non procederet vel de debitis vel de aliis Causis sine libello confessatis, sex denarii pro qualibet libra quantitatis vel extimacionis rei petite, solvantur sibi. Sanè si aliqui de predictis quos supra dixit, pro diversis excessibus* [m] *peccuniariter condempnarentur esse non solvendo, corporaliter vel aliter ad arbitrium sue Curie puniantur.*

(14) Item. *Statuit & promisit pro se & suis heredibus & successoribus quod ipse heredes aut successores, infra dictam Villam & ejus terminos habere non possit, tenere vel mittere oves, capras, boves vel* [n] *equas,* [o] *porces, aut aliqua alia animalia, ad prandendum ibidem in pratis vel pasqueriis dicte Ville vel terminorum ejusdem, nec possit nec debeat metere seu meti facere infra dictam Villam & ejus terminos, herbas pratorum vel blada terrarum ad opus aliquorum suorum animalium, nec fructus*

a donne un soufflet.
b corr. *percussus.* ... *percutiens*, là & plus bas.
c dommages & intérêts.
d Il y a dans V. art. 6. *que.*
e Il y a *ibid.* art. 6. *incestu.*
f plainte en Justice.
g conjonction inutile.
h corr. *fecerit.*
i ubicumque. *V.*
k contestatam, *là & plus bas.* V. art. 14.
l au lieu de *pro empcione*, il faut lire *composicione*, comme dans V.
m Pecuniariter condempnarentur esse. *Il y a dans V. art. 15.* Pecunialiter condempnarentur, reperirentur esse.
n p. e. *equos.*
o corr. *porcos.*

NOTES.

(ii) Infra.] Je crois que cela signifie que si un homme qui a établi son domicile dans la Ville, y habite quelquefois, & quelquefois habite ailleurs, il aura un an & un jour pour faire le serment au Dauphin, & devenir par-là son Bourgeois; mais que s'il réside continuellement dans la Ville, il devra faire ce serment avant l'an & jour. Cet article est entièrement conforme à l'art. 13. des Privilèges de *Ville-neuve;* & je n'ai pas bien rendu le sens d'un endroit de celui-ci dans le Sommaire que j'en ai fait.

(kk) Gardagio. Il faut app. corriger *Gaidagio* qui est dans V. & sur lequel voyez la note *(s)*.

arborum seu vinearum suarum colligere nec colligi facere, aliquâ racione vel causâ.

(15) Item. *Concessit eisdem quod sine laude, consensu vel requisicione sua vel Castellanorum suorum, res & possessiones ipsorum vendere possint & alienare; solvendo tamen sibi & suis, vel Castellano suo dicti loci, tercium decimum denarium, pro laudibus & vendicionibus rerum seu possessionum que vendentur per ipsos.*

CHARLES VI. à Paris, le 10. de Novembre 1408.

(16) Item. *Si contingerit aliquem de habitatoribus dicti loci vel terminorum ejusdem, se vel sua transferre velle ad alia loca vel ad partes alias, ipse Dominus Dalphinus ipsum cum bonis & rebus suis debet per tres dies & tres noctes guidare, conducere & salvare.*

(17) Item. *Concessit* [a] *eidem quod pro aliquo contractu vel debito, dum ipsi de tota una die parati fuerint secundum eorum posse, satisdare ydonee de stando juri coram sua Curia, non possent nec debeant* [b] *compelli de domibus eorumdem, nec eciam pignorari aliqua de causa,* [c] *raubis seu garnimentis suis & suorum lectorum, nec de bobus aratoribus, nec de aliquibus aisiamentis aratri, nec de suis aliquibus* [d] *armaturis, nec eciam eorum* [e] *personis capi vel arrestari, nisi forte tantum esset delictum quod ipsa Curia ipsum corporaliter punire deberet.*

(18) Item. *Concessit eisdem quod piscare possint* [f] *in omnibus piscaturis & aisimentis, absque omni contradiccione sua vel suorum, ubique in omnibus ripperiis; exceptis (ll) augeribus suis & fossatis, quia in eisdem fossatis piscaciones sibi & suis retinuit.*

(19) Item. *Concessit eisdem quod venari possint ad omnia* [g] *fenniqui generis, modis omnibus quibus voluerint, infra omnes terminos dicti loci, & eciam ad omnia genera* [h] *auvum, reddendo sibi & suis* [i] *carterium carnium bestie capte, pro Dominio suo: intendens de apris, cervibus & capriolis; exceptis pervicibus & faisanis quos non debent capere nisi cum avibus; & exceptis garenis suis;* [k] *& si quis haberet ipsa cuniculorum comercia (mm) supradicta.*

(20) Item. *Voluit, statuit & ordinavit quod ipsis singulis annis unum* [l] *bannerium vel plures eligant ydoneos, & ipsum vel ipsos presentent Castellano suo dicti loci, qui pro tempore fuerit, qui eum vel eos, si sibi videantur ydonei, recipiat & confirmet, & pro ipso Bannerio, sive pro ipsis Banneriis, ipsum vel ipsos presentantes, si in suo Officio exercendo delinquerent,* [m] *teneantur.*

(21) Item. *Statuit & ordinavit quod* [n] *Badellus sive Maignerius Curie dicti loci, qui pro tempore fuerit, non levare debeat nec levet pro labore suo de aliquo gaigiamento quod faciat infra Villam, nisi dumtaxat duos denarios monete supradicte, & extra Villam infra terminos, sex denarios ejusdem monete tantum.*

(22) Item. *Statuit & ordinavit quod Bannerius seu Bannerii dicti loci, qui pro tempore fuerint, non levent nec levare possint pro* [o] *banno grossi animalis, nisi duos denarios dicte monete tantum, & pro banno minuti* [p] *animalibus, unum denarium dicte monete.*

(23) Item. *Statuit & ordinavit quod singuli sui Castellani dicti loci, Judex* Viennensis, *Judex appellacionum, aliique Officiarii & Justiciarii dicti Domini Dalphini, qui in dicto loco* Sancti Marcellini *residebunt, quociensciumque & quicumque ibidem de novo venerint, jurent ad Sancta Dei Evangelia, in presencia aliquorum Burgencium dicti loci, omnes libertates, franchesias, immunitates & statuta ipsis concessas & concessa, & omnia universa & singula superiùs & inferiùs contenta, tenere, servare & inviolabiliter teneri facere & servari, & contra ea numquam facere vel venire per se vel per alium, nec alicui contravenire volenti prebere consilium, auxilium vel favorem.*

[a] corr. *eisdem.*
[b] expelli. *V. art. 21.*
[c] supp. *de.*
[d] armat. *Reg.*
[e] persone. *V.*
[f] Il y a mieux dans V. art. 23. *cum omnibus piscatorum aisimentis.*
[g] Il y a dans V. *ad omnia [...] carum genera,* & j'ai corrigé à la marge *ferarum.*
[h] avium. *V.*
[i] quarterium bestie *V.*
[k] & excepto si quis, &c *V.*
[l] Messier, *suivant le Gloss. de* Du Cange, *au mot* Bannum, *col. 986.*
[m] seront garans de leurs malversations.
[n] Baderius & Maynerius. *V. art. 27. Voy. la note (cc) sur cet article 27.*
[o] Voy. la note *(ff)* de la p. 110. du 8.e Vol. de ce Rec.
[p] animalis. *V. art. 29.*

NOTES.

(ll) Augeribus.] Je n'ai rien pû découvrir sur ce mot qui n'est pas dans V. J'ai seulement trouvé dans le Glossaire de *Du Cange,* au mot *Augerea,* qu'il signifie un *Cloaque,* un *Egoût.*

(mm) Supradicta.] Ce mot prouve que cet endroit est tronqué; mais on peut suppléer ce qui manque par V. où on lit: *& excepto si quis haberet propria cuniculorum comercia, infra terminos dicte Ville, quod in eis venari non debeant, nisi [hii] quorum fuerint comercia supradicta.* Voy. sur le mot *Comercia* la note marg. *(g)* de la p. 110. du 8.e Vol. de ce Recueil.

CHARLES VI. à Paris, le 10. de Novembre 1408.

(24) *Voluit eciam & eisdem concessit quod* [a] *circa hujusmodi libertates, franchesias & statuta, lapsu temporis inveniri possent dubia vel obscura, seu interpretacione vel declaracione aliquâ indigerent, quod hinc ad unum annum fiant, & super his, ipse, heredes & successores sui debeant & teneantur perpetuò observare & inviolabiliter facere observari.*

Que omnia universa & singula singulariter & in [b] *suis capitulis contenta, & omnia & singula que inferiùs continentur & declarantur, promisit dictus Dominus Dalphinus, pro se & suis heredibus & successoribus universis, & causam habentibus ab eodem, per pactum, stipulacione solempni interpositâ, & juramento suo corporali* [c] *valatum, eisdem Burgensibus suis, rata & firma habere perpetuò & tenere, ac inviolabiliter observare & facere observari, & nunquam per se vel per alium de jure vel de facto in toto vel in parte contra facere vel venire, nec alicui contra facere vel venire volenti, prebere vires, consilium vel assensum. Voluit eciam quod si quis ausu temerario, contra has libertates, franchesias & immunitates, privilegia & statuta, facto vel dicto,* [d] *jure vel dicto, in toto vel in parte* [e] *presumpserit, quod Deus* [f] *adverrat, iram & indignacionem omnipotentis Dei & Beate Marie, Sanctorumque omnium & suam incurrat ipso facto; & nichilominus* [g] *contra ipsum ad ipsum ob hoc puniendum modo forciori quo poterit per se vel suos Officiarios & subjectos procedere teneatur; mandans & precipiens prefatus Dominus* Humbertus Dalphinus, *tenore presentis publici Instrumenti, omnibus universis & singulis suis, presentibus & futuris, Baronibus & Vassalis, hominibus & subjectis, Baillivis, Judicibus, Castellanis,* [h] *Mistralibus, (nn) Margneriis & hominibus quibuscumque quatinùs dicti Burgenses nunc & in futurum sive in perpetuum predictas omnes libertates, franchesias, immunitates, privilegia & statuta conservent, manuteneant & conservari faciant & manuteneri, ac omnes qui contra facere vel venire presumerent, ad desistendum compellant modo quo poterunt forciori, nullo alio mandato expectato; sed ad solam ostencionem presentis Instrumenti, aut transcripti ejusdem sub sigillo Curie sue facti, ad eà observanda & observari facienda, pro se & suis perpetuò habeant in mandatis: volens, precipiens atque mandans ipse Dominus* Humbertus Dalphinus, *de & super predictis omnibus & singulis capitulis superiùs expressatis, dictis Burgensibus & cuilibet ipsorum, quando voluerint & sibi expedire videbitur, per me prefatum publicum Notarium fieri, scribi, grossari & expediri tot* [i] *quod habere voluerint publica Instrumenta. Actum & datum in loco predicto, anno, die, Indiccione & Pontificatu memoratis, presentibus viris nobilibus* Petro *de* Cadaneto, *Consiliario & Ambaxiatore Domini* Regis Sicilie; Dragonero *de* Castronovo, *Militibus,* Guillelmo *de* Thamaiis, *Domicello;* Conrado Vagnionis, *de* Sonne; Petro Cavanosii, *de* Lagniaco, *& pluribus aliis nobilibus fide dignis, testibus ad premissa vocatis & rogatis, per me publicum Notarium memoratum. Post modum vero, anno quo supra, die* XVII.ª *Julii, dictus Dominus Dalphinus verba predicta sic dicencia:* [k] Si vero membrum ascisum vel mutile factum fuerit, juri communi redduxit, & intelligi [l] promisit & [m] jubsit. *Sic signatum.*

Et ego Johannes Nicoleti, *de* Cremiaco, Viennensis *Diocesis Clericus, Apostolicâ, Imperiali, Domini Francorum Regis & Domini Dalphini predicti auctoritatibus publicus Notarius, dictarum libertatum, franchesiarum, immunitatum & privilegiorum ac indultorum hujusmodi concessionibus, dictisque statutis, Ordinacionibus, retencionibus, declaracionibus,* [n] *adicionibus, promissionibus, juramentis, acceptacionibus, mandatis & preceptis omnibus & singulis suprascriptis, dum sic per dictum Dominum* Humbertum Dalphinum *concederentur, darentur & largirentur, unàcum testibus memoratis, presens vocatus interfui, & ea omnia, ut supra, mandato, voluntate & precepto dicti Domini Dalphini, & ad requisicionem & instanciam dictorum Burgencium vel majoris partis ipsorum, unàcum nominatis personis stipulantibus sui, indeque hoc presens publicum Instrumentum in tribus pellibus pargameni simul suis &*

a supp. *si.*
b singulis. *V.*
c vallatum. *V.*
d Il y a dans V. *de jure vel de facto.*
e venire presumpserit. *V.*
f avertat. *V.*
g contra ipsum puniendum. *V.*
h Mistraux. *Voy. la note (kk) de la p. 281. du 3.ᵉ vol. de ce Rec.*
i corr. *quot.*
k Les mots qui sont en Rom. sont tirés de l'art. 5. qui est ci-dessus p. 385.
l Il faut p. e. corr. *permisit.*
m corr. *jussit.*
n corr. *addicionibus.*

NOTE.

(nn) Margneriis.] Il faut app. corr. *Magneriis,* qui est la même chose que *Maigneriis* & *Mayneriis,* sur lequel voy. la p. préced. note marg. *(n).*

signatis, manu propriâ [a] *scripei, & hinc rogatus me subscripei, in eoque in fidem, certitudinem & noticiam geste rei, signum meum apposui consuetum.*

Nos itaque Humbertus Dalphinus Viennensis *prefatus, confitentes & asserentes premissa omnia universa & singula fore vera, ut superiùs scripta sunt & memorata, huic presenti publico Instrumento inde facto sigillum nostrum majus duximus apponendum ad majorem fidem, evidenciam & certitudinem omnium premissorum.*

Tenor vero dictarum Litterarum dicti Genitoris nostri, sequitur & est talis.

CHARLES VI. à Paris, le 10. de Novembre 1408.

a corr. *scripsi ... subscripsi.*

[b] *KAROLUS, Primogenitus Primogeniti Francorum Regis, Dalphinus* Viennensis. *Notum fieri volumus universis & singulis, tam presentibus quam futuris, tenore presencium Litterarum, quod visis & inspectis libertatibus, franchesiis & privilegiis olim concessis per Dominum* Humbertum *(oo) antiquorem* Dalphinum Viennensem, *carissimum Patruum nostrum, dilectis fidelibus nostris* [c] *universitati hominum, incolarum, personarum & habitancium* Sancti Marcellini, *de quibus* [d] *Instrumento & Litteris plena fit mencio, pro parte dicte universitatis cum instancia requisiti, ea omnia & singula in eisdem Instrumento & Litteris contenta & narrata, ex certa nostra sciencia, tenore presencium laudamus, approbamus & eciam confirmamus; salvis & exceptatis omnibus & singulis quibus esset renunciatum, seu debitè aliter derogatum, & eciam omni alio jure nostro & alieno semper salvo : mandantes & precipientes expressè per presentes,* Baillivo, *Judici & Procuratori nostris* Viennensibus, *ac* Castellano Sancti Marcellini, *ceterisque Justiciariis & Officiariis nostris, qui nunc sunt & pro tempore fuerint, eorumque vices gerentibus, &* [e] *cujuslibet ipsorum, quatenùs premissa omnia universa & singula dicte universitati* [f], *in singulis suis capitulis custodiant cum effectu.* Datum *Vienne,* die XVI.[a] mensis Julii, anno Domini M.° CCC.° [g] quadringentesimo. *Sic signatum. Per Consilium in quo erant Dominus* Archiepiscopus [h] Lugdonnensis, *& Domini Cancellarius,* Amblardus *Dominus* Bellimontis, *&* Amedeus *de* Rossilione, *Milites expedite.*

b Charles [V.] Fils de Jean, lequel étoit Fils aîné de Philippe de Valois.

c corr. *universitatis.*

d supp. *in.*

e corr. *cuilibet.*

f supp. *concessa.*

g corr. *quadragesimo.* Il manque un chiffre: car les Lettres que Charles [V.] confirme, sont de l'année 1343.

h app. *Lugdunensis.*

Suite des Lettres de Charles VI.

Quasquidem Instrumentum & Litteras, ac omnia & singula in eis contenta, si & in quantum universitas hominum, incolarum, personarum & habitancium Sancti Marcellini, *in Instrumento supra inserto nominatorum, ipsis hactenùs debitè usi sunt, ratas & gratas, rataque & grata habentes, eas & ea volumus, laudamus, ratifficamus & approbamus de gracia speciali per presentes : dantes propterea tenore presencium in mandatis Gubernatori* Dalphinali, *nostri* Baillivo, *Judici & Procuratori* [i] *nostri* Viennensibus, *ac Castellano* Sancti Marcellini, *ceterisque Justiciariis & Officiariis nostris* Dalphinalibus, *presentibus & futuris, vel eorum Locatenentibus, & eorum cuilibet, prout ad eum pertinuerit, quatenùs universitatem* [k] *prestatam* Sancti Marcellini, *nostrâ presenti confirmacione uti & gaudere perpetuò faciant & permittant; nil in contrarium attemptando aut attemptari permittendo. Quod ut* [l] *firmus & stabile perpetuò perseveret, nostrum presentibus Litteris fecimus apponi Sigillum : nostro in aliis, & alieno in omnibus jure salvo.* Datum *Parisius,* die decima Novembris, anno Domini M.° CCCC.° octavo, & Regni nostri XXIX.°

Per Regem Dalphinum, ad relacionem Consilii. FORTEMENT.

i corr. *nostris.*

k corr. *prefatam.*

l corr. *firmum.*

NOTE.

(oo) *Antiquorem.]* Corr. *antiquiorem.* Lors de ces Lettres *Humbert* n'étoit plus Dauphin; il avoit donné le *Dauphiné* à Charles petit-Fils de Philippe de Valois.

CHARLES VI. à Paris, en Novembre 1408.

(a) Lettres de Charles VI. par lesquelles il confirme un Traité de Pariage qui avoit été fait en son nom, avec l'Evêque de S.t Paul-trois-Châteaux.

SOMMAIRES.

(1) La Jurisdiction temporelle de la Ville de S.t Paul Trois Châteaux, des lieux nommés dans l'article, & en général de tous les Domaines appartenans à l'Evêché, sera commune entre le Roy Dauphin & l'Evêque; à l'exception de la Seigneurie du Château de Suze que l'Evêque ne peut aliéner sans perdre sa suzeraineté sur ce Château.

(2) Les émolumens provenans de cette Jurisdiction commune, appartiendront au Roy & à l'Evêque.

(3) Les Vassaux de l'Evêque, les Nobles & les habitans de S.t Paul, & ceux des autres lieux, qui étoient obligés de faire hommage aux nouveaux Evêques, rendront aussi hommage au Roi, lorsqu'ils en seront requis, entre les mains de ceux qui seront nouvellement nommés Gouverneurs du Dauphiné, ou de ceux que le Gouverneur députera à cet effet.

(4) Tous les habitans de cette Ville & de ces lieux, seront obligés de contribuer aux Tailles & aux Subsides que le Roy lève & lèvera dans le Dauphiné, de la même manière que les habitans de Grenoble y contribuent.

(5) Les biens-meubles qui seront confisqués, seront partagés entre le Roy & l'Evêque; mais les immeubles confisqués appartiendront à l'Evêque seul.

(6) Le Roy pourra faire frapper dans la Ville de S.t Paul, des espèces d'or & d'argent qui porteront les armes du Roy Dauphin, & une Crosse.

(7) Le profit de la fabrication de ces espèces, sera partagé entre le Roy & l'Evêque.

(8) Sur le Sceau de la Jurisdiction commune seront empreintes les armes du Roy Dauphin, & une Crosse, & les émolumens de ce Sceau seront partagés entre le Roy & l'Evêque.

(9) Le Bailli de la Jurisdiction commune sera nommé par le Gouverneur du Dauphiné & par l'Evêque, & il prêtera serment entre leurs mains ou entre celles des personnes qu'ils nommeront à cet effet. Ce Bailli aura pour gages quarante florins, de même que les autres Officiers du Dauphiné.

(10) Si le Gouverneur & l'Evêque ne s'accordent pas sur le choix d'un Bailli, il sera nommé alternativement tous les deux ans par l'Evêque & le Gouverneur: mais l'Evêque nommera le premier, s'il le juge à propos.

(11) Le Bailli sera le seul Juge de la Ville de S.t Paul & des autres lieux.

(12) Le Claraire [ou Receveur] sera établi par un choix commun, & il prêtera serment ainsi que le Bailli, entre les mains des Coseigneurs.

(13) Le Notaire [Greffier] de la Cour Commune, sera établi par un choix commun, & il prêtera serment comme le Bailli.

(14) Les Sergens & les Huissiers seront aussi établis par un choix commun; & ils prêteront serment entre les mains du Bailli.

(15) Le Crieur sera aussi établi par un choix commun, & prêtera serment entre les mains du Bailli. Les Proclamations se feront au nom des Coseigneurs.

(16) La Maison où se tient & où se tiendra la Jurisdiction commune dans la suite, & les prisons, appartiendront au Roy & à l'Evêque.

(17) Les Officiers de la Cour commune qui commettront des délits, seront jugés par le Bailli; & si celui-ci en commet, il sera jugé par les Coseigneurs ou par leurs Députés.

(18) Les Domestiques & les Commensaux de l'Evêque, qui commettront des délits, seront jugés par les Officiers de la Cour spirituelle de l'Evêque à qui seul appartiendront les émolumens des procès qui seront faits à ses Domestiques & à ses Commensaux.

NOTE.

(a) La copie de ces Lettres qui sont dans le Dépôt de la Chambre des Comptes de *Grenoble*, a été envoyée avec cette indication: *1.us Copiarum Gratianopolis. Fol. 418.*

Ces Lettres sont aussi au Trésor des Chartres, Reg. 163. Pièce 94.

Elles avoient déjà été imprimées deux fois. 1.° à la p. 328. du Livre intitulé: *Histoire de l'Eglise Cathédrale de S.t Paul Trois Châteaux, &c. par* Louis-Anselme Boyer de Sainte-Marthe ... *Prieur du Couvent des FF. Prêcheurs de Saint-Paul-Trois-Châteaux. Avignon 1710. in quarto.* 2.° A la p. 221. des Preuves du 1.er vol. de la 2.e édit. du *Gallia Christiana*, imprimée en 1716. où au commencement de ces Lettres il y a à la marge: *Ex Camera Comp. Delphinatus.* Quoi qu'il en soit, ces deux éditions sont entièrement conformes. Elles ont servi avec le Registre du Trésor des Chartres, à corriger plusieurs fautes qui sont dans la copie de *Grenoble*. On a mis ces corrections dans des notes, & lorsqu'elles sont tirées de ces trois textes, on a mis à la fin de la note *. Les corrections tirées seulement du Trésor des Chartres, sont indiquées par ces Lettres *T. C.* & lorsqu'elles n'ont été fournies que par les deux Editeurs, elles sont marquées par la lettre *B.*

(19) *Le Bailli sera seul Juge des affaires civiles.*

(20) *Les appels des Jugemens du Bailli, seront portés devant le Juge des appellations, qui sera établi par les Coseigneurs.*

(21) *Le Roy, le Gouverneur du Dauphiné, ni les Officiers Royaux, ne donneront point d'atteinte aux Privilèges & aux Libertés de l'Eglise de S.t Paul, ni à ceux des personnes qui lui sont sujettes; & le Bailli jurera de les conserver dix jours après qu'il aura pris possession de son Office.*

(22) *La Ville de S.t Paul, les autres lieux qui en dépendent & les personnes qui y habitent, jouiront de tous les Privilèges accordés aux habitans du Dauphiné.*

(23) *La Jurisdiction & les autres droits acquis au Roy par ce Pariage, seront unis au Dauphiné, & ne pourront jamais en être séparés; & s'ils l'étoient, le Pariage deviendroit nul.*

(24) *Le Roy accordera à l'Eglise Cathédrale de S.t Paul, à l'Evêque, à la Ville, à son territoire & à ceux qui y habitent, la même protection que celle qu'il accorde à ses sujets du Dauphiné.*

(25) *L'Evêque fera confirmer ce Pariage par le Pape.*

(26) *Les Châteaux de la Ville de S.t Paul & de S.t Restitut, & les maisons appartenantes à l'Eglise & à l'Evêque, dans cette Ville & dans ce lieu, les terres & les possessions appartenantes à l'Eglise & à l'Evêque, & les droits qui en dépendent, ne sont point compris dans ce Pariage.*

CHARLES VI. à Paris, en Novembre 1408.

CAROLUS, Dei graciâ, Francorum Rex, Dalphinus Viennensis. Notum fieri volumus universis præsentibus pariter & futuris, Nos Litteras quasdam vidisse, formam quæ sequitur, continentes.

In nomine Domini. Amen. Per hoc publicum Instrumentum cunctis tam præsentibus quam futuris appareat & sit notum quod cum Reverendus in Christo Pater Dominus (b) Deodatus Episcopus [a] Tricastrensis, *evidentem utilitatem & commodum Ecclesiæ suæ* [b] *eminentem præ occulis habens, ac ipsius Ecclesiæ meliora prospiciendo, id eligens quod non est dubium eidem* [c] *profuturis,* (c) *molestiis & disturbiis quæ Ecclesiæ suæ prædictæ temporibus contingerunt præteritis, ac in dies magis contingere sperantur, nisi provisione* [d] *occurretur celeri, attentis, habito diligenti cum Capitulo Ecclesiæ prædictæ & multitudine populosa Virorum tam Ecclesiasticorum, Nobilium, quam aliorum civitatis & Diocesis suæ, super hoc Consilio & deliberatione maturis, Communionem, Pariagium & societatem facere disposuerit cum Serenissimo Domino nostro Francorum Rege Dalphino* Viennensi, *de bonis & juribus suæ temporalitatis inferiùs declaratis. Hinc est quod anno* [e] *Nativitatis Domini, millesimo quatercentesimo octavo, & die vicesimâ quintâ mensis Septembris, Indictione primâ cum anno sumptâ, personaliter constituti spectabilis & magnificus vir Dominus* Guillelmus (d) *de* Area, *Dominus* Cornillonis, *Cambellanus & Consilliarius Regius, Gubernator* Dalphinatûs *pro Serenissimo Principe Domino Carolo, Dei graciâ, Francorum Rege, Dalphino Viennensi, Domino nostro, assistentibus etiam eidem egregiis & magnarum autoritatum viris Dominis* Jacobo Gelu, *Licenciato in utroque jure, Consiliario Regio, Præsidenti in Consilio* Dalphinali; Guillelmo Gelmon, Joanne Generis, *in Legibus Licenciatis;* Jacobo *de* Sancto Germano, *Advocato Fiscali & Procuratore Generali* Dalphinatûs, *&* Siffredo Tholoni, *Juris utriusque perito, &* Andrico Garini, *Computorum Dalphinalium Auditore, vice & nomine præfati Domini Serenissimi Principis Domini nostri Regis Dalphini, ex una Parte; & honorabilis & circonspectus vir Dominus* Petrus Dalphini, *in Legibus Licenciatus, Procurator & Procuratorio nomine Reverendi in Christo Patris & Domini Domini* Deodati [f] *de* Stano,

[a] Tricastinensis, *là & plus bas.* *.
[b] eminens. *T.C.* Il y a *eminus* dans *B.*
[c] profutur. *T.C.* profuturum. *B.*
[d] occurreretur. *B.*
[e] à Nativitate. *.
[f] de Stagno. *.

NOTES.

(b) *Deodatus.]* *Deodat* ou *Dieudonné* d'*Estaing*, Evêque de *S.t Paul-Trois-Châteaux;* sur lequel voyez l'Hist. de cette Ville par le P. *Boyer*, p. 151. & le *Gall. christ.* 2.e *Edit.* T. 1. col. 722.

(c) *Molestiis.]* Le Père *Boyer* nous apprend aux p. 154. & 157. que l'Evêque de *S.t Paul* se détermina à faire un Pariage avec Charles VI. pour se mettre à couvert des *pilleries, concussions, violences & incendies* que *Raimond Roger, Vicomte* de *Turenne* faisoit dans le Diocèse de *S.t Paul*, dans lequel quelques Seigneurs de la Province de *Vienne* faisoient en même temps d'*horribles dégats.*

(d) *De Area.]* A la p. 15. du Livre intitulé : *Les Gouverneurs & les Lieutenans au Gouvernement du Dauphiné, par* Guy Allard. Grenoble 1704. *in-12.* ce Gouverneur est nommé *Guillaume* de *Layre*, Seigneur de *Cournillon.*

CHARLES VI. à Paris, en Novembre 1408.

Dei graciâ, Tricastrensis Episcopi *supradicti*, *&* *Dominorum Capituli Ecclesiæ Cathedralis civitatis prædictæ, nec non & procuratorio nomine hominum* [a] *universitatis jamdictæ civitatis, & loci* [b] Sancti Restituti, *& aliorum locorum infrascriptorum, habens speciale mandatum ad omnia & singula infrascripta peragenda, ut de Procuratione suæ potestatis constat quodam publico Instrumento sumpto, scripto & signato manu* [c] Jacobi *de* Buyraco, *Notarii publici infrascripti, & Bullâ plumbeâ dicti Episcopatûs plumbato, cujus tenor inferiùs inseretur, ex parte altera; apud* Gratianopolim *in superiori Consistorio* Dalphinali, *præhabitis maturis deliberationibus ad invicem fecerunt, inhierunt, appunctaverunt & concluserunt communi consensu, nominibus quibus supra, Communionem, Societatem & Pariagium civitatis, locorum, territoriorum & Jurisdictionum, homagiorum, fidelitatum, obventionum, & aliorum jurium ad temporalitatem dicti Episcopatûs pertinentium, infra declaratorum, & per modum & formam, ac sub pactis & conditionibus & reservationibus infrascriptis.*

a universitatum. *.
b Voy. la note (e) de cette page.
c manu mei Jacobi. *.

(1) *Inprimis. Tractatum, conventum & concordatum est per præfatos Dominum Gubernatorem, nomine Dalphinali, &* Petrum Dalphini, *nomine procuratorio quo supra, quod omne* [d] *merum & mixtum Imperium seu Jurisdictio temporalis tam civilis quam criminalis civitatis* Tricastrinensis, *loci (e)* Sancti Restituti, *loci de* Balmis, *loci* [e] Solerini, [f] *Parreriæ* nemoris bastardi, *ac medietatis Jurisdictionis loci de* [g] Chamareto, *& generaliter omnium* [h] *locorum, territoriorum &* [i] *tenementariorum quæ ad præfatum Dominum Episcopum, nomine suæ prædictæ Ecclesiæ, spectant & pertinent; excepta superioritate & majori Dominio* Castri *de* Suza, *quam seu quod non potest dictus Dominus Episcopus allienare absque perditione feudi, sit commune seu communis perpetuò & indivisim seu indivisa inter* [k] *præfatum Dominum nostrum Regem Dalphinum ac Episcopum supradictum.*

d Haute & basse Justice. *Voy. la note (z) de la p. 44. du 5.e Vol. de ce Rec.*
e Solorini. *.
f perie. *T. C.* Perrerie. *B.*
g Camareto. *B.*
h Il y a dans T. C. *omnium aliorum Territoriorum, locorum.*
i tenementorum. *.
k presfatos. *T. C.*

(2) Item. *Emolumenta ratione seu ad causam dictæ Jurisdictionis provenientia, præterquam in infra exceptatis, erunt communia præfatis Domino nostro Dalphino Domino Episcopo, & Successoribus eorumdem.*

(3) Item. *Conventum & concordatum est quod Vassalli Episcopi & Ecclesiæ prædictæ, ac nobiles homines & alii civitatis & locorum prædictorum, cujuscumque conditionis aut statûs existant, homagium ratione temporalitatis debentes, teneantur præstare Domino nostro Dalphino homagium in personam Domini Gubernatoris seu deputandi ab eo, in qualibet mutatione Gubernatoris, quando fuerint per præfatum Dominum Gubernatorem seu deputandum ab eo requisiti, prout & taliter ac quemadmodum predicto Domino Episcopo præstare consueverunt sive præstiterunt, præstabunt & præstare tenebantur & tenentur in mutatione Episcopi, quocumque casu contingente.*

(4) Item. *Prædicti subditi tenebuntur & debebunt in omnibus Tailliis seu Subsidiis indicendis sive per Dominum nostrum Dalphinum in sua Patria Dalphinatûs imponendis unacum subditis Dalphinalibus, contribuere quemadmodum subditi civitatis* Gratianopolis, *cum præfatis Dalphinalibus subditis contribuerunt.*

(5) Item. *Si contingat bona alicujus dictorum civitatis & locorum confiscari, mobilia erunt, & esse debent inter prædictos Dominum nostrum Dalphinum & Episcopum ac successores eorum, communia: immobilia vero ad solum Episcopum sive ejus successores pertinebunt.*

(6) Item. *Dominus noster Dalphinus poterit & valebit cudi facere & fabricari in dicta civitate* Tricastrinensi, *monetam tam auri quam argenti, arma Regis Dalphini Domini nostri, & Crossam communiter habentem.*

(7) Item. *Emolumenta ex dicta moneta provenientia, erunt inter præfatos Dominum Dalphinum & Episcopum communia.*

(8) Item. *In Curia communi prædicta erit Sigillum commune armis Dalphinalibus & Crossa communiter insculptum, cujus emolumenta erunt Condominis communia.*

NOTE.

(e) S. Restituti.] Voici comment ce lieu & les suivans sont nommés en françois par le Père *Boyer*, p. 158. *S. Restitut; Baumes; Solerieu; la Carrière du Bois-bâtard; Chamaret* & le Château de *Suse*.

(9) Item.

CHARLES VI. à Paris, en Novembre 1408.

(9) Item. *In civitate prædicta Baillivus instituetur communi consensu Dominorum Gubernatoris & Episcopi, qui jurabit in manibus eorum vel deputandi ab eis, aut successoribus eorumdem vel ab eis deputandorum, benè & fideliter Officium* [a] *Ballivatûs pro Dominis communibus regere & gubernare; cui Ballivo de emolumentis & proventibus communibus constituentur & solventur stipendia; videlicet, quadraginta floreni monetæ Dalphinalis, prout solvitur Officiariis Dalphinalibus.*

(10) Item. *In casu quo discordarent tam dicti Dominus Gubernator quam Episcopus in Baillivo eligendo, alternis bienniis* [b] *per Dominum Gubernatorem & Episcopum eligetur, qui Dominus Episcopus primò eliget, si voluerit.*

(11) Item. *Baillivus prædictus Jurisdictionem ordinariam communem civitatis & locorum prædictorum, nomine Dominorum communium, habebit & exercebit, neque amodo ibidem erit aliquis Judicis Officium exercens seu juridicere* [c] *volens, nominè Condominorum prædictorum præter* [d] *Baillivus præfatus.*

(12) Item. [e] *Clavarius communiter eligetur, qui jurabit, ut supradictum est dè Baillivo, benè & fideliter regere & rationem reddere de emolumentis ex communi provenientibus, ac singulis annis cuilibet Dominorum prædictorum partem dimidiam dictorum emolumentorum tradere sine contradictione quacumque.*

(13) Item. *Instituetur unus* [f] *Notarius communiter, pro iis quæ pertinent ad Curiam Baillivi predicti, qui jurabit ut supra.*

(14) Item. [g] *Servitores, (f) Bannerii, Apparitores communi consensu Dominorum eligentur, qui jurabunt Baillivo benè & fideliter Condominis servire.*

(15) Item. *Præco eligetur* [h] *communiter & jurabit, qui quidem Præco seu Crida dum præconisabit vro Curia communi, præconisationem faciet utendo verbis generalibus; videlicet,* pro parte Condominorum.

(16) Item. *Domus in qua consuevit teneri & de præsenti Curia tenetur, temvoribus pro futuris unacum* [i] *carceribus* lo recobrat *appellatis, erit communis præfatis Domino Dalphino & Domino Episcopo.*

(17) Item. *Si Officiarius aliquis Curiæ communis delinquat, ejus cohertio, condemnatio & punitio ad Baillivum pertinebit. Si vero Baillivus* [k] *delinquat, per Condominos vel deputandos ab eis.*

(18) Item. [l] *Si aliqui ex comensalibus & domesticis delinquant, (g) aut successorum suorum, Officialis, Locumtenens, duo Notarii Curiæ spiritualis, Clavarius Curiæ prædictæ, Procurator Fiscalis, (h) Procurator animarum, & tres Servientes Curiæ prædictæ spiritualis, ipse vel ipsi tam civiliter quam criminaliter per dictum Dominum Episcopum solum & insolidum punientur; emolumentaque ratione prædictorum provenientia ad præfatum Dominum Episcopum aut ejus successores pertinebunt.*

(19) Item. *Omnes Causæ civiles & prophanæ civium & personarum locorum prædictorum, per Baillivum prædictum* [m] *tractabuntur, terminabuntur & diffinientur absque eo quod (h) Officialis Curiæ spiritualis in aliquo aut aliqualiter possit se intromittere de eisdem, citando sive aliquem Jurisdictionis actum exercendo in præfatos cives seu personas; & consimiliter nullus Officiarius Dalphinalis in cives seu personas prædictas*

[a] Bailliviatûs. *T. C.*

[b] per Dominum Episcopum & Gubernatorem. *T. C.*

[c] valens. *.

[d] Baillivum præfatum. *T. C.* Baillivum prædictum. *B.*

[e] Trésorier ou Receveur Voy. la note *(qq)* de la p. 47. du 8.e vol. de ce Rec.

[f] On trouve quelquefois dans ce Rec. *Notarius* pour signifier un Greffier.

[g] servientes. *.

[h] communiter ut supra, & jurabit. *.

[i] carceribus *lo recovrat. T. C.* carceribus *recobrati. B.*

[k] delinquat, punitio fiet per. *.

[l] si aliqui ex commensalibus & domesticis Episcopi delinquat. *.

[m] tractabuntur & definientur. *B.*

NOTES.

(f) Bannerii, apparitores.] Bannerii sive apparitores. T. C. Il y a *Gannerii sive apparitores* dans B. mais je crois que *Gannerii* est une faute.

(g) Aut successorum suorum, Officialis, &c.] Il y a dans B. & G. *aut Officiarii sui, Officialis, Locumtenens, duo Graffarii Curiæ, &c.* Le texte de *Grenoble* & du Trésor des Chartres, paroît plus corect. Dans T. C. il y a *Locumtenen.* avec une marque d'abréviation, ce qui signifie ordinairement *Locumtenentes.* Il s'agit app. du Lieutenant ou des Lieutenans de l'Official. A *Paris* il a le titre de *Vice-Gérent.*

(h) Procurator animarum.] Je n'ai rien trouvé de positif sur la signification de ces mots : mais dans le Glossaire de *Du Cange*, col. 886. il est dit que *Procurator anniversariorum*, est celui qui reçoit les revenus assignés pour payer les anniversaires. Je crois que *Procurator animarum* est la même chose que *Procurator anniversariorum*; & cela paroît d'autant plus vrai-semblable, que dans le même Glossaire, au mot *animæ*, on trouve ces mots : *in crastino animarum* pour signifier le lendemain du jour des Morts, & qu'en *Picardie,* il se nomme la *Fête des ames.*

(i) Officialis.] Il y a dans T. C. *Offic. Curiæ Episcopalis . . . possit, &c.* & dans B. *Officiarii Curiæ Episcopalis . . . possint.*

CHARLES VI. à Paris, en Novembre 1408.

Jurisdictionis actum aliquem exercere poterit aut debebit, vel se intromittere de eisdem.

(20) Item. *Si à dicto Baillivo contingeret appellari, appelletur ad Judicem communem Appellationum datum & dandum per dictos Condominos in dicta civitate & non alibi; (k) & idem, si secundo vel tertio contingeret appellari.*

(21) Item. *Dominus noster Dalphinus, ejus Gubernator in* Dalphinatu, *& alii Officiarii Dalphinales, præsentes & futuri, nullatenùs impedient quominùs Ecclesia* Tricastrinensis *& personæ sibi subjectæ, utantur & gaudeant liberè & sine contradictione libertatibus, privilegiis, franchesiis aut immunitatibus quibus uti & gaudere consueverunt, sive à præfato Domino Episcopo aut ejus antecessoribus, seu ab aliis quibuscumque concessis : quinimo, Baillivus infra decem dies post adeptionem possessionis sui Officii, jurabit præfatis hominibus quod prædictas franchesias, privilegia & immunitates eisdem custodiet illibatas.*

(22) Item. *Civitas* Tricastrinensis, *loca prædicta, personæ degentes & venientes in eisdem, gaudebunt liberè libertatibus, immunitatibus & franchesiis quibus Terra Dalphinalis & subditi ejusdem gaudere ac frui hactenùs consueverunt, gaudent & fruuntur.*

(23) Item. *Quod Dominus noster Rex Dalphinus Communionem, Pariagium, societatem* [a] *Jurisdictionis emolumentorum locorum & rerum predictorum, sic ut præmittitur, pro indiviso in eumdem & successores suos in* Dalphinatu *translatorum, non possit nec debeat quocumque titulo, modo sive causâ, seu qualitercumque in aliam personam, statûs cujuscumque* [b] *minorum vel majorum transferre; sed remanebunt perpetuò penes Dominum nostrum Regem Dalphinum & successores suos in* Dalphinatu, *quemadmodum Terra Dalphinalis; & in casu quo contrarium fieret per præfatum Dominum Regem Dalphinum, præsens Pariagium seu societas* [c] *[sit cassa aut nulla seu irrita, cassum, nullum & irritum, nulliusque efficaciæ pariter seu momenti, sed ad præfatum Dominum Episcopum, Ecclesiam suam, aut suos successores, prædicta* [d] *revertant & sint reversa pleno jure, ac si numquam Communio, Pariagium seu societas] facta* [e] *extiterient.*

(24) Item. *Concordatum fuit & conventum quod præfatus Dominus noster Rex Dalphinus, ejus Gubernator* Dalphinatûs, *& alii* [f] *Officii Dalphinales, præfatum Dominum Episcopum, successores suos, Ecclesiam Cathedralem suam, personas Ecclesiæ ipsius, præsentes & futuros, homines, vassallos & subditos civitatis & locorum prædictorum, præsentes & futuros, Jurisdictionem tam spiritualem quam temporalem præfati Domini Episcopi & Ecclesiæ prædictæ,* [g] *[civitatem, loca, territoria, tenementa,* [h] *feuda, retrofeuda Ecclesiæ prædictæ] teneantur & debeant* [i] *sustinere, amparare,* [k] *fovere & deffendere perpetuis temporibus, prout terram suam propriam* [l] Dalphinatûs *tenentur & debent deffendere contra personas quascumque.*

(25) Item. *Præfata* [m] *rattifficare, laudare, approbare & confirmare facere per Romanum Pontificem dum Ecclesia, Dei gratiâ,* [n] *avinione extiterit reducta, propriis sumptibus & expensis tenebitur Dominus Episcopus prædictus, sive ejus successores quos ad hoc vult fore astrictos & astringit.*

(26) Item. *Per prædicta præfatus Dominus Episcopus non intendit communicare aliquo modo in toto vel in parte, fortalicium civitatis* Tricastrinensis, *hospicia Episcopalia dictæ suæ Ecclesiæ in dicta sua civitate, fortalitium etiam* Sancti Restituti, *& hospicia Episcopalia* [o] *seu Ecclesiæ in dicto loco existentia, terras cultas & incultas, nemora, vineas, prata, molendina,* [p] *furna, pedagia, bannum vini, Leydas,*

a Jurisdictionis &. *.

b minoris vel majoris. *.

c Ce qui est entre deux crochets manque dans *T. C.*

d revertantur. *B.*

e extitissent. *.

f Officiarii. *.

g Ce qui est entre deux crochets manque dans *B.* ainsi que quelques mots peu importans dans le texte de cet article.

h feuda &. *T. C.*

i sustinere. *.

k servare. *B.*

l Dalphinalem. *.

m ratificari, laudari, approbari & confirmari. *B.*

n ad unionem. *.

o sure. *B.*

p furnos. *B.*

NOTE.

(k) Et idem, &c.] La fin de cet article n'est pas claire. Voici quel en peut être le sens. *Loyseau* dit qu'anciennement en France, il n'y avoit que deux degrés de Jurisdiction, & que par conséquent on ne pouvoit interjetter qu'un appel. *Offices, liv. 1. chap. 14. Nomb. 56.* Dans la suite les degrés de Jurisdiction s'étant multipliés par l'érection des Fiefs & des arrière-Fiefs, il fut peut-être établi, par une disposition à peu près semblable à celle du Droit Canon, qu'on ne pourroit appeler lorsque la Sentence du premier Juge auroit été confirmée par le Juge du premier Ressort. En admettant cet établissement, on pourroit dire que notre article déroge à cette disposition générale, en permettant d'appeler devant le Juge des appellations, dans le cas où la Sentence du premier Juge auroit été confirmée par le premier & même par le second Juge du Ressort.

CHARLES VI. à Paris, en Novembre 1408.

pascua, aquas, aquarum decursus, census, servicia, (l) tachias, sinquena, quartones, jura quæ percipit super mensuris dictæ civitatis & locorum, dominia directa, [a] *laudimia, trezena, tonile, parerias, decimas seu alia jura, sive in blado, peccunia, aut alias quomodolibet consistentia, ad dictam Ecclesiam pertinentia seu in futurum competitura; sed civitatem* Tricastrinensem, *Villam* Sancti Restituti, *excepto fortalicio suo prædicto, ac Jurisdictionem temporalem in civitate; tenementis, fortaliciis, hospiciis & locis quibuscumque aliis ab exceptatis; præfato Domino nostro Regi Dalphino communicat: volens prædicta exceptata perpetuò penes suam Ecclesiam remanere, prout ante præsentem Communionem, Pariagium seu societatem erant, pertinebant & ad eamdem Ecclesiam competebant, sunt, fuerunt, pertinuerunt & competierunt.*

a lods & ventes.

Quæquidem omnia & singula suprascripta, dictæ Partes & earum quælibet, nominibus quibus supra, gratis & ex eorum certa sciencia, mutuisque solennibus stipulationibus hinc inde intervenientibus, promiserunt, & ad Sancta Dei Evangelia in animas Dominorum suorum juraverunt in manibus nostrorum Notariorum publicorum infrascriptorum stipulantium & recipientium vice & nominibus dictarum Partium & ipsarum cujuslibet, & omnium & singulorum quorum interest, intererit vel interesse poterit in futurum, perpetuò rata & grata habere, tenere & inviolabiliter observare, contraque non facere, dicere vel venire tacitè vel expressè, sub obligatione & expressa ypotheca omnium & singulorum bonorum dictorum [b] *Dominorum & omnium quorum nominibus prædicta fecerunt, & cujuslibet eorumdem, præsentium & futurorum, & sub omnibus juris & facti renunciationibus ad hæc necessariis, pariter & cautelis: reservato tamen in omnibus & per omnia consensu beneplacito Regis Dalphini Domini nostri, prout supra. Dequibus omnibus & singulis supradictis, dictus Dominus Gubernator pro parte dicti Domini nostri Regis Dalphini, per* Joannem Henrici *&* Franciscum Nicoleti *Secretarios Dalphinales, ac* [c] Joannem *de* Buyriaco, *ipsius Domini Episcopi Secretarium, Notarios publicos subscriptos; & etiam dictus Procurator pro parte dicti Domini Episcopi & Ecclesiæ suæ, petierunt & fieri voluerunt publica Instrumenta tot quot opus fuerit & necesse. Acta fuerunt hæc ubi supra, præsentibus venerabili & circumspecto viro Domino* [d] Jacobo *de* Vitrolis, *Decretorum Doctore, Priore de* Rometa, Vapincensis *Diocesis; nobilibus & potentibus viris Dominis* Siffredo *de* [e] Arciis; [f] Girardo *de* Grandivalle, *Militibus, Cambellanis Regis;* [g] Girono *de* Area, Baillivo Graisivaudani; *Magistro* [h] Girardo Roseriæ, *Illustrissimi Principis Domini* Ducis Bituricensis *Secretario;* Joanne *de* Fabrica *Castellano (m)* Sancti Simphoriani *de* [i] Auzone; Joanne *de* Maresco, *Panaterio Domini nostri Dalphini;*

b Dominorum Magistrorum suorum nominibus quibus prædicta. *.

c Jacobum. *.

d Joanne. *.

e Artiis. *B.*
f Giraudo. *B.*
g Ivone. *B.*
h Giraudo Roseriæ. *B.*
i Auxone. *T. C.*

NOTES.

(l) Tachias, &c.] Il y a *Tarchias* T. C. & *Taschias* B. Suivant le Glossaire de *Du Cange,* au mot *Tasca* 2. *Taschia* signifie le droit de prendre une certaine portion des fruits de la terre, le droit de champart. Voy. aussi le Gloss. du Droit François, au mot *Tasque.* Le Père *Boyer* a rendu le mot *Taschias,* par celui de *Teisses.*

Sinquena Il y a *Cinquena* dans B. & G. Je n'ai point trouvé *Sinquena* dans le Gloss. de *Du Cange,* suivant lequel, au mot *Cinquenium, Cinquenum* signifie le droit de prendre la cinquième partie des fruits. B. a rendu *Cinquena* par *Cinquains.*

Quartones. Suivant *Du Cange,* au mot *Quarto* 7. c'est une redevance qui consiste dans la quatrième partie des fruits d'une Terre. B. la nomme *quartens.*

Trezena. Redevance de la troisième partie des fruits. V. la note *(n)* de la p. 725. du 7.e Vol. de ce Rec. *Tresains* dans B.

Tonile. Je n'ai rien trouvé sur ce mot. B. ne l'a point traduit ni les mots suivans. On trouve dans le Gloss. de *Du Cange,* aux mots *Telon, Toln. Tesniot, Teloneum* & *Tolnetum,* qu'ils ont signifié une espèce d'impôt.

Parerias. Ce mot se trouve déjà ci-dessus dans l'art. 1. où il est interprété par celui de *Carrieres.* Il y a dans T. C. un *p.* couppé & *rerias,* & *Peyrerias* dans B. c'est le véritable mot sur lequel on peut consulter le Gloss. de *Du Cange.* Il y a grande apparence que le Copiste de *Grenoble* n'a écrit *Parerias,* que parce qu'ayant trouvé dans l'original un *p.* coupé, il a rempli l'abréviation par *pa* au lieu de la remplir par *pe.*

(m) Sancti Simphoriani de Auzone, &c.] *S.t Simphorien* d'*Ozon.* Voy. la col. 1. de la p. VIII. de la Table des nom de lieux du *Dauphiné,* laquelle est à la tête de l'Histoire de cette Province par M. de *Valbonnais.*

CHARLES VI. à Paris, en Novembre 1408.

a Hugone *de* Vaïesco *B.*
b Richerii. *B.*
c Bantarolis. *B.* & *G.*
d Bierii. *T. C.* Boyerii. *B.*
e Legarii. *B.*

[a] Hugonino *de* Vaesco, *Castellano (n)* Mirabelli *in* Baroniis; Michaële [b] Rucherii, *Castellano (o)* Vorapii, *&* Stephano Chaluetonis *Dalphinalium Computorum Clerico;* Guillelmo *de* Grandivalle, *Domicello; discretisque viris* Petro [c] Chantarelli; Jacobo *de* Molena; Joanne Guiffredi; Lantelmo Muræ; Francisco Joffredi, *Secretariis Dalphinalibus;* Antonio [d] Breerii, *&* Joanne [e] Lagerii, *Notariis publicis, & pluribus aliis vocatis & rogatis testibus ad præmissa.*

Tenor vero Instrumenti procurationis & potestatis dicti Domini Petri Dalphini, *de quo supra fit mentio, talis est.*

In nomine Domini nostri Jesu Christi. Amen. Anno à Nativitate Domini, millesimo quatercentesimo octavo, & die sexta mensis Septembris, &c.

Suite des Lettres de Charles VI.

(p) Quasquidem Litteras superiùs insertas, ac omnia & singula in eis contenta, Nos rata & grata habentes, laudamus, rattifficamus & approbamus per præsentes, quibus ut perpetuæ firmitatis robur obtineant, nostrum fecimus apponi Sigillum: salvo in aliis jure nostro, & in omnibus quolibet alieno. Datum *Parisius,* mense Novembris, anno Domini millesimo quadringentesimo octavo, & Regni nostri vicesimo nono. *Per Regem Dalphinum, ad relationem Consilii. (q)* LEEGUE.

NOTES.

(n) Mirabelli.] Il y a dans T. C. *Miribelli,* & c'est le vrai nom de ce lieu qui est appelé en françois *Miribel.* Il y a trois lieux de ce nom dans le *Dauphiné.* Voy. la p. IX. col. 2. de la Table citée dans la note précédente.

(o) Vorapii.] Vorepe. Voy. la col. 1. de la p. VII. de la Table citée dans la note *(m).*

(p) Il y a grande apparence que celui qui a écrit la copie de ces Lettres, envoyée de *Grenoble,* n'a pas cru devoir transcrire cette Procuration qui est en entier dans le Trésor des Chartres. Comme elle est très-longue & qu'elle ne m'a pas paru fort utile, je me suis déterminé d'autant plus volontiers à ne la pas faire imprimer ici, que ceux qui pourront en avoir besoin, la trouveront à la p. 335. de l'Histoire du Père *Boyer,* & à la p. 125. col. 1. des Preuves du 1.er vol. du *Gallia christiana.*

(q) Leegue.] Le Begue. T. C. Dans B. ces Lettres finissent ainsi, p. 342. *Joannes Le Begue : in calce vero dictarum Litterarum est scriptum. Collatio facta ad Litteras superiùs insertas per me Joannem le Begue : manu vero prædicti Secretarii qui ipsas Litteras signavit : Est scriptum in calce earum hoc verbum,* Visa.

CHARLES VI. à Paris, le 1. de Décembre 1408.

(a) Lettres qui portent que les Receveurs particuliers du demi-Dixième que le Clergé de France a déterminé de faire lever à l'effet de fournir aux dépenses nécessaires pour parvenir à l'union de l'Eglise, seront contraints de rendre compte des sommes qu'ils ont reçûes.

CHARLES, par la grace de Dieu, Roy de France. A tous nos Seneschaulx, Baillis, & autres nos Officiers & Justiciers, ou à leurs Lieuxtenans : Salut. Les Arcevesques, Evesques, autres Prelats, Gens d'Eglise & Clergie de nostre Royaulme, n'agueres estant assemblés en ceste nostre Ville de *Paris,* pour la proseqution de l'union de nostre Mere Ste Eglise, Nous ont fait exposer que ja pieça eulx ainsi assemblés en nostredite Ville de *Paris,* & pour ceste même cause, ils mirent sus en nostredit Royaulme, un demi-Dixiéme pour faire les fraix d'une notable légation qui fut lors faite de par Nous & de par eux, aux deulx Contendans du Papat, & pour supporter les aultres choses necessaires pour la proseqution de l'union dessudite, & fust ordonné Receveur general d'icelui demi-Dixieme, l'Abbé de [f] *Moustier-aramé,* & après ou dernier Conseil, ils ont ordonné certains Prelas & autres Commissaires de par eulx, pour veoir & vesiter les Comptes

f *Voy. ci-dessus p. 278. note (b).*

NOTES.

(a) La copie de ces Lettres a été envoyée de *Montpellier,* avec cette indication : *Royaume en général, 6.e continuation des titres particuliers, armoire A. n.° 6. fol. 135.*

Voy. la Préface de ce Vol. §. *Schisme.*

dudit Abbé, & pour faire venir [a] ens ce que peut estre deu dudit demi-Dixieme; mais ceulx qui ainsi sont commis par eulx, ne peuvent sçavoir pleinement la vérité de ce compte, se ce n'est qu'ils voyent & vesitent les comptes des Receveurs particuliers dudit demi-Dixieme, & que les aucuns d'eulx duement sommés & requis d'apporter leurs comptes, & de payer ce en quoy ils pourront estre tenus par la fin de leurs comptes, en ont esté refusans & en demeure, & qui pis est, detiennent devers eulx les sommes d'argent qu'ils ont receues, [b] & ne s'en puet l'en aydier en la proseqution de l'union dessusditte, mais est ladite besogne en avanture de grandement estre retardée ou empeschée par la faulte desdits Receveurs, se par Nous n'y estoit pourveu de remede convenable; [c] & Nous suppliant & requerant que en ayde de droit, Nous y veillons pourvoir ainsi qu'il appartient à faire par raison : pour quoi, Nous ces choses considerées, & qui desirons de tout nostre cuer l'avancement de ladite union, vous mandons & à chacun de vous, en commetant, se mestier est, que tous les Receveurs particuliers dudit demi-Dixieme, desquels vous serés requis par celui ou ceulx qui seront ordonnés par lesdits Prelats, & à oïr les comptes ou à recevoir les arrerages dudit demi-Dixieme, vous contraigniés en ayde de droit, par prise, vendue & execution de leurs biens quelsconques, & prinse de leurs corps, à venir compter & payer ce en quoi ils seront tenus par la fin de leursdits comptes; & ceulx qui seront Clers ou Gens d'Eglise, à la requeste des Commissaires de l'Eglise dessusditte, les envoyés prisonniers ez prisons de notre amé & féal Conseiller l'Evesque de *Paris,* ou autres prisons Ecclesiastiques par lesdits Commissaires requises : & tant en faites que pour les cauthcles & deffaulx desdits Receveurs, la proseqution de ladite union ne puist estre retardée ou empeschée aucunement : car ainsi Nous plaist-il estre fait, & auxdits exposans l'avons octroyé & octroyons de grace especial par ces presentes, se mestier est; nonobstant quelsconques oppositions ou appellations, pour occasion desquelles Nous ne voulons que l'union [d] de la Eglise puist aucunement estre empeschée ou retardée, & Lettres subreptices empetrées ou à empetrer à ce contraires. Et pour ce que [e] nos presentes Lettres, lesdits Commissaires ou Receveur ont & auront affaire en plusieurs lieux & païs de nostre Royaume, Nous voulons que au *Vidimus* ou copie de nosdites Lettres, séellées sous Séel autentique, autel foy soit ajoustée par vous comme à l'original. *Donné à Paris, le 1.er jour de Decembre, l'an de grace mil quatre cens huit, & de notre Regne le XXIX.*[e]

Par le Roy, à la relation du Conseil. DE ROUVRES.

CHARLES VI. à Paris, le 1. de Décembre 1408.

a *Dans la Caisse générale. Cette expression se trouve plus d'une fois dans les Vol. précédens.*

b *&* on ne *pouvoit s'en aider.*

c *Il faut p. e. corr.* en Nous suppliant.

d *Il y a ci-dessous p. 399. dans les Lettres du 12. de ce mois,* de l'Eglise.

e *supp.* de.

CHARLES VI. à Paris, le 7. de Décembre 1408.

(a) Lettres par lesquelles il est ordonné de contraindre tous les Ecclésiastiques à payer le second demi-Dixième imposé sur eux par le Clergé de France, à l'effet de fournir aux frais qui sont nécessaires pour parvenir à l'union de l'Eglise.

CHARLES, par la grace de Dieu, Roy de France. Au Premier Huissier de notre Parlement, Examinateur en nostre Chastelet de *Paris,* Sergent d'armes, ou aultre notre Sergent qui sur ce sera requis : Salut. Nos amés & feaulx Conseillers les Generaulx-Commissaires ordonnés sur le fait du demi-Dixieme derniermant ordonné pour le fait de l'union de notre Mere S.te Eglise, Nous ont fait exposer que comme les Arcevesques, Evesques, Abbés, Colleges & Clergie de nosdits Royaume, *Duchié* de *Guyenne,* [f] de *Viennois,* par nostres Ordonnances nagueres assemblés en nostre bonne Ville de *Paris,* pour [g] avisoir

f *supp.* & Dauphiné, *qui est plus bas.*

g *corr.* aviser.

NOTE.

(a) La copie de ces Lettres a été envoyée de *Montpellier,* avec cette indication : *Royaume en général, 6.e continuation des titres particuliers, armoire A. n.o 6. fol. 125. verso.*

CHARLES VI. à Paris, le 7. de Décembre 1408.

ce qui estoit encore bon à faire pour le bien de laditte union, voyans & connoissans la besoigne estre telle & en si bonne disposition, que briefment au plaisir de Dieu de qui est cette Cause, Nous entendons avoir paix & bonne union en S.te Eglise : considerans aussi que pour les missions & grosses [a] despens faites & à faire en ceste prosécution, l'autre demi-Dixieme de l'an mil quatre cens & six, n'a peu, ne pourroit bonnement suffire à suporter ce qui est de necessité encores à faire, ayent pour ce nouvellement imposé un autre demi-Dixieme pour icelui estre [b] ceuilli & levé en la forme & maniere acoustumée, sur toutes gens d'Eglise de nosdits Royaume, *Duchié* de *Guyenne* & *Dalphiné* de *Viennois*, & tant sur Arcevesques, Evesques, Abbés, sur ceulx de l'Ordre de l'Hospital S.t Jehan de Jerusalem, de Cisteaulx, Charstreux & Celestins, exems & non exems, comme sur autres quelsconques, de quelconque etat, dignité, Religion, privilege ou condition qu'ils soyent, & pour icelui demi-Dixieme lever & ceuillir, comme dit est, ayent ordonné & establi Receveur general & particuliers en chacune Diocese de nosdits Païs; neanmoins lesdits Exposans nos Conseillers se doubtent que aucunes desdites Gens d'Eglise, Evesques & autres, ne soyent refusans ou delayans d'en payer ce à quoy ils en sont tenus selon le taux de leurs Benefices, ou autrement ce qu'ils en doivent pour equivalent, selon les rentes & revenus d'iceulx, laquelle chose seroit ou très-grant retardement de la poursuite de ladite union, & en l'evident domage de [c] chose publique, se par Nous n'estoit sur ce hastivement secourû de bon & brief remede, si comme assertené avons esté, en Nous requerant sur ce nostre autorité & coertion Royale & seculiere : pourquoy, Nous qui toutes voyes avons fermement desiré & desirons de tout nostre cuer l'appaisement de ce douloureux Scisme & l'union de S.te Eglise, te mandons & commettons & expressement enjoignons que toutes excusations cessans & autres choses arrieres mises, tous ceulx qui t'apparront par les Rolles du Receveur general du demi-Dixieme, ou des Receveurs particuliers dessusdits, ou de l'un d'eulx, ou de leurs Commis à ce, differer, delayer ou retarder le payement de ce qu'ils en doivent à cause de leursdits Benefices, oultre le terme à eulx assigné par les [d] procès desdits exposans, & tant Evesques, Arcevesques, ceulx de S.t Jehan de Jerusalem, Celestins, Chartreux & de l'Ordre de Premonstré, & autres dessus nommés, contre tous autres quelsconques, attendu la celerité & bonne disposition de ceste besoigne, contrains à payer vigureusement & sans deport, par prinse & detention de leurs temporels, & par toutes autres voyes & manieres acoustumées en execution, comme pour nos propres debtes, & autrement plus avant, se mestier est : car ainsi nous plaist-il & voulons estre fait, & à nosdits Conseillers generaulx Commissaires, en la faveur de l'union de notre Mere *S.te* Eglise, l'avons octroyé & octroyons de grace special par ces presentes; nonobstant quelsconques oppositions ou appellations qui seroient sur ce faites au contraire, auxquelles Nous ne voulons que aucunement tu y defferes, & quelsconques Lettres subreptices empetrées au contraire, se icelles ne sont expediées & verifiées de nosdits Conseillers generaux Commissaires dessusdits : mandons & commandons à tous nos Justiciers, Officiers & subjiets, prions & requerons à tous autres, que à toy en ce faisant obeissent & entendent diligeament, & te prestent conseil, confort & ayde, se mestier en as, & requis en [e] seront. Et pour ce que ces presentes ne pourroient bonnement souffire, ne estre portés ne mises à execution dedens tems deu, en plusieurs & divers lieux de nosdits Royaume, *Duchié* de *Guyenne* & *Dalphiné* de *Viennois*, selon ce qu'il est besoin & necessité pour le bien & avancement de ladite union, Nous voulons que aux *Vidimus* d'icelles faits soubs Sceaulx Royaulx & autentiques, foy soit ajoustée comme à ce present original; nonobstant quelques Ordonnance, stiles ou usages à ce contraires. *Donné à* Paris, *le VII.e jour de Décembre, l'an de grace mil quatre cens & huit, & de nostre Regne le XXIX.e*

Par le Roy, à la relation du Conseil. CHALIGAUT.

[a] *corr.* dépenses.

[b] *cueilli*, là & plus bas.

[c] *supp.* la.

[d] *Procès verbal des délibérations de l'Assemblée du Clergé.*

[e] *corr.* sont.

CHARLES VI. à Paris, le 12. de Décembre 1408.

(a) *Lettres qui portent que les Receveurs particuliers du demi-Dixième que le Clergé de France a déterminé de faire lever à l'effet de fournir aux dépenses nécessaires pour parvenir à l'union de l'Eglise, seront contraints de rendre compte des sommes qu'ils ont reçûes, & que ceux qui sont sujets à ce Demi-Dixième, seront contraints à payer ce qu'ils en doivent.*

CHARLES, par la grace de Dieu, Roy de France. A tous nos Seneschaulx, Baillis & autres nos Justiciers, ou leurs Lieuxtenans: Salut. Les Arcevesques, Evesques, autres Prelats, gens d'Eglise & Clergie de nostre Royaulme, n'agueres assemblés en ceste nostre Ville de *Paris,* pour la prosecution de l'union de notre Mere S.te Eglise, Nous ont fait exposer que pour poursuir la conclusion si desirée de l'union d'icelle nostre Mere S.te Eglise, & pour faire les fraix & mises necessaires à faire en certaine notable legation n'agueres de par Nous & l'Eglise de nostre Royaulme faite devers les deux Contendans du Papat, & payer certaines grosses sommes d'argent dont les Prelats & autres de ladite legation estoient & sont obligés, & aussi pour les despens & fraix necessaires à faire pour la poursuite de ladite union, ils mirent sur nostredit Royaulme un demi-Dixieme, à icelui prendre & lever à deux termes; c'est à sçavoir, dessors un quart, & autre quart le premier jour de Janvier prouchain venant, & fut ordonné Receveur general d'icelui demi-Dixieme Maistre *Henri* de *Savoisi,* & furent ordonnés certains Prelats & autres Commissaires de par eulx, pour voir & visiter les comptes dudit Mestre *Henri,* & pour faire venir [a] ens ce que l'en doit dudit demi-Dixieme, lesquels Prelats & Commissaires ne peuvent plainement sçavoir la verité de cest compte, se ce n'est qu'ils voyent & visitent, ou fasse veoir & visiter les comptes des Receveurs particuliers dudit demi-Dixieme, lesquels Receveurs sont refusans & en demeure de rendre leursdits comptes, & d'apporter audit Receveur general les deniers qu'ils ont receus dudit demi-Dixieme, par quoi le fait de l'union dessusdite pourroit etre grandement delayée & retardée, se sur ce n'estoit par Nous pourveu de remede convenable, si comme ils dient, requerans humblement icelui. Pourquoi Nous ces choses considerées, vous mandons & à chacun de vous en commetant, se mestier est, que à tous les Receveurs particuliers dudit [b] Dixieme, & autres desquels vous serés requis par celui ou ceulx qui seront ordonnés par lesdits Prelats à oïr les comptes & à recevoir ledit quart qui est à lever, & les arrerages dudit demi-Dixieme, vous contraigniés en ayde de Droit, par prinse, vendue & explectation de leurs biens quelsconques, & prinse de leurs corps, à venir compter & payer ce en quoy ils seront tenus par la fin de leursdits comptes; & ceulx qui seront Clers ou Gens d'Eglise, à la requeste des Commissaires d'Eglise dessusdits ou de leurs commis à ce, les envoyés personelement ès prisons de nostre amé & féal Conseiller l'*Evesque* de *Paris,* ou en autres prisons ecclesiastiques, par lesdits Commissaires ou leursdits Commis requises; & tant en faites, que pour les cautheles & deffaulx desdits Receveurs, la proseqution de ladite union ne puist estre retardée ou empeschée aucunement: car ainsi Nous plaist-il estre fait, & auxdits exposans l'avons octroyé & octroyons de grace especial par ces presentes, se mestier est; nonobstant quelsconques oppositions ou appellations, par occasion desquelles Nous ne voulons que l'union de l'Eglise puist ou soit aucunement empeschée; & Lettres subreptices empetrées ou à empetrer à ce contraires. Et pour ce que de nos presentes Lettres lesdits

a *Dans la Caisse générale. Voy. ci-dessus p. 397. note marg. (a).*

b Il faut app. corr *demi-Dixième.*

NOTE.

(a) La copie de ces Lettres a été envoyée de *Montpellier,* avec cette indication : *Royaume en général, 6.e continuation des titres particuliers, armoire A. n.° 6. fol. 125.*

Voy. la Préface de ce Volume. §. *Schisme.*

CHARLES VI. à Paris, le 12. de Décembre 1408.

Commiſſaires ou Receveur, ou leurſdits Commis, ont & auront affaire en pluſeurs lieux & païs de noſtre Royaulme, Nous voulons que au *Vidimus* ou copie de noſdites Lettres ſeellées ſoubs Séel autentique, autel foy ſoit adjouſtée par vous comme à l'original. *Donné à* Paris, *le douzieme jour de Decembre, l'an de grace mil quatre cens huit, & de notre Regne le XXIX.*[e]

Par le Roy, à la relation du Conſeil. BARRAU.

CHARLES VI. à Tours, le 13. de Décembre 1408.

(a) Lettres de Charles VI. qui portent que les Officiers du Parlement qui y auront ſervi pendant vingt ans ou plus, & à qui il avoit accordé des gages à vie, continueront d'en jouir.

CHARLES, par la grace de Dieu, Roy de France. A noz amez & feaulx Gens de noz Comptes & Treſoriers à *Paris :* Salut & dilection. Comme par noz [a] Ordenances n'agaires faictes en noſtre Grant Conſeil, Nous ayons rappellé & révoqué tous dons & octroys par Nous faiz à quelxconques noz Officiers de leurs gages avoir & prendre à leurs vies, ſans y faire aucune declaracion ou excepcion de ceulx qui Nous ont ſervi longuement, qui pourroit redonder à grant dommage & prejudice de pluſieurs noz Conſeilliers & Officiers qui ont bien & longuement ſervi Nous & noz Predeceſſeurs en noſtre Parlement & ailleurs, s'il n'y eſtoit par Nous pourveu & faicte declaracion : Nous ces choſes conſiderées, voulans noz bons ſerviteurs, & qui par longtemps ont vacqué & vacquent en noſtre ſervice, en eſtre aucunement [b] remunerez, avons ordonné & declairé, ordonnons & declairons de grace eſpecial par ces preſentes, que tous noz Conſeilliers en noſtredit Parlement, & qui Nous y ont ſervy l'eſpace de XX ans & au deſſus, & auſquelx par noz autres Lettres Nous avons par cy-devant octroyé avoir & prendre leurſdiz gages à leurs vies, les aient & preignent d'oreſenavant, ainſi & par la forme & maniere qu'ilz faiſoient paravant leſdites Ordonnances, & nonobſtant ycelles. Si vous mandons & enjoignons eſtroictement, & à chacun de vous, ſi comme à lui appartendra, que de noſtre preſente Ordonnance & Declaracion vous faictes, ſouffrez & laiſſiez noſdiz Conſeilliers qui Nous auront ſervi l'eſpace de XX. ans & audeſſus, comme dit eſt, joïr & uſer paiſiblement, ſans les ſouffrir eſtre empeſchiez à l'encontre, ſoubz umbre deſdittes Ordonnances ou autrement, en quelque maniere que ce ſoit. *Donné à* Tours, *le XIII.*[e] *jour de Decembre, l'an de grace mil iiij.*[c] *& huit, & de noſtre Regne le XXIX.*[e] *ſoubz noſtre Séel ordené en l'abſence du Grant.* Ainſi ſigné. Par le Roy, en ſon Conſeil, où les *Roys* de *Secille* & de *Navarre,* Meſſeigneurs les *Ducs* de *Berry* & de [c] *Bourbonnois,* le *Conte* de *Mortaing,* l'*Arceveſque* de *Sens,* le *Conte* de *Tancarville* le Grant Maiſtre d'Oſtel, & pluſieurs autres eſtoient. NEAUVILLE.

Lecta in Curia & publicata, die XXII.[a] *Decembris. M.*[o] *CCCCVIII.*[o] BAYE.

[a] *Voy. ci-deſſus p. 285. l'art. 20. de l'Ordonnance du 7. de Janvier 1407.*

[b] *récompenſez.*

[c] *Bourbon,* R.

NOTE.

(a) Regiſtre *A.* du Parlement de *Paris, fol.* 223. *recto.*

Avant ces Lettres, il y a : *Pro Conſiliariis, qui XX. annis deſervierunt in Curia Parlamenti.*

Blanchard dans ſa Table Chronologique des Ordonnances, a mal daté ces Lettres du 8. de Décembre.

(a) Lettres

CHARLES VI. à Tours, le 22. de Décembre 1408.

(a) Lettres de Charles VI. confirmatives de celles de Charles V. qui ordonnent que les Procès du Doyen & du Chapitre de l'Eglise de Tours, & de leurs Officiers, seront portés sans moyen devant le Parlement; & que les Procès de leurs sujets seront portés en première instance devant le Bailli des Exemptions de Touraine, d'Anjou & du Maine.

CHARLES, &c. Savoir faisons à tous présens & avenir, Nous avoir veü les Lettres de feu nostre très-chier Seigneur & Pere dont Dieux ait l'ame, contenant la forme qui s'ensuit.

(b) CHARLES, &c.

Lesquelles Lettres dessus transcriptes, & tout le contenu en icelles, si & en tant que lesdiz Doyen & Chappitre de *Tours* en ont deuement joy & usé, Nous ayans agréables, icelles loons, greons, ratifions, approuvons, & par la teneur de ces presentes de grace especial confermons, & voulons & Nous plaist que les Doyen & Chappitre de l'Eglise de *Tours,* dont ès dictes Lettres est faicte mencion, usent & joyssent du contenu èsdictes Lettres plainement & paisiblement, & tout par la forme & maniere que ilz en ont joy & usé le temps passé & joyssent deuement. Si donnons en mandement à noz amez & feaulx Conseillers les Gens tenans & qui tendront nostre present Parlement, au *Bailli* de *Tourraine* & des Ressors & Exempcions d'*Anjou,* du *Maine* & de *Poitou,* & à tous noz autres Justiciers & Officiers, ou à leurs Lieuxtenans, qui à present sont ou pour le temps avenir seront, & à chascun d'eulx, si comme à lui appartendra, que de nostre presente grace & confirmacion facent, seuffrent, laissent lesdiz Doyen & Chappitre & leurs successeurs joïr & user plainement, paisiblement & perpetuelement par la maniere que dit est, sans leur faire ou souffrir estre fait contre la teneur de ces presentes, aucune chose au contraire en quelque maniere que ce soit ou puist estre. Et afin que ce soit chose ferme & estable à tousjours, Nous avons fait mettre nostre Séel à ces presentes : sauf en autres choses nostre droit, & l'autruy en toutes. *Donné à* Tours, *le XXII.e jour de Décembre, l'an de grace mil CCCC. & huit, & de nostre Regne le XXIX.me Séellées de nostre Séel ordonné en l'absence du Grand.*

Par le Roy, en son Conseil, où le *Cardinal* de *Bar,* le *Roy* de *Navarre,* le *Comte* de *Mortaing,* l'*Arcevesque* de *Sens,* le Sire d'*Ivry,* Messire *Guichart Daulphin,* le Sire de *Montenay,* Maistre *Jehan* de *Norry* & autres, estoient. P. FERRON.

NOTES.

(a) Trésor des Chartres, Registre 162. P. CI. (101.)

(b) *Charles, &c.]* Ces Lettres qui sont du 3. de Septembre 1372. sont imprimées à la p. 518. du 5.e Volume de ce Recueil.

Le Registre 162. confirme quelques corrections qui ont été faites à la marge de ces Lettres dans ce 5.e Vol.

CHARLES VI. à Tours, le 22. de Décembre 1408.

(a) *Lettres de Charles VI. qui portent qu'en acceptant l'offre qui lui a été faite par l'Abbé & les Religieux de Prully, il ordonne que la Justice appartenante à cette Abbaye, sera désormais commune entre le Roy & elle, & sera exercée par un Bailli qui sera commis par le Roy, à la nomination des Religieux.*

CHARLES, par la, &c. Savoir faisons à tous presens & advenir, que oye l'umble supplicacion de noz bien amez les Religieux Abbé & Couvent du Monastere de Saint Pierre de [a] *Prully*, estant de fondacion Royal, contenant que à cause de leur Eglise, ilz ont toute Juridicion & Justice haulte, moyenne & basse en & par toute leur Terre, & ès fins & mettes d'icelle, sanz ce que ilz soient ressortissans pour raison de leur temporalité, ailleurs que pardevant noz Juges & Officiers; pour occasion & à cause de laquelle Justice, plet & procès se mut pieça, & encores est pendant la Cause en nostre Court de Parlement, entre lesdiz supplians, d'une part, & le Sire de *Prully* d'autre, prétendans chascun ladicte Justice à lui appartenir; en laquelle Cause tant a esté procédé que la [b] recreance & l'estat d'icelle Justice a esté adjugié à iceulx supplians, & au surplus ont esté les Parties appoinctiés en fais contraires, comme par Arrest de ladicte Court donné en l'an de grace mil iij.^{c} iiij.^{xx} & six ou environ, peut apparoir; après l'adjudication de laquelle recreance, iceulx supplians vouldrent pieça faire tenir leur Assises & faire excercer leurdicte Justice, en usant d'icelle recreance; mais ledit Sire de *Prully* & ses Gens & serviteurs batirent de fait le Juge que iceulx supplians avoient envoié pour tenir leursdictes Assises, moult énormement, avecques plusieurs desdiz Religieux, & convint que icellui Juge s'enfouist, & que les Religieux qui là estoient se [c] muçassent, ou autrement ilz eussent esté mis à mort & [d] affolez de leurs corps, & de ce non contens, après ce qu'il eut despecé les Sieges & Auditoires là où l'en tenoit lesdictes Assises, icellui Sire de *Prully* fist appeller tous ou la plus grant partie des subgiez desdiz supplians, en leur disant que se ilz se vouloient [e] advouer à lui & desadvouer lesdiz supplians, que [f] ilz les garderoient eulx & leurs biens de gens d'armes & les soustendroient; laquelle chose se ilz ne faisoient, il leur feroit le contraire, & tant que plusieurs en y ot qui se advouerent à lui, dont iceulx supplians ont moult perdu de leurs rentes & revenues, & tant par ce & par les menaces dudit Sire de *Prully* & de ses Gens & Officiers, & par les griefz, foules & pilleries de gens d'armes qui ont esté en leurdicte Esglise & en leur terre, & y ont esté envoiez [g] tout voluntiers, comme l'en dit, pour les grever, piller & dommagier & du tout gaster & dissiper eulx & leurs biens de quoy ilz deussent vivre, comme autrement; [h] est tousjours demourée la chose en l'estat, & ne ont osé ne osent tenir ne faire tenir leurs Assises dessusdictes, ne tenir leur Juridiccion, & pourroit tousjours demourer en cet estat, tant pour ce que ilz ne trouveroient Juge qui les voulsist tenir ne soy en chargier, ne aussi Sergens & Officiers qui s'en voulsissent entremettre, pour doubte de leurs corps & la puissance dudit Sire de *Prully* & de ses amis, comme pour ce que lesdiz supplians sont povres, & ne pourroient ne auroient de quoy poursuir leur bon droit; & par ainsi sont en voye de perdre tout, & que il ne leur conviengne laissier ladicte Abbaye qui desja par la fortune des guerres & pillerie desdictes gens d'armes, est comme toute desolée & gastée, & aler vivre ailleurs, & le divin service cesser illec, se sur ce par Nous ne leur est pourveu de remede gracieux & convenable, si comme ilz dient, requerans que attendu que ladicte Abbaye est de fondacion

a *Voy.* Gall. christ. 1.re Edit. *T. 4. p. 765. col. 1.*

b *possession par provision.*

c *cachassent.*

d *blessez.*

e *le reconnoistre pour leur Seigneur.*

f *corr.* il les garderoit . . . & les soutiendroit.

g *exprès.*

h *supp.* &.

NOTE.

(a) Tresor des Chartres, Registre 163. P. iiij.^{xx} xix. (99).

Royal, comme dit est, & fondée très-anciennement par noz Predecesseurs, par quoy Nous devons icelle & lesdiz supplians soustenir & deffendre & garder de toute oppressions & violences, afin que le divin service y puist estre fait & célébré en la maniere acoustumée, & aussi devons leurs droiz aidier à garder & soustenir tant contre ledit Sire de *Prully* & ses gens & Officiers, comme contre tous autres qui les vouldroient en ce empeschier, lesquelx iceulx supplians ne pevent ne osent poursuir pour leur povreté & pour le doubte aussi qu'ilz ont dudit Sire de *Prully*, Nous nous vueillons acompaigner avecques eulx par moitié en toute leurdicte Justice & ès prouffis & émolumens qui y appartiennent, afin que ilz soient plus forts, & que par le moyen de Nous & de noz Officiers, ilz puissent résister à la puissance dudit Sire de *Prully*, de ses successeurs & de tous autres : Nous voulans iceulx supplians preserver & deffendre de toutes injures & violences à l'encontre de tous, comme ceulx qui par nozdiz Predecesseurs ont anciennement esté fondés, Nous sommes acompaignés & acompaignons avecques eulx par moitié en toute leurdicte Justice & ès prouffis & émolumens qui y appartiennent, & avons fait traictié & convenances avecques Frere *Jehan de Villagra* leur Conreligieux & Prieur du Prioré de *Barro*, Membre de leur Esglise, & *Barthelot Lopin* Clers, leurs Procureurs & [a] Messages especiaulx, souffisamment fondez quant à ce par vertu de leur Procuracion dont il Nous est apparu, pour icelle Compaignie & Associacion entretenir en la maniere qui s'ensuit; c'est assavoir, que doresenavant [b] & aurons la moitié entierement en toute leurdicte Justice & ès droiz, prouffiz & émolumens qui y appartiennent & qui doresenavant y escherront; & se exercera le fait de ladicte Justice par un Juge commun & en communauté, aux despens communs des revenues d'icelle Justice; lequel Juge tendra les Assises, & exercera tout le fait d'icelle Justice auxdis despens; & sera icellui Juge avecques tous les Sergens & autres Officiers à ce néccessaires, commis & ordonnez en leurs Offices de par Nous, & à la nominacion d'iceulx supplians, par nostre *Bailli* de *Touraine*, ou son Lieutenant, qui ores est & sera pour le temps avenir; & avecques ce, se feront tous les Adjournemens, Criz, Exploiz & Jugemens qui fais seront en ladicte Justice & Juridicion, de par Nous & de par eulx en commun, parmi ce toutesvoies que le droit à Nous appartenant en la moitié de ladicte Justice & ès émolumens d'icelle, & l'associacion & acompagnie que Nous y aurons, Nous ne noz Successeurs ne pourrons ores ne pour le temps avenir transporter, bailler ne aliener en quelque maniere que ce soit à autre, ne iceulx mettre hors de noz mains, ou bailler à ferme à tousjours ne par quelque maniere, ainçois demourront tous temps adünis à nostre Couronne sans jamaiz en estre separez. Si donnons en mandement à nostredit *Bailli* de *Touraine*, ou à son Lieutenant, present & advenir, que noz present traictié & Ordonnance mettent à exécucion deue de point en point, selon sa forme & teneur, sans attempter ou innover, ne souffrir estre attempté ou innové au contraire en quelque maniere que ce soit, en faisant publier, se mestier est, ces presentes par tout où il appartendra, afin que aucun ne puist pretendre cause d'ignorance. Et que ce soit ferme chose & estable à tousjours, Nous avons fait mettre à ces Lettres nostre Séel ordonné en l'absence du grant : sauf en autres choses nostre droit, & l'autruy en toutes. *Donné à* Tours, *le XXII.e jour de Decembre, l'an de grace mil CCCC. & huit, & le XXIX.me de nostre Regne.*

Par le Roy, en son Conseil. G. FORTEMENT.

CHARLES VI. à Tours, le 22. de Décembre 1408.

a *Deputez.*

b *Il manque là le mot* nous *& un verbe, ou* & *est inutile.*

CHARLES VI. à Tours, en Décembre 1408.

(a) Statuts pour la Communauté des Barbiers de la Ville & Banlieue de Tours.

CHARLES, &c. Savoir faisons à tous presens & avenir à Nous avoir esté humblement exposé de la partie de *Jehan Milet, Hannequin Clement, Pierre Richart* & *Jehan Poulain,* Maistres [a] Babiers de nostre Ville de *Tours,* comme icelle Ville soit située & assise en un bon [b] trespas sur les marches de *Poictou,* de *Guienne* & de *Bretaigne,* esquelz païs affluent moult de personnes malades & autres, pour eulx faire seigner & y trouver garison de leurs maladies; & il soit ainsi que en ladicte Ville soient plusieurs compaignons eulx disans Barbiers qui ne sont aucunement souffisans oudit fait, par le moyen desquelz plusieurs maulx & inconveniens sont advenus & adviennent chascun jour, pour ce que lesdiz exposans ne autres notables Barbiers de ladicte Ville, n'ont aucune puissance de les visiter ne examiner; qui est chose contre raison, & dont lesdiz inconvéniens pourroient croistre & multiplier chascun jour, se par Nous ne leur estoit sur ce pourveu de nostre gracieux remede, si comme ilz dient, requerans humblement icelui. Pourquoy Nous eue consideracion aux choses dessusdictes, desirans de tout nostre cuer pourveoir au bien de la chose publique, & que les bonnes Villes de nostre Royaume soient tousjours gouvernées selon les anciens Statuz & Ordonnances, & que ou cas pareil y a esté pourveu en nostre Ville de *Paris,* par grant & meure délibération de Conseil, pour [c] eschever lesdiz inconveniens irréparables, ausdiz exposans avons octroyé & octroyons, voulons & Nous plaist de nostre certaine science, grace especial, plaine puissance & auctorité Royal, que doresenavant iceulx exposans & leurs successeurs dudit mestier, & chascun d'eulx, soient astrains de gouverner & maintenir leurdit mestier ores & pour le temps advenir, ainsi & par la forme & maniere que les Ordonnances par Nous faictes & dont usent en nostre bonne Ville de *Paris,* les Maistres Jurez & Compaignons dudit mestier; lesquelles *(b)* Ordonnances sont cy-après plus à plain declarées en la maniere qui s'ensuit.

a Barbiers.

b passage sur les frontières.

c éviter.

(1) Premierement. Que nostre premier Barbier & Varlet de Chambre, est & sera Garde dudit mestier, & qu'il puist instituer Lieutenant auquel l'on doit obeir comme à lui, en tout ce que audit mestier appartient ou appartendra.

(2) Item. Aucun Barbier de quelconques condicion [d], ne fera doresenavant Office de Barbier en ladicte Ville & Banlieue de *Tours,* se il n'est essaiez par ledit Maistre ou son Lieutenant, & les Jurez dudit mestier qui seront sur ce commis & ordonnez.

d *Il semble qu'il manque là ces mots : & auctorité qu'il soit, comme il y a dans l'article suivant.*

(3) Item. Que aucun Barbier de quelconque condicion & auctorité qu'il soit, ne fera en ladicte Ville office dudit mestier, ou cas qu'il sera reputé notoirement diffamé de tenir & avoir Hostel de bordellerie & maquelerie, ouquel cas il en sera tousjours privé sans le ravoir; & en oultre, que tous ses [e] hostelz seront acquis & confisquez, comme chayeres, bacins, rasouers & autres choses appartenantes audit mestier, dont Nous devons avoir & aurons la moitié, & l'autre moitié aura le Maistre dudit mestier.

e *corr.* outtils, *comme il y a dans l'art. 3. des Statuts des Barbiers de* Paris.

(4) Item. Que ilz ne doivent estre ne seront si hardis de fere office de Barbier, sur ladicte peine, à mesel ou à meselle, en quelque maniere que ce soit.

(5) Item. Que ilz ne doivent faire aux jours deffendus aucune chose de leurdit

NOTES.

(a) Trésor des Chartres, Registre 163. P. CV. (105.)

(b) Ordonnances.] Les Statuts des Barbiers de la Ville de *Paris,* du mois de mai 1383. sont imprimés à la p. 15. du 7.e Vol. de ce Rec. Ceux des Barbiers de *Tours,* sont presque semblables. Voy. les Sommaires des Statuts de 1383. & les notes.

mestier, fors de seigner & de pigner, en paine de cinq solz Parisis; c'est assavoir, deux solz Parisis à Nous, deux sols audit Maistre, & douze deniers Parisis à la Garde dudit mestier; c'est assavoir au Lieutenant.

CHARLES VI. à Tours, en Décembre 1408.

(6) *Item.* Que aucun Barbier ne fera office de Barbier aux cinq Festes de Nostre-Dame, Saint Cosme, Saint Damien, la Thipanie, aux quatre Festes solempnelles, ne au Dimenche, & ne doivent pendre bacins aux foiriez de Noël, de Pasques, de Pentecouste, sur ladicte peine d'amende de cinq solz Parisis, a estre distribuez comme dit est.

(7) *Item.* Se aucun Barbier vouloit faire le contraire, & ne vouloit obeir audit Maistre ou à son Lieutenant & Jurez, que nostre *Bailli* de *Touraine* ou son Lieutenant, lui informé de ce, les face joïr de chascun article desdiz privileges, en contraignant à ce ceulx qui pour ce seront à contraindre.

(8) *Item.* Que se aucun desdiz Barbiers vouloit sur ce proceder, que nostre Procureur sur ce informé, pour le bien publique & pour le nostre, sera adjoinct avecques eulx pour soustenir le droit & privilege desdiz supplians, par devant nostredit Bailli, se le cas y eschiet; & que de ce qui touche les poins & articles dessusdiz, la congnoissance en soit rendue audit Maistre ou à son Lieutenant, & aux autres Jurez.

(9) *Item.* Que aucun Barbier ne doit oster ne soustraire à un autre Barbier, son apprentiz ou Varlet, sur ladicte amende de cinq solz, ainsi estre distribuée comme dit est.

(10) *Item.* Que se aucun Barbier est adjournez à cause dudit mestier pardevant le Maistre ou son Lieutenant, qu'il soit tenuz de y comparoir, sur l'amende de six deniers Parisis, au prouffit dudit Maistre ou de son Lieutenant.

(11) *Item.* Que en cas d'appel ou d'amendement, le Bailli aura la congnoissance desdiz Barbiers.

(12) *Item.* Que lesdiz Barbiers ne pourront faire aucune assemblée sans le congié de noz Officiers.

(13) *Item.* Que aucun Barbier ne ira ne pourra aler rere aux estuves, sur ladicte peine de cinq sols Parisis, à estre pareillement appliquée comme dessus.

(14) *Item.* Que tous les Barbiers de nostredicte Ville de *Tours*, qui saigneront gens avant disner, seront tenuz de getter le sang de ceulx qui auront esté seignez, dedens une heure après midi; & se aucuns par necessité de maladie estoient seignez après midi, ils seront tenuz de getter ledit sang dedens deux heures après ce qu'ils seront seignez, sur ladicte peine de cinq solz Parisis, à appliquier comme dessus est dit.

Et pour ce que selon les Ordonnances de nostredicte Ville de *Paris*, nostredit premier Barbier doit avoir la moitié des amendes & autres droiz dont dessus est faitte mencion, Nous en ampliant nostredicte grace, eu sur ce le consentement de nostredit premier Barbier, avons [a], voulons & Nous plaist que tout tel droit que esdictes choses & deppendences d'icelles lui peut appartenir, sera doresenavant converti à l'ordonnance des Jurez & Maistres de ladicte Ville de *Tours*, en augmentacion de la Confrarrie de Saint Cosme & Saint Damien; reservé à nostredit premier Barbier son droit des confiscacions seulement.

[a] *Il faut p. e. supp. le mot* voulu.

Tous lesquelz privileges, poins & articles si comme ilz sont cy-dessus declarez, Nous voulons que iceulx Barbiers & leurs successeurs en usent à tousjours, comme dessus est dit & declaré. Si donnons en mandement par ces mesmes presentes, à nostredit *Bailli* de *Touraine*, qui à present est ou sera ou temps advenir, & à tous noz autres Justiciers, Officiers & Commissaires, presens & advenir, ou à leurs Lieuxtenans, & à chascun d'eulx, si comme à lui apartendra, que lesdiz Barbiers de nostredicte Ville de *Tours*, & ceulx qui seront ou temps advenir, facent, seuffrent & laissent eulx & chascun d'eulx joïr & user plainement & paisiblement desdiz privileges cy-dessus escriz, & de chascune partie d'iceulx, sans leur faire ou donner ne souffrir estre fait ou donné sur ce destourbier ou empeschement aucun, mais rappellent & remettent, ou facent rappeller

CHARLES VI. à Tours, en Décembre 1408.

& remettre au premier estat & deu, tout ce qu'ilz trouveront avoir esté fait ou attempté au contraire. Et que ce soit ferme chose & estable à tousjours, Nous avons fait mettre à ces présentes nostre Séel ordonné en l'absence du grant: sauf en toutes choses nostre droit, & l'autruy. *Donné à* Tours; *ou mois de Decembre, l'an de grace mil iiij.*^c^ *& huit, & de nostre Regne le* XXIXme

Par le Roy, en son grant Conseil, où le *Cardinal* de *Bar*, le *Roy* de *Navarre*, le *Conte* de *Mortaing*, les Seigneurs d'*Ivry*, de *Baqueville* & de *Jalligny*, & plusieurs autres, étoient. G. TOREAU.

CHARLES VI. à Tours, le 4. de Janvier 1408.

(a) Privilèges accordés à la Ville de Tarbes.

SOMMAIRES.

(1) Le Roy de France ne pourra aliéner le Comté de Bigorre, que du consentement des habitans de Tarbes.

(2) Les habitans de Tarbes qui feront le commerce, ne payeront point d'impôts par rapport aux marchandises qu'ils feront transporter dans les différentes parties du Royaume, ou qu'ils feront sortir de France.

(3) Ces habitans seront exempts d'impôts pendant dix ans & six mois; & comme ils affirment qu'ils sont en possession d'être exempts entre toutes les autres Villes du Languedoc de payer aucuns subsides, ils seront conservés dans cette franchise, si elle est fondée.

(4) Ils seront conservés dans la possession d'avoir des fours dans leurs maisons, ainsi qu'ils l'ont obtenu par une Sentence rendue entre leur Seigneur & eux, & que cela se pratique dans les autres Villes du Bigorre.

(5) Ils seront conservés dans tous les Privilèges qui leur ont été accordés par les Comtes de Bigorre, & par leurs Seigneurs.

(6) Tous les crimes commis par ces habitans jusqu'au jour de la date de cet accord, leur seront remis & pardonnés.

(7) La redevance à laquelle sont sujets certains arpens [de terre] situés dans la Ville de Tarbes & dans ses dépendances, & laquelle appartient au Seigneur de cette Ville, sera par lui cédée aux habitans, & aux tenanciers de ces arpens.

(8) Les Officiers du Seigneur de Bigorre ne prendront point pour lui chez les habitans, de draps de lits, ni d'autres ustensiles de ménage; mais ils les acheteront ou les loueront.

(9) Les Contumax qui ne se présenteront point en Justice, seront condamnés aux peines portées par le droit.

(10) La Ville de Tarbes sera confirmée dans le droit de percevoir la moitié de l'émolument du cri des vins [qui seront à vendre.]

(11) Les habitans de Tarbes ayant souffert de grands dommages à l'occasion de la guerre, soit par la perte d'une partie de leurs meubles, de leurs bleds, &c. soit par la destruction d'une partie de leur Ville; considéré aussi que Tarbes est le Chef des autres Villes du Bigorre, & que par son moyen, elles se rendent sous l'obéissance [du Roy], il a été accordé que pour mettre les habitans de Tarbes en état de réparer les pertes qu'ils ont souffertes, leur Seigneur leur donnera quatre mille francs en différens payemens.

KAROLUS, *&c. Notum facimus universis presentibus & futuris, Nos Litteras felicis recordacionis carissimi Patrui nostri* Ludovici *quondam* Ducis Andegavensis, *& Domini Progenitoris nostri, quorum anime in pace requiescant, Germani, ejusque Locumtenentis in* [a] Partibus Occitanis *&* Ducatu Acquitanie, *vidisse, formam que sequitur, continentes.*

a Languedoc.

LUDOVICUS *Regis quondam Francorum Filius, Domini mei Regis Germanus, ejusque Locumtenens in cunctis* Partibus Occitanis, Dux Andegavensis *&* Turonensis, *ac* Comes Cenomanensis. *Notum facimus universis tam presentibus quam futuris, quod viso per Nos certo Tractatu inter carissimum consanguineum nostrum* Comitem Armeniaci, *& dilectum & fidelem nostrum* Guidonem *Dominum de* Azaio, *militem, pro & nomine dicti Domini mei, ac nostro, ex una parte, & Custodes, Judices ac Juratos Ville de* Tarba, Comitatûs Bigorre, *pro & nomine tocius universitatis ejusdem, ex altera, facto, cujus tenor talis est.*

NOTE.

(a) Trésor des Chartres, Registre 163. P. ij.^c^ xvij. (217.)

CHARLES VI.

à Tours, le 4. de Janvier 1408.

ACCORDAT *es entre le* Conte *d'*Armanhac, *& Messire* Guy *Seignhor d'*Azay, *Cavalier, en & par non de nostre S. le Roy de* Fransa *Karle, & de Mosseignhor le* Duc d'Anjou *& de* Touraine, *Frere & Loctenent del digh nostre S. le Roy, d'une part, & les Gardes, Juges & Juratz de la Villa de* Tarba, *del* Comitat *de* Bigorre, *en & par nom de tota la Universitat de la dicha Villa de* Tarba, *d'autre part, en la maniera & en la fourma qui s'ensec.*

(1) Premièrement. *Que en cas que lo* Comitat *de* Bigorre *se appartenga par temps ou à present al dich nostre Seignhor lo Roy de Fransa, par son dregh, que nul temps maiz lo dich nostre S. lo Roy ne ses successeurs Roys de Fransa, ne puscon donnar leur digh* Comitat *de* Bigorra, *ni mudar, ni transportar en autre* [a] *meindre main de lor, si non que fos de voluntat & exprès consentiment de las gens de la Villa de* Tarba.

(2) Item. *Fo mais accordat que nul homme habitant de la Villa & Ciutat de* Tarba, *anen mercandejon en e par totas pars del Royaume de Fransa, menan mercandieras en aquel ou daquel aquelas trazen, no sien tengas de pagas nul temps mais peatges ne imposicions els lors del Roy.*

(3) Item. *Que lo Roy de Fransa ne ses Officiers, ne demanden ne leven subsidi ni autra emposicio de decs ans propdanement venant, e sis moy en ensiguans, en la Villa de* Tarba; *& otra que cum affermo par lor drech d'antiquitat & coustuma que els son en possession & lor ancestas, & son estat de esser exemps entre tolz les autres de* Languedoc, *de non alcun subsidi; fo accordat que* [b] *sien franquesa de mays que aquela, hon leur tenra.*

(4) Item. *Que cum las dighas gardas & Juratz de* Tarba, *aiant supplicat assez*

(b) ACCORDÉ est entre le *Comte* d'*Armagnac* & Messire *Guy* Seigneur d'*Azay*, Chevalier, en & au nom de notre Seigneur le Roi de France Charles, & de Monseigneur le *Duc* d'*Anjou* & de *Touraine*, Frère & Lieutenant de notre dit Seigneur le Roy, d'une part; & les Gardes, Juges & Jurats de la Ville de *Tarbes*, du *Comté* de *Bigorre*, en & au nom de toute l'université de ladite Ville de *Tarbes*, d'autre part, en la manière & en la forme qui s'ensuit.

(1) Premièrement. Que en cas que le Comté de *Bigorre* appartienne à présent ou au tems avenir à notredit Seigneur le Roy de France par son droit, que nul tems à jamais ledit notre Seigneur le Roy ni ses Successeurs Roys de France, ne puissent donner leurdit *Comté* de *Bigorre*, ni muer ni transporter en autre moindre main que la leur, sinon que ce fut de la volonté & exprès consentement des habitans de *Tarbes*.

(2) Item. Il a été de plus accordé qu'aucun homme habitant de la Ville & Cité de *Tarbes*, allant trafiquant dans toutes les parties du Royaume de France, menans des marchandises dans iceluy, ou d'iceluy les transportans [au dehors], ne soit tenu de payer en aucun tems à jamais de péages, ni d'impositions *(c)* à ceux du Roy.

(3) Item. Que le Roy de France ny ses Officiers ne demandent ny ne levent de Subsides ny d'autres Imposicions de dix ans prochainement venans & six mois ensuivans, dans la Ville de *Tarbes*; & outre que comme ils affirment par leur droit d'ancienneté & de Coutume, qu'ils sont en possession, & leurs ancestres y ont esté, d'estre exempts entre tous les autres du *Languedoc*, d'aucuns Subsides, il a été accordé que si ils sont en franchise plus grande que celle là, on la leur tiendra.

(4) Item. Que comme lesdits Gardes & Jurats de *Tarbes* ayent supplié qu'il

a corr. moindre.

b *M.r* Menard *croit qu'il faut lire* si en.

NOTES.

(b) M.r *Menard* Conseiller au Présidial de *Nimes*, & Associé à l'Académie des Inscriptions & Belles lettres, a eu la bonté de faire cette traduction que l'on a jugé à propos de faire imprimer à côté du texte qui n'auroit peut-être pas été intelligible pour tous les lecteurs: Je l'ai prié de la faire la plus littérale qu'il lui seroit possible.

(c) C'est-à-dire apparemment *à ceux qui sont préposés par ordre du Roy pour recevoir les Impositions.*

CHARLES VI. à Tours, le 4. de Janvier 1408.

donada licencia que tous & cascuns homs habitans de la Villa de Tarba, *puscan far forn en lor hostalz, sens encorra alcuna pena al Seignor, cum antiquamen fos & aissi acoustumat, & depuis plaicerat ab lor Seignor & obtengar par Sentencia, & en las autras bonas Villas de* Begorre *cascun en fassa en aia en son hostal.*

leur fut donné licence que tous & chacuns les hommes habitans de cette Ville, puissent faire fours en leurs hôtels, sans encourir aucune peine au Seigneur, comme anciennement il a esté & est accoustumé ; & depuis ils avoient plaidé avec leur Seigneur, & obtenu par Sentence [a], & dans les autres bonnes Villes de *Bigorre,* que chacun en fasse & en ait dans son hostel.

a *Il faut app. supp.* & il est ainsi usité.

(5) Item. *Fo accordat que tous lors* (d) *fors, privileges, coustumes, libertas & franquesas à la Villa & alz habitans de* Tarba, *antiquamen par les Contes de* Begorra *passatz autreiatz, & par lor Senhors à lor Sugedens confermatz, de punct en punct leur sien tengas & autreiaz & confermatz.*

(5) Item. Fut accordé que tous leurs *fors,* Privilèges, Coutume libertez & franchises à la Ville & aux habitans de *Tarbes* anciennement par les Comtes de *Bigorre* passez, octroyez, & par leurs Seigneurs à leurs sujets confirmez, de point en point leur soyent tenuz, & octroyez & confirmez.

(6) Item. *Fo accordat que tot crim e exces comes entro al jorn del present accord, par les habitans de la dicha Villa de* Tarba, *en quelqua maneyra lor aien comes ni perpetratz, lor sien remes, quittaz & de tout en tout pardounatz.*

(6) Item. Fut accordé que tout crime & excès commis jusqu'au jour du present accord, par les habitans de ladite Ville de *Tarbes,* en quelque maniere qu'ils les ayent commis & perpétrez, leur soient remis, quittez & de tout en tout pardonnez.

(7) Item. *Fo accordat que les* (e) *fors appellatz dels* arpens, *que se arrenden cascun* [b] *en viij.l de* (f) *Morlas appartenans al Senhor en la Villa & appartenances de* Tarba, *sien remesas, donadas & quittadas par lor Senhor par tous temps mais à la Villa de* Tarba, *& als de tenedors del dichs arpens, de gracia especial.*

b *Il faut app. corr.* an, année.

(7) Item. Fut accordé que les *fors* appellez *des arpens* qui s'arrentent chacun an huit livres de Morlas, appartenans au Seigneur dans la Ville & appartenances de *Tarbes,* soient remis, donnez & quittez par leur Seigneur pour tous tems & à jamais à la Ville de *Tarbes,* & aux tenanciers desdits arpens, de grace especial.

(8) Item. *Fo accordat que nul Officier del Seignor de* Begorra, *Seneschal ne autre Officier, en nom del Senhor, no prengua pelha de lech ne autre hostilha als gens de la Villa de* Tarba, *sino que sia de lor voluntat, maiz qu'en crompen ou loguen del lor propri quant à qui seran totas vetz que n'auran mestier.*

(8) Item. Fut accordé que nul Officier du Seigneur de *Bigorre,* Sénéchal ny autre Officier, au nom du Seigneur, ne *(g)* prenne draps de lit, ny autres ustansilles, aux gens de la Ville de *Tarbes,* sinon que ce soit de leur volonté; mais qu'ils les achettent ou louent de leurs propres quand ils seront là, toutes les fois qu'ils en auront besoin.

NOTES.

(d) Voyez sur les *Fors,* le Glossaire du Droit François, à ce mot.

(e) *Fors.]* On voit ci-dessus par l'article 5. que le mot *Fors* signifie des Loix, des Coûtumes, nommées en latin *consuetudines;* & comme, suivant le Glossaire de *Du Cange,* au mot *Consuetudo,* il signifie aussi une redevance, je crois que dans cet article le mot *Fors* a cette derniere signification, & qu'il désigne la redevance à laquelle étoient sujets certains arpens de terre.

(f) *Morlas.]* Il n'y a dans le Registre que *Morl.* avec une marque d'abréviation. Voy. le Glossaire de *Du Cange,* au mot *Morlanus,* sur la monnoie de *Morlas* qui avoit cours dans le *Béarn.*

(g) Il s'agit ici du droit de Prise, sur lequel voyez les Tables des Mat. des Vol. de ce Rec. au mot *Prises.*

(9) Item.

(9) Item. *Sub so que demandans que nul homme que sie citat devant le Seneschal de* Begorra, *si no compar, no encorre ley de cinq solz morl.* [a] *nil Senhor no la poisca levar, so accordat que pendant le Plaich & que entro la Sentencia dada, non sie facha execucio, cum no sia acoustumat, mas que las penas de drech sien exegidas contra aquelz que seran contumax.*

(10) Item. *Fo autreiat & accordat que la meitat des émolumens de la uqua o crida des vis de la dicha Villa de* Tarba, *laqual meitat antiquamen era de la dicha Villa, sia par toz temps mais e remingua confermat à la dicha Villa.*

(11) Item. *Que cum la dicha Villa de* Tarba *els habitans en aquela, aiant molt souffers de dommages par causa de la presente guerra, & aiant perdu grant re d'ostalz que son estas destruis, & blatz & autres vivres, e partida de la Villa que es estada destrucha, e ela sia cap de totas les autres Villas & pays de* Bigorra, *& parmiech aquela las autras Villas vengan à obediencia, & encara la dicta Villa espere moult à souffretar, so accordat que par lesdiz dampnages & par far les reparacions de la dicha Villa, à la dichas gardas & Juratz en e par nom de tota la universitat de la dicha Villa, sian donatz par lor Senhor quatra milia franz una veguada pagadours tant solamen; so es assaber, mil & V.c frans ades, e mil frans à la Festa de Totz-Sans propdanement venent, & VII.c L. à la Festa de Candelor, e autres VII.c L. à la Festa de l'Ascencion propdanement venant.*

Et à questas causas totas & cascunas dessus escrichas, foren fachas, escrichas & accordatas par les partidas dessus dichas en ladicta Villa de Tarba *& en l'Egleysa de Sanct Jehan Babtiste, le xiij.e jour del mes de Julh, l'an de Nostre Seignhor M. & III.c LXX. Et est assaber que en tesmoing de vertat & à major fermitat de totas les causas dessus dectas del*

(9) *Item.* Sur ce qu'ils demandoient qu'aucun homme qui seroit cité devant le Sénéchal de *Bigorre*, s'il ne comparoît pas, n'encourre la Loy de cinq sols morlas, & que aucun Seigneur ne la puisse lever, fut accordé que pendant le Plait & jusqu'à la Sentence donnée, il ne soit fait exécution comme il n'a pas été accoustumé, mais que les peines de droit soient exigées contre ceux qui seront contumax.

(10) *Item.* Fut octroyé & accordé que la moitié des émolumens du huchement ou cris des vins de ladite Ville de *Tarbes*, laquelle moitié anciennement étoit de ladite Ville, soit pour tout tems à jamais, & demeure confirmée à ladite Ville.

(11) *Item.* Que comme ladite Ville de *Tarbes* & les habitans en icelle ayent beaucoup souffert de dommages pour cause de la presente guerre, & ayent perdu grands effets d'hostels qui ont esté détruits, & bleds & autres vivres, & partie de la Ville qui a été détruite, & elle est chef de toutes les autres Villes & pays de *Bigorre*, & par moyen d'elle les autres Villes viennent à obéissance [du Roy,] & encore ladite Ville espere beaucoup à souffrir, fut accordé que pour lesdits dommages & pour faire les réparations de ladite Ville, auxdits Gardes & Jurez en & au nom de toute l'université de ladite Ville, soient donnez par leur Seigneur quatre mille frans une fois payez tant seulement; c'est à sçavoir, (h) mil & cinq cens francs à present, & mil francs à la Feste de Toussaint prochainement venant, & sept cens livres à la Feste de la Chandeleur, & autres sept cens livres à la Feste de l'Ascencion prochainement venant.

Et ces choses toutes & chacunes dessus escrittes furent faites, écrites & accordées par les Parties dessus dites en ladite Ville de *Tarbes*, & en l'Eglise de S.t Jehan-Baptiste, le 13.e jour du mois de Juillet, l'an de Nostre Seigneur mil & trois cens soixante & dix. Et est à sçavoir, que en temoin de verité, & à plus grande fermeté de toutes les choses

CHARLES VI. à Tours, le 4. de Janvier 1408.

a *corr.* nul.

NOTE.

(h) Cette somme & les trois suivantes, ne font ensemble que celle de trois mille neuf cens livres.

CHARLES VI. à Tours, le 4. de Janvier 1408.

present accord, foron fach deux roles d'une meteissa tenor, sagellatz cascun dels Sagelz del dich Monseignhor le Conte *d'Armignac & Monseignhor* Guy *d'Azay, & dels Gardas de ladicta Villa de* Tarba. *J.* [a] *par cascun de las partidas dessus dichas.*

dessusdites du present accord, furent faits deux rolles d'une même teneur, scellés chacun des Sceaux dudit Monseigneur le *Comte* d'*Armagnac*, de Monseigneur *Guy* d'*Azay*, & des Gardes de ladite Ville de *Tarbes*, un pour chacune des Parties dessusdites.

a il faut app. corr. *por*.

Suite des Lettres du Duc d'Anjou.

Nos tractatum predictum, & omnia & singula in eis contenta, volumus, ratifficamus, & auctoritate Regiâ quâ fungimur, de gracia speciali confirmamus: Senescallo Bigorre, *ceterisque Justiciariis & Officiariis Regiis, presentibus & futuris, aut eorum cuilibet, aut eorum Locatenentibus, mandamus quatinùs Custodes, Judices & Juratos nomine quo supra, presentes & futuros, nostrâ presenti graciâ uti pacificè permittant; nil in contrarium attemptari pacientes. Quod ut firmum & stabile permaneat in futurum, nostrum hiis presentibus fecimus apponi Sigillum: Regio in aliis, & alieno in omnibus jure salvo.* Datum *Moissiaci*, anno Domini millesimo CCC.[mo] septuagesimo.

Suite des Lettres de Charles VI.

Quasquidem Litteras dicti Patrui & Locumtenentis prenominati Domini Progenitoris nostri in dictis Partibus Occitanis *superiùs insertas, necnon omnia & singula in eisdem contenta, ratas & gratas, sive rata & grata habentes, eas & ea volumus, laudamus, ratifficamus, approbamus, & de nostris certa sciencia, gracia speciali, plenitudineque nostre Regie potestatis confirmamus, ac Custodibus, Judicibus, Juratis, ceterisque incolis & habitantibus Ville nostre* (1) Tarvie, Comitatûs Bigorre, *in preinsertis Litteris nominatis, concessimus & concedimus ex nostris certa sciencia, speciali gracia, plenitudineque nostre Regie potestatis predictis, per presentes, si sit opus. Quocirca dilectis & fidelibus Gentibus que pro nunc tenent & in posterum tenebunt nostra* Parisius *Parlamenta, Gentibusque Compotorum nostrorum, ac Thesaurariis nostris* Parisius, Senescallis *que* Tholose, Carcassone, Bellicadri, Bigorre *&* Agenensi, *ceterisque Justiciariis & Officiariis nostris, aut eorum Locatenentibus, presentibus & futuris, & eorum cuilibet, prout ad eum pertinuerit, injungendo mandamus quatinùs Custodes, Judices, Juratos, ceterosque habitantes dicte nostre Ville* Tarvie, *eorumque successores, presentes & futuros, ac singulos eorumdem, nostrâ presenti graciâ, confirmacione & concessione, necnon privilegiis, franchisiis, libertatibus & immunitatibus supratactis uti & gaudere pacificè perpetuis temporibus faciant, ac eciam paciantur, non sinendo eisdem eorumve successoribus antedictis impedimentum, contradiccionem aut perturbacionem aliquas pro nunc vel in futurum super hoc fieri aliqualiter vel inferri; quinymo, si que secus acta fuerint aut repererint, ad statum* [b] *prestinum & debitum reducant sive faciant indilatè redduci. Et quia presentes Littere in locis singulis ubi forsan eisdem uti opportuerit, commodè portare nequirent, concessimus & per presentes concedimus ex gracia ampliori, quod transcripto aut* Vidimus *uni seu pluribus Litterarum hujusmodi, sub Sigillo Regio confectove confectis, veluti originali presenti, stetur & cedatur, adhibeaturque ubilibet plenaria fides. Et ut hec stabilitate fruantur perpetuâ, has presentes Litteras fecimus nostri Sigilli appensione muniri: nostro in reliquis, & alieno in omnibus jure semper salvo.* Datum *Turonis,* quarta die mensis Januarii, anno Domini millesimo CCCC.[mo] octavo, Regni vero nostri XXIX.°

b pristinum.

Per Regem, in suo Consilio in quo Cardinalis *de* Barro, Rex Navarre, Comes Mortanie, Archiepiscopus Senonensis, *Domini de* Yvriaco, *de* Baquevilla *& de* Montenayo, *& alii plures erant.* BARRAU.

NOTE.

(1) *Tarvie.*] La Ville de *Tarbes* qui a eu plusieurs noms en latin, a été quelquefois appellée *Tarvia*. V. notit. gall. à *Valesio* p. 84. voce *Bigerrones*.

CHARLES VI. à Paris, le 8. & le 2. de Janvier 1408.

(a) Lettres par lesquelles Charles VI. commande aux Prélats & aux Ecclésiastiques de son Royaume, qui ont été députés par l'Assemblée du Clergé, pour assister au Concile de Pise, de se rendre dans cette Ville; & aux autres Ecclésiastiques, de contribuer aux frais du voyage de ces Députés.

A TOUS ceulx qui verront ces presentes Lettres. Guillaume Sardat *Licencié en Loix, Garde du Seel de la* Prevosté *de* Bourges : *Salut en Notre Seigneur. Sçachent tous que* Jehan Musnier, *Clerc-Juré du Seel, Notaire, usant de l'autorité de* Monseigneur *de* Berri *& le nostre, en ceste partie, Nous a relaté & tesmoigné lui le septi.e jour de Fevrier, l'an mil quatre cens & huit, avoir veu & leu de mot en mot unes Lettres du Roy nostre Seigneur, contenans la forme que s'ensuit.*

CHARLES, par la grace de Dieu, Roy de France. A tous nos Justiciers & Officiers, ou à leurs Lieuxtenans : Salut. A la supplication de nostre amé & féal Conseiller [a] l'*Arcevesque* de *Bourges,* contenant que comme Nous avons n'agueres octroyé & ordonné certaines nos autres Lettres, desquelles l'en dit la teneur estre tele.

CHARLES, par la grace de Dieu, Roy de France. A tous nos Justiciers & Officiers, ou à leurs Lieuxtenans : Salut. Receu avons les Lettres que n'agueres Nous ont envoyées les Cardinaulx du S.t College de *Rome,* par lesquelles Nous font sçavoir comme par grant & meure deliberation ils ont conclud & ordonné d'appeller les Arcevesques, Evesques, Abbés & Chapitres d'Eglises Cathedraulx, pour aller au Conseil général de l'Eglise en la Cité de *Pise,* le XXV.e jour de Mars prouchain venant, & Nous ont expressement [b]..... que Nous veuillons labourer à ce que tous lesdits Prelats & Chapitres aillent audit Conseil, ou y envoyent personnes notables pour eulx, & que ad ce les veuillons contraindre en ayde de droit, par toutes voyes dues & raisonables; lesquelles Lettres par Nous vues, & les choses en icelles contenues considerées, Nous qui souverainement desirons voir briefment l'union de nostre Mere S.te Eglise, en la proseqution de laquelle Nous avons ou tems passé labouré par toutes les meilleures manieres que Nous avons peu, & esperons que au plaisir de Dieu, par la bonne provision dudit Concile general de l'Eglise, que cest douleureux Scisme qui si longuement a duré, soit à ceste fois du tout [c]...... & que tous Chrestiens demeurent en bonne union, vous mandons & à chacun de vous, en commetant, se mestier est, que vous faites exprès commandement de par Nous à tous les Prelats & autres dont dessus est faite mention, Seculiers & Reguliers, exems & non exems, que en obeissant à la bonne & sainte Ordonnance dudit S.t College, ils aillent & soyent à *Pise* ledit XXV.e jour de Mars; par especial à ceulx qui ont esté esleus & nommés par le Conseil de l'Eglise n'agueres assemblé en nostre Ville de *Paris,* & aux autres, qui ne pourront ou vouldront aller, que ils constribuent à la despense de ceulx qui iront, d'autant qu'ils pourroient despendre raisonablement se ils y alloient ou envoyoient personnes suffisantes pour eulx; & avec ce qu'ils fassent procuration & baillent puissance souffisante à ceulx qui sont ordonnés par les Provinces & Dioceses particuliers [d] & pour y aller; & à ce les contraignés par la prinse de leur temporel & de leurs autres biens quelsconques : consideré que comme dit est, ladite contrainte vient à la requeste

a *Il se nommoit* Pierre Aimery. *Voy. Gall. christ. 2.e Edit. T. 2. col. 85. n.o 84.*

b *supp.* prié, supplié, *ou quelqu'autre mot semblable.*

c *Il y a en cet endroit un mot en blanc dans la copie. Je crois qu'il faut le remplir par celui de* sede *du latin* sedare *appaiser, mot qui se trouve dans ce sens à la p. 153. du 8.e vol. de ce Rec.*

d *&* est inutile.

NOTE.

(a) La copie de ces Lettres a été envoyée de *Montpellier,* avec cette indication : *Royaume en général, 6.e continuation des titres particuliers, Armoire A. n.o 6. fol. 149.*

CHARLES VI. à Paris, le 8. & le 2. de Janvier 1408.

a *supp.* ainsi.

du S.t College : car [a] Nous plaist-il estre fait, & selon la teneur des Lettres du S.t College, dont dessus est faite mention, l'avons ordonné & ordonnons par ces presentes; non obstant quelsconques oppositions & appellations sur ce faites ou à faire, Ordonnances & Lettres subreptices empetrées ou à empetrer au contraire. Et pour eviter les fraix, & aussi que ces presentes ne pourroient bonnement suffire ; ne estre pourtées ni mises à execution dedens tems deub, en plusieurs & divers lieux, selon qu'il en est besoin & necessité pour le bien & avancement de ladite union, Nous voulons & ordonnons que aux *Vidimus* d'icelles faits sous Seeaulx Royaulx ou autentiques, foy soit adjoutée comme à cest present original; nonobstant quelsconques Ordonnances, stiles, & usages à ce contraires. *Donné à* Paris, *le segond jour de Janvier, l'an de grace mil quatre cens & huit, & de notre Regne le* XXIX.e

Suite des premières Lettres de Charles VI.

Et pour ce que icelui notredit Conseiller & aucuns autres de sa Province & Diocese, sont disposés & ordonnés aller au Conseil général de l'Eglise en ladite Cité de *Pise*, pour iceulx traiter avec les aultres de l'union de nostre Mere S.te Eglise, en quoy il fauldra grandement frayer & despendre, laquelle charge [b] ils ne ont pas du tout à soustenir sans l'aide des autres Prelas, Chapitres, Abbés, Convens, & autres de sa Province & Diocese dessusdis, pour ce est-il que Nous vous mandons & estroitement enjoignons, en commetant, par ces presentes, & à chascun de vous, si comme à lui appartiendra, & qui sur ce sera requis, que vous contraignés ou faites contraindre par la prinse & explectation de leur temporel & biens quelsconques, & par toutes autres voyes dues & raisonables, ceulx de la Province & Diocese dudit exposant, & tous autres qui pour ce seront à contraindre, à payer ce à quoi ils ont esté & seront imposés pour occasion du voyage & poursuite, & au surplus, selon la forme & teneur de nosdites autres Lettres dessus transcriptes : car ainsi Nous plaist-il estre fait de grace especial, se mestier est; nonobstant quelsconques appellations, oppositions, Ordonnances, Mandemens, stiles, usages & Lettres subreptices empetrées ou à empetrer au contraire. *Donné à* Paris, *le huitieme jour de Janvier, l'an de grace mil quatre cens huit, & de notre Regne le* XXIX.e [c] JOVE. Ainsi signé. Par le Roy, à la relation du Conseil. CONGNET.

b *ils ne peuvent pas du tout soûtenir.*

c *Je ne sai ce que signifie ici ce nom.*

En temoin de laquelle vision, nous Garde dessus nommé avons mis à ces presentes le Scel de ladite Prevosté *de* Bourges, *les jour & an dessusdits.* J. MUSNERII.

CHARLES VI. à Paris, en Janvier 1408.

(a) Lettres qui portent que tous les Ouvriers qui auront appris leur métier dans des Villes où il y a des Statuts & des Règlemens pour les métiers, pourront l'exercer dans la Ville de Rouen, s'ils en sont jugés capables.

d *supp.* veu.

CHARLES, &c. Savoir faisons à tous présens & avenir, Nous avoir [d] noz Lettres, desquelles la teneur s'ensuit.

e *C'est un Arrêt de l'Échiquier tenu à* Rouen.

[e] CHARLES, par la grace de Dieu, Roy de France. Savoir faisons à tous presens & avenir, de la partie de nostre Procureur ou *Bailliage* de *Rouen*, & de noz amez les Bourgoiz, Conseilliers & autres notables personnes de nostre bonne Ville de *Rouen*, avoir esté exposé à noz amez & feaulx Conseilliers les Gens tenans nostre present Eschiquier à *Rouen*, au terme de Pasques, comme de longtemps & par plusieurs fois ilz se feussent tournez devers noz Officiers audit lieu de *Rouen*, en leur exposant comme nostre dicte Ville de *Rouen* estoit & est le lieu cappital de nostredit pays & *Duchié* de *Normandie*, & Cité Metropolitaine

NOTE.

(a) Trésor des Chartres, Registre 163. P. vij.xx ix. (149.)

assise sur la riviere de [a] *Saine,* par laquelle riviere au Port d'icelle Ville, viennent & arrivent de la mer plusieurs & grant quantité de denrées & marchandises, de plusieurs & divers Royaumes & pays, pour y estre vendues & distribuées, & pour estre menées à *Paris* & ailleurs en autres Villes de nostredit Royaume, & aussi y cussions & preneissions grans revenues par chascun an, tant à cause des acquis de nostre *(b) Vicomté* de l'Eauve de *Rouen,* qui est de nostre Demaine ancien, que pour le fait de noz Aides, & laquelle Ville d'ancienneté par noz Predecesseurs pour icelle anoblir, a esté grandement privilegiée, & lui ont esté donnez grans libertez & franchises, & souloit estre moult grandement peuplée & habitée de plusieurs marchans & autres personnes, & les maisons & héritages d'icelle reparez, soustenuz & de grand valeur; neantmoins puis aucun temps en ça, icelle Ville a esté & encores est moult diminuée & despeuplée, & les maisons d'icelle demolies, cheues & tournées en ruyne, & sont chascun jour & la marchandise comme du tout decheue, tant pour l'occasion des guerres, des mortalitez, comme par ce que sur le fait des mestiers d'icelle Ville, dont il y a grand nombre, & encores souloit plus avoir, a aucunes Ordonnances, Statutz & autres observances riguoreuses, par lesquelles aucuns desdiz habitans ont voulu dire & maintenir que nulle personne quelle que elle feust, ne peust ouvrer d'aucun mestier en ladicte Ville, s'il ne l'avoit apprinz en icelle Ville, & servi le temps qui y appartenoit selon l'Ordonnance d'un chascun mestier: parquoy plusieurs personnes d'iceulx mestiers, lesquelx avoient apprins lesdiz mestiers [b] en Ville de Loy ou autres Villes notables, & qui estoient bons, souffisans & [c] abiles à les faire, & venoient pour demourer & peupler icelle Ville, n'y estoient pas receuz, & ne les y souffroit-on ouvrer d'aucuns d'iceulx mestiers, marchander ne gaignier leur vie, se ilz ne feissent de nouvel le service, & par le temps contenu en icelles Ordonnances, & comme apprentiz, tout ainsi comme se ilz n'eussent oncques aprins mestier; comme aussi pour les grands charges de reparacions, fortifficacions & autres qui ont esté en nostredicte Ville, lesquelles les demourans en icelle ont esté si grevez, que les aucuns s'en sont fouiz & absentez telement que en toutes les Parroisses de ladicte Ville, a une grant partie des maisons & ediffices cheuz & vuidiez, & sont en peril de cheoir, parquoy nostre Demaine, noz autres droiz en sont & seroient de mendre valeur, les Bourgoiz à qui les héritages sont & qui les soustiennent à grans frais, en peril d'estre [d] exilliez, & nostredicte Ville [e] desnuys de marchans & d'autres gens, qui est en nostre grant dommage & préjudice & desdiz Bourgoiz & marchans de *Rouen,* & de tout le bien publique de nostredicte Ville, se pourveu n'y estoit; & pour ce eussent requiz à grant instance & par plusieurs foiz nostre *Bailli* de *Rouen,* que sur ce se voulsist informer & pourveoir au bien de Nous, de la chose publique & de nostredicte Ville, lequel pour ce eust fait appeller pardevant lui noz Procureurs & [f] Conseulx en ladicte Ville, & plusieurs notables Bourgois, marchands, & grant quantité de notables personnes de plusieurs & grant quantité de mestiers de ladicte Ville; & sur ce, eust encommencié à proceder, oy & examiné grant nombre de gens & habitans de ladicte Ville, & par especial de ceulx des mestiers, par lequel Bailli de ce eust esté fait relacion & rapport à noz amez & feaulx Conseilliers les Gens qui tindrent nostre Eschiquier à *Rouen,* au terme de la Saint Michiel derrenier passé, lesquelx eussent ordonné que les gens desdiz mestiers, & autres à qui le fait povoit toucher, feussent mandez & feussent oys & examinez par nostredit Bailli, & que sur ce il pourveust ainsi qu'il verroit au cas appartenir, comme par Lettres données dudit Eschiquier on dit plus à plain apparoir. Par vertu de laquelle Ordonnance, nostredit Bailli eust fait une convocation & assemblée de notables personnes, Prelas, Gens d'Eglise, Gens de Justice, Clercs, Bourgois

a *Seine.*

b *Voy. les Tables des Mat. des Vol. de ce Rec. au mot,* Loy. (Ville de)

c *habiles,* là & plus bas.

d *ruinez.*

e *privée.*

f *Conseils.*

NOTE.

(b) Vicomté, &c.] Voy. la note *(c)* de la p. 216. du 5.e Vol. de ce Recueil. Le mot *acquis* peut signifier les droits de Justice, ou les impôts qui se levoient sur les marchandises.

CHARLES VI.
à Paris, en Janvier 1408.

& autres gens, & par especial des gens desdiz mestiers, & en bien grant nombre, en la presence desquelx ledit cas avoit esté exposé, & la matiere grandement ouverte, & finablement avoient tous d'un accort sans contredit aucun, dit & conclu que il [a] estoient expedient, necessaire & très prouffitable pour le bien de ladicte Ville que un chascun ouvrier de quelque mestier qu'il feust, qui vendroit demourer en ladicte Ville, feust receu à besongner & lever son mestier, pourveu que icellui mestier il eust aprins en Ville de Loy ou autre Ville où il eust Ordonnance de mestier, dont il seroit, ou qu'il feust trouvé souffisant & ydoine à faire & lever sondit mestier, par le rapport des Gardes d'un chascun desdiz mestiers, en paiant les droitures du mestier, & en soy submettant à la visitacion des Gardes, & à la Loy & Ordonnance d'icellui; laquelle deliberacion ledit Bailly eust fait enregistrer, & sur ce eust fait rapport à nosdiz Conseilliers tenans nostredit present Eschiquier, lesquelx d'abondant & pour faire la chose plus seurement, eussent derechief ordonné que les Gardes & Visiteurs d'un chascun mestier d'icelle Ville, seroient encores mandez en particulier, avec les Maistres & Ouvriers d'icellui mestier, ou la plus grant partie d'iceulx, ausquels ledit cas seroit exposé, & par eulx seroit sceu & enquiz du prouffit & dommage que povoit porter ladicte Ordonnance, se faicte estoit, pour laquelle inquisicion faire, & savoir sur ce la vérité, nosdiz Conseilliers eussent commiz & ordonné noz amez & feaulx Conseilliers Maistre *Guillaume* de *Villiers* & *Bertrand Quentin*, assistans en icellui Eschiquier, & en leur compaignie nostredit Bailli, lesquelx eussent reprins par devers eulx les [b] procès sur ce faiz, & appellez avec eulx nostre amé & feal Conseillier & Chambellan *Guillaume* Seigneur de *Bellengues*, Chevalier & Cappitaine de ladicte Ville, nostre Procureur oudit Bailliage, le Procureur Général de ladicte Ville, & plusieurs des Bourgoiz & Conseilliers d'icelle, se feussent diligemment informez sur les choses dessusdictes, tant par les Gardes & Maistres d'un chascun desdiz mestiers, lesquelx ilz eussent pour ce oys & examinez l'un après l'autre, jusques au nombre de soixante mestiers & plus, qui sont comme tous les mestiers d'icelle Ville, comme par la plus grant & saine partie des gens d'iceulx mestiers, lesquelx sur ce advisez, eussent dit & rapporté tous d'un commun accort, sans aucun contredit, que à leur advis & consciences [c] s'estoit le bien & prouffit de Nous & de nostredicte Ville de *Rouen*, & de la chose publique, que toutes personnes souffisans & abilles qui sauroient ouvrer d'aucuns desdiz mestiers, & faire bonne euvre & loyal, par bonne & seure visitacion des Gardes desdiz mestiers à ce ordonnez par Nous ou par noz Officiers, comme dit est, ouvrassent & peussent ouvrer desdiz mestiers en icelle Ville de *Rouen*, & lever mestier, par paiant les [d] hansses & autres droitures selon lesdictes Ordonnances desdiz mestiers, & que c'estoit grant dommage qu'il n'avoit esté fait passé à long temps, & le consentoient chascun à l'endroit de son mestier, & leur sembloit estre expedient, prouffitable & necessaire ainsi estre fait en tous les autres mestiers & faiz de marchandises en nostredicte Ville; sauf les [e] Dinans, les Bouchers de [f] *Roan* non forains, & les drappiers de la grant drapperie de *Rouen*, lesquels requistrent certaines modifications à eulx estre faictes; c'est assavoir, les Dinans, en ce qu'ilz disoient que partout nostre Royaume & ailleurs, nul ne peut estre maistre oudit mestier, se il n'est de la ligne de maistre d'icellui mestier, sans ce toutesvoyes qu'ilz voulsissent aucunement contredire que tous ouvriers qui seront de ladicte ligne, ne peussent venir ouvrer & lever mestier en ladicte Ville; lesdits Bouchiers, en ce qu'ilz consentoient que un chascun Bouchier expert & souffisant en la maniere dessusdicte, feust receu à vendre char en ladicte Ville, en nostre Hale du vieux Marchié, & autres lieux en ladicte Ville où les Bouchiers appellez forains ont accoustumé de vendre tant seulement; & lesdiz Drappiers, lesquelz ne contredisoient aucunement que un chascun expert & souffisant à exercer ledit mestier, ne feust receu à ouvrer & lever mestier en ladicte Ville, par la forme & maniere que estoient les Drappiers forains d'icelle Ville; maiz en tant qu'il touchoit leur drapperie, ilz disoient avoir certaines Ordonnances

a *corr.* estoit.

b *actes & procédures.*

c *corr.* c'estoit.

d *Voy. les Tables des Mat. des Vol. de ce Rec. au mot,* Hanse.

e *Chauderonniers.* Voy. ci-dessus p. 314. note *(b)*.

f *corr.* Rouen.

selon lesquelles ilz se vouloient regler à la bonne Ordonnance de Justice, & n'estoient pas de present advisez que lesdictes deux Draperies feussent aünies ensembles & mises à un [a] bougon, un *(a)* merc & une Loy, pour ce que plusieurs de leurdicte drapperie estoient lors absens de ladicte Ville, & requistrent à avoïr sur ce leur advis plus à plain : après lesquelles choses ainsi faictes, comme dit est, nosdiz Conseilliers & Bailli, Commissaires dessus nommez, eussent rapporté en ladicte Court dudit Eschiquier, pardevers nosdictes Gens tenans icellui, les choses dessusdictes, & la deliberacion & consentement de la plus grant & saine partie des manans & habitans d'icelle, comme dessus est dit, & que plus à plain est contenu ou procès sur ce fait. Pourquoy, veu le rapport & procès dont dessus est faicte mencion, à grant & meure deliberacion par nosdiz Conseilliers tenans ledit Eschiquier, avons ordonné en la fourme & maniere qui s'ensuit; c'est assavoir, que doresenavant un chascun bon ouvrier qui aura aprins son mestier en Ville de Loy, ou autre Ville où il y a [b] Ordonnance sur les mestiers, & servy & aprins par le temps qu'il y appartient, ou qui par les Gardes & Maistres desdiz mestiers sera trouvé souffisant, pourra venir demourer en ladicte Ville de *Rouen*, pour exercer sondit mestier & lever icellui, toutesfoiz qu'il lui plaira, en paiant les droiz & devoirs qui appartiennent audit mestier, & parmi ce qu'il sera subget aux visitacions du mestier où il sera receu; & avec ce, pourra un chascun marchant, lui & son mesnage, sans fraude, venir demourer en ladicte Ville, & admener ou faire admener ses blefz, vins & autres denrées & marchandises, soit par terre ou par eaue, & les faire logier, vendre, distribuer & détaillier en icelle, sitost qu'il y vendra demourer, se bon lui semble, en requerant la bourgeoisie d'icelle, & par paiant les droits à ce acoustumez; & quant aux marchands de vins estrangiers, ilz pourront descendre & logier leurs vins en celier ou autre part, en prenant congié à justice, appellez deux des Conseilliers ou le Procureur General d'icelle Ville, sanz ce qu'ilz les puissent mettre & exposer en vente, se ce n'est en cas de necessité, en prenant congié à justice, appellez iceulx Conseilliers ou Procureur en la maniere dessusdicte : Et quant au fait de la grant Drapperie & de la Drapperie foraine, & semblablement des Bouchiers de *Rouen*, & des autres Bouchiers demourans à *Rouen*, nommez les bouchiers forains, de adünir en chascun desdis mestiers les forains avec ceulx de *Rouen*, Nous reservons à les oïr plus à plain, soit devant nosdiz Conseilliers ou autres qui à ce seront par Nous ou nosdiz Conseilliers commis pour y pourveoir comme il appartendra; & quant aux Dinans, nostre entencion n'est mie que par ceste presente Ordonnance ilz soient aucunement prejudiciez en ce qu'ilz dient & maintiennent que par tout nostredit Royaume & ailleurs, nul ne peut estre Maistre en leurdit mestier, se il n'est de la ligne de maistre d'icellui mestier. Si donnons en mandement à noz Bailli & Vicomte de *Rouen*, & à tous noz autres Officiers ou leurs Lieuxtenans, presens & avenir, que nostredicte Ordonnance facent crier & publier par tous lieux où il appartendra, & icelle tenir & garder en tout ce qu'elle contient sans enfraindre en aucune maniere. Et que ce soit ferme chose & estable à tousjours, Nous avons fait mettre à ces presentes le Séel dudit Eschiquier : sauf en autres choses nostre droit, & l'autruy en toutes. *Donné* à Rouen, *l'an de grace mil CCCC & huit, ledit Eschiquier séant, ou mois de Juing, & de nostre Regne le XXVIII.[e]*

CHARLES VI. à Paris, en Janvier 1408.

[a] Voy. le 6.e Vol. de ce Rec. p. 660, note (b).

[b] Statuts, reglemens.

Lesquelles Lettres dessus transcriptes & tout le contenu en icelles, Nous avons fermes & agréables, & icelles louons, gréons, approuvons, & de nostre grace especial, par la teneur de ces presentes, confermons. Si donnons en mandement au *Bailli* de *Rouen*, & à tous noz autres Justiciers & Officiers, presens

Suite des Lettres de Charles VI.

NOTE.

(a) Merc.] Suivant le Gloss. de *Du Cange*, au mot *Merca*, il signifie un indice, une marque. & suivant le Dictionnaire du Commerce de *Savary*, au mot *Marque*, il signifie la mesure de drap, laquelle peut être plus ou moins grande dans les différentes Manufactures de Draps.

CHARLES VI. à Paris, en Janvier 1408.

& avenir, ou à leurs Lieuxtenans, & à chascun d'eulx, si comme à lui appartendra, que de nostre presente grace & confirmacion facent, seuffrent & laissent nostredit Procureur & lesdiz de *Rouen* nommez en nosdictes Lettres dessus transcriptes, joïr & user paisiblement & plainement, sans contredit ou empeschement aucun; mais s'aucun destourbier ou empeschement leur estoit miz au contraire, leur mettent ou facent mettre tantost & sans delay à plaine delivrance. Et affin que ce soit ferme chose & estable à tousjours, Nous avons fait mettre nostre Séel à ces presentes : sauf en autres choses nostre droit, & l'autruy en toutes. *Donné à* Paris, *ou moys de Janvier, l'an de grace mil CCCC. & huit, & de nostre Regne le XXIX.*

Par le Roy, à la relacion du Conseil. CAMUS.

CHARLES VI. à Paris, le 20. de Mars 1408.

(a) Lettres qui portent que les habitans de l'Isle de Ré seront exempts d'Aides, de Tailles & de tous autres Impôts.

CHARLES, &c. Savoir faisons à tous présens & avenir, de la partie de nostre chier & féal Cousin *Pierre* Seigneur d'*Amboise, Vicomte* de *Touars, Conte* de *Beneon*, Seigneur & *Baron* de *Talemon* & de l'*Isle* de *Ré*, Nous avoir esté humblement exposé, disant que sa Terre, Seigneurie & Baronnie de l'*Isle* de *Ré*, laquelle de tout temps & de son propre héritage lui appartient, est assise en la mer sur la frontiere de nostre *Duchié* de *Guienne*, [a] en la venue & descendue des *Anglois* & autres noz adversaires & ennemis de nostre Royaume, telement que de matinée à autre iceulx adversaires & ennemis de nostre Royaume, y pevent venir & viennent souvent aborder & descendre, & que par le fait de nosdiz adversaires d'*Angleterre* depuis peu de temps ença, ont ladicte Isle & plusieurs des habitacions d'icelle, esté [b] arses, [c] courues, gastées & rançonnées par plusieurs fois, & telement que les habitans en icelle n'y pevent vivre ne durer, & fault les habitans de ladicte *Isle* & Seigneurie de *Ré*, chascun jour exposer leurs corps pour eulx deffendre d'eulx & sans ce qu'ilz puissent avoir ou aient aucun secours ou aide que d'eulx seulement; & jaçoit ce que d'ancienneté nostredit Cousin & ses devanciers ayent icelle Terre, Baronnie & Seigneurie de l'*Isle* de *Ré*, tenue franchement sans en recongnoistre aucun à Seigneurs noz devanciers ne autres, & depuis peu de temps ença, icellui nostre Cousin voulant tousjours acroistre nostre Seigneurie, ait icelle Terre, Baronnie & Seigneurie de l'*Isle* de *Ré*, advoué à tenir de Nous en foy & hommage lige, & en soit devenu nostre homme lige à tousjours-mais, lui & les siens, à une maille de *Florence* seulement qu'il Nous en est, & ses successeurs seront tenus de faire pour relief à mutacion de Vassal, pour toutes redevances & charges quelxconques : Neantmoins il [d] se doubte que noz Officiers sur le fait des Aides ordonnez pour la guerre, ne veulent iceulx habitans d'icelle *Isle*, Baronnie & Seigneurie de *Ré*, contraindre maintenant ou pour le temps avenir à paier les Aides qui ès autres parties de nostre Royaume ont ou auront cours pour le fait de la guerre, & iceulx Aides faire cueillir & lever & avoir cours en icelle Isle, Baronnie & Seigneurie, ce que lesdits povres habitans ne pourroient supporter ne soustenir, attendu les grosses charges qu'ilz ont chascun jour d'iceulx nos adversaires, pour soustenir nostre parti, & ce qu'ilz n'ont & ne pevent promptement à leurs affaires avoir aucun secours que de eulx-mesmes, & par ce leur fauldroit du tout delaissier l'abitacion de ladicte Isle, se iceulx Aides y avoient cours, qui seroit ou grand grief & prejudice de nostredit Cousin, si comme il dit, requerant sur ce nostre provision. Pourquoy, Nous eue consideracion à ce que dit est, desirans de tout nostre cuer garder & preserver noz subgez d'oppressions, & mesmement iceulx habitans, à ce qu'ilz puissent

[a] *exposée à la descente, &c.*

[b] *brûlées.*

[c] *ravagées par les courses des ennemis.*

[d] *craint.*

NOTE.

(a) Trésor des Chartres, Registre 163. P. ij.^c xxxiij. (233.)

puissent plus aiseément & à plus grant force resister contre & à la male voulenté, entreprinse & pillerie de nosdiz ennemis & adversaires, pour * eschever aux grands inconveniens & dommages qui à nostredit Cousin & ausdiz habitans de ladicte Terre, Baronnie & Seigneurie de l'*Isle* de *Ré*, par le moyen desdiz Aides, s'ilz avoient cours en icelle Isle & Baronnie, se pourroient ensuir, & pour contemplacion de nostre très-chier & très-amé Oncle le *Duc* de *Berry*, qui de ce Nous a supplié & requis, & pour plusieurs autres causes & consideracions à ce Nous mouvans, à icellui nostre Cousin, de grace especial, plaine puissance & auctorité Royal, avons octroyé & octroyons par ces presentes, que lesdiz habitans d'icelle Terre, Baronnie & Seigneurie de l'*Isle* de *Ré*, soient francs, quittes & exemps, eulx & leurs successeurs habitans en icelle Isle, perpetuelment à tousjours-mais, de tous Aides, Tailles & Subsides, & autres subvencions qui ordonnez sont pour le fait de la guerre, ou puissent estre ou temps advenir, & sans pour ce les contraindre en aucune maniere, & lesquelx Aides, Tailles & Subvencions Nous ne voulons avoir aucun cours en icelle Isle & Baronnie, ne sur lesdiz habitans, ores ne oudit temps avenir. Si donnons en mandement à noz amez & feaulx les Generaulx Conseilliers sur le fait des Aides ordonnez pour la guerre, & à tous noz autres Justiciers & Officiers, presens & avenir, ou à leurs Lieuxtenans, & à chascun d'eulx, si comme à lui appartendra, que de nostre presente grace & octroy facent, sueffrent & laissent iceulx habitans & chascun d'eulx, joïr & user plainement & paisiblement, sans leur donner ou faire ou souffrir estre fait ou donné ores ou pour le temps avenir en corps ou en biens, quelconque empeschement au contraire, lequel se mis leur estoit, leur soit mis tantost & sans delay à plaine delivrance; nonobstant quelxconques Ordonnances, mandemens ou deffences & Lettres quelxconques au contraire. Et que ce soit ferme chose & estable à tousjours, Nous avons fait mettre nostre Séel à ces presentes: sauf en autres choses nostre droit, & l'autruy en toutes. *Donné à* Paris, *le* XX.*e* *jour du mois de Mars, l'an de grace mil* IIII.*c* *& huit, & de nostre Regne le* XXIX.*me*

CHARLES VI. à Paris, le 20. de Mars 1408.

a éviter.

Par le Roy en son Conseil, où le *Cardinal* de *Bar*, les *Roys* de *Secille* & de *Navarre*, Mess.rs les *Ducs* de *Berry* & de *Bourgogne*, les *Contes* de *Mortaing* & de *Vendosme* & autres, estoient. SCEPEAUX.

CHARLES VI. à Paris, le 24. de Mars 1408.

(a) Confirmation des Privilèges accordés à la Ville de Sauveterre, en Rouergue.

KAROLUS, Dei gracia, Francorum Rex. Notum facimus universis tam presentibus quam futuris, Nos Litteras felicis recordacionis Domini Genitoris nostri vidisse, formam que sequitur, continentes.

(b) K*AROLUS, &c.*

NOTES.

(a) Trés. des Chart. Reg. 163. P. ij.c xxiij. (223.)

(b) Ces Lettres qui sont du mois d'Avril 1370. sont imprimées à la p. 694. du 5.e Vol. de ce Rec.

Les Lettres de Charles VI. & celles qui y sont vidimées, sont défigurées par plusieurs fautes dans le Reg. 163. mais d'un autre côté il fournit les corrections & les variantes suivantes pour les Lettres vidimées.

T. 5. P. 694.	Art. 2.	Lig. 4.	& quod cloquerium sit . . . in . . . loco & territorio.	*corr.*	& quod *dictum* cloquerium sit . . . in *solo* & territorio.
P. 695.	Art. 3.	Lig. 4.	ab eis seu altero	*corr.*	ab eis seu *eorum* altero.
		Lig. 6.	sub quacumque cause	*corr.*	ex quacumque *causa*.
	Art. 4.	Lig. 12.	Libro	*corr.*	*Libros*.
		Lig. 14.	dicte Cancellarie	*corr.*	dicte *Senescallie*.
	Art. 5.	Lig. 2.	Consules universitatis dicti loci . . .	*corr.*	Consules, *Universitas & singulares* dicti loci.
		Lig. 6.	quocunque	*corr.*	*quomodocumque*.
	Art. 6.	Lig. 11.	fuerint obligati	*corr.*	*sint* obligati.

CHARLES VI.
à Paris, le 24. de Mars 1408.

Quasquidem Litteras & omnia & singula in eisdem contenta, rata & grata habentes, eas & ea volumus, laudamus, approbamus, ratifficamus, & per presentes de nostra speciali gracia & plenitudine Regie potestatis confirmamus in quantùm Consules, universitas & habitatores loci Salveterre, *de quibus in dictis Litteris fit mencio, ipsis usi sunt debitè. Quocirca* Senescallo *nostro* Ruthenensi, *ceterisque Justiciariis & Officiariis nostris, vel eorum Locatenentibus presentibus & futuris, & eorum cuilibet, prout ad eùm pertinuerit, tenore presencium damus in mandatis quatenùs predictos Consules, universitatem & singulares ejusdem loci* Salveterre, *in dictis Litteris nominatos, nostris presentibus confirmacione & graciâ uti & gaudere pacificè & quietè deinceps perpetuis temporibus faciant & permittant, nil in contrarium fieri permittendo: quod si factum fuerit, ad statum debitum reducant seu reduci faciant indilatè. Quod ut firmum & stabile perseveret in futurum, presentes Litteras Sigilli nostri appencione fecimus corroborari: salvo in aliis jure nostro, & in omnibus quolibet alieno.* Datum *Parisius,* die XXIIII.ª Marcii, anno Domini millesimo CCCC.° octavo, & Regni nostri vicesimo nono.

Per Regem, ad relacionem Consilii. CHALIGAUT.

	Art. 7.	Lig. 5.	Ville *predicte* supradicte & Universitatis ipsius loci per *Domino*. . . .	*corr.* Ville supradicte & Universitatis ipsius loci per *Dominos*.
		Lig. 7.	Universitates	*corr.* *Universitas*.
P. 696.	Art. 8.	Lig. 5.	aliis que vendentur	*corr.* aliis *rebus* que vendentur.
	Art. 10.	Lig. 6.	retentore	*corr.* *detentore*.
		Lig. 7.	Litteras . . . in data [V. note *(e)*].	*corr.* Litteras *anteriores* in data.
		Lig. 13.	robur ac firmitatem	*corr.* *roboris* firmitatem.
		Lig. 18.	Mandentes	*corr.* *Mandantes*.
		Lig. 21.	nominati	*corr.* *nominatos*.
	Art. 11.	Lig. 3.	ab antiquo & perpetuis	*corr.* ab *antiquis* & perpetuis.
		Lig. 4.	consueti	*corr.* *constituti*.
P. 697.	Art. 11.	Lig. 3.	ex parte	*corr.* ex *pacto*.
		Lig. 5.	proprios	*corr.* *proprio*.
		Lig. 11.	impetratem	*corr.* *impetratam*.
		Lig. 15.	aprilis. Per Regem.	aprilis. *Sic signatas*. Per Regem.

CHARLES VI.
à Chartres, en Mars 1408.

(a) Lettres qui portent que les Arrêts de la Chambre des Comptes de Paris, ne peuvent être annullés & cassés que par le Roy, sans qu'il soit permis de se pourvoir en la Chancellerie par rapport à ces Arrêts, ni d'en appeler au Parlement; & que néanmoins dans le cas où il seroit porté au Roi des plaintes contre des arrêts de la Chambre des Comptes, il seroit statué sur ces plaintes par les Gens des Comptes, auxquels seroit joint un nombre compétant des Gens du Parlement.

CHARLES, par la grace de Dieu, Roy de France. Sçavoir faisons à tous presens & avenir, que comme d'ancienneté, pour le bien, honneur & prouffit de Nous & de la Couronne & chose publique de nostre Royaume, il ait esté par nos Predecesseurs Rois de France ordonné, accoustumé & gardé que en la Chambre de nos Comptes à *Paris,* soient & doient estre veuz & examinez les comptes & estats de tous les Tresoriers, Vicomtes, Receveurs & autres Gens qui se sont entremis des recettes de nos deniers & finances ordinaires & extraordinaires, afin de garder nos Domaine & Finances, & que aucune chose ne soit esdits comptes mis ne employé ou delaissé à mectre au dommage ou prejudice de Nous & diminution de nostredit Domaine, & aussi obvier que l'on n'y mecte ne employe aucunes Lettres subrepticces ou non raisonnables, pour dons ou pour autres

NOTE.

(a) Ces Lettres sont imprimées d'après le Recueil cité dans la note *(b)* de la p. 26. du 7.ᵉ Vol. du Recueil des Ordonnances. Il y a pour indication : *Extrait des Registres de la Chambre des Comptes de* Paris. Il paroît par quelques endroits, que ces Lettres n'ont pas été copiées exactement sur le Registre.

Voy. ci-dessus p. 243. des Lettres du 25. de Juin 1407. qui contiennent à peu près les mêmes dispositions que celles-ci, mais qui sont moins amples.

causes injustes; & en nostre Chambre doient estre discutez, determinez, clos & affinez les comptes des receptes & mises faites par lesdits Tresoriers, Vicomtes & autres Receveurs, & iceux Tresoriers, Vicomtes, & Receveurs, leurs heritiers, ayans cause & detenteurs de leurs biens, estre contraintz par autorité de noz amez & feaux Gens de nosdits Comptes, rendre & payer ce que ils sont [a] tenus debvoir par lesdits comptes, tant pour la depence de nostre Hostel, que pour les fiefs, aumosnes, gaiges d'Officiers, & autres choses raisonnables à eulx passées & allouées en compte; & avec ce ait esté ordonné, accoustumé & gardé en nostredite Chambre, que à nosdits Gens des Comptes appartient toute connoissance de cause en cas de refuser ou obtemperer à Lettres des dons, remissions ou quittances, respis, respiz ou delaiz de Nous faire debvoirs des foy & hommages & feaultez, bailler adveuz & denombremens, de mettre par Gens d'Eglise hors de leurs mains rentes & possessions non admorties, de Nous payer finances de reliefs, rachapts, quints deniers, de gardes de mineurs, & autres dons ou allienations d'aucuns nos Domaines ou deniers à iceulx appartenans, soit à toujours, à vie ou à temps, & aussi en matieres de reunir à notredit Domaine aucunes choses qui en auroient esté distraites, & qui par [b] renonciations de nos Predecesseurs & de Nous seroient revoquées & y debvroient estre reunies; de bailler ou faire bailler à nostre prouffit aucunes parties de nos Domaines non convenables à tenir en nostre main, à rente & à toujours mais, à vie ou à temps, selon que bon semble à nosdits Gens des Comptes; de grace ou licence de non resider sur Offices à gaiges, [c] en croissance de gaiges ou pensions, en chargeant notredit Domaine, ou diminuant les finances fiscalles & Royaux, en fait de dons & concessions faits par nos Predecesseurs ou par Nous, ou par les Gens de ladite Chambre, de nostre autorité; des Officiers d'icelle Chambre, & aussi des Vicomtes & Receveurs de nostredit Domaine, & iceulx Officiers muer ou changer de lieu en autre, ou *(b)* despointer seulement quand bon leur semble, selon l'exigence des cas; & avec ce de refuser ou obtemperer à Lettres de Admortissement, Annoblissement, Bourgeoisies, Manumissions, Legitimations, & generalement de tout ce que l'on peut dire en nostre Royaume non vallable, s'il n'est passé & expedié par ladite Chambre de nos Comptes; & aussi en toutes injures dites ou faites en ladite Chambre en jugement ou dehors, à aucuns des Gens & Officiers d'icelle, mesmement en faisant & exerçant leurs Offices, sans ce que aucuns ayent esté ou doient estre receuz à appeller des Appointemens, Commissions, Jugemens, Sentences ou Arrests faictz & donnez és cas dessuiditz ou semblables, par nosdits Gens des Comptes; & soit cette Ordonnance fondée sur grande raison & bonne justice: car s'il estoit souffert que l'on appellast de nosdits Gens des Comptes & de leurs Appointemens, Arrests ou Sentences, l'on ne pourroit avoir payement de ceux qui ont receu & manié nos finances, ou de leurs heritiers, ayans cause ou détenteurs de leurs biens, qui moult souvent & communement par malice, pour delayer & empescher nostre payement, se vouldroient efforcer d'appeller de nosdits Gens des Comptes, & par ce ne pourroit estre payée notre despence, les gaiges de nos Officiers, ne les fiefs & aumosnes deus sur nos receptes, & aussi nos œuvres, édifices & autres affaires en pourroient estre empeschées & retardées, en la trés-grand deshericion ou diminucion de nostredit Domaine en plusieurs & maintes manieres; & qui pis est, s'ensuivroient irréparables inconveniens à Nous & à nostredit Domaine, s'il estoit permis d'appeller de nosdits Gens des Comptes en matieres de reffuz ou delaiz de obtemperer à aucunes Lettres de Dons ou allienations de nostredit Domaine, ou en aucuns des cas dessus declarez, ou

CHARLES VI. à Chartres, en Mars 1408.

[a] *Il y a trouvez ci-dessus, p. 243.*

[b] *Ce mot paroît suspect, & a peut-être été mal lû dans le Registre.*

[c] *peut-être faut-il lire* accroissance.

NOTE.

(b) Despointer.] Ce mot est peut-être ici synonyme de *désappointer* qui, suivant *Nicot & Monet*, signifie priver quelqu'un de son Office. Si c'est-là le sens du mot *despointer*, celui *seulement*, qui le suit, sera fautif.

CHARLES VI. à Chartres, en Mars 1408.

leurs semblables en effect ou substance; & avec ce, nosdits Gens des Comptes en delaisseroient souvent l'exercice de leursdits Offices, pour aller en nostre Parlement ou ailleurs pour la poursuite desdites appellations, & conviendroit que l'on portast ou exhibast audit Parlement & ailleurs les Livres, Registres, Comptes & Escrips de nos Domaines & Finances qui ont accoustumé d'estre gardez si secretement ou temps passé, que quant nos predecesseurs Rois de France les vouloient veoir pour aucunes necessitez, nosdits predecesseurs ou les aucuns d'eulx les alloient veoir en leurs personnes en ladite Chambre, pour obvier aux dommages & inconveniens qui se peuvent ensuir de la revelation & portation foraine d'iceulx escripts; & de nouvel, si comme Nous avons entendu, aucuns Receveurs & autres voulans par voye oblique resister ou deroger à ladite Ordonnance ou observance fondée sur tant bonne cause & intention, & pour icelle enfraindre & vouloir adnuller, se soient efforcez de interjetter appellations à la Court de nostredit Parlement, des clostures desdits comptes & d'autres appointemens faictz par nosdits Gens des Comptes, laquelle chose est en nostre trés-grand prejudice & dommage : Nous adecertes ces choses considerées, qui sont de trés-mauvais exemple, & pourroient tourner en trés-grand inconvenient & mauvaise consequence, ou prejudice & dommage de Nous & de toute la chose publique, & en grand diminution des Droits & Domaines de nostre Couronne & Royaume, se remede n'y estoit, & pour plusieurs autres justes causes & considerations qui Nous meuvent grandement & Nous doivent mouvoir en cette partie, voulant pourveoir aux choses dessusdites, & obvier à telles entreprises & [a] voyes exquises, avons par trés-grand & meure deliberation en nostre Grand Conseil où estoient plusieurs de nostre Sang & Lignage, declaré & declarons nosdits Gens des Comptes en l'exercice des Faits, Appointemens, Jugemens, Sentences & Arrests de notredite Chambre des Comptes & és déppendances, [b] estre à Nous sujets sans moyen & sans ressort aucun en nostredit Parlement ne ailleurs, & que nostre volonté & intencion est que nosdits Gens des Comptes avec l'audition, examination, discution, closture & affinement de tous les comptes des receptes & depensès faites & à faire de nos deniers & finances tant ordinaires que extraordinaires, puissent [c] estre sur lesdits comptes & les parties singulieres contenues & declarées en iceulx, & autres nos besongnes & affaires de ladite Chambre, mesmement en ce qui touche & regarde les cas dessus contenus & exprimez, & les semblables en effect & en substance, donner Appointemens, Sentences, Jugemens, Arrests & Executoires tels & quels qu'il verront estre à faire selon raison & les usages, stilles & Statuts de ladite Chambre, sans ce que il [d] loise à aucun d'en appeller ne venir [e] allencontre par voye ou remede d'appellation; & se aucuns en avoient appellé ou appelloient doresnavant, Nous dés maintenant irritons, adnullons & mettons au neant lesdites appellations faites & à faire, & ne voulons que à icelles poursuir aucuns soient receuz ne ouyz en nostre Chancellerie, en nostredit Parlement ne ailleurs, & le deffendons trés-expressément à nostre amé & feal Chancelier, à nos amez & feaulx Gens de nostre Parlement, & à tous nos autres Justiciers & Officiers, sur le serment qu'ils & chacun d'eulx ont à Nous : Mandons aussi à nosdits Gens des Comptes, au *Prevost* de *Paris*, & à tous nosdits autres Justiciers & Commissaires, presens & avenir, ou à leurs Lieuxtenans, & à chacun d'eulx, si comme à luy appartiendra, que aux appellations faites ou à faire de nosdits Gens des Comptes, ne à aucunes d'icelles, ils ne [f] different ne obeissent, ne pour icelles ne delayent ou retardent aucunement l'execution & effect des Appointemens, Sentences, Jugemens & Arrests de nosdits Gens des Comptes, en tout ne en partie, pour quelzconques Lettres impetrées ou à impetrer de Nous, de notre Chancelier, de nostredit Parlement, ne d'ailleurs, soubz quelconque forme de parolles à ce contraires; ainçois voulons & ordonnons, si comme par aucuns de nos predecesseurs a piçà esté ordonné & gardé, & qu'il est de temps ancien enregistré en notredite Chambre des Comptes ou au Tresor de nos Chartres, Privileges & Registres,

a *Il faut app. corr.* voyes.

b *Voy. ci-dessus p. 244. note (b).*

c *Ce mot paroît être inutile.*

d *soit permis.*

e *corr.* à l'encontre.

f *déferent.*

(c) que ou cas que aucun se plaindroit devers Nous d'aucuns griefs ou d'aucunes Sentences qui auroient esté données contre luy en ladite Chambre, que on ne doint Commissaire ne ne fasse autre Commissaire que de ladite Chambre; mais voulons & Nous plaist que on prenne deux ou trois ou quatre personnes de nostredit Parlement, saiges & souffisans, ou plus, se mestier est, selon ce que les cas le requerront, qui avec les Gens de nostredite Chambre soient toutes fois que mestier sera; & si on y trouve aucune chose à corriger ou amander, qu'il soit fait en leur presence, pour [a] eschever le mal qui s'en pourroit ensuir, qui autrement le feroit. Mandons aussi & deffendons très-expressément à nostre Chancelier, que il ne passe ne scelle Commission ne Adjournement aucun pour complainte que aucuns facent des Sentences ou griefs qu'ils voudroient maintenir contre eulx avoir esté faitz ou donnez en nostredite Chambre des Comptes, par les Gens tenans le Siege en nostredite Chambre, & ne donne sur ce autres Commissaires que d'icelle Chambre, contre la teneur desdites Ordonnances: mais se aucuns s'estoient efforcez ou efforçoient ou temps advenir de faire ou impetrer le contraire, le remecte nostredit Chancelier, ou face remectre sans aucun delay au premier estat, en renvoyant le tout en nostredite Chambre, & non ailleurs, pour en congnoistre & ordonner selon ce qu'il appartiendra de raison, lesdites Ordonnances gardées. Et afin que ce soit chose ferme & stable à toujours, Nous avons fait mettre nostre Scel à ces Presentes: sauf en autres choses nostre droit, & l'autruy en toutes. *Donné à* Chartres, *ou mois de Mars, l'an de grace mil quatre cent huit, & de nostre Regne le vingt-neufviéme.* Ainsi signé. Par le Roy en son Grant Conseil, où les *Rois* de *Sicile* & de *Navarre*, Monsieur le *Duc* de *Berry*, le *Comte* de *Vendosme*, le Grand Maistre d'Hostel, & plusieurs autres, estoient. P. FERON.

CHARLES VI. à Chartres, en Mars 1408.

a éviter.

NOTE.

(c) *Que ou cas.*] La suite de ces Lettres jusqu'à ces mots: *Et afin que ce soit, &c.* ne se trouve point ci-dessus p. 244. dans les Lettres du 25. de Juin 1407. Il paroît cependant certain que cette suite étoit dans l'original de ces Lettres: mais étoit-elle dans le transcript de ces Lettres qui en avoit été fait dans un des Registres de la Chambre des Comptes? Tout ce que je puis dire à ce sujet, c'est que dans l'édition qui a été faite de ces Lettres d'après ce Registre, & sur laquelle je les ai fait imprimer, on y lit seulement ces mots: *que ou cas, &c. Et afin que ce soit ferme chose.......*

CHARLES VI. à Paris, en Mars 1408.

(a) Lettres qui portent que les Hôteliers de la Ville de Paris, ne payeront les droits d'Aides par rapport au foin & à l'avoine qu'ils vendront à ceux qui logeront dans leurs hôtelleries.

CHARLES, &c. Savoir faisons à tous presens & avenir, Nous avoir oye la supplicacion des Hostelliers demourans ès Ville & Faulxbours de *Paris*, eulx entremettans de logier gens de cheval, consors en ceste partie, contenant que après ce que les Aides ordonnées pour la guerre ont esté mis sus en nostre Royaume, & jusques à certain temps passé, que les Hostelliers demourans esdictes Ville & Faulxbours de *Paris*, aient esté tenuz quictes, exemps & paisibles sans inquietacions aucunes, de paier imposicion ou autre aide à cause & pour raison du foing & de l'avoine que ils ont bailliés ou baillent à leurs hostes, & pareillement aient esté ou temps passé & encore soient de present les Hostelliers de plusieurs autres bonnes villes de nostre Royaume, frans, quictes & exemps de paier imposicion de foing & avoine que ilz ont livré & livrent en leur hostellerie à

NOTE.

(a) Trésor des Chartres, Registre 163. P. II.e LVIII. (258.)
Ces Lettres sont aussi au *fol.* 227. *verso* du Registre *A.* du Parlement de *Paris.*

CHARLES VI. à Paris, en Mars 1408.

leurs hostes; & ja soit ce aussi que lesdiz supplians n'aient accoustumé de prendre & avoir pour un cheval, jour & nuit, que autant comme les autres, [a] posé que ilz aient grant chierté de foing & d'avoine comme il avient souventeffoiz, que pareille somme comme l'en fait ès autres Villes èsquelles l'en a meilleur marchié de foing & avoine, que à *Paris,* en quoy sont compris le logis, le giste, la chandelle, l'atache de chevaulx, le foing, l'avoine, le linge, salaire de [b] mesgniée, & autres plusieurs fraiz, parce que le plus souvent ceulx qui sont logiez èsdictes hostelleries font [c] leurs despens hors icelles hostelleries; & toutesvoyes leur convient-il livrer soubz umbre de leurs chevaulx, logis, linge, chandelle, & faire plusieurs autres fraiz [d] hors foing & avoine, parquoy l'en ne pourroit bonnement separer ne *(b)* discerner de le pris de la delivrance ou vente du foing & de l'avoine que baillent lesdiz hostelliers à leurs hostes: & si advient souventeffoiz que lesdiz hostelliers perdent grandement en la vente du foing & de l'avoine que ilz delivrent à leurs hostes, tant pour la chierté que ils en ont, comme pour les [e] creances & mauvaises paies, & autrement en plusieurs manieres : neantmoins puis certain temps en ça, aucuns fermiers de l'imposicion du foing & de l'avoine en nostredicte Ville de *Paris,* se sont [f] soustilliez de trouver voyes & manieres estranges pour contraindre lesdiz hostelliers à paier imposicion du foing & de l'avoine que ilz baillent & delivrent à leurs hostes, & premierement les ont composez à petite somme d'argent; c'est assavoir, chascun an à iij. solz ou à huit solz, ou autre petite somme laquelle iceulx hostelliers ont gracieusement paiée pour éviter procès; & par trait de temps, lesdiz fermiers se sont efforciez de croistre lesdictes composicions, & tellement que maintenant ilz veullent avoir & prendre de chascun hostellier très-grant somme d'argent par an, & contraingnent iceulx hostelliers à paier imposicion du foing & de l'avoine que ilz baillent & delivrent au regart de leur hostellerie, laquelle chose leur seroit importable, si comme dient lesdiz supplians, requerans que ces choses considerées, & mesmement que par les Ordonnances & Instruccions faictes sur le fait desdiz Aides, icelles bien entendues, il n'est point trouvé que lesdiz hostelliers doient ne soient tenuz de paier aucun impost à cause du foing & de l'avoine que ilz baillent & delivrent à leurs hostes; mais seulement doivent paier imposicion les marchans en gros ou regratiers qui vendent foing ou avoine sans tenir hostellerie; consideré aussi que il convient à iceulx hostelliers louer leurs maisons & mesgniées bien chierement, & faire plusieurs autres fraiz tant en linge, chandelle que autrement, laquelle despense, se il leur convenoit paier ladicte imposicion, ilz ne pourroient supporter se ilz ne croissoient grandement le salaire que ilz ont acoustumé prendre pour la despence d'un cheval jour & nuit; qui seroit ou préjudice du bien publique & du peuple; mesmement que lesdiz supplians ne doivent pas estre de pire condicion, mais doivent estre plus favorablement traittiez que les hostelliers des autres bonnes villes de nostre Royaume, parce que en nostredicte Ville de *Paris,* Nous & les Nobles de nostre Royaume conversent plus que ailleurs, & que se il convenoit ausdiz supplians pour cause de ladicte imposicion croistre le pris que [g] ilz acoustumé prendre pour le salaire des chevaulx que ilz [h] hebergent, ce [i] redondroit à la charge des nobles hommes & du peuple de nostredit Royaume, qui frequente lesdictes hostelleries pour avoir recours à Nous & à nostre Justice; & seroit plus [k] aservir nostredicte Ville de *Paris* qui est le lieu de nostre demourance & de nostre siege Capital, & doit estre plus franc que autres lieux de nostre Royaume, Nous leur vueillons sur ce impartir nostre [l] dicte grace : Pour ce est-il que eue consideracion aux choses dessusdictes, & pour certaines causes & consideracions à ce Nous

[a] *quoique cependant ilz aient, &c.*
[b] *domestiques.*
[c] *la dépense de leur nourriture.*
[d] *outre le foing.*
[e] *crédits.*
[f] *subtilisez, ingeniez.*
[g] *ilz ont.* R. P.
[h] *herbergent.* R. P.
[i] *redonderoit.* R. P.
[k] *asservir.* R. P.
[l] *benigne grace.* R. P.

NOTE.

(b) Discerner de le pris, &c.] On ne peut faire ce discernement, parce que dans le prix auquel les hôtelliers vendent le foin & l'avoine, est compris le dédommagement de toutes les autres dépenses qu'ils sont obligés de faire.

mouvans, Nous qui ne voulons introduire charge nouvelle sur nostre peuple & bonne Ville de *Paris*, par grant & meure deliberacion, de nostre certaine science, auctorité royal & grace especial, avons octroyé & octroyons que doresenavant eulx & leurs successeurs hostelliers de nostredicte Ville de *Paris* & des Fauxbours d'icelle, soient & demeurent, & iceulx tenons & voulons estre tenuz francs, quictes & exemps de paier l'imposicion du soing & de l'avoine que ilz baillent à leurs hostes, pour la despense de leurs chevaulx. Si donnons en mandement & estroictement enjoingnons à noz amez & feaulx les Generaulx Conseilliers sur le fait des Aides, aux Esleuz sur ledit fait, à *Paris*, & à tous noz autres Justiciers & Officiers, ou à leurs Lieuxtenans, & à chascun d'eulx, si comme à lui appartendra, que de nostre presente grace & octroy facent & seuffrent lesdiz supplians & leurs successeurs hostelliers de nostredicte Ville de *Paris* & des Fauxbours d'icelle, joïr & user à plain, sans leur mettre ou souffrir estre mis aucun empeschement ou destourbier au contraire; nonobstant quelxconques submissions à quoy iceulx supplians se soient condescenduz envers lesdiz fermiers, par les moyens dessusdiz, Ordonnances, usaiges, deffenses & Lettres subreptices impetrées ou à impetrer à ce contraires. Et affin que ce soit ferme chose & estable à tousjours, Nous avons fait mettre nostre Séel à ces presentes : sauf en autres choses nostre droit, & l'autruy en toutes. *Donné à* Paris, *ou moys de Mars, l'an de grace mil CCCC. & huit, & de nostre Regne le XXIX.*[a]

CHARLES VI. à Paris, en Mars 1408.

Par le Roy, Messeigneurs les *Ducs* de *Bourgogne*, de *Brebant* & de *Hollande*, & [b] plusieurs Chambellans presens. CHARRON. *(c)*

a *Après cette date il y a dans* R. P. Ainsi signé.

b *plusieurs autres Chambellans.* R. P. *mais ce mot* autres *paroît inutile.*

NOTE.

(c) Après cette signature, on lit dans le Registre du Parlement : *Visa. Contentor.* R. LIJOTE. *Et estoit escript au dos : Publicat. & lect. in Camera Juvaminum pro guerra, de precepto Dominorum ibi, XI.*e *die Februarii, anno Domini millesimo CCCC.*o *nono.* J. CHASTENIER. Item. *publ. en l'auditoire des Esleuz de* Paris, *le mardi XI.*e *jour de Février, l'an mil iiij.*e *& neuf.* J. LUILIER.

Collacio facta est cum originali. BAYE. [Il étoit Greffier du Parlement. Voy. la Table des noms qui est à la fin du 8.e Vol. de ce Rec. au mot *Baya.*

CHARLES VI. à Chartres, en Mars 1408.

(a) Lettres par lesquelles Charles VI. érige en Comté-Pairie, sous une même foi & hommage, le Comté de Mortain, dont il avoit fait don à son Cousin Pierre de Navarre, avec la terre de Condé-sur-Noireau, qui avoit été unie à ce Comté, & la Baronnie de Trassy & de Vassy près Mortain, & la terre de Montesquieu dans la Sénéchaussée de Toulouse.

CHARLES, &c. Savoir faisons à tous presens & avenir, que comme par noz autres Lettres séellées en las de soye & cire vert, & pour les causes & consideracions declarez en icelles, verifiées & enregistrées en nostre Chambre

NOTE.

(a) Trésor des Chartres, Registre 163. P. ij.e xxviij. (228.)

Ces Lettres ne se trouvent point dans le 3.e Volume de l'Histoire Généalogique de la Maison de France, à l'article *Mortaing Comté-Pairie* p. 254. ni dans le Recueil de Pièces concernant les Pairies de France, donné en 1716. par M.r *Lancelot* de l'Académie des Belles-Lettres.

Dans ces Lettres il est fait mention de quelques autres Lettres antérieures qui y ont rapport, & qui ne sont point datées. Les recherches que j'ai faites pour me procurer une connoissance plus détaillée de ces Lettres antérieures, & pour en fixer la date, m'ont fait connoître que les Auteurs que j'ai consultés, ne se sont point expliqués ni avec assez d'étendue ni avec assez d'exactitude. J'ai même recouvré quelques pièces qu'ils n'ont point connues; & comme les discussions dans lesquelles je serai obligé d'entrer sur cet objet, seroient trop longues pour être renfermées dans une note, j'ai pris le parti de les renvoyer à la Préface de ce Volume au §. qui sera intitulé : *Comté de Mortain.* J'y expliquerai les droits qu'ont eu sur ce Comté, les Princes de la Maison Royale d'*Evreux*, dont quelques-uns ont été Rois de Navarre.

CHARLES VI. à Chartres, en Mars 1408.

des Comptes, Nous ayons donné, baillé, cédé & transporté à nostre très-chier & amé Cousin (b) *Pierre* de *Navarre* la *Conté* de *Mortaing*, avec toutes les appartenances & appendances d'icelles, plus à plain declairez en nozdictes Lectres, en faisant lequel don ou transport, Nous lui eussions accordé & octroyé qu'il tendroit ladicte Conté & appartenance de Nous en Pairie, ressortissant à Nous & à nostre Court souveraine de Parlement, sans moyen, & de ce lui faire & donner Lettres dont encores il n'a eu aucunes; & avec ce, lui soient advenues & escheues de feue de très-noble memoire nostre très-chiere Dame & mere la [a] *Royne Blanche* sa tante, les terres & seigneuries de *Condé* sur *Noireau*, & autres qu'elle tenoit ou pays de *Normandie;* & aussi lui ayons donné & transporté la porcion que Nous avions & tenions ès terres & seigneuries de *Montesquieu*, & autres, que avoit & tenoit en son vivant en la Seneschaucie de *Thoulouse*, nostre très-chiere Cousine [b] *Agnès* de *Navarre* sa Tante, & aussi nostre très-cher & très-amé Cousin le *Roy* de *Navarre* son Frere, la porcion qu'il avoit en icelles; en toutes lesquelles terres dessus déclairées, nostredit Cousin *Conte* de *Mortaing* a toute Justice & Seigneurie, haulte, moyenne & basse, & avecques ce, a acquis à tiltre d'achapt assez près de ladite *Conté* de *Mortaing*, la terre de *Trassy* & de *Vassy* en Baronnie, qui pevent valoir de trois à quatre cent livres de terre ou rente par an, en laquelle Baronnie il n'avoit avant le jourd'huy point de haulte Justice: Nous considerans l'estat, lignée & generacion de nostredit Cousin qui est de nostre Sang & si prochain comme nostre Cousin Germain, Filz de *Roy* de *Navarre*, & de [c] feue nostre très-chiere tante la Royne sa femme, & que par ce sommes plus astrains & tenuz à le pourveoir & eslever en honneurs, noblesses & prérogatives telles que à lui & à son estat pevent appartenir, & aussi ayans consideracion aux grans, notables & agréables services à Nous faiz par nostredit Cousin, & que encores il Nous fait chascun jour, & pour autres causes, raisons & consideracions à ce Nous mouvans, à nostredit Cousin le *Conte* de *Mortaing*, avons octroyé & octroyons pour lui, ses hoirs masles descendans de lui & de eulx en loyal mariage, de nostre puissance & auctorité Royal, certaine science & grace especial, par ces presentes, euc sur ce grant & meure deliberacion que ladicte *Conté* de *Mortaing*, & toutes les autres Terres & Seigneuries ci-dessus declairées qu'il a & tient oudit pays de *Normandie*, lesquelles sont toutes tenues de Nous, & lesquelles Nous adjoingnons & annexons à sadicte Conté, il tiengne & puist tenir de Nous en haulte Justice & en une seule foy & hommage, & que icelles & lesdictes terres de *Montesquieu* & autres qu'il a en ladicte *Seneschaucie* de *Toulouse*, il tiengue & puist tenir de Nous en Parrie, & aussi noblement comme les autres Pers de France font & tiennent de Nous leurs terres, lequel nostre Cousin & toutes ses Causes & de ses Bailliz, Vicontes, Maistres des Eaues & Forestz, & autres ses Juges, Justiciers, Officiers & Commissaires, à cause de leurs Offices touchans icellui nostre Cousin, & les droiz de sesdictes terres, meues & à mouvoir, en demandant & en deffendant, Nous avons par la teneur de ces presentes & de nozdictes auctorité, certaine science & de grace especial, exempté & exemptons de noz Eschiquiers de *Normandie*, & de tous noz Bailliz, Seneschaulx, Viconte, Prevostz, Commissaires & autres noz Justiciers & Officiers.

a *Voy. la note (b) de cette page.*

b *Voy. la note (b) de cette page.*

c *Voy. la note (b) de cette page.*

NOTE.

(b) *Pierre de Navarre.*] Il étoit le second fils de *Charles II.* dit *le Mauvais*, Roy de *Navarre*, & de *Jeanne* de *France* Fille du Roy Jean. *Charles II.* étoit Fils aîné de *Philippe III. Roy* de *Navarre*. Voy. l'Histoire Généalogique de la Maison de France, T. 1. p. 281. & 286.

La Reine Blanche. Blanche de *Navarre* étoit Fille de *Philippe III. Roy* de *Navarre*, & Sœur de *Charles II.* Père de *Pierre*. Elle fut la deuxième Femme de *Philippe* de *Valois*, Bisayeul de *Charles VI*, c'est par cette raison que ce Prince donne à *Blanche* le titre de sa mère, quoiqu'il n'en descendit pas: car le Roy Jean son Ayeul étoit Fils de *Jeanne* de *Bourgogne* première Femme de Philippe de Valois. Voy. *ibid.* p. 103. 105. 283.

Agnès de Navarre sa Tante. Elle étoit Fille de *Philippe III. Roy* de *Navarre*, & Sœur de *Charles II.* Voy. *ibid.* p. 283.

CHARLES VI. à Chartres, en Mars 1408.

Officiers & de nostre Royaume, excepté de Nous & de nostre Court Souveraine de Parlement, en laquelle vendront & ressortiront toutes lesdictes Causes de nostredit Cousin & de ses Officiers, & aussi des Gens qui tendront ses Grans Jours en ses terres de *Normandie,* & aussi en sesdictes autres terres, en l'Auditoire desquelx vendront & seront déterminées toutes les Causes d'appel & de doleance qui seront faictes & vendront de ses Bailliz, Maistres [a] des Forestz, & autres ses Juges & Commissaires à lui subgiez, par ainsi toutes-voyes que de sesdiz Grands Jours pourra estre appellé en nostredicte Court de Parlement, & en icelle nostre Court de Parlement seront oyes & déterminées lesdictes Causes d'appel, & generalement joïra & pourra joïr nostredit Cousin le Conte de *Mortaing,* de tous droiz, noblesses & prerogatives que à Pers de France & [b] droit de Parrie pevent & doivent competer & appartenir. Si donnons en mandement à noz amez & feaulx les Gens tenans nostredit Parlement, & qui tendront noz Parlemens avenir, noz Gens des Comptes, & ceulx qui tendront noz Eschiquiers de *Normandie,* & à tous noz autres Justiciers & Officiers, ou à leurs Lieuxtenans, presens & avenir, & à chascun d'eulx, que de nostredicte grace & octroy, Parrie & autres choses dessusdictes & declairées & chascune d'icelles, facent, sueffrent, & laissent nostredit Cousin joïr & user paisiblement & plainement sans lui contredire, molester ne empeschier, ne souffrir estre molesté ne empeschié aucunement au contraire. Et pour ce que ce soit ferme chose & estable à tousjours, Nous avons fait mettre nostre Séel à ces presentes Lettres : sauf en autres choses nostre droit, & l'autruy en toutes. *Donné à* Chartres, *ou moys de Mars, l'an de grace mil CCCC. & huit, & le XXIX.e de nostre Regne.*

Par le Roy en son Conseil, ouquel le *Cardinal* de *Bar,* les *Roys* de *Secille* & de *Navare,* Monf. le *Duc* de *Berry,* le *Conte* de *Haynau,* le *Conneſtable,* l'*Arcevesque* de *Sens,* l'*Evesque* de *Poitiers,* les Seigneurs de *Baqueville* & de *Jaligny,* & plusieurs autres tant de la Court de Parlement comme de la Chambre des Comptes, estoient. BARRAU.

a corr. des Eaux & Forêts, *comme il y a ci-dessus.*

b *supp.* à.

CHARLES VI. à Chartres, en Mars 1408.

(a) Lettres qui portent que l'Abbé & les Religieux de Notre-Dame de Lire, Diocèse d'Evreux, & les membres & suppôts de cette Abbaye, demeurans dans le Bailliage d'Evreux, plaideront soit en demandant, soit en défendant, devant le Vicomte de Breteuil, à son Siége de Glos, & par appel, devant le Bailli d'Evreux, à son Siége de Breteuil.

CHARLES, &c. Savoir faisons à tous presens & avenir, de la partie de noz bien amez les Religieux Abbé & Couvent de *Nostre Dame de Lire,* de l'Ordre de Saint Benoist, ou Diocese d'*Evreux,* Nous avoir esté humblement exposé que comme ladicte Abbaye soit de grant ancienneté de fondacion Royal, reservée & mise soubz la garde & souveraineté de noz Predecesseurs Roys de France & de Nous, & ne doivent ressortir en aucune Juridicion en nostre pays de *Normandie,* sinon au Siege capital & Royal dudit pays; sauf en cas d'appel, en Parlement ou [c] Eschiquier, comme on dit ce plus à plain apparoir par plusieurs Lettres & privileges, & par especial par Lettres qu'ilz dient sur ce avoir de feu nostre Besaieul le Roy Phelipe dont Dieu ait l'ame, faictes en las de soye & cire vert, données ou moys de May, l'an mil iij.c xxxviij. esquelles Lettres on dit estre contenu que pour certains partages & appanages qui avoient esté faiz à feux les *Roys* de *Navarre* & *Conte* d'*Alençon,* des *Contez* d'*Evreux* & d'*Alençon,* & de certaines autres terres en nostredit pays de *Normandie,* ledit Roy Phelipe reserva par moz exprès ladicte Abbaye, & la retint soubz lui & en sa Justice,

c *Voy. les Tables des Mat. des Vol. de ce Rec. au mot:* Echiquier.

NOTE.

(a) Trésor des Chartres, Regiſtre 163. P. ij.c lxxvj. (276).

CHARLES VI. à Chartres, en Mars 1408.

disant que son entencion n'estoit ne n'avoit esté, nonobstant lesdiz partages & appanages, que ladicte Abbaye en chief & en Membres, ressortist ailleurs que en sa Justice; & aussi dit-on ces choses apparoir par plusieurs autres Chartres, Arrestz de Parlement & privileges, verifiées en la Chambre de noz Comptes, pour lesquelles choses, ledit feu Roy Phelipe, les Gens de Parlement & de la Chambre des Comptes, qui lors estoient, mirent dessors lesdiz supplians soubz & en la garde & souveraineté du *Bailliage* de *Rouen :* toutesvoyes ce nonobstant, ledit feu *Roy* de *Navarre* à cause desdictes Terres qui lui avoient esté baillées oudit pays de *Normandie*, par partages ou appanages, ledit *Conte* d'*Alençon* & autres haulx Justiciers, molestoient iceulx supplians & leurs hommes, & les vouloient contraindre de respondre en plusieurs lieux en leurs haultes Justices, & par especial ledit *Roy* de *Navarre* qui disoit user du droit Royal; à laquelle contrainte lesdiz supplians s'opposerent, & obtindrent de notredicte Cour un Arrest par maniere de provision, par lequel ilz demouroient en la Juridiccion dudit *Bailliage* de *Rouen*, & y sont tousjours demourez jusques à n'agueres que *(b)* lesdictes Terres que souloit tenir ledit feu *Roy* de *Navarre* en nostredit pays de *Normandie*, par partages ou appanages, sont retournées & remises à nostre demaine, & par ce avons voulu & ordonné de nouvel que lesdiz supplians & plusieurs autres qui estoient exemps de tous Juges, excepté dudit *Bailli* de *Rouen*, ressortissent par tous les Bailliages & Vicontez où ilz avoient aucunes [a] territories, & avec ce le *Bailliage* d'*Evreulx* qui ne souloit être que Bailliage Contal, avons ordonné estre Bailliage Royal; & par ainsi iceulx supplians ressortissent en plus de xij. *(c)* Sieges d'assise & autant de Viconté, qui tiennent leur Juridicions aucunes foiz les uns [b] quant les autres, parquoy il convient ausdiz supplians en chascun desdiz Sieges, avoir [c] Atourné ou Procureur, & mener Conseil plusieurs foiz, & faire grans mises & despens importables, laquelle chose est en leur très-grant destruccion, préjudice & dommage, & en diminucion du Service Divin de leur Esglise, & pourroit encores plus estre, se par Nous ne leur estoit pourveu de remede convenable, ainsi qu'ilz dient, implorant humblement icellui. Pourquoy Nous ces choses considerées, & que de tout temps & d'ancienneté lesdiz exposans n'ont ressorti ne respondu que pardevant un Juge Royal, & affin que iceulx exposans, les Prieurs & autres membres & suppostz d'icelle Abbaye, puissent mieulx vacquer au Service Divin en ladicte Esglise, & que la greigneur partie des terres & revenues d'icelle sont assises ou *Bailliage* d'*Evreux*, & que Nous n'avons aucun dommage ou interest que lesdiz exposans, les Prieurs, membres & suppostz d'icelle Abbaye, respondent ou ressortissent pardevant un de noz Juges seulement que pardevant plusieurs, & pour certaines justes causes & considéracions à ce Nous mouvans, à iceulx exposans avons octroyé & octroyons de grace especial par ces presentes, que doresenavant eulx, les membres & suppostz d'icelle abbaye, tant en chief comme en membres, estans & demourans ou *Bailliage* d'*Evreulx*, ne puissent estre traiz ne ne soient tenuz de respondre, soit en demandant ou en deffendant, en quelque maniere que ce soit, ailleurs que pardevant le *Viconte* de *Bretueil* à son Siege de *Glos* qui est le plus prouchain Siege de Viconté du corps de ladicte Abbaye, & en cas de ressort, pardevant nostre *Bailli* d'*Evreux*, à son Siege de *Bretueil*, soubz le ressort & souveraineté en cas d'appel ou de doleance, de nostre Court de Parlement ou de nostre Eschiquier de *Normandie*, & sans ce que aucuns de noz autres Justi-

[a] *Je crois que ce mot signifie ici simplement des terres.*

[b] *en même temps que.*

[c] *Voy. la p. 86. du Glossaire du Droit François, au mot* Attournez.

NOTES.

(b) Lesdictes terres.] Ce fut par des Lettres du 9. de Juin 1404. que *Charles III. Roy* de *Navarre* céda à Charles VI. le Comté d'*Evreux*, & plusieurs autres terres en *Normandie* & ailleurs. Elles sont au Trésor des Chartres, Layette 5. de *Navarre*, Pièce 15. Charles VI. par ses Lettres du même jour 9 de Juin, accepta la cession qui lui étoit faite par le *Roy* de *Navarre*, à qui il donna le Duché de *Nemours*. Ces Lettres sont imprimées ci-dessus p. 11.

(c) Sieges d'Assise.] Les differens Sieges des Bailliages où les Baillis alloient tenir leurs assises.

ciers ou Officiers puissent tenir ne entreprendre Court ou congnoissance aucune des Causes touchans lesdiz exposans, les membres & suppostz d'icelle Abbaye. Si donnons en mandement à noz amez & feaulx les Gens tenans nostredit Parlement, & de noz Comptes & Tresoriers à *Paris*, ausdiz *Bailli* d'*Evreux* & *Vicomte* de *Breteuil*, & à tous noz autres Justiciers & Officiers, ou à leurs Lieuxtenans, & à chascun d'eulx, si comme à lui appartendra, que de nostre presente grace & octroy facent, sueffrent & laissent lesdiz exposans & chascun d'eulx, & les membres & suppostz d'icelle Abbaye, joïr & user paisiblement & à plain, sanz sur ce leur mettre ou donner ne souffrir estre mis ou donné contradiction ou empeschement aucun : Et se aucune chose estoit faitte au contraire, qu'ilz la mettent ou facent mettre reaument & de fait tantost & sans delay, à plaine delivrance & au premier estat & deu. Et affin que ce soit ferme chose & estable à toujours, Nous avons fait mettre nostre Séel à ces présentes : sauf en autres choses nostre droit, & l'autruy en toutes. *Donné à* Chartres, *ou moys de Mars, l'an de grace mil iiij.c & huit, & de nostre Regne le XXIX.e*

CHARLES VI. à Chartres, en Mars 1408.

Par le Roy en son Conseil, ouquel le *Roy* de *Sicile*, Mess. les *Ducs* de *Berry* & de *Bourbonn.* le *Conte* de *Vendosme*, le Sire de la *Rocheguyon*, & plusieurs autres, estoient. NEAUVILLE.

M. CCCC. IX.

Suivant la page 58. du Livre intitulé : *L'Art de vérifier les dates*, cette année a commencé le 7. d'Avril, & a fini le 22. de Mars suivant.

CHARLES VI. à Paris, le 16. d'Avril 1409.

(a) Lettres par lesquelles Charles VI. donne pouvoir à tous les Justiciers de son Royaume, de faire arrêter dans leurs Jurisdictions, ceux qui détiennent les deniers qu'ils ont reçûs pour le secours de l'Empereur de Constantinople contre les Turcs, & de les contraindre à les restituer.

CHARLES, par la grace de Dieu, Roy de France. Aulx *Seneschaulx* de *Toulouse*, *Carcassonne*, *Beaucaire*, & à tous les autres Justiciers de nostre Royaulme, ou à leurs Lieuxtenans, & au premier notre Sergent qui sera sur ce requis : Salut. De la partie de nostre amé *Manuel Crisolore*, Chevalier, ou nom & comme Procureur general & Ambassadeur de nostre très-cher & amé Cousin l'*Empereur* de *Constantinople*, Nous a eté exposé en griefment complaignant, que comme pluseurs personnes qui se sont entremis de la recepte & administration des deniers donnés & octroyés par pluseurs bonnes personnes de nostre Royaulme, à nostredit Cousin, à cause de certaines indulgences octroyées à tous ceulx & celles qui donneroient & eslargiroient de leurs deniers & chevance à icelui nostre Cousin, pour resister à l'encontre des *Turcs* & ennemis de la Foy Catholique, sans avoir rendu compte aux Procureurs commis dudit Empereur, ne fait satisfaction & restitution à iceulx de pluseurs grans sommes de deniers par eux receues, se sont fuis & absentés des lieux & païs où ils souloient demeurer, & ont pris & emporté furtivement & larcineusement pluseurs grans sommes de deniers apartenans audit Empereur, & lesquelles ils avoient eues & receues pour lui & en son nom, & ne lui en ont fait aucune satisfaction, comme dit est; laquelle chouse a esté & est de très-mal exemple, en grant esclande & lesion de justice, en commetant par les dessusdits furt &

NOTE.

(a) La copie de ces Lettres a été envoyée de *Montpellier*, avec cette indication : *Sénéchaussée de* Toulouse *en général, armoire C. 8.e continuation des titres particuliers, n.o 1. fol. 68. verso.* Voy. ci-dessus p. 109. & 148. les Lettres des 23. & 24. Avril 1405. & 4. Octobre 1406.

CHARLES VI. à Paris, le 16. d'Avril 1409.

larecin publiques, & autrement grandement delinquant, & n'en auroit jamais nostredit Cousin aucune restitution ou satisfaction, en son très-grant grief, domage & prejudice, se par Nous ne lui estoit sur ce pourvû de notre grace & remede convenable, si comme dit icelui exposant, requerant humblement avoir sur ce nostre provision : pourquoi Nous ces chouses considerées, voulans avancier le payement & solution de nostredit Cousin, attendu que son fait est pyteable & requiert grand celerité, pour les grans opressions, grief & domages que [a] faist chascun jour à lui & à ses subgiets lesdits Ennemis de notre Foy, vous mandons & expressement enjoignons, & à chascun de vous, si comme à lui appartiendra, & pour ce que lesdits malfaiteurs pour [b] eschiever justice & punition de leurs mefaits, & à ce que ils ne soient contraints à faire satisfaction à nostredit Cousin, se sont transportés & transportent de jour en jour en plusieurs estranges, diverses Juridictions, lieux & parties de nostredit Royaulme, commetons, se mestier est, à chascun de vous en son pouvoir & Jurisdiction, que tous ceulx qui par information souffisament faite ou à faire, ou autrement dûement, vous trouverés coulpables, renommés ou soubçonnés d'avoir prins, receu, retenu, recelé & emporté furtivement ou autrement dampnablement lesdites sommes de deniers, ou autres choses & biens appartenans à nostredit Cousin l'*Empereur,* vous les contraignés incontinent & sans aucun delai, par prinse de corps & de biens, vigoureusement & sans deport, à lui en faire satisfaction, restitution & payement, ou à ses gens, Procureurs & Commis pour lui & en son nom ; & pour ce faire mieulx & plus diligeament, prenés ou faites prendre lesdits malfaiteurs & leurs complices, quelque part que trouver les pourrés en nostredit Royaulme, hors lieux saints, en les amenant ou faisant amener soubs seure garde, prisoniers en [c] vous plus prouchains prisons des lieux où ils auront été prins, pour illec [d] ster à droit, & recevoir punition & justice selon leurs demerites, & aussi pour respondre à nostredit Cousin ou à sesdits Procureurs commis, à tout ce que ils vouldront demander touchant les choses dessusdittes, les circonstances & dépendances d'icelles, proceder & aller avant sur ce, & en oultre selon raison; & au cas que prins & aprehendés ne pourroient estre, si procedés ou faites proceder chacun de vous [e] en droit fort avan contre eulx, & à confiscation de leurs biens, par adjournement, appaux, ou aultrement comme il est acoustumé de faire en tels cas, en faisant & administrant sur ce telle & si bonne & briefve justice, que ce soit exemple à tous aultres, & que ledit complaignant n'ait cause de retourner pour ce plaintif par devers Nous : mandons & commandons à tous nos Officiers & subgiets, que à vous & à vous commis & deputés, & à chascun de vous, en ce faisant, obeissent & entendent diligeament, & vous prestent conseil, confort, ayde & prisons, se mestier est, & par vous ou vous commis en sont requis : car ainsi nous plaist-il & le voulons estre fait, de grace especial, se mestier est, par ces presentes; non obstant quelconques impetrations subreptices à ce contraires. *Donné à* Paris, *le seizieme jour d'Avril, l'an de grace mil quatre cens & neuf, & le XXIX.e de notre Regne.*

Par le Roy. BARRAU.

[a] *corr.* font.
[b] *éviter.*
[c] *vos.*
[d] *ester.*
[e] *peut-être faut-il corriger* en droit foy, avant, contre eulx.

CHARLES VI. à Paris, le 20. d'Avril 1409.

(a) Lettres de Charles VI. confirmatives de celles par lesquelles Jean Duc de Bourgogne, avoit accordé deux foires à la Ville de Malines.

KAROLUS, &c. Notum facimus universis presentibus pariter & futuris, Nos humilem supplicacionem dilectorum nostrorum Magistrorum, Communitatis, Scabinorum, Consulum tociusque communitatis Ville Machlinensis, *recepisse continentem*

NOTE.

(a) Trésor des Chartres, Registre 163. P. ij.e lxxiiij. (274.)

quod cum cariſſimus Conſanguineus noſter Johannes Dux Burgundie, Comes Flandrie, Artheſii *&* Burgundie *Palatinus, & Dominus* Salinarum *& dicte Ville* Machlinenſis, *pro bono & utilitate reipublice, duas liberas nundinas in eadem Villa, amodo ſingulis annis perpetuò ſedere & celebrare conceſſerit & ordinaverit, primam, videlicet feriâ ſecundâ ante Feſtum Aſcenſionis Domini, octo diebus continuis duraturam; aliam vero, feriâ ſecundâ poſt Feſtum Beatorum Coſme & Damiani Martirum, quod eſt viceſimâ ſeptimâ die Septembris, ſimiliter octo diebus continuis duraturam, prout per Litteras dicti Conſanguinei noſtri ſuper hoc confectas, hec & alia laciùs poſſunt apparere. Quarumquidem Litterarum tenor ſequitur ſub hiis verbis.*

JOHANNES Dux Burgundie, Comes Flandrie, Artheſii *&* Burgundie *Palatinus, Dominus de* Salinis *& de* Machlinia. *Notum facimus univerſis tam preſentibus quam futuris, quod Nos ob grata fidelitatis obſequia que dilecti noſtri Magiſtri, Communitatis, Scabini, Conſules & tota Communitas Ville noſtre* Machlinenſis, *nobis & predeceſſoribus noſtris eorum Dominis, pluries promptis* [a] *annis & liberaliter impenderunt & impendere non deſiſtunt, ipſius eciam Ville ad quam maris fluxus & refluxus ſe extendunt, ſituacionem conſiderantes commerciis aptam, cum & illuc ex diverſis partibus mundi, per mare, per flumina & per terram commodoſâ facultate merces poſſint adduci, & inde pro utilitate Reipublice cujus invigilamus augmento, leviter diſtribui & fructuoſiùs diſpenſari, ut eciam eidem noſtre Ville licitis & racionabilibus mediis ſua onera ſupportandi, nobiſque & ſucceſſoribus noſtris fideliter ſerviendi facultas uberiùs augeatur, aliiſque certis conſideracionibus ad hoc nos moventibus, eorumdem dilectorum noſtrorum* Machlinenſium, *humilimis & congruentibus precibus inclinati, ex matura Conſilii noſtri deliberacione ordinavimus & ordinamus, ac dicte Ville* [b] Machlinenſis *& inhabitatoribus ejuſdem conceſſimus & indulſimus, ac tenore preſencium, de ſpeciali gracia & certa ſciencia & auctoritate noſtris, concedimus & indulgemus quod ex nunc imperpetuum ſingulis annis bis in dicta Villa* Machlinenſi *libere & ſolemnes nundine ſint & celebrentur;* [c] *prima, videlicet feriâ ſecundâ ante Feſtum Aſcenſionis Domini, octo diebus continuis durature,* [d] *alia vero feriâ ſecundâ poſt Feſtum Beatorum Coſme & Damiani Martirum, quod eſt xxvij.ª die Septembris, ſimiliter octo diebus continuis durature, ad quas nundinas quicumque boni mercatores & alie bone Gentes, dum tamen non fuerint noſtri vel dicte* [e] *Ville* Machlinenſis [f] *inimici, aut ab eadem Villa* [g] *ebanniti, proſcripti vel fugitivi, cum ſuis mercibus & bonis ire & venire, ibidem morari & indè abire poſſint & valeant liberè & ſecurè dictis nundinis durantibus, ac quatuordecim diebus continuis precedentibus, & totidem diebus eaſdem nundinas continuè ſubſequentibus, abſque hoc quod ipſi mercatores vel alie gentes predicte, ipſorumve merces vel bona, demptis nobis debitis ſub titulo* [h] *repreſalium vel marque, ſeu pro quocumque alio debito, aliter quam in nundinis* Machlinenſibus *contracto, impedire vel arreſtari poſſint vel debeant ſub poteſtate noſtrarum dicionum & terrarum quoquomodo. Quapropter dilecto* [i] *noſtris (b) Sculteto noſtro* Machlinenſi, *& aliis omnibus & ſingulis Juſticiariis & Officiariis noſtris, eorumque* Locatenentibus, *tam preſentibus quam futuris, & eorum cuilibet, committimus & mandamus, & nichilominus ceteros univerſos & ſingulos confederatos & amicos noſtros, eorumque Juſticiarios & Officiarios ad quos preſentes noſtre Littere aut earum copia autentiqua pervenerint ſeu pervenerit, affectuosè rogamus quatinùs ſupraſcriptam* [k] *nundinam conceſſionem noſtram in ſuis locis ubi publicaciones ſive preconiſaciones fieri conſueverunt,* [l] *intimetur & publicetur, ſeu intimari & publicari faciant & procurent, omneſque mercatores & alias bonas gentes dictas nundinas adire aut frequentare volentes, cum ſuis mercibus, rebus & bonis quibuſcumque ire & venire, ibidem morari & indè abire liberè & ſecurè, modo, tempore & forma predictis, necnon & predictâ graciâ & ordinacione noſtris, pretactis temporibus pacificè gaudere*

a animis. 2.ᵉ *cop.* Voy. ci-deſſous, p. 431. note *(e)*.

b Ville noſtre. 2.ᵉ *cop.*

c prime. 2.ᵉ *cop.*

d alie. 2.ᵉ *cop.*

e Ville noſtre. 2.ᵉ *cop.*

f inimici. 2.ᵉ *cop.*

g banniti. 2.ᵉ *cop.*

h Voy. les Tables des Mat. des Vol. de ce Rec. au mot *marque*.

i nobis. 2.ᵉ *cop.*

k nundinarum.

l intiment & publicent. 2.ᵉ *cop.*

NOTE.

(b) Sculteto.] Nom d'un premier Officier de Juſtice. Voy. le Gloſſaire de *Du Cange*, au mot *Scultetus*.

CHARLES VI.
à Paris, le 20. d'Avril 1409.
a & 2.e cop.

faciant & permittant, nec paciantur eosdem aut eorum merces [a] *aut bona contra formam premisse nostre concessionis arrestari, molestari vel aliter quomodolibet impediri, sed pociùs eos quos existentes in dicione nostra, eciam pro majori eorum securitate sub nostra Salvagardia suscipimus & ponimus per presentes, tueantur & defendant, ac eis, si requirant, de salvo & securo conductu provideant, requirencium tamen sumptibus & expensis. Et ut premissa perpetuum robur obtineant, presentes Litteras Sigilli nostri fecimus appensione muniri.* Datum *Paris.* xv.[a] die Aprilis, anno Domini millesimo CCCC.° nono, post Pascha.

Suite des Lettres de Charles VI.

Requirentes predicti Magistri, Communitatis, Scabini, Consules, totaque communitas prefate Ville Machlinensis, *cum instancia & supplicacione, quatenùs premissa omnia & singula sic per predictum Consanguineum nostrum concessa & ordinata, & in prescriptis suis Litteris contenta, auctoritate nostrâ Regiâ, tanquam juri consona & racionabilia, rata & grata habere, approbare & inviolabiliter publicari & observari per nostras Patentes Litteras facere, cunctisque mercatoribus & aliis bonis gentibus cum mercaturis & aliis bonis suis, ad dictas nundinas accedentes & ab eisdem revertentes, per Regnum nostrum securitatem concedere dignaremur. Nos igitur optantes factum & exercicium mercaturarum frequentari & augmentari, & ob amorem & contemplacionem dicti Consanguinei nostri qui Nobis super hoc instanter fecit supplicari, nonnullisque aliis de causis & consideracionibus animum nostrum ad hoc moventibus, premissa omnia & singula in pretactis Litteris supranominati Consanguinei nostri contentis, rata & grata habentes, eas & ea volumus, laudamus, ratifficamus, approbamus, ac de nostris certa sciencia, gracia speciali & plenitudine nostre potestatis Regie, in quantum in Nobis est, premissis omnibus & singulis annuimus & consentimus, & dictis mercatoribus & aliis bonis gentibus, dumtamen non fuerint nostri aut Regni nostri inimici, vel ab eodem Regno ebanniti, proscripti vel fugitivi, cum suis mercibus & bonis ad dictas nundinas accedere volentibus concessimus & concedimus ex nostris certa sciencia, gracia & auctoritate predictis, quod ad easdem nundinas ire & venire, ibidem morari, & indè abire possint & valeant liberè & securè dictis nundinis durantibus, ac quatuordecim diebus continuis precedentibus & totidem diebus easdem nundinas continuè subsequentibus, & absque hoc quod ipsi mercatores vel alie gentes predicte, ipsorumve merces vel bona, demptis nobis debitis, ac aliis in nundinis* Campanie & Brie *dumtaxat factis, sub titulo represalium vel marque, seu pro quocumque alio debito impediri vel arrestari possint vel debeant sub potestate nostra subditorumque nostrorum quoquomodo. Quocirca dilectis & fidelibus Gentibus Parlamentum nostrum pro nunc tenentibus, & qui imposterum nostra tenebunt Parlamenta, Gentibusque Compotorum nostrorum, ac Thesaurariis nostris,* Preposito Parisiensi, Baillivis [b] Viromensi, Ambianensi, Tornacensi, Trecensi, Calvimontis, Vitriaci, Silvanectensi, Rothomagensi, Carnotensi, Turonensi, *Senescallisque* Tholose, Carcassone, Bellicadri, Agennensi, Caturcensi, Ruthenensi & Bigorre, *ceterisque Justiciariis & Officiariis nostris, & eorum Locatenentibus, presentibus & futuris, & eorum cuilibet, prout ad eum pertinuerit, injungendo mandamus quatinùs nostras presentes Litteras in suis Sedibus & Auditoriis atque locis ubi publicaciones sive preconisaciones fieri consueverunt; voce tube aut aliter more debito & solito publicari seu preconisari faciant & procurent; omnesque mercatores & alias bonas gentes dictas nundinas adire aut frequentare volentes, cum suis mercibus, bonis & rebus quibuscumque ire & venire, ibidem morari & indè abire liberè & securè, modo, tempore & forma predictis, nostrâque presenti graciâ & concessione uti & gaudere pacificè faciant & permittant, non sinendo eisdem, eorumve mercaturis & bonis antedictis contra formam & tenorem presencium Litterarum impedimentum, contradiccionem aut perturbacionem aliquas pro nunc vel in futurum super hoc fieri aliqualiter vel inferri; quinymo, ipsos quos & eorum mercaturas & bona predictos sub dicione nostra existentes, pro majori eorum securitate sub Salvagardia & proteccione nostris suscipimus & ponimus per presentes, tueantur & defendant, ac eis, si requirantur, de salvo & securo conductu provideant, requirencium tamen sumptibus & expensis: & si que secus*

b Viromandensi.

acta fuerint aut repererint, ad statum pristinum & debitum reducant sive faciant indilatè reduci. Et insuper, quia presentes Litteras in locis singulis ubi forsan eisdem uti oportuerit, commodè portare nequirent, dictis supplicantibus concessimus & tenore presencium concedimus ex uberiori gracia, quod transcripto aut vidimus *uni seu pluribus Litterarum hujusmodi sub Sigillo Castelleti nostri* Parisiensis *confecto vel confectis, veluti originali presenti stetur & credatur, adhibeaturque ubilibet plenaria fides. Et ut hec stabilitate fruantur perpetuâ, has presentes Litteras jussimus nostri Sigilli munimine roborari; nostro in reliquis, & alieno in omnibus jure semper salvo.* Actum & datum *Parisius,* vicesimâ die mensis Aprilis, anno Domini millesimo cccc.mo nono; Regni vero nostri XXIX.°

CHARLES VI. à Paris, le 20. d'Avril 1409.

Per Regem, Comite a Mortannie *& pluribus Cambellanis presentibus.* BARRAU.
Collacio fit cum Litteris originalibus preinsertis. (c)

a Moritann. *Reg.*

(d) CHARLES, &c. Savoir faisons à tous presens & avenir, Nous avoir receu l'umble supplicacion de noz bien amez les Communaulté, Maistres, Eschevins, & toute la communaulté de la Ville de *Malines,* contenant que comme nostre très-chier & très-amé Cousin *Jehan Duc* de *Bourgogne, Conte* de *Flandres,* d'*Artoys* & de *Bourgogne* Palatin, Sire de *Salins* & de ladicte Ville de *Malines,* pour le bien, prouffit & utilité de la chose publique, & pour certaines autres causes & consideracions qui à ce l'ont meu, leur ait octroyé que deux franches foires sient & soient tenues chascun an doresenavant perpetuelment en ladicte Ville de *Malines;* c'est assavoir, la premiere devant la Feste de l'Ascension Nostre Seigneur, qui durera huit jours continuelz & entresuivans, & l'autre le Lundi après la Feste de Saint Cosme & Saint Damian Martirs, qui vendront le xxvij.e jour de Septembre, laquelle semblablement durera huit jours continuelz, si comme par Lettres patentes de nostredit Cousin sur ce faictes, ces choses & autres pevent plus à plain apparoir; desquelles Lettres la teneur s'ensuit & est telle.

(e) JOHANNES, *&c.*

En requerant humblement iceulx Communaulté, Maistres, Eschevins, Consulz, & toute la communaulté de ladicte Ville de *Malines,* à grant instance, & suppliant que toutes & chascune les choses par nostredit Cousin ainsi ordonnées & octroyées, & en lesdictes Lettres dessus transcriptes plus à plain contenues, comme choses consonans à droit & raisonnables, Nous vousissions par noz Lettres patentes ratiffier, approuver & avoir agreables, & icelles faire observer, tenir, garder & publier; & en oultre, à tous marchans & à toutes bonnes Gens voulans frequenter lesdictes foires, & à leurs biens, denrées & marchandises estans en nostre Royaume, en alant, venant, demourant & retournant à icelles foires, octroyer bon sauf conduit par tout nostredit Royaume; pour ce est-il que Nous qui desirons le fait & exercice de marchandise estre frequenté & augmenté, & aussi à la requeste & pour amour & contemplacion de nostredit Cousin qui sur ce Nous a fait très-instamment supplier, & pour certaines autres causes & considéracions à ce Nous mouvans, ayans agréables & estables toutes & chascunes les choses contenues & declarées ès Lettres de nostredit Cousin dessus transcriptes, icelles voulons, louons, ratiffions, approuvons, & de nostre certaine science, grace especial, plaine puissance & auctorité Royal, en tant qu'il Nous peut touchier, octroyons & consentons par ces presentes; & ausdiz marchans & ausdictes bonnes gens non

NOTES.

(c) Le 20. d'Avril jour de la date de ces Lettres latines, Charles VI. donna les suivantes qui sont en françois, & qui sont conformes aux latines.

(d) Trésor des Chartres, Registre 163. P. iij.e xxviij. (328.)

(e) Les Lettres de *Jean Duc* de *Bourgogne,* qui sont ci-dessus p. 429. sont ici vidimées. La seconde copie de ces Lettres a fourni les variantes & les corrections qui sont ci-dessus.

CHARLES VI.
à Paris, le 20. d'Avril 1409.

ennemis de Nous ne de nostredit Royaume, ou d'icellui nostre Royaume banniz, [a] prescripz ou fuitifz, avecques leurs marchandises & autres biens quelxconques, voulans aler & frequenter lesdictes foires, avons octroyé & octroyons de noz science, grace & auctorité que dessus, que ausdictes foires & à chascune d'icelles, ilz puissent aler, demourer, venir, sejourner & retourner d'icelles franchement & seurement durant lesdictes foires, xiiij. jours continuelz paravant & xiiij. jours continuelz & ensuivans après chascune desdictes foires, ensemble leurs denrées, marchandises & autres biens quelxconques, sans ce que iceulx marchans & autres bonnes gens alans, venans, ou frequentans lesdictes foires, leurs denrées & autres biens quelxconques, soubz umbre ou couleur, ne par vertu de marque, represaille, ne autre debte ou obligation quelxconques, excepté seulement les debtes à Nous deues, & autres faictes ès foires de *Champaigne* & de *Brie*, ilz puissent ne doient estre en aucunes des mettes, Jurisdictions ou Ressors de nostredit Royaume, ne d'aucuns de noz subgiez, prins, saisiz, arrestez, emprisonnez, ne autrement detenuz ou empeschiez en aucune maniere. Si donnons en mandement, en enjoingnant par ces presentes, à noz amez & féaulx Conseilliers les Gens tenans nostre present Parlement, & qui tendront ceulx avenir, les Gens de noz Comptes & Tresoriers à *Paris*, au *Prevost* de *Paris*, aux *Bailliz* de *Vermendoiz*, d'*Amiens*, de *Tournay*, de *Troyes*, de *Chaumont*, de *Vitry*, de *Senliz*, de *Rouen*, de *Chartres* & de *Tours*, & aux *Seneschaux* de *Thoulouse*, *Carcassonne*, *Beaucaire*, *Agenois*, [b] *Caours*, *Rouergue* & *Bigorre*, & à tous noz autres Justiciers & Officiers, ou à leurs Lieutenans, presens & avenir, & à chascun d'eulx qui sur ce sera requis, & si comme à lui appartendra, que noz presentes Lettres ilz facent publier & preconiser à voix de trompe, & par toutes autres voyes & manieres deues & acoustumées, en leur Sieges & Auditoires, & par tout ailleurs où l'en a acoustumé faire criz & publications ès mettes de leurs Bailliages, Seneschauciées & autres Jurisdictions, & ailleurs où mestier sera, & dont de par lesdiz supplians seront requis; & iceulx supplians & les marchans & autres bonnes gens frequentans ou voulans aler & frequenter lesdictes foires avec leurs denrées & marchandises & autres biens quelxconques, facent, sueffrent & laissent aler, venir, demourer & sejourner ausdictes foires, & d'icelles retourner franchement & seurement, & par les temps, forme & maniere devant dictes, & de noz presentes grace & octroy & concession, ensemble de ces presentes, & de toutes & chascunes les choses dedens contenues, joïr & user plainement & paisiblement, sans faire ne souffrir estre fait ausdiz marchans & bonnes gens ne à aucun d'eulx, ne à leurs marchandises & autres biens dessusdiz, à l'encontre de la teneur de ces presentes, aucun arrest, contradicion ne autre destourbier ou empeschement quelconques, comment que ce soit; ainçois iceulx marchans & bonnes gens alans & frequentans ou voulans frequenter lesdictes foires, lesquelx avec leurs denrées, marchandises & autres choses & biens dessusdiz, estans ès mettes de nostre Royaume ou Juridicions, pour leur greigneur seurté, Nous avons prins & mis, prenons & mettons par ces presentes en nostre seurté, proteccion & especial sauvegarde, deffendent & gardent de tous griefz & empeschemens dessusdiz & autres quelxconques, & les pourvoient ou facent pourveoir & chascun d'eulx, de bon & seur sauf-conduit, à leurs despens, se ilz les en requerent: Et tout ce qu'ilz trouveront estre ou avoir esté fait ou préjudice desdiz marchans & bonnes gens, & contre la teneur de ces presentes, ramainent ou facent ramener & remettre sans delay au premier estat & deu. Et en oultre, pour ce que lesdiz de *Malines* supplians dessus nommez, tant pour eulx comme pour ceulx qui vouldront aler & frequenter lesdictes foires, pourroient avoir à besongner de ces presentes en divers lieux où ilz ne pourroient d'icelles aisiement [c] finer, Nous à iceulx supplians, marchans & bonnes Gens, en ampliant nostredicte grace, avons octroyé & octroyons de noz science, puissance & auctorité devant dictes, que au transcript ou *vidimus* de cesdictes presentes, un ou plusieurs faiz soubz le Séel de nostre Chastellet de *Paris*, foy & creance planiere soit partout adjoustée comme à cest present original. Et pour ce

[a] *prescritz.*

[b] *Cahors.*

[c] *Il y a dans le Latin* portare nequirent.

ce que ce soit ferme chose & estable à tousjours, Nous avons fait mettre nostre Séel à ces presentes Lettres; sauf en autres choses nostre droit, & l'autruy en toutes. *Donné & fait à* Paris, *le XX.e jour du moys d'Avril, l'an de grace mil CCCC. & neuf, & le XXIX.e de nostre Regne.*

CHARLES VI. à Paris, le 20. d'Avril 1409.

Par le Roy, presens le *Comte* de *Mortaing*, & plusieurs des Chambellans.

BARRAU.

CHARLES VI. à Paris, le 8. de Mai 1409.

(a) Lettres par lesquelles Charles VI. donne pouvoir à Emanuel Chrisolore, Ambassadeur d'Emanuel Empereur de Constantinople, de recevoir les deniers qui seront donnés pour le secours de cet Empereur contre les Turcs, & de faire rendre compte à ceux qui en ont reçû.

KAROLUS, *Dei gratiâ, Francorum Rex. Dilectis & fidelibus Consiliariis nostris presens nostrum Parlamentum* Parisius *tenentibus, & qui nostra futura tenebunt Parlamenta,* Preposito Parisius, Senescallis Tolose, [a] Quercini, Carcassone *&* Bellicadri, *ceterisque Bailiviis, Prepositis, Justiciariis & Officiariis nostris, vel eorum Locatenentibus : Salutem & dilectionem. Pro parte dilecti nostri* Manuelis Chrisolori, *Militis, Consiliarii, Ambaxiatoris & Procuratoris generalis Serenissimi Principis carissimi Consanguinei nostri* Manuelis Imperatoris Constantinopolitani, *Nobis fuit expositum quod quamvis dudum dictus Consanguineus noster certos Ambaxiatores & Procuratores suos, ad diversas partes & erga plures Reges & Principes Christianos miserit, auxilium & juvamen requirendo pro resistendo Turcis, suis & fidei catholice inimicis, qui à longis temporibus citra, tantas hostilitates, guerras & tribulationes sibi & suis subditis intulerunt & continuè inferunt, quod tota sua & subditorum suorum terra quasi totaliter depopulata, devastata remanet atque destructa, & inter ceteros* Constantinus Rally Paleologus, *Miles, Procurator & Ambaxiator dicti Consanguinei nostri ex parte ejus ad Nos se transtulerit munitus certis* [b] *Ingulgentiarum Bullis & aliis Litteris quibus per Nos & nostrum Consilium visis & diligenter inspectis, dicti Consanguinei nostri & fidei catholice favore, voluimus & ordinavimus dictas Bullas atque Indulgentias ex tunc etiam imposterum fore per totum Regnum nostrum publicandas & executioni demandandas, ad requestam dicti* Constantini, *seu alterius dicti Consanguinei nostri Procuratoris, & pecunias, aliasque res & emolumenta ex donis & helemosinis ratione Bullarum predictarum & Indulgentiarum provenientia, dicto* Constantino *aut* Johanni Sac, Valdo de Gay *&* Nicolao Picasso *tunc viventi, mercatoribus* Parisius *commorantibus, aut duobus ex illis, ad utilitatem & usum dicti Consanguinei nostri & ipsius nomine tradi, cumque etiam dictus* Constantinus *& dicti mercatores, ex consensu & ordinatione nostra, plures pro premissa prosequendis subrogaverint seu ordinaverint, qui in pluribus terris atque Villis Regni nostri se transtulerunt Bullas & Indulgentias predictas explicando & explicari faciendo, quorum subrogati seu deputati non nulli atque alii plures pecuniarum summas & alia munera dicti Consanguinei nostri nomine dicuntur recepisse, de quibus nondum compotum reddiderunt nec satisfactionem fecerunt, ex quibus verisimiliter timendum est ne pecunie recepte & acquisite sint impie ad alios verse & applicate, quam dicti Consanguinei nostri usus, pro cujus subsidio sunt pie à fidelibus contribute; ipseque sic recepte seu alie recipiende eidem Consanguineo nostro auferuntur*

[a] Quercy.

[b] Indulgentiarum.

NOTE.

(a) La copie de ces Lettres a été envoyée de *Montpellier,* avec cette indication : *Sénéchaussée de* Toulouse *en général, armoire C. 8.e continuation des titres particuliers, n.° 1. fol. 52.*

Voy. ci-dessus pp. 109. 148. & 427. les Lettres des 23. & 24. d'Avril, 4. d'Octobre 1406. & 16. d'Avril 1409.

CHARLES VI. à Paris, le 8. de Mai 1409.

& depradantur, nisi per Nos provideatur super hoc de remedio condecenti, sicut dicit exponens antedictus, illud à Nobis, sibique potestatem super hoc habenti, pecunias & alias res quascumque predictâ causâ & favore dicti nostri Consanguinei, quandocumque & quomodocumque à fidelibus datas, & apud Commissarios in dictis Bullis constitutos & ordinatos, seu ab eis vel à dicto Constantino *aut alio quocumque substitutos & deputatos, sive quoscumque alios quomodocumque existentes, traditas seu deportatas, & per eos vel alios collectas, acquisitas sive receptas, tradi & deliberari humiliter requirendo & supplicando. Quocirca, premissis attentis & consideratis, & quod dictus exponens à dicto Consanguineo nostro cum suis ad nos Litteris nuper ad nostram presentiam fuit destinatus, & habens potestatem petendi, exigendi, & recipiendi vice & nomine dicti Consanguinei nostri, à quibuscumque omnes & singulas pecunias & alias res* [a] *dattas & acquisitas pro subsidio dicti Consanguinei nostri occasione supra dicta, & ad compota & rationes de hiis omnibus à quacumque persona querendi & audiendi, nec non ad alios loco sui & nomine dicti Consanguinei nostri substituendi, & omnia alia que tangunt negotium, & que ad ejus executionem pertineant, faciendi & prosequendi, & quod dictus Consanguineus noster in Procuratorio suo cassat & revocat omnes alios in dicto negotio suo Procuratores, & ab eis Substitutos, & specialiter cassat & revocat dictum* Constantinum Rally, *&* Alexium Bissipati, *Militem & Consiliarium suum, & substitutos vel deputatos ab eis, & omnes habentes ab eis vel ab altero eorum quamcumque bailliam, potestatem seu commissionem, eosque & omnes alios vult dicto exponenti reddere compotum & rationem & reliqua, Nos de posse & procuratorio dicti exponentis debitè certificati, contemplatione dicti Consanguinei nostri, & favore fidei catholice ad cujus exaltationem Nos & cuncti fideles catholici totis viribus tendere debemus & tenemur, dicto exponenti concessimus & concedimus, certis aliis causis animum nostrum moventibus, volumus & ordinamus ut ipse deinceps per se & suos subrogatos & commissarios, solutionem & restitutionem integram & realem, nec non compotum & rationem à dictis Commissariis qui in dictis Bullis continentur, & quibuslibet aliis Commissariis, Procuratoribus seu deputatis & eorum Ministris, & ab illis qui questus gratia ipsi se immiscuerant, & quibuslis aliis qui in dicto negotio quomodocumque aliquid tractaverunt vel administraverunt, & qui negotio dicto quomodocumque tenerentur, omnium pecuniarum seu rerum antea receptarum seu imposterum recipiendarum, quavis autoritate seu posse recepta fuerint occasione predictâ, sine ullo impedimento seu contradictione prosequi, & ab omnibus recipere nomine dicti Consanguinei nostri, valeat atque recipiat, & negotium prosequatur, eique exponenti & Commissariis & deputatis aut deputandis per eum, quo ad hoc obediri volumus & mandamus. Nolumus etiam quod de receptis & recipiendis ratione premissorum, aliquid deinceps à quocumque & quacumque ratione seu autoritate alicui alteri tradatur, nisi dicto exponenti, & suis deputatis dumtaxat; quinimo, eas manere volumus in manibus quorum sunt vel fuerunt, si fideles & idonei sint, aliàs in manu fideli & secura, donec ipsi exponenti vel alicui per eum Commisso eas tradant, aut donec ipse exponens seu aliquis per eum Commissus, si renuerint sibi tradere, ad hec* [b] *trandendi sibi compelli eos requisierit. Mandamus insuper vobis & vestrum cuilibet, prout ad eum pertinuerit, districtè injungendo, quatenus premissam nostram voluntatem & ordinationem sine ulla mora, contradictione seu impedimento, diligenter adimpleatis & executioni debitè demandetis & demandari faciatis, nihil ex hiis obmittendo, & quoscumque quos ad hoc teneri noveritis, de quibus fueritis requisiti per eundem exponentem vel aliquem per eum Commissum, ad reddendum sibi verum & justum compotum atque justam rationem de receptis & tractatis per eos occasione premissorum, & solutionem integram ipsi exponenti aut Commisso ab eo faciendi sine contradictione & cavillatione aliqua; videlicet, personas Ecclesiasticas, per captionem & explectationem temporalitatum eorundem, & Laycas, omnibus viis juris & remediis oportunis viriliter & rigidè compellatis, & taliter quod per vestri deffectum seu negligentiam, solutio predictarum* [c] *pecutiarum aut aliarum rerum receptarum vel recipiendarum seu* [d] *debitorum, nullatenus proceletur; non obstantibus quibuscumque aliis Litteris, Ordinationibus seu inhibitionibus, Mandatis, Arrestationibus*

a datas.

b Je crois qu'il faut corr. *tradenda.*

c pecuniarum.

b debitarum.. proteletur.

auctoritate nostrâ vel aliàs factis, quantumvis seu quomodolibet diversis: Nam sic fieri volumus & concedimus de gratia speciali, si sit opus: approbantes & ratificantes Ordinationem dicti Consanguinei nostri contemplatione suâ, & pro deffensione & augmentatione fidei Catholice. Volumus insuper ut presentem Ordinationem & Mandatum, ac presentes Litteras in locis in quibus expedierit, si requisiti fueritis, publicari faciatis, ne quis se valeat de ignorantia excusare: quamquidem presentem Ordinationem ac presentes Litteras in mandatum & loco mandati nostri esse volumus & mandamus illis etiam omnibus supra dictis apud quos sunt sive fuerint aut erunt pecunie sive alie res occasione predicta, ut prefertur, vel qui aliquid super hoc negotium tractaverunt, tractant seu tractabunt, ad faciendum & adimplendum supra dicta, in quibus & ea tangentibus, ab omnibus subditis nostris eidem exponenti & ab ipso deputatis aut deputandis obediri volumus & intendi. Datum *Parisius,* die octavâ Maii, anno Domini millesimo quatercentesimo nono, & Regni nostri XXIX.°

Per Regem. G. [a]FROITEMENT.

CHARLES VI. à Paris, le 8. de Mai 1409.

a Il faut app. corr. *Fortement.* Voy. la Table des noms de personnes qui est à la fin de ce Vol.

CHARLES VI. à Paris, le 7. de Juin 1409.

(a) Lettres par lesquelles Charles VI. confirme les Courtiers de sel de la Ville de Paris, dans le droit & la possession de prendre sans payer la gabelle, une certaine quantité de sel sur celui que l'on amène dans cette Ville.

CHARLES, &c. Savoir faisons à tous presens & avenir, Nous avoir receu l'umble supplicacion de noz bien amez les quatre Courretiers Jurez sur le fait & marchandise de sel en nostre Ville de *Paris,* consors en ceste partie, contenant que comme au temps paravant que le fait de la Gabelle feust mis sus & imposé en nostre Royaume sur la marchandise de sel, les quatre Courretiers qui lors estoient sur ledit fait, entre les autres choses à eulx deues à cause de leurs Offices, eussent droit de prendre, avoir droit & appliquer à leur prouffit plainement & paisiblement sans empeschement aucun; c'est assavoir, sur chascune Navée ou Vessel chargié de sel qui arriveroit en ladicte Ville de *Paris,* une mine de sel, & semblablement en la fin de chascun *(b)* tour de chascun grenier à sel vendu ou levé en icelle, pour mener ou mettre ailleurs, une autre mine de sel; par le moyen & à l'occasion duquel lesdiz Courretiers estoient & sont tenus de livrer & fournir à leurs despens les [b]bannes de toile, & minoz necessaires à mesurer, chargier & deschargier le sel en nostredicte Ville & au Port d'icelle; & pour ce que sitost que ladicte Gabelle fu mise sus & ot cours en nostredit Royaume, la venue & descente du sel fu grandement diminuée en ladicte Ville, parquoi lesdictes mines ne venoient pas au quart ausdiz Courretiers, qu'elles faisoient paravant, les Courretiers lors veans que de l'emolument desdictes mines de sel, ilz ne povoient fournir de bannes & minoz pour le fait dessusdit, se traïrent devers nostre Predecesseur lors Roy de France, requerans que pour supporter ledit fait, aucun accroissement de prouffit leur feust fait sur ladicte marchandise: surquoy nostredit Predecesseur pour lesdictes causes & autres qui à ce le meurent, par grant advis & meure deliberacion eue & concluse en son Conseil, vult & ordonna que dès lors en avant & à tousjours, lesdiz quatre Courretiers & leurs successeurs dudit Office, auroient & perceveroient lesdictes mines de sel en la maniere dessus declarée, à leur pur & singulier prouffit, en leur donnant & octroyant tout *(c)* droit de Gabelle & autres quelconques; au tiltre & occasion duquel

b *qui servoient à couvrir le sel.*

NOTES.

(a) Trésor des Chartres, Registre 163. P. iij.^c xxij. (322.)

(b) Tour, &c.] On trouvera l'explication de ce mot dans l'article 2. des Lettres du 7.e de Décembre 1366. qui sont imprimées à la p. 694. du 4.e Volume de ce Recueil. Il sera bon de lire le Sommaire de cet article.

(c) Droit de Gabelle.] C'est-à-dire, ainsi qu'il est dit plus bas, sans payer par rapport à ces Mines, les droits qui se percevoient sur le sel.

CHARLES VI. à Paris, le 7. de Juin 1409.

octroy lesdiz Courretiers qui depuis ont esté & aussi lesdiz supplians aient joy & usé & exploictié paisiblement sans empeschement aucun, & s'aucun leur en a esté fait par les Grenetiers & Contrerouleurs dudit Grenier ou autre, il leur a esté du tout osté & mis à plaine délivrance par noz amez & feaulx les Generaulx-Conseilliers sur le fait des Aides ordonnées pour la guerre, qui lors estoient, si comme par leurs Lettres patentes sur ce faictes, lesdiz supplians dient plus à plain apparoir, jusques à n'agueres que *Jehan Raguier* par Nous de nouvel ordonné Grenetier dudit Grenier, de sa voulenté indeue, & sans ce qu'il lui soit aucunement apparu que ou temps passé l'en ait prins sur lesdictes mines nostre droit de Gabelle, parquoy il puisse ou doie requerir ne demander iceluy pour Nous, a esté & encores est refusant & contredisant de baillier & delivrer, ou souffrir prendre ausdiz supplians leursdictes mines de sel, ainçois les leur detient & occupe sans leur en vouloir faire aucune restitucion ou delivrance, pour ce qu'ilz ne pevent monstrer promptement de l'octroy qui leur fu sur ce fait par [a] nozdiz Predecesseurs, combien qu'ilz en aient depuis ainsi joy & usé paisiblement au veu & sceu de noz Grenetiers qui ont esté le temps passé, & derrenierement en ont joy & usé du temps du derrenier Grenetier, qui est & redonde au grant grief, préjudice & dommage desdiz supplians, & plus pourroit estre, se de nostre benigne provision ne leur estoit gracieusement secouru, si comme ilz dient, requerans humblement icelle. Pour ce est-il que Nous ces choses considerées, voulans liberalment entretenir & observer les octroys & Ordonnances de noz Predecesseurs, & lesdiz supplians estre & demourer en leurs anciennes libertez & droitures dont ilz & leurs devanciers ont esté en si longue, paisible & ancienne possession que dessus est touchié, parquoy n'est ja besoing d'en faire foy par Lettres, veu que icelles depuis l'octroy dessusdit, sont cheues en tant de mains & si diverses gardes, [b] qui ne les sauroient-on recouvrer, & tiennent fermement que au temps des tribulacions advenues à *Paris*, icelles ont esté [c] pories & adirées, si comme ilz ont entendu de leursdiz devanciers, voulons, Nous plaist, & ausdiz supplians pour eulx & leurs successeurs dudit Office, avons octroyé & octroyons de nostre certaine science & grace especial, plaine puissance & auctorité Royal, par ces presentes, que ilz aient, preignent, lievent & perçoivent doresenavant perpetuelment à tousjours, lesdictes mines de sel, par la maniere & condicion, & selon ce que ilz & leurs devanciers ont fait & acoustumé faire d'ancienneté, & qu'ilz en ont joy & usé les temps passez, & que de ce qui par les Grenetiers & Contrerouleurs dudit Grenier, present & avenir, leur a esté & pourroit estre au temps avenir detenu, arresté ou empeschié, leur soit fait plaine, pure & entiere restitucion & delivrance, sans ce que pour ce ilz Nous en soient tenuz paier aucun droit de Gabelle ne autre devoir quelconque; lequel droit de Gabelle, veu leurdicte ancienne possession, leur avons donné & donnons de nouvel, se mestier est, de nostredicte grace, par ces mesmes Lettres ou cas dessusdit, sans ce qu'ilz soient tenuz de monstrer autre tiltre de don ou de grace à eulx faiz par nozdiz Predecesseurs, fors que par l'usage, coustume & joyssement dessusdiz. Si donnons en mandement, & enjoingnons estroitement à noz amez & feaulx les Generaux Conseilliers sur le fait desdiz Aides, ausdiz Grenetier & Contrerouleur, ou à leurs Lieuxtenans, presens & avenir, & à chascun d'eulx, si comme à lui appartendra, que de nostre presente grace, vouloir, concession & octroy, & de tout le contenu en ces presentes, facent, sueffrent & laissent lesdiz supplians & leursdiz successeurs, joïr & user & exploitier plainement, paisiblement, perpetuelment & à tousjours, & contre l'effect & teneur d'icelle, ne au préjudice d'iceulx Courretiers, n'aillent, dient, attemptent ou innovent, ne facent ou souffent aler, dire, attempter ou innover au contraire en aucune maniere; mais tout ce qui fait, attempté ou innové seroit ou auroit esté au contraire, mettent ou facent mettre tantost & sans delay à pure & plaine delivrance; nonobstant qu'il n'appert aucunement des Lettres dudit octroy de ladicte Gabelle fait à iceulx Courretiers ou à leurs devanciers par aucuns de nosdiz Predecesseurs Roys

a *Il semble qu'on devroit corr. ici & plus bas,* notre Prédécesseur.

b *corr.* que ne les sauroit-on.

c *péries & égarées.*

de France, comme dit est, ne d'icellui octroy, autrement que parce que lesdiz Courretiers en ont tousjours ainsi depuis que ladicte Gabelle fu mise sus, joy & usé comme dessus. Et affin que ce soit chose ferme & estable à tousjours, Nous avons fait mettre nostre Séel à ces presentes : sauf en autres choses nostre droit, & l'autruy en toutes. *Donné à* Paris, *le vij.e jour de Juing, l'an de grace mil iiij.c & neuf, & de nostre Regne le* XXIX.e

CHARLES VI. à Paris, le 7. de Juin 1409.

Par le Roy, en son Conseil, ouquel Mess. *Jaques* de *Bourbon*, l'Amiral, le Grant Maistre d'Ostel, le Sire de *Baqueville* & autres, estoient. ROUVRES.

CHARLES VI. à Paris, le 17. de Juin 1409.

(a) *Lettres de Charles VI. confirmatives des Statuts & Règlemens faits pour la Draperie de la Ville d'Amiens.*

CHARLES, &c. Savoir faisons à tous présens & à venir, de la partie de nostre Procureur ou *Bailliage* d'*Amiens*, & de noz bien amez les Maire & Eschevins de nostre bonne Ville d'*Amiens*, Nous avoir esté exposé que n'agueres lesdiz Maire & Eschevins, par l'advis & deliberacion de nostredit Procureur & conseil oudit Bailliage, & du Conseil de nostredicte Ville, pour le bien & prouffit commun de la chose publique & de la Drapperie d'icelle Ville, ont fait, ordonné & establi certains Edits, Ordonnances & Statuz sur le fait & gouvernement de ladicte Drapperie, comme il est contenu & déclaré en leurs Lettres sur ce faictes, dont la teneur est telle.

A tous ceulx qui ces presentes Lettres verront ou orront. Les Maire & Eschevins de la Cité d'*Amiens* : Salut. Comme il soit venu à nostre congnoissance par la complainte & doléance à nous faicte par plusieurs foiz par les Drappiers & Ouvriers sur le fait & mestier de le Draperie de le Ville d'*Amiens*, & par plusieurs personnes notables & dignes de foy, que ja soit ce que ou temps passé eut eu en ledicte Ville moult grande & notable Drapperie, & grant fait de marchandise de draps qui y estoient faiz, drappez & ordonnez par plusieurs bonnes personnes qui bien & honnorablement se vivoient dudit mestier, laquelle Drapperie par le bon ouvrage qui y estoit fait, estoit moult grandement recommandée en plusieurs lieux & parties de cest Royaume, & en plusieurs autres pays & Royaumes, & aussi en estoit grandement recommandée ledicte Ville, & telement que ladicte Drapperie estoit grandement receue & distribuée ès foires & marchiez là où menée estoit, & si venoient, converfoient & [a] repairoient souvent en ledicte Ville plusieurs marchans estrangiers qui en icelle Ville achetoient grant quantité desdiz draps, & les menoient & faisoient mener en estranges pays & contrées, & pour les avoir, y amenoient & faisoient venir & distribuer plusieurs autres notables denrées & marchandises dont à ledicte Ville d'*Amiens* & aux marchans habitans & demourans en icelle, s'ensuivoient plusieurs grans honneurs & prouffits ; mais depuis certain temps en ça, le fait & marchandise de ledicte Drapperie estoit grandement [b] diminée & amenrie en ledicte Ville d'*Amiens*, telement que les bonnes & honnorables personnes qui ou temps passé s'en souloient entremettre, & avoient bonne & competente chevance, ne sauroient à present dont vivre, & avoit convenu qu'ilz eussent delaissié & delaissassent de jour en jour à ouvrer & aux entremettre du fait dudit mestier, pour ce qu'ilz ne trouvoient à quoy aux y emploier, & que pour avoir leur vivre, ilz alassent manouvrer en autres usages & labours à le grant paine de leurs corps, & par deffaulte de chevance delaissoient [c] dequeir & aler à ruyne plusieurs maisons & heritages là où ou temps passé ilz estoient logiez & herbergiez bien & nota-

[a] *demeuroient.*

[b] *diminuée.*

[c] *app.* laissoient *cheoir, tomber.*

NOTE.

(a) Trésor des Chartres, Registre 163. P. iiij.c xxix. (429.)

CHARLES VI. à Tours, le 17. de Juin 1409.

blement, situez en le plus grant partie au derriere de l'Esglise parrochial de Saint Leu en *Amiens*, qui souloit estre l'un des plus notables lieux & paroisse de ledicte Ville, & tant que c'estoit & est grant pitié de veoir à present les lieux & masures [a] wastes, là où temps passé souloit estre lesdiz notables édifices, & lequel fait de Drapperie estoit ainsi que dit est diminé & amenry en ledicte Ville, parce que l'en avoit souffert & souffroit de amener, vendre & distribuer en ledicte Ville d'*Amiens*, de jour en jour plusieurs draps faiz au dehors, & en Ville non estant [b] Ville de *Loy*, qui estoient faulx & mauvais, & de faulce & mauvaise façon & drapperie, sanz estre passez ne eswardez par *(b)* Eswart de Ville de Loy, & lesquelz draps qui estoient de petite valeur, estoient achetez secretement par plusieurs *(c)* Cauchetiers, [c] Parmentiers, [d] Tondeurs de draps à seque table, & autres qui [e] repusement & sans Eswart les vendoient en ledicte Ville, dont le peuple estoit grandement fraudé & decheu, & pour les mieux frauder & decevoir, y mettoient & faisoient mettre & [f] attaquer plusieurs [g] bouffettes de soye & autres; & par ce aussi que aucuns ouvriers ouvrans à journées sur le fait dudit mestier, n'y aloient pas ouvrer aux heures sur ce ordonnées, maiz en delaissant à faire leur labeur, se tenoient oyseux en le grant partie du jour, parmi ledicte Ville, & si estoit doubte que plusieurs autres dommages, perilz & inconveniens ne s'en ensuissent briefment en icelle Ville d'*Amiens*, ou préjudice du bien commun & de la chose publique d'icelle, se en ce n'estoit briefment pourveu, en nous requerant & suppliant à grant instance, que sur ce voulsissions pourveoir. Savoir faisons que nous informez & acertenez des [h] coses dessusdictes, [i] desirer à nostre povoir remedier & pourveoir à le bonne policie, bien commun & chose publique de ledicte Ville, & remettre en icelle le fait & marchandise de ledicte Drapperie en estat deu comme elle a esté ou temps passé, remedier aussi aux fraudes & déchoites qui par le fait desdiz draps forains sont avenues & aviennent de jour en jour en ledicte Ville, & pour plusieurs autres justes causes & consideracions qui à ce Nous ont meu & meuvent, eu sur ce advis & conseil par plusieurs foiz & journées en nostre Eschevinage, à grant & meure deliberacion avec le Procureur & Conseil du Roy nostre S. ou *Bailliage* d'*Amiens*, avons ordonné & appointié, ordonnons & appointons estre fait & usé en ledicte Ville d'*Amiens*, oudit fait & mestier de Drapperie, en nostre voulenté, [k] & rappel avec les Ordonnances, [l] briefz & Constitucions faictes ou temps passé sur le fait dudit mestier, & icelles demourans en leur forche & vertu, en le maniere qui s'ensuit.

Primes. Que desormaiz aucuns draps forains & faiz au dehors de ledicte Ville d'*Amiens*, ne soient amené ne vendu en icelle Ville, s'ilz ne sont de le valeur de XII. solz parisis l'aune, à l'aune d'*Amiens*, & au dessus.

(2) Item. Que aucunes bouffes ou bouffettes de soye ou autres, ne soient mises sus quelques draps, sinon sur draps d'escarlate *(d)* ou vermeilles, de plaine graine.

(3) Item. Que aucun ne amene ne fache amener en ledicte Ville d'*Amiens*, quelques draps forains & faiz au dehors de ledicte Ville, s'ilz ne sont de le valeur devant dicte & s'il ne sont scellé & marqué du Seel & marque de Ville de Loy; & que sitost qu'ilz seront amenez en ledicte Ville, & avant qu'ilz soient *(e)* desardeléz, les marchans qui lesdiz draps auront amenez ou faict venir, seront tenuz de les mener &

[a] ruinez. On dit encore *devaster*.

[b] *Voy. les Tables des Mat. des Vol. de ce Rec. aux mots :* Loy (Villes de).

[c] *Voy. la note (c) de la p. 476. du 7.e Vol. de ce Rec.*

[d] *Voy. la note (b) de la p. 99. du 7.e Vol. de ce Rec.*

[e] *c'est-à-dire* secretement. *On trouve plus d'une fois dans ce Rec.* en appert ou en repost.

[f] *attacher.*

[g] *des espèces de houppes. Ce mot vient du verbe* bouffer, *enfler, dont on se sert encore quelquefois.*

[h] *choses.*

[i] *app.* desirans.

[k] *en rappellant les anciennes Ordonnances.*

[l] *Breyets.*

NOTES.

(b) Eswart.] Ce mot signifie quelquefois les Gardes & Jurés d'un métier. Ils eswardoient, visitoient les marchandises. Voy. la note *(c)* de la p. 564. du 7.e Vol. de ce Rec.

(c) Cauchetiers.] Faiseurs de chausses, de bas, sur lesquels voy. la note *(b)* de la p. 301. du 8.e Vol. de ce Rec.

(d) Il y a là un mot qu'on n'a pû déchiffrer. On pourroit lire *scenyne, sarnyne, samyne.* Je n'ai rien trouvé sur aucuns de ces mots. A la p. 337. du 8.e Volume de ce Recueil, par l'article 9. d'un Règlement pour les draps qui se fabriqueront à *Amiens*, il est défendu de teindre en same. Voy. la note marg. *(b)*.

(e) Désardeléz.] On trouve dans l'Inventaire de *Monet*, *fardeler*, pour signifier faire un ballot. Ce verbe vient du substantif *fardeau*, qui a quelquefois signifié un ballot. Voy. *ibid.*

porter ou faire mener & porter en le Hale d'*Amiens*, pour là estre veuz, advisez & eswardez par les Eswards à ce commis; assavoir s'ilz seront bons, loyaulx & marchans; & s'ilz sont bons, loyaulx & marchans en ouvrage, en tainture, & de le valeur avant dicte, ilz seront seellé & marqué du sel & marque de ledicte Ville d'*Amiens*, qui sera séel & marque de plons; & ce fait les y pourront vendre, & non autrement.

CHARLES VI. à Paris, le 17. de Juin 1409.

(4) *Item*. Que chascun Ouvrier dudit mestier & marchandise de Drapperie, sera tenu d'aler à l'ouvrage au matin & après disner, au son de la cloque que on dist le cloque aux Ouvriers, estant ou Beffroy de ledicte Ville, & aux tenir continuelment audit ouvrage sans en partir pour aler desjeuner ne prendre leur (f) au dehors des lieux & maisons là u ilz ouveront à journées, ainsi que ordonné a esté ou temps passé.

(5) *Item*. Que aucuns draps faiz à *Amiens* ne au dehors, ne soient venduz desormaiz en ledicte Ville d'*Amiens*, se premierement & au choiz ilz ne sont (g) retraiz & tenduz souffisaument.

(6) *Item*. Que aucuns desdiz mestiers de Caucheterie, [a] Parmenterie & Tondeurs de draps à seque table, ne s'entremettent de vendre ne acheter draps, & desdiz mestiers ou d'aucuns d'iceulx ensemble; maiz se tiengnent à faire & excercer l'un ou l'autre, lequel que bon leur semblera.

a *Voy. la note (c) de la p. 476. du 7.e Vol. de ce Rec.*

(7) *Item*. Se aucun est trouvé délinquant ou meffaisant contre les poings, Ordonnances & articles cy dessus declerez, ou contre aucun d'iceulx, il sera [b] enqueu pour ce, & pour chascune foiz envers ladicte Ville, en amende de xl. sols parisis, & sera pugniz de prison à nostre ordonnance & voulenté; & aussi se aucuns desdiz draps sont trouvez autres que bon, loyal & marchant, cellui ou ceulx sur qui ilz seront trouvé, sera ou seront enqueu en ladicte amende, pugniz de prison comme dessus; & si seront ostées les lisieres d'iceulx mauvaiz draps, parquoy chascun en puist avoir congnoissance, & que le peuple n'en soit ou puist estre decheu.

b *encheu, tombé.*

En tesmoing de ce, Nous avons seellé ces Lettres du Séel aux Causes de ledicte Ville d'*Amiens*. *Donné le V.e jour de Juing, l'an mil iiij.c & neuf.* Ainsi signé. M. LE CLERC.

Et Nous ont lesdiz exposans requis & supplié très-humblement, que lesdictes Lettres & le contenu en icelles, Nous vueillons avoir pour agreables, & icelles ratiffier & approuver, pour le bien & utilité de la chose publique de nostredicte Ville d'*Amiens*; savoir faisons que veues les Lettres dessus transcriptes, & le contenu en icelles, Nous iceulx Edits, Ordonnances & Statuz, en tant que ilz avoient esté & sont deuement faiz, avons louez, gréez, ratiffiez, approuvez & accordez, loons, gréons, ratiffions, approuvons & accordons par la fourme & maniere que contenu est èsdictes Lettres dessus transcriptes. Si donnons en mandement à noz *Bailli* & *Prevost* d'*Amiens*, & à tous noz autres Justiciers & Officiers ausquelz il appartendra, ou à leurs Lieuxtenans, que iceulx Edits, Ordonnances & Statuz ilz facent, seuffrent & laissent doresenavant à toujours tenir & acomplir de point en point selon leur fourme & teneur, en contraignant à ce tous ceulx qui pour ce feront à contraindre, & en pugnissant les transgresseurs d'iceulx selon ce & par la maniere que contenu est èsdictes Lettres dessus transcriptes, & autrement ainsi qu'il appartendra par raison. Et afin que ce soit chose ferme & estable à tousjours, Nous avons fait mettre nostre Séel à ces présentes : sauf en autres choses nostre droit, & l'autruy en toutes. *Donné à* Paris, *le XVII.e jour de Juing, l'an de grace mil CCCC. & neuf, & de nostre Regne le XXIX.e*

Suite des Lettres de Charles VI.

Par le Roy, à la relacion du Conseil. COINGNET.

NOTES.

(f) Il y a encore là un mot qu'on n'a pû déchiffrer. Il y a *no* avec une marque d'abréviation sur l'*o*, deux jambages sans points, & *emecle*. Ce mot signifieroit-il nourriture, repas?

(g) *Retraiz.*] J'ai rassemblé dans la note (h) de la p. 336. & dans la note (d) de la p. 508. du 8.e Vol. de ce Rec. tout ce que j'ai pû trouver sur les draps retraitz.

CHARLES VI. à Paris, le 20. de Juin 1409.

(a) Lettres de Charles VI. qui portent que les lieux qui y sont nommés, & qui appartiennent à l'Abbaye de Saint Martin de Laon, seront distraits du Ressort de la Prevôté de Sainte-Manehould, & annexés à celui de la Prevôté foraine de Laon.

CHARLES, &c. Savoir faisons à tous presens & avenir, Nous avoir receu l'umble supplicacion de noz bien amez les Religieux Abbé & Couvent de [a] Saint Martin de *Laon*, estans en nostre proteccion & especial sauvegarde, contenant comme à cause de la fondacion de leur Esglise, ilz aient certaines maisons & manoirs, boys, prez, terres & autres rentes & revenues appendans à icelle, & en especial la maison *des Barres*, la maison de *Thorain*, la maison de *Bruel*, la maison de *Dyonne*, la maison de [b] *Couvercis* & la maison de *Waignon*, avecques leurs appartenances, lesquelles Maisons sont situées & assises ès *Contez* de *Porcien* & de *Rethel*, & enclavées ou *Bailliage* de *Vermendoiz*, en la *Prevosté* de *Laon*; & combien que les plus lontaines desdictes maisons ne soient point à plus de xiij. lieues ou environ de *Laon*, & que les autres en soient plus près, neantmoins toutes icelles maisons & leurs appartenances sont à present ressortissans, si comme l'en dit, ou *Bailliage* de *Vitry*, en la *Prevosté* de *Sainte Menehoust*, où il y a bien de distance xviij. lieues loing ou environ; pour cause duquel Ressort qui est moult loing de ladicte Esglise, comme dit est, & sur les fins & extremités de nostre Royaume, iceulx supplians, leurs gens & subgez ont esté & sont moult traveilliez & oppressez, & convient souventesfoiz que pour la distance du chemin, & pour les ennemis & estrangiers de nostredit Royaume qui [c] repairent oudit païs, ilz laissent aler leurs droiz & perdent leurs héritages & leurs causes, pour doubte de pis avoir en leurs corps & de leurs gens & Officiers, dont les rentes & revenues de leurdicte Esglise sont moult diminuées & diminuent de jour en jour, & sont en adventure que soubz umbre dudit Ressort de *Vitry*, qui leur est moult loingtain & dommagable, là où il fault qu'ilz aillent continuelment, & leur Gardien & Conseil, il ne leur conviengne laissier leursdictes Maisons & héritages, qui est l'une des grans & notables partie de [d] leur chevance dont eulx & autres serviteurs de ladicte Eglise, qui vacquent & labeurent ou service divin, sont nourriz & alimentez; & pour ce iceulx supplians Nous ont humblement supplié & requis que comme toutes lesdictes maisons, héritages & possessions soient assises & situées en nostredit Royaume, plus près de *Laon* que dudit lieu de *Sainte Menehoust*, & que peu de interestz y avons de ressortir à *Laon*, mesmement qu'il en y a des plus loingtaings d'assez & grant quantité, tant Maisons & Villes, desquelles si comme Chappitre de *Laon*, Saint Vincent de *Laon*, Chappitre de *Reins* & de *Chalons*, comme autres plusieurs qui ressortissent audit lieu de *Laon*, que sur ce leur vueillons pourveoir de nostre [e] gracieuse & convenable remede. Pourquoy Nous ces choses considerées, en faveur de ladicte Esglise laquelle Nous ne voulons en nostre temps pour la cause dessusdicte cheoir en destruction, mais voulans icelle preserver & garder à nostre povoir, & pour certaines autres causes à ce Nous mouvans, ausdiz supplians avons octroyé & octroyons de noz certaine science, plaine puissance, auctorité royal & grace especial, par la teneur de ces presentes, que nonobstant quelconques Lettres ou Ordonnances faictes sur le fait desdiz Ressors, iceulx supplians, leurs Causes, leurs gens, serviteurs & Officiers demourans esdictes Maisons & manoirs & ès appartenances d'iceulx, tant en demandant comme en deffendant, soient doresenavant ressortissans & tenuz de ressortir pardevant nostre *Prevost* forain

a *Abbaye de l'Ordre de Prémontré.*

b *Il y a dans ce mot quatre jambages sans points.*

c *demeurent.*

d *leur bien.*

e *gracieux.*

NOTE.

(a) Trésor des Chartres, Registre 163. P. iij.[c] iiij.[xx] viij. (388.)

forain de *Laon*, ou son Lieutenant, qui est à present & sera pour le temps avenir, en son Siege & Auditoire de *Laon*, & non ailleurs, & sanz ce qu'ilz soient plus aucunement ressortissans ne tenuz de ressortir oudit *Bailliage* de *Vitry*, ne en ladicte *Prevosté* de *Sainte Menehoust*, & avons par ces mesmes Lettres ledit Ressort qui en estoit oudit *Bailliage* de *Vitry*, & en ladicte *Prevosté* de *Sainte Menehoust*, mué & muons en ladicte *Prevosté* foraine de *Laon*, oudit Siege & Auditoire audit lieu de *Laon*. Si donnons en mandement par ces presentes audit *Prevost* forain de *Laon*, & à tous noz autres Justiciers & Officiers, ou à leurs Lieuxtenans, presens & avenir, & à chascun d'eulx, si comme à lui appartendra, en commettant audit *Prevost* forain de *Laon*, se mestier est, que lesdiz supplians facent, sueffrent & laissent joïr & user plainement, paisiblement & perpetuelment de nostre presente grace & octroy, sans les molester, travaillier ou empeschier, ne souffrir estre traveilliez, molestez ou empeschiez aucunement au contraire, en contraingnant ou faisant contraindre par toutes voyes deues & raisonnables, tous ceulx qui seront à contraindre, à souffrir & tenir ledit Ressort par la maniere que mué l'avons, & en deffendre à tous à qui il appartendra, que ilz ne contraingnent lesdiz supplians, leurs serviteurs & Officiers, de aler à autre Ressort que pardevant nostredit *Prevost* forain de *Laon*, ou son Lieutenant audit lieu de *Laon*; & quant à ce, imposons silence à nostre Procureur dudit *Bailliage* de *Vitry*, & à tous autres, & ne voulons que sur ce ilz en facent aucune poursuite : car ainsi Nous plaist-il & voulons estre fait, & à iceulx supplians l'avons octroyé & octroyons par ces mesmes Lettres, comme dit est; nonobstant quelconques Ordonnances & mandemens sur ce faiz, & Lettres quelxconques subreptices à ce contraires. Et affin que ce soit ferme chose & estable à tousjours, Nous avons fait mettre nostre Séel à ces presentes : sauf en autres choses nostre droit, & l'autrui en toutes. *Donné à* Paris, *le* XX.ᵉ *jour du moys de Juing, l'an de grace mil* CCCC. *&* *neuf, & de nostre Regne le* XXIX.ᵉ

CHARLES VI. à Paris, le 20. de Juin 1409.

Par le Roy, en son Conseil où le *Roy* de *Navarre*, Monf. le *Duc* de *Brebant*, le *Conte* de *Mortaing* & autres, estoient. FERRON.

CHARLES VI. à Paris, le 26. de Juin 1409.

(a) *Ordonnance sur la nouvelle Aide accordée au Roy par les trois Etats des Comtés d'Artois, de Boulenois & de S.ᵗ Paul.*

CHARLES, &c. Savoir faisons à tous presens & avenir, que comme noz amez les Bourgoiz & habitans des bonnes Villes fermées & plat pays des *Contez* d'*Artoiz*, de *Boulenoiz* & de *Saint Pol*, & des Villes enclavées en icelles, pour le grant desir, affeccion & voulenté qu'ilz ont à Nous & au bien publique de nostre Royaume, & pour aidier à supporter les grans charges, mises & despens que de jour en jour Nous convient faire & soustenir pour le fait de noz Guerres, Nous aient nouvellement octroyé d'un commun assentement, que pour un an tant seulement commençant le premier jour de Mars derrenier passé, telle & semblable Aide comme en l'année précedente ilz avoient fait & paié, laquelle les bourgoiz & habitans dessusdiz paieront à quatre termes; c'est assavoir, [a] de trois moys en mois, dont le premier terme de paiement escherra en la fin du moys de May, le second, à la fin du moys d'Aoust, le tiers, à la fin du moys de Novembre, & le quart & derrenier paiement, à la fin du moys de Fevrier prouchain venant. *(b)* Nous considerans, &c.

a *corr.* de trois mois en trois mois.

NOTES.

(a) Trésor des Chartres, Registre 163. P. iij.ᶜ iiij.ˣˣ xv. (395.)

(b) Nous considerans, &c.] La suite de ces Lettres est conforme à celles du 22. de Mai 1384. qui sont imprimées à la p. 75. du 7.ᵉ Vol. de ce Rec. à la différence qu'au lieu de ces mots : *depuis le premier jour dudict mois de Juing*, qui sont à la ligne 39. de la p. 76. il y a ceux-ci : *depuis ledit premier jour de Mars.*

CHARLES VI. à Paris, le 26. de Juin 1409.

Donné à Paris, *le xxvj.*e *jour de Juing, l'an de grace mil CCCC. & neuf, & de nostre Regne le XXIX.*e

Par le Roy, à la relacion du Conseil estant en la Chambre des Aides ordonnées pour la guerre. GEHE.

CHARLES VI. à Paris, en Juin 1409.

(a) Règlement pour les Draps fabriqués dans la Ville de Louviers.

CHARLES, par la grace de Dieu, Roy de France. Savoir faisons à tous presens & avenir. Nous avons veu les Lettres desqueles la teneur s'ensuit.

A tous ceuls qui ces Lettres verront ou orront. *Guillaume Chalenge, Bailli* de *Louviers:* Salut. Savoir faisons que le Dimenche xxvij.e jour de Janvier, l'an de grace mil quatre cens & huit, furent presens devant nous en la Hale aux Draps de ladicte Ville de *Louviers, Jehan Chalenge* Advocat & Conseillier d'icelle Ville, Maistre *Guillaume Lynarront; Estiene Louvel, Jehan de Sourteville, Guillot Loysel, Guillaume de Bigars, Guillaume Hamel, Jehan Hamel, Thomas Des Champs, Colin* d'*Orgeval, Robert* d'*Amours, Raoul Raveren, Guilbert de Cacqbeuf, Jehan Nicole, Pierre Fromont, Guillaume Flambart, Thomas* le *Camois, Lucas Beauzens, Guierffin Du Val, Jehan Marie, Jehan* de *Saint Joire, Jehan* de *Laistre, Richart Breton, Guillot Morelet, Guillaume Tourgis, Jehan Harrache, Pierre* le *Gay, Robin* le *Tailleur, Thomas* de la *Foresterie, Jehan Ameline, Thomas Morient, Jehan Des Vergiers,* & plusieurs autres Bourgois, manans & habitans en ladicte Ville de *Loviers,* yllec assemblez par cry general fait de nostre commandement, & à la requeste desdiz Bourgoiz & habitans ou d'aucuns d'iceulx, pour parler & besongner ensemble d'aucunes choses & affaires touchans le bien & utilité de la Communité de ladicte Ville; lesquelz dessus nommez, tant pour eulx que pour tous les autres de ladicte Communité, Nous firent declerer & exposer entre les autres choses, que ilz avoient acoustumé ou temps passé vendre & livrer les grans draps entiers faiz en ladicte Ville, & sous le [a] Boujon de la Drapperie d'icelle, par le nombre de dix-neuf aulnes & demie, à l'aulne de *Paris;* & pour ce que quant il avenoit que ilz vendoient & livroient yceulx Draps par le nombre dessusdit, en ladicte Ville de *Paris,* la Foire du [b] Landit ou aillieurs, & il escheoit que lesdiz draps ou aucuns d'iceulx estoient trouvez plus cours de demi quartier de moins, ou de très-peu de chose, les marchans qui achetoient ou avoient achettez les draps dessusdiz, en vouloient grandement plus rabatre de l'argent de cellui ou ceulx qui avoient vendus lesdiz draps, dont il se mouvoit souvent plusieurs debas, noises & descors entre les vendeurs & les acheteurs; & pour cause de ce, lesdiz acheteurs retenoient longuement l'argent desdiz draps devers eulx, en donnant plusieurs delaiz, vexacions & travaulx à iceulx vendeurs, & leur faisant [c] despendre moult de leurs chevances en poursuivant leur argent, dont plusieurs grans dommaiges & inconveniens s'estoient ensuis ausdiz habitans ou temps passé, & pourroient plus ensuir, se remede & pourveance n'estoit mise sur ce, requerans icellui : Pourquoi Nous ces choses considerées, eu advis sur le fait dessusdit à grant & meure deliberacion, à la requeste mesmement des dessus nommez & des autres bourgois, manans & habitans de ladicte Ville yllec assemblez, comme dit est, avons ordonné & ordonnons entant que faire le povons pour le bien, prouffit & utilité d'iceulx habitans, & pour [d] eschever aux prejudices & inconveniens dessusdiz, que d'oresenavant les draps de ladicte Ville & qui seroient faiz soubz le Boujon d'icelle, ne seroient vendus,

a *Voy. la note (c) de la p. 494. du 3.*e *Vol. de ce Rec.*

b *Voy. la note (b) de la p. 144. du 6.*e *Vol. de ce Rec.*

c *dépenser une grande partie de leur bien.*

d *éviter.*

NOTE.

(a) Livre rouge vieil du Châtelet de *Paris, fol.* 6. vingt 14. *verso.* [134.] Avant ces Lettres, il y a : *des Draps de* Louviers.

CHARLES VI. à Paris, en Juin 1409.

(b) plevis ne livrez pour plus grant nombre que de xix. aulnes de *Paris,* en quelque lieu ou lieux qu'ilz feroient vendus ou livrez, soit à *Paris,* au Lendit ou ailleurs, non pas que par ce soit entendu que l'en face lesdiz draps plus cours qu'il n'est acoustumé en icelle Ville, & que l'en fait de present; & avecques ce vouldrent, consentirent & accorderent lesdiz habitans tant pour eulx que pour tout le commun & habitans d'icelle Ville, que s'il avenoit que aucun d'eulx feust pour ce contrainz ou mis en procès, ou autrement empeschié en ladicte Ville de *Paris,* au Lendit ou ailleurs, la deffense en soit prinse & ycelle poursuic, & le procès demené aux propres coustz, perilz & despens de la Communité de ladicte Ville, & par le Procureur d'icelle, non pas aux despens de cellui ou ceulx qui auroient esté contrains, empeschiez ou mis en procès, comme dit est; laquele Ordonnance ainsi faicte Nous commandasmes estre fermement gardée sans enfraindre en aucune maniere pour le temps avenir, & donnasmes en mandement à tous les Sergens dudit Bailliage, & à chascun d'eulx sur ce requis, que icelle Ordonnance facent crier, publier & notifier partout où il appartendra, en tele maniere que aucun desdiz habitans n'ait cause d'en pretendre ignorance. En tesmoing de ce, nous avons séellé ces presentes du petit Séel aux Causes dudit Bailliage, en l'absence du Grant. Ce fu fait l'an & jour dessusdiz.

Lesquelles Lettres & le contenu en ycelles Nous avons agéables, & ycelles loons, gréons, ratiffions, approuvons & confermons, & de nostre auctorité Royal & grace especial par ces presentes, en tant que mestiers est, & que bien & deuement elles ont esté faictes. Si donnons en mandement par ces presentes à nostre *Prevost* de *Paris,* aux *Baillifs* de *Rouen*, de *Gisors* & de *Mante,* & à tous nos autres Justiciers & Officiers, & à leurs Lieuxtenans, presens & avenir, & à chascun d'eulx, si comme à lui appartendra, que les Bourgois, manans & habitans de ladicte Ville de *Loviers,* dont esdictes Lettres est faicte mencion, & chascun d'eulx, facent, seuffrent & laissent joïr & user paisiblement de nos presentes grace & confirmacion, & l'Ordonnance contenue esdictes Lettres tenir, garder & publier, sans leur mettre ne souffrir estre mis aucun empeschement au contraire. Et pour ce que ce soit ferme chose & estable à tousjours, Nous avons fait mettre nostre Séel à ces presentes Lettres : sauf en autres choses nostre droit, & l'autruy en toutes. *Donné* à Paris, *ou moys de Juing, l'an de grace mil CCCC. & neuf, & de nostre Regne le XXIX.*[e] Ainsi signé. Par le Roy, à la relacion du Conseil. R. CAMUS.

Collacion est faicte. *Visa.* [a] *Contentor.* FRERON. Au dos desquelles Lettres dessus transcriptes, estoit escript ce qui s'ensuit : Publiées en la Foire du Lendit, devant la Loge des [b] Aliés de *Louviers,* le Vendredi XXI.[e] jour de Juing, l'an mil iiij.[c] & neuf.

Item. Publiées le Jeudi ensuivant, XXVI[e] jour dudit moys, en la Hale de *Louviers* à *Paris;* à la publication desqueles Lettres faicte à *Paris,* s'opposerent les Jurez & Gardes de la Drapperie de *Paris.* FRESNES.

a *Voy. le 5.e Vol. de ce Rec. p. 22. note (h).*

b *Associés.*

NOTE.

(b) Plevis.] On pourroit aussi lire *pleins;* mais je crois qu'il faut préférer *plevis. Plevir,* suivant *Borel* à ce mot, p. 385. signifie *cautionner, promettre.* Des draps *plevis* sont ceux qui ont été achetés chez le Fabricant; mais qui n'ont point encore été payés ni enlevés.

CHARLES VI. à Paris, en Juin 1409.

(a) *Lettres de Charles VI. qui portent que le Siége Royal auquel ressortissent les exempts de l'Auvergne, demeurera perpétuellement dans la Ville de Cusset.*

CHARLES, &c. Savoir faisons à tous presens & avenir, Nous avoir esté exposé de la partie de noz bien amez les Religieuses Abbesse & Couvent, les Esleuz au gouvernement commun & habitans de nostre Ville de *(b) Cucy* en *Auvergne,* noz Officiers & Curiaux instituez & ordonnez au Siege du Bailli de *Saint Pierre-le-Moustier* audit lieu de *Cucy,* & autres leurs consors en ceste partie, que comme de grant ancienneté lesdictes Religieuses feussent Dames seules & pour le tout, & à elles competoit & appartenoit ladicte Ville de *Cucy* & ses appartenances & appendances, avec toute Juridicion & Justice haulte, moyenne & basse, & plusieurs autres noblesses & prerogatives, & jusques environ l'an mil c. iiij.^{xx} & iiij. que entre feu le Roy [a] Philippe nostre Predecesseur que Dieu pardoint, & lesdictes Religieuses, fu fait Pariage & associacion de toute la Juridicion & Justice haute, moyenne & basse, & de plusieurs autres droiz, prerogatives & noblesses que lesdictes Religieuses avoient en ladicte Ville de *Cucy,* appartenances & deppendances d'icelle, moyennant ce que nostredit devancier voult & octroia entre autres choses ausdictes Religieuses, que lui ne ses Successeurs Roys de France ne transporteroient ladicte Ville ne autres choses contenues oudit Pariage, hors de leurs mains, lesquelles choses depuis ont esté consermées par plusieurs de noz Predecesseurs Roys de France, & en ont usé nosdiz Predecesseurs de toute ancienneté, & Nous en usons par noz Genz & Officiers : Et après ce, advint que au temps de nostre très-chier Seigneur & Ayeul le Roy Jehan que Dieu pardoint, par plusieurs raisons qui ad ce le meurent, eue grant & meure deliberacion avec ceulx de son Sang & de son Grant Conseil, il bailla, assigna & delivra en Appanage entre autres choses, les Duchiez de *Berry* & d'*Auvergne* à nostre très-chier & très-amé Oncle le *Duc* de *Berry* & d'*Auvergne* son Filz, reservé toutes voyes à lui & à ses Successeurs Roys de France, les foy, hommage, Ressort & Souveraineté desdiz païs, la congnoissance de toutes les Eglises Cathedraulx, Abbayes & autres Eglises de fondacion Royal, & autres exemptes par privileges, Pariages ou autrement, telement qu'elles ne peussent estre séparées, departies ou mises hors de la Couronne de France, & avec ce retint la congnoissance & Ressort des Causes de toutes les Eglises dessusdictes, de leurs membres, hommes & subgiez, & de tous droiz & cas Royaulx, pardevant les Bailli, Prevostz & autres Officiers Royaulx des exempcions, qui par lui ou ses Successeurs estoient ou seroient sur ce ordonnez; & depuis, environ l'an mil iij.^{c} lxj. nostredit Ayeul voyant que esdiz païs de *Berry* & d'*Auvergne* n'avoit aucun Siege Royal ne Demaine où se peust establir convenablement Siege auquel lesdictes gens d'Esglise, leurs membres & subgiez & autres exemps qui estoient tenuz de ressortir au Siege Royal, peussent venir par

[a] *Philippe-Auguste.*

NOTES.

(a) Trésor des Chartres, Registre 163. P. iij.^{c} lxxv. (375.)

(b) *Cucy.]* Cette Ville se nomme présentement *Cusset.* Voy. le Dictionnaire universel de la France, à ce mot. On y lit qu'elle est dans le *Bourbonnois.* Ces Lettres disent qu'elle est dans l'*Auvergne.* Voy. aussi sur cette Abbaye de Filles, Ordre de Saint Benoît, la note *(b)* de la p. 205. du 4.e Volume de ce Recueil, & *ibid.* les Lettres du Roy Jean du mois de Mars 1360. qui en *vidime* d'autres de ses Prédécesseurs. Voy. aussi *ibid.* p. 660. des Lettres de Charles V. du mois de Juillet 1366.

Toutes ces Lettres contiennent les faits & les dispositions qui sont rappelées dans celles-ci du mois de Juin 1409. Les Lettres de Charles V. portent que l'Abbaye de *Cusset* ressortira devant le *Bailli* & le *Prevôt* de *Saint-Pierre-le-Moustier* au Siége de ce lieu.

CHARLES VI. à Paris, en Juin 1409.

Ressort ou autrement poursuir leurs droiz, considerans que la Ville & lieu de *Saint Pierre-le-Moustier* estoit le plus près notable lieu & convenable pour tenir ledit Siege, que nul autre ausdiz païs, ordonna de sa plaine puissance & auctorité Royal, que audit lieu de *Saint Pierre-le-Moustier*, Prevosté & Ressort d'icellui, auroit & seroit dès-lors en avant Bailliage, & le y créa, ordonna, fist & [a] estabil de nouvel, & aussi ordonna que lesdictes Eglises Cathedraulx, Abbayes de fondacion Roial, & autres Eglises & personnes exemptes, leurs membres, hommes & subgiez, & autres choses touchans les cas Roiaulx desdiz païs de *Berry* & d'*Auvergne*, qui devoient & estoient tenuz de ressortir au Siege Royal, comme dit est, ressortiroient audit Siege de *Saint Pierre-le-Moustier*, pardevant le Bailli d'icellui lieu, & seroient dès-lors en avant dudit Bailliage: après lesquelles choses nostre très-chier Seigneur & Pere le Roy Charles que Dieu pardoint, bien informez que ledit Siege de *Saint Pierre-le-Moustier* estoit moult loingtain & mal aisié aux gens des Eglises Cathedraux, Abbayes, Chappitres & autres Eglises & personnes exemptes, leurs membres & subgiez dudit païs d'*Auvergne* & d'ailleurs, & ne povoient bonnement sans trop grans frais & missions poursuir leurs droiz, Causes & accions pardevant nostredit Bailli audit Siege de *Saint Pierre-le-Moustier*, pour occasion desquelles choses estoient advenuz & povoient avenir plusieurs grans & divers inconveniens ausdiz exemps & païs d'*Auvergne*, eue sur ce grant & meure deliberacion de son grant Conseil, voulans pourveoir au bien de son Royaume & de la chose publique, octroia certaines *(c)* Lettres Royaulx adreçans au *Bailli* de *Saint Pierre-le-Moustier*, qui lors estoit, par lesquelles, faicte narracion de ce que dit est, lui fu mandé & commis que appellez les Evesques, Abbez, Prieurs & autres qui pour ce feroient à appeller, il procedast à l'institution d'un autre nouvel Siege Royal auquel lesdictes Gens d'Eglise & autres exemps dudit païs & d'ailleurs des païs d'environ, ressortiroient plus aiséement deslors en avant; par vertu desquelles Lettres ledit Bailli, appellez l'*Evesque* de *Clermont*, les *Abbez* de *Clugny*, de *Mosac*, d'*Issoyre*, de la [b] *Chase-Dieu*, les Prieurs de *Sossillenges*, de la *Voult*, de *Saint Poursain*, de *Ris*, & plusieurs autres Abbez, Prieurs, Abbesses & autres exemps dudit païs d'*Auvergne* & d'ailleurs, qui pour ce faisoient à appeller, eue sur ce grant & meure deliberacion avec les Genz de nostre Conseil estant audit païs, & autres notables personnes, & du consentement desdictes Genz d'Eglise & autres exemps, attendu & consideré que la moitié de ladicte ville de *Cucy* estoit paravant nostre par ledit Pariage, & que ledit lieu de *Cucy* estoit situé entre *Loire* & *Alier*, païs seur où il a communement bon marchié de vivres, [c] & marche ès fins & mettes dudit païs d'*Auvergne*, & aussi de *Bourbonnois*, où il a plusieurs exemps ressortissans audit Bailliage, & par ainsi povoient plustost [d] legierement & evidement venir les cas Royaulx desdiz païs à la notice des Officiers Royaulx illec, que ailleurs ausdiz païs, & que par ces Causes & autres, c'estoit le lieu plus séant, notable & convenable desdiz païs, pour ledit Siege, & plus aisié & prouffitable pour lesdictes Gens d'Eglise & autres exemps & subgez de Nous èsdiz païs, dès-lors ordonna & establit audit lieu de *Cucy* ledit Siege Roial auquel lesdictes Gens d'Eglise & autres exemps desdiz païs, dès lors en avant respondroient & ressortiroient, & deussent respondre & ressortir en tous cas; & après ce, pour l'exercite de la Juridicion & Justice dudit Siege, ledit Bailli institua audit lieu de *Cucy* Lieutenant pour lui, Chancellier ou Garde des Seaulx Roiaulx, Prevost des Exempcions, Advocat, Substitut de Procureur pour Nous, Greffiers, Sergens & autres Officiers necessaires pour le Gouvernement dudit Siege, lesquelz noz Officiers ont depuis vacqué bien & diligemment au gouvernement de ladicte Justice au

[a] *corr.* establit; *là & plus bas.*

[b] *Chaise-Dieu.*

[c] *Il faut app. corr.* & ès marches & fins: *sur les frontières.*

[d] *facilement.*

NOTE.

(c) Lettres Royaulx.] Ces Lettres de Charles V. ne sont point dans ce Recueil. Elles sont certainement postérieures à celles de ce Prince du mois de Juillet 1366, sur lesquelles voyez ci-dessus p. précédente à la fin de la note *(b)*.

CHARLES VI. à Paris, en Juin 1409.

prouffit de Nous, desdiz exemps & de toute la chose publique, & sans ce que nosdiz Officiers aient esté reprins ou fait de ladicte Juridicion & Justice, accusez, actains ne convaincus d'aucune faulte ou négligence, ne d'autre cas ou blasme; lesquelles Ordonnances dessusdictes ont esté tousjours gardées & observées, nonobstant que plusieurs se soient efforciez & de jour en jour s'efforcent de les enfraindre, empeschier & deffendre le contraire, & encores sont: soubz umbre duquel Siege & pour raison d'icellui, plusieurs Gens estrangiers de mestier, marchans & autres de diverses contrées, se sont venuz logier, faire leur residence, marier & autrement eulx chevir & pourveoir pour gaingner leur vie en nostredicte Ville de *Cucy*, l'ont ediffiée & repparée très-grandement, que jamaiz ne feust fait, ce ne feust pour occasion dudit Siege, & telement que icelle nostre Ville qui souloit estre de petite valeur au regart qu'elle est à présent, est par le moyen dudit Siege bien peuplée de marchans, gens de tout mestier & autre commun peuple, est repputée notoirement une des plus notables Villes dudit païs d'*Auvergne*: neantmoins aucuns pour leur prouffit singulier ou autrement, se sont voulu & veulent efforcier, voire se sont ventez de faire transporter & mettre ledit Siege de *Cucy* autre part, qui seroit ou grant grief, prejudice & dommaige de Nous, de nostredit Demaine, desdiz exposans, de la chose publique & de toutes lesdittes Gens d'Eglise & autres [a] desdiz exemps desdiz païs, & seroit venir contre lesdictes Ordonnances, long usaige & commune observance dessusdictes, qui sont notoires, comme ilz dient: si Nous ont supplié humblement que sur ce leur vueillons impartir nostre grace. Pourquoy Nous ces choses considerées, & que pour occasion desdictes choses, lesdiz supplians frayerent & despendirent grandement de leur propre chevance, ont depuis pour raison dudit nostre Siege, & pour maintenir & garder les droiz Royaulx, faictes plusieurs grans poursuites à leurs propres cousts & fraiz, & font de jour en jour, & que transporter ailleurs ledit nostre Siege, attendu que audit lieu de *Cucy* n'a point de passaige, ne n'est doué de *(d)* vignoble qui ait requeste, de *(e)* gagnaiges, de blez ne autres biens, se n'est de la prouvision qui y afflue pour occasion dudit Siege, comme de tout ce & autres choses sommes & avons esté souffisamment acertenez tant par nostre grant Conseil comme autrement deuement, seroit cause de la destruccion ou de la très-grant diminucion d'icelle nostre Ville; & aussi que ledit Siege fu mis & ordonné audit lieu par si grant deliberacion comme dit est, & du consentement desdictes Gens d'Eglise & autres exemps desdiz païs, & que ladicte nostre Ville est très-séant & convenable lieu pour ledit Siege, & y sont nosdiz Officiers, leurs femmes & enfans, logiez & hostellez pour y faire leur residence perpetuelle, pourquoy seroit dure chose & [b] sumptueuse de laissier leurs propres habitacions pour aller ailleurs ediffier & demourer, à yceulx supplians par la deliberacion de nostre grant Conseil, & par la teneur de ces presentes, avons octroyé de grace especial, plaine puissance & auctorité Royal octroyons, & avec ce voulons & ordonnons que ledit Siege demeure & soit à tousjours mais perpetuelment en ladicte nostre Ville de *Cucy*, par la forme & maniere qu'il y est de present & qu'il y a esté ordonné par le temps passé, & que lesdictes Eglises Cathedraulx, Abbayes, Chappitres & autres Eglises, leurs membres, personnes, subgiez & autres exemps desdiz païs, respondent & ressortissent audit Siege de *Cucy* soubz nostredit *Bailli* de *Saint Pierre-le-Moustier*, & autres nosdiz Officiers, comme ilz ont acoustumé, sans ce que pour le temps avenir ilz puissent estre contrains ne soient tenuz de respondre par Ressort, ne

[a] *le mot* des *paroît inutile.*

[b] *coûteuse.*

NOTES.

(d) Vignoble.] Je crois que ce mot est pris ici pour vin. Celui de *Cusset* n'étoit point *requis*, recherché, & ne se transportoit point hors de son territoire.

(e) Gagnaiges.] Ce mot signifie quelquefois les fruits de la terre. Voy. le Glossaire du Droit François, au mot *Gagnages*.

On lit dans le Dictionnaire Universel de la France, que les terres de *Cusset* sont *à froment, orge, seigle & avoine; quantité de vignes & de beaux chanvres.*

ressortir en autre Siege, soubz le Ressort de nostre Court de Parlement : & ne voulons que soubz umbre d'aucunes Lettres empetrées ou à empetrer, que ledit Siege soit osté de nostredit lieu de *Cucy* ne mis ou transporté ailleurs; & defendons par exprès que aucuns ne ordonnent, facent ou empetrent le contraire; laquelle chose se faite estoit par inadvertance ou autrement, Nous n'y voulons estre obey, & dès maintenant les revoquons, rapellons & mettons du tout au néant. Si donnons en mandement à nostre *Bailli* de *Saint Pierre-le-Moustier,* audit Chancellier ou Garde de noz Seaulx, [a] ou Prevost desdictes exempcions, ou à leurs Lieuxtenans, & à chascun d'eulx en droit soy, que de nostre presente grace & octroy facent, sueffrent & laissent lesdiz exposans joïr & user sans les molester, empeschier ou souffrir estre molestez ou empeschiez aucunement au contraire ; & s'aucuns empeschemens y estoient faiz ou mis au temps avenir, [b] qui les ostent & reparent tantost & sans delay : Car ainsi le voulons Nous & ordonnons estre fait, & ausdiz exposans l'avons octroyé & octroyons de grace especial par ces presentes. Et affin que ce soit chose ferme & estable à tousjoursmais, Nous à ces presentes avons fait mettre nostre Séel. *Donné à* Paris, *ou moys de Juing, l'an de grace mil CCCC & neuf, & de nostre regne le* XXIX.[me]

CHARLES VI. à Paris, en Juin 1409.

a au.

b qu'ils

Par le Roy, en son Grant Conseil ouquel le *Roy* de *Navarre*, le *Duc* de *Berry*, les *Contes* de *Mortaing*, d'*Alençon*, de *Clermont* & de *Vendosme*, l'*Arcevesque* de *Sens*, le Grant Maistre d'Ostel, & plusieurs autres, estoient. J. TOREAU.

CHARLES VI. à Paris, le 12. de Juillet 1409.

(a) Lettres par lesquelles Charles VI. confirme un Règlement fait sur l'administration de la Justice dans le Dauphiné.

CAROLUS, *Dei graciâ, Francorum Rex, Dalphinus Viennensis. Notum facimus universis præsentibus & futuris, quod cum nuper dilectus & fidelis Miles, Cambellanus & Consilliarius noster,* Guillelmus [c] *de* Area, *Dominus* Cornillionis, *& Gubernator* Dalphinatûs, *reipublicæ* Dalphinatûs *prædicti utilitati providere cupiens, habitâ super iis deliberatione maturâ cum Gentibus nostri Consillii in ipso* Dalphinatu *residentibus, & nonnullis aliis Jurisperitis, plura reipublice acomoda statuerit & ordinaverit, specifficata & declarata, prout fertur, in quibusdam capitulis per eum vel de ejus mandato gestis & factis, quorum tenor dicitur esse talis.*

c de Layre. *Voy. ci-dessus p. 391, note (d).*

(1) In primis. *Quia benè universa geruntur & competenter fiunt, si principium sit decens & amabile Deo, statuimus & ordinamus quod anno quolibet, crastino Deffunctorum, celebretur missa de Sancto Spiritu in Ecclesia Beati Andreæ* Gratianopolis, *in qua interesse habeant Domini* [d] *Consilii Consistorii supremi prædicti, aliique Consiliarii Dalphinales, qui voluerint privilegio Consiliariorum Dalphinalium gaudere, Advocati omnes, Secretarii, & Procuratores qui aut Patrocinium præstare voluerint, aut Procurationis Officium exercere in Consistorio præfato; quâ missâ celebratâ altâ voce solemniter, redibunt omnes de Ecclesia ad Auditorium, & more solito Dominis pro tribunali sedentibus, Legentur statuta & Ordinationes quæ factæ erunt pro decencia Auditorii & utilitate litigantium, quibus peractis, Præsidens commendabit Justiciam, hortando & monendo singulos tam Dominos, Advocatos, Secretarios quam Procuratores, ad debitè & legaliter Officium suum exercendum.*

d Il faut peut-être corr. *Consiliarii.*

(2) Item. *Illicò & incontinenti Advocati singuli primò, deindè Secretarii singuli, & demum Procuratores, quorum nomina erunt in rotulo quodam descripta, secundum gradum & antiquitatem cujuslibet eorum, jurabunt Præsidenti in præsencia astantium, unus post alium, juxta & secundum descriptionem nominum, benè fideliter officium suum exercere.*

NOTE.

(a) La copie de ces Lettres qui sont dans le dépôt de la Chambre des Comptes de *Grenoble*, a été envoyée avec cette indication *3.[us] Copiarum Graisivodani, fol. 438.*

CHARLES VI. à Paris, le 12. de Juillet 1409.

(3) Item. *In Crastino diei prædictæ, Audiencia prima illius (b) anni dabitur.*

(4) Item. *Quia certis diebus opportet vaccare visitationi processuum & diffinitioni eorumdem, statuimus quod die Lunæ & die Jovis tantum, Audiencia detur.*

(5) Item. *Si aliquo dictorum dierum Festum eveniat, differetur Audiencia.*

(6) Item. *Diebus Martis, Mercurii & Sabati, quibus non (c) procurabuntur Senteneciæ, visitabuntur processus in communi inter Dominos & concludentur.*

(7) Item. *In negociis Domanium Domini nostri Dalphini tangentibus, vaccabitur die Veneris.*

(8) Item. *Cum semel Partibus extiterit assignatum ad diffinitivam, (d) quandocumque, lapso tempore, alio die Senteneciarum, feretur Sentencia sinè ampliori assignatione aut Partium evocatione.*

(9) Item *Diebus Sabbatinis, Senteneciæ diffinitivæ tali horâ quali dabitur Audiencia, pronunciabuntur.*

(10) Item. *Quia horâ solita Audienciæ, omnes Curiæ vel quasi tenentur, & sic sæpè Advocati & Procuratores non possunt in superiori Consistorio interesse, quod cedit in dedecus Consistorii prædicti, statuimus quod Audiencia incipiat diebus juridicis à pulsu* [a] *Tertiarum in Ecclesia Beati Andreæ, & duret usque pulsum elevationis Corporis Christi, si sint tot Causæ quibus valeat hora occupari.*

a l'Office divin appelé *Tierce*, qui se dit ordinairement à neuf heures du matin.

(11) Item. *Diebus juridicis, de manè ante Audienciam, Domini facient (e) Ordinationes fiendas in Causis, horam in hoc occupando usque ad Tertiam qua incipiet Audiencia dari; & si tot sint Ordinationes fiendæ, quod tempore illo expedire non possint verisimiliter, discretioni Præsidentis relinquitur captare horam ante aliam diem juridicam, pro expeditione dictarum Ordinationum.*

(12) Item. *Singulis diebus post pulsum elevationis Corporis Christi,* [b] *supplicationes expedientur, ne supplicantes expensis graventur, si certum diem ad hoc assignatum haberent expectare.*

b Je crois qu'on peut entendre par ce mot, de simples Requêtes présentées aux Juges.

(13) Item. *Domini omni die sive juridica sive Consilii, tenebuntur esse in loco Consilii in* [c] *Sexta hora.*

c l'Office divin appelé *Sexte*, qui se dit vers midi.

(14) Item. *Auditores Computorum & Clerici Cameræ eorumdem, teneantur omni die, horâ prædictâ, & post prandium, horâ tertiâ, in Camera Computorum comparere.*

(15) Item. *Quia per depositiones testium aut dicta ineptè vel minus sufficienter interrogatorum, sæpè Partibus periculum imminet in Causis suis, si Causa sit ardua, examinatio testium fiet per aliquem Dominorum, aut Judicem graduatum per Consilium deputandum.*

(16) Item. *Quod Dominus cui examinatio testium committetur, non possit nec debeat* [d] *pro die, à parte producente recipere nisi duos francos, dum tamen infra* Dalphinatum *fiat examinatio prædicta, super quibus expensas suas habeat facere. Si vero extra* Dalphinatum *fiat, pro die duos francos cum dimidio, ut supra, recipiet.*

d pour chaque jour.

(17) Item. *Si eâdem die examinationem testium ab utraque parte productorum fieri contingeret, non tamen nisi salarium unius diei, eo modo quo priùs taxatum extitit, recipere audebit.*

(18) Item. *Dum continget aliquem vel aliquos ex Dominis, post prandium testes*

NOTES.

(b) Anni.] Cette année ne regardoit que les Tribunaux, & commençoit à leur rentrée après les vacances.

(c) Procurabuntur.] Je n'ai pû par moi-même, ni par le secours de quelques personnes fort habiles dans la connoissance de notre ancienne Pratique, que j'ai consultées, découvrir quelle peut être ici la signification du mot *Procurabuntur.*

(d) Quandocumque.] Je crois que cela signifie que lorsque le jour auquel les Parties avoient été assignées pour entendre la prononciation du Jugement, sera passé, le Juge pourra sans les faire réassigner, le prononcer le jour qu'il jugera à propos, pourvû que ce soit un des jours destinés à la prononciation des Jugemens.

(e) Ordinationes.] On pourroit entendre par ce mot les Rôles des Causes qui doivent être appelées à l'audience, ou qui devoient être jugées par rapport; ou bien des procédures préliminaires pour mettre les procès en état d'être jugés.

Gratianopoli

Gratianopoli *examinare, pro qualibet die, tam pro se quam pro Clerico suo qui attestationes scribere habebit, recipiet à parte producentis dimidium florenum.*

(19) Item. *Ut Domini circa testium depositionem Causis necessariam, negociaque eorum propria, ac populus circa vindemias quæ sunt major pars laborum suorum, liberiùs vacent, statuimus quod anno quolibet feriæ durent à festo Beati Mathei usque in crastinum Commemorationis deffunctorum.*

(20) Item. *Dominus qui processum reportaverit, teneatur infra triduum,* [a] *conclusionem habitam in processu suo, in præsencia aliorum Dominorum legere, & lectam, approbatam ac signeto suo signatam, Præsidenti ut signet dare.*

(21) Item. *Si pro facto Domini Dalphini aut subditorum, aliquid sit peragendum quod horis prædictis expediri non possit, Præsidens die quâlibet post prandium, Dominos Causa prædicta expediendi convocabit.*

a Je crois que ce mot signifie l'arrêté de la Sentence, lequel doit être rédigé par le Rapporteur.

De Advocatis & qualiter se habere debent.

(22) Primo. *Quod nullus admittetur ad patrocinandum vel procurationis officium exercendum, nisi primò juratus extiterit.*

(23) Item. *Si Causæ excedant summam quingentorum aureorum, vel si Causa criminalis est quæ criminaliter intentetur, Advocati proponant factum oretenùs.*

(24) Item. *Advocati ea quæ verbo proponent, illicò in scriptis dare teneantur; aliàs per eosdem proposita nullius effectûs existant & pro non propositis habebuntur.*

(25) Item. *Quia sæpè Advocati quasi omnes vel saltim magis famati, per alteram Partium litigare volentium capiuntur & pro Consilio retinentur, quod cedit in gravamen alterius Partis quæ alibi habet Consilium quærere, statuimus quod in casu quo altera Partium omnes Advocatos vel magis famatos receperit, quamquam de causa instructi jam fuerint, quod petitâ distributione per aliam Partem, omni excusatione cessante, eorumdem (f) distributio fiat; electione Parti quæ diligens extiterit, concessa.*

(26) Item. *Si Advocatus renuerit consilium impartiri cui fuerit* [b] *distributus, aut se difficilem reddiderit, privabitur officio postulandi per annum.*

(27) Item. *Advocati tenebuntur* [c] *supplicationes quæ vim & effectum libelli habebunt, positiones & articulos Causarum suarum dictare, & signeto suo unacum juris allegationibus signare, aut saltim per alium dictata* [d] *visitare, & signeto suo, ut supra, signare.*

b Voy. la note *(f)* de cette page.

c Voy. ci-dessus p. 448. note marginale *(b)*.

d lire & examiner.

De Secretariis.

(28) Primò. *Notarius Causæ cujuscumque comparitionem primam recipere non audeat, nisi priùs exhibito & producto sibi instrumento procurationis ipsam comparitionem exhibentis, sub pœna privationis officii per mensem.*

(29) Item. *Notarius Causæ cujuslibet infra triduum comparitiones, procurationes, cedulas & appunctuamenta in processu & suo ordine scribat, sic quod Partibus propter ejus negligenciam damnum non eveniat: quod si contingeret, in expensis Parti & hoc damnum sentienti multabitur, & unius grossi pœna punietur.*

(30) Item. *Diebus juridicis dum Audiencia dabitur, si Notarii Causarum* [e] *non sciant certifficare Dominos illicò de appunctuamento facto ultimatè in Causa, & nominare personas actoris & rei distinctæ appellantis & appellati, multabuntur pœna unius grossi, aut aliàs discretione, ut supra.*

e ne sont point en état de certifier.

(31) Item. *Diebus juridicis quibus (g) appunctuabitur ad ordinandum, certiffica-*

NOTES.

(f) Distributio fiat.] La disposition de cet article est conforme à celle de la *Loy 7. au Code Liv. 2. tit. 6. de postulando.* Cette Loi porte que lorsqu'une des Parties aura consulté tous les Avocats les plus fameux d'un Siége, le Juge pourra *distribuer* un de ces Avocats à l'autre Partie, & l'obliger à lui preter son ministère. Cet article ajoûte à la disposition de la Loi du Code, que la Partie qui aura consulté tous les Avocats les plus fameux, aura le choix de celui ou de ceux qu'elle voudra charger de la défense de sa Cause.

(g) Appunctuabitur ad ordinandum.] Je prens ce mot *ordinandum* dans le même sens que j'ai donné au mot *ordinatio* qui est plus haut dans l'art. 11. voy. ci-dessus p. 448. note *(e)*. Les Juges font les Rôles en conséquence du Regiſtre des Présentations qui leur est exhibé par les Greffiers. *Loyseau,* Traité des Offices, Liv. 2. ch. 5. N. 53. & 54, a remarqué qu'avant le regne de Louis XII. les Greffiers des Justices subalternes, étoient nommés Notaires ou Clercs.

CHARLES VI. à Paris, le 12. de Juillet 1409.

bunt Notarii Præsidentem de appunctuamento facto, per cedulam communiter per eos factam de Causis de quibus ordinatio prædicta erit facienda.

(32) Item. *Si negligencia dictorum Notariorum ordinationem differri contingat, quilibet cujus negligencia hoc continget, multabitur pœna unius grossi, & in expensis Partis inde dampnum reportantis.*

(33) Item. *In vaccationibus sive feriis, Notarius quilibet teneatur processus inquisitionales per eum factos in una cedula Præsidenti dare, ut provideat circa diffinitionem eorumdem.*

(34) Item. *Duo Notarii habebunt processus inquisitionales : alii duo, patrimoniales, & alii duo, processus & instrumenta homagiorum fidelitatum & denominationum feudorum : qui quidem solertem circa eos curam, sub pœna nostræ indignationis adhibebunt.*

(35) Item. *Notarius qui Dominum associabit pro examinatione testium facienda, unum florenum pro die recipiet, nihil ultra, etiam gratis aut liberaliter oblatum retenturus.*

(36) Item. *Si Notarius examinationi testium per se deputetur, & vadat cum duobus equis, unum francum habebit : uno floreno, si tantum unum equum ducat, contentus.*

(37) Item. *Notarii (h) in processibus mittendis Sentenciam inferant, ac eosdem de verbo ad verbum collationent absque deffectu : qui si reperiatur pro cujuslibet processus deffectu, pœna unius floreni absque spe remissionis multabuntur.*

De Procuratoribus.

(38) Primo. *Diebus juridicis teneantur Procuratores venire ante horam Audienciæ: aliàs multabuntur discretione Dominorum, & in expensis condemnabuntur si dampnum contingat evenire Partibus vel alteri earum, propter eorum absenciam.*

(39) Item. *Procuratores cum omni honore & reverencia ac habitu decenti teneantur in judicio comparere : aliàs multabuntur.*

(40) Item. *Quod nullus admittetur nomine procuratorio pro alio, nisi in initio litis de mandato docuerit, cum sæpè propè finem litis mandatum* [a] *nescientes ostendere, eludunt judicium, & redditur ipsum judicium nullum.*

[a] ne voulant point exhiber.

(41) Item. *Procuratores qui procuratorium non habebunt, si admissi absque procuratorio extiterint per inadvertanciam, privabuntur officio procurandi per mensem, & in expensis Parti condemnabuntur.*

(42) Item. *Si Procuratores maliciosè differant articulis aut positionibus respondere, multabuntur arbitrio Dominorum, & cum hoc condemnabuntur in expensis Parti adversæ quæ per maliciam eorum dampnum reportaverit.*

(43) Item. *Procuratores dum causam susceperint, continuare, perficere & deducere eamdem omni allegatione cessante, etiam salarii non soluti, ad effectum, sub pœna decem florenorum & privationis per annum, teneantur.*

Quæ Causæ tractabuntur in Consistorio supremo.

(44) *In superiori Consistorio non tractabuntur Causæ nisi patrimoniales Domini*

NOTE.

(h) In processibus mittendis.] A la p. 271. du premier Vol. de *Fontanon*, on trouve une Ordonnance de François I.er de 1525. & il paroît par l'article 8. du chapitre 3. de cette Ordonnance, qu'anciennement dans les pays de Droit écrit, les Greffiers dressoient deux ou un plus grand nombre d'Inventaires de toutes les pièces produites dans les procès; qu'ils les y copioient même tout au long, & qu'après le Jugement, ils obligeoient chaque Partie à retirer un de ces Inventaires. François I.er abolit cet usage par cette Ordonnance de 1525. Ce sont ces Inventaires qui semblent être désignés par le mot *Processus* qui se trouve dans l'article 13. de l'Ordonnance de Philippe le Bel du mois de Juillet 1304. lequel article 13. est à la p. 418. du premier volume du Recueil des Ordonnances. J'interprète ces mots de notre article *in processibus mittendis*, par ceux-ci : *en dressant les Inventaires des procès.* Cette interprétation me paroît d'autant plus sûre que notre Ordonnance de 1409. a été faite pour le *Dauphiné* qui est régi par le Droit écrit.

nostri Dalphini: Causæ etiam appellationum per expressum ad dictum Consistorium interpositarum, submissionumque etiam per expressum ad prædictum Consistorium factarum, Causæ religiosorum & miserabilium personarum: item & Causæ criminales Magnatum.

CHARLES VI. à Paris, le 12. de Juillet 1409.

De Appellationibus quemadmodum introducantur.

(45) Appellantem sufficiet appellationem ut pro deserta non habeatur, Præsidenti infra tempus eidem à [a] Judice à quo, assignatum, præsentare, & demum à die prima juridica introducere. Si vero tempus non fuerit assignatum à Judice, infra mensem introducet.

a par le Juge de la Sentence duquel on a appelé.

De Appellationibus ab interlocutoria.

(46) Appellatione ab interlocutoria emanata, dabitur appellanti citatio quæ spacium triginta dierum non excedet; quâ etiam pendente, nihil novi fiet à Judice à quo: cui quidem Judici mandabitur quatenùs acta Causæ clausa remittat, nec in Causa prædicta [b] dationi libelli opus erit, & nisi Partes alia petierint, eisdem ad audiendum Sentenciam [c] terminis assignabitur. Si vero Pars copiam actorum petat, dabitur eidem, & terminus viginti quinque dierum præfigetur absque alio processu, ad Sentenciam audiendam.

b corr. *datione.*
c corr. *terminus.*

De Appellationibus à diffinitiva.

(47) Appellatione à diffinitiva vivâ voce emissâ, statim quod de Sentencia constiterit (i) Apostolorum concessione aut refutatione, dabit [d] Judex ad quem, Litteras citatorias terminum triginta dierum spacium, ut supra, non excedentes, cum inhibitione ne appellatione pendente aliquid novi fiat. Ubi verò in scriptis appellatur, constito de instrumento appellatorio, Litteræ citatoriæ trigenta dierum terminum non excedentes concedentur, cum inhibitione ne aliquid innovetur dictâ dilatione pendente; & præfatâ appellatione institutâ, Litteræ inhibitoriæ processu pendente concedentur.

d Juge auquel on appelle.

(48) Item. Termino citationis adveniente, Partes terminum quindecim dierum non excedentem habeant, infra quem appellans appellatorium, aut appellatus confirmatorium libellum, si voluerit, porrigat: quo porrecto, concedatur copia hinc inde, & alius quindecim dierum terminus detur ad respondendum libello, ad ponendumque & articulandum, alio termino quindecim dierum peremptorie concesso. Si vero Pars appellans non allegata in articulis appellationis deduxerit, terminos habebit similes illis qui dantur in Causis per viam simplicis quærelæ introductis.

(49) Item. Si altera Partium peteret acta Causæ principalis produci, terminum quindecim dierum spacium non excedentem habebit.

De Patrimonialibus Causis.

(50) In Causis patrimonialibus, oblatâ petitione per Procuratorem fiscalem seu contra eum, ejus copia destinabitur reo cui terminus quindecim dierum ad respondendum concedetur, ac in eis ulterius veluti in Causis privatorum, procedetur.

De Causis privatorum.

(51) Si Litigantes aut eorum alter, admissus per procuratorem extiterit, non possit eum nisi de licencia Dominorum, Causâ cognitâ, hoc eidem concedatur, revocare.

(52) Item. In Causis privatorum, si aut per supplicationem aut petitionem inchoantur, reo copia mittetur, cui si reperiatur, tradetur: sin autem, domi familiæ ejusdem tra-

NOTE.

(i) *Apostolorum concessione.]* On appeloit anciennement *Apostoli* & en françois Apôtres, des Lettres adressées par le Juge de qui on appeloit, à celui devant qui l'appel étoit porté, & dans lesquelles le premier Juge rendoit compte à celui du Ressort, des raisons sur lesquelles étoit fondée la Sentence qu'il avoit rendue. Ces Lettres étoient d'un usage très-fréquent dans les Tribunaux Ecclésiastiques, mais elles étoient aussi en usage dans les Séculiers. Voy. le Gloss. de *Du Cange,* au mot *Apostoli 1.* & principalement au milieu de la colonne 566.

CHARLES VI. à Paris, le 12. de Juillet 1409.

detur, & citabitur responsurus ad terminum quindecim dierum spacium non excedentem : relationi verò executoris stabitur in scriptis per Notarium redactæ.

(53) Item. *Propositâ exceptione per reum, quæ litis contestationem impediat, ad probandum terminus assignabitur similis illi qui reo conceditur ad probandum exceptiones alias.*

(54) Item. *Reo contumaciter vel maliciosè respondere differente, in Causis quæ centum florenos non excedent, præstito à Partibus vel actore (k) calumniæ juramento, in Causa procedetur, actori ad justificandum aut ad ponendum & articulandum termino quindecim dierum assignato. In Causis vero centum florenos excedentibus, terminus triginta dierum assignabitur, nisi breviori contentetur actor.*

(55) Item. *Actor in eadem instancia, præter semel ad ponendum vel articulandum non admittetur, nisi reus exceptiones facti proponat : quo casu etiam semel ad replicandum admittetur, alio termino quindecim dies non excedente concesso.*

(56) Item. *Reo positionum vel articulorum copiam petenti concedatur ad respondendum, termino quindecim dierum assignato, in quo termino reus per verbum* credit *vel* non credit, *per se vel per Procuratorem positionibus admissibilibus & particularibus respondebit : quod si maliciosè differat, actori petenti ad probandum articulos terminus dabitur.*

a reus : *le défendeur.*

(57) Item. *Si actor relevari credit per responsiones rei principalis, & [a] præsens extiterit, ipse reus respondebit : si verò absens, citabitur peremptoriè cum comminatione quod positiones habebuntur pro confessatis, nisi per se aut Procuratorem sufficienter instructum respondeat ; & nisi sufficienter ipse aut Procurator singulis positionibus responderit, illæ quibus minus sufficienter responderit, pro confessatis habebuntur, & terminus actori viginti dierum pro prima dilatione, ad probandum præfigetur, simili ad exceptiones aut deffensiones proponendas, reo concesso.*

(58) Item. *Termino prædicto durante, tam instrumentorum quam cœterorum productorum copia Partibus petentibus concedatur : actori quindecim dierum termino pro secunda dilatione, ad probandum & respondendum propositis Partis reæ, & contra exceptiones replicandum, concesso.*

(59) Item. *Reo ad suas deffensiones aut exceptiones probandum, dilationem aliam petenti, quindecim dierum terminus ad omnes simul proponendum precisus & peremptorius concedatur : ulterius, non audiendo.*

(60) Item. *Dicto termino adveniente, si actor, concessa copia productorum hinc indè, alium terminum ad probandum petierit, quindecim dies vel ad longius pro tertio & peremptorio termino, unus mensis concedatur.*

b corr. *responsiones.*

c Voy. ci-dessous p. 453. note *(l)*.

d Il semble qu'il devroit y avoir : *non sint contentæ.*

(61) Item. *Si reus per [b] responsitiones actoris relevari crediderit, ordo, modus & [c] compulsio, dilationesque similes concedentur veluti de actore supradictum est.*

(62) Item. *Si Partes vel earum altera uno termino [d] sint contentæ ad probandum, dabitur terminus competens petenti, qui tamen duos menses non excedet, quantâcumque causâ extiterit.*

e Il manque app. ce mot, *terminus.*

(63) Item. *Una vel pluribus datis dilationibus ad probandum, ultimo termino vel in fine termini, assignetur [e] Parti ad publicationem testium interim producendorum & examinandorum.*

(64) Item. *Præsentatis interrogatoriis congruo tempore, secundum ea testes examinentur, resecatis resecandis.*

f les dépositions des témoins.

(65) Item. *Publicatis [f] attestationibus, copia utrique Partium detur ad obiciendum in personas & dicta, termino quindecim dierum concesso.*

(66) Item. *Durante termino predicto, Parti in personas obicienti pertinenter crimina sigillatim & specificè, quindecim dierum terminus detur, vel ex causa, triginta ad longius : copiâ objectorum adversario concessâ.*

NOTE.

(k) Calumniæ Juramento.] Chez les Romains, & dans notre ancienne Pratique, dès le commencement d'un procès, le demandeur étoit obligé de jurer qu'il croyoit la demande qu'il faisoit bien fondée & juste ; & le défendeur juroit aussi qu'il croyoit ses défenses légitimes. Le titre 59. du 2.e Livre du Code, est intitulé : *De jurejurando propter Calumniam dando.*

(67) Item. *Si contra* [a] *objectus articuli porrigantur deffensorii, similis ut supra dabitur ad probandum dilatio, præstito juramento quod ex malicia non proceditur.*

(68) Item. *Nihil objecto in personas aut dicta testium, publicatione eorumdem factâ, illicò Partibus instantibus aut earum altera, ad proponendum ea quæ in jure & facto consistunt, terminus viginti dies non excedens concedatur; quo elapso ad Sentenciam audiendam alius terminus assignetur, talis quod Partes ante ipsam per octo dies possint allegationes juris tradere.*

(69) Item. *A prima dilatione ad probandum, usque ad conclusionem in Causa, instrumenta & Litteras probatorias producere poterunt.*

CHARLES VI. à Paris, le 12. de Juillet 1409.

a ce mot signifie app. les objets, les reproches faits contre les témoins.

De Compulsoriis.

(70) Item. *Si Pars inchoet à (l) compulsoriis Litteris processum, instrumento obligationis vel submissionis porrecto compulsoriæ, cum assignatione, ad quindecimam diem ad minus* [b] *executione concedantur, quarum copia reo mittetur; ac earum executio per Notarium à tergo describetur.*

(71) Item. *Reus legitimè comparens termino prædicto, admittetur ad probandum excommunicationis, falsi, transactionis, rei judicatæ, solutionis, præscriptionis, & pacti de non petendo exceptiones, vel alteram earum, pro quarum vel cujus justifficatione, terminum peremptoriè quindecim dierum habebit; & copiam instrumenti obligationis* [c], *si voluerit; quod quidem instrumentum pro justificatione compulsoriarum, tenebitur actor exhibere.*

(72) Item. *Singulorum per reum propositorum & productorum, actori, si petat, copia* [d] *concessa; & pro responsionibus, replicationibus & probationibus, ordo & modus superiùs dicti in Causis per petitionem vel supplicationem inchoatis, observentur.*

(73) Item. *Reo personaliter* [e] *apprehenso, nec comparente vel comparente, sed nullam prædictarum exceptionum opponente, Litteræ præcisæ concedentur actori, vim & autoritatem rei judicatæ obtinentes, quæ lapsis decem diebus executioni demandabuntur.*

(74) Item. *Reo personaliter non apprehenso, nec termino assignato comparente, saltim ad locum domicilii iterato citabitur, & simili termino sicut supra in quo si compareat, similiter procedetur ut supra quando fuit apprehensus. Si vero contumax existat, Litteræ præcisæ concedentur.*

(75) *Præcedentia verò intelligi debeant in casu quo à* Dalphinatu *reus non abesset citationis tempore.*

(76) Item. *Reo à* Dalphinatu *absente, si longa speretur ejus absencia, & mora evidenter sit damnosa actori, nec deffensor appareat, detur curator bonis, cum quo ut supra procedetur, nisi longior æstimetur dari dilatio curatori verisimiliter alienum factum ignoranti.*

(77) Item. *Omnes termini prædicti erunt peremptorii, sic quod cuilibet, Partes satisfacere tenebuntur, nec* [f] *alias ulteriùs admittentur.*

b Il y a là dans la copie un *a* ou un *e* mal formé. Il semble qu'il devroit y avoir *pro.*

c Il semble qu'il manque ici ces mots : *petere poterit*, ou autres semblables.

d Il semble qu'il devroit y avoir *concedatur.*

e app. *assigné en personne.*

f Il faut app. corr. *alii.*

De Executione rei judicatæ.

(78) *Sentencia condemnatoria lata, quæ in rem transivit judicatam, super actione reali, mixta, aut in rem scripta, actor mittetur in possessionem rei adjudicatæ, quæ missio Parti notifficabitur, & inhibetur ei ne missum turbet in eadem in qua Judex ipsum manutenebit & deffendet, etiam pænarum impositionibus.*

(79) *Sentencia vel mandato super actione personali lata, quæ in rem transivit judicatam, executor ad domum habitationis debitoris accedet, & ab eodem, si reperiatur, aliàs à domesticis ejus requiret ut sibi indicent aut tradant mobilia vel se*

NOTE.

(l) *Compulsoriis Litteris.*] Je crois qu'il s'agit ici seulement d'une collation ordonnée par le Juge de l'expédition d'un acte, sur la minute. En effet, il est dit dans cet article que le demandeur qui présente des *Lettres compulsoires,* produira l'acte de l'obligation qu'il veut faire compulser, & que le Notaire met sur le dos de cet acte, *executionem;* c'est-à-dire, à ce que je crois, le Procès verbal de la collation qu'il a faite de l'expédition sur la minute.

CHARLES VI. à Paris, le 12. de Juillet 1409.

moventia, [a] *inquantanda : quod si differatur per unam diem naturalem, executor, lapsâ die, capiet pro debito principali & expensis, de mobilibus, vel in eorum deffectu, de immobilibus, juribus ac actionibus, ad electionem creditoris : cavebit tamen non capiat pignora in duplo plus valentia, nisi aliis defficientibus.*

a pour être vendu à l'encan.

(80) Item. *Pignora capta loco & horis solitis & modo sequenti inquantabuntur : nam si pro debitis quæ summam centum solidorum non excedant, fiat executio, primâ die fori & die immediatè sequenti inquantabuntur; & à centum solidis usque quinquaginta libras, duobus proximis diebus fori, inter quos erit intervallum sex dierum : ultra vero summam quinquaginta librarum, quantacumque sit summa, tribus diebus fori continuis, per similia intervalla fiant inquantus, & in ultimo dictorum inquantuum, plus offerenti librabuntur & expedientur per Præconem.*

(81) Item. *Nullo emptore apparente, liceat creditori* [b] *qui vicit, in quolibet inquantuum præcium offerre, & demum in ultimo inquantu, nullo alio majus præcium offerente, creditori expediatur per Præconem.*

b qui a obtenu une Sentence en sa faveur.

(82) Item. *In locis ubi forum sive mercatum non habetur, fiant inquantus in locis ibidem fieri solitis, dum tamen non fiant per minora intervalla quam superiùs declarata.*

(83) Item. *Quia debitor se læsum vel deceptum quando que asserit, ordinamus quod si summa pro qua pignora vendita fuerunt, centum solidos curribiles non excedat, eadem pignora redimere possit debitor infra quindecim dies à die librationis inchoandos; solvendo tamen ante debitum principale & expensas. Si vero centum solidos excedant usque ad quinquaginta libras, eas redimere poterit usque ad unum mensem; & à quinquaginta libris usque ad centum libras, habebit debitor duorum mensium inducias : Ultra vero summam centum librarum, quantacumque fuerit, solvendo debitor principale cum expensis, pignora capta & librata redimere poterit infra quatuor menses, à die librationis computando.*

(84) Item. *Terminis predictis in favorem debitoris concessis, casu quo emptor dictorum bonorum mobilium & se moventium, esset alienigena, aut* [c] *facilitate conveniendi suspectus, seu infra* Dalphinatum *immobilia non possideret, bona prædicta sub manu Curiæ ponentur, nisi caveat idonée debitor ipse, prout infra declarabitur.*

c Il semble qu'il devroit y avoir plûtôt : *difficultate* : la difficulté de le trouver.

(85) Item. *Animalia pro majori summa centum solidorum, quantacumque sit, capta & distracta, per debitorem redimi non poterunt ultra mensem, ne in (m) menjallis consumantur : Verum si debitor idonée caveat de eis restituendis in eadem bonitate & valore, casu quo ea non redimerit infra tempus jam dictum, interim apud eumdem dimittantur nutrienda, pendentibus terminis inquantuum; quibus effluxis, expedientur ut supra.*

(86) Item. *Dilationibus & terminis antedictis pendentibus, de rebus, bonis, juribus aut actionibus prædictis, emptor investituram petere non tenebitur; nec Dominus directus aliquam pretendere* [d] *Commissionem aut Laudimium, si per debitorem prædictæ res & jura redimantur : Verum durante termino prædicto, emptor dicta bona allienare non poterit ullo modo.*

d Commise, saisie féodale faute d'ensaisinement & de payement des lods & ventes.

(87) Item. *Terminis prædictis lapsis, emptor bona prædicta habebit pacificè, nec audietur debitor per viam oppositionis, appellationis, supplicationis, recursus, aut cujuscumque remedii juris, contra inquantus & librationes predictos, vel etiam ordinis aut solemnitatis non servatorum : Verum si debitor infra tempora redimendi, se læsum asserat, quia vili præcio dicat esse distracta, facta dictorum distractorum extimatione coram Præsidente loci inquantus, per duos aut tres de probioribus dicti loci, juratos, in Partium præsencia, vel altera contumace, & neutri Parti suspectos, si appareat debitorem fuisse læsum ultra quintam partem justi præcii, si talia sint pignora quæ comodè dividi non possint, emptor quod justo deerit præcio, debitori supplere & resarcire teneatur, detractâ dictâ quintâ parte dicti præcii quæ emptoris lucro cedet.*

NOTE.

(m) Menjallis.] Mangeaille, nourriture. Voyez le Glossaire de *Du Cange*, au mot *Menjayllia.*

(88) Item. *In executionibus faciendis, domus habitationis debitorum, vestes, lectus, boves aratorii, aut instrumenta ad laborandum ordinata, non capientur, nisi aliis bonis tam mobilibus quam immobilibus defficientibus.*

(89) Item. *In eis quæ formam & modum executionum respiciunt, stabitur relationi Servientis vel executoris jurati, & ad ipsam executionem deputati.*

De Provisione contra violentos & clandestinos possessores.

(90) *Si quis per Litteras Judicis ejus manu propriâ signatas, aut voluntate illius cujus erat possessio, quam voluntatem interpretamur intervenisse, ex quo per dies decem passus est notoriè possidentem possidere rei alicujus possessionem, vel quasi, nactus* [a], *per quempiam absque mandato judiciario à prædicta possessione expulsus aut ejectus fuerit, probatâ possessione & ejectione etiam absque violenti (n) evocatione aliquali, per duos aut tres testes communi æstimatione fide dignos, omni allegatione aut appellatione cessante, expelletur violentus per Judicem aut ab eo deputatum, etiam manu militari, si sit opus, & restituetur dejectus, aut reponetur ante omnia in statum pristinum, & mulctabitur violentus ultra pœnas à jure statutas, in decem marchis argenti, fisci erario applicandis; mitigatione tamen Judici concessâ secundum modum violenciæ & facultates violenti : violenciâ verò purgatâ per in statum pristinum reductionem expulsi, & expensarum ab eodem expulso factarum refusionem, audietur qui fuerat violentus super per ipsum allegandis. Quæ autem in violento supra statuimus, eadem & in* [b] *clandestinæ possessiones ingredientes intelligenda fore censemus.*

a Je crois qu'il manque ici le mot, *possessionem.*

b Je crois qu'il faut corr. *clandestinis possessionibus.*

Juramentum Consiliariorum.

Vos juratis quod amodo eritis fidelis Domino nostro Dalphino [c] *omnibus, absque acceptione personæ, Justiciam ministrando, neminique ejus secreta revelabitis, honorem & utilitatem ejusdem procurabitis, incommoda pro posse evitabitis & facietis evitari, ac Domino Gubernatori vel Præsidenti revelabitis, nec donum à jure prohibitum recipietis, & statuta pro decencia Auduorii ac utilitate rei publicæ facta observabitis, & procurabitis ab aliis observari.*

c Il faut app. supp. *in.*

Juramentum Auditorum Computorum.

Vos juratis quod eritis fidelis Domino nostro Dalphino, neminique ipsius secreta revelabitis, honorem & utilitatem ejusdem procurabitis, ejus patrimonium illæsum servabitis, & procurabitis ab aliis observari, computa fideliter audietis & admittetis, jus Domini nostri Dalphini & computantium omni amore & odiò post positis custodiendo, nec munus prohibitum recipietis.

Juramentum Secretariorum.

Vos juratis quod benè, legaliter & fideliter Officium Secretariatûs exercebitis, nemini secreta Dalphinalia vel Causarum vobis commissarum pandendo, ac in scriptis processuum, appunctuamenta suo ordine redigendo, honorem & utilitatem Domini nostri Dalphini procurabitis, ac damnis ejusdem occurretis, nihil à jure prohibitum recipiendo, salario vestro competenti contentus.

Juramentum Advocatorum.

Vos juratis quod officium Advocationis benè, legaliter & fideliter exercebitis, Causam injustam scienter non fovebitis, & si ejus injusticia in aliqua litis parte ad vos perveniat, eam dimittetis, ac cedulam aliquam non signabitis, nisi per vos compositam aut sufficienter visitatam, & clientulos vestros quam breviùs poteritis expedietis.

NOTE.

(n) *Evocatione.]* Il faut peut-être corriger *avocatione,* qui signifiera ici la même chose que *ejectione :* car dans plusieurs textes de Droit, & entr'autres dans le titre 6. *de condictione indebiti,* du Livre 12. du Digeste §. 1. de la Loi 15. on trouve *avocare possessionem,* pour signifier *ôter la possession. Violenti avocatione,* doit avoir le même sens que *ejectione.*

CHARLES VI. à Paris, le 12. de Juillet 1409.

Juramentum Procuratorum.

Vos juratis quod benè & legaliter Officium Procurationis exercebitis, nec Causam quam injustam credetis, fovebitis, ac salario competenti eritis contentus, utilitatem clientulorum vestrorum absque diffugio procurando.

Juramentum Hostiariorum.

Vous jurés que bien & loyaument vous exercerés votre Office, & ne denierés à personne entrée en temps deu, ne ne recevrés argent pour laissier entrer.

Juramentum Notariorum.

Vos juratis quod eritis bonus, probus & fidelis Domino nostro Dalphino suisque Officiariis, commodum, honorem & utilitatem ipsorum procurare & damnum evitare pro posse; secreta Imperialia & Dalphinalia nemini pandere, Litteras, Protocolla & Instrumenta quæcumque tangentia Dominum nostrum Dalphinum & ejus commodum, quæ ad primùm ad vestri notitiam pervenerint, nobis aut Consilio Dalphinali *revelabitis, & ponetis per extensum sine clausula &c.ª; Testamenta, Codicillos, Donationes causâ mortis, & quascumque ultimas voluntates & Contractus inter vivos ultro citroque obligatorios, vel ab una parte tantum, cum notis sive Protocollis vestris infra duodecim dies naturales à tempore receptionis dictarum ultimarum voluntatum seu Contractuum prædictorum redigetis; relicta ad pias causas revelabitis Episcopo seu Vicario ejus, infra duos menses à die obitûs deffuncti; subditos non opprimetis pro scripturis eorum seu aliis, nec opprimi per quempiam permittetis, directè seu per obliquum; cessiones à jure prohibitas non recipietis in præjudicium subditorum; Instrumenta seu quoscumque Contractus non scribetis in papiro seu carta veteri vel abrasa, sed in membrana munda & nova; Testamenta, Codicillos, Donationes causâ mortis, dicta & depositiones testium, & alia vestrum Officium tangentia scribetis fideliter & ea servabitis; secreta nullique pandetis donec debeant publicari; Causas viduarum & aliarum miserabilium personarum, nec non Pontium & Hospitalium emendationem, ac viarum publicarum reparationem omni tempore promovebitis, & Notariatûs officium exercebitis legaliter, non attendendo munera, odium vel amorem.*

Juramentum Vassallorum.

Vous tel, en présence de Monseigneur le Gouverneur representant la personne de Monseigneur le Dauphin, confessés que vous êtes & devés être homme vassal de Monseigneur le Dauphin, à cause de tel fief que vous tenés, & promettés & jurés que vous serés bon & loyal à mondit Seigneur le Dauphin & à ses successeurs Dauphins, que aussi vous garderés tout ce qui est contenu ez chapitres de la vielle & de la nouvelle forme de fidelité, en procurant l'honneur de mondit Seigneur le Dauphin & ses successeurs, son bien & son profit, & lui signifiant son dommage; & en signe de ce, vous baisiés Monseigneur le Gouverneur en la bouche.

Sic signatas. Facta est collatio cum originali. L. CAMPANI.

Suite des Lettres de Charles VI.

Nos prædicta capitula & in eis contenta, in favorem rei publicæ, rata & grata habentes, ea volumus, laudamus, ratifficamus, approbamus, & tenore præsentium confirmamus de graciâ speciali per præsentes : dantes propterea tenore præsentium in mandatis dicto Gubernatori Dalphinatûs, *nostri moderno ac futuris ipsius* Dalphinatûs *Gubernatoribus, nec non dilectis & fidelibus gentibus Consilii, Auditoribus Computorum, cæterisque Justiciariis & Officiariis nostris* Dalphinalibus, *præsentibus & futuris, vel eorum Locatenentibus & eorum cuilibet, prout ad eum pertinuerit, quatenùs contenta in ipsis capitulis teneant, observent & adimpleant, ac teneri & observari & inviolabiliter adimpleri faciant, nihil in contrarium attemptando vel innovando, seu attemptari vel innovari permittendo; sed attemptata & innovata, si quæ sint aut fuerint, ad statum pristinum & debitum reducendo vel indilatè reduci faciendo: præfatis*

præfatis Auditoribus nihilominùs præcipiendo quatenùs in archivis Cameræ nostræ Computorum Dalphinatûs, *præsentem nostram confirmationem ad perpetuam rei memoriam reponant atque servent. Quod ut firmum & stabile perpetuò perseveret, nostrum præsentibus Litteris apponi Sigillum fecimus: nostro in aliis, & alieno in omnibus jure salvo.* Datum *Parisius,* die duodecimâ Julii, anno Domini millesimo quadringentesimo nono, & Regni nostri vicesimo nono. Per Regem Dalphinum, ad relationem Consilii. [a] FOITEMENT.

CHARLES VI. à Paris, le 12. de Juillet 1409.

a Il faut app. corr. *Fortement.* Voy. les Tables des noms de personnes, qui sont à la fin de ce Vol. & du précédent.

CHARLES VI. à Paris, le 24. de Juillet 1409.

(a) Lettres de Charles VI. confirmatives de celles par lesquelles le Duc de Berry son Lieutenant dans le Languedoc & la Guyenne, y avoit institué trois Généraux-Conseillers sur le fait de la Justice des Aides, & avoit réglé leurs fonctions & l'autorité & le pouvoir qu'il leur donnoit.

CHARLES, par la grace de Dieu, Roy de France. A tous ceulx qui ces Lettres verront: Salut. Sçavoir faisons Nous avoir veu les Lettres de nostre très-chier & très-amé Oncle le *Duc* de *Berri* & d'*Auvergne, Comte* de *Poitou,* d'*Estampes,* de *Boulogne* & d'*Auvergne,* nostre Lieutenant en nos païs de *Languedoc* & *Duchié* de *Guyenne,* contenans ceste forme:

JEHAN Fils de Roy de France, *Duc* de *Berri* & d'*Auvergne, Comte* de *Poitou,* d'*Estampes,* de *Boulogne* & d'*Auvergne,* Lieutenant de Monseigneur le Roy ez païs de *Languedoc* & *Duchié* de *Guyenne.* A tous ceulx qui ces Lettres verront: Salut. Comme par maintes relations ayons nouvellement entendu que ou fait des Aydes de la Guerre, des Gabelles du Sel, Tailles, [b] Fouages, & d'autres Subcides qui ont eu & ont cours ezdits païs de *Languedoc* & de *Guyenne,* moult de fraudes, griefs, opressions, extortions, abus & autres malefices ont esté & sont faits & commis, se font & commettent de jour en jour par faulte de justice, ou prejudice de mondit Seigneur, de nous, du bien publique & des subjiets des païs dessusdits, & pour ce est expedient & necessaire d'y pourvoir des personnes expertes, souffisans & notables: Sçavoir faisons que nous qui avons le gouvernement & la charge desdits païs, desirans de tout nostre cuer les subjiets d'iceulx estre gardés & dessendus de toutes violences & opressions, & justice y estre faite & maintenue à un chacun, confians à plain & adcertainés des sens, loyautés, prudomies, souffisances & diligences de nos amés & feaulx Maistres *Jehan Andrieu, Pierre* de *Perols,* & *Ligier Saboux,* Conseillers de nostredit Seigneur & des nostres, iceulx de nostre certaine science & authorité Royal dont nous usons en ceste partie, avons ordonnés, commis & deputés, & par la teneur de ces presentes ordonnons, commettons & deputons generaulx Conseillers pour mondit Seigneur & pour nous, de & sur le fait de la Justice desdits Aydes, Gabelles, Tailles, Fouages, & d'autres Subcides dessusdits qui ont eu & auront cours & seront imposés èsdits païs de *Languedoc* & de *Guyenne,* en donnant & octroyant à nosdits Conseillers plein povoir, authorité & mandement special de inquerir & sçavoir par eulx, par leurs commis & deputés, le gouverment de ladite Justice, & les faultes qui y sont ou pourront estre, comment icelle Justice a été gouvernée & maintenue, & de la mettre, se mestier est, en bon estat & deu, & gouverner & maintenir les faits desdits Aydes, Gabelles, Tailles, Fouages, & autres Subcides, les circonstances, & dependances d'iceulx, de icelle Justice y administrer, garder & exercer & faire exercer au profit & accroissement desdits Aydes, Gabelles, Subcides, & de la chose publique, selon

b *Imposition par feux.*

NOTE.

(a) La copie de ces Lettres a été envoyée de *Montpellier,* avec cette indication: *Sénéchaussée de* Toulouse *en général, armoire C. 8.e continuation des titres particuliers, n.° 1. fol. 145. verso.*

CHARLES VI. à Paris, le 24. de Juillet 1409.

les Ordonnances & Instructions Royaux sur ce faites; de icelles Instructions, s'en aucuns points & articles estoient trouvés obscures & doubteuses, par l'advis & deliberation des gens du Conseil de mondit Seigneur & du nostre, veoir, visiter, corriger, augmenter, acroistre & diminuer, essargir & declarer, & de leur donner tel & si vrai entendement comme ils verront qu'il sera à faire au proufit & avancement desdits faits, sans ce que tout ce qui par eulx sera fait, soit enfreint en aucune maniere; de povoir corriger, punir & desmettre tous Eslus, Receveurs, Grenetiers, Visiteurs, Gabelleurs, Controlleurs, Collecteurs, Sergens, Commissaires & autres Officiers touchant les faits dessusdits, selon l'exigeance des cas touchant les faits devant dits & les circonstances & dependances d'iceulx, sans ce que aultres Juges s'en puissent ou doivent entremettre en quelque maniere que ce soit, & de commetre autres en leurs lieux par maniere de provision, jusques à ce que par mondit Seigneur ou nous en soit autrement ordenné; de faire venir [a] ens & payer au Receveur general ou là où il appartiendra, les arrerages & tout ce qui par la fin des comptes des Receveurs particuliers & Grenetiers des Aydes, Gabelles, Tailles, Fouages & Subsides dessusdits, & de tous autres qui se sont entremis & entremetront de faire recepte èsdits pays, & autrement en seroit deu; de diminuer & acroistre le nombre desdits Officiers partout où bon leur semblera; de commetre de par mondit Seigneur & de par nous, au gouvernement des Offices touchans lesdits faits, toutesfois qu'ils vacqueront par mort, privation ou autrement, par maniere de provision jusques à ce que par mondit Seigneur ou de par nous en soit autrement ordonné, comme dit est; de ordonner & tauxer auxdits Elus, Visiteurs, Receveur, Grenetiers, Controlleurs & Officiers, voyages & salaires raisonables; de tous procès & causes criminelles & civilles meues & à mouvoir, & encommanciés pardevant les autres Generaulx-Conseillers qui sur ledit fait ont esté ezdits pays, & autres Juges, & des appellations interposées & à interposer concernant les faits devant dits, avec leurs circonstances & dependances, congnoistre, decider & determiner, tout ainsi que les cas le requerront, par dessus les Eslus, Visiteurs & autres Officiers devant dits, sans ce que aucuns autres en puissent avoir Court ne cognoissance; de advoquer pardevant eulx toutes Causes criminelles & civiles touchans lesdits faits, & les renvoyer pardevant les Juges qui en ont acoustumé de cognoitre, ou autres, se bon leur semble, en quelconque estat qu'elles soient; de modifier & moderer, se ils voyent que bon soit, les peines & amendes qui par eulx seront declarées, de & sur les faits dessusdits ou aucuns d'eulx; de mettre & faire mettre leurs Sentences, Jugemens, Arrêts, & appointemens à execution due; de contraindre & faire contraindre à ces choses tous ceulx qui seront à contraindre, par toutes voyes & manieres dues & afferans en tel cas; & generalement de faire & exercer toutes autres choses qui en & sur les faits devant dits & chascun d'eulx & leurs circonstances & dependances, seront necessaires, expediens & convenables, & qui à nos Generaulx-Conseillers sur iceulx faits peuvent & doivent appartenir : voulans & ordonnans de l'autorité devant ditte, que tout ce qui en & sur les faits & cas dessusdits aura esté congnu, ordonné, decidé & determiné & autrement fait & dit, en quelconque maniere que ce soit, par nosdits Conseillers, vaille & tiegne, & soit d'autelle authorité & vertu comme se nous l'avions fait, & que leurs appointemens, actes, Jugemens & Sentences soyent faits en nostre nom, & soubs nostre sel ou sous les leurs, en l'absence d'icelui; non obstant & rejettées toutes & quelsconques oppositions & appellations à nous faites ou à faire, revocans, cassans, irritans & annullans expressement toutes Commissions, authorités & puissances par nous à quelsconques autres de & sur les faits dessusdits ou aucun d'iceulx, generalement ou particulierement données & octroyées. Si donnons en mandement à tous les Seneschaulx, Capitaines, Chastellains, Viguiers, Maistres des Ports, & à tous aultres Justiciers & Officiers de mondit Seigneur estans ezdits pays, ou à leurs Lieuxtenans & à chacun d'eulx, si comme à lui appartiendra, que tout ce que par nosdits Conseillers

[a] *dans les coffres du Roy.*

sera fait, dit, jugié & determiné ez choses dessusdittes & chascune d'icelles, leurs circonstances & dependances, ils tiegnent & gardent & fassent tenir & garder sans enfreindre, & à eulx & chascun d'eulx & leurs commis & deputés obeissent & entendent diligeament, comme ils fairoient à notre propre personne: car ainsi le voulons & nous plaît estre fait. En tesmoing de ce, nous avons fait metre nostre scel à ces presentes. *Donné en nostre Hostel de* [a] Vincestre-*les*-Paris, *le troisieme jour de Juillet, l'an de grace mil quatre cens & neuf.*

CHARLES VI. à Paris, le 24. de Juillet 1409.

[a] *nommé présentement* Bicestre.

Lesquelles & tout le contenu en icelles, nous avons fermes, stables & agreables, & icelles louons, approuvons & confermons par la teneur de ces presentes, par lesquelles Nous confians & adcertenés des sens, loyaultés proudhomies & bonnes diligences de nos Conseillers dessusnommés, iceulx commetons, ordonnons & deputons generaulx Conseillers de & sur le fait de la Justice desdits Aydes, Gabelles, Tailles, Fouages & autres Subcides, en nos païs dessusdits, en leur donnant & octroyant, & à deux d'eulx, plein pouvoir, authorité & mandement special de faire exercer toutes les choses contenues ez Lettres de notredit Oncle dessus encorporées, & en oultre, Nous ensuivans les Ordonnances sur le fait & gouvernement de nosdits Aydes, piéça faites & observées, pour obvier aux empeschemens & retardemens qui pourroient venir ou fait des finances d'iceulx Aydes, Gabelles, Tailles, Fouages & subcides, [b] se l'on povoit joïr d'appeller desdits Generaux, & pour certaines autres causes & considerations à ce Nous mouvans, avons voulu & ordonné, voulons & ordonnons par la teneur de ces presentes, que nosdits Generaulx-Conseillers sur le fait dessusdit, & deux d'eulx, ayent tout povoir semblable que ont nos Generaulx de la *Languedoyl,* & que d'eulx ne de leurs appointemens, prononciations, Sentences, Jugemens & Arrests, ne de chose qui par eulx sera faite ou disposée, il ne loyse appeller ne reclamer; mais vaillent & tiegnent, & soyent en force d'Arrets, comme s'ils estoient faits & prononciés en nostre presence & de par Nous, ou en nostre Court de Parlement; & se par advanture aucun se hardissoit d'en appeller, Nous leur deffendons y estre [c] differé en aucune maniere, en leur commandant de proceder en oultre, & de mettre leursdits appointemens, Arrets [d] Jugiés à execution due, nonobstant icelles appellations, reclamations, poursuites, adjornemens ou deffenses, se ils estoient ensuis ou obtenues de Nous ou de nostre Court, lesquelles choses Nous deffendons estre octroyées & données en aucune maniere, & se passées ou données estoient, Nous n'y voulons estre obei. Si donnons en mandement à tous nos Seneschaulx, Juges, Viguiers, Maistres des Ports, & à tous nos aultres Justiciers, Officiers & subgiets en nosdits pays, ou à leurs Lieuxtenans & à chacun d'eulx, comme à lui appartiendra, que à nosdits Generaulx-Conseillers & à leurs deputés, ils obeissent & entendent diligeamment. En tesmoing de ce, Nous avons fait metre notre Scel à ces presentes. *Donné à* Paris, *le* XXIIII.*e jour de Juillet, l'an de grace mil quatre cens & neuf, & de notre Regne le* XXIX.*e*

Par le Roy, à la relation du Conseil. R. MOTHE.

Suite des Lettres de Charles VI.

[b] *s'il étoit permis.*

[c] *corr.* déféré.

[d] *supp.* &.

CHARLES VI. à Paris, le 5. d'Août 1409.

(a) Lettres qui permettent aux Maître, Frères & Sœurs de l'Hôtel-Dieu de Paris, de plaider par Procureur, pendant un an seulement.

CHARLES, par la grace de Dieu, Roy de France. A tous ceulx qui ces presentes Lettres verront : Salut. Savoir faisons Nous de grace especial avoir octroié à noz bien amez les Maistre, Freres & Seurs de l'Ostel Dieu de

NOTE.

(a) Regiſtre du Parlement de *Paris,* intitulé : *Ordonnances de Charles VIII.* cotté *H. fol.* 58. *verso.*

CHARLES VI. à Paris, le 5. d'Août 1409.

Paris, que eulx tant conjoinctement comme diviseement, en toutes leurs Causes & querelles meues & à mouvoir contre tous leurs adversaires, pardevant tous Juges seculiers de nostre Royaume, en demandant & en defendant, soient receuz par Procureur ou Actourné loyaument estably par vertu de procuration ou actournée faicte ou [a] affaire, seellée de leur séel ou d'autre seel auctentique, en Parlement, [b] Eschequier & dehors, jusques à ung an, & que icelluy Procureur ou Actourné puisse requerre adjournement ou adjournemens, delivrance de *(b)* namps & de fief, commancer, mouvoir & poursuir toutes manieres de Causes & querelles, & icelles mettre à fin deue, faire *(c)* claim ou claims de marché de bourse, prendre & recevoir Brief ou Briefz, [c] substituez & faire substituz en lieu d'eulx, ung ou plusieurs Procureurs ou Actournez, qui ait ou aient semblable povoir, & généralement puissent faire en toutes choses autant comme feroient & faire pourroient lesdiz Maistres, Freres & Seurs, se presens y estoient, nonobstant la coustume du pays à ce contraire. *Donné à Paris, le cinquiesme jour d'Aoust, l'an de grace mil CCCC. & neuf, & le XXIX.e de nostre Regne.* Ainsi signé par *(d)* Vous. G. FORTEMENT.

a *à faire.*

b *Voy. les Tables des Mat. des Vol. de ce Rec. à ce mot.*

c *corr.* substituer.

NOTES.

(b) Namps.] Nantissemens, *gages.* Voy. le Gloss. du Droit françois, au mot *Namps.*

(c) Claim . . . Brief, &c.] Assignation en retrait féodal. Voy. le Glossaire de *Du Cange*, au mot *Forum 3.* Dans le passage qui y est cité en preuve, on lit : . . . . *de brevibus . . . . de Foro Bursæ.* Voy. aussi le Gloss. du Droit François, aux mots *Clameur de Bourse.* Je crois qu'au lieu du mot *de marche*, il faut y corr. *de marché.*

Le *Brief* est un Mémoire sommaire produit dans un procès. V. *ibid.* au mot *Breve*, col. 1298.

(d) Vous.] Ce mot désigne ordinairement le Chancelier de France. Voy. le 5.e Vol. de ce Rec. p. 653. note *(c).*

CHARLES VI. à Paris, le 7. de Septembre 1409.

(e) Lettres par lesquelles Charles VI. fixe invariablement à deux cens, le nombre de feux du Bourg de Carcassonne.

CHARLES, &c. Savoir faisons à tous presens & avenir, que comme Nous ayons esté souffisanment informez [d] le *Bourg* de *Carcassonne* qui est nostre nuement & sans aucun moyen, & y avons & prenons bon emolument tant à cause de nostre Demaine comme de noz Aides & autrement, lequel est habité de bons & loyaulx nos Subgiez, ait esté par le feu Prince de *Gales* ou temps qu'il vivoit, du tout [e] ars & destruit, & depuis les bonnes gens de nostredict Bourg qui pour ce s'en estoient fouys & retraiz, soient retournez édiffier & habiter en nostredit Bourg, en eulx esvertuans de toute leur puissance, qualité & [f] puissance, de icellui maintenir, après la redifficacion duquel, soient avenuz plusieurs mortalitez, famines, Tailles, charges [g] indiccions en ladicte Ville, courses d'*Angloiz*, robemens, pillemens, emprisonnemens de personnes par lesdiz *Angloiz* & autres noz ennemis, complices & adherens desdiz *Angloiz*, pour lesquelles causes plusieurs des habitans de nostredit Bourg ont du tout icellui Bourg desemparé, & se soient transportez habiter tant ou Royaume d'*Arragon* qui est à une journée près d'illec ou environ, comme ès *Contez* de [h] *Foueys* & d'*Armenhac*, où nozdiz Aides n'ont aucun cours, & aussi en plusieurs autres parties hors de nostre Royaume : Nous ces choses considerées, & que les habitans de nostre Cité de *Carcassonne*, qui est prouchaine d'icellui nostre Bourg, qui ont oudit Bourg & [i] ou termines d'icellui, une partie des maisons, terres, vignes, prez, *(f)* brueilz, & autres possessions, lesquelles ilz veulent tenir & tiennent franches & quictes, sans aucunement pour ce contribuer avec les autres habitans

d *supp.* que.

e *brûlé.*

f *Ce mot répété paroit inutile.*

g *supp.* &.

h *Foix & Armagnac.*

i *aux confins.*

NOTES.

(e) Trésor des Chartres, Registre 163. P. IIII.e LXII. (462.)

(f) Brueilz.] Ce mot est app. synonyme de celui de *Breuil*, qui signifie un bois taillis ou buisson fermé de murs ou de haies. Voy. le Dict. de *Trévoux*, au mot *Breuil.*

CHARLES VI. à Paris, le 7. de Septembre 1409.

de nostredit Bourg, ou fait des charges dessusdictes, pour la fortifficacion de la muraille d'icellui, ne autrement, laquelle muraille est en très-grant ruyne; & que oudit Bourg sont demourans plusieurs noz Officiers tant sur le fait de nostredit Demaine comme de noídiz Aides, & aucuns Docteurs, Licenciez, Clercs & Gens anoblis, qui avec lesdiz habitans ne veulent contribuer aucunement, & lesquelx qui ainsi se veulent exempter, tant de nostredicte Cité comme de nostredit Bourg, tiennent & occupent le tiers ou environ de l'estimacion ou faculté dudit Bourg; & aussi ayant consideracion au nombre des (g) feux à quoy se sont trouvées [a] les Villes de *Besiers* & *Narbonne*, voisines & prouchaines de nostredit Bourg, par la repparacion n'agueres faicte, qui sont plus grans Villes & où il a plus de peuple que en icellui Bourg, & que nostredicte Cité de *Carcassonne* est franche & exempte & non contribuable avec icellui nostre Bourg: Pour lesquelles causes & plusieurs autres à ce Nous mouvans, non déclairées en ces presentes, & affin que ceulx qui à present habitent nostredit Bourg, y demeurent de meilleure voulenté & ceulx qui s'en sont absentez & autres aussi y doient retourner & demourer, & que nozdiz Demaine & Aides & autres émolumens puissent estre maintenuz & augmentez, à iceulx habitans de nostre propre mouvement, certaine science & grace especial, par ces presentes avons nostredit Bourg reduit & reduisons au nombre de ij.^c feux tant seulement, sans ce que pour ce soit faicte autre informacion ou reduccion; & ne voulons lesdiz habitans d'icellui, depuis le derrenier Aide ordonné pour la delivrance de (h) *Lourde* & de (i) *Engles*, ne doresenavant estre contrains ou compellez pour quelque Aide, Taille, Indiccion ou [b] Fouage que ce soit, ne autres causes quelxconques, fors seulement audit nombre de ij.^c feux, supposé que ilz se trouvassent à plus grant nombre, & que se il advenoit que aucune Taille feust indicte au nombre de finance ou autrement, sans faire expresse mencion qu'elle feust levée au nombre de feux, Nous voulons & octroyons ausdiz habitans que ilz ne soient tenuz de la paier ne y contribuer, fors seulement au nombre de feux, & non pas à somme d'argent expresse. Oultre voulons que se ou temps avenir aucuns Commissaires estoient envoyez pour visiter & [c] reparer ledit Bourg, & veoir se à juste nombre auroit esté reduit, que d'icelle visitacion & reparacion ilz ne se aient à entremettre aucunement, maiz laissent ledit Bourg au présent nombre à quoy Nous le reduisons, comme dit est, ne en icellui Bourg sur ce faire aucun exploit. Si donnons en mandement à noz amez & feaulx Gens de noz Comptes & Tresoriers à *Paris,* à nostre *Seneschal* de *Carcassonne,* à noz amez & feaulx les Generaulx-Conseilliers sur le fait desdiz Aides, à noz Esleuz & Receveur sur le fait d'iceulx Aides ou Diocèse de *Carcassonne,* present & avenir, & à tous noz autres Justiciers & Commissaires ordonnez sur quelxconques Tailles, Aides ou Fouages imposez ou à imposer, & à chascun d'eulx, si comme à lui appartendra, & à tous autres Officiers, que de nos presente grace, reduccion, [d] grace & octroy, facent, sueffrent & laissent joïr & user lesdiz habitans presens & avenir, & ne les sueffrent contraindre ne permettent estre contrains à autre nombre que à cellui de ij.^c feux: Car ainsi nous plaist-il & voulons estre fait de grace especial par ces presentes; nonobstant quelxconques Ordon-

a *Supp.* monter, ou autre mot semblable.

b *Imposition par feux.*

c *Voy. la note (g) de cette page.*

d *Ce mot répété est inutile.*

NOTES.

(g) *Feux.*] Voy. page VI. de la Préface du 6.e Vol. de ce Rec. §. 2. sur l'imposition par feux dans le *Languedoc*: On y trouvera l'explication des mots *reduction* & *reparation*, qui se lisent un peu plus bas dans ces Lettres.

(h) *Lourde.*] Dans le Diocèse de *Tarbes,* capitale du *Bigorre*. Voy. le Dictionnaire universel de la France.

(i) *Engles.*] On ne trouve point ce nom dans le Dictionnaire universel de la France: mais il y est fait mention de plusieurs lieux nommés *Angles,* entre lesquels il y en a un situé dans le *Roussillon* Diocèse de *Perpignan*. C'est app. celui duquel il s'agit ici. Les deniers qu'on levoit devoient être donnés aux ennemis pour les engager à évacuer ces deux places. Ces sortes de marchés ont été fréquens pendant la guerre qui se fit entre la France & l'Angleterre, sous le regne de Charles VI.

CHARLES VI. à Paris, le 7. de Septembre 1409.

nances, mandemens, deffenses, stiles, Instruccions, reformacions & reparacions faictes ou à faire à ce contraires. Et affin que ce soit chose ferme & estable à tousjours, Nous avons fait mectre nostre Séel à ces presentes : sauf en autres choses nostre droit, & l'autruy en toutes. *Donné à* Paris, *le vij.e jour de Septembre, l'an de grace mil CCCC. & neuf, & de nostre Regne le XXIX.e*

Par le Roy en son Conseil, où Mess. les *Ducs* de *Berry* & de *Bourgogne*, le *Conte* d'*Alençon*, & autres du Conseil, estoient. SCEPEAUX.

CHARLES VI. à Paris, le 9. de Septembre 1409.

(a) Lettres par lesquelles Charles VI. ordonne à ses Officiers, de faire arrêter les fauteurs de Pierre-Martin de Lune que le Concile de Pise avoit dépossédé du Souverain Pontificat, & de les remettre entre les mains des Prélats ordinaires pour leur faire leur procès en présence de l'Inquisiteur.

CHARLES, par la grace de Dieu, Roy de France. Au Senechal & Juge-Mage de *Toulouse*, au Juge d'*Albigeois*, & au Maistre des [a] Ponts & Passages de ladicte Senechaussée, ou à leurs Lieuxtenans : Salut. Comme pour la [b] cedation du Scisme dampnable qui si longuement a duré en nostre Mere Sainte Eglise, le Conseil de l'universal Eglise ait esté n'agueres assemblé en la Cité de *Pise*, & par Sentence definitive d'icelui Conseil, très-solemnelment donnée, [c] *Pierre-Martin* dit *de Lune*, & *Angel* [d] *Corrarie*, qui trés-dampnablement & contre leurs vœux & sermens, tenoient & avoient tenu longuement l'Eglise en scisme & devision trés-horrible, ayent esté declarés Scismatiques & pertinaces, & notoires [e] hereses, prefix hors de l'Eglise, invaseurs & destruiseurs de Chrestienté, si comme en la Sentence contre eulx donnée publiquement & [f] en script, est plus à plein contenu ; & par ce, Nous soyons tenu selon Dieu & les constitutions d'Eglise, à persecuter eulx & ceulx qui ayde ou faveur leur ont fait, font & fairont depuis la condemnation faite par ledit Conseil, & punir & estirper specialement de notre Royaulme ; & il soit aucunement renommé que en ladicte *Senechaussie* de *Toulouse*, & ez Ressors d'icelle, y a plusieurs fils de iniquité & de l'ennemi, qui à icelui homme dampné, herese & prince de l'heresie, *Pierre-Martin* dit *de Lune,* donnent conseil, confort & ayde à leur pouvoir, Nous voulans ensuir l'exemple de [g] nous trés-chrestiens predecesseurs Rois de France, vous mandons & à chacun de vous, sur quant que vous pouvés mesfaire envers Dieu, nostre Mere Sainte Eglise & Nous, que vous faites incontinent publiquement crier solemnelment à voix de trompe, par toutes les Villes & lieux notables de ladite Seneschaussie, où l'en a acoustumé à faire cris de par Nous, & ailleurs où mestier sera & vous verrés qu'il sera à faire, que nuls de nos subjets ou autres quelsconques demourans en ladite Seneschaussie & és ressors d'icelle, de quelque estat, dignité, preeminence ou Seignourie & autorité qu'il soit, sur peine d'estre punis en corps & en biens, ainsi comme les hereses & fauteurs des heresies le doivent estre, ne soict ou soient si osés ne si hardis de donner conseil, confort, ayde, ne faire obeissance ou reverance aucune [h] en privé ne en appert directement ou indirectement audit *Pierre-Martin* dit *de Lune,* homme dampné, herese & condamné par l'Eglise, comme dit est ; & si vous trouvés aucun ou aucuns qui ayent fait depuis ladite Sentence donnée, ou fassent doresenavant au contraire, si les prenés & emprisonnés ou faites prendre & emprisonner, & iceulx baillés & delivrés, ou faites bailler & delivrer aux Prelats Ordinaires [i] en quels Juridictions ils seront pris, en la presence de l'Inquisiteur

a *corr.* Ports.

b *sédation*, du verbe latin *sedare*.

c *Benoît XIII.*

d *nommé ordinairement* Corrario : *Grégoire XII.*

e *hérétiques.*

f *par écrit.*

g *nos.*

h *en particulier ou en public.*

i *esquelles.*

NOTE.

(a) La copie de ces Lettres a été envoyée de *Montpellier,* avec cette indication : *Sénéchaussée de* Toulouse *en général, Armoire C. 8.e continuation des titres particuliers, n.o 1. fol. 54. verso.*

des herefes; & fommés & requerés iceulx Prelats & Inquifiteurs qu'ils procedent contre eulx, fi comme ils font tenus de faire, felon les Saints Canons, fans diffimulation ou faveur aucune, & felon l'exigeance des cas; & fe vous apparcevés que iceulx Prelats & Inquifiteurs ne faffent en ce bien & duement leur devoir, contraignés lefdits Prelats & autres, par la prinfe & explectation de leur temporel; & fur leurs deffaulx, coulpes & negligences qui par eulx feront commifes en ce, diligeamment & fecretement vous informés, & l'Information que faite en aurés, envoyés devers notre amé & feal Chancelier, afin que fur tout Nous puiffions pourvoir ainfi qu'il appartiendra à faire par raifon; & fe des fauteurs dudit *Pierre-Martin* dit *de Lune*, il y en avoit aucuns fi puiffans que bonnement n'en puiffiés faire juftice, informés vous auffi fur la [a] fauterie bien & duement, & l'Information auffi que faite en aurés, renvoyés devers notredit Chancelier pour Nous en faire relation, afin que à leur punition & extirpation Nous puffions pourvoir ainfi que nos Predeceffeurs Rois de France en noftre pais de *Languedoc*, l'ont fait autrefois, ou plus aigrement, fi bon Nous femble : & avec ce, prenés & mettés ou faites prendre & metre en notre main tous les biens, meubles & héritages defdits fauteurs, & les baillés en garde & gouvernement de par Nous, à perfonne ou perfonnes fouffifans qui en puiffent & fçachent repondre & rendre compte & relicat quand meftier fera & où il appartiendra de ce faire. Vous donnons & à chacun de vous plein pouvoir, autorité & mandement fpecial : mandons & commandons à tous nos autres Jufticiers, Officiers & fubjiets, fur peine de corps & de biens, que à vous & à chacun de vous & à vos commis & deputés ès chofes deffufdittes, circonftances & dependances d'icelles, obeiffent & entendent diligeamment comme à Nous, & preftent & donnent confeil, confort, ayde & prifons, fe meftier eft & requis en font : Car ainfi le voulons & Nous plaift eftre fait; nonobftant quelfconques oppofitions & appellations faites & à faire, & Lettres empetrées & à empetrer à ce contraires. *Donné à Paris, le IX.e jour de Septembre, l'an de grace mil quatre cens & neuf, & de notre Regne le XXIX.e*

Par le Roy en fon Confeil, ouquel le *Roy* de *Navarre*, Meffeigneurs le *Duc* de *Berri*, de *Bourgogne* & de *Bourbonnois*, les *Comtes* de [b] *Clarmont*, de *la Marche* & de *Vandofme*, [c] Vous, l'*Arcevefque* de *Reims*, & plufieurs autres, eftiés. G. BARRAU.

CHARLES VI. à Paris, le 9. de Septembre 1409.

a *crime de ceux qui font fauteurs de* Pierre-Martin de *Lune*.

b *corr.* Clermont.
c *Le Chancelier de France. Voy. le 5.e Vol de ce Rec. p. 653. note (c).*

CHARLES VI. à Paris, le 10. de Septembre 1409.

(a) *Lettres par lefquelles Charles VI. confirme tous les Privilèges des Bourgeois & habitans de Paris.*

CHARLES, par la grace de Dieu, Roy de France. Savoir faifons à tous prefens & avenir, que pour confideracion de ce que noftre bonne Ville de *Paris* eft la fouveraine Capital & chief de noftre Royaume, en laquelle Nous, noz Devanciers & plufeurs de noftre Sang & Lignage, la Court capital de noftre Juftice & Confeil, ont acouftumé de tenir & faire leur refidence, & de laquelle Ville noz Devanciers ont eu & Nous auffi plufeurs grans proufiz, emolumens & plaifirs, & efperons encores à avoir ou temps avenir, & pareillement ont ceulx de noftredit Sang & Lignage, noz Gens, Officiers & ferviteurs, qui pour la plus grant partie y ont & font leurs refidences & domiciles, Nous pardevant toutes les autres Villes de noftre Royaume, devons vouloir & voulons l'augmentacion, acroiffement & confervacion du bien d'icelle; & pour ce, & auffi pour certaines autres juftes caufes & confideracions à ce Nous mouvans, Nous aux Bourgois, manans & habitans en icelle, pour eulx & leurs fucceffeurs

NOTE.

(a) Regiftre *A.* du Parlement de *Paris, fol.* 225. *verfo.*
Avant ces Lettres, il y a : *Confirmatio privilegiorum Ville & habitancium ac Prepofiture Mercatorum* Parif.

CHARLES VI.
à Paris, le 10. de Septembre 1409.

perpetuelment, de notre certaine science, plaine puissance & auctorité Royal & grace especial.

(1) Avons donné, octroyé & accordé, & par la teneur de ces presentes donnons, octroyons & accordons, que eulx & chacun d'eulx, usent & joyssent d'oresenavant perpetuelment du privilege faisant mencion de la franchise que les Bourgois de *Paris* ont de eulx faire païer de leurs debtes, & comment ilz doivent [a] contraindre leurs debteurs.

(2) Item. Du privilege faisant mencion des anciennes Coustumes aux Bourgois de *Paris,* & autres touchans le fait de la marchandise, & jusques où les Marchans forains pevent monter & [b] avaler leurs denrées sans *(b)* Compaignie Françoise, & comment ilz les [c] forfont, se ilz passent certains lieux & [d] mettes declairées esdiz privileges.

(3) Item. Du privilege faisant mencion que nulz ne puisse descendre son vin à terre à *Paris,* se il n'est [e] hansé de la marchandise, stacionnaire & resident à *Paris.*

(4) Item. Du privilege faisant mencion que tous forains de quelque estat & païs qu'ilz soient, frequentans les eaues, amenans denrées, passans par dessoubz l'Arche de [f] Grant Pont, forfont leurs denrées, se ilz n'ont Compaignie Françoise.

[g] *(5) Item.* Du privilege faisant mencion que le Prevost des Marchans ne puist estre contrains de plaidier pardevant quelzconques Juges, pour quelque cause que ce soit, touchant les privileges ou le fait de la marchandise de ladicte Ville, fors que en la Court de Parlement.

(6) Item. Du privilege faisant mencion comment les habitans de *Paris,* [h] sont nobles, & pevent tenir & acquerir Fiefz, Arriere-Fiefz & Aleus en chascune partie de nostre Royaume, comme font les Nobles extraiz de noble lignée; & ont la garde & baulx de leurs Enfans & parens à iceulx Bourgois, manans & habitans, donnez & octroyez par noz Predecesseurs.

(7) Et generalment de tous les autres droiz, privileges, franchises, libertez & Coustumes quelzconques, qui par nosdiz Predecesseurs & Devanciers, ou les aucuns d'eulx, & par Nous leur ont esté donnez & octroyez ès temps passez, en quelsconques cas & par quelconque forme ou maniere que ce soit ou puist estre, selon les formes & teneurs d'iceulx privileges & des Lettres sur ce faictes.

Lesquelz droiz, privileges, franchises, libertez & Coustumes, Nous gréons, loons, confermons, ratiffions & approuvons, & leur donnons de nouvel, se mestier est: voulans que d'iceulx droix, privileges, franchises, libertez & Coustumes, ilz joïssent & usent plainement & paisiblement, sans empeschement ou contredit aucun, ainsi comme se yceulx Bourgois, manans & habitans & chascun d'eulx, en eussent tousjours & continuelment joy & usé, & tout selon la forme & teneur des privileges & Lettres sur ce faictes; lesquelz privileges Nous voulons avoir & sortir autel & semblable effect, comme se ilz estoient incorporez en ces presentes, de mot à mot. Et avec ce, pour ce que l'en dit nosdiz Bourgois, manans & habitans avoir perdu ou adiré aucunes de leurs Chartres & Lettres faisans mencion d'aucuns de leursdiz droiz, franchises & libertez, Nous de nostre plus ample grace, voulons & Nous plaist & avons ordené & ordenons que nostre amé & feal Chancellier & la Garde de noz Chartres, qui à present sont & pour le temps avenir seront, toutesfoiz & quantesfoiz que requis en seront, baillent ou facent baillier à nosdiz Bourgois, manans & habitans, l'extrait d'iceulx droiz, privileges, franchises & libertez dessusdiz, & que noz Lettres

[a] *Voy. à la p. 6. du 1.er Vol. de ce Rec. & à la p. 438. du 2.d les Lettres de Louis le Gros, de l'an 1134. & celles du Roy Jean, du mois de Juin 1351. à la p. 437. de ce 2.e Vol. & à la p. 267. du 4.e*

[b] *descendre.*

[c] *ils les mettent dans le cas de la confiscation.*

[d] *bornes.*

[e] *Voy.* ibid.

[f] *le Pont au Change.*

[g] *Voy.* ibid. *p. 782. les Lettres de Charles le Bel, du mois de Mai 1324.*

[h] *Voy.* ibid. *T. 5. p. 418. les Lettres de Charles V. du 9. d'Août 1371.*

NOTE.

(b) Compaignie.] Voy. à la p. 433. du 2.e Vol. de ce Rec. les Lettres de Louis le Jeune, de l'an 1170. confirmées par des Lettres latines du Roy Jean, du mois de Juin 1351. & à la p. 270. du 4.e Vol. ces Lettres de Louis le Jeune en françois, confirmées par celles du Roy Jean, aussi en françois, du mois de Juin 1351. Voy. aussi p. 9. & 265. de ce 4.e Vol. des Lettres du Roy Jean du mois de Novembre 1350.

facent

facent [a] en Chartre sur ce, & séellent en laz de soye & cire vert, ou autres teles que le cas le requerra, pour eulx & chascun d'eulx aidier d'iceulx droiz, privileges, franchises & libertez, quant mestiers sera, & où il appartendra; lesqueles Lettres & tout le contenu en ycelles, Nous voulons avoir & sortir autel & semblable effect, comme se Nous mesmes les avions octroyées & passées en nostre Grant Conseil, & que d'icelles feust faicte expresse mencion en ces presentes. Et avecques ce, pour ce que d'icelles Lettres on pourroit avoir afaire en plusieurs & divers lieux, Nous avons ordené & ordenons par ces presentes, que des *Vidimus* qui seront faiz d'icelles soubz Séel Royal, & collacionné en nostre Court de Parlement, nosdiz Bourgois, manans & habitans s'en puissent aidier, & que plaine foy y soit adjoustée comme ausdiz originaulx, toutesfoiz & quantesfoiz que mestiers sera. Si donnons en mandement par ces presentes à nostredit Chancellier, à noz amez & feaulx Gens de nostredit Parlement, à noz amez & feaulx Gens de noz Comptes & Tresoriers à *Paris*, à ladicte Garde de noz Chartres, à nostre Procureur General, & à tous noz autres Justiciers & Officiers, presens & avenir, ou à leurs Lieuxtenans, & à chascun d'eulx, si comme à lui appartendra, que nostre presente confirmacion, don, Ordonnance, grace & octroy, & tout le contenu en ces presentes, tiengnent, gardent, enterinent & acomplissent, & facent tenir, garder, enteriner & acomplir fermement & inviolablement sans aler à l'encontre, ores ne pour le temps avenir, en quelque maniere que ce soit, & ces presentes, se mestiers est, facent publier & enregistrer par-tout où il appartendra & mestiers sera : car ainsi Nous plaist-il & voulons estre fait, & à nozdiz Bourgois, manans & habitans en icelle Ville, pour consideracion des choses dessusdictes & autres à ce Nous mouvans, comme dit est, l'avons octroyé & octroyons de grace especial par ces presentes; nonobstant que Nous ayons autreffois [b] prins & mis en nostre main pour aucunes causes à ce Nous mouvans, la Prevosté des Marchans, Eschevinage & Clergie de nostredicte Ville, & tous les droiz quelzconques que avoient ou souloient avoir lesdiz Prevost des Marchans, Eschevins & Clercs d'icelle Ville, & quelconque autre empeschement qui sur ce ait esté fait & mis pour quelconque cause & cas, & par quelconque forme & maniere que ce soit; nonobstant aussi ledit adirement d'aucunes desdictes Lettres desdiz droiz, privileges, franchises & libertez, & quelque prescripcion ou laps de temps, ou autre chose que on pourroit dire, alleguer ou proposer au contraire, dons, graces ou autres biens faiz par Nous ausdiz Bourgoiz, manans & habitans, & quelzconques Ordenances, mandemens ou defenses à ce contraires. Et afin que ce soit chose ferme & estable à tousjours, Nous avons fait mettre nostre Séel à ces presentes : sauf en toutes choses nostre droit, & l'autruy. *Donné à* Paris, *le X.e jour de Septembre, l'an de grace mil CCCC. & neuf, & de nostre Regne le XXIX.e* Ainsi signé. Par le Roy, en son Grant Conseil, où le *Roy de Navarre*, Mess. les *Ducs* de *Berry*, de *Bourgogne* & de *Bourbonnois*, les *Contes* de *Mortaing*, d'*Alençon*, de la *Marche* & de *Vendosme*, le Sire du *Boissay*, & plusieurs autres dudit Conseil, estoient. P. FERRON.

Visa. [c] *Contentor.* FRERON.

Lecta & in Curia publicata, XXV.a die Novembris, anno Domini M.o CCCCIX.o BAYE.

CHARLES VI. à Paris, le 10. de Septembre 1409.

a en forme de Chartre.

b *Voy. à la p. 685. du 6.e Vol. de ce Rec. les Lettres de Charles VI. du 27. de Janvier 1382.*

c *Voy. le 7.e Vol. de ce Rec. p. 22. note (h).*

CHARLES VI.
à Paris, le 20. de Septembre 1409.

(a) Lettres de Charles VI. qui portent que les Communautés Eccléſiaſtiques qui auront acheté des biens tenus en emphytéoſe, ſeront obigées de les mettre hors de leurs mains dans un an; que les Eccléſiaſtiques qui auront acheté ces ſortes de biens pour eux-mêmes, payeront le cens annuel & les autres redevances dont ces biens ſont chargés; & qui défendent à ceux qui tiennent des biens en emphytéoſe moyennant un cens annuel, de les charger d'un nouveau cens en faveur de quelque perſonne que ce ſoit.

KAROLUS, Dei gratia, Francorum Rex. Seneſcallo Toloſe, *aut ejus Locumtenenti, nec non Procuratori noſtro dicte Seneſcallie : Salutem. Nuper ad noſtram devenit notitiam quod licet Nos habeamus in pluribus locis dicte Seneſcallie, & ſpecialiter in civitate noſtra* [a] Vaurenſi *& alibi, ſuper pluribus & diverſis domibus, terris, vineis, pratis & aliis poſſeſſionibus quampluribus, plures & diverſos cenſus, tam bladi quam vini & pecunie, quam aliarum rerum; que domus & alia hereditagia ſupradicta teneantur à Nobis in* [b] *emphiteoſim, ſub jure emphiteotecario ſeu directo Dominio, cum* [c] *Laudaminiis ſeu foriſcapiis, totiens quotiens contingit tales poſſeſſiones alienari, ſeu de una perſona in aliam tranſportari ſeu mutari titulo venditionis aut aliàs; quamvis etiam non liceat poſſeſſoribus earundem, tam de jure ſcripto quo patria illa regitur, quam de conſuetudine approbata, ipſas poſſeſſiones vendere ſeu transferre aliquibus perſonis privilegiatis & à jure & conſuetudine prohibitis, per quas Nos poſſemus jus noſtrum emphiteoticarium amittere, & alia jura & deveria que Nobis debentur ſeu deberi poſſent ratione tranſlationis de una manu in aliam; nichilominus dicti emphiteote noſtri habitatores de* Vauro *& ejus pertinentiarum, & locorum dicte Seneſcallie, hujuſmodi poſſeſſiones vendunt, alienant & tranſportant pluriès & diverſimodè, & abſque alicujus Superioris licentia, Preſbiteris, Canonicis, Monachis & aliis perſonis Ecleſiaſticis & Religioſis, abſque diſcrepatione quacumque, tam nomine Ecleſiarum ſeu Beneficiorum ſuorum, quam ſuis nominibus propriis & privatis. Sunt etiam non nulli emphiteote noſtri & aliorum Nobilium, Burgenſium & mercatorum, in dictis partibus, qui vendunt (b) cenſum ſupra cenſum, & feudum ſupra feudum, ſeu aliam penſionem annualem, tam perſonis Ecleſiaſticis, Relligioſis & Secularibus, quam Laycis meris, in poſſeſſionibus & rebus que, ſic ut premictitur, à Nobis tenentur, ſeu ab aliis Nobilibus, Burgenſibus & mercatoribus, Nobis & (c) particularibus noſtris aliis Officiariis, & totaliter ignorantibus, abſque licentia & congedio noſtri vel alterius ad hoc poteſtatem habentis; quod cedit in noſtrum maximum prejudicium atque dampnum, & aliorum qui primos cenſus habebant & habere debent, & ampliùs cedere poſſet, niſi per Nos ſuper hoc provideretur de remedio opportuno. Quocirca Nos premiſſis conſideratis, indempnitati noſtre ac reipublice providere cupientes, ut tenemur, vobis & veſtrum cuilibet precipimus & mandamus,*

[a] Lavaur.

[b] Voy. la note *(b)* de la p. 71 c. du 5.e Vol. de ce Rec.

[c] Lods & ventes : ce que ſignifie auſſi le mot *foriſcapium.* Voy. le Gloſſaire de *Du Cange,* à ce mot & à celui de *Laudamentum.*

NOTES.

(a) La copie de ces Lettres a été envoyée de *Montpellier,* avec cette indication : *Sénéchauſſée de* Toulouſe *en général, armoire C. 8.e continuation des titres particuliers, n.° 1. fol. 61. verſo.*

(b) Cenſum ſupra cenſum, &c.] Quelques Emphytéotes qui poſſédoient des héritages en emphytéoſe & en fief, moyennant un cens annuel, & à la charge des lods & ventes dans les cas de tranſlation de propriété, avoient chargés ces emphytéoſes d'une eſpèce de ſurcens qu'ils avoient alienés à des Communautés eccléſiaſtiques ou à des particuliers qui les tenoient d'eux en fief.

(c) Particularibus.] Ce mot me paroît ſuſpect. Celui qui a copié ces Lettres, avoit d'abord écrit *Procurato,* qu'il a effacé pour écrire *particularibus.* Peut-être dans l'original y a-t-il *Procuratoribus noſtris, & aliis Officiariis.* Il ſemble auſſi qu'il manque dans cette phraſe, le mot *inconſultis,* ou quelqu'autre ſemblable.

districtius injungendo, quatenùs, si vobis constiterit de premissis, omnes & quascumque personas Eclesiasticas seu seculares vel religiosas, que nomine Eclesiarum seu Beneficiorum suorum aliquas domos, terras, vineas, prata, aut quascumque alias possessiones que à Nobis vel aliis personis tenentur in emphiteosim & sub (d) directo Dominio, quocumque titulo emptionis, donationis, successionis, aut aliàs, acquisiverunt vel acquirent, compellatis aut compelli faciatis, vel tu Procurator noster compellas, cum hoc ad officium tuum ad causam Procurationis nostre principaliter pertineat & expectet, ut infra annum & diem à tempore precepti ipsis facti in antea computandi, extra manum suam ponant realiter & de facto cum intimatione quod aliàs talium possessionum fructus Domanio nostro aplicabuntur. Si vero nominibus propriis, tales possessiones, ut dictum est, acquirant, vos similiter compellatis seu compelli faciatis ad solvendum Nobis aut deputatis à Nobis, omnes & quoscumque Census, Laudaminia & alia deveria quecumque debitos occasione dictarum possessionum, aut aliis quibus debebuntur, & à quibus tales possessiones tenentur, & ad solvendum Tallias & alia Subcidia, & aliter contribuendum cum ceteris plebeis, prout de jure tenentur, & ut faciebant veteres possessores: & nichilominus omnes census, redditus, feuda & deveria quecumque per quascumque personas acquisitos vel acquisita, quocumque titulo, super domibus aut aliis possessionibus que à Nobis vel aliis in emphiteosim & sub directo Dominio tenentur, ut dictum est, sine nostri licentia aut alterius ad hoc potestatem habentis, realiter & de facto capiatis seu capi faciatis, & ad manum nostram ponatis, unacum dictis domibus, hereditagiis & aliis possessionibus; seu tu Procurator noster, si tibi legitimè constiterit, ponas, ipsosque, & ipsa per manum nostram gubernari [a] facitis, donec aliud per Nos seu Judicem ad quem pertinebit, Partibus auditis, aliud super hoc fuerit ordinatum. Et insuper Notariis qui à cetero Instrumenta super dictis alienationibus vel transportibus recipient, sub certis & magnis penis Nobis applicandis precipiatis & injungatis, quibus etiam Nos tenore presentium injungendo precipimus & mandamus, quatenùs amodo interrogant venditores quarumcunque possessionum, si hujusmodi possessiones sint libere & franche, vel de dictis censibus & servitutibus onerate; & si onerate fuerint, à quo tenentur, & sub quo censu vel servitio, & de hiis in dictis Instrumentis specialiter faciant mentionem, ut in premissis & circa premissa jus nostrum & aliorum quorum interest, servetur illesum, & ut tot [b] littes & fraudes que quotidiè propter hoc oriuntur & insurgunt, omnino evitentur: Cum sic fieri volumus, & dicto Procuratori nostro concessimus & concedimus per presentes de gratia speciali, si sit opus; Litteris subrepticiis in contrarium impetratis vel impetrandis non obstantibus quibuscumque. Datum *Parisius,* die vicesima mensis Septembris, anno Domini millesimo quatercentesimo nono, & Regni nostri XXIX.°

Per Regem, ad relationem Consilii. H. [c] GRINGAU.

CHARLES VI. à Paris, le 20. de Septembre 1409.

a corr. *faciatis*

b corr. *lites*

c corr. *Guinguant.* Voy. les Tables des noms de personnes, des Vol. précéd. & de celui-ci.

NOTE.

(d) Directo Dominio.] Celui qui donne un héritage à emphytéose moyennant un cens annuel, en conserve par le moyen de ce cens le domaine direct.

CHARLES VI.
à Paris, le 20. d'Octobre 1409.

(a) Lettres par lesquelles Charles VI. nomme des Réformateurs généraux auxquels il donne pouvoir de corriger les abus qui s'étoient glissés dans l'administration des finances, & dans quelques autres parties du gouvernement, & de punir ceux qui en étoient les auteurs.

CHARLES, par la grace de Dieu, Roy de France & *(b)* Dauphin de Viennois. A tous ceux qui ces presentes Lettres verront : Salut.

(1) Sçavoir faisons que tant par la relation & temoignage d'aucuns de notre Sang & Lignage [a] & autres de notre Conseil, [b] comme par la clameur & complainte du peuple de nos Royaume & *Dauphiné* de *Viennois* & autrement, par vraye & evidente experience de fait, Nous avons entendu & sommes souffisamment accertenés & informés [c] que depuis que Dieu Nous a appellé au gouvernement d'iceux nos Royaume & *Dauphiné*, plusieurs personnes de divers états se sont efforciés de venir & entrer, sont venus & entrés en notre service en plusieurs & diverses manieres, les aucuns par impression, importunité, port & faveur d'amis, & les autres par grands dons & promesses par eux faits à autres personnes, pour leur aydier à y entrer, & autrement [d] en plusieurs, diverses, exquises à Nous dommageables manieres, & sans ce que telles personnes ayent desiré ou entendu avoir [e] nous Offices pour Nous servir en iceux loyaument & diligemment, mais seulement en entention de eux enrechir excessivement de nous biens & de l'avoir & substance de nostre bon peuple, & pour obtenir de Nous très-excessifs dons & prouffits, dont est advenu que plusieurs de nosdits Officiers de divers états, esquels Nous nous sommes confiés, & qui ont eu longuement l'administration [f] & gouvernement des affaires & besoignes de Nous, de notre très-chiere & très-amée Compagne la Royne, de nos Enfans, des Hotels de Nous & d'iceux, & des faits de nos Chateaux, Forteresses & autres maisons & edifices, nos Etangs, Fours, Moulins & autres choses de notre heritage & Domaine, des deniers & finances d'iceluy, des Aydes ayant cours pour le fait de la guerre, des [g] Fouages, Tailles, [h] emprons, subventions & subsides qui ont eu cours les temps passés, & d'autres quelconques nos finances & revenues, Nous ayans Dieu [i] devans les yeux, memoire de leur salut, regard ou consideration à la loyauté, foy & serement esquieux ils Nous estoient & sont tenus comme nos sujets, Officiers & serviteurs, mais comme fils d'iniquité meus d'avarice, ambition & convoitise très-damnables, ont entr'eux fait monopoles, conspirations &

a *Ces mots*, & autres de notre Conseil, *ne sont point dans la 2.e copie.*

b *comme par la grief clameur & complainte de nos Royaume.* 2.e cop.

c *que tant paravant que Dieu Nous eust appelié au gouvernement d'iceulx nos Royaulme & Daulphiné, comme depuis, plusieurs, &c.*

d *en plusieurs & diverses, subtiles, exquises & à Nous.* 2.e cop.

e *nos.* 2.e cop. là & plus bas.

f *Les mots*, & gouvernement, *ne sont point dans la 2.e cop.*

g *impositions par feux.*

h *emprunts.* 2.e cop.

i *devant leurs yeux.* 2.e cop.

NOTES.

(a) La copie de ces Lettres qui sont dans le dépôt de la Chambre des Comptes de *Grenoble*, a été envoyée avec cette indication : *Gapian fol. 213.*

Il a été envoyé de *Montpellier* une autre copie de ces Lettres, avec cette indication : *Sénéchaussée de* Toulouse *en général, armoire C. 8.e continuation des titres particuliers, n.° 1. fol. 89. verso.*

Ces deux copies sont presque également défectueuses, mais en differens endroits. La seconde a servi à corriger les fautes de la première, & a fourni quelques variantes.

Il est fort singulier que ces Lettres qui ont pour objet des abus qui régnoient sans doute beaucoup plus communément à *Paris*, que dans les autres parties du Royaume, ne se soient conservées que dans des dépôts de Provinces, & ne se trouvent ni dans les Registres du Trésor des Chartres, ni dans celui du Parlement de *Paris*, cotte *A.* ni dans ceux du Châtelet de cette Ville. Ces Lettres n'étoient pas non plus dans les Mémoriaux de la Chambre des Comptes de *Paris*, puisque *Blanchard* qui en avoit fait un dépouillement fort exact, n'en a point fait mention dans sa Table Chronologique des Ordonnances.

On trouve dans l'histoire de Charles VI. par le Moine de S.t Denys, & dans *Monstrelet*, quelques passages qui ont rapport à ces Lettres. J'en rendrai compte dans la Preface de ce Volume.

(b) Dauphin de Viennois.] Ces mots ne sont point dans la seconde copie, & ne devoient point être dans les Lettres envoyées ailleurs que dans le *Dauphiné*.

alliances [a] par foy, ferement ou autrement, pour eux enrechir mauvaisement & dannablement de nos biens & finances dessus touchées, & de la substance de notredit peuple, ainsi comme dessus est dit, & tellement que la greigneur partie du temps ils ont vaqué & entendu à leur singulier prouffit, delaissées & arriere mises nos besoignes & affaires touchants l'honneur, bien & prouffit de Nous & de la chose publique de nosdits Royaume & *Dauphiné*, ont fait machiner ou consentir damnablement plusieurs choses qui nous sont tournées & tournent par la tolerance divine à très-grand grief, dommage & prejudice de nostre personne, & autrement ont aussi trouvé & mis avant plusieurs [b] subtilités, couvertes, exquises & obliques voyes & manieres, par lesquelles contre leurs loyautés & serements, & nos Ordonnances faites sur le fait de nos finances, ont eu & [c] attrait le temps passé au singulier prouffit d'eux & de leurs amis, alliés, complices, familliers & serviteurs, une très-grande partie de nos finances, & tant fait que quand aucuns affaires tant ayent eté grands, dommagiables, [d] parilleux ou prejudiciables pour Nous & nosdits Royaume & *Dauphiné*, Nous sont survenus, Nous n'avons peu trouver voye ne maniere d'avoir aucuns [e] deniers d'icelles nos finances, ainçoys par la faute & coulpe d'iceux Gouverneurs, & de ceux qui à leur poste ils ont mis ou fait mettre ès Offices de Recettes tant sur le Domaine que sur les Aydes, lesquels, à veritablement parler, ont esté & sont en la plus grand partie dissipeurs & degasteurs, & non mye Gouverneurs, Gardes ou loyaux administrateurs d'icelles nos finances, que elles ont été & sont moult grandement diminuées & amendries, & tellement qu'il Nous a convenu faire mettre & asseoir nouvelles subventions, Tailles & Aides sur notredit bon peuple, à la très-grand charge d'iceluy, & en notre très-grand & ennuyeuse déplaisance; & plus, nos Officiers dessus touchés qui ont eu le gouvernement & administration de nosdites finances ou d'icelles, se sont mêlés & entremis, comme les Gens de nos Comptes, Tresoriers, Changeurs, Clers de [f] notre Tresorier du Compte, Receveurs, Granetiers & Contrerouleurs generaux & particuliers, & autres personnes qui ont receu Tailles, [g] Fornages, Subsides & autres nos deniers, ou les plusieurs d'iceux, en venant contre leurs loyautés & serements, de leur voulonté deraisonnable ou autrement, ont eté plus enclins & favorables à distribuer ou faire distribuer iceux deniers ou payement ou solution des dons faits à eux & à autres personnes leurs accointés, que à Nous acquitter de nos debtes [h] tant de fiefs, [i] souldoyers de la guerre & des frontieres, gages [k] de bons & loyaux Officiers & serviteurs ordinaires de notre Hotel, & autres qui ont employé & employent leurs vies, temps & avoir en Nous servant; & aussy ont lesdits Gouverneurs ou aucuns d'eux, prins & appliqué à leur prouffit, & par faveur desordonnée, contre Dieu & raison distribué diverses sommes [l] des deniers à plusieurs personnes qui n'avoient ou ont deservi [m] les avoir, & ce ont fait tant par vertu d'aucunes nos Lettres faites en maniere de decharges, les aucuns à leur pourchas, & les autres par plusieurs personnes de divers etats, obtenues de Nous par inadvertance, importunité ou autrement, en diverses & etranges manieres, par la teneur desquelles aucunes fois Nous avons confessé avoir eu & receu en deniers comptans, les sommes en icelles contenues, & en avoir fait notre plaisir & voulenté, & les autres fois les avoir fait recevoir par les Gardes de notre Epargne des deniers de nos *(c)* coffres,

CHARLES VI.
à Paris, le 20. d'Octobre 1409.

[a] *par foy & ferviteurs ou autrement.* 2.e cop. La première leçon me paroît la bonne.
[b] *subtiles.* 2.e cop.
[c] *attiré.*
[d] *périlleux.* 2.e cop.
[e] *des deniers.* 2.e cop.
[f] *Il y a* de nostre Trésor, Viconte, Receveurs. 2.e cop. & c'est la bonne leçon.
[g] *dans la* 2.e *cop. il y a mieux* Fouages.
[h] *tant de fiefs, aumones, souldoyers.* 2.e cop.
[i] *Cet endroit paroît corrompu: il semble qu'il faut supp.* que des.
[k] *des bons.* 2.e cop.
[l] *de.* 2.e cop.
[m] *Il faut p. e. supp.* pour.

NOTE.

(c) Coffres.] Il me paroît que ces mots *Coffres du Roy,* ont été pris dans deux sens différens. 1.° Les deniers reçûs par les Receveurs des différens revenus du Roy, ont été dits en général *entrer* dans ses coffres. Voy. l'art. 20. de la p. 649. du 5.e Volume de ce Recueil. 2.° La partie des Revenus du Roy, qui étoit destinée à ses dépenses particulières, étoit mise dans les coffres du Roy. C'est ce que l'on appelle encore aujourd'hui la Cassette du Roy. Voy. *ibid.* p. 647. art. 6. & Tome 8. p. 414. art. 10. Les deniers qui restoient dans ces coffres du Roy, après ses dépenses particulières faites, formoient une épargne qui restoit entre les mains du Garde de ses coffres.

Monstrelet nomme celui qui en 1409. étoit Garde de l'Epargne. J'en parlerai dans la Préface de ce Volume.

CHARLES VI.
à Paris, le 20. d'Octobre 1409.

& autres, combien que veritablement Nous n'en euffions ou ayons aucune chofe receu ou fait recevoir; comm'auffy d'autres *(d)* decharges ou les aucunes par lefdits [a] Changeurs & Clers de notre Trefor, les autres par les Receveurs & Contrerouleurs generaux defdits Aydes, levées & fignées indeuement & bien fouvent fans le fceu & ordonnance de nos [b] Treforiers & Generaux Confeilliers fur le fait d'iceux Aydes, & dont les plufieurs d'icelles decharges ou [c] etoient ou contiennent fauffeté : car les aucunes contiennent contre verité que les deniers contenus en icelles font pour Nous, notredite Compagne la Royne, pour aucuns de ceux de notre Sang & Lignage, ou autres, & veritablement fouventesfois ils ont eté pour & au proffit defdits Changeurs, Clers de notredit Trefor, Gens des Comptes, Receveurs & Contrerouleurs defditz Aydes, & autres de leurs amis, Clers, familliers, ferviteurs, & plufieurs autres perfonnes [d] nos Officiers comme autres, au grand dommage de Nous & diminution de nos finances deffufdites; & qui plus eft, nofdits Treforiers & Generaux fur le fait d'iceux Aydes, Treforiers des guerres, Receveurs generaux & particuliers, ou aucuns d'eux, qui etoient & font tenus Nous fervir bien & loyaument en iceux Offices, & diftribuer ou faire diftribuer les deniers de nofdites finances à notre prouffit, en chofes raifonnables & neceffaires, & telles comme iceux deniers etoient & devoient etre ordonnés, meus de très-grand convoitife, ont d'iceux deniers prins & [e] receu pour eux ce qu'ils en ont peu avoir & prendre, & trop plus que à eux [f] n'appartenoient, & qu'ils n'avoient defervy ou defervoient; & ont baillé & fait bailler par voyes exquifes plufieurs grands fommes à diverfes perfonnes leurs amis, [g] aydans qui n'etoient pas dignes de les avoir, ne ne l'avoient defervi envers Nous aucunement; & avec ce, plufieurs de nofdits Officiers fur le fait de nofdites finances, ont fait & pourchaffié, ou fait faire & pourchaffier plufieurs fois & prefque chacune année, plufieurs dons de diverfes fommes de deniers, pour leurs amis, affins, Clers, familiers, ferviteurs & autres de divers etats, & iceux payer ou faire payer devant toutes autres chofes, ou très-grand dommage de Nous.

(2) Item. Plufieurs & diverfes perfonnes, familiers & ferviteurs de aucuns [h] nos Officiers, & mememens de ceux qui ont eu le gouvernement de nofdites finances, ont obtenu de Nous *(e)* Lettres de retenue pour avoir [i] nom titre d'Office, [k] pour l'honneur, en notredit Hotel, & auffy ez Hotels de nofditz Compagne & Fils le *Duc* de *Guienne,* & autres de notre Sang & Lignage; lefquelles perfonnes fous ombre & coleur d'icelles retenues, ont pourchaffié & obtenu de Nous plufieurs dons, une fois comme nos Officiers, & en recompenfation des fervices par eux à Nous faits, les autresfois comme Officiers d'icelle notre Compagne, & pour les fervices à elle faits, les autres comme Officiers d'iceluy notre Fils, ou autres de notre Sang & Lignage, ou autrement, & pour les fervices à Nous & à eux faits; defquieulx dons ils ont eté mieux & plus liberalement payés & contentés, que les bons & vrays Officiers & ferviteurs ordinaires de notre Hôtel, n'ont de leurs gages ordinaires ou aucuns autres leurs bienfaits.

(3) Item. Que aucuns des Officiers de Nous, nofdits Compagne & Fils, & autres de notredit Sang & Lignage, ont fouventesfois pourchaffié ou fait pourchaffier plufieurs autres Lettres & decharges de très-grands & diverfes fommes de deniers, les aucunes contenant que c'etoit pour Nous & en notre nom, & pour notre propre & fingulier fait, par lefquelles a eté & eft mandé auxdits Treforiers ou autres ayants le gouvernement de nofdites finances, que pour reparer, garnir, garder & foutenir nos Chateaux, Forterefles, Maifons, Ponts, Ports,

[a] *Voy. les Tables des Mat. des Vol. de ce Rec. au mot* de Changeurs du Tréfor.

[b] *Il s'agit app. ici des Tréforiers de France.*

[c] *ou efcroes contiennent.* 2.e cop.

[d] *perfonnes leurs accointés tant nos Officiers.* 2.e cop.

[e] *retenu.* 2.e cop.

[f] *n'appartenoit.* 2.e cop.

[g] *aidans & accointés qui.* 2.e cop.

[h] *de nos.* 2.e cop.

[i] *nom & tiltre.* 2.e cop.

[k] *pour honneur.* 2.e cop.

NOTES.

(d) Decharges.] Defcharges ou Efcroes, les aucunes par lefdits Changeurs, &c. 2.e cop. Suivant le Tréfor de *Borel,* p. 145. au mot *Ecroue,* entr'autres fignifications, il a celle de quittance.

(e) Lettres de retenue.] C'eft-à-dire des Lettres par lefquelles ils étoient retenus au nombre des Officiers de la Maifon du Roy, de la Reine, &c. quoiqu'ils ne fiffent point de fervice.

CHARLES VI.
à Paris, le 20. d'Octobre 1409.

Paſſages & autres ediffices, ils fiſſent bailler & delivrer par ledit Changeur de notre Treſor, ou autres nos Receveurs, à certaines perſonnes grands ſommes de deniers [a] que viendroient de notre [b] Eſpargne de nos Coffres, d'aucunes *(f)* Regales, Quints-deniers, Rachats, Reliefs, Forfaitures ou autres emolumens de notredit Domaine, dont aucune choſe n'a eté fait ou employé ez choſes deſſus touchées, ainçois ont icelles ſommes eté levées & converties en autres uſages & ailleurs que à notre prouffit; & ainſy par la faute & coulpe d'iceux nos Officiers, nos Chateaux, Forteresſes & autres ediffices devant dits, ſont tournés & tournent de jour en jour en très-grands deſolations & ruines.

(4) Item. Autres Lettres & decharges levées pour noſdits Compagne & Fils, ou autres de notredit Sang & Lignage, par leſquelles etoit mandé être baillé à certaines perſonnes certaines grands ſommes de deniers de noſdites finances, pour tourner & convertir en robes, joyaux, chevaux, & autres choſes neceſſaires pour iceux nos Compagne & Fils, ou d'autres de notredit Sang, pour la depenſe de leurs Hotels ou autrement, pour leſquelles Lettres pluſieurs ſommes de deniers ont eté levées & receues ſans avoir eté employées en ce que dit eſt, ainçois ont tenu autre chemin à Nous & à noſditz Compagne & Fils & autres moult dommageable.

(5) Item. Que aucuns des Officiers de Nous ou de noſditz Compagne & Fils, & d'autres de notredit Sang & Lignage, ont pluſieurs fois pourchaſſié & obtenu de Nous pour & au nom d'eux, pluſieurs dons [c] & grands ſommes de deniers, ſans le ſceu, Requête ou commandement d'iceux, les aucunes fois ſur notredite [d] epargne nos coffres, ſur aucunes reſtes & arrerages à Nous dûs à cauſes des Tailles & [e] Fogages qui ont eté impoſés en notredit Royaume, & autres fois ſur forfaitures, Regales, Quints-deniers, Rachats & autres choſes à Nous deues & appartenants, dont ils ont eu & levé Lettres faites en maniere de decharges, [f] par leſquelles avons eu & receu les ſommes contenues en icelles Lettres, & en avons fait notre plaiſir & voulonté, & mandons icelles ſommes etre allouées ez comptes de ceux à qui il appartiendra, en rapportant leſdites decharges ſeulement; par vertu deſquelles Lettres & decharges pluſieurs [g] ſommes ont eté levées & receues par leſdits Officiers ou aucuns d'eux, leſquelles ils ont recellées & appliquées à leur ſingulier prouffit, ſans en avoir fait aucune recette & depenſe au prouffit ou acquit de ceux ou nom deſquieulx Nous les avons liberalement données ou octroyées.

(6) Item. Que aucuns de nos Officiers ayant Recette & adminiſtration d'aucunes de noſdites finances, ont pourchaſſié & fait pourchaſſier pardevers Nous, pluſieurs Lettres de decharges, par leſquelles Nous confeſſions & avons confeſſé avoir eu & receu d'eux pluſieurs grands ſommes de deniers, & d'icelles fait notre plaiſir & voulenté; leſquelles ſommes de deniers ils ont appliquées & converties au prouffit d'eux & de ceux qui icelles Lettres & decharges ont fait pourſuir & pourchaſſier.

(7) Item. Que aucuns de noſdits Officiers après ce que Nous par deliberation de notre Conſeil, avons aucunes fois ordonné etre prins & levé ſur l'emolument de leurs Recettes, aucunes ſommes de deniers pour le payement d'aucunes choſes neceſſaires pour Nous, ou des gages d'aucuns de nos Officiers, ou autrement, en notre acquit & decharge, par toutes les formes & manieres qu'ils ont peu, ont empechié que leſdites ſommes y ayent eté employées [*(g)* & converties, & tant fait que elles ont eſté diſtribuées] par vertu d'aucunes nos Lettres & decharges, ailleurs au proffit d'eux & d'autres perſonnes qui ont eté

a *qui viendroient.* 2.e cop.

b *Voy. ci-deſſus* p. 449. *note (c).*

c *de grands.* 2.e cop.

d *Il faut app. corr.* epargne de nos Coffres. *Voy. ci-deſſus p.* 469. *note (c).*

e *Fouages.* 2.e cop.

f *par leſquelles confeſſons avoir eu & receu.* 2.e cop.

g *ſommes de deniers.* 2.e cop.

NOTES.

(f) Regales] Revenus des Evêchés vacans, & deſquels le Roy a droit de jouir.

(g) Et converties, &c.] Ce qui eſt ici entre deux crochets, manque dans la copie envoyée de *Grenoble*, & ne ſe trouve que dans celle qui eſt venue de *Montpellier*. Il y a dans la ſuite de ces Lettres pluſieurs autres omiſſions dans cette première copie : on y ſuppléera par la ſeconde; & on fera auſſi mettre dans le texte entre deux crochets, les paſſages qu'on en tirera.

CHARLES VI.
à Paris, le 20. d'Octobre 1409.

moyens & aidans à avoir lesdites decharges, en notre très-grand prejudice & dommage.

(8) Item. Que plusieurs de nosdits Officiers qui n'ont aucunement, ou au moins [a] & bien diligemment & continuellement, qu'ils deussent & tenus y étoient par serement ou autrement, exercé ne exercent en leurs propres personnes leurs Offices, ont pris & perceu, preignent & perçoivent de jour en jour tout au long les gages, droits, prouffits & emoluments appartenans à iceux Offices, & sous ombre ou couleur d'iceux, & des services qu'ils dient ou donnent à entendre Nous y avoir faits, & autrement, ont outre & pardessus lesdits gages, droits & prouffits, pourchassié & obtenu plusieurs dons & autres prouffits en plusieurs manieres, contre raison.

(9) Item. Que plusieurs de nosdits Officiers ont obtenu & occupé un, deux, trois ou plus de nos Offices incompatibles, & à gages, sans iceux exercer ou deservir comme ils doivent, & pour chacun d'iceux Offices prins les gages & autres prouffits, ou très-grand dommage de Nous & de la Justice & bien public de nosdits Royaume & *Dauphiné.*

(10) Item. Que plusieurs Barons, [b] Chivalliers & Escuyers, & autres de divers etats, tant Officiers de Nous, & d'aucuns des Princes de notredit Sang & Lignage, comme autres, ont batu, navré, mutilé, murtri & [c] affolé, ou fait batre, mutiler, affoler & murtrir plusieurs nos Officiers, [d] Commissaires, Fermiers & autres personnes; ont vendu, [e] baillé à nos anemis & adversaires d'*Angleterre* & autres tenants leur party, vivres, chevaux, harnois, [f] poudre à canon, artillerie & autres armeures & habillements de guerre, les [g] aydiés, conseilliés, confortés, recueillis & receptés, marchandé, contracté [h] compacissé, participé & conversé avec eux, butiné & prins prouffit des roberies & pilleries faites sur nosdits sugiets, soutenu, recepté & recellé les bannis de notredit Royaume ou contempt de Nous & de notredite Justice, & tellement que par leurs [i] fautes inductions & autrement, ils ont prins ou emblé plusieurs Forteresses & autres lieux, & iceux ont tenu, tiennent & occupent en notredit Royaume, dont très-grands inconveniens aviennent & pourroient avenir de jour en jour.

(11) Item. Que plusieurs Comtes, [k] Vicomtes & autres Seigneurs, par leur force & puissance, par maniere de extorsion & autrement induement, ont appliqué à eux domaines, terres & Seigneuries, levé & levent plusieurs nouveaux Subsides, *(h)* Barrages, Peages, Tirages, & autres redevances, Subventions & exactions indeues, & sans aucun titre valable.

(12) Item. Sont plusieurs personnes non nobles & d'Eglise, Religieux & autres, qui depuis quarante ans en ça ont fait plusieurs acquets en nosdits Royaume & *Dauphiné,* des Fiefs nobles, Arriere-Fiefs, [l] Francs aleurs, Justices & Seigneuries hautes, moyennes & basses, & autres rentes, revenues & possessions; & aussy plusieurs desdits gens d'Eglise, comme Religieux, Chanoines & [m] Magnigliers, Maitres & Gouverneurs de Maladeries, Hotels-Dieu & autres lieux dediés [n], & autres, ont & tiennent en iceux, Fiefs, Arriere-Fiefs, Francs aleurs, Justices, Seigneuries & autres possessions, *(i)* plusieurs censes, rentes, revenues & autres redevances, tant par titre d'achat, eschange, dons, legs, aumones, comme autrement, non amortis; & semblablement plusieurs ont tenu & tiennent

[a] *si bien.* 2.e cop.

[b] *Chevaliers.* 2.e cop.

[c] *blessé.*

[d] *Commissaires, Sergens, Fermiers.* 2.e cop.

[e] *baillé & administré à nos enemis.* 2.e cop.

[f] *poudre de canon.* 2.e cop.

[g] *supp.* ont.

[h] *appatissé.* 2.e cop. Je crois qu'il faut corr. *appactissé :* fait avec eux des pactes, des conventions.

[i] *faulses inductions.* 2.e cop.

[k] *Vicomtes, Barons & autres.* 2.e cop.

[l] *Francs-aleus, Justices,* là & plus bas. 2.e cop.

[m] *Mareglіers.* 2.e cop. *Marguilliers.*

[n] *supp.* à Dieu.

NOTE.

(h) Barrages.] Il y a dans la seconde copie: *Barrages, Travers, Peages, Tinages & autres, &c.* Au lieu de *Tirages* de la première copie, & de *Tinages* de la seconde, je crois qu'il faut corriger *Truages,* droit sur lequel voy. le Gloss. du Droit François, à ce mot.

(i) Plusieurs censes.] Il y a dans la deuxième copie, *plusieurs censives, recensives, &c.*

Il paroît certain que *recensive* est la même chose qu'*arrière-censive :* car les mots *reacaptes & arrière-acaptes* sont synonymes. Voy. le Glossaire du Droit François au mot *Reacaptes.*

Arrière-Censif est un second cens. Voy. *ibid.* aux mots *Arrière-Censif.*

&

& occupent à titre d'achat ou autrement indeuement, plusieurs heritages, possessions & autres biens qui ont eté à batards, bannis & autres etrangiers, lesquieulx biens [a] Nous appartiennent selon raison, & d'iceux jouissent sans congié, licence & autorité de Nous, de nos Gens & [b] Officiers, que icelles choses ayent eté ou soient amorties, & que lesdites gens d'Eglise ou autres dessusdits Nous ayent pour ce fait & payé telle finance ou devoir comme il appartient selon nos Instructions & Ordonnances Royaux sur ce faites solemnellement.

CHARLES VI. à Paris, le 20. d'Octobre 1409.

(13) *Item.* En notredit Royaume sont & demourent plusieurs personnes [c] mauvais & affranchis de leurs Seigneurs envers lesquieulx ils etoient de main-morte & [d] serve condition, *(i)* lesquelles personnes sont & doivent etre [e] dans telle & semblable condition envers Nous, comme ils etoient envers leursdits Seigneurs paravant les affranchissements dessus touchiés.

(14) *Item.* Que plusieurs Senechaux, Baillis, Juges, Commissaires, Lieutenans & autres gens de Justice, par trop grand & excessif nombre d'Officiers, tant ordinaires comme extraordinaires, [f] par negligence, faveurs desordonnées, insouffisances, non residances, indûs, dons corrompables & autres mauvais gouvernements, ont delaissé & delaissent à administrer Justice, & tellement que par les longs stiles, mauvais usages, Coutumes desdits pays, des Cours, Jurisdictions & [g] Auditoires & autrement, le bien & police d'iceux pays est empiré & moins deuement gouverné, & en sont ensuis plusieurs autres inconveniens & dommages [h] incomparables, & pourroient encor ensuir, se remede n'y etoit pris.

(15) *Item.* Plusieurs de nosdits Officiers ont eu & obtenu leurs Offices par argent illicitement, & contre nos Ordonnances, & souventes fois [i] ont eté payés les deniers de notre argent, & aussi sont plusieurs de nos [k] Offices [[l] de divers estats qui ont tenu & tiennent contre raison, deux, trois ou plus de nos Offices] royaux à gages, & pour chacun d'iceux Offices ont prins & prennent gages & autres prouffits & emoluments, à la grand charge & dommage de Nous & de notredit peuple, & contre nos Ordonnances ja dessusdites.

(16) *Item.* [m] Quand Nous avons entendu ou voulu entendre à besoignier à la poursuite & avancement [n] de l'honneur de notre Mere S.te Eglise, plusieurs de nos Officiers tant Conseilliers comme autres nos sugiets de nosdits Royaume & *Dauphiné,* de divers états, plus plains de [o] voulonté que de raison, & meus de convoitise desordonnée, les uns pour pourvoir eux ou leurs parents & amis, les autres par corruptions de finances & autres biens & choses, Nous ont conseillé autrement que [p] dernierement en faveur de *Pierre Martin* dit *de Lune* & de ses fauteurs, adherens & complices, & avec ce ont conseillé, conforté, aidé & soutenu ledit [q] *Pierre Martin* dit *de Lune* [r] herese & ennemi capital de Nous, & de nosdits Royaume & *Dauphiné,* & sesdits fauteurs, complices & adherens, avancé leur honneur & bien, & empeché le notre & ladite poursuite de ladite union, en plusieurs & diverses manieres, & contre les Ordonnances, inhibitions & dessenses par Nous & de par Nous faites tant sur la substraction que Nous fimes pieça de toute obeissance audit *Pierre Martin,* comme sur la neutralité, preché, [s] domatisé, semé, publié & dit publiquement & autrement directement ou indirectement, plusieurs choses contre notre honneur & de ceux de notre Sang, & autres nos bons & loyaux Officiers & sugiets, qui avoient conseillé, consenti & fait garder ladite substraction & neutralité, qui tant saintement & par si grand deliberation de Conseil avoient & ont eté faites & concluses, & tant [t] davant ladite substraction, comme depuis ença, & font encore plusieurs de jour en jour, ou très-grand deshonneur de Dieu, [u] mepris & prejudice de notre

[a] *Nous appartiennent & doivent appartenir selon raison, &c.* 2.e cop.
[b] *Officiers & que.* 2.e cop.
[c] *manumis.* 2.e cop.
[d] *servile.* 2.e cop.
[e] *d'autelle.* 2.e cop.
[f] *par leurs négligences, faveurs, deferdemens, insuffisances, non-residences, affinitez indues, dons corrompables, &c.* 2.e cop.
[g] *Audiroires d'iceulx, & autrement.* 2.e cop.
[h] *irréparables.* 2.e cop.
[i] *en ont été.* 2.e cop.
[k] *Officiers.* 2.e cop.
[l] *Voy. ci-dessus p. 471. note (g).*
[m] *Voy. les Tables des Mat. des 7.e & 8.e Vol. de ce Rec. au mot:* Schisme (le Grand.)
[n] *de l'union.* 2.e cop. & c'est la bonne leçon.
[o] *Ne faudroit-il pas supp. le mot* mauvaise.
[p] *duement.* 2.e cop.
[q] *Il avoit pris le nom de* Benoît XIII.
[r] *hérétique.* Voy. le Gloss. du Droit François, au mot *Hereses.*
[s] *dogmatisé.* 2.e cop.
[t] *durant.* 2.e cop.
[u] *mesprison,* la & plus bas. 2.e cop.

NOTE.

(i) Lesquelles personnes.] Cela ne doit s'entendre qu'en supposant que ces affranchis faisoient partie d'un Fief possedé par le Seigneur qui leur avoit donné la liberté, & qu'ils n'avoient pas pris du Roy des Lettres confirmatives de l'affranchissement qui leur avoit été donné par leur Seigneur.

CHARLES VI.
à Paris, le 20. d'Octobre 1409.

Mere S[te]. Eglise, de Nous, de ceux de notre Sang, & de tous nos bons, vrays & loyaux Officiers & sugiets.

(17) Et generalement nosdits Officiers, comme [a] Tresoriers, Generaux-Conseilliers sur le fait desdits Aydes, Tresoriers de nos guerres, Changeurs & Clers de notre Tresor, Vicomtes, Receveurs generaux & [b] particuliers, Gouverneurs, Gardes de notre Epargne des deniers de nos coffres, Payeurs de nos [c] œuvres, & autres nos Officiers de divers etats, leurs Lieutenans, Clers, familliers & serviteurs, ou aucuns d'eux, les temps passés se sont tellement [d] & par tant deloyalles & dannées voyes & manieres, portés & maintenus en leurs Offices & autrement, que trop longue chose seroit à tout reciter en ces presentes; & aussi a été notredit bon peuple moult longuement le temps passé, & encore est de present grevé, opprimé & dommagé induement par les manieres dessus touchées, & autres comme innumerables, tant par les Officiers & autres dessusdits, sous ombre de leursdits Offices & autrement, comme [e] pour les mauvais marchands & usuriers, qui ont pris & exigé de & sur nosdits sugiets, grands & excessives sommes de deniers, fait plusieurs faux contraux, usuraires, illicites & [f] decessifs, commis & perpetrés eux & autres de plusieurs & divers etats, tant Officiers de Nous comme de ceux de notre Sang & Lignage, & autres, par les manieres dessus touchées & autrement, plusieurs autres excès & delicts, ou très-grand contemp, mepris & prejudice de Nous & de notre Justice, & dommage d'iceux nos bons & loyaux sugiets, & pourroient encore plus faire, perpetrer & commettre au temps avenir, se par Nous n'etoit sur ce briefment & convenablement pourveu [g] de remede de notre bonne justice.

Pour ce est-il que Nous les choses dessusdites & autres par Nous meurement considerées, [h] voulans de sur ce de tout notre cuer, ainsy que tenus y sommes, aux inconveniens dessus touchés, & autres quelconques qui pourroient être trouvés avoir eté ou être commis & perpetrés directement, indirectement ou autrement en quelque maniere [i] que ce soit peut être au dommage & prejudice de Nous, de notredit bon peuple & du bien public de nosdits Royaume & *Dauphiné*, par les dessusdits & autres quelconques personnes de quelque etat ou condition qu'elles soient, briefment pourvoir par les meilleurs voyes & manieres que faire se pourra bonnement, consians à plain des vaillances, grands sens, loyautés, prudhommies, souffisances, experiences & bonnes diligences de nos très-chiers & [k] amés Cousins les *(k) Comtes* de la *Marche*, de *Vendosme* & de *S.t Paul*, & de nos amez & feaux Conseilliers & Chambellans *Pierre Boschet*, Chevallier, notre Conseillier & President en notre Cour de Parlement; [l] *Saque*, Seigneur de *Blaru*; *Gui* de *Neelle*, Seigneur [m] d'*Entemant*; *Pierre* des *Essarts*, Chevallier,

[a] *Voy. ci-dessus p. 470. note marginale (b).*
[b] *particuliers, Grenetiers, Gardes, &c.* 2.e cop.
[c] *Bâtimens du Roy.*
[d] *& par tant de mauvaises & dampnées, &c.* 2.e cop.
[e] *par les fors & mauvais.* 2.e cop. Il faut p. e. corr. *faux & mauvais.*
[f] *deceptis.* 2.e cop.
[g] *du.* 2.e cop.
[h] *voulans & desirans de tout nostre cuer.* 2.e cop.
[i] *que ce puist estre ou dommage.* 2.e cop.
[k] *très-amés.* 2.e cop.
[l] *Saquet.* 2.e cop.
[m] *d'Ausemont.* 2.e cop.

NOTE.

(k) Comtes de la Marche, &c.] Jacques de *Bourbon* II. du nom, *Comte* de la *Marche*. Voy. l'Hist. généal. de la Maison de France, T. 1. p. 320.

Le *Comte* de *Vendôme* se nommoit *Louis* de *Bourbon*, & étoit frère puîné de *Jacques II. Comte* de la *Marche*. Voy. *ibid.* p. 322.

Valeran de *Luxembourg*, *Comte* de *S.t Paul*, fait Connétable de France en 1411. Voy. *ibid.* T. 3. p. 724. & T. 6. p. 223.

Pierre Boschet. Voy. sur lui le Livre intitulé: *Les Présidens au Mortier du Parlement de* Paris, *&c.* par *Blanchard*, p. 25.

Guy de *Neelle*, III. du nom, Seigneur d'*Offemont*. Voy. Hist. Généal. de la Maison de France, T. 6. p. 51. n.° XI.

Eustache de *Laistre*, depuis Chancelier de France. Voy. les Généalogies des Maîtres des Requêtes, par *Blanchard*, p. 79.

Voy. *ibid.* p. 86. sur *Philippes* de *Corbie*.

Tous les Conseillers au Parlement nommés dans ces Lettres, se trouvent dans le Catalogue des Conseillers de cette Cour, que *Blanchard* a fait imprimer après l'ouvrage intitulé: *Les Présidens au Mortier du Parlement de Paris.* Dans ce Catalogue on lit: *Nicolas* de *Biencourt*; ainsi *de Ricucourt* est une faute dans la seconde copie de nos Lettres. *Jean Candel* ou *Candel*, ainsi qu'il se lit dans cette seconde copie, est nommé *J. Caudel* dans le Catalogue de *Blanchard*.

Des Auteurs que j'ai cités par rapport à la plus grande partie de ces Réformateurs Généraux, il n'y en a pas un qui ait dit qu'ils aient été revêtus de cette Commission.

CHARLES VI.

à Paris, le 20. d'Octobre 1409.

notre Conſeiller, Maitre d'Hôtel & *Prevot* de *Paris;* notre amé & feal Conſeillier Maitre *Pierre* [a] de *Veniſe, Jean Du Coulombier,* Seigneur du [b] *Montalquier,* & *Pierre* de *Fontenay,* Chevalliers & nos Chambellans; Maitres *Euſtace* [c] de *Lartie, Phillipe* de *Corbie,* nos Conſeillers & Maitres des Requetes d'icceluy notre Hôtel; Maitre *Galliart Petit-Saine; Nicole* [d] de *Biencourt; Jean Boyer, Pierre* [e] *Buſſiere, Guillaume* le *Clerc, Pierre Drouart, Jean* [f] *Candol,* nos Conſeilliers en notre Cour de Parlement; & Maitre *Guillaume Barrau* notre premier Secretaire, iceux de notre certaine ſcience avons faits, ordonnés & etablis, faiſons, ordonnons & etabliſſons par ces preſentes, Generaux-Conſeilliers, Juges & Reformateurs par tout noſdits Royaume & *Dauphiné,* [g] ſur les cas, crimes & delićts deſſus touchiés & declariés, & autres, leurs circonſtances & dependances, & autres choſes quelconques, où il leur ſemblera à pourvoir; auxquels enſemble, ou aux ſept de eux, preſents noſdits Couſins, les deux ou l'un d'iceux, Nous avons donné & donnons par ces memes Lettres, plain pouvoir, autorité & mandement ſpecial, de eux informer, ſçavoir & enquerir par eux ou leurs Commis, la verité ſur toutes & chacunes les choſes deſſuſdites, leurs circonſtances & dependances, & autres quelconques, qui pourroient etre trouvées avoir eté faites, commiſes & perpetrées en quelque maniere que ce ſoit, directement ou indirectement, au contemp & mepris de notre bonne Juſtice, & ou [h] dommage de Nous & de notredit peuple, & du bien public de noſdits Royaume & *Dauphiné,* par les deſſuſdits, & autres quelconques perſonnes de quelque état ou condition qu'elles ſoient ou puiſſent être, & les coupables prendre ou faire prendre, enſemble tous leurs biens, parmy bon & loyal invantaire, ſelon l'exigence des cas, les adjourner ou faire adjourner à être & comparoir pardevant eux là où ils ſeront en perſonne, ou autrement ainſy qu'il appartiendra, ſur certaines & grands peines à appliquer à Nous, pour repondre à notre Procureur qui ſera ordonné en cette partie, ſur les cas & crimes deſſuſdits, & autres quelconques, & tels comme il voudra [i] propoſer contre eux ou aucun d'iceux; & auſſi leur [k] aions donné & donnons par ces mêmes preſentes, puiſſance, autorité & [l] mandement de proceder ou faire proceder à ſçavoir la verité deſdits cas, crimes & delićts, & de leurs circonſtances & dependances, par la maniere qu'ils verront qu'il ſera de faire, ſommairement & de plain, ſans longue figure de jugement, comme l'on a accoutumé de faire par voye de reformation; de tenir & avoir Cour & connoiſſance de tous cas, crimes & delićts [m] donnés & perpetrés en noſdits Royaume & *Dauphiné,* [[n] par quelconque de nos Officiers & ſubgicts eſtans & demourans en iceulx Royaulme & *Delphiné,*] de quelque etat, autorité & condition qu'ils ſoient & puiſſent être, comme dit eſt, les empriſonner ou faire [o] empriſonner & corriger ſelon l'exigence des cas; de tauxer amendes, condamner ou abſoudre ſelon ce que aux cas appartiendra, & qu'ils verront que [p] ſera de faire ſelon raiſon, les recevoir à compoſition ſe ils le requierent; & faire [q] des cas crimes civils, ſe bon leur ſemble; & auſſy de prendre ou faire prendre tous les comptes, papiers, Regiſtres, Lettres, decharges, & autres muniments de notre Chambre des Comptes, de tous Changeurs & Clers de notre Treſor, Vicomtes, Receveurs & Contrerouleurs de recettes de notre Domaine, Receveurs generaux & particuliers deſdits Aydes, Grenetiers & [r] Contrerouleurs de Treſoriers & Chambres de Greniers à Sel de noſdits Royaume & *Dauphiné,* des Contrerouleurs, & autres quelconques Commis & Receveurs de Tailles, Aides, [ſ] Fournages, & autres quelconques ſubventions & redevances, & de tous & quelconques Tabellions, Notaires, Greffiers, Prevoſts, Commiſſaires, Officiers, Changeurs, & autres perſonnes quelconques, pour iceux oüir, voir, viſiter, corrigier & emander aux fins deſſuſdites, & punir les coupables ſelon raiſon; priver ou ſuſpendre tous les Officiers deſſuſdits & autres quelconques, de leurs Offices, ſe les cas le requierent, & commettre perſonnes idoines & ſouffiſans au gouvernement d'iceux Offices, juſques à ce que par Nous en ſoit autrement ordonné; de moderer & mettre à nombre dû & competent & convenable, nos Officiers tant de notre Hôtel comme ſur le

a *de* Veruſſo. 2.e cop.

b *de* Montcauquier. *2.e cop.*

c *de* Laiſtre. 2.e *cop.*

d *de* Rieucourt. *2.e cop.*

e *Buſſiere.* 2.e cop.

ſ *Candel.* 2.e cop.

g *ſur tous les cas* 2.e cop.

h *dommage & prejudice de Nous.* 2.e cop.

i *propouſer ou faire propouſer contre eux.* 2.e cop.

k *avons.* 2.e cop.

l *mandement ſpecial.* 2.e cop.

m *commis & perpetrés.* 2.e cop.

n *Voy. ci-deſſus p. 471. note (g).*

o *empriſonner, punir & corriger.* 2.e cop.

p *qu'il ſera à faire.* 2.e cop.

q *des cas criminels & civils.* 2.e cop. Il faut corr. *des cas criminels, civils.*

r *Controlleurs de nos Greniers & Chambres des Greniers à Sel.* 2.e cop.

ſ *Fouages.* 2.e cop.

CHARLES VI.
à Paris; le 20. d'Octobre 1409.

fait de nosdits Domaines & Aydes, tant Sergents, Tabellions, Notaires, comme autres, selon l'ourdonnance & nombre anciens, ou autrement ainsy qu'ils verront être expedient pour le bien de Nous & de la chose publique de nos Royaume & *Dauphiné;* de tollir, effacier & annuller tous usages, stiles, prolixités & coutumes prejudiciables & [a] contre equité, bonnes mœurs, de Cours, Jurisdictions & Auditoires dessusdites, & de y en ordonner, faire & [b] stablir autres nouveaux & prouffitables, tant sur les Offices quels qu'ils soient, comme sur gens de pratique, de marchandise, de metier, & autres nos sugiets quelconques de nosdits Royaume & *Dauphiné,* de nos Cours & [c] autres à Nous sujetes, ressormer & mettre en état dû & convenable, & en bon gouvernement & police; de moderer, appeticier & corrigier ainsy comme bon leur semblera, & verront que à faire sera par raison, tous & quelconques dons excessifs par Nous faits ou de Nous obtenus en quelque maniere que ce soit, de nos vaisselles, joyaux d'or & d'argent, [d] robes chambres, tapisseries, & quelconques de nos finances & autres biens, à quelconques personnes de quelque état ou condition que elles soient ou ayent été, & tant par nos Lettres patentes de plains dons, comme autrement, faites par maniere de decharges & autres quelconques, eu regard & consideration aux états & Offices des personnes & au service que elles Nous ont fait [e] ou peu ou sceu faire, contraindre lesdites personnes sur lesquelles il auront moderé, appeticié & corrigié lesdits dons, ou leurs hoirs ou autres qui pour ce seront à contraindre, à rendre & payer pour & ou nom de Nous, à celuy qui sera [f] par Nous ordonné à recevoir les exploits de cette presente reformation, les sommes de deniers que se monteront ou pourront monter les moderations, appeticements & corrections dessus touchées; & icelles personnes; c'est à sçavoir, celles qui sont presentement en vie, punir & traire à amande envers Nous, pour la faute & mepris qu'ils auront fait de avoir demandé & pourchassié lesdits dons excessifs, autrement que par raison, ainsy qu'ils verront qu'il sera à faire, & tellement que autres y doient & puissent au temps avenir prendre exemple; & semblablement de nos dessusdits Officiers qui ont tenu & tiennent plusieurs nos Offices à gages, lesquels ils n'ont exercé ou pourroient exercer en personne, combien qu'ils en preignent lesdits [g] gages comme dit est, suspendre & dechargier ou debouter desdits Offices, excepté de l'un d'iceux tels qu'ils voudront retenir & élire, à l'exercice duquel toutes voyes ils seront trouvés experts, idoines & souffisans, lesquels Offices par eux ainsy elus, ils seront tenus de exercer en personne, sur peine de privation, selon nos Ordonnances Royaux sur ce faites, & de en iceux Offices dont nosdits Officiers auront ainsy été suspendus, dechargés ou deboutés, ordonner, pourvoir ou commettre autres [h] personnes idonées & souffisans, jusques à ce que par Nous en soit autrement ordonné; & generalement de faire, ordonner, jugier, sentencier & determiner de & sur les choses dessusdites & leurs circonstances & dependances, & sur toutes autres choses quelconques touchant fait [i] & reformation & bonne police, tout ce que à Generaux-Conseilliers, Juges & Ressormateurs peut & doit appartenir & appartient, sans ce que aucun puisse appeller ou reclamer d'eux & de leurs Arrêts, Sentances, Ordonnances ou appointemens quelconques, mais voulons & ordonnons que tout ce que par eux ou les sept dessusdits, presents nosdits Cousins, les deux ou l'un d'iceux, sera fait, arreté, sentencié, jugié, prononcié & appointé, vaille, tienne & soit mis à execution comme se par Arrêt de notre Cour de Parlement étoit, dit, sentencié & prononcié; & se appellations ou oppositions [k] naissoient ou sont faites sur ce, Nous deffendons à nosdits Generaux-Conseilliers, Juges & Ressormateurs, & à chacun d'eux ou à leurs Commis, que pour raison ou occasion d'icelles, ils ne different en aucune maniere, & leurs commandons que ils procedent & mettent ou fassent mettre leursdits Arrêts, Sentances & appointements à execution, selon leur forme, nonobstant lesdites appellations ou oppositions, & leurs poursuites, adjournements & deffenses, se aucunes étoient sur ce faites ou obtenues de Nous [[l] ou de nostredicte Court de Parlement, par

a *contre equité & bonnes mœurs des Cours.* 2.e cop.

b *establir.* 2.e cop.

c *autres nos subjectes.* 2.e cop.

d *Ne pourroit-on pas corriger,* Robes de Chambres, *ce qui signifieroit ici,* ameublement de Chambres.

e *ou peu & sceu faire, & de contraindre ou faire contraindre.* 2.e cop.

f *de par Nous.* 2.e cop.

g *gages & proufits comme.* 2.e cop.

h *personnes bonnes, idoynes & souffisans.* 2.e cop.

i *de Reformation.* 2.e cop.

k *naissent.* 2.e cop.

l *Voy. ci-dessus p. 471. note (g).*

à Paris, le 20. d'Octobre 1409.

Lettres de Nous] ou d'icelle notre Cour, en quelque maniere que ce soit; & se elles étoient faites, passées ou obtenues, Nous ne voulons à icelles être obei ne defferé aucunement, mais les cassons & annullons & mettons du tout au neant par ces presentes; & s'il [a] avenoit que doleances, supplications ou erreurs fussent ou soient faites, baillées ou passées en forme deuë, & contre les Arrêts, Sentences, Jugements ou Appointements de nosdits Generaux-Conseillers, Juges & Reffomateurs, ou [b] aucun d'eux, Nous voulons & ordonnons que iceux nos Generaux-Conseillers-Reformateurs, appellés & presents avec eux des Conseillers de notredite Cour de Parlement, jusques au nombre de douze, ou autre plus grand nombre se bon leur semble, connoissent, jugent & determinent d'iceux erreurs, supplications ou doleances, comme il [c] appartient par raison, sans ce que icelle notre Cour ou autres [d] nos sugiets ou Commissaires en puissent juger, decider ou connoitre aucunement [e] par quelconques Mandements ou Commissions qui par inadvertance, importunité ou autrement, leurs en seroient ou pourroient estre bailliées ou octroyées de Nous ou de notredite Cour, & Nous par ces memes presentes leur en interdisons & deffendons la connoissance. Voulons [f] outre & ordonnons que nosdits Generaux-Conseilliers-Reffomateurs puissent mettre & ordonner de par Nous sur le fait de ladite reformation, tel Greffier ou Greffiers, Procureur ou Procureurs, Receveur, Commissaire & autres Officiers quelconques, comme ils verront être expedient & necessaire pour le bien & abregement de la besoigne dessusdite, & à iceux Officiers & Commissaires tauxer tels gages, voyages [[g] ou salaires comme ils verront être à faire selon raison, lesquels gages, voyages] & salaires Nous voulons être payés à chacun d'iceux Officiers & Commissaires, par le Receveur qui sur [h] ce dit est sera commis & ordonné, & par raportant la taxation ou Lettre certifficatoire de nosdits Conseilliers, & quittance de ce que iceux Officiers receu auront, Nous voulons ce que payé leur aura été, être alloué ez comptes & [i] rebatu de la recette d'iceluy Receveur, partout où il appartiendra. Et pour ce que autresfois est avenu que quand Nous avons ordonné & fait mettre sus aucune reformation en notredit Royaume, aucuns par importunité, inadvertance ou autrement, ont eu & obtenu de Nous Lettres ou Commissions d'être Reffomateurs avec [k] eux que ordonnés & commis y avions, ou en autres Etats ou Offices esdites Reffomations, pourquoy icelles Reformations ont été empechées & retardées, & souventesfois cassées & annullées du tout, Nous voulans cette presente Reformation laquelle par grand & meure deliberation de plusieurs de notre Sang & autres de notre Conseil, & pour l'evident bien & prouffit de Nous & de nosdits Royaume & *Dauphiné*, avons ordonnée & mise sus, avoir cours [l] & fructueux effect, voulons, mandons & deffendons expressement à nos Generaux-Conseilliers-Reformateurs dessus nommés, que se aucun ou aucuns par importunité, inadvertance ou autrement en quelque maniere que ce soit, ont impetré ou obtenu, impetrent ou obtiennent de Nous Lettres pour être Generaux-Reformateurs avec eux, ou autrement besoigner en cette presente Reformation, en quelque Etat ou Office que ce soit, ils n'y obtemperent ou obeissent aucunement, mais leurs interdisent & deffendent de par Nous l'execution d'icelles Lettres, & l'exercice desdits Offices ou Commissions, & Nous mêmes leur interdisons & deffendons, & icelles Lettres & Commissions cassons, annullons & dès maintenant pour lors mettons du tout [m] au neant. Si donnons en mandement par ces mêmes Lettres, à tous nos Justiciers, Officiers & sugiets, presents & avenir, ou à leurs Lieutenants & à chacun d'eux, si comme à luy appartiendra, que sur quantques ils se puent ou pourroient mesfaire envers Nous, à nosdits Conseilliers & Generaux-Reformateurs, & à leurs Commis & deputés, ez choses dessusdites & leurs circonstances & dependances, obeissent & entendent diligemment, & leurs baillent & donnent & pretent conseil, confort, aide & prisons, se metier en ont & ils les en requierent : car ainsy le voulons & Nous plait être fait, nonobstant quelconques autres Reformations par Nous ordon-

[a] *avient.* 2.e cop.

[b] *d'aucun d'eulx.* 2.e cop.

[c] *appartiendra.* 2.e cop.

[d] *nos Juges ou Commissaires.* 2.e cop.

[e] *pour.* 2.e cop.

[f] *en oultre.* 2.e cop.

[g] *Voy. ci-dessus p. 471, note (g).*

[h] *ce que.* 2.e cop.

[i] *corr.* rabatu.

[k] *ceulx.* 2.e cop.

[l] *& sortir fructueux.* 2.e cop.

[m] *au néant par ces présentes. Si donnons, &c.* 2.e cop.

CHARLES VI. à Paris, le 20. d'Octobre 1409.

nées & mises sus en nosdits Royaume & *Dauphiné*, lesquelles Nous voulons du tout cesser, & avons mis & mettons au neant par ces presentes Ordonnances, mandements & deffenses, & Lettres quelconques impetrées ou à impetrer, contraires à ces presentes; auxquelles en temoin de ce, Nous avons fait mettre notre Scel. Donné à Paris, *le vingtieme jour d'Octobre, l'an de grace mil quatre cens & neuf, & de notre Regne le trantieme.* Par le [a] Roy Dauphin. P. [b] DANGEL.

a *Voy. ci-dessus p. 468. note (b).*
b *Dangent.* 2.e cop.

CHARLES VI. à Paris, le 28. d'Octobre 1409.

(a) Lettres par lesquelles il est ordonné de contraindre tous les Ecclésiastiques à payer les Demi-dixièmes imposés sur eux par le Clergé de France, à l'effet de fournir aux frais qui ont été faits pour parvenir à l'union de l'Eglise; & aussi de contraindre les Receveurs particuliers de ces Demi-dixièmes, à rendre compte des sommes qu'ils ont reçûes.

CHARLES, par la grace de Dieu, Roy de France. Au premier Huissier de nostre Parlement, Examinateur en nostre Chastelet de *Paris,* Sergent d'armes ou aultre nostre Sergent qui sur ce sera requis : Salut. Nos amés & feaulx Conseillers les Generaulx Commissaires ordonnés sur le fait d'un Demi-dixieme ordonné l'an mil quatre cens & six, & d'un aultre Demi-dixieme ordonné l'an mil quatre cens & huit, pour le fait de l'union de notre Mere S.te Eglise, Nous ont fait exposer que comme les Arcevesques, Evesques, Abbés, Chapitres, Colleges & [c] Clergiés de nosdits Royaulme & *Dalphiné* de *Viennois,* par nostre Ordonnance n'agueres assemblés en nostre bonne Ville de *Paris,* pour adviser ce qui estoit encore bon à faire pour le bien de ladite union, voyans & congnoissans la besoigne estre telle & en si bonne disposition que briefment au plaisir de Dieu de qui est ceste cause, Nous attendions avoir paix & bonne union en S.te Eglise, eust esté ordonné entre autres choses pour la prosecution de ladite union, & oster le douloureux Scisme qui si longuement avoit duré en nostredite Mere S.te Eglise, attendu mesmement que pour les missions & grosses despenses de l'an mil quatre cens & six, le Demi-dixieme qui fut ordonné ledit an, n'avoit peu ne pouvoit bonement suffire à suporter ce que de necessité estoit encore à faire, de mettre sus encores aultre provision; & pour ce, ait esté imposé un autre Demi-dixieme pour icelui estre [d] ceuilli & levé en la forme & maniere acoustumée, sur toutes gens d'Eglise de nosdits Royaume & *Daulphiné* de *Viennois,* & tant sur Arcevesques, Evesques, Abbés, Chapitres, Prieurs conventuels de Cisteaux, Chartreux, Celestins, exems & non exemps, comme sur autres quelsconques de quelque estat, dignité ou religion, privilege ou condition qu'ils soyent; & pour iceulx [e] Dixieme & Demi-dixieme lever & cueillir, comme dit est, ayent ordonné & establi Receveur general, [f] particulier en chascune Diocese de nosdits Royaulme & *Dalphiné* de *Viennois;* & il soit ainsi que tant ait esté sur ce procedé, que la marcy Nostre Seigneur, Nous avons de present [g] union, & a esté & est extirpé ledit doleureux Scisme que si longuement avoit duré en nostredicte Mere S.te Eglise, pour la poursuite de laquelle plusieurs de nos Conseillers [h] & aultrement ont grandement frayé & despendu du leur, sans estre recompensés ne payés de ce qui leur avoit esté ordonné estre baillé & delivré; & d'autre part est de necessité & besoin d'envoyer ez Royaulmes de *Castille,* d'*Aragon* & [i] distrit, pour la poursuite de ladite union, & pour ce est besoin de contraindre ou faire contraindre ceulx qui n'ont payé *Jordain Vech, Pierre Legastoing, Grimon* de *Marigaut,*

c *Clergie, Clergé.*
d *cueilli.*
e *Il n'est parlé ci-dessus que de Demi-dixièmes.*
f *supp.* & un.
g *Voy. la Préface de ce Vol.* §. Schisme.
h *app.* & autres.
i *app.* districť.

NOTE.

(a) La copie de ces Lettres a été envoyée de *Montpellier,* avec cette indication : *Sénéchaussée de* Toulouse *en général, armoire C. 8.e continuation des titres particuliers, n.° 1. fol. 253.* Voy. la Préface de ce Vol. §. *Schisme.*

& aucuns aultres qui ont esté Receveurs particuliers desdits Dixieme & Demi-dixieme, & qui ont pardevers eulx plusieurs & diverses sommes de deniers d'iceulx Dixiemes, à icelles sommes bailler & restituer pour convertir ezdites poursuites & payement : mais lesdits exposans nos Conseillers se doubtent que aucuns desdits gens d'Eglise, Evesques & aultres, ne soient refusants ou delayans de payer ce en quoi ils en sont tenus selon le taux de leurs Benefices ou aultrement, ce qu'ils en doivent pour equivalent selon les rentes & revenues d'iceulx, & aussi les dessusdits & aultres Receveurs & personnes qui se sont entremis desdits Dixieme & Demi-dixieme, ne veulent rendre ne restituer ce qu'ils en ont prins ou levé & receu, laquelle chose seroit ou très-grant retardement de ladite besoigne, & en l'evident domage de la chose publique de l'Eglise, se par Nous n'estoit sur ce hastivement secouru de noustre gratieux & convenable remede, se comme assertenés avons esté, en Nous requerant sur ce nostre authorité, cohertion Royale & seculiere : pourquoi Nous qui tousjours avons fermement desiré & desirons de tout nostre cuer l'extirpation de ce doloreux Scisme, & l'union de nostre Mere S.te Eglise, te mandons, commetons & expressement enjoignons que toutes excusations cessans & autres choses arriere-mises, tous ceux qui par les Rolles de notre amé & feal Secretaire Maistre *Jehan Aubouin*, commis de par lesdits Commissaires nos Conseillers, à lever & recevoir tous les arrérages deubs à cause desdits Demi-dixiemes, ez païs de *Languedoc* & *Duchié* de *Guyenne*, ou de ses commis & deputés, te apparront avoir eté imposés, & avoir delayé ou refusé le payement de ce qu'ils en doivent, oultre le terme à eulx assigné par les [a] procès desdits exposans, & tant Evesques, Arcevesques, Chapitres, Celestins, Chartreux, ceulx de l'Ordre des Prémontrés, & aultres dessus nommés, comme tous aultres quelsconques, & generalement tous aultres, soient Receveurs ou Collecteurs, ou d'autre qualité, qui en devroient aucune chose, à en rendre compte & relica audit Receveur, attendu la célérité & bonne disposition de cette besogne, contrains à payer vigoureusement & sans deport, par prinse, detention de leurs biens & temporels, & par toutes autres voyes & manieres acoustumées d'estre gardées en cas d'exécution, & comme pour nos propres debtes, & autrement plus avant, se mestier est : Car ainsi Nous plaist-il & voulons estre fait, & à nosdits Conseillers & Generaulx-Commissaires, en la faveur de nostre Mere S.te Eglise, l'avons octroyé & octroyons de grace special par ces presentes; nonobstant quelsconques oppositions ou appellations qui seront sur ce faites au contraire, auxquelles Nous ne voulons que aucunement tu y [b] differes, en deffendant de par Nous à tous nos Seneschaux & autres Justiciers & Officiers quelsconques oudits Pays, qu'ils [c] ne cognoissent en aucune maniere, & quelsconques Lettres empetrées ou à empetrer au contraire, se icelles ne sont expediées & verifiées de nos Conseillers-Generaulx-Commissaires dessusdits : mandons & commandons à tous nos Justiciers, Officiers & subjiets, prions & requerons tous autres, que à toy en ce faisant obeissent & entendent diligeament, te prestent conseil, confort, ayde & prisons, se mestier en as & par toy en sont requis. Et pour ce que ces presentes ne pourroient bonnement suffire pour le bien & avancement de ladite besoigne, Nous voulons que au *Vidimus* d'icelles fait sous Seeaulx Royaulx ou autentiques, foy soit adjoustée comme à cest present original; nonobstant quelsconques Ordonnances, Stile ou usage à ce contraires. *Donné à* Paris, *le XXVIII.e jour d'Octobre, l'an de grace mil quatre cens & neuf, & de notre Regne le XXX.e*

Par le Roy, à la relation du Grand Conseil, ouquel le *Roy* de *Navarre*, Messeigneurs les *Ducs* de *Berri* & de *Bourgoigne*, & pluseurs aultres, estiés. G. BARRAU.

CHARLES VI. à Paris, le 28. d'Octobre 1409.

[a] Procès verbaux : Rolles.

[b] deffere.

[c] corr. n'en.

CHARLES VI. à Paris, en Octobre 1409.

(a) Lettres de Charles VI. confirmatives de celles du Comte de Namur, qui portent que la Ville de Béthune sera gouvernée par dix Echevins qui exerceront leurs charges pendant toute leur vie; & qui fixent le jour auquel seront élûs le Prevôt & les Maieurs de cette Ville.

CHARLES, &c. Savoir faisons à tous presens & avenir, Nous avoir veu les Lettres desquelles la teneur s'ensuit.

Guillaume de *Flandres, Conte* de *Namur,* Seigneur de *Bethune.* A tous cheux qui ces presentes Lettres verront : Salut. Recheu avons l'umble supplicacion de noz chiers & bien amez les Eschevins, Prevost & Maieurs de nostredicte Ville de *Bethune,* pour & ou nom de la Communaulté d'icelle, contenant que combien [a] par les previleges donnez & octroyez à nostredicte Ville par noz Predecesseurs Seigneurs d'icelle, & confermez par Nosseigneurs les Roys de France, ait en nostredicte Ville dix Eschevins, un Prevost & deux Mayeurs qui ont; c'est assavoir, lesdiz Eschevins, le general gouvernement de ladicte Ville, & lesdiz Prevost & Maieurs, le gouvernement du *(b)* Veriel & des Marez d'icelle, lesquelz Eschevins, Prevost & Maieurs ont acoustumé d'estre vestuz chascun an, pour le honneur & estat de Nous & de nostredicte Ville, de Draps de livrée [b] pareulx, au jour de Pasques *(c)* Communans, & desquelx dix Eschevins chascun an au jour Saint Thomas Apostole, [c] en dechient chuincq, & les autres chuincq demourans en eslisent autres chuincq nouveaulx, pour estre & demourer Eschevins; & iceulx Prevost & Maieurs sont renouvellez & esleuz chascun an par le Commun de nostredicte Ville, le prouchain Venredi après du jour de Penthecoste; & par ainsi ne portent iceulx Prevost & Maieurs les draps de ledicte livrée, le temps & espace de leur Office durant, que depuis ledit jour de Pasques, jusques audit jour de Vendredi après la Penthecoste; lesquelx Eschevins ainsi esleuz sont presentez à nostre Bailli à [d] wit jours de *(d)* indusse, pour dire contre eulx causes raisonnables pourquoy ne doivent demourer Eschevins, se aucunes en set; Et iceulx huit jours passez ou au dedans, se nostre Bailli n'y scet que reprouchier, il peut commander à iceulx nosdiz Eschevins que d'iceulx chuincq Eschevins par eulx esleuz, ilz en osthent l'un, ou lieu duquel nosedit Bailli y en peut mettre un autre proudome & souffisant, ou icellui laissier, se bon lui semble; & ce fait, iceulx font serement en le main de nostredit Bailli, de bien & loyaument garder noz droiz & les droiz de nostredicte Ville, avec autres seremens à ce accoustumez; & ainsi en ait esté usé de si long temps qu'il n'est memoire du contraire. Et il soit ainsi que ou temps passé, à icelle eleccion desdiz Eschevins faire & renouveller, ait eu tant entre iceulx comme aucuns autres de nostredicte Ville, plusieurs discors venans & naissans pour aucunes faveurs ou haynes desordonnez que les aucuns avoient au regart de ceulx qui povoient

a *supp.* que.
b *pareils.*
c *sortent de charge.*
d *huit.*

NOTES.

(a) Trésor des Chartres, Registre 163. P. iiij.c lxxi. (471.)

(b) Veriel.] Suivant le Glossaire de *Du Cange,* au mot *Veriale,* il signifie un terrein qui produit des herbages. On lit dans le passage qui est cité en preuves .... *cum verialibus & padulectis.*

(c) Pasques Communans.] On trouve dans le Gloss. de *Du Cange,* au mot *Pascha,* col. 223. que les mots *Pascha Communicans :* Pâques Communiant, signifie le jour de la Résurection de Notre Seigneur ; mais le passage qui y est rapporté pour le prouver, pourroit aussi-bien s'appliquer au jour de Pâques fleuries, qu'à celui de Pâques. Il est dit aussi dans l'art de vérifier les dates, p. 109. que ces mots, *Pasques Communiant,* désignent le jour de Pâques.

(d) Indusse.] Ce mot qui vient sans doute du latin *Induciæ,* en françois *Treves,* doit signifier ici un délai; & suivant le Gloss. de *Du Cange,* au mot *Induciare,* il a signifié, différer, dilayer.

estre

estre esleuz, & dont plusieurs inconveniens avoient esté apparant de estre [a] ensuivis entre nos subgiez, ou grant dommage & destruccion de nostredicte Ville, & mesmement pour le elleccion faicte après le jour de Saint Thomas, l'an mil iiij.c & sept, & pourroit encores plus estre ou temps avenir, se par Nous n'y estoit pourveu : & pour [b] eschever iceulx inconveniens, & que nostredicte Ville soit plus seurement & notablement gouvernée qu'elle n'a esté du temps passé ne que elle est de present, il leur sembleroit bon, expedient & prouffitable pour Nous & nostredicte Ville, que en icelle feussent esleu par nostre Bailli & les bonnes gens notables de nostredicte Ville, pour estre Eschevins, quinze bonnes & notables personnes qui gouvernassent l'Eschevinage de nostredicte Ville, leurs vies durant, dont les dix gouvernassent pour le premiere année, & d'iceulx en decheist audit jour Saint Thomas Apostole chuincq, ou lieu desquelx les autres chuincq entrassent ou gouvernement d'icelle, & ainsi d'an en an, sans autre elleccion faire, se n'estoit [c] l'un ou plusieurs d'iceulx quinze Esleuz alaist ou alaissent de vie à trespas, ou que il y eust cause pourquoy ilz deussent estre débouté & mis hors du gouvernement dudit Eschevinage, ou lieu duquel ou desquelx puis hores en avant, feussent par le [d] remaing d'iceulx, ou par le plus saine partie, esleu autres notables personnes en leursdits lieux, en faisant le serement par iceulx quinze Esleuz, & les autres qui ou temps avenir seront oudit Eschevinage, à nostredit Bailli pour Nous, pareillement que ou temps passé a esté fait. Sur laquelle Requeste eu par Nous advis & Conseil à grant & meure deliberacion, desirans paix & transquillité nourrir entre noz subgiez, le prouffit publique de nostredicte Ville, & aussi considerans que plus seurement & notablement le fait & Eschevinage d'icelle sera gouverné par ceulx qui à ce seront esleu, sentans que à eulx sera atribué ou imputé le bien ou [e] miais gouvernement de le [f] Loy de nostredicte Ville, consideré aussi que les notables gens de nostredicte Ville, eulx pour ce assemblez ensemble, sont à ce consentans, & que en plusieurs autres Villes voisines de nostredicte Ville, les Eschevins gouvernent leurs vies, comme dit est, Nous de nostre grace avons ordonné & consenti, accordons & consentons par ces presentes, que par nostre Bailli & des plus notables Bourgoiz de nostredicte Ville, ou la greigneur partie d'iceulx, pour une foiz soient esleu quinze personnes Bourgoiz notables, pour gouverner le fait de nostredit Eschevinage, leurs vies durant, dont les dix auront le gouvernement dudit Eschevinage le premier an, & audit jour Saint Thomas en [g] dequiechent *(e)* le chuncq Esleuz, comme dit est, entreront ou lieu d'iceulx chuncq audit fait & gouvernement audit jour Saint Thomas, & ainsi en poursuivant de ores en avant d'an en an, en faisant le serement acoustumé par iceulx, en le main de nostredit Bailli, comme dit est. Et si avons accordé & accordons que s'il avenoit que aucuns d'iceulx quinze Esleuz, alast ou alassent de vie à trespas, ou feissent aucune chose indeue pourquoy deussent estre deboutez & mis hors dudit gouvernement, que par le remaing d'iceulx quinze Esleuz, ou par le plus saine partie, autres Bourgoiz notables personnes y soient esleu ès lieux dessusdiz, en faisant le serement dessusdit, pourveu que iceulx quinze Esleuz ne ceulx qui ou temps avenir seront, ne soient [h] pers, enfans, ne freres ensemble. Et si avons accordé & accordons que par le commun de nostredicte Ville, soient esleu lesdiz Prevost & Maieurs chascun an, puis ores en avant, au jour Saint Estienne, comme faire le povoient au Vendredi dessusdit; & toutes les choses dessusdictes, sans porter préjudice aux previleges de nostredicte Ville, ne aux articles d'iceulx en autres cas, ne aussi à leurs bourgeoisie, usages, coustumes, libertez & franchises. Si donnons en mandement à nostre *Bailli* de *Bethune,* qui de present est ou sera,

CHARLES VI.
à Paris, en Octobre 1409.

[a] *ensf.* avec une marque d'abréviation. *Reg.*
[b] *éviter.*
[c] *supp.* que.
[d] *les Eschevins restans.*
[e] *ce mot signifie app.* mauvais, *ou p. e.* mieux, meilleur.
[f] *Voy. les Tables des Mat. des Vol. de ce Rec. aux mots :* Loy (Ville de).
[g] *déchoient.*
[h] *pères.*

NOTE.

(e) Le chuncq.] Il manque ici quelques mots qu'il faut suppléer par un passage qui est un peu plus haut, & où on lit : *& d'iceulx en decheist audit jour Saint Thomas Apostole chuincq, ou lieu desquelz les autres chuincq entrassent ou gouvernement d'icelle.*

CHARLES VI. à Paris, en Octobre 1409.

que nostre présente grace & octroy il acomplisse bien & souffisamment, & les face tenir & acomplir sans aler au contraire. *Donné en nostredicte Ville de* Bethune, *soubz nostre Séel, le xiij.e jour d'Aoust, l'an mil iiij.c & neuf.* Ainsi signé. Par Monf. le Conte, présens de son Conseil, Mess. [a] *Sivale* de *Biresberch* Chevaliers, & Maistre *Gerard Wambourch, Bailli* de *Bethune.* LAN-DE NYEL.

a ce nom est douteux.

Suite des Lettres de Charles VI.

Lesquelles Lettres dessus transcriptes, & toutes les choses contenues en icelles, en tant que deuement ont esté & sont faictes, & qu'il Nous peut touchier & appartenir, aians fermes & agréables, icelles louons, gréons, ratiffions, approuvons, & par la teneur de ces presentes, de nostre especial[b] & auctorité Royal confermons. Si donnons en mandement au *Bailli* d'*Amiens,* & à tous noz autres Justiciers, ou à leurs Lieuxtenans, & à chascun d'eulx, si comme à lui appartendra, que les Eschevins, Prevost & Maieurs de ladicte Ville de *Bethune,* facent, sueffrent & laissent joïr & user de nostre presente grace & confirmacion paisiblement, sans les empeschier ou souffrir estre empeschiez ores ou pour le temps avenir en aucune maniere au contraire. Et que ce soit ferme & estable à tousjours, Nous avons fait mettre nostre Séel à ces presentes : sauf en autres choses nostre droit, & l'autruy. *Donné à* Paris, *ou moys d'Octobre, l'an de grace mil cccc. & neuf, & de nostre Regne le* XXX.e

b Il faut app. suppléer grace.

Par le Roy, à la relacion du Conseil. FRERON.

CHARLES VI. à Paris, en Octobre 1409.

(a) Lettres qui défendent aux Propriétaires des maisons de la Ville de Bethune, de les charger de nouvelles rentes, & qui leur donnent le droit de racheter les anciennes rentes dont ces maisons sont chargées, lorsque les personnes à qui ces rentes appartenoient, les auront vendues.

CHARLES, &c. Savoir faisons à tous presens & avenir, Nous avoir veu les Lettres desquelles la teneur s'ensuit.

In nomine Domini. Amen.

Sachent tout par la teneur de cest present publique Instrument, que en la presence de moy Tabellion chy [c] dessus nommez, vinrent, furent & comparurent les personnes cy-après declairiez; est assavoir, *(b)* honneste & discret Maistre *Gerrart Wambourt,* comme Bailli de [d] men très-grand & très-redouté Seigneur Monf. le *Conte* de *Namur,* Seigneur de *Bethune; Jacques* de *Beaumares, Nicolas Robaut, Jacques Du Pont, Willaume Poignaire, Willaume Esmenault* dit *Tastourné, Betermieu* le *Cat, Pierre* de *Senelengues, Jehan Raulin, Jehan Patoul* dit le *Brun,* & *Simon* de le *Brique,* adpresent Eschevins de ladicte Ville de *Bethune; Jehan* de *Bellesaises,* Prevôt de ladicte Ville, & *Willaume Esmenault* & *Jehan Marcade,* Maieurs d'icelle; *Jehan* de *Chartres,* comme Clerc de ladicte Ville, tous habitans de ladicte Ville, & comme aians ad present le general gouvernement d'icelle; & *Jacques Du Cambge, Jehan* de le *Plancque, Jacquemart* de *Guienchy, Pierrot Grenon, Camus Gosson, Jehan* de *Compiegne, Broyart Dauffay, Wautier* de le *Sauch, Husfin Hanegrave, Jacquemart Du Mont-Saint-Eloy, Jehan* le *Fevre, Collart Gallant, Nicaise Mille, Gillot Barisel* [e] le joule, *Mikiel* le *Caron, Pierrot Bourdon, Mahieu Faubert, Jehan Dieux-y-soit, Jehan Loison, Jacquemart Raulin, Jehan* le *Potier, Pierre Cordoubbanier, Collart Gernon, Herry Doublet, Jehan* de

c corr. dessous.

d mon.

e app. le jeune.

NOTE.

(a) Trésor des Chartres, Registre 164. P. 23.

(b) Honneste.] Il y a dans le Reg. *honner.* avec une marque d'abréviation, mais à la fin de ces Lettres on trouve les mêmes titres en latin, *honestis & prudentibus viris.*

Werre, *Jean Du Sanelon* le pere, *Jehan Brouée*, *Willaume Bosquet*; *Pierrot Du Castel*, *Jehan Paon*, *Jehan Le Krillier*, *Robert Garin*, *Robert Philipon*, *Piecot* de la *Fosse*, *Robert Coullouart*, *Isembart* de le *Croix*, *Jehan Grardel* dit *Bacquet*; *Pierot* le *Clerc*, *Jacquemart* de *Waurin*, *Huart Vacqueler*, *Colart Quaresmel*, *Pierot Blagart*, *Jacques Gallant*, *Jean Du Puch*, *Vinet Coullouart*, *Jehan* de *Guienchy*, *Robert* le *Barbier*, *Betermieu Barbau*, *Thumas Daunay*, *Willaume Potier-d'estain*, *Jehan* le *Gumelier*, *Jehan Garrot*, *Jehan* le *Candillier*, *Jehan* le *Comte* dit le *Cok*, *Willaume Doublier*, *Jehan Truye*, *Simon Rikame*, *Pierot Daule*, *Jehan Quaresmel*, *Willaume* le *Cat*, *Martin Penel*, *Pierot Bomel*, *Jehan Du Gardin*, *Betermieu Rika*, *Jehan Rose*, *Betermieu Bisart*, *Jehan Baudel*, *Pierot Robelique*, *Pierre* de *Bellesaises*, *Tassart Loustoingne*, *Pierot* de le *Fosse*, [a] Cambgeur, *Jacques* le *Flameng*, *Jacques Agode*, *Jehan Frignolet*, *Jacques Doublier*, *Herry Fabien*, *Willaume Patoul*, *Pierot* de *Labie*, *Robert Milem*, *Sohier Engreban*, *Julien Wafflart*, *Mikiel* de *Wisseuk*, *Mahieu Wafflart*, *Jehan Roussel*, *Jean Boullemet*, *Betermieu Raulin*, *Jehan Barat*, *Jiier Fevre*, *Jacquemart Bonissart*, *Marquet Malebranque*, *Jehan Quaresmel*; Potier, *Mahieu* de le *Brique* & *Baudin Daussay*, tous comme manans, habitans & demourans en ladicte Ville de *Bethune*, & de leurs bonnes volentez recognurent tous les dessusnommez & chascun d'eulx, & pour & ou nom, pourfit, augmentacion & bien publique de toute ladicte Ville & des habitans d'icelle, avoir advisé & ordené toute le Ordenanche cy-après declairié; c'est assavoir, comme le plus grande & saine partie des maisons qui sont en ladicte Ville, si soient [b] querquies & doivent plusieurs grandes [c] rentes hiretables à plusieurs gens, tant de ladicte Ville comme de aillieurs, & lesquelles maisons sont en peril de estre demolies & destruites, pour icelles grandes rentes, & deja en y a grant quantité qui sont demolies & [d] keues & en peril de queir chascun jour, tant par ce, comme pour ce que en tems passé ceulx à qui lesdictes maisons ont esté, les ont de plus en plus querquies de rentes [e] sous rentes, tant par *(c)* arrentissement comme par *(d)* title d'acat, qu'il ont vendu sus, & de jour en jour font les choses dessusdictes; & mesmement *(e)* vendent icelles rentes à autres que à ceulx à qui lesdictes maisons sont, sans ce que euls le sachent, ne qui les ayent ou puissent avoir pour les deniers que icelles rentes sont vendues, pour deschargier leursdictes maisons; lesquelles choses ils dient estre très-grandement ou domaige de mondit Seigneur, & à la desertacion & empirement de ladicte Ville & de tous les habitans d'icelle; & pour ce, afin [f] d'eschiver plus grant inconvenient, tous les dessusdits pour & ou nom de mondit S. & de toute ladicte Ville & habitans d'icelle, sont d'accord & ont ordené & accordé que doresavant aucuns ne puist querquier leurs maisons ne aucunes d'icelles étant en ladicte Ville & Eschevinage de *Bethune*, de plus grant rente que à present elles sont querquies, par arrentissement, par vente ne autrement; & avoec que se aucuns a rente ou rentes sur aucunes d'icelles, & il les vend à autrui que à celluy à qui ladicte maison ou maisons seront, que pour le pris que icelle rente ou rentes serient vendues, sans fraude, ceulx ou chils à qui ladicte maison ou maisons serient, les ayent & puissent avoir s'il leur plaist, par payant & rendant les deniers de ladicte ven-

CHARLES VI. à Paris, en Octobre 1409.

[a] p. e. Changeur.

[b] app. chargées.

[c] héritables. Voy. le Gloss. du Droit François, aux mots *Rente héritable*.

[d] tombées.

[e] rentes créées après les premières. Voy. le Gloss. du Droit François, au mot *Sous-rente*.

[f] éviter.

NOTES.

(c) Arrentissement.] Bail à rente d'héritage. Voy. le Gloss. du Droit François, au mot *Arrantement*.

(d) Title d'acat, &c.] Il y a plus bas: *par arrentissement, par vente, &c.* Je crois que cela signifie, qu'ils ont créé sur leurs maisons des rentes qu'ils ont vendues à des personnes qui les ont acquises à titre d'achat.

(e) Vendent.] Il me semble qu'il manque là quelques mots: car il s'agit ici de ceux qui ayant des rentes sur ces maisons, les vendent. Et en effet, dans des Lettres du 13. d'Avril 1393. imprimées à la p. 637. du 8.e Vol. de ce Recueil, & qui contiennent à peu près les mêmes dispositions que celles-ci, on lit: *& ja soit ce que il aviengne de jour en jour, ou au moins bien souvent, que plusieurs de ceulx ausquelx lesdits Cens ou Rentes sont deus sur lesdictes maisons & heritaiges, vendent lesdits Cens ou Rentes à autres personnes que aux propriétaires d'iceulx heritages & maisons.*

CHARLES VI. à Paris, en Octobre 1409.

due, à celi ou ceulx qui les avoient achatées, ou cas que il les demanderoient en dedens quinze jours aprez ce que l'acat d'icelles rentes ou rente ou le [a] werp d'icelles feroit fait & [b] fignifiet deument par le fourme chy aprez declairié; & feront tenus les Seigneurs & Juges qui feront lefdits werps, de fignifier ladicte vente au lieu ou lieux fur quoy ladicte rente [c] & ou rentes feront affifes, defquelles rente ou rentes les achateurs feront faifis & ahiretés hiretablement par les Seigneurs de qui icelles feront tenues & par leurs Juges, fans ce que nuls [d] proifmes ne autres les ayent ou puiffent avoir autres que lefdicts acheteurs qui prendront icelles rentes pour defchargier leurfdictes maifons, tant fauf [e] que fe ceulx à qui lefdictes maifons feroient, ne vouloient prendre icelles rentes, que lefdicts proifmes les pourront avoir & prendre par [f] promeche, fe bon leur femble, comme eulx faifoient paravant ceft prefent inftrument. Toutes lefquelles chofes deffus dictes & chacune d'icelles, tous les deffus nommez, tant ès noms deffufdicts comme pour le pourfit de ladicte Ville, il ont voulu, gréé, confenti & accordé, vœllent, [g] grent, confentent & accordent, & ordené ycelle tenir, [h] parvenir, enteriner & accomplir puis hores en avant, fans jamais aller contre. De toutes lefquelles chofes ledit Bailli, Efchevins, Prevôt & Mayeurs, ou nom de mondict Seigneur & de ladicte Ville, me requirent avoir inftrument. *Acta fuerunt hec* Bethunie, *in Camera Scabinorum ejufdem, anno Domini millefimo trefcentefimo nonagefimo nono, menfis Februarii, die nonâ decimâ, indicione octavâ, & ab electione Domini* [i] Benedicti *ultimo in Papam electi, anno fexto; prefentibus honeftis & prudentibus viris* Petro *de* Cohem *&* Roberto Deliefles, *armigeris, teftibus ad premiffa vocatis fpecialiter & rogatis in teftimonium omnium & fingulorum premifforum.* Ainfi figné deffous en la marge.

Et ego Philippus Taffini *Prefbiter* Atrebatenfis *Diocefis, publicus Apoftolicâ & Imperiali auctoritate Notarius, quia predictis ftatuis feu concordacionibus actis, geftis, & ordinacionibus, ceterifque premiffis omnibus & fingulis, dum prout fupra, gallicis in verbis* [k] *fcribantur, de predictorum unanimi confenfu pariter & affenfu, ftatuerentur feu concordarentur, fierent & ordinarentur, unacum predictis teftibus prefens interfui, ea que omnia & fingula fupra fcripta fic ftatui feu concordari, fieri & ordinari vidi, audivi & intellexi, & in notam recepi, idcirco huic publico inftrumento alienâ manu fideliter fcripto, me pluribus* [l] *alteris certis & neceffariis occupato, fignum meum folitum & confuetum appofui, hic me fubfcribendo in teftimonium omnium & fingulorum, requifitus & rogatus.*

Item. S'enfuient autres Lectres annexées parmy les Lectres deffus tranfcriptes.

Guillaume de *Flandres, Comte* de *Namur* & Seigneur de *Bethune,* faifons favoir à tous nous avoir veu unes Lectres de Inftrument faites & paffées pardevant Sire *Philippe Taffin,* Preftre, Tabellion, par nos amez Bailli, Efchevins, Prevoft, Mayeurs & habitans de notredicte Ville de *Bethune,* pour ou nom & pourfit de nous & de tous les habitans de notredicte Ville, contenant certaine Ordonanche par euls advifée fur le fait de plufieurs maifons qui font à prefent [m] carchiés de rentes en notredicte Ville, afin que icelles ne foyent dorefavant quercquies de plus grant rente que elles font ad prefent, & auffy que ceux à qui lefdictes rentes font, s'ils les vendoient à aultruy que ceulx à qui lefdictes maifons [n] apparterroient, que iceulx les ayent & puiffent avoir pour le pris que elles feroient vendues, pour defchargier leurfdictes maifons, ou cas que avoir les vaulroient, & que demandé les aroient dedens certain jour plus à plain declairié efdictes Lettres de Inftrument, parmi lefquelles ces prefentes font infixées : nous toutes icelles Lettres de Inftrument & tout le contenu en icelles, voulons, loons, gréons, confentons, accordons & confermons par ces prefentes Lectres, en tant que faire le poons. Si donnons en mandement à nos *Baillis* & Officiers de notredicte Ville de *Bethune,* qui ores font ou feront, que de tout le contenu efdictes Lettres il ufechent, tiegnent & gardent, facent ufer, tenir & garder doresmaisenavant, fans y bailler ne fouffrir être fait aucun empefchement au contraire.

[a] plus communément Vest : *mife en poffeffion.* Voy. *ci-deffus p. 144. note (b).*

[b] *fignifié.*

[c] &c paroît inutile.

[d] *prochains : parens.*

[e] *fi ce n'eft que ceulx.*

[f] *Proximité, Parenté.* Voy. le Gloff. du Droit François, au mot *Promeffe.*

[g] *greent, agreent.*

[h] *Ce mot a app. ici la même fignification que celui qui le précede & ceux qui le fuivent.*

[i] *Benoît XIII.*

[k] corr. *fcribebantur.*

[l] Cet endroit paroît corrompu, & le mot de *negociis* ou celui de *rebus*, femble y manquer.

[m] *chargées.*

[n] *appartiendroient.*

Donné en nostre Chastel de Namur, *le* [a] *terelz jour du mois de March, l'an mil quatre cens, (f) à l'usage de le Diocese de* Liege. Ainsi signé. Par Monf. le Comte, presens de son Conseil, le Seigneur de *Rollers* Souverain Bailli de ladicte Comtey, Mess. *Hubin Des Commoing,* Mess. *Semale* de *Brosberghe,* Chevaliers, le Receveur de ladicte Comtey, & *Lambert* de *Sens,* Receveur de *Bethune.* [b] HLUQUET.

CHARLES VI. à Paris, en Octobre 1409.

a *app.* treze.

b *Il y a une marque d'abréviation sur le premier* u.

Suite des Lettres de Charles VI.

Lesquelles Lettres dessus transcriptes, & toutes les choses contenües en icelles, en tant que deuement ont été & sont faictes, & qu'il Nous puet touchier & appartenir, ayans fermes & aggréables, icelles loons, gréons, ratiffions, approuvons, & par la teneur de ces presentes de grace especial & auctorité Royal confermons. Si donnons en mandement au *Bailli* d'*Amiens,* & à tous nos autres Justiciers, ou à leurs Lieuxtenans, & à chascun d'eulx, si comme à lui appartendra, que les Bailli, Eschevins, Prevôt, Mayeurs & habitans de ladicte Ville de *Bethune,* facent, suelfrent & laissent joïr & user de notre presente grace & confirmacion paisiblement, sans le empescher ou souffrir estre empeschiez ores ou pour le temps avenir en aucune maniere au contraire. Et que ce soit ferme & estable à tousjours, Nous avons fait mettre à ces presentes notre Séel; sauf en autres choses notre droit, & l'autruy. *Donné à* Paris, *ou mois d'Octobre, l'an de grace mil quatre cens & neuf, & de notre Regne le* XXX.[e]

Par le Roi, à la relacion du Conseil. FRERON.

NOTE.

(f) A l'usage, &c.] C'est-à-dire apparemment l'année commençant à Pâques: car on lit dans le Gloss. de *Du Cange,* au mot *Annus,* col. 463. que le jour de Paques étoit le commencement de l'année chez les *Belges* comme chez les *François.* Avant que *Namur* eut été érigé en Evêché dans le seizième siècle, il étoit de celui de *Liége.* Voy. *Gall. christ.* 2.e *Edit. T. 3.* col. 542.

CHARLES VI. à Paris, le 18. de Décembre 1409.

(a) Lettres qui portent que les Regratiers & Revendeurs d'œufs, de fruits, de légumes, &c. & de petits poissons de mer, ne payeront point l'imposition de l'Aide, lorsque le prix de ces denrées par eux revendues, ne passera point la somme de cinq sols; & qu'ils seront crus par leur serment sur le prix des denrées qu'ils auront revendues.

CHARLES, par la grace de Dieu, Roy de France. A tous ceuls qui ces presentes Lettres verront: Salut. Savoir faisons que pour relever aucunement nostre peuple, & en especial les povres marchans *(b)* Regratiers, des grans charges que il a porté & souffert en plusieurs manieres par longtemps pour le fait de noz guerres & autrement, Nous à la requeste & par l'adviz de noz très-chiers & très-amez Oncles & Cousins le *Roy* de *Navarre,* les *Ducs* de *Berry,* de *Bourgongne* & de *Bourbonnois,* & d'autres de nostre Sanc & Conseil, & pour certaines causes à ce Nous mouvans, meuz de pitié & compassion envers lesdiz Marchans Regratiers, avons de nostre grace especial, certaine science & auctorité Royal, voulu & ordonné, & par ces presentes voulons & ordonnons que tous Regratiers & Revendeurs de [c] oëfs, frommages, beurre fraiz, pommes, poires, [d] serises, prunes, poyrees, pesches, noix, [e] roysins, vertjus en grain, nefles,

c *œufs.*
d *cerises.*
e *raisins.*

NOTES.

(a) Livre rouge vieil du Châtelet de *Paris, fol.* 12. vingt 1. *verso.* [241.]

Au commencement de ces Lettres à la marge extérieure, il y a: *Que tous Regratiers & vendeurs de petits Poissons, soient tenus quictes de l'Imposition des Reventes.*

(b) Regratiers.] Ceux qui achettent en gros des marchandises de peu de valeur, pour les revendre en détail.

CHARLES VI.
à Paris, le 18. de Décembre 1409.

aulx, oignons, poyreaux, *(c)* porette, [a] cyvoz, cresson, [b] escheruys, & quelxconques autres menues *(d)* denrées d'esgrun, appartenans à la Ferme de l'esgrun, & aussi tous Regratiers de menuz poissons de mer, comme de [c] harens caqués, sors & fraiz, maquereaux sallez, [d] molles & autres menuz poissons de mer, que Regratiers ont acoustumé de vendre, soient d'oresenavant francs & exemps de paier à Nous ou à noz Fermiers, Imposicion des Reventes qu'ilz feront d'icelles denrées d'esgrun, & de menus poissons de mer, sans fraude, jusques à la somme de cinq solz & au dessoubz seulement; & ladicte imposicion des denrées dessusdictes, faicte par la maniere que dit est, & jusques à ladicte somme de cinq solz & au dessoubz, sans fraude, Nous quictons & remectons dès maintenant ausdiz Regratiers tant seulement, de nostre certaine science & plaine puissance Royal : & voulons & ordonnons avec ce, que touteffoiz qu'ilz seront pour ce [e] approuchiez par aucuns de noz Fermiers, soient de la valeur & maniere de la vente, creuz par leur serement, sans ce que lesdiz Fermiers soient ne puissent estre receuz à prouver le contraire; ou cas toutesvoyes qu'il n'y auroit occasion de fraude evident : ce qui sera en la disposicion des Esleuz & Juges devant qui ilz seront [f] convenuz. Sy donnons en mandement à nostre amé & féal Chevalier & Conseiller *Pierre* des *Essars,* Garde de nostre *Prevosté* de *Paris,* & souverain Gouverneur de toutes les Finances venans du fait des Aides ordonnées pour la guerre, à noz amez & feaulx les Generaulx Conseillers tant sur le fait de la Finance que de la Justice desdiz Aides, & aux Esleuz sur ycellui fait, & à chascun d'eulx, si comme à lui appartendra, que nostre presente Ordonnance & voulenté ilz tiennent & gardent, & facent tenir & garder fermement sans faire ou souffrir aler encontre en aucune maniere, & les facent publier, se mestier est, là où il appartendra. Et pour ce que ces presentes ne pourroient pas estre portées ne exhibées pour en faire foy, par tous les lieux là où il en seroit besoing, Nous voulons que au *Vidimus* ou transcript d'icelles, fait soubz le Séel de nostredicte *Prevosté* de *Paris,* ou autre Séel Royal, soit obtemperé, & adjoustée foy pareillement que à ces presentes. En tesmoing de ce, Nous avons fait mettre nostre Séel à ces presentes Lettres. *Donné à* Paris, *le xviij.me jour de Decembre, l'an de grace mil CCCC. & neuf, & de nostre Regne le XXX.e* Ainsi signé. Par le Roy, le *Roy* de *Navarre,* Messeigneurs les *Ducs* de *Berry* & de *Bourgongne,* le *Conte* de la *Marche,* le *Prevost* de *Paris,* & plusieurs autres présens. G. DE MAUREGART.

Collation faicte.

a *app.* civette.
b *chervi* ou *chervis.*
c *en caque ou baril.*
d *moules, petit poisson de mer qui est dans une écaille.*
e *adjournez, citez.*
f *adjournez.*

NOTES.

(c) Porette.] Porrete ou oignonette, espèce de petit oignon. Voy. le Dict. de *Trévoux*, au mot *Porrete.*

(d) Denrées d'esgrun.] Sous ce nom sont compris non-seulement les fruits aigres, mais encore le beurre, les œufs, le fromage, &c. parce qu'il est aussi permis aux Marchands Fruitiers d'en vendre. *Voy. le Dictionnaire du Commerce de* Savary, *au mot* Egrun.

CHARLES VI. à Paris, le 23. de Décembre 1409.

(a) Lettres par lesquelles Charles VI. ordonne que nonobstant la suppression des gages à vie, portée dans une Ordonnance nouvellement faite, les Gens du Parlement qui ont obtenus des gages à vie, & qui servent depuis vingt ans, continueront d'en jouir, soit qu'ils servent ou qu'ils ne servent pas.

A TOUS ceulx qui ces Lectres verront. *Pierre des Essars,* Chevalier, Conseiller & Maistre d'Ostel du Roy nostre S. Garde de la *Prevosté* de *Paris:* Salut. Savoir faisons que nous l'an de grace mil quatre cens & neuf, le lundi xx.e jour de Janvier, veismes unes Lettres du Roy nostredit S. seellées en double queuë de son grant séel, contenant ceste fourme.

CHARLES, par la grace de Dieu, Roy de France. A tous ceulx qui ces presentes Lettres verront: Salut. Comme noz Predecesseurs & Nous aions tousjours eu & doions avoir pour recommandez noz bons & loyaux serviteurs & Officiers, & par especial noz amez & feaulx Conseillers les Gens de nostre Parlement, qui ont en gouvernement nostre Court Capital & Souveraine de nostre Royaume; & quant les aucuns d'eulx ont longuement servi ou qu'ilz deviennent en grant aage ou en a essoine de maladie, pour pourveoir à leur estat, soit acoustumé de leur donner & octroyer à leurs vies, les gaiges qu'ils ont & prennent à cause de leurs Offices, servent ou non servent; & quant il est avenu que Nous avons fait aucunes Ordenances par lesquelles en termes généraulx, Nous avons révoqué tous gaiges à vie, toutevoyes Nous avons toujours depuis voulu & declairé que nosdictes Gens de Parlement, qui avoient octroy de Nous de prendre & avoir leursdis gaiges à vie, & par especial ceuls qui auroient servi en leursdis Offices vint ans & audessus, ne feussent en aucune maniere comprins èsdictes Ordenance: neantmoins soubz umbre de certaine Ordenance par Nous derenierement faicte, par laquelle tous gaiges à vie sont revocquez & rappellez, l'en a voulu ou veult mettre empeschement à nozdictes Gens de Parlement, qu'ilz n'aient & preignent leursdiz gaiges à vie, qui est en leur grant grief, prejudice & dommage, & contre nostre voulenté, s'il est ainsi; & pour ce Nous ont humblement supplié que sur ce leur vueillons gracieusement pourveoir de remede convenable: Savoir faisons que Nous inclinans à leur supplicacion, attendu & consideré les grans, bons & loyaulx services qu'ils Nous ont fais & font continuelment en leursdis Offices, & les petis gaiges qu'ils ont à cause d'iceulx, & pour certaines & justes causes qui à ce Nous meuvent, avons par deliberacion de nostre Conseil, de nostre certaine science & grace especial, declairé & declairons par ces presentes, que oncques ne fu ne n'est nostre entencion que nozdictes Gens de Parlement, quant à leursdis gaiges à vie, soient en aucune maniere comprins en nozdictes Ordennances; mais voulons & ordenons que nonobstant ycelles, tous ceuls de nostredit Parlement ausquelx Nous avons par noz Lettres octroyé leursdis gaiges à vie, & qui ont servi l'espace de vint ans & audessus, les ayent & preignent leurs vies durans, servent ou non servent, tout en la fourme & maniere qu'ilz les avoient & prenoient paravant nostredicte Ordenance. Si donnons en mandement par ces presentes à noz amez & feaulx Gens de noz Comptes & Tresoriers à *Paris,* & à chascun d'eulx, si comme à lui appartendra, que de nostre presente grace, octroy & declaration, ilz facent,

a *excuse fondée sur maladies.*

NOTE.

(a) Registre *A.* du Parlement de *Paris, fol.* 226. *verso.*

Avant ces Lettres, il y a: *Vidimus vadiorum ad vitam Dominorum Parlamenti Dominorum qui xx. annis vel amplius servierunt, sive serviant sive non.*

Ces Lettres avoient déjà été imprimées à la p. XXII. des additions au 1.er Tome des Offices de *Joly.*

CHARLES VI. à Tours, le 23. de Décembre 1409.

a *Il faut app. corr. par.*
b *quittance.*

sueffrent & laissent joïr & user paisiblement nozdictes Gens de Parlement, & chascun d'eulx; & tout ce qui leur est deu pour le temps passé, & sera pour le temps àvenir, leur facent payer & delivrer [a]pour cellui ou ceuls à qui il appartendra, en prenant sur ce [b] Lettres de recognoissance, par lesquelles rapportant, Nous voulons tout ce qui payé leur en sera, estre alloué ès comptes du payant, par nosdictes Gens des Comptes, sans difficulté aucune; nonobstant nosdictes Ordenances, & quelxconques autres faictes ou a faire à ce contraires. En tesmoing de ce, Nous avons fait mettre nostre Séel à ces presentes. *Donné à* Paris, *le xxiij.e jour de Décembre, l'an de grace mil iiij.c & ix. & le XXX.e de nostre Regne.* Ainsi signée. Par le Roy, en son Conseil. NEAUVILLE.

Ausquelles Lettres estoit attachée une Cedule desdictes Gens des Comptes & Tresoriers, soubz l'un de leurs signetz, & en la marge dessoubz y estoient plaquez quatre de leurs signetz; de laquelle la teneur s'ensuit.

De par les Gens des Comptes & Tresoriers du Roy nostre S. à *Paris,* Clerc du Tresor dudit Seigneur, ou Commiz dudit Office, accomplissez le contenu ès Lettres Royaulx ausquelles ces presentes sont attachées soubz l'un de noz signetz, impetrées de par Mess.s les Gens du Parlement d'icellui Seigneur à *Paris,* en leur baillant Cedules de ce qui deu leur est & sera à cause de leurs gaiges, en la fourme & maniere que l'en faisoit paravant les Ordenances dont esdictes Lettres Royaulx est faicte mencion. *Donné à* Paris, *le xviij.e jour de Janvier, l'an mil iiij.c & neuf.* LE BEGUE.

Suite des Lettres du Prevôt de *Paris.*

Et nous à cest present transcript avons mis le Séel de la Prevosté de *Paris,* l'an & le jour dessusdis. BOILEAUE.

Et estoit escript au doz desdictes Lettres : *Collatio presentis transcripti cum Litteris originalibus datis & signatis, prout in albo cavetur, facta fuit in Thesauro Domini nostri Regis* Par. *xxiij.a die Januarii cccc.o nono, per me* SIMONEM DE LINGONIS, *& me* FOITEMENT.

Item. *Littere originales de quibus in albo mentio fit, expedite prout ibi, retente fuerunt in Camera Thesauri Reg.* Par. *die xxiij.a mensis Januarii, anno Domini millesimo cccc.o IX.o per me* EGIDIUM VITULI.

Collatio facta est. BAYE.

CHARLES VI. au Bois de Vincennes, le 27. de Décembre 1409.

(a) Lettres par lesquelles Charles VI. confirme l'autorité qu'il avoit donnée à la Reine sa femme, dans les affaires du Gouvernement, & l'augmentation de revenu qu'il lui avoit accordée.

CHARLES, &c. A tous ceulx qui ces presentes Lettres verront. Savoir faisons que comme Nous aions en consideracion & memoire les très-grandes, parfaites & vraies amour & obeissance que nostre trez-chiere & trez-amée Compaigne la Royne a eu & porté envers Nous, a & porte continuelment, & esquelz tenons fermement que tousjours continue de bien en mieulx, les grans sens, prudence & discrecion qui sont en sa personne, les grans charges & frais qu'il lui a convenu & convient supporter tant pour son estat honorablement tenir, comme pour l'estat d'aucuns de nos Enfans, lui aions par plusieurs nos autres Lettres, en divers temps & à plusieurs foiz, donné & ordonné avoir plusieurs prerogatives, preéminences & auctoritez ès Consaulx, affaires & besongnes de nostre Royaume, & donné, octroyé & accordé plusieurs prouffiz & revenues en aucuns lieux de nostredit Royaume, tant d'Aides comme autrement, pour subvenir à ses necessitez, & pour le soustenement de son estat que

NOTE.

(a) Trésor des Chartres, Registre 164. P. LXXVII. (77.)

Nous

Nous avons voulu & voulons estre honnorablement maintenu; & aussi lui eussions commis & ordonné la garde & gouvernement de nostre trez-cher & trez-amé Filz ainsné *Loys Duc* de *Guyenne*, *Dalphin* de *Viennoys*, lequel elle a grandement gouverné & esleve jusques vers la fin du XIII.e an de son aage, & lequel est grant & en estat qu'il est expedient & temps qu'il commence à aprendre & congnoistre les personnes de tous estas, & les affaires de nostredit Royaume, & icelluy notredit Fils elle Nous a presenté & baillé en nos mains, & Nous a très-humblement supplié que icelluy voulsissions mettre en garde, compaignie & gouvernement de seure, loyale & puissant personne amans Nous, nostredicte Compaigne & nostredit Filz & nostredict Royaume, & lequel nostredit Fils par l'advis & conseil de nostredicte Compaigne & de plusieurs Seigneurs de nostre Sang & Lignage, avons baillié en garde & gouvernement, seurement & selon la requeste à Nous faicte par nostredicte Compaigne, soubs l'ordonnance de Nous & d'icelle nostre Compaigne : Nous qui ne voulons que en aucune maniere ce que lui avons baillié & ordonné, tant pour son estat comme autrement, lui soit empeschié, ne que aucune diminucion lui soit faite ès choses dessusdictes à elle par Nous ordonnées & octroyées, mais voulons icelles estre entrettenues & de bien en mieulx augmentées, avons aujourdui déclaré sur ce nostre entencion, laquelle est telle que dessus est touchié, en la presence de nos très-chers & très-amés Cousins, Fils, Oncle & Frere, le *Roy* de *Navarre*, nostredit Fils de *Guienne*, les *Ducs* de *Berry*, de *Bourgongne* & de *Brebant*, les *Comtes* de *Henau*, de *Mortaing*, de *Nevers* & d'*Alençon*, le *Duc* de *Lorraine*, *Loys Duc* en *Baviere*, le *Comte* de *Clermont*, le Marquis *Du Pont*, & les *Comtes* de la [a] *Marche*, de *Vendosme*, de *Saint Pol*, de *Namur* & de *Vaudemont*, lesquels l'un après l'autre ont juré & promis par les foys de leurs corps, pour ce realment baillées en nostre main, que auxdictes prerogatives, honneurs, auctoritez, estas, préeminences, drois, proussits & autres choses dessus declarées, ils ne donneront ou feront aucun empeschement ou destourbier en tout ou en partie, ne ne souffreront estre donné, fait ou procuré par autre aucun empeschement ou destourbier en tout ne en diminucion d'aucunes d'icelles choses à elle par Nous octroyées, ordonnées ou données, comme dessus est exprimé; & se par importunité, inadvertance ou exortacion d'aucuns requerans, ou autrement en quelque maniere que ce feust, Nous commandissions faire aucunes Lectres au contraire des Lectres ou d'aucunes d'icelles ou des choses *(b)* à lui ordonnées pour son estat, par Nous à nostredicte Compaigne octroyées, Nous ne voulons, mais deffendons expressement à nostre amé & feal Chancellier qu'il ne les scelle; & voulons que ceste nostre presente Ordonnance vaille ès choses octroyées & ordonnées à nostredicte Compaigne, comme se elles estoient chascunes specifiées & declarées en ces presentes; & se par inadvertance ou autrement, Lectres ou Ordonnances contre nostre presente entencion étoient faictes ou scellées, Nous voulons que elles n'aient aucun effet, mais dès maintenant les revoquons & adnullons comme faictes & obtenues contre nostre entencion & voulenté; & commandons à nostredict Fils *Loys Duc* de *Guienne*, lequel a juré en nostre main de tousjours amer nostredicte Compaigne & lui obeir, & aussi commandons aux autres dessus nommés, que ils ne souffrent aucune chose faire au contraire de nostre presente entencion ou ordonnance; mais s'aucuns s'efforçoient de ce faire, ils y resistent de tous leurs povoirs. En temoing de ce, Nous avons fait mettre nostre Scel à ces presentes Lectres. *Donné en nostre Chastel du* Bois *de* Vincennes, *le* XXVII.e *jour de Decembre, l'an de grace mil* CCCC. *&* *neuf*, *&* *de nostre Regne le* XXX.e

Par le Roy, presens les dessusdits Roy, Ducs & Comtes, & Mess. *Jehan* de *Nyelles*. BARRAU.

CHARLES VI. au Bois de Vincennes, le 27. de Décembre 1409.

[a] *Voy. ci-dessus p. 474. note (k), sur ces trois Comtes.*

NOTE.

(b) Lui.] Si cet endroit n'est pas corrompu, le mot *lui* doit être pris pour celui *elle*.

CHARLES VI. à Paris, le 28. de Janvier 1409.

(a) *Lettres par lesquelles Charles VI. donne & délaisse au Dauphin Louis son Fils aîné, l'administration & le Gouvernement du Dauphiné.*

CHARLES, par la grace de Dieu, Roy de France. Sçavoir faisons à tous presens & avenir, que comme notre très-cher & très-amé aisné Fils *Louis Dauphin* de *Viennois,* soit entré en son quatorzieme an, pourquoy il est chose convenable & bien appartenant qu'il ait doresenavant l'administration & gouvernement de ses Terres & Seigneuries, & plus grand état qu'il n'a eu le temps passé, si comme il a semblé à Nous & aux plus prochains de notre Sang & grand Conseil. Pour ce est-il que Nous ces choses considerées, & afin que quand plutost lui baillerons la charge, gouvernement & administration dudit *Dauphiné* de *Viennois,* duquel il a eu de son enfance le nom & titre, de tant plutost & mieux pourra avoir & aura notredit Fils l'amour & la connoissance des Prelats & Gens d'Eglise, des Nobles, Barons, Hommes, Vassaux, & autres ses sujets, & des droits & affaires d'iceluy : eue sur ce meure & saine deliberation de Conseil avec les dessusdits plus prochains de nostredit Sang & Lignage, & autres de notre grand Conseil, à iceluy *Louis* notre aisné Fils *Dauphin* de *Viennois,* avons baillé & delaissé, baillons & delaissons du tout par la teneur de ces presentes, la plaine administration de tous les pays dudit *Dauphiné* de *Viennois,* & des appartenances & appendances, noblesses, droits & Seignories d'iceluy, & voulons & Nous plaît qu'il en jouisse doresenavant comme vray Seigneur proprietaire & *Dauphin* de *Viennois,* dispose & ordonne comme de sa chose propre, & en ait & prenne tous les proffits, rentes & revenues quelconques, reçoive les foys, hommages & autres serements, droits & devoirs dûs & accoutumés appartenans à *Dauphin* de *Viennois,* tant de Prelats & Gens d'Eglise, comme des Nobles & Vassaux, des habitans des bonnes Villes, Châteaux & autres lieux quelconques, mette & institue toutes manieres d'Officiers en iceluy *Dauphiné,* tels qui lui plairra, & generalement jouisse & exploite de tout ledit pays & Seigneurie dudit *Dauphiné,* comme vray Seigneur Dauphin peut & doit faire de son propre heritage : Et afin que cette chose soit & demeure establе & en plus grand seurté en tout [a] advenement pour notredit Fils aisné, Nous d'abondant grace l'avons autorisé & supplée à son age, autorisons & suppleons par la teneur de ces presentes, tant que mestier en est. Si donnons en mandement à tous les Barons, Nobles & autres Vassaux, Bourgeois & habitants & sujets quelconques d'iceluy *Dauphiné,* presens & avenir, & à chacun d'eux, si comme à lui appartiendra, que à notredit aisné Fils *Louis Dauphin* de *Viennois,* & à ses gens & Officiers, ils obeissent & entendent diligemment en toutes choses doresenavant, comme à leur droiturier Seigneur *Dauphin* de *Viennois,* & lui fassent & jurent les foys, hommages & autres serements & services, droits & devoirs & redevances accoutumés, tels que les Fiefs, Seigneuries, Terres & Pays le requierent, sans aucunement venir au contraire : mandons aussy aux Gouverneur, Gens de Conseil, les Gens des Comptes & Tresorier, & à tous Châtelains & autres Officiers quelconques d'iceluy pays & *Dauphiné,* que de notre present delaissement, volonté & ordonnance fassent, souffrent & laissent doresenavant jouir & user notredit Fils & ses gens & Officiers, paisiblement & plainement, sans venir ne souffrir venir en aucune maniere au contraire. Et que ce soit ferme chose & estable à toujours, Nous avons fait mettre notre Scel à ces presentes : sauf en autres choses notre droit, & l'autruy en toutes. *Donné en notre Hotel lez-Saint-Paul à* Paris, *le vingt-huictieme jour de Janvier, l'an de grace mil quatre cent & neuf, &c.*

[a] *app. pour* évenement.

NOTE.

(a) La copie de ces Lettres qui sont dans le Depôt de la Chambre des Comptes de *Grenoble,* a été envoyée avec cette indication : *2. Generalia. Cayer. 5.*

de notre Regne le trantiéme. Par le Roy, presents le *Roy de Secile*, Messieurs les *Ducs* de *Berry*, de *Bourgogne* & de *Brabant*, le Marquis *Dupont*, & les Seigneurs d'*Omont* & de *Savoysi*, & de plusieurs autres. GONTIER.

CHARLES VI. à Paris, le 28. de Janvier 1409.

(a) *Lettres par lesquelles Charles VI. donne & délaisse au Dauphin Louis son Fils aîné l'administration & le gouvernement du Duché de Guienne qu'il lui avoit donné précédemment.*

CHARLES, par la grace de Dieu, Roy de France. A tous ceulx qui ces présentes Lettres verront : Salut. Comme nostre très-cher & très-amé Fils ainsné *Loys Duc* de *Guyenne* & *Daulphin* de *Viennois* soit entré en son quatorzieme an, parquoy il est chose convenable & bien appartenant qu'il ait doresenavant l'administration & gouvernement de sesdictes Seigneuries, & plus grant estat qu'il n'a eu par le passé : Savoir faisons que Nous ces choses considerées, & aussi que quand plutost lui baillerons la charge, gouvernement & administration dudict *Duché* de *Guyenne*, lequel Nous lui avons jà pieça donné, & d'iceluy l'avons receu en nostre foy & hommage, de tant plutost & mieux pourra-il avoir & aura l'amour & la cognoissance des Prelas & Gens d'Eglise, & des Contes, Barons & autres nobles hommes, vassaulx & subgiez dudict Duchié, & des drois, Seignories & affaires d'iceluy : eue sur ce saine & meure deliberacion de Conseil avec les plus prouchains de nostre Sang & Lignage, & autres de nostre grant Conseil, a iceluy *Loys* nostre ainsné Fils, de nostre certaine science & grace especial, avons baillé & delaissé, baillons & delaissons par la teneur de ces presentes, la pleine administration & gouvernement dudict *Duchié* de *Guyenne*, & des noblesses, droicts, prerogatives, appartenances & appendences quelconques d'iceluy, tant comme Nous vivrons, & voulons qu'il en jouisse doresenavant comme vray Seigneur proprietaire & *Duc* de *Guyenne*, selon la forme & teneur de nosdictes Lettres de don à lui faict, en ait & prengne tous les prouffis, rentes & revenus quelxconques, & en reçoive les fois & hommages, & tous seremens, autres drois & devoirs deus & acoustumez, tant de Prelas & Gens d'Eglise, comme des Seigneurs temporels, de quelque autorité qu'ils soient, des habitans des bonnes Villes, Chasteaux & autres lieux quelxconques, deubs & appartenans à Duc de *Guyenne*; mette & institue en iceluy Duchié toutes manieres d'Officiers, tels & par la maniere que bon luy semblera; & generalment fasse, joysse & exploicte de tout ledict pays & *Duchié* de *Guyenne*; saufz & reservez à Nous les Foy & Hommages-liges, & les Souveraineté & Ressors, & autres drois Royaux appartenans à Nous & à nostre Couronne oudict Duchié, & ez Citez, Villes, Chasteaulx, Chastellenies, appartenances & appendences d'iceluy, avec les gardes des Eglises Cathedraulx & autres estans de fondation Royal & de [a] Parriage, & de toutes autres quelxconques, tellement privilegiées qu'elles ne puissent ou doivent estre separées de nostredicte Couronne. Et afin que cette chose soit & demeure estable & en plus grant seurté en tout [b] adveiement pour nostredict Fils, Nous d'abondant grace l'avons auctorisé & supplée à son aage, autorisons & suppléons par la teneur de ces presentes, en tant que mestier en est. Toutesvoies Nous voulons & Nous plaist que nostre très-cher & très-amé Oncle le *Duc* de *Berry* jouisse paisiblement de la Lieutenance que en aucunes parties dudit *Duchié* de *Guyenne* lui avons octroyée, selon la teneur de nos Lettres sur ce faictes. Si donnons en mandement à tous les Comtes, Seigneurs, Barons, Vassaulx & autres habitans & subgiez quelx-

a *Voy. les Tables des Mat. des Vol. de ce Rec. à ce mot.*

b *app. pour événement.*

NOTE.

(a) Ces Lettres se trouvent à la p. 221. du Traité de la Majorité des Rois de France, par *Dupuy*. Il y a pour Indication : *Tiré du Trésor des Chartes.*

CHARLES VI. à Paris, le 28. de Janvier 1409.

conques dudict *Duchié* de *Guyenne*, & à chascun d'eulx, si comme à luy appartendra, que à nostredict ainsné Fils, comme à leur Seigneur *Duc* de *Guyenne*, & à ses gens & Officiers, ils obeissent & entendent diligemment en toutes choses, & luy facent & jurent les foys & hommages, feremens & autres drois, services & devoirs acoustumez, tels & en telle maniere que tenuz y sont & que les Fiefs le requierent, les Ressort & Souveraineté d'icelluy Duchié, tousjours saufz & reservez à ladicte Couronne de France, sans venir ne souffrir venir en aucune maniere au contraire. En tesmoing de ce, Nous avons fait mettre nostre Seel à ces presentes. *Donné en nostre Hostel lez-Saint-Pol à* Paris, *le vingt-huitieme jour de Janvier, l'an de grace mil quatre cents & neuf, & de nostre Regne le trentiesme.* Sur le reply : Par le Roy, presens le *Roy* de *Sicile*, Messieurs les *Ducs* de *Berry*, de *Bourgoingne* & de *Brabant*, le Marquis *Du Pont*, les Seigneurs d'*Omont* & de *Savoisy*, & plusieurs autres GONTIER. Et à costé. *Duplicata.* Et seellé du grand Sceau de cire jaune pendant en double queue de parchemin.

Et sur le dos est escript : Lettre par laquelle le Roy a baillié & delaissié à Monsieur *Loys* son ainsné Fils *Duc* de *Guyenne*, la pleine administration & gouvernement dudict *Duchié* de *Guyenne*, lequel il luy a pieça donné, & luy en a faict hommage ; & qu'il en jouisse selon la teneur de ses autres Lettres : données le 28e jour de Janvier, en 1409.

CHARLES VI. à Paris, le 26. de Février 1409.

(a) Lettres par lesquelles Charles VI. défend aux Religieux mendians de s'entremettre de l'administration des Sacremens, si ce n'est conformément à la disposition des Saints Canons.

CHARLES, par la grace de Dieu, Roy de France. A nos amés & feaulx Conseillers tenans nostre present Parlement, ou ceulx qui le tendront pour le tems advenir, les Gens tenans les Requestes en notre Palais à *Paris*, notre *Prevost* de *Paris*, nos *Baillifs* de *Vermandois, Amiens, Rouen, Touraine*, & *Senechaux* de *Beaucaire, Toulouse*, & autres nos Baillifs & Seneschaux, & autres nos Juges & Officiers, ou à leurs Lieutenans : Salut & dilection. Receu avons la complainte de pluseurs Prelats & autres Gens d'Eglise de nostre Royaume, & de nostre très-chère & amée Filhe l'Université de *Paris*, contenant que jaçoit ce que selon l'Institution & Ordonnance de l'Eglise, la sainte doctrine des Saints Peres & Saints Doucteurs de l'Eglise, & des [a] cinq Canons, aux Prelats de l'Eglise grans & mineurs, selon [b] l'evocation d'un chacun, apartiengne la cure du [c] pueble catholique, & administration des Saints Sacremens, sans ce que les Religieux mandians s'en doyent entremetre, fors en tant que permis leur est par les Saints Canons & Ordonnances de l'Eglise, encorporées en droit, & de ce ont esté & sont les Prelats & Docteurs de l'Eglise en possession & saisine de tel tems qu'il n'est memoire du contraire, & aussi ayent esté & vécu ensemble paisiblement jusques à nagueres & de nouvel que aucuns Religieux mandians se sont efforciés de semer nouvelle doctrine, dire, publier & prescher qu'ils ayent la cure des ames du peuple, & puissance de administrer Sacremens, & que ainsi leur a esté de nouvel octroyé par nostre S.[t] Pere le Pape [d], combien que de ce par Bulle ne autre enseignement ne fassent aucunement apparoir, ainsois comme dient plusieurs notables personnes, nostredit S.[t] Pere oncques n'octroya sur ce aucunes Bulles, & se octroyées les avoit, il auroit esté non averti & deceu, & soubs umbre de telles paroles, semences, predications, exhortations & inductions qu'ils sçavent bien faire, induisent & seduient le peuple à adjouter foy à leurs paroles,

a *corr.* Saints.

b *Il faut peut-être corr.* la vocation.

c *corr.* peuple, *comme il y a plus bas.*

d *Alexandre V.*

N O T E.

(a) La copie de ces Lettres a été envoyée de *Montpellier*, avec cette indication *Sénéchaussée de* Toulouse *en général, armoire C. 8.e continuation des titres particuliers, n.° 1 [illegible] 38.*

& par ce les retraire de l'obeïssance, foy & reverence qu'ils doivent avoir à leurs Prelats, Pasteurs & Curés, & aux Saints Sacremens, & dont grant turbation de la paix de l'Eglise & de la conscience d'un chascun bon Catholique, & aussi grans [a] esclandres, commotions, inconveniens & voyes de fait très-perilleuses s'en porroient ensuir, en Nous requerant en ayde de droit; que sur ce pour tant que toucher Nous peut, pour obvier auxdits inconveniens, turbations & voyes de fait qui ensuir se pourroient, vulcissions sur ce mettre provision convenable: pourquoi Nous ces choses considerées, desirans de tout nostre cuer la paix & union de l'Eglise & de nos subjiets, & aussi garder & maintenir l'Eglise de nostre Royaume, & les Prelats & Ministres d'icelle en leurs droits, libertés, franchises, possessions & saisines anciennes, & obvier à telles nouvelletés dont si grans perils & inconveniens se pourroient ensuir, voulans à ce pourvoir de notre povoir, par grant & meure deliberations avons voulû & ordonné, voulons & ordonnons l'Eglise de nostre Royaume, & les Prelats & Ministres d'icelle, estre, demourer, & par Nous & nos Officiers estre maintenus & gardés en leursdites libertés & franchises, possessions & saisines anciennes, quant aux choses dessusdittes, selon les termes de droit commun, sans rien innover, & sans ce qu'il soit loisible à aucun desdits Religieux mandians de semer, induire, preschier nouvelle doctrine, ne qu'ils ayent plus ample puissance au regart de l'administration des Sts Sacremens, & cure des ames & choses qui en dependent, autrement ne plus avant qu'il leur est permis de droit & par les Saints Canons, jusqu'à ce qu'ils Nous ayent fait apparoir de Bule ou privilege valable & soustenable de droit, par vertu duquel ils puisse ce faire, & que icelle Bulle, s'aucune en ont, ayent aportée pardevers Nous & nostre Conseil, pour icelle estre vûe & examinée, & sur le contenu en icelle estre deliberé par tels & comme il appartiendra de raison; & s'aucun s'efforçoit de faire le contraire, Nous voulons & Nous plaît qu'il soit contraint à cesser par prinse de corps & de biens, & par toutes autres voyes dues & raisonnables: & Nous plaist aussi que les Prelats & Ordinaires des lieux, en ce puissent user de leurs droits ainsi que raison le veult. Si vous mandons & à chacun de vous, en tant que à lui appartiendra, & que requis en serés, que ces presentes vous faites publier partout là où il appartiendra, & les faites tenir & garder de point en point sans enfreindre, & metre ou faire metre à exécution en ce qui requiert execution, en contraignant à ce ceux qui seront à contraindre par la maniere devant ditte & autrement, comme de raison sera: car ainsi Nous plaist-il estre fait, & auxdits complaignans l'avons octroyé & octroyons de grace special, se mestier est, par ces presentes; non obstant quelsconques Lettres subreptices impetrées ou à impetrer à ce contraires. *Donné à* Paris, *le vingt-sixieme jour de Fevrier, l'an de grace mil quatre cens & neuf, & de notre Regne le XXX.*[e]

Par le Roy, Messires *Gadifert* de la *Salle*, *Jehan* de *Courcelles* & autres [b].
VILLEBRESME.

CHARLES VI. à Paris, le 26. de Février 1409.

a *scandales.*

b *supp.* présens.

CHARLES VI. à Paris, en Février 1409.

(a) Lettres de Sauvegarde Royale pour le Prieuré de Bonne-Foy [*Bone-Fidei*] Ordre des Chartreux, Diocèse de Viviers.

KAROLUS, &c. Notum facimus universis tam presentibus quam futuris, quod Nos racioni congruum arbitramur si predecessorum nostrorum vestigiis inherendo, ad hoc nostre mentis aspiret affectus quod persone Ecclesiastice, & specialiter persone Religiose que de die noctu que circa Divinum vacant Servicium, pacis transquillitate gaudeant, ac per regalem potenciam nostris temporibus à violenciis & injuriis deffendantur, ut eò libentius circa Divina vacare valeant, quò per Regalem potenciam

NOTE.

(a) Trésor des Chartres, Registre 164. P. 125.

CHARLES VI. à Paris, en Février 1409.

favorabiliùs senserint se adjutas. Hinc est quod Nos ad supplicacionem dilectorum nostrorum Prioris & Conventûs Domûs Bone-Fidei, Vivariensis *Diocesis, Ordinis Cartusiensis, in nostra Salva & speciali gardia ab antiquo existencium, ipsos Religiosos, tam in capite quam in membris, Domos, grangias, terras, prata, vineas, piscaturas, nemora, molendina & possessiones quascumque quas habent & possident in presenti vel amodo possidebunt, familiamque homines & gentes ipsorum, ac quaslibet singulares personas ejusdem Domûs seu Prioratûs, & membrorum suorum, in & sub nostra successorumque nostrorum Regum Francie protectione speciali & Salvâ-gardia, de gracia speciali suscipimus per presentes, in ipsa protectione & speciali gardia nostris perpetuò permansuros : earumdem tenore mandantes ac eciam committentes Judicibus nostris* [a] Vallavie, Vivariensi & Valentienensi, *aut eorum Locatenentibus, & ipsorum cuilibet, qui nunc sunt aut pro tempore fuerint, quos ex nunc Gardiatores & Judices dictorum Religiosorum in omnibus & singulis Causis motis & movendis, tam agendo quam deffendendo, eciam si juris requirant indaginem, & factis personalibus quantum ad Juridicionem secularem spectare poterit, tam in Vicaria & Juridicione ipsorum, quam ultra per unam* [b] *dietam legalem, à fine sive metis Juridicionis ipsorum distantem, deputamus per presentes, ac etiam committimus & constituimus solum & insolidum; ipsis nichilominus committentes quatenus ipsos Religiosos in suis & Ecclesie sue sive Domûs justis possessionibus, juribus, usibus, franchisiis, libertatibus & saisinis, presentibus & futuris, manuteneant & conservent, eosdemque Fratres, Domum suam sive Domos predictas, & quaslibet singulares personas, res, possessiones & bona quecumque eorumdem, ab omnibus violenciis, oppressionibus, gravaminibus, molestiis, vi armorum, potencia laicorum, ac inquietacionibus & novitatibus indebitis quibuscumque tueantur & deffendant, nec* [c] *permittent contra ipsos Religiosos eorumque familiares, res & bona aliquas fieri vel inferri indebitas novitates, sed si factas invenerint, ad statum prestinum & debitum reduci, ac Nobis & dictis Religiosis emendam condignam propter hoc prestari faciant indilatè;* [d] *assecuramentumque ipsis & eorum cuilibet, à personis de quibus dubitaverint, juxta patrie consuetudinem dari faciant & prestari, Curiamque & cognicionem hominum & subditorum suorum requirant, & faciant eis reddi; & hujusmodi specialem gardiam nostram in locis & personis de quibus expedierit, publicari & intimari, Penuncellos que nostros seu baculos regios in signum hujusmodi Salve-gardie Regie, in grangiis, Domibus, possessionibus & bonis suis in terra que jure scripto regitur situatis, si requisiti fuerint, apponant seu apponi faciant, ne quis possit in contrarium ignorantiam allegare, ac violatores hujusmodi nostrarum protectionis & Salve-gardie, sic Justiciâ mediante puniant, quod cedat ceteris ad exemplar; & si super aliquibus rebus contenciosis oriatur debatum in casu novitatis, inter dictos Religiosos & alios quoscumque, cujuscumque statûs & condicionis existant, illud ad manum nostram tanquam superiorem ponant, & per dictam manum nostram faciant seu fieri faciant, ubi & pro ut fuerit debitè faciendum, recredentiam; necnon solvi faciant predictis Religiosis redditus suos ac debita sua bona & legalia, recognita vel probata, de quibus nulla questio refferetur, compellendo debitores ipsorum ad solucionem hujusmodi debitorum, per capcionem, vendicionem & explectacionem bonorum suorum, corporumque detencionem, si ad hoc obligati existant, adjornandoque seu adjornari faciendo coram se ad certos & competentes dies, omnes illos qui super dictis debatis & debitis questionem retulerint, super hujusmodi questionibus debitè processuros, que debata tam in casu novitatis quam super dictis debitis, coram dictis Judicibus & Gardiatoribus, aut eorum Locatenentibus, agitari & fine debito terminari volumus & mandamus, ipsos ad hec & omnia alia que circa hec necessaria fuerint vel eciam opportuna, perpetuò committentes. Et ut premissa diligenciùs exequi valeant sive compleri, volumus quod ad omnia ea & singula exequenda, iidem Judices aut eorum Locatenentes, vel aliquis ipsorum, dictis Religiosis unum vel plures servientes nostros idoneos quos duxerint nominandos, suis sumptibus deputent, qui tamen de hiis que cause cognicionem exigunt, se nullatenùs intromittant : mandantes insuper omnibus Justiciariis & subditis nostris, quatinùs predictis Judicibus & Gardiatoribus, & omnibus & singulis ab eisdem deputandis, in exequendis predictis omnibus & singulis*

[a] Vélay.

[b] journée, chemin d'un jour. Voy. ci-dessus p. 39. note *(k)*.

[c] corr. *permittant*.

[d] Voy. les Tables des Mat. des Vol. de ce Rec. au mot, *asseurément*, & à celui de *Pennonceaux*, duquel il est parlé un peu plus bas.

intendant & pareant cum effectu. Quod ut firmum & stabile perpetuò perseveret, Sigillum nostrum hiis presentibus duximus apponendum : nostro in aliis & quolibet alieno in omnibus jure salvo. Datum *Parisius*, mense Februarii, anno Domini millesimo quadringentesimo nono, & Regni nostri tricesimo.

Per Regem, ad relacionem Consilii. FORTEMENT.

CHARLES VI. à Paris, en Février 1409.

M. CCCC. X.

Suivant la page 58. du Livre intitulé : *L'Art de vérifier les dates*, cette année a commencé le 23. de Mars, & a fini le 11. d'Avril.

CHARLES VI. à Paris, le 17. d'Avril 1410. après Pâques.

(a) Lettres par lesquelles Charles VI. ordonne qu'en exécution d'une délibération prise dans l'Assemblée du Clergé de France, les Officiers du Roy, les Suppôts des Universités, soient pendant le temps de neutralité de l'obédience aux deux personnes qui se prétendoient Pape, pourvûs de Bénéfices par les Ordinaires.

CHARLES, par la grace de Dieu, Roy de France. A tous ceuls qui ces présentes Lettres verront : Salut. Nostre très-chere & amée Fille l'Université de *Paris*, Nous a fait exposer que ja soit ce que par le [a] Consile par Nous & l'Eglise de noz Royaume & *Daulphiné* de *Viennoiz*, tenu & célébré en la conclusion de la neutralité faite par Nous en nozdis Royaume & *Daulphiné*, aux deux Contendens du Papat de l'Eglise universale, ayent esté fais plusieurs Statuz & Ordonnances pour le gouvernement de ladicte Eglise, & entre les autres, sur les collacions & provisions des Benefices, afin que lesdis Bénéfices feussent distribuez & conferez par les Ordinaires à personnes dignes & bien [b] meriz, tant de noz serviteurs & familliers, comme des Estudians & Suppotz de nostre dicte Fille l'Université, & d'autres Estudes : pour lesqueles Ordonnances tenir en leur termes, & garder quelles ne feussent enfrainctes par lesdis Ordinaires, eussent esté commis par ledit Consile aucuns qui à ce pourverroient en défault d'iceulx Ordinaires, & à nosdis serviteurs & familliers, & aussi ausdis Estudians & Suppotz de nostredicte Fille l'Université de *Paris*, & d'autres Estudes, ayent esté particulierement faites & distribuées assignacions pour selon lesdictes Ordonnances leur estre pourveu desdis Bénéfices par lesdis Ordinaires & Collateurs d'iceulx Bénéfices sur lesqueles chacun d'eulx estoit assigné : depuis laquele conclusion de ladicte neutralité, plusieurs d'iceulx noz familliers & serviteurs, & desdiz Estudians & Suppotz de nostredicte Fille l'Université, & d'autres Estudes, ayent esté deuement & canoniquement pourveuz de Bénéfices selon lesdiz Statuz & Ordonnances du Consile dessusdiz, & en ayent esté deuement & canoniquement mis & instituez en possession & saisine : neantmoins par inadvertance ou autrement, aucuns Juges Apostoliques & autres personnes ont perturbé & molesté & empeschié, & s'efforcent de perturber, molester & empeschier plusieurs de nozdiz serviteurs & familliers, & desdis Estudians & Suppotz de nostredicte Fille l'Université de *Paris*, & d'autres Estudes, en & pour raison desdis Benefices à eulx ainsi que dit est donnez & conferez, & desquelz ilz ont esté deuement mis en possession & saisine, qui a esté & est en venant directement contre lesdictes Ordonnances, & en grant perturbacion de nozdis

[a] *corr.* Concile, *là & plus bas.*

[b] *meritantes* Il y a *bien-meritez* dans F.

NOTE.

(a) Registre *A.* du Parlement de *Paris, fol.* ij.^{c} xliij. [243.]

Ces Lettres avoient déjà été imprimées à la p. 1222. du 4.e Volume des Ordonnances de *Fontanon.*

Voy. la Préface de ce Volume. §. *Schisme.*

CHARLES VI. à Paris, le 17. d'Avril 1410. après Pâques.

Royaume & *Daulphiné,* & plus feroit se par Nous n'estoit sur ce pourveu de remede convenable, si comme dit nostrediĉte Fille, en Nous humblement requerant ledit remede. Pourquoy Nous cés choses considerées, & que à Nous qui sommes Gardien, Protecteur & Defenseur des Eglises de nosdis Royaume & *Dalphiné,* & qui les Estatus & Ordonnances dessusdis fais audit Consile, avons ratifiées & approuvées, appartient yceulx & tout ce qui s'en est ensuy, faire tenir & garder sans enfraindre; & pour obvier aux inconveniens devant dis, avons ordonné & ordonnons par ces presentes, que tous ceulx à qui aura ainsi esté pourveu selon lesdis Estatuz & Ordonnances de ladiĉte neutralité, d'aucuns Benéfices en nozdis Royaume & *Dalphiné,* soient maintenuz, gardez & deffenduz selon la fourme desdis Estatuz & Ordonnances, ès possessions & saisines desdis Bénéfices esquelz on les trouvera estre, & que tous troubles & empeschemens qui en ce leur seront mis, en soient ostez par le premier de noz Justiciers qui requis en sera, & tous les perturbeurs, empescheurs & autres qui pour ce feront à contraindre, contrains à eulx désister desdis troubles & empeschemens, & à rendre, bailler & mettre royaument & de fait ès mains de nosdis Justiciers, comme en la nostre, toutes citacions, procès & autres munimens par vertu ou soubz umbre desquelz ilz se seront efforciez ou efforceront de faire yceulx empeschemens, & aussi à rappeller, revoquer & mettre du tout au neant tous les procès qu'ilz auront sur ce fais ou fait faire, par la prinse & expletation des temporelz qu'ilz tiennent & tendront en nozdis Royaulme & *Daulphiné,* à quelque titre ou quelque cause que ce soit, & autrement par toutes voyes deues & raisonnables; & s'aucuns en y avoit qui n'eussent temporel en yceulx noz Royaume & *Dalphiné,* & qu'ilz feussent ou soient ressusans [a] d'ottemperer à nozdis mandemens, inhibitions & defenses, que yceulz & tous ceuls qui pour eulx procureront lesdis empeschemens, & qui s'entremettront ou seront entremiz de leur aidier à ce faire & soustenir, soient pareillement contrains par prinse & emprisonnement de leurs personnes, & par arrest & detention de leurs biens, jusques à ce qu'ilz aient deuement obtempéré & obey aux choses dessusdiĉtes & à chacune d'icelles. Si donnons en mandement à noz amez & feaulx Conseilliers tenans & qui tendront nostre Parlement, au *Prevost* de *Paris,* & à tous noz Seneschaulx, Baillifz & autres Justiciers & Officiers, à leurs Lieuxtenans & à chacun d'eulx, que noz presentes Ordonnances ilz facent tenir & garder entierrement sans enfraindre, en contraignant ou faisant contraindre à ce tous ceulx qui à contraindre y [b] feront, viguereusement & sans déport, par les manieres devant diĉtes; & en cas d'opposition, les biens desdiz perturbeurs & empescheurs tenuz en nostre main, quant à ceulx qui ont temporel, & les personnes des autres qui n'ont temporel, arrestez & detenuz, & lesdis procès de Juges Apostoliques contre lesdiz Statuz & Ordonnances fais & à faire, & tout ce qui s'en est ou sera ensuy, tenu en suspens, attendu que la congnoissance & interprétation d'icelles Ordonnances, & les debatz qui en naissent, appartient à nostre Court dudit Parlement, adjournent ou facent adjourner les opposans & aussi lesdis perturbeurs & empescheurs, & autres contredisans & delayans d'accomplir les choses dessusdiĉtes ou aucunes d'icelles, à comparoir personnelment ou autrement comme les cas le requerront, à certain & compétent jour ordinaire ou extraordinaire de nostre present Parlement, nonobstant qu'il siee, se bonnement se peut faire, ou de noz autres Parlemens avenir, nonobstant que les Parties ne soient des [c] Jours dont on plaidera lors, pour dire les causes de leur opposition, respondre à nostre Procureur Général, à nostrediĉte Fille l'Université, & à tous autres qui s'en vouldront faire Partie, pour tant que à chacun pourra touchier, à tout ce qu'ilz leur vouldront demander & contre eulx & chacun d'eulx proposer & requerre sur ce, les circonstances & deppendences, proceder & aler avant en oultre selon raison, en certiffiant sur ce souffisamment audit jour nozdis Conseilliers tenans & qui tendront nostredit Parlement, ausquelz Nous mandons que aux Parties, icelles oyes, ilz facent bon & brief accomplissement de justice. Et pour ce que par aventure les personnes de ceulx qui on fait ou feront

a corr. *obtemperer.*

b *Il faut p. e. corr.* seront.

c *Voy. ci-dessus p. 90. note (b).*

CHARLES VI. à Paris, le 17. d'Avril 1410. après Pâques.

feront lefdis empefchemens, reffuz ou contrediz, ne pourroient eftre apprehendez en nozdis Royaume & *Daulphiné*, pour faire à leurs perfonnes lefdis adjournemens, commandemens, inhibicions, & defenfes, Nous voulons que iceulz adjournemens, commandemens, inhibicions & defenfes qui feront fais aux perfonnes de leurs Procureurs, aux lieux & domiciles defdis Bénéfices, ou cas que ne pourroient eftre apprehendez, vaillent & foient d'autel effect & valeur comme fe ilz feuffent faiz à leurs propres perfonnes : & en oultre, pour ce que de ces préfentes l'en pourroit avoir à befongner en divers lieux, & quelles fe pourroient déperir & perdre fur les chemins, Nous voulons que au *Vidimus* ou copie d'icelles frefchement fait foubz Séel Royal ou autre autentique, foy foit adjouftée comme à l'original, pourveu toutesfvoyes que fur ce n'ait débat ou procès, [a] oftenfion foit faicte dudit original à la premiere ou feconde journée : car ainfi Nous plaift-il eftre fait, & à noftredicte Fille l'avons octroyé & octroyons de grace efpécial. En tefmoing de ce, Nous avons mis noftre Séel à ces Lettres. *Donné à Paris, le XVII.ᵉ jour d'Avril, l'an de grace mil quatre cens & dix, après Pafques, & de noftre Regne le XXX.ᵉ* Ainfi figné. Par le Roy en fon Confeil, oùquel les *Contes* de *Mortaing* & de la *Marche*, [b] Vous, les *Evefques* de *Noyon*, de [c] *Luxon* & de *Saint-Flour*, Maiftre *Guillaume Chanteprime*, Maiftre *Jehan* de *Corbye*, & autres, eftiez. GAUCHIER.

Et au dos eftoit efcript : *Publiées en Jugement en l'Auditoire du Chaftellet de Paris, le Mercredi VII.ᵉ jour de May, l'an mil quatre cens & dix.* BOULENGIER. *Collacio facta eft.*

a *Il femble qu'il manque là ces mots, & qu'en cas qu'il y ait débat, &c. ou autres femblables.*

b *Le Chancelier de France. Voy. le 5.ᵉ Vol. de ce Rec. p. 653. note (c).*

c *Luçon.*

CHARLES VI. à Paris, en Avril 1410.

(a) Lettres de Charles VI. contenant de nouveaux Statuts pour l'Univerfité d'Angers.

KAROLUS, Dei graciâ, Francorum Rex. Summus omnium bonorum difpofitor & creator qui fuâ miferacione Nos ad Regni faftigium fublimare dignatus eft, cujufque Imperio cuncta creata fubjecta funt, ficuti fibi placitum eft de hiis que inter mortales agitantur ordinat, ita quod que per fapientiam hujus mundi concluduntur, interdum mutari difponit, hominum quoque mentes aptat ut prudencie virtutem infequentes prout rerum & temporum varietas exigit, fic fe temporibus accommodent. Sanè cum ex parte dilectorum noftrorum Rectoris, Doctorum tociufque Univerfitatis ftudencium in venerabili Studio ac fructifera Univefitate Andegavenfi, *ad audienciam noftram pervenerint nonnulla ftatuta in predicta Univerfitate retroactis temporibus obfervata fuiffe, & per Nos feu Predeceffores noftros Decreta, que licet tunc temporis predicte Univerfitati prodeffe viderentur, attamen prout expoft manifeftavit experiencia non modica, predicte Univerfitati generarunt detrimenta, & ob hoc pro reformacione & meliori regimine ejufdem Univerfitatis, ac ut fraudibus & maliciis hominum obvietur, nonnullorumque valeant refrenari exceffus, aliqua ftatutorum hujufmodi penitùs tollere, nonnulla declarare, aliis penam apponere, & nova condere expedit & valdè congruit; quodque maturâ deliberacione prehabitâ, & utilitate ipfius Univerfitatis tociufque Collegii ejufdem penfatâ, ad invicem convenientes, ftatuta, Ordinaciones & declaraciones fecerunt & condiderunt, quarum tenor talis eft.*

Univerfis prefentes Litteras infpecturis & audituris, Rector & Doctores, totaque Univerfitas ftudencium in ftudio Generali Andegavenfi, *Salutem in eo qui eft omnium fcienciarum munificus difpenfator, ad perpetuam rei memoriam. Quoniam nulla Juris fanctio videtur quantumcumque perpenfo digefta confilio, ad humane nature* [d] *veritatem & machinaciones ejus inoppinabiles fufficere, nec ad decifionem lucidam fue nodofe*

d Il me paroît qu'il faut corr. *varietatem.*

NOTE.

(a) Tréfor des Chartres, Regiftre 164. P. II.ᵉ XXXIV. (234). Cette Pièce eft défigurée par un grand nombre de fautes.

CHARLES VI. à Paris, en Avril 1410.

ambiguitatis sufficit, & vix aliquid tam clarum certumque statuitur, quin ex causis emergentibus quibus jura jam posita mederi non possunt, in dubium revocetur. Necessaria igitur fuit Superioris auctoritas, ut per ipsius determinacionis suffragium opportunum tollat ambigua, lites aufferat, altercaciones dirimat & obscura (b) *ac & cultoris providi sarculum ut vitia extirpet, virtutes inserat, corrigat excessus, moresque reformet & abusus; nonnullaque rationabiliter & consulte statuuntur que suadente utilitate postmodum racionabiliùs & consulciùs tolluntur in melius,* [a] *ve reformantur. Sanè licet in Universitate* Andegavensi [b] *sunt statuta pro regimine ipsius condita, que tempore quo edicta fuerunt, videbantur sufficere, attamen quia ut expost manifestavit experientia, pro reformacione & meliori regimine ejusdem Universitatis, ac ut fraudibus & exquisitis maliciis hominum obvietur, nonnullorumque refrenari valeant excessus, aliqua antiquorum statutorum hujusmodi penitus tollere, nonnulla declarare, aliis penam apponere & nova condere expedit & valde congruit: Quamobrem maturâ deliberacione prehabitâ, pensatisque & attentis circa hec merito attendendis, Nos Rector & Doctores* [c] *a tota Universitas memorata, statuta & Ordinaciones infrascripta, cum moderacione Consilii concepta, maturitate* [d] *decreta, deliberacionis gravitate prolata, Superiorum tamen ad quos spectat, in & super hiis auctoritate & assensu concurrentibus, accedentibusque & intervenientibus, facimus, statuimus & ordinamus, statuique & ordinari intendimus & volumus, ac inter cetera statuta ejusdem Universitatis inscribi, & pro statutis ejusdem observari in futurum inconcussè, à statutis contrariis & repugnantibus discedendo, ea abolendo, tollendo penitùs & corrigendo, ceteris vero statutis & observanciis nichil innovando aut detrahendo, quinymo in suo robore permansuris.*

(1) *Et primo. Quod nullus Doctor de cetero in futurum in hac Universitate* Andegavensi, *Rector fiet vel* [e] *existet, sed Licenciatus qui sine discrecione aut* [f] *Nacionum, ut infra sequitur, eligetur, & per tres menses solum & duntaxat ejus officium perdurabit; nullusque bis aut eciam duo ejusdem Nacionis in eodem anno poterit seu poterunt in Rectorem seu Rectores eligi vel assumi.*

(2) Item. *Quod in eleccione cujuslibet Rectoris facienda, observabitur perpetuò talis forma; videlicet, quod quater in anno quolibet, unus Licenciatus Rector eligetur; videlicet, ultimâ die* [g] *legibili ante Festum Annunciacionis Dominice.* Item. *Ultimâ die legibili ante Festum Nativitatis Beati Joannis Baptistè, nec non in crastino Festi Beati Dionisii, ac ultimâ die legibili ante Festum* [h] *Natalis Domini; Rector que tempus suum finiens, singulis diebus predictis faciet in exitu* [i] *ordinari Universitatem congregari, in qua congregacione licenciam seu congedium accipiet, Universitati regraciando, & quod de gestis per eum in Rectoria nomine Universitatis advoetur, reverenter postulando.*

(3) Item. *Exindè Naciones se trahent ad partem, & una queque suum eligat* (c) *Intrantem, non tamen Doctorem neque Procuratorem; quibus sex Intrantibus electis, Procuratores Nacionum redibunt in communi, & nominabunt unusquisque Intrantem pro Nacione sua electum.*

(4) Item. *Et prestabunt continuò Intrantes ipsi sic electi, in manu Rectoris juramentum quod rejectis omnibus rancore, invidiâ, odio, amicitiâ, prece vel precio & favore, Nacionis, proximitatis, consanguinitatis & affinitatis, fideliter & absbitè procedent ad eleccionem* [k] *Doctoris, ac in Rectorem eligent quem in eorum consciencciis utilem fore viderint seu crediderint, ac Universitati proficere velle atque posse nullum tamen ex se ipsis eligendo.*

(5) Item. *Hoc facto, Intrantes ipsi sic electi, locum intrabunt pro Rectoris eleccione*

a corr. *vel.*

b corr. *sint.*

c corr. *ac.*

d pacre *avec une marque d'abréviation sur les trois dernières lettres.* R.

e corr. *existat.*

f D *suivi de trois jambages sans point, avec une marque d'abréviation.* Reg.

g jours auxquels on fait des leçons publiques.

h Nat. *Reg.*

i ce mot paroît corrompu.

k corr. *Rectoris.*

NOTES.

(b) Il y a là & dans plusieurs endroits de cette Pièce, des mots qu'on n'a pû déchiffrer. Il y a ici *s.* trois jambages sans point, un *t*, qui pourroit aussi être un *c*, trois autres jambages sans point, & *dat.* Ce mot tel qu'il soit, doit être synonyme de celui *explicet.* Ce qui suit paroît corrompu, & on pourroit corr. *ac ut providi cultoris sarculum, vitia ext...*

(c) Intrantem.] C'est le nom que l'on donne dans plusieurs Universités, à ceux qu'elles choisissent pour élire le Recteur.

destinatum, & ex tempore ingressus eorum, accendetur una candella que tanta sit quod duret per dimidiam horam aut [a] *eccirca; ante cujus candelle consumpcionem, Intrantes ipsi sub pena privacionis ab omni privilegio scolaritatis, pro tempore proxime sequentis Rectorie tenebuntur eligere Rectorem unanimi omnium consensu, aut majoris partis ipsorum Intrancium, vel trium ad minus; ita videlicet, quod sint tres ex una, & tres ex altera pares eligentes; & tunc Rectore priore vocato, pro qua parte voluerit, (d) gratifficare tenebitur; alioquin invalida sit eleccio, & ad eleccionem aliorum Intrancium procedatur.*

CHARLES VI. à Paris, en Avril 1410.

a corr. *circa.*

(6) Item. *Factâ, ut prefertur, eleccione, exibunt Intrantes ipsi ad pronunciandam eleccionem Rectoris nominandi in publico per eum Intrantem de cujus Nacione novus ipse Rector fuerit; trahentque se postea Naciones ad partem, & in sua quisque Intrancium Nacione refferat totius eleccionis tractatum; & interim mandetur* [b] *pro novo Rectore, si forsan fuerit absens à congregacione, presens tamen in Villa ut veniat prestaturus in manu Rectoris juramentum quod sequitur:* Ego juro quod Officium Rectorie benè & fideliter exercebo, & super deliberatis in Collegio à majori parte, secundum continenciam statutorum atque morem, absque more dispendio concludam, & deliberata & conclusa exequar juxta posse, & quod per me nemini faciam graciam, nisi secundum predictorum statutorum continenciam, aut prout per deliberacionem Nacionum in congregacione generali fuerit ordinatum; & quod tempore Rectorie mee, utilitatem & commodum Universitatis *Andegavensis* pro posse procurabo, ac statuta, privilegia & libertates ejusdem Universitatis perpetuò servabo. *Item.* Quod à quibuscumque Graduandis per me vel alium, directè vel per obliquum nichil recipiam vel habebo, preter id solum quod per statuta hujusmodi statutum est & permissum; de ipsis que Graduandis approbandis vel reprobandis, fidele pro posse secundumque consicienciam perhibebo testimonium veritati; & hoc, si Deus me adjuvet.

b Il devroit y avoir *novus Rector.*

(7) Item. *Quod quilibet in Rectorem electus & assumptus officium Rectorie, cessante legitimo impedimento, subire & exercere tenebitur sub pena perjurii ac privacionis Universitatis. Quod si talis sic electus excusacionem legitimam pretenderit, quam in congregacione generali Rectori medio juramento affirmare tenebitur esse veram, ad eleccionem unius alterius procedetur.*

(8) Item. [c] *Quod pro decore universitatis ac Rectorie dignitatis decencia, statuitur & ordinatur quod duo vestimenta honorabilia ad usum cujuslibet Rectoris, pro tempore, sumptibus Universitatis, perquirantur atque fiant, quorum unum erit cappa notabilis & apperta, que panniculis* [d] *minuti-varii forrabitur seu munietur; quâ siquidem cappâ Rector pro tempore in omnibus actibus Scolasticis solemnibus, congregacionibus que generalibus & aliis factis arduis generalibus Universitatis utetur & fruetur: aliud autem vestimentum erit quedam* [e] *cloqua, gallicè* une cloque, *honorabilis atque decens, duobus capuciis communita, quorum unum minuto-vario pro tempore hiemali forrabitur, & aliud* [f] *sandalis pro tempore estivali dupplicabitur seu munietur; quâ siquidem cloquâ Rector predictus ad Collegium accedendo & ad scolas lectionem Doctoralem audiendo, perfruetur: In ceteris autem propriis & privatis ejusdem Rectoris negociis, per Villam aut alia loca incedendo, honestè & decenter in propriis suis robis sine cappa & cloqua predictis ambulet & incedat; lasciviam, locaque inhonesta, ac ludos quoscumque in publico evitando, quinymo aliorum animos per sui conversacionem honestam ad bonos mores invitando.*

c ce mot paroît inutile.

d menuvaire: *fourrure.* V. le *Glossaire de Du Cange, au mot* Vares.

e Voy. le Gloss. de *Du Cange,* au mot *Cloca.*

f Cendale, *estoffe de soie.* Voy. ibid. *au mot* Sandale.

(9) Item. *In omnibus Actis scolasticis solempnibus, congregacionibusque generalibus in Collegioque & Scolis & aliis locis, quibus cum ut Rector interesse contingerit, semper & ubique primum & eminenciorem locum tenebit dictus Rector & habebit;*

NOTE.

(d) Gratifficare.] Je crois que cela signifie que le Recteur aura ce qu'on appelle la voix prépondérante; c'est-à-dire, que malgré l'égalité des suffrages, il pourra conclurre pour son opinion.

CHARLES VI.
à Paris, en Avril 1410.

salvâ prioritate sedendi Domini (e) Briencii Prioris *Scolastici, vitâ comitte durante; in factis que Scolasticis & aliis dicte Universitatis publicis negociis, Magister Bedellus ac Nacionum Bedelli Rectorem* [a] *associare tenentur, ut est moris : In veniendo vero ad Collegium & in Scolis pro audiendo lecturam ordinariam, Magistro Bedello contentetur.*

a accompagner. *Voy. la note (gg) de la p. 246. du 8.e Vol. de ce Rec.*

(10) Item. *Pro supportandis oneribus que Rectorem frequenciùs subire opportebit, statuitur & ordinatur quod de cetero Rector hujus Universitatis, pro singulis per eum signandis Citacionibus, inhibicionibus, proteccionibus & certifficacionibus, decem parvos denarios turonenses recipere possit seu percipere & levare; & à novis Scolaribus noviter venientibus, pro recepcione juramenti, & Scolaris novi (f) Magistracione, viginti parvos denarios semel tantùm à quolibet percipiet atque levabit.*

(11) Item. *Statuitur quod Rector unacum Doctoribus, Procuratore Generali Universitatis habente vocem in Collegio, ac Procuratoribus Nacionum, facient* [b] *Collegium,* [c] *quod ter in ebdomada regulariter facere & in eo personaliter comparere & interesse sub debito juramenti tenebuntur; videlicet, diebus Lune, Mercurii & Veneris; ac eciam Doctores & Procuratores predicti aliis diebus & horis quibus quocumque & qualitercumque per Rectorem pro tractandis & expediendis Universitatis negociis, eos evocari vel mandari contingerit, consilium suum impensuri, comparere & interesse tenebuntur; & de expedientibus & necessariis, exceptis his propter quorum arduitatem aut ob aliam causam racionabilem Naciones consulende fuerint, seu facienda sit congregacio generalis, tractabunt prout eis in consciencia visum fuerit expediens, & concludetur, ut infra dicetur.*

b c'est-à-dire assemblée particulière.

c supp. *&*.

(12) Item. *Quod omnes predicti habebunt quilibet vocem suam in Collegio, dempto Rectore qui solum dumtaxat secundum majorem partem vocum habebit & poterit concludere : quod si pares fuerint in vocibus, tunc locus erit* [d] *gratifficacioni, ac poterit Rector gratifficari in hac causa, nisi tamen duo vel tres Procuratores petant super positis in deliberatione, facere congregacionem generalem : quo casu, Rector tenebitur eis concedere, eciam super conclusis illâ die.*

d Voy. ci-dessus p. 499. note *(d)*.

(13) Item. *Quod in his que Doctores in generali vel eorum* [e] *tangent seu tangere contingerit, Doctores ipsi seu eorum alter, vocem aliquam non habebunt, nec eciam intererunt in Collegio quandiu factum eorum tractabitur, deducetur seu eciam expedietur; & idem in congregacionibus particularibus Nacionum, observetur.*

e supp. *quemlibet.*

(14) Item. *Quod quotienscumque Rector pro parte trium Procuratorum fuerit requisitus, necessario teneatur facere congregacionem generalem, eciam si de eo super quo eam facere requiretur, non fuerit deliberatum in Collegio : aliàs vero non possit facere congregacionem generalem, nisi in casu de quo supra : quâ concessâ, tenebitur Rector predictus capitula pro quibus petita fuerit congregacio, aliis Procuratoribus non petentibus sine mora nunciare.*

(15) Item. *Quod Rector tenebitur à majori parte Nacionum in congregacione generali & in Collegio, (g) determinacionem predictam semper concludere; tenebitur que ea ponere in deliberacionem in congregacione generali, de quibus per tres Procuratores, ut predicitur, requiretur, eciam si ob aliam causam facta sit congregacio generalis & in Collegio ponere eciam in deliberacione, quod ex parte unius Procuratoris requiretur,*

NOTES.

(e) Briencii Prioris.] Il est souvent parlé de ce *Briant Prieur* qui étoit Maître-Ecole de l'Université d'*Angers,* titre qui est rendu en latin par le mot *Scolasticus,* dans les Lettres de Charles VI. du mois de Juin 1398. qui sont imprimées à la p. 217. du 8.e Volume de ce Recueil. Il y est fait mention à la p. 235. de l'accord qui fut fait entre cette Université & *Prieur,* par rapport aux Actes publics dans lesquels il devoit précéder le Recteur. Il y eut apparemment dans la suite & avant 1410. un nouvel accord, qui portoit que le Maître-Ecole ne jouiroit de cette préséance que jusqu'à la mort de *Prieur,* supposé qu'il conservât cette dignité jusqu'à ce temps.

(f) Magistracione.] Cela doit signifier à cause des soins que l'on prendra de l'instruction du nouvel Ecolier. Voy. le Glossaire de *Du Cange,* au mot *Magistratio.*

(g) Determinacionem predictam.] Ces mots ne présentent pas un sens bien clair; & d'ailleurs il semble qu'il faille suppléer le mot *requisitus* après celui *Nacionum.*

sub pena perjurii & privacionis ab Universitate, & in ipsius Rectoris negligenciam aut contradiccionem, Procurator Generalis illâ vice locum Rectoris teneat, & concludat.

CHARLES VI. à Paris, en Avril 1410.

[Statuta Doctores actu Regentes singulariter tangencia.]

(16) *Et Primò statuitur quod nullus admittatur ad legendum ordinariè & regendum, nisi Doctor fuerit. Doctoresque in hac Universitate* Andegavensi *ordinariè de cetero legere & regere volentes, antequam ad Regenciam admittantur,* [a] *repetere solemniter in magnis scolis publicè teneantur Legem vel Canonem in facultate in qua legere & regere voluerint; & contra ipsos omnes Licenciati, Bachalarii & Scolares ad arguendum admittentur, & per unum diem ante repeticionem, conclusiones quas facient in publico, dare tenebuntur: postea autem factâ propter hoc congregacione generali, secundum deliberacionem Universitatis, ad Regenciam admittentur vel ab ea repellentur.* [b] Item. *In Licenciato Doctorari volente, & postea ad Regenciam admitti desiderante, sicut supra,* [c] *totaliter observetur; proviso quod alteri eorum licencia Regendi sic data, nisi in initio studii proxime sequentis legere & regentare inceperit, nullius sit effectus ipso jure.*

(17) Item. *Quia congruit & pro honore & decencia Universitatis benè convenit quod aliquando fiant ex parte Universitatis Harenge seu Proposiciones aliquibus Principibus, Prelatis aut aliis Magnatibus, ideò statuitur ut quotiens casus evenerit seu expedierit & opportunum videbitur, ordinetur in Collegio & per Collegium unus Doctor notabilis ac deputatus ad Harengam seu Proposicionem hujusmodi faciendam, statuto sibi propter hoc secundum casus occurenciam termino competenti; quam sic deputatus facere tenebitur sub pena amissionis* [d] *collecte proxime subsequentis, aut alterius secunde subsequentis, si jam primâ hujusmodi fuerit ex quacumque causa privatus: ad aliam Harengam seu Proposicionem sustinendam sub dicta pena non obligatus, nisi in subsidium aliorum Doctorum & deffectum: penâ ratâ manente contra valentes & defficientes.*

(18) Item. *Ut Studentes hujus Universitatis de materiis de quibus ordinariè per Doctores quolibet anno legi continget, premuniantur, & eas studere & providere valeant, statuitur quod de cetero Doctores Regentes quolibet* [e] *anno in fine ordinarie; videlicet, ultimâ die legibili ante Festum Assumpcionis Beate Marie Virginis, propositum suum per Scolas faciant solempniter publicari, librum ac* [f] *rubricam in quibus in ordinaria proxime subsequenti incipere & legere intendunt, declarando.*

(19) Item. *Cum per hujus Universitatis statuta, omnes Doctores in Jure civili actu regentes, alternis annis Codicem & (h) Digestum vetus ordinarie legere teneantur, statuitur & ordinatur quod anno quo de Codice in ordinario legetur, de* Inforciato *in extraordinario legatur: Quando vero Digestum vetus legetur in ordinario, quod Digestum novum in extraordinario legatur.*

(20) Item. *Quod Doctores presertim, &* [g] *aliis dicte Universitatis suppositi super hoc requisiti, Rectorem in quibus que factis Universitatis associare tenebuntur, ac ille (i) faciet sub pena prestiti juramenti, cui per Rectorem hoc precipietur vel injungetur.*

(21) Item. *Cum in quodam statutorum hujus Universitatis, caveatur expressè quod nullus Doctor actu Regens possit legere per substitutum, nisi per duos menses dumtaxat in anno, sit que causa probabilis & necessaria quam in presentia Rectoris & Collegii medio jurameneo affirmare tenetur, predicto statuto hanc penam adicimus;*

[a] Voy. la note *(m)* de la p. 235. du 8.e Vol. de ce Rec.

[b] Je crois qu'il faut corr. *Idem.*

[c] mot abrégé & douteux.

[d] ce mot doit signifier ici *rétribution.*

[e] année scolastique.

[f] Le titre sous lequel les Loix concernant une matière, sont rangées dans le Digeste. *Voy. le Glossaire de* Du Cange, *au mot* Rubricæ.

[g] corr. *alii.*

NOTES.

(h) Digestum.] Dans le Registre, il n'y a là & dans la suite de cet article, que *ff.* abréviation ordinaire du mot *Digestum*, dans les citations.

On sait que les anciens Glossateurs ont divisé arbitrairement le Digeste en trois parties, & qu'ils ont nommé la première *Digestum vetus*, la seconde *Digestum inforciatum*, & la troisième *Digestum novum*. Voy. sur cette division du Digeste, l'Histoire de la Jurisprudence Romaine, par M.r *Terrasson*, p. 330.

(i) Il y a dans le Registre, *R.* après laquelle il y a une marque d'abréviation, qui la sépare de deux jambages sans point, qui sont suivis de *sionem*. Cela peut signifier *reversionem;* & le sens sera que le Recteur nommera un des Suppôts de l'Université pour l'accompagner lorsqu'il reviendra.

CHARLES VI. à Paris, en Avril 1410.

videlicet, sub pena amissionis colecte Doctoribus faciende inde proxime subsequentis.

(22) Item. *Et pro ydoneitate Graduandorum, statuitur quod fiat examen quorumcumque Graduandorum, per Doctores in presencia Rectoris qui non examinabit; & finito examine, ad relacionem Rectoris & Doctorum qui in examine presentes fuerint, si vero, videlicet, Rector & Doctores vel major pars de qua majori parte Rector existat, in approbando vel reprobando concordes fuerint, approbentur Graduandi: si vero minor pars vel Rector solus Graduandos approbaverit vel reprobaverit, sic per minorem partem aut Rectorem approbati repellentur, nisi Graduandi hujusmodi examini Collegii se subicere voluerint; quo casu, à majori parte Collegii fiet approbacio vel reprobacio in paritate vero* [a] *gratifficet Rector prout voluerit.*

a Voy. ci-dessus p. 499. note (d).

[Statuta singularia Licentiatos tangencia.]

(23) Item. *Et (i) cedule Scolarium* [b] *gradum Bachalariatûs venire volencium, communiter per Rectorem, Doctores & Procuratores in Collegio examinabuntur; & ipsis admissis, infra triduum Bachalariandus pro suo examine totaliter expediatur.*

b supp. *ad.*

(24) Item. *Ante aperturam examinis Licenciandi, cedule lecture Licenciandorum per Rectorem & Collegium communiter & diligenter examinabuntur; & si veritatem contineant exactissimè perquiretur; & infra biduum post lapsum terminum peremptorii ad eas tradendas, post proclamacionem Magistri Bedelli generaliter in Scolis factam,* [c] *statuti ad examinacionem earum procedatur, ac examinacio hujusmodi infra triduum inde sequens totaliter finiatur.*

c corr. *statim.*

(25) Item. *Quod facto examine cedularum Licenciandorum hujusmodi, in termino per Rectorem statuendo comparebunt omnes Licenciandi in Collegio coram Rectore, Doctoribus & Procuratoribus generali & Nacionum, in quorum Licenciandorum presencia, omnes Domini Doctores juramentum quod sequitur in manu Rectoris facere & prestare tenebuntur ac prestabunt; videlicet, quod benè & diligenter in examine vacabunt in locoque propter hoc assignato, quâlibet die examinis comparebunt horâ propter hoc per Rectorem assignandâ, sine alia interpellacione, Licenciandos que examinabunt debitè & prout congruit, de approbandis eciam & reprobandis veritatem refferent in Collegio, odio, favore, amore, precibus & precio postpositis quibuscumque, nichilque aut quicquam per se vel per alios directè vel indirectè, seu alio colore quesito, à Licenciandis recipient aut stipulabuntur, preter ea que de novo sunt eis concessa, de quibus infra dicetur.*

(26) Item. *Et similiter illi qui examen intrare voluerint & intrabunt, jurabunt nichil dare, promittere vel offerre per se vel alium, & quod nullum Dominum Doctorem pro adeundo locum examinis invitabunt aut requirent; quibus juramentis sic hinc inde prestitis, Lex & Canon per Rectorem secundum formam statutorum pro examine tradentur & assignabuntur, (k) cappaque eciam examinanda tradetur, diesque tercia proxime sequens ad Harengam faciendam constituetur, & sequenti die fiet (l) Posicio, partesque posicionis per antiquiorem Doctorem,* [d] *Rectorem in examine hujusmodi, ut premittitur, semper presente, distribuentur; & in aliorum absenciam Doctores presentes procedere ulterius in examine, ac iidem procedere in* [e] *vin per eos prestiti juramenti, tenebuntur, aliis propter hoc minimè expectatis seu eciam requisitis.*

d corr. *Rectore.*

e corr. *vim.*

(27) Item. *Quod tot diebus quot erunt Licenciandi in numero, à dicta die in qua fiet positio computandis, durabit examen, nec ultra: quibus diebus examinabunt*

NOTES.

(i) Cedule.] Il y a dans l'article suivant *Cedule lecture;* & il paroît par l'article 31. des Statuts de l'Université d'*Angers,* de 1398. & qui est imprimé à la p. 242. du 8.e Vol. de ce Rec. que le mot *lecture* signifie ici l'assistance aux leçons publiques, *Cedule lecture* doit être la preuve de cette assistance, comme l'inscription, &c.

(k) Cappa.] Il faut peut-être corr. *capsa.* C'est-à-dire la capse, la boite dans laquelle les examinateurs doivent mettre leurs suffrages. Cet examen pouvoit se faire pour prévenir les fraudes.

(l) Posicio.] C'est-à-dire app. les articles de la Thèse, sur lesquels doit être fait l'examen. Voy. le Gloss. de *Du Cange,* au mot *Positio 2.*

Domini Doctores in presencia Rectoris, diligenter cum rigore, ordinatim & successivè, secundum ipsorum antiquitatis & prioritatis ordinem.

CHARLES VI. à Paris, en Avril 1410.

(28) Item. Quod eorum quilibet diem habeat ad examinandum, si par sit numerus Licenciandorum & Doctorum. Si vero plures sint Licenciandi quam Doctores in numero, Doctores alii qui de aliis diebus non fuerint contenti, usque ad completum numerum Licenciandorum examinare poterunt; videlicet, si omnes Doctores adhuc casu quo superiùs arguere cupiant atque velint, antiquiores Doctores usque ad [a] convenientem numerum Licenciandorum, arguere poterunt & examinare. Finitis vero diebus hujusmodi, ulteriùs non audientur, nisi per infirmitatem Licenciandorum vel alterius eorundem, vel alia causa rationibili, per Collegium examinanda, Doctores ipsi examinare nequiverint. Ubi autem minor foret numerus Licenciandorum quam Doctorum, arbitrabitur tempus examinis per Rectorem & Collegium. Similiter ubi infirmitas aut alia racionabilis causa impediret examen, hoc casu, Rector & Collegium tempus ultra quod hujusmodi examen non protelletur, poterit limitare.

(29) Item. Quod in fine examinis Licenciandorum nec antea, due libre (m) specium cum quadam torchia ponderis trium librarum vel circa, sic quod [b] missia pro speciebus & torchia predictis, ultra summam XXX.[ta] solidorum turonensium monete currentis pro quolibet Doctore non excedat, singulis Doctoribus per [c] dispensatores Licenciandorum tradentur gratuito & assignabuntur : dupplum tamen Rector & Scolasticus reportabunt. Subsequenter autem factâ approbacione Licenciandorum, fiat in Palacio seu magnis Scolis publice (n) Licencia; sic quod tertiâ die ante Licenciam predictam, Licenciandis pro die Licencie sue, assignabitur in Collegio una Lex, pro Legistis, & Decretalis sive Canon, pro Canonistis per unum de Doctoribus actu Regentibus, cui Rector id [d] ex arrupto committet [e] distributarum eandem particulatim unicuique Licenciandorum, hoc ordine [f] situacionis observato; scilicet, quod primò Prælati & Nobiles; scilicet, filii Baronum vel nepotes, deinde in dignitatibus constituti collocentur; exindè Licenciati in altero jurium : reliqui vero secundum antiquitatem lecture situentur, & in ceteris concurrentibus sorte dirimatur; proviso tamen quod ille Licenciandorum qui harengam faciet, per Collegium ad hoc eligendus, ceteris omnibus in ordine semper preponetur. Postmodum in eodem Collegio per biduum ante Licenciam, Doctor antiquior primò Licenciandorum assignabit duo argumenta, & sic consequenter unicuique Licenciandorum juxta pretactum ordinem descendendo, assignabuntur duo argumenta per Doctores qui secundum antiquitatem arguent ordine suo, quo usque numerus Doctorum impleatur : quo completo, intrabit antiquior, & sic consequenter descendendo [g] vusque ad ultimum Licenciandorum. Die verò Licencie, factâ Harengâ per unum Licenciandorum, per Magistrum-Scolasticum assignabitur atque dividetur Lex aut Canon secundum situacionem prenotatam, & factis per Licenciandos posicionibus, arguent Doctores modo pretacto, quilibet duobus (o) mediis, ad quorum unum duntaxat Licenciandi respondere tenebuntur.

(30) Item. Statuitur quod nulli de cetero fiat gracia audicionis nec lecture aut aliàs, contra formam statutorum; sed in acquirendis gradibus serventur formaliter tempora statuta. Si vero Rector, Doctor, Procurator aut alius hujus Universitatis suppositus, pro gracia alteri quam sibi facienda in tempore audicionis vel lecture, in Collegio aut in Congregacione Nacionum, particulariter vel tocius Universitatis in communi, duxerit supplicandum seu procuraverit, preter quam pro duobus mensibus cum [h] uno Volumine, ipso facto per annum sit ab Universitate privatus.

(31) Item. Cum in statutis hujus Universitatis, caveatur quod Licentiati & [i] Ba-

a mot abrégé & douteux.

b mise en dépense.

c Distributeurs.

d sur le champ & sans formalité. Voy. le Gloss. de *Du Cange*, au mot *Arruptum*.

e Il y a dans le Reg. *distributar.* avec une marque d'abréviation. Je crois qu'il faut corr. *distribuere.*

f rang; en Sorbonne on dit *Place.*

g corr. *usque.*

h un des trois Volumes dans lesquels le Digeste est partagé. Voy. ci-dessus p. 501. note (*h*).

i corr. *Baccalarii.*

NOTES.

(*m*) *Specium.*] Epices, dragées, confitures, &c. Voy. le Glossaire de *Du Cange*, au mot *Species 6*.

Torchia. Torche. Voy. *ibid.* au mot *Torchia.*

(*n*) *Licencia.*] C'est-à-dire le jour où la Licence est ouverte, & auquel les Bacheliers sont déclarés Licenciés.

(*o*) *Mediis.*] En françois *moyens*; ce sont des propositions qui servent de fondement à des syllogismes, dont on tire des conséquences. Voy. le Dict. de *Trévoux*, au mot *Moyen.*

CHARLES VI. à Paris, en Avril 1410.

charii (p) legere volentes, lecciones suas incipiant infra octo dies legibiles post leccionem Doctorum, que incipit in crastino Beati Dionisii, statuitur & ordinatur quod de cetero tales volumina sua legere volentes, & post predictos octo dies ad hoc admitti postulantes, ad hoc admittantur; priùs tamen per eos propositâ in Collegio causâ legitimâ, examinatâque sommariè & probatâ, sed eis non computabitur tempus lecture, nisi pro rata temporis quo legerint.

(32) Item. *Pro vitandis illorum abusibus qui ad studium alia de causa forsan quam proficiendi venerint, necnon illorum qui tempus pro acquirendis gradibus constitutum anticipare moliuntur & satagunt, statuitur ut fiant duo Libri, unus videlicet, communis pro Universitate, in quadam archa comuni Universitatis sub septem clavibus per Rectorem & sex Procuratores Nacionum custodiri reponendus, & in qualibet Nacione, unus alius Liber particularis, in quibus de cetero quilibet de novo veniens inscribatur; videlicet, quod talis noviter veniens, Procuratorem Nacionis de qua fuerit adire, statuta solvere, in Libro* [a] *predicto Nacionis se scribi facere tenebitur, & subsequenter in Collegio comparere eciam tenebitur, & in manu Rectoris statuta Universitatis jurare, causaque in scienciam proficiendi ad studium & continuandi principaliter hic venisse; alioquin nisi talis qui noviter venerit, in duobus Libris, ut premittitur, scriptus, & premissa fecisse & observasse repertus fuerit, nec tempus Scolaritatis acquiret, nec privilegiis Universitatis gaudebit vel utetur,* [b] *& à tempore inscriptionis predicte.*

(33) Item. *Quod nulli ae predictis condatur Citacio aut etiam Adjornamentum, mandatum vel protectio seu inhibitio contra aliquos sibi debitores vel obnoxios personaliter impetranti, nisi sit scriptus, ut proximè predicitur, & juratus fuerit repertus, & per duos menses continuos hic studiorum causa permanserit; predictaque Citacio & Adjornamentum* & cetera, *Doctoris sui ac Procuratoris sue Nacionis ac signeto Rectorie de quo infra dicetur, signentur; in Citacioneque causa per formam conquestus exprimatur, & juramento firmaverit credere eam esse veram; aliàs, nisi impetrans in impetracione sua premissa observaverit, careat impetracione & eorum effectu; & nichilominus circa premissa abutentes pena* XL.ᵃ *solidorum mulctentur, & utilitati Universitati applicetur: que premissa quoad formam Citacionis, juramenti predicti & impetracionis,* [c] *penam abusus, in illis qui jam per tempus predictum* [d] *Sociares fuerint, similiter observentur.*

(34) Item. *Statuitur quod tam pro sigillandis cedulis studencium hujus Universitatis, tam videlicet audicionis quam lecture, necnon eciam pro Litteris testimonialibus, Citacionibus quam protectionibus, inhibicionibus, certifficacionibus, mandatis Regiis & aliis Litteris tam Justiciariis quam aliis cotidiè supervenientibus, fiant duo parva sigilla seu signeta à forma sigilli antiqui totaliter aliena, & invicem in forma differencia, quorum unum in quadam archa studii conservanda repponetur, alter vero per Rectorem servabitur; & sigillis hujusmodi cedule & Littere, ut infra dicetur, sigillabuntur.*

(35) Item. *Quod cedule proclamande pro incipiendis & continuandis leccionibus, signis Doctoris illius sub quo erit Scolasticus ille cujus erit cedula, ac Procuratoris sue Nacionis signentur, & sigillo predicto per Rectorem, ut dicitur, custodiendo sigillentur: aliàs non publicentur nec eis fides adhibeatur; nulleque tales expedientur aut publicentur, nisi ab impetrante personaliter presententur seu impetrentur (q) Littere Justicie una cum superiùs annotatis signacionibus per Rectorem sigillabuntur.*

a Il y a dans le Reg. un *q* suivi d'une marque d'abréviation & surmonté d'un *o*.

b Je crois qu'il faut corr. *nisi*.

c supp. *&*.

d corr. *Scolares*.

NOTES.

(p) Legere.] Ce mot signifie ici faire des leçons publiques. Voy. vers la fin de la note *(m)* de la p. 235. du 8.ᵉ Vol. de ce Rec.

(q) Les mots que l'on a laissés ici en blanc, paroissent corrompus. On lit dans le Registre *p* coupé en *per*, *sile* avec une marque d'abréviation, *eciam voluerit, sigilli hujusmodi.* Voici comme je crois qu'on pourroit corriger ce passage. *Preterea, si ille* (impetrans) *eciam voluerit, sigillo hujusmodi, &c.* Cette disposition paroît se rapporter à ces mots, *ut infra dicetur,* qui se lisent à la fin de l'article précédent, dans lequel il est parlé de ces Lettres de Justice.

(36) Item.

CHARLES VI. à Paris, en Avril 1410.

(36) Item. *Statuitur quod in & pro cedulis certifficatoriis lecture, modo premisso proclamate, & audicionis transacte, signandis & sigillandis, talis modus perpetuò observetur atque forma; videlicet, quod bis in anno, in manibus Doctoris illius qui cedulam habere voluerit, & Procuratoris Nacionis sue, & postmodum in Collegio per Notarium Universitatis; videlicet, in fine Rectorie que finem habet in Marcio, & in fine studii, signabuntur, & predicto Sigillo in archa custodiendo sigillabuntur, per sex dies ante finem cujuslibet Rectorie, in qua signabitur secundum* [a] *quod sunt sex Naciones, servato ordine Nacionum: itaque, si altera dictorum dierum propter multitudinem confluencium ad Sigillum, suppositi unius Nacionis non* [b] *potuerit expediri, ceteris diebus post expedicionem illorum quorum dies currit, expediantur: ultra vero non admittantur ad Sigillum nisi propter multitudinem vel aliam racionabilem causam per Collegium approbandam, impediti fuerint: proviso quod per quemlibet qui cedulam petet, fiat personaliter Juramentum solempne quod per tempus in cedula contentum audivit seu legit respectivè; & si videatur Collegio expediens unacum hoc, duorum testimonio hoc probare sit sibi necesse* [c].

(37) Item. *Quod Litteris & cedulis nisi sub forma & modo predictis confectis, imposterum nulla fides adhibeatur.*

(38) Item. *Ad providendum opposicionibus quas* [d] *in Collegio quandoque in Nacionibus & in congregacionibus sepiùs fieri contingit, statuitur ut quociens tales opposiciones sive in Collegio sive in Nacione fieri continget,* [e] *opposicionem causam sue opposicionis sive contra personam aliquorum ne ad gradum vel aliquod aliud petendum vel faciendum admitantur, aut aliquid concludatur, ad* [f] *statin dicere, proponere & declarare ac allegare teneantur, aliàs non admittantur, statin que causa opposicionis examinetur; & si Rector & Collegium talem opposicionem de jure censerit vel viderit admissibilem, si in Collegio fiat aut* [g] *si in Nacione vel Universitate, si in Congregacione generali apponatur, admittatur; & si in facto* [h] *constitat, cum probacio in promptu fieri non possit, terminus solus prefigatur secundum cause & negocii qualitatem, & super hoc statuatur quod* [i] *canonicum fuerit & ordo dictaverit racionis: si vero causa opposicionis in brevi verissimiliter non posse probari videretur, (r) adeat opposiciones* [k] *indicte compettenter, & accionibus experiatur, vel provideat eciam Collegium vel Nacio aut congregacio generalis, secundum per res vel negocium celeritate vel aliter desiderare videbitur, ne ex nova parte contra quem talis fiet opposicio, possit prejudicium generari; remedio eciam opposicionis sic opponenti semper salvo.*

(39) Item. *Ut faciliùs perpendi possit qualiter & qui Bachalarii legent & qui ipsi* [l] *allectura discedant, de cetero teneantur sub debito juramenti, à loco sue habitacionis capati ad Scolas accedere, in eoque statu legere, & domum eciam capati redire.*

(40) Item. *Teneatur Magister Bedellus diem proclamacionis cujuslibet incipientis (s) & legentis, horam & locum in quadam* [m] *papirii seu quodam libro inscripbere, & proximo Collegio proclamacionem hujusmodi subsequenter faciat idem Bedellus, cedulam per eum proclamatam per Notarium Universitatis in Collegio assignari; caveatque ne duos eadem horâ eisdem Scolis proclamare presumat, sub pena amissionis collecte per annum.*

(41) Item. *Ne per oblivionem aut ignoranciam presencium statutorum aliorum, illa seu aliquod illorum labantur in dessuetudinem, in crastinum cujuslibet* [n] *Festum Sancti Dionisii, quolibet anno, post consuetam missam, fiat congregacio generalis, ac in ea legantur & publicentur; Rectorque, Doctores & Procuratores* [o] *jurant cum solempnitate ea & eorum singula servare.*

Anno Domini millesimo CCCC.° nono, die Sabbati, octavâ Marcii, publicata [p] *fuerint & perlecta omnia & singula supradicta in congregacione generali in qua fuerint Dominus* Guillelmus Maligeerm *Rector dicte Universitatis.* Item. *Domini* Johannes Orry, Nicolaus *de* Melleyo, Henricus Morlas, *Doctores, cum Generali & Nacionum Procuratoribus, studencium que multitudine copiosa. Sic signata.*

[a] q *avec une marque d'abréviation.* Reg.

[b] corr. *potuerint.*

[c] Il semble que ce passage est corrompu, ou qu'il manque quelques mots à la fin de la phrase.

[d] Il y a dans le Reg. *q.* deux jambages sans point, avec deux marques d'abréviation.

[e] corr. *opponentes,*

[f] corr. *statim,* là & plus bas.

[g] Il y a dans le Reg. *naison naio,* avec une marque d'abréviation.

[h] corr. *constat.*

[i] Il a fallu deviner, & on n'est pas sûr de l'avoir fait heureusement. Il y a *can.* & après en interligne, *cu* ou *tu*, avec une marque d'abréviation.

[k] Indite, *avec une marque d'abréviation à la fin.*

[l] corr. *à lectura.*

[m] corr. *papiro.*

[n] corr. *Festi.*

[o] corr. *jurent.*

[p] corr. *fuerunt,* là & plus bas.

NOTES.

(r) *Adeat, &c.*] Il ne paroît pas possible de tirer aucun sens de la fin de cet article.

(s) *Et legentis.*] Ne pourroit-on pas corr. *lecturam* ou *legere*?

CHARLES VI. à Paris, en Avril 1410.

Ego vero Petrus Sartille *Clericus* Andegavensis *Diocesis, in utroque jure Licenciatus Universitatis* Andegavensis, *auctoritate Domini nostri Regis Francorum Noctarius creatus & juratus, predictorum Statutorum & Ordinacionum disposicioni & ordinacioni, ac eorum cum (t) modifficacione predicta publicacioni in plena congregacione, anno, die & mense quibus supra, indiccione vero tertiâ, ac regni illustrissimi Domini nostri Caroli, Dei graciâ, tunc & nunc Francorum Regis, anno* XXX.° *specialiter & expressè per Scolas publicata, unacum Domino Rectore & ceteris aliis Dominis Doctoribus Regentibus superiùs nominatis, in hoc secundum modificacionem supradictam expressè consencientes, necnon generali & ceterarum aliarum Nacionum Procuratoribus, ac multitudine studencium in habondancia copiosa ibidem existente, presens interfui, ea que sic fieri & publicari vidi & audivi, ac publicacionem & lecturam super hoc feci, postmodum premissa per alium scripta, me cura alia legitimè impedito, signo meo solito signavi pro parte Procuratoris generalis dicte Universitatis, & omnium ejusdem Nacionum, in majorem premissorum testimonium super hoc requisitus, unacum appensione sigilli magni proprii ipsius, & rogatus.*

Suite des Lettres de Charles VI.

Quibusquidem Statutis, Ordinacionibus & Declaracionibus preinsertis, ex parte predicte Universitatis tociusque Collegii ejusdem, Nobis presentatis, Nobis humiliter supplicatum extitit quatenùs ad confirmacionem ipsorum Statutorum Ordinacionem & Declaracionem juxta predictam formam procedere dignaremur. Notum igitur facimus universis tam presentibus quam futuris, quod Nos predictam Universitatem que est Regie celsitudinis nostre speculum, fidelibus que subditis haustus veritatis & salvifice moris & honnestatis exemplar, benigno favore prosequentes, tales superiùs scriptas Sanciones, Constitutiones, Statuta & Declarationes laudamus, approbamus, & ex certa nostra sciencia, plena potestate & auctoritate Regia, tenore presencium confirmamus, & eas volumus in predicta Universitate observari & teneri. Quod ut perpetuò soliditatis robur obtineat, nostrum presentibus fecimus apponi sigillum : Salvo in aliis jure nostro, & omnibus quolibet alieno. Datum *Parisius,* mense Aprilis, anno Domini millesimo CCCC.^{mo} decimo, & Regni nostri XXX.^{mo}.

Per Regem. Comite *de* Marchia, *Domino* Karolo *de* Savoisy, *Magistro* Radulpho Sapiente, *& aliis, presentibus.* MAILLIERE.

NOTE.

(t) Modifficacione.] Cette modification a sans doute rapport aux mots suivans, qui se lisent à la fin du préambule des Statuts dressés par l'Université, p. 498. *Superiorum tamen ad quos spectat, in & super hiis auctoritate & assensu concurrentibus, accedentibusque & intervenientibus.*

CHARLES VI. à Paris, le 7. de Mai 1410.

(a) Lettres par lesquelles Charles VI. permet en France le cours des monnoies qui seront fabriquées dans le Dauphiné, sous certaines conditions qui y sont exprimées.

CHARLES, par la grace de Dieu, Roy de France. A tous ceux qui ces presentes Lettres verront : Salut. Comme après ce que Nous avons baillé & délaissié à notre très-cher & très-amé Fils aisné *Loüis Duc* de *Guienne* & *Dauphin* de *Viennois,* la plaine [a] administration & gouvernement desdits Duchié & *Dauphiné,* pour en user comme de sa propre chose, icelluy notre Fils Nous ait humblement supplié que pour le bien & utilité de sondit Pays du *Dauphiné* & des sujets d'iceluy, il Nous plut luy octroyer que les monnoyes d'or & d'argent que il fera faire doresenavant en sondit Pays du *Dauphiné,* lesquelles

a *Voy. ci-dessus pp. 490. 491. les Lettres du 28. de Janvier 1409.*

NOTE.

(a) La copie de ces Lettres qui sont dans le dépôt de la Chambre des Comptes de *Grenoble,* a été envoyée avec cette indication : *Caisse du Dauphiné.*

seront pareilles en poids, Loy & cours à celles que nous faisons faire & fairons ou temps avenir en notre Royaume, ayent cours en iceluy, & sur ce eussions chargé notre amé & féal Chancellier, que appellés des Gens de notre Conseil, tant & tels comme ils verront être expédient, avec aussy aucuns des Gens du Conseil de notredit Fils, & les Generaux-Maîtres de nos Monnoyes, de adviser pour le bien de Nous & de notredit Fils, la maniere qui y seroit à tenir; lequel notredit Chancellier en enterinant notre commandement, appellé avec lui les dessous nommés, y ait advisié par la maniere contenue en une cedule dont la teneur s'ensuit.

CHARLES VI. à Paris, le 7. de Mai 1410.

Le vingt-sept.^e jour d'Avril, l'an mil quatre cent & dix, fut deliberé par Monsieur le Chancellier de France, en la presence de Monsieur le Chancellier de *Guienne,* Sire *Mathieu* de *Linyeres,* Maître *Etienne* de *Bray* & *Jean Chanteprime,* Conseillers du Roy notre Sire, *Jean Remon, Jean* le *Marechal, Louis Euldre* & *Bernard Braque,* Generaux-Maîtres des Monnoyes, & Maître *Jean* de *Marueil,* Auditeur des Comptes du *Dauphiné,* que Monseigneur le Dauphin fera en ses Monnoyes du *Dauphiné,* monnoye à ses Armes, du cours, poids & Loy que le Roy fait à present ou fera faire le temps advenir; c'est à sçavoir, pour le present, deniers d'or fin appellés Ecus à la Couronne, qui auront cours pour vingt-deux sols six deniers tournois piece, & de [a] soixante-deux deniers de poids au marc de *Paris;* & Blancs-deniers qui auront cours pour dix deniers tournois la piece, à cinq deniers douze grains de Loy, argent le Roy, & de [b] six sols six deniers & le quart d'un denier de poids au marc de *Paris;* & petits-Blancs qui auront cours pour cinq deniers tournois la piece, de semblable Loy, *(b)* & de douze sols quatre deniers & demi-denier de poids audit marc; lesquelles monnoies auront cours au Royaume de France, tant comme il plaira au Roy notre Sire; & n'auront point cours oudit Royaume les Blancs-deniers appellés Liards, ne la monnoye noire, excepté ès Terres, Fiefs & Arriere-Fiefs que avoit oudit Royaume le Dauphin *Humbert,* l'an mil trois cent quarante-trois, ouquel an il fit avec le Roy [c] Phillippe le Traitié de la translation du *Dauphiné,* pour cause de ce que ce ne seroit pas le proussit du Roy ne de son peuple; parmi ce que oudit Pais du *Dauphiné,* ils ne donront point plus grand prix du marc d'or & d'argent, que le Roy fait ou fera en ses Monnoyes; c'est à sçavoir, pour le present, de marc d'or, soixante-huict livres cinq sols tournois, & du marc d'argent, six livres cinq sols tournois, alayé à ladite Loy, & trois sols tournois de crue pour chacun marc de tout argent blanc à dix deniers de Loy, & au dessus; lesquels trois sols tournois se prennent tant sur le Roy comme sur le [d] brassage des Maîtres particuliers : & aussy que les boëtes de l'ouvrage qui se fera oudit pays, soient apportées & jugées en la Chambre des Monnoyes à *Paris,* par lesdits Generaux-Maîtres, & aucuns des Gens de Monseigneur le *Dauphin,* s'il leur plait à y être : lesquelles boëtes après le jugement fait, seront rendues & restituées à celui ou ceux qui les apporteront. Fait l'an & jour dessusdits. Ainsi signé. AQUART.

a *de soixante-deux pièces au marc.*

b *de soixante-dix-huit pièces un quart au marc.*

c *Philippe de Valois.*

d *Voy. ci-dessus p. 89. note marginale (b).*

Sçavoir faisons que ledit avis ainsi fait par notredit Chancellier & les dessus nommés, lequel Nous a été raporté, avons eu & avons agréable, & voulons & Nous plaît que ainsy soit observé. Si donnons en mandement à tous nos Senechaux, Baillifs, Prevosts, Juges, Maires, Gardes de Ports, Ponts, Passages & Detroits, & à tous nos autres Justiciers & Officiers à qui il appartiendra, que toutes manieres de marchands & autres gens quelconques allans & venans chargés & saisis desdites monnoyes, ils laissent aller & venir, passer &

Suite des Lettres de Charles VI.

NOTE.

(b) Douze sols quatre deniers & demy.] De cent quarante-huit pièces & demie au marc. Voy. la preuve de cette évaluation & des précédentes, à l'article XIX. de la p. CVIII. de la Préface du 3.e Vol. de ce Rec.

CHARLES VI. à Paris, le 7. de Mai 1410.

a *dépensant.*

repasser & marchander, vendre & acheter, en donnant cours auxdites monnoyes, allouant & [a] dependant icelles, sans pour occasion d'icelles monnoyes permises par Nous, leur donner, faire ou souffrir être fait ou donné empechement, detourbier ou moleste; mais s'aucun leur étoit fait, tantost & sans delay le remettent ou fassent remettre au premier etat & deu: & afin que aucuns ne puissent pretendre ignorance de notredit octroy, fassent chacun en droit soy qui requis en sera, ces presentes Lettres crier & publier par toutes nos bonnes Villes & lieux notables & accoutumés à faire cris, dont ils seront requis: car ainsy Nous plaît-il & voulons être fait, nonobstant quelconques Ordonnances, mandements ou deffenses faites ou à faire à ce contraires. En temoin de ce, Nous avons fait mettre notre Scel à ces Lettres. *Donné à* Paris, *le septieme jour de May, l'an de grace mil quatre cent & dix, & de notre Regne le trantiéme.* Par le Roy, presens plusieurs Chambellans. J. HUE.

LOUIS, Fils aîné de Charles VI. & Dauphin, à Paris, le 23. de Juin 1410.

(a) Lettres par lesquelles Louis Dauphin ordonne que par Provision, & jusqu'à ce que par lui en ait été autrement ordonné, les Lettres de grace & de rémission qu'il accordera, ne seront point exécutées qu'elles n'aient été vérifiées par les Gens des Comptes & le Trésorier du Dauphiné.

LOUIS, aîné Fils du Roy de France, *Duc* de *Guienne* & *Dauphin* de *Viennois.* A tous ceux qui ces presentes Lettres verront: Salut. Comme il ait plû n'aguieres à Monseigneur, pour plusieurs causes & considérations qui à ce l'ont meu, nous bailler & laisser du tout la plaine [b] administration & gouvernement de nosdits Duché & *Dauphiné,* depuis lequel bail & delaissement se sont trais & trayent un chacun jour & encore trairont ça en avant pardevers nous & notre Chancellier, & autres Gens de notre Conseil, plusieurs de nos sujets & autres qui ont obtenu & obtiendront de nous par leur donner à entendre, par prieres & importunité de requerans, & autrement par plusieurs manieres, Lettres de grace ou remission de [c] multes & autres semblables peines & dangers esquels sont encourus & encourront par contumacces, désobéissances & rebellions par eux commises & perpetrées, ou qu'ils commettront & perpetront envers Nous & Justice, par Sentences passées ou à passer en force de chose adjugée; & quand ez temps passés semblables Lettres ont été octroyées par mondit Seigneur, son Chancellier & son Conseil, l'expédition d'icelles est toujours venue jusques au temps dudit bail & delaissement, aux Gens de ses Comptes & Tresoriers à *Paris,* lesquels icelles Lettres veües & examinées, ont expediées les aucunes, & les autres refusées en tout ou en partie, ou ont ordonné de faire plus plainieres informations, ou autrement ont procedé selon les merites des personnes & qualités des matieres, ainsy comme il leur a semblé être à faire en leurs loyautés & consciences, pour le bien de Justice & de mondit Seigneur, comme il appartient à leurs Offices; & par Ordonnances sur ce faites & gardées, étoient & ont été toutes telles & semblables Lettres patentes de nul effect, & n'ont été mises à aucune execution par quelconques Officiers de mondit Seigneur étants oudit *Dauphiné,* jusques à ce que premierement ont été expediées par lesdits Gens des Comptes & Tresoriers à *Paris,* & en ont été finablement plusieurs cassées & du tout rompues, & les autres trouvées subreptices, tant pour ce que en aucunes d'icelles Lettres n'etoient declarées les quantités desdites multes, les facultés de ceux qui les avoient encourues & par quelle maniere, ne les qualités des personnes & pertinacités, les grands outrages des delinquants non voulants comparoir soustiam-

b *Voy. ci-dessus pp. 490. 491. les Lettres du 28. de Janvier 1409.*

c *corr.* mulctes, *là & plus bas:* amendes.

NOTE.

(a) La copie de ces Lettres qui sont dans le dépôt de la Chambre des Comptes de *Grenoble,* a été envoyée avec cette indication: *1.er Generalia, fol. 247.*

ment devant le Gouverneur dudit *Dauphiné*, ou les Officiers & Justiciers d'iceluy, ou obeir à iceux, comme pour plusieurs autres causes & circonstances en tel cas requises; de laquelle Ordonnance très-grands biens & prouffits se sont ensuis pour mondit Seigneur & la chose publique, & plusieurs dommages [a] eschevés: Sçavoir faisons que nous ces choses considérées, voulans & desirans de tout notre cueur pour le bien de nous & de la chose publique de notredit *Dauphiné*, ensuir les bonnes, anciennes & louables Ordonnances & observances de mondit Seigneur, afin que telles Lettres qui ont été & seront doresenavant octroyées par nous ou notredit Chancellier & Conseil, ne se passent subreptice-ment & sans être diligemment visitées & examinées, eu sur ce meur avis & deliberation de Conseil, avons voulu & ordonné, voulons & ordonnons par la teneur de ces présentes & de notre certaine science, par maniere de provision jusques à ce que par nous en sera plus à plain & autrement ordonné, que toutes lesdites Lettres & semblables des natures & conditions dessusdites, que nous avons octroyé & octroyerons doresenavant au regard des sujets de notre Pays dudit *Dauphiné*, & des crimes perpetrés en iceluy, soient premierement presentées, examinées, passées & expediées, contredites ou refusées quant aux graces & remissions desdites multes, par nos amés & feaux les Gens de nos Comptes à *Grenoble*, & notre Tresorier dudit *Dauphiné* pareillement, & ainsy qu'il se faisoit par les Gens des Comptes & Tresoriers de mondit Seigneur à *Paris*, avant ledit bail & delaissement dudit *Dauphiné*, ainçois qu'elles puissent être dites vallables ou efficaces aux impetrants; auxquels nosdites Gens des Comptes & Tresorier etants en notredit *Dauphiné*, avons donné & donnons par ces mêmes presentes pouvoir, autorité & mandement especial, & les avons commis & commettons, se mestier est, à faire lesdites examinations, expeditions, refus, contredits, delais, ou plus plainieres informations, & generalement toutes autres choses à ce appartenans & accoutumées à faire par les Gens des Comptes & Tresoriers de mondit Seigneur en cas semblable, pour la conservation de Justice & de nos droits, par maniere de provision & jusques à ce que autrement y aurons ordonné, comme dit est. Si donnons en mandement par ces mêmes presentes à nos amés & feaux le Gouverneur de notredit *Dauphiné*, son Lieutenant & Gens de notre Conseil étants oudit *Grenoble*, & à tous nos autres Justiciers & Officiers qui ce peut toucher, ou à leurs Lieutenans, presents & avenirs, que cette notre presente volonté, Ordonnance & provision tiennent, gardent & accomplissent chacun en droit soy, sans ce qu'ils procedent à finale, plaine & entiere execution desdites Lettres de graces [b] remissions, jusques à ce que icelles Lettres auront été premierement expediées par nosdites Gens des Comptes etants à *Grenoble*, & Tresorier dudit *Dauphiné*, & se gardent de faire ou venir, ne souffrir être fait ou venu aucunement au contraire; mais tout ce que au contraire trouveront être ou avoir été fait, mettent au neant, ou le reparent & facent reparer & remettre à état dû, selon la forme & entention de ces presentes lesquelles voulons demourer & être gardées & deuement enregistrées en la Chambre de nosdits Comptes à *Grenoble*. En témoin de ce, nous avons fait mettre notre Seel à ces Lettres. *Donné à Paris, le vingtroisieme jour de Juin, l'an de grace mil quatre cent & dix.* Par Monseigneur le Dauphin, Messieurs les *Ducs* de *Bourgogne* & de *Baviere* & [c] Vous, presents, signé J. HUE.

LOUIS, Fils aîné de Charles VI. & Dauphin, à Paris, le 23. de Juin 1410.

[a] *évités.*

[b] *supp.* &.

[c] *Le Chancelier du Dauphiné.* Voy. la note (c) de la p. 653. du 5.e Vol. de ce Rec.

CHARLES VI. à Paris, le 3. de Juillet 1410.

(a) Lettres par lesquelles, attendu la stérilité qui règne en France, Charles VI. défend d'en faire sortir des bleds sans sa permission.

CHARLES, par la grace de Dieu, Roy de France. Au *Senechal* de *Toulouse* ou à son Lieutenant : Salut.. Il est venu à nostre cognoissance que en pluseurs & diverses parties de nostre Royaume, a presentement si très-peu de bleds que pleuseurs nos subgiets d'icelui en ont eu & ont chasque jour si grand faulte & necessité, que à peine en peuvent-ils recouvrer ne avoir pour leur vivre & gouvernement, & que icelle faulte vient principalement parce que très-grant quantité desdits blés ont esté vuidiés & menés ez païs voisins de nostredit Royaume & hors d'icelui, & en sont deja ensuis & venus moult de maulx & esclandres à pluseurs de nosdits subgiets; & encores presentement Nous a il esté dit & remonstré que pour les pluyes & grans vents que puis dix jours en ça ont esté & encore ne sont cessés, très grant partie des blés estans aux champs, & comme tous les bons, sont versés & chus à terre en très-grant peril, se Dieu n'y pourvoit de sa grace, que ils ne soyent de très-petite revenue & proufit, par quoy il est moult à doubter que très-grans inconveniens & domages peussent venir & ensuir à tout le peuple de nostredit Royaume & la chose publique d'icelui, se il n'estoit hastivement pourveu que aucuns d'iceulx blés ne feussent doresenavant traits ou portés hors de nostredit Royaulme: pourquoi Nous toujours desirans subvenir & pourvoir à nosdits subgiets & à la chose publique de nostredit Royaume, & éviter les inconveniens dessusdits; eu aussi sur ce advis & deliberation avec plusseurs [a] ceulx de nostre Sang & Lignage & de nostre Grant Conseil, vous mandons & très-estroitement enjoignons, en commetant, se mestier est, que par tous les lieux de votre Senechaussie où l'en a acoustumé faire cris, vous fassiés solemnement crier de par Nous, & sur très-grans & grosses peines, que aucun de quelque estat ou authorité qu'il soit ou use, & pour quelconque cause, couleur ou occasion que ce soit, ne soit si hardi de faire vendre, porter ou faire vuider ou porter aucuns blés, soyent viels ou nouvaux, hors de nostredit Royaume, en quelque maniere que ce soit, se sur ce [b] n'avés especial mandement de Nous par nos Lettres patentes : car ainsi Nous plaist-il estre fait; nonobstant quelconques Lettres que ayés eues ou eussiés de Nous ou d'autres, au contraire, auxquelles Lettres Nous ne voulons estre d'oresenavant obei en aucune maniere, mais les rapellons par ces mesmes presentes. *Donné à* Paris, *le tiers jour de Juillet, l'an de grace mil quatre cens & dix, & de notre Regne le XXXe*

Par le Roy, à la relation de son Grant Conseil, tenu par Monseig.^r le *Duc* de *Guyenne*, ouquel le *Roy* de *Navarre*, Messg.^rs les *Ducs* de *Bourgogne*, de *Brabant*, & de *Baviere*, les *Comtes* de *Mortaing* & de la *Marche*, le Connestable, [c] Vous, les *Evesques* de *Noyons* & de *Tournay*, de *Bayeux* & d'*Aucerre*, le *Comte* de *Tancarville*, & plusseurs autres, étiés. P. NEAUVILLE.

[a] *supp.* de.

[b] *Je crois qu'il faut corr.* n'a.

[c] *Le Chancelier de France. Voy. le 5.e Vol. de ce Rec. p. 653. note (c).*

NOTE.

(a) La copie de ces Lettres qui sont dans le Dépôt de la Chambre des Comptes de *Montpellier*, a été envoyée avec cette indication : *Sénéchaussée de* Toulouse *en général, armoire C. 8.e continuation des titres particuliers, n.º 1. fol. 182.*

CHARLES VI. à Paris, le 14. de Juillet 1410.

(a) *Lettres par lesquelles Charles VI. fixe le nombre des Officiers de la Chambre des Comptes, & en établit deux nouveaux pour corriger les comptes.*

CHARLES, par la grace de Dieu, Roy de France. A tous ceux qui ces Lettres verront : Salut. Comme par nos Ordonnances Royaux dernierement déliberées, conseillées & releuës en notre grand Conseil tenu à plusieurs & diverses journées, trés-murement & solemnellement par notre trés-cher & trés-amé Fils aîné Messire le *Duc* de *Guyenne* à ce par Nous pour certaines (b) occupations commis & député, appellez avec lui plusieurs de notre Sang & Lignage, & autres sages & prudhommes nos Conseillers, à trés-grand & meure déliberation, pour le bien, utilité, proffit & bonne reformation de nostre Royaume & de la chose publique d'iceluy, ait esté & soit entre autres choses déliberé, conseillé & ordonné sur le faict & estat de la Chambre de nos Comptes, en laquelle ez temps passez pour aucunes causes Nous avions mis & accreu plusieurs Officiers extraordinaires & subroguez, laquelle chose s'estoit trouvée & trouvoit à nostre trés-grand charge, que pour iceux charges & dommage éviter doresnavant, en icelle Chambre de nos Comptes ne seront ordinairement que deux Presidens, dont le Grand Bouteiller de France sera l'un, ainsi que du temps passé a esté accoutumé, & l'autre sera notre amé & feal Conseiller Maistre *Eustache* de *Laistre,* avec huit Maistres; c'est à sçavoir, quatre Clercs & quatre Lais, à ce dès maintenant esleus & establis; c'est à sçavoir, nos amez & feaulx Conseillers Maistres *Nicolas* d'*Orgemont*, *Philippe* de *Boigilland*, *Milles Danguel* & (c) *Raoul* le *Maistre,* Clercs; Maistres *Guillaume* le *Clerc, Matthieu* de *Linieres, Jacques* de *Dussy,* & *Michau* de *Lalier,* Lais; & quant les lieux d'aucuns d'iceux vacqueront, il y sera pourvû, & seront faicts & ordonnez par bonne election qui se fera, present nostre Chancelier, en notredicte Chambre des Comptes, appellez des Gens de notre Grand Conseil, & autres nos Conseillers, en grand & souffisant nombre : Et quant à la Garde de nos Chartres, celuy qui à present est, y sera, & sera tenu de faire son office bien & dûement comme il appartient, & pourra venir en ladite Chambre de nos Comptes : & ont esté & sont déboutez tous les extraordinaires & subroguez ou faict de ladite Chambre. Et en outre, a esté deliberé & ordonné que pour quelconques ancienneté, maladies, débilitation de personne, ou autre empêchement qui surviennent à aucuns de nos Officiers, soit de notre Parlement ou de nosdits Comptes, ou autres, de quelque estat qu'ils soient, ne seront mis ni instituez en leurs lieux aucuns subroguez; mais quand le cas adviendra, Nous y pourvoirons par l'advis & déliberation de notre Conseil. Et de present, pour ce que nos amez & feaux Conseillers M.es *Regnault* de *Coulons, Jean Crete, François Chanteprime, Jean Vaudetar,* ont bien longuement servy nos Predecesseurs & Nous, tant en ladite Chambre des Comptes comme ailleurs, & que pour leur grand aage, ancienneté

NOTES.

(a) Ces Lettres qui étoient au *fol.* 130. du Registre *G.* de la Chambre des Comptes de *Paris,* & au *fol.* 384. du Mém. 2. *A.* de cette Chambre, ont été tirées du Recueil cité dans la note (b) de la p. 26. du 7.e Vol. du Recueil des Ordonnances.

Voy. ci-dessous les Lettres du 22. d'Août 1410.

(b) *Occupations.*] Ce mot signifie sans doute ici la même chose que celui d'*absence* duquel Charles VI. se servoit ordinairement pour marquer le temps pendant lequel il étoit malade de corps & d'esprit. Voy. la p. V. de la Préface du 8.e Vol. de ce Rec.

(c) *Raoul le Maistre.*] Il y a plus bas *Le Maire ;* & c'est ainsi qu'il faut lire : car dans l'arrêt d'enregistrement de la Chambre des Comptes, qui est ci-dessous, on lit *Radulpho Majoris.*

CHARLES VI. à Paris, le 14. de Juillet 1410.

& feblesse, ils ne peuvent pas si continuellement vacquer & entendre ne besoigner au fait de ladite Chambre, comme ils ont fait au temps passé & que besoin seroit de faire, au lieu d'iceux ont esté par lesdites Ordonnances esleus, retenus & establis & ordonnez Maistres ordinaires en ladite Chambre, nosdits Conseillers Maistres *Philippe* de *Boisgillond*, [a] *Raoul* le *Maire*, *Guillaume* le *Clerc*, & *Michau* de *Lalier*; & audits de *Coulons*, *Crete*, *Chanteprime* & *Vaudetar*; c'est à sçavoir, à chacun d'iceux, avons ordonné & ordonnons avoir & prendre sur Nous chacun an sa vie durant, la somme de cinq cens livres tournois, sans autres droits quelconques, fors tant qu'ils jouiront des honneurs, privileges, libertez & franchises [b] en telles & pareilles que font & feront nosdits Conseillers Maistres de nosdits Comptes; & desdits cinq cens livres tournois par an, seront contentez & payez avec nosdits autres Conseillers & Maistres des Comptes, par la forme & maniere qu'ils ont esté paravant lesdites Ordonnances. Et pour ce aussi que Nous avons esté & sommes souffisamment acertennez par la relacion que faicte Nous a esté tant par aucuns de nostre Grand Conseil comme de nos Conseillers sur le faict de nostre reformation & de nosdits Comptes, qu'il est necessité de pourveoir au faict des corrections de nostredite Chambre, qui de longtemps sont demourez à faire pour la multitude des besongnes & affaires qui sont survenues en icelle nostre Chambre, pour quoy les Receveurs tant de nostre Domaine comme de nos Aydes, ne se sont peu le temps passé & encore de present ne peuvent [c] affiner, avons ordonné & ordonnons par ces Presentes, que en nostre dicte Chambre aura doresnavant ordinairement deux notables personnes experts & bien connoissans ou faict de nosdits comptes, qui continuellement entendront au faict desdites corrections, tant à celles que encore sont à faire, comme à celles qui en ladite Chambre escherront à faire cy-après: & pour icelles corrections faire, avons nommé & nommons par ces mêmes Presentes nos amez & feaux Maistres *Estienne* de *Bray* & *Nicolas Des Prez*, ausquels avons ordonné & ordonnons prendre & avoir par chacun an chacun d'eux la somme de deux cens livres parisis de gaiges, avec semblables droits que iceux nos Conseillers ont accoutumé de prendre: & quant au faict des douze [d] Clercs d'embas d'icelle nostre Chambre, voulons ledit nombre demeurer aux gaiges & droits, proffits & émolumens accoutumez; c'est à sçavoir, Maistres *Jean Maulin*, *Jean* de la *Croix*, *Geoffroy* de *Dampmart*, *Pierre* de *Braben*, *Jean Bouillon*, *Emery Tesson*, *Jean Gillon*, *Audry Courtenacle*, *Pierre Canteleu*, *Antoine Gresle*, *Philippe* de *Paris*, & *Jean Bury*: Sçavoir faisons [e] qu'en consideration & advis ausdites Ordonnances, & és points & articles dessusdicts touchant & regardant le faict & estat de ladite Chambre de nos Comptes, & les personnes cy-dessus designées, Nous par grande & meure deliberation de notredit Grand Conseil, tous & chacuns des points cy-devant touchez & declairez pour le bon estat, provision & ordonnance de ladite Chambre de nos Comptes, avons loué, ratiffié & approuvé, louons, ratiffions & approuvons par la tenneur de ces Presentes; lesdites personnes dessus nommées pour vacquer au faict de notredite Chambre, faisons & créons tout de nouvel en tant que mestier est; & ainsi l'avons ordonné & ordonnons estre tenu & gardé doresnavant de point en point par la maniere que dict est, sans enfraindre aucunement ou venir à l'encontre par quelque maniere que ce soit, ou puisse estre, & avons retenu & retenons ordinaires iceux devant nommez, par la forme dessus declarée ausdits droits, gages, [f] manteaux, pensions, proffits & émolumens, honneurs, prérogatives, libertez & franchises accoutumées, & en avons deboutez & deboutons par la teneur de cesdites Présentes, tous & chacuns desdits extraordinaires & subroguez: voulant & octroyant toutes-voyes ausdits de *Coulons*, *Crete*, *Chanteprime* & *Vaudetar*, qu'ils prennent chacun an lesdits cinq cens livres par an par ladite maniere, & pour cause. Si donnons en mandement par ces mêmes Presentes, à notre amé & feal Chancelier, & à nosdits Gens des Comptes, presens & advenir, & à chacun d'eux, si comme à eux & à chacun d'eux appartiendra, qu'icelles nos Ordonnances & points dessusdits

a Voy. page précédente note (c).

b corr. autelles.

c Voy. ci-dessus p. 331, note (a).

d nommés présentement Auditeurs.

e corr. qu'eu.

f Voy. les Tables des Mat. des Vol. de ce Rec. à ce mot.

dessusdits tiennent, gardent, observent & executent, facent tenir, garder, observer & executer de point en point entierement selon leur forme & teneur : mandons aussi à iceux Gens de nos Comptes, que lesdits esleus & retenus en & pour le faict de ladite Chambre, qui ne seroient encore instituez, ils instituent, prennent & reçoivent d'eux le serment en tel cas accoutumé; & à noz amez & feaux Tresoriers à *Paris*, qu'eux & chacun d'eux, si comme à luy appartiendra, facent contenter & payer de leurs gages, manteaux, droicts & autres proffits & émolumens, ainsi qu'accoutumé est de faire au temps passé; & aussi payent lesdits de *Coulons*, *Crete*, *Chanteprime* & *Vaudetar*, & chacun d'eux, de ladite somme de cinq cens francs, & laisse jouir & user tous iceux desdites prérogatives, honneurs, libertez & franchises comme il appartiendra par raison. En tesmoing de ce, Nous avons faict mettre nostre Scel à ces Lettres *Donné à* Paris, *le quatorziéme jour de Juillet, l'an de grace mil quatre cens & dix, & de notre Regne le trentiéme.* Ainsi signé sur le reply. Par le Roy, en son Conseil auquel le *Roy* de *Navarre*, Messieurs les *Ducs* de *Bourgongne* & de *Breban*, les *Comtes* de *Mortaing* & de la *Marche*, le Connetable, [a] Vous, l'*Evêque* de *Noyon*, le *Comte* de *Tancarville*, le Grand Maistre d'Hostel, & plusieurs autres, estiez. *Signé* J. HUE.

CHARLES VI. à Paris, le 14. de Juillet 1410.

Lecta & publicata ad Burellum in Camera Compotorum Domini Regis Parisius, *presentibus & astantibus Domino* [b] Comite Marchie, *Dominis & Magistris* Eustachio *de* [c] Atrio, *in dicta Camera Presidenti*, Philippo *de* Bosco, Guilloni Gaillardo, Parvi Saxonis, Petro Bussier, Guillelmo Clerici, *Regis Consiliariis in suo Parlamento*, Millone *de* Angelo, E. *de* Bray, Jacobo *de* Bussy, M. *de* Ligniere, N. *de* Pratis, [d] Radulpho Majoris, M. *de* Laillier, *& aliis plerisque. Post ejus publicationem & lecturam, & ejusdem virtute, prescripti Magistri* Radulphus, Guillelmus *&* Michael *de* Laillier *recepti fuerunt & instituti in Magistros & Consiliarios dicte Camere, sub qualitatibus in albo contentis; prestiteruntque super hoc in dicti Domini Presidentis manibus solitum juramentum. Scriptum in dicta Camera, die decimo quinto Julii, anno millesimo quadringentesimo decimo.* Signé LE BEGUE.

a Le Chancelier de France. Voy. le 5.e Vol. de ce Rec. p. 653. note (c).

b Voy. ci-dessus p. 474. note (k).

c C'est celui qui est nommé plus haut de *Laistre*.

d Voy. ci-dessus p. 511. note (c).

CHARLES VI. à Paris, le 14. de Juillet 1410.

(a) *Lettres qui portent que le Procureur du Roy, les Commissaires, le Greffier Civil & le Greffier Criminel au Châtelet de Paris, seront exempts des droits d'Aides, par rapport aux grains & aux vins qu'ils recueilleront dans les terres qui leur appartiennent.*

CHARLES, par la grace de Dieu, Roy de France. A tous ceulx qui ces presentes Lettres verront : Salut. Noz bien amez Procureur & seize [e] Examinateurs, & les deux [f] Clers; c'est assavoir, le Civil & le Criminel, establiz en nostre Chastellet de *Paris*, Nous ont exposé que comme à cause de leurs Offices, ilz aient esté & soient si continuelment occupez ou fait de nostre Justice tant criminelle comme civile, & par especial criminelle, soubz nostre *Prevost* de *Paris*, que il ne leur est pas possible de vacquer ne entendre à autre chose, mais leur est necessité de laissier toutes autres leurs besongnes & affaires, & emploier tout leur temps en leursdiz Offices; & combien que eulx & leurs Prédécesseurs esdiz Offices, aient exposé & exposent jour & nuit, tant à *Paris* comme dehors, & mesmement lesdiz Examinateurs, leurs corps en plusieurs grans perilz & fortune, pour le bien & exaltacion de nostre Justice, tant en faisant &

e Commissaires au Châtelet.

f Greffiers.

NOTE.

(a) Ces Lettres sont au Reg. du Châtelet de *Paris*, intitulé : *Doulx Sire*, *fol.* 171. *recto*. étant à la Bibliothéque du Roy, n.° 9310/A.39.

Dans la Table chronologique de *Blanchard*, on lit que ces Lettres se trouvent au *fol.* 219. du 1.er Volume des Ordonnances de Louis XII. cotté *L.* & au *fol.* 115. du 4.e Volume des Ordonnances de François Ier, cotté *N.*

CHARLES VI. à Paris, le 14. de Juillet 1410.

faisant faire prinses manuelles de larrons & murtriers, ravisseurs de femmes, & autres malfaicteurs & delinquens crimineulz, comme à enquerir & savoir la verité des excès & deliz par eulx commis & perpetrez, tant par informacion comme autrement, comme aussi à estre & assister sur les *(b)* carreaux & ailleurs en nostredit Chastelet, en la compagnie & avec nostredit Prevost & ses Lieuxtenans, pour aidier & conseillier à faire les procès criminelz & autres qui y viennent & affluent de jour en jour, & de & sur ce faire pluseurs escriptures tant par informacions que autrement, desquelles choses ou au moins de la plus grande partie, ilz n'eurent onques de Nous ne d'autre personne, aucuns gaiges, dons, biensfais, ne remuneracion aucune, qui leur est chose bien dure à supporter, attendu que ilz ont grant charge & despens à soustenir pour l'estat d'eulz & desdiz offices, & que à cause d'iceulz Offices il leur convient de necessité avoir chevaulz, Clers & autres [a] mesgniée, & mesmement en plus grand nombre que ilz ne auroient se ilz n'estoient esdiz Offices, en Nous suppliant humblement que les choses dessusdictes considérées, & que tousjours ilz ont le cuer affectueux & fervent à servir Nous & noz Successeurs esdiz Offices bien & loyaument, en toutes les manieres que ilz pourroient, il Nous plaise de leur donner & octroier de grace especial que tous les vins, grains & autres denrées que ilz & leurs successeurs esdiz Offices, vendront & feront vendre doresenavant, tant en gros comme en détail, creuz & qui croistront ès héritages immeubles d'eulz & de leurs femmes, ilz soient & demeurent francz, quittes & exemps de tous iiij[es], treiziesmes, imposicion & autre aide & subside ordonnez ou à ordonner pour le fait de la guerre; pourquoy Nous, ces choses considerées, inclinans favorablement à leur supplicacion, à iceulz nos Procureur & [b] seiz Examinateurs & Clers dessusdiz, & leurs successeurs, de nostre grace especial, plaine puissance & auctorité Royal, avons donné & octroié, donnons & octroions par ces presentes, que tous les grains, vins & autres denrées qui croissent en leurs héritages & de leursdittes femmes, ilz & chascun d'eulx puisse vendre & [c] adenerer ensemble ou par parties, en gros ou à détail, comme bon leur semblera, sans aucune fraude & [d] sans mener marchandise, & sans paier pour ce à Nous ne à noz Officiers présens ou avenir, aucune Imposicion, Quatriesme, Treiziesme, ou autre Aide ou redevance quelconques. Si donnons en mandement par ces presentes, à nostre amé & féal Chevalier, Conseillier & Maistre de nostre Hostel, *Pierre Des Essars, Prevost* de *Paris,* & souverain Gouverneur des Finances venans desdiz Aides, à noz amez & féaulz les Généraulz-Conseilliers tant sur le fait de la finance que de la Justice desdiz Aides, & aux Esleuz sur icellui fait, en la Ville, Cité & Diocèse de *Paris,* & à chascun d'eulz, si comme à lui appartendra, que de nostre presente grace, don & octroy, facent, seuffrent & laissent nosdiz Procureur, Examinateurs & Clers, joyr & user plainement & paisiblement, sans les molester ou empescher, ne souffrir estre molestez ou empeschiez en aucune maniere au contraire : car ainsi Nous plaist-il estre fait, non obstant quelzconques Ordonnances, Mandemens ou deffenses ne autres choses à ce contraires. En tesmoing de ce, Nous avons fait mettre nostre Seel à ces Présentes. *Donnée* à Paris, *le XIIII.e jour de Juillet, l'an de grace mil CCCC & dix; & de nostre Regne le XXX.e*

[a] *domestiques.*

[b] *corr. seize.*

[c] *vendre en recevant des deniers.*

[d] *sans faire le commerce.*

NOTE.

(b) Carreaux.] Il y a apparence que par ce mot il faut entendre le *Préau,* la Cour intérieure du Châtelet, qui est pavée, dans laquelle on jugeoit quelques procès criminels. Aujourd'hui même le Parlement va tenir cinq Séances, pendant l'année, dans le Préau de la Conciergerie.

CHARLES VI. à Paris, le 15. de Juillet 1410.

(a) *Lettres par lesquelles Charles VI. défend à toutes sortes de personnes, & même à ceux qui possèdent des Fiefs, de s'assembler en armes, si ce n'est par ses ordres; & d'avoir égard à ceux qui leur seroient envoyés à cet effet, par les Princes du Sang, Seigneurs, &c.*

CHARLES, par la grace de Dieu, Roy de France. Au *Senechal* de *Toulouse*, ou à son Lieutenant : Salut. Comme dès pieça; c'est à sçavoir, le [a] XXIX.e jour d'Avril, l'an mil quatre cens & sept, Nous estans en nostre Conseil ouquel estoient nos très-chiers & très-amés Cousin & Oncle le *Roy* de *Secile* & le *Duc* de *Berri*, feu notre très-chier Frere le *Duc* d'*Orleans*, nos très-chiers & très-amés Oncle & Cosins le *Duc* de *Bourbon*, les *Comtes* de *Mortaing*, d'*Alençon* & de *Clermont*, & le Connestable, nostre amé & feal Chancellier, nostre très-chier & feal Cousin le *Comte* de *Tancarville*, & plusieurs autres de nostre Sang & Grant Conseil, pour le bien de nostre Peuple, de nostre Royaume, & pour le relever des très-grans maux, pilleries, inconveniens, domaiges & opressions que par longtems il avoit souffert & soustenu pour occasion des grans assemblées de gens d'armes, Archiers, Arbalestriers, pilleurs, & autres gens de guerre, de diverses Nations, tant de nostre Royaulme comme dehors, [b] qui moult souvent & comme continuelement faisoient en plusieurs parties d'icelui nostre Royaulme, dont les aucuns se disoient avoir nos Lettres de pouvoir vivre sur nos subjiets, combien qu'il n'en fust rien, les autres se disoient estre à aucuns grans Seigneurs de nostre Sang & Lignage, & autres Capitaines, soubs umbre desquelles choses ils avoient longuement demouré en nostredit Royaulme, pillé nostredit Peuple, & rançonné plusieurs d'icelui, [c] etforcié femmes, & autrement en plusieurs manieres grevé & domaigé nos subgiets en plusieurs lieux de nostredit Royaulme; & pour pourveoir auxdits inconveniens afin que ils cessassent, & que nosdits subgiets pussent vivre en paix, ordonasmes dessors & par nos Lettres patentes de ladite datte, lesquelles & plusieurs autres que depuis avons ordonné estre faites sus ceste matiere, vous ont esté envoyées & presentées pour estre briefvement & hastivement pourveu selon la teneur & la forme d'icelles nos Lettres; & neanmoins vous ne les avés mie entierement du tout aussi diligeamment comme besoing fust, mises à execution, par quoi les inconveniens dessusdits n'ont mie cessé, ainssois ont duré & encore durent & se continuent en plusieurs lieux de nostredit Royaulme, dont châcun jour & presque continuellement Nous viennent plusieurs grans plaintes & clameurs de plusieurs parties d'icelui nostre Royaume, dequoy & des grans griefs, domaiges & oppressions qui par deffault de ce ont esté faits à nostredit Peuple, il Nous a moult desplû & desplaît, & non sans cause, & s'en pourroit ensuir plusieurs grans & innumerables inconveniens, se briefvement & hastivement n'y estoit pourveu; & pour ce aussi que Nous avons entendu que plusieurs grans Seigneurs de nostredit Royaulme, de nostre Sang & Lignage & autres, veulent faire grans mandemens & assemblées de gens d'armes & autres gens de guerre, tant nos subjets que autres, en plusieurs parties d'icelui nostre Royaulme, & les entendent à metre sus dedens brief tems, parquoy les inconveniens dessusdits & autres innumerables & irreparables maux, se pourroient ensuir, ou très-grant grief, prejudice & domaige de Nous, de nostredite Seignorie & de tout nostre Peuple, se briefvement & hastivement n'y estoit par Nous remedié : Nous qui de tout nostre cuer desirons extirper en nostredit Royaume toutes voyes de fait, & nos subjiets

a *Les Lettres sont ci-dessus p. 203. Voy. aussi p. 292. celles du 17. de Février de la même année.*

b *corr.* que.

c *app.* efforcié.

NOTE.

(a) La copie de ces Lettres qui sont dans le Dépôt de la Chambre des Comptes de *Montpellier*, a été envoyée avec cette indication : *Sénéchaussée de* Toulouse *en général, Armoire C. 8.e continuation des titres particuliers, n.o 1. fol. 179.*

Voy. la Préface de ce Vol. §. 1.

CHARLES VI. à Paris, le 15. de Juillet 1410.

gouverner par justice, notre peuple aussi tenir en paix & transquillité, & les garder des griefs, domaiges & opressions dessusdites, comme tenus en sommes, vous mandons, commandons & enjoignons, en commetant, se besoing est, derechief, si expressement comme plus povons, sur peine d'encourre nostre indignation perpetuelle, & d'estre reputé rebelle & desobeissant à Nous, que sur quelsconques autres peines que vous pourrés encourir envers Nous, que incontinent ces Lettres vûes, le plus hastivement & diligeament que vous pourrés, toutes excusations cessans & arriere mises, nosdites autres Lettres lesquelles Nous vous envoyons avecques ces presentes, & cestes mesmes presentes, par tous les lieux de vostre Jurisdiction, Povoir & Ressort, esquels on a accoustumé de faire cris & publications, vous ou l'un de vous, en vos personnes & en vostre presence, faites lire, crier & publier telement qu'il n'y ait aucun en vostre Jurisdiction & Ressort, qui après ladite publication en doye pretendre ignorance; & néanmoins executés icelles en chacun de ses points, & les enterinés & accomplissés selon leur forme & teneur, le plustost & hastivement que vous pourrés; & avec ce, vous transportés par vostredite Jurisdiction & Ressort, aux personnes & domicilles de ceulx que vous sçaurés qui ont accoustumé de eulx armer & poursuir les armes, & par tous les lieux de vostredite Jurisdiction & Ressort, où vous sçaurés estre aucuns gens d'armes ou autres gens de guerre, ou que vous sçaurés que aucuns se voudroient metre sus & armer pour aller auxdits mandemens, soit qu'ils soyent mandés par aucuns de nostre Sang, Lignage, Barons, Chevaliers, ou aultres de quelque Povoir & autorité qu'ils usent, & à eulx & à châcun d'eulx, à sa personne, deffendés de par Nous, sur peine de corps & de biens, en tout ce qu'ils se peuvent mesfaire envers Nous, que pour quelsconques mandemens & commandemens de bouche ou autrement, de quelconque Seigneur, soit de notre Sang & lignage ou autres, & supposé qu'ils soient leurs hommes ou tiennent d'eulx en fié ou autrement, ils ne se arment ou mettent sus aucunement, ou partent de leurs hostels pour aller au mandement ou servir aucuns desdits Seigneurs ou autres; & se deja estoient partis de leurs hostels pour aller au mandement & servir lesdits Seigneurs, ou avoient pour ce fait ou commancié aucunes assemblées de gens d'armes ou autres gens de guerre, commandés leur de par Nous sur lesdites peines, que ils se departent & retournent en leurs hostels, se il ne leur étoit par Nous mandé & par nos Lettres patentes scellées de nostre grant Sél & passées en nostre Conseil, de datte subsequente ces presentes, en rescrivant & renvoyant pardevers Nous & nostre Conseil, nostre Cour de Parlement & nostre Procureur general, par escrit soubs vostre Seel, les responses que par eulx vous seront faites, afin d'en faire poursuite & justice telle qu'il appartiendra : & néanmoins se de vous obeir à aucunes des choses dessusdittes, aucuns de ceulx auxquels vous fairés les deffenses & commandemens dessusdits, estoient rebelles ou desobeissans, contraignés les à y obeir par toutes les meilleures voyes que vous pourrés, tant d'emprisonnement de leurs personnes, comme de mettre leurs terres en nostre main, & icelles faire gouverner par icelle realment & de fait, en mettant aussi & multipliant de jour en jour [a] Mangeurs & Gasteurs en leurs maisons & sur leurs biens, descouvrans leurs maisons, se mestier est, & par la plus forte & rigoureuse maniere que vous pourrés, & à force d'armes, se besoing est, en convoquant & appellant avecques vous tant de nos bons & loyaux subjiets, nobles & autres, que la force en soit vostre & vous en demeure; auxquels nosdits subgiets nous mandons & commandons par ces presentes, que pour faire ce que dit est, & à votre mandement ou commandement ils se assemblent & arment, & de leur povoir accomplissent & [b] enterines avec vous les choses dessusdittes : & pour ce que plusieurs Barons, Chevaliers & autres de votredite Jurisdiction & Ressort, doubteroient peut-estre vous obeir, pour ce [c] qui tiennent de ceulx [d] qu'ils les ont mandés, en foy & homage ou autrement, ou ont aucunes convenances ou alliances par [e] finité ou autrement avecques ceulx qui les ont mandés & manderoient, Nous

a *Voy. les Tables des Mat. des 2.e & 3.e Vol. de ce Rec. au mot,* Mangeurs.

b *corr.* enterinent.

c *corr.* qu'ils.

d *corr.* qui.

e *affinité.*

voulons & vous mandons que non obstant ces choses, vous leurs faites les commandemens & deffenses dessusdittes, & oultre que vous leur faites à sçavoir & signifier de par Nous, que Nous ne souffrerons point que pour cause de non eulx estre armés ou mandement desdits Seigneurs, ne les avoir servis ou estre allés devers eulx, ou en estre retournés ou departis, se allés y estoient pour ladite cause, ils soyent aucunement poursuis, molestés ou travaillés par prise de fief ou autrement, & ne voulons que vous les souffrés faire, mais vous mandons que de ce vous les gardés & deffendés par toutes les voyes & manieres que vous pourrés, & que ce vous leur signifiés, & aussi que se ils estoient pour ce aucunement empeschiés, Nous les en fairons dedomagier, & que dès maintenant pour lors & pour c'est fois seulement, Nous les exemptons quant ad ce, du Pouvoir & Jurisdiction des Seigneurs qui les auroient mandés pour la cause dessusditte : & se en faisant les choses dessusdittes en vostre [a] compagne ou par vostre commandement & ordonnance, nos bons & loyaulx subgiets pour la rebellion des autres, commetent aucuns homicides ou autres crimes, Nous dès maintenant pour lors les leur remettons & pardonnons en tant que mestier seroit, sans ce qu'il leur faille autre remission que *Vidimus* de ces presentes, avecques certification de vous soubs le Seel de votre Jurisdiction ; & neanmoins voulons & ordonnons que se aucuns chevaulx, hernois ou autres biens sont pris & gagnés sur lesdits rebelles & desobeissans, que ils soyent employés ou deffrayement & payement de ceulx qui vous auront aydé à faire les choses dessusdittes. De faire tout ce que dit est, vous donnons pouvoir, authorité & mandement special : mandons & commandons à tous nosdits subgiets de quelque povoir ou authorité qu'ils usent, que à vous & à chascun de vous & de vos deputés & commis, obeissent & entendent diligeamment, donnent conseil, confort, secours & ayde & faveur, tant que par leur bonne ayde & moyen les inconveniens dessusdits cessent, & que ils en doyent estre recommandés de bonne obeissance. *Donné à Paris, le XV.e jour de Juillet, l'an de grace mil quatre cens & dix, & de nostre Regne le XXX.e*

Par le Roy, en son Conseil où quel le *Comte* de *Mortaing*, le Connestable, le *Comte* de la *Marche*, [b] Vous, le *Comte* de *Tancarville*, le Grand Maistre d'Hostel, le Maistre des Arbalestriers, Messire [c] *Colart* de *Talleville*, Messire *Charles* de *Savoisy*, Messire *Guillaume* de *(b) Ticonville* & autres, estiés. J. GONTIER.

CHARLES VI. à Paris, le 15. de Juillet 1410.

a *Compagnie.*

b *Le Chancelier de France. Voy. le 5.e Vol de ce Rec. p. 653. note (c).*

c *Voy. la Table des noms de personnes qui est à la fin du 7.e Vol. de ce Rec. aux noms* Calevile & Talevile.

NOTE.

(b) Ticonville.] Il faut app. corr. *Tignonville*. Voy. la Table des noms de personnes, qui est à la fin du 8.e Vol. de ce Rec. au nom *Tignonville*.

CHARLES VI. à Paris, le 20. de Juillet 1410.

(a) Lettres qui permettent aux Porteurs de blé de la Ville de Paris, d'établir une Confrairie ; à condition qu'ils appelleront un des Officiers du Roy aux assemblées qu'il leur est permis de tenir.

CHARLES, par la grace de Dieu, Roy de France. Savoir faisons à tous presens & advenir, Nous avoir receue l'umble supplicacion de *Hubert Vendezil, Jehan la Bote, Jehan* [d] *Bonieur, Andry Carrillon*, Porteurs de bled, &

d *Bonieur.* L. J. *Bonneur*, 2.e cop.

NOTE.

(a) Livre gris du Châtelet de *Paris, fol.* 34. *verso.*

Ces Lettres sont *vidimées* dans celles du mois de Decembre 1504. qui contiennent des Réglemens pour cette Communauté, & qui seront imprimées à leur rang.

Elles sont aussi au *fol.* 78. *recto* de ce Reg. *vidimées* dans les mêmes Lettres du mois de Décembre 1504.

Ces Lettres *vidimées* dans les mêmes Lettres de 1467. sont aussi au *fol.* 33. *verso* du Registre du Châtelet de *Paris*, intitulé : *Le Livre vert jaune petit.* Elles sont aussi à la p. 127. du 2.e vol. du Traité de la Police.

CHARLES VI. à Paris, le 20. de Juillet 1410.

de plusieurs autres personnes Marchans & Bourgois de nostre Ville de *Paris*, consors en ceste partie, contenant, comme pour l'onneur & reverence de la glorieuse Vierge Marie & de Monseigneur Saint Loys, & pour la grant affection & devocion qu'ilz ont à l'Eglise [a] Saint Eustace à *Paris*, & pour augmenter le Divin Service en icelle, ilz ayent fait & ordonné entre eulx une Confrarie de ladicte glorieuse Vierge Marie & dudit Monseigneur Saint Loys [b], & en l'onneur d'iceulx ordonné à faire chanter en ladicte Eglise par chascune sepmaine, durant ladicte Confrarie, trois Messes; & une fois l'an, assemblée en certain hostel où bon leur semblera, le Dimanche après la Feste dudit Monseigneur Saint Loys, pour appoincter & ordonner ce qu'ilz pourront pour le salut de leurs ames; lesquelles choses lesdits supplians feront & continueront voullentiers chascun an à perpetuité, pour & ou nom de Confrarie; [c] mais qu'il Nous plaise à leur donner congié & licence sur ce. Nous qui voullons en nostre temps le Divin Service multiplier & accroistre de tout nostre povoir; & afin que Nous, nostre très-chiere & très-amée Compaigne la Royne & noz Enfans, soient compris & participans ès Messes & Oraisons qui y seront faictes, inclinans pour ce humblement à leurdicte supplicacion, à iceulx supplians avons donné & octroyé, donnons & octroyons par ces presentes de grace especial, congé & licence qu'ilz puissent faire & ordonner ladicte Confrarie, establir, garder & continuer les choses dessusdictes ou nom de Confrarie, au jour & en la maniere dessusdicte, & de faire telles Ordonnances & [d] Estatuz comme bon leur semblera pour le fait de ladicte Confrarie, & de recevoir & [e] accompagner en icelle Confrarie toutes bonnes personnes qui en l'onneur de ladicte glorieuse Vierge Marie & dudit Monseigneur Saint Louis, y vouldront entrer; pourveu toutesfois que en faisant ladicte assemblée, soit appellé ung de noz Officiers, & que en ladicte Confrarie ne soit fait aucun [f] monopolle ou prejudice ou dommage de Nous, de nostre Royaulme & de nos Successeurs Roys de France. Si donnons en mandement par ces presentes au *Prevost* de *Paris*, & à tous noz autres Justiciers & Officiers, presens & advenir, ou à leurs Lieuxtenans, & à chascun d'eulx, si comme à luy appartiendra, que lesdits supplians ou cas dessusdit, de nostre presente grace & octroy, facent, seuffrent & laissent joyr & user plainement & paisiblement, sans leur mectre ne souffrir estre mis aucun empeschement ou destourbier au contraire. Et pour ce que ce soit chose ferme & estable à tousjours, Nous avons fait mectre nostre Séel à ces presentes: sauf en autres choses nostre droit, & l'autruy en toutes. *Donné à* Paris, *le XX.me jour de Juillet, l'an de grace mil CCCC. & dix, & de nostre Regne le XXX.me*

Par le Roy, le *Comte* de *Mortaing*, le Sire *Depreaux*, le Confesseur & autres, presens. Ainsi signé. FERRON.

Visa. [g] *Contentor.* FRERON.

a *Saint Eustache.*
b *à Paris.* L. J.
c *pourvû qu'il.*
d *Statuts.*
e *associer.*
f *Ce mot signifie ici, entreprise, ou quelqu'autre mot semblable.*
g *Voy. le 5.e Vol. de ce Rec. p. 22. note (h).*

CHARLES VI. au Champ-Dieu lez-Corbeil, le 24. de Juillet 1410.

(a) *Lettres portant Règlement pour la Jurisdiction que les Maîtres des Eaux & Forêts exerceront sur les Pêcheurs de Corbeil.*

CHARLES, &c. Savoir faisons à tous presens & avenir, Nous avoir receu l'umble supplicacion des Pescheurs de toute la Pescherie de l'eaue de *Corbueil*, contenant que comme ou moys de Juillet, l'an de grace mil CCC. LX. & sept, nostre très-chier Seigneur & Pere que Dieu absoille, lors estant à *Sens*, plusieurs Prelats & autres gens d'Eglise, Nobles, Bourgoys & autres ses bons & loyaulx subgiés, à l'assemblée qu'il avoit adonc faicte audit lieu de *Sens*, lui exposerent en eulx griefment complaignant, que pour cause des enormes vexacions,

NOTE.

(a) Trésor des Chartres, Regiſtre 165. P. IIII.xx I. (81.)

CHARLES VI. au Champ-Dieu lez-Corbeil, le 24. de Juillet 1410.

travaulx & oppressions que les Maistres des Eaues & Forests de nostre Royaume & les Sergens d'icelles, avoient fais ou temps passé & faisoient de jour en jour aux Pescheurs qui ès rivieres & autres eaues de nostredit Royaume avoient accoustumé de peschier, au prouffit & accroissement des vivres, de la chose publique & du bien commun d'icellui Royaume; c'est assavoir, sans congnoissance de cause, sans aucun delit ou meffait, & sans les oïr ou appeller deuement, les faisoient aller par adjournement & autrement en diverses & loingtaines parties dudit Royaume; & se ils se deffendoient, ils estoient durement traictiés & demenés, en extorquant d'eulx grosses & excessives amandes; & mesmement lesdis Sergens prenoient de l'un XL. sols, de l'autre trente, vint, dix, ou ce qu'ils en povoient avoir, lesdis povres Pescheurs desquels les aucuns estoient en procez pardevant lesdis Maistres ou leurs Lieuxtenans à la Table de Marbre en nostre Palais à *Paris*, & les autres qui estoient des parties de *Champaigne* & de *Bourgongne*, en *Normandie* & ailleurs, hors de leurs Ressorts, vindrent à telle povreté que ils ne povoient poursuir lesdis procès, mais les convenoit aucunes fois composer ausdis Sergens à plus qu'ils ne povoient [a] finer, & pour ce leur convenoit laissier leurdit mestier, dont il avint pluseurs fois tant en bonnes Villes comme en autres lieux de nostredit Royaume, que les [b] trespassans n'y povoient recouvrer de poisson, & aussi les residens en iceulx lieux; lesquelles choses étoient faictes contre raison & le bien commun, en grand dommage, grief & prejudice de toute la chose publique & desdis povres Pescheurs, dont les pluseurs n'avoient autre chose dont ils peussent vivre, dequoy il desplceust [c] fermement & non sans cause à nostredit Seigneur & Pere lequel souffisamment informé desdictes vexacions, griefs & oppressions & autres choses dessusdictes, voulant raison & Justice estre gardée en son temps, & ses subgiés estre gardés de toutes oppressions, molestacions indeues, & pourveoir au bien de la chose publique, & les Ordonnances de ses predecesseurs & les siennes, par lesquelles aucun ne doit estre trait hors de son Ressort, & mesmement miserables personnes, estre tenues & gardées sans enfraindre, de sa certaine science, grace especial, plaine puissance & auctorité Royal, & par bonne & meure [d] de son Conseil, ordena, si comme ils dient, par ses [e] Lettres en las de soye & cire vert,

Que dès lors en avant lesdis Pescheurs ou aucuns d'eulx, que pour adjournement ne autrement ne seroient trais hors des lieux principaux des Chastelleries, Prevostés ou Ressort soubs qui ils demouroient & seroient couchans & levans; & qui ailleurs les voudroit traire par adjournement ou autrement pour la cause dessusdicte, il n'y vouloit estre obey, mais vouloit que tous deffaulx donnés au contraire, & toutes autres choses qui s'en ensuivroient, feussent de nulle valeur, & [f] vacuées de forces & de vertu, & que pour ce lesdis Pescheurs ne aucuns d'eulx en peussent estre excecutés ne trais en amende en aucune maniere.

Item. Que aucuns desdis Pescheurs ne feussent trais en amende ne excecutés pour amendes quelconques, pour cause de leurdit mestier, se ils ne confessoient avoir mesprins, ou se ils n'y estoient esdiz lieux principaulx condempnés par Jugement, ordre de droit gardée, & au contraire, ne vouloit estre obey.

Item. Qu'ils ne feussent tenus de payer amende pour quelconque meffait qu'ils commissent oudit mestier, autre que paier [g] les devoient par les Ordonnances Royaulx anciennes du temps de Mons. Saint Loys & de ses autres Predecesseurs, & selon les Privileges & Coustumes des Villes & pays anciennement gardées.

Item. Que lesdis Maistres & Sergens ne pourroient faire aucuns explois de Justice, sans appeller les Justices des lieux; & s'ils faisoient le contraire, il n'y vouloit estre obey, *(b)* ne à eulx pour ce paier aucune amende : & en oultre ordonna comme dessus que les procès dessusdis en quelque lieu qu'ils feussent

a *financer* : payer.

b *passans* : voyageurs.

c *Il faut app. corr.* forment, *qui signifie* fortement.

d *supp.* déliberation.

e *Elles sont imprimées à la p. 27. du 5.e Vol. de ce Rec.*

f *vuides.*

g *corr.* la

NOTE.

(b) Ne à eulx, &c.] Dans l'Ordonnance de 1367. il y a : *ne yceulx Pescheurs pour ce paier aucune amende.*

CHARLES VI. au Champ-Dieu lez-Corbeil, le 24. de Juillet 1410.

meus & pendans pardevant quelxconques desdis Maistres ou leurs Lieuxtenans, feussent determinés esdis lieux principaulx desdictes Chastelleries, Prevostés & Ressors, & que les Parties estans esdiz procès, ne feussent tenues de comparoir ne proceder ailleurs; & tout ce qui seroit fait au contraire, tant deffaulx donnés comme autres choses quelxconques, vouloit & decernoit estre de nulle valeur, & que pour ce lesdis Pescheurs ne aucuns d'eulx ne peussent estre trais à amende en aucune maniere.

Lesquels Pescheurs de toute ladicte Pescherie d'icelle eaue de *Corbueil,* Nous ont humblement requis que ladicte Ordonnance ainsi faicte par nostredit Seigneur & Pere, & lesdictes choses contenues en sesdictes Lectres, leurs veillons confermer en la forme & maniere que confermées les avons aux Pescheurs de la Pescherie de l'eaue de *Meleun:* Nous inclinans à ladicte supplicacion, ayant ladicte Ordonnance, en tant que touche les choses dessusdictes & chascunes d'icelles, fermes & agréables, tant pour les causes dessusdictes, comme pour consideracion de ce que toutesfois & quantesfois qu'il Nous a pleu & à ceux de nostre Sang & Lignage, aller chacier ou faire chassier ès buissons des environs de nostredicte Ville de *Corbueil,* Nous avons tousjours mandé & fait venir ausdictes chaces lesdiz povres supplians, lesquels y soyent tousjours venus, & laissié pour ce leurs pescheries & besongnes à faire, & se y sont occupés & occupent la plus grant partie du tems, sans ce qu'ils en aient eu de Nous aucun prouffit, icelles oudit cas avons louées, ratiffiées, approuvées & confermées, louons, ratiffions, approuvons & confermons de grace especial par ces presentes, & voulons que desdis privileges & franchises ils joyssent tout en la fourme & maniere que font lesdis Pescheurs de l'eaue de *Meleun.* Si donnons en mandement par la teneur de ces presentes, à nostre amé & féal Cousin & Conseiller le *Comte* de *Saint Pol* & de *Liney,* Souverain Maistre & General Reformateur de nos Eaues & Forests, & aux autres Maistres desdictes Eaues & Forests, au *Bailli* de *Meleun,* & à tous nos autres Justiciers & Officiers, ou à leurs Lieuxtenans, presens & avenir, & à chascun d'eulx, si comme à lui appartendra, que lesdis Pescheurs de ladicte Pescherie de l'eaue de *Corbueil,* & chascun d'eulx, facent, sueffrent & laissent joïr & user plainement & paisiblement de nostre presente grace & confirmacion, & que ladicte Ordonnance & toutes les choses dessusdictes & chascune d'icelles, tiengnent & gardent, & facent tenir & garder sans enfraindre de point en point, selon la teneur d'icelles; & tout ce qui seroit ou auroit esté fait ou attempté au contraire, ramenent & remectent, ou facent ramener & remectre tantost & sans delay au premier estat & deu. Et pour que ce soit chose ferme & estable à tousjours-mais perpetuelment, Nous avons fait mettre nostre Séel à ces presentes : sauf en autres choses nostre droit, & l'autruy en toutes. *Donné au* Champ-Dieu *lez*-Corbueil, *le XXIIII.e jour de Juillet, l'an de grace mil CCCC. & dix, & de nostre Regne le XXX.e*

Par le Roy, Messieurs les *Ducs* de *Bourgongne* & de *Braban,* le *Comte* de la *Marche,* le Grant Maistre d'Ostel, & plusieurs autres, presens. MARCADE.

(a) Lettres

CHARLES VI. à Paris, en Juillet 1410.

(a) Lettres par lesquelles Charles VI. défend aux habitans de Tournay, de créer de nouvelles rentes sur les maisons qu'ils possèdent dans cette Ville, & leur permet de racheter dans le terme d'un an les rentes anciennement créées sur leurs maisons, de ceux qui les auront nouvellement acquises, & de racheter celles qui appartiennent à des Ecclésiastiques, si elles ne sont point amorties.

CHARLES, &c. Savoir faisons à tous presens & avenir, Nous avoir receu l'umble supplicacion de noz bien amez les Prevosts, Jurez, Eschevins, [a] Eswardeurs & habitans de nostre bonne Ville & Cité de *Tournay*, contenant que ladicte Ville est une des plus notables Villes de nostre Royaume, & qui anciennement a esté mieulx ediffiée & de plus belles maisons, & si estoit moult bien peuplée & habitée de notables gens & bons marchans qui icelles maisons retenoient & reparoient bien & grandement, par ce que pour le fait de la marchandise qui y avoit cours, les habitans de ladicte Ville estoient riches & bien aisiez: mais par le fait & occasion des guerres de nostre Royaume, & autrement, les estrangiers voisins de ladicte Ville, comme ceulx de *Hainau, Cambresis, Liege, Brebant, Alemaigne,* & d'autres Nacions, ont delaissé de pieça à venir en ladite Ville de *Tournay,* & à y continuer le fait de la marchandise, & tant par ce comme par les mortalitez qui ont esté en ladicte Ville, & mesmement par la mortalité qui fu en l'an mil CCCC. le peuple de ladicte Ville est moult diminué & apovry, & tellement que plusieurs & grant partie des maisons de ladicte Ville sont demourées & demeurent aujourdui inhabitées, vagues & [b] ruineuses; & encores les possesseurs des maisons qui sont habitées, vendent de jour en jour rentes sur leursdictes maisons, tant à vie comme autrement, & telement les chargent de rentes, que lesdictes maisons ne les valent pas, & quant les rentiers se veulent faire paier, lesdiz possesseurs & proprietaires delaissent icelles maisons pour les rentes, & ne treuve l'en bien souvent qui les vueille prendre pour cause desdictes rentes & charges qui sont trop grans: parquoy lesdictes maisons cheent en ruyne, & desja en y a grant quantité qui sont ainsi demourées inhabitées; & pour ce, ladicte Ville qui souloit estre decorée de belles maisons & notables ediffices, est desja grandement decheue & en voye de plus decheoir, se par Nous n'estoit sur ce pourveu, si comme lesdiz exposans Nous ont fait humblement exposer, en Nous suppliant humblement que attendu la situacion de ladicte Ville qui est chief de pays, assise ès confins de nostre Royaume, joingnant ausdiz pays de *Hainau, Cambresis, Liege, Brebant,* & autres pays étrangers, & pour ce est besoing & néceslité pour le prouffit de Nous & de nostre Royaume, que ladicte Ville soit tenue en bon estat comme elle a esté ou temps passé, Nous sur ce vueillons pouvoir de gracieux & convenable remede. Pourquoy Nous ces choses considerées, & attendu les bons, grans & notables services faiz à Nous & à nos Predecesseurs par les Bourgoiz de ladicte Ville ès temps passez, tant ou fait de noz guerres comme autrement en plusieurs manieres, ausdiz supplians avons octroyé & octroyons, & par ces presentes de nostre certaine science, grace especial & auctorité Royal, avons ordonné & ordonnons que doresenavant les proprietaires des maisons & héritages assises en ladicte Ville & Banlieue de *Tournay,* qui sont à present & pour le temps avenir seront, ne puissent vendre aucunes rentes à vie ne à heritages sur lesdictes maisons & heritages, ne les charger de plus grant charges ou rentes soit à vie ou à héritage, qu'elles sont à present; & que toutes les fois que ceulx qui ont rentes à vie ou à héritage sur lesdictes maisons & héritages, vendront icelles

[a] *Voy. les Tables des Mat. des Vol. de ce Rec. à ce mot.*

[b] *menaçant ruine.*

NOTE.

(a) Trésor des Chartres, Registre 165. P. XIII.xx IX. (269.)

CHARLES VI. à Paris, en Juillet 1410.

rentes ou partie d'icelles, à autres personnes que aux proprietaires desdictes maisons, lesdiz proprietaires puissent dedens l'an de la vendicion, retraire lesdictes rentes ainsi vendues, & en descharger leursdictes maisons & héritages, en paiant le pris que lesdictes rentes auront été vendues, avec les loyaulx coustemens; & avec ce, toutes Eglises, Monasteres & personnes d'Esglise aians rentes à vie ou à heritage sur lesdictes maisons & héritages, puissent estre & soient contrains à vendre leursdictes rentes aux proprietaires, toutesfois que acheter les vouldront, par pris raisonnable; ou cas toutesvoies que lesdictes rentes ne seroient admorties. Si donnons en mandement par ces presentes, à nos amez & feaulx Gens tenans nostre present Parlement & qui tendront noz autres Parlemens avenir, & à tous noz autres Justiciers, Officiers & subgiez, ou à leurs Lieutenans, presens & avenir, & à chascun d'eulx, si comme à lui appartendra, que lesdiz supplians, bourgoiz & habitans de ladicte Ville de *Tournay*, qui à present sont & pour le temps avenir seront, facent, sueffrent & laissent joïr & user paisiblement de nostredicte grace & Ordonnance, & icelle Ordonnance tenir & garder sans enfraindre, sans les molester, traveiller ou empeschier, ne souffrir estre molestez, travailliez ou empeschiez en aucune maniere au contraire. Et que ce soit chose ferme & estable à tousjours, Nous avons fait mettre nostre Séel à ces presentes Lettres: sauf en autres choses nostre droit, & l'autruy en toutes. *Donné à* Paris, *ou moys de Juillet, l'an de grace mil* CCCC. *& dix, & de nostre Regne le* XXX.*e*

Par le Roy en son Conseil, ouquel le *Roy* de *Navarre,* le *Conte* de la *Marche,* Maistre *Philippe* de *Corbye,* & plusieurs autres, estoient. TEILLAYE.

CHARLES VI. à Paris, le 11. d'Aoust 1410. a *Voy. ci-dessus p. 198. note (b).*

(a) Règlement pour les Arbalestriers de la Ville de Paris.

CHARLES, &c. Savoir faisons à tous presens & avenir, Nous avoir receu l'umble supplicacion des [a] Roy, Connestable & Maistre de la Confrarie des *(b)* Arbalestriers de nostre bonne Ville de *Paris,* contenant comme ladicte

NOTES.

(a) Trésor des Chartres, Registre 165. P. iiijxx. (80.)

Ces Lettres se trouvent aussi dans ce même Registre, Pièce 329. mais ces deux copies sont différentes en plusieurs endroits: ou pour dire quelque chose de plus exact, il y a eu d'abord des différences entre elles; mais dans la suite, on a rayé dans la Pièce 329. presque tous les mots dans lesquels elles consistoient, & on en a écrit en interlignes d'autres qui rendent les deux copies à peu près semblables. Pour tâcher de découvrir les raisons des différences qui étoient d'abord entre ces deux copies, & des corrections qui ont été faites dans la Pièce 329. il faudroit entrer dans un grand détail qui excéderoit les bornes que doivent avoir des notes, & j'ai pris le parti de renvoyer cette discussion à la fin du §. de la Préface de ce Volume, dans lequel je rendrai compte du rétablissement de la Prevôté des Marchands & de l'Echevinage de la Ville de *Paris,* parce que je soupçonne que c'est ce rétablissement qui a donné lieu en partie aux corrections qui ont été faites dans la Pièce 329.

Dans les endroits de la Pièce 80. qui ne sont pas conformes à l'ancien texte de celle qui est cottée 329. j'ai fait imprimer dans des notes & cet ancien texte & les corrections qui y ont été faites.

Ces Lettres se trouvent vidimées dans celles de Charles VII. du 23. de Septembre 1437. qui sont au *fol.* 46. du Registre du Parlement de *Paris,* cotté *D.* & *Ordonnances Barbines,* & au *fol.* 223. de ce Registre, vidimées dans les Lettres de Louis XI. du mois de Septembre 1461.

Ces Lettres de 1410. se trouvent aussi au *fol.* 17. du Registre vert vieil du Châtelet de *Paris,* vidimées dans celles de Charles VII. & au *fol.* 170. *verso* du premier Registre de la Cour des Aides de *Paris,* sur lequel voyez la note *(a)* de la p. 201. du 4.e Volume de ce Recueil.

Dans ces trois Registres les Lettres de 1410. sont conformes, à quelques légères différences près, à la Pièce 80. du Registre du Trésor des Chartres.

(b) Arbalestriers.] Il y a toûjours *Arbalestiers* dans le Registre du Châtelet, & *Arbalestriers* dans les deux Pièces du Registre du Trésor des Chartres; & néanmoins il y a toûjours *arbaleste* dans ces deux Registres.

Dans la première Pièce des *Barbines,* il y a toûjours *Arbalestiers* & *Arbaleste,* à l'exception d'un endroit où il y a *Arbalestre* & *Arbalestriez;* mais dans la seconde il y a toûjours *Arbalestriers* & *Arbaleste.*

CHARLES VI.

à Paris, le 11. d'Août 1410.

Ville soit la Ville cappital & celle de nostre Royaume où nos devanciers, Nous & nos [a] Successeurs avec ceux de nostre Sang & Lignage, & nostre Conseil, ont acoustumé demourer, & y faire plus continuelle residence que autre part en nostre Royaume, & parce de raison doye estre icelle Ville [b] gardée & ordenée de gens bien instruis de deffense, & qui soient prests de Nous servir à l'onneur, bien & prouffit de Nous, du bien publique & d'icelle Ville, & en icelle Ville de tout temps ait eu Confrarie d'Arbalestriers, de gens d'estat & [c] mesnagiers, qui se sont entremis du trait & exercite de l'Arbaleste, lesquels sont bons & expers pour dudit trait honnestement & seurement servir pour la seurté & deffense de Nous & de nostredicte bonne Ville, & plus en y eust beaucop se en icelle Confrarie eust eu aucuns drois, privilleges & prerogatives, comme il a és autres bonnes Villes notables de nostre Royaume, comme à *Rouen*, à *Tournay*, & en autres bonnes Villes : car les frais & charges dudict trait & exercite de l'Arbaleste, & aussi du service que iceulx Arbalestriers feroient & qui leur convendroit faire & soustenir, se aidier se vouloient aucunement dudit exercite, sont grans, & ne les pourroient bonnement supporter sans avoir de Nous privilleges autres que les autres habitans d'icelle nostre bonne Ville, requerans humblement sur ce nostre grace & provision. Pourquoi Nous voulans & desirans le bien, honneur & seurté de nostredicte bonne Ville, & des fréquentans & habitans en icelle, & icelle estre ordonnée en police & gouvernement de bien en mieulx, avons ordonné & ordonnons par ces présentes, que doresenavant en nostredicte bonne Ville de *Paris*, soit faicte assemblée & Confrarie, ainsi que autreffois a esté, & se puissent les Confreres d'icelle veoir & assembler ensemble pour ledit trait & exercite de l'arbaleste frequenter & exerciter, affin de ediffier en icellui toutes bonnes gens, qui à ce se voudroient instruire & exerciter; & que de ladicte Confrarie des Arbalestriers en y aura soixante des mieulx jouans & plus seurs dudict exercite de l'arbaleste, lesquelx auront & leur donnons de grace especial par ces presentes, les privilleges & prerogatives en nostredicte bonne Ville de *Paris*, autelx & semblables que les Arbalestriers de nostre Ville de [d] *Rouen* ont en icelle Ville de *Rouen;* parmi ce que lesdiz soixante Arbalestriers de *Paris*, seront tenus de faire les frais & services à Nous & à nostredicte bonne Ville, [e] pareulx & semblables que sont tenus de faire en ladicte Ville de *Rouen*, ceulx qui sont Arbalestriers oudit nombre de cinquante en icelle Ville de *Rouen;* lesquelx privileges, & aussi les charges que pour ce seront tenus de faire iceulx soixante Arbalestriers à *Paris*, s'ensuivent; c'est assavoir, que iceulx soixante Arbalestriers qui par ces presentes seront mis oudit nombre, & leurs successeurs en icellui nombre & exercite d'Arbalestriers, seront francs, quictes & exemps, & par ces mesmes presentes les affranchissons de paier Quatriesme, Imposicions, ne quelxconques autres Aides aians cours pour le fait de la guerre, des biens & choses qui croistront en leurs heritages seulement; & aussi de paier quelxconques Tailles, Subsides, Gabelles, & tous autres Aides qui ont & auront cours en icelle nostre bonne Ville de *Paris*, avec de tous guets & arriere-guets qui mis seroient ou seront mis sus en icelle nostre bonne Ville de *Paris*, pour quelxconque cause que ce soit, fors seulement pour les reparacions & fortifficacions de nostredicte bonne Ville de *Paris*, pour l'arriereban & pour la raençon de Nous ou de nos Successeurs, se occupés estions de nos ennemis, que Dieu ne vueille, tant seulement; lesquelx soixante Arbalestriers Nous voulons estre prins des habitans de nostredicte bonne Ville & des Confreres d'icelle Confrarie, les plus souffisans & expers oudit fait : & tous ceulx qui oudit nombre de LX Arbalestriers seront mis, seront amenés en la présence (c) de nostre *Prevost* de *Paris*, & du

[a] *C'est-à-dire app. les Enfans de Charles VI.*

[b] *garnie.* Barb.

[c] *ayant menage, maison.*

[d] *Voy. à la p. 528. du 6.e Vol. de ce Rec. les Lettres de Charles VI. du 17. de Décembre 1380.*

[e] *pareils.* Barb. & Reg. du Chât.

NOTE.

(c) *De nostre Prevost, &c.]* Au lieu de ces mots, *de nostre Prevost de Paris, & du Prevost des Marchands, tous armez, &c.* il y a dans la Pièce 329. *de la Garde de par Nous de la Prevosté des Marchans de nostredicte bonne Ville, tous armez, &c.*

CHARLES VI. à Paris, le 11. d'Août 1410.

Prevost des Marchands, tous armez & prests pour leurs corps deffendre, en tel estat comme ils vendront & devront venir touteffois que besoing en sera pour la deffense de Nous & de nostredicte bonne Ville, & la seurté de leurs corps, lesquels LX. Arbalestriers se ils souffisent & semblent bons & bien habiles (d) à nosdits Prevost de *Paris* & des Marchands, par leur ordonnance, seront escrips & enregistrés és [a] livres & livres des Clercs de nostredicte Prevosté de *Paris* & des Marchans, & du Clerc Criminel de nostredicte Prevosté, avec nos autres Officiers; & iceulx LX. ainsi nommés, receus & enregistrés, comme dit est, esliront d'eulx tous un, tel comme bon leur semblera, lequel ils (e) nommeront à nosdits *Prevosts* de *Paris* & des Marchans, pour estre le Maistre & Cappitaine d'iceulx LX. Arbalestriers; & ledit Maistre ainsi esleu & [b] receu feront jurer és mains de nosdits *Prevosts* de *Paris* & des Marchans, que bien & loyaument il gardera les Ordonnances & Status dudit exercite de l'Arbaleste & de la Confrarie d'icelle, verra & diligemment visitera les bastons & armeures desdits Compaignons, à ce qu'ils soient seurs & prests tousjours pour la deffense de leurs corps & de nostredicte bonne Ville, leur fera savoir tous les mandemens & commandemens que fais lui seront de (f) par Nous & de par nosdits *Prevosts* de *Paris* & des Marchans; & ceulx où il trouvera faulte, rapportera (g) à icellui *Prevost* de *Paris*, pour estre par lui pugnis selon l'ordonnance de ladicte Confrarie : & se muera ledit Maistre & Cappitaine d'an en an à l'election desdits Arbalestriers, comme dit est, lequel Maistre & aussi tous les LX. Arbalestriers feront és mains [c] de nosdits *Prevosts* de *Paris* & des Marchans, serment sollempnel aux Sains Euvangiles de Dieu, chascun en droit soy; (h) c'est assavoir, que tout ce dont ils vendront & seront trouvés garnis & habilés pour la deffense de leurs corps & de nostredicte bonne Ville, sera leur propre, & qu'ils ne le vendront, [d] engaigeront, donneront, presteront ne (i) eschangeront ou mectront hors de leurs puissances pour quelconque cause que ce soit, (k) & que en l'etat

a *Livres & Registres.* Barb.

b *Dans la Pièce 329. il y a:* receu, jurera que bien & loyaument.

c *Il y avoit dans la Pièce 329.* en la main de nostredicte Garde; *on a fait de* dicte, dit : *on a effacé* Garde, *& on a mis à la place entre lignes,* Prevôt de Paris & des Marchands.

d *Ce mot n'est point dans la P. 329.*

NOTES.

(d) *A nosdits Prevost de Paris.]* Dans la Pièce 329. il y avoit écrit dans le texte : *A notredicte Garde par l'ordonnance d'icellui notre Garde, seront escrips & registrés ou Livre & Registre des Clers de ladicte marchandise de notredicte bonne Ville, entre nos Officiers en icelle marchandise : Et iceulx, &c.* de ces premiers mots, *nostre dicte*, on en a fait *nos dits ;* on a effacé le mot *Garde,* & en la place on a mis entre ligne *Prevôts de Paris & des Marchans:* après les mots *par l'ordonnance,* on a effacé ceux-ci *d'icellui notre Garde.* Un peu plus bas on a effacé ces mots: *marchandise de notre dicte bonne Ville, entre :* on a laissé *noz Officiers ;* & ensuite on a effacé *en icelle marchandise.* Et on a mis entre ligne *Prevosté de Paris & des Marchans, & du Clerc Criminel de ladicte Prevosté, avec nos autres Officiers; & iceulx soixante.*

Moyennant ces radiations & ces additions, le texte des deux Pièces se trouve semblable; à l'exception que dans la première il y a, *par leur ordonnance,* & dans la seconde il n'y a que *par l'ordonnance.*

(e) *Nommeront.]* Dans la Pièce 329. il y avoit : *ilz nommeront à ladicte Garde de par Nous de ladicte Prevosté des Marchans.* On a rayé les mots *à ladicte Garde,* & les suivans, & à la place on a mis entre lignes, *ausdits Prevosts de Paris & des Marchans.*

(f) *Par Nous.]* Dans la Pièce 329. il y avoit : *de par Nous par notre dicte Garde :* on a effacé ces mots *Nous par notre dicte Garde;* & on a mis entre lignes, *notredit Prevost de Paris & des Marchans.*

(g) *A icelui.]* Il y avoit *ibid. à notre dicte Garde,* qu'on a effacé, à la place desquels mots on a mis entre lignes, *à ycelui Prevost de Paris.*

(h) *C'est assavoir.]* Au lieu de ces mots, *c'est assavoir . . . . . . par la défense, &c.* il y a dans la Pièce 329. *c'est assavoir que tout ce dont ilz venront garnis & habillez devant notre dicte Garde, pour la défense, &c.* Dans ce passage il y a dans les deux Pièces du Trésor des Chartres & dans celle du Châtelet, *vendront* ou *venront* qui est la même chose; & dans le Registre de la Cour des Aides, on lit *vouldront;* mais ni l'un ni l'autre de ces mots ne forment de sens, & sont apparemment corrompus.

(i) *Eschangeront.]* Il y a *estrangeront* dans la Pièce 329. & dans les Lettres du mois d'Avril 1411. pour les Arbalestriers de *Rouen.* Elles seront imprimées ci-dessous à leur rang. *Estrangeront* signifie apparemment *détourneront.*

(k) *Et que en l'etat, &c.]* Au lieu de ces mots : *Et que en l'etat que ils se monstreront, ils vendront au mandement de nosdits Prevosts de Paris & des Marchands, ou de leur licence, ou dudict Maistre, &c.* il y a : *& que en l'estat qu'ils se monstreront, ilz vendront au mandement de notredicte Garde ou de son Lieutenant, &*

que ils se monstreront, ils vendront au mandement de nosdits *Prevosts* de *Paris* & des Marchans, [a] ou de leur licence ou dudit Maistre & Cappitaine des Arbalestriers, qui pour lors sera, toutesfois que mestier sera & que mandés seront [b] [par la licence de nosdits *Prevosts* de *Paris* & des Marchans;] & ou cas que aucun ou aucuns desdits LX. Arbalestriers qui mis & receus seront en icellui nombre, cherra ou cherront en povreté ou impotence, par viellesse, maladie ou autre accident, icellui qui sera ainsi debilité de son fait, pourra mettre en son lieu & pour lui un homme souffisant, fort & [c] delivre, armé & *(l)* emba au gré desdits *Prevosts* de *Paris* & des Marchans, lequel servira ladicte Ville oudit fait, aux frais, cousts & despens de cellui [d] pour en lieu duquel il sera mis & receu oudit nombre, en la fourme & maniere que feroit & seroit tenu de faire cellui ou lieu duquel il sera mis, & durant la vie d'icellui ainsi débilité seulement; & par ainsi icellui debilité usera desdictes franchises & libertés, & non mie cellui qui sera pour lui : & ne pourront iceulx LX. Arbalestriers aler en aucune armée ne partir de nostredicte bonne Ville pour aller en armée, sans le congié & licence [e] de nosdits *Prevosts* de *Paris* & des Marchans; & se l'un d'eulx va de vie à trespassement, il en sera prins un autre en son lieu des meilleurs de ladicte Confrarie, à la nomination & election d'iceulx LX. Arbalestriers, lequel sera presenté à nosdis *Prevosts* de *Paris* & des Marchans, armé & ordonné pour la deffense de son corps & de nostredicte bonne Ville, par la maniere que dit est, & fera les sermens acoustumés en la main de nosdis *Prevosts* de *Paris* & des Marchans, qui ledit ainsi esleu [f] recevra s'il lui souffist, & le fera registrer avec les autres par la maniere ci-devant recitée. Et avons ordonné & ordonnons par ces presentes, que se par nostre Ordonnance ou commandement, *(m)* nosdis *Prevosts* de *Paris* ou des Marchans, ou leur Lieutenant, veulent iceulx Arbalestriers ou aucuns d'eulx mener hors de la banlieue de nostredicte bonne Ville, faire le pourront, & seront tenus iceulx Arbalestriers y aller aux despens de nostredicte Ville, pour eulx & leurs chevaulx, & ne le pourront recuser valablement se ils n'ont si juste & si loyal essoinne que on ne le puisse ou doye refuser, parmi trois sols de telle monnoye qui courra ou pays où on les menra, que nosdis *Prevosts* de *Paris* & des Marchans leur seront tenus; c'est assavoir, à chascun d'eulx faire payer pour chascun jour de gaiges, des deniers de nostredicte bonne Ville, & audit Maistre & Cappitaine, V. sols pour jour, de ladicte monnoye, oultre leursdis despens de bouche pour eulx & pour leurs chevaulx, où ils seront payés au pris d'autres Arbalestriers, & de pareils gaiges que Nous baillerons à nos autres Arbalestriers que Nous tendrons pour le temps à gaiges; & se aucuns desdis Arbalestriers faillent ou refusent à venir au mandement de leurdit Maistre qui fait & créé sera de nostre commandement, par nosdis *Prevosts* de *Paris* & des Marchans, ou leurs Lieutenans, pour Nous servir par la maniere que dit est, ou excede les choses dessusdites, se il n'a vraye & juste excusation, il sera

CHARLES VI. à Paris, le 11 d'Août 1410.

a *ou de leurs Lieuxtenans.* B.

b *Les mots renfermés entre crochets ne sont point dans la P. 329.*

c *délibéré, propre au métier des armes.*

d *pour & eu lieu.* B.

e *Il y a dans la Pièce 329.* de notredicte Garde, *au lieu de ces mots :* de nosdits Prevosts de Paris & des Marchans; *qui se lisent ici & plus bas.*

f *Voy. la Préface de ce Vol. au §. annoncé ci-dessus p. 522. note (a).*

NOTES.

dudict Maistre, &c. Il est certain que dans la Pièce 80. le mot *licence* est une faute, & qu'il faut corriger *Lieutenant* qui se lit dans la Pièce 329. & dans le Registre du Châtelet.

A l'égard des mots *se monstreront*, ils peuvent signifier *dans l'état auquel ils se présenteront dans les Monstres ou revûes.*

(l) Emba.] Au lieu de ces mots : *Emba au gré desdits Prevosts de Paris & des Marchans, lequel, &c.* Il y a dans la Pièce 329. *embastonné au gré de notredicte Garde & dudit Maistre desdiz Arbalestriers, lequel, &c.*

Le mot *embastonné* se lit aussi dans les *Barb.* & dans le Registre du Châtelet. *Embastonné;* c'est-à-dire armé. Alors on donnoit quelquefois aux armes le nom de bâtons; & on lit plus haut *bastons & armures.*

(m) Nosdits Prevosts.] Au lieu de ces mots : *Nosdits Prevosts de Paris ou des Marchans, ou leur Lieutenant, veulent iceux . . . . . . faire le pourront . . . . que nosdiz Prevosts de Paris & des Marchans leur seront tenus . . . . & crée . . . . par nosdits Prevosts de Paris & des Marchans ou leurs Lieutenans pour Nous;* il y a dans la Pièce 329. *nostredicte Garde ou son Lieutenant vuet iceulx . . . . . faire le pourra . . . . . . que nostredicte Garde leur sera tenus . . . . . fait & sera . . . . de par nostredicte Garde ou de son Lieutenant pour Nous.*

CHARLES VI. à Paris, le 11. d'Août 1410.

à tousjours privé dudit exercite d'Arbalestrier, ou il paiera amende à la voulenté & *(n)* tauxacion d'icellui nostre *Prevost* de *Paris;* lesquelles amendes qui à cause dudit fait seront par icellui nostredit *Prevost* tauxées, Nous voulons estre appliquées moitié à ladicte Confrarie, & moitié à nostredicte Ville, & icelle moitié appartenante à nostredicte Ville, estre reçue par le Receveur ordonné à recevoir les exploits & prouffis d'icelle Ville de *Paris,* qui de ce sera tenu rendre compte comme des autres deniers d'icelle nostre bonne Ville de *Paris,* là où il appartendra. Et ou cas que aucuns desdits LX. Arbalestriers pour occasion dudit office & exercite, seront par aucun ou aucuns adjournés ou autrement dommagiés, la cause vendra pardevant [a] nostredit *Prevost* de *Paris,* qui en sera Juge commis quant à ce, & seront demenés les procès pour iceulx Arbalestriers qui ainsi seroient traveillés, par nostre Procureur ou Chastellet de *Paris,* se nostredit Procureur n'est Partie fourmelle en cas d'excès à l'encontre desdis Arbalestriers. Si donnons en mandement par ces presentes à nos amés & feaulx Conseillers les Gens tenans & qui tendront nostre Parlement à *Paris,* les Gens de nos Comptes & Trésoriers à *Paris,* les Generaulx-Conseillers sur le fait des Aides ordonnés pour la guerre, *(o)* à nosdits *Prevosts* de *Paris* & des Marchans de nostredicte bonne Ville, & à tous nos autres Justiciers & Officiers, ou à leurs Lieuxtenans & à chascun d'eulx, si comme à lui appartendra; & quant à nostredit *Prevost* de *Paris,* qui à present est & qui ou temps avenir sera, ou son Lieutenant, quant à la plaine congnoissance des causes desdis LX. Arbalestriers touchant ledit exercite [b] d'Arbalestrier, & des dependences, par ces presentes commettons que de nostre presente grace & octroy facent, sueffrent & laissent iceulx Arbalestriers joïr & user plainement & paisiblement, cessant tout empeschement, & ces presentes facent enregistrer en nos Registres de Parlement, de la Chambre des Comptes, du Chastellet, [c] de la Prevosté des Marchans, ausquels Registres Nous voulons plaine foy estre adjoustée comme à ces presentes. Et que ce soit chose ferme & estable à tousjours, Nous à ces presentes Lettres avons fait mettre nostre Séel : sauf en autre chose nostre droit, & l'autruy en toutes. *Donné à* Paris, *le XI.e jour d'Aoust, l'an de grace mil CCCC. & dix, & de nostre Regne le XXX.e*

Par le Roy, en son Conseil ouquel le *Roy* de *Navarre,* Messire *Charles* de *Savoisy,* Maistre *Jehan* de *Corbye,* & plusieurs autres estoient. TEILLAYE.

a *Au lieu de ces mots,* nostredict Prevost de Paris, *il y a dans la Pièce 329.* nostredicte Garde.

b d'Arbaleste. *B.*

c *Il y a dans la Pièce 329.* & en ladicte Prevosté des Marchans.

NOTES.

(n) Tauxation.] Au lieu de ces mots : *Tauxation d'icellui nostre Prevost de Paris; lesquelles amendes qui à cause dudit fait seront par icellui nostredict Prevost tauxées, &c.* il y a dans la Pièce 329. *tauxation de nostredicte Garde; lesquelles amendes qui à cause dudict fait seront par nostredicte Garde tauxées, &c.*

(o) A nosdicts Prevosts.] Au lieu de ces mots : *A nosdicts Prevosts de Paris & des Marchans de nostredicte bonne Ville ..... & quant à nostredict Prevost de Paris qui à présent est,* il y a dans la Pièce 329. ceux-ci : *A ladicte Garde de par Nous de ladicte Prevosté des Marchans de nostredicte bonne Ville .... & quant à ladicte Garde de ladicte Prevosté des Marchans qui à présent est.*

CHARLES VI. à Paris, le 12. d'Août 1410.

(a) *Lettres confirmatives de celles qui portent que les Officiers du Roy, qui ne sont point du vrai nombre & ordonnance, & qui ne sont point ordinaires & retenus à gages pour le servir, ne jouiront point des privilèges accordés aux Officiers ordinaires du Roy; & notamment de l'exemption des Péages, des droits du Sceau, ni du droit de* Committimus *aux Requêtes du Palais à Paris.*

CHARLES, par la grace de Dieu, Roy de France. Au *Senechal* de *Toulouse*, & à tous nos autres Justiciers en ladite Senechaussée, ou à leurs Lieuxtenans : Salut. Nostre Procureur en ladite Senechaussée Nous a exposé en complaignant, disant que comme en icelle & ou païs d'environ, soyent & demeurent aucuns [a] que se dient estre nos Conseillers, Chambellans, Maistres des Requestes, Maistres d'Hostel, & les aultres nos Secretaires, Notaires, Pannetiers, Ezchansons, Escuyers d'Escuerie, Varlets tranchans, Huissiers & Sergens d'Armes, Varlets de Chambre, & autres Officiers que Nous avons retenus oultre nombre & ordennance, lesquels soubs umbre desdits Offices ou aultrement, ont commis & commettent de jour en jour plusieurs excès, delis & malefices, extortions, griefs & oppressions illicites & indues contre aucuns de nos subgiets de ladite Senechaussie, & s'efforcent eulx exempter de vostre Court, Jurisdiction & connoissance, & de chacun de vous, tant ez faits criminels que ez civils, & n'en veulent respondre pardevant vous, ne y estre à droit, soubs ombre d'iceulx Offices; & par ce, plusieurs desdits malefices, excès, delis, extorsions & opressions illicites, sont demouré & demeurent impunis, jaçoit ce que lesdits nos Officiers ne soyent pas du vray nombre & ordonnance, & retenus à gages ordinaires, ou ordonnés pour Nous servir, & par ce ne doivent pas joïr ne user des previleges, libertés, franchises & exemptions octroyées à ceulx dudit vray nombre & ordonnance, & retenus à gages ordinaires pour Nous servir, comme dit est, qui est en grant esclande & lezion de justice, & ou très-grand prejudice & domaige d'aucuns de nos subgiets de ladite Senechaussie, & plus pourroit estre ou tems advenir, si comme dit icelui nostre Procureur, se par Nous n'estoit sur ce pourveu de remede convenable, requerant icelui. Pour ce est-il que Nous ce que dit est consideré, vous faisons sçavoir par ces presentes, avoir despieça par deliberation de nostre Conseil sur ce, ordonné les Ordennances & provisions contenues & escriptes en nos Lettres enregistrées en nostre Parlement, Chambre des Comptes, *Prevosté* de *Paris*, & aucuns autres nos Auditoires, dont la teneur s'ensuit.

a *corr.* qui.

(b) CHARLES, &c.

Si vous mandons, & à chacun de vous, si comme à lui appartiendra, que nostredite Ordonnance vous tenés & faites tenir & garder sans enfreindre, par ceulx qu'ils appartiendra, & ne souffrés icelle estre transgressée en aucune maniere, mais tout ce que trouverés avoir esté fait ou prejudice d'aucuns de nos subgiets de ladite Senechaussie, contre nostreditte Ordonnance, en icelle violant & trespassant, reparés le & mettés ou faites reparer & remetre sans delai, se requis en estes, ou premier estat & deub; & en oultre punissés & corrigiés

NOTES.

(a) La copie de ces Lettres qui sont dans le dépôt de la Chambre des Comptes de *Montpellier*, a été envoyée avec cette indication : *Sénéchaussée de* Toulouse *en général, armoire C. 1.re continuation des titres particuliers, n.° 1. fol. 199. verso.*

(b) *Charles, &c.]* Ces Lettres qui sont du 16. de Janvier 1386. sont imprimées à la p. 161. du 7.e vol. de ce Rec.

CHARLES VI. à Paris, le 12. d'Août 1410.

lesdits nos Officiers oultre nombre & ordonnance, de leursdits delis, excès, malefices, extorsions, griefs & oppressions illicites par eulx, ainsi que dit est dessus, commis, selon leur deserte & l'exigeance des cas, & les contraigniés doresenavant vigoureusement & sans aucun deport, à ster à droit pardevant vous, & à obeir à vos mandemans toutesfois que adjornés & requis en seront, tout ainsi & par la force & maniere que en nostre dessusditte escripte Ordonnance est declaré & contenu, par maniere que pour occasion de ce, à Nous & nostre Court doresenavant n'en viennent aucunes plaintes ou plaintifs aucuns en aucune maniere : car ainsi Nous plaist-il estre fait de grace special, se mestier est, par ces presentes; nonobstant quelsconques Lettres subreptices impetrées ou à impetrer à ce contraires : mandons & commandons à tous nos autres Justiciers, Officiers & subgiets, que à vous & à chascun de vous, & à vos commis & deputés sur ce, obeissent & entendent diligeamment. *Donné à* Paris, *le doutziéme jour d'Aoust, l'an de grace mil quatre cens & dix, & de nostre Regne le XXX.*

Par le Roy, à la relation du Conseil. PAUTRON.

CHARLES VI. à Paris, le 22. d'Août 1410.

(a) Lettres par lesquelles Charles VI. ordonne que dans le cas où de Bray & Desprez ne posséderoient plus la Charge de Correcteur des Comptes, qu'il leur avoit conféré, ils reprendroient celle de Clerc ordinaire de la Chambre des Comptes, qu'ils avoient avant qu'ils eussent été créés Correcteurs des Comptes.

CHARLES, par la grace de Dieu, Roy de France. A tous ceux qui ces presentes Lettres verront : Salut. Comme ja pieça & par plusieurs fois en nostre grand Conseil eut été à trés-grand & meure déliberation advisé & appointé pour le trés-grand & évident bien & proufit de Nous & de nostre Royaume, de créer & ordonner deux Correcteurs en notredite Chambre des Comptes, qui vacqueroient & entendroient à faire les corrections qui ilec sont & seront à faire, lesquels Correcteurs se feroient de deux notables & souffisans personnes expertes en fait de comptes; & depuis en executant lesdits avis & appointemens par certaines [a] Ordonnances n'agueres faites & passées par Nous en notre grand Conseil, Nous pour le bien & utilité de Nous & de la chose publique, eussions créé & ordonné lesdits Offices de Correcteurs, & en iceux mis & nommé nos amez & feaux Maîtres *Estienne* de *Bray* & *Nicolas Desprez*, lesquels [b] Nous suivoient par avant la derniere Ordonnance, comme Conseillers en notredite Chambre, combien qu'ils n'eussent que gages, en lieu de *(b)* Clerc ordinaire d'icelle Chambre, avec certaines autres provisions, ont été Correcteurs des comptes rendus & à rendre en icelle notredite Chambre, & pour ce faire leur aurions tauxé certains gages & droits, comme plus à plain est contenu entre autres choses en nos autres Lettres sur ce faites & données le quatorziéme jour de Juillet dernier passé, & par ce Maistres *Antoine Gresle* & *Jehan* de *Bury* qui lors Nous suivoient en ladite Chambre comme Clercs & subrogez desdits de *Bray* & *Des Prez*, sans gages, eussions par icelle même Ordonnance nommez & ordonnez *(c)* Clercs ordinaires ilec; & il soit ainsi que en icelle Ordonnance n'ait été & ne soit par exprés declairé ou reservé que se dedans aucun temps

a *Voy. ci-dessus p. 000. les Lettres du 14. de Juillet précédent.*

b *Ne faudroit-il pas corriger* Nous servoient, *là & un peu plus bas.*

NOTES.

(a) Ces Lettres qui étoient au *fol.* 134. *verso* du Mémorial *G.* de la Chambre des Comptes de *Paris,* ont été tirées du Recueil cité dans la note *(b)* de la p. 26. du 7.e Vol. du Rec. des Ordonnances.

(b) Clerc.] C'est-à-dire, *Clercs d'embas.* Ces Clercs sont présentement nommés Auditeurs. Voy. la note suivante.

(c) Clercs.] Par les Lettres du 14. de Juillet précédent, qui sont imprimées ci-dessus p. 511. *Gresle* & de *Bury* sont compris dans la liste des Clercs d'embas.

avenu

a avenu, lesdits (d) Correcteurs étoient tous Clercs, ou en plus grande partie, qu'il ne fut plus besoing d'avoir Correcteurs, ou que pour aucune autre cause Nous adnullissions lesdits Offices de Correcteurs, iceux de *Bray* & *Des Prez* pussent & dussent retourner & être mis en leursdits Offices de Clercs [b] ce que pour le present tiennent & occupent lesdits *Gresle* & *Bury*, laquelle chose pourroit en ce cas tourner ou grand préjudice, deshonneur & domaige desdits de *Bray* & *Des Prez*, si pourvû ne leur étoit sur ce; ne leur soit aussi par lesdites Ordonnances fait refus expressément à prendre les dix livres pour [c] manteaux, que un chacun d'eux prenoit par avant chacun an à cause de Clerc ordinaire desdits Comptes, ne aussi le nom de notre Conseiller, dont paravant icelle Ordonnance ils usoient & étoient nommez & appellez; & pour ce Nous ayent fait supplier que les réservations devant dites leur veuillions accorder & octroyer: Sçavoir faisons que Nous voulant oster les doubtes & difficultez qui pour occasion des choses dessus dites se pourroient ensuir; considerant aussi que pour la souffisance & mérites desdits de *Bray* & *Des Prez* qui longuement & loyaument Nous ont servi és estats dessusdits, & anciennement en plusieurs manieres, Nous les avons mis & ordonnés esdits Offices de Correcteurs, que pour le clair & évident profit de Nous & de la chose publique, avons de nouvel créé & ordonné, laquelle chose ne leur doit pour ce tourner en diminution, mais en accroissement de leur estat & honneur, & pour la grande & bonne relation qui par plusieurs de notre Grand Conseil Nous a été faite de leur prudommie, souffisance & diligence, à iceux de *Bray* & *Des Prez*, & à chacun d'eux, avons octroyé & octroyons de notre certaine science & grace speciale, se mestier est, par ces Presentes, que ou cas que pour aucunes des causes cy-dessus touchées ou autres quelconques, ne soit plus besoin d'avoir Correcteurs, ou que Nous adnullerions lesdits Offices de Correcteurs, ils puissent & doivent retourner à leursdits Offices de Clerc que tiennent à present iceux *Gresle* & *Bury*, comme dit est, & lesdits de *Bray* & *Des Prez* voulons être préferez en nosdits Offices de Clercs ordinaires de nosdits Comptes, pardevant iceux *Gresle* & *Bury*, & tous autres qui [d] tenoient leursdits lieux ou exerceroient leursdits Offices pour le tems avenir, durant icelles corrections, lesquels dès maintenant pour lors ès cas dessusdits les préferons, remettons & restituons, & voulons que lors ils jouissent des gages & autres droits, profits & émolumens appartenans audit Office de Clerc: Voulons aussi & Nous plaist que chacun an durant icelles corrections, ils aient & prennent de Nous les dix livres parisis pour manteaux, que paravant ils prenoient comme Clercs desdits Comptes; & encore de plus ample grace, ausdits de *Bray* & *Des Prez* & chacun d'eux, avons octroyé & octroyons que le nom de notre Conseiller leur demeure, & soient nommez en noz Lettres & autrement Conseillers & Correcteurs de nos Comptes; & pour ce que si pour aucunes des causes dessus touchées ou autrement, lesdites corrections étoient faillies, par quoy suivant notre presente reservation, lesdits de *Bray* & *Des Prez* retournassent à leurs lieux de Clerc que tiennent lesdits *Gresle* & *Bury*, iceux *Gresle* & *Bury* pourroient demeurer destituez & depointez de tout état & Office, qui leur seroit une dure chose à supporter, voulant pour ce pourvoir à leur sureté & état, comme raison est, voulons & Nous plaist, & ausdits *Gresle* & *Bury* avons octroyé & octroyons de notre grace, que se pendant le temps desdites corrections il vacquoit aucun lieu & gaiges de Clerc de nosdits Comptes, par mort, mutation ou autrement, iceux *Gresle* & *Bury* soient pourvûs des lieux & gaiges de celuy

CHARLES VI.
à Paris, le 22. d'Août 1410.
a *corr.* avenir.
b ce paroît inutile.
c *Voy. les Tables des Mat. des Vol. de ce Rec. au mot* Manteaux.
d *Il faut app. corr.* tiendroient.

NOTE.

(d) *Correcteurs étoient tous Clercs.*] Cet endroit me paroît corrompu; & peut-être dans le Registre y avoit-il *corrections* au lieu de *Correcteurs*: mais quel mot approchant de celui de *Clercs*, pourroit-on lui substituer pour signifier finies ou *faillies*, terme qui se trouve plus bas. On y lit: *& si . . . . . . lesdites corrections étoient faillies, &c.* Je crois donc qu'on pourroit ainsi corriger ce passage: *que se dedans aucuns temps à venir, lesdites corrections étoient faillies, ou en plus grande partie, qu'il ne fut plus besoin d'avoir Correcteurs, &c.*

CHARLES VI. à Paris, le 22. d'Août 1410.

ou de ceux par qui ou par lesquels ils vaqueroient, premiers ou avant tous autres, & celuy ou ceux qui de nouvel seroient mis en ladite Chambre, soient & demeurent ès lieux des devant dits *Gresle* & *Bury*, en continuant & entretenant en ce l'Ordonnance accoutumée en notredite Chambre, de préferer toujours les plus anciens dans les lieux, gaiges & droits ordinaires & paisibles, sans ce qu'il soit ja besoin ausdits *Gresle* & *Bury* autres Lettres ou Mandemens de Nous, fors ces Presentes; & voulons que celuy ou ceux qui nouvellement seront reçûs, & pendant le temps desdites corrections, se soumettent avant leur réception à ce que dit est, & à la provision desdits *Gresle* & *Bury*. Si donnons en mandement par ces mêmes Presentes, à noz amez & feaux Gens de nosdits Comptes & Treforiers, que nos presentes reservation & Declaration, lesquelles Nous voulons avoir & sortir tel effet & autorité comme nosdites Ordonnances, & que si elles eussent été specifiées & contenues en icelles, ils enterinent & accomplissent de point en point, en les faisant enregistrer en ladite Chambre des Comptes ou Trésor, & ailleurs où mestier sera, pour la conservation des droits des dessus nommez; nonobstant que esdites nos Ordonnances ce ne soit contenu ou exprimé, & quelconques subreptices impetrations, restrinctions, Ordonnances, mandemens & défenses faites & à faire au contraire. En témoing de ce, Nous avons fait mettre notre Scel à ces Lettres. *Donné à* Paris, *le vingt-deuxiéme jour d'Aoust, l'an de grace mil quatre cens dix, & de notre Regne le trentiéme.* Ainsi signées. Par le Roy en son Conseil, ouquel le *Roy* de *Navarre*, [a] Vous, le *Prevost* de *Paris*, Messire *Charles* de *Savoisy*, Maistre *Eustache* de *Laistre*, & plusieurs autres étiez. NEAUVILLE.

a *Le Chancelier de France. Voy. le 5.e Vol. de ce Rec. pag. 653. note (c).*

CHARLES VI. à Paris, le 28. d'Août 1410.

(a) Lettres par lesquelles Charles VI. ordonne à tous ceux qui tiennent des fiefs, de venir le servir en armes : permettant néanmoins aux Gens d'Eglise, & à ceux qui ne sont point nobles, d'envoyer des gens armés en leur place, ou de payer une certaine somme pour s'exempter de ce service.

CHARLES, par la grace de Dieu, Roy de France. Au *Seneschal* de *Toulouse*, ou à son Lieutenant : Salut. Pour ce qu'il est venu à nostre connoissance que aucuns se sont efforciés de faire & ont fait & mis sus en nostre Royaulme grans assembée de gens d'armes & de trait, & aultres gens de guerre, sans avoir eu sur ce de Nous mandement, congié ou licence, & contre nos prohibitions & deffenses à eulx expressement faites tant par nos [b] Lettres patentes comme par nos gens & messages notables, laquelle chose est de très-mauvais exemple & redonde en grand contempt de nostre authorité & Majesté Royal, & en est le peuple de nostre Royaulme en voye d'estre moult grevé & oprimé, & aultres innumerables maulx & domaiges *(b)* taillés d'ensuir, se pourveu n'y est; mesmement que Nous sommes duement informés que ezdites assemblées sont plusieurs gens d'estranges Nations & tenans le parti de nos adversaires d'*Angleterre*. Nous, ces choses considerées, eu sur ce iceles advis & conseil, avons deliberé de Nous metre sus presentement en nostre personne au plaisir de Nostre Seigneur, & avoir sur les champs grant nombre de nos vassaulx & autres nos bons & loyaulx subgiets, auxquels Nous avons mandé

b *Voy. ci-dessus p. 515. les Lettres du 15. de Juillet précédent.*

NOTES.

(a) La copie de ces Lettres qui sont dans le Dépôt de la Chambre des Comptes de *Montpellier*, a été envoyée avec cette indication : *Sénéchaussée de* Toulouse *en général, armoire C. 8.e continuation des titres particuliers, n.o 1. fol. 197. verso.*

Voy. la Préface de ce Volume, §. 1.

(b) Taillés.] Les choses sont dans de telles disposition & situation, qu'il doit arriver de grands maux. Encore aujourd'hui, le mot *Taillé* se prend quelquefois dans cette signification. Voy. le Dict. de *Trévoux*, au mot *Taillé*, col. 1992.

de venir, & desja en sont plusieurs venus pardevers Nous, pour pourvoir à ces choses à main armée, & aultrement comme il appartient par raison. Se vous mandons [a] & commetant, se mestier est, que vous faites crier & publier solemnement par tous les lieux de vostre Senechaussie, accoustumés à faire cris, en faisant exprès commandement de par Nous, que tous tenant Fiefs ou Arriere-Fiefs en nostre Royaulme, viegnent tantost & sans delai, & soyent devers Nous montés & armés souffisament, quelque part que Nous soyons, dedens le quinsieme jour du mois de Septembre prouchain venant, pour Nous servir ez choses dessusdittes. Et pour ce que en vostre Senechaussie sont plusieurs, tant de gens d'Eglise comme aultres, qui ne sont extraits d'ancieneté de noble lignée, & qui n'ont acoustumé d'eux armer, & ont acquis ou tiennent & possedent plusieurs Fiefs, Terres, rentes & possessions nobles, tenues en nostre Royaume en Fiefs ou Arriere-Fiefs, vous mandons en oultre, que se venir ne veulent devers Nous en la maniere que dit est, leur faites commandement de par Nous exprès que ils envoyent personnes pour eulx, ydoines & habiles, montés & armés souffisament, pour Nous servir comme il appartiendra; & se telles personnes comme dessus est dit, venir ou envoyer n'y veulent, & ayment mieux payer pour ce aucunes finances, icelles personnes traitiés ou faites traiter & composer à certaines sommes, eu regard à leurs facultés & à la qualité & valeur de leurs fiefs, & icelles sommes faites tantost lever & recevoir par le Receveur de nostre Demaine en vostre Senechaussie, ou aultres que bon vous semblera, pour être aportées ou envoyées hastivement à *Paris*, & bailliées à nostre bien amé *Alexandre le Bourcier* Receveur général de nos Aydes ordonnées pour la guerre, ou à l'un des Tresoriers de nos guerres, pour être converties au payement de gens d'armes que Nous avons fait assembler, comme dit est, en contraignant à ces choses faire & compeller les personnes dessusdittes, par toutes voyes & manieres dues & qu'il est accoustumé & se peut & doit faire en tel cas par raison. De ce faire vous donnons povoir & mandement special : mandons & commandons à tous nos Justiciers, Officiers & subgiets, que à vous & à vos commis & deputés, en faisant les choses dessusdittes, circonstances & dependances, obeissent & entendent diligeamment, & vous prestent & donnent conseil, confort & ayde, se mestier est & requis en sont. *Donné à* Paris, *le XXVIII.e jour d'Aoust, l'an de grace mil quatre cens dix, & de notre Regne le XXX.e*

CHARLES VI. à Paris, le 28. d'Août 1410.

a app. en.

Par le Roy en son Conseil, ouquel le *Roy* de *Navarre*, Messeigneurs les *Ducs* de *Guyenne*, de *Bourgogne*, [b] Vous, le *Prevost* de *Paris*, les Sires de *Leham*, d'*Aumont*, de *Piquigny*, de *Blaru*, de *Crouy*, de *Hely*, de *Savoisi*, de *Rambures*, de *Montenay* & de *Ramboillet*, & plusieurs autres, estiés. J. HUE.

b *Le Chancelier de France. Voy. le 5.e Vol. de ce Rec. p. 653. note (c).*

CHARLES VI. à Paris, le 30. d'Août 1410.

(a) Lettres de Charles VI. signées de sa main, par lesquelles il renouvelle les défenses qu'il avoit déjà faites de faire des assemblées de gens de guerre sans son ordre.

CHARLES, par la grace de Dieu, Roy de France. Au *Senechal* de *Toulouse* ou à son Lieutenant : Salut. Comme par nos autres Lettres patentes passées en nostre grant Seel, & données *(b)* le 14.e jour de Juillet darrein passé, pour ce qu'il estoit venu à nostre cognoissance que aucuns Seigneurs tant de

NOTES.

(a) La copie de ces Lettres qui sont dans le Dépôt de la Chambre des Comptes de *Montpellier*, a été envoyée avec cette indication : *Sénéchaussée de* Toulouse *en général, armoire C. 8.e continuation des titres particuliers, n.° 1. fol. 195.* Voy. la Préface de ce Volume. §. 1.

(b) Le 14.e jour de Juillet.] Il y a ci-dessus p. 515. des Lettres par lesquelles Charles VI. défend les assemblées de gens d'armes, mais elles sont du 15. & non du 14. de Juillet.

CHARLES VI. à Paris, le 30. d'Août 1410.

noſtre Sang & Lignage, comme autres, s'efforçoient de faire grans mandemens & aſſemblées de gens d'armes, Archiers, Arbaleſtriers, & autres gens de guerre, ſans avoir ſur ce aucun mandement ou licence de Nous, & pour pluſeurs autres cauſes en icelles nos autres Lettres contenues, Nous vous ayons n'agueres mandé que vous deffendiſſiés & fiſſiés deffendre, crier & publier par tous les lieux de voſtre Juriſdiction, que aucuns quels qu'ils fuſſent, pour quelſconques mandemens ou commandemens de quelſconques Seigneurs, fuſſent de noſtre Sang & Ligneige, ou autres, ſuppoſé qu'ils fuſſent leurs Hommes-liges, ou qu'ils tingſſent d'eulx en fief ou autrement, ils ne ſe armaſſent ou partiſſent de leurs hoſtels pour aller audit mandement & ſervir leſdits Seigneurs ou autres, ou ſe déja eſtoient devers eulx ou partis pour y aller, [a] qui s'en retournaſſent en leurs hoſtels, ſe il ne leur eſtoit mandé par nos Lettres patentes paſſées en noſtre grant Conſeil de datte ſubſequent noſdites autres Lettres, ſur peine de forfaire corps & biens, & d'autres grans peines contenues en noſdites Lettres; & que les refuſans & deſobeiſſans vous contraigniſſiés tant par empriſonnement de leurs perſonnes, comme en mettant en noſtre main & faiſant gouverner par icelle leurs terres, & en mettant auſſi & multipliant gaſteurs & [b] mangeurs en leurs maiſons, & deſcouvrant icelles maiſons, ſe meſtier eſtoit, & par la plus forte maniere & rigoureuſe maniere que faire ſe pourroit: & depuis encores par nos autres [c] Lettres patentes données le dix-neufvieme jour de ce préſent mois d'Aouſt, pour ce que nous fuſmes informés que leſdits Seigneurs ne s'eſtoient point deſiſtés & ne ſe deſiſtoient de leurſdites entrepriſes, mais y perſeveroient en faiſant touſjours faire leurſdits mandemens & aſſemblées, [d] faignans que ce fuſt pour Nous venir ſervir, pour le bien de Nous, de noſtre Seigneurie & de noſtre Royaume, en promettant à ceux qui ſe armeroient avec eulx, que ils les garantiroient de noſdites deffenſes envers Nous, Nous vous ayons mandé & commandé que vous fiſſiés crier & publier derechiefs nos deſſuſdittes autres Lettres de deffenſe ſonlemnement à haulte voix [e] à ſon de trompe; & en oultre, que à quelsconques deſdits mandemens ou commandemens deſdits Seigneurs faits & à faire en noſtre nom, ou ou leur, & ſoubs umbre de noſtre fait & ſervice ou du leur, ou ſoubs quelconque autre couleur ou occaſion que ce fuſt, ne à quelconques leurs Lettres particulieres ou generales ſur ce envoyées ou à envoyer, ſoubs quelque forme que ce fuſt, aucun noble ou aultre de quelque eſtat ou condition qu'il fuſt, ſuppoſé qu'il fuſt du lignage d'iceulx Seigneurs, leur Homme-lige, vaſſal ou ſubgiet ſans moyen, ne obeiſſe à leurſdits mandemens ou commandemens, & ne aille à iceulx mandemens, ſur peine de commetre felonie & forfaire corps & biens envers Nous, & ſur toutes autres peines qui affierent encontre tous tels deſobeiſſans à Nous & à noſtre Couronne, & tranſgreſſans de noſdits commandemens, & que ceulx qui eſtoient déja devers leſdits Seigneurs, & ceulx auſſi qui eſtoient partis pour y aller, s'en retournaſſent ſe il ne leur eſtoit mandé par Nous & par nos Lettres patentes paſſées en noſtre grant Conſeil, de datte ſubſequent nos autres Lettres de deffenſe deſſuſdittes; & que vous faſſiés oultre crier & publier que Nous exemptons du povoir & Juriſdiction pour ceſte fois & quant à ce cas, deſdits Seigneurs, tous nos ſubgiets feaulx & vaſſaulx, & auſſi tous les ſubgiets feaulx & vaſſaulx d'iceulx Seigneurs, & que contre ceulx que vous trouveriés eſtre deſobeiſſans & trangreſſans de noſdites deffenſes, vous procediſſiés par la forme & maniere declarée en noſdites autres Lettres de deffenſe: & neanmoins ſe convenablement trouver les poviés hors lieu ſaint, que vous les priſſiés & ameniſſiés ez priſons de noſtre Chaſtelet de *Paris*, & ſe non, que vous les adjornaſſiés en leurs domicilles, s'aucuns en ont en voſtre Juriſdiction, & ſi non, à haulte voix & à ſon de trompe, à eſtre & comparoir en perſonnes à certain & competent [f] jour ordinaire ou extrarordinaire de noſtre Parlament, ſur peine de confiſcation de leurs biens & [g] de commetre leurs fiefs & tenemens, & de eſtre atteints & convaincus de crime de leze-Majeſté envers Nous, reſpondre à noſtre Procureur General à telles fins qu'il vouldra eſlire; & que les biens

[a] corr. qu'ils.

[b] Voy. ci-deſſus p. 258. note (b).

[c] Ces Lettres ne ſont point dans ce Rec.

[d] feignans.

[e] ſupp. & comme il y a plus bas.

[f] Voy. la note (e) de la p. 320. du 8.e Vol. de ce Rec.

[g] de les expoſer à la commiſe, à la confiſcation feodale.

d'iceulx adjournés vous missiés en nostre main, sans en faire delivrance ou recreance, nonobstant toutes oppositions ou appellations, & que sur ce certifiessiés nos amés & feaulx Gens de nostre Parlement, leur renvoyissiés l'information que sur ce aurez faite, pour en faire justice selon l'exigeance des cas : & ces choses nonobstans, Nous ayons entendu que aucuns desdits Seigneurs de nostredit Sang & Ligneige, qui ont fait ou fait faire lesdits mandemens & assemblées des gens d'armes sans nostredit congié & licence, comme dit est, pour vouloir metre au neant le fait de nos devant dittes[a] de deffense, & pour mieulx parvenir à leursdittes entreprinsses qu'ils font sans nostredit congié & licence & contre nosdites deffenses, ont par leurs Lettres ou aultrement fait signifier, crier & publier publiquement & autrement, que nosdites Lettres de deffense avons envoyées, combien qu'elles soient faites en nostre nom & seellées de nostre grant Seel, n'ont point esté commandées par Nous ne de nostre sceu, science, voulenté ou ordonnance, mais du tout à nostre desceu, & de ce non advertis ne advisiés ou promeus, & que pour ce aucuns de quelque estat qu'ils soyent n'y obtemperent en quelque maniere que ce soit, en promettant sur ce d'icelles nos Lettres de deffense les garentir & desdomager envers tous. Pour quoy Nous qui avons pris & prenons, & non sans cause, si très-grant desplaisir que plus [b] pourrions, ezdittes choses ainsi faites par lesdits Seigneurs, & que ne les voulons aucunement souffrir ne passer soubs dissimulation, mais voulons y pourveoir, vous signifions que toutes nosdites Lettres de deffense dont dessus est faite mention & à vous envoyées, comme devant est exprimé, ont été commandées par Nous mesmes & nostre propre personne, de nostre propre mouvement, certaine science, à très-grant & meure deliberation, Nous sur ce bien advisés, advertis & promeus, & par notre exprès commandement, voulenté & Ordonnance faites & seellées ez formes qu'elles sont, & que tousjours a esté & est nostre ferme & immutable propos, voulenté & entention que elles sortissent leur plein & entier effet : & oultre ce que lesdites significations, cris & publications que lesdits Seigneurs ont fait faire au contraire, & aussi lesdits mandemens & assemblée de gens d'armes qu'ils ont faits & font en nostre nom & ou leur, & sous umbre de nostre fait & service ou du leur, & soubs quelqu'autre qualité ou nom que ce soit, sont à nostre très-grant desplaisance, contre toute nostre volenté & Ordonnance & nosdites Lettres de deffense, & que de ce par nosdites Lettres les avons desadvoués & desadvouons encores du tout par ces presentes. Sy vous mandons, commandons & très-expressement enjoignons, sur peine de privations de vostre Office, & sur quanques vous vous povés mesfaire envers Nous, que tantôt & sans aucun delai, vous faites derechief, toutes nos aultres Lettres de deffense, adjournemens & autres choses dont dessus est touchié, avecques ces presentes nos Lettres, signifier, crier & publier soulemnément à haulte voix & à son de trompe par tous les lieux accoustumés à faire cris & publications en vostredite Jurisdiction, & ez Ressorts d'icelle tant anciens que aultres, si & par telle maniere que aucun n'en puist ne doye pretendre ignorance; & icelles executés, enterinés & accomplissés selon leurs formes & teneurs; & de ce faites telle & si bonne diligence que vous n'en doyés estre reprins : car Nous vous en fairions punir si griefment que ce seroit exemple à tous aultres : Mandons & commandons à tous nos autres Justiciers, Officiers & subgiets, que sur tout quanques ils se peuvent mesfaire & offenser envers Nous, ils à vous & à vos commis & deputés en ceste matiere, obeissent & entendent diligeamment, & vous prestent & donnent conseil, confort, ayde & prisons, se mestier en avés & requis en sont : car ainsi Nous plaist-il & l'avons ordonné & ordonnons estre fait nonobstans les significations, cris & publications, & autres quelconques faites ou à faire par lesdits Seigneurs ou aultres, soubs quelconque forme de paroles qu'elles soyent ou puissent estre, & quelsconques Lettres subreptices à ce contraires. Et afin que aucun ne puisse ou doye pretendre ignorance que les choses dessusdittes ne soyent, viegnent, & procedent de nostre certaine science, voulenté & Ordonnance,

CHARLES VI.
à Paris, le 30. d'Août 1410.

[a] *Il faut ici supp. le mot* Lettres, *comme plus bas.*

[b] *supp.* ne.

CHARLES VI. à Paris, le 30. d'Août 1410.

Nous en tesmoing de ce, avons soubscrit de nostre main nostre propre nom à ces Lettres, & escript aussi avec ce de nostredite main toutes les paroles qui sont escriptes après icelui nostre nom, & fait mestre nostre Seel à cesdites presentes. *Donné à Paris, le XXX.e jour d'Aoust, l'an de grace mil quatre cens dix, & de nostre Regne le XXX.e* CHARLES.

Nous faisons sçavoir à tous que le contenu en ces presentes, & aussi en nos autres Lettres, a esté fait de nostre voulenté & commandement escript de ma main.

Par le Roy, en son Conseil, ouquel le *Roy* de *Navarre,* Messeigneurs les *Ducs* de *Guyenne* & de *Bourgogne,* les *Comtes* de *Mortaing,* de *Nevers* & de *la Marche,* [a] Vous, le Grant Maistre d'Hostel, le Sire d'*Aumont*, les Chancelliers de *Guyenne* & de *Bourgogne,* le Maître des Arbalestriers, les Seigneurs d'*Auffemont*, de *S.t George*, de *Rambures*, de *Montenay*, de *Hely*, de *Mouy* & de *Chambrillac*, le *Gallois Daunoy*, Mess.rs *Lourdain de Salgny*, *Charles* de *Savoisy*, *Regnault* d'*Angennes*, *Pierre* de *Fontenay*, *Jehan* de *Courcelles*, & aultres, esliés. MAUREGART.

a *Le Chancelier de France. Voy. le 5.e Vol. de ce Rec. p. 653. note (c).*

CHARLES VI. à Paris, en Août 1410.

(a) Lettres par lesquelles Charles VI. exempte les Habitans du Marché de Meaux, du logement de gens de guerre.

CHARLES, &c. Savoir faisons à tous presens & avenir, Nous avoir receu l'umble supplicacion des manans & habitans, povres laboureurs demourans en nostre Ville de *Nanthueil* lez le *(b)* Marchié de *Meaux,* du costé de la *Brye*, contenant comme icelle Ville soit en partie des Fauxbours de la Forteresse dudit Marchié, & à demy quart de lieue près d'icelluy, & en nostre Terre, Seignourie, haulte, moyenne & basse Justice & sans moyen, & pareilment que est nostredit Marchié, & qui anciennement souloient tous estre paroissiens de la Paroisse de *Saint Saintin* dont l'Eglise & Cure est assise en ycelluy Marchié de *Meaux*, & lesquelx manans & habitans de ladicte Ville de *Nanthueil,* ont tousjours de par Nous fait guet & garde en nostre Forteresse dudit Marchié, & y sont tenus comme les habitans en ycelluy de ce y faire toutes & quantesfois qu'il plait à nostre Cappitaine dudit lieu, & avecques ce, yceux supplians manans & habitans de nostredicte Ville de *Nanthueil* qui est la plus prouchaine Ville voisine de nostredit Marchié, faisant guet & garde en la Forteresse d'icellui, comme dit est, ont tousjours apportez & admenez, & apportent & font venir & apporter en nostredit Marchié, tous leurs biens tant de vivres comme blefs, vins, foings, avoines, [b] aumailles, [c] pors, moutons, veaulx, poullailles & autres [d] chars, eufs, fromages, fruis, & autres choses, comme pour les [e] garnisons; vivres & nourretures des habitans dudit Marchié, tant gens d'Eglise comme nobles & autres en ycellui affluans & survenans; en faisant lesquelles choses, lesdits supplians qui ont tousjours été & sont nos bons & loyaulx subgiez, ont souffert & souffrent de jour en jour grant travail & grant peine; & ce nonobstant, & que lesdiz supplians aux causes dessusdictes doivent estre & demourer en nostre garde & seurté, & vivre paisiblement sans estre pilliez, mangez ne robez, [f] vezez ne

b *animaux domestiques. Voy. le 5.e vol. de ce Rec. p. 476. note marginale (c).*
c *pores.*
d *chairs.*
e *provisions.*
f *Ce mot est peut-être mis ici pour* vexez.

NOTES.

(a) Trésor des Chartres, Registre 164. P. III.e XLV. (345.)

(b) Marchié de Meaux.] Le Marché de *Meaux* fait une partie considérable de cette Ville, dont elle est cependant séparée par la rivière de *Marne* qui a été détournée par un Comte de Champagne, pour la faire passer entre la Ville & le Marché. Voy. l'Histoire de l'Eglise de *Meaux*, par D. *Toussaints Du Plessis*, Benedictin, T. I. p. 2. Le Marché de *Meaux* est un lieu célebre dans notre Histoire par plusieurs événemens considérables qui y sont arrivés. Il étoit autrefois tres-bien fortifié, & on y voit encore aujourd'hui des restes de ses murs & de ses remparts.

travailliez oultre les termes de raison; par Gens d'armes ne autres, toutesvoyes il est vray que plusieurs gens d'armes estrangers, Archers ou Arbalestriers, passans & [a] environnans prez de la Forteresse dudit Marchié, se sont accoustumez de leurs voulentez & contre raison, de eulx logier par plusieurs & diverses fois en ladicte Ville de *Nanthueil*, en grant puissance & nombre de gens d'armes & de chevaulx, & par plusieurs voiages où ils ont demouré très-longuement en eulx y sejournans & vivans des biens desdiz supplians, sans en riens paier, & avec ce les ont pilliez & robez par force, & osté du leur; mesmement appert & est apparu que toutes & quantes fois que yceulx gens d'armes ont été logez en nostredicte Ville de *Nanthueil* qui est la Ville la plus prouchaine par où tous les biens de vivres qui sont apportez en nostredit Marchié du costé de ladicte voye, passent de nuyt & de jour, lesdictes gens d'armes ont empeschié & destourné à apporter yceulx biens & vivres, en desrobant, comme dit est, les marchans jusques prez de la Porte & Forteresse de nostredit Marchié, à laquelle Porte lesdictes gens d'armes & leurs varlez sont par plusieurs foys venus & courus à grant effort prendre & ravir, pillier & emporter les biens, moustons & bestaulx qui pasturoient prez d'illecques, qui estoient en partie des vivres desdicts supplians & des habitans audit Marchié, ce que les habitans d'icellui Marchié ne povoient ne n'ont peu [b] rescourre, pour ce que lesdictes gens d'armes ainsi prez logez, estoient trop fors tant de trait d'archiers comme autrement, pour quoi lesdiz supplians laboureurs & habitans dicelle Ville de *Nanthueil*, ont tousjours été delayez & destournez de faire leurs labourages tant en terres, vignes comme autrement, qui a esté & est contre le bien de la chose publique, dont pour occasion des choses dessusdictes, les aucuns d'iceulx supplians sont moult apovriz, & les autres cheuz en mendicité, & pourroient encores plus estre, se par Nous ne leur estoit sur ce pourveu de nostre grace & remede, requerant humblement yceulx. Pourquoy Nous ces choses considereez, & aussy que c'est un grant peril pour ladicte Forteresse de nostredit Marchié, de laissier & souffrir gens d'armes estre logez & sejourner si prez d'icelle, laquelle Forteresse est de très-grant garde, & moult grandement prouffitable à Nous & à nostre Royaume, avons voulu & ordonné, & par la teneur de ces presentes, de nostre certaine science, grace especial, plaine puissance & auctorité royal, voulons & ordonnons ausdiz supplians & à leurs successeurs, presens & avenir, avons octroyé & octroyons que doresenavant aucunes gens d'armes, Archiers, Arbalestriers ne autres, de quelque estat qu'ils soient, ne se logent, puissent ou doient logier, sejourner ne demourer en ladicte Ville de *Nanthueil* ne ès appartenances d'icelle, ne qu'ils y prengnent ne pyllent, puissent ou doyent prendre ne pillier aucuns biens, vivres, ne autres choses quelxconques, [c] neant plus que oudit Marchié de *Meaulx* est acoustumé de faire; mais voulons qu'ils soient frans, quictes & exemps de toutes les prises dessusdictes & de toutes autres quelxconques, & pareilment comme sont ceulx dudit Marchié; & Nous mesmes par ces presentes defendons à tous les gens d'armes dessusdiz, Archiers, Arbalestriers, quels qu'ils soient, comme dit est, sur peine d'encourir nostre indignacion, & sur quanque ils se pevent mesfaire envers Nous, que doresenavant en ladicte Ville de *Nanthueil* ne ès appartenances, ils ne se logent, sejournent ou demeurent en aucune maniere, ne ne prengnent ou pillent aucuns biens ou vivres en icelle Ville ne ès appartenances; mais incontinent qu'ils y seroient venus ou arrivez, s'en departent & deslogent tantôt & sans aucun delay. Si donnons en mandement par ces presentes, aux Cappitaine, *Bailly* & *Prevost* de *Meaulx*, & à tous nos autres Justiciers & Officiers, presens & avenir, ou à leurs Lieuxtenans, & à chascun d'eulx, si comme à lui appartendra, que nostre presente Ordonnance, voulenté & octroy facent enregistrer chascun en droit soy, ainsi qu'il appartendra, & dont de par lesdiz supplians seront requis; & ou cas qu'ils trouveroient que aucuns desdictes gens, Archiers ou Arbalestriers se logeroient, vouldroient loger ou seroient logez en ladicte Ville de *Nanthueil* ne ès appartenances, qu'ils les deslogent ou

CHARLES VI.
à Paris, en Août 1410.

[a] *se trouvans aux environs.*

[b] *recouvrer.*

[c] *non plus.*

CHARLES VI. à Paris, en Août 1410.

a contenter.

facent desflogier reaument & de fait tantost & sans delay, en les contraignant à ce, & tous les desobeissans, par toutes voyes à ce acoustumez & par toutes autres voyes deues & raisonnables, & telement que la force en soit nostre; & aussi s'aucuns de leurs biens leur estoient prins, pillez ou emportez, soit blefs ou autres vivres quelxconques, les leur facent rendre & restituer, paier & [a] contempter telement qu'ils n'aient cause d'en retourner plaintifs pardevers Nous. Et affin que ce soit chose ferme & estable à tousjours, Nous avons fait mectre nostre Séel à ces presentes: sauf en autres choses nostre droit, & l'autruy en toutes. *Donné à* Paris, *ou moys d'Aoust, l'an de grace mil* CCCC. *& dix, & de nostre Regne le* XXX.me.

Par le Roy. J. DE ROUVRES.

CHARLES VI. à Paris, en Août 1410.

(a) Lettres par lesquelles Charles VI. rétablit les Drapiers de Saint-Omer dans le droit de vendre leurs draps dans toutes les foires & marchés de son Royaume.

CHARLES, &c. Savoir faisons à tous presens & avenir, Nous avoir reçu l'umble supplicacion de nos bien amez les Majeurs, Eschevins, Bourgois & habitans de la Ville de *S.t Omer,* contenant que ladicte Ville a esté de toute ancienneté une moult notable Ville, loyale & marchande, & qui tousjours s'est loyaument portée envers Nous, située sur la frontiere de nos ennemis par le fait desquels lesdiz supplians ont souffert & souffrent moult grans pertes & dommages, lesquels ils n'eussent peu supporter, se ne feust la marchandise de drapperie qui de tout temps a eu cours en ladicte Ville de *S.t Omer,* & [b] lequel fait de drapperie ladicte Ville est principalement fondée, & de tout temps a esté acoustumée de faire & avoir des meilleurs ou aussi bons draps que en aucuns autres lieux de notre Royaume; c'est assavoir, les aucuns draps fins qui estoient menez, venduz & distribuez ès foires du [c] Landit, de *Champaigne* & de *Brie,* & autres de notre Royaume, & les autres mendres draps estoient venduz & distribuez aux *Alemans,* comme ils sont encores, & avoient les Marchans de ladicte Ville èsdictes foires, loges & places pour mettre & vendre leurs draps, comme les autres bonnes Villes de nostre Royaume & de dehors, & ainsi a esté usé de tout temps & jusques environ l'an mil III.c IIII.xx & trois, [d] *Enguerran Flomenes* Drappier & Bourgois de ladicte Ville, qui avec ce qu'il estoit Drappier, estoit Tondeur, *(b)* Licheur, [e] Pareur de draps; & comme à l'esgart de la drapperie de ladicte Ville, & soubs umbre desdicts estas, estoit si grand & si puissant oudit fait, qu'il y fit moult de mauvaistiez, fut reprins & convaincu, que pour ce que les fins draps & les petits draps estoit séellez & signez d'un séel & d'une marque sans difference, & d'une largeur & longueur, & si les faisoit tout d'une couleur, il vendoit esdictes foires tout ensemble lesdicts petis draps avec les fins à [f] autel pris l'un que l'autre, feignant & donnant à entendre aux marchans que c'estoit tout un lesquels les achettoient de bonne foy tout un pris, par ce qu'ils estoient semblables en séel, en marque, en largeur & longueur, combien que un fin drap vausist communement deux & demy des petits; pour laquelle fraude & deception qui y fut trouvée, & que onques n'avoit été fait ne trouvé ès autres Marchans de ladicte Ville, fut deffendu & interdit environ ledit an IIII.xx & trois à tous Marchans, si comme on dit, d'acheter & vendre

b *supp.* sur.

c *Voy. la note (b) de la p. 144, du 6.e Vol. de ce Rec.*

d *supp.* que.

e *Voy. la note (r) de la p. 89. du 8.e Vol. de ce Rec.*

f *semblable prix.*

NOTES.

(a) Trésor des Chartres, Registre 164. P. III.c XXVII. (327.)

(b) Licheur.] Je crois que par ce mot il faut entendre les Ouvriers qui donnent le poli aux étoffes, qui les calendrent. L'instrument avec lequel se faisoit cette opération, se nommoit dans la basse latinité *Licha* ou *Lischa.* Voy. le Glossaire de *Du Cange,* à ces deux mots.

esdictes

esdictes foires draps de ladicte Ville de *Saint Omer;* & si fut ledit *Enguerran* banni à son de trompe & [a] sur la hart, desdictes foires, & aussi fu banni par lesdicts Majeurs & Eschevins de ladicte Ville, par dix ans & dix jours, [b] sur la teste, durant lequel temps il alla de vie à trespas : mais depuis lesdicts supplians ont fait & ordonné bonnes & notables Ordonnances sur le fait de ladicte drapperie, bonnes Gardes & bons *(c)* Esgars, en telle maniere que de present on y fait aussi bons draps & sans aucune malefaçon, que en aucunes autres Villes de nostre Royaume ; parquoy ce seroit le grand prouffit de ladicte Ville, & aussi de Nous & des manans & habitans de nostredit Royaume, que lesdiz Marchans de ladicte Ville peussent faire amener & vendre leurs draps esdictes foires, comme ils faisoient paravant lesdictes deffenses & bannissement; si Nous ont sur ce humblement supplié lesdits supplians [c] de nostre grace, mesmement consideré qu'ils Nous ont tousjours loyaument servi en nos guerres, & que ladicte Ville est située sur ladicte frontière, comme dit est, & ont les Bourgois d'icelle Ville par le fait des guerres leurs maisons [d] arses en plat pays, leurs labours gastez, leurs biens & bestail prins & perdus, & aucunnefois leurs corps, les aucuns mors & mutilez & [e] mehaigniez, & les autres rençonnez à grans & grosses rençons, par quoy ils n'auroient de quoy vivre & soustenir leur estat & le fait de la guerre en ladicte Ville, se n'estoit le fait de ladicte Drapperie qui est la plus grand marchandise de ladicte Ville. Pour ce est-il que Nous acertenez du bien & loyauté de ladicte Ville, & des grans & notables services que les Bourgois & habitans de ladicte Ville Nous ont faiz ès temps passez, & esperons que Nous facent ou temps avenir, & pour le bien publique & augmentacion de ladicte Ville, & en contemplacion de nostre très-chier & amé Cousin le *Duc de Bourgongne* Seigneur de ladicte Ville, qui de ce Nous a requis & supplié, ausdiz supplians, de nostre grace especial, plaine puissance & auctorité Royal, avons quitté & remis & pardonné, quittons, remettons & pardonnons les interdit & deffenses dessusdictes, & tout ce qui s'en est & pourroit estre ensuy pour occasion de ladicte malefaçon ; & en empliant nostredicte grace, leur avons donné & octroyé, & par ces presentes donnons & octroyons povoir & auctorité de faire mener & vendre par toutes les foires & marchiez du Landit, de *Champaigne* & de *Brie* & autres de nostre Royaume, leurs draps fais & drappez en ladicte Ville, signez & marquez du séel & marque d'icelle, pourveu qu'ils seront faiz & passez par les Ordonnances & [f] Esgars de ladicte Ville, & que places & loges leur soient baillées & livrées esdictes foires & marchiez, pour ce faire, comme aux autres foires de nostre Royaume, & comme ils avoient avant ledit interdit. Si donnons en mandement au *Prevost* de *Paris,* aux Maistres des Foires de *Champaigne* & de *Brie,* & à tous les autres Justiciers de nostre Royaume, ou à leurs Lieuxtenans, & à chascun d'eulx, si comme à lui appartendra, que contre nostre presente grace & octroy ils n'empeschent ne seuffrent estre empeschiez lesdis supplians ne aucuns d'eulx, en corps ne en biens, en quelque maniere que ce soit; mais les facent & sueffrent de nostredicte grace joïr & user plainement & paisiblement, se requis en sont. Et que ce soit chose ferme & estable à tousjours, Nous avons fait mettre nostre Séel à ces presentes : sauf en autre chose nostre droit, & l'autruy en toutes. *Donné à* Paris, *ou moys d'Aoust, l'an de grace mil CCCC. & dix, & le XXX.e de nostre Regne.*

Par le Roy. CASTEL.

CHARLES VI.
à Paris, en Août 1410.

a *sur peine d'être pendu.*
b *sur peine d'avoir la tête coupée.*
c *de leur accorder notre grace.*
d *brûlées.*
e *blessez. Voy. la note (d) de la p. 309. du 8.e Vol. de ce Rec.*
f *Voy. la note (c) de cette page.*

NOTE.

(c) Esgars.] Ce mot est synonime de celui de *Gardes,* de Jurez d'un métier. Voy. la note *(c)* de la p. 564. du 7.e Vol. de ce Rec. *Esgars* signifie aussi quelquefois *Règlement ;* & dans la suite de ces Lettres, il est pris dans ce sens. Voy. *ibid.* Tome 8. p. 337. note *(k).*

LOUIS Dauphin, à Paris, le 2. de Septembre 1410.

(a) Lettres par lesquelles Louis Dauphin donne pouvoir aux Gens de son Conseil du Dauphiné, de mettre en possession ceux à qui il a conféré des Offices, sans attendre de mandement à ce sujet du Gouverneur du Dauphiné qui étoit alors absent, & à qui les Lettres de provision de ces Offices étoient adressées.

LOUIS, aîné Fils du Roy de France, Duc de *Guienne* & Dauphin de Viennois. A nos amés & feaux Gens de notre Conseil, Auditeurs des Comptes & Tresorier de notredit pays : Salut & dilection. Il est venu à nôtre connoissance que jaçoit ce que à grand & meure deliberation nous ayons pourveu aux Offices d'iceluy notre pays du *Dauphiné,* de personnes bonnes & souffisans, & sur ce leurs ayons donné & octroyé nos Lettres patentes, aux aucuns, presens & requerans, desquieulx nous avons fait recevoir les serements en tel cas accoutumés, par notre amé & feal Chancellier le Sire *Dolchan,* & pour les absens, ayons commis la reception desdits serements à notre amé & feal *(b)* Gouverneur oudit pays, ou à son Lieutenant, & que par nosdites Lettres ayons mandé à iceluy notre Gouverneur, ou à son Lieutenant, qu'il mit ou fit mettre en possession & saisine d'iceux Offices les personnes auxquelles nous les avons donnés & conférés ; néantmoins lesdits Officiers ou aucuns d'iceux n'ont encore eu ne peu avoir la possession & saisine de leursdits Offices, tant pour l'absence de notredit Gouverneur qui depuis aucun temps en ça a été & encore est en *Avignon,* comme pour ce que l'on dit que icelui notre Gouverneur a fait à vous Gens de notre Conseil, aucunes deffenses ou prohibitions de non mettre à execution nosdites Lettres ou aucunes d'icelles, sans son sceu ou exprès commandement, & que il vous a ordonné lui renvoyer audit lieu d'*Avignon,* ou là où il seroit, nosdits Officiers, pour avoir de lui executoires sur les Lettres de notredit don & octroy, dont les aucuns d'iceux nos Officiers qui ont été pardevers Nous [a] ont fait pardeça les seremens en tel cas accoutumés, ont delaissié à prendre leursdites Lettres, & les autres auxquieulx nous les avons fait envoyer, afin que en nosdits Offices n'eust vaccation au dommage de nos sugiets & de nous, ne les ont point prinses, doutants qu'elles ne leurs fussent inutiles pour les refus, delays, depense & travail de poursuir, & par avanture non obtenir executoires sur nosdittes Lettres, & par ce moyen soient plusieurs desdits Offices vaquants & vuides de gouuernement, & nos droits petitement gardés & deffendus, qui est en notre tres-grand deplaisir, prejudice & dommage, & de plus pourroit étre, se par nous ne leur étoit pourveu de remede convenable. Pourquoy nous ces choses considerées, vous mandons & commetons, & à chacun de vous, si comme à luy appartiendra, que incontinent ces Lettres veues & sans aucun delay ou refus, vous mettés ou faites mettre à execution toutes nosdites Lettres & autres à faire, dont il vous est apparu ou appara, tout selon leur forme & teneur, en mettant ou faisant mettre nosdits Officiers, ainsi que par Nous faits & ordonnés, comme dit est, ou à faire & ordonner, en possession & saisine desdits Offices, & en recevant de ceux qu'il appartiendra, les serements & cautions en

[a] *supp.* &.

NOTES.

(a) La copie de ces Lettres qui sont dans le dépôt de la Chambre des Comptes de *Grenoble*, a été envoyée avec cette indication : *Registrum Litterarum Officiarum [Officiariorum] ab anno 1410. fol. 19. & suiv.*

Il a été envoyé un paquet contenant différentes Lettres, avec cette même indication : *fol. 19. & suivans.*

(b) Gouverneur.] *Reynier-Pot* fut pourvû du gouvernement du *Dauphiné,* par Lettres du 8. de Janvier 1409. *Jean d'Angennes,* Seigneur de la *Loupe,* son successeur, fut pourvû de ce Gouvernement, par Lettres du 18. de Juillet 1414. Voy. les p. 15. & 16. du Livre intitulé : *Les Gouverneurs . . . . . du Dauphiné, par Guy Allard. Grenoble, 1704.* in-12.

tel cas accoutumés ; nonobstant l'absence de notredit Gouverneur ou de son Lieutenant, & que vous n'ayés de luy aucun pouvoir de Lieutenance, ou autrement, & la prohibition à vous sur ce faite ou à faire ; & gardés que en ce n'ait aucun deffaut surtout quanque vous doutés encourir notre indignation : car ainsy l'avons nous ordonné & voulu, voulons & ordonnons par ces presentes ; nonobstant que lesdites Lettres s'adressent à notredit Gouverneur ou à son Lieutenant, & non à autres, & quelconques autres Ordonnances, mandements ou deffenses à ce contraires. *Donné à* Paris, *le second jour de Septembre, l'an mil quatre cent & dix.* Par Monseigneur le Dauphin, [a] Vous, les Sires de *S.t George* & de *Ramboillet*, presens. GRASSET.

LOUIS Dauphin, à Paris, le 2. de Septembre 1410.

a *Le Chancelier du Dauphiné. Voy. la note (c) de la p. 653. du 5.e Vol. de ce Rec.*

CHARLES VI. à Paris, le 4. de Septembre 1410.

(a) Lettres par lesquelles Charles VI. dispense les Officiers de la Chambre des Comptes, qui avoient des Fiefs, de venir le servir dans son armée.

CHARLES, par la grace de Dieu, Roy de France. A nostre amé & féal Conseiller & Grand Bouteiller de France, *Pierre Des Essarts*, Chevalier, *Prevost* de *Paris*, & souverain Gouverneur des Finances venans de nos Aydes ordonnés pour la guerre, & à tous nos autres Justiciers & Officiers, ou à leurs Lieutenans : Salut & dilection. Nos amez & feaux les Maistres & [b] Clercs de la Chambre de nos Comptes à *Paris*, Nous ont exposé que jasoit ce que par nos autres [c] Lettres Patentes, & pour les causes contenues en icelles, Nous avons naguères fait crier & publier en cette nostre Ville de *Paris*, & en plusieurs autres Villes & lieux de nostredit Royaume, que tous nos Vassaux, Officiers, Nobles & sujets, tant Gens d'Église comme autres, soient prests, montez & armez suffisamment & le mieux qu'ils pourront, pardevers Nous quelque part que Nous soyons, dedans le quinziéme jour de ce present mois de Septembre, pour Nous *(b)* suir & accompagner où Nous les voudrons employer, & que lesdits exposans soient nos Officiers, & aussi que eux ou les aucuns d'eux, tiennent de Nous ou d'autres nos vassaux, plusieurs Fiefs & Arriere-fiefs, sous ombre ou pour occasion desquels on les pourroit ou voudroit contraindre à eux armer; néantmoins [d] ce qu'ils sont continuellement occupez en nostre service ou fait & exercice de leurs Offices, & pour le bien de Nous & de la chose publique & de nostredit Royaume, & non usitez en fait d'armes, ils ne pourroient bonnement eux armer, ne délaisser le fait & exercice de leursdits Offices, par quoy ils pourroient encourir les peines par Nous sur ce introduites, si par Nous ne leur estoit sur ce pourveu de nostre grace & remede convenable, si comme ils dient, implorant iceux. Pour ce est que Nous ces choses considerées, & autres causes [e] considerations à ce Nous mouvans, à iceux exposans avons octroyé & octroyons de certaine science & grace especiale, par ces Presentes, que pour cette fois, eux ne aucuns d'eux ne soient tenus de eux armer ne de envoyer pour eux en nostredit service, ne en la compagnie de Nous ou d'aucuns de nos vassaux ou sujets, quels qu'ils soient, autre personne pour eux, ne pour ce payer ou bailler aucune finance ne autre composition. Si vous mandons & enjoignons expressément, & à chacun de vous, si comme à lui appartiendra, que de nos presens grace & octroy vous faites, [f] souffrir & laisser lesdits exposans & chacun d'eux joïr & user plainement & paisiblement, sans les contraindre, travailler,

b *depuis nommés* Auditeurs. *Voy. ci-dessus p. 127. note marg. (a).*

c *Ces Lettres qui sont du 28. de ce mois d'Août, sont imprimées ci-dessus p. 530.*

d *supp.* par.

e *supp.* &.

f *corr.* souffrez & laissez.

NOTES.

(a) Ces Lettres qui étoient au *fol.* 134. du Memorial *G.* de la Chambre des Comptes de *Paris*, ont été tirées du Recueil cité dans la note *(b)* de la p. 26. du 7.e Vol. du Rec. des Ordonnances.

(b) Suir.] Ce mot peut signifier ici, suivre : mais peut-être faut-il corriger *servir*, comme il y a dans les Lettres du 28. d'Août précédent; & j'ai des Lettres du 18. de Septembre de cette année, dans lesquelles il s'agit aussi de l'armée que Charles VI. assembloit : & où on lit : *accompagner & servir.*

CHARLES VI. à Paris, le 4. de Septembre 1410.

molester & empescher (c) user, ne ou temps avenir aucunement au contraire; laquelle chose si faite estoit, si la mettez ou faites mettre sans delay à pleine délivrance : car ainsi le voulons & Nous plaist estre fait; nonobstant Lettres & publications dont dessus est fait mention, & Ordonnancees, mandemens, deffenses faites & à faire, & Lettres quelconques à ce contraires. *Donné à Paris, le quatriéme jour de Septembre, l'an de grace mil quatre cens dix, & de nostre Regne le trentiéme.* Ainsi signé. Par le Roy, en son Conseil, où Messeigneurs les *Ducs* de *Guyenne* & de *Bourgogne*, les *Comtes* de *Mortaing*, de *Nevers* & de la *Marche*; le Grand Maistre d'Hostel, & autres, presens. P. FERON.

Collatio facta est cum originali posito in ligacia hujus temporis retro Burellum, incipiente in Pascha 1410. Per me, LE BEGUE.

NOTE.

(c) *User.*] Cet endroit paroît corrompu & tronqué. D'ailleurs ces mots *ou temps avenir*, semblent être contraires à ceux-ci, *pour cette fois*, qui sont un peu plus haut.

CHARLES VI. à Paris, le 13. de Septembre 1410.

(a) *Lettres par lesquelles Charles VI. exempte ceux des habitans de Tournay qui sont ses vassaux, de venir le servir dans l'armée qu'il assembloit alors.*

CHARLES, par la grace de Dieu, Roy de France. Au *Bailly* de *Tournay* & de *Tournesis*, ou à son Lieutenant : Salut. Recheu avons humble supplication de nos bien amez les Prevôts, Jurez, Bourgeois, manans & habitans de la Ville de *Tournay*, contenans que comme pour pourveoir à très-grant assemblée de gens d'armes que aucuns presentement de notre Sang & aultres se sont efforchiés de mettre sus contre nos prohibitions & deffenses, vous ayons n'agaires mandé par nos Lettres données en nostre grant Conseil le XXVIII. jour d'Aoust derain passé, que toutes personnes tenans Fiefs & Arriere-Fiefs de Nous, Nous viengnent servir en la presente armée que Nous faisons pour résister contre & à l'entreprise des dessusdis; & il soit ainsi que lesdis supplians par notre mandement & Ordonnance Nous viengnent servir maintenant à très-grand nombre d'Arbalestriers & (b) Pavetiers avec aultres abillemens de guerre; & aussy y viennent plusieurs desdis supplians montez & armez en bonne estoffe, à grans missions & despens, parquoy lesdis supplians tenans Fiefs ou Arrieres-Fiefs de Nous, dont les aucuns sont de la [a] Loy & gouvernement de laditte Ville, ne pourroient bonnement venir sans faire intermissions de leurs Offices, & laisser la Ville desgarnie, implorans que sur ce leur voellons pourveoir : pourquoy Nous adcertenez de la vraye amour & obeissance que lesdis supplians ont à Nous, & tousjours eu à la Couronne de France, & contens de ce qu'ils Nous font adpresent, & pour aultres [b] & considerations ad ce Nous mouvans, avons ordonné & voulons & vous mandons & expréssement enjoingnons que tous les Bourgois ou manans & habitans de ladite Ville, tenans Fiefs ou Arriere-Fiefs de Nous, vous tenez & faictes tenir quittes, paisibles & exemps de venir en cette presente armée, & aussi les faites & souffrez tenir quittes & paisibles de payer pour ce à Nous aucune composition ou finance : car ainsi de certaine science & grace especial le voulons estre fait, & leur avons octroyé & octroyons par ces pre-

a *Voy. les Tables des Mat. des Vol. de ce Rec. au mot* Loy.

b *mot inutile.*

NOTES.

(a) Tirées du Volume 121. *fol.* 46. des titres copiés dans les Dépôts des Pays Bas Autrichiens. Ces Volumes sont conservés dans la Bibliothèque du Roi.

(b) *Pavetiers.*] Ce sont app. les gens de guerre qui portoient des boucliers appelés *Pavesium* en latin, & *Pavois* en françois. On nommoit quelquefois ces gens de guerre en latin, *Pavenses.* Voy. le Gloss. de *Du Cange*, aux mots, *Pavenses* & *Pavesium.*

sentes, nonobstant nos Lettres dont dessus est faite mencion, & quelconques aultres subreptices empetrées ou à impetrer ad ce contraires. *Donné à Paris, le XIII. jour de Septembre, l'an de grace mil IIII.c & dix, & de nostre Regne le XXX.e*

Ainsi signées. Par le Roy, en son Conseil. BRISOUL. (c)

CHARLES VI. à Paris, le 13. de Septembre 1410.

N O T E.

(c) Il est dit à la tête de la copie de ces Lettres, qu'elles ont été tirées dans le Dépôt de *Tournay*, du Registre rouge cotté *A. fol.* 120. Et à la fin de cette copie il y a : » Pour » copie conforme audit Registre, collationné » par moy *Er.* Conseiller-Greffier héréditaire » des Consaux & Etats de la Ville de *Tournay*, » en présence de M. *Desnans*, Commissaire » nommé par Arrest du Conseil d'Etat du » Roy, du 2 May 1747. & du sieur de l'*Offre*, » Greffier de la Chambre des Comptes de » *Bruxelles*; ladite copie contenante deux rolles » & demi. Fait audit *Tournay*, ce 27. Avril » 1748. *Signé* COURCHETET-DESNANS, » Conseiller au Parlement de *Besançon*. » DEPESTRE, Greffier de la Ville. DE LOFFRE, Off. de la Chambre des Comptes ».

CHARLES VI. à Paris, en Septembre 1410.

(a) *Lettres par lesquelles Charles VI. confirme les Privilèges des Sergens-d'armes.*

CHARLES, &c. Savoir faisons à tous presens & avenir, que comme Monf. Saint Loys nostre Predecesseur Roy de France, en l'onneur de nostre Sauveur Jesus-Christ, pour la singuliere devocion & affection qu'il avoit à la Glorieuse Vierge Sainte Katherine, inclinans à l'umble supplicacion & requeste que lui firent lors les Sergens d'armes qui lors estoient, & pour la memoire de la belle & notable victoire que avoit eue un de nos Predecesseurs contre ses ennemis à la bataille qui fut (b) au Pont à *Bovines*, en laquelle les Sergens d'armes qui le servoient & estoient en sa compagnie, exposoient leurs corps très-honnorablement & vaillamment, eust fondée l'Eglise de ladicte Vierge que l'en dict [a] Saincte Katherine du Val des Escolliers à *Paris*, depuis laquelle fondacion les Sergens d'armes qui depuis ont esté, ont icelle Eglise douée de plusieurs belles rentes, revenues & possessions, dont les Religieux, Prieur & Couvent de ladicte Eglise sont tenus entre les autres choses, de dire & celebrer chascun jour, deux Messes, l'une pour le salut & remede des ames de nos Predecesseurs Roys de France, & de celles des Sergens d'armes trespassez, & l'autre Messe pour le bon estat & santé de Nous & de ceulx de nostre Sang, & des Sergens d'armes vivans; & aussi sont lesdiz Religieux [b] teniez de dire & celebrer chascun an le jour de la Confrarie desdiz Sergens d'armes, une Messe sollempnel, oultre les autres services divins qui de jour & de nuit se font en ladicte Eglise : Et pour ce que lesdiz Sergens d'armes considererent la grant charge que lesdiz Religieux ont du divin service, les grans pertes & dommages qu'ils ont euz & soustenuz pour le fait des guerres & autrement, voulans icellui divin service augmenter & accroistre, & pour mieulx secourir lesdiz Religieux en leurs necessitez, iceulx Sergens d'armes obtindrent ja pieça Lectres Royaulx en cire vert & las de soye, par lesquelles fut ordené que deslors en avant chascun Sergent d'armes à sa nouvelle creacion, sitost que la Mace lui seroit bailliée, paieroit deux [c] mars d'argent ausdiz Religieux, & II. frans à ladicte Confrarie; & avec ce, lesdiz Religieux doivent avoir de chascun Sergent d'armes quand il va de vie à trespassement; c'est assavoir, cent sols pour leur cheval & armeures, & cent sols pour la Mace,

a *C'est aujourd'hui le Prieuré de S.te Catherine, rue de la Culture S.te Catherine.*

b *corr.* tenuz.

c *corr.* marcs.

N O T E S.

(a) Trésor des Chartres, Registre 165. P. XI.

(b) *Pont à Bovines.*) Ce fut en 1214. que Philippe Auguste remporta à *Bouvines* près de *Tournay*, une victoire signalée sur l'armée de l'Empereur *Othon IV.* de *Richard I.* Roi d'*Angleterre*, & du *Comte* de *Flandre*.

CHARLES VI.
à Paris, en Septembre 1410.

ou icelle Mace, avec plusieurs autres services & devoirs [a] à leursdis Offices qu'ils sont tenus faire à Nous & à ladicte Eglise, ainsi que plus à plain est contenu ès [b] Chartres & Privilleges sur ce fais & donnés de nos Predecesseurs & de Nous, enregistrez en ladicte Eglise : & combien que nos Sergens d'armes qui sont tenus & astraints de Nous servir en armes & en chevaulx, touteffois que le cas le requiert, aient plusieurs beaux drois, privileges, libertés & privilleges à cause de leurs Offices, & par especial que sitost que aucun est nouvellement fait & créé Sergent d'armes, & que la Mace lui est bailliée, supposé qu'il ne soit pas noble, il est anobli & pour noble doit estre tenu & reputé, sans avoir autres Lectres d'anoblissement, & doit joïr de privillege de noble; & aussi ne sont tenus nosdiz Sergens d'armes de respondre en deffendant en action personnelle, devant quelconque Juge de nostre Royaume, fors pardevant nostre amé & feal Connestable de France, ou son Lieutenant, à la [c] Table de Marbre, qui est leur Juge & Gardien depputé par nosdis Predecesseurs & Nous, auquel appartient & doit appartenir seul & pour le tout la garde, tuicion & deffense de nosdiz Sergens d'armes & de leurs privileges, libertés & franchises, & doit avoir la congnoissance de toutes injures qui leurs feroient faictes; & s'aucun Juge entreprenoit & vouloit entreprendre d'en congnoistre, il est tenu d'en faire renvoy pardevant nostredit Connestable ou son Lieutenant, se requis en est; & avec ce, nosdiz Sergens d'armes sont & doivent estre francs, quictes & exempts à cause de leursdis Offices, de tous [d] peages, tonlieux, travers, truages, chaussées, Tailles de Villes, imposts & autres subvencions quelxconques, tant par terre comme par eaue, & aussi de tous gués, garde de Villes & Forteresses, & autres redevances mises & imposées par habitans de Villes, & de toutes les autres servitudes, comme les autres Nobles de nostre Royaume, & de ce aient joy & usé nosdiz Sergens d'armes paisiblement & sans aucun empeschement, par tel & si longtemps qu'il n'est memoire du contraire, jusques ou mois de *(c)* Janvier l'an mil III^c. IIII.^xx & six que Nous feismes certaine restrinction & Ordenance sur le nombre de nos Officiers, par laquelle restrinction & Ordonnance ne demoura que huit Sergens d'armes à gaiges : neantmoins soubs umbre d'icelle restrinction, nosdis Sergens d'armes ont esté & sont tellement empeschiés en leursdis privilleges, libertés & franchises, qu'ils n'en pevent joïr, jasoit ce qu'ils Nous aient tousjours servi & servent montés & armés souffisamment quant le cas y est escheu; pour lequel empeschement plusieurs de nosdiz Sergens d'armes, combien que l'Office soit perpetuel, y ont renoncié & s'en sont desinis, & plusieurs notables personnes ont delaissié à empetrer ledit Office, & par ce est l'onneur & estat d'icellui Office moult diminué & aneanti, & aussi ladicte fondacion seroit comme du tout adnullée, & conviendroit que le divin service cessast en ladicte Eglise, se sur ce n'estoit par Nous pourveu de remede gracieulx & convenable, si comme l'en dit. Nous ces choses considerées, les grans, bons & notables services que nosdits Sergens d'armes ont fait à nosdits Predecesseurs, & à Nous font chascun jour continuellement & esperons qu'ils Nous facent ou temps avenir, & pour la reverence de Dieu & de la Vierge Sainte Katherine à laquelle & à sadicte Eglise qui est de fondacion Royal, Nous avons très-grant affection & devocion, & affin que ledit divin service où Nous sommes participans, se puisse continuer, avons à nosdits Sergens d'armes qui à present sont & pour le temps avenir seront, donné & octroyé, donnons & octroyons par ces presentes, ou cas dessusdit, de certaine science & grace especial, autels libertés, privileges, [e] libertez & franchises comme dessus est declaré, &

[a] *corr.* de ou appartenant à.

[b] *Voy. les Lettres de Charles V. du mois d'Avril 1376. qui sont imprimées à la p. 185. du 6.e Vol. de ce Rec. & les Tables des Mat. des Vol. de ce même Rec. aux mots,* Sergens d'armes.

[c] *Voy. la note (b) de la p. 28. du T. 5. de ce Rec.*

[d] *Voy. sur ces différens impôts, les Tables des Mat. des Vol. de ce Rec.*

[e] *Ce mot est répété & inutile.*

NOTE.

(c) Janvier.] Les Lettres du mois de Janvier de l'an 1386. qui sont ici rappelées, ne sont point dans ce Recueil; mais on y trouve à la p. 174. du 7.e Vol. une Ordonnance du 9. de Février 1387. sur la restriction des Officiers du Roy; & il est porté par l'article 10. que le nombre des Sergens d'armes sera réduit à huit.

voulons que dorefenavant ils en puiffent joïr & ufer ainfi & par la fourme & maniere que font & ont acouftumé de faire les Nobles de noftre Royaume, & comme ils faifoient paravant noftredicte reftrinction & Ordonnance, & nonobftant icelle; pourveu que s'aucuns en y a qui fe meflent de marchandife ou font de meftier, qu'ils feront tenus de paier tous les drois & devoirs accouftumés. Si donnons en mandement par ces prefentes à nos amés & feaulx Confeillers les Gens qui tendront noftre Parlement avenir, les Gens de nos Comptes & Treforiers, au *Prevoft* de *Paris,* & à tous les autres Jufticiers & Officiers de Nous & de noftre Royaume, prefens & avenir, ou à leurs Lieuxtenans, & à chafcun d'eulx, fi comme à lui appartendra, que defdits drois, franchifes & libertés ils facent, fueffrent & laiffent lefdis fupplians & chafcun d'eulx joïr & ufer plainement & paifiblement ainfi que dit eft, & les facent enregiftrer, publier & fignifier partout où ils verront que meftier fera, en les tenant & gardant, & faifant tenir & garder fans enfraindre de point en point, comme dit eft, fans faire ne fouffrir eftre attempté ou innové au contraire; mais ce qui auroit efté ou feroit fait & attempté, ramenent & remettent au premier eftat & deu. Et affin que ce foit chofe ferme & eftable à tousjours, Nous avons fait mettre noftre Séel à ces prefentes: fauf en autre chofe noftre droit, & l'autruy en toutes. *Donné à* Paris, *ou moys de Septembre, l'an de grace mil CCCC. & dix, & de noftre Regne le XXXI.*

Par le Roy en fon Confeil, où quel le *Roy* de *Navarre,* Meffieurs les *Ducs* de *Guienne,* de *Bourgoigne* & plufieurs autres, eftoient. J. TOREAU.

CHARLES VI. à Paris, en Septembre 1410.

CHARLES VI. à Paris, en Septembre 1410.

(a) Lettres par lefquelles Charles VI. confirme le Privilège qu'a le Recteur de l'Univerfité de Paris, de faire faire l'inventaire des biens des Ecoliers qui meurent inteftat, *pour rendre ces biens à leurs héritiers s'il s'en préfente, ou les employer en œuvres pies, s'il ne s'en préfente point.*

CHARLES, &c. Savoir faifons à tous prefens & avenir, que notre très-chiere & très-amée Fille l'Univerfité de *Paris,* Nous a fait expofer que ilz ont un certain Privilege; c'eft affavoir, que tout Clerc & Eftudiant en icelle Univerfité, qui va de vie à trefpaffement fans faire teftament, le Recteur de notredicte Fille qui eft & prefide pour lors, a la congnoiffance de par ladicte Univerfité, des biens dudit Clerc mourant *inteftat,* & d'iceulx fait faire inventoire deuement fi comme il appartient; & fe ledit deffunt a aucuns [a] amis qui viennent & s'appariffent dedens l'an & jour, lefdiz biens lui font rendus entierement, excepté la defpenfe qui auroit été faicte pour ledit inventoire faire, & pour la garde d'iceulx biens, & autre defpenfe raifonnable, s'aucune y en avoit, & le demourant eft rendu aufdiz amis; & s'il n'y a nulz amiz qui s'appariffent dedens l'an & jour, comme dit eft, iceulx biens font donnez & convertiz par l'ordonnance de l'Univerfité, à povres Efcoliers, où là où il femble mieulx employé pour l'ame dudit deffunt; duquel Privilege ilz ont joy & ufé le temps paffé paifiblement & par longtemps jufques à n'agaires que par aucuns de noz Officiers en la *Prevofté* de *Paris,* leur a efté mis empefchement: laquelle chofe a efté & eft en leur très-grand prejudice & dommage, & feroit encores plus fe par Nous ne leur eftoit fur ce pourveu de gracieux & convenable remede, fi comme ilz dient, en Nous fuppliant humblement icellui. Pour ce eft-il que Nous qui ne voulons [b] que les Previleges octroyez à notredite Fille, eftre en aucune maniere diminuez ou empefchiez, mais defirans iceulx augmenter & accroiftre le plus que Nous pourrons, en faveur de notredicte Fille icellui Previllege deffus fpecifié & declaré, de notre certaine fcience, plaine puiffance,

a *Parens.* Voy. la note *(c)* de la p. 482. du 7.e Vol. de ce Rec.

b *Il faut fupprimer ce que, ou au lieu d'eftre qui eft un peu plus bas, corr.* foient.

NOTE.

(a) Trefor des Chartres, Regiftre 165. P. III.c XXVI. (326.)

CHARLES VI. à Paris, en Septembre 1410.

grace especial & auctorité Royal, avons ratifié, approuvé & confirmé, ratiffions, approuvons & confirmons par la teneur de ces presentes. Si donnons en mandement à noz amez & feaulx Gens de notre Parlement, aux Gens de noz Comptes & Tresoriers à *Paris*, & à tous noz autres Justiciers, Officiers & subgiez, ou à leurs Lieuxtenans, & à chascun d'eulx, si comme à lui appartendra, que notredicte Fille, les Receveurs & Supposts d'icelle, facent, sueffrent & laissent doresenavant perpetuelment & paisiblement joïr & user de notre presente grace, ratifficacion, approbacion & confirmacion dudit Previlege, sans les molester ou empeschier ores ne pour le temps avenir en aucune maniere au contraire. Et que ce soit ferme chose & estable à tousjours, Nous avons fait mettre notre Séel à ces présentes : sauf en autres choses notre droit, & l'autruy en toutes. *Donné à* Paris, *ou moys de Septembre, l'an de grace mil CCCC. cens & dix, & de notre Regne le XXX.*

Par le Roy en son Conseil, oùquel le *Cardinal* de *Bar*, le *Roy* de *Navarre*, Mess. les *Ducs* de *Guienne* & de *Bourgongne*, le *Conte* de la *Marche*, [a] Vous, le Grant Maistre d'Ostel, & pluseurs autres, estiez. GONTIER.

[a] *Le Chancelier de France. Voy. le 5.e Vol de ce Rec. p. 653, note (c).*

CHARLES VI. à Paris, les 3. & 8. d'Octobre 1410.

(a) Lettres par lesquelles Charles VI. révoque tous les dons par lui faits de Lieutenances & de Capitaineries générales de quelques Provinces du Royaume, & les pensions par lui accordées à des Princes du Sang, & à d'autres personnes; & ordonne que les deniers provenans des Aides & du Domaine, seront employés aux dépenses de la guerre & aux autres affaires du Royaume.

CHARLES, par la grace de Dieu, Roy de France. Savoir faisons à tous presens & avenir, que comme par noz autres Lettres patentes & pour les causes contenues en ycelles, & autres, Nous ayons révoqué toutes Lieutenances, Capitaineries Generales, tous dons d'Aydes & pensions par Nous faiz le temps passé à quelconque personne de nostre Sang & Lignage, ou autres quelz qu'ilz soient, à quelque tiltre & couleur ou occasion, & soubz quelzconques formes de paroles que ce soit, si comme toutes ces choses & autres pevent par nozdictes Lettres plus à plain apparoir, desquelles la teneur s'ensuit.

CHARLES, par la grace de Dieu, Roy de France. A touz ceulz qui ces presentes Lettres verront : Salut. Comme Nous soyons desirans de tout nostre cueur que le Peuple de nostre Royaume que Dieu Nous a commis & baillié à gouverner, puisse en nostre temps & soubz Nous vivre & demourer en paix & transquillité, & estre preservés des griefz, molestes & oppressions & dommages qu'il a longuement soustenuz, tant pour le fait & occasion de noz guerres, comme par les chevauchées & assemblées de gens d'armes qui ont esté faictes ou temps passé, & encores [b] font de present en ycelui, comme c'est chose notoire & evidant à un chascun : considerans que la revenue & les deniers venans des Aides ordenez pour le fait de la guerre & des Tailles & autres subvencions qui à celle cause ont esté mises en nostredit Royaume, ont esté depuis aucuns temps en ça mal [c] despenduz, & distribuez autre part & en autres usaiges que en celui de ladicte guerre, ne que ès grans affaires que Nous avons euz à soustenir, & que ceste faulte est venue & deppend tant par ce que le

[b] *supp.* se.

[c] *dépensez.*

NOTE.

(a) Registre *A.* du Parlement de *Paris, fol.* 251. *recto.*

Avant ces Lettres, il y a : *Revocatio omnium donorum Domanii & Juvaminum, ac etiam omnium Locatenenciarum per Regem aliàs factarum.*

Voy. la Préface de ce Vol. §. 1.

temps

CHARLES VI. à Paris, les 3. & 8. d'Octobre 1410.

temps passé Nous avons donné a plusieurs de nostre Sang & Lignage lesdiz Aydes ayans cours pour ledit fait, en leurs Païs & ès Terres enclavées en yceulz, & avec ce, leur avons donné grans pensions chascun an, & plusieurs autres dons excessifz à prendre & avoir sur ce qui Nous demouroit, & aussi en avons donné à plusieurs personnes tant de noz & leurs Serviteurs & Officiers, comme autres, plus que raison ne voulsist; parquoy Nous n'avons peu pourveoir au fait de nostre guerre, ne aux autres grans affaires de nostre Royaume, comme il appartenist, comme pour ce aussi que Nous avons fait aucuns de nostredit Sang & Lignage, noz Lieuxtenans & Capitaines Generaulx en aucunes parties de nostredit Royaume, & leur avons baillé entierement le gouvernement & administracion, avec les proufiz tant d'Aides comme du Demaine d'iceulx, pourquoy toutes les revenues & finances d'icelles parties sont venues en leurs mains, & non en la nostre, comme chascun scet; pour lesqueles choses Nous avons esté & sommes moult diminuez de finances, & Nous a convenu vendre & engaiger touz noz joyaulx, emprunter finances, & Nous obliger à grant perte, dommage & deshonneur de Nous, & pourrions encores plus encourir & demourer en tele & si grant souffreté & necessité, que Nous ne pourrions d'oresenavant soustenir le fait de noz guerres ne les autres grans affaires de nostre Royaume, ne faire secours & ayde à noz Aliez, si comme tenuz y sommes; parquoy se pourroit ensuir la destruccion total de Nous, de nostredit Royaume & de nosdiz Aliez, se pourveu & remedié n'y estoit si comme il appartient : savoir faisons que Nous ces choses considerées, voulans pourveoir aux choses dessusdictes ainsi qu'il appartient, par grant & meure deliberacion de Conseil pour ce assemblé, ouquel estoient nostre très-chier & très-amé Filz ainsné le *Duc* de *Guienne*, & aucuns de nostre Sang & Lignage, & plusieurs autres grans Seigneurs & Barons de nostre Royaume, de nostre Grant Conseil, de nostre Chambre de Parlement, Gens des Comptes & Tresoriers, du Recteur & aucuns des plus notables Clercs de nostre Fille l'Université de *Paris*, le Prevost des Marchans & plusieurs notables Bourgois d'icelle Ville, toutes ycelles Lieutenances, *(b)* Capitaines Generales, tous dons d'Aides en leurs païs, & pensions quelzconques par Nous faiz le temps passé à quelzconques de nostre Sang & Lignage, ou à autres quelzqu'ilz soient, & à quelque tiltre, couleur ou occasion que ce soit, & soubz quelzconques formes de paroles que les Lettres en aient esté ou soient faictes, avons rappelées & révoquées, rapelons & revoquons par la teneur de ces presentes, & voulons & ordenons par maniere de Edit, Ordenance & Constitucion irrevocables, que d'oresenavant tous les deniers qui vendront desdiz Aydes, & aussi ceulz de nostre Demaine, soient receuz, gardez & distribuez par bonnes & notables personnes bien esleues *(c)* par personnes *(d)* non favourables ou suspectes qui à ce seront par Nous commis & ordonnez, pour yceulz convertir ou fait de la guerre & autres affaires de nostredit Royaume, & non ailleurs, sans ce que aucun de nostredit Sang & Lignage ne autres quelzconques, y preignent ou puissent prendre ou reclamer aucun droit, part ou porcion quelzconques; & voulons que yceulz ainsi esleuz assistent continuellement [a] entour Nous pour Nous conseiller loyalment en touz noz besongnes & affaires; & afin que plus seurement & fermement ceste presente Ordenance, Constitucion & Edit puisse estre & soit fermement & inviolablement tenue & gardée sans

[a] *auprès de Nous.*

NOTES.

(b) Capitaines.] Ce mot est encore répété vers la fin des Lettres du 8. de ce mois d'Octobre, dans lesquelles celles-ci sont vidimées : mais il est certain qu'il faut corriger *Capitaineries*, qui se lit dans le préambule de ces Lettres du 8. d'Octobre.

(c) Par personnes.] Ces mots paroissent inutiles; & en effet, dans les Lettres du 8. de ce mois, on lit : *par bonnes & notables personnes souffisans & bien esleuz qui à ce seront par Nous commis.* Voy. ci dessous p. suivante.

(d) Non favourables.] Cela peut signifier, *des personnes qui ne donneront rien à la faveur.*

CHARLES VI.
à Paris, les 3. & 8. d'Octobre 1410.

enfraindre, iceulx Ordenance, Constitucion & Ediḉt irrevocables, avons fait jurer & [a] fermer à nostredit ainsné Filz & autres de nostre Sang estans pardevers Nous, qui de ce ont esté d'accord, par tele condicion que se aucuns autres en estoient refusans ou contredisans, ceulx de nostredit Sang & Lignage qui ceste chose auront jurée, & les trois Estaz de nostre Royaume, aideront de tout leur loyal povoir à la maintenir & garder sans enfraindre, encontre touz ceulx qui la vouldroient rompre & qui ne la vouldroient tenir & garder. Si donnons en mandement à nostre amé & feal Chancellier, à noz amez & feaulx Gens de nostre Parlement, aux Gens de nos Comptes & Tresoriers à *Paris,* & à touz noz Justiciers, Officiers & subgiez, présens & avenir, & à chascun d'eulz, si comme à lui appartendra, que ceste nostre presente Ordenance, Constitucion & Ediḉt irrevocables, ilz tiengnent & gardent, & facent tenir & garder fermement & inviolablement sans enfraindre, & sans faire ou venir en aucune maniere au contraire. Et que ce soit ferme chose & estable à tousjours, Nous avons fait mettre nostre Séel à ces presentes. *Ce fu fait à* Paris, *le iij.e jour d'Octobre, l'an de grace mil quatre cens & dix, & de nostre Regne le* XXXI.e

a *finer,* avec une marque d'abréviation. *Reg.*

Suite des Lettres de Charles VI. du 8. d'Octobre.

Et pour ce que en faisant nostredit Ediḉt & Ordenance, aucuns de nostredit Sang & Lignage & autres de nostre Conseil estoient absens, Nous par l'advis & deliberacion d'iceuls & d'autres estans à present devers Nous, voulans ycelles noz Lettres avoir & sortir leur plain & entier effeḉt, en approuvant, confermant & ratifiant le contenu en ycelles, avons derechief voulu & ordené, voulons & ordenons par maniere d'Edit, Ordenance & Constitucion irrévocables, que d'oresenavant tous les deniers qui vendront desdiz Aydes & aussi de nostre Demaine, soient receuz, gardez & distribuez par bonnes & notables personnes souffisans & bien esleuz qui à ce seront par Nous commis & ordenez, pour yceulz convertir ou fait de la guerre & ès autres affaires de nostredit Royaume, & non ailleurs, en revoquant & mettant au neant tous dons & oḉtroiz desdiz Aydes par Nous faiz, toutes Lieuxtenances & [b] Capitaines generales, & tout selon la forme & teneur de nozdiḉtes autres Lettres ci-dessus transcriptes. Si donnons en mandement par ces presentes à nostre amé & feal Chancellier, à noz amez & feaulx les Gens qui tendront noz Parlemens à venir, ausdiḉtes Gens de noz Comptes & Tresoriers à *Paris,* & à touz noz autres Justiciers, Officiers & subgiez, ou à leurs Lieuxtenans, presens & avenir, & à chascun d'eulz, si comme à lui appartendra, que noz devant diḉte Ordenance, Ediḉt & Constitucion, ensemble tout le contenu en ces presentes, & en noz autres Lettres devant inserées, ilz tiengnent & gardent, & facent tenir & garder de point en point fermement & inviolablement sans enfraindre, sans faire ou venir en aucune maniere au contraire. Et que ce soit ferme chose & estable à tousjours, Nous avons fait mettre nostre Séel à ces presentes. *Ce fu fait à* Paris, *le viij.e jour d'Octobre, l'an de grace mil quatre cens & dix, & de nostre Regne le* XXXI.e Ainsi signé. Par le Roy en son Conseil, ouquel le *Cardinal* de *Bar,* le *Roy* de *Navarre,* Mess.rs les *Ducs* de *Guienne,* de *Bourgongne* & de *Brabant,* les *Contes* de *Mortaing* & de *Nevers,* le *Marquis* de *Pont,* les *Contes* de la *Marche* & de *Saint Pol,* Messire *Giles* de *Bretaigne,* [c] Vous, les *Contes* de *Vaudesmont* & de *Tancarville, Robert* de *Bar,* l'*Arcevesque* de *Reins,* l'*Evesque* de *Xainctes,* le *Seigneur* d'*Arlay,* le Grant Maistre d'Ostel, l'Admiral, le Maistre des Arbalestriers, le Sire d'*Aumont,* Maistres *Robert Maugier, Simon* de *Nanterre* & *Eustace* [d] de *Laiḉtre,* les Chancelliers de *Guienne* & de *Bourgogne,* le Gouverneur du *Daulphiné,* le Vidame d'*Amiens,* les Seigneurs de *Saint George,* d'*Aussemont,* de *Boissay,* de *Blaru,* de *Walphin,* de *Rambures,* de *Montenay,* de *Mony,* & *Desbordes,* Messeigneurs *Girart* de *Terny, Olivier* de *Mauny, Charles* de *Savoisy, Jehan* de *Chambrilhac, Regnault* d'*Angennes* & *Jehan* de *Courcelles,* Maistres *Nicole* d'*Orgemont, Philippe* de *Boisgilloust,* & *Miles* d'*Angeul,* & plusieurs autres Barons, Chevaliers & Escuiers, estoient presens. MAUREGART.

b *Voy. ci-dessus p. précédente note (b).*

c *Le Chancelier de France. Voy. le 5.e Vol. de ce Rec. p. 653. note (c).*

d *Il faut sans doute corr. de* Laittre. *Voy. sur lui ci-dessus la note (k) de la p. 474.*

Et au dos d'icelles estoit escript : *Lecta & publicata in Camera Parlamenti, xxviij. die Septembris, anno Domini millesimo CCCC.mo undecimo; Presidentibus nonnullis Consiliariis Reg. Advocatisque & Procuratoribus, ac pluribus aliis presentibus.* J. DE BOSCO.

CHARLES VI. à Paris, le 14. d'Octobre 1410.

(a) *Lettres par lesquelles Charles VI. prolonge pour l'espace de dix ans, la Sauve-garde Royale qu'il avoit accordée aux habitans de Toul, pour un terme semblable.*

CHARLES, &c. Savoir faisons à tous presens & avenir, que de par noz bien amez les [a] Maistre, Eschevins, Justices, Gouverneurs, Conseil, Citoiens, Bourgoiz & Université de la Cité de *Toul* en *Lorrainne,* par certains leurs Procureurs & Messages à Nous n'agueres par eulx envoyez, Nous a esté exposé en suppliant, que comme ladicte Cité, Citoyens, Bourgoiz & Université soient situez & assis en l'*Empire* hors de notre Royaume, à trois lieues près ou environ, & non subgiez de Nous, & que de tout temps ilz aient acoustumez de eulx mettre en la garde de quelque Prince ou Seigneur qu'ilz veulent, à tel temps & à tant de années que bon leur semble, lesquelx ou grant partie d'iceulx, sont Marchans publiques, frequentans foires & marchiez de notredit Royaume & autre part, & pour les causes dessusdictes & pluseurs autres qui à ce les ont meuz & meuvent, aient autreffois esté en notre Sauve-garde, & dernierement les y ayons prins & receuz jusques à dix ans qui feniront le XIIII.e jour de May prouchain venant, [b] parmi la somme de IIII.c livres tournoiz qu'ilz Nous en ont paié ou à notre Receveur pour Nous, par chascun an, & cent livres tournois pour le *Bailli* de *Chaumont,* lequel Nous leur députasmes lors à Gardien : Et il soit ainsi que de nouvel lesdiz supplians Nous aient requis & supplié que derechief les vueillons recevoir en notredicte Garde, par la fourme & maniere que dernierement avons fait. Pourquoy Nous considerans la grande & singuliere affeccion & bonne amour que lesdiz citoyens & leurs predecesseurs ont eu de tout temps à noz Predecesseurs Roys de France, à Nous & à notre Royaume, & aussi les bons & agréables services qu'ilz Nouz ont faiz ou temps passé ès guerres de *Flandres* & ailleurs, par mainteffoiz, & que pour amour de Nous ilz ont tenu notre parti & obeissance [c] ou fait de l'Esglise, & qu'ilz sont prestz de Nous faire service, se mestier avons d'eulx, & que de tout temps passé ilz se sont gouvernez & maintenuz courtoisement avec nos subgiez leurs voisins, & les ont aidiez, conseilliez & confortez quant mestier en ont eu; eu sur ce advis & deliberacion de pluseurs de ceulx de notre Sang & Grant Conseil, & pour certaines autres causes & raisons qui à ce Nous ont meu & meuvent, ladicte Cité, *(b)* Ban, Banlieue, citoyens, habitans & Université d'icelle Ville de *Toul,* avec leurs biens, fiez, terres, possessions, fermes, familles, & autres choses quelxconques, avons prins & mis, & par ces presentes de grace especial prenons & mettons en & soubz notredicte proteccion & Sauve-garde especial, à la conservacion de leur droit tant seulement, & les promettons garder & deffendre, garderons & deffenderons par Nous, par noz Gens & Officiers, comme les subgiez de notredit Royaume, contre & envers tous ceulx qui aucuns griefz leur voudroient faire, & leur baillons & deputons en Gardien pour ladicte Cité, eulx & leurs biens garder, soustenir & deffendre, pour Nous & en notre nom, notre *Bailli* de *Chaumont,* qui est à present ou qui pour le

[a] *Il faut p. e. corr.* Maire.

[b] *moyennant.*

[c] *dans l'affaire du Schisme qui affligeoit l'Eglise.* Voy. la Préface de ce Volume. S. *Schisme.*

NOTES.

(a) Trésor des Chartres, Registre 165. P. III.e XL. (340.)

(b) Ban.] Suivant le Gloss. de *Du Cange,* au mot *Bannum 3.* col. 991. ce mot signifie quelquefois une Jurisdiction; & il peut s'entendre ici de celle de la Ville de *Toul,* qui pouvoit s'étendre par-delà la Banlieue.

CHARLES VI. à Paris, le 14. d'Octobre 1410.

temps avenir sera; lequel Gardien fera serment à Nous & ausdiz citoyens, de bien & loyaument exercer icelle Garde ainsi & par la maniere qu'il feroit & faire pourroit d'une des Villes & Citez de notre propre Royaume; auquel Gardien present & avenir, Nous mandons & commettons par ces presentes, que ladicte Cité, citoyens & habitans d'icelle Ville, leurs hommes & subgiez quelxconques, & chascun d'eulx, [a] ilz maintiengnent & gardent en leurs justes possessions, droiz, usages, coustumes, franchises & libertez esquelx il les trouvera estre, & eulx & leurs predecesseurs avoir esté paisiblement & d'anciennété, & les garde & deffende de toutes injures, griefz, violences, oppressions, molestacions, de force d'armes, de puissance de Laiz, & de toutes autres inquietacions & nouvelletez indeues; & que ceste presente Sauve-garde face publier & intimer & signifier ès lieux & aux personnes où il appartendra, & dont il sera requis par lesdiz citoyens, & deffende & face deffendre de par Nous à tous noz subgiez dont il sera requis, sur certaines & grandes peines à appliquer à Nous, & requiere & face requerir noz bienvueillans, amis & aliez, & tous autres qui ne sont ou seroient noz subgiez, dont semblablement il sera requis par lesdiz citoyens, que à ladicte Cité, Ban, Banlieue, ne aux citoiens & habitans d'icelle, ne à aucuns d'eulx, ne à leurs biens, meubles & héritages ne mefacent ou presument meffaire aucunement; & se aucuns de noz subgiez ou autres non étant noz subgiez, avoient attempté ou innové aucune chose ou prejudice desdiz citoyens & habitans, ou aucun d'eulx, & de nostre presente Sauve-garde, icellui Gardien contraingne & face contraindre moyennant Justice, nozdiz subgiez à reparer lesdiz attemptas & innovacions indeues par eulx faiz & perpetrez, & ceulx qui ne seront noz subgiez, requiere de par Nous que à la reparacion desdiz attemptas faiz, procedent deuement; & se après la sommacion & requeste à eulx deuement faicte, ilz estoient sur ce negligens ou plus que raison delayans ou refusans, icellui Gardien les contraingne à ce par toutes les meilleures voyes & manieres que faire se pourra bonnement, & à main armée, se mestier est, se par lesdiz citoyens en est requis : & avec ce face lesdiz citoyens & habitans joïr & user de leurs debtes, droiz, biens, [b] chastez, heritages & possessions, ainsi que raison donra & que à bon Gardien appartient; & pour plus diligemment executer les choses dessusdictes, & pour ce aussi que dure chose seroit ausdiz citoyens & habitans de venir pour chascun cas qui pourroit echeoir, pardevers ledit Gardien, Nous voulons & mandons à icellui Gardien, qu'il leur depute un sien Lieutenant souffisant, notre subget, au lieu de [c] *Vaucoulours*, ou ailleurs où il plaira mieulx ausdiz citoyens, auquel ilz pourront plus [d] legierement avoir recours, se mestier est. Si donnons en mandement par ces presentes, à tous noz Justiciers, Officiers & subgiez, presens & avenir, & à chascun d'eulx, si comme à lui appartendra, requerons tous autres, que audit Gardien & à son Lieutenant & deputé obeissent & entendent diligemment, & leur donne & baille conseil, confort, faveur & aide, se mestier en ont & de par eulx en sont requis: pour raison de laquelle Garde, lesdiz citoyens & habitans de ladicte Cité de *Toul*, Nous seront tenuz faire ce qui s'ensuit; c'est assavoir, que ilz paieront audit lieu de *Vaucouleur*, pour Nous, à notre Receveur de *Chaumont*, ou à son commandement, la somme de IIII.^c frans, vint solz tournois monnoye courant de *Champaigne*, pour le franc, ou autre monnoye à l'avenant, chascun an, à deux termes, ladicte Garde durant; c'est assavoir, le premier terme, à la Nativité Notre-Seigneur, qui sera en l'an mil CCCC. & unze prouchain venant, la moitié d'icelle somme de IIII.[c] frans; & l'autre terme, à la Saint Jehan Baptiste prochain après ensuivant, l'autre moitié d'iceulx IIII.[c] frans, & ainsi d'an en an, que iceulx citoyens & habitans seront & demourront en notredicte proteccion & Sauve-garde; & aussi payeront lesdiz citoyens chascun an ausdiz deux termes, audit Gardien, pour lui & pour son Lieutenant & deputé, la somme de cent frans de la monnoye dessusdicte; par laquelle notre presente Garde voulons & Nous plaist que icelle Cité, citoyens & habitans dessusdiz, demourent en autelz libertez, franchises

a *corr.* il maintigne & gardent.

b *biens meubles.* Voy. la note *(e)* de la p. 80. du 8.e Vol. de ce Rec.

c *Vaucouleurs.*

d *facilement.*

& immunitez quelxconques, comme ilz sont de present & ont esté anciennement, & sans ce que sur eulx Nous, noz Gens ne Officiers aient que veoir ou congnoistre en fait justiciaire, soubz umbre de ceste presente Garde ne autrement, contre leurs droiz & usages, en quelque maniere que ce soit : laquelle notre présente Garde, promesse & obligacions, Nous voulons estre ferme & estable & durer par dix ans prouchainement & continuelment ensuivans qui commenceront le xv.e jour de May oudit an mil CCCC. & onze prouchain venant. En tesmoing de ce, Nous avons fait mettre notre Séel à ces présentes. *Donné* à Paris, *le XIIII.e jour d'Octobre, l'an de grace mil CCCC. & dix, & de notre Regne le XXXI.e*

CHARLES VI. à Paris, le 14. d'Octobre 1410.

Par le Roy. TEILLAYE.

CHARLES VI. à Paris, le 24. d'Octobre 1410.

(a) *Lettres par lesquelles Charles VI. exempte les Sergens d'armes de différens Impôts & des droits d'Aides, par rapport aux fruits de la terre qu'ils recueilleront dans leurs héritages.*

CHARLES, &c. Savoir faisons à tous presens & avenir, que oye l'umble supplicacion de nos huit Sergens d'armes servans en ordenance, disans que à cause de leurs Offices esquels ils Nous servent & sont tenus de servir continuelment nuit & jour, & tant en nos guerres comme autrement, il leur convient faire, soustenir & supporter incessamment pluseurs grans frais, charges, missions, despens, soings & travaulx, tant en chevaux & harnois comme autrement en pluseurs & diverses manieres, lesquelles choses ils ne pourroient & n'auroient de quoy soustenir bonnement, attendu les petis gaiges que ils ont & prennent de Nous à cause de leurs Offices, & desquels ils sont très-petitement paiés & contentés, se ils n'avoient de Nous aucuns privileges & franchises, à cause desquels ils se peussent aucunement aider à supporter leurdiz frais, requerans que sur ce leur vueillions impartir & extendre nostre grace : Nous considerans les bons, notables, continuels & aggreables services & plaisirs que Nous ont fais ou temps passé nosdiz huit Sergens d'armes servans en ordenance, font chascun jour en pluseurs & maintes manieres, & esperons que facent ou temps avenir, & aussi les grans charges que à cause de leursdiz Offices leur convient faire & soustenir, comme dit est, & pour ce les voulans aucunement remunerer & aider à supporter lesdis frais, missions & despens, afin qu'ils aient mieulx & plus honnorablement de quoy soustenir leurs estas en nostre service, & que ils se animent de plus en plus à Nous servir, à iceulx nos huit Sergens d'armes d'ordenance, & à chascun d'eulx, avons octroyé & octroyons de nostre certaine science & grace especial par ces presentes, que doresenavant & du temps de leur creation oudit Office, ils soyent tenus francs, quictes, exemps de l'imposition & Quatrieme des vins & grains creus en leurs heritages & possessions, qu'ils vendront ou feront vendre en gros ou à detail, & de tous Aides, a truages, travers, chaucées, tonlieux, rouages, forages & autres subsides, tailles, redevances, subvencions & exactions quelxconques par tout nostre Royaume, tant par eaue comme par terre, sans ce que pour le temps avenir, par personnes quelxconques ils soient ou puissent estre contrains, molestés, traveillés ne empeschiés, à en paier aucune chose, de laquelle chose Nous les avons exempté & exemptons par ces presentes. Si donnons en mandement à nos amés & feaulx Gens de nos Comptes & Tresoriers à *Paris*, les Generaulx-Conseillers sur le fait des Aides ordonnées pour la guerre, les Esleus sur ledit fait par tout nostre Royaume, & à tous les autres Justiciers & Officiers de Nous & de

a *Voy. sur ces différens impôts les Tables des Mat. des Vol. de ce Rec.*

NOTE.

(a) Trésor des Chartres, Registre 165. P. XXXVII. (37).

CHARLES VI. à Paris, le 24. d'Octobre 1410.

noſtredit Royaume, ou à leurs Lieuxtenans & à chaſcun d'eulx, ſi comme à lui appartendra, que de noſtre preſente grace & octroy facent & laiſſent leſdis ſupplians joïr & uſer paiſiblement, ſans les moleſter ne ſouffrir eſtre moleſtés à l'encontre en aucune maniere; mais tout ce qui ſeroit fait au contraire, mettent & ramenent ou facent mettre & ramener tantoſt & ſans delay au premier eſtat & deu; nonobſtant quelxconques Ordenances, mandemens & defenſes faictes ou à faire, uſage, ſtile & Lectres ſurreptices empetrées ou à empetrer à ce contraires. Et afin que ſur ce aucun ne puiſt pretendre juſte cauſe d'ignorance, Nous mandons aus deſſuſdis & à chaſcun d'eulx qui requis ſera, que ces preſentes au *Vidimus* deſquelles, pour ce que noſdis huit Sergens d'armes en pourront avoir à faire en pluſieurs lieux, Nous voulons foy eſtre adjouſtée comme à l'original, pourvueu que d'icelui original ils feront foy en temps & en lieu, ils enregiſtrent ou facent enregiſtrer en leurs Regiſtres, Papiers ou Eſcripts, & icelles publient ou facent publier chaſcun en droit ſoy *(b)* au bail des Fermes à eulx appartenantes, afin de valoir auſdis ſupplians en temps & en lieu ce que de raiſon donra. Et afin que ce ſoit ferme choſe & eſtable à tousjours, Nous avons fait mettre à ces Lettres noſtre Séel : ſauf en autres choſes noſtre droit, & l'autruy en toutes. *Donné à* Paris, *le XXIIII.e jour d'Octobre, l'an de grace mil CCCC. & dix, & de noſtre Regne le XXXI.e*

Par le Roy en ſon Conſeil, oùquel le *Roy* de *Navarre,* Meſſeigneurs les *Ducs* de *Guienne* & de *Bourgongne,* le *Conte* de la *Marche,* & pluſieurs autres, eſtoient. P. NAUTRON.

NOTE.

(b) Bail.] Cela peut ſignifier que la copie de ces Lettres ſera inſcrite à la marge ou à la fin des minutes des Baux des Fermes, qui ont été adjugés & qui le ſeront dans la ſuite.

CHARLES VI. à Paris, le 28. d'Octobre 1410.

(a) Lettres qui portent que les Généraux-Conſeillers ſur le fait de la Juſtice des Aides, auront ſix cens livres de gages par an.

CHARLES, par la grace de Dieu, Roy de France. A tous ceux qui ces preſentes Lettres verront : Salut. Sçavoir faiſons que oye l'expoſicion & ſupplicacion de noz amez & feaulx les Generaulx-Conſeillers ſur le fait de la Juſtice des Aides ordonnées pour la guerre, contenant que jaçoit ce que à la creacion dudict Office de Général, qui eſt ſouveraine en chef ſur ledict fait, les gaiges d'icellui Office, euſſent eſté ordonnez eſtre de ſix cens livres Pariſis par an, & que leurs predeceſſeurs les avoient telz euz & pris; combien auſſi que oudict Office qui eſt le chef ou fait deſdictes Aides, comme dit eſt, conviene pour honneur & reverence de Nous, maintenir honnorablement, & pour l'expedicion des Cauſes d'appel, & autres Procès qui ſont pendans pardevant eulx, & qui de jour en jour y ſurviennent en grand nombre, [a] & plus d'aſſez que oncques mais, faire continuelle reſidence, ſans ce qu'ilz aient eu ne puiſſent avoir aucunes Commiſſions, ne autres prouffitz que leſdicts gaiges; parquoy ilz ne pourroient bonnement ne honnorablement vivre, ne maintenir leur eſtat, comme il appartient, en noſtre ſervice, s'ilz n'avoient & prenoient leſdicts gaiges de vj.c livres Pariſis, par an, qui ſont les gaiges anciens ordonnez oudict Office, comme dit eſt; neantmoins pour ce que par aucunes années paſſées, le fait deſdictes Aides a eſté grandement chargé, pour aucunes groſſes beſongnes & affaires touchant Nous & le bien de noſtre Royaulme, ou autrement; & ſoubz umbre d'aucunes Ordonnances ou reſtrinctions faictes, non

[a] *plus à préſent que dans le temps paſſé.*

NOTE.

(a) Premier Regiſtre de la Cour des Aides de *Paris, fol.* 167. *verſo.* Voy. ſur ce Regiſtre la note *(a)* de la p. 201. du 4.e Vol. de ce Rec.

advertiz desdicts gaiges, estre telz que dit est, iceulx exposans n'ont eu ne prins sur Nous, de gaiges à cause de leursdicts Offices, que iiij.^c livres Tournois, chascun d'eulx par an, & encores doubtent que plus ne leur en soit payé dores en avant; qui seroit en diminucion dudict Office, & en leur très-grand grief, prejudice & dommaige, se sur ce n'estoit pourveu; en Nous humblement requerant nostre grace & provision sur ce; & Nous, pour consideracion des choses dessusdictes, & des bons, grans, notables & agreables services que Nous ont fait ou temps passé, font chascun jour, & esperons que facent ou temps advenir, lesdicts exposans en leursdicts Offices & autrement en plusieurs manieres, & pour certaines autres causes & consideracions à ce Nous mouvans, de nostre certaine science & grace especial, avons ordonné & ordonnons, & ausdicts exposans octroyé & octroyons par ces presentes, que eulx & leurs successeurs oudict Office, & chascun d'eulx, aient & preignent des deniers desdictes Aides, vj.[c] livres Parisis par an, qui sont les gaiges accoustumez & appartenans d'ancienneté oudict Office, & qu'ilz en soient paiez par la main du Receveur desdictes Aides ou Diocèse de *Paris,* qui à present est ou sera pour le temps advenir, ou par autres Receveurs desdictes Aides, au mieulx que faire se pourra; c'est assçavoir, depuis le premier jour d'Octobre derrenier passé, & dores en avant, aulx termes accoustumez; nonobstant lesdictes Ordonnances & restrinctions, & autres quelzconques faites ou à faire au contraire, & que par aucunes années ilz n'aient prins par an, que iiij.[c] livres Tournois pour leursdicts gaiges, comme dit est. Si donnons en mandement à noz amez & feaulx *Pierre Des Essars,* Chevalier, nostre Conseiller, Grant Boteiller de France, & Souverain Gouverneur des Finances des Aides, & autres Generaulx qui sont & seront ou temps advenir sur les Finances desdictes Aides, que ausdicts exposans & à chascun d'eulx, en enterinant nostre presente voulenté & Ordonnance, facent par le Receveur desdictes Aides à *Paris,* ou par autres qu'ilz verront estre plus expedient, paier, bailler & delivrer lesdicts gaiges de vj.[c] livres Parisis par an, & à chascun d'eulx, depuis ledict premier jour d'Octobre, & dores en avant, comme dessus est [a]; lesquelz ainsi à eulx & à chascun d'eulx paiez, baillez & delivrez, Nous voulons estre allouez ès comptes de celliu ou ceulx qui paié les aura ou auront, & rabatuz de leurs Receptes, par noz amez & feaulx Gens de noz Comptes à *Paris,* sans contredit ou difficulté aucune; nonobstant icelles Ordonnances & restrinctions, & autres faictes & à faire, & quelzconques mandemens ou deffenses à ce contraire. En tesmoing de ce, Nous avons fait mectre nostre Séel à ces presentes Lettres. *Donné à* Paris, *le xxviij*[me] *jour d'Octobre, l'an de grace mil iiij.*[c] *& dix, & de nostre Regne le xxxj.*[me] Ainsi signé. Par le Roy en son Conseil, ouquel le *Roy* de *Navarre,* Maistre *Philippe* de *Corbye,* & plusieurs autres, estoient. DE LA TEILLAYE.

CHARLES VI. à Paris, le 28. d'Octobre 1410.

a *supp.* dit.

CHARLES VI. à Paris, le 12. de Novembre 1410.

(a) Lettres par lesquelles Charles VI. confirme sous de certaines modifications, l'exemption de l'imposition foraine, dont jouissoient les habitans de la Ville de Tournay.

CHARLES, par la grace de Dieu, Roy de France. A tous ceux qui ces presentes Lettres verront: Salut. Comme en certaine cause meue & pendant en notre Cour de Parlement, entre nos biens amés les Prevosts, Jurez, Eschevins & [b] Eswardeurs de notre Ville & Cité de *Tournay,* ès noms de eux & de tous les bourgois, habitans & communité d'icelle, d'une part, & notre

b *Voy. les Tables des Mat. des Vol. de ce Rec. au mot,* Eswardeurs.

NOTE.

(a) Copié sur le *fol.* 52. & suiv. du Vol. 121. cité ci-dessus p. 540. note *(a).*

CHARLES VI. à Paris, le 12. de Novembre 1410.

Procureur General & de l'Auditoire de nos Conseillers-Generaulx sur le fait des Subsides ordonnez pour la guerre, d'autre, sur ce que lesdits de *Tournay* disoient que l'an Notre-Seigneur *(b)* mil trois cens trente & un, ou mois d'Apvril, deffuns nos Sires. & [a] Aves Philippes Roy, pour certaines causes qui ad ce le meurent, avoit concedé & donné aux Gouverneur, Bourgois & habitans de laditte Ville, & à leurs successeurs, grace, privilege, libertés & franchises que depuis en avant perpetuelement les mercheries, denrées, vivres ou alimens quelconques ou de quelconque condition que elles seroient, prises, faittes accatées ou vendues en notreditte Ville de *Tournay* & ès appartenances d'icelle, par quelconques personnes & de quelconques nation ou pays, se puissent mener, [b] carier & transporter [c] liberalment, franchement & quittement hors de notre Royaulme, tant par la riviere courant en laditte Ville, comme par autres quelconques lieux esquelx les marchands forains étoient accoutumés de icelles traire, mener & carier de laditte Ville & ses appartenanches, hors de notredit Royaulme, sans ce que à notredit Ave ne à ses Successeurs ils fuissent tenus pour ce de payer l'Imposition Foraine de IIII deniers pour livre, & X. sols pour tonnel de vin, & autres [d] redebites quelconques; & laquelle concession depuis & derechief nosdis Aves moyennant certaine recompensation pour ce par lesdits de *Tournay* à luy faitte, avoit conformé & approuvé, si comme par [e] Lettres sur ce faites & deuement verifiées, pooit apparoir; & desdittes grace, concession, privilege & franchise, lesdits de *Tournay* & les Marchans estrangiers repairans en ladite Ville, furent usant & connoissant par l'espace de soixante ans, & jusques en l'an de Notre-Seigneur mil trois cent quatre-vingt & douze, que les Gens de notre Conseil en la Chambre de nos Comptes étans à *Paris,* lesdits de *Tournay* ad ce appellés, ordonnerent que lesdits IIII. deniers pour livre & X. sols pour tonnel de vin seroient remis & levés en notreditte Ville, par certain Commissaire pour ce deputé de par Nous, qui ledit imposition aroit à exigier & lever, & faire les cautions & certifications appartenans audit fait, en otant le Commissaire ad ce paravant deputé; & environ le mois de March, l'an de Notre-Seigneur mil quatre cent & un, à l'instanche desdits de *Tournay,* eue par Nous consideration au grand damage que pour occasion desdittes Impositions & par le fait dudit Commis deputé à les lever, en advenoit à laditte Ville, & aussi à le somme de six mille livres Tournois que par certaine composition faite & eue avec Nous par lesdits de *Tournay,* ils sont tenus de payer & payent à Nous annuellement, aviens volu & en notre Grant Conseil aviens ordonné lesdits de *Tournay* être remis en l'estat que ils étoient paravant ledit an quatre vingt & douze, & tous les empeschemens mis au contraire, être ôtés, comme ces choses par noditte [f] Lettres de Chartre scellées en las de soye & chire vert, pooient apparoir & apparoient; & neantmoins lesdits de *Tournay* n'avoient peu avoir desdittes nôtres Lettres de Chartre aucune expedition, verification & interination en notreditte Cambre de nos Comptes, jasoit ce que il l'eussent pluiseurs fois instamment requis; & sur ce, lesdits de *Tournay* avoient obtenu de Nous certaines autres Lettres par lesquelles Nous aviens mandé à notreditte Court de Parlement en laquelle les causes desdits de *Tournay* touchant notre Demaine, debvoient etre demenées & faites, que appellés ceulx qui faisoient à appeller, elle procedast à le interination desdites Lettres, par virtu desquelles & de certaines autres emanées de notreditte Court, lesdits de *Tournay* avoient fait convenir en notreditte Court nosdits Procureur pour [g] veir interriner nosdittes Lettres de Chartre, ou pour dire ce que boin leur sembleroit, & proceder en

a *Ayeul.*

b *charroier.*

c *app.* librement.

d *Redevances : Impôts. Voy. le Gloss. de Du Cange, au mot,* Redebenta.

e *Voy. la note (b) de cette page.*

f *Voy. la note (b) de cette page.*

g *voir.*

NOTE.

(b) Mil trois cens trente & un.] Ces Lettres de Philippe de Valois & celles qu'il donna pour les confirmer, en Février 1333. furent confirmées par celles de Charles VI. du 10. de Mars 1401. dans lesquelles sont vidimées les deux Lettres de Philippe de Valois. Les Lettres de Charles VI. sont imprimées à la page 487. du 8.e Vol. de ce Rec.

outre

outre comme raison donroit; & tant eust été sur ce procedé que par *(c)* Arrest de notredite Court, prononchié le trentiéme jour du mois d'Aoust derrain passé, eut été dit que lesdittes Lettres de Chartre par Nous données auxdits de *Tournay*, audit an quatre cent & un, & esdittes Lettres d'Arrêt encorporées, seroient interrinées, & icelle leditte Cour interina, pourveu que se aucunes mercheries, marchandises, denrées ou vivres quelx que ils soient, qui en leditte Ville de *Tournay* ou appartenances d'icelle, sans fraude, ne seroient faites, vendues ou accatées, estoient extraittes ou soient menées hors par icelle Ville, en l'*Empire* ou ailleurs en notre Royaulme, où [a] non Subsides n'ont point de cours, pour icelles devront payer & payeront quatre deniers pour livre, & dix sols pour tonnel de vin, qui sont pour notre anchien Demaine, & aussi douze deniers pour livre, qui est pour l'imposition foraine, quant lesdittes denrées, vivres ou marchandises sont menées en l'*Empire*, & leditte imposition foraine tant seulement, quant icelles sont menées ès pays de notredit Royaulme, esquelx [b] notredit Subside n'ont point de cours; sauf ce que se lesdittes marchandises, vivres ou denrées venoient de l'*Empire* ou desdits pays esquelx notredit Subside n'ont point de cours, & passassent par leditte Ville de *Tournay* ou par ses appartenances, sans demeure ou repos faire, & sans fraude, pour cause de les remener en l'*Empire* ou esdits pays où lesdits Subsides n'ont point de cours, ceux qui les extrairoient ou menroient, ne seroient tenus de payer aucunes redevanches, fors les [c] winages anchiens : & outre, fu dit par ledit Arrest, que pour les certifications & décharges nécessaires bailler & expédier, [d] certains Commissaires qui ne seroit point de le [e] Loy de laditte Ville, ne astraint du serment d'icelle, seroit deputé de par Nous, autres que [f] chils qui paravant y estoit deputés, liquelx aura & perchevera tels gaiges que par Nous ou notre Conseil li seroit tauxé, moyennant lesquelx ledit Commissaire sera tenu de baillier & expedier franquement & promptement les certifications, quittances, cedules & autres escriptures necessaires qui à cause de se commission li appartenront; ne pour icelles il ne pora demander, exigier ou avoir des marchans, *(d)* cartons ou autres, autres quelxconques choses que sesdits gaiges, comme ces choses & autres par le teneur dudit Arrest pooient apparoir & apparoient; après lequel prononchiation duquel Arrest, [g] no bien amé *Jacques Deleprée* auquel Nous aviens donné ledit Office, au lieu de celluy qui darrainement [h] l'avoit été deputé à le exercer, auquel Office par virtu de certaines Lettres de don sur ce de Nous impetrées, il Nous demanda être admis & commis, & que les gaiges pour ce luy feussent tauxés par Nous ou notre Conseil, selon le teneure dudit Arrest, laquelle chose nôtre dit Conseil ne li veult faire, si non que premierement il apparu de se sufficence & idoneïté : sçavoir faisons que assés deuement informés de le diligence, discrecion, suffissience & sagesse dudit *Jaquemin Deleprée*, tant par le relation du Baillieu & autres nos Conseillers du Bailliage de *Tournay*, comme autrement, & aussi du consentement de *Jacques Bacheler* Procureur de laditte Ville de *Tournay*, pour ce present, ledit *Jacquemin Deleprée*, après ce que il eut presté serment deue & accoustumé, en le Chambre de nos Comptes à *Paris*, avons commis & commettons à avoir & exercer ledit Office, selon le teneur & maniere dudit Arrest, à gaiges recepvoir & avoir de leditte Ville, par le maniere dessusditte, tauxés par nos biens amés & feaulx les Gens de nos Comptes, à le somme de chinquante livres Tournois pour chacun an, ratifiés & acceptés par ledit Procureur de le Ville de *Tournay* : pourquoy Nous mandons, en commettant, au notre *Bailly* de *Tournay* & *Tournesis*, ou à son

CHARLES VI. à Paris, le 12. de Novembre 1410.

[a] *corr.* nos.

[b] *corr.* nosdits subsides.

[c] *Voy. la note (b) de la p. 350. du 7.e Vol. de ce Rec.*

[d] *corr.* certain Commissaire.

[e] *Voy. les Tables des Mat. des Vol. de ce Rec. aux mots,* Loy. (Ville de)

[f] *celui.*

[g] *notre.*

[h] *avoit.*

NOTES.

(c) Arrest.] La copie de cet Arrêt qui est dans le Dépôt de la Ville de *Tournay*, Layete cottée 199. se trouve à la p. 8. du Vol. 121. cité ci-dessus p. 540. note *(a)*.

(d) Cartons.] Chartons : chartiers. Dans l'Arrêt du Parlement cité à la note *(c)* de cette page, il y a : *nec alias à mercatoribus, vectoribus, seu aliis, nichil aliud, &c.*

CHARLES VI. à Paris, le 12. de Novembre 1410.

Lieutenant, ou au premier Huissier de notre Parlement, ou notre Sergent, & à chacun d'eulx, qui sur ce sera requis, que ledit *Deleprée* ils mettent & instituent, & en le possession & saisine dudit Office & d'ichelluy le fachent user & joïr, & li fachent rendre & payer lesdits gaiges par le Recepveur de leditte Ville, ou par celuy ou ceulx à qui ou asquelx il appartenra, nonobstant quelconques Lettres subreptiches impetrées ou à impetrer au contraire. *Donné à Paris, le dousiéme jour de Novembre, l'an de Notre Seigneur mil quatre cent & dix, & de notre Regne le trente & uniéme.* Ainsi signé. Par le Roy, à la relation du Conseil. BAYE. *(e)*.

NOTE.

(e) Il est dit à la tête de la copie de ces Lettres, qu'elles ont été tirées dans le Dépôt de *Tournay*, du Registre rouge cotté *A. fol.* 120.

Et à la fin de cette copie, il y a : *Pour copie conforme audit Registre, &c.* [Voy. ci-dessus p. 541. note *(c)*] *contenant onze rolles. Fait audit* Tournay, *ce 24 Avril 1748.* [Signez comme dans cette note *(c)*].

CHARLES VI. à Paris, le 25. de Décembre 1410.

(a) Lettres de Charles VI. portant que les terres que le Dauphin Louis possède en France, indépendamment du Dauphiné & du Duché de Guienne, seront tenues de lui en Pairie.

CHARLES, par la grace de Dieu, Roy de France. A tous ceulx qui ces présentes Lettres verront : Salut. Savoir faisons que pour la très-grant amour & affection naturelle que Nous avons & avoir devons selon raison à nostre très-chier & très-amé ainsné Filz *Loys Duc* de *Guienne, Daulphin* de *Viennois*; considerans l'estat, gouvernement & administration lesquelz depuis que par la grace de Dieu il est venu *(b)* à aage, Nous lui avons ordenez, delaissez & transportez de sesdiz *Duchié* de *Guienne* & *Daulphiné* de *Viennois*, lequel Duchié Nous lui avons pieça baillé, cedé & delaissié, pour icellui avec ses appartenances, avoir, tenir & possider en [a] Parrie & comme Per de France, tant comme Nous vivrons, si comme par noz autres Lettres sur ce faictes puet apparoir; attendu avec ce que nostredit Filz tient & posside, & à lui competent & appartiennent de present en nostre Royaume, hors ledit *Duchié* de *Guienne*, plusieurs Terres, Villes, Chasteaulx, possessions & Seigneuries, tant de celles qui Nous sont venues & escheues par droit de confiscacion, comme autres, pour lesquelles plus honnorablement & convenablement tenir & gouverner, à icellui nostre ainsné Filz avons octroyé & octroyons de nostre auctorité Royal & grace especial par ces presentes, que il tiengne de Nous en Parrie toutes & chascunes les Villes, Terres, Chasteaulx, Chastellenies, Justices & Seignouries, Bois, Eaues, Cens, Rentes, Hommes, Femmes, & autres possessions quelzconques qu'il tient & posside de present par nostre octroi, situées & assises en nostredit Royaume; & que ses Gens & Officiers à cause de lui & de sesdictes terres & possessions, joyssent & usent des droiz, privileges, noblesces, libertez & franchises dont les Pers de France, leurs Gens & Officiers, joyssent & usent & ont acoustumé de joïr & user; nonobstant que d'ancienneté icelles terres, rentes, possessions &

a *Il n'est point parlé de Pairie dans les Lettres du 28. de Janvier 1409. Voy. la note (b) de cette page.*

NOTES.

(a) Registre *A.* du Parlement de *Paris, fol.* 229. *verso.*

Avant ces Lettres, il y a : *Littera Parrie* Delphini Viennensis.

(b) A aage.] C'est-à-dire majeur. Le Dauphin *Louis* n'avoit pas encore alors quatorze ans accomplis : car il étoit né le 22. de Janvier 1396. [l'année commençant à Pâques.] Voy. l'Histoire Généalogique de la Maison de France, T. 1. p. 113.

Le Dauphin n'avoit que treize ans & six jours, lorsque Charles VI. lui donna le *Dauphiné* & le Duché de *Guienne*, par ses Lettres du 28. de Janvier 1409, qui sont imprimées ci-dessus pp. 490. 491.

appartenances ne soient tenues en Parrie de France, tant en cas de Jugemens, de Appeaulx, de adjournemens, comme en tous autres cas quelxconques; ja soit ce que iceulx autres cas ne soient declairez en ces presentes. Si donnons en mandement à noz amez & feaulx Conseilliers les Gens tenans & qui tendront nostre Parlement, & à tous les autres Justiciers & Officiers de nostre Royaume, presens & avenir, ou à leurs Lieuxtenans, & à chascun d'eulx, si comme à lui appartendra, que de nostre presente grace ilz facent, souffrent & laissent joïr & user paisiblement nostredit Filz, & que lui, ses Gens, Justiciers, Officiers & subgiez, ou aucun d'eulx, ilz ne molestent, travaillent ou empeschent, ne s'efforcent molester, travaillier ou empeschier en aucune maniere au contraire; mais s'aucune chose estoit faicte ou attemptée ou temps avenir au contraire, les rappellent sans delay ou facent rappeller & remettre au premier estat & deu. Et pour ce que aucuns ne puissent avoir ignorance, & ne se doyent de ce excuser, Nous voulons & mandons à nozdictes Gens de Parlement, & à tous noz autres Justiciers, ou à leurs Lieuxtenans, & à chascun d'eulx, si comme à lui appartendra, que nostredicte grace ilz publient ou facent publier en nozdiz Parlement, ès Assises & Plaiz de noz Bailliz, & ailleurs ou mestier sera, & sur ce baillent Lettres convenables & souffisans aux Gens de nostredit Filz. Et en oultre, pour ce que perilleuse chose seroit de porter ou faire porter l'original de ces presentes par tous les lieux où nostredit Filz ou ses Gens en auront mestier, Nous voulons en ampliant nostredicte grace, que au transcript ou *Vidimus* d'icelles fait soubz le Séel de nostre Chastellet à *Paris*, collationné avec l'original en la Court de nostredit Parlement, foy soit adjoustée en tous lieux & en toutes Cours; nonobstans Stiles, Usages, Coustumes & Ordenances faictes & à faire au contraire. En tesmoing de ce, Nous avons fait mettre nostre Séel à ces présentes. *Donné à* Paris, *le XXV.e jour de Décembre, l'an de grace mil quatre cens & dix, & de nostre Regne le XXXI.e* Ainsi signé. Par le Roy, Messire *Gaucher* de *Chastillon*, Mess. *Philippe* de *Poitiers*, les Sires de *Moy* & de *Nantoiller*, Mess. *Charles* de *Chastillon*, Mess. *Jehan* de *Courcelles* & autres, presens. J. MILET.

Et au dos: *Lecta in Curia, penultimâ die mensis Decembris, anni Domini M.mi CCCC.mi decimi. Publicata.* BAYE.

Collatio facta est cum Originali.

CHARLES VI. à Paris, le 25. de Décembre 1410.

CHARLES VI. à Paris, en Décembre 1410.

(a) Lettres de Charles VI. confirmatives de l'accord passé entre les Consuls de la Ville de Lautrec & les habitans des *For* du Lautrecois, portant qu'il sera érigé un Consulat dans chacun de ces *For* qui seront distraits de celui de Lautrec.

SOMMAIRES.

(1) Les habitans des For *du Lautrecois, ne seront plus sujets au Consulat de la Ville de Lautrec.*

(2) Il y aura dans chacun des For *du Lautrecois, deux Consuls qui seront choisis entre les habitans de chacun de ces* For, *& quatre Conseillers de ces Consuls, ou plus.*

(3) L'élection de ces Consuls & de ces Conseillers, se fera tous les ans le jour de la Saint Jean-Baptiste, par les habitans de chacun de ces For, en la présence du Bailli Royal de Lautrec & du Lautrecois, qui présidera à l'assemblée. Il pourra députer quelqu'un à sa place. Les élisans jureront entre les mains de ce Bailli & d'un des Baillis des Vicomtes de Lautrec, s'ils veulent être présens à l'assemblée, que la faveur ou la haine n'influeront point dans l'élection qu'ils feront.

(4) Ces Consuls & ces Conseillers reconnoîtront qu'ils tiennent le Consulat du Roy, en qualité de Roy.

(5) Les nouveaux Consuls, lors de leur élection, ou du moins dans les quatre jours suivans, prêteront entre les mains du Bailli Royal & de l'un des Baillis des Vicomtes, si l'un d'entre eux est présent, le serment qu'ont accoûtumé de faire les Consuls de Lautrec.

NOTE.

(a) Trésor des Chartres, Registre 165. P. CCCLXI. (361.)

CHARLES VI. à Paris, en Décembre 1410.

(6) *Avant le jour de l'élection, le Bailli Royal députera dans chacun de ces* For, *un des habitans, pour recevoir au nom du Roy, le serment des Consuls & des élisans, conjointement avec un des Baillis des Vicomtes, si l'un de ces Baillis veut y être présent.*

(7) *Les Consuls feront prêter au nom du Roy & des Vicomtes, aux Conseillers du Consulat, le serment que font les Conseillers de celui de Lautrec.*

(8) *Les Consulats de chacun de ces* For, *les Consuls, les Conseillers & Officiers, seront sous la Sauve-garde Royale; & le Sénéchal de Carcassonne leur députera un ou plusieurs Gardiens, à leurs dépens.*

(9) *Chacun de ces* For *payera six deniers au Bailli Royal, pour les Lettres de commission qu'il donnera à ceux qu'il députera pour présider à l'élection des Consuls.*

(10) *L'estimation des biens des habitans de chacun de ces* For, *sera faite par des personnes qui seront choisies à cet effet, par les Consuls, leurs Conseillers, & les habitans, si ceux-ci veulent prendre part à ce choix. Ceux qui seront choisis prêteront serment entre les mains des Consuls.*

(11) *Lorsqu'il sera imposé une Taille sur chacun de ces* For, *chaque habitant payera d'abord une somme [égale]; & le reste de la Taille se levera sur les biens, à proportion de leur valeur.*

(12) *Les Collecteurs de ces Tailles en remettront le produit entre les mains de ceux qui seront chargés de le recevoir: ils en prendront quittance, & ils rendront tous les ans leurs comptes aux Consuls, & en présence des habitans, s'ils veulent y assister.*

(13) *Suivant un Règlement fait autrefois par le Sénéchal de Carcassonne, les Consuls de Lautrec seront tenus de donner aux habitans de chacun de ces* For, *l'acte de l'estimation des biens de ces habitans, ou une copie en forme, aux dépens de ceux-ci.*

(14) *Les Consuls de chacun de ces* For, *ne pourront faire d'emprunt au nom des habitans, sans leur consentement.*

(15) *Moyennant l'établissement des Consulats dans chacun de ces* For, *les habitans feront un transport au Roy en qualité de Roy, de la Jurisdiction qu'ils avoient dans la Ville de Lautrec & dans la Vicomté; lequel transport ne pourra porter préjudice aux Vicomtes.*

(16. 19) *Détail des matières qui seront de la compétence des Consuls de chacun de ces* For.

(17) *La connoissance des matières qui ne seront point de la compétence de ces Consuls, sera dévolue au Roy & aux Vicomtes.*

(18) *Le Roy aura sur les Consuls, les Conseillers & les autres Officiers du Consulat de ces* For, *la Jurisdiction qu'il a sur les Consuls de Lautrec & leurs Officiers.*

(20) *Les Consuls de Lautrec donneront une copie de leurs Privilèges, &c. à ceux de chacun de ces* For, *ou du moins de ceux qui intéressent les Consuls de ces* For, *aux dépens de ceux-ci.*

(21) *Les habitans de chacun de ces* For, *pourront s'assembler pour leurs affaires communes, en présence du Juge Royal & du Bailli Royal de Lautrec, ou d'une personne qu'ils députeront à leur place; & ces habitans ne payeront que six deniers pour la commission qui sera donnée à cet effet, par le Juge & le Bailli.*

(22) *Tous les procès qui avoient été meus entre les Consuls de Lautrec & les habitans de ces* For, *ne seront point poursuivis.*

(23) *Cet accord ne pourra porter de préjudice aux Privilèges des habitans de Lautrec & de ceux de ces* For.

(24) *Les Consuls de Lautrec & les habitans de ces* For, *observeront les articles contenus dans cet accord.*

(25) *L'élection des Consuls des* For, *se fera le jour de la Saint Jean-Baptiste suivant; & nonobstant l'élection de Consuls qui a été faite dans ces* For, *ceux de Lautrec continueront jusqu'à ce terme, d'exercer sur eux leur ancienne Jurisdiction.*

(26) *Les Consuls de Lautrec conserveront dans cette Ville, leur Jurisdiction & leurs prééminences.*

(27) *Les Consuls de Lautrec transportent au Roy la Jurisdiction qu'ils avoient sur les* For; *& le Procureur du Roy & l'Avocat Fiscal leur transportent au nom du Roy, la Jurisdiction que les habitans de ces* For *avoient en commun avec eux dans la Ville de Lautrec, & que ces habitans ont transportée au Roy.*

(28) *On suivra les règles de la raison & du droit par rapport à la portion que les habitans des* For *qui auront des biens dans Lautrec, payeront des Tailles qui se leveront dans cette Ville, & par rapport à la portion que les habitans de Lautrec qui ont des biens dans les* For, *payeront des Tailles qui s'y leveront.*

(29) *Les débets des comptes du Consulat de Lautrec & du Lautrecois, tant ceux que les comptables ont été condamnés de payer, que les autres, le seront. On rendra les comptes des trois années précédentes & de la présente. On ne rendra point ceux des années antérieures. On n'aura point égard aux autres demandes qu'ont fait les habitans des* For.

(30) *La Maison du Consulat de Lautrec & du Lautrecois, demeurera aux Consuls de Lautrec, moyennant quarante livres qu'ils payeront aux habitans des* For. *Ces habitans ne payeront point les sommes que les Consuls de Lautrec leur demandoient pour la confirmation de l'accord fait entre ces Consuls & ces habitans.*

(31) *Les habitans des* For *contribueront pour l'année présente & pour la précédente, aux dépenses faites pour les habits des Consuls de Lautrec & du Lautrecois, & au payement des gages des Conseillers, de l'Assesseur & des autres Officiers de ce Consulat. Les années suivantes, ils ne contribueront plus à ces dépenses.*

(32) *Cet accord sera confirmé par le Roy. Les habitans des* For *solliciteront les Lettres de confirmation, & feront les dépenses nécessaires pour les obtenir; mais si eux ou les Consuls de Lautrec veulent en avoir des expéditions, ils les payeront chacun en leur particulier.*

CHARLES VI. à Paris, en Décembre 1410.

KAROLUS, Dei graciâ, Francorum Rex. Notum facimus universis tam presentibus quam futuris, Nos quasdam Ordinaciones, articulos & accordum pro bono pacis & vero amore inter Villam ac locum de (b) Lautrico & Fortiarum Lautriguesii, Senescalie Carcassone, ac habitantes in eisdem, que nuper sub Consulatu de Lautrico comprehense existebant & per magna tempora regi & gubernari consueverant, fovendis & nutriendis, & utilitate nostra atque rei publice predictarum Ville de Lautrico & Forciarum Lautriguesii, augmentanda & conservanda, super separacione dicti Consulatûs dictarum Ville de Lautrico & Forciarum Lautriguesii, per Senescallum Carcassone, seu ejus Locumtenentem, certis previsis Informacionibus super comodo & incomodo quod Nobis & predictis, Ville & Forciis, ac manentibus & habitantibus in eisdem, evenire ac esse poterat, factis, maturâ que Consilii Consiliariorum & Officiariorum nostrorum, atque aliorum plurimorum proborum virorum deliberacione, presentibus & consencientibus nostris Procuratore & Patrono Causarum Fiscalium Senescallie Carcassone antedicte, prehabitâ, occasioneque aliarum certarum nostrarum Litterarum & aliarum, racione sui Officii [a] factas, ordinatas atque inviolabiliter teneri & observari constitutas, in quodam publico Instrumento descriptas, & quedam alia inde secuta, vidisse, formam que sequitur seriatim [b] que sequitur continentes.

(1) Et primo ordinandum [c] duxit & ordinat pro utilitate Domini nostri Regis & rei publice dicte patrie Lautriguesii, ac pro bono regimine ejusdem patrie, & ut manentes in dicta patria de cetero permaneant in pacis federe & transquillitate, nullaque lis vel questio deinceps inter manentes predictos & Consules Lautrici [d] oriamur seu sustineri possint, quod dicte Forcie Lautriguesii & habitatores earumdem, deinceps & temporibus perpetuis sint totaliter separate [e] argimine & Consulatu Consulum & Universitatis de Lautrico, & in nullo predicte Forcie & habitatores earumdem, erunt dictis Consulibus Lautrici subjecte.

(2) Item. Ordinavit & ordinat quod de cetero & temporibus perpetuis, in qualibet dictarum Forciarum, sint duo Consules de ipsis Forciis habitatores, & non aliundè, & quatuor aut plures Consiliarii eorumdem Consulum, & hoc pro regimine dictarum Forciarum & habitancium in eisdem.

(3) Item. Ordinavit & ordinat quod dicti Consules & Consiliarii annis singulis imperpetuum in Festo Nativitatis Beati Johannis Baptiste, in qualibet Forciarum predicte patrie Lautriguesii, eligantur per gentes & singulares cujuslibet ipsarum Forciarum, seu majorem & saniorem partem ipsarum, & hoc ad regimen cujuslibet dictarum Forciarum & habitancium earumdem, & suarum pertinenciarum; que eleccio fiet coram Bajulo Regio Lautrici & Lautriguesii, seu ab eo depputando, qui in eleccione hujusmodi nomine regio presidebit, & in ejus manibus ac unius Bajulorum [f] Vicecomitum Lautriguesii, vel Bajuli Regii, aut ab eo depputandi, si alter nollet vel non posset interesse, eligentes hujusmodi jurabunt quod in ipsa eleccione benè & fideliter se habebunt, odio & favore cessantibus quibuscumque.

(4) Item. Ordinavit & ordinat quod dicti Consules dictarum Forciarum & cujuslibet ipsarum, ac Consiliarii eorumdem, recognoscant ipsum Consulatum tenere in solidum à Domino nostro Rege, [g] ut Rege, & non ab alio, [h] ac modis & formis quibus Consules Lautrici ante presentem separacionem facere consueverunt.

(5) Item. Ordinavit & ordinat quod annis singulis in eorum nova eleccione & institucione, Consules predicti jurent tenere [i] servare libertates & franchesias debitas ipsis singulis Forciis, prout ad ipsos pertinet, & [k] suun prestabunt juramentum per

a Cet adjectif & les suivans se rapportent aux mots *ordinationes, articulos, &c.* qui sont au commencement de ces Lettres.

b Ces deux mots *que sequitur* qui sont répétés, paroissent inutiles.

c le Sénéchal de *Carcassonne* ou son Lieutenant, desquels il est parlé dans le Préambule.

d corr. *oriantur.*

e corr. *à regimine.*

f Voy. sur les Vicomtes de *Lautrec* la note *(a)* de la p. 35. du 8.e Vol. de ce Rec.

g comme Roy, & non en qualité de Seigneur de la moitié de *Lautrec.* Voy. *ibid.* p. 36. col. 1.

h Voy. *ibid.* à la p. 44. l'art. 13. des Lettres du mois de Janvier 1305.

i supp. *&.*

k corr. *suum.*

NOTE.

(b) *Lautrico.*] *Lautrec.* Cette Ville étoit la Capitale d'un canton nommé en latin, dans ces Lettres & ailleurs, *Lautriguesium*, nom qui pourroit être rendu en françois par *le Lautrecois.* Ce canton étoit couvert de vingt-quatre *Fors* qui avoient tous des noms particuliers qui se trouvent à la fin de ces Lettres : *Forcie de Martima, &c.* Tous ces *Fors* composoient un corps, une communauté qui étoit nommée en général le *For de Lautrec & du Lautrecois.* Voy. la note *(s)* de la p. 41. du 8.e Vol. de ce Recueil.

CHARLES VI. à Paris, en Décembre 1410.

Consules prestari consuetum, ac modo & forma consuetis (c) annuis singulis cum electi erunt, & hoc in manibus Bajuli Regii predicti, vel alicujus ab eodem deputandi, ac unius Bajulorum Vicecomitum predictorum, vel Bajuli Regii, si alter nollet vel non posset interesse : qui Bajulus Regius vel ab eo depputandus, & unus Bajulorum dictorum Vicecomitum, si interesse velit & possit, recipient juramentum in talibus recipi solitum à Consulibus Lautrici, *ante presentem separacionem, omni morâ postpositâ, vel saltim infra quatuor dies.*

(6) Item. *Ordinavit & ordinat quod predictus Bajulus Regius, instante tempore eleccionis fiende, tenebitur depputare unum habitatorem cujuslibet* Forciarum *predictarum, in singulis* Forciis, *pro recipiendo nomine Regio dictum juramentum à dictis Consulibus*[a], *& eciam ab eligentibus dictos Consules, unacum uno Bajulorum dictorum Vicecomitum, si interesse velit & possit, prout de dictis Consulibus* Lautrici *ante presentem separacionem est fieri Consuetum.*

a après leur élection.

(7) Item. *Ordinavit & ordinat quod dicti Consules à dictis eorum Consiliariis, simile nomine Regio & dictorum Vicecomitum, recipiant juramentum & tale quod est per Consiliarios Consulum* Lautrici *prestari consuetum.*

(8) Item. *Ordinavit & ordinat quod omnes Consulatus dictarum* Forciarum, *ac Consules, eorumque Consiliarii & Ministri quicumque dictarum* Forciarum, *& cujuslibet ipsarum, erunt de cetero & perpetuis temporibus in salva & speciali gardia Domini nostri Francie Regis; & ad requestam ipsorum, dictus Dominus* Senescallus Carcassone, *seu ejus Locumtenens, potterit depputare unum vel plures Gardiatores, si & quando requiretur, sumptibus eorumdem.*

(9) Item. *Ordinavit & ordinat quod predictus Bajulus Regius pro sigillo Littere commissionis de interessendo & presidendo in eleccione predicta, & recipiendo dictum juramentum solitum, habeat recipere sex denarios Turonenses pro qualibet* Forcia, *& non plus, annis singulis.*

(10) Item. *Ordinavit & ordinat quod alibramentum sive extima bonorum habitancium de dictis* Forciis *& cujuslibet earum, fiet; videlicet, per duos vel tres aut plures homines ydoneos & probos, & per dictos Consules cum eorum Consiliariis & habitantibus cujuslibet* Forcie, *si dicti manentes interesse velint, nominandos & eligendos; & jurabunt dicti examinatores in manibus dictorum Consulum, quod benè & legaliter se habebunt in dicta extima fienda, odio, favore & rancore semotis quibuscunque.*

(11) Item. *Ordinavit & ordinat quod si contingeret aliquam fieri Indiccionem sive Talliam in singulis dictarum* Forciarum, *quod talis Indiccio sive Tallia imponatur & dividatur pro capite sive testa, imponendo summam certam, prout est fieri consuetum, reliquam summam* [b] *Tallii sive Collecte imponendo pro solido & libra, secundum extimam seu valorem facultatum.*

b Suivant le Glossaire de *Du Cange*, au mot *Tallium*, il est synonyme de *Tallia*.

(12) Item. *Ordinavit & ordinat quod Collector talis Indiccionis, teneatur portare pecunias talis Indiccionis illi ad quem recipere pertinebit, & quod* [c] *billetam de soluto secum repportet, & de solutis dictis Consulibus racionem reddat anno quolibet, presentibus habitantibus si interesse volunt.*

c billet servant de quittance. Voy. le Gloss. de *Du Cange*, au mot *Billa 1.*

(13) Item. *Ordinavit & ordinat quod dicti Consules de* Lautrico *habeant tradere* [d] *alibramentum bonorum habitancium dictarum* Forciarum, *seu coppiam per modum* vidimus, *expensis dictarum* Forciarum, *si habere velint, juxta appunctamentum, alias per eumdem Dominum Senescallum factum.*

d estimation. *Voy. ci-dessus l'article 10.*

(14) Item. *Ordinavit & ordinat quod dicti Consules dictarum* Forciarum, *non possint aut valeant mutua ab aliquo recipere nomine Universitatis dictarum* Forciarum, *nec habitatores earum obligare, nisi majori & saniori parte habitancium dictarum* Forciarum *vocatâ & consenciente, & pro utilitate publica singularum* Forciarum.

(15) Item. *Ordinavit & ordinat quod mediante hujusmodi accordo, predicti manentes*

NOTE.

(c) Annuis.] Il y a dans le Registre sept jambages sans point, suivis d'une *s.* sans marque d'abréviation. Il faut app. corriger *annis* qui se lit au commencement de cet article.

in Forciis Lautriguesii, & Consules dictarum Forciarum, quathenùs eos concernit, remittent Domino nostro Regi solùm ut Regi, & in ipsum transportabunt [a] illum Juridicionem quam dicti Consules & manentes Lautriguesii ante presens accordum & presentem Ordinacionem habebant infra dictum locum de Lautrico, & ejus [b] decos, & in toto Vicecomitatu Lautriguesii, ad causam Consulatûs predicti; absque tamen prejudicio jurium dictorum Vicecomitum.

CHARLES VI. à Paris, en Décembre 1410.

(16) Item. *Ordinat quod dicti Consules* Forciarum *predictarum, quilibet in sua* Forcia, *utentur & exercebunt nomine Regio & dictorum Vicecomitum, circa falsas mensuras, pondera, carnes morbosas, & earum capcionem & provisionem, ac (d) computacionem carnium bonarum, cum Macellariis, extimacionem [c] talarum & [d] dampnarum in possessionibus sive fructibus, (e) passatas, itinera privata, (f) forum sive messegueriam, (g) pilas, macellum, preconisacionem, prout & quemadmodum Consules* Lautrici & Lautriguesii *uti & [e] excercere consueverunt.*

(17) Item. *Ordinat quod residuum tocius Juridicionis & exercicii ejusdem, quam & quod dicti Consules* Lautrici & Lautriguesii *habebant ante presentem Ordinacionem in dictis* Forciis Lautriguesii, *remanebit cum omnibus emolumentis inde [f] prevenïendis, dicto Domino nostro Regi & Vicecomitibus, [g] si & Kath ante presentem separacionem erat & remanebat.*

(18) Item. *Ordinavit & ordinat quod Dominus noster Rex, non [h] obstinite dicta separacione, illam habeat Juridicionem & ejus exercicium, emendas & [i] incursus in Consules, Consiliarios, eorumque [k] ciuictos Ministros de qualibet* Forciarum *predictarum, quam & quod habet, habebat & habere consueverat in Consules de* Lautrico, *& alios Officiarios & Ministros Consulum de* Lautrico, *ante presentem Ordinacionem & separationem.*

(19) Item. *Ordinavit & ordinat quod cura & solicitudo & quecumque alia similis que pertinet & pertinere consuevit dictis Consulibus de* Lautrico, *circa regimen victualium & aliarum rerum, & circa alias pollicias & regimina dicti loci de* Lautrico, *ipsa eadem & similis cura & sollicitudo pertineant ad omnes & singulos Consules dictarum omnium & singularum* Forciarum, *& earum habitancium in dictis* Forciis, *& qualibet earum, pro ut ad quemlibet pertinet, & pro ut & quemadmodum ante presentem separacionem dictis Consulibus* Lautrici *in ipsis* Forciis *pertinebat.*

(20) Item. *Ordinavit & ordinat quod Consules de* Lautrico *teneantur tradere & deliberare instrumenta, Litteras Regias & quecumque alia munimenta eorum libertatum, franchesiarum & consuetudinum dicti loci de* Lautrico *& de* Lautriguesio, *singulis de* Forciis *predictis, seu copiam per modum* vidimus, *expensis tamen ipsarum* Forciarum, *quathenùs tamen dictas* Forcias *tangent, infra unius mensis spacium à die requisicionis super hoc eis fiende computandum.*

(21) Item. *Ordinavit & ordinat quod Consules & habitantes cujuslibet* Forcie, *prout ad quamlibet pertinebit, pro negociis Universitatis cujuslibet* Forcie, *quilibet in sua* Forcia *solum, possint & valeant se congregare, presentibus Judice & Bajulo Regiis* Lautrici, *seu ab eo vel eis depputando, tociens quociens opus erit & necesse:*

[a] corr. *illam.*
[b] amendes. *Voy. la note (d) de la p. 695. du 6.e Vol. de ce Rec.*
[c] dommages faits aux fruits de la terre. *Voy. le Gloss. de* Du Cange, *au mot* Tala.
[d] corr. *damnorum.*
[e] exercere.
[f] corr. *provenïendis.*
[g] corr. *sicut.*
[h] corr. *obstante.*
[i] Ce mot est synonyme de *emenda.* Voy. le 8.e Vol. de ce Rec. p. 48. note *(tt).*
[k] corr. *cunctos.*

NOTES.

(d) Computacionem.] Voyez à la p. 42. du 8.e Vol. de ce Rec. l'article 9. des Lettres du mois de Janvier 1395. qui porte que les Bouchers de *Lautrec* étoient chargés de vendre des viandes, par les Officiers publics à qui ils rendoient compte de cette vente.

(e) Passatas.] Suivant le Gloss. de *Du Cange*, à ce mot, il signifie une redevance en grain. Ne pourroit-il pas signifier ici, un passage? Les mots *itinera privata* qui suivent, semblent autoriser cette conjecture.

(f) Forum, &c.] Forum & *Messegueria* semblent être ici synonymes: cependant, suivant le Gloss. de *Du Cange*, au mot *Forum*, il signifie un Marché, ou les denrées qui s'y vendent, ou le droit qu'elles payent; & *Messegueria* signifie l'amende que payent ceux qui ont volé ou endommagé des grains ou des fruits.

(g) Pilas.] Le mot *Pila*, suivant le Gloss. de *Du Cange*, a entre autres significations, celle d'un cabaret ou d'une chaussée. Ne pourroit-il pas signifier ici une Halle couverte, dont les couvertures sont ordinairement soûtenues par des piliers? On trouve dans ce Gloss. que par cette raison *Pila* a quelquefois signifié un *Portique*, une *Gallerie*.

CHARLES VI. à Paris, en Décembre 1410.

qui Judex & Bajulus seu alter ipsorum, teneantur depputare [a] dictum hominem quociensciunque requirentur; & solvant dicti Consules solùm pro sigillo commissionis hujusmodi, sex denarios Turonenses.

a c'est app. celui que le Juge Royal & le Bailli pouvoient députer à l'assemblée pour les représenter.

(22) Item. *Ordinavit & ordinat quod mediante hujusmodi accordo, omnes informaciones & processus (h) jurrati & pendentes usque ad diem presentem in Curia dicti Domini Senescalli, qui dependebant ex debatis ortis & suscitatis inter dictos manentes* Lautriguesii *& Consules* Lautrici, *cessabunt de cetero & in eis ultra non procedetur.*

(23) Item. *Ordinavit & ordinat quod propter hujusmodi accordum, non derogetur aliis libertatibus predictis loco de* Lautrico *&* Forciis Lautriguesii, *ac habitantibus earumdem per dictum Dominum nostrum Regem concessis, presente accordo in sui efficacia remanente.*

(24) Item. *Ordinavit & ordinat quod dicti Consules de* Lautrico, *& predicti manentes in dictis* Forciis Lautriguesii, *habeant* [b] *suppradictas ordinaciones deinceps de puncto ad punctum tenere & servare.*

b supradictas.

Quasquidem Ordinationes [c] *dictus Dominus Locumtenens fecit & facit; retentis tamen atque reservatis in omnibus & per omnia voluntate & beneplacito dicti Domini nostri Regis, ejusque jure in omnibus semper salvo. Quos quidem articulos superius proximè insertos, dictus Dominus (i) Thesaurarius & Locumtenens dicti Domini* Senescalli Carcassone, *& Commissarii, jussit inseri & poni (k) in fine Instrumenti per me dictum Notarium infrascriptum recepti super separacione dicti Consulatûs* Lautrici *&* Lautriguesii, *& eos voluit teneri & observari per dictos manentes* Lautriguesii, *& alios quos tangit, juxta tenorem ipsorum articulorum: reservavit tamen sibi & Curie dicti Domini* Senescalli Carcassone, *idem Dominus Locumtenens dicti Domini* Senescalli Carcassone *& Commissarii, quod de die in diem dictus Dominus* Senescallus Carcassone *& Commissarius, seu ipse Dominus Thesaurarius, ut Locumtenens, ac quicumque alter Locumtenens dicti Domini* Senescalli Carcassone *& Commissarii, possint dictos articulos interpretari & declarare, ut eis videretur fore faciendum. De quibus omnibus universis & singulis supradictis, dicti Domini Patronus & Procurator Regii, pro & nomine dicti Domini nostri Regis, & dicti* Petrus Barte, *ac* Guillermus Bonifas *dicentes se Procuratores dictorum manencium, requisiverunt eis fieri & retineri publicum Instrumentum & publica Instrumenta per me Notarium infrascriptum. Acta fuerunt hec in dicta civitate* Carcassone, *in presencia & testimonio honorabilium virorum Domini* Leodegarii Saporis, *Legum Doctoris, Rectoris* Montispessulani, *& Generalis super facto (l) Justicie in patria* Lingue occitane; *Domini* Stephani Durandi, *Licenciati in Legibus, Procuratoris Regii super facto Aydarum, Domini* Bertrandi Corserii, *Licenciati in Legibus, Judicis Criminum* Senescallie Carcassone; *Magistri* Amelii *de* Podio-Mirabili, *Procuratoris Regii*

c Voy. ci-dessous note *(k)*.

NOTES.

(h) Jurrati.] Il faut app. corr. *jurati*, mot qui peut signifier les Informations & les autres procédures dans lesquelles les Parties & les témoins avoient prêté serment. Peut-être aussi ce mot *Jurati* se rapporte-t-il au serment que, suivant une ancienne pratique qui n'est plus en usage, le Juge faisoit prêter aux Parties, & par lequel elles affirmoient qu'elles se croyoient bien fondées dans leurs prétentions. Ce serment s'appelloit en latin, *Juramentum calumniæ;* & en françois, *Serment de calenge.*

(i) Thesaurarius.] *Jean* le *Crieur*, Trésorier de la *Sénéchaussée* de *Carcassonne*, est nommé un peu plus bas.

(k) In fine Instrumenti.] L'acte par lequel, en présence du Trésorier de *Carcassonne*, député par le Sénéchal qui étoit Commissaire du Roy en cette partie, les Consuls de *Lautrec* & les habitans des *For* consentirent à la distraction de ces *For* du Consulat de cette Ville, & à l'érection des Consulats dans ces *For*, n'a point été inséré dans ces Lettres où l'on s'est contenté de rapporter les articles qui furent dressés pour l'exécution de ce nouvel arrangement; & c'est la raison pour laquelle un peu plus haut & un peu plus bas, avant les noms de quelques personnes dont il étoit parlé dans cet acte, & desquelles il n'est point fait mention dans le commencement de ces Lettres, on trouve le mot *dicti* ou *dictus*.

Le commencement de cet acte en contenoit la date qui ne se trouve point ailleurs dans ces Lettres: mais il y est dit qu'il n'y avoit pas long-temps, *nuper*, qu'il avoit été passé.

(l) Justicie.] Il faut p. e. ajoûter ici le mot *Aydarum* qui est un peu plus bas, & cela designera, Général Conseiller sur le fait de la Justice des Aydes. On nommoit quelquefois ces Magistrats seulement *Généraux*, sans ajouter le mot *Conseillers*.

terre

terre Albigesii; *Magistri* Johannis Magistri, [a] *Contrarotulatoris Recepte Regie* Carcassone, *& mei* Guillermi Johannis, *habitatoris dicte civitatis, publici auctoritate Regiâ Notarii, qui premissis omnibus interfui, & requisitus hoc Instrumentum de eisdem recepi.*

CHARLES VI. à Paris, en Décembre 1410.

[a] Contrôleur.

Subsequenter anno & regnante predictis, die intitulatâ primâ mensis Junii: Noverint universi quod cum dictus honorabilis & prudens vir Johannes *le* Crieur, *Thesaurarius Regius* Carcassone, *& Locumtenens dicti Domini* Senescalli Carcassone, *& Commissarii in hac parte auctoritate Regiâ depputati, virtute & auctoritate sue Commissionis predicte, instante parte manencium in* Forciis Lautriguesii, *pro evidenti utilitate dicti Domini nostri Regis & dicte patrie* Lautriguesii, *& maturâ Consilii deliberacione super hoc prehabitâ, fecisset & fecerit separacionem Consulatûs* Lautrici *&* Lautriguesii, *sub certis modis & formis contentis & specificatis in Instrumento super hoc per me* Guillermum Johannis *auctoritate Regiâ publicum* [b], *habitatorem civitatis* Carcassone, *sumpto & recepto & superiùs inserto, presente parte dictorum manentium, & absente parte Consulum* Lautrici, *& factâ separacione hujusmodi, certi Consules fuerunt instituti in qualibet* Forciarum *dicte patrie* Lautriguesii, *demandando exequtioni separacionem antedictam: Postmodum dicti Consules* Lautrici *certificati de predictis, contradicerent separacioni antedicte, nisi certi articuli quorum tenores inferiùs sunt inserti, essent in hoc comprehensi. Ea propter existens & personaliter constitutus in Villa* Lautrici *venerabilis & circumspectus vir Dominus* Petrus *de* Tilio, *Licenciatus in Legibus, Patronus Causarum Fiscalium dicte Senescallie, & Locumtenens dicti Domini Senescalli & Commissarii, habitâ Consilii deliberacione maturâ cum magne circumspeccionis viro Domino* Petro *de* Ogero, *Decano* Ebroycensi, *dicti Domini nostri Regis Consiliario, ibidem presente, & pluribus Officiariis Regiis & Notabilibus atque prudentibus viris, utilitatem dicti Domini nostri Regis & rei publice dicte patrie diligentibus, continuando ordinacionem aliàs super hoc factam, & pro declaracione ejusdem, ordinavit & declaravit, ordinatque & declarat certos articulos exprimendo ut sequitur.*

[b] suppl. *Notarium.*

(25) Primo. *Ordinavit quod eleccio Consulum* Forciarum Lautriguesii, *fiet in Festo Sancti Johannis Baptiste proximè venturo, sed propter* [c] *non stabit quin quatuor Consules pro nunc existentes in Villa* Lautrici, *utantur eorum Officio Consulatûs, & illud exerceant in dicta Villa* Lautrici *& ejus (m) Dectis & pertinenciis solitis & consuetis:* [d] *remanebunt cum duodecim Consiliariis & aliis eorum Officiariis & Ministris, & absque prejudicio Juris & Juridicionis ac observancie Consulatûs, ac concessionis Juridicionis ejusdem, quoad dictos Consules Ville* Lautrici *pro dicta Villa & Dectis ejusdem.*

[c] supp. *hoc.*

[d] cet endroit paroît corrompu ou tronqué.

(26) Item. *Ordinavit quod preheminencie & Juridiciones, libertates & franchesie Consulatûs* Lautrici, *remaneant insolidum dictis Consulibus* Lautrici, *quathenùs tamen concernit dictum locum de* Lautrico *& ejus Dectos, pertinencias &* [e] *districtus.*

[e] corr. *districtus.*

(27) Item. *Ordinavit & ordinat quod Consules* Lautrici *transportabunt & transportant nunc & deinceps perpetuò Juridiciones, franchesias, libertates, auctoritates & preheminencias eis competentes ad causam Consulatûs, in* Forciis Lautriguesii *& earum qualibet, in Dominum nostrum Francie Regem & ejus Procuratorem nomine regio; & è converso, Procurator predictus, nomine quo supra, cum Advocato Fiscali, transportat & transfert ex nunc Juridiciones, preheminencias, libertates & franchesias quascumque eidem Domino nostro Regi competentes ad causam translacionis & transportûs factarum eidem Domino Regi per dictos manentes, & quas iidem manentes habebant ante presentem separacionem communes pro indiviso in dicto Consulatu cum illis de* Lautrico, *in eodem loco ac pertinenciis & Dectis suis.*

NOTE.

(m) *Dectis.]* Ce mot qui est répété plus d'une fois dans la suite de ces Lettres, y est toujours écrit de la même manière. Cependant il y a grande app. qu'il faut corr. *Decois:* car dans le Gloss. de *Du Cange,* au mot *Deci,* il est dit qu'il signifie un Territoire.

Les Consuls de *Lautrec* continueront jusqu'à la Saint Jean prochaine, d'exercer leur Jurisdiction sur les *For* du *Lautrecois.*

CHARLES VI. à Paris, en Décembre 1410.

(28) Item. *Ordinavit & ordinat quod super contribucione Talliarum & Collectarum facienda pro bonis tailliabilibus que habitantes de* Lautrico *habent in* Forciis *seu earum terminalibus; & è converso illi de* Forciis *in loco seu Dectis de* Lautrico, *dicte partes stabunt in puncto Juris quo ad hoc, & tenebunt ac observabunt quathenùs jus & racio suadebunt.*

(29) Item. *Ordinavit quod reste compotorum Consulatûs* Lautriguesii, *solvi ordinate tam per Dominum Judicem criminum quondam* Carcassone, *quam per Dominum* Petrum *de* Tilio, *ut Locumtenentem Domini* Senescalli Carcassone, *solventur per illos qui eas debent & tenentur solvere; & eciam alie reste debite per Collectores vel alios de quibus per fines compotorum vel Instrumenta publica aut libros Consulatûs seu alios apparebit, (n) necnon & recepte in compotis non poscite, si que appareant, restituentur, & compota* [a] *istorum trium annorum ultimò preteritorum & anni presentis audientur. Residua verò compota de cetero non audientur. In aliis vero contentis in commissione & petitis pro parte dictorum manencium, ulteriùs non procedetur.*

a Il n'est point parlé de ces trois années dans la partie précédente de cet article.

(30) Item. *Ordinavit quod Domus Consulatûs* Lautrici *remanebit in solidum & remaneat dictis Consulibus* Lautrici, *mediantibus quadraginta libris Turonensibus per ipsos Consules* [b] Lautri *exsolvendis dictis de* Forciis; *& cum ista adjeccione quod eciam dicti de* Forciis *erunt quicti de expensis quas dicti de* Lautrico *petebant pro confirmacione* [c] *accordii facti per dictum Dominum Senescallum.*

b corr. *Lautrici.*

c corr. *accordi.*

(31) Item. *Ordinavit & ordinat quod manentes* Forciarum *solvent & solvere tenebuntur vestes Consulum* Lautriguesii *anni presentis, ac eciam restas* [d] *vestiun dictorum Consulum pro anno proximè preterito, si que sint, & partes dictas* Forcias *tangentes de salariis Consiliariorum, Assessoris, Procuratoris & (o) Nuncii dicti Consulatûs dictorum duorum annorum; & de cetero, dicti manentes* Forciarum *pro annis futuris pro vestibus dictorum Consulum & salariis dictorum Consiliariorum, Assessoris, Procuratoris & Nuncii, non tenebuntur.*

d vestium.

(32) Item. *Ordinavit quod hujusmodi accordum confirmabitur per Dominum nostrum Regem, & partes constituant Procuratores ad petendum confirmacionem, promittendo & jurando non revocare dictos Procuratores; & tenebuntur dicti manentes infra Festum Nativitatis Domini proximè venturum,* [e] *expensas eorum, procurare & habere expedicionem dicti accordi; & quelibet parcium que voluerit habere Litteras dicti accordi, habeat suis expensis.*

e corr. *expensis.*

Quibusquidem articulis per dictum Dominum Locumtenentem traditis, existentes ibidem & personaliter constituti coram dicto Domino Locumtenente predicti Domini Senescalli & Commissarii; videlicet, providus vir Magister Amelius *de* Podio Mirabili, *Procurator Regius terrarum* Albigesii *&* Lautriguesii, *unà cum provido viro Magistro* Sicardo *de* Fonte, *in utroque jure Bacallario, Judice* Lautrici *&* Lautriguesii, *pro Advocato sibi dato in hac parte & ad hunc actum, per dictum Dominum Locumtenentem dicti Domini Senescalli, ex una parte; &* Arnaudus *de* Bragairaco, *Magister* Sicardus Gaufredi *Notarius, &* Johannes *de* Quercino, *dicentes se Consules* Lautrici *pro anno presenti, ex parte alia; &* Guillermus Bonifacii, Pontius Cunhati, Petrus Barte *&* Raymundus Dorelli, *dicentes se Procuratores dictorum manencium in* Forciis Lautriguesii, *ex parte altera: que quidem Partes superiùs nominate; & quelibet ipsarum, habitâ, ut dixerunt, deliberacione maturâ de & super, pre & infrascriptis; videlicet, dictus Procurator Regius, habitâ, ut dixit deliberacione maturâ cum dicto Domino Patrono Fiscali, & cum pluribus aliis Officiariis* [f] *Regni tam in Villa* Carcassone *quam alibi, & dicti Consules* Lautrici *pro se & nomine dicte eorum Universitatis* Lautrici *&* [g] *singularum ejusdem, habitâ, ut dixerunt*

f p. e. faut-il corr. *regiis.*

g corr. *singularium.*

NOTES.

(n) Nec non & recepte.] Cela signifie, à ce que je crois, les deniers que les comptables étoient chargés de payer, & qui n'ont point été demandés par ceux qui avoient droit de les prendre sur la recette de ces comptables.

(o) Nuncii.] Huissier. Voy. le Gloss. de *Du Cange,* au mot *Nuntius 1.* col. 1253. Voy. sur les fonctions de cet Officier, l'art. 17. des Lettres du mois de Janvier 1395. Il est à la p. 46. du 8.e Vol. de ce Rec.

super hoc deliberacione maturâ cum eorum Consiliariis, & dicti Procuratores dictorum manencium, habitâ deliberacione maturâ, ut dixerunt, cum dictis manentibus, omnes simul dicte Partes ibidem presentes, gratis, ut dixerunt, predicte separacioni Consulatûs Lautrici *&* Lautriguesii, *per dictum Dominum Thesaurarium Regium & Locumtenentem dicti Domini* Senescalli Carcassone, *ut premititur, facte, & aliis inde sequutis, cum adjeccione tamen dictorum articulorum per dictum Dominum Patronum Fiscalem & Locumtenentem dicti Domini* Senescalli Carcassone *ordinatorum, & superiùs proximè insertorum, consencerunt & consenciunt, & promiserunt dicte Partes contra separacionem predictam non venire. Et insuper dicti Procuratores dictorum manencium* [a] *promisserunt predicta facere ratifficare per Consules dictarum* Forciarum Lautriguesii, *& dicti Consules Ville* Lautrici *promisserunt premissa facere ratifficare per eorum Consiliarios de die in diem, quoscienscumque erunt requisiti, & hoc sub ypotheca & obligacione bonorum Universitatis dicte Ville* Lautrici *& dictarum* Forciarum Lautriguesii, *& sub omni juris & facti renunciacione ad hec necessaria pariter & cauthela, & sic predicta omnia & singula tenere, servare, attendere & complere, & in nullo contra facere vel venire eorum, promiserunt bonâ fide & ad Sancta Dei Euvangelia eorum manibus dextris gratis corporaliter tacta, sponte juraverunt. Quibus attentis, dictus Dominus Patronus Fiscalis & Locumtenens dicti Domini Senescalli & Commissarii, attento concensu Parcium predictarum, sedens pro tribunali more majorum supra quoddam scammum quod pro tribunali quo ad hunc actum sibi elegit, ordinavit dictam separacionem predicti Consulatûs &* Lautriguesii, *& articulos superiùs proximè insertos, & alios per dictum Dominum Thesaurarium & Locumtenentem dicti Domini* Senescalli Carcassone *ordinatos, de cetero teneri & observari, injungendo Partibus antedictis quod ita tenerent & observarent de cetero; & ad majorem omnium & singulorum premissorum firmitatem habendam, auctoritatem suam Judiciariam interposuit pariter & decretum super predictis omnibus & singulis: Salvo tamen Jure Regio & quolibet alieno. Et confestim dicte Partes deserviendo articulis predictis superiùs proximè insertis & contentis in eis, gratis constituerunt, fecerunt & ordinaverunt Procuratores suos speciales & generales; videlicet, dicti Consules* Lautrici *constituerunt eorum Procuratores, scilicet, honorabiles & providos viros Magistros* Petrum *la* Rosa, Johannem Catalani, Johannem Herbelheti, *Procuratores in metuenda Parlamenti Curia Domini nostri Regis; & dicti* Guillermus Bonifacii, Poncius Cunhati, Petrus Barte *&* Raymundus Dorelli, *Procuratores dictorum manencium* Lautriguesii, *constituerunt seu substituerunt Procuratores suos & dictorum manencium; videlicet, honorabiles & providos viros Magistros* Bernardum Autissani, Johannem Fraustre, Johannem Combas, Philippum Vilate, Julianum Fabri, *Procuratores in dicta Parlamenti Curia; & dictus Procurator Regius* Albigesii *&* Lautriguesii, *nomine Regio, constituit & substituit Procuratores omnes superiùs nominatos per dictas Partes aliàs constitutos, & eorum quemlibet in solidum, ita quod occupantis seu occupancium condicio pocior non existat, sed id quod per unum ipsorum inceptum fuerit, per alterum eorumdem continuari, prosequi valeat & finiri; scilicet, ad procurandum solùm expediri & confirmari dictum accordum & separacionem antedictam juxta tenorem articulorum predictorum, per dictum Dominum nostrum Regem, & quod hujusmodi expedicio fiat sumptibus dictorum manencium, juxta tenorem articulorum predictorum, & omnia alia faciendum que in hujusmodi expedicione & confirmacione fienda erunt necessaria seu eciam oportuna; & promiserunt dicte Partes michi Notario Regio publico infrascripto, tanquam communi & publice persone, pro omnibus & singulis quorum interest, intererit aut interesse potest seu poterit in futurum, solempniter stipulantes & recipientes se ratum, gratum & firmum perpetuò habituros totum & quidquid per dictos Procuratores suos fuerit Procuratum in expedicione & confirmacione hujusmodi, ac si per ipsos constituentes seu substituentes personaliter foret actum; & relevarunt dictos Procuratores à caucione de rato; & hoc dicti Consules* Lautrici *sub obligacione bonorum eorum universitatis, & dicti Procuratores manencium, sub obligacione bonorum dictorum manencium, & dictus Procurator Regius, sub obligacione bonorum Domini Regis in talibus prestari solitum; de quibus omnibus*

[a] corr. *promiserunt*, là & plus bas.

CHARLES VI. à Paris, en Décembre 1410.

universis & singulis supradictis, dicte Partes & earum quelibet, requisiverunt eis & cuique ipsarum, fieri & retineri publicum Instrumentum per me Notarium infrascriptum. Acta fuerunt hec in dicta Villa Lautrici, *in presencia & testimonio Magistri* Guillermi Ranauli *Notarii Regii,* Carcassone *habitatoris;* Antonii *de* Podio, *mercatoris Ville de* Castris; Johannis Borias, *de* Monte Olivo; Philipi Salhi, *Clerici dicti Domini* Petri *de* Ogero; Johannis Johanoti, *Servientis Regii, habitatoris de* Redorta; Johannis *de* Toto, *servitoris dicti Domini* Petri *de* Tilio, *& mei* Guillermi Johannis, *habitatoris civitatis* Carcassone, *publici auctoritate Regiâ Notarii, qui premissis interfui, & requisitus Instrumentum & Instrumenta de eisdem recepi.*

Postque, supra dicto anno Incarnacionis ejusdem millesimo quatercentesimo decimo, die intitulatâ quartâ mensis Junii, Illustrissimo Principe & Domino nostro Domino Carolo Dei gracia Francorum Rege regnante, noverint universi quod existentes & personaliter constituti in Forcia *de (p)* Veterimuro, *patrie* Lautriguesii, *ante presenciam providi viri Magistri* Sicardi *de* Fonte, *in utroque Jure Bacallarii, Judicis* Lautrici *&* Lautriguesii, *& de sui Licencia, coram eo congregati; videlicet,* Petrus
[1] *La Martinie.* Ribois, Petrus Fregerre, *Consules* Forcie *de* [1] Martinia; Anthonius Bastite, *Consul*
[2] Le *Laus.* Forcie *de* [2] Laudo; Johannes Possut, *Consul,* Gaubertus *de* Brolio, *Consiliarius*
[3] *Servies.* *dicti Consulis* Forcie *de* [3] Servianis; Ramundus Pelisserii, Guillermus Jacobi,
[4] *Peyregous.* *Consules* Forcie *de* [4] Peyrogosio; Johannes Roque, Petrus Reg, *Consules* Forcie
[5] le *Pujol.* [6] *Mandoul.* *de* [5] Pojolio; Johannes Forse, Bernardus Guibaudi, *Consules de* [6] Mandolio;
[7] *Sainct-Germier.* Bernardus Merceri, Thomas Villarris, *Consules* Forcie *de* [7] Sancto-Germerio;
[8] La *Bessiere.* Gilabertus Hugonis, Bertholomeus Bonafossii, *Consules* Forcie *de* [8] Besseria;
[9] *Montpinier.* Johannes Cornuti, Durandus Castrinovi, *Consules* Forcie *de* [9] Monte-Pinherio;
[10] *Puycaluel.* Johannes Pauliuli, Johannes Trossati, *Consules* Forcie *de* [10] Podio-Caluello;
[11] *Brousse.* Vitalis Bertrandi, Raimundus Juliani, *Consules* Forcie *de* [11] Brussia; Bernardus
Cathalani, *Consul* Forcie *de* Strevollis; Antonius Auruolli, *Consul* Forcie *de*
[12] *Cabrillies.* [12] Cabrilis; Sicardus Arlaussa, *Consul* Forcie *de* Vallibus; Bernardus Luganch,
[13] *Lalbarede.* *junior,* Poncius Borelli, *Consules* Forcie *de* [13] Albareda; Armandus Servientis,
[14] *Froideville.* Poncius Fureti, *Consules* Forcie *de* [14] Frigidavilla; Petrus *de* Interaquis, Petrus
[15] *Carves.* Boteti, *Consules* Forcie *de* [15] Carvis; Ramundus Dorelli, Arnaudus Bacallerii,
[16] *Montfa.* *Consules* Forcie *de* [16] Montesano; Guillermus Batuti, Bernardus Auruolli, *Con-*
[17] *Gibrondes.* *sules* Forcie *de* [17] Gibrondis; Amandus *de* Monteserrato, Stephanus *de* Planis,
[18] La *Bolbene.* *Consules* Forcie *de* [18] Bolbena; Ramundus Mas, Johannes *de* Cruce, *Consules*
[19] *Sainct-Julien du Py.* Forcie *de* [19] Sancto Juliano *de* Podio, Guillermus Bonifacii, Petrus Barte, *Con-*
[20] *Cuq.* *sules* Forcie *de* [20] Cuqno; Ramundus Coti, *Consul* Forcie *de* [21] Prouilhargeriis;
[21] *Prouilhergues.* [22] *Vieilmur.* Bernardus Vesiati, *&* Simon Vigorosii, *Consules* Forcie *de* [22] Veterimuro, *dicte patrie* Lautriguesii *omnes inquam Consules superius nominati, noviter & de novo virtute separacionis Consulatûs* Lautrici *&* Lautriguesii *nuper facte electi & creati, prout de eorum Consulatibus constat per Instrumenta, inde per me Notarium infrascriptum recepta, pro se & eorum Universitatibus dictarum* Forciarum *patrie antedicte* Lautriguesii, *& singularibus earumdem, habitis priùs, ut dixerunt, eorum deliberacionibus maturis cum eorum Consiliariis & singularibus dictarum* Forciarum, *super infrascriptis peragendis & de infrascriptis ad plenum, ut dixerunt, certifficati, gratis & ex eorum certis scienciis, pro se & eorum Universitatibus antedictis, & singularibus earumdem, nominibus supradictis, ratifficarunt, emologarunt & confirmaverunt quatenùs ad quamlibet Universitatum predictarum & singulares earumdem pertinet &*

NOTE.

(p) De Veterimuro.] Vielmur. On trouve à la p. 61. du Livre de *De Fos,* intitulé *Traité du Comté de Castres, &c.* dans lequel Comté est située la *Vicomté* de *Lautrec,* un dénombrement des lieux qui composent le *Lautrecois.* C'est d'après ce dénombrement qu'on mettra à la marge, les noms François modernes des *For* qui sont nommés ici. On n'y trouve point les noms François des *For de Strevollis & de Vallibus.* Ce dénombrement contient trente-un lieux : il n'y en a que vingt-quatre nommés dans ces Lettres. Un peu plus bas, dans ces Lettres, on trouve les noms de ces *For* tels qu'on les prononçoit en patois du pays, lorsque ces Lettres furent données.

spectat, & quathenùs quamlibet dictarum Universitatum tangit seu tangere potest communiter vel divisim; videlicet, oblacionem [a] *alberge viginti librarum Turonensium solvende de cetero annuatim & perpetuis temporibus dicto Domino nostro Regi seu ejus Thesaurario* Carcassone, *& in Thesauraria Regia* Carcassone *factam nuper per* Guillermum Bonifacii, Petrum Barte, *& quosdam alios Procuratores manencium in* Forciis Lautriguesii; *adeo ut* [b] *seperacio Consulatûs* Lautrici *&* Lautriguesii *fieret, &* [c] *separacionem de dictis Consulatu* Lautrici *&* Lautriguesii *nuper factam per dictum Dominum Senescallum* Carcassone, *seu ejus Locumtenentem, & Commissarium auctoritte Regiâ deputatum, necnon & accordum inde factum super dicta separacione cum Procuratore Regio & Consulibus* Lautrici, *ac eciam procuracionem seu substitucionem factam ad petendum confirmacionem accordi predicti, & alia inde sequta: dicentes insuper quod inter se fuit facta divisio de dicta albergua solvenda per dictas* Forcias, *modo & formâ contentis in quadam papiri cedula quam ibidem michi Notario infrascripto tradiderunt: cujusquidem cedule tenor sequitur in hec verba.*

(q) Sec se lo assetiamen de las XX. *livras per la albergua deguda al Rey notre S. per las Forssas del (r) Bestruitat de* Lautres, *per razo de la separacio facha & ordenada del cossolat de* Lautres *& de las dichas Forssas, per lo honorabile e savi Senhor Moss.* Senescalt *de* Carcassona, *& Commessari donat per far la dicha separacio, per notre S. lo Rey, per sol e per liuvra, cascuna de las dichas Forssas coma se enset. La* Bolbona *munta am la meytat de la soma dels (s) foratas,* LXVIII. *livras* XVI. *s.* I. *d. per sa part del albergua* XIII. *s. La* Bessieyra *de soma am la meytat dels foratas* XLII. *livras* XV. *s.* II. *d. per sa partida* VIII. *s.* II. *d.* Monpilher *de soma am la meytat dels foratas* C. XX. *livras* VI. *s.* VII. *d, per sa partida* XXII. *s.* X. *d.* Sant-Germiez *de soma am la meytat dels foratas* XLVII. *livras* IIII. *s.* II. *d. per sa partida* IX. *s.* Vals *de soma am la meytat dels foratas* XIX. *livras* IX. *d. per sa partida* III. *s.* VI. *d.* Monsa *de soma am la meytat dels foratas* LXXIII. *livras* VIII. *s.* VIII. *d. per sa partida* XIIII. *s.* Peyreguos *de soma am la meyta dels foratas* XL. *livras* XI. *s.* I. *d. per sa partida* VII. *s.* VIII. *d.* Probilherguas *de soma am la meytat dels foratas* XI. *livras* XI. *s. per sa partida* II. *s.* VI. *d.* Cabrilhas *de soma* XIX. *livras* III. *s.* IX. *d. per sa partida* III. *s.* IX. *d. La* Martina *de soma am la meytat dels foratas* XLIX. *livras* III *s.* VII. *d. per sa partida* IX. *s.* III. *d.* Sant Julia *de soma am la meytat dels foratas* C. XXVII. *livras* V. *s.* II. *d. per sa partida* XXIIII. *s.* II. *d.* Brossa *de soma am la meytat dels foratas* C. XIII. *livras* XIII. *s.* V. *d. per sa partida* XXI. *s.* VII. *d.* Pirogcalvel *de soma am la meytat dels foratas* LXXIIII. *livras* VI. *s. per sa partida* *XIIII. *s.* I. *d.* Qut *de soma am la meytat dels foratas*

a redevance annuelle. Voy. le Gloss. de *Du Cange*, au mot, *Alberga*, col. 281.

b corr. *separacio*.

c Il manque là ou plus bas un verbe qui doit gouverner les accusatifs suivans.

NOTES.

(q) Sec se lo.] M.r *Menard*, Conseiller au Presidial de *Nimes*, & de l'Académie Royale des Belles-Lettres, m'a fait le plaisir de traduire cet Acte, & je l'ai prié de le faire le plus littéralement qu'il lui seroit possible.

Suit se l'assiette des 20. livres pour l'albergue dûe au Roy notre Seigneur, pour les * Forteresses du *Bestruitat* (district) de *Lautrec*, pour raison de la séparation faite & ordonnée du Consulat de *Lautrec* & desdites Forteresses, par le honorable & sage Seigneur Monf. le *Senechal* de *Carcassonne*, & Commissaire donné pour faire ladite séparation, par notre S. le Roy, par sols & par livres: chacune desdites Forteresses comme s'ensuit. La *Bolbonne* monte, avec la moitié de la somme *des forats*, LXVIII. livres 16. sols 1. denier: pour sa part de l'*albergue*, 13. sols. La *Bessiere*, de some, avec la moitié des *forats*, 42. livres 15. sols 2. deniers: pour sa part, 8. sols 2. deniers, &c.

(r) Bestruitat.] M.r *Menard* croit qu'au lieu du *B.* qui commence ce mot, qu'il faut mettre un *D.* & que ce mot signifie district.

(s) Foratas.] M.r *Menard* croit que ce mot qu'il ne se souvient point d'avoir trouvé dans aucun autre monument, signifie une redevance ou quelqu'autre charge commune. Voici comment nous expliquons lui & moi cet endroit. Nous supposons que les habitans de *Lautrec*, & ceux des *For* du *Lautrecois*, étoient chargés d'une redevance annuelle dont les premiers payoient une moitié, & les derniers une autre; & que pour répartir entre ces derniers le payement de l'*albergue* annuelle de vingt livres qu'ils s'étoient engagés de payer au Roy, on se servit de la proportion dans laquelle ils payoient la moitié de la redevance appelée *foratas*; & suivant cette proportion, il fut réglé que les habitans de la *Bolbonne* qui payoient 68. liv. 16. s. 1. d. pour leur quote part *dels foratas*, payeroient 13. s. pour leur part de l'*albergue*; & ainsi des autres.

* *Voy. ci-dessus p. 557. note (b).*

CHARLES VI. à Paris, en Décembre 1410.

III.^c LVI. livras XII. s. per sa partida III livras VIII. s. Servias *de soma am la meytat dels foratas III.^c LVI livras XII. s. per sa partida III. livras VIII. s.* Servias *de soma am la meytat dels foratas CXXXV. livras III. s. per sa partida XXV. s. VIII. d.* L'Albareda *de soma am la meytat dels foratas LXVII livras XIIII. s. IX. d. per sa partida XII. s. X. d.* Steevols *de soma am la meytat dels foratas XIX. livras VII. s. II d. per sa partida IIII. s.* Viellmur *de soma am la meytat dels foratas, rebatut lo cart de las pocessios del* Tholsa, *CXV. livras III. s. VII. d. per sa partida XXII. s.* Frejavilla *de soma am la meytat dels foratas XCVI. livras XI. s. IX. d. per sa partida XVIII. s. VI. d.* Lapojol *de soma am la meytat dels foratas XLVII. livras XIX. s. X. d. per sa partida IX. s.* Carvas *de soma am la meytat dels foratas CLVII. livras XIX. s. X. d. per sa partida XXX. s.* Mandollh *de soma am la meytat dels foratas CXXI. livras XIX. s. X. d. per sa partida XXIII. s. II. d.* Ginbrondas *de soma am la meytat dels foratas CL. livras V. s. VI. d. per sa partida XXVIII. s. X. d.* Lebans *de soma am la meytat dels foratas XXIII. livras XI. s. III. d. per sa partida IIII. s. VI. d.*

Quâ quidem Papiri cedulâ traditâ, prenominati Consules pro se & nominibus eorum Universitatum & singularium earumdem, quilibet ipsorum pro sua Universitate, & pro quota suam Universitatem tangente de dicta Albergua dicto Domino nostro Regi seu ejus Thesaurario nomine Regio in civitate Carcassone *solvenda annuatim in Festo omnium Sanctorum, que quota est unicuique dictarum Universitatum assignata, & inter ipsos Consules divisa, modo & formâ in dicta cedula contentis, obligarunt & ypothecarunt se & eorum bona & dictarum Universitatum & singularium earumdem, presencia & futura, & voluerunt compelli si in hiis defficerent, prout in debitis regiis est fieri consuetum, sub omni juris & facti renunciacione ad hec necessaria pariter & cauthela; & sic predicta omnia universa & singula tenere, servare, attendereque & complere, & in nullo contra facere vel venire, nec contra facienti vel dicenti in aliquo consentire clàm vel palàm, directè vel indirectè, in judicio neque extra, eorum promisserunt bona fide, & ad Sancta Dei Euvangelia manibus eorum dextris gratis corporaliter tacta, spontè jurarunt, me* Guillermo Johannis, *Notario Regio publico infrascripto, ut publica persona, pro dicto Domino nostro Rege absente, stipulante & recipiente. De quibus omnibus universis & singulis supradictis, dicti Consules pro se & nominibus dictarum Universitatum, & providus vir* Magister Amelius *de* Podiomirabili, *Procurator Regius terrarum* Lautriguesii *&* Albigesii, *nomine Domini nostri Regis, requisiverunt eis & cuique ipsorum, fieri & retineri atque tradi publicum Instrumentum & publica Instrumenta per me Notarium infrascriptum. Acta fuerunt hec in* Forcia *de* Veterimuro *dicte patrie* Lautriguesii, *in presencia & testimonio magni honoris viri Domini* Petri *de* Ogero *Decani* Ebroycensis, *Consiliarii dicti Domini nostri Regis;* Antonii *de* Podio, *Mercatoris de* Castris; Arnaudi Martini; Johannis Castellionis, *de* Lautrico; Petri Sereni, *Servientis garnisionis civitatis* Carcassone, *& mei* Guillermi Johannis, *Notarii Regii publici, habitatoris dicte civitatis, superiùs nominati, qui premissis omnibus interfui, & requisitus Instrumentum & Instrumenta de eisdem recepi.*

Successivè, predicto anno Incarnacionis ejusdem, millesimo quatercentesimo decimo, die intitulatâ decimâ mensis predicti Junii, Illustrissimo Principe & Domino nostro Domino Carolo Dei gracia Rege Francorum regnante, noverint universi quod existentes & personaliter constituti in Villa Lautrici, *& in Domo communi Consulatûs dicte Ville* Lautrici, *& coram provido viro Magistro* Sicardo *de* Fonte, *in utroque jure Bachallario, Judice* Lautrici *&* Lautriguesii, *& de ejus Licencia congregati; videlicet, providi viri* Bernardus Singlarii, Petrus Magistri, Arnaudus Martini, Johannes Salanh, *Magister* Johannes *de* Valle, *Notarius,* Johannes Mosquete, Antonius *de* Corbarino, Petrus Alpaye, Guiraudus *de* Fonte, Johannes Peluguetti *&* Johannes *de* Ectia, *dicte Ville* Lautrici, *Consiliarii, ut dixerunt,* [a] *Consules dicte Ville* Lautrici, *ipsi inquam Consiliarii certificati, ut dixerunt, per providos viros* Armandum *de* Bragayraco, *Magistrum* Sicardum Gaufredi, *Notarium, &* Johannem *de* Quercino, *Consules dicte Ville* Lautrici, *ibidem presentes, de accordo per*

a corr. *Consulatûs* ou *Consulum.*

dictos Consules facto cum venerabili viro Procuratore Regio Terrarum Albigesii *&* Lautriguesii, *& cum Procuratoribus manencium in* Forciis Lautriguesii, *super facto separacionis Consulatûs* Lautrici *&* Lautriguesii *facte nuper per nobilem & potentem virum Dominum* Senescallum Carcassone *&* Bitteris, *Commissarium ad dictam separacionem fiendam auctoritate Regiâ deputatum, seu ipsius Domini Senescalli Locumtenentem, quodquidem accordum fuerat per dictos Consules de & cum Consilio ipsorum Consiliariorum factum, ut dixerunt, certificatique. eciam quod dicti Consules promiserunt facere ratifficari dictum accordum per eosdem Consiliarios, prout de hiis constare dixerunt Instrumento publico super hoc per me Notarium infrascriptum recepto; ea propter ipsi iidem Consiliarii habito, ut dixerunt, tractatu, colloquio, concensu, beneplacito, avisamentoque & voluntate tocius populi dicte Ville, seu majoris & sanioris partis ejusdem, volentes, ut dixerunt, premissa per dictos Consules attendere & complere ac ad effectum deducere, pro utilitate rei publice dicte Ville* Lautrici, *& quia de hoc fuerant per dictos Consules requisiti, gratis & ex eorum certis scienciis, predictum accordum per dictos Consules, ut premittitur, factum, quatenùs ad ipsos Consiliarios pertinet & spectat, ratifficarunt, emologaruntque & confirmarunt, promiseruntque dictum accordum perpetuò inviolabiliter tenere & servare, & contra illud ullis unquam temporibus non venire nec venire facere per se vel aliam interpositam personam, clàm vel palàm, directè vel indirectè in judicio neque extra, & hoc sub ypotheca & obligacione omnium bonorum suorum presencium & futurorum, & sub omni juris & facti renunciacione ad hec necessaria pariter & cauthela, & sic premissa omnia & singula tenere, servare, attendereque & complere, & in nullo contra facere vel venire, eorum promiserunt bonâ fide, & ad Sancta Dei Euvangelia eorum manibus dextris corporaliter gratis tacta spontè juraverunt. De quibus omnibus universis & singulis supra dictis, providus vir Magister* Amelius *de* Podiomirabili, *Procurator Regius terrarum* Albigesii *&* Lautrici, *pro jure Regio, & dicti Consules* Lautrici *pro se & nomine eorum Universitatis* Lautrici, *requisiverunt eis fieri & tradi publicum Instrumentum per me Notarium infra scriptum. Acta fuerunt hec in dicta Villa* Lautrici *& in dicta Domo Consulatûs, in presencia & testimonio Magistri* Johannis *de* Maloleone, *Notarii;* Johannis *de* Solemniaco, *dicte Ville* Lautrici; *& Magistri* Guillermi Johannis, *habitatoris Civitatis* Carcassone, *publici auctoritate Regia Notarii, qui premissis omnibus interfuit, & requisitus hoc Instrumentum de eisdem recepit.*

CHARLES VI. à Paris, en Décembre 1410.

Quasquidem Ordinaciones & articulos suprascriptos, ratas habentes & gratas, eas seu eos, omniaque & singula in eisdem contenta, laudamus, approbamus, ratifficamus, ac ex nostra Regie potestatis plenitudine & gracia speciali, consideracione premissorum confirmamus, predictaque omnia & singula eisdem Consulibus, manentibus & habitantibus ac Universitatibus & singularibus prelibatarum Ville de Lautrico *&* Forciarum Lautriguesii, *& eorum cuilibet, presentibus & futuris, de novo concedimus & donamus per presentes: Mandantes* Senescallo Carcassone, *ceterisque Justiciaris & Officiaris nostris qui nunc sunt & pro tempore fuerint, aut eorum Locatenentibus, & cuilibet eorumdem, prout ad eum pertinuerit, quatinùs ipsos Consules, manentes & habitantes, ac Universitates & singulares prefatarum Ville de* Lautrico *&* Forciarum Lautriguesii, *& eorum quemlibet, modernos & posteros, nostris presentibus graciâ, concessione, dono & confirmacione juxta presencium Litterarum ac Ordinacionum dicti* Senescalli Carcassone, *seu ejus Locumtenentis, supra scriptarum series & tenores, uti & gaudere pacificè faciant & permittant, absquè impedimento aut contradicione quibuscumque, ipsosque, eorum successores, Consules & habitatores ac Universitates & singulares, aut eorum quemlibet, contra premissa seu aliqua premissorum nullathenus molestando vel perturbando; quinymo attemptata ac innovata, si que sint sive fuerint, [a] a statum pristinum & debitum reducentes seu reduci facientes indilate; Ordinacionibus, mandatis, defencionibus, concessionibus, aliis factis ac Litteris in contrarium impetratis vel impetrandis nonobstantibus quibuscumque. Quod ut firmum & stabile perpetuò perseveret, nostrum presentibus Litteris fecimus apponi Sigillum: Salvo in aliis jure nostro, & in omnibus quolibet alieno.*

Suite des Lettres de Charles VI.

a corr. *ad.*

Datum & actum *Parisius*, mense Decembris, anno Domini millesimo quadringentesimo decimo, & Regni nostri tricesimo primo.

Per Regem, ad relacionem Consilii. CAMUS.

CHARLES VI. à Paris, en Décembre 1410.

(a) Lettres par lesquelles Charles VI. réduit les Vendeurs de vins de la Ville de Paris, au nombre ancien de soixante, & leur permet de porter des armes.

CHARLES, &c. Savoir faisons à tous presens & avenir, à Nous avoir esté exposé de la partie de *Jehan Charbonnier, Guillaume Disses, Jehan Ligier, Rogerin* le *Vavasseur, Jehan Petit, Richart Brunet, Michelet* de *Rez, Jourdain Grant, Perrin Lalier, Jehan Dudoit, Jehan* le *Pescheur, Jehan* le *Breton, Jehan Gaudin, Jehan Coichon, Jehan Robin, Jehan Chandelier, Denisot* de *Nom, Jehan Gobin, Henriet* de la *Porte, Jehan Maubuisson, Perrin Cardon, Cardin Potier, Perrin Putot, Richart* de *Basmée, Jehan Brunet, Perrin Petit, Guillemin Vincent, Jehan Des Jardins, Perrin Viotot, Pierre* le *Moucheur, Regnault* de *Gondry, Colin* le *Roy, Regnault Aubriot, Guillaume Bonneau, Guillaume Hagnette, Jehan Gautier, Oudin Gasse, Henriet* le *Fournier, Jehan Gillebert, Guillaume Langloiz, Perrin* [a] *Hense, Jaquet* le *Gras, Martin* de *Saint-Omer, Jehan Bunel, Thomassin Thibaut, Colin* de la *Motte, Jehan Blanchart, Jehan* de *Beaumont, Jehan Soignart, Jehan* le *Mercier, Colin* de *Nom, Jehan Michiel, Cardin* le *Vesse, Jehan Matthieu, Guillemin* du *Bourclabbé, Perrin Langlois, Philippot Marchegay, Jehan Barillon, Guillemin Framarin, & Pieret Gohoreau*, faisans & representans la Communauté des soixante Vendeurs de vins Jurez & assermentez de par Nous en nostre Ville de *Paris*, que jasoit ce que ledit nombre de LX. Vendeurs de vins soit le nombre ancien ordonné par nos Predecesseurs Roys de France en nostredicte Ville de *Paris*, & que selon les Ordonnances par Nous pieça faictes, par lesquelles Nous en nostre Grand Conseil ordonnasmes tous noz Officiers estre reduiz & ramenez au nombre ancien, en voulant que ceulx qui seroient oultre & pardessus ledit nombre ancien, feussent du tout despointiez de leurs Offices, & n'y demourast que ledroit nombre ancien, [b] il ne loise à aucun de soy entremettre dudit Office de vendage de vin, se il n'est dicellui nombre: toutesvoyes aucuns en venant contre lesdictes Ordonnances, oultre & pardessus ledit nombre, se sont efforciez & efforcent de jour en jour de exercer ledit Office, qui est contre raison & ou grant grief & prejudice desdiz exposans & de la chose publique de nostre bonne Ville de *Paris*, & pourroit plus estre, se sur ce n'estoit par Nous pourveu de remede convenable, si comme ils dient, requerant humblement nostre gracieuse provision. Pour ce est-il que Nous recordans desdictes Ordonnances lesquelles furent pieça par Nous faictes par grant & meure deliberacion de ceulx de nostre Sang & des Gens de nostre Grant Conseil, & voulans que elles tiengnent & soient gardées sans enfraindre, & par especial en tant qu'il touche lesdiz Vendeurs de vins de nostre bonne Ville de *Paris*, avons ordonné & declaré, ordonnons & declarons de nostre certaine science, grace especial, pleine puissance & auctorité Royal, en ensuivant les Ordonnances de nosdiz Predecesseurs, que ledit nombre des Vendeurs de vins de nostredicte Ville de *Paris* dessusdit, soit reduit & ramené au nombre ancien, & que se aucuns en y a oultre & pardessus ledit nombre, que ilz soient privez & deboutez de leursdiz Offices, & lesquelx dès maintenant pour lors Nous en privons & deboutons, en leur deffendant l'exercite d'iceulx Offices; & en oultre, pour augmenter les droiz d'icellui Office, & affin que iceulx Vendeurs puissent avoir plus aisement de quoy soustenir leur Confrarie par Nous & nosdiz Predecesseurs fondée & octroyée,

[a] On pourroit aussi lire *Heuse*.

[b] *Il ne soit licite: permis.*

NOTE.

(a) Trésor des Chartres, Registre 165. P. XI.^xx I. (221.)

Ces Lettres avoient déjà été imprimées à la p. 642. du 3.e Tome du Traité de la Police.

octroyée, & dont Nous, nostre très-chiere & trez-amée Compaigne la Royne, & nostre très-chier & très-amé ainsné Filz le *Duc de Guienne,* sommes Confreres, & les droiz d'icelle deffendre & poursuir, avons voulu & ordonné, voulons & ordonnons, comme dessus, que doresenavant nul ne soit institué de par Nous oudit Office de vendage de vins, jusqu'à ce que la Garde de la Prevosté des Marchans sera premierement informée ledit Office estre du nombre ancien, & que cellui à qui Nous l'aurons donné, soit homme de bonne vie, renommée & honeste conversacion, sans aucun villain blasme ou reprouche, & qu'il ait paié pour entrée oudit Office XL. sols Parisis pour une fois, pour convertir en ce que dit est, & pour aidier à vivre & gouverner aucuns desdiz exposans ou de leurs successeurs vendeurs, en leursdiz Offices, se par fortune ou meschief aucuns en venoient à mendicité; lesquelx XL. sols Parisis pour la premiere fois, avec huit deniers Parisis que chascun d'eulx Vendeurs & leurs successeurs seront tenuz paier par chascun moys aux quatre termes à *Paris* accoustumez, pour tourner & convertir en l'usage dessusdit, soient receuz, cueilliz & levez par les deux Procureurs de ladicte Communaulté, ou de leur commandement; & se il avient que aucun d'eulx soit reffusant ores ou pour le temps avenir de paier iceulx huit deniers Parisis, Nous voulons & avons ordonné & ordonnons que par lesdiz Procureurs & à leur requête, il y soit contraint par le premier de nos Sergens sur ce requis, par la prinse & explectacion de ses biens & vendicion d'iceulx aux jours & [a] meiz acoustumez; de toute laquelle recette & de la despense par lesdiz Procureurs faicte pour ladicte Communaulté, iceulx Procureurs seront tenuz de rendre bon compte & loyal ausdiz exposans & à leurs commis à ce, en la presence toutesvoyes d'aucun de noz Officiers, à un certain jour en l'an qui par eulx sera ordonné; auquel jour ledit compte rendu, l'un desdiz Procureurs [b] ystera de ladicte Procuracion, & y en ordonneront les commis à oïr ledit compte, un autre qui demourra pour l'année Procureur avec cellui qui ne se bougera, & l'année ensuivante, le compte rendu, ils y mettront un autre Procureur en lieu de cellui qui paravant y estoit demouré, & y demourra cellui qui dernier y avoit esté mis, pour instruire le nouvel Procureur des besoignes appartenantes à ladicte Procuration; & ainsi se continuera de là en avant par chascun an à tousjours; de laquelle journée pour oïr ledit compte, prendre, eslire & accepter, Nous avons donné & donnons povoir, congié & licence ausdiz exposans, & aussi de eulx assembler touteffois que besoing leur sera, appellez avec eulx aucun de noz Officiers, pour parler ensemble des besongnes de leurdicte Communaulté, & aussi pour mettre & asseoir sur eulx touteffois que mestier leur en sera & bon leur semblera, une ou pluseurs sommes de deniers pour les besongnes de leur Communaulté dessusdicte maintenir, poursuir & conduire, se besoing leur en est. Et avec ce, pour ce que lesdiz exposans sont tenuz chascun en droit soy, de paier comptans & faire bons aux marchans forains qui arrivent ou font arriver à *Paris* leurs vins, les deniers de leursdiz vins, incontinent que les ventes sont faictes, & à ce pevent estre contrains par prinse de corps & de biens, & toutesvoyes ils vendent & delivrent auceneffois à pluseurs en Greve, lesquelz ilz ne congnoissent, pluseurs [c] sommes de vins lesquelx il convient qu'ilz facent bons à leursdiz marchans, comme dit est, & quant ilz vont ès lieux où lesdiz acheteurs dient que ilz demeurent, pour cuidier avoir l'argent de leur vin, ilz trouvent souvent que sont trompeurs, & que là ne ailleurs ilz ne pevent oïr nouvelles de leurs vins, & les perdroient souvent, ce n'estoit que il leur convient faire diligence de jour & de nuit pour trouver iceulx trompeurs qui se transportent auceneffois de *(b)* poiche en autre, & n'en

CHARLES VI. à Paris, en Décembre 1410.

[a] *Maison.* Voy. la note *(l)* de la p. 33. du 7.e vol. de ce Rec.

[b] *sortira.*

[c] *charges de vin.*

NOTE.

(b) Poiche.] Ce mot sur lequel je n'ai rien trouvé, pourroit signifier ici *paroiche,* que l'on a dit anciennement pour Paroisse. Le copiste a peut-être oublié de marquer l'abréviation de la lettre *r* precédée d'une voyelle. On pourroit lire aussi *priche* qui m'est inconnu. Dans le Traité de la Police, où il n'est point dit de quel Registre ces Lettres ont été tirées, on lit *porche.*

CHARLES VI. à Paris, en Décembre 1410.

pourroit-on avoir congnoissance qui ne les guecteroit de nuit & de jour : & quant aucuneffois on les treuve, se se veulent-ilz mettre à deffense, & ce n'estoit [a] ceulx qui ainsi les guettent, feussent garniz d'espées ou coustel, ilz seroient souvent en adventure d'estre [b] affolez de leurs personnes & perdre leurs deniers, qui seroit moult dure chose, attendu que ilz sont tenuz de faire aux marchans leurs deniers bons, comme dit est : Nous voulans pourveoir à la seurté de leurs personnes, leur avons octroyé & octroyons comme dessus, & à leurs successeurs esdiz Offices, que doresenavant toutesfois que il leur plaira, ilz puissent & leur loise pour la seurté de leurs personnes & pour la tuicion d'eulx, de leurs biens & de leurs corps, porter espée ou coustel, ou autre baston deffensable, sans ce que aucun empeschement ou destourbier leur soit ou puist estre pour ce fait ou donné en aucune maniere, ores ne pour le temps avenir, par aucun de noz Officiers; pourveu toutesvoies que ilz n'envaïssent ou assaillent aucun. Si donnons en mandement par la teneur de ces presentes, à noz amez & feaulx Conseillers les Gens tenans nostre present Parlement, & qui tendront les Parlemens [c] venans, au *Prevost* de *Paris*, au Prevost des Marchans de nostredicte Ville de *Paris*, & à tous noz autres Justiciers & Officiers presens & avenir, ou à leurs Lieuxtenans, & à chascun d'eulx, si comme à lui appartendra, que lesdiz exposans & leurs successeurs oudit nombre, & chascun d'eulx, facent, sueffrent & laissent joïr & user plainement & paisiblement de nostre presente Ordonnance, grace, octroy & voulenté, sans leur faire ne donner ou souffrir estre fait ou donné aucun destourbier ou empeschement au contraire. Et pour que ce soit chose ferme & estable à tousjours, Nous avons fait mettre nostre Séel à ces presentes : sauf en autres choses nostre droit, & l'autruy en toutes. *Donné à* Paris, *ou moys de Decembre, l'an de grace mil CCCC. & dix, & de nostre Regne le XXXI.*[e]

a *supp.* que.
b *blessés.*
c *ven.* Reg.

Par le Roy, le *Conte* de *Saint-Pol*, Messire *Charles* de *Savoisy*, le *Galoiz* d'*Aunay*, Messire *Jehan* de *Chambrillac*, & plusieurs autres Chambellans, presens. J. DE ROUVRES.

CHARLES VI. à Paris, en Janvier 1410.

(a) Lettres de Sauve-garde Royale pour le Chapitre de l'Eglise Collégiale de S.t Rieule, à Senlis.

CHARLES, &c. Savoir faisons à tous présens & avenir, Nous avoir receu l'umble supplicacion de nos bien amés Chappellains, les Doyen & Chapitre de l'Eglise Collegial de *Saint Rieule* de *Senlis*, contenant que comme ladicte Eglise soit de fondacion Royal, très-ancienne, & à ceste cause soient en notre proteccion & especial Sauve-garde, & aussi de leur fondacion & autrement aient plusieurs rentes, terres, Justices, revenues & Seigneuries en pluseurs lieux, qui par guerres, mortalités & autrement sont diminués telement que leurs Benefices qui souloient estre de bonne valeur, ne pourroient à present souffire à la vie d'iceulx, & que à très-grant peine pevent supporter la charge des Vicaires & autres Serviteurs de ladicte Eglise; & encores pour pourchassier leurs drois en divers lieux & Chastellenies, leur conviengne moult despendre & grandement frayer, en Nous humblement suppliant que attendu ce que dit est, & que la plus grant partie de leurs terres, rentes & revenues, sont assises ou *Bailliage* de *Senlis*, Nous leur vueillons sur ce pourveoir de nostre gracieux remede. Pourquoi Nous ces choses considerées, voulans les Eglises de nostre Royaume, & par especial celles qui sont de fondacion Royal, estre favorablement traictiés, & pour certaines autre cause & consideracion à ce Nous mouvans, & principalment en faveur du divin Service,

NOTE.

(a) Trésor des Chartres, Registre 165. P. XIIII. (14).

& à ce que pour pourchaffier leurs droits, befongnes, Caufes & quereles en plufieurs & divers lieux, ne foient diftrais dudit divin Service, d'abondant grace les avons mis & mettons par ces prefentes en noftre proteccion & Sauvegarde efpecial, & tous les Servans en ladicte Eglife, avec tous les familliers, Officiers, Serviteurs, chofes & poffeffions & biens quelxconques, à la confervacion de leur droit tant feulement; & de plus ample grace & liberalité leur avons baillé & député, & par ces prefentes baillons & deputons, commectons & ordonnons à gardien efpecial & perpetuel Juge & Confervateur, le *Bailli* de *Senlis*, qui à prefent eft, & fes fucceffeurs Baillis, ou leurs Lieuxtenans, au Siege dudit lieu de *Senlis*, en toutes leurs Caufes, quereles & befongnes quelxconques, tant réeles comme perfonnelles, & autres, & tant en demandant comme en deffendant, pour raifon des chofes affifes & des perfonnes demourantes oudit Bailliage, à huit lieues près dudit lieu de *Senlis*. Si donnons en mandement par ces mefmes prefentes audit Bailli qui à prefent eft, & qui pour le temps avenir fera, ou à leurs Lieuxtenans, que lefdiz fupplians & autres Serviteurs en ladicte Eglife, avec leurs familliers, Serviteurs, Officiers, chofes, poffeffions & biens quelxconques, ils gardent & deffendent de tous griefs, forces, violences, oppreffions, inquietacions & quelxconques moleftacions, & en leurs drois, franchifes, libertés & juftes poffeffions & faifines les tiengnent, maintiengnent & gardent; & que aufdiz fupplians à leurs defpens, deputent, fe meftier eft, à gardien, un ou plufieurs de nos Sergens qui toutefvoyes ne s'entremettront de chofe qui requiere congnoiffance de caufe, & que de noftre prefente grace & octroy facent lefdiz fupplians joir & ufer plainement, paifiblement & perpetuelment, en congnoiffant & determinant oudit Siege de *Senlis*, de toutes leurs caufes & quereles, comme dit eft, & facent au furplus & exercent tout ce qui à Office de bon & perpetuel Juge, Confervateur & Gardien appartient, peut & doit appartenir : Mandons auffi par ces prefentes à tous nos Jufticiers, Officiers & fubgiès, que à noftredit Bailli, fes commis & deputés en ce faifant, obeiffent & entendent diligemment; & de plus ample grace voulons & aufdiz fupplians avons octroyé & octroyons que plaine foy foit adjouftée au *Vidimus* de ces prefentes, fait foubs Séel auctentique, pareillement que à l'original d'icelles; pourveu que iceulx fupplians facent foy dudit original en temps & en lieu, quand meftier fera. Et affin que ce foit chofe ferme & eftable à tousjours, Nous avons fait mectre noftre Séel à ces prefentes: fauf en autre chofe noftre droit, & l'autruy en toutes. *Donné à* Paris, *ou moys de Janvier, l'an de grace mil IIII.^c & dix, & de noftre Regne le XXXIe*

Par le Roy, à la relacion du Confeil. FRERON.

CHARLES VI. à Paris, en Janvier 1410.

CHARLES VI. à Paris, le 4. de Février 1410.

(a) Lettres par lefquelles Charles VI. confent que le Clergé de France paye une Décime que le Pape avoit ordonné qu'on levât fur lui, pour les affaires de l'Eglife.

A TOUS ceulx qui ces Lettres verront. *Bonneau de St Cler*, Chevalier, Maiftre d'Hoftel du Roy noftre Souverain, & Garde de la *Prevofté* de *Paris*: Salut. Sçavoir faifons que nous l'an de grace mil quatre cens & dix, le Samedy quatorfiéme jour de Fevrier, vifmes unes Lettres du Roy noftredit Seigneur, feellées de fon grant Seel en cire jaune, fur double queue, defquelles la teneur s'enfuit.

NOTE.

(a) La copie de ces Lettres qui font dans le Dépôt de la Chambre des Comptes de *Montpellier*, a été envoyée avec cette indication : *Sénéchauffée de* Touloufe *en général, Armoire C. 8.e continuation des titres particuliers, n.º 1. fol. 258. verfo.*

Voy. la Préface de ce Vol. §. *Schifme.*

CHARLES VI. à Paris, le 4. de Février 1410. a *Jean XXIII.*

CHARLES, par la grace de Dieu, Roy de France. A tous ceulx qui ces presentes Lettres verront : Salut. Comme notre S.t Pere le Pape [a] ait n'aguercs envoyé devers Nous ses Ambaxadeurs & Messaiges, l'*Arcevesque* de *Pise,* son Referendaire, *Nicole* de *Robert,* Chevalier, son Maistre d'Hostel, & nostre amé & feal Conseiller Maistre *Geoffroy* de *Perusse,* Docteur en Loix & en Decrets, & Nous ait fait remonstrer que tant pour poursuir & metre parfaite & entiere union en nostre Mere S.te Eglise, & proceder à l'encontre des deux Antipapes n'agueres condempnés par l'Eglise universale, ou general Concile [b] derrieirement celebré en la Cité de *Pise,* & aussi pour lui aydier tant à recouvrer & garder le patrimoine de l'Eglise de *Rome* & Palais d'*Avignon,* qui de present sont occupés par les tirans Scismatiques & ennemis de l'Eglise, comme pour reduire à l'union de l'Eglise lesdits Scismatiques, rebelles & ennemis d'icelle, pour lesquelles choses faire & accomplir, est necessité de envoyer le plus brief que faire se pourra, grans & solemneles Ambaxades tant de par nostredit S.t Pere, comme de par Nous & nostre bien amée Fille l'Université de *Paris,* en *Espaigne, Arragon* & autres diverses parties de Chrestienté, & pour plusieurs autres necessités qu'il a à soustenir & supporter pour le fait de nostredite Mere S.te Eglise, mesmement pour extirper les heretics & heresies, & reduire les mescreans à la Loy Catholique, & pour ces choses faire & accomplir, il lui convient & conviendra faire plusieurs grans fraix, missions & despens, lesquels attendu l'estat de l'Eglise & la division qui si longtems y a duré, & l'occupation dudit patrimoine, il ne pourroit bonnement supporter sans l'ayde des Prelats & autres gens d'Eglise, en Nous requerant que comme il ait pour occasion de ce, ordonné estre mis, cueuilli & levé sur l'Eglise de nostre Royaume, un Dixieme, Nous voulcissions en tant que mestier en puet estre, donner nostre consentement sur ce, & pourveoir de bonne & convenable execution. Pourquoi sçavoir faisons que Nous qui de tout nostre cuer avons fervanment desiré & desirons ladite union estre entierement parfaite, ledit patrimoine de l'Eglise & Palais d'*Avignon* estre recouvrés des mains & puissance de ceulx qui contre Dieu & l'Eglise les occupent, & retournés à l'obeissance de nostredit S.t Pere; & considerans aussi la très-grant & très-evident necessité, & pour certaines autres causes & considerations à ce Nous mouvans, eue sur ce grant & meure deliberation avec plusieurs de nostre Sang & Prelats, tant Arcevesques & Evesques de nostredit Royaume, comme autres saiges & notables personnes de nostre grant Conseil, avons en tant qu'il Nous puet toucher, voulu & ordonné, voulons & ordonnons, & Nous consentons par ces presentes, pour ceste fois & sans prejudice des libertés de l'Eglise de France, que notredit S.t Pere par bonnes & notables personnes à ce de par lui commis & deputés ou à commettre & deputer, puisse faire cueuillir & lever sur lesdits Gens d'Eglise de nostredit Royaume, ledit Dixieme, pour les deniers qui en [c] istront estre tournés & convertis ès choses dessusdittes, & aultres necessités de nostredit S.t Pere & [d] d'Eglise. Si donnons en mandement par ces presentes, à nos amés & feaulx Conseillers les Gens tenans nostre present Parlement à *Paris,* & qui tendront ceulx advenir, & à tous nos aultres Justiciers & Officiers, ou à leurs Lieuxtenans, & à chascun d'eulx, si comme à lui appartiendra, que nostre presente voulenté, Ordonnance & consentement ils publient & fassent publier solemnelment en leurs Auditoires & autres lieux acoustumés à faire cris en leurs Jurisdictions, & par tout ailleurs où mestier sera, en telle maniere que aucun n'en puisse ou doye pretendre ignorance; & le Dixieme dessusdit fassent, souffrent & laissent cueillir & lever par les gens & commis de nostredit S.t Pere, ainsi qu'il appartiendra; & tous ceulx qu'ils trouveront refusans ou delayans de payer ce que ils en devront, & à quoy leurs Benefices sont ou seront tauxés & imposés, ou contempneront les Sentences & fulminations de l'Eglise, qui pour ce seront contre eulx proferées, & dont de par lesdits Gens d'Eglise ou commis de notre S.t Pere seront requis, contraignent

b *dernièrement.*

c *sortiront, proviendront.*

d *corr.* de l'Eglise.

ou fassent contraindre vigoureusement & sans * deport, à payer leur part & portion dudit Dixieme, par la prise & explectation de leur temporel, & par toutes aultres voyes & manieres dues & raisonables : car ainsi le voulons & Nous plaist estre fait; nonobstant Ordonnances, mandemens, deffenses, oppositions, appellations quelsconques faites ou à faire, & Lettres impetrées ou à empetrer à ce contraires. Et pour ce que ces presentes ne pourroient bonnement estre portées ne exhibées pour en faire foy, par tous les lieux où il seroit besoin, Nous voulons que au *Vidimus* d'icelles nouvellement fait sous le Séel de nostre Chastelet, soit obtemperée & adjoustée pleine foy comme à cest present original. En tesmoing de ce, Nous avons fait mettre nostre Séel à ces presentes. *Donné à* Paris, *le iiij.e jour de Fevrier, l'an de grace mil quatre cens & dix, & de nostre Regne le XXXI.e* Et estoient ainsi signés. Par le Roy, à la relation du Grant Conseil tenu par Monsg.r le *Duc* de *Guyenne*, & ouquel le *Comte* de *Mortaing*, [b] Vous, les *Arcevesques* de *Reims* & de *Bourges*, les *Evesques* de *Xaintes*, de [c] *Coustance* & d'*Alby*, le Chancellier de *Guyenne*, le *Vidame* d'*Amiens*, le Sire de *Blaru*, Mess. *Colart* de *Calville*, le Sieur de *Rimaucourt*, Mess. *Charles* de *Chambli*, & plusieurs autres, estiés. G. BARRAU.

Et nous à ce present transcript avons mis le Séel de ladite Prevosté de *Paris*, l'an & le Samedy cy-dessus premiers dits.

CHARLES VI. à Paris, le 4. de Février 1410.

a *faveur.*

b *Le Chancelier de France. Voy. la note (c) de la p. 653. du 5.e Vol. de ce Rec.*

c *Coutances.*

CHARLES VI. à Paris, le 28. de Février 1410.

(a) Lettres par lesquelles Charles VI. renouvelle les défenses qu'il avoit déjà faites, d'assembler des gens de guerre sans son ordre.

CHARLES, par la grace de Dieu, Roy de France. Au *Senechal* de *Toulouse* ou à son Lieutenant : Salut. Comme le [d] departement de plusieurs gens d'armes qui n'agueres ont été assemblés en nostre Royaume, & que par nostre volonté & ordonnance, par grant & meure deliberation du Conseil, & du consentement & accord de nos très-chiers & très-amés Oncle & Cousin les *Ducs* de *Berry* & *Bourgoigne*, & d'autres Seigneurs de nostre Sang & Lignaige, estans en leur compagnie, & par eulx promiso & juréo, tous iceulx gens d'armes & chascun d'eulx se devoient retraire en leurs païs & maisons, sans plus faire aucune armée & assemblée, sans nostre exprès commandement, si comme en ladite Ordonnance & accord est plus à plain contenu; & il soit venu à nostre cognoissance que plusieurs d'iceulx gens d'armes sont demourés en plusieurs lieux & parties de nostredit Royaulme, sans eulx retraire en leursdits païs & maisons, & pillent & robent nostre peuple, & vivent sur icelui, & gastent leurs biens; & aussi Nous a esté rapporté que aucuns de nostre Sang & aultres, en venant contre ledit appointement & accord, s'efforcent encore & sont efforcés de mander & faire assembler grant nombre de gens d'armes, par quoi plusieurs inconveniens & domages irreparables adviennent chacun jour à Nous & nosdits Royaume & subgiets, & pourroient encores advenir plus grans, se briefment & hastivement n'y estoit pourveu de remede convenable, dont il Nous a desplû & desplait [e] fermement, & non sans cause : sçavoir faisons que Nous qui de tout nostre cuer desirons le bien de paix & la tranquilité de notredit Royaume & de nosdits subgiets, & qui voulons toutes voyes de fait cesser & estre mises jus, & nos subgiets estre gouvernés par bonne justice, & maintenus en paix & tranquillité, & les garder desdits griefs, domaiges & oppressions, comme tenus y sommes, Vous mandons, commandons & enjoignons tant estroitement comme plus pou-

d *séparation & retraite.*

e *Il faut p. e. corr. fortement.*

NOTE.

(a) La copie de ces Lettres qui sont dans le dépôt de la Chambre des Comptes de *Montpellier*, a été envoyée avec cette indication : *Sénéchaussée de* Toulouse *en général, armoire C. 8.e continuation des titres particuliers, n.o 1. fol. 264. verso.*

CHARLES VI. à Paris, le 28. de Février 1410.

vons, en commetant, se mestier est, sur peine d'encourir nostre indignation, & sur quanques vous vous pouvés mesfaire envers Nous, que incontinent ces Lettres vûes, le plus hastivement & diligeamment que vous pourrés, toutes excusations cessans & autres choses arriere mises, vous par tous les lieux notables de vostre Senechaussie, povoir & Ressort où on a coustume de faire cris & publications, en vostre personne & en vostre presence, deffendés & faites deffendre de par Nous, que nul de quelque estat qu'il soit, soit de nostre Sang ou Lignage, ou autre quelconque, sur peine de forfaire envers Nous corps & biens, ne fasse ou fasse faire assemblée de gens d'armes, Archiés, Arbalestriers ou autres gens de guerre, si ce n'est de nostre congié & licence & par nostre mandement exprès, & par Lettres passées en nostre Grand Conseil, seellées de nostre grant Seel; & avec ce, vous transportés par toute vostre Senechaussée ou Ressort, où vous sçaurés estre aucunes gens d'armes ou aultres gens de guerre, ou se vous sçaviés que aucuns se vouleissent armer pour aller à quelque mandement pour aucuns de nostre Sang ou Lignage, Barons, Chevaliers ou aultres, de quelque estat ou authorité qu'ils usent, supposé qu'ils soient leurs hommes ou tiennent d'eulx en fief ou aultrement, & leur deffendés expressement de par Nous sur les peines dessusdittes, que ils ne s'arment ou mettent sus aucunement; & à ceulx que vous trouverés estre partis de leurs hostels pour aller aux mandemens desdits Seigneurs, ou qui auront commencé aucunes assemblées de gens d'armes ou autres gens de guerre, s'aucuns en y a, commandés de par Nous & sur lesdites peines, qu'ils s'en retournent en leurs hostels jusques à ce qu'ils soient par Nous mandés par nosdites Lettres patentes passées & seellées comme dit est, & de datte subsequente à ces presentes; en reservant & renvoyant pardevers Nous & nostredit Conseil, ce que par vous en aura esté fait, afin de punir les desobeissans ainsi qu'il appartiendra par raison; & néanmoins, se aucuns estoient refusans ou desobeissans aux commandemens & deffense dessusdites, contraignés les à obeir par toutes les meilleures voyes que vous pourrés, tant de l'emprisonnement de leurs personnes, comme de metre leurs terres, possessions & seigneuries en nostre main, & soubs icelle les faire gouverner realment & de fait, en metant [a] Mangeurs & guasteurs en leurs maisons, se mestier est, & par la plus rigoureuse maniere que vous pourrés, & à force d'armes, se besoin en est, en convoquant & appelant avec vous, se besoing en est, de nos subgiets nobles & aultres, & de ce faites tant que la force en soit vostre & vous en demeure: auxquels nosdits subgiets Nous mandons & commandons par ces presentes, que pour faire ce que dit est, à vostre commandement ils se arment & assemblent, & de leur pouvoir vous aydent à enteriner & accomplir les choses dessusdittes; & ou cas que en ce faisant, eulx ou aucun d'eulx se voudroient metre à deffense ou rebeller, par quoy il convint proceder contre eulx par voye de fait, & il y en auroient aucuns morts ou mutilés, Nous ne voulons qu'il puist tourner aucun prejudice aux dessusdits nobles ne à aultres qui seroient en vostre & leur compagnie, en vostre ayde, ne qui [b] se auroient fait, mais voulons qu'ils en soient & demeurent à tousjours quittes, & leur pardonnons dès maintenant pour lors, en tant que mestier seroit: & aussi voulons & ordonnons que se lesdits desobeissans ou rebelles avoient chevaulx, harnois ou autres biens quelsconques, ils soient employés & tournés au deffrayement de ceulx qui ainsi les auroient subjuguiés, prins & emprisonnés; & avec ce voulons & donnons congié & licence, authorité & mandement special, à tous nosdits subgiets, qu'ils puissent [c] rescourre à icelles manieres de gens leurs biens, se ils se efforçoient de les vouloir prendre & emporter, & y resister par voye de fait de toute leur puissance & authorité, ainsi que mieulx pourront & que bon leur semblera. Et pour ce que plusieurs Barons, Chevaliers & aultres de vostredite Senechaussie & Ressort, doubteroient peut-estre vous obeir, pour ce que ils tiennent de ceulx qui les ont mandés, en foy, homage ou aultrement, ou ont aucunes convenances ou alliances par serment ou autrement avec ceulx qui les

a *Sergens*. Voy. ci-dessus p. 258. note *(b)*.

b *corr.* ce.

c *deffendre à force ouverte.*

auroient mandés ou manderont, Nous voulons & vous mandons que nonobstant ces choses, vous leur faites les commandemens & deffenses dessusdittes, & oultre que vous leur faites à sçavoir & signifiés de par Nous, que Nous ne souffrirons point que pour cause de non eulx estre armés au mandement desdits Seigneurs, ne les avoir servis ou estre allés devers eulx, ou en estre retournés ou departis, se allés y estoient, pour ladite cause ils soyent aucunement poursuis, molestés ou travaillés par prinse de Fiefs ou aultrement, & ne voulons que vous les souffrés faire; mais vous mandons que de ce vous les gardés & deffendés par toutes les voyes & manieres que vous pourrés, & que ce vous leur signifiés, & [a] ainsi que se ils en estoient aucunement empeschiés, Nous les en fairons dedomagier, & que dès maintenant pour lors & pour ceste fois seulement, Nous les exemptons quand à ce du pouvoir & Jurisdiction des Seigneurs qui les auroient mandés pour la cause dessusditte. De ce faire vous donnons pouvoir, authorité & mandement special: mandons & commandons à tous nos Justiciers, Officiers & Subgiets, prions & requerons nos amis, alliés & bienveuillans, que à vous & à vos gens, commis & deputés en ce faisant, obeissent & entendent diligeamment, & vous prestent & baillent conseil, confort, secours, prisons & aide, se mestier est & ils en sont requis. *Donné à* Paris, *le XXVIII.e jour de Fevrier, l'an de grace mil quatre cens & dix, & de notre Regne le XXXI.e*

CHARLES VI. à Paris, le 28. de Février 1410.

Par le Roy, à la relation de son Grant Conseil, tenu par Mons.r le *Duc* de *Guyenne*, ouquel [b] Vous, l'*Arcevesque* de *Reims*, l'*Evesque* de *Xaintes* & de *Tournay*, le Chancelier de *Guyenne*, & pluseurs autres, estiez. GONTIER.

a *Il faut p. e. corr.* aussi.

b *Le Chancelier de France. Voy. le 5.e Vol. de ce Rec. p. 653. note (c).*

CHARLES VI. à Paris, le 1.er d'Avril 1410.

(a) *Mandement par lequel Charles VI. ordonne que la Monnoye de la Ville de Rouen, sera en la main du Roy, & régie pour son compte.*

CHARLES, par la grace de Dieu, Roy de France. A noz amez & feaulx les Generaulx-Maistres de noz Monnoyes: Salut & dilection. Nous avons entendu que en nostre Monnoye de nostre Ville de *Roüen* qui est l'une des plus grans & notables Villes de nostre Royaume, & en laquelle [c] repairent & affluent tant par mer que par terre plusieurs marchans, & de plusieurs & divers pays & nacions, tant de nostredit Royaume comme d'ailleurs, qui y apportent plusieurs marchandises de billon d'or & d'argent, n'a de present ne n'eut passé à long-temps, aucun Maistre Particulier qui [d] teigne ne ait tenu le compte d'icelle nostre Monnoye, parquoy [e] elle est demourée en chomaige, sans ce que l'en y ait ouvré ne monnoyé; & a convenu par ce & convient iceulx marchans estrangiers porter leurdit billon en autres Monnoyes en contrées & pays estrangiers; qui a esté & est ou grant dommaige & prejudice de Nous & de la chose publicque & du païs d'environ, & pourroit plus estre, se par Nous n'y estoit pourveu de remede convenable. Pourquoy Nous qui desirons pourveoir au bien & prouffilt de Nous & de nostre Peuple, qui ne voulons nostredicte Monnoye demourer en chomaige sans y ouvrer ne monnoyer, vous mandons & estroictement enjoignons, que vous commectez de par Nous nostre bien amé *Jehan Bourdon* Bourgeois de *Roüen*, qui autreffois a esté Maistre Particulier de ladicte Monnoye, ou autre bonne & souffisante personne telle que par vous sera advisée & esleue, à faire ouvrer & monnoyer en ladicte Monnoye de *Roüen*, tout l'or & l'argent qui y sera apporté, & à tenir le compte d'icelle, pour le prouffilt & emolument qui en [f] ystra, estre tourné & converty à nostre prouffilt,

c *habitent.*

d *qui aient tenus cette Monnoie en Régie & pour le compte du Roy.* Voy. ci-dessous note *(a)*.

e *on a cessé d'y travailler.*

f *sortira, proviendra.*

NOTE.

(a) Registre *E.* de la Cour des Monnoies de *Paris, fol.* 8. vingt 1. *verso.* [161.]
Avant ces Lettres, il y a: *Mandement du Roy pour bailler la Monnoye de* Rouën *en la main du Roy.*

CHARLES VI. à Paris, le 1.er d'Avril 1410.

tant ou payement des Officiers d'icelle Monnoye comme ailleurs, & en rendre compte & *reliqua* en notre Chambre des Comptes à *Paris*, ainsi qu'il est acoustumé; auquel *Jehan Bourdon*, ou à celuy qui en ce sera par vous commis, Nous mandons & commandons que ledit Office il exerce bien & deuement, & paye les gaiges des Officiers dudit emolument, ainsi & par la forme & maniere qu'il est acoustumé; & tout ce qui ainsi sera par luy payé, en rapportant quictance souffisante desdits Officiers, sera alloué en ses comptes & [a] rabatue de sa recepte par noz amez & feaulx Gens de noz Comptes à *Paris*; nonobstant quelzconques Ordonnances, Mandemens ou deffenses à ce contraires. *Donné à* Paris, *le premier jour d'Avril, l'an de grace mil iiij.c & dix, & de nostre Regne le XXXI.e* Ainsi signé. Par le Roy, à la relacion du Conseil. R. CAMUS.

[a] *corr.* rabatu.

CHARLES VI. à Paris, en Avril 1410. avant Pâques.

(a) Confirmation des Privilèges accordés aux habitans de Vermanton, par Guy Comte de Nevers & Mathilde sa femme.

SOMMAIRES.

(1) Les habitans de Vermanton payeront chaque année à leur Seigneur, six deniers pour leurs maisons.

(2) Ils ne payeront rien de ce qu'ils acheteront pour leur nourriture, & des denrées de leur crû qu'ils vendront.

(3) Lorsqu'ils iront à l'armée, on ne pourra les éloigner de leur Ville que d'une certaine distance; en sorte que s'ils le veulent, ils puissent y revenir le jour qu'ils en seront partis.

(4) Ils ne pourront perdre (par confiscation) les biens qu'ils possedent, à moins qu'ils n'aient forfait contre leur Seigneur ou contre ses hôtes.

(5) Ils succederont aux biens de leurs parens décédés.

(6) Le marché qui se tenoit à Betry, sera transferé à Vermanton.

(7) Ceux qui viendront au marché de Vermanton, ne pourront être inquiétés ou arrêtés prisonniers, que pour les délits commis le jour même du marché.

(8) On ne pourra y saisir les effets de la caution qui a été présentée par celui avec qui on a contracté, si le cautionnement n'a été donné un jour de marché.

(9) Modération des amendes, & de ce que l'on paye pour les Requêtes présentées au Prevôt.

(10) Ces habitans ne pourront être contraints à sortir de leur Ville pour aller plaider ailleurs.

(11) Ils ne payeront point de Taille, de don gratuit, &c.

(12) Le Seigneur de Vermanton aura crédit de quinze jours pour les vivres qu'il achetera des habitans.

(13) Ces habitans qui auront des gages de leur Seigneur ou de quelqu'autre personne que ce soit, pourront en cas qu'ils ne soient pas payés, les vendre huit jours après l'échéance du jour du payement.

(14) Si un habitant s'accommode avec une personne qu'il a offensée, avant qu'il y ait eu plainte en Justice, & supposé qu'il n'ait point donné atteinte aux Privileges des habitans, il ne devra pas l'amende; mais il la payera s'il y a eu une plainte : si en conséquence de cette plainte, il n'y a point de condamnation prononcée ni contre l'une ni contre l'autre des Parties, il n'est point dû d'amende.

(15) Ces habitans peuvent dispenser d'un serment qu'ils auroient eu droit d'exiger.

(16) Si lorsque les gages de bataille ont été donnés, les Parties, du consentement du Prevôt, s'accommodent avant que les otages aient été donnés, elles payeront une amende; elle sera plus forte si les otages ont été donnés. Lorsque le combat sera terminé, les otages du vaincu payeront 112. sols d'amende.

(17) Nul habitant ne pourra être retenu prisonnier, s'il peut donner caution de se représenter en Justice.

(18) Ces habitans pourront vendre leurs biens, & après avoir payé les lods & ventes, sortir de la Ville, à moins qu'ils n'y aient commis quelque délit.

(19) Celui qui aura demeuré à Vermanton un an & un jour, sans être reclamé par personne, sera libre & (Bourgeois): Les hommes taillables du Seigneur, qui viendront s'y établir, ne pourront y être reçûs Bourgeois.

(20) Ces habitans ne doivent plaider ensemble que pour rendre ce qu'ils doivent, & pour recevoir ce qui leur est dû.

(21) Il n'y aura point aux Fours (bannaux) de porteurs de pain en titre, qui puissent exiger de droits; & les habitans ne seront point assujettis à faire un guet fixe & réglé.

(22) Celui qui aura oublié de payer les droits pour ce qu'il aura acheté ou vendu dans le marché, pourra les payer huit jours après, sans qu'on puisse l'inquiéter à ce sujet, pourvû

NOTE.

(a) Trésor des Chartres, Registre 165. P. IIII.xx VIII. (88).

qu'il

qu'il jure que c'est par oubli qu'il ne les a pas payés.

(23) Si un habitant qui est accusé, ne peut se justifier par témoins, il le fera par son serment.

(24) Ces habitans ne payeront aucuns droits de ce qu'ils acheteront & vendront pendant le cours de la semaine, ni de ce qu'ils acheteront pour leur usage, le jour du marché.

(25) Lorsque le Bailli & le Prevôt entreront en charge, ils prêteront serment d'observer les Priviléges des habitans. Le Prevôt ne pourra instituer de Sergens sans leur consentement.

CHARLES VI. à Paris, en Avril 1410. avant Pâques.

KAROLUS, &c. Notum facimus universis presentibus pariter & futuris, certas Litteras Guidonis *quondam* Comitis Nivernensis & Forensis, & Mathildis *ejus uxoris, dictorum Comitatum* Comitisse, *Nobis pro parte Burgensium & subditorum nostrorum de (b)* Vermentone *fuisse exhibitas, sanas & integras, dictorum Comitis & Comitisse sigillis sigillatas, ut prima facie apparebat, quarum tenor sequitur & est talis.*

Ego (c) Guido Comes Nivernensis & Forensis, & Mathildis Comitissa *uxor sua. Notum facimus universis presentibus & futuris, quod nos dilectis Burgensibus nostris de* Vermentone, *& omnibus illis qui in dictam Villam in nostra Justicia vel in nostro Dominio venerint moraturi, dedimus imperpetuum & concessimus libertatem ad usus & consuetudines (d)* Lorriaci, *talem; videlicet,*

(1) *Quod quilibet Burgensis noster dicte libertatis, tenens focum & locum, sex denarios monete ibidem currentis annuatim ad Festum S. Remigii, de* [a] *Festagio nobis* [b] *redet ibidem.*

(2) *Nullus hominum dicte libertatis, consuetudinem aliquam reddat de nutritura sua, nec de blado suo quod de labore suo vel de labore animalium suorum habuerit,* [c] *minagium reddat, nec de vino suo quod de vineis suis habuerit, (e) Foragium reddat.*

(3) *Nullus eorum in exercitum vel chevauchiam eat, nisi eadem die ad domum suam, si voluerit, reveniat.*

(4) *Nullus eorum possessionem habens, aliquid ex ea perdet pro quocumque forefacto, nisi adversus nos vel aliquem de* [d] *hospitibus nostris forisfecerit.*

(5) *De* [e] *excasuris ita erit quod ad propinquiorem devenient heredem.*

(6) *Volumus eciam & concedimus ut mercatum nostrum quod solebat esse apud (f)* Betriacum *Castrum nostrum, die Jovis cujuslibet septimane, sit amodo imperpetuum similiter die Jovis apud* Vermentonem *(g) apud Justiciam nostram, sub tali consuetudine & libertate sub qua erat apud* Betriacum.

(7) *Nullus ad mercatum* Vermentonis *veniens sive rediens, capiatur sive disturbetur, nisi die ipsâ forisfactum fecerit.*

a Voy. la note *(e)* de la p. 715. du 5.e Vol. de ce Rec.

b corr. *reddet.*

c Voy. le T. 6. de ce Rec. p. 201. note *(e)*.

d Voy. les Tables des Mat. des Vol. de ce Rec. au mot, *Hostes.*

e biens venus par succession. Voy. le 6.e Vol. de ce Rec. p. 420. note *(c)*.

NOTES.

(b) Vermentone.] Vermanton, Ville de l'*Auxerrois* située sur la rivière de *Cure*, à cinq lieues d'*Auxerre*. Voy. le Dictionnaire universel de la France, à ce nom.

(c) Guido.] Voy. sur *Guy Comte* de *Nevers*, & sur *Mahaud* sa femme, la note *(b)* de la p. 115. du 3.e Vol. de ce Rec.

(d) Lorriaci.] Voy. la note *(a)* de la p. 73. du 4.e Vol. de ce Rec. sur ces Coûtumes de *Lorris*, qui ont servi de modèle à plusieurs autres Coûtumes accordées par nos Rois & par des Seigneurs, aux habitans de différens lieux. Il y a dans ce Recueil plusieurs Coûtumes données par *Guy Comte* de *Nevers* & sa femme. Celles de *Vermanton* sont conformes en plusieurs articles à celles que ce *Comte* accorda aux habitans de *Mailli-le-Château*, & qui sont à la p. 713. du 5.e Vol. de ce Recueil.

(e) Foragium.] Droit seigneurial qui se lève sur le vin vendu par les Cabaretiers. Voy. le Gloss. de *Du Cange*, à ce mot.

(f) Betriacum.] Betry. Il en est fait plus d'une fois mention dans l'Histoire d'*Auxerre* par M. l'Abbé *Lebeuf*. Voy. T. 2. p. 131. 132. 133. &c. Il m'a dit que ce lieu qui étoit situé à une demi-lieue de *Vermanton*, entre cette Ville & *Crevant*, ne subsistoit plus.

(g) Apud Justiciam nostram.] C'est-à-dire que ce marché se tiendra dans l'étendue de la Justice du *Comte* d'*Auxerre*, qui n'étoit pas le seul qui eut une Seigneurie & la Justice dans *Vermanton*.

En 1204. *Pierre* de *Courtenay* beau-père de *Guy Comte* d'*Auxerre*, avoit donné à l'Abbaye de *Rigny* Ordre de *Cîteaux*, qui est située près de *Vermanton*, le droit de Justice sur le territoire qu'elle possédoit dans cette Ville. Voy. *ibid.* p. 131.

CHARLES VI. à Paris, en Avril 1410. avant Pâques.

(8) *Nullus in die mercati* Vermentonis, *vadium sui plegii capiat, nisi die consimili plegiacio illa facta fuerit.*

(9) *Forisfactum de sexaginta solidis ad quinque solidos, & forisfactum de quinque solidis ad duodecim denarios veniant, & clamor prepositi ad quatuor denarios.*

(10) *Nullum eciam dicte libertatis extra* Vermentonem *causa placitandi trahemus.*

(11) *Nos vero nec aliquis alius pro nobis, tailliam nec oblacionem neque* [a] *rogam habitantibus dicte libertatis faciemus apud* Vermentonem.

a don gratuit. Voy le 4.e Vol. de ce Rec. p. 74. note (e).

(12) *Credenciam habebimus ad dies quindecim completos persolvendi.*

(13) *Si quis vadium nostrum aut alterius habuerit, non tenebit illud ultra octo dies, nisi sponte.*

(14) *Si autem aliquis dicte libertatis, erga alium inimiciciam incurrerit absque libertatis infractura & clamore Preposito non facto, concordaverit, nichil ob hoc nobis vel Preposito nostro emendabit; & si clamor indè factus fuerit, licet illis concordare, ex quo* [b] *districtum persolverint: si aliquis de aliquo clamorem fecerit, & unus erga alium nullam fecerit emendacionem, nichil pro hiis nobis vel Preposito nostro emendabit.*

b amende. Voy. le 4.e Vol. de ce Rec. p. 75. note (k).

(15) *Si aliquis alicui Sacramentum facere debuerit, ei liceat condonare.*

(16) *Si homines dicte libertatis vadia duelli temerè dederint, & Prepositi assensu antequam tribuantur obsides, concordaverint, duos solidos & sex denarios uterque persolvet; & si obsides dati fuerint, septem solidos & sex denarios persolvet uterque. Si de* [c] *legitimis hominibus duellum factum fuerit, obsides devicti, centum & duodecim solidos persolvent.*

c Voy. la note (o) de la p. 75. du 4.e Vol. de ce Rec.

(17) *Nullus eorum captus teneatur, si plegium veniendi ad jus, dare poterit.*

(18) *Quislibet eorum res suas si vendere voluerit vendat, & redditis (h) vendicionis suis si ab illa recedere voluerit liber & quictus recedat nisi in Villa forisfactum fecerit pro quo debeat retineri.*

(19) *Quicumque in libertate* Vermentonis *anno & die manserit, nullo clamore eum sequente, & neque per nos sive per Prepositum nostrum* [d] *rectitudinem prohibuerit, deinceps liber & quictus permaneat; hoc excepto quod homines nostros tailliabiles de foris Villam venientes, in dicta libertate non poterunt retinere.*

d Voy. la note (t) de la p. 75. du 4.e Vol. de ce Rec.

(20) *Nullus cum aliquo placitabit nisi causa* [e] *rectitudinis exequende vel recipiende.*

e Voy. la note (x) de la p. 75. du 4.e Vol. de ce Rec.

(21) *In furno nostro* Vermentonis *non erunt portatores, consuetudine; nec eciam excubie erunt in Villa.*

(22) *Quicumque in mercato* Vermentonis *aliquid emerit vel vendiderit, & per oblivionem vendiciones sive minagium retinuerit, post octo dies illud persolvat sine aliqua emenda, si jurare poterit quod scienter non retinuisset.*

(23) *Si aliquis hominum dicte libertatis, accusatus de aliquo fuerit, & teste comprobari non poterit, contra probacionem impetentis* [f] *per solam manum suam se deculpabit.*

f Voy. la note (nn) de la p. 77. & la note (ii) de la p. 642. du 4.e Vol. de ce Rec.

(24) *Nullus enim de eadem libertate, de quocumque vendiderit vel emerit super septimanam, & de quocumque emerit in die Jovis in mercato pro usu suo, aliquam consuetudinem dabit.*

(25) *Insuper volumus & statuimus quod Baillivus & Prepositus noster qui pro tempore erunt, quociens in Bailliam illam positi fuerint, jurabunt omnes istas libertates & consuetudines tenere firmiter & fideliter observare; & Prepositus noster qui pro tempore ibidem erit, (i) Bedellos suos per (k) accordamentum predictorum hominum in dictam tenebitur ponere libertatem.*

Et [g] *quoniam volumus ut premissa omnia perpetuam habeant firmitatem, omnia*

g qm. avec une marque d'abréviation. Reg.

NOTES.

(h) *Vendicionis.*] Corr. *Vendicionibus* qui se lit dans l'article 15. des Privilèges accordés à *Mailly-le-Château*. Voy. la p. 716. du 5.e Vol. de ce Recueil.

(i) *Bedellos.*] Huissiers des Justices subalternes. Voy. le Gloss. de *Du Cange*, au mot *Bedelli*.

(k) *Accordamentum.*] Je crois que cela signifie par le consentement, par l'accord des habitans.

supradicta super sacrosancta Euvangelia juravimus firmiter tenenda imperpetuum & fideliter observanda: volentes heredes & successores nostros ad hoc similiter obligari. Quod ut ratum sit & firmum, presentes Litteras fecimus Sigillorum nostrorum munimine roborari. Actum apud Vermentonem, *anno Domini millesimo ducentesimo tricesimo quinto, mense Julio, die martis post Festum Beate Marie Magdalene.*

Suite des Lettres de Charles VI.

In quibus Litteris quam plures libertates, jura, franchisie & privilegia per dictos Comitem & Comitissam suis Burgensibus dicte Ville de Vermentone *dudum concesse continentur, quibus Burgenses & habitantes ipsius Ville abindè eciam postquam dicta Villa, terra, Justicia & Juridicio ejusdem nostre fuit quesita (l) dicioni, continuè & sine impedimento usi fuerunt & gavisi; hoc excepto quod quidam* Prepositi *nostri* Autissiodorenses *& dicte Ville* Vermentonis, *seu alter eorum, ab octodecim annis citra, prefatos habitantes in quibusdam punctis & articulis jurium, libertatum & Privilegiorum predictorum, & postmodum à duodecim annis citra, in nonnullis aliis punctis predictarum libertatum & jurium perturbaverunt & impediverunt, eosdem qui adversus impedimenta hujusmodi resistere & se deffendere nequiverunt, ex eo quod à tempore quo dicta Villa de* Vermentone *ab inimicis nostris (m) capta fuit & detenta Littere sue originales preinserte abscondite fuerunt, nec potuerunt exinde reperiri; sed accidit quod à pauco tempore citra eedem Littere fuerunt casu super testitudines seu voltas Ecclesie dicte Ville de* Vermentone *reperte: Quapropter affectantes dicti Burgenses & habitantes adversus impedimenta predicta sibi condecentem fieri provisionem, Nobis premissa fecerunt laciùs exponere, humiliter postulando quatinùs Nos à lapsu temporis quo dictis libertatibus sibi, ut prefertur, impeditis uti desierunt, eosdem Burgenses & habitantes relevare, & eis quod predictis Juribus, libertatibus atque Privilegiis in preinsertis Litteris contentis de cetero uti possint, concedere; necnon ex habundanti, omnes & singulas libertates, jura & Privilegia supradictas confirmare &* [a] *emolgare dignaremur: Nos autem eorumdem Burgensium & subditorum nostrorum dicte Ville de* Vermentone, *supplicacioni & requeste in casu premisso favorabiliter annuentes, ex nostri Magni Consilii deliberacione, prefatos Burgenses & subditos nostros de gracia speciali à dicto lapsu temporis relevavimus & relevamus per presentes: volentes & ex nostra uberiori gracia concedentes eisdem, ut ipsi Privilegiis, juribus & libertatibus superiùs in dictis Litteris narratis & declaratis, in quantum ipsis prefati Burgenses & habitantes ante impedimenta predicta ritè, justè & debitè usi fuerunt, uti de cetero valeant & gaudere. Quasquidem libertates, jura & Privilegia de nostris plenitudine potestatis & gracia speciali ac auctoritate Regia, casu antedicto, laudamus, approbamus, ratifficamus & tenore presencium confirmamus. Quo circa* Baillivo Senonensi *&* Autissiodorensi, *ac* Prepositis Autissiodorensi *&* Vermentonis, *ceterisque Justiciariis & Officiariis nostris, presentibus & futuris, aut eorum Locatenentibus, & eorum cuilibet, prout ad eum pertinuerit, damus tenore presencium in mandatis quatinùs supradictos Burgenses & habitantes nostris graciâ & concessione, confirmacioneque & approbacione supradictis uti deinceps pacificè faciant & gaudere, nullum in premissis impedimentum à quoquam sibi inferri permittentes. Quod ut firmum & stabile perpetuò perseveret, presentes Litteras nostri fecimus Sigilli munimine roborari: nostro & alieno jure in omnibus semper salvo.* Actum & datum *Parisius*, mense Aprilis, anno Domini millesimo CCCC.^{mo} decimo, ante Pascha, & Regni nostri tricesimo primo.

Per Regem, in suis Requestis in quibus Dominus Dux Aquitanie, Comes Vindocinensis, [b] *Vos, Magnus Magister Hospicii & alii quam plures, eratis.* MILET.

a emologare.

b Le Chancelier de France. Voy. le 5.e Vol. de ce Rec. p. 653. note (c).

NOTES.

(l) Dicioni.] Ce fut suivant les apparences lorsqu'en 1370. Charles V. acheta le *Comté d'Auxerre* dont *Vermanton* fait partie. Voy. sur cet achat la note *(b)* de la p. 415. du 5.e Vol. de ce Recueil.

(m) Capta fuit.] Les *Anglois* s'emparèrent en 1367. de *Vermanton.* Voy. l'Histoire d'*Auxerre* par M. l'Abbé *Lebeuf*, T. 2. p. 235.

M. CCCC. XI.

Suivant le Livre intitulé : *L'Art de vérifier les dates,* l'année 1411. a commencé le 12. d'Avril, & a fini le 2. d'Avril suivant.

CHARLES VI.
à Paris, le 19. d'Avril 1411.

(a) Lettres qui permettent aux Huissiers de Salle du Roy, qui ne sont point le service ordinaire, de porter des armes comme les Nobles, lorsqu'ils auront payé un Ecu d'or à leur Confrairie.

CHARLES, par la grace de Dieu, Roy de France. Savoir faisons à tous presens & advenir, Nous avoir receue l'umble supplicacion de noz bien amez Huissiers de Salle *(b)* de retenue & recreue hors ordonnance, demourans à *Paris,* contenant comme par noz autres Lettres séellées en laz de soye & cire vert, Nous ayons donné & octroyé à aucuns noz Huissiers de Salle d'ordonnance & dehors ordonnance, qu'ilz & chascun d'eulz puissent porter *(c)* le Palme, & estre d'une [a] Conflaerie par Nous & eulz fondée en l'onneur & reverence de S.t Jehan l'Euvangeliste ou [b] Monstier [c] Sainte Croix à *Paris,* & que yceulz noz Huissiers d'ordonnance puissent porter ledit Palme, & autres choses plus à plain declairées esdictes Lettres; & ja soit ce que noz Huissiers de Salle hors ordonnance, soient manans & demourans à *Paris,* riches hommes, notables & puissans, & d'eulz armer souffisans & Nous servir en fait de guerre bien & loyalment & notablement, & vouldroient de bien en mieulx augmenter ladicte Conflaerie; neantmoins pour [d] doubte d'estre reprins de ports d'armes par le *Prevost* de *Paris,* ou autres noz Justiciers & Officiers de nostre Royaume, & d'estre [e] trays par eulx à amende & à perdre ledit [f] harnoiz, ilz ne se oseroient armer ne porter ycellui, se sur ce ne leur estoit par Nous impartie nostre grace & congié, si comme ilz dient, en Nous humblement requerant ycelle. Nous ayans consideracion aux bons & agreables services que Nous ont fait & font chascun jour lesdiz supplians, & esperons que facent & leurs successeurs, à noz successeurs ou temps advenir, & en augmentacion de ladicte Conflaerie, avons donné & octroyé, & par ces presentes donnons & octroyons de nostre certaine science, plaine puissance, auctorité Royal & grace especial, que ilz & chascun d'eulx, leurs successeurs, ou autres par Nous ou noz successeurs retenus oudit Office, puissent eulx armer, pour Nous servir en noz guerres, & porter harnoiz d'espée ou de dague, ou autre baston deffensable, ainsi que ont acoustumé de faire les Nobles de nostre Royaume; moyennant & parmi ce que dès maintenant, & pour lors qu'ilz ont esté & seront retenuz, chascun d'eulx sera tenuz de paier au Receveur de ladicte Conflaerie, ung Escu d'or de dix-huit solz Parisis la piece, au jour & terme sur ce ordonné ou à ordonner, pour mettre & convertir ou Service Divin, en la sustentacion des Livres, [g] Calipce, Aournemens, & ès autres necessitez d'icelle Conflaerie, avant que dudit port d'armes se puissent aidier, ne ycellui puissent porter aucunement, ne joïr des autres Privileges sur ce par Nous octroiez à ladicte Conflaerie [h] à tous noz Huissiers de Salle. Si donnons en mandement par ces presentes au *Prevost* de *Paris,* & à tous

a *Confrairie.*
b *Eglise.*
c *app.* Sainte Croix de la Bretonnerie.
d *crainte.*
e *tirez, condamnés.*
f *armes de gens de guerre.* Voy. un peu plus bas.
g *Calice, ornemens.*
h *supp.* &.

NOTES.

(a) Livre rouge vieil du Châtelet de *Paris, fol.* 7. vingt 6. *verso.* [146.]

Avant ces Lettres, il y a: *Huissiers de Sale.*

(b) De retenue & recreue hors ordonnance.] Je crois qu'il faut entendre par ces mots, des Huissiers de Sale qui ont été couchés sur l'état de la Maison du Roy, en cette qualité, sans être obligés de faire le service ordinaire.

(c) Le Palme,] Je crois que c'est une *Palme.* Peut-être les gens de guerre en portoient-ils une dans quelque cérémonie de Religion! Je n'en ai point de preuve. Je trouve seulement dans le Gloss. de *Du Cange,* au mot *Palma 1.* qu'anciennement dans la cérémonie du couronnement de nos Rois, ils portoient une *Palme,* comme un présage des victoires qu'ils devoient remporter.

les autres Justiciers & Officiers de nostre Royaume, presens & advenir, ou à leurs Lieuxtenans, & à chascun d'eulx, si come à lui appartendra, que de nostre presente grace, port d'armes & Privilleges, par Nous à eulz sur ce octroyés, les facent, seuffrent & laissent joïr & user plainement & pasiblement, sans leur faire ou donner, ne souffrir estre fait pour cause dudit port d'armes, ne autrement pour occasion d'icellui aucun destourbier ou empeschement comment que ce soit au contraire; mais se aucun empeschement ou arrest avoit esté ou estoit mis en leurs personnes ou harnoys, qu'ilz les mectent ou facent mectre tantost & sans delay à plaine delivrance, ces Lettres veues, en imposant sur ce scillence perpetuel à nostre Procureur. Et afin que ce soit ferme chose & estable à tous-jours-mais, Nous avons fait mettre nostre Séel à ces Lettres : sauf en autres choses nostre droit, & l'autruy en toutes. *Donné à* Paris, *le* XIX.*e* *jour d'Avril l'an de grace mil iiij.*c *& unze, & de nostre Regne le* XXXI.*me* Ainsi signé. Par le Roy en son Conseil, où Mons. le *Duc* de *Guienne, Loys Duc* en *Baviere,* l'Arcevesque de *Rains,* l'Evesque de *Noyon,* l'*Admiral,* & plusieurs autres estoient. BRISOUL. *Visa.* a *Contentor.* FRERON.

a Voy. le 5.e Vol. de ce Rec. p. 22. note (b).

Au doz desquelles Lettres estoit escript ce qui s'ensuit. Ces presentes Lettres furent publiées par l'Ordonnance de la Court de Parlement, par moy *Adam Des Vignes,* Huissier de ladicte Court, en la Salle du Palais, le Samedi xxix.e jour d'Aoust, l'an mil iiij.c & unze, tesmoing mon saing manuel cy mis ce jour. Ainsi signé. *A.* DES VINGNES.

Publiées du commandement de la Court de Parlement à nous rapporté par *Adam Des Vingnes,* Huissier de Parlement, en Jugement ou Chastellet de *Paris,* le Lundi derrenier jour d'Aoust, l'an mil iiij.c & unze. FRESNES.

CHARLES VI. à Paris, le 20. d'Avril 1411.

(a) *Lettres qui portent que les Officiers de la Chambre des Comptes seront exempts du guet, & de la garde extraordinaire établie depuis peu dans la Ville de Paris.*

CHARLES, par la grace de Dieu, Roy de France. A tous ceulx qui ces presentes Lettres verront : Salut. Comme pour la garde & seureté de nostre bonne Ville de *Paris,* & pour aucunes nouvelles qui Nous estoient survenues, Nous par grande & meure deliberation de Conseil, ayons ordonné Guet & garde estre faits de jour aux portes de nostredite Ville de *Paris,* & de nuit par icelle nostredite Ville, & pour ce plus diligemment & par meilleure ordonnance faire & accomplir, ayons ordonné Quartiniers & Cinquanteniers pour ordonner ledit Guet comme il appartient; & il soit ainsi que jaçoit ce que nos amez & feaulx Gens de nos Comptes & les b Clercs d'icelle, soient continuellement occupez ou fait & exercice de leurs Offices, & tellement que sans pretermission d'iceulx, ils ne puissent ou doivent bonnement c aller au Guet comme autres qui ne sont pas nos Officiers par special & si notable Office, neantmoins aucuns nos Sergents par l'ordonnance & commandement d'aucuns des Quartiniers ou Cinquanteniers de nostredite Ville, ou autres, ont esté faire commandement à aucuns des Gens de nosdits Comptes, qu'ils allassent ou envoyassent pour eulx aucunes personnes ausdites portes pour la cause dessusdite; & de fait pour cause de non y aller ou envoyer, d ont gaigez ès hostels d'aucuns d'iceulx, laquelle chose est au grant grief, préjudice & deshonneur & dommage

b *C'est app. les Officiers qui sont présentement nommés* Auditeurs des Comptes.

c *bonnement ne honnorablement aller.* Fournival.

d *ont fait des saisies.*

NOTE.

(a) Ces Lettres qui étoient au *fol.* 157. du Memorial G. de la Chambre des Comptes de *Paris,* ont été tirées du Recueil cité dans la note (b) de la p. 26. du 7.e Vol. du Recueil des Ordonnances.

Ces Lettres avoient déjà été imprimées à la p. 725. du Recueil concernant les Tresoriers de France, par *Fournival;* & à la p. 53?. du 3.e Tome de l'Histoire de *Paris,* par *Felibien.*

CHARLES VI. à Paris, le 20. d'Avril 1411.

des Gens & Clercs de nosdits Comptes, & pourroit encore plus estre, si par Nous sur ce pourveu ne leur estoit, si comme ils Nous ont fait exposer, en Nous humblement requerant nostre gracieuse provision : Sçavoir faisons que Nous les choses dessusdites diligemment attendues, & considerée la continuelle occupation qu'ils ont & leur convient avoir, comme dit est, en l'exercice de leurdit Office, & mesmement que plusieurs autres nos Officiers sont quittes & exempts d'aller audit Guet, & pour certaines autres causes & considerations à ce Nous mouvans, iceulx nos Conseillers en la Chambre de nosdits Comptes, ensemble les Clercs d'icelle, combien que nostre intention n'eût oncques esté qu'en ladite Ordonnance ils deussent estre comprins, ᵃ toutesfois en ordonnant en tant que besoin leur en soit, les en avons exemptez, & de nos certaine science & grace speciale les en exemptons & tenons quittes & paisibles par ces Presentes. Si donnons en mandement par ces Presentes à nos amez & feaulx Gens tenans & qui tiendront nos Parlemens avenirs, aux *Prevost* de *Paris* & Gardes de la Prevosté de la Marchandise de nostredite Ville, aux Quartiniers & Cinquanteniers d'icelle, & à tous noz autres Officiers, Justiciers & subjets, ou à leurs Lieutenans & à chacun d'eux, si comme à luy appartiendra, que de nostre presente grace & exemption ils facent, souffrent & laissent nosdits Conseillers de ladite Chambre & les Clercs d'icelle, & chacun d'eulx, jouir & user paisiblement, sans contre la teneur d'icelle les en travailler, molester ou empescher, ne souffrir estre travaillés, molestiez ou empeschiez en aucune maniere, *(b)* en soit ce pour causes de non aller ou envoyer audit Guet, aucun empeschement avoit esté ou estoit mis en corps ou en biens aux dessusdits, ou aux aucuns d'eux, si l'en ostez ou faites oster incontinent ces Lettres veues, & mettre à pleine délivrance : car ainsi Nous plaist-il & voulons qu'il soit fait, nonobstant que par avanture en mettant sus l'Ordonnance dessusdite de faire ledit Guet en nostredite Ville & aux portes d'icelle, Nous n'en eussions aucune personne exempté, fust notre Officier ou autre quelconque, empeschement, Ordonnances & Lettres subreptices impetrées ou à impetrer au contraire. En tesmoin de ce, Nous avons fait mettre nostre Scel à cesdites Presentes. *Donné à* Paris, *le vingtiéme d'Avril, l'an de grace mil quatre cent onze, & de nostre Regne (c) le trentiéme.* Ainsi signé. Par le Roy en son Conseil, ouquel *Louis Duc* en *Baviere*, l'Amiral, Messire *Charles* de *Savoisy* & autres, estoient. ᵇMAUREGAT.

Curia in quantum eam concernit, Presentibus obtemperavit & obtemperat. Actum in Parlamento, vigesimâ octavâ Aprilis, 1411. BAYE.

ᵃ *toutesfois encores Nous en tant que besoin leur en seroit.* F.

ᵃ *Il y a* Mauregart *dans* Fournival, *& c'est ainsi qu'il doit y avoir.*

NOTES.

(b) En soit.] Il y a mieux dans *Fournival: Aincois ce (si) pour cause de non, &c.*

(c) Le trentiéme.] Il y a mal dans *Fournival, le trente-un:* car l'année 1411. ayant commencé le 12. d'Avril, & fini le 2. d'Avril suivant, le 20. d'Avril de cette année n'a point été dans la 31.ᵉ du règne de Charles VI. qui a commencé à régner le 16. de Septembre 1380.

CHARLES VI. à Paris, le 21. d'Avril 1411.

(a) Lettres par lesquelles Charles VI. confirme les Privilèges accordés aux Bourgeois de Bergue, par Jean Duc de Bourgogne & Comte de Flandre.

SOMMAIRES.

(1. 2.) Les biens des Cuerfreres & Cuersuers (Bourgeois & Bourgeoises) de Bergue, & de ses appendences, qui seront condamnés pour crimes, ne seront point sujets à la confiscation ; si ce n'est qu'ils fussent coupables de conspiration, ou que leurs crimes regardassent les personnes du Comte de Flandre, de sa femme & de leurs enfans légitimes, ou les personnes du Chancelier, du Baillí & du Sous-bailli de Flandre, & du Châtelain de Bergue, faisant les fonctions de leurs charges.

NOTE.

(a) Trésor des Chartres, Registre 165. P. XIII.ˣˣ (260.)

CHARLES VI. à Paris, le 21. d'Avril 1411.

La connoissance des crimes de ces Bourgeois, appartiendra en première instance à la Jurisdiction municipale de Bergue.

(3) Les Bourgeois de Bergue pourront pour leur défense porter des armes, à l'exception du trait & du bacinet.

(4) Le Comte de Flandre nommera vingt-quatre E'chevins qui conserveront leurs charges pendant leur vie, à moins que ce Comte ne vienne à mourir: car alors son successeur en nommera d'autres. Douze E'chevins gouverneront une année, & les douze autres l'année suivante, & ainsi successivement. Lorsqu'un E'chevin mourra, ou lorsqu'il perdra sa charge par forfaiture, le Comte en nommera un autre à sa place.

(5) Le Comte ne nommera que deux Commissaires pour entendre les comptes de la châtellenie de Bergue.

(6) Dans les affaires civiles *qui pourront donner lieu à une condamnation d'amendes, le Bailli de Bergue ne pourra, pour le payement de ces amendes, faire mettre en prison les Bourgeois que lorsqu'ils y auront été condamnés par un Jugement de la Jurisdiction municipale. Si ces Bourgeois sont mis en prison avant qu'il y ait eu un Jugement, le Comte les en fera sortir, & leur fera rendre les frais auxquels leur emprisonnement aura donné lieu; & si on ne les fait pas sortir de prison, l'exercice de la Jurisdiction municipale pourra cesser jusqu'à ce qu'ils en soient sortis & qu'ils aient été remboursés de leurs frais.*

(7) Les Bourgeois qui auront fait à quelqu'un une blessure légère suivie d'effusion de sang, ne pourront être condamnés qu'à une amende de soixante livres, & tous leurs biens ne seront plus à la merci *du Comte.*

(8) Les Bourgeois qui attaqueront une maison à force ouverte, ne seront condamnés qu'à une amende de deux fois soixante livres, & tous leurs biens ne seront plus à la volonté *&* merci *du Comte. Les E'trangers qui auront commis ce délit, seront condamnés à la même amende, & seront bannis. Le Comte & ses Officiers ne pourront dans ces cas faire d'accommodement entre les Parties, si ce n'est du consentement de celle dont la maison aura été attaquée.*

(9. 10.) Dans les cas civils, *on ne pourra prendre pour otage que les principaux [délinquans] ou les complices, & eux seuls seront condamnés à l'amende. S'ils n'ont point assez de bien pour la payer, ils seront condamnés à un pélerinage ou à une autre peine.*

Si dans les cas de meurtre ou de blessure considérable, on prend encore en otage suivant la coûtume, les parens paternels & maternels des délinquens, & que les biens de ceux-ci ne suffisent pas pour payer l'amende, leurs parens ne pourront être obligés à la payer que par leur consentement; & ils la payeront à proportion de la proximité de leurs degrés de parenté.

Confirmation des anciens Privilèges de Bergue, moyennant une rente annuelle de deux cens livres que les Bourgeois s'engageront de payer au Comte de Flandre.

CHARLES, par la grace de Dieu, Roy de France. Savoir faisons à tous presens & avenir, Nous avoir veu les Lettres patentes de nostre très-chier & très-amé Cousin le *Duc* de *Bourgongne*, scellées de son grant Séel, en las de soye & cire vert, contenans la forme qui s'ensuit.

JEHAN *Duc* de *Bourgongne, Comte* de *Flandres,* d'*Artoys* & de *Bourgongne,* Palatin, Seigneur de *Salins* & de *Malines.* Savoir faisons à tous presens & avenir. De par les *(b)* Cueriers de nostre Chastellenie de *(c) Berghes,* tant en leurs noms, comme pour & ès noms de Cuerfreres & Cuersuers generalment de nostredicte Chastellenie, nous avoir esté exposé que par aucuns de noz Predecesseurs de bonne memoire Contes & Contesses de *Flandres,* nostredicte Chastellenie a esté & est grandement privilegiée de pluseurs beaux & notables Privileges moult prouffitables tant ou fait & pour le bien de Justice comme autrement, au bon gouvernement d'içelle nostre Chastellenie; & combien que à cause desdiz Privileges & autrement deuement, nostredicte Chastellenie ait joy & usé & encore joïst & use de pluseurs franchises, libertés, coustumes & usages qui y sont entretenues & gardées, neantmoins pour aucuns empeschemens que aucuns de nos Officiers & autres se sont efforciés & efforcent de leur

NOTES.

(b) Cueriers.] Ce mot est expliqué cidessous dans l'article 4. où on lit *Eschevins & Cueriers.* Et dans l'article 6. la Jurisdiction Municipale est nommée *la Cuere.* Les mots *Cuere & Cueriers* peuvent venir des mots latins *Curia & Curiales,* sur lesquels voy. le Gloss. de *Du Cange.*

Les Bourgeois & Bourgeoises de *Bergue,* sont nommés dans ces Lettres *Cuerfreres & Cuersuers.*

(c) Berghes.] Bergue S. Vinoch, à deux lieues de *Dunkerque,* & à sept d'*Ipres.* Voy. le Dictionnaire Géographique de *Maty,* à ce nom.

CHARLES VI. à Paris, le 21. d'Avril 1411.

faire & mettre en ce, il a convenu souventes fois ausdiz exposans pour y estre remedié, faire pluseurs poursuites devers nous & les gens de nostre Conseil, aux très-grans frais & missions de nostredicte Chastellenie, pour lesquelz eviter, & icelle nostre Chastellenie laquelle est assise devers la mer, & par le fait des commocions, guerres, mortalitez & autres pestilences qui ont esté en nostre pays de *Flandres,* est moult diminuée de gens & de [a] chevance, se puisse mieulx repeupler & remettre en bon estat, lesdiz exposans ès noms que dessus, nous ont humblement supplié d'avoir & par nous leur estre octroyé certains poins de Privileges, tant d'affranchissement de confiscacions de biens, comme autres cy-aprez declairés plus à plain. Pourquoy nous consideré les choses dessusdictes, & oy & sceu sur ycelles la relacion de pluseurs de nos Gens & Officiers, & mesmement des Gens de nos Comptes à *Lisle,* sur la valeur desdictes confiscacions, regardans & considerans aussi la vraye & bonne obeissance que nous avons tousjours trouvée en ceulx de nostredicte Chastellenie de *Berghes,* & les grans & notables services que en pluseurs manieres ilz ont fais à nous & à nosdiz predecesseurs, dont nous nous tenons bien tenuz à eulx, vueillans & desirans pour ce le bien & amendement d'icelle nostre Chastellenie, eu sur ces choses bon advis, par grant & meure deliberacion de Conseil, & mesmement pour consideracion de ce que pluseurs de nos bonnes Villes & des Chastellenies & terrouers de nostredit pays de *Flandres,* sont affranchis de confiscacions de biens, & autrement grandement privilegiez, nous comme Seigneur & Prince du Païs, de certaine science & grace especial [b] octroyé & octroyons pour nous, nos hoirs & successeurs Contes & Contesses de *Flandres,* à perpetuité, à iceulx exposans pour & ès noms que dessus, les poins de Privileges & franchises qui s'ensuivent; c'est assavoir,

(1) Que les Cuerfreres & Cuersuers de nostredicte Chastellenie de *Berghes,* soient affranchis & les affranchissons de confiscacions de biens en cette maniere.

Premierement. Que lesdiz Cuerfreres & Cuersuers, de quelconque estat ou condicion qu'ils soyent, pour quelque fait ou delit criminel qu'ilz facent ou perpetrent, ne ou que ce soit, supposé que par [c] Loy ilz en feussent attains & convaincus ou non, seront & demourront francs & quittes de confiscacions de leurs biens, soyent fiefs, heritaiges ou autres biens quelz qu'ilz soyent ne ou qu'ilz gisent ou puissent estre trouvez en nosdiz Pays & Conté de *Flandres,* ou ès Ressors & enclavemens d'icellui, se non par fait de conspiracion que par eulx [d] seront commise, ou pour fait par eulx commis sur ou en la personne de nous, de nostre très-chiere & très-amée compaigne, & noz successeurs qui pour le temps seroient Contes ou Contesses de *Flandres,* sur les enffans legitimes de nous ou de nosdiz successeurs Contes & Contesses de *Flandres,* ou sur le Chancelier du Conté de *Flandres,* ou sur le Bailli, le Soubz-bailli, ou le Chastellain de *Berghes,* pour faiz qui avendroient à cause de leurs Offices, esquelz cas dessusdiz, ou en l'un d'eulx, ceulx qui en seroient deuement convaincus & attains, dont la premiere congnoissance appartendra aux Cueriers de nostredicte Chastellenie de *Berghes,* forferoient & confisqueroient leurs biens, & ne se pourroient ne devroient iceulx conspirateurs aidier quant ad ce de nostre presente concession & grace; & se le cas advenoit, que Dieu ne vueille, que aucuns Cuerfreres ou Cuersuers de nostredicte Chastellenie faisissent ou commissent aucune conspiracion par la maniere dessusdicte, iceulx conspirateurs en seront & seroient puniz & corrigiez de corps & avoir deuement comme il appartendroit; & neantmoins nostre presente grace, concession & affranchissement sera & demourra, seroit & demourroit bonne, valable & en vigueur.

(2) Item. Que tous ceulx des appendences de nostredicte Chastellenie de *Berghes,* soient & seront pareillement affranchiz de la confiscation de leurs biens, fiefs, heritaiges & autres quelz qu'ilz soient & ou qu'ilz gisent ou puissent estre trouvez en nosdiz Paiz & Conté de *Flandres,* & ès ressors & enclavemens d'icellui, sinon par fait de conspiracion commise en la maniere dessusdicte, ou en aucune d'icelle.

(3) Item.

[a] *biens.*

[b] *supp.* avons.

[c] *Jugement.*

[d] *corr.* seroit.

CHARLES VI.
à Paris, le 21. d'Avril 1411.

(3) *Item.* Que tous les Cuerfreres de nostredicte Chastellenie de *Berghes* & desdictes appendences, pourront doresenavant porter franchement par tout nostre Païz de *Flandres,* pour la deffence & tuicion de leurs corps, toutes armeures, excepté trait & [a] bacinés, sans pour ce forfaire lesdictes armeures, ne encourir en aucunes amendes.

(4) *Item.* Que en nostredicte Chastellenie de *Berghes,* seront faiz & créez de par nous jusques à vint-quatre Eschevins & Cueriers pour le gouvernement d'icelle nostre Chastellenie, tant en fait de Loy & de Justice comme autrement, dont les douze seront Cueriers & gouverneront l'une année, & les autres douze, l'année ensuivante, & ainsi [b] succeffément d'an à autre, sans autre renouvellement, & demourront Eschevins & Cueriers leurs vies durans [c] autant qu'il aura Conte nouvel en nostredit Pays de *Flandres;* & sitost qu'il en mourra aucuns d'eulx, ou que aucun l'aura forfait en & par la maniere que l'en puet forfaire l'Eschevinage à nostre Terroir du *(d) Franc,* nous en ce cas & non en autre, y mettrons autre Eschevin & Cuerier en son lieu, lequel, sans toutesvoyes exceder ledit nombre, le demourra semblablement à sa vie, ou qu'il ait nouvel Conte en nostredit Pays de *Flandres,* comme dit est.

(5) *Item.* Et pour [d] eschever les grans frais & missions que jusques à ores l'en est acoustumé de faire au *(e)* renouvellement de la Loy & à l'audicion des comptes de nostredicte Chastellenie de *Berghes,* nous avons octroyé & octroyons, [e] comme dessus, que doresenavant nous ne ordenerons chascun an que deux Commissaires seulement telz qu'il nous plaira, pour par eulx, sans y avoir plus grant nombre de Commissaires, les comptes d'icelle nostre Chastellenie estre oïz ainsi qu'il appartendra.

(6) *Item.* Que nostre *Bailli* de *Berghes* & nos autres Officiers en nostredicte Chastellenie, presens & avenir, ne porront doresenavant prendre ne arrester aucuns Cuerfreres ou Cuersuers d'icelle Chastellenie ou des appendences, pour aucuns [f] cas civilz ou amendes pecuniaires, jusques ad ce que lesdiz Cuerfreres ou Cuersuers & [g] appendans y auront eté par Loy jugiez & condampnez par la Loi de notredicte Chastellenie; & se [h] oultre ce lesdiz Cuerfreres ou Cuersuers estoient mis ou detenus en prison par nosdiz Bailli ou Officiers, pour les cas ou amendes dessusdictes, & non delivrez, nous serions tenus de faire paier les despens que iceulx Cuerfreres ou Cuersuers auroient pour ce soustenuz, & les faire delivrer de prison sanz coustz & sans fraiz; ou autrement, se faulte y avoit, la [i] Cuere pourroit & pourra cesser jusques à ce que lesdiz Cuerfreres & Cuersuers ainsi detenuz, seroient delivrez de prison & contentez de leurs coustz & fraiz.

(7) *Item.* Que de fait d'affolure ou de playe [k] perciée que l'en appelle en Flament *duergaende wonde,* dont pour ce tous les biens d'icellui ou de ceulx qui l'avoit ou avoient commise, souloient estre mis en la mercy du Seigneur, nous avons octroyé & octroyons que l'amende soit mise pour tel fait à soixante livres Parisis de nostre monnoye de *Flandres.*

(8) *Item.* Jassoit ce aussi que par cy-devant pour assaulx de maisons faiz par Cuerfreres ou Cuersuers ou appendans de nostredicte Chastellenie, tous leurs biens ayent esté mis par noz Officiers en nos mains, & soyent demourez à nostre voulenté & mercy, & que ainsi ait esté maintenu jusques à ores en nostredicte Chastellenie, toutesvoyes nous avons octroyé & octroyons que pour assaulx de maisons que par les Cuerfreres ou Cuersuers ou appendans d'icelle nostre

a *espèce de casques.* Voy. le Gloss. de *Du Cange,* au mot *Bacinetum.*

b *successivement.*

c *jusqu'à ce qu'il y ait un nouveau Comte.*

d *éviter.*

e *Il n'y a rien dans les articles précédens qui soit relatif à la disposition de celui-ci.*

f *Voy. ci-dessous p. 586. art. 9. & la note (f).*

g *demeurans dans les appendances.*

h *avant qu'il y ait eu un Jugement.*

i *Voy. ci-dessus p. 583. note (b).*

k *ouverte: avec effusion de sang.*

NOTES.

(d) Franc.] On appelle *Franc* une partie de la *Flandre* dans laquelle la Ville de *Bergue* est comprise. Voy. le Dictionnaire géographique de la *Martiniere,* au mot *Franc.*

(e) Renouvellement de la Loy.] Je crois qu'il faut entendre par ces mots, le jour auquel les Echevins entroient en charge. Voy. le Gloss. du Droit François, aux mots, *Loi (la) de la Ville:* On y verra que le mot *Loi* signifie quelquefois le Corps des Magistrats.

CHARLES VI. à Paris, le 21. d'Avril 1411.

Chastellenie, seront doresenavant faiz & perpetrez, iceulx Cuerfreres ou Cuersuers & appendans, ne forferont que l'amende de deux foiz soixante livres Parisis; & forains venans du dehors qui feroient assaulx de maison en nostredicte Chastellenie, encourront en pareille amende; & avecques ce, iceulx forains seront banniz hors de nostredit Pays de *Flandres* [a] sur le poinct; dont nous ou noz Officiers ne pourront faire ou laissier faire paix ou appointement, se ce n'estoit du consentement de la partie qui dudit assault auroit fait sa plainte.

(9) *Item.* Que pour *(f)* cas civilz l'en ne pourra doresenavant en nostredicte Chastellenie prendre à hostage nommé *ghisele*, fors seulement les deux principaux ou les complices, lesquelz & non autre [b] feront l'amendise du meffait, par ainsi qu'ilz ayent des biens assez; & se ce non, qu'ilz l'amenderont de pellerinages, & aultrement à la discrecion de la Loy de nostredicte Chastellenie.

(10) *Item.* Et se le cas estoit tel qu'il y eust mort ou affolure, & que avecques les principaulx ou les complices, leurs parens & amis feussent mis en ostage ou *ghisel-stip*, ainsi que en tel cas est acoustumé, nous avons octroyé & octroyons que les biens des principaulx [c] meffaitteurs ou des complices, iront premiers, & seront employez & convertiz en l'amendise du meffait; & là où yceulx biens des principaulx ou des complices ne pourroient souffire à parfaire ladicte amendise, que eulx l'amenderont de Pellerinaiges ou autrement par faisant [d] penance de leurs corps, à l'ordonnance & arbitraige de la Loy, se ce n'est que leurs parens & [e] amis *(g)* des quatre costez, soient d'accort de faire l'amendise, ouquel cas chascun d'eulx paiera sa porcion si avant que selon le degré de linaige il y devra contribuer: sauf en autres choses le privilege que a nostredicte Chastellenie sur le fait desdiz hostages, lequel & tous autres poins de Privileges octroyez par nous & nosdiz predecesseurs à nostredicte Chastellenie, nous voulons demourer en leur force & vertu, sans par noz presentes Lettres ne par aucun point contenu en icelles, y estre faicte aucune innovacion, detraction ou prejudice ores ne ou temps avenir; & moyennant les graces & octroyz dessusdiz, lesdiz exposans pour ladicte Chastellenie de *Berghes* & des appendences d'icelle, oultre & pardessus certains plaisirs & services qu'ilz nous ont faiz presentement à nostre très-grant besoing, seront tenuz de paier à nostre recepte generale de *Flandres,* pour & ou prouffit de nous, & de nosdiz hoirs & successeurs Contes & Contesses de *Flandres,* perpetuelment & à tousjours, & eulx en obligier par leurs Lettres patentes, la somme de deux cens livres Parisis de nostre monnoye de *Flandres,* de rente heritable, au terme du jour de la Nativité Nostre Seigneur, chascun an, dont le premier payement sera au terme du jour de la Nativité Nostre Seigneur, l'an mil quatre cens & onze prouchain venant: laquelle rente nous voulons estre reçue par nostre Receveur General de *Flandres,* present & avenir, & mise en nostre recepte en son compte avec nostre autre demaine; & de ces presentes seront tenuz lesdiz exposans de nous baillier leurs Lettres de recipisse, par lesquelles que nous voulons estre enregistrées en la Chambre de noz Comptes à *Lisle,* & en aprez bailliées à la Garde de noz Chartres & Lettres, pour par lui icelles estre mises là où il appartendra, avec noz autres Chartres & Lettres touchans nostredit Païz de *Flandres,* ilz se obligeront à paier perpetuelment à nous & à nosdiz hoirs & successeurs Contes & Contesses de

[a] *Cela peut signifier* sur le champ.

[b] *subiront la punition du délit, en payant une amende.*

[c] *malfaicteurs.*

[d] *travail.*

[e] *Ce mot est ici synonyme de* parens. *Voy. la note (c) de la p. 482. du 7.e Vol. de ce Rec.*

NOTES.

(f) Cas civilz.] Je crois que par ces mots il faut entendre les crimes & les délits qui n'étoient punis que par des amendes pécuniaires. Il y a dans le Glossaire de *Du Cange,* au mot *Civilitas,* un passage qui appuye cette interprétation. Par les anciennes Loix barbares, les meurtres mêmes n'étoient souvent punis que par des amendes. Voy. la Table des Mat. du *Codex Legum antiquarum Lindenbrogi,* au mot *Homicidium,* & le Glossaire de *Du Cange,* au mot *Morth.* Dans l'art. 6. qui est ci-dessus p. 585. on lit: dans les cas civils *ou amendes pecuniaires.*

(g) Des quatre costez.] Je crois que par ces mots il faut entendre les parens paternels & maternels de chacun des deux principaux délinquans desquels il est parlé dans l'article précédent.

CHARLES VI.
à Paris, le 21. d'Avril 1411.

Flandres, ladicte rente [a] à terme dessusdit. Si donnons en mandement à noz amez & feaulx les Gens de nostre Conseil, residens en nostre Chambre de *Flandres,* à nostre Souverain Bailli, à nostre Receveur General de nostre Pays de *Flandres,* à nos *Bailli* de *Gand, Bruges,* d'*Ypres,* d'*Alost, Furnes,* dudit lieu de *Berghes,* & à tous les autres Justiciers & Officiers de nosdiz Conté & Pays de *Flandres,* & des Ressors & enclavemens d'icellui, presens & avenir, leurs Lieutenans, & à chascun d'eulx en droit soy, si comme à lui appartendra, que de nostredicte grace & affranchissement que comme Prince & Seigneur d'icellui Pays de *Flandres,* voulons pour nous & nosdiz hoirs & successeurs estre gardées & entretenues inviolablement à ceulx de nostredicte Chastellenie de *Berghes* & des appendences, en & par la maniere dessusdicte, laissent, facent & seuffrent à ceulx de nostredicte Chastellenie & des appendences, de point en point, paisiblement & plainement joïr & user, sans leur faire, mectre ou donner, ne souffrir estre mis ou donné contre la teneur de ces presentes Lettres, occultement ne publiquement, aucun empeschement, molestacion ne destourbier; lequel se fait estoit ou prejudice dudit privilege & affranchissement, ostent ou facent oster sans delay : car ainsi nous plaist il estre fait : sauf en autres choses nostre droit, & les Privileges & franchises que avoient paravant ceulx de nostredicte Chastellenie & des appendances. Et afin que ce soit chose ferme & estable à tousjours-mais, nous en tesmoing de ce, avons fait mettre nostre Séel à ces presentes. *Donné en nostre Ville de* Bruges, *le troiziesme jour d'Avril, l'an de grace mil quatre cens & dix.*

[a] *corr.* au.

Suite des Lettres de Charles VI.

Lesquelles Lettres de nostredit Cousin dessus transcriptes, & toutes les choses qui y sont contenues, Nous avons fermes, estables & agréables, icelles par l'advis & deliberacion de nostre Conseil, voulons, louons, ratiffions & approuvons, & par la teneur de ces presentes, de nostre certaine science, grace especial & plaine puissance Royal, confermons : donnans en mandement par ces mesmes Lettres à nos amez & feaulx Conseilliers les Gens tenans nostre present Parlement à *Paris,* & qui tendront ceulx à venir, & à tous noz autres Justiciers & Officiers, presens & avenir, ou à leurs Lieuxtenans, & à chascun d'eulx, si comme à lui appartendra, que ceulx de la Chastellenie de *Berghes* & des appendances nommez esdictes Lettres de nostredit Cousin dessus transcriptes, & leurs successeurs & chascun d'eulx, de noz presentes grace & confirmacion facent, seuffrent & laissent joïr & user plainement & paisiblement & perpetuelment, sans les empeschier, faire, ne souffrir estre empeschiez ores ne ou temps avenir en aucune maniere au contraire. Et afin que ce soit ferme chose & estable à tousjours, Nous avons fait mettre nostre Séel à ces presentes : sauf & réservé tel droit que à cause de crime de leze-Magesté Nous devroit competer & appartenir, se le cas y escheoit, que Dieu ne vueille, & sauf aussi en autres choses nostre droit, & l'autruy en toutes. *Ce fut fait & donné à* Paris, *le* XXI.*e* *jour d'Avril, l'an de grace mil* CCCC. *& onze, & de nostre Regne le* XXXI.*e*

Par le Roy, en son Conseil. BARRAU.

CHARLES VI. à Paris, le 21. d'Avril 1411. [Voy. la note (c) de la page suivante.]

(a) Lettres par lesquelles Charles VI. confirme les Privilèges accordés aux Bourgeois de Furnes, par Jean Duc de Bourgogne & Comte de Flandre.

SOMMAIRES.

(1) La connoissance des conspirations faites par des Bourgeois de Furnes contre le Comte de Flandre, sa femme, ses enfans légitimes & son Chancelier, appartiendra en première instance à la Jurisdiction de la Communauté de cette Ville, & en seconde au Comte & autres à qui il appartiendra.

(3) Le Comte de Flandre nommera dix-neuf Echevins qui conserveront leurs charges pendant leur vie, à moins que ce Comte ne vienne à mourir. Lorsqu'un Echevin mourra, ou lorsqu'il perdra sa charge par forfaiture, ce Comte en nommera un autre à sa place.

(8) Si dans les cas de meurtre ou de blessure considérable, on prend encore en otage, suivant la coûtume, les parens paternels & maternels des délinquans, & que les biens de ceux-ci ne suffisent pas pour payer l'amende, leurs parens seront obligés de payer le reste de l'amende, & ils la payeront à proportion de la proximité de leurs degrés de parenté.

CHARLES......

JEHAN *Duc* de *Bourgongne* . . . . . . Savoir faisons à tous presens & avenir, de par les *(b)* Handhouders & Cueriers de nostre Chastellenie de *Furnes*, tant en leurs noms . . . . . .

(1) Que lesdiz Cuerfreres & Cuerseurs . . . . . . *[V. art. 1. de Bergue]* & Conté de *Flandres* ou ès Ressors & enclavemens d'icellui, se non par fait de conspiracion, & pour meffait qui seroit commis & perpetré en & sur la personne du Conte, de sa femme & de ses enfans légitimes, & de son Chancelier; pour lesquelx cas s'il avenoit, ou aucun d'eulx, cellui ou ceulx desdiz Cuerfreres ou Cuersuers qui en seroient attains ou convaincus par la Loy de ladicte Chastellenie, ou par autre Loy ou Loys, ausquelx la congnoissance de tel cas appartient ou appartenroit de droit & de raison, forferoient & confisqueroient leurs biens, & ne se pourroient ne devroient . . . . . . valables & en vigueur. Et de ce qui seroit fait & commis sur lesdictes personnes du Conte, de sa femme, de ses enfans legitimes & de son Chancellier, après ce que ladicte Loy de nostredicte Chastellenie en aura eu la premiere [a] emprinse, comme il est acoustumé, la congnoissance en demourra à nous & à nosdiz successeurs ou autres telz & ceulx qu'il appartendra.

[a] *connoissance.*

(2) Item. Que tous Cuerfreres . . . . *[V. art. 3. de B.]* encourir en aucunes amendes : par ainsi que desdictes armeures ilz ne meffacent aucun fait criminel, auquel cas l'en pourra prendre & arrester les malfacteurs tant seulement, pour les pugnir & corrigier de leurs meffaiz, ainsi qu'il appartiendra selon les Loys & Coustumes de nostredicte Chastellenie, sans forfaiture de leursdictes armeures.

(3) Item. Que en nostredicte Chastellenie seront presentement fait & creé

NOTES.

(a) Trésor des Chartres, Registre 165. P. XIII.[xx] X. (270.)

Les Lettres du 3. d'Avril 1410. par lesquelles *Jean Duc* de *Bourgogne* donna des Privilèges aux habitans de *Furnes*, sont par rapport au préambule, aux dispositions & à la fin, conformes à celles que ce Duc donna le même jour en faveur des habitans de *Bergue*, & qui sont ci-dessus p. 583. du moins dans la plus grande partie : car les articles 2. & 7. de celles de *Bergue*, ne sont point dans les Lettres qui concernent *Furnes*; & d'ailleurs il y a de la différence dans quatre articles. On n'a pas cru devoir répéter ici ce qui est semblable dans ces deux Lettres du *Duc* de *Bourgogne*, & dans ces deux confirmations de Charles VI. qui sont entièrement de la même teneur. On s'est contenté de faire imprimer les endroits des Lettres qui regardent *Furnes*, dans lesquels il y a des additions, des retranchemens ou des changemens.

(b) Handhouders.] Voy. ci-dessus p. 583. note *(b)* sur le mot *Cueriers*. Le mot *Handhouders* est aussi app. le nom d'un Office municipal.

de par Nous, XIX. Eschevins & Cueriers, pour le gouvernement d'icelle nostre Chastellenie, tant en fait de la Loy & de Justice, comme autrement, lesquelx le demourront leur vie durant, ou tant qu'il aura en nostredit pays nouvel Conte, en la forme & maniere que le sont les Eschevins de nostre Terroir du [a] *Franc;* & sitost qu'il en mourra aucun d'eulx, ou que aucun l'aura forfait en ce par la maniere que l'en le peut forfaire l'Eschevinage à nostredit Terrouer du *Franc,* nous en ces cas & non autrement y mettrons autre en son lieu, sans toutesvoyes exceder aucunement ledit nombre, qu'il semblablement le fera sa vie, ou qu'il ait nouvel Conte, comme dit est.

CHARLES VI. à Paris, le 21. d'Avril 1411.

a *Voy. ci-dessus p. 585. note (d).*

(4) Et pour eschever...... *[V. art. 5. de B.]* & sans y avoir plus grant nombre de Commissaires, les [b] *Landhouders* estre renouvellez & les comptes oys de nostredicte Chastellenie.

b *Il y a plus haut page précéd.* Handhouders.

(5) Item. Que nostre Bailly de *Furnes* & nos autres Officiers...... *[V. art. 6. de B.]*

(6) Item. Jasoit ce que...... *[V. art. 8. de B.]*

(7) Item. Que pour cas civils...... *[V. art. 9. de B.]*

(8) Et se le cas estoit...... *[V. art. 10. de B.]*...... ainsi que en tel cas est acoustumé. *Item.* Avons octroyé & octroyons que les biens des principaulx malfaicteurs iront premiers & seront employez & convertiz en l'amendise du meffait, & là où iceulx biens des principaulx ne pourroient souffire à parfaire ladicte amendise, que les parens & amiz qui auroient esté miz en hostage avec lesdiz principaulx, contribueront au surplus de ladicte amende pour l'accomplissement d'icelle, si avant que selon le degré de lignage il y devra contribuer: sauf...... & eulx en obligier par leurs Lettres patentes, la somme de trois cens livres Parisis de nostre monnoye de *Flandre,* de rente heritable, au terme du jour de la Nativité Saint Jehan, chascun an, dont le premier paiement sera au terme du jour de la Saint Jehan l'an mil iiij.^e & onze prouchain venant, laquelle rente...... à noz *Bailliz* de *Gand, Bruges,* d'*Ipres,* d'*Alost,* dudit lieu de *Furnes,* & à tous les autres Justiciers......

Lesquelles Lettres...... *Ce fut fait & donné à* Paris, *(c) le* XXXIe *jour d'Avril, l'an de grace mil iiij.^e & onze, & de nostre Regne le* XXXIe

Suite des Lettres de Charles VI.

Par le Roy en son Conseil. G. BARRAU.

NOTE.

(c) Le XXXIe *jour d'Avril.]* Cette date est visiblement fautive, puisque le mois d'Avril n'a que trente jours, & je crois qu'il faut corriger le XXIe date des Lettres que Charles VI. donna aussi à *Paris,* pour confirmer les Privilèges que le *Duc* de *Bourgogne* avoit accordés aux habitans de *Bergue,* après lesquelles j'ai cru devoir placer celles-ci.

CHARLES VI. à Paris, le 22. d'Avril 1411.

(a) Lettres qui portent que les Maréchaux de France auront, à l'exclusion du Maître des Arbalêtriers, jurisdiction sur les Archers & les Canonniers.

CHARLES, &c. Savoir faisons à tous presens & avenir, que comme certain debat feust entre noz amez & feaulx les Mareschaux de France d'une part, & le Maistre des Arbalestriers de France, d'autre, disans iceulx noz Mareschaulz que à eulx appartient la congnoissance des Archiers & Cannoniers qui par notre mandement se arment & viennent en notre service, & que desdiz Archiers & Canonniers doivent estre receuz par eulx ou par leurs commis, les monstres & reveues, & que d'eulx en doivent prendre & avoir Lettres, & aussi avoir d'iceulx la congnoissance comme ilz ont des Gens d'armes qui par Nous sont mandez;

NOTE.

(a) Trésor des Chartres, Registre 166. P. IIII.^c XXII. (422.)

CHARLES VI. à Paris, le 22. d'Avril 1411.

ledit Maistre des Arbalestriers disant le contraire, & que à lui & non à autre, appartient recevoir & faire recevoir lesdictes monstres & reveues desdiz Archiers & Canonniers, & que par lui leur en doivent estre baillées ses Lettres pour estre paiez de leurs gaiges : finablement pour éviter toutes matieres de descors & de inconveniens qui pour occasion des choses dessusdictes ou temps avenir pourroient survenir, noz amez & feaulx *Jehan* le *Maingre* dit *Bouciquaut*, Mareschal, & *Jehan* Seigneur de *Hengest*, Maistre des Arbalestriers de France, pour ce comparans en notre presence en leurs propres personnes, aient esté d'accordt que ceste matiere feust discutée par & en notre Grand Conseil, & de ce qui seroit trouvé par notredit Conseil, se deust faire par Nous Declaracion & Ordonnance qui tiengne & vaille à tousjours ou temps avenir, & de ce faire Nous aient humblement supplié; & Nous à leur supplicacion avons fait discuter la matiere dessusdite en notre Grand Conseil pour ce assemblé en notre presence, en très-grant nombre de moult notables personnes tant de notre Sang comme de notredit Conseil, & la matiere dessusdicte discutée & debatue, ait esté trouvé & conclud par notredit Conseil, que la congnoissance desdiz Archiers & Canonniers appartient & doit appartenir à nosdiz Mareschaulx qui à present sont & qui pour le temps avenir seront, & en doivent recevoir & faire recevoir les monstres & revues quand le cas eschiet. Pour ce Nous oye la supplicacion desdiz *Bouciquaut*, Mareschal, & Sire de *Hengest*, Maistre des Arbalestriers, ladicte conclusion de notredit Conseil, avons declaré & ordonné, & par ces presentes declarrons & ordonnons que la congnoissance d'iceulx Archiers & Canonniers appartendra & demourra perpetuelment à nosdiz Mareschaux qui à present sont, & à leurs successeurs oudit Office, & que d'iceulx Archiers & Canonniers nosdiz Mareschaulx prendront & recevront doresenavant les monstres & reveues toutteffoiz que le cas y escherra, & leur en bailleront Lettres pour estre paiez de leurs gaiges par ceulx à qui il apperra; & cestes notres Declaracion & Ordonnance voulons & decernons valoir & estre tenues & gardées en notre Royaume à tousjours, afin que pour occasion de ce ne sourde ou viengne plus de debat entre noz Officiers dessusdiz. Si donnons en mandement à noz amez & feaulx les Gens tenans notre present Parlement à *Paris*, & qui tendront ceulx avenir, les Gens de noz Comptes & Tresoriers à *Paris*, les Generaulx Conseillers sur le fait des Aides ordonnez pour la guerre, les Tresoriers de noz guerres, & à tous noz autres Justiciers & Officiers presens & avenir, ou à leurs Lieuxtenans, & à chascun d'eulx, si comme à lui appartendra, que noz Declaracion & Ordonnances dessusdictes facent enregistrer ès Registres de notredicte Court de Parlement, de notredicte Chambre des Comptes, & ailleurs où il appartendra, & les facent tenir, garder & observer perpetuelment sans enfraindre en aucune maniere. Et que ce soit ferme chose & estable à tousjours, Nous avons fait mettre notre Séel à ces presentes : sauf en autres choses notre droit, & l'autruy en toutes. *Donné à* Paris, *le XXII.e jour de Avril, l'an de grace mil CCCC. & unze, & de notre Regne le XXXI.e*

Par le Roy en son Conseil, où Mons. de *Guienne, Loys Duc* en *Bavyere*, [a]Vous, les *Evêques* de *Noyon* & de *Tournay*, [b]l'Amirail, les Sires d'*Omont*, de *Rambures*, de *Louroy* & de *Savoisy*, Mess. *Anthoine* de *Craon* & *Regnault* d'*Angennes*, estiez. DERIAN.

[a] *Le Chancelier de France. Voy. le 5.e Vol. de ce Rec. p. 653. note (c).*
[b] *corr.* l'Amiral.

CHARLES VI. à Paris, le dernier d'Avril 1411.

(a) Lettres par lesquelles les habitans du Pouget en Aumeladois, sont confirmés dans le droit de faire Corps & Commune, & d'avoir des Consuls & des Conseillers.

KAROLUS, &c. Notum facimus universis tam presentibus quam futuris, Nos humilem supplicacionem dilectorum nostrorum Consulum & habitancium loci de (b) Pogeto *in Baronia* Domeladesii *& Senescallia* Bellicadri *situati, recepisse continentem quod cum per dilectum & fidelem nostrum* Antonium *de* [a] Ruppesolio, *Dominum* Ruppesoliensem *& dicti loci de* Pogeto, *dictis supplicantibus pro se & suis successoribus, ac pro bono Justicie & regimine tocius reipublice ejusdem loci, certum Consulatum, aliaque Privilegia, franchisie & libertates nuper fuerint concessa, prout in Instrumento publico super hoc confecto laciùs continetur; cujus tenor sequitur in hiis verbis.*

a de Roquefeuil. Voy. ci-dessous p. 592. note (d).

Anno Incarnacionis Domini nostri Jesu Christi, millesimo CCCC.^{mo} *nono, & die primâ mensis Februarii, Domino Karolo, Dei graciâ, Rege Francorum regnante. Noverint universi quod apud Ecclesiam Beate Katherine loci de* Pogeto, Biterrensis *Diocesis, coram nobili & potenti Domino* Anthonio *de* Ruppesolio, *Domino* Ruppesoliensi, (c) *Comptore* Nantensi, *Dominoque solo & in solidum locorum de* Pogeto, *de* Vindemiano, *de* Sancto Vandilio, *de* Silva, *& aliorum locorum suorum in Baronia* Homeladesii *sitorum, cum omnimoda Juridicione,* [b] *meroque & mixto imperio, ac cum appellacionum Judice, in mei que Notarii & testium infrascriptorum presencia existentes & personaliter constituti; videlicet,* Martinus *de* Cogorliriis, Guillelmus *de* Baveriis, Guillelmus Sabbate, Raymundus Textoris, Petrus Michaelis, Guillelmus Pasturalis, Johannes *de* Gieti, Jacobus Olerii, *senior,* Michael Obrerii, Guillelmus Vitalis, Petrus Roqueta, Guillelmus Roqueta, Petrus Godoyssati, Bertholomeus *de* Meleto, Jacobus Ripperie, Arnaudus Fizac, Bernardus Sicacu, Petrus Ferreti, *Domicellus,* Bernardus Vertheyresii, Petrus Romes, Johannes *de* Manso Dei, Stephanus Andree, Poncius Bertrandi, Johannes Cavallerii, Johannes Mauricii, Franciscus Corduerii, Gailhardus *de* Crezeto, Petrus Falsimerilia, Bernardus Bertheires, *junior,* Joannes Sancte-Eulalie, Vitalis *de* Cuzeto, Guillelmus Textoris, Jacobus Cordurerii, Bernardus *de* Manso Dei, Jacobus Pelaprac, Jacobus Gotas, Johannes Serani, *faber,* Bernardus Limotges, Johannes Maurelli, Bernardus Fornerii, Raymundus Gaillardi, Raymundus Fezas, Raymundus Lhansoni, Johannes Nogareti, Johannes Sagerii, Petrus Madoie, Johannes *de* Ortis, Johannes Verderii, *&* Johannes Baverie, *singulares homines Universitatis hominum loci predicti de* Pogeto, *facientes, ut dixerunt, majorem & saniorem partem hominum habitancium dicti loci, pro se & tota dicta Universitate & singularibus hominibus dicti loci, eidem Domino* Ruppesoliensi *humiliter exposuerunt quod ipse locus sive Villa de* Pogeto *fuit, estque una de notabilibus & caput aliorum locorum & Villarum Baronie* Homeladesii, *estque Villa sive locus populosus, habito respectu ad alias Villas sive loca circumvicinas, queque ab antiquo & maximè tempore quo Dominus* Rex Maioricarum *erat Dominus Ville* Montispessulani *& Baronie* Homeladesii *& dicti loci de* Pogeto, *ipsa Universitas habebat & habere consueverat tres Consules, Corpus, Consulatum, Archam communem, Sigillum & Consiliarios; quiquidem tres Consules per dictam Universitatem eligi consueverant singulis annis, die Festi*

b Voy. la note (z) de la p. 44. du 5.e Vol. de ce Rec.

NOTES.

(a) Trésor des Chartres, Registre 165. P. XIII.xx XIII. (273.)

(b) *Pogeto.*] Le *Pouget* dans l'*Aumeladois*. Voy. la note (b) de la p. 544. du 5.e Vol. de ce Rec.

(c) *Comptore.*] Suivant le Glossaire de *Du Cange*, au mot *Comitores*, ceux de *Comptor, Comtor* & *Comitor*, signifient un titre de Seigneurie qui avoit rang entre les Vicomtés & Vavassories.

CHARLES VI.
à Paris, le dernier d'Avril 1411.

a Pasche, *là & plus bas.*
b corr. *respublica.*

[a] *Pache Domini, & ipsis electis, presentabantur & presentari consueverant Bajulo dicti loci, seu ejus Locumtenenti, ad finem quod idem Bajulus ab eisdem reciperet, & recipiebat juramentum in talibus dari & præstari consuetum; & subsequenter dicti Consules sic electi & dicto Bajulo vel ejus Locumtenenti presentati & jurati, eligebant & eligere consueverant novem eorum Consiliarios per quos Consules & Consiliarios ipsa Universitas ac* [b] *republica dicti loci consueverat & consuevit meliùs & utiliùs quam aliàs regi & gubernari, de hiisque ipsa Universitas gavisa fuit & gaudebat: verumptamen postquam dictus locus de* Pogeto *& alia loca dicti Domini* Ruppesoliensis *in Baronia* Homeladesii *situata, per dictum Dominum* Regem Maioricarum *& tunc Dominum* Montispessulani *& dicti loci de* Pogeto *& aliorum locorum predictorum, translata fuerunt in manu & potestate dicti Domini* Ruppesoliensis, *seu suorum predecessorum, ipsa Universitas (d) caruerat & carebat Consulibus, Consulatu & Consiliariis & aliis ad dictum Consulatum necessariis, in ipsius Universitatis & reipublice dicti loci maximum dampnum & prejudicium, ut dixerunt: quare dicto Domino* Ruppesoliensi *genibus flexis humiliter supplicarunt quatinùs dignetur eis supplicantibus & Universitati predicte dare & concedere Corpus, Consules, Consulatum, Archam communem, Sigillum & Consiliarios ac alia que ad Corpus approbatum, Consules & Consulatum sunt necessaria, & ulterius ipsa Universitas eidem Domino* Ruppesoliensi *supplicavit quatinùs custodiam & regimen clavium portalium dicti loci eisdem Consulibus committere, & alias franquesias & libertates ejusdem Universitatis in quibus dicta Universitas & singulares homines ejusdem actenùs fuerunt confirmare, corroborare & omologare dignaretur; & Dominus* Rupesoliensis *certus de facto suo, ut dixit, & de jure consultus pleniùs & instructus, pro se & suis futuris heredibus & successoribus quibuscumque, premissis attentis & attento quod ipse Dominus noviter declinavit in ipso loco de* Pogeto *causa visitandi dictum locum & subditos suos, volensque ipsos subditos favorabiliter tractare, & racione sui novi & jocundi adventûs ipsos subditos aliquod premium consequi & habere, assistente & consulente sibi nobili & potente Domino* Hugone *de* Arpajone, *Milite, Domino de* Arpajone, Vicecomite Delhantriaco, *Domino avunculo & socero suo, de sui certa sciencia & gracia speciali, dictis singularibus hominibus Universitatis predicte, & aliis hominibus dicti loci absentibus, ac michi* Stephano Chandocii *Notario Regio infrascripto, pro omnibus illis quorum interest, intererit seu interesse poterit in futurum, stipulanti & recipienti, tenore presentis Instrumenti per imperpetuum dedit & concessit quod ab inde in antea habeant & habere possint tres Consules, Consulatum, Archam communem & Sigillum, & omnia aliaque Corpus approbatum habere potest & debet, & que sunt ad dictum Consulatum necessaria: qui quidem tres Consules singulis annis die Festi Pache Domini per dictam Universitatem sine fraude eligentur, & per ipsam Universitatem vel alium seu alios nomine ejusdem, Bajulo dicti loci vel ejus Locumtenenti presentabuntur, idem que Bajulus, seu ejus Locumtenens ab ipsis novis Consulibus exiget juramentum corporale quod ipsi boni & fideles erunt ipsi Domino & suis successoribus & reipublice dicti loci, & inde dicti novi Consules eligent novem suos Consiliarios qui eciam in manibus dicti Bajuli vel ejus Locumtenentis, prestabunt juramentum in talibus prestari consuetum, concedendo eidem universitati quod ipsa Universitas regatur & gubernetur usque ad Festum Paschale Domini proxime futurum, modo & forma quibus ante concessum hujusmodi Consulatum regebatur; & insuper dictus Dominus* Ruppesoliensis *eisdem Universitati & singularibus hominibus predictis ac michi dicto & infrascripto Notario, ut supra stipulanti & recipienti, de dicta sui gracia speciali dedit & concessit quod Consules ipsi nomine dicte Universitatis, à cetero & per*

NOTE.

(d) *Caruerat.]* Dans les Lettres du mois de Mai 1399. qui sont imprimées à la p. 328. du 8.e Vol. de ce Rec. il est dit qu'*Arnault de Roquefeuil*, Seigneur du *Pouget*, a privé les habitans de ce lieu du droit de Consulat dont ils avoient joui avant qu'il en fut Seigneur, & il ordonna qu'il seroit gouverné par des Syndics. Charles VI. par ses Lettres de 1399. y rétablit le Consulat; & il le fait encore par celles-ci de 1411. dans lesquelles néanmoins il n'est point fait mention de celles de 1399.

imperpetuum

imperpetuum habeant & habebunt custodiam & regimen clavium dicti loci de Pogeto; *proviso quod Consules ipsi qui fuerint, in manibus Bajuli dicti Domini seu ejus Locumtenentis, claves predictas realiter deponent, & ipse Bajulus seu ejus Locumtenens easdem claves regendas & gubernandas in manibus Consulum noviter creatorum realiter tradet, & ipsi novi Consules jurabunt ipsas claves fideliter regere & custodire seu regi & gubernari facere, ac ipsas claves ipsi Domino vel ejus Bajulo seu aliis gentibus suis reddere & restituere tociens quociens requisiti fuerint, sine difficultate quacumque; & salvo ac protestato per dictum Dominum* Ruppefoliensem *& dicti loci de* Pogeto, *quod periculum custodie Castri & clavium portalium dicti loci de* Pogeto, *ipsi Universitati imputetur; omnesque & singulas franquesias & libertates ipsius Universitatis in quibus erat tempore quo ipsa Universitas per Sindicos regebatur, dicte Universitati ac michi dicto Notario, ut supra, stipulanti & recipienti, laudavit & confirmavit, ac eisdem ipsam Universitatem perpetuò uti & frui voluit & decrevit: salvo in aliis jure dicti Domini, & in omnibus quolibet alieno. De quibus omnibus tam dictus Dominus quam dicti superiùs nominati Universitatem predictam facientes, sibi & cuilibet eorum fieri requisiverunt publicum Instrumentum per me Notarium publicum infrascriptum. Acta fuerunt hec in Ecclesia predicta Sancte Katerine de* Pogeto, *in presencia & testimonio nobilium virorum Domini* Johannis *de* Arpajone, *Militis;* Johannis Delstes, Amblardi *de* Bar, Guioti Saiffeti, Hugonis Primeti, Sicardi *de* Contobris, *Scutiferorum dictorum Dominorum de* Arpajone *& de* Ruppefolio; *Dominorum* Guillermi Volegonis, Sancti Johannis *de* Blaquerio, [a] Petrus *de* Podio, *de* Podio Lacterio, *(e) Presbiterorum, & mei* Stephani Chandocii *publici auctoritate Regiâ Notarii, qui de predictis requisitus Instrumentum in notam recepi & scripsi; sed vice meâ,* Mattheus Fontis *Notarius Regius* Giniaci, *hoc presens publicum Instrumentum grossavit. Ego vero idem* Stephanus Chandocii *Notarius Regius* Giniaci, *hic me subscribo & signo in testimonium veritatis.* S. CHANDOCII.

In testimonium verò quod dictus Magister Stephanus Chandocii *sit Notarius auctoritate Regiâ publicus, & quod ad ipsum tanquam ad Notarium auctoritate Regiâ predictâ publicum, pro conficiendis Instrumentis & aliis scripturis publicis publicè recursus habeatur, quodque ipsis Instrumentis & scripturis per ipsum confectis & suo precedenti signo signatis, in judicio & extra plenaria fides adhibeatur, nos* Guillermus Pinholis *Burgensis, Bajulus Regius Ville* Montispessulani, *Sigillum autenticum nostre Curie hic duximus apponendum, die* XXVI.ª *mensis Marcii, anno Domini* [b] *millesimo* IIII.ᵐᵒ *undecimo. Sic signatum.* CABASSE.

Requirentes predicti [c] *Consulen. & habitantes jam dicti loci de* Pogeto, *cum instantia, & supplicantes ut premissa omnia & singula in predicto Instrumento superiùs inserto contenta, tanquam juri consona & racionabilia, rata & grata habere, approbare, confirmareque & inviolabiliter observare facere dignaremur. Nos igitur supplicacionibus predictis* [d] *Consulibus & habitantibus predicti loci de* Pogeto *favorabiliter annuentes, Instrumentum superiùs insertum, ac omnia & singula in eodem contenta, ratum & gratum seu rata & grata habentes, id & ea volumus, laudamus, approbamus, rattifficamus, ac de nostris certa sciencia, gracia speciali, plenitudineque nostre Regie potestatis, premissis omnibus & singulis annuimus, conferimus & confirmamus, ac dictis Consulibus & habitantibus predicti loci de* Pogeto, *pro se & suis successoribus dicte Universitatis, in preinserto Instrumento nominatis, concessimus & concedimus de novo per presentes, si sit opus. Quocirca dilectis & fidelibus Gentibus pro nunc tenentes & que imposterum tenebunt nostra* Parisius *Parlamenta, Gentibusque Compotorum ac Thesaurariis nostris* Par. Senescallisque Carcassone, Bellicadri [e] Nemausi, *necnon Gubernatori nostre Ville & Baroniarum nostrarum* Montispessulani *&* Dommeladesii, *ceterisque Justiciariis & Officiariis nostris, presentibus & futuris,*

CHARLES VI.
à Paris, le dernier d'Avril 1411.

a corr. *Petri.*

b 1411.

Suite des Lettres de Charles VI.
c Il y a dans le Reg. *Consulen.* avec une marque d'abréviation. Il faut corrig. *Consules.*
d corr. *Consulum & habitancium.*
e supp. *&.*

NOTE.

(e) *Presbiterorum.]* Suivant le Glossaire de *Du Cange*, au mot *Presbyter*, il signifie quelquefois un Curé.

CHARLES VI. à Paris, le dernier d'Avril 1411.

a corr. *Consulatu.*

aut eorum Locatenentibus, & eorum cuilibet, prout ad eum pertinuerit, harum serie injungendo mandamus quatinùs Consules & habitantes sepe dicti loci de Pogeto, eorumque successores, presentes & futuros, ac singulos eorumdem, nostris presentibus graciâ, confirmacione & concessione, necnon [a] *Consulato, Privillegiis, franchisiis & libertatibus pretactis uti & gaudere pacificè perpetuis temporibus faciant ac eciam paciantur : non sinendo eisdem eorumve successoribus antedictis impedimentum, contradiccionem aut perturbacionem aliquas pro nunc vel in futurum super hiis fieri aliqualiter vel inferri ; quinymo si que secus facta fuerint aut reperierint, ad statum prestinum & debitum reducant seu faciant indilatè reduci. Et ut hec omnia & singula stabilitate fruantur perpetuâ, has presentes Litteras Sigilli nostri fecimus appensione muniri : nostro & alieno in omnibus jure semper salvo.* Datum *Parisius*, ultimâ die mensis Aprilis, anno Domini millesimo CCCC.mo undecimo, Regni vero nostri XXXI.°

Per Regem. VILLEBRESME.

CHARLES VI. à Paris, en Avril 1411. aprés Pâques.

(a) Lettres de Sauvegarde Royale pour les Notaires au Châtelet de Paris, qui auront le Prevôt de cette Ville pour Gardien & Juge dans toutes leurs affaires.

CHARLES &c. Savoir faisons à tous présens & avenir, que Nous desirans de tout nostre cuer noz Officiers estre maintenuz & gardez avec tous leurs biens & familles en paix & en transquilité, parquoi ils puissent mieulx & plus seurement & honnorablement Nous servir, à la supplication de nos bien amez Clercs & Notaires ordonnez & créez en nostre Chastelet de *Paris*, qui sont de tout temps en la Sauvegarde Royal, iceulx d'abondant avons prins & mis, prenons & mettons de grace especial avec tous leurs biens quelz & ou quilz soient assiz en nostre Royaume, qu'ilz ont & auront ou temps avenir, leurs familiers & serviteurs, en & soubz nostre proteccion & Sauvegarde especial, & de noz Successeurs Roys de France, pour y estre & demourer perpétuelment. Et pour ce que pour le fait & exercite de leurs Offices, aient d'ancienneté esté en nombre ordonnez soixante, qui continuelment sont & frequentent nostre dit Chastelet, pour l'expedicion de la chose publicque, & y soient si continuelment occupez, que bonnement ilz ne pourroient poursuir leurs causes, droiz & querelles qu'ilz ont & leur pourroient touchier en pluseurs & divers lieux, leur avons donné, commis & deputé, commettons, donnons & deputons de nostre dicte grace, nostre *Prevost* de *Paris* present & avenir, leur gardien especial & Juge en toutes leurs causes meues & à mouvoir contre quelxconques personnes, en demandant & en deffendant, pour iceulx nos Clercs & Notaires & leurs successeurs en chief & en membre, leurs familiers, leurs gens & possessions & revenues quelles quelles soient & à eulx appartenantes en quelconque maniere que ce soit, maintenir & garder par lui & par autres ses commis & députez, en leurs justes possessions, franchises, libertez, droitz, coustumes, usages, privileges & saisines, & pour iceulx deffendre de par Nous de toutes injures, villenies, griefz, oppressions, inquietacions, molestacions, de force d'armes, de puissance de lays, & de toutes nouvelletez indeues quelles quelles soient ; & s'il y a debat en cas de nouvelleté entre les Parties sur les choses contencieuses, de mettre icellui debat en nostre main comme souveraine, & à faire par icelle nostre main

NOTE.

(a) Trésor des Chartres, Registre 165. P. II.e XIII. (213.)

Ces Lettres avoient déjà été imprimées à la p. 102. des *Chartres & Titres, &c. des Notaires du Châtelet de* Paris. Paris *1663. in-4.°* & à la p. 16. des Preuves du Livre intitulé : *Traité des Droits, Privilèges, &c. des Notaires au Châtelet de* Paris, *par M.* Langloix. Paris, *1738. in-4.°* Il y a quelques fautes dans ces deux éditions.

recreance là & si comme il appartendra, pour faire paier nosdiz Clercs & Notaires & leurs successeurs, & un chascun d'eulx, ou à leur certain commandement, tous leurs cens, rentes, revenues & leurs debtes bonnes & loyaulx congneues & prouvées par lettres, témoings, instrumens ou autres loyaulx enseignemens, que il lui apperra estre deues ausdiz nos Clercs & Notaires, à leursdiz successeurs ou à aucun d'eulx, de quelxconques personnes, en contraignant iceulx debteurs à ce par la prinse, vendue, explectacion de leurs biens & détencion de leurs corps, se obligiez y sont; & se aucuns de leurs debteurs se vouloient opposer au contraire, nostre main souffisamment garnie là ou & si comme il appartendra, de commettre pour faire adjourner pardevant soy ou son Lieutenant en nostre Chastellet de *Paris*, lesdiz opposans, & toutes autres personnes; tant en demandant comme en deffendant, pour aler avant par lui tant sur lesdictes opposicions, debas ou questions, comme sur lesdictes debtes, comme il sera à faire de raison, & pour faire sur les choses dessusdictes, les Parties oyes, bon & brief acomplissement de justice; & voulons que nostredicte grace il fasse publier par tous les lieux ou il verra qu'il appartiengne, à la requeste desdiz Notaires, de leurs successeurs ou d'aucun d'eulx; & en signe de nostre dicte Sauvegarde especial, fasse mettre nos [a] Pennonceaux royaulx ès maisons, possessions & autres biens d'eulx & d'un chascun d'eulx, ou mestier sera, affin que nul ne se puisse excuser d'ignorance, & intime & deffende à toutes les personnes dont il sera requis de par les dessusnommez, que à eulx, à leurs familliers, gens, biens, héritages ou possessions ou qu'ilz soient, presens & avenir, ils ne meffacent ne facent meffaire en aucune maniere, sur certaines peines à appliquer à Nous; & pour faire & accomplir plus diligemment les choses dessusdictes de point en point, & chascunes d'icelles, Nous mandons & commettons à nostre dit *Prevost* de *Paris* present & avenir, ou à son Lieutenant, que il, touteffois que mestier en sera, depute ou commette aux dessusnommez, une ou plusieurs personnes convenables, à leurs despens, lesquelx & chascun d'eulx, Nous voulons de nostre grace dessusdicte que ilz aient à faire exécuter les choses dessusdictes & chascune d'icelles, tout povoir d'Office de Sergent: toutes-voies Nous ne voulons qu'ils s'entremettent de choses qui requierent congnoissance de cause; & Nous donnons en mandement à tous noz Justiciers & subgiez, que audit *Prevost* de *Paris*, présent & avenir, ou à son Lieutenant, & audit Sergent ou Sergens deputez de par ledit *Prevost*, quant aux choses dessusdictes & celles qui en despendront, obeissent & entendent diligemment. Et affin que ce soit chose ferme & estable à tousjours, Nous avons fait mettre nostre Séel à ces presentes: sauf en autres choses nostre droit, & l'autruy en toutes. *Donné* à Paris, *ou moys d'Avril, l'an de grace mil CCCC. & unze après Pasques, & de nostre regne le XXXI.e*

Par le Roy en son Conseil, Monsr le *Duc* de *Guienne*, le *Conte* de *Saint Pol*, l'Admiral, le Sire *d'Omont* & autres, presens. ROUVRES.

CHARLES VI. à Paris, en Avril 1411. après Pâques.

[a] *Voy. les Tables des Mat. des Vol. de ce Rec. à ce mot.*

CHARLES VI. à Paris, en Avril 1411. après Pâques.

(a) Privilèges accordés aux Arbalétriers de la Ville de Rouen.

CHARLES, par la grace de Dieu, Roi de France. Savoir faisons à tous présens & avenir, Nous avoir receue l'umble supplicacion du College de la Cinquantaine des Arbalestiers de notre bonne Ville de *Rouen*, contenant comme ledit College ait esté creé de très-grant ancieneté, par aucuns des Maire, [b] Pers & Bourgois qui lors estoient en la dicte Ville, pami ce qu'ils doivent joïr de certains privileges à eulx sur ce octroyez en recompensacion de

[b] *Voy. les Tables des Mat. des Vol. de ce Rec. au mot* Pers.

NOTE.

(a) Trésor des Chartres, Regiſtre 165. P. VII.xx VI. (146.)

CHARLES VI.
à Paris, en Avril 1411. après Pâques.

certains services qu'ils sont tenus de faire, comme d'estre à toutes heures de jour & de nuit qu'ils sont mandez par nos gens & Officiers & par lesdiz Maires ou leurs Lieutenans, quant [a] Maires y avoit, près & appareilliez, tous armez souffisamment pour leurs corps deffendre, à aler ou l'en les vuelt mener, soit pour le fait de nostre guerre ou pour le fait de justice; & jasoit ce qu'ils Nous ayent bien & loyaument servi montez & armez souffisamment, en noz dictes guerres, en plusieurs voyages, & derrenierement à la garde de la Ville de *Maute*, pendant l'assemblée des gens d'armes qui a esté devant *Paris*, & que moyennant les services qu'ils sont tenuz de faire, ilz doient estre frans, quittes & exemps de tous aides, subsides, guez & eschareuez, & autres servitudes, excepté de la closture de la dicte Ville, de l'arriereban & de la rençon du Prince se il estoit pris par ses ennemis, ce que Dieu ne vueille; neantmoins iceulx supplians ont esté aucunefoiz empeschiez en leurs diz privileges, & tenuz en procez; duquel empeschement & procès, du consentement du Maire qui lors estoit, d'une part, & desdiz supplians, d'autre, le Chancellier de nostre trez-chier Seigneur & Pere que Dieux absoille, fû chargié pour en ordonner, lequel Chancellier, Partyes oyes, par la délibération du Conseil de nostre dit Seigneur & Pere, ordena que lesdiz supplians seroient frans & quittes d'un ayde ayant lors cours, de cent feux pour I. homme d'armes, & semblablement d'un autre procez & debat qui se muet piéça entre iceulx supplians, d'une part, & un des Maires dicelle Ville, d'autre, pour cause d'une imposicion ou subside ayant lors cours en ladicte Ville, trois Bourgois d'icelle Ville furent chargiez du consentement desdictes Partyes, lesquels troys Bourgois, Parties oyes, & par deliberacion des Sages de *Paris* & de *Rouen*, ordenerent que lesdiz supplians seroient frans & quittes entierement dudit ayde; ce nonobstant pour ce que en ladicte Ville n'a plus point de Maire, & est gouvernée par Procureurs, Gouverneurs, Conseillers & aucuns Bourgois d'icelle Ville, iceulx ont n'agaires fait contraindre & executer rigueureusement lesdiz supplians à contribuer à un prest de IIII.[m] frans que ladicte Ville preste par nostre Ordonnance, si comme ils dient; requerant que consideré qu'ils sont bons & expers pour Nous servir de trait, à l'onneur, bien & proffit de Nous, de ladicte Ville & du bien publicque, & les services qu'ilz ont faiz à Nous & à nos Predecesseurs, tant ès guerres comme autrement, & sont [b] prez de faire, & que toutesfois qu'il vient effroy sur la mer ès parties de *Caux* & ailleurs, ils ont esté & sont tousjours prez d'y aller pour resister contre la puissance de nos ennemis, en quoy il leur fault moult frayer & despendre, ce qu'ils ne pourroyent supporter se ils n'avoyent previlege dont ilz joyssent; mesmement que Nous avons n'agaires octroyé privilege aux LX.[te] [c] Arbalestiers de nostre bonne Ville de *Paris*, Nous leur vueillons octroyer autel & semblable previlege comme Nous avons fait auxdiz Arbalestiers de *Paris*. Pour ce est-il que Nous voulans & desirans le bien, proffit & seurté de la chose publicque de ladicte Ville & du pays d'environ, & considerans toutes les choses devant dictes, ausdiz cinquante Arbalestiers de ladicte Ville de *Rouen*, avons donné & octroyé, donnons & octroyons de nostre certaine science, auctorité Royal & grace especial, par ces presentes, autel & semblable privilege que Nous avons fait ausdiz soixante Arbalestiers de nostredicte Ville de *Paris*; c'est assavoir, que iceulx cinquante Arbalestiers de *Rouen* soyent frans, quittes & exemps, & leurs successeurs Arbalestiers dudit nombre, de paier IIII.[e], Imposicion, & quelconque autre ayde ou subside ayant cours pour le fait de la guerre, des biens, revenus & choses qui croistront en leurs heritaiges seulement; & aussi de paier quelconques prests, Tailles, subsides, gabelles & autres aydes & servitutes qui ont & auront cours en icelle Ville de *Rouen*, soit pour Nous ou le fait de ladicte Ville, ou pour quelconque cause que ce soit, fors seulement pour la fortifficacion de ladicte Ville, pour l'arriere-ban & pour la rençon de Nous & de nos Successeurs, se occupez estions de nos ennemis, que Dieu ne vueille; & en oultre avons ordené & voulons de nostredicte grace, que tous ceulx qui seront mis & ordenez oudit

a *Voy. la note (e) de la p. 118. du 7.e Vol. de ce Rec. sur l'abolition de la Mairie de* Rouen *en 1382.*

b *corr.* prêts, *là & plus bas.*

c *Voy. ci-dessus p. 522. les Lettres du 11. d'Août 1410.*

College ou temps avenir, par l'eleccion du Maistre & des Compaignons, soyent amenez par le Maistre desdiz Arbalestiers, devant le Capitaine, Gouverneurs & Conseillers de ladicte Ville, qui pour le temps seront, tout armé & prest pour son corps defendre, en tel estat comme il vendra toutesfois que mestier sera, au besoing de Nous & de nostredicte guerre, & pour le fait de Justice & de la garde d'icelle Ville; & se il soussist, le recevront & feront jurer à tenir & garder les Ordonnances dessusdictes, & que les armeures dont il sera armé, seront siennes propres, & ne les vendra, donra, prestera ne [a] estrangera pour quelconque cause que ce soit, & que en l'estat qu'il se [b] monsterra, il vendra au mandement de Nous, dudit Cappitaine, Gouverneurs & Conseillers, & du Maistre d'iceulx Arbalestiers, toutesfois que mestier sera & il leur sera fait savoir : & ou cas que aucun des cinquante Arbalestiers cherra en povreté ou impotence par viellesse, maladie ou autre accident, cellui qui ainsi sera debilité de son fait, pourra mettre en son lieu & pour lui un homme souffisant, fort & [c] delivre, armé & garny d'arbaleste, au gré dudit Maistre desdiz Arbalestiers, lequel servira Nous & ladicte Ville audit fait, aux frais, coux & despens d'icelle Ville, pour & en lieu duquel il sera mis & receu oudit nombre, tout en la fourme & maniere que feroit & seroit tenu de faire cellui ou lieu duquel il sera mis, & durant ledit voyage seulement; & par ainsi icelluy debilité usera desdictes franchises & libertez, & non mie cellui qui sera pour lui : Et ne pourront iceulx cinquante Arbalestiers aler en aucune armée ne partir de nostredicte Ville, sans le congié dudit Capitaine, des Gouverneurs & Conseillers, & du Maistre de ladicte Cinquantaine; & avons ordonné & ordonnons par ces presentes que se par nostre commandement ou de nozdiz Capitaine, Gouverneurs & Conseillers de *Rouen*, iceulx Arbalestiers ou aucuns d'eulx sont menez hors de ladicte Ville & Banlieue de *Rouen*, faire se pourra, & seront tenuz d'y aller aux despens de nostredicte Ville, pour eulx & leurs chevaulx, & ne le pourront refuser valablement, se ils n'ont juste cause & si loyal essoine que on ne la puisse ou doye refuser, parmi trois soulz de telle monnoye que il courra ou pays où l'en les [d] merra, que nostredicte Ville de *Rouen* ou les Gouverneurs d'icelle leur feront tenuz à chascun d'eulx paier chascun jour de gaiges, des deniers de nostredicte Ville, & audit Maistre desdiz Arbalestiers, cinq solz pour jour, de ladicte monnoye, oultre leurs despens de bouche pour eulx & pour leurs chevaulx & leurs Varlés *(b)* & s'aucun desdiz Arbalestiers fault ou reffuse à venir au mandement de leurdit Maistre, & à contribuer à aucune assiette faicte par ledit Maistre & Compaignon, pour le proffit de la Confrarie de Saint George fondée par lesdiz Maistres en l'Eglise du Sepulcre de *Rouen*, & dudit College, ou excede les choses dessusdictes, se il n'a vraye & juste excusacion, il sera à tousjours privé dudit College, ou il paiera l'amende à la voulenté & tauxacion du Maistre & des Compaignons de ladicte Cinquantaine; & au cas que aucun desdiz cinquante Arbalestiers, pour occasion dudit Office, seront par aucun ou aucuns adjournez ou autrement poursuys & dommagiez, Nous voulons la Cause & congnoissance estre de ce pardevant nostre Bailli de *Rouen*, present & avenir, lequel en sera Juge & commis quant à ce, & se [e] demerront les procés d'iceulx Arbalestiers qui ainsi traveilliez, par nostre Procureur ou Bailliage de *Rouen*, se nostredit Procureur n'estoit [f] partie formée en cas [g] d'exez contre lesdiz Arbalestiers. Si donnons en mandement par ces mesmes presentes, à nos amez & feaulx Conseillers les Gens tenans & qui tendront nostre Parlement à *Paris*, les Gens de nos Comptes & Tresoriers à *Paris*, les Generaulx Conseillers sur le fait de nos Aides ordonnées pour la guerre, aux Bailli & au

CHARLES VI. à Paris, en Avril 1411. après Pâques.

[a] *détournera.* Voy. ci-dessus p. 524. note *(i)*.
[b] *monstrera.*
[c] *propre à cet exercice.*
[d] *corr.* menera.
[e] *démeneront.*
[f] *C'est la Partie Civile qui poursuit son intérêt contre l'accusé.* Voy. le Glossaire François, aux mots, *Formée (Partie)* & *Partie formée.*
[g] *d'excès.*

NOTE.

(b) Il y a là un mot dont on n'a pû découvrir la signification. Il y a un *p.* tranché en *par* ou *per*, & de suite *Masieres*. Cela signifieroit-il *par Maisons?* Suivant le Gloss. de *Du Cange*, aux mots *Maseria* & *Masura*, ils signifient une *Maison*.

CHARLES VI. à Paris, en Avril 1411. après Pâques.

Capitaine de *Rouen*, & à tous nos autres Jufticiers & Officiers, prefens & avenir, ou à leurs Lieuxtenans, & à chafcun d'eulx, fi comme à lui appartendra; & quant audit Bailli de *Rouen*, qui à prefent eft & qui ou temps avenir fera, quant à la plaine congnoiffance des Caufes defdiz Arbaleftiers, & de l'exercite d'icellui & des deppendences, commettons, que de noftre prefente grace & octroy facent, feuffrent & laiffent iceulx Arbaleftiers & chafcun d'eulx, joïr & ufer paifiblement, & contre la teneur d'icelles ne les contraignent ou moleftent ne facent ou feuffrent eftre contrains ne moleftez en corps n'en biens en aucune maniere; mais leurs corps ou leurs biens qui pour ce feroient pris ou arreftez, mettent ou facent mettre fans delay, ces Lettres veues, à plaine delivrance, & ces prefentes facent publier & enregiftrer en nos Regiftres de Parlement, de la Chambre des Comptes, & oudit *Bailliage* de *Rouen*, & partout ailleurs où meftier fera; aufquelz Regiftres Nous voulons plaine foy eftre adjouftée comme à ces prefentes, & femblablement au *Vidimus* d'icelles fait foubs Séel Royal. Et que ce foit ferme chofe & eftable à tousjours, Nous avons fait mettre noftre Séel à ces prefentes: fauf en autres chofes noftre droit, & l'autruy en toutes. *Ce fut fait & donné à* Paris, *ou moys d'Avril aprez Pafques, l'an de grace mil* CCCC. *& onze, & de noftre Regne le* XXXIe

Par le Roy en fon Confeil, ouquel Monf. le *Duc* de *Guienne*, le *Conte* de *Saint Pol*, le Marefchal *Bouciquaut*, l'Amiral, Maiftre *Philippe* de *Corbye* & autres, eftoient. ROUVRES.

CHARLES VI. à Paris, le 5. de Mai 1411.

(a) Ordonnance fur la nouvelle Aide accordée par les trois Etats des Comtés d'Artois, de Boulenois & de St Pol.

CHARLES, &c. Savoir faifons à tous prefens & avenir, que comme noz bien amez les Bourgoiz & habitans des bonnes Villes fermées & plat pays des *Contez* d'*Artoys*, de *Boulenoiz* & de *Saint Pol*, & des Villes enclavées en icelles, pour le grant defir, affeccion & voulenté qu'ilz ont à Nous & au bien publique de noftre Royaume, & pour aidier à fupporter les grans charges, mifes & defpens que de jour en jour Nous convient faire & souftenir pour le fait de noz guerres, Nous aient nouvellement octroyé d'un commun affentement, que pour un an tant feulement commençant le premier jour de Mars derrenier paffé, tel & femblable Aide comme en l'année precedant ilz avoient fait & paié, laquelle les Bourgoiz & habitans deffufdiz paieront à quatre termes; c'eft affavoir, de trois moys en trois moys, dont le premier terme de paiement efcherra en la fin du moys de May, le fecond en la fin du moys d'Aouft, le tiers en la fin du moys de Novembre, le quart & derrenier paiement en la fin du moys de Fevrier prouchain venant. *(b)* Nous confiderans, &c.

Donné à Paris, *le* V.^e *jour de May, l'an de grace mil* CCCC. *& onze, & de noftre Regne le* XXXIe

Par le Roy, à la relacion du Confeil. ROUVRES.

NOTES.

(a) Tréfor des Chartres, Regiftre 165. P. XIII.^xx XII. (272.)

(b) Nous confiderans, &c.] La fuite de ces Lettres eft conforme à celles du 22. de Mai 1384. qui font imprimées dans le 7.e Vol. de ce Rec. p. 75. à la différence qu'au lieu de ces mots : *depuis ledit premier jour dudit moys de Juing*, qui font à la ligne 39. de la p. 76. il y a ceux-ci : *depuis ledit premier jour de Mars.*

LOUIS Fils aîné de Charles VI. & Dauphin, à Paris, le 7. de Mai 1411.

(a) Lettres de Louis Dauphin, par lesquelles il ordonne que le style de la Cour de S.t Marcellin sera exactement observé.

LUDOVICUS *Regis Francorum Primogenitus*, Dux Aquitaniæ *&* Dalphinus Viennensis. *Notum facimus universis quod visis capitulis stili, usûs & (b) Sigillati Curiæ nostræ majoris* Viennesii *&* Valentinesii, *cujus sedes in loco (c)* Sancti Marcellini *tenetur ac teneri consuevit, subscripti tenoris.*

(1) Primo. *Quod Instrumenta quæ reperiuntur sigillata Sigillo dictæ Curiæ, confecta ad vires ipsius, obtinent vim (l) libelli & contestationis litis; & obligati & submissi in eisdem, etiam hæredes & bona tenentes ipsorum, undecumque sint, viriliter compelluntur per dictam Curiam ad solvendum, faciendum & observandum quæ promissa sunt, summariè, rejectis juris solemnitatibus & judiciorum strepitibus & figuris, sic quod in (e) compulsoriis quæ super eisdem Instrumentis emanantur, tres duntaxat*

NOTES.

(a) La copie de ces Lettres qui sont dans le Dépôt de la Chambre des Comptes de *Grenoble*, a été envoyée avec cette indication : *Copia Litterarum & Instrumentorum in Judicatura Viennensi & Valentinensi. D. D. fol. 307.* Voy. ci-dessus p. 376. les Lettres du 10. de Novembre 1408. par lesquelles Charles VI. confirma les Privilèges de *S.t Marcellin.*

La question 15. des Décisions de *Guy Pape*, qui fut d'abord Avocat, & ensuite Conseiller au Parlement de *Grenoble*, est intitulée : *Stylus Curiæ Sancti Marcellini, &c.* & la question 181. a pour titre : *De Stylo Curiæ Sancti Marcellini.* On s'est servi de ces questions pour expliquer quelques endroits de ces Lettres.

A la fin de l'édition des Questions de *Guy Pape*, faite à *Genève* 1653. *in-fol.* se trouve un autre ouvrage de cet Auteur, intitulé : *Commentaria in Statutum Delphinale : Si quis per Litteras, &c.* Ce Commentaire n'est que sur l'article 90. d'un Règlement fait par le Gouverneur du *Dauphiné*, sur l'administration de la Justice dans cette Province, & qui fut confirmé par des Lettres de Charles VI. du 12. de Juillet 1409. qui sont ci-dessus p. 447.

Guy Pape a fait imprimer cet article 90. à la tête de son Commentaire. Cette édition fournit quelques corrections & quelques variantes sur le texte imprimé ci-dessus p. 455.

Art. 90. Lig.	4. ejectus . . . . *corr.*	dejectus.
Lig.	6. æstimatione.	existimatione.
Lig.	12. fuerat	fuerit.
Lig.	13. & 14. in clandestinæ possessiones ingredientes.	in clandestinas possessiones ingrediente.

Ce Commentaire de *Guy Pape* m'a fait connoitre que je m'étois trompé dans la note *(n)* de la p. 455. qui est sur le mot *Evocatione.* Il y a dans le texte *absque violenti evocatione aliquali. Guy Pape* à la p. 27. col. 2. prouve fort au long que la disposition de ce Statut Delphinal, en dérogeant au Droit Romain qui défend d'expulser ceux qui se sont mis injustement en possession, avant qu'ils aient été assignés & condamnés, permet de chasser les possesseurs *violens*, sans observer ces formalités.

(b) Sigillati.] C'est-à-dire des procédures qui se font dans les procès qui ont pour objet l'exécution des actes scellés du sceau de la Jurisdiction de *S.t Marcelin.* Voy. le Gloss. de *Du Cange*, au mot *Sigillatum.* Voy. ci-dessous note *(e)*.

(c) Sancti Marcellini.] S.t Marcelin est situé sur l'*Isere* dans le Diocèse de *Vienne* en *Dauphiné.* Voy. le Dictionnaire universel de la France, à ce nom.

(d) Libelli, &c.] Pour entendre cet endroit, il faut se rappeller la disposition de la Loi 18. du titre *de Jurisdictione* au Digeste livre 2. titre 1. qui porte que les Parties qui par leur consentement se sont soûmises à la Jurisdiction d'un Juge qui n'est pas leur Juge ordinaire, peuvent révoquer ce consentement avant *la contestation en Cause :* mais *Guy Pape* a remarqué dans ses questions 77. & 181. que cette Loi ne s'observe point dans le Siége de *S.t Marcelin*, par rapport aux soûmissions faites à sa Jurisdiction par le moyen des actes passés sous son Scel. Ces actes *obtinent vim libelli & contestationis litis;* c'est-à-dire, que par rapport aux procès qui s'élèvent en exécution de ces actes, les Parties sont aussi nécessairement obligées de se soûmettre à la Jurisdiction du Juge de *S.t Marcellin*, que s'ils lui avoient présenté une Requête ou quelqu'autre acte judiciaire, & que par là ils fussent entrés *en contestation de Cause.*

(e) Compulsoriis.] J'ai marqué ci-dessus p. 453. note *(l)* ce que je croyois que l'on devoit entendre dans cet endroit par ces mots : *Litteræ compulsoriæ ;* mais ce que j'ai lû depuis dans *Guy Pape* & dans quelques autres Auteurs, m'a fait sentir que je m'étois trompé, & que ces mots signifient les Sentences par lesquelles un Juge ordonne qu'un Contrat aura cette exécution que les Jurisconsultes latins appellent

LOUIS, Fils aîné de Charles VI, & Dauphin, à Paris, le 7. de Mai 1411.

admittuntur exceptiones; videlicet, falsi, solutionis & novationis, itaquod alteri remedio non est locus, & incontinenti vigore ipsarum compulsoriarum, etiam posito quod altera dictarum exceptionum allegaretur per [a] *Partem ream, debent capi pignora, & manus Curiæ muniri de bonis reorum, & allegata altera dictarum exceptionum, quæ antequam ad alia admittatur aliqua Pars rea, debet ipsa Pars admitti ad probandum; & omnes dilationes sunt peremptoriæ: & illud idem servatur & consuevit observari super Instrumentis confectis per Notarios juratos dictæ Curiæ, quæ sigillata etiam reperiuntur Sigillo ipsius; etiam posito quod non sit in eis alia submissio; & hoc juxta stilum dictæ Curiæ diutiùs observatum; & etiam in aliis documentis & membranis quibuscumque ad vires dicti Sigilli confectis.*

a le défendeur.

(2) Item. *Quod nulli copia Instrumenti obligatorii concedi debet, nisi priùs allegata altera dictarum exceptionum, & ea allegata, statuitur reo terminus peremptorius ad probandum, ut supra.*

(3) Item. *Quod (f) præcisæ latæ quæ etiam per solam contumaciam conceduntur, habent vim diffinitivæ Sententiæ, & Pars rea postea non auditur ad aliquam exceptionem proponendam, nisi priùs allegaret & informaret, vocatâ Parte, se non fuisse legitimè citatam; & eo casu, per beneficium restitutionis in integrum admittitur ad alteram dictarum exceptionum proponendam & probandam, & non aliàs, executionibus precisarum tunc remanentibus in suspenso; & casu quo aliter admitteretur, debent priùs reffundi & solvi expensæ Parti actrici.*

(4) Item. *Præcisarum executiones statim ipsis latis, debent fieri realiter & cum effectu, etiam Feriarum Messium & Vindemiarum temporibus.*

(5) Item. *Quod indifferenter in bonis mobilibus vel immobilibus reorum quibuscumque, non servato juris ordine, sed ad eleccionem creditorum, etiam in bonis ypothecatis expressè & affectis ad vires dicti Sigilli, etiam posito quod in tertium transierint possessorem, & in* [b] *nominibus debitorum; & in executionibus contra reos principales & fidejussores fiendis, electione unius, executio contra alterum non tollitur, nisi demum obtentâ satisfactione competenti.*

b dettes.

(6) Item. *Quod captis pignoribus in causam judicati & in executionem dicti Sigillati, debent incontinenti ad incantum venalia & distrahenda exponi, & ipsis debitè incantatis & plus offerenti (g) libratis, lapsis postea decem diebus, pignora mobilia sic librata expediuntur & debent expediri realiter emptori, & pendentibus dictis decem diebus, Pars rea debet, si voluerit, vocari facere emptorem ad videndum oppositionem ipsius cur incantus non debeat facere suum cursum. Hoc tantum intelligitur in bonis modici præcii vel valoris non excedentibus summam sexaginta solidorum. Super vero bonis immobilibus, debet vocari Pars cujus fuerant, ad se opponendum, si vellet, missioni ipsorum; & si non compareat, per solam contumaciam ipsius rei*

NOTES.

Executionem paratam, & les François, *Exécution parée*. *Loyseau*, Traité de la garantie des rentes, chap. 12. nomb. 3. dit que par le Droit Romain les contrats n'avoient point d'exécution parée; & il explique dans les nombres suivans les progrès de droit par lesquels cette exécution leur a été donnée. Avant lui, *Balde*, dans le nombre 9. de son Commentaire sur la Loi première du titre 53. du 7.e livre du Code, *de executione rei judicatæ*, avoit dit: *Compulsio venit officio Judicis*. Enfin il résulte des différens passages de *Guy Pape*, lesquels je citerai plus bas, que c'étoit le Juge de *S.t Marcelin* qui rendoit exécutoires les contrats par lesquels les Parties s'étoient soûmises à sa Jurisdiction, en y faisant apposer le Sceau de cette Jurisdiction; & c'est sans doute par cette raison que ces contrats devenus exécutoires par l'apposition de ce Sceau, sont appelés en général dans nos Lettres, *Sigillatum*. Pour mettre ce point dans tout son jour, il faudroit non une note, mais un traité en forme: je crois que ce que je viens de dire, suffira pour mettre sur la voie ceux qui voudront approfondir cette matière. Voy. les questions 15. 66. & 105. nombre 2. de *Guy Pape*.

(f) Præcisæ.] *Guy Pape* explique ce mot au milieu du nombre 3. de sa question 15. où, en parlant d'un Procès dans lequel un Prince étoit défendeur, il dit: *Judex ..... præfixit dicto Principi terminum præcisum ad opponendum alteram dictarum trium exceptionum, secundum dictum stylum; aliàs, quod concederet præcisas*. Ainsi le mot *præcisa* signifie ici une Sentence.

(g) Libratis.] Ce mot ne semble pas ici signifier délivrés; mais seulement adjugés au dernier enchérisseur.

decernitur

decernitur missio realis fienda, & mandatur emptor mitti in possessionem realem ipsorum bonorum, etiamsi Pars rea vocata compareat, dummodo exceptionem legitimam & admissibilem quæ dictam missionem habeat impedire, non proponat incontinenti & probet; & si solutionem proponeret factam post precisam, admittitur, reffusis expensis, aliàs, non; & posito quod apponatur majus præcium in rebus distrahendis quam sit debitum, vel res vendantur minori præcio, non propterea annullatur incantus, sed illud plus convertitur in satisfactionem expensarum, vel deponitur in Curia, & conceditur reo: eo casu quo allegaret res plus valere, dilatio brevis ad satisfaciendum de principali debito cum expensis: quod si faciat infra brevem statuendum terminum, incantus nullus nunciatur eo casu; aliàs ordinatur lapso termino ipsum incantum debere facere cursum suum; & illud idem servatur in bonis mobilibus magni præcii vel valoris, excedentibus summam sexaginta solidorum. Si vero post incantum factum fiat satisfactio debiti pro parte, non propter hoc annullatur incantus, imo executioni deducitur pro residuo quod restat & expensis.

LOUIS, Fils aîné de Charles VI. & Dauphin, à Paris, le 7. de Mai 1411.

(7) Item. *Quod executiones dicti Sigillati consueverunt fieri modo & forma supradictis in bonis hominum banneretorum obligatorum; & pro debitis ipsorum banneretorum pignorantur homines sui & subjecti compelluntur ad solvendum, ubi executio in bonis propriis ipsorum banneretorum fieri debitè non potest.*

(8) Item. *Quod si aliquis Prelatus vel Religiosus seu quisvis alius Ecclesiasticus vel Clericus possidens bona temporalia, & bona eadem obligaverit & supposuerit majori dicti Sigillati, consueverunt fieri executiones dicti Sigillati modo & forma supradictis in dictis bonis; & sic est observatum longevis temporibus juxta stilum prædictum.*

(9) Item. *Quod si quis dictæ Curiæ majoris* Viennesii & Valentinesii, *vigore dicti Sigillati se supposuerit, debet talis capi ad requisitionem creditoris, & detineri penes dictam Curiam, usque ad solutionem & satisfactionem ejus ad quod esset obligatus, & expensarum etiam, si se expressè submiserit; & propter hoc executio facienda & complenda in bonis talis obligati, non debeat retardari.*

(10) Item. *Quod Officiales quicumque dictæ Curiæ non subjecti, tam in* [a] Imperio *quam in Regno, debitè requisiti per dictam Curiam, consueverunt & debent de stilo dictæ Curiæ diutiùs observato, exequi Litteras indilatè quæ emanaverunt & emanantur à dicta Curia vigore Sigillati ejusdem, ad requisitionem Officialium ipsius Curiæ, in juris subsidium faciendam, contra subditos ipsorum dictæ Curiæ submissos, vel hæredes vel bona tenentes ipsorum, & etiamsi ad captionem personarum submissi reperiuntur, ipsos tales personaliter remittere Curiæ predictæ, detinendos ibidem prout supra.*

a Voy. la note (c) de la p. 19 du 4.e Vol. de ce Rec.

(11) Item. *Quod si aliqui dictæ Curiæ non subjecti, super debitis requisitionibus eisdem factis vel faciendis per Officiales dictæ Curiæ, fuerint vel apparuerint deffecturi aliqualiter, vel negligentes seu remissi circa executiones ipsas debitè faciendas, consuevit concedi* [b] *marcha contra ipsos & subditos ipsorum quoscumque, ipsis Officialibus priùs ad hæc vocatis, & inde pignorantur etiam* [c] *penes ipsorum Jurisdictiones, quia reputantur & sunt meri duntaxat executores in illa parte, & cognitio negocii hujusmodi ad dictam Curiam majorem* Viennesii & Valentinesii *est de stilo ipsius Curiæ totalitèr devoluta; & posito quod haberent dicti requisiti vel eorum subditi aliquas legitimas exceptiones, debent in dicta Curia eas venire allegaturi & probaturi, ut supra; aliàs, non audiuntur nec aliqualiter admittuntur. Delinquentium vero quorumcumque in enervationem dicti Sigillati impediendo vel retardando executiones ejusdem, aut aliàs, ubicumque delinquant, punitio & correctio ad dictam Curiam spectare consueverunt.*

b Voy. les Tables des Mat. des Vol. de ce Rec. au mot *marque*.
c dans l'étendue.

(12) Item. *Quod exceptio excommunicationis nullatenùs admittitur, nec per ipsam, si opponatur, retardatur executio dicti Sigillati.*

(13) Item. *Quod secundum stilum prædictum, instancia alicujus processûs vel Causæ, propter lapsum temporis non potest periri in Curia prædicta.*

(14) Item. *Propter aliquam discutionem vel (h) declarationem incohatam vel*

NOTE.

(g) Declarationem.] La déclaration faite par une Partie qu'elle se soûmet à la Jurisdiction d'un Juge qui n'est pas son Juge ordinaire. Voy. ci-dessus p. 599. note *(d)*.

LOUIS, Fils aîné de Charles VI. & Dauphin, à Paris, le 7. de Mai 1411.

pendentem in aliqua alia Curia, non impeditur nec consuevit impediri executio dicti Sigillati.

(15) Item. *Quod secundum stilum dictæ Curiæ, consueverunt concedi (i) Litteræ judiciales, quærelosæ & etiam compulsoriæ, tam super legatis testatorum quam super testamentis, super missionibus in possessionem bonorum, & super eis consuevit procedi etiam summariè, rejectis juris solemnitatibus, & absque libellorum vel aliarum petitionum oblatione, & etiam super Instrumentis quibuscumque, in subditos tam mediatè quam immediatè, sigillatis Sigillo dictæ Curiæ, etiam posito quod in eis non appareat alia submissio, & etiam posito quod Causa aliqua penderet super eodem facto, ubicumque vel in quacumque Curia, & sine alia remissione facienda.*

(16) Item. *Etiam in & super bonis obligatis & affectis & specialiter ypothecatis ad vires dicti Sigilli, etiam posito quod in tertium transferint possessorem.*

(17) Item. *Secundum stilum dictæ Curiæ, post secundam vel tertiam citationem quæ emanantur in via ordinaria in contumaciam citatorum, consueverunt concedi mandata usque ad summam trium florenorum vel circa, cum expensis; & de majoribus summis, per modum compulsoriarum proceditur contra citatos.*

(18) Item. *Quod Judices dictæ Curiæ consueverunt cognoscere & primas cognitiones facere de quibuscumque Causis tam civilibus quam criminalibus subditorum Banneretorum, in Castris feudalibus vel retrofeudalibus Dalphinalibus penes judicaturam dictæ Curiæ vel districtum ejusdem consistentibus, dummodo remissio debita non fiat eisdem ad postulationem Partis ipsorum Banneretorum, quam in dicta Curia petere debent, si voluerint, & propterea Litteras citatorias vel alias quæ eis vel suis Castellanis vel Officiariis diriguntur ex parte dictæ Curiæ, non debent recusare exequi. Si vero propter deffectum ipsorum Banneretorum vel eorum Officialium, ad dictam Curiam habeatur recursus, Causa hujusmodi eisdem ullo modo non consuevit remitti, etiam si Causæ hujusmodi jurisdictionem tangant, vel factum Officialium seu Banneretorum proprium; & postquam fuit in dicta Curia Causa aliqua in judicium deducta, nullus alius de eadem vel super eodem facto potest vel debet se intromittere.*

(19) Item. *Quod Judices dictæ Curiæ sunt & consueverunt esse Judices appellationum omnium Causarum quæ emittuntur ab audiencia Banneretorum & aliorum jurisdictionem habentium, & ipsorum Officialium in Castris & locis feudalibus vel retrofeudalibus Dalphinalibus, infra districtum Judicaturæ prædictæ consistentibus, & ad dictos Judices debent ipsæ Causæ appellationum & consueverunt devolvi.*

(20) Item. *Quod in executionibus Litterarum dictæ Curiæ tam infra Judicaturam prædictam quam extra factis, creditur & consuevit credi relationibus Servientum dictæ Curiæ, & stare ipsorum relationibus.*

(21) Item. *Quod bona capta in executionem Litterarum dictæ Curiæ, & in (k) causam pignoris, consueverunt vendi & subastari ad incantum dictæ Curiæ, & in ipsa Curia ad requisitionem Partis actricis, & ad dictam Curiam debent adduci vendenda, aut aliàs in tuto reponi, per Servientes, si mobilia sint. Si vero per Banneretos vel eorum Officiales in iis quæ petita sunt & deducta in judicium in dicta Curia, vel in executione ejusdem capta, saisinæ vel aliqua alia impedimenta apponantur, illa impedimenta debent tolli per dictam Curiam, cum cautione vel aliàs juridicè, sine remissione facienda.*

(22) Item. *Quod omnes & singuli in dicta Curia litigantes, sunt & consueverunt esse in Salvagardia salvoque conductu Dalphini, & delinquentes in personas vel bona ipsorum litigantium, ubicumque veniendo ad Curiam & redeundo, debent per dictam Curiam puniri, itaquod tales litigantes veniendo ad dictam Curiam & redeundo, ab omni pedagio, gabella & alio tributo quocumque solvendo, ubicumque & quandocumque, sunt totaliter & consueverunt esse exempti, liberi & immunes.*

NOTES.

(i) *Litteræ Judiciales.]* Je crois que cela signifie des Sentences par lesquelles on donne acte aux Parties des demandes qu'elles ont formées. Voy. sur *Compulsoriæ* ci-dessus p. 599. note (i).

(k) *Causam pignoris.]* C'est app. les biens qui avoient été hypothéqués par le Contrat.

Necnon Litteris visis Domini Guigonis Dalphini Viennensis *quondam prædecessoris nostri in dicto* Dalphinatu, *datis millesimo tercentesimo trigesimo tertio, die secundâ mensis Jullii, & Litteris Reverendi in Christo Patris* Henrici *de* Villars, Archiepiscopi Lugduni, *Locumtenentis recolendæ memoriæ Domini Avi nostri Caroli Francorum Regis Primogeniti, tunc* Dalphini Viennensis, *datis millesimo tercentesimo quinquagesimo primo, die nonâ mensis Februarii, ac Litteris* Caroli [a] *de* Bovilla *quondam Gubernatoris dicti* Dalphinatûs, *datis millesimo tercentesimo septuagesimo nono, die vicesimâ tertiâ mensis Septembris, & successivè* [b] Enguerrandi *de* Eudino *quondam etiam Gubernatoris, datis millesimo tercentesimo octuagesimo septimo, die vicesimâ septimâ mensis Junii, nec non* [c] Jacobi *de* Montemauro *quondam etiam Gubernatoris* Dalphinatûs *prædicti, datis millesimo tercentesimo nonagesimo secundo, die duodecimâ mensis Novembris, & consequenter* [d] Guillelmi *de* Area *olim etiam Gubernatoris, datis millesimo quatercentesimo septimo, die vicesimâ septimâ mensis Jullii, & postremo Litteris* Renerii Pot *Gubernatoris dicti nostri* Dalphinatûs *moderni, datis millesimo quatercentesimo decimo, die penultimâ mensis Jullii, super observancia stili & Sigillati Curiæ prædictæ concessis, & per gentes nostri Consilii diligenter examinatis & discussis, ad humilem supplicationem Procuratoris Generalis dicti nostri* Dalphinatûs, *requirentis per nos Litteras opportunas sibi concedi super observancia virium stili & Sigillati Curiæ predictæ, attento potissimè quod Dominium dicti* Dalphinatûs *& ejus administratio de novo ad nos pervenerunt : Quocirca dilecto & fideli nostro Gubernatori dicti nostri* Dalphinatûs, *nec non Judicibus* Viennesii *&* Valentinesii, *ac appellationum & (l) nullitatum majoribus ejusdem* Dalphinatûs *præsentibus & futuris, ac eorum Locatenentibus, & ipsorum cuilibet, tenore præsentium præcipimus & mandamus quatenùs usum, stilum & vires Sigillati dictæ nostræ Curiæ* Viennesii *&* Valentinesii, *de quibus supra mentio habetur, debitè observent & observari faciant; nihil de contingentibus obmittendo, prout eorum quemlibet concernit & concernere potest, nihil in contrarium attemptando vel attemptari per quempiam permittendo : quia sic fieri volumus & concedimus per præsentes, quibus in rei testimonium, Sigillum nostrum duximus apponendum.* Datum *Parisius,* die septimâ mensis Maii, anno Domini millesimo quatercentesimo undecimo. *Per Dominum meum Dalphinum, in Consilio suo.* E. BONGRE.

LOUIS, Fils aîné de Charles VI. & Dauphin, à Paris, le 7. de Mai 1411.

[a] de *Boville*. Voy. la p. 193. du 6.e Vol. de ce Rec.

[b] Enguerran d'Eudin. *Voy. la note (c) de la p. 372. du 7.e Vol. de ce Rec.*

[c] Jacques de Montmaur. *Voy. la Table des noms de personnes du 7.e Vol. de ce Rec. à ce nom.*

[d] Guillaume de Layre, *Seigneur de* Cournillon. *Voy. les Gouverneurs du* Dauphiné, *par* Allard, Grenoble *1704. in-12. p. 15.*

NOTE.

(l) Nullitatum.] C'est-à-dire des Sentences qui sont nulles par elles-mêmes, & desquelles néanmoins on peut appeler, comme l'a remarqué *Guy Pape* dans le nombre 55. de sa question 436.

(a) Confirmation des Statuts des Tailleurs de la Ville de Pontoise.

CHARLES VI. à Paris, en Mai 1411.

CHARLES, par la grace de Dieu, Roy de France. Savoir faisons à tous presens & avenir, Nous avoir veues les Lettres desquelles la teneur s'ensuit.

A tous ceulx qui ces presentes Lettres verront. *Pierre Couppet*, Maire, Prevost & Voyer de la Ville & Commune de *Pontoise :* Salut. Comme pour le bien commun & prouffit de la chose publique, en continuant & gardant les anciens drois & usages de ladicte Ville & Commune de *Pontoise*, Vile de [e] Loy, qui telz sont que en chascun mestier de ladicte Ville, a & doit avoir Jurez pour viseter toutes denréez, chascun en droit soy, en especial sur le mestier des Cousturiers, pour [f] eschever aux fraudes, malices & decepcions qui en ce pourroient estre faictes à deffault de visitacion & de diligence, nous du consentement & à la

[e] *Voy. les Tables des Mat. des Vol. de ce Rec. aux mots,* Loy. (Ville de)

[f] *éviter.*

NOTE.

(a) Trésor des Chartres, Registre 165. P. VII.xx IIII. (144.)

CHARLES VI. à Paris, en Mai 1411.

requeste de la plus grant & saine partie des ouvriers Cousturiers demourans en ladicte Ville, aions fait & establi Jurez sur ledit mestier, pour un an commençant à la Saint Jehan Baptiste derrenierement passée; c'est assavoir, *Jehan Guillore, Jehan Des Hayes* & *Pierre Bertin,* Cousturiers, lesquels ont juré solempnelment & prins en eulx le fait & charge de la visitacion dudit mestier & appartenances, jouxte la coustume & usage sur ce introduite; & il soit ainsi que tant par eulx Jurez comme par plusieurs autres souffisans ouvriers dudit mestier, soit venu à nostre congnoissance que oudit mestier a plusieurs deffaultes & choses à reparer, comme de aucuns ouvriers dudit mestier, qui sont coustumiers de ouvrer de nuit & à jour de Dimanche, à Feste de Apostre & autres jours feriables exprimez & deffenduz en Sainte Eglise, les autres qui ne sont pas bien expers en la science dudit mestier, & neantmoins ont levés [a] establies ou temps passé, comme autres qui font besongnes & robes mal taillées & faictes indeuement, sans le sceu des Jurez dudit mestier, qui est à la deshonneur des bons ouvriers Maistres du mestier, ou prejudice des bonnes simples créatures, & contre le bien commun, lesquelles choses ne doivent estre souffertes, si comme lesdiz Jurez & Maistres dient, mais y doit estre pourveu & remedié pour le bien de la chose publicque. Pourquoy nous eussions fait convenir pardevant nous en Jugement; c'est assavoir, les dessuz nommez Jurez, *Jehan* le *Cuir, Pierre Martel, Crestian* de la *Fosse, Jehan* le *Fevre, Drouet Liconis, Jehan Lamoureux, Simon Monnet, Robin Dessus-les-Fossez, Clement* le *Cousturier, Jehan Guillore, Estienne Fay, Jehan Jevoudray, Jehan* de *Lannoy, Raoulet* le *Pourpointier, Yvon Du Pont, Pierres Chotart, Raoul Des Essars, Pierre Charmoy; Guillaume* le *Jeune, Thibaut Du Molin, Denis Morande, Jaquet Olivier, Guillemin Denier, Jehan Noel* & *Guillemin Piart,* tous Cousturiers demourans en ladicte Ville de *Pontoise,* du consentement desquels, à leur requeste & en leur presence, par la deliberacion d'eulx tous & de plusieurs notables personnes, gens de Conseil, Bourgois & autres pour ce assemblez, fut & a esté dit & ordonné par nous, & par ces presentes disons [b] ordonnons, ou cas qu'il plaira au Roy nostre S. que doresenavant lesdiz Cousturiers & leurs successeurs doivent & seront tenus de eulx gouverner & maintenir leur mestier en ladicte Ville de *Pontoise,* aux us & coustumes de [c] *Paris* qui est la plus notable Ville du Royaume de France, & à quoy les autres Villes & pays, pour le bien commun, doivent prenre regart & exemple; c'est assavoir,

(1) Que nul ne doit ouvrer à Feste d'Apostre, au Dimenche, ne au Samedi puis qu'il est nuit, se ce n'est par necessité de mort ou mariage des [d] Royaulx; & se aucun Maistre est trouvé ouvrant aux Festes dessusdictes, ou à l'une d'icelles, il doit dix sols d'amende, moitié à Justice, moitié aux Jurez dudit mestier.

(2) Item. Les Compaignons [e] ouvrans à leurs pieces, se ils sont trouvez ouvrans à aucunes d'icelles Festes, ils doivent chascun cinq sols Parisis d'amende, comme dessus.

(3) Item. Les [f] Varlés aloués sur aucun Maistre, se ils sont trouvez ouvrans à aucunes d'icelles Festes, ils doivent chascun III. sols, comme dessus.

(4) Item. Les Compaignons ouvrans en chambre, qui ne sont Maistres, & qui taillent autres besongnes que à leur Maistre, ils doivent & paieront chascun X. sols pour chascun [g] garnement, moitié à Juge, moitié aux Jurez

(5) Item. Nul ne pourra lever establie de Maistre, se il n'est [h] passé par les Jurez du mestier; & pour lever establie de Maistre, cellui qui la levera de nouvel, paiera XL. sols comme dessus, & si baillera [i] pleges de dix livres Parisis.

(6) Item. Se aucun fait aucune besongne trouvée mal faicte par les Jurez, il paiera X. sols d'amende comme dessus; & pourront lesdiz Jurez aler quand il leur plaira en l'ostel de chascun Maistre du mestier de la cousture, veoir & visiter les garnemens, pour veoir & savoir se il y a aucune deffaulte, & rapporteront pardevers nous & nos successeurs, ou Lieuxtenans, ce que trouvé y auront, bien & loyaument à leur povoir, & sera foy adjoustée en leur rapport.

a *boutiques.*

b *supp.* &.

c *Voy. la Table des Mat. du 8.e Vol. de ce Rec. aux mots,* Tailleurs de Paris.

d *Princes du Sang.*

e *à qui le Maître donne un prix convenu pour chaque pièce, chaque habit qu'ils font.*

f *les Compagnons qui travaillent à la journée pour le compte des Maîtres.*

g *habit.*

h *reçû Maître.*

i *caution.*

Lesquelles Ordonnances, Edit ou appointement ainsi fait, comme dit est, tous les dessus nommez Cousturiers, Jurez & autres, & chascun en droit soy, vouldrent, consentirent & accorderent pardevant nous agreablement, louerent, acquiesserent & accorderent icelles comme bonnes, justes & valables, & jurerent par leur foy & serment garder, tenir, enteriner & accomplir icelle Ordonnance & appointement chascun en droit soy, sans enfraindre, aux paines avant dictes, sans aler, venir, faire ou souffrir venir ou aller encontre par eulx ne par autres, jamais à nul part ou temps avenir, par quelque voye ou raison que ce soit, nonobstant chose quelzconques à ce contraire. En tesmoing de ce, nous avons scellées ces presentes Lettres du Séel de nostredicte Commune de *Pontoise*, l'an mil CCC. IIII.xx, le XV.e jour de Juillet. Et supplions au Roy nostre S. que ce que dit est il lui plaise confirmer par ses Lettres, à ce que ce soit chose ferme & estable à tousjours, & en memoire à ceulx dudit mestier & autres à qui il appartendra, pour le temps avenir.

CHARLES VI. à Paris, en Mai 1411.

Lesquelles Lettres dessus transcriptes, & tout le contenu en ycelles, ayans agreables, fermes & estables à tousjours, icelles louons, gréons, approuvons, rattiffions, & de grace especial par la teneur de ces presentes en tant que icelles ont esté bien & deuement faictes, confermons. Si donnons en mandement au *Bailli* de *Senlis*, ou à son Lieutenant à *Pontoise*, à nostre Maire d'icelle Ville, & à tous nos autres Justiciers & Officiers, presens & avenir, à leurs Lieuxtenans, & à chascun d'eulx, si comme à lui appartendra, que les dessuz nommez esdictes Lettres, de nostre presente grace & confirmacion, facent, suffrent & laissent joïr & user plainement & paisiblement, sans leur mettre ou donner, faire ou souffrir estre mis ou donné ores ne pour le temps advenir, aucun destourbier ou empeschement au contraire, en quelque maniere que ce soit. Et afin que ce soit ferme chose & estable à tousjours, Nous avons fait mettre nostre Séel à ces presentes: sauf en autres choses nostre droit, & l'autruy en toutes. *Donné à* Paris, *ou moys de May, l'an de grace mil CCCC. & unze, & de nostre Regne le XXXI.e*

Suite des Lettres de Charles VI.

Par le Roy, à la relacion du Conseil. J. ROUVRES.

CHARLES VI. à Paris, le 12. de Juin 1411.

(a) Règlement pour les Archers de la Ville de Paris.

CHARLES, par la grace de Dieu, Roy de France. Savoir faisons à tous presens & advenir, Nous avoir reçû l'umble supplicacion des Roy [a] Connestable des Archiers de nostre bonne Ville de *Paris*, contenant comme laditte Ville soit la Ville capital, & celle de nostre Royaume, où noz devanciers, Nous & noz Successeurs avecques ceulx de nostre Sang & Lignage & nostre Conseil, ont accoutumé demourer & y faire plus continuelle residence que autre part en nostre Royaume, & par ce de raison doye estre icelle Ville garnie & ordonnée de gens bien instruiz de deffense, & qu'ilz soient prêts de Nous servir à l'onneur, bien & prouffit de Nous, du bien publique & d'icelle Ville, & en icelle Ville ait Archiers, [b] gens d'estat & mesnagiers qui se sont entremiz du trait & exercice d'Archiers, lesquelz sont bons & expers pour dudit trait honnestement & seurement servir pour la seureté & deffense de Nous & de nostredicte bonne Ville, & plus en y eust beaucoup, [c] mais que Nous voulsissions

a & 2.e cop.

b *ayant ménage, maison.*

c *si nous voulions.*

NOTE.

(a) Livre vert vieil second du Châtelet de *Paris*, *fol.* 20. *recto.*

Ces Lettres sont aussi dans le Registre du Parlement de *Paris*, cotté *D.* & intitulé: *Ordinationes Barbine, fol.* 218.

Ces Lettres, suivant la Table chronologique des Ordonnances, par *Blanchard*, se trouvent encore dans le Dépôt de ce Parlement, au Volume des Ordonnances de Charles VIII. cotté *H. fol.* 67. Elles se trouvent aussi au *fol.* 230. *recto* du Registre *A.* de l'Hôtel de Ville de *Paris.* Elles avoient déjà été imprimées à la p. 17. du Recueil des Privilèges des Archers de la Ville de *Paris*, par *Drouard.*

CHARLES VI. à Paris, le 12. de Juin 1411.

consentir que lesdiz Archiers eussent & pussent avoir Confrarie pour eulx assembler quant le cas le requerroit, en laquelle Confrarie eust aucuns droiz, previleges & prérogatives, comme il a ès autres bonnes Villes notables de nostre Royaume; c'est assavoir, à *Rouen,* à *Tournay,* & pareillement comme n'agaires & derrenierement pour les causes dessusdictes & autres, avons octroyé au Roy, Connestable & Maistre de Confrarie des Arbalestiers de nostredicte Ville de *Paris:* car les fraiz & charges dudit trait & exercice d'Archier, & aussi du service que iceulx Archiers feroient & qu'il leur convendroit faire & soustenir, se aidier se vouloient aucunement dudit exercice, sont grans, & ne les pourroient bonnement supporter sans avoir de Nous Previleges autres que les autres habitans d'icelle nostre bonne Ville; requerans humblement sur ce nostre grace & provision. Pourquoy Nous voulans & desirans le bien, honneur & seureté de nostredicte bonne Ville & des frequentans & habitans en icelle, & icelle estre ordonnée en police & gouvernement de bien en mieulx, avons ordonné & ordonnons par ces presentes, que doresenavant en nostredicte bonne Ville de *Paris,* soit faicte assemblée & Confrarye par lesdiz Archiers, en l'onneur & louenge de Dieu, de la benoite Vierge Marie, de Monseigneur S.t Sebastien, & de toute la celestial Court & compaignie de Paradis, & pour ce faire se puissent les Confreres d'icelle veoir & assembler ensemble pour ledit trait & exercice d'Archier frequenter & exercer, afin de édiffier en icellui toutes bonnes gens qui à ce se vouldroient instruire & excerciter, & que en ladite Confrarie des Archiers & de ceulx qui y sont, en y aura six vins des mieulx jouans & plus seurs dudit exercice d'Archier, lesquels auront & leur donnons de grace especial par ces presentes, les Privileges & prerogatives en nostredicte bonne Ville de *Paris,* autelz & semblables que ont les Arbalestriers de nostredicte Ville de *Paris,* par Nous n'agaires ordonnez, comme dit est, parmi ce que lesdiz six vins Archiers de *Paris,* seront tenuz de faire les fraiz & services à Nous & à nostredicte bonne Ville de *Paris,* pareils & semblables que sont tenus de faire les Arbalestiers d'icelle nostre Ville de *Paris,* lesquelz Privileges & aussi les charges que pour ce seront tenus de faire iceulx six vins Archiers à *Paris,* s'ensuivent; c'est assavoir, que iceulx six vins Archiers qui par ces presentes seront mis oudit nombre, & leurs successeurs en icelluy nombre & exercice d'Archiers, seront francs, quittes & exemps, & par ces presentes les affranchissons de payer Quatriesme, Imposicion, ne quelzconques autres Aides aïans cours pour le fait de la guerre, des biens & choses qui croistront en leurs heritages seulement, & aussi de payer quelzconques Tailles, Subsides, Gabelles & tous autres Aides qui ont & auront cours en icelle nostre bonne Ville de *Paris,* avec de tous guetz, &c. *(b) Donné à* Paris, *le XII.e jour de Juing, l'an de grace mil IIII.c & unze, & de nostre Regne le XXXI.e*

NOTE.

(b) Tous guetz, &c.] A quelques légères différences près, qui ne changent rien au sens, la suite de ces Lettres est conforme à la suite de celles du 11. d'Août 1410. accordées aux Arbalêtriers de la Ville de *Paris,* & qui sont imprimées ci-dessus p. 522. Il faut seulement y substituer le mot *Archers,* à celui *Arbalêtriers.*

CHARLES VI. à Paris, le 12. de Juin 1411.

(a) Lettres par lesquelles Charles VI. confirme un Règlement fait du temps de Saint Louis, concernant les Sergens de Carcassone, & la garde qu'ils font dans cette Ville.

KAROLUS, Dei graciâ, Francorum Rex. Notum facimus universis presentibus & futuris, Nos certas vidisse Literas de Vidimus *sub Sigillo* Senescalie Carcassonensis *translatas, quasdam Ordinaciones sive statuta in occitano ydiomate descriptas &* [a] *redatas super facto regiminis excubiarum nostre civitatis* [b] Carcassonensis, *&* [c] *Serviencium garnisionis ac custodie ejusdem civitatis, continentes, que tempore felicis recordacionis Beati Ludovici Predecessoris* [d] *nostris Francorum Regis, dicuntur editas esse; quarum quidem series dicitur esse talis.*

a redactas.
b Il y a plus bas *Carcassone.*
c Ils étoient 110. *Voy. ci-dessus p. 324.*
d corr. *nostri.*

Noverint universi quod nos Robertus *de* Chalucio, *Miles, Dominus de* Interaquis, [e] *Camerarius Domini nostri Francie Regis, ejusque* Senescallus Carcassone *&* Bitterris, *vidimus, tenuimus, & de verbo ad verbum perlegi fecimus certas Ordinaciones & consuetudines* [f] *Constabularie & Prepositure civitatis* Carcassone, *de tempore felicis recordacionis Beati Ludovici quondam Francorum Regis, super facto regiminis & gubernacionis custodie & garnisionis dicte civitatis, factas & editas, formam que sequitur continentes.*

e Chambellan.
f Voy. la note *(b)* de la p. 421. du 5.e Vol. de ce Rec.

Ayso son las Ordenansas de la Conestablia, & las Coustumas que fore factas al tems de Mossenhe Sant Loys, de la garniso de la Ciutat de Carcassona.

(1) Primieyramen. *Cone que los Sarjans gayto la tersa nueyt, & devo* [g] *ainar al gayt penre cant Vespras sono, & devo ainar à lors gaytz cant le jorn falhira, aprez las trompas, en tel manieyra que quant lo Connestable, ho un autre, ira* [h] *par el, entorn la Ciutat, que el los trobe en lor servizy à lors gaytz cascun; & à quel que sera defailhens, sera penhorat de XII. den. de la voluntat del Senhor Conestable: es aytala: & plus y a, que pueys que los Serjans seran montatz en lors servizis à lors gaytz, non devo descendre per deguna cocha quelz ayan, empena dels servizis perdre, si lo Co-*

Ceci sont les Ordonnances de la Conestablie, & les Coutumes qui furent faites au temps de Monseigneur Saint Louis, de la garnison de la Cité de Carcassone.

(1) Premièrement. Comme que les Sergens guettent *(b)* la troisieme nuit, & doivent aller *(c)* au guet prendre quand Vespres sonnent, & doivent aller à leurs guets quand le jour manquera, *(d)* après les trompes, en telle maniere que quand le Connetable ou un autre ira pour lui à l'entour de la Cité, que lui les trouve en leurs services à leurs guets chacun; & celui qui sera defaillant, *(e)* sera pignoré de douze deniers de la volonté du Seigneur Connetable : est ainsi : & plus il y a, qu'après que les Sergents seront montés en leurs services à leurs guets, ils ne doivent descendre pour

g corr. *anar*, là & plus bas.
h corr. *per.*

NOTES.

(a) Trésor des Chartres, Registre 165. P. IIII.e VI. (406).

M.r *Menard* m'a fait, par rapport à ces Lettres, le même plaisir qu'il m'avoit déjà fait à l'égard de quelques autres. Voy. ci-dessus p. 407. note *(b)*.

Il y a dans ces Lettres quelques endroits qui sont très-difficiles à entendre, & il y en a même qui ont paru inintelligibles à M.r *Menard* & à moi, soit parce qu'ils ont rapport à des Coûtumes que l'on ne connoît plus, soit parce que les mots ne sont plus en usage, & ne se trouvent pas même dans les autres monumens du même temps, qu'on a consultés, ou parce que le texte a été corrompu par le copiste qui, suivant les apparences, n'entendoit point ce vieux langage.

(b) app. de trois nuits une.

(c) app. prendre le mot du guet.

(d) les Trompettes ayant sonné.

(e) Sera pignoré.] C'est-à-dire qu'on fera une saisie sur le délinquant pour la sûreté du payement de l'amende à laquelle il sera condamné. Voy. le Gloss. de *Du Cange*, au mot, *Pignus.*

CHARLES VI.
à Paris, le 12. de Juin 1411.

nestable ne lo trametia querre, ou son Loctenen.

aucune cause qu'ils ayent, sous peine *(f)* des services perdre, si le Conestable ne l'envoye querir, ou son Lieutenant.

(2) Item. *Si alcun Serjant y a qui deïa esser portié lo jorn aprez la nueyt que aura gaitat, s'en pot discendre del gait lo mati à las trompas acoustumadament; & l'autre acoustumadament que no sera portier, après la premieyra Messa sonada.*

(2) Item. Si aucun Sergent y a qui doive estre portier le jour après la nuit qu'il aura guetté, il s'en peut descendre du guet le matin aux trompes, à l'accoutumée; & l'autre à l'acoutumée qui ne sera portier, après la premiere Messe sonnée.

(3) Item. *Degun Serjant non deu passar las boulas acoustumadas cès comjat del Conestable o de son Loctenen; & si [a] deguo fasia que es acostumat, que el seriat à la voluntat del Conestable de perdre son servizi o de penhoras pagar, totas vegadas.*

[a] corr. *degu.*

[b] *supp.* autrement.

(3) Item. Aucun Sergent ne doit passer les *(g)* bornes acoutumées sans congé du Connetable ou de son Lieutenant; & si aucun fait [b] qu'il est accoutumé, que il sera à la volonté du Connetable de perdre son service, ou de gages payer, toutes les fois.

(4) Item. *Si alcun Serjant hy a que stia malaute, deu esser mes en suserta de la porta, & non pas del gayt.*

(4) Item. Si aucun Sergent y a qui soit malade, il doit estre mis en *(h) suserta* de la porte, & non pas du guet.

(5) Item. *Costuma est de la Conestablia aytal, que si degun Serjant moria, totz los autres devo esser à son Servizi del à l'enterrar, à quels que seran en la Viela; exceptat aquels que seran portiers; o els devo penhorar.*

(5) Item. Coutume est de la Connetablie telle, que si aucun Sergent meurt, tous les autres doivent être à son service de lui à l'enterrer, ceux qui seront dans la Ville; excepté ceux qui seront portiers; ou eux on doit *pignorer.*

(6) Item. *Si alcun Serjant que deïa deute, que conplancha n'e venga davant lo Conestable o à son Loctenen, de deute autrejant aproat, lo Senhor Conestable o son Loctenen lo deu far pagar, o commandar dedins los iij. gaitz que aya pagat à son deutor, en tal manieyra que plus non venga complancha del deute: si el non avia al terme dessusdich satisfag, hom li deffendra son servizi tant tro que l'autre s'en tenges per pagat.*

[c] créancier.

(6) Item. Si aucun Sergent qui doive dette, que la plainte en vienne devant le Connetable ou à son Lieutenant, de dette *(i) autrejant* approuvée, le Seigneur Connetable ou son Lieutenant le doit faire paier, ou commander *(k)* dans les trois guets qu'il aye à payer à son [c] debiteur, en telle maniere que plus ne vienne complainte de la dette: si lui n'avoit au terme dessusdit satisfait, on lui defendra son service jusqu'à ce que l'autre s'en tienne pour paié.

(7) Item. *Si alcun Serjant que move ruota ni (l) bregua vaïs son companho, de que hi aïa vialainas paraulos o grans enjurias dichas, de que clamor n'en devenga al Conestable, el deu enquerre la veritat, & an aquel que a tort, deffendre son servizi entro que el aïa à l'autre emendat & satisfag de la enjuria desusdicha: & si andos an tort, que as [e] amdos deffenda*

[d] *plainte.*

[e] andus.

(7) Item. Si aucun Sergent qui meuve riote ni querelle vers son compagnon de quoy il y ait vilaines paroles ou grandes injures dites, desquelles [d] clameur en vienne au Connetable, il doit enquerir la verité, & à celui qui a tort defendre son service jusqu'à ce qu'il ait à l'autre amendé & satisfait de l'injure dessusditte: & si eux deux ont tort, que à eux deux

NOTES.

(f) de leur solde pour la nuit.

(g) L'espace de lieu dans lequel le Sergent doit faire Sentinelle.

(h) On n'a pû découvrir la signification de ce mot.

(i) Autrejant approuvée.] Dette légitime & liquide. On n'a pû découvrir le sens que doit avoir ici le mot *autrejant.*

(k) C'est-à-dire app. dans l'espace de temps pendant lequel il fera trois gardes.

(l) Briga. Querelle; dans le Glossaire de *Du Cange.*

lor

hom lors servizis: & si mays y a, que cope hy äia faicts ou donatz, aquest fait seria jucjat per los autras Serjans de la Ciutat, de la Conestablia.

(8) Item. *Lo es acoustumat que las penhoras & las deffaultas scian al Rey & al Conestable per mieg à partir; & si alcun Serjant hi avia que moris, lo Conestable non auria res en aquela deffauta, & deu far far lor servisi del mort al cost & à la mession de Rei de qui est la deffauta; & deu esser tant tro qu'el Rey el Senescale n'i äia mes alcun al loc vacant.*

(9) Item. *Quant los Serjans de los stalgayt van entorn far lors torns la nueyt, ès devo appellar als gaytz los Serjans que gayt on, un mot o dos auttamen à lor poder, è pueysas lo ters mot, & aquel que deu gaytart non respon al ters mot, el ès penhorat; & al IIII. & si los dos non an partit la nueyt, cascun devria una penhora aquels del stalgayt lo mati ho devo denunciar al Conestable o à son Loctenen, per lo sagrament; & devo la nueyt anar cridar als gayts entorn la Viela, de Saint Michiel entro Pascas, XII. torns, & de Pascas entro Sant Michiel, VIII. torns: de Martro entro Caramantrant, XII. torns, & de Caramantrant entro à la Totzsans après venen, VIII. torns.*

(10) Item. *Las portas acostumadas solo esser de vint jorns, & pueys per la veso dels Senteniers de las guerras, & par la voluntat del Conestable, fors escriertas en motas de manieyras de cascun Conestables: car el pot far sa gracia de plus o de mays, o de tyerser o de mermar.*

(11) Item. *Lo Conestable deu aver una vetz l'an à la pagua de la Candelor que aras ès mudada à la Sant Albi, de cascun*

on defende leurs services: & si plus y a, que coups y ayent faits ou donnés, ce fait sera jugé par les autres Sergens de la Cité, de la Connetablie.

(8) Item. Il est accoutumé que les *(m) penhoras* & les *deffaultas* soient au Roy & au Connetable par moitié à partager; & si aucun Sergent il y a qui meure *(n)*, le Connetable n'aura rien en cette *deffauta*, & doit faire faire le service[a] du mort au coust & aux despens du Roy à qui est la *deffauta*, & doit estre jusqu'à ce que le Roy & le Senechal y ayent mis aucun au lieu vacant.

(9) Item. Quand les Sergens des *(o) Stalgayts* vont à l'entour faire les tours la nuit, ils doivent appeller aux guets les Sergens qui guettent, un mot ou deux hautement à leur pouvoir, & puis si au troisieme mot, & celui qui doit guetter ne repond au troisieme mot, il est *penhorat*, & au quatrieme; & si *(p)* les deux n'ont partagé la nuit, chacun devra un *penhora;* ceux du *Stalgayt* le matin [b] le doivent denoncer au Connetable ou à son Lieutenant par le serment; & doit la nuit aller crier aux guets à l'entour de la Ville, de la Saint Michel jusqu'à Pasques, douze tours; & de Pasques jusqu'à la Saint Michel, huit tours; de *(q) Martro* jusqu'à Carême-prenant, douze tours; & de Carême-prenant jusques à la Toussaint après venant, huit tours.

(10) Item. (r) Les Portes accoutumées soulent estre de vint jours, & puis par l'avis des Centeniers des guerres, & par la volonté du Connétable, furent *escriertas* en plusieurs manieres de chaque Connetable: car il peut faire sa grace de plus ou de moins, ou de *tyerser* ou de diminuer.

(11) Item. Le Connetable doit avoir une fois l'an à la paye de la Chandeleur qui à present est changée à la [c] S.t Aubin,

CHARLES VI. à Paris, le 12. de Juin 1411.

a *militaire.*

b *C'est-à-dire la faute des Sergens qui faisoient le guet.*

c *Cette Fête se célèbre le premier du mois de Mars.*

NOTES.

(m) Penhoras.] Amende décernée en conséquence de la saisie qui a été faite. *Deffaultas*, fautes, paroît être ici synonyme du mot *Penhoras.*

(n) Avant d'avoir payé l'amende qu'il avoit encourue.

(o) Stalgayts.] C'est app. le Sergent qui faisoit la ronde.

(p) Les deux.] Pour trouver un sens à cet endroit qui n'est pas clair, il faut supposer qu'il y avoit chaque nuit deux Sergens qui faisoient successivement la ronde.

(q) Martro.] On n'a pû découvrir la signification de ce mot, d'où peut dépendre l'intelligence de la fin de cet article. Il y a quelque app. que le mot *Martro* désigne la Toussaints.

(r) Les Portes.] Ces mots signifient app. la garde des portes; mais on est obligé d'avouer qu'on n'a pû entendre parfaitement le sens du reste de l'article.

CHARLES VI.
à Paris, le 12. de Juin 1411.

Serjant XII. deniers; & deu penre el as autras doas pagas, de cascun Serjant, dos deniers, per pagar los Compiador els estrinas.

de chaque Sergent, douze deniers, & il doit prendre aux autres deux payes, de chaque Sergent, deux deniers, pour payer les a Compteurs aux etrennes.

(12) Item. *Si Serjans traso à la balestra, per que la un deïa à l'autre, lo Conestable o son Loctenen lo deu far pagar de borsa, aysi co de deniers prestatz.*

(12) Item. Si un Sergent tire à l'arbaleftre, pourquoy l'un doive à l'autre, le Connétable ou son Lieutenant le doit faire payer b de bourse, ainsi comme de deniers prêtés.

(13) Item. *Deguna porta de la Ciutat de nuetz non deu esser uberta per deguna besonha qual que sia:* c *si los Serjans del Stalgait ès IIII. Maestres Portiers, devo esser à recebre las claus ha ubrir lo mati & à tancar la nueyt, & devo redre las claus al Conestable, sub pena de lor jornada; & no devo metre autre per els c'es comjat del' Conestable o de son Loctenen, sub pena de la jornada.*

(13) Item. Aucune porte de la Cité de nuit ne doit estre ouverte pour aucune besogne quelle qu'elle soit: si les Sergens du *Stalgayt* aux quatre Maitres Portiers doivent estre à recevoir les clefs à ouvrir le matin & à fermer la nuit; & doivent rendre les clefs au Connétable, sur peine de leur journée; & ne doivent mettre autre pour eux sans le congé du Connetable ou de son Lieutenant, sur peine de la journée.

(14) Item. *Los autres portiers devo* d *esse lo mati al comptat as ubrir la porta: totz les portiers del jorn, e la nueyt, al tancar, sus pena de lor jornada; & no devo mettre portiers per els,* e *sus pena ni gaytadors, c'es comjat del Conestable o de son Loctenen, si no era Serjans, sus pena de la jornada; & quant van à la Messa o manjar, y deu esser son companho de cascun; & si fasian le contraire, à quela penhora e* juciar *al Conestable per cosselli dels companhols.*

(14) Item. Les *(s)* autres Portiers doivent estre le matin *(t)* au compte à ouvrir la porte: tous les Portiers du jour & de la nuit au fermer, sur peine de leur journée; & ne doit mettre Portiers pour eulx, sous peine *(u)*, ni guetteurs sans congé du Connetable ou de son Lieutenant, si ce n'etoit un Sergent, sous peine de la journée; & quand ils vont à la Messe ou manger, y doit estre son compagnon de chacun; & s'ils faisoient le contraire, ce *penhora* sera jugé au Connetable par conseil des Compagnons.

(15) Item. *Aquels que son de gayt, devo aver à lors gaytz arbalesta è croc & carrels, & espallieyras, & espasa & bassinet, sus penhora de la jornada; exceptat aquels que so del estalgayt de la Viala, que no devo aver ni crocz ni cayrels ni balestas, & devo esser totz Serjans, sub pena de la jornada, o els aurian gran nécessitat.*

(15) Item. Ceux qui sont de guet, doivent avoir à leurs guets, arbalête & crocs & *(x)* carreaux & f espaulieres & espées & *(y)* bacinets, sur la *penhora* de la journée; excepté ceux qui sont du *Stalgayt* de la Ville, qui ne doivent avoir ni croc ni carreaux ni arbaleftre, & doivent estre tous Sergens, sur peine de la journée, ou ils auroient grande necessité.

(16) Item. *Los Portiers devo aver totjorn los espallieyras & lors espasas & lors bacinetz à la porta, & portar lors massas, sus pena de la jornada.*

(16) Item. Les Portiers doivent avoir tousjours leurs espaulieres & leurs epées & leurs bacinets à la porte, & porter leurs masses, sur peine de la journée.

(17) Item. *Lo Conetable va entorn*

(17) Item. Le Connétable va à l'en-

a *app.* ceux qui payoient la solde des Sergens.

b *en deniers comptans.*

c le texte paroît ici être tronqué.

d corr. *esser.*

e ces deux mots paroissent inutiles.

f *baudriers.*

NOTES.

(s) Ceux qui ont fait la garde pendant la nuit.

(t) Au compte.] Cela signifie app. l'heure à laquelle on payoit la solde des Sergens.

(u) supp. app. de la journée, comme il y a plus bas dans cet article.

(x) Carreaux.] Espèce de flèche forte & quarrée. Voy. le Gloss. de *Du Cange,* au mot *Quarrellus.*

(y) Espèce de casques. Voy. ci-dessus p. 585. note marg. *(a).*

sus los murs, o son Loctenen, de nueyt, si ne los troba appareilhatz, aysi [a] *os desus es dit, & non demandan comjatz, si metran Juratz so penhoratz de la jornada.*	tour sur les murs, ou son Lieutenant, de nuit. S'il ne les trouve appareillés ainsi comme dessus est dit, *(z)* & ne demande congé, *si (aa) metran Juratz,* sont *penhoratz* de la journée.	CHARLES VI. à Paris, le 12. de Juin 1411. a corr. *co.*
(18) Item. *Si los gaytas o los trompados non fay lors servisis bè assi co es acostumat, devo esser penhoratz de lor jornada.* Amen.	*(18) Item.* Si les guets & les trompettes ne font leur service bien ainsi comme il est accoutumé, ils doivent être *penhoratz* de leur journée. *Ainsi soit-il.*	

In quorum quidem visionis & perleccionis fidem & testimonium, nos Senescallus predictus Sigillum ordinarium predicte Senescallie huic presenti transcripto aliàs vidimus *nuncupato impendenti duximus apponendum.* Datum *Carcassone,* die XII. mensis Madii, anno Domini millesimo quadringentesimo undecimo. *Sic* [b] *signatas. Facta fuit collacio cum originali preinserto.* BLASINI *Notarius.*

Collacio facta est cum originali à Bernardi *Notario.*

Suite des Lettres du Sénéchal de *Carcassonne.*

b Il faut app. corr. *signata* ou *signatum.*

Nos igitur ipsos Servientes nostros, ac regimen excubiarum & custodie ipsius civitatis nostre, volentes debitis tractari favoribus, & eosdem [c] *antiquis usibus observanciisque suis & consquere & tueri Statutis, easdem Ordinaciones sive Statuta & earum quaslibet, de quibus itaque constiterit, ratas & gratas habentes, eas & ea laudamus, approbamus & confirmamus, & ex nostra certa sciencia, de gracia speciali per presentes: mandantes harum serie Litterarum* Senescallo Carcassone, *Constabulario & Preposito nostro in eadem civitate, necnon ceteris Justiciariis in Regno nostro & Officiariis, qui nunc sunt aut in futurum fuerint, vel eorum Locatenentibus, & eorum cuilibet, prout ad eum pertinuerit, quatinùs easdem Ordinaciones & Statuta deinceps* [d] *perpete & in futurum teneant & observent, ac de exordio in extremum teneri & inviolabiliter observari faciant & procurent cum effectu; & si que in contrarium videantur aut fieri contingeret* [e] *immemoranter aut aliter, ea ad statum prestinum & debitum, presentibus visis, reducant seu reduci mox & reponi faciant: impeditores sive turbatores, si qui forent seu fuerint, desstituros & cessaturos à turbis aut impedimentis pretactis & eadem revocaturos seu revocari procuraturos, Juris* [f] *nisibus & debitè compellendo: quoniam ita eisdem Servientibus nostris presentibus & futuris concessimus & annuimus de gracia speciali per presentes; Litteris* [g] *subrepticis impetratis vel in contrarium impetrandis nonobstantibus quibuscumque. Quod ut firmum stabileque in futurum permaneat, nostrum presentibus Sigillum duximus apponendum: salvo in aliis jure nostro, & in quibuslibet alieno.* Datum *Parisius,* die duodecimâ mensis Junii, anno millesimo quadringentesimo undecimo, & Regni nostri XXXI.°

Suite des Lettres de Charles VI.

c supp. *in.*

d corr. *perpetuò.*

e mot abrégé & douteux.

f Il faut peut-être corr. *viribus.*

g corr. *subrepticiis.*

Per Regem in Consilio magno, in quo Domini Duces Acquitanie *&* Britanie, Ludovicus Dux *in* Bavaria, Comites Vindocinensis *&* Sancti Pauli, Antistites Remensis *&* Noviomensis, *Domini de* Omonte, *de* Torciaco, *de* Boissayo, *de* Montenayo, *de* Saviseyo, *nonnullique alii, erant.* J. DU CASTEL.

NOTES.

(z) app. & n'ayent demandé.

(aa) On n'a pû découvrir la signification de ces mots.

CHARLES VI. à Paris, le 22. de Juin 1411. & le 4. de Décembre 1410.

(a) Lettres par lesquelles Charles VI. confirme les habitans de Marciac & ceux de Beaumarchès, dans la possession d'acheter du sel sans payer les droits de Gabelle.

KAROLUS, &c. Notum facimus universis presentibus & futuris, Nos infrascriptas vidisse Litteras, formam que sequitur continentes.

Guillelmus Pascalis, *Licenciatus in Legibus, Bachalariusque in Decretis, Judex* [a] Riparie *in Partibus* Vasconie, *Domini nostri Regis Commissariusque in negocio infrascripto auctoritate Regiâ deputatus. Universis & singulis Justiciariis & Officiariis Regiis, vel eorum Locatenentibus, ceterisque presentes Litteras inspecturis: Salutem. Presentatis nobis pro parte Consulum & singularum loci de* [b] Marciaco *dicte nostre Judicature, quibusdam patentibus & appertis Litteris Regiis à dicto Domino nostro Rege emanatis, & ejus Sigillo ordinario, ut primâ facie apparebat, cerâ croceâ impendenti sigillatis, tenorem qui sequitur continentes.*

a Rivière-Verdun. *Voy. la note (b) de cette page.*

b Marciac. *Voy. ibid.*

CHARLES, par la grace de Dieu, Roy de France. Au Juge de *Riviere*, aux Esleuz sur le fait des Aides ordonnez pour la guerre en la Province de *Thoulouze*, & à tous noz autres Justiciers & Officiers, ou à leurs Lieuxtenans: Salut. Reçu avons l'umble supplicacion de nos amez les Consuls, manans & habitans de noz Villes de *(b) Marciac* & de *Beaumarchès*, en ladicte Jugerie de *Riviere*, situées en la fin de nostre Royaume, & ès frontieres du *Duchié* de *Guienne*, contenant que comme lesdiz supplians aient franchise, liberté & coustume, & soient & aient esté en possession & saisine de tel & si longtemps qu'il n'est memoire du contraire, de prendre, avoir & acheter le sel à eulx & chascun d'eulx necessaire, des Marchans qui l'amenent ou marchié ou marchiez èsdictes Villes ou ès lieux plus prochains d'icelles, ou bon leur semble, moyennant certaine quantité ou mesure de sel appellée *Cop*, & un denier Tournois que lesdiz Marchans paient & ont acoustumé paier à Nous ou [c] certain nostre Commis sur ce, pour droit de Gabelle, ou autrement; & Nous depuis que la Gabelle du sel a été imposée & mise sus en nostre Royaume, aions permis & souffert que lesdiz supplians achetassent & prenissent du sel par la fourme & maniere dessus declarée, sans aucune reprehension, pour ce qu'ils sont trop loings du plus prochain lieu où [d] Grenier à sel en nostredit Royaume; c'est assavoir, des Villes de *Narbonne, Cabestaing* & de *Sigen*, & d'autres, à L. lieues du pays ou environ, & aussi que lesdictes Villes de *Marciac* & de *Beaumarchiez* sont les derniers lieux de nostredit Royaume en icelluy pays, & sont situéez ès frontieres de nos ennemis, & des *Contez* d'*Armaignac*, de *Bearn*, de *Pardiac*, [e] d'*Asterac* & de plusieurs autres, & ont esté & sont prez de plusieurs garnisons des Chasteaux de *Lourde*, lequel n'agueres souloient tenir & occuper les Angloiz noz ennemis, & de *Montagut* lequel detiennent & occupent de present iceulx noz ennemis, & d'autres, & que aux temps passez ilz ont paié *(c)* patiz à nosdiz ennemis, & ont contribué à nos Aides, Imposicions, [f] Fouages & autres charges par Nous imposées, comme les autres Villes & lieux de nostre Royaume, qui sont en païs [g] de paix, lesquelx ne sont contrains à paier aucuns paatiz ne autres charges

c *Supp.* à.

d *supp.* est.

e *Astarac.*

f *impositions par feux.*

g *où règne la paix.*

NOTES.

(a) Trésor des Chartres, Registre 165. P. XII.xx XIIII. & XII.xx XV. (254. & 255.)

(b) *Marciac & de Beaumarchès.]* *Marciac*, Ville, Justice Royale, dans le *bas Armagnac*, Diocèse d'*Aire*, Parlement de *Toulouse*, Election de *Rivière-Verdun*. Voy. le Dictionnaire universel de la France, au mot *Marciac*.

Beaumarchès, Ville dans le *bas Armagnac*, Diocèse d'*Auch*, Parlement de *Toulouse*, Election de *Rivière-Verdun*. Voy. *ibid.* au mot *Beaumarchès*.

(c) *Patiz.]* Ce mot signifie app. des pactes, des conventions concernant des contributions, &c.

& finances à nosdiz ennemis, comme lesdiz supplians, & aussi que lesdictes Villes de *Beaumarchès* & de *Marciac* qui au temps passé & paravant noz guerres, souloient estre riches & puissans & bien peuplées de gens habitans, sont à present pour causes d'icelles noz guerres & des mortalitez qui par longtemps ont esté audit pays, presque inhabitables, & par plusieurs autres dommages, pertes, inconveniens que lesdiz supplians ont soustenu & supporté ou fait d'icelles noz guerres & autrement; neantmoins vous ou aucuns autres soy disans Commissaires de par Nous sur le fait de la Gabelle du sel oudit pays, ont mis en Cause & procès lesdiz supplians pour cause de ce que dessus est dit, & les ont fait & font de jour en jour pour ce [a] finer & exposer en plusieurs grans sommes de deniers, & leur font plusieurs autres grans troubles & empeschemens en leur trez-grand prejudice & dommage, & pour ce Nous ont très-humblement supplié que sur ce leur vueillons pourveoir de gracieux & convenable remede. Pour ce est il que les choses dessusdictes attendues & considerées, voulans iceulx supplians estre relevez de toutes oppressions, vexacions & molestacions indues, & estre gardez & maintenuz en leursdictes franchises, libertez & coustumes, sans aucune infrinction d'icelles, vous mandons & expressement enjoignons, en commectant, se mestier est, & à chascun de vous qui requis en sera, que se appellez à ce nostre Procureur en ladicte Jugerie de *Riviere*, & autres qui seront à appeller, il vous appert deuement des choses dessusdictes, vous iceulx supplians & chascun d'eulx faictes, souffrez & laissez joïr & user plainement & paisiblement des franchise, possession, usage & coustume dessusdictes, & en icelle les maintenez & gardez ou faites maintenir & garder, sans les traveiller, molester ou empeschier, faire ou souffrir estre traveilliez, molestez ou empeschiez, en quelque maniere que ce soit au contraire; mais s'aucune chose étoit ou avoit été faicte au contraire, ramenez la ou faitte ramener & remettre sans delay au premier estat & deu: car ainsi le voulons & Nous plaist estre fait, & ausdiz supplians l'avons octroyé & octroyons, si besoing est, de grace especial par ces presentes, nonobstans quelxconques Ordonnances, mandemens, ou deffenses, & Lettres subreptices empetrées ou à empetrer à ce contraires. *Donné à* Paris, *le IIII.*[e] *jour de Decembre, l'an de grace mil IIII.*[c] *& dix, & de nostre Regne le XXXI.*[e]

CHARLES VI. à Paris, le 22. de Juin 1411. & le 4. de Décembre 1410.

[a] *financer.*

Par le Roi, à la relacion du Conseil. LE PICART.

Et per nos cum ea qua decuit reverencia (d) receptis, ad execucionem contentorum in eisdem procedere cupientes & mandatis Regiis obtemperare, vocatis nobiscum discretis viris Procuratoribus regiis dicte nostre Judicature, atque Aidarum sive Juvaminum Regiarum in dictis partibus cursum habencium, ceteros testes in numero competenti ad clarifficacionem & (e) purificacionem earumdem coram nobis evocari fecimus, quos juramento medio, ut in talibus est fieri consuetum, juxta nobis in eisdem Litteris traditam formam examinavimus, per deposiciones quorum nobis constitit atque constat exposita & supplicata dicto Domino nostro Regi per dictos Consules & singulares dicti loci de Marciaco, *modo & forma in ipsis Litteris deducta, fore vera. Quo circa vobis & vestrum singulis, ut* [b] *requiremus, precipimus & inhibendo mandamus districtius injungendo, quatinùs dictos Consules, singulares & habitantes dicti loci de* Marciaco, *& sal eciam non Gabellatum in dicto loco ad vendendum adportantes, in possessione, usu, saisina & libertate in quibus utendi & vendendi & emendi sal non Gabellatum existunt, minimè perturbetis, vexetis, seu aliter molestetis, perturbari, inquietari seu aliter molestari faciatis, seu à quoquam permittatis; quinymo ipsos dictis eorum libertatibus pacificè uti & gaudere faciatis seu permittatis,*

Suite des Lettres du Commissaire du Roy.

[b] requirimus.

NOTES.

(d) Receptis.] Ce mot se rapporte à ceux-ci: *Patentibus Litteris Regiis,* qui se lisent vers le commencement des Lettres du Commissaire du Roy. Le mot *earumdem* qui est un peu plus bas, s'y rapporte aussi.

(e) Purificacionem] Suivant le Glossaire de *Du Cange,* au mot *Purificare,* il est synonyme d'*exponere, explicare.*

CHARLES VI. à Paris, le 22. de Juin 1411. & le 4. de Décembre 1410.

nil in contrarium faciendo seu permittendo aut attemptando; quoniam sic fieri volumus, & auctoritate dicte nostre Commissionis fieri jubemus. Datum *Marciaci*, die decimâ mensis Februarii, anno Domini millesimo [a]IIII.^mo^ decimo. *Sic signatum.* J. RIPPARIE. *Collacio fit cum Litteris Regiis preinsertis, & constat de aliis.* J. DE FABRICA.

a quadragentesimo.

Suite des Lettres de Charles VI.

Quasquidem Litteras omniaque & singula in eisdem contenta, in quantum ritè & justè facta sunt, ratas habentes & gratas, eas volumus, laudamus, approbamus, de nostrisque auctoritate Regia & speciali gracia tenore presencium confirmamus: mandantes Senescallo Tholose, *Electis super facto Juvaminum in Provincia* Tholose, *ceterisque Justiciariis, Commissariis deputatis seu deputandis, & Officiariis nostris, aut eorum Locatenentibus, presentibus & futuris, & cuilibet eorumdem, prout ad eum pertinuerit, quatinùs dictos Consules, singulares & habitantes dicte nostre Ville de* Marciaco, *in preinsertis Litteris nominatos, nostrâ presenti confirmacione & graciâ, ac omnibus & singulis in predictis Litteris contentis, uti & gaudere pacificè faciant & permittant, ipsosque nec ipsorum alterum nullatenùs molestent seu [b]perturbant, molestari seu perturbari faciant aut permittant in corpore sive bonis; sed si quid in contrarium attemptatum seu innovatum nunc aut in futurum extiterit, ad statum prestinum & debitum reducant seu reduci faciant indilatè. Quod ut firmum & stabile perpetuo remaneat, Sigillum nostrum presentibus Litteris duximus apponendum: salvo in aliis jure nostro, & in omnibus quolibet alieno.* Datum *Par.* die XXII.^a Junii, anno Domini millesimo CCCC.^mo undecimo, & Regni nostri XXXI.º

b corr. *perturbent.*

Per Regem, ad relacionem Consilii. FRERON.

Similis pro Consulibus & singularibus loci de Bello-Marchesio, *Judicature* Ripparie, & Senescallie Tholose, *& similiter data & signata.*

LOUIS, Fils aîné de Charles VI. & Dauphin, à Paris, le 28. de Juin 1411.

(a) Lettres de Louis Dauphin, portant qu'on observera dans le Dauphiné, celles du 18. de Février 1406. par lesquelles Charles VI. ordonne la cessation des exactions indûes qui se faisoient sur le Clergé de France, par le Pape, les Cardinaux, & les Officiers du Pape.

LUDOVICUS *Regis Francorum Primogenitus,* Dux Acquitaniæ & Dalphinus Viennensis. *Universis præsentes Litteras inspecturis: Salutem. Cum carissimus Dominus & Genitor noster pridem die; videlicet, decimâ octavâ Februarii, anno Domini millesimo quadringentesimo sexto, de & super certis exactionibus & gravaminibus quæ per Collectores & alios Officiarios Romani Pontificis in Regno dicti Domini nostri & etiam* Dalphinatu *nostro, tunc fiebant & multipliciter inferebantur, ac ut eædem exactiones & gravamina penitùs in dictis Regno &* Dalphinatu *cessarent, maturâ super hoc cum pluribus Principibus & viris scientificis & notabilibus deliberatione præhabitâ, certas fecisset Ordinationes quas in suo Regno &* Dalphinatu *prædictis solemniter publicari & observari voluisset & præcepisset, prout per suas Litteras super hoc confectas hæc possunt liquidiùs apparere: Quarum tenor sequitur & est talis.*

[c]CAROLUS *Dei graciâ Francorum Rex, &c.*

Et deinde dictus Dominus & Genitor noster [d]*regimen & administrationem dicti nostri* Dalphinatûs *in Nos transtulisset, notum igitur facimus* [e]*quos Nos cognoscentes præmissa pro bono & utilitate subditorum nostrorum & totius rei publicæ dicti nostri*

c Ces Lettres sont ci-dessus p. 183.

d Voy. ci-dessus p. 490. les Lettres du 28. de Janvier 1409.

e corr. *quod.*

NOTE.

(a) La copie de ces Lettres qui sont dans le Dépôt de la Chambre des Comptes de *Grenoble,* a été envoyée avec cette indication : *Alter Liber copiarum Valentinensis & Diensis, Gratia plena,* Cahier 118.

Dalphinatûs, per dictum Dominum nostrum facta extitisse, ipsius Domini nostri nec immeritò vestigiis inhærentes, Ordinationes supradictas, sicut præfertur, factas & publicatas in nostro Dalphinatu *prædicto, teneri volumus ac inviolabiliter observari. Quocirca dilectis fidelibus nostris Gubernatori dicti* Dalphinatûs, *ac Gentibus Consilii nostri ibidem, cæterisque Justiciariis & Officiariis nostris, aut eorum Locatenentibus, & eorum cuilibet, prout ad eum pertinuerit, damus tenore præsentium in mandatis, districtiùs injungentes, quatenùs præsentem dicti Domini nostri & nostram Ordinationem ac voluntatem, in sui roboris firmitate teneant & observent, ac ab omnibus subditis & incolis dicti* Dalphinatûs *nostri teneri faciant & servari, omnes contradictores aut inobedientes ad hoc viriliter & debitè compellendo. In cujus rei testimonium præsentibus Litteris nostrum jussimus apponi Sigillum.* Datum *Parisius,* die vicesimâ octavâ Junii, anno Domini millesimo quadrigentesimo undecimo. *Per Dominum Dalphinum,* [a] *Vobis, Dominis* Dugaure, *de* Lineriis *& de* Ramboilleto, *præsentibus.* J. MILET.

LOUIS, Fils aîné de Charles VI. & Dauphin, à Paris, le 28. de Juin 1411.

a *Le Chancelier du Dauphiné. Voy. la note (c) de la p. 653. du 5.e Vol. de ce Rec.*

CHARLES VI. à Paris, le dernier de Juin 1411.

(a) Confirmation d'une Ordonnance donnée par Louis le Hutin, à la requête des Consuls & habitans de la Ville de Montreal, & contenant différens Règlemens.

KAROLUS, &c. Notum facimus universis presentibus & futuris, quod ad supplicacionem dilectorum nostrorum Consulum, hominum & Universitatis Ville nostre de [b] Monte-Regali *ejusdem* Senescalie Carcassone, *vidimus certas Litteras Regis Ludovici quondam Predecessoris nostri, quarum tenor dicitur esse talis.*

b a Montreal. *Voy. la note marg. (g) de la p. 213. du 5.e Vol. de ce Rec.*

LUDOVICUS, Dei graciâ, Francorum & Navarre Rex. Senescallo Carcassone *& omnibus Judicibus & Justiciariis nostris...... Porrectis itaque Nobis pro parte Consulum, hominum* [c] *Universitatis de* Monte-Regali *& Castellania ejusdem...... In cujus rei testimonium, Sigillum quo ante susceptum regimen Regni Francie utebamur, presentibus duximus apponendum.* Actum *Parisius,* primâ die Aprilis, anno Domini millesimo CCC.mo quinto decimo.

c supp. *&.*

Quasquidem Litteras ac omnia & singula in eisdem contenta, rata & grata habentes, eas & ea volumus, laudamus & approbamus, ac ex uberiori gracia nostra ipsas & in eisdem contenta, si & in quantum ritè & supplicantes predicti pacificè

Suite des Lettres de Charles VI.

NOTE.

(a) Trésor des Chartres, Registre 165. P. II.e VII. (207.)

Ces Lettres qui sont du premier d'Avril 1315. sont imprimées à la p. 553. du premier Vol. de ce Rec. mais l'article 19. jusqu'aux mots, *mandantes vobis, &c.* n'est point dans les Lettres pour *Montreal.* Voyez sur ces Lettres de 1315. les notes *(a) (b) (c) (d)* de la p. 554. du premier Vol. de ce Rec. Voy. aussi à la p. 120. du 5.e Vol. les Lettres du mois de Juillet 1368. & la note *(b).*

Le Registre 165. fournit des corrections & des *Variantes* sur cette Ordonnance de 1315.

P. 554.		Lig. 7.	debitorum *quondam* Judeorum	*corr.*	debitorum *quorumdam* Judeorum.
Ibid.	Art. 1.	Lig. 6.	deputatos penitùs		deputatos *ex nunc* penitùs.
P. 555.	Art. 7.	Lig. 2.	*Ordinavimus* prius, deliberoto per eos ..		*Inquisivimus* prius deliberato per nos.
Ibid.	Art. 12.	Lig. 1.	Cum sibi *Licere* peterent		Cum sibi *Littere* peterent.
Ibid.	Art. 13.	Lig. 3.	prompte *fieri*		prompte *recipi.*
		Lig. 5.	Literis *vestris* vel instrumentis fideliter *tamen,* si qua justa causa subsit quare hoc sit *minime* faciendum		Litteris *nostris,* vel Instrumentis fideliter *causam* [Il paroît qu'il faut supp. *continentibus*], *sique infra* subsit, quare hoc sit *nec ne* faciendum.
P. 556.	Art. 14.	Lig. 8.	& hoc *fuerit*		& hoc *fecerit.*
Ibid.	Art. 16.	Lig. 8.	de qua *tamen* modo		de qua *tantum* modo.

CHARLES VI. à Paris, le dernier de Juin 1411.

usi fuerint, confirmamus de gracia speciali per presentes : dantes harum serie in mandatis, districtè injungendo, Senescallo *nostro* Carcassone, *ceterisque Justiciariis & Officiariis nostris, presentibus & futuris, vel eorum Locatenentibus, & eorum cuilibet, prout ad eum pertinuerit, quatenùs dictos Consules, homines & Universitatem dicte nostre Ville de* Monte-Regali, *nostris presentibus graciâ & confirmacione uti & gaudere pacificè faciant & permittant : secus facta, si que sint vel fuerint,* [a] *revocentes, & ad statum pristinum & debitum reddducentes aut redduci facientes indilatè. Quod ut firmum & stabile perseveret in futurum, nostrum hiis presentibus Litteris fecimus apponi Sigillum : nostro in aliis, & alieno in omnibus jure salvo.* Datum *Parisius,* die ultimâ Junii, anno Domini millesimo CCCC.^{mo} undecimo, & Regni nostri XXXI.°

a corr. *revocantes.*

Per Regem, ad relacionem Consilii. FRERON.

CHARLES VI. à Paris, en Juin 1411.

(a) Lettres par lesquelles Charles VI. exempte les Officiers de son Hôtel, des droits d'Aides par rapport à la vente qu'ils feront des denrées crûes dans leurs héritages.

CHARLES, &c. Savoir faisons à tous presens & avenir, que Nous ayans en memoire & consideracion, comme avoir devons, les bons, grans, notables, prouffitables & agréables services que Nous ont fair longuement & loyaument noz amez & feaulx Officiers, serviteurs & familliers, nobles & non-nobles, de nostre Hostel, & Nous y servans en & par Ordenance, en tous & chascun estas & Offices d'icellui nostre Hostel, font chascun jour incessamment, & esperons que facent ou temps avenir, & pour & en recompensacion & meritoire retribucion des grans peines, frais, missions, despens & travaulx qu'il leur a convenu & convient chascun jour incessamment souffrir, supporter & soustenir en Nous servant tant en nos voyages & chevauchéez comme autrement, & afin qu'ilz aient mieulx de quoy eulx maintenir, gouverner & avoir leurs necessitez plus honnourablement en nostre service, voulans iceulx nos Officiers, serviteurs & familliers ordinaires & Nous servans ordinairement, estre previlegiez & exemptez ainsi que drois est, paravant & plus que noz autres subgez, & afin que ce redonde en bon exemple, & induise tous autres à bien & loyaument servir & faire leurs Offices plus soingneusement, & pour certaines autres causes & consideracions à ce Nous mouvans, yceulx noz Officiers, serviteurs & familliers ordinaires, nobles & non nobles, & leurs successeurs, & chascun d'eulx, de nostredit Hostel, & Nous y servans en ordenance, & qui y serviront ou temps avenir Nous & noz Successeurs Roys de France, avons pour Nous & yceulx noz Successeurs, affranchis, exemptez, eximez & forcloz, & par ces presentes de noz certaine science & grace especial, plaine puissance & auctorité Royal, affranchissons, exemptons, eximons & forcloons à tousjours-mais de toutes imposicions & quatriesmes de vins, grains, fruis & autres biens & choses quelxconques creus, venus & issus, & qui croistront, venront & [b] ysteront ou temps avenir en & de leurs heritages & possessions seulement, qu'ilz & chascun d'eulx vendront, eschangeront ou distribueront, ou feront vendre, eschanger ou distribuer sans fraude, en gros & à detail, ensemble ou par parties, tant en nostre bonne Ville de *Paris* comme ailleurs en nostredit Royaume, en quelque lieu ou place que ce soit, & sans ce que on leur en puisse ou doie aucune chose demander. Si donnons en mandement à noz amez & feaulx les Generaulx-Conseillers tant sur le fait de la finance que de la Justice desdiz Aides, aux Esleuz & Receveurs d'iceulx, par tout nostredit Royaume,

b *sortiront, proviendront.*

NOTE.

(a) Trésor des Chartres, Registre 165. P. XI.^{xx} VII. (227).

& à

& à tous noz autres Justiciers & Officiers, ou à leurs Lieuxtenans, presens & avenir, & à chascun d'eulx, si comme à lui appartendra, que de noz presentes grace, franchise & exempcion facent, seuffrent & laissent perpetuelment, plainement & paisiblement nosdiz Officiers, serviteurs & familliers ordinaires, nobles & non nobles, de nostredit Hostel & Nous y servans en ordonnance, & qui ou temps avenir y serviront Nous & noz dessusdiz Successeurs, desquelz Officiers, serviteurs & familliers il apperra par testification des Maistres d'Ostel ou du Maistre de la Chambre aus deniers de Nous & d'iceulx noz Successeurs, joïr & user sans empeschement & destourbier quelxconques; ainçois s'aucuns leur y avoient esté ou estoient mis, fais ou donnez, les ostent ou facent ôter tantost & sans delay, nonobstant que par noms & seurnoms nosdiz Officiers, serviteurs & familliers, & ceux de nosdiz Successeurs, ne soient cy exprimez ne declairez, laquelle chose ne voulons leur aucunement prejudicier ou povoir deroguer au contenu en ces presentes en aucune maniere & quelxconques Ordenances, restrinctions, deffenses & mandemens faiz & à faire par Nous & nosdiz Successeurs ou autres quelxconques, par Lettres, de bouche ou autrement au contraire, jassoit ce que expresse mencion y feust faicte du contenu en ces Lettres. Et pour ce que yceulx noz Officiers, serviteurs & familliers ont leurs heritages situez & assis en plusseurs parties de nostredit Royaume, & que de ces presentes ilz pourroient avoir afaire pardevant plusieurs Juges ou autres personnes, Nous voulons & avons octroyé & octroyons par ces mesmes Lettres, de nostredicte grace especial, à eulx & leurs successeurs & à chascun d'eulx servans à present, & qui ou temps avenir serviront en nostredit Hostel & ès hostels de nosdiz Successeurs en & par ordenance, que au *vidimus* un ou plusieurs de ces presentes deument fais soubz Séel autentique, & collationné à l'original, entiere & plaine foy soit adjoustée comme audit original. Et afin que ce soit chose ferme & estable à tousjours-mais, Nous avons fait mettre nostre Séel à ces Lettres : sauf en autres choses nostre droit, & l'autruy en toutes. *Donné à* Paris, *ou moys de Juing, l'an de grace mil CCCC. & XI. & de nostre Regne le XXXIe*

CHARLES VI. à Paris, en Juin 1411.

Par le Roy en son Conseil, où Monf. le *Duc* de *Guienne, Lois Duc* en *Baviere*, les *Contes* de *Mortaing* & de *Saint Pol*, l'Admiral, Mess. *Charles* de *Savoisy*, Mess. *Robert Du Boissay,* Mess. *Charles* de *Chamby,* Maistre *Philippe* de *Corbye,* & plusieurs autres, estoient. BRISOUL.

CHARLES VI. à Paris, en Juin 1411.

(a) Sauvegarde Royale pour l'Abbaye de Prémontré, & les autres Maisons de cet Ordre.

KAROLUS, Dei graciâ, Francorum Rex. Racioni congruum arbitramur sy inter curas & sollicitudines quas frequenter habemus in regendis nostris subditis, ad hec precipuè nostre mentis aspiret affectus per que Status Ecclesiasticus nostris temporibus sub commisso Nobis regimine in pacis transquillitate manuteneri valeat & tueri, & regni predicti [a] *Eglisie, Religioseque persone que de die & nocte Divinis* [b] *insistunt obsequiis, sub nostre proteccionis clipeo releventur* [c] *oppressuris, ac per regalem potenciam à* [d] *nociis defendantur, ut eò devociùs circa Divina vacare valeant quò liberaliùs per eandem potenciam senserint se adjutas. Notum facimus igitur tam presentibus quam futuris, quod Nos dilectos nostros Abbatem & Conventum Monasterii* Premonstratensis, Laudunensis *Diocesis, & membra dicti Monasterii speciali prosequentes affectu, attento quod ipsi Religiosi pro Nobis & nostris Successoribus* [e] *spontanie promiserunt facere celebrari & cantari anno quolibet perpetuis*

[a] corr. *Ecclesie*, là & plus bas.
[b] corr. *insistunt*.
[c] corr. *à pressuris*.
[d] corr. *noxiis*.
[e] corr. *spontè*, *spontaneè* ou *spontaneâ voluntate*.

NOTE.

(a) Trésor des Chartres, Registre 165. P. XIIII.^xx XVII. (297.)

CHARLES VI. à Paris, en Juin 1411.

temporibus, unam Missam solempnem de Sancto Spiritu, [a] *quandiu vitam duxerimus in humanis, & post decessum nostrum*, de defunctis, *pro Nostri & Successorum nostrorum Regum Francie animarum remedio & salute, dictos Religiosos tam in capite quam in membris, unacum eorum familia singulisque personis dicti Monasterii & membrorum ejusdem,* [b] *hominibus de corpore, possessionibus, rebus, juribus & bonis ipsorum omnibus in Regno Francie existentibus, in nostra proteccione, tuicione, salva & speciali gardia suscipimus & ponimus per presentes: eisdem Religiosis Gardiatorem concedentes specialem* Baillivum Viromandensem, *qui nunc est & qui pro tempore fuerit, ac ejus Locumtenentem in cujus Baillivia dictorum Monasteriorum possessiones, edificia, bona, redditus, obvenciones & membra ejusdem* [c] *scituari dicuntur: cuiquidem Baillivo presenti & futuro, vel ejus Locumtenenti, committimus & mandamus quatenùs* [d] *vacatis qui fuerint evocandi, summariè & de planò, rejectis cavillacionibus, subterfugiis, dilacionibus & frivolis quibuscumque, causas & querelas quascumque Religiosorum dicte Eglisie & membrorum ejusdem, movendas agendo & defendendo, contra quoscumque suos adversarios audiat & debito fine terminet in sede* Laudunensi *vel* Sancti Quintini *in* Viromandia, *prout dicti Religiosy duxerint arbitrandum; ipsos que Religiosos, familiares singularesque personas tam dicte quam membrorum ejusdem Ecclesie, ac homines de corpore deffendat seu deffendi faciat ab omnibus injuriis, violenciis, gravaminibus, oppressionibus, vi armorum, potencia laicorum ac novitatibus indebitis quibuscumque, & in suis justis possessionibus, franchisis, libertatibus, communitatibus, juribus, usibus & saisinis in quibus esse suosque predecessores fuisse pacificè ab antiquo invenerit, manuteneat, conserret & defendat, seu faciat manuteneri, conservari & defendi, non permittendo in personis ipsorum aut familiarium singularumque personarum dicti Monasterii & membrorum ejusdem, hominum de corpore, seu in bonis eorum aliquas fieri seu inferri injurias aut indebitas novitates; quas si factas esse vel fuisse, in nostre salve & specialis gardie & ipsorum prejudicium invenerit, ad statum pristinum & debitum reducat seu reduci faciat indilatè, ac nobis & parti propter hoc emendam condignam fieri & prestari; dictamque Salvam-gardiam nostram publicari faciat ubi & quando fuerit opportunum, & in signum hujusmodi Salve-gardie,* [e] *Pennuncellos seu baculos nostros in suis Ecclesiis, domibus, possessionibus & rebus predictis, & alibi in casu eminentis periculi, apponat seu apponi faciat, inhibendo seu inhiberi faciendo ex parte nostra in omnibus illis de quibus requisitus fuerit, sub certis & magnis penis Nobis applicandis, ne eisdem Religiosis, familiaribus singularibusque personis dicti Monasterii, & membrorum ejusdem, hominibus de corpore, sive bonis quibuscumque eorum, quomodolibet forefacere presumant; & in casu novitatis, si inter ipsos Religiosos, familiares, singulares personas Monasterii predicti & membrorum ejusdem, homines de corpore &* [f] *aquos alios, racione bonorum quorumcumque dicti Monasterii, aliquod oriatur debatum, locis de* [g] *abatis, si sint in rerum natura, alioquin, de valore & extimacione ipsorum, realiter & de facto* [h] *ressaisatis, dictum debatum & rem contentiosam ad manum nostram tanquam superiorem ponat seu poni faciat, partesque debatum hujusmodi facientes, & eciam dicte Salve-gardie infractores, & qui ei aut deputatis ab eo in hac parte inobedientes* [i] *fuerit vel rebelles, coram se adjornet vel adjornari faciat in dicta sede* Laudunensi *aut* Sancti Quintini, *ubi prefati Religiosy maluerint, ad certum & competentem diem seu certos & competentes dies processuros super hoc ut fuerit racionis. Sy vero dicti Religiosy aut aliqui de suis familiaribus singularibusque personis dicti Monasterii & membrorum ejusdem, seu hominibus de corpore, ab aliquo vel aliquibus assecuramentum habere voluerint, coram ipso vel ejus Locumtenente ad certam & competentem diem seu dies adjornet vel adjornari faciat illos à quibus dictum assecuramentum habere voluerint, daturos assecuramentum predictum bonum & legitimum juxta patrie consuetudinem, prout racionabiliter fuerit faciendum; necnon omnia debita bona & legalia, recognita vel probata per testes, Litteras, Instrumenta, confessionem Partis, fideles relatus, antiquos compotos & Registra dicti Monasterii, seu aliquorum Religiosorum vel servitorum ejusdem fidele testimonium, aut alia legitima documenta, que predictis Religiosis aut eorum alteri, tam racione fructuum,*

[a] corr. *quandiù.*
[b] espèce de serfs.
[c] corr. *situari.*
[d] corr. *vocatis.*
[e] Voy. les Tables des Mat. des Vol. de ce Rec. aux mots, *Penonceaux*, & à celui de *Assurément*, qui est un peu plus bas.
[f] corr. *aliquos.*
[g] corr. *ablatis.*
[h] corr. *ressaisitis.*
[i] corr. *fuerint.*

CHARLES VI. à Paris, en Juin 1411.

exituum & redditium, in dicta tamen Baillivia Viromandensi *existencium, quam alias, deberi noverit, eisdem Religiosis aut eorum certo mandato persolvi faciat indilatè; debitores hujusmodi in dicta Baillivia commorantes, per capcionem, vendicionem & explectacionem bonorum suorum quorumcunque, corporumque detencionem, si necesse fuerit, & ad hoc specialiter obligati existant, viriliter & debitè* [a] *compellando; non obstantibus quibuscumque Litteris status aut graciis à nobis seu Curia nostra super* [b] *respectu vel dilacione debitorum hujusmodi concessis aut etiam concedendis, quibus per dictos debitores fide & juramento intervenientibus, renunciatum extitit, de dictis fide & juramento expressam minimè facientibus mencionem; & sy super hoc debatum vel opposicio oriatur, manu nostrâ usquie ad summas contentas in Litteris obligatoriis sub Sigillis Regiis sigillatis, sufficienter munita, opponentes adjornet vel adjornari faciat coram se in altera predictarum sedium* [c] *qua maluerint predicti Religiosi, ad certam & competentem diem seu dies, in & super opposicione hujusmodi processuros, & ulterius facturos ut jus erit, exhibendo premissis* [d] *& à tangentibus, Partibus auditis, celeris Justicie complementum: omnibus autem Justiciariis, subditis & servientibus nostris precipimus & mandamus quatinùs in premissis & deppendenciis eorumdem, Baillivo predicto presenti & futuro, vel ejus Locumtenenti, & deputandis ab eis, pareant efficaciter & intendant: Que omnia sic fieri volumus, & ex causis predictis auctoritate Regiâ & graciâ speciali concessimus & concedimus per presentes; quas ad cetera* Premonstratensis *Ordinis Monasteria, personas, domos seu pertinencias eorumdem, Nos volumus extendi. Quod ut firmum & stabile perpetuò perseveret, Sigillum nostrum presentibus Litteris duximus apponendum: salvo in aliis jure nostro, & in omnibus quolibet alieno.* Datum *Parisius,* mense Junii, anno Domini millesimo [e] III.° undecimo, & Regni nostri XXXI.°

Per Regem, ad relacionem Consilii. ROUVRES.

a corr. *compellendo.*

b repit.

c corr. *quam.*

d Il faut app. corr. *& ea.*

e *quadringentesimo.*

CHARLES VI. à Paris, le 15. de Juillet 1411.

(a) Lettres de Charles VI. portant que les Ecclésiastiques qui sont membres du Parlement, sont exempts de Décimes & d'autres Subsides caritatifs.

KAROLUS, Dei graciâ, Francorum Rex. Universis Archiepiscopis, Episcopis, Abbatibus, Prelatis, Prioribus, Decanis, Archidiaconis, Collectoribus, Succollectoribus, Receptoribus generalibus & particularibus super facto Decime vel medie Decime, Subsidiorum caritativorum & aliorum quorumcunque, in Regno nostro deputatis seu deputandis, & aliis ad quos nostre presentes Littere pervenerint: salutem & dilectionem. Significamus vobis quod omnes Clerici & persone Ecclesiastice nostris in Camera Parlamenti nostri, Inquestarum ejusdem, Requestarum Hospicii & Palacii nostrorum, de die in diem insistentes obsequiis, tam Consiliarii nostri quam Grapharii & eciam Notarii nostri, in locis predictis constituti & ordinati, ab omni prestacione Decime, medie Decime, Subsidiorum caritativorum & aliorum quorumcunque, impositorum & imponendorum racione Beneficiorum Ecclesiasticorum que obtinent, quitti sunt ac liberi & immunes. Quocirca vobis & vestrum cuilibet, prout ad eum pertinuerit, tenore presencium inhibemus ne ab ipsis aut eorum altero, pro eorum Beneficiis predictis ex jam lapsis & futuris temporibus, Decimam, mediam Decimam, Subsidium caritativum aut aliud quodcunque, de cetero exigatis seu exigi, nec processus aliquos contra ipsos aut eorum alterum ob defectum solutionis predictorum, faciatis; factosque, si qui sint, vel aliquid aliud contra predicta processum, visis presentibus, revocetis aut revocari faciatis, eisdem quicquid hujusmodi occasione ab ipsis

NOTE.

(a) Registre *A.* du Parlement de *Paris, fol.* 240. *verso.*
Avant ces Lettres, il y a: *Littera significationis quod Gentis Parlamenti, quitte sunt à Decimis Pape.*

CHARLES VI. à Paris, le 15. de Juillet 1411.

receperitis, indilatè restituendo. Datum *Parisius,* die XV.ª Julii, anno Domini millesimo CCCC.° undecimo, & Regni nostri XXXI.° *Sic sign. Per Regem, in suo Consilio magno.* J. MILET.

Collatio facta est. BAYE.

CHARLES VI. à Paris, en Juillet, & le 23. de ce mois 1411.

(a) Lettres par lesquelles Charles VI. ordonne que les Officiers de l'Hôtel du Dauphin son fils aîné, jouiront de tous les Privilèges accordés à ceux de l'Hôtel du Roy, & en particulier de l'exemption des droits d'Aides, par rapport à la vente qu'ils feront des denrées crûes dans leurs héritages.

Lettres par lesquelles Charles VI. commande aux Généraux sur le fait des Aides, de vérifier & d'expédier les précédentes.

A TOUS ceuls qui ces presentes Lettres verront. *Andry Marchant,* Chevalier, Conseiller du Roy nostre Sire, & Garde de la *Prevosté* de *Paris:* Salut. Savoir faisons que l'an de grace mil quatre cens & treize, le Mercredi XXVII.ᵉ jour de Septembre, veismes unes Lettres du Roy nostredit Seigneur, séellées de son grant Séel, en laz de soye & cire vert, desqueles la teneur s'ensuit:

CHARLES, par la grace de Dieu, Roy de France. Savoir faisons à tous presens & avenir, que comme pour plusieurs justes & raisonnables causes & consideracions à ce Nous mouvans & doyans mouvoir, Nous ayons n'agueres par noz [a] Lettres séellées en laz de soye & cire vert, voulu & ordonné que tous noz Officiers, serviteurs & familiers, nobles & non nobles, servans & qui ou temps avenir serviront par ordonnance, en quelzconques Estat ou Office que ce soit, en l'Ostel royal de Nous & de noz Successeurs, soient francs & exemps, & les ayons perpetuelment exemptez, affranchis & eximez de toutes Impositions & quatriesmes des vins, grains, foins & autres biens & choses quelxconques, venans & yssans & qui vendront & [b] ystront du creu de leurs heritaiges & possessions tant seulement, que ilz & chascun d'eulx vendront, eschangeront ou distribueront, ou feront vendre, eschanger & distribuer sans fraude, en gros & à détail, tant en nostre Ville de *Paris* comme ailleurs en nostre Royaume, en quelque lieu que ce soit, ainsi que par nosdites Lettres ces choses & autres peuvent plus plainement apparoir, esquelles Lettres ne soit pas faicte expresse mencion des Officiers, serviteurs & familiers de l'Ostel de nostre très-chier & ainsné Filz le *Duc de Guienne,* ne des autres ainsnez Filz de noz Successeurs, mais seulement des Officiers, serviteurs & familiers des Hostelz de Nous & de noz Successeurs, parquoy aucuns pourroient doubter que iceulx Officiers, serviteurs & familiers de nostredit Filz, & des autres ainsnez Filz de noz diz Successeurs, ne feussent ou soient pas comprins ès grace, franchise & exempcion dessusdictes, & que d'icelles ne deussent ou doient pas joïr & user, mesmement tant comme Nous vivrons, jusques à ce que au plaisir de Nostre Seigneur nostredit Filz Nous succede; & pour ce, Nous ait icellui nostre Filz supplié humblement que consideré les grans, agreables & prouffitables services que en le servant sesdiz Officiers, serviteurs & famillers, tant nobles comme nonnobles, ont fait à Nous & à lui longuement & loyaument ou temps passé, font de jour en jour

[a] *Voy. ci-dessus p. 616. les Lettres du mois de Juin précédent.*

[b] *sortiront, proviendront.*

NOTE.

(a) L'original de ce *Vidimus* est au Trésor des Chartres, Layette cottée: *Subsides. Layette 1. n.° 8.*

Sur le repli est écrit, *Collation faite.*

Il y a sur le dos: Transcript de certains Privilèges octroyés par le Roy nostre Sire aux Officiers, serviteurs & familiers, nobles & nonnobles, servans & qui serviront par ordonnance ès Hostelz des ainsnez Filz du Roy nostredit Seigneur, par lesquelz ilz sont francs & exempts de paier Quatriesmes, Impositions, &c. PERSONA.

incessamment à grant peine & diligence, chacun en droit soy & en son Estat & Office : consideré aussi que nostre Hostel & le sien ne sont pas divers Hostelz, mais est le sien ung membre tant seulement ou une partie du nostre, il Nous plaise de nostre grace, pour oster la doubte dessusdicte, & obvier aux debas qui s'en pourroient ensuir, extendre ou octroyer, en tant que mestier seroit, les grace, franchise & exempcions dessusdites à sesdiz Officiers, serviteurs & familiers, & à ceulx des autres ainsnez Filz de nosdiz Successeurs, ou autrement pourveoir en ce par tele maniere qu'ilz en puissent joïr & user paisiblement, comme se nommez estoient expressement en nosdites Lettres. Nous ces choses considerées, & plusieurs autres Nous mouvans & doyans mouvoir en ceste partie, inclinans à la supplicacion de nostredit Filz, avons de nostre auctorité Royal, certaine science & grace especial, declaré & decerné, & par ces presentes decernons & declarons nostre entencion & voulenté estre que tous les Officiers, serviteurs & familiers, & chascun d'eulx, nobles & nonnobles, servans & qui serviront ou temps avenir par ordonnance, en quelque Estat ou Office que ce soit, en l'Ostel de nostredit Filz, & des autres ainsnez Filz de nosdiz Successeurs, soient comprins en toutes & chascune les graces, exempcions, Privileges, franchises & libertez dessusdites, & autres contenues en nosdites Lettres, & que eulx & chascun d'eulx en joïssent perpetuelment & paisiblement, comme s'ilz estoient expressement nommez en icelles, & comme font & feront les Officiers, serviteurs & familiers servans par ordonnance en l'Ostel Royal de Nous & de nosdiz Successeurs. Et en oultre, d'abondant, en tant que mestier seroit ou pourroit estre, Nous de noz auctorité & grace dessusdictes, iceulx Officiers, serviteurs & familiers, nobles & nonnobles, & chascun d'eulx, servans & qui serviront par ordonnance en quelque Estat & Office que ce soit en l'Ostel d'icellui nostre Filz, & des autres ainsnez Filz de nosdiz Successeurs, avons exemptez, afranchis & eximez, & par ces presentes les exemptons, afranchissons & eximons à tousjours-mais de toutes imposicions & quatriesmes des vins, grains, foins, & autres choses & biens quelxconques, creuz, venuz & yssus, & qui croistront, vendront & ystront en & de leurs heritaiges & possessions tant seulement, que eulx & chascun d'eulx vendront, eschangeront & distribueront, ou feront vendre, eschanger ou distribuer, sans fraude, en gros ou à detail, ensemble ou par parties, tant en nostre bonne Ville de *Paris* comme ailleurs, en quelque lieu que ce soit en nostre Royaume. Si donnons en mandement par ces présentes à noz amez & feaulx les Generauls Conseilliers tant sur le fait de la Finance comme de la Justice des Aides ordonnez pour la guerre, aux Esleuz & Receveurs d'iceulx, par tout nostredit Royaume, & à tous noz autres Justiciers & Officiers, presens & avenir, ou à leurs Lieuxtenans, & à chascun d'eulx, si comme à lui appartendra, que de noz presentes grace, franchise, exempcion & declaracion, facent, seuffrent & laissent perpetuelment & paisiblement joïr & user toutes les personnes qui par certificacion des Maistres d'Ostel ou de la Chambre aux deniers de nostredit Filz, ou des autres ainsnez Filz de nosdiz Successeurs, leur apperront estre Officiers, serviteurs & famillers, & servans par ordonnance ès Hostelz d'icellui nostre Filz, & des autres ainsnez Filz de nosdiz Successeurs, nonobstant que les noms & seurnoms d'iceulx Officiers, serviteurs & familliers, ou de leurs Offices, ne soient ici exprimez autrement, & quelzconques Ordonnances, restrinccions, mandemens ou deffenses à ce contraires. Et pour ce que lesdiz Officiers, serviteurs & familiers ont leurs héritaiges & possessions en plusieurs parties & lieux de ce Royaume, & que de ces presentes ilz pourroient avoir afaire pardevant plusieurs Juges ou autres personnes, Nous voulons & avons octroyé & octroyons par ces mesmes Lettres, à eulx & leurs successeurs, & à chascun d'eulx, que au *vidimus* d'icelles, ung ou plusieurs, faiz soubz séel autentique, & collationné, plaine foy soit adjoustée comme à l'original. Et afin que ce soit ferme chose & estable à tousjours-maiz, Nous avons fait mettre nostre Séel à ces Lettres : sauf en autres

CHARLES VI.
à Paris, en Juillet, & le 23. de ce mois 1411.

CHARLES VI.

à Paris, en Juillet, & le 23. de ce mois 1411.

choses nostre droit, & l'autruy en toutes. *Donné à* Paris, *ou moys de Juillet, l'an de grace mil quatre cens & unze, & de nostre Regne le XXXIe* Ainsi signé. Par le Roy en son Conseil, où Monf.^r de *Guienne,* le *Duc* de *Bar,* les *Contes* de *Mortaing* & de *Saint Pol,* [a] Vous, les *Evesques* de *Tournay* & de *Limoges,* les Seigneurs de *Saint George,* d'*Omont,* de *Linieres,* de *Rambures,* de *Rambouillet,* de *Savoisy,* de *Moutenay,* & plusieurs autres, estiez. BRISOUL. *Visa.* [b] *Contentor.* FRERON.

[a] *Le Chancelier de France. Voy. le 5.e Vol. de ce Rec. p. 653. note (c).*

[b] Voy. le 5.e Vol. de ce Rec. p. 22. note (h).

Au doz desquelles Lettres Royaulx dessus transcriptes, estoit escript ce qui s'ensuit : *Publiées en l'Auditoire de Nous Esleuz & commis de par le Roy nostre Sire en la Ville, Cité & Diocèse de* Paris, *sur le fait des Aides ordonnez pour la guerre, l'an mil quatre cens & unze, le Samedi xij.^e jour du moys de Septembre. J. TALENCE.*

Et à icelles Lettres Royaulx estoient attachées unes autres Lettres Royaulx en simple queuë & cire jaune, & ung mandement de Nosseigneurs les Generauls Conseillers sur le fait des Aides ordonnez pour la guerre, soubz l'un des signez desdiz Generaulz, en la marge duquel mandement estoient placquez trois autres signez d'iceulx Generauls, en cire vermeille; desqueles Lettres Royaulx en simple queuë, & mandement, les teneurs sont teles.

CHARLES, par la grace de Dieu, Roy de France. A nos amez & feaulx les Generauls Conseillers sur le fait des Aides ordonnez pour la guerre : Salut & dileccion. Comme par noz autres Lettres séellées en laz de soye & cire vert, & pour les causes contenues en icelles, Nous ayons afranchis, exemptez & forcloz les Officiers, serviteurs & familiers, nobles & nonnobles, de nostre très-cher & très-amé ainsnez Filz Loys *Duc* de *Guienne, Daulphin* de *Viennois,* de paier quatrieime & imposition de tous les vins, grains, foins, biens & autres choses quelzconques, creuz, venuz & issus, & qui croistront, vendront & ystront de leurs heritaiges & possessions, qu'ilz & chascun d'eulx vendront, eschangeront & distribueront, ou feront vendre, eschanger ou distribuer, sans fraude, ensemble ou par parties, sans ce que eulx ne aucun d'eulx soient contrains en quelque maniere que ce soit, à en paier aucune chose, si comme par nosdites Lettres sur ce faites, ces choses & autres vous pourront plus à plain apparoir; lesquelx noz Lettres, les Officiers, serviteurs & familliers de nostredit Filz, doubtent que vous ne vueillez faire difficulté de verifier & expedier, qui seroit venir directement contre l'octroy par Nous à eulx fait, en leur très-grant grief, prejudice & dommaige, requerans sur ce nostre gracieuse provision. Pourquoy Nous ces choses considerées, voulans nosdites Lettres avoir & sortir leur plain effect, vous mandons, commandons & expressement enjoingnons que icelles noz Lettres vous enterinez, verifiez & accomplissez, & du contenu en icelles faites, souffrez & laissez lesdiz Officiers, serviteurs & familliers d'icellui nostre Filz, joïr & user plainement & paisiblement, tout selon la forme & teneur de nosdites autres Lettres; nonobstant le serement que sur ce fait Nous avez, s'aucun Nous en avez fait, duquel par ces presentes Nous vous tenons quittes & deschargez, ordonnances, mandemens, restrinccions & deffenses à ce contraires. *Donné à* Paris, *le XXIIIe jour de Juillet, l'an de grace mil quatre cens & unze, & de nostre Regne le XXXIe* Ainsi singné. Par le Roy en son Conseil, où Monf.^r le *Duc* de *Guienne,* les *Contes* de *Mortaing* & de *Saint Pol,* [c] Vous, le Chancelier de *Guienne,* le Maistre des Arbalestriers, les Seigneurs de *Saint George,* d'*Omont,* de *Torcy,* de *Rambures* & de *Montenay,* & autres estiez. BRISOUL.

[c] *Voy. la note marginale (a) de cette page.*

Les Generauls Conseilliers sur le fait des Aides ordonnez pour la guerre. A tous Esleuz, Receveurs, Sergens, Commissaires & autres Officiers sur le fait desdiz Aides, ausquelz ces Lettres seront presentées : Salut. Veuës par nous les Lettres du Roy nostre Sire, séellées en laz de soye & cire vert, octroyées par le Roy nostredit Seigneur à tous les Officiers, serviteurs & familliers, nobles & nonnobles, servans & qui serviront en ordonnance Monf.r le *Duc* de *Guienne*, *Daulphin* de *Viennois*, ainsné Filz du Roy nostredit Seigneur, ès Hostelz de mondit Seigneur de *Guienne*, & de ses successeurs ainsnez Filz des Successeurs du Roy nostre Sire, par lesqueles il a affranchis, exemptez & forclos lesdiz Officiers de mondit Seigneur & de sesdiz successeurs, de paier aucun quatriesme & imposition de tous les vins, grains, foins, biens & autres choses quelconques, creuz, venuz & yssus, & qui vendront, ystront & croistront de leurs heritages & possessions, & que eulx & chascun d'euls vendront, eschangeront ou distribueront, ou feront vendre, distribuer ou eschanger, sans fraude, ensemble ou par parties, sans ce que eulx ou aucun d'euls soient aucunement contrains à en paier aucune chose, si comme èsdites Lettres est plus à plain contenu: nous par vertu desdites Lettres, & de certaines autres Lettres Royaulx par lesqueles le Roy nostredit Seigneur nous mande que nous verifions & accomplissions le contenu èsdites premieres Lettres, ausqueles deux Lettres ces presentes sont atachées soubz l'un de noz signez, vous mandons de par le Roy nostre Sire & de par nous, & à chascun de vous, si comme à lui appartiendra, que en prenant par vous Esleuz en chascune Eslection où lesdiz Officiers, serviteurs & familliers sont & seront demourans, certificacion de l'un des Maistres d'Ostel de mondit Seigneur le *Duc*, & du Maistre ou Controleur de la Chambre aux deniers dudit Seigneur, par lesqueles appere que ilz sont & seront servans Monf.r de *Guienne, Daulphin*, en ordonnance, comme dit est, vous & chascun de vous lesdiz Officiers, serviteurs & familliers, pour l'année à venir commençant le premier jour d'Octobre prochainement venant, & les autres années ensuivant, tenez & faites tenir quittes & paisibles de paier aucuns quatriesmes & imposicions des vins, grains, foins, & autres biens quelzconques, creuz & yssus, & qui croistront & ystront en leurs heritaiges & possessions, sans fraude, selon la forme & teneur desdites Lettres, & si comme le Roy nostredit Seigneur le veult & mande par icelles. *Donné à* Paris, *soubz noz signez, le xj.e jour de Septembre, l'an mil CCCC. & unze.* Ainsi singné. J. GEHE.

Et nous à ce present transcript avons mis le Seel de la *Prevosté* de *Paris*, l'an & jour premiers dessusdiz. *VARENNE.*

CHARLES VI. à Paris, en Juillet, & le 23. de ce mois 1411.

CHARLES VI. à Paris, en Juillet 1411.

(a) Lettres par lesquelles Charles VI. ordonne que les Officiers de l'Hôtel de la Reine, jouiront de tous les Privilèges accordés à ceux de l'Hôtel du Roy, & en particulier de l'exemption des droits d'Aides, par rapport à la vente qu'ils font des denrées crûes dans leurs héritages.

CHARLES, &c. Savoir faisons à tous presens & avenir, que comme pour plusieurs justes & raisonnables causes & consideracions à ce Nous mouvans & doyans mouvoir, Nous aions n'agueres par nos [a] Lettres scellées en las de soye & cire vert, voulu & ordonné que noz Officiers, serviteurs & familliers, nobles & nonnobles, servans & qui ou temps avenir serviront par ordonnance, en quelconque Estat ou Office que ce soit, en l'Ostel Royal de Nous & de noz Successeurs, soient francs & exemps, & les avons perpetuelment exemptez, affranchiz & eximez de toutes imposicions & quatriesmes de vins, grains, foins, & autres biens & choses, venans & [b] yssans & qui vendront & ysteront du creu de leurs heritages & possessions tant seulement, que ils & chascun d'eux vendront, eschangeront & distribueront, ou feront vendre, eschangier & distribuer, sans fraude, en gros ou à detail, tant en nostre Ville de *Paris* comme ailleurs

a *Voy. ci-dessus p. 616. les Lettres du mois de Juin précédent.*

b *sortans: provenans.*

NOTE.

(a) Trésor des Chartres, Registre 165. P. IX^{xx} XVIII. (198.)

CHARLES VI. à Paris, en Juillet 1411.

en noſtre Royaume, en quelque lieu que ce ſoit, ainſi que par noz autres Lettres ces choſes & autres peuvent plus à plain apparoir, eſquelles ne ſoit point faicte expreſſe mencion des Officiers, ſerviteurs & familliers de l'Oſtel de noſtre très-chiere & très-amée Compaigne la Royne, ne des Roynes qui lui ſuccederont, pourquoy aucuns pourroient cuidier ou doubter, ou voudroient dire qu'ilz ne deuſſent pas joïr des exempcions, libertez & franchiſes deſſuſdictes, dont pluſeurs debas ſe pourroient ſourdre ou temps avenir, & pluſeurs empeſchemens eſtre faiz ou donnez à iceuix Officiers, ſerviteurs & familliers de noſtredicte Compaigne, & des autres Roynes qui lui ſuccederont; & pour ce de la partie de noſtredicte Compaigne, Nous ait eſté humblement ſupplié que comme de droit & par raiſon noſtredit Hoſtel & ſien ſoient & doient eſtre reputez & tenuz un meſme Hoſtel, pourquoy tous ſes Officiers, ſerviteurs & familliers doivent joïr & uſer de toutes les libertez, exempcions & franchiſes dont les noſtres joïſſent & uſent, il Nous plaiſe ſur ce pourveoir en telle maniere que paiſiblement & ſans nul doubte, & ceſſans tous débas & empeſchemens, ſeſdiz Officiers, ſerviteurs & familliers puiſſent joïr des exempcions, franchiſes & libertez expreſſement octroyées aux noſtres par noz Lettres deſſuſdictes. Nous ces choſes conſiderées, & que les Officiers, ſerviteurs & familliers d'icelle noſtre Compaigne, ſont principalement à Nouz & par Nous retenuz & mis en ſon Hoſtel & ſervice, & que en la ſervant ils Nous ſervent, & doient pour ce eſtre tenuz, & auſſi les tenons Nous & reputons noz Officiers, ſerviteurs & familliers & de noſtre Hoſtel, comme ſe ils Nous ſervoient en noſtre perſonne; inclinans pour ce à la ſupplicacion d'icelle noſtre Compaigne, avons de noſtre auctorité Royal, certaine ſcience & grace eſpecial, declaré & decerné, & par ces preſentes decernons & declarons noſtre entencion & voulenté eſtre que tous les Officiers, ſerviteurs & familliers, & chaſcun d'eulx, nobles & nonnobles, ſervans & qui ſerviront ou temps avenir par Ordonnance en quelqu'Eſtat ou Office que ce ſoit, en l'Oſtel de noſtredicte Compaigne, & des Roines qui lui ſuccederont, ſoient comprins en toutes & chaſcunes les graces, exempcions, privilleges, franchiſes & libertez deſſuſdictes, & autres contenues en noſdictes Lettres, & que eulx & chaſcun d'eulx en joyſſent perpetuelment & [a] perpetuelment comme s'ils eſtoient expreſſement nommez en icelles, & comme ſont & feront les Officiers, ſerviteurs & familliers ſervans en ordonnance en l'Oſtel Royal de Nous & de noſdiz ſucceſſeurs. Et en oultre, d'abondant, en tant que meſtier ſeroit ou pourroit eſtre, Nous de noſtre auctorité & grace deſſuſdictes, iceulx Officiers, ſerviteurs & familliers, nobles & nonnobles, & chaſcun d'eulx, ſervans & qui ſerviront par ordonnance en quelque eſtat ou Office que ce ſoit, en l'Oſtel d'icelle noſtre Compaigne, & des autres Roynes à elles ſuccedens, avons exemptez, affranchiz & eximez, & par ces preſentes les exemptons, affranchiſſons & eximons à touſjours maiz de toute impoſicion & quatrieſmes des vins, grains, foins, & autres choſes & biens quelxconques, creuz, venuz & yſſuz, & qui croiſtront, vendront & yſteront en & de leurs heritages & poſſeſſions tant ſeulement, que eulx & chaſcun d'eulx vendront, eſchangeront & diſtribueront, ou feront vendre, eſchangier ou diſtribuer, ſans fraude, en gros ou à detail, enſemble ou par partie, tant en noſtre bonne Ville de *Paris* comme ailleurs en quelque lieu que ce ſoit en noſtre Royaume. Si donnons en mandement par ces preſentes, à nos amez & feaulx les Generaulx-Conſeillers tant ſur le fait de la Finance comme de la Juſtice des Aides ordonnées pour la guerre, aux Eſleuz & Receveurs d'iceulx, par tout noſtre Royaume, & à tous noz autres Juſticiers & Officiers; preſens & avenir, ou à leurs Lieuxtenans, & à chaſcun d'eulx, ſi comme à lui appartendra, que de noz preſentes grace, franchiſe, exempcion & declaracion, facent, ſueffrent & laiſſent perpetuelment & paiſiblement joïr & uſer toutes les perſonnes qui par certifficacion des Maiſtres d'Oſtel ou de la Chambre aux deniers de noſtredicte Compaigne, ou des Roynes qui lui ſuccederont, leurs apparront eſtre Officiers, ſerviteurs, familliers & ſervans en

[a] corr. paiſiblement *comme il y a dans les Lettres ſuivantes.*

en Ordonnance ès Hostelz d'icelle nostre Compaigne, & autres Roynes qui lui succederont, nonobstant que les noms & surnoms d'iceulx Officiers, serviteurs & familliers, ou de leurs Offices, ne soient icy autrement exprimez, & quelxconques Ordonnances, restrinctions, mandemens ou deffenses à ce contraires. Et pour ce que lesdiz Officiers, serviteurs & familliers, ont leurs heritages en plusieurs parties & lieux de ce Royaume, & que de ces presentes ilz pourroient avoir à faire pardevant plusieurs Juges ou autres personnes, Nous voulons & avons octroyé & octroyons par ces mesmes Lettres, à eulx & leurs successeurs, & à chascun d'eulx, que au *vidimus* d'icelles, un ou plusieurs, faiz soubz séel autentique, & collacionné, plaine foy soit adjoustée comme à l'original. Et affin que ce soit ferme chose & estable à tousjours, Nous avons fait mettre nostre Séel à ces presentes : sauf en autres choses nostre droit, & l'autruy en toutes. Donné à Paris, *ou moys de Juillet, l'an de grace mil CCCC. & XI. & de nostre Regne le XXXI.*

CHARLES VI. à Paris, en Juillet 1411.

Par le Roy en son Conseil, où Monf. le *Duc de Guienne*, le *Duc de Bar*, les *Contes* de *Mortaing* & de *Saint Pol*, [a] Vous, les *Evesques* de *Tournay* & de *Limoges*, le Chancellier de *Guienne*, les Seigneurs de *Saint George*, d'*Omont*, de *Liguieres*, de *Rambures*, de [b] *Ramboulet*, de *Savoisy*, de *Montenay*, [c] *Du Bressay*, de *Courcelles*, & plusieurs autres, estiez. BRISOUL.

a *Le Chancelier de France. Voy. le 5.e Vol de ce Rec. p. 653. note (c).*

b *corr.* Rambouillet.

c *Il y a ci dessus p. 617.* Du Boisfay, *à la fin des Lettres du mois de Juin précédent.*

(a) Lettres de Charles VI. confirmatives de celles par lesquelles le Duc de Berry Lieutenant du Roy dans le Languedoc & la Guyenne, attribue dans ces Provinces une jurisdiction sur tout ce qui regarde la fabrication & le commerce du sel, au Visiteur Général de cette marchandise, & accorde des Privilèges aux Officiers établis pour l'administration du sel, & aux Marchands qui en font le commerce.

CHARLES VI. à Paris, en Juillet 1411.

SOMMAIRES.

(1) Le sel appartenant aux marchands qui en font le commerce, ne pourra être saisi par les Officiers de la Justice ordinaire, même pour ce qui est dû au Roy. Les voitures dont ils se serviront pour le faire porter dans les greniers, soit par terre, soit par eau, ne pourront être saisies par ces Officiers, lorsqu'elles seront en chemin pour aller à ces greniers, ou pour en revenir.

(2) Ces voitures & ceux qui les conduiront, ne payeront point les nouveaux Impôts & Péages qui pourront être établis.

(3) Les Ouvriers qui travaillent aux salines, & les Officiers préposés à ce travail, ne pourront être engagés pour servir sur les Galères du Roy; & seront exempts de toutes charges publiques.

(4) Ces Officiers seront exempts des droits d'Aides & des Prêts que l'on exigera pour l'utilité commune, dans les lieux où ils demeureront.

(5) Les Notaires (Greffiers) qui sont ou qui seront établis par rapport à l'administration de la marchandise du sel, seront exempts du marc d'argent que les Notaires payent au Roy.

(6) Les Officiers & Gouverneurs de la marchandise du sel, pourront exercer leurs fonctions, faire faire des citations en Justice, saisir & vendre des biens & constituer des prisonniers, sans être obligés de demander des Lettres exécutoires aux Juges Royaux ni à ceux des Seigneurs.

(7) Les Visiteurs Généraux & les autres Officiers de l'administration de la marchandise du sel, sont institués Juges dans cette matière.

(8) Ces Officiers seront exempts de la garde des portes des lieux où ils demeureront, si ce n'est dans le cas où les Ennemis se présenteroient devant ces portes.

NOTE.

(a) La copie de ces Lettres qui sont dans le Dépôt de la Chambre des Comptes de *Montpellier*, a été envoyée avec cette indication : *Armoire des titres de la Province en général, & continuation des titres particuliers, n.° 2. fol. 81.*

Cette copie est défigurée par un très-grand nombre de fautes; on a tâché de les corriger dans des notes.

L'établissement de cette Jurisdiction étoit un démembrement de celle des Généraux-Conseillers sur le fait de la Justice des Aides dans le Languedoc, sur laquelle voyez ci-dessus p. 457. les Lettres de Charles VI. du 24. de Juillet 1409.

CHARLES VI. à Paris, en Juillet 1411.

(9) Les Gardes & les autres Officiers de cette administration, auront la moitié des amendes auxquelles seront condamnés ceux qui seront trouvés en fraude, & les dénonciateurs en auront le tiers.

(10) Le Visiteur Général de l'administration du sel, sera Juge de tous les procès civils & criminels qui s'élèveront par rapport à la fabrication & au commerce du sel.

(11) Fixation des honoraires qui seront payés à ce Visiteur Général & à son Notaire, (Greffier) lorsqu'ils feront des voyages par rapport à leurs fonctions.

(12) Le sel qui se fabrique dans des salines qui appartiennent à des particuliers, est mis dans la main du Roy; & ils ne peuvent sans la permission du Visiteur Général, le transporter dans leurs maisons pour leur usage, ni ailleurs.

(13) Tous les Officiers & les Ouvriers employés dans l'administration & dans la fabrication du sel, en recevront ce qui est nécessaire pour leur usage, suivant leur état & condition.

(14) Les particuliers de quelque état ou condition qu'ils soient, Ecclésiastiques ou séculiers, qui ne seront point propriétaires de salines, ne pourront faire usage de sel sans en avoir payé les droits, à l'exception de ceux qui ont des péages & autres revenus payables en sel.

(15) Pour empêcher les fraudes, le Visiteur aura le droit d'instituer des Gardes qu'il pourra destituer.

(16) Les Marchands qui apporteront du sel dans les greniers, le vendront à leur tour, en commençant par le premier qui en aura apporté.

(17) Les Receveurs, les Contrôleurs & les Mesureurs des Greniers, seront obligés d'y résider, & ils ne pourront substituer d'autres personnes à leur place, sans la permission du Visiteur Général.

(18) Le Visiteur Général aura le droit d'interpréter ce qui sera trouvé douteux dans ces Lettres.

(19) Les appels des Jugemens rendus par les Lieutenans du Visiteur Général, & par les autres Officiers de l'administration de la marchandise du sel, seront portés devant lui; & les appels de ses Jugemens seront portés devant le Parlement, ou devant les Conseillers Généraux sur le fait des Aides, institués dans le Languedoc & le Duché de Guyenne.

(20) Tous les Officiers & Ouvriers employés dans la fabrication & dans l'administration du sel, & ceux qui en feront le commerce, seront sous la Sauvegarde Royale.

(21) Ces Lettres seront publiées dans les lieux où il y a des Greniers à sel, & dans les autres lieux notables du Languedoc.

KAROLUS, *Dei gratiâ, Francorum Rex. Notum facimus universis presentibus & futuris, Nos Litteras carissimi ac dilectissimi Patrui nostri* Bitturicensis & Alvernie *Ducis, Locumtenentisque nostri in* [a] Lingue Occitane *ac* Ducatus Acquitanie *Patriis, vidisse, certas in se Ordinationes super facto &* [b] *utili regiminis Gabellarum nostrarum salis Patrie predicte* Lingue Occitane & Ducatus Acquitanie, *nec non libertates, Privilegia & immunitates Visitatoribus, Granateriis,* [c] *Contarotulatoribus, salineriis,* [d] *Mercatorum mensuratoribus, ac ceteris personis factum & emolumentum dicti salis quomodolibet per terram aut aquam exercentibus, (b) perseverantibus & investigantibus, continentes, per dictum Patruum & Locumtenentem nostrum ex sui deliberatione Consilii, ac etiam pro evidenti comodo & utilitate nostris & reipublice Patrie ac Ducatûs predictarum, factas & edictas, tenoris subsequentis.*

a Languedoc.

b Si le mot *utili* n'est pas pris ici substantivement, il faut corr. *regimine.*

c Contrôleurs.

d Il faut p. e. corr. *mercatoribus*, ou *mercaturarum mensuratoribus.*

JOANNES *Regis quondam Francorum Filius,* Dux Bitturicensis & Alvernie, Comesque Pictavensis, Bolonie & Alvernie, *Locumtenensque Domini mei Regis in tota* Lingua Occitana & Ducatu Acquitanie. *Universis presentes Litteras inspecturis: Salutem in Domino. Notum facimus nos ex deliberatione Consilii nostri, & pro evidentibus comodo & utilitate dicti Domini mei Regis & reipublice dicte patrie* Lingue Occitanæ & Ducatûs Acquitanie, *Ordinationes super facto Gabellarum salis fecisse, formam que sequitur continentes.*

(1) Et Primò. *Quia interest conservare omnes & singulos Officiarios dicti salis super gubernatione ejusdem institutos & instituendos, & Mercatores mercaturarum salis, quomodolibet exercentes, sive per terram sive per aquam sal portantes & conducentes seu vehentes, seu aliàs factum dicti salis investigantes & perseverantes, & ab omnibus oppressionibus, molestationibus & impedimentis quibuscumque custodire & etiam deffensare, volumus, statuimus & ordinamus quod pro aliquibus subsidiis &*

NOTE.

(a) Perseverantibus.] Perseverare a quelquefois signifié, faire commerce, ou avoir commerce avec quelqu'un. Voy. la note *(c)* marg. de la p. 440. du 4.e Vol. de ce Rec.

debitis sive detis Regiis seu aliis debitis privatis quibuscumque, nulla fiat seu fieri debeat exequtio per quoscumque ordinarios Servientes seu Commissarios, in animalibus, quadrigis, curribus seu navigis sal portantibus seu ad portandum destinatis, eundo ad Greneria dicti salis ordinata seu ordinanda, sive redeundo, aut super sale aliquomodo.

CHARLES VI. à Paris, en Juillet 1411.

(2) Item. *Quod pro predictis animalibus sive* [a] *sale navigiis, curribus, quadrigis, seu personis eas conducentibus, aliqua nova impositio,* [b] *Leuga, vectigal sive pedagium statutum aut barragium* [c] *prædictum Dominum meum Regem & nos quomodolibet concessum vel concedendum,* [d] *nunc levetur vel exigatur.*

(3) Item. *Pro Galeis seu eorum exercitu ad servitium dicti Domini mei Regis seu nostri* [e] *mittendi, homines salinarum seu sal in eis operantes, aut alii Officiarii dicti salis, ad eumdum cum dictis Galeis, seu ad aliud Officium publicum vel privatum suscipiendum, minimè compellantur, maximè (c) Jurati, propter quod opporteret ipsos totaliter divertere ab Officio & operibus dicti salis & salinarum, atque earum Gubernationibus.*

(4) Item. *Quod nullus Officiarius gubernationis dicti salis, compellatur seu teneatur in aliquo contribuere pro subsidiis & juvaminibus dicti Domini mei Regis sive nostris, impositis seu imponendis, aut pro aliis oneribus publicis quibuscumque, mutuum facere universitatum Consulibus seu Sindicis ipsorum locorum ubi moram trahunt.*

(5) Item. *Quod (d) Notarii facti super gubernatione dicti salis, si qui instituti fuerint sive instituantur, non debeant nec teneantur solvere marcham argenti Nobis impositam vel imponendam, nec ad solvendam compellantur; imo ipsos Notarios dicti salis, à dicta marcha argenti quittos, liberos & immunes volumus perpetuò remanere.*

(6) Item. *Quod Officiarii dicti salis & ejus Gubernatores possint & valeant in quibuscumque locis Seneschaliarum* Tholose, Carcassone, Bellicadri *& aliarum partium Locumtenentie nostre, quam in aliis Prelatorum & Baronum, capiendo personas, citando, aut arrestando bona eorum, vendendo aut vendi faciendo, & aliàs possint & valeant eorum Officium exercere & exequi juxta potestatem eis concessam aut concedendam, absque aliqua requisitione facienda seu petenda ab Ordinariis dictarum Senescalliarum sive ipsorum locorum, & absque annexa seu (e) exequtoria aliquali eorumdem.*

(7) Item. *In hac parte,* [f] *Visitatores Generales & (f) alii Officiarii gubernationis dicti salis ordinarum & visitatorum, quoad predicta & infra scripta, judices & cognitores volumus, ordinavimus & instituimus, & tenore presentis ordinationis instituimus & esse volumus, absque aliquali contradictione.*

(8) Item. *Quod nullus Officiariorum dicti salis possit aut valeat compelli ad custodiendum portalia, seu ad vigilandum per se aut per alium nomine suo mittendum, in custodia locorum aut Villarum ubi moram trahunt, nisi inimici dicti Domini mei aut nostri ante ipsas venirent & conarentur in eisdem subintrare, aut easdem occupare.*

(9) Item. *Quod Custodibus & aliis Officiariis dicti salis, seu aliis personis quibuscumque fraudes in facto dicti salis* [g] *resperientibus, mediam partem, & denuntiantibus, tertiam partem compositionum seu condempnationum inde sequtarum ex dictis fraudibus, dari & concedi volumus, ac eisdem distribui per manus dicti visitatoris dicti salis, seu ab eo depputati vel depputandi, prout eisdem videbitur faciendum, damus & concedimus plenariam potestatem.*

[a] corr. *salis.*

[b] Il faut app. corr. *Leuda.*

[c] supp. *per.*

[d] corr. *non* ou peut-être *minimè.*

[e] Il faut app. corr. *mittendis.*

[f] Voy. ci-dessous p. 628. note *(l)*.

[g] corr. *reperientibus.*

NOTES.

(c) Jurati.] Ces *Jurati* pouvoient être les Chefs, les Syndics des Ouvriers qui travailloient aux salines.

(d) Notarii.] Il paroît par la suite de ces Lettres que ces Notaires étoient des Greffiers. Voy. ci-dessous l'article 11. Voy. aussi sur le *Marc d'argent*, les Tables des Matières des Volumes de ce Recueil, au mot *Notaires.*

(e) Exequtoria.] Sans être obligé de demander à ces Juges des Lettres exécutoires. Voy. sur le mot *annexa*, la note *(d)* de la p. 22. du 6.e Vol. de ce Rec.

(f) Alii Officiarii.] Il faut lire *alios Officiarios:* mais je ne sai comment corriger les mots *ordinarum & visitatorum*, dont le premier est certainement corrompu. Il faut p. e. corr. *Ordinarios & Visitatores*, en rapportant ces mots à *Judices* qui est plus bas.

CHARLES VI. à Paris, en Juillet 1411.

(10) Item. *Quod de quibuscumque Causis factum & gubernationem dicti salis & eas tangentibus, deppendentibus & connexis, & de quibuscumque excessibus, delictis seu criminibus per Officiarios dicti salis qualitercumque commissis & committendis, civiliter aut criminaliter, durante (g) tractâ & gubernatione salis supradicti, & per alios mercatores, salinarios, opperarios, conductores & alias personas quascumque factum dicti salis exercentes, quamdiu dictum factum exercebunt, principaliter vel incidenter, aut* [a] *alia exequtiones vel factum dicti salis impediendo seu perturbando publicè vel occultè, Servientes, Commissarios seu alios Officiarios dicti salis & ejus gubernationis, citando, molestando aut injuriando, aut ipsum sal sive (h) albaranos emendo, mercando, furando, fraudando aut (i) manipolium ut fiat carius faciendo, falsas mensuras tenendo & eis utendo, falsos albaranos seu emprentas fabricando & eis furando, salinas faciendo, reparando, destinando & ad faciendum sal salinarios impediendo, aut (k) salinas seu salinariis salinarios, animalia, quadrigia, navigia sal portantes, aut conductores eorum dampnificando, injuriando, turbando, impediendo, molestando, & generaliter de quibuscumque aliis Causis ex premissis aut aliqua premissorum deppendentibus & emergentibus seu connexis, principaliter vel incidenter, cognitio, correctio & punitio civiliter vel criminaliter, ad dictos (l) Generales Visitatores vel ad suos Locatenentes in dictis partibus totaliter & plenariè pertineant, devolvantur, & cognoscant & diffiniant plenariè & perfectè, absque difficultate quacumque, &* [b] *hoc per dictum Visitatorem aut suos Locatenentes, vel alterum eorum, cognitum & diffinitum fuerit, condempnando, absolvendo, componendo, declarando seu aliàs quovismodo ordinando, volumus & concessimus perpetuò observari & ea omnia exequtioni demandari absque contradictione aliquali, quia ipsum Judicem & cognitorem omnium causarum predictarum & cujuslibet earum, fecimus & statuimus per presentes,* [c] *sine ordinationis tenore, & auctoritate Regia super hoc nobis atributa & quâ fungimur in hac parte, ipsumque Visitatorem, Gubernatorem, & omnes alios Officiarios dicti salis, quandiu erunt in eorum Officiis, & alios mercatores factum salis exercentes, quandiu dictum factum exercebunt, & Causas suas predictas civiles aut criminales, ab omni alia Juridictione ordinaria excepimus, & exemptos ac exceptos esse voluimus inde in anthea, & quandiu, ut dictum est, durabit tracta & (m) usum salis supradicti.*

(11) Item. *Voluimus, statuimus & ordinavimus ut supra, quod dictus Visitator cum equitabit pro aliquibus fore factis commissis vel committendis, habeat, levet, seu sui Locumtenentes habeant, levent, quilibet pro singulis* [d] *dietis à culpabilibus, si qui reperiantur, duos francos auri, & Notarius, unum francum.*

(12) Item. *Inhibuimus & inhibemus tenore presentis ordinationis, quibuscumque Baronibus, Nobilibus & Prelatis, & aliis personis quibuscumque, sal proprium seu*

[a] Il faut p. e. corr. *alias*.

[b] ou il faut corr. *quod* ou *hoc quod*.

[c] Il faut app. corr. *hujus* ou quelqu'autre mot semblable.

[d] journée. *Voy. ci-dessus p. 39. note (k).*

NOTES.

(g) Tracta.] Traite. On donne ce nom à l'exportation d'une marchandise d'un pays dans un autre, & au droit qu'elle paye. Voy. le Gloss. de *Du Cange*, au mot *Tracta* 2. Ces mots : *durante tractâ & gubernatione salis*, semblent désigner un traité, un bail fait pour un temps fixé par rapport à la fabrication & au commerce du sel.

(h) Albaranos.] Ce mot se trouve encore dans la suite de cet article où on lit : *Falsos albaranos seu emprentas fabricando, & eis furando, &c.* Suivant le Glossaire de *Du Cange*, au mot *Albaranum*, il signifie un billet, une cédule. Pour expliquer ce passage, il faut supposer qu'on observoit alors ce qui se pratique encore aujourd'hui ; c'est-à-dire qu'on donnoit d'abord à ceux qui vouloient acheter du sel, un billet sur lequel il y avoit une empreinte, une espèce de timbre, à la représentation duquel on délivroit le sel au Grenier. A l'égard du mot *furando*, il me paroît corrompu, & ne donneroit pas un sens clair quand on corrigeroit *suendo* du verbe *suere*, coudre, ou *firando*.

(i) Manipolium.] On lit dans le Glossaire de *Du Cange*, à ce mot, qu'il signifie une assemblée illicite, une conjuration. Ici si ce mot n'est pas corrompu, il est synonyme de *monopolium*, sur lequel voy. *ibid.* à ce dernier mot.

(k) Salinas.] Il faut p. e. corr. *salinas salinarum salinarios*, ou *salinarios salinarum operantes* comme il y a dans l'article 14.

(l) Generales Visitatores.] Il paroît par la suite de cet article, & par presque tous les suivans, qu'ici & dans l'article 7. il faut corriger *Visitatorem Generalem*.

(m) Usum.] Corr. *usus*. Il y a plus bas dans l'article 17. *Contrarotulatores facti, Tracti (Tractæ) & usus... salis.*

CHARLES VI.

à Paris, en Juillet 1411.

eorum jure vel aliàs habentibus, quod de salinis ubi dictum sal fieri vel recipi contingerit, in eorum domibus aut locis [a] *clausulis ponere, aut ad eorum usum recipere, vel alias transportare non audeant sine licentia dicti Visitatoris aut ejus Locumtenentis: nam dictum sal ex nunc prout extunc posuimus atque ponimus ad manum dicti Domini mei Regis & nostram; & si qui contrarium facientes reperti fuerint, ipsos volumus puniri, & volumus quod compellantur ad dictum sal usibus dicti Domini mei Regis & nostris applicare;* [b] *& ad resistendum à premissis per captionem bonorum suorum temporalium & per* [c] *multarum penarum impositionem, declarationem & eorum exactionem, & per alia juris remedia compelli volumus & ordinamus.*

(13) Item. *Volumus & concessimus quod dictus Visitator & alii Officiarii & Gubernatores dicti salis, & etiam salinarii & salinas facientes, & operarii dicti salis valeant & possint recipere de dicto sale ad suorum usum &* [d] *necessitem juxta statum personarum suarum, per manus tamen Receptorum seu Contrarotulariorum emolumentorum dicti salis; licentiâ primitùs à dicto Visitatore seu ab altero de suis Locatenentibus obtentâ.*

(14) Item. *Voluimus & ordinamus quod omnes persone nobiles aut innobiles, Ecclesiastice aut seculares, cujuscumque gradûs & statûs aut conditionis existant, non habentes salinas* [e] *operantes, non sint ausi uti sale, nisi soluto onere supra dictum sal per dictum Dominum meum seu nos ordinato, sub penis infra scriptis; hoc excepto quod si habeant pedagium seu alium salis redditum,* [f] *quam de sale ex tali redditu proveniente possint habere & uti ad eorum & familie sue usum necessarium, modo & forma quibus pro dictis salineriis salinarum operantibus, superiùs est ordinatum.*

(15) Item. *Voluimus & ordinavimus quod dictus Visitator seu sui Locumtenentes possint atque valeant pro jure & conservatione facti dicti salis instituere Custodes, Perquisitores & fraudum* [g] *indagantes, & eos destituere ad eorum liberam voluntatem & beneplacitum.*

(16) Item. *Volumus & ordinamus quod* [h] *turni mercatorum salinariorum teneantur & observentur per Grenetarios & Contrarotulatores; videlicet, quod ille qui primò portaverit suum sal Greneriis, primò vendat illud & secundum ordinationem* [i] *dictorum Visitatorum.*

(17) Item. *Quod omnes Receptores aut Contrarotulatores facti,* [k] *tracti & usus, aut Mensuratores salis prelibati, si qui ordinati fuerint aut depputati, teneantur facere residentiam personalem in locis & greneriis in quibus fuerunt instituti, nec ad alias* [l] *causas habeant accedere, nec loco sui alium substituere, nisi hoc fierent de licentia & permissu Visitatoris seu ejus Locumtenentis.*

(18) Item. *Quod interpretatio omnium predictorum & ex eis deppendentium, si dubium aliquod super eis & inter personas quascumque oriatur, ad dictum Visitatorem & ejus Locumtenentem voluimus pertinere, & quod super eis decreverint, robur obtineat firmitatis, & per quoscumque firmiter observetur.*

(19) Item. *Voluimus & ordinamus quod appellationes, si que fiant aut fieri contingant, à Locumtenente dicti Visitatoris Generalis, & ab aliis Officiariis dicti salis vel eorum altero, ad dictum Visitatorem devolvantur, & de eisdem ipse Visitator judex existat & de ipsis cognoscat, confirmando, revocando, retractando, augendo, minuendo vel in meliùs reformando; quodque appellationes que à dicto Visitatore fient & emittentur, devolvantur ad Curiam Parlamenti Domini mei Regis, vel ad Generales Consiliarios ipsius Domini mei & nostri super facto juvaminum in dictis* Partibus Occitanis & Acquitanie *constitutos & ordinatos, totaliter, & non ad alium quemcumque, & per ipsos determinentur & decidantur.*

(20) *Ceterum quia cujuslibet boni Principis interest suos Officiarios & eorum familiares, ac omnes alios comodum & utilitatem suos facientes & exercentes, tueri & deffendere à quibuscumque violentiis, injuriis & oppressionibus,* [m] *quam realibus quam personalibus, verbo vel facto inferendis, ipsosque conservare sub salva gardia & protectione sua speciali, nos igitur omnes & singulos factores dicti salis, Officiarios, ipsorumque uxores cum eorum familiis, rebus & bonis, ac omnes mercaturas salis & factum dicti salis exercentes; videlicet, dictos Officiarios cum eorum familiis,*

a app. *clausis.*

b cet endroit est corrompu, mais le sens est clair.

c corr. *muldarum.*

d corr. *necessitatem.*

e Ce mot qui est peut-être corrompu, peut signifier des salines qui ne sont point en valeur, & dans lesquelles on ne fabrique point de sel.

f Il faut peut-être corriger *quod* qui cependant est inutile.

g Il faut p. e. corr. *Indagatores.*

h Voy. à la p. 694. du 4.e Vol. de ce Rec. l'art. 2. des Lettres du 7. de Décembre 1366.

i Il faut sans doute *dicti Visitatoris.* Voy. ci-dessus p. 628. note *(m).*

k Il faut p. e. corr. *tractæ.* Voy. ci-dessus p. 628. note *(g).*

l Cela peut signifier; qu'ils ne se mêlent point d'autres affaires.

m corr. *tam.*

CHARLES VI. à Paris, en Juillet 1411.

quandiu durabit dictum factum dicti salis, & mercatores factum dicti salis exercentes, quandiu mercatores & factum predictum exercebunt, sub salva gardia & protectione dicti Domini mei Regis & nostra posuimus & suscepimus, positosque & susceptos declaramus, ponimusque & suscepimus presentis ordinationis serie & tenore: inhibendo ex parte dicti Domini mei Regis & ipsius auctoritate quâ fungimur in hac parte & nostra, quibuscumque personis tam publicis quam privatis, cujuscumque gradûs, dignitatis vel conditionis existant, ne dictos Officiarios, familiares eorum, aut mercatores vel alios factum salis exercentes, verbo vel facto in personis vel bonis aliqualiter injurient, aut aliquas injurias seu violentias eis inferant quoquomodo, sub pena centum marcharum argenti, dicto Domino meo Regi & nobis dandarum & applicandarum, quam ipso facto declaravimus & declaramus, auctoritate quâ supra, contra quoscumque contrarium facientes fore commissam & declaratam, & ipsos in eandem incidisse: Quamquidem penam sic commissam & declaratam, per Visitatorem dicti salis seu alium ejus nomine seu mandato, exigi volumus & mandamus quotiens casus exigerit, [a] *mitigando juxta ipsius Visitatoris & ejus Locumtenentis arbitrium & voluntatem.*

(21) *Et ne de premissis Ordinationibus, Statutis & Declarationibus memoratis, aliquis valeat ignorantie pretendere causam, sed potius premissa omnia roboris obtineant firmitatem, & per quoscumque* [b] *inconcussum observentur, volumus, ordinavimus & mandavimus auctoritate supradictâ, omnia universa & singula suprascripta, solempniter voce tubarum* [c] *precedenti, insignis & aliis dictarum partium notabilibus Villis in quibus Greneria dicti salis tenebuntur & tenentur, & aliis Villis* [d] *insignis, & personis notabilibus de quibus fuerit opportunum & dicto Visitatori expedire, publicare & intimare, & de ipsis publicatione & intimatione recipi & fieri unum vel plura publicum seu publica Instrumenta.*

In cujus rei testimonium, presentibus Litteris nostrum fecimus apponi Sigillum. Datum in Castro nostro [e] *Magduni* super *Evram*, vicesimâ tertiâ die Junii, anno Domini millesimo quatercentesimo undecimo. *Sic signatum. Per Dominum Ducem & Locumtenentem.* J. VIGANT.

a Il faut peut-être corr. *mitigandam.*

b corr. *inconcussè.*

c Il faut p. e. corr. *precedente, in insignibus & aliis.*

d insignibus.

e *Mehun-sur-Yevre* dans le *Berry*. Voy. le Dict. univ. de la France.

Suite des Lettres de Charles VI.

Quasquidem prescriptas Litteras, ac omnia & singula in eis contenta, rata & grata habentes, eas & ea volumus, laudamus, approbamus, ac tenore presentium auctoritate nostrâ Regiâ & de gratia speciali confirmamus: dilectis ac fidelibus Generalibus Consiliariis super facto Aydarum, ac [f] *Visitatorum & commissis ad Visitandum Gabellas dicti salis, ceterisque Justiciariis nostris in pretactis* Lingue Occitane *ac* Ducatûs Acquitanie patriis, *constitutis & ordinandis, presentibus & futuris, vel Locatenentibus eorumdem, & eorum cuilibet, prout* [g] *spettaverit ad eundis, dantes presentibus in mandato quathenùs prescriptas Ordinationes nostras & dicti nostri Locumtenentis, ac omnia & singula in eisdem contenta, teneant integrèque servent & compleant, ac de puncto in punctum compleri tenerique faciant & inviolabiliter observari, ac ubi & prout expedire viderint, publicari: non sinendo aut faciendo easdem à cetero infringi, cassari aut violari ullomodo, seu quicquam in contrarium fieri seu moliri. Et ut premissa valitudine perpetuâ solidentur, nostrum presentibus Litteris fecimus apponi Sigillum: nostro & alieno in omnibus jure semper salvo.* Datum *Parisiis,* mense Julii, anno Domini millesimo quatercentesimo undecimo, & Regni nostri tricesimo primo. *Per Regem, ad relationem Consilii. (n)* MARTADE. *Collatio est facta. Visa.* [h] *Contentor. (o)* FREIRII.

Donné pour copie corrigée par moy Notaire des Gabelles dessoubs escript, au lieu de *Montpellier,* [i] strayte des Registres. D. DECORMES.

f Visitatori.

g corr. *spectaverit ad eosdem.*

h Voy. la note *(h)* de la p. 22. du 5.e Vol. de ce Rec.

i extraicte.

NOTES.

(n) Martade.] Il faut p. e. corr. *Marcade.* Voy. ci-dessus p. 520. à la fin des Lettres du mois de Juillet 1410.

(o) Freirii.] Ce nom paroît corrompu. Il faut p. e. corr. *Freron.* Il y avoit en ce temps-là un Secrétaire du Roy de ce nom. Voy. ci-dessus p. 114. & p. 616. à la fin des Lettres des 22. & dernier de Juin de cette année 1411.

CHARLES VI. à Paris, en Août 1411.

(a) Lettres qui portent qu'on ne pourra exercer à Paris le métier d'Artilleur, qu'après avoir été reçû Maître, & qu'il y aura des Visiteurs-Jurés pour ce métier.

CHARLES, &c. Savoir faisons à tous présens & avenir, Nous avoir receu lumble supplicacion des Artilleurs usans & ouvrans du fait d'artillerie en nostre bonne Ville de *Paris*, consors en ceste partie, disans que comme en nostredicte Ville de *Paris* qui est la plus notable de nostre Royaume, certaine Ordonnance ait piéça esté faite pour le bien publique sur les mestiers de nostredicte Ville de *Paris;* c'est assavoir, que sur un chascun mestier auroit Regart & Visiteurs-Jurez, pour les mauvaistiez qui y pourient estre commises, & aussi que nul estrangier de quelque mestier qu'il soit, ne peut ou doit ouvrer ne lever son mestier à *Paris*, se il n'a esté apprenti ou servi le temps qu'il appartient, [a] qui en gardant ladicte Ordonnance qui est enregistrée ès Registres de nostre Chastellet de *Paris*. Et pour ce que en ladicte Ordonnance, lesdiz supplians, par inadvertence ou autrement, ne sont point comprins, pluseurs Artilleurs ou Marchans d'artillerie estrangiers se sont entremis & entremettent de jour en jour de venir vendre à *Paris* toute maniere d'artillerie, tant bonne comme mauvaise, sans visiter ne regarder, dont pluseurs Marchans & autres gens en sont mainteffois fraudez & deceus, & lesdiz supplians qui sont ouvriers bien renommez, [b] & ont esté & sont en leurdit ouvrage diffamez, qui est contre le renom d'eulx & de nostredicte Ville de *Paris*, où l'en dit estre des meilleurs ouvriers de tous mestiers de tout notredit Royaume; qui est contre le bien publique & ou très-grant dommage & prejudice desdiz supplians, lesion & [c] esclande de notredicte Ville de *Paris*, si comme ilz dient; & pour ce Nous ont humblement fait supplier que ces choses considerées, & pour obvier aux fraudes, esclandes & decepcions dessusdictes, Nous les vueillions adjoindre & mettre en ordonnance avec les autres mestiers de *Paris*, en les faisant & souffrant joïr & user de teles & semblables franchises & libertez que ils [d] sont en icelle, Pourquoy Nous inclinans à la supplicacion desdiz supplians, voulans pourveoir & obvier aux fraudes, esclandes & decepcions dessusdictes, avons ordonné & ordonnons par ces présentes, que de cy en avant nul ne puisse vendre artillerie quelconques en nostredicte Ville de *Paris*, devant ce qu'elle ait esté veue & visitée par deux ou trois personnes dudit mestier en ce congnoissans, qui seront esleuz & Jurez en la presence de nostre *Prevost* de *Paris* ou de son Lieutenant, sur peine de l'amende sur ce introduite, ou de tele autre amende comme par nostredit *Prevost* de *Paris* sera advisé & regardé; & aussi qu'il ne vende ne tiengne (b) fenestre de ladicte artillerie, s'il n'est Ouvrier & passé Maistre & fait chief d'euvre, & sans premierement estre veue & visitée par lesdiz commiz, sur la peine, amende ou confiscacion, telle comme contenue & declarée est ès Registres des autres mestiers de nostredicte Ville de *Paris*, desquelx Nous voulons qu'ilz aient *vidimus* à leurs despens, se mestier en ont; & oultre voulons & ordonnons nostredicte Ordonnance estre tenue & gardée sans enfraindre par lesdiz Commiz ou Jurez, & icelle estre mise & enregistrée en nos papiers & Registres de nostredit Chastelet, & que lesdiz Jurez ou commis aient telz droiz, prouffiz & emolumens comme ont les autres Jurez ou Commis sur les autres

a *Cet endroit paroît corrompu. Peut-être suffiroit-il pour lui donner un sens, d'ôter le mot* qui.

b *corr.* en.

c scandale.

d *corr.* ont.

NOTES.

(a) Trésor des Chartres, Registre 165. P. VII.xx XVI. (156.)

(b) *Fenestre.*) Anciennement le devant des boutiques n'étoit point entièrement ouvert comme il l'est aujourd'hui, & les enseignes & étalages pendoient aux fenêtres. Voy. le Gloss. de *Du Cange*, au mot, *Fenestra*.

CHARLES VI. à Paris, en Août 1411.

mestiers dessusdiz, & aussi qu'ilz usent & joyssent de telles & semblables franchises & libertez que font ceulx des autres mestiers de nostredicte Ville de *Paris.* Si donnons en mandement par ces presentes à nostredit *Prevost* de *Paris*, & à tous nos autres Justiciers, presens & avenir, ou à leurs Lieuxtenans, & à chascun d'eulx, si comme à lui appartendra, que de nostre presente Ordonnance ilz facent lesdiz supplians joïr & user plainement & paisiblement, & icelle crier & publier, se mestier est, partout où il appartendra, & selon la fourme & teneur que Nous & nos Predecesseurs l'avons octroyé aux autres mestiers de nostredicte Ville de *Paris.* Et pour ce que ce soit chose ferme & estable à tousjours, Nous avons fait mettre nostre Séel à ces presentes: sauf en autre chose nostre droit, & l'autruy en toutes. *Donné à* Paris, *ou moys d'Aoust, l'an de grace mil cccc. & unze, & de nostre Regne le XXXI.e*

Par le Roy, à la relacion du Conseil. CHALIGAUT.

CHARLES VI. à Paris, le 2. de Septembre 1411.

(a) Lettres de Sauvegarde Royale pour l'Abbaye de Licques, de l'Ordre de Prémontré.

KAROLUS, &c. Universis presentes Litteras inspecturis: Salutem. Racioni congruum arbitramur si inter curas & sollicitudines quas frequenter habemus in regendis nostris subditis, ad hec precipue nostre mentis aspiret affectus, per que Status Ecclesiasticus nostris temporibus sub commisso Nobis regimine in pacis transquillitate manuteneri valeat & tueri, & Regni predicti Ecclesie, religioseque persone que [a] *& nocte Divinis insistunt obsequiis, sub nostre proteccionis clipeo releventur à pressuris, ac per Regalem potenciam à noxiis* [b] *deffendentur, ut eò devociùs circa* [c] *Divinia vacare valeant,* [d] *que liberaliùs per eamdem potenciam senserint se adjutas. Notum igitur facimus quod Nos dilectos nostros Abbatem & Conventum Monasterii Beate Marie de (b)* Lisques, *Premonstratensis Ordinis,* Morinensis *Diocesis, & membra dicti Monasterii, speciali prosequentes affectu, dictos Religiosos tam in capite quam in membris, unacum eorum familia singulisque personis dicti Monasterii & membrorum ejusdem, Censuariis,* [e] *hominibus de corpore, possessionibus, rebus, Juribus & bonis ipsorum omnibus in Regno nostro existentibus, in nostra proteccione, tuicione, salva & speciali Gardia suscipimus & ponimus per presentes: eisdem Religiosis Gardiatorem concedentes specialem* Baillivum Ambianensem, *qui nunc est & qui pro tempore fuerit, vel ejus Locumtenentem in sede* [f] Monsteroli, *in cujus Baillivia dictum Monasterium, possessiones, edificia, bona, redditus,* [g] *convenciones & membra ejusdem situari dicuntur; cui quidem Baillivo presenti & futuro, vel ejus Locumtenenti in sede predicta, committimus & mandamus quatenùs vocatis qui fuerint evocandi, summariè & de plano, rejectis cavillacionibus, subterfugiis, dilacionibus & frivolis* [h] *quibuscumque, Causas & querelas quascumque Religiosorum dicte Ecclesie & membrorum ejusdem, movendas, agendo & deffendendo, contra quoscumque suos adversarios, audiat, & fine debito terminet in sede* Monsteroli, *ipsosque Religiosos, familiares, singularesque personas tam dicte Ecclesie quam membrorum ejusdem, Censuariis ac hominibus de corpore, si quos habent, deffendat seu deffendere faciat ab omnibus injuriis, violenciis, gravaminibus, oppressionibus, vi armorum, potencia Laicorum, ac novitatibus indebitis quibuscumque, & in suis justis possessionibus, franchisiis, libertatibus, immunitatibus, juribus, usibus & saisinis in quibus ipsos esse suosque*

a supp. *die.*
b corr. *deffendantur.*
c corr. *Divina.*
d corr. *quò.*
e espèce de serfs.
f *Montreuil-sur-mer.*
g Ce mot est app. corrompu.
h Il manque là un substantif, ou il faut corr. *& dilacionibus frivolis.*

NOTES.

(a) Trésor des Chartres, Registre 165. P. IX.xx II. (182.)

(b) Lisques.] Cette Abbaye, nommée en latin *Liskæ*, & en françois *Licques*, située à cinq lieues de *Boulogne* sur mer, & qui étoit autrefois du Diocèse de *Therouane [Morinensis,]* qui a été supprimé vers le milieu du 16.e siecle, est présentement de celui de *Boulogne*. Voy. *Gall. Christ. 2.e Edit. T. X. col. 1617.*

predecessores

Predeceſſores fuiſſe pacificè ab antiquo invenerit, manuteneat, conſervet & deffendat, ſeu faciat manuteneri, conſervari & deffendi, non permittendo in perſonas ipſorum aut familiarum ſingularumque perſonarum dicti Monaſterii aut membrorum ejuſdem, Cenſuariorum, hominum de corpore, ſeu in bonis eorum, aliquas fieri vel inferri injurias aut indebitas novitates, quas ſi factas eſſe vel fuiſſe in noſtre ſalve & ſpecialis Gardie & ipſorum prejudicium invenerit, ad ſtatum preſtinum & debitum reducat ſeu reduci faciat indilatè, ac Nobis & Parti propter hec emendam condignam fieri & preſtari, dictamque ſalvam Gardiam noſtram publicari faciat ubi & quando fuerit opportunum; & in ſignum hujuſmodi Salve-gardie noſtre, [a] *Penuncellos ſeu Baculos noſtros Regios in ſuis Eccleſiis, domibus, poſſeſſionibus & rebus predictis, & alibi in caſu eminentis periculi, apponat ſeu apponi faciat, inhibendo ſeu inhiberi faciendo ex parte noſtra omnibus illis de quibus requiſitus fuerit, ſub certis & magnis penis Nobis applicandis, ne eiſdem Religioſis, familiaribus ſingularibuſque perſonis dicti Monaſterii & membrorum ejuſdem, Cenſuariis, hominibus de corpore, ſive bonis quibuſcumque eorum, quomodolibet forefacere preſumant; & in caſu novitatis, ſi inter ipſos Religioſos, familiares, ſingulareſque perſonas dicti Monaſterii predicti & membrorum ejuſdem, Cenſuarios, homines de corpore, & aliquos alios racione bonorum ſuorum in dicta Baillivia exiſtencium, aliquod oriatur debatum, locis de ablatis, ſi ſint in rerum natura, alioquin de valore & eſtimacione ipſorum, realiter & de facto reſaiſitis, dictum debatum & rem contencioſam ad manum noſtram tanquam ſuperiorem ponat ſeu poni faciat, Parteſque debatum hujuſmodi facientes, & eciam dicte Salve-gardie noſtre infractores, & qui ei aut deputatis ab eo in hac parte, inobedientes fuerint vel rebelles, coram ſe adjournet vel adjournari faciat in dicta ſede* Monſteroli, *ad certam & competentem diem aut certos & competentes dies proceſſuros ſuper hoc ut fuerit racionis. Si vero dicti Religioſi aut aliqui de ſuis familiaribus, ſingularibuſque perſonis dicti Monaſterii vel membrorum ejuſdem, ſeu Cenſuariis & hominibus de corpore, ab aliquo vel aliquibus aſſecuramentum habere voluerint, coram ipſo vel ejus Locumtenente ad certam & competentem diem ſeu dies adjournet ſeu adjournari faciat illos à quibus dictum aſſecuramentum habere voluerint, daturos aſſecuramentum predictum bonum & legitimum juxta patrie conſuetudinem, prout racionabiliter fuerit faciendum; necnon omnia debita bona & legalia, recognita vel probata per teſtes, Litteras, Cartas, Inſtrumenta,* [b] *confeſſionem Partis, fideles relatus,* [c] *antiquas compotos & Regiſtra dicti Monaſterii, ſeu aliquorum Religioſorum vel ſervitorum ejuſdem fidele teſtimonium, aut alia legitima documenta, que predictis Religioſis aut eorum alteri, tam racione fructuum, redditruum, exituum, cenſuum quam aliter, in dicta tamen* Baillivia *exiſtencium* Ambianenſi, *deberi noverint, eiſdem Religioſis aut eorum certo mandato perſolvi faciat indilatè; debitores hujuſmodi in dicta Baillivia commorantes, per capcionem, vendicionem & explectacionem bonorum ſuorum quarumcumque, corporumque detencionem, ſi neceſſe fuerit, & ad hoc ſpecialiter obligati exiſtant, viriliter & debitè compellendo; nonobſtantibus quibuſcumque* [d] *Litteris Status aut graciis à Nobis ſeu Curia noſtra ſuper reſpectu vel dilacione debitorum hujuſmodi conceſſis aut eciam concedendis, quibus* [e] *predictos debitores fide & juramento intervenientibus, renunciatum extitit, de dictis fide & juramento expreſſam minimè facientibus mencionem; & ſi ſuper hoc debatum vel oppoſicio oriatur, manu noſtrâ uſque ad ſummas in Litteris ſub Sigillo Regio confectis contentas, ſufficienter munitâ, opponentes adjournet vel adjournari faciat coram ſe aut dicto ſuo Locumtenente in dicta ſede* Monſteroli, *ad certam & competentem diem ſeu dies, in & ſuper oppoſicione hujuſmodi proceſſuros, & ulteriùs facturos ut jus erit, exhibendo* [f] *premiſſis & ea tangentibus, Partibus auditis, celeris Juſticie complementum. Omnibus autem Juſticiariis, ſubditis & ſervientibus noſtris precipimus & mandamus quatinùs in premiſſis & deppendenciis eorumdem, Baillivo predicto preſenti & futuro, vel ejus Locumtenenti in dicta ſede* Monſteroli, *& depputandis ab eis pareant efficaciter & intendant: que omnia ſic fieri volumus* [g] *& cauſis predictis, auctoritate Regiâ & graciâ ſpeciali conceſſimus & concedimus per preſentes. Quod ut firmum & ſtabile perpetuò perſeveret, Sigillum noſtrum preſentibus Litteris duximus*

CHARLES VI. à Paris, le 2. de Septembre 1411.

a Voy. les Tables des Mat. des Vol. de ce Rec. au mot *Pennonceaux* & à celui *Aſſurement*, qui eſt un peu plus bas.

b corr. *confeſſionem.*

c corr. *antiquos.*

d Lettres d'Etat

e corr. *per dictos.*

f ſupp. *in.*

g corr. *ex.*

apponendum. Datum *Parisius*, secundâ die Septembris, anno Domini millesimo cccc.^mo undecimo, & Regni nostri xxxi.°.

Per Regem, ad relacionem Consilii. SALAUT.

CHARLES VI. à Paris, le 3. de Septembre 1411.

(a) Lettres de Charles VI. par lesquelles il dispense ceux des habitans de Cambray, qui ont des Fiefs dans le Royaume, d'aller servir dans l'armée que le Duc de Bourgogne assembloit contre ses ennemis.

CHARLES, par la grace de Dieu, Roy de France. A tous nos Justiciers, Seigneurs & Officiers, & autres comis & deputtez en cette partie: Salut. Nos bien amez les Eschevins, Bourgeois & habitans, & toutte la Communauté de la Cité de *Cambray*, nos aliez, Nous ont fait humblement supplier que comme ils aient de longtems servy nos Predecesseurs Roys de France & Nous bien & loyallement, de tout leur pouvoir & sont encores prests de faire; & à present soit moult grande necessité que ladicte Ville & Cité soit bien & seurement gardée: car elle est assise en frontiere & assé près de nos ennemis, & si est de grand circuite & grand garde; & il soit ainsy que par nos *(b)* Lettres passées en notre Grant Conseil, données ou mois d'Avril dernier passé, eussions ordonné & deffendu que quelconques personnes de notre Royaume, ou autres, ne s'armassent ne allassent servir aucuns grands Seigneurs de notre Sang en la guerre qui étoit apparante de venir entre eux; & depuis n'agueres pour certaines causes & considerations à ce Nous mouvans, ayons par l'advis & Ordonnance de notredit Conseil, & par nos Lettres données le xij.^e jour d'Aoust ensuivant, à la requeste de notre trechier Cousin le *Duc* de *Bourgogne*, revocqué, rappellé & mis du tout au neant nosdittes deffenses, en tant qu'il peut touchier notredit Cousin, noz Vassaulx & subjetz, & aussy les siens & autres ses amis, alliez & bienveuilans; soubs umbre desquelles choses, aucuns Seigneurs, tant de notre Royaume come du païs de notredit Cousin, qui sont ou doient aler presentement en l'armée & service de notredit Cousin, ont requis & sommé plusieurs desdits supplians qui sont leurs hommes de Fiefs, qu'il [a] voisent garder leurs Chasteaux & Fortresses; & il y a plusieurs desdits supplians qui tiennent aucuns Fiefs en notredit Royaume, qui sont de petit valeur, lesquels supplians, s'il les convenoit aler à leurdite semonce, & laisser laditte Ville, qui sont des plus notables d'icelle, ladicte Ville demouroit sans garde & en peril: car elle est habitée de gens de divers pays, & y a grand [b] plenté de povre peuple & de gens d'Eglise, & si y a aucuns qui tiennent Fiefs en notre Royaume, qui sont des Gouverneurs, Conseillers & Officiers servans à la garde de ladicte Ville, pour lesquels, si les y convenoit aler, seroit tres-grant deffault & peril de ladicte Ville, il Nous plaise sur ce leur pourveoir de notre gracieux & convenable remede. Pourquoy Nous eue consideration aux choses dessusdictes, auxdits Eschevins, Bourgeois & habitans avons octroyé & octroyons de grace especial par ces presentes, que tous ceux de ladicte Ville & Communauté, qui ont Fiefs ou Arrier-Fiefs en notre Royaume, tenus de Nous ou d'autres Seigneurs, ne soient tenus d'aller ou envoier pardevers ne à la semonce desdits Seigneurs desquels ils sont Vassaulx ou autrement, pour la cause dessusdicte; mais voulons & Nous plaist qu'ils en soient & demeurent quictes & paisibles,

[a] *aillent.*

[b] *multitude.*

NOTES.

(a) Ces Lettres ont été envoyées de *Cambray* avec ce titre: *Copie de certaine Lettre reposante ès archives de Mess. du Magistrat de la Ville de* Cambray.

Voy. la Préface de ce Vol. 5. 1.

(b) Lettres.] Elles ne sont point dans ce Recueil, non plus que celles du 12. d'Aoust, desquelles il est fait mention plus bas.

ſans en faire ou paier à Nous ou à autres de nos ſubjets, finance, amende, redevance ou compoſition aucune. Si vous mandons en commettant, ſi meſtier eſt, & à chacun de vous ſur ce requis, ſi come à luy appartiendra, que les deſſuſditz ſupplians & chacun d'eux, vous laiſſiez jouir & uſer paiſiblement de notredite grace & octroy, & contre la teneur de ces preſentes, ne les ſouffrez eſtre empeſchez ou troublez en aucune maniere; & s'aucune choſe de leurs biens eſtoient pour ce pris, ſaiſis, arreſtez ou empeſchiez, ſi leur mettez ou faites mettre ſans dilay à pleine delivrance : car ainſy Nous plaiſt-il & voulons eſtre fait, nonobſtant notredicte ordonnance & octroy fait à notredit Couſin, les ſemonces & requeſtes deſſuſdicte, & autres Ordonnances, mandemens ou deffenſſes à ce contraires. *Donné à Paris, le iij.e jour de Septembre, l'an de grace mil quatre cens & onze, & le XXXI.e de notre Regne.* Ainſy ſigné. Par le Roy. J. DE ROMANES.

CHARLES VI. à Paris, le 3. de Septembre 1411.

Collationnée à ſon original par le Greffier de la Ville de Cambray, *ſoubſigné.* MICHEL LOBRY.

CHARLES VI. à Paris, le 3. d'Octobre 1411.

(a) Lettres par leſquelles Charles VI. déclare les Ducs d'Orléans & de Bourbon, le Comte d'Alençon &c. & ceux qui tiennent leur parti, coupables de rébellion, pour avoir contre les déſenſes par lui faites, levé des troupes ou pris les armes; permettant à tous ſes ſujets de leur courir ſus & de les traiter en ennemis.

CHARLES, par la grace de Dieu, Roy de France. A tous ceulx qui ces preſentes Lettres verront: Salut. Comme pour le [a] relievement de noz Peuple & ſubgiez, & obvier aux grans maulx, pertes, dommages & autres inconveniens irreparables que noſdiz Peuple & ſubgiez en pluſeurs & diverſes parties de noſtre Royaume ont euz, ſoufferts & ſouſtenuz, comme ſont encores chaſcun jour inceſſamment, pour le fait & occaſion des grans aſſemblées de Gens d'armes & de [b] Compaignes, & autres gens de guerre, que aucuns des Seigneurs de noſtre Sang & autres de leur partie, ont puis aucun temps ença mis & fait mettre ſus & aſſembler en diverſes parties de noſtredit Royaume, contre noz *(b)* Ordenances, commandemens, inhibicions & defenſes, à la très-grant charge, deſtruccion & deſercion de noſdit Peuple & ſubgiez, Nous euſſions ordené & fait crier, publier & defendre par tous les Bailliages, Seneſchaucées & Prevoſtez de noſtredit Royaume, que nul de quelque préeminence, eſtat ou condicion qu'il feuſt, ſur peine de corps & de biens, & de toute autre peine qu'il ſe pourroit meſfaire envers Nous, ne feuſt ſi oſé ne ſi hardi de aſſembler ne faire aſſembler, ne tenir en noſtredit Royaume aucunes Gens d'armes & de trait, ne autres gens de guerre; & ſemblablement l'euſſions defendu & fait defendre par noz Lettres & autrement, aux perſonnes de *Charles* noſtre Nepveu d'*Orleans* & de ſes Freres, de *Jehan* noſtre Couſin de *Bourbon*, *Jehan* noſtre Couſin d'*Alençon*, *Bernart* d'*Armignac*, *Charles* noſtre Couſin [c] de *Lebret*, & autres de leur partie & leurs aliez & complices, & chaſcun d'eulz, telement & ſi notablement qu'ilz ne aucun d'eulz n'en pevent pretendre ignorance; en declairant deſlors que contre ceulz qui feroient ou ſeroient trouvez faiſans ou avoir fait

[a] *ſoulagement.*

[b] *Compagnies.* Voy. les Tables des Mat. des Vol. de ce Rec. au mot *Compagnies.*

[c] d'Albret.

NOTES.

(a) Regiſtre *A.* du Parlement de *Paris, fol.* 286. *verſo.*

Avant ces Lettres, il y a : *Abandonamentum.* Et en marge : *Preſentes Littere fuerunt revocate, adnullate & dampnate in Parlamento ubi erat Lectus Juſticie, prout conſtat per Litteras in duobus foliis immediatè precedentibus regiſtratas, & ſic ſignatas.*

Ces Lettres qui ſont du 5. de Septembre 1413. ſeront imprimées à leur rang.

(b) Ordenances.] Voy. ci-deſſus pp. 515. 531. & 573. les Lettres des 15. de Juillet, 30. d'Août & 28. de Février 1410.

CHARLES VI. à Paris, le 3. d'Octobre 1411.

le contraire, Nous procederions & ferions proceder à tele pugnicion comme les cas le requerroient; & par ainsi deussent avoir cessé de faire lesdictes assemblées : neantmoins lesdiz d'*Orleans*, de *Bourbon*, d'*Alençon*, d'*Armignac*, de *Lebret*, & autres leurs alliez & complices de leur partie, n'ont en riens voulu, ne ne veulent obeir ne obtemperer à nozdictes Ordenances, mandemens, inhibicions & defenses; ainçois en [a] villipendant ycelles, ont depuis tousjours continuelment fait assembler & tenir en plusieurs lieux de nostredit Royaume, & font encores chascun jour, très-grant quantité de Gens d'armes & de trait, de divers païs & nacions, & tant de nostredit Royaume & noz subgiez, comme autres estrangiers, lesquelz ont pillié & gasté, gastent, pillent & robent de jour en jour nostredit Royaume & noz bons & loyaulx subgiez, ont prins & de jour en jour s'efforcent de prendre noz Villes & Forteresses, & de noz Vassaulx & subgiez, ont tué gens, raençonné, bouté feux, efforcié femmes mariées & autres, violé filles à marier, robé Eglises & [b] Monstiers, & encores font & s'efforcent de faire toutes autres inhumanitez que ennemiz de Nous & de nostredit Royaume pevent & pourroient faire; dont très-grans plaintes & clameurs & moult piteables complaintes Nous sont par maintes foiz venues & viennent encores incessanment de jour en jour, & plus pourroient faire, se par Nous n'estoit sur ce pourveu de bon & brief remede. Pourquoy savoir faisons que Nous voulans & desirans de tout nostre cuer garder en ce & en toutes autres choses nostre honneur & Seignourie, & nosdiz subgiez relever & preserver d'oresenavant des oultrages, griefz, oppressions & dommages dessusdiz, & les maintenir en paisible paix & transquilité à nostre povoir, & les dessusdiz rebelles & desobeissans dechacier & destruire; consideré que desja Nous les avons autreffoiz *(c)* abandonnez, & que pour ce ilz n'ont aucunement cessé de proceder en leur male volenté & [c] emprise, ainçois de tout leur povoir y ont perseveré & continué de mal en pis, & font encores chascun jour, & autres causes & consideracions à ce Nous mouvans, eu sur ce grant advis & meure deliberacion avecques aucuns de nostre Sang & Lignage, & plusieurs autres en très-grant nombre, tant de nostre Grant Conseil, comme des notables Bourgois & habitans de nostre bonne Ville de *Paris*, avons declairé & declairons par ces presentes, de nostre plaine puissance, lesdits d'*Orleans*, de *Bourbon*, d'*Alençon*, d'*Armignac*, de *Lebret*, & touz autres de leurdicte partie, leurs aliez & complices, & autres quelzconques qui qu'ilz soient, qui contre & depuis nozdictes Ordenances, inhibitions, commandemens & defenses, ont fait & feront lesdictes assemblées desdictes gens d'armes & de trait, & ceulz qui sont venuz ne alez à leur mandement, ayde & secours, de quelque estat, préeminence ou condicion, & qui qu'ilz soient, qui ont fait & commis, font & commettent ou commettront les excès, crimes, delictz, oultrages & dommages dessusdicts, ou aucuns d'iceulz, pour rebelles & desobeissans à Nous & à la Coronne de France, & à noz Lettres, Ordenances, commandemens, inhibicions & defenses, & par ce avoir forfait corps & biens; & par ainsi afin que d'oresenavant aucun ne s'enhardisse d'aler avecques eulz leur tenir compaignie, ne porter ou donner aucune faveur, ayde, conseil ou confort, Nous avons à plain abandonnez & abandonnons par cesdictes presentes les corps & biens des dessus nommez & de toutes lesdictes gens d'armes & de guerre, & autres qui se sont renduz & monstrez, rendront & monstront leurs parciaulx & à eulx & à aucuns d'eulz affectez, & qui ont delinqué, delinquent & delinqueront par la forme & maniere que dit est; & en oultre, de nostredicte plaine puissance, avons donné & donnons par ces mesmes presentes congié & licence, auctorité & puissance à tous noz bons & loyaulx Vassaulx, Justiciers, Officiers & subgiez, & à chascun d'eulx, de courir [d] sur

[a] méprisant.

[b] Monastères.

[c] entreprise.

[d] corr. sus.

NOTE.

(c) Abandonnez.] Abandonnez de corps & de biens, comme il y a plus bas; c'est-à-dire, ordonné qu'ils seroient punis en leurs corps & en leurs biens. Voy. ci-dessous p. 640. note

CHARLES VI. à Paris, le 3. d'Octobre 1411.

aufdiz d'*Orleans*, de *Bourbon*, d'*Alençon*, d'*Armignac*, de *Lebret*, & autres de leurdicte partie, leurs fauteurs, adherens & complices, par la maniere que dit eft, & par toutes les voyes & manieres qu'ilz pourront, les deftrouffer, dechaffier de noftredit Royaume, & mettre à confufion, & les corps & biens defdiz rebelles & autres de la condicion devant dicte, prendre & emprifonner avecques leurs biens, & en faire au feurpleus comme l'en doit ou eft acouftumé de faire des ennemis de Nous & de noftredit Royaume, fans ce que pour les chofes deffufdictes, nofdiz fubgiez ne aucuns d'eulz, puiffent pour ce encourir en aucunes peines envers Nous & Juftice, ne en eftre reprins ores ne ou temps avenir en aucune maniere, excepté ceulz qui incontinent après les derrenieres inhibicions & defenfes de par Nous faictes, fe font departiz de la compaignie des deffus nommez, retournez en leurs maifons, & aufquelz Nous par noz Lettres de grace & remiffion, avons pardonné les offenfes & crimes qu'ilz avoient commis & perpetrez à l'encontre de Nous & Juftice, en tant qu'ilz n'avoient obey à nozdiz commandemens, inhibicions & defenfes. Si donnons en mandement par ces prefentes, à noz amez & feaulx Confeillers les Prefidens & autres Gens de noftre Parlement, & à ceulz qui tendront noz Parlemens avenir, à noftre *Prevoft* de *Paris*, & à tous noz Bailliz, Senefchaulx, Prevoftz & autres noz Jufticiers & Officiers, ou à leurs Lieuxtenans, & à chafcun d'eulz, fi comme à lui appartendra, que ces prefentes Lettres ilz publient ou facent publier en leurs Sieges & Auditoires, & par toutes les autres Villes & lieux accouftumez à faire criz & publicacions, & ailleurs ou meftier fera en leurs Jurifdicions, afin que aucun n'en puift pretendre ignorance, & les chofes dedans contenues mettent ou facent mettre incontinent à execucion felon leur forme & teneur, & de noz prefens abandonnement, declaracion, congié, licence & autres chofes deffufdictes, facent, feuffrent & laiffent noz bons & loyaulx fubgiez, & autres à qui ce pourra touchier, & chafcun d'eulz, joïr & ufer plainement & paifiblement fans les molefter ou empefchier, faire ne fouffrir eftre moleftez ou empefchez, ores ne ou temps avenir, en aucune maniere au contraire. Et pour ce que ces prefentes Lettres ne pourroient eftre exibées en tant de lieux comme befoing feroit, Nous de noftredicte puiffance Royal, avons voulu & ordené, voulons & ordenons que au *Vidimus* d'icelles, fait foubz le Séel de noftre *Prevofté* de *Paris*, ou autre Séel Royal ou autentique, plaine foy foit adjouftée comme à ceft prefent original : car ainfi le voulons Nous & Nous plaift eftre fait; nonobftant quelzconques oppofitions & appellacions faictes & à faire, & Lettres à ce contraires. En tefmoing de ce, Nous avons fait mettre noftre Séel à ces prefentes. *Donné à* Paris, *le iij.e jour d'Octobre, l'an de grace mil iiij.c & onze, & de noftre Regne le XXXII.e* Ainfi figné. Par le Roy, à la relacion du Grant Confeil tenu par Monf. le *Duc* de *Guienne*, & ouquel les *Contes* de *Morraing* & de la *Marche*, *Loys Duc* en *Baviere*, Meffire *Giles* de *Bretaigne*, le *Conte* de *Saint Pol*, [a] Vous, les *Evefques* d'*Amiens*, de [b] *Saint Brieu* & de *Tournay*, le Chancelier de *Guienne*, le Grant Maiftre d'Oftel, les Seigneurs d'*Offemont*, de *Blaru* & de *Florenfac*, le *Prevoft* de *Paris*, Meffire *Charles* de *Chambly*, Meffire *Bruneau* de *Saint Cler*, le Seigneur de *Linieres*, Meffire *Jehan* de *Chambrilhac*, Meffire *Regnault* d'*Angennes*, le *Galois* d'*Aunoy*, Maiftre *Euftace* de *Laitre*, Maiftre *Nicole* d'*Orgemont*, Maiftre *Guillaume* le *Clerc*, le *(d) Prevoft* de *Saint Omer*, Maiftre *Jehan Oignon*, le Prevoft des Marchans, & plufeurs des notables Bourgois & habitans de *Paris*, eftiez. G. BARRAU.

Collatio facta eft cum originali reddito Domino H. *de* Marla *Cancellario Francie, die primâ Januarii, anno Domini M.o CCCC.o XIII.o*

a Le Chancelier de France. Voy. le 5.e Vol. de ce Rec. p. 653. note (c).

b Saint-Brieux.

NOTE.

(d) Prevoft de Saint Omer.] Je crois qu'il s'agit du Prevôt de l'Eglife Collégiale de la Ville de *Saint Omer*, dans laquelle alors il n'y avoit point encore de Siége Epifcopal.

CHARLES VI. à Paris, le 10. d'Octobre 1411.

(a) Lettres de Charles VI. qui portent que ce qui est dû aux habitans de Paris, sur les biens de ceux qui ont été dernièrement déclarés rébelles, leur sera payé avant que la confiscation décernée contre eux, puisse avoir aucun effet.

CHARLES, par la grace de Dieu, Roy de France. A noz amez & feaulx Conseilliers les Gens qui tendront noz Parlemens avenir, les Gens de noz Comptes & Tresoriers à *Paris,* au *Prevost* de *Paris,* & à tous les autres Justiciers & Officiers de nostre Royaume, ou à leurs Lieuxtenens: Salut & dileccion. Receue avons l'umble supplicacion de nostre amé le Prevost des Marchans de nostre bonne Ville de *Paris,* pour & ou nom des Bourgois, Marchans & habitans d'icelle Ville, contenant que jasoit ce que par certains moyens, contractz & Traictiez ja pieça faiz & parfaiz loyalment & de bonne foy avecques plusieurs Chevaliers & Escuiers & autres gens de divers estaz, tenans le party de *Charles* nostre Nepveu d'*Orleans,* & de ses aliez & complices, lesquelz contre & pardessus noz inhibitions & defenses, ont fait armée & assemblée à force d'armes en nostre Royaume, & en ce faisant ont commis & perpetré plusieurs crimes, delictz & malefices, plusieurs d'iceuls Chevaliers, Escuiers & gens de divers estaz, soient tenuz & obligez envers plusieurs desdiz Bourgoiz, Marchans & habitans, en plusieurs & diverses sommes de deniers, tant pour argent comptant presté par eulz, comme pour [a] responses faictes pour eulz, & pour denrées & marchandises baillées à eulz ou à leurs gens, & de leur commandement; jasoit ce aussi que paravant lesdictes armées, inhibitions & defenses, aient esté faiz & parfaiz yceulz Contractz dont naissent & procedent lesdictes debtes & obligacions, & que au temps d'iceulx Contractz, il feust & eust esté loisible à un chascun de contracter avec lesdiz debteurs & obligiez; neantmoins pource que Nous ou noz Procureurs pour Nous, pourroient ou vouldroient dire & maintenir tous les biens desdiz Seigneurs qui ont fait lesdictes assemblées & armées, leurs adherens, aliez & complices, & autres qui sont & ont esté en leur compaignie, estre à Nous forfaiz, acquis & confisquez pour cause d'icelles assemblée & armée, ou que autrement pour leurs meffaiz, leursdiz biens pourroient cheoir en confiscacion & forfaiture, celui ou ceulz à qui appartient ladicte confiscacion ne sont tenuz de paier aucunes debtes, lesdiz Bourgois, Marchans & habitans doubtent que nozdiz Procureurs pour Nous ou autres, ou cas que ladicte forfaicture ou confiscacion auroit lieu, ou autrement procederoit ou sortiroit son plain effect, leur voulsissent faire mettre ou donner destourbier ou empeschement au paiement desdictes sommes à eulz deues par lesdiz debteurs, ou obligiez ou en aucunes d'icelles; laquelle chose se avenoit, seroit en leur très-grant grief, prejudice, dommage & desheritement; requerans humblement que comme dure chose & importable leur feust que sans leur meffait ou pechié ilz perdissent leur [b] chevance, & que autrement par voye oblique ilz auroient & porteroient punicion pour le pechié d'autruy; mesmement que ce que lesdiz Seigneurs & autres leur doivent & en quoy ilz sont tenuz envers eulz, est une grant partie de leur chevance, si comme ilz dient, Nous leur veuillons extendre & impartir nostre benigne provision : Pourquoy Nous attendu ce que dit est, non voulans aucun estre puni ne desherité pour le fait & pechié d'autruy, mesmement que lesdictes

[a] cautions.

[b] biens.

NOTE.

(a) Registre *A.* du Parlement de *Paris, fol.* 258. *recto.*

Avant ces Lettres, il y a : *Concessio facta in Consilio tento per* Ducem Acquitanie, Delphinum Viennensem, *habitantibus* Par. . . . . *quod solvatur eis de debitis suis, ante omnem confiscationem super terris & bonis, quorumdam rebellium & inobedientium Regi.*

Voy. la Préface de ce Volume. §. 1.

debtes font constituées paravant lesdictes assemblées, inhibicions & defenses, voulans en ceste partie equité & bonne foy estre preferez à rigueur de Justice, ausdiz Bourgois, Marchans & habitans, pour consideracion des choses dessusdictes, & des bons & agreables services qu'ilz Nous ont faiz & font de jour en jour, en exposant leurs corps, leurs biens & chevance au bien de Nous & de nostre Seignourie, & autrement en maintes manieres, & esperons que encores facent ou temps avenir, avons octroyé & octroyons de grace especial par ces presentes, que de tout ce qui apperra par Lettres, Tesmoings, Instrumens ou autres bons & loyaulx enseignemens, ausdiz Bourgois, Marchans & habitans estre deu par lesdiz Seigneurs ou autres Nobles & non nobles estans en leur compaignie, leurs adherens, aliez & complices, de quelque estat ou condicion qu'ilz soient, yceulz Bourgois, Marchans & habitans soient paiez & puissent requerir paiement & execucion sur les biens tant meubles comme immeubles desdiz debteurs ou obligiez, premierement & avant toutes forfaitures ou confiscacions escheues ou à escheoir, & à yceulz Bourgois, Marchans & habitans avons reservé & reservons touz les droiz & accions tant ypotheques comme autres, qu'ilz avoient & povoient avoir, & leur competoient & appartenoient à l'encontre desdiz debteurs & sur leurs biens pour ycelles debtes : voulans les devant diz droiz, ypotheques & autres accions, estre & demourer en leur force & vertu, & que yceulz droiz, ypotheques & autres accions, lesdiz Bourgoiz, Marchans & habitans puissent poursuir & déméner, & leur soient declairez & adjugiez sur lesdiz biens, & que paiement leur soit fait de tout ce qui apperra leur estre deu par la maniere que dit est, tout ainsi & pareillement comme ilz eussent peu faire & leur eust appartenu & leur devroit estre fait, se ycelles forfaitures ou confiscacions n'estoient advenues ou escheues, ou que elles n'escheussent ou avenissent aucunement; jasoit ce que les Lettres desdictes sommes à eulz deues, naient pas esté *(b)* nampties selon les Coustumes des lieux où namptissement a lieu; & oultre voulons, & ausdiz Bourgois & habitans, en ampliant nostredicte grace, avons octroyé & octroyons que ou cas dessusdit; c'est assavoir, que forfaiture ou confiscacion procederoit ou auroit lieu esdiz biens & heritages desdiz debteurs, que yceulz heritages soient & demeurent chargiez desdictes ypotheques, & se venduz & exposez estoient en vente pour Nous & à nostre proufit, ou que Nous en feissions aucune donacion ou autre transport à aucuns Seigneurs Nobles ou autres, que ce soit tousjours à la charge desdictes debtes & de toutes teles accions, ypotheques & autres, qui ausdiz Bourgois, Marchans & habitans paravant lesdictes assemblées, forfaitures & confiscacion, pourroient competer & appartenir pour les sommes pecuniaires à eulx deues. Si vous mandons & à chascun de vous, si comme à lui appartendra, que de noz presens grace, concession & octroy, vous lesdiz Bourgois, Marchans & habitans faites, souffrez & laissiez joir & user paisiblement & à plain, sans leur faire, mettre ou donner, ne souffrir estre fait, mis ou donné aucun destourbier ou empeschement au contraire; ainçois se aucun empeschement leur a esté mis ou estoit en ce que dit est fait, mis ou donné, levez-le & ostez, ou faites lever & oster incontinent & sans delay, en imposant sur ce silence perpetuel à nostredit Procureur ou Procureurs, se aucunement ores ou pour le temps avenir ilz vouloient nostredicte grace & octroy contredire, debatre ou [a] impuner, ou y faire ou donner aucun empeschement; lequel silence Nous dès maintenant pour lors & dès-lors pour maintenant, leur avons imposé & imposons; & en oultre voulons que sur les deniers qui vendront & [b] ystront de la vendicion d'yceulz biens & heritages, yceulz Bourgois, Marchans & habitans,

CHARLES VI. à Paris, le 10. d'Octobre 1411.

[a] *impugner: attaquer.*

[b] *sortiront: proviendront.*

NOTE.

(b) Nampties.] Nanties; c'est-à-dire, enregistrées dans les Greffes des Justices où étoient situés les héritages hypotéqués aux dettes dont il s'agit. Voyez le Glossaire du Droit François, au mot, *Nantissement.*

CHARLES VI. à Paris, le 10. d'Octobre 1411.

premierement & avant toute confiscacion, soient paiez & contentez des sommes de deniers à eulz deues, nonobstant que paravant la date de ces presentes, lesdictes confiscacions & forfaitures ou aucunes d'icelles, feussent declairées ou escheues, & que les cas dont ycelles forfaitures & confiscacions sont ensuies ou pourroient ensuir, feussent desja advenuz ou escheuz; suppose ores que lesdiz debteurs ou obligez, ou aucuns d'eulz, feussent ou deussent estre reputez crimineulx ou coulpables de crime de Lese-Majesté, & que paravant ycelles noz presentes Lettres, ilz ou acun d'eulz pour raison desdiz cas, crimes & malefices, eussent esté appellez, bannis, adjournez, ou autrement mis en procès par appeaulx, monicions, adjournemens, & autrement en quelque maniere que ce soit ou puist estre; nonobstant aussi que par aventure en faisant la declaracion desdictes forfaictures & confiscacions, ne feust ou soit faicte expresse mencion ne reservacion de nostredicte grace & octroy, Coustume ou Coustumes & usages de nostredit Royaume, Ordenances ou Constitucions de non donner aucune chose de nostre Demaine, commandemens ou defenses & Lettres quelzconques surreptices impetrées ou à impetrer à ce contraires. *Donné à Paris, le X.e jour d'Octobre, l'an de grace mil CCCC. & unze, & de nostre Regne le XXXII.e* Ainsi signé. Par le Roy, à la relation du Grant Conseil tenu par Monf. le *Duc* de *Guienne*, ouquel les *Contes* de *Mortaing*, de *Nevers*, de la *Marche* & de *Saint Pol*, [a] Vous, les *Evesques* d'*Amiens* & de *Tournay*, le Grant Maistre d'Ostel, les Sires d'*Offemont*, de *Lignieres*, de *Blarru*, de [b] *Rumaucourt*, de *Remboillet*, & plusieurs autres, estoient. J. MILET.

Au doz desqueles estoit escript : *Publicata VI.ta* [c] *Junii CCCC. XII.e* BAYE.

a *Le Chancelier de France. Voy. le 5.e Vol. de ce Rec. p. 653. note (c).*
b ou *Rumancourt.*
c supp. *die.*

CHARLES VI. à Paris, le 14. d'Octobre 1411.

(a) Lettres de Charles VI. par lesquelles il ordonne à ceux qui possèdent des Fiefs & d'autres biens nobles, & aux gens des communes, de se rendre auprès de lui, pour le servir contre quelques Princes du Sang & autres Seigneurs, qui avoient entrepris de le dépouiller de la Couronne lui & ses Enfans.

CHARLES, par la grace de Dieu, Roy de France. Au *Prevost* de *Paris*, ou à son Lieutenant: Salut. Pour ce qu'il est venu plainement & clerement à nostre cognoissance, & Nous tenons pour deuement & souffisaument informez, tant par certaines Lettres qui ont esté n'agaires trouvées & apportées en noz mains & de nostre Conseil, comme par les faiz & euvres que Nous avons veuz [d] ça en arrieres, & [e] véons chascun jour, combien que pieça ait esté souspeçonné & que longuement la chose ait esté couverte, paliée & dissimulée, que *Jehan* nostre Oncle de *Berry*, *Charles* d'*Orleans*, & ses Freres noz Nepveux, *Jehan* de *Bourbon*, *Jehan* d'*Alençon*, *Charles* de *Lebret*, noz Cousins, *Bernart* d'*Armignac*, & leurs aydans, confortans, adherens, aliez & complices, meuz & induiz de mauvais, inique, pervers & dampnable propos, ont entreprins & se sont efforciez & efforcent de Nous debouter, desmettre & destituer de nostre Estat & auctorité Royal, & destruire du tout à leur povoir Nous & nostre

d *au temps passé.*
e *voyons.*

NOTES.

(a) Registre *A.* du Parlement de *Paris, fol.* 288. *recto.*

Avant ces Lettres, il y a : * *Abandonamentum.* Et en marge : *Presentes Littere revocate fuerunt per Regem in suo Parlamento ubi erat Lectus Justicie, prout constat per alias Litteras antescriptas, signatas ad tale signum.* Ce sont les Lettres du 5. d'Octobre 1413. sur lesquelles voy. ci-dessus p. 635. note *(a)*.

Voyez la Préface de ce Volume.

* *Abandonamentum.]* Ce mot signifie app. *proscription*, & peut avoir rapport à la disposition de ces Lettres qui portent que les Princes rébelles & leurs partisans seront punis en corps & en biens. Voyez le Glossaire de *Du Cange*, au mot, *Abandum.* Charles VI. dans des Lettres du 3. de ce mois d'Octobre [Voy. ci-dessus p. 636. note *(c)*] dit, en parlant de ces Rebelles, *qu'il les a à plain abandonnez de corps & de biens.*

Lignée,

CHARLES VI.
à Paris, le 14. d'Octobre 1411.

Lignée, que Dieu ne weille, & faire nouvel Roy en France, qui est chose abhominable à oïr dire & reciter à tous les cuers de noz bons, vrays & loyaulx subgez; Nous voulans à ce pourveoir & obvier en toutes manieres à l'ayde de Dieu & de noz bons & loyaulx Vassaulx & subgiez, eu sur ce très-grant & meure deliberacion de Conseil avecques plusieurs de nostre Sang & Lignage, & autres saiges & preudommes de nostre Grant Conseil, noz Officiers & autres, avons ordené & deliberé, & par la teneur de ces presentes ordenons & deliberons de faire publier & divulguer par tout nostre Royaume notoirement & solennelment, tant ès Auditoires, Carrefours & autres lieux acoustumez à faire criz, comme en Sermons & Predicacions ès Esglises & ailleurs, le très-mauvais & dampnable propos des dessusdiz, & de mander, convoquer & appeler venir pardevers Nous le plustost que faire se pourra, tous noz hommes & Vassaulx tenans de Nous tant en Fief comme en Arriere-Fief, & aussi des [a] Gens des bonnes Villes de nostre Royaume qui ont acoustumé d'eulx armer par forme & maniere de Arriereban, pour Nous servir, aidier & conforter à maintenir, garder & defendre nostredicte Seignourie & nostre Lignée à l'encontre des dessusdis, qui desja sont moult près de Nous, & ont si avant procedé que par force sont entrez en nostre Ville de *Saint Denis en France,* en laquele sont plusieurs Reliques & Corps Sains, nostre Coronne, nostre [b] Auriflambe & plusieurs autres precieux & riches joyaulx; sont aussi entrez & ont prins le Pont de *S.t Cloud*, & paravant avoient prins sur Nous & noz subgiez, & [c] non mie sur nostre très-chier & très-amé Cousin le *Duc* de *Bourgongne,* lequel ilz avoient deffié & non pas Nous, plusieurs autres Villes, bouté feux, desrobé Eglises, rançonné, tué, mutilé, efforcié femmes mariées, violé pucelles, & fait tous maulx que ennemiz pourroient faire. Si vous mandons & enjoingnons estroictement sur peine de privacion de vostre Office & de confiscation de corps & de biens, & de toute autre peine que povez encourir envers Nous, que ceste nostre presente Ordenance & deliberacion, vous, incontinent ces Lettres veuës, faictes très-diligenment publier, crier & divulguer par tous les lieux acoustumez à faire criz, tant en nostre bonne Ville comme ailleurs, ès [d] mettes de vostre Prevosté, telement que aucun n'en puisse pretendre ignorance; en punissant en corps & en biens les dessus nommez, & tous ceulz de leur partie que pourrez trouver, prendre & apprehender, qui leur ont fait, donné & presté, font, prestent ou presteront conseil, confort, ayde ou faveur en quelque maniere que ce soit, ainsi que l'en doit punir malfaicteurs qui ont commis crime de Leze-Majesté à l'encontre de Nous, de nostre Seignourie & Coronne, telement que ce soit exemple à tous autres; & en faisant commandement sur les peines dessusdictes, à tous noz Vassaulx, & autres generalment qui ont acoustumé d'eulz armer, qu'ilz viennent pardevers Nous en armes tout le plus brief & hastivement qu'ilz pourront; & en faisant au seurplus ycelles noz Ordenance & deliberacion executer, enteriner & acomplir en tous ses poins selon la forme de ces presentes, en contraignant à ce par prise & expletacion de biens, arrest & detencion des personnes de tous ceulz que vous en trouverez estre negligens ou en default de y obeir, telement que vous n'en doyez estre reprins de negligence, & que Nous n'ayons cause de Nous en prendre à vous. *Donné à* Paris, *le xiiij.e jour d'Octobre, l'an de grace mil iiij.c & unze, & le xxxij.e de nostre Regne.* Ainsi signé. Par le Roy, à la relacion du Grant Conseil tenu par Monf. le *Duc* de *Guienne,* & ouquel Mess.rs les *Contes* de *Mortaing,* de *Nevers* & de la *Marche,* Messire *Giles* de *Bretaigne,* le *Conte* de *Saint Pol,* [e] Vous, les *Evesques* d'*Amiens* & de *Tournay,* le Chancelier de *Guienne,* le Grant Maistre d'Ostel, les Seigneurs *(b)* d'*Olekam,* d'*Offemont,* de *Blarru* & de *Linieres,* Messire *Regnault* d'*Angennes,* Maistres

[a] *Ils sont nommés* Communes *dans les monumens du temps; & ils servoient à pied.*

[b] *Voy. la note (f) de la p. 146. du 6.e Vol. de ce Rec.*

[c] *non pas.*

[d] *dans l'étendue.*

[e] *Le Chancelier de France. Voy. le 5.e Vol. de ce Rec. p. 653. note (c).*

NOTE.

(b) D'Olekam.] Seroit-ce le même que le Sire *Dolehan* Chancelier du Dauphiné, duquel il est fait mention ci-dessus p. 538. dans les Lettres du 2. de Septembre 1410?

CHARLES VI. à Paris, le 14. d'Octobre 1411.

Eustace de *Laitre, Nicole* d'*Orgemont, Guillaume* le *Clerc*, le Prevost des Marchans, plusieurs Bourgois de *Paris*, & autres esliés. G. BARRAU.

Collatio facta est cum originali reddito Domino H. *de* Marla *Cancellario Franciæ, die primâ Januarii CCCC.° XIII.°*

CHARLES VI. à Paris, le 17. d'Octobre 1411.

(a) Lettres par lesquelles Charles VI. ordonne que ses Officiers & ceux des Princes du Sang, les Gens du Parlement, & les Suppôts des Universités, qui en exécution d'une délibération prise dans l'assemblée du Clergé de France, ont été pendant la durée de la neutralité de l'obédience aux deux personnes qui se prétendoient Pape, pourvûs de Bénéfices par les Ordinaires, conformément aux rôles qui leur ont été présentés par des Commissaires choisis à cet effet dans cette assemblée, y seront maintenus; & que les procès que les Suppôts des Universités auront à soûtenir par rapport aux Bénéfices dont ils auront été pourvûs pendant cette neutralité, seront jugés par ces Commissaires.

CHARLES, par la grace de Dieu, Roy de France. A tous ceulx qui ces presentes Lettres verront: Salut. Receue avons l'umble supplicacion de nostre très-chiere & très-amée Fille l'Université de *Paris*, contenant que comme ou Concile General de l'Eglise de France, celebré derrenierement à *Paris*, par les Arcevesques, Evesques, Abbez, Prieurs Conventuaulx, Docteurs des Universitez & Estudes, Chapitres des Eglises Metropolitaines, Cathedrales & Collegiales, & autres notables personnes de noz Royaume & *Dalphiné*, entre plusieurs deliberacions & Ordenances faictes tant sur la [a] prosecucion de l'union universal de Sainte Eglise, comme pour le régime & autres choses neccessaires du Clergié de nostredit Royaume, mesmement durant le temps de la neutralité ouquel Nous estions pour lors, certaines Constitucions & Ordenances eussent esté faictes, & par grant deliberacion dudit Concile, pour pourveoir des Benefices de nostre Royaume, tant aux [b] Serviteurs & Officiers de Nous & des Seigneurs de nostre Sang & Lignage, & de nostre Court de Parlement, voulans estre Beneficiez, comme aux Docteurs & Maistres des Universitez de *Paris, Orleans, Angiers, Thoulouse* & *Montpeslier*, afin especialment que par deffault de [c] provision deue, les Estudes de nostredit Royaume ne feussent amendriz, dissipez ou [d] adnichilez ou prejudice de la foy catholique; lequel Concile eust ordené, determiné & conclud que les dessusdiz bailleroient par maniere de Roole leurs supplicacions, ainsi qu'il estoit acoustumé de faire au Pape; esquelles supplicacions seroient exprimez leurs noms, degrez, estaz, Benefices & la valeur d'iceulx, & seroient presentez à certains Commissaires par ledit Concile deputez & ordenez; ausquelz ledit Concile donna puissance, auctorité & mandement de recevoir lesdiz Rooles, & de nommer, assigner & colloquer yceulz selon leurs estaz, prérogatives, degrez, facultez, labeurs, merites & valeur de leurs Benefices, aux collacions & presentacions des Patrons & Collateurs de nostredit Royaume, & de les presenter ausdiz Patrons & Collateurs, lesquelz Patrons & Collateurs de quelque estat ou condicion qu'ilz feussent, estoient tenuz selon l'ordre desdictes nominacions, assignacions ou collocacions, présenter, pourveoir ou conferer ausdiz nommez, les Benefices vacans à leur presentacion, provision,

[a] *poursuite.*

[b] *Voy. ci-dessus p. 495. les Lettres du 17. d'Avril 1410.*

[c] *de revenus suffisans aux Etudians.*

[d] *réduits à rien.*

NOTE.

(a) Registre *A.* du Parlement de *Paris, fol.* 246. *verso.*

Avant ces Lettres, il y a: *Commissio cognoscendi per certos Commissarios, de Beneficiis durante neutralitate collatis.*

Voyez la Préface. §. *Schisme.*

disposicion ou collacion; & afin que lesdictes nominacions, assignacions ou collocacions ne feussent illusoires, doubteuses ou incertaines, ledit Concile après meure & grant deliberacion, eust constitué, ordené & establi que les presentacions, collacions ou autres provisions de Benefices, qui se feroient par lesdits Patrons ou Collateurs, contre l'Ordenance & ou prejudice des assignacions, nominacions ou collocacions des dessusdis * enrotulez, seroient reputées de fait casses & nulles, lesqueles ledit Concile cassoit, irritoit & adnulloit, & par lesdiz Commissaires ausquelz ycelui Concile commettoit son auctorité & puissance planiere, quant aux choses dessusdictes & leurs deppendences, vouloit, declaroit & dicernoit estre nulles, casses & vaines; & pour ce que ledit Concile avoit pour les choses dessusdictes faire & executer, deputé grant nombre de Commissaires qui par aventure n'eussent peu tous entendre aux choses dessusdictes, qui eust esté ou prejudice d'icelle chose, eust ycelui Concile commis à noz amez & feaulx Conseilliers, *Simon* pour lors *(b) Patriarche d'Alexandrie*, les *Evesques de Paris*, de *Tournay*, d'*Evreux*, & l'*Abbé* du *Mont Saint Michiel*, que lesdictes assignacions, nominacions & collocacions ilz feissent par la maniere dessusdicte, ainsi comme en leur conscience ilz verroient, les choses dessusdictes considerées, qu'il seroit à faire : pourveu toutesvoyes que les autres Commissaires y feussent presens, se bon leur sembloit; & oultre eust ordené, constitué & establi ledit Concile, que se aucune chose estoit attemptée ou innovée contre ne ou prejudice desdictes assignacions, nominacions ou collocacions, & que question ou debat sourdist entre les dessusnommez assignez ou colloquez d'une part, & lesdis Patrons ou Collateurs, d'autre, les devant diz cinq Commissaires, ou les deux d'iceulz, les choses attemptées ou innovées repareroient, & tous & chascuns debatz, quereles & questions orroient, termineroient & decideroient; & se les Patrons ou Collateurs, après ce qu'ilz seroient somierement & charitablement admonestez, ne vouloient ou differoient contre raison reparer les choses attemptées contre l'Ordenance dessusdicte, lesdiz cinq Commissaires ou les deux d'iceulx, comme dessus est dit, repareroient tout ce qui auroit esté fait ou attempté au contraire, donroient, assigneroient ou confereroient au colloqué, assigné ou nommé par l'auctorité dudit Concile, le Benefice dont il seroit contencion, l'en feroient mettre en possession & saisine, & feroient joïr des fruiz d'icelui effectuelment, en contraignant les contraditeurs par l'auctorité dudit Concile, & à ce appelant & invocant l'aide du bras séculier, se mestier estoit; ainsi comme toutes les choses dessusdictes l'en dit plus à plain estre exprimées ès Ordenances dudit Concile & commission desdiz Commissaires; par vertu desqueles Ordenances & commission, ayent esté faictes par lesdits Commissaires pluseurs collacions & provisions de Benefices, à pluseurs desdits Suppotz de nostredicte Fille, qui en ont eu & ont provision & collacion en default desdits Ordinaires, après grande & meure deliberacion & deuë Informacion de leurs droiz; & néantmoins nonobstant lesdictes Ordenances, collacions & provisions faictes par lesdits Commissaires ayans à ce plaine puissance par ledit Concile, comme dit est, aucuns presentez par lesdits Patrons, Collateurs ou autrement, en venant directement contre lesdictes Ordenances & provisions, ont empeschié, troublé & traveillié, empeschent, troublent & traveillent lesdiz Suppostz de nostredicte Fille, en leurs droiz, possessions & saisines desdis Benefices à eulz ainsi conferez, & desquelz ilz ont esté deuement pourveuz, instituez & mis en possession & saisine par la maniere dessusdicte, en prenant & empeschant les fruiz desdiz Benefices d'iceulx Suppostz de nostredicte Fille, & en les traveillant pour ce devant divers Juges, où pour ce se sont meuz pluseurs & divers Procès, tant en cas de saisine & de nouvelleté comme autrement, & tant en nostre Court

CHARLES VI.
à Paris, le 17. d'Octobre 1411.

a compris dans les rôles.

NOTE.

(b) Patriarche d'Alexandrie.] Il se nommoit *Simon Cramaut*. Voyez la Table des noms de personnes, qui est à la fin du 8.ᵉ Vol. de ce Rec. au nom *Cramaut*.

CHARLES VI. à Paris, le 17. d'Octobre 1411.

de Parlement, ou Chastellet de *Paris* comme ailleurs, qui pendent encores, par le moyen [a] dequels travaulx sont grandement troublez & empeschiez en leur estude lesdits Suppostz, & par ce seroient & demourroient lesdictes Constitucions & Ordenances illusoires & de nul effect, se par Nous n'y estoit pourveu de remede convenable. Pour cest-il que Nous, attendu ce que dit est, & que lesdictes choses à la requeste dudit Concile avons autreffois louées, approuvées & agréées, & que après ce le Concile General derrenierement tenu à *Pise*, les a confermées comme l'en dit; voulans lesdictes Constitucions & Ordenances desquelles Nous sommes Protecteur, défenseur & exécuteur, & tout ce qui par lesdits Commissaires a esté fait par vertu d'icelles, estre tenu & gardé sans enfraindre, avons à la requeste & supplicacion de nostredicte Fille, & en ensuivant lesdictes Ordenances, voulu & voulons par ces présentes, que lesdits Suppostz de nostredicte Fille l'Université, & chascun d'eulz, ausquelz aura esté pourveu d'aucuns Benefices par yceulx Commissaires, par la maniere dessusdicte, & comme appert par Lettres seellées de leur Séel commun à ce principalment ordené, soient maintenuz, gardez & defenduz de par Nous, ès fruiz, prouffiz & emolumens d'iceulz Benefices, sans ce que pour ce ilz soient tenuz en procès pardevant aucun Juge de quelconque auctorité qu'il soit, en Court de *Romme* ou ailleurs, se non devant lesdits Commissaires; & en cas d'opposition, ceulx à qui lesdits Benefices sont & auront ainsi esté donnez & conferez selon l'Ordenance dudit Concile, demourans en possession & saisine, & joyssans des fruiz, revenus & emolumens d'iceulz jusques en diffinitive, attendu l'Ordenance & Decret dudit Concile, Nous voulons que pardevant lesdits Commissaires & par yceulz, lesquelz Nous commettons à ce, soit decidé & determiné des droiz & debatz des Parties, ainsi que par ledit Concile leur fu commis & ordené, sans ce que autre Juge quelconque en ait ou tiengne Court ou cognoissance, soit en cas de saisine, de nouvelleté ou autrement, ores ne pour le temps avenir, en quelconque maniere que ce soit, & que tous ceulx qui s'efforceront de faire le contraire, & tous Porteurs de citacions, impetracions ou procès quelzconques, & les personnes pour qui seroient faictes teles citacions, impetracions ou procès, pour empescher les choses dessusdictes, soient contrains à eulx en desister, & à tout reparer & remettre au premier estat & deu, par prise [[b] desdictes citacions, impetracions, procès] de leurs temporelz, & par toutes autres voyes deues & raisonnables; & avecques ce, tous procez meuz & pendans pour cause desdits Benefices ainsi donnez & conferez, en quelque estat & devant quelzconques Juges que lesdiz procès soient, Nous avons renvoiez & renvoyons par ces presentes pardevant lesdits Commissaires lesquelz Nous commettons à ce, comme dit est, pour y proceder, & faire raison aux Parties selon l'Ordenance dudit Concile, & que raison sera; & voulons & ordenons que tous ceulx dont il leur apperra par Lettres & tiltres desdits Commissaires, avoir eu collation par lesdits Commissaires, par la maniere dessusdicte, ilz facent user desdits Benefices & des fruiz & revenues d'iceulx, nonobstant que les fruiz d'aucuns desdits Benefices soient en nostre main, laquele Nous en levons sans prejudice du droit des Parties, ou cas toutesvoyes que par Sentence, du droit des Parties ne seroit autrement ordené; sans ce que autres Juges quelzconques que lesdits Commissaires puissent cognoistre desdits debatz & procès, ne que autre personne reçoive les fruiz desdits Benefices, fors tant seulement lesdits Suppotz ainsi pourveuz, comme dit est; & ainsi voulons & commandons par yceulz Commissaires estre fait & ordené; nonobstant quelzconques debatz, mandemens, appellations ou oppositions qui seroient faictes au contraire. Si donnons en mandement par ces présentes, à noz amez & feaulx Conseillers tenans nostre present Parlement, & qui tendront ceuls avenir, aux Gens des Requestes du Palais, à nostre *Prevost* de *Paris*, & à tous noz autres Justiciers, ou à leurs Lieuxtenans, en commettant, se mestiers est, & à chascun d'eulx, que nostre presente Ordenance tiengnent & facent tenir & garder sans aler ou venir, ne souffrir estre fait aucune chose au contraire, & que lesdictes

[a] *desquels.*

[b] *Les mots qui sont entre deux crochets, paroissent inutiles, à moins qu'il n'y ait quelques mots omis dans le texte.*

Causes ou procès pendans pardevant eulx, ilz renvoyent sans difficulté pardevant yceulz Commissaires, se requis en sont, avec les Parties adjournées à certain jour, pour proceder comme dessus, sans plus eulx en entremettre; & pour ce que lesdiz Suppostz pourroient avoir à besongnier en divers lieux de ces presentes, dont [a] ilz ne pourroient finer, & aussi qu'elles se pourroient deperir ou perdre sur les chemins, Nous voulons que au *Vidimus* d'icelles fait soubz Séel Royal ou autentique, soit donnée & adjoustée plaine foy comme à l'original d'icelles. En tesmoing de ce, Nous avons fait mettre nostre Séel à ces presentes. *Donné à* Paris, *le XVII.e jour d'Octobre, l'an de grace mil CCCC. & onze, & de nostre Regne le XXXII.e* Ainsi signé. Par le Roy, à la relation du Grant Conseil tenu par Monsr. le *Duc* de *Guienne*, ouquel [b] Vous, les *Evesques* d'*Amiens* & de *Tournay*, le Chancelier de *Guienne*, & autres estiez. J. DE RIVEL.

Au doz desqueles estoit escript : *Lecta & publicata in Camera Parlamenti, die XII. Decembris, anno Domini M.o CCCC.mo undecimo.* BAYE. *Collatio facta est.*

CHARLES VI. à Paris, le 17. d'Octobre 1411.

[a] *Ils ne pourroient trouver sur le champ, lorsqu'ils en auroient besoin.*

[b] *Le Chancelier de France. Voy. la note (c) de la p. 653. du 5.e Vol. de ce Rec.*

CHARLES VI. à Paris, le 20. d'Octobre 1411.

(a) *Mandement qui porte qu'il sera fabriqué des Blancs-Deniers à l'écu, & d'autres espèces de billon, & qui fixe le prix de l'argent.*

CHARLES, par la grace de Dieu, Roy de France. A noz amez & feaulx les Generaulx-Maistres de noz Monnoyes : Salut & dillection. Savoir vous faisons que pous les très-grans & urgents besoignes & affaires que Nous avons presentement à soustenir, tant pour occasion des [c] debatz & divisions estans entre plusieurs de nostre Royaume, dont les aucuns s'efforcent de Nous oster nostre Seigneurie, que Dieu ne vueille, comme autrement en plusieurs manieres; mesmement pour pourveoir à la seureté de Nous, de nostre très-chiere & très-amée Compaigne la Royne, de nostre très-cher & très-amé Filz ainsné le Duc de *Guyenne* & de noz autres Enffans, & aussi des bonnes Villes de nostredit Royaume, & pour obvier aux très-grans perilz, dommaiges & inconveniens [d] taillez d'ensuir à Nous, à nostredit Royaume pour cause desdits debatz & entreprinses, se briefvement n'y est pourveu par la grace de nostre Seigneur de bon & convenable remede; lesquelles choses ne se pevent faire sans très-grans & excessifz frais, missions & despens, lesquelz ne pourrions aucunement prandre ne recouvrer de la revenue de noz Finances qui sont à present, consideré les autres très-grans despenses qui cy en arriere y ont esté prinses, & que prandre y convient de jour en jour; Nous eu sur ce très-grant & meure deliberacion de Conseil avec plusieurs de nostre Sang & Lignaige, & autres sages & preudhommes ayans congnoissance & bien expers en telles choses, affin de croistre & augmenter nostredit revenue pour Nous aider à supporter lesdites affaire au moins de griefz & de charge de nostre peuple, que bonnement pourrons, avons voulu & ordonné, voulons & ordonnons, & vous mandons expressement par ces presentes, que vous [e] faictes & ouvrer par toutes les Monnoyes de nostre Royaume, Blancs-Deniers à l'Escu, semblables de forme & façon comme ceulx que Nous faisons faire à present, qui ont cours pour dix Deniers Tournois la piece; lesquelz seront à v. deniers de Loy dit Argent-le-Roy, & [f] de VI. sols VIII. deniers de poix au marc de *Paris*, & aux [g] remedes acoustumez; & Petiz-Blancs à l'Escu, appellez Demyz-Blancs, ayans cours pour v. deniers Tournois la piece, de semblable Loy, & [h] de XIII. sols IIII. deniers de poix audit marc.

[c] *Voy. la Préface de ce Vol. §. 1.*

[d] *disposés à quelque chose. Voy. ci-dessus p. 530. note (b).*

[e] *faictes & ouvrez ou faictes ouvrer.*

[f] *de 80. pièces au marc.*

[g] *Voy. la note (d) de la p. 194. du 5.e Vol. de ce Rec.*

[h] *de 160. pièces au marc.*

NOTE.

(a) Registre *E.* de la Cour des Monnoies de *Paris, fol.* 8. vingt 2. *recto.* [162.]

Avant ces Lettres, il y a; *Mandement pour faire Monnoye XXXII.e* (Voy. la Préface du 3.e Vol. de ce Rec. p. CVIII.)

CHARLES VI.

à Paris, le 20. d'Octobre 1411.

Item. Doubles Deniers Tournois à II. deniers de Loy, & de XIII. sols IIII. deniers de poix audit marc.

Item. Petiz Deniers Parisis à ung denier obolle de Loy, & [a] de XVI. sols de poix audit marc.

a de 192. pièces au marc.

b de 240. pièces au marc.

c de 320. pièces au marc.

Item. Petiz Deniers Tournois à ladicte Loy, & [b] de vingt solz de poix audit marc; & les Mailles à ung denier de Loy, & [c] de XXVI. sols VIII. deniers de poix audit marc; en mectant en icelles monnoyes d'argent telle *(b)* difference comme bon vous semblera; & en donnant aux Changeurs & Marchans frequentans nosdictes Monnoyes, pour chacun marc d'argent allayé à ladicte Loy de V. deniers, VI. livres XV. sols; & de tout le noir allayé ausdictes Loys, tel pris comme bon vous semblera pour le bien & prouffilt de Nous & de la chose publique, *(c)* en faisant creue sur lesdits pris, se mestier est, ainsi que vous verrez qu'il sera expédient de faire pour nostre prouffilt; & avecques ce, faictes payer aux Ouvriers & Monnoyers, tel sallaire pour leur ouvraige & monnoyaige, comme vous verrez qu'il sera à faire de raison. De ce faire vous donnons povoir & mandement especial : mandons & commandons à tous noz Justiciers, Officiers & subgects, que à vous en faisant les choses dessusdictes, circunstances & deppendences, obeissent & entendent dilligeamment. *Donné à* Paris, *le vingtiesme jour d'Octobre, l'an de grace mil iiij.^c & unze, & de nostre Regne le xxxij.^e* Ainsi signé. Par le Roy, à la relacion du Grant Conseil tenu par Monseigneur le *Duc* de *Guyenne,* ouquel Messrs les *Contes* de *Mortaing,* de *Nevers,* de la *Marche* & de *Sainct Pol,* [d] Vous, le *Mareschal Bouciquault,* le Grant Maistre d'Ostel, l'Admiral, les *Sires* [e] d'*Oleham,* de *Sainct George,* d'*Offémont* & de *Blarru,* le

d *Le Chancelier de France. Voy. le 5.e Vol. de ce Rec. pag. 653. note (c).*

e *Voy. ci-dessus p. 641. note (b).*

NOTES.

(b) Différence.] Le *différent* est une petite marque que les Tailleurs Particuliers & les Maîtres des Monnoies choisissent à leur fantaisie, comme un soleil, un croissant, &c. & qu'ils sont obligés de mettre sur les espèces, pour faire voir le lieu où elles ont été fabriquées. Voyez au mot *Différent*, l'explication qui est à la tête du Traité des Monnoies, par *Boizard.*

(c) En faisant creue.] Le 6. de Novembre 1412. les Généraux-Maîtres des Monnoies donnèrent les Lettres suivantes pour augmenter le prix de l'argent.

6. de Novembre 1412.

*DYMANCHE vj.^e jour de Novembre, l'an mil iiij.^c & douze, en la Monnoye de *Paris,* où estoient Sire *Bureau* de *Dampmartin,* Tresorier de France, *Jehan* le *Mareschal, Pierre Gencian, Loys Culdoë, Andry* du *Molin* & *Jehan Remon* le jeune.

Ce jour fut délibéré par les dessusdits, que pour le prouffilt du Roy & avancement de l'ouvraige de ses Monnoyes, on donneroit le jour [1] Sainct Andry prouchainement ensuivant, par toutes les Monnoyes, de chacun marc d'argent à v. deniers de Loy, Argent-le-Roy, vij. livres Tournois; & de tout le noir, vj. livres xiij. sols; & pour ce fut mandé aux Gardes de toutes les Monnoyes, que ainsi le feissent ledit jour de Sainct Andry, comme contenu est ès Lettres qui s'ensuivent.

[1] *Saint André.*

Et le xve jour dudit moys de Novembre fut baillé coppie desdictes Lectres à Maistre *Jehan* de *Mareul,* par l'Ordonnance du [2] Comptouër, pour les envoyer ou *Daulphiné.*

[2] *Ce mot signifie app. le Bureau où s'assembloient les Généraux-Maîtres des Monnoies.*

De par les Generaulx-Maistres des Monnoyes du Roy nostre Sire, Gardes de la Monnoye de *Paris.* Il a esté ordonné par le Conseil du Roy, que du jour de la Sainct Andry prouchainement venant, le Roy donnera en ses Monnoyes, de chacun marc d'argent qui y sera livré, vij. livres Tournois : & pour ce vous mandons que ledit jour de Sainct Andry, vous faictes inventoire de tout le Billon d'argent qui sera en icelle Monnoye; & que d'iceluy jour en avant, vous faictes payer aux Changeurs & Marchans, de chacun marc d'argent qu'ilz livreront en ladicte Monnoye à v. deniers de Loy, Argent-le-Roy, ledit pris de vij. livres Tournois; & de tout le noir, vj. livres xiij. sols : & ce fait, clouez les Boestes de ladicte Monnoye, tant d'or comme d'argent, & icelles nous envoyez le plus brief que faire se pourra, ou l'un de vous les apportez, sauvement & seurement; & dictes au Maistre Particulier, que avec lesdictes Boestes, il envoye tous ses payemens & descharges, s'aucuns en a, pour iceulx mectre & employer en la despense de son compte; & faictes nouvelles Boestes & nouveaulx Livres de délivrance en la maniere acoustumée; & nous escripvez responce de ces presentes, avec coppie de l'Inventoire de la [3] garnison que vous trouverez en icelle Monnoye. Si gardez que en ce n'ait deffault. *Escript le dixiesme jour de Novembre, l'an mil iiij.^c & douze.*

[3] *C'est-à-dire du billon. Voy. un peu plus haut.*

* Registre *E.* de la Cour des Monnoyes de *Paris, fol.* 8. vingt 9. *recto.* [169.]

CHARLES VI.

Gouverneur du *Daulphiné*, le President de la Chambre des Comptes, les Prevostz de *Paris* & des Marchans, Maistre *Guillaume* le *Clerc*, les *Sires* de *Ramburès*, de *Long-Roy* & de *Ramboillet*, estiez. J. HUE.

Le XXVI.[e] jour d'Octobre, l'an mil iiij.[c] & unze, en la Monnoye de *Paris*, où estoient *Jehan Remon*, *Jehan* le *Mareschal*, *Bernard Bracque* & *Audry* du *Moulin*. à Paris, le 20. d'Octobre 1411.

Ce jour fut fait assavoir à plusieurs Changeurs de *Paris*, l'Ordonnance de la Monnoye dessusdicte, & les pris de marc d'argent; & leur fut dit par lesdits Generaulx-Maistres, qu'ilz auroient pour chacun marc d'argent qu'ilz apporteroient en la Monnoye de *Paris*, allayé à v. deniers de Loy Argent-le-Roy, VI. livres XV. sols; & pour marc d'argent du noir allayé aux Loys dessusdictes, VI. livres VIII. sols Tournois. *(d)*

NOTE.

(d) Le septième de Mars de la même année, M. le Chancelier fit le Règlement suivant sur les Monnoies du *Dauphiné*.

*LE vij.[e] jour de Mars, l'an mil iiij.[c] & unze, fut deliberé par Monf. le Chancellier de France, en la presence de Monf. le Chancellier de *Guyenne*, *Jehan Mareschal*, *Pierre Gencian*, *Loys Culdoë*, *Bernard Bracque* & *Jehan Remon* le jeune, Generaulx-Maistres des Monnoyes du Roy nostre Sire, que Monf. le Daulphin fera en ses Monnoyes du *Daulphiné*, monnoye au nom & Armes du Roy, de tel poix & de telle Loy comme on fait ès Monnoyes de France; c'est assavoir, pour le present, Deniers d'or fin appellez Escuz à la Couronne, qui auront cours pour xxij. sols vj. deniers Tournois la piece, & de lxiiij. deniers de poix au marc de *Paris*; & Blancs-deniers qui auront cours pour x. deniers Tournois la piece, à v. deniers de Loy, Argent-le-Roy, & de vj. sols viij. deniers de poix au marc de *Paris*; & Petiz-Blancs qui auront cours pour v. deniers Tournois la piece, de semblable Loy, & de xiij. sols iiij. deniers de poix audit marc. 7. de Mars 1411.

Item Doubles-Deniers Tournois à ij. deniers de Loy, Argent-le-Roy, & de xiij. sols iiij. deniers de poix audit marc; & Petiz-Deniers Parisis à j. denier obolle de Loy, & de xvj. sols de poix au marc dessusdit.

Item. Petiz-Deniers Tournois à ladicte Loy, & de xx. sols de poix audit marc; & les Mailles à j. denier de Loy, & de xxvj. sols viij. deniers de poix audit marc; lesquelles monnoyes auront cours ou Royaume de France, tant comme il plaira au Roy nostre Sire; & n'auront point cours oudit Royaulme, nulles des autres monnoyes faictes oudit Pays du *Daulphiné*; [1] parmy ce que oudit Pays du *Daulphiné*, ilz ne donneront point plus grant pris de marc d'or & d'argent, que le Roy fait ou fera en ses Monnoyes; c'est assavoir, pour le present, de marc d'or fin, lxx. livres xv. sols; & du marc d'argent allayé à la Loy du blanc, vj. livres xv. sols; & le marc d'argent allayé à la Loy du noir, vj. livres viij. sols Tournois; & aussi que les Boestes de l'ouvraige qui se fera oudit Pays, soient apportées, & jugées en la Chambre des Monnoyes à *Paris*, par lesdits Generaulx-Maistres, & aucuns des Gens de Monf. le Daulphin, s'il leur plaist à y estre; lesquelles Boestes après le Jugement fait, demourreront en ladicte Chambre comme ilz ont accoustumé de faire; & se le Roy fait aucune creue en marc d'or ou d'argent, lesdits Generaulx-Maistres le feront savoir aux Gens du Conseil dudit Monf.[r] le Daulphin. [1] moyennant.

Le xvij.[e] jour de Mars, l'an dessusdit, fut baillé par Messrs les Generaulx-Maistres des Monnoyes, à Maistre *Jehan Hüe* Secretaire du Roy, une Cedulle en parchemin, en laquelle estoit contenu l'appoinctement ci-dessus escript, après ce que Monf.[r] le Chancellier de France eut dit à *Bernard Bracque*, que on lui povoit bien bailler; & avecques ce, luy furent baillées unes Lettres closes adressans aux Auditeurs, contenans les [2] differences qu'il estoit bon de faire esdictes Monnoyes. [2] *Voy. ci-dessus p. 646. note (b).*

* Registre *E*. de la Cour des Monnoyes de *Paris*, *fol.* 8. vingt 7. *recto*. [167.]
Avant cette Pièce, il y a : *Appoinctement fait par Mess. le Chancellier de France, pour le fait des Monnoyes du* Daulphiné.
Ce Mandement se trouve encore au *fol.* 8. vingt 17. *verso* [177.] du même Registre.

CHARLES VI. à Paris, au Château du Louvre, en Octobre 1411.

(a) Lettres de Charles VI. qui portent que la Ville de Chauny & sa Châtellenie, qui avoient été données au Duc d'Orléans en accroissement d'appanage, seront réunies au Domaine de la Couronne, & ne pourront plus en être démembrées.

KAROLUS, Dei graciâ, Francorum Rex. Notum facimus universis presentibus pariter & futuris, quod licet bone memorie defunctus Dominus & Progenitor noster Rex Karolus pluribus justis motus consideracionibus atque causis, prehabitâ sui magni deliberacione Consilii, Villam & Castellaniam de [a] Calniaco super Ysaram, *cum Villis de* Foillovesso *&* de Condren, *aliisque dicte Castellanie pertinenciis, appendiciis & juribus universis, suo ac Corone Francie proprio & immediato Domanio perpetuò remansuras posuisset, retinuisset, adjunxisset & univisset ipsas sibi & successoribus suis Francorum Regibus, & ad proprium & immediatum Domanium Regium ac Coronam Francie inseparabiliter retinendo, absque eo quod prefate Ville & Castellania de* Calniaco *vel ejusdem pertinencie, in toto vel in parte, extra manus dicti Domini nostri aut successorum suorum Regum & à Corona Francie, per partagium, appanagium, dotalicium, provisionem, tractatum pacis aut excambium, ratione matrimonii vel aliâ quâvis causâ, ad tempus, vitam vel hereditatem, aut alio quocunque titulo transportari seu alienari possent quomodolibet vel transferri, & prout laciùs & diffusiùs in Litteris dicti Domini & Progenitoris nostri super hoc concessis continetur, quarum tenor talis est.*

[a] Voy. sur ce lieu & les deux suivans, la note (c) de la p. 384. du 6.e Vol. de ce Rec.

(b) *KAROLUS, &c.*

Hiis tamen non obstantibus, Nos premissa sic per dictum defunctum Dominum nostrum, ut in preinsertis suis Litteris cavetur, firmiter ordinata & concessa ignorantes seu non advertentes, ad peticionem defuncti Germani nostri Ludovici *quondam* Ducis Aurelianensis *&* Comitis Valesii *ac* Bellimontis, *eidem dictas Villam & Castellaniam cum suis pertinenciis in sui appanagii augmentum vel aliter, cum quibusdam aliis terris quas dicta defuncta amita nostra* Ducissa Aurelianensis *vitâ sibi comite tenuerat, assignaveramus & in eum transportaveramus, contra dictam unionem & Ordinationem prefati Domini nostri inadvertanter veniendo; cujus assignationis virtute*

NOTES.

(a) Registre *A.* du Parlement de *Paris, fol.* 244. *verso.*

Avant ces Lettres, il y a : *Reunio Domanio Reg. de Villa & Castellania* Calniaci *quas* Dux Aurel. *tenuerat.*

Ces Lettres sont aussi au Registre 165. du Trésor des Chartres, P. 405.

(b) *Karolus, &c.*] Ces Lettres qui sont du 27. de Mars 1378. sont imprimées dans le 6.e Volume de ce Recueil p. 384. Ce Registre confirme la conjecture qui a été proposée dans la note (b) : il fournit encore d'autres corrections.

P. 384.	Lig. 3.	*qui*	corr.	*que.*
	Lig. 5.	*seu sceptri*		*sui sceptri.*
P. 385.	Lig. 24.	*celebram, decorem*		*celebrem, decoram.*
Ibid.	Lig. 28.	*predicto*		*predictis.*
Ibid.	Lig. 29.	*pensertes*		*pensantes.*
	Lig. 33.	*Ysarem*		*Ysaram.*
	Lig. 36.	*remensuras*		*remansuras.*
	Lig. 43.	*reducimus*		*reduximus.*
	Lig. 47.	*Regium*		*Regum.*
P. 386.	Lig. 14.	*inicum*		*irritum.*
	Lig. 15.	*prout*		*prout ex nunc.*
		attemptare		*attemptari.*
	Lig. 21.	*mesis*		*mensis.*
	Lig. 22.	*anno Domini ccc.o*		*anno Domini* millesimo *trecentesimo.*

dictus

dictus defunctus Germanus noster & nonnulli sui successores dictas Villam & Castellaniam huc usque possiderunt & tenuerunt in nostri tociusque Patrie & rei publice grande prejudicium, & laudabilis dicti defuncti Domini & Genitoris nostri voluntatis & unionis fractionem & scissuram. Nos igitur de Litteris preinsertis & earum continencia, ac aliis premissis nonnullisque causis & occasionibus [a] *que noviter obvenerunt, sufficienter instructi, & ea propter ad sequentia rationabiliter inclinati: considerantes eciam verum amorem fidelitatemque & obedienciam quos dilecti nostri Major, Jurati & habitantes de* Calniaco *ad Nos nostrosque Predecessores & Coronam Francie hactenùs habuerunt, maturâ & diligenti prehabitâ super istis deliberatione nostri Magni Consilii, in quo erat carissimus Primogenitus noster* Ludovicus Dux Acquitanie, *Dalphinus* Viennensis, *Litteras preinsertas, unionemque & adjunctionem supradictas, ac omnia & singula in eisdem Litteris contenta & specificata, ratas habentes & gratas rataque & grata, eas & ea volumus, laudamus, approbamus & tenore presencium ex nostris certa sciencia, speciali gracia auctoritateque, ac nostre Regie potestatis plenitudine confirmamus, prenominatas Villam & Castellaniam de* Calniaco *super* Ysaram *cum Villis & pertinenciis ac juribus & prerogativis suis quibuscunque, nostro ac Corone Francie proprio & immediato Domanio perpetuò modo & forma per dictum defunctum Dominum nostrum ordinatis, ut prefertur, adjungentes & unientes, ac ipsas Nobis & Successoribus nostris Regibus & ad proprium & immediatum Domanium Regium & Coronam Francie amodo inseparabiliter retinentes, quâcunque donatione aut separatione de ipsis dicto defuncto Germano nostro vel aliter per Nos factâ non obstante. Quapropter dilectis & fidelibus nostris Gentibus Parlamenti nostri & Camere Compotorum nostrorum, ac Commissariis super regimine Financiarum nostrarum Domanii & Subsidiorum nostrorum pro guerra ordinatorum, Thesaurariisque nostris* Parisius, *nec non* Baillivo Viromandensi *& ceteris Justiciariis & Officiariis nostris, aut eorum Locatenentibus, presentibus pariter & posteris, & eorum cuilibet, prout ad eum pertinuerit, tenore presencium precipiendo mandamus quatenùs presentes Litteras, omniaque & singula in eis contenta, dùm & quociens opus fuerit, exequantur seu exequi faciant diligenter, ipsosque Majorem, Juratos ac habitantes, quos & eorum successores in nostra ac successorum nostrorum speciali protectione & Salva-gardia perpetùm suscipimus, contra tenorem istarum nullatenùs molestent, seu à quoquam molestari permittant: Decernentes ex nunc prout ex tunc & ex tunc prout ex nunc, irritum & inane quitquid contra hec & in eorum prejudicium contigerit attemptari: quorum ne quis ignoranciam pretendere valeat, futuris temporibus, presentes legi & publicari in locis insignibus & solitis, ac alibi ut expedire videbitur, volumus & jubemus; Ordinationibus, mandatis, inhibitionibus & Litteris impetratis vel impetrandis in contrarium, non obstantibus quibuscunque. Quod ut perpetue robur habeat firmitatis, presentes Litteras nostri fecimus Sigilli appensione communiri: salvo in aliis jure nostro, & in omnibus quolibet alieno.* Datum & actum *Parisius,* in Castro nostro de Lupara, mense Octobris, anno Domini millesimo CCCC.^{mo} undecimo, & Regni nostri XXXII.° *Sic signat. Per Regem, ad relationem sui Consilii magni tenti per Dominum* Ducem Acquitanie, *in quo* Comites Moritonii *&* Marchie, [b] *Vos, Episcopi* Ambianensis *&* Tornacensis, *Cancellarius* Acquictanie, *Magnus Magister Hospicii,* Domini *de* Olsemonte, *de* Florensaco, *de* Blarru, *& alii quam plures eratis.* J. MILET.

Lecta & publicata in Curia, XVI. die Novembris, anno M. CCCC. XI.° BAYE.

Collatio facta est cum originali.

CHARLES VI. à Paris, au Château du Louvre, en Octobre 1411.

[a] Voy. la Préface de ce Vol.

[b] Voy. le 5.e Vol. de ce Rec. p. 653, note (e).

CHARLES VI. à Paris, le 2. de Novembre 1411.

(a) Mandement qui porte qu'il sera fabriqué des Ecus d'or à la Couronne; & qui fixe le prix de l'or.

CHARLES, par la grace de Dieu . . . . . que bonnement pourrons; & affin que le Billon d'or qui est à présent en nostre Royaume, soit mis & converty en l'ouvraige de noz Monnoyes, oultre & avec ce que Nous avons [a] n'agueres ordonné pour les mesmes causes sur le fait de noz monnoyes blanches & noires, avons voulu & ordonné, voulons & ordonnons d'abondant, & vous mandons expressement par ces presentes, que vous faictes faire & ouvrer par toutes nosdictes Monnoyes où l'en a acoustumé à faire ouvraige d'or, Deniers d'or fin appellez Escuz à la Couronne, autelz & semblables de forme & façon comme ceulx que on fait à present, lesquelz soient de LXIIII. deniers de poix au marc de *Paris;* en donnant aux Maistres Particuliers demy-carat de [b] remede; & aux Changeurs & Marchans de chacun marc d'or fin, LXX. livres Tournois; en mectant en iceulx Deniers telles [c] differences comme bon vous semblera; & en faisant creue sur ledit pris, se mestier est, ainsi que vous verrez qu'il sera expedient pour nostre prouffilt; & avecques ce, faictes payer aux Ouvriers & Monnoyers tel sallaire pour leur ouvraige & monnoyaige, comme vous verrez qu'il sera affaire de raison. De ce faire vous donnons povoir & mandement especial : mandons & commandons à tous noz Justiciers, Officiers & subgectz, que à vous en faisant les choses dessusdictes, obeissent & entendent dilligeamment. *Donné à Paris, le second jour de Novembre, l'an de grace mil iiij.c & unze, & de nostre Regne le xxxij.*[e] Ainsi signé. Par le Roy, à la relacion du Grant Conseil tenu par Mons. le *Duc* de *Guyenne,* ouquel Mons le *Duc* de *Bourgoigne,* les *Contes* de *Mortaing,* de la *Marche* & de *Sainct Pol,* le Mareschal *Bouciquault,* le Grant Maistre d'Ostel, l'Admiral, les Sires [d] d'*Oleham,* de *Sainct George,* de *Blarru,* Messire *Anthoine* de *Craon,* le Gouverneur du *Daulphiné,* le President de la Chambre des Comptes, les Prevostz de *Paris* & des Marchans, le Sire de *Ramboillet* & Maistre *Guillaume* le *Clerc,* estoient. J. HUE.

a *Voy. ci-dessus p. 645. les Lettres du 20. d'Octobre précédent.*

b *Voy. la note (d) de la p. 194. du 6.e Vol. de ce Rec.*

c *Voy. ci-dessus p. 646. note (b).*

d *Voy. ci-dessus p. 641. note (d).*

NOTE.

(a) Registre *E.* de la Cour des Monnoies de *Paris, fol.* 8. vingt 3. *recto.* [163.]

Avant ces Lettres, il y a: *Mandement pour faire les Escuz de LXIIII. au marc.*

Le Préambule de ces Lettres est le même que celui des Lettres du 20. d'Octobre précédent, qui sont ci-dessus p. 645. à la seule différence qu'au lieu de ces mots: *Nous eu sur ce très-grant & meure deliberation, &c.* qui sont dans ces dernières, il y a dans celles du 2. de Novembre: *Nous par grand deliberation, &c.*

CHARLES VI. à Paris, le 2. de Novembre 1411.

(b) Lettres de Charles VI. par lesquelles il révoque les dons par lui faits des biens confisqués sur les Seigneurs & autres qui sont présentement révoltés contre lui.

CHARLES, par la grace de Dieu, Roy de France. A tous ceulx qui ces presentes Lettres verront: Salut. Comme pour les très-grans & enormes excès, rebellions, desobeissances & autres crimes & delitz commis & perpetrez par plusieurs des Barons de nostre Royaume, leurs aidans, confortans, adherens,

NOTE.

(b) Registre *A.* du Parlement de *Paris, fol.* 244. *recto.*

Avant ces Lettres, il y a : *Revocatio donorum factorum de bonis quorumdam rebellium Regi, & eis adherencium.*

aliez & complices, à l'encontre de Nous & de nostre Seignourie, Nous yceulx par très-grant & meure deliberacion de Conseil de pluseurs de nostre Sang & Lignage, & d'autres saiges & preudommes de nostre Grant Conseil, aions par noz autres [a] Lettres & pour les causes & consideracions plus à plain contenues en ycelles, [b] abandonnez tout à plain, & les tenus & reputez, tenions & reputions pour noz ennemis & adversaires, en declairant eulx avoir forfait envers Nous & nostre Royal Majesté, corps & biens; soubz umbre & depuis lesquelx abandonnemens & declaracions, pluseurs de noz Serviteurs, Officiers & autres, se soient [c] traiz pardevers Nous, ausquelx pour consideracion des services qu'ilz Nous ont fais, ou pour autres causes, par importunité de prieres ou autrement, avons donné aucuns des biens tant meubles comme heritages, maisons, terres & possessions appartenans aux dessusdis, & de jour en jour se efforcent autres de venir à Nous & de demander semblables donnacions à eulx estre faictes, en Nous moult [d] chargant de telles & semblables requestes; savoir faisons que Nous attendans & considerans les très-grans charges & affaires que de present avons à soustenir, tant pour occasion desdis rebelles, & de pourveoir & obvier à leurs mauvaises voulentez & entreprinses, comme autrement, & la très-grant diminucion qui est en noz Finances ordinaires & extraordinaires, pour laquelle est necessaire, prouffitable & convenable chose d'appliquer à Nous & à nostre prouffit les fourfaictures & confiscations des dessusdis, pour les convertir & employer en nozdis affaires, & à Nous aidier à supporter les fraiz, mises & despens que soustenir Nous convient, comme dit est; eu sur ce très-grant & meure deliberacion de conseil avec pluseurs de nostre Sang & Lignage, & autres saiges & preudommes de nostre Grant Conseil, noz Officiers & autres, d'aucuns de ceulx de nostre bonne Ville & de l'Université de *Paris*, avons rappellé, revocqué & mis au neant, & par la teneur de ces presentes revocquons, rappellons & mettons du tout au neant tous les dons & octroiz par Nous fais à quelxconques personnes, pour quelxconques causes ou couleurs, & soubz quelconque forme de paroles que ce soit, des biens & confiscacions à Nous escheuz & avenuz, & qui Nous escherront ou pourront escheoir & avenir pour les causes & par la maniere que dit est; excepté toutevoyes ceuls que fais avons à nostre très-chiere & très-amée Compaigne la Royne, à nostre très-chier & très-amé Filz ainsné le *Duc* de *Guienne Daulphin* de *Viennois*, & à noz autres Enfans; & en oultre avons ordené & ordenons par la deliberacion que dessus, que toutes les terres, possessions & autres biens à Nous ainsi confisquez, & qui Nous sont escheuz & escherront pour les causes & occasions dessusdictes, seront appliquez, & dès maintenant les decernons estre appliquez à Nous & à nostre prouffit, pour tourner & convertir en nosdis affaires, & que d'oresenavant n'en ferons aucunes donacions, transpors ou alienacions à quelxconques personnes, ne pour quelconque cause que ce soit; mais s'aucuns en faisions à la requeste ou priere, par importunité ou autrement, iceulx dons soient nulz & de nulle valeur, & dès maintenant pour lors les abolissons & mettons du tout au neant, & ne voulons que aucunement y soit obey ne obtemperé. Si donnons en mandement à nostre amé & feal Chancellier, que se par aventure octroyons aucunes Lettres contre ce que dit est, il ne les seelle, ne face ou seuffre seeller; à noz amez & feaulx les Gens qui tendront noz Parlemens avenir, les Gens de noz Comptes & Tresoriers à *Paris*, au *Prevost* de *Paris*, & à touz noz autres Justiciers & Officiers, presens & avenir, ou à leurs Lieutenans, & à chascun d'eulx, si comme à lui appartendra, que ceste nostre presente deliberacion, revocacion & Ordenance, tiengnent, gardent & acomplissent & facent tenir, garder & acomplir chascun en son endroit, selon sa forme, sans faire ou venir, ne souffrir estre fait ou venu aucunement au contraire; mais tout ce qui au contraire auroit esté fait, remettent tantost & sans delay au premier estat & deu. En tesmoing de ce, Nous avons fait mettre nostre Séel à ces presentes. *Donné à* Paris, *le ij.e jour de Novembre, l'an de grâce mil iiij.c & onze, & de nostre Regne le XXXII.e* Ainsi signée. Par

CHARLES VI.
à Paris, le 2. de Novembre 1411.

[a] *Voy. ci-dessus les Lettres du 14. d'Octobre précédent.*

[b] *Voy. ci-dessus p. 640. note (*).*

[c] *retirés, présentés.*

[d] *chargeant, importunant.*

CHARLES VI. à Paris, le 2. de Novembre 1411.

le Roy, à la relation du Grant Conseil tenu par Monf. le *Duc* de *Guienne*, ouquel Monf. le *Duc* de *Bourgoigne*, les *Contes* de *Mortaing*, de la *Marche* & de *Saint Pol*, [a] Vous, les *Evesques* d'*Amiens* & de *Tournay*, le *Mareschal Boucicaut*, le Grant Maistre d'Ostel, l'Amiral, les Sires [b] d'*Oleham*, de *Saint George*, de *Blarru*, le Gouverneur du *Daulphiné*, le President de la Chambre des Comptes, le *Prevost* de *Paris*, le Recteur & aucuns Maistres, le Prevost des Marchans & aucuns Bourgois de *Paris*, & pluseurs autres, estiez. J. HUE.

Collatio facta est cum Originali.

Lecta & publicata in Camera Parlamenti & [c] *ad fenestram, die vij.ª Novembris, anno Domini M.° CCCCXI.°* BAYE.

a *Le Chancelier de France. Voy. le 5.e Vol. de ce Rec. p. 653. note (c).*
b *Voy. ci-dessus p. 641. note (d).*
c Voy. la note *(c)* de la p. 118. du 8.e Vol. de ce Rec.

CHARLES VI. à Paris, le 5. de Novembre 1411.

(a) Lettres de Charles VI. par lesquelles il prie & requière l'Evêque de Grenoble, d'excommunier, conformément à une Bulle d'Urbain V. les Seigneurs qui assembloient des gens de Compagnie, pour soutenir leur rébellion.

CHARLES, par la grace de Dieu, Roy de France. A notre amé & féal Conseillier l'Evêque de *Grenoble* ou à ses Vicaires: Salut & dilection. Comme feu de s.te memoire Pape *Urbain* le *Quint*, en la faveur & pour le bien des Royx de France & de leur Royaume, & eviter les grands excès, maux & inconveniens & dommages qui pour son temps s'y faisoient & pourroient faire ez temps avenirs, eut fait certaine [d] Constitution perpetuelle par laquelle il a imposé & indict certaines & grands poines, contre tous ceux qui par maniere de communauté & de [e] Compagnie s'assembloient ou assembleroient ez temps avenir oudit Royaume, en faisant dommages, violences & oppressions au peuple d'iceluy Royaume, comme par ladite Constitution faite sous Bulle etant en notre Tresor à *Paris*, puet plus à plain apparoir; & il soit ainsy que de piéça & encore presentement, se soient assemblés en notre Royaume, *Charles* notre Neveu d'*Orleans* & ses Freres, *Jean* de [f] *Bourdon*, *Jean* d'*Alenson*, *Charles* de [g] *Lebret*, nos Cousins, *Bernard* d'*Armegnac*, accompagnés de plusieurs Gens d'armes & de trait, de diverses parties de notredit Royaume, & d'autres étranges nations, leurs alliés & complices, en très-grand nombre, contre nos gré & voulonté, & à notre très-grand deplaisance, en venant expressément contre nos prohibitions & deffenses faites & reiterées publiquement & solemnelment par tous les Bailliages & Senechaussées de notredit Royaume, & plusieurs & très-grand partie d'iceux, [h] particulierement tant par Lettres & Ambassades comme autrement, lesquels comme rebelles & desobeissants notoirement, sans titre, cause ou raison de leur mauvaise & damnable voulonté, & par maniere d'hostilité, ont gâté, detruit, robé, pillé, rançonné, mutilé & murdri, & encore, jaçoit ce que Nous leurs eussions offert notre grace, ou cas qu'ils eussent voulu retourner à vray obeissance pardevers Nous, en perseverant de plus en plus en leur mauvais, obstiné & damnable propos, gâtent, detruisent, robent, pillent, rançonnent & murdrissent de jour en jour nos bons, loyaux vassaux & sugiets, efforcent fames mariées, violent pucelles, tuent enfans, pillent Eglises, les derobent en commettant sacrileges, boutent feux, mettent maisons en ruine, prennent nos Villes & Châteaux, comme *S.t Denis* en France, le Pont de *S.t Cloud* & plusieurs autres, & s'efforcent par voyes soubtiles & damnables de grever & diverement opprimer notre bonne Ville de *Paris*, en laquelle Nous, notre très-chiere & très-

d *Voy. ci-dessous page suivante, note (b).*
e *Voy. les Tables des Mat. des Vol. de ce Rec. au mot* Compagnies.
f *corr.* Bourbon.
g d'Albret.
h *Il paroît qu'il manque ici une ou plusieurs phrases.*

NOTE.

(a) La copie de ces Lettres qui sont dans le Dépôt de la Chambre des Comptes de *Grenoble*, a été envoyée avec cette indication : 2.me *Copiarum* Gratianopolitani. *Cahier* 49. Voyez la Préface de ce Volume.

amée Compagne la Roine, nos Enfans, plusieurs de notre Sang & Lignage, [a] sommes de present, & generalement font & commettent tant de crueulx maux que ennemis pourroient faire, & si enormes & inhumains que piteuse chose seroit [b] du recorder; pour lesquelles rebellions & desobeissances, oppressions & violences, & autres malefices dessus nommés, par eux damnablement commis & perpetrés, ils ont encouru & encourent les [c] poines & Sentences contenues & declarées en ladite Constitution, ainsy comme par la deliberation de plusieurs Prélats, Clercs & Preudhommes de notre Grand Conseil, de notre Cour de Parlement, de notre Procureur General & de nos Avocats, des Requêtes de notre Hôtel, de notre très-chiere & très-amée Fille l'Université de *Paris*, Theologiens, Juristes & autres notables personnes plusieurs fois sur ce assemblés, attendue la notorieté des faits dessusdits, Nous est clairement apparu; & combien que Nous ayons entention & voulonté de proceder contre eux & un chacun d'eux, par toutes voyes & manieres deues, afferants & appartenants à notre souveraine autorité & Majesté Royal, [d] noyantmoins par l'avis & conseil des dessusdits, avons deliberé pour la plus grand confusion d'iceux rebelles, desobeissans, malfaiteurs & crimineulx ainsy obstinés, de vous envoyer le *Vidimus* de ladite Bulle ou Constitution, pour icelle faire par vous publier & exposer en langage françois, en votre Diocese, afin que lesdits rebelles, desobeissans, malfaiteurs & crimineulx ne puissient d'icelles peines [e] Sentences pretendre aucune ignorance. Pourquoy Nous vous prions & requerons très-instamment sur toute la féaulté & amour que vous Nous devés, & que vous desirés le bien & honneur de Nous & de notre Lignée, & l'utilité publique de notre Royaume, & aussy sur peine de encourir notre perpetuelle indignation, & d'être reputés favorisans & complices desdits rebelles, que en vos Auditoires & autres lieux notables de votre Diocese, & ailleurs où il vous semblera expedient, vous faites publier & exposer au peuple, en Sermons publiques ou autrement, tant en latin comme en françois, ladite Constitution, de laquelle Nous vous envoyons le *Vidimus* avec ces presentes, & par telle maniere que les choses dessusdites viennent à la connoissance de tout le peuple de votredit Diocese; & en outre, faites contre eux les procès tels qu'il appartient, en les denonceant ou faisant denoncier excoumeniés, & [f] declarant avoir encouru les autres poines contenues en ladite Constitution, ainsy comme à votre Jurisdiction appartient & peut appartenir, afin que dorsenavant ce soit exemple à tous autres, & que chacun se abstienne de converser & participer avec eux, & de leur donner faveur, confort & aide en quelque maniere que ce soit. *Donné à* Paris, *le cinquiéme jour de Novembre, l'an de grace mil quatre cent & onze, & de notre Regne le trante-deuxieme.* Par le Roy, à la relation du Grand Conseil tenu par Monseigneur le *Duc* de *Guienne*, ouquel les *Comtes* de *Mortaing*, de la *Marche* & de *S.t Paul*, [g] Vous, les *Evêques* de [h] *Nivers*, de *Tournay*, le Recteur de l'Université de *Paris*, plusieurs Barons & Chevalliers, de ceux du Parlement, des Requêtes de l'Hôtel & des Comptes, le Prevost des Marchands, plusieurs Bourgeois de *Paris*, & autres estoient. J. DELRIVEL. *(b)*

CHARLES VI.
à Paris, le 5. de Novembre 1411.

a *app.* sommes & sont.
b *d'eux.*
c *peines.*
d *néanmoins.*
e *supp.* &.
f *supp.* les.
g *Le Chancelier de France. Voy. le 5.e Vol. de ce Rec. p. 653. note (c).*
h *Nevers.*

NOTE.

(b) On trouve ensuite dans la copie envoyée de *Grenoble*, la Bulle d'*Urbain V.* donnée à *Marseille*, en date du 7. des Ides de Mai, de la cinquiéme année de son Pontificat. [1367.] On n'a pas cru devoir la faire imprimer ici. On la trouve dans l'Histoire de l'Université de *Paris*, par *Du Boulai*, T. 4. p. 414. & dans le grand Bullaire, T. 9. p. 203. édit. de 1730.

CHARLES VI. à Paris, le 14. de Novembre 1411.

(a) Lettres de Charles VI. par lesquelles il approuve tout ce qui a été fait par les habitans de Paris, contre les Ducs de Berry & d'Orléans, & tous ceux qui ont pris les armes contre lui.

CHARLES, par la grace de Dieu, Roy de France. A tous ceulx qui ces presentes Lettres verront: Salut. Comme après ce que l'en a apparceu & congneu que [a] *Jehan* nostre Oncle de *Berry, Charles* notre Nepveu d'*Orléans* & ses Freres, *Jehan* de *Bourbon, Jehan* d'*Alençon, Charles* [b] d'*Elbret,* noz Cousins, *Bernard* d'*Armignac,* & autres leurs adherens, aliez & complices, se sont demonstrez noz ennemis, rebelles & desobeissans, soubz umbre ou ficcion de vouloir faire guerre à notre très-cher & très-amé Cousin le *Duc* de *Bourgongne,* pour occasion de la mort de feu notre tres-cher Frere le *Duc* d'*Orléans* derrenierement trespassé, laquelle Nous avons bien & deuement & du consentement des Parties, derrenierement que Nous feusmes à *Chartres*, appaisiée, ont & avoient entreprins, & se sont efforciez & efforcent usurper notre Seigneurie, destruire Nous & nostre Lignée, debouter, desmettre & [c] distuer de nostre Estat & auctorité Royal, & faire nouvel Roy en France, que Dieu ne vueille; & pour leur mauvais & dampnable [d] mettre à effect & à conclusion, ilz ont assemblé grant quantité de gens d'armes & autres gens de guerre en plusieurs & diverses parties de nostre Royaume, qui ont gasté & destruit nostre peuple; & noz bons, vrays & loyaulx les Bourgoiz, manans & habitans de nostre bonne Ville de *Paris,* pour le bien & conservacion de Nous, de nostre Lignée & de nostredicte Seigneurie, se soient par diverses fois assemblez & venus devers Nous en très-grant nombre, où [e] nostre très-cher & très-amé ainsné Fils le *Duc* de *Guienne Dalphin* de *Viennois,* & les Gens de nostre Grand Conseil, & fait plusieurs Requestes & conclusions contre nosdiz ennemis & rebelles & leursdiz complices, & les aucuns d'iceulx complices & leurs gens & serviteurs prins, & fait prendre & emprisonner, & les autres fait appeller aux droiz de Justice, exiller de nostredicte Ville, & leurs biens prendre par inventoire, pour occasion desquelles choses, à la requeste & pourchaz desdiz noz ennemis & rebelles & de leursdiz aliez & complices, ou aucuns d'eulz, ou autrement, noz Gens & Officiers ou temps avenir, [f] faire contre lesdiz Bourgoiz, manans & habitans de nostredicte Ville, poursuite, les traire en Cause, & pourchacier dommage, qui seroit à nostre très-grant desplaisance, & ou grief, dommage & prejudice d'iceulz Bourgois, manans & habitans de nostredicte Ville, se par Nous n'estoit sur ce pourveu de nostre grace & remede convenable, si comme ils dient, & comme entendu avons: Pour ce est-il que Nous ces choses considerées, la bonne & vraie amour & affeccion que lesdiz Bourgois, manans & habitans de nostredicte Ville de *Paris,* ont tousjours eue & monstrée avoir, comme encores ont à nostre Personne & Lignée, & à la conservation & exaltacion de nostre Estat & Seigneurie, & autres causes & consideracions à ce Nous mouvans, toutes les assemblées, poursuites & Requestes, conclusions, capcions, emprisonnemens, exaccions, & autres exploiz & choses faictes par iceulx Bourgois, manans & habitans de nostredicte Ville de *Paris,* depuis le commencement de ceste besongne jusques aujourduy inclusivement, contre lesdiz de *Berry,* d'*Orléans,* de *Bourbon,* d'*Alençon,* d'*Albret* & d'*Armignac,* & leursdiz adherens, aliez & complices, & chacun d'eulx, avons eues & avons pour agreables, & icelles voulons, louons, ratiffions & approuvons, & de ce les avons advouez

a *Voy. la Préface de ce Vol.* §. 1.

b d'Albret.

c *corr.* destituer.

d *suppl.* dessein *ou quelqu'autre mot semblable.*

e *Il paroît qu'il manque là un mot, comme* étoient, *ou autre semblable.*

f *suppl.* pourroient.

NOTE.

(a) Registre *A.* de l'Hôtel de Ville de *Paris, fol.* 227. *recto.*

Avant ces Lettres, il y a: *Lettres comment le Roy nostre S. a agreables les assemblées & toutes autres choses qui ont esté faictes ou temps passé par les Bourgois & habitans de Paris.*

& advouons par ces presentes, comme bien & deuement faictes & pour l'onneur, bien & conservacion & exaltacion de Nous, de noz Lignée, Royaulme & subgiez, sans ce que eulz, leurs successeurs ne aucuns d'eulz en puissent estre adjournez, mis en Cause, [a] poursuite, reprins ne dommagez ores ne ou temps avenir, par noz Juges ou Officiers ne autres quelzconques, à la requête de noz Procureurs ou autres, en aucunes manieres; ainçois imposons sur tout scillence à notredit Procureur & à tous autres quelzconques. Si donnons en mandement par ces presentes, à noz amez & feaulx Conseillers les Gens tenans nostre present Parlement à *Paris*, au *Prevost* de *Paris*, & à tous noz autres Justiciers, Officiers, Vassaulx & subgiez, & à chascun d'eulx, si comme à lui appartendra, que de noz presens adveu & approbacion, ensemble de toutes & chascunes les choses contenues en ces presentes Lettres, ilz facent, seuffrent & laissent lesdiz Bourgoiz, manans & habitans de notredicte Ville de *Paris*, & chascun d'eulx, joïr & user plainement & paisiblement, sans les molester ou empescher, faire, ne souffrir estre molestez ou empeschez ores ne ou temps advenir en aucune maniere au contraire: car ainsi le voulons & Nous plaist estre fait par cesdictes presentes, au *vidimus* desquelles fait souz Séel Royal, Nous voulons plaine foy estre adjoustée comme à cest present original; nonobstant opposicions & appellacions faictes & à faire, & Lettres quelzconques à ce contraires. En tesmoing de ce, Nous avons fait mettre nostre Séel à ces presentes. *Donné à* Paris, *le XIIII.e jour de Novembre, l'an de grace mil CCCC. & unze, & de nostre Regne le XXXII.e* Ainsi signées. Par le Roy en son Grant Conseil, ouquel Messeigneurs les *Ducs* de *Guienne* & de *Bourgongne*, les *Contes* de *Mortaing*, de *Nevers*, *Loys Duc* en *Baviere*, les *Contes* de *Saint Pol* & [b] du *Valdesmons*, [c] Vous, les *Evesques* d'*Amiens* & de *Tournay*, l'Admirail, le Chancellier de *Guienne*, le Grant Maistre d'Ostel, les Seigneurs d'*Offemont*, de *Blarru*, de *Rambures* & de *Lomoy*, & plusieurs autres, estoient. BARRAU.

CHARLES VI. à Paris, le 14. de Novembre 1411.

a corr. poursuivis.

*

b de Vaudemont.

c *Le Chancelier de France. Voy. la note (c) de la p. 653. du 5.e Vol. de ce Rec.*

CHARLES VI. à Paris, le 28. de Novembre 1411.

(a) Lettres de Charles VI. par lesquelles il confirme la permission donnée par le Bailli d'Auxerre, aux habitans de cette Ville, de mettre une seconde serrure aux portes & barrières d'Auxerre, & d'en garder les clefs.

CHARLES, par la grace de Dieu, Roy de France. A tous ceulx qui ces presentes Lettres verront: Salut. Comme pour ce que en chacune des portes, ponts-leveiz, planches, barrieres, huys & posternes de nostre Ville d'*Aucerre*, n'avoit que une serrure & une clef, dont le Capitaine de par Nous ordonné en ladicte Ville, ou aultre de par luy, avoit la garde, noz bien amez les Gens d'Eglise, Bourgois & habitans d'icelle nostre Ville d'*Aucerre*, considerans les [d] guerres & discors qui estoient entre aucuns grans Seigneurs de ce Royaulme, & disposez de longuement durer, eussent depuis un an en ça ou environ, advisé & esté d'accord entre eulx en la presence de [e] *Gasjelin Du Boz* Chevalier, lors nostre Bailli & Capitaine de ladicte Ville d'*Aucerre*, ou son Lieutenant, & de nostre Procureur audit lieu, pour le bien & seurté de nostredicte Ville d'*Aucerre* & desdiz habitans, que en chacune desdittes portes, pons-leveiz, planches, barrieres, huys & poternes, seroit faite, mise & assise une serrure & une clef nouvelles avec celles qui y estoient, & differans l'une de l'aultre, & que d'icelles nouvelles clefs, iceulx Gens d'Eglise, Bourgois & habitans auroient la garde, comme il y a, avoit & a en nos Villes de *Troyes*, *Moret*, & aultres Villes voisines de ladicte Ville d'*Aucerre*, affin que l'en n'en peust faire ouverture desdittes portes, pons-leveis, planches, barrieres, huys

d *Voy. la Préface de ce Vol.*

e corr. *Gasselin.*

NOTE.

(a) Imprimé sur une copie écrite vers le milieu du 17.e siècle, & envoyée d'*Auxerre*.

CHARLES VI. à Paris, le 28. de Novembre 1411.

& poternes, de l'une desdites clefs sans l'aultre, pour [a] eschiver toutes suspicions, lesquelles nouvelles serrures, iceulx Gens d'Eglise, Bourgois & habitans d'*Aucerre,* après le congié & licence à eulx sur ce donné par ledit n'agaires nostre Bailly, ont faict mettre & asseoir, & Nous ont humblement faict supplier & requerir que à plus grant seurté pour laditte Ville & habitans, Nous vueillons leurdit advis & accort & le congié à eulx donné par ledit n'agaires nostre Bailli, confermer & ratiffier : Sçavoir faisons que pour considération des choses dessusdittes qui sont bonnes, justes & convenables, Nous ausdits supplians avons leurs advis & accord & ledit congié à eulx donné par ledit n'agaires nostre Bailly, comme dit est, confermé, loé, gréé, ratifié, & de nostre grace especial par ces presentes confermons, loons, gréons & ratiffions, & de plus ample grace voulons & Nous plaist que lesdittes secondes clefs & serrures d'oresenavant demeurent esdittez portes, pons-leveiz; planches, barrieres, huys & poternes, & que iceulx supplians en aient la garde. Si donnons en mandement [*] par ces mêmes presentes à noz Bailli & Prevost d'*Aucerre,* & à tous noz aultres Justiciers & Officiers qui à present sont & qui pour le temps avenir seront, ou à leurs Lieuxtenans, & à chacun d'eulx, si comme à luy appartiendra, de nostre presente confirmation & ratiffication facent, seuffrent & laissent lesdicts supplians jouir & user, sans pour ce leur donner, faire ou souffrir estre donné ores ou pour le temps avenir quelconques empeschemens. En tesmoing de ce, Nous avons faict mettre nostre Séel à ces presentes. *Donné à* Paris, *le vingt-huitiesme jour de Novembre, l'an de grace mil quatre cens & unze, & de nostre Regne le trente-deuxiesme.* Par le Roy. DE LA TELLAYE.

[a] éviter.

CHARLES VI. à Paris, en Novembre 1411.

(a) Lettres de Charles VI. qui portent que les Serruriers de Paris, continueront d'être exempts des droits d'Aides, sur les marchandises concernant leur métier, qu'ils acheteront & qu'ils vendront.

CHARLES, &c. Savoir faisons à tous presens & avenir, Nous avoir receu l'umble supplicacion des Serruriers de nostre Ville de *Paris,* consors en ceste partie, contenant que comme des Status, Registres & Ordonnances anciens fais par nos Prevosts de *Paris,* qui anciennement ont esté, ou aucuns d'iceulx, comme Generaulx-Reformateurs donnés & deputés de par Nous sur le fait de la police & gouvernement de ladicte Ville & des mestiers de *Paris,* & par l'advis & deliberacion de nos Advocas & Procureurs & autres de nostre Conseil en nostre Chastellet de *Paris,* & de l'accort & consentement desdis Serruriers de nostredicte Ville de *Paris,* qui lors estoient, lesquelx Status & Ordonnances ont esté faictes pour le bien dudit mestier de Serrurerie & de nostredicte Ville de *Paris,* ils aient fait [b] retraire d'iceulx Registres certaine clause contenue esdits anciens *(b)* Registres, & dudit extrait aient obtenu de nostre Prevost de *Paris* qui est à present, ses Lettres séellées du Séel de ladicte Prevosté, esquelles est incorporée ladicte clause, comme il Nous est apparu par lesdictes Lettres dudit extrait, [c] esquelles Lettres & clause la teneur s'ensuit.

[b] extraire : tirer.

[c] corr. desquelles.

A tous ceulx qui ces Lettres verront. *Pierre Des Essars* Chevalier, Seigneur de *Willerval* & de la *Mote* de *Tilly,* Conseiller, Chambellan du Roy nostre S. & Garde de la Prevosté de *Paris:* Salut. Savoir faisons que l'an de grace mil cccc. & unze, le Lundi XXI.[e] jour de Septembre, à la requeste de *Pierre Dausfun* Serrurier, demourant à *Paris,* feismes extraire de certain Registre ancien transcript

NOTES.

(a) Trésor des Chartres, Registre 165. P. CV. (105.)
(b) Registres.] Ce mot signifie ici *Statuts : Règlemens.* Voy. un peu plus haut.

ès Registres de la Court du Chastellet de *Paris,* pieça fait sur le mestier des Serruriers de ladicte Ville, certaine clause contenue oudit ancien Registre, de laquelle la teneur s'ensuit.

CHARLES VI. à Paris, en Novembre 1411.

Les Serruriers ne doivent riens de chose qu'ils vendent ne achetent, appartenante à leur mestier.

En tesmoing de ce, nous avons fait mettre à ce present Extrait, le Séel de ladicte Prevosté de *Paris. Ce fut fait l'an & le jour de Lundi dessusdit.*

Suite des Lettres de Charles VI.

Et combien que par iceulx anciens Registres, & mesmement par ladicte clause, ait esté ordené que lesdis supplians ne devront, ne doivent riens de chose qu'ils vendent ne achetent, appartenante à leur mestier; & que Nous & iceulx nos Prevosts aussi avons voulu & ordonné lesdis Status estre tenus, observés & gardés à tousjours en leurs termes, à & sur les peines declairées en iceulx Status; sauf à nosdis Prevosts de *Paris* de tousjours povoir corriger, amplier ou diminuer iceulx selon le temps & cas qui escharront, en tous leurs poins, non derogans ausdis Status, & iceulx demourans en leur force & vertu, & que à [a] ses tiltres, & par les moyens desdis Status & autres contenus en iceulx, qui sont justes & raisonnables, lesdis supplians ne doient, ne soient tenus de paier aucune imposicion ne autre aide mise ou à mettre sus en nostre Royaume, de ce qu'ils vendent ou achetent à cause de leurdit mestier; mais en doivent estre quittes, francs & exemps, & que à cause de ce, au bail de nos Fermes de nos Aides qui depuis iceulx Status ont esté mises sus depuis ce, n'en ait esté ne soit faicte aucun mencion avec nos autres fermes, & que de ce iceulx supplians ou aucuns d'eulx aient joy & usé comme raison est; neantmoins pour ce que aucuns desdis supplians par povreté & simplesse ou autrement pour obvier à plaidier, à aucuns des Fermiers de nosdits Aides qui contre raison & lesdis Status leur ont demandé & demandent imposition ou autre Aide à cause de ce qu'ils ont vendu ou acheté touchant leurdit mestier, combien qu'ils n'en deussent rien par lesdis Status, & iceulx ignorans de ce & d'iceulx Status, les ont aucunes fois paiés, & se sont encores iceulx Fermiers desdiz Aides qui à present sont, efforciés & encores efforcent de vouloir contraindre lesdis supplians à paier ladicte imposicion ou autre Aide à cause de ce qu'ils ont vendu & acheté, vendent & achetent à cause de leurdit mestier: pourquoy iceulx supplians se doubtent que on ne les vueille encores pour le temps avenir à ce contraindre ou autrement vexer, traveiller & dommagier à cause & pour occasion de ce, qui est ou seroit chose contre raison, & en venant contre lesdis Status & Ordonnances anciens & nouveaux, & ou grant prejudice & dommage desdis supplians, & plus pourroit estre, se par Nous ne leur estoit sur ce pourveu de nostre grace & remede convenable, si comme ils dient, en Nous humblement requerant iceulx. Pourquoy Nous voulans lesdis anciens & nouveaux Status faiz, comme dit est, par nosdis Prevosts ou aucuns d'eulx, aians de par Nous povoir à ce, & lesquelx sont enregistrez ès Registres de nostre Chastellet de *Paris,* comme il Nous est apparu deuement par ce que dit est, estre gardez & observez sans enfraindre & sortir leur effect; ces choses considerées, & que à cause dudit mestier où il convient avoir moult grant peine & [b] soubtiveté pour ce faire & exercer par bonnes soubtives personnes, pour les grans perils & inconveniens qui s'en pevent ou pourroient ensuir, lesdis supplians ont & leur convient avoir plusieurs grans peines & travaulx à faire, & soustenir plusieurs frais, despens & autres grans charges, & que ceulx dont ils achetent le fer dont ils font leurs serrures, paient imposicion, & que ce qu'ils font dudit fer touchant leurdit mestier, vient de la peine & soubtiveté de leurs corps, & pour certaines autres causes & consideracions à ce Nous mouvans, ausdis supplians avons octroyé & octroyons de nostre certaine science & grace especial, pleine puissance & auctorité Royal, par ces presentes, que doresenavant ils ne paient ne soient tenus de paier aucune imposicion ne autre Aide à cause de ce qu'ils ont acheté &

a *Il faut app. corr. ces.*

b *subtilité, adresse.*

CHARLES VI. à Paris, en Novembre 1411.

acheteront ou vendront à cause & pour le fait de leurdit mestier; mais voulons qu'ils en demeurent & soient tenus frans, quittes, exemps & paisibles, & les exemptons, affranchissons à tousjours, de nostredicte grace, tout selon la fourme & teneur desdis Status, & mesmement de la clause dessus transcripte, laquelle & lesdis Status au regart de ce, Nous voulons avoir & sortir leur plain effet, & iceulx avons louez, ratiffiez, confermez & approuvez, louons, ratiffions, confermons & approuvons de nostredicte grace especial par ces mesmes presentes. Si donnons en mandement par ces mesmes presentes à nos amez & feaulx les Generaux-Conseillers à *Paris* sur le fait des Aides ordonnées pour la guerre, au *Prevost* de *Paris,* & à tous nos autres Justiciers & Officiers, presens & avenir, ou à leurs Lieuxtenans, & à chascun d'eulx, si comme à lui appartendra, que lesdis supplians, desdis Status anciens & nouveaulx, de nostredicte grace & octroy, afranchissement, quictance, exempcion & confirmacion, ils facent [a] lesdis supplians & chascun d'eulx, sueffrent & laissent joïr & user plainement & paisiblement, sans les contraindre ne souffrir estre contrains, molestez, traveilliez ou empeschiez en aucune maniere au contraire des choses dessusdictes ne d'aucune d'icelles; mais les enterinent & accomplissent ou facent enteriner & accomplir de point en point selon que dessus est dit; nonobstant que nosdis Aides aient été mis sus depuis lesdis Status, nos Ordonnances faictes sur iceulx, & quelconques autres Ordonnances, mandemens ou deffences & Lettres subreptices impetrées ou à impetrer à ce contraires. Et affin que ce soit chose ferme & estable à tousjours, Nous avons fait mettre nostre Séel à ces presentes: sauf en autres choses nostre droit, & l'autruy en toutes. *Donné à* Paris, *ou moys de Novembre, l'an de grace mil CCCC. & onze, & de nostre Regne le XXXII.*

a *Ces mots qui sont répétés, sont inutiles.*

Par le Roy en son Conseil, ouquel Mess. les *Ducs* de *Guienne* & de *Bourgongne,* les *Contes* de *Mortaing* & de *S.t Pol,* le Mareschal de *Boucicault* & le Sire de *Montenay* & autres, estoient. ROUVRES.

CHARLES VI. à Paris, en Novembre 1411.

(a) Règlement pour les Arbalestriers de la Ville de Mantes.

CHARLES, &c. Savoir faisons à tous presens & avenir, Nous avoir receu l'umble supplicacion des Compaignons Arbalestriers & jouans de l'arbaleste & exerçans le fait d'icelle arbaleste en nostre bonne Ville de *Mante,* contenant comme nostredicte Ville soit une bonne, forte & notable Ville, & [b] Chambre Royal, assise sur port & passage de riviere, & où il a moult grant [c] peutx & notable, & laquelle Ville est close, & passage pour la plus grant partie des pays de *Chartres, Normandie* & *Picardie,* & par lequel lieu de *Mante* ont acoustumé de passer & passent de jour en jour moult de gens d'armes, comme Chevaliers, Escuyers, Marchans & autres gens, pour passer & aller és pays dessusdis; & par ce de raison doye & doit estre icelle Ville garnie & ordenée de gens bien instruiz de deffense, & qui soient prests de Nous servir à l'onneur, bien & prouffit de Nous, du bien publique & d'icelle Ville; & en icelle Ville ait de tout temps acoustumé d'avoir pluseurs Compaignons Arbalestriers jouans du jeu de arbaleste, [d] gens d'estat & bon mesnagiers, & qui se sont tousjours entretenus à l'exercite dudit jeu de l'arbaleste, & de present en y a plus grant quantité que n'en y eut grand tems a, bons, expers & souffisans audit jeu de l'arbaleste, & bien congnoissans en ce, & lesquelx sont bons, expers & souffisans pour Nous servir dudit trait de l'arbaleste, honnestement & seurement pour la deffense de Nous & de nostredicte Ville de *Mante,* laquelle chose ils ne pourroient bonnement faire ne supporter, attendu les grans charges qu'il leur convient faire & souffrir pour

b *du Domaine du Roy.* Voy. les Tables des Mat. des Vol. de ce Rec. aux mots: *Chambre du Roy.*

c *Il faut p. e. corr.* peuple.

d *ayans un état & tenans ménage.*

NOTE.

(a) Tresor des Chartres, Registre 165. P. CVI. (106.)

CHARLES VI, à Paris, en Novembre 1411.

ledit trait & exercite du jeu de l'arbaleste, pour la garde & deffense d'icelle nostre Ville, & pour Nous servir en nos guerres, se besoing en estoit, tant en icelle Ville comme ailleurs, sans avoir de Nous aucuns Privileges, franchises & libertez, comme il a ès autres bonnes Villes de nostre Royaume, comme à *Paris, Rouen, Tournay,* & plusieurs autres Villes: car les fais & charges dudit trait & exercite de l'arbaleste, & aussi du service qu'il leur convendroit faire tant pour Nous comme pour ladicte Ville, ils ne pourroient bonnement supporter ne soustenir, sans avoir de Nous iceulx Privileges autres que les habitans d'icelle Ville de *Mante* ont acoustumé d'avoir, requerans humblement sur ce nostre gracieuse provision. Pourquoy Nous ces choses considerées, voulans & desirans le bien & honneur de nostredicte Ville, & [a] les frequentans & habitans en icelle & aussi du pays d'environ, & icelle estre ordenée en police & gouvernement de bien en mieulx, & pour la deffense, tuicion & garde d'icelle, comme dit est, avons ordonné & ordonnons de nostre certaine science & grace especial, pleine puissance & auctorité Royal, par ces presentes, que d'oresenavant y aura en ladicte Ville de *Mante* vint Arbalestriers ensemble pour ledit trait, qui demourront eulx & leurs successeurs en icellui nombre, lesquelx auront & leur avons donné & octroyé, donnons & octroyons de nostre auctorité Royal par ces presentes & grace especial, comme dit est, les privilleges, franchises & prérogatives qui s'ensuient; parmi ce que iceulx vint Arbalestriers seront tenus de faire les frais & services à Nous & à nostredicte Ville, qui cy-aprez sont declairez; c'est assavoir, que iceulx vint Arbalestriers seront francs, quictes & exemps, & par ces mesmes presentes les affranchissons de paier Quatriesme ou imposicion, ne quelxconques autres Aides ayans cours pour le fait de la guerre, des biens & autres choses qui vendront & croistront en leurs heritages seulement, & aussi de paier quelxconques Tailles, Subsides, Gabelles, & tous autres Aides qui ont & auront cours en icelle nostre Ville de *Mante,* avec de tous guez, arriere-guez qui mis seroient en ladicte Ville, ne autrement comment que ce soit, fors seulement ès reparacions & fortifficacions de ladicte Ville, pour l'arriereban & pour la rançon de Nous & de nos Successeurs, se [b] occupez estions de nos ennemis, que Dieu ne vueille; [c] lesquelx vint Arbalestriers Nous voulons estre prins, esleuz & choisis dix personnes des habitans de ladicte Ville, Arbalestriers jouans & exerçans le fait & jeu de l'arbaleste, & comme dit est, bons, expers & souffisans, dont les noms s'ensuient, & que Nous avons nommés & nommons par ces presentes; c'est assavoir, *Jehan Pelerin, Michelet Bourdin, Robin Vincent, Tassin Langlois, Gilot* le *Flament, Richart Des Roches, Perrin Amillon, Jaquet Pignart, Perrin* le *Coup, Huguet Bassellet;* lesquels dix Arbalestriers dessus nommez, Nous voulons qu'ils eslisent les autres dix pour faire ledit nombre d'iceulx vint Arbalestriers, & qu'ils soient bons & souffisans; & lesquels vint Arbalestriers ainsi esleuz & par la maniere que dit est, seront tenuz de venir en la presence de nostre *Bailli* de *Mante* ou de son Lieutenant, tous armez & prests de leurs corps deffendre, en tel estat comme ils vendront & devront venir toutes fois que besoing sera & que mandez seront pour la deffense de Nous & de ladicte Ville, & de la seurté de leurs corps; & seront les dessusdiz vint Arbalestriers cy-dessus nommez & leurs successeurs oudit nombre, enregistrez ès Registres de nostre *Bailliage* de *Mante,* par le Clerc d'icellui Bailliage, & aussi seront tenuz iceulx vint Arbalestriers de eslire l'un de ceulx de leur compaignie lequel ils verront estre le plus souffisant, par leur serment, ainsi qu'il appartendra, lequel ils nommeront à nostredit Bailli ou son Lieutenant, pour estre le Maistre & Cappitaine d'iceulx XX. Arbalestriers; lequel ainsi esleu & receu par eulx en leur Cappitaine, ils feront jurer solempnelment que bien & loyaument il les aidera, conseillera, gardera, confortera, & les Ordonnances & Status dudit exercite d'arbaleste [d], au bien, prouffit & honneur de Nous & de ladicte Ville, verra & visitera diligemment les arbalestes, [e] bastons & armeures desdiz Compaignons, affin qu'ils soient seurs & prests tousjours

a *corr.* des.
b *pris.*
c *Il faut p. ê. corr.* desquels.
d *Il faut supp.* gardera.
e *Voy. ci-dessus p. 525. note (l).*

CHARLES VI. à Paris, en Novembre 1411.

pour la deffense de leurs corps & de ladicte Ville, & leur fera savoir tous les mandemens & commandemens qui faiz lui seront de par Nous & ledit Bailli ou son Lieutenant, pour les faire assembler & convenir touteffois que besoing & necessaire en sera; & ceulx où il trouvera faulte & qui seront desobeissans, rapportera audit Bailli ou son Lieutenant, pour estre pugnis ainsi qu'il appartendra par raison; & se [a] muera ledit Cappitaine & Maistre d'an en an, à l'elec tion desdiz vint Arbalestriers; lequel Maistre & aussi tous iceulx XX. Arbalestriers feront ès mains de nostredit Bailli ou son Lieutenant, serment sollempnel sur les Sains Euvangiles de Dieu, chascun en droit soy; c'est assavoir, que tout ce dont ils vendront & seront trouvez garniz & habillez pour la deffense de leurs corps & de leurdicte Ville, sera leur propre, & que ils ne vendront, engaigeront, presteront ne eschangeront ou mettront hors de leur puissance, pour quelconques causes que ce soit, & que en l'estat qu'ils se monstreront, ils vendront au mandement de nostredit Bailli ou son Lieutenant, ou dudit Maistre & Cappitaine desdiz XX. Arbalestriers, qui pour lors sera, touteffois que mestier sera & que mandez seront par la licence de nostredit Bailli ou son Lieutenant; & où cas que aucun ou aucuns desdiz XX. Arbalestriers qui mis & receus seront en icellui nombre, cherra ou cherront en povreté ou impotence, par vieillesse, maladie ou autre accident, cellui qui sera ainsi debilité de son fait, pourra mettre en son lieu & pour lui un homme souffisant fort & [b] delivre, armé & embastonné, au gré & election desdiz XX. Arbalestriers, lequel servira ladicte Ville oudit fait, aux frais, cousts & despens d'icellui pour & ou lieu duquel il sera mis & receu oudict nombre, en la fourme & maniere que seroit & feroit tenu de faire cellui ou lieu duquel il sera mis, & durant la vie d'icellui ainsi debilité seulement; & par ainsi icellui debilité usera desdictes franchises & libertez, & non mie cellui qui sera pour lui; & ne pourront iceulx XX. Arbalestriers aler en aucune armée ne partir de nostredicte Ville de *Mante*, pour aler en armée, sans le congié & licence de nostredit Bailli ou son Lieutenant; & se l'un d'eulx va de vie à trepassement, il en sera prins un autre en son lieu, des meilleurs Arbalestriers de ladicte Ville, à la nominacion & election d'iceulx vint Arbalestriers, lequel sera presenté à nostredit Bailli ou son Lieutenant, armé & ordené pour la defense de son corps & de nostredicte Ville, comme dit est, & fera les sermens acoustumez en la main de nostredit Bailli ou son Lieutenant, qui ledit ainsi esleu recevra & fera enregistrer avec les autres par la maniere cy-devant recitée : & avons ordonné & ordonnons par ces presentes, que se par nostre Ordonnance ou commandement, nostredit Bailli ou son Lieutenant vouloit iceulx XX. Arbalestriers ou aucuns d'eulx mener hors de la Banlieue de nostredicte Ville, faire le pourroit, & seront tenuz iceulx Arbalestriers y aller aux despens de nostredicte Ville pour eulx & leurs chevaulx, & ne le pourront refuser valablement s'ils n'ont si juste & si loyal [c] essoyne que on ne la puisse ou doye refuser, parmi trois sols de telle monnoye qu'il courra ou pays où on les menra, que nostredit Bailli ou son Lieutenant leur seront tenuz; c'est assavoir, à chascun d'eulx faire paier pour chascun jour de gaiges, des deniers de nostredicte Ville de *Mante*, & audit Maistre & Cappitaine, cinq sols pour jour, de ladicte monnoye, oultre leursdiz despens de bouche pour eulx & leursdiz chevaulx, ou ils seront paiez au pris d'autres Arbalestriers & de pareils gaiges que Nous baillons à nos autres Arbalestriers que Nous tendrons pour le temps à gaiges; & s'aucuns desdiz Arbalestriers faillent ou refusent à venir au mandement de leurdit Maistre qui fait & crée sera, [d] de nostredit commandement, par nostredit Bailli ou son Lieutenant, pour Nous servir par la maniere que dit est, ou excéde les choses dessusdictes, se il n'a juste ou vraye excusacion, il sera à tousjours privé dudit exercite d'arbaleste, ou il paiera amende à la voulenté & tauxacion d'icellui nostre Bailli ou son Lieutenant; lesquelles amendes qui à cause dudit fait seront par icellui nostre Bailli ou son Lieutenant tauxées, Nous voulons estre appliquées, moitié à Nous, & l'autre moitié à iceulx Compagnons

[a] *changera.*

[b] *délibéré, propre au métier des armes.*

[c] *excuse.*

[d] *en conséquence du commandement du Roi.*

Arbalestriers; & ou cas que aucun desdiz XX. Arbalestriers, pour occasion dudit office & exercite, seroit par aucun adjournez ou autrement dommagiez, la Cause vendra pardevant nostredit Bailli ou son Lieutenant, qui en sera Juge commis quant à ce, & seront demenez les procès pour iceulx Arbalestriers qui ainsi seront traveillez, par nostre Procureur audit lieu de *Mante*, se nostredit Procureur n'est partie formelle pour Nous, en cas d'excès à l'encontre desdiz Arbalestriers; & aussi voulons, ordonnons & Nous plaist que iceulx XX. Arbalestriers puissent aller & venir de jour & de nuit, *(b)* armez à couvert, touteffois qu'il leur plaira, pour la deffense de leurs corps, & sans invasion, sans ce qu'ils en soient ou puissent estre reprins en aucune maniere. Si donnons en mandement par ces mesmes presentes à nos amez & feaulx Conseillers les Gens de nos Comptes & Tresoriers à *Paris*, les Generaulx-Conseillers sur le fait des Aides ordonnées pour la guerre, au *Bailli* dudit lieu de *Mante*, & à tous nos autres Justiciers & Officiers, presens & à venir, ou à leurs Lieuxtenans, & à chascun d'eulx, si comme à lui appartendra, & quant à nostredit Bailli qui à present est & pour le temps avenir sera, ou son Lieutenant, quant à la plaine congnoissance des causes desdiz vint Arbalestriers touchant ledit exercite d'arbaleste & des deppendances, par ces presentes commettons, que de nostre presente grace & octroy facent, sueffrent & laissent iceulx Arbalestriers & chascun d'eulx, joïr & user plainement & paisiblement, cessant tout empeschement; & ces presentes facent enregistrer en nos Registres de la Chambre des Comptes & dudit Bailliage, ausquelx Registres Nous voulons plaine foy estre adjoustée comme à ces presentes. Et que ce soit ferme chose & estable à tousjours, Nous à ces presentes Lettres avons fait mettre nostre Séel: sauf en autres choses nostre droit, & l'autruy en toutes. *Donné à* Paris, *ou moys de Novembre, l'an de grace mil CCCC. & onze, & de nostre Regne le XXXII.e*

Par le Roy, en son Conseil ouquel Mess.rs les *Ducs* de *Guienne* & de *Bourgongne*, le *Conte* de *Mortaing*, le Mareschal *Bouciquaut*, le Sire de *Montenay*, & autres du Conseil, [a]. J. DE ROUVRES.

CHARLES VI. à Paris, en Novembre 1411.

a *il faut supp.* étoient.

NOTE.

(b) Armez à couvert.] C'est-à-dire que leurs armes soient couvertes & dans une espèce de fourreau, dont ils ne pourront les tirer que pour se défendre, ne leur étant pas permis de s'en servir pour attaquer; c'est ce que signifient ces termes, *sans invasion*, qui sont un peu plus bas.

CHARLES VI. à Paris, le 6. de Décembre 1411.

(a) Lettres de Charles VI. par lesquelles il exempte pour cette fois seulement, les Officiers du Parlement qui possèdent des biens nobles, de venir le servir dans l'armée qu'il assemble présentement.

CHARLES, par la grace de Dieu, Roy de France. A tous ceux qui ces presentes Lettres verront: Salut. Comme pour subjuguer & reduire soubz nostre obeissance pluseurs de ceulz de nostre Sang & Lignage, & autres leurs aliez & complices, noz ennemis, desobeissans & rebelles, Nous ayons derrenierement mandé par maniere d'arriereban, que tous noz feaulx Vassaulx & subgiez, nobles & non nobles, & tant tenans en Fief comme en Arriere-Fief, ayans puissance d'eulx armer, Nous viennent servir montez & armez souffisament, sur peine de perdre leurs Fiefz, & autres grans peines contenues en noz [b] Lettres sur ce faictes & declairées ès criz & publicacions qui s'en sont ensuiz; & il soit ainsi que noz amez & feaulx Conseillers les Presidens & autres Gens de nostre

b *Voy. ci-dessus p. 640.*

NOTE.

(a) Registre *A.* du Parlement de *Paris, fol.* 248. *recto.*

Avant ces Lettres, il y a: *Concessio facta Gentibus Parlamenti, quod se non armarent pro guerra, anno CCCC. XI.*

CHARLES VI. à Paris, le 6. de Décembre 1411.

Parlement, tant de la Grant Chambre d'icelui, comme de la Chambre des Enquestes & des Requestes de nostre Palais à *Paris,* tant Clers comme Laiz, & aussi noz amez & feaulx les Greffiers & Notaires de nostredicte Court, les Huissiers, & noz Procureur & Advocatz en ycelle, soient continuelment occupez en nostre service, en faisant & administrant Justice à noz subgiez, en quoy eulx & chascun d'eulx ont souffert & soustenu, seuffrent & soustiennent de jour en jour plusieurs grans peines & labours, & est necessité pour le bien de Nous & de toute la chose publique de nostredit Royaume, que nosdiz Conseillers & autres Gens & Officiers dessusdiz de nostre Court, soient & facent leur residence en nostre Ville de *Paris;* parquoy ilz ne aucun d'eulx ne Nous pourroient bonnement servir selon la forme de nostredit mandement, que ce ne feust ou très-grant dommage de Nous & de noz subgiez; & neantmoins ilz se doubtent que soubz umbre dudit mandement, ilz ou aucun d'eulx ne puissent estre endommagiez, ou encourir ès peines contenues en ycelui, ou aucunes d'icelles, se ilz ne Nous venoient servir par la maniere que dit est, ou se sur ce ne leur estoit par Nous pourveu de bon & convenable remede: Savoir faisons que Nous les choses dessusdictes considerées, & les bons & agreables services que Nous ont faiz le temps passé, tant en leurs Offices que autrement en plusieurs manieres, nozdiz Conseillers & autres Officiers dessusdiz de Nous & de nostredicte Court, font encores chascun jour, & esperons que facent ou temps avenir, voulans les Gens & Ministres de nostre Justice demourer en franchise & liberté comme raison est, plus que nulz autres, avons par l'advis & deliberacion de nostre Conseil ouquel estoient plusieurs de ceulx de nostre Sang & Lignage, declairié & declairons par la teneur de ces presentes, tous nozdiz Conseillers, noz Officiers & autres dessusdiz, servans ordinairement & necessairement en nostredicte Court & au fait de nostre Justice, & chascun d'eulx, non estre comprins en nostredit mandement, & leur avons octroyé & octroyons de grace especial que ilz & chascun d'eulz en demeurent francs, quictes & exemps pour ceste foiz, sans ce que, par faisant foy de ces presentes ou du *vidimus* d'icelles, se mestiers est, à eulz ou à aucuns d'euls en puisse ou doye aucune chose estre demandée, & que aucun dommage leur en puist ou doye estre fait en corps ne en biens, ores ou pour le temps avenir. Si donnons en mandement à tous noz Justiciers, Officiers & subgiez, ou à leurs Lieuxtenans, & à chascun d'eulz, si comme à lui appartendra, que nosdiz Conseillers & autres Officiers dessusdiz de Nous & de nostredicte Court, & chascun d'eulx, facent, seuffrent & laissent joïr & user de nostredit octroy sans les molester ou empescher, ne souffrir estre molestez ou empeschiez en aucune maniere au contraire; mais se eulz ou aucun d'eulz, ou les biens d'eulz ou d'aucun d'eulz, estoient pour ce aucunement empeschiez, si leur mettent ou facent mettre à plaine delivrance: car ainsi Nous plaist-il estre fait; nonobstant nostredit mandement, les criz & publicacions qui s'en sont ensuiz, & quelzconques autres Lettres, Mandemens ou defenses à ce contraires. *Donné à* Estampes, *le vj.e jour de Decembre, l'an de grace mil cccc. & unze, & de nostre Regne le xxxij.e* Ainsi signé. Par le Roy, à la relation du Conseil tenu par Monf. le *Duc* de *Guienne,* ouquel Monf. le *Duc* de *Bourgogne,* le *Conte* de *Nevers,* le *Duc* de *Bar,* le Mareschal *Bouciquaut,* l'Admiral, le [a] Chancellier de *Vienne,* & le Sire de *Remboillet,* estoient. J. MILET.

[a] *C'est app. le le Chancelier du Dauphiné de Viennois.*

CHARLES VI. à Paris, le 8. de Décembre 1411.

(a) Mandement qui porte qu'il sera fabriqué de petits Deniers, Parisis, & qui fixe le prix de l'argent.

CHARLES, par la grace de Dieu, Roy de France. A noz amez & feaulx les Generaulx-Maistres de noz Monnoyes : Salut & dilection. Pour ce que Nous avons entendu que à present il est très-grant necessité & deffault entre nostre peuple de petite Monnoye noire, tant pour faire aumosne comme autrement, Nous avons ordonné que en nostre Monnoye de *Paris,* soient faictz, ouvrez & monoyez jusques à la somme de v.^{e} marcs d'argent, pour faire petiz Deniers Parisis, sur la forme & aussi de la Loy & poix de ceulx qui ont cours à present pour ung denier Parisis la piece, pour delivrer à nostre Aumosnier, & non à autre, pour convertir en nostre Aumosne. Si vous mandons que ladicte somme de v.^{e} marcs d'argent ou environ, vous faictes ouvrer & monnoyer à une foiz ou à plusieurs, par la maniere que dit est; en donnant aux Changeurs & Marchans pour chacun marc d'argent monnoyé à ladicte Loy, VI. livres XV. sols; & par rapportant ces presentes & recongnoissance sur ce, Nous mandons à noz amez & feaulx Gens de noz Comptes à *Paris,* que ilz passent & allouent ledit pris ès comptes de celuy ou ceulx à qui il apartiendra; nonobstant mandemens ou deffenses à ce contraires. *Donné à* Paris, *le viij.^{e} jour de Décembre, l'an de grace mil iiij.^{c} & unze, & de nostre Regne le xxxij.^{e}* Ainsi signé. Par le Roy. DE LA TEILLAYE.

NOTE.

(a) Registre *E.* de la Cour des Monnoies de *Paris, fol.* 8. vingt 5. *recto.* [165.]
Avant ces Lettres, il y a : *Mandement pour faire pour cinq cens marcs d'argent de Parisis, pour l'Aumosne.*

CHARLES VI. à Paris, le 15. de Décembre 1411.

(b) Lettres de Charles VI. par lesquelles il donne pouvoir à Louis Culdoé Général-Maître des Monnoies, de faire l'adjudication de la ferme de la Monnoie de Tournay, dans l'Hôtel de la Monnoie de cette Ville.

CHARLES, par la grace de Dieu, Roy de France. A nostre amé & feal *Loys Culdoé* General-Maistres de noz Monnoyes : Salut & dilection. Il est venu à nostre congnoissance que de present nostre Monnoye de *Tournay* est ouverte & [a] à bailler, & que plusieurs Changeurs & Marchans de ladicte Ville entendoient voulentiers à prendre icelle Monnoye audit lieu de *Tournay,* sans ce que pour celle cause [b] il leur convensist venir à *Paris,* pour doubte de la despence, pourveu qu'elle leur soit baillée & delivrée à ung jour certain, de (c) main-ferme, sans recevoir enchere sur ce ledit jour passé; en quoy Nous pourrions avoir très-grant prouffilt, si comme entendu avons. Pour ce est-il que Nous vous mandons & commectons par ces presentes, que à certain jour tel que bon vous semblera, vous faictes venir & comparoir pardevant vous en ladicte Monnoye, tous ceulx qui vouldront entendre à icelle Monnoye prandre

a *à donner à ferme.*

b *qu'il leur convint : qu'ils fussent obligez.*

NOTES.

(b) Registre *E.* de la Cour des Monnoyes de *Paris, fol.* 8. vingt 5. *verso.* [165.]
Avant ces Lettres, il y a : *Lectre de* Loys Culdoé, *pour bailler la Monnoye de* Tournay *fermée.*

(c) *Main-ferme.]* Voy. sur ce mot qui est expliqué par les suivans, le Glossaire du Droit François, au mot, *Main-ferme.* Il y est dit, *qu'on baille un droit, un héritage à main-fermé, sans tiercement, doublement ou remise .... au dernier metteur & enchérisseur .... sans qu'aucun autre en après soit reçû à offrir davantage, comme l'on fait ès baux des Aides ..... & autres qui se font à la chandelle allumée & éteinte.*

CHARLES VI. à Paris, le 15. de Décembre 1411.

& mectre à pris, laquelle vous baillez & delivrez à la chandelle oultréement de main ferme, & *(d)* sans enchere ladicte chandelle faillie, à trois ans ou à tel temps que vous trouverez estre expedient, à celuy ou ceulx que vous trouverez qui vouldront faire l'ouvraige le plus prouffitablement pour Nous que bonnement faire se pourra; nonobstant appellacions, opposicions & quelzonques Lectres subreptices impetrées ou à impetrer, & Ordonnances à ce contraires. *Donné à* Paris, *le quinziesme jour de Decembre, l'an de grace mil iiij.c & unze, & de nostre Regne le XXXII.e (e)*

NOTES.

(d) Sans enchere.] C'est-à-dire apparemment sans recevoir après l'extinction de la chandelle, de nouvelles enchères par forme de tiercement ou de doublement. Voy. ci-dessus p. 663. note *(c)*. A l'égard du mot *oultréement*, celui *outrés*, synonyme d'*enchère*. Voy. le Gloss. du Droit François, au mot, *Outrée*.

(e) Par des Lettres du même jour, le Roy fixa la somme que *Culdoé* devoit avoir par jour pendant qu'il vaqueroit à sa Commission.

*CHARLES, par la grace de Dieu, Roy de France. A noz amez & feaulx les Gens de noz Comptes à *Paris*, & les Commissaires nouvellement ordonnez sur le fait des Finances de nostre Demaine: Salut & dilection. Comme pour le bien & prouffilt de Nous & de la chose publicque de nostre Royaume, & par l'advis & deliberacion de vous & des Generaulx-Maistres de noz Monnoyes, nostre amé *Loys Culdoé* l'un desdits Generaulx-Maistres de nosdictes Monnoyes, soit ordonné aller en nostre Ville de *Tournay*, tant pour bailler à Ferme nostre Monnoye d'icelle Ville, comme pour certaines autres causes venues en nostre congnoissance, touchans le fait d'icelle Monnoye, Nous à iceluy *Loys Culdoé* pour ses frais & despens dudit voyaige, allant, demourant & retournant, avons tauxé & ordonné, tauxons & ordonnons par ces presentes, soixante solz Tournois pour chacun jour qu'il y vacquera, à prandre & avoir sur le fait & emolument de nosdictes Monnoyes, & sur les [f] Exploictz d'icelles, oultre & pardessus ses gaiges ordinaires. Si vous mandons que de tant de jours que ledit *Loys* vous affermera par serment avoir esté oudit voyaige, à une fois ou plusieurs, vous luy allouez en ses comptes dudit voyaige ou voyaiges, ladicte somme de LX. sols pour jour; & semblablement allouez ès comptes & rabatez de la recepte de celuy ou ceulx à qui il appartiendra, tout ce qui par quictance dudit *Loys* vous apperra avoir esté receu d'eulx pour ladicte cause, en rapportant lesdictes quictances & *vidimus* d'icelles; nonobstant Ordonnances, mandemens ou deffenses à ce contraires. *Donné à* Paris, *le XV.e jour de Decembre, l'an de grace mil iiij.c & unze, & de nostre Regne le XXXII.e*

f *Actes judiciaires.*

* Registre *E.* de la Cour des Monnoies de *Paris, fol.* 8. vingt 5. *verso.* [165.]
Avant ces Lettres, il y a: *Lectre de tauxacion de LX. sols par jour.*

CHARLES VI. à Paris, le 18. de Décembre 1411.

(a) Lettres de Charles VI. portant que la Ville de Soissons sera réunie au Domaine de la Couronne, & qu'il y sera établi un Siége de Lieutenant du Bailli de Vermandois.

CHARLES, par la grace de Dieu, Roy de France. A perpetuelle memoire. Par la charge que de Dieu notre Créateur avons du gouvernement de notre Royaume, Nous appartient pour le bien de son peuple par lui à Nous soubzmis, & à la decoracion des Citez, bonnes Villes & lieux de notredit Royaume, faire nouvelles constitucions & establissemens, par advis & meure deliberacion, quant les cas s'offrent; & comme notre Ville de *Soissons* soit notable Cité & ancienne, en pays fertile, sur [a] riviere [b] à navire, grande Ville, spacieuse & bien peuplée, & en laquelle Ville, Banlieue, & Chastel de [c] Saint Mard-lez ladicte Ville, avec l'Eglise Cathedral, à grant quantité d'autres Eglises & Monasteres tant de fondacion Royal comme autres, douées & garnies de plusieurs Corps Sains, Reliquieres, Pardons & Indulgenses, & de grans Demaines; & il soit ainsi que en

a l'Aisne.
b *portant bateaux.*
c *Saint Medard.*

NOTE.

(a) Trésor des Chartres, Registre 165. P. IIII.c XIII. (413.)
Ces Lettres sont aussi au *fol.* 248. du Registre *A.* du Parlement de *Paris.*

notredicte

CHARLES VI.
à Paris, le 18. de Décembre 1411.

notredicte Ville laquelle est en partie de notre Demaine, & y avons Prevost, Sergens & Officiers pour l'exercite de notre Justice, après le decès de feu notre très-chier Seigneur & Pere que Dieux absoille, feu *Enguerran* Seigneur de *Coucy* qui lors estoit Conte & Viconte dudit *Soissons,* fist de fait & de nouvel construire & edifficr un Chastel qui encores est, tant au dedans comme au dehors de ladicte Ville, parmi & en derompant les murs de la closture d'icelle, par telle disposicion que sans le sceu & [a] dangier de notredicte Ville & des habitans d'icelle, l'en puet par ledit Chastel entrer & [b] yssir d'icelle Ville; de laquelle une partie de la haulte Justice & de toute la riviere, & de la plus grant partie des chemins d'icelle Ville, est desdictes Conté & Viconté, une autre partie de ladicte haulte Justice est de notre Demaine; c'est assavoir, en notre Beffroy, & en un Hostel joingnant à l'Ostel des Ras dudit *Soissons,* & le demourant d'icelle haulte Justice de ladicte Ville, est aux Gens d'Eglise & autres; & que feu notre Frere *Loys Duc* d'*Orléans* qui à son vivant à cause de [c] conquest estoit Conte & Viconte dudit *Soissons* en partie, l'autre partie appartenant lors à feue notre bien amée Cousine *Ysabeau* de *Coucy* qui vivoit pour le temps, & de present appartenant à notre bien amée Cousine *Marguerite* fille de notre très-chier & amé Cousin le *Conte* de *Nevers,* & de notredicte feue Cousine de *Coucy* à son vivant sa femme, & lequel feu notre frere qui aussy à tiltre de l'accroissement de son Appanage, tenoit le Demaine & autres droiz que Nous avions en ladicte Ville, avec le Ressort, excepté des terres exemptes d'icelle Ville, Conté & Viconté de *Soissons,* eust son Bailli en ladicte Ville, & Séel à Contrats, duquel Bailli le Ressort sans moyen aloit en notre Court de Parlement; durant lequel temps, & depuis que la Commune que souloient avoir les habitans de notredicte Ville, fu par eulx à Nous ou à nos Predecesseurs rendue [d] sans aucune forfaiture, en laquelle Commune avoit Maieur, Jurez & Eschevins, lesquelz congnoissoient des Causes & debas qui estoient entre les Communiers d'icelle Ville, & laquelle reddicion de ladicte Commune à Nous ou à nosdiz Predecesseurs faite, fu ordonné & commis ou lieu desdiz Maieur, Jurez & Eschevins, notre Prevost dessusdit en ladicte Ville, pour congnoistre des droiz & Causes des habitans d'icelle, comme avoient fait lesdiz Maieur, Jurez & Eschevins; & combien que par Lettres d'un notre Predecesseur Roy de France & de Navarre, lesquelles Lettres furent depuis confirmées par notredit Predecesseur, [e] lesdiz habitans sans moyen deussent [f] sortir au Siege de nostredicte *Prevosté* de *Soissons,* sans sortir en Prevosté à *Laon,* en quelque cas que ce feust, toutesvoyes les Gens d'Eglise & autres habitans de notredicte Ville, ont esté très-excessivement vexez & travailliés par nos Prevosts forains audit *Laon,* qui sont Fermiers, comme de venir en notredicte Ville de *Soissons* prendre plusers des habitans d'icelle, & les mener prisonniers pour un simple delit, en ladicte Ville de *Laon* où il a distance de sept lieues ou environ, & en entreprenant contre la Juridicion de notredit Prevost de *Soissons,* iceulx prisonniers composer à finance; & aussy quant lesdiz Prevosts de *Laon* sont venuz en notredicte Ville de *Soissons,* ilz avoient [g] mesnies & varlez lesquelz ilz disoient estre noz Officiers, lesquelz ilz ont envoiés par ladicte Ville, & se ilz trouvoient aucuns des habitans d'icelle Ville, qui portassent dagues, cousteaux ou espées, ilz les leur ont ostées, & les ont pour ce fait composer audits Prevostz de *Laon,* ou autrement ilz feussent par iceulx Prevostz travailliez audit *Laon* d'adjournemens, ou par autre maniere; & qui plus est, s'il est advenu que aucun de notredicte Ville de *Soissons* ou forain, du meindre peuple, eust hayne à aucun notable homme d'icelle Ville ou autre, icelluy, sa femme & enfans, & tous autres leurs parens, amis & affins, estoient adjornez en cas [h] d'asseurement pardevant lesdiz Prevostz à *Laon,* & a convenu que tous les adjornez illuec oudit cas d'asseurement, y soient comparuz en personne, à peine de soixante solz d'amende, dont grant pecunes ont esté exigées des habitans d'icelle Ville de *Soissons,* & ont fait, comme l'en dit, yceulx Prevostz en ceste partie plusers autres entreprinses & abuz de Justice;

a *Il semble qu'il devroit y avoir :* au dangier.
b *sortir.*
c *achat.*
d *sans avoir été privé de leur Commune pour cause de crimes.*
e *C'est-à-dire ceux qui avoient été Bourgeois de la Commune.*
f *ressortir.*
g *Domestiques.*
h *Voy. les Tables des Mat. des Vol. de ce Rec. à ce mot.*

CHARLES VI. à Paris, le 18. de Décembre 1411.

& à present lesdiz Chastel, Conté & Viconté de *Soissons,* & tous les droiz y appartenans pour la part & porcion de notredit feu Frere, soient à Nous confisqués par la forfaiture de *Charles d'Orléans* son filz, duquel Chastel, s'il aloit en autres mains que ès notres, grans dommaiges & inconveniens se pourroient ensuir à Nous & à notredicte Ville, si comme de toutes ces choses Nous sommes souffisamment acertenez : Savoir faisons que pour consideracions des choses dessusdictes & autres à ce Nous mouvans, euz sur ce l'advis & deliberacion de nos très-chiers & très-amez *Loys Duc* de *Guienne* notre ainsné Filz, notre Cousin le *Duc* de *Bourgongne,* & d'autres de notre Conseil estans n'agaires au Siege devant le Chastel d'*Estampes,* & aussy par l'advis & deliberacion de notre Conseil n'agaires tenu en la Chambre de noz Comptes à *Paris,* ouquel estoient noz amez & feaulx Chancellier, les *Evesques* d'*Amiens* & de *Tournay,* noz Premier & Second Presidens de notre Parlement, aucuns de nos Gens & nos Advocas & Procureur dudit Parlement, avec noz amez & feaulx les Presidents & Gens de nosdiz Comptes, avons de notre plaine puissance & auctorité Royal, & par maniere de Constitucion & Ediz perpetuelz, aüni & adjoint, & par ces presentes aünissons & adjoingnons à tousjours-mais à notre Demaine & Seignourie, ce que paravant ladicte confiscacion avions en ladicte Ville de *Soissons,* lesdiz Chastel, Conté & Viconté de *Soissons,* tant la partie que y avoit ledit *Charles* d'*Orléans,* comme l'autre partie appartenante à notredicte Cousine de *Nevers* & autres, parmi ce que Nous avons promis, & par ces mêmes presentes promettons recompenser notredicte Cousine & autres qu'il appartendra, de l'interest qu'ilz [a] puent avoir esdictes union & adjonccion, à cause desdictes Conté & Viconté & de ce qui en dépend, & jusques à ce que ladicte recompensacion soit faicte, voulons que notredicte Cousine & autres qu'il appartendra, aient & prengnent des premiers deniers desdictes Conté & Viconté, pour leur part & porcion, telle somme par an qu'il sera advisé à faire par nosdictes Gens des Comptes, & par les Gens & Conseilliers de notredicte Cousine & autres à qui il appartendra. Et pour le bien des choses dessusdictes, & l'accroissement de notre Couronne, par les adviz & deliberacion dessusdiz, avons ordonné & ordonnons de nosdictes plaine puissance & auctorité Royal, & par maniere de Constitucion & Ediz perpetuelz, que doresenavant aura & sera en ladicte Ville de *Soissons,* Siege de notre *Bailli* de *Vermandois* [b] en qui Bailliage est ladicte Ville, pour par ledit Bailli ou son Lieutenant, lequel Lieutenant Nous voulons estre demourant audit lieu, tenir illec ses Jours & Assises, & y congnoistre des cas privilegiés & de Ressort, tant de ladicte Ville & Banlieue, comme des Chastel & Mairie de Saint Mard lez ladicte Ville de *Soissons,* & aussy des Villes & lieux estant tant de & esdictes Conté & Viconté, comme des Fiefs & Arriere-Fiefs d'icelles; nonobstans que partie desdictes Banlieue, Conté & Viconté, Fiefs & Arriere-Fiefs d'icelle Conté de *Soissons,* soit de l'ancien Ressort du Bailliage de *Senlis:* & avec ce, avons ordonné & ordonnons comme dessus, que en notredicte Ville de *Soissons,* pour les lieux dessusdiz, aura Séel à Contracz, & Garde pour ycellui, & que notre Prevôt dudit *Soissons,* qui avant ladicte confiscacion n'avoit aucune congnoissance de haulte Justice, ainçois à cause desdictes Conté & Viconté, l'exerçoient les Officiers dudit d'*Orléans* & autres Justiciers, congnoisse ordinairement de ladicte haulte Justice & des autres cas dont congnoissent & ont accoustumé de congnoistre les Prevostz Royaux de noz autres Prevostez esdiz *Bailliages* de *Vermandois* & de *Senlis,* sans ce que les subgiez desdiz lieux puissent ne doient estre traiz sur les choses dessusdictes & leurs deppendences, ailleurs que en notredicte Ville de *Soissons;* c'est assavoir, ordinairement devant notredit Prevost illec, & pardevant notredit *Bailli* de *Vermandois,* ou son Lieutenant audit Siege de *Soissons,* tant en cas du Ressort dudit Prevost, comme autremennt, & en cas du derrenier Ressort, en notre Court de Parlement : & en oultre avons ordonné & ordonnons comme dessus, que pour l'exercice de notre Justice, & faire les [c] Exploix necessaires ès lieux

[a] *pevent,* 2.e cop.

[b] *dans lequel Bailliage.*

[c] *Exploits : Actes judiciaires.*

CHARLES VI. à Paris, le 18. de Décembre 1411.

dessusdiz, Nous aurons en notredicte Ville de *Soissons*, trois Sergens à cheval demourans illec, à telz gaiges que prenoient les Sergens à cheval de ladicte Conté, paravant noz union & adjonccion dessusdictes; oultre & pardessus trois autres Sergens à verges que paravant icelle union & adjonccion Nous avions en notredicte Ville, lesquelx Sergens à verge exploiteront en & par la maniere qu'ilz faisoient paravant lesdiz union & adjonccion, sans plus avant entreprendre, ne que lesdiz Sergens à cheval puissent ne doient entreprandre sur yceulx Sergens à verge, ostez & deboutez tous autres Sergens tant Royaux comme autres desdictes Conté & Viconté, & lesquelz Nous en ostons & deboutons par ces presentes; & en oultre, avons ordonné & ordonnons comme dessus, que pour la garde dudit Chastel & Prisons d'icellui, aura illec de par Nous un Chastellain aux gaiges de douze livres Parisis par an; & se en aucun temps Nous y ordonnions Capitaine, il n'y pourra avoir que un seul Capitaine pour notredicte Ville, Chastel & Banlieue d'icelle. [a] Sy en mandement par ces mesmes presentes, à noz amez & feaulx Conseillers les Gens tenans notre present Parlement à *Paris*, & qui tendront ceulx à venir, les Gens de nosdiz Comptes & Gouverneurs des Finances de notre Demaine, à notredit *Bailli* de *Vermandois*, & à tous noz autres Justiciers & Officiers, presens & avenir, ou à leurs Lieuxtenans, & à chascun d'eulx, si comme à lui appartendra, que ces presentes facent publier & registrer ès lieux, places & Registres acoustumez en tel cas, & nos Constitucion, Edit, union, adjonccion, Ordonnance, establissement, & autres choses dedans contenues, & ce qui en depend, tiengnent, gardent, enterinent & accomplissent, & fassent tenir, garder, enteriner & accomplir de point en point, sans faire ou attempter, ne souffrir estre fait ou attempté aucunement au contraire; laquelle chose, se faicte estoit, ilz ramainent & remettent ou facent ramener & remettre tantost & sans delay au premier & deu estat. Et pour ce que ce soit ferme chose & estable à tousjours, Nous avons fait mettre notre Seel à ces presentes: sauf en autres choses notre droit, & l'autruy en toutes. *Donné à* Paris, *le XVIII.e jour de Decembre, l'an de grace mil IIII.c & unze, & de notre Regne le XXXII.e*

a *Si donnons.* 2.e cop.

Par le Roy, Messeigneurs *Regnault* de *Folleville*, *Adam* de *Gaillonnel* & autres, esens. LE BESGUE.

Après cette signature, on lit dans le Registre du Parlement : *Collatio facta est cum originali.*

Lecta & publicata in Curia Parlamenti & ad [b] *fenestram, die XXIX.a Decembris, anno Domini millesimo CCCC.o undecimo.* BAYE.

b Voy. la note *(c)* de la p. 118. du 8.e Vol. de ce Rec.

CHARLES VI. à Paris, le 20. de Janvier 1411.

(a) Lettres de Charles VI. portant que les Bourses que prennent les quatre Maîtres-Clercs de la Chambre des Comptes, sur l'émolument du Sceau, seront de pareille valeur que celles que prennent les quatre Clercs-Maîtres des Requêtes de l'Hôtel du Roy.

CHARLES, par la grace de Dieu, Roy de France. A nos amez & feaux les Audienciers & Controlleur de nostre Audience [c] : Salut & dilection. A la supplication de nos amez & feaux Maistres d'*Orgemont*, *Philippes* du *Bois-Gillout*, *Miles Danguel* & *Raoul* le *Marié*, Maistres-Clercs de nostre Chambre des Comptes, disans que les Bourses qu'ils ont & prennent sur le prouffit &

c *de la Chancelerie.*

NOTE.

(a) Ces Lettres ont été tirées du Recueil cité dans la note *(b)* de la p. 26. du 7.e Vol. du Recueil des Ordonnances. On n'a point marqué dans ce Recueil de la Chambre des Comptes, le Registre sur lequel elles avoient été copiées; mais on lit dans la Table chronologique des Ordonnances par *Blanchard*, qu'elles sont au *fol.* 119. du Mémorial *G.* de la Chambre des Comptes.

CHARLES VI. à Paris, le 20. de Janvier 1411.

émolument de nostre Scel, leur doivent estre faites & baillées pareilles & de telle valeur que les ont & prennent les quatre Maistres-Clercs des Requestes de notre Hôtel, & que leurs prédécesseurs en ont joui & usé d'ancienneté, Nous vous mandons & enjoignons que ausdits supplians vous faites, baillez & delivrez, ou faites faire, bailler & delivrer dorénavant sur le prouffit & émolument de nostre Scel, pareilles Bourses & de telle valeur que ont & prennent par chacun mois lesdits quatre Clercs-Maistres des Requestes de nostre Hostel; & par rapportant ces presentes pour la première fois seulement, vous en serez déchargiez partout où il appartiendra. *Donné à* Paris, *le vingtième jour de Janvier, l'an de grace mil quatre cens onze, & de nostre Regne le* [a] *vingt-deuxième.* Ainsi signé. Par le Roy en son Conseil. MILLET.

a *corr. le trente-deuxième.*

CHARLES VI. à Paris, le 20. de Janvier 1411.

(a) Lettres de Charles VI. par lesquelles il rétablit la Prevôté des Marchands & l'Echevinage de la Ville de Paris.

CHARLES, par la grace de Dieu, Roy de France. Savoir faisons à tous presens & avenir, que comme nostre bonne Ville de *Paris* qui est la principale Ville Capital de nostre Royaume, ait esté de toute ancienneté decorée de plusieurs grans & notables droiz, Noblesces, prerogatives, privileges, libertez, franchises, possessions, rentes, revenues, & pour le bon gouvernement d'icelle, y ait eu de tous temps Prevost des Marchans, Eschevins, [b] Clergie, Maison appellée la Maison de la Ville, [c] Parloir aux Bourgois, & plusieurs autres Officiers pertinans au fait desdicte Prevosté & Eschevinage, par lesquelx nostredicte bonne Ville & les manans & habitans en ycelle, ont esté anciennement gardez & maintenus en bonne paix & seureté, & le fait de la Marchandise d'icelle esté grandement & notablement soustenu; & depuis aucun temps en ça, pour aucunes causes à ce Nous mouvans, [d] Nous eussions & ayons prins & mis en nostre main ladicte Prevosté, Eschevinage, Maison de ladicte Ville & Clergie d'icelle Prevosté des Marchans, ensemble la Jurisdicion, cohercion, cognoissance, rentes, revenues & autres droiz quelxconques appartenans à icelle Prevosté, Eschevinage & Clergie, & commiz à nostre *Prevost* de *Paris* toute la Jurisdicion, cognoissance & cohercion qui paravant leur appartenoient, & à nostre Recevcur de *Paris,* la recepte des rentes & revenues desdictes Prevosté, Eschevinage & Clergie, qui par aucun temps ont fait & exercé pour Nous & en nostre nom ce que dit est, & depuis aussi l'ont gouverné & exercé autres à ce commiz de par Nous; après lesquelles choses se soient survenuz plusieurs grans affaires à Nous & à nostredicte bonne Ville, esquelx affaires par vraye experience avons sceu & très-evidemment congneu & trouvé en fait & en conseil, noz bien amez les Bourgois, manans & habitans en nostredicte Ville de *Paris,* très-vraiz & loyaulx obeissans subgiez à Nous, nostre Seignourie & posterité, au bien, tuicion, defense & exaltacion de nostre Couronne & de tout le bien publique de nostre Royaume, & en ce exposé liberalment leurs corps, biens & chevances, & pour ce soustenu & souffert plusieurs grans peines, periлz, travaulx &

b *Greffe.*

c *Voy. la note (d) de la p. 10. du 4.e Vol. de ce Rec.*

d *Par les Lettres du 27. de Janvier 1382. qui sont imprimées à la p. 685. du 6.e Vol. de ce Rec.*

NOTE.

(a) Registre *A.* du Parlement de *Paris, fol.* 252. *verso.*

Avant ces Lettres, il y a: *Levatio manus Reg. à Prepositura Mercatorum & Scabinatu Ville* Paris. *ac Clericatura & ceteris juribus ipsius.*

Ces Lettres sont aussi au Trésor des Chartres, Registre 165. Pièce 425. Elles avoient déjà été imprimées à la p. CXXIV. de la Dissertation qui est au commencement du 1.er Vol. de l'Histoire de *Paris,* par *Félibien.* Il y est dit qu'elles sont au *fol.* 229. du Livre rouge de l'Hôtel de Ville. Elles sont aussi au *fol.* 229. du Registre *A.* de l'Hôtel de Ville de *Paris.*

Voy. la Préface de ce Volume, §. intitulé: *Rétablissement de la Prevôté des Marchands & de l'Echevinage de la Ville de* Paris.

dommages; Nous les choses dessusdictes considerées, pour le bien, proffit & seurté de nostredicte Ville, & pour autres causes & consideracions à ce Nous mouvans, eu sur ce grant & meure deliberacion de Conseil avec plusieurs de nostre Sang & Lignage & autres de nostre Grant Conseil, l'empeschement & main-mise, ainsi que dit est, par Nous mis esdicte Prevosté des Marchans, Eschevinage, Clergie, Maison de la Ville, Parloüer aux Bourgois, Jurisdicion, cohercion, privileges, rentes, revenues & droiz appartenans d'ancienneté à ycelle Prevosté des Marchans, Eschevinage & Clergie de nostredicte bonne Ville de *Paris,* avons levé & osté, levons & ostons à plain de nostre certaine science & [a] prope mouvement; & voulons que nozdis Bourgois, manans & habitans en icelle nostre Ville, desdictes Prevosté des Marchans, Eschevinage, Clergie, Maison de la Ville, Parloüer aux Bourgois, Jurisdicion, cohercion, cognoissance, rentes, revenues, & possessions quelxconques, droiz, honneurs, Noblesces, prerogatives, franchises, libertez & privileges, joyssent entierement & paisiblement, perpetuelment & à tousjours, pareillement qu'ilz faisoient paravant l'empeschement & main-mise dessusdis; & d'abondant, en tant que mestier en seroit, à yceulx Bourgois, manans & habitans, avons donné & octroyé, donnons & octroyons par ces presentes, toutes les choses dessusdictes & chascune d'icelles, pour en joyr perpetuelment comme dit est. Si donnons en mandement à noz amez & feaulx Conseillers les Gens tenans & qui tendront nostre Parlement, à noz Gens des Comptes & Tresoriers à *Paris,* & à tous noz autres Justiciers & Officiers, presens & avenir, ou à leurs Lieuxtenans, & à chascun d'eulx, si comme à lui appartendra, que desdictes Prevosté, Eschevinage & autres droiz dessusdis, facent, seuffrent & laissent nostredicte bonne Ville & lesdits Bourgois, manans & habitans en ycelle, & leurs successeurs, joyr & user plainement & paisiblement selon la fourme & teneur de ces presentes, sans leur donner ou souffrir estre fait ou donné aucun empeschement au contraire; lequel se mis y estoit ores ou [b] ou temps avenir, ostent ou facent oster tantost & incontinent, nonobstant nostredicte main-mise, & que noz Lettres d'icelle main mise ne soient en ces presentes incorporées de mot à mot, laps de temps, usaiges, possessions, Ordenances, mandemens & defenses à ce contraires. Et afin que ce soit chose ferme & estable à tousjours, Nous avons fait mettre nostre Séel à ces presentes: sauf en autres choses nostre droit, & l'autrui en toutes. *Donné à* Paris, *le XX.e jour de Janvier, l'an de grace mil CCCC. & onze, & de nostre Regne le XXXII.e* Ainsi signé. Par le Roy, en son Conseil, ouquel le *Roy* de *Secile,* Mons. le *Duc* de *Bourgongne,* les *Contes* de *Mortaing* & de *Nevers,* [c] Vous, l'*Evesque* de *Saint Brieu,* les Chancelliers de *Guyenne* & de *Bourgoigne,* le Grant Maistre d'Ostel, les Seigneurs de la *Suze,* de *Rambures,* de *Florensac* & de *Walphin,* Messire *Charles* de *Savoisy* & le *Galoys* d'*Aunoy,* Messire *Jehan* de *Courcelles,* le Gouverneur d'*Arras,* Messire *Jehan* de *Chambrilhac,* & plusieurs autres, estiez. G. BARRAU[d]. [e] *Contentor. Gratis.* FRERON. *Visa.*

Lecta & in Camera Parlamenti publicata XXVJ.a Januarii, anno Domini m.o cccc.o xj.o

CHARLES VI. à Paris, le 20. de Janvier 1411.

[a] *propre.* T. C.

[b] *corr.* au

[c] *Le Chancelier de France. Voy. le 5.e Vol. de ce Rec. p. 653. note (c).*

[d] *ce qui suit n'est point dans* T. C.

[e] *Voy. la note (h) de la p. 22. du 5.e Vol. de ce Rec.*

(a) Lettres de Charles VI. portant que la Chambre de la Justice sur le fait des Aides, continuera d'être composée d'un Président & de quatre Conseillers seulement.

CHARLES VI. à Paris, le 23. de Janvier 1411.

CHARLES, par la grace de Dieu, Roy de France. A tous ceulx qui ces presentes Lettres verront: Salut. Comme par certaines noz [f] Ordonnances & restrinctions pieça faictes par Nous en nostre Grant Conseil, par grant &

[f] *Voy. ci-dessus p. 282. art. 2. de l'Ordonnance du 7. de Janvier 1407.*

NOTE.

(a) Premier Registre de la Cour des Aides de *Paris, fol. 169. recto.*
Voyez sur ce Registre la note *(a)* de la p. 201. du 4.e Volume de ce Recueil.

CHARLES VI. à Paris, le 23. de Janvier 1411.

meure deliberacion, qui furent publiées l'an mil iiij.^e & vij. Nous avons voulu & ordonné que en la Chambre des Aides ordonnées pour la guerre, ne feroient ou demourroient que quatre noz Generaulx-Conseillers sur le fait de la Justice d'iceulx Aides, avec le President qui par Nous estoit ou seroit commis & ordonné en icelle Chambre, pour le fait d'icelle Justice; lequel nombre est souffisant & convenable pour l'expedicion, jugement & determinacion des Causes & Procès estans & qui surviennent en icelle Chambre; & il soit ainsi que de present ledict nombre de nosdicts Generaulx-Conseillers sur le fait de la Justice desdictes Aides, est parfaict & acomply selon la teneur de nosdictes Ordonnances, parce qu'ils sont quatre noz Generaulx-Conseillers avec le President sur icellui fait, en ladicte Chambre, & lesquelz sont souffisans, convenables & ydoines pour gouverner le fait de la Justice; & neantmoins soit venu à nostre congnoissance que plusieurs, teu ce que dit est, & mesmement teues nosdictes Ordonnances, par importunité de requerans ou autrement, s'efforcent d'avoir & impetrer ledict Office de General-Conseiller sur ledict fait de la Justice, dont les aucuns dient avoir Lettres qui ne sont aucunement verifiées ne expediées par noz amez & feaulx les Generaulx-Conseillers sur le fait de la Finance desdictes Aides, comme il appartient & est acoustumé de faire en tel cas; & s'efforcent les aucuns d'eulx d'avoir & impetrer l'Office de General-Conseiller sur ledict fait, que n'aguéres tenoit l'Abbé de *(a) Monstierarامé;* parquoy pourroient sur ce sourdre & mouvoir plusieurs Procès, & si croistroit le nombre de nosdicts Generaulx-Conseillers, en faisant creue & multiplicacion d'Officiers, à nostre grant charge, sans ce qu'il en soit aucun besoing: sçavoir faisons que pour consideracion des choses dessusdictes, & que par noz Ordonnances Royaulx, aucun ne doit estre mis ne receu en possession & saisine d'aucun Office desdictes Aides, s'il n'a sur ce noz Lettres de don, verifiées par nosdicts Generaulx-Conseillers desdictes Finances; & pour certaines causes & consideracions à ce Nous mouvans, de nostre certaine science & grace especial, se mestier est, avons voulu & ordonné, voulons & ordonnons que aucun ne soit ou sera receu oudict Office de General-Conseiller sur le fait de la Justice desdictes Aides, oultre le nombre dessusdict, qui par Lettres verifiées & expediées de nosdicts Generaulx-Conseillers sur ledict fait desdictes Finances, ont esté mis & receuz en possession & saisine d'icellui Office; mais voulons ledict nombre de quatre Generaulx-Conseillers sur le fait de la Justice, avec ledict President, estre & demourer en ladicte Chambre, sans y faire aucune creue. Si donnons en mandement à nosdicts Generaulx-Conseillers, tant sur ledict fait des Finances de la *Languedoil* & de *Languedoc,* comme de la Justice desdictes Aides, que nostre presente voulenté & Ordonnance facent publier, enteriner & acomplir partout à qui il appartiendra, sans icelle nostre voulenté & Ordonnance enfraindre en aucune maniere au contraire: mandons aussi à nostre Procureur General sur ledict fait, que se aucun s'efforçoit ou efforce de aucunement entreprendre contre nostredicte voulenté & Ordonnance, qu'il s'oppose au contraire, en soustenant icelle Ordonnance; nonobstant quelzconques Lettres subreptices à ce contraires. En tesmoing de ce, Nous avons fait mectre nostre Séel à ces presentes. *Donné à* Paris, *le XXIIIme jour de Janvier, l'an de grace mil IIII.^c & unze, & de nostre Regne le XXXIIme* Ainsi signé. Par le Roy en son Conseil. G. THOREAU.

NOTE.

(a) Monstierarامé.] On le nomme présentement *Monstier-Ramey,* dans le Diocése de *Troyes.* Voy. *Gall. christ. 1.e edit. T. 4. p. 78. col. 1.* On pourroit conclurre de ce qui y est dit p. 82. col. 1. n.° 34. que *Jean Vervin* étoit Abbé de *Monstier-Ramey* en 1411. on lui donne le titre de *Erarii Regis Præfectus,* ce qui désigne fort improprement l'Office de General-Conseiller sur le fait de la Justice des Aides, duquel il étoit revêtu.

CHARLES VI. à Paris, le 24. de Janvier 1411.

(a) *Lettres de Charles VI. portant que les Procès des habitans de Saint-Lo ne seront plus jugés dans les assises du Bailliage du Cotentin, qui se tenoient à Carentan, & qu'il sera établi un nouveau Siége d'assises de ce Bailliage dans la Ville de Saint-Lo.*

CHARLES, &c. Savoir faisons à tous presens & avenir, Nous avoir esté n'agaires exposé de la partie de noz bien amez les Bourgois, manans & habitans de notre Ville de *Saint-Lo* en *Coustentin*, que jassoit ce que ladicte Ville soit grande & de grant [a] exstente, la plus grant & la plus notable Ville de notre *Bailliage* de *Coustantin*, & où il a plus de peuple lequel est subget à aler respondre en Siege [b] d'assise en la Ville de *Carenten* qui est une petite Ville, & où il a peu de peuple au regart de ladicte Ville de *Saint-Lo*, laquelle Ville de *Saint-Lo* est à cinq grosses lieues de ladicte Ville de *Carenten*, de si mauvais chemin que à grant peine y peut-on aler ou temps d'yver ou en temps de pluye, à pié ne à cheval, lequel Siege d'assise de *Carenten* est si grant & si chargé de Causes, que lesdis habitans de notredicte Ville de *Saint-Lo* n'y pevent avoir audience qu'il ne conviengne qu'ils y soient cinq ou six jours à grant travail & à grant despense, nonobstant que la Ville & *(b)* Sergenterie de *Saint-Lo* en laquelle a un très-bel Auditoire à tenir notre Juridicion & grant Siege de Ples, soit si grande que de soy pourra bien fournir un Siege d'assise, & que le Siege d'assise de *Carenten* demeure assez grant & forny, en Nous requerant humblement que consideré que en ce Nous ne povons avoir aucun dommage ne inconvenient, mais est & sera notre prouffit, & en vaudra notredicte Ville de *Saint-Lo*, & noz Aides ayans cours en ladicte Ville, mieulx, & aussi est & sera l'utilité & prouffit de notre peuple dudit lieu de *Saint-Lo*, sans prejudice d'aucun, Nous leur voulsissions sur ce pourveoir: pourquoy Nous eussions mandé à notre *Bailli* de *Coustantin*, que appellé à ce avec lui notre Procureur [c] audit lieu, il se informast sur ce que dit est, & se en ce povons avoir prouffit ou dommage, en quoy & comment; lequel notre Bailli ait fait ladicte Informacion tant par Chevaliers, Escuyers, Gens d'Eglise, Bourgois, Advocas, Marchans, que autres gens notables du païs, appellez notredit Procureur & plusieurs noz Officiers oudit Bailliage, par lesquelz ycelui notre Bailli ait trouvé que c'est notre prouffit & de notredit peuple de notredicte Ville de *Saint-Lo*, que en icelle Ville de *Saint-Lo* ait un Siege d'assise pour la Sergenterie du lieu, consideré que oudit Bailliage n'a de present que quatre Sieges d'assises, lesquelles assises ne sont que de VI. sepmaines en VI. sepmaines, & que notredicte Ville de *Saint-Lo* & noz Aides ayans cours en ycelle, qui Nous sont de grant valeur plus sans comparaison que en nulle autre Ville dudict Bailliage, en [d] vouldront mieulx, & mesmement les Explois & amendes en seront de [e] greigneur valeur, pour ce que plusieurs personnes pevent de jour en jour laisser à poursuir leurs drois en Siege d'assise, pour le loingtain & mauvais chemin qui est à aler dudit lieu de *Saint-Lo* à *Carenten*, & pour le grant travail & despense qu'il leur convient faire, *(c)* qui les poursf. oudit Siege d'assise de *Saint-Lo*, dont lesdis Explois seront de greigneur valeur, si comme ycelui notre Bailli l'a relaté & tesmoingné en notre Grant Conseil; & pour ce, Nous tant pour ce que dessus est dit, que pour plusieurs autres causes & consideracions à ce Nous mouvans, en faveur

[a] *étendue.*

[b] *Voy. les Tables des Mat. des Vol. de ce Rec. au mot,* Assises.

[c] *C'est-à-dire du Bailliage de Côtantin, ainsi qu'il est dit plus bas.*

[d] *vaudront.*

[e] *plus grande.*

NOTES.

(a) Trésor des Chartres, Registre 166. P. VI.xx v. (125.)

(b) Sergenterie.] Voy. sur ces Sergenteries qui étoient quelquefois nommées fieffées, parce qu'elles étoient données en Fief, le Glossaire du Droit françois, au mot *Sergenteries*.

(c) Qui les poursf.] Cet endroit paroît corrompu ou même tronqué. Il semble qu'il faudroit substituer le nom de *Carenten*, à celui de *Saint-Lo*, & lire *poursuiveroient*.

CHARLES VI. à Paris, le 24. de Janvier 1411.

desdits habitans, & par la deliberacion de notre grant Conseil, avons voulu & ordené, voulons & ordonnons, & ausdiz Bourgois, manans & habitans de ladicte Ville de *Saint-Lo* & de la Sergenterie d'icelui lieu, avons octroyé & octroyons que doresenavant perpetuellement il ait Siege d'assise en ladicte Ville de *Saint-Lo*, pour la Sergenterie dudit lieu, sans ce que desoresmais lesdiz Bourgois, manans & habitans, ne autres demourans & residans en ladicte Sergenterie, soient tenus aler proceder en Siege d'assise ne autrement audit lieu de *Carenten*. Si donnons en mandement à notre *Bailli* de *Coustentin*, ou à son Lieutenant, & à tous noz autres Justiciers & Officiers, ou à leurs Lieutenans presens & avenir, & à chascun d'eulx, si comme à lui appartendra, que notre presente Ordenance & octroy ilz tiengnent, gardent, enterinent & accomplissent, & facent tenir, garder, enteriner & acomplir fermement & à tousjours, & en facent, seuffrent & laissent lesdiz habitans joïr & user paisiblement, sans les faire ne souffrir estre molestez, troublez ou empeschiez aucunement au contraire; mais s'aucune chose avoit été faicte ou attemptée au contraire, que ilz la reparent ou facent reparer & mettre sans delay à estat deu: car ainsi Nous plaist-il & voulons estre fait; nonobstant usage, observance, Ordonnance, commandement ou deffense & Lettres surreptices à ce contraires. Et afin que ce soit chose ferme & estable à tousjours, Nous avons fait mettre notre Séel à ces presentes: sauf en autres choses notre droit, & l'autruy en toutes. *Donné à* Paris, *le XXIIII.e jour de Janvier, l'an de grace mil CCCC. & XI. & de notre Regne le XXXII.e*

Par le Roy en son Conseil, où le *Roy* de *Sicile*, Monf. le *Duc* de *Bourgongne*, les *Contes* de *Mortaing* & de *Nevers*, & autres, estoient presens. FERRON.

CHARLES VI. à Paris, le 30. de Janvier 1411.

(a) Lettres de Charles VI. portant que les Eglises de fondation Royale, qui étoient anciennement du ressort de la Prevôté de Pierrefons, en seront distraites à perpétuité, & ressortiront à la Prevôté des Exemptions établie dans la Ville de Compiegne.

CHARLES, par la grace de Dieu, Roy de France. Savoir faisons à tous presens & avenir, Nous avoir receue la supplicacion de noz bien amez les Gens d'Eglise, Bourgois, manans & habitans de notre Ville de *Compiegne*, & aussi des Gens, Officiers & Conseillers de notre Justice en icelle Ville, consors en ceste partie, contenant comme ladicte Ville ait esté anciennement fondée pour raison des grans assemblées & compaignies que y souloient faire noz Predecesseurs & les autres de notre Royaume, & aussi plusieurs estrangiers, tant pour les Tournois qui par eulx y estoient faiz, comme pour la marchandise des vins de *Bourgongne*, qui souloient estre mis en la riviere d'*Oyse*, & au port de ladicte Ville abordez & descenduz, lesquelz Tournoiz sont cessez du tout de très-grant temps a, & semblablement y est cessée ladicte marchandise de vins de *Bourgongne*, au moins est icelle marchandise moult diminuée & deschue pour la très-grant povreté qui est en icelle Ville, & soit aussy ladicte Ville chargée de très-grans charges, rentes & redevances annuelles & perpetuelles à cause de certains droiz par aucuns de nosdiz Predecesseurs anciennement octroyez ausdiz supplians, lesquelz droiz sont [a] perilz ou grandement diminuez, & toutesvoyes lesdictes charges, rentes & redevances n'en sont point diminuées, mais les convient ausdiz supplians payer entierement à certaines Eglises ausquelles les ont données & aumosnées nosdiz Predecesseurs pour leur salut: pour lesquelles charges devant dictes & autres plusieurs grans charges, affaires, fraiz, missions & despens que ont à supporter en plusieurs autres manieres

[a] corr. péris.

NOTE.

(a) Trésor des Chartres, Registre 166. P. LXXIIII. (74.)

lesdiz supplians, tant pour retenir & soustenir la fortifficacion de ladicte Ville qui est de très-grant pourpris, circuité & environnement, petitement peuplée, & assise en povre païs, comme autrement, aidier à supporter, à iceulx supplians, & affin que ycelle Ville se peust mieulx peupler, maintenir & soustenir, feu notre très-chier Seigneur & Besayeul le Roy Philippe dont Dieux ait l'ame, ou autres de nosdiz Predecesseurs, quant il bailla à feu notre très-chier Oncle le *Duc* [a] *Philippe* d'*Orléans* [b] ou assignacion de son appanage ou autrement, la Chastellenie & *Prevosté* de *(b) Pierresons*, il en exempta les Eglises de fondacion Royal, & leurs teneures, & leur ordonna Siege & Ressort en ladicte Ville de *Compiengne*, & Prevost pour ladicte exempcion, soubz le Ressort & Souveraineté de notre *Bailli* de *Senliz*, audit lieu de *Compiengne*, & avecques ce, ordonna certain nombre de Sergens & d'autres Officiers en icelle Prevosté de ladicte exempcion, & en icelle maniere ayent esté lesdictes exempcion & Prevosté d'icelle gouvernées & maintenues depuis soixante ans en ça continuelment, & encores soyent, combien que durant ledit temps ladicte Prevosté & Chastellenie dudit *Pierresons* ait esté en plusieurs & diverses mains, & derrenierement en la main de *Charles* d'*Orléans* notre nepveu, par la [c] forfaicture duquel ladicte Prevosté & Chastellenie dudit *Pierresons*, ensemble toutes les autres terres & possessions que avoit icellui notre Nepveu, sont retournées & venues à Nous & à notre Demaine; & il soit ainsi que pour cause que icelle Chastellenie & Prevosté dudit *Pierresons* est retournée & venue à Nous, comme dit est, & que anciennement quant elle estoit ès mains de nosdiz Predecesseurs, paravant le dessusdit Bail d'icelle fait à notredit Oncle, les devant dictes Eglises & leurs teneures qui par icellui Bail en furent exemptées, sortissoient en ycelle Prevosté & Chastellenie dudit *Pierresons*, lesdits supplians doubtent que Nous ne voulsissions au pourchas & instigacion d'aucuns ou autrement, lesdictes Eglises & leurs teneures reduire audit estat ancien, dont ladicte Ville de *Compiengne* qui pour raison dudit Siege & Ressort de ladicte exempcion estant en ladicte Ville, est mieulx peuplée, habitée & conversée de gens qui contribuent aux charges devant dictes, se depopuleroit & amendriroit moult, & par ce ne pourroient lesdiz supplians supporter lesdictes charges, & seroit ladicte Ville en voye de devenir & tourner en grant ruyne & desolacion, si comme dient yceulx supplians, en Nous humblement requerant que sur ce leur voulsissons pourveoir; & Nous inclinans à leurdicte supplicacion, pour consideracion des choses dessusdictes, & aussi que ladicte Ville de *Compiengne* est bonne Ville fermée, en laquelle demeurent & ont de tout temps acoustumé demourrer en grant & soutfisant nombre, notables Conseillers, [d] Clercs & *(c)* Coustumiers, pour demeurer, soustenir & garder les droiz, causes & procès de Nous & de noz subgiez, ce qui n'est pas ainsi dudit *Pierresons*: car ce n'est que une petite Ville champestre sans fermeture, assise en pays de boscage, despourveue de Conseil, & en laquelle les Gens de Conseil ne aussi les Gens d'Estat qui chascun jour ont afaire pour ladicte exempcion, ne oseroient bonnement ne seurement aler, frequenter ne logier, au mains sans grant peril, paine & [e] frait; & affin aussi que ladicte Ville de *Compiengne* qui est notre [f] Chambre & retrait, à l'entrée de *Picardie*, ne soit depopulée & ne tourne en desolacion, mais puist mieulx estre peuplée, soutenue & maintenue en estat, & que les charges devant dictes dont elle est chargée, se puissent mieulx paier, acquictier & fournir, & pour certaines autres causes & consideracions à ce Nous mouvans, voulons & Nous plaist, &

CHARLES VI. à Paris, le 30. de Janvier 1411.

a *Fils puîné de Philippe de Valois.* Voy. la note *(b)* de la p. 292. du 4.e Vol. de ce Rec.
b *corr.* en.

c *Voy. la Préface de ce Vol.* §. 1.

d *Sçavants.*

e *frais: dépenses.*

f *Domaine Royal. Voy. la note (a) de la p. 422. du 5.e Vol. de ce Rec.*

NOTES.

(b) Pierresons.] Voy. la note *(b)* de la p. 290. du 4.e Vol. de ce Rec. & les additions & les corrections pour cette page, qui sont à la fin du 6.e Vol. de ce même Recueil.

(c) Coustumiers.] Ce mot signifie ordinairement *Roturiers*; mais il désigne quelquefois d'*anciens Praticiens* qui rendent témoignage en Justice du Droit que l'on a accoûtumé d'observer dans le pays. Voy. le Gloss. du Droit François, au mot *Coûtumiers*. C'est dans ce dernier sens qu'il doit être pris ici.

CHARLES VI. à Paris, le 30. de Janvier 1411.

auxdiz supplians, de noz certaine science, plaine puissance, auctorité Royal & grace especial, avons octroyé & octroyons par la teneur de ces presentes, que nonobstant que ladicte Chastellenie & Prevosté dudit *Pierrefons* soit retournée & venue a Nous, comme dit est, & que pour ce ou autrement elle demeure doresenavant ès mains & Demaine de Nous & de noz Successeurs Roys de France, lesdictes Eglises & leurs teneures qui d'icelle Prevosté & Chastellenie dudit *Pierrefons* ont esté exemptées, en soyent & demeurent perpetuelment exemptées, & que le Siege & Ressort d'icelle exempcion en soit & demeure en ladicte Ville de *Compiengne,* & aussi qu'il y ait Prevost, Sergens & tous autres Officiers quelxconques pour ycelle exempcion, telz en tel nombre, & tout par la forme & maniere que il a esté acoustumé & fait jusques à ores, sans ce que lesdictes Eglises & leurs teneures retournent, ne viengnent aucunement à ladicte Chastellenie & Prevosté dudit *Pierrefons,* ne au Ressort & Juridiction d'icelle; & se mestier est, Nous par ces mesmes Lettres, & de noz puissance, auctorité & grace devant diz, exemptons derechief & perpetuelment de ladicte Chastellenie & Prevosté dudit *Pierrefons,* & du Ressort & Juridiccion d'icelle, lesdictes Eglises & leurs teneures, & voulons & ordonnons par maniere de Edit & Constitucion irrevocables, qu'elles en soyent doresenavant exemptées du tout, & qu'elles ayent leurdit Siege & Ressort audit lieu de *Compiengne,* Prevost, Sergens & tous autres Officiers pour icelle exempcion, comme devant est touchié. Sy donnons en mandement par ces presentes, à noz amez & feaulx les Gens tenans notre present Parlement, & qui tendront noz autres Parlemens avenir, Gens de noz Comptes & Tresoriers à *Paris,* au *Bailli* de *Senliz,* & à tous noz autres Justiciers & Officiers, presens & avenir, ou à leurs Lieuxtenans, & à chascun d'eulx, si comme à lui appartendra, que noz presentes exempcion, voulenté & Ordonnance tiengnent & gardent, & facent tenir & garder inviolablement & à tousjours, sans aler, faire ne souffrir aler encontre en aucune maniere, & en facent, seuffrent & laissent lesdiz supplians plainement & perpetuelment joïr & user, & contre la teneur d'icelles ne de noz presentes Lettres, ne les molestent, troublent ou empeschent, ne seuffrent estre molestez, troublez ou empeschiez en aucune maniere; mais s'aucune chose etoit faicte ou attemptée au contraire, que ilz la reparent ou facent reparer & mettre à estat deu : car ainsi Nous plaist-il estre fait; nonobstant que ladicte Chastellenie & *Prevosté* dudit *Pierrefons* soit retournée à Nous, & que pour ce elle demourast & demeure ès mains & Demaine de Nous & de nosdiz Successeurs, & que [a] parant ledit Bail d'icelles Chastellenie & Prevosté, fait à notredit Oncle, les devant dictes Eglises & leurs teneures [b] sortissent & eussent de tout temps acoustumé de sortir à icelle Chastellenie & Prevosté, comme dessuz est dit, & quelzconques Ordonnances, Constitucions, mandemens ou deffenses & Lettres [c] subrereptices impetrées ou à impetrer à ce contraires. Et afin que ce soit ferme chose & estable à tousjours, Nous avons fait mettre notre Séel à ces presentes : sauf en autres choses notre droit, & l'autruy en toutes. *Donné à* Paris, *le trentiesme jour du moys de Janvier, l'an de grace mil CCCC. & onze, & de notre Regne le XXXII.*[e]

Par le Roy en son Grand Conseil, où le *Roy* de *Sicile,* Monf. le *Duc* de *Bourgongne,* le *Comte* de *Nevers,* le Prevost de *Paris,* le *Galoys Daunoy,* Mess. *Charles* de *Chambly,* & autres estoient. FERRON.

a corr. paravant.
b *ressortissent.*
c corr. subreptices.

CHARLES VI. à Paris, en Janvier 1411.

(a) Lettres de Charles VI. portant que les Comtés de Valois & de Beaumont-sur-Oyse confisquées sur le Duc d'Orléans, & le Comté de Clermont confisqué sur le Duc de Bourbon, seront réunis au Bailliage de Senlis dont ils avoient été démembrés lors des dons qui en avoient été faits.

CHARLES, par la grace de Dieu, Roy de France. Savoir faisons à tous presens & avenir, que comme les Contez de *Valois* & [a] *Beaumont*, & une grant partie de la *Conté* de *Clermont*, aient [b] aucunement esté du Ressort & *Bailliage* de nostre Ville de *Senliz*; & depuis iceulx Contez, tant par appanage comme autrement, aïent esté baillez par Nous ou par aucuns noz Predecesseurs Roys de France, à plusieurs de nostre Sang & Lignage, dont soient avenues & escheues à *Charles* nostre Nepveu d'*Orleans*, lesdictes *Contez* de *Valois* & de *Beaumont*, & à *Jehan* nostre Cousin de *Bourbon*, la *Conté* de *Clermont* en *Beauvoisiz*, & plusieurs Terres & acquisitions par eulx & leurs predecesseurs acquises esdictes Contez, lesquelz ou partie d'icelles, sont assises oudit *Bailliage* de *Senliz* & soubz le Ressort d'icellui; lesqueles *Contez* de *Valois*, de *Beaumont* & de *Clermont*, & autres terres & acquisitions qui appartenoient audit *Charles* d'*Orleans* & *Jehan* de *Bourbon*, pour raison & occasion de très-grans & enormes crimes, deliz, rebellions & desobéissances commises par eulx & chascun d'eulx, & leurs aidans, adherens, aliez & complices, oultre & pardessus noz inhibicions, criz, proclamacions & defenses à eulx sur ce faictes par plusieurs noz Lettres patentes & Ambaxadeurs à eulx envoyez, & autrement, telement que nul d'eulx ne leursdiz adherens, aliez & complices, n'en povoit ou devoit pretendre aucune ignorance, Nous ayons comme à Nous [c] forfaites, acquises & confisquées pour raison de ce que dit est, appliqué & [d] aüni à nostre Couronne, Demaine & Seignorie, Nous ces choses considerées, & eu très-grant adviz & meure deliberacion sur ce avec plusieurs de nostre [e] Sangnage, & autres de nostre Grant Conseil, & pour le bien & prouffit de noz subgez desdiz Païs, avons ordené & ordenons de nostre plaine puissance & auctorité Royal, par maniere de Constitucion & Edictz perpetuelz, que d'oresenavant lesdicts *Contez* de *Valois* & de *Beaumont*, & aussi la partie dudit *Conté* de *Clermont*, & autres Terres & acquisitions qui appartenoient ausdiz d'*Orleans* & de *Bourbon*, enclavées esdicts Contez ressortissans anciennement oudit Bailliage, d'oresenavant seront & ressortiront à icellui *Bailliage* de *Senliz*; & icelles *Contez* de *Valois* & de *Beaumont*, & autres dessusdicts, & par la maniere que dit est, avons remis & réuni, remettons & réunissons aux Sieges & Ressors anciens dudit *Bailliage* de *Senliz*, en la maniere que d'ancienneté elles estoient; & en oultre, avons voulu & ordené, voulons & ordenons que d'oresenavant les subgiez d'iceulx *Contez* de *Valoiz* & de *Beaumont*, & autres terres dessusdictes, soient commiz & évoquez en cas de Ressort, aux Sieges dudit Bailliage, & d'ilec soubz le souverain Ressort de nostre Court de Parlement, ainsi & par la forme & maniere que noz autres subgiez dudit *Bailliage* de *Senliz* sont & ont acoustumé d'estre de toute ancienneté; c'est assavoir, les subgez d'icelle *Conté* de *Valois*, & ceulx de la Chastellerie de *Crepy*, pardevant nostredit Bailli ou son Lieutenant à son Siege de *Crespy* en *Valois*; les subgez de la Chastellerie de *(b) Pierresons*, à *Pierresons*; les subgez de la *(c) Ferté-Milon*,

a *supp.* de Beaumont *sur* Oyse.
b *Il faut p. e. corr.* anciennement, *qui est plus bas.*

c *Voy. la Préface de ce Vol. §. 1.*
d *uni.*
e *corr.* Sang & Lignage.

NOTES.

(a) Regiſtre *A.* du Parlement de *Paris, fol.* 253. *recto.*

Avant ces Lettres, il y a : *Unio certarum Terrarum* Valesii *&* Clarimontis, *Baillivie* Silvanetensi.

(b) *Pierresons.*] Il avoit été confisqué sur le *Duc* d'*Orléans.* Voy. ci-dessus p. 673. les Lettres du 30. de ce mois.

(c) *Ferté-Milon. . . . . Bethisy.*] Ces lieux qui sont aujourd'hui du *Bailliage* de *Crépy* en *Valois*, avoient été app. confisqués sur le *Duc* d'*Orléans Comte* de *Valois.* Voy. le Dictionnaire universel de la France, aux noms *Bethisy* & *Ferté-Milon.*

CHARLES VI. à Paris, en Janvier 1411.

audit lieu de la *Ferté;* & ceulx de *Bethisy,* audit lieu de *Bethisy;* & les subgez de la *Conté* de *Beaumont,* pardevant icellui Bailli ou son Lieutenant, à son Siege dudit lieu de *Beaumont;* & les subgez de la partie dudit *Conté* de *Clermont* estant d'ancienneté dudit Bailliage, pardevant nostredit *Bailli* de *Senliz* ou son Lieutenant à *Clermont;* & aussi les subgez des autres terres & acquisitions, chascun au plus prouchain Siege du lieu là où ilz sont & seront demourans; esquelx lieux & places de *Crespy* & de *Beaumont,* & autres dessus declarées, Nous voulons & ordenons estre commiz & substituez Lieuxtenans de par ledit Bailli, qui pour icellui & de par Nous d'oresenavant tendront iceulx Sieges, jugeront & appointeront de tous cas criminelz & civilz, au regard des subgez d'iceulx lieux, & des [a] contendans & delinquans en iceulx; & que d'oresenavant ledit Bailli en sa personne ou son Lieutenant, tiengne & face tenir les assises ainsi & par la forme & maniere que l'en y faisoit & avoit acoustumé faire anciennement; & n'est pas à oublier que s'aucuns d'iceulx subgiez d'icelles Contez & Terres, estoient premierement convenuz pardevant nostredit Bailli ou son Lieutenant à son Siege de *Senliz,* par vertu de noz Lettres causées de *Committimus* ou autrement, pour cas de delit que ledit Bailli en aura la prééminence, prerogative & congnoissance, nonobstant que sesdiz Lieuxtenans y soient commiz & ordenez par la maniere que dit est; & aussi avons voulu & ordené que d'oresenavant en chascun d'iceulx Sieges, soient faiz & ordenez Seaulx à noz Armes, soubz lesquelx se passeront d'oresenavant les Contraulx, marchiez & obligations, & que iceulx Seaulx soient baillez en garde à certaines bonnes personnes & souffisantes, pardevant lesquelx & chascun d'eulx, lesdiz Contraulx seront passez & receuz, qui en approbacion de ce, séelleront les Lettres qui sur ce seront faictes par les Tabellions & Notaires de chascun d'iceulx lieux; & avec ce, avons mis & par ces presentes mettons toutes Commissions & Gouvernemens desdiz païs, baillez à autres, au neant, & leur defendons que d'icelles Commissions & Gouvernemens ne usent en aucune maniere. Si donnons en mandement à noz amez & feaulx Conseillers les Gens tenans & qui tendront nostre Parlement, aux Gens de noz Comptes & Tresoriers à *Paris,* au *Bailli* de *Senliz,* & à tous noz autres Justiciers & Officiers, presens & avenir, ou à leurs Lieuxtenans, & à chascun d'eulx, si comme à lui appartendra, que nostre presente Ordenance, establissement & Constitucion, ilz tiengnent, gardent, enterinent & acomplissent, & facent tenir, garder, enteriner & acomplir de point en point selon leur forme & teneur, sans [b] faaire ou attempter, ne souffrir estre fait ou attempté aucune chose au contraire; laquelle chose se faicte estoit, ilz ramainent & remettent, ou facent ramener & remettre tantost & sans delay au premier estat & deu, en ostant tous autres Commissaires & Gouverneurs qui par Nous auroient esté par provision ou autrement mis esdiz pays. Et afin que ce soit ferme chose & estable à tousjours, Nous avons fait mettre nostre Séel à ces presentes: sauf en autres choses nostre droit, & l'autrui en toutes. *Donné à* Paris, *ou mois de Janvier, l'an de grace mil CCCC. & onze, & de nostre Regne le XXXIIe* Ainsi signé. Par le Roy, à la relation du Conseil, ouquel [c] Vous, l'*Evesque* de *Tournay,* le Chancellier de *Guienne,* le Premier President de Parlement, Maistre *Eustace* de *Laitre,* Maistre *Nicole* d'*Orgemont,* & plusieurs autres, estiez. J. MILET. *Visa.*

Et estoit escript au dos: *Lecta & publicata die XXVI.^a Februarii, anno Domini M.^o CCCCXI.^o in Parlamento.* BAYE.

Item. *Similiter in Camera Compotorum Domini nostri Regis* Paris. *lecta & publicata, anno & die supradictis.* LE BEGUE.

[a] *ceux qui auront des procès.*

[b] *corr.* faire.

[c] *Le Chancelier de France. Voy. le 5.e Vol. de ce Rec. p. 653. note (c).*

CHARLES VI. à Paris, en Janvier 1411.

(a) Lettres de Charles VI. qui permettent aux Consuls de Montpellier d'élire dans les temps de péril & de guerre, quatre Députés qui seront chargés de veiller à la garde & à la défense de la Ville.

CHARLES, &c. Savoir faisons à tous presens & avenir, Nous avoir esté de la partie de noz bien amez les Consulz de nostre Ville de *Montpellier*, humblement exposé comme d'ancienneté & pour le grant & evident prouffit, utilité & necessité de la garde & bonne police de notredicte Ville de *Montpellier* & des Faubours d'icelle, lesdiz exposans aient acoustumé en temps de peril & de guerres, & quant gens d'armes sont & [a] queurrent oudit païs, de trois ans en trois ans eslire & ordonner quatre notables hommes de la Ville, lesquelz l'en appelle les Deputez, qui sont chargez, doient & ont acoustumez avoir cure & diligence entendre sur ladicte garde & police de notredicte Ville & Faubours d'icelle, & sur ce ordonner ce qui est besoing, prouffitable & [b] neccessite pour la garde d'icelle & depuis ce qui a esté ordonné par eulx, faire crier & publier par ladicte Ville & Quarrefours dudit *Montpellier*, de par Nous & par leur ordonnance, que sur certaines peines chascun habitant de ladicte Ville, garde & tiengne ce qui ara esté ordonné & publié; & ou cas que aucuns desdiz habitans seroient desobeissans ou vendroient au contraire de ce qui, comme dit est, aroit esté ordonné & ainsi publié, lesdictes peines qui ainsi auront esté encoures par eux, soient levées par lesdiz Deputez ou Esleus, ou de leur commandement, & tout l'emolument d'icelles doit & a acoustumé estre converti en la fortifficacion & reparacion des murs de notredicte Ville, & à la visitacion d'icelle, & non autre part; ont aussi lesdiz iiij. Esleuz ou Deputez acoustumez à faire & ordonner toutes autres choses prouffitables & necessaires & appartenantes à leurdit Office, pour la garde, prouffit, utilité & necessité de notredicte Ville & habitans d'icelle : si Nous ont fait supplier que attendu ce que dit est, & mesmement pour le temps présent & pour le temps avenir, notredicte Ville a & pourroit avoir besoing de bien grant & notable garde, d'estre reparée, maintenue & gardée aussi ou mieulx qu'elle n'eust oncques [c], laquelle s'elle estoit occupée par noz ennemis, que Dieu ne vueille, ce seroit bien très-grant inconvenient & dommage à Nous & au païs ; mesmement que ladicte Ville est assise bien près des fins & limitacions de notre Royaume, à une lieue près de la mer ou environ, & pour le très-grant & evident prouffit de Nous & de ladicte Ville & des habitans d'icelle, Nous leur vueillions sur ce pourveoir de remede convenable : Pourquoy Nous eue consideracion aus choses dessusdictes, & par l'advis & deliberacion de noz très-chiers & très-amés Oncle & Cousin les *Ducs* de *Berry* & de *Bourgongne*, & autres de notre Grant Conseil, ausdiz supplians avons octroyé, & de notre certaine science, grace especial, plaine puissance & auctorité Royal, octroions par ces presentes, que doresenavant & en temps de peril ou de guerre, ilz doient, puissent & leur [d] loise eslire lesdiz iiij. hommes notables de ladicte Ville, appellez les Deputez, lesquelz doient, puissent & soient tenus entendre, veiller & avoir diligence sur la garde & defense de notredicte Ville & des Forbours d'icelle, afin de resister & defendre icelle en temps & en lieu contre tous noz ennemis, larrons, courreurs & mauvaises gens, & sur ce faire leur ordonnance & mandement pour la police & garde d'icelle, les faire publier sur certaines peines, garder, tenir & observer par lesdiz habitans d'icelle Ville & Forbours, & chascun d'eulx, si comme à lui touchera, & contre les desobeissans & rebelles lever & exiger les peines qu'ilz auront encourues pour occasion de [e], pour l'emolument d'icelles peines estre converti en la fortifficacion & reparacion des murs & fossez

a *courrent.*

b *Il y a plus bas:* prouffitables & necessaires.

c *supp.* été.

d *soit licite:* permis.

e *supp.* ce.

NOTE.

(a) Trésor des Chartres, Registre 166. P. IIII.[e] L. (450).

CHARLES VI. à Paris, en Janvier 1411.

de ladicte Ville & Forbourgs, & visitacion d'icelle, & non autre part, & faire & ordener toutes autres choses necessaires & expedientes à faire par lesdiz Deputez, tout par la forme & maniere qu'il a esté acoustumé d'ancienneté, & mieulx, s'ilz pevent. Si donnons en mandement par la teneur de ces presentes, aus Gouverneur, Recteur & *(b)* Bail de notredicte Ville de *Montpellier*, & à tous noz autres Justiciers & Officiers, presens & avenir, ou à leurs Lieuxtenans, & à chascun d'eulx, si comme à lui appartendra, que lesdiz supplians & les iiij. hommes qui seront par eulx depputez & esleuz, facent, seuffrent & laissent joïr & user plainement & paisiblement de notre presente grace, concession & octroy, sans sur les choses dessusdictes ou aucunes d'icelles, leur faire ou donner ne souffrir estre fait ou donné aucun destourbier ou empeschement au contraire; & s'aucune chose estoit faicte [a] attemptée au contraire, si le reparent & mettent ou facent reparer & mettre tantost & sans delay au premier estat & deu, en deboutant tous autres quelx qu'ilz soient, qui en ce se vouldroient mesler [b] devant eulx : car ainsi Nous plaist & voulons qu'il soit fait, & ausdiz supplians l'avons octroyé & octroyons de notredicte grace & plaine puissance, par cesdictes presentes; nonobstant quelxconques Lettres impetrées ou à impetrer à ce contraires. Et afin que ce soit ferme chose & estable à tousjours-mais, Nous avons fait mettre notre Séel à ces presentes : sauf en autres choses notre droit, & l'autruy en toutes. *Donné à* Paris, *ou moys de Janvier, l'an de grace (c) mil cccc. & unze, & de notre Regne le* XXXIII.

Par le Roy en son Conseil, où Mess. les *Ducs* de *Berry* & de *Bourgongne*, Mess. *Philippe* de *Poictiers*, & plusieurs autres estoient. P. NANTRON.

a *supp.* &.

b *de leurs fonctions.*

NOTES.

(b) Bail.] Les mots *Bail* & *Baile* sont ordinairement synonymes de celui de *Bailli*: mais il ne paroît pas que le Bail ou Baile de *Montpellier*, ait jamais porté le titre de Bailli. Il étoit nommé en latin *Bajulus*. Voyez les Tables des Mat. des Vol. de ce Rec. au mot *Montpellier*: on y a toûjours mal-à-propos traduit le mot *Bajulus* par celui de *Bailli*.

(c) Mil CCCC. *& unze.]* Ou la date de l'année, ou celle du règne est fausse. Je crois que la faute tombe sur la date de 1411. parce que cette Pièce qui est la dernière du Registre, est précédée par des Lettres des mois de Janvier & de Février 1412.

CHARLES VI. à Paris, le 6. de Février 1411.

(d) Lettres de Charles VI. portant que les justiciables de l'Abbaye de Saint Basle, qui interjetteront appel des Sentences rendues par les Officiers des Justices de cette Abbaye, & qui renonceront à ces appels dans la huitaine, lui payeront une amende de vingt sols, outre celle de pareille somme qu'ils doivent payer au Roy par rapport à ces renonciations.

CHARLES, par la grace de Dieu, Roy de France. A tous ceulx qui ces presentes Lettres verront : Salut. Savoir faisons Nous avoir receu l'umble supplicacion de noz amez les Religieux Abbé & Convent de l'Eglise & Monastere de *(e) Saint Baale* lez *Reims*, contenant que comme à cause de leur Eglise & Monastere, ilz ayent plusieurs Terres & Seignouries & Justices [c] ès mectez des *Bailliages* de *Vermendoiz* & de *Vitry*, & ailleurs, que ilz tiennent soubz Nous & notre Ressort & Souveraineté sans moyen, pour lesquelles Justices gouverner & exercer comme il appartient, ilz ayent Baillis, Maires, Eschevins, Gardes de Justices & autres Officiers, & aussi Hommes jugens en leurs Cours, Sergens & autres Officiers, pardevant lesquelz sont traictiez

c *dans l'étendue.*

d *Voy. les Tables des Mat. des Vol. de ce Rec. aux mots, Jugeans (Hommes.)*

NOTES.

(d) Trésor des Chartres, Registre 166. P. LXXII. (72.)

(e) Saint Baale.] Cette Abbaye se nomme présentement *Saint Basle*. Voy. *Gall. christ.* 1.re *edit. T. IV. p. 132. col. 2.*

plusieurs Causes de eulx & de leurs subgiez, & introduis plusieurs procès, & aussi de Partie contre autre; & il soit ainsi que quant aucuns appellent desdiz Bailliz, Hommes, Maires, Eschevins, Gardes de Justice ou autres Officiers, & renoncent dedenz huit jours à leurs appeaulx, il n'y a aucune amende introduite esdiz lieux & Terres, fors seulement amende de vingt solz, qui est levée pour Nous & à notre prouffit sur chacuns appellans & renonçans dedanz ledit temps à leurs appellacions, combien qu'il y ait amende en tel cas en plusieurs autres pays & lieux, parquoy s'en ensuient plusieurs grans dommages, inconveniens & despens ausdiz supplians & à leurs subgiez: car souventeffoiz aucuns cauteleux qui sentent avoir mauvaises causes, voulans retarder le procès contre eulx commancié, des appointemens faiz par lesdiz Bailliz, ou par lesdiz Maires, Eschevins, Hommes jugens ou autres Officiers, ou avant que aucun appointement soit fait, appellent, & au bout ou dedanz le terme de huit jours dessusdiz ou environ, renoncent, par laquelle renonciacion ilz ne paient seulement que vint solz à Nous, comme dit est, aprez laquelle renonciacion il convient necessairement que l'autre Partie le face adjourner derechief, pour les mettre en cause, & advient souvent que telz frauduleux font troys ou quatre appellacions successivement, auxquelles ilz renoncent dedanz huit jours, comme dit est, avant ce que on puist proceder en la cause, dont grant dommaiges & despens s'ensuivent aux Parties adverses: car les aucuns ne puent estre paiez de ce que on leur doit, les autres ont leurs drois induement empeschiez & retardez, & n'en pevent avoir ne droit ne raison, & souventeffois advient que pour ces causes ilz leissent leurs bons droiz à poursuir; & en oultre, advient souventeffoiz que quant lesdiz Bailliz, Maires & Eschevins, Hommes jugens & autres leurs Officiers, ou leurs Lieuxtenans, ou autres [a] des Sergens & Officiers desdiz supplians veulent prendre & arrester en leurs Terres aucuns malfaicteurs ou debteurs pour estre pugnis de leurs deliz ou pour faire paier leurs créanciers, comme il est acoustumé de arrester pour debtes en plusieurs [b] Villes de Loy, les delinquens ou obligiez, [c] de ce que ilz voyent venir lesdiz Bailliz, Maires, Eschevins, Sergens ou autres Officiers, appellent d'eulx, pour doubte desquelz appeaulx & de attempter [d], iceulx Officiers ne les osent prendre ne arrester; mais se partent les delinquens & se transportent où il leur plaist hors de la Juridicion desdiz supplians, & dedanz les huit jours renoncent à leur appel, & demeurent impugnis, & pareillement les obligez, & puis y renoncent & s'en vont où il leur plaist hors de la Jurisdicion dessusdicte, en Nous paiant lesdiz vint solz qui est peu de chose, & ne sont point paiez les crediteurs; & pour ce, seroit & est necessité de y pourveoir pour le bien publicque & de Justice desdiz supplians & de leurs subgiez, & pour obvier à telles frivoles appellacions, & qu'il y eust autre amende ordonnée à paier avec la notre par lesdiz appellans & renonçans, adfin que plus briefment les procès feussent expediez, & que lesdiz appellans doubtassent de ainsi frivolement appeller pour paour des amendes de la renonciacion, si comme ilz dient, requerans sur ce notre gracieuse & convenable provision. Pourquoy Nous consideré ce que dit est, inclinans à leur supplicacion, & en faveur de bonne & briefve Justice, ausdiz supplians & à leurs successeurs avons octroyé & octroyons de grace especial par ces presentes, que de cy en avant ilz puissent prendre & lever sur chacune personne qui ainsi frivolement appellera de leursdiz Bailliz, Maires, Eschevins, Gardes de Justice, Hommes jugens, Sergens ou autres Officiers, ou d'aucuns d'eulx, & renoncera par la maniere dessusdicte, vint solz Parisis d'amende, oultre & pardessus ladicte amende de vint solz qui doue Nous est, comme dit est, par iceulx appellans renonçans, & que à icelle amende payer ausdiz supplians, ilz puissent faire contraindre par leurs Gens & Officiers, tous ceulx qui encherront èsdictes amendes, sans ce qu'ils en soyent, puissent ne doyent estre reprins pour le temps avenir. Si donnons en mandement & enjoingnons expressement par ces presentes, en commettant, se mestier est, aux *Baillis* de *Vermendois* & de *Vitry*, & à tous noz autres Justiciers, presens

CHARLES VI.
à Paris, le 6. de Février 1411.

a *Cet endroit paroit corrompu.*

b *Voy. les Tables des Mat. des Vol. de ce Rec. aux mots,* Loy. (Ville de)

c *corr.* dès.

d *à l'autorité des Juges supérieurs.*

CHARLES VI. à Paris, le 6. de Février 1411.

& advenir, ou à leurs Lieuxtenans, & à chacun d'eulx, si comme à lui appartendra, que lesdiz supplians & leurs successeurs facent, seuffrent & laissent joyr & user paisiblement & plainement de notre presente grace & octroy, sanz molester, traveillier ou empeschier eulx ne leurs Officiers & subgiez, contre la teneur de ces presentes, en aucune maniere, lesquelles Nous voulons & commandons que ilz & chacun d'eulx facent publier par tous les lieux dont par lesdiz supplians ou leurs Gens & Officiers seront requis, afin que aucun n'y puist pretendre ignorance; & se aucuns de leurs subgez ou autres sont de ce faire reffusans, que à ce les contraignent ou facent contraindre par toutes voyes & manieres dûes & raisonnables; nonobstans Ordonnances, usaiges, Coustumes, Stilles, & quelxconques impetracions subreptices à ce contraires. En tesmoing de ce, Nous avons fait mettre notre Séel à ces presentes Lettres. *Donné à Paris, le VI.e jour de Fevrier, l'an de grace mil CCCC. & unze, & de notre Regne le XXXII.e*

Par le Roy, à la relacion du Conseil. COINGNET.

CHARLES VI. à Paris, le 17. de Février 1411.

(a) Lettres de Charles VI. confirmatives de celles du 10. d'Octobre 1411. qui portent que ce qui est dû aux habitans de Paris, sur les biens de ceux qui ont été dernièrement déclarés rébelles, leur sera payé avant que la confiscation décernée contre eux, puisse avoir aucun effet.

CHARLES, par la grace de Dieu, Roy de France. A noz amez & feaulx Conseilliers les Gens tenans & qui tendront noz Parlemens avenir, noz Generaulx-Conseilliers nouvellement par Nous ordenez sur le fait des entreprises, rebellions & desobeissances faictes contre Nous & nostre Royaume, & leurs deppendences, les Gens de noz Comptes & Tresoriers à *Paris,* au Prevost de *Paris,* & à tous les autres Justiciers & Officiers de nostre Royaume, ou à leurs Lieuxtenans: Salut & dileccion. Comme par noz autres [a] Lettres patentes passées en nostre Grant Conseil lors tenu par nostre très-chier & très-amé ainsné Filz le *Duc* de *Guienne,* & données le X.e jour d'Octobre derrenierement passé, à la supplicacion de nostre amé le Prevost des marchans de nostre bonne Ville de *Paris,* pour & ou nom des Bourgois, marchans & habitans d'icelle Ville, & pour les causes dont en ycelles noz Lettres est faicte mencion, Nous avons à yceulz Bourgois & habitans octroyé que de tout ce qui apperra par Lettres, tesmoings, Instrumens ou autres bons & loyaulx enseignemens ausdiz Bourgois, Marchans & habitans estre deu par aucuns Seigneurs de nostre Sang, noz ennemis, rebelles & desobeissans, ou autres Nobles & nonnobles estans en leur compaignie, leurs adherens, aliez & complices, de quelque estat ou condicion

a *Voy. ci-dessus p. 641. note (b).*

NOTE.

(a) Registre *A.* du Parlement de Paris, *fol.* 259. *verso.*

Avant ces Lettres, il y a : *Alia concessio facta per Regem habitantibus* Par. *quod solvatur eis ante omnem confiscacionem, ut in Littera precedenti.*

Voy. la Préface de ce Volume, §. 1.

Ces Lettres sont auss au *fol.* 29. *verso* du premier Livre vert vieil du Châtelet de *Paris,* nommé aussi Livre vert vieil premier. L'adresse est différente: la voici :

CHARLES, par la grace de Dieu, Roy de France. A noz amez & feaulx Conseillers les Genz par Nous ordonnez sur le fait des entreprinses, rebellion & desobeissances faites contre Nous & notre Royaume, ou à leurs Lieuxtenans : Salut & dilection. Comme par noz autres Lettres patentes passées en notre Grant Conseil, &c.

Et à la fin de ces Lettres, après le mot *Baye,* il y a : *Item.* Publié en Jugement ou Siege & Auditoire du Chastellet de *Paris,* le Mardy septiéme jour de Juing, l'an mil quatre cens douze. *N. BOULENGER.*

Publiées & enregistrées au Siege des Requestes du Pallais, le dixiéme jour de Juing, l'an mil quatre cens & douze. *J. DE RUIT. Collation faicte.*

qu'ilz

CHARLES VI. à Paris, le 17. de Février 1411.

qu'ilz soient, iceulz Bourgois, Marchans & habitans soient paiez & puissent requerir paiement & execucion sur les biens tant meubles comme immeubles desdiz debteurs ou obligiez, premierement & avant toutes forfaitures ou confiscacions escheues ou à escheoir, & à yceulz Bourgois, Marchans & habitans, avons reservé tous les droiz & accions, tant ypotheques comme autres, qu'ilz avoient & povoient avoir, & leur competoient & appartenoient à l'encontre desdiz debteurs & sur leurs biens pour ycelles debtes : voulans les devant diz droiz, ypotheques & autres accions, estre & demourer en leur force & vertu, & que yceulz droiz, ypotheques & autres accions, lesdiz Bourgois, Marchans & habitans, puissent poursuir & demener, & leur soient declairez & adjugiez sur lesdiz biens, & que paiement leur soit fait de tout ce qui apperra leur estre deu, par la maniere que dit est, tout ainsi & pareillement comme ilz eussent peu faire & leur eust appartenu & leur devroit estre fait, se icelles forfaictures ou confiscacions n'estoient advenues ou escheues, ou qu'elles ne escheussent ou avenissent aucunement; jasoit ce que les Lettres desdictes sommes à eulz deues n'aient pas esté [a] namptiés selon les Coustumes des lieux où namptissement a lieu : savoir faisons que Nous voulans nosdictes autres Lettres avoir & sortir leur plain effect, voulons, & ausdiz Bourgois & habitans en ampliant nostredicte grace, avons octroyé & octroyons que ou cas dessusdit; c'est assavoir, que forfaiture ou confiscacion procederoit ou auroit lieu esdiz biens & heritages desdiz debteurs, que yceulz heritages soient & demeurent chargiez desdiz ypotheques; & se venduz & exposez estoient en vente pour Nous & à nostre proufit, ou que Nous en feissions aucune donacion ou [b] autre transport à aucuns Seigneurs Nobles ou autres, que ce soit tousjours à la charge desdictes debtes, & de toutes teles accions, ypotheques & autres qui ausdiz Bourgois, Marchans & habitans, paravant lesdictes assemblées, forfaiture & confiscacion, pourroient competer & appartenir pour les sommes pecuniaires à eulz deues. Si vous mandons & à chascun de vous, si comme à lui appartendra, que de noz devant dictes autres Lettres, & de ces presentes noz grace, concession & octroy, vous lesdiz Bourgois, Marchans & habitans faites, souffrez & laissiez joïr & user paisiblement & à plain, sans leur faire, mettre ou donner, ne souffrir estre fait, mis ou donné aucun destourbier ou empeschement au contraire; ainçois, se aucun empeschement leur a esté mis ou estoit en ce que dit est fait, mis ou donné, le levez ou ostez ou faites lever & oster incontinent & sans delay, en imposant sur ce scilence perpetuel à nostredit Procureur ou Procureurs, se aucunement ores ou pour le temps avenir ilz vouloient nostredicte grace & octroy contredire, debatre ou impuner, ou y faire ou donner aucun empeschement; lequel scilence Nous dès maintenant pour lors & dès-lors pour maintenant, leur avons imposé & imposons; & en oultre, avons voulu & voulons que sur les deniers qui vendront & [c] ystront de la vendicion d'iceulz biens & heritages, yceulz Bourgois, Marchans & habitans, premierement & avant toute confiscacion, soient paiez & contentez des sommes de deniers à eulz deues, nonobstant que paravant la date de nozdictes autres Lettres & de ces presentes, lesdictes confiscacions & forfaitures ou aucunes d'icelles, feussent declairées ou escheues, & que les cas dont ycelles forfaitures & confiscacions sont ensuies ou pourroient ensuir, feussent desja advenuz ou escheuz; supposé ores que lesdiz debteurs ou obligez, ou aucuns d'eulz, feussent ou deussent estre reputez crimineulx ou coulpables de crime de Lese-Majesté, & que paravant ycelles nozdictes autres Lettres & ces presentes, ilz ou aucun d'eulz, pour raison desdiz cas, crimes & malefices, eussent esté appellez, banniz, adjournez ou autrement mis en procès par appeaulx, monicions, adjournemens & autrement en quelque maniere que ce soit ou puist estre; nonobstant aussi que par aventure, en faisant la declaracion desdictes forfaitures & confiscacions, ne feust ou soit faicte expresse mencion ne reservacion de nostredicte grace & octroy, Coustume ou Coustumes & usages de nostredit Royaume, Ordenances ou Constitucions de non donner aucune chose de nostre

[a] Voy. ci-dessus p. 72. note (c), 460. note (b).

[b] aut. avec une marque d'abréviation. Reg.

[c] sortiront: proviendront.

CHARLES VI.

à Paris, le 17. de Février 1411.

Demaine, mesmement desdictes confiscacions, commandemens ou defenses & Lettres quelzconques surreptices impetrées ou à impetrer à ce contraires. *Donné à Paris, le xvij.e jour de Fevrier, l'an de grace mil CCCC. & unze, & de nostre Regne le xxxij.e* Ainsi signé. Par le Roy en son Grant Conseil, où le *Roy de Sicile,* Monf. le *Duc de Bourgongne,* le *Conte de Mortaing, Loys Duc en Baviere,* le *Conte de Penthevre,* [a] Vous, les Chancelliers de *Guienne* & de *Bourgogne,* les Seigneurs de *Rambures,* de *Longroy,* de *Saillenay,* de la *Suse* & de *Tusse,* le Gouverneur d'*Arraz,* Messire *Jehan* de *Courcelles,* Messire *Lourdin* de *Saligny,* Messire *Jehan* de *Chambrillac,* le Sire de *Walsin,* Messire *Gautier* de *Ruppes,* & plusieurs autres, estiez. P. FERRON.

Publicata vj.a Junii CCCC.o XII.o BAYE.

a *Le Chancelier de France. Voy. le 5.e Vol. de ce Rec. p. 653. note (c).*

(b) Les Gens des Comptes & Tresoriers du Roy nostre S. à *Paris.* A touz ceulz qui ces presentes Lettres verront : Salut. Veues par nous deux Lettres Royaux ausqueles ces presentes sont atachées soubz l'un de noz signets, impetrées par le Prevost des Marchans de la bonne Ville de *Paris,* pour & ou nom des Bourgois, Marchans & habitans d'icelle Ville ; & eu sur le contenu en ycelles, grant advis & meure deliberacion de Conseil avecques plusieurs Conseilliers du Roy nostredit S. en sa Court de Parlement, ses Advocatz & Procureur en ladicte Court de Parlement & ou Chastelet de *Paris,* pour ce aujourduy assemblez en la Chambre desdiz Comptes, nous consentons en tant comme à nous est, à l'enterinement desdictes Lettres Royaux en ceste maniere ; c'est assavoir, que de tout ce que par Lettres, Tesmoings, Instrumens ou autres bons & loyaulx enseignemens, ausdiz Bourgoiz, Marchans & habitans, & à chascun d'eulz, demourans à *Paris* au temps de la date desdictes Lettres Royaulx, ou de l'une d'icelles, apperra estre deu de paravant le ij.e jour d'Aoust derreniement passé, que furent de par le Roy nostredit S. publiées les inhibicions & defenses dont mencion est faicte esdictes Lettres Royaulx, par *Charles* d'*Orleans* & autres du Sang & Lignage du Roy nostredit S. Nobles & nonnobles estans en leur compaignie, leurs adherens, aliez & complices, de quelque estat ou condicion qu'ilz soient, iceuls Bourgois, Marchans & habitans soient paiez & puissent requerir paiement sur les biens tant meubles comme immeubles desdiz debteurs & obligiez, premierement & avant toutes forfaitures escheues ou à escheoir pour cause des rebellions & desobéissances dont mencion est faicte esdictes Lettres Royaulx, & touz les droiz & accions tant ypotheques comme autres, que lesdiz Bourgois, Marchans & habitans, avoient & povoient avoir & leur competoient & appartenoient pour ycelles debtes, à l'encontre desdiz debteurs & sur leurs biens, leur soient saufz & reservez, & yceulz droiz, ypotheques & autres accions demeurent en leur force & vertu, & les puissent yceulz Bourgois, marchans & habitans poursuir & demener, & leur soient adjugiez sur lesdiz biens, & que paiement leur soit fait de tout ce qui apperra leur estre deu par la maniere que dit est, tout ainsi & pareillement comme ilz eussent peu faire & leur eust appartenu & leur devroit estre fait, se ycelles forfaitures & confiscacions n'estoient advenues ou escheues, ou que elles ne escheussent ou avenissent aucunement ; jasoit ce que les Lettres desdites sommes à eulz deues, n'ayent pas esté nampties selon les Coustumes des lieux où namptissement a lieu, au regard toutesvoyes du Roy nostredit S. & de ses ayans cause tant seulement, & non mie au regard des autres creanciers qui auroient leurs Lettres ou obligacions namptiees selon les Coustumes des lieux ; & aussi que se les biens ou heritages desdiz debteurs sont venduz ou exposez en vente pour le Roy nostredit S. & à son proufit, ou que il en feist aucune donacion ou transport à

NOTE.

(b) Registre *A.* du Parlement de *Paris, fol.* 260. *verso.*

Avant ces Lettres, il y a : *Verificacio concessionum prescriptarum factarum habitantibus* Paris. *quod solvatur eis ante omnem confiscacionem.*

aucuns Seigneurs, nobles ou non nobles, ce soit tousjours à la charge desdictes debtes, & de toutes teles accions, ypotheques & autres qui ausdiz Bourgois, Marchans & habitans, paravant lesdictes inhibicions & defenses, forfaitures & confiscacions, povoient competer & appartenir pour les sommes pecuniaires à eulz deues, & que sur les deniers qui vendront & ystront de la vendicion d'iceulz biens & heritages, lesdiz Bourgois, Marchans & habitans, premierement & avant toute confiscacion, soient paiez & contentez de leurdit deu; & tout par la forme & maniere & selon les supposicions, modificacions & [a] nonobstances contenues & declairées esdictes Lettres Royaulx; pourveu toutesvoies que les Duchiez, Contez, Baronnies & autres Terres, qui par le Roy nostredit S. ou ses Predecesseurs auroient esté baillées par appanage ausdiz debteurs, leurs predecesseurs ou aucun d'eulz, ne pourront estre exposées en vente, ou autrement executées pour lesdictes debtes & ypotheques. *Donné à* Paris, *le xxvj.e jour de Mars, l'an mil CCCC. & unze, avant Pasques.* Ainsi signé. LE BEGUE.

Publicata VI.a Junii CCCC.o XII.o BAYE.

CHARLES VI. à Paris, le 17. de Février 1411.

a *clauses commençantes par ces mots,* nonobstant.

CHARLES VI. à Paris, en Février 1411.

(a) Lettres de Charles VI. par lesquelles il déclare que les Officiers de son Hôtel, & de ceux de ses Successeurs, seront exempts de Tailles.

CHARLES, &c. Savoir faisons à tous presens & avenir, que Nous ayans en memoire & consideracion comme avoir devons, les bons, grans, notables, proussitables & agreables services que Nous ont faiz longuement & loyaument noz amez & feaulx Officiers, serviteurs & familliers, Nobles & non nobles, de notre Hostel & Nous y servans en & par Ordenance, en tous & chascuns estas & Offices d'icellui nostre Hostel, font chascun jour incessamment, & esperons que facent ou temps avenir, & pour & en recompensacion & meritoire retribucion des grans peines, frais, missions, despens & travaulx qu'il leur a convenu & convient chascun jour incessamment souffrir, supporter & soustenir en Nous servant tant en nos voyages & chevauchées comme autrement, & affin qu'ilz aient mieulx de quoy eulx maintenir, gouverner & avoir leurs necessitez plus honnorablement en notre service, voulans iceulx nos Officiers, serviteurs & familliers ordinaires & Nous servans ordinairement, estre privillegiez & exemptez ainsi que droiz est, paravant & plus que noz autres subgiez, & afin que ce redonde en bon exemple, & induise tous autres à bien & loyaument servir & faire leurs Offices plus songneusement, & pour certaines autres causes & consideracions à ce Nous mouvans, iceulx noz Officiers, serviteurs & familliers ordinaires, nobles & non nobles, & leurs successeurs & chascun d'eulx de nostredit Hostel & Nous y servans en ordenance, & qui y serviront ou temps avenir Nous & noz Successeurs Roys de France, avons pour Nous & iceulx noz Successeurs, afranchiz, exemptez, eximez & forclos, & par ces presentes, de noz certaine science & grace especial, plaine puissance & auctorité Royal, affranchissons, exemptons, eximons & forclouons à tousjours-mais de toutes Tailles quelconques qui pourroient estre [b] submises & imposées en notre Royaume pour quelconques cause ou occasion que ce soit, sans ce que on leur en puisse ou doye ores ne pour le temps avenir aucune chose demander. Si donnons en mandement à noz amez & feaulx Gens tenans notre Parlement, Gens de noz Comptes & Tresoriers à *Paris,* les Generaux-Conseillers tant sur le fait de la finance que sur le fait de la Justice desdiz Aides, aux Esleuz & Receveurs d'iceulx par tout notredit Royaume, & à tous noz autres Justiciers & Officiers ou à leurs Lieuxtenans, presens & avenir, & à chascun d'eulx, si comme à lui appartendra, que de noz presentes graces, franchise & exempcion facent, sueffrent & laissent perpetuelment, plainement & paisiblement nosdiz Officiers, serviteurs

b *sus mises.*

NOTE.

(a) Trésor des Chartres, Registre 166. P. XXVII. (27).

CHARLES VI. à Paris, en Février 1411.

& familliers ordinaires, nobles & non nobles, de notredit Hostel & Nous y servans en ordonnance, & qui ou temps avenir y serviront Nous & nosdiz Successeurs, desquelx Officiers, serviteurs & familliers il apperra par certiffica-cion des Maistres d'Ostel & du Maistre de la Chambre aux deniers de Nous & d'iceulx noz Successeurs, joïr & user sans empeschement & destourbier quel-conques; ainçoys, s'aucuns leur avoient esté ou estoient mis ou donnez, les ostent ou facent oster tantost & sans delay; nonobstant que par noms & surnoms nosdiz Officiers, serviteurs & familliers, & ceulx de nosdiz Successeurs, ne soient cy-exprimez ne declarez, laquelle chose ne voulons leur aucunement prejudicier ou povoir aucunement deroguer au contenu en ces presentes en aucune maniere, & quelxconques Ordonnances, restrinccions, deffenses & Mandemens faiz & à faire par Nous & nosdiz Successeurs ou autres quelxconques, par Lettres, de bouche ou autrement au contraire; jasoit ce que expresse mencion y fut faite du contenu en ces Lettres. Et pour ce que iceulx noz Officiers, serviteurs & familliers de ces presentes pourroient avoir à faire pardevant plusieurs Juges ou autres personnes, Nous voulons & avons octroyé & octroyons par ces mesmes Lettres, de notredicte grace especial, à eulx & leurs successeurs, & chascun d'eulx, servans à present & qui ou temps avenir serviront en notredit Hostel & ez Hostelz de nosdiz Successeurs, en & par ordonnance, que au *vidimus*, un ou plusieurs, de ces presentes, deuement faiz soubz Séel autentique, & collacionné à l'original, en-tiere & plaine foy soit adjoustée comme audit original. Et affin que ce soit chose ferme & estable à tousjours, Nous avons fait mettre notre Séel à ces presentes: sauf en autres choses nostre droit, & l'autruy en toutes. *Donné à* Paris, *ou moys de Fevrier, l'an de grace mil* CCCC. *&* unze, *& de notre Regne le* XXXII.

Par le Roy en son Conseil, ouquel le *Roy* de *Secile*, les *Contes* de *Mortaing* & de *Nevers, Loys Duc* en *Baviere,* le *Prevost* de *Paris,* les Seigneurs de la *Suze,* de *Rambures,* de *Savoisy,* de *Bauvergier,* de *Louvroy,* de *Chambrillac,* le Gouverneur d'*Arras,* & pluseurs autres, estoient. BRISOUL.

CHARLES VI. à Paris, en Février 1411.

(a) Lettres de Charles VI. par lesquelles il déclare que les Officiers de l'Hôtel de la Reine, & de ceux des Reines qui lui succèderont, seront exempts de Tailles.

CHARLES, &c. Savoir faisons à tous presens & avenir, que comme pour plusieurs justes & raisonnables causes & consideracions à ce Nous mouvans & devans mouvoir, Nous aions par noz [a] Lettres séellées en las de soye & cire vert, voulu & ordonné que tous noz Officiers, serviteurs & famil-liers, nobles & non nobles, servans & qui ou temps avenir serviront par ordon-nance en quelconque estat ou Office que ce soit en l'Ostel Royal de Nous & de nos Successeurs, soient francs & exemps, & les aions perpetuelment exemptez, affranchiz, eximez & forclos de toutes Tailles quelconques qui pourroient estre [b] submises & imposées en notre Royaume, pour quelconque cause ou occasion que ce soit, sans ce que on leur en puisse ou doye ores ou pour le temps avenir aucune chose demander, ainsi que par nosdictes Lettres ces choses & autres pevent plus à plain apparoir, esquelles ne soit point faicte mention des Officiers, serviteurs & familliers de notre très-chiere & très-amée Compaigne la Royne ne des Roynes qui lui succederont, parquoy aucuns pourroient cuidier ou doubter ou voudroient dire qu'ilz ne deussent pas joïr des exempcions, libertez & franchises dessusdictes, dont plusieurs debas se pourroient mouvoir ou temps avenir, & plusieurs empeschemens estre faiz & donnez à iceulx Officiers, serviteurs & familliers de notredicte Compaigne & des autres Roynes qui lui succederont: Et pour ce de la partie de notredicte

[a] Ce sont les précédentes.

[b] sus mises.

NOTE.

(a) Trésor des Chartres, Registre 166. P. VII.xx VII. (147.)

CHARLES VI. à Paris, en Février 1411.

Compaigne Nous a esté humblement supplié que comme de droit & par raison notredit Hostel & le sien soient & doient estre reputez & tenuz un même Hostel, parquoy tous ses Officiers, serviteurs & familliers doivent joïr & user de toutes les libertez, exempcions & franchises dont les notres usent & joissent, il Nous plaise sur ce pourveoir en telle maniere que paisiblement, sans aucune doubte & cessans tous debas & empeschemens, lesdiz Officiers, serviteurs & familliers puissent joïr des exempcions, franchises & libertez expressement octroyées aux notres par noz Lettres dessusdictes: Nous ces choses considerées, & que les Officiers, serviteurs & familliers d'icelle notre Compaigne, sont principalment à Nous & par Nous retenuz & miz en son Hostel & service, & que en la servant ilz Nous servent, & doivent pour ce estre tenus & aussi les tenons Nous & reputons noz Officiers, serviteurs & familliers & de notre Hostel, comme se ilz Nous servoient en notre personne, inclinans pour ce à la supplicacion d'icelle notre Compaigne, avons de notre auctorité Royal, certaine science & grace especial, decerné & declaré, & par ces presentes decernons & declarons notre entencion & voulenté estre que tous les Officiers, serviteurs & familliers, & chacun d'eulx, Nobles & non nobles, servans & qui serviront ou temps avenir par ordonnance en quelque estat ou Office que ce soit en l'Ostel de notredicte Compaigne & des Roynes qui lui succederont, soient comprins en toutes & chacunes les graces, exempcions, libertez, franchises & privileges dessusdiz & autres contenus en nosdictes Lettres, & que eulx & chacun d'eulx en puissent perpetuelment & paisiblement joïr & user comme se ilz estoient expressement nommez en icelles, & comme [a] sont & seront les Officiers, serviteurs & familliers servans en ordonnance en Hostel Royal de Nous & de nosdiz Successeurs; & en oultre d'abondant, en tant que mestier seroit ou pourroit estre, Nous de noz auctorité & grace dessusdicte, iceulx Officiers, serviteurs & familliers avons exemptez, affranchiz & eximez, & par ces presentes les exemptons, affranchissons & eximons à tousjours-mais, de toutes Tailles quelconques imposées ou à imposer tant en notre bonne Ville de *Paris* comme ailleurs en quelque lieu que ce soit en notre Royaume, pour quelconque cause ou occasion que ce soit, sans ce que on leur en puisse ou doye ores ne pour le temps avenir aucune chose demander. Si donnons en mandement par ces presentes, à noz amez & feaulx Conseillers tant sur le fait de la Finance comme sur le fait de la Justice des Aides ordonnez pour la guerre, aux Esleuz & Receveurs d'iceulx par tout notre Royaume, & à tous noz autres Justiciers & Officiers, presens & avenir, ou à leurs Lieutenans, & à chacun d'eulx, si comme à lui appartendra, que de notre presente grace, franchise, exempcion & declaracion, facent, sueffrent & laissent perpetuelment & paisiblement joïr & user toutes les personnes qui par certifficacion des Maistres d'Ostel ou des Maistres de la Chambre aux Deniers de notredicte Compaigne ou des Roynes qui lui succederont, nonobstant que les noms & surnoms d'iceulx Officiers, serviteurs & familliers d'icelle notre Compaigne & des Roynes qui lui succederont, ne soient cy-exprimez ne declarez, laquelle chose [b] leur ne voulons aucunement leur prejudicier ou povoir deroguer au contenu en ces presentes, & quelconques Ordonnances, mandemens ou deffenses faictes ou à faire par Nous ou nosdiz Successeurs ou autres quelxconques, par Lettres, de bouche ou autrement, au contraire; jasoit ce que expresse mencion y feust faicte du contenu en ces Lettres. Et pour ce que les Officiers, serviteurs & familliers de notredicte Compaigne & des Roynes qui lui succederont, de ces presentes pourroient avoir affaire pardevant pluseurs Juges ou autres personnes, Nous voulons & avons octroié & octroions par ces mesmes presentes, de notredicte grace especial, à eulx & leursdiz successeurs & chacun d'eulx servans à present notredicte Compaigne, & qui ou temps avenir serviront ès Hostelz d'elle & des autres Roynes à elle succedans, en & par ordonnance, que au *Vidimus*, un ou plusieurs, de ces presentes, deuement faiz soubz Séel auctentique, & collacioné

[a] *corr.* sont & seront.

[b] *mot inutile.*

CHARLES VI. à Paris, en Février 1411.

à l'original, entiere & plaine foy soit adjoustée comme à l'original. Et affin que ce soit chose ferme & estable à tousjours, Nous avons fait mettre nostre Séel à ces presentes : sauf en autres choses nostre droit, & l'autruy en toutes. *Donné à Paris, ou moys de Février, l'an de grace mil CCCC. & unze, & de notre Regne le XXXII.*

Par le Roy en son Conseil, ouquel le *Roy* de *Secile*, les *Contes* de *Mortain* & de *Nevers, Loys Duc* en *Baviere*, le *Prevost* de *Paris*, les Seigneurs de la *Suze*, de *Ramburcs*, de *Savoisy*, de *Beauvergier*, de *Louroy*, de *Chambrillac*, le Gouverneur d'*Arras*, & plusieurs autres, estoient. BRISOUL.

CHARLES VI. à Paris, le 11. de Mars 1411.

(a) Lettres de Charles VI. par lesquelles il ordonne aux Avocats & aux Procureurs qui exercent leur ministère dans le Comté de Boulogne, d'en faire les fonctions dans les affaires de Jeanne de Boulogne femme du Duc de Berry, nonobstant la rébellion de ce Duc, & dans celles qui regarderont le Seigneur de Crouy en qualité de Gouverneur de ce Comté.

CHARLES, par la grace de Dieu, Roy de France. A noz amez & feauls Conseilliers les Gens tenans à present & qui tendront ou temps avenir nostre Parlement : Salut & dilection. Nostre amé & feal Conseiller & Chambellan le Seigneur de *Crouy*, Gouverneur ordené & commis de par Nous de la *Conté* de *Boulongne*, & des Baronnies, Chasteaulx & autres Terres & possessions qui sont ou doivent estre de nostre très-chiere & très amée Tante *Jehanne* de *Bouloigne*, Femme de *Jehan* nostre Oncle de *Berry*, Nous a fait exposer que jasoit ce que Nous ayons ordené & commis ycelui nostre Conseiller au Gouvernement desdictes choses, & que pour le gouvernement & conservacion des droiz d'icelle, il lui conviengne avoir Procureurs, Advocatz & Conseilliers ; neantmoins les Procureurs, Advocaz & Conseilliers qui paravant la rebellion & desobeissance à Nous faictes par *Charles* d'*Orleans* nostre Nepveu, & autres ses alliez & complices, servoient nostredicte Tante & estoient de sa pension & de son Conseil, ne veulent & n'osent pour doubte de mesprendre, eulx entremectre des Causes, Procès & besongnes de nostredicte Tante & de nostredit Conseiller oudit nom, obstant ce que nostredit [a] Oncle a tenu & tient le party de nostredit Nepveu, dont grant prejudice & dommage se pourroient ensuir à nostredicte Tante & ès droiz de la Conté, Baronnie, Chasteaulx, Terres & possessions dessusdictes, se par Nous n'y estoit pourveu de remede convenable, si comme il dit, suppliant humblement que comme nostredicte Tante ait tousjours esté & soit bonne & loyal, & ait eu & a bon vouloir envers Nous, par Nous estre sur ce pourveu dudit remede : Pourquoy Nous attendu ce que dit est, & pour contemplacion de nostredicte Tante, vous mandons & enjoingnons que vous faites ou faites faire exprès commandement de par Nous ausdicts Procureurs, Advocaz, Conseilliers & autres dont il sera besoing, que aux gaiges & pensions & autres proufiz qu'ilz avoient & devoient avoir de nostredicte Tante paravant lesdictes rebellions & desobeissances de nostredit Nepveu & de ses aliez & complices ; c'est assavoir, ausdicts Procureurs, qu'ilz reçoivent & prengnent les procuracions de nostredicte Tante, & de nostredit Conseillier ou nom que dessus, & de chascun d'eulz, & qu'ilz comparent & occupent pour eulz & chascun d'eulz, ès Causes & Procès meues & à mouvoir quelzconques de nostredicte Tante & d'icelui nostre Conseillier ou nom devant dit, & facent pour eulz & chascun d'euls, en ce & ès dependences, tout ce qui compete & appartient à faire à Office de Procureurs, & ausdicts Advocatz & Conseillers, qu'ilz conseillent, procurent & plaident les droiz, Causes & Procès devant diz pour nostredicte Tante & nostredit

[a] Voy. la Préface de ce Vol. §. 1.

NOTE.

(a) Registre *A.* du Parlement de *Paris, fol.* 254. *recto.*

Avant ces Lettres, il y a : *Pro* Ducissa Bituricensi, *ut certi Procuratores & Advocati patrocinantur* [patrocinentur] *pro ipsa, nonobstante inobedientiâ per ejus Maritum contra Regem fa...*

Conseiller ou nom devant dit, & pour chascun d'eulz, & à ce les contraignez ou faites contraindre; ausquelz Procureurs, Advocatz & Conseilliers, & à chascun d'eulz, Nous, de grace especial, se mestiers est, avons donné & donnons par ces presentes congié & licence de faire ce que dit est: car ainsi Nous plaist-il estre fait d'icelle nostre grace; nonobstant quelzconques Ordenances, inhibicions & defenses & autres choses à ce contraires. Et pour ce que l'en pourra avoir à faire de ces presentes en plusers & divers lieux, Nous de nostredicte grace avons voulu & voulons que à chascun *Vidimus* d'icelles qui sera fait soubz nostre Séel de Chastelet de *Paris,* soit adjoustée autele & semblable foy comme à l'original de ces Lettres. *Donné à* Paris, *le XI.e jour de Mars, l'an de grace mil CCCC. & unze, & de nostre Regne le XXXII.* Ainsi signé. Par le Roy en son Conseil, ouquel le *Roy* de *Sicile,* Mess.rs les *Ducs* de *Guienne* & de *Bourgogne,* les *Contes* de *Mortaing* & de *Nevers,* & plusers autres, estoient. G. BARRAU.

CHARLES VI. à Paris, le 11. de Mars 1411.

Et au dos: *Harum virtute injunxit Curia* M. G. [a] Intrant. *&* G. Claustri *Advocatis, &* J. Rabatea *Procuratori, ut pro Domina* Ducissa Bituricensi *intus nominata, occupent & pro Causis suis patrocinentur. Actum in Parlamento, xxij.a die Marcii, anno Domini M.o CCCCXI.o* BAYE.

a Il y a une marque d'abréviation à la fin de ce nom.

(a) Règlement concernant les Monnoies du Dauphiné.

LOUIS Fils aîné de Charles VI. & Dauphin, à Paris, le 16. de Mars [1411.]

RENERIUS POT, *Dominus* Prugniæ *&* Rupis *de* Nolay, *Consiliarius & Cambellanus Regius, Gubernator* Dalphinatûs. *Notum facimus universis, nos vidisse & recepisse Litteras excellentissimi Principis & Domini nostri, Domini Ludovici Primogeniti Francorum Regis, Ducis* Aquitaniæ, *Dalphini* Viennensis, *clausas sub Sigillo suo secreto, nec non Litteras clausas magnifici & potentis Domini* Joannis *Domini* [b] Dolchani *ejus Cancellarii, unâcum quadam cedula pergaminea signata manu Magistri* Bertrandi Aquart *Clerici Monetarum Regiarum, continente appunctuamentum factum per Dominum Cancellarium Franciæ, præsente ipso Domino Cancellario* Aquitaniæ *&* Dalphinatûs, *& Generalibus Magistris Monetarum Regiarum, super ordinatione Monetarum fiendarum in* Dalphinatu: *quarum quidem Litterarum & Cedulæ seriatim tenores subsequuntur.*

b Voy. ci-dessus p. 538.

A nos amés & feaux Gens de Conseil & des Comptes de notre *Dauphiné.* De par le *Duc* de *Guienne,* Dauphin de *Viennois.* Nos amés & féaux Nous avons sceu par notre amé & feal Chancellier, ce que écrit avés pardeça, touchant le fait des Monnoyes de notre *Dauphiné,* & avons fait adviser pardeça, si comme vous pourra dire notre amé & feal Secretaire Maître *Jean Hue,* & de l'avis ou appointement qu'avons fait pardeça, & selon ce qu'avés à faire sur ce, vous apparra par les Lettres de notredit Chancellier, lequel nous avons chargié de vous reserire de cette matiere plus au long. Nos amés & feaux Notre Seigneur soit garde de vous. Ecrit à *Paris,* le 16.e jour de Mars [c]. J. MILET.

c Il faut supp. 1411.

Tenor Litterarum Domini Cancellarii.

A mes très-chers Seigneurs, Messeigneurs du Conseil & des Comptes ou *Dauphiné.* Très-chers Seigneurs. J'ay receu vos Lettres apportées par *Robert Lami* Sergens de Monseigneur, contenants plusieurs points; & pour sur ce avoir l'expédition, ledit *Robert* par l'Ordonnance & plaisir de mondit Seigneur, a demouré & attendu pardeça jusques à present, & cependant Maistre *Jean Hue* Secretaire de mondit Seigneur, est venu pardeça, par lequel vous sçaurés à plain ce que l'en a fait & appointé du fait touchant les Monnoyes du *Dauphiné,* dont aussi mondit Seigneur vous escrit. Si veuillés faire & complir le contenu ez Lettres de mondit Seigneur; & aussi ajouter foy à ce que ledit Maître *Jean Hue* vous dira touchant cette matiere. Très-chers Seigneurs, se chose vous plaît que faire

NOTE.

(a) La copie de ces Lettres qui sont dans le Dépôt de la Chambre des Comptes de *Grenoble,* a été envoyée avec cette ind[illegible]: *Caisse du Dauphiné.*

LOUIS Fils aîné de Charles VI. & Dauphin, à Paris, le 13. de Mars [1411.]

a mot corrompu. faut peut-être rr. sçait.

b Il est nommé Dolehan ci-dessus p. 538.

c corr. Culdoé. voy. la Table des noms qui est à la fin de ce Vol. au nom Culdoé.

d 80. pièces au marc.

e 160. pièces au marc.

f 160. pièces au marc.

g 192. pièces au marc.

h 240. pièces au marc.

i 320. pièces au marc.

k doivent les boëtes.

puisse, toûjours le feray de bon cuer. Ce [a] scet Notre Seigneur qui vous ait en sa saincte garde. Ecrit à *Paris,* le dix-sept.e jour de Mars. Le Seigneur [b] de *Lohan* Chancellier de Monseigneur le Duc de *Guienne,* Dauphin de *Viennois.*

Tenor deliberationis.

Le septieme jour de Mars, l'an mil quatre cent & onze, fut deliberé par Monseigneur le Chancellier de France, en la presence de Monseigneur le Chancellier de *Guienne, Jean Le Marechal, Pierre Gencian, Loys* [c] *Culdré, Bernard Braque* & *Jean Remond* le jeune, Generaux-Maîtres des Monnoyes du Roy notre Seigneur, que Monseigneur le Dauphin fera en ses Monnoyes, au nom & Armes du Roy, de tel poids & de telle Loy comme on fait ez Monnoyes de France; c'est asçavoir, pour le present, Deniers d'or fin appellés Ecus à la Couronne, qui aront cours pour vingt-deux sols six deniers la piece, & de soixante-quatre deniers de poids au marc de *Paris;* & Blancs-Deniers qui aront cours pour dix deniers Tournois la piece, à cinq deniers de Loy, argent-le-Roy, & de [d] six sols huict deniers de poids au marc de *Paris;* & Petits-Blancs qui aront cours pour cinq deniers Tournois la piece, de semblable Loy, & de [e] treize sols quatre deniers de poids audit marc.

Item. Doubles Deniers Tournois à deux deniers de Loy, argent-le-Roy, & de [f] treize sols quatre deniers de poids audit marc; & petits Deniers Parisis à un denier obole de Loy, & de [g] seize sols de poids au marc dessusdit.

Item. Petits-Deniers Tournois à ladite Loy, & [h] de vingt sols de poids audit marc; & les Mailles à un denier de Loy, & [i] de vingt-six sols huict deniers de poids audit marc; lesquelles Monnoyes auront cours ou Royaume de France, tant comme il plaira au Roy notre Seigneur; & n'auront point cours oudit Royaume nulles des autres Monnoyes faites oudit pays du *Dauphiné;* parmy ce que oudit pays du *Dauphiné,* ils ne donront point plus grand prix de marc d'or & d'argent, que le Roy fait ou fera en ses Monnoyes; c'est à sçavoir, pour le present, de marc d'or fin, soixante-dix livres quinze sols Tournois, & du marc d'argent alayé à la Loy du blanc, six livres quinze sols tournois, & du marc d'argent allayé à la Loy du noir, six livres huict sols Tournois; & aussy que les boistes de l'ouvrage qui se fera oudit pays, soient apportées aux depens de ceux qui [k] le doirent & ont accoutumés payer, & jugées en la Chambre des Monnoyes à *Paris,* par lesdits Generaux-Maîtres, & aucuns des Gens de Monseigneur le Dauphin, si leur plaît à y être; lesquelles boîtes après le jugement fait, demouront en ladite Chambre, comme ils ont accoutumé de faire; & se le Roy fait aucune cruë en Marc d'or ou d'argent, lesdits Generaux-Maîtres le feront sçavoir aux Gens du Conseil de mondit Seigneur le Dauphin. Si soit gardée & accomplie ladite Ordonnance & deliberation comme dessus est écrit. *Sic signata.* AQUART.

In quarum Litterarum & Cedulæ (b) executionem . . . . . .

In quorum omnium robur & testimonium, Sigillum nostrum Regiminis Delphinatûs, *præsentibus Litteris duximus apponendum.* Datum *Grationopoli,* die decimâ quintâ mensis Aprilis, anno Domini millesimo quadringentesimo duodecimo.

NOTE.

(b) Executionem.] Il y a ensuite de la copie un long Règlement fait par le Conseil & les Gens des Comptes du *Dauphiné,* concernant l'exécution de ces Lettres. On n'a pas cru devoir le faire imprimer.

CHARLES VI. à Paris, en Mars 1411.

(a) Lettres de Charles VI. par lesquelles il confirme la Garde Royale anciennement accordée à l'Abbaye de Sainte Geneviève à Paris.

A TOUS ceulx qui ces presentes Lettres verront. *Robert* d'*Estouteville* Chevalier, Seigneur de *Baine,* Baron d'*Ivry* & de *Saint Andry* en la *Marche,* Conseillier, Chambellan du Roy nostre S. & Garde de la Prevosté de *Paris:* Salut.

NOTE.

(a) Livre vert viel second du Châtelet de *Paris, fol.* six vingt seize, [136.] *recto.* Ces Lettres y sont *vidimées* dans celles de Charles VII. du mois de Juillet 1455.

CHARLES VI. à Paris, en Mars 1411.

Salut. Savoir faisons que nous l'an de grace M. CCCCLV. le Samedi XII.[e] jour de Juillet, veismes unes Lettres de feu de bonne memoire le Roi nostre S. Charles sixiesme de ce nom, à qui Dieu pardoint, séellées de son grant Séel en las de soye & cire vert, desquelles la teneur ensuit.

(b) *KAROLUS, Dei graciâ Francorum Rex. Celsitudo Regia piâ consideracione tutè pensans quod in pace factus est locus Domini, dignum & laudabile recenset ut cultus ejus sit cum debita veneracione pacificus & quietus, unde justum censemus ut Ecclesiam suam Sanctam, personas, loca & bona ecclesiastica, taliter ab omni malignantium inquietacione & oppressione deffendamus, & ipsos opprimere volentibus* [a] *occurамus quod ipsa ecclesiastica pacis pulcritudine & quietâ transquilitate* [b] *lectetur, Ministrique sui in quiete viventes & pace, sponsum ejus Dominum Jhesum Christum glorificent, eique sanctiùs & devociùs serviant, & tanto ad id se promptiores exibeant, quanto per potenciam Regie Majestatis adjuti se noverint ulterius felici securitate potiri. Notum igitur fieri volumus presentibus & futuris, quod pro parte dilectorum nostrorum Abbatis & Conventus Ecclesie Sancte Genovefe* Parisiensis, *ex fundacione Regia ab antiquissimis temporibus, in salva & speciali gardia Predecessorum nostrorum Regum Francie tam in capite quam in membris existencium à jam diu, supplicacioni celsitudini nostre cum humilitate debita* [c] *porrete favorabiliùs, ob devocionem & singularem affectionem quam digne & felicis memorie Antecessor noster* [d] Clodeus *Francorum primus Rex Christianissimus erga dictam Ecclesiam semper gessit & habuit, qui eam olim ortatu Beate* Clotildis *uxoris sue Filie Regis* Burgundie, *& persuasione Beati* Remigii Remorum *Archiepiscopi,* [e] *in honore Petri & Pauli Apostolorum & Beate Genovefe Virginis ibidem quiescentis fundavit, & multitudine prediorum ditavit, Religionique canonice mancipavit, inclinantes, eosdem præsentes & posteros, tam in capite quam in membris, & eorum singulares personas* [f] *in bona quecumque, unâ cum suis Officiariis, familiaribus,* [g] *hominibus de corpore & servitoribus, nec non Domibus, habitacionibus, terris, vineis, dominacionibus & aliis quibuscumque bonis & possessionibus quas possident* [h] *presenti. & à modo possidebunt, in & sub nostris successorumque nostrorum Regum Francie protectione, salvaque & speciali gardia, ad suorum conservacionem jurium, de novo & ex habundanti ex nostris auctoritate Regiaque potestatis plenitudine, ac gracia speciali suscipimus & ponimus per presentes, in & sub eisdem perpetuum permansuros: harum serie mandantes & expresè committentes Preposito nostro* Parisiensi, *qui nunc est & fuerit temporibus affuturis, aut ejus Locumtenenti, quem ex nunc* [i] *Gradiatorem jan dictorum supplicancium, eorumque Monasterii & membrorum suorum quorumcumque, suumque Judicem specialem solum & in solidum, in omnibus & singulis Causis suis motis & movendis, tam agendo quam deffendendo, undecunque claruerint in Regno nostro, contra quosvis eorum adversarios deputamus, ordinamus & expresè committimus, quatenùs ipsos Relligiosos omnes & singulares eorum Monasteriumque suum & ejus membra quecumque, in suis justis possessionibus, usibus, juribus, franchisiis, libertatibus & saisinis, presentibus & futuris, manuteneat & conservet, & ab omnibus injuriis, violenciis, oppressionibus, gravaminibus, molestiis, vi armorum, potencia Laicorum, & ceteris inquietacionibus ac indebitis novitatibus tueatur & preservet, non permittens adversus ipsos Religiosos aut eorum alterum, ipsorumve Officiarios, homines de corpore, familiares & servitores, nec non res, possessiones & bona sua, aliquas fiery aut inferry indebitas novitates; quinymo ipsas, si quas invenerit in ipsorum & presentis nostre* [k] *Salvagardie prejudicium factas, ad statum pristinum reducat seu reduci justiciâ mediante faciat immorosè; Nobis proinde & jam dictis supplicantibus emendam condignam, atque de personis de quibus* [l] *assecuramentum habere voluerint, juxta Patrie consuetudinem legitimum dari & prestari, ac Pennoncellos Regios in hujusmodi Salvagardie signum, in & super Domibus, grangiis, rebus & possessionibus suis predictis,*

a occurramus. 2.e cop.
b letetur. 2.e cop.
c porrecte. 2.e cop.
d Clodoveus. 2.e cop.
e in honorem.
f corr. &. 2.e cop.
g espèce de serfs.
h Il y a une marque d'abréviation à la fin de ce mot. On lit: *presencialiter.* 2.e cop.
i Gardiatorem jam dictorum. 2.e cop.
k Salvæ-gardiæ, là & plus bas, 2.e cop.
l Voy. les Tables des Mat. des Vol. de ce Rec. au mot *Assurement*, & à celui *Pennonceaux* qui est plus bas.

NOTE.

(b) *Karolus.*] Ces Lettres de Charles VI. sont aussi au Trésor des Chartres, Registre 166. Piece 161.

CHARLES VI. à Paris, en Mars 1411.

in casu eminentis periculi affigi: Salvam gardiam ipsam nichilominus in locis & personis ubi expedierit, intimary & publicari debitè faciendo, ne quis ex hoc ex ignorancia se possit [a] *conniventis oculis aut alio quovis exquisito colore excusare, nec-non presentis Salvagardie violatores, & alios quos sibi Gardiator hujusmodi ac* [b] *Judiciis exercendo Officium inobedientes repererit aut rebelles, justiciâ debitâ mediante, adeo pugniat quod aliis cedere valeant in exemplum. Si vero occasione bonorum ac jurium suorum quorumcumque predictorum, aut alterius ex eisdem, opposicio seu debatum in casu novitatis suboriri contingat, debato ipso & rebus contenciosis hujusmodi ad manum nostram tanquam superiorem positis, locisque deablatis resaisitis, & factâ recredenciâ, si & ubi fuerit faciendâ, inter partes, hiis auditis, Justitie complementum ministret; & insuper omnia debita bona & legalia legitimè recognita vel probata* [c] *par Litteras, testes, Instrumenta, confessionem Partis, aut alia legitima documenta, que prefatis Religiosis eorumque singularibus noverit deberi, eisdem aut eorum certo mandato persolvi faciat, debitores, ad hoc per capcionem, vendicionem & explectacionem bonorum suorum quorumcumque, corporumque detencionem, si necesse fuerit, & ad hoc specialiter obligati existant, viriliter & debitè compellendo seu compelli faciendo; & in casu opposicionis, manu nostrâ usque ad* [d] *sumas in Litteris obligatoriis Sigillis Regiis sigillatis contentas, sufficienter munitâ, opponentes nec non contradicentes commorantes ad vigenti leucas prope* Parisius, *contra quos dicti Religiosi aut eorum alter experiri voluerint, coram se adjournary faciat, prefatis Religiosis super hoc responsuros & predictos opponentes causas opposítionum* [e] *furarum dicturos,* [f] *ulterius processuros & facturos ut fuerit racionis; ulteriusque faciat, exequatur & compleat omnia & singula, aliaque circa* [g] *premissa fecerint seu etiam oportuna; Ordinacionibus, Edictis, usibus & statutis localibus aut generalibus ad hoc contrariis nonobstantibus quibuscumque; eisdemque Religiosis aut eorum Monasterio & bonis suis quibuscumque, tam in capite quam in membris, si opus sit, unum aut plures ex Servientibus nostris in Gardiatores suos pro premissis absque cognicione cause exsequendis, committat &* [h] *ordinat: mandantes universis & singulis Justiciariis & Officiariis nostris, presentibus & futuris, aut eorum Locatenentibus, & unicuique ipsorum, prout ad eum pertinuerit, quatenùs sepedicto Preposito* Parisiensi *aut ejus* Locumtenenti, *presenti & futuro, nec non deputando ab ipso, in & super premissis & dependentibus ex eisdem, intendant & pareant cum effectu. Quod ut firmum & stabile perpetuò perseveret, nostrum presentibus Litteris duximus apponi Sigillum: nostro in aliis, & alieno in omnibus jure semper salvo.* Datum *Parisius,* [i] mence Marcii, anno Domini MCCCCXI.° Regni vero nostri XXXII. Ainsi signé sur le reploy desdittes Lettres au bout d'enhault. *Per Regem,* Comitte *de* Mauritagnia, *Dominis de* Savoisiaco *& de* Saligneyo, *Confessore, aliisque pluribus* [k] *prinsentibus.* M. DE LA TEILLAYE. [l] Et au bout d'en bas estoit escript. *Visa.* [m] *Contentor.* FRERON.

a conniventibus. 2.e cop.
b Judicis. 2.e cop. Le mot *ac* paroît inutile.
c per. 2.e cop.
d summas. 2.e cop.
e suarum. 2.e cop.
f supp. *&*.
g premissa necessaria fuerint. 2.e cop.
h ordinet. 2.e cop.
i corr. mense.
k presentibus. 2.e cop.
l *Ce qui suit n'est point dans la 2.e cop.*
m Voy. le 5.e Vol. de ce Rec. p. 22. note *(h)*.

Et nous à ce present *vidimus* ou transcript, avons mis le Séel de ladicte Prevosté de *Paris,* l'an & jour dessus premiers ditz.

CHARLES VI. à Paris, en Mars 1411. avant Pâques.

(a) Lettres de Charles VI. portant que le Comté de Ponthieu & la Ville d'Abbeville, seront unis inséparablement au Domaine de la Couronne, & ne pourront être donnés en appanage à un Fils de France.

CHARLES, &c. Savoir faisons à tous presens & avenir, Nous avoir receu l'umble supplicacion de noz chiers & bien amez les Maire & Eschevins de notre Ville d'*Abbeville,* & des autres Bourgoiz, manans & habitans de ladicte Ville & de la Conté de *Pontieu,* contenant que jasoit ce que feu notre treschier Seigneur & Pere le Roy Charles dernier trespassé, dont Dieu ait l'ame,

NOTE.

(a) Trésor des Chartres, Registre 166. Pièce VI.xx VI. (126.)

pour la bonne, vraye amour, loyaulté & obéiſſance que lui & ſes Predeceſſeurs avoient trouvé eſdiz ſupplians & leurs devanciers, & pour pluſeurs juſtes cauſes qui à ce le meurent, & qui touchoient très-grandement l'onneur, l'etat & le prouffit perpetuel de lui & de ce Royaume, euſt par grant & meure deliberacion de Conſeil ordené & auſdiz ſupplians octroyé de ſon auctorité Royal, plaine puiſſance & grace eſpecial, que jamais pour quelconque tiltre ne pour quelconque cauſe que ce feuſt, il ne tranſporteroit hors du Demaine Royal de lui & de la Couronne de France, ladicte Conté ne ladicte Ville, la Juſtice ne les Bourgoiz & habitans d'icelle Ville & Conté, mais ſeroient & demourroient perpetuelment ſes ſubgiez & juſticiables ſans moien en pur & perpetuel Demaine, ſi comme par ſes [a] Lettres en las de ſoye & cire vert ilz dient ces choſes & autres plus à plain apparoir; neantmoins iceulx ſupplians doubtent que Nous vueillons tranſporter ou aions tranſporté ladicte Ville d'*Abbeville* & ladicte Conté de *Pontieu*, à aucuns de noz Enfans pour leur appanage ou autrement, qui ſeroit directement venir contre la teneur deſdictes Lettres de notredit Seigneur & Pere, ſi comme leſdiz ſupplians Nous ont fait expoſer en Nous humblement ſuppliant que attendu ce que dit eſt, Nous leurs vueillons ſur ce pourveoir de notre gracieux remede, & leſdiz privilleges & octroiz à eulx faiz par notredit feu Seigneur & Pere, leur tenir & faire tenir & garder ſans enfraindre. Pourquoy Nous ces choſes conſiderées, voulans leſdites Lettres de notredit feu Seigneur & Pere, & l'octroy & Ordonnance par lui ſur ce faiz, comme dit eſt, avoir & ſortir leur plain effet, & attendu les bons, grans & notables ſervices à Nous faiz par leſdiz ſupplians, & la bonne, vraye & loyal amour, loyauté & obeiſſance qu'ilz ont touſjours eu à Nous & à la Couronne de France, & pour pluſeurs autres juſtes cauſes & conſideracions à ce Nous mouvans, & qui touchent grandement l'état, honneur & prouffit de Nous & de notre Royaume, avons voulu & ordonné, & de notre certaine ſcience, auctorité Royal, plaine puiſſance & grace eſpecial, en confermant l'Ordonnance & octroy ſur ce fait par notredit feu Seigneur & Pere, voulons & ordonnons par ces preſentes, que jamais pour quelconque cauſe ou tiltre que ce ſoit, Nous ne noz Succeſſeurs Roys de France ne mettrons hors de noz mains ne du Demaine Royal de Nous & de la Couronne de France, ladicte Ville d'*Abbeville* ne ladicte Conté de *Pontieu*, ne la Juſtice & habitans d'icelle, ne icelle Ville, Conté, Juſtice & habitans d'icelles ne tranſporterons à aucuns de noz Enfans ne autres quelconques, par appanage, mariage ne autrement en quelque maniere que ce ſoit, mais ſeront & demourront leſdictes Ville, Conté, Juſtice & habitans perpetuelment noz ſubgiez & juſticiables ſans moyen & de noz Succeſſeurs Roys de France, en pur & perpetuel Demaine de ladicte Couronne de France; & ſe aucun don, alienacion ou tranſport en avons fait à aucuns de noz Enfans ou autres, pour leur appanage, mariage ou autrement, Nous dès maintenant pour lors les revoquons & mettons du tout au neant par ces mêmes preſentes. Et affin que ce ſoit choſe ferme & eſtable à touſjours, Nous avons fait mettre notre Scel à ces preſentes: ſauf en autres choſes notre droit, & l'autruy en toutes. *Donné à* Paris, *au moys de Mars, l'an de grace mil CCCC. & unze, & de notre Regne le XXXII.e avant Paſques.*

Par le Roy en ſon Conſeil, oùquel le *Roy* de *Secile*, Meſſ. les *Ducs* de *Guienne* & de *Bourgongne*, le *Comte* de *Mortaing*, [b] Vous, Meſſ. *Charles* de *Savoiſy*, le *Galoiz* d'*Aunnay*, & pluſeurs autres, eſtiés. TEILLAYE.

CHARLES VI. à Paris, en Mars 1411. avant Pâques.

[a] *Voy. à la p. 175. du 5.e Vol. de ce Rec. les Lettres du mois de Mai 1369.*

[b] *Le Chancelier de France. Voy. la note (c) de la p. 653. du 5.e Vol. de ce Rec.*

* SUPPLÉMENT

Pour les trente-une premières années du Règne de Charles VI.

* Quelques-unes des Pièces qui composent ce Supplément, ont été trouvées dans des Registres du Trésor des Chartres, où elles sont déplacées. [Voy. la note * de la p. 637. du 8.e Vol. de ce Rec.] Différentes raisons ont empêché que quelques autres Pièces n'aient été mises à leur place. Les Pièces de ce Supplément seront rangées dans leur ordre, dans la Table chronologique des Ordonnances, qui sera à la fin de ce Volume.

1384.

(a) Instructions Royales *sur le fait des Francs-Fiefs & des Amortissemens.*

(1) PREMIÈREMENT. Des rentes, héritages & possessions quelzconques feodaulx que non Nobles ont acquis puis xl. ans, en quelque maniere que ce soit, dont n'aura esté paié finance, ès Fiefz tenans & mouvans du Roy, les achetteurs paieront pour une fois au Roy nostre Sire, les fruictz des choses ainsi acquises de trois ans, & par ce l'acquesteur & ses hoirs en joyront à tousjours-mais : & n'est pas à entendre que [a] aucun non noble prent à cens ou rente aucune chose d'un Noble, qu'il en paie au Roy aucune chose; & commencera-on à compter le terme de xl. ans, depuis le jour des Lettres des acquisicions ainsi faictes, nonobstant les [b] proclamacions, se interrupcion n'y a esté par mains mise esdits Fiefz.

a *supp.* si.

b *Voy. ci-dessus p. 319. note (a).*

(2) Item. Pour les rentes & possessions feodaulx que non nobles ont acquis de Nobles, en Arrire-Fiefz ou en Alleux du Roy nostre S. puis le temps dessusdit, paieront les fruictz de deux ans.

(3) Item. Les rentes ou possessions feodaulx que non nobles ont acquises de Nobles, ès Fiefz & Arriere-Fiefz du Roy, & mis par eulx en franc-aleu, soient mises & tenues en la main du Roy, pour occasion de la fraulde.

(4) Item. Pour les rentes ou possessions feodaulx acquises par non nobles ès Fiefz ou Arriere-Fiefz du Roy nostredit Seigneur, sur condicion que les vendeurs les pevent retraire dedans le terme de trois ans ou plustost, on attendra que ledit terme soit escheu; & ou cas que dedans lesdis trois ans, lesdictes choses ainsi acheстées seroient retraictes, les achetteurs n'en paieront point de finance : & ou cas que lesdictes trois ans ou plus bref terme, s'il y est, sera passé, sans estre retraictes tantost ledit terme, ilz seront contrainсts à paier

NOTE.

(a) Ces Instructions sont à la p. 195. d'un Manuscrit de la Bibliothèque du Roy, au commencement de la première page duquel on lit: *Codex Colb. 1646. Regins 9440/5.* Elles suivent un Mandement du 12.e jour de Février 1385.

Avant ces Instructions, on lit : *Ce present Mandement fut donné sur les Instruccions qui s'ensuivent.*

Instructions Royaulx faictes sur le fait des Fiefz & autres choses nobles acquises par les non nobles & anoblis, & aussi des acquisicions non admorties faictes par Gens d'Eglise, extraicte du Livre des Memoriaulx de la Chambre des Comptes à *Paris*, signé *G.* ès feuillets xix, xx. & xxxvj. & furent faictes l'an mil iij.c iiij.xx quatre, & furent envoyées au Receveur de *Paris* le sixieme de Juillet l'an mil iij.c iiij.xx sept.

Ce Mandement a été imprimé à la p. 143. du 7.e Vol. des Ordonnances, d'après le Recueil cité *ibid.* note *(a)*.

Nota. Que dans ce Recueil, & par conséquent dans le 7.e Vol. des Ordonnances, ce Mandement est daté du *unzieme* de Fevrier 1385. & que dans le Manuscrit il est daté du *xij.e* de ce mois.

pleine finance incontinent; c'est assavoir, ès Fiefz neument tenus du Roy, trois années, & ès Arriere-fiefz, deux années. 1384.

(5) *Item.* Et pour les rentes & possessions nobles acquises par non nobles, sauf & reservé ausdiz vendeurs ou autres, les usufruitz des choses vendues à certain temps ou à vie, paieront pleine finance; c'est assavoir, (b) premierement la moictié, & l'autre moictié, les usufruitz passez; c'est assavoir, ès Fiefz tenus du Roy, trois années, & ès Aleuz & Arriere-Fiefz, deux années.

(6) *Item.* Pour les rentes & possessions que non nobles prengnent de Nobles, ès Fiefz ou Arriere-Fiefz du Roy, ou en Alleux, à (c) acap ou à certain temps, ou annuelle pencion, & n'y a point d'argent (d) baillé d'entrée avec ledit cens ou annuelle pencion, l'en estimera combien l'argent pourroit valoir au pris du Roy, de rente annuelle; c'est assavoir, pour cent livres, dix livres; & en ce cas, les achetteurs paieront finance de la rente ainsi estimée pour ledit pris d'argent; c'est assavoir, ès Fiefz du Roy neument, trois années, & ès Arriere-Fiefz & ès Aleux, deux années. Et est l'intencion du Roy que des rentes acquises par la maniere dessusdicte, lesquelles sont en grain ou en vin, ou autre chose qui [a] chet en estimacion, on ne paiera mye le plus grand pris ne le plus petit; mais le commun pris que les choses on peu valoir au regard d'une commune année de dix années précedentes. a *tombe.*

(7) *Item.* Quant aux rentes ou possessions, franchises & libertez que les Consulz ou la Commune d'une Ville auront acquises pour & au prouffit de la Communaulté, ès Fiefz & Arriere-Fiefz ou Censives du Roy nostre Sire, & en Aleux, commandement leur sera fait qu'ilz en monstrent leurs tiltres, la coppie desquelz par bonne & vraye collacion, soit envoyée en la Chambre pardevers les Gens des Comptes & Tresoriers, avecques toutes les singulieres parties desdictes acquisicions, par bonne & vraye declaracion, pour estre sur ce ordonnez ainsi qu'il appartiendra.

(8) *Item.* Pour les rentes ou possessions que gens non nobles auroient acquises ès Fiefz ou Arriere-Fiefz du Roy nostre Sire, ou en Aleux, depuis ladicte acquisicion, lesdis non nobles [b] seront anoblis, paieront comme dessus, se ilz n'ont Lettre de nobilitacion verifiée & expediée en la Chambre des Comptes à *Paris*. b *supp.* qui.

(9) *Item.* Pour les rentes que gens non nobles auroient acquises en [c] tiers Fief, paieront une année tant seulement, & de quart Fief & au dessus, neant. Et est à entendre que les gens non nobles qui auront acquis, comme dessus est dit, ne paieront aucune finance ou cas qu'il y aura (e) trois mois frans entre le Roy & les possesseurs.

c *Voy. ci-dessus p. 320. note (g) sur le tiers-Fief & sur le quart-Fief, duquel il est parlé un peu plus bas dans cet article.*

(10) *Item.* Et au regard des possessions immeubles que les Gens d'Eglise de quelque condicion qu'ilz soient, Religieux ou autres, ont acquises ès Fiefz, Censives, Arriere-Fiefz & arriere-censives du Roy, [d] en quelque degré, ou en Aleux, soit par tiltre de don, de [e] lais ou d'aumosne, d'achapt, eschange & autres quelzconques, par quelque maniere ou condicion que ce soit, sans l'assentement & admortissement du Roy nostredit Seigneur ou de ses Predecesseurs, deument passez, veriffiez & expediez en la Chambre des Comptes à *Paris*, depuis xl. ans en ça, seront prins en la main dudit Seigneur, & lesdictes gens

d *Degré de féodalité.* Voy. ci-dessus p. 320. notes (g) & (h).
e *Legs*, là & plus bas.

NOTES.

(b) *Premierement.*] Il faut peut-être corriger *presentement*, comme il se lit dans des Instructions à peu près semblables, qui se trouvent ci-dessus p. 319. art. 5. & 6.

(c) Voy. la note (b) de la p. 308. du 4.e Vol. de ce Rec. & p. ccxliij. col. 1. les additions & corrections sur cette p. 308.

(d) *Baillé d'Entrée.*] C'est-à-dire que l'acquereur en passant le contrat d'acquisition, n'a point payé une somme d'argent, indépendamment de la rente annuelle ou cens dont il s'est chargé.

(e) *Trois mois.*] Il faut sans doute corriger *trois moyens:* trois Seigneurs intermédiaires, ainsi qu'il se lit ci-dessus p. 320. art. 11. Voy. *ibid.* note (h).

1384.

contrains, & leur sera commandé de les mettre hors de leurs mains sans fraude dedans ung an, pendant lequel, par & soubz ladicte main ilz en joyront sans prejudice du Roy nostre Sire.

(11) Item. Et ledit an passé, se ilz ne les ont mis hors de leurs mains, les choses desmaintenant & pour lors demourront en ladicte main du Roy nostredit Seigneur, sans ce que lesdictes Gens d'Eglise en puissent riens prandre, mais en seront lors tous les prouffitz & esmolumens levez & applicquez au Roy nostredit Seigneur ou à son prouffit, [a] sans depport, par ses Vicontes ou Receveurs ordinaires en chascun Bailliage, qui en seront tenus rendre compte au Roy nostredit Seigneur, jusques à ce qu'il appaire icelles choses en verité estre mises hors de leurs mains, & qu'ilz 'en ayent [b] delivrance dudit Seigneur, expediée comme dessus.

(12) Item. Et semblablement des choses depuis quarante ans en ça acquises par lesdictes Gens d'Eglise, en leurs Fiefz, Censives & Justices, se ce n'est toutesvoyes des choses acquises en leurs haultes Justices, dont ilz seront tenus en souffrance jusques à ce que plus plainement y soit dellibéré.

(13) Item. Et en oultre, pour les acquestz que lesdictes Gens d'Eglise ont fais des rentes, revenues & autres possessions à tiltre de don, lais ou d'aumosne, d'achapt ou autrement, sans ledit assentement expedié & verissié comme dessus, mesmement depuis ledit temps de xl. ans, lesdits usuffruitz aux donnans ou à autres retenus ou reservez à temps, l'en fera ausdictes Gens d'Eglise commandement comme dessus, que dedans l'année [c] sans moyen, après le temps passé de la reservacion, sans plus actendre, ilz les mettent hors de leurs mains comme dessus, en telle maniere que s'il n'est fait, ladicte année passée, les choses demourront & demeurent dès maintenant pour lors en la main du Roy nostredit Seigneur, sans ce que lesdictes Gens d'Eglise s'en entremettent d'en riens exploicter ne lever; mais leur sera deffendu, & en joyra le Roy nostredit Seigneur, comme il est declairé paravant desdictes acquisicions.

(14) Item. Ce sera enregistré dilliganment en chascune Recepte ordinaire, pardevant les Vicontes, Receveur & Procureur du Roy nostredit Seigneur, affin d'en avoir memoire quand le temps escherra, & soit tout rapporté dilliganment en la Chambre des Comptes à *Paris,* & pardevers les Tresoriers, par bonne & vraye declaracion.

(15) Item. Ne pourront les Commissaires sur ce ordonnez ou à ordonner, [d] ne exiger finance desdictes Gens d'Eglise, pour leurs acquisicions non admorties, mais seront contrains à les mettre hors de leurs mains par la forme & maniere cy-dessus exprimez & declairez.

(16) Item. Et est à entendre que les [e] dillacions, respis & souffrances données par le Roy nostre Sire ausdictes Gens d'Eglise, de tenir leurs acquisicions non admorties, sans estre contrainctz à les mectre [f] hors ne à paier pour ce aucune finance, ne feront & ne porteront aucun préjudice au Roy nostredit Seigneur; c'est assavoir, que le temps & années desdictes souffrances & dillacions ne seront [g] ne comprinses ou temps de xl. ans dont mencion est faicte cy-dessus.

(17) Item. Est assavoir que les finances dessusdictes se leveront par tout le Royaulme, pour les acquestz fais par la maniere dessusdicte, comme [h] aillieurs, & se leveront & recevront par les Vicontes & Receveurs ordinaires des lieux.

a *Ce mot peut signifier* ou incontinent, *ou* sans faveur.

b *main-levée.*

c *Cela peut signifier* sans autre intervalle.

d *Il y a* lever ne exigier *ci-dessus p. 321. art. 17.*

e *delais.*

f *Il y a* hors de leurs mains *ci-dessus* ibid. *art. 18.*

g *Il y a un mot en blanc dans le Manuscrit. On lit ci-dessus* ibid. *ne seront comptées ne comprinses.*

h *Il y a ci-dessus* ibid. *art. 19.* tant en la Seigneurie du Roy comme aillieurs.

CHARLES VI. à Paris, le 10. de Février 1385.

(a) Lettres de Charles VI. par lesquelles il défend aux Gens des Comptes de faire exécuter les mandemens & les ordres qu'il leur enverra, lorsqu'ils seront contraires à l'Ordonnance par lui faite sur le Domaine, ou à celle faite par Charles V. sur les Eaux & Forêts; leur enjoignant dans le cas auquel ils craindroient de lui déplaire par ce défaut d'exécution, de lui envoier des Députés pour lui expliquer leurs motifs & recevoir ses ordres.

CHARLES, par la grace de Dieu, Roy de France. A nos amez & féaulx les Gens de nos Comptes & Tresoriers à *Paris:* Salut & dilection. Nous autrefois pour la conservation, descharge & utilité de nostre Demaine, avons entre les autres choses, en notre Conseil & par deliberation, *(b)* ordené que tous les deniers qui [a] ystront de nos Eaues & Forez, avec les rachas, quins deniers, finances de Fiez, annoblissemens, manumissions, punicions de usuriers & amendes de Bailliages, seront par nos amez & féaulx Conseillers par Nous deputez & commis sur le fait de notredit Demaine, tournez oudit fait de notredit Demaine: & semblablement toutes confiscations, espaves & heritages vaccans appliquez à icelluy nostre Demaine ou bailliez en eschange, pour le deschargier ou autrement convertir à l'utilité d'iceluy, & aussy à la perfection de la fondation que notre très-cher Seigneur & Pere dont Diex ait l'ame, avoit en son vivant ordenée pour nostre Chappelle du Bois de *Vincennes,* & que aucuns mandemens & assignations ne feroient fais qui ce peussent empescher ne destourbier; & en outre, comme le fait de nosdittes Eaues & Forez touche [b] forment nôtre Demaine, sur le gouvernement desquelles furent par notre très-chier Seigneur & Pere dont Diex ait l'ame, faictes en son vivant, par bon advis en son Conseil & grant deliberation, [c] certaines Ordennances publiées notoirement & enregistrées à perpetuelle memoire en nostre Chambre des Comptes, lesquelles, si comme entendu avons, avoient & ont été enfraintes, & sont chascun jour en plusieurs manieres, en desertement & destruction desdittes Eaues & Forez & contre la teneur d'icelles Ordenances, que Nous voulons sortir leur plain effect, & être tenues & gardées avecques les choses dessusdittes de point en point, sans faire ne souffrir estre rien fait ne attempté à l'encontre, & se aucuns y attemptoient, que il en soient punis par bonne Justice, & autresfois le vous avons mandé & enjoint par plusieurs de nos autres Lettres, contre la teneur desqueles, soubz umbre de contraires mandemens ou Lettres tant ouvertes comme closes, de Nous à vous envoyées, avez pour Nous obéir donné aux impetrans plusieurs Mandemens & expeditions en nostre grant dommaige & retardement du faict de notredit Demaine, lequel Nous devons & entendons conserver: voulans & desirans y pourvoir, vous mandons, commandons & enjoignons sur le serement que vous avez à Nous, & que vous [d] doubter Nous faire desplaisir, que dorresnavant nosdittes Ordenances & touttes les choses dessusdittes en chascun point & article, vous tenez & faittes tenir & garder, sans faire ne souffrir estre riens faict à l'encontre pour quelconques Lettres empetrées ou à empetrer, mandemens ou messages que vous doresenavant en ayez de par Nous, sur quelconque forme, à quelque cause ou à qui que ce soit, & vous en deffendons & interdisons tous [e] opposites, mandemens & expeditions; & se par aventure vous estiez pressiez de aucuns ou plusieurs mandemens, messages,

[a] *sortiront: proviendront.*

[b] *fortement.*

[c] *Il s'agit app. ici de celles du mois de Septembre 1376. qui sont imprimées à la p. 222. du 6.e Vol. de ce Rec.*

[d] *corr.* doutés.

[e] *Ce mot est synonyme de celui de* mandemens *qui suit. Voy. le Gloss. de Du Cange, au mot* opponere 1.

NOTES.

(a) Mémorial *E.* de la Chambre des Comptes de *Paris, fol.* 87. *verso. Blanchard,* dans sa Table Chronologique des Ordonnances, a rapporté le titre de ces lettres, & a cité ce fol. du Mémorial *E.*

(b) Ordené, &c.] On a déjà observé que cette Ordonnance ne s'est point conservée. Voy. la note marginale *(a)* de la p. 761. du 7.e Vol. de ce Rec.

CHARLES VI. à Paris, le 10. de Février 1385.

Lettres ouvertes ou closes au contraire, ou de personnes, parquoy vous doubtissiez Nous deplaire de le refuser, voulons Nous & vous mandons & enjoignons comme dessus que [a] ainscois que y obeissiez, quatre, trois ou au moins deux de vous de nostre Chambre, venez devers Nous pour dire vos [b] mouvemens, & à part, sans presence des impetrans, & Nous expliquer la maniere & le cas pour quoy Nous en soyons à plain adcertenez, & lors vous commanderons & ordenerons ce qui Nous en plaira estre fait; & gardez que il n'y ait deffaut, lequel s'il avenoit, Nous tourneroit à grand desplaisir. *Donné à* Paris, *le dix.e jour de Fevrier, l'an de grace mil trois cent quatre-vingt cinq, & de nostre Regne le sixieme.* Ainsy signé. Par le Roy en son Conseil, present Monsieur le Duc de *Bourgongne.* IVO.

(c) Collationné par Nous Conseiller Maître à ce commis. LE MARIÉ D'AUBIGNÉ.

a avant.

b ce qui vous meut : vos motifs.

NOTE.

(c) Ces Lettres ont été collationnées à la Chambre des Comptes depuis l'incendie qui y est arrivé le 27. d'Octobre 1737.

CHARLES VI. à Paris, le 3. de Janvier 1400.

(a) Lettres par lesquelles Charles VI. confirme le don qu'il avoit fait de la Ville de Château-Thierry, au Duc d'Orléans son Frère.

CHARLES, par la grace de Dieu, Roy de France. Savoir faisons à tous présens & avenir, Nous avoir veu noz autres Lettres contenans la fourme qui ensuit.

CHARLES, par la grace de Dieu, Roy de France, &c. [c]

c Ces Lettres qui sont du mois de Mai 1400. sont imprimées à la p. 383. du 8.e Vol. de ce Rec.

Et pour ce que en la narracion de nozdictes Lettres, est faicte mencion que Nous avions accordé & ordonné donner, ceder & transporter le premier jour de l'an lors prouchainement venant & n'agueres passé, à nostre très-chier & très-amé Frere le Duc d'*Orleans* nommé esdictes Lettres, les Villes, Chastel & Chastellenie de *Chasteauthierry*, avecques toutes leurs apartenances & appendences quelconques, & que combien que dellors les lui eussions donné & octroyé par les fourme & maniere contenues en nos Lettres dessusdictes, & qu'il Nous en feist dès lors les foy & hommaige pour ce à Nous appartenans, comme en icelles noz Lettres est plainement contenu; toutesvoies pour ce que ou temps avenir, pour cause des paroles qui sont inserées en ladicte narracion de nozdictes Lettres, aucuns pourroient interpreter lesdictes paroles telement que leurdicte interpretation pourroit deroguer à nostre don & octroy contenu en icelles; Nous pour oster toute maniere de doubte, oscurté, scrupule & debat qui pourroient escheoir en ces choses, & pour la grant amour que Nous avons & devons avoir à nostredit Frere, & mesmement considerans le grant & fervent desir en quoy il continue tousjours de Nous servir & complaire en toutes manieres, & pour ce voulans noz don & octroy des Ville, Chastel & Chastellenie de *Chasteauthierry* avecques leurs appartenances & appendances quelconques, faiz par Nous à nostredit Frere, ainsi comme contenus sont en noz Lettres dessus transcriptes, estre fermes & valables à tousjours, icelles noz Lettres & noz don, octroy, cession & transport contenus en icelles, loons, gréons, ratiffions & approuvons, & de nostre certaine science & grace especial confermons, & de nostre plus ample & plus liberal grace donnons, octroions, cedons & transportons de nouvel, se mestiers est, par ces presentes, purement, simplement & absolutement, à nostredit Frere, lesdiz Ville, Chastel & Chastellerie de *Chasteauthierry*, avecques leurs appartenances & appendences quelconques, à les tenir, possider & retenir

NOTE.

(a) Trésor des Chartres, Registre 155. P. iij.c lxvij. (367.)

perpetuelment

perpetuelment & hereditablement, par lui & par ses hoirs masles descendans de son corps procréez en loyal mariage, & leurs successeurs hoirs masles descendans en directe ligne de hoirs masles & par loyal mariage, parmi ce que se sadicte ligne de hoir masle deffault, lesdictes Ville, Chastel, Chastellenie & leursdictes apartenances & apendences retourneront à Nous & à noz Successeurs Rois & à ladicte Couronne de France, & sauves & reservées à Nous & à nozdiz Successeurs & à ladicte Couronne de France, les autres reservacions des droiz Royaulx, foy, hommaige, souveraineté & ressort, & la Garde des Eglises Cathedraux & qui sont de fondacion Royal, si comme elles sont plus à plain contenues, spécifiées & déclairées en nozdictes Lettres dessus transcriptes, sans ce que nostredit Frere pour cause de ce present don & octroy, soit tenu de Nous faire de nouvel foy ne hommaige autre que ceulx qu'il Nous a faiz pour les Ville, Chastel & Chastellenie dessusdiz, ne qu'il en prengne ou face prendre nouvelle possession autre que celle qu'il en a prinse, mais voulons que la possession en quoy il en est par vertu de nosdictes Lettres, lui vaille à tousjours comme se il l'avoit prinse ou fait prendre de nouvel par vertu de cestes. Si donnons en mandement à noz amez & feaulx Gens de noz Comptes & Tresoriers à *Paris,* aux *Bailli* & Receveur de *Vitry,* & à tous noz autres Justiciers & Officiers, qui ores sont & seront pour le temps avenir, ou à leurs Lieuxtenans, & à chascun d'eulx, si comme à lui appartendra, que nostredit Frere & sesdiz hoirs masles descendans de son corps en directe ligne, procréez en loyal mariage, facent, seuffrent & laissent joir & user paisiblement & plainement de noz grace, don, octroy, cession & transport, dont nozdictes autres Lettres & ces presentes font mention, sanz les empeschier, ou souffrir estre empeschiez aucunement au contraire, nonobstans les Ordonnances faictes par Nous & noz Predecesseurs, de non aliener aucune chose de nostre Demaine, & quelconques autres Ordonnances, mandemens & deffenses à ce contraires. Et que ce soit ferme chose & estable à tousjours, Nous avons fait mettre à ces Lettres nostre Séel, sauf en autres choses nostre droit, & l'autruy en toutes. *Donné à* Paris, *le iij.e jour de Janvier, l'an de grace mil CCCC. & de nostre Regne le xxj.e*

CHARLES VI. à Paris, le 3. de Janvier 1400.

Par le Roy, en son Conseil, où Monf.r le *Duc* de *Bourgogne,* [a] Vous, le *Conte* de *Tancarville,* le *Vidame* de *Laonnois,* & plusieurs autres, estiez. J. DE SANCTIS.

Collacion est faicte des Lettres originaulx dessus transcriptes, à ces présentes, par moy, J. DE SANCTIS.

[a] *Le Chancelier de France. Voy. la note (c) de la p. 653. du 5.e Vol. de ce Rec.*

CHARLES VI. à Paris, le 10. de Juillet 1403.

(a) Mandement pour augmenter le prix du marc d'or.

CHARLES, par la grace de Dieu, Roy de France. A nos amez & feaulx les Generaulx-Maistres de noz Monnoies: Salut & dillection. Comme dès le moys de Decembre l'an mil IIII.c & ung, *Jehan Trotet,* Maistre Particulier de nostre Monnoie de *Paris,* ait prins de vous ladite Monnoie jusques à trois ans après ensuivans, & promis faire faire & ouvrer dedans ledit temps la somme de dix-huit cens marcs d'or, laquelle somme il a accomplie, parce qu'il a donné à plusieurs Marchans frequentans ladite Monnoie, V. solz tournois d'aventaige oultre & pardessus le pris de LXVII. livres XV. solz tournois, qui est le pris ordinaire & que l'en a acoustumé donner en marc d'or en deniers, lequel avantaige de V. solz tournois ledit Maistre particulier reffuse à present donner ausdits Changeurs & Marchans qui s'en sont complaincts & doluz à vous, si comme l'en dit, & par ce pouroit demourer ladite Monnoie en [b] chomage, se pourveu n'y est de remede. Si vous mandons que pour [c] eschever ledit chomaige, vous

[b] *on pourroit cesser d'y travailler.*
[c] *éviter.*

NOTE.

(a) Registre *E.* de la Cour des Monnoies de *Paris, fol.* VII.xx IIII. *recto.* (144.) Il y a avant ces Lettres: *Lectres de cinq solz tournois d'aventaige.*

CHARLES VI. à Paris, le 10. de Juillet 1403.

faictes donner & payer ausdis Changeurs & Marchans iceulx v. folz tournois pour marc d'or en deniers, oultre & pardessus ledit pris de LXVII. livres XV. solz tournois; parmy ce toutesvoes que ledit Maistre Particulier sera tenu faire ouvrer en ladite Monnoie, dedans la fin desdits trois ans, la somme de mil marcs d'or, comprenant ens les marcs d'or qu'il a ouvré depuis l'accomplissement de ladite somme de XVIII.[c] marcs d'or, ou Nous payer tel prouffilt que Nous y pourrions avoir, se deffault y estoit; & par rapportant ces presentes ou *vidimus* d'icelles, Nous voulons & mandons iceulx v. solz tournois d'aventaige, pour chacun marc qu'il a ouvré & ouvrera dedans ledit temps, soient allouez ès comptes dudit Maistre Particulier, sans aucune difficulté, par noz amez & feaulx Gens de noz Comptes à *Paris* & vous; nonobstant Ordonnances, Mandemens ou deffenses à ce contraires. *Donné à* Paris, *le X.[e] jour de Juillet, l'an de grace mil IIII.[c] & trois, & de notre Regne le XXIII.[e]* Ainsi signé. Par le Roy, à la relacion du Conseil. CHALIGAULT.

CHARLES VI. à Paris, le 4. de Juin 1404.

(a) Lettres de Charles VI. par lesquelles il ordonne qu'il n'y aura que deux Trésoriers de France sur les Finances, & qu'il n'y en aura point sur la Justice.

CHARLES, par la grace de Dieu, Roy de France. A tous ceulx qui ces Lettres verront: Salut. Comme par nos Ordenances par Nous faittes par moult grant & meure deliberation de Conseil, entre & avec certaines autres, sur la reformation de nostre Demaine, & sur la restrinction de nos Officiers sur icelles, contenues, declairées & specifiées en nos Lettres faites soubz nostre grant Séel le septiesme jour de Janvier, l'an de grace mil quatre cens, [a] Nous eussions voulu & ordonné que pour le gouvernement de toutes nos finances venans en quelque maniere que ce fust de tout nostre Demaine, tant des parties de *Languedoyl* comme de celles de *Languedoc,* Nous ne aurions seulement que deux Tresoriers, ainsy comme anciennement souloient estre, lesquelz avoient la congnoissance de touttes choses appartenans à nostre Tresor à *Paris,* & qu'il n'y auroit plus nulz Tresoriers sur la Justice; mais se il seurvenoit aucunes doubtes en la Chambre de nostredit Tresor, nosdits Tresoriers pourroient avoir recours à nos amez & feaulx les Gens de nostre Parlement & de nos Comptes, & en appeller aucuns pour les conseillier en ce qu'ils auroient à faire, comme aussy lors, tout nostredit Demaine de nostre Royaume tant desdittes parties de *Languedoyl* comme de celles de *Languedoc,* feust en nostre main, & depuis ayons fait & estably nostre très-cher & très-amé Oncle le *Duc* de *Berry* nostre Lieutenant esdittes parties de *Languedoc,* & luy ayons ordonné prendre & avoir à son prouffit toutes les rentes & revenues de nostredit Demaine desdittes parties; & toutesvoyes au pourchas & par l'importunité de pluseurs, ayons esté moult pressez depuis nosdittes Ordenances ainsy meurement faittes, comme dit est, de pourveoir à aucuns de l'Office de Tresorier de France, lequel est moult notable, & requiert l'exercice d'iceluy moult grant sens, discretion & industrie de ceulx qui y sont ordonnez & commis, & par laditte importunité desditz requerans, en ayons pourveu à plusieurs oultre le nombre de deux par Nous declairez en nosdittes Ordonnances, tant sur le fait des finances de nostredit Demaine comme de la Justice en la Chambre de nostre Tresor, dont les aucuns ont esté moins

[a] *par l'article 13. qui est imprimé à la p. 415. du 8.e Vol. de ce Rec.*

NOTE.

(a) Mémorial *F.* de la Chambre des Comptes de *Paris, fol.* 177. *verso.*
J'ai fait imprimer ces Lettres sur une copie que j'ai recouvrée depuis peu. Il est fait mention de ces lettres dans la Table chronologique des Ordonnances par *Blanchard,* avec l'indication de ce même Mémorial & du même *folio.*

CHARLES VI. à Paris, le 4. de Juin 1404.

souffisans & ydoynes à exercer ledit Office, & touttesvoyes ont prins les gaiges appartenans à icelluy, & avec ce ont eu plusieurs autres prouffits de Nous, soubz umbre de l'Office dessusdit, combien que nostredit Demaine ne reviengne mie tout de present à nostre prouffit, comme il faisoit quant Nous feismes nos Ordenances dessusdittes : car nostredit Oncle prent à son prouffit, par nostre octroy, les revenus de nostredit Demaine ezdittes parties de *Languedoc*, comme dessus est dit ; pour occasion desquelles charges & autres, lesdits revenus de nostredit Demaine ont esté & sont moult diminués & seroient encore plus, au grant dommage de Nous & de nostredit Royaume & de la chose publique d'icelluy, se par Nous n'estoit sur ce remedié : Savoir faisons que Nous qui avons apperceu & appercevons les domages dessusdits, & pour ce avons voulu avoir advis sur la provision qui y est à mettre, après ce que Nous avons eu sur ce grant & meure deliberation en nostre Conseil, avons ordonné & ordonnons par ces presentes, que nosdittes premieres Ordenances par Nous faites ledit septiesme jour de Janvier, l'an dessusdit, quant au fait de nostredit Demaine, tant sur les Finances d'icelluy comme sur la Justice, soient tenues & executtées selon leur forme & teneur, & que doresenavant ne ayons pour tout nostredit Demaine, tant sur les Finances d'icelluy comme sur la Justice, que deux Tresoriers lesquelz Nous avons nommez & nommons; c'est assavoir, nos amés & feaulx M.es *Gontier Col* & *Jehan* de la *Cloche*, lesquels ont exercé jà par longtemps bien & duement ledit Office, & de la loyauté & souffisance desquels Nous sommes bien informés & bien contens, & tous les autres à qui Nous avons pourveu dudit Office de Tresorier tant sur le fait des Finances comme de la Justice, en avons deschargié & deschargons, & leur defendons très-expressement que plus ne s'entremettent; & voulons que nosdits deux Tresoriers Maistres *Gonthier Col* & *Jean* de la *Cloche*, & nuls autres, ayent & prengnent doresenavant les gaiges, droits, prouffits & emolumens appartenans à l'Office dessusdit. Si donnons en mandement à nos amez & feaulx Gens de nos Comptes à *Paris*, & à tous autres à qui il appartendra, que nostre presente Ordenance tiengnent & gardent, & la facent enregistrer en nostredite Chambre, & publier partout où il sera expedient : mandons aussy à nosdittes Gens des Comptes que doresenavant pour quelconques Lettres ou Mandemens qu'ils ayent de Nous sur ce, ils ne reçoivent autres que lesdits M.es *Gontier* & *Jean* de la *Cloche* audit Office de Tresorier, & se Nous octroyons nos Lettres à aucuns autres sur ledit Office, par inadvertance, importunité ou autrement, Nous voulons & leurs deffendons que ils n'y obtemperent en aucune maniere, supposé que en icelles fut faitte expresse mention de cette presente Ordenance. En tesmoing de ce, Nous avons fait mettre nostre Séel à ces presentes. *Donné à* Paris, *le quatriesme jour de Juing, l'an de grace mil quatre cens & quatre, & le vingt-quatriesme de nostre Regne.* Ainsi signé. Par le Roy en son Conseil, où Messieurs les *Ducs* de *Berry*, d'*Orleans* & de *Bourbon*, le Connestable, le *Comte* de *Tancarville*, le Grant M.e d'Ostel, & plusieurs autres, [a] estiez. J. DE SAINCTES.

Lecta & publicata in Camera Compotorum XXIII.a die dicti mensis.

[a] *corr.* étoient.

CHARLES VI.

à Paris, le 5. de Juin 1404.

(a) *Lettres par lesquelles Charles VI. donne Châtillon sur Marne, Montargis Courtenay & Crecy en Brie, à Louis Duc d'Orléans son Frère, en augmentation d'appanage.*

CHARLES, par la grace de Dieu, Roy de France. Savoir faisons à tous présens & advenir, que Nous ayans en nostre memoire la prochaincté de lignage en quoy nostre très-cher & très-amé Frere *Loys Duc* d'*Orleans* Nous appartient, qui est seul nostre Frere, & n'en avons aucuns autres, & les grans, notables, prouffitables, continuels & agreables services & plaisirs que nostredit Frere Nous a faiz de tous temps dès son enfance jusques à ores, esquelz il continue tousjours très-fervemment envers Nous, & que Nous esperons que encores face ou temps advenir à Nous, à nostre très-chiere & très-amée Compaigne la Royne, à nostre très-chier & très-amé ainsné Filz le *Duc* de *Guyenne, Dalphin* de *Viennois*, & à noz autres Enffens, & considerans que ainsi comme il Nous a par plusieurs fois exposé, attendu que il est nostre seul Frere, comme dit est, les Terres & Seigneuries que Nous luy avons baillées pour son appanaige jusques à present, ne doivent mie souffire, considerez [a] le appanages autrefoiz baillez par noz Predecesseurs à autres de pareil estat de nostre Frere dessusdit, & pour ce voulans sur ce pourveoir, à icelluy nostre Frere auquel, [b] & à vouloir & desirer son honneur, bien & accroissement, droit de nature Nous [c] aferant, & lui accroistre sondit appanage de autres Terres & Seigneuries dont il doye estre contens, & dont il puist avoir & tenir tel estat comme à luy appartient, à icelluy nostre Frere, en accroissement de sondit appanage & pour l'acomplissement d'icelluy, avons donné, ceddé, octroyé & transporté, donnons, ceddons, octroions & transportons de nostre certaine science & grace especial par ces presentes, pour luy & ses hoirs masles descendans de son corps en loyal mariage, & pour les hoirs masles descendans d'iceulx hoirs masles en loyal mariage & par directe ligne, les Ville, Chastellenye & Terres de *Chastillon sur Marne*, les Chastel, Ville, Chastellenye & Terre de *Montargis*, les Chastel, Chastellenie & Terre de *Courtenay*, & la Ville, Chastel, Chastellenye & Terre de *Crecy en Brie*, avecques tous & toutes les maisons, manoirs, hostelz, fours, moulins, granches, coulombiers & autres ediffices, terres, vignes, prez, pasturages, champs, forestz, bois, garennes, pescheries, estangs, rivieres, & autres possessions & heritaiges, [d] hommes de corps, vassaulx, hommes, hommages, Fiefz, Arriere-Fiefz, cens, rentes, revenues, emolumens, prouffictz, servitutes, devoirs, Jurisdictions & Justices haultes, moyennes & basses, [e] meres & mixtes imperes, collations & presentations de Benefices & droiz de patronnage d'Eglise, se aucuns en y a, droiz, usaiges, libertez, franchises & autres appartenances & appendances quelzconques desdits Chasteaulx, Villes, Chastellenies & Terres de *Chasteillon*, de *Montargis*, de *Courtenay* & de *Crecy*, en quelque lieu que elles soient & comment que elle soient nommées & appellées, à les tenir & à en joïr & user par nostredit Frere & sesdiz hoirs masles, & lesdiz hoirs masles de ses hoirs masles dessusdiz procréez en loyal mariage & descendans de nostredit Frere en directe ligne, à tousjours perpetuellement, de Nous, de noz Successeurs Roys & de la Couronne de France, en Parrie & à une seulle foy & hommaige lige, soubz nostre Souveraineté & Ressort, en telles & semblables libertez, noblesces, prerogatives & franchises comme il tient sa *Duché* d'*Orleans*, & les

[a] *corr.* les.

[b] & paroît inutile.

[c] *afferent* : *engagent.*

[d] *espèce de serfs.*

[e] *Voy. la note (z) de la p. 44. du 5.e Vol. de ce Rec.*

NOTE.

(a) Copié sur une copie en parchemin qui est au Trésor des Chartres, entre les Pièces qui ont été achetées à l'Inventaire de M.r *Godefroy*, pour y être déposées. A la fin de cette copie, il y a : *Collation est faitte. Extractum à Registris Camere Compotorum.* CHEVALIER.

Suivant la Table chronologique des Ordonnances par *Blanchard*, col. 208. ces Lettres étoient au *fol.* 179. du Mémorial *F.* de la Chambre des Comptes de *Paris*.

autres Terres & Seigneuries que Nous luy avons baillées pour sondit appanaige : sauss & reservez à Nous & à nozdiz Successeurs & à laditte Couronne de France, les Gardes des Eglises Cathedraulx, les Eglises qui sont de fondation Royal & en la Garde de Nous & de noz Predecesseurs d'ancienneté, & autres Eglises [a] privillegiées que elles ne puissent estre mises hors de la Couronne de France, se aucunes en y a, les terres desdittes Eglises & noz autres droiz Royaulx ; & aussi que se il advenoit que la ligne directe masculine de nostredit Frere deffaillist ou temps advenir, lesdittes Villes, Chasteaulx, Chastellenyes & Terres de *Chastillon sur Marne,* de *Montargis,* de *Courtenay* & de *Crecy,* avecques toutes les appartenances & appendances d'icelles, revendront & retourneront de plain droit à Nous & à nosdiz Successeurs Roys & à laditte Couronne de France ; & avecques ce, que noz Bailliz acoustumez tendront leurs Sieges & Jurisdictions ès lieux exemps situez esdittes Terres ; & aussi sauf & reservé à nostreditte Compaigne la Royne, son viage & douaire qu'elle a par nostre octroy esdittes Ville, Chastel, Chastellenye & appartenances de *Crecy en Brye,* esquelz elle ne pourra estre empeschée par vertu de ceste presente donation, par nostre Frere dessusdit ne autres quelzconques. Si donnons en mandement à noz amez & feaulx Gens tenans & qui tendront nostre Parlement, & les Gens de noz Comptes & Tresoriers à *Paris,* & à tous noz autres Justiciers & Officiers, presens & advenir, ou à leurs Lieuxtenans & à chascun d'eulx, si comme à luy appartendra, que nostredit Frere ou ses Procureurs ou Procureur pour luy, mettent ou facent mettre tantost & sans delay, en possession & saisine desdittes Chastellenye, Ville, Terre, Seignourie & appartenances de *Chasteillon sur Marne,* & desdiz Chasteaulx, Villes, Chastellenyes & Terres de *Montargis* & de *Courtenay,* & après le décès de nostredite Compaigne, mettent aussi ou facent mettre nostredit Frere ou sesdiz hoirs masles, ou les hoirs masles de ses hoirs masles dessusdiz, en possession & saisine desdiz Chastel, Ville, Chastellenye, Terre & Seigneurie de *Crecy* en *Brye,* & des appartenances & appendances d'icelles, par vertu de ces presentes, sans autres Lettres avoir ne demander pour ce faire, & par les Vassaulx & subgiez d'icelles Terres, luy facent faire & prester les foy, hommages, services, obeissances & autres devoirs en quoy ilz lui seront & pourront estre tenuz à ceste cause, ausquelz Nous mandons qu'ilz luy facent, desquelz en les luy faisant, Nous dès maintenant pour lors les avons quittiez & deschargiez & quittons & deschargons, & chascun d'eulx tant comme à luy peut appartenir, & d'icelles Villes, Chasteaulx, Chastellenyes, Terres & Seigneuries & de toutes leurs appartenances & appendances, facent, sueffrent & laissent nostredit Frere & sesdiz hoirs masles & les hoirs masles de ses hoirs masles dessusdiz descendans en directe ligne & par loyal mariage de nostredit Frere, & leurs Procureurs & Officiers, joïr & user paisiblement & à tousjours, par la maniere dessus exprimée, sans les y troubler ne empescher, ne faire ou souffrir estre troublez ne empeschez en aucune maniere contre la teneur de ces presentes, nonobstant que lesdittes Villes, Chasteaulx, Chastellenies, Terres & Seigneuries ayent esté & soient du Demaine de ladite Couronne de France d'ancienneté, noz Ordonnances par Nous faittes de non donner ne alyener aucune chose dudit Demaine, duquel Nous en faveur de nostredit Frere, & pour cause desdittes donation, cession & transport, ostons les Villes, Chasteaulx, Chastellenies, Terres & Seignouries dessusdittes, & nonobstans aussi quelxconques autres dons ou graces par Nous autrefois faiz ou [b] fetes à nostredit Frere, lesquelz & lesquelles Nous voulons avoir pour exprimées en ces présentes, & quelxconques autres Ordonnances, mandemens & defenses contraires [c] ; parmy lesqueles donation, cession & transport d'icelles Villes, Chasteaux, Chastellenyes, Terres & Seignouries dessus exprimées, nostredit Frere en nostre presence, & de noz très-chers & très-amez Oncles les *Ducs* de *Berry* & de *Bourbon,* de plusieurs autres de nostre Sang, & de plusieurs notables personnes de nostre Conseil, se est tenu pour content de toute sa part & portion qu'il pooit demander

CHARLES VI.
à Paris, le 5. de Juin 1404.

a *Il semble qu'il manque ici le mot* tellement *qui se trouve dans d'autres lettres semblables.*

b *faites.*

c *moyennant.*

CHARLES VI. à Paris, le 5. de Juin 1404.

à Nous & à noz hoirs & Succeſſeurs, & qui peuvent & povoient competer & appartenir à luy & à ſes hoirs & Succeſſeurs par droit de ſucceſſion de hoirrie, de part, portion ou d'appanage, & en a quittié Nous, noz hoirs & Succeſſeurs pour luy & les ſiens à tousjours, en a promis par ſa foy à Nous baillée par ſa dextre main, & juré en noſtre preſence & des deſſuſdits, aux Sainctes Euvangilles de Dieu, & ſur la remembrance de la vraye Croix, par luy touchées, que jamais pour cauſe deſdittes part, portion, hoirrie, ſucceſſion ou appanage, ne Nous demandra ne pourchaſſera couvertement ne en appert, que Nous luy donnons à vie ou à heritaige aucunes Terres, rentes ou revenues de noſtredit Demaine ne autres quelxconques qui Nous viengnent par ſucceſſion, eſchoites, confiſcations, forfaictures ou mainmortes, mais aydera à tout ſon povoir à garder & tenir ferme noſtre Ordenance par Nous dernierement faitte ſur la conſervation de noſtre Demaine, ſelon la forme de noz Lettres ſur ce faictes. Et que ce ſoit ferme choſe & eſtable à tousjours, Nous avons faict mettre à ces Lettres noſtre Séel, ſauf en autres choſes noſtre droict, & l'autruy en toutes. *Donné à* Paris, *le cinquieſme jour de Juing, l'an de grace mil quatre cens & quatre, & le xxiiij.e de noſtre Regne.* Ainſi ſignée. Par le Roy, en ſon Conſeil, où Meſſ.rs les *Ducs* de *Berry* & de *Bourbon*, le Conneſtable, [a] Vous, l'*Arceveſque* de *Sens*, les *Eveſques* de *Noyon*, de *Chartres* & de *Poitiers*, le *Conte* de *Tancarville*, le Grant Maiſtre d'Oſtel, & autres, eſtiez. J. DE SANCTIS.

Collation eſt faitte. Extractum à Regiſtris Camere Compotorum. CHEVALIER.

[a] *Le Chancelier de France. Voy. le 5.e Vol de ce Rec. p 653. note (c).*

CHARLES VI. à Paris, en Juillet 1405.

(a) Lettres de Charles VI. par leſquelles il déclare que les habitans d'Aubervilliers qui eſt dans la Banlieue de Paris, jouiront de tous les Privilèges accordés aux bourgeois de cette Ville; & qu'en conſéquence, ils ne payeront point d'impôts par rapport aux loups pris ſur leur territoire.

CHARLES, &c. Savoir faiſons à tous preſens & avenir, Nous avoir eſté expoſé de la partie des manans & habitans de la Ville de *Haubervillier* lez *Saint Denis*, que combien que eulx qui ſont de la banlieue de noſtre Ville de *Paris* de ſi longtemps qui n'eſt memoire du contraire, aient acouſtumé & ſoient tenuz & aſtrains de faire guet & garde & de y contribuer comme les autres demourans en ladicte banlieue, en temps de neceſſité & touteffois que beſoing en eſt, avec les Bourgoys & habitans de noſtre bonne Ville de *Paris*, & auſſi de contribuer pour leur part & porcion aux autres Aides & ſubvencions impoſéez & à impoſer en ladicte Ville de *Paris*, pour les fortifficacions & emparemens d'icelle, & non ailleurs, & à cette cauſe aient de tout tems joy & uſé, & ayent droit de joïr & uſer des privileges & franchiſes dont joïſſent & uſent leſdiz Bourgois & habitans de *Paris*, leſquelx entre les autres privileges, *(b)* ſont & ayent eſté tousjours francs, quictes & exemps; touteſvoyes pluſieurs perſonnes nobles & autres, leſquelx ſouventes fois obtiennent Lettres de Nous pour chacier aux loups & louves en la Prevoſté & Vicomté de *Paris*, quand ils en ont prins aucuns à deux lieues prez dudit *Haubervillier*, ſe ſont efforciez & efforcent de contraindre leſdiz expoſans ou aucuns d'eulx, à contribuer au paiement ordonné pour Feu pour la prinſe deſdiz loups & louves, & à ceſte cauſe

NOTES.

(a) Tréſor des Chartres, Regiſtre 164. P. VI.xx I. (121.)

(b) Sont.] Cet endroit eſt viſiblement tronqué, & le Copiſte a paſſé, ainſi qu'il paroît par la ſuite de ces Lettres, une ou pluſieurs phraſes dans leſquelles il étoit dit que les Bourgeois de *Paris* étoient exempts des Aides & Impôts qui ſe levoient par rapport aux loups pris ſur le territoire de cette Ville.

ont levé ou temps passé & pris & exigé d'eulx, & de jour en jour prennent, lievent & exigent plusieurs sommes de deniers, en les troublant & empeschant en leurs droits, franchises & libertez, & en leur grant grief, prejudice & dommage, & plus pourroit estre, se par Nous ne leur estoit sur ce pourveu de remede gracieux & convenable, requerans humblement que comme ils soient autrement moult grevez & dommagiez, tant pour les prinses qui chascun jour se font sur eulx pour les garnisons & provisions des Hostels de Nous, de nostre très-chier & très-amé Compaigne la Royne, & de nos très chiers & très-amez Enfans, & des autres Seigneurs & Dames de nostre Sang, Nous sur ce leur vueillions pourveoir dudit remede. Pourquoy Nous les choses dessusdictes considerées, & en recompensacion aussi des grans pertes & dommages que lesdis exposans ont eues & soustenues le temps passé par le fait & occasion de nos guerres, à iceulx supplians pour eulx & leurs successeurs manans & habitans en ladicte Ville de *Haubervillier*, avons octroyé & octroyons de nostre grace especial & de nostre plaine puissance & auctorité Royal par ces presentes, que doresenavant eulx & chascun d'eulx soient tenus francs, quictes & exemps de contribuer à quelxconques Aides, Tailles & subvencions imposées ou à imposer pour Feu ou autrement par prinse de loups ou de louves, tout ainsi & par la forme & maniere que en sont & ont tousjours esté francs, quictes & exemps les Bourgois & habitans de nostredicte Ville de *Paris* dessus dicts. Si donnons en mandement à nostre amé & féal Cousin & Conseiller le Comte de *Tancarville* Souverain Maistre & General Reformateur des Eaux & Forests par tout nostre Royaume, au Prevost de *Paris*, & à tous nos autres Justiciers & Officiers presens & avenir, ou à leurs Lieuxtenans, & à chascun d'eulx, si comme à lui appartendra, que de nostre presente grace & octroy facent, sueffrent & laissent joïr & user plainement & paisiblement lesdiz manans & habitans, leurs successeurs & chascun d'eulx, sans les molester, traveiller ne empeschier ou souffrir estre traveillez, molestiez ou empeschiez en aucune maniere au contraire. Et que ce soit chose ferme & estable à tousjours, Nous avons fait mettre nostre Séel à ces presentes: sauf en autres choses nostre droit, & l'autrui en toutes; au *vidimus* desquelles fait soubs le Séel de nostre Chastelet de *Paris*, Nous voulons foy estre adjoustée comme à l'original. *Donné à* Paris, *ou moys de Juillet, l'an de grace mil CCCC. & cinq, & de nostre Regne le XXV.*

Par le Roy en son Conseil, ouquel le Roy de *Navarre*, Mess.rs les *Ducs* de *Berry* & de *Bourbonnois*, le *Comte* de la *Marche*, le Sire de *Préaulx*, le grand Maistre d'Ostel, & autres, estoient. ROUVRES.

CHARLES VI. à Paris, en Juillet 1405.

CHARLES VI. à Paris, le 12. d'Août 1405.

(a) Lettres de Charles VI. portant que tant qu'il lui plaira, le Garde de la Prevôté des Marchands de Paris, jouira des droits & des revenus qui appartenoient à cette Ville, avant que la Prevôté des Marchands de Paris eut été mise en la main du Roy.

CHARLES, par la grace de Dieu, Roy de France. A tous ceuls qui ces presentes Lettres verront: Salut. Receue avons l'umble supplicacion de nostre bien amé *Charles Culdoé*, Garde de par Nous de la *Prevosté* des Marchans de nostre bonne Ville de *Paris*, contenant que comme à cause de sondit Office, il soit de par Nous commis & à lui appartiengne de visiter, faire, soustenir & repparer toutes les choses qui sont de necessité à faire en nostredicte bonne Ville, pour la fortifficacion, decoracion & bonne police d'icelle, tant

NOTE.

(a) Registre *A.* de l'Hôtel de Ville de *Paris*, *fol.* 217. *recto.*

CHARLES VI. à Paris, le 12. d'Août 1405.

ès Portes, Pons, Fontaines, Tours, Murs, *(b)* Bastides, esgouz, chaussées & fossez, comme autrement en quelque maniere que ce soit; & il soit ainsi que de present il soit très-grand necessité de y pourveoir & de y faire très-grans repparacions, soustenemens & emparemens, laquelle chose il ne pourroit faire sans nostre aide, en Nous requerant que pour soustenir & tenir en bon & souffisant estat nostredicte bonne Ville, Nous vueillons ordonner que toutes les rentes, revenues, cens, admendes, forfaictures, *(c)* criages & [a] scellerages, [b] hanses, [c] coustumes, [d] maisons, gardes de Portes, Tours, Bastides, Fossez, [e] la Clergie de la Ville, & les fermes des chaussées, qui montent environ huit cens livres par an, rabatues les charges, & que tenoit nostredicte bonne Ville au temps & paravant que la *(d)* Prevosté des Marchands fu mise en nostre main, soient reçues par nostredicte Garde ou son commis, pour tourner & convertir par l'ordonnance d'icelle nostre Garde, és repparacions, soustenemens & autres choses necessaires de nostredicte Ville : pourquoy, Nous considerans que Nous & noz Predecesseurs Roys de France, avons tousjours eu desirs principaulx & singullieres affeccions à [f] l'exultacion de la bonne police & bon gouvernement de nostredicte bonne Ville de *Paris* qui est la souveraine & cappital de nostre Royaume, & en laquelle Nous, nostre très-chiere & très-amée Compaigne la Royne, noz très-chiers & très-amez Enfans, noz très-chiers & très-amez Oncles & Frere, & autres de nostre Sang, le souverain Siege de nostre Justice, nostre Fille l'Université de *Paris,* grant partie des Prelats, Barons, Nobles & Marchans de nostre Royaulme, faisons plus continuelment nostre habitacion, residence & demourance, que en lieu qu'il soit en ycellui; & aussi considerans les grans ruynes & demolissions & infeccions qui à present sont & pour le temps avenir seront en nostredicte bonne Ville, se sur ce n'est par Nous pourveu de brief & convenable remede, avons ordonné & ordonnons par ces presentes, que la Garde de nostredicte Prevosté qui à present est & qui pour le temps avenir sera, tant comme il Nous plaira, ait, prengne, lieve & reçoive par sa main tant comme il Nous plaira, toutes les rentes, revenues, cens, admendes, forfaitures, criages, [g] celleragés, hanses, coustumes, maisons, gardes de Portes, Tours, Bastilles, Fossez, la Clergie de ladicte Ville, & les fermes des chaucées, que souloit tenir nostredicte bonne Ville avant que ladicte Prevosté feust mise en nostre main, comme dit est, pour aidier par l'ordonnance d'icelle Garde present & avenir, à reparer toutes les choses qui seront neccessaires pour nostredicte bonne Ville, & pour la fortifficacion, decoracion & bonne police d'icelle. Si donnons en mandement à noz amez & feaulx Gens de noz Comptes & Tresoriers à *Paris,* & à chascun d'eulz, si comme à lui appartendra, que tantost ces Lettres veues, ilz baillent & delivrent ou facent bailler & delivrer à la Garde de nostredicte Prevosté des Marchans, present & à venir, ou à son commis pour lui, toutes lesdictes rentes & revenues, cens, admendes, forfaictures, criages, scellerages, hanses, coustumes, maisons, gardes de Portes, Tours, Bastilles & Fossez, & la Clergie de ladicte Ville, & les fermes des chaucées, pour tourner & convertir & emploier ès choses dessusdictes & non ailleurs; parmy ce que ladicte Garde ou sondit commis sera tenus d'en rendre compte en nostredicte Chambre des Comptes, & par rapportant pour une fois *vidimus* de ces presantes fait soubz Séel Royal, il Nous plaist & voulons que cellui ou ceulz qui ont acoustumé de recevoir les choses dessusdictes depuis que Nous preismes & meismes en nostre main ladicte Prevosté des Marchans, en soient deschargez, & ce rabatu

a *ce mot signifie app. les émolumens du Sceau.*

b *Voy. la Table des Mat. des Vol. de ce Rec. à ce mot.*

c *redevances ou impôts.*

d *propriété de maisons.*

e *le produit du Greffe.*

f *exaltation.*

g *corr.* Scellerages. *Voy. la note marg. (a) de cette page.*

NOTES.

(b) Bastides.] Fortifications composées de plusieurs tours. Il y avoit autrefois plusieurs bastides à *Paris.* Il n'en reste plus qu'une nommée présentement la *Bastille,* auprès de la porte Saint Antoine.

(c) Criages.] Droits perçûs par rapport aux cris qui se faisoient à *Paris* par le Crieur public.

(d) Prevosté.] Voy. le §. de la Préface de ce Vol. dans lequel je rends compte du rétablissement de la Prevôté des Marchands & de l'Echevinage de *Paris.*

de

de leur recepte par nozdictes Gens de noz Comptes, sans contredit : car ainsi Nous [a] il estre fait; nonobstant quelzconques Ordonnances, Mandemens ou deffenses à ce contraires. En tesmoing de ce, Nous avons fait mettre nostre Séel à ces presentes. *Donné à* Paris, *le XII.e jour d'Aoust, l'an de grace mil CCCC. & cinq, & de nostre Regne le XXV.e* Ainsi signées sur le reply. Par le Roy en son Conseil, où les *Rois* de *Secille* & de *Navarre,* Messieurs les *Ducs* de *Berry,* d'*Orléans* & de *Bourbonnois,* & autres, estoient. FERRON.

CHARLES VI. à Paris, le 12. d'Août 1405.

a *supp.* plaît.

CHARLES VI. à Paris, le 5. d'Octobre 1405.

(a) Lettres de Charles VI. par lesquelles il permet à tous les Sergens Royaux, de faire des Exploits dans les affaires soumises à la Jurisdiction du Petit Sceau de Montpellier.

NOVERINT *universi quod nos* Petrus Foucquaudi, *Domicellus, Vicarius* Tholose *Domini nostri Regis, vidimus, tenuimus & de verbo ad verbum perlegi fecimus quasdam patentes Litteras emanatas à venerabili viro Judice Parvi Sigilli Regii* Montispessulani, *Domini nostri Regis, in pergameno scriptas, & dicto Parvo Sigillo Regio impendenti in cera rubea, ut primâ facie apparebat, Sigillatas; quarum tenor est talis.*

Urbanus Grimoardi, *alias* Senhoreti, *Legum Doctor, Domini nostri Francorum Regis Consiliarius, & pro ipso Judex Parvi Sigilli Regii* Montispessulani, *Commissariusque quoad infrascripta, auctoritate Regiâ deputatus, cuicumque dicti Sigilli aut Regio servienti harum latori : Salutem. Litteras patentes Regias Comissionem nostram continentes, nobis pro parte Magistri* Joannis Charentoni *Notarii ac Firmarii (b) decimarum & emolumentorum Curie dicti Parvi Sigilli presentatas, nos cum honore & reverentia quibus decet, recepisse noveritis; que sunt tales*

KAROLUS, *Dei gratiâ, Francorum Rex. Senescallo* Bellicadri & Nemausi, *Custodique & Judici Parvi Sigilli nostri* Montispessulani, *vel eorum Locatenentibus : Salutem. Requestam dilecti nostri Magistri* Joannis Charentoni *Notarii, ac Firmarii decimarum & emolumentorum dicti Parvi Sigilli, recepimus, continentem quod licet Curia nostra dicti Sigilli sit & fuerit à X. XX. XXX. XL. & L. annis citra & ultra, ita quod memoria hominum in contrarium non existit, in usu, possessione & saisina sufficientibus & debitis, quoscumque [b] clamores viribus dicti Sigilli, coram vobis dicto Custode vel Locatenentibus vestris, in diversis locis & Regni nostri partibus comorantibus & constitutis, contra quoscumque reos debitorum, tam Regni Francie & Ducatûs* Acquitanie, *Comittatuum* Armaniaci, [c] Fuxi, Bearnii, *& etiam diversarum aliarum Terrarum & locorum dicti Regni Francie, quam de extra; videlicet, Regnorum* Aragonis, Yspanie, Navarre, *& aliarum Villarum & locorum, tam Anglicorum quam aliorum Nobis non subditorum, viribus dicti Sigilli submissos & obligatos, virtute & auctoritate submissionis & obligationis predictarum, recipiendi & explectandi, dictosque clamores, & etiam decimas & emolumenta occasione dictorum clamorum, expositorum, tam per Servientes dicti Sigilli, quam alios Servientes nostros, Litteras executorias super his portantes, & dictos clamores fieri facientes vel procurantes, in deffectu dictorum Servientium dicti Sigilli, vel Justiciarum ordinariarum locorum in quibus dicti debitorum rei moram trahunt seu reperiuntur contra ipsos debitores & eorum quemlibet, in personis & bonis, si ad hoc obligati existunt, & compelli requiruntur seu mandantur, exequtandi vel exequtari faciendi, ad sol-*

b Plaintes, requêtes présentées en Justice

c *Foix.*

NOTES.

(a) La copie de ces Lettres qui sont dans le Dépôt de la Chambre des Comptes de *Montpellier*, a été envoyée avec cette indication : *Armoire des titres de la Sénéchaussée de* Toulouse *en général, 7.e continuation des titres particuliers, n.o 6. fol. 10. verso.*

(b) *Decimarum.]* Je crois qu'il s'agit ici de l'amende nommée *Decima litium*, sur laquelle voyez la note (n) de la p. 39. du 8.e Vol. de ce Rec.

CHARLES VI.
à Paris, le 5. d'Octobre 1405.

vendum & satisfaciendum creditoribus [a] *clamores predictos, & Nobis decimas & emolumenta propter hoc debita; nichilominus Senescallus noster* Tholose, *& nonnulli alii Justiciarii & Officiarii Senescalliarum* Tholose *&* Carcassone, *franchesias, privilegia & libertates dicti Parvi Sigilli, per Nos & Predecessores nostros Reges Francie dicto Sigillo datas & concessas, ac etiam stilum & observanciam ejusdem, quantùm in eis est, temerè infringendo & violando, certas inhibitiones & prohibitiones, tam penales quam alias, à pauco tempore citra fecerunt, seu fieri mandaverunt; videlicet, quod nullus Serviens noster seu alter preterquam Servientes dicti Sigilli, aliquas exequtiones contra dictos reos obligatos & eorum bona, in deffectu ipsorum Justiciariorum & Officiariorum ordinariorum, nec alias faciat, nec dicti Officiarii ordinarii hoc fieri permittant aut procurent quovismodo, sed potius ab eisdem exequtionibus per dictos servientes, aliosque dicti Sigilli, fieri requisitis totaliter desistant; quod cedit in maximum prejudicium & dampnum nostrum & dicti Firmarii creditorumque & reorum predictorum non modicum, & gravamen, attento quod per hoc datur occasio Servientibus dicti Sigilli, majores exhactiones & salaria à dictis creditoribus seu reis extorquendi & levandi, quam faciebant ante, cum opporteat ipsos ire questum & mandare multum longè, & in diversis locis & partibus, pro exequtionibus predictis fiendis, & per multos dies ipsos Servientes in premissis vacare, majoresque expensas & salaria habere, quam si per dictos Servientes ordinarios ipsi rei exequtarentur, ex quibus dicti rei quamplurimum opprimuntur & vexantur, & plures ex dictis creditoribus cessaverunt & cessant dictos clamores ad vires dicti Sigilli exponere, propter* [b] *quos jura & emolumenta ipsius Sigilli valdè fuerunt & sunt diminuta, & de die in diem diminuuntur, quod Nobis displicet, si sit ita, nostrum remedium super hoc implorando opportunum. Quo circa nos talibus inconveniencîis & oppressionibus, ac utilitati reipublice providere cupientes, vobis & vestrum cuilibet committimus & mandamus quathenùs ex parte nostra dictis Senescallo, Judicibus, Justiciariis & Officiariis dictarum Senescalliarum* Tholose *&* Carcassonne, *ac aliis quibus pertinuerit & de quibus fueritis requisiti, & eorum cuilibet, precipiatis & injungatis, quibus Nos tenore presentium precipimus & injungimus, quathenùs exequtiones & compulsiones predictas pro clamoribus & decimis predictis, per Servientes dicti Sigilli & alios quoscumque tam ordinarios quam alios Servientes nostros, ubicumque moram infra Regnum nostrum trahunt, ipsarum Litterarum executoriarum latores, si requisiti fuerint, per eosdem fieri faciant & permittant juxta eorum formam & tenorem: inhibendo eisdem & eorum cuilibet, sub certis & magnis penis Nobis applicandis, ne dictos Servientes tam Sigilli quam ordinarios & alios Servientes nostros, dictarum Litterarum executoriarum vel requisitoriarum latores, in dictis eorum exequtionibus faciendis impediant seu perturbent, impedirique seu perturbari faciant aut procurent quoquomodo; vosque id fieri non permittatis, sed facta in contrarium revocetis & ad statum pristinum & debitum reducatis seu reduci faciatis indilatè, quos ad hoc compellendos noveritis, viriliter & debitè ac secundum vires & stilum dicti Sigilli compellendo; & in casu oppositionis, Partibus auditis, ministretis inter eas summariè & de plano, ac secundum vires & stilum predictum, bonum & breve Justicie complementum: quoniam sic fieri volumus, & dicto conquerenti concessimus & concedimus de gratia speciali, per presentes, si sit opus; inhibitionibus predictis & Litteris subrepticiis impetratis vel impetrandis, ac appellationibus frivolis ad hoc contrariis, non obstantibus quibuscumque: ab omnibus autem Justiciariis, Officiariis & subditis nostris, vobis & deputandis à vobis, seu vestrum altero, in hac parte, ac dictis Servientibus in dictis eorum executionibus faciendis, pareri volumus efficaciter & intendi, prestarique auxilium, consilium, carceres & juvamen.* Datum *Parisius*, die quintâ Octobris, anno Domini millesimo quatercentesimo quinto, & Regni nostri XXVI.° *Per Regem ad relationem Consilii.* CHARRON.

Suite des Lettres de *Grimoardi* Juge du petit Sceau de *Montpellier*.

Quarum quidem Litterarum virtute & auctoritate, tibi precipimus & mandamus quatenùs ad loca opportuna & necessaria personaliter te transportes, & Dominis Senescallis ac Judicibus Tholose *&* Carcassone, *ceterisque Justiciariis & personis quibus*

(a) le contenu en la demande.

(b) quod.

pertinuerit, & fueris requisitus, ex parte Regia atque nostra inhibeas sub pena centum marcharum argenti, per ipsos & quemlibet ipsorum committenda & Domino nostro Regi applicanda, quibus nos etiam tenore presentium inhibemus modo & forma in preinsertis Litteris Regiis contentis & descriptis, & aliàs juxta preinsertarum Litterarum seriem & tenorem. Si vero super predictis aliqui fuerint opponentes, eisdem & eorum cuilibet, ad comparendum coram nobis in Montepessulano *& in Curia dicti Sigilli, & eorum oppositionem persequendi, diem certam & competentem eisdem assignes, dequa assignatione nos debitè certifices: nam parati sumus & paratos nos offerimus ipsos benignè audire, & eisdem* [a] *aministrare bonum & breve justicie complementum: precipimus enim omnibus & singulis Justiciariis Regiis & aliis quibus interest, virtute & auctoritate dicte nostre Comissionis, & eos & eorum quemlibet, ex parte nostra attente rogamus ut tibi in premissis pareant & intendant.* Datum in *Montepessulano,* sub dicto Parvo Sigillo impendenti, die decimâ sextâ mensis Junii, anno Domini millesimo CCCC.° VI.° GRIMOARDI. *Collatio facta est cum Litteris originalibus preinsertis. G. PORCELLI VITALIS.*

CHARLES VI. à Paris, le 5. d'Octobre 1405.

a *corr.* administrare.

In quarum visionis fidem & testimonium, nos Vicarius Regius Tholose *predictus, Sigillum Regium dicte Vicarie autenticum huic* vidimus *seu transcripto duximus apponendum impendenti.* Actum & Datum *Tholose*, die decimâ mensis Junii, anno Domini millesimo CCCC.° undecimo.

Suite des Lettres de *vidimus* du Viguier de *Toulouse*.

CHARLES VI. à Paris, le 17. d'Avril après Pâques 1406.

(a) Ordonnance sur la nouvelle Aide accordée au Roy par les trois Estats des Comtés d'Artois, de Boulenois & de S.t Pol.

CHARLES, &c. Savoir faisons à tous presens & avenir, que comme nos bien amez les Bourgois & habitans des bonnes Villes fermées & plat pays des *Contez* d'*Artois*, de *Boulenois* & de *Saint Pol*, & des Villes enclavées en icelles, pour le grant desir, affeccion & voulenté qu'ilz ont à Nous & au bien publique de nostre Royaume, & pour aidier à supporter les grans fraiz, charges, missions & despens que de jour en jour Nous convient faire & soustenir pour le fait de noz guerres, Nous aient nouvellement octroyé d'un commun assentement, que pour un an tant seulement commençant le premier jour de Mars derrenierement passé, telle & semblable Aide comme en l'année précédente ilz avoient fait & paié, laquelle Aide les Bourgois & habitans dessusdiz paieront à quatre termes; c'est assavoir, de trois mois en trois mois, dont le premier terme de paiement escherra en la fin du mois de May, le second en la fin du mois d'Aoust, le tiers en la fin du mois de Novembre, & le quart & derrenier paiement en la fin du mois de Février prouchain venant; *(b)* Nous considerans, &c.

Donné à Paris, *le XVII.e jour d'Avril après Pasques, l'an de grace mil CCCC. & six, & de nostre Regne le XXVI.e*

Par le Roy, à la relacion des Generaulx Conseilliers sur le fait des Aides ordonnées pour la guerre. BOUGIS.

NOTES.

(a) Trés. des Chart. Reg. 160. P. xj.** xvj. (236.)

(b) Nous considerans, &c.] La suite de ces Lettres est conforme à celles du 22. de Mai 1384. qui sont imprimées à la p. 75. du 7.e Vol. de ce Rec. à la différence qu'au lieu de ces mots : *Depuis ledit premier jour dudit moys de Juing*, qui sont à la ligne 39. de la p. 76. il y a ceux-ci : *Depuis le premier jour de Mars.*

CHARLES VI. à Paris, le 21. d'Avril 1407.

(a) Lettres de Charles VI. par lesquelles il établit pour trois ans, un Aide dont le produit sera employé à la réparation des chaussées de la Ville de Paris.

CHARLES, par la grace de Dieu, Roy de France. A tous ceuls qui ces presentes Lettres verront: Salut. Savoir faisons que Nous souffisamment informez & acertenez, tant par le rapport de plusieurs de nostre Conseil comme autrement, qu'il est très-besoing & neceessité pour le bien, estat & bon gouvernement de nostre bonne Ville de *Paris*, de pourveoir à l'amendement, refeccion & repparacion des chaucées de la [a] Croisiée de nostredicte bonne Ville; lesquelles chaucées sont cheues en très-grant ruine & demolicion, & cherront encores plus, se briesment par Nous n'y est pourveu: confians à plain du sens, loyaulté & bonne diligence de nostre amé & feal Secretaire Maistre *Charles Culdoé*, Garde de par Nous de la Prevosté des Marchans de nostredicte bonne Ville, lequel par noz autres Lettres avons commis, deputé & estabili, & encores par ces presentes commettons, deputons & establissons pour faire faire & mettre en bon estat les chaucées de ladicte Croisée; & pour ce que l'aide qui ou temps passé a couru pour soustenir lesdictes chaucées, est petit & de petite revenue, au regart de ce qui est de present à faire de neceessité, & ne pourroit souffir, Nous voulans à ce pourveoir de remede convenable, avons ordonné & ordonnons que pour paier les frais, missions & coustemens qu'il convendra faire pour lesdictes chaucées soustenir, mettre & tenir en bon & souffisant estat, pour trois années commençans à la Saint Jehan Baptiste prouchainement venant, jusques à trois ans après ensuians, soit prins, cueilli & levé ung aide en la maniere qui s'ensuit:

(1) C'est assavoir, que toutes charettes chargées de quelzconques denrées quelzconques ilz soient, entrans à *Paris* ou [b] yssans hors *Paris*, soit grain, pain, vin, foing, [c] feurre, [d] merrien, [e] œfs, poulaille, chaux, eschalas, [f] fruit, terre à Potier, tuille, plastre cru, plastre cuit, moillon, pierre de taille, charbon, fustaille, veaulx, fromages, *(b)* herbes, courtillages, cerceaulx, cendres, *(c)* voirres, draps, & generaulment toutes autres denrées, hors [g] avoir de poiz, à quelzconques personnes qu'ilz soient, le voiturier pour la charrette, paiera deux deniers parisis, pour cheval, ung denier, pour chariot, quatre deniers, une fois le jour tant seulement, passans & rappassans, se ilz ne changent maistre; ouquel cas ils seront tenus de payer pour chacune fois qu'ilz changeront maistre; c'est assavoir, qu'ilz meneront à diverses personnes, pour chascun maistre, une fois le jour seulement.

(2) Item. Toutes charrettes, charioz & chevaulx chargiez d'avoir de poix, comme draps, laine lavée, [h] aignelin lavez, toutes merceries, fer, plonc, estain, [i] arain, espées, acier, & toutes taintures, & generalment tout autre avoir de poix, la charrette paiera quatre deniers parisis, le chariot, huit deniers, & le cheval, deux deniers parisis une fois le jour seulement, passans & rappassans, se ilz ne changent maistre; ouquel cas ilz paieront comme dit est.

a *Voy. sur cette Croisée, la note (c) de la p. 244. du 7.e Vol. de ce Rec.*

b *sortans.*

c *paille.*

d *bois.* Voy. la note *(c)* de la p. 370. du 8.e Vol. de ce Rec.

e *œufs.*

f *Ce mot dans lequel il y a cinq jambages sans point, est très-douteux.*

g *marchandises qui se pèsent.* Voy. la note *(c)* de la p. 196. du 6.e Vol. de ce Rec.

h *Voy. la note (b) de la p. 626. du 7.e Vol. de ce Rec.*

i *airain.*

NOTES.

(a) Registre *A.* de l'Hôtel de Ville de *Paris, fol.* 239. *verso.*

(b) Herbes, courtillages.] Ce dernier mot vient sans doute du vieux mot François *cortil*, qui, suivant le Trésor de *Borel*, signifie un petit Jardin, & qui vient du mot latin *cortis*, qui selon le Gloss. de *Du Cange*, au mot *Cortis 1.* signifie un terrein champêtre entouré de bâtimens. Il y a dans le Registre une virgule entre les mots *herbes* & *courtillages*: peut-être faut-il la supprimer, & lire *herbes courtillages*: ce qui signifieroit des *herbes potagères*: *Herbæ domesticæ* qu'on trouve dans le Glossaire de *Du Cange*, au mot *Herba 1.* Si *courtillages* est un substantif, il pourra signifier des *légumes*.

(c) Voirres.] Je crois avoir vû quelquefois ce mot pour signifier du verre; mais je n'ai pû en trouver d'autorité, si ce n'est dans le Trésor de *Nicot*, où aux mots *Verriere* ou *Verrine*, il y a un renvoi au mot *Voirre*, qui ne se trouve point dans ce Trésor.

(3) *Item.* Pareillement toutes voitures & chevaulx passans & rappassans par le (d) *Bourgeil* & par la *Chappelle Saint Denis,* chargées des choses dessusdictes, paieront comme dessus.

CHARLES VI. à Paris, le 21. d'Avril 1407.

(4) *Item.* Avons ordonné que toutes personnes demourans à *Paris,* ayans voitures ou chevaulx, [a] gaignans à autruy, paieront en la maniere que dit est, toutes & quanteffois qu'ilz meneront à voitures ou à chevaulx, aucunes des choses dessusdictes, hors des portes de nostredicte Ville, ou ameneront de dehors en icelle.

a *travaillans pour le public.*

(5) *Item.* Avons ordonné & ordonnons que tous ceuls qui seront reffusans & contredisans de paier icellui Aide, soient contrains à l'amender pour chascune fois qu'ils desobeiront, en vint solz parisis d'amende, laquelle sera convertie esdictes chaucées: car ainsi le voulons estre fait; nonobstans quelzconques opposicions ou appellacions; excepté les Gens de nostre Grant Conseil, les Gens de nostre Parlement, les Maistres des Requestes de nostre Hostel, les Gens de nostre Chambre des Comptes, Tresoriers Generaulx, les Gens des Enquestes de nostredit Parlement & des Requestes de nostre Palais, les Generaux-Maistres de noz Monnoyes, noz Secretaires & Notaires prenans bourses & gages, les Esleuz, tous vrais Escolliers en l'Université de *Paris,* Chevaliers, Nobles & Gens d'Eglise, & les Bourgois de *Paris,* des choses qui croistront en leurs heritages ou qu'ilz feront venir pour leur user tant seulement, & non autres gens; excepté que lesdiz Bourgois paieront de (e) moust qu'ilz feront venir de leurs heritages dedans la Saint Martin d'iver, pour charrettée, deux deniers, & pour chariot, quatre deniers parisis; & que les deniers qui ystront, soient receuz par le Receveur ou commis à recevoir les rentes & revenues du [b] Parloir aux Bourgeiz, aux gages acoustumez. Et oultre voulons que par l'ordonnance dudit Maistre *Charles,* les deniers dessusdis soient distribuez & convertiz esdictes chaucées; & tout ce qui par lui en sera fait & ordonné, vaille, tiengne & soit enteriné & acomply, & à lui & à ses commis en ce fait, soit obey; & aussy qu'il puist bailler ou faire bailler ledit Aide à ferme en la maniere acoustumée, & congnoistre & determiner sommiairement & de plain de tous les debas & descors qui naystront pour cause des choses dessusdictes ou leurs deppendances, & generalment puist faire ès choses dessusdictes & ès deppendances, tout ce qui au cas appartendra: desquelz deniers qui pour ledit fait seront levez & receuz par ledit Receveur ou commis, Nous voulons le compte estre rendu pardevant noz amez & feaulx Gens de noz Comptes à *Paris,* ausquelz Nous mandons que tous les deniers qui auront esté distribuez par ledit Receveur ou commis, & par l'Ordonnance dudit Maistre *Charles,* ils allouent en ses comptes, par rapportant mandement dudit Maistre *Charles,* certifficacion de nostre Paveur, & les quittances de ceuls à qui il appartendra, sans difficulté aucune. En tesmoing de ce, Nous avons fait mettre nostre Séel à ces presentes. *Donné à* Paris, *le* XXI.*e* *jour d'Avril, l'an de grace mil* CCCC. *& sept, & de nostre Regne le* XXVII.*e*

b *Voy. la note (a) de la p. 10. du 4.e Vol. de ce Rec.*

NOTES.

(d) *Bourgeil.]* Corr. *Bourget.* Ce Village, ainsi que celui de la *Chapelle,* sont présentement très-près de *Paris.*

(e) *Moust.]* Vin nouveau qui n'a point encore bouilli. Voy. le Dictionnaire de *Trévoux,* au mot *Moût.*

CHARLES VI. à Paris, le 11. d'Octobre 1407.

(a) Lettres par lesquelles il est donné pouvoir aux Généraux-Conseillers sur le fait des Aides, de commettre un nombre fixe de personnes, pour faire les Exploits concernant les Aides, dans le Diocèse de Paris, hors cette Ville & sa Banlieue, privativement à tous autres Sergens; à l'exception néanmoins de ceux des Prevôtés & Châtellenies, qui pourront faire ces Exploits dans l'étendue de ces Jurisdictions. Les taxations de ces deux sortes de Sergens sont fixées par les mêmes Lettres.

CHARLES, par la grace de Dieu, Roy de France. A noz amez & feaulx les Généraulx-Conseillers sur le fait des Aides ordonnez pour la guerre: Salut & dileccion. Comme n'aguerres par la décision de certain procès qui auroit esté meu entre nos Sergents à Cheval de nostre Chastellet de *Paris*, d'une part, & nos Sergents à Verge dudit Chastellet, d'autre part, sur ce qu'ilz disoient les uns sur les autres entreprendre en l'exécucion de leurs Offices, ait esté dit & ordonné par *(b)* Arrest de nostre Court de Parlement, que noisdits Sergens à Cheval feroient doresenavant tous adjournemens, exécucions & aultres exploictz à cause du Seel de nostredit Chastellet, & autrement, hors la Ville & Banlieue de *Paris*, tant seulement, & nosdicts Sergens à Verge, tant seulement dedans icelle Ville & Banlieue; soubz ombre desquels Arrests & Ordonnances, lesdicts Sergens veulent maintenir que à eux & non à aultre compecte de faire tous adjournemens, éxécucions & aultres exploictz touchant le faict desdicts Aydes, ès Villes, [a] Doyennez, Chastelleries & aultres lieux du Diocese de *Paris*, estans hors la Ville & Banlieue, & prennent de sallaire pour chacquun jour qu'ils vacquent à faire lesdictz exploictz, douze solz Parisis, ou quatre solz pour chacquun adjournement ou exécucion, qui est moult grand & excessif sallaire, consideré que le principal ne monte pas souventesfois au quart d'icelluy sallaire, mesmement qu'il y a grande quantité de pauvres gens qui Nous sont tenus en païs d'Ayde, & qui se composent à très-petite somme à nosdicts Fermiers, & aussi s'ensuit & peult ensuir aultres inconveniens : car lesdicts Fermiers ou aultres, quand ils ont à faire aulcuns desdiz exploictz, ne peuvent plusieurs fois [b] finer à leurs besoingz d'iceulx Sergens à Cheval, quant ilz en ont à faire, mesmement que il advient souvent que plusieurs personnes vendants vin à détail, rachettent & remplissent leurs vins, & aussi que les Estrangers & Forains vendent esdittes Villes & Villages dudit Dioceze, de jour en jour, plusieurs marchandises, lesquelz s'en pourroient aller sans paier le droict de l'imposition, par deffault d'iceulx Sergens à Cheval; & s'il convenoit avoir tousjours auxdits Fermiers, Sergens à Cheval pour faire leursdicts exploictz, se leur seroit trop [c] sumptueuse chose, veu que noz Esleuz sur le faict desdicts Aydes à *Paris*, n'ont acoustumé à tauxer d'ung adjournement au plus hault, que douze deniers parisis, & d'une éxécution, que deux sols parisis; lesquelles choses sont au retardement du payement desdictes fermes, au très-grand préjudice de Nous & de nosdicts Aydes, & en diminution d'iceulx Aydes, & aussi au très-grand grief & dommaige de nostre peuple, & seroit encorres plus, se sur ce n'estoit pourveu briefvement. Sçavoir

a *Ce mot m'est suspect: s'agiroit-il des Doyennés ruraux des Curés de la Campagne?*

b *trouver.*

c *coûteuse.*

NOTES.

(a) La copie de ces Lettres m'a été communiquée par M.r *Boulin*, Conseiller de la Cour des Aides de *Paris*, qui les a fait copier sur un grand Registre de la Bibliothèque de M.r le *Camus*, Premier Président de cette Cour, *fol. 33. verso.*

(b) Arrest de nostre Court, &c.] Il est fait mention de cet Arrêt du Parlement, dans les Lettres du 7. d'Août 1406. qui sont imprimées ci-dessus p. 124. Elles portent que les Sergens à Verge du Châtelet de *Paris*, pourront faire les exploits concernant les Aides, dans cette Ville & dans sa Banlieue: Réglement qui est confirmé par ces Lettres du 11. d'Octobre 1407. quoiqu'il n'y soit point fait mention de celles de 1406.

vous faisons que Nous ayans consideracion à ce que dit est, & que le procès dessusdict qui a esté entre nos dessusdicts Sergens à Cheval & à Verge, & les décisions, Arrestz & Ordonnances qui sur ce en ont esté faictes, comme dit est, ne regardent & ne doibvent poinct regarder le faict de nosdicts Aydes, & aussi n'a pas esté & n'est l'intention de Nous & de nostredicte Court qu'il y soit entendu nè compris, & aussi que les Prevost, Maires & Sergens du plat pays dudict Diocese, & aultres eulx disans estre commis sur ce, qui paravant la décision, Arrest & Ordonnance dessusdicte, faisoient & avoient acoustumé faire lesdiz exploictz touchant lesdicts Aydes, & qui ont cessé de les faire, obstant lesdictes décision, Arrest & Ordonnance, prenoient & exigeoient pour & à cause de leur sallaire d'iceulx exploictz, ce que ilz en pouvoient avoir & exiger, sans en avoir taxacion ordinaire, & plus que tauxé n'en a esté par nosdicts Esleuz, quand iceulx sallaires sont escheuz en taxacion en fin de cause; & que en plusieurs desdictes Villes dudict plat pays, a plusieurs & diverses Jurisdictions dont les Prevostz, Maires & les Sergens ne demeurent pas sur les lieux de leurs Offices, pourquoy nosdicts Fermiers n'en pouvoient pas recouvrer toutes-fois & quand ilz en avoient à faire pour faire les exploicts dessusdits, & que plusieurs d'iceulx Officiers ont & peuvent avoir de leurs parens & amis qui sont Taverniers & Marchands, & auxquelz à ladicte cause ilz ont & peuvent avoir très-grandes faveurs, & dont il est advenu que pour ladicte cause, aulcuns de nosdicts Fermiers se sont départis des Villes où leurs fermes estoient, sans exploicter le faict de leurs fermes; voulsant pour ce pourveoir & remedier à ce que dict est, & relever nosdicts Fermiers & peuples desdicts sallaires excessifs, & que lesdicts Aydes soient cocuillis & levez le plus diligemment & aux moindres frais que faire [a] ce pourra, pour oster d'oppression nos subjectz, vous mandons & expressement enjoingnons, en commettant, se mestiers est, que appellez avec vous nos Esleuz & Receveur sur le faict desdictz Aydes à *Paris,* vous commectez, ordonnez & instituez de par Nous telles personnes & en tel nombre que vous verrez estre expedient & convenable, pour faire tous adjournemens, éxécucions & aultres exploicts regardant le faict desdicts Aydes, en toutes Chastelleries, Doyennez, Villes & aultres lieux dudict Diocese de *Paris,* hors ladicte Ville & Banlieue de *Paris,* lesquelles personnes n'auront de sallaire pour chacun adjournement que ilz feront, que douze deniers parisis, & pour chacqunne exécution, deux solz Parisis; parmy lequel prix & sallaire, ilz feront & seront tenus de faire relation de ce que ilz feront, s'ilz en sont requis, sans ce que dorsenavant il y en ayt plus grant nombre de Sergens commis sur ledict faict, hors ceulx qui ainsi par Nous y seront par vous ordonnez & instituez, & sans ce aussy que aulcuns autres que eulx, puissent faire aulcuns desdictz exploictz desdictz Aydes au Diocese, hors la Ville & Banlieue, se ilz ne sont noz Sergens, lesquelz toutesvoyes ce nonobstant pouroient faire adjournemens, éxécucions & exploictz chacun en sa Prevosté & Chastellerie tant seulement, parmy le prix & sallaire dessusdict, & non aultrement: car ainsy Nous plaist-il estre faict, & vous avons de ce faire donné & donnons par ces présentes, plain pouvoir, aucthorité & mandement espécial, nonobstant les dessusdicts Arrestz & Ordonnances faictz entre nosdicts Sergens à Cheval & nosdictz Sergens à Verge, & quelzconques aultres Ordonnances, mandemens ou deffenses & Lectres subreptices à ce contraires. *Donné à* Paris, *le unziesme jour d'Octobre, l'an de grace mil quatre cens & sept, & de nostre Reigne le vingt-huit.*

CHARLES VI. à Paris, le 11. d'Octobre 1407.

[a] corr. se.

CHARLES VI. à Paris, le 8. de Novembre 1407.

(a) *Lettres de Charles VI. portant Règlement pour les Vendeurs de vin à l'Etape de Paris.*

CHARLES, par la grace de Dieu, Roy de France. A tous ceuls qui ces Lettres verront : Salut. Savoir faisons comme n'agaires après ce que nostre [a] Procureur sur le fait de la marchandise de l'eaue de nostredicte Ville de *Paris,* Nous a donné à entendre que combien que Nous eussions fait certaines [b] Ordonnances en nostre Grant Conseil, en l'an de grace mil CCCC. & deux, sur le fait de la marchandise de vin, & sur le fait & exercite de l'Office de Vendeurs de vins de *Paris,* par lesquelles entre [c] choses Nous avons ordonné que aucun vendeur ne peust avoir que une [d] nasselle ou batellée de vin pour vendre, & ne peust autre entreprendre [e] pour vendre, jusqu'à ce qu'il [f] l'eust parfaicte sa vente qu'il auroit commencée, se ce n'estoit que le Marchant pour qui il vendroit, en eust plusieurs batellées, ouquel cas il en pourroit avoir deux & vendre deux à une fois tant seulement & non autrement, sur paine de dix livres parisis d'amende : toutesvoies pour ce que esdictes Ordonnances n'estoit aucunement faicte mencion des vins qui sont admenez en charrettes & charioz à *(b)* l'Estappe és Halles de *Paris,* [g] duquel lieu lesdiz vins estoient vendus par deux ou trois desdiz Vendeurs de vin, qui entreprenoient toutes les besongnes qui là seurvenoient, & appliquoient tout le salaire à leur prouffit, sans ce que aucuns autres Vendeurs qui aloient à ladicte Estappe, y peussent rien avoir ne gaigner, jasoit ce que ilz soient souffisans & expers en l'exercite dudit Office, & aussi souffisamment [h] aplegiez comme les autres, plusieurs inconveniens s'en estoient ensuis & ensuivoient chascun jour, & en estoient seurvenus & seurvenoient plusieurs plaintes, tant devers la Garde de la Prevosté des Marchans de nostredicte Ville de *Paris,* comme devers nostredit Procureur, Nous [i] avons envoiée la Requête que sur ce Nous a presentée icellui nostre Procureur, enclose soubz nostre contre-Séel, à ladicte Garde de la Prevosté des Marchans, en lui mandant que appellé nostre Conseil en ladicte marchandise, & autres qui feront à appeller, & lui souffisamment informé sur les poins d'icelle Requeste, il pourveust sur ce à nostredit Procureur, en faisant telles Ordonnances comme il verroit qu'il seroit expedient de faire, & ce que trouvé & fait en auroit, rapportast & rescripsist secretement & feablement pardevers nostre amé & feal Chancellier, pour y estre pourveu comme il appartendroit à faire par raison ; & il soit ainsi que depuis ces choses, icellui Garde de la Prevosté ait fait convenir & appeller pardevant lui la plus grant partie des Vendeurs de vins, & plusieurs autres Marchans de nostredicte Ville, pour estre à plain informé des choses dessusdictes dont se complaignoit nostredit Procureur, & pour pourveoir sur ce de remede convenable, & finablement Nous ait envoiée l'informacion par lui sur ce faicte, avec certains articles qui lui semblent necessaires & expediens pour pourveoir aux fraudes qui par ce que dessus est dit se povoient ensuir : savoir faisons que Nous voulans de tout nostre povoir tousjours pourveoir à la seurté des [k] Marchans amenans vin à ladicte Estappe, & afin qu'ilz ne soient fraudez ou deceuz de leurs denrées, lesdictes informacions avecques lesdis articles par Nous veus, avons ordonné & ordonnons par ces presentes, pour le

[a] *le Procureur du Roy & de la Ville.*
[b] *Elles ne sont point dans ce Recueil.*
[c] *aultres.* 2.e cop.
[d] *nassellée.* 2.e cop.
[e] *ne vendre.* 2.e cop.
[f] *eust.* 2.e cop.
[g] *ouquel.* 2.e cop.
[h] *cautionnés.*
[i] *aions.* 2.e cop.
[k] *bons Marchans.* 2.e cop.

NOTES.

(a) Registre *A.* de l'Hôtel de Ville de *Paris, fol.* 247. *recto.*

Avant ces Lettres, il y a : *Lettres faisant mention de l'Ordonnance que les Vendeurs de vins doivent tenir sur le faict de l'Estappe de* Paris.

Ces Lettres se trouvent aussi au *fol.* 269. *recto* de ce Registre, *vidimées* dans un Arrêt du Parlement du 1.er d'Avril 1412.

(b) L'Estappe.] Cette Etape fut depuis transférée à la Grève. Voy. la note *(c)* de la p. 482. du 8.e Vol. de ce Rec.

bien

bien & utilité de la chose publique de nostredicte Ville de *Paris*, les choses qui s'ensuivent.

CHARLES VI. à Paris, le 8. de Novembre 1407.

(1) Et premierement, pour ce que à ladicte Estappe a aucuns desdiz Vendeurs frequantans icelle, qui ont acoustumé de entreprendre & faire toutes [a] besongnes qui y viennent, parquoy les autres Vendeurs qui sont aussi soufflisans comme eulz & bien applegiez, ne pevent riens gaigner, & n'ont à paine de quoy vivre, & aussi en sont les Marchans forains grandement [b] delayez, parce qu'il faut que ilz attendent que les vins que ont entreprins à vendre iceulz Vendeurs, soient vendus avant qu'ilz soient expediez & delivrez, & pour ce sont souvent grandement interessez & dommagiez, Nous avons ordonné & ordonnons que desorenavant aucuns desdiz Vendeurs ne pourront prendre ne apprehander à ladicte Estappe, que une besongne à une fois; c'est assavoir, chariot ou charette venant yllec, jusques à ce qu'il aura achevée la premiere que il aura entreprins à faire, se ainsi n'est que le Marchant à qui seront iceuls vins, ait plusieurs charettées ou chariottées de vin à vendre, ouquel cas, le Vendeur en pourra avoir à vendre deux ou trois à une fois tant seulement, se il plaist audit Marchant, & non autrement, sur paine de dix livres parisis d'amende.

a *les besongnes.* 2.e cop.

b *souffrent du delai, du retard.*

(2) *Item.* Combien qu'il soit loisible à ung chascun de vendre son vin à ladicte Estappe, sans avoir Vendeur se il ne lui plaist, toutesvoies pour ce que aucuns desdiz Vendeurs se sont efforciez [c] de vendre les vins venans & affluans yllec, & de les percier de fait & en donner à boire & à essayer à plusieurs, oultre le gré & voulenté de ceulz à qui iceulz vins appartiennent, & les blasment [d] quant on ne les leur veult souffrir vendre, pour empescher la vente d'iceulz, parquoy les Marchans n'en pevent faire leur prouffit, Nous avons ordonné & ordonnons comme dessus, que doresenavant nul desdiz Vendeurs [e] ne percent ou essayent, ne s'entremettent de vendre aucuns vins à ladicte Estappe, se ce n'est par le congié & licence de cellui ou ceuls à qui lesdiz vins seront ou appartendront, sur la paine de dix livres parisis dessusdictes.

c *& efforcent.* 2.e cop.

d *en disant que ces vins sont mauvais.*

e *ne percera ou essayera, ne s'entremettra.* 2.e cop.

(3) *Item.* Pour ce que trouvé a esté par informacion, que plusieurs desdits Vendeurs ont vendu & vendent audit Port de Gréve & à l'Estappe, *(c)* prunelez, cidres & *(d)* despences, à plusieurs [f] simples personnes qui les ont achettées cuidans que ce feust vin, & ont en ce esté fraudez & deçeuz, Nous avons aussi ordonné & ordonnons que aucuns desdiz Vendeurs ne vendra doresenavant aucuns desdiz [g] buvrages, que presentement & avant toute euvre, il ne le face savoir à cellui ou ceuls qui ledit buvrage voudra ou vouldront achetter, sur la paine dessusdicte.

f *simples gens.* 2.e cop.

g *corr.* breuvages.

(4) *Item.* Pour ce que plusieurs desdiz Vendeurs se sont efforciez ou temps passé de plusieurs vins vendre, qui n'estoient pas bons, loyaulx ne marchans, & dont plusieurs inconveniens se sont ensuis, Nous avons ordonné & ordonnons comme dessus, que doresennavant aucuns desdiz Vendeurs ne vendent aucuns vins se ilz ne sont bons, loyaulx & marchans & dignes de boire à corps humain, sur la paine dessusdicte; & s'ilz scevent aucun qui face le contraire des choses dessusdictes, ilz [h] le feront savoir sur ladicte paine à ladicte Garde de ladicte Prevosté, ou à son Lieutenant, ou à cellui ou ceulz à qui il appartendra.

h *le facent.* 2.e cop.

(5) *Item.* Avons ordonné & ordonnons que les [i] accuseurs ou ceuls par le moien desquelz les choses dessusdictes vendront à congnoissance à noz Gens & Officiers à ce ordonnez, auront és amendes qui vendront par leur accusacion,

i *dénonciateurs.*

NOTES.

(c) *Prunelez.]* C'est une liqueur faite avec le jus des prunelles de haies, mêlé avec de l'eau. Voy. le Dictionnaire du Commerce par *Savary*, au mot *Vin*.

(d) *Despences.]* C'est une liqueur faite avec de l'eau, qu'on fait cuver sur le marc du raisin pressuré. Voy. le Dictionnaire de *Trévoux*, au mot *Dépense*.

CHARLES VI. à Paris, le 8. de Novembre 1407.

le quint denier du prouffit qui en [a] istra. Si donnons en mandement par ces [b] mesmes presentes, à ladicte Garde de ladicte Prevosté, qui ores est & qui sera pour le temps à venir, ou à leurs Lieuxtenans, que ces presentes Ordonnances ilz facent crier & publier par tous les lieux où l'en a acoustumé le temps passé faire publier noz Ordonnances sur le fait de la marchandise de *Paris*, & icelles facent tenir & garder sans enfraindre de point en point, selon leur fourme & teneur, en les faisant enregistrer és Registres de ladicte marchandise, comme il est acoustumé à faire en tel cas. En tesmoing de ce, Nous avons fait mettre à ces Lettres nostre Séel. *Donné à* Paris, *le huitiesme jour de Novembre, l'an de grace mil CCCC. & sept, & le* [c] *XXVII.e de nostre Regne.* Ainsi signées. Par le Roy, à la relacion du Conseil. G. FORTEMENT.

a *sortira : proviendra.*

b *mesmes Lettres.* 2.e cop.

c *Il y a mieux le* XXVIII.e 2.e *cop.*

CHARLES VI. à Paris, en Avril [avant Pâques] 1407.

(a) Lettres de Charles VI. par lesquelles il confirme la Sauvegarde Royale de laquelle jouissoit l'Abbaye d'Eschaalis.

KAROLUS, &c. Notum facimus universis tam presentibus quam futuris, Nos inclite recordacionis carissimorum Dominorum Avi & Genitoris nostrorum Johannis & Karoli quondam Francorum Regum, Litteras vidisse, formam que sequitur, continentes.

(b) *KAROLUS, &c.*

Quasquidem Litteras supra transcriptas, ac omnia & singula in eisdem contenta, rata & grata habentes, eas & ea volumus, laudamus, ratifficamus, approbamus, & de gracia speciali & auctoritate nostra Regia, in quantum ritè & juste usi fuerint in eisdem locis nominati, tenore presencium confirmamus. Quocirca Baillivo ac ceteris Justiciariis nostris Baillivie Senonensis, *vel eorum Locatenentibus, presentibus & futuris, & eorum cuilibet, prout ad eum pertinuerit, mandamus, committendo si sit opus, quatinùs dictos Religiosos, & eorum Ecclesiam tam in capite quam in membris, Litteris supra transcriptis juxta ipsarum seriem & tenorem, uti & gaudere faciant & permittant, cognicionem Causarum eorumdem, tam agendo quam eciam deffendendo, ad suas sedes* Senonensem & Ville-nove-Regie, *penes se retinentes, ac eciam* Baillivis Trecensi, *de* [d] Cepeyo & Autissiodorensi, *nec non ceteris Justiciariis & Officiariis nostris, presentibus & futuris, silencium super hiis perpetuum imponentes, factaque in contrarium ad statum debitum reducentes aut reduci facientes indilatè. Quod ut firmum & stabile perpetuò perseveret, presentes Litteras Sigilli nostri fecimus appensione muniri : salvo in aliis jure nostro, & in omnibus quolibet alieno.* Datum *Parisius, mense aprilis* anno Domini millesimo CCCC.mo septimo, Regni vero nostri XXVIII.°

In Requestis per [e] *Vos expeditis,* Archiepiscopo Senonensi, Noviomensi, Lemovicensi & Sancti Flori Episcopis *cum pluribus aliis, presentibus.* MERCIER.

d *Cepoy.* Voy. la Table des Mat. des Vol. de ce Rec. à ce nom.

e Le Chancelier de France. Voy. la note *(c)* de la p. 653. du 5.e Vol. de ce Rec.

NOTES.

(a) Trésor des Chartres, Registre 165. P. XX. (20.)

(b) Ces Lettres qui sont du mois de Décembre 1376. sont imprimées à la p. 247. du 6.e Volume de ce Recueil.

TABLE DES ANNÉES DE JESUS-CHRIST, DES LETTRES DOMINICALES, DES PASQUES, ET DES INDICTIONS,

Tirée de la page 58. du Livre intitulé : L'Art de vérifier les dates.

Années.	Lettres Dominicales.	Pasques.	Indictions.
1404	F E	M. 30.	12.
1405	D	A. 19.	13.
1406	C	A. 11.	14.
1407	B	M. 27.	15.
1408	A G	A. 15.	1.
1409	F	A. 7.	2.
1410	E	M. 23.	3.
1411	D	A. 12.	4.

*TABLE CHRONOLOGIQUE DES ORDONNANCES CONTENUES DANS CE NEUVIÈME VOLUME,

Et de quelques autres qui se trouvent hors de leur rang, dans les précédens.

CHARLES LE CHAUVE.

PHILIPPE I.

LOUIS VI. DIT LE GROS.

LOUIS VII. DIT LE JEUNE.

NOTE.

* Il est très-important de lire sur l'usage de cette Table, l'Avertissement qui est à la fin du troisième Volume, p. ii. & celui qui est avant la Table Chronologique du cinquième Volume.

PHILIPPE II. DIT AUGUSTE.

LOUIS VIII.

LOUIS IX. DIT SAINT LOUIS.

PHILIPPE III. DIT LE HARDI.

PHILIPPE IV. DIT LE BEL.

Privilèges

LOUIS X. DIT LE HUTIN.

PHILIPPE V. DIT LE LONG.

CHARLES IV. DIT LE BEL.

Confirmation

PHILIPPE VI. DIT DE VALOIS.

Confirmation

* JEAN I.er OU SELON D'AUTRES, JEAN II.

* Voyez l'avertissement qui est avant la Table du 5.e Volume de ce Rec. p. ij.

Lettres

Jean Comte de Poitiers, Fils & Lieutenant du Roi Jean, dans le Languedoc, à Villeneuve-lez-Avignon, le 17 de Décembre 1358. — Commission donnée sur le fait des Francs-Fiefs & des Amortissemens. T. 5. p. 125.

A Londres, en Mars 1358. — Privilèges de la Ville de Montpellier. T. 8. p. 115.

Charles [V.] Dauphin de France, Régent du Royaume, à Paris, en Mars 1358. — Lettres qui portent que l'Hôpital de Pontoise sera exempt de toutes sortes d'Impôts. T. 8. p. 157.

Jean Comte de Poitiers, Fils & Lieutenant du Roy Jean, dans le Languedoc, à Toulouse, le 2 de Juillet 1359. — Commission donnée sur le fait des Francs-Fiefs & des Amortissemens. T. 5. p. 126.

Charles Duc de Normandie, Régent le Royaume, à Paris, le 16 de Juillet 1359. — Lettres qui permettent aux habitans de Villeneuve-le-Roi, de mettre du poisson dans les fossés de leur Ville, dont le profit sera employé à l'entretien de ces fossés & des murailles de la Ville. T. 7. p. 57.

Charles Duc de Normandie, Régent le Royaume, à Melun, en Octobre 1359. — Règlement pour les Bouchers du Bourg de Carcassonne. T. 6. p. 323.

Charles Duc de Normandie, Régent du Royaume, en Octobre 1359. — Règlement pour les Arbalêtriers de la Ville de Rouen. T. 6. p. 538.

Charles Duc de Normandie, Régent le Royaume, au Louvre près Paris, en Octobre 1359. — Lettres qui portent que l'Hôpital de la Ville de Provins, sera exempt d'Impôts & du droit de *Prises*. T. 7. p. 699.

Charles Duc de Normandie, Régent le Royaume, à Rouen, le 5 de Novembre 1359. — Lettres par lesquelles le Roi confirme, &, où besoin seroit, cède aux Archevêques de Rouen, le droit de Justice haute, moyenne & basse dans leur Palais, & dans les maisons qui y sont contigues. T. 6. p. 561.

Charles Duc de Normandie, Régent le Royaume, à Paris, en Janvier 1359. — Lettres qui portent qu'attendu la perte des Titres de l'Abbaye de Saint-Martin de Seés, la possession de quarante ans lui servira de titres pour tous les droits & les héritages dont elle jouit. T. 7. p. 459.

A Paris, en Mars 1360. — Lettres qui portent que le Prieuré & la Ville de Sancoin ne sont point compris dans le Don du Duché de Berri, fait au Duc Jean, & qu'ils continueront d'être sous la Sauvegarde Royale, & du Domaine & du Ressort immédiats du Roi. T. 6. p. 609.

A Paris, en Mars 1360. — Privilèges accordés aux Juifs qui demeureront dans le Royaume. T. 5. p. 491.

A Paris, le 16 d'Avril 1361. — Commission donnée sur le fait des Francs-Fiefs & des Amortissemens. T. 5. p. 127.

A Paris, en Août 1361. — Confirmation des anciens Statuts & Règlemens des Bouchers de la Ville d'Angers. T. 7. p. 251.

A Paris, le pénultième de Septembre 1361. — Lettres qui portent que plusieurs Chapitres & Communautés de la Ville de Cambray, qui y sont nommés, jouiront des Privilèges accordés aux habitans de cette Ville. T. 6. p. 356.

A Dijon, le 23 de Décembre 1361. — Confirmation des Privilèges de la Ville de Dijon. T. 5. p. 239.

A Paris, en Février 1361. — Lettres qui portent que l'Hôpital de la Ville de Provins, sera exempt d'Impôts & du droit de *Prises*. T. 7. p. 699.

Au Bois de Vincennes, en Mars 1361. — Lettres qui portent que l'Abbaye du Bec qui est sous la Sauvegarde Royale, sera unie inséparablement au Domaine de la Couronne. T. 6. p. 259.

A Paris, en Mars 1361. — Lettres qui portent que plusieurs Chapitres & Communautés de la Ville de Cambray, qui y sont nommés, jouiront des Privilèges accordés aux habitans de cette Ville. T. 6. p. 356.

A Paris, en Avril après Pâques 1362. — Lettres qui confirment celles par lesquelles l'Evêque du Puy en Vélay, a associé le Roi dans le Domaine de cette Ville. T. 6. p. 641.

CHARLES V.

Confirmation

Au Bois de Vincennes, le 19 de Septembre 1371.	Confirmation de l'exemption de *Prises*, pour les habitans de Vitri, près de Paris. T. 6. p. 80.
A Paris, en Mars 1371.	Confirmation des Privilèges accordés aux habitans de Montolieu, nommé aussi Malast. T. 7. p. 494.
A Paris, le 10 de Mai 1372.	Lettres qui portent que les Nobles des Bailliages du Vellay, du Vivarais & du Valentinois, qui sont nommés dans ces Lettres, & leurs hommes & sujets, seront conservés dans le droit de ne point payer les Aides & les autres Impôts qui se lèvent pour les guerres, moyennant un don de 10000 Francs d'Or, qu'ils ont fait au Roi. T. 6. p. 155.
Au Château du Louvre, le 3 ou le 13 de Décembre 1372.	Lettres qui permettent aux Drapiers, que les guerres ont obligés de sortir de leur pays, d'exercer leur métier dans la Ville de Rouen & ailleurs, pendant le temps fixé par ces Lettres. T. 6. p. 462. & T. 7. p. 740. Note *(l)*
A Paris, au Château du Louvre, le 6 de Janvier 1372.	Lettres qui nomment des Commissaires pour faire un règlement sur l'usage dans lequel étoient les habitans de Montmorenci, & de quelques autres lieux aux environs de Paris, d'y vendre du pain qui n'étoit point pesé. T. 6. p. 511.
A Paris, le 27 de Janvier 1372.	Lettres de *Committimus* aux Requêtes du Palais, & de Sauvegarde, accordées à Nicolas Braque, tant en son nom, qu'en qualité de Recteur & d'Administrateur de la Chapelle & Hôtel-Dieu fondé par son Père, auprès de la porte du Chaume, à Paris. T. 7. p. 709.
A Paris, en Janvier 1372.	Lettres qui règlent les Juges Royaux, devant lesquels doivent être portées les affaires de l'Eglise & de l'Evèque d'Angoulême, qui sont sous la Sauvegarde Royale. T. 7. p. 287.
A Paris, le 28 de Mai 1373.	Commission donnée pour lever les Finances des Amortissemens & des Francs-fiefs. T. 6. p. 512.
Louis Duc d'Anjou, Lieutenant du Roi dans le Languedoc, dans sa Tente devant Lourde, en Juin 1373.	Confirmation des Privilèges accordés au nom de Charles V. par le Comte de Pardiac, aux habitans de Montfaucon. T. 8. p. 50.
Au Château du Bois de Vincennes, le 8 de Juillet 1373.	Lettres qui permettent aux Drapiers que les guerres ont obligés de sortir de leur pays, d'exercer leur métier dans la ville de Rouen & ailleurs, pendant le temps fixé par ces Lettres. T. 6. p. 462.
A Paris, en Mars 1373.	Lettres de Sauvegarde pour le Monastère de Nonnenque, du Diocèse de Vabres. T. 6. p. 513.
A Paris, en Mai 1374.	Lettres qui confirment un Traité fait entre le Roi, d'une part, & l'Evêque & le Chapitre de Viviers, de l'autre, touchant la Souveraineté du Roi sur leurs terres & sur l'exercice des Justices qui leur appartiennent. T. 7. p. 7.
A Paris, le 8 de Juillet 1374.	Lettres qui confirment & amplifient les Coûtumes de la Ville d'Yssoire. T. 7. p. 113.
Au Bois de Vincennes, en Août 1374.	Traduction en François de l'Ordonnance de Charles V. du mois d'Août 1374, par laquelle la Majorité des Rois de France est fixée à quatorze ans. T. 7. p. 518.
A Melun, le 25 d'Octobre 1374.	Lettres qui fixent les gages de Gilles le Galois, Réformateur sur le fait des Aides. T. 5. p. 540. Note *(i)*
Au Château de Vincennes, en Juin 1375.	Lettres qui confirment celles par lesquelles le Couvent de Valbonne, Ordre des Chartreux, est exempté de toutes impositions. T. 7. p. 382.
Louis Duc d'Anjou, Régent du Royaume, à Toulouse, le 6 de Février 1375.	Privilèges accordés aux habitans de Condom. T. 8. p. 178. & 179.
A Paris, en Décembre 1377.	Lettres qui confirment un acte par lequel les habitans de Paulhé, se sont unis à perpétuité au Consulat du Château de Compeyre. T. 7. p. 64.
A Paris, le 3 de Juin 1378.	Lettres qui confirment un Règlement fait par rapport aux Draps qui se fabriquent dans la Ville de Châlons sur Marne. T. 7. p. 78.
A Paris, en Septembre 1378.	Lettres qui abolissent les Appeaux frivoles dans la Prevôté foraine de Laon. T. 7. p. 215.
A Paris, le 20 de Novembre 1378.	Confirmation des privilèges des francs Bourgeois de la Tour du Château d'Evreux. T. 7. p. 201.
Au Château de Montreuil-Faut-Yonne, le 7 de Décembre 1379.	Privilèges accordés par Charles V. à six Lombards établis à Mouson, pour y faire le commerce. T. 7. p. 715.

CHARLES VI.

CHARLES VI.

MCCCCIV.

Lettres

MCCCCVI.

Lettres

1406.

Lettres

1408.

MCCCCIX.

Lettres

1409.

MCCCCX.

1410.

Lettres

*TABLE DES MATIÈRES.

Le chiffre Arabe marque la page; & le chiffre Romain, l'article de la page.

* On n'a pas fait de diftinction dans cette Table, de l'*i* fimple, à l'*y* grec.

Gens des Comptes, aux Tréforiers & aux Généraux Confeillers fur le fait des Aides ordonnées pour la guerre. 137. Charles VI. après avoir dit dans des Lettres du 23 de Janvier 1411. adreffées aux Généraux Confeillers fur le fait des Finances de la Languedoil & du Languedoc, & fur le fait de la Juftice des Aides, que par une Ordonnance de 1407. il avoit ftatué que dans la Chambre de la Juftice des Aides, il n'y auroit que quatre Généraux Confeillers & un Préfident, parce que ce nombre eft fuffifant pour le jugement des procès qui font portés dans cette Chambre, ajoûte qu'ayant été informé que plufieurs perfonnes, par importunité, s'efforcent d'obtenir l'Office de Général Confeiller fur le fait de la Juftice des Aides, & que quelques-uns prétendent en avoir obtenu le don par des Lettres qui n'ont point été vérifiées & expédiées par les Généraux Confeillers fur le fait de la Finance des Aides, quoique par les Ordonnances Royaux il foit défendu de recevoir aucun dans cet Office, s'il n'a des Lettres vérifiées & expédiées par les Généraux Confeillers; & qu'en particulier quelques perfonnes s'efforcent d'impétrer l'Office de Général Confeiller fur le fait de la Juftice des Aides, qu'avoit poffédé depuis peu l'Abbé de Monftier-Ramey, il ordonne qu'il ne fera reçû aucun Confeiller fur le fait de la Juftice des Aides, outre le nombre de quatre; & il mande au Procureur Général fur le fait des Aides, de s'oppofer à tout ce qui pourra être attenté contre la difpofition de l'Ordonnance de 1407. p. 669. Le 28 d'Avril 1407. Charles VI. donna des Lettres qui portent que depuis *n'agueres* il a reftraint à certain nombre de gens de fon Grand-Confeil, tant Prélats comme Clercs, Chevaliers & autres, qui ont été élus par la délibération de plufieurs Princes du Sang; qu'il a auffi intention de reftraindre le nombre de fes autres Officiers, tant fur le fait de la Juftice comme des Finances provenant tant du Domaine que des Aides ayant cours pour le fait de la guerre, & de pourvoir à ces Offices par élection; que pour y procéder, il a fait affembler devant lui les Princes du Sang & les Gens de fon Confeil, qui confidérant la néceffité qu'il y avoit de pourvoir promptement au gouvernement des Finances provenant des Aides, dont le profit étoit confidérablement diminué par le grand nombre d'Officiers qui tiroient de lui plufieurs dons & profits, ils ont délibéré que trois perfonnes fuffiroient pour ce gouvernement, & qu'ayant recueilli leurs voix, Hugues de Manhac Evêque de Limoges, Jean Des Hayes dit Piquet, & Arnoul Boucher Confeiller en la Chambre des Comptes, qui avoient déjà été pourvûs des Offices de Généraux Confeillers fur le fait des Aides, ayant eu la pluralité des fuffrages, il les a commis à ces Offices dans la Languedoil, defquels il a reçu le ferment, en déchargeant de cet Office, quant à la diftribution des deniers, tous les autres qui en avoient été pourvûs auparavant, donnant aux nouveaux pourvûs, les mêmes pouvoir & autorité qu'avoient eu leurs prédéceffeurs: voulant que s'il fe trouve quelque obfcurité dans les Inftructions qui ont été dreffées fur le fait des Aides & de la Gabelle, ils puiffent les expliquer par l'avis des Généraux Confeillers fur le fait de la Juftice des Aides à Paris, & de tel nombre des Gens du Grand-Confeil qu'ils voudront appeler: leur donnant pouvoir de commander & de faire figner par un des quatre Notaires du Roi [qui font nommés], toutes Lettres & Mandemens concernant les Aides; ordonnant que les gens des Comptes ne pourront paffer dans les comptes des Receveurs, Grenetiers & autres, aucunes décharges du Receveur Général des Aides, ni aucunes Lettres dans le compte de celui-ci, fi ces décharges & ces Lettres ne font fignées du moins de deux defdits Généraux Confeillers, du Contrôleur de la Recette générale des Aides, & de l'un des Notaires du Roi ci-deffus nommés; & donnant pouvoir à ces Généraux Confeillers de punir les Officiers des Aides qui prévariqueront dans leurs fonctions, par privation ou fufpenfion de leurs Offices, & par des amendes. Ces Lettres font adreffées aux Gens du Parlement & à ceux de la Chambre des Comptes. 201. Par les Lettres du 7 de Janvier 1407. il eft ordonné que les Généraux des Aides ne partageront plus comme ont fait leurs prédéceffeurs, le Royaume en différens départemens, defquels chacun foit chargé dans fon particulier. Ils ne pourront recevoir fur leurs quittances particulieres, de deniers des Receveurs Généraux & particuliers, mais tous les deniers feront remis au Receveur général à Paris, qui les diftribuera par l'ordonnance de ces Généraux. 283. v. Il eft ordonné par ces mêmes Lettres qu'il y aura trois Généraux des finances des Aides. Outre leurs gages, le Roi, s'il eft content de leurs fervices, fera à chacun d'eux à la fin de l'année, un don de deux mille livres. Ces trois Généraux auront quatre Clercs du Roi. Il y aura un Receveur général des finances des Aides, qui, outre fes gages, aura à la fin de l'année un don de deux mille livres. Ce Receveur aura un Contrôleur. 281. 1. Il eft ordonné par ces mêmes Lettres, que pour le fait de la Juftice des Aides dans la Languedoil, il y aura à Paris quatre Confeillers *[Voyez leurs noms]*, outre l'Evêque de Limoges, qui fera Préfident. Les quatre Confeillers auront chacun quatre cens livres de gages. Lorfque ces Confeillers auront befoin de

confeil

en présence de Charles VI. il y fut dit que la puissance du Pape a été ordonnée pour la nourriture corporelle & spirituelle du troupeau du Seigneur, & pour la conservation de l'État & de la Hiérarchie du corps mystique de l'Église, & qu'il ne lui est pas permis de détourner à son profit particulier, ce qui a été établi pour le bien & l'utilité commune, ni de passer les bornes qui ont été fixées par les Saints Pères dont les Decrets doivent être inviolablement observés, lorsque l'utilité de l'Église ou la nécessité ne demande point qu'on s'en écarte. Or il a été ordonné par les decrets des Conciles généraux & par ceux des Saints Pères, que les Prélats des Églises Cathédrales & Collégiales seront élûs par les membres des Collèges de ces Églises, que les Évêques seront confirmés par leurs Métropolitains, & les Prélats des Églises Collégiales, par les Évêques diocésains, & que les Évêques nommeront aux Bénéfices de leurs Diocèses, ou qu'ils les conféreront sur la présentation des Patrons. Il a été aussi défendu par les Conciles généraux, de promettre des Bénéfices qui ne sont point encore vacans, & d'en donner des expectatives. Ces Loix ont été inviolablement observées jusqu'au temps des derniers Papes qui ont réservé à leur nomination les Dignités ecclésiastiques & les Bénéfices les plus considérables, qui les ont donnés indistinctement à ceux qui les leur ont demandés, ajoûtant à leurs nominations des défenses qui devoient lier ceux mêmes qui ne les connoîtroient pas, prononçant des censures contre ceux qui s'y opposeroient, en sorte qu'il n'est pas resté un seul Bénéfice à la disposition des Collateurs ou des Patrons : qu'ils ont même quelquefois inséré dans leurs Bulles de nomination, des closes contraires & inexplicables : qu'ils ont établi des règles qui sont contraires au droit, ou qui en étendent trop les dispositions, & qu'ils ont quelquefois révoqué ces règles, de façon qu'il est souvent impossible de connoître quel est celui qui a le meilleur droit à un Bénéfice, parce qu'il a été accordé en même temps à plusieurs impétrans : ce qui donne lieu à des procès très-dispendieux qui obligent les sujets de sortir du Royaume : que le Pape ne pouvant pas connoître tous les Ecclésiastiques, confère souvent des Bénéfices à des personnes indignes, qui quelquefois les obtiennent par argent, & qui n'ont point intention d'y résider : que tous ces abus donnent lieu à la diminution du culte divin & à la ruine des édifices qui dépendent des Bénéfices : que ces abus ont donné prétexte aux Papes de se réserver les annates des Bénéfices vacans, & d'extorquer des sommes d'argent très-considérables qui épuisent le Royaume, & qu'ils inspirent le dessein de parvenir à la Papauté par toutes sortes de voies, & de la conserver contre le bien & l'union de l'Église, pour enrichir soi & sa famille. Pour remedier à tous ces abus, l'Assemblée statua que suivant la disposition du droit commun, il seroit pourvû aux Prélatures & aux Bénéfices par la voie d'élection, de collation & de présentation, sans avoir aucun égard aux réservations générales ou particulieres, ni aux graces expectatives, jusqu'à ce qu'il en eût été autrement ordonné par le Concile général, aux décisions duquel l'Église Gallicane & celle du Dauphiné se soumettent; & l'Assemblée supplia Charles VI. de confirmer sa délibération. Ce Prince le fit à la supplication & à la Requête du Procureur général, par ses Lettres du 18 de Février 1406. qu'il adressa aux Gens du Parlement & à tous ses autres Justiciers. 180. Le Procureur du Roi & les Procureurs des Princes du Sang, des Prélats, des Chapitres, des Couvents, du Clergé de la France & du Dauphiné, & de l'Université de Paris, portèrent des plaintes à Charles VI. en lui représentant que suivant la Doctrine des Apôtres, la puissance que Jésus-Christ a donnée au Pape, doit servir à l'*édification* de l'Église, & non à sa destruction, & pour l'observation de la Justice, & qu'il n'a pas le droit d'exercer arbitrairement sur les Églises, des exactions & des tyrannies, puisque le Seigneur lui a enseigné de paître & d'instruire le troupeau, & non de convoiter les biens terrestres & de se livrer à l'avarice : que suivant les Decrets des Conciles généraux, & l'intention des Fondateurs, les revenus des Bénéfices, même de ceux qui sont vacans, sont destinés pour l'entretien des Ministres de l'Église & du culte divin, pour la nourriture des pauvres, pour la redemption des captifs, pour les réparations des édifices & la culture des terres dépendantes des Bénéfices, & pour les autres dépenses nécessaires : que les biens des Prelats & autres Ecclésiastiques séculiers, décédés, doivent être réservés à leurs successeurs qui doivent les employer pour l'utilité de l'Église, si ce n'est dans les pays où suivant les usages ou les coûtumes, il est permis aux Prélats & aux autres Ecclésiastiques séculiers de faire des testamens, au défaut desquels leurs biens passent à leurs héritiers: que par les Decrets des Saints Peres, il est ordonné aux Prelats de visiter tous les ans les Églises qui leur sont soûmises, pour enseigner ceux qui ne sont pas instruits, pour corriger les abus, réformer les mœurs & faire rétablir les Églises, & qu'ils ont le droit de recevoir dans ces visites des *Procurations* en vivres ou en argent, au choix de ceux chez qui ils font ces visites : que cependant depuis quelques années, quelques Collecteurs & autres Officiers des Papes, & en particulier de celui qui siege présentement, ont contre les loix ci-dessus rapportées, opprimé les Eglises & les Ecclésiastiques, par des servitudes insupportables, particulièrement par rapport aux biens des Prélats & autres Ecclésiastiques séculiers & réguliers décédés, lesquels biens ils appellent les dépouilles des défunts : qu'ils réservent les fruits des Bénéfices pendant le temps de leur vacance : que par des censures ils exigent de ceux qui ont été pourvûs de Bénéfices, *la première annate* dont par rapport *aux Dignités majeures*, la moitié est assignée au Collége des Cardinaux : qu'outre cette annate, ils exigent encore pour les domestiques du Pape, de l'argent sous le nom de *menus services* : qu'ils exigent en argent les droits de *Procurations* dûs par rapport aux visites, quoiqu'ils n'en fassent point, & qu'ils lèvent même un droit qu'ils nomment *équivalent*, sur ceux qui ne sont point sujets à celui de *Procurations* : qu'ils imposent arbitrairement des Décimes & d'autres subsides, sans avoir fait de traité avec les Prélats; & que comme il est défendu aux Prélats d'exercer leurs fonctions sans Bulles, ils taxent ces Bulles, suivant qu'ils le jugent à propos; en sorte qu'on est obligé d'acquérir par argent des Bénéfices qui devroient être la récompense de la science & de la vertu, & auxquels les pauvres ne peuvent plus prétendre : que par ces abus, les Eglises & les Edifices qui en dépendent, tombent en ruine, les terres qui leur appartiennent demeurent incultes, leurs immeubles sont aliénés, leurs bois de haute fûtaie coupés avant le temps, leurs effets mobiliers, même les vases, les ornemens & les livres de ces Eglises, vendus à vil prix, & les Eglises surchargées de dettes; que le nombre des Ecclésiastiques qui n'ont plus de quoi subsister, est diminué, & que ceux qui restent, étant empêchés de faire leurs fonctions par les censures lancées contr'eux, sont quelquefois réduits à la mendicité, & ne peuvent plus continuer leurs études, d'où il s'ensuit que la science qui avoit autrefois fleuri avec tant d'éclat dans le Royaume, en est presque entièrement bannie; & qu'enfin ces exactions épuisent le Royaume d'argent & de richesses : que c'est inutilement qu'on s'est adressé au Pape, pour l'engager à réformer ces abus, & à assembler à cet effet un Concile général : que pour en arrêter le cours, le Parlement, au mois de Septembre 1406. a rendu un Arrêt qui porte que ces abus cesseront jusqu'à ce qu'il en soit autrement ordonné par la Cour : que depuis peu dans une assemblée du Clergé de France & du Dauphiné, à laquelle au nom du Roi, présidoient le Roi de Sicile, le Dauphin, les Ducs de Berry, de Bourgogne & de Bourbon, il a été requis par le Procureur du Roi, que ces exactions fussent abolies; & qu'après une longue & mure délibération, cette assemblée a conclu que ces abus ne pouvoient plus être tolérés, & que le Roi seroit supplié d'y apporter le remède convenable, de confirmer l'Arrêt du Parlement, & d'ordonner qu'il seroit exécuté à perpétuité. Sur ces représentations & sur ces plaintes, Charles VI. considérant que la puissance Royale a été ordonnée par Dieu pour conserver l'Eglise dans un état stable, que les Royaumes de la terre servent au bien du Royaume céleste, lorsque les Princes employent la voie de la rigueur contre ceux qui détruisent l'Eglise, que les sacrés Canons ordonnent d'avoir recours aux Princes lorsque ceux qui sont revêtus des premières Dignités de l'Eglise, commettent des excès, que les Saints Docteurs décident qu'il ne faut point obéir au Pape dans les choses qui troublent notoirement l'état de l'Eglise, que lui-même s'étoit obligé par un serment prêté à Dieu, de protéger l'Eglise, instruit d'ailleurs par les exemples de ces Prédécesseurs qui ont gratifié les Eglises & les Ecclésiastiques de Privilèges & de dons immenses, & qui leur ont toûjours accordé leur protection, il ordonna par ses Lettres du 18 de Février 1406. adressées aux Gens du Parlement, que l'Arrêt provisionnel qui avoit été rendu par cette Cour, pour la réformation des abus ci-dessus marqués, seroit observé à perpétuité. 183. Le Concile général de l'Eglise de France & de celle du Dauphiné, tenu à Paris, & où assistèrent des Prieurs conventuels, fait différens Règlemens sur l'union de l'Eglise universelle, & pour l'avantage de celle de France, principalement pendant le temps de la neutralité entre les deux Contendans au souverain Pontificat, qu'elle avoit embrassée, nomme des Commissaires auxquels les Officiers du Roi, ceux des Princes du Sang & de la Cour de Parlement, & les Suppôts des Universités de France, présenteront des suppliques pour être pourvûs de Bénéfices; que ces Commissaires présenteront ces requérans aux Patrons & aux Collateurs qui seront tenus de les pourvoir des Bénéfices par eux requis, & qu'à leur refus ces Commissaires les en pourvoieront, & seront Juges de tous les procès qui s'éleveront à cet égard. Charles VI. confirma ces Règlemens par ses Lettres du 17 d'Octobre 1411. & commit ces Commissaires pour juger ces procès. 642. Voyez *Schisme. (le grand)*

BERGUE Saint-Vinoch. Les Cueriers (Echevins) de la Châtellenie de Bergue, tant en leur nom qu'en celui des Cuersfrères & Cuersœurs de cette Châtellenie, ayant représenté à Jean Duc de Bourgogne & Comte de Flandre, que ses prédécesseurs avoient accordé aux habitans de cette Châtellenie, plusieurs privilèges, dans la jouissance desquels ils avoient quelquefois été troublés par les Officiers des Comtes de Flandre, auxquels & à leur Conseil ils

la

faites

Languedoc

haut] & que néanmoins ces quatre premières personnes dépossédées de leurs Offices, prendroient chaque année sur le Roi, cinq cens livres, sans autres droits, jouissant cependant de tous les privilèges dont jouissent les Maîtres des Comptes. Charles VI. ajoûte qu'ayant été informé par les Gens de son Conseil, par les Conseillers de la Réformation, & par les Gens des Comptes, qu'il y a un grand nombre de Comptes qui n'ont pû encore être corrigés, il ordonne que dans la suite il y aura dans la Chambre des Comptes deux personnes expérimentées au fait des Comptes, qui travailleront aux corrections qui sont présentement à faire, & à celles qui se feront dans la suite, & il nomme Etienne de Bray & Nicolas Desprez pour remplir ces Offices, leur attribuant deux cens livres de gages, avec les mêmes droits que prenoient les Maîtres des Comptes; & à l'égard des Clercs d'embas, [Auditeurs] il ordonne que le nombre continuera d'être fixé à douze. [Voyez les noms de ces Clercs.] Ces Lettres furent lûes & publiées le lendemain 15 de Juillet, au Bureau de la Chambre des Comptes, présens le Comte de la Marche, Eustache de Laître Président, cinq Conseillers au Parlement, cinq Maîtres des Comptes & les deux Correcteurs, [tous ces Officiers sont nommés] & plusieurs autres. 511. Sur la requête des quatre Maîtres Clercs de la Chambre des Comptes, [ils sont nommés] Charles VI. par ses Lettres du 20 de Janvier 1411. adressées aux Audienciers & au Contrôleur de l'Audience du Roi, ordonna que ces quatre Maîtres Clercs continueroient de prendre sur l'émolument du Sceau, des bourses semblables à celles que prennent les quatre Maîtres Clercs des Requêtes de l'Hôtel du Roi. 667. Le 28 d'Avril 1407. Arnoul Boucher Conseiller en la Chambre des Comptes, fut nommé un des trois Généraux Conseillers sur le fait des Aides. 201. Voy. *Aides*. Charles VI. dit dans des Lettres du 22 d'Août 1410. que par celles du 14 de Juillet précédent, il a créé deux Correcteurs en la Chambre des Comptes pour vaquer à faire les corrections des Comptes, qui n'étoient point encore faites, & celles qui seroient à faire dans la suite, & qu'il a pourvû de ces Offices de Bray & Desprez qui servoient auparavant dans cette Chambre en qualité de Conseillers-Clercs ordinaires, & qu'en leurs places de Clercs, il a nommé Grelle & de Bury qui servoient auparavant dans la Chambre, sans gages, comme leurs subrogés; mais que, comme dans ces Lettres du 14 de Juillet, il n'est point dit qu'en cas qu'il n'y eût plus de corrections à faire, ou que les Offices de Correcteurs fussent supprimés, de Bray & Desprez reprendroient leurs anciennes places de Clercs, que d'ailleurs le titre de Conseiller ne leur est point donné par ces Lettres, & qu'il n'y est point dit qu'ils continueront de jouir de dix livres par an pour manteaux, ainsi qu'ils faisoient lorsqu'ils possédoient les Offices de Clercs, il déclare que de Bray & Desprez auront le titre de Conseillers Correcteurs, qu'ils jouiront du droit de manteaux, & que dans le cas où ils ne posséderoient plus les Offices de Correcteurs, ils reprendroient ceux de Clercs dont ont été pourvûs Grelle & de Bury: voulant que si pendant le temps que le titre de Correcteur subsistera, il vaque des Offices de Clercs, ceux-ci en soient pourvûs, & qu'il soit nommé de nouveaux Clercs en leur place, en observant l'ordre qui est gardé dans la Chambre, de préférer toûjours les plus anciens pour remplacer les Offices qui seront vacans, sans que Grelle & de Bury ayent besoin d'autres Lettres pour remplir les Offices de Clercs qui leur seront conférés. Ces Lettres sont adressées aux Gens des Comptes & aux Trésoriers. 528. Par les Lettres du 7 de Janvier 1407. il est ordonné qu'il n'y aura au Parlement & dans les autres Cours Supérieures, que deux Secrétaires, l'un pour le civil & l'autre pour le criminel. 287. XXVIII. Charles VI. ayant adressé aux Gens des Comptes & aux Trésoriers à Paris, des Lettres du 23 de Décembre 1409. concernant les gages des Gens du Parlement, ceux de la Chambre & les Trésoriers adressèrent un Mandement au Clerc du Trésor, par lequel ils lui ordonnèrent de faire exécuter ces Lettres qui furent retenues dans la Chambre du Trésor. 487. Les Gens des Comptes avoient entre autres droits, celui de manteaux. Les Correcteurs & les Clercs (Auditeurs) jouissoient de dix livres par an pour droit de manteaux. 512. 529. Charles VI. considérant que les Maîtres & les Clercs (Auditeurs) de la Chambre des Comptes, sont continuellement occupés à des fonctions utiles à l'Etat, & que d'ailleurs ils ne sont point *ustez au fait des armes*, par ses Lettres du 4 de Septembre 1410. les dispensa pour cette fois seulement, de venir, quoiqu'ils possédassent des fiefs, le servir dans l'armée qu'il assembloit, & de payer finances faute de ce service. 539. Des nouvelles qui étoient venues à Charles VI. l'ayant déterminé à ordonner qu'il seroit fait guet & garde aux portes de Paris pendant le jour, & pendant la nuit dans la Ville, & ayant établi des Quartiniers & des Cinquanteniers pour ordonner ce guet & cette garde, ceux-ci voulurent obliger les Gens & les Clercs des Comptes de faire ce guet, ou d'envoyer des gens à leur place; mais ce Prince les en exempta par ses Lettres du 20 d'Avril 1411. adressées au Parlement, au Prevôt de Paris &

données par le Roi aux Tréforiers, aux Receveurs & aux autres Officiers qui s'entremettent des finances, tant du Domaine que des Aides, par lefquelles il reconnoiffoit avoir reçû d'eux des fommes confidérables, defquelles quelquefois il n'avoit point de connoiffance, ou qui ne tournoient point à fon profit, il ne donnera plus de femblables décharges; mais que lorfque le Roi aura befoin d'une fomme d'argent, tant du revenu du Domaine que du produit des Aides, il adreffera fes Lettres aux Tréforiers qui la lui feront payer par le Changeur du Tréfor, lorfque cet argent fera pris fur le revenu du Domaine; & il adreffera fes Lettres aux Généraux des Aides, qui feront payer cet argent par le Receveur général, lorfqu'il fera pris fur le produit des Aides; & tout cet argent fera remis à celui qui gardera les coffres du Roi: celui-ci lui en donnera quittance, & il comptera à la Chambre des Comptes de l'argent qu'il aura reçû, en rapportant des rôles ou états fignés de la main du Roi & fcellés de fon fceau fecret, ou les quittances de ceux à qui le Roi aura ordonné qu'il donnât quelque fomme. 283. VIII. Receveur du Domaine de la Sénéchauffée de Touloufe. 531. Voyez *Receveur du Domaine*. Par les Lettres du 7 de Janvier 1407. tous les Receveurs particuliers qui avoient été établis pour recevoir les différentes parties du Domaine, font révoqués. Tous les revenus du Domaine, comme des amendes du Parlement, de l'émolument des monnoies, des dettes & arrérages de finances, des nouveaux acquêts, des finances des fiefs nobles acquis par non nobles, de compofitions d'ufuriers & autres contraux illicites, feront reçûs par les Receveurs & Vicomtes ordinaires, & par le Changeur du tréfor. 284. XIV.

Domaine. Voyez *Receveurs du Domaine*.

Domaine. Charles VI. en donnant l'adminiftration du Duché de Guienne à Louis fon fils aîné auquel il avoit déjà donné ce Duché, fe réferva la garde des Eglifes Cathédrales & autres étant de fondation royale & en pariage, & de toutes les autres qui ont le privilège de ne pouvoir être féparées du Domaine de la Couronne. 491. Voyez *Guienne*. Charles VI. donna au Duc d'Orléans fon frère, différentes Terres en accroiffement d'apanage, fous la condition que dans le cas où la ligne directe mafculine de ce Duc *défaudroit*, ces Terres retourneroient au Domaine de la Couronne. 700. Voyez *Apanage*. Charles VI. donnant à Louis Duc d'Orléans fon frère, différentes Terres en accroiffement d'apanage, fe réferva la garde des Eglifes Cathédrales, de celles qui font de fondation royale, & des autres Eglifes qui font tellement privilégiées, qu'elles ne peuvent être mifes hors de la Couronne. 700. Voyez *Apanage*. Charles VI. donnant au Duc d'Orléans fon frère, des Terres & rentes domaniales, fe réferva la garde des Eglifes étant de fondation royale, en pariage, ou tellement privilégiées qu'elles ne peuvent être féparées de la Couronne. I. Voyez *Apanage*. Charles VI. donnant plufieurs Villes & lieux à Charles III. Roi de Navarre, fe réferva la garde des Eglifes Cathédrales, de celles qui font de fondation & dans la garde royale, & de celles qui font tellement privilégiées qu'elles ne peuvent être féparées du Domaine de la Couronne. II. Voyez *Nemours*. Charles VI. dit dans fes Lettres du 4 de Juin 1404. qu'il a fait le Duc de Berry fon Oncle, fon Lieutenant dans le Languedoc, & qu'il lui a accordé de *prendre & d'avoir à fon profit* tout le revenu du Domaine de cette Province. 698. Voyez *Tréforiers de France*. Charles VI. avoit inftitué des Lieutenans-de-Roi & des Capitaines généraux dans quelques Provinces, auxquels il avoit attribué les revenus du Domaine qui s'y percevoient. 544. Voyez *Hiftoire [Charles VI.]*

Domaine. Par les Lettres du 7 de Janvier 1407 le Roi défend aux Gens des Comptes & aux Tréforiers de faire payer fur le tréfor & fur les revenus du Domaine, aucuns dons, à quelque perfonne que ce foit, & quelques Mandemens qu'ils reçoivent de lui; mais il leur ordonne de faire réparer, avant toute autre dépenfe, les Châteaux, les fortereffes & les autres bâtimens. Toutes les expéditions des chofes regardant le Domaine, feront faites dans la Chambre des Comptes en plein Bureau. 284. XIII. En 1405. les revenus du Domaine du Roi & des Aides étoient fort diminués, parce que plufieurs de fes Officiers prenoient des gages à vie fur ces revenus. 108. Voyez *Parlement*.

Domaine. Le Roi ni fes fucceffeurs n'acquerront plus rien dans le Languedoc, à titre de pariage, d'échange & d'achat dans les hautes Juftices des Comtes & des Barons, fi ce n'eft des Forts lorfqu'ils feront néceffaires pour la défenfe du Royaume, en payant un prix convenable. 366. XVII.

Domaine. Charles VI. fe plaint dans des Lettres du 20 d'Octobre 1409. que plufieurs Nobles fe font emparés de terres domaniales. 472. XI. Voyez *Réformateurs généraux*.

DOMESTIQUES. Il eft défendu à Paris d'acheter des marchandifes de mercerie, de mineurs ou de domeftiques. 307. XIX. Les Maîtres dont les domeftiques jetteront des immondices dans la rivière de Seine à Paris, feront condamnés à l'amende. 43. Voyez *Paris*.

DON fait par le Roi, ou par la Chambre

G

H

Charles VI. ayant été informé qu'au préjudice des Lettres du 26 d'Avril 1403. par lesquelles il avoit chargé la Reine son Epouse de l'administration du gouvernement, le Duc d'Orléans son Frére, & ses Cousins les Ducs de Bourgogne & de Limbourg & le Comte de Nevers, assembloient des troupes qui donnoient lieu de craindre qu'ils n'en vinssent à des voies de fait les uns contre les autres, Charles VI. donna des Lettres le 12 d'Octobre 1405. portant qu'il fait défense au Duc d'Orléans d'employer les voies de fait contre ces Princes, qu'il a fait faire de pareilles défenses à ceux-ci par le Sire d'Albret Connétable de France, par le Chancelier & par le premier Président du Parlement, & qu'il ordonne à tous ces Princes de contremander ces troupes, auxquelles troupes, soit nationales ou étrangères, il fait défenses d'entrer plus avant dans le Royaume. Ces Lettres sont adressées aux Gens du Parlement & à ceux de la Chambre des Comptes, au Prevôt de Paris, aux Sénéchaux & Baillis, & aux autres Justiciers, auxquels Charles VI. ordonna de les faire publier. 93. Charles VI. donna le 6 de Novembre 1405. des Lettres adressées au Prevôt de Paris, qui portent qu'ayant été informé que depuis quelque temps & depuis peu, il s'est fait des mandemens & assemblées de gens d'armes françois & étrangers, qui vivent sur le pays sans rien payer, il ordonne que tous les gens d'armes qui sont venus dans le Royaume par son mandement ou par celui d'autres de quelque autorité qu'ils soient, retournent dans les pays d'où ils sont partis, que les Baillis, Sénéchaux & autres Officiers royaux les y contraignent : ajoûtant que comme les gens d'armes qui se préparent à prendre le chemin de la mer, pourroient aller dans des pays du Royaume si reculés, que les Baillis & Sénéchaux ne pourroient secourir les peuples, il mande à tous les Nobles de défendre leurs terres & leurs sujets, leur permettant d'assembler à cet effet leurs amis & leurs voisins, défendant à toutes personnes de quitter leur pays & leurs maisons, sous prétexte de mandemens donnés par quelques personnes que ce soient, même par les Princes du Sang, & de n'obéir à cet égard qu'à ses Lettres patentes : permettant néanmoins à ses sujets, en cas que les Anglois fissent quelques entreprises dans le Royaume, d'aller pour les repousser, servir aux mandemens des Seigneurs & Capitaines des lieux attaqués par les ennemis. 96. En 1405. Charles VI. envoya pour des affaires très-importantes, dans son Domaine de Gènes, le Gouverneur du Dauphiné. 74. Charles VI. par ses Lettres du mois de Janvier 1405. pour récompenser Pierre Nyque Ecuyer Castillan, des services qu'il lui avoit rendus contre ses ennemis par terre & par mer, proroge aux Marchands Castillans l'exemption de subsides qu'il leur avoit accordée pour les marchandises qu'ils vendroient & acheteroient dans le Royaume. 106. Voyez *Commerce*. Charles VI. assiste à l'assemblée du Clergé de France tenue à Paris en 1405. par rapport aux affaires du schisme. 180. Voyez *Bénéfices*. Il défend le 27 de Janvier 1405. de faire des Joûtes ou Tournois. p. 105. Voyez *Tournois*. Aide établie vers 1406. pour la conquête de la Guienne. 141. Voy. *Aides*. En 1406. les troupes des Ducs d'Orléans & de Bourgogne, occupoient les environs de Sainte-Manehoud. 128. Charles VI. donna le 23 d'Avril 1406. des Lettres qui portent que Constantin Raly Paléologue, Cousin & Ambassadeur de l'Empereur de Constantinople auprès du Pape, de l'Empereur & des autres Princes Chrétiens, avoit obtenu du Pape, des Bulles accordant pleines indulgences à ceux qui donneroient du secours à l'Empereur de Constantinople, pour résister au Turc qui attaquoit la Grèce où les Chrétiens étoient réduits à la dernière misère, & que cet Ambassadeur s'étant adressé à lui Charles VI. il avoit depuis quelque temps donné des Lettres par lesquelles il avoit mandé aux Sénéchaux, Baillis, Prevôts & à ses autres Officiers, de permettre la publication de ces Bulles; mais que déterminé par certaines nouvelles qu'il avoit apprises, il défend à ses Officiers de laisser publier ces Bulles, leur ordonnant de les renvoyer au Chancelier & aux Gens de son Conseil. 109. La raison qui détermina Charles VI. à donner les Lettres du 24 d'Avril 1406. fut que les Commis que Constantin Raly avoit établis pour recevoir les aumônes des fidèles, avoient commis plusieurs malversations, & refusoient de rendre les deniers qu'ils avoient reçûs: mais il révoqua ces Lettres par celles du 4 d'Octobre suivant, par lesquelles, attendu que ces Commis avoient été destitués, il ordonna que tout l'argent qui seroit reçû pour ce fait, seroit remis entre les mains de Nicolas Piquasse, Jean Sac & Baude de Guy, Marchands & Bourgeois de Paris, que Raly avoit constitués ses Procureurs généraux. 148. Charles VI. dit dans des Lettres du 28 d'Avril 1407. qu'il a intention de pourvoir aux Offices de son Royaume, de personnes qui soient à lui entièrement. 201. Ce Prince dit dans des Lettres du 18 de Février 1407. renouvelées le 6 d'Avril suivant, que nulle personne de son Royaume, de quelque condition qu'elle soit, & même son Fils aîné, ne pouvant faire des assemblées de peuple sans sa permission, & sans commettre crime de léze-Majesté, ce droit n'appartenant qu'à lui seul qui est souverain Seigneur de son Royaume, il a fait publier des défenses à Paris & dans plusieurs

plusieurs autres lieux, de convoquer des assemblées de peuple sans sa permission; que néanmoins ayant été informé que quelques-uns des suppôts de son amée fille l'Université de Paris, ont fait afficher dans plusieurs Eglises & dans d'autres endroits de cette Ville, des placards pour inviter le peuple à s'assembler dans certain lieu, dans l'intention de lui faire des propositions préjudiciables au Roi, à son Royaume & au bien public, il ordonne au Prevôt de Paris de faire publier des défenses de se trouver à ces assemblées; & qu'ayant été informé que depuis ces défenses, l'Université a fait faire une prédication dans l'Eglise de Saint Martin des Champs, il commande au Prevôt de Paris de faire faire des informations par rapport à ces assemblées, de faire arrêter ceux qui s'y feront trouvés, & de les punir; ajoûtant que cependant son intention n'est point d'empêcher l'Université de continuer à prêcher la parole de Dieu : enfin il ordonne au Prevôt de Paris de faire défenses aux Ecclésiastiques de souffrir que ces assemblées se fassent dans leurs Eglises. 293. Charles VI. ayant été informé qu'aux environs de Paris, & dans la Vicomté de cette Ville, il y avoit des compagnies de gens d'armes, qui se disoient être les unes au Duc de Bourgogne, & les autres au Duc de Bretagne & à autres grands Seigneurs, & qu'elles y causoient de grands dommages, par les Lettres du 17 de Février 1407. il ordonna au Prevôt de Paris, de commander à ces troupes de se retirer & de payer comptant les vivres qu'ils prendroient, le tout sur peine de la hart, & de punir ceux qui contreviendroient à ce commandement. 292. Charles VI. ayant été informé des pilleries, rançons, excès, &c. qui se commettoient depuis long-temps dans le Royaume, par des compagnies & assemblées de gens d'armes, Archers, Arbalétriers & autres de diverses nations, dont les uns disoient contre la vérité qu'ils avoient Lettres de lui, & les autres qu'ils appartenoient à des Princes du Sang ou à d'autres Seigneurs & Capitaines, par ses Lettres du 29 d'Avril 1407. il ordonna au Sénéchal de Toulouse de se transporter avec le plus de gens d'armes qu'il pourroit, dans les lieux de sa Jurisdiction où il sauroit qu'il y auroit de ces gens d'armes, pour arrêter ceux qui n'auroient point de retenue (commission) de lui [Charles VI.], de les mettre en prison & de leur faire leur procès, nonobstant les Lettres qu'ils prétendroient avoir de lui, lesquelles, s'ils en avoient, il révoquoit & annulloit. Il donna de plus pouvoir & autorité aux Nobles de cette Jurisdiction, de s'assembler avec leurs amis & autres, pour arrêter à force ouverte ces gens d'armes & les mettre en prison, afin que le Sénéchal pût faire leur procès, leur accordant d'avance le pardon par rapport à ceux de ces gens d'armes qui se mettroient en défense, qu'ils tueroient ou blesseroient, ordonnant que les chevaux & autres équipages de ces gens d'armes, fussent employés au payement de ceux qui les auroient arrêtés, & permettant aux habitans de cette Sénéchaussée, de reprendre à force ouverte leurs effets, si ces gens d'armes les avoient emportés, & de leur résister par voie de fait. 203. Par des Lettres du 29 de Novembre 1407. Charles VI. ordonna que les Hôteliers de Paris feroient savoir chaque jour au soir, au Prevôt de cette Ville, le nom des personnes qui logeoient chez eux; que les habitans de la Ville lui feroient savoir le nom des étrangers à qui ils auroient loué leurs maisons ou chambres, & il ordonna à ce Prevôt de défendre à toutes personnes d'entrer en armes dans Paris, si ce n'étoit à ceux qui avoient un mandement du Roi à cet effet. 261. Charles VI. donna le premier de Septembre 1408. des Lettres adressées au Prevôt de Paris, pour rétablir la tranquillité dans cette Ville pendant les troubles du Royaume. 370. Voy. *les sommaires.* Vers 1408. les Anglois commettent des actes d'hostilité dans l'Isle de Ré. 416. Voyez *Ré. (l'Isle de)* Charles VI. après avoir dit dans les Lettres du 27 de Décembre 1409. qu'ayant considéré l'amour & l'obéissance que la Reine sa compagne a toûjours eue pour lui, son grand sens, sa prudence & sa discrétion, les grandes dépenses qu'elle a faites pour soûtenir son état & ceux de quelques-uns de leurs enfans, il lui a accordé par plusieurs autres Lettres, plusieurs prérogatives, prééminences & autorités dans les Conseils & dans le Gouvernement du Royaume, & qu'il a augmenté ses revenus; qu'il lui avoit commis la garde & gouvernement de Louis Duc de Guienne & Dauphin de Viennois, leur Fils ainé qu'elle a élevé jusqu'à sa treizième année, mais que ce Prince étant présentement en état de prendre part aux affaires du gouvernement, qu'elle le lui a remis, en le priant d'en confier la garde & le gouvernement à des personnes affectionnées au bien du Royaume; ce qu'il a fait par l'avis & conseil d'elle & de plusieurs Princes du Sang, sous ses ordres néanmoins & sous ceux de la Reine : il ajoûte qu'ayant intention de lui confirmer l'autorité & les revenus qu'il lui a donnés, il le fait en présence du Roi de Navarre, du Duc de Guienne & de plusieurs autres Princes du Sang & Seigneurs [ils sont nommés] qui ont juré suivant le commandement qu'il leur en a fait, de n'y apporter aucun empêchement. 488. Le 28 de Janvier 1409. Charles VI. donne & délaisse l'administration du Dauphiné & du Duché de Guienne, à Louis son Fils aîné. 490. 491. Voyez *Dauphiné.* Aide levée vers 1409. pour retirer Lourde & Angles des mains des Anglois. 461. Manuel Crisolore, Procureur général & Ambassadeur de l'Empereur de Constantinople, ayant représenté à Charles VI. que des indulgences ayant été accordées à ceux qui fourniroient de l'argent à l'Empereur de Constantinople, pour le mettre en état de résister au Turc, ceux qui ont été chargés de la recette de cet argent qui a monté à des sommes considérables, n'en ont point rendu compte, & que même pour se mettre à couvert des poursuites qu'on auroit pû faire contre eux, ils se sont absentés & se sont retirés dans différentes Jurisdictions du Royaume, Charles VI. par ses Lettres du 16 d'Avril 1409. adressées aux Sénéchaux des trois Sénéchaussées du Languedoc, leur ordonna de faire arrêter ceux de ces Receveurs infidèles qu'ils trouveroient dans l'étendue de leur Jurisdiction, de les faire punir & de les contraindre à restituer ce qu'ils auroient reçû. 427. Manuel Crisolore que Manuel Empereur de Constantinople avoit envoyé depuis peu à Charles VI. en qualité de son Ambassadeur & de son Procureur général, ayant représenté à ce Roi que cet Empereur avoit envoyé des Ambassadeurs à plusieurs Rois & Princes Chrétiens, pour leur demander du secours contre les Turcs, & qu'entre autre, il avoit envoyé en France Constantin Rally Paleologue qui étoit porteur de Bulles par lesquelles il étoit accordé des indulgences, desquelles Bulles Charles VI. avoit ordonné la publication & l'exécution dans son Royaume; qu'en conséquence de ces Bulles, Rally & trois Marchands de Paris [ils sont nommés], avoient reçû des sommes considérables pour le secours de cet Empereur, & qu'ils avoient délégué dans les Provinces, différentes personnes pour recevoir celles qu'on leur donneroit à cet effet; mais que ces Receveurs n'ayant point encore rendu compte, lui Crisolore avoit jugé à propos de révoquer Rally & tous les autres Receveurs, & qu'il prioit Charles VI. de lui accorder le pouvoir nécessaire pour leur faire rendre compte: ce Prince par ses Lettres du 8 de Mai 1409. accorda à Crisolore le pouvoir qu'il lui demandoit. 433. Vers le mois de Juillet 1410. y ayant peu de blés en France, & y ayant lieu de craindre que la récolte ne fût mauvaise, Charles VI. défendit de faire sortir des blés hors du Royaume. 510. Voyez *Blés*. Lettres du 3 de Juillet 1410. données dans le Grand-Conseil du Roi, tenu par le Duc de Guienne. 510. Conseils du Roi tenus les 4 & 28 de Février 1410. par le Duc de Guienne. 573. 575. Charles VI. dit dans des Lettres du 14 de Juillet 1410. qu'il approuve & confirme tout ce qui a été délibéré, conseillé & ordonné sur plusieurs affaires, & en particulier sur ce qui regarde la Chambre des Comptes, dans un Grand-Conseil tenu plusieurs jours de suite par le Duc de Guienne son Fils aîné qu'il avoit commis à cet effet, parce qu'il n'avoit pû le tenir lui même à cause de certaines occupations. 511. Voy. *Comptes. (Chambre des)* Charles VI. considérant qu'il a été fait don à quelques-uns des Princes du Sang, de la portion des Aides, des Tailles & des autres impôts établis pour les dépenses de la guerre, qui se levoit dans leurs Terres; que de plus il leur a été accordé à eux, à leurs Officiers & à ceux du Roi, des pensions annuelles & des dons excessifs sur le restant de ces deniers, & que d'ailleurs ces Princes du Sang ont été faits Lieutenans du Roi & Capitaines généraux dans quelques Provinces du Royaume, desquelles l'entière administration leur a été confiée, avec l'attribution du produit des Aides & des revenus du Domaine, qui s'y percevoient; ce qui a tellement épuisé les finances, qu'elles ne peuvent plus suffire aux frais de la guerre ni aux autres dépenses nécessaires, en sorte qu'il a été obligé de vendre ses joyaux & de faire de grands emprunts: ce Prince en conséquence d'une délibération prise dans un Conseil auquel assistèrent le Duc de Guienne Dauphin, quelques Princes du Sang, plusieurs grands Seigneurs, des Gens du Grand-Conseil, du Parlement, de la Chambre des Comptes, les Trésoriers, le Recteur & plusieurs autres membres de l'Université de Paris, le Prevôt des Marchands & plusieurs notables Bourgeois de cette Ville, révoqua par une Ordonnance du 3 d'Octobre 1410. adressée au Chancelier, au Parlement, à la Chambre des Comptes & aux Trésoriers à Paris, toutes les Lieutenances de Roi & Capitaineries générales, tous dons d'Aides & toutes les pensions, voulant que les produits des Aides & les revenus du Domaine fussent reçûs par des personnes élûes qui seroient par lui ordonnées à cet effet, & qui résideroient continuellement auprès de lui pour le conseiller dans ses affaires. Charles VI. fit jurer au Dauphin & aux Princes du Sang qui étoient présens, qu'ils observeroient cette Ordonnance; mais parce que quelques Princes du Sang & quelques personnes du Conseil étoient absens lorsqu'elle fut donnée, Charles VI. la confirma de leur avis, par celle du 8 du même mois, laquelle contient les mêmes adresses. 544.

Histoire. [Charles VI.] Charles VI. dit dans des Lettres du 15 de Juillet 1410. adressées au Sénéchal de Toulouse, que ce Sénéchal n'ayant pas entièrement exécuté les Lettres patentes du 29 d'Avril 1407. & quelques autres de dates subséquentes, par lesquelles les assemblées de gens d'armes qui se faisoient dans le Royaume sans la permission du Roi, étoient défendues, &

qu'étant informé que plusieurs Princes du Sang & grands Seigneurs se préparoient à assembler dans peu de temps un grand nombre de troupes, composé d'habitans du Royaume & d'étrangers, il lui renvoie les Lettres de 1407. avec ordre de les faire exécuter, & qu'en conséquence, il lui ordonne de se transporter dans les lieux de sa Jurisdiction dans lesquels il y a des personnes qui ont accoûtumé de porter les armes, dans ceux où il y a des gens de guerre assemblés, & dans ceux où il saura qu'il y en a qui se disposent à s'assembler pour obéir aux mandemens de ceux dont ils sont vassaux, ou des Princes du Sang ou grands Seigneurs, & de leur défendre à tous de prendre les armes, si ce n'est pour obéir aux ordres du Roi, de sortir de leurs maisons pour exécuter ces mandemens, & de leur ordonner d'y retourner en cas qu'ils en soient partis; enjoignant à ce Sénéchal d'envoyer par écrit au Roi & à son Conseil, aux Gens du Parlement & au Procureur général, les réponses que ces gens de guerre lui auront faites, afin qu'on puisse leur faire leur procès en cas de desobéissance; & en attendant, il lui ordonne d'employer toutes sortes de moyens pour les faire obéir, en lui permettant d'assembler à cet effet en armes, les Nobles & les autres personnes de sa Jurisdiction, auxquels dès-à-présent il pardonne les homicides & autres crimes qu'ils pourroient commettre en accompagnant ce Sénéchal, sans qu'ils aient besoin de prendre d'autres Lettres de remission que ces présentes : ordonnant que les harnois, chevaux, &c. de ceux qui seront desobéissans, soient employés au payement des dépenses qui auront été faites dans ces expéditions; & comme plusieurs de ces gens de guerre pourroient refuser d'obéir au Sénéchal, dans la crainte de manquer à la fidélité qu'ils doivent à leurs suzerains qui leur ont mandé de prendre les armes, Charles VI. lui ordonne d'assurer ces gens de guerre qu'il les mettra à couvert de toutes les poursuites qui pourroient être faites contre eux par leurs suzerains, par saisie de fief ou autrement, sous prétexte d'inexécution de leurs mandemens, & que pour cette fois-ci seulement, il les exempte de leurs Jurisdictions. 515. Charles VI. ayant été informé que sans sa permission, & même contre son ordre, on avoit assemblé un grand nombre de gens d'armes & de trait, entre lesquels il y avoit des étrangers qui tenoient le parti de son adversaire d'Angleterre, il déclara par ses Lettres du 28 d'Août 1410. que son intention étoit de rassembler un grand nombre de ses vassaux & sujets, dont plusieurs s'étoient déjà rendu près de lui, & de se mettre en personne à leur tête; & il ordonna au Sénéchal de Toulouse de faire crier & publier dans l'étendue de sa Sénéchaussée, que ceux qui y possédoient des fiefs, arrière-fiefs & autres biens nobles, se rendissent montés & armés au 15 de Septembre suivant, dans le lieu où il [Charles VI.] seroit; ajoûtant qu'y ayant dans cette Sénéchaussée des fiefs & autres biens nobles possédés par des gens d'Eglise & par des personnes qui d'ancienneté ne sont point extraites de noble lignée, lesquels ne sont point accoûtumés à porter les armes, il leur permet d'envoyer à leur place des gens armés & montés; à moins qu'ils n'aiment mieux payer une certaine finance qui sera fixée entre le Sénéchal & eux, suivant leurs facultés & la valeur de leurs biens nobles; laquelle finance sera reçûe par le Receveur du Domaine de cette Sénéchaussée, qui l'envoyera à Paris à Alexandre le Bourcier Receveur général des Aides, ou à l'un des Trésoriers des guerres, pour être employée au payement des gens de guerre qui sont auprès du Roi. 530. Charles VI. après avoir rappelé dans des Lettres du 30 d'Août 1410. adressées au Sénéchal de Toulouse, le contenu de celles du 15 de Juillet précédent, [Voyez p. 531. note *(b)*] ajoûte qu'étant informé que quelques Princes du Sang & Seigneurs, bien loin d'obéir à ces Lettres, continuoient d'assembler des troupes, sous le prétexte qu'ils le faisoient pour le bien du Roi & du Royaume, en promettant à ceux qui viendroient servir dans leurs armées, de les garantir des suites de leur desobéissance, il a donné le 19 d'Août suivant, de nouvelles Lettres par lesquelles il a renouvelé les premières; mais que pour en éluder l'effet, ces Princes & Seigneurs ayant fait publier des Lettres qui portent que les Lettres qui avoient été expédiées en son nom, avoient été données contre sa volonté & à son insçû, & qu'on ne devoit point y obéir, en renouvelant la promesse qu'ils avoient déjà faite de garantir ceux qui n'y obéiroient pas, des peines qui y étoient portées, il déclare que les Lettres expédiées en son nom, ont été par lui commandées de son propre mouvement & de sa *certaine science*, ordonnant à ce Sénéchal de les publier de nouveau avec celles-ci, lesquelles pour plus grande assurance de son intention & de sa volonté, il a signé de sa main *son propre nom*, & écrit de sa main ce qui s'y trouve après sa signature. Ces Lettres sont signées *Charles;* & on y lit ensuite : *Nous faisons sçavoir a tous que le contenu en ces presentes; & aussi en nos autres Lettres, a esté fait de nostre voulenté & commandement, escript de ma main.* 531. En conséquence des ordres de Charles VI. & du consentement & accord des Ducs de Berry & de Bourgogne, & des autres Princes du Sang & Seigneurs qui étoient en leur compagnie, & accord fortifié par leurs sermens, toutes les troupes

L

hommage, de prêter serment de fidélité, de faire aucunes autres reconnoissances au Roi ou à autres Seigneurs, ni payer cens ni finance, attendu que ces alleus n'étoient point tenus en fief ni en arrière-fief, & qu'ils n'avoient pas passés de Nobles à des non Nobles, & que cependant on vouloit les obliger de payer au Roi une finance par rapport à ces alleus. Sur ces représentations, Charles VI. par ses Lettres du 23 de Juillet 1404. adressées aux Gens des Comptes à Paris & aux Trésoriers, au Sénéchal de Carcassone & aux Commissaires sur le fait des nouveaux acquêts & des amortissemens, défendit qu'on exigeât de finance des habitans de Lauran, par rapport aux francs-alleus qu'ils possédoient. 21.

LAUTREC. Anciennement les Consuls de Lautrec avoient Jurisdiction dans tout le district de cette Ville, dans lequel étoient compris plusieurs lieux qui composoient une Communauté qui étoit nommée en général le *For* de Lautrec & du Lautrecois. En 1410. après des informations faites de l'autorité du Sénéchal de Carcassone, & de Jean le Crieur Trésorier du Roi à Carcassone, & Lieutenant de ce Sénéchal, en la présence & du consentement du Procureur du Roi & de l'Avocat des causes fiscales de la Sénéchaussée de Carcassone, les fondés de procuration des habitans de Lautrec & de ceux du *For,* pafsèrent par-devant Notaires, un accord par lequel ils convinrent que les lieux qui composoient le *For,* seroient distraits du Consulat de Lautrec, & que chacun de ces lieux seroit gouverné par deux Consuls, & par quatre Conseillers ou plus. Cet accord contient vingt-quatre articles. [Voyez les sommaires.] En voici quelques-uns. L'élection des Consuls & des Conseillers des lieux du *For,* se fera tous les ans, en présence du Bailli royal de Lautrec, qui présidera à l'assemblée. Les élisans prêteront serment entre les mains de ce Bailli & d'un de ceux des Vicomtes de Lautrec, s'ils veulent être présens à l'assemblée. III. Ces Consuls & ces Conseillers reconnoîtront qu'ils tiennent le Consulat & leurs Offices, du Roi, en qualité de Roi, de la même manière que le tiennent les Consuls & les Conseillers de Lautrec. IV. L'estimation des biens des habitans de ces *For,* sera faite par des personnes qui seront choisies à cet effet, par les Consuls, leurs Conseillers & les habitans, si ceux-ci veulent prendre part à ce choix. Ceux qui seront choisis prêteront serment entre les mains des Consuls. X. Moyennant l'établissement des Consulats dans chacun de ces *For,* les habitans feront un transport au Roi en qualité de Roi, de la Jurisdiction qu'ils avoient dans la Ville de Lautrec & dans la Vicomté; lequel transport ne pourra porter préjudice aux Vicomtes. XV. Détail des matières qui sont de la compétence des Consuls de Lautrec, & qui seront de celle des Consuls des lieux compris dans le *For.* XVI. XIX. La connoissance des matières qui ne seront point de la compétence de ces Consuls, sera dévolue au Roi & aux Vicomtes, ainsi qu'à Lautrec. XVII. Le Roi aura sur les Consuls, les Conseillers & les autres Officiers du Consulat de ces *For,* la Jurisdiction qu'il a sur les Consuls de Lautrec & leurs Officiers. XVIII. Cet accord sera confirmé par le Roi. Le premier de Juin, le Lieutenant du Sénéchal de Carcassone, ordonna que cet accord seroit exécuté. Les Consuls de Lautrec voulant y former opposition, à moins qu'on y ajoutât quelques articles, Pierre *de Tilio* Avocat des Causes fiscales de la Sénéchaussée de Carcassone, & Lieutenant du Sénéchal, ordonna qu'il en seroit ajoûté sept [Voyez les sommaires depuis le n.° 25.] En voici quelques-uns. Les Consuls de Lautrec transportent au Roi la Jurisdiction qu'ils avoient sur les *For;* & le Procureur du Roi & l'Avocat fiscal, leur transportent au nom du Roi, la Jurisdiction que les habitans de ces *For* avoient en commun avec eux dans la Ville de Lautrec, & que ces habitans ont transportée au Roi. XXVII. Les habitans des *For* contribueront pour l'année présente & pour la précédente, aux dépenses faites pour les habits des Consuls de Lautrec & du Lautrecois, & au payement des gages des Conseillers, de l'Assesseur & des autres Officiers de ce Consulat. Les années suivantes ils ne contribueront plus à ces dépenses. XXXI. *Amelius de Podio mirabili,* Procureur du Roi du Lautrecois, & Sicard *de Fonte,* Juge de Lautrec & du Lautrecois, faisant la fonction de Procureur du Roi en cette partie, les trois Consuls de Lautrec [qui sont nommés] & les Procureurs des habitans des *For,* donnèrent ensuite leur consentement à cet accord, & l'Avocat fiscal du Sénéchal, ordonna qu'il seroit exécuté. Les Parties nommèrent des Procureurs [pour solliciter l'enregistrement de cet accord au Parlement]. Le 4 de Juin 1410. les Consuls [qui sont nommés] des lieux compris dans les *For,* étant assemblés à Vielmur un de ces lieux, ils passèrent devant Notaires un acte par lequel ils consentirent au payement d'une redevance annuelle de vingt livres qui par rapport à cet accord, devoit être payée au Roi dans sa Trésorerie de Carcassone, par les habitans de Lautrec & par ceux de ces lieux; & ils fixèrent la quotité qui devoit être payée par ces derniers, en suivant la proportion qui avoit été établie par rapport au payement d'un impôt qui se levoit conjointement sur eux & sur les habitans de Lautrec. Les noms de tous les lieux qui composoient les *For,* se trouvent dans cet acte. Le 10 de Juin suivant, les Consuls &

M

N

NOGENT-SUR-MARNE.

& Notaires de l'Hôtel du Roy, prenant bourses, gages & manteaux, & avoit ordonné que les Celestins fondés par lui à Paris, *feroient le nombre du soixantième*, & prendroient les bourses comme un des Clercs & Notaires : mais depuis, plusieurs personnes avoient obtenu, les unes les bourses, & les autres les gages & manteaux, en divisant l'Office qui devoit être un, en deux membres & parties, & quelques personnes avoient eu un membre de ces Offices, moyennant certain prix & somme d'argent qu'ils en avoient donné, & par ce moyen le nombre des Notaires du Roy s'étoit accrû presque du tiers au dessus de celui qui avoit été fixé par Charles V. Pour remédier à cet abus, Charles VI. considérant que ces Offices qui sont perpétuels, devoient être remplis par des personnes habiles & expérimentées, attendu que ceux qui en sont revêtus, signent toutes les Lettres expédiées en la Cour du Roy, ordonna par ses Lettres du 10 d'Octobre 1406. que le nombre des Clercs & Notaires du Roy, feroit réduit à soixante, en y comprenant les Célestins, défendant que ces Offices fussent dans la suite divisés en deux membres & parties, & voulant que lorsqu'il viendroit à vaquer un des membres de ces Offices, il feroit réuni dans la personne d'un de ceux qui n'en auroit aussi qu'un membre, que cette réunion fût faite par les Gens du Parlement, & qu'en cas qu'il y fût formé opposition, le Procureur Général se joignît au Collége des Clercs & Notaires, & à celui en faveur de qui la réunion feroit faite, pour faire lever par le Jugement du Parlement l'opposition qui y auroit été mise. 152. Le 15 de Novembre 1407. Robert Lijotte étoit Notaire du Roy. 260.

Notaires du Roy. Charles VI. ayant été informé qu'un petit nombre des Notaires lais du Roy, trouvoient le moyen de se faire renvoyer pour signer les Lettres criminelles scellées dans les Chancelleries, & en conséquence s'attribuoient à eux seuls l'émolument du sceau de ces Lettres, il ordonna par celles du 19 d'Octobre 1406. que tout l'émolument du sceau des Lettres criminelles qui seroient scellées en la Chancellerie de France & ailleurs; c'est à savoir, sous le grand Sceau, sous le petit Sceau ordonné en l'absence du grand, sous le Sceau du Dauphiné, sous ceux de l'Echiquier de Normandie & des grands Jours de Champagne, & sous tous autres Sceaux ordinaires & extraordinaires dont on scelleroit pour le Roy, feroit reçû par celui que le Collége des Notaires du Roy, nommeroit à cet effet, & feroit distribué tous les mois, en bourses, entre tous les Notaires lais qui auroient donné des certificats de leur service, de la même maniére qu'il se pratique par rapport à l'émolument du sceau des Chartres; & que s'il arrivoit que quelques-uns de ces Notaires lais continuassent à s'attribuer à eux seuls l'émolument du Sceau des Lettres criminelles qu'ils signeroient, ils feroient contraints par le Chancelier à le restituer, voulant qu'ils perdissent les bourses du mois pendant lequel ils auroient contrevenu à ce réglement, & qu'ils pussent être condamnés à une amende arbitraire par le Chancelier, auquel il ordonna de faire publier ses Lettres du 19 d'Octobre dans les Chancelleries & Audiences, & de les faire observer par l'Audiencier & le Contrôleur de la Chancellerie, & par les Notaires du Roy. 153.

Notaires du Roy. Charles VI. par ses Lettres du 28 d'Avril 1407. donna pouvoir à ses Généraux-Conseillers sur le fait des Aides, de commander & de faire signer les Lettres & Mandemens concernant les Aides, par Dreuë Porchier, Jean Gehe, Nicaise Bougiz & Guillaume de Luce, Notaires du Roy. 201. Voy. *Aides*.

Notaires du Roy (Notaires &). Voy. *Officiers du Roy*. p. 527.

Notaires du Parlement. 661. Voy. *Parlement*. Les Greffiers & Notaires du Parlement, & les Avocats & Procureur du Roy, sont exempts ainsi que les autres Gens du Parlement, de l'Aide établie vers 1404. p. 4. Voy. *Parlement*. Le 23 de Juillet 1405. le Duc de Berry Lieutenant du Roy dans le Languedoc & dans la Guienne, nomme Jean de Ladmirault Greffier & Notaire des Réformateurs généraux par lui établis dans ces Provinces. 82. Voyez *Réformateurs généraux*.

Notaire de l'autorité Impériale. 225. 226. 227. 237. 385. II. 484. de l'autorité du Pape & de l'Empereur. 176. 177. 194. Notaire par les autorités Apostolique, Impériale, Royale & Delphinale. 377. 378. 388. En 1409. Notaire de l'autorité du Roy. 593. Notaire par l'autorité du Roy de France. 506. Notaires de l'autorité Royale en 1416. pp. 561. 567.

Notaires. Il est défendu de stipuler dans des contrats ou marchés, des payemens en marcs d'or, ou en certaines piéces de monnoie, mais seulement à sols & à livres. Il est défendu aux Notaires de passer de ces sortes de contrats, si ce n'est dans le cas de vrai prêt, de dépôt, de contrat de mariage, de vente ou de retrait d'héritage. 189. X. XI. Voy. *Monnoie*. Les Notaires qui passeront des contrats d'aliénations de biens, feront tenus de demander à ceux qui les aliéneront, si ces biens sont francs & libres, ou s'ils sont tenus en emphytéose, & dans ce cas, de quels cens ils sont chargés, & quels sont ceux qui en possédent le domaine direct, & de faire mention de toutes ces choses dans les contrats. 467. Cartulaire d'un Notaire. 42. Notaire chargé de faire une information. 366. XIII. XV.

plus ordinairement que par-tout ailleurs. 605. Cette Ville est la Capitale du Royaume. Les anciens Rois y ont fait plus de résidence qu'ailleurs; & Charles VI. ses Enfans, les Gens de son Conseil & les Princes du Sang, y demeurent ordinairement. 523. Paris est la demeure & le siége capital de Charles VI. p. 422. Charles VI. dit dans des Lettres du 12 d'Août 1405. que Paris est la Souveraine & Capitale de son Royaume, & que lui, sa Compagne, ses Enfans, les Princes du Sang, le Souverain Siége de la Justice Royale, l'Université, une grande partie des Prélats, des Barons, des Nobles & des Marchands du Royaume, y habitent plus souvent qu'en aucune autre Ville. 704. Charles VI. & les Princes du Sang habitoient plus souvent dans la Ville de Paris, que dans aucunes autres Villes du Royaume, & il y avoit une très-grande multitude de peuple. 9. Cette Ville est la Souveraine & Capitale du Royaume, & la plus peuplée des Villes de France. 335.

Paris. Les Fermes des chaussées de Paris, appartenoient au Corps de Ville. 703. Voy. *Prevôt des Marchands de Paris.* Charles VI. par ses Lettres du 21 d'Avril 1407. établit pendant trois ans une Aide sur les marchandises qui entreroient dans cette Ville & qui en sortiroient, & qui passeroient par le Bourget & par la Chapelle-Saint-Denis, pour fournir aux réparations des chaussées de la Croisée de Paris, dont le produit seroit perçû par le Receveur des Rentes & revenus du Parloir-aux-Bourgeois; de laquelle Aide seroient exempts, entr'autres personnes, les Bourgeois de Paris, par rapport aux denrées qu'ils recueilleroient dans leurs héritages, & qu'ils consommeroient pour leur usage; en la payant néanmoins par rapport au moust ou vin non bouilli qu'ils y feroient entrer à la Saint-Martin. 708. Voy. *Aide.* Indication des endroits où s'y faisoient les proclamations par le Crieur-Juré. 294. & note *(c)*. Ordonnances publiées à Paris au Carrefour de la Poste, ès Halles & sur le grand Pont. 190. note *(b)*. Les marchandises de Mégisserie se vendoient à Paris devant les Saints Innocens, au Carrefour Saint Severin & dans les Halles. 211. XI. Charles VI. par ses Lettres du mois de Juin 1404. confirmant celles par lesquelles il avoit uni la Maison de Ville de Paris, à l'Office de la Prevôté de cette Ville, ordonna que Jean de Chambrillac son Chambellan, Sénéchal de Périgord, mettroit Guillaume de Tignonville Garde de la Prevôté de Paris, en possession de la Maison étant en la Place de Grève près de l'Hôpital du Saint-Esprit à Paris, anciennement appelée la Maison de la Ville, pour être à perpétuité l'Hôtel & habitation des Prevôts de Paris, à condition que les salles basses, celliers & caves de cet Hôtel, seroient réservées pour mettre la provision de vins du Roy, dans lesquelles néanmoins les Prevôts de Paris, pourroient mettre les vins destinés pour la provision de leur Hôtel. Ces Lettres qui sont adressées aux Gens des Comptes, portent encore que ce don fait aux Prevôts de Paris, aura lieu nonobstant le don de louages au Châtelet de Paris, & autres dons faits à ces Prevôts. 16. Charles VI. fut informé par le rapport des Gens de son Conseil au Châtelet de Paris, assemblés plusieurs fois par son ordre, que les Halles de cette Ville, situées vers le lieu que l'on appelle Champeaux, ont été bâties par ses Prédécesseurs, afin que l'on y apportât les deux jours de marché, le Vendredi & le Samedi, toutes sortes de denrées & de marchandises, [voyez le détail] sans qu'il fut permis aux Marchands de les vendre ces jours là dans leurs Boutiques, afin que ceux qui en auroient besoin, pussent les acheter plus facilement & à meilleur marché, & que les Gardes des Communautés de ces Marchands, eussent plus de facilité à visiter les marchandises qui y seroient apportées, & que ce concours de Marchands contribuoit à la décoration de Paris, & présentoit un des plus beaux spectacles qu'on y pût voir : que quelques-unes de ces Halles sont du Domaine, & que les autres ont été données à quelques-uns de ces Corps de Marchands, sous la redevance d'un cens annuel payable au Receveur de Paris, & à la charge de les entretenir en bon état, ce que plusieurs d'entr'eux (ils sont nommés) n'ont point fait : que même ils ont cédé, sans en avoir le droit, quelques-uns des étaux de ces Halles, en les chargeant de croix de cens ou de rente annuelle, outre le cens qu'ils devoient au Domaine; que même nonobstant les ordres qui leur ont été plusieurs fois réitérés, ils ont cessé d'y apporter leurs marchandises les jours de marchés, & les ont vendues ces jours-là dans leurs boutiques : ce qui a fait tomber en ruine une partie de ces Halles, & les a rendues inhabitables. Pour remédier à ces abus, Charles VI. par ses Lettres du 8 de Mai 1408. adressées au Parlement & aux Gens des Comptes, ordonna à ces Marchands d'apporter leurs marchandises les jours de marchés dans chacune des Halles qui leur étoient destinées, leur défendant de les vendre ces jours-là dans leurs boutiques; & il nomma Pierre Des Essars Prevôt de Paris, Commissaire & Réformateur sur le fait de ces Halles, lui donnant le pouvoir à lui & au Conseil du Châtelet, de faire faire par voie de réformation, les réparations nécessaires aux édifices de ces Halles, par ceux qui en étoient tenus; de donner, s'il le jugeoit à propos, quelques-uns de ceux qui sont du Domaine, sous la charge d'un cens, par l'avis des Gens des Comptes & des Trésoriers,

Le

Conseil

privilèges pendant l'expédition & le voyage seulement; que ces Arbalétriers ne pourroient sortir de Rouen pour aller à l'armée, sans la permission du Capitaine, des Gouverneurs & Conseillers & du Maître de la Cinquantaine; que lorsque le Capitaine, les Gouverneurs & Conseillers de Rouen, meneroient ces Arbalètriers hors de cette Ville & de la banlieue, eux, leurs valets & leurs chevaux seroient nourris, & que chacun d'eux auroit trois sols de solde par jour, aux dépens de la Ville, & que le Maître auroit cinq sols de solde; que les Arbalétriers qui refuseroient d'obéir au Maître, & de contribuer aux dépenses communes de leur Confrairie établie dans l'Eglise du Saint-Sépulchre de Rouen, seroient exclus du Collège, ou seroient condamnés à une amende; & que le Bailli de Rouen seroit Juge de tous les procès qu'auroient les Arbalètriers par rapport à leurs fonctions, lesquels procès seroient poursuivis par le Procureur du Roy, à moins qu'à cause de sa Charge il ne fût partie dans les procès. Les Lettres sont adressées au Parlement, à la Chambre des Comptes, aux Trésoriers à Paris, & aux Généraux-Conseillers sur le fait des Aides pour la guerre. 595. Privilèges des Arbalètriers de Paris, de Rouen, de Tournay & de plusieurs autres Villes. 658. Voyez *Tournay*. Charles VI. accorde aux soixante Arbalètriers de la Ville de Paris, les Privilèges dont jouissent les cinquante Arbalètriers de celle de Rouen. 522. Voy. *Arbalètriers de Paris*. Les Confrères des Arbalètriers de Rouen, avoient en 1411. leur Confrairie dans l'Eglise du Saint Sépulchre de cette Ville. 597. Il y avoit des Archers à Rouen, & ils avoient des Privilèges. 605. Voy. *Archers de Paris*.

Rouen. Charles VI. par des Lettres adressées au Bailli de Rouen, ordonne que dans cette Ville, ceux qui achetteront du poisson de mer & d'eau douce, des Vendeurs, leur en payeront le prix conformément à ce qui se pratique à Paris, quatre jours après, nonobstant les Lettres d'Etat & de répit qu'ils auront pû obtenir. 245. Voyez *Poisson de mer & d'eau douce*. Huo de Donquerre Bailli de Rouen, ayant été informé qu'il se commettoit de grandes malversations dans l'office des Courtiers de vin de cette Ville, & que leur nombre qui anciennement n'étoit que de vingt-quatre, avoit été fort augmenté, ayant vû les informations qu'avoit faites sur cet objet Jean de la Tuille son prédécesseur, & en ayant fait de nouvelles, & ayant reconnu que tous ces Courtiers, à l'exception de quatre [qui sont nommés] étoient coupables, il priva tous les autres de leurs Offices; mais depuis plusieurs d'entr'eux ayant obtenu de la Cour du Roy des Lettres de réhabilitation, & d'autres ayant obtenu de lui & de Donquerre même, des Lettres de don de ces Offices, il se trouva cinquante-sept Courtiers de vin & plus, & Donquerre ayant reçû des Lettres du Roy, par lesquelles il lui étoit ordonné de réduire le nombre de ces Courtiers à vingt-quatre; & les Seigneurs qui avoient tenu à Rouen le dernier Echiquier, lui ayant donné le même ordre, dans les Assises qu'il tint à Rouen le 10 de Janvier 1401. il réduisit le nombre des Courtiers, à vingt-quatre, & leur donna des Règlemens qui portent entr'autre chose, article 2. que la Ville de Rouen percevroit une partie des droits attribués à ces Courtiers. Charles VI. par ses Lettres du 24 de Mai 1405. confirma le Règlement fait par le Bailli de Rouen. 67. Les Courtiers de vin de la Ville de Rouen, seront tenus d'annoncer aux hansés de cette Ville, les noms de tous les Marchands forains qui y amèneront du vin, & qui ne seront point hansés. 69. v.

Rouen. Le Procureur du Roy au Bailliage de Rouen, & les Bourgeois & Conseillers de cette Ville, présentèrent une Requête aux Gens tenant l'Echiquier à Rouen, au terme de Pâques, portant qu'ils avoient plusieurs fois représenté aux Officiers du Roy à Rouen, qu'elle est la Capitale du Duché de Normandie, & Cité métropolitaine, située sur la Seine par laquelle il y arrive de la Mer plusieurs marchandises, dont une partie est menée à Paris ou ailleurs; que ce commerce augmente les revenus du Roy, tant par rapport aux acquits de la Vicomté de l'Eau de Rouen, laquelle Vicomté est un ancien Domaine de la Couronne, que par rapport aux droits d'Aides; que cette Ville a été décorée par les Rois de France de plusieurs Privilèges; qu'elle étoit autrefois habitée par un grand nombre de Marchands & d'autres personnes; qu'elle est présentement fort dépeuplée, & que le commerce y dépérit, tant parce qu'il y a par rapport aux métiers qui sont au nombre de soixante ou plus, une Ordonnance qui porte que nul ne pourra y exercer son métier, même quand il l'auroit appris dans une Ville de Loi, ou dans celles où il y a des Ordonnances sur les métiers, qu'il n'ait fait à Rouen un nouvel apprentissage, que parce que la Ville a fait de grandes dépenses, & en particulier pour ses fortifications; que sur ces représentations, le Bailli de Rouen ayant appelé devant lui le Procureur du Roy, les Conseillers de la Ville, & un grand nombre de Bourgeois & de gens de métiers, fit une information dont il fit rapport aux Gens tenant l'Echiquier à Rouen, au terme de la Saint-Michel, lesquels lui ordonnèrent de faire assembler de nouveau sur cette affaire, les gens de métiers & autres; que ce Bailli ayant convoqué des Prélats, des Ecclésiastiques, des Gens de Justice, des Bourgeois & des gens de métiers, que dans cette assemblée il avoit été conclu d'un commun consentement, qu'il étoit très-utile que ceux qui avoient appris leur métier dans des Villes de

& que tout ce qui avoit été fait au contraire, fût révoqué. Le Patriarche d'Alexandrie ajoûta que n'ayant point été fait d'acte public de cette délibération, parce qu'il n'y avoit point de Notaire, il l'avoit rédigée par écrit, en y ajoûtant une clause qui portoit que l'intention de l'Eglise Gallicane & du Dauphiné, n'étoit point d'attaquer ce qui avoit été fait depuis la restitution à l'obédience de Benoît XIII. pourvû qu'il ne fût point contraire à ce qui avoit été fait pendant la soustraction à cette obédience, & ce Patriarche ayant lû cet écrit, & ayant demandé les voix, tous à l'exception d'un seul, approuvèrent cet écrit, & il fut fait un acte public de tout ce qui s'étoit passé dans cette assemblée. Charles VI. par ses Lettres du 14 de Janvier 1406. approuva cette délibération, & en conséquence défendit à tous ses sujets, même à ceux qui seroient revêtus d'une dignité Pontificale, de condamner la voie de cession & la soustraction faite à l'obédience de Benoît XIII. voulant que tout ce qui avoit été fait pendant cette soustraction, fût inviolablement observé, & défendant qu'on eût égard aux censures & aux excommunications décernées par le Pape ou par ses Commissaires, contre ceux qui auroient été promûs à des Prélatures, ou pourvûs de Bénéfices pendant cette soustraction. 174. Voyez les Lettres du 18 de Février 1406. sur une assemblée du Clergé de France, qui se tint à Paris, au sujet des affaires du Schisme, où assistèrent au nom du Roy, le Roy de Sicile, les Ducs de Berry, de Bourgogne & de Bourbon, le Comte de Nevers, Princes du Sang, & autres grands Seigneurs du Royaume. 180. 183. Voy. ci-dessus au mot *Bénéfices*, p. lxvij. Il est dit dans ces mêmes Lettres, que Benoît XIII. fut inutilement requis d'assembler un Concile général pour remédier aux excès qu'il commettoit par rapport aux Bénéfices. 183. Voyez *Bénéfices*. Louis Fils aîné de Charles VI. & Dauphin, ordonna par ses Lettres du 28 de Juin 1411. que celles de Charles VI. du 18 de Février 1406. par lesquelles il avoit ordonné la cessation des exactions indûes qui se faisoient sur le Clergé de France & du Dauphiné, par le Pape, les Cardinaux & les Officiers du Pape, seroient exécutées dans le Dauphiné. 614

Schisme. (le grand) Le 22 de Janvier 1406. dans l'assemblée du Clergé de France & de celui du Dauphiné, qui se tint dans la Chambre haute du côté de la Seine, au Palais Royal à Paris, & à laquelle assistèrent Geoffroy de Pompadour & Raymond *de Perussia*, Conseillers du Roy, Simon de [Cramaut] Patriarche d'Alexandrie, représenta que par les Lettres de soustraction de la France & du Dauphiné à l'obédience de Benoît XIII. & par celles de leur restitution à cette obédience, il avoit été déterminé que les élections aux Prélatures & aux Bénéfices électifs, & les collations des autres Bénéfices, faites par les Ordinaires de leur droit, ou à la présentation des Patrons, pendant la soustraction, seroient valables; que Benoît XIII. avoit même promis par ses Bulles, de les regarder comme telles, & de ne point attaquer cette soustraction dans un Concile général ni ailleurs; que cependant ce Pape avoit nommé à l'Archevêché de Toulouse & à l'Evêché de Nantes, quoique Vital de Castelmaur & Bertrand du Parron, eussent été élûs canoniquement pendant la soustraction, le premier à cet Archevêché, & l'autre à cet Evêché; qu'il avoit aussi nommé au *Ministeriat* de la Province de Bourgogne, de l'Ordre des Frères Mineurs, quoique Frère Arnoul *de Fonte* eût été élû à ce *Ministeriat*, que son élection eût été confirmée, & qu'il y eût été maintenu par un Arrêt du Parlement; que Benoît XIII. avoit fait ces nominations comme si ces Archevêché, Evêché & *Ministeriat*, eussent été vacans par la mort de ceux à la place desquels ces trois personnes avoient été élûes, & que ces personnes eussent été au sû du Pape, dans une longue possession pendant la soustraction & depuis la restitution; que ce Pape avoit troublé plusieurs autres personnes dans la possession de leurs Bénéfices, par des censures & des excommunications; qu'il en avoit aussi lancées contre l'Archevêque de Toulouse & le Ministre de l'Ordre des Mineurs; qu'il avoit déjà été parlé de ces affaires dans l'assemblée qui s'étoit tenue la veille; qu'on y avoit nommé des Archevêques, des Evêques, des Abbés & des Professeurs en Théologie, en Droit Canon & en Droit Civil, pour les examiner & en donner leur avis, & que cet avis avoit été que les nominations faites par Benoît XIII. étoient nulles, & que les censures & excommunications prononcées par lui ou par ses Commissaires, n'étoient point à craindre, & ne devoient avoir aucun effet, & qu'il falloit instruire le Roy & le Parlement de ces affaires, afin qu'ils pussent y apporter le remède convenable: qu'il s'agissoit présentement de faire une délibération sur cette matière. Sur cette représentation, les voix ayant été recueillies, tous ceux qui étoient présens à l'assemblée, à l'exception d'un petit nombre, furent d'avis de se conformer à celui des députés; & des Notaires dressèrent un acte de cette délibération: Charles VI. la confirma par ses Lettres du 5 d'Avril 1407. & ordonna qu'elle seroit inviolablement observée par toutes sortes de personnes, quand même elles seroient revêtues de dignités pontificales. 191.

Schisme. (le grand.) Lorsque les Rois de France, pour le bien du Royaume & pour les affaires de l'Eglise universelle, ont eu

des Bulles dix jours après la requisition qui lui en seroit faite, afin que les Colléges des Cardinaux des deux obédiences pussent s'assembler pour élire un nouveau Pape; que ces Ambassadeurs devant d'abord aller trouver Benoît XIII. & étant à craindre qu'il dise ne pouvoir faire cette cession sans avoir vû les députés de Grégoire XII. ils ont été chargés de le presser de faire cette cession, dans le cas où Grégoire XII. consentiroit à la faire sans avoir eu de conférence avec Benoît XIII. que si ces deux Papes se déterminent à ne faire cette cession que dans la conférence qu'ils auront ensemble, on pourra y consentir; mais que si Benoît XIII. met en usage de nouveaux délais, & propose d'autres voies que celle de la cession, & que Grégoire XII. qui dans ses Lettres n'a point parlé d'une conférence avec Benoît XIII. refuse la voie de la cession, Charles VI. déclare que par l'avis du Concile de son Royaume, & de ses Filles les Universités de Paris, d'Orléans & d'Angers, il s'est déterminé dans le cas où ces deux Papes ne feroient point leur cession dix jours après la requisition qui leur en seroit faite, & après un nouveau délai de dix autres jours, à se retirer de l'obédience de Benoît XIII. qu'il regardera comme un Schismatique & un homme séparé de l'Église : qu'il en agira de la même manière avec le Collége de ses Cardinaux, s'ils restent attachés à cet ennemi de l'Église; & que dans ce cas les Cardinaux qui sont dans les mêmes sentimens que lui, pourront s'assembler pour procéder à l'élection d'un Pape; mais que si tous les Cardinaux ne veulent point se réunir pour cette élection, ses Ambassadeurs traiteront avec une partie d'entr'eux, pour trouver les moyens de parvenir à l'union de l'Église. 294.

Schisme. (le grand) Charles VI. ayant convoqué une assemblée à Paris, d'Archevêques, d'Évêques, d'Abbés, & d'autres Prélats & Chapitres de son Royaume, du Duché de Guienne & du Dauphiné, pour travailler à la paix de l'Église, il y fut arrêté que pour subvenir aux dépenses qu'exigeoit la poursuite de cette affaire, il seroit levé un demi-dixième sur le Clergé desdits Royaume, Duché de Guienne & Dauphiné, suivant la réduction faite *piéça* du taux des Prélatures & Bénéfices qui y sont compris, & une équivalence sur les Bénéfices qui n'étoient point taxés. L'Archevêque d'Arles, les Évêques de Vabre, de Comenge, de Conserans & de Lavaur, les Abbés de Saint-Guillaume-du-Desert, de Saint-Sernin de Toulouse & d'Almans, le Prieur de Nérac, les Chapitres de Toulouse & de Rhodez, toute la Province d'Auch, les Religieux de l'Ordre de Saint-Jean-de-Jérusalem, par rapport aux Cures dépendantes de leurs Commanderies, & plusieurs autres du Languedoc & de la Guienne, ayant refusé sous le prétexte qu'ils n'avoient point consenti à ce subside, de le payer à Aubouyn qui avoit été chargé de le lever dans les Provinces de Narbonne, Toulouse, Bourdeaux, Bourges & Arles, & dans plusieurs Évêchés de ces Provinces, & ayant même fait assigner Aubouyn devant le Pape auquel ils avoient appelé de la délibération de l'assemblée tenue à Paris, & la plus grande partie de la Province d'Auch ayant adhéré à leur appel, & tous ayant fait faire à Aubouyn de la part du Pape, défense, sous peine d'excommunication, de lever ce subside, & ces Prélats ayant fait défense sous la même peine, à leur Clergé de le payer, & quelques personnes qui se disoient Receveurs particuliers de ce subside, en ayant levé une partie, & refusant de remettre à Aubouyn ce qu'ils en avoient reçû, Charles VI. par ses Lettres du 5 de Mars 1407. ordonna que nonobstant l'appel interjeté au Pape, tous ceux qui étoient compris dans les rôles donnés à Aubouyn, seroient contraints par la saisie de leur temporel & par autres voies, comme pour les dettes dûes au Roy, à payer leur quote part de ce subside; & aux Receveurs particuliers, de rendre compte de leur Recette à Aubouyn, & il défendit à tous ses Juges de prendre connoissance de cette affaire. 297.

Schisme. (le grand) Charles VI. ayant convoqué une assemblée à Paris, d'Archevêques, d'Évêques, d'Abbés, de Chapitres, de Prieurs Conventuels, d'Universités & d'autres, représentans l'Église de France, pour travailler à la paix de l'Église, il y fut arrêté qu'on envoyeroit des Ambassadeurs aux deux Contendans à la Papauté, pour travailler à l'union de l'Église; & que pour subvenir aux dépenses qu'exigeoit la poursuite de cette affaire, il seroit levé sur le Clergé de France & sur celui du Dauphiné, un subside caritatif consistant en un demi-dixième, sur les Bénéfices exempts & non exempts, taxés & non taxés, & sur les non taxés un équivalent; & l'Abbé de Monstier-Ramé fut nommé Receveur général de ce subside, & il fut ordonné qu'il seroit nommé des Receveurs particuliers dans chaque Diocèse, par le conseil & ordonnance du Patriarche d'Alexandrie, de l'Archevêque de Sens & de l'Évêque de Meaux, Commissaires généraux à ce ordonnés par l'assemblée. Il y fut encore ordonné que les Bénéficiers seroient contraints à payer ce subside, par les censures ecclésiastiques; & le Roy, à la requisition de l'assemblée, accorda son autorité & sa cohertion Royale pour le faire payer. Pour éviter l'embarras & les frais d'une nouvelle assemblée, celle-ci donna aux Ambassadeurs un plein pouvoir de faire par rapport à l'union de l'Église, tout ce qu'elle auroit pû faire, & même d'ordonner, s'il

représenta à Charles VI. que dans le Concile qui avoit été tenu par lui & par l'Eglise de son Royaume & du Dauphiné, & dans lequel avoit été arrêtée la neutralité à l'égard des deux Contendans au souverain Pontificat, entr'autres Ordonnances qui y avoient été faites pour le gouvernement des Eglises de ces pays, il y en avoit une qui portoit que les Bénéfices seroient conférés par les Ordinaires, tant aux serviteurs & familiers du Roy, qu'aux Ecoliers & aux Suppôts de l'Université de Paris & des autres; que ce Concile nomma des personnes qui pourvoiroient aux Bénéfices dans le cas où les Ordinaires négligeroient de le faire; qu'en exécution de ces Ordonnances, il a été donné à ces serviteurs & à ces Ecoliers, des assignations pour être pourvûs de Bénéfices par les Ordinaires & les Collateurs, qu'ils les en ont en effet pourvûs, mais que ces serviteurs & Ecoliers ont été troublés dans la possession de ces Bénéfices, par des Juges Apostoliques. Sur ces représentations, Charles VI. donne le 17 d'Avril 1410. des Lettres dans lesquelles il déclare qu'étant Gardien, Protecteur & défenseur des Eglises de son Royaume & du Dauphiné, & qu'ayant approuvé & ratifié les Ordonnances faites dans ce Concile, il lui *appartient* de les faire exécuter, & qu'en conséquence il ordonne que ceux de ces serviteurs & Ecoliers qui ont été pourvûs de Bénéfices, y soient maintenus; & que ceux qui voudroient les y troubler, en soient empêchés par la prise de leur temporel, & en cas qu'ils n'en eussent pas, par celle de leur corps & de leurs autres biens. Charles VI. adressa ses Lettres aux Gens du Parlement à qui appartient l'interprétation de ces Ordonnances, & la connoissance des procès auxquels elles donneront lieu. 495. L'Université de Paris ayant représenté à Charles VI. que par le Concile général de l'Eglise de France & de celle du Dauphiné, tenu dernièrement à Paris, & où assistèrent des Prieurs Conventuels, entr'autres règlemens faits pour l'union de l'Eglise universelle & pour l'avantage de celle de France, principalement pendant le temps de la neutralité entre les deux Contendans au souverain Pontificat, qu'elle avoit embrassée, il avoit ordonné que les Officiers du Roy & des Princes du Sang & de la Cour du Parlement, qui voudroient être pourvûs de Bénéfices, & les Docteurs & Maîtres des Universités de Paris, d'Orléans, d'Angers, de Toulouse & de Montpellier, présenteroient à des Commissaires nommés par ce Concile, des suppliques en forme de rôle, ainsi qu'on avoit accoûtumé d'en présenter au Pape, & qui contiendroient leurs noms, degrés, états, & les noms & les valeurs des Bénéfices [qu'ils possédoient déjà], auxquels Commissaires le Concile donna pouvoir de nommer les requerans à des Bénéfices, & de les présenter aux Patrons & Collateurs qui seroient tenus d'en pourvoir ceux qui leur seroient présentés, déclarant nulles les autres provisions que ceux-ci donneroient; que le Concile avoit nommé un grand nombre de Commissaires à cet effet, mais que dans la crainte qu'ils ne pussent tous vaquer à ces affaires, il en avoit spécialement chargé Simon [de Cramaut] Patriarche d'Alexandrie, les Evêques de Paris, de Tournay, d'Evreux, & l'Abbé du Mont-Saint-Michel; que ce Concile ordonna encore que ces cinq Commissaires ou deux d'entr'eux, jugeroient tous les procès qui s'éléveroient par rapport à ces nominations, & que par des Lettres scellées de leur sceau commun à ce principalement ordonné, ils conféreroient ces Bénéfices aux personnes qui auroient été nommées, lorsque les Patrons & les Collateurs refuseroient de les en pourvoir, en appelant & invoquant en cas de besoin, le bras séculier; qu'en conséquence ces Commissaires ont donné au défaut des Ordinaires, des provisions de Bénéfices à plusieurs Suppôts de l'Université de Paris, qui y sont troublés par ceux qui ont été pourvûs de ces mêmes Bénéfices par les Patrons & les Collateurs, & sont engagés dans différens procès au Parlement, au Châtelet de Paris & ailleurs. Sur ces représentations, Charles VI. considérant qu'il avoit approuvé ces règlemens faits par le Concile, & que même ils avoient été confirmés par celui de Pise, & qu'il est le protecteur, le défenseur & l'exécuteur de ces règlemens, ordonna par ses Lettres du 17 d'Octobre 1411. adressées aux Gens du Parlement, à ceux des Requêtes du Palais & au Prevôt de Paris, que tous les procès qui s'éléveroient par rapport aux nominations aux Bénéfices, faites par ces Commissaires, seroient jugées par eux seuls, les commettant à cet effet. 642.

Schisme. (le grand) Le Pape (Jean XXIII.) ayant envoyé à Charles VI. trois Ambassadeurs (qui sont nommés), lui représentèrent que pour travailler à l'union de l'Eglise, pour procéder à l'encontre des deux Antipapes qui depuis peu avoient été condamnés par le Concile de Pise, & pour recouvrer le patrimoine de l'Eglise de Rome & le Palais d'Avignon détenus par les tirans schismatiques, il étoit nécessaire d'envoyer de sa part, de celle du Roy, & de celle de l'Université de Paris, en Espagne, en Arragon & en autres pays de la Chrétienté, & de faire d'autres dépenses qu'il ne pourroit supporter sans l'aide des gens d'Eglise: & qu'ayant à cet effet ordonné de lever un dixième sur le Clergé de France, il voulut y donner son consentement. Charles VI. en ayant délibéré avec les Princes du Sang, les Prélats & les gens du Conseil, ordonna par ses Lettres du 4 de Février 1410. adressées

l'Hôtel du Roy & au Prevôt de Paris, accorda à cette communauté tout ce qu'elle lui avoit demandé, & il ordonna qu'on ne pourroit pourvoir à un Office de Sergent à cheval, que lorsque la mort de celui qui l'avoit possédé, seroit bien constatée en présence des Procureurs de cette Communauté. Le Parlement par son Arrêt du 13 de Décembre suivant, obtempéra aux Lettres de Charles VI. 238.

Sergens à verge au Châtelet de Paris. Les onze-vingts [deux cens vingt] Sergens à verge au Châtelet de Paris, représentèrent à Charles VI. que depuis très-long temps leurs devanciers & eux étoient en possession de faire toutes sortes d'exploits dans toute l'étendue du Royaume, que depuis quelque temps les Sergens à cheval au Châtelet de Paris, les y ayant troublés, en prétendant qu'ils ne pouvoient exploiter que dans la Ville, Fauxbourgs & Banlieue de Paris, il y a eu procès devant le Prevôt de cette Ville, qui a rendu une Sentence favorable aux Supplians, laquelle a été cassée par Arrêt du Parlement, qui porte que les Supplians n'exploiteront que dans la Ville, Prevôté & Vicomté de Paris, où les Sergens à cheval ne pourront exercer leurs fonctions; qu'il paroît que cet Arrêt a eu pour fondement les Lettres de Charles V. du 8 de Juin 1369. & que comme elles portent que les Sergens à verge feront dans la Ville, Fauxbourgs & Banlieue de Paris, tous exploits concernant non seulement la Justice ordinaire, mais encore celle des Aides, & qu'elles révoquent toutes les Commissions données par rapport à ce dernier objet, ils supplient Charles VI. d'en ordonner l'exécution. Sur leurs représentations, ce Prince par ses Lettres du 7 d'Août 1406. ordonna que tous les exploits concernant tant la Justice ordinaire touchant le Scel du Châtelet de Paris, que celle des Aides, seroient seulement faits dans la Ville, Fauxbourgs & Banlieue de Paris, par les Sergens à verge, & par les Sergens de la douzaine, s'ils ont droit de les faire, à l'exclusion de tous autres Sergens; excepté néanmoins ceux de la marchandise de Paris, qui pourront exploiter dans les affaires concernant la Jurisdiction de la Prevôté de la marchandise, par commission & mandement du Garde de cette Prevôté. Les Lettres de Charles VI. sont adressées au Parlement, aux Gens des Requêtes du Palais, aux Gens des Comptes & aux Trésoriers à Paris, aux Généraux-Conseillers sur le fait des Aides ordonnés pour la guerre, aux Elûs sur le fait desdites Aides, & au Prevôt de Paris, auxquels il est enjoint de les faire publier en leurs Auditoires. 124. En conséquence d'un Arrêt du Parlement, qui portoit que les Sergens à verge du Châtelet de Paris, exploiteroient seulement dans cette Ville & dans sa Banlieue, & que les Sergens à cheval audit Châtelet, exploiteroient aussi seulement hors de cette Ville & de sa Banlieue; ceux-ci ayant prétendu qu'à eux seuls appartenoit d'exploiter par rapport aux affaires concernant les Aides, ès Villes, Doyennés, Châtellenies & autres lieux du Diocèse de Paris, étant hors de cette Ville & de sa Banlieue, même à l'exclusion des Sergens du plat-pays, qui étoient dans la possession d'exploiter dans ces sortes d'affaires, dans l'étendue de ces Jurisdictions; prétention qui étoit sujette à de grands inconvéniens; Charles VI. par ses Lettres du 11 d'Octobre 1407. ordonna que les Généraux-Conseillers sur le fait des Aides à Paris, appelés avec eux les Elûs & le Receveur sur le fait des Aides à Paris, nommeroient un certain nombre de personnes qui exploiteroient dans les affaires concernant les Aides, dans les Châtellenies, Doyennés, Villes & autres lieux du Diocèse de Paris, hors de cette Ville & de sa Banlieue, concurremment avec les Sergens de ces lieux. Charles VI. fixa par ses Lettres les salaires de ces Sergens. 710.

Sergens à verge au Châtelet de Paris. Pour la garde & sûreté de la Jurisdiction, Auditoire & état de la Prevôté & Châtelet de Paris, par le moyen des Officiers & Sergens de l'Epée, les Rois de France y ont anciennement établi onze-vingts Sergens à verge, & leur ont accordé plusieurs prérogatives, droits & franchises. Lors de la création de ces Offices, ils furent remplis par des personnes notables, habiles & domiciliées, qui avoient été interrogées par Justice sur ce qui concernoit leurs fonctions: néanmoins depuis ces Officiers ont été plusieurs fois vexés & maltraités, & ils sont d'ailleurs obligés de soûtenir des procès en commun & en particulier, & parce qu'ils n'ont point entr'eux de société, ils ne peuvent délibérer ensemble de leurs affaires communes: Charles VI. ayant égard aux représentations qu'ils lui firent à ce sujet, leur permit par ses Lettres du mois de Juin 1405. de s'assembler tous les ans le lendemain de la Fête de Saint-Louis, en la présence d'un Huissier du Parlement ou d'un Commissaire au Châtelet de Paris, à l'effet d'élire trois ou quatre personnes d'entr'eux pour avoir soin de leurs affaires communes, & tous les ans de les changer toutes ou quelques-unes d'entr'elles, si bon leur semble; lesquels élûs pourront commettre un ou plusieurs Procureurs pour poursuivre les affaires communes, & établir un conseil à pension, & choisir un Chirurgien pour penser les blessures qui pourront être faites aux Sergens dans les fonctions de leurs charges. Pour subvenir aux frais des dépenses communes, Charles VI. ordonna que tous les Sergens payeroient chaque semaine deux deniers qui seroient reçûs & gardés par un Sergent ou par un autre domicilié à Paris, au choix des élûs, lequel Receveur seroit tenu tous les ans au jour de l'assemblée, de

Vicomte de Soissons, après avoir abattu une partie des murs de cette Ville, fit construire un Château qui existe encore, & qui est partie en dedans de cette Ville & partie en dehors, en sorte que sans le sû des habitans, on peut entrer du Château dans la Ville, ou de la Ville dans le Château; qu'une partie de la haute Justice de Soissons, & celle de la rivière & des chemins de cette Ville, appartient au Comté & à la Vicomté, qu'une autre partie de la haute Justice est du Domaine du Roy, laquelle comprend le Beffroy & un Hôtel qui joint celui des Rats, & que le reste de cette haute Justice appartient à des gens d'Eglise & autres; que le feu Duc d'Orléans avoit acquis une partie du Comté & de la Vicomté, l'autre partie qui appartenoit alors à Ysabeau de Coucy, est possédée présentement par Marguerite fille du Comte de Nevers & d'Ysabeau de Coucy; que le Duc d'Orléans qui avoit aussi possédé à titre d'accroissement d'apanage, le domaine Royal de Soissons, avec le Ressort qui ne s'étendoit point sur les lieux exempts de la Ville & du Comté & Vicomté de Soissons, avoit un Bailli qui ressortissoit sans moyen au Parlement; qu'anciennement il y avoit à Soissons une Commune & des Majeurs, Jurés & Echevins qui jugeoient les procès des *Communiers;* que cette Commune ayant été rendue au Roy, sans que les habitans en eussent été privés pour cause de crime, le Prevôt Royal a jugé les procès dont la connoissance avoit appartenu à ces Majeurs, Jurés & Echevins; & que quoique par des Lettres d'un Roy de France & de Navarre, confirmées par Charles V. les habitans dûssent ressortir devant le Prevôt de Soissons, & non devant le Prevôt forain de Laon, Ville distante de sept lieues de Soissons, cependant celui-ci avoit fait plusieurs actes de Jurisdiction sur ces habitans, & que tout ce qui avoit appartenu au feu Duc d'Orléans, a été confisqué à cause de la rébellion de son fils. Charles VI. ajoûte qu'il réunit inséparablement au Domaine, le Chastel, le Comté & la Vicomté de Soissons, tant la partie qui avoit appartenu au Duc d'Orléans, que celle qui appartenoit à la Comtesse de Nevers, à laquelle il seroit donné récompense; & qu'il établit à Soissons un Siége de Lieutenant du Bailliage de Vermandois, duquel Bailliage dépend Soissons, que ce Lieutenant qui y fera sa résidence, connoitra des cas privilégiés, & aura le ressort tant dans la Ville de Soissons & dans sa Banlieue, que dans le Château & la Mairie de Saint-Mard, & dans les lieux & Fiefs qui sont dans l'étendue du Comté & de la Vicomté, & quoiqu'une partie de cette Banlieue, du Comté & de la Vicomté & des Fiefs & arrière-Fiefs qui en dépendent, soit de l'ancien Ressort du Bailliage de Senlis, il ordonna que le Prevôt de Soissons y auroit la haute Justice, ainsi que l'ont les autres Prevôts Royaux des Bailliages de Vermandois & de Senlis, sans que les habitans puissent être ajournés devant d'autres Juges que par-devant ce Prevôt, & par appel devant le Bailli de Vermandois ou son Lieutenant à Soissons, & ensuite au Parlement; & qu'il y auroit seulement à Soissons trois Sergens à cheval qui y demeureroient, & qui auroient les mêmes gages que prenoient ceux du Comté, outre trois Sergens à verge que le Roy avoit anciennement dans cette Ville, & qui feront les mêmes fonctions qu'ils faisoient auparavant, & que les Sergens à cheval ne pourront rien entreprendre sur les fonctions des Sergens à verge, ni ceux-ci sur celles des Sergens à cheval; qu'il y auroit pour la garde du Château & des Prisons qui y sont, un Châtelain qui auroit douze livres de gages; & que s'il étoit nécessaire d'établir un Capitaine dans Soissons, il ne pourroit y en avoir qu'un pour la Ville, le Château & la Banlieue. 664.

Soissons. Charles VI. voulant augmenter l'apanage du Duc d'Orléans son Frère, lui donna par ses Lettres du 22 de Mai 1404. cinq cens livres de rente à prendre dans les Terres & rentes faisant partie du Domaine Royal, dans différentes Terres que ce Duc avoit acquises de Marie de Bar sa Cousine; c'est à savoir, les Ville, Comté, Chastel, Chastellenies, Terres, Seigneuries, appartenances & appendances de Soissons, de Ham en Vermandois, Pinon, Moncornet, Origny en Thiérache, & le Vinage de Laon, avec toute Justice haute, moyenne & basse. Les Lettres sont adressées au Bailli de Vermandois. p. 1. Voy. *Apanage.* Charles VI. par ses Lettres du 22 de Mai 1404. accorda au Duc d'Orléans son Frère, pour lui, sa femme & ses enfans mâles nés en légitime mariage, le droit de tenir perpétuellement en Pairie, & de la même manière qu'il tenoit son apanage, la Baronnie & Seigneurie de Coucy, le Comté de Soissons avec les Villes & Châtellenies de Ham en Vermandois, Pinon, Moncornet, Origny en Thiérache, & le Vinage de Laon, & toutes les Terres & Seigneuries qu'il avoit acquises jusqu'alors, en sorte qu'à leur égard il jouiroit de toutes les prérogatives & prééminences dont jouissent les Pairs de France, leurs Gens & Officiers, tant en cas de Jugemens, d'appels & d'ajournemens, comme en tous autres cas: lui donnant aussi droit de tenir dans le lieu de ces Terres & Seigneuries qu'il choisira, des grands Jours pour connoître en cas de Ressort des Jugemens qui seront donnés par ses Baillis, Gouverneurs ou Sénéchaux. Ces Lettres sont adressées au Parlement de Paris. 3. Charles VI. par ses Lettres du mois de Novembre 1407. réunit au Domaine, celui qu'il avoit dans Soissons, & qu'il avoit donné au Duc d'Orléans son Frère en accroissement d'apanage. 261. Voy. *Apanage.*

entretenues, mais que depuis, les étrangers leurs voisins, tels que ceux de Hainaut, Cambresis, Liége, Brabant & Allemagne, ayant cessé d'y venir & d'y faire le commerce; que cette Ville ayant été affligée plusieurs fois de mortalités, & principalement en 1400. le nombre des habitans en étoit considérablement diminué; qu'une grande partie des maisons n'étant point habitées, étoient tombées en ruine, & que d'ailleurs les propriétaires de celles qui subsistoient, les avoient chargées de rentes qui en surpassoient la valeur, en sorte que ne pouvant payer ces rentes, ils étoient obligés d'abandonner leurs maisons. Sur ces représentations, Charles VI. par ses Lettres du mois de Juillet 1410. adressées au Parlement, défendit aux habitans de Tournay, de créer des rentes sur les maisons qui leur appartiendroient dans cette Ville & dans sa Banlieue, leur permit de rembourser aux gens d'Eglise les rentes que ceux-ci posséderoient sur des maisons situées à Tournay, lorsque ces rentes ne seroient point amorties, & ordonna que lorsque des rentes créées sur des maisons de cette Ville, seroient vendues, les propriétaires de ces maisons pourroient les retirer en en remboursant le prix à ceux qui les auroient achetées, pendant le terme d'une année, à compter du jour de la vente. 521.

Tournay. Les Prevôts, Jurés & Bourgeois de Tournay, ayant représenté à Charles VI. qu'en conséquence de l'ordre qu'il avoit envoyé à ces Bourgeois de se rendre à l'armée qu'il assembloit, un grand nombre d'Arbalêtriers & de Pavetiers & de gens à cheval, s'y étoient rendus, & que ceux qui possédoient des Fiefs ne pourroient s'y trouver sans manquer à leurs Offices, & sans laisser la Ville dégarnie de troupes, ce Prince par ses Lettres du 13 de Septembre 1410. adressées au Bailli de Tournay & du Tournesis, dispensa ceux de ses habitans qui possédoient des Fiefs, de venir le servir dans son armée, & de payer finance faute de ce service. 540.

Tournay. Il y avoit à Tournay en 1405. & en 1406. un Hôtel des Monnoies. 66. 128. Charles VI. par des Lettres du 15 de Décembre 1411. ordonne que l'adjudication de la Monnoie de Tournay, sera faite dans cette Ville, à un jour marqué, après lequel on ne recevra plus d'enchère. 663. Voy. *Monnoie.*

Tournay. Dans un procès pendant au Parlement entre les Prevôts, Jurés, Echevins & Eswardeurs de la Ville de Tournay, d'une part, & le Procureur général du Roi & de l'Auditoire des Conseillers généraux sur le fait des Subsides ordonnés pour la guerre, d'autre, il fut rendu un Arrêt le 30 d'Août 1410. portant que les Lettres de Charles VI. du 10 de Mars 1401. concernant l'exemption de certains droits d'Aides, accordée aux habitans de Tournay, & desquelles ils n'avoient pû encore avoir l'expédition, vérification & entérination en la Chambre des Comptes, seroient entérinées; & le Parlement les entérina, à la charge néanmoins que les marchandises qui n'auroient point été faites, vendues ni achetées dans la Ville de Tournay, & qui y passeroient pour être transportées dans l'Empire, ou dans les parties du Royaume, dans lesquelles les subsides n'ont point de cours, payeroient quatre deniers pour livre, & que le tonneau de vin payeroit dix sols, droits qui sont de l'ancien Domaine, & l'imposition foraine de douze deniers pour livre, dûe par les marchandises transportées dans l'Empire; mais que celles qui ne feroient que passer par Tournay pour être transportées dans les lieux du Royaume, où les subsides n'ont point de cours, ne payeroient que l'imposition foraine; & que néanmoins les marchandises venans de l'Empire ou des lieux du Royaume, où les subsides n'ont point de cours, qui passeroient par Tournay pour être ramenées dans les lieux d'où elles venoient, ne payeroient d'autres redevances que les vinages anciens. Il fut encore ordonné par cet arrêt, que pour donner les certificats nécessaires par rapport au transport de ces marchandises, il seroit nommé un Commissaire lequel ne seroit point de la Loi de Tournay, qui auroit des gages par an, & ne pourroit prendre aucuns droits par rapport à ces certificats. En conséquence de cet Arrêt, Jacques Déleprée ayant été nommé Commissaire par Charles VI & ayant preté serment à la Chambre des Comptes où il lui fut taxé cinquante livres de gages, ce Prince ordonna par ses Lettres du 12 de Novembre 1410. adressées au Bailli de Tournay & du Tournesis, qu'il seroit institué dans cette commission. 551.

Tournay. Il y avoit dans cette Ville des Arbalêtriers qui avoient des Privilèges. 522. Voy. *Arbalêtriers de Paris.* Privilèges des Arbalêtriers de Paris, de Rouen, de Tournay & de plusieurs autres Villes. 658. Voy. *Tournay.* Il y avoit des Archers à Tournay, & ils avoient des Privilèges. 605. Voyez *Archers de Paris.*

Tournay (l'Evêque de) étoit à l'assemblée du Clergé de France, tenue à Paris les 7 & 22 de Janvier 1406. pp. 176. 193. L'Evêque de Tournay est nommé par une Assemblée du Clergé de France, tenue vers 1411. un des Commissaires pour juger les procès qui s'èlèveroient par rapport aux Bénéfices auxquels les Officiers du Roy, des Princes du Sang, de la Cour de Parlement, & les Suppôts des Universités, auroient été nommés par ces Commissaires, pour en être pourvûs par les Patrons & les Collateurs. 642. Voy. *Schisme. (le grand)*

TOURNOIS. Il est dit dans des Lettres de

Fête de la Saint Jean-Baptiste suivante; mais cet Évêque ayant representé à Charles VI. qu'il n'avoit pû donner cette réponse avant le terme qui lui avoit été prescrit, parce qu'il n'avoit pû encore obtenir le consentement du Pape son Souverain, sans l'autorité duquel il n'oseroit consommer cette affaire, dans la crainte d'encourir son indignation, ce Prince par ses Lettres du 6 de Juillet 1405. prorogea le terme jusqu'au jour de Noel suivant. Le 18 de Novembre 1405. l'Évêque de Valence ayant communiqué le projet aux habitans de ces lieux, qui l'acceptèrent, & ayant demandé à ceux qui composoient son Chapitre, s'ils croyoient qu'il fût avantageux d'exécuter le projet de convention qui avoit été fait avec les Gens des Comptes & les Tréforiers, le Prevôt, le Sacriste & trois Chanoines [ils sont nommés], le Doyen absent, assemblés dans la Chapelle de Saint Nicolas auprès de l'Église de Valence, lui répondirent qu'ils le croyoient, & le 21 d'Août 1406. ils le confirmèrent par une délibération capitulaire. Les Gens des Comptes & les Tréforiers avoient commis par leurs Lettres du 7 de Janvier 1405. les Gens des Comptes & le Receveur général du Dauphiné, pour recevoir l'obligation que devoient contracter les habitans des lieux ci-dessus nommés, l'Évêque de Valence par ses Lettres du 20 d'Août 1406. donna pouvoir à Antoine *Johannis* son Juge-Majeur de Valence, & aux Châtelains des lieux & Châteaux ci-dessus nommés, de faire convoquer par le Crieur public, l'assemblée des habitans des lieux de leurs Jurisdictions, aux fins de s'engager à l'exécution des conventions faites avec les Gens des Comptes & les Tréforiers. En conséquence de la commission donnée par les Gens des Comptes & les Tréforiers, le 7 de Janvier 1405. & du pouvoir donné par l'Évêque de Valence le 20 d'Août 1406. Aubert *Fabri*, Tréforier du Dauphiné, & *Andricus Garini* un des deux Auditeurs de la Chambre des Comptes du Dauphiné, s'étant rendu à Valence, & Antoine *Johannis* ayant fait assembler les Bourgeois & habitans [ils sont nommés ainsi que dans les actes suivans], ceux ci s'obligèrent par un Acte passé par-devant Notaire le 23 d'Août 1406. dans le Réfectoire des Frères Mineurs, de payer au Roy tous les ans quarante Écus d'or pour leur quote part de la somme de soixante Écus, se soûmettant pour l'exécution de leur engagement à la Jurisdiction des Cours de l'Auditeur du Pape, du Consistoire supérieur du Dauphiné, séant dans le Graisivaudan, & de Saint-Marcellin de Chabeuil. Le 27 de ce même mois d'Août, Jean de Genas qui n'avoit point été présent à l'assemblée, donna son consentement à ce qui y avoit été fait, par un Acte passé sous le clocher de la grande Église de Saint-Appollinaire. Le 24 de ce mois d'Août, les Commissaires de la Chambre des Comptes & des Tréforiers, & Guillaume *Caboli*, Châtelain de Loriol, ayant fait assembler les Bourgeois & habitans dans la maison de la Confrairie, ceux-ci s'obligèrent à payer tous les ans au Roy, cinq florins & six gros, douze gros faisant un florin, pour leur quote part, se soûmettant pour l'exécution de leur engagement, aux mêmes Cours auxquelles s'étoient soûmis les habitans de Valence. L'Acte fut fait en présence de Pierre Bernard, Procureur Fiscal de l'Évêque de Valence, de Garnier *Cuniculi*, Chapelain de ce lieu, &c. Le même jour, ces Commissaires & Jean *Fabri*, Châtelain de Mirmande, ayant fait assembler les Bourgeois & habitans dans la maison du Four où se tiennent ordinairement les assemblées, ceux-ci s'obligèrent par un acte semblable au précédent, de payer tous les ans au Roy pour leur quote part, quatre florins & dix gros. Le même jour, ces Commissaires & Antoine de S.t Vincent, Châtelain d'Alais, ayant fait assembler les Bourgeois & habitans dans la maison de la Confrairie où se tiennent ordinairement les assemblées, ceux-ci s'obligèrent par un Acte semblable aux précédens, de payer tous les ans au Roy pour leur quote part, cinq florins & cinq gros. Le 25 du même mois ces Commissaires & *Garini Durandi*, Châtelain de Montvendre, ayant fait assembler les Bourgeois & les habitans dans l'Église paroissiale où se tiennent ordinairement les assemblées, ceux-ci s'obligèrent par un Acte semblable aux précédens, passé en présence de Vincent *Revelli*, Curé de ce lieu, de payer tous les ans au Roy pour leur quote part, quatre florins & trois gros. Le même jour ces Commissaires & *Garini Durandi*, Châtelain de Beaumont, ayant fait assembler les Bourgeois & habitans dans l'Église où se tiennent ordinairement les assemblées, ceux-ci s'obligèrent par un Acte semblable aux précédens, de payer tous les ans au Roy pour leur quote part, deux florins & huit gros. Le même jour ces Commissaires & Martin *Moraya*, Châtelain de Mont-léger, ayant fait assembler les habitans devant la porte de ce lieu, ceux-ci s'obligèrent par un Acte semblable aux précédens, passé en présence de Girard *Gauterij*, Curé de ce lieu, de payer tous les ans au Roy pour leur quote part, seize gros. Le 26 de ce mois ces Commissaires, Antoine *Johannis*, Juge du Prieur du Bourg de Valence au dessous de cette Ville, & Jean *de Salis*, Juge des Abbé & Prevôt de ce lieu, & ayant commission d'eux à cet effet, ayant fait assembler les Bourgeois & habitans dans la Chapelle de Sainte Catherine de l'Église de la Vierge, ceux-ci s'obligèrent par un Acte semblable aux précédens, de payer tous les ans au Roy pour leur quote part, deux Écus d'or. Le 27 de

Université

X

*TABLE DES NOMS

Des Provinces, des Duchés, des Comtés, des Bailliages, des Sénéchaussées, des Vicomtés, des Prevôtés, des Villes & des autres lieux dont il est parlé dans ce Volume.

A

NOTE.

* On a jugé à propos de ne pas faire de distinction dans cette Table, entre les *i* & les *y*; & les mots où cette dernière lettre se trouvera, seront rangés comme s'ils étoient écrits par un *i*.

B

BAYEULX. 86.

* *BAILLIAGES.*

COMTES.

D

N

SE'NE'CHAUSSE'ES.

T

VICOMTÉS.

TABLE

* TABLE DES NOMS

Des Personnes dont il est parlé dans ce Volume.

A

* On a jugé à propos de ne pas faire de distinction dans cette Table, entre les *i* & les *y;* & les mots où cette dernière lettre se trouvera, seront rangés comme s'ils étoient écrits par un *i.*

L'on a cru aussi devoir insérer dans cette Table, quelques prénoms ou noms de baptême, lorsqu'ils ont paru singuliers, ou lorsque dans la suite ils sont devenus des noms de famille.

Bouchesus

Charitate,

E

F

G

H

Herimeu,

K

L

O

Q

R

S

S.te-Sevère,

V

Valle,

ADDITIONS ET CORRECTIONS

Pour le neuvième Volume du Recueil des Ordonnances, & pour les Volumes précédens.

VOLUME PREMIER.

PAGE 50. Sur l'Ordonnance de S.t Louis, du mois d'Avril 1228. voyez l'Histoire de Languedoc par D. Vaissette, T. 3. p. 575. col. 1. note XXV. n.° V. Ce savant Bénédictin y prouve que cette Ordonnance a été donnée entre le 12 & le 15 Avril 1228. suivant l'usage de commencer l'année à Pâques.

Pages 62. & 86. Sur une Ordonnance de S.t Louis, au sujet des restitutions qui doivent être faites de ses Domaines, mal datée du mois d'Avril 1250. à la p. 62. de ce 1.er Vol. Voy. l'Histoire de Languedoc, par D. Vaissette, T. 3. pp. 597. col. 2. & 598. col. 1. note XL. Il y prouve qu'elle a été donnée au mois d'Avril 1258. avant Pâques.

Page 340. Voy. à la p. 259. note *(b)* du 9.e Vol. de ce Rec. les *Variantes* & les corrections sur les Lettres du 3 Mai 1302.

Page 497. lig. 4. de la note *(b)*, *spectacula,* lisez *specula.*

Page 553. Voy. à la p. 615. note *(a)* du 9.e Vol. de ce Rec. les *Variantes* & les corrections sur les Lettres du 1.er Avril 1315.

Page 759. lig. 4. de la note *(a)*, ôtez les mots : *chapitre 48.* Le Livre vert vieil du Châtelet de Paris, ni les autres Registres de ce dépôt, ne sont point divisés par chapitres, & ne sont point susceptibles de cette division.

Page 891. col. 1. lig. 36. *Livry en Aunis,* lis. *Livry en Aunay.*

VOLUME SECOND.

Page 126. lig. 5. *debita regalia.* M.r Secousse dit dans la note *(f)* de la p. 365. du 9.e Vol. de ce Rec. qu'il croit qu'il faut corr. *debita legalia.*

Page 343. à la marge, lig. 9. & p. 344. lig. 7. *d'Aigres-Sainctes,* corr. *d'Aigues-Mortes.* Voy. l'Histoire de Languedoc, par D. Vaissette, T. 4. p. 572. col. 1. note XXIJ. n.° V.

Page 344. D. Vaissette dit à la p. 572. col. 1. note XXII. n.° V. du 4.e Vol. de son Histoire de Languedoc, que les dates du Mandement du 25 Janvier 1350. & des Lettres du mois de Janvier de cette même année, sont fausses, *à moins,* y dit-il, *qu'étant donné* (ce Mandement) *sous le Seel du Châtelet, il ne soit émané de l'autorité de cette Cour.* Il est certain que le Châtelet n'a jamais pû donner un Mandement sur les Monnoies; mais celui-ci peut avoir été donné pendant l'absence du Roi, par le Conseil qu'il avoit laissé à Paris. Voy. la Préface du 3.e Vol. de ce Rec. §. 1. p. ix.

Page 346. D. Vaissette dit encore *ibid.* que la date des Lettres du Roi Jean, du 5 Février 1350. données à Compiegne, est fausse.

Je pense que cette date peut être vraie, en supposant que le Conseil que le Roi Jean avoit laissé à Paris, avoit tenu ce jour-là sa séance à Compiegne. Voy. la Préface du 3.e Vol. de ce Rec. §. 1. p. ix. & suiv.

Page 411. lig. 4. *en 1304.* lisez *en 1309.*

Page 414. lig. 38. *millesimo vicesimo sexto.* Il eût fallu mettre en note : *corr. millesimo ducentesimo vicesimo sexto.* Cette année fut la première du règne de S.t Louis.

VOLUME TROISIÈME.

Page liij. & liv. de la Préface. Voy. ce que D. Vaissette a remarqué à la p. 574. col. 1. note XXIV. n.° II. de son Hist. de Languedoc, sur ce que M.r Secousse a dit de l'Ordonnance par laquelle les Etats de cette Province, assemblés en 1356. défendirent de porter or, argent, perles, &c.

Page lv. de la Préface, où M.r Secousse prouve incontestablement que Jean de Moulins, Capitoul de Toulouse, n'a point prononcé dans l'assemblée des Etats de la Languedoc, tenus en 1356. la Harangue que la Faille, dans ses Annales de Toulouse, p. 93. dit qu'il fit. D. Vaissette, p. 573. col. 2. note XXIV. n.° I. du 4.e Vol. de son Histoire de Languedoc, remarque que M.r Secousse auroit pû ajoûter à son observation : *que Jean De Moulins n'ayant été Capitoul qu'en 1358. ne peut avoir prononcé cette harangue en 1356. en cette qualité.*

Page lxxxviij. de la Préface. D. Vaissette p. 575. col. 2. note XXV. du 4.e Vol. de son Histoire de Languedoc, ajoûte plusieurs circonstances à ce qu'a dit M.r Secousse sur les Etats de Languedoc, tenus en 1359.

Page lxxxix. & suiv. Voy. ce que D. Vaissette a remarqué à la p. 574. col. 2. note XXV. n.° I. du 4.e Vol. de son Histoire de Languedoc, sur ce que M.r Secousse a dit des Députés du Languedoc, envoyés au Roi Jean qui étoit en Angleterre.

Page xc. M.r Secousse suppose à cette page, qu'un des Députés du Languedoc, envoyés en 1359. au Roi Jean prisonnier en Angleterre, étoit de la Ville de S.t Nazaire. D. Vaissette a remarqué à la p. 575. col. 1. note XXV. n.° II. du 4.e Vol de son Histoire de Languedoc, que *S.t Nazaire* est le surnom de ce Député, & qu'il étoit de Capestang au Diocése de Narbonne.

Page 369. Voy. à la p. 353. note *(b)* du 9.e Vol. de ce Rec. les *Variantes* & les corrections sur les Lettres du mois d'Octobre 1369.

Page 595. Voy. à la p. 250. note *(d)* du 9.e Vol. de ce Rec. les *Variantes* & les corrections sur les Lettres du mois d'Octobre 1362.

Page 604. à la marge, lig. 9. *à Pradere,* lisez *dans la prairie de S.t André.*

Page 605. note *(e)*, M.r Secousse conjecture dans cette note, que le mot *Praderia* est *Pradere* Ville du Bas-Armagnac, Diocése d'Aire. M.r Ménard, Conseiller au Présidial de Nîmes, & Associé de l'Académie des Inscriptions & Belles-Lettres, observe à la p. 98. du 2.e Vol. de son Histoire de Nimes, que cette conjecture n'est pas heureuse, & que les mots : *in Praderia Sancti Andree, prope Airam,* doivent être traduits par ceux-ci : *dans la prairie de S.t André, près Aire en Artois, au Diocése de S.t Omer.* Cette observation me paroît d'autant plus juste, que le Glossaire de Du Cange, au mot *Prada*, explique celui *Praderia*, par *Prée, Prerie.*

VOLUME QUATRIE'ME.

Page 63. Voy. à la p. 19. note *(b)* du 9.e Vol. de ce Rec. les *Variantes* & les corrections sur les Lettres de Philippe de Valois, de l'an 1296.

Page 349. note *(b)*, ajoûtez à la fin de cette note : *Voy. le Préambule des Lettres de Charles VI. du mois d'Avril 1380. qui sont imprimées à la p. 576. du 6.e Vol. de ce Recueil.* Il rétablit le membre de phrase qui manque ici.

Page 490. Voy. à la p. 155. note *(b)* du 9.e Vol. de ce Rec. les *Variantes* & les corrections sur les Lettres du mois de Septembre 1364.

VOLUME CINQUIE'ME.

Page 299. Voy. à la p. 8. note *(b)* du 9.e Vol. de ce Rec. les *Variantes* & les corrections sur les Lettres du 11 Juin 1370.

Page 439. Voy. à la p. 73. note *(a)* du 9.e Vol. de ce Rec. les *Variantes* & les corrections sur les Lettres du 28 Décembre 1371.

Page 481. Voy. à la p. 33. note *(b)* du 9.e Vol. de ce Rec. les *Variantes* & les corrections sur les Lettres du 10 Mai 1372.

Page 518. Voy. à la p. 401. note *(b)* du 9.e Vol. de ce Rec. les corrections qui ont été faites à la marge des Lettres du 3 Septembre 1372.

Page 694. Voy. aux pp. 417. & 418. note *(b)* du 9.e Vol. de ce Rec. les *Variantes* & les corrections sur les Lettres du mois d'Avril 1370.

Page 702. Voy. aux pp. 276. & 277. note *(e)* du 9.e Vol. de ce Rec. les *Variantes* & les corrections des Lettres du mois de Mai 1371.

Page 707. Voy. à la p. 275. note *(c)* du 9.e Vol. de ce Rec. les *Variantes* & les corrections sur les Lettres du mois de Mai 1371.

Page 710. Voy. à la p. 276. note *(d)* du 9.e Vol. de ce Rec. les *Variantes* & les corrections sur les Lettres du mois de Mai 1371.

VOLUME SIXIE'ME.

Page 80. Voy. à la p. 169. note *(b)* du 9.e Vol. de ce Rec. les *Variantes* & les corrections sur les Lettres du 7 Décembre 1374.

Page 366. lig. 18. & note *(q)*, lig. 3. & 7. *laveur*, lis. *lanens.*

Page 368. note marg. *(g)*, lig. 5. *le 4.e vol.* lisez *le 3.e vol.*

Page 384. Voy. à la p. 648. note *(b)* du 9.e Vol. de ce Rec. les corrections & les additions sur les Lettres du 27 Mars 1378.

Page 688. Voy. à la p. 16. du 9.e Vol. de ce Rec. les *Variantes* & les corrections sur les Lettres du 27 Janvier 1382.

VOLUME SEPTIE'ME.

Page 143. Voy. à la p. 692. à la fin de la note *(a)* du 9.e Vol. de ce Rec. une date de jour d'un Mandement, différente de celle qui est à ce même Mandement, dans ce septième Volume.

VOLUME HUITIE'ME.

Page 59. Voy. à la p. 349. note *(f)* du 9.e Vol. de ce Rec. les *Variantes* & les corrections sur les Lettres du mois de Mars 1345.

Page 106. sommaire 13. Voy. sur ce sommaire, la note *(ii)* de la p. 386. du 9.e Vol. de ce Rec. & le sommaire 12. des Lettres du 10 de Novembre 1408. qui est à la p. 377. col. 1. de ce même 9.e Vol.

Page 136. Voy. aux pp. 215. note *(b)* & 225. notes marg. *(f)* & *(g)* du 9.e Vol de ce Rec. les *Variantes* & les corrections, sur les Lettres du mois de Juillet 1397. & sur l'acte du 3 Octobre 1396.

Page 409. sommaires 5. & 6. Voy. la note *(d)* de la p. 282. du 9.e Vol de ce Rec. sur ces sommaires. Voy. aussi la fin de la note *(h)* de la p. 285. & la fin de la note *(b)* de la p. 327. de ce 9.e Vol.

Page 537. Voy. à la p. 354. note *(b)* du 9.e Vol. de ce Rec. les *Variantes* & les corrections sur les Lettres du mois de Juillet 1368.

Page 603. Voy. à la p. 66. note *(b)* du 9.e Vol. de ce Rec. les *Variantes* & les corrections sur les Lettres du mois de Juin 1403.

Page cclx. col. 2. supprimez la remarque faite sur la note marg. *(k)* de la p. 505. du 7.e Vol. de ce Rec.

VOLUME NEUVIE'ME.

Page 1. lig. 20. sur les mots : *Vinage de Leon.* Il faut ajoûter en note : *Le Vinage est un cens ou une prestation dûe en vin au Seigneur. Voy. le Glossaire de* Du Cange, *au mot* Vinagium 2. *& la note (u) de la p. 14. du 1.er Vol. de ce Rec.*

Page 14. lig. 3. de la note *(b)*, *Rec.* lisez *Reg.*

Page 29. lig. 51. *Jehan Brum*, lisez *Jehan Bruni*, comme il y a aux pp. 55. & 74.

Page 63. lig. 6. des Lettres pour Dorat, *tenere*, lisez *tenere.*

Page 70. note *(a)*, ajoûtez à la fin de cette note : *Ces Lettres sont aussi au Trésor des Chartres, Registre 160. Pièce 113. Ce Registre a servi à corriger la faute qui se trouve à la ligne 26. de cette page, dans les Lettres du mois de Mai 1405. où il y a,* qui liberaliûs, *au lieu de* quò liberaliùs.

Page 78. lig. 2. du titre, *Duc de Bourgogne*, lisez *Duc de Bourbon.*

Ibid. lig. 3. du titre, *de Guienne*, lisez *de Berry.*

Page 118. lig. 4. sur les mots : *Le premier jour de Février, l'an mil quatre cens & deux*, on auroit dû mettre cette note : *La sentence du Baili de Vermandois, est datée du dernier jour de Février 1404. Voy. ci-dessous p. 120.*

Page 148. lig. 2. de la note *(b)*, *p. 110.* lisez *p. 109.*

Page 167. note marg. *(b)*, *quesenuque*, lisez *quecumque.*

Page 168. lig. 31. sur le mot *doivent*, on auroit dû mettre en note marg. *Il y a ainsi dans le Reg. corr. deiment.*

Page 180. à la fin de la note *(a)*, ajoûtez : *Voy. aussi la note (e) de la p. 332. de ce Vol.*

Page 183. à la fin de la note *(a)*, ajoûtez : *Voy. aussi la note (e) de la p. 332. de ce Vol.*

Page 188. note première *(a)*, ajoûtez à la fin de cette note : *Voy. la note (h) de la p. 285. de ce Vol.*

Page 243. lig. 3. du titre, *d'en appeler à la Chancellerie ni au Parlement;* ôtez ces mots, & y substituez ceux-ci : *de se pourvoir en la Chancellerie par rapport à ces Arrêts, ni d'en appeler au Parlement.*

Page 275. lig. 4. de la note *(b)*; *ont été tirées du Trésor gistres des Chartres*, lisez *ont été tirées des Registres du Trésor des Chartres.*

Page 278. supprimez la note marg. *(g)*, & y substituez celle-ci : *Dieu.*

Page 285. Après la lig. 13. de la note *(f)*, ajoûtez : *Voy. la note (t) de la p. 151. du 3.e Vol. de ce Rec.*

Page 349. dernière ligne de la note *(f)*, *Charles V.* lisez *Charles VI.*

Page 353. lig. 1. de la note *(b)*. *Ces Lettres sont imprimées, &c.* lisez : *Ces Lettres, qui sont du mois d'Octobre 1359. sont imprimées, &c.*

Page 368. lig. 44. *lesdictes Ordonnances*, lisez *lesdits Ordinaires.*

Page 377. sommaires 21. & 22. *fixation des salaires des Sergens*, ajoûtez, *& des Messiers.*

Page 396. lig. 11. la lettrine *(p)* qui est placée devant les mots *Quas quidem*, doit être ôtée & mise à la fin de la ligne précédente, immédiatement après ceux-ci, *mensis Septembris, &c.*

Page 425. lig. 46. On auroit dû mettre sur les mots : *Les Roys de Navarre*, la note suivante. *Le Comté d'Evreux n'a point été donné en apanage à un Roi de Navarre, mais au frère de Philippe le Bel, père d'un Roi de Navarre.* Voy. l'Hist. Généal. de la Mais. de Fr. T. 1. p. 279. Voy. aussi l'Hist. d'Evreux par le Brasseur, Preuves, p. 27.

Page 443. lig. 37. sur le mot *aliés*. M.r Secousse a interprété ce mot dans la note marg. *(b)* par celui *associés*. Je crois qu'il eût été plus exact de corriger *Hales*, comme il y a plus bas lig. 39.

Page 447. dernière ligne du titre des Lettres du 12 de Juillet : *dans le Dauphiné.* Lisez *dans le Conseil Delphinal, & dans la Chambre des Comptes du Dauphiné.*

Page 453. note *(l)*. Voy. la note *(e)* de la p. 599. dans laquelle M.r Secousse avoue qu'il s'est trompé dans cette première note.

Page 455. note *(n)*. Voy. la correction faite par M.r Secousse, au dernier alinea de la note *(a)* de la p. 599.

Ibid. Voy. à la p. 599. vers la fin de la note *(a)*, les *Variantes* & les corrections sur l'article 90. d'un Règlement fait par le Gouverneur du Dauphiné, sur le fait de la Justice, confirmé par les Lettres de Charles VI. du 12 Juillet 1409.

Page 507. lig. 13. & 14. *Louis Euldre.* On auroit dû mettre en note, *corr.* Louis Culdoé. *Il y avoit dans cette année 1410. un Général-Maître des Monnoies de ce nom.*

Page 511. *Jacques de Duffy.* On auroit dû mettre en note : *Il faut peut-être corr.* Jacques de Buffy. *A la lig. 22. de la p. 513. il y a :* Jacobo de Buffy.

Page 534. lig. 1. du titre des Lettres du mois d'Août 1410. *Les habitans du Marché de Meaux*, lisez *les habitans de Nanteuil dépendant du Marché de Meaux.*

Page 557. lig. 2. de la 2.e col. de la note *(b)*. *Martima*, lisez *Martinia.*

Page 577. lig. 3. & 6. de la note *(g)*, *Comte d'Auxerre*, lisez *Comte de Nevers.*

Page 605. note *(a)*, *ajoûtez à cette note :* Depuis le décès de M.r Secousse, & pendant l'impression des Tables de ce Volume, ayant eu en communication le Reg. viij^{xx}vij. [167.] du Trésor des Chartres, on y a trouvé Pièce 7. une Ordonnance de Charles VI. datée du *derrenier jour* de Juin 1411. portant Règlement pour *les six vingt Archiers* de la Ville de Paris, semblable à celle donnée par M.r Secousse, datée du 12 Juin de cette même année, & imprimée ci-dessus. p. 605. d'après le Livre vert vieil du Châtelet de Paris, fol. 20. r.°; à l'exception qu'après la date, il y a de plus dans l'Ordonnance du dernier Juin, ce qui suit : « Par le Roy » en son Conseil, où Mess. les *Ducs* de *Guienne* & de » *Bretaigne*, le *Conte* de *Mortaing*, *Loys Duc* en *Baviere*, les *Contes* de *Vendosme* & de *Saint Pol*, les » Mareschal, Admiral, Maistre des Arbalestriers, le » Grant Maistre d'Ostel, les *Sires* de *Beissay*, de *Savoisy* » & de *Montenay*, & plusieurs autres, estoient. *J. Du Castel.* »

Il n'est rien dit de cette Ordonnance du dernier Juin, dans la Table chronologique de *Blanchard*, ni dans le Recueil des Priviléges des Archers de la Ville de Paris, donné par Drouard : ce silence pourroit porter à croire que le Registre 167. du Trésor des Chartres, est fautif, & que celui qui y a écrit cette Ordonnance, ayant vû dans l'original un *d.* avec une marque d'abréviation, aura lû *derrenier* au lieu de *douze.*

Page 662. note marg. *(a)*, supprimez cette note, & lisez dans le texte : *le Chancelier de Guienne*, comme il y a dans le Registre *A.*

Page 678. note *(b)*, voy. cette note pour tous les endroits des Tables des Matières des Vol. de ce Rec. où l'on a traduit les mots *Bajulus Monspelliensis*, par Bailli de Montpellier, au lieu de Baile de Montpellier.

Page 680. Supprimez la note marg. *(a)*, & y substituez celle-ci : *Ces Lettres sont imprimées ci-dessus p. 638.*

Page 697. Ajoûtez à la fin de la note *(a)* : *Ces Lettres ont déjà été imprimées après la Préface du 8.e Vol. de ce Rec. p. xxij.*

Page vj. de la Table Chronologique, lig. 16. *Philippe IV. dit le Bel :* ôtez ce titre, & le mettez après les Lettres du mois de Septembre 1284.

Page xxxiij. de la Table Chronologique, lig. 8. *d'en appeler en la Chancellerie ni au Parlement ;* ôtez ces mots, & y substituez ceux-ci : *de se pourvoir en la Chancellerie par rapport à ces Arrêts, ni d'en appeler au Parlement.*

Page xxxviij. de la Table Chronologique, lig. 30. *dans le Dauphiné*, lisez *dans le Conseil Delphinal, & dans la Chambre des Comptes du Dauphiné.*

Page xl. lig. 27. de cette Table, *les habitans du Marché de Meaux*, lisez *les habitans de Nanteuil dépendant du Marché de Meaux.*

Page clxxix. de la Table des Matières, col. 1. lig. 8. *Bailli*, lisez *Baile.*

Table des noms de personnes, p. ccij. lig. 17. supprimez ces mots : *en 1407. p. 19.*

www.ingramcontent.com/pod-product-compliance
Lightning Source LLC
LaVergne TN
LVHW020951300926
849160LV00007B/113
* 9 7 8 2 0 1 2 5 9 7 9 0 7 *